PRINCÍPIOS DE MARKETING

K87p Kotler, Phillip.
Princípios de marketing / Phillip Kotler, Gary Armstrong ; tradução: Luiz Salla ; revisão técnica: Kavita Miadaira Hamza, Murilo Lima Araújo Costa, Samuely Bezerra Barbosa Laurentino. – 18 ed. – [São Paulo]: Pearson ; Porto Alegre : Bookman, 2023.
xxii, 714 p. ; 28 cm.

ISBN 978-85-8260-605-6

1. Administração. 2. Marketing. I. Armstrong, Gary. II. Título.

CDU 658

Catalogação na publicação: Karin Lorien Menoncin – CRB 10/2147

Philip **KOTLER**
Northwestern University

Gary **ARMSTRONG**
University of North Carolina

PRINCÍPIOS DE MARKETING

18ª EDIÇÃO

Tradução
Luiz Salla

Revisão técnica
Kavita Miadaira Hamza
Doutora em Administração pela Universidade de São Paulo (USP).
Professora associada do Departamento de Administração da USP.

Samuely Laurentino
Mestra em Administração pela USP.

Murilo Lima Araújo Costa
Especialista em Marketing e Vendas pela Universidade Anhembi-Morumbi (UAM).
Mestrando em Administração pela USP.

bookman

Pearson

Porto Alegre
2023

Obra originalmente publicada sob o título *Principles of marketing*, 18th edition

ISBN 9781292341132

Gerente editorial: *Letícia Bispo de Lima*

Colaboraram nesta edição:

Consultora editorial: *Arysinha Jacques Affonso*

Editora Responsável: *Simone de Fraga*

Editor colaborador e revisor de textos: *Jean Xavier*

Capa: *Márcio Monticelli*

Editoração: *Clic Editoração Eletrônica Ltda.*

GRUPO A EDUCAÇÃO S.A.
(Bookman é um selo editorial do GRUPO A EDUCAÇÃO S.A.)
Rua Ernesto Alves, 150 – Bairro Floresta
90220-190 – Porto Alegre – RS
Fone: (51) 3027-7000

SAC 0800 703 3444 – www.grupoa.com.br

IMPRESSO NO BRASIL
PRINTED IN BRAZIL

Os autores

Como equipe, Philip Kotler e Gary Armstrong combinam habilidades muito adequadas para escrever um texto introdutório de *marketing*. O professor Kotler é uma das maiores autoridades mundiais em *marketing*. O professor Armstrong detém vários prêmios como docente na graduação em administração. Juntos, eles transformam o complexo mundo do *marketing* em algo prático, acessível e agradável.

Philip Kotler é professor de *marketing* internacional na Kellogg School of Management, Northwestern University. Ele fez mestrado na Universidade de Chicago e seu Ph.D. no MIT, ambos em economia. Kotler é coautor do livro *Administração de marketing*, o livro-texto de *marketing* mais utilizado em escolas de pós-graduação de negócios em todo o mundo. Ele é também autor de mais de 60 outros livros de sucesso e mais de 150 artigos publicados em revistas de destaque.

Além de uma série de importantes prêmios conquistados ao longo de uma carreira notável, Kotler é membro fundador do Hall da Fama do *Marketing*, foi eleito o primeiro líder em pensamento de *marketing* pela American Marketing Association e nomeado o fundador da administração de *marketing* moderna pelo *Handbook of Management Thinking*.

Uma pesquisa recente da Forbes classifica o professor Kotler entre os 10 pensadores de negócios mais influentes do mundo. Já o *Financial Times* ouviu mais de 1.000 executivos seniores em todo o mundo, que classificaram Kotler como o quarto "escritor/guru de negócios mais influente" do século XXI.

Kotler foi presidente do College on Marketing do Institute of Management Sciences, diretor da American Marketing Association e administrador do Marketing Science Institute. Ele é consultor de muitas grandes empresas norte-americanas e internacionais nas áreas de estratégia e planejamento de *marketing*, organização de *marketing* e *marketing* internacional.

O Dr. Kotler atuou como presidente do College on Marketing do Institute of Management Sciences, diretor da American Marketing Association e administrador do Marketing Science Institute. Ele prestou consultoria a muitas grandes empresas norte-americanas e internacionais nas áreas de estratégia e planejamento de *marketing*, organização de *marketing* e *marketing* internacional. Ele viajou e deu palestras extensivamente por toda a Europa, Ásia e América do Sul, aconselhando empresas e governos sobre práticas e oportunidades de *marketing* global.

Gary Armstrong é professor na Kenan-Flagler Business School da Universidade da Carolina do Norte em Chapel Hill. Graduado e mestre em negócios pela Wayne State University, em Detroit, obteve seu Ph.D. em *marketing* pela Northwestern University. Contribuiu com vários artigos para os principais periódicos de negócios. Como consultor e pesquisador, trabalhou com muitas empresas em pesquisa de *marketing*, gestão de vendas e estratégia de *marketing*. Mas, o grande amor do professor Armstrong sempre foi ensinar. Ativo no ensino e na administração do programa de graduação da Kenan-Flagler, Armstrong ocupou várias posições de destaque. Ao longo dos anos, trabalhou em estreita colaboração com grupos de estudantes de negócios e recebeu vários prêmios como docente.

Ele é o único ganhador do Prêmio de Excelência em Ensino de Graduação por mais de uma vez (ele foi premiado por três vezes). Mais recentemente, recebeu o Prêmio de Excelência em Ensino da UNC Board of Governors, a mais alta honraria de ensino concedida pelo sistema de 16 *campi* da Universidade da Carolina do Norte.

Para Kathy, Betty, Mandy, Matt, KC, Keri, Delaney, Molly, Macy e Ben;
e Nancy, Amy, Melissa e Jessica

Prefácio

O que há de novo nesta edição

Tudo o que há de novo no *marketing*

A 18ª edição de *Princípios de marketing* reflete as principais tendências e forças de mudança que impactam o *marketing* nesta era digital de valor para o cliente e de engajamento e relacionamentos com ele. Aqui estão algumas das principais mudanças e novidades que você encontrará nesta edição.

- Estrutura baseada no engajamento com o cliente: esta edição continua focada no *engajamento com o cliente*, criando um envolvimento direto e contínuo na formação de marcas e nas conversas, nas experiências, na defesa e na comunidade de marca. A nova cobertura e os novos exemplos ao longo do texto abordam as mais recentes ferramentas, práticas e desenvolvimentos de engajamento com o cliente.
- Tendências e tópicos de *marketing* em rápida mudança: esta edição acrescenta uma nova cobertura das áreas tradicionais de *marketing* e dos tópicos em rápida mudança, como *marketing* digital, *marketing* móvel e de mídias socias; *marketing* de engajamento do cliente; jornada do cliente; a *big data*, inteligência artificial e novas análises de dados em *marketing*; a grande transformação digital na pesquisa de *marketing*; *marketing omnichannel* e as grandes mudanças no varejo de hoje; *marketing* direto ao consumidor (DTC); *marketing* e escuta de clientes em tempo real; criação de conteúdo de *marketing* e propaganda nativa; mídias sociais B2B e vendas sociais; precificação *on-line* e dinâmica; sustentabilidade; mercado global; e muito mais.
- Mídias *on-line*, mídias móveis, mídias sociais e outras tecnologias de *marketing* digital: acompanhar os conceitos, tecnologias e práticas digitais tornou-se uma prioridade e um grande desafio para os profissionais de *marketing* atualmente. A 18ª edição de *Princípios de marketing* oferece uma cobertura totalmente revisitada e atualizada desses desenvolvimentos explosivos em cada capítulo – de tecnologias de engajamento em mídias digitais, *on-line*, móveis e sociais nos Capítulos 1, 5, 14, 15 e 17; *big data*, novas ferramentas de análises de dados em *marketing*, Internet das Coisas e inteligência artificial nos Capítulos 1, 3 e 4; a mudança maciça para o conceito *omnichannel* e o varejo digital nos Capítulos 13 e 17; até o uso crescente de realidade virtual e aumentada nos Capítulos 4 e 13. Uma seção do Capítulo 1 sobre *A era digital: marketing on-line, móvel e de mídia social* apresenta os novos desenvolvimentos empolgantes do *marketing* de mídias digital e social. Em seguida, uma seção do Capítulo 17 intitulada *Marketing direto e digital* se aprofunda nas ferramentas de *marketing* digital, como *sites on-line*, mídias sociais, anúncios e aplicativos para celular, vídeos *on-line*, *e-mail* e outras plataformas digitais que engajam os consumidores em qualquer lugar, a qualquer momento por meio de seus computadores, *smartphones*, *tablets* e outros dispositivos digitais.
- *Marketing* de conteúdo e comunicação de *marketing*: esta nova edição continua a acompanhar a constante evolução da comunicação de *marketing* e na criação de conteúdo de marca. Os profissionais de *marketing* não criam mais simplesmente programas de propaganda e comunicação integrada de *marketing*; eles se juntam a clientes e à mídia para selecionar e compartilhar conteúdo de *marketing* em mídia paga, de propriedade, conquistada e compartilhada. Você não encontrará uma cobertura mais recente desses tópicos importantes em nenhum outro texto de *marketing*.

Novas histórias de marcas do mundo real, destaques, estudos de caso e exemplos no texto

A 18ª edição de *Princípios de marketing* está repleta de novos casos, destaques, exemplos no texto e exercícios de final de capítulo que ilustram estratégias de marca e questões contemporâneas de *marketing*, permitindo que os alunos apliquem o que aprenderam.

- Casos de abertura de capítulos, destaques do *marketing* real e exemplos no texto: esta edição dá vida ao *marketing* com casos de abertura de capítulo novos ou amplamente revisados, de

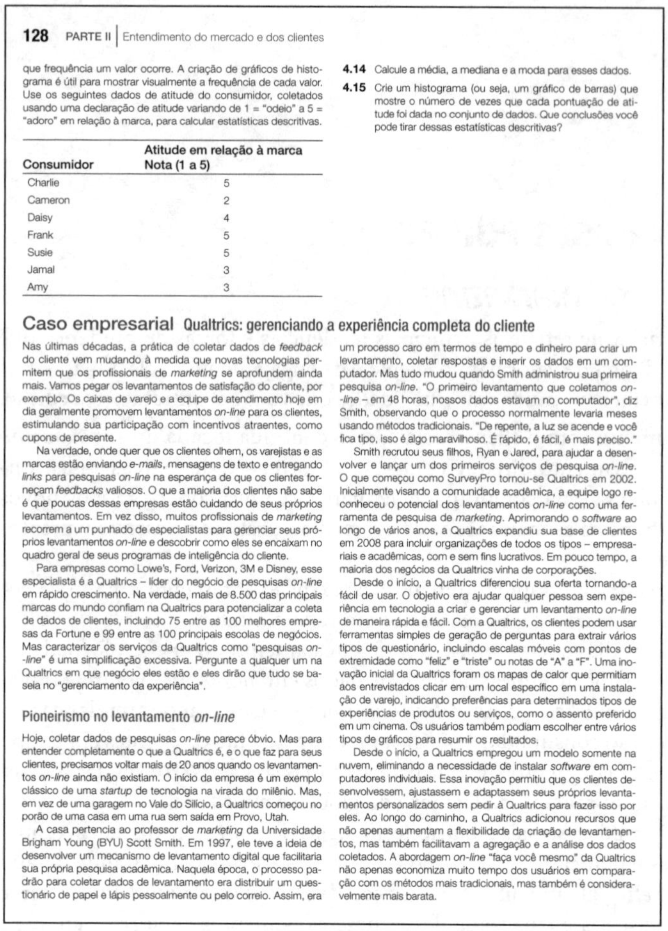

que frequência um valor ocorre. A criação de gráficos de histograma é útil para mostrar visualmente a frequência de cada valor. Use os seguintes dados de atitude do consumidor, coletados usando uma declaração de atitude variando de 1 = "odeio" a 5 = "adoro" em relação à marca, para calcular estatísticas descritivas.

Consumidor	Atitude em relação à marca Nota (1 a 5)
Charlie	5
Cameron	2
Daisy	4
Frank	5
Susie	5
Jamal	3
Amy	3

4.14 Calcule a média, a mediana e a moda para esses dados.

4.15 Crie um histograma (ou seja, um gráfico de barras) que mostre o número de vezes que cada pontuação de atitude foi dada no conjunto de dados. Que conclusões você pode tirar dessas estatísticas descritivas?

Caso empresarial Qualtrics: gerenciando a experiência completa do cliente

Nas últimas décadas, a prática de coletar dados de *feedback* do cliente vem mudando à medida que novas tecnologias permitem que os profissionais de *marketing* se aprofundem ainda mais. Vamos pegar os levantamentos de satisfação do cliente, por exemplo. Os caixas de varejo e a equipe de atendimento hoje em dia geralmente promovem levantamentos *on-line* para os clientes, estimulando sua participação com incentivos atraentes, como cupons de presente.

Na verdade, onde quer que os clientes olhem, os varejistas e as marcas estão enviando *e-mails*, mensagens de texto e entregando *links* para pesquisas *on-line* na esperança de que os clientes forneçam *feedbacks* valiosos. O que a maioria dos clientes não sabe é que poucas dessas empresas estão cuidando de seus próprios levantamentos. Em vez disso, muitos profissionais de *marketing* recorrem a um punhado de especialistas para gerenciar seus próprios levantamentos *on-line* e descobrir como eles se encaixam no quadro geral de seus programas de inteligência do cliente.

Para empresas como Lowe's, Ford, Verizon, 3M e Disney, esse especialista é a Qualtrics – líder do negócio de pesquisas *on-line* em rápido crescimento. Na verdade, mais de 8.500 das principais marcas do mundo confiam na Qualtrics para potencializar a coleta de dados de clientes, incluindo 75 entre as 100 melhores empresas da Fortune e 99 entre as 100 principais escolas de negócios. Mas caracterizar os serviços da Qualtrics como "pesquisas *on-line*" é uma simplificação excessiva. Pergunte a qualquer um na Qualtrics em que negócio eles estão e eles dirão que tudo se baseia no "gerenciamento da experiência".

Pioneirismo no levantamento *on-line*

Hoje, coletar dados de pesquisas *on-line* parece óbvio. Mas para entender completamente o que a Qualtrics é, e o que faz para seus clientes, precisamos voltar mais de 20 anos quando os levantamentos *on-line* ainda não existiam. O início da empresa é um exemplo clássico de uma *startup* de tecnologia na virada do milênio. Mas, em vez de uma garagem no Vale do Silício, a Qualtrics começou no porão de uma casa em uma rua sem saída em Provo, Utah.

A casa pertencia ao professor de *marketing* da Universidade Brigham Young (BYU) Scott Smith. Em 1997, ele teve a ideia de desenvolver um mecanismo de levantamento digital que facilitaria sua própria pesquisa acadêmica. Naquela época, o processo padrão para coletar dados de levantamento era distribuir um questionário de papel e lápis pessoalmente ou pelo correio. Assim, era um processo caro em termos de tempo e dinheiro para criar um levantamento, coletar respostas e inserir os dados em um computador. Mas tudo mudou quando Smith administrou sua primeira pesquisa *on-line*. "O primeiro levantamento que coletamos *on-line* – em 48 horas, nossos dados estavam no computador", diz Smith, observando que o processo normalmente levaria meses usando métodos tradicionais. "De repente, a luz se acende e você fica tipo, isso é algo maravilhoso. É rápido, é fácil, é mais preciso."

Smith recrutou seus filhos, Ryan e Jared, para ajudar a desenvolver e lançar um dos primeiros serviços de pesquisa *on-line*. O que começou como SurveyPro tornou-se Qualtrics em 2002. Inicialmente visando a comunidade acadêmica, a equipe logo reconheceu o potencial dos levantamentos *on-line* como uma ferramenta de pesquisa de *marketing*. Aprimorando o *software* ao longo de vários anos, a Qualtrics expandiu sua base de clientes em 2008 para incluir organizações de todos os tipos – empresariais e acadêmicas, com e sem fins lucrativos. Em pouco tempo, a maioria dos negócios da Qualtrics vinha de corporações.

Desde o início, a Qualtrics diferenciou sua oferta tornando-a fácil de usar. O objetivo era ajudar qualquer pessoa sem experiência em tecnologia a criar e gerenciar um levantamento *on-line* de maneira rápida e fácil. Com a Qualtrics, os clientes podem usar ferramentas simples de geração de perguntas para extrair vários tipos de questionário, incluindo escalas móveis com pontos de extremidade como "feliz" e "triste" ou notas de "A" a "F". Uma inovação inicial da Qualtrics foram os mapas de calor que permitiam aos entrevistados clicar em um local específico em uma instalação de varejo, indicando preferências para determinados tipos de experiências de produtos ou serviços, como o assento preferido em um cinema. Os usuários também podiam escolher entre vários tipos de gráficos para resumir os resultados.

Desde o início, a Qualtrics empregou um modelo somente na nuvem, eliminando a necessidade de instalar *software* em computadores individuais. Essa inovação permitiu que os clientes desenvolvessem, ajustassem e adaptassem seus próprios levantamentos personalizados sem pedir à Qualtrics para fazer isso por eles. Ao longo do caminho, a Qualtrics adicionou recursos que não apenas aumentam a flexibilidade da criação de levantamentos, mas também facilitavam a agregação e a análise dos dados coletados. A abordagem *on-line* "faça você mesmo" da Qualtrics não apenas economiza muito tempo dos usuários em comparação com os métodos mais tradicionais, mas também é consideravelmente mais barata.

destaque para empresas e questões de *marketing* relevantes, e muitos novos exemplos ao longo do texto que ilustram a prática contemporânea de *marketing*.

- Novos estudos de caso de empresa e aplicações e exercícios de final de capítulo: esta edição oferece 20 novos estudos de caso de empresa por meio dos quais os alunos podem aplicar o que aprenderam a situações reais. Perguntas para discussão ao final do capítulo, exercícios que estimulam o pensamento crítico e outros recursos são novos e foram revisados.

Resolvendo desafios de ensino e aprendizagem

O *marketing* de hoje tem tudo a ver com a criação de valor para o cliente e de engajamento com ele em um mercado cada vez mais digital e social em rápida mudança. O *marketing* começa com a compreensão das necessidades e desejos do consumidor, determinando quais mercados-alvo a organização pode atender melhor e desenvolvendo uma proposta de valor capaz de atrair e reter consumidores valiosos. Então, mais do que apenas fazer uma venda, os profissionais de *marketing* de hoje querem engajar os clientes e construir relacionamentos duradouros, a fim de tornar suas marcas uma parte significativa das conversas e da vida dos consumidores.

Nessa era digital, para acompanhar seus métodos testados e comprovados, os profissionais de *marketing* têm um conjunto impressionante de novas ferramentas *on-line*, móveis e de mídias sociais para engajar os clientes a qualquer hora e em qualquer lugar, para moldar conversas, experiências, defesa e comunidade de marca coletivamente. Os profissionais de *marketing* que trabalharem bem essas questões, colherão os frutos na forma de participação de mercado, lucros e valor para o cliente. Nesta nova edição de *Princípios de marketing*, os alunos aprendem como o valor para o cliente e o engajamento dele impulsionam toda boa estratégia de *marketing*.

Cinco temas principais sobre valor para o cliente e engajamento com ele

A 18ª edição dos *Princípios de marketing* baseia-se em cinco temas principais sobre valor para o cliente e engajamento com ele:

- ***Criação de valor para os clientes a fim de capturar valor dos clientes em troca.*** Os profissionais de *marketing* de hoje devem ser bons em criar *valor para o cliente, engajá-los* e *gerenciar relacionamentos com eles*. Em troca, eles capturam o valor dos clientes na forma de vendas, lucros e *customer equity*. Essa inovadora *estrutura baseada no valor para o cliente e no engajamento com ele* é apresentada no início do Capítulo 1 em um exclusivo modelo do processo de *marketing* de cinco etapas, que detalha como o *marketing cria* valor para o cliente e *captura* valor em troca.

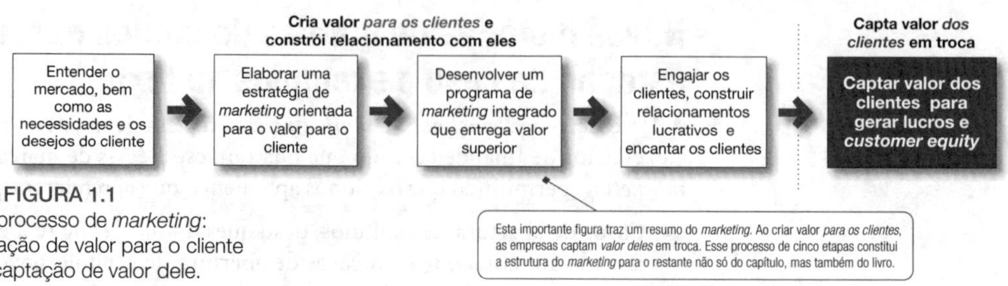

FIGURA 1.1
O processo de *marketing*: criação de valor para o cliente e captação de valor dele.

A estrutura é cuidadosamente desenvolvida nos dois primeiros capítulos e, em seguida, totalmente integrada ao restante do texto.

- ***Engajamento do cliente e as mídias digitais e sociais de hoje.*** As mídias digitais e sociais tomaram o *marketing* de hoje, mudando drasticamente a forma como as empresas e as marcas engajam os consumidores e como os consumidores se conectam e influenciam os comportamentos de marca uns dos outros. Esta edição explora completamente as novas tecnologias de mídias digital, móvel e social que ajudam as marcas a engajar os clientes de forma mais profunda e interativa. Ela começa com duas seções principais do Capítulo 1: *Engajamento do cliente e as mídias digitais e sociais de hoje* e *A era digital: Mídias on-line, móvel e social.* O Capítulo 17 atualizado sobre *Marketing direto e digital* resume os mais recentes desenvolvimentos em ferramentas de engajamento digital e construção de relacionamento. Em todos os lugares, você encontrará uma cobertura revisada e expandida do uso explosivo de ferramentas de *marketing* digital e social.
- ***Construir e gerenciar marcas fortes e geradoras de valor.*** Marcas bem posicionadas com forte valor de marca são a base para a construção de valor para o cliente e de relacionamentos lucrativos com ele. As empresas de hoje devem posicionar suas marcas de forma poderosa e gerenciá-las bem para criar experiências de marca valiosas. A 18ª edição foca nas marcas, ancorada por uma seção do Capítulo 8 sobre *Estratégia de marca: Construção de marcas fortes.*
- ***Medição e gestão do retorno de marketing.*** Especialmente em tempos econômicos difíceis, os gerentes de *marketing* devem garantir que seu orçamento de *marketing* seja bem gasto. A "responsabilidade de *marketing*" – medir e gerenciar o retorno do investimento em *marketing* – agora se tornou uma parte importante da tomada de decisões estratégicas de *marketing*. Essa ênfase na responsabilidade de *marketing* é abordada no Capítulo 2, no Apêndice 2: *Marketing pelos números* e ao longo desta edição.
- ***Marketing sustentável em todo o mundo.*** À medida que os desenvolvimentos tecnológicos tornam o mundo um lugar cada vez menor e mais frágil, os profissionais de *marketing* devem ser bons em comercializar suas marcas globalmente e de maneira sustentável. Novos conteúdos em toda esta edição enfatizam os conceitos de *marketing* global e *marketing* sustentável – atendendo às necessidades atuais de consumidores e empresas, ao mesmo tempo em que preserva ou aprimora a capacidade das gerações futuras de atender a suas necessidades. Aqui são integrados temas globais de *marketing* e sustentabilidade ao longo do texto. Em seguida, foca-se na cobertura de cada um desses tópicos nos Capítulos 19 e 20, respectivamente.

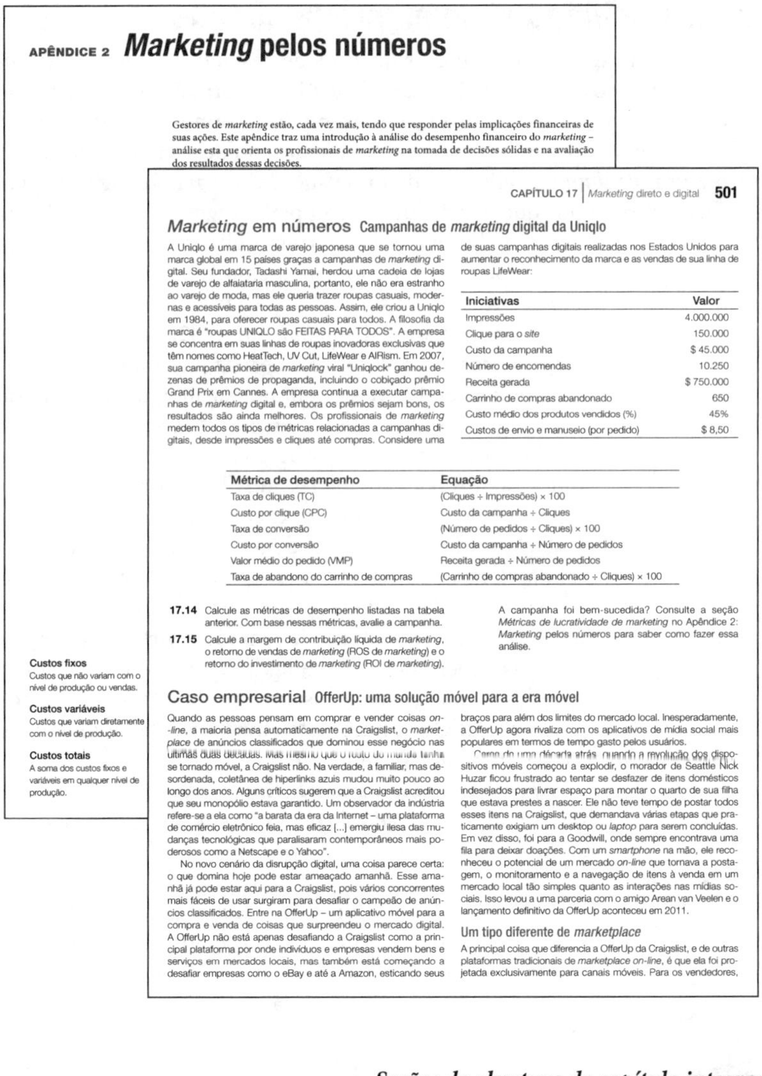

APÊNDICE 2 **Marketing pelos números**

Gestores de *marketing* estão, cada vez mais, tendo que responder pelas implicações financeiras de suas ações. Este apêndice traz uma introdução à análise do desempenho financeiro do *marketing* – análise esta que orienta os profissionais de *marketing* na tomada de decisões sólidas e na avaliação dos resultados dessas decisões.

Custos fixos
Custos que não variam com o nível de produção ou vendas.

Custos variáveis
Custos que variam diretamente com o nível de produção.

Custos totais
A soma dos custos fixos e variáveis em qualquer nível de produção.

CAPÍTULO 17 | *Marketing* direto e digital 501

Marketing em números Campanhas de *marketing* digital da Uniqlo

A Uniqlo é uma marca de varejo japonesa que se tornou uma marca global em 15 países graças a campanhas de *marketing* digital. Seu fundador, Tadashi Yamai, herdou uma cadeia de lojas de varejo de alfaiataria masculina, portanto, ele não era estranho ao varejo de moda, mas ele queria trazer roupas casuais, modernas e acessíveis para todas as pessoas. Assim, ele criou a Uniqlo em 1984, para oferecer roupas casuais para todos. A filosofia da marca é "roupas UNIQLO são FEITAS PARA TODOS". A empresa se concentra em suas linhas de roupas inovadoras exclusivas que têm nomes como HeatTech, UV Cut, LifeWear e AIRism. Em 2007, sua campanha pioneira de *marketing* viral "Uniqlock" ganhou dezenas de prêmios de propaganda, incluindo o cobiçado prêmio Grand Prix em Cannes. A empresa continua a executar campanhas de *marketing* digital e, embora os prêmios sejam bons, os resultados são ainda melhores. Os profissionais de *marketing* medem todos os tipos de métricas relacionadas a campanhas digitais, desde impressões e cliques até compras. Considere uma de suas campanhas digitais realizadas nos Estados Unidos para aumentar o reconhecimento da marca e as vendas de sua linha de roupas LifeWear:

Iniciativas	Valor
Impressões	4.000.000
Clique para o *site*	150.000
Custo da campanha	$ 45.000
Número de encomendas	10.250
Receita gerada	$ 750.000
Carrinho de compras abandonado	650
Custo médio dos produtos vendidos (%)	45%
Custos de envio e manuseio (por pedido)	$ 8,50

Métrica de desempenho	Equação
Taxa de cliques (TC)	(Cliques ÷ Impressões) × 100
Custo por clique (CPC)	Custo da campanha ÷ Cliques
Taxa de conversão	(Número de pedidos ÷ Cliques) × 100
Custo por conversão	Custo da campanha ÷ Número de pedidos
Valor médio do pedido (VMP)	Receita gerada ÷ Número de pedidos
Taxa de abandono do carrinho de compras	(Carrinho de compras abandonado ÷ Cliques) × 100

17.14 Calcule as métricas de desempenho listadas na tabela anterior. Com base nessas métricas, avalie a campanha.

17.15 Calcule a margem de contribuição líquida de *marketing*, o retorno de vendas de *marketing* (ROS de *marketing*) e o retorno do investimento de *marketing* (ROI de *marketing*). A campanha foi bem-sucedida? Consulte a seção *Métricas de lucratividade de marketing* no Apêndice 2: *Marketing* pelos números para saber como fazer essa análise.

Caso empresarial OfferUp: uma solução móvel para a era móvel

Quando as pessoas pensam em comprar e vender coisas *on-line*, a maioria pensa automaticamente na Craigslist, o *marketplace* de anúncios classificados que dominou esse negócio nas últimas duas décadas. Mas mesmo que o resto do mundo tenha se tornado móvel, a Craigslist não. Na verdade, a familiar, mas desordenada, coletânea de hiperlinks azuis mudou muito pouco ao longo dos anos. Alguns críticos sugerem que a Craigslist acreditou que seu monopólio estava garantido. Um observador da indústria refere-se a ela como "a barata da era da Internet – uma plataforma de comércio eletrônico feia, mas eficaz [...] emergiu ilesa das mudanças tecnológicas que paralisaram contemporâneos mais poderosos como a Netscape e o Yahoo".

No novo cenário da disrupção digital, uma coisa parece certa: o que domina hoje pode estar ameaçado amanhã. Esse amanhã já pode estar aqui para a Craigslist, pois vários concorrentes mais fáceis de usar surgiram para desafiar o campeão de anúncios classificados. Entre na OfferUp – um aplicativo móvel para a compra e venda de coisas que surpreendeu o mercado digital. A OfferUp não está apenas desafiando a Craigslist como a principal plataforma por onde indivíduos e empresas vendem bens e serviços em mercados locais, mas também está começando a desafiar empresas como o eBay e até a Amazon, esticando seus braços para além dos limites do mercado local. Inesperadamente, a OfferUp agora rivaliza com os aplicativos de mídia social mais populares em termos de tempo gasto pelos usuários.

Cerca de uma década atrás, quando a revolução dos dispositivos móveis começou a explodir, o morador de Seattle Nick Huzar ficou frustrado ao tentar se desfazer de itens domésticos indesejados para livrar espaço para montar o quarto de sua filha que estava prestes a nascer. Ele não teve tempo de postar todos esses itens na Craigslist, que demandava várias etapas que praticamente exigiam um desktop ou *laptop* para serem concluídas. Em vez disso, foi para a Goodwill, onde sempre encontrava uma fila para deixar doações. Com um *smartphone* na mão, ele reconheceu o potencial de um mercado *on-line* que tornava a postagem, o monitoramento e a navegação de itens à venda em um mercado local tão simples quanto as interações nas mídias sociais. Isso levou a uma parceria com o amigo Arean van Veelen e o lançamento definitivo da OfferUp aconteceu em 2011.

Um tipo diferente de *marketplace*

A principal coisa que diferencia a OfferUp da Craigslist, e de outras plataformas tradicionais de *marketplace on-line*, é que ela foi projetada exclusivamente para canais móveis. Para os vendedores,

Recursos de ensino e aprendizagem no texto

Princípios de marketing fornece uma variedade de recursos de aprendizagem de abertura, dentro e no final de capítulo que ajudam os alunos a aprender, relacionar e aplicar os principais conceitos.

- ***Seções de abertura de capítulo integradas.*** As aberturas ativas e integradas presentes em cada capítulo iniciam com um *Resumo dos objetivos,* que fornece uma síntese útil do conteúdo do capítulo e seus objetivos de aprendizagem, com a indicação do número da página. Em seguida, uma seção de *Prévia do capítulo* apresenta brevemente os conceitos do capítulo, relaciona-os aos conceitos do capítulo anterior e apresenta a história de abertura. Finalmente, a *história de abertura do capítulo* – uma história de *marketing* envolvente, profundamente desenvolvida, ilustrada e comentada – em que apresenta o conteúdo do capítulo e desperta o interesse do aluno.

- ***Comentários do autor e anotações de figuras.*** Ao longo de cada capítulo, os comentários do autor facilitam e aprimoram o aprendizado do aluno, apresentando e explicando as principais seções e figuras do capítulo.
- ***Revisão e extensão dos conceitos.*** As seções no final de cada capítulo resumem os principais conceitos discutidos no capítulo e fornecem perguntas e exercícios pelos quais os alunos podem revisar e aplicar o que aprenderam. A seção *Revisão dos objetivos* traz os principais conceitos dos capítulos e os relaciona aos objetivos neles abordados. A seção *Termos-chave* apresenta uma lista útil dos termos mais relevantes do capítulo seguidas dos números de página facilitando a referência. As seções de *Questões para discussão* e *Atividades de pensamento crítico* ajudam os alunos a acompanhar e a aplicar o que aprenderam no capítulo.
- ***Aplicações e estudos de caso.*** Seções completamente revisadas no final de cada capítulo apresentam breves casos de aplicação prática – *Marketing digital, Marketing e ética* e *Marketing em números* – que facilitam a discussão de questões atuais e situações corporativas em áreas como *marketing* digital e análise de *marketing* financeiro. O *Caso empresarial* apresentado no final do capítulo traz estudos de caso totalmente novos em cada capítulo, ajudando os alunos a aplicar os principais conceitos de *marketing* e pensamento crítico a situações reais de empresa e marca.

Desenvolvimento de habilidades de empregabilidade

Recursos reais de marketing. Cada capítulo contém dois quadros de destaque de *Marketing real* cuidadosamente desenvolvidos que mostram uma visão aprofundada das estratégias de *marketing* de marca reais e questões de *marketing* contemporâneas. Por exemplo, os alunos aprendem como os gigantes do varejo Walmart e Amazon estão lutando pela supremacia no novo mundo do varejo *omnichannel*; como a Netflix usa *big data* e análises de dados avançadas em *marketing* para personalizar a experiência de cada cliente; por que os produtos da Apple se esgotam das prateleiras apesar de seus preços *premium*; como o time de basquete do Chicago Bulls se relaciona com os superfãs em tempo real; como o Instagram criou uma relação ganha-ganha entre a empresa, os anunciantes e seus usuários; o que torna o LinkedIn o lugar ideal para profissionais de *marketing* B2B; por que a Best Buy está prosperando na era da Amazon; como a Coca-Cola, há muito tempo mestre em propaganda de mercado de massa, agora também domina o *marketing* digital, móvel e de mídia social; e como a Patagonia, fabricante de roupas e equipamentos para atividades ao ar livre, incentiva o "consumo consciente", dizendo aos clientes que comprem menos de seus produtos. Eles aprendem que a inteligência artificial no *marketing* é agora "um negócio mais importante do que o fogo e a eletricidade", como as empresas estão usando cada vez mais a realidade aumentada e virtual para aprimorar as experiências de compra do consumidor e como o *marketing* móvel engaja os consumidores nos momentos que importam. Nenhum outro livro dá vida ao *marketing* como o *Princípios de marketing*.

376 PARTE III | Elaboração de uma estratégia e de um *mix* voltados ao cliente

Marketing Real 13.2 | RA e RV no varejo: ampliando e aprimorando a experiência de compra

CAPÍTULO 4 | Gestão das informações de *marketing* para obter *insights* sobre clientes 119

Marketing Real 4.2 | Inteligência Artificial em *Marketing*: Um negócio "maior que o fogo ou a eletricidade"

Inteligência artificial: o aplicativo My Starbucks Barista usa inteligência artificial para criar experiências personalizadas e gerenciar interações com clientes em tempo real, tudo com base em transações e preferências anteriores dos clientes até as condições climáticas e de tráfego locais.

Elias Stein Illustration

Apêndice Plano de marketing. O Apêndice 1 contém um exemplo detalhado de plano de *marketing* que ajuda os alunos a aplicar conceitos importantes de planejamento de *marketing*.

Apêndice Marketing pelos números. O inovador e recém-revisado Apêndice 2 fornece aos alunos uma introdução abrangente à análise financeira de *marketing* que ajuda a orientar, avaliar e apoiar as decisões de *marketing*. Um exercício novo ou revisado no final de cada capítulo permite que os alunos apliquem o pensamento analítico e financeiro aos conceitos aprendidos no capítulo e relacione-os aos conteúdos do apêndice *Marketing pelos números*.

Apêndice Carreiras no marketing. O Apêndice 3 ajuda os alunos a explorar as carreiras de *marketing* e apresenta o processo para conseguir um emprego de *marketing* que melhor corresponda a suas habilidades e interesses especiais.

Agradecimentos

Nenhum livro é obra somente de seus autores. Devemos muito às valiosas contribuições de diversas pessoas que nos ajudaram a concretizar esta nova edição. Como sempre, precisamos agradecer especialmente a Keri Jean Miksza, por sua grande e preciosa ajuda em *todas* as fases do projeto, bem como a Pete, seu marido, e a Lucy e Mary, suas filhas, por todo o apoio que ofereceram a Keri durante esse projeto muitas vezes agitado.

Devemos consideráveis agradecimentos a Andy Norman, da Drake University, por sua habilidosa ajuda no desenvolvimento das histórias de abertura e destaques de capítulos, casos empresariais e o *apêndice do plano de marketing*. Esta e muitas edições anteriores se beneficiaram muito da assistência de Andy. Agradecemos também a Christy Ashley, da *Universidade de Rhode Island*, por seus esforços dedicados na preparação de materiais de final de capítulo, e Laurie Babin pela atualização do *apêndice Marketing pelos Números* e dos exercícios de final de capítulo relacionados. Agradecemos também àqueles que trabalharam na atualização do Manual do professor, os *PowerPoints*, o Banco de questões e o *MyLab Marketing*. Todos esses colaboradores são muito apreciados por tornar a 18ª edição de *Princípios de marketing* um sistema robusto de ensino e aprendizagem.

Muitos revisores de outras faculdades e universidades forneceram valiosos comentários e sugestões para esta e outras edições. Somos gratos aos seguintes colegas por suas atenciosas contribuições: Timothy W. Aurand, Northern Illinois University; Aysen Bakir, Illinois State University; Leta Beard, University of Washington; Thomas C. Hewett, Kennesaw State University; Robert M. McMillen, James Madison University; Carlton O'Neal, University of San Diego; Rebecca Reczek, The Ohio State University; Sandra Robertson, Thomas Nelson Community College; Emily Rosenzweig, Tulane University; Professora Carol Rowey, Community College of Rhode Island; e Aninda Shome, University of Idaho.

Também devemos muito às pessoas da Pearson Education que ajudaram a produzir este livro. A gerente de estratégia de conteúdo Lynn Huddon orientou e deu suporte durante a revisão. A produtora de conteúdo Yasmita Hota deu assistência e conselhos valiosos para orientar este complexo projeto de revisão através do desenvolvimento, do projeto gráfico e da produção. Também gostaríamos de agradecer à diretora de estratégia de conteúdo Lacey Vitetta, à diretora de gestão de produtos Ellen Geary, à gerente de produtos Krista Mastroianni, à produtora-gerente Melissa Feimer e à vendedora sênior de produtos Nayke Heine por todo o apoio ao longo do caminho. Estamos orgulhosos de estar associados aos excelentes profissionais da Pearson. Também temos uma grande dívida de gratidão com a gerente de projeto sênior Allison Campbell, a gerente de *design* Emily Friel e toda a equipe da Integra por seu excelente trabalho nesta edição.

Finalmente, devemos muito obrigado às nossas famílias, por todo o apoio e incentivo ao longo do caminho – Kathy, Betty, Mandy, Matt, KC, Keri, Delaney, Molly, Macy e Ben do clã Armstrong e Nancy, Amy, Melissa e Jessica da família Kotler. A eles, dedicamos este livro.

Philip Kotler
Gary Armstrong

PROFESSOR, encontre recursos complementares para suas aulas em loja.grupoa.com.br: basta fazer o seu cadastro, buscar pela página do livro e acessar a área de Material Complementar, para ter acesso a apresentações em formato PowerPoint® e imagens do livro.

Sumário

Sumário detalhado

CAPÍTULO 4 Gestão das informações de *marketing* para obter *insights* sobre clientes 96

CAPÍTULO 5 Mercados consumidores e comportamento do comprador 130

CAPÍTULO 6 Mercados organizacionais e comportamento do comprador organizacional 160

Parte III: Elaboração de uma estratégia e de um *mix* voltados ao cliente 182

CAPÍTULO 7 Estratégia de *marketing* orientada para o valor ao cliente: Criação de valor para clientes-alvo 182

CAPÍTULO 20 *Marketing* sustentável: responsabilidade social e ética 560

1 Marketing

Criação de valor para o cliente e engajamento

Resumo dos objetivos

Objetivo 1.1 Definir *marketing* e as linhas gerais das etapas no processo de *marketing*. **Veja: O que é *marketing*?** (p. 3-5)

Objetivo 1.2 Explicar a importância de entender o mercado e os clientes e identificar os cinco conceitos básicos do mercado. **Veja: Entendimento do mercado e das necessidades do cliente** (p. 7-9)

Objetivo 1.3 Identificar os elementos-chave de uma estratégia de *marketing* orientada para o cliente e discutir as orientações da administração de *marketing* que norteiam a estratégia de *marketing*. **Veja: Elaboração de uma estratégia e um plano de *marketing* orientados para o cliente** (p. 9-13)

Objetivo 1.4 Discutir a gestão do relacionamento com os clientes e identificar estratégias para criação e captação de valor. **Veja: Gestão do relacionamento com os clientes e captação de valor deles** (p. 14-22)

Objetivo 1.5 Descrever as principais tendências e forças que estão mudando o cenário do *marketing* nessa era dos relacionamentos. **Veja: Mudanças no cenário do *marketing*** (p. 21-28)

Prévia do capítulo

Este primeiro capítulo apresenta os conceitos básicos do *marketing*. Começamos com a pergunta: o que é *marketing*? Em termos simples, *marketing* é o engajamento dos clientes e a gestão de relacionamentos lucrativos com eles. Seu objetivo é criar valor para os clientes a fim de captar valor deles em troca. Em seguida, discutimos as cinco etapas do processo de *marketing* – do entendimento das necessidades dos clientes à elaboração de estratégias de *marketing* e programas de *marketing* integrado, passando pela construção de relacionamento com o cliente e a captação de valor para a empresa. Por fim, tratamos das principais tendências e forças que afetam o *marketing* nessa nova era digital, marcada pela mobilidade e pelas redes sociais. Entender esses conceitos básicos e formar suas próprias ideias sobre o que eles significam para você lhe dará uma base sólida para tudo o que vem depois.

Vamos começar com uma boa história sobre o *marketing* na prática da Amazon, de longe a líder das empresas digitais nos Estados Unidos. O segredo do sucesso da Amazon? Na verdade, não tem segredo nenhum. A empresa é totalmente obcecada pelo cliente. Ela tem uma paixão profunda por criar valor para o cliente, engajá-lo e construir um relacionamento com ele. Em troca, os clientes recompensam a Amazon com suas compras e sua fidelidade. Você vai se deparar com essa questão da criação de valor para o cliente a fim de captar valor em troca repetidas vezes ao longo deste capítulo e no restante do livro.

Amazon: obcecada pela criação de valor para o cliente, por engajamento e pela construção de relacionamento

Quando pensa em compras *on-line* – ou em qualquer lugar, aliás –, são grandes as chances de você pensar primeiro na Amazon. A pioneira em compras pela Internet abriu suas portas virtuais em 1995, vendendo livros na garagem de Jeff Bezos, seu fundador, no subúrbio de Seattle. A Amazon ainda vende livros – muitos e muitos livros. Mas agora ela vende também de tudo um pouco: de eletrônicos, ferramentas, utensílios domésticos, itens de vestuário e comida até roupas de grife, diamantes lapidados, instrumentos musicais e lagostas do Maine. Além disso, a Amazon tem se movido com agilidade para além das vendas *on-line* não apenas com lojas físicas, mas também no *streaming* de vídeos e músicas, em serviços de nuvem e na Internet das Coisas. Se tem uma empresa que representa para onde o mundo está indo agora, essa empresa é provavelmente a Amazon.

Desde o início, a Amazon cresceu de maneira explosiva. Suas vendas anuais subiram de modestos 150 milhões de dólares em 1997 para 233 bilhões de hoje. Somente durante os últimos três anos, as receitas da Amazon mais do que dobraram. No ano passado, a empresa vendeu 5 bilhões de itens só para seus mais de 100 milhões de clientes Amazon Prime – o que representa uma média de 159 itens vendidos por segundo. Atualmente, a Amazon é a segunda maior varejista dos Estados Unidos, ficando atrás apenas do Walmart. E, se mantiver o ritmo de crescimento atual, a Amazon poderá ultrapassar o todo-poderoso Walmart em menos de quatro anos – algo impensável alguns anos atrás.

O que fez da Amazon essa incrível história de sucesso? Bezos responde a essa pergunta com três palavras simples: "Obsessão pelos clientes". Em sua essência, a empresa é incansavelmente voltada para o cliente. "O que orienta tudo é a criação de valor genuíno para os clientes", diz Bezos. A Amazon acredita que, se fizer o que é bom para os clientes, os lucros virão como consequência.

A Amazon quer oferecer uma experiência especial para todo cliente. A maioria dos clientes regulares da Amazon.com sente que possui um relacionamento surpreendentemente forte com a empresa, considerando, em especial, a quase total falta de real interação humana. A Amazon é obcecada por tornar cada experiência do cliente singularmente pessoal. Por exemplo, o *site* da Amazon.com recebe os clientes com páginas altamente customizadas, com conteúdo personalizado e recomendações baseadas em históricos de navegação e padrões de compra de clientes com perfis semelhantes. O raciocínio da Amazon é: se temos 300 milhões de clientes entre os que são e os que não são Prime, devemos ter 300 milhões de lojas.

Aqueles que visitam a Amazon recebem uma combinação exclusiva de benefícios: enorme variedade, boas ofertas, preços baixos e comodidade. Mas é o fator "descoberta" que torna a experiência de compra realmente especial. Uma vez na Amazon.com, você é compelido a ficar mais um pouco – olhando, aprendendo e descobrindo. Mais do que um local para comprar coisas, a Amazon.com se tornou uma espécie de comunidade *on-line* em que os clientes podem navegar em busca de produtos, pesquisar alternativas de compra e compartilhar opiniões e análises com outros visitantes. Desse modo, a Amazon faz muito mais do que simplesmente vender produtos *on-line*: ela engaja os clientes, cria relacionamentos diretos e personalizados, e gera experiências satisfatórias.

Desde o início, variedade, comodidade e valor têm sido o alicerce da experiência na Amazon. O principal objetivo da empresa é ajudar os clientes a conseguir o que desejam no menor tempo possível, e a um preço justo. A fim de oferecer ainda mais variedade e descoberta para os clientes, a Amazon permite que varejistas concorrentes – de operações familiares às lojas de departamentos Marks & Spencer

A Amazon faz muito mais do que simplesmente vender produtos *on-line*. Ela engaja os clientes e gera experiências satisfatórias. "O que orienta tudo é a criação de valor genuíno para os clientes", diz Jeff Bezos, fundador da Amazon.

Jonathan Weiss/Alamy Stock Photo

– vendam seus produtos na Amazon.com por meio da Amazon Marketplace, criando um *shopping center* virtual de proporções inacreditáveis.

As inovações da Amazon facilitaram o processo de pedido e entrega. Primeiro foi o 1-Click, que permite aos clientes fazerem seus pedidos e os despacharem para opções preestipuladas com apenas um clique. Depois, a Amazon adicionou botões de atalho que possibilitam que os clientes comprem novamente, com rapidez, seus produtos favoritos. Se não estiver com um *smartphone* ou um aplicativo à mão, o cliente equipado com um Amazon Echo, um alto-falante inteligente, pode comprar via voz com um simples comando: "Alexa, pede sabão em pó" – nesse caso, a assistente digital orientada por inteligência artificial da Amazon vai fazer o pedido e despachá-lo. Ou, mais fácil ainda: o sistema *Subscribe & Save* oferece descontos aos clientes que agendam recompras automáticas de produtos de consumo. Por fim, o serviço *Dash Replenishment* chega a verificar a quantia de produtos em dispositivos conectados à nuvem (considere, por exemplo, cartuchos de impressora) e pedir reposição antes mesmo de os clientes perceberem que os produtos estão acabando.

No que diz respeito à entrega, nenhuma outra empresa *on-line* ou *offline* é mais eficiente do que a Amazon em levar as mercadorias para os clientes com rapidez. Além de vender produtos e comodidade, a Amazon vende "velocidade". Há mais de uma década, quando a gigante *on-line* lançou a Amazon Prime, ninguém falava de entrega grátis em 48 horas; agora é padrão do setor. A Amazon então lançou a Amazon Prime Now, com entrega em duas horas ou menos. "É barato, fácil e incrivelmente rápido", diz um cliente impressionado.

De acordo com a vice-presidente da Amazon Prime Now, seus negócios se resumem a duas perguntas simples: "Você tem o que eu quero?" e "Você pode levar para mim quando eu precisar?". A Amazon continua investindo

A paixão profunda da Amazon por criar valor para o cliente, engajá-lo e construir um relacionamento com ele fez dela a maior varejista digital dos Estados Unidos e uma das empresas mais dinâmicas do mundo. A Amazon se tornou um exemplo para empresas que são focadas, de maneira obsessiva e bem-sucedida, na entrega de valor para o cliente.

pesado para fazer com que as respostas a essas duas perguntas sejam um sonoro "sim". Para oferecer ao cliente uma experiência de entrega ainda mais veloz e confiável, a empresa está rapidamente formando sua própria frota de vans, caminhões e aviões de carga Boeing 767, o que fará com que ela fique menos dependente de terceiros, como a FedEx, a UPS e o serviço postal dos Estados Unidos. Ela também está explorando, de forma ativa, opções mais futurísticas, como entregas por drones, robôs e veículos sem motorista.

Em sua missão de criar a experiência perfeita para o cliente, a Amazon não para de buscar a inovação. Pegue, por exemplo, a Amazon Key. Por apenas 199 dólares, o *kit* da Amazon Key vem com a nova câmera Cloud Cam da empresa e uma fechadura inteligente compatível. Uma vez instalado, o *kit* permite que os entregadores da Amazon abram a porta dos clientes e deixem as encomendas lá dentro, prevenindo furtos ou problemas climáticos. Assim que a entrega é feita, o cliente recebe uma notificação juntamente com um pequeno vídeo mostrando o processo.

Com o Walmart e outros varejistas tradicionais invadindo cada vez mais o domínio digital da Amazon, a varejista *on-line* passou a invadir o mundo deles de tijolo e cimento. Ela sabe que um relacionamento completo com o cliente vai exigir a combinação de vendas *on-line* e o *offline* nas experiências de compra de canal cruzado imperceptíveis que os consumidores de hoje esperam. Por exemplo, a aquisição da sofisticada rede de supermercados Whole Foods Market pela Amazon permitiu à varejista dar um salto no setor de supermercados, além de conquistar uma plataforma física para venda e mais velocidade de entrega de outros tipos de produto. Recentemente, a Amazon anunciou que vai expandir suas livrarias Amazon Books e suas lojas de conveniência Amazon Go, que promovem uma reviravolta em termos de comodidade ao utilizar câmeras e sensores para detectar o que os clientes pegam das prateleiras e levam para casa, enviando automaticamente a cobrança para suas contas.

Considerando tudo isso, quais grandes mudanças, que agradam os clientes, você pode esperar da Amazon nos próximos 10 anos? Segundo Bezos, essa não é a pergunta mais importante. Para ele, a pergunta mais importante é o que não vai mudar – e na Amazon, a resposta é criar real valor para o cliente. "Sabemos que os clientes querem preços baixos", diz Bezos. "E eu sei que isso vai continuar valendo daqui 10 anos. Eles querem entrega rápida; querem variedade. E, bem, sabemos que a energia que depositamos [nessas coisas] hoje ainda estará gerando vantagens para nossos clientes daqui 10 anos."

Dessa forma, a Amazon se tornou um exemplo para empresas que são focadas, de maneira obsessiva e bem-sucedida, na entrega de valor para o cliente. "Nossos clientes são fiéis a nós até alguém oferecer um serviço melhor", diz Bezos. "E eu adoro isso. É supermotivador para nós." E conclui: "Quando as coisas ficam complicadas, nós as simplificamos perguntando 'O que é melhor para o cliente?'. Acreditamos que, fazendo isso, as coisas vão funcionar no longo prazo".[1]

AS EMPRESAS BEM-SUCEDIDAS DE HOJE têm algo em comum: assim como a Amazon, elas são muito voltadas para o cliente e profundamente comprometidas com o *marketing*. Essas empresas compartilham a paixão por satisfazer as necessidades dos clientes em mercados-alvo bem definidos. Elas motivam todos da organização a ajudar a construir relacionamentos duradouros com os clientes, baseados na criação de valor.

Relacionamento com o cliente e valor são aspectos especialmente importantes hoje em dia. Ao se depararem com grandes avanços tecnológicos e profundos desafios econômicos, sociais e ambientais, os clientes de hoje estão reavaliando o modo como se engajam com as marcas. O digital, a mobilidade e as redes sociais revolucionaram a forma como os consumidores compram e interagem – o que, por sua vez, requer novas estratégias e táticas de *marketing*.

Vamos discutir os novos e empolgantes desafios enfrentados pelos clientes e pelas empresas mais adiante neste capítulo. Por ora, vamos ver os conceitos básicos do *marketing*.

> Comentário dos autores | Pare aqui antes de dar continuidade à leitura e pense como você responderia a esta pergunta. Então, veja como sua resposta muda à medida que lê o capítulo.

O que é *marketing*?

Objetivo 1-1 Definir *marketing* e as linhas gerais das etapas no processo de *marketing*.

Mais do que qualquer outra função empresarial, o *marketing* lida com clientes. Apesar de explorarmos mais adiante as definições de *marketing* de maneira mais detalhada, talvez a mais simples seja: *marketing* é engajar os clientes e gerenciar relacionamentos lucrativos com eles. Os dois principais objetivos do *marketing* são: atrair novos clientes, prometendo valor superior, e manter e cultivar os clientes atuais, entregando valor e satisfação.

Por exemplo, a Amazon domina o mercado *on-line* criando experiências de compra digital fora de série que ajudam os clientes a "encontrar e descobrir qualquer coisa que queiram comprar *on-line*". O Facebook atraiu mais de 2 bilhões de usuários ativos ao redor do mundo ajudando-os a "se conectar e compartilhar com as pessoas que fazem parte de sua vida". E a Starbucks domina o mercado de cafeterias dos Estados Unidos "criando uma cultura de cordialidade e pertencimento, onde todos são bem-vindos".[2]

O bom *marketing* é essencial para o sucesso de toda organização. Grandes empresas com fins lucrativos, como Apple, Target, Coca-Cola, Procter & Gamble e Microsoft, fazem uso do *marketing*. E o mesmo ocorre com organizações sem fins lucrativos, como faculdades, hospitais, orquestras sinfônicas e até mesmo igrejas.

O *marketing* está por toda parte, nas boas e velhas formas tradicionais e em uma série de novas formas, que vão de *sites* e aplicativos a vídeos *on-line* e redes sociais.

Leung Cho Pan/123RF

Você já sabe muito sobre *marketing* – ele está por toda parte. O *marketing* chega até você por meio das boas e velhas formas tradicionais: é possível vê-lo na grande quantidade de produtos disponíveis no *shopping center* mais perto de você e nos anúncios que invadem sua TV, incrementam sua revista e lotam sua caixa de correio. Recentemente, no entanto, os profissionais de *marketing* desenvolveram uma série de novas abordagens de *marketing*, que vão desde *sites* criativos e aplicativos para *smartphone* até vídeos *on-line* e redes sociais. Essas novas abordagens fazem muito mais do que simplesmente despejar mensagens para as massas: elas alcançam você de maneira direta, pessoal e interativa. As empresas de hoje querem se tornar parte de sua vida e enriquecer suas experiências com as marcas delas – elas querem ajudar você a viver as marcas delas.

Em casa, na escola e nos locais de lazer, você está exposto ao *marketing* em praticamente tudo o que faz. Contudo, há muito mais no *marketing* do que os olhos dos consumidores conseguem ver. Por trás dele, há uma massiva rede de pessoas, tecnologias e atividades que disputam sua atenção e suas compras. Este livro apresentará a você uma introdução completa aos conceitos básicos e às práticas de *marketing* de hoje. Neste capítulo, começamos definindo o que é *marketing* e o processo de *marketing*.

Definição de *marketing*

O que *é marketing*? Muitas pessoas pensam em *marketing* apenas como vendas e propaganda. Afinal, todos os dias somos bombardeados com comerciais de TV, *pitches on-line*, catálogos e conversas de vendedores. Entretanto, vendas e propaganda constituem apenas a ponta do iceberg do *marketing*.

Hoje, o *marketing* não deve ser entendido no sentido de efetuar uma venda – "mostrar e vender" –, mas sim no sentido de satisfazer as necessidades do cliente. Se a empresa engaja os consumidores de maneira efetiva, entende as necessidades deles, desenvolve produtos que oferecem valor superior e precifica, distribui e promove esses produtos bem, eles são vendidos com facilidade. Na verdade, de acordo com Peter Drucker, guru da administração: "O objetivo do *marketing* é tornar a venda desnecessária".[3] Vendas e propaganda são apenas partes do *mix* de *marketing* – um conjunto de ferramentas de *marketing* que operam juntas para engajar os clientes, satisfazer suas necessidades e construir relacionamentos com eles.

Marketing
Processo pelo qual as empresas engajam os clientes, constroem fortes relacionamentos com eles e lhes criam valor para, em troca, captar valor deles.

Definido de maneira geral, o *marketing* é um processo social e administrativo pelo qual indivíduos e organizações obtêm o que necessitam e querem por meio da criação e troca de valor com os outros. Em um contexto mais específico dos negócios, o *marketing* implica construir relacionamentos de troca lucrativos e imbuídos de valor com os clientes. Assim, definimos **marketing** como o processo pelo qual as empresas engajam os clientes, constroem fortes relacionamentos com eles e lhes criam valor para, em troca, captar valor deles.[4]

O processo de *marketing*

A **Figura 1.1** apresenta um modelo simples de cinco etapas do processo de *marketing* para criação de valor para o cliente e captação de valor dele. Nas quatro primeiras etapas, as empresas trabalham para entender os clientes, criar valor para esses clientes e construir um forte relacionamento com eles. Na última etapa, elas colhem os frutos por criar valor superior para o cliente. Ao criar valor para os clientes, as empresas captam valor deles na forma de vendas, lucros e *customer equity* de longo prazo.

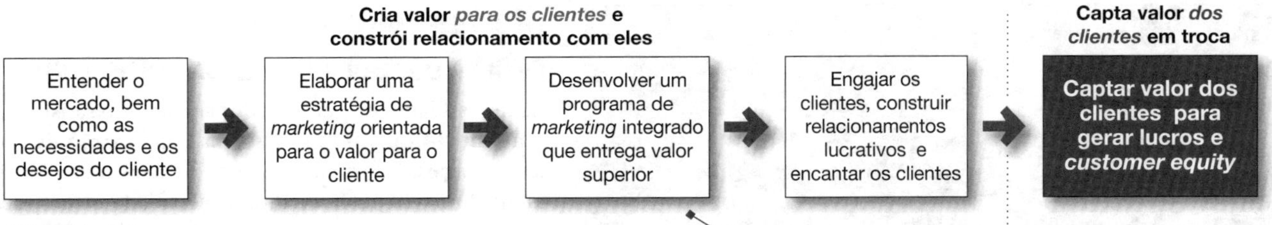

FIGURA 1.1
O processo de *marketing*: criação de valor para o cliente e captação de valor dele.

Esta importante figura traz um resumo do *marketing*. Ao criar valor *para os clientes*, as empresas captam *valor deles* em troca. Esse processo de cinco etapas constitui a estrutura do *marketing* para o restante não só do capítulo, mas também do livro.

Neste capítulo e no próximo, vamos analisar as etapas desse modelo simples de *marketing*. Neste capítulo, veremos todas elas, mas nos concentraremos naquelas relativas ao relacionamento com o cliente – entender os clientes, engajá-los, construir um relacionamento com eles e captar valor deles. Já no Capítulo 2, vamos nos aprofundar na segunda e na terceira etapas – elaborar estratégias de *marketing* que criam valor e desenvolver programas de *marketing*.

Comentário dos autores | O *marketing* tem tudo a ver com criação de valor para os clientes. Assim, na primeira etapa do processo de *marketing*, a empresa deve adquirir um total entendimento dos clientes e do mercado.

Entendimento do mercado e das necessidades do cliente

Objetivo 1.2 Explicar a importância de entender o mercado e os clientes e identificar os cinco conceitos básicos do mercado.

Como primeiro passo, os profissionais de *marketing* precisam entender as necessidades e os desejos do cliente e o mercado em que atuam. Vamos analisar cinco conceitos básicos de cliente e mercado: (1) necessidades, desejos e demandas; (2) ofertas ao mercado (produtos, serviços e experiências); (3) valor e satisfação; (4) trocas e relacionamentos; e (5) mercados.

Necessidades, desejos e demandas dos clientes

Necessidades
situações de privação percebida.

Desejos
São a forma que as necessidades humanas assumem quando são moldadas pela cultura e pela personalidade individual.

Demandas
Necessidades humanas que são apoiadas pelo poder de compra.

O conceito mais básico por trás do *marketing* é o das necessidades humanas. As **necessidades** humanas são situações de privação percebida. Elas incluem necessidades físicas básicas por comida, roupa, abrigo e segurança; necessidades sociais de pertencimento e afeto; e necessidades individuais de conhecimento e autoexpressão. Os profissionais de *marketing* não criaram essas necessidades: elas são elementos básicos da condição humana.

Os **desejos** são a forma que as necessidades humanas assumem quando são moldadas pela cultura e pela personalidade individual. Por exemplo, um norte-americano necessita de comida, mas deseja um Bic Mac, batatas fritas e refrigerante. Já um habitante de Papua Nova Guiné necessita de comida, mas deseja cará, arroz, batata doce e carne de porco. Os desejos são moldados por uma sociedade e descritos em termos de objetos que satisfarão as necessidades. Quando apoiados pelo poder de compra, os desejos se tornam **demandas**. Considerando seus desejos e recursos, as pessoas demandam produtos e serviços com benefícios que lhes proporcionam o melhor conjunto de valor e satisfação.

As empresas se esforçam para descobrir e entender as necessidades, os desejos e as demandas dos clientes. Elas conduzem pesquisas com os clientes, analisam montanhas de dados sobre eles e os observam enquanto eles compram e interagem, *on-line* e *offline*. Seu pessoal, em todos os níveis da empresa – incluindo a alta administração –, se mantém próximo dos clientes. Por exemplo, Jeff Bezos, fundador e CEO da Amazon, ainda tem um endereço de *e-mail* voltado para clientes que o ajuda a identificar as preocupações deles. "Eu leio a maioria desses *e-mails*", disse Bezos. "E eu encaminho alguns deles, aqueles que chamam minha atenção." De maneira similar, para ver de perto o que seus clientes vivenciam, Brian Chesky, CEO do Airbnb, e Joe Gebbia, seu cofundador, se hospedam regularmente em locações oferecidas pela empresa. Quando o Airbnb disponibilizou suas locações pela primeira vez, lá nos idos de 2009, Chesky e Gebbia visitaram todas as opções em Nova York – eles se hospedaram nos locais, escreveram resenhas e se certificaram de que estavam à altura dos padrões elevados da empresa. Essas visitas pessoais ajudaram a dupla a desenhar novas soluções para os clientes com base em sua experiência real de usuário.[5]

De olho no cliente: Brian Chesky, CEO do Airbnb (à esquerda), e Joe Gebbia, seu cofundador (no centro), regularmente se hospedam em locações oferecidas pela empresa, o que os ajuda a desenhar novas soluções para os clientes com base em sua experiência real de usuário.

Jim Wilson/The New York Times/Redux

Ofertas ao mercado: produtos, serviços e experiências

As necessidades e os desejos dos clientes são satisfeitos por uma **oferta ao mercado** – uma combinação de produtos, serviços, informações e experiências oferecida a um mercado para satisfazer uma necessidade ou um desejo. As ofertas ao mercado não se limitam a produtos físicos: elas incluem também serviços – atividades ou benefícios oferecidos para venda que são essencialmente intangíveis ou não resultam na posse de nada. Entre os exemplos de serviços, estão: bancos, companhias aéreas, hotéis, varejo e serviços de consertos domésticos.

De maneira mais ampla, as ofertas ao mercado incluem outras entidades, como pessoas, lugares, organizações, informações, ideias e causas. Por exemplo, para divulgar a causa da prevenção ao suicídio, o *rapper* Logic trabalhou com a National Suicide Prevention Lifetime (NSPL) na criação de um vídeo de serviço público de 7 minutos que incorporou à sua canção "1-800-273-8255" – número do telefone da NSPL. Os resultados foram incríveis. No dia em que a música e o vídeo foram lançados, as ligações para a Lifetime aumentaram mais de 25% e as pesquisas no Google pelo telefone da organização dobraram. Nos meses seguintes, o número de visitantes no *site* da NSPL aumentou mais de 30%.[6]

Oferta ao mercado
Combinação de produtos, serviços, informações e experiências oferecida a um mercado para satisfazer uma necessidade ou um desejo.

Miopia de *Marketing*
O erro de prestar mais atenção aos produtos que oferecem do que aos benefícios e às experiências gerados por esses produtos.

Muitas empresas cometem o erro de prestar mais atenção aos produtos que oferecem do que aos benefícios e às experiências gerados por esses produtos. Essas empresas sofrem de **miopia de *marketing***. Elas se fixam tanto em seus produtos que enxergam apenas os desejos existentes, deixando passar as necessidades ocultas dos clientes.[7] Esquecem que um produto é só um instrumento para resolver um problema do cliente. Um fabricante de furadeira pode achar que o cliente necessita de uma furadeira, mas ele necessita *mesmo* de um buraco. Essas empresas terão dificuldade caso surja um novo produto que atenda melhor às necessidades do cliente ou seja mais barato. O cliente continuará tendo a mesma *necessidade*, mas *desejará* o novo produto.

Bons profissionais de *marketing* enxergam além dos atributos dos produtos e serviços que vendem. Orquestrando diversos serviços e produtos, eles criam experiências de marca para os consumidores. Por exemplo, o Walt Disney World Resort não oferece apenas atrações em parques de diversão: ele utiliza a famosa magia da Disney para oferecer aos visitantes experiências cuidadosamente orquestradas, que tornam os sonhos realidade (veja o Marketing Real 1.1). As lojas físicas da Apple, que são muito bem-sucedidas, não vendem apenas os produtos da empresa: elas criam uma experiência de marca envolvente:[8]

Criando experiências para o consumidor: Mais do que apenas vender produtos, as lojas bem-sucedidas da Apple criam uma experiência de marca que te faz sentir de bem com a vida.

Maen Zayyad/Shutterstock

As lojas da Apple são lugares muito sedutores, em que abundam experiências do tipo "sentindo-se bem com a vida". O *design* das lojas é *clean*, simples e flui com estilo – é muito parecido com um iPad ou um levíssimo Mac Book Air. O movimento das lojas se assemelha muito mais ao de centros comunitários do que de espaços de varejo, com multidões de clientes mexendo nos produtos e vibrando entusiasmados com todas as coisas da Apple. As lojas incentivam a compra, com certeza. Mas elas também incentivam a permanência no local, com mesas repletas de Macs, iPads, iPhones e Apple Watches em funcionamento para os visitantes testarem e dezenas de funcionários descontraídos prontos para responder a perguntas e atender a todos os caprichos. As lojas oferecem assistência técnica especializada na Genius Bar e uma série de *workshops* em que clientes com diferentes níveis de experiência podem aprender sobre seus dispositivos Apple e explorar o lado criativo deles. Você não simplesmente visita uma loja Apple: você a vivencia de uma forma com a qual nenhuma outra empresa de eletrônicos de consumo consegue se igualar. Como explica um executivo de varejo da Apple: "Eu não quero que me vendam nada quando entro em uma

Marketing Real 1.1 | Walt Disney World Resort: criando momentos mágicos

Todos os anos, mais de 50 milhões de pessoas visitam o Walt Disney World Resort, o que faz dele a maior atração turística do mundo. Em um dia agitado, mais de 300 mil pessoas ansiosas podem aparecer para visitar o Mickey e seus amigos em um dos quatro principais parques temáticos do *resort* – Magic Kingdom, Epcot, Hollywood Studios e Animal Kingdom.

Mas o que leva tanta gente ao Walt Disney World Resort? Parte da resposta está nas muitas atrações do local. A Disney World é uma verdadeira terra da fantasia – são mais de 103 quilômetros quadrados (o equivalente à cidade de São Francisco) repletos de atrações empolgantes, como o Expedition Everest, o Twilight Zone Tower of Terror, o Space Mountain, o Soarin' Around the World, o Toy Story Mania, o Piratas do Caribe, o Kilimanjaro Safaris e o Millennium Falcon. Mas a Disney World não oferece apenas atrações em parques de diversão: a verdadeira "magia da Disney" está na forma como o *resort* transforma as visitas ao parque em experiências cuidadosamente orquestradas que tornam os sonhos realidade.

O Walt Disney World Resort é obcecado por tornar cada aspecto da visita de todo cliente memorável. Em um mundo cada vez mais insensível, mal gerido e tedioso, a Disney World oferece acolhimento, organização e momentos mágicos. Da hora em que os visitantes compram seus ingressos até o momento que vão embora, a Disney faz de tudo para criar experiências que façam da Disney World "o lugar mais mágico do mundo".

Cada parque, atração, restaurante e hotel é parte de um mundo encantado, com todas as nuances cuidadosamente pensadas pela equipe criativa da Disney – os Imagineers. No Test Track do Epcot Center, por exemplo, os visitantes não ficam apenas dando voltas em uma pista: eles se tornam engenheiros de teste da GM ao conduzir um conceito de veículo por rigorosos procedimentos de teste. Na sala de jantar do Be Our Guest, no Magic Kingdom, os clientes não comem uma mera refeição: eles experimentam pratos inspirados na culinária francesa dentro do castelo da Fera, um lugar em que está sempre nevando suavemente do lado de fora, as armaduras falam e a rosa mágica brilha no canto da proibida ala esquerda.

Todos os funcionários da Disney World – dos executivos que ocupam salas imponentes ao sorveteiro na rua principal do Magic Kingdom – são cuidadosamente treinados na difícil tarefa de ajudar as pessoas a se divertir. Eles sabem que estão no ramo do entretenimento e que são "membros do elenco" cujo trabalho é ser animado, bem-informado e profissional no atendimento aos "convidados" da Disney. Eles aprendem que cada membro do elenco desempenha um papel essencial no show da Disney World, seja como "anfitrião da segurança" (segurança), "anfitrião do transporte" (motorista), "anfitrião da conservação" (funcionário da limpeza) ou "anfitrião das comidas e bebidas" (funcionário de restaurante).

Antes de receber suas "fantasias" e entrar no "palco", os membros do elenco aprendem a lidar de maneira efetiva com os convidados. Em um curso chamado Tradições, eles aprendem a linguagem, a história e a cultura da Disney. Eles são ensinados a ser animados, prestativos e *sempre* amigáveis. Aprendem a fazer boas ações, como se oferecer para tirar fotos dos convidados, de modo que toda família apareça nas imagens. São ensinados a nunca dizer "Não sei" ou "Esse não é meu trabalho". Quando um convidado pergunta alguma coisa – seja "Onde fica o banheiro mais próximo?" ou "Qual o nome dos sete anões da Branca de Neve?" –, eles precisam saber a resposta. Se virem lixo no chão, tem que pegá-lo.

A Disney treina os membros do elenco para se conectar com os convidados em nível pessoal, de modo a fazê-los se sentir especiais. Os membros buscam proativamente oportunidades para transformar o tédio em magia. Por exemplo, ao se deparar com uma criança frustrada, um membro do elenco pode dar a ela um FastPass para uma atração ou um cobiçado *pin* de uma edição especial. Pode ainda colocar a família em contato com o personagem certo, no momento certo. Uma fã fiel da Disney se recorda de uma experiência pessoal muito especial: "Eu tinha três anos e juro que a Cinderela estava acenando [para mim] do castelo. Nessa hora, meu irmão gritou 'Cinderela, minha irmã quer te conhecer!'. Minutos depois fui levada para conhecer a Cinderela em um encontro privado".

A tecnologia tem ajudado muito os membros do elenco a estabelecer conexões pessoais. Por exemplo, os convidados da Disney World usam pulseiras chamadas MagicBands que possuem um identificador por radiofrequência e servem para tudo: são chaves de quarto, passaportes para os parques e até métodos de pagamento. Associadas ao MyMagic+, um sistema baseado em nuvem, as MagicBands permitem que os membros do elenco identifiquem os convidados, cumprimentando-os pelo nome e reconhecendo ocasiões especiais, como aniversários, datas comemorativas e reencontros. Essas pulseiras também permitem que a Disney customize as experiências dos convidados de outras formas. Por exemplo, enquanto passeiam pelo *resort*, os convidados podem ver seu nome em uma tela próxima com uma mensagem como: "Samantha! Que mundo pequeno". Fotos suas em atrações do parque podem, do nada, aparecer em seus aplicativos My Disney Experience. As MagicBands possibilitam, inclusive, que os convidados se envolvam com a atração enquanto esperam na fila, criando detalhes que mais tarde se tornam parte da atração em si.

Assim, você não visita o Walt Disney World Resort apenas para conferir algumas atrações. Em vez disso, você o visita para fazer parte de uma experiência cuidadosamente coreografada – um mundo mágico de maravilhas onde os sonhos se tornam realidade. A Disney é tão conceituada por sua capacidade de oferecer experiências aos clientes que muitas empresas

Experiências de *marketing*: Você não simplesmente visita o Walt Disney World Resort. Você mergulha em uma experiência cuidadosamente coreografada – um mundo em que os sonhos se tornam realidade e as coisas ainda funcionam da maneira como deveriam.

Sunshine/Alamy Stock Photo

que lideram seus setores enviam gestores ao Disney Institute para "descobrir o método por trás da magia". Como disse uma grande fã da Disney World: "Caminhar pela rua principal e ver o castelo da Cinderela logo de cara sempre faz meu coração disparar... Não importa pelo que eu esteja passando... De repente o mundo é repleto de magia, maravilhas e possibilidades de novo. Eu sinto uma onda de felicidade me invadir e um sorriso voltar ao meu rosto com facilidade. Não um sorriso forçado, mas um real, verdadeiro".[9]

loja. Não venda! Não! Porque isso é brochante. Construa uma experiência de marca incrível e [a venda] acontecerá naturalmente". E vendas sem dúvida acontecem nas lojas da Apple. As 506 lojas da empresa espalhadas por 24 países atraem mais de 1 milhão de clientes por dia e geram as vendas mais altas por metro quadrado entre os varejistas nos Estados Unidos.

Valor e satisfação

Os consumidores normalmente se deparam com uma grande quantidade de produtos e serviços capazes de satisfazer uma determinada necessidade. Como eles fazem sua escolha entre essas diversas ofertas ao mercado? Os clientes criam expectativas em relação ao valor e à satisfação dessas ofertas e compram de acordo com elas. Os clientes satisfeitos compram novamente e comentam suas boas experiências com outras pessoas. Os clientes insatisfeitos geralmente migram para a concorrência e falam mal do produto para os outros.

Os profissionais de *marketing* devem ter cautela ao definir o nível correto de expectativas. Se eles definem expectativas baixas demais, podem satisfazer os que compram, mas deixar de atrair um número suficiente de compradores. Se definem expectativas muito altas, os compradores ficam decepcionados. O valor para o cliente e a satisfação dele são componentes fundamentais do desenvolvimento e da gestão do relacionamento com o cliente. Vamos abordar esses conceitos básicos mais adiante, neste capítulo.

Trocas e relacionamentos

Troca
O ato de obter de alguém um objeto desejado oferecendo algo em troca.

O *marketing* ocorre quando as pessoas decidem satisfazer suas necessidades e seus desejos por meio do relacionamento de troca. A **troca** é o ato de obter de alguém um objeto desejado oferecendo algo em troca. Em um sentido mais amplo, o profissional de *marketing* tenta gerar uma resposta para alguma oferta ao mercado. A resposta pode ser mais do que simplesmente a compra ou a comercialização de produtos ou serviços. Por exemplo, um candidato a um cargo político quer votos, uma igreja quer membros e participação, uma orquestra quer público e uma ação social quer a aceitação de uma ideia.

O *marketing* consiste em ações realizadas para criar, manter e cultivar relacionamentos de troca desejáveis com um público-alvo, envolvendo um produto, serviço, ideia ou outro objeto. As empresas querem construir relacionamentos sólidos oferecendo, de forma consistente, valor superior para o cliente. Vamos nos aprofundar nesse importante conceito da gestão do relacionamento com o cliente mais adiante neste capítulo.

Mercados

Mercado
Conjunto de compradores atuais e potenciais de um produto ou serviço.

Os conceitos de troca e relacionamentos conduzem ao conceito de mercado. Um **mercado** é um conjunto de compradores atuais e potenciais de um produto ou serviço. Esses compradores compartilham uma determinada necessidade ou desejo que pode ser satisfeito por meio de relacionamentos de troca.

Marketing significa administrar mercados para gerar relacionamentos lucrativos com os clientes. Criar esses relacionamentos, contudo, dá trabalho. As empresas precisam procurar e engajar compradores, identificar suas necessidades, elaborar boas ofertas ao mercado, estabelecer preços para essas ofertas, promovê-las, armazená-las e entregá-las. Atividades como pesquisa com o consumidor, desenvolvimento de produto, comunicação, distribuição, precificação e serviços são centrais no *marketing*.

Apesar de normalmente pensarmos que o *marketing* é realizado apenas por aqueles que vendem, aqueles que compram também podem exercer atividades de *marketing*. Os consumidores fazem *marketing* quando procuram produtos, interagem com empresas para obter informações e realizam suas compras. De fato, as tecnologias digitais de hoje – os *sites*, os aplicativos para *smartphones* e a explosão das redes sociais – intensificaram o poder dos consumidores e fizeram do *marketing* um negócio realmente interativo. Assim, atualmente, além da gestão do relacionamento com o cliente, as empresas devem lidar com os *relacionamentos gerenciados pelo cliente*. Os profissionais de *marketing* já não perguntam mais apenas: "Como podemos influenciar nossos clientes?". Eles também

Cada parte do sistema agrega valor. O Walmart não poderia cumprir sua promessa de preços baixos se seus fornecedores não oferecessem mercadorias a baixos custos. A Ford não poderia oferecer alta qualidade aos compradores de seus carros se seus revendedores não fornecessem vendas e serviços de excelência.

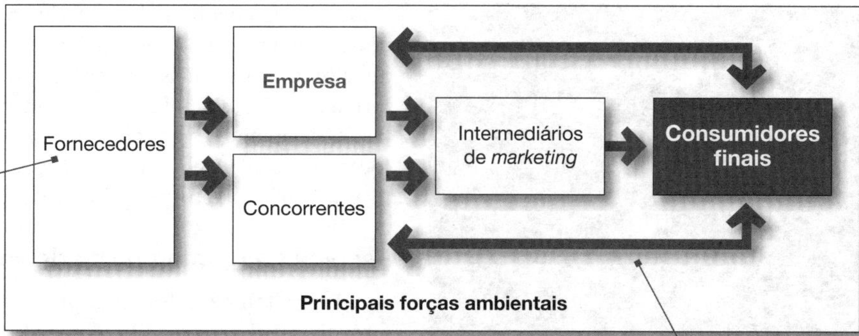

As setas representam os relacionamentos que devem ser desenvolvidos e gerenciados com o intuito de criar valor para o cliente e construir relacionamentos lucrativos com eles.

FIGURA 1.2
Um sistema de *marketing* moderno.

perguntam: "Como nossos clientes podem nos influenciar" e, até mesmo, "Como nossos clientes podem influenciar uns aos outros?".

A **Figura 1.2** mostra os principais elementos de um sistema de *marketing*. O *marketing* envolve o atendimento de um mercado de consumidores finais apesar dos concorrentes. A empresa e os concorrentes pesquisam o mercado e interagem com os consumidores para entender suas necessidades. Eles, então, criam e enviam suas ofertas ao mercado, suas mensagens e outros conteúdos de *marketing* para os consumidores, diretamente ou por meio de intermediários de *marketing*. Todos os participantes do sistema são afetados pelas principais forças ambientais (demográficas, econômicas, naturais, tecnológicas, políticas e socioculturais).

Cada parte do sistema agrega valor para o nível seguinte. As setas representam os relacionamentos que devem ser desenvolvidos e gerenciados. Assim, o sucesso de uma empresa no engajamento dos clientes e na construção de relacionamentos lucrativos com eles depende não apenas de suas ações, mas também da maneira como o sistema como um todo atende às necessidades dos consumidores finais. O Walmart não poderia cumprir sua promessa de preços baixos se seus fornecedores não oferecessem mercadorias a baixos custos. Da mesma maneira, a Ford não poderia oferecer alta qualidade aos compradores de seus carros se seus revendedores não fornecessem vendas e serviços de excelência.

Comentário dos autores | Quando tiver total entendimento de seus consumidores e do mercado, a empresa deve decidir quais clientes atender e como entregar valor a eles.

Elaboração de uma estratégia e um plano de *marketing* orientados para o cliente

Objetivo 1.3 Identificar os elementos-chave de uma estratégia de *marketing* orientada para o cliente e discutir as orientações da administração de *marketing* que norteiam a estratégia de *marketing*.

Estratégia de *marketing* orientada para o cliente

Administração de *marketing*
A arte e a ciência de escolher mercados-alvo e construir relacionamentos lucrativos com eles.

Uma vez que compreende totalmente os consumidores e o mercado, a administração de *marketing* pode elaborar uma estratégia de *marketing* orientada para o cliente. Definimos **administração de *marketing*** como a arte e a ciência de escolher mercados-alvo e construir relacionamentos lucrativos com eles. A meta de um gestor de *marketing* é engajar, manter e cultivar clientes-alvo por meio da criação, entrega e comunicação de valor superior para eles.

Para elaborar uma estratégia de *marketing* vencedora, o gestor de *marketing* deve responder a duas importantes perguntas: "A quais clientes vamos atender (qual é nosso mercado-alvo?)" e "Como podemos atender a esses clientes melhor (qual é a nossa proposta de valor?)". Neste capítulo, vamos abordar brevemente esses conceitos de estratégia de *marketing*. Nos Capítulos 2 e 7, vamos analisá-los em mais detalhes.

Seleção dos clientes a atender

Em primeiro lugar, a empresa deve decidir a quem atenderá. Ela faz isso dividindo o mercado em segmentos (segmentação de mercado) e selecionando os segmentos em que focará (seleção de mercado-alvo). Algumas pessoas pensam em administração de *marketing* como uma forma de encontrar o máximo de clientes possível e aumentar a demanda. Contudo, os gestores de *marketing* sabem que não podem atender a todos os clientes de todas as maneiras – ao tentar atender a todos os clientes, eles podem não

Proposições de valor: a Sonos posiciona seu Sonos One, que vem com o Amazon Alexa integrado, como "o alto-falante inteligente para quem gosta de música". Ele oferece todas as vantagens do Amazon Alexa, mas com som Sonos de alta qualidade.

The Advertising Archives/Alamy Stock Photo

atender bem a nenhum deles. Assim, a empresa quer selecionar apenas clientes a que pode atender bem e de forma lucrativa. Por exemplo, a Nordstrom atende de forma lucrativa a profissionais bem-sucedidos, enquanto a Dollar General atende, também de forma lucrativa, a famílias com orçamentos mais modestos.

Basicamente, os gestores de *marketing* devem decidir em quais clientes querem focar e em qual nível, ritmo e natureza da demanda deles. Em termos simples, a administração de *marketing* é a administração dos clientes e a administração da demanda.

Escolha de uma proposta de valor

A empresa também deve decidir como atenderá a seus clientes-alvo – como se diferenciará e se posicionará no mercado. A proposta de valor de uma marca é o conjunto de benefícios ou valores que ela promete entregar aos clientes para satisfazer as necessidades deles. A JetBlue promete colocar "você acima de tudo", levando a "humanidade de volta às viagens de avião". Em contrapartida, a Spirit Airlines oferece a você uma precificação do tipo "tarifa baixa" – "Menos dinheiro, mais viagens". O alto-falante inteligente Echo, da Amazon, está "sempre pronto, conectado e rápido – é só perguntar". Por outro lado, o Sonos One, que vem com o Amazon Alexa integrado, é "o alto-falante inteligente para quem gosta de música". Ele oferece todas as vantagens do Amazon Alexa, mas com som Sonos de alta qualidade.

Essas proposições de valor diferenciam uma marca da outra. Elas respondem à pergunta do cliente: "Por que eu deveria comprar sua marca em vez de a do concorrente?". As empresas devem elaborar fortes propostas de valor, que deem a elas maior vantagem em seus mercado-alvo.

Orientações da administração de *marketing*

A administração de *marketing* quer elaborar estratégias que vão engajar os clientes-alvo e construir relacionamentos lucrativos com eles. Mas qual filosofia deve orientar essas estratégias de *marketing*? Que peso deve ser dado aos interesses dos clientes, da organização e da sociedade? Com muita frequência, esses interesses são conflitantes.

Existem cinco orientações alternativas com base nas quais as organizações elaboram e executam suas estratégias de *marketing*. São elas: *orientação de produção, de produto, de vendas, de marketing* e de *marketing societal*.

Orientação de produção
A ideia de que os consumidores preferem os produtos disponíveis e altamente acessíveis; assim, a administração deve se concentrar em melhorar a eficiência da produção e da distribuição.

Orientação de produção. A **orientação de produção** defende que os consumidores preferem os produtos disponíveis e altamente acessíveis. Portanto, a administração deve se concentrar em melhorar a eficiência da produção e da distribuição. Essa orientação é uma das mais antigas a nortear as empresas.

A orientação de produção ainda é uma filosofia útil em algumas situações. Por exemplo, a Lenovo (fabricante de computadores pessoais) e a Haier (fabricante de eletrodomésticos) dominam o mercado chinês, altamente competitivo e sensível a preços, por meio de baixos custos de mão de obra, alta eficiência de produção e distribuição em massa. Entretanto, apesar de útil em algumas situações, a orientação de produção pode levar à miopia de *marketing*. As empresas que adotam essa orientação correm um grande risco de se concentrar demais em suas operações e perder de vista seus verdadeiros objetivos – satisfazer as necessidades dos clientes e construir relacionamento com eles.

Orientação de produto
A ideia de que os consumidores dão preferência a produtos que oferecem mais qualidade, desempenho e atributos; assim, a organização deve concentrar sua energia na promoção de melhorias constantes no produto.

Orientação de produto. A **orientação de produto** defende que os consumidores dão preferência a produtos que oferecem mais qualidade, desempenho e características inovadoras. Seguindo essa orientação, a estratégia de *marketing* se concentra em promover melhorias constantes no produto.

A qualidade e a melhoria do produto são peças importantes em muitas estratégias de *marketing*. Entretanto, concentrar-se somente nos produtos da empresa pode levar à miopia de *marketing*. Por exemplo, alguns fabricantes acreditam que, se conseguirem "fabricar uma ratoeira melhor, o mundo cairá a seus pés". Mas, com frequência, eles são surpreendidos. Os compradores podem estar buscando uma solução melhor para seus problemas com os ratos, mas isso não significa que eles estejam necessariamente procurando uma ratoeira melhor. Uma solução melhor poderia ser um *spray* químico, um serviço de desratização, um gato ou qualquer outra coisa que atendesse às suas necessidades melhor do que uma ratoeira. Além disso, uma ratoeira melhor só venderia bem se seu *design*, sua embalagem e seu preço fossem atrativos, se ela fosse disponibilizada em canais de distribuição adequados, se chamasse a atenção das pessoas e se os compradores fossem convencidos de que se trata de um produto realmente melhor.

Orientação de vendas
A ideia de que os consumidores só vão comprar uma quantidade satisfatória de produtos da empresa se ela vender em larga escala e realizar promoções.

Orientação de vendas. Muitas empresas seguem a **orientação de vendas**, a qual defende que os consumidores só vão comprar uma quantidade satisfatória de produtos da empresa se ela vender em larga escala e realizar promoções. Essa orientação é normalmente praticada quando se lida com bens não procurados – aqueles que os compradores normalmente não pensam em adquirir, como seguros de vida e doações de sangue. Esses setores devem ser eficientes em rastrear os clientes potenciais e lhes vender os benefícios do produto.

Essa venda agressiva, porém, gera altos riscos. Ela é voltada para a criação de transações de vendas, e não para a construção de um relacionamento lucrativo e de longo prazo com os clientes. Seu objetivo, com frequência, é vender o que a empresa fabrica, em vez de fabricar o que o mercado quer. Ela presume que os clientes que forem persuadidos a comprar o produto vão gostar dele ou, se não gostarem, possivelmente vão esquecer a decepção e voltar a comprá-lo mais para frente. Em geral, essas premissas são fracas.

Orientação de *marketing*
Filosofia segundo a qual o alcance das metas organizacionais depende do conhecimento das necessidades e dos desejos dos mercados-alvo, bem como da entrega da satisfação desejada com mais eficiência do que os concorrentes.

Orientação de marketing. A **orientação de *marketing*** defende que o alcance das metas organizacionais depende do conhecimento das necessidades e dos desejos dos mercados-alvo, bem como da entrega da satisfação desejada com mais eficiência do que os concorrentes. De acordo com essa orientação, o foco no cliente e o valor para ele constituem os caminhos para as vendas e os lucros. Em vez de uma filosofia fazer e vender centrada no produto, a orientação de *marketing* é uma filosofia sentir e reagir voltada para o cliente. A meta não é encontrar os clientes certos para seu produto, mas sim encontrar os produtos certos para seus clientes.

● A **Figura 1.3** compara a orientação de vendas com a de *marketing*. A orientação de vendas trabalha com uma perspectiva de dentro para fora. Ela tem início com a produção, concentra-se nos produtos existentes da empresa e exige um grande esforço em vendas e promoção para gerar vendas lucrativas. O foco é, principalmente, conquistar clientes – conseguir vendas no curto prazo, sem se preocupar muito com quem está comprando ou por quê.

Em contrapartida, a orientação de *marketing* trabalha com uma perspectiva de fora para dentro. Como disse Herb Kelleher, o animado fundador da Southwest Airlines: "Nós não temos um departamento de *marketing*; temos um departamento do cliente". A orientação de *marketing* tem início com um mercado bem definido, é voltada para as necessidades dos clientes e integra todas as atividades de *marketing* que os atingem. Por sua vez, ela gera lucros criando relacionamento com os clientes certos, baseado no valor para eles e em sua satisfação.

Muitas vezes, implementar a orientação de *marketing* significa muito mais do que simplesmente responder aos desejos expostos dos clientes e às suas necessidades óbvias. Empresas orientadas para o cliente pesquisam muito sobre os clientes para conhecer seus desejos, coletar novas ideias de produtos e testar melhorias de produtos. Esse *marketing* orientado para o cliente costuma funcionar bem quando existe uma necessidade clara e quando os clientes sabem o que querem.

Em muitos casos, contudo, os clientes não sabem o que querem ou o que é possível querer. Como Henry Ford supostamente assinalou: "Se eu tivesse perguntado para as pessoas o que elas queriam, teriam dito que queriam cavalos mais rápidos". Mesmo há 20 anos, quantos consumidores teriam pensado em pedir produtos que hoje são comuns, como *tablets*, *smartphones*, câmeras digitais, compras *on-line* 24 horas, *streaming* de vídeos e músicas e veículos elétricos? Essas situações requerem o *marketing orientado para o cliente* – entender as necessidades dos clientes melhor até mesmo do que eles e criar produtos e serviços que atendam às necessidades existentes e latentes hoje e no futuro. Como disse certa vez Steve Jobs, o lendário cofundador da Apple: "Nosso trabalho consiste em descobrir o que [os consumidores] vão querer antes deles... Nossa tarefa é ler as coisas que ainda não estão registradas".[10]

Orientação de *marketing* societal
A ideia de que as decisões de *marketing* da empresa devem levar em conta os desejos dos consumidores, as exigências da organização, os interesses de longo prazo dos consumidores e os interesses de longo prazo da sociedade.

Orientação de marketing societal. A **orientação de *marketing* societal** questiona se a orientação de *marketing* pura deixa de considerar possíveis conflitos entre o que o consumidor deseja no curto prazo e o bem-estar dele no longo prazo. Uma empresa que satisfaz as necessidades e os

● FIGURA 1.3
Comparação entre a orientação de vendas e a de *marketing*.

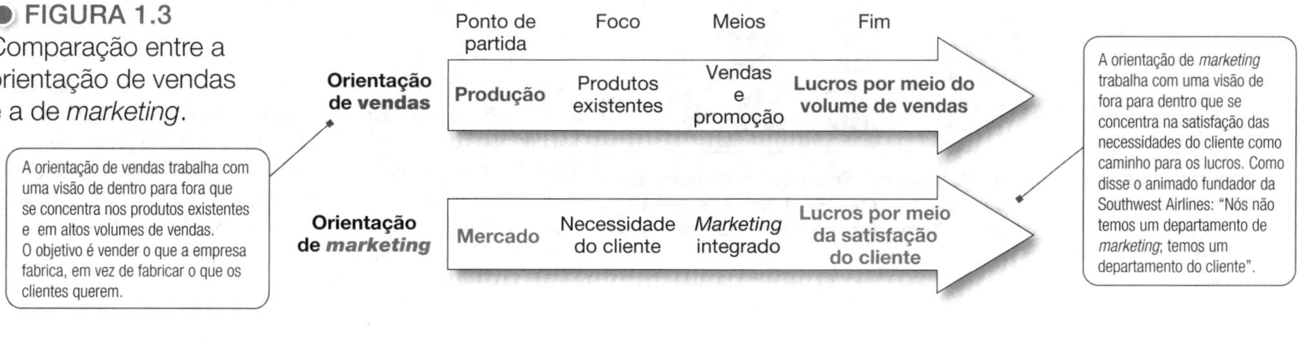

FIGURA 1.4
Três fatores que fundamentam a orientação de *marketing* societal.

desejos imediatos dos mercados-alvo está sempre fazendo o que é melhor para seus consumidores no longo prazo? A orientação de *marketing* societal defende que a estratégia de *marketing* deve entregar valor para os clientes de tal forma que mantenha ou melhore o bem-estar deles e da sociedade. Isso remete ao *marketing* sustentável – *marketing* social e ambientalmente responsável que atende às necessidades atuais dos consumidores e das empresas ao mesmo tempo que preserva ou mantém a capacidade das futuras gerações de sastisfazer suas necessidades.

Indo mais longe, muitas empresas líderes em seus setores e autoridades do *marketing* estão agora pregando o conceito de *valor compartilhado*, o qual reconhece que as necessidades societais, e não apenas as econômicas, definem os mercados.[11] O conceito de valor compartilhado se concentra na criação de valor econômico de tal maneira que crie também valor para a sociedade. Um número cada vez maior de empresas conhecidas por sua abordagem pragmática – como Google, IBM, Johnson & Johnson, Unilever e Walmart – está repensando a intersecção entre o desempenho da sociedade e o empresarial. Elas estão preocupadas não apenas com os ganhos econômicos no curto prazo, mas também com o bem-estar de seus clientes, o esgotamento dos recursos naturais essenciais para seus negócios, a continuidade de seus fornecedores-chave e o bem-estar econômico das comunidades em que operam.

Como mostra a **Figura 1.4**, as empresas devem levar em conta três fatores na hora de estabelecer suas estratégias de *marketing*: seus lucros, os desejos do consumidor e os interesses da sociedade. A Jeni's Splendid Ice Creams – uma empresa pequena, mas que está crescendo rápido – opera dessa forma:[12]

A Jeni's Splendid Ice Creams fabrica e vende, em suas lojas, deliciosos sorvetes artesanais com sabores exóticos, como queijo de cabra com cerejas vermelhas, lavanda silvestre e pera escalfada em vinho Riesling (sorbet). Mas a Jeni's faz mais do que simplesmente fabricar e vender sorvete: ela se dedica à tocante missão de "fabricar os melhores sorvetes e aproximar as pessoas. É isso que faz a gente levantar da cama de manhã e que nos mantém de pé até tarde da noite". A Jeni's segue o que ela chama de "modelo de parceria" – fabricar ótimos sorvetes para as comunidades, por meio das comunidades. Cartazes nas lojas da Jeni's anunciam com orgulho: "Sorvetes desenvolvidos em parceria com agricultores, fabricantes e produtores do mundo todo – tudo por amor a você".

A orientação de *marketing* societal: a Jeni's Splendid Ice Creams faz mais do que simplesmente fabricar bons sorvetes. Ela fabrica "sorvetes desenvolvidos em parceria com agricultores, fabricantes e produtores do mundo todo – tudo por amor a você".
Jeni's Splendid Ice Creams, LLC

Para atingir sua ambiciosa missão, a Jeni's seleciona seus ingredientes com cuidado, utilizando frutas e vegetais inteiros, leite de vacas criadas em pasto e mel de flores silvestres de produtores locais. Ela também usa baunilha proveniente de comércio justo e chocolate resultante do comércio direto do grão à barra. A Jeni's acredita na "compra direta e no pagamento justo pelos ingredientes, causando um impacto mínimo no ambiente e construindo e moldando a comunidade". Ela também trabalha para envolver suas comunidades locais. "Toda vez que abrimos uma loja [...] investimos tempo nos bairros. Queremos que os moradores e os visitantes sejam nossos parceiros. Vemos nossa empresa como uma comunidade." Graças a sua missão societal, a Jeni's está prosperando. Em 15 anos, a empresa cresceu de uma minúscula operação local para 34 sorveterias espalhadas em dez cidades, todas com seguidores fiéis. Também é possível encontrar a Jeni's em mais de 3 mil supermercados, o que sugere que fazer o bem pode beneficiar tanto a comunidade como a empresa.

Preparação de um plano e programa de *marketing* integrado

A estratégia de *marketing* da empresa determina a quais clientes ela atenderá e como criará valor para eles. Em seguida, o profissional de *marketing* desenvolve um programa de *marketing* integrado, o qual efetivamente entregará o valor pretendido para os clientes-alvo. O programa de *marketing* desenvolve o relacionamento com o cliente transformando a estratégia de *marketing* em ação. Ele consiste no *mix* de *marketing* da empresa – o conjunto de ferramentas de *marketing* que a empresa utiliza para implementar sua estratégia de *marketing*.

As principais ferramentas do *mix* de *marketing* são classificadas em quatro grandes grupos, chamados de 4Ps do *marketing*: produto, preço, praça e promoção. Para entregar sua proposta de valor, a empresa deve, antes de tudo, criar uma oferta ao mercado (produto) que satisfaça uma necessidade. Ela deve, então, decidir quanto cobrará pela oferta (preço) e como a disponibilizará para os clientes-alvo (praça). Por fim, deve engajar os clientes-alvo, comunicar sua oferta e persuadi-los de seus méritos (promoção). A empresa deve mesclar todas essas ferramentas do *mix* de *marketing* em um programa de *marketing* integrado abrangente, que comunique e entregue o valor pretendido aos clientes escolhidos. Vamos abordar os programas de *marketing* e o *mix* de *marketing* com muito mais detalhes em outros capítulos.

Comentário dos autores | Fazer um bom trabalho nas três primeiras etapas do processo de *marketing* conduz à quarta etapa, voltada para a construção e a gestão de relacionamento com os clientes.

Gestão do relacionamento com os clientes e captação de valor

Objetivo 1.4 **Discutir a gestão do relacionamento com os clientes e identificar estratégias para criar valor para os clientes e captar valor deles em troca.**

Engajamento dos clientes e gestão do relacionamento com eles

As primeiras três etapas no processo de *marketing* – entender o mercado e as necessidades dos clientes, elaborar uma estratégia de *marketing* orientada para a geração de valor para o cliente e construir um programa de *marketing* – levam à quarta e mais importante etapa: engajar os clientes e gerenciar relacionamentos lucrativos com eles. Em um primeiro momento, vamos discutir os aspectos básicos da gestão do relacionamento com o cliente. Em seguida, vamos analisar como as empresas lidam com o engajamento dos clientes em um nível mais profundo nesta era de *marketing* digital e social.

Valor percebido: algumas pessoas que possuem um relógio Patek Philippe o consideram uma verdadeira pechincha, mesmo custando de 20 mil a 500 mil dólares. "Você nunca possui um Patek Philippe de fato. Você apenas cuida dele para a próxima geração".

Patek Philippe Geneva

Gestão do relacionamento com os clientes

A gestão do relacionamento com os clientes talvez seja o conceito mais importante do *marketing* moderno. Em um sentido mais amplo, a **gestão do relacionamento com os clientes** consiste em todo o processo de construir e manter relacionamentos lucrativos com os clientes entregando-lhes valor superior e satisfação. Assim, ela lida com todos os aspectos referentes à aquisição, ao engajamento e ao desenvolvimento de clientes.

Elementos que constroem relacionamento: valor e satisfação. O segredo para construir relacionamentos duradouros com os clientes é criar valor superior e satisfação para eles. Clientes satisfeitos são mais propensos a ser fiéis e conceder à empresa uma maior participação de seus negócios.

Atrair e reter clientes pode ser uma tarefa difícil. Com frequência, os clientes têm à sua disposição uma grande variedade de produtos e serviços para escolher. O cliente compra da empresa que oferece o mais alto **valor percebido pelo cliente** – a avaliação que o cliente faz da diferença entre todos os benefícios e todos os custos de uma oferta ao mercado em relação às ofertas concorrentes. Um ponto importante: os clientes não costumam julgar valores e custos de maneira "precisa" e "objetiva". Eles agem de acordo com o valor *percebido*.

Para alguns consumidores, valor pode significar produtos interessantes a preços acessíveis. Para outros, contudo, pode significar pagar mais para ter mais. Por exemplo: um suntuoso Patek Philippe custa uma pequena fortuna, com preços que variam de 20 mil a 500 mil dólares. Mas, para aqueles que tem um, um Patek possui um grande valor:[13]

> Atenção, aqui porque estou prestes a comprovar que um relógio que custa 20 mil ou até 500 mil dólares não é de fato caro, mas, em vez disso, possui um tremendo valor. Todo

Gestão do relacionamento com os clientes
Todo o processo de construir e manter relacionamentos lucrativos com os clientes entregando-lhes valor superior e satisfação.

Valor percebido pelo cliente
A avaliação que o cliente faz da diferença entre todos os benefícios e todos os custos de uma oferta ao mercado em relação às ofertas concorrentes.

Satisfação do cliente
O grau em que o desempenho que o cliente percebe do produto corresponde às suas expectativas.

> Patek Philippe é feito à mão por relojoeiros suíços com materiais da melhor qualidade, e pode levar mais de um ano para um relógio ser fabricado. Ainda não está convencido? Além de manter a precisão da hora, os relógios Patek Philippe são um ótimo investimento. Eles são caros, mas mantêm e chegam até mesmo a aumentar seu valor com o tempo. Muitos modelos atingem uma espécie de *status cult* que fazem deles os relógios mais cobiçados do mundo.
>
> Mas mais importante do que informar as horas ou ser um bom investimento é o valor sentimental e emocional de possuir um Patek Philippe. Como destaca o presidente da empresa: "Trata-se de paixão. É um sonho, de verdade. Ninguém precisa de um Patek". Esses relógios são bens exclusivos imersos em preciosas lembranças, o que faz deles valiosos ativos familiares. De acordo com a empresa: "Em geral, a compra de um Patek Philippe está relacionada a um evento pessoal – um sucesso profissional, um casamento, o nascimento de uma criança –, e dá-lo de presente é a mais eloquente expressão de amor e afeto. Um relógio Patek Philippe é fabricado para durar não uma vida, mas muitas. Como diz um anúncio: "Você nunca possui um Patek Philippe de fato. Você apenas cuida dele para a próxima geração". Tudo isso faz do Patek Philippe uma verdadeira pechincha, mesmo custando o dobro do preço.

A **satisfação do cliente** depende do desempenho que ele percebe do produto em comparação com suas expectativas. Se o desempenho não corresponde às expectativas, o cliente fica insatisfeito. Se corresponde às expectativas, ele fica satisfeito. E, se excede as expectativas, ele fica altamente satisfeito ou encantado.

Empresas tidas como referência em *marketing* se desdobram para manter seus clientes importantes satisfeitos. Muitos estudos mostram que níveis mais altos de satisfação do cliente conduzem a uma maior fidelidade por parte dele, o que, por sua vez, resulta em melhor desempenho para a empresa. As empresas têm como objetivo encantar os clientes prometendo somente aquilo que podem oferecer e, então, entregar mais do que prometeram. Clientes encantados não apenas repetem as compras, como também se tornam, voluntariamente, defensores da marca e "evangelizadores de clientes", que contam aos outros suas boas experiências.

Em empresas interessadas em encantar os clientes, valor e serviços excepcionais se tornam parte de sua cultura geral. Por exemplo, a L.L. Bean – a loja de roupas e equipamentos para práticas ao ar livre que é um ícone norte-americano – foi fundada com base no princípio de que manter os clientes satisfeitos é o segredo para a construção de relacionamentos duradouros:[14]

> Ano após ano, a L.L. Bean aparece em praticamente todas as listas que apontam as principais empresas de serviços, incluindo a mais recente lista da J.D. Power, a "campeões de atendimento ao cliente". A cultura de atendimento ao cliente está na essência da L.L. Bean. Há mais de 100 anos, Leon Leonwood Bean fundou a empresa com base na filosofia de satisfação total do cliente, expressa na seguinte garantia: "Eu não considero uma venda fechada até que [os] produtos estejam gastos e o cliente ainda [esteja] satisfeito". Hoje, os clientes podem devolver qualquer item, sem que nenhuma pergunta seja feita, até um ano após a compra.
>
> A filosofia de serviços ao cliente da empresa talvez seja mais bem sintetizada pela resposta do fundador da L.L. Bean à pergunta: "O que é o cliente?". Ainda hoje, sua resposta é a espinha dorsal dos valores da empresa: "O cliente é a pessoa mais importante desta empresa – esteja ele em contato conosco em pessoa ou por correio. O cliente não depende de nós, mas nós dependemos dele. O cliente não interrompe nosso trabalho, ele é o propósito dele. Nós não estamos fazendo um favor ao atender o cliente, ele está nos fazendo um favor ao nos dar a oportunidade de atendê-lo. O cliente não é alguém com quem se discuta ou se entra em embates. Ninguém jamais saiu vencedor de uma discussão com o cliente. O cliente é a pessoa que nos traz seus desejos. E é nosso trabalho lidar com esses desejos de forma lucrativa, para ele e para nós". Leon Gorman, antigo CEO da L.L Bean, acrescenta: "Um monte de gente tem coisas bonitas para falar sobre atendimento ao cliente, mas a verdade é que se trata de um atividade diária, contínua, sem fim, perseverante e compassiva.

Satisfação do consumidor. A L.L. Bean, campeã de atendimento ao cliente, foi fundada com base na filosofia de satisfação total dele. "Se não estiver 100% satisfeito com um de nossos produtos, você pode devolvê-lo e até um ano depois da compra e ser reembolsado."
Eyal Dayan Photography

Outras empresas que ficaram famosas por encantar os clientes e oferecer serviços heroicos são: a Amazon.com, a Chickfil-A, as lojas de departamentos Nordstrom e a JetBlue Airways. Entretanto, a empresa não precisa necessariamente ter um serviço acima da média para encantar o cliente. Por exemplo, a ALDI, uma rede de supermercados sem firulas, possui clientes extremamente satisfeitos, embora eles próprios tenham que empacotar suas compras. A política de preços baixos todo dia da ALDI, que abarca produtos de boa qualidade, encanta os clientes e faz com que continuem voltando. Assim, os clientes não precisam ser maravilhados. A satisfação deles não resulta apenas de serviços heroicos, mas também da forma como a empresa entrega sua proposta de valor e os ajuda a solucionar seus problemas de compra.

Embora as empresas centradas no cliente busquem entregar alta satisfação em relação aos concorrentes, elas não tentam maximizar essa satisfação. Uma empresa sempre pode aumentar a satisfação baixando os preços ou aumentando os níveis de serviço. Isso, contudo, pode resultar em lucros mais baixos. Assim, o propósito do *marketing* é gerar valor para o cliente de forma lucrativa. Isso requer um equilíbrio muito delicado: o profissional de *marketing* deve continuar gerando mais valor e satisfação para o cliente, mas sem comprometer a empresa.

Níveis e ferramentas de relacionamento com o cliente. As empresas podem construir relacionamento com os clientes em muitos níveis, dependendo da natureza do mercado-alvo. Em um extremo, uma empresa que tem muitos clientes e margem baixa pode procurar desenvolver um relacionamento básico com eles. Por exemplo, o sabão para roupas Tide, da P&G, não telefona para seus consumidores nem os visita para conhecê-los pessoalmente. Em vez disso, a Tide gera engajamento e relacionamento por meio de experiências de produto, propagandas de construção de marca, *sites* e redes sociais. No outro extremo, em mercados com poucos clientes e margem alta, as empresas querem desenvolver parcerias totais com seus clientes-chave. Por exemplo, os representantes de vendas da P&G trabalham muito próximos do Walmart, do Kroger e de outros grandes varejistas para vender Tide. Entre esses dois extremos, outros níveis de relacionamento com o cliente são apropriados.

Além de oferecer um alto nível de valor e satisfação de forma consistente, as empresas podem usar ferramentas de *marketing* específicas para desenvolver vínculos mais fortes com os clientes. Por exemplo, muitas empresas oferecem programas de *marketing* de fidelidade que recompensam os clientes que compram sempre ou em grandes quantidades. Companhias aéreas oferecem programas de milhagem, hotéis oferecem *upgrade* de quarto para seus hóspedes frequentes e supermercados dão descontos a "clientes muito importantes".

Hoje em dia, quase toda marca possui um programa que recompensa a fidelidade. Por exemplo, o Uber Rewards oferece pontos aos clientes fiéis em suas viagens de Uber e seus pedidos no Uber Eats que podem ser convertidos e resgatados no Uber Cash – quanto mais usa a Uber, mais benefícios você ganha. Membros dos níveis mais altos do Uber Rewards – que vai do azul ao ouro, platina e diamante – ganham vantagens como: atendimento prioritário no suporte, flexibilidade nos cancelamentos, consistência de preço em sua rota favorita, prioridade para ir ao aeroporto, viagens com motoristas muito bem avaliados e *upgrades* sem nenhum custo adicional. De maneira similar, dependendo da quantia gasta no ano, os membros do Nordy Club da Nordstrom ganham pontos e vantagens, como: acesso antecipado a vendas, dias de pontos adicionais, alterações simples gratuitas, retiradas sem custo e acesso a lançamentos de marcas, *workshops* de beleza e estilo e experiências exclusivas. Uma imagem personalizada no aplicativo da Nordstrom permite aos clientes interagir com facilidade com seu programa Nordy. "Nosso programa de fidelidade é uma oportunidade não apenas de agradecer aos clientes por comprarem conosco, mas também de atendê-los de maneira mais personalizada", assinala o vice-presidente de retenção e fidelidade da Nordstrom.

Ferramentas de *marketing* de relacionamento: como membro do Uber Rewards, quanto mais usa a Uber, mais benefícios você ganha, com vantagens como consistência de preço em sua rota favorita, prioridade para ir ao aeroporto, viagens com motoristas muito bem avaliados e *upgrades* sem nenhum custo adicional.

Uber

Mudanças significativas estão ocorrendo na natureza das relações entre os clientes e as marcas. As tecnologias digitais disponíveis atualmente – a internet e o surgimento da mídia *on-line*, do *mobile marketing* e das redes sociais – têm alterado profundamente a forma como as pessoas se relacionam umas com as outras. Isso, por sua vez, têm gerado um imenso impacto no modo como as empresas e as marcas se conectam com seus clientes e na maneira como os clientes se conectam e influenciam o comportamento de marca uns dos outros.

Engajamento do cliente: o digital, o *mobile* e as redes sociais

A era digital abriu espaço para um conjunto estonteante de novas ferramentas de construção de relacionamento com o cliente, que vão de *sites*, vídeos e anúncios *on-line*, aplicativos e anúncios *mobile* e blogues até comunidades *on-line* e redes sociais, como Facebook, Twitter, Instagram, YouTube e Snapchat.

As empresas de ontem se concentravam, principalmente, no *marketing* de massa para atingir amplos segmentos de clientes até uma certa distância. Já as empresas de hoje estão usando mídias *on-line* e *mobile*, bem como redes sociais, para refinar sua segmentação e engajar os clientes de forma mais profunda e interativa. O velho *marketing* envolvia a comercialização de marcas para os

***Marketing* de engajamento do cliente**
Tornar a marca parte significativa das conversas e da vida dos clientes promovendo o envolvimento direto e contínuo deles na formatação das conversas, experiências e comunidades de marca.

Defesa de marca pelo cliente
Ações que garantem que clientes satisfeitos puxem interações favoráveis sobre a marca com outras pessoas.

consumidores. O novo *marketing* é um ***marketing* de engajamento do cliente** e tem a ver com a promoção do envolvimento direto e contínuo do cliente na formatação das conversas de marca, experiências de marca e comunidades de marca. O *marketing* de engajamento do cliente vai além de simplesmente vender uma marca aos consumidores. O objetivo dele é tornar a marca parte significativa das conversas e da vida deles.

O desenvolvimento da internet e das redes sociais alavancaram o *marketing* de engajamento do cliente. Os consumidores de hoje estão mais informados, conectados e poderosos do que nunca. Os recém-empoderados consumidores têm mais informações sobre as marcas, além de terem à disposição uma série de plataformas para transmitir e compartilhar suas opiniões sobre a marca com outros consumidores. Assim, atualmente, os profissionais de *marketing* estão às voltas não apenas com a gestão do relacionamento com o cliente, mas também com os *relacionamentos gerenciados pelo cliente*, em que eles se conectam com as empresas e entre si para ajudar a formatar e compartilhar suas próprias experiências de marca. Além de construir fidelidade à marca e gerar compras, os profissionais de *marketing* querem desenvolver a **defesa da marca pelo cliente**, a qual garante que clientes satisfeitos puxem interações favoráveis sobre a marca com outras pessoas.

Com o empoderamento do consumidor, as empresas não podem mais se ater ao *marketing* por *intrusão*. Em vez disso, elas devem praticar o *marketing* por *atração* – devem criar ofertas ao mercado e elaborar mensagens que engajem os consumidores, e não que os interrompam. Como consequência, a maioria das empresa hoje incrementa seus esforços de *marketing* de massa com uma rica variedade de abordagens de *marketing on-line*, *mobile marketing* e redes sociais, o que promove engajamento do consumidor com a marcas, conversas sobre a marca e defesa da marca entre os clientes.

Por exemplo, as empresas postam seus mais recentes anúncios e vídeos nas redes sociais, na esperança de que se tornem virais. Elas mantêm uma forte presença no Facebook, no Instagram, no Twitter, no YouTube, no LinkedIn e em outras redes sociais para dar início a conversas com os clientes e entre eles, abordar questões relacionados ao atendimento deles, pesquisar suas reações e orientar o tráfego para artigos, *sites*, conteúdos, vídeos e outras atividades da marca que sejam relevantes. E elas lançam blogues, aplicativos, microsites e sistemas de avaliação gerada pelos consumidores – tudo com o objetivo de engajar os clientes em um nível mais pessoal, interativo. O uso habilidoso das redes sociais pode envolver os consumidores com a marca, de modo que falem sobre ela e a defendam para outras pessoas.

O segredo do *marketing* de engajamento é encontrar formas de entrar nas conversas dos consumidores com mensagens de marca envolventes e interessantes. Simplesmente postar um vídeo de humor, criar um perfil em uma rede social e manter um blogue não é suficiente. Um *marketing* de engajamento de sucesso contribui de maneira relevante e verdadeira para a vida e as interações dos consumidores. Considere, por exemplo, a Bark, um serviço de assinatura que envia mensalmente aos associados um *kit* BarkBox com brinquedos e petiscos para os cachorros deles:[16]

A Bark vende assinaturas da BarkBox para pessoas que adoram cachorros. Mas, em vez de apresentações de produto intrusivas e focadas na venda, a Bark interage com os clientes de forma bem-humorada sobre o assunto preferido de ambos – "os estranhos cachorros que vivem conosco e as coisas engraçadas que eles fazem". A Bark foi fundada por pessoas que amam cachorros, de modo que a marca se relaciona facilmente com seu público que, "assim como nós, é doido por seus cachorros". Os profissionais de *marketing* da marca utilizam as redes sociais para compartilhar vídeos divertidos originais e histórias inspiradoras que mais entretêm os apaixonados por cachorros do que vendem assinaturas da BarkBox. "Nós damos início a conversas sobre cachorros e construímos relacionamento com as pessoas, em geral, em torno deles", diz um criador de conteúdo da Bark. "E 85% do nosso conteúdo nem menciona a BarkBox diretamente." A Bark prospera desenvolvendo conexões reais. "Tanto faz se estamos compartilhando uma piada de peido ou uma história fofa de um filhote de pug que parece uma almôndega: temos que ter um ar de autenticidade", diz o gestor de *marketing* da Bark.

Engajando os clientes: em vez de apresentações intrusivas e focadas na venda, a Bark interage com os clientes de forma bem-humorada sobre o assunto preferido de ambos – "os estranhos cachorros que vivem conosco e as coisas engraçadas que eles fazem".
@ChangoTheHandsomePittie

A abordagem relacional da Bark conquistou um número expressivo de seguidores – além de 600 mil assinantes de seus serviços de entrega, a empresa conta com mais de 4 milhões de fãs no Facebook e no Instagram. Um vídeo recente que apresenta um *rap* sobre ser mãe de cachorro, lançado na ocasião do Dia das Mães, atraiu 42 milhões de visualizações. Os clientes também contribuem com o *marketing* da Bark, ao postar fotos e vídeos de seus cachorros rasgando ansiosamente sua BarkBox mensal. E o primeiro grande comercial de TV da marca, que foi ao ar no final do ano passado, foi em grande parte inspirado por conteúdo produzido por usuários e postado nas redes sociais deles. "Sim, nós estamos tentando te vender uma coisa", diz responsável pelo *marketing* da Bark. "Mas, mesmo que você não queira essa coisa, garantimos que o conteúdo valha seu tempo."

Marketing gerado pelo cliente

***Marketing* gerado pelo cliente**
Trocas referentes à marca geradas pelos próprios consumidores, que são convidados ou não para fazer isso. Por meio dessas trocas, os consumidores desempenham um papel cada vez maior na formatação de suas experiências com a marca e nas de outros consumidores.

Uma forma de *marketing* de engajamento do cliente é o ***marketing* gerado pelo cliente**, por meio do qual os consumidores desempenham um papel na formatação de suas experiências com a marca e na de outros. Esse tipo de ação pode ocorrer sem que a empresa participe, por meio de trocas entre consumidores em redes sociais, blogues, *sites* de avaliação e outros fóruns digitais. No entanto, cada vez mais, as empresas estão convidando os consumidores a assumir um papel mais ativo na formatação de produtos e conteúdo de marca.

Algumas empresas pedem ideias aos consumidores para novos produtos e serviços. Por exemplo, recentemente, a Oreo conduziu o concurso #MyOreoCreation, em que pedia aos fãs que dessem ideias de novos sabores. Os três sabores finalistas ficaram disponíveis nas lojas por dois meses até que os fãs votassem *on-line* em um vencedor, que recebeu 500 mil dólares. Outro exemplo é o *site* My Starbucks Idea, no qual a Starbucks coleta ideias de clientes sobre novos produtos, mudanças em loja e qualquer outra coisa que possa melhorar a experiência deles com a marca. "Você sabe melhor do que ninguém o que quer da Starbucks", diz a empresa no *site*. "Então, conte para nós. Qual sua ideia para a Starbucks? Seja ela revolucionária ou simples, nós queremos ouvi-la." O *site* convida os clientes a compartilhar suas ideias, votar nas ideias de outros, discutir essas ideias e ver quais ideias a Starbucks implantou.[17]

Outras empresas estão convidando os clientes para desempenhar um papel ativo na formatação de anúncios e conteúdos para as redes sociais. Por exemplo, a fabricante de carros elétricos Tesla organizou um concurso de anúncios criados por fãs que contou com três comerciais "encantadoramente de baixo custo" vencedores, os quais foram selecionados a partir de dez finalistas por meio de voto popular (*likes* no Twitter). A Tesla postou os anúncios finalistas ao mesmo tempo em que lançou seu sedã Model 3, conquistando milhões de visualizações e estimulando interações entre os devotos fãs da marca. ● Um dos três anúncios vencedores é o "Sonja's super quick Tesla fan video", da *youtuber* Sonja Jasansky, de Minnesota. Trata-se de um vídeo super-rápido e ultraoriginal que destaca as especificações da Tesla e desmistifica equívocos comuns.[18]

● ***Marketing* gerado pelo consumidor: anúncios da Tesla "encantadoramente de baixo custo", feitos por fãs da marca, conquistaram milhões de visualizações e estimularam interações entre os devotos seguidores da empresa.**
Sonja Maria Jasansky

Apesar do sucesso, entretanto, aproveitar conteúdo gerado pelos consumidores pode ser um processo lento e custoso, e as empresas podem ter dificuldade de encontrar algo que valha a pena em meio a todo o conteúdo enviado. Além disso, como os consumidores têm muito controle sobre as redes sociais, convidá-los a participar pode ser um tiro no pé. Um exemplo clássico é o do McDonald's, que lançou uma campanha no Twitter com a *hashtag* #McDStories, com o intuito de inspirar histórias fofas sobre o McLanche Feliz. O esforço, contudo, foi sequestrado pelos usuários do Twitter, que desvirtuaram a *hashtag* ao postar mensagens nada apetitosas sobre suas experiências ruins com a rede de *fast-food*. O McDonald's tirou a campanha do ar em apenas duas horas, mas a *hashtag* continuou rodando por semanas, meses depois.[19]

Com os consumidores mais conectados e empoderados e o *boom* das mídias digitais e sociais ainda em andamento, o envolvimento dos consumidores com as marcas – sejam eles convidados ou não pelas empresas – se tornará uma ferramenta de *marketing* cada vez mais importante. Por meio de uma série de vídeos, avaliações, aplicativos, blogues e *sites* gerados pelos consumidores, eles estão desempenhando um papel cada vez maior na formatação de suas experiências de marca e nas de outras pessoas. As marcas devem aceitar esse maior empoderamento dos consumidores e dominar as ferramentas de relacionamento das mídias digitais e sociais.

Gestão de relacionamento com o parceiro
Trabalhar de perto com parceiros de outros departamentos da empresa ou de fora da organização para, em conjunto, entregar valor superior para os clientes.

Gestão do relacionamento com parceiros

Quando se trata de criar valor para o cliente e construir relacionamentos sólidos com ele, os profissionais de *marketing* de hoje sabem que não podem fazer tudo sozinhos. Eles devem trabalhar de perto com uma série de parceiros de *marketing*. Além de serem bons na gestão do relacionamento com o cliente, os profissionais de *marketing* precisam ser bons na **gestão do relacionamento**

com o parceiro, trabalhando próximos de parceiros internos e externos para, em conjunto, engajar os clientes e entregar mais valor para eles.

Tradicionalmente, os profissionais de *marketing* são encarregados de entender os clientes e representar suas necessidades nos diferentes departamentos da empresa. No entanto, no mundo mais conectado de hoje, todas as áreas funcionais da organização podem interagir com os clientes. Em vez de deixar que cada departamento siga seu caminho, as empresas devem unir todos eles em torno de uma única causa: a criação de valor para o cliente.

Os profissionais de *marketing* também devem estabelecer parcerias com fornecedores, parceiros de canal e outros atores externos à empresa. Os canais de *marketing* são compostos por distribuidores, varejistas e outros que conectam a empresa a seus compradores. A cadeia de suprimentos retrata um canal maior, que abrange desde a matéria-prima para os componentes até os produtos finais direcionados aos compradores finais. Por meio do gerenciamento da cadeia de suprimentos, as empresas hoje estão fortalecendo suas conexões com os parceiros ao longo de toda a cadeia. Elas sabem que seu sucesso reside no bom desempenho de toda sua cadeia de suprimentos em relação à dos concorrentes.

Comentário dos autores | Retome a Figura 1.1. Nas primeiras quatro etapas do processo de *marketing*, a empresa cria valor para os clientes-alvo, engaja-os e constrói um sólido relacionamento com eles. Se ela faz isso bem, consegue captar valor dos clientes em troca, na forma de clientes fiéis que compram e defendem as marcas da empresa.

Captação de valor dos clientes

As quatro primeiras etapas do processo de *marketing* apresentado na Figura 1.1 envolvem engajar os clientes e construir um relacionamento com eles por meio da criação e da entrega de valor superior. A última etapa envolve captar valor em troca, na forma de vendas, participação de mercado, defesa de marca e lucros. Ao criar valor superior para o cliente, a empresa gera clientes satisfeitos que permanecem fiéis, compram mais e defendem a marca para outras pessoas. Isso, por sua vez, significa maiores retornos para a empresa no longo prazo. Aqui, vamos abordar as consequências da criação de valor para o cliente: fidelidade e retenção do cliente, participação de mercado e de cliente e *customer equity*.

Criação de fidelidade e retenção do cliente

Uma boa gestão do relacionamento com o cliente gera satisfação por parte dele. Por sua vez, clientes satisfeitos permanecem fiéis e falam bem da empresa e de seus produtos para outras pessoas. Estudos mostram grandes diferenças em termos de fidelidade entre os clientes satisfeitos e insatisfeitos. Mesmo uma pequena insatisfação pode gerar uma enorme queda na fidelidade. Assim, o objetivo da gestão do relacionamento com o cliente não é apenas gerar a sua satisfação, mas também o seu encantamento.

Valor do cliente ao longo do tempo
O valor de todas as compras que o cliente faz ao longo de uma vida inteira de apoio.

Manter os clientes fiéis faz muito sentido do ponto de vista econômico. Clientes fiéis gastam mais e permanecem por mais tempo. Uma pesquisa também mostra que é cinco vezes mais barato manter um cliente antigo do que conquistar um novo. Em contrapartida, perder um cliente significa perder mais do que uma venda: significa perder o valor de todas as compras que o cliente faria ao longo de uma vida inteira de apoio. Veja a seguir um exemplo clássico de **valor do cliente ao longo do tempo**:[20]

Valor do cliente ao longo do tempo: para manter os clientes voltando, a Stew Leonard's criou a "Disneylândia dos laticínios" – Regra nº 1: o cliente tem sempre razão. Regra nº 2: se o cliente não tiver razão, releia a Regra nº 1.

Cortesia da Stew Leonard's

Stew Leonard, dono de um supermercado extremamente lucrativo com sete lojas em Connecticut, Nova Jersey e Nova York, disse uma vez que, sempre que vê um cliente aborrecido, vê também 50 mil dólares indo embora de sua loja. Por quê? Porque seu cliente médio gasta cerca de 100 dólares por semana, compra em 50 semanas por ano e fica morando nas redondezas por, aproximadamente, 10 anos. Se esse cliente tiver uma experiência ruim e passar a comprar em outro supermercado, Stew Leonard perderá 50 mil dólares em receita ao longo do tempo. E a perda pode ser bem maior se o cliente chateado contar sua experiência ruim a outros clientes, fazendo com que também abandonem seu estabelecimento.

Para manter os clientes voltando, a Stew Leonard's criou o que tem sido chamado de "Disneylândia dos laticínios", a qual inclui pessoas fantasiadas de personagens, uma agenda de entretenimento, exposição de animais e robôs espalhados pelas lojas. Desde seu modesto início como uma pequena loja de laticínios em 1969, a Stew Leonard's cresceu em um ritmo impressionante. Foram feitas 30 reformas para expandir a loja original, que atende hoje mais de 300 mil clientes por semana. Sua legião de clientes fiéis é, em grande parte, resultado de sua abordagem apaixonada voltada para o atendimento ao cliente – "Regra nº 1: o cliente tem sempre razão. Regra nº 2: se o cliente não tiver razão, releia a Regra nº 1".

A Stew Leonard's não está sozinha em sua avaliação do valor do cliente ao longo do tempo. A Lexus, por exemplo, estima que um único cliente satisfeito e fiel vale mais de 600 mil dólares em vendas ao longo do tempo, ao passo que o valor estimado ao longo do tempo de um cliente da Starbucks é de mais de 14 mil dólares.[21] De fato, uma empresa pode perder dinheiro em uma transação específica, mas se beneficiar, e muito, de um relacionamento duradouro. Isso significa que as empresas devem mirar alto na construção de relacionamento com os clientes. O encantamento do cliente gera um relacionamento emocional com a marca, e não apenas uma preferência racional. E é esse relacionamento que faz os clientes voltarem.

Crescimento da participação no cliente

Participação no cliente
A parcela das compras do cliente que a empresa obtém em suas categorias de produto.

Além de reter bons clientes para captar seu valor ao longo do tempo, uma boa gestão do relacionamento com o cliente pode ajudar as empresas a aumentar sua **participação no cliente** – a participação que elas obtêm das compras do cliente em suas categorias de produto. Assim, os bancos querem mais "participação na carteira" do cliente, os supermercados e os restaurantes desejam aumentar sua "participação no estômago", os fabricantes de automóveis almejam maior "participação na garagem" e as companhias aéreas anseiam por maior "participação nas viagens".

Para aumentar a participação no cliente, as empresas podem oferecer mais variedade aos clientes atuais. Podem também criar programas de vendas cruzadas e vendas incrementais, com o intuito de comercializar mais produtos e serviços para os clientes existentes. Por exemplo, a Amazon é extremamente habilidosa em alavancar o relacionamento com seus mais de 310 milhões de clientes espalhados pelo mundo para aumentar sua participação nos gastos de cada um:[22]

> Quando entram na Amazon.com, os clientes geralmente compram mais do que pretendiam, e Amazon faz tudo o que pode para que isso aconteça. A gigante *on-line* continua ampliando sua variedade de itens, oferecendo centenas de milhões de produtos e criando um local ideal para compras em um só lugar. E, com base nas compras de cada cliente e em seu histórico de buscas, a empresa lhe recomenda produtos relacionados que podem ser de seu interesse. Esse sistema de recomendação influencia cerca de 35% das vendas totais. O Amazon Prime e o Amazon Prime Now, os engenhosos programas de entrega da Amazon, também ajudaram a empresa a aumentar sua participação na carteira dos clientes. De acordo com um analista, o Amazon Prime "transforma compradores casuais – que se enchem de gratidão por terem suas compras entregues, como prometido, dois dias [ou mesmo duas horas] após o pedido – em viciados em Amazon". E isso é só no *on-line*. Para conquistar mais espaço na carteira dos clientes, a Amazon está agora rapidamente expandindo para o mundo *offline*, abrindo lojas físicas para vender de tudo: de produtos alimentícios a eletrônicos.

Construção de *customer equity*

Agora podemos ver a importância não apenas de conquistar clientes, mas também de mantê-los e cultivá-los. O valor de uma empresa é proveniente do valor de seus clientes atuais e futuros. A gestão do relacionamento com o cliente assume uma visão de longo prazo. As empresas não querem só gerar clientes lucrativos – elas querem "tê-los" para a vida inteira, conquistar urna participação maior de suas compras e captar seu valor ao longo do tempo.

Customer equity
Total do valor ao longo do tempo de todos os clientes da empresa.

O que é customer equity? A grande meta da gestão do relacionamento com o cliente é produzir um alto *customer equity*.[23] O ***customer equity*** consiste no total do valor de todos os clientes atuais e potenciais da empresa ao longo do tempo. Assim, é uma medida do valor futuro da base de clientes da empresa. Sem dúvida, quanto mais fiéis são os clientes lucrativos da empresa, maior é o *customer equity* dela. O *customer equity* pode ser uma medida melhor do desempenho de uma empresa do que as vendas atuais ou a participação de mercado. Isso porque, enquanto as vendas e a participação de mercado refletem o passado e o presente, o *customer equity* sugere o futuro. Tomemos o exemplo da Cadillac:[24]

> Nas décadas de 1970 e 1980, a Cadillac tinha alguns dos clientes mais fiéis do setor. Para toda uma geração de compradores de carro, o nome Cadillac definia "o padrão mundial". A participação da Cadillac no mercado de carros de luxo atingiu a impressionante marca dos 51% em 1976 e, com base na participação de mercado e nas vendas, o futuro da marca parecia promissor. Entretanto, medidas de *customer equity* esboçavam um cenário mais sombrio. Os clientes da Cadillac estavam envelhecendo (tinham, em média, 60 anos) e o valor médio do cliente ao longo do tempo estava caindo. Muitos compradores da Cadillac estavam em seu último carro. Assim, apesar de a Cadillac ter uma boa participação de mercado, seu *customer equity* não era bom.
>
> Compare essa situação com a da BMW. Sua imagem mais jovial e vigorosa não a fez ganhar a primeira guerra por participação de mercado, contudo, lhe proporcionou clientes, ao mesmo tempo, mais jovens (com cerca de 40 anos em média) e com valores mais altos ao longo do tempo. Resultado: nos anos

Gestão do *customer equity*: para aumentar o *customer equity*, a Cadillac está trazendo seu carro de volta à moda entre os consumidores mais jovens. Por exemplo, segundo a GM, a "Cadillac vai conduzir a empresa para um futuro totalmente elétrico".

General Motors

seguintes, a participação de mercado e os lucros da BMW subiram muito, ao passo que o sucesso da Cadillac erodiu – a BMW superou a Cadillac na década de 1980. Nos anos que se seguiram, a Cadillac se esforçou para trazer sua marca de volta à moda, voltando-se para uma geração mais jovem de consumidores com novos modelos de alto desempenho, mais provocativos. Mais recentemente, a marca passou a dar ênfase a discursos de *marketing* baseados no desempenho e no *design* – atributos que a posicionam de forma mais eficaz para pessoas que gostam da BMW e da Audi. Ela passou também a se concentrar em SUVs e *crossovers* de luxo, e a GM recentemente anunciou que a "Cadillac vai conduzir a empresa para um futuro totalmente elétrico" com seus primeiros veículos 100% elétricos. Como resultado, embora ainda esteja bem atrás em relação a outras marcas, a participação da Cadillac no mercado de carros de luxo tem se recuperado de forma modesta nos últimos anos. Moral da história: as empresas não devem se preocupar apenas com as vendas atuais e a participação de mercado. O valor do cliente ao longo do tempo e o *customer equity* são o que definem o jogo.

Construção de relacionamentos certos com clientes certos. As empresas devem gerenciar cuidadosamente o *customer equity*. Elas devem ver os clientes como ativos que precisam ser administrados e maximizados. Entretanto, nem todos os clientes – nem mesmo todos os clientes fiéis – são bons investimentos. Surpreendentemente, alguns clientes fiéis podem não ser lucrativos e alguns clientes não fiéis podem ser lucrativos. Quais clientes a empresa deve adquirir e reter?

A empresa pode classificar os clientes tendo em vista sua lucratividade potencial e administrar seu relacionamento com eles de acordo com isso. A **Figura 1.5** classifica os clientes em quatro grupos de relacionamento, segundo sua lucratividade e sua fidelidade projetada.[25] Cada grupo requer uma estratégia diferente de gestão de relacionamento. Os *estranhos* apresentam baixa lucratividade potencial e pouca fidelidade projetada. Há pouca correspondência entre as ofertas da empresa e as necessidades desses clientes. Nesse caso, a estratégia de gestão de relacionamento é simples: não invista nada neles; ganhe dinheiro em todas as transações.

As *borboletas* são potencialmente lucrativas, mas não são fiéis. Há uma boa correspondência entre as ofertas da empresa e as necessidades desses clientes. Entretanto, como as borboletas na vida real, é possível apreciá-los somente por um breve momento – logo eles vão embora. Um exemplo de borboleta são os investidores do mercado de ações que negociam ações com frequência e em grande quantidade, mas que gostam de ir atrás dos melhores negócios sem construir um relacionamento regular com nenhuma empresa de corretagem. Os esforços para transformar borboletas em clientes fiéis raramente dão certo. Em vez disso, a empresa deve beneficiar-se das borboletas enquanto pode. Deve criar transações satisfatórias e lucrativas com elas, captando a maior parcela possível de seus negócios no curto período em que comprarem seus produtos. Depois, deve parar de investir nelas até a próxima vez que se aproximarem.

Os *verdadeiros amigos* são tanto lucrativos como fiéis. Há uma grande correspondência entre as necessidades desses clientes e as ofertas da empresa. A empresa anseia por fazer contínuos investimentos em relacionamento para encantar esses clientes e, também, para engajá-los, retê-los e cultivá-los. Ela quer transformar os verdadeiros amigos em verdadeiros adeptos, que retornam regularmente e comentam com outras pessoas sobre suas boas experiências.

FIGURA 1.5
Grupos de relacionamento com o cliente.

Os *mariscos* são extremamente fiéis, mas não muito lucrativos. Há uma correspondência limitada entre as necessidades desses clientes e as ofertas da empresa. Um exemplo de marisco são os pequenos clientes de um banco que fazem movimentações regulares, mas não geram retornos suficientes para cobrir os custos de manutenção de sua conta. Como os mariscos no casco de um navio, esses clientes causam estragos. Os mariscos talvez sejam os clientes mais problemáticos. A empresa deve ser capaz de aumentar a lucratividade desses clientes vendendo-lhes mais, elevando suas taxas ou reduzindo os serviços a eles oferecidos. Contudo, se não se tornarem lucrativos, eles devem ser "demitidos".

Por exemplo, a Best Buy dispõe de uma interessante política de devolução, mas descobriu que uma pequena parcela de clientes abusa dela. Assim, ela utiliza os serviços de uma empresa terceirizada, a Retail

Equation, para monitorar e pontuar o comportamento de devolução de cada cliente. O sistema é desenhado para identificar o 1% de compradores cujo comportamento sugere fraude ou abuso nas devoluções. O comprador que ultrapassa uma determinada pontuação é informado de que futuras devoluções não serão aceitas, mesmo que isso signifique a perda do cliente. "Você pode fazer coisas que estão dentro das regras. Mas, se se violar as regras – por exemplo, se usar todo item que comprar e então devolvê-lo –, a uma certa altura, se tornará um cliente não lucrativo [para a Best Buy]", explica um executivo da Retail Equation.[26]

O ponto importante aqui é: diferentes tipos de clientes requerem diferentes estratégias de engajamento e gestão de relacionamento. A meta é construir relacionamentos certos com clientes certos.

Comentário dos autores | O *marketing* não acontece no vácuo. Agora que discutimos as cinco etapas do processo de *marketing*, vamos analisar como o mercado em constante mudança afeta tanto os consumidores como as empresas que os atendem. Vamos abordar com mais profundidade esses e outros fatores do ambiente de *marketing* no Capítulo 3.

Mudanças no cenário do *marketing*

Objetivo 1.5 Descrever as principais tendências e forças que estão mudando o cenário do *marketing* nessa era dos relacionamentos.

Todos os dias mudanças drásticas acontecem no mercado. Como observou Richard Love, da HP: "O ritmo das mudanças é tão rápido que a capacidade de mudar se tornou uma vantagem Competitiva". Yogi Berra, o lendário receptor e treinador do New York Yankees, resumiu isso de modo mais simples quando disse: "O futuro não é mais o que costumava ser". À medida que o mercado muda, aqueles que o atendem também precisam mudar.

Nesta seção, analisamos as principais tendências e forças que estão mudando o cenário do *marketing* e desafiando as suas estratégias. Vamos examinar quatro grandes ocorrências: a era digital, o crescimento do *marketing* sem fins lucrativos, a rápida globalização e o apelo por práticas de *marketing* sustentáveis.

A era digital: *on-line* e *mobile marketing* de mídias sociais

Internet das Coisas (IoT)
Um ambiente global em que tudo e todos estão digitalmente conectados a tudo e todos.

O crescimento explosivo da tecnologia digital mudou completamente a maneira como vivemos – como nos comunicamos, compartilhamos informações, nos entretemos e compramos. Bem-vindo à era da **Internet das Coisas** ou **IoT** (*Internet of Things*), um ambiente global em que tudo e todos estão digitalmente conectados a tudo e todos. Mais de 4 bilhões de pessoas – 55% da população mundial – estão agora *on-line*; quase 80% dos norte-americanos adultos possuem *smartphones*. E esses números só vão crescer à medida que a tecnologia digital avançar para o futuro.[27]

Muitos consumidores estão absolutamente encantados com o digital. Por exemplo, de acordo com um estudo, 71% dos norte-americanos deixam seu celular por perto na hora de dormir, ao passo que 3% deles dormem com o aparelho na mão. A cada dez adultos nos Estados Unidos, seis utilizam principalmente serviços de *streaming* para assistir à TV, enquanto 85% dos adultos norte-americanos se informam por meio de seus dispositivos móveis. E o que é mais importante para as empresas: 79% dos usuários de *smartphone* já realizaram uma compra usando um dispositivo móvel; além disso, estima-se que 80% dos compradores já utilizaram o celular em lojas para procurar avaliações de produtos ou comparar preços enquanto estão comprando.[28]

***Marketing* de mídias digitais e sociais**
O uso de ferramentas de *marketing* digital, como *sites*, redes sociais, anúncios *mobile*, aplicativos, vídeos *on-line*, *e-mails* e blogues, para engajar os consumidores em qualquer lugar, a qualquer hora, por meio de seus dispositivos digitais.

A paixão dos consumidores pela tecnologia digital e móvel faz dela um terreno fértil para empresas que estão tentando engajar os clientes. Assim, não causa espanto o fato de a Internet e os rápidos avanços nas mídias digitais e sociais terem conquistado o mundo do *marketing*. O ***marketing* de mídias digitais e sociais** envolve utilizar ferramentas de *marketing* digital, como *sites*, redes sociais, anúncios *mobile*, aplicativos, vídeos *on-line*, *e-mails*, blogues e outras plataformas digitais para engajar os consumidores em qualquer lugar, a qualquer hora, por meio de seus computadores, *smartphones*, *tablets*, TVs inteligentes e outros dispositivos digitais. Hoje em dia, praticamente toda empresa alcança os clientes com uma série de *sites*, *tweets* noticiosos, perfis no Facebook, *posts* no Instagram, *stories* no Snapchat, anúncios virais, vídeos postados no YouTube, *e-mails* interativos e aplicativos que resolvem os problemas do consumidor e o ajudam a comprar.

Em um nível mais básico, os profissionais de *marketing* desenvolvem *sites* para a empresa e a marca que oferecem informações e promovem os produtos da empresa. Muitas organizações também criam *sites* de comunidade de marca, onde os clientes podem se reunir e trocar interesses e informações relacionadas à marca. Por exemplo, a Beauty Insider Community – "o maior fórum de beleza do mundo" –, da varejista de produtos de beleza Sephora, é uma próspera comunidade *on-line* em que os clientes podem fazer perguntas, compartilhar ideias e avaliações, postar fotos e obter dicas e inspirações de beleza de outros entusiastas. Já a área Fitbit Community do aplicativo da

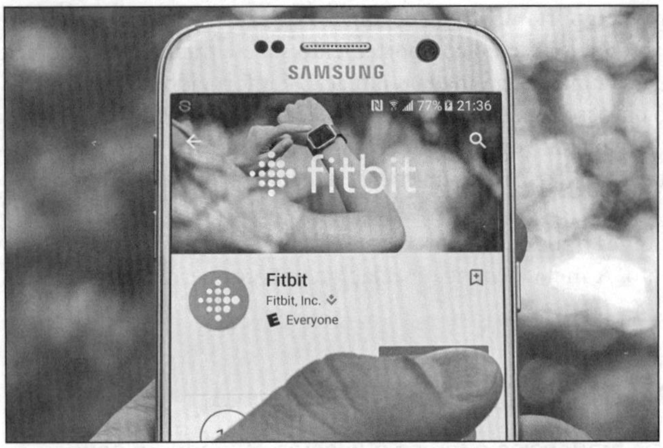

Comunidade de marca *on-line*: a Fitbit Community atua como um centro social onde os admiradores da marca podem compartilhar inspirações, atualizações e conquistas com outros usuários.

dennizn/Shutterstock

Fitbit atua como um centro social para mais de 700 mil admiradores da marca. Trata-se de um local onde os fãs da Fitbit podem compartilhar inspirações, atualizações e conquistas com outros usuários; participar de qualquer um dos 40 grupos de temas específicos que reúnem pessoas com ideias semelhantes; ficar por dentro de eventos Fitbit locais; e ler notícias relacionadas à marca, bem como conteúdo de especialistas escolhido a dedo para eles. "O engajamento social provou ser um motivador-chave", diz a Fitbit. A comunidade "torna mais fácil se envolver com seus amigos e conhecer novas pessoas que são apaixonadas pelas mesmas coisas que vocês".[29]

Marketing de mídias sociais

É difícil encontrar um *site* de uma marca ou mesmo um anúncio veiculado em mídia tradicional que não tenha *links* para seu Facebook, Instagram, Twitter, YouTube, Snapchat, Pinterest, LinkedIn ou outras redes sociais. As redes sociais oferecem interessantes oportunidades para ampliar o engajamento do cliente e fazer com que as pessoas falem sobre a marca.

Algumas redes sociais são imensas – o Facebook tem mais de 2,3 *bilhões* de usuários mensalmente ativos, o Instagram tem mais de 1 bilhão, o Twitter possui mais de 326 milhões e o Snapchat, 186 milhões. O Reddit, uma rede social de notícias, possui 330 milhões de usuários espalhados por 185 países. Mas redes sociais menores e mais focadas também estão prosperando, como a CafeMom, uma comunidade *on-line* que atinge 75 milhões de mães mensalmente, as quais compartilham conselhos, brincadeiras e comiserações em um *site* e, também, em páginas do Facebook, Twitter, Pinterest, Youtube e outras redes. Mesmo redes minúsculas podem atrair um público cativo, como é o caso do Newgrounds.com para *gamers*, programadores e ilustradores, e do Ravelry.com pessoas que fazem tricô e crochê.[30]

As redes sociais oferecem um lar digital, onde as pessoas podem se conectar e compartilhar informações e momentos importantes de sua vida. Como resultado, elas são uma plataforma ideal para o *marketing* em tempo real – por meio delas, os profissionais de *marketing* podem engajar os consumidores na hora, vinculando marcas a importantes assuntos em alta, eventos do mundo real, causas, ocasiões pessoais ou outros acontecimentos na vida dos consumidores. A Mars, fabricante de doces, fez isso em sua premiada campanha Snickers Hungerithm, a qual monitorava o "humor" da Internet e oferecia descontos aos consumidores em tempo real quando a Internet estava "brava" (veja o Marketing Real 1.2).

O uso de redes sociais pode envolver ações simples, como um concurso ou uma promoção para conseguir curtidas no Facebook, tweets, *reposts* no Instagram ou postagens no YouTube. Mas, hoje em dia, o mais comum é as marcas criarem programas de mídias sociais cuidadosamente integradas, em larga escala. Por exemplo, o fabricante de energéticos Red Bull utiliza um amplo *mix* de mídias sociais para se conectar com sua empolgada base de fãs e inspirá-la. A empresa tem mais de 50 milhões de seguidores no Facebook, 2 milhões no Twitter e 8 milhões no Instagram. As redes sociais da Red Bull, contudo, dificilmente mencionam os produtos da empresa. Em vez disso, elas promovem o estilo de vida acelerado da Red Bull e oferecem um local em que os fãs podem se conectar com a marca e entre si para compartilhar seus interesses comuns por esportes radicais, música e entretenimento. Mais do que simplesmente uma fabricante de energéticos, "a Red Bull é hoje uma marca *top* para atividades esportivas e doses de ação", diz um analista. "Os usuários seguem a empresa nas redes sociais por conta de seus *feeds* cheios de adrenalina."

Mobile marketing

O *mobile marketing* é talvez a plataforma de *marketing* digital de mais rápido crescimento. Os *smartphones* estão sempre presentes e ligados, além de serem bem direcionados e extremamente pessoais. Tudo isso faz com que eles sejam ideias para engajar os clientes a qualquer hora e em qualquer lugar, à medida que se deslocam pelo processo de compras. Por exemplo, os clientes da Starbucks podem utilizar seus dispositivos móveis para tudo: encontrar a Starbucks mais próxima, conhecer novos produtos, fazer pedidos e pagar por eles – nesses casos, eles podem usar o assistente virtual My Starbucks Barista, que utiliza inteligência artificial e é ativado por voz.

Marketing Real 1.2 | Snickers Hungerithm: engajando clientes em tempo real

A Mars é a maior fabricante de doces do mundo, e sua principal marca – Snickers – é a número um do planeta. Há tempos a marca está posicionada na promessa de que "Snickers satisfaz" – as características dessa popular barra de chocolate recheada com torrone, caramelo e amendoim enchem a barriga e dão energia. Nos últimos anos, a Mars ampliou o posicionamento da Snickers com sua premiada e divertida campanha "Você não é você quando está com fome". A campanha é marcada por anúncios e peças extravagantes, em que pessoas mudam completamente e passam a se comportar mal quando estão com fome. Uma vez que elas comem um Snickers, no entanto, voltam a ser elas mesmas de novo.

A campanha "Você não é você quando está com fome" mexe com um apelo universal: a fome. O posicionamento faz sentido tanto para homens como para as mulheres; para as gerações mais velhas e para as mais novas; para pessoas que trabalham em escritórios, fábricas ou estudam; nos Estados Unidos, na Austrália e até mesmo na Rússia (segundo maior mercado da Snickers). Além disso, o apelo é imediato, já que a fome aparece espontaneamente ao longo do dia, desencadeada por necessidades fisiológicas e emocionais.

Doce é uma categoria relacionada a impulso. Em qualquer ocasião de compra, os consumidores possuem dezenas ou até centenas de opções. Então, se a Snickers quer ser a marca que as pessoas escolhem, ela precisa ser lembrada quando a vontade bater. Com isso em mente, a marca recentemente lançou uma campanha de *marketing* inovadora na Austrália, a "Hungerithm", que se aproveitou tanto do imediatismo de seu apelo à fome ("Você não é você quando está com fome") como dos recursos em tempo real das mídias sociais.

Com base na ideia de que as pessoas ficam irritadas quando estão com fome, a Snickers desenvolveu um algoritmo (ou Hungerithm – algoritmo da fome) que avaliava a irritabilidade geral do público em tempo real, monitorando as conversas nas redes sociais. Desenvolvido com a ajuda do MIT e do Google, o algoritmo analisava cerca de 14 mil postagens por dia em plataformas como Twitter, Facebook e YouTube. Ele examinava 3 mil palavras e frases comumente usadas, interpretando inclusive gírias e sarcasmo, para obter o que um analista chamou de "a temperatura de cerrar os dentes virtual da Internet". Entre os termos examinados estavam: "chateado", "no limite", "irritadiço", "perdendo o controle" e "completamente insano". A Snickers então vinculou, em tempo real, o humor do público ao preço de seu chocolate nas lojas 7-Eleven. Quanto mais irritada a Internet ficava – o que sugeria que as pessoas estavam com mais fome –, menor era o preço do Snickers na 7-Eleven local. No nível mais raivoso da Internet durante campanha, o valor do doce caiu 82%.

A Mars lançou a campanha "Hungerithm" com uma enxurrada de comerciais na TV, vídeos *on-line* e *posts* em redes sociais. "A Internet pode ser um lugar raivoso", dizia a primeira promoção da "Hungerithm". "Mas e se a gente só estiver com fome?" A conclusão: "Internet irritada = Snickers mais baratos. Agora é assim: se o tempo estiver ruim, você tem Snickers mais baratos. Escândalo político? Snickers mais baratos. Chuva de meteoros? Bom, sem dúvida, Snickers mais baratos".

A campanha "Hungerithm", baseada em dispositivos digitais e móveis, foi direcionada para pessoas que se encontravam naqueles momentos e situações que mexem com o humor, como engarrafamentos, tempo ruim, eventos esportivos e polarizações ligadas a polêmicas na política. Ela respondia em tempo real com postagens no Facebook e no Twitter que tratavam das últimas notícias relacionadas a política, sociedade e entretenimento. Cupons liberados para dispositivos móveis permitiam que os consumidores travassem o preço do Snickers em um determinado momento e os direcionavam para a 7-Eleven mais próxima.

O *design* em tempo real do algoritmo da fome era real mesmo. A promoção era atualizada a cada 10 minutos, 144 vezes por dia. O *site* da campanha mantinha postagens constantes dos indicadores de preço e humor, e a Snickers fez parceria com dois dos principais programas de TV matinal da Austrália para fornecer esses dados regularmente. Acompanhar o "índice" Hungerithm se tornou uma espécie de passatempo nacional na Austrália, engajando os clientes em alto nível.

A campanha "Hungerithm" gerou resultados impressionantes. As vendas da Snickers aumentaram 67% durante a promoção, com um aumento de 1.740% no tráfego do Facebook e um salto de 120% nas menções do chocolate no Twitter. A campanha foi tão bem-sucedida que a Snickers rapidamente a lançou em outros mercados globais. Nos Estados Unidos, o algoritmo funciona agora durante a temporada de compras de fim de ano. "O período de festas pode ser estressante para todos, e a Internet reflete o humor do momento", diz o diretor de marca da Snickers. "O Hungerithm oferece uma maneira divertida de passar por essa época do ano, garantindo aquele momento de satisfação quando você mais precisa."

Cortar preços pode ser arriscado. Mas, no caso do Hungerithm, a Snickers vinculou de maneira estratégica seus descontos à essência da marca, gerando um valioso engajamento por parte do consumidor. De acordo com o diretor de *marketing* da Mars, "O Hungerithm atingiu com precisão o ponto ideal que estávamos buscando no digital. [Ele] conseguiu criar uma conexão real com o produto que captou a atenção e a imaginação de todos".

***Marketing* em tempo real: a campanha "Hungerithm" da Snickers vinculou, em tempo real, o humor do público com o preço do chocolate – "Internet irritada = Snickers mais baratos".**

Mars Incorporated

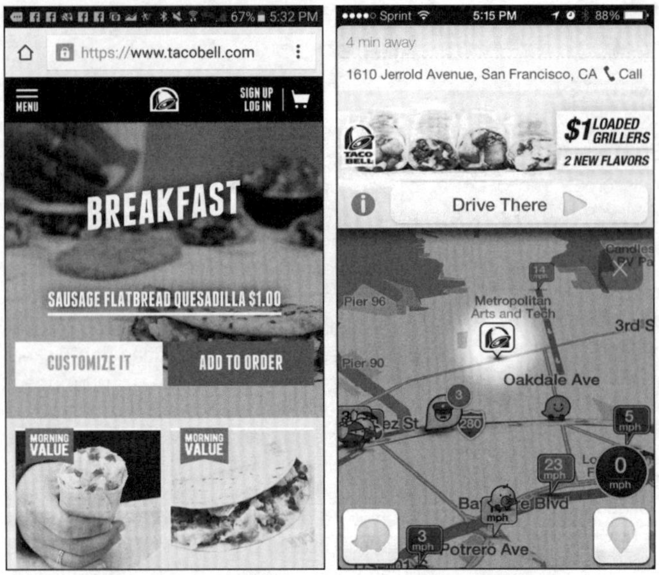

***Mobile marketing*: propagandas *mobile* cuidadosamente direcionadas permitem que a Taco Bell alcance os clientes de seu café da manhã nos "momentos que importam" – como, por exemplo, logo que eles abrem os olhos pela manhã.**

Taco Bell Corp and Google

Em cada cinco usuários de *smartphone*, quatro utilizam seus aparelhos para comprar – eles buscam informações sobre o produto por meio de aplicativos, comparam preços, leem avaliações *on-line* de produtos e fazem suas compras de casa, do trabalho ou nas lojas. Hoje, mais de 40% das compras *on-line* são realizadas a partir de dispositivos móveis. Como resultado, para alcançar os compradores, a propaganda *mobile* está em disparada – atualmente, ela conta com mais de dois terços do total de gastos com anúncios digitais.[33]

Os profissionais de *marketing* utilizam os canais *mobile* para estimular a aquisição imediata, facilitar a compra, enriquecer a experiência de marca, atingir consumidores em movimento ou fazer todas essas coisas. Por exemplo, a Taco Bell usa propaganda *mobile* para alcançar os consumidores no que ela chama de "momentos que importam".[34]

Como parte do esforço contínuo para promover seu café da manhã, a Taco Bell utiliza propaganda *mobile* cuidadosamente direcionada para atingir consumidores que estão começando seu dia. Ela direciona anúncios *mobile* com base em comportamentos específicos, como: os aplicativos que os consumidores utilizam primeiro de manhã, seus aplicativos de notícias favoritos ou o horário do dia em que deram uma olhada em uma receita de café da manhã. "Nós estamos entrelaçando comportamentos matutinos", diz um profissional de *marketing* da Taco Bells. A empresa também direciona anúncios *mobile* com base na localização, utilizando aplicativos de trânsito e navegação, como o Waze, do Google, para focar nos locais pelos quais o cliente passa e oferecendo, inclusive, a direção passo a passo para lojas nas redondezas. Assim, a Taco Bell consegue customizar anúncios *mobile* de acordo com as ações, as experiências e o ambiente de cada cliente. No *marketing* de seu café da manhã, diz o profissional de *marketing*, o aspecto *mobile* permite à Taco Bell estar "presente nas experiências que os consumidores vivenciam logo que abrem os olhos pela manhã".

Assim como o *marketing on-line* e o de mídias sociais, o *mobile marketing* está causando um enorme impacto no engajamento do cliente. O segredo consiste em mesclar abordagens digitais com o *marketing* tradicional para criar uma estratégia e um *mix* de *marketing* perfeitamente integrados. Vamos explorar o *marketing* digital e o de mídias sociais, bem como o *mobile marketing*, ao longo do livro – eles esbarram em praticamente todas as áreas da estratégia e das táticas de *marketing*. E, após analisarmos os conceitos básicos do *marketing*, vamos abordar com mais profundidade o *marketing* digital e direto no Capítulo 17.

Big data e inteligência artificial (IA)

Com a explosão das tecnologias digitais, as empresas passaram a poder acumular montanhas de dados. Elas estão utilizando fontes de informação que abrangem desde transações com os clientes até dados em tempo real que resultam do monitoramento de *sites* e redes sociais, de dispositivos de Internet das Coisas conectados e muitos outros. As marcas podem utilizar esses *big data* para obter *insights* dos consumidores, personalizar ofertas de *marketing* e melhorar tanto o engajamento dos clientes como o atendimento oferecido a eles.

Para dar um sentido a todo esse dado coletado e usá-lo em benefício de suas marcas e clientes, os profissionais de *marketing* estão se voltando para análises de *marketing* cada vez mais avançadas. Por exemplo, a *inteligência artificial* (*IA*) estourou no cenário do *marketing*. A IA envolve máquinas que pensam e aprendem de uma forma parecida com a de humanos, mas com uma capacidade analítica muito maior. Os profissionais de *marketing* podem utilizar a IA para analisar os dados com muita rapidez e aplicar os *insights* para engajar os clientes em tempo real, ajudando-os ao longo do processo de compras.

Os aplicativos que utilizam inteligência artificial incluem de tudo – de *chatbots* que atuam no atendimento ao cliente e assistentes virtuais, como a Alexa da Amazon Echo e a Siri da Apple, ao supercomputador Watson, da IBM, que é quase humano. Por exemplo, recentemente, um fabricante de medicamentos utilizou o Watson para formatar anúncios *mobile* personalizados para clientes de remédios de alergia, tendo como base dados em tempo real sobre o clima e o volume de pólen em suas regiões. Vamos discutir com mais profundidade os incríveis progressos nas áreas de *big data* e inteligência artificial no Capítulo 4.

***Marketing* sem fins lucrativos: o St. Jude Children's Research Hospital anuncia de forma agressiva sua poderosa missão: "Descobrir curas. Salvar crianças".**

ALSAC I St. Jude. St. Jude Children's Research Hospital® e Finding Cures. Saving Children® são marcas registradas da American Lebanese Syrian Associated Charities, Inc. (ALSAC)

O crescimento do *marketing* sem fins lucrativos

Nos últimos anos, o *marketing* se tornou parte importante das estratégias de muitas organizações sem fins lucrativos, como faculdades, hospitais, museus, zoológicos, orquestras sinfônicas, fundações e até mesmo igrejas. Nos Estados Unidos, as organizações sem fins lucrativos enfrentam uma forte concorrência por apoio e novos membros, e o *marketing* pode ajudá-las a atrair membros, fundos e apoio.

Por exemplo, o St. Jude Children Research Hospital tem uma missão especial: "Descobrir curas. Salvar crianças". Ele atende diretamente cerca de 7,5 mil pacientes por ano, além de outros milhares por meio de suas afiliadas e de centros clínicos espalhados pelos Estados Unidos e outras partes do mundo. As famílias não recebem nenhuma conta do St. Jude – elas não pagam por tratamento, viagem, hospedagem ou alimentação. Para realizar sua missão, o St. Jude levanta fundos para manter seu orçamento diário de mais de 2 milhões de dólares por meio de um *marketing* vigoroso.[35] Seus esforços para levantar fundos incluem de tudo: de anúncios de serviço público, endossos de celebridades, parcerias corporativas e uma forte presença *on-line* até eventos como os desafios estudantis Trike-a-thon, Math-a-thon e Up 'Til Dawn, e o St. Jude Dream Home Giveaway. O St. Jude trabalha com mais de 70 parceiros corporativos – incluindo Target, Domino's, William-Sonoma, Regal Cinemas e Expedia – que participam de sua campanha anual "Agradeça e ofereça", a qual pede aos consumidores que "agradeçam pelas crianças saudáveis em sua vida e ofereçam para aquelas que não são". O resultado dessas ações é uma marca persuasiva que angaria mais de 1,3 bilhão de dólares por ano com doações privadas, que partem de crianças na fase pré-escolar e profissionais até alunos da 8ª série e idosos de 80 anos.

Agências governamentais também têm demonstrado maior interesse pelo *marketing*. Por exemplo, nos Estados Unidos, as Forças Armadas possuem um plano de *marketing* para atrair recrutas para seus diferentes serviços. Além disso, vários órgãos do governo norte-americano estão agora desenvolvendo campanhas de *marketing* social para estimular o uso racional de energia elétrica e a preocupação com o meio ambiente ou para desestimular o tabagismo, o uso de drogas e a obesidade. Até mesmo o serviço postal do país, que já foi um tanto ultrapassado, desenvolveu um *marketing* inovador para vender selos comemorativos, promover seus serviços de entregas rápidas e melhorar sua imagem, apresentando-se como uma organização moderna e competitiva. No total, o governo norte-americano é o 46º maior anunciante dos Estados Unidos.[36]

A rápida globalização

Hoje, praticamente toda empresa, seja ela grande ou pequena, esbarra de alguma maneira na concorrência global. A floricultura do bairro compra suas flores de viveiros do México, enquanto um grande fabricante de eletrônicos norte-americano concorre em seu mercado doméstico com gigantescas empresas asiáticas. Um novato varejista da Internet se vê recebendo pedidos de todas as partes do mundo, ao mesmo tempo em que um fabricante de bens de consumo norte-americano lança produtos em mercados emergentes no exterior.

As empresas norte-americanas têm sido desafiadas em casa pelo *marketing* inteligente das multinacionais europeias e asiáticas. Empresas como Toyota, Nestlé e Samsung têm, com frequência, superado suas concorrentes norte-americanas dentro dos Estados Unidos. De maneira semelhante, em uma grande variedade de setores, empresas norte-americanas têm desenvolvido operações verdadeiramente globais, fabricando e vendendo seus produtos no mundo inteiro. O McDonald's, a quintessência norte-americana, atende hoje a 69 milhões de consumidores diariamente, em mais de 36 mil restaurantes espalhados por mais de 100 países – 75% de suas receitas são provenientes de fora dos Estados Unidos. A Nike, por sua vez, opera em 190 países, e as vendas realizadas fora dos Estados Unidos respondem por 58% de suas vendas mundiais.[37] Hoje em dia, as empresas não estão apenas vendendo um volume maior de suas mercadorias produzidas localmente em mercados internacionais: elas também estão comprando mais componentes e suprimentos no exterior, além de desenvolver novos produtos para mercados específicos ao redor do mundo.

Assim, em todo o mundo, os gestores estão, cada vez mais, tendo uma visão global, e não apenas local, do setor, dos concorrentes e das oportunidades. Eles estão se perguntando: O que é *marketing* global? Como ele se diferencia do *marketing* doméstico? Como os concorrentes e as forças globais afetam nossos negócios? Até que ponto devemos nos tornar "globais"? Vamos discutir o mercado global em mais detalhes no Capítulo 19.

Marketing sustentável – o apelo por mais responsabilidade ambiental e social

As empresas estão reexaminando suas conexões com os valores e as responsabilidades sociais e com o planeta que nos sustenta. À medida que os movimentos ambientais e contrários ao consumismo amadurecem ao redor do mundo, as empresas sofrem pressão para desenvolver práticas de *marketing* sustentável. A ética corporativa e a responsabilidade social tornaram-se tópicos importantes em praticamente todas as áreas de negócios, e poucas empresas podem ignorar os renovados e exigentes movimentos ambientais. Toda ação da empresa pode afetar o relacionamento com o cliente. Os clientes de hoje esperam que as empresas entreguem valor de maneira social e ambientalmente responsável.

No futuro, os movimentos de responsabilidade social e ambientais apresentarão exigências ainda maiores para as empresas. Algumas empresas resistem a esses movimentos, movimentando-se apenas quando forçadas por lei ou enfrentam protestos organizados de consumidores. A maior parte das empresas, entretanto, aceitam prontamente suas responsabilidades em relação ao mundo que as cerca. Elas veem o *marketing* sustentável como uma oportunidade de se dar bem fazendo o bem. Além disso, buscam formas de lucrar atendendo a necessidades imediatas e aos melhores interesses de longo prazo de seus clientes e comunidades.

Algumas empresas – como a Patagonia, a Timberland, a Ben & Jerry's e a Warby Parker, entre outras – praticam o capitalismo social, diferenciando-se por sua postura zelosa e responsável. Elas inserem a responsabilidade social e ambiental em suas declarações de missão e valor. Por exemplo, a Warby Parker, uma empresa *on-line* muito bem-sucedida que trabalha com óculos de grau de baixo preço, vende "óculos com um propósito":[38]

***Marketing* sustentável: a Warby Parker vende óculos com um propósito. "As empresas podem fazer o bem no mundo e ainda assim ser lucrativas", diz seu cofundador.**

Warby Parker

> A Warby Parker foi fundada com um objetivo nobre: "Oferecer óculos de uma boa marca a preços revolucionários e, ao mesmo tempo, abrir caminho para negócios socialmente conscientes". Para começar, ao cortar os distribuidores, desenhar os próprios óculos internamente e engajar os clientes *on-line*, de forma direta, a empresa consegue vender óculos de boa qualidade a preços muito baixos. Comprar óculos na Warby Parker "deve deixar você feliz e bonito, com dinheiro no bolso".
>
> Mas, além de gerar valor para seus clientes, a Warby Parker possui uma missão social mais ampla. A empresa destaca que existem aproximadamente 1 bilhão de pessoas no mundo que precisam usar óculos não o fazem por falta de recursos. Para ajudar a consertar o problema, o programa "Buy a pair, give a pair" da Warby Parker promete que, a cada par de óculos vendido, outro par será entregue a alguém que precisa. Até agora, mais de 5 milhões de óculos foram distribuídos por meio do programa. "Acreditamos que todos têm o direito de enxergar", diz a empresa. Além de ser socialmente admirável, o programa "Buy a pair, give a pair" da Warby Parker faz muito sentido em termos econômicos, tanto para a empresa como para seus clientes. Após somente oito anos, a Warby Parker cresceu e atingiu mais de 320 milhões de dólares em vendas anuais. "As empresas podem fazer o bem no mundo e, ainda assim, ser lucrativas", diz Neil Blumenthal, cofundador da Warby Parker. "Bons óculos, bons resultados."

O *marketing* sustentável apresenta tanto oportunidades como desafios para os profissionais de *marketing*. Vamos abordar novamente esse tópico, porém com muito mais detalhes, no Capítulo 20.

Comentário dos autores | Você se lembra da Figura 1.1, que sintetiza o processo de *marketing*? Agora, com base em tudo o que discutimos neste capítulo, vamos expandir aquela figura de modo a obter um roteiro para o aprendizado do *marketing* ao longo dos capítulos restantes.

Afinal, o que é *marketing*? Juntando tudo

No início deste capítulo, a Figura 1.1 apresentou um modelo simples do processo de *marketing*. Agora que discutimos todas as etapas desse processo, a **Figura 1.6** traz um modelo expandido, que o ajudará a juntar tudo o que foi visto. O que é *marketing*? Em termos simples, *marketing* é o

FIGURA 1.6
Um modelo expandido do processo de *marketing.*

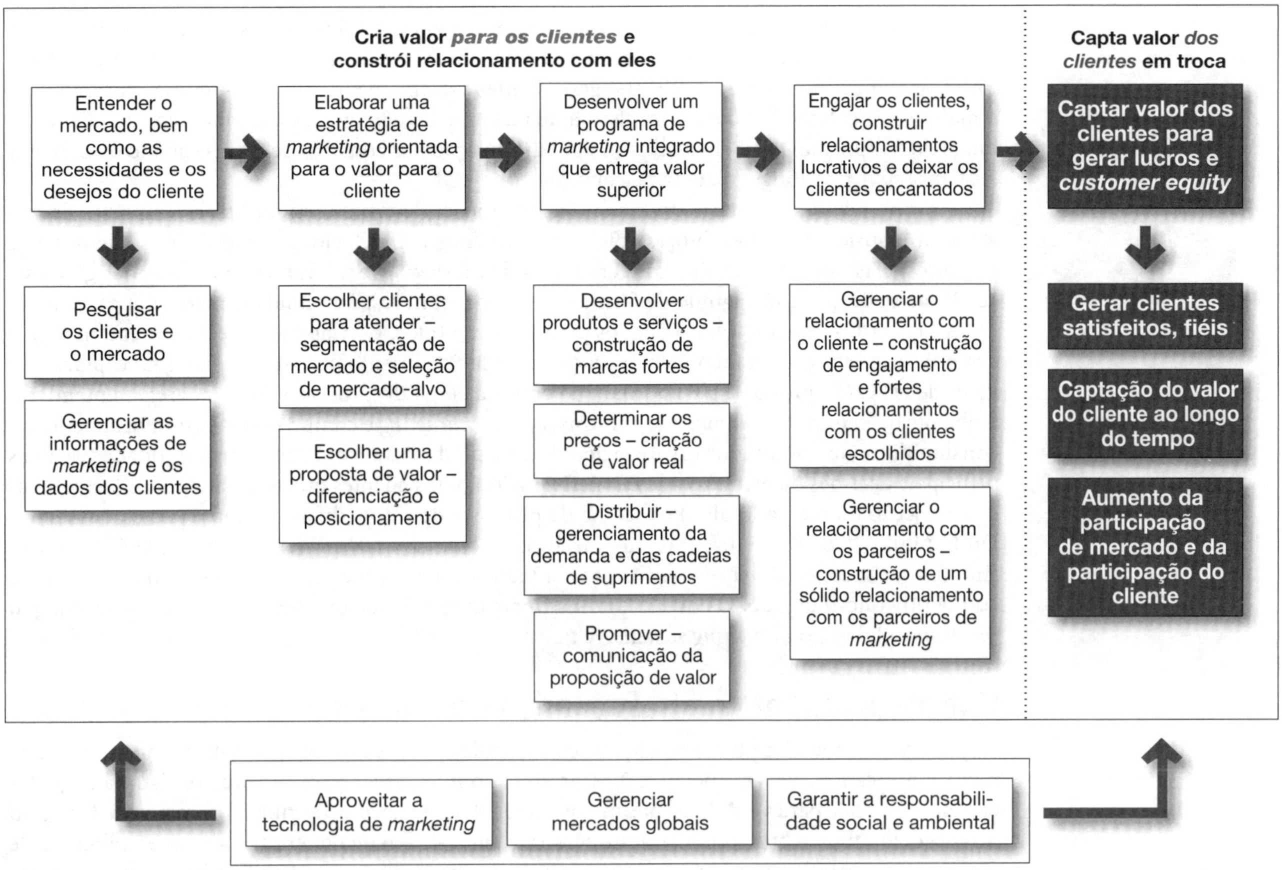

A versão expandida da Figura 1.1, apresentada no início do capítulo, oferece um roteiro para o restante do livro.
O conceito que permeia toda a obra é o de que o *marketing* gera valor para os clientes a fim de captar valor deles em troca.

processo de engajar os clientes e construir relacionamentos lucrativos com eles, criando valor para esses clientes e captando valor deles em troca.

As quatro primeiras etapas do processo de *marketing* se concentram em criar valor para os clientes. Primeiro, a empresa obtém um entendimento completo do mercado pesquisando as necessidades dos clientes e gerenciando as informações de *marketing*. Depois, ela elabora uma estratégia de *marketing* orientada para o cliente com base nas respostas a duas perguntas simples. A primeira pergunta é: "A quais clientes vamos atender?" (segmentação de mercado e seleção de mercado-alvo). Empresas boas em *marketing* sabem que não podem atender a todos os clientes de todas as formas. Em vez disso, elas precisam concentrar seus recursos nos clientes a que podem atender melhor e de maneira mais lucrativa. A segunda pergunta para a estratégia de *marketing* é: "Como podemos atender melhor aos clientes-alvo?" (diferenciação e posicionamento). Aqui, a empresa define proposta de valor que expressa quais valores entregará para conquistar os clientes-alvo.

Com sua estratégia de *marketing* definida, a empresa passa a elaborar um programa de *marketing* integrado, o qual, consistindo nos quatro elementos do *mix* de *marketing* (os 4Ps), transforma a estratégia de *marketing* em valor real para os clientes. A empresa desenvolve ofertas de produto e cria fortes identidades de marca para elas. Também determina o preço dessas ofertas para criar valor real para o cliente e as distribui para torná-las disponíveis aos clientes-alvo. Por fim, elabora programas de promoção que engajam os clientes-alvo, comunicam a proposição de valor e persuadem os clientes a tomar uma atitude em relação à oferta ao mercado.

Talvez a etapa mais importante do processo de *marketing* envolva o engajamento dos clientes-alvo e a construção de relacionamentos valiosos e lucrativos com eles. Ao longo do processo, os profissionais de *marketing* colocam em prática a gestão do relacionamento com o cliente para gerar satisfação e encantamento. Esses profissionais engajam os clientes no processo gerando conversas, experiências e comunidades de marca. No entanto, na hora de criar relacionamento com o cliente e valor para ele, a empresa não pode fazer tudo sozinha. Ela deve trabalhar de perto com seus parceiros de *marketing* – tanto os internos como aqueles encontrados ao longo de seu sistema de *marketing*. Assim, além de um bom desempenho na gestão do relacionamento com o cliente e no *marketing* de engajamento, as empresas precisam ser boas no gerenciamento do relacionamento com parceiros.

As quatro primeiras etapas do processo de *marketing* criam valor para os clientes. Na etapa final, a empresa colhe as recompensas de seu sólido relacionamento com os clientes captando valor deles. Entregar valor superior para os clientes gera clientes extremamente satisfeitos, que comprarão mais e mais vezes, e defenderão a marca. Isso ajuda a empresa não apenas a captar valor do cliente ao longo do tempo, mas também a obter maior participação nas compras dele. O resultado é um maior *customer equity* no longo prazo para a empresa.

Por fim, diante do cenário do *marketing* de hoje, em constante mudança, as empresas devem levar em consideração três fatores adicionais. Ao construir relacionamento com os clientes e os parceiros, elas devem aproveitar as tecnologias de *marketing*, explorar as oportunidades globais e certificar-se de que estão agindo de forma sustentável, com responsabilidade ambiental e social.

A Figura 1.6 traz um roteiro para os próximos capítulos. Os Capítulos 1 e 2 apresentam o processo de *marketing*, com foco na construção de relacionamento com os clientes e na captação de valor deles. Os Capítulos 3 a 6 abordam a primeira etapa do processo de *marketing* – entender o ambiente de *marketing*, gerenciar as informações de *marketing* e compreender o comportamento do consumidor e do comprador organizacional. O Capítulo 7 trata com mais profundidade das duas principais decisões da estratégia de *marketing*: seleção dos clientes que serão atendidos (segmentação e seleção do mercado-alvo) e escolha da proposta de valor (diferenciação e posicionamento). Do Capítulo 8 ao 17 são discutidas as variáveis do *mix* de *marketing*, uma a uma. O Capítulo 18 sintetiza a estratégia de *marketing* orientada para o valor para o cliente e a criação de vantagem competitiva no mercado. Os dois capítulos finais tratam de elementos especiais do *marketing*: o *marketing* global e o *marketing* sustentável.

Desenvolvimento de habilidades para sua carreira

O *marketing* é uma disciplina empolgante e em rápida mudança que disponibiliza uma série de carreiras gratificantes. Veja o Apêndice 3, "Carreiras no *marketing*", para verificar se alguma daquelas carreiras é a certa para você. Mas, mesmo que não esteja planejando seguir carreira no *marketing* ou nos negócios, tudo o que aprender neste curso vai ajudá-lo em qualquer carreira que escolher ou, de modo mais geral, em sua vida. Você vai adquirir e aplicar muitas das habilidades que os empregadores identificaram como essenciais para o sucesso no mercado de trabalho, o que contribuirá para sua empregabilidade.

Ao estudar este livro, você vai aprimorar seu *pensamento crítico* e suas habilidades de *resolução de problemas*, à medida que aprende e avalia as estratégias e os tópicos de *marketing*. Você também vai ampliar suas habilidades de *comunicação* persuasiva, à medida que fica por dentro da forma como os profissionais de *marketing* desenvolvem propaganda, mídias digitais, mídias sociais e outras campanhas promocionais que engajam os consumidores e geram relacionamento com a marca. Você ainda verá como a *tecnologia* e a *análise de marketing* estão remodelando totalmente o mundo do *marketing* – e aplicará algumas dessas tecnologias para complementar suas próprias análises de problemas de *marketing*. Além disso, aprenderá a importância da *colaboração* e do *trabalho em equipe*, ao ver como os profissionais de *marketing* trabalham de perto com outras pessoas de sua equipe ou com gestores de outras áreas da empresa para desenvolver estratégias e táticas organizacionais gerais. E mais: aprenderá mais sobre *ética nos negócios* e *responsabilidade social* em seções no primeiro capítulo e ao longo do capítulo final, que trata de *marketing* sustentável.

Ao longo do curso, seus professores o ajudarão a aprimorar seu pensamento crítico e analítico, bem como suas habilidade de comunicação, apresentação e trabalho em equipe por meio de tarefas imbuídas de significado – podem ser os exercícios ao final do capítulo, os casos ou apêndices. Por fim, além das aplicações nos negócios, você verá que, de maneira mais geral, o *marketing* se aplica à sua vida. Para o resto de sua vida, você fará seu *marketing* pessoal. Na verdade, em entrevistas de emprego, uma tática muito utilizada por alguns empregadores é lançar o seguinte desafio: "Finja que você é um produto. Como você se venderia para mim?". Ao completar esse curso e estudar este livro, você provavelmente terá as respostas prontas.

Revisão e ampliação dos conceitos

Revisão dos objetivos

As empresas bem-sucedidas de hoje – sejam elas grandes ou pequenas, com ou sem fins lucrativos, com atuação nacional ou global – têm em comum um forte foco no cliente e um sério compromisso com o *marketing*. A meta do *marketing* é engajar os clientes e gerenciar relacionamentos lucrativos com eles.

Objetivo 1.1 Definir *marketing* e as linhas gerais das etapas no processo de *marketing*. *(p. 3-5)*

Marketing é o processo por meio do qual as empresas engajam os clientes, constroem sólidos relacionamentos com eles e lhes criam valor a fim de, em troca, captar valor deles. O processo de *marketing* envolve cinco etapas. As primeiras quatro etapas criam valor *para os clientes*. Primeiro, os profissionais de *marketing* precisam entender o mercado, bem como as necessidades e os desejos dos clientes. Depois, eles elaboram uma estratégia de *marketing* orientada para o valor para o cliente com o objetivo de conquistar, manter e cultivar clientes-alvo. Na terceira etapa, os profissionais elaboram um programa de *marketing* que, de fato, entrega valor superior. Todas essas etapas formam a base para a quarta: engajar os clientes, criando relacionamentos lucrativos com eles e os encantando. Na etapa final, a empresa colhe as recompensas de seu sólido relacionamento com os clientes ao captar valor *deles*.

Objetivo 1.2 Explicar a importância de entender o mercado e os clientes e identificar os cinco conceitos básicos do mercado. *(p. 5-9)*

As empresas que se destacam no *marketing* se esforçam para conhecer e entender as necessidades, os desejos e as demandas de seus clientes. Isso as ajuda a desenvolver ofertas ao mercado que satisfaçam os desejos e a construir relacionamentos valiosos com os clientes, por meio dos quais podem captar valor do cliente ao longo do tempo e maior participação nas compras dele. O resultado é um maior *customer equity* no longo prazo para a empresa. Os conceitos básicos de mercado são: necessidades, desejos e demandas; ofertas ao mercado (produtos, serviços e experiências); valor e satisfação; trocas e relacionamentos; e mercados. As empresas abordam as necessidades, os desejos e as demandas oferecendo uma proposição de valor – um conjunto de benefícios que elas prometem aos consumidores para satisfazer as necessidades deles. A proposição de valor é cumprida por meio de uma oferta ao mercado que entrega valor e satisfação para os clientes, resultando em um relacionamento de troca de longo prazo com eles.

Objetivo 1.3 Identificar os elementos-chave de uma estratégia de *marketing* orientada para o cliente e discutir as orientações da administração de *marketing* que norteiam a estratégia de *marketing*. *(p. 9-13)*

Para elaborar uma estratégia de *marketing* vencedora, primeiro a empresa precisa decidir a quem ela atenderá. Ela faz isso dividindo o mercado em segmentos de clientes (*segmentação de mercado*) e selecionando os segmentos que cultivará (*seleção de mercados-alvo*). Em seguida, a empresa precisa decidir como atenderá aos clientes-alvo (como ela se *diferenciará* e se *posicionará* no mercado).

A administração de *marketing* pode adotar uma das cinco orientações de mercado. A *orientação de produção* defende que a tarefa dos gestores é aumentar a eficiência da produção e reduzir os preços. A *orientação de produto* afirma que os consumidores dão preferência a produtos superiores em qualidade, desempenho e características inovadoras, de modo que pouco esforço promocional se faz necessário. A *orientação de vendas* defende que os consumidores somente comprarão uma quantidade satisfatória de produtos da empresa se ela vender em larga escala e realizar promoções. A *orientação de marketing* sustenta que o alcance das metas organizacionais depende do conhecimento das necessidades e dos desejos dos mercados-alvo, bem como da entrega da satisfação desejada com mais eficiência que os concorrentes. A *orientação de marketing societal* coloca que gerar a satisfação do cliente e o bem-estar societal no longo prazo, por meio de estratégias de *marketing* sustentável, constitui o segredo da empresa tanto para atingir suas metas como para cumprir com suas responsabilidades.

Objetivo 1.4 Discutir a gestão do relacionamento com os clientes e identificar estratégias para criar valor para os clientes e captar valor deles em troca. *(p. 13-21)*

No sentido mais amplo, a *gestão do relacionamento com o cliente* é o processo não só de engajar os clientes, mas também de construir e manter relacionamentos lucrativos com eles, entregando-lhes valor superior e satisfação. A meta do *marketing de engajamento do cliente* é tornar a marca parte significativa das conversas e da vida dos consumidores por meio do envolvimento direto e contínuo deles em conversas, experiências e comunidades de marca. Já a meta da gestão do relacionamento com o cliente e do engajamento dele é produzir um alto *customer equity* – total do valor ao longo do tempo de todos os clientes da empresa. O segredo para construir relacionamentos duradouros é criar *valor superior* e *satisfação* para o cliente. Ao criar valor *para* os clientes-alvo, a empresa capta, em troca, valor *deles* na forma de lucros e *customer equity*.

Objetivo 1.5 Descrever as principais tendências e forças que estão mudando o cenário do *marketing* nessa era dos relacionamentos. *(p. 21-28)*

Mudanças profundas estão ocorrendo no *marketing*. A era digital abriu novos e interessantes caminhos para se aprender sobre cada cliente, engajá-lo e se relacionar com ele. Como resultado, avanços nas mídias digitais, sociais e *mobile* conquistaram o mundo do *marketing*. De fato, essas mídias oferecem excelentes oportunidades para se alcançar os clientes de forma mais seletiva e engajá-los de maneira mais profunda. Além disso, *big data* e melhores análises de *marketing*, como as provenientes de inteligência artificial, estão intensificando a forma como os profissionais conhecem os clientes e interagem com eles. O segredo consiste em mesclar novas tecnologias digitais e abordagens com *marketing* tradicional para criar uma estratégia e um *mix* de *marketing* perfeitamente integrados.

Nos últimos anos, o *marketing* se tornou uma parte importante da estratégia de muitas organizações sem fins lucrativos, como faculdades, hospitais, museus, zoológicos, orquestras sinfônicas, fundações e até mesmo igrejas. Além disso, em um mundo cada vez menor, muitas empresas agora estão conectadas globalmente com seus clientes, parceiros de *marketing* e concorrentes. Por fim, as empresas de hoje começaram a rever suas responsabilidades em relação à sustentabilidade. Elas estão sofrendo pressão para assumir uma responsabilidade maior pelos impactos ambientais e sociais de suas ações.

Em resumo, conforme discutido ao longo do capítulo, os principais novos eventos no *marketing* podem ser resumidos em um único conceito: *engajar os clientes, criando valor para eles e captando valor em troca*. Hoje em dia, empresas de todos os tipos exploram novas oportunidades ao criar relacionamentos valiosos com seus clientes, seus parceiros de *marketing* e o mundo que as cerca.

Termos-chave

Objetivo 1

Marketing **(p. 4)**

Objetivo 2

Necessidades (p. 5)
Desejos (p. 5)
Demandas (p. 5)
Ofertas ao mercado (p. 6)
Miopia de *marketing* (p. 6)
Troca (p. 8)
Mercado (p. 8)

Objetivo 3

Administração de *marketing* (p. 9)
Orientação de produção (p. 10)
Orientação de produto (p. 10)
Orientação de vendas (p. 11)
Orientação de *marketing* (p. 11)
Orientação de *marketing* societal (p. 11)

Objetivo 4

Gestão do relacionamento com o cliente (p. 14)
Valor percebido pelo cliente (p. 14)
Satisfação do cliente (p. 14)
***Marketing* de engajamento do cliente (p. 16)**
Defesa de marca pelo cliente (p. 16)
Relacionamentos gerenciados pelo cliente (p. 17)
Gestão do relacionamento com o parceiro (p. 17)
***Marketing* gerado pelo cliente (p. 17)**
Valor do cliente ao longo do tempo (p. 18)
Participação no cliente (p. 19)
***Customer equity* (p. 19)**

Objetivo 5

Internet das Coisas (p. 21)
***Marketing* de mídias digitais e sociais (p. 21)**

Questões para discussão

1.1 Quais são os caminhos para lucrar sob a orientação de *marketing*? (Comunicação oral e escrita.)

1.2 O que é oferta ao mercado? Dê um exemplo recente de uma oferta ao mercado que satisfez uma necessidade ou um desejo seu. (Comunicação oral e escrita; pensamento reflexivo.)

1.3 Identifique duas importantes perguntas que um gestor de *marketing* deve responder para elaborar uma estratégia de *marketing* vitoriosa. Explique em poucas palavras por que cada uma das perguntas é importante. (Comunicação oral e escrita; pensamento reflexivo.)

1.4 O que é *marketing* gerado pelo cliente? Quais são os desafios associados a esse tipo de *marketing*? (Comunicação oral e escrita; pensamento reflexivo.)

1.5 Quais são os resultados da criação de valor superior para os clientes? Por que as empresas devem prestar atenção a esses resultados? (Comunicação oral e escrita; pensamento reflexivo.)

1.6 Explique a importância do *marketing* de mídias digitais e sociais. (Comunicação oral e escrita; pensamento reflexivo.)

Atividades de pensamento crítico

1.7 Explique como uma marca como a GORE-TEX, que segue a orientação de *marketing* pura, poderia transformar sua estratégia de *marketing* se passasse a seguir a orientação de *marketing* societal. (Comunicação oral e escrita; pensamento analítico.)

1.8 Seu gestor estabelece uma meta: 100% de satisfação de 100% dos clientes. Como você apresentaria a seu gestor as limitações dessa meta? Explique por que as empresas devem utilizar estratégias de gestão de relacionamento diferentes com clientes que possuem potenciais de lucratividade e fidelidade diversos. (Comunicação oral e escrita; tecnologia da informação; pensamento reflexivo.)

1.9 Visite o *site* da Clorox em <www.clorox.com>. Vá até o final da página e verifique como a Clorox se conecta com os clientes em plataformas de mídias sociais, incluindo o Facebook, o Twitter, o Pinterest, o YouTube e o Instagram. Clique em uma ou mais dessas plataformas para ver como a Clorox Company está desenvolvendo e mantendo vínculos com os clientes ao mesmo tempo em que ilustra seus valores e fornece informações por trás da marca. Avalie a efetividade da Clorox Company na criação de engajamento do cliente por meio de suas redes sociais. (Comunicação oral e escrita; tecnologia da informação; pensamento reflexivo.)

APLICAÇÕES E CASOS

Foco nas redes Fionamania

Fiona, um hipopótamo fêmea que nasceu prematuramente e sobreviveu, vive na ala "África" do Zoológico de Cincinnati. Fiona se tornou uma celebridade quando a diretora de comunicação do zoo e sua equipe começaram a postar todos os movimentos do hipopótamo desde o dia em que ela nasceu prematuramente. Ela se tornou um símbolo de resiliência e positividade, conquistando milhões de fãs e engajando não só os visitantes do zoológico sem fins lucrativos, mas também doadores potenciais. Hoje, os vídeos da Fiona que rodam a Internet têm milhões de visualizações, ela teve seu próprio *reality show* de sete episódios no Facebook, e pessoas no Twitter seguem até sua flatulência. O hipopótamo fêmea também inspirou de tudo – de livros para crianças a cerveja e sabores de sorvete. As pessoas estão realmente envolvidas na história da Fiona.

1.10 Visite o perfil <www.facebook.com/cincinnatizoo> e encontre *posts* sobre a Fiona. Como a equipe de comunicação do zoológico engaja os fãs do hipopótamo? (Comunicação oral e escrita; pensamento reflexivo.)

1.11 O que profissionais de *marketing* de outras empresas sem fins lucrativos podem aprender com o uso das redes sociais pelo Zoológico de Cincinnati para gerar interesse em Fiona? Como isso se encaixa com a estratégia geral de rede social do zoo? (Comunicação oral e escrita; tecnologia da informação; pensamento reflexivo.)

Foco nas redes Patagonia – salvando nosso planeta

As empresas estão cada vez mais inserindo a responsabilidade social e ambiental em suas declarações de valor e missão. Mais de 500 empresas dos Estados Unidos assinaram o Pacto Global da ONU, um compromisso com padrões que melhoram os direitos humanos, protegem o meio ambiente e promovem objetivos societais. A Patagonia, uma empresa especializada em roupas e equipamentos para atividades realizadas ao ar livre, aumentou a lucratividade de seus negócios por mais de 45 anos, ao mesmo tempo em que defendia terras públicas, o ativismo ambiental e cadeias de suprimentos sustentáveis. Sua missão inicial era "desenvolver o melhor produto, sem causar nenhum dano desnecessário, e utilizar os negócios para inspirar e implementar soluções para a crise ambiental". Recentemente, a Patagonia mudou sua missão, que passou a ser: "A Patagonia está nos negócios para salvar nosso planeta". Para garantir uma movimentação em direção a essa missão, a empresa se preparou por um ano antes de anunciar publicamente a mudança. Recentemente, a Patagonia anunciou que doaria os 10 milhões de dólares que ganhou com um corte em impostos federais para lutar por causas ambientais que estavam ameaçadas pelo corte, incluindo agricultura regenerativa, política e territórios protegidos. A empresa também utilizou seu *marketing* de marca para apoiar candidatos a cargos públicos que defendem sólidas políticas ambientais.

1.12 O realinhamento da missão da Patagonia e seu foco em contra-atacar as causas do aquecimento global podem parecer mais apropriados para organização sem fins lucrativos do que para um negócio. Como a nova missão da Patagonia pode afetar sua reputação entre os consumidores que confiam na marca para fabricar e comercializar os melhores produtos? (Comunicação oral e escrita; raciocínio e entendimento ético.)

1.13 Como uma empresa de capital aberto que quer se envolver com a responsabilidade social corporativa de tal forma que pode sacrificar a lucratividade no curto prazo explica sua decisão aos acionistas? (Comunicação oral e escrita; raciocínio e entendimento ético.)

Foco nos números A Gillette está tentando se livrar da concorrência

A Gillette, a poderosa marca de lâmina de barbear da Procter & Gamble, está enfrentando desafios provenientes de tendências do consumidor e concorrentes digitais gananciosos. A Gillette e sua concorrente mais próxima, a Schick, sempre focaram em inovação de produto e preços mais altos. Assim, primeiro os cartuchos de ambas as empresas continham duas lâminas, depois três e agora cinco. Hoje, os aparelhos de barbear contam com um eixo esférico que permite às lâminas girarem, algumas delas vibram e, recentemente, a Gillette deu entrada à patente de uma lâmina que esquenta. E, a cada novidade, os preços aumentavam de acordo com ela. Embora a Gillette fabrique excelentes produtos que conquistaram 1,5 bilhão de dólares no último ano, ela enfrenta ameaças com a contínua tendência do consumidor em ser barbudo, mantendo uma aparência desleixada, com a barba por fazer que não vai embora tão cedo. Empresas iniciantes *on-line* que vendem direto para o consumidor, como a Dollar Shave Club (agora da Unilever), a Harry's e a 800Razor.com, também estão corroendo as vendas da Gillette. E, quando a patente da Gillette para o aparelho de barbear Mach3 expirou, sua rival Schick lançou um cartucho mais em conta com lâminas compatíveis com ele. Apesar de ainda deter mais de 50% de participação no mercado de cuidados pessoais masculinos, a participação da Gillette caiu de 70% em 2010. Para ajudar a recuperar participação, a Gillette lançou, em 2016, a Gillette on Demand. Mas a mudança mais significativa da marca foi passar a se concentrar menos em inovação de produto e implementar um corte médio geral de preços de 12%.

1.14 Assumindo uma margem de contribuição de 60%, qual volume de vendas seria necessário para se atingir o ponto de equilíbrio (ou seja, manter a contribuição total atual) com a redução geral de 12% nos preços? Consulte a seção "Análise financeira das táticas de *marketing*: redução do preço" no Apêndice 2, "*Marketing* por meio dos números", para ver como realizar essa análise. (Comunicação oral e escrita; raciocínio analítico.)

1.15 Qual crescimento absoluto e aumento de porcentagem nas vendas isso representa? (Comunicação oral e escrita; raciocínio analítico.)

Caso empresarial Buffalo Wild Wings: alimentando a experiência dos fãs de esporte

Com milhares de redes de restaurante espalhadas pelos Estados Unidos, o mercado de refeições casuais é um ambiente extremamente competitivo. Assim, é especialmente notável quando uma marca atinge um pico de crescimento, enquanto muitas outras lutam para se manter. A Buffalo Wild Wings – maior vendedora de asinhas de frango e distribuidora de chope dos Estados Unidos – é uma dessas marcas. Em pouco mais de uma década, a rede passou de 300 para mais de 1.200 restaurantes – uma curva de crescimento que lembra a espiral ascendente de um passe de futebol americano perfeitamente lançado. Nesse período, a B-Dubs, como é conhecida por fãs e funcionários, foi uma das redes de restaurante que cresceu mais rápido nos Estados Unidos.

Mas até mesmo um passe de futebol americano perfeitamente lançado pode acabar e desviando. E foi exatamente isso que aconteceu com a Buffalo Wild Wings. Tão rápido quanto cresceram durante boa parte de uma década, as vendas estagnaram e até começaram a cair. Os lucros sofreram com um impacto ainda maior do que as vendas. A B-Dubs atribuiu a queda a muitos fatores, da tendência dos *millennials* a comer em casa até o aumento global do preço das asas de frango. Uma das poucas redes de restaurante de capital aberto, a Buffalo Wild Wings começou a sentir uma pressão crescente para mudar as coisas. Com isso, a direção da rede teve que encontrar respostas com rapidez: o que fez com que a rede fosse tão bem-sucedida por tantos anos? Por que essa fórmula não estava mais funcionando?

Impulsionando o crescimento

A princípio, qual foi o ingrediente secreto que fez a Buffalo Wild Wings explodir em popularidade? A rede percebeu que as pessoas não comem fora só para saciar a fome ou o paladar. Assim, desde o início, a Buffalo Wild Wings focou em criar e oferecer uma experiência holística para um tipo específico de clientes. "Percebemos que não somos apenas vendedores de asinhas de frango", disse a empresa. "Somos algo muito maior. Alimentamos a experiência dos fãs de esporte. Nossa missão é impressionar as pessoas todos os dias!" Essa missão não era só conversa fiada. Todos os aspectos da oferta da marca foram projetados para cumprir essa promessa de experiência do cliente.

Tudo começou em 1982, quando Jim Disbow e Scott Lowery abriram seu primeiro restaurante perto da Ohio State University. Tendo acabado de se mudar de Buffalo, Nova York, a dupla desenvolveu o conceito com base em um molho especial que eles criaram quando descobriram que ninguém na área de Columbus, Ohio, estava servindo autênticas asinhas de Buffalo. À medida que os negócios prosperavam, os jovens empreendedores ficavam ansiosos para conhecer seus clientes e oferecer a eles o que queriam. E o que os clientes queriam era assistir aos jogos de futebol americano do Ohio State na solitária TV do restaurante.

Com essa descoberta, a Buffalo Wild Wings adotou um foco singular: ser o tipo de estabelecimento que agrada qualquer fã de qualquer esporte. Com uma estratégia focada no cliente e taxas irresistíveis para franqueados, a empresa subiu aos céus como um arremesso do Michael Jordan. Aliás, em 2003, a Buffalo Wild Wings deu um passo ousado ao abrir o capital, o que poucas redes de restaurantes haviam feito.

Mais ou menos na mesma época, a Buffalo Wild Wings embarcou em um grande plano de expansão, cuja base era um novo *design* de restaurante. Um dos primeiros estabelecimentos a adotar TVs de tela plana, a Buffalo Wild Wings projetou seus restaurantes com dezenas de retângulos brilhantes, garantindo que cada assento e mesa fosse o melhor da casa. O interior dos estabelecimentos gritava "estádio", com ampla luz natural, móveis de cores vivas e revestimentos na parede, telas de LED de alta definição que eram visíveis mesmo em um ambiente muito bem iluminado e uma grande área reservada ao bar, que ficava separada do salão de refeição. Enquanto muitos restaurantes são pensados para que o cliente coma e vá embora – para circular o maior número possível de pessoas em cada mesa –, o ambiente da Buffalo Wild Wings convidava as pessoas a ficar por mais tempo e continuar desfrutando das muitas opções de comida e bebida.

Embora a fórmula de sucesso da Buffalo Wild Wings se concentre, principalmente, em aspectos da experiência do restaurante que não têm relação com o cardápio, a rede nunca negligenciou esse elemento. Ela garantiu que não faltassem opções de comida e bebida para manter os clientes sempre voltando, incluindo 21 molhos e temperos exclusivos, que acompanhavam asinhas tradicionais e desossadas. E cada restaurante serve até 30 chopes diferentes, com uma variedade de marcas nacionais, importadas e artesanais. Nenhuma outra rede possui esse nível de variedade.

Quando a vida lhe der limões, faça asas de frango com limão e pimenta

Em 2008, a Buffalo Wild Wings teve um aumento inesperado no número de clientes dos restaurantes. Quando a Grande Recessão chegou, a B-Dubs viu como os clientes valorizavam seu foco em alimentar a experiência dos fãs de esporte. Em uma época em que a maioria das redes de refeições casuais viu suas receitas despencarem, a B-Dubs vivenciou o exato oposto. "Durante a crise, muitos clientes vinham aos nossos restaurantes por causa do [alto] custo de ir aos jogos", disse a CEO Sally Smith. "Queríamos criar um ambiente bacana para nossos clientes, onde eles pudessem pedir asinhas de frango personalizadas, tomar uma cerveja e curtir os jogos como se estivessem lá."

Nos anos seguintes, as pessoas foram pouco a pouco cancelando seus caros pacotes de TV a cabo e se voltando para serviços de assinatura mais acessíveis, como a Netflix e a Hulu. Isso rendeu à B-Dubs diversos clientes que não tinham mais a opção de assistir a muitos eventos esportivos em casa. Cimentando seu lugar como alternativa para assistir aos jogos, a Buffalo Wild Wings começou a passar todos os eventos esportivos possíveis, incluindo transmissões ao vivo de partidas entre faculdades locais e até entre escolas de Ensino Médio.

Mas só a TV não era suficiente para alimentar a experiência dos fãs. Nem sempre está passando um jogo a que os clientes querem assistir. Assim, a Buffalo Wild Wings projetou um ambiente repleto de energia que ia além do que estava acontecendo na tela. Essa energia dependia do engajamento dos clientes. Pegue, por exemplo, o Blazin' Wing Challenge, um desafio que promete premiar com uma camiseta especial e um lugar na Parede da Fama os clientes que conseguirem comer uma dúzia de asinhas de frango apimentadas em menos de 6 minutos. Parece fácil, mas o molho é 60 vezes mais picante que o tradicional de jalapenho.

Durante os 6 minutos do desafio, os participantes não podem beber ou comer nada além das asinhas de frango. Eles também não podem usar guardanapos ou utensílios nem tocar seus rostos. O rótulo do molho adverte: "Mantenha longe dos olhos, de animais de estimação e de crianças". Os garçons dão muitos conselhos e até mesmo encorajam a maioria das pessoas a não aceitar o desafio. Além disso, antes de comer, os desafiados têm que assinar um documento que deixa bem claro que eles "assumem voluntariamente todos os riscos de perda, dano, lesão, doença ou morte que possam sofrer como resultado". Todos os participantes são anunciados e as atividades são monitoradas por vários funcionários – e normalmente por uma multidão de clientes.

Também como forma de manter os clientes engajados, a Buffalo Wild Wings adotou uma estratégia de inovação, sempre desenvolvendo novas maneiras de aprimorar a visita dos clientes a seus restaurantes. Um exemplo foi o investimento em *tablets* para as mesas. Disponíveis para todo e qualquer cliente, os *tablets* possuem uma série de funções, como possibilitar que os fregueses joguem pôquer ou trivia, ou mesmo respondam, em tempo real, a perguntas sobre os times que estão jogando. Os clientes também têm a opção de ficar ali com seus *tablets* ou transmitir seus jogos em uma das muitas telas grandes. Inclusive, um recurso de *jukebox* permite que os clientes removam a música que tocou no sistema do restaurante. Por fim, os *tablets* possibilitam que os fregueses façam pedidos e paguem suas contas.

À medida que mais e mais restaurantes da Buffalo Wild Wings eram inaugurados, a empresa permanecia focada em aprimorar a experiência do cliente. Por exemplo, há alguns anos, a B-Dubs criou o cargo de "capitão da experiência do freguês". Essa pessoa tem como função personalizar a experiência do cliente e mantê-lo engajado. Desempenhando o papel de um verdadeiro anfitrião, o capitão da experiência do freguês vai de mesa em mesa, conversando com os clientes e garantindo que seus caprichos sejam atendidos. Se eles quiserem que em uma TV passe um jogo e na TV ao lado passe outro, será feito. Se precisarem de ajuda com o *tablet*, o capitão dará uma força. Com um grande conhecimento do restaurante, o capitão da experiência do freguês não está lá para tirar pedidos de comida ou bebida, levar refeições para as mesas ou limpar pratos sujos – os outros funcionários podem dar conta dessas tarefas. O capitão deve fazer sugestões e distribuir amostras de diferentes molhos para os clientes experimentarem com batatas fritas extras.

Tudo o que sobe...

Alimentar a experiência do cliente deu grandes dividendos para a Buffalo Wild Wings. Durante anos, parecia que, em todos os lugares em que um novo restaurante abria, os clientes apareciam em massa. Ao longo da década até 2014, as vendas e os lucros da empresa tiveram crescimento de dois dígitos – em alguns anos, aumentaram mais de 30%. Durante esse período, os negócios da Buffalo Wild Wings quadruplicaram.

Mas, em 2015, todo esse crescimento parou bruscamente – os lucros e a receita das lojas se estabilizaram e depois caíram. Quando a então CEO Sally Smith foi promovida a essa posição em 1996, a empresa contava com apenas 70 restaurantes. Apesar de ter liderado a empresa em seu momento de incrível sucesso, os aplausos logo se transformaram em vaias. Investidores e franqueados protestaram, exigindo mudanças. Em um movimento que, de forma sinistra, lembrou a demissão de jogadores e treinadores profissionais, Smith foi mandada embora depois de apenas algumas temporadas não tão brilhantes. Ao mesmo tempo, a Buffalo Wild Wings fechou o capital e se tornou, juntamente com o Arby's e o Sonic Drive-In, um dos pilares do portfólio do Inspire Brands, um grupo que administra restaurantes.

A mudança trouxe uma boa oportunidade para um novo começo. Obviamente nem tudo estava perdido – a Buffalo Wild Wings tinha uma base sólida. Com a reputação de que entrega valor superior aos clientes por meio de uma experiência de engajamento, a marca só precisava adaptar sua fórmula de maneira que funcionasse no ambiente de *marketing*, que havia mudado.

Após uma análise profunda, a administração da Buffalo Wild Wings determinou que a marca havia perdido o foco nas coisas que a tornavam especial. "Acho que, se você olhar para trás, na época em que a Buffalo Wild Wings era muito, muito bem-sucedida, verá que ela era a única rede de restaurantes que estava fazendo aquilo", disse Paul Brown, CEO do grupo Inspire Brands. "Tínhamos um bar esportivo local nacionalizado. Aí a concorrência chegou, e acredito que alguns desses concorrentes foram um pouco mais inovadores do que nós."

Ao longo dos anos, à medida que a concorrência no setor de refeições casuais em geral foi se intensificando, a B-Dubs começou a se vender menos como um bar esportivo e mais como uma rede genérica de restaurantes casuais. Ao deixar de enfatizar o que diferenciava uma visita ao Buffalo Wild Wings de uma ida a qualquer outro restaurante de refeição casual, a rede se perdeu em um "mar de mesmice". Além disso, como os *millennials* começaram a entrar no mercado de trabalho e eles comem menos fora do que as gerações anteriores, os restaurantes se viram concorrendo por um mercado cada vez mais reduzido.

Sob nova administração, a Buffalo Wild Wings está desenvolvendo um plano de recuperação. Como poucos detalhes revelados até agora, Brown deixa claro que o plano não é fazer grandes mudanças na oferta ao mercado da B-Dubs, mas enfatizar o que a torna especial. A empresa está trabalhando em um novo *design* para seus estabelecimentos, o qual mantém a "sensação de estádio", mas possui um novo visual e uma orientação mais persuasiva, como espaços para encontros de grupos grandes e pequenos – isso reforça um dos maiores pontos fortes da marca, uma experiência compartilhada proporcionada por uma visita a Buffalo Wild Wings. No mais, é "esperar para ver". "É claro que haverá algumas mudanças no cardápio, na experiência e no *marketing*", diz Brown. Mas, ao enfatizar a importância de focar no que torna a marca diferente, Brown acrescenta: "Eu acho que há uma oportunidade de recuar e dizer 'não é [um restaurante de refeição casual qualquer]' e deixar que a rede defina sua categoria".[39]

Perguntas para discussão

1.16 Descreva a oferta ao mercado da Buffalo Wild Wings com base nos conceitos de necessidades, desejos e demandas, diferenciando os três.

1.17 Explique o sucesso e a estagnação da Buffalo Wild Wings em termos de valor percebido pelo cliente.

1.18 Qual das cinco orientações da administração de *marketing* se aplica melhor à Buffalo Wild Wings?

1.19 Você acha que o plano de recuperação da Buffalo Wild Wings vai mudar as coisas? Justifique sua resposta.

2 Estratégia empresarial e de *marketing*

Criando parcerias para a construção do relacionamento com os clientes

Resumo dos objetivos

Objetivo 2.1 Explicar o planejamento estratégico de uma empresa e suas quatro etapas. **Veja: Planejamento estratégico da empresa: definição do papel do *marketing*** (p. 38-42)

Objetivo 2.2 Discutir como construir portfólios de negócios e desenvolver estratégias de crescimento. **Veja: Construção do portfólio de negócios** (p. 42-46)

Objetivo 2.3 Explicar o papel do *marketing* no planejamento estratégico e como o *marketing* trabalha com seus parceiros para criar e entregar valor para o cliente. **Veja: Planejamento de *marketing*: criação de parcerias para construir relacionamento com os clientes** (p. 46-48)

Objetivo 2.4 Descrever os elementos de uma estratégia e de um *mix* de *marketing* orientados ao valor para o cliente e as forças que os influenciam. **Veja: Planejamento de *marketing*: Veja: Estratégia e *mix* de *marketing*** (p. 48-53)

Objetivo 2.5 Elencar as funções da administração de *marketing*, incluindo os elementos de um plano de *marketing*, e discutir a importância de mensurar e gerenciar o retorno do investimento em *marketing*. **Veja: Gerenciamento do esforço e do retorno do investimento de *marketing*** (p. 53-58)

Prévia do capítulo

No primeiro capítulo, exploramos o processo de *marketing* pelo qual as empresas criam valor para os clientes a fim de capturar valor deles em troca. Neste capítulo, vamos nos aprofundar na segunda e terceira etapas do processo de *marketing*: elaborar estratégias de *marketing* orientadas para o cliente; e construir programas de *marketing*. Primeiro, analisaremos o planejamento estratégico geral da organização. Depois, discutiremos como os profissionais de *marketing*, orientados pelo plano estratégico, trabalham com outros profissionais, de dentro e fora da empresa, com o objetivo de engajar e criar valor para os clientes. Em seguida, analisaremos a estratégia e o planejamento de *marketing* – como os profissionais de *marketing* escolhem mercados-alvo, posicionam suas ofertas ao mercado, desenvolvem um *mix* de *marketing* e administram seus programas de *marketing*. Por fim, abordaremos a importante etapa de mensurar e administrar o retorno do investimento em *marketing* (ROI em *marketing*).

Começaremos analisando a Nike, um bom exemplo de estratégia empresarial e de *marketing*. Durante as últimas décadas, a Nike transformou o swoosh em um dos símbolos de marca mais conhecidos do mundo. O excelente sucesso da empresa resulta de muito mais do que apenas fabricar e vender bons equipamentos esportivos. Ela se baseia em uma estratégia de *marketing* focada no cliente, pela qual a Nike cria valor para o cliente por meio de um profundo engajamento deles com a marca e de uma comunidade de marca muito próxima de seus clientes.

NIKE: criando valor para o cliente por meio do engajamento da marca e da comunidade

O Nike "swoosh", o símbolo da logomarca da Nike, está por toda parte! Apenas por diversão, tente contar os swooshes sempre que navegar pelo noticiário esportivo, assistir a um jogo de basquete ou sintonizar em uma partida de futebol. Nos últimos 55 anos, por meio de um *marketing* inovador, a Nike transformou o sempre presente swoosh em um dos símbolos mais conhecidos do mundo.

A inovação de produtos sempre foi a base do sucesso da Nike. A empresa fabrica sapatos, roupas e equipamentos para basquete, futebol, beisebol, golfe, skate, ciclismo, caminhadas, e por aí vai. Mas, desde o início, a Nike revolucionou o *marketing* esportivo. Para construir sua imagem e obter participação de mercado, a marca investiu muito mais que suas concorrentes em endossos de grandes nomes, eventos promocionais grandiosos e anúncios chamativos com seu slogan "Just Do It". Enquanto as concorrentes enfatizavam o desempenho, a Nike construiu o envolvimento e o relacionamento com o cliente.

Muito mais do que tênis, a Nike comercializa um estilo de vida, uma paixão genuína por esportes, uma atitude "just do it" (apenas faça). Os clientes não usam seus Nikes simplesmente, eles vivem uma experiência com eles. Como a empresa certa vez afirmou: "A Nike sempre soube a verdade – não é tanto pelos tênis, mas para onde eles te levam". A missão da Nike não é simplesmente "fazer produtos melhores", mas sim "trazer inspiração e inovação para todos os atletas do mundo". Pouquíssimas são as marcas que se tornaram mais presentes e valiosas na vida e nas conversas de seus clientes do que a Nike.

Quer os clientes se conectem com a Nike por meio de grandes anúncios de mídia, nos eventos presenciais nas lojas da Niketown – um clube de corrida local da empresa – quer seja por meio dos aplicativos para dispositivos móveis Nike+ ou pelas redes sociais da empresa, o fato é que mais e mais pessoas estão se unindo à Nike. Anteriormente, conectar-se com os clientes significava apenas se destacar em grandes anúncios de mídia e promover endossos de celebridades que falavam com eles, mas, na era digital, a Nike está construindo um novo tipo de conexão da marca com o cliente, uma conexão mais profunda, mais pessoal e mais engajadora. Enquanto as empresas continuam investindo nos anúncios tradicionais, a Nike agora gasta a maior parte de seu orçamento de *marketing* em mídias sociais e *marketing* digital de ponta, que interage com os clientes para não apenas promover engajamento, mas também proporcionar experiências e construir uma comunidade da marca.

A Nike está no topo de quase todas as listas de empresas inovadoras no segmento de *marketing* digital, incluindo o prêmio de empresa de *marketing* do ano da *Mobile Marketer*. Você acha pouco? A Nike mantém uma presença massiva em mídias sociais como Instagram, Facebook, Twitter e YouTube. Por exemplo, a página principal da Nike no Facebook tem mais de 32 milhões de likes. A página de futebol da Nike soma outros 44 milhões, a página da Nike Basketball tem mais 8,5 milhões, a Nike+ Run Club tem mais 17 milhões. No Instagram, a empresa tem 86 milhões de seguidores, perdendo apenas para a National Geographic.

Mais do que apenas números, a presença da Nike nas mídias sociais promove um profundo engajamento dos clientes, permitindo que eles conversem a respeito da marca e sobre como ela está presente em suas vidas diárias. Por exemplo, os inovadores apps Nike+ e Nike+ Run ajudaram a Nike a se tornar parte da rotina diária de exercícios de milhões de clientes por todo o mundo. Independentemente de seu esporte ser corrida, salto, beisebol, skate, dança, empilhamento de copos ou caça às galinhas, você pode utilizar a família de aplicativos da Nike+ para "desbloquear seu potencial". Os aplicativos da Nike+ permitem que os atletas casuais criem e personalizem seus treinos, acompanhem seu progresso pessoal, obtenham inspiração extra e compartilhem e comparem experiências com amigos e outras pessoas da comunidade Nike. Assim, o Nike+ criou uma enorme comunidade global de marcas, com dezenas de milhões de usuários em todo o mundo.

O surpreendente sucesso da Nike resulta de muito mais do que apenas fabricar bons equipamentos esportivos. A estratégia da empresa icônica é construir um envolvimento profundo e um senso de comunidade entre a Nike e seus clientes.

O Nike *swoosh* está por todo lugar. O sucesso surpreendente da Nike resulta da criação de um profundo envolvimento marca-cliente, de valiosas experiências de marca e da proximidade com a comunidade da marca.

Eric D ricochet69/Alamy Stock Photo

Mais do que simplesmente vender tênis, a Nike utiliza publicações cheias de emoção, histórias e outros conteúdos para "definir momentos" que mostrem pessoas que conquistaram mais por acreditar mais. Por exemplo, no aniversário de 30 anos de seu icônico slogan "Jus Do It", A Nike divulgou um anúncio com uma imagem estática de seu atleta de longa data Colin Kaepernick, o jogador que dois anos antes havia iniciado um movimento de se ajoelhar em vez de ficar em pé durante o hino nacional norte-americano tocado antes dos jogos, como um sinal de protesto contra a brutalidade policial contra negros. A imagem em preto e branco trazia um close de Kaepernick acompanhada pelo seguinte texto: "Acredite em algo, mesmo que isso signifique sacrificar tudo."

O anúncio reacendeu uma controvérsia nacional. Isso gerou uma resposta instantânea e dramática das mídias sociais, promovendo um aumento nas menções à Nike em 1.400%, aumentando para 2,7 milhões nas 24 horas seguintes – um valor estimado de 43 milhões de dólares em exposição de mídia. Na semana seguinte, as menções à Nike nas mídias sociais continuaram altas, com a principal publicação atribuída à superestrela do tênis Serena Willians, que tuitou: "Muito orgulhosa de fazer parte da família Nike hoje". Seu tuíte recebeu 178 mil likes, incluindo curtidas e retuítes.

A campanha de Kaepernick também gerou respostas negativas, incluído imagens de clientes queimando seus equipamentos da marca e apoiando o movimento #BoicoteNike. Alguns críticos especularam que a posição da Nike com relação à questão social prejudicaria as vendas, mas, durante o período de 24 horas que se seguiram ao lançamento do anúncio de Kaepernick, as vendas da Nike aumentaram em 31%. Ame-a ou odeie-a, a campanha de Kaepernick é um clássico exemplo da Nike definindo um momento, até mesmo um "exemplo épico de marcas criando cultura", diz uma executiva de agência de *marketing*. "Assim como as pessoas, as marcas têm um propósito e uma alma – e isso é o que a Nike continua fazendo".

O anúncio de Kaepernick tornou-se o ponto de partida da

campanha mais ampla da Nike, intitula "Dream Crazy" (sonhe loucamente, em tradução livre), na qual tanto os atletas profissionais de alto nível da marca quanto os comuns incentivavam outras pessoas a seguirem seus sonhos e ignorar os opositores. A primeira campanha "Dream Crazy" para TV, narrada por Kaepernick, mostrou diversos atletas que superaram as adversidades para alcançar a grandeza. Embora o anúncio apresentasse grandes nomes, como LeBron James e Odell Beckham Jr., foram os atletas menos conhecidos que transmitiram a mensagem mais poderosa – atletas como Isaiah Bird, um lutador de dez anos que nasceu sem as pernas, ou Zeina Nassar, uma muçulmana cinco vezes campeã de boxe em Berlim que teve de lutar para poder usar um *hijab* no ringue. "Chamar um sonho de louco não é um insulto, e sim um elogio", diz Kaepernick.

Muitos meses e muitos vídeos depois, a Nike exibiu um anúncio durante a 91º cerimônia do Oscar, redefinindo o que significa chamar uma atleta de louca. No anúncio, Serena Williams explicou que, quando as mulheres demonstram emoção, sonham com oportunidades iguais ou ficam com raiva, elas são consideradas dramáticas, malucas, histéricas e irracionais. O anúncio mostrava uma mulher após outra que quebrou grandes barreiras para realizar momentos marcantes no esporte. "Uma mulher competindo com um *hijab*, mudando de esporte, realizando um *double cork* 1080 ou ganhando 23 Grand Slams, dando à luz a uma criança, e então retornando para fazer mais?", questiona Williams. "Louco, louco, louco, louco e louco". A Nike disse: "O anúncio 'Dream Crazier' é sobre ajudar os atletas a terem consciência de todo o seu potencial, mesmo em face da adversidade".

Portanto, a Nike é muito mais do que roupas e artigos esportivos – itens nunca são mencionados nos conteúdos de *marketing* da marca. Para os clientes, a Nike representa algo maior – uma atitude, uma paixão pelo esporte e um profundo senso de comunidade e pertencimento em torno da marca. Mais do que simplesmente algo para vestir, a marca tornou-se uma parte valiosa da vida e do tempo dos clientes. Como resultado, a Nike continua sendo a maior empresa de vestuário esportivo do mundo, sendo 40% maior que sua concorrente, a Adidas. O mais surpreendente é que, apesar das pressões competitivas, a Nike detêm 46,5% do mercado de calçados esportivos dos Estados Unidos (a Adidas, segunda colocada, detém 11,3%). E durante os últimos nove anos, mesmo quando o instável mercado varejista muitas vezes deixou seus concorrentes sem fôlego, as receitas da Nike dobraram o valor de suas ações, que agora estão em alta.[1]

Comentário do autor | O planejamento estratégico da empresa guia a estratégia e o planejamento de *marketing*. Assim como a estratégia de *marketing*, a estratégia geral da empresa também deve ter foco no cliente.

Planejamento estratégico da empresa: definição do papel do *marketing*

Objetivo 2.1 Explicar o planejamento estratégico de uma empresa e suas quatro etapas.

Planejamento estratégico
O processo de desenvolver e manter um alinhamento estratégico entre os objetivos e competências da organização e suas oportunidades de *marketing* em mutação.

Toda empresa deve encontrar o plano de sobrevivência e crescimento em longo prazo que faça mais sentido tendo em vista sua situação, suas oportunidades, seus objetivos e seus recursos específicos. Esse é o foco do **planejamento estratégico** – o processo de desenvolver e manter um alinhamento estratégico entre os objetivos e as competências de uma organização e as oportunidades de *marketing* em mutação.

O planejamento estratégico é a base para os outros planejamentos de uma empresa. Normalmente, as empresas preparam planos anuais, planos de longo prazo e planos estratégicos. Os planos anuais e de longo prazo tratam dos negócios atuais da empresa e de como mantê-los em andamento, ao passo que o plano estratégico envolve adaptar a empresa para que ela consiga obter vantagens das oportunidades de seu ambiente em constante mudança.

No nível corporativo, a empresa inicia seu processo de planejamento estratégico definindo seu propósito geral e sua missão (veja a **Figura 2.1**). Em seguida, essa missão é transformada em objetivos de apoio detalhados que orientam toda a empresa. A administração, então, decide qual é o melhor portfólio de negócios e produtos para a empresa e quanto apoio será dado a cada um. Cada unidade de negócios e produtos, por sua vez, desenvolve planos de *marketing* e outros planos departamentais detalhados que suportam o plano geral da empresa. Assim, o planejamento de *marketing* ocorre no nível da unidade de negócios, do produto e do mercado, e apoia o planejamento estratégico da empresa com planos mais detalhados para oportunidades de *marketing* específicas.

Definição de uma missão orientada para o mercado

Uma organização existe para realizar algo, e esse propósito precisa estar explicitamente declarado. A lapidação de uma clara missão começa com as seguintes perguntas: qual é o nosso negócio? Quem é o cliente? O que gera valor para os consumidores? Qual deveria ser o nosso negócio? Essas perguntas aparentemente simples estão entre as mais difíceis que as empresas algum dia terão de responder. Empresas bem-sucedidas levantam essas questões constantemente e as respondem de maneira cuidadosa e completa.

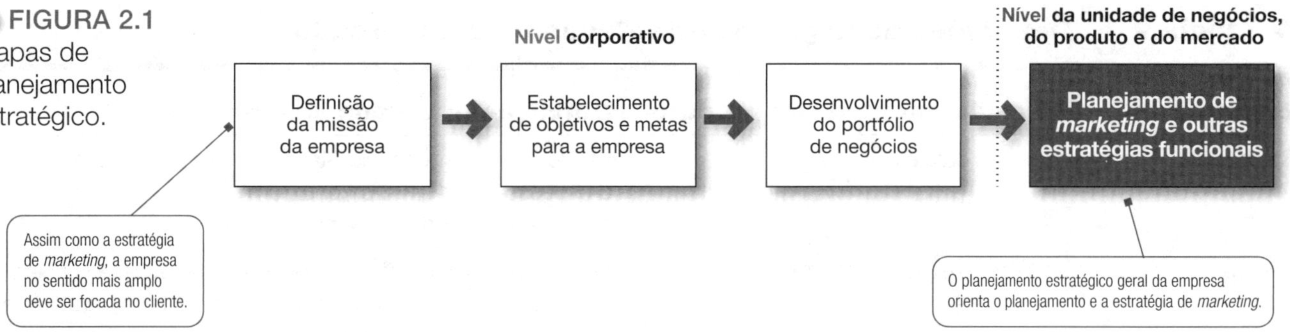

FIGURA 2.1
Etapas de planejamento estratégico.

Declaração de missão
Uma declaração do propósito da organização – o que ela quer realizar no ambiente maior.

Muitas organizações desenvolvem declarações de missão formais que respondem a essas perguntas. Uma **declaração de missão** é uma declaração do propósito da organização – o que ela quer realizar no ambiente maior. Uma declaração de missão clara age como uma "mão invisível" que guia as pessoas em uma organização.

Algumas empresas definem sua missão de maneira míope, em termos de produto ou tecnologia ("Fazemos e vendemos móveis" ou "Somos uma empresa de processamento químico"). Mas as declarações de missão devem ser *orientadas para o mercado* e definidas em termos de satisfação das necessidades básicas dos clientes. Produtos e tecnologias acabam por se tornar obsoletos, mas necessidades básicas de mercado podem durar para sempre. Por exemplo, o *site* de álbum social Pinterest não se define simplesmente como um local para postar fotos. Sua missão é dar às pessoas uma plataforma de mídia social para coletar, organizar e compartilhar as coisas que elas amam. E a missão da Sephora não é ser uma varejista de produtos de beleza, mas sim vender um estilo de vida e uma autoexpressão, ajudando os clientes a desbloquear seu potencial de beleza. A **Tabela 2.1** traz vários outros exemplos de definições de negócios orientadas para o produto e orientadas para o mercado.

As declarações de missão devem conter um significado e ser específicas, embora motivadoras. Com muita frequência, elas são escritas para fins de relações públicas e não apresentam diretrizes precisas e praticáveis. Em vez disso, elas devem enfatizar os pontos fortes da empresa e dizer, em alto e bom som, como a organização pretende vencer no mercado.

Por fim, como vimos no caso da Nike que abre este capítulo, a missão de uma empresa não deve ser definida em termos de aumento das vendas e dos lucros – os lucros não passam de uma recompensa pela geração de valor para os clientes. Em vez disso, a missão deve se concentrar nos clientes e na experiência que a empresa quer criar para o cliente. Por exemplo, o Ritz-Carlton Hotels & Resorts não consiste simplesmente em um negócio de aluguel de quartos. Em vez disso, a missão da empresa é criar a chamada "Experiência Ritz-Carlton", uma experiência que "inspira os sentidos, instila o bem-estar e realiza os desejos e as necessidades não expressos em nossos hóspedes". O Ritz-Carlton segue essa missão por meio de etapas específicas de serviços por meio das quais cada funcionário pode ajudar a tornar essa missão uma realidade.[2] Do mesmo modo, a Airbnb não apenas ajuda as pessoas a encontrarem locais para alugar. Ela permite que eles "Pertençam a qualquer lugar" – ser uma pessoa local quando viajam e que possam imergir nas culturas e experiências do lugar (veja a seção Marketing Real 2.1).

Estabelecimento de objetivos e metas para a empresa

A empresa precisa transformar sua missão abrangente em objetivos de suporte detalhados para cada nível de gestão. Cada gestor deveria ter objetivos e ser responsável por alcançá-los. Por exemplo, a maioria dos norte-americanos conhece a CVS como uma rede de farmácias que vende remédios prescritos e de venda livre, produtos de cuidado pessoal e uma série de produtos de conveniência, entre outros itens. No entanto, a CVS Health tem uma missão muito mais ampla, e entende-se como uma "empresa de inovação farmacêutica" para "ajudar pessoas no caminho para uma saúde melhor". O lema da empresa é "Saúde é tudo".[3]

A ampla missão da CVS Health leva a uma hierarquia de objetivos, incluindo objetivos de negócio e de *marketing*, e seu objetivo geral de negócio é aumentar o acesso, diminuir custos e melhorar a qualidade do atendimento. Ela faz isso por meio dos produtos que vende em suas farmácias de varejo e assumindo um papel mais ativo na gestão dos cuidados da saúde por meio de pesquisa, divulgação e educação ao consumidor e apoio a programas e organizações de saúde.

Tabela 2.1 Definições de negócios orientados para o mercado

Empresa	Definição orientada ao produto	Definição orientada ao mercado
Starbucks	Vendemos café e lanches.	Vendemos a "experiência Starbucks", que valoriza a vida das pessoas em um momento, um ser humano, uma extraordinária xícara de café por vez.
Panera	Vendemos *fast-food* casual em nossos restaurantes.	Oferecemos aos clientes a "comida como deveria ser": saborosa, que promove bem-estar e que faz bem para eles e para o mundo ao seu redor.
Instagram	Somos um aplicativo de rede social para postagem de fotos e vídeos	Ajudamos as pessoas a capturar e dividir os momentos do mundo.
Home Depot	Vendemos ferramentas e itens de reparo e melhoria doméstica.	Empoderamos os clientes a obter as casas de seus sonhos.
NPR	Somos uma rede de rádio pública.	Criamos um público mais informado – um público que é desafiado e revigorado por uma profunda compreensão e apreciação de eventos, ideias e culturas.
Sephora	Somos um varejista de produtos de beleza.	Vendemos estilo de vida e autoexpressão, ajudando os clientes a desbloquear seu potencial de beleza.
Ritz-Carlton Hotels & Resorts	Alugamos quartos.	Criamos a "experiência Ritz-Carlton" – uma estadia memorável que excede até mesmo as mais altas expectativas dos hóspedes.
Walmer	Administramos lojas de desconto	Oferecemos preços baixos todos os dias e damos às pessoas comuns a oportunidade de comprar as mesmas coisas que as pessoas ricas. "Economize. Viva melhor."

Entretanto, tais atividades são caras e precisam ser financiadas por lucros maiores, então, melhorar o lucro se torna mais um grande objetivo para a CVS Health. O lucro sobe à medida que as vendas aumentam ou que os custos diminuem, e as vendas podem crescer ao melhorar o engajamento dos consumidores e a participação no mercado de cuidados com saúde.

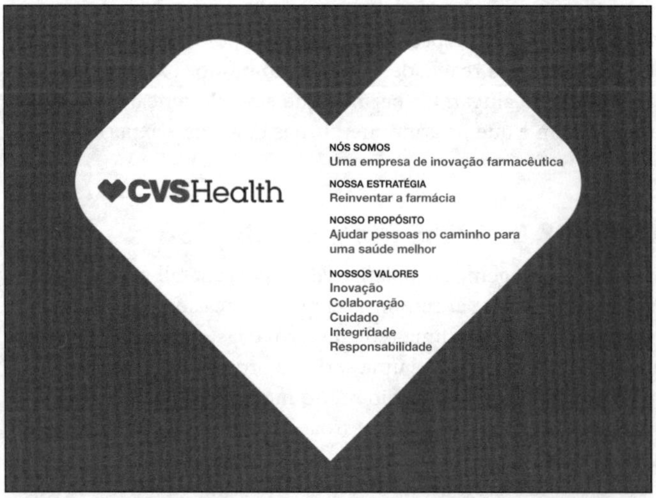

A missão geral da CVS Health é ser uma "empresa de inovação farmacêutica" para "ajudar pessoas no caminho para uma saúde melhor". Seus programas e suas estratégias de *marketing* devem apoiar essa missão.

CVS Caremark Corporation

Estratégias e programas de *marketing* devem ser desenvolvidos para apoiar esses objetivos de *marketing*. Para aumentar o engajamento do consumidor, as vendas e a participação de mercado, a CVS Health remodelou e ampliou suas linhas de produto e serviço. Por exemplo, ela parou de vender produtos à base de tabaco, itens não compatíveis com sua missão de "melhorar a saúde", além de abrir clínicas rápidas, chamadas de CVS MinuteClinic, em mais de 1.100 de suas 9.600 lojas, oferecendo assistência médica a mais de 34 milhões de visitas de pacientes desde 2000. A CVS Health também expandiu suas atividades de atendimento ao consumidor para incluir aconselhamento personalizado para consumidores com doenças crônicas e condições específicas de saúde.

Essas são as estratégias gerais de *marketing* da CVS Health, e cada uma delas deve ser definida em detalhes. Por exemplo, a rápida expansão dos serviços da MinuteClinic necessitará de mais publicidade e esforço promocional, e tais esforços terão de ser pensados com cuidado. Nesse sentido, a missão abrangente da CVS Health é traduzida por uma série de objetivos e planos de *marketing* específicos e de curto prazo.

Marketing Real 2.1

A Missão do Airbnb: pertença a qualquer lugar. Não fique lá. Viva lá.

O Airbnb revolucionou a indústria de hospedagem. Em pouco mais de 10 anos, a *startup* de tecnologia que popularizou a estadia em casas de estranhos construiu uma rede de mais de 6 milhões de casas listadas e 400 milhões de hóspedes em 191 países. Isso é atordoante, ainda mais comparando ao tamanho da maior rede de hotéis do mundo – a Merriott International, de 92 anos – com seus 1,25 milhão de quartos em 6.500 propriedades em 127 países. Na verdade, o Airbnb ostenta mais quartos do que os seis maiores grupos de hotéis mundiais juntos. O Airbnb se tornou tão difundido que muitos clientes adotaram a marca em seu vocabulário – "Vamos para Chicago. Podemos ver um Airbnb no centro!"

Tudo começou quando os fundadores do Airbnb, Brian Chesky e Joe Gebbia, decidiram fazer uma renda extra para ajudar a pagar o aluguel em seu modesto apartamento em São Francisco, alugando três colchões infláveis no chão por 40 dólares a noite cada (por isso o "Air" de Airbnb). Chesky e Gebbia rapidamente perceberam que as pessoas que alugavam seus colchões infláveis recebiam muito mais do que um lugar barato para ficar. Eles recebiam uma autêntica experiência "viva como os locais". A ideia concebeu o Airbnb, um *marketplace* de hospedagem *on-line* que combina pessoas que precisam de um lugar para ficar com proprietários que têm espaço para compartilhar.

O modelo básico do Airbnb é conceitualmente simples. Ele começa com anfitriões – o termo oficial que o Airbnb dá para proprietários com espaço para alugar – que se cadastram e são verificados com relação à legitimidade. As opções podem incluir de tudo, desde um sofá, um quarto, suítes ou um apartamento, até iates ancorados, casas inteiras ou mesmo um castelo. Alguns anfitriões alugam até o quintal para que hóspedes montem uma barraca. Cada local é único como seu dono.

Para hóspedes, usar o Airbnb é como comprar ou reservar qualquer outra coisa *on-line*. Usuários registrados buscam por cidade, tipo de espaço, faixa de preço, comodidades, língua do anfitrião, entre outras opções. A maioria das opções listadas possui fotos e detalhes que dão aos potenciais hóspedes uma boa ideia de como será sua estadia. Hóspedes podem contatar anfitriões em potencial para tirar dúvidas antes da reserva, que é totalmente feita pelo Airbnb, portanto, a transação só é realizada por meio de sua interface segura. Quando os hóspedes chegam na propriedade, o anfitrião os recebe ou prepara sua entrada.

De início, o Airbnb atraiu, em sua maioria, viajantes aventureiros em busca de lugares descolados e baratos para ficar, enquanto outros clientes em potencial o evitavam por não estarem dispostos a aceitar o risco ou o desconforto de se hospedarem com estranhos. Mas o conceito pegou, e o Airbnb cresceu rapidamente, e mais do que quartos medianos e experiências impessoais de viagem oferecidas por hotéis convencionais, as pessoas gostaram da autenticidade e das experiências únicas que as hospedagens do Airbnb ofereceram.

Essa percepção marcou um grande ponto de virada para o Airbnb e seus fundadores. Chesky e Gebbia notaram que o Airbnb fornecia muito mais do que espaços para alugar. Eles começaram uma busca pela alma da marca, fazendo a si mesmos perguntas difíceis, mas importantes: "Nos perguntamos 'Qual é a nossa missão? Qual é a grande ideia que realmente define o Airbnb?'", diz Chesky.

Para encontrar respostas, o time do Airbnb entrevistou centenas de hóspedes e anfitriões ao redor do mundo. Diversas vezes eles escutaram hóspedes dizer que a última coisa que queriam era ser turistas; em vez disso, os clientes do Airbnb queriam ser locais – entrar em contato com pessoas e imergir na cultura do lugar. De acordo com a empresa, 86% dos usuários escolhiam o Airbnb porque queriam viver mais como uma pessoa local. Em outras palavras, eles queriam pertencer.

Aquela descoberta levou o Airbnb a uma nova missão da empresa: ajudar a criar um mundo onde você pode pertencer a qualquer lugar e onde as pessoas podem viver em um lugar em vez de simplesmente viajar até lá. A nova missão inspirou um novo slogan da marca – "Pertença a qualquer lugar" – e um novo símbolo, o *bélo*. Concebido cuidadosamente para conter a letra "A" de Airbnb, um coração e um *location pin*, o Airbnb lançou o *bélo* como "o símbolo universal do pertencimento".

A missão "Pertença a qualquer lugar" do Airbnb é mais do que uma placa na parede na matriz da empresa ou uma afirmação inspiracional na página "Sobre nós" do seu website. Pelo contrário, a missão direciona tudo o que a empresa faz, das suas ofertas de viagem a suas campanhas de *marketing*. O Airbnb vê a si mesmo não como um provedor de quartos, mas como um curador de experiências únicas e autênticas de "pertencimento".

A essência da experiência do Airbnb é enraizada nos hóspedes da empresa, os quais são vistos como sua primeira linha de clientes. A empresa nutriu uma imensa comunidade global de provedores de acomodação que acredita fielmente na visão do Airbnb, que encoraja os anfitriões a seguir certas diretrizes. No entanto, apesar das diretrizes sugerirem serviços específicos aos hóspedes, como pegá-los no aeroporto ou acompanhá-los em uma caminhada turística, o Airbnb dá ao anfitrião total autonomia para criar experiências únicas aos hóspedes. A grande regra é: criar pertencimento.

Pouco depois de lançar a nova missão, Chesky falou a um grupo de anfitriões em Paris no evento anual de anfitriões do Airbnb, chamado Airbnb Open, dando o seguinte conselho: "O que é especial no seu mundo não é apenas a casa que você tem. É toda a sua vida". Como parte de sua apresentação, Chesky compartilhou fotos relatando a experiência de seus próprios pais em Paris enquanto eles estavam no evento daquele

Pertença a qualquer lugar: a missão do Airbnb é ajudar a criar um mundo onde você pertença a qualquer lugar e onde as pessoas possam viver um local, em vez de apenas viajar para lá. O logo *bélo* da marca é "o símbolo universal do pertencimento"

M40S Photos/Alamy Stock Photo

ano, No primeiro dia, eles fizeram o passeio turístico de sempre, organizado por guias de turismo. "Todo ano, 30 milhões de pessoas vão a Paris", disse Chesky. "Eles olham para tudo, mas eles não veem nada". Então Chesky mostrou fotos do segundo dia de seus pais em Paris – guiados por um dos melhores anfitriões do Airbnb – em que eles experimentam a cidade pela perspectiva dos cidadãos locais. Eles tomaram café em uma autêntica cafeteria de rua, deram uma volta em um jardim e beberam e dançaram em uma boate parisiense aconchegante. "Talvez não devêssemos *viajar* para Paris", sugeriu Chesky. "Talvez o que devemos fazer seja *viver* em Paris".

O Airbnb ressalta que "pertencimento" não significa tomar chá com biscoitos com o anfitrião. Muitos anfitriões não moram nos lugares que eles alugam, e muitos hóspedes na verdade não querem encontrar com o anfitrião. De modo mais amplo, pertencimento significa compartilhar o espaço de outra pessoa e ter uma experiência local "hospedada" por aquela pessoa, mesmo que o anfitrião não esteja presente. Isso significa que os hóspedes podem explorar locais que não conheceriam e fazer coisas que fariam de outra maneira. O Airbnb acredita que o ideal do "pertencimento" é garantir uma jornada transformadora.

Para ampliar suas ofertas sob a nova missão, o Airbnb criou a plataforma Experiências, que permite aos clientes reservar, além de estadias, excursões de um ou dois dias com pessoas locais, como fazer caminhadas com lobos em uma reserva ambiental, cantar em um coro gospel no Harlem ou fazer uma macarronada com dois chefs em Florença. "Isso não é turismo", diz Chesky, "Você faz uma imersão, você se junta às comunidades locais".

O Airbnb também lançou uma grande variedade de experiências de estadia. Por exemplo, o Airbnb Plus oferece uma seleção de casas bem equipadas e de alta qualidade com anfitriões conhecidos por receber ótimas avaliações e por ter muita atenção aos detalhes. No ponto mais alto, o Airbnb Plus oferece luxo em casas extravagantes com opções de alto nível, como reserva de mordomos ou um *chef* pessoal.

A missão do Airbnb é reforçada pela campanha "Não vá lá. Viva lá!". Propagandas diferentes trazem pessoas experimentando um loft de artista em Tóquio, um retiro silencioso em Los Angeles ou um apartamento confortável em Paris. Entretanto, a propaganda sugere que hóspedes estão buscando muito mais do que um lugar para ficar. O primeiro comercial abre com pessoas fazendo passeios entediantes em pontos turísticos de Paris, como a Torre Eiffel e o Arco do Triunfo, advertindo: "Não vá para Paris. Não faça turismo em Paris. E, por favor, não *faça* Paris". Então, a cena corta para cenas animadas de pessoas se divertindo em situações comuns do dia a dia dos cidadãos nativos, e o comercial clama: "*Viva* em Paris. Mesmo que seja por um dia". Para a empresa, essa é a missão a ser cumprida; com o Airbnb, você "pertence a qualquer lugar".[4]

Comentário do autor | Após a definição da missão, a empresa enfrenta difíceis decisões sobre quais negócios e produtos vão constituir a empresa, agora e no futuro.

Construção do portfólio de negócios

Objetivo 2.2 Discutir como construir portfólios de negócios e desenvolver estratégias de crescimento.

Portfólio de negócios
O conjunto de negócios e produtos que constituem a empresa.

Orientada pela declaração de missão da empresa e por seus objetivos, a administração deve agora planejar seu portfólio de negócios – o conjunto de negócios e produtos que constituem a empresa. O melhor **portfólio de negócios** é aquele que melhor considera os pontos fortes e fracos da empresa em relação às oportunidades do ambiente.

A maioria das grandes empresas possui complexos portfólios de negócios e marcas. Por exemplo, você provavelmente conhece a Mars Inc., como a maior fabricante de doces do mundo. A gigante empresa de 35 bilhões de dólares produz algumas das marcas de confeitos mais amadas do planeta, como M&M's, Snickers, Mars, Twix, Skittles, Starburst, Altoids e os chicletes Wrigley e Orbit, além de também ser dona da marca de arroz Uncle Ben's.

Mas você sabia que a Mars também é a líder global em nutrição e saúde para animais domésticos? Suas marcas líderes em rações incluem Iams, Royal Canin, Eukanuba, Whiskas e Pedigree – a marca número um do mundo em ração para cachorros. Ela ainda possui creches para cães e diversos hospitais e empresas de serviços veterinários, como Banfield, Blue Pearl e VCA. A Mars ainda investe em negócios em crescimento, como testagem de DNA canino e rastreador e monitorador GPS para animais domésticos. No total, a empresa vende mais produtos e serviços para o cuidado de animais do que doces. O planejamento estratégico e de *marketing* para um portfólio de negócios tão complexo pode ser assustador, mas é uma tarefa essencial. Por meio de uma gestão habilidosa de portfólio, a Mars administra de modo lucrativo seu amplo portfólio sob a missão fundadora de "fazer negócios para a melhoria de tudo" e cinco princípios orientadores: "qualidade, responsabilidade, mutualidade, eficiência e liberdade".[5]

Complexos portfólios de negócios: Você provavelmente conhece a Mars Inc. como a maior fabricante de doces do mundo, mas você sabia que ela também é a líder global em nutrição e saúde para animais domésticos?
Randy Duchaine/Alamy Stock Photo

O planejamento do portfólio de negócios envolve duas etapas: primeiro, a empresa precisa analisar seu portfólio *atual* e determinar quais negócios deveriam receber mais, menos ou nenhum investimento; segundo, deve elaborar o portfólio *futuro* ao desenvolver estratégias para o crescimento e para a redução de custos e processos.

Análise do portfólio de negócios atual

Análise do portfólio
Processo por meio do qual a administração avalia os produtos e os negócios que constituem a empresa.

A principal atividade no planejamento estratégico é a **análise do portfólio** de negócios, por meio da qual a administração avalia os produtos e os negócios que constituem a empresa, buscando investir pesado em seus negócios mais lucrativos e reduzir ou abandonar os investimentos nos mais fracos.

A primeira coisa que a administração deve fazer é identificar os principais negócios que constituem a empresa – as chamadas *unidades estratégicas de negócios* (UENs), que podem ser uma divisão da empresa, uma linha de produtos de uma divisão ou, às vezes, um único produto ou marca. Em seguida, a empresa avalia a atratividade de suas várias UENs e decide quanto apoio cada uma delas merece. Na hora de desenvolver um portfólio de negócios, é uma boa ideia adicionar e apoiar produtos e negócios que se encaixem bem na filosofia e nas competências centrais da empresa.

O objetivo do planejamento estratégico é encontrar maneiras de a empresa utilizar melhor seus pontos fortes para aproveitar as oportunidades atrativas do ambiente. Por essa razão, muitos métodos padrão de análise do portfólio avaliam as UENs em duas importantes dimensões: (1) a atratividade do mercado ou do setor da UEN e (2) a força do posicionamento da UEN nesse mercado ou setor. O método de planejamento de portfólio mais conhecido foi desenvolvido pelo Boston Consulting Group, uma empresa líder em consultoria na área de gestão.[6]

A abordagem do Boston Consulting Group

Matriz de crescimento e participação
Um método de planejamento de portfólio que avalia as UENs da empresa em relação à taxa de crescimento de mercado e à participação relativa de mercado.

Utilizando a clássica abordagem do Boston Consulting Group (BCG), a empresa classifica todas as suas UENs de acordo com a **matriz de crescimento e participação** mostrada na **Figura 2.2**. No eixo vertical, a *taxa de crescimento do mercado* oferece uma medida da atratividade do mercado. No eixo horizontal, a *participação relativa de mercado* funciona como uma mensuração do poder da empresa no mercado. A matriz de crescimento e participação define quatro tipos de UENs:

1. **Estrelas**: são negócios ou produtos em mercados de alto crescimento e que têm grande participação relativa. Em geral, precisam de grandes investimentos para financiar seu rápido crescimento, que em algum momento desacelera e elas se transformam em vacas leiteiras.
2. **Vacas leiteiras**: são negócios ou produtos em mercados de baixo crescimento, mas com grande participação relativa. Essas UENs estabelecidas e bem-sucedidas precisam de menos investimentos para manter sua participação de mercado e, sendo assim, geram uma boa quantia de dinheiro, a qual a empresa utiliza para pagar suas contas e apoiar outras UENs que necessitam de investimentos.
3. **Pontos de interrogação**: são unidades de negócios de pequena participação relativa em mercados de grande crescimento. Elas requerem um considerável volume de dinheiro para manter sua participação de mercado, e mais ainda para aumentá-la, portanto, a administração precisa considerar quais pontos de interrogação deve tentar transformar em estrelas e quais deve abandonar.
4. **Abacaxis**: são negócios ou produtos em mercados de baixo crescimento e de pequena participação relativa. Essas UENs podem gerar dinheiro suficiente para se manter, mas não são uma promessa de grandes fontes de dinheiro.

FIGURA 2.2
A matriz de crescimento e participação do BCG (matriz BCG).

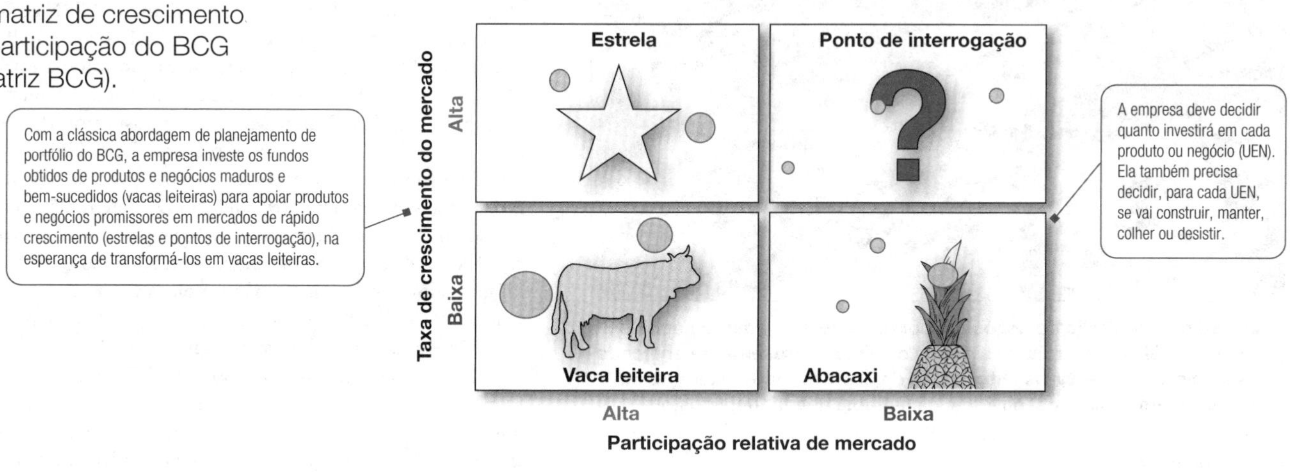

Os dez círculos na matriz de crescimento e participação representam as dez UENs atuais de uma empresa. Ela possui duas estrelas, duas vacas leiteiras, três pontos de interrogação e três abacaxis. A área de cada círculo é proporcional às vendas em dinheiro da UEN que representa. Essa empresa possui uma participação satisfatória, mas não muito boa. Ela quer investir nos pontos de interrogação mais promissores para transformá-los em estrelas, e manter as estrelas que já possui para que se tornem vacas leiteiras à medida que o mercado amadurece. Felizmente, a empresa possui duas vacas leiteiras com um bom tamanho, cujos rendimentos podem ajudar a financiar seus pontos de interrogação, estrelas e abacaxis. A empresa deve tomar alguma ação decisiva em relação a seus abacaxis e pontos de interrogação.

Uma vez classificadas as UENs, a empresa deve determinar qual papel cada uma delas desempenhará no futuro. Ela pode adotar uma das quatro estratégias a seguir para cada UEN: pode investir mais na unidade de negócios com o objetivo de *construir* sua participação; pode investir apenas o suficiente para *manter* a participação da UEN no nível atual; pode *colher* os frutos da UEN, retirando seu fluxo de caixa de curto prazo sem se preocupar com os efeitos que isso pode causar no longo prazo; e pode, por fim, desistir da UEN, vendendo-a ou desfazendo-se dela e utilizando seus recursos em outro lugar.

Conforme o tempo vai passando, as UENs vão mudando sua posição na matriz de crescimento e participação. Muitas começam como pontos de interrogação e, se obtêm sucesso, alcançam a categoria de estrelas. Mais tarde, à medida que o crescimento do mercado diminui, elas se tornam vacas leiteiras e, por fim, desaparecem ou se transformam em abacaxis, caminhando para o fim de seu ciclo de vida. A empresa precisa constantemente adicionar novos produtos e unidades para que alguns deles se tornem estrelas e, depois, vacas leiteiras, que ajudarão a financiar outras UENs.

Problemas relacionados à abordagem da matriz

A matriz BCG e outros métodos formais revolucionaram o planejamento estratégico. Entretanto, essas abordagens apresentam limitações: elas podem ser difíceis, demoradas e caras de se implementar. A administração pode ter dificuldade para definir as UENs e mensurar a participação e o crescimento de mercado. Além disso, essas abordagens são voltadas para a classificação dos negócios atuais, oferecendo pouca ajuda para planejamentos futuros.

Por causa desses problemas, muitas empresas trocaram os métodos formais de matriz por abordagens mais customizadas, que se ajustam melhor a situações específicas. Além disso, diferentemente dos antigos esforços de planejamento estratégico, que ficavam na maior parte das vezes nas mãos da alta gerência, hoje essa tarefa tem sido descentralizada. Cada vez mais as empresas colocam a responsabilidade pelo planejamento estratégico nas mãos de equipes multifuncionais formadas por gerentes de divisão, que estão próximos de seus mercados. Nesta era digital, os gestores têm dados ricos e atualizados nas pontas dos dedos e podem adaptar seus planos rapidamente para atender às constantes mudanças de condições e eventos em seus mercados.

O planejamento do portfólio pode ser desafiador. Por exemplo, quando você pensa na ESPN, provavelmente pensa nela como um canal de TV a cabo, um *site* ou um aplicativo de celular. No entanto, no decorrer dos anos, a ESPN cresceu e se tornou um portfólio de marcas enorme e complexo, composto por mais de 50 entidades diferentes.[7]

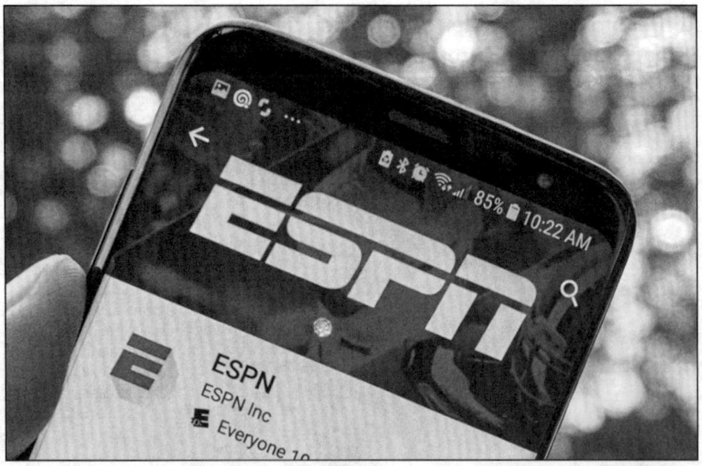

Gestão de portfólio de negócios: por meio de uma gestão hábil de portfólio, a ESPN construiu uma marca coesa, poderosamente unificada em sua missão de servir os entusiastas do esporte "onde quer que os esportes sejam assistidos, ouvidos, discutidos, debatidos, lidos ou jogados".

dennizn/Shutterstock

De sua inovadora rede a cabo original, a marca ESPN gerou inúmeras redes adicionais, desde ESPN2, ESPNU e ESPN Classic até ESPNEWS, ESPN Deportes (no idioma espanhol) e várias redes de conferências colegiadas. A marca adicionou a ESPN Digital Media, composta por 19 *sites* dos Estados Unidos – incluindo o carro-chefe ESPN.com, a ESPN3 (uma rede de esportes *on-line* 24 horas por dia, 7 dias por semana, em várias telas) e a WatchESPN (um acesso *on-line* e em dispositivos móveis para os principais canais da ESPN). O app da ESPN, com 13 edições em três idiomas em todo o mundo, oferece placares, notícias, destaques, vídeos curtos, podcasts e áudio ao vivo, além de transmissões de vídeo dos canais regulares da ESPN.

Como se tudo isso não bastasse, a ESPN publica a *ESPN The Magazine*, e a ESPN Radio é a maior rede de rádio esportiva do mundo. A marca também gerencia eventos, incluindo os X Games, os ESPYs, torneios universitários de futebol americano e jogos de basquete da NCAA. Além disso, desenvolve produtos e oferece serviços com a marca ESPN, incluindo videogames, roupas, artigos esportivos e até escolas de golfe. Por sua vez, a ESPN é apenas uma unidade do portfólio ainda mais complexo de sua controladora, a The Walt Disney Company. Portanto, por meio de uma gestão hábil de portfólio, a ESPN construiu uma marca coesa, poderosamente unificada em sua missão de servir os entusiastas do esporte "onde quer que os esportes sejam assistidos, ouvidos, discutidos, debatidos, lidos ou jogados". Mais do que apenas um conjunto aleatório de entidades, a ESPN é uma experiência de marca imersiva, fortemente ligada às memórias, às realidades e aos anseios esportivos dos clientes.

Desenvolvimento de estratégias de crescimento e redução

Além da avaliação dos negócios atuais, o desenvolvimento do portfólio de negócios implica encontrar negócios e produtos que a empresa deve levar em conta no futuro. As empresas precisam crescer se quiserem competir de maneira mais efetiva, satisfazer seus acionistas e atrair grandes talentos. Ao mesmo tempo, elas devem ser cuidadosas para não fazer do crescimento um objetivo. Seu objetivo deve ser administrar o "crescimento lucrativo".

Matriz de crescimento produto/mercado
Uma ferramenta de planejamento de portfólio que identifica as oportunidades de crescimento da empresa por meio de penetração de mercado, desenvolvimento de mercado, desenvolvimento de produto ou diversificação.

A principal responsabilidade do *marketing* é alcançar o crescimento lucrativo para a empresa. Ele deve identificar, avaliar e selecionar oportunidades de mercado e, então, formular estratégias para explorá-las. Uma ótima ferramenta para identificar oportunidades de crescimento é a **matriz de crescimento produto/mercado**, mostrada na **Figura 2.3**.[8] Vamos aplicar essa matriz à Starbucks.

Em apenas três décadas, a Starbucks cresceu a um ritmo alucinante, de um pequeno café em Seattle a uma máquina de cerca de 24 bilhões de dólares, com mais de 29 mil lojas em mais de 75 países. O crescimento é o motor que mantém a Starbucks girando e, para manter seu incrível crescimento em um mercado cada vez mais cafeinado, a Starbucks precisou elaborar uma estratégia de crescimento ambiciosa, com várias frentes.[9]

Penetração de mercado
Crescimento da empresa por meio de aumento nas vendas dos produtos e nos segmentos de mercado atuais, sem alterar o produto.

Para começar, a administração da Starbucks poderia verificar se a empresa consegue uma maior **penetração de mercado**, ou seja, se ela consegue vender mais para os clientes atuais sem alterar seus produtos. Ela poderia adicionar novas lojas em áreas em que já atua, facilitando a visita dos clientes. De fato, em 2020, a Starbucks abriu mais de 800 novas lojas nos Estados Unidos. Poderia também adicionar novos recursos ao seu aplicativo para aumentar o engajamento e a fidelidade do cliente. Por exemplo, uma funcionalidade adicionada recentemente foi a My Starbucks Barista, que permite aos clientes fazer pedidos por meio de comandos de voz ou mensagens para um barista virtual com inteligência artificial. Mudanças em propaganda, preços, serviços, cardápio ou decoração das lojas poderiam encorajar os clientes a parar na Starbucks com mais frequência, permanecer por mais tempo ou comprar mais a cada visita. Graças a um cardápio em constante expansão, as vendas de itens de café da manhã dobraram no período de 2017 a 2020, e as vendas de alimentos passaram a representar, em 2021, 20% da receita total da Starbucks.

Desenvolvimento de mercado
Crescimento da empresa por meio da identificação e do desenvolvimento de novos segmentos de mercado para os produtos atuais da organização.

Em segundo lugar, a Starbucks poderia considerar possibilidades de **desenvolvimento de mercado**, ou seja, poderia identificar e desenvolver novos mercados para seus produtos atuais. Por exemplo, os gestores poderiam analisar novos mercados demográficos. Talvez novos grupos – como o da terceira idade – pudessem ser encorajados a visitar as lojas da Starbucks pela primeira vez ou a comprar mais nelas. Os gestores também poderiam analisar novos mercados geográficos. A a Starbucks está se expandindo rapidamente em mercados fora dos Estados Unidos, em especial na Ásia. Por exemplo, o número de lojas na China cresceu de 800 para 5.400 nos últimos 8 anos (até o primeiro semestre de 2022), com uma média de abertura de uma nova loja a cada 15 horas. Falta pouco para a Starbucks atingir sua meta de 6.000 lojas na China até o final de 2022.

Desenvolvimento de produto
Crescimento da empresa por meio da oferta de produtos novos ou modificados para os segmentos de mercado atuais.

Em terceiro lugar, a Starbucks poderia considerar o **desenvolvimento de produto**, com a oferta de produtos modificados ou novos para os mercados atuais. Por exemplo, para capturar uma parte do mercado de bebidas semiprontas em rápido crescimento, a Starbucks desenvolveu o café

FIGURA 2.3
A matriz de crescimento produto/mercado.

Estratégias de crescimento: para manter seu incrível crescimento, a Starbucks teve que elaborar uma estratégia de crescimento ambiciosa, com várias frentes.

Jens Kalaene/picture-alliance/dpa/AP Images

instantâneo Via e vende seus cafés e chás Tazo em cápsulas compatíveis com as cafeteiras elétricas da Keurig. Além disso, a Starbucks continua a expandir suas linhas de bebidas prontas para consumo vendidas nos supermercados, como a Starbucks Doubleshot, a Iced Expresso Classics e a Starbucks Refreshers.

Por fim, a Starbucks poderia considerar a **diversificação**, ou seja, poderia abrir ou comprar negócios que vão além de seus produtos e mercados atuais. Por exemplo, a empresa criou recentemente a marca *ultra premium* Starbucks Reserve, fornecendo experiências imersivas de alto nível com as lojas Starbucks Reserve Roasteries e Starbucks Reserve Bars. Dentro de suas lojas Starbucks Reserve, a empresa está abrindo as lojas Princi Bakery and Café, que oferecem comida italiana artesanal - de pães e doces recém-assados a cornetti e sanduíches de focaccia - com base nas receitas do famoso padeiro italiano Rocco Princi. A Starbucks também está experimentando lojas independentes de padarias-boutique Princi, levando a empresa além dos cafés e das lanchonetes. Essa diversificação em alimentos e bebidas *premium* se encaixa bem com o posicionamento "Starbucks Experience" da marca.

Diversificação
Crescimento da empresa por meio da abertura ou aquisição de negócios que não têm a ver com os atuais produtos e mercados da organização.

As empresas devem desenvolver estratégias não apenas para o crescimento de seu portfólio de negócios, mas também para sua *redução*. Existem várias razões para uma empresa querer abandonar produtos ou mercados; por exemplo, ela pode ter crescido rápido demais ou entrado em áreas nas quais não tem experiência. Além disso, o ambiente de mercado pode mudar, fazendo com que alguns produtos ou mercados sejam menos lucrativos. Por exemplo, em momentos de crise econômica, muitas empresas cortam produtos e mercados mais fracos e menos lucrativos para concentrar seus recursos, mais limitados, em negócio mais fortes. Por fim, alguns produtos ou unidades de negócios simplesmente envelhecem e morrem.

Quando uma empresa descobre marcas ou negócios que não são lucrativos ou não se ajustam mais a sua estratégia geral, ela deve, cuidadosamente, podá-los, extrair deles o que for possível ou abandoná-los. Por exemplo, nos últimos anos, a P&G vendeu várias de suas grandes marcas - desde Crisco, Folgers, Jif e Pringles a baterias Duracell, desodorante Right Guard, analgésico Aleve, cosméticos CoverGirl e Max Factor, produtos para cabelos Wella e Clairol, assim como Iams e outras marcas de ração para animais de estimação -, permitindo que a empresa se concentre apenas em produtos de limpeza, higiene e beleza.

Comentário do autor | O *marketing* não pode caminhar sozinho na criação de valor para o cliente. Orientado pelo plano estratégico da empresa, o *marketing* deve trabalhar em conjunto com os outros departamentos para formar uma cadeia de valor eficaz, e também com outras empresas do sistema de *marketing* para criar uma rede de valor externa que atenda aos clientes de modo conjunto.

Planejamento de *marketing*: criação de parcerias para construir relacionamento com os clientes

Objetivo 2.3 Explicar o papel do *marketing* no planejamento estratégico e como o *marketing* trabalha com seus parceiros para criar e entregar valor para o cliente.

O plano estratégico de uma empresa estabelece quais tipos de negócios ela vai operar e os objetivos de cada um deles. Assim, para cada unidade de negócios deve ser elaborado um planejamento mais detalhado. Os principais departamentos de cada unidade de negócios - *marketing*, finanças, contabilidade, compras, operações, sistemas de informação, de recursos humanos, entre outros - devem trabalhar juntos para alcançar os objetivos estratégicos.

O *marketing* exerce um papel fundamental no planejamento estratégico de uma empresa de várias maneiras. Para começar, ele oferece uma *filosofia* direcionadora - o conceito de *marketing* -, que sugere que a estratégia da empresa deve girar em torno da construção de relacionamentos lucrativos com importantes grupos de consumidores. Além disso, oferece *informações* aos responsáveis pela elaboração do plano estratégico ao ajudar a identificar oportunidades de mercado atrativas e avaliar o potencial da empresa em conseguir aproveitá-las. Por fim, em cada unidade de negócios o *marketing* elabora *estratégias* para atingir os objetivos da unidade. Uma vez estabelecidos esses objetivos, a tarefa do *marketing* é ajudar a unidade a realizá-los de maneira lucrativa.

O valor para o cliente e seu engajamento são os ingredientes-chave na fórmula para o sucesso da empresa. Entretanto, como apontado no Capítulo 1, embora desempenhe um papel de liderança nesse sentido, o *marketing* não pode agir sozinho. Ele só pode atuar como um parceiro na atração, no engajamento e na captação dos clientes. Além da *gestão do relacionamento com o cliente*, os profissionais de *marketing* precisam praticar a *gestão do relacionamento com o parceiro* e devem trabalhar de perto com parceiros de outros departamentos da empresa a fim de formar uma *cadeia de valor* eficaz para atender aos clientes. Eles também devem, efetivamente, consolidar parcerias com outras empresas no sistema de *marketing*, com a finalidade de formar uma *cadeia de valor* externa superior em termos competitivos. Vamos agora analisar com mais profundidade os conceitos de cadeia de valor e rede de entrega de valor.

Criação de parcerias com outros departamentos da empresa

Cadeia de valor
O conjunto de departamentos, que realiza atividades de criação de valor para projetar, produzir, comercializar, entregar e apoiar os produtos da empresa.

Todo departamento de uma empresa pode ser considerado um elo de sua **cadeia de valor**.[10] Ou seja, todo departamento realiza atividades de criação de valor para projetar, produzir, comercializar, entregar e apoiar os produtos da empresa. O sucesso da empresa não depende apenas da qualidade do trabalho de cada departamento, mas também de quão bem os vários departamentos coordenam suas atividades.

Por exemplo, a meta do Walmart é criar valor e satisfação para o cliente oferecendo-lhe os produtos que ele deseja aos menores preços possíveis. No Walmart, os profissionais de *marketing* desempenham um papel importante. Eles descobrem do que os clientes precisam e colocam esses produtos nas prateleiras das lojas, no *site* e no aplicativo a preços baixos imbatíveis. Eles também elaboram campanhas de propaganda e de *merchandising*, e oferecem atendimento ao cliente. Por meio dessas e de outras atividades, os profissionais de *marketing* do Walmart ajudam a engajar e entregar valor para os clientes.

Cadeia de valor: para que você "economize dinheiro, viva melhor" comprando os produtos certos a preços mais baixos, o Walmart depende da contribuição das pessoas de todos os departamentos da empresa.

Ann Parry/Alamy Stock Photo

Entretanto, o departamento de *marketing* precisa da ajuda dos outros departamentos da empresa. Para que você "Economize dinheiro. Viva melhor.", o Walmart depende da habilidade do departamento de compras em desenvolver os fornecedores necessários e comprar deles a um custo baixo. O departamento de tecnologia da informação (TI) do Walmart deve fornecer informações rápidas e precisas sobre quais produtos são vendidos em cada loja; o time de pesquisa e desenvolvimento digital deve aplicar as tecnologias mais recentes no *site* e no aplicativo da empresa; e o pessoal de operações deve distribuir as mercadorias de maneira eficiente, a um baixo custo, e desenvolver opções eficazes de entrega.

A cadeia de valor de uma empresa é tão forte quanto seu elo mais fraco. O sucesso depende de quão bem cada departamento executa seu trabalho de agregar valor para os clientes e do modo como a empresa coordena as atividades de todos eles. No Walmart, se o departamento de compras não conseguir os preços mais baixos dos fornecedores ou se o time de operações não puder distribuir as mercadorias aos custos mais baixos, o *marketing* não poderá entregar sua promessa de preços baixos imbatíveis.

Assim, o ideal seria que as diferentes áreas da empresa trabalhassem em harmonia para produzir valor para os consumidores, mas, na prática, as relações entre os departamentos são repletas de conflitos e desentendimentos. O departamento de *marketing* considera o ponto de vista do cliente, no entanto, quando tenta melhorar a satisfação e a percepção de valor para o cliente, o *marketing* pode fazer com que os outros departamentos desenvolvam um trabalho ruim *na opinião deles*. Isso porque as ações do departamento de *marketing* podem elevar os custos de compra, destruir os cronogramas de produção, aumentar os estoques e gerar problemas no orçamento. Portanto, os outros departamentos podem acabar resistindo aos esforços do departamento de *marketing*.

Apesar disso, os profissionais de *marketing* devem encontrar meios para fazer com que todos os outros departamentos "pensem no cliente" e desenvolver um bom funcionamento da cadeia de valor. Hoje em dia, engajar os clientes requere o compromisso de toda a empresa. Desse modo, não importa se você é assistente contábil, gerente de operações, analista financeiro, especialista em TI ou gerente de recursos humanos, você precisa entender o *marketing* e seu papel na criação de valor para o cliente. "Das finanças ao atendimento ao cliente e à fabricação, cada funcionário deve entender que seu papel representa uma parte da experiência do cliente", diz um profissional de *marketing*. "A experiência do cliente não depende apenas da (...) equipe de *marketing*, mas [o *marketing*] dá o tom e lidera o caminho de todos os outros departamentos."[11]

Criação de parcerias no sistema de *marketing*

Em sua busca para engajar e criar valor para o cliente, a empresa precisa ir além de sua **cadeia de valor** e alcançar as cadeias de valor de seus fornecedores, distribuidores e, por fim, de seus clientes. Considere a rede de *fast-food* Subway. As pessoas não comem em suas lojas só porque adoram os sanduíches da rede. Os consumidores migram para o sistema Subway. Em todo o país, o preciso sistema de entrega de valor do Subway oferece sanduíches feitos sob encomenda frescos, rápidos e saborosos a preços acessíveis. A empresa só é eficaz na medida em que for bem-sucedida em se relacionar com seus franqueados, fornecedores e outros parceiros para cumprir em conjunto sua promessa de posicionamento "faça do seu jeito".

Rede de valor
Rede formada pela empresa, seus fornecedores, distribuidores e, por fim, os clientes, os quais firmam uma parceria em que cada um contribui para melhorar todo o sistema de entrega de valor.

Hoje em dia, cada vez mais empresas estão formando parcerias com outros membros da cadeia de suprimento – fornecedores, distribuidores e, por fim, clientes – para melhorar o desempenho da **rede de valor** para o cliente. A concorrência não se dá somente entre concorrentes individuais. Em vez disso, ela ocorre entre redes inteiras de entrega de valor criadas por esses concorrentes. Assim, o desempenho da Ford em comparação ao da Toyota depende da qualidade da rede de valor geral da Ford em relação à da Toyota. Mesmo que a Ford fabrique os melhores carros, ela pode perder no mercado se a rede de concessionárias da Toyota oferecer uma experiência de venda e serviço que satisfaça mais o cliente.

Comentário do autor | Agora que definimos o contexto em termos de estratégia da empresa, é hora de discutir estratégias e programas de *marketing* orientados ao valor para o cliente.

Estratégia e *mix* de *marketing*

Objetivo 2.4 Descrever os elementos de uma estratégia e de um *mix* de *marketing* orientados ao valor para o cliente e as forças que os influenciam.

O plano estratégico define a missão e os objetivos gerais da empresa. O papel do *marketing* é mostrado na **Figura 2.4**, que resume as principais atividades envolvidas na gestão de uma estratégia e um *mix* de *marketing* focados no cliente.

Estratégia de *marketing*
A lógica de *marketing* por meio da qual a empresa espera criar valor para o cliente e conquistar relacionamentos lucrativos.

Os clientes estão no centro de tudo. A meta é criar valor para os clientes e construir relacionamentos lucrativos. A isso se segue a **estratégia de *marketing*** – a lógica de *marketing* por meio da qual a empresa espera criar esse valor para o cliente e conquistar esses relacionamentos lucrativos. A empresa decide quais clientes atender (segmentação e definição do público-alvo) e como fazê-lo (diferenciação e posicionamento). Ela também identifica o mercado total e, em seguida, o divide em segmentos menores, seleciona os mais promissores e se volta para o atendimento e a satisfação dos clientes nesses segmentos.

Orientada pela estratégia de *marketing*, a empresa desenvolve um *mix* de *marketing* integrado composto de fatores sob seu controle – produto, preço, praça e promoção (os 4Ps). Para encontrar o

FIGURA 2.4
Gerenciamento da estratégia e do *mix* de *marketing*.

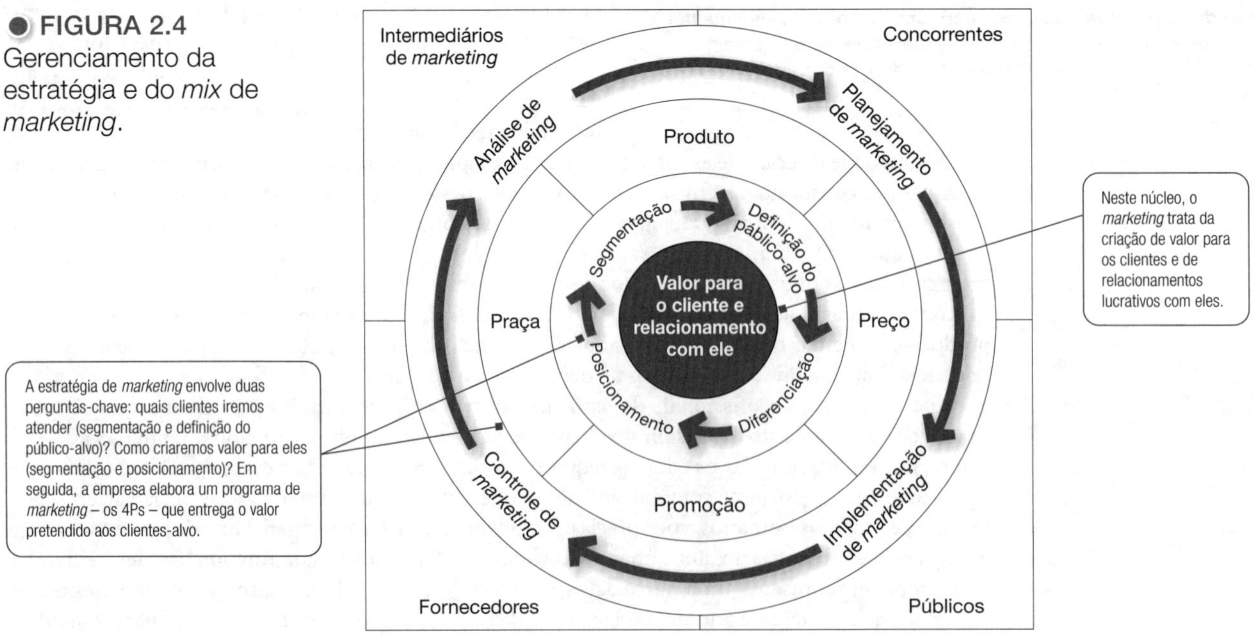

melhor *mix* e a melhor estratégia de *marketing*, a empresa se empenha na análise, no planejamento, na implementação e no controle de *marketing*. Por meio dessas atividades, ela observa e se adapta aos participantes e às forças do ambiente de *marketing*. Agora, examinaremos brevemente cada atividade. Em capítulos posteriores, discutiremos cada uma delas com mais profundidade.

Estratégia de *marketing* orientada para o valor para o cliente

Para ter sucesso no mercado competitivo de hoje, as empresas precisam ser centradas no cliente. Elas devem conquistar os clientes dos concorrentes, mantê-los e cultivá-los com uma entrega de valor superior. Mas, antes de satisfazer os clientes, a empresa precisa entender suas necessidades e seus desejos. Assim, um *marketing* forte requer uma análise cuidadosa dos clientes.

As empresas sabem que não podem atender de forma lucrativa a todos os clientes de determinado mercado – pelo menos, não a todos os clientes da mesma maneira. Existem muitos tipos de clientes com diferentes tipos de necessidades, e a maioria das empresas consegue atender alguns segmentos do mercado melhor do que a outros. Assim, toda empresa deve dividir o mercado total, escolher os melhores segmentos e desenvolver estratégias para atender lucrativamente aos segmentos escolhidos. Esse processo envolve *segmentação de mercado, definição do mercado-alvo, diferenciação* e *posicionamento*.

Segmentação de mercado

Segmentação de mercado
Dividir um mercado em grupos distintos de compradores que têm diferentes necessidades, características ou comportamentos e que demandam produtos ou *mix* de *marketing* diferenciados.

O mercado é constituído por muitos tipos de clientes, produtos e necessidades, e os profissionais de *marketing* devem determinar quais segmentos oferecem as melhores oportunidades. Os clientes podem ser agrupados e atendidos de várias maneiras, com base em fatores geográficos, demográficos, psicográficos e comportamentais. O processo de dividir um mercado em grupos distintos de compradores com diferentes necessidades, características ou comportamentos, que demandam produtos ou *mix* de *marketing* diferenciados, é chamado de **segmentação de mercado**.

Segmento de mercado
Um grupo de consumidores que reage de maneira similar a determinado conjunto de esforços de *marketing*.

Todo mercado possui segmentos, mas nem todas as formas de segmentação de um mercado são igualmente úteis. Por exemplo, o Tylenol ganharia pouco distinguindo os usuários de analgésico em consumidores de baixa renda e de alta renda, se ambos responderem da mesma maneira aos esforços de *marketing*. Um **segmento de mercado** é formado por clientes que reagem de maneira similar a determinado conjunto de esforços de *marketing*. No mercado de automóveis, por exemplo, os consumidores que querem os carros maiores e mais confortáveis, independentemente do preço, constituem um segmento de mercado. Já os consumidores preocupados principalmente com o preço e com a economia gerada pelo veículo constituem outro segmento. Seria difícil produzir um modelo de carro que fosse a primeira opção dos consumidores de ambos os segmentos. As empresas devem concentrar seus esforços no atendimento das necessidades distintas de cada segmento de mercado.

Definição do mercado-alvo

Definição do mercado-alvo
O processo de avaliar a atratividade de cada segmento de mercado e selecionar um ou mais segmentos para atender.

Depois de definir os segmentos de mercado, a empresa pode decidir atuar em um ou mais desses segmentos. A **definição do mercado-alvo** implica avaliar a atratividade de cada segmento de mercado e selecionar um ou mais segmentos para entrar. Uma empresa deve ter como alvo segmentos em que pode gerar, de forma lucrativa, o mais alto valor para o cliente e manter esse valor ao longo do tempo.

Uma empresa com recursos limitados pode preferir atender a apenas um ou alguns poucos segmentos especiais ou nichos de mercado. Empresas de nicho se especializam em atender segmentos de clientes que os grandes concorrentes não enxergam ou ignoram. Por exemplo, a McLaren vendeu apenas 2138 unidades de seus carros de altíssimo desempenho em 2021, mas a preços muito altos – ela cobra 188 mil dólares por seu modelo 570S e a partir de impressionantes 837 mil dólares por seu modelo F1, feito sob encomenda. Mas a maioria dos ocupantes de nicho não é tão exótica. A Allegiant Air, uma lucrativa companhia aérea de baixo custo, evita a concorrência direta com as grandes do setor voltando-se para mercados menores, negligenciados, bem como para novos viajantes. A Allegiant, uma ocupante de nicho, "vai aonde eles não vão".

Por outro lado, uma grande empresa (por exemplo: empresas automobilísticas como a Honda e a Ford) podem preferir oferecer uma gama completa de produtos para atender a todos os segmentos de mercado. Uma empresa também pode optar por atender a muitos segmentos relacionados – talvez aqueles com diferentes tipos de clientes, mas com os mesmos desejos básicos. Por exemplo, a Gap Inc., uma empresa de roupas e acessórios, atende segmentos de diferentes idades, rendas e estilos de vida, por meio de sete marcas diferentes de lojas físicas e *on-line*: Gap, Banana Republic, Old

Navy, Athleta, INTERMIX, Hill City e Janie and Jack. A marca Gap divide seu segmento em nichos ainda menores, incluindo Gap, GapKids, babyGap, GapMaternity e GapBody.[12]

A maioria das empresas entra em um mercado atendendo a um único segmento; se for bem-sucedida, ela expande para outros. Por exemplo, a Southwest Airlines entrou no concorrido mercado de companhias aéreas há quase 50 anos como uma companhia aérea promissora, sem luxos, atendendo aeroportos selecionados de segunda linha no Texas e em outros estados do sudoeste. Com base em seu sucesso inicial em nichos de mercado, a Southwest cresceu e se tornou a segunda maior companhia aérea do país, atendendo os cem principais destinos dos Estados Unidos e dez outros países. A bem-sucedida companhia aérea de 22 bilhões de dólares obteve lucros consecutivos por 46 anos.[13] Mais recentemente, a Tesla invadiu a indústria automobilística, que estava dominada por concorrentes ricos e bem estabelecidos, concentrando-se primeiro em um nicho de mercado restrito e de alta tecnologia, e depois expandindo para modelos de mercado de massa (veja o Marketing Real 2.2).

Diferenciação e posicionamento de mercado

Depois de decidir em quais segmentos de mercado entrar, a empresa deve determinar como vai diferenciar sua oferta ao mercado para cada segmento-alvo e quais posições quer ocupar nesses segmentos. **Posicionamento** significa fazer com que um produto ocupe um lugar claro, distinto e desejável na mente dos clientes-alvo em relação aos produtos concorrentes. Os profissionais de *marketing* planejam posições que diferenciam seus produtos das marcas concorrentes e lhes proporcionam a maior vantagem em seus mercados-alvo.

Posicionamento
Fazer com que um produto ocupe um lugar claro, distinto e desejável na mente dos clientes-alvo em relação aos produtos concorrentes.

Por exemplo, a Panera lhe fornece a "comida como deveria ser", e no Subway você pode "fazer do seu jeito". A Netflix convida você para "ver o que vem a seguir", e na HBO Max "é onde se encontra muito mais". O serviço de carros Lyft se posiciona como "seu amigo com carro", e a Uber é o "motorista particular para todos". Por fim, a Lime, empresa de transporte urbano compartilhado, promete "mobilidade inteligente para o mundo moderno".

Posicionamento: a Lime oferece opções de transporte urbano compartilhado e se posiciona como uma empresa de "mobilidade inteligente para o mundo moderno". Declarações aparentemente simples como essa constituem a espinha dorsal da estratégia de *marketing* de uma marca.
Alexandros Michailidis/Shutterstock

Essas declarações aparentemente simples constituem a espinha dorsal da estratégia de *marketing* de um produto. Por exemplo, com o posicionamento "mobilidade inteligente para o mundo moderno", a Lime reflete o compromisso da marca com tecnologias de micromobilidade que ajudam as pessoas a se locomoverem nos centros urbanos de modo acessível, inteligente e responsável. A Lime oferece bicicletas compartilháveis, *scooters* elétricas e bicicletas elétricas em mais de 100 cidades, e agora está lançando um serviço de carro compartilhado (LimePods) que breve irá oferecer uma frota de veículos elétricos pequenos e de baixa velocidade para clientes urbanos. Com todas essas opções de "mobilidade inteligente", a Lime visa "reduzir a dependência de automóveis próprios para transporte de curta distância e deixar as gerações futuras com um planeta mais limpo e saudável".[15]

Ao posicionar sua marca, a empresa primeiro identifica possíveis diferenças de valor para o cliente, que proporcionem a ela vantagens competitivas sobre as quais construir sua posição. A empresa pode oferecer valor superior para o cliente cobrando preços mais baixos do que os concorrentes ou fornecendo mais benefícios para justificar preços mais altos. Contudo, se *prometer* valor superior, ela terá de *entregar* valor superior. Portanto, o posicionamento efetivo começa com a **diferenciação**, que significa *diferenciar* de fato a oferta da empresa ao mercado para que ela ofereça valor superior aos clientes. Uma vez que tenha escolhido uma posição desejada, a empresa deve adotar medidas eficientes para entregar e comunicar essa posição aos clientes-alvo, e todo o programa de *marketing* deve apoiar a estratégia de posicionamento escolhida.

Diferenciação
Diferenciar de fato a oferta ao mercado a fim de criar valor superior para o cliente.

Desenvolvimento de um *mix* de *marketing* integrado

Após determinar sua estratégia de *marketing*, a empresa está pronta para começar a planejar os detalhes do seu ***mix* de *marketing***, um dos principais conceitos do *marketing* moderno. O *mix* de *marketing* é o conjunto de ferramentas táticas de *marketing* que a empresa combina para gerar a resposta que deseja no mercado-alvo. Ele consiste em tudo o que a empresa pode fazer para engajar

Mix* de *marketing
O conjunto de ferramentas táticas de *marketing* – produto, preço, praça e promoção – que a empresa combina para gerar a resposta que deseja no mercado-alvo.

Marketing Real 2.2 | Tesla: em alta velocidade de nicho emergente para um mercado de massa

Entrar na indústria automobilística moderna é uma tarefa quase impossível. A indústria é caracterizada por concorrentes bem entrincheirados e com muitos recursos, custos de entrada extremamente altos e regulamentações sufocantes. Algumas empresas tentaram – você se lembra do DeLorean no início dos anos 1980? Ele falhou depois de produzir apenas 9 mil unidades. E mesmo a poderosa GM falhou depois de somente dez anos da Saturn no mercado, lançada como "um novo tipo de carro, um novo tipo de empresa automobilística."

Então veio a Tesla, outra *startup* com grandes ambições. Mas, em vez de enfrentar empresas como Toyota, Ford, Honda e GM de frente, ela entrou esgueirando-se pela porta dos fundos. Enquanto as principais empresas da indústria automobilística ainda estavam vendendo principalmente veículos tradicionais de combustão interna, a Tesla começou se concentrando em uma fatia estreita do mercado – veículos totalmente elétricos de alto desempenho direcionados a um pequeno segmento de compradores ricos e obcecados por tecnologia. Fundada pelo empreendedor e empresário de tecnologia Elon Musk, a Tesla Motors lançou seu primeiro veículo em 2008. Um carro esportivo conversível de dois lugares, o Roadster chocou o mundo automobilístico. Na época, as grandes empresas automobilísticas já estavam se interessando por veículos totalmente elétricos, mas a maioria deles eram pouco mais do que carrinhos de golfe glorificados que atraíam principalmente compradores preocupados com o meio ambiente. Eles eram fracos, lentos para recarregar e limitados em alcance operacional.

Por outro lado, o Tesla Roadster era um verdadeiro carro esportivo. Ele apresentava componentes de chassi licenciados pela Lotus, possuía um poderoso sistema de transmissão totalmente elétrico e se tornou o primeiro veículo elétrico de fábrica a empregar células de bateria de íons de lítio. Com um alcance de mais de 300 quilômetros, ele podia recarregar totalmente em apenas quatro horas por meio de um carregador rápido instalado em casa. E mais do que apenas colírio para os olhos, o Roadster foi de 0 a 100 quilômetros por hora em menos de quatro segundos, mais rápido do que a grande maioria dos supercarros de fábrica, exceto os mais rápidos. Apesar de um preço base de 109 mil dólares e da longa fila de espera enquanto os Roadsters passavam pela linha de montagem, os ricos e famosos os arrebataram. A Tesla vendeu 2.450 Roadsters em 30 países antes de descontinuar o modelo em 2012.

Mas o Roadster foi apenas um aperitivo para a refeição completa dos veículos elétricos que a Tesla tinha em mente. Com base no sucesso inicial do Roadster, em 2012 a Tesla lançou o Model S, um sedã de luxo de quatro portas que poderia estacionar de modo respeitável ao lado de um BMW série 7 ou um Mercedes Classe S. A um preço inicial de cerca de 70 mil dólares, o Model S ostentava um alcance de 539 quilômetros. E com novas tecnologias de superalimentação elétrica, ele podia recarregar 290 quilômetros de autonomia em apenas 15 minutos.

Embora o alcance e a recarga ainda fossem percebidos como desvantagens em relação aos veículos convencionais de combustão interna, o elegante Model S oferecia uma variedade deslumbrante de vantagens para seu segmento-alvo de compradores de luxo aventureiros e ávidos por tecnologia. Do ponto de vista prático, os proprietários do Model S riam enquanto mostravam aos amigos surpresos o "frunk" do carro, o nome que a Tesla dá para a área de armazenamento extra sob o capô dianteiro, onde você esperaria que o motor estivesse. O Model S também oferecia uma terceira fila de assentos voltados para trás, tornando-o o único sedã de quatro portas que poderia acomodar sete passageiros.

No entanto, foi o desempenho absurdo e a tecnologia atraente do Model S que realmente o diferenciaram. Em primeiro lugar, o Model S é extremamente rápido. Colocado no "Modo Ludicrous", o carro vai de 0 a 100 km/h em apenas 2,27 segundos, mais rápido do que os modelos mais velozes da Lamborghini, Ferrari ou qualquer outro carro esportivo exótico, exceto o Porsche 918 Spyder. Além disso, o Model S conta com recursos de alta tecnologia. Por exemplo, ele possui uma variedade de funcionalidades de direção autônoma, como assistência para estacionamento, piloto automático inteligente e conta até mesmo com a possibilidade de assumir o volante por curtos períodos de tempo. A Tesla afirma que todos os seus veículos vêm com o *hardware* necessário para serem totalmente autônomos e se atualizarão automaticamente conforme o *software* e os regulamentos permitirem. Além disso, os proprietários têm uma relação quase pessoal com seus Teslas. Eles se comunicam intimamente com seus carros por meio de um aplicativo que permite rastrear e gerenciar todas as nuances das configurações e de desempenho do carro.

Para expandir ainda mais seu nicho de veículos elétricos, a Tesla adicionou o Model X, um SUV crossover de luxo de médio porte com recursos inovadores semelhantes aos do Model S. Tanto o Model S quanto o Model X se saíram bem, com as vendas crescendo constantemente, totalizando mais de 300 mil unidades, tornando a Tesla o maior vendedor mundial de veículos totalmente elétricos. Ainda assim, esses números foram menores em comparação com os números produzidos pelas principais montadoras do mundo. Mas a Tesla estava de olho em coisas ainda maiores.

Não contente em atuar em um nicho de alto nível, a Tesla mergulhou de cabeça na criação de uma linha de veículos elétricos para o mercado de massa. Em 2015, anunciou planos para desenvolver o Model 3, um sedã esportivo compacto do mesmo tamanho do Audi A4 e do BMW Série 3. Embora menos luxuoso que outros modelos da Tesla, o Model 3 prometia "tudo – alcance, acessibilidade e desempenho" a um preço base de apenas 35 mil dólares.

A reação do público foi rápida. No momento em que o Model 3 foi apresentado no Salão do Automóvel de Paris de 2016, a expectativa atingiu seu auge. Em uma semana, a Tesla havia recebido 325 mil pré-encomendas, cada uma com um depósito reembolsável de mil dólares, representando 14 bilhões de dólares em vendas futuras e fornecendo 325 milhões de dólares em capital necessário para desenvolvimento e produção. A Tesla anunciou que começaria a entregar os primeiros Model 3 no final de 2017 e aumentaria rapidamente a produção para até 10 mil veículos por semana. A marca ainda emergente também anunciou uma meta impressionante de um total de 500 mil veículos elétricos para 2018.

A Tesla entregou o primeiro Model 3 antes do previsto. Naquela época, ela tinha mais de

A *startup* Tesla entrou no competitivo mercado da indústria automobilística atuar em concentrando-se primeiro em uma pequena fatia de mercado de veículos totalmente elétricos. Agora, oferece uma linha expandida de modelos de veículos elétricos.

Joby Sessions/Future Publishing/Shutterstock; imageBROKER/Alamy Stock Photo

450 mil pedidos em mãos. O carro inovador não tinha grade frontal (nenhum motor para ser resfriado, portanto, não era necessário grade) e um painel desprovido de quaisquer medidores ou displays, além de uma única tela de LED de 15 polegadas montada no centro (o carro foi projetado para que um dia seja totalmente autônomo). Os primeiros clientes e jornalistas de automóveis elogiaram todos os aspectos do carro – desde sua tecnologia avançada e experiência de direção até seu ajuste e acabamento de alta qualidade. Um jornalista da Road & Track disse: "Uma coisa é descobrir a alegria de dirigir um carro esportivo que foi meticulosamente projetado para agradar os neurônios de prazer dos entusiastas das pistas de corrida. Encontrar isso em um carro de família – um sedã de entrada para compradores de luxo – é um prazer inesperado". O Modelo 3 foi até comparado ao Ford Modelo T por sua importância e potencial impacto no transporte humano.

Na tentativa de aumentar rapidamente a produção do Model 3, a Tesla encontrou alguns obstáculos, não conseguindo atender as pré-encomendas e ficando muito aquém de sua meta de 500 mil veículos. Ainda assim, com muitos problemas operacionais agora resolvidos, até o segundo aniversário do Model 3, a Tesla colocaria cerca de 300 mil de seus incríveis sedãs esportivos nas garagens de seus ansiosos clientes.

Mesmo com o aumento dos números da Tesla, no entanto, o rei dos veículos elétricos enfrenta uma estrada potencialmente movimentada e esburacada à medida que as montadoras tradicionais investem recursos no desenvolvimento de seus próprios veículos elétricos. Por exemplo, a Volkswagen – a maior montadora do mundo com suas marcas VW, Audi, Bentley, Porsche e Lamborghini – por si só planeja lançar dezenas de modelos de veículos elétricos e atingir vendas anuais de 22 milhões de unidades até 2030.

Mas, apesar dos desafios potenciais, a Tesla continua sua jornada de emergente de um nicho para uma marca de mercado de massa. Ela está diversificando ainda mais seu portfólio de veículos com caminhões elétricos autônomos e um novo Roadster, inicialmente previsto para ser lançado em 2020, previsto para ser lançado em 2023 – um que promete quebrar mais recordes de velocidade, aceleração, alcance e frieza. Mais importante, em 2020 a Tesla lançou seu Model Y, um crossover compacto que a Tesla afirma combinar a funcionalidade de um SUV com o passeio de um carro esportivo. Com capacidade para sete pessoas e um preço inicial de 39 mil dólares, as vendas do Model Y passou de 500.000 unidades vendidas até o final de 2021. E somadas às vendas do Model 3, no Q1 de 2022 esses dois modelos abocanharam 68% do mercado total de veículos elétricos.

Embora o futuro permaneça incerto, a Tesla já foi mais longe e mais rápido do que qualquer outra *startup* de veículos na história. A empresa é para os carros o que a Apple tem sido para os eletrônicos de consumo, com o mesmo tipo de liderança inovadora e seguidores de marcas *cult*. Apesar dos buracos, os clientes atuais e potenciais da Tesla permanecem inabaláveis em seu entusiasmo pela marca.[14]

---

e entregar valor para os clientes. As diversas possibilidades podem ser agrupadas em quatro grupos de variáveis: os quatro Ps. A **Figura 2.5** traz as ferramentas de *marketing* de cada "P".

- *Produto*: é a combinação de bens e serviços que a empresa oferece para o mercado-alvo. Assim, um Ford Escape consiste em porcas e parafusos, velas, pistões, faróis dianteiros e milhares de outras peças. A Ford oferece muitas versões de Escape e dezenas de opcionais. O carro vem totalmente equipado e com uma garantia abrangente que é tão parte do produto quanto o escapamento.
- *Preço*: é a quantia de dinheiro que os clientes precisam pagar para obter o produto. Por exemplo, a Ford oferece a suas concessionárias sugestões de preços para cada tipo de Escape, mas elas raramente vendem por esses preços. Em vez disso, negociam o preço com cada cliente, oferecendo descontos, aceitando carros usados e estabelecendo condições de pagamento. Essas ações ajustam os preços às atuais situações econômicas e competitivas, além de alinhá-los à percepção que o comprador tem do valor do carro.
- *Praça*: envolve as atividades da empresa que disponibilizam o produto para os clientes-alvo. Nos Estados Unidos, a Ford mantém uma grande rede de concessionárias independentes que vendem os vários modelos da empresa. Ela seleciona suas concessionárias com cuidado e lhes fornece um bom suporte nas vendas. As concessionárias mantêm um estoque de carros da Ford, mostram esses carros para compradores potenciais, negociam preços, fecham vendas e oferecem serviços pós-venda.
- *Promoção*: envolve as atividades que comunicam os pontos fortes do produto e convencem os clientes-alvo a comprá-lo. A Ford gasta mais de 2,5 bilhões de dólares por ano em propaganda nos Estados Unidos para comunicar aos consumidores sobre a empresa e seus produtos.[16] Os vendedores das concessionárias auxiliam potenciais compradores e os convencem de que os carros da Ford são os melhores para eles. A Ford e suas concessionárias oferecem promoções especiais – liquidações, descontos para pagamento à vista e baixas taxas de juros para financiamento – como incentivos de compra adicionais. Além disso, o *site* da Ford, assim como suas redes sociais no Facebook, Twitter, YouTube, Instagram, entre outras, provocam o engajamento entre a marca e os clientes.

Um programa de *marketing* eficaz combina os elementos do *mix* de *marketing* em um programa integrado desenvolvido para atingir os objetivos de *marketing* da empresa por meio do engajamento com os clientes e da entrega de valor para eles. O *mix* de *marketing* constitui o conjunto de ferramentas táticas da empresa para estabelecer um forte posicionamento nos mercados-alvo.

Alguns críticos acham que os quatro Ps podem omitir ou deixar de enfatizar determinadas atividades importantes. Eles perguntam, por exemplo: "Onde estão os serviços?". Não é porque não começam com a letra "P" que eles são omitidos. A questão é que, por exemplo, serviços bancários, aéreos e de varejo, também são produtos. Podemos chamá-los de produtos de serviços. "Onde está a embalagem?", os críticos podem perguntar. Os profissionais de *marketing* responderiam que a embalagem é uma das muitas decisões de produto. Em resumo, como sugere a Figura 2.5, muitas

FIGURA 2.5
Os quatro Ps do *mix* de *marketing*.

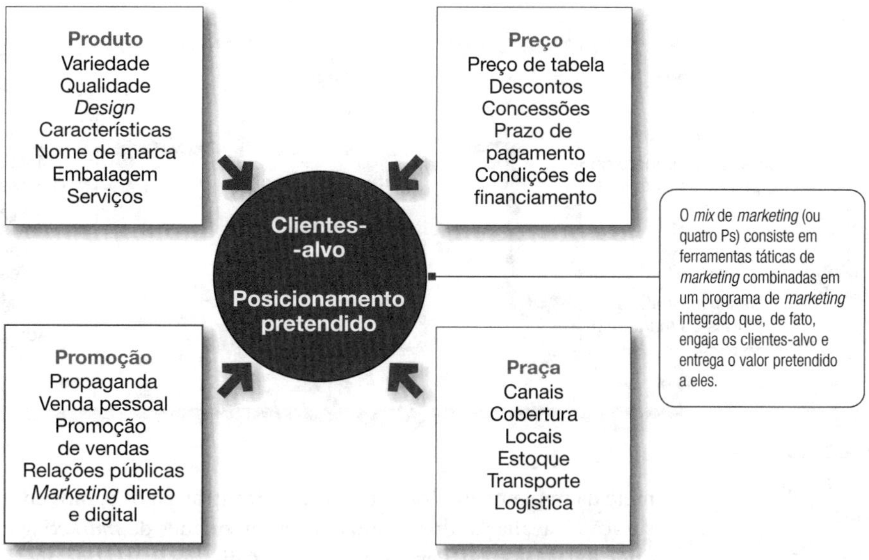

atividades de *marketing* que podem parecer estar fora do *mix* de *marketing* são agrupadas sob um dos quatro Ps. A questão não é se devem ser quatro, seis ou dez Ps, mas sim qual estrutura é mais útil no desenvolvimento de programas de *marketing* integrado.

Entretanto, há outra preocupação válida: a de que o conceito dos quatro Ps leva em conta o ponto de vista do vendedor em relação ao mercado, e não o do comprador. Nesta época de valor para o cliente e relacionamento, do ponto de vista do comprador, os quatro Ps são mais bem descritos como os quatro Cs:[17]

Quatro Ps	Quatro Cs
Produto	Cliente (solução para o)
Preço	Custo (para o cliente)
Praça	Conveniência
Promoção	Comunicação

Sob esse modelo mais centrado no cliente, a solução para o *cliente* é a medida em que o produto excede as expectativas do cliente; o *custo* representa o quanto os clientes estão dispostos e aptos a pagar pelo produto; a *conveniência* ocorre na medida em que os clientes podem adquirir prontamente o produto; e a *comunicação* se efetiva quando os clientes são informados sobre as características do produto, persuadidos a experimentá-lo e lembrados a recomprá-lo. Os quatro Cs se relacionam intimamente com os tradicionais quatro Ps. O design do produto influencia a solução para o cliente, o preço afeta o custo para ele, a praça afeta a conveniência e a promoção influencia a comunicação. Ideal é que os profissionais de marketing considerem primeiro os quatro Cs e depois desenvolvam os quatro Ps sobre essa base.

Comentário do autor | Até aqui nos dedicamos ao "*Marketing*" da Administração de *Marketing*. A partir de agora, focaremos na Administração.

Gerenciamento do esforço e do retorno do investimento de *marketing*

Objetivo 2.5 Elencar as funções da administração de *marketing*, incluindo os elementos de um plano de *marketing*, e discutir a importância de mensurar e gerenciar o retorno do investimento em *marketing*.

Administrando o esforço de *marketing*

Na administração de *marketing*, não basta que as empresas sejam boas no *marketing*: elas também devem prestar atenção à *administração*. Administrar processo de *marketing* requer as quatro funções da administração de *marketing* mostradas na **Figura 2.6** – *análise*, *planejamento*, *implementação* e *controle*. Em primeiro lugar, a empresa desenvolve planos estratégicos gerais e, em seguida, os traduz em planos de *marketing* e outros planos para cada divisão, produto e marca. Por

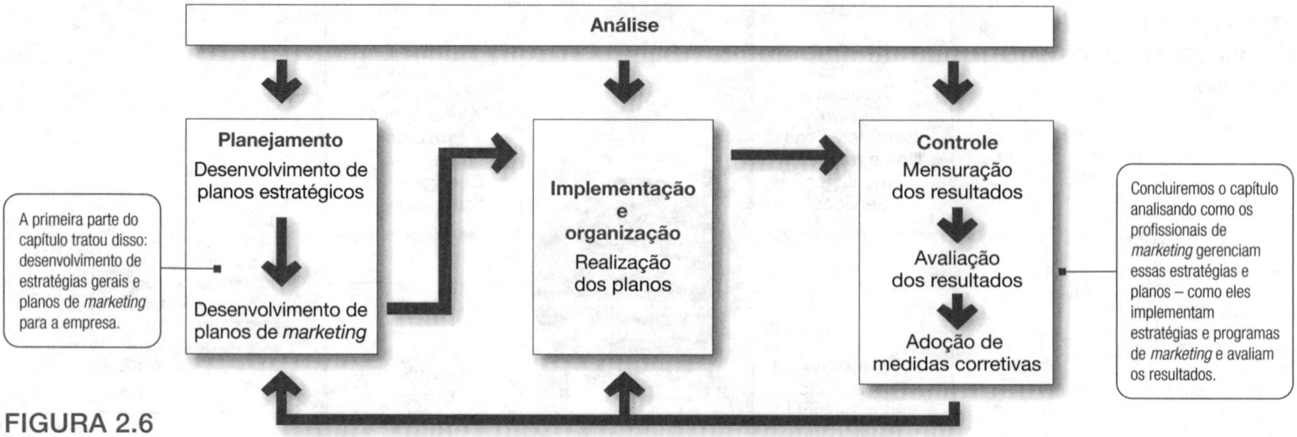

FIGURA 2.6 Administração de *marketing*: análise, planejamento, implementação e controle.

meio da implementação, a organização transforma os planos em ações. O controle consiste na mensuração e avaliação dos resultados das atividades de *marketing* e na adoção de medidas corretivas onde for necessário. Para completar, a análise de *marketing* oferece informações e avaliações necessárias para todas as outras atividades de *marketing*.

Análise de *marketing*

Análise SWOT
Avaliação geral das forças, das fraquezas, das oportunidades e das ameaças da empresa.

Administrar a função do *marketing* começa com uma análise completa da situação da empresa. O profissional de *marketing* deve conduzir uma **análise SWOT** (veja a **Figura 2.7**), por meio da qual avalia os seguintes aspectos gerais da empresa: as forças (S, do inglês *strengths*), as fraquezas (W, do inglês *weaknesses*), as oportunidades (O, do inglês *opportunities*) e as ameaças (T, do inglês *threats*). As forças incluem competências internas, recursos e fatores situacionais positivos que podem ajudar a organização a atender seu público-alvo e atingir seus objetivos. As fraquezas incluem limitações internas e fatores situacionais negativos que podem afetar o desempenho da empresa. As oportunidades são fatores ou tendências favoráveis no ambiente externo que a empresa pode conseguir explorar a seu favor, ao passo que as ameaças são fatores ou tendências externos desfavoráveis que podem apresentar desafios ao desempenho.

A organização deve analisar seus mercados e o ambiente de *marketing* para encontrar oportunidades atraentes e identificar ameaças, bem como analisar suas forças e fraquezas, assim como suas atuais e possíveis ações de *marketing*, para determinar quais oportunidades pode perseguir. A meta é combinar as forças às oportunidades atraentes no ambiente, ao mesmo tempo eliminando ou superando as fraquezas e minimizando as ameaças. A análise de *marketing* oferece informações para todas as outras funções da administração de *marketing*. Discutiremos a análise de *marketing* mais detalhadamente no Capítulo 3.

Planejamento de *marketing*

Por meio do planejamento estratégico, a empresa decide o que quer fazer com cada unidade de negócios. O planejamento de *marketing* implica selecionar as estratégias de *marketing* que ajudarão a empresa a atingir seus objetivos estratégicos gerais. É necessário um plano de *marketing* detalhado para cada negócio, produto ou marca. Como é esse plano? Nossa discussão a seguir se concentra em planos de *marketing* para marca ou produto.

FIGURA 2.7 Análise SWOT: forças, fraquezas, oportunidades e ameaças.

A ● **Tabela 2.2** apresenta as principais seções de um típico plano de *marketing* para marca ou produto. (Veja o Apêndice 1 para um exemplo de plano de *marketing*.) O plano começa com um sumário executivo, que traz um breve resumo das principais avaliações, metas e recomendações. A principal seção do plano mostra uma análise SWOT detalhada da atual situação do *marketing*, assim como das potenciais ameaças e oportunidades. Em seguida, são apresentados os principais objetivos da marca e os aspectos específicos de uma estratégia de *marketing* para alcançar esses objetivos.

Uma *estratégia de marketing* consiste em estratégias específicas para os mercados-alvo, o posicionamento, *mix* de *marketing* e níveis de despesa com *marketing*. Ela resume como a empresa pretende engajar e criar valor para clientes-alvo a fim de capturar valor em troca. Nessa seção, a pessoa responsável pelo planejamento explica como cada estratégia responde às ameaças, oportunidades e questões essenciais descritas anteriormente no plano. Seções adicionais do plano de *marketing* traçam um *programa de ação* para implementar a estratégia de *marketing*, com os detalhes de um *orçamento de marketing* que o apoia. A última seção resume os *controles* que serão utilizados para monitorar o progresso do plano, mensurar o retorno do investimento em *marketing* e adotar medidas corretivas.

Implementação de *marketing*

Implementação de *marketing*
Transforma os planos e estratégias de *marketing* em ações de *marketing* para que os objetivos estratégicos sejam atingidos.

Planejar boas estratégias é apenas o primeiro passo na direção do *marketing* de sucesso. Uma estratégia de *marketing* brilhante pouco vale se a empresa não conseguir implementá-la de maneira apropriada. A **implementação de *marketing*** é o processo que transforma os *planos* de *marketing* em *ações* para que os objetivos estratégicos de *marketing* sejam atingidos. Enquanto o planejamento de *marketing* preocupa-se com o *quê* e o *porquê* das atividades de *marketing*, a implementação trata do *quem*, *onde*, *quando* e *como*.

Muitos profissionais de *marketing* acreditam que "fazer a coisa corretamente" (implementação) tem a mesma, ou até mais, importância do que "fazer a coisa certa" (estratégia). A verdade é que ambas as coisas são essenciais para o sucesso, e as empresas podem conquistar vantagem competitiva por meio da implementação eficaz. Uma empresa pode ter basicamente a mesma estratégia que outra, mas vencer no mercado por conta de uma execução mais rápida e melhor. Contudo, a implementação é difícil – geralmente, é mais fácil pensar boas estratégias de *marketing* do que realizá-las.

Em um mundo cada vez mais conectado, pessoas em todos os níveis do sistema de *marketing* devem trabalhar juntas para implementar os planos e as estratégias de *marketing*. Na John Deere, por exemplo, a implementação de *marketing* para equipamentos residenciais, comerciais, agrícolas e industriais exige decisões e ações diárias feitas por milhares de pessoas tanto de dentro como de fora da organização. Os gestores de *marketing* tomam decisões referentes a segmentos-alvo, marca, desenvolvimento de produto, preço, promoção e distribuição. Eles conversam com o setor de engenharia sobre o design do produto, com o setor de operações sobre a produção e os níveis de estoque e com o financeiro sobre as verbas e o fluxo de caixa. Eles também se conectam com pessoas de fora da organização, por exemplo, com o pessoal de agências de propaganda, para planejar campanhas publicitárias, e de veículos de comunicação, para obter ajuda em publicidade. A força de vendas incentiva e apoia revendedores independentes da John Deere e grandes varejistas, como a Lowe's, em seus esforços para convencer clientes residenciais, agrícolas e industriais de que "nada funciona como um Deere".

● **Os profissionais de *marketing* devem constantemente planejar suas atividades de análise, implementação e controle.**
Dmitriy Shironosov/123RF

Organização do departamento de *marketing*

A empresa deve construir uma organização de *marketing* que possa realizar as estratégias e os planos de *marketing*. ● Se a empresa é muito pequena, uma única pessoa pode fazer todo o trabalho – pesquisa, venda, propaganda, atendimento ao cliente e outras atividades. Contudo, à medida que a empresa se expande, torna-se necessário montar um departamento de *marketing* para planejar e realizar as atividades de *marketing*. Em grandes empresas, esse departamento contém muitas pessoas especialistas – gerentes de produto e de mercado, gerentes de vendas e vendedores, pessoas pesquisadoras de mercado e especialistas em propaganda e em mídias digitais, entre outros.

Para comandar essas grandes organizações de *marketing*, muitas empresas criaram o cargo de *diretoria de marketing* (CMO, do inglês *chief marketing officer*). A pessoa nessa posição conduz toda a operação de *marketing* da empresa e

Tabela 2.2 Conteúdo de um plano de *marketing*

Seção	Propósito
Sumário executivo	Apresenta um breve resumo das principais metas e recomendações do plano a ser analisado pela administração, ajudando-a a encontrar os principais pontos do plano rapidamente.
Situação atual do *marketing*	Descreve o mercado-alvo e a posição da empresa nele, incluindo informações sobre o mercado, o desempenho do produto, a concorrência e a distribuição. Essa seção inclui: • Uma *descrição do mercado*, que define o mercado e seus principais segmentos, e, em seguida, analisa as necessidades dos clientes e os fatores no ambiente de *marketing* que podem afetar as compras deles. • Uma *análise do produto*, que mostra as vendas, os preços e as margens brutas dos principais itens da linha de produtos. • Uma *análise da concorrência*, que identifica os principais concorrentes e avalia a posição de cada um deles no mercado, bem como suas estratégias referentes à qualidade, determinação de preços, distribuição e promoção do produto. • Uma *análise da distribuição*, que avalia as tendências em vendas e outros acontecimentos nos principais canais de distribuição.
Análise das ameaças e das oportunidades	Avalia as principais ameaças e oportunidades com as quais o produto pode se deparar, o que ajuda a administração a prever importantes acontecimentos, tanto positivos como negativos, que poderiam causar impacto na organização e em suas estratégias.
Objetivos e questões essenciais	Assinala os objetivos de *marketing* que a empresa gostaria de conquistar durante o período de realização do plano e discute as questões essenciais que afetarão essa conquista.
Estratégia de *marketing*	Resume a ampla lógica do *marketing* – por meio da qual a unidade de negócios espera engajar e gerar valor para os clientes e criar relacionamento com eles – e especifica os mercados-alvo, o posicionamento e os níveis de gasto com *marketing*. Como a empresa vai criar valor para os clientes? Esta seção também resume as estratégias específicas para cada elemento do *mix* de *marketing* e explica como cada uma delas responde às ameaças, oportunidades e questões essenciais descritas anteriormente no plano.
Programas de ação	Descreve como as estratégias de *marketing* serão transformadas em programas de ação específicos que respondem às seguintes perguntas: *O que* será feito? *Quando* será feito? *Quem* vai fazê-lo? *Quanto* custará?
Orçamento	Detalha um orçamento de *marketing* que é, essencialmente, um relatório de lucros e perdas projetados. Além disso, mostra tanto a receita esperada como os custos esperados de produção, distribuição e *marketing*. A diferença entre receita e custos é o lucro projetado. O orçamento se torna a base para a compra de material, o cronograma de produção, o planejamento de pessoal e as operações de *marketing*.
Controles	Resume o controle que será utilizado para monitorar o progresso do plano, para permitir que a administração analise os resultados da implementação e para identificar os produtos que não estão alcançando suas metas. Inclui mensurações do retorno do investimento em *marketing*.

representa a área na alta gestão. O cargo de CMO coloca o *marketing* em situação de igualdade com outras posições "nível C", como a de COO (do inglês *chief operating officer* – equivalente à diretoria de operações) e a de CFO (*chief financial officer* – equivalente à diretoria de finanças).

Como membro da alta administração, a pessoa no papel de CMO deve defender os interesses do cliente. Nesse sentido, muitas empresas chamam a pessoa no topo da área de *marketing* como *diretora de experiência do cliente* (do inglês *chief customer experience officer*) ou *diretora de valor ao cliente* (do inglês, *chief customer value officer*). "As experiências atuais do cliente devem estar alinhadas com a estratégia de negócios – e a pessoa no papel de CMO é a melhor candidata para conduzir esses programas em toda a empresa", diz um analista de *marketing*. "Em vez de [apenas] criar grandes campanhas de *marketing*, CMOs agora são responsáveis por toda a experiência do cliente."[18]

Os departamentos de *marketing* modernos podem ser organizados de diversas maneiras. A forma mais comum de organização de *marketing* é a *organização funcional*, na qual diferentes atividades de *marketing* são lideradas por um especialista funcional – seja gerente de vendas, gerente de propaganda, gerente de pesquisa de *marketing*, gerente de atendimento ao cliente ou gerente de novos produtos. Uma empresa que atua em todo o país ou no mercado internacional geralmente utiliza uma organização geográfica, na qual seu pessoal de *marketing* e vendas é designado para países, regiões e distritos específicos. Uma empresa que venda para diferentes regiões do país ou internacionalmente em geral utiliza uma *organização geográfica*, designando pessoas de venda e *marketing* para atender cidades, regiões ou países específicos. As empresas com muitos produtos ou marcas diferentes geralmente criam uma *organização de gerência de produto*. Para empresas que vendem uma linha de produtos para diferentes tipos de mercados e clientes, com diferentes necessidades e preferências, uma *organização de gerência de mercado* ou *clientes* pode ser a melhor opção. Grandes empresas que produzem muitos produtos diferentes, os quais são vendidos em diversas áreas geográficas e mercados, normalmente utilizam uma *combinação* das formas organizacionais funcional, geográfica, de produto e de mercado.

Nos últimos anos, a organização de *marketing* tem se tornado uma questão cada vez mais importante. Um número crescente de empresas está deixando de se concentrar na gestão da marca para focar na *gestão dos clientes* – elas estão se distanciando da gestão apenas da lucratividade da marca ou produto e aproximando-se da gestão da lucratividade do cliente e do *customer equity*. Essas empresas não se veem como gestoras de portfólios de marca, mas sim de portfólios de clientes. E, em vez de gestoras das conquistas de uma marca, elas se veem como gestoras do engajamento, das experiências e dos relacionamentos dos clientes com a marca.

Controle de *marketing*

Controle de *marketing*
Mensurar e avaliar os resultados dos planos e estratégias de *marketing* e adotar medidas corretivas para assegurar que os objetivos sejam alcançados.

Como ocorrem muitas surpresas durante a implementação dos planos de *marketing*, profissionais de *marketing* precisam fazer um constante **controle de *marketing*** – avaliar os resultados dos planos e estratégias de *marketing* e adotar medidas corretivas para assegurar que os objetivos sejam alcançados. O controle de *marketing* envolve quatro etapas: (1) a administração estabelece metas de *marketing* específicas; (2) mensura seu desempenho no mercado; (3) avalia as causas de quaisquer diferenças entre o desempenho esperado e o real; e (4) adota medidas corretivas para acabar com a lacuna entre as metas e o desempenho. Isso pode requerer mudanças nos programas de ação ou até mesmo nas metas.

O *controle operacional* implica comparar constantemente o desempenho da organização com o plano anual e adotar medidas corretivas quando necessário. Seu propósito é assegurar que a empresa atinja as vendas, os lucros e outras metas estabelecidas em seu plano anual. Esse controle também implica determinar a lucratividade de diferentes produtos, territórios, mercados e canais. O *controle estratégico* envolve analisar se as estratégias básicas da empresa estão se ajustando bem com as suas oportunidades. As estratégias e os programas de *marketing* podem se desatualizar rapidamente, por isso toda organização deve reavaliar periodicamente sua abordagem geral para o mercado.

Comentário do autor | Medir o retorno do investimento em *marketing* tornou-se uma grande necessidade, mas pode ser uma tarefa difícil. Por exemplo, um anúncio do Super Bowl atinge mais de 100 milhões de consumidores, mas pode custar mais de 5,5 milhões de dólares por 30 segundos de transmissão. Como você mede o retorno de tal investimento em termos de vendas, lucros e construção de relacionamento e engajamento com o cliente?

Mensuração e gerenciamento do retorno do investimento em *marketing*

Gestores de *marketing* devem garantir que o dinheiro alocado no *marketing* esteja sendo bem gasto. No passado, muitos profissionais de *marketing* gastavam livremente em grandes e caros programas de *marketing*, muitas vezes sem parar para pensar nos retornos financeiros. Seu objetivo geral comumente era "construir marcas e conquistar a preferência do consumidor". Eles acreditavam que o *marketing* produz resultados intangíveis, que não são passíveis de ser diretamente mensurados em termos de produtividade ou retorno.

No entanto, esses dias de liberdade de gastos foram substituídos por uma nova era no *marketing* de mensuração e prestação de contas. Mais do que nunca, profissionais de *marketing* de hoje são cobrados a vincular suas estratégias e táticas a resultados mensuráveis de desempenho.

Retorno do investimento em marketing (ROI em *marketing*)
Retorno líquido de um investimento em *marketing* dividido pelos custos do investimento em *marketing*.

Uma importante mensuração do desempenho do *marketing* é o **retorno do investimento em *marketing*** (ou **ROI em *marketing***), que é o retorno líquido de um investimento em *marketing* dividido pelos custos do investimento em *marketing*. O ROI de *marketing* mensura os lucros gerados pelos investimentos em atividades de *marketing*.

Mensurar o ROI em *marketing* pode ser difícil. Na mensuração do ROI financeiro, tanto o *R* (retorno) como o *I* (investimento) são medidos em termos monetários. Por exemplo, ao comprar uma peça de um equipamento, os ganhos de produtividade resultantes dessa compra são razoavelmente claros. Contudo, ainda não há uma definição consistente de ROI em *marketing*. Retornos sobre os impactos do engajamento, da propaganda e da construção da marca, por exemplo, não são facilmente colocados em valores monetários.

FIGURA 2.8
Retorno do investimento em *marketing*.
Fonte: adaptada de Roland T. Rust, Katherine N. Lemon e Valerie A. Zeithaml, "Return on marketing: using customer equity to focus marketing strategy", *Journal of Marketing*, jan. 2004, p. 112. Usado com permissão.

Além de medir o retorno do investimento em *marketing* em termos de métricas de desempenho padrão, como vendas ou participação no mercado, muitas empresas estão utilizando métricas de relacionamento com o cliente, como satisfação do cliente, engajamento, retenção e patrimônio. Essas métricas são mais difíceis de medir, mas capturam o desempenho atual e futuro.

Uma empresa pode avaliar o ROI em *marketing* com base em mensurações padrão de desempenho de *marketing*, como conscientização de marca, engajamento em redes sociais, vendas ou participação de mercado. Muitas empresas incorporam indicadores como esses em seus *painéis de marketing* – conjuntos significativos de indicadores do desempenho de *marketing* em um único *dashboard* utilizado para monitorar o desempenho estratégico. Da mesma maneira que os painéis dos carros dão aos motoristas detalhes sobre o desempenho de seu automóvel, o *dashboard* de *marketing* oferece aos profissionais da área os indicadores detalhados de que eles precisam para avaliar e ajustar suas estratégias de *marketing*. Por exemplo, a VF Corporation utiliza um *dashboard* de *marketing* para acompanhar o desempenho de suas mais de 30 marcas de roupa, entre elas Wrangler, Lee, The North Face, Vans, Nautica e 7 For All Mankind, Timberland, entre outras. O painel de *marketing* da VF rastreia tendências de marca, *brand equity*, participação de voz, participação de mercado, opinião *on-line* e ROI em *marketing* em importantes mercados no mundo todo – e não apenas para marcas da VF, mas também para as dos concorrentes.[19]

Cada vez mais, entretanto, os profissionais de *marketing* vão além das mensurações padrão de desempenho e utilizam indicadores focados no cliente para estimar o impacto do *marketing*, por exemplo, aquisição de clientes, engajamento do cliente, experiência do cliente, retenção de clientes, valor do cliente ao longo do tempo e *customer equity*. Essas mensurações capturam não apenas o desempenho de *marketing* atual, mas também o desempenho futuro resultante de relacionamentos mais fortes com o consumidor.

A **Figura 2.8** mostra os custos de *marketing* como investimentos que produzem retornos na forma de engajamento e relacionamento mais lucrativos com o cliente.[20] Os investimentos em *marketing* resultam em maior engajamento do cliente e mais valor e satisfação para ele, o que, por sua vez, aumenta a atração e a retenção de clientes. Isso amplia o valor de clientes individuais ao longo do tempo e o *customer equity* geral da empresa. Um maior *customer equity* em relação ao custo dos investimentos em *marketing* determina o retorno do investimento em *marketing*.

Como disse um CMO: "Você precisa ser capaz de passar a acompanhar as métricas de engajamento mais profundas, que mostram que, pelo dinheiro que estou gastando, aqui estão os vários programas que estão funcionando para gerar engajamento com os clientes e, em última análise, impulsionando o comportamento de compra e a receita".[21]

Revisão e extensão dos conceitos

Revisão dos objetivos

No Capítulo 1, definimos o que é *marketing* e delineamos as etapas no processo de *marketing*. Neste capítulo, analisamos o planejamento estratégico geral da empresa e o papel do *marketing* na organização. Depois, examinamos com mais profundidade a estratégia e o *mix* de *marketing*, e tratamos das principais funções da administração de *marketing*. Com isso, você teve uma boa visão geral dos fundamentos do *marketing* moderno.

Objetivo 2.1 Explicar o planejamento estratégico de uma empresa e suas quatro etapas. *(p. 38-42)*

O *planejamento estratégico* estabelece um patamar para os outros planejamentos da empresa. O *marketing* contribui para o planejamento estratégico e o plano geral define o papel do *marketing* na empresa.

O planejamento estratégico implica desenvolver uma estratégia para a sobrevivência e o crescimento no longo prazo. Ele consiste em quatro etapas: (1) definição da missão da empresa, (2) estabelecimento de objetivos e metas, (3) desenvolvimento de um portfólio de negócios e (4) desenvolvimento de planos funcionais. A missão da empresa deve ser orientada para o mercado, realista, específica, motivadora e coerente com o ambiente de mercado. A missão é, então, transformada em objetivos e metas de apoio que, por sua vez, orientam as decisões em relação ao portfólio de negócios. Em seguida, cada unidade de negócios e produtos deve desenvolver planos de *marketing* detalhados que estejam de acordo com o plano geral da empresa.

Objetivo 2.2 Discutir como construir portfólios de negócios e desenvolver estratégias de crescimento. *(p. 42-46)*

Orientada pela declaração de missão da empresa e por seus objetivos, a administração desenvolve seu portfólio de negócios, ou seja, o conjunto de negócios e produtos que constituem a empresa. A organização quer o portfólio de negócios que melhor se alinhe suas forças e fraquezas às oportunidades no ambiente. Para isso, ela deve analisar e adaptar seu portfólio de negócios atual e desenvolver estratégias de crescimento ou de redução para ajustar seu portfólio futuro. A empresa pode utilizar um método de planejamento do portfólio formal, mas muitas empresas estão desenvolvendo abordagens de planejamento de portfólio mais customizadas, que se ajustam melhor a sua situação específica.

Objetivo 2.3 Explicar o papel do *marketing* no planejamento estratégico e como o *marketing* trabalha com seus parceiros para criar e entregar valor para o cliente. *(p. 46-48)*

Orientados pelo plano estratégico, os principais departamentos funcionais – *marketing*, financeiro, custos, compras, operações, sistemas de informação e recursos humanos, entre outros – devem trabalhar juntos para realizar os objetivos estratégicos. O *marketing* exerce um papel fundamental no planejamento estratégico da empresa ao oferecer uma filosofia de orientação de *marketing* e informações referentes a oportunidades de mercado atrativas. Nas unidades de negócios, o *marketing* elabora estratégias para que elas atinjam seus objetivos e as ajuda a executar essas estratégias de maneira lucrativa.

Os profissionais de *marketing* não podem produzir sozinhos valor superior para os clientes. Eles devem praticar a gestão do relacionamento com o parceiro, trabalhando de perto com parceiros de outros departamentos para formar uma cadeia de valor interna efetiva, que atenda aos clientes. Além disso, devem consolidar parcerias eficientes com outras empresas no sistema de *marketing* para formar uma cadeia de valor superior em relação à concorrência.

Objetivo 2.4 Descrever os elementos de uma estratégia e de um *mix* de *marketing* orientados ao valor para o cliente e as forças que os influenciam. *(p. 48-53)*

O valor para o cliente e o engajamento e o relacionamento com ele estão no centro da estratégia e dos programas de *marketing*. Por meio da segmentação de mercado, da definição do mercado-alvo, da diferenciação e do posicionamento, a empresa divide o mercado total em segmentos menores, seleciona os segmentos a que pode atender melhor e decide como quer entregar valor aos consumidores-alvo nos segmentos selecionados. Ela, então, desenvolve um *mix* de *marketing* integrado para produzir a resposta que deseja no mercado-alvo. O *mix* de *marketing* consiste em decisões relativas a produto, preço, praça e promoção (os quatro Ps).

Objetivo 2.5 Elencar as funções da administração de *marketing*, incluindo os elementos de um plano de *marketing*, e discutir a importância de mensurar e gerenciar o retorno do investimento em *marketing*. *(p. 53-58)*

Para encontrar o melhor *mix* e a melhor estratégia e colocá-los em ação, a organização se dedica à análise, ao planejamento, à implementação e ao controle de *marketing*. Os principais componentes de um plano de *marketing* são: sumário executivo, atual situação do *marketing*, análise das ameaças e das oportunidades, objetivos e questões essenciais, estratégias de *marketing*, programas de ação, orçamentos e controles. Geralmente, planejar boas estratégias é mais fácil do que executá-las. Para serem bem-sucedidas, as empresas devem ser eficientes na implementação, ou seja, na transformação de estratégias de *marketing* em ações de *marketing*.

Os departamentos de *marketing* podem ser organizados de uma das seguintes maneiras ou por uma combinação delas: organização de *marketing* funcional, organização geográfica, organização de gerência de produto ou organização de gerência de mercado. Nessa era de relacionamento com o cliente, cada vez mais empresas estão mudando seu foco organizacional, transferindo-o da gestão de produto ou território para a gestão do relacionamento com o cliente. As organizações de *marketing* realizam o controle de *marketing*, em nível tanto operacional como estratégico.

Mais do que nunca, a prestação de contas é a maior preocupação do *marketing*. Os gestores de *marketing* devem garantir que o dinheiro alocado em *marketing* está sendo bem gasto. Em uma economia apertada, hoje, os profissionais de *marketing* enfrentam cada vez mais pressão para mostrar que estão agregando valor de acordo com seus custos. Em resposta, eles estão desenvolvendo melhores indicadores de retorno do investimento em *marketing*. Cada vez mais utilizam medidas de impacto de *marketing* focadas no cliente como um subsídio fundamental na tomada de decisões estratégicas.

Termos-chave

Objetivo 2.1

Planejamento estratégico (p. 38)
Declaração de missão (p. 39)

Objetivo 2.2

Portfólio de negócios (p. 42)
Análise do portfólio (p. 43)
Matriz crescimento e participação (p. 43)
Matriz de crescimento produto/mercado (p. 45)
Penetração de mercado (p. 45)
Desenvolvimento de mercado (p. 45)
Desenvolvimento de produto (p. 45)
Diversificação (p. 46)

Objetivo 2.3

Cadeia de valor (p. 47)
Cadeia de valor (p. 48)

Objetivo 2.4

Estratégia de *marketing* (p. 48)
Segmentação de mercado (p. 49)
Segmento de mercado (p. 49)
Definição do mercado-alvo (p. 49)
Posicionamento (p. 50)
Diferenciação (p. 50)
***Mix* de *marketing* (p. 50)**

Objetivo 2.5

Análise SWOT (p. 54)
Implementação de *marketing* (p. 55)
Controle de *marketing* (p. 57)
Retorno do investimento em *marketing* (ROI em *marketing*) (p. 57)

Questões para discussão

2.1 Discuta o papel que o *marketing* desempenha no processo de planejamento estratégico da empresa.

2.2 Como uma empresa avalia e analisa seu portfólio de negócios? (AACSB: Comunicação Oral e Escrita; Pensamento Reflexivo)

2.3 Explique os papéis da segmentação de mercado, da definição de mercado-alvo, da diferenciação e do posicionamento na implementação de uma estratégia de *marketing* eficaz.

2.4 O que é um *mix* de *marketing* integrado e por que isso é importante para a estratégia de *marketing* de uma empresa? Como os quatro Cs se relacionam com os quatro Ps?

2.5 Por que os profissionais de *marketing* precisam fazer o controle de *marketing* de modo constante? Quais etapas estão envolvidas?

2.6 O que é o retorno do investimento (ROI) em *marketing*? Por que isso é importante?

Atividades de pensamento crítico

2.7 Aplique a matriz de crescimento produto/mercado, mostrada na Figura 2.3, aos cartões comemorativos da Lovepop (lovepopcards.com). Como a Lovepop pode aplicar essa matriz para alcançar um crescimento lucrativo?

2.8 Localize as declarações de missão das seguintes organizações: (a) USAA, (b) United Airlines, (c) South Carolina State University (SC State) e (d) IKEA. Avalie cada declaração usando os critérios para criar uma declaração de missão sólida. O que poderia ser feito para melhorar a declaração de missão de cada organização?

2.9 Crie uma declaração de missão para uma organização sem fins lucrativos que você estaria interessado em iniciar. Peça a um(a) colega que avalie sua declaração de missão enquanto você avalia a declaração dele(a). Sugira melhorias.

CASOS E APLICAÇÕES

Marketing digital **Lush abandona as redes sociais**

A Lush, empresa britânica de cosméticos, vende produtos de beleza *premium* artesanais, como sabonetes líquidos, sais de banho e máscaras faciais em 900 lojas de cosméticos em todo o mundo. Até recentemente, a empresa engajava os clientes com postagens cativantes no Instagram, contando com o número expressivo de 650 mil seguidores. Por essa razão, as pessoas ficaram surpresas quando a empresa anunciou que estava abandonando as mídias sociais, justificando que não voltariam "até que eles tomem medidas para fornecer um ambiente mais seguro para os usuários". O anúncio mencionou as dificuldades associadas a falar diretamente com os clientes e os desafios relacionados à constante mudança de algoritmos com a qual a empresa teve que lutar para que pudesse aparecer nos *feeds* dos clientes. "Queremos que o social seja mais sobre paixões e menos sobre curtidas", disse a Lush. As plataformas de mídia social ordenam as postagens por relevância, e não de modo cronológico, o que dificulta que muitas marcas apareçam nos *feeds* de mídia social dos consumidores sem com que paguem para estar lá.

2.10 Como o mercado provavelmente responderá ao abandono da Lush de seus canais de mídia social?

2.11 Ao implementar essa decisão, como a Lush pode medir os efeitos de deixar as redes sociais no cumprimento dos seus objetivos de *marketing*?

Marketing e ética Criar valor ou distrair o cliente?

No início de 2014, a Chipotle Mexican Grill anunciou que deixaria de usar ingredientes geneticamente modificados (conhecidos como OGMs, organismos geneticamente modificados) em seus restaurantes, e muitas pessoas aplaudiram essa decisão. No entanto, críticos à rede de *fast-food* citaram a falta de evidências que apoiassem a postura anti-OGM da empresa. Eles suspeitavam que a alegação anti-OGM da Chipotle era simplesmente uma manobra para distrair os consumidores de um problema maior: as práticas de risco sanitário associadas à empresa. As políticas anti-OGM da Chipotle podem ter conquistado alguns clientes preocupados com a saúde, mas, ao mesmo tempo, alguns clientes estavam ficando doentes depois de comer em alguns restaurantes da Chipotle, e questionavam sobre as práticas de manuseio e segurança dos alimentos da empresa.

Steve Ells, fundador e co-CEO da Chipotle, disse que a decisão sobre os OGMs foi "mais um passo em direção à visão de que temos que mudar a maneira como as pessoas pensam e comem *fast-food*. Só porque a comida é servida rapidamente, não significa que ela tenha que ser feita com ingredientes crus e baratos, altamente processados com conservantes, enchimentos e estabilizantes, e com cores e sabores artificiais". No entanto, livrar a cadeia de suprimentos da Chipotle de componentes geneticamente alterados provou ser uma tarefa difícil. A empresa descobriu OGMs em ingredientes básicos, como fermento em pó, amido de milho, óleos de canola e de soja, fubá e açúcar. Além disso, muitos ingredientes não alterados geneticamente estavam em falta. Por exemplo, a certa altura, a Chipotle descobriu que não poderia abastecer todos os seus restaurantes com carne suína não transgênica para fazer carnitas. Dado os desafios da cadeia de suprimentos, a Chipotle decidiu usar produtos não transgênicos em sua preparação de alimentos, mas continuar a servir alguns refrigerantes com adoçantes derivados de milho geneticamente modificado.

2.12 O foco da Chipotle em eliminar o uso de OGMs criou valor para seus clientes? Defenda essa estratégia de mercado.

2.13 Do ponto de vista ético, discuta o foco da Chipotle no fornecimento de produtos alimentícios não transgênicos, em vez da atenção à segurança alimentar. Nos últimos anos, a supervisão da empresa em segurança alimentar resultou em vários clientes adoecendo (E. coli, norovírus e salmonela). Discuta os desafios que a Chipotle ainda enfrenta para superar a imagem negativa que isso resultou

Marketing em números Meta *versus* Google

Facebook, agora chamado de Meta e Google são gigantes na indústria da tecnologia. No entanto, se você comparar vendas e lucros, você pensaria que o Google tem um desempenho de *marketing* muito melhor do que o Meta: as vendas do Google em 2021 foram 45% maiores que as vendas da Meta, e seus lucros foram 51% maiores. As vendas e os lucros fornecem informações para comparar a lucratividade das empresas, mas entre esses números há informações sobre a eficiência dos esforços de *marketing* na efetivação dessas vendas e lucros. O Apêndice 2: *Marketing* em números, Medidas de desempenho de *marketing*, discute outras medidas de lucratividade de *marketing* além da medida de retorno do investimento em *marketing* (ROI em *marketing*) descrita neste capítulo. Leia o apêndice para responder às perguntas usando as seguintes informações das demonstrações de resultados das duas empresas (todos os números estão milhares):

	Meta	Google
Vendas	US$ 117.929,000	US$ 257.637,000
Receita bruta	US$ 95.280,000	US$ 146.698,000
Gastos de *marketing*	US$ 14.043,000	US$ 22.912,000
Lucro	US$ 39.370,000	US$ 76.033,000

2.14 Calcule a margem de lucro, a contribuição líquida de *marketing*, o retorno de vendas de *marketing* (ou ROS de *marketing*) e o retorno do investimento em marketing (ou ROI em *marketing*) para cada empresa. Qual empresa teve melhor desempenho?

2.15 Visite o *site* do Yahoo! Finance (http://finance.yahoo.com/) e encontre as demonstrações de resultados de duas outras empresas concorrentes. Faça as mesmas análises para essas empresas que você fez na pergunta anterior. Qual empresa está se saindo melhor em geral? E em relação ao *marketing*? Para gastos de *marketing*, use as despesas na categoria "*Selling and Marketing expenses*" relatadas pela empresa.

Caso empresarial Dyson: resolvendo os problemas dos clientes de maneiras que eles nunca imaginaram

A história relativamente curta da Dyson não faz jus ao tamanho impacto que ela causou em vários setores da indústria. Em apenas 25 anos, a Dyson conseguiu causar uma revolução após a outra ao reinventar o aspirador de pó, o ventilador doméstico, o secador de cabelo e o secador de mãos comercial. Ela fez isso em uma variedade de categorias de produtos maduras, consideradas nada inovadoras, uma verdadeira homenagem aos simples princípios fundadores da empresa. Primeiro, todo produto Dyson deveria fornecer benefícios reais ao consumidor, de modo que facilitassem sua vida. Em segundo lugar, cada produto deveria ter uma abordagem totalmente única para realizar tarefas comuns do dia a dia. Finalmente, os produtos da Dyson deveriam transmitir entusiasmo, mesmo que fossem tão mundanos a ponto de a maioria das pessoas nunca pensar muito sobre eles.

O homem por trás do nome

James Dyson nasceu e foi criado no Reino Unido. Em 1979, ele comprou o que seu criador alegou ser o aspirador de pó mais potente do mercado. Ele descobriu que era tudo menos isso, pelo contrário, o aspirador fez pouco mais do que mover a sujeira pela sala. Isso deixou Dyson se perguntando por que ninguém ainda havia inventado um aspirador de pó decente. Lembrou-se de algo que tinha visto em uma serraria industrial: um separador ciclônico que removia a poeira do ar. Por que essa tecnologia não funcionaria bem em aspiradores de pó? "Achei que ninguém estava se dando o trabalho de usar tecnologia em aspiradores de pó", disse Dyson. De fato, a tecnologia central dos motores a vácuo na época tinha mais de 150 anos. "Vi uma grande oportunidade de melhorar."

Dyson então fez algo que pouquíssimas pessoas teriam paciência ou a visão para fazer. Por tentativa e erro, ele passou 15 anos e fez 5.127 protótipos a vácuo – todos baseados em um separador ciclônico sem saco – antes de chegar ao modelo que foi lançado no mercado. Em suas próprias palavras, "Houve 5.126 falhas. Mas aprendi com cada uma delas. Foi assim que encontrei uma solução".

O novo aspirador de pó de Dyson era muito mais do que uma engenhoca tecnológica. Dyson havia desenvolvido um motor completamente novo que funcionava a 110 mil rotações por minuto – três vezes mais rápido do que qualquer outro aspirador do mercado. Ele fornecia uma sucção fantástica, que outras marcas simplesmente não conseguiam igualar. O design sem saco era muito eficaz na remoção de sujeira e partículas do ar, e a máquina era muito mais fácil de limpar do que aspiradores que exigem o desagradável processo de troca de sacos. O aspirador também era mais fácil de manobrar e podia alcançar lugares que outros aspiradores não conseguiam. O aspirador de Dyson realmente funcionou.

As principais empresas de eletrodomésticos e varejistas da época não tinham interesse no design de Dyson. Mas Dyson conseguiu fazer a distribuição por meio de um pequeno catálogo de pedidos por correio com um discurso de vendas incomum: "Seu catálogo é chato". Pouco depois, os aspiradores Dyson foram adquiridos por outros catálogos de pedidos por correio, depois por pequenas redes de eletrodomésticos, e depois por grandes lojas de departamentos. No final da década de 1990, a linha completa de aspiradores da Dyson estava sendo distribuída em vários mercados globais. Hoje, a Dyson é líder global em aspiradores de pó, com uma linha repleta de unidades leves e recarregáveis.

O método Dyson

Ao longo do desenvolvimento dos aspiradores da Dyson, um modelo para a criação de novos produtos começou a tomar forma: pegue produtos do dia a dia, concentre-se em suas deficiências e melhore-os até a reinventá-los. Dyson é conhecido por dizer: "Gosto de escolher produtos sem glamour e torná-los prazerosos de usar". Nesse sentido, além de encontrar soluções para os problemas que está tentando resolver, a empresa às vezes encontra soluções para outros problemas.

Por exemplo, o motor à vácuo da Dyson possibilitou que o ar fosse aspirado com força sem precedentes, mas, para isso, ele necessita de um exaustor. Então, por que utilizar secadores de mãos que dependem da lenta evaporação da água se um motor desses poderia soprar ar tão rápido que a pressão removeria a água de suas mãos?

Com isso em mente, Dyson criou e lançou o Airblade, um secador de mãos que sopra ar através de uma ranhura de 0,2 milímetros a 675 quilômetros por hora. Ele é capaz de secar as mãos em 12 segundos em comparação com os 40 segundos exigidos por outros secadores de mãos. Ele também usa ar frio – diferentemente do ar quente dos secadores comerciais padrão. Isso não apenas reduz o consumo de energia em 75% – um grande bônus para empresas comerciais que pagam as contas de energia elétrica – como também é muito mais provável que os clientes prefiram um produto que funcione mais rápido e que faça um bom trabalho.

Com benefícios muito claros, o Airblade foi rapidamente adotado por clientes comerciais. Enquanto isso, guiado pela abordagem centrada no cliente da Dyson para desenvolver produtos, o Airblade evoluiu. Com o primeiro Airblade, ficou claro como aquele ar de alta potência é barulhento. Portanto, Dyson gastou sete anos e impressionantes 42 milhões de dólares para desenvolver o motor V4, um dos menores e mais silenciosos motores comerciais disponíveis. Como resultado, o Airblade ficou mais silencioso e mais leve – quase seis quilos mais leve que o original. O processo de inovação da Dyson levou a variantes do Airblade, incluindo o Blade V, que é 60% mais fino e muito mais elegante que o Airblade, e o Airblade Tap, uma torneira que lava e seca as mãos com operação totalmente livre de toque.

Apesar de a maior parte dos negócios da Dyson vir de aspiradores de pó, a Dyson Ltd., não se define como uma empresa de aspiradores de pó. Na verdade, a Dyson se vê como uma empresa orientada à tecnologia, que desenvolve produtos pensando no usuário final. Mas, em vez de usar métodos tradicionais de pesquisa de mercado, a Dyson adota uma abordagem diferente: "Dyson evita o tipo de técnicas de pesquisa de grupo focal que são, francamente, completamente comuns", diz Adam Rostrom, diretor de *marketing* de grupo da Dyson. "A maioria das empresas começa com o consumidor e diz: 'Ei, Sr. ou Sra. X, o que você quer da sua escova de dentes amanhã ou o que você quer do seu xampu amanhã?' A triste realidade é que geralmente você não receberá respostas inspiradoras".

Em vez disso, a Dyson utiliza uma abordagem que chama de "interrogando produtos" para desenvolver novas tecnologias que produzam soluções reais para os problemas dos clientes. Depois de identificar as deficiências mais óbvias dos produtos do dia a dia, ela encontra maneiras de melhorá-los. A filosofia do fundador da Dyson é tão focada em resolver os problemas dos clientes que ele até desenvolveu o Prêmio James Dyson – o prêmio principal de um concurso anual que desafia estudantes universitários a projetar algo que resolva um problema. Uma vez que algum projeto, com base em um problema, entra em vigor, a empresa testa protótipos com clientes reais sob pesados termos de confidencialidade. Dessa forma, Dyson pode observar as reações do cliente no contexto de pessoas reais utilizando os produtos em seu dia a dia.

Essa abordagem permite que a Dyson desenvolva produtos revolucionários, como os de sua linha de ventiladores de tratamento de ar, purificadores de ar, umidificadores e aparelhos portáteis de aquecimento e resfriamento. Tudo começou com o Air Multiplier, um ventilador sem pás que move grandes volumes de ar. Na verdade, o Air Multiplier não se parece em nada com um ventilador. Usando tecnologia semelhante à encontrada em turbocompressores e motores a jato, acionados pela potência de seus pequenos motores digitais, o Air Multiplier atrai o ar, amplifica-o 18 vezes e o sopra de volta em um fluxo ininterrupto que elimina a pressão do ar de ventiladores convencionais. O desenvolvimento do Air Multiplier surgiu com a abordagem da Dyson no desenvolvimento de novos produtos. "Se você [...] perguntasse às pessoas o que elas queriam do ventilador do futuro, elas não diriam 'livre-se das lâminas'", explica Rostrom. "Nossa abordagem é sobre inovações de produtos, em vez da abordagem de realizar um grupo focal apenas para testar um conceito".

A próxima grande coisa

Cerca de três anos atrás, a Dyson Ltd., chocou o mundo quando anunciou planos de entrar no ramo automotivo. Ela planejava, em específico, projetar e produzir veículos totalmente elétricos, livres de emissão de carbono, com o objetivo final de desenvolver veículos totalmente autônomos. As reações a esse anúncio variaram, mas a maioria dos especialistas e observadores foram céticos e críticos. Afinal, esse empreendimento era diferente de qualquer outro que Dyson havia realizado anteriormente. Para começar, os automóveis dificilmente são produtos "tão mundanos que a maioria das pessoas nunca pensa muito neles". Na verdade, o anúncio veio em um momento marcado por mais inovação do que nunca, em design automotivo, sistemas de propulsão, sistemas de controle e até mesmo novos modelos de negócio. Acrescente o fato de que nenhuma nova empresa automobilística teve sucesso em começar do zero, penetrar no mercado de massa e sustentar os negócios a longo prazo por mais de 50 anos. Além disso, as barreiras de entrada no setor automotivo excedem em muito as das indústrias em que a Dyson compete atualmente.

As pessoas também coçaram a cabeça, pois não havia nenhuma aplicação aparente das tecnologias da Dyson na indústria automobilística. Mas nada disso dissuadiu Dyson. A empresa investiu mais de 3 bilhões de dólares para iniciar o negócio e começou a construção de uma fábrica em Cingapura com o objetivo declarado de produzir seus veículos elétricos. De fato, a Dyson está mudando sua sede principal do Reino Unido para Cingapura, sinalizando a importância desse novo empreendimento. A empresa também está investindo no desenvolvimento e na produção de suas próprias baterias para alimentar os veículos com base em uma nova tecnologia de estado sólido que promete resultar em baterias menores, mais seguras, mais leves, com cargas mais duradouras e de carregamento mais rápido. Além disso, recentemente, ao solicitar patentes, a empresa revelou projetos preliminares para um veículo elétrico e uma bateria. Contudo, o lançamento do carro foi cancelado em 2020.

O que o mundo exterior parece ignorar são as semelhanças entre o projeto do veículo elétrico autônomo da Dyson e seus projetos anteriores de desenvolvimento de produtos. Tudo começou com outra observação de James Dyson sobre o *status quo* de uma indústria. "Tudo o que eu podia ver e cheirar eram essas enormes nuvens saindo de escapamentos à diesel", disse Dyson. Isso levou à exploração do desenvolvimento de tecnologias de filtragem de ar da Dyson para aplicação em emissões de veículos. Embora a filtragem de emissões tenha se mostrado promissora, esse projeto acabou levando à primeira e única aquisição da empresa de uma empresa externa – a Sakti3, uma pequena *startup* que estava desenvolvendo baterias de estado sólido. A maioria dos especialistas concorda que todo o futuro dos veículos elétricos e dispositivos recarregáveis depende de baterias melhores e mais eficientes. Dyson simplesmente adquiriu uma tecnologia que ainda não possuía.

Além das baterias, muitas das tecnologias principais da Dyson podem desempenhar papéis significativos no desenvolvimento de veículos elétricos autônomos. A Dyson Ltd. fez mais pelo avanço da tecnologia de motores elétricos do que qualquer outra empresa hoje. É verdade que os atuais motores de produtos de consumo da Dyson são pequenos demais para alimentar um veículo. Mas os elementos de propriedade da Dyson relacionados aos projetos de motores provavelmente são relevantes para o desenvolvimento de motores melhores e mais eficientes para carros. Por exemplo, as tecnologias da Dyson podem fazer pelos para-brisas molhados o que o Airblade faz para mãos úmidas. E, ainda, há o aspirador robô da Dyson, um dos mais avançados do mercado. Após 17 anos de construção, esse robô usa inteligência artificial, sensores sofisticados e câmeras panorâmicas para operar de forma autônoma e aprender sobre os ambientes, de modo que possa fazer seu trabalho sem sugar meias perdidas ou ficar preso atrás de móveis – funcionalidades semelhantes aos recursos de direção autônoma presentes nos veículos mais avançados da atualidade.

A cada passo que dava em direção ao desenvolvimento de seus novos veículos elétricos, a Dyson deixava mais claro que isso significa negócios. Quando pressionado por detalhes sobre seu carro elétrico, James Dyson indicou que o plano era que não apenas fosse um carro esportivo, mas que provavelmente seria caro e teria pelo menos nível 2 de autonomia (ou seja, com piloto automático de aceleração e direção, mas necessita supervisão do motorista). Ele também anunciou que o primeiro veículo elétrico da Dyson poderia não se parecer muito com nenhum carro que o mundo já viu. Mas quando entrou em novas categorias de produtos anteriormente seus primeiros modelos também não se pareciam muito com aspiradores de pó, ventiladores, secadores de mãos e secadores de cabelo.

Na Dyson Ltd., a inovação nunca acaba. A empresa não apenas continua a demonstrar que pode apresentar produtos vencedores repetidamente, como também está se expandindo em todo o mundo em ritmo acelerado. A Dyson vende produtos em mais de 50 mercados globais, economias emergentes e países desenvolvidos. A empresa tem se saído bem tanto nos bons tempos econômicos quanto nos períodos de recessão. De um único aspirador de pó a veículos elétricos em pouco mais de 20 anos – isso é uma grande conquista.[22]

Questões para discussão

2.16 Escreva uma declaração de missão orientada para o mercado para a Dyson.

2.17 Quais são as metas e objetivos da Dyson?

2.18 A Dyson tem um portfólio de negócios? Explique.

2.19 A Dyson é uma empresa com foco no cliente? Explique.

3 Análise do ambiente de *marketing*

Resumo dos objetivos

Objetivo 3.1 Descrever as forças ambientais que afetam a capacidade da empresa de atender a seus clientes. **Veja: Microambiente e macroambiente** (p. 66-70)

Objetivo 3.2 Explicar como mudanças nos ambientes demográfico e econômico afetam as decisões de *marketing*. **Veja: Ambientes demográfico e econômico** (p. 70-78)

Objetivo 3.3 Identificar as principais tendências nos ambientes natural e tecnológico da empresa. **Veja: Ambientes natural e tecnológico** (p. 78-81)

Objetivo 3.4 Explicar as principais mudanças nos ambientes político e cultural. **Veja: Ambiente político-social e cultural** (p. 81-89)

Objetivo 3.5 Discutir como as empresas podem reagir ao ambiente de *marketing*. **Veja: Reação ao ambiente de *marketing*** (p. 89-90)

Prévia do capítulo

Até agora, você aprendeu os conceitos básicos do *marketing* e as etapas no processo de *marketing* para engajar e construir relacionamentos lucrativos com os clientes-alvo. Agora, começaremos a nos aprofundar na primeira etapa do processo de *marketing*: entender o mercado e as necessidades e os desejos dos clientes. Neste capítulo, você verá que o *marketing* opera em um ambiente complexo e em constante mudança. Outros participantes desse ambiente – fornecedores, intermediários, clientes, concorrentes, públicos, entre outros – podem trabalhar a favor da empresa ou contra ela. Grandes forças ambientais – demográficas, econômicas, naturais, tecnológicas, políticas e culturais – moldam as oportunidades de *marketing*, dão origem a ameaças e afetam a capacidade da empresa de construir relacionamentos com os clientes. Para desenvolver estratégias de *marketing* eficazes, a empresa deve, primeiramente, entender o ambiente no qual o *marketing* atua.

Para começar, vamos olhar para a Microsoft, a gigante da tecnologia que dominou o mundo dos *softwares* de computador ao longo da década de 1990 e grande parte da década de 2000. Seus produtos Windows e Office são há muito tempo indispensáveis no mercado de PCs. Mas com o declínio dos computadores pessoais autônomos e o aumento dos dispositivos conectados digitalmente – tudo, desde *smartphones* e *tablets* a *smart* TVs – a poderosa Microsoft se viu lutando para encontrar seu lugar em um ambiente em rápida mudança. No entanto, a gigante da tecnologia se reinventou como uma marca relevante sem a qual os consumidores não podem viver na era pós-PC.

MICROSOFT: Adaptando-se à constante mudança do ambiente de *marketing*

Vinte anos atrás, falar de alta tecnologia significava falar sobre o todo-poderoso computador pessoal (PC). A Intel fornecia os microprocessadores para PC enquanto fabricantes como a Dell e a HP construíam e comercializavam as máquinas. Mas foi a Microsoft que realmente governou a indústria de PCs – ela criou os sistemas operacionais que fez a maioria dos PCs funcionar. Como desenvolvedora de *software* dominante, a Microsoft colocou seu sistema operacional Windows e o pacote de produtividade Office em quase todos os computadores vendidos.

O enorme sucesso do Windows levou as receitas, os lucros e o preço das ações da Microsoft a alturas vertiginosas. No início dos anos 2000, a Microsoft era a empresa mais valiosa da história corporativa. Naqueles dias inebriantes, nenhuma empresa era mais relevante do que ela, e, do ponto de vista competitivo, nenhuma era tão poderosa.

Mas os tempos mudam. Passando pela primeira década do novo milênio, o crescimento das vendas de PCs diminuiu à medida que o mundo se apaixonou por uma onda de novos dispositivos e tecnologias digitais atraentes. A indústria da computação mudou rapidamente de desktops, como o PC, para dispositivos móveis sempre conectados, que ligavam os usuários a um mundo de entretenimento, repleto de opções de socialização e com informações em constante atualização. No entanto, ao contrário dos PCs, esses dispositivos móveis não precisavam do Microsoft Windows.

No novo mundo digitalmente conectado, a Microsoft se viu atrás de concorrentes mais glamorosos, como Google, Apple, Samsung e até Amazon e Facebook, que forneciam uma lista completa de todas as coisas digitais – não apenas o *software*, mas também os dispositivos inteligentes, tecnologias de conexão e até ambientes digitais. Embora ainda fosse financeiramente forte e a maior fabricante de *software* para PCs no mundo, a Microsoft perdeu um pouco de seu brilho. Por sua vez, o crescimento da empresa estagnou e os lucros definharam no início dos anos 2000, permanecendo assim por uma dúzia de anos ou mais. Já era tempo de a Microsoft mudar, e rápido.

Assim, a Microsoft iniciou uma transformação total para melhor se alinhar à nova ordem mundial digital. Mais do que apenas um desenvolvedor de *software* para PC, a Microsoft decidiu se tornar uma concorrente digital de linha completa. Em sintonia com os novos tempos, a empresa buscou uma nova estratégia "*mobile first, cloud first*" (celular primeiro, nuvem primeiro), desenvolvendo uma versão móvel de seu sistema operacional Windows – a antiga vaca leiteira da empresa. Criou, assim, o Office 365 – uma versão por assinatura baseada em nuvem de seu conjunto de aplicativos de produtividade dominante no mercado.

Ao mesmo tempo, a Microsoft lançou uma enxurrada de produtos e serviços digitais novos, aprimorados ou adquiridos. Isso incluiu uma versão atualizada do Skype, uma solução de armazenamento em nuvem, o OneDrive, e até uma inovadora linha de *hardware* digital – *tablets* Microsoft Surface e *laptops* Microsoft Surface Book – que esperava abrir o caminho para dispositivos Windows ainda mais arrojados. A Microsoft também se dedicou intensamente a telefones celulares, primeiro comprando e depois vendendo a fabricante de telefones Nokia e, em seguida, soltando rumores de que lançaria em breve seu próprio telefone Surface baseado no Windows. A Microsoft esperava que a linha Surface, juntamente com seu console Xbox, lhe desse melhor acesso a três importantes telas digitais além do PC: *tablets*, TVs e telefones.

Mas mesmo com essas novas iniciativas, a Microsoft ainda se viu correndo atrás em vez de liderar o grupo de novos competidores digitais. O sistema operacional Microsoft Windows ainda domina o mercado de PCs em declínio, mas suas versões móveis capturaram apenas uma fatia do mercado de sistemas operacionais móveis dominado pelo iOS, da Apple, e o Android, da Google. Embora seus *tablets* e *laptops* Surface tenham se saído bem, eles ainda estão muito atrás dos da Apple e da Samsung. E a Microsoft ainda não apresentou um telefone Surface de sucesso.

Assim, para continuar sua grande transformação, a Microsoft fez mais uma mudança significativa: lançou uma nova missão. A missão inicial da Microsoft era "colocar um computador em cada mesa de cada casa". Só em 2013 isso mudou para uma missão maior, mas ainda centrada no produto: "criar uma família de dispositivos e serviços para

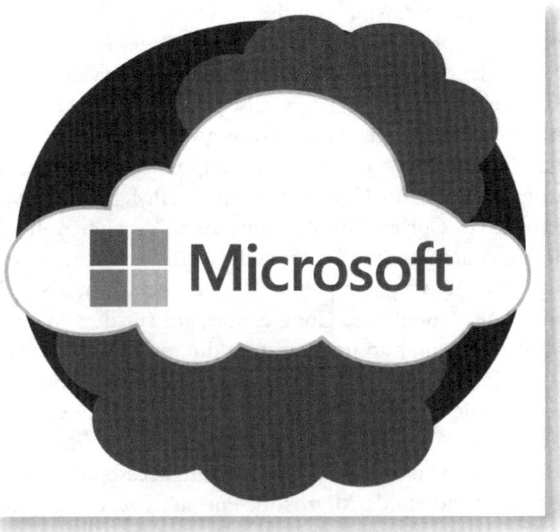

No ambiente de *marketing* digital de rápida mudança, a Microsoft se transformou em uma marca sem a qual os consumidores não podem viver no mundo pós-PC.

imageBROKER/Alamy Stock Photo

indivíduos e empresas que capacitem pessoas ao redor do mundo em casa, no trabalho e em trânsito". Então, em 2015, a Microsoft anunciou uma missão mais simples: "para capacitar todas as pessoas e todas as organizações do planeta a alcançar mais".

A nova missão não se concentra em dispositivos e serviços, mas em resultados. Em vez de perseguir concorrentes em dispositivos móveis e sistemas operacionais, a Microsoft agora pretende liderá-los em ferramentas de produtividade. E, em vez de se apegar ao Windows como o eixo de seu futuro, a Microsoft está levando seus aplicativos e serviços de produtividade para a nuvem. A antiga Microsoft não se importava com quais aplicativos você usava, desde que os usasse no Windows. Após uma mudança significativa, a nova Microsoft não se importa com qual sistema operacional você utilize, desde que esteja usando aplicativos e serviços da Microsoft.

No centro das soluções em nuvem da Microsoft está o bom e velho Microsoft Office, com seu Word, Excel, Powerpoint e outros aplicativos de produtividade. Embora os concorrentes Google e Apple tenham aplicativos de processamento de texto, planilhas e apresentações, o Office ainda é de longe o padrão de referência para fazer as coisas, seja para grandes corporações, pequenas empresas, estudantes ou usuários domésticos. Antigamente, o Office vinha junto com o Windows, mas o plano agora é tornar o Office acessível a todos. Os serviços de assinatura do Office 365 podem ser acessados na nuvem e executados em qualquer dispositivo ou sistema operacional – iOS, Android ou Windows.

Acessibilidade é apenas o começo. O objetivo da Microsoft é tornar o Office 365 o centro de toda uma nova família de serviços *on-line* baseados em nuvem que funcionem perfeitamente juntos. Para esse fim, além das versões móveis do Word, Excel e PowerPoint, a Microsoft vem adicionando um conjunto cada vez maior de aplicativos de produtividade móvel ao portfólio do Office 365, como o Outlook Mobile (*e-mail*) e To-Do

A Microsoft passou por uma transformação significativa para se alinhar melhor com o novo mundo digital. Mais do que apenas fazer o *software* que faz os PCs funcionarem, a Microsoft agora quer capacitar todas as pessoas e todas as organizações do planeta a alcançar mais, independentemente do dispositivo ou sistema operacional que usam.

(gerenciamento de tarefas). Além disso, o Office 365 baseado em nuvem aumenta a probabilidade de que os assinantes se inscrevam em outros serviços da Microsoft, como o Skype, o serviço de nuvem OneDrive ou a ferramenta de análise de dados Power BI.

Outra parte importante da nova direção da Microsoft é a inteligência artificial (IA) – o mais novo campo de batalha para os gigantes digitais Amazon, Google, Samsung e IBM. Por exemplo, o assistente de voz Cortana, do Windows 10, IA da Microsoft – já instalado em centenas de milhões de dispositivos Windows em todo o mundo – não é páreo para a Alexa da Amazon, a Siri da Apple ou o "OK, Google" do Google. Mas, em vez de competir, a Microsoft está tomando um caminho diferente. A Microsoft recentemente fez uma parceria com a Amazon para permitir que seus assistentes de voz antes concorrentes trabalhem em conjunto. Os usuários da Alexa podem convocar a Cortana e vice-versa. A parceria dá aos usuários do Amazon Echo acesso aos aplicativos de produtividade da Microsoft. Por sua vez, oferece aos usuários da Cortana acesso aos recursos de *smarthome* da Alexa, como *streaming* de música e controle de dispositivos *smarthome*. Agora, a Microsoft quer criar o mesmo tipo de integração da Cortana com o Google Assistente.

Portanto, esta não é a Microsoft do seu avô. Com sua ampla transformação em andamento, a Microsoft agora parece estar tomando as medidas certas para ficar à frente dos tempos. Como resultado, o crescimento das vendas e do lucro se recuperou. Embora o sistema operacional Windows continue sendo um componente essencial do sucesso atual da Microsoft, o futuro da empresa agora está na nuvem. E com quase 27 bilhões de dólares em receita total referente à nuvem comercial no ano passado, impressionantes 24% de sua receita total, a Microsoft agora está vencendo a batalha da nuvem, à frente da Amazon, da IBM, entre uma série de outras empresas.

Ainda assim, o sucesso contínuo dependerá da capacidade da Microsoft de se adaptar efetivamente – ou mesmo liderar – as rápidas mudanças que ocorrem no ambiente de *marketing*. "A oportunidade à frente para a Microsoft é vasta", diz o CEO da empresa, "mas, para aproveitá-la, devemos nos concentrar com clareza, avançar mais rápido e continuar em transformação."[1]

Ambiente de *marketing*
Os agentes e as forças externas ao *marketing* que afetam a capacidade da administração de *marketing* de construir e manter bons relacionamentos com os clientes-alvo.

O **ambiente de *marketing*** de uma empresa é constituído pelos agentes e pelas forças externas que afetam a capacidade da administração de *marketing* de construir e manter bons relacionamentos com os clientes-alvo. Como a Microsoft, as empresas constantemente devem observar o ambiente em mutação e se adaptar a ele – ou, em muitos casos, liderar as mudanças.

Mais do que qualquer outro grupo na empresa, os profissionais de *marketing* devem acompanhar tendências e buscar oportunidades no ambiente. Apesar de todo gestor da empresa precisar observar o ambiente externo, os profissionais de *marketing* possuem duas características especiais: (1) eles possuem métodos sistemáticos – inteligência de *marketing*, pesquisa de *marketing* e dados de *marketing* – para coletar informações sobre o ambiente de *marketing* e (2) eles passam mais tempo nos ambientes dos clientes e dos concorrentes. Conduzindo análises cuidadosas do ambiente, esses profissionais são capazes de adaptar suas estratégias, ajustando-as a novos desafios e oportunidades no mercado.

Comentário do autor | O microambiente inclui todos os agentes próximos à empresa que afetam, positiva ou negativamente, sua capacidade de engajar e criar valor para os clientes.

Microambiente e macroambiente

Objetivo 3.1 Descrever as forças ambientais que afetam a capacidade da empresa de atender a seus clientes.

O ambiente de *marketing* é formado por um *microambiente* e um *macroambiente*. O **microambiente** é constituído pelos agentes próximos à empresa que afetam sua capacidade de atender a seus clientes – a própria empresa, fornecedores, intermediários de *marketing*, mercados de clientes, concorrentes e públicos. O **macroambiente** é constituído pelas forças societais mais amplas que afetam o microambiente – forças demográficas, econômicas, naturais, tecnológicas, políticas e culturais. Vamos começar analisando o microambiente da empresa.

Microambiente
Agentes próximos à empresa que afetam sua capacidade de atender a seus clientes. São eles: a própria empresa, fornecedores, intermediários de *marketing*, mercados de clientes, concorrentes e públicos.

Macroambiente
Forças societais mais amplas que afetam o microambiente. São elas: forças demográficas, econômicas, naturais, tecnológicas, políticas e culturais.

Microambiente

A tarefa da administração de *marketing* é construir relacionamentos com os clientes criando valor e satisfação para eles. Entretanto, os gestores de *marketing* não conseguem fazer isso sozinhos. A **Figura 3.1** traz os principais agentes no microambiente da empresa. O sucesso do *marketing* requer a construção de relacionamento com outros departamentos da empresa, fornecedores, intermediários de *marketing*, concorrentes, vários públicos e clientes, que se combinam para formar a cadeia de valor da empresa.

A empresa

Ao elaborar planos de *marketing*, a administração de *marketing* leva em conta outros grupos da empresa – a alta administração e os departamentos financeiro, de pesquisa e desenvolvimento (P&D), de tecnologia da informação, de compras, de operações, de recursos humanos, de custos, entre outros. Todos esses grupos inter-relacionados constituem o ambiente interno. A alta administração

● FIGURA 3.1
Agentes no microambiente.

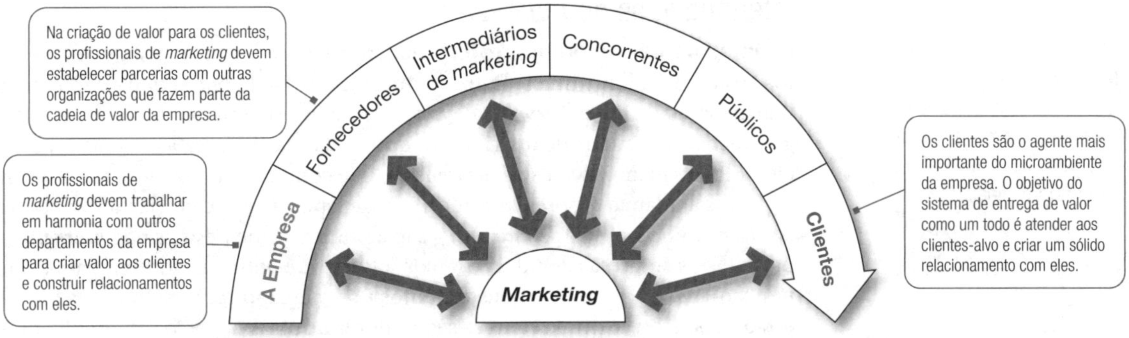

estabelece a missão, os objetivos, as estratégias gerais e a política da empresa. Os administradores de *marketing* tomam decisões de acordo com os planos e as estratégias gerais elaboradas pela alta administração. Então, como discutimos no Capítulo 2, os administradores de *marketing* devem trabalhar lado a lado com outros departamentos da empresa. Sob a liderança do *marketing*, todos os departamentos – desde o de produção, o financeiro, o jurídico, ao de recursos humanos – compartilham a responsabilidade de entender as necessidades dos clientes e criar valor para eles.

Fornecedores

Os fornecedores constituem um importante elo na cadeia de valor para os clientes da empresa. Eles oferecem os recursos necessários para a empresa produzir seus bens e serviços. Problemas com fornecedores podem afetar seriamente o *marketing*. Os gerentes de *marketing* devem observar a disponibilidade e os custos dos suprimentos. Escassez e atrasos na entrega de suprimentos, greves, desastres naturais e outros eventos podem prejudicar as vendas no curto prazo e a satisfação do cliente no longo prazo. Já um aumento nos custos dos suprimentos pode forçar a alta dos preços e, com isso, prejudicar o volume de vendas da empresa.

Hoje, a maioria das empresas trata seus fornecedores como parceiros na criação e na entrega de valor para o cliente. ● Por exemplo, a IKEA – gigante varejista de móveis para casa – sabe da importância de construir relacionamentos próximos com sua extensiva cadeia de fornecedores:[2]

A IKEA, a maior varejista de móveis do mundo, é uma marca globalmente cultuada por excelência. No ano passado, a varejista escandinava atraiu mais de 957 milhões de visitas às suas 422 grandes lojas em 50 mercados mundiais, além de mais 2,5 *bilhões* de visitas em seu *site*, gerando mais de 44 bilhões de dólares em vendas. E apesar do problemático ambiente de varejo em todo o mundo nos últimos anos, a IKEA tem crescido em um ritmo saudável. Porém, o maior obstáculo ao crescimento não é abrir novas lojas e atrair clientes. Na verdade, é encontrar os tipos certos de *fornecedores* em medida suficiente para ajudar a projetar e produzir os bilhões de dólares em mercadorias que os clientes levarão de suas lojas. Atualmente, a IKEA conta com cerca de 1.000 fornecedores em 51 países para abastecer suas prateleiras. Em sua atual taxa de crescimento, esse número pode ter que dobrar na próxima década.

A missão da IKEA é criar um dia a dia melhor para os clientes, oferecendo móveis modernos, simples e práticos a preços tão baixos para que o maior número possível de pessoas possa comprá-los. Mas antes que possa vender os bilhões de dólares em produtos que seus clientes cobiçam, a IKEA deve primeiro desenvolver uma rede robusta e confiável de fornecedores parceiros que possam ajudá-la a projetar e fabricar todos esses produtos. Portanto, a IKEA faz mais do que apenas comprar de fornecedores. O processo de design de um novo produto da IKEA pode levar até três anos. Os designers da empresa começam com uma proposta básica de valor para o cliente e depois trabalham em estreita colaboração com os principais fornecedores durante todo o processo para dar vida a essa proposta – refinando o design, melhorando a funcionalidade e reduzindo os custos. "O que torna o processo de design da IKEA único é que nossos fornecedores desempenham um papel muito importante", diz a empresa. É uma parceria mutuamente benéfica do início ao fim, o que a IKEA chama de "crescer juntos como parceiros com paixão por [criar] uma vida melhor em casa. Nós nos esforçamos para ser um bom elo entre fornecedores e clientes."

● **Fornecedores: a gigante varejista de móveis IKEA não compra apenas de seus fornecedores, ela os envolve profundamente no processo de entrega de móveis modernos, simples e acessíveis para criar uma vida cotidiana melhor para seus clientes.**

Intermediários de *marketing*

Intermediários de *marketing*
Organizações que ajudam a empresa a promover, vender e distribuir seus produtos aos compradores finais.

Os **intermediários de *marketing*** ajudam a empresa a promover, vender e distribuir seus produtos aos compradores finais. Entre os intermediários de *marketing* estão revendedores, operadores logísticos, agências de serviços de *marketing* e intermediários financeiros. Os *revendedores* são organizações dos canais de distribuição que ajudam a empresa a encontrar clientes ou a vender para eles. Eles incluem atacadistas e varejistas, que compram a mercadoria e a revendem. Os *operadores logísticos* ajudam a empresa a estocar e a transportar mercadorias do ponto de origem ao destino. As *agências de serviços de marketing* são as empresas de pesquisa de *marketing*, as agências de propaganda, as empresas de mídia e as consultorias de *marketing* que ajudam a empresa a alcançar seu público-alvo e a promover seus produtos nos mercados certos. Entre os *intermediários financeiros* estão os bancos, as financeiras, as seguradoras e outros negócios que auxiliam nas transações financeiras ou fazem seguros contra os riscos associados à compra e à venda de produtos.

Como os fornecedores, os intermediários de *marketing* constituem um importante componente da cadeia de valor da empresa. Portanto, hoje os profissionais de *marketing* reconhecem a importância de trabalhar em parceria com seus intermediários em vez de considerá-los apenas canais pelos quais seus produtos são vendidos. Por exemplo, quando a Coca-Cola se torna fornecedora exclusiva de bebidas para uma cadeia de *fast-food* – como McDonald's, Wendy's ou Subway –, ela oferece muito mais do que apenas refrigerantes: promete, também, um poderoso suporte em *marketing*:[3]

> A Coca-Cola estabelece equipes multifuncionais dedicadas ao entendimento das especificidades de cada negócio de seus parceiros de varejo. Ela conduz uma quantidade incrível de pesquisas sobre os consumidores de bebidas e compartilha os resultados com seus parceiros. Também analisa a demografia das áreas divididas de acordo com o código postal norte-americano e ajuda os parceiros a identificar quais marcas de refrigerante da empresa são as preferidas em suas regiões. A Coca-Cola chegou até mesmo a estudar o design dos cardápios de drive-thru para entender melhor quais layouts, fontes, tamanhos de letra, cores e imagens induzem os consumidores a pedir mais comida e bebida. Com base em suas descobertas, o grupo Coca-Cola Food Service desenvolve programas de *marketing* e ferramentas de *merchandising* que ajudam seus parceiros de varejo a melhorar as vendas de bebidas e os lucros. Seu *site* – www.cokesolutions.com – oferece a seus parceiros uma grande quantidade de informação, soluções de negócio, dicas de *merchandising*, orientações de mídias digitais e sociais e técnicas sobre como se tornarem conscientes em relação ao meio ambiente. Esforços de parceria tão intensos como esses fizeram da Coca-Cola a líder indiscutível no mercado norte-americano de refrigerantes de máquina.

Público
Consiste em qualquer grupo que tenha interesse real ou potencial na organização ou que possa causar impacto em sua capacidade de atingir seus objetivos.

Parceria com intermediários: a Coca-Cola oferece aos seus parceiros varejistas muito mais do que apenas refrigerantes: promete, também, um poderoso suporte em *marketing*.

The Coca-Cola Company

Concorrentes

O conceito de *marketing* afirma que, para ser bem-sucedida, a empresa deve oferecer mais valor e satisfação para os clientes do que seus concorrentes. Assim, os profissionais de *marketing* devem fazer mais do que simplesmente se adaptar às necessidades dos clientes-alvo: eles devem também obter vantagem estratégica posicionando agressivamente suas ofertas em relação às dos concorrentes na mente dos consumidores.

Não existe uma estratégia de *marketing* competitiva que seja ideal para todas as empresas. Cada empresa deve considerar seu tamanho e sua posição no setor em comparação a seus concorrentes. Grandes empresas com posições dominantes em um setor podem utilizar determinadas estratégias com as quais empresas menores não podem arcar. Mas não basta ser grande. Existem estratégias vitoriosas para grandes empresas, mas também existem aquelas que podem levá-las ao fracasso. E empresas pequenas podem desenvolver estratégias que lhes rendam taxas de retorno melhores do que as das grandes empresas.

Públicos

O ambiente de *marketing* da empresa também inclui diversos públicos. Um **público** consiste em qualquer grupo que tenha interesse real ou potencial na capacidade da organização em atingir seus objetivos ou que possa causar impacto nessa capacidade. Podemos identificar sete tipos de público:

- *Públicos financeiros*: influenciam a capacidade da empresa de obter fundos. Bancos, analistas de investimento e acionistas constituem os principais públicos financeiros.
- *Públicos ligados à mídia*: publicam notícias, artigos, opiniões editoriais e outros conteúdos. Incluem os jornais, as revistas, as emissoras de televisão, os *blogs* e outras mídias sociais.
- *Públicos governamentais*: a administração deve levar em conta as medidas tomadas pelo governo. Os profissionais de *marketing* devem, com frequência, consultar os advogados da empresa para se informar sobre questões relativas à segurança do produto e à propaganda enganosa, entre outras.
- *Públicos voltados para a ação cidadã*: as decisões de *marketing* de uma empresa podem ser questionadas por associações de consumidores, grupos ambientais e grupos minoritários, entre outros. O departamento de relações públicas pode ajudar a empresa a se manter em contato com esses grupos.
- *Públicos internos*: incluem funcionários, gerentes, voluntários e o conselho de administração. Grandes empresas utilizam boletins internos e outros meios para informar e motivar seus públicos internos. Quando os funcionários se sentem bem com relação à empresa para a qual trabalham, sua atitude positiva se reflete no público externo.
- *Público geral*: a empresa precisa se preocupar com a postura do público geral em relação a seus produtos e atividades. A imagem pública de uma empresa afeta suas vendas.
- *Públicos locais*: incluem associações comunitárias e moradores da região em que a empresa está localizada. Grandes empresas normalmente buscam se tornar membros responsáveis da comunidade local na qual operam.

A empresa pode preparar planos de *marketing* para esses principais públicos, da mesma maneira como prepara para seus mercados de clientes. Por exemplo, a P&G tem um longo histórico de retribuição ao público local por meio de programas comunitários como o Tide Loads of Hope:[4]

> O programa Tide Loads of Hope traz "esperança, não apenas sabão" na forma de serviços gratuitos de lavanderia móvel para famílias, indivíduos e socorristas em meio ao caos de desastres naturais. A unidade de lavanderia móvel Tide Loads of Hope (Cargas de Esperança Tide) é equipada com lavadoras e secadoras de alta eficiência que podem lavar até 300 cargas de roupa por dia. Moradores e socorristas atingidos por desastres podem trazer roupas para serem lavadas, secas e dobradas gratuitamente. Desde o furacão Katrina em 2005, o programa lavou mais de 68.000 cargas de roupas para mais de 50.000 famílias afetadas por desastres – de tornados no Missouri a furacões no Texas e incêndios florestais na Califórnia. "A Tide acredita no poder da limpeza", diz a P&G, "e para nossos amigos que passam por momentos de crise, roupas limpas podem fazer a diferença". A P&G também distribui kits de produtos de higiene pessoal e de limpeza geral em áreas de desastres contendo itens essenciais gratuitos da marca P&G. Segundo a P&G, queremos "ajudar a trazer uma sensação de normalidade (...) às pessoas afetadas pelo desastre e aos voluntários que estão prestando socorro."

Públicos: a P&G tem uma longa história de retribuição aos seus públicos locais. O programa Tide Loads of Hope traz "esperança, não apenas sabão" na forma de serviços móveis gratuitos de lavanderia para comunidades que enfrentam desastres naturais.

Joey Foley/Stringer/Getty Images

Clientes

Os clientes são os principais agentes no microambiente da empresa. O objetivo de toda cadeia de valor é atender aos clientes-alvo e criar um sólido relacionamento com eles. A empresa pode focar em algum dos cinco tipos de mercados de clientes – ou todos eles. Os *mercados consumidores* consistem em indivíduos e famílias que compram bens e serviços para consumo pessoal. Os *mercados organizacionais* compram bens e serviços para processamento posterior ou para uso em seu processo de produção, ao passo que os *mercados de revenda* compram bens e serviços para revendê-los com uma margem de lucro. Os *mercados governamentais* são constituídos de órgãos do governo que compram bens e serviços para transferi-los àqueles que necessitam ou para produzir serviços públicos. Por fim, os *mercados internacionais* consistem em compradores em outros países, incluindo consumidores, fabricantes, revendedores e governos. Cada tipo de mercado possui características especiais que exigem um estudo cuidadoso por parte da empresa vendedora.

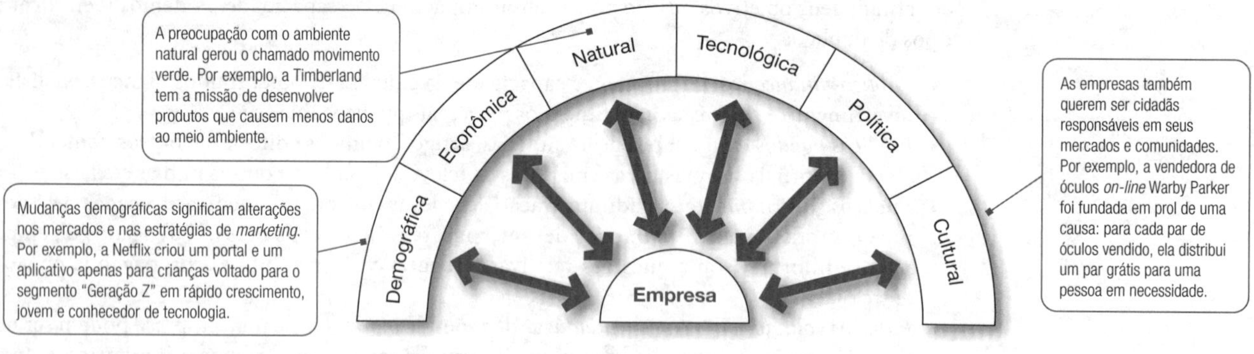

FIGURA 3.2
Principais forças no macroambiente da empresa.

Comentário do autor | O macroambiente consiste em forças mais amplas que afetam os agentes do microambiente.

Macroambiente

A empresa, bem como todos os outros agentes, opera em um macroambiente mais amplo de forças que oferecem oportunidades e impõem ameaças a ela. A **Figura 3.2** mostra as seis principais forças no macroambiente da empresa. Mesmo as empresas mais dominantes podem ser vulneráveis às forças em frequente turbulência e mutação no ambiente de *marketing*. Algumas dessas forças são imprevisíveis e incontroláveis. Outras podem ser previstas e controladas por meio de uma boa gestão. Empresas que entendem seus ambientes e se adaptam a eles com maestria podem prosperar. Aquelas que não o fazem podem enfrentar tempos difíceis. Líderes de mercado outrora dominantes, como Xerox, Sears, Sony, Blockbuster e Kodak, aprenderam essa lição da maneira mais difícil. Nas próximas seções deste capítulo, examinaremos essas forças e mostraremos como elas afetam os planos de *marketing*.

Comentário do autor | Mudanças demográficas significam mudanças nos mercados, por isso são muito importantes para os profissionais de *marketing*. Primeiro, olhamos para a maior tendência demográfica – a mudança na estrutura etária da população.

Ambientes demográfico e econômico

Objetivo 3.2 Explicar como mudanças nos ambientes demográfico e econômico afetam as decisões de *marketing*.

Ambiente demográfico

Demografia
Estudo da população humana em termos de tamanho, densidade, localização, idade, sexo, raça, ocupação e outros dados estatísticos.

Demografia é o estudo da população humana em termos de tamanho, densidade, localização, idade, sexo, raça, ocupação e outros dados estatísticos. O ambiente demográfico é de grande interesse para os profissionais de *marketing* porque envolve pessoas, e pessoas constituem mercados. A população mundial está crescendo em um ritmo alucinante. Atualmente, ela totaliza mais de 7,9 bilhões de pessoas e acredita-se que, em 2030, excederá os 8,6 bilhões.[5] Essa população mundial grande e altamente diversificada apresenta tanto oportunidades como desafios.

Mudanças no ambiente demográfico mundial geram importantes implicações para os negócios. Assim, os profissionais de *marketing* precisam acompanhar de perto as tendências e as ocorrências em seus mercados. Eles analisam mudanças nas estruturas etária e familiar, alterações geográficas da população, características educacionais e diversidade da população. Discutiremos aqui as mais importantes tendências demográficas dos Estados Unidos.

Mudanças na estrutura etária da população norte-americana

Atualmente, a população norte-americana contabiliza mais de 332 milhões de pessoas, podendo alcançar quase 360 milhões em 2030.[6] A mais importante tendência demográfica nos Estados Unidos é a mudança na estrutura etária da população. Por causa da queda das taxas de natalidade e do aumento da expectativa de vida, a população dos Estados Unidos está envelhecendo rapidamente. Em 1970, a idade média era 28; agora é cerca de 38,3.[7] Esse envelhecimento da população terá um impacto significativo sobre os mercados e aqueles que os atendem.

A população norte-americana contém diversos grupos de geração. Discutiremos aqui os cinco maiores grupos – os *baby boomers*, a geração X, os *millennials*, a geração Z e a geração Alpha – e seus impactos nas estratégias de *marketing* atuais.

Baby-boomers
As 72 milhões de pessoas que nasceram entre o período pós-Segunda Guerra Mundial e 1964.

Baby boomers. Atualmente, nos Estados Unidos, há aproximadamente 72 milhões de ***baby boomers***, pessoas nascidas entre 1946 e 1964, no período pós-Segunda Guerra Mundial. Ao longo dos anos, eles têm sido uma das mais poderosas forças que moldaram o ambiente de *marketing*. Hoje, os *baby boomers* mais jovens estão próximos aos 60 anos, ao passo que os mais velhos estão perto dos 80 e provavelmente aposentados.

Os *baby boomers* são a geração mais próspera da história dos Estados Unidos. Hoje, eles consistem em 22% da população do país, mas controlam 42% do poder de compra.[8] Os *boomers* representam um mercado lucrativo para serviços financeiros, imóveis e reformas, carros, viagens e entretenimento, restaurantes, produtos para saúde e boa forma, e quase todo o resto.

Alguns profissionais de *marketing* hoje em dia viram os olhos para os *boomers*, visando à altamente cobiçada geração *millennial*. Alguns podem estereotipá-los como idosos presos ao passado, fora de contato com o mundo atual e desinteressados em novos produtos. No entanto, seria um erro pensar que, por estarem mais velhos, os *baby boomers* adquiriram um ritmo de vida mais lento. Em vez de se verem dessa maneira, muitos dos *boomers* de hoje se veem entrando em novas fases da vida.

Os *boomers* mais ativos não têm intenção de abandonar seus estilos de vida juvenis à medida que envelhecem. Por exemplo, adultos com mais de 50 anos agora respondem por 80% dos gastos com viagens de luxo nos Estados Unidos. Ao contrário da crença popular de que eles não querem saber de novidades, uma pesquisa recente descobriu que 82% dos *boomers* estão abertos a novas marcas. Eles também são digitalmente ativos e cada vez mais experientes em mídias sociais. Cerca de 70% dos *baby boomers* agora usam internet em dispositivos móveis. E eles são o grupo demográfico de compradores *on-line* que mais cresce, superando as gerações mais jovens de dois para um.[9]

Assim, embora os *boomers* possam comprar muitos produtos que os ajudem a lidar com o envelhecimento – de vitaminas a monitores de pressão arterial e utensílios de cozinha ergonomicamente seguros –, eles costumam apreciar mensagens de *marketing* que apelam para seu pensamento jovem, e não para a idade avançada. Por exemplo, depois de comprovar por meio de pesquisa que os consumidores mais velhos estavam "perplexos, irritados e surpresos" como tão poucas marcas pareciam entendê-los, a seguradora britânica Sun Life lançou a campanha "Bem-vindo à vida depois dos 50", desafiando os estereótipos relacionados a essa faixa etária. Em um dos anúncios, um distinto cavalheiro mais velho sai de tirolesa de um cruzeiro sem graça para um bar de coquetéis, enquanto uma beldade vestindo roupa de banho vira a cabeça, antes de remover seu chapéu, revelando ser uma "mulher de 62 anos". O *site* e o *blog* "Bem-vindo à vida depois dos 50" da Sun Life estão repletos de histórias sobre "pessoas incríveis, maiores de 50 anos, colocando a velhice em espera e tornando o mundo um lugar melhor".[10]

Empresas de diversos setores renovaram seus esforços para conquistar clientes *boomers*. Por exemplo, a GEICO os corteja com anúncios em mídia tradicional e digital. Um anúncio chamado "Reunião do Peter Pan", parte da longa campanha "É o que você faz", da GEICO, tinha como alvo os *boomers* prestes a completar 70 anos. No anúncio, Peter Pan aparece em um encontro de 50 anos e faz piadas sobre o envelhecimento dos seus antigos colegas de classe. "Se você é o Peter Pan, você fica jovem para sempre. É o que você faz", dizia o anúncio. "Se você quiser economizar 15% a mais no seguro do carro, visite GEICO.com. É o que fazemos". Graças a esse direcionamento, durante os últimos cinco anos, a GEICO conquistou mais clientes *boomers* do que qualquer outra companhia de seguros.[11]

Geração X
As 55 milhões de pessoas nascidas entre 1965 e 1980, na "escassez de nascimentos" que se seguiu ao *baby boom*.

Geração X. O *baby boom* foi seguido por uma "escassez de nascimentos", o que criou uma geração de 55 milhões de pessoas nascidas entre 1965 e 1980.[12] O autor Douglas Coupland chamou essas pessoas de **geração X**, por conta do fato de elas viverem à sombra dos *baby boomers*.

Consideravelmente menor do que a geração dos *baby boomers* que a precede e a dos *millennials* que a segue, a geração X é um grupo de consumo muitas vezes deixado de lado. Apesar de buscarem o sucesso, eles são menos materialistas que os outros grupos, prezando a experiência e não a aquisição. Para muitos membros da geração X que têm filhos, a família vem em primeiro lugar – tanto os filhos como os pais idosos –, e a carreira, em segundo.

Do ponto de vista do *marketing*, os integrantes dessa geração são mais céticos. Eles tendem a pesquisar os produtos antes de considerar uma compra, preferem qualidade a quantidade e tendem a ser menos receptivos a mensagens de *marketing* escancaradas. Mas, uma vez que gostem de uma marca, tendem a ser mais leais do que outros grupos geracionais. Eles são mais propensos a ser receptivos a mensagens de anúncios irreverentes, que tiram sarro das convenções e da tradição. Muitos membros da geração X cresceram antes da internet e se adaptaram à tecnologia digital durante a juventude. A maioria está agora totalmente conectada e abraça os benefícios da nova tecnologia. Por exemplo, um estudo descobriu que as pessoas da geração X compram mais *on-line* do que *boomers* ou *millennials*. Ao mesmo tempo, porém, eles assistam a mais programas da TV aberta do que os *millennials*.[13]

Visando à geração X: os esforços de *marketing* da Lowe's são fortemente direcionados aos proprietários de casa própria da geração X, oferecendo ideias e conselhos sobre projetos e melhorias para casa, incentivando-os a "nunca parar de melhorar".

Bryan Bedder/Getty Images for HGTV Home by Sherwin-Williams & Lowe's

Agora na faixa dos 40 a quase 60 anos, os representantes da geração X cresceram e estão tomando o controle, assumindo cada vez mais os estilos de vida, a cultura e os valores dos *baby boomers*. Eles estão consolidados em suas carreiras, e muitos orgulhosamente possuem casa própria e famílias em crescimento. Eles são a geração mais instruída até hoje e possuem um grande poder de compra anual. Embora os membros da geração X representem menos de um quarto de todos os adultos dos Estados Unidos, eles atraem 29% da renda total do país.[14]

Com tanto potencial, muitas marcas e organizações se concentram na geração X como seu principal segmento-alvo. Por exemplo, 82% dos membros da dessa geração possuem suas próprias casas, tornando-os um segmento importante para os profissionais de *marketing* que atuam no mercado de móveis e artigos para casa. A Lowe's, varejista de decoração e materiais de construção, foca intensamente seus esforços de venda em proprietários de casa da geração X, incentivando-os a "nunca parar de melhorar". Por meio de anúncios, vídeos *on-line* e uma presença substancial nas mídias sociais, a Lowe's fornece ideias e dicas de melhoria com uma ampla variedade de projetos de reformas domésticas internas e externas, tratando de problemas e fornecendo soluções que simplificam a vida atribulada dos clientes da geração X e suas famílias. O aplicativo myLowe's é como um assistente de melhorias domésticas 24 horas por dia, 7 dias por semana, que permite que os clientes criem perfis de cada quarto de suas casas, arquivem suas compras feitas na loja, criem listas de produtos com fotos, recebam lembretes para coisas como trocar os filtros do forno, e até mesmo consultem funcionários na loja *on-line* enquanto planejam projetos de melhoria da casa.[15]

Millennials (ou geração Y)
Os 75 milhões de filhos dos *baby boomers* nascidos entre 1981 e 1996.

Millennials. Tanto os *baby boomers* quanto os integrantes da geração X um dia passarão o bastão para os ***millennials*** (também chamados de **geração Y**). Nascidos entre 1981 e 1996, esses filhos dos *baby boomers* contabilizam 75 milhões de pessoas ou mais, superando em tamanho não apenas os membros da geração X, mas até mesmo o segmento dos *baby boomers* atualmente. Em razão de seu grande número de integrantes, por volta de seus 20 e tantos aos 40 anos hoje, os *millennials* constituem um mercado enorme e atraente, tanto agora como no futuro.

Uma coisa que todos os *millennials* têm em comum é um total conforto com a tecnologia digital. Eles não apenas utilizam a tecnologia: ela simplesmente representa um modo de vida. Os *millennials* foram a primeira geração a crescer em um mundo repleto de computadores, celulares, TV via satélite, iPods, iPads e redes sociais. Como resultado, eles se relacionam com as marcas de uma maneira completamente diferente, por meio, por exemplo, de mídia móvel ou social. Em uma pesquisa recente com os *millennials*, quando perguntados onde eles fazem a maioria de suas compras, 75% disseram que pelo celular ou *laptop*. Noventa e dois por cento preferiam realizar serviços bancários pela web ou dispositivo móvel.[16]

Mais do que argumentos de vendas de *marketing*, os *millennials* buscam autenticidade, valor e oportunidades para moldar suas próprias experiências de marca e compartilhá-las com outras pessoas. Em comparação com outros grupos geracionais, eles tendem a ser moderados, práticos, conectados, móveis e impacientes. "Os *millennials* estão abertos a se conectar com marcas, atraídos por conteúdo sucinto (pago ou não) e intrigados com novas informações, em termos de produtos", observa um analista. "No entanto, o principal [cuidado] é que tudo precisa ser feito de maneira [eficiente], digerível e fluida."[17]

Muitas marcas lançaram produtos específicos e campanhas de *marketing* voltados para as necessidades e estilos de vida dos *millennials*. Por exemplo, em serviços financeiros surgiram vários aplicativos de pagamento e marcas bancárias que atraem os clientes que priorizam os dispositivos móveis. Veja, por exemplo, o Chime, um aplicativo de banco móvel e cartão de débito em rápido crescimento:[18]

O Chime simplifica e agiliza os serviços bancários "tradicionais" para uma geração *millennial* que não favorece muito os grandes bancos. Fundado há cinco anos como um banco *on-line* que funciona apenas pelo aplicativo, o Chime elimina os recursos típicos de conta corrente que os *millennials* não gostam, como saldos mínimos, taxas mensais de contas e cheque especial. Os clientes do Chime têm apenas uma conta poupança, uma conta de gastos e um cartão de débito. Com uma abordagem sem firulas e orientada à tecnologia, a

Visando os *millennials*: a abordagem de um banco *on-line* sem firulas e orientada para a tecnologia da Chime atende às necessidades dos *millennials* por simplicidade e mobilidade. A Chime oferece um "banco, mas incrível".

Chime

Chime apela aos desejos dos *millennials* por simplicidade e mobilidade. "O aplicativo móvel da Chime torna muito mais fácil usar um banco sem agências", diz a empresa. "Gerencie seu dinheiro e sua conta de qualquer lugar, aonde quer que você vá." Nos últimos quatro anos, a base de clientes da Chime cresceu de 75 mil para mais de 3 milhões de contas, e o banco exclusivamente *on-line* tem adicionado outras 250 mil contas por mês. Por fim, a Chime afirma que é um "banco, mas incrível".[19]

Geração Z. Logo após os *millennials* está a **geração Z**, jovens nascidos entre 1997 e 2012. Este grupo de pré-adolescentes a jovens de vinte e tantos anos é agora a maior geração viva nos Estados Unidos – 80 milhões de pessoas, representando 26% da população. Eles também são a geração mais diversificada étnica e culturalmente. A geração Z gasta cerca de 43 bilhões a 143 bilhões de dólares anualmente de seu próprio dinheiro e influencia até 333 bilhões de dólares em gastos familiares.[20] Esses jovens clientes também representam os mercados do amanhã – hoje eles formam relacionamentos com marcas que afetarão suas compras no futuro.

Geração Z
Pessoas nascidas entre 1997 e 2012 que compõem os mercados de pré-adolescentes a jovens de vinte e tantos anos.

Ainda mais do que os *millennials*, a característica definidora da geração Z é sua total fluência e conforto com as tecnologias digitais. Desde sempre, a geração Z já utiliza *Wi-Fi*, *smartphones*, *tablets*, consoles de jogos conectados à Internet e mídias digitais e sociais, o que torna esse grupo altamente móvel, conectado e social. "Se estão acordados, estão *on-line*", brinca um analista. Eles têm "digital em seu DNA", diz outro.[21]

A geração Z mistura os mundos *on-line* e *offline* perfeitamente enquanto socializam e fazem compras. De acordo com estudos recentes, apesar de sua juventude, mais da metade de todos os pré-adolescentes e adolescentes da Geração Z fazem pesquisas de produtos antes de comprá-los ou fazer com que seus pais os comprem para eles. Cerca de 39% das meninas da geração Z inspiram suas compras nas mídias sociais, 35% leem *newsletters* de marcas e 33% não se importam quando as marcas trabalham com influenciadores de que gostam. Das pessoas da geração Z que fazem compras *on-line*, mais da metade prefere comprar categorias como eletrônicos, livros, música, equipamentos esportivos, produtos de beleza, e até roupas, sapatos e acessórios de moda.[22]

Empresas em quase todos os setores comercializam produtos e serviços voltados à geração Z. No entanto, o *marketing* para essa geração e seus pais apresenta desafios especiais. A mídia tradicional e as lojas físicas ainda são importantes para esse grupo, mas os profissionais de *marketing* sabem que devem conhecer onde a geração Z costuma sair e fazer compras, uma vez que, cada vez mais, eles estão nos mundos *on-line* e móvel.

Os jovens de hoje são notoriamente inconstantes e difíceis de definir. O segredo é engajar esses jovens consumidores e deixá-los ajudar a definir suas experiências de marca. Por exemplo, para envolver os jovens consumidores mais profundamente, a rede de lojas de roupas American Eagle (AE) convidou a geração Z para criar sua mais recente campanha de *marketing*. Selecionados pelas mídias sociais, dez "membros do elenco" da geração Z usaram seus *smartphones* e câmeras para criar autorretratos de si mesmos em seus próprios ambientes. A campanha foi veiculada nas redes sociais da própria AE e em outras redes sociais, onde os membros do elenco também compartilharam suas histórias individuais e experiências com a American Eagle. "A mídia social é uma plataforma valiosa de autoexpressão para os consumidores nativos digitais da geração Z", diz um analista de varejo. "Entregar a criatividade aos membros do elenco [da Geração Z] permite que [a AE] mostre a individualidade de seu estilo e promova a diversidade, o empoderamento e a inclusão", ajudando a AE a "fazer conexões emocionais autênticas com sua base de consumidores da geração Z."[23]

Geração Alfa
Crianças nascidas depois de 2012, em grande parte filhos dos *millennials*.

Geração Alfa. O grupo geracional mais recente é a **geração Alfa**, composta de crianças e jovens nascidos após 2012. Embora ainda seja um mercado relativamente pequeno, a previsão é que em 2025 este grupo será ainda maior que os *millennials*. Os Alfas são uma grande promessa para os profissionais de *marketing*. "A geração Alfa será a geração mais formalmente educada de todos os tempos, a geração com mais tecnologia de todos os tempos e, globalmente, a geração mais rica de todos os tempos", afirma o pesquisador social que deu nome ao grupo.[24]

O emergente grupo da geração Alfa já exerce uma influência substancial nas decisões de compra doméstica de seus pais, em sua maioria *millennials*. Nascidos mais ou menos na mesma época em que o iPad da Apple apareceu pela primeira vez, esses jovens consideram a tecnologia como algo natural.

"Esqueça as súplicas por um cachorrinho. As crianças de hoje exigem *gadgets*", diz um analista, que cita uma criancinha de um vídeo até então recente dizendo: "Prefiro ter um iPad – melhor do que um cachorro".

Indivíduos da geração Alfa são uma importante porta de entrada para seus pais. Em uma pesquisa recente, 81% dos pais dessa geração nos Estados Unidos disseram que sua última compra de tecnologia – incluindo *smartphones*, *tablets* e TVs – foi influenciada pelas atividades e necessidades de seus filhos. Mas a influência da geração Alfa vai muito além da tecnologia. A pesquisa mostrou que as crianças influenciam as decisões da família, desde opções de entretenimento e alimentação até compras de carros e férias em família.

Mais do que influenciadores, eles são importantes consumidores futuros que estão apenas começando a estabelecer preferências de marca. Ao conquistá-los desde cedo, os profissionais de *marketing* esperam construir uma lealdade que os levará para o futuro. Por exemplo, a Fitbit, empresa de produtos eletrônicos de bem-estar, agora comercializa o Fitbit Ace, um dispositivo de monitoramento de atividades simples de usar para crianças, e que se tornou um presente popular. De acordo com o CEO da Fitbit, o Ace está expandindo a base de usuários da marca, ajudando a "criar relacionamentos de longo prazo dentro da família".

Filhos dos *millennials*, os Alfas tendem a assistir menos à TV do que as gerações anteriores, mas estão perfeitamente confortáveis com mídias digitais e tecnologias da Internet das coisas (IoT, do inglês *Internet of Things*). Como resultado, os profissionais de *marketing* estão testando novas maneiras inovadoras de alcançá-los. Por exemplo, a marca Crest Kids, da P&G, patrocinou uma funcionalidade da Alexa para o alto-falante inteligente Amazon Echo que ajuda e incentiva as crianças a escovar os dentes corretamente. Enquanto as crianças escovam os dois minutos recomendados, a Alexa conta piadas, canta músicas e compartilha curiosidades.

***Marketing* geracional: os *baby boomers* e os *millennials* estão abrindo espaço para a jovem geração Alfa.**

Syda Productions/Shutterstock

Uma importante preocupação de *marketing* com relação à geração Alfa é a privacidade das crianças e sua vulnerabilidade aos discursos de *marketing*. As empresas que comercializam para esse grupo devem fazê-lo com responsabilidade, ou então arriscam receber a ira dos pais e entrar na mira das políticas públicas.

Marketing geracional. As marcas precisam criar produtos e programas de *marketing* específicos para cada geração? Alguns especialistas alertam que os profissionais de *marketing* precisam ter cuidado ao desconsiderar uma geração toda vez que criam um produto ou mensagem que atrai efetivamente outra geração. Outros advertem que cada geração abrange décadas de tempo e muitos níveis socioeconômicos. Por exemplo, a Geração Z abrange pré-adolescentes e adolescentes até os 20 anos, cada grupo com suas próprias crenças e comportamentos.

Sendo assim, os profissionais de *marketing* precisam formar segmentos específicos de idade mais precisos dentro de cada grupo. E o que é mais importante: definir as pessoas pela data de nascimento pode ser menos eficaz do que fazer uma segmentação por estilo de vida, estágio da vida ou por valores comuns que eles buscam nos produtos que compram. Discutiremos muitas outras maneiras de segmentar mercados nos capítulos 5 e 7.

Mudanças na família norte-americana

Tradicionalmente, o lar norte-americano consiste em marido, esposa e filhos (e, algumas vezes, avós). Contudo, o ideal norte-americano de uma família com dois filhos e dois carros, que vive em um bairro sossegado, tem perdido um pouco de seu brilho.

Nos Estados Unidos, menos da metade dos lares de hoje contém casais, contra 76% em 1940. Casais com filhos menores de 18 anos representam apenas cerca de 19% dos 128 milhões de lares do país. Casais sem filhos representam 30% e pais solteiros são outros 8%. Um total de 35% são de casas sem família – solteiros que vivem sozinhos ou adultos sem parentesco que vivem sob o mesmo teto.[25]

Mais pessoas estão se divorciando ou se separando, optando por não se casar, se casando mais tarde, se casando novamente ou se casando sem a intenção de ter filhos. Atualmente, 17% de todos os novos casamentos são inter-raciais ou interétnicos, e 17% dos lares de casais do mesmo sexo estão criando filhos. A mudança da composição familiar moderna norte-americana nos dias de hoje é cada vez mais refletida em filmes e programas de televisão populares, como *Modern Family* e *Transparent* da Amazon. Os profissionais de *marketing* devem considerar as necessidades dos lares não tradicionais, uma vez que estão crescendo mais rapidamente do que os lares tradicionais, e cada grupo tem necessidades e hábitos de compra distintos.

O número de mulheres trabalhadoras também cresceu muito, passando de 38% nos Estados Unidos de 1970 para cerca de 57% considerando os dias de hoje. As mulheres norte-americanas agora representam 40% do sustento da família primária em lares com filhos menores de 18 anos. Entre os lares compostos por casais com filhos, 62% são de dupla renda, enquanto em 28% apenas o marido trabalha. Além disso, cada vez mais homens ficam em casa com seus filhos e administram a casa enquanto suas esposas vão trabalhar.[27]

As empresas agora estão adaptando seu *marketing* para refletir mudança da dinâmica das famílias norte-americanas. Por exemplo, enquanto os pais já foram ignorados ou retratados como idiotas em anúncios voltados para a família, os anunciantes de hoje estão mostrando pais mais atenciosos e capazes. Por exemplo, ninguém pensa muito em uma mercadoria como papel higiênico, mas a Georgia-Pacific criou um envolvimento emocional para sua marca Angel Soft e seu posicionamento "seja suave, seja forte", com um comercial emocionante apresentando um pai solteiro criando uma filha desde a infância até a idade adulta. O anúncio mostra o pai sensível e carinhoso ajudando, sozinho, sua filha em toda variedade de atribulações da infância e adolescência, encerrando com este conselho: "Quando você está criando uma criança, seja suave. Quando você está fazendo isso sozinho, seja forte. A vida exige suavidade e força." Outro anúncio da série mostrava um pai carinhoso aconselhando e consolando seu filho adolescente após o rompimento de seu primeiro amor verdadeiro.[28]

Outros anúncios refletem a diversidade em evolução nos lares norte-americanos modernos. Por exemplo, o comercial "Seu pai" da Campbell Soup – parte da campanha "Feita de verdade. Para a vida de verdade" – apresentou um casal de mesmo sexo da vida real alimentando seu filho com a sopa temática da Campbell's de Guerra nas Estrelas enquanto imitavam a famosa frase de Darth Vader no filme: "Eu sou seu pai". O comercial, assim como outros da campanha, alinhava a marca ao propósito da empresa: "Comida de verdade que importa para momentos da vida real". Da mesma forma, a General Mills fez uma série de comerciais do cereal matinal Cheerios apresentando um casal inter-racial e sua filha retratando cenários típicos de uma família jovem – desde a filha derramando Cheerios no peito do pai adormecido depois de saber que Cheerios é bom para o coração, até ela negociando um novo cachorrinho depois de saber que terá um irmãozinho. Um profissional de *marketing* da General Mills disse: "Na Cheerios, sabemos que existem muitos tipos de famílias e celebramos todas elas".[29]

Mudanças geográficas na população dos Estados Unidos

Os norte-americanos se mudam bastante, com cerca de 10% de todos os residentes se mudando a cada ano. Nas últimas décadas, a população dos Estados Unidos se mudou dos estados de clima frio, próximos aos Grandes Lagos, para os estados mais quentes, ao Sul e Sudoeste do país. Com isso, o Oeste e o Sul cresceram, enquanto os estados do Centro-Oeste e Nordeste perderam população.[30] Essa mudança da população interessa aos profissionais de *marketing*, dado que pessoas de diferentes regiões compram de forma diferente.

Além disso, por mais de um século, os norte-americanos têm se mudado das áreas rurais para as áreas metropolitanas. Na década de 1950, eles fizeram uma saída maciça das cidades para os subúrbios. Hoje, a migração para os subúrbios continua. E cada vez mais pessoas estão se mudando para "áreas micropolitanas", pequenas cidades localizadas além das congestionadas áreas metropolitanas, como Minot, Dakota do Norte; Boone, Carolina do Norte; Traverse City, Michigan; e Concord, Nova Hampshire. Essas cidades menores oferecem muitas das vantagens das áreas metropolitanas – empregos, restaurantes, diversões, organizações comunitárias – mas sem a população esmagadora, engarrafamentos, altas taxas de criminalidade e altos impostos sobre propriedade, muitas vezes associados a áreas extremamente urbanizadas.[31]

A mudança no local onde as pessoas vivem também causou mudanças no local de trabalho. Por exemplo, a migração para áreas micropolitanas e suburbanas resultou em um rápido aumento no número de pessoas que trabalham à distância, seja em casa ou em um escritório compartilhado, utilizando PCs, *tablets* e *smartphones*. Um estudo recente descobriu que 43% dos norte-americanos empregados passam pelo menos algum tempo trabalhando remotamente.[32] Apesar do número surpreendente, apenas 4% de todos os empregados nos Estados Unidos trabalhavam exclusivamente de casa em 2019. Em maio de 2020, esse número subiu para 43%.

Muitos profissionais de *marketing* estão de olho no lucrativo mercado de teletrabalho. Por exemplo, aplicativos *on-line*, como o GoToMeeting da Citrix e o WebEx da Cisco e a Zoom, ajudam as pessoas que trabalham remotamente a se conectarem. Outras como Salesforce, Google, IBM e Slack oferecem aplicativos de computação em nuvem que permitem que as pessoas colaborem de qualquer lugar por meio da Internet e de dispositivos móveis. Por exemplo, o Slack foi descrito como "um aplicativo de mensagens com esteroides". Ele fornece um espaço de trabalho digital compartilhado que conecta pessoas em equipes e escritórios remotos por meio de mensagens individuais e em grupo em tempo real, salas de bate-papo, compartilhamento de arquivos, videochamadas e integrações com outros aplicativos e serviços baseados

Trabalhar remotamente: aplicativos como o Slack permitem que as pessoas que trabalham remotamente colaborem de qualquer lugar por meio da Internet e de dispositivos móveis.

Slack Technologies, Inc.

em nuvem. Slack (um acrônimo para *Searchable Log of All Conversations and Knowledge*, em tradução livre: registro buscável de todas as conversas e conhecimento) é "onde o trabalho acontece, para milhões de pessoas ao redor do mundo, todos os dias."[33]

Além disso, para trabalhadores remotos que não podem trabalhar totalmente em casa, empresas como ShareDesk, DaVinci e Regus alugam escritórios compartilhados totalmente equipados. Por uma taxa diária, mensal ou anual, pessoas que trabalham à distância podem alugar um espaço compartilhado que inclui as mesmas comodidades de um escritório comum, desde computadores em rede, impressoras e copiadoras até salas de conferência e espaços para lazer e descanso.

Uma população mais instruída, administrativa e profissional

A população dos Estados Unidos está se tornando mais instruída. Por exemplo, em 2017, 90% da população dos Estados Unidos com mais de 25 anos havia concluído o ensino médio e 34% tinha diploma superior, em comparação com 66% e 16%, respectivamente, em 1980.[34] A força de trabalho também tem sido mais direcionada a funções administrativas. O crescimento de emprego agora é maior para os trabalhadores de áreas administrativas do que para os trabalhadores da indústria. Entre 2016 e 2026, das 30 ocupações que se acreditava que teriam o crescimento de emprego mais rápido, a maioria exige algum nível de educação superior.[35] O número crescente de profissionais qualificados afeta não apenas o que as pessoas compram, mas também como elas compram.

Aumentando a diversidade

Os países variam em sua composição étnica e racial. Os Estados Unidos já foram frequentemente chamados de "caldeirão de raças", onde diversos grupos de nações e culturas se fundiram em um todo único, mais homogêneo. Mas em vez disso, os EUA parecem ter se tornado mais uma "grande salada" na qual vários grupos se misturaram, mas mantiveram sua identidade ao reter e valorizar importantes diferenças étnicas e culturais.

Os profissionais de *marketing* agora enfrentam mercados cada vez mais diversificados, tanto em casa quanto no exterior, à medida que suas operações adquirem um escopo mais internacional. A população dos Estados Unidos é composta por cerca de 60% de brancos não hispânicos, aproximadamente 19% de hispânicos, mais de 13% de afro-americanos, e 6% de ásio-americanos, sendo os grupos restantes de nativos havaianos, ilhéus do Pacífico, nativos americanos, esquimós ou aleútes. As populações étnicas do país devem expandir nas próximas décadas. Em 2060, os hispânicos serão cerca de 28% da população, os afro-americanos serão cerca de 15% e os ásio-americanos aumentarão para 9%.[36]

A maioria das grandes empresas, desde P&G, Walmart e McDonald's até Toyota e Marriott, agora direcionam produtos, anúncios e promoções especialmente criados para um ou todos esses diversos grupos. Por exemplo, considere o Marriott:[37]

> Como parte de sua campanha #LoveTravels, a Marriott realizou um esforço de mídia social direcionado especificamente aos consumidores hispânicos. Em uma série de vídeos do YouTube, estrelas hispânicas compartilharam histórias inspiradoras sobre seu orgulho de herança e relataram o que viajar significa para elas. Além dos vídeos do YouTube, a Marriott lançou anúncios na web e em dispositivos móveis no Pandora, no Facebook, no Twitter e no Instagram, na esperança de inspirar conversas genuínas e reais sobre cultura e viagens na comunidade hispânica.
>
> De modo mais amplo, a premiada e longa campanha Marriott #Love Travels apresenta esforços inclusivos direcionados a uma extensa diversidade de grupos, desde hispânicos, brancos, negros e asiáticos até casais do mesmo sexo com filhos e a comunidade transgênero. O *site* #LoveTravels conecta os visitantes a vários retratos em vídeo inspiradores de americanos diversos e seu amor por viagens. "O Marriott dá as boas-vindas a todos", diz o *site*. "O amor é uma linguagem universal compreendida por todos e, ao viajar, tem o poder de unir culturas e inspirar descobertas em todo o mundo – conectando pessoas, lugares e propósitos".

A diversidade vai além da origem étnica. Por exemplo, muitas grandes empresas se voltam explicitamente para consumidores homossexuais. De acordo com uma estimativa, os 4,5% dos adultos norte-americanos que se identificam como lésbicas, gays, bissexuais, transgêneros ou *queer* (LGBTQ) têm poder de compra de quase 1 trilhão de dólares.[38] A comunidade LGBTQIA+ tem emergido cada vez mais aos olhos do público em virtude de programas de TV como *Modern Family*, *Transparent* e *Gotham*; filmes como *Boy Erased* e *Bohemian Rhapsody*; e celebridades e figuras públicas abertamente gays, como Neil Patrick Harris, Ellen DeGeneres, Jason Collins (do Washington Wizards) e Tim Cook (CEO da Apple).

Marcas em diversos setores estão agora focando a comunidade LGBTQIA+ com anúncios e esforços de *marketing* específicos. Por exemplo, a Macy's e a Best Buy veiculam anúncios direcionados a casais cadastrados como do mesmo sexo em seus registros. A Starbucks recentemente publicou um anúncio de férias mostrando um casal do mesmo sexo inclinando-se para um beijo enquanto seguravam juntos um copo da Starbucks. A Frito-Lay lançou a edição limitada Doritos Rainbows, salgadinhos multicoloridos que demonstram a "expressão da inclusão e do apoio à individualidade" da marca. Além disso, o Wells Fargo se tornou um dos primeiros bancos a apresentar um casal LGBTQIA+ em uma campanha publicitária nacional de TV. O emocionante comercial, apresentando um casal de lésbicas adotando uma criança surda, faz parte de uma série de nove comerciais que também destaca outros diversos grupos de clientes. Como disse um representante da Wells Fargo: "Nós [...] abraçamos a diversidade em todos os aspectos, interna e externamente. Esta [campanha] é uma progressão muito importante e natural [desse valor] na forma como atendemos nossos clientes".[39]

Outro segmento de diversidade atrativo é o de pessoas com deficiência. Um em cada quatro adultos dos Estados Unidos tem uma deficiência, representando um mercado de 200 a 550 bilhões de dólares em poder de compra anual. A maioria das pessoas com deficiência são consumidores ativos. Por exemplo, um estudo descobriu que o segmento gasta 17,3 bilhões de dólares em 73 milhões de viagens de negócios ou lazer todos os anos.[40]

● Visando a clientes com deficiências: a campanha "Comece seu impossível" da Toyota incluiu anúncios destacando histórias inspiradoras da vida real de atletas que superaram desafios de mobilidade, como a esquiadora alpina Lauren Woolstencroft, medalhista de ouro paralímpica.

Bonny Makarewicz/EPA/Shutterstock; Editorial/Alamy Stock Photo

E como as empresas estão tentando alcançar os clientes com deficiência? Muitos profissionais de *marketing* adaptam seus produtos e serviços para atender às necessidades desse mercado. Por exemplo, a "equipe de acessibilidade" da Microsoft adapta os produtos, serviços e tecnologias da empresa para pessoas com uma ampla variedade de deficiências, incluindo visual, auditiva, intelectual, física ou diferenças cognitivas. Por exemplo, a empresa lançou recentemente o Xbox Adaptive Controller, um dispositivo personalizável que permite que os jogadores com deficiência joguem usando quaisquer habilidades que possuam por meio de suas mãos, pés, boca, cabeça, entre outros. Um anúncio recente mostra Owen, de nove anos, cuja deficiência física dificulta o uso de um controle típico, cercado por amigos que o incentivam enquanto ele ganha uma partida de videogame com o controle especial do Xbox. "O que eu gosto no controle adaptativo é que não importa como seu corpo é ou quão rápido você é, você pode jogar", diz Owen. "Quando todos jogam, todos nós ganhamos", conclui o anúncio.[41]

Outros profissionais de *marketing* reconhecem que o mundo das pessoas com ou sem deficiência costuma ser o mesmo. No caso de McDonald's, Verizon Wireless, Nike, Samsung, Nordstrom, Toyota e Apple, os profissionais de *marketing* apresentaram pessoas com deficiência em seu *marketing* convencional. ● Por exemplo, a campanha "Comece seu impossível" da Toyota, que foi veiculada durante os Jogos Olímpicos e Paralímpicos de Inverno de 2018, incluiu anúncios destacando histórias inspiradoras da vida real de atletas que superaram desafios de mobilidade. Um anúncio apresentava a esquiadora alpina canadense Lauren Woolstencroft, nascida sem o braço esquerdo abaixo do cotovelo, bem como as duas pernas abaixo dos joelhos, superando enormes obstáculos ao se tornar uma lendária medalhista de ouro paralímpica. "A Toyota acredita que a mobilidade vai além dos carros", afirma a empresa. "Trata-se de permitir a todos a liberdade de movimento."[42]

Ambiente econômico
Fatores econômicos que afetam o poder de compra e o padrão de gastos dos consumidores.

À medida que a população nos Estados Unidos se torna mais diversificada, os profissionais de *marketing* bem-sucedidos continuarão a diversificar seus programas de *marketing* para aproveitar as oportunidades em segmentos de rápido crescimento.

Comentário do autor | O ambiente econômico pode oferecer oportunidades e ameaças. Por exemplo, na era pós-Grande Recessão, marcada por gastos mais sensatos por parte do consumidor, "valor" passou a ser a palavra de ordem do *marketing*.

Ambiente econômico

Os mercados requerem tanto poder de compra como pessoas. O **ambiente econômico** consiste em fatores que afetam o poder de compra e o padrão de gastos dos consumidores. Os profissionais de *marketing* devem prestar bastante atenção às principais tendências e aos padrões de gastos dos consumidores nos mercados mundiais. Por exemplo, a Grande Recessão de 2008 a 2009 e suas consequências atingiram duramente os consumidores americanos. Após duas décadas de gastos excessivos, as novas realidades econômicas forçaram os consumidores a alinhar seu consumo de acordo com sua renda e repensar suas prioridades de compra.

Na era atual pós-recessão, os gastos do consumidor estão novamente em ascensão. No entanto, mesmo que a economia tenha se fortalecido, em vez de voltar aos velhos hábitos de gastos livres, os norte-americanos têm se mantido moderados. Cada grupo geracional enfrenta desafios financeiros. Por exemplo, muitos *boomers* estão vigiando suas contas de aposentadoria; muitos membros da geração X estão enfrentando a responsabilidade financeira de criar suas famílias, enviar seus filhos para a faculdade e apoiar seus pais idosos; e muitos *millennials* estão sobrecarregados com as despesas em empréstimos estudantis ou com a compra de casas próprias.

Como resultado, hoje em dia os consumidores adotaram uma nova sensatez de se manter com o básico em termos de estilo de vida e padrões de gastos, o que provavelmente persistirá nos próximos anos. Os novos gastos mais sóbrios não significam que as pessoas se resignaram a uma vida de privações. À medida que a economia melhorou, os consumidores estão novamente se entregando a luxos e compras mais caras, porém com mais cautela, buscando por maior valor nas coisas que compram. Por sua vez, empresas de todos os setores – de redes de varejo populares, como a Target, a marcas de luxo, como a Lexus e a Tiffany – estão se concentrando no valor em relação ao dinheiro, à praticidade e à durabilidade de suas ofertas de produtos e campanhas de *marketing*.

Ambiente econômico: os consumidores adotaram uma nova sensatez de se manter com o básico em termos de estilo de vida e padrões de gastos. Para atender a esse perfil mais econômico, a Target está enfatizando o lado "pague menos" de sua proposta de valor.

M Spencer Green/AP/Shutterstock

Por exemplo, durante anos, a rede de varejo popular Target concentrou-se cada vez mais no lado "Espere mais" da sua proposta de valor "Espere mais. Pague menos". Sua imagem de "desconto de luxo" cultivada cuidadosamente diferenciou-a com sucesso da posição de "preço mais baixo" do Walmart. Mas quando a economia azedou e os compradores mudaram cada vez mais para os varejistas *on-line* convenientes e de baixo preço, como a Amazon, muitos consumidores temeram que a seleção de produtos e o *marketing* mais modernos da Target também significassem preços mais altos. Assim, a Target colocou mais peso na parte "Pague menos" do slogan, certificando-se de que seus preços estivessem alinhados com os do Walmart e que os clientes soubessem disso. Embora ainda chique e moderno, o *marketing* da Target agora enfatiza mais o apelo prático em preços e economia. Oferecer "mais pelo seu dinheiro" ocupa um lugar de destaque na missão da Target. "Pensamos muito em seu orçamento e em como oferecer o melhor valor sempre que você compra conosco", diz a empresa.[43]

Ao se ajustar à economia, as empresas podem ficar tentadas a cortar seus orçamentos de *marketing* e reduzir os preços para persuadir os clientes a abrir suas carteiras. No entanto, embora cortar custos e oferecer descontos selecionados possam ser táticas de *marketing* importantes, os profissionais inteligentes entendem que fazer cortes nos lugares errados pode prejudicar a imagem da marca e o relacionamento de longo prazo com os clientes. O desafio é equilibrar a proposta de valor da marca com os tempos atuais e, ao mesmo tempo, aprimorar seu patrimônio de longo prazo. Assim, em vez de reduzir os preços em tempos econômicos incertos, muitos profissionais de *marketing* mantêm a linha de preços e, em vez disso, explicam por que suas marcas valem a pena.

Os profissionais de *marketing* devem prestar atenção às mudanças nas principais variáveis econômicas que têm grande impacto no mercado, como renda, custo de vida e padrões de poupança e empréstimos. As empresas observam e se antecipam a essas variáveis por meio de previsões econômicas. Elas não precisam ser aniquiladas por uma desaceleração econômica ou ficar desprevenidas por um crescimento econômico repentino. Com um tempo de aviso adequado, podem se aproveitar das mudanças no ambiente econômico.

Ambiente natural
O ambiente físico e os recursos naturais que são utilizados como insumos pelas empresas ou que são afetados pelas atividades de *marketing*.

Comentário do autor | As empresas esclarecidas de hoje estão desenvolvendo estratégias ambientalmente sustentáveis em um esforço para criar uma economia mundial que o planeta possa sustentar indefinidamente.

Ambientes natural e tecnológico

Objetivo 3.3 Identificar as principais tendências nos ambientes natural e tecnológico da empresa.

Ambiente natural

O **ambiente natural** envolve o ambiente físico e os recursos naturais que são utilizados como insumos pelas empresas ou que são afetados pelas atividades de *marketing*. Em um nível mais básico, acontecimentos inesperados no ambiente físico – desde mudanças climáticas até desastres naturais – podem afetar a empresa e suas estratégias de *marketing*.

Por exemplo, durante um inverno intenso há poucos anos – em que o termo *vórtice polar* entrou no vocabulário norte-americano –, as vendas foram impactadas em diversos negócios, de floristas e revendedores de automóveis a restaurantes, companhias aéreas e destinos turísticos. Em contraste, o clima severo impulsionou a demanda por produtos como sal, removedores de neve, roupas de inverno e reparos automotivos.

Embora as empresas não possam evitar ocorrências naturais, elas devem se preparar para lidar com elas. Por exemplo, empresas de transporte como a FedEx e a UPS mantêm times de meteorologistas em suas equipes para antecipar as condições climáticas que podem atrapalhar entregas pontuais em todo o mundo. "Alguém esperando um pacote em Bangkok não se importa se nevou em Louisville, Kentucky", diz um meteorologista da UPS. "Eles querem suas coisas."[44]

Em um nível mais amplo, as preocupações com a sustentabilidade ambiental têm crescido constantemente nas últimas décadas. Em muitas cidades ao redor do mundo, a poluição do ar e da água atingiu níveis perigosos. A preocupação mundial com relação ao aquecimento global continua a aumentar, e muitos ambientalistas temem que em breve seremos enterrados em nosso próprio lixo.

Os profissionais de *marketing* devem estar cientes das tendências no ambiente natural. Uma tendência importante envolve a crescente *escassez de matérias-primas*. Recursos renováveis, como florestas e alimentos, devem ser usados com sabedoria. Recursos não renováveis, como petróleo, carvão e vários minerais, representam um sério problema. As empresas que fabricam produtos que exigem esses recursos escassos enfrentam grandes aumentos de custos, mesmo que os materiais permaneçam disponíveis. Outra tendência é o *aumento da poluição*. A indústria quase sempre prejudicará a qualidade do ambiente natural, e as empresas atualmente estão se esforçando para reduzir suas pegadas ambientais com relação à produção, à distribuição, à embalagem, entre outras áreas.

Uma terceira tendência é o *aumento da intervenção governamental* na gestão dos recursos naturais. Os governos de muitos países agora buscam vigorosamente políticas de qualidade ambiental que afetam as ações de *marketing*. Nos Estados Unidos, a Agência de Proteção Ambiental (EPA) foi criada em 1970 para criar e aplicar padrões e conduzir pesquisas sobre poluição. No futuro, as empresas que fazem negócios nos Estados Unidos podem esperar fortes controles contínuos do governo e pressões de grupos ambientais. Em vez de se opor à regulamentação, muitos profissionais de *marketing* estão agora ajudando a desenvolver soluções para os problemas de materiais e energia que o mundo enfrenta.

Sustentabilidade ambiental
Desenvolvimento de estratégias e práticas que criam uma economia mundial que o planeta pode sustentar indefinidamente.

A preocupação com o ambiente natural gerou agora um movimento em direção à **sustentabilidade ambiental**. Hoje, as empresas esclarecidas vão além do que as regulamentações governamentais ditam. Eles estão desenvolvendo estratégias e práticas que criem uma economia mundial que o planeta possa sustentar indefinidamente. A sustentabilidade ambiental significa atender às necessidades do presente sem comprometer a capacidade das gerações futuras de atender às suas necessidades.

Muitas empresas estão respondendo às demandas dos clientes por produtos mais responsáveis ambientalmente. Outras estão desenvolvendo embalagens recicláveis ou biodegradáveis, materiais e componentes reciclados, melhores controles de poluição e operações com maior eficiência energética. Por exemplo, o Walmart, despontou nos últimos anos como uma super "babá ecológica" mundial por meio de suas próprias ações de sustentabilidade ambiental e de seu impacto nas ações dos fornecedores:[45]

Ambiente natural: o Walmart despontou nos últimos anos como uma super "babá ecológica" mundial por meio de suas próprias ações de sustentabilidade ambiental e de seu impacto nas ações de sua enorme rede de fornecedores.

grzegorz knec/Alamy Stock Photo; beboy/Shutterstock

> Quando se trata de sustentabilidade, talvez nenhuma empresa no mundo esteja fazendo mais bem hoje em dia do que o Walmart. Isso mesmo – o grande e mau Walmart. Atualmente, o gigante varejista é um das maiores defensores mundiais na causa de salvar o mundo para as futuras gerações. Para começar, a empresa está lançando novas lojas de alta eficiência, cada uma economizando mais energia que a outra. Essas lojas usam turbinas eólicas para gerar energia, iluminação fluorescente linear de alto rendimento para reduzir a energia que as lojas usam, e paisagismo nativo para reduzir a necessidade de irrigação e o uso de fertilizantes. Os sistemas de aquecimento das lojas queimam óleo de cozinha recuperado das fritadeiras das cantinas e óleo de motor dos centros automotivos Tire and Lube Express. Todos os resíduos orgânicos, incluindo produtos, carnes e papel, são transportados para uma empresa que os transforma em adubo vegetal para os jardins. O Walmart está comprometido em conseguir usar 100% de energia renovável em todas

as suas lojas e centros de distribuição (atualmente está em 28%) e enviar zero resíduos para aterros (atualmente reduzido para apenas 19%).

O Walmart não apenas está tornando suas próprias operações mais verdes, mas também expandiu seu regulamento ecológico para que sua vasta rede de fornecedores faça o mesmo, pedindo-lhes que examinem os ciclos de vida do carbono de seus produtos e repensem como obtêm, fabricam, embalam e transportam essas mercadorias. Desenvolveu também o programa Índice de Sustentabilidade Walmart, que ajuda os fornecedores a entender, monitorar e aprimorar a sustentabilidade de seus produtos e de sua cadeia de suprimentos. Por meio de seu Projeto Gigaton, o Walmart está trabalhando com seus fornecedores para reduzir suas emissões em um gigaton entre 2015 e 2030 – o equivalente às emissões de 100 milhões de residências ou 211 milhões de carros por ano. Como resultado, os fornecedores do Walmart cortaram energia, água, materiais, ingredientes tóxicos e outros insumos, criando menos resíduos e menos emissões para si mesmos, bem como para as lojas e consumidores do Walmart. Com seu imenso poder de compra, o Walmart pode convencer até mesmo o fornecedor mais poderoso. Ao impor suas demandas ambientais aos fornecedores, o Walmart tem ainda mais influência do que os reguladores do governo. Enquanto a EPA (United States Environmental Protection Agency – Agência de Proteção Ambiental dos Estados Unidos). Só pode nivelar multas nominais, o Walmart pode ameaçar uma parte substancial dos negócios de um fornecedor.

As empresas estão aprendendo que o que é bom para o bem-estar do cliente e do planeta também pode ser bom para os negócios. Por exemplo, a cobrança ecológica do Walmart é mais do que apenas fazer a coisa certa. Também faz sentido para os negócios, uma vez que operações mais eficientes e produtos com menos desperdício não são apenas bons para o meio ambiente, mas também economizam dinheiro da empresa. "No final das contas", diz o diretor de sustentabilidade do Walmart, "os ganhos de eficiência que você obtém por meio de programas como eficiência energética e ao operar um sistema melhor e mais inteligente resultam em algumas economias financeiras reais". Custos mais baixos, por sua vez, permitem que o Walmart faça mais do que sempre fez de melhor: economizar dinheiro para os clientes.

Muitas empresas hoje procuram fazer mais do que apenas boas ações. Cada vez mais, as empresas estão fazendo da sustentabilidade ambiental parte de suas missões principais. Por exemplo, a fabricante de roupas e equipamentos para atividades ao ar livre Patagonia doa 1% de sua receita anualmente para causas ambientais e adere ferozmente ao mantra "não cause danos desnecessários" ao meio ambiente. Mais do que apenas implementar práticas de sustentabilidade, a Patagonia quer "reimaginar um mundo em que levamos apenas o que a natureza pode substituir".

Comentário do autor | Os avanços tecnológicos talvez sejam as forças mais significativas que afetam as estratégias de *marketing* atuais. Basta pensar no tremendo impacto das tecnologias digitais no *marketing* – que explodiram nos últimos anos. Você verá exemplos mundiais de *marketing on-line*, móvel e de mídia social em rápido crescimento em todos os capítulos, e os discutiremos em detalhes no Capítulo 14.

Ambiente tecnológico

Ambiente tecnológico
Forças que criam novas tecnologias, gerando novas oportunidades de produto e mercado.

O **ambiente tecnológico** talvez seja a força mais significativa que está moldando o mundo. A tecnologia lançou maravilhas como antibióticos, viagens aéreas, Internet, *smartphones*, inteligência artificial e carros autônomos. Também criou horrores, como mísseis nucleares e rifles de assalto. Nossa atitude com relação à tecnologia depende se ficamos mais impressionados com suas maravilhas ou com suas atrocidades.

As tecnologias digitais e o surgimento da Internet das Coisas (IoT) criaram um admirável mundo novo em *marketing*. A enxurrada aparentemente interminável de avanços digitais está afetando todos os aspectos de como os clientes aprendem, compram e experimentam as marcas. Por sua vez, a era digital oferece aos profissionais de *marketing* oportunidades interessantes para entender os consumidores, criar novos produtos e engajar os clientes de maneiras mais diretas e significativas. Duas décadas atrás, mesmo futuristas de olhos arregalados teriam dificuldade em imaginar o mundo digital de hoje:

O digital tornou-se uma parte inseparável de tudo o que fazemos como consumidores. Você vê isso nos produtos que compramos – de tecnologia vestível, como Fitbits e relógios da Apple, a dispositivos *smarthome* IoT conectados, como monitores Nest, alto-falantes sem fio Sonos e *gadgets smarthome* do Google; até carros com forte tecnologia digital, como o Tesla, que pode dirigir sozinho por curtos períodos. Você vê isso na maneira como compramos – desde a mudança maciça de compras em lojas físicas para compras na web e em dispositivos móveis, nossa dependência de aplicativos e *chatbots*, até a maneira como apreciamos experiências de marca aprimoradas por realidade aumentada e outras "magias" digitais. É evidente também na forma como nos relacionamos com as marcas, por meio de comunidades de marcas digitais, aplicativos da web e móveis, assim como nas redes sociais, nossas companheiras constantes. Precisa de mais informações ou assistência para compras? Basta perguntar à Alexa da Amazon ou à Siri da Apple, ou até mesmo deixá-las fazer as compras para você. Hoje, nossas vidas como consumidores – e nossas vidas em geral – estão inevitavelmente ligadas a todas as coisas digitais. Elas se tornaram parte de nós, quase como em um romance de Dan Brown, em que um futurista prevê que os humanos eventualmente evoluirão para seres que são metade humanos e metade máquinas alimentadas por inteligência artificial. Ficção? Improvável? Quem sabe.

A Disney aproveita ao máximo a tecnologia digital para criar experiências mágicas para seus clientes no Walt Disney World Resort. Há cinco anos, a empresa lançou o My Disney Experience, um aplicativo móvel e web que ajuda os hóspedes a planejar suas viagens e gerenciar suas visitas em tempo real enquanto estiverem no resort. No centro da experiência está uma pulseira embutida com RFID (identificação por radiofrequência) chamada "MagicBand":[46]

> Usar uma MagicBand no Walt Disney World Resort é um nível totalmente novo da famosa magia da Disney. Depois de se cadastrar nos serviços MyMagic+ baseados em nuvem, com um movimento de seu pulso você pode entrar em parques ou atrações, pagar jantares ou lembranças, evitar filas ou até mesmo abrir a porta de seu quarto no hotel. Mas esse é apenas o começo a ser explorado do potencial da MagicBand para personalizar as experiências dos hóspede. Aplicações futuras podem ser verdadeiramente mágicas. Imagine, por exemplo, como seria maravilhoso uma criança que recebe um abraço caloroso do Mickey Mouse ou uma reverência do Príncipe Encantado, cumprimentando-a pelo nome e desejando um feliz aniversário. Imagine animatrônicos que interagem com convidados próximos com base em informações pessoais fornecidas com antecedência. Você se perdeu da família ou dos amigos? Sem problemas. Uma varredura rápida de sua MagicBand pode identificar a localização de seu grupo. Vinculada a seu aplicativo da Disney, a MagicBand pode acionar informações detalhadas sobre os recursos do parque, tempos de espera de passeios, alertas de *check-in* do FastPass para evitar filas e sua programação de reservas. É claro que a MagicBand também oferece à Disney um potencial banco de dados digitais sobre atividades e movimentos dos hóspedes em detalhes minuciosos, ajudando a melhorar a logística, os serviços e as vendas dos hóspedes. Se tudo isso parecer muito Big Brother, poderá haver opções de privacidade – por exemplo, permitir que os pais optem por coisas como personagens que sabem os nomes das crianças. Ao todo, essas tecnologias digitais prometem enriquecer a experiência Disney tanto para os hóspedes quanto para a empresa.

Tecnologia de *marketing*: a Disney aproveita ao máximo a tecnologia digital para criar experiências mágicas para os clientes no Walt Disney World Resort.

GREGG MATTHEWS/The New York Times/Redux

O ambiente tecnológico muda rapidamente, criando mercados e oportunidades. No entanto, cada nova tecnologia substitui uma tecnologia mais antiga. Os transistores prejudicaram a indústria de válvulas termiônicas, a fotografia digital prejudicou o negócio de filmes e os *downloads* e *streaming* digitais prejudicaram os negócios de DVD e livros. Quando indústrias antigas lutam contra ou ignoram novas tecnologias, seus negócios declinam. Os profissionais de *marketing* devem observar atentamente o ambiente tecnológico, e as empresas que não o acompanharem logo encontrarão seus produtos desatualizados. Se isso acontecer, elas perderão novos produtos e oportunidades de mercado.

À medida que os produtos e as-/8 tecnologias se tornam mais complexos, o público precisa ter certeza de que eles são seguros. Assim, as agências governamentais investigam e proíbem produtos potencialmente inseguros. Nos Estados Unidos, a FDA (Food and Drug Administration – Administração de Alimentos e Medicamentos) criou regulamentos complexos para testar novos medicamentos. Já a CPSC (Consumer Product Safety Comission – Comissão de Segurança de Produtos ao Consumidor) estabelece normas de segurança para produtos de consumo e penaliza as empresas que não as cumprem. Essas regulamentações resultaram em custos de pesquisa muito mais altos e tempos mais longos entre a concepção de novos produtos e seus lançamentos. Os profissionais de *marketing* devem estar cientes desses regulamentos ao aplicar novas tecnologias e desenvolver novos produtos.

Comentário do autor | Mesmo os mais fortes defensores do livre mercado concordam que o sistema funciona melhor com algum tipo de regulamentação. Mas além da regulamentação, a maioria das empresas quer ser socialmente responsável. Vamos nos aprofundar em *marketing* e responsabilidade social no Capítulo 20.

Ambiente político-social e cultural

Objetivo 3.4 Explicar as principais mudanças nos ambientes político e cultural.

Ambiente político e social

Ambiente político
Leis, órgãos governamentais e grupos de pressão que influenciam ou limitam várias organizações e indivíduos em determinada sociedade.

As decisões de *marketing* são fortemente afetadas por acontecimentos no ambiente político. O **ambiente político** consiste em leis, órgãos governamentais e grupos de pressão que influenciam ou limitam várias organizações e indivíduos em uma determinada sociedade.

Leis que afetam os negócios

Mesmo os maiores defensores da economia de livre mercado concordam que o sistema funciona melhor com algumas regulações. Quando é bem concebida, a regulação pode estimular a concorrência e garantir mercados satisfatórios para produtos e serviços. Assim, para orientar o comércio, os governos desenvolvem *políticas públicas* – conjuntos de leis e regulações que limitam os negócios para o bem da sociedade como um todo. Quase toda atividade de *marketing* está submetida a uma ampla gama de leis e regulações.

Nos últimos anos, as leis que afetam os negócios aumentaram em um ritmo constante no mundo todo. Os Estados Unidos e muitos outros países possuem muitas leis que abrangem questões como concorrência, práticas de comércio, proteção ambiental, segurança dos produtos, propaganda enganosa, privacidade do consumidor, embalagem e rotulagem, determinação de preços e outras importantes áreas (veja a ● **Tabela 3.1**, que apresenta principais leis brasileiras que impactam as atividades de *marketing*.).

Compreender as implicações de políticas públicas de determinada atividade de *marketing* não é uma questão simples. Nos Estados Unidos, existem muitas leis criadas nos níveis nacional, estadual e local, e essas regulamentações geralmente se sobrepõem. Por exemplo, os produtos de aspirina vendidos em Dallas são regidos pelas leis federais de rotulagem e pelas leis estaduais de publicidade do Texas. Além disso, os regulamentos estão em constante mudança; o que foi permitido no ano passado pode agora ser proibido, e o que foi proibido pode agora ser permitido. Os profissionais de *marketing* devem trabalhar duro para acompanhar as mudanças nos regulamentos e suas interpretações.

A legislação empresarial foi promulgada por uma série de razões. A primeira é *proteger as empresas* umas das outras. Embora os executivos de negócios possam elogiar a concorrência, eles às vezes tentam neutralizá-la quando ela os ameaça. Portanto, leis são aprovadas para definir e prevenir a concorrência desleal. Nos Estados Unidos, essas leis são aplicadas pela FTC (Federal Trade Commission – Comissão Federal de Comércio) e pela divisão antitruste da Procuradoria Geral.

Essas leis também têm o propósito de *proteger os consumidores* de práticas de negócios desleais. Se não houvesse nenhum controle, algumas empresas fabricariam produtos de má qualidade, invadiriam a privacidade dos consumidores, mentiriam em sua propaganda e enganariam os consumidores em suas embalagens e preços. As práticas desleais de negócios são definidas e fiscalizadas por vários órgãos governamentais.

As leis voltadas para os negócios têm ainda como propósito *proteger os interesses da sociedade* contra o comportamento descomedido das empresas. Atividades empresariais lucrativas nem sempre geram uma melhor qualidade de vida. A regulação tem como objetivo assegurar que as empresas assumam a responsabilidade pelos custos sociais de sua produção ou de seus produtos.

Os profissionais de *marketing* internacional encontrarão dezenas, senão centenas, de órgãos criados para fazer cumprir as políticas e as regulações do comércio. Nos Estados Unidos, o Congresso criou órgãos federais reguladores como a FTC, a FDA, a Federal Communications Commission (Comissão Federal de Comunicações), a Federal Energy Regulatory Commission (Comissão Federal Regulatória de Energia), a Federal Aviation Administration (Administração Federal de Aviação), a CPSC, a EPA e centenas de outros. Como esses órgãos governamentais têm certa autonomia para fazer cumprir as leis, podem causar um grande impacto no desempenho de *marketing* da empresa.

Novas leis continuarão a ser criadas, e o controle será cada vez maior. Os executivos devem considerar isso na hora de planejar seus produtos e programas de *marketing*. Os profissionais de *marketing* precisam conhecer as principais leis de proteção à concorrência entre as empresas, aos consumidores e à sociedade. Eles precisam entender essas leis nos níveis local, estadual, nacional e internacional.

Quase todos os aspectos do *marketing* envolvem questões éticas e de responsabilidade social. Infelizmente, como essas questões, em geral, implicam conflitos de interesses, pessoas bem-intencionadas podem acabar discordando com relação ao curso de ação mais adequado em uma situação específica. Por conta disso, muitas associações profissionais e setoriais têm sugerido códigos de ética. E um número maior de empresas está desenvolvendo políticas, diretrizes e outras respostas para as complexas questões associadas à responsabilidade social.

A explosão do *marketing on-line*, móvel e de mídia social criou um novo conjunto de questões éticas e sociais. Os críticos se preocupam, particularmente, com as questões relacionadas à privacidade *on-line*. Houve um aumento enorme na quantidade de dados digitais pessoais disponíveis, e os próprios usuários fornecem parte desses dados. Voluntariamente, eles divulgam informações

Tabela 3.1 Principais Leis Brasileiras que impactam as atividades de *marketing*

Lei 5.197 (1967)	Regula a utilização de animais da fauna silvestre na publicidade.
Campanhas Promocionais no Brasil – Aspectos Legais Lei 5.768 (1971)	Abre a legislação sobre distribuição gratuita de prêmios, mediante sorteio, vale-brinde ou concurso, a título de propaganda, estabelece normas de proteção à poupança popular, e dá outras providências. A legislação brasileira é extremamente restritiva quanto à distribuição de prêmios em promoções a título de propaganda. Toda distribuição de prêmios deve ser regulamentada por lei do Governo Federal, segundo o art. 22, inc XX da Constituição Federal. Sempre que a distribuição for realizada mediante sorteio, concurso, vale-brinde ou de maneira semelhante deverá ser necessariamente aprovada pelo Ministério da Fazenda, com a exceção de concursos que distribuam prêmios apenas a título meramente cultural, recreativo ou educacional. Podem ser dados como prêmio, os seguintes itens: mercadoria de produção nacional ou regularmente importadas/Títulos da Dívida Pública da União e outros Títulos de créditos que forem admitidos pelo Ministro da Fazenda e Planejamento/ Unidades residenciais, situadas no país, em zona urbana/Viagens de turismo abrangendo transporte ao destino, residência, hospedagem e no mínimo uma refeição diária/Bolsas de Estudo. E não podem ser dados como prêmio, os seguintes itens: medicamentos/armas e munições, explosivos, fogos de artifício ou estampido/bebidas alcóolicas/fumos e derivados/dinheiro/outros produtos relacionados pelo Ministério da Fazenda.
Lei 6.360 (1976)	Dispõe sobre a Vigilância Sanitária a que ficam sujeitos os Medicamentos, as Drogas, os Insumos Farmacêuticos e Correlatos, Cosméticos, Saneantes e Outros Produtos, e dá outras Providências.
Lei 6.463 (1977)	Torna obrigatória a declaração de preço total nas vendas a prestação e dá outras providências.
Lei 6.437 (1977)	Proíbe a fabricação e venda de alimentos adulterados ou com embalagem danificada, configura infrações a legislação sanitária federal, estabelece as sanções respectivas, e dá outras providências.
Conar – Conselho Nacional de Autorregulamentação Publicitária (1980)	É uma organização da sociedade civil fundada em São Paulo, Brasil, em 1980, pela ABAP – Associação Brasileira de Agências de Publicidade, ABA – Associação Brasileira de Anunciantes, ANJ – Associação Nacional de Jornais, ABERT – Associação Brasileira de Emissoras de Rádio e Televisão, ANER – Associação Nacional de Editores de Revistas, CENTRAL DE *OUTDOOR*, e que conta com a adesão da ABTA – Associação Brasileira de TV por Assinatura, FENEEC – Federação Nacional das Empresas Exibidoras Cinematográficas e da IAB BRASIL – Interactive Advertising Bureau [Internet]. A atividade desenvolvida pelo Conar visa evitar a veiculação de anúncios e campanhas de conteúdo enganoso, ofensivo, abusivo ou que desrespeitem, entre outros, a leal concorrência entre anunciantes. A entidade não tem "poder de polícia"; não pode mandar prender, não multa, não pode mandar devolver dinheiro ao consumidor ou mandar trocar mercadorias. O foco é a ética na publicidade e, neste campo, ela pode evitar excessos e corrigir desvios e deficiências constatadas nas campanhas publicitárias.
Constituição da República Federativa do Brasil (1988):	Art. 22, inciso XXIX (competência para legislar sobre propaganda comercial); – art. 220 determina que haja liberdade de manifestação; proibição de censura; restrições admitidas a programações e propaganda.
Lei 8.078 (1990) – Código de Defesa do Consumidor: Dispõe sobre a proteção do consumidor e dá outras providências com a relação à	Art. 39. proibição de prática de métodos comerciais desleais e abusivos, Art. 31. à divulgação de informações corretas e claras sobre um produto ou serviço (suas características, qualidades, quantidade, composição, preço, garantia, prazos de validade, origem), Art. 37. à publicidade que se aproveite da deficiência de julgamento e de experiência da criança ou que seja capaz de induzir o consumidor a se comportar de forma prejudicial ou perigosa à saúde, por exemplo, entre tantos outros direitos do consumidor.

(continua)

● Tabela 3.1 Principais Leis Brasileiras que impactam as atividades de *marketing* (Continuação)

Lei 8.069 (1990)	Dispõe sobre a proteção integral à criança e ao adolescente em vários campos, como por exemplo, relacionado à venda de produtos e serviços nocivos, presente no Art. 81.
Lei Antitruste – Lei 8.884 (1994)	Proíbe ações que limitem, ou tenham possibilidade de limitar, a concorrência e por meio de restrições a estruturas de mercado que sejam permissivas, como a conduta paralela e o preço predatório
Lei 9.294 (1996)	Faz restrições ao uso e à propaganda de produtos fumígeros, bebidas alcoólicas, medicamentos, terapias e defensivos agrícolas.
Lei 9.279 (1996)	Regula os direitos e obrigações relativos à propriedade industrial, como o registro de marcas e patentes.
Lei 9.437 (1997)	Proíbe a fabricação, venda, comercialização ou importação de brinquedos, que se constituem em réplicas ou similares de armas de fogo.
Lei 10.406 (2002)	Institui o novo código civil. Os Arts. 18 e 19 tratam do uso do nome e apelido e o Art. 20 do uso de imagem.
Lei 11.265 (2006)	Regulamenta a comercialização de alimentos para lactantes e crianças de primeira infância e também a de produtos de puericultura correlatos.

privadas em redes sociais, como o Facebook e o LinkedIn, ou em *sites* de genealogia, que podem ser facilmente encontradas por qualquer um com um computador ou um *smartphone*.

Entretanto, grande parte das informações é sistematicamente desenvolvida por empresas que querem saber mais sobre seus clientes, muitas vezes sem eles perceberem que estão sendo observados. Negócios legítimos não apenas rastreiam o comportamento de compra e de navegação dos consumidores na Internet, como também coletam, analisam e compartilham informações digitais sobre todo movimento que eles fazem em seus *sites*. Os críticos se preocupam com o fato de as empresas poderem saber *demais* e utilizar os dados digitais para obter vantagens dos consumidores de maneira desonesta.

Apesar de a maioria das empresas divulgar abertamente suas políticas de privacidade na Internet e utilizar esses dados para beneficiar seus clientes, abusos ocorrem. Nos últimos anos, violações de dados de consumidores de grandes empresas como Meta, Yahoo!, Equifax (uma agência de crédito), Target, Uber, Sony, Marriott, entre outras, ameaçaram a privacidade de centenas de milhões, ou mesmo bilhões, de indivíduos.[47] Como resultado, os defensores dos consumidores e os legisladores estão tomando medidas para proteger a privacidade do consumidor. No Capítulo 20, discutiremos com mais detalhes essas e outras questões relacionadas ao *marketing* societal.

Marketing de causas sociais Para exercer sua responsabilidade social e construir imagens mais positivas, as empresas muitas vezes associam-se a causas que valem a pena. Hoje em dia, cada produto parece estar ligado a alguma causa. Por exemplo, a State Farm reforça seu posicionamento de "boa vizinhança" com o programa "Vizinhança do Bem" que incentiva os segurados a serem voluntários em organizações de caridade em suas comunidades. A marca Pampers da P&G faz parceria com a UNICEF a fim de fornecer vacinas para eliminar o tétano neonatal em 58 países, enquanto sua marca Gillette veicula anúncios contra a "masculinidade tóxica" relacionada ao *bullying* e o assédio sexual. E o programa Care Counts da Whirlpool coloca máquinas de lavar e secadoras nas escolas para que as crianças em situação de risco possam ter roupas sempre limpas, aumentando sua confiança e sua frequência nas aulas. Com isso, o programa impulsionou a frequência escolar de 91% das crianças participantes.[48]

Algumas empresas fundamentaram toda sua missão em causas sociais. Com base no conceito de "negócios orientados para valores" ou "capitalismo consciente", a missão dessas organizações é utilizar os negócios para fazer do mundo um lugar melhor. ● Por exemplo, a Ben & Jerry's, uma divisão da Unilever, há muito tempo se orgulha de ser um "negócio orientado por valores", que cria

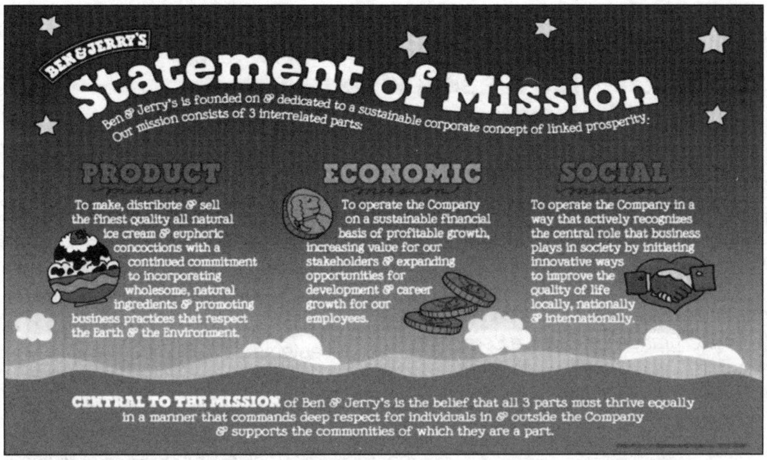

***Marketing* de causas sociais: a missão em três partes de "prosperidade conectada" da Ben & Jerry's a leva a fazer sorvetes fantásticos (missão do produto), gerenciar a empresa para um crescimento financeiro sustentável (missão econômica) e usar a empresa "de maneiras inovadoras para fazer do mundo um lugar melhor" (missão social). Tanto a Ben & Jerry's quanto seus produtos são "feitos de algo melhor".**

Ben & Jerry's Homemade Inc.

"prosperidade conectada" a todos que estão ligados à marca – de fornecedores a funcionários, clientes e comunidades:[49]

> Regida por sua missão de três partes, a Ben & Jerry's quer fazer sorvetes fantásticos (missão do produto), gerenciar a empresa para um crescimento financeiro sustentável (missão econômica) e usar a empresa "de maneiras inovadoras para tornar o mundo um lugar melhor" (missão social). A Ben & Jerry's respalda sua missão por meio de ações. Por exemplo, a empresa está comprometida em usar ingredientes saudáveis, naturais, não transgênicos e com certificação de comércio justo, comprados de fazendas locais. Além disso, emprega práticas de negócios "que respeitam a terra e o meio ambiente", investindo em energia eólica, uso solar, viagens com compensação de carbono e neutralização de carbono. Seu programa Caring Dairy ajuda os agricultores a desenvolver práticas mais sustentáveis na fazenda ("Caring Dairy resulta em vacas felizes, agricultores felizes e um planeta feliz"). A Ben & Jerry's Foundation concede quase 2 milhões de dólares anualmente em doações de base para organizações de serviços comunitários e projetos em comunidades em todo o país. A Ben & Jerry's também opera 14 PartnerShops, lojas que são de propriedade independente e operadas por organizações sem fins lucrativos baseadas na comunidade. A empresa dispensa as taxas de franquia padrão para essas lojas.

O *marketing* de causas sociais tornou-se uma forma básica de doações corporativas. Ele permite às empresas a oportunidade de "se dar bem fazendo o bem", vinculando as compras de produtos ou serviços da empresa a causas nobres ou a instituições de caridade (ver Marketing Real 3.1). Marcas com um propósito mais nobre geralmente produzem melhores resultados de negócios. De acordo com um estudo recente, 64% dos consumidores globais são agora "orientados pela crença" de que escolherão ou evitarão uma marca com base em sua opinião sobre questões sociais.[50] Assim, além de ser socialmente admirável, o *marketing* de causa social pode fazer sentido econômico para a empresa. Por exemplo, apesar de sua missão baseada em valores, ou mais provavelmente por causa disso, a Ben & Jerry's é a segunda maior marca de sorvetes do país, atrás apenas da Breyers, com cerca de meio bilhão de dólares em vendas anuais. No caso do programa Care Counts da Whirpool, além de aumentar a frequência escolar, também impulsionou a imagem da empresa, ganhando 350 milhões em impressões de mídia, mais de 12 milhões de visualizações de vídeos no Facebook e YouTube e um aumento significativo na intenção de compra da marca.[51]

O *marketing* de causas sociais também gerou algumas controvérsias. Os críticos questionam se esse tipo de *marketing* é mais uma estratégia para vender do que para doar – se o *marketing* de "causas sociais" não é, na verdade, um *marketing* "explorador de causas sociais". Desse modo, as empresas que usam o *marketing* de causas sociais podem estar em uma linha tênue entre uma boa imagem e a falta de autenticidade por tentar tirar proveito da situação. No entanto, se bem tratado, o *marketing* de causas sociais pode beneficiar muito a empresa e a própria causa em si. A empresa ganha uma ferramenta de *marketing* eficaz enquanto constrói uma imagem pública mais positiva. A organização ou causa beneficente ganha maior visibilidade e novas fontes importantes de financiamento e apoio. Entretanto, se bem conduzido, o *marketing* de causas sociais pode beneficiar tanto a empresa quanto a causa abraçada. A empresa ganha uma ferramenta de *marketing* eficiente, ao mesmo tempo em que constrói uma imagem pública mais positiva. A instituição de caridade ou a causa ganha maior visibilidade e novas fontes importantes de financiamento e apoio. Os gastos com *marketing* de causas sociais subiram vertiginosamente nos Estados Unidos de apenas 120 milhões de dólares em 1990 para mais de 2,2 bilhões em 2019.[52]

Ambiente cultural
Instituições e outras forças que afetam os valores, as percepções, as preferências e os comportamentos básicos da sociedade.

Comentário do autor | Aspectos culturais afetam fortemente como as pessoas pensam e como elas consomem, por isso profissionais de *marketing* estão profundamente interessados no ambiente cultural.

Ambiente cultural

O **ambiente cultural** é composto de instituições e outras forças que afetam os valores, as percepções, as preferências e os comportamentos básicos da sociedade. As pessoas crescem em determinada sociedade, que molda suas crenças e seus valores básicos. Elas absorvem uma visão de mundo que define seu relacionamento com os outros. As características culturais a seguir podem afetar a tomada de decisões de *marketing*.

Marketing Real 3.1 | *Marketing* de causas sociais: conectando marcas, clientes e causas sociais.

Nos Estados Unidos, para ver o *marketing* de causas sociais em ação, não é preciso muito esforço. Ao pagar um dólar por um selo da Miracle Balloon nos caixas do Walmart ou do Sam's Club, é possível apoiar a rede de hospitais infantis Children's Miracle Network Hospitals em todo o país. Ao dar um ou dois dólares extras na Petco, é possível ajudar a financiar programas de adoção e bem-estar animal. As doações nas lojas da Best Buy beneficiam o hospital infantil St. Jude Children's Research Hospital. E o programa "eBay for Charity" faz com que os mais de 171 milhões de membros da comunidade do eBay possam doar de modo simples para suas instituições de caridade favoritas ao comprar ou vender no *site* da marca. Esses programas de caridade arrecadam centenas de milhões de dólares para causas nobres a cada ano. Ao mesmo tempo, eles adicionam "propósito além dos lucros" para varejistas e seus funcionários.

Mas o *marketing* de causas sociais vai muito além dos varejistas. Parece que quase todas as marcas apoiam causas sociais, e os esforços relacionados a elas são muito mais complexos do que simplesmente coletar doações para instituições de caridade. Em vez disso, bons programas de *marketing* de causas sociais conectam estrategicamente marcas, causas e clientes de maneiras autênticas e significativas que beneficiam a todos.

Por exemplo, nos últimos anos, a cervejaria belga Stella Artois, de propriedade da Anheuser-Busch, se uniu à organização sem fins lucrativos Water.org para apoiar a causa de fornecer água potável para pessoas em países em desenvolvimento. A parceria começou com uma campanha da Stella intitulada "Compre uma bebida para uma dama", com uma série de vídeos que destacou a situação das mulheres em todo o mundo em sua busca por água potável. A pesquisa mostrou que as mulheres em áreas em desenvolvimento gastam coletivamente 200.000 horas por dia coletando água; andando quilômetros, faltando à escola, enfrentando brigas em bombas públicas e ficando sem água quando não têm sucesso.

Os vídeos não destacaram somente os problemas da vida sem água, mas também as alegrias da vida com ela. O acesso à água potável permite que as mulheres cuidem de suas famílias, o que faz com que ganhem renda e persigam seus sonhos. Cada vídeo terminava pedindo aos espectadores que "ajudem mais mulheres a iniciar novas jornadas" comprando taças de cerveja Stella de edição limitada. Cada taça, projetada por artistas, foi inspirada na herança cultural de um país específico, incluindo Índia, Etiópia, México e Peru. Para cada taça comprada, a marca doou 3,13 dólares à Water.org, o suficiente para fornecer água potável a uma pessoa por cinco anos.

A Stella Artois ainda está vendendo taças, mas a marca ampliou as maneiras pelas quais os consumidores podem apoiar a Water.org. Por exemplo, lançou recentemente uma campanha #PourItForward (algo como #SirvaAdiante). A campanha começou com um anúncio do Super Bowl que ressuscitou dois personagens icônicos – Jeff Bridges como "The Dude" do filme *O grande Lebowski* e Sara Jessica Parker como Carrie Bradshaw da série *Sex and the City*. Os dois personagens se encontram em um restaurante chique, desfrutam de uma Stella Artois e "mudam de costume". A propaganda observa que, além da compra das taças, para cada cerveja Stella Artois comprada e cada uso da hashtag #PourItForward nas redes sociais, a empresa faria uma doação para a Water.org. "Juntos, podemos mudar mais vidas", concluiu a marca. "Juntos, vamos #PourItForward". Até agora, com a ajuda da Stella, a Water.org transformou positivamente mais de 17 milhões de vidas em todo o mundo com acesso à água potável e ao saneamento.

Alguns esforços de *marketing* de causas sociais vão além de arrecadar dinheiro e atrair atenção para uma causa específica – eles se tornam parte integrante do posicionamento e da identidade de uma marca. Por exemplo, há cinco anos, a marca de roupas íntimas e roupas de banho Aerie da American Eagle Outfitters se posicionou contra os efeitos negativos causados pelas falsas imagens de corpos femininos tratados no Photoshop e perpetuadas tanto pela mídia, como pelo *marketing* e a indústria da moda. Assim, lançou #AerieREAL, uma campanha que utiliza apenas imagens e vídeos não retocados de mulheres reais em seus anúncios, lojas e conteúdo de *marketing on-line* e social. A marca também se comprometeu a apresentar mulheres de todos os tipos de corpo e etnias. Desde então, #AerieREAL se tornou um movimento consistente de positividade e inclusão corporal.

Como parte do longo alcance da campanha #AerieREAL, a marca formou uma parceria com a NEDA (National Eating Disorder Association – Associação Nacional de Distúrbio Alimentar). A Aerie é a patrocinadora oficial da NEDA Walks – eventos comunitários repletos de atividades de afirmação do corpo, e que promovem uma caminhada que simboliza a união na luta contra os distúrbios alimentares. Com milhares de apoiadores em mais de 95 cidades, a NEDA Walks também arrecada dinheiro para financiar o apoio, a pesquisa e a educação sobre transtornos alimentares.

Com o slogan "forte, linda, eu" da campanha multimídia #AerieREAL, a marca apoia a causa da afirmação do corpo feminino e a NEDA. Recentemente, a campanha apresentou uma nova equipe de modelos #AerieREAL, incluindo a modelo *plus size* Iskra Lawrence, a atriz abertamente gay Samira Wiley e a *snowboarder* paralímpica Brenna Huckaby, cada uma exibindo sua individualidade em fotos sem retoques usando roupas da marca. Para gerar fundos para a NEDA, a Aerie vende edições limitadas de camisetas e calcinhas com o slogan "forte, linda, eu", doando 100% das vendas para a associação. A Aerie também dobra o valor das doações feitas por clientes, além de doar um dólar à NEDA para cada foto não retocada tirada em roupas de banho, postadas nas mídias sociais e marcadas com @Aerie e #AerieREAL.

Seja por meio de doações, apoiando o trabalho de uma instituição de caridade sem fins lucrativos ou tornando uma causa como parte integrante de sua identidade de marca, é difícil calcular até que ponto o *marketing* de causas sociais contribui para a prosperidade de uma marca. No entanto, pesquisas mostram que os consumidores de hoje tendem a favorecer marcas com um propósito.

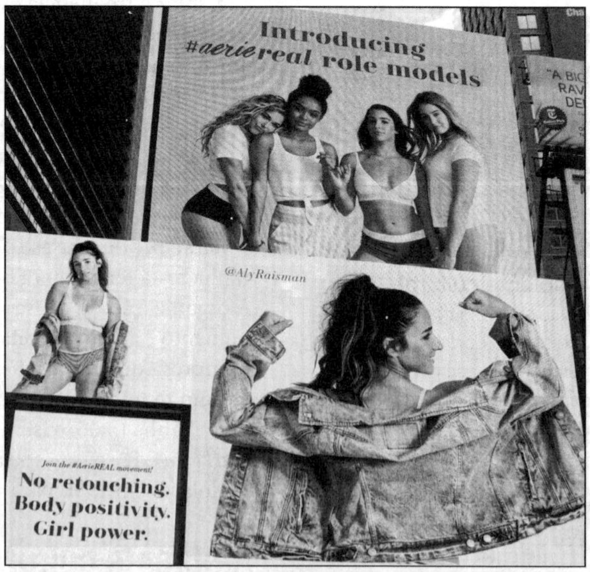

A campanha #AerieREAL da Aerie utiliza apenas imagens e vídeos sem retoques de mulheres reais em seus anúncios e outros conteúdos de *marketing*. A causa da positividade e inclusão dos diferentes tipos de corpo feminino é parte integrante da identidade da marca.

MediaPunch Inc/Alamy Stock Photo

Quanto à Aerie, a campanha e o posicionamento #AerieREAL parecem estar fazendo coisas boas tanto para a causa como para as clientes. "Ao defender a diversidade corporal, a Aerie está incentivando mulheres e meninas a viverem de maneira autêntica", diz o CEO da NEDA. "Agradecemos a Aerie por ajudar a criar uma cultura em que todos os tipos de corpos são celebrados." E o que é bom para a causa e para os consumidores também é bom para a marca. A American Eagle e a Aerie têm superado com folga os concorrentes Abercrombie, Urban Outfitters e Gap. A Aerie está prosperando ao mesmo tempo em que as cadeias de roupas tradicionais dos shoppings estão em declínio. Na verdade, a outrora líder de mercado Victoria's Secret, que ainda apresenta imagens supersexualizadas de modelos seminuas, muitas vezes mais voltadas para homens do que para mulheres, enfrentou queda constante nas vendas e na participação de mercado nos últimos anos, ganhando de um analista o apelido inglório de "a Sears dos sutiãs."[53]

Persistência dos valores culturais

As pessoas de determinada sociedade possuem muitas crenças e valores, e suas crenças e seus valores centrais são muito persistentes. Por exemplo, muitos norte-americanos acreditam na liberdade individual, no trabalho, no casamento, na conquista e no sucesso. Essas crenças moldam atitudes e comportamentos mais específicos encontrados no dia a dia. As crenças e os valores *centrais* são passados de pais para filhos e reforçados pelas escolas, pelas igrejas, pelas empresas e pelo governo.

As crenças e os valores *secundários* são mais abertos a mudanças. Acreditar no casamento é uma crença central; crer que as pessoas devem se casar cedo é uma crença secundária. Os profissionais de *marketing* podem mudar valores secundários, mas dificilmente mudarão valores centrais. Por exemplo, com relação ao planejamento familiar, os profissionais de *marketing* podem ter mais êxito se argumentarem que as pessoas devem se casar mais tarde do que se disserem que elas não devem se casar.

Mudanças nos valores culturais secundários

Apesar de os valores centrais serem persistentes, mudanças culturais ocorrem. Considere o impacto que grupos musicais populares, personalidades do cinema e influenciadores de mídia social têm sobre o estilo e as roupas dos jovens. Os profissionais de *marketing* querem prever as mudanças culturais para identificar novas oportunidades ou ameaças. Os principais valores culturais de uma sociedade são expressos pela visão que as pessoas têm de si mesmas e dos outros, bem como pela visão que possuem das organizações, da sociedade, da natureza e do universo.

A visão que as pessoas têm de si mesmas. Algumas pessoas são mais centradas em si mesmas, ao passo que outras são mais voltadas para os outros. Algumas buscam prazer, diversão, mudança e fuga, enquanto outras buscam realização pessoal por meio da religião, do lazer, da busca ávida por uma carreira ou por outras metas na vida. Algumas pessoas se veem como indivíduos enturmados e que contribuem, ao passo que outras se veem como individualistas. As pessoas utilizam produtos, marcas e serviços como meios de autoexpressão e compram produtos e serviços que têm relação com suas visões sobre si mesmas.

Os profissionais de *marketing* podem posicionar suas marcas para atrair segmentos com visões particulares sobre si mesmos. Por exemplo, a bebida energética Red Bull tem como alvo atletas de 18 a 34 anos, profissionais ocupados, estudantes universitários e viajantes que se veem como pessoas que buscam diversão e se arriscam – jovens ativos, aventureiros e ousados. Os produtos, os eventos e os conteúdo de *marketing* cheios de energia da marca cumprem sua promessa de longa data de que a "Red Bull lhe dá asas".

A visão que as pessoas têm dos outros. As atitudes das pessoas com relação aos outros e o modo como interagem com eles mudam ao longo do tempo. Nos últimos anos, alguns analistas demonstraram preocupação com o fato de a era da Internet resultar na diminuição da interação humana, com as pessoas se enterrando em seus computadores ou enviando *e-mails* e mensagens em vez de interagir pessoalmente. Em vez disso, a tecnologia digital parece permitir que as pessoas se conectem mais do que nunca. Basicamente, quanto mais as pessoas se conectem, interajam, enviem mensagens de texto e socializem *on-line*, maior será a chance de se encontrarem com amigos e seguidores no mundo real.

A visão que as pessoas têm dos outros: hoje em dia, mesmo quando as pessoas estão juntas, elas muitas vezes estão "sozinhas".

Dmitriy Shironosov/123RF

No entanto, hoje em dia, mesmo quando as pessoas estão juntas, muitas vezes estão "sozinhas". Grupos de pessoas se sentam ou andam em próprias bolhas, intensamente conectadas a pequenas telas e teclados. Uma especialista descreve a habilidade de comunicação mais recente como "manter contato visual com alguém enquanto você envia uma mensagem de texto para outra pessoa; é difícil, mas pode ser feito", diz ela. "Habilitados pela tecnologia, somos capazes de estar uns com os outros, e também 'em outro lugar', conectados onde quisermos".[54] Portanto, se a comunicação orientada pela tecnologia é uma bênção ou uma maldição é uma questão de muito debate.

Essa nova maneira de interagir afeta intensamente o modo como as empresas comercializam suas marcas e se comunicam com os clientes. Os consumidores cada vez mais acessam digitalmente redes de amigos e comunidades de marca *on-line* para conhecer e comprar produtos e para criar e compartilhar experiências de marca. Como resultado, é importante que as marcas também participem dessas redes.

A visão que as pessoas têm das organizações. As pessoas variam nas suas atitudes com relação às empresas, agências governamentais, sindicatos, universidades, e outras organizações. Em geral, as pessoas estão dispostas a trabalhar para grandes organizações e esperam que elas, por sua vez, realizem o trabalho para a sociedade.

As últimas duas décadas viram uma queda acentuada na confiança e lealdade com relação às organizações e instituições empresariais e políticas dos Estados Unidos. No local de trabalho, houve um declínio geral na lealdade organizacional. Ondas de *downsizings* de empresas geraram cinismo e desconfiança. Apenas nas últimas décadas, grandes escândalos corporativos, violações de dados de consumidores, histórias de ganância e incompetência dos banqueiros de Wall Street e outras atividades perturbadoras resultaram em uma maior perda de confiança nas grandes empresas. Muitas pessoas hoje veem o trabalho não como uma fonte de satisfação, mas sim como uma tarefa necessária para ganhar dinheiro e, assim, desfrutar de sua vida nos momentos em que não estão trabalhando. Essa tendência sugere que as organizações precisam encontrar novas maneiras de conquistar a confiança dos consumidores e dos funcionários.

A visão das pessoas sobre a sociedade. As atitudes das pessoas variam com relação à sociedade – os patriotas defendem, os reformadores querem mudá-la e os descontentes querem deixá-la. A orientação das pessoas para sua sociedade influencia seus padrões de consumo e, também, suas atitudes com relação ao mercado.

O patriotismo norte-americano tem aumentado gradualmente nas últimas duas décadas. Uma pesquisa anual com consumidores mostra que algumas marcas são altamente associadas ao patriotismo, como Jeep, Levi Strauss, Disney, Coca-Cola e Ford. Os profissionais de *marketing* respondem com discursos no estilo "feito na América" e anúncios com temas patrióticos repaginados. Por exemplo, a Coca-Cola lançou, como edição limitada do feriado de 4 de julho, uma lata com as cores vermelha, branca e azul da bandeira norte-americana e com a letra da música patriótica "I'm proud to be an American" (eu me orgulho de ser um norte-americano, em tradução livre).

Empresas – desde Jeep, The Home Depot e Buffalo Wild Wings até National Geographic – publicaram anúncios e promoções patrióticas no Dia dos Veteranos, no domingo do Super Bowl e em outras ocasiões. Por exemplo, o anúncio patriótico "Mais do que palavras" da Jeep, exibido momentos antes do início do Super Bowl do ano passado e em plataformas digitais e sociais, teve um forte apelo sentimental nos espectadores. Enquanto a banda OneRepublic tocava o hino norte-americano, a propaganda mostrou uma sucessão de imagens modernas e históricas ligadas às palavras do hino – desde crianças jogando beisebol e fazendeiros acordando cedo até socorristas em ação, astronautas voando para o espaço e um idoso veterano batendo continência. O anúncio em vídeo de dois minutos conquistou mais de 52 milhões de visualizações no YouTube em apenas dois meses. "Para todos aqueles que amam este país (os Estados Unidos), vale a pena cada segundo de tempo de visualização", disse um repórter.[55]

Embora a maioria desses esforços de *marketing* seja de bom gosto e bem recebida, agitar o vermelho, o branco e o azul às vezes pode ser complicado. As promoções com bandeiras podem ser vistas como bregas ou como uma tentativa de mau gosto de lucrar com as emoções da nação.

A visão que as pessoas têm da natureza. As pessoas possuem atitudes variadas em relação à natureza – algumas se sentem regidas por ela, outras se sentem em harmonia com ela e outras ainda procuram dominá-la. Uma antiga tendência é o crescente domínio das pessoas sobre a natureza por meio da tecnologia e da crença de que ela é abundante. Recentemente, no entanto, as pessoas começaram a perceber que a natureza é finita e frágil e pode ser destruída ou prejudicada pelas atividades humanas.

Esse amor renovado pelas coisas naturais criou um mercado de tamanho considerável de pessoas que procuram todo tipo de produtos naturais, orgânicos e nutritivos, a carros com baixo consumo de combustível e medicamentos alternativos. Por exemplo, o mercado de alimentos orgânicos dos EUA agora gera 44 bilhões de dólares em vendas anuais no varejo e deve chegar a 70 bilhões de dólares até 2025. E o mercado de produtos de beleza e cuidados pessoais orgânicos, naturais e responsáveis está crescendo quase 10% anualmente em comparação com somente 2% do mercado em geral.[56]

Como resultado, quase todas as empresas de produtos de beleza e cuidados pessoais oferecem marcas orgânicas e naturais: como a Future Naturals da Sephora; a Nature Box da Henkel; a Bio da Garnier; e a Seed Phytonutrients e a La Provençale Bio da L'Oréal; entre muitas outras. A P&G lançou recentemente o gel e o creme de barbear Pure by Gillette, uma linha de barbear livre de corantes, parabenos, álcool e sulfatos, mas rica em ingredientes calmantes, como suco de folha de babosa, óleo de hortelã e menta, além de uma fragrância natural e fresca. Além disso, a Unilever agora comercializa a Love Beauty and Planet, uma

Para atender à tendência de produtos naturais, orgânicos e responsáveis, a marca Love Beauty and Planet da Unilever tem um objetivo: "Deixar você mais bonita e dar um pouco de amor ao nosso planeta".

The Advertising Archives/Alamy Stock Photo

linha completa de produtos para cabelo, pele e cuidados pessoais. Os produtos Love Beauty and Planet contêm ingredientes naturais de alta qualidade, adquiridos com responsabilidade e vendidos em embalagens feitas de plástico reciclado pós-consumo. São livres de silicones, parabenos e corantes; feito com fórmulas veganas; e nunca testado em animais. "A Love Beauty and Planet começou com um objetivo", diz a marca. "Para deixar você mais bonita e dar um pouco de amor ao nosso planeta."[57]

A visão que as pessoas têm do universo. Para finalizar, as pessoas têm opiniões diferentes com relação à origem do universo e a seu lugar nele. Apesar de a maioria dos norte-americanos seguir uma religião, a convicção e a prática religiosas têm declinado gradualmente ao longo dos anos. Em um recente levantamento, quase um quarto (24%) dos norte-americanos disseram que, atualmente, não seguem a nenhuma fé em particular – contra cerca de 16% há somente uma década. Entre os norte-americanos com menos de 30 anos anos, mais de um terço afirma que, hoje, não seguem nenhuma religião.[58]

Contudo, o fato de as pessoas estarem se afastando da religião organizada não significa que estão abandonando sua fé. Alguns futurólogos notaram um interesse renovado por questões espirituais, talvez como parte de uma busca mais profunda por um propósito interior. As pessoas têm deixado de lado o materialismo e a ambição desenfreada e buscado valores mais perenes – família, comunidade, terra e fé –, bem como uma certeza maior do que é certo e errado. Eles chamam isso de "espiritualidade", e não de "religião". Uma pesquisa recente descobriu que enquanto os norte-americanos se tornaram menos religiosos nos últimos anos, a proporção de pessoas que sentem uma profunda sensação de "paz espiritual e bem-estar", bem como uma profunda sensação de "admiração com relação ao universo" aumentou.[59] Esse novo espiritualismo afeta os consumidores em tudo – dos programas a que assistem e livros que leem aos produtos e serviços que compram.

Comentário do autor | Em vez de simplesmente observar e reagir ao ambiente de *marketing*, as empresas devem tomar medidas proativas.

Reação ao ambiente de *marketing*

Objetivo 3.5 Discutir como as empresas podem reagir ao ambiente de *marketing*.

Certa vez alguém disse: "Existem três tipos de empresas: as que fazem as coisas acontecerem, as que observam as coisas acontecerem e as que se perguntam o que aconteceu". Muitas empresas veem o ambiente de *marketing* como um elemento incontrolável ao qual elas devem reagir e se adaptar. Essas empresas aceitam passivamente o ambiente de *marketing* e não tentam mudá-lo. Elas analisam as forças ambientais e desenvolvem estratégias que as ajudarão a evitar as ameaças e a obter vantagem das oportunidades oferecidas pelo ambiente.

Outras empresas assumem uma postura *proativa* em relação ao ambiente de *marketing*. Em vez de deixar o ambiente definir suas estratégias, essas empresas adotam uma estratégia que mudam o ambiente". As empresas e seus produtos muitas vezes criam e moldam novas indústrias e suas estruturas, produtos como o carro Modelo T da Ford, o iPod e o iPhone da Apple, o mecanismo de busca do Google e o mercado *on line* da Amazon.

Para ir além, em vez de simplesmente observar e reagir a eventos ambientais, empresas proativas adotam ações agressivas para afetar os públicos e as forças em seu ambiente de *marketing*. Essas empresas contratam lobistas para influenciar a legislação que afeta seus setores e encenam eventos de mídia para obter cobertura favorável da imprensa. Elas usam as mídias sociais e administram *blogs* para moldar a opinião pública. Eles pressionam ações judiciais e apresentam queixas aos reguladores para manter os concorrentes na linha, e formam acordos contratuais para controlar melhor seus canais de distribuição.

Ao agir, as empresas muitas vezes podem superar eventos ambientais aparentemente incontroláveis. Por exemplo, enquanto algumas empresas tentam abafar menções negativas sobre seus produtos, outras combatem proativamente as informações falsas. A marca de panela elétrica Crock-Pot da Newell Rubbermaid fez isso quando o episódio de uma série de TV de sucesso associou erroneamente o produto a um potencial risco de incêndio doméstico:[60]

> Aconteceu em um episódio da série de sucesso da NBC, This Is Us. O amado patriarca do programa morreu quando a casa da família, em Pittsburgh, pegou fogo em um incêndio causado por panela elétrica defeituosa muito parecida com a Crock-Pot dos anos 1970. O incidente se tornou viral, criando uma crise para a marca. Milhares de espectadores foram ao Twitter para expressar sua dor e suas intenções de jogar fora suas Crock-Pots. Como um fã tuitou: "Poxa, obrigado #thisisus por arruinar a #CROCKPOT. Agora, toda vez que eu cozinhar com a minha, ficarei triste e com medo".

Em vez de assistir sentada, a Crock-Pot reagiu rapidamente com humor e fatos. Criou sua primeira conta no Twitter – CrockPotCares – e postou um "alerta de spoiler" bem-humorado no Facebook e em outros canais de mídias sociais, repleto de emojis de coração partido e com a foto de uma Crock-Pot com adesivos do time de futebol americano Pittsburgh Steeler. "O pai e marido favorito da América do Norte merecia um final melhor, e a Crock-Pot compartilha sua tristeza", dizia a mensagem. "Não alimente ainda mais esta tragédia jogando fora sua panela elétrica Crock-Pot... (a vovó não vai ficar muito feliz)". Na semana seguinte, a Crock-Pot continuou acompanhando e respondendo *on-line*, expressando preocupação, mas com um pouco de leveza (#CrockPotIsInnocent). A marca também trouxe fatos. Comunicados de mídia e postagens nas redes sociais informaram: "Por quase 50 anos, com mais de 100 milhões de Crock-Pots vendidas, nunca recebemos reclamações de consumidores semelhantes ao evento fictício retratado no episódio da noite passada. Nós também sentimos falta dele. Mas aqui estão os fatos". Graças a esta rápida resposta, a marca Crock-Pot escapou com pouco ou nenhum dano em longo prazo.

Nem sempre a administração de *marketing* pode controlar as forças ambientais. Em muitos casos, a empresa deve simplesmente observar o ambiente e reagir a ele. Por exemplo, uma empresa teria pouco sucesso se tentasse influenciar as mudanças geográficas da população, o ambiente econômico ou os valores culturais centrais. Entretanto, sempre que possível, gestores de *marketing* inteligentes assumem uma abordagem *proativa*, e não *reativa*, em relação ao ambiente de *marketing* (veja a seção Marketing Real 3.2).

Marketing Real 3.2 | Quando o diálogo azeda: transformando o negativo em positivo.

Os profissionais de *marketing* veem a Internet e as mídias sociais como os novos grandes meios para engajar os clientes e nutrir relacionamentos com eles. Por sua vez, os clientes de hoje, mais empoderados, usam a mídia digital para compartilhar suas experiências de marca com as empresas e entre si. Tudo isso ajuda tanto a empresa quanto seus clientes. Mas, às vezes, o diálogo pode azedar. Considere os exemplos a seguir:

- O KFC teve uma das piores semanas da história. Acabou o frango. O erro forçou a empresa a fechar a maioria de seus 900 restaurantes na Inglaterra. Os clientes não ficaram satisfeitos e provocaram uma verdadeira tempestade nas mídias sociais. Equipes de notícias entrevistaram clientes irritados, postaram os vídeos *on-line* e acompanharam eles se tornarem virais. Em um deles, uma mulher reclama que foi forçada a comer no Burger King! Em outro, uma jovem aponta para o KFC fechado atrás dela e diz: "Olhe para eles. Eles estão apenas relaxando. Eles estão felizes. Desculpe, mas estou brava com eles".
- O Whole Foods Market não é estranho para as pessoas que buscam caros produtos gourmet *on-line*. Mas um experimento na seção de produtos frutícolas causou bastante agitação nas redes sociais. Respondendo à alta demanda por conveniência, a cadeia de supermercados colocou laranjas pré-descascadas em recipientes de plástico individuais ao preço de 5,99 dólares o quilo. Mas um único tuíte colocou a empresa em alerta. Ao ver uma foto da laranja descascada na comunidade de compartilhamento de imagens *on-line* Imgur, a cliente Nathalie Gordon repostou a foto no Twitter com o comentário: "Se ao menos a natureza encontrasse uma maneira de cobrir essas laranjas para que não precisássemos desperdiçar tanto plástico nelas." A *hashtag* #OrangeGate rapidamente decola, repleta de fotos e memes negativos do Whole Foods Market.
- O setor aéreo prospera com o excesso de reservas de voos. Mas um voo com excesso de reservas se transformou em um pesadelo para a United Airlines. Com o processo de embarque concluído, todos os assentos foram ocupados por passageiros munidos de passagem. No entanto, a United queria quatro assentos para funcionários que precisavam fazer uma conexão para atender outro voo. Depois de pedir que passageiros voluntários cedam seus assentos, mas sem obter respostas, a tripulação do voo informa a quatro passageiros que eles devem desocupar o avião. Um homem, um médico de 67 anos que afirmou ter que voltar para casa para trabalhar na manhã seguinte, se recusou. A tripulação então chamou a polícia do aeroporto, que removeu o homem à força, ferindo-o enquanto o arrastava do avião aos chutes e gritos. Em poucas horas, vídeos postados por passageiros se tornam virais, criando um pesadelo bem-merecido para a imagem da United.

Eventos isolados? Não mais. A Internet e as redes sociais mudaram a tradicional relação de poder entre empresas e clientes. Nos velhos tempos, consumidores insatisfeitos podiam fazer pouco mais do que falar alto com um representante da empresa ou bramar suas reclamações em uma esquina qualquer. Agora, municiados apenas com um *smartphone*, eles podem levar a insatisfação a público, transmitindo suas queixas para milhões de pessoas em *blogs*, redes sociais ou até mesmo em *sites* dedicados exclusivamente a suas empresas

Consumidores empoderados de hoje: a decisão do Whole Foods Market de colocar laranjas descascadas em recipientes de plástico individuais causou uma tempestade viral de tuítes com a *hashtag* #OrangeGate. No entanto, o varejista evitou o potencial desastre de relações públicas respondendo em poucas horas com postagens humorísticas e autocríticas na mídia social, admitindo seu erro.

The Advertising Kateryna Bibro/123RF

menos favoritas. "O megafone de um consumidor é agora [às vezes] mais poderoso que o de uma marca", diz um executivo de uma agência de publicidade. "Indivíduos podem colocar uma grande empresa de joelhos (...) simplesmente compartilhando suas experiências e opiniões no Facebook, Instagram, Twitter, Yelp ou outros fóruns sociais."

Alguns ataques *on-line* trazem reclamações legítimas que devem ser tratadas. Outros, no entanto, são pouco mais do que insultos anônimos e vingativos que saqueiam injustamente marcas e reputações corporativas. Alguns dos ataques são apenas um incômodo passageiro; outros podem chamar a atenção e criar verdadeiras dores de cabeça.

Como as empresas devem reagir aos ataques *on-line*? O verdadeiro dilema para as empresas-alvo é descobrir até onde podem ir para proteger suas imagens sem alimentar cada vez mais o fogo. Um ponto em que todos os especialistas parecem concordar: não tente retaliar na mesma moeda. "Raramente é uma boa ideia jogar bombas nos iniciadores do incêndio", diz um analista. "Preempção, engajamento e diplomacia são ferramentas mais sensatas". Essas críticas geralmente são baseadas em preocupações reais e em rancores não solucionados dos clientes. Portanto, a melhor estratégia pode ser monitorar proativamente e responder com sinceridade às preocupações que eles expressam.

Por exemplo, depois que o KFC viu que suas tentativas iniciais de acalmar os clientes britânicos irritados por meio de postagens alegres no Twitter só os deixaram mais furiosos, a rede de restaurantes adotou outra postura e se juntou aos clientes fazendo piadas de si mesma. Ela publicou um anúncio de página inteira com um balde do KFC vazio no qual as letras de sua marca foram trocadas para formar "FCK". O anúncio seguiu com um pedido de desculpas humilde e sincero: "Lamentamos. Um restaurante de frango sem frango. Não é o ideal. Um enorme pedido de desculpas aos nossos clientes (...) Obrigado por nos aguentar". Embora o anúncio pudesse ter sido altamente controverso em muitos países, era uma combinação perfeita para o senso de humor britânico. A resposta engenhosa atraiu muitos elogios nas mídias sociais e, quando os restaurantes KFC reabriram na semana seguinte, eles estavam mais uma vez servindo frango para uma multidão de clientes alegres.

Da mesma maneira, a Whole Foods respondeu ao #OrangeGate em poucas horas com uma resposta ao tuíte da cliente que viralizou: "Definitivamente foi erro nosso. Elas foram retiradas das prateleiras. Nós ouvimos você e vamos deixá-las em sua embalagem natural: a casca". No dia seguinte, a Whole Foods até postou um meme humorístico e autocrítico de si mesma, compartilhando uma imagem de quatro laranjas em potes de vidro com a legenda: "IS THIS MORE A PEELING?" (ISSO É MAIS ATRAENTE? – fazendo um trocadilho da palavra *peeling*, descascar, com a palavra *appealing*, atraente) A pronta resposta da Whole Foods desviou o impulso negativo da #OrangeGate e rendeu elogios à empresa.

A resposta da United Airlines à indignação viral pela remoção forçada de um passageiro não foi astuta nem bem recebida. O CEO da United alimentou uma fúria adicional ao levar 24 horas para emitir um pedido de desculpas sem entusiasmo, apenas por "ter que reacomodar passageiros", uma resposta considerada por clientes e especialistas como "fria", "insensível" e "uma dolorosa resposta ruim e pouco esclarecedora." Para piorar a situação, o CEO circulou um memorando interno aos funcionários no qual ele se referia ao passageiro removido como "perturbador" e "beligerante". Em 48 horas, o sentimento social da United caiu 160% e o preço de suas ações despencou.

Muitas empresas já criaram equipes de especialistas que monitoram conversas *on-line* e entram em contato com clientes insatisfeitos. Por exemplo, a Southwest Airlines tem um centro de escuta de mídia social de última geração, composto por 40 especialistas em atendimento ao cliente que ouvem e respondem *on-line* aos clientes, 24 horas por dia, 7 dias por semana. Eles rastreiam comentários no Twitter, monitoram grupos do Facebook, interagem com blogueiros e verificam a presença da empresa em *sites* como YouTube, Instagram, Flickr e LinkedIn. Portanto, se alguém postar um comentário *on-line*, a empresa poderá responder prontamente de maneira pessoal.

Não muito tempo atrás, a equipe da Southwest ajudou a evitar o que poderia ter sido uma catástrofe de relações públicas quando um motor explodiu em um voo de Nova York para Dallas, voando estilhaços através de uma janela e levando à primeira fatalidade de passageiros da companhia aérea. Reconhecida por sua estratégia de resposta a emergências, apenas alguns minutos após o incidente, mesmo quando vídeos, imagens e tuítes do incidente estavam sendo postados pelos passageiros do voo, a equipe do centro de escuta da Southwest reagiu. Eles elaboraram respostas sinceras e cuidadosas e direcionaram as postagens de mídia social para pessoas em vários departamentos a fim de ajudarem no esforço de respondê-las. Os passageiros que fizeram postagens logo elogiaram a empresa. "A Southwest é uma ótima empresa e eles cuidaram muito bem de nós", disse um bombeiro que estava a bordo do voo. "Não há dúvida em minha mente sobre com quem vou voar novamente."

Assim, monitorando e respondendo proativamente a eventos aparentemente incontroláveis no ambiente, as empresas podem evitar que situações negativas saiam do controle ou até transformá-las em situações positivas.[61]

Revisão e extensão dos conceitos

Revisão dos objetivos

Neste e nos próximos dois capítulos, examinamos os ambientes de *marketing* e como as empresas os analisam para entender melhor o mercado e os consumidores. As empresas devem observar e administrar constantemente o *ambiente de marketing*, a fim de buscar oportunidades e se precaver de ameaças. O ambiente de *marketing* abrange todos os agentes e forças que influenciam a capacidade da empresa de conduzir, de maneira eficiente, os negócios com seu mercado-alvo.

Objetivo 3.1 Descrever as forças ambientais que afetam a capacidade da empresa de atender a seus clientes. *(p. 66-70)*

O *microambiente* da empresa consiste em outros agentes próximos a ela que se combinam para formar sua cadeia de valor ou que afetam sua capacidade de atender a seus clientes. Ele abrange o *ambiente interno* da empresa – seus vários departamentos e níveis de gestão –, uma vez que ele influencia a tomada de decisões em *marketing*. As *empresas do canal de marketing* – fornecedores, intermediários de *marketing*, operadores logísticos, agências de serviços de *marketing* e intermediários financeiros – cooperam para criar valor para o cliente. Os *concorrentes* competem com a empresa em um esforço para melhor atender aos clientes. Vários *públicos* possuem um interesse real ou potencial na capacidade da organização de atingir seus objetivos ou impactam essa capacidade. Por fim, os cinco tipos de *mercados* de clientes são os mercados consumidores, organizacionais, de revenda, governamentais e internacionais. O *macroambiente* consiste em forças societais maiores que afetam o microambiente como um todo. As seis forças que formam o macroambiente da empresa são as demográficas, econômicas, naturais, tecnológicas, políticas/sociais e culturais. Essas forças moldam oportunidades e impõem ameaças para a empresa.

Objetivo 3.2 Explicar como mudanças nos ambientes demográfico e econômico afetam as decisões de *marketing* (p. 70-78)

A *demografia* é o estudo das características da população humana. Nos Estados Unidos, o *ambiente demográfico* de hoje apresenta: estrutura etária em alteração, perfis familiares em mudança, deslocamentos geográficos da população, uma população mais instruída e voltada para o trabalho administrativo e aumento da diversidade. O *ambiente econômico* é constituído de fatores que afetam o poder e os padrões de compra. Ele é caracterizado por consumidores mais cautelosos em termos financeiros, que estão buscando valor superior – a combinação certa de produto de qualidade e bom serviço a um preço justo. Por sua vez, muitas empresas estão focando no valor em relação ao dinheiro, à praticidade e à durabilidade de suas ofertas de produtos e campanhas de *marketing*.

Objetivo 3.3 Identificar as principais tendências nos ambientes natural e tecnológico da empresa (p. 78-81)

O *ambiente natural* aponta para três tendências principais: escassez de determinadas matérias-primas, níveis mais altos de poluição e maior intervenção por parte do governo na gestão dos recursos naturais. As preocupações ambientais criaram oportunidades de *marketing* para empresas atentas. O *ambiente tecnológico* gera tanto oportunidades como desafios. A enxurrada de avanços digitais está afetando todos os aspectos de como os clientes aprendem, compram e experimentam as marcas. Por sua vez, a era digital oferece aos profissionais de *marketing* oportunidades interessantes para entender os consumidores, criar novos produtos e engajar os clientes de maneiras mais diretas e significativas. As empresas que não conseguirem acompanhar as mudanças tecnológicas perderão oportunidades de *marketing* e de novos produtos.

Objetivo 3.4 Explicar as principais mudanças nos ambientes político e cultural (p. 81-89)

O *ambiente político* consiste em leis, órgãos e grupos que influenciam ou limitam as ações de *marketing*. Nos Estados Unidos, ele passou por três mudanças que afetaram o *marketing* no mundo inteiro: aumento no número de leis que regulam os negócios, forte controle por parte dos órgãos governamentais e maior ênfase na ética e nas ações socialmente responsáveis. O *ambiente cultural* é constituído de instituições e forças que afetam os valores, as percepções, as preferências e o comportamento da sociedade. Ele aponta para tendências como uma nova comunicação possibilitada pela tecnologia, uma menor confiança nas instituições, um crescimento do patriotismo, uma maior apreciação da natureza, um espiritualismo em mudança e uma busca por valores mais significativos e duradouros.

Objetivo 3.5 Discutir como as empresas podem reagir ao ambiente de *marketing* (p. 89-90)

As empresas podem aceitar passivamente o ambiente de *marketing* como um elemento incontrolável ao qual devem se adaptar, evitando ameaças e tirando vantagem de oportunidades à medida que surgem. Podem também assumir uma atitude *proativa*, trabalhando para mudar o ambiente, em vez de simplesmente reagir a ele. Sempre que possível, as empresas devem tentar ser proativas, em vez de reativas.

Termos-chave

Ambiente de *marketing* (p. 66)

Objetivo 3.1

Microambiente (p. 66)
Macroambiente (p. 66)
Intermediários de *marketing* (p. 68)
Público (p. 68)

Objetivo 3.2

Demografia (p. 70)
***Baby boomers* (p. 71)**
Geração X (p. 71)
***Millennials* (geração Y) (p. 72)**
Geração Z (p. 73)
Geração Alfa (p. 73)
Ambiente econômico (p. 77)

Objetivo 3.3

Ambiente natural (p. 78)
Sustentabilidade ambiental (p. 79)
Ambiente tecnológico (p. 80)

Objetivo 3.4

Ambiente político (p. 81)
Ambiente cultural (p. 85)

Questões para discussão

3.1 O que são intermediários de *marketing*? Eles são importantes para os profissionais de *marketing*?

3.2 Identifique os cinco principais grupos geracionais e descreva brevemente seu impacto nas estratégias de *marketing* atuais.

3.3 Por que os profissionais de *marketing* devem prestar atenção às mudanças geográficas em seu local de atuação?

3.4 Discuta sobre o ambiente natural e as três tendências que mais afetarão os planos de *marketing* futuros.

3.5 Por que os profissionais de *marketing* devem prestar bastante atenção ao ambiente cultural?

3.6 Dê um exemplo de como a visão das pessoas sobre a natureza pode afetar suas escolhas alimentares.

Atividades de pensamento crítico

3.7 O *site* Broadly da Vice Media, que traz histórias dedicadas às experiências de mulheres, pessoas que não se conformam com seu gênero e indivíduos LGBTQIA+, ofereceu ao público a *The Gender Spectrum Collection*, uma biblioteca de fotos de mais de 180 imagens de 15 modelos transgêneros e não binárias (cujas identidades de gênero não são exclusivamente masculinas ou femininas). O objetivo era evitar estereótipos que resultam de imagens enganosas de pessoas transgênero e de gênero fluido. Além disso, resultados de pesquisas recentes sugeriram que há uma necessidade não atendida de modelos transgêneros e não binários. Como a disponibilidade da nova biblioteca de fotos se relaciona com as tendências de diversidade?

3.8 Forme um pequeno grupo e discuta as tendências culturais no Brasil. Pesquise uma delas a fundo e crie uma apresentação sobre o impacto dessa tendência no *marketing*.

3.9 Visite o *site* engageforgood.com/halo-awards para saber mais sobre as empresas que ganharam o Halo Awards por programas de *marketing* de causas sociais nobres. Apresente um estudo de caso premiado para sua turma.

CASOS E APLICAÇÕES

Marketing digital #MeToo

Os últimos tempos viram o surgimento do movimento #MeToo, focado em gerar conscientização e mudanças relacionadas ao assédio sexual, agressão e violência no local de trabalho. No início, o movimento se concentrou em celebridades femininas de Hollywood, como Rose McGowan e Alyssa Milano, que alegaram má conduta do produtor Harvey Weinstein. No entanto, uma vez que o silêncio foi quebrado em Hollywood, muitas mulheres ao redor do mundo começaram a usar a hashtag #MeToo no Twitter e no Facebook, apontando suas próprias experiências relacionadas a assédio ou má conduta no local de trabalho. A onda #MeToo abalou o mundo, encerrando as carreiras de vários homens de alto escalão, como o ex-âncora de notícias Matt Lauer, o chef celebridade Mario Batali, o magnata do hip-hop Russell Simmons e o senador americano Al Franken.

O movimento #MeToo encorajou muitas mulheres a expor e falar sobre culturas empresariais e ambientes de trabalho tóxicos em empresas de alto nível. Por exemplo, depois que a supermodelo Kate Upton alegou ter sofrido assédio sexual pelo designer e cofundador da Guess, Paul Marciano, as ações da Guess caíram 18% – mais de 250 milhões de dólares em valor de mercado em um dia. Muitas empresas estão reagindo ou tomando medidas proativas em resposta ao movimento #MeToo. Por exemplo, depois que surgiram alegações sobre uma tóxica cultura de assédio no serviço de compartilhamento de viagens da Uber, o fundador Travis Kalanick deixou o cargo de CEO e a empresa demitiu muitos executivos de alto nível. A recém-contratada, a CEO Dara Khosrowshahi foi ao LinkedIn para divulgar as novas normas culturais da Uber.

3.10 Muitas empresas já deram respostas ao movimento #MeToo. Pesquise o assunto e discuta como as empresas comunicaram suas posições aos clientes sobre o assunto. Quais plataformas *on-line* ou de mídia social eles usaram? Eles comunicaram a mensagem de maneira clara e eficaz?

3.11 O movimento #MeToo é uma questão de *marketing*? Como os clientes provavelmente reagirão a alegações de assédio no local de trabalho? Como as empresas devem lidar com a questão, seja de forma reativa ou proativa?

Marketing e ética Edição infantil do Echo Dot

A Amazon lançou recentemente seu Echo Dot Kids Edition, comercializado pela empresa como um alto-falante inteligente robusto, seguro, adequado para crianças, livre de transações e com a assistente virtual ativada por voz, Alexa. Projetado para crianças, o dispositivo possui controles parentais que podem limitar atividades e conteúdos que os pais não querem que os filhos acessem. No entanto, a CCFC (Campaign for Commercial-Free Childhood – Campanha pela Infância Livre de Comerciais), com sede em Boston, que luta contra o *marketing* direcionado a crianças, está preocupada com o fato de os pais confiarem no Echo Dot Kids Edition pela conveniência ou como assistência e não perceberem que, na verdade, é um dispositivo de *marketing*.

Por exemplo, se uma criança disser à Alexa que está entediada, o Echo Dot oferecerá um jogo ou uma atividade, que pode ser de um dos parceiros da marca Amazon. Isso levanta preocupações na medida em que as crianças não conseguem diferenciar mensagens publicitárias de mensagens não publicitárias. O dispositivo também coleta informações das crianças que o utilizam para fazer recomendações personalizadas, o que pode influenciar o comportamento de compra.

A CCFC comparou o processo de coleta de dados a uma situação de vigilância. Além disso, um estudo recente do Media Lab do MIT relatou que 74% das crianças estudadas pensavam na Alexa como uma pessoa que sempre diz a verdade. Embora os pais possam se beneficiar desse efeito quando usam o Echo Dot para dizer às crianças para dormir ou fazer uma tarefa, a CCFC sugere que há razões para os pais se preocuparem.

3.12 Debata sobre os prós e os contras de comprar o Echo Dot Kids Edition para uma criança.

3.13 Alguns dos usuários em potencial do Echo Dot Kids Edition fazem parte da crescente geração Alpha, identificada como uma porta de entrada para alcançar a atenção de seus pais. Como isso pode influenciar a reação dos pais ao Echo Dot Kids Edition?

Marketing em números O envelhecimento da América do Norte

À medida que os profissionais de *marketing* se concentram nos *millennials*, que estão embarcando em grandes decisões de consumo pela primeira vez relacionadas à carreira, ao lar e à família, outra geração não deve ser esquecida: os idosos *baby boomers*. A população dos EUA com 65 anos ou mais aumentará para quase 100 milhões de pessoas em 2060. Uma razão para essa tendência, para começar, é o tamanho surpreendente desse grupo – 72 milhões de pessoas nascidas entre 1946 e 1964. Outro fator importante é que os americanos estão vivendo mais tempo. Em 1950, a expectativa de vida média era de 68 anos, mas agora é de 78,7 anos. E a diferença de expectativa de vida entre homens e mulheres está diminuindo em virtude da redução das taxas de tabagismo entre os homens. Além da expectativa de vida mais longa, as famílias estão se espalhando – à medida que os filhos iniciam carreiras e começam suas próprias famílias, eles não ficam mais perto de suas cidades natais. Esses fatores contribuem para uma maior necessidade de apoio do cuidador ao idoso. Já existe uma proliferação de serviços como "Visiting Angels" (Anjos visitantes, em tradução livre) e "A Place for Mom" (Um lugar para a mamãe, em tradução livre). O número de *boomers* que precisam de cuidados em casas de repouso pode aumentar 75% até 2030, e o número de pessoas com doença de Alzheimer pode triplicar até 2050. O gráfico a seguir mostra os dados populacionais das pessoas de 65 anos ou mais em 2011 e 2016:

	2011	2016
Ambos os sexos	41.364.093	49.244.195
Homens	17.932.803	21.792.826
Mulheres	23.431.290	27.451.369

3.14 Calcule a variação percentual na população de 65 anos ou mais entre 2011 e 2016 para ambos os sexos, homens e mulheres.

3.15 Quantas mulheres a mais do que homens com 65 anos ou mais havia em 2011 e 2016? Que porcentagem da população as mulheres compunham em cada ano? Tire algumas conclusões sobre esses dados.

Caso empresarial Square: na busca desenfreada por uma experiência de pagamento mais elegante

Aconteceu um dia em uma feira de arte. Jim McKelvey, um artesão que trabalhava com vidro soprado artesanal, tinha um admirador de seu trabalho pronto para comprar uma peça por 2.000 dólares. Havia apenas um problema. O cliente não tinha tanto dinheiro em mãos e Jim não estava preparado para aceitar cartões de crédito. McKelvey não conseguiu fechar o negócio e perdeu uma venda valiosa.

Mas há um final feliz para esta história. McKelvey rapidamente reconheceu que o problema pelo qual passou naquele dia era comum a pequenas e médias empresas (PMEs) em todos os lugares. Perceber a quantia que estava perdendo por não aceitar cartões de crédito o fez persistir para resolver o problema. McKelvey e o sócio Jack Dorsey criaram a Square, a inovadora empresa de processamento de pagamentos que agitou o setor. Hoje, a Square é avaliada em 27 bilhões de dólares. E agora podemos dizer que aquela peça de arte de vidro de McKelvey é a peça de vidro mais valiosa nunca vendida.

As origens da Square não são diferentes das origens da maioria das empresas iniciantes: os fundadores reconheceram um problema para o qual não existe uma solução atual de produto ou serviço e se propõem a resolvê-lo. A questão é esta: o que criou o problema que Jim McKelvey reconheceu naquele dia fatídico? A curta resposta é: o ambiente de consumo e *marketing* mudou, mas as empresas ainda precisavam se atualizar.

O mundo antes da Square

Quando os clientes usavam dinheiro como principal meio de pagamento de bens e serviços, os proprietários de pequenas e médias empresas tinham poucos problemas para vender seus produtos. Mas à medida que os anos 1900 chegavam ao fim e cada vez mais empresas aceitavam cartões de crédito para pagamento, as pessoas carregavam cada vez menos dinheiro. Isso colocou as PMEs em desvantagem; muitos fatores dificultavam ou impossibilitavam o processamento de cartões de crédito.

Para começar, antes da Square e seus muitos imitadores, era ilegal que comerciantes não registrados aceitassem pagamentos por cartão de crédito. O credenciamento aprovado em um provedor de serviços de pagamento para cartão de crédito era caro, com uma taxa fixa substancial no início e taxas de transação mais altas do que a maioria das PMEs poderia pagar. O processamento de cartões de crédito estava disponível para os comerciantes apenas por meio de contrato – e assim que eles o assinavam, ficavam presos a ele. Além dessa complexidade, os termos dos contratos eram difíceis de entender, muitas vezes levando a taxas inesperadas.

Se tudo isso não bastasse para manter a maioria das PMEs fora do circuito dos cartões de crédito, na hora de aceitar cartões de crédito e débito, elas ainda precisavam ser aprovadas. Assim como obter um empréstimo bancário, ser aprovado para serviços de processamento de crédito dependia de indicações de solidez e estabilidade financeira. Então, "mesmo que você fosse aceito por um provedor de serviços de pagamento tradicional a aceitar pagamentos, normalmente assinaria um contrato que, na melhor das hipóteses, era obscuro e provavelmente não muito justo", disse o chefe de *hardware* da Square. "Há uma taxa de *teaser*, há taxas mensais, há uma variedade de outras taxas, cartões diferentes custam valores diferentes".

As coisas começaram a mudar em meados da década de 1990 com o advento do comércio eletrônico. Por mais improvável que pareça hoje, nos primeiros dias do eBay, os compradores tinham que enviar dinheiro ou cheque aos vendedores antes que as mercadorias fossem enviadas. Serviços de pagamento *on-line*, como o PayPal, resolveram esse problema. Mas no mundo *offline*, as PMEs ainda estavam sendo excluídas.

O conector que mudou tudo

A Square foi lançada em 2009. A ideia era simples. Ela desempenharia o papel de um grande negócio, colocando o capital e assumindo os riscos de processar transações com cartões de crédito e débito. A promessa de volume permitiu que a Square formasse parcerias com empresas de cartão de crédito como Visa e Mastercard, ignorando completamente as empresas de processamento de cartões de crédito e negociando taxas mais baixas. Com taxas baixas e despesas gerais mínimas, a Square poderia disponibilizar seus serviços para qualquer pessoa – seja física ou jurídica – sem contrato e sem processo de aprovação. Os comerciantes ganharam paz de espírito com uma estrutura simples de taxas de transações acessíveis que eram iguais para todos.

Com a parte de *back office* do processamento de pagamentos resolvida, a Square só precisava descobrir qual seria a interface entre o comerciante e o cliente. Assim, desenvolveu o conector da Square – um pequeno e elegante dispositivo de plástico branco que é conectado à porta de fone de ouvido de *smartphones* e *tablets* Android ou iOS da Apple que lê o chip de cartões. O conector custava, então, apenas 10 dólares (e hoje é grátis) e o aplicativo que o administrava era gratuito. A combinação de *hardware* e *software* da Square processava informações de cartões analógicos não criptografadas, digitalizando-as e enviando-as para os servidores da Square.

Assim, com nada mais do que um *smartphone*, qualquer pequeno empresário poderia aceitar pagamentos com cartões de crédito e débito, seja vendendo em uma loja tradicional feita de tijolos e argamassa, em um carrinho de rua, em um estande de evento ou até mesmo no porta-malas de um carro. Destacando os benefícios reais da Square, Dorsey observa que o processamento de pagamentos "nem está na categoria de coisas em que [os comerciantes] querem pensar. Eles querem pensar em coisas como contratar pessoas e introduzir novos ingredientes."

Depois que a Square foi lançada, seus fundadores rapidamente perceberam que ela oferecia apenas uma solução para um problema muito restrito. O processamento de pagamentos com cartão de crédito estava agora disponível para todos. Mas uma solução que tenta atender a qualquer um raramente é perfeita para todos. Para a maioria das PMEs, passar um cartão por meio de um leitor conectado a um *smartphone* não dava aos clientes uma impressão de estabilidade e segurança. Restava também o desafio de apelar ao segmento de PMEs que já possuíam contratos com provedores de processamento de pagamento. "A maior coisa com a qual estávamos competindo, honestamente, era que os vendedores tendem a desenvolver sistemas para fazer as coisas, e o ditado diz 'Se não está quebrado, não conserte'", disse Dorsey.

Desde os primeiros dias, os fundadores da Square perceberam que estavam longe de resolver todos os problemas associados aos pagamentos. E dada a rapidez com que as forças do ambiente de *marketing* estavam mudando, essa tarefa nunca seria concluída. Para enfrentar os desafios, Dorsey e McKelvey desenvolveram uma filosofia de inovação sem fim com o objetivo de tornar os pagamentos menos dolorosos e mais elegantes. Por sua natureza, os pagamentos representavam uma barreira de transação tanto para o comprador quanto para o vendedor. Para remover completamente as barreiras das transações, elas tinham que se tornar perfeitamente transparentes. E para atingir totalmente esse objetivo, a Square provavelmente teria que se aventurar além do negócio de pagamentos.

Inovação contínua

Na sequência do conector original, a Square lançou uma série de produtos e serviços que rivalizavam com o melhor do Vale do Silício em frequência e qualidade. A Square não apenas fez parceria com a Apple para vários projetos, mas muitas vezes seu design ao "estilo da

Apple" serviu como referência de qualidade aos desenvolvimentos de *hardware* e *software* da empresa. Embora o conector mais básico da Square ainda esteja disponível hoje, o dispositivo é o nível de entrada e menos sofisticado dos produtos da empresa. Confira a evolução:

Square Stand (2013). O Square Stand transformou o iPad da Apple em um sistema de ponto de venda mais completo. O Square Stand fica na bancada do comerciante e serve como um "caixa" personalizável, permitindo que os funcionários façam pedidos. Depois que a conta é finalizada, o Square Stand gira para ficar de frente para os clientes, permitindo que eles passem ou insiram seu próprio cartão e façam a assinatura na tela sensível ao toque. Hoje, o Square Stand evoluiu para interagir com periféricos comumente usados, como impressoras, caixas registradoras, leitores de código de barras e até mesmo o próprio leitor Bluetooth da Square.

Square Bluetooth Reader (2015). Conectando-se a outros dispositivos Square via Bluetooth, o Square Reader sem tela é um dispositivo versátil que lê cartões com chip, assim como aceita pagamentos por aproximação, como Apple Pay e Google Pay. O dispositivo pode ficar em um suporte inclinado em um balcão ou pode ser entregue ao cliente para fazer o pagamento em praticamente qualquer situação.

Square Register (2017). Apesar da versatilidade dos muitos produtos da Square, ainda havia situações de transação que ainda não eram "perfeitas", por isso foi criado o Square Register – um sistema de ponto de venda autônomo projetado e produzido pela empresa. O suporte contém um *tablet* de alumínio anodizado de 13 polegadas voltado para o funcionário. Uma segunda tela sensível ao toque, menor, fica voltada para o cliente, fixada na parte de trás do suporte ou destacável para situações em que o cliente está um pouco afastado do caixa. O Square Register faz interface com cartões via tarja magnética ou chip e também aceita pagamentos por aproximação. Como o Square Stand, o Square Register tem interface com uma variedade de periféricos.

O Square Register economiza dinheiro e tempo por não exigir um iPad da Apple. Mas, mais importante, a Square desenvolveu o Register para atender às necessidades de empresas maiores que consideravam os outros produtos da empresa problemáticos. Por exemplo, os iPads precisam ser atualizados com frequência. Para redes com várias filas de caixas em diversas lojas, atualizar cada iPad da empresa tornava-se um trabalho de tempo integral. O Register resolve este e outros problemas com um *tablet* que tem simplificação de *hardware* (por exemplo, sem bateria) e *software* (somente com o *software* da Square). O resultado é um sistema mais rápido, mais poderoso e mais confiável.

Square Terminal (2018). Este é o terminal de pagamento "tudo-em um" da Square. Assim como o Register, o dispositivo é projetado e produzido pela empresa para que não dependa de nenhum *hardware* ou *software* adicional. Ele pode ser utilizado sozinho ou fazer interface com outros produtos Square. Com uma tela do tamanho de um *smartphone* moderno, o Terminal aceita todas as formas de pagamento aceitas pelos outros produtos Square. Sua tela sensível ao toque permite que os clientes vejam e assinem suas contas, e o Terminal também pode imprimir recibos.

O Square Terminal é a maneira da Square de preencher um nicho que existia entre seus outros produtos. Mais importante, ele procura consertar "todas as coisas" que estão erradas nos terminais tradicionais de cartão de crédito. Os executivos da Square apontam rapidamente a antiguidade dos terminais padrão que ainda dominam o cenário do varejo, implantados por empresas tradicionais de processamento de pagamentos, como a Ingenico e a First Data. Esses dispositivos têm muitos problemas que as empresas e os clientes acabaram aceitando. Por exemplo, o teclado é pequeno e desajeitado, lembrando uma calculadora portátil de 40 anos atrás. As telas são minúsculas e não permitem que os clientes examinem sua fatura completa. Os dispositivos mais antigos também são difíceis de serem atualizados com os novos recursos, muitas vezes exigindo uma interface de *hardware* totalmente nova.

Além de um *hardware* empolgante

A Square projetou cada um de seus produtos com determinadas aplicações em mente. Mas a abordagem da empresa à inovação se baseia na expectativa de que os clientes utilizaram seus produtos de maneiras que a empresa nunca imaginou. "O que é empolgante para mim é que meio que lembra quando começamos a empresa e construímos o leitor", explica Dorsey, referindo-se à criação do Square Terminal. "Tínhamos alguma ideia de quem o usaria, mas realmente não tínhamos ideia de como acabaria sendo usado. Há propriedades muito semelhantes, e provavelmente ficaremos surpresos com a forma como as pessoas o usam".

Uma vez que os comerciantes colocam as mãos em um dispositivo Square, eles instintivamente descobrem como fazê-lo funcionar para eles. Embora a Square esperasse que o Terminal fosse empregado por todos, de "dentistas a pistas de boliche", não poderia imaginar todas as maneiras pelas quais o produto seria usado. Por exemplo, testes de campo revelaram que garçons em restaurantes carregam o Terminal para as mesas dos clientes para pagamento no local. Os operadores do salão entregam o dispositivo aos clientes enquanto eles ainda estão na cadeira. Em talvez um dos usos mais inesperados, um cirurgião plástico passou a levar o Terminal para a sala de tratamento para que a conta fosse revisada com o paciente e o pagamento pudesse ser feito em particular, evitando possíveis situações desconfortáveis.

O universo da Square também se estende muito além do processamento de pagamentos pessoais. A empresa está invadindo o território da PayPal com recursos de pagamento *on-line*. O Square Cash, semelhante ao Venmo, permite que os indivíduos enviem dinheiro uns aos outros com a facilidade de um aplicativo. Mais importante para as PMEs, a Square oferece um portfólio completo de serviços de negócios, incluindo criação e hospedagem de plataformas de lojas *on-line*, integração *Omnichannel*, processamento de folha de pagamento, empréstimos, agendamento de consultas e muito mais. Assim, os produtos Square Terminal, Register e Stand não são apenas peças interessantes de *hardware*. Eles são portas de entrada para todo um ecossistema de itens essenciais para pequenas empresas.

Não há dúvida de que a Square causou uma imensa disrupção no serviço de pagamentos com cartão de crédito. As receitas da Square quase triplicaram nos últimos três anos, para 3,3 bilhões de dólares. Ela também processou 84,66 bilhões de dólares em pagamentos de transações – impressionante, mas ainda uma gota no balde quando você considera que o mercado potencial da Square é "todas as transações, *on-line* e *offline*". Mais importante é o potencial do portfólio da Square: "Nossa abordagem foi não apenas se contentar com o dispositivo, mas se conectar com um ecossistema mais amplo de ferramentas", diz Dorsey. "Podemos lidar com sua folha de pagamento, podemos te dar um empréstimo, podemos cuidar de seus compromissos se você for um salão de beleza, além de pessoas que entram para comprar produto e usam o [Terminal] para passar um cartão. Se pudermos contar uma história maior do que uma peça de *hardware* visível, então vamos tender a mudar de ideia." Em outras palavras, o potencial de crescimento da Square é praticamente ilimitado.[62]

Questões para discussão

3.16 Descreva como a Square evoluiu com base nos agentes do microambiente.

3.17 Descreva como a Square evoluiu com base nas forças do macroambiente.

3.18 Os fatores no ambiente de *marketing* não mencionados neste caso afetaram a Square? Discuta.

3.19 Especule sobre o futuro da Square. Quais tendências atuais e futuras podem moldar ainda mais a empresa?

4 Gestão das informações de *marketing* para obter *insights* sobre clientes

Resumo dos objetivos

Objetivo 4.1 Explicar a importância de obter *insights* sobre os clientes e o mercado **Veja: Informações de *marketing* e *insights* sobre clientes** (p. 98-100)

Objetivo 4.2 Definir o sistema de informações de *marketing* e discutir seus elementos. **Veja: Avaliação das necessidades de informação e desenvolvimento de dados** (p.100-103)

Objetivo 4.3 Delinear o papel da pesquisa de *marketing* e as etapas de seu processo. **Veja: Pesquisa de *marketing*** (p. 103-116)

Objetivo 4.4 Explicar como as empresas analisam e utilizam as informações de *marketing*. **Veja: Análise e uso das informações de *marketing*** (p. 116-120)

Objetivo 4.5 Discutir as questões especiais com as quais alguns pesquisadores de *marketing* se deparam, entre elas as questões relacionadas à política pública e à ética. **Veja: Outras considerações sobre as informações de *marketing*** (p. 120-125)

Prévia do capítulo

Neste capítulo, continuamos a explorar como os profissionais de *marketing* obtêm *insights* sobre o cliente e o mercado. Vamos analisar como as empresas desenvolvem e administram informações sobre importantes elementos do mercado: clientes, concorrentes, produtos e programas de *marketing*. Para ter sucesso no mercado de hoje, as empresas devem saber transformar pilhas de informações de *marketing* em excelentes *insights* sobre o cliente que as ajudarão a entregar um valor superior a eles. Como veremos no decorrer do capítulo, as informações de *marketing* e o setor de pesquisa está passando por uma importante transformação. A pesquisa de *marketing* tradicional está abrindo espaço para uma enxurrada de novas tecnologias digitais, *on-line*, móveis e analíticas que aprimoram a capacidade do profissional de *marketing* em coletar, analisar, comunicar e obter *insights* a partir de dados sobre clientes e mercados.

Vamos começar com uma história sobre pesquisa de *marketing* e *insights* sobre clientes em ação. A Procter & Gamble há muito é considerada a principal empresa de bens de consumo embalados do mundo. O sucesso da P&G ao longo das décadas resultou da criação e comercialização de marcas transformadoras que atendem aos desejos e às necessidades dos clientes. Mas a fim de atender a esses desejos e necessidades, a P&G deve primeiro descobri-los e entendê-los profundamente. E essa compreensão vem de um processo minucioso de pesquisa de *marketing*.

P&G: *Insights* sobre clientes e criação de experiências irresistivelmente superiores

A P&G fabrica e comercializa uma lista impressionante de produtos alimentícios, de beleza e limpeza, incluindo grandes marcas, como Tide Ariel, Gillette, Bounty, Pampers, Always, Febreze, Charmin, Crest, Pantene, Vicks e Old Spice. Ao todo, a P&G comercializa 65 marcas de consumo no topo das mais vendidas, atendendo quase 5 bilhões de consumidores em 180 países e gerando 67 bilhões de dólares em receitas anuais. O portfólio de marcas da P&G inclui marcas de mais de 23 bilhões de dólares. Ano após ano, a P&G também tem sido a maior anunciante do mundo.

O objetivo da P&G é criar marcas inovadoras que ofereçam aos consumidores uma "experiência irresistivelmente superior". Nestes tempos de rápida mudança, no entanto, para criar experiências tão irresistivelmente superiores, a P&G deve primeiro criar um fluxo constante de *insights* relevantes e atualizados sobre as necessidades e comportamentos em constante mudança dos clientes e sobre o que tornará as marcas da empresa irresistivelmente superiores.

Como a P&G obtém esses *insights*? Por meio de pesquisa de *marketing* – muita pesquisa de *marketing*. A cada ano, a empresa investe cerca de 350 milhões de dólares em pesquisa de *marketing*, realizando mais de 15.000 pesquisas e interagindo com mais de 5 milhões de clientes, acumulando montanhas de informações e *insights* sobre aquilo o que seus clientes precisam e como eles pensam, agem e compram. A P&G usa o que seu diretor de análise e *insights* chama de abordagem "olhos no cliente, mãos no teclado" para a pesquisa de *marketing*. Ele emprega uma ampla variedade de abordagens de pesquisa, que vão desde pesquisas tradicionais com clientes em larga escala, grupos focais de pequena escala e estudos em lojas até painéis *on-line*, escutas em mídia social em tempo real, pesquisas em dispositivos móveis e análises de *big data*.

Ao longo dos anos, a pesquisa de *marketing* da P&G resultou em um fluxo impressionante de novos produtos inovadores e sucessos de *marketing*. Considere o removedor de odor Febreze da P&G. O Febreze foi desenvolvido como um "neutralizador de odores", uma inovação revolucionária em uma categoria repleta de purificadores de ar com "mascaramento de odores". Mas, depois de apenas alguns anos, as vendas da Febreze estavam despencando. Para descobrir o porquê, a P&G realizou testes de uso doméstico nos quais pequenas equipes de pesquisadores da P&G observaram e entrevistaram usuários e não usuários do Febreze. As equipes chegaram a um *insight* importante dos clientes: a maioria dos compradores do Febreze não estava usando o produto para eliminar odores específicos – digamos, naqueles tênis velhos fedorentos ou em uma cama de animal de estimação. Em vez disso, eles o usavam após a limpeza cotidiana – por exemplo, borrifar um tapete depois de aspirar um quarto – como uma garantia adicional de limpeza.

Com base nesse *insight*, a P&G reformulou o produto e seu posicionamento. Adicionou aromas suaves, mas refrescantes, com o intuito de reforçar as qualidades de neutralização de odor do Febreze. Atualmente posicionado como "Odores para fora, frescor para dentro. Vá em frente, respire feliz", o Febreze hoje tem uma variedade de aromas, incluindo pinho recém-cortado, bambu ("uma pitada de bambu enevoado") e Big Sur ("para que sua casa cheire como se estivesse em um galho de uma árvore de sândalo"). A P&G lançou então uma premiada campanha de reposicionamento "Respire feliz", que demonstrou de modo impactante a capacidade do Febreze de "limpar odores", tornando-se rapidamente uma das marcas bilionárias da P&G.

A P&G domina há muito tempo a arte e a ciência da pesquisa de imersão do cliente. No início dos anos 2000 criou o "Living It" – na qual pequenas equipes de funcionários da P&G vivem, trabalham e compram com os consumidores para obter *insights* profundos sobre o que eles pensam, sentem, precisam e fazem. Por exemplo, alguns anos atrás, a P&G usou pesquisas de imersão para descobrir por que o Ariel Ultra, a versão superconcentrada de sua principal marca de sabão líquido e em pó fora dos Estados Unidos, não estava vendendo bem no México. O Ariel Ultra, que forneceu mais poder de limpeza com metade da quantidade por lavagem, foi direcionado para residências mexicanas de classe média, um segmento orientado ao valor, que tinha pouco espaço para armazenar volumosos recipientes de sabão.

Para obter *insights* relevantes sobre os clientes, a P&G emprega uma ampla variedade de abordagens de pesquisa de *marketing*, desde pesquisas tradicionais em grande escala e grupos focais de pequena escala até escutas de mídia social em tempo real, pesquisas móveis e análises de *big data*.

Charles Krupa/AP Photo

No entanto, após alguns meses de vendas decepcionantes, a P&G retirou temporariamente o Ariel Ultra das prateleiras das lojas enquanto reconsiderava sua estratégia.

Pesquisas tradicionais e grupos focais forneceram algumas respostas. Primeiro, os consumidores mexicanos simplesmente não acreditavam que quantidades menores de Ariel Ultra concentrado pudessem fornecer o mesmo poder de limpeza. Em segundo lugar, para as mulheres mexicanas, a espuma é um sinal de que o detergente estava fazendo seu trabalho, mas o Ariel Ultra não fazia espuma. "Nós deveríamos ter entendido. Não conseguimos, e por isso falhamos", diz um gerente da P&G. "Tivemos que sair de nossos escritórios e mergulhar no mundo real e nas rotinas diárias dos consumidores."

Assim, os pesquisadores da P&G se aprofundaram nos estudos de imersão. As equipes de pesquisa descobriram que lavar roupas é a tarefa mais importante para as donas de casa mexicanas, que querem garantir que suas roupas durem e apresentem bem sua família fora de casa. Os pesquisadores também observaram que 90% das mulheres mexicanas usam amaciante de roupas, um produto que os gerentes da P&G supunham ser pouco usado. Finalmente, eles viram que milhões de casas rurais mexicanas não tinham água encanada ou tinham em apenas algumas horas por dia. As mulheres lavavam as roupas à mão ou com máquinas semiautomáticas que exigiam que a troca de água fosse feita manualmente, empregando dois ciclos de enxágue após a lavagem e mais dois após o uso do amaciante.

Munida de *insights* mais aprofundados, a P&G reformulou o Ariel Ultra para exigir menos enxágue e menos água. Também introduziu Downy Single Rinse. A combinação reduziu o processo de lavagem anterior de seis etapas para três etapas – lavar, adicionar amaciante e depois enxaguar uma vez. A P&G então lançou uma campanha promocional que enfatizava como seus produtos poderiam economizar tempo, esforço e água para as mulheres. A marca relançada aumentou drasticamente a participação

A P&G usa muitas pesquisas de *marketing* inovadoras para descobrir *insights* relevantes e atualizados sobre o cliente e, em seguida, os utiliza para criar marcas e *marketing* transformacionais que proporcionam experiências irresistivelmente superiores aos clientes.

da P&G no mercado de lavanderia em lares mexicanos de baixa e média renda.

Além das abordagens de pesquisa tradicionais, a P&G também aperfeiçoou as plataformas de pesquisa digital de hoje, desde painéis *on-line*, monitoramento na web e pesquisas em dispositivos móveis até coleta e análise de *big data*. Algumas dessas pesquisas consistem em adaptações digitais de métodos tradicionais. Por exemplo, quando a P&G soube que estava perdendo clientes de Pampers para marcas concorrentes ao mudar para tamanhos maiores, desenvolveu um aplicativo móvel que monitorava o uso da marca pelos clientes participantes por meio de diários. Os dados do aplicativo móvel mostraram que a troca de marca na mudança para o tamanho seguinte não tinha nada a ver com o desempenho percebido das fraldas. Em vez disso, como as Pampers de tamanho maior tinham um formato bastante diferente, os pais percebiam problemas no ajuste da fralda. Os pais também tiveram dificuldades nas lojas para descobrir qual seria o próximo tamanho da marca. Esses *insights* de pesquisa levaram a soluções simples – pequenas alterações no design das fraldas para melhor percepção do ajuste e modificações na embalagem para comunicar de modo mais rápido e claro as informações de tamanho necessárias. As modificações levaram a reduções na troca de marcas e aumentos na participação de mercado de Pampers.

Os pesquisadores da P&G também dominam o "*big data*" de hoje. Por exemplo, a empresa colhe grandes quantidades de dados de seus milhares de *sites* voltados para o consumidor em todo o mundo, que vasculha constantemente em busca de *insights* sobre clientes. E a P&G monitora de perto os ambientes *on-line*, móvel e de mídia social para pesquisar e responder em tempo real ao que os consumidores estão fazendo, pensando e falando. Por exemplo, quando o sabão Tide foi despejado na pista da NASCAR Daytona 500 para limpar o combustível que foi derramado após um acidente, permitindo que a corrida continuasse, os pesquisadores do Tide captaram a enxurrada de respostas nas mídias sociais e rapidamente veicularam anúncios capitalizando o evento.

A P&G usa análises sofisticadas para extrair de seu *big data insights* úteis sobre clientes. Em seguida, entrega os *insights* nas mãos dos profissionais de *marketing* da empresa por meio de "cockpits de decisão", interfaces em seus computadores que permitem que eles se aprofundem em informações importantes. A P&G também instalou mais de 50 "Business Spheres" em todo o mundo, centros digitais de alta tecnologia onde os gerentes podem mergulhar em informações em tempo real visualizadas em grandes telas. Essas análises de pesquisa em tempo real ajudam os profissionais de *marketing* da P&G a tomar decisões mais rápidas, melhores e mais ágeis em seus ambientes de rápida mudança.

Então como a P&G cria essas experiências irresistivelmente superiores? Obtendo *insights* relevantes e atualizados sobre o que os consumidores precisam e desejam. E como a P&G obtém esses *insights* sobre o cliente? Por meio de pesquisas de *marketing* – muitas e muitas pesquisas de *marketing*.[1]

COMO A HISTÓRIA DA P&G destaca, bons produtos e programas de *marketing* começam com boas informações e *insights* sobre o cliente. As empresas também precisam de uma abundância de informações sobre concorrentes, revendedores e outros atores e forças do mercado. Mas mais do que apenas coletar informações, os profissionais de *marketing* devem usar as informações para obter *insights* poderosos sobre clientes e mercado.

Comentário do autor | As informações de *marketing* por si só têm pouco valor. O valor está nos *insights* sobre clientes obtidos das informações e em como os profissionais de *marketing* os utilizam para tomar melhores decisões.

Informações de *marketing* e *insights* sobre clientes

Objetivo 4.1 Explicar a importância de obter *insights* sobre os clientes e o mercado.

Para gerar valor para os clientes e criar relacionamentos significativos com eles, as empresas precisam obter *insights* relevantes e atualizados sobre o que os clientes querem e precisam. As empresas usam esses *insights*, que podem vir de boas informações de *marketing*, para desenvolver vantagem competitiva.

Embora sejam importantes para construir valor para os clientes e relacionamento com eles, os *insights* sobre os clientes e do mercado podem ser difíceis de serem obtidos. Em geral, as necessidades dos clientes e suas motivações de compra não são nada óbvias – os próprios clientes normalmente não sabem dizer ao certo do que precisam e por que compram. Para obter bons *insights* sobre clientes, os profissionais de *marketing* devem administrar efetivamente as informações de *marketing* provenientes de uma ampla gama de fontes.

Informações de *marketing* e o atual "*big data*"

Com a recente explosão das tecnologias da informação, as empresas agora podem gerar e encontrar informações de *marketing* em grandes quantidades. O mundo do *marketing* está repleto de informações de inúmeras fontes – não apenas dados coletados da pesquisa de *marketing* da empresa e dados de transações internas de clientes, mas dados em tempo real que fluem do monitoramento de mídias sociais, dispositivos conectados à Internet e outras fontes digitais.

Os próprios clientes estão agora gerando toneladas de informações de *marketing* ao utilizar seus *smartphones*, PCs e *tablets* – por meio de navegação *on-line*, aplicativos, interações em mídias sociais, mensagens de texto e vídeo e dados de geolocalização – os clientes agora oferecem voluntariamente uma onda gigantesca de informações de baixo para cima, tanto para as empresas como entre si.

Longe de faltar informações, a maioria dos gerentes de *marketing* está sobrecarregada de dados e muitas vezes sobrecarregada por eles. Esse problema se resume no conceito de ***big data***. O termo refere-se aos enormes e complexos conjuntos de dados gerados pelas sofisticadas tecnologias atuais de geração, coleta, armazenamento e análise de informações. Diariamente, as pessoas e os sistemas mundiais geram quase 2,5 quintilhões de novos bytes de dados. Aproximadamente 90% dos dados do mundo, até hoje, foram criados apenas nos últimos dois anos.[2]

Big data
enormes e complexos conjuntos de dados gerados pelas sofisticadas tecnologias atuais de geração, coleta, armazenamento e análise de informações.

O *big data* apresenta aos profissionais de *marketing* grandes oportunidades e grandes desafios. As empresas que exploram efetivamente esse excesso de dados podem obter informações ricas e oportunas sobre os clientes. No entanto, acessar e filtrar tantos dados é uma tarefa assustadora. Por exemplo, quando uma grande marca de consumo, como a Coca-Cola ou a Apple, monitora discussões *on-line* sobre sua marca em tuítes, *blogs*, postagens em mídias sociais, entre outras fontes, isso pode levar a impressionantes 6 milhões de conversas públicas por dia, mais de 2 bilhões por ano. Isso é muito mais informação do que qualquer gerente pode digerir.

Assim, os profissionais de *marketing* não precisam de mais informações; eles precisam de melhores informações. E eles precisam fazer melhor uso das informações que já possuem. "Quando chove, você não pode simplesmente beber a água. Ela deve ser coletada, purificada, engarrafada e entregue para o consumo", observa um especialista em dados. "O *big data* funciona da mesma maneira. É um recurso bruto que está a alguns passos importantes de ser útil".[3]

Administração das informações de *marketing*

O valor real das informações de *marketing* está em como elas são usadas, ou seja, nos ***insights* sobre clientes** que elas fornecem. Com base nesse pensamento, empresas como Unilever, PepsiCo, Starbucks, McDonald's, Google e GEICO reestruturaram as funções de suas pesquisas e informações de *marketing*. Elas criaram equipes de *insights* do cliente, cujo trabalho é desenvolver *insights* úteis a partir de informações de *marketing* e trabalhar estrategicamente com tomadores de decisões de *marketing* para que sejam aplicados. Considere a Unilever:[4]

***Insights* sobre clientes**
Conhecimentos atualizados com base em informações de *marketing* dos clientes e do mercado que se tornam o alicerce para a criação de valor, engajamento e relacionamentos com o cliente.

> As difundidas práticas em informações de *marketing* da Unilever são gerenciadas por uma equipe de alto nível, a Consumer & Market Insights (CMI). Mais do que apenas fazer pesquisas de *marketing*, a CMI é um "motor de *insights*". Seu trabalho é entender profundamente os comportamentos do cliente e do mercado, "inspirar e provocar" *insights* úteis e aplicá-los nas decisões de suas mais de 400 marcas. A CMI trabalha em estreita colaboração com os gerentes para reunir, consolidar, gerenciar e analisar dados e *insights* de uma rica variedade de fontes, desde grupos focais, levantamento e análises neurociência até se misturar e observar os clientes pessoalmente e monitorar seus comportamentos de mídia digital e social.
>
> A CMI também ajuda os profissionais de *marketing* da Unilever a acessar *insights* de dados já contidos nos vastos bancos de dados da empresa. Por exemplo, usando inteligência artificial, um programa da CMI chamado PeopleWorld permite que os profissionais de *marketing* usem perguntas em linguagem natural a fim de extrair informações e *insights* do enorme banco de dados global da empresa alimentado por dezenas de milhares de relatórios de pesquisa, dados de mídias sociais, milhares de projetos anteriores, entre outras fontes. "Um gerente de marca pode perguntar: 'Quais problemas de cuidados com os cabelos preocupam os homens de meia-idade na Índia?'", diz um analista. "Os computadores da PeopleWorld intuiriam o que é necessário, pesquisariam o vasto repositório de informações sobre queda de cabelo, caspa e tópicos semelhantes e forneceriam instantaneamente uma visão geral de alto nível." Por meio de perguntas adicionais, o gerente poderia detalhar as especificidades de diferentes segmentos de consumidores em vários mercados para obter *insights* sobre como atendê-los melhor.

Assim, as empresas devem projetar sistemas de informação de *marketing* eficazes que forneçam aos gerentes as informações certas, na forma certa, no momento certo e que os ajudem a utilizá-las de modo a criar valor para os clientes e engajamento e relacionamentos mais fortes com eles. Um **sistema de informações de *marketing*** (SIM) consiste em pessoas e procedimentos voltados para a avaliação das necessidades de informações, o desenvolvimento dessas informações e o auxílio aos tomadores de decisão no uso das informações que possam ser utilizadas para gerar e validar *insights* sobre os clientes e o mercado.

Sistema de informações de *marketing* (SIM)
Pessoas e procedimentos voltados para a avaliação das necessidades de informações, o desenvolvimento dessas informações e o auxílio aos tomadores de decisão no uso das informações para gerar e validar *insights*

● FIGURA 4.1
Sistema de informações de *marketing*.

Este capítulo trata da gestão das informações de *marketing*. Esta importante figura organiza todo o capítulo. Os profissionais de *marketing* começam avaliando as necessidades de informações dos usuários. Em seguida, eles desenvolvem as informações necessárias utilizando dados internos, inteligência de *marketing* e processos de pesquisa de *marketing*. Por fim, disponibilizam as informações para os usuários na forma e no momento certos.

A ● **Figura 4.1** mostra que o SIM começa e termina com os usuários das informações – gerentes de *marketing*, parceiros internos e externos, entre outros que precisem de informações e *insights* de *marketing*. Primeiro, ele interage com esses usuários de informação para avaliar as necessidades de informação. Em seguida, ele interage com o ambiente de *marketing* para desenvolver as informações necessárias por meio de bancos de dados internos da empresa, atividades de inteligência de *marketing* e pesquisa de *marketing*. Por fim, o SIM ajuda os usuários a analisar e usar as informações para desenvolver os *insights* sobre clientes, tomar decisões de *marketing* e gerenciar o engajamento e os relacionamentos com os clientes.

Comentário do autor | O sistema de informações de *marketing* começa e termina com seus usuários – avaliando suas necessidades de informações e, em seguida, fornecendo informações e *insights* que atendam a essas necessidades.

Avaliação das necessidades de informação e desenvolvimento de dados

Objetivo 4.2 **Definir o sistema de informações de *marketing* e discutir seus elementos.**

Avaliação das necessidades de informações de *marketing*

O sistema de informações de *marketing* atende principalmente aos gestores de *marketing* e de outros departamentos da empresa. Entretanto, ele também pode fornecer informações a parceiros externos, como fornecedores, revendedores ou agências de serviços de *marketing*. Por exemplo, o sistema Retail Link do Walmart concede a fornecedores importantes acesso a informações sobre tudo: padrões de compra dos clientes, níveis de estoque na loja, quantidade vendida em cada loja nas últimas 24 horas.[5]

Um bom sistema de informação de *marketing* equilibra as informações que os usuários gostariam de ter com as que eles realmente necessitam e o que é viável oferecer. Alguns gestores solicitam quaisquer informações que possam obter sem pensar com cuidado no que realmente precisam – e nesta era de *big data*, alguns gerentes desejarão coletar e armazenar grandes quantidades de dados digitais, simplesmente porque a tecnologia permite, mas informação demais pode ser tão prejudicial quanto informação de menos. Em contrapartida, outros gerentes podem deixar passar coisas que deveriam saber ou não sabem como solicitar determinados tipos de informação que deveriam possuir. O SIM deve monitorar o ambiente de *marketing* para oferecer aos tomadores de decisões as informações de que precisam para entender melhor os clientes e tomar as principais decisões de *marketing*.

Por fim, os custos para obter, analisar, armazenar e entregar as informações podem aumentar rapidamente. A empresa deve decidir se o valor dos *insights* obtidos com as informações adicionais compensa os custos de providenciá-los – e tanto o valor como os custos geralmente são difíceis de avaliar.

Comentário do autor | O problema não é *encontrar* informações; nesta era de "*big data*", o mundo está repleto de informações de uma abundância de fontes. O verdadeiro desafio é encontrar as informações *certas* – de fontes internas e externas – e transformá-las em *insights* sobre o cliente.

Desenvolvimento de informações de *marketing*

Os profissionais de *marketing* podem obter as informações necessárias por meio de *dados internos*, *inteligência de marketing* e *pesquisa de marketing*.

Dados internos

Banco de dados internos
Conjuntos de informações sobre o cliente e o mercado obtidos a partir de fontes de dados que fazem parte da rede da empresa.

Muitas empresas desenvolvem grandes **bancos de dados internos** – conjuntos de informações sobre os clientes e o mercado obtidos a partir de fontes de dados que fazem parte da rede da empresa. As informações contidas em um banco de dados podem ser provenientes de diversas fontes. O departamento de *marketing* fornece informações sobre as características dos clientes, suas transações de vendas em lojas físicas e *on-line* e suas visitas ao *site* e às mídias sociais. O departamento de atendimento ao cliente mantém registros da satisfação dos clientes e dos problemas nos serviços prestados. O financeiro oferece registros sobre vendas, custos e fluxos de caixa. O departamento de operações traz relatórios sobre a produção, entregas e estoques. A força de vendas reporta as reações dos revendedores e as atividades dos concorrentes. E os parceiros do canal de *marketing* fornecem dados sobre as transações de venda. Desenvolver e aproveitar essas informações pode fornecer *insights* poderosos sobre o cliente e, consequentemente, vantagem competitiva.

Por exemplo, por meio do uso habilidoso de seu banco de dados interno de clientes ricamente desenvolvido, a loja *on-line* de moda Stitch Fix criou um núcleo de clientes leais e satisfeitos em rápido crescimento:[6]

Dados internos: por meio do desenvolvimento e do uso habilidoso de seu banco de dados de clientes, a Stitch Fix construiu altos níveis de satisfação e fidelidade com seus clientes.
Stitch Fix

A Stitch Fix oferece serviços acessíveis de estilo pessoal *on-line* para pessoas ocupadas e em constante movimento. Posiciona-se como "seu parceiro em estilo pessoal". Embora "serviço pessoal" e "*on-line*" possam parecer uma contradição, a Stitch Fix consegue fazer isso com uma equipe de mais de 2.000 estilistas pessoais e 80 cientistas de dados que constroem e exploram um profundo banco de dados de clientes para determinar o senso de estilo único de cada cliente. Um cliente começa preenchendo um questionário de estilo detalhado que investiga preferências pessoais com perguntas como "O que você gosta de ostentar?" e "Quão aventureiras você quer que sejam as seleções da Fix?" (Uma opção de resposta: "Frequentemente: Aventura é meu nome do meio, venha com tudo!") O cliente também avalia as composições de fotos de diferentes estilos de moda e pode até postar *links* em seus próprios perfis de mídia social.

Com base nesse rico banco de dados de clientes, combinando algoritmos sofisticados com grandes doses de julgamento humano (o estilista pode substituir completamente os algoritmos), a Stitch Fix monta e envia a "Fix" da moda do cliente – uma caixa contendo cinco itens de roupas ou acessórios cuidadosamente selecionados de acordo com o gosto do cliente. O cliente fica com o que gosta e devolve o restante, junto com um *feedback* detalhado. A primeira seleção da caixa da Fix é a mais difícil, porque o estilista e os algoritmos ainda estão aprendendo. Mas depois disso, a experiência Stitch Fix torna-se absolutamente viciante para muitos compradores. Graças ao uso hábil do seu banco de dados de clientes, a Stitch Fix, em rápido crescimento, agora vende mais de 2,1 bilhões de dólares em roupas e acessórios anualmente para mais de 3,9 milhões de clientes.

Normalmente, os bancos de dados internos podem ser acessados de maneira mais rápida e barata do que outras fontes de informação, mas eles apresentam alguns problemas. E tendo em vista que, muitas vezes, as informações internas foram coletadas para outras finalidades, elas podem estar incompletas ou terem sido registradas de maneira inadequada para a tomada de decisões de *marketing*. Além disso, dados envelhecem rapidamente; manter o banco de dados atualizado exige um grande esforço. Por fim, administrar as montanhas de informação que uma grande empresa gera requer equipamentos e técnicas altamente sofisticados.

Inteligência competitiva de *marketing*

Inteligência competitiva de *marketing*
Monitoramento, coleta e análise sistemáticas de informações publicamente disponíveis sobre consumidores, concorrentes e mudanças no mercado.

Inteligência competitiva de *marketing* é o monitoramento, a coleta e a análise sistemáticas de informações publicamente disponíveis sobre consumidores, concorrentes e mudanças no mercado. Seu objetivo consiste em melhorar a tomada de decisões estratégicas por meio do conhecimento do ambiente do consumidor, da avaliação e do acompanhamento das ações dos concorrentes e da antecipação de oportunidades e as ameaças. As técnicas de inteligência de *marketing* variam, podendo consistir, entre outras, em observar os consumidores de maneira direta, fazer uma série de perguntas para os próprios funcionários da empresa, realizar benchmarking com os produtos da concorrência, efetuar pesquisas na Internet e monitorar mídias sociais e móveis em tempo real.

Uma boa inteligência de *marketing* pode ajudar as empresas a obter *insights* sobre o modo como os consumidores falam de suas marcas e se engajam com elas. Muitas organizações formaram equipes de observadores treinados para se misturar com os clientes enquanto eles usam os produtos da empresa ou conversam sobre eles. Outras empresas criaram centros de comando de mídia social de última geração que monitoram rotineiramente, em tempo real, as atividades do cliente e do mercado em mídias sociais e móveis relacionadas à marca. Esses centros podem vasculhar o ambiente digital, analisar conversas relacionadas à marca em tempo real para obter *insights* de *marketing* e responder de forma rápida e adequada.

Por exemplo, o centro de comando de inteligência digital da Mastercard – chamado Conversation Suite – monitora, analisa e responde em tempo real a milhões de conversas *on-line* em todo o mundo:[7]

Inteligência competitiva de *marketing*: o centro de comando de inteligência digital da Mastercard – chamado Conversation Suite – monitora, analisa e responde em tempo real a milhões de conversas relacionadas à marca em 56 mercados e 27 idiomas em todo o mundo.

Mastercard

O Conversation Suite monitora conversas *on-line* relacionadas à marca em 56 mercados e 27 idiomas. Ele rastreia redes sociais, *blogs*, vídeos *on-line* e via dispositivos móveis e mídia tradicional – todo e qualquer local digital que possa conter conteúdo ou comentários relevantes sobre a Mastercard. Na sede da Mastercard Purchase, em Nova York, a equipe do Conversation Suite se reúne com gerentes de vários departamentos e unidades de negócios da Mastercard em frente a uma tela LED gigante de 12 metros que exibe resumos de conversas globais de marca em andamento, atualizadas a cada quatro minutos. Um grupo rotativo de *marketing* e atendimento ao cliente passa duas ou três horas por dia no centro de comando. "É um grupo focal em tempo real", diz um executivo de *marketing* da Mastercard. "Monitoramos todas as menções à Mastercard e a qualquer um de nossos produtos, além da concorrência."

A Mastercard usa o que vê, ouve e aprende no Conversation Suite para melhorar seus produtos e *marketing*, acompanhar o desempenho da marca e estimular conversas e engajamento significativos com os clientes. A Mastercard até treina "embaixadores sociais", que podem participar de conversas *on-line* e envolver diretamente clientes e influenciadores da marca. "Hoje, quase tudo o que fazemos [na empresa] está enraizado nos *insights* que coletamos do Conversation Suite", diz outro gerente. "[Está] transformando a maneira como fazemos negócios."

As empresas também precisam monitorar ativamente as atividades dos concorrentes. Eles podem monitorar os *sites* e as mídias sociais dos concorrentes. Por exemplo, a área de inteligência competitiva da Amazon compra rotineiramente mercadorias de *sites* concorrentes para analisar e comparar sua variedade, velocidade e qualidade de serviço. As empresas podem usar a Internet para pesquisar nomes, eventos ou tendências de concorrentes específicos e ver o que aparece. Além disso, acompanhar conversas de clientes sobre marcas concorrentes costuma ser tão revelador quanto monitorar conversas sobre as próprias marcas da empresa.

As empresas usam a inteligência competitiva de *marketing* para obter *insights* antecipados sobre os movimentos e estratégias dos concorrentes e para preparar respostas rápidas. Por exemplo, a Samsung monitora rotineiramente a atividade de mídia social em tempo real em torno dos lançamentos dos mais recentes iPhones, iPads e outros dispositivos da Apple para criar rapidamente respostas de *marketing* para seus próprios *smartphones* e *tablets*. Ao mesmo tempo em que a Apple está lançando os mais recentes modelos, muito esperados pelo mercado, os estrategistas de *marketing* da Samsung estão reunidos em torno de telas em uma sala de guerra, monitorando não apenas cada novo recurso do dispositivo à medida que é apresentado, mas também a enxurrada de comentários de consumidores *on-line* inundando *blogs* e canais de mídia social. Assim que os dados dos clientes e da concorrência surgem em tempo real, a equipe da Samsung está postando respostas. Em poucos dias, assim que os novos modelos da Apple estão chegando às prateleiras das lojas, a Samsung já está reagindo com respostas na TV, na mídia impressa e nas redes sociais a fim de redirecionar a empolgação para sua própria linha de dispositivos móveis.[8]

Muita inteligência sobre a concorrência pode ser coletada de pessoas dentro da empresa – executivos, engenheiros e cientistas, agentes de compras e vendedores. A empresa também pode obter informações importantes de inteligência por meio de fornecedores, revendedores e clientes-chave.

Os pesquisadores de inteligência também podem vasculhar qualquer um dos milhares de bancos de dados *on-line*. Alguns são gratuitos. Por exemplo, o banco de dados da U.S. Security and Exchange Commission (Comissão de Valores Mobiliários dos Estados Unidos) fornece um enorme estoque de informações financeiras públicas sobre concorrentes, e o banco de dados do U.S. Patent Office and Trademark (Departamento de Patentes e Marcas Registradas dos Estados Unidos) revela patentes registradas pelos concorrentes. E, mediante pagamento, as empresas também podem se inscrever em qualquer um dos mais de três mil bancos de dados *on-line* e serviços de busca de informações, como D&B Hoover's, LexisNexis e Dun & Bradstreet. Os profissionais de *marketing* de hoje têm uma quantidade esmagadora de informações sobre os concorrentes a apenas alguns toques de tecla.

O jogo de inteligência e monitoramento funciona nos dois sentidos. Diante de determinados esforços de inteligência competitiva de *marketing* por parte dos concorrentes, a maioria das empresas toma medidas para proteger suas próprias informações. As empresas devem tentar conduzir investigações de inteligência de *marketing* por si mesmas, procurando vazamentos de informações potencialmente prejudiciais. Elas devem começar "aspirando" tudo o que puderem encontrar no registro público, incluindo anúncios de emprego, registros judiciais, anúncios e *blogs* da empresa, páginas da web, comunicados à imprensa, relatórios de negócios *on-line*, postagens de clientes e funcionários em mídias sociais e outras informações que possam estar disponíveis para concorrentes curiosos.

O uso crescente de inteligência de *marketing* também levanta questões éticas. Algumas técnicas de coleta de inteligência podem envolver ética questionável. Claramente, as empresas devem tirar proveito das informações publicamente disponíveis. No entanto, eles não devem se rebaixar para bisbilhotar. Com todas as fontes legítimas de inteligência agora disponíveis, uma empresa não precisa infringir a lei ou códigos de ética para conseguir boas informações.

Pesquisa de *marketing*

Comentário do autor | Enquanto a inteligência de *marketing* envolve a varredura ativa do ambiente geral de *marketing*, a pesquisa de *marketing* envolve estudos mais focados para obter *insights* sobre clientes relacionados a decisões de *marketing* específicas.

Objetivo 4.3 Esboçar o papel da pesquisa de *marketing* e as etapas de seu processo.

Além de informações sobre os clientes, os concorrentes e os acontecimentos no mercado em geral, os profissionais de *marketing* com frequência necessitam de estudos formais que forneçam *insights* sobre os clientes e o mercado para situações e decisões de *marketing* específicas. Por exemplo, a Starbucks quer saber como os clientes reagiriam a um novo item do menu de café da manhã. A Google quer saber como as pessoas reagirão a uma proposta de reformulação de seu *site* de buscas *on-line* e em dispositivos móveis. Ou a Samsung quer saber quantas e quais tipos de pessoas comprarão seus televisores ultrafinos de última geração. Em tais situações, os gerentes precisarão realizar pesquisas de *marketing*.

Pesquisa de *marketing*
A elaboração, a coleta, a análise e o registro sistemático de dados relevantes sobre uma situação de *marketing* específica com a qual uma organização se depara.

A **pesquisa de *marketing*** é a elaboração, a coleta, a análise e o registro sistemático de dados relevantes sobre uma situação de *marketing* específica com a qual uma organização se depara. As empresas utilizam a pesquisa de *marketing* em uma ampla variedade de situações. Por exemplo, a pesquisa de *marketing* oferece aos profissionais da área *insights* relacionados às motivações, ao comportamento de compra e à satisfação do cliente. Ela também pode ajudá-los a avaliar o potencial e a participação de mercado ou a mensurar a eficácia das decisões de preços, produtos, distribuição e comunicação.

Algumas grandes empresas possuem seu próprio departamento de pesquisa, que trabalha com os gerentes de *marketing* em projetos de pesquisa de *marketing*. Além disso, essas empresas, assim como as menores, muitas vezes contratam especialistas para prestar consultoria em relação a problemas específicos de *marketing* e para conduzir estudos de pesquisas de *marketing*. Algumas vezes, as empresas simplesmente compram dados coletados por outras organizações para ajudar em seu processo decisório.

Pesquisa de *marketing* tradicional em transição

Nos últimos anos, à medida que uma série de novas tecnologias de coleta de dados digitais entraram em cena, a pesquisa de *marketing* tradicional passou por uma grande transformação. Os pilares tradicionais, como pesquisas e grupos focais, embora ainda predominantes e poderosos, agora estão dando lugar a métodos de coleta de dados digitais mais novos, mais ágeis, mais imediatos e menos dispendiosos. Essas novas abordagens – desde monitoramento de mídias sociais, *sites* e *feedback on-line* em tempo real, até monitoramento de dispositivos móveis – representam uma ameaça à pesquisa de *marketing* tradicional. "A indústria de pesquisa de mercado, como a conhecemos há décadas, está desaparecendo", proclama um observador da indústria. "Ela está sendo absorvida por uma série de subdisciplinas de inteligência de mercado em rápida transformação."[9]

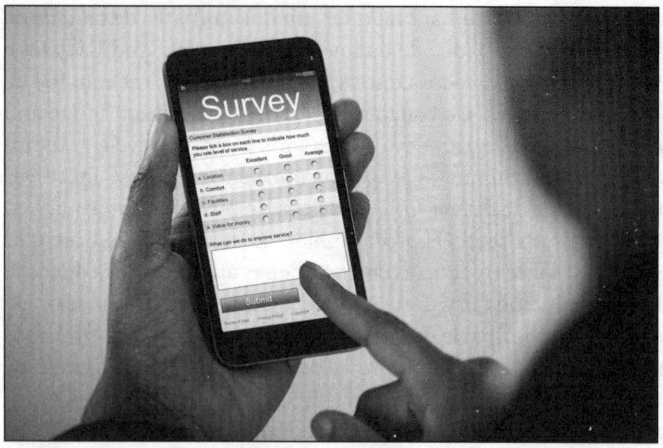

Pesquisa de *marketing* em transição: os pilares tradicionais, como pesquisas de opinião, embora ainda predominantes e poderosos, agora têm dado lugar a métodos de coleta de dados digitais mais novos, mais ágeis, mais imediatos e menos dispendiosos.

Andriy Popov/123RF

A tomada de decisões rápida e ágil de hoje geralmente exige informações e pesquisas de *marketing* igualmente rápidas e ágeis – conhecidas como *pesquisas just in time*. Em tais situações, a velocidade geralmente importa mais do que o rigor e a precisão da pesquisa. "Se os gerentes de *marketing* podem, com o toque de um botão, ver as visualizações, cliques, curtidas e compartilhamentos de uma nova campanha publicitária, bem como ouvir o rugido – ou silêncio, dependendo da definição de sucesso – dos comentários nas mídias sociais; então por que eles estariam dispostos a esperar quatro semanas por um [estudo de mercado com um] gráfico de barras que lhes dissesse que sua consciência espontânea aumentou?" pergunta um analista. "A pesquisa tradicional corre o risco de ser não apenas mais lenta, mas também de oferecer menos *insights* do que outras fontes de informação."[10] Os pesquisadores de *marketing* devem se ajustar ao novo ritmo da informação.

Embora seu papel esteja mudando, a pesquisa de *marketing* tradicional ainda é amplamente utilizada e muito importante. Para muitas decisões de *marketing*, a qualidade e o rigor da informação são mais importantes do que a velocidade, a conveniência e um custo mais baixo. As abordagens de pesquisa tradicionais, embora muitas vezes mais demoradas e caras, podem permitir investigações mais profundas e mais focadas, especialmente na motivação das atitudes e comportamentos do consumidor.

Assim, apesar das ameaças, o surgimento de novas plataformas de pesquisa digital também apresenta enormes oportunidades à indústria da pesquisa de *marketing*. Quando combinadas, as abordagens tradicionais e digitais mais recentes podem aumentar muito a capacidade do profissional de *marketing* de coletar, analisar, comunicar e obter *insights* de dados sobre clientes e mercados.

O segredo para os profissionais de *marketing* é combinar as abordagens tradicionais e as mais recentes em um sistema unificado de informações de *marketing* que produz informações e *insights* de *marketing* ágeis, mas que sejam profundos e completos. Novas abordagens digitais podem fornecer acesso imediato e com valores acessíveis a dados em tempo real dos desejos e sobre quando, onde e como se dão as atividades e respostas de compra do consumidor. Isso libera as abordagens tradicionais de pesquisa de *marketing* de se aprofundar nos porquês. "Apesar de todos os benefícios que as abordagens digitais podem oferecer", diz um analista, elas "devem ser vistas não apenas como um substituto para os métodos existentes, mas como uma nova abordagem que pode complementar e aprimorar o que veio antes". Outro analista conclui: "Nunca houve um momento melhor para ser um especialista em pesquisa de mercado. Mas, para aproveitar a oportunidade, os pesquisadores precisam entender as maiores tendências, ferramentas e tecnologias que moldam o setor."[11]

O processo de pesquisa de *marketing* possui quatro etapas (veja a **Figura 4.2**): definição do problema e dos objetivos da pesquisa, desenvolvimento do plano de pesquisa, implementação do plano de pesquisa e interpretação e apresentação dos resultados.

Definição do problema e dos objetivos da pesquisa

Gerentes de *marketing* e pesquisadores devem trabalhar juntos para definir o problema e determinar os objetivos da pesquisa. O gerente entende melhor a decisão para a qual a informação é necessária, ao passo que o pesquisador entende melhor o processo de pesquisa de *marketing* e o modo de obter a informação. Em geral, definir o problema e os objetivos da pesquisa é a etapa mais difícil do processo de pesquisa. O gerente pode saber que alguma coisa está errada, mas não saber o que está causando essa situação.

Nesta era de *big data*, os profissionais de *marketing* podem ficar tentados a simplesmente soltar seus cientistas de dados em montanhas de *big data* em busca de problemas e *insights*. Mas uma pesquisa eficaz exige uma combinação de análise bem direcionada e de mente aberta. Por um lado, a análise de dados pode ser mais eficaz quando direcionada a problemas bem definidos. O pesquisador

A primeira etapa é, provavelmente, a mais difícil, mas também a mais importante. Ela orienta todo o processo de pesquisa. É frustrante concluir um projeto caro de pesquisa e só então perceber que você trabalhou com o problema errado!

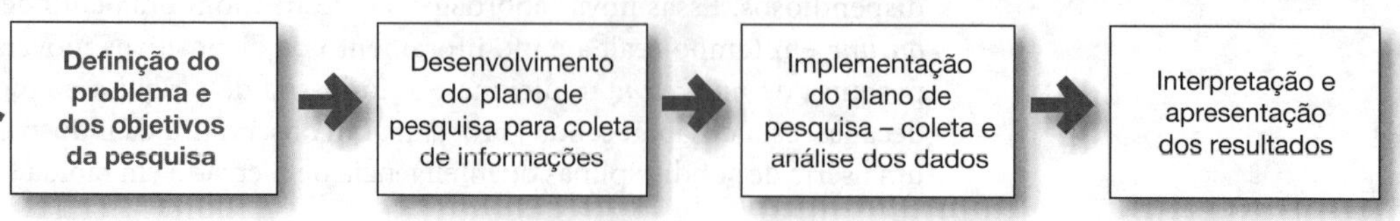

FIGURA 4.2 O processo de pesquisa de *marketing*.

de mercado "precisa primeiro fazer perguntas inteligentes", diz um especialista em dados, e depois "discutir os dados relevantes e descobrir *insights*". Por outro lado, diz outro especialista, "você deve fazer uma abordagem com a mente aberta e estar disposto a abraçar novos *insights*. Muito disso é sobre revirar pedras e procurar por pequenas surpresas. É aí que você encontra a mágica."[12]

Depois de definir cuidadosamente o problema, o gerente e o pesquisador devem estabelecer os objetivos da pesquisa. Um projeto de pesquisa de *marketing* pode ter um dos três tipos de objetivos a seguir. O objetivo da **pesquisa exploratória** é coletar informações preliminares que ajudarão a definir o problema e a sugerir hipóteses. O objetivo da **pesquisa descritiva** é descrever fatores, como o potencial de mercado para um produto ou os dados demográficos e as atitudes dos consumidores que compram o produto. O objetivo da **pesquisa causal** é testar hipóteses sobre as relações de causa e efeito. Por exemplo, uma redução de 10% na mensalidade de uma faculdade particular resultaria em um aumento de matrículas suficiente para compensar essa redução? Os gestores geralmente começam com a pesquisa exploratória e só depois partem para a pesquisa descritiva ou a causal.

Pesquisa exploratória
Pesquisa de *marketing* para coletar informações preliminares que ajudarão a definir o problema e a sugerir hipóteses.

Pesquisa descritiva
Pesquisa de *marketing* para descrever melhor problemas de *marketing*, situações ou mercados, como o potencial de mercado para um produto ou os dados demográficos e as atitudes dos consumidores.

Pesquisa causal
Pesquisa de *marketing* para testar hipóteses sobre as relações de causa e efeito.

A definição do problema e dos objetivos da pesquisa orienta todo o processo de pesquisa. O gerente e o pesquisador devem colocar essa definição no papel para se certificar de que concordam com a finalidade e os resultados esperados da pesquisa.

Desenvolvimento do plano de pesquisa

Uma vez definidos o problema e os objetivos da pesquisa, os pesquisadores devem determinar as exatas informações necessárias, desenvolver um plano para coletá-las de maneira eficaz e apresentá-lo à gerência. O plano deve conter um resumo das fontes de dados existentes e detalhar as abordagens da pesquisa, os métodos de contato, os planos de amostragem e os instrumentos que os pesquisadores utilizarão para coletar novos dados.

Os objetivos da pesquisa devem ser traduzidos em necessidades específicas de informação. Por exemplo, suponha que a rede de restaurantes Chick-fil-A queira saber como os consumidores reagiriam à adição de opções veganas de "frango" em seu cardápio. De acordo com um relatório recente, mais de 6% dos norte-americanos agora se identificam como veganos, contra apenas 1% em 2014, e há rumores de que o concorrente KFC está contemplando alternativas veganas ao frango. No entanto, as ofertas veganas na maioria das redes de *fast-food* geralmente são limitadas a acompanhamentos, como batatas fritas ou saladas sem queijo.[13] A adição de refeições veganas pode ajudar a atrair novas vendas e permitir que a Chick-fil-A se torne líder de mercado para ofertas veganas. A pesquisa proposta pode exigir as seguintes informações específicas:

- Características demográficas, econômicas e de estilo de vida dos clientes atuais da Chick-fil-A: os clientes atuais têm familiares que não comem carne? Ou a Chick-fil-A precisaria atingir um novo segmento de consumidores?
- Características e padrões de consumo da população mais ampla de lanchonetes *fast-food* e fast-casual: O que eles precisam e esperam desses restaurantes? Onde, quando e como eles os usam e que qualidade, preço e níveis de serviço existentes eles valorizam? A nova oferta exigiria um posicionamento forte, relevante e distinto no concorrido mercado de *fast-food*.
- Impacto na experiência do cliente Chick-fil-A: As ofertas veganas de "frango" seriam consistentes em qualidade como seu famoso sanduíche de frango?
- Reações dos funcionários do Chick-fil-A ao "frango" vegano: os funcionários do restaurante comprariam a ideia de um produto tão pouco tradicional? Eles seriam capazes de prepará-lo e apresentá-lo adequadamente?
- Previsões de vendas e lucros de "frango" vegano: O "frango" vegano atrairia novas vendas suficientes para torná-lo um item de menu duradouro e lucrativo?

A decisão da Chick-fil-A de adicionar "frango" vegano a seu menu exigiria uma pesquisa de *marketing* que fornecesse muitas informações específicas.
Allen Creative/Steve Allen/Alamy Stock Photo

Os profissionais de *marketing* da Chick-fil-A precisariam desses e de muitos outros tipos de informações para decidir se devem introduzir propostas veganas de "frango" e, em caso positivo, qual a melhor maneira de fazê-lo.

O plano de pesquisa deve ser apresentado em uma *proposta escrita*, a qual é especialmente importante quando o projeto de pesquisa é amplo e complexo ou quando é conduzido por uma empresa contratada. A proposta deve conter os problemas de gestão abordados, os objetivos da pesquisa, as informações a serem obtidas e o modo como os resultados ajudarão no processo decisório da gerência. A proposta deve incluir ainda os custos estimados da pesquisa.

Para atender à necessidade de informações da gerência, o plano de pesquisa pode requerer a coleta de dados secundários, dados primários ou ambos. **Dados secundários** consistem em informações que já existem em algum lugar e que foram coletadas para outra finalidade. **Dados primários** consistem em informações coletadas para a finalidade em questão.

Dados secundários
Informações que já existem em algum lugar e que foram coletadas para outra finalidade.

Dados primários
Informações coletadas para a finalidade em questão.

Coleta de dados secundários

Os pesquisadores geralmente começam pela coleta de dados secundários. O banco de dados interno da empresa consiste em um bom ponto de partida. Mas a empresa também pode utilizar uma ampla variedade de fontes de informação externas.

As empresas podem comprar dados secundários de fornecedores. Por exemplo, a Nielsen vende informações de *insights* de compradores extraídas de mais de 900 mil lojas participantes ao redor do mundo. A Experian Simmons possui uma série de estudos sobre o consumidor que oferece uma visão completa dos consumidores norte-americanos. A US MONITOR, da Kantar Futures, vende informações sobre importantes tendências sociais e de estilo de vida. A rede mundial de correspondentes culturais da Kantar – chamada de Cultural Streetscapes – pode dar aos profissionais de *marketing* "uma visão prática de qualquer coisa que esteja moldando o mercado de amanhã (e de hoje): de amplas mudanças sociais a tendências revolucionárias e segmentos de consumidores exclusivos". Essas e outras empresas fornecem dados de alta qualidade que atendem a uma ampla variedade de necessidades de informações de *marketing.*[14]

Utilizando *bancos de dados comerciais on-line*, os pesquisadores de *marketing* podem conduzir suas próprias buscas em fontes de dados secundários. Com alguns cliques, serviços de banco de dados gerais, como o ProQuest e o LexisNexis, disponibilizam uma quantidade incrível de informações para os tomadores de decisões de *marketing.* Além dos *sites* comerciais, que oferecem informações mediante o pagamento de uma taxa, quase toda associação setorial, órgão do governo, publicação de negócios e mídia de notícias oferecem informações gratuitas para aqueles empenhados o suficiente para fazerem buscas em seus *sites* ou aplicativos.

As *ferramentas de busca na Internet* também podem ser de grande ajuda para encontrar fontes secundárias de informação relevantes. No entanto, elas também podem ser muito frustrantes e ineficientes. Por exemplo, um profissional de *marketing* da Chick-fil-A pesquisando no Google "frango vegano de *fast-food*" teria mais de 42 milhões de resultados de busca. Ainda assim, pesquisas *on-line* bem estruturadas e bem pensadas podem ser um bom ponto de partida para qualquer projeto de pesquisa de *marketing.*

Os dados secundários geralmente podem ser obtidos mais rapidamente e a um custo menor do que os dados primários. Além disso, fontes secundárias às vezes podem fornecer dados que uma empresa individualmente não poderia coletar por conta própria – informações que não estão diretamente disponíveis ou seriam muito caras para coletar. Por exemplo, seria muito caro para uma marca de produtos de consumo, como Coca-Cola ou Tide, realizar uma auditoria contínua em uma loja de varejo para descobrir as participações de mercado, preços e exibições de suas marcas e dos concorrentes. Mas esses profissionais de *marketing* podem comprar dados de vendas e auditoria de lojas da IRI, empresa que fornece dados de mais de 100 mil lojas de varejo em mercados em todo o território norte-americano.[15]

Dados secundários também podem apresentar problemas. Os pesquisadores raramente podem obter todos os dados de que precisam de fontes secundárias. Por exemplo, o Chick-fil-A não encontrará informações existentes sobre as reações do consumidor sobre propostas de frango vegano no ambiente de *fast-food.* Mesmo quando os dados podem ser encontrados, as informações podem não ser muito úteis. O pesquisador deve avaliar cuidadosamente as informações secundárias para se certificar de que são *relevantes* (adequadas às necessidades do projeto de pesquisa), *precisas* (coletadas e relatadas de forma confiável), *atuais* (atualizadas o suficiente para decisões atuais) e *imparciais* (coletadas e relatadas objetivamente).

Coleta de dados primários

Os dados secundários constituem um bom ponto de partida para a pesquisa e, geralmente, ajudam a definir o problema e os objetivos. Na maioria dos casos, entretanto, a empresa também deve coletar dados primários. A ● **Tabela 4.1** mostra que a elaboração de um plano para a coleta de dados primários requer uma série de decisões sobre *abordagens de pesquisa, métodos de contato, plano de amostragem* e *instrumentos de pesquisa.*

Tabela 4.1 Planejamento da coleta de dados primários

Abordagens de pesquisa	Métodos de contato	Plano de amostragem	Instrumentos de pesquisa
Observação	Correio	Unidade de amostragem	Questionário
Levantamento	Telefone	Tamanho da amostra	Instrumentos mecânicos
Pesquisa experimental	Entrevista pessoal	Procedimento de amostragem	
	Internet		

Abordagens de pesquisa

As abordagens de pesquisa para a coleta de dados primários incluem observação, levantamentos e pesquisas experimentais. Discutiremos cada uma delas a seguir.

Pesquisa por observação
Coleta de dados primários por meio da observação de pessoas, ações e situações relevantes.

Pesquisa por observação. A **pesquisa por observação** envolve a coleta de dados primários por meio da observação de pessoas, ações e situações relevantes.

Os pesquisadores geralmente observam o comportamento do consumidor para obter *insights* que não podem obter simplesmente fazendo perguntas aos clientes. Por exemplo, muitos novos itens do cardápio da gigante rede de pizzarias Domino's vêm de suas lojas, onde os franqueados observam os pedidos especiais dos clientes e se adaptam de acordo com as ofertas existentes. As novas ideias de menu chegam às cozinhas de teste corporativas, onde são testadas usando as 12 "cabines sensoriais" da empresa. Cada cabine é equipada com uma abertura para deslizar fatias de pizza para os participantes e com dispositivos eletrônicos utilizados para coletar *feedback* sobre a aparência, sabor e preferências sobre o produto. Além de testar novos produtos, a Domino's também usa as cabines de observação para testar melhorias em produtos existentes e reações a ingredientes de novos fornecedores.[16]

Os profissionais de *marketing* não apenas observam o que os consumidores fazem, mas também o que eles estão dizendo. Conforme discutido anteriormente, os profissionais de *marketing* agora acompanham rotineiramente as conversas dos consumidores em mídias sociais, *blogs* e *sites*. Observar esse *feedback* espontâneo pode fornecer informações que simplesmente não podem ser obtidas por meio de abordagens de pesquisa mais estruturadas e formais.

Pesquisa etnográfica
Uma forma de pesquisa por observação que envolve enviar observadores treinados para analisar consumidores e interagir com eles em seu "habitat natural".

Uma ampla gama de empresas também usa a **pesquisa etnográfica**, que envolve o envio de observadores para analisar e interagir com os consumidores em seus "ambientes naturais". Os observadores podem ser antropólogos e psicólogos treinados ou pesquisadores e gerentes de empresas. Considere a Intuit, fabricante do *software* financeiro Turbo Tax e QuickBooks:[17]

> A maioria das empresas quer se aproximar de seus clientes, mas a Intuit leva isso ao extremo. No programa "siga-me em casa", equipes pequenas e bem treinadas de funcionários visitam as casas e escritórios dos clientes para vê-los experimentar os produtos da empresa na vida real – tudo, desde a abertura da embalagem até a aplicação do *software*. As equipes não entrevistam os clientes; eles simplesmente observam. Após cada visita, as equipes fazem um relatório imediato "para que você tenha uma visão completa mais rapidamente", diz Brad Smith, CEO da Intuit. A Intuit realiza cerca de 10 mil horas de visitas domiciliares por ano; O próprio Smith dedica de 60 a 100 horas por ano a essas visitas. "A realidade implícita é que você não pode [sempre] acreditar no que os clientes lhe dizem", constata um observador. "O comportamento do cliente é a verdade." Smith concorda: "O que você obtém de um 'siga-me em casa' você não pode obter de um fluxo de dados. Você tem que olhar alguém nos olhos e sentir a emoção."

Pesquisa etnográfica: no programa "siga-me em casa" da Intuit, equipes de funcionários da empresa visitam clientes em suas casas ou escritórios para vê-los usar os produtos da marca na vida real.
Pixel-Shot/Shutterstock

As pesquisas por observação e etnográfica geralmente trazem detalhes que simplesmente não surgiriam de questionários de pesquisa tradicionais ou grupos focais. Enquanto as abordagens tradicionais de pesquisa quantitativa procuram testar hipóteses conhecidas e obter respostas para questões bem definidas sobre produtos ou estratégias, a pesquisa por observação pode gerar novos *insights* sobre os clientes e o mercado que as pessoas não querem ou não podem fornecer. Ela fornece uma janela para as ações inconscientes dos clientes, bem como para as necessidades e os sentimentos não expressos.

No entanto, algumas coisas simplesmente não podem ser observadas, como atitudes, motivos ou comportamento privado. O comportamento de longo prazo ou pouco frequente também é difícil de observar. Por fim, as observações podem ser muito difíceis de interpretar. Em razão dessas limitações, os pesquisadores costumam usar a observação junto a outros métodos de coleta de dados.

Pesquisa de levantamento
Coleta de dados primários que envolve fazer perguntas às pessoas sobre seu conhecimento, atitudes, preferências e comportamento de compra.

Pesquisa de levantamento. Considerada como a espinha dorsal da pesquisa de *marketing* tradicional, a **pesquisa de levantamento** é o método mais amplamente utilizado para a coleta de dados primários. É a abordagem que melhor se encaixa à coleta de informações descritivas. Uma empresa que quer entender o conhecimento, as atitudes, as preferências ou o comportamento de compra das pessoas geralmente pode fazê-lo perguntando diretamente a elas.

A principal vantagem da pesquisa de levantamento é sua flexibilidade – ela pode ser utilizada para obter vários tipos de informações em diferentes situações. Levantamentos referentes a praticamente qualquer questão ou decisão de *marketing* podem ser conduzidos por telefone, por correio, pessoalmente ou *on-line*.

Entretanto, a pesquisa de levantamento apresenta alguns problemas. Às vezes, as pessoas não conseguem responder às perguntas do levantamento por não se lembrarem do que fazem e porque o fazem ou por nunca terem pensado sobre isso. As pessoas também podem não querer responder a perguntas de entrevistadores que não conhecem ou não gostar de falar sobre assuntos que consideram particulares. Alguns entrevistados podem responder às perguntas do levantamento mesmo sem saber as respostas apenas para parecerem mais inteligentes e bem informados. Ou podem tentar ajudar o entrevistador dando respostas simpáticas. Por fim, pessoas ocupadas demais podem não ter tempo ou se ofender com a intromissão em sua privacidade.

Pesquisa experimental
Coleta de dados primários que consiste em selecionar grupos experimentais, submeter esses grupos a diferentes tratamentos, controlar fatores externos não associados e verificar as diferenças nas respostas desses grupos.

Pesquisa experimental. Enquanto a observação é mais adequada à pesquisa exploratória e os levantamentos se encaixam com a pesquisa descritiva, a **pesquisa experimental** tem mais a ver com a coleta de informações causais. As pesquisas experimentais consistem em selecionar grupos experimentais, submeter esses grupos a diferentes tratamentos, controlar fatores externos não associados e verificar as diferenças nas respostas desses grupos. Assim, a pesquisa experimental tenta explicar as relações de causa e efeito.

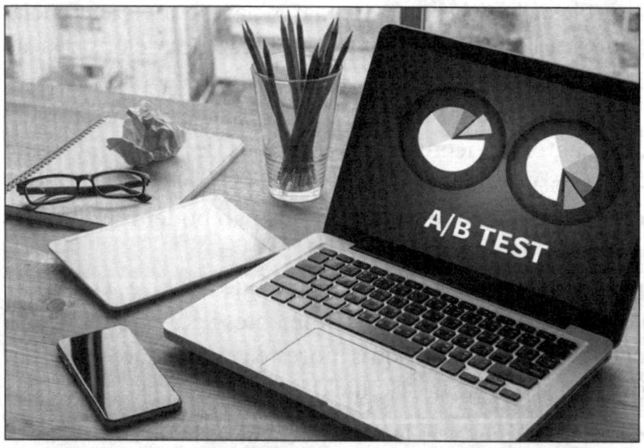

Pesquisa experimental: os experimentos *on-line* podem ser simples e baratos. Por exemplo, um "teste A/B" *on-line* para validar a melhor formatação do mecanismo de busca Bing da Microsoft gerou resultados de melhoria de desempenho em apenas algumas horas.
Pixel-One photo/Shutterstock

Por exemplo, antes de acrescentar um novo sanduíche a seu cardápio, o McDonald's pode utilizar a pesquisa experimental para testar o efeito de dois possíveis preços sobre as vendas. A empresa pode lançar o novo sanduíche por um preço em uma cidade e por outro preço em outra. Se as cidades forem similares e todos os outros esforços de *marketing* para o sanduíche forem os mesmos, então as diferenças nas vendas entre as duas cidades podem estar associadas ao preço cobrado.

Experimentos controlados *on-line* podem ser simples e baratos de executar e trazer resultados imediatos e reveladores. Por exemplo, para testar uma possível mudança na forma como seu mecanismo de busca Bing exibe os títulos dos anúncios, a Microsoft realizou um "teste A/B" *on-line* ou "teste de execução dividida" no qual um grupo de usuários viu o formato antigo do título (versão A) enquanto outro grupo viu o novo formato (versão B). Em apenas algumas horas, a nova variação do título estava produzindo um aumento surpreendente de 12% na receita de anúncios sem prejudicar a experiência do usuário. Não é necessário dizer que a Microsoft adotou o novo formato. Hoje, a Microsoft e outras empresas digitais como Amazon, Google e Facebook realizam milhares de experimentos controlados envolvendo milhões de usuários anualmente.[18]

Métodos de contato

As informações podem ser coletadas por correio, por telefone, por entrevista pessoal ou *on-line*. Cada método de contato apresenta pontos fortes e fracos.

Correio, telefone e entrevista pessoal. Os *questionários por correio* podem ser utilizados para coletar uma grande quantidade de informações a um baixo custo por entrevistado. No caso de perguntas mais pessoais, os entrevistados podem ser mais honestos nos questionários por correio do que seriam pessoalmente ou por telefone, com um entrevistador desconhecido. Além disso, não há nenhum entrevistador envolvido para influenciar as respostas dos entrevistados. Entretanto, os questionários por correio não são muito flexíveis – todos os entrevistados respondem às mesmas perguntas na mesma ordem. Os levantamentos por correio geralmente levam mais tempo para serem concluídos e sua taxa de resposta – o número de pessoas que devolvem os questionários preenchidos – em geral é muito baixa. Como resultado, um número cada vez maior de profissionais de *marketing* estão se voltando para os levantamentos por *e-mail*, *on-line* e dispositivos móveis, que são mais rápidos, flexíveis e baratos.

A *entrevista por telefone* pode ser usada para coletar informações rapidamente e oferece maior flexibilidade do que os questionários por correio. Os entrevistadores podem explicar perguntas difíceis e, dependendo das respostas que recebem, pular algumas perguntas ou sondar outras. Além disso, os entrevistadores podem pedir para falar com entrevistados que tenham as características desejadas ou até mesmo procurá-los pelo nome.

No entanto, nas entrevistas por telefone, o custo por respondente é mais alto do que por correio, *on-line* ou por dispositivos móveis. Além disso, as pessoas podem não querer discutir questões pessoais com uma pessoa estranha. O método introduz o viés do entrevistador – a maneira como os entrevistadores falam, como fazem perguntas e outras diferenças que podem afetar as respostas dos entrevistados. Finalmente, nesta época marcada por bloqueio de ligações, consumidores cansados de promoções e com identificador de chamadas em telefones celulares, os potenciais entrevistados estão cada vez mais desligando o telefonema dos entrevistadores em vez de falar com eles. Como resultado, embora a entrevista por telefone continue sendo uma valiosa metodologia de pesquisa de *marketing*, seu uso diminuiu nos últimos anos.

As *entrevistas pessoais* assumem duas formas: individuais ou em grupo. As *entrevistas individuais* implicam conversar com as pessoas em sua casa ou escritório, na rua ou em shoppings. Esse tipo de entrevista é flexível. Profissionais treinados podem orientar a entrevista, explicar perguntas difíceis e explorar questões caso a situação exija. Eles podem também mostrar produtos, campanhas publicitárias ou embalagens reais e observar reações e comportamentos. Entretanto, as entrevistas individuais podem custar de três a quatro vezes mais do que as feitas por telefone.

Entrevistas de grupo focal
Entrevista pessoal que consiste em convidar de seis a dez pessoas para um encontro de poucas horas com um moderador treinado, no qual eles conversam sobre um produto, serviço ou organização. O entrevistador "foca" a discussão do grupo em questões importantes.

Entrevistas de grupo focal As *entrevistas de grupo focal* consistem em convidar de seis a dez pessoas para um encontro com um moderador treinado, no qual eles conversam sobre um produto, serviço ou organização. Normalmente, os integrantes recebem uma pequena soma em dinheiro e/ou brindes pela participação. O moderador estimula uma discussão livre e aberta, para que as interações do grupo tragam à tona sentimentos e pensamentos reais. Ao mesmo tempo, o moderador "foca" a discussão – daí o nome **entrevistas de grupo focal**.

Nos grupos focais tradicionais, pesquisadores e profissionais de *marketing* observam as discussões por trás de um espelho unidirecional e registram os comentários em anotações ou vídeos, que são posteriormente analisados. Atualmente, por meio de tecnologias de videoconferência e da Internet, profissionais de *marketing* em locais distantes podem observar, ouvir e até mesmo participar dos grupos focais.

As entrevistas de grupos focais continuam a ser uma das principais ferramentas de pesquisa de *marketing* para obter novos *insights* sobre os pensamentos e os sentimentos do consumidor. Nessas entrevistas, os pesquisadores não apenas ouvem as ideias e as opiniões do consumidor, como também observam expressões faciais, movimentos corporais, as interações do grupo e o fluxo das conversas. Contudo, os estudos de grupos focais apresentam alguns desafios. Eles normalmente utilizam pequenas amostras para reduzir o tempo e os custos, e isso pode dificultar a generalização a partir dos resultados obtidos. Além disso, em grupos focais, por estarem diante de outras pessoas, os consumidores nem sempre são abertos e sinceros com relação a seus sentimentos, comportamentos e intenções.

Novos projetos de grupos focais: The Mom Complex usa "sessões de imersão da mamãe" para ajudar os profissionais de *marketing* de marca a entender e se conectar diretamente com suas "clientes mães" em questões importantes da marca.
caia image/Alamy Stock Photo

Para superar esses problemas, muitos pesquisadores estão revendo a estrutura dos grupos focais. Algumas empresas estão mudando o ambiente em que conduzem os grupos focais, para ajudar os consumidores a relaxar e obter respostas mais autênticas. Por exemplo, a Lexus organiza um série de jantares ("Uma noite com a Lexus") com grupos de compradores de carros de luxo em suas casas para entender de perto e pessoalmente o porquê deles comprarem ou não um Lexus. Outras empresas utilizam *grupos de imersão* – pequenos grupos de consumidores que interagem de maneira direta e informal com os designers de produto, sem a presença de um moderador.

A consultoria de pesquisa e inovação The Mom Complex usa esses grupos de imersão para ajudar os profissionais de *marketing* de empresas como Unilever, Johnson & Johnson, Kimberly-Clark, Kellogg, Playskool e Walmart a entender e se conectar com suas "clientes mães":[19]

De acordo com o The Mom Complex, as 80 milhões de mães dos Estados Unidos controlam 85% dos 2,4 trilhões de dólares do país em compras domésticas, mas três em cada quatro mães dizem que os profissionais de *marketing* não têm ideia de como é ser mãe. Para mudar isso, o The Mom Complex organiza "sessões de imersão da mamãe", nas quais os profissionais de *marketing* de marca interagem diretamente com grupos de mães, que recebem 100 dólares para participarem de uma sessão de duas horas. Em vez da prática usual do grupo focal de colocar os profissionais de *marketing* atrás de um espelho unidirecional para observar grupos de mães discutindo suas marcas, as participantes e os profissionais de *marketing* sentam-se na mesma sala. Guiadas por um facilitador de discussão, as mães começam educando os profissionais de *marketing* sobre as realidades da maternidade – "a verdade nua e crua sobre ser mãe". Em seguida, as mães e os profissionais de *marketing* trabalham juntos para abordar questões específicas da marca – sejam novas ideias de produtos, problemas atuais de produtos ou estratégias de posicionamento e comunicação. O objetivo é "transformar os desafios da maternidade em oportunidades de crescimento para as marcas".

Entrevistas individuais e de grupos focais podem adicionar um toque pessoal em oposição às pesquisas mais orientadas a números e a *big data*. Elas podem fornecer informações ricas sobre as motivações e os sentimentos por trás dos números e das análises. As coisas realmente ganham vida quando você ouve o que as pessoas têm a dizer. Por esse motivo, os grupos focais ainda são a ferramenta de pesquisa qualitativa mais utilizada.

Pesquisa de *marketing on-line*
Coleta de dados primários pela Internet e dispositivos móveis, grupos focais *on-line*, monitoramento de clientes, experimentos e painéis e comunidades de marca *on-line*

Pesquisa de marketing on-line. Os profissionais de *marketing* estão cada vez mais coletando dados primários por meio de **pesquisa de *marketing on-line***: levantamentos pela Internet e dispositivos móveis, grupos focais *on-line*, monitoramento de clientes, experimentos e painéis e comunidades de marca *on-line*.

A pesquisa *on-line* pode assumir diversas formas. Uma empresa pode usar a Internet como um meio de pesquisa: ela pode incluir um questionário em seu *site* ou mídia social ou usar o *e-mail* ou dispositivos móveis para convidar as pessoas a responder às perguntas; e pode criar painéis *on-line* que ofereçam *feedback* contínuo ou, ainda, conduzir grupos focais *on-line* ou discussões ao vivo. Os pesquisadores também podem realizar pesquisas experimentais *on-line*: eles podem trabalhar com diversos preços, anúncios ou características de produtos em diferentes *sites* ou em diferentes horários para entender a relativa eficácia de suas ofertas. Podem também criar ambientes de compra virtuais e usá-los para testar novos produtos ou programas de *marketing*. Uma empresa pode, ainda, aprender sobre o comportamento dos clientes *on-line* acompanhando seus movimentos enquanto visitam seu *site* e migram para outros.

Os canais *on-line* e móvel se encaixam particularmente bem com a pesquisa *quantitativa* – com a condução de levantamentos e a coleta de dados, por exemplo. O fato de mais de 90% dos norte-americanos hoje terem acesso à Internet e de 77% possuírem um *smartphone* faz do *on-line* um importante canal para se alcançar um amplo conjunto representativo de consumidores.[20] À medida que a taxa de resposta das abordagens tradicionais de pesquisa diminui e seus custos aumentam, a Internet está rapidamente substituindo o correio e o telefone e se tornando a metodologia dominante de coleta de dados.

A pesquisa de levantamento baseada na Internet oferece muitas vantagens sobre as abordagens tradicionais por telefone, correio e entrevistas pessoais. As mais óbvias são a rapidez e os baixos custos. Por ser *on-line*, os pesquisadores podem distribuir pesquisas de forma rápida e fácil para milhares de respondentes simultaneamente, seja por *e-mail* ou postando-as em uma seleção de *sites* ou mídias sociais. As respostas podem ser quase instantâneas e, como os próprios respondentes inserem as informações, os pesquisadores podem tabular, revisar e compartilhar dados de pesquisa à medida que as informações chegam.

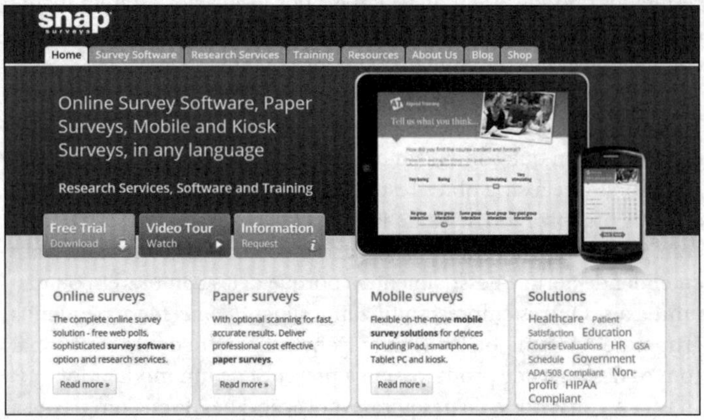

Pesquisa *on-line*: graças a serviços como Snap Surveys, quase qualquer empresa, grande ou pequena, pode criar, publicar e distribuir sua própria pesquisa personalizada *on-line* ou móvel em minutos.

Reproduzido com a permissão de Snap Surveys. www.snapsurveys.com

A pesquisa *on-line* também costuma custar muito menos do que a pesquisa realizada por correio, telefone ou entrevistas pessoais. O uso da internet elimina a maior parte dos custos de postagem, telefone, entrevistador e manuseio de dados associados a outras abordagens. Além disso, o tamanho e a localização da amostra têm pouco impacto nos custos. Uma vez que o questionário é configurado, há pouca diferença de custo entre 10 e 10 mil respondentes na internet, seja entre respondentes locais ou globalmente distantes.

Seu baixo custo coloca a pesquisa *on-line* ao alcance de quase qualquer empresa, grande ou pequena. De fato, com a internet e os dispositivos móveis, o que antes era domínio de especialistas em pesquisa agora está disponível para quase qualquer pesquisador em potencial. Pesquisadores ainda menores e menos sofisticados podem usar serviços de pesquisa *on-line*, como Snap Surveys, Qualtrics, SurveyMonkey e SurveyGizmo, para criar, publicar e distribuir suas próprias pesquisas personalizadas *on-line* ou móveis em minutos.

As pesquisas *on-line* e móveis também tendem a ser mais interativas e engajadoras, mais fáceis de preencher e menos intrusivas do que as pesquisas tradicionais por telefone ou correio. Como resultado, elas geralmente obtêm taxas de resposta mais altas. A internet é um excelente meio para chegar ao consumidor difícil de alcançar – por exemplo, públicos geralmente elusivos, como adolescentes, solteiros, ricos e pessoas com grau de formação elevado. Também são boas para alcançar pessoas que levam vidas ocupadas, desde mães trabalhadoras até executivos em constante deslocamento. Essas pessoas estão bem representadas no ambiente *on-line* e podem responder onde e quando puderem ou quiserem.

Grupos focais *on-line*
Reunir um pequeno grupo de pessoas *on-line* com um moderador treinado para conversarem sobre um produto, serviço ou organização e obter *insights* qualitativos sobre as atitudes e o comportamento do consumidor.

Assim como os pesquisadores de *marketing* correram para usar a internet para pesquisas quantitativas e coleta de dados, agora eles também têm adotado abordagens de pesquisa *on-line qualitativas*, como grupos focais *on-line*, *blogs* e redes sociais. A Internet pode fornecer uma maneira rápida e de baixo custo de obter *insights* qualitativos sobre o cliente.

Grupos focais *on-line*: o serviço FocusVision InterVu permite que os participantes dos grupos focais em locais remotos vejam, ouçam e reajam uns aos outros em conversas cara a cara em tempo real.

Imagem fornecida como cortesia da FocusVision, fornecedora líder de *software* de tecnologia de pesquisa para projetos qualitativos e quantitativos simples a sofisticados.

Uma abordagem importante de pesquisa qualitativa *on-line* são os **grupos focais *on-line***. Por exemplo, a empresa de pesquisa *on-line* FocusVision oferece seu serviço InterVu, que permite que as empresas se conectem com os clientes por meio de vídeo interativo e grupos focais *on-line*. Os grupos podem incluir participantes em locais remotos, em qualquer lugar do mundo, a qualquer momento. Os participantes do InterVu podem entrar nas sessões de grupos focais em suas casas ou escritórios e ver, ouvir e reagir uns aos outros em tempo real, em conversas cara a cara.[21] Esses grupos focais podem ser conduzidos em qualquer idioma e visualizados com tradução simultânea. Eles funcionam bem para reunir pessoas de diferentes partes do país ou do mundo a baixo custo. Os pesquisadores podem visualizar as sessões em tempo real de praticamente qualquer lugar, eliminando os custos de viagem, hospedagem e instalações. Por fim, embora os grupos focais *on-line* exijam algum agendamento prévio, os resultados são quase imediatos.

Embora em rápido crescimento, tanto a pesquisa quantitativa quanto a qualitativa realizadas por meio da Internet apresentam algumas desvantagens. Um grande problema é controlar quem está na amostra *on-line*. Sem ver os entrevistados, é difícil saber quem eles realmente são. Para superar esses problemas de amostra e contexto, muitas empresas de pesquisa *on-line* usam comunidades de voluntários e painéis de respondentes.

Por outro lado, muitas empresas já desenvolveram suas próprias "comunidades de *insights*" das quais obtêm *feedback* e *insights* sobre clientes. Por exemplo, a ESPN tem uma comunidade de *insights* digitais de longa data chamada FANography:[22]

> A ESPN FANography consiste em 12 mil fãs dedicados da ESPN que fornecem *feedback* contínuo em uma ampla variedade de tópicos, desde campanhas de *marketing* e publicidade até conteúdo do programa. A ESPN trabalha para que os membros do FANography se sintam verdadeiramente aceitos na comunidade. A empresa envia boletins trimestrais da FANewsletters, personalizados, mostrando como outros membros da comunidade responderam às perguntas e como seu *feedback* está sendo usado. A ESPN também hospeda um grupo privado no Facebook para membros do FANography, com conversas esportivas 24 horas por dia e trazendo prévias das últimas notícias da empresa. "Nossa comunidade fornece *insights* rápidos e profundos sobre o cliente para várias divisões da ESPN", diz um executivo de *marketing* da marca.

Monitoramento e segmentação comportamental e social on-line. Já vimos que a Internet se tornou uma importante ferramenta para realizar pesquisas e desenvolver *insights* sobre clientes. Mas os pesquisadores de *marketing* de hoje estão indo ainda mais longe – muito além de pesquisas *on-line*, grupos focais e comunidades de *insights*. Cada vez mais, eles estão ouvindo e observando os clientes, extraindo ativamente informações que já circulam pela Internet de modo não solicitado, não estruturado e que surgem "de baixo para cima". Enquanto a pesquisa de *marketing* tradicional fornece respostas mais lógicas a perguntas de pesquisa estruturadas e intrusivas sobre o consumidor, a escuta *on-line* fornece a paixão e a espontaneidade de opiniões não solicitadas dos consumidores em tempo real.

Monitorar clientes *on-line* pode ser tão simples quanto examinar avaliações e comentários de clientes no *site* da marca da empresa ou em *sites* de compras como Amazon.com ou BestBuy.com. Ou pode significar o uso de ferramentas sofisticadas de análise *on-line* para analisar em detalhes as montanhas de comentários e mensagens de clientes relacionadas à marca e encontradas em *blogs* ou *sites* de mídia social. Ouvir e envolver os clientes *on-line* pode fornecer informações valiosas sobre o que eles estão dizendo ou sentindo sobre uma marca. Também pode fornecer oportunidades para construir experiências e relacionamentos positivos com a marca. Muitas empresas se destacam em ouvir e responder de forma rápida e adequada no ambiente *on-line*.

Informações sobre o que os consumidores fazem enquanto vasculham a vasta extensão digital – quais pesquisas eles fazem, os *sites* que visitam, como compram e o que compram – é ouro puro para os profissionais de *marketing*. E os profissionais de *marketing* de hoje estão ocupados minerando esse ouro. Por meio de uma prática chamada ***targeting* comportamental**, os profissionais de *marketing* usam os dados *on-line* para direcionar anúncios e ofertas a consumidores específicos. Ainda mais, eles usam o *targeting* social, explorando a atividade individual em redes sociais *on-line* a fim de direcionar anúncios e esforços de *marketing*.

***Targeting* comportamental**
Usar dados e análises de monitoramento *on-line* de clientes para direcionar anúncios e ofertas de *marketing* para consumidores específicos.

A escuta *on-line*, o *targeting* comportamental e o *targeting* social podem ajudar os profissionais de *marketing* a aproveitar as enormes quantidades de informações do cliente que circulam na Internet. No entanto, à medida que os profissionais de *marketing* se tornam mais hábeis em explorar e investigar mídias sociais, *sites* de compras e outros domínios da Internet e de dispositivos móveis, muitos críticos se preocupam com a privacidade do consumidor. Em que ponto a pesquisa *on-line* sofisticada cruza a linha da perseguição ao consumidor? Embora o *targeting* comportamental e social possa beneficiar os clientes com anúncios e produtos mais relevantes, se ele for exagerado ou malfeito também pode assustá-los (consulte Marketing Real 4.1).

Órgãos reguladores, entre outros, estão intervindo. A FTC (Federal Trade Commission - Comissão Federal de Comércio dos Estados Unidos) recomendou a criação de um sistema "Do Not Track" (Não rastreie – o equivalente *on-line* ao registro "Do Not Call"), que permitiria que as pessoas optassem por não ter suas ações monitoradas *on-line*. Tal legislação tem andado lentamente para ser desenvolvida nos Estados Unidos. No entanto, a União Europeia recentemente aprovou o GDPR (General Data Protection Regulation – Regulamento Geral de Proteção de Dados), que estabelece padrões rígidos sobre como as empresas de todo o mundo coletam, processam e protegem dados pessoais de cidadãos da União Europeia. O GDPR afeta qualquer organização que detenha e use dados de pessoas dentro da UE, independentemente de onde esteja sediada. As empresas que não cumprirem o GDPR enfrentam multas substanciais, de até 20 milhões de euros ou referente a 4% de suas vendas globais, o que for maior.[23] No Brasil, recentemente foi aprovada a LGPD (Lei Geral de Proteção de Dados), que regula as atividades de tratamento de dados pessoais. Ela visa proteger os direitos fundamentais de liberdade e de privacidade e a livre formação da personalidade de cada indivíduo.

Plano de amostragem

Amostra
Um segmento da população selecionado para representar a população como um todo em uma pesquisa de *marketing*.

Os pesquisadores de *marketing* geralmente tiram conclusões sobre grandes grupos de consumidores a partir do estudo de uma pequena amostra da população total desses consumidores. Uma **amostra** é um segmento da população selecionado para representar a população como um todo em uma pesquisa de *marketing*. Em termos ideais, a amostra deve ser representativa, de modo que o pesquisador possa fazer estimativas precisas acerca das ideias e do comportamento da população em geral.

A definição da amostra requer três decisões. Para começar, é preciso decidir *quem* será abordado (qual é a *unidade de amostragem*)? A resposta a essa pergunta nem sempre é óbvia. Por exemplo, para estudar o processo de tomada de decisão de uma família que quer comprar um carro, é preciso abordar o marido, a esposa, outros membros da família, vendedores de concessionárias ou todas essas pessoas? Em segundo lugar, é necessário decidir *quantas* pessoas devem ser abordadas (qual é o *tamanho da amostra*)? As grandes amostras oferecem resultados mais confiáveis do que as pequenas. Entretanto, amostras maiores geralmente custam mais, e não é necessário tomar como amostra todo o mercado-alvo ou uma grande parcela dele para obter resultados confiáveis.

Para completar, *como* as pessoas que compõem a amostra devem ser *escolhidas* (quais são os *procedimentos de amostragem*)? A ● **Tabela 4.2** descreve os diferentes tipos de amostra. Quando são utilizadas *amostras probabilísticas*, todo membro da população tem chance de ser incluído na amostra e os pesquisadores podem calcular os limites de erros da amostragem. Mas, quando a amostra probabilística se mostra muito cara ou demorada, os pesquisadores de *marketing* utilizam *amostras não probabilísticas*, apesar de os limites de erros da amostragem não poderem ser calculados. Essas várias maneiras de definir amostras apresentam diferentes limitações de custo e tempo, assim como diferentes níveis de precisão e propriedades estatísticas. Qual o melhor método? Isso depende das necessidades do projeto de pesquisa.

Instrumentos de pesquisa

Na hora de coletar dados primários, pesquisadores de *marketing* têm à sua escolha dois principais instrumentos de pesquisa: *questionários* e *instrumentos mecânicos*.

Marketing Real 4.1 | *Targeting* comportamental e social: *marketing* sofisticado ou algo um pouco assustador?

Graças ao crescente mundo de navegação na web, mídias sociais, dispositivos móveis, compras *on-line* e outras atividades na Internet, os profissionais de *marketing* agora têm acesso em tempo real a uma enxurrada de informações *on-line* do cliente. Está tudo lá para a pesquisa – quais *sites* eles visitam, quais pesquisas eles fazem, quais aplicativos eles usam, como compram, o que compram, com quem interagem etc. —, revelado digitalmente à medida que navegam na Internet.

Os profissionais de *marketing* empregam rotineiramente ferramentas sofisticadas de *big data* para analisar detalhadamente a agitada massa de dados *on-line* e móveis, usando os *insights* resultantes para segmentar e personalizar anúncios e ofertas de *marketing*. Na Internet de hoje, todo mundo sabe quem você é. Ao combinar dados *on-line* e *offline*, os profissionais de *marketing* sabem sua idade, gênero, onde você mora, que você ama cachorros, o que você comprou recentemente na Amazon.com e que você passou uma hora e 21 minutos da manhã do último domingo navegando em notícias e pontuações do basquete universitário no *site* ESPN.com.

Os profissionais de *marketing* usam todos esses dados para exibir anúncios e ofertas direcionados individualmente a consumidores, onde quer que naveguem na Internet ou até mesmo em lojas. Isso é chamado de *targeting* comportamental – monitorar o comportamento *on-line* dos consumidores e usá-lo para direcionar anúncios e ofertas a eles. Por exemplo, se você pesquisar no Google uma TV Samsung que está pensando em comprar, provavelmente verá um anúncio desse tipo de TV em sua próxima visita ao Facebook ou ao seu *site* de compras favorito. Ou então, ao fazer compras em uma das farmácias da rede *Walgreens*, você pode receber uma notificação em tempo real em seu celular sobre uma oferta em alguma outra seção da loja.

Tudo isso é incrível o suficiente, mas a análise de dados da web e o *targeting* levam a espionagem *on-line* ainda mais longe – do *targeting comportamental* ao *social*. Enquanto o *targeting* comportamental rastreia os movimentos do consumidor em *sites on-line*, o *targeting* social explora conexões e conversas individuais em mídias sociais *on-line*. Pesquisas mostram que os consumidores compram como seus amigos e são cinco vezes mais propensos a responder a anúncios de marcas que os amigos usam. O *targeting* social vincula os dados do cliente aos dados de interação social de *sites* de redes sociais.

Assim, em vez de ver um anúncio da Zappos.com para tênis de corrida porque recentemente fez uma pesquisa sobre isso (*targeting* comportamental), você verá um anúncio para um determinado tênis de corrida porque um amigo seu do Twitter comprou esse tênis na Zappos.com na semana passada (*targeting* social).

O *targeting* social pode, inclusive, capturar a dinâmica das conversas em tempo real. Por exemplo, mais do que se dirigir para jovens entre 24 e 26 anos que são fãs de esporte e gostam de carros, a Chevrolet tornou sua mensagem mais relevante ao se voltar para esses consumidores enquanto conversavam sobre futebol americano durante o Super Bowl usando um aplicativo do Twitter para dispositivos móveis. Quando abriam o app, os consumidores-alvo viam um anúncio que sugeria que assistissem no YouTube ao vídeo que a Chevrolet havia preparado para o Super Bowl.

O *targeting* comportamental e social demanda análises sofisticadas, por isso muitos profissionais de *marketing* recorrem aos serviços de redes de anúncios especializadas – e com nomes exóticos – como Taboola, PulsePoint e Adknowledge. Essas redes de propaganda digital obtêm dados de navegação do usuário por meio de parcerias com centenas ou até milhares de *sites*. Os parceiros fornecem uma grande quantidade de dados sobre históricos de navegação de usuários, uso de *sites* da Web e de dispositivos móveis, conteúdo de carrinho de compras eletrônico e outros detalhes sobre o que os usuários fazem, onde e quando.

As redes de anúncios aplicam análises de *big data* de alta potência para identificar consumidores com interesses, necessidades, comportamentos e hábitos de internet semelhantes. Isso permite que eles mesclem dados de público de um grupo de *sites* com publicações de anúncios em outro. Armadas com essas informações, as redes trabalham com os anunciantes para comprar anúncios direcionados aos clientes certos. Portanto, se você estiver navegando em *sites* de jardinagem, não se surpreenda ao ver anúncios de produtos para gramados da Scotts na próxima vez que visitar o Weather.com. Ou se você procurar dicas de compra de carros em *sites* como Edmunds.com ou Nadaguides.com, você pode conferir anúncios dos carros que pesquisou na próxima vez que visitar o Google Notícias para ficar por dentro do que está acontecendo no país e no mundo.

As principais mídias sociais também entraram com tudo no *targeting* comportamental. Facebook (Meta), Google, Instagram, Twitter, Snapchat e outras mídias sociais se aprofundaram nos dados de usuários para ajudar seus anunciantes a segmentar com mais precisão. Por exemplo, cerca de 2 bilhões de pessoas usam o Facebook todos os meses. No entanto, com base em análises sofisticadas, o Meta oferece ferramentas poderosas de seleção de público que ajudam seus anunciantes a segmentar os grupos de clientes certos ou até mesmo indivíduos no Facebook.

Os anunciantes podem segmentar usuários do Facebook com base em dados

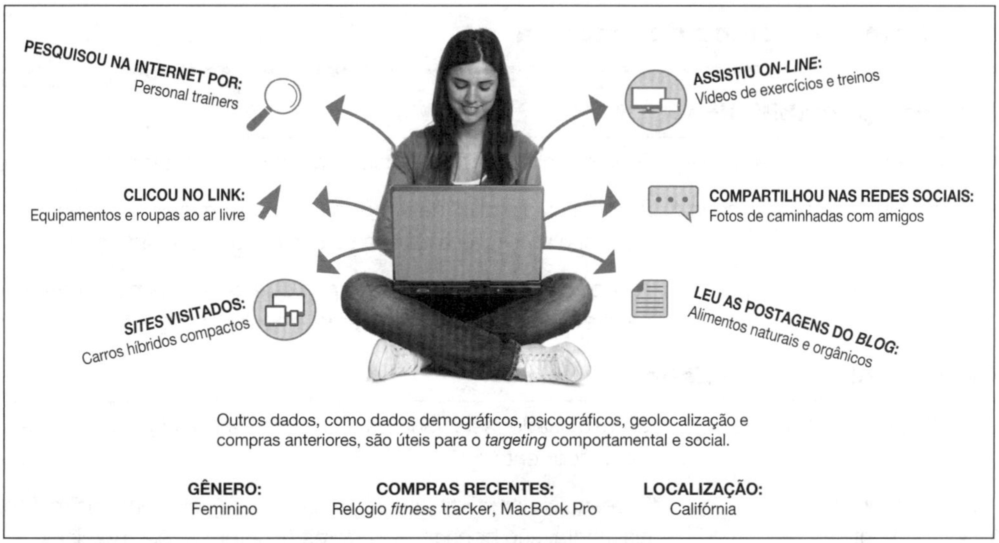

Na internet, com as análises avançadas de hoje, todos sabem quem você é. Os profissionais de *marketing* usam esses *insights* para personalizar as experiências de compras *on-line*. Mas trata-se de um *marketing* sofisticado ou "algo um pouco assustador"?
Rido/Shutterstock

demográficos (idade, gênero, educação, *status* de relacionamento ou até mesmo cargos), localização (onde moram ou talvez em um determinado raio de distância ao redor de uma loja), interesses (por exemplo, hobbies ou entretenimento favorito) ou comportamentos (o que compram, uso do dispositivo ou outras atividades). Ou o Meta pode ajudar os anunciantes a criar "públicos personalizados" encontrando e alcançando clientes e contatos existentes que também usam o Facebook. Os anunciantes podem até criar o que o Meta chama de "públicos semelhantes", pessoas no Facebook cujos comportamentos refletem os de seus clientes-alvo. Graças a esses recursos sofisticados de *targeting*, o Meta agora captura mais de 15% de todos os dólares de publicidade *on-line*, perdendo apenas para os mais de 40% do Google.

Análise de dados *on-line*. *Targeting* comportamental. *Targeting* social. Tudo isso é ótimo para os profissionais de *marketing*, pois trabalham para extrair *insights* sobre clientes a partir das enormes quantidades de informações do consumidor que circulam pela Internet. A maior preocupação? Você provavelmente já adivinhou. À medida que os profissionais de *marketing* se tornam mais hábeis em explorar e investigar *sites*, mídias sociais e outros domínios digitais, o que acontece com a privacidade do consumidor e a segurança dos dados pessoais? Sim, essa é a desvantagem. Em que ponto a pesquisa *on-line* sofisticada cruza a linha das indesejadas invasões de privacidade?

Os proponentes alegam que o *targeting* comportamental e social beneficia mais do que abusa dos consumidores, alimentando anúncios e produtos que são mais relevantes para seus interesses. Mas para muitos consumidores e defensores públicos, seguir consumidores *on-line* e persegui-los com anúncios parece mais do que um pouco assustador. "Os profissionais de *marketing* devem encontrar um ponto ideal entre personalização e vigilância", diz um analista. "Os clientes podem ficar assustados quando as marcas cruzam a linha tênue entre conhecê-los como um amigo e conhecê-los como um *stalker*."

Apesar dessas preocupações, o *targeting* comportamental e social continua a crescer e a ficar mais inteligente. E, com as devidas restrições, prometem benefícios tanto para as empresas como para os clientes. Profissionais de *marketing* que puderem sondar a profundidade dos dados do cliente e responder de maneira significativa e valiosa sem cruzar a linha irão prosperar. Mas pode ser um equilíbrio delicado. Como afirma o Centro de Privacidade do Snapchat: "Queremos que você se sinta compreendido. Queremos entender o que é relevante para você e sua vida, e queremos mostrar coisas com as quais você se importa. Ao mesmo tempo, não queremos veicular anúncios tão personalizados que pareçam invasivos ou desconfortáveis."[24]

Questionários. Os questionários são, de longe, o instrumento mais comum, podendo ser aplicados pessoalmente, por telefone, por *e-mail* ou *on-line*. Eles são muito flexíveis – existem muitas maneiras de fazer perguntas. As perguntas fechadas contêm todas as respostas possíveis e os entrevistados optam por uma delas. Exemplos de perguntas fechadas são as questões de múltipla escolha e as questões de escala. As perguntas abertas permitem que os entrevistados respondam com suas próprias palavras. Em uma pesquisa com usuários de companhias aéreas, a Southwest Airlines poderia simplesmente perguntar: "Qual a sua opinião sobre a Southwest Airlines?" Ela poderia também pedir para as pessoas completarem uma frase: "Quando escolho uma companhia aérea, o que mais levo em conta é...". As perguntas abertas geralmente são mais reveladoras do que as fechadas, uma vez que não limitam as respostas dos entrevistados.

As perguntas abertas são particularmente úteis na pesquisa exploratória, em que o pesquisador está tentando descobrir *o que* as pessoas pensam, e não mensurando *quantas* pessoas pensam de determinada maneira. Por outro lado, as perguntas fechadas oferecem respostas que são mais fáceis de interpretar e tabular.

● Tabela 4.2 Tipos de amostra

Amostra probabilística	
Amostra aleatória simples	Todo membro da população tem a mesma chance de ser selecionado.
Amostra aleatória estratificada	A população é dividida em grupos que se excluem mutuamente (por exemplo, por grupos etários) e amostras aleatórias são extraídas de cada grupo.
Amostra por cluster (grupos)	A população é dividida em grupos que se excluem mutuamente (por exemplo, por quarteirões) e o pesquisador extrai uma amostra dos grupos para entrevistar.
Amostra não probabilística	
Amostra por conveniência	O pesquisador seleciona os membros da população dos quais pode extrair informações mais facilmente.
Amostra intencional (por julgamento)	O pesquisador utiliza seu julgamento para selecionar os membros da população que, potencialmente, são bons fornecedores de informações precisas.
Amostra por cota	O pesquisador encontra e entrevista um determinado número de pessoas em cada uma das diferentes categorias.

Os pesquisadores também devem ter cuidado com a *linguagem* e a *sequ*ência das perguntas. Eles devem utilizar uma linguagem simples, direta e imparcial, e as perguntas devem seguir uma ordem lógica. A primeira pergunta deve, se possível, suscitar interesse, e as perguntas difíceis ou pessoais devem ser feitas no final, para que os entrevistados não se coloquem em uma posição defensiva.

Instrumentos mecânicos. Apesar de os questionários serem o instrumento de pesquisa mais comum, os pesquisadores também utilizam instrumentos mecânicos para monitorar o comportamento do consumidor. A Nielsen Media Research coloca medidores nos televisores de casas selecionadas para registrar quem assiste a quais programas. Já os varejistas utilizam os leitores de códigos de barra dos caixas para registrar as compras realizadas pelos consumidores. Outros profissionais de *marketing* utilizam tecnologias de GPS de celulares para monitorar o movimento dos consumidores dentro e perto de suas lojas.

Os pesquisadores também usam uma variedade de medições fisiológicas e neurológicas para avaliar as emoções e reações dos consumidores. Eles aplicam *neuromarketing*, usando tecnologias de eletroencefalograma e ressonância magnética para rastrear a atividade elétrica do cérebro a fim de aprender como os consumidores se sentem e reagem. Medições de neuromarketing, muitas vezes combinadas com medições *biométricas* (como frequência cardíaca, frequência respiratória, níveis de suor e movimentos faciais e oculares), podem fornecer às empresas informações sobre o que motiva ou desmotiva os consumidores em relação a suas marcas e seu *marketing*.

● A gigante de viagens *on-line* Expedia utiliza dispositivos como esses em seus "Laboratórios de usabilidade" para aprender sobre as tensões e os prazeres profundos que os clientes experimentam durante suas jornadas de planejamento de viagens:[25]

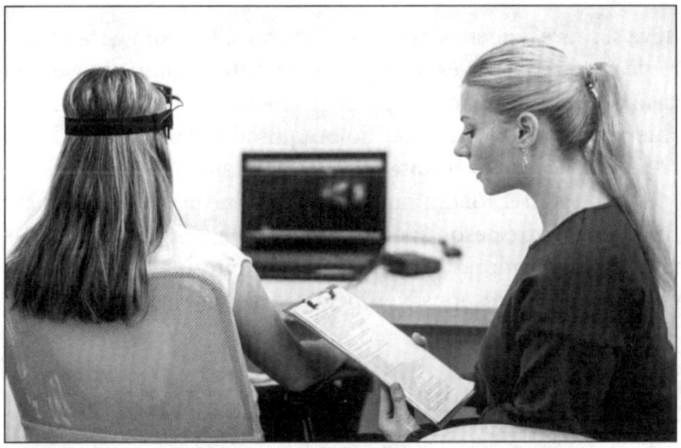

● **Medições biológicas e neurológicas: o Laboratório de Usabilidade da Expedia, gigante de viagens *on-line*, usa biometria e observação para aprender sobre as tensões e os prazeres profundos que os clientes experimentam durante suas jornadas de planejamento de viagens.**

ABO Photography/Shutterstock

Em uma manhã de outono, uma jovem chamada Megan, do subúrbio de Seattle, entra na internet para fazer planos de viagem para as próximas férias em família em Belize. Ela acessa a agência de viagens *on-line* Expedia, verificando os voos disponíveis. Sua ansiedade cresce à medida que ela navega no labirinto de alternativas e descobre que os assentos mais baratos nos melhores voos já estão reservados. Após oito minutos, sem ter decidido o voo, Megan explora hotéis. Ela sorri ao encontrar o que parece ser um bom lugar, mas logo o sorriso se transforma em um cenho franzido quando ela descobre que não há vagas nas datas de viagem planejadas. "Isso é tão triste", ela murmura. Através do suor e da persistência, Megan finalmente encontra um voo adequado e um bom lugar para ficar. Naquele momento, uma voz vem de um alto-falante para dizer a Megan que ela terminou.

Megan está planejando uma viagem real, mas ela está fazendo isso no Laboratório de Usabilidade da Expedia na sede da empresa. A voz pertence a um pesquisador de experiência do usuário da Expedia, que está sentado na sala ao lado com membros das equipes de compras de hotéis e reservas de atividades da Expedia, observando Megan através de um espelho bidirecional e monitorando suas respostas biométricas. Megan está conectada a sensores que registram as menores mudanças em seus músculos faciais, e um rastreador ocular segue o olhar de Megan enquanto ela navega na tela da Expedia. Em uma tela semelhante na sala ao lado, os pesquisadores podem acompanhar uma linha amarela indicando onde Megan está olhando; uma linha verde acompanhando seus sorrisos de deleite; uma linha vermelha rastreando sobrancelhas franzidas que sugerem tensão e frustração.

Esses resultados de laboratório fornecem aos profissionais de *marketing* da Expedia *insights* mais profundos sobre as emoções dos clientes que usam *sites on-line* e dispositivos móveis em seu amplo portfólio de marcas de planejamento de viagens, da Expedia e Hotels.com até Hotwire, Trivago e TripAdvisor. Os *insights* orientam tudo, desde melhorias no design do *site* até produtos novos e aprimorados que ajudam a reduzir as tensões do planejamento de viagens e a aumentar os prazeres. "O objetivo dos pesquisadores de usabilidade da Expedia não é apenas tornar os vários *sites* e dispositivos móveis da Expedia mais eficientes", diz um analista, "mas também torná-los uma extensão das fantasias de férias que estão sempre acontecendo em nossas cabeças".

Embora as técnicas de neuromarketing possam medir o envolvimento do consumidor e as respostas emocionais segundo a segundo, essas reações cerebrais podem ser difíceis de interpretar. Assim, o neuromarketing geralmente é usado em combinação com outras abordagens de pesquisa a fim de obter uma visão mais completa do que se passa na cabeça dos consumidores.

O mundo do *big data* e da Internet das Coisas (IoT) de hoje produziu uma enxurrada de informações de dispositivos conectados à Internet. Existem agora mais de 26 bilhões de dispositivos conectados à IoT em todo o mundo, sem contar computadores e telefones.[26] Eles incluem tudo, desde TVs e dispositivos domésticos inteligentes a câmeras digitais, sistemas de navegação em carros e até aspiradores de pó robóticos. Os dispositivos conectados à Internet oferecem um enorme potencial para coletar dados sobre movimentos, ações e atividades do consumidor. No futuro, novas tecnologias como a Alexa da Amazon, *smart* TVs, quiosques de lojas interativas ou ferramentas interativas ao vivo oferecerão oportunidades surpreendentes para "ler" as emoções dos usuários por meio de captação de áudio e vídeo e reagir em tempo real. Na verdade, isso já está acontecendo.[27]

Implementação do plano de pesquisa

A próxima etapa do pesquisador consiste em colocar o plano de pesquisa de *marketing* em ação. Isso implica coletar, processar e analisar as informações. A coleta de dados pode ser efetuada pela própria equipe de pesquisa de *marketing* da empresa, pelos administradores de *marketing* ou por organizações contratadas. Os pesquisadores devem acompanhar tudo de perto para ter certeza de que o plano será implementado corretamente. Eles devem garantir as boas práticas relacionadas às tecnologias e técnicas de coleta de dados, à qualidade dos dados e à cronologia de eventos.

Os pesquisadores também devem processar e analisar os dados coletados para selecionar informações e *insights* importantes. Devem ainda verificar se os dados são precisos e completos para depois tabular os resultados obtidos e calcular as médias estatísticas.

Interpretação e apresentação dos resultados

O pesquisador de *marketing* deve interpretar os resultados, tirar conclusões e apresentá-las à gerência. Ele não deve sobrecarregar os gerentes com números e técnicas estatísticas complexas. Em vez disso, deve apresentar importantes descobertas e *insights*, que sejam úteis nas principais decisões com as quais a gerência se depara.

No entanto, a interpretação não deve ser tarefa apenas dos pesquisadores. Embora geralmente eles sejam especialistas em elaboração de pesquisa e em estatística, é o gerente de *marketing* quem sabe mais sobre o problema e as decisões que devem ser tomadas. Nem a melhor pesquisa terá valor se o gerente aceitar cegamente interpretações equivocadas do pesquisador. Por outro lado, os gerentes podem ser parciais – podem tender a aceitar os resultados que mostram o que eles esperavam e a rejeitar aqueles que apontam para outra direção. Em muitos casos, os resultados podem ser interpretados de diferentes modos, e discussões entre pesquisadores e gerentes ajudam a conduzir às melhores interpretações. Assim, gerentes e pesquisadores devem trabalhar juntos na hora de interpretar os resultados da pesquisa, e ambos devem ser responsáveis pelo processo de pesquisa e pelas decisões dela resultantes.

> Comentário do autor | Falamos de modo geral sobre a gestão do relacionamento com os clientes ao longo do livro. Mas aqui, *gestão do relacionamento com o cliente* (CRM) tem um significado muito mais restrito de gerenciamento de dados. Refere-se à captura e uso de dados de clientes de todas as fontes para gerenciar interações, engajar e construir relacionamentos com clientes.

Análise e uso das informações de *marketing*

Objetivo 4.4 Explicar como as empresas analisam e utilizam as informações de *marketing*.

As informações armazenadas nos bancos de dados internos, coletadas por meio da inteligência competitiva de *marketing* e da pesquisa de *marketing*, geralmente exigem uma análise mais profunda. E os gerentes podem precisar de ajuda para aplicar as informações de modo a obter *insights* sobre os clientes e o mercado para melhorar suas decisões de *marketing*. Essa ajuda pode incluir uma análise estatística avançada para entender melhor as correlações existentes em um conjunto de dados. A análise das informações também pode envolver a aplicação de modelos analíticos que ajudarão os profissionais de *marketing* a tomar melhores decisões.

Uma vez processadas e analisadas, as informações devem ser disponibilizadas para os tomadores de decisão certos, no momento certo. Nas seções seguintes, trataremos, em detalhes, da análise e do uso das informações de *marketing*.

Gerenciamento do relacionamento com o cliente (CRM)

> **Gerenciamento do relacionamento com o cliente (CRM)**
> Gerenciamento de informações detalhadas sobre clientes individuais e administração cuidadosa dos pontos de contato com eles, a fim de maximizar sua fidelidade.

A questão de como analisar e utilizar melhor os dados individuais dos clientes apresenta problemas específicos. Na era atual do *big data*, a maioria das empresas está nadando em informações sobre seus clientes. De fato, empresas inteligentes coletam informações em todo *ponto de contato* possível com o cliente. Esses pontos de contato incluem: compras do cliente, contatos com a força de vendas, solicitações de serviço e suporte, visitas ao *site*, pesquisas de satisfação, interações para crédito e pagamento, estudos de pesquisa de mercado – ou seja, todo contato entre o cliente e a empresa.

O problema é que essas informações normalmente estão espalhadas pela organização ou enterradas no fundo de diferentes bancos de dados da empresa. Para superar esses problemas, muitas empresas recorrem à **gerenciamento do relacionamento com o cliente** (CRM – Customer

Relationship Management) para gerenciar informações detalhadas sobre clientes individuais e administrar, cuidadosamente, os pontos de contato com eles, a fim de maximizar sua fidelidade.

O CRM consiste em *softwares* e ferramentas analíticas sofisticados, de empresas como Salesforce.com, Oracle, Microsoft e SAS, que integram as informações dos clientes provenientes de todas as fontes, analisam-nas em profundidade e utilizam os resultados obtidos para desenvolver um sólido relacionamento com o cliente. O CRM integra tudo o que as equipes de vendas, atendimento ao cliente e *marketing* sabem sobre cada cliente, proporcionando uma visão completa do relacionamento com eles. Por exemplo, a MetLife emprega um sistema de CRM que chama de "The Wall" (a parede):[28]

> Um dos maiores desafios de atendimento ao cliente para os representantes de vendas e serviços da MetLife costumava ser encontrar e obter rapidamente informações sobre o cliente – registros, transações e interações diversos eram armazenados em dezenas de locais da empresa e em formatos de dados diferentes. O The Wall veio para resolver esse problema, usando uma interface semelhante à do Facebook para fornecer uma visão consolidada da experiência de serviço de cada cliente da MetLife. O inovador sistema de CRM extrai dados de clientes de 70 sistemas diferentes da empresa, contendo 45 milhões de acordos de clientes e 140 milhões de transações. Ele coloca todas as informações de um determinado cliente e *links* relacionados em um único registro em uma única tela, sendo atualizado quase em tempo real. Agora, graças ao The Wall – com apenas um único clique em vez dos 40 cliques que costumava levar – os representantes de vendas e serviços podem ter uma visão completa das várias políticas, transações e reclamações de um determinado cliente arquivadas e pagas junto com um histórico de todas as interações que o cliente teve com a MetLife nos diversos pontos de contato da empresa, tudo em uma linha do tempo simples. O The Wall deu um grande impulso ao atendimento ao cliente da MetLife e aos esforços de vendas cruzadas. De acordo com um executivo de *marketing* da empresa, também teve "um enorme impacto na satisfação do cliente".

Ao usar o CRM para entender melhor os clientes, as empresas podem fornecer níveis mais altos de atendimento ao cliente e desenvolver relacionamentos mais profundos com eles. Podem também usar o CRM para identificar clientes de alto valor, contatá-los de maneira mais eficaz, fazer vendas cruzadas dos produtos da empresa e criar ofertas adaptadas às necessidades específicas dos clientes.

Big Data, Marketing Analytics e Inteligência Artificial

Conforme observado no início do capítulo, atualmente o *big data* pode gerar grandes resultados. Mas simplesmente coletar e armazenar grandes quantidades de dados tem pouco valor. Os profissionais de *marketing* devem vasculhar as montanhas de dados para extrair as joias – os pedaços que geram *insights* sobre o cliente. Como disse um executivo de *marketing*: "Na verdade, trata-se de obter *grandes insights* de *big data*. Está jogando fora 99,999% desses dados para encontrar coisas que são acionáveis." Diz outro especialista em dados, "dados certos superam *big data*."[29] Esse é o trabalho do *marketing analítico*.

Marketing analítico
As ferramentas de análise, tecnologias e processos pelos quais os profissionais de *marketing* descobrem padrões significativos em *big data* para obter *insights* do cliente e avaliar o desempenho de *marketing*.

O ***marketing* analítico** consiste nas ferramentas de análise, tecnologias e processos pelos quais os profissionais de *marketing* descobrem padrões significativos em *big data* para obter *insights* sobre clientes e avaliar o desempenho de *marketing*. Os profissionais de *marketing* aplicam o *marketing* analítico aos grandes e complexos conjuntos de dados que coletam do rastreamento da web, dispositivos móveis e mídias sociais; transações e compromissos com clientes; e outras fontes de *big data*.

Por exemplo, a Netflix usa análises sofisticadas de *big data* para obter informações do consumidor, que são usadas para fornecer aos clientes exatamente o que eles desejam:[30]

> A Netflix transmite, de longe, mais conteúdo de filmes e programas do que qualquer outro serviço de vídeo. Em todo o mundo, os 130 milhões de assinantes pagos da plataforma de *streaming* assistem a mais de 1 bilhão de horas de filmes, programas de TV e conteúdo original da Netflix por semana. Mas enquanto os ávidos assinantes estão ocupados assistindo aos vídeos da plataforma, a Netflix também está ocupada os observando – muito de perto. Todos os dias, a Netflix rastreia e analisa os dados dos membros em dezenas de milhões de pesquisas, classificações e "reproduções". O enorme banco de dados da empresa contém todos os detalhes de visualização de cada assinante individual – dados em tempo real sobre os programas que eles assistem, a que horas, em quais dispositivos, em quais locais, mesmo quando eles pressionam os botões de pausar, voltar ou avançar durante os programas. A Netflix também emprega especialistas para classificar cada vídeo em centenas de características, como talento,

Netflix, *big data* e CRM: enquanto os assinantes estão ocupados assistindo a vídeos da plataforma, a Netflix está ocupada os observando muito de perto. Em seguida, a empresa usa os *insights* de *big data* para fornecer aos clientes exatamente o que eles desejam.

OJO Images Ltd/Alamy Stock Photo (foto); dennizn/Shutterstock (logo) ação, tom, gênero, cor, volume, cenário e muitos, muitos outros. A Netflix complementa esse banco de dados já enorme com informações do consumidor compradas da Nielsen, Facebook, Twitter e outras fontes.

Usando essa rica base de *big data*, a Netflix cria perfis detalhados de assinantes individuais e, em seguida, usa esses perfis para personalizar a experiência de visualização de cada cliente e fazer recomendações personalizadas com base no que eles assistiram. De acordo com a Netflix, existem 130 milhões de versões diferentes da Netflix, uma para cada assinante individual em todo o mundo. A Netflix também usa os dados para avaliar qual conteúdo adicional deve obter ou produzir por conta própria. "Sempre usamos nosso conhecimento aprofundado sobre o que nossos membros adoram assistir para decidir o que está disponível na Netflix", diz um profissional de *marketing* da empresa. "Se você continuar assistindo, continuaremos adicionando mais do que você ama".

inteligência artificial (IA)
Tecnologia pela qual as máquinas pensam e aprendem de uma maneira que parece humana, mas com muito mais capacidade analítica.

Essas análises empregam **inteligência artificial (IA)**, tecnologia pela qual as máquinas pensam e aprendem de uma maneira que parece humana, mas com muito mais capacidade analítica. A inteligência artificial rapidamente conquistou o *marketing* – e tudo o mais no mundo. Os profissionais de *marketing* agora estão usando a IA para tudo, tanto nas análises de *big data* como no engajamento de clientes e na criação de publicidade e esforços de vendas personalizados. Embora ainda em sua infância, a IA oferece um vasto potencial em *marketing*. Como sugere o CEO do Google, a IA "é maior do que o fogo ou a eletricidade". Isso é dizer muito (ver Marketing Real 4.2).[31]

Os benefícios da gestão do relacionamento com o cliente, da análise de dados de *big data* e da inteligência artificial não vêm sem custos ou riscos. O erro mais comum é vê-los apenas como processos de tecnologia. Os gerentes podem acabar enterrados nos detalhes do *big data* e perderem o panorama geral, ou então deixar as máquinas tomarem as decisões em vez de colocarem seus próprios limites de pensamento.

No entanto, a tecnologia sozinha não pode construir relacionamentos lucrativos com os clientes. As empresas não podem melhorar o relacionamento com os clientes simplesmente instalando algum novo *software* ou implementando análise de dados. Em vez disso, os profissionais de *marketing* devem começar com os fundamentos da gestão de relacionamentos com os clientes e, em seguida, empregar soluções de dados e análises de alta tecnologia. Ou seja, quando se trata de CRM, eles devem se concentrar primeiro no R de *relacionamento*.

Distribuição e uso das informações de *marketing*

Enquanto não forem usadas para a obtenção de *insights* sobre os clientes e a tomada de melhores decisões de *marketing*, as informações de *marketing* não têm valor. Assim, o sistema de informações de *marketing* deve tornar as informações prontamente disponíveis para os gerentes e outras pessoas que precisarem delas. Em muitos casos, isso significa fornecer regularmente aos gerentes relatórios de desempenho, informações atualizadas e pareceres sobre os resultados dos estudos de pesquisa.

Mas os gerentes de *marketing* também podem precisar de informações não rotineiras para situações especiais e decisões repentinas. Por exemplo, um gerente de vendas que tem problemas com um cliente importante pode querer um resumo das vendas e da lucratividade da conta no último ano. Ou um gerente de marca pode querer ter noção do burburinho *on-line* que o lançamento de um produto recente gerou. Portanto, hoje em dia, a distribuição de informações envolve torná-las acessíveis de um modo rápido e fácil. Muitas empresas usam *intranets* e sistemas internos de CRM para facilitar esse processo. Esses sistemas fornecem acesso imediato a dados internos, inteligência e informações de pesquisa de *marketing*; informações sobre transações e experiências dos clientes; relatórios e documentos compartilhados; entre outros.

Além disso, as empresas estão cada vez mais permitindo que clientes-chave e membros de sua cadeia de valor acessem dados de contas, produtos e outras informações sob demanda por meio de *extranets*. Fornecedores, clientes, revendedores e outros membros selecionados da cadeia podem acessar a extranet da empresa para atualizar suas contas, organizar compras e verificar pedidos em comparação com os estoques, melhorando o atendimento ao cliente.

Extranets: a Zappos compartilha informações e *insights* de *marketing*, por meio de sua extranet ZUUL, com seus fornecedores, considerando-os "parte da família Zappos".
Zappos

Por exemplo, a varejista *on-line* de calçados e acessórios Zappos considera os fornecedores "parte da família Zappos" e um componente-chave em sua busca por causar uma impressão "uau" em seus clientes por meio de um ótimo atendimento. Por isso, trata os fornecedores como parceiros valiosos, inclusive compartilhando informações com eles. Por meio de sua extranet ZUUL (Zappos Unified User Login), milhares de fornecedores têm acesso total aos níveis de estoque, números de vendas e até rentabilidade

Marketing Real 4.2 | Inteligência Artificial em *Marketing*: Um negócio "maior que o fogo ou a eletricidade"

É de manhã cedo, você está saindo para começar o dia e sente o desejo de tomar a primeira dose de cafeína. Ao entrar no carro, você abre o aplicativo Starbucks em seu telefone e pede "o de sempre". A barista virtual do Starbucks responde com uma voz familiar e alegre: "Um café grande com leite de caramelo!" Ela então sugere educadamente um lanche de café da manhã – um muffin de nozes com xarope de bordo – não o seu habitual, mas com certeza parece bom. Você concorda. "Obrigado! Seu pedido estará pronto para retirada em cinco a sete minutos na rua Universidade com a 28", ela confirma. "Você gostaria de pagar por isso com seu cartão de crédito registrado?" Você entra na loja, contorna as longas filas e pega seu pedido – sem filas, sem confusão. Bem-vindo ao mundo da inteligência artificial (IA).

Este é apenas um exemplo de como a IA explodiu no cenário do *marketing*. A Starbucks está há muito tempo na tecnologia de ponta – 25% de suas transações já são feitas por meio de seus aplicativos de *smartphone*. Mas o My Starbucks Barista é mais do que um aplicativo de pedidos. Ele usa inteligência artificial para criar experiências personalizadas e gerenciar interações com os clientes em tempo real, tudo com base em transações e preferências anteriores dos clientes, dados demográficos, estoques e tendências de lojas e condições climáticas e de tráfego locais.

A inteligência artificial está varrendo o mundo, envolvendo máquinas que pensam e aprendem de uma maneira que parece humana, mas com muito mais capacidade analítica. O motor por trás do crescimento explosivo da IA é o *big data*. Dados brutos estão fluindo de todos os lugares: dados de transações e interações de clientes, dados da web e de mídias sociais, dados ambientais e de notícias e dados de mais de 50 bilhões de dispositivos conectados – tudo, desde dispositivos vestíveis e tecnologia GPS até termostatos domésticos, máquinas de lavar e carros. As empresas precisam entender todos esses dados a fim de criar valor para suas marcas e seus clientes.

A mente humana simplesmente não consegue lidar com o excesso de *big data* de hoje, mas as máquinas podem. No entanto, mais do que apenas coletar e tabular montanhas de dados, a IA os analisa na velocidade da luz para obter *insights* profundos e aplicá-los para realizar tarefas designadas. A IA aprende à medida que avança – quanto mais dados ela ingere, mais inteligente e precisa ela fica. "A IA é o planeta para o qual estamos indo", diz um especialista. "O aprendizado de máquina é o foguete que nos levará até lá. E o *big data* é o combustível."

Os profissionais de *marketing* usam a IA para avaliar, abordar, atender e vender aos clientes. Por sua vez, a IA pode ajudar os clientes a gerenciar suas vidas e suas compras. Pode solicitar uma carona do Lyft via *chat* (Facebook Messenger ou Slack) ou voz (assistente virtual Alexa do Amazon Echo). O chatbot do Lyft permite que você saiba a localização atual de seu motorista junto com uma foto da placa e do modelo do carro. Ou pode ser o supercomputador Watson da IBM vasculhando grandes quantidades de dados para descobrir *insights* sobre os clientes e o mercado que ajudem os profissionais de *marketing* a aprimorar sua segmentação, personalizar o engajamento do cliente, projetar novos produtos e até criar anúncios melhores em tempo real.

As máquinas de hoje são inteligentes e assustadoramente humanas. O Watson da IBM "é eloquente; pode contar piadas, responder perguntas e escrever canções", observa um observador. "A IA do Google agora pode ler lábios melhor do que um profissional e pode dominar videogames em poucas horas. A IA do MIT pode prever ações em vídeo dois segundos antes de começar. A IA da Tesla alimenta [seu] carro autônomo inovador."

Empresas como a Amazon dominaram a IA, e aproveitam *insights* e interações que permitem entender e atender os clientes. O Echo da Amazon leva a magia da IA da Alexa para quase 50 milhões de lares nos Estados Unidos. Além de servir para auxiliar em tarefas como ajustar eletrodomésticos, tocar músicas, criar listas de compras, enviar mensagens de texto e responder perguntas sobre qualquer assunto, o Echo e outros dispositivos de IA semelhantes, como o Google Home, também tornaram-se assistentes de compras pessoais ativadas por voz. Empresas como P&G e Clorox a 1-800-Flowers estão trabalhando duro para aperfeiçoar maneiras de explorar os usuários do Echo que fazem compras por voz no conforto de suas próprias cozinhas.

Nos *sites* de compras e vídeos da Amazon, a IA fornece recomendações que ajudam os consumidores a decidir o que comprar ou o que assistir. "Cada vez mais, a Amazon estará vendendo coisas que você nem sabia que precisava porque aprendeu o que você gosta e tem interesse em comprar", diz um analista. A Amazon é tão boa nisso que está considerando o que chama de "entrega preditiva", enviando aos consumidores coisas que eles ainda nem encomendaram. Se os clientes não quiserem, eles apenas ficam com aquilo de graça. Embora essas entregas ainda possam demorar um pouco, a Amazon usa essas previsões de IA para manter o estoque certo em armazéns ou mesmo em caminhões para apoiar sua promessa cada vez mais popular de entrega em um dia ou até uma hora.

Muitos varejistas estão empregando a IA para melhorar a forma como atendem e vendem a seus clientes. Por exemplo, a varejista de artigos para o lar Lowe's está experimentando LoweBots – robôs de um metro e meio, totalmente móveis e movidos a IA, que percorrem as lojas ajudando os clientes. Os LoweBots detectam clientes que podem precisar de assistência e os envolvem por meio de voz e telas sensíveis ao toque. Os robôs de IA acessam a loja e os dados externos para responder às perguntas dos clientes, oferecer soluções, levar os clientes a mercadorias na loja (ou encomendar mercadorias *on-line* que não estão em estoque). Eles ainda oferecem tutoriais de texto e vídeo. Enquanto isso, os LoweBots mantêm o controle dos dados no nível da loja e analisam os padrões de compras dos clientes. Eles estão "aprendendo coisas que nunca soubemos antes", diz um gerente da Lowe's Innovation Labs, como "o que está acontecendo às 3 horas de uma terça-feira" em qualquer loja.

Inteligência artificial: o aplicativo My Starbucks Barista usa inteligência artificial para criar experiências personalizadas e gerenciar interações com clientes em tempo real, tudo com base em transações e preferências anteriores dos clientes até as condições climáticas e de tráfego locais.

Elias Stein Illustration

A IA faz mais do que atender clientes, também ajuda os gerentes de *marketing* a moldar estratégias e táticas de *marketing*. Por exemplo, a IBM formou uma nova divisão chamada Watson Advertising, construída em torno de seu supercomputador de IA Watson, que ganhou reconhecimento público quando superou concorrentes humanos e ganhou 1 milhão de dólares no Jeopardy! O Watson pode ingerir centenas de milhões de páginas de dados a cada segundo. A IBM agora direcionou os talentos do Watson para o *marketing*. Por exemplo, considerando emoção, tom, linguagem, sentimento, histórico de compras e interações em mídias sociais, o Watson "pode gerar um perfil psicolinguístico de um indivíduo em literalmente milissegundos", explica um executivo da IBM.

Usando essas análises, o Watson pode fornecer aos profissionais de *marketing* visualizações precisas e em tempo real dos clientes e colocar em ação os *insights* que aprende, usando seus poderes de IA para tudo, desde análise de dados e planejamento de mídia até segmentação de público-alvo e criação de conteúdo real. De acordo com um relato:

> Como parte de uma campanha da Toyota, por exemplo, o Watson tornou-se redator, elaborando mensagens para o modelo Mirai da montadora com base nos interesses dos fãs de tecnologia e ciência. No início deste ano, transformou-se em médico, promovendo o Theraflu enquanto respondia a perguntas sobre vários sintomas da gripe. Para a Campbell's, o Watson colocou seu chapéu de chef, personalizando receitas em anúncios usando dados sobre a localização dos consumidores e quais ingredientes eles tinham à mão. Para uma grande parceria com a H&R Block, o Watson se tornou um especialista em impostos, implantando um assistente inteligente de IA para ajudar os clientes a encontrar deduções fiscais."

A IBM comprou recentemente a The Weather Company, que produz previsões para 2,2 bilhões de localidades a cada 15 minutos, permitindo que o Watson vasculhe dados para avaliar como o clima afeta o humor, a saúde e as compras dos consumidores. Recentemente, ele usou uma combinação desses dados climáticos, pesquisas do consumidor no Google e contagens de pólen para aconselhar um fabricante de medicamentos sobre qual mídia utilizar em diversos mercados e quando.

Apesar de todas essas aplicações notáveis, a IA ainda está em seus estágios iniciais. "Ainda estamos no início da adoção da IA", diz um especialista em tecnologia. "É uma nova fronteira e que irá redefinir a relação entre consumidores e marcas". Como indústria, a IA disparará das atuais receitas anuais de 8,1 bilhões para mais 105 bilhões de dólares em todo o mundo até 2025. E isso não inclui os trilhões de dólares em vendas no varejo que ela facilitará. "A IA será como a eletricidade ou a internet", diz o gerente de tecnologia da Lowe. "Torna-se tão entrelaçada [...] leva todas essas outras coisas que estamos fazendo há tanto tempo e as torna melhor do que a soma de suas partes." O CEO do Google coloca de forma mais simples: "É maior do que o fogo ou a eletricidade."[33]

---

da Zappos relacionados à marca. Os fornecedores também podem usar o ZUUL para interagir com a equipe criativa da empresa e inserir pedidos sugeridos para os compradores da Zappos aprovarem.[32]

Graças à tecnologia moderna, os gerentes de *marketing* de hoje podem obter acesso direto ao sistema de informações de uma empresa a qualquer momento e de praticamente qualquer lugar. Eles podem acessar o sistema de casa, no escritório do cliente, no aeroporto ou na Starbucks mais próxima – ou seja, em qualquer lugar onde possam se conectar em um *laptop*, *tablet* ou *smartphone*. Esses sistemas permitem que os gerentes obtenham as informações de que precisam de forma direta e rápida e as adaptem a suas próprias necessidades.

Comentário do autor | Terminamos este capítulo examinando três tópicos especiais sobre as informações de *marketing*.

Outras considerações sobre as informações de *marketing*

Objetivo 4.5 Discutir as questões especiais com as quais alguns pesquisadores de *marketing* se deparam, entre elas as questões relacionadas à política pública e à ética.

Esta seção aborda as informações de *marketing* em dois contextos especiais: (1) pesquisa de *marketing* em pequenas empresas e organizações sem fins lucrativos e (2) pesquisa de *marketing* internacional. Em seguida, tratamos de questões relacionadas à política pública e à ética na pesquisa de *marketing*.

Pesquisa de *marketing* em pequenas empresas e organizações sem fins lucrativos

Como as grandes empresas, as pequenas empresas e as organizações sem fins lucrativos também precisam das informações de mercado e dos *insights* sobre clientes que elas puderem providenciar. É verdade que estudos de pesquisa em larga escala estão além dos orçamentos da maioria das pequenas organizações. Contudo, muitas técnicas de pesquisa de *marketing* discutidas neste capítulo também podem ser utilizadas por organizações menores, de maneira menos formal e a um custo menor – ou sem nenhum custo.

As pequenas empresas podem obter informações muito úteis sobre o mercado e os clientes sem gastar muito dinheiro. Considere GoldieBlox:[34]

> Como estudante de engenharia em Stanford, Debbie Sterling se incomodava com o número de mulheres que ingressavam na profissão de engenharia. Então ela fundou a GoldieBlox, uma empresa de mídia e brinquedos que fabrica e vende livros interativos, aplicativos, vídeos e brinquedos de construção projetados para incentivar as meninas a amar ciência, tecnologia, engenharia e matemática (STEM, do inglês *science, technology, engineering, and math*). A missão da GoldieBlox é "romper com o corredor rosa e inspirar futuras gerações de engenheiras".

Antes de iniciar a GoldieBlox, em linha com seu escasso orçamento pessoal, a fundadora e CEO Debbie Sterling começou com uma pesquisa de *marketing* informal e acessível.

GoldieBlox, Inc.

Mas antes de iniciar a empresa, em linha com seu escasso orçamento pessoal, Sterling começou com uma pesquisa de *marketing* informal e acessível. Ela passou um ano investigando pesquisas publicadas sobre como as meninas aprendem melhor. Ela estudou a indústria de brinquedos e conversou com neurocientistas e professores de pré-escola. Ela observava crianças brincando e assombrava os "corredores cor-de-rosa" das lojas de brinquedos em busca de inspiração e ideias. Por meio de sua pesquisa, Sterling descobriu várias verdades sobre como as meninas brincam e o que elas preferem em seus brinquedos. Suas descobertas serviram de base para os conceitos fundadores, *designs* de produtos e *marketing* da GoldieBlox. A pesquisa básica de Sterling valeu a pena. Até o momento, a GoldieBlox teve mais de 1 milhão de *downloads* de aplicativos e vendeu mais de 1 milhão de brinquedos de construção baseados em narrativas em mais de 6.000 grandes lojas de varejo em todo o mundo.

Assim, pequenas empresas e organizações sem fins lucrativos podem obter bons *insights* de *marketing* por meio de observação e levantamentos informais, utilizando pequenas amostras por conveniência. Além disso, muitas associações, a mídia local e órgãos governamentais oferecem ajuda especial para pequenas organizações. Por exemplo, nos Estados Unidos, a U.S. Small Business Administration (Administração de Pequenas Empresas dos Estados Unidos) distribui gratuitamente dezenas de publicações e mantém um *site* (www.sba.gov) que fornece conselhos sobre diferentes tópicos, como abertura de empresa, financiamento, expansão de pequenos negócios e encomendas de cartões de visita. Outros excelentes recursos para pequenos negócios são: o U.S. Census Bureau (www.census.gov) e o Bureau of Economic Analysis (www.bea.gov).

Para completar, pequenas empresas podem coletar uma quantidade considerável de informações a um custo muito baixo na Internet. Elas podem vasculhar produtos *on-line* e *sites* de avaliação de serviços, utilizar ferramentas de busca para pesquisar sobre empresas e temas específicos, e investigar *sites* web, móveis e de mídias sociais de concorrentes e clientes.

Em resumo, a coleta de dados secundários, a observação, os levantamentos e as pesquisas experimentais podem ser utilizados de maneira eficaz por pequenas organizações com baixos orçamentos. No entanto, embora esses métodos informais de pesquisa sejam menos complexos e mais baratos, eles devem ser conduzidos de maneira cautelosa. Os gestores precisam pensar cuidadosamente nos objetivos da pesquisa, formular as perguntas antecipadamente, reconhecer os problemas gerados pelo fato de as amostras serem menores e os pesquisadores serem menos qualificados e conduzir a pesquisa de maneira sistemática.[35]

Pesquisa de *marketing* internacional

Os pesquisadores internacionais seguem os mesmos passos daqueles que atuam em nível nacional: eles definem o problema da pesquisa e desenvolvem um plano de pesquisa para interpretar e apresentar os resultados. No entanto, geralmente, esses pesquisadores se deparam com uma quantidade maior de problemas diversos. Enquanto os pesquisadores que atuam em nível nacional lidam com mercados razoavelmente homogêneos em um único país, os pesquisadores internacionais lidam com diversos mercados em diferentes países. Em geral, esses mercados variam muito em termos de desenvolvimento econômico, cultura, costumes e padrões de compra.

Em muitos mercados externos, o pesquisador internacional pode ter dificuldade em encontrar bons dados secundários. Enquanto os pesquisadores norte-americanos podem obter dados secundários confiáveis de dezenas de serviços de pesquisa nacionais, muitos países praticamente não possuem esse tipo de serviço. Alguns dos maiores institutos de pesquisa internacional operam em vários países. Por exemplo, a Nielsen Company (a maior empresa de pesquisa de *marketing* do mundo) possui escritórios em mais de cem países – de Schaumburg, no estado norte-americano de Illinois, a Hong Kong e Nicosia, em Chipre.[36] Entretanto, a maioria das empresas opera em um número relativamente pequeno de países. Assim, mesmo quando estão disponíveis, as informações secundárias geralmente precisam ser obtidas de muitas fontes distintas, em cada país, o que faz com que seja difícil combinar ou comparar as informações obtidas.

Por conta da escassez de bons dados secundários, muitas vezes os pesquisadores internacionais têm de coletar seus próprios dados primários. No entanto, obter dados primários pode não ser uma tarefa fácil. Por exemplo, pode ser difícil desenvolver boas amostras. Os pesquisadores norte-americanos têm a sua disposição listas telefônicas atualizadas, listas de *e-mails*, dados de censos e muitas fontes de dados socioeconômicos para definir amostras. Em muitos países, contudo, falta esse tipo de informação.

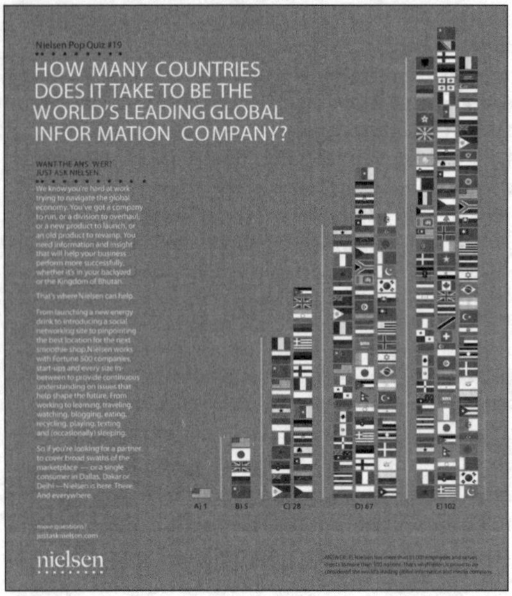

Algumas das maiores empresas de serviços de pesquisa têm grandes organizações internacionais. A Nielsen tem escritórios em mais de 100 países.

Informação protegida por direitos autorais ©2019, da The Nielsen Company, licenciada para uso exclusivo.

Depois que a amostra é definida, os pesquisadores norte-americanos geralmente podem contatar a maioria dos entrevistados facilmente por diversos meios – telefone, correio, pessoalmente ou por meio de mídia *on-line*, social ou móvel. No entanto, alcançar os entrevistados por correio ou telefone geralmente não é tão fácil em outras partes do mundo. Como resultado, os levantamentos tornaram-se agora o principal meio para a realização de pesquisas internacionais. No entanto, a adoção de tecnologias *on-line* e móveis varia muito em todo o mundo. Por exemplo, a maioria dos consumidores em mercados emergentes, como Índia ou África, tem acessado a Internet pela primeira vez em grande parte por meio de dispositivos móveis. Portanto, a pesquisa de levantamento nesses mercados deve ser projetada especificamente para dispositivos móveis, com todas as suas limitações inerentes.[37]

Diferenças culturais entre os países geram problemas adicionais para os pesquisadores internacionais. A língua é o obstáculo mais óbvio. Por exemplo, os questionários precisam ser preparados em uma determinada língua e, então, traduzidos para a língua de cada país pesquisado. Depois, as respostas precisam ser traduzidas de volta ao idioma original, para que sejam analisadas e interpretadas. Isso adiciona custos à pesquisa e aumenta as chances de erro. A língua pode ser um problema mesmo dentro de um país. Por exemplo, na Índia, o inglês é a língua dos negócios, mas os consumidores podem usar qualquer uma das 14 línguas oficias do país, que conta ainda com muitos dialetos.

Traduzir um questionário não é nada fácil. Muitas expressões, frases e afirmações têm significados diferentes em diferentes culturas. Por exemplo, um executivo dinamarquês fez a seguinte observação: "Peça a um tradutor que volte para o inglês o que você traduziu do inglês. Você vai levar o maior susto da sua vida! Eu me lembro [de um exemplo em] que 'o que os olhos não veem o coração não sente' foi traduzido como 'coisas invisíveis são insanas'".[38]

Os consumidores em diferentes países também apresentam diferentes atitudes em relação à pesquisa de *marketing*. Em um determinado país, as pessoas podem se mostrar bastante dispostas a responder às perguntas, enquanto em outros a falta de entrevistados pode ser um grande problema. Os costumes de certos países podem proibir as pessoas de falar com estranhos. Em algumas culturas, as perguntas das pesquisas muitas vezes são consideradas pessoais demais. Por exemplo, em muitos países muçulmanos, grupos focais compostos por pessoas de ambos os sexos são tabus, assim como filmar grupos focais constituídos somente por mulheres. Mesmo quando os entrevistados estão *dispostos* a responder, eles podem não ser *capazes* de fazê-lo por conta das altas taxas de analfabetismo funcional.

Apesar desses problemas, à medida que o *marketing* global cresce, as empresas multinacionais não têm muita escolha: elas precisam conduzir pesquisas de *marketing* internacionais. Embora os custos e os problemas associados às pesquisas internacionais sejam grandes, os custos por não fazê-las – em termos de oportunidades perdidas e erros – podem ser ainda maiores. Uma vez reconhecidos, muitos dos problemas associados à pesquisa de *marketing* internacional podem ser superados ou evitados.[39]

Política pública e ética na pesquisa de *marketing*

A maioria das pesquisas de *marketing* beneficia tanto a empresa que é responsável por elas como seus clientes. Por meio dessas pesquisas, as empresas obtêm *insights* sobre as necessidades de seus consumidores, o que resulta em produtos e serviços mais satisfatórios e em relacionamento mais sólido com os clientes. Entretanto, o mau uso dessas pesquisas pode ofender ou irritar os consumidores. As três principais questões relacionadas à ética e à política pública na pesquisa de *marketing* são: invasão de privacidade, segurança e proteção de dados privados, e mau uso dos resultados da pesquisa.

Invasão de privacidade

Muitos consumidores veem com bons olhos a pesquisa de *marketing* e acreditam que ela atende a um propósito útil. Alguns chegam a gostar de ser entrevistados e de dar sua opinião. Entretanto, outros se ofendem bastante com esse tipo de pesquisa e até mesmo desconfiam dela. Eles não gostam de ser interrompidos por pesquisadores. Ficam preocupados, pensando que as empresas estão construindo gigantescos bancos de dados repletos de informações pessoais sobre os clientes. Ou temem que os pesquisadores utilizem técnicas sofisticadas para explorar nossos sentimentos mais profundos, nos monitorem enquanto usamos a Internet e nossos celulares e espiem por sobre nossos ombros enquanto compramos para, depois, usar esse conhecimento para manipular nossas compras.

Em um exemplo clássico, a Target deixou alguns de seus clientes muito inquietos quando usou seus históricos de compras para descobrir que eles tinham um bebê a caminho, incluindo estimativas assustadoramente precisas do sexo da criança e data de nascimento:[40]

A Target fornece a cada cliente um número de ID de usuário, vinculado ao seu nome, cartão de crédito ou endereço de *e-mail*. Em seguida, ele rastreia as compras do cliente em detalhes, juntamente com informações demográficas de outras fontes. Ao estudar os históricos de compra de mulheres que haviam registrado seus bebês no cadastro anteriormente, a Target descobriu que poderia desenvolver uma pontuação de "previsão de gravidez" para cada cliente com base em seus padrões de compra em 25 categorias de produtos. A empresa utilizou essa pontuação para começar a enviar livros personalizados com cupons para produtos voltados a bebês, relacionados aos estágios da gravidez, para os futuros pais.

A estratégia parecia fazer sentido em termos de *marketing* – ao fisgar os futuros pais, a Target poderia transformá-los em compradores leais à medida que suas famílias se desenvolvessem. No entanto, a estratégia atingiu uma barreira quando um homem irritado apareceu na loja mais próxima da Target, reclamando que sua filha em idade escolar estava recebendo cupons da Target para berços, carrinhos de bebê e roupas de maternidade. "Você está tentando incentivá-la a engravidar?" Ele questionou. O gerente da loja Target se desculpou. Mas quando ele ligou para se desculpar novamente alguns dias depois, ele soube que os profissionais de *marketing* da Target, de fato, souberam sobre a gravidez da jovem antes do pai dela. Acontece que muitos outros clientes ficaram assustados porque a Target sabia sobre suas gestações antes mesmo de contarem à família e aos amigos próximos. E eles se perguntavam sobre o que mais a Target poderia estar monitorando e criando perfis. Como um repórter concluiu: "O logotipo de olho de boi da loja agora pode causar arrepios [...] nas espinhas observadas de perto de alguns [consumidores]."

Ao extrair informações dos clientes, os profissionais de *marketing* devem ter cuidado para não ultrapassar a linha da privacidade. Mas não há respostas fáceis quando se trata de pesquisa de *marketing* e privacidade. Por exemplo, é bom ou ruim que alguns varejistas usem manequins com câmeras escondidas em um olho para registrar a demografia dos clientes e o comportamento de compra para melhor atendê-los? Devemos aplaudir ou ressentir as empresas que monitoram as postagens dos consumidores no Facebook, Twitter, Instagram, YouTube ou em outras mídias sociais em um esforço para serem mais responsivos? Devemos nos preocupar quando os profissionais de *marketing* rastreiam o uso do telefone celular dos consumidores para emitir informações, anúncios e ofertas baseados em localização? Considere este exemplo:[41]

O serviço Consumer Insight 365 da SAP ajuda os provedores de serviços móveis a "extrair dados sobre assinantes [e seus] estilos de vida centrados em dispositivos móveis". Ele pode processar até 300 interações digitais como navegação móvel, mensagens de texto, chamadas telefônicas e outros eventos móveis por dia para cada um dos 20 a 25 milhões de assinantes móveis em várias operadoras. Os dados informam aos profissionais de *marketing* em detalhes de onde os clientes vêm e para onde vão. De acordo com um analista, ao combinar os dados móveis com outras informações, o serviço pode dizer às empresas "se os compradores estão verificando os preços dos concorrentes em seus telefones ou apenas enviando *e-mails* para amigos. Ele pode informar as faixas etárias e os sexos das pessoas que visitaram uma loja entre 10h e meio-dia e vincular a localização e os dados demográficos aos históricos de navegação na web dos compradores. Os varejistas podem usar as informações para organizar exibições nas lojas para atrair determinados segmentos de clientes em diferentes momentos do dia ou para ajudar a determinar onde abrir novos locais". Embora essas informações possam ajudar os profissionais de *marketing* a segmentar os clientes com ofertas mais úteis, elas podem ser "um pouco próximas demais para o conforto" do ponto de vista da privacidade do consumidor.

As crescentes preocupações com a privacidade do cliente tornaram-se um grande problema para a indústria de pesquisa de *marketing*. As empresas enfrentam o desafio de desenterrar dados valiosos, mas potencialmente confidenciais, do consumidor ao mesmo tempo em que tentam manter sua confiança. Do mesmo modo, os consumidores enfrentam uma relação de perdas e ganhos entre personalização e privacidade. Eles querem receber ofertas relevantes e personalizadas que atendam a suas necessidades, mas se preocupam ou se ressentem que as empresas possam monitorá-los muito de perto. A pergunta-chave é: Quando uma empresa cruza a linha ao coletar e usar os dados dos clientes?

A falha em resolver os problemas de privacidade pode resultar em clientes irritados e menos cooperativos e estimular uma maior intervenção do governo. Como resultado, o setor de pesquisa de *marketing* está considerando várias opções para responder a problemas de intrusão e privacidade. Um exemplo são as iniciativas "Sua opinião conta" e "Declaração dos direitos dos entrevistados" da Marketing Research Association para educar os consumidores sobre os benefícios da pesquisa de *marketing* e como distingui-la da venda por telefone e da construção de banco de dados.[42]

Muitas grandes empresas – incluindo Facebook, Apple, Microsoft, IBM, American Express e até mesmo o governo dos Estados Unidos – designaram um CPO (*chief privacy officer* – responsável pela privacidade), cujo trabalho consiste em proteger a privacidade de seus clientes. No final das contas, se os pesquisadores fornecem valor em troca de informações, os clientes ficam felizes em oferecê-las. Por exemplo, os clientes da Amazon.com não se importam com o fato de a empresa montar um banco de dados dos produtos que eles compram para recomendar produtos no futuro. Isso economiza tempo e fornece valor. A melhor abordagem consiste em os pesquisadores solicitarem apenas as informações das quais precisam, usarem essas informações de maneira responsável para fornecer valor para os clientes e evitarem compartilhar as informações sem a permissão deles.

Segurança e proteção de dados

Hoje em dia, as grandes bases de dados de clientes podem representar sérios desafios de segurança de dados para as empresas. A maioria dos consumidores confia que as empresas tomarão as medidas adequadas para proteger os dados pessoais que coletam. No entanto, muitas vezes, esse não é o caso. Apenas nos últimos anos, dezenas de empresas e marcas respeitadas sofreram grandes violações de dados de consumidores, algumas afetando um grande número de consumidores.

Por exemplo, o Facebook relatou recentemente duas grandes violações que expuseram as informações pessoais de 87 milhões e 50 milhões de usuários, respectivamente, incluindo informações sobre a personalidade das pessoas, redes sociais e engajamento na plataforma. Grandes varejistas como Macy's, Saks Fifth Avenue e Target relataram gafes de segurança de dados comprometendo as informações dos cartões de pagamento de milhões de seus clientes. A agência de relatórios de crédito Equifax revelou uma violação massiva que expôs dados confidenciais de mais de 146 milhões de clientes, incluindo números de passaporte, números de seguro social e informações de carteira de motorista. Para completar, alguns anos atrás, a Yahoo! anunciou a maior de todas as violações de dados, que afetou as informações pessoais contidas em mais de 3 bilhões de contas do Yahoo!.[43]

Há alguns anos, a Marriott International revelou que hackers violaram seu sistema de reservas Starwood e roubaram informações pessoais de até 500 milhões de clientes:[44]

> Os hotéis Starwood de propriedade da Marriott (Sheraton, Westin, W Hotels, St. Regis, Aloft, entre outros) coletam um tesouro de informações sobre os hóspedes: geralmente uma combinação de nome, endereço de correspondência, número de telefone, endereço de *e-mail*, números de cartão de crédito, Informações da conta Starwood Preferred Guest (SPG), data de nascimento, sexo, informações de chegada e partida, data da reserva e preferências de comunicação. Para muitos, as informações também incluem histórico de viagens e números de passaporte. A violação envolveu clientes que fizeram reservas para as marcas de hotéis Starwood do início de 2014 a setembro de 2018. Quando a violação foi descoberta, a Marriott tomou medidas imediatas para notificar as autoridades e os clientes. No entanto, o dano já havia sido causado à reputação da empresa. "Eles podem dizer o quanto quiserem que levam a segurança a sério, mas não o fazem se você puder ser hackeado por um período de quatro anos sem perceber", disse um defensor da privacidade de dados.

Proteção de dados do consumidor: as violações de dados do consumidor podem corroer a confiança do cliente, prejudicando as relações cliente-marca duramente conquistadas. As empresas devem levar muito a sério a segurança dos dados do consumidor.

Eyal Dayan Photography

Essas falhas de segurança de dados podem prejudicar os clientes, mas também podem causar danos profundos a empresas e marcas. Primeiro, elas podem ser caras. Por exemplo, a Equifax relatou custos de 400 milhões de dólares para se recuperar de seu incidente de violação de dados; a Marriott enfrentou custos de recuperação e uma série de ações judiciais imediatas, e dado o tamanho e a duração de sua enorme violação de dados, a empresa pode enfrentar pesadas multas na Europa sob o Regulamento Geral de Projeção de Dados (GDPR) da União Europeia. Tais incidentes estimularão ainda mais a intervenção do governo. Mas o mais importante, os lapsos maciços de segurança de dados corroem a confiança do consumidor e prejudicam as relações cliente-marca duramente conquistadas. Assim, as empresas devem levar muito a sério a segurança dos dados do consumidor.

Uso indevido dos resultados da pesquisa

Os estudos de pesquisa podem ser ferramentas poderosas de persuasão; as empresas costumam usar os resultados do estudo como argumentos em sua publicidade e promoção. Hoje, no entanto, muitos estudos de pesquisa parecem ser pouco mais do que veículos para lançar os produtos do patrocinador. De fato, em alguns casos, as pesquisas parecem ter sido projetadas apenas para produzir o efeito pretendido. Por exemplo, uma pesquisa da Black Flag uma vez perguntou: "Um disco de barata [...] envenena uma barata lentamente. A barata moribunda volta ao ninho e depois de morta é comida por outras baratas. Por sua vez, essas baratas ficam envenenadas e morrem. Quão eficaz você acha que esse tipo de produto seria para matar baratas?" Não surpreendentemente, 79% disseram ser eficazes.

Poucos anunciantes descaradamente manipulam seus projetos de pesquisa ou deturpam as descobertas – a maioria dos abusos tende a ser exageros mais sutis. Senão litígios podem surgir sobre a validade, a interpretação e o uso dos resultados da pesquisa. Quase todos os resultados de pesquisa podem ser interpretados de várias maneiras, dependendo do viés e dos pontos de vista dos pesquisadores.

Reconhecendo que a pesquisa de *marketing* pode ser abusada, várias associações – incluindo a American Marketing Association, a Marketing Research Association e o Council of American Survey Research Organizations (CASRO – Conselho de Organizações de Pesquisas de Levantamento dos Estados Unidos) – desenvolveram códigos de ética e padrões de conduta nas pesquisas. Por exemplo, o código do CASRO descreve, de modo geral, as responsabilidades do pesquisador para com os entrevistados, as quais incluem manter a confidencialidade e a privacidade e evitar o assédio. Ele também define as principais responsabilidades na apresentação dos resultados para os clientes e o público.[45]

No entanto, no final das contas, atitudes antiéticas ou inapropriadas não podem simplesmente ser reguladas. Toda empresa deve assumir a responsabilidade de policiar a condução e a apresentação dos resultados de suas pesquisas de *marketing*, protegendo os melhores interesses dos consumidores – e os seus também.

Revisão e extensão dos conceitos

Revisão dos objetivos

Para criar valor para os clientes e construir relacionamento significativo com eles, os profissionais de *marketing* precisam, em primeiro lugar, obter *insights* profundos e atualizados sobre o que os clientes precisam e querem. Esses *insights* são provenientes de boas pesquisas de *marketing*. Como resultado da recente explosão do "*big data*" e das tecnologias digitais, as empresas podem hoje obter uma quantidade maior de informações – às vezes, muito maior. Os próprios consumidores agora estão gerando uma onda crescente de informações com seus *smartphones*, PCs e *tablets* por meio de navegação *on-line*, interações em aplicativos e mídias sociais, vídeos e mensagens de texto e dados de geolocalização. O desafio consiste em transformar esse vasto volume de informações do consumidor em *insights* sobre os clientes e o mercado que tenham utilidade.

Objetivo 4.1 Explicar a importância de obter *insights* sobre os clientes e o mercado *(p. 98-100)*

O processo de *marketing* tem início com um completo entendimento do mercado e das necessidades e desejos dos consumidores. Assim, as empresas precisam transformar informações confiáveis em *insights sobre clientes* que possam gerar valor e satisfação mais significativos para seus clientes. Elas precisam também de informações sobre seus concorrentes, revendedores e outros agentes e forças presentes no mercado. Cada vez mais, os profissionais de *marketing* veem as informações não somente como a base para tomar melhores decisões, mas também como um recurso estratégico e uma ferramenta de *marketing* importante.

Objetivo 4.2 Definir o sistema de informações de *marketing* e discutir seus elementos. *(p. 100-103)*

O *sistema de informações de marketing* (*SIM*) consiste em pessoas e procedimentos voltados para a avaliação das necessidades de informações, o desenvolvimento das informações necessárias e o auxílio aos tomadores de decisão no uso das informações a fim de gerar e validar *insights* sobre os clientes e o mercado que possam ter utilidade. Um sistema de informações bem desenhado começa e termina com os usuários.

Primeiro, o SIM *avalia as necessidades de informações*. Ele atende, principalmente, a administração da empresa e outros gerentes, mas também pode fornecer informações para parceiros externos. Em seguida, o SIM *desenvolve as informações necessárias* a partir dos bancos de dados internos da empresa, das atividades de inteligência de *marketing* e da pesquisa de *marketing*. *Bancos de dados internos* oferecem informações sobre as operações e os departamentos da própria empresa. Esses dados podem ser obtidos de maneira rápida e barata, mas geralmente precisam ser adaptados para as decisões de *marketing*. As atividades de *inteligência de marketing* oferecem informações diárias sobre os acontecimentos no ambiente externo de *marketing*. A *pesquisa de marketing* consiste na coleta de informações relevantes para um determinado problema de *marketing* enfrentado pela empresa. Por fim, o SIM ajuda os usuários a analisar e usar as informações para desenvolver *insights* sobre clientes, tomar decisões de *marketing* e administrar o relacionamento com o cliente.

Objetivo 4.3 Esboçar o papel da pesquisa de *marketing* e as etapas de seu processo. *(p. 103-116)*

Nos últimos anos, à medida que uma série de novas tecnologias de coleta de dados digitais surgia repentinamente no cenário, a pesquisa de *marketing* tradicional teve de passar por importantes mudanças. Os pilares tradicionais, como levantamentos e grupos focais, embora ainda sejam abordagens predominantes e poderosas, estão dando lugar a métodos de coleta de dados digitais mais modernos, mais ágeis, mais imediatos e menos dispendiosos. Embora seu papel esteja mudando, a pesquisa de *marketing* tradicional ainda é amplamente utilizada e importante.

A primeira etapa no processo de pesquisa de *marketing* consiste em *definir o problema e estabelecer os objetivos da pesquisa*, que pode ser exploratória, descritiva ou causal. A segunda etapa envolve *desenvolver um plano de pesquisa* para coletar dados de fontes primárias e secundárias. A terceira etapa implica *implementar o plano de pesquisa de marketing* por meio da coleta, do processamento e da análise das informações. A quarta etapa consiste em *interpretar e apresentar os resultados*. Análises adicionais das informações ajudam os gerentes de *marketing* a aplicá-las e fornecem a eles modelos e procedimentos estatísticos sofisticados, a partir dos quais é possível obter resultados mais rigorosos.

As fontes de dados secundários tanto *internas* como *externas* geralmente fornecem informações de maneira mais rápida e a custos mais baixos do que as fontes de dados primários. Além disso, às vezes, elas oferecem informações que uma empresa, sozinha, não seria capaz de coletar. Entretanto, as informações necessárias podem simplesmente não existir em fontes secundárias. Os pesquisadores também devem avaliar as informações secundárias para certificar-se de que são *relevantes*, *precisas*, *atualizadas* e *imparciais*.

A pesquisa primária também deve ter essas características avaliadas. Todo método de coleta de dados primários – por *observação*, por *levantamento* e *experimental* – tem suas vantagens e desvantagens. De modo similar, cada um dos vários métodos de contato para esse tipo de pesquisa – correio, telefone, entrevistas pessoais e Internet – tem seus prós e contras.

Objetivo 4.4 Explicar como as empresas analisam e utilizam as informações de *marketing*. (p. 116-120)

Informações coletadas em bancos de dados internos e por meio da inteligência e da pesquisa de *marketing* costumam demandar mais análise. Para analisar dados de clientes individuais, muitas empresas adquiriram ou desenvolveram *softwares* e técnicas de análises especiais – chamadas de *gerenciamento do relacionamento com o cliente* (*CRM*) – que integram, analisam e aplicam as pilhas de dados de clientes contidas em seus bancos de dados para que possam ter uma visão completa deles a fim de construírem relacionamentos mais duradouros. Elas também aplicam *marketing analítico* e *inteligência artificial* para encontrar padrões no *big data* e conseguir *insight* sobre os clientes e mensurar o desempenho de *marketing*.

Enquanto não forem utilizadas para tomar melhores decisões de *marketing*, as informações de *marketing* não têm valor. Assim, o SIM deve disponibilizar as informações para os gestores e outras pessoas que tomam decisões de *marketing* ou lidam com os clientes. Em alguns casos, isso significa fornecer relatórios e atualizações regulares; em outros, significa disponibilizar informações não rotineiras para situações especiais e decisões repentinas. Muitas empresas utilizam intranets e extranets para facilitar esse processo. Graças à moderna tecnologia, os gerentes de *marketing* de hoje podem ter acesso direto às informações de *marketing* a qualquer momento e de praticamente qualquer lugar.

Objetivo 4.5 Discutir as questões especiais com as quais alguns pesquisadores de *marketing* se deparam, entre elas as questões relacionadas à política pública e à ética. (p. 120-125)

Alguns profissionais de *marketing* se deparam com situações especiais na hora de realizar pesquisas de *marketing*, como aqueles que conduzem pesquisas em pequenas empresas, em organizações sem fins lucrativos ou em mercados internacionais. A pesquisa de *marketing* pode ser conduzida de maneira eficaz por pequenas empresas e organizações sem fins lucrativos com orçamentos limitados. Os pesquisadores internacionais seguem os mesmos passos daqueles que atuam em nível nacional, mas geralmente se deparam com uma quantidade maior de problemas diversos. Todas as organizações precisam agir com responsabilidade, levando em conta as questões éticas e de política pública referente à pesquisa de *marketing*, entre elas as questões relacionadas à invasão de privacidade, à segurança e proteção de dados dos clientes e ao mau uso dos resultados da pesquisa.

Termos-chave

Objetivo 4.1

Big data (p. 99)
***Insights* sobre clientes (p. 99)**
Sistema de informações de *marketing* (SIM) (p. 99)

Objetivo 4.2

Bancos de dados internos (p. 101)
Inteligência competitiva de *marketing* (p. 101)

Objetivo 4.3

Pesquisa de *marketing* (p. 103)
Pesquisa exploratória (p. 105)
Pesquisa descritiva (p. 105)
Pesquisa causal (p. 105)
Dados secundários (p. 106)
Dados primários (p. 107)
Pesquisa por observação (p. 107)
Pesquisa etnográfica (p. 107)
Pesquisa de levantamento (p. 108)
Pesquisa experimental (p. 108)
Entrevista de grupo focal (p. 109)
Pesquisa de *marketing on-line* (p. 110)
Grupos focais *on-line* (p. 111)
***Targeting* comportamental (p. 112)**
Amostra (p. 112)

Objetivo 4.4

Gerenciamento do relacionamento com o cliente (CRM) (p. 116)
***Marketing* analítico (p. 117)**
Inteligência artificial (IA) (p. 118)

Questões para discussão

4.1 Explique como a inteligência de *marketing* difere da pesquisa de *marketing*. O que é mais valioso para uma empresa? Por quê?

4.2 Diferencie entre pesquisa exploratória, pesquisa descritiva e pesquisa causal.

4.3 Quais são as três perguntas que precisam ser respondidas quando um pesquisador elabora a amostra? Quando um pesquisador de *marketing* usaria uma amostra não probabilística? Qual é a fraqueza dela em relação às amostras probabilísticas?

4.4 O que é gestão de relacionamento com o cliente (CRM)? Como isso está relacionado ao *big data* e à inteligência artificial? Dê um exemplo de uma empresa que faz uso da inteligência artificial.

4.5 Os profissionais de *marketing* fazem uso intenso de dados primários e secundários. O que são dados primários? O que são dados secundários? Quais são os possíveis benefícios ou desvantagens de usar cada um desses tipos de dados?

4.6 Quais são as semelhanças e diferenças de realizar pesquisas em outro país em relação às pesquisas domésticas? Que estratégias de pesquisa uma empresa pode usar para abordar as diferenças em vários mercados?

Atividades de pensamento crítico

4.7 Visite www.nielsen.com/us/en/insights/reports.html e selecione um exemplo de relatório de pesquisa recente. Inclua a URL na resposta e descreva o estudo ou estudos informados pelo relatório. Onde a Nielsen obteve os dados que informaram os *insights* do relatório? (O relatório pode incluir mais de uma fonte de dados.) Quais são os pontos fortes e fracos dos tipos de dados usados? Como as informações são apresentadas? Como as pessoas que veem os resultados do estudo provavelmente responderão com base na apresentação? Forneça um exemplo de como o *insight* pode ser usado por um profissional de *marketing*.

4.8 Imagine que você possui um pet shop. Você deseja usar a pesquisa de mercado para identificar como pode expandir seus negócios, mas está com um orçamento limitado. Revise as técnicas de pesquisa de *marketing* descritas no capítulo para determinar quais poderiam ser utilizadas em sua pequena empresa. Quais informações você precisará e como as obterá?

4.9 Acesse o Google Trends (trends.google.com). Suponha que você seja um profissional de *marketing* de bens de consumo responsável pelo produto água com gás. Como as informações do Google Trends podem ajudar sua empresa a entender melhor seu mercado? Faça uma pesquisa que forneça informações que possam aumentar os lucros. Explique o que você pesquisou e quais *insights* você obteve que podem auxiliar a tomada de decisão.

CASOS E APLICAÇÕES

Marketing digital O rastro que você deixa para trás

Os profissionais de *marketing* estão sempre interessados em coletar o máximo possível de dados valiosos sobre gostos, preferências e tendências dos clientes. Atividade na Internet e em plataformas de mídias sociais como Twitter, Facebook, Instagram e vários *sites* de *blog* são minas de ouro para os profissionais de *marketing*. Todos esses pontos de acesso criam informações que podem ser agregadas e utilizadas para a vantagem competitiva de uma empresa, o que permite que as empresas fiquem em sintonia com o que está em alta no mercado. As empresas também podem usar esses mesmos pontos de acesso para rastrear a atividade da concorrência, que pode ser usada na inteligência competitiva de *marketing*.

4.10 Você já pensou nos dados que deixa para os profissionais de *marketing* coletarem? Os profissionais de *marketing* estão sempre procurando por pegadas digitais, que são fontes rastreáveis de atividades *on-line*. Visite www.internetsociety.org/your-digital-footprint-matters e analise os vários recursos disponíveis. Selecione um dos tutoriais e apresente o que você aprendeu com o vídeo.

4.11 Depois de revisar os tutoriais em www.internetsociety.org/your-digital-footprint-matters, você planeja mudar seus hábitos *on-line*? Você está preocupado com sua pegada digital e o rastro de dados que deixa para trás e pretende gerenciá-la ativamente? Por que ou por que não?

Marketing e ética WeChat

O WeChat, um aplicativo da China, oferece a seus usuários um "local único" de recursos. Os usuários podem conversar, realizar compras, fazer novas conexões sociais, pedir e pagar por comida, efetuar pagamentos, identificar locais lotados, fazer investimentos e marcar consultas médicas, entre outras coisas, tudo sem sair do aplicativo. Como resultado, o WeChat coleta grandes quantidades de dados valiosos sobre seus consumidores e seus hábitos, os quais monetiza com a venda de publicidade. As empresas na China são obrigadas a compartilhar essas informações com o governo, que tem um histórico de violações de direitos humanos. As empresas de tecnologia nos Estados Unidos pretendem desenvolver recursos semelhantes para manter as pessoas envolvidas e coletar volumes de dados valiosos, o que pode ser uma das razões pelas quais o Facebook mudou para permitir que os usuários do Facebook Messenger, do Instagram e do WhatsApp se comuniquem entre plataformas. Embora os consumidores valorizem a conveniência e as ofertas personalizadas que obtêm ao permitir que o WeChat colete seus dados, há preocupações sobre invasões de privacidade e que outras entidades podem acessá-los.

4.12 Se você usasse um aplicativo como o WeChat, quais informações você se sentiria à vontade em vincular à sua identidade? Quais informações você prefere que não sejam rastreadas? Quais são as vantagens e desvantagens entre conveniência e privacidade?

4.13 É ético para os profissionais de *marketing* reunir grandes quantidades de dados sobre tudo o que um consumidor faz e usá-los para vender publicidade? Quais tipos de proteção você valoriza como consumidor?

Marketing em números Estatística descritiva

Conforme vimos no capítulo, o objetivo da pesquisa descritiva é descrever coisas, como o potencial de mercado de um produto ou a demografia e as atitudes dos consumidores que o compram. Três estatísticas comuns usadas em pesquisas descritivas são: média, mediana e moda. A partir dessas estatísticas simples, os profissionais de *marketing* podem aprender com a infinidade de dados disponíveis qual é o valor médio de algo, qual é o tempo médio que um consumidor gasta em um *site* ou a qual é atitude média em relação à marca. Essa é a *média*, encontrada somando todos os valores e dividindo pelo número de dados somados. Os profissionais de *marketing* também estão interessados no valor do meio (ou seja, mediano) porque os valores discrepantes podem distorcer uma média alta ou baixa. Para encontrar a *mediana*, os profissionais de *marketing* ordenam os valores do maior para o menor e localizam o valor no meio do conjunto de dados. Finalmente, a *moda* informa ao pesquisador de *marketing* com que frequência um valor ocorre. A criação de gráficos de histograma é útil para mostrar visualmente a frequência de cada valor. Use os seguintes dados de atitude do consumidor, coletados usando uma declaração de atitude variando de 1 = "odeio" a 5 = "adoro" em relação à marca, para calcular estatísticas descritivas.

Consumidor	Atitude em relação à marca Nota (1 a 5)
Charlie	5
Cameron	2
Daisy	4
Frank	5
Susie	5
Jamal	3
Amy	3

4.14 Calcule a média, a mediana e a moda para esses dados.

4.15 Crie um histograma (ou seja, um gráfico de barras) que mostre o número de vezes que cada pontuação de atitude foi dada no conjunto de dados. Que conclusões você pode tirar dessas estatísticas descritivas?

Caso empresarial Qualtrics: gerenciando a experiência completa do cliente

Nas últimas décadas, a prática de coletar dados de *feedback* do cliente vem mudando à medida que novas tecnologias permitem que os profissionais de *marketing* se aprofundem ainda mais. Vamos pegar os levantamentos de satisfação do cliente, por exemplo. Os caixas de varejo e a equipe de atendimento hoje em dia geralmente promovem levantamentos *on-line* para os clientes, estimulando sua participação com incentivos atraentes, como cupons de presente.

Na verdade, onde quer que os clientes olhem, os varejistas e as marcas estão enviando *e-mails*, mensagens de texto e entregando *links* para pesquisas *on-line* na esperança de que os clientes forneçam *feedbacks* valiosos. O que a maioria dos clientes não sabe é que poucas dessas empresas estão cuidando de seus próprios levantamentos. Em vez disso, muitos profissionais de *marketing* recorrem a um punhado de especialistas para gerenciar seus próprios levantamentos *on-line* e descobrir como eles se encaixam no quadro geral de seus programas de inteligência do cliente.

Para empresas como Lowe's, Ford, Verizon, 3M e Disney, esse especialista é a Qualtrics – líder do negócio de pesquisas *on-line* em rápido crescimento. Na verdade, mais de 8.500 das principais marcas do mundo confiam na Qualtrics para potencializar a coleta de dados de clientes, incluindo 75 entre as 100 melhores empresas da Fortune e 99 entre as 100 principais escolas de negócios. Mas caracterizar os serviços da Qualtrics como "pesquisas *on-line*" é uma simplificação excessiva. Pergunte a qualquer um na Qualtrics em que negócio eles estão e eles dirão que tudo se baseia no "gerenciamento da experiência".

Pioneirismo no levantamento *on-line*

Hoje, coletar dados de pesquisas *on-line* parece óbvio. Mas para entender completamente o que a Qualtrics é, e o que faz para seus clientes, precisamos voltar mais de 20 anos quando os levantamentos *on-line* ainda não existiam. O início da empresa é um exemplo clássico de uma *startup* de tecnologia na virada do milênio. Mas, em vez de uma garagem no Vale do Silício, a Qualtrics começou no porão de uma casa em uma rua sem saída em Provo, Utah.

A casa pertencia ao professor de *marketing* da Universidade Brigham Young (BYU) Scott Smith. Em 1997, ele teve a ideia de desenvolver um mecanismo de levantamento digital que facilitaria sua própria pesquisa acadêmica. Naquela época, o processo padrão para coletar dados de levantamento era distribuir um questionário de papel e lápis pessoalmente ou pelo correio. Assim, era um processo caro em termos de tempo e dinheiro para criar um levantamento, coletar respostas e inserir os dados em um computador. Mas tudo mudou quando Smith administrou sua primeira pesquisa *on-line*. "O primeiro levantamento que coletamos *on-line* – em 48 horas, nossos dados estavam no computador", diz Smith, observando que o processo normalmente levaria meses usando métodos tradicionais. "De repente, a luz se acende e você fica tipo, isso é algo maravilhoso. É rápido, é fácil, é mais preciso."

Smith recrutou seus filhos, Ryan e Jared, para ajudar a desenvolver e lançar um dos primeiros serviços de pesquisa *on-line*. O que começou como SurveyPro tornou-se Qualtrics em 2002. Inicialmente visando a comunidade acadêmica, a equipe logo reconheceu o potencial dos levantamentos *on-line* como uma ferramenta de pesquisa de *marketing*. Aprimorando o *software* ao longo de vários anos, a Qualtrics expandiu sua base de clientes em 2008 para incluir organizações de todos os tipos – empresariais e acadêmicas, com e sem fins lucrativos. Em pouco tempo, a maioria dos negócios da Qualtrics vinha de corporações.

Desde o início, a Qualtrics diferenciou sua oferta tornando-a fácil de usar. O objetivo era ajudar qualquer pessoa sem experiência em tecnologia a criar e gerenciar um levantamento *on-line* de maneira rápida e fácil. Com a Qualtrics, os clientes podem usar ferramentas simples de geração de perguntas para extrair vários tipos de questionário, incluindo escalas móveis com pontos de extremidade como "feliz" e "triste" ou notas de "A" a "F". Uma inovação inicial da Qualtrics foram os mapas de calor que permitiam aos entrevistados clicar em um local específico em uma instalação de varejo, indicando preferências para determinados tipos de experiências de produtos ou serviços, como o assento preferido em um cinema. Os usuários também podiam escolher entre vários tipos de gráficos para resumir os resultados.

Desde o início, a Qualtrics empregou um modelo somente na nuvem, eliminando a necessidade de instalar *software* em computadores individuais. Essa inovação permitiu que os clientes desenvolvessem, ajustassem e adaptassem seus próprios levantamentos personalizados sem pedir à Qualtrics para fazer isso por eles. Ao longo do caminho, a Qualtrics adicionou recursos que não apenas aumentam a flexibilidade da criação de levantamentos, mas também facilitavam a agregação e a análise dos dados coletados. A abordagem *on-line* "faça você mesmo" da Qualtrics não apenas economiza muito tempo dos usuários em comparação com os métodos mais tradicionais, mas também é consideravelmente mais barata.

Gerenciamento da experiência – o pioneirismo continua

Hoje, o mecanismo de pesquisa básico original da Qualtrics evoluiu para o que a empresa chama de Plataforma de Gerenciamento de Experiência (XM) – um conjunto de produtos que permite que os clientes usem uma única interface para gerenciar as quatro principais experiências de negócios: experiência do cliente, experiência da marca, experiência do produto e experiência do funcionário. De acordo com Mike Maughan, chefe de *insights* globais da Qualtrics, as quatro experiências principais costumavam ser gerenciadas separadamente pelas corporações, caso fossem. Mas a plataforma XM da Qualtrics os integra e os gerencia simultaneamente, ajudando as empresas a obter uma visão holística dos clientes e a desenvolver perfis de clientes precisos.

As quatro experiências principais são evidentes no discurso no *site* da empresa: "*Software* para ajudar a transformar clientes em fanáticos, produtos em obsessões, funcionários em embaixadores e marcas em religiões". A plataforma XM da Qualtrics se concentra em quebrar os silos de dados para fornecer uma imagem holística da experiência do cliente em quatro fatores diferentes. "Todos sabemos que a forma como os funcionários agem impacta diretamente na experiência dos clientes", diz Maughan, referindo-se a como um aspecto da experiência de um cliente pode afetar toda sua perspectiva. "Um ditado comum é que funcionários desmotivados estão demitindo seus clientes."

A plataforma única e integrada de análise de dados da Qualtrics permite que as organizações "preencham a lacuna da experiência". Para ilustrar, considere um estudo de 2005 da Bain and Company que revelou que 80% dos CEOs acreditavam que sua empresa estava oferecendo uma experiência superior ao cliente. No entanto, "quando seus clientes foram questionados se achavam que estavam recebendo uma experiência superior, apenas 8% concordaram", observa Maughan. A XM reduz essa lacuna de experiência medindo as experiências das partes interessadas para estabelecer uma linha de base, prevendo e priorizando as necessidades das partes interessadas, iniciando um plano de ação e acompanhando o progresso na redução da lacuna entre a linha de base e a necessidade. Se usada corretamente, a plataforma XM impulsiona a melhoria contínua da experiência.

A IA chega ao gerenciamento de experiências

Há alguns anos, a empresa introduziu o Qualtrics iQ como parte da plataforma XM. Este novo produto inovador usa inteligência artificial (IA) para identificar tendências automaticamente, validar estatisticamente os principais impulsionadores do consumidor e identificar os testes estatísticos apropriados que devem ser usados para fornecer resultados. "O Qualtrics iQ caça lacunas de experiência automaticamente, prevendo o que os clientes desejam e ajudando as organizações a encontrar e resolver problemas antes que eles afetem negativamente os negócios", diz Webb Stevens, chefe de produto da Qualtrics. "O aprendizado de máquina ajuda a automatizar tarefas que antes consumiam muito tempo ou eram impossíveis de dimensionar, como analisar *feedback* de texto aberto ou encontrar os principais fatores de motivação ocultos em seus dados."

Com a XM e as inovações como o Qualtrics iQ, os clientes da Qualtrics estão vendo resultados reais e um forte retorno do investimento em *marketing*. A JetBlue escolheu a Qualtrics porque ela oferecia controle total sobre todas as fases do gerenciamento da experiência do cliente. Ao combinar dados relacionais (direcionadores de compra da marca) com dados transacionais (experiência e satisfação) em um hub centralizado, a JetBlue conseguiu identificar facilmente as áreas de maior impacto no cliente e executar imediatamente mudanças que fizeram a diferença.

Por exemplo, a JetBlue descobriu que a grande maioria dos passageiros não se importava com o despacho de malas grátis, preferindo passagens mais baratas. Com base nos dados, a JetBlue aumentou a receita implementando diferentes estruturas de tarifas e opções de preços. Na Filadélfia, a JetBlue conseguiu identificar a insatisfação com a falta de lojas no aeroporto e comodidades abertas nas primeiras horas da manhã. A solução foi simples – distribua água, suco e café no portão. Em outro aeroporto, comentários negativos de clientes e pontuações de satisfação abaixo do normal em um portão específico foram atribuídos a um alto-falante de terminal com defeito, impossibilitando que os passageiros em espera ouvissem os anúncios do agente do portão. A JetBlue enviou imediatamente um alerta automatizado para a equipe de manutenção do aeroporto. O problema foi resolvido no mesmo dia e as respostas do levantamento voltaram ao normal.

Casos de sucesso de clientes usando a plataforma XM da Qualtrics são abundantes. Recentemente, o Morgan Stanley concedeu seu prestigioso prêmio de inovação CTO à Qualtrics. "Estamos colocando os clientes em primeiro lugar em tudo o que fazemos, e a Qualtrics se tornou um parceiro integral em nossa jornada", disse Chris Kovel, diretor administrativo da empresa global de serviços financeiros. "Começando como uma ferramenta de pontuação de satisfação para nossos clientes institucionais, agora estamos aproveitando seus *insights* para avaliar as percepções de nossos clientes externos e internos em toda a empresa, o que acabará por moldar e melhorar nosso desempenho geral como empresa."

Hoje, muitas empresas estão competindo por uma fatia do crescente setor de gerenciamento de experiência. Não menos importante é a IBM, que aplica seus recursos de inteligência artificial e preditiva do Watson à análise de experiência. Mas a Qualtrics argumenta que a tecnologia da IBM é muito complexa, insistindo que seu *software* XM fornece inteligência preditiva que é mais facilmente consumida pelas massas de experiência do cliente.

Os clientes parecem concordar. Ao tornar a pesquisa de mercado mais abrangente e acessível, a empresa obteve lucro e dobrou sua receita a cada ano desde que disponibilizou seu *software* de levantamento *on-line* ao público. Durante anos, a Qualtrics resistiu a assumir dívidas e recusou ofertas generosas de capital de investimento e compra. Essa decisão mostrou-se acertada. Recentemente, a Qualtrics chocou o mundo quando foi comprada pela gigante alemã de *software* SAP por impressionantes 8 bilhões de dólares com o objetivo de aprimorar a experiência da SAP em dados operacionais com os dados de experiência da Qualtrics. Ao fazer isso, a SAP pretende evoluir de uma plataforma de gerenciamento do relacionamento com o cliente para a empresa de gerenciamento de experiência mais poderosa e completa do planeta, chegando a sugerir que a concorrência no gerenciamento de experiência se tornará inviável. Se essa mega-aquisição acontecer conforme o planejado, a nova combinação SAP/Qualtrics pode cumprir essa previsão.[46]

Questões para discussão

4.16 Como a Qualtrics se encaixa na tendência do *big data*?

4.17 Debata sobre como os serviços da Qualtrics facilitam a descoberta de *insights* sobre o cliente.

4.18 Quais componentes do sistema de informações de *marketing* as ferramentas da Qualtrics facilitam?

4.19 Debata sobre as ferramentas da Qualtrics no contexto das abordagens de pesquisa.

4.20 Quais desafios a Qualtrics enfrentará no futuro?

5 Mercados consumidores e comportamento do comprador

Resumo dos objetivos

Objetivo 5.1 Definir o mercado consumidor e construir um modelo simples de comportamento de compra do consumidor **Veja: Modelo de comportamento de compra** (p. 132-133)

Objetivo 5.2 Identificar os quatro principais fatores que influenciam o comportamento de compra do consumidor **Veja: Características que afetam o comportamento do consumidor** (p. 133-147)

Objetivo 5.3 Relacionar e definir os principais tipos de comportamento de decisão de compra e os estágios do processo de decisão do comprador **Veja: Comportamento da decisão de compra e o processo de decisão do comprador** (p. 147-152)

Objetivo 5.4 Descrever os processos de adoção e difusão para novos produtos **Veja: O processo de decisão do comprador para novos produtos** (p. 152-154)

Prévia do capítulo

Você já estudou como os profissionais de *marketing* obtêm, analisam e utilizam informações para desenvolver *insights* sobre clientes e avaliar programas de *marketing*. Neste capítulo, vamos analisar minuciosamente um dos mais importantes elementos do mercado: os clientes. O objetivo do *marketing* é influenciar o modo como os clientes pensam e agem. Para afetar o *o quê*, *quando* e *como* do comportamento de compra, os profissionais de *marketing* devem, antes de mais nada, entender os *porquês*. Neste capítulo, analisaremos as influências e os processos de compra do *consumidor final*. No próximo, estudaremos o comportamento de compra dos *clientes organizacionais*. Você verá que o entendimento sobre o comportamento de compra é uma tarefa essencial, mas muito difícil.

Para ter uma visão melhor da importância de entender o comportamento do consumidor, vamos começar com a Shinola, uma fabricante de produtos *premium* com sede em Detroit. O nome da Shinola e suas raízes em Detroit parecem incompatíveis com os produtos de luxo de preço *premium* que ela fabrica e vende. Mas verificando a fundo descobrimos que tudo na Shinola se une fortemente sob uma imagem de marca cuidadosamente elaborada e totalmente norte-americana, que se conecta bem com as profundas emoções e motivações que fundamentam o comportamento de compra de seus clientes.

SHINOLA: Ninguém mais vai confundir a Shinola com merda*

Algum tempo atrás, um esquete de comédia no *Jimmy Kimmel Live* apresentou a paródia de um programa de TV de perguntas e respostas que apresentou a cada um dos dois concorrentes um par de produtos de luxo e perguntou: "Qual desses produtos é uma porcaria e qual é Shinola?" Não foi um grande desafio. Um produto em cada par realmente parecia feito de cocô, enquanto os outros itens eram produtos genuínos da marca de luxo americana Shinola. Os competidores acabaram levando para casa "toda essa bela porcaria da Shinola". A ideia da piada veio da própria empresa que era o alvo da piada, a Shinola, fabricante de artigos de luxo com sede em Detroit.

A Shinola abriu suas portas em 2011 com uma linha de relógios *premium* com preços entre 550 e 850 dólares. Seu nome inesperado deriva da antiga marca de graxa de sapato Shinola, que se tornou uma palavra familiar após uma história amplamente divulgada durante a Segunda Guerra Mundial de que um soldado havia polido as botas de seu comandante com cocô, porque "ele não sabia porcaria nenhuma da Shinola".

A empresa Shinola original fechou suas portas em 1960, mas os fundadores da empresa atual compraram os direitos do peculiar nome Shinola, repleto de associações levemente grosseiras, mas divertidas. Em outro movimento de certo modo surpreendente, a Shinola escolheu se sediar em Detroit, cidade icônica que outrora já simbolizou a corajosa manufatura e engenhosidade norte-americana, mas que desde então caiu em falência, passando por tempos desesperadamente difíceis. Juntamente com o logotipo da empresa, cada produto Shinola traz a simples frase "Construído em Detroit".

Desde sua fundação, a Shinola se expandiu rapidamente para outras categorias de produtos, incluindo bicicletas de alta qualidade, acessórios de couro, relógios, joias e equipamentos de áudio. A empresa está até se preparando para abrir seu primeiro hotel da marca. As vendas da Shinola estão crescendo, passando de 20 milhões de dólares em 2013 para 125 milhões de dólares no ano passado. Você encontrará os produtos da Shinola em quase 1.000 lojas em todo o mundo, incluindo lojas de departamento de alto padrão como Nordstrom, Neiman Marcus, Saks Fifth Avenue e Bloomingdale's. A empresa abriu 33 lojas próprias com o objetivo de expandir para 75 a 100 lojas em todo o país. Seu negócio *on-line* também está explodindo. E, ao que parece, Shinola está apenas começando.

Esse sucesso pode parecer surpreendente. À primeira vista, o nome da Shinola e suas raízes em Detroit parecem incompatíveis com os bens de luxo de preço *premium* que ela fabrica e vende. Mas olhando mais de perto, vemos que tudo sobre a Shinola se conecta fortemente a uma imagem de marca norte-americana cuidadosamente elaborada. Em uma era de produtos "feitos na China", a Shinola está em uma missão para reviver os antigos valores norte-americanos.

Por que o nome Shinola e por que a localização em Detroit? "Estamos começando com o revigoramento de uma famosa marca americana e de uma famosa cidade americana", diz a empresa. A Shinola "é uma marca comprometida em produzir produtos de alta qualidade na América do Norte com [...] fornecedores norte-americanos e mão de obra norte-americana", diz um analista. "Para levar esse compromisso para casa, a empresa escolheu Detroit – conhecida como a fivela do cinturão da ferrugem norte-americano* – como sua base". Quando a Shinola vincula sua marca ao legado de pessoas trabalhadoras, de resiliência e de fabricação de Detroit, a empresa está vendendo mais do que relógios, bicicletas e acessórios – está vendendo uma história feita na América sobre superar as dificuldades.

As raízes da engenhosidade e da manufatura norte-americanas são evidentes em todas as facetas dos produtos e marcas da Shinola, desde sua bicicleta Runwell (de 2.950 dólares), passando por seus fones de ouvido Canfield (de 450 dólares), até seu relógio cronógrafo Statue of Liberty Runwell de edição limitada (de 1.000 dólares), que homenageia a Estátua da Liberdade, um dos símbolos mais emblemáticos do país. Apesar de seus preços *premium*, os produtos novos e de edição limitada da Shinola costumam esgotar.

Os produtos Shinola são ao mesmo tempo clássicos e modernos, simples e funcionais, com design e qualidade de fabricação autenticamente norte-americanos. Apoiados por uma garantia vitalícia, eles provavelmente serão transmitidos de geração a geração, em vez de acabar em um aterro sanitário após alguns anos de uso. Muitos proprietários pensam em seus produtos Shinola como obras de arte dignas de exibição.

As fortes emoções, os valores e as motivações que fundamentam o comportamento de compra dos clientes da Shinola são capturados na recente campanha publicitária da marca "Vamos arregaçar nossas mangas".

Carlos Osorio/AP/Shutterstock

Além de seus produtos, as operações de fabricação e os fornecedores da Shinola também apoiam sua imagem autenticamente norte-americana. Em outro retorno a uma era passada, a Shinola está comprometida com seus funcionários. Orgulha-se de criar empregos norte-americanos. A Shinola iniciou suas operações com cerca de 100 funcionários locais de manufatura – artesãos que a empresa chama de "celebridades" internas – e trouxe os melhores relojoeiros suíços do mundo para treiná-los a construir relógios à moda antiga, manualmente.

A Shinola paga ao seu pessoal salários acima do mercado e oferece benefícios incríveis. Todos os seus 650 funcionários passam algum tempo nas lojas de varejo da empresa para obter uma compreensão clara do que motiva os clientes para os quais estão fabricando os produtos. A empresa tem uma política de promoção interna. Hoje, muitos dos gerentes de operações da Shinola são pessoas que começaram na empresa como seguranças, zeladores e entregadores. "Construímos nossos produtos para durar", diz Shinola, "mas de todas as coisas que fazemos, os empregos norte-americanos podem ser o que mais nos orgulha".

À medida que a empresa se expandiu para outras linhas, manteve o compromisso de trabalhar principalmente com fornecedores sediados nos Estados Unidos. Os artigos de couro vêm do curtume Horween, em Chicago, os quadros e garfos das bicicletas são construídos à mão pela Waterford, com sede em Wisconsin, e as peças para toca-discos são provenientes da VPI Industries, de Nova Jersey. Estamos "criando uma comunidade que prosperará por meio da excelência do artesanato e do orgulho do trabalho", diz a empresa, "em que recuperaremos a fabricação de coisas bem-feitas e definiremos o luxo norte-americano por meio da qualidade norte-americana".

Consistentes com o estilo de seus produtos, as lojas de varejo

A Shinola está vendendo muito mais do que relógios, bicicletas ou acessórios de couro. Está vendendo uma Detroit corajosa; valores e emoções autenticamente norte-americanos; e um estilo de vida de "arregaçar as mangas" – coisas que estão no cerne dos sentimentos e comportamentos dos consumidores em relação à marca.

*N. de T.: O cinturão da ferrugem (*Rust Belt*, em inglês) é uma região dos Estados Unidos que já foi uma grande potência industrial, mas sofreu forte declínio a partir dos anos 1980.

da Shinola são a personificação final de sua imagem de marca, projetadas com dicas que integram a narrativa à experiência do cliente. Os interiores das lojas têm uma atmosfera industrial – tijolos desgastados, madeira envernizada, vidro, aço inoxidável e treliças de ferro expostas. Os funcionários da loja vestem jaquetas de trabalho. "Ela aproxima a linha de produção a nossos embaixadores à medida que eles se conectam com nossos clientes na linha de frente", diz o chefe de varejo da Shinola. "É esse laço visual [...] é uma sensação de unidade."

Os visitantes são incentivados a olhar, tocar, ouvir e babar. Mas mais do que um lugar para comprar coisas, as lojas são centros de atividades acolhedoras e convidativas, com cafés permanentes e eventos de época como degustações de uísque ou barbearias, em que os clientes são incentivados a frequentar.

As fortes emoções e motivações que fundamentam o comportamento de compra dos clientes Shinola são talvez mais bem capturadas na recente campanha publicitária da marca "Vamos arregaçar nossas mangas". A campanha "fornece um grito de guerra inspirador para [...] nos unirmos e trabalharmos duro para o bem maior", diz um analista de publicidade. Ela "defende os valores de trabalho, suor e dedicação com frases apaixonadas, como 'Trabalhando juntos, o trabalho é grande o suficiente para todos nós'; 'Plante, cultive, construa, solde'; e 'Seja qual for a cor do seu colarinho'". Muitos anúncios da campanha "Vamos arregaçar nossas mangas" mostram apenas as palavras em preto e branco, sem fotos brilhantes de produtos ou outros enfeites.

Assim, a Shinola está vendendo muito mais do que relógios, bicicletas ou acessórios de couro. Está vendendo uma Detroit corajosa; valores e emoções autenticamente norte-americanos; e um estilo de vida de "arregaçar as mangas" – coisas que estão no cerne dos sentimentos e comportamentos dos consumidores em relação à marca. "Na verdade, não há nada como a Shinola", diz um professor de *marketing*. "É uma coisa brilhante o que eles fizeram, essa associação com Detroit, um visual e essa história tão autênticos." O diretor de *marketing* da Shinola concorda. "Os consumidores querem algo real, algo autêntico. Você quer se sentir orgulhoso de algo. Temos um bom timing, um bom produto e uma boa história." Resumindo, ninguém está mais confundindo merda com Shinola.[1]

Comportamento de compra do consumidor
O comportamento de compra dos consumidores finais – indivíduos e famílias que compram produtos e serviços para consumo pessoal.

Mercado consumidor
Todos os indivíduos ou famílias que compram ou adquirem produtos e serviços para consumo pessoal.

O EXEMPLO DA SHINOLA mostra que fatores de diversos níveis afetam o comportamento de compra do consumidor. O comportamento de compra nunca é simples, mas entendê-lo é uma tarefa essencial da gestão de *marketing*. O **comportamento de compra do consumidor** refere-se aos clientes finais – indivíduos e famílias que compram bens e serviços para consumo pessoal. Todos esses consumidores finais se combinam para compor o **mercado consumidor**. O mercado consumidor norte-americano consiste de mais de 328 milhões de pessoas que consomem mais de 13 trilhões de dólares em bens e serviços a cada ano, tornando-o um dos mercados consumidores mais atraentes do mundo.[2]

Os consumidores em todo o mundo variam drasticamente em idade, renda, nível de educação e gostos. Eles também compram uma incrível variedade de bens e serviços. A maneira como esses diversos consumidores se relacionam entre si e com outros elementos do mundo ao seu redor afeta suas escolhas em vários produtos, serviços e empresas. Aqui examinaremos a fascinante série de fatores que afetam o comportamento do consumidor.

Comentário do autor | Apesar do modelo de aparência simples na Figura 5.1, entender os porquês do comportamento de compra é muito difícil. Diz um especialista: "A mente é um turbilhão, um redemoinho, uma massa confusa de neurônios quicando".

Modelo de comportamento de compra

Objetivo 5.1 Definir o mercado consumidor e construir um modelo simples de comportamento de compra do consumidor.

Diariamente, os consumidores tomam diversas decisões de compra, e essas decisões são o ponto central dos esforços dos profissionais de *marketing*. A maioria das grandes empresas pesquisa detalhadamente as decisões de compra do consumidor para saber o que, onde, como, quanto, quando e por que ele compra. Os profissionais de *marketing* exploram pilhas de dados sobre os consumidores no *big data* para descobrir seu percurso de compra. Mas descobrir os *porquês* por trás do comportamento de compra deles não é uma tarefa fácil – as respostas geralmente estão guardadas lá no fundo de sua cabeça. Em geral, nem os consumidores sabem exatamente o que influencia suas compras.

A principal pergunta para os profissionais de *marketing* é: como os consumidores respondem aos inúmeros esforços de *marketing* que a empresa pode utilizar? O ponto de partida é o modelo de estímulo e resposta do comportamento do comprador apresentado na **Figura 5.1**. Essa figura mostra que as ações de *marketing* e outros estímulos penetram na "caixa-preta" do consumidor e produzem determinadas respostas.

Os profissionais de *marketing* querem entender como os estímulos são transformados em respostas dentro da caixa-preta do consumidor, a qual possui duas partes. Para começar, as

FIGURA 5.1
O modelo de comportamento do comprador.

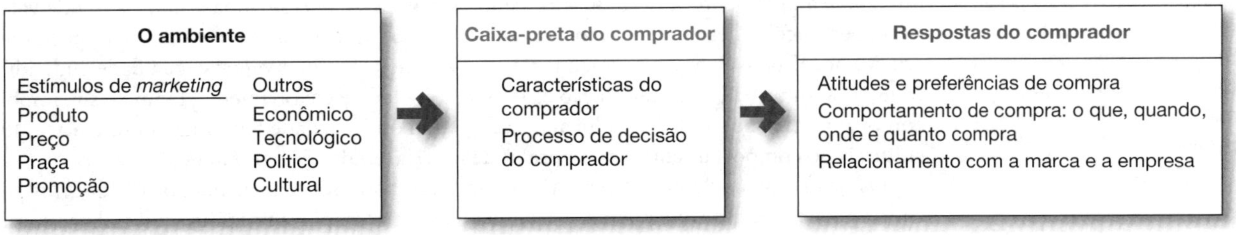

Conseguimos avaliar aspectos relacionados ao o quê, onde e quando do comportamento de compra do consumidor. Mas é difícil "enxergar" dentro de sua cabeça e descobrir os porquês do comportamento de compra (é por isso que se fala em caixa-preta). Os profissionais gastam muito tempo e dinheiro tentando descobrir o que motiva os clientes.

características do comprador influenciam a maneira como ele percebe os estímulos e reage a eles. Essas características incluem uma variedade de fatores culturais, sociais, pessoais e psicológicos. Além disso, o próprio processo de decisão do comprador afeta seu comportamento. Esse processo de decisão – desde o reconhecimento da necessidade, a busca de informações e a avaliação de alternativas até a decisão de compra e o comportamento pós-compra – começa muito antes e continua muito depois da decisão de compra. Primeiro, vamos analisar as características do comprador que afetam o comportamento de compra e, em seguida, discutimos seu processo de decisão.

Comentário do autor | Fatores de diferentes níveis afetam nosso comportamento de compra – desde amplas influências culturais e sociais até motivações, crenças e atitudes que estão profundamente dentro de nós.

Características que afetam o comportamento do consumidor

Objetivo 5.2 Identificar os quatro principais fatores que influenciam o comportamento de compra do consumidor.

As compras do consumidor são bastante influenciadas por características culturais, sociais, pessoais e psicológicas, como mostra a **Figura 5.2**. Na maior parte das vezes, os profissionais de *marketing* não podem controlar esses fatores, mas devem levá-los em consideração.

Fatores culturais

Os fatores culturais exercem uma ampla e profunda influência sobre o comportamento do consumidor. Os profissionais de *marketing* precisam entender o papel desempenhado pela *cultura*, *subcultura* e *classe social* do comprador.

FIGURA 5.2
Fatores que influenciam o comportamento de compra.

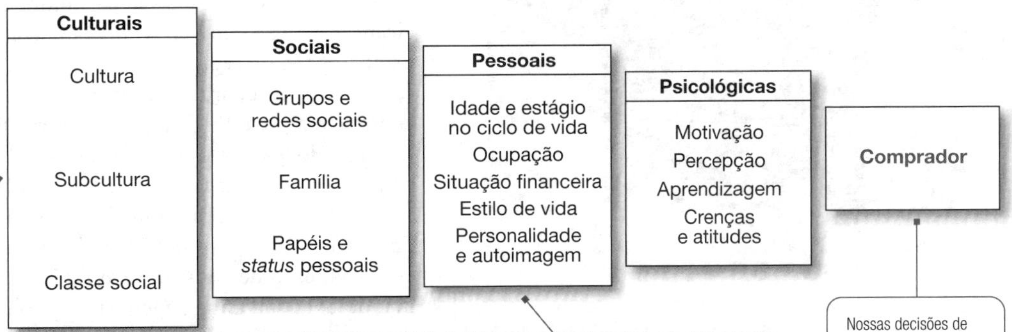

Nos Estados Unidos, muitas marcas se dirigem a subculturas – como a latina, a negra e a asiática –, com programas de *marketing* sob medida para suas necessidades e preferências específicas.

As decisões de compra das pessoas refletem seu estilo de vida – seu padrão geral de agir com relação ao mundo e interagir com ele – e contribuem com esse estilo. Por exemplo, a rede de lojas Title Nine vende muito mais do que apenas roupas femininas. Vende todo um estilo de vida de práticas e atividades esportivas para "mulheres comuns capazes de coisas extraordinárias".

Nossas decisões de compra são afetadas por uma combinação incrivelmente complexa de influências externas e internas.

Cultura

Cultura
Conjunto de valores, percepções, desejos e comportamentos básicos que um membro da sociedade adquire de sua família e de outras instituições importantes.

A **cultura** é a causa mais básica dos desejos e do comportamento de uma pessoa. O comportamento humano é amplamente aprendido. Crescendo em uma sociedade, uma criança aprende valores básicos, percepções, desejos e comportamentos de sua família e outras instituições importantes. Uma criança nos Estados Unidos normalmente é exposta aos seguintes valores: igualdade, individualismo, franqueza, informalidade, realização e sucesso, atividade e envolvimento, tempo e sua importância, conforto material e saúde e boa forma. Cada grupo ou sociedade tem uma cultura, e as influências culturais no comportamento de compra podem variar muito de país para país.

Os profissionais de *marketing* estão sempre tentando identificar *mudanças culturais* para descobrir novos produtos que possam ser desejados. Por exemplo, a mudança cultural para uma maior preocupação com a saúde e o condicionamento físico criou uma enorme indústria de serviços de saúde e condicionamento físico, equipamentos e roupas para exercícios, alimentos orgânicos e uma variedade de dietas.

Subcultura

Subcultura
Grupo de pessoas que compartilham os mesmos sistemas de valor com base em situações e experiências de vida em comum.

Toda cultura contém **subculturas**, ou seja, grupos de pessoas que compartilham dos mesmos sistemas de valor com base em situações e experiências de vida em comum. Subculturas incluem nacionalidades, religiões, grupos raciais e regiões geográficas. Muitas subculturas constituem importantes segmentos de mercado, e os profissionais de *marketing* com frequência desenvolvem produtos e programas de *marketing* sob medida para suas necessidades. Nos Estados Unidos, três importantes grupos de subcultura são os consumidores latinos, negros e asiáticos.

Consumidores latinos. Os *latinos* constituem um grande mercado em rápido crescimento. Os mais de 59 milhões de consumidores latinos do país têm um poder de compra anual total de 1,7 trilhão de dólares. A população latina dos Estados Unidos aumentará nas próximas décadas, podendo representar quase 29% da população total dos Estados Unidos até 2060. Os latinos são um segmento jovem, com mais da metade com idade inferior a 29 anos.[3] No mercado latino, existem muitos subsegmentos distintos com base em nacionalidade, idade, renda, entre outros fatores. O produto ou a mensagem de uma empresa pode ser mais relevante para uma nacionalidade do que para outra, seja para mexicanos, costarriquenhos, argentinos ou cubanos.

Visando aos consumidores latinos: a marca DiGiorno, da Nestlé, trabalhou com a equipe de especialistas em cultura latina do Twitter nos Estados Unidos e com a NFL para criar uma campanha de futebol com tuítes em espanhol.
Nestlé USA

Embora os consumidores latinos compartilhem muitas características e comportamentos com o público principal de compra, também existem diferenças distintas. Eles tendem a ser profundamente orientados para a família e fazem das compras um acontecimento familiar – as crianças têm uma grande influência sobre as decisões de compra. E condizente com sua juventude, os latinos são mais ativos em redes móveis e sociais do que outros segmentos, tornando a mídia digital ideal para atingir esse segmento.

Por exemplo, cerca de 24 milhões dos 68 milhões de usuários mensais ativos do Twitter nos Estados Unidos são latinos – eles representam 35% dos usuários ativos do Twitter em comparação aos 18% da população geral dos Estados Unidos. Assim, o Twitter criou recentemente uma equipe nos Estados Unidos especializada na cultura latina para ajudar os anunciantes a alcançar esse grande e crescente público. A Xfinity Comcast, por exemplo, usou a opção de segmentação bilíngue do Twitter durante o Mês da Herança Hispânica para alcançar latinos que pudessem se interessar em seu controle remoto bilíngue. E a marca DiGiorno da Nestlé trabalhou com a equipe do Twitter especializada na cultura latina nos Estados Unidos e com a NFL em uma campanha de futebol por meio de tuítes em espanhol.[4]

Empresas como Toyota, P&G, McDonald's, AT&T, Walmart, State Farm, Google, Amazon e L'Oréal desenvolveram esforços especiais para esse segmento de consumo em rápido crescimento. Por exemplo, trabalhando com sua antiga agência de publicidade latina, a Conill, a Toyota desenvolveu inúmeras campanhas de *marketing* que ajudaram a torná-la a marca de automóveis favorita entre os compradores latinos. Considere sua campanha da Toyota Tundra durante o torneio de futebol da Copa do Mundo da FIFA 2018.[5]

> Durante o torneio de futebol da Copa do Mundo da FIFA na Rússia em 2018, muitas marcas norte-americanas pensaram suas campanhas

publicitárias considerando que os jogos passariam muito cedo na TV dos Estados Unidos. A Toyota seguiu esse mesmo raciocínio na campanha para sua picape Tundra, destinada a espectadores latinos, construída em torno de uma marca mexicana de café superforte – a Tundra Power Café Fuerte. Um vídeo divertido exibido durante os jogos mostrou consumidores latinos com olhos grogues adormecendo no trabalho depois de acordar muito cedo para assistir às partidas de futebol. "Os jogos serão muito, muito cedo", proclamava o vídeo em espanhol. "Alguém tem que fazer alguma coisa."

A solução: o vídeo mostra uma pickup da Tundra entrando em regiões remotas do México durante o amanhecer para coletar grãos de café. "Por isso a Toyota Tundra foi ao México trazer um café tão forte quanto a pickup que sabe acordar cedo e trabalhar duro o dia todo", diz o locutor. A Toyota também promoveu o café em seus canais latinos de mídia social, distribuiu amostras do café nas cafeterias móveis Tundra Power, perto de áreas especiais, e permitiu que os fãs pedissem para entregar em suas casas usando #TundraPower e #Ad.

Visando aos consumidores negros: a campanha "My Black Is Beautiful" da P&G propõe estimular conversas sustentadas por, para e sobre mulheres negras a fim de efetuar mudanças positivas. A campanha ajuda a construir relacionamentos positivos entre as marcas da P&G e os consumidores negros.

Tasia Wells/Stringer/Getty Images

Consumidores negros. A população negra dos Estados Unidos está crescendo em riqueza e sofisticação. Os 47 milhões de consumidores negros do país possuem 1,5 trilhão de dólares em poder de compra anual. Os consumidores negros são fortemente motivados pela qualidade e seleção, e as marcas são importantes. São usuários assíduos de mídias digital e social, fornecendo acesso por meio de uma rica variedade de canais de *marketing*. Além disso, com relação à população total, os consumidores negros tendem a pressionar mais os negócios a se tornarem e serem melhores. Por exemplo, 38% da população negra com idades entre 18 e 34 anos dizem esperar que as marcas que compram apoiem causas sociais, em comparação com apenas 4% da população em geral.[6]

Muitas empresas desenvolvem produtos especiais, apelos e programas de *marketing* para consumidores negros – desde montadoras, como Ford, Toyota e Hyundai, a empresas de produtos de consumo, como P&G e Unilever. Por exemplo, a P&G há muito é líder em publicidade negra. Além dos esforços tradicionais de *marketing* de produtos, entretanto, a P&G também apoia um movimento mais amplo "My Black Is Beautiful" (Ser negra é lindo):[7]

Criado há mais de uma década por um grupo de mulheres negras da P&G, o movimento visa "incendiar e apoiar uma discussão nacional sustentada por, para e sobre mulheres negras" e "servir como catalisador para um movimento que tenha efeitos positivos de mudança." A última campanha My Black Is Beautiful concentra a atenção em questões de discriminação. Apresenta um vídeo-anúncio vencedor do Emmy chamado "A conversa", que mostra situações emocionantes em que pais negros transmitem aos filhos os preconceitos que enfrentarão na vida. Outros vídeos de "A conversa", postados no *site* My Black Is Beautiful, mostram como pessoas reais têm lidado com preconceitos negativos em suas vidas cotidianas. Cada vídeo termina pedindo aos espectadores que "falem sobre 'a conversa' para que possamos acabar com a necessidade de tê-la", seguido por "É hora de todos #TalkAboutBias (falarem sobre viés)". Embora as campanhas My Black Is Beautiful não promovam diretamente os produtos da P&G, elas ajudam a construir relacionamentos positivos entre as marcas da P&G e os consumidores negros.

Consumidores Asiáticos. Os *asiáticos* são o segmento demográfico mais rico dos Estados Unidos. Um segmento relativamente bem-instruído, eles somam mais de 20 milhões, com poder de compra anual de 1 trilhão de dólares. Os asiáticos são o subsegmento que mais cresce no país. E como os outros subsegmentos, eles são um grupo diversificado. Os chineses constituem o maior grupo, seguidos pelos filipinos, indianos asiáticos, vietnamitas, coreanos e japoneses. No entanto, ao contrário dos latinos, que falam vários dialetos do espanhol, os asiáticos falam muitas línguas diferentes, como o japonês, o cantonês, o quemer e o tagalo.[8]

Como um grupo, os consumidores asiáticos compram com frequência e são os mais conscientes com relação à marca de todos os grupos étnicos. Eles podem ser ferozmente leais à marca, especialmente às marcas que se esforçam para construir relacionamentos com eles. Como resultado, muitas empresas agora têm como alvo o mercado ásio-americano. Por exemplo, a seguradora State Farm lançou recentemente dois novos anúncios em plataformas digitais asiáticas visando diferentes segmentos desse crescente mercado:[9]

O primeiro anúncio, um comercial em mandarim chamado "Vida inteligente", oferece uma visão bem-humorada de *insights* culturais sobre o conhecimento tecnológico dos asiáticos, que são os principais adotantes de tecnologias domésticas inteligentes. O anúncio mostra um jovem casal ásio-americano sendo aterrorizado por seu sistema doméstico de inteligência artificial chamado SAL, semelhante à Alexa, que não funciona direito. SAL fecha a porta da garagem, liga o sistema de irrigação e os irrita tocando música alta. No entanto, a agente da State Farm, Amy Loh, garante a eles que, embora a State Farm não possa consertar o SAL, certamente pode cobrir os danos domésticos e automotivos. Um segundo comercial – chamado "Intuição" – mostra *insights* culturais indianos. Quando um jovem casal é visitado pelos pais indianos, que oferecem uma série de conselhos indesejados que resultam em situações cômicas, a agente da State Farm, Anu Sethi, dá a eles conselhos no próprio idioma, ficando ao lado deles para fazer com que tudo dê certo. "Esse trabalho criativo equilibra o fornecimento de informações ao mesmo tempo em que reconhece e respeita as nuances culturais", diz o diretor de publicidade da State Farm. "Nós realmente queremos que o humor conduza essas histórias de uma maneira que nosso público possa se identificar totalmente".

Estratégia de *marketing* multicultural

Estratégia de *marketing* multicultural
Integrar temas étnicos e perspectivas transculturais no *marketing* convencional de uma marca, apelando para as semelhanças do consumidor em segmentos subculturais em vez das diferenças.

Atualmente, além de focar segmentos como o de consumidores latinos, negros e asiáticos, com esforços desenvolvidos especialmente para eles, muitas empresas adotam uma **estratégia de *marketing* multicultural** – a prática de incluir temas étnicos e perspectivas multiculturais no *marketing* como um todo. Um exemplo são os comerciais de mercado geral para marcas como Cheerios e IKEA que apresentam famílias e casais inter-raciais e mistos. Uma abordagem de *marketing* multicultural valoriza as semelhanças do consumidor em segmentos subculturais, em vez das diferenças.[10]

A Toyota usa uma estratégia de *marketing* multicultural que inclui anúncios direcionados a segmentos subculturais específicos e anúncios transculturais direcionados ao mercado geral:[11]

Uma parte da recente campanha de *marketing* "Sensações" do Toyota Camry apresenta anúncios direcionados aos subsegmentos latino, negro e asiático, preparados por agências de publicidade especializadas e focadas em etnias. Por exemplo, um comercial intitulado "Cativante" captura o vínculo entre um pai e uma filha sino-americanos enquanto eles compartilham os emocionantes recursos tecnológicos de seu novo Camry, enfatizando a importância da família e da tecnologia para os consumidores asiáticos. Outro anúncio intitulado "Rebelde" – exibido em inglês e espanhol – mostra um jovem latino em um Camry vermelho hesitando antes de recusar uma ligação de sua mãe pelo celular. É uma atitude ousada com base em *insights* geracionais latinos. Ainda outro anúncio, "Pavonear", mostra um homem negro transformando uma simples viagem para pegar uma pizza em "uma fatia de puro estilo". "Descobrimos que o estilo realmente vem à tona na forma como vemos os carros", diz um executivo da agência que criou o anúncio.

Ao mesmo tempo, a campanha "Sensações" também apresenta anúncios mais abrangentes preparados pela agência de publicidade de mercado geral da Toyota. Esses anúncios apelam para o que o gerente nacional de estratégia de *marketing* multicultural, *cross marketing* e de marca da Toyota chama de "mercado transcultural total". Eles empregam uma mistura diversificada de atores e ambientes sob um único tema geral que se concentra em valores de consumo compartilhados e transculturais, em vez de diferenças culturais.

Assim, a Toyota parece cobrir todas suas bases de clientes sob uma estratégia abrangente de *marketing* multicultural. Nos anúncios convencionais, "as pessoas gostam de ver pessoas de todas as etnias no que estão assistindo porque essa é a vida que estão vivendo na maior parte dos Estado Unidos hoje", diz um executivo da marca Toyota. Ao mesmo tempo, nos anúncios com foco étnico, "se uma pessoa de qualquer grupo está procurando uma comunicação que seja como ela, que se pareça especificamente com ela, a boa notícia é que, por causa da amplitude de uma campanha como a do Camry, ela pode encontrá-la".

Classe social

Classes sociais
Divisões relativamente permanentes e ordenadas de uma sociedade cujos membros compartilham valores, interesses e comportamentos similares.

Praticamente toda sociedade possui alguma forma de estrutura de classes sociais. **Classes sociais** são divisões relativamente permanentes e ordenadas de uma sociedade cujos membros compartilham valores, interesses e comportamentos similares. Cientistas sociais identificaram sete principais classes sociais nos Estados Unidos: classe alta alta; classe alta; classe média alta; classe média; classe trabalhadora; classe baixa alta; e classe baixa.

A classe social não é determinada por um único fator, como renda. Ela é definida por uma combinação de ocupação, renda, instrução, riqueza e outras variáveis. Em alguns sistemas sociais, os membros das diferentes classes são educados para exercer determinados papéis e não podem mudar sua posição social. Nos Estados Unidos, entretanto, as linhas que dividem as classes sociais não são nem fixas nem rígidas: as pessoas podem ascender para uma classe mais alta ou descender para uma mais baixa.

Os profissionais de *marketing* se interessam pelas classes sociais porque as pessoas pertencentes a determinada classe tendem a exibir um comportamento de compra similar. As classes sociais demonstram preferências distintas por produtos e marcas relacionadas a roupas, móveis, viagens, atividades de lazer, serviços financeiros e carros.

Fatores sociais

O comportamento do consumidor também é influenciado por fatores sociais, como *grupos e redes sociais, família, papéis sociais* e *status*.

Grupos, redes sociais e *marketing* de influenciadores

Grupo de referência
Um grupo que serve como base de comparação ou referência direta ou indireta na formação de atitudes ou comportamentos de uma pessoa.

Formadores de opinião
Pessoas em um grupo de referência que, por conta de suas habilidades, conhecimento, personalidade ou outras características especiais, exercem influência social sobre os demais.

Influência do boca a boca
O impacto daquilo que amigos, colegas e consumidores de confiança dizem e recomendam influencia no comportamento de compra do consumidor.

***Marketing* de influência**
Recrutar influenciadores conhecidos ou criar novos a fim de divulgar as marcas de uma empresa.

Redes sociais *on-line*
Comunidades *on-line* – *blogs*, *sites* e outras comunidades – em que as pessoas socializam e trocam informações e opiniões.

Muitos grupos influenciam o comportamento de uma pessoa. Os grupos que têm influência direta e aos quais uma pessoa pertence são chamados de *grupos de associação*. Em contrapartida, os **grupos de referência** servem como base de comparação ou referência direta (interações frente a frente) ou indireta na formação de atitudes ou comportamentos de uma pessoa. Os profissionais de *marketing* tentam identificar os grupos de referência de seus mercados-alvo. Os grupos de referência expõem uma pessoa a novos comportamentos e estilos de vida, influenciam suas atitudes e sua autoimagem, e criam pressões para que ela se conforme que podem afetar suas escolhas de produtos e marcas.

A importância da influência do grupo varia entre produtos e marcas. Ele tende a ser mais forte quando o produto é visível para outras pessoas que o comprador respeita. Os profissionais de *marketing* de marcas sujeitas a forte influência de grupo devem descobrir como alcançar **formadores de opinião** – pessoas dentro de um grupo de referência que, por causa de habilidades especiais, conhecimento, personalidade ou outras características, exercem influência social sobre os demais. Muitos profissionais de *marketing* identificam formadores de opinião para suas marcas e direcionam os esforços de *marketing* neles.

A **influência do boca a boca** pode ter um grande impacto no comportamento de compra do consumidor. O que amigos, colegas e consumidores de confiança dizem e recomendam tende a ser mais digno de crédito do que aquilo que fontes comerciais, como propagandas e vendedores, falam. A maior parte da influência do boca a boca ocorre naturalmente: os consumidores começam a conversar sobre uma marca que usam ou sobre o que, de uma maneira ou de outra, sentem em relação a ela. Em geral, em vez de simplesmente deixar que isso aconteça por acaso, os profissionais de *marketing* podem contribuir para a geração de conversas positivas sobre suas marcas.

O ***marketing* de influência** envolve recrutar influenciadores conhecidos ou criar novos a fim divulgar as marcas de uma empresa. Por exemplo, a gigante fabricante de cosméticos CoverGirl construiu sua campanha publicitária "I Am What I Make Up" (Sou o que me maquio) em torno de uma nova e diversificada equipe de influenciadoras de marca famosas – mulheres que quebram barreiras e que dão vida ao slogan da marca. A equipe de influenciadoras incluiu, entre outras, Katy Perry; Issa Rae, estrela da série da HBO Insecure; a apresentadora da Food Network, Ayesha Curry; a guru *fitness* Massy Arias; a modelo Maye Musk, de 71 anos; e a motociclista profissional Shelina Moreda. Na campanha, as influentes embaixadoras da CoverGirl explicam com suas próprias palavras, de forma pessoal e autêntica, o que "I Am What I Make Up" significa para elas.[12]

Outros profissionais de *marketing* criam influência explorando **redes sociais *on-line*** – comunidades *on-line* onde as pessoas socializam ou trocam informações e opiniões. As comunidades de redes sociais podem ser *blogs* (Mashable, Engadget, Gizmodo), fóruns (Craigslist), *sites* de mídia social (Facebook, Twitter, YouTube, Instagram, LinkedIn) e até mesmo *sites* de compras (Amazon.com e Etsy). Os profissionais de *marketing* estão trabalhando para aproveitar o poder dessas redes sociais para promover seus produtos e construir relacionamentos mais próximos com os clientes. Eles esperam usar a mídia digital, móvel e social para se tornar uma parte interativa das conversas e das vidas dos consumidores.

***Marketing* de influência: a campanha "I Am What I Make Up", da CoverGirl, usou uma equipe diversificada de embaixadoras influentes da marca que explicaram de modo autêntico, em suas próprias palavras, o que o slogan significa para elas.**
Craig Barritt/Getty Images for Fast Company

Muitas campanhas de *marketing* de influência envolvem a construção de relacionamentos com o exército de influenciadores que já estão na internet, de personalidades de mídia social a blogueiros independentes. Juntamente com as megapersonalidades da internet que buscam por grandes marcas, você sem dúvida encontrará também alpinistas e esquiadores escrevendo *blogs* para a Patagônia, motoqueiros publicando para a Harley-Davidson e fanáticos por comida apoiando a Whole Foods Market ou a Trader Joe's. O segredo é encontrar influenciadores *on-line* que tenham fortes redes de seguidores relevantes, uma voz confiável e um bom alinhamento com a marca (veja o Marketing Real 5.1).

Marketing Real 5.1 | *Marketing* de influência: alavancando relacionamentos entre influenciadores e seus seguidores

O *marketing* de influência está em alta hoje em dia – as empresas estão gastando quase 100 bilhões de dólares anualmente em campanhas com influenciadores. As marcas adoram o *marketing* de influência porque se baseiam em relacionamento entre influenciadores e seus seguidores. Em um mundo de mídia digital em plena desordem, o *marketing* de influência parece menos intrusivo do que muitas outras formas de conteúdo de *marketing*, ao mesmo tempo que é menos provável que seja ignorado.

As campanhas de *marketing* de influência são flexíveis – desde pequenas e silenciosas a campanhas grandes e bombásticas. E como as mídias sociais de hoje democratizaram a fama, uma marca tem tanta probabilidade de contratar uma adolescente para postar sobre seus cosméticos favoritos quanto pagar à Kim Kardashian um milhão de dólares por um post sobre sua marca de moda. Seja qual for a maneira, para ser eficaz, o *marketing* de influência deve seguir algumas diretrizes estratégicas simples.

Para começar, os profissionais de *marketing* devem fazer parceria com influenciadores que tenham identificação natural com suas marcas. E, em vez de apenas perseguir um grande número de seguidores com postagens únicas de influenciadores de renome, as marcas devem construir relacionamentos de longo prazo com influenciadores que transmitam autenticidade aos clientes. Idealmente, uma marca pode encontrar influenciadores que tenham todos os três atributos – alinhamento com a marca, grandes números e conexões de marca autênticas com os seguidores.

Por exemplo, a adidas faz parceria com a supermodelo, socialite e personalidade de reality show Kylie Jenner, a mais nova do clã Jenner-Kardashian. Com apenas 24 anos, Jenner acumulou mais de 400 (considerando Twitter, Instagram e Facebook) milhões de seguidores em mídias sociais altamente engajados – 361 milhões apenas no Instagram. Jenner é a influenciadora mais lucrativa do Instagram, captando 1 milhão de dólares por postagem. Ela mantém os fãs viciados em postagens pessoais diárias, bem como postagens para sua própria linha de cosméticos Kylie Cosmetics.

Mas quando se trata de promover as marcas de outras empresas, Jenner é muito exigente. Há alguns anos, enquanto ainda era influenciadora da Puma, ela começou a publicar imagens de si mesma usando tênis da Adidas. Pouco tempo depois, a Adidas anunciou que as postagens de Jenner não eram coincidência. Ela foi a mais recente embaixadora da marca e o rosto de duas novas linhas da Adidas: os tênis Falcon e a coleção Coeeze de moletons, camisetas e collants. Seja no parque com sua filha Stormi ou em seu Rolls Royce Ghost, a aparência e o estilo de Jenner em roupas da Adidas inspiraram seus fãs e combinaram lindamente com o posicionamento da marca.

A parceria entre Kylie Jenner e Adidas ilustra outra diretriz de *marketing* de influência: os influenciadores devem realmente usar os produtos pelos quais estão sendo pagos para representar. Isso pode parecer óbvio, mas ignorar essa diretriz causou algumas gafes de *marketing* de influência de alto nível. Por exemplo, como parte de uma grande campanha para os computadores Surface da Microsoft, Oprah Winfrey tuitou: "Tenho que dizer que amo esse SURFACE! Já comprei 12 como presentes de Natal. #CoisasFavoritas". O único problema foi: Oprah enviou a postagem do aplicativo do Twitter de seu Apple iPad. O esforço excessivo em se conectar com as pessoas faz com que a marca e o influenciador pareçam inautênticos.

Nem todas as campanhas de influência envolvem celebridades megainfluenciadoras como Kylie Jenner ou Oprah Winfrey. Longe disso. Muitas campanhas empregam vozes cotidianas menos conhecidas. Por exemplo, empresas como Walmart, McDonald's e Disney recorrem a um exército de mães nas mídias sociais como embaixadoras da marca. As mães norte-americanas constituem um mercado enorme; elas também são grandes compartilhadoras em mídias sociais e compradoras. Cerca de 55% das mães nas mídias sociais baseiam suas decisões de compra em histórias pessoais, recomendações e análises de produtos que encontram em *blogs* e outras mídias sociais. Existem até 14,2 milhões de mães norte-americanas que blogam, e cerca de 4,4 milhões de mães blogueiras influenciam um milhão ou mais de seguidores. As plataformas de mídia social para mães influenciadoras incluem Instagram ("Instamoms"), Facebook e Twitter, mas o Pinterest e o YouTube também são populares.

A Disney há muito reconhece o poder das mães nas mídias sociais e a importância que elas desempenham no planejamento das férias da família. Oito anos atrás, a empresa montou um grupo chamado Disney Social Media Moms, com cerca de 1.300 mães blogueiras cuidadosamente selecionadas (e alguns pais), blogueiras de viagens e pôsteres de mídia social focados na Disney. A empresa procura mães influentes que se encaixem no foco familiar da marca, usem muito as mídias sociais e sejam ativas em suas comunidades *offline* e *on-line*. Um exemplo é Wendy Wright, uma mãe de dois filhos que estudam em casa e é uma blogueira prolífica. Wendy se descreve como uma "doida da Disney" (ela batizou seus gatos de Mickey e Minnie), e ela enche seu *blog* com conselhos para planejar visitas aos parques da Disney, dicas para realizar festas temáticas da Disney e resenhas de filmes da Disney.

As mães das redes sociais da Disney não são pagas; elas participam por causa de sua paixão e entusiasmo por todas as coisas da marca. No entanto, eles recebem atenção educacional especial da Disney, informações privilegiadas e vantagens ocasionais. Por exemplo, todos os anos, a Disney convida de 175 a 200 mães e suas famílias para uma viagem de quatro dias com grandes descontos para participar de sua celebração anual de mães de mídias sociais da Disney – Disney Social Media Moms Celebration – na Flórida. A celebração é uma mistura de evento de relações públicas, conferência educacional e férias em família repleta de magia da Disney para essas importantes mães influenciadoras.

As mães de mídias sociais da Disney não têm obrigação de postar nada sobre a marca, e a empresa não diz a elas o que dizer quando publicam. No entanto, a celebração mais

Aproveitando o poder da influência de mãe para mãe: a cada ano, a Disney convida de 175 a 200 mães e suas famílias para a Disney Social Media Moms Celebration na Flórida, um encontro que é uma mistura de evento de relações públicas, conferência educacional e férias em família com muita magia da Disney para essas importantes mães influenciadoras.

Mindy Marzec

recente gerou 28.500 tuítes, 4.900 fotos do Instagram e 88 postagens em *blogs* cheios de avaliações de passeios, vídeos de famílias conhecendo personagens da Disney e uma série de comentários extremamente positivos. O esforço com as mães de mídias sociais da Disney custa muito pouco para a empresa, mas é efetivamente aproveitado pelo poder da influência de uma mãe para outra, o que ajuda a espalhar o pó mágico da Disney em um importante grupo de compradores.

Ainda assim, outros profissionais de *marketing* montaram campanhas de influência utilizando formadores de opinião com pouquíssimos seguidores, mas que possuíam vozes muito autênticas. Por exemplo, uma campanha recente da Johnson & Johnson apresentou adolescentes com apenas 500 a 1.500 seguidores no Instagram como estrelas nos vídeos de seus produtos Clean & Clear de cuidados com a pele. A campanha começou com seis adolescentes, selecionados de um grupo de 300 pessoas identificadas por meio de buscas nas redes sociais e na imprensa local. Um exemplo é Dillon Eisman, então com 18 anos, que administra uma organização sem fins lucrativos no sul da Califórnia que restaura roupas danificadas para adolescentes sem-teto. A revista People nomeou Eisman um "herói da cidade natal" no ano anterior, mas Eisman nunca se considerou um "influenciador". No Instagram ele possuía modestos 1.471 seguidores, mas seu vídeo Clean & Clear conquistou 3,2 milhões de visualizações no YouTube em apenas nove meses. Além dos vídeos da Johnson & Johnson, os adolescentes postaram seu próprio conteúdo criado por eles mesmos.

Na campanha da Clean & Clear, em vez de usar megacelebridades como influenciadores, a Johnson & Johnson optou por "influenciadores que não eram famosos, mas [que estavam] fazendo coisas as quais outras crianças reagiram de maneira autêntica, deixando-os contar sua história e construindo os produtos e as marcas de lá", diz um profissional de *marketing* da Johnson & Johnson. "O ponto em que soubemos que estávamos fazendo a coisa certa foi quando estávamos [...] interrompendo o *feed* de alguém com uma postagem paga. Normalmente é onde você vê muitos comentários, geralmente 'Quero parar de ver este anúncio', mas desta vez a maioria das nossas respostas foi 'Quem é essa pessoa? Como posso saber mais sobre eles?'"

Nos nove meses seguintes ao lançamento, a campanha de influência ajudou a aumentar as vendas da Clean & Clear em 19%. Um produto em particular – lenços removedores de oleosidade Clean & Clear – teve um aumento de 50% nas vendas após anos de crescimento estagnado. "Quando demos esse produto aos adolescentes, eles realmente adoraram e criaram um ótimo conteúdo", diz o profissional de *marketing* da empresa. "Eles o usavam o tempo todo. Em seguida, colocamos na mídia paga [...] e ele realmente decolou."[13]

No Capítulo 17, aprofundaremos sobre as mídias sociais e *on-line* como ferramentas de *marketing*. No entanto, embora muitas discussões atuais sobre *marketing* de influenciadores se concentrem em mídias digitais, móveis e sociais, a maioria das conversas sobre marcas ainda ocorre da maneira antiquada – cara a cara. Portanto, programas eficazes de *marketing* de influência geralmente começam com a geração de conversas de marca de pessoa para pessoa e por meio estratégias integradas de influência social *offline* e *on-line*. O objetivo é envolver os clientes com as marcas, transformá-los em defensores da marca e ajudá-los a compartilhar suas paixões e experiências de marca com outras pessoas em seus mundos real e digital.

Família

Os membros da família podem influenciar bastante o comportamento do comprador. A família é a mais importante organização de compra de consumo da sociedade e é amplamente pesquisada. Os profissionais de *marketing* se interessam pelos papéis e pela influência do marido, da esposa e dos filhos na compra de diferentes produtos e serviços.

O envolvimento de um casal varia bastante de acordo com a categoria de produto e com o estágio no processo de compra. Os papéis de compra mudam com a evolução do estilo de vida do consumidor. Por exemplo, nos Estados Unidos, tradicionalmente, a esposa é considerada a principal agente de compras da família nas áreas de alimentos, produtos para a casa e vestuário. Mas, com mais de 70% das mulheres trabalhando fora e maridos dispostos a cooperar nas compras familiares, isso está mudando. Pesquisas recentes mostram que um terço dos homens faz a maior parte da limpeza da casa e 43% realizam atividades de preparação e limpeza de alimentos. Ao mesmo tempo, as mulheres de hoje compram mais de 50% dos produtos tradicionalmente masculinos, incluindo carros, eletrônicos e produtos de decoração.[14]

Essas mudanças de papéis sinalizam uma nova realidade de *marketing*. Os profissionais de *marketing* de setores que tradicionalmente vendiam seus produtos apenas para mulheres ou para homens – de mantimentos e produtos de higiene pessoal a carros, eletrônicos de consumo e brinquedos – agora estão mirando cuidadosamente no sexo oposto. Por exemplo, um anúncio recente do sabão Tide mostra um pai com filhos em uma casa agitada lavando roupa e elogiando os benefícios do Tide com Ultra Oxi contra manchas. E um anúncio de 90 segundos da Barbie, exibido durante um jogo das eliminatórias da NFL, mostrava cenas emocionantes de pais e filhas brincando juntos com Barbies. O anúncio conclui: "O tempo gasto em seu mundo imaginário é um investimento em seu mundo real".[15]

As crianças também podem ter uma forte influência nas decisões de compra da família. Uma pesquisa recente descobriu que 93% dos pais de hoje admitem que seus filhos influenciam as compras familiares e domésticas. Em outra pesquisa, pais de adolescentes relataram que seus filhos influenciam muito em tudo, desde onde comem fora (95%) e tiram férias (82%) até em quais dispositivos móveis usam (63%) e quais carros compram (45%).[16]

Os profissionais de *marketing* de uma ampla variedade de setores consideram essas influências familiares em seus programas de *marketing*. Por exemplo, um anúncio da minivan Odyssey da Honda, intitulado "Mantenha a paz", apresentou recursos inovadores que satisfazem toda a família. "Quando as crianças estão felizes, os pais estão felizes, então o objetivo desta nova campanha é comunicar que o novo Honda Odyssey tem conectividade, funcionalidade, flexibilidade e manuseio divertido para manter todos da família felizes", diz um profissional de *marketing* da Honda.[17]

Papéis e *status*

Uma pessoa pertence a vários grupos – família, clubes, organizações e comunidades *on-line* – e sua posição em cada um deles pode ser definida em termos tanto de papel como de *status*. Um papel consiste nas atividades que, de acordo com as pessoas ao redor, se espera que um indivíduo desempenhe. Cada papel possui um *status* que reflete a estima que a sociedade lhe dispensa.

As pessoas geralmente escolhem produtos apropriados para seus papéis e *status*. Pense nos vários papéis que uma mãe que trabalha fora desempenha. Em seu trabalho, ela pode exercer o papel de gerente de marca; em sua família, ela exerce o papel de esposa e mãe; em seus eventos esportivos favoritos, ela exerce o papel de grande torcedora. Como gerente de marca, ela vai comprar o tipo de roupa que reflete seu papel e *status* no trabalho. Nos jogos, ela pode usar roupas que incentivem seu time.

Fatores pessoais

As decisões do comprador também são influenciadas por características pessoais, como *ocupação, idade e estágio no ciclo de vida, situação financeira, estilo de vida* e *personalidade e autoimagem*.

Ocupação

A ocupação de uma pessoa afeta os bens e os serviços que ela adquire. Pessoas que realizam trabalhos braçais tendem a comprar roupas de trabalho mais resistentes, enquanto executivos compram mais ternos. Os profissionais de *marketing* tentam identificar os grupos ocupacionais que têm um interesse acima da média em seus produtos e serviços. Uma empresa pode até se especializar na fabricação de produtos necessários para um determinado grupo ocupacional. Por exemplo, a FIGS fabrica uniformes médicos para todos os profissionais da saúde, incluindo os das indústrias médica, odontológica e veterinária. Mas a FIGS não fabrica uniformes antiquados, comuns, quadrados e mal ajustados como aqueles vendidos por empresas de suprimentos médicos. Em vez disso, a FIGS está revolucionando a indústria de 60 bilhões de dólares, vendendo uniformes funcionais e elegantes diretamente ao consumidor. Ela oferece estilos mais finos e elegantes que ainda possuem o dobro de bolsos com zíper com espaços de fácil acesso para ferramentas como tesouras, estetoscópios e telefones. Por focar os profissionais de saúde com novos produtos inovadores, as receitas da FIG estão aumentando. A jovem empresa teve um crescimento de 9.948% em três anos entre 2014 e 2017, e foi nomeada pela revista *Inc.* como a 21ª empresa de crescimento mais rápido dos Estados Unidos, ficando em 9º lugar entre as empresas mais inovadoras em *branding* da *Fast Company*.[18]

Apelando para segmentos de ocupação: a fabricante de vestuário médico FIGS vende uniformes modernos, confortáveis e funcionais diretamente para profissionais da área médica e da saúde.

FIGS

Idade e estágio no ciclo de vida

Ao longo da vida, as pessoas mudam os produtos e serviços que compram. Os gostos referentes a roupas, comida, móveis e lazer geralmente são relacionados à idade. O ato de comprar é também moldado pelo estágio no ciclo de vida da família – estágios pelos quais as famílias passam à medida que seus membros amadurecem. Normalmente, as alterações no estágio de vida resultam de alterações demográficas e eventos que mudam a vida: casamento, nascimento dos filhos, compra de uma casa, divórcio, entrada dos filhos na faculdade, mudanças na renda pessoal, saída de casa e aposentadoria. Com frequência, os profissionais de *marketing* definem seus mercados-alvo em termos de estágio no ciclo de vida e desenvolvem produtos e planos de *marketing* apropriados para cada um.

Um dos principais sistemas de segmentação de estágio de vida é o sistema Claritas PRIZM Lifestage Groups. O PRIZM classifica todos os lares americanos em um dos 68 segmentos distintos de estágio de vida, que são organizados em 11 grandes grupos de estágio de vida com base em poder aquisitivo, idade e características familiares. As classificações consideram uma série de fatores demográficos, como idade, educação, renda, ocupação, composição familiar, etnia e moradia; e fatores comportamentais e de estilo de vida, como compras, atividades de tempo livre e preferências de mídia.

Os principais grupos do PRIZM Lifestage carregam nomes como *Solteiros batalhadores*, *Sucesso de meia idade*, *Jovens realizadores*, *Famílias em sustento*, *Ricos e sem filhos* e *Clássicos conservadores*, que por sua vez contêm subgrupos como *Luzes brilhantes em cidades pequenas*, *Crianças e subúrbios*, *Poder grisalho* e *Blues da cidade grande*. O grupo *Jovens realizadores* consiste em jovens de 20 e poucos anos, solteiros e descolados, que alugam apartamentos em bairros metropolitanos ou próximos a eles. Suas rendas variam de salários mínimos a fontes abastadas, mas todo o grupo tende a ser politicamente liberal, ouvir música alternativa e desfrutar de uma vida noturna animada.[19]

Situação financeira

A situação financeira de uma pessoa afetará suas escolhas de lojas e produtos. Os profissionais de *marketing* observam tendências de gastos, renda pessoal, poupança e taxas de juros. Nos tempos atuais de maior consciência de valor, a maioria das empresas tomou medidas para criar mais valor para o cliente ao redesenhar, reposicionar e rever a precificação seus produtos e serviços. Por exemplo, na última década, a marca de descontos de luxo Target colocou mais ênfase no lado "pague menos" de sua promessa de posicionamento "espere mais, pague menos". E logo depois que a Amazon comprou a Whole Foods, a gigante *on-line* fez cortes nos altos preços da cadeia de supermercados de luxo. Para ajudar a atenuar a imagem da Whole Foods de "deixe aqui seu salário", a Amazon prometeu que a rede ofereceria "alimentos naturais e orgânicos de alta qualidade a preços acessíveis a todos".[20]

Estilo de vida

Estilo de vida
Padrão de vida de uma pessoa expresso em suas atividades, interesses e opiniões.

Pessoas da mesma subcultura e classe social e com a mesma ocupação podem ter estilos de vida muito diferentes. **Estilo de vida** é o padrão de vida de uma pessoa expresso em suas características psicográficas. Ele envolve a avaliação das principais dimensões AIO do consumidor – *atividades* (trabalho, hobbies, compras, esportes, eventos sociais), *interesses* (comida, moda, família, lazer) e *opiniões* (acerca de si mesmo, das questões sociais, das empresas e dos produtos). O estilo de vida vai além da classe social e da personalidade da pessoa: ele descreve todo um padrão de ação e interação com o mundo.

Personalidade
Conjunto de características psicológicas singulares que distinguem uma pessoa ou um grupo.

Quando usado com cuidado, o conceito de estilo de vida pode ajudar os profissionais de *marketing* a entender as mudanças nos valores do consumidor e como elas afetam o comportamento do comprador. Os consumidores não compram apenas produtos; eles compram os valores e estilos de vida que esses produtos representam. Por exemplo, comprar um Tesla se encaixa em um estilo de vida de luxo de alta tecnologia e ecologicamente correto. A marca Patagonia faz parte de um estilo de vida socialmente consciente e conectado ao ar livre, consistente com a missão da marca de "construir o melhor produto, não causar danos desnecessários, usar os negócios para inspirar e implementar soluções para a crise ambiental". E as pessoas que compram os tênis da Converse não estão apenas comprando calçados, estão comprando individualidade, autoexpressão e um estilo de vida "feito por você". A missão da Converse é "dar às pessoas a oportunidade de se expressarem através de seus tênis".[21]

Estilos de vida: a Converse comercializa muito mais do que um tênis. Vende individualidade, autoexpressão e um estilo de vida "feito por você".
Pavel Mozny/Alamy Stock Photo

Os profissionais de *marketing* procuram segmentos de estilo de vida com necessidades que podem ser atendidas por meio de produtos especiais ou abordagens de *marketing*. Esses segmentos podem ser definidos por qualquer coisa, seja pelas características familiares, pelos interesses ao ar livre ou até mesmo pelos alimentos que as pessoas comem.

Personalidade e autoimagem

Toda pessoa possui uma personalidade distinta que influencia seu comportamento de compra. **Personalidade** é o conjunto de características psicológicas singulares que distinguem uma pessoa ou um grupo. Normalmente, ela é descrita em termos de traços como autoconfiança, domínio, sociabilidade, autonomia, defensividade,

Personalidade de marca: a MINI comercializa para segmentos de personalidade de pessoas que são "aventureiras, singulares, de mente aberta, criativas, conhecedoras de tecnologia e jovens de coração" – tudo menos normal, assim como o carro.

Usado com permissão da Divisão da MINI da BMW da América do Norte, LLC

adaptabilidade e agressividade. A personalidade pode ser útil na análise do comportamento do consumidor em relação à escolha de determinado produto ou marca.

A ideia é que as marcas também têm personalidade e que os consumidores tendem a escolher marcas cuja personalidade corresponda à sua. Uma *personalidade de marca* é uma mistura específica de características humanas que podem ser atribuídas à determinada marca. Uma pesquisadora identificou cinco traços de personalidade de marca: *sinceridade* (realista, sincera, saudável e alegre), *empolgação* (ousada, espirituosa, criativa e atualizada), *competência* (confiável, inteligente e bem-sucedida), *sofisticação* (glamourosa, de alta classe e elegante) e *rusticidade* (selvagem e forte).[22]

As marcas mais conhecidas estão fortemente associadas a uma característica particular: o Ford F150 com "rusticidade", a Apple com "empolgação", o *Washington Post* com "competência", a Method – empresa de produtos de limpeza biodegradáveis – com "sinceridade" e a Gucci com "classe e sofisticação". Muitas marcas constroem seu posicionamento e histórias de marca em torno dessas características. Por exemplo, como aprendemos no caso de abertura do capítulo, a marca de estilo de vida em rápido crescimento Shinola criou uma personalidade "autêntica de Detroit" que a tornou uma das marcas mais queridas da América.

Muitos profissionais de *marketing* usam um conceito relacionado à personalidade – a *autoimagem* de uma pessoa. A ideia é que as posses das pessoas reflitam e contribuam com suas identidades – ou seja, "nós somos o que consumimos". Assim, para entender o comportamento do consumidor, os profissionais de *marketing* devem primeiro entender a relação entre a autoimagem do consumidor e suas posses.

Assim, as marcas atrairão pessoas que possuem os mesmos traços de personalidade. Por exemplo, o automóvel MINI tem uma personalidade instantaneamente reconhecível como um pequeno carro inteligente e atrevido, mas poderoso. Os proprietários de MINI – que às vezes se autodenominam "MINIacs" – têm uma conexão forte e emocional com seus carros. Mais do que focar segmentos demográficos específicos, o MINI atrai segmentos de personalidade – pessoas que são "aventureiras, singulares, de mente aberta, criativas, conhecedoras de tecnologia e jovens de coração" – tudo menos normal – assim como o carro.[23]

Fatores psicológicos

As escolhas de compra de uma pessoa também são influenciadas por quatro importantes fatores psicológicos: *motivação*, *percepção*, *aprendizagem* e *crenças e atitudes*.

Motivação

Uma pessoa tem muitas necessidades em determinados momentos. Algumas dessas necessidades são biológicas, oriundas de estados físicos, como fome, sede ou desconforto. Outras são psicológicas, causadas pela necessidade de reconhecimento, estima ou pertencimento. Uma necessidade se torna um motivo quando alcança um certo nível de intensidade. Um **motivo** (ou **impulso**) é uma necessidade suficientemente forte para fazer com que a pessoa busque satisfazê-la. Psicólogos desenvolveram teorias sobre a motivação humana. Duas das mais famosas – a teoria de Sigmund Freud e a de Abraham Maslow – têm significados bastante diferentes para a análise do consumidor e para o *marketing*.

Motivo (ou impulso)
Necessidade que é suficientemente forte para fazer com que a pessoa busque satisfazê-la.

Para Sigmund Freud, as pessoas não têm muita consciência das verdadeiras forças psicológicas que moldam seu comportamento. Sua teoria sugere que as decisões de compra de uma pessoa são afetadas por motivos subconscientes que nem mesmo o comprador consegue entender completamente. Assim, um *baby boomer* que está envelhecendo e compra um BMW conversível esportivo pode dizer que simplesmente gosta de sentir o vento em seus cabelos já escassos. Contudo, em um nível mais profundo, ele pode estar tentando impressionar os outros com seu sucesso. E, em um nível ainda mais profundo, pode ter comprado o carro para se sentir novamente jovem e independente.

Os consumidores muitas vezes não sabem ou não conseguem descrever por que agem como agem. Por isso, muitas empresas utilizam equipes de psicólogos, antropólogos e outros cientistas sociais para conduzir *pesquisas motivacionais* que investigam as motivações subconscientes ligadas às emoções e comportamentos dos consumidores em relação às marcas. Uma agência de propaganda realiza, rotineiramente, entrevistas individuais, parecidas com uma sessão de terapia, para penetrar no íntimo dos consumidores. Outra empresa pede aos consumidores que descrevam suas marcas favoritas como animais ou carros (uma Mercedes *versus* um Chevrolet, digamos), para avaliar o prestígio associado a várias marcas. Outras ainda contam com hipnose, terapia do sono ou luzes fracas e música suave para entrar nas profundezas obscuras da psique dos consumidores.

Essas técnicas podem parecer bastante esquisitas, e alguns profissionais de *marketing* rejeitam a pesquisa motivacional, pois a classificam como charlatanismo. Mas muitos profissionais utilizam abordagens do tipo tocar e sentir, que vem sendo muitas vezes chamadas de *pesquisa interpretativa do consumidor*, para explorar profundamente a psique do consumidor e desenvolver melhores estratégias de *marketing*.

Abraham Maslow procurou explicar por que as pessoas são impulsionadas por determinadas necessidades em determinados momentos. Por que uma pessoa gasta um bom tempo e energia com sua segurança pessoal e outra gasta com a busca da estima dos outros? De acordo com Maslow, isso acontece porque as necessidades humanas são dispostas em uma hierarquia, da mais urgente (na base) a menos urgente (no topo), conforme mostra a ● **Figura 5.3**.[24] Elas incluem necessidades *fisiológicas*, de *segurança*, *sociais*, de *estima* e de *autorrealização*.

Primeiro, a pessoa tenta satisfazer a necessidade mais importante. Quando essa necessidade é satisfeita, ela deixa de ser um elemento motivador, e a pessoa tenta, então, satisfazer a próxima necessidade mais importante. Por exemplo, uma pessoa que está passando fome (necessidade fisiológica) não terá interesse nos últimos acontecimentos no mundo das artes (necessidades de autorrealização), na maneira como é vista ou estimada pelos outros (necessidades sociais ou de estima), nem em saber se está respirando ar puro (necessidades de segurança). Mas, à medida que cada necessidade importante é satisfeita, a próxima necessidade mais importante entra em jogo.

Percepção

Uma pessoa motivada está pronta para agir. A maneira como uma pessoa age é influenciada por sua percepção da situação. Todos nós aprendemos por meio do fluxo de informações que recebemos de nossos cinco sentidos: visão, audição, olfato, tato e paladar. Entretanto, cada um de nós recebe, organiza e interpreta essas informações sensoriais de modo individual. A **percepção** é o processo pelo qual as pessoas selecionam, organizam e interpretam as informações para formar uma visão significativa do mundo.

Percepção
Processo pelo qual as pessoas selecionam, organizam e interpretam as informações para formar uma visão significativa do mundo.

As pessoas podem ter percepções diferentes a partir dos mesmos estímulos graças a três processos perceptivos: atenção seletiva, distorção seletiva e retenção seletiva. Diariamente, elas são expostas a uma grande quantidade de estímulos. Por exemplo, estima-se que, em um único dia, as pessoas são expostas a uma quantidade de 3 a 10 mil anúncios – seja em TV, revista, *outdoor* e mídias sociais e móveis.[25] É impossível uma pessoa prestar atenção a todos esses estímulos. A *atenção seletiva* – a tendência das pessoas de descartar a maioria das informações às quais são expostas – faz com que os profissionais de *marketing* tenham que trabalhar muito para atrair a atenção do consumidor.

Mesmo os estímulos que são notados nem sempre causam a reação esperada. Cada pessoa ajusta as informações recebidas a um conjunto de pensamentos já existente. A *distorção seletiva* descreve

● **FIGURA 5.3**
Hierarquia das necessidades de Maslow.

a tendência das pessoas de interpretar as informações de uma maneira que reforce aquilo em que já acreditam. As pessoas também esquecem grande parte daquilo que aprendem. Elas tendem a reter informações que reforçam suas atitudes e crenças. A *retenção seletiva* faz com que os consumidores sejam propensos a se lembrar dos pontos positivos de uma marca que já preferem e a se esquecer dos pontos positivos das marcas concorrentes. Por conta da atenção, da distorção e da retenção seletivas, os profissionais de *marketing* precisam trabalhar muito para transmitir suas mensagens.

É interessante notar que, embora muitos profissionais de *marketing* se preocupem com o fato de suas ofertas estarem ou não sendo percebidas por todos, alguns consumidores se preocupam com a possibilidade de estarem sendo afetados por mensagens de *marketing* sem saber disso, por meio da *propaganda subliminar*. Há mais de 50 anos, um pesquisador anunciou que tinha exibido rapidamente as mensagens "Coma pipoca" e "Beba Coca-Cola" na tela de um cinema de Nova Jersey, durante a exibição de um filme, a cada cinco segundos, durante três centésimos de segundo. De acordo com o pesquisador, apesar de o público não reconhecer essas mensagens de maneira consciente, ele as absorveu de modo subconsciente e comprou 58% a mais de pipoca e 18% a mais de Coca-Cola. De uma hora para outra, anunciantes e grupos de proteção ao consumidor passaram a se interessar muito pela percepção subliminar. Embora mais tarde o pesquisador tenha admitido que manipulou os dados, a questão ainda não terminou. Alguns consumidores ainda têm medo de ser manipulados por mensagens subliminares.

Este anúncio clássico da American Association of Advertising Agencies brinca com a propaganda subliminar. "A chamada 'propaganda subliminar' não existe", diz o anúncio. "Imaginação fértil, contudo, com certeza existe".

American Association of Advertising Agencies

Diversos estudos realizados por psicólogos e pesquisadores de consumo encontraram pouca ou nenhuma relação entre mensagens subliminares e comportamento do consumidor. Embora estudos recentes sobre ondas cerebrais revelaram que, em determinadas circunstâncias, nosso cérebro pode registrar mensagens subliminares, aparentemente, a propaganda subliminar não possui o poder que lhe foi atribuído por seus críticos.[26] Um clássico anúncio da American Association of Advertising Agencies (Associação Norte-Americana de Agências de Publicidade) brinca com a propaganda subliminar. "A chamada 'propaganda subliminar' não existe", diz o anúncio. "Imaginação fértil, contudo, com certeza existe".

Curiosamente, embora as mensagens subliminares não influenciem o comportamento humano do consumidor, elas podem afetar o comportamento de dispositivos inteligentes sem que os consumidores saibam. Pesquisadores mostraram recentemente que podem enviar comandos ocultos, enterrados em música ou outro ruído de fundo e indetectáveis para o ouvido humano, para a Siri da Apple, a Alexa da Amazon e a assistente do Google. Em configurações experimentais, os pesquisadores conseguiram ativar secretamente os sistemas de inteligência artificial em alto-falantes inteligentes e *smartphones*, fazendo com que disquem números de telefone ou abram *sites*. "Em mãos erradas, a tecnologia pode ser usada para destrancar portas, transferir dinheiro ou comprar coisas *on-line* – simplesmente tocando uma música no rádio", diz um analista. Até agora, ao que parece, tais intrusões aconteceram apenas em laboratórios de pesquisa. Mas Amazon, Google e outros fabricantes de dispositivos inteligentes estão tomando medidas para proteger os usuários contra esses comandos subliminares da era digital.[27]

Aprendizagem

Aprendizagem
Mudanças no comportamento de uma pessoa que acontecem graças à experiência.

Quando as pessoas agem, elas aprendem. A **aprendizagem** consiste em mudanças no comportamento de uma pessoa que acontecem graças à experiência. Os teóricos da aprendizagem dizem que muitos comportamentos humanos são aprendidos. A aprendizagem ocorre por meio da interação de impulsos, estímulos, sinais, reações e reforços.

Um *impulso* é um forte estímulo interno que requer uma ação. Ele se torna um motivo quando é direcionado para um determinado *objeto de estímulo*. Por exemplo, o impulso de uma pessoa pela autorrealização pode motivá-la a pensar em comprar uma câmera. A reação do consumidor à ideia de comprar uma câmera é condicionada por sinais ao seu redor. *Sinais* são pequenos estímulos que determinam quando, onde e como a pessoa vai reagir. Por exemplo, a pessoa pode ver várias marcas de câmeras na vitrine de uma loja, ouvir falar de uma promoção, ver comentários sobre câmeras de um comprador na Amazon.com ou conversar sobre câmeras com um amigo. Tudo isso constitui sinais que podem influenciar a *reação* de uma pessoa no que se refere a seu interesse por comprar o produto.

Suponhamos que o consumidor compre uma câmera da Nikon. Se sua experiência for gratificante, ele provavelmente usará cada vez mais a câmera, *reforçando* sua reação. Assim, na próxima vez em que for comprar uma câmera, um binóculo ou outro produto similar, a probabilidade de ele comprar um produto da Nikon será maior. Para os profissionais de *marketing*, o significado prático da teoria da aprendizagem é que eles podem desenvolver demanda para um produto associando-o a fortes impulsos, utilizando sinais de motivação e oferecendo um reforço positivo.

Crenças e atitudes

Crença
Pensamento descritivo que uma pessoa tem em relação a algo.

Por meio da execução e da aprendizagem, as pessoas adquirem crenças e atitudes que, por sua vez, influenciam seu comportamento de compra. Uma **crença** é um pensamento descritivo que uma pessoa tem em relação a algo. As crenças podem ser baseadas em conhecimento, opinião ou fé verdadeiros e podem ou não ser acompanhadas de uma carga emocional. Os profissionais de *marketing* se interessam pelas crenças que as pessoas têm em relação a determinados produtos e serviços porque elas constituem imagens de marca e de produto que afetam o comportamento de compra. Se algumas das crenças forem equivocadas e impedirem as compras, o profissional de *marketing* lançará uma campanha para corrigi-las.

Atitude
As avaliações, os sentimentos e as tendências, favoráveis ou desfavoráveis, relativamente coerentes de uma pessoa com relação a um objeto ou ideia.

As pessoas têm atitudes em relação a religião, política, roupas, música, comida e quase todo o resto. A **atitude** compreende as avaliações, os sentimentos e as tendências relativamente coerentes de uma pessoa com relação a um objeto ou ideia. As atitudes fazem com que as pessoas gostem ou não das coisas, aproximando-se ou distanciando-se delas. O comprador da câmera de nosso exemplo pode ter atitudes do tipo "Compre o melhor", "Os japoneses fabricam os melhores produtos eletrônicos do mundo" e "Criatividade e autoexpressão estão entre as coisas mais importantes da vida". Nesse caso, uma Nikon vai ao encontro das atitudes existentes desse consumidor.

É difícil mudar as atitudes. Como elas se encaixam em um padrão, mudar uma atitude pode exigir difíceis ajustes em muitas outras. Assim, em geral, a empresa deve procurar adequar seus produtos às atitudes existentes, em vez de tentar mudá-las. Naturalmente, existem exceções. Reposicionar ou estender uma marca exige uma mudança de atitudes. O mesmo acontece com a introdução de uma nova marca inovadora que contraria o pensamento convencional. Por exemplo, a marca inovadora de roupas femininas SPANX conseguiu mudar as atitudes de longa data das mulheres e varejistas com relação às roupas modeladoras de corpo (veja o Marketing Real 5.2). Já a Beyond Meat está tentando revolucionar a enorme indústria de carnes criando alternativas mais saudáveis, ecológicas e à base de plantas para as carnes bovina e de frango:[28]

Mudar as atitudes e crenças do consumidor pode ser difícil, mas a Beyond Meat começou bem com seus produtos de carne à base de plantas. O Beyond Burguer "cozinha como um hambúrguer de carne. Ele chia e 'sangra'. E sabemos que o chiado vende"
Beyond Meat

> A Beyond Meat afirma que inventou um hambúrguer vegetariano – The Beyond Burger – que tem gosto de carne bovina. A marca tem uma missão digna: busca "uma maneira melhor de alimentar o planeta" substituindo a proteína animal por proteína vegetal. Isso de modo geral soa muito bem socialmente. No entanto, mudar as atitudes do consumidor firmemente arraigadas com relação à carne é realmente desafiador. Os norte-americanos adoram sua carne – eles estão entre os maiores consumidores de carne per capita do mundo.
>
> Mas se o sabor estiver certo, produtos como o The Beyond Burger oferecem um enorme potencial de mercado. E para muitos consumidores, o sabor do produto é uma verdadeira mudança de atitude. "Se a ideia de construir um hambúrguer vegetariano suculento e saboroso em laboratório parece totalmente ficção científica, então o futuro está aqui", diz um crítico gastronômico. Diz outro: "Ele cozinha como um hambúrguer de carne. Ele chia e 'sangra'. E sabemos que o chiado vende". Como resultado, a Beyond Meat começou bem. Após apenas um ano, a carne sem carne estava disponível em mais de 5.000 mercearias – incluindo a Whole Foods e a Safeway – além de restaurantes como BurgerFi's, Carl's Jr, Subway, Disney World e TGI Friday.

Agora, podemos avaliar as muitas forças que agem sobre o comportamento do consumidor. A escolha do consumidor resulta de uma complexa inter-relação de fatores culturais, sociais, pessoais e psicológicos.

Marketing Real 5.2 | SPANX: Mudando o que as mulheres pensam sobre roupas modeladoras

A SPANX é a empresa líder de mercado em trajes modeladores femininos – bodys, tops, saias, meias e até collants. Com submarcas como Bra-llelujuh! e Slim Cognito, a SPANX cresceu rapidamente e se tornou uma marca de linha completa de roupas femininas – íntimas, de banho, shorts, saias e jeans. Sua missão é "ajudar as mulheres a se sentirem bem consigo mesmas e com seu potencial". Mas o que poucos sabem é que a SPANX é considerada a empresa que salvou uma indústria em declínio. Como? Mudando as atitudes das mulheres em relação a roupas íntimas.

Tudo começou há mais de 20 anos, quando a fundadora da SPANX, Sara Blakely, experimentou uma calça de grife. Ela pagou um preço alto por uma elegante calça cor de creme sem forro – um verdadeiro exagero considerando sua modesta renda como representante de vendas de aparelhos de fax. Mas embora fossem suas calças favoritas, ela raramente as usava. "Toda vez que eu ia usá-las, dava para ver a roupa de baixo", lembra Blakely. "As roupas íntimas comuns marcavam a linha das calcinhas. A tanga não foi uma ótima solução – também deixou marcas que eram possíveis de ver. E naquela época, os modeladores – as cintas – eram tão grossas e exageradas!" Cinturas grossas causavam ondulações; faixas de perna desajeitadas ficavam amarrotadas.

Blakely não estava sozinha em seu problema com as roupas modeladoras. Mulheres de todas as formas e tamanhos muitas vezes sentiam o mesmo. E não era nada novo: durante séculos, as mulheres lutaram para conseguir que seus corpos se encaixassem em roupas da moda. De espartilhos no século XVI às cintas de 1900, roupas de baixo projetadas para fornecer figuras suaves e bem torneadas eram volumosas, desconfortáveis e inconvenientes. Mesmo que as tendências da moda de vestuário tenham mudado rapidamente ao longo do século XX, a indústria de roupas básicas surpreendentemente viu pouca inovação.

Mas precisava haver algo que pudesse suavizar a forma de Blakely a ponto de ela se sentir confortável usando as calças que ela tanto amava. Foi quando Blakely teve uma epifania. Como profissional, ela usava meias-calças diariamente. Embora ela detestasse meia-calça, elas suavizavam seu quadril onde até suas calças cor de creme ficavam bem nela. Mas o que fazer com as feias costuras do pé e os reforços que apareciam nos sapatos abertos? Sara simplesmente cortou os pés da meia-calça. Isso não funcionaria para as saias, mas para calças, ninguém ficaria sabendo. Então, por que alguém não poderia projetar uma roupa de baixo que levasse o conceito de meia-calça a um nível mais alto, aperfeiçoando a parte da barriga e eliminando os pés e as pernas?

Sem tais inovações à vista de uma indústria de vestuário que parecia alheia à situação das roupas íntimas femininas, Blakely resolveu o assunto por conta própria. Ela juntou fundos, comprou uma máquina de costura, criou um protótipo para sua própria roupa milagrosa, desenhou a embalagem e surgiu com o nome "SPANX" – meio engraçado, meio travesso e alinhado com sua personalidade extrovertida. Então ela saiu pelas ruas até convencer um fabricante de roupas a se arriscar um pouco em participar de seu projeto.

Mas o verdadeiro desafio envolvia a mudança de atitudes generalizadas com relação às roupas modeladoras. O primeiro obstáculo de Blakely foi encontrar lojas de varejo. Sua primeira parada foi na sede corporativa da varejista *premium* Neiman Marcus. Mas durante a reunião inicial de vendas, Blakely percebeu que ela não estava conseguindo falar com a cética mulher encarregada de comprar meias. Então ela arriscou e convidou a compradora a ir ao banheiro. A mulher ficou surpresa, mas Blakely esclareceu: "Quero mostrar meu próprio produto antes e depois". No banheiro, Blakely colocou a calça creme que deu início a todo o projeto, primeiro sem a SPANX e depois com ela. A compradora da Neiman Marcus fez um pedido na hora para iniciar um teste da SPANX em sete lojas da rede.

Com um produto de qualidade, uma marca cativante e um varejista *premium* alinhado, parecia que a SPANX sairia voando das prateleiras. Afinal, mulheres em todos os lugares estavam implorando por tal solução. Mas Blakely descobriu que mudar as atitudes do consumidor era ainda mais desafiador do que chegar aos fabricantes e varejistas. Parte do problema era que a SPANX não se encaixava em nenhuma categoria de vestuário existente. A Neiman Marcus colocou-a no departamento de meias, reservando um único espaço próximo à parte inferior de uma estante. Com um preço muitas vezes mais alto do que a meia-calça mais cara, a SPANX estava na prateleira assim como as calças creme de Blakely ficaram em seu armário.

Se a SPANX fosse ter sucesso, o produto inovador de Blakely teria que mudar as atitudes básicas do varejista e do consumidor com relação às roupas modeladoras. E para que essa mudança acontecesse, as mulheres tinham que pensar nas roupas íntimas nos momentos em que experimentavam as roupas. E isso não aconteceria no departamento de meias. Então, sem pedir permissão, Blakely entrou em cada uma das sete lojas Neiman Marcus e mudou o SPANX do departamento de meias para as prateleiras perto das caixas registradoras no departamento de roupas femininas, repleto de fotos de "antes e depois". Colocar a SPANX em um novo contexto fez com que as clientes parassem e se libertassem dos limites mentais estabelecidos. As vendas da SPANX dispararam.

Encorajada, Blakely seguiu em frente em sua cruzada para mudar atitudes. Sem dinheiro para anunciar, ela enviou amostras para todas as celebridades imagináveis, esperando que algumas começassem a usar SPANX, falassem sobre a marca e mostrassem os resultados. Ela enviou várias cestas de presentes para Oprah Winfrey, e quando o cabeleireiro de Oprah finalmente colocou um par de SPANX sobre a cadeira de seu camarim, a apresentadora os experimentou e instantaneamente se tornou uma fã. Tendo lutado contra o ganho e a perda de peso por anos, Oprah se sentiu

Ao mudar as atitudes de longa data com relação à roupa modeladora, a SPANX iniciou uma revolução que fez da fundadora Sara Blakely a mulher bilionária mais jovem do mundo.

Brian To/Variety/Shutterstock

confortável e confiante usando a SPANX. Ela elogiou o produto em seu programa e até selecionou a SPANX como seu produto favorito do ano. "A Oprah fez com que fosse tudo bem falar se o seu sutiã serve ou não, e que esse modelador é a solução mais rápida em 10 minutos que você vai encontrar", disse um executivo de varejo *on-line*.

Com o aval de Oprah, a SPANX decolou. Outras celebridades de primeira linha, como Kate Winslet, Brooke Shields e Julia Roberts, começaram a desfilar seus corpos vestidos de SPANX pela mídia, rasgando elogios para a roupa modeladora por eliminar as linhas de calcinha implacáveis sob os vestidos de alta costura. Em uma entrevista no tapete vermelho, Gwyneth Paltrow até afirmou que a SPANX ajudou seu corpo pós-gravidez a ficar melhor.

Assim começou a revolução SPANX. Antes algo sobre o qual ninguém falava muito, as cintas – agora roupas modeladoras – tornaram-se a nova tendência e tópico da moda. Com a mudança de atitudes, a SPANX deu nova vida a uma indústria antes em declínio. Concorrentes que vão desde marcas tradicionais de roupas íntimas até a Nike e a Under Armour agora apresentam roupas modeladoras. A SPANX e as outras começaram até a fazer modeladores para homens. Especialistas previram que, até 2022, o mercado global de de roupas modeladoras seria de 5,5 bilhões de dólares por ano.

Desse modo, a SPANX mudou a maneira como as mulheres – e até os homens – pensam sobre roupas e formas corporais. No processo, a marca inovadora modernizou a indústria de roupas modeladoras, dando nova vida a peças que há muito estavam adormecidas nos fundos dos armários femininos. E de acordo com a Forbes, a revolução da SPANX também fez da fundadora Sara Blakely a bilionária mais jovem do mundo. "A roupa modeladora é a tela e as roupas são a arte", declara Blakely. "Sei que as coisas estão certas em mim pela maneira como me sinto".[29]

Comentário do autor | A decisão de compra faz parte de um processo de compra muito maior – desde o reconhecimento de uma necessidade até o comportamento pós-compra. Os profissionais de *marketing* querem estar envolvidos em todo o processo de decisão do comprador.

Comportamento da decisão de compra e o processo de decisão do comprador

Objetivo 5.3 **Relacionar e definir os principais tipos de comportamento de decisão de compra e os estágios do processo de decisão do comprador.**

Tipos de comportamento de decisão de compra

O comportamento de compra difere muito para uma pasta de dente, um *smartphone*, serviços financeiros e um carro zero. As decisões mais complexas normalmente envolvem mais participantes e mais ponderação por parte do comprador. A **Figura 5.4** mostra os tipos de comportamento de compra do consumidor com base em seu grau de envolvimento e no nível de diferença existente entre as marcas.

Comportamento de compra complexo

Comportamento de compra complexo
Comportamento de compra do consumidor em situações caracterizadas por alto envolvimento da parte dele e por significativas diferenças percebidas entre as marcas.

Os consumidores apresentam um **comportamento de compra complexo** quando estão altamente envolvidos em uma compra e percebem diferenças significativas entre as marcas. Eles podem manifestar um alto envolvimento quando o produto é caro, inclui risco, não é comprado com frequência e é bastante autoexpressivo. Normalmente, o consumidor tem muito a aprender sobre a categoria do produto. Por exemplo, alguém comprando um carro novo pode não saber quais modelos, atributos e acessórios considerar ou quais preços esperar.

Esse comprador passará por um processo de aprendizagem, desenvolvendo primeiro crenças sobre o produto e, em seguida, atitudes em relação a ele, para então fazer uma escolha de compra consciente. Os profissionais de *marketing* que trabalham com produtos de alto envolvimento devem compreender a coleta de informações e o comportamento de avaliação por parte dos consumidores desses produtos. Eles precisam ajudar os compradores a entender os atributos da classe de produto e sua relativa importância. Precisam também diferenciar as características de sua marca, talvez utilizando a mídia impressa ou vídeos e informações *on-line* em profundidade para descrever seus

FIGURA 5.4
Quatro tipos de comportamentos de compra.
Fonte: adaptado de Henry Assael, *Consumer behavior and marketing action*. Boston: Kent Publishing Company, 1987, p. 87. Usado com permissão do autor.

	Alto envolvimento	Baixo envolvimento
Diferenças significativas entre as marcas	Comportamento de compra complexo	Comportamento de compra em busca de variedade
Poucas diferenças entre as marcas	Comportamento de compra com dissonância cognitiva reduzida	Comportamento de compra habitual

O comportamento do consumidor varia muito para diferentes tipos de produto. Por exemplo, uma pessoa que está comprando um novo carro pode passar por todo o processo de coleta de informações e avaliação de marca.

No outro extremo, no caso de produtos de baixo envolvimento, os consumidores podem simplesmente selecionar uma marca familiar por força do hábito. Por exemplo, que marca de sal você compra e por quê?

benefícios. Por fim, precisam motivar os vendedores das lojas e os conhecidos do comprador a influenciar sua escolha final de marca.

Comportamento de compra com dissonância cognitiva reduzida

Comportamento de compra com dissonância cognitiva reduzida
Comportamento de compra do consumidor em situações caracterizadas por alto envolvimento da parte dele, mas por poucas diferenças significativas percebidas entre as marcas.

O **comportamento de compra com dissonância cognitiva reduzida** ocorre quando os consumidores estão altamente envolvidos com uma compra cara, incomum ou que inclui risco, mas veem poucas diferenças entre as marcas. Por exemplo, ao comprar um tapete, os consumidores podem se deparar com uma decisão de alto envolvimento, uma vez que tapetes são um produto caro e autoexpressivo. No entanto, eles podem achar que a maioria das marcas de tapete de determinada faixa de preço é igual. Nesse caso, por não perceberem muitas diferenças entre as marcas, os compradores podem pesquisar para ver o que há disponível no mercado, mas efetuarão a compra de maneira relativamente rápida. Eles podem responder, principalmente, a um bom preço ou à conveniência da compra.

Depois da aquisição, os consumidores podem experimentar uma *dissonância pós-compra* (um desconforto após a compra), por perceberem certas desvantagens da marca de tapete comprada ou ouvirem comentários favoráveis sobre as outras marcas. Para conter essa dissonância, as comunicações pós-venda dos profissionais de *marketing* devem oferecer evidências e apoio para ajudar os consumidores a se sentirem bem com sua escolha de marca.

Comportamento de compra habitual

Comportamento de compra habitual
Comportamento de compra do consumidor em situações caracterizadas por baixo envolvimento da parte dele e por poucas diferenças significativas percebidas entre as marcas.

O **comportamento de compra habitual** ocorre em situações em que há um baixo envolvimento do consumidor e poucas diferenças significativas entre as marcas. Considere, por exemplo, o sal. O envolvimento dos consumidores com essa categoria de produto é baixo – eles simplesmente vão a um supermercado e pegam uma marca. Eles podem até pegar sempre a mesma marca, mas isso tem mais a ver com hábito do que com forte fidelidade à marca. Os consumidores parecem se envolver pouco com produtos de baixo custo comprados com frequência.

Nesses casos, o comportamento do consumidor não segue a sequência normal de crença, atitude e comportamento. Os consumidores não ficam procurando informações sobre as marcas, não avaliam suas características e não tomam importantes decisões sobre quais marcas comprar. Por não estarem altamente envolvidos com o produto, eles podem, inclusive, não avaliar sua escolha, mesmo após a compra. Assim, o processo de compra envolve crenças sobre a marca formadas por aprendizagem passiva, seguida por comportamento de compra, que pode ou não ser seguido por avaliação.

Como os compradores não estão altamente comprometidos com nenhuma marca, os profissionais de *marketing* que trabalham com produtos de baixo envolvimento que apresentam poucas diferenças entre as marcas utilizam, com frequência, promoções de venda e de preço para estimular a compra. Como alternativa, eles podem adicionar *marketing* de conteúdo ou atributos, variedades ou melhorias no produto, a fim de diferenciar sua marca das outras e aumentar o envolvimento.

Por exemplo, a campanha Next Door Chef (Chef da casa ao lado), da fabricante de sal Morton Salt, cria envolvimento da marca ao mostrar aos consumidores que há mais no sal do que podemos acreditar. Em uma série de comerciais de TV de 30 segundos e vídeos mais longos postados nas páginas da marca na web, Twitter e Facebook, a campanha da Morton Salt reúne chefs caseiros com chefs locais famosos que os orientam na preparação das refeições. Um observador nota que os profissionais "usam cada um dos vários tipos diferentes de sal da Morton para resumir nitidamente o propósito de cada um: kosher para tempero e preparação; sal marinho refinado para precisão e sabor; e claro, sal marinho para textura e acabamento." Os cozinheiros domésticos são então convidados a realizar seus próprios eventos de "restaurante doméstico" e postar fotos e receitas que incluem Morton kosher ou sais marinhos usando a hashtag "#NextDoorChef". A campanha aumentou o envolvimento para um produto de baixo envolvimento, demonstrando que o tipo de sal Morton que você usa para cada finalidade pode fazer uma grande diferença.[30]

Comportamento de compra em busca de variedade

Comportamento de compra em busca de variedade
Comportamento de compra do consumidor em situações caracterizadas por baixo envolvimento da parte dele, mas por significativas diferenças percebidas entre as marcas.

Os consumidores apresentam um **comportamento de compra em busca de variedade** em situações caracterizadas por baixo envolvimento da parte deles, mas por diferenças significativas percebidas entre as marcas. Nesses casos, os consumidores geralmente trocam muito de marca. Por exemplo, ao comprar biscoitos, o consumidor pode ter algumas crenças, escolher uma marca sem muita avaliação e avaliá-la durante o consumo. Mas, da próxima vez, poderá escolher outra marca para quebrar a rotina ou simplesmente porque quer experimentar algo diferente. A troca de marca se deve mais à busca de variedade e do que à insatisfação.

Para essas categorias de produto, a estratégia de *marketing* da líder de mercado e a das marcas menores pode ser diferente. A líder de mercado pode tentar incentivar o comportamento de compra habitual dominando o espaço nas prateleiras, mantendo-as sempre cheias e recorrendo com frequência à propaganda de lembrança. Já as empresas desafiantes podem incentivar a busca de variedade oferecendo preços mais baixos, ofertas especiais, cupons de desconto e amostras grátis, bem como utilizando propagandas que apresentem razões para se experimentar algo novo.

Processo de decisão do comprador

Agora que conhecemos as influências que afetam os compradores, estamos prontos para analisar o modo como os consumidores tomam decisões de compra. A ● **Figura 5.5** mostra que o processo de decisão do comprador possui cinco estágios: *reconhecimento da necessidade, busca por informações, avaliação das alternativas, decisão de compra* e *comportamento pós-compra*. Claramente, o processo de compra começa muito antes da compra em si e perdura por muito tempo depois. Os profissionais de *marketing* precisam se concentrar no processo de compra como um todo, e não apenas no estágio de decisão de compra.

A Figura 5.5 sugere que os consumidores passam pelos cinco estágios em toda compra, da mesma maneira. No entanto, eles podem passar rápido ou lentamente pelo processo como um todo. Em compras rotineiras, eles geralmente pulam ou invertem alguns desses estágios. Depende muito da natureza do comprador, do produto e da situação de compra. Uma pessoa acostumada a comprar determinada marca de pasta de dente reconhece a necessidade e vai direto para a decisão de compra, pulando os estágios de busca por informações e avaliação das alternativas. No entanto, utilizamos o modelo da Figura 5.5 porque ele mostra todas as considerações que surgem quando um consumidor se depara com uma nova e complexa situação de compra.

Reconhecimento da necessidade

Reconhecimento da necessidade
O primeiro estágio do processo de decisão do comprador, em que ele reconhece um problema ou uma necessidade.

O processo de compra tem início com o **reconhecimento da necessidade** – o comprador reconhece um problema ou uma necessidade. A necessidade pode ser acionada por *estímulos internos*, quando uma das necessidades normais de uma pessoa – por exemplo, fome ou sede – atinge um nível alto o suficiente para se tornar um impulso. Ela pode ser acionada também por *estímulos externos*. Por exemplo, uma propaganda ou uma conversa com um amigo podem fazer com que você comece a pensar em comprar um carro novo. Nesse estágio, o profissional de *marketing* deve pesquisar os consumidores para descobrir que tipos de necessidades ou problemas surgiram, o que os suscitou e o que levou os compradores para o produto em questão.

Busca por informações

Busca por informações
Estágio do processo de decisão do comprador em que ele é motivado a buscar mais informações.

Um consumidor interessado pode ou não buscar mais informações. Se seu impulso for forte e o produto que satisfaz a sua necessidade estiver à mão, ele provavelmente o comprará. Caso contrário, poderá guardar a necessidade na memória ou empreender uma **busca por informações** relacionadas a essa necessidade. Por exemplo, ao decidir que precisa de um carro novo, você provavelmente começará a prestar mais atenção em anúncios de carros, nos carros que seus amigos têm e em conversas sobre carros. Ou poderá, ativamente, pesquisar por marcas de carro ou *sites* de compra pela Internet, trocar ideia com amigos e coletar informações de outras maneiras.

O consumidor pode obter informações de diversas fontes, entre elas: *fontes pessoais* (família, amigos, vizinhos, conhecidos), *fontes comerciais* (propaganda, vendedores, *sites* web e móveis, embalagens, vitrines), *fontes públicas* (mídia de massa, opiniões e pesquisas de consumo, buscas na Internet, mídias sociais, crítica especializada) e *fontes experimentais* (exame e utilização do produto). A influência relativa dessas fontes de informações varia de acordo com o produto e o comprador.

Tradicionalmente, o consumidor recebe a maior parte das informações sobre um produto de fontes comerciais, que são controladas pelos profissionais de *marketing*. No entanto, as fontes mais eficientes tendem a ser as pessoais. As fontes comerciais normalmente *informam* o comprador, ao passo que as pessoais *legitimam* ou *avaliam* os produtos para ele. Poucas campanhas publicitárias podem

O processo de compra começa muito antes da compra em si e perdura por muito tempo depois. De fato, ele poderia resultar na decisão de não comprar. Portanto, os profissionais de *marketing* devem se concentrar no processo como um todo, e não apenas no estágio de decisão de compra.

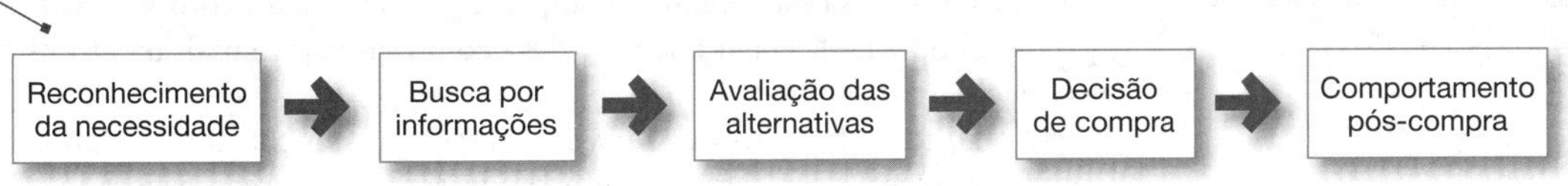

● **FIGURA 5.5**
Processo de decisão do comprador.

Fontes de informação: o objetivo do Yelp é "conectar pessoas a ótimos negócios locais", mantendo uma enorme coleção pesquisável de avaliações sinceras de pessoas que usaram esses negócios. "Conhecemos o lugar perfeito", diz o Yelp.

Yelp, Inc.

ser tão eficazes quanto um vizinho ao lado que se debruça sobre o muro e delira sobre uma experiência maravilhosa com um produto que você está considerando comprar.

Cada vez mais, o muro do vizinho é digital. Hoje, os consumidores compartilham opiniões, imagens e experiências de produtos livremente nas mídias sociais. E os compradores podem encontrar uma abundância de avaliações feitas por usuários ao lado dos produtos que estão considerando em *sites* que vão desde Amazon.com ou BestBuy.com até Yelp, TripAdvisor e Epicurious. Por exemplo, o objetivo do Yelp é "conectar pessoas a ótimos negócios locais" mantendo uma enorme coleção pesquisável de comentários sinceros de pessoas que utilizaram esses negócios. Na última década, os Yelpers escreveram mais de 171 milhões de avaliações de restaurantes e lojas locais, empresas de serviços, atividades artísticas e de entretenimento, entre outros serviços, em cidades de todo o país. Seu *site* para dispositivos móveis recebe cerca de 75 milhões de visitantes únicos por mês em busca de avaliações e classificações.[31] Embora as avaliações individuais de usuários no Yelp e em outros *sites* variem muito em qualidade, um conjunto inteiro de avaliações geralmente fornece uma avaliação confiável do produto – direto da ponta dos dedos de pessoas comuns que realmente compraram e experimentaram o produto. "Comentários para qualquer coisa que você possa precisar", diz o Yelp, e "Conhecemos o lugar perfeito".

Quanto mais informações obtêm, mais consciência e conhecimento o consumidor adquire sobre as marcas e os atributos disponíveis. Em sua busca por informações sobre carros, você pode aprender muito sobre as diversas marcas disponíveis. As informações também podem ajudá-lo a desconsiderar determinadas marcas. Uma empresa deve desenvolver seu *mix* de *marketing* de modo que torne os clientes potenciais cientes e peritos em relação a sua marca. Ela deve identificar cuidadosamente as fontes de informações dos consumidores e a importância de cada uma delas.

Avaliação das alternativas

Avaliação das alternativas
Estágio do processo de decisão do comprador em que ele utiliza as informações para avaliar as alternativas do conjunto final de marcas.

Vimos como os consumidores utilizam as informações para chegar a um conjunto final de marcas. Em seguida a isso, os profissionais de *marketing* precisam conhecer a **avaliação das alternativas**, ou seja, o modo como os consumidores processam as informações para fazer sua escolha entre as marcas alternativas. Infelizmente, os consumidores não utilizam um único e simples processo de avaliação em todas as situações de compra. Em vez disso, eles utilizam diversos processos.

O modo como os consumidores avaliam as alternativas de compra depende de suas características pessoais e da situação específica de compra. Em alguns casos, os consumidores utilizam cálculos meticulosos e pensamento lógico. Em outros, esses mesmos consumidores fazem pouca ou nenhuma avaliação, comprando com base no impulso e confiando na intuição. Algumas vezes, os consumidores tomam decisões de compra sem consultar ninguém; outras vezes, procuram amigos, análises *on-line* ou vendedores para obter aconselhamento.

Suponhamos que você tenha reduzido suas opções de carro para três marcas e que esteja interessado, basicamente, em quatro atributos: preço, design, economia de combustível e desempenho. Nesse momento, você provavelmente já tem crenças formadas sobre a classificação das marcas em cada um desses atributos. Obviamente, se um carro for o melhor em todos os atributos, o profissional de *marketing* poderá prever que você o escolherá. Entretanto, as marcas indubitavelmente variam em relação ao apelo de cada atributo. Ao conhecer a importância que você conferiu a cada um dos quatro atributos, o profissional de *marketing* poderia prever sua escolha com mais certeza.

Os profissionais de *marketing* devem estudar os compradores para descobrir como eles, de fato, avaliam as alternativas de marca. Se souberem quais processos de avaliação estão ocorrendo, os profissionais de *marketing* poderão tomar medidas para influenciar a decisão do comprador.

Decisão de compra

Decisão de compra
A decisão do comprador sobre qual marca adquirir.

No estágio de avaliação, o consumidor classifica as marcas e forma intenções de compra. Geralmente, sua **decisão de compra** é adquirir sua marca favorita, mas dois fatores podem surgir entre a *intenção* de compra e a *decisão* de compra. O primeiro fator consiste na *atitude dos outros*. Se alguém que lhe é importante achar que você deve comprar o carro mais barato, as chances de você comprar um mais caro diminuem.

O segundo fator envolve *situações inesperadas*. O consumidor pode formar uma intenção de compra com base em fatores como renda esperada, preço esperado e benefícios esperados do produto. Entretanto, eventos inesperados podem mudar a intenção de compra. Por exemplo, a economia pode entrar em crise, um concorrente próximo pode diminuir o preço ou um amigo pode dizer que se decepcionou com o carro que você prefere. Assim, preferências e até mesmo intenções de compra nem sempre resultam em uma escolha de compra real.

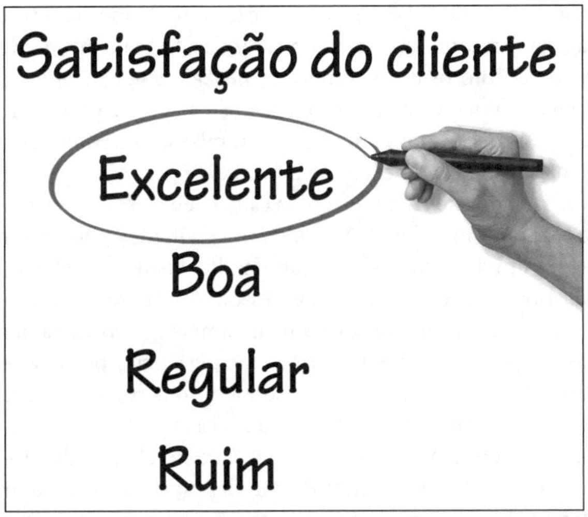

Dissonância cognitiva pós-compra: a satisfação do cliente pós-compra é a chave para construir relacionamentos lucrativos com o cliente. A maioria dos profissionais de *marketing* vai além de apenas atender às expectativas dos clientes – eles buscam encantá-los.

Dusit/Shutterstock

Comportamento pós-compra

O trabalho do profissional de *marketing* não termina com a compra do produto. Após a compra, o consumidor fica satisfeito ou insatisfeito e dá início a um **comportamento pós-compra** que muito interessa o profissional de *marketing*. O que determina se o comprador ficou satisfeito ou insatisfeito com a compra? A resposta está na relação entre as *expectativas do consumidor* e o *desempenho percebido* do produto. Se o produto não atende às expectativas, o consumidor fica desapontado; se atende às expectativas, ele fica satisfeito; e, se ultrapassa as expectativas, ele fica encantado. Quanto maior a lacuna entre a expectativa e o desempenho, maior a insatisfação do consumidor. Isso sugere que as empresas devem prometer somente aquilo que suas marcas podem oferecer, para que os compradores fiquem satisfeitos.

No entanto, praticamente todas as grandes compras resultam em **dissonância cognitiva** – o desconforto gerado por um conflito pós-compra. Após a compra, os consumidores sentem-se satisfeitos com os benefícios da marca escolhida e contentes por terem evitado as desvantagens das outras marcas. Entretanto, toda compra possui dois lados. Assim, os consumidores também se sentem incomodados por terem adquirido as desvantagens da marca escolhida e perdido os benefícios das outras marcas. Desse modo, em toda compra que realizam, os consumidores sentem alguma dissonância pós-compra.

Comportamento pós-compra
Estágio do processo de decisão do comprador em que ele toma medidas adicionais após a compra, com base em sua satisfação ou insatisfação.

Dissonância cognitiva
Desconforto do comprador gerado por um conflito pós-compra.

Por que é tão importante satisfazer o cliente? Porque satisfação do cliente é a chave para construir relacionamentos lucrativos com ele – para mantê-los, cultivá-los e colher seu valor ao longo do tempo. Os clientes satisfeitos repetem a compra, falam bem do produto para os outros, prestam menos atenção nas marcas e na propaganda dos concorrentes e compram outros produtos da empresa. Muitas empresas fazem mais do que simplesmente *atender* às expectativas dos clientes – o objetivo delas é *encantá-los*.

Um cliente insatisfeito reage de maneira diferente. Em geral, o boca a boca negativo se espalha mais (e mais depressa) do que o positivo e pode, rapidamente, prejudicar as atitudes do consumidor em relação à empresa e a seus produtos. E as empresas não podem ficar esperando que os clientes insatisfeitos reclamem de livre e espontânea vontade. A maioria dos clientes infelizes não compartilha seus problemas com a empresa. Assim, a empresa deve avaliar a satisfação de seus clientes regularmente. Ela deve criar sistemas que *incentivem* os clientes a reclamar. Dessa maneira, pode se manter informada sobre seu desempenho e como melhorá-lo.

Ao estudar o processo geral de decisão do comprador, os profissionais de *marketing* podem encontrar maneiras de ajudar os consumidores a percorrê-lo. Por exemplo, se os consumidores não estão comprando um novo produto porque não sentem necessidade dele, o *marketing* pode lançar mensagens publicitárias que acionem a necessidade e mostrem como o produto soluciona os problemas dos clientes. Se os clientes conhecem o produto e não o estão comprando porque possuem atitudes desfavoráveis em relação a ele, os profissionais de *marketing* devem encontrar meios de mudar o produto ou as percepções do consumidor.

A Jornada do Cliente

Jornada do cliente
A soma das experiências contínuas que os clientes têm com uma marca que afetam seu comportamento de compra, engajamento e defesa da marca ao longo do tempo.

Em vez de ver o processo de compra apenas como um conjunto específico de estágios, muitos profissionais de *marketing* o veem de modo mais amplo, como uma **jornada do cliente** – como a soma das experiências contínuas que os clientes têm com uma marca. Quase todas as discussões sobre a jornada do cliente começam com o reconhecimento da marca do cliente e terminam com o cliente defendendo a marca para outras pessoas. No entanto, os clientes raramente passam de forma consistente por um ou todos esses estágios. Em vez disso, em sua jornada de construção de relacionamento com a marca, os clientes coletam um portfólio de experiências de marca. Eles se movem de

A jornada do cliente: ao entender a jornada do cliente, os profissionais de *marketing* podem trabalhar para criar experiências de marca que resultarão em comportamento de compra positivo, engajamento e defesa da marca ao longo do tempo.

Rodrigo Reyes Marin/AFLO/Alamy Live News

um ponto de contato para outro, às vezes circulando para trás ou se afastando completamente do caminho. Sob o conceito de jornada do cliente, os profissionais de *marketing* se concentram não apenas no que os clientes fazem nos estágios e pontos de contato no processo de compra, mas também em entender e moldar a experiência do cliente em evolução.

A jornada do cliente é única para cada cliente. Por exemplo, ao fazer compras na Amazon.com, os clientes podem ser expostos a um anúncio de exibição de alto-falantes inteligentes Amazon Echo com a assistente pessoal digital Alexa. Idealmente, um cliente se interessaria imediatamente, compraria um Echo no local, instalaria em casa, teria experiências positivas e depois o defenderia para outras pessoas em uma revisão no *site* da Amazon. No entanto, alguns consumidores podem nem notar o anúncio do Echo e encerrar a jornada do cliente ali. Outros podem ver o anúncio, ser motivados a pesquisar e comparar uma variedade de marcas de alto-falantes inteligentes e acabar comprando o do Google Home. Outros ainda podem ter perdido o anúncio, mas ver o Echo em uso na casa de um amigo e querer um para si. Para os consumidores que compram um Echo, seu uso, lealdade e defesa diferem de acordo com suas experiências.

A soma das experiências de um consumidor ao longo da jornada do cliente moldará seu comportamento e suas atitudes contínuos com relação à marca. Além de aprender quais caminhos os clientes estão tomando, os profissionais de *marketing* devem se aprofundar para aprender os porquês. Para esse fim, a maioria dos profissionais de *marketing* explora grandes quantidades de dados do consumidor para obter *insights* sobre a jornada do cliente. Por exemplo, para clientes que compram um Echo, mas nunca se tornaram defensores, a Amazon pode descobrir que eles simplesmente nunca aprenderam tudo sobre o que a Alexa pode fazer por eles e como fazer essas coisas acontecerem. Para melhorar a experiência do Echo para esses clientes, a Amazon envia *e-mails* semanais "O que há de novo na Alexa" anunciando novos recursos e sugerindo novas coisas para experimentar.

"Em um mundo ideal", conclui um analista, "a jornada que as pessoas fazem para se tornarem clientes fiéis seria um caminho direto: veja seu produto, compre seu produto, use seu produto, repita; na realidade, essa jornada costuma ser mais como um passeio turístico com paradas, exploração e discussão ao longo do caminho – todos os momentos em que você precisa convencer as pessoas a escolher sua marca e ficar com ela em vez de mudar para um concorrente".[32] Assim, o objetivo do profissional de *marketing* é entender profundamente a jornada contínua do cliente, mapeando os pontos de contato e suas experiências em detalhes. Ao entender a jornada do cliente, os profissionais de *marketing* podem trabalhar para criar experiências de marca que resultarão em comportamento de compra positivo, engajamento e defesa da marca ao longo do tempo.

Comentário do autor | Aqui examinamos algumas considerações especiais nas decisões de compra de novos produtos.

O processo de decisão do comprador para novos produtos

Objetivo 5.4 Descrever os processos de adoção e difusão para novos produtos.

Vamos agora analisar como os compradores agem na compra de novos produtos. Um **novo produto** é um bem, serviço ou ideia tido como novo por alguns clientes potenciais. O produto pode estar disponível há algum tempo, mas nosso interesse é descobrir como os consumidores ouvem falar dele pela primeira vez e tomam a decisão de adotá-lo ou não. Definimos **processo de adoção** como o processo mental pelo qual um indivíduo passa do momento em que ouve falar de uma inovação pela primeira vez até a adoção final. *Adoção* é a decisão do indivíduo de se tornar usuário regular do produto.[33]

Novo produto
É um bem, serviço ou ideia tido como novo por alguns clientes potenciais.

Processo de adoção
Processo mental pelo qual passa um indivíduo do momento em que ouve falar de uma inovação pela primeira vez até a adoção final.

Estágios no processo de adoção

Os consumidores passam por cinco estágios no processo de adoção de um novo produto:

- *Conscientização:* o consumidor toma consciência do novo produto, mas faltam-lhe informações sobre ele.
- *Interesse:* o consumidor vai atrás de informações sobre o novo produto.

- *Avaliação:* o consumidor avalia se vale a pena experimentar o novo produto.
- *Experimentação:* o consumidor utiliza o novo produto em pequena escala para avaliar melhor seu valor.
- *Adoção:* o consumidor decide fazer uso total e regular do novo produto.

O processo de adoção: para ajudar os consumidores hesitantes a tomar a decisão de compra, a Beyond Meat convidou os consumidores a experimentar seus produtos de graça em sua mercearia local.

Beyond Meat

Esse modelo sugere que os profissionais de *marketing* que lidam com novos produtos devem pensar em como ajudar os consumidores a percorrer esses estágios. Por exemplo, se uma empresa descobre que muitos consumidores estão considerando seus produtos, mas ainda estão hesitantes em comprá-los, ela pode oferecer descontos ou promoções especiais que os ajudem a superar a dificuldade de decisão. Por exemplo, quando a Beyond Meat entrou nos corredores dos supermercados, a empresa ofereceu cupons "Try Some Free" para pacotes gratuitos de seus produtos Beyond Beef e Beyond Chicken nos supermercados locais. A promoção ajudou os consumidores interessados a dar o próximo passo e experimentar o produto.

Diferenças individuais em relação à inovação

As pessoas diferem muito em sua prontidão para experimentar novos produtos em uma determinada categoria. Em toda área de produtos, há os "pioneiros de consumo" e os adotantes imediatos. Outras pessoas adotam os novos produtos muito depois. As pessoas podem ser classificadas nas categorias de adotantes apresentadas na **Figura 5.6.**[34] Como mostra a curva, após um início lento, um número cada vez maior de pessoas adota um novo produto. À medida que sucessivos grupos de consumidores adotam a inovação, ela acaba atingindo seu nível de saturação cumulativo. Os inovadores são definidos como os primeiros 2,5% dos compradores a adotar uma nova ideia (aqueles que ultrapassam dois desvios-padrão do tempo médio de adoção); os adotantes imediatos são os 13,5% que vêm em seguida (entre um e dois desvios-padrão); e depois vem a maioria imediata, a maioria posterior e os retardatários.

Os cinco grupos de adotantes têm diferentes valores. Os *inovadores* são ousados – eles experimentam novas ideias mesmo quando isso envolve algum risco. Os *adotantes imediatos* são orientados pelo respeito – eles são formadores de opinião em sua comunidade e adotam novas ideias rapidamente, mas com cuidado. A *maioria imediata* é ponderada – apesar de raramente serem formadores de opinião, eles adotam novas ideias antes da média das pessoas. A *maioria posterior* é formada por pessoas céticas – elas adotam uma inovação somente depois de a maioria das pessoas tê-la adotado. Para completar, os *retardatários* são ligados à tradição – eles desconfiam das mudanças e adotam a inovação somente quando ela se torna parte de uma tradição.

Essa classificação sugere que uma empresa inovadora deve pesquisar as características dos inovadores e dos adotantes imediatos em suas categorias de produto e direcionar para eles seus esforços de *marketing* iniciais.

FIGURA 5.6
Categorias de adotantes baseadas no tempo relativo de adoção das inovações.

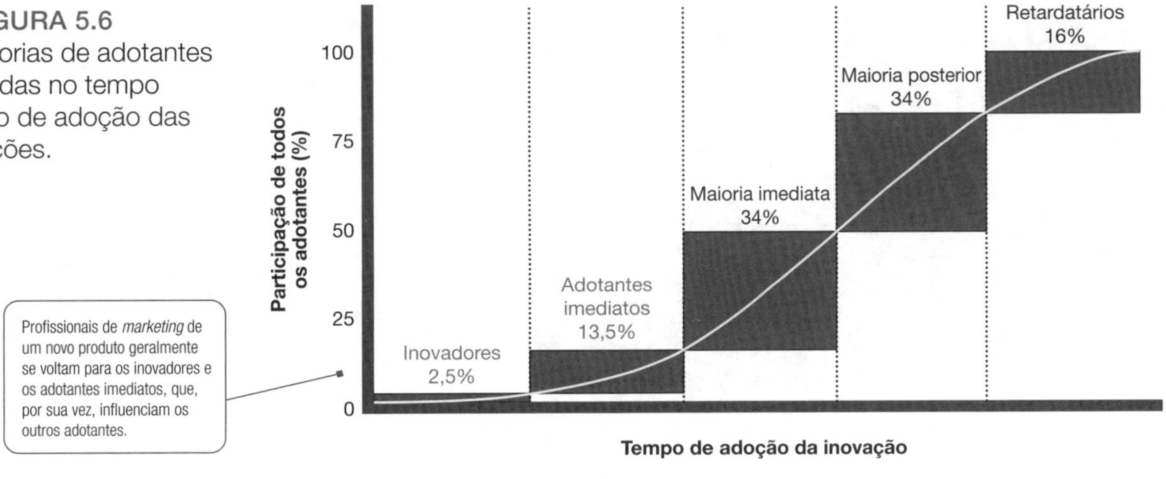

Influência das características do produto na taxa de adoção

As características do novo produto afetam sua taxa de adoção. Alguns produtos pegam quase da noite para o dia. Por exemplo, o iPod, iPhone e iPad da Apple saíram das prateleiras dos varejistas a uma taxa surpreendente desde o dia em que foram lançados. Outros levam mais tempo para serem aceitos. Por exemplo, os carros totalmente elétricos foram introduzidos pela primeira vez nos Estados Unidos em 2010, liderados por modelos como o Nissan Leaf e o Tesla Model S. No entanto, embora ultimamente as vendas estejam aumentando, os veículos elétricos ainda representam menos de 2% do total de vendas de automóveis nos Estados Unidos. Provavelmente levará anos ou mesmo décadas até que substituam os carros movidos a gasolina.[35]

Cinco características são especialmente importantes para influenciar a taxa de adoção de uma inovação. Por exemplo, considere as características de veículos totalmente elétricos em relação à sua taxa de adoção:

Vantagem relativa. O grau em que a inovação parece superior aos produtos existentes. Os carros totalmente elétricos não precisam de gás e usam energia limpa e menos dispendiosa. Isso acelerará sua taxa de adoção. No entanto, eles têm autonomia limitada entre cada recarga e custam mais inicialmente, o que diminui a taxa de adoção.

Compatibilidade. O grau em que a inovação se ajusta aos valores e experiências de potenciais consumidores. Os carros elétricos são conduzidos da mesma forma que os carros movidos a gasolina. No entanto, eles não são compatíveis com a atual rede de abastecimento do país. As estações de carregamento elétrico plug-in são poucas e distantes entre si. O aumento da adoção dependerá do desenvolvimento de uma rede nacional de estações de recarga, o que pode levar um tempo considerável.

Complexidade. O grau do limite em que a inovação é difícil de ser compreendida ou utilizada. Os carros elétricos não são diferentes ou complexos de dirigir, o que ajudará a acelerar a adoção. No entanto, a "complexidade conceitual" das novas tecnologias e as preocupações sobre quão bem elas provavelmente funcionarão diminuem a taxa de adoção.

Divisibilidade. O grau do limite em que a inovação pode ser experimentada. Os consumidores podem testar carros elétricos, um ponto positivo para a taxa de adoção. No entanto, os altos preços atuais para possuir e experimentar plenamente essas novas tecnologias provavelmente retardarão a adoção.

Comunicabilidade. O grau em que os resultados do uso da inovação podem ser observados ou descritos para os outros. Na medida em que os carros elétricos se prestam à demonstração e descrição, seu uso se espalhará mais rapidamente entre os consumidores.

Outras características influenciam a taxa de adoção, como custos iniciais e contínuos, risco e incerteza e aprovação social. O profissional de *marketing* deve pesquisar todos esses fatores ao desenvolver o novo produto e seu programa de *marketing*.

Revisão e extensão dos conceitos

Revisão dos objetivos

O mercado consumidor norte-americano consiste de mais de 330 milhões de pessoas que consomem mais de 13 trilhões de dólares em produtos e serviços por ano, o que faz dele um dos mais atraentes do mundo. Os consumidores variam muito em sua formação cultural, social, pessoal e psicológica. Compreender como essas diferenças afetam o comportamento de compra do consumidor é um dos maiores desafios dos profissionais de *marketing*.

Objetivo 5.1 Definir o mercado consumidor e construir um modelo simples de comportamento de compra do consumidor *(p. 132-133)*

O *mercado consumidor* consiste em todos os indivíduos e lares que compram ou adquirem produtos e serviços para consumo pessoal. O modelo mais simples de comportamento do comprador é o de estímulo e resposta. De acordo com esse modelo, os estímulos de *marketing* (os quatro Ps) e outras forças importantes (econômicas, tecnológicas, políticas e culturais) penetram na "caixa-preta" do consumidor e geram certas respostas. Uma vez na "caixa-preta", esses elementos produzem reações nos compradores que podem ser observadas, como escolha da marca, local e momento da compra, engajamento com a marca e comportamento de relacionamento.

Objetivo 5.2 Identificar os quatro principais fatores que influenciam o comportamento de compra do consumidor *(p. 133-147)*

O *comportamento de compra do consumidor* é influenciado por quatro conjuntos de características do consumidor: culturais, sociais, pessoais e psicológicas. Embora muitos desses fatores não possam ser influenciados pelo profissional de *marketing*, eles podem ser úteis na identificação de compradores interessados e na criação de produtos e apelos para atender melhor às necessidades do consumidor. A *cultura* é o principal determinante dos desejos e do comportamento de uma pessoa. *Subculturas* são "culturas dentro das culturas" que têm valores e estilos de vida distintos e podem ser baseadas em fatores que variam da idade à etnia. Muitas empresas concentram seus esforços de *marketing* nas necessidades especiais de determinados segmentos culturais e subculturais, por exemplo, com foco em clientes latinos, negros ou asiáticos.

Fatores sociais também influenciam o comportamento do comprador. Os *grupos de referência* de uma pessoa – família, amigos, redes sociais, entre outros influenciadores – afetam muito as escolhas relacionadas a marcas e produtos. A idade, o estágio no ciclo de vida, a ocupação, a situação financeira, a personalidade e outras *características pessoais* do comprador influenciam suas decisões de compra. O *estilo de vida* do consumidor – seu padrão geral de agir em relação ao mundo e interagir com ele – também constitui um fator importante em suas decisões de compra. Para completar, o comportamento de compra do consumidor é influenciado por quatro principais *fatores psicológicos:* motivação, percepção, aprendizagem e crenças e atitudes. Cada um desses fatores oferece uma perspectiva diferente para entender o funcionamento da "caixa-preta" do comprador.

Objetivo 5.3 Relacionar e definir os principais tipos de comportamento de decisão de compra e os estágios do processo de decisão do comprador *(p. 147-152)*

O comportamento de compra pode variar muito de acordo com os diferentes tipos de produtos e decisões de compra. Os consumidores assumem um *comportamento de compra complexo* quando estão altamente envolvidos em uma compra e percebem diferenças significativas entre as marcas. O *comportamento de compra com dissonância cognitiva reduzida* ocorre quando os consumidores estão altamente envolvidos, mas veem poucas diferenças entre as marcas. O *comportamento de compra habitual* ocorre em condições de baixo envolvimento e poucas diferenças significativas entre as marcas. Em situações caracterizadas por baixo envolvimento, mas com significativas diferenças percebidas entre as marcas, os consumidores apresentam um *comportamento de compra em busca de variedade*.

Ao fazer uma compra, o comprador passa por um processo de decisão que consiste em *reconhecimento da necessidade*, *busca por informações*, *avaliação das alternativas*, *decisão de compra* e *comportamento pós-compra*. O trabalho do profissional de *marketing* é entender o comportamento do comprador em cada um desses estágios e as influências existentes. Durante o *reconhecimento da necessidade*, o consumidor reconhece uma necessidade ou um problema que poderia ser resolvido por um produto ou serviço disponível no mercado. Uma vez reconhecida a necessidade, ele é estimulado a buscar mais informações e passa para o estágio de *busca por informações*. Com as informações em mãos, o consumidor parte para o estágio de *avaliação das alternativas*, durante o qual as informações obtidas são utilizadas para avaliar o conjunto final de marcas. Em seguida, o consumidor toma a *decisão de compra* e, de fato, adquire o produto. No último estágio do processo de decisão do comprador – o do *comportamento pós-compra* —, o consumidor age com base na satisfação ou insatisfação.

De modo mais amplo, os profissionais de *marketing* devem entender a *jornada do cliente* – a soma das experiências contínuas que os consumidores têm com uma marca. Ao entender a jornada do cliente, os profissionais de *marketing* podem trabalhar para criar experiências de marca que resultarão em comportamento de compra positivo, engajamento e defesa da marca ao longo do tempo.

Objetivo 5.4 Descrever os processos de adoção e difusão para novos produtos *(p. 152-154)*

O *processo de adoção* do produto é composto por cinco estágios: conscientização, interesse, avaliação, experimentação e adoção. Os profissionais de *marketing* de novos produtos devem pensar em uma maneira de ajudar os consumidores a passar por esses estágios. Com relação ao *processo de difusão* de novos produtos, os consumidores respondem em diferentes níveis, dependendo de suas características pessoais e das do produto. Os consumidores podem ser inovadores, adotantes imediatos, maioria imediata, maioria posterior ou retardatária. Cada grupo pode requerer diferentes abordagens de *marketing*. As empresas geralmente tentam chamar a atenção dos potenciais adotantes imediatos para seus novos produtos, principalmente daqueles que são formadores de opinião. Por fim, diversas características influenciam a taxa de adoção: vantagem relativa, compatibilidade, complexidade, divisibilidade e comunicabilidade.

Termos-chave

Objetivo 5.1

Comportamento de compra do consumidor (p. 132)
Mercado consumidor (p. 132)

Objetivo 5.2

Cultura (p. 134)
Subcultura (p. 134)
Estratégia de *marketing* multicultural (p. 136)
Classes sociais (p. 136)
Grupo de referência (p. 137)
Formadores de opinião (p. 137)
Influência do boca a boca (p. 137)
Marketing de influência (p. 137)
Redes sociais *on-line* (p. 137)
Estilo de vida (p. 141)
Personalidade (p. 141)
Motivo (ou impulso) (p. 142)
Percepção (p. 143)
Aprendizagem (p. 144)
Crença (p. 145)
Atitude (p. 145)

Objetivo 5.3

Comportamento de compra complexo (p. 147)
Comportamento de compra com dissonância cognitiva reduzida (p. 148)
Comportamento de compra habitual (p. 148)
Comportamento de compra em busca de variedade (p. 148)
Reconhecimento da necessidade (p. 149)
Busca de informações (p. 150)
Avaliação das alternativas (p. 150)
Decisão de compra (p. 150)
Comportamento pós-compra (p. 151)
Dissonância cognitiva (p. 151)
Jornada do cliente (p. 151)

Objetivo 5.4

Novo produto (p. 152)
Processo de adoção (p. 152)

Questões para discussão

5.1 Quais características afetam as decisões de compra dos consumidores?

5.2 O que é uma estratégia de *marketing* multicultural e por que os profissionais de *marketing* usam essa abordagem? Forneça um exemplo recente de um produto ou serviço que utilize essa abordagem e discuta os componentes que o tornam eficaz ou ineficaz.

5.3 Cite e descreva brevemente cada um dos quatro fatores psicológicos que afetam o comportamento do consumidor.

5.4 Identifique os estágios do processo de adoção e descreva o que pode acontecer em cada estágio quando um consumidor considera comprar um novo *smartphone*.

5.5 Identifique os cinco grupos de adotantes e descreva brevemente cada grupo.

5.6 Como a estratégia de *marketing* para um líder de mercado em uma categoria de produto com alto comportamento de compra em busca de variedade (baixo envolvimento do consumidor, altas diferenças de marca percebidas) difere da estratégia de *marketing* para uma marca menor?

Atividades de pensamento crítico

5.7 As características de um novo produto afetam sua taxa de adoção. Identifique as cinco características que influenciam a taxa de adoção e descreva como cada fator influenciará a taxa de adoção de um produto de tecnologia relativamente baixa: o relógio Vinton da Shinola.

5.8 Seu gerente sugere que você faça tudo ao seu alcance para limitar as reclamações dos clientes. Argumente sobre por que sua empresa deve incentivar os consumidores a reclamar.

5.9 A experiência de compra no supermercado muitas vezes fica aquém das expectativas ou desejos do cliente, em parte por causa da variedade limitada de categorias de produtos em tendência e da ausência de interações agradáveis com outras pessoas. Como a experiência de compra em supermercados pode afetar a jornada do cliente para uma marca? Comprove sua resposta com exemplos.

CASOS E APLICAÇÕES

Marketing digital Credibilidade do influenciador digital

Blogueiros de moda e estilo de vida multimilionários? Acredite. *Blogs* simples de moda comum explodiram e se tornaram grandes fontes de renda. Os blogueiros integraram o *marketing* de afiliados, construíram suas próprias marcas ou colaborações de marcas e incluíram conteúdo patrocinado em seus *blogs*. As empresas agora veem os blogueiros de moda como influenciadores digitais cada vez mais relevantes. As empresas também descobriram que os blogueiros podem gerar mais volume de vendas do que o endosso de celebridades. Portanto, as marcas estão criando mais campanhas de influenciadores em seus orçamentos de *marketing*. Em última análise, isso significa que os blogueiros podem ganhar uma renda significativa. Por exemplo, o blog Refinery29 começou como um *blog* de moda regular com seus blogueiros ganhando uma renda média de 55 mil dólares por ano. Rapidamente, ele se transformou em um império de moda e estilo de vida para os fundadores da Refinery29, Justin Stefano e Philippe von Borries. O *site* foi avaliado em 500 milhões de dólares após atividade de investimento e registrou receita de 80 milhões de dólares em 2016, incluindo a receita gerada quando influenciadores impulsionaram as vendas para afiliados por meio de *links* incorporados no *blog*. Para saber mais sobre a jornada da Refinery29, visite www.inc.com/bartie-scott/2016-inc5000-refinery29.html.

5.10 Encontre um exemplo de um perfil sobre um tema que lhe interessa. Há anúncios nesse perfil? O dono do perfil parece ser patrocinado por alguma empresa? Há informações sobre patrocínio? Escreva um breve relatório de suas observações.

5.11 Os influenciadores digitais podem moldar a aceitação e a adoção de produtos de consumo. Discuta o processo de fazer uma compra por meio de um podcast, *blog* ou conta de mídia social com base na recomendação de um influenciador digital. Conteúdo patrocinado, anúncios pagos, anúncios não pagos ou depoimentos de produtos em *blogs* são fontes de informação confiáveis? Por que ou por que não?

Marketing e ética Pizzaria sem trocado

Um movimento recente no varejo são as lojas que não aceitam dinheiro, em consonância com a tendência do consumidor em favorecer o pagamento com cartões de débito ou crédito ou por meios eletrônicos, como o Apple Pay. Lojas e restaurantes sentem que não aceitar dinheiro torna as transações mais rápidas, reduz o risco de roubo e diminui os custos associados ao gerenciamento de dinheiro. No entanto, os críticos a esses varejistas dizem que eles discriminam os consumidores que evitam contas bancárias e cartões de crédito, o que geralmente inclui consumidores sem crédito ou imigrantes sem documentos. Considere se uma pizzaria específica perto de sua universidade deveria parar de aceitar dinheiro.

5.12 Quais fatores provavelmente influenciarão se os consumidores em seu mercado optarem por fazer negócios com a pizzaria que não aceita dinheiro?

5.13 Discuta os desafios éticos que cercam a decisão da pizzaria em não aceitar dinheiro.

Marketing em números Avaliando alternativas

Uma maneira pela qual os consumidores podem avaliar alternativas é identificar atributos importantes e avaliar qual é o desempenho das escolhas alternativas em relação a eles. Considere um consumidor decidindo entre várias academias. Cada atributo considerado, como preço, ofertas de aula, e assim por diante, recebe uma pontuação para refletir seu nível de importância para aquele consumidor. Neste exemplo, o consumidor confere a cada atributo uma pontuação de 1 a 10 para refletir sua importância para ele. Em seguida, o consumidor avalia cada alternativa em cada atributo (ou seja, sua crença sobre o desempenho de uma alternativa em cada atributo). Por exemplo, na tabela abaixo, a localização (com uma pontuação de importância 9) é o atributo mais importante para esse cliente. Ele acredita que a Peak Fitness tem melhor desempenho nesse atributo por ser mais próxima de casa, classificando-a como 8 (classificações mais altas indicam melhor desempenho percebido), mas também acredita que essa alternativa seja a mais cara (recebendo uma classificação 2). O consumidor acredita que a Revolution Fitness oferece o melhor preço, mas está localizada relativamente longe. A oferta de aulas é o atributo menos importante para esse consumidor.

		Alternativas consideradas		
Atributos considerados	**Importância de cada atributo**	**Revolution Fitness**	**24/7 Fitness**	**Peak Fitness**
Preço	5	10	7	2
Localização	9	4	6	7
Horários	6	5	10	4
Oferta de aulas	2	6	1	8

Uma pontuação pode ser calculada para cada alternativa multiplicando a classificação de importância para cada atributo pela classificação percebida da alternativa nesse atributo. Essas pontuações são então somadas para determinar a pontuação dessa marca. Por exemplo, $\text{Pontuação}_{\text{Revolution}} = (5 \times 10) + (9 \times 4) + (6 \times 5) + (2 \times 6) = 50 + 36 + 30 + 12 = 128$. O consumidor calculará as pontuações para cada alternativa da mesma maneira e selecionará a marca com a maior pontuação.

5.14 Calcule as pontuações para a 24/7 Fitness e a Peak Fitness. Qual academia esse consumidor provavelmente escolheria?

5.15 Qual marca é menos provável que esse consumidor selecione? Discuta duas maneiras pelas quais o profissional de *marketing* dessa alternativa pode aumentar a probabilidade do consumidor de ingressar em sua academia.

Caso empresarial Kraft Heinz: na luta para agradar os novos gostos dos consumidores

Na era das *startups* de alta tecnologia do Vale do Silício, os Googles, Amazons e Metas do mundo parecem receber toda a atenção. Mas muitas empresas hoje lideram seus setores há décadas, algumas desde o início da Revolução Industrial. A Kraft Heinz é uma dessas empresas. Traçando suas raízes até o final de 1800, a Kraft Heinz desempenhou um grande papel na formação da indústria de alimentos embalados com métodos inovadores de processamento, produção e distribuição. Hoje, seria difícil encontrar uma casa nos Estados Unidos – e em muitas outras partes do mundo – que não tenha o macarrão Kraft Macaroni and Cheese, o ketchup Heinz, os embutidos Oscar Mayer, a gelatina Jell-O, o condimento Miracle Whip ou uma das inúmeras outras marcas de sucesso da Kraft Heinz.

Mas nos últimos anos, a empresa que colocou tantas marcas amadas nas mesas norte-americanas encontrou algumas condições de mercado difíceis. De repente, as marcas outrora de ouro da Kraft Heinz perderam um pouco de seu "molho". Em uma era de crescente conscientização com relação à saúde e de expansão das marcas próprias, os gostos e preferências dos consumidores mudaram rapidamente. Os gerentes de marca e desenvolvedores de produtos da Kraft Heinz ajustaram e ampliaram as marcas da empresa, como sempre. Mas nos últimos tempos, isso pouco funcionou. Após anos de crescimento constante, as receitas da Kraft Heinz ficaram estáveis por três anos consecutivos. Pior ainda, no ano passado, a empresa registrou um prejuízo líquido de mais de 10 bilhões de dólares – um valor quase idêntico ao lucro líquido registrado no ano anterior. Ao mesmo tempo, a empresa foi forçada a reduzir o valor de algumas de suas marcas mais conhecidas em 15,4 bilhões de dólares. Com o preço de suas ações em queda livre, a Kraft Heinz agora está tentando desesperadamente descobrir mais uma vez como agradar o paladar dos consumidores em todo o mundo.

Os homens por trás das marcas

Henry John Heinz nasceu perto de Pittsburgh, em 1844. Aos 15 anos, ele engarrafava e vendia condimentos – primeiro rábano e picles. Algumas décadas depois, o ketchup de tomate Heinz fez sua estreia. Bem nessa época, James Lewis Kraft nasceu. Começando no negócio de queijos, Kraft fundou a empresa com o nome de sua família e abriu sua primeira fábrica de queijos em Chicago em 1914.

No início de 1900, menos pessoas trabalhavam na agricultura e mais pessoas trabalhavam em minas e fábricas. Assim, menos pessoas estavam crescendo e cultivando sua própria comida. Como resultado, muitos estavam contraindo doenças transmitidas por alimentos. Naquela época, "saudável" significava principalmente "estável". Com a demanda em alta por produtos alimentícios com longa vida útil, tanto a H.J. Heinz Company quanto a J.L. Kraft and Brothers foram rápidas em atendê-la.

O enlatamento já era um método conhecido para conservar os alimentos durante meses. Mas a Heinz foi além, aplicando ciência e tecnologia para resolver problemas como a contaminação bacteriana. Da mesma maneira, a Kraft tornou-se especialista em queijo, trazendo-o para a era industrial com técnicas de pasteurização. A Kraft também desenvolveu métodos de enlatamento e desidratação que levaram ao desenvolvimento de marcas como Miracle Whip e Kraft Macaroni and Cheese. Ambas as empresas desempenharam papéis fundamentais na estabilização de alimentos, tornando-os mais seguros e mais fáceis de transportar e armazenar. Essas características funcionaram bem não apenas com os consumidores norte-americanos, mas também com os clientes institucionais. Os Estados Unidos e os governos estrangeiros tornaram-se os maiores compradores de alimentos ao longo de duas guerras mundiais e aos esforços de reconstrução que se seguiram. Tanto a Kraft quanto a Heinz se tornaram alguns dos maiores produtores de alimentos do mundo, ao mesmo tempo em que estabeleceram padrões para alimentos processados e bens de consumo embalados em geral.

À medida que o século XX chegava ao fim e um novo milênio começava, tanto a Heinz quanto a Kraft passaram por várias fusões e aquisições. Em 2015, as duas empresas se uniram para formar a Kraft Heinz Company – a quinta maior empresa de alimentos do mundo.

Como outras grandes e estabelecidas empresas de alimentos embalados, a Kraft Heinz está acostumada a mudar as preferências e tendências dos consumidores. As marcas da Kraft Heinz evoluíram consideravelmente ao longo dos anos com base nessas tendências. Veja a Kraft Macaroni and Cheese, uma marca lançada como resposta direta às necessidades específicas dos consumidores. Introduzida em 1937 durante as profundezas da Grande Depressão, a caixa de macarrão seco com o famoso sachê de queijo em pó processado foi lançada nos Estados Unidos e no Canadá como Kraft Dinner – uma refeição para quatro por um preço baixo de apenas 18 centavos. A Kraft vendeu oito milhões de caixas no primeiro ano e 50 milhões de caixas durante a Segunda Guerra Mundial.

Hoje, o formato original embalado e seco do Kraft Macaroni & Cheese Dinner ainda é a versão mais popular da marca de renome mundial. Mas você também pode obter seu macarrão com queijo em embalagens de porção única para micro-ondas, bem como em uma forma cremosa de luxo com variedades que vão de cheddar branco e bacon a queijo cheddar e brócolis. E o Macaroni & Cheese Shapes não apenas coloca letras e números nas tigelas das crianças, mas também as diverte com as formas de Star Wars, Bob Esponja, Procurando Dory, Trolls e Tartarugas Ninja.

Um novo tipo de consumidor de alimentos

Embora a Kraft Heinz tenha se adaptado com sucesso às tendências de consumo e tenha definido algumas tendências próprias, mudanças recentes frustraram a empresa. Uma das maiores mudanças foi em direção a uma alimentação mais saudável. Os consumidores de hoje estão muito mais conscientes da ligação entre alimentação e saúde, incluindo o papel que os alimentos podem desempenhar no desenvolvimento das principais doenças. Essa tendência vem acontecendo há algum tempo, e a Kraft Heinz não ficou de braços cruzados. Na tentativa de atrair a demanda do consumidor por produtos mais saudáveis, a empresa inicialmente adotou uma abordagem "não há problema, vamos consertar" fazendo o que sempre fez. Os clientes queriam alimentos mais saudáveis, então a empresa eliminou sabores, cores e conservantes artificiais de muitas de suas marcas. Ainda não é o suficiente? A Kraft ofereceu então versões integrais e orgânicas dos alimentos favoritos dos consumidores.

Mas esses novos produtos em grande parte erraram o alvo. Embora eles fossem "mais saudáveis", pais e indivíduos perspicazes ainda não os consideravam "suficientemente saudáveis". Por exemplo, a Kraft Heinz lançou o CapriSun Organic, feito de suco orgânico concentrado sem adição de açúcares ou ingredientes artificiais. Mas críticos e ativistas rapidamente apontaram que ser mais saudável em alguns aspectos não compensa pelos aspectos pouco saudáveis. O CapriSun Organic pode ter deixado de fora todos os ingredientes não naturais, mas ainda contém quase tantas calorias e carboidratos por mililitros quanto o bom e velho refrigerante.

As tendências de saúde não são novidade para a indústria alimentícia. Mas os consumidores de hoje – com pouco tempo disponível e preocupados com a saúde – estão procurando mais do que apenas palavras da moda nos rótulos dos produtos antigos. Eles querem alimentos prontos para o consumo que enfatizem o "preparado", mas eliminem o "processado". Como resultado, os clientes estão gastando mais tempo nas seções de alimentos, bem como nos corredores de refrigerados e congelados dos supermercados. Esses corredores estão explodindo com opções que têm a aparência, o sabor e a nutrição de algo que você pode ter acabado de fazer do zero. Alimentos individuais e kits de refeições completos estão se proliferando, e a preços próximos do custo de comprar todos os ingredientes e fazer o prato. Os consumidores estão devorando essas opções tão rápido quanto chegam às prateleiras.

Mais do que apenas os alimentos dentro das embalagens, é a própria embalagem. Os clientes preferem rótulos simples e limpos, com informações nutricionais fáceis de encontrar e interpretar. Além disso, a própria imagem de marcas de alimentos tradicionais muitas vezes parece ser incompatível com as percepções atuais do consumidor de "saudável".

Além dos problemas de saúde, outra tendência nas compras de alimentos atinge o cerne de grandes empresas de alimentos como a Kraft Heinz. Os consumidores estão se afastando de marcas nacionais testadas e comprovadas e indo em direção a marcas próprias e de nicho. Cada vez mais os clientes estão encontrando maior valor em marcas como Archer Farms (Target), Kirkland Signature (Costco) e Wickedly Prime (Amazon), que oferecem preços mais baixos com variedade e qualidade excepcionais. Algumas das redes de supermercados que mais crescem – como a Trader Joe's, a ALDI e a Lidl – vendem principalmente marcas próprias. Com tantas boas opções de mercearia, muitos consumidores estão questionando a lógica de pagar 1,59 dólar por uma simples caixa de Kraft Macaroni & Cheese quando eles podem obter a marca Whole Foods 365 por meio do Amazon Prime por 99 centavos e a versão orgânica por 1,69 dólar.

Dança das cadeiras

Com controle sobre a compra do cliente e os dados de tráfego – sem falar nas prateleiras e no espaço de exibição – os varejistas têm sido rápidos em identificar e responder às tendências do consumidor. Como resultado, muitos dos novos itens alimentícios quentes nas lojas agora ostentam rótulos de marca própria. Os próprios imóveis das lojas estão mudando à medida que os corredores centrais dominados por alimentos processados estão encolhendo e as seções de alimentos mais frescos ao redor do perímetro da loja estão crescendo. Em outras palavras, o espaço de mercearia onde a Kraft Heinz mais prosperou no passado está ficando menor. Nas seções que estão crescendo, a empresa tem pouco que possa atender às necessidades atuais do consumidor.

Muitos dos problemas atuais da Kraft Heinz se devem em parte aos grandes esforços de corte de custos que ela lançou imediatamente após a fusão, há quatro anos. Ao cortar custos, esqueceu que o mais importante para uma empresa alimentícia é fazer produtos saborosos que as pessoas queiram comprar. Ao mesmo tempo, a Kraft Heinz não está sozinha em suas dificuldades. Outros gigantes de alimentos, como General Mills, Smucker e Kellogg, estão tendo problemas semelhantes. Em média, as receitas ano a ano para grandes conglomerados de alimentos são estáveis, enquanto as de pequenas empresas de alimentos orientadas para nichos estão crescendo em dois dígitos. Alimentos de marca própria estão registrando um crescimento rápido semelhante. Um estudo mostra que 90 das 100 maiores marcas de bens de consumo embalados perderam participação de mercado nos últimos quatro anos. Enquanto isso, as marcas próprias agora respondem por 17% de todos os mantimentos, um número de participação de mercado que vem aumentando há anos.

A Kraft Heinz e seus semelhantes provavelmente não desaparecerão. Mas o grau em que eles continuam a liderar a indústria que criaram dependerá de sua capacidade de adaptação. Cada um está se esforçando e, em alguns casos, esses esforços estão em P&D, como a Nestlé que trabalha para desenvolver uma molécula de açúcar "oca" que permitirá fazer os mesmos doces com 40% menos açúcar. Em outros casos, empresas estabelecidas estão adquirindo marcas de nicho de sucesso – a General Mills agora é dona da Annie's, a ConAgra é dona da Smart Balance e da Udi's, a Mondelēz é dona da Tate's Bake Shop e a Kellogg é dona da RXBAR. Mas o preço da aquisição de marcas de alimentos de nicho está aumentando, mesmo com o declínio do dinheiro em caixa da Kraft Heinz. Conclusão: a menos que a Kraft Heinz possa se adaptar às mudanças nos gostos e preferências dos consumidores, ela continuará vendo suas marcas preciosas e suas fortunas encolherem.[36]

Questões para discussão

5.16 Dos fatores que influenciam o comportamento do consumidor, qual categoria ou categorias (cultural, social, pessoal ou psicológica) melhor explicam a situação atual da Kraft Heinz?

5.17 Escolha o fator específico do comportamento do consumidor (por exemplo, cultura, família, ocupação, atitudes) que mais representa a situação atual da Kraft Heinz.

5.18 Com respeito à compra de alimentos, discuta o processo de decisão do comprador e como ele mudou nos últimos anos.

5.19 Faça recomendações para a Kraft Heinz que você acredita que mudarão a situação da empresa.

6 Mercados organizacionais e comportamento do comprador organizacional

Resumo dos objetivos

Objetivo 6.1 Definir o mercado organizacional e explicar de que modo ele difere do mercado consumidor. **Veja: Mercados organizacionais** (p. 162-164)

Objetivo 6.2 Identificar os principais fatores que influenciam o comportamento de compra organizacional. **Veja: Comportamento de compra organizacional** (p. 164-169)

Objetivo 6.3 Relacionar e definir os estágios do processo de decisão de compra organizacional. **Veja: Processo de compra organizacional** (p. 169-171)

Objetivo 6.4 Discutir como as mídias *on-line*, móveis e sociais mudaram o *marketing* B2B. **Veja: Engajamento de compradores organizacionais por meio de marketing digital e social** (p. 172-173)

Objetivo 6.5 Comparar os mercados institucional e governamental e explicar como os compradores desses mercados tomam suas decisões de compra. **Veja: Mercados institucional e governamental** (p. 173-177)

Prévia do capítulo

No capítulo anterior, estudamos o comportamento de compra do *consumidor final* e os fatores que o influenciam. Neste capítulo, vamos fazer o mesmo com os *clientes organizacionais* – aqueles que compram produtos e serviços para utilizar na produção de seus próprios produtos ou serviços ou para revender. Ao vender para compradores finais, as empresas que negociam com clientes organizacionais devem construir um relacionamento lucrativo com esses clientes, criando valor superior para eles.

Para começar, vamos olhar para o LinkedIn. Você provavelmente conhece o LinkedIn como o lugar para fazer *networking* profissional. O que você pode não perceber, no entanto, é que o LinkedIn também é uma poderosa plataforma de *marketing* para profissionais de *marketing business to business* (B2B). Com centenas de milhões de membros de rede profissional, o LinkedIn, de propriedade da Microsoft, tornou-se o *site* ideal para profissionais de *marketing* que buscam envolver os clientes organizacionais de maneira significativa. Mas os serviços do LinkedIn não se vendem sozinhos. O sucesso do LinkedIn depende de sua habilidade em convencer as empresas a usar a plataforma. Assim, além de ser uma ótima plataforma de *marketing* B2B, o LinkedIn também deve ser um ótimo profissional de *marketing* B2B.

LINKEDIN: O lugar para estar no B2B

Na última década, a venda social se tornou a tendência mais popular no *marketing business to business* (B2B). Os profissionais de *marketing* B2B de hoje podem escolher entre dezenas de mídias digitais e sociais para engajar compradores organizacionais e comercializar seus produtos para outras empresas. Mas uma plataforma de mídia social se destaca como líder de vendas sociais B2B: o LinkedIn, a rede social projetada especificamente para conectar profissionais de negócios e ajudá-los a cultivar seus negócios e carreiras.

O LinkedIn possui uma rede em rápido crescimento com 850 milhões de membros em mais de 200 países. De acordo com a rede social, quatro em cada cinco de seus membros conduzem as decisões de negócios. Cerca de 40% dos usuários do LinkedIn fazem login todos os dias, buscando conteúdo que possa mudar a maneira como fazem negócios. O *feed* de conteúdo do LinkedIn atrai 9 bilhões de visualizações por mês – mais de 468 bilhões de impressões de conteúdo por ano.

O LinkedIn permite que os profissionais de *marketing* B2B alcancem tomadores de decisão de negócios com uma precisão que outras redes sociais simplesmente não conseguem igualar. Juntamente com fatores demográficos básicos, como sexo, idade, renda e localização, o LinkedIn permite segmentar por setor, tamanho ou conexões da empresa, assim como por cargos, funções, tempo de cargo, anos de experiência, habilidades e vários aspectos relacionados à formação educacional.

Tudo isso torna o LinkedIn uma plataforma privilegiada de *marketing* para o público B2B. "O *marketing* no LinkedIn ajuda você a engajar uma comunidade de profissionais para impulsionar ações relevantes para o seu negócio", diz a rede social. Os profissionais de *marketing* B2B parecem concordar. Entre as empresas B2B que estão nas mídias sociais, 94% usam o LinkedIn.

Mas as vantagens do LinkedIn não se vendem sozinhas. O sucesso da rede social depende de empresas convencidas a usar a plataforma e de ajudá-las a fazer isso de forma eficaz. Portanto, ao mesmo tempo em que o LinkedIn é uma ótima plataforma de *marketing* B2B, o próprio LinkedIn é muito competente ao colocar o *marketing* B2B em prática. A gigante rede social profissional se vende habilmente para seus próprios clientes empresariais como uma plataforma ideal para que eles engajem seus clientes. Então, os profissionais de *marketing* do LinkedIn fazem tudo o que podem para tornar a venda social no LinkedIn fácil e eficaz.

O grupo de Soluções de Negócios do LinkedIn trabalha lado a lado com os clientes empresariais para ajudá-los a criar, executar e monitorar poderosas campanhas de *marketing* B2B utilizando a plataforma. Ele mostra aos clientes como eles podem aproveitar o enorme público profissional do LinkedIn para gerar *leads* de vendas, direcionar o tráfego do *site*, aumentar o reconhecimento da marca, lançar novos produtos, fortalecer o relacionamento com os clientes, recrutar novos funcionários ou qualquer combinação dos itens acima.

O LinkedIn promete a seus clientes empresariais "sucesso alimentado por relacionamentos". Diferentes seções do *site* de Soluções de Negócios do LinkedIn fornecem conselhos passo a passo aos clientes sobre como usar o LinkedIn para *Promoção* ("Promova-se para o maior público profissional do mundo"), *Vendas* ("Fortaleça seus esforços de vendas sociais com inteligência de vendas em tempo real"), *Contratações* ("Atraia talentos e contrate candidatos da maior rede de talentos do mundo") e Treinamentos ("Desenvolva talentos e mantenha suas habilidades atualizadas por meio de *e-learning* personalizado").

O *marketing* no LinkedIn começa com a criação de uma página da empresa gratuita na plataforma. A página principal da empresa serve como uma ferramenta de construção de marca dentro da comunidade do LinkedIn e uma página de destino para os anúncios da empresa – entre outros conteúdos – realizados na rede social. Os profissionais de *marketing* de negócios podem expandir sua presença na página com as LinkedIn Showcase Pages, subpáginas vinculadas que se concentram em marcas de empresas mais específicas ou segmentam públicos específicos com conteúdo relevante para eles.

Por exemplo, a página principal da IBM no LinkedIn fornece informações básicas e *links* para a IBM, juntamente com anúncios de emprego e postagens interessantes e informativas sobre produtos, programas e desenvolvimentos da empresa. A página principal também tem *links* para uma dúzia de Showcase Pages com foco em várias divisões e iniciativas da IBM, desde IBM Analytics, IBM Mobile e IBM Security até IBM Research e IBM Watson Internet of Things. No total, em todo o mundo, grandes e pequenas empresas oferecem cerca de 26 milhões de páginas corporativas no LinkedIn.

Com uma adesão em rápido crescimento de mais de 590 milhões de profissionais de negócios, o LinkedIn se destaca como a principal plataforma de vendas sociais B2B. A rede social permite que os profissionais de *marketing* B2B "comercializem para quem importa".

AlexandraPopova/Shutterstock

Além das páginas do LinkedIn, a plataforma oferece aos profissionais de *marketing* B2B um portfólio amplo de opções de propaganda, incluindo conteúdo patrocinado, anúncios gráficos, anúncios de texto e mensagens personalizadas enviadas por meio de seu sistema de mensagens de InMail patrocinado. A empresa também oferece aos clientes todas as ferramentas e assistência de que precisam para criar anúncios e conteúdo na plataforma por conta própria com a ajuda de especialistas do LinkedIn. A página de soluções de negócios da plataforma está repleta de depoimentos e histórias de sucesso de campanhas de comunicação do LinkedIn de empresas de todos os tamanhos, de gigantes como Microsoft, SAP, Verizon e American Express a clientes menores, como a Utah State University.

Por exemplo, a American Express na Austrália usou o LinkedIn para segmentar proprietários de pequenas e médias empresas como clientes para seus produtos e serviços de financiamento para pequenas empresas. Com a ajuda do LinkedIn, a American Express criou uma campanha usando conteúdo patrocinado, InMail patrocinado e anúncios dinâmicos personalizados do LinkedIn. "Os recursos de segmentação da plataforma LinkedIn nos ajudaram a identificar as pessoas certas e envolvê-las com o conteúdo certo no momento certo", diz um profissional de *marketing* digital da American Express, permitindo que "não apenas sustentemos, mas aumentemos o volume de *leads* de qualidade". A campanha do LinkedIn foi responsável por 55% dos *leads* direcionados à mídia da American Express e incríveis 22% dos *leads* do LinkedIn convertidos em clientes.

Em outro exemplo, a Utah State University aproveitou os recursos de segmentação demográfica do LinkedIn com uma campanha projetada para recrutar estudantes de alto nível para seus

Quando se trata de vendas sociais *on-line*, o LinkedIn se destaca como a principal plataforma de mídia social B2B. Mas ao mesmo tempo em que é uma ótima plataforma de *marketing* B2B, o próprio LinkedIn é eficaz ao realizar o *marketing* B2B.

programas de pós-graduação. A campanha consistia em anúncios gráficos do LinkedIn e InMail patrocinado cuidadosamente direcionados aos usuários do LinkedIn por região, cargos e cursos de graduação. A campanha converteu impressionantes 71% dos cliques em solicitações de informações e resultou em um retorno do investimento de 20 para 1. "A capacidade de direcionar nossos esforços de *marketing* no LinkedIn por região, especialização e nível de carreira tornou possível alcançar e engajar com o público exato de que precisávamos", diz um profissional de *marketing* do estado de Utah. A universidade também mantém uma página contínua no LinkedIn com um *feed* de conteúdo ativo e várias Showcase Pages.

O LinkedIn comercializa outra ferramenta poderosa para seus clientes empresariais, chamada de Campaign Manager (gestor de campanha), que ajuda os clientes empresariais a gerenciar suas contas do LinkedIn, selecionar públicos-alvo, criar conteúdo e, o mais importante, acompanhar o desempenho de suas campanhas do LinkedIn. Usando o Campaign Manager, os clientes do LinkedIn podem ver as métricas de desempenho da campanha, como impressões, dados demográficos de anúncios, taxas de cliques e custo médio por clique, ao mesmo tempo em que visualizam suas campanhas ou baixando relatórios de desempenho. Os profissionais de *marketing* do LinkedIn sabem que nada aumenta a fidelidade do cliente como o sucesso. E as métricas do Campaign Manager dão à maioria dos clientes um amplo incentivo para continuar usando a plataforma do LinkedIn.

Assim, o LinkedIn domina o *marketing* B2B em dois níveis importantes. Primeiro, é uma ótima plataforma de *marketing* B2B para alcançar os tomadores de decisão de negócios. Em segundo lugar, o próprio LinkedIn é eficaz ao realizar o *marketing* B2B. Como resultado, as fortunas da rede social estão crescendo dentro do império digital da controladora Microsoft. No relatório de 2022, as receitas cresceram 29% em relação ao ano anterior. Claramente, para os profissionais de *marketing* de negócios, o LinkedIn é o lugar certo para o B2B.[1]

Comportamento de compra organizacional
Comportamento de compra das organizações que adquirem produtos e serviços para utilizar na produção de outros produtos e serviços que são vendidos, alugados ou fornecidos a terceiros.

Processo de compra organizacional
Processo de decisão por meio do qual os compradores organizacionais determinam quais produtos e serviços suas organizações precisam comprar e, em seguida, encontram e avaliam fornecedores e marcas alternativas, fazendo, por fim, suas escolhas.

DE UMA MANEIRA OU DE OUTRA, a maioria das grandes empresas vende para outras organizações. Empresas como IBM, Boeing, DuPont, Caterpillar, GE e inúmeras outras vendem a *maioria* de seus produtos para outras organizações. Mesmo grandes empresas de produtos de consumo, que fabricam mercadorias usadas pelos consumidores finais, precisam vender seus produtos primeiro para outras empresas. Por exemplo: a General Mills fabrica muitas marcas conhecidas de produtos de consumo – cereais Big G (Cheerios, Wheaties, Trix, Chex, Total, Fiber One), produtos para fazer bolos e pães (Pillsbury, Betty Crocker, Bisquick, farinha de trigo Gold Medal), salgadinhos (Nature Valley, Bugles, Chex Mix), o iogurte Yoplait, o sorvete Häagen-Dazs e muitos outros produtos. No entanto, para vendê-los aos consumidores, ela precisa primeiro vendê-los aos atacadistas e varejistas, que atendem ao mercado consumidor.

O **comportamento de compra organizacional** se refere ao comportamento de compra das organizações que adquirem produtos e serviços para utilizar na produção de outros produtos e serviços que são vendidos, alugados ou fornecidos a terceiros. Ele também inclui o comportamento das empresas de varejo e atacado, que compram mercadorias para revender ou alugar para terceiros e, assim, obter lucro. No **processo de compra organizacional**, os compradores organizacionais determinam quais produtos e serviços suas organizações precisam comprar e, em seguida, encontram e avaliam fornecedores e marcas alternativas, fazendo, por fim, suas escolhas. As empresas que atuam no *mercado business to business* (B2B – empresa para empresa) devem se esforçar para conhecerem os mercados organizacionais e o comportamento do comprador organizacional. E, assim como as empresas que vendem para compradores finais, elas devem construir relacionamentos lucrativos com os clientes organizacionais, criando valor superior para eles.

Comentário do autor | Para a maioria dos consumidores, os mercados organizacionais operam "nos bastidores". A maioria das coisas que compramos envolve muitos conjuntos de compras organizacionais antes mesmo de vê-las.

Mercados organizacionais

Objetivo 6.1 Definir o mercado organizacional e explicar de que modo ele difere do mercado consumidor.

O mercado organizacional é *enorme*. Na verdade, ele envolve muito mais dinheiro e produtos do que o mercado consumidor. Por exemplo, pense no grande número de transações comerciais envolvidas na produção e na venda de um simples conjunto de pneus da Goodyear. Vários fornecedores vendem para a Goodyear borracha, aço, equipamentos e outros bens necessários para a produção dos pneus. Em seguida, a Goodyear vende seus pneus já prontos para os varejistas, que, por sua vez, os vendem para os consumidores. Assim, vários conjuntos de compras *organizacionais* foram realizados para apenas um conjunto de compras de *consumo*. Além disso, a Goodyear vende pneus como equipamento original para fabricantes que os colocam em veículos novos e como um produto de reposição para empresas que possuem frotas de carros, caminhões, ônibus e outros veículos.

De certa maneira, o mercado organizacional é parecido com o mercado consumidor. Ambos envolvem pessoas que assumem papéis na compra e tomam decisões de compra para satisfazer necessidades. Entretanto, o mercado organizacional difere do mercado consumidor em muitos aspectos. As principais diferenças entre eles estão na *estrutura e demanda do mercado*, na *natureza da unidade de compra* e nos *tipos de decisão* e *processo de decisão* envolvidos.

Estrutura e demanda do mercado

Em comparação com as empresas voltadas para o mercado consumidor, as organizações direcionadas para o mercado organizacional normalmente lidam com *muito menos, porém maiores compradores*. Mesmo nos grandes segmentos do mercado organizacional, a maioria das compras geralmente é feita por poucos compradores. Por exemplo, quando a Goodyear vende pneus de reposição para os consumidores finais, seu mercado potencial inclui milhões de proprietários de carros do mundo inteiro. Já no mercado organizacional o destino da empresa depende dos pedidos de meia dúzia de grandes fabricantes de automóveis.

Para completar, muitos segmentos do mercado organizacional possuem *demanda inelástica e oscilante*. A demanda total por diversos produtos organizacionais não é muito afetada por mudanças no preço, principalmente no curto prazo. Uma queda no preço do couro não fará com que os fabricantes de sapatos comprem muito mais couro, a não ser que isso resulte em uma redução no preço dos sapatos que, por sua vez, aumentará a demanda pelo produto. E a demanda por muitos produtos e serviços organizacionais tende a variar mais – e mais rapidamente – do que a demanda por produtos e serviços de consumo. Um pequeno aumento percentual na demanda do consumidor pode gerar grandes aumentos na demanda organizacional.

Demanda derivada
Demanda organizacional que, em última instância, é proveniente (deriva) da demanda por bens de consumo.

Por fim, a demanda organizacional é uma **demanda derivada** – em última instância, ela deriva da demanda por bens de consumo. Por exemplo, a demanda por tecidos Gore-Tex deriva das compras dos consumidores de marcas de roupas e acessórios para atividades ao ar livre confeccionadas com seus tecidos. Se a demanda por essas roupas aumenta, a demanda por tecidos Gore-Tex também aumenta. Assim, para intensificar a demanda por Gore-Tex, a Gore direciona propagandas para consumidores finais, a fim de instruí-los sobre os benefícios dos tecidos Gore-Tex nas roupas das marcas que eles compram. Ela também vende, diretamente, marcas que trabalham com Gore-Tex – como Rukka, Marmot, The North Face, Burton, L. L. Bean e Adidas —, por meio de seus *sites* web e móvel. Como resultado, os consumidores de todo o mundo aprenderam a procurar pelo familiar rótulo da marca Gore-Tex nas roupas que compram, assim, tanto a Gore quanto suas marcas parceiras saem ganhando.[2]

Natureza da unidade de compra

Em comparação com as compras de consumo, as compras organizacionais normalmente envolvem *mais participantes nas decisões* e um *esforço de compra mais profissional*. Em geral, as compras organizacionais são efetuadas por pessoas treinadas que passam sua carreira aprendendo a comprar melhor. Quanto mais complexa a compra, mais provável a participação de diversas pessoas no processo de tomada de decisão. Comitês de compra formados por especialistas técnicos e pela alta administração são comuns na compra de produtos importantes. Além disso, as empresas voltadas para o mercado B2B têm à sua disposição um novo tipo de gerentes de suprimento, mais bem treinados e de alto nível. E esses gerentes de suprimentos são bem versados nas tecnologias digitais, móveis e de mídias sociais atuais para encontrar e avaliar alternativas de compra. Assim, as empresas precisam contar com profissionais de *marketing*, vendedores e time de suporte digital bem treinados para lidar com esses compradores mais preparados.

Demanda derivada: para aumentar a demanda por tecidos Gore-Tex, a empresa comercializa diretamente para os compradores de marcas de roupas esportivas e para atividades ao ar livre feitas com seus produtos e tecnologias. Este anúncio incentiva os corredores a "enfrentar a sujeira, [...] enfrentar a lama, [...]deixar a poeira para trás e correr", graças à tecnologia Gore-Tex em seus tênis de corrida. Tanto a Gore quanto suas marcas parceiras saem ganhando.

Cortesia: Gore-Tex, Shine United, Eric Cook (diretor de arte), James Breen (redator), John Krull (diretor de criação), Michael Kriefski (diretor executivo de criação), Mike Tittle (fotógrafo) e Scott Lanza (fotógrafo).

O processo de decisão do comprador organizacional: Mais do que apenas fornecer equipamentos e sistemas de rede para seus clientes organizacionais, "a Cisco está firmemente focada em ser o parceiro mais estratégico para nossos clientes e ajudá-los a ter sucesso no mundo de hoje".

Kristoffer Tripplaar/Alamy Stock Photo

Tipos de decisão de compra e processo decisório

Em geral, os compradores organizacionais se deparam com decisões de compra *mais complexas* que os compradores de bens de consumo. As compras organizacionais geralmente envolvem uma grande quantia de dinheiro, considerações técnicas e econômicas complexas, e interações entre muitas pessoas de vários níveis da organização compradora. O processo de compra organizacional também tende a ser *mais longo e formalizado*. As grandes compras organizacionais normalmente requerem especificações detalhadas do produto, pedidos de compra por escrito, buscas cuidadosas por fornecedores e aprovação formal.

Para completar, no processo de compra organizacional, comprador e vendedor geralmente são muito mais *dependentes* um do outro. As empresas voltadas para o mercado organizacional podem ter de arregaçar as mangas e trabalhar próximas aos seus clientes durante todos os estágios do processo de compra – elas podem ajudá-los a definir os problemas, encontrar soluções e oferecer suporte para operações pós-venda. No curto prazo, as vendas ficam com os fornecedores que atendem às necessidades imediatas de produtos e serviços dos compradores. No longo prazo, entretanto, as empresas que atuam no mercado organizacional mantêm seus clientes atendendo às suas necessidades atuais *e* formando parcerias com eles para ajudá-los a solucionar seus problemas. Por exemplo, a gigante de redes digitais Cisco Systems não vende apenas *hardware*, *software* e sistemas de rede para seus clientes empresariais: ela estabelece uma relação de parceria para garantir o sucesso de seus clientes a longo prazo:[3]

> A Cisco fornece a seus clientes organizacionais equipamentos e tecnologias que conectam pessoas, dados, sistemas de computadores e redes digitais tanto dentro da empresa quanto com seus clientes e com outros em todo o mundo. No entanto, mais do que simplesmente vender tecnologias de conexão aos clientes, a Cisco se vê como um parceiro estratégico que os ajuda a usar suas tecnologias para atender melhor e mais lucrativamente seus próprios clientes. O CEO da Cisco gosta da história sobre o cliente de serviços financeiros que se definiu como uma excelente empresa de tecnologia que, em segundo plano, também era boa em serviços bancários. Ela era limitada apenas pela extensão em que suas redes digitais internas e externas podiam oferecer experiências excepcionais aos clientes. Não queria apenas *hardware* e *software* de rede; ela queria conexões bem-sucedidas com seus clientes. E queria que a Cisco fosse sua parceira de longo prazo nessa transformação digital.
>
> Para atender a esses clientes organizacionais, "a Cisco está firmemente focada em ser o parceiro mais estratégico para nossos clientes e ajudá-los a ter sucesso no mundo de hoje", diz a empresa. A Cisco trabalha em estreita colaboração com os clientes para ajudá-los a construir o que chama de "a ponte para o possível". "Coisas incríveis podem acontecer quando você conecta o que está desconectado", diz a Cisco. "Uma parte integrante do nosso DNA é criar parcerias duradouras com os clientes, trabalhando juntos para identificar suas necessidades e fornecer soluções que alimentem seu sucesso".

Desenvolvimento do fornecedor
Desenvolvimento sistemático de redes de fornecedores parceiros para garantir um fornecimento confiável de produtos e materiais utilizados para fabricar produtos ou revendê-los a terceiros.

Nos últimos anos, o relacionamento entre grande parte dos clientes e fornecedores tem deixado de ser distante e de adversários e se tornado próximo e de parceiros. De fato, muitas empresas estão hoje praticando o **desenvolvimento do fornecedor**, criando sistematicamente uma rede de fornecedores parceiros para garantir um fornecimento confiável de produtos e materiais que elas utilizam para fabricar seus produtos ou revendê-los a terceiros. O Walmart, por exemplo, não tem um "departamento de compras", mas sim um "departamento de desenvolvimento do fornecedor". O gigante varejista sabe que não pode confiar em fornecedores locais que talvez não estejam disponíveis quando ele precisar. Assim, ele administra uma robusta rede de fornecedores parceiros que o ajuda a oferecer as centenas de bilhões de dólares em produtos que vende a seus clientes todos os anos.

Comentário do autor | As decisões de compra organizacional podem variar de rotineiras a incrivelmente complexas, envolvendo apenas alguns ou muitos tomadores de decisão e influências de compra.

Comportamento de compra organizacional

Objetivo 6.2 Identificar os principais fatores que influenciam o comportamento de compra organizacional.

No nível mais básico, os profissionais de *marketing* querem saber como os compradores organizacionais responderão a seus vários estímulos de *marketing*. A **Figura 6.1** mostra um modelo do comportamento do comprador organizacional. Nesse modelo, o *marketing* e outros estímulos afetam a organização compradora e produzem certas respostas do comprador. Para desenvolver boas

FIGURA 6.1
Um modelo do comportamento do comprador organizacional.

Em determinados pontos, o mercado organizacional e o consumidor são parecidos – esse modelo se parece bastante com o modelo do comportamento do consumidor apresentado na Figura 5.1 (Capítulo 5). Mas há diferenças significativas, principalmente na natureza da unidade de compra, nos tipos de decisão tomada e no processo de decisão.

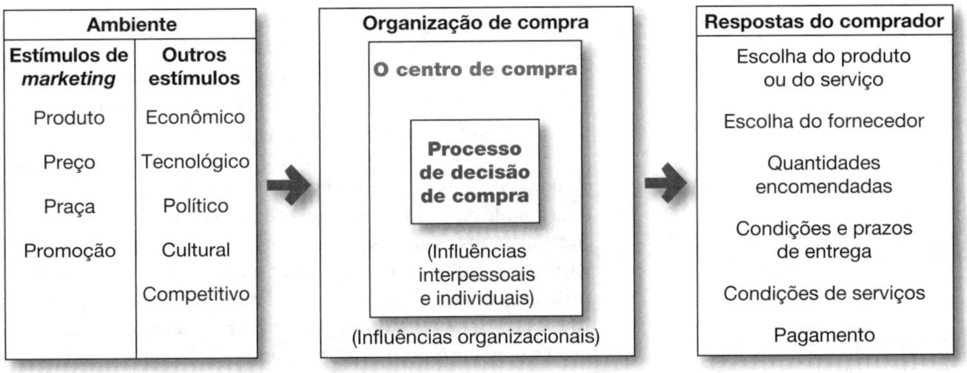

Recompra simples
Situação de compra organizacional em que o comprador repete o pedido, rotineiramente, sem nenhuma modificação.

Recompra modificada
Situação de compra organizacional em que o comprador quer modificar as especificações, os preços, as condições ou os fornecedores do produto.

Compra nova
Situação de compra em que o comprador adquire o produto ou serviço pela primeira vez.

Venda de sistemas (ou venda de soluções)
Compra de um pacote de soluções de uma única empresa, evitando, assim, todas as decisões individuais envolvidas em uma situação de compra complexa.

estratégias de *marketing*, o profissional da área deve entender o que acontece dentro da organização para transformar os estímulos em respostas de compra.

Dentro da organização, a atividade de compra consiste em duas partes principais: o *centro de compras* – formado por todas as pessoas envolvidas na decisão de compra – e o *processo de decisão de compra*. O modelo mostra que o centro de compras e o processo de decisão de compra são influenciados por fatores organizacionais, interpessoais e individuais internos, bem como por fatores ambientais externos.

O modelo apresentado na Figura 6.1 sugere quatro perguntas sobre o comportamento do comprador organizacional: (1) Quais decisões de compra os compradores organizacionais tomam? (2) Quem participa do processo de compra? (3) Quais são as principais influências sobre os compradores? (4) Como os compradores organizacionais tomam suas decisões de compra?

Principais tipos de situação de compra

Existem três principais tipos de situação de compra.[4] Na **recompra simples**, o comprador repete o pedido sem nenhuma modificação. Em geral, o departamento de compras lida com esse tipo de pedido de modo rotineiro. Para continuar no negócio, os fornecedores "selecionados" tentam manter a qualidade de seus produtos e serviços. Já os fornecedores "não selecionados" tentam encontrar novas maneiras de agregar valor para o comprador ou explorar sua insatisfação, para que ele passe a considerá-los.

Na **recompra modificada**, o comprador quer modificar as especificações, os preços, as condições ou os fornecedores do produto. Os fornecedores "selecionados" podem ficar nervosos e se sentirem pressionados a fazer de tudo para proteger sua conta. Já os fornecedores "não selecionados" veem nesse tipo de compra uma oportunidade para fazer uma oferta melhor e conquistar um novo negócio.

Ao comprar um produto ou um serviço pela primeira vez, a empresa se depara com uma situação de **compra nova**. Nesses casos, quanto maior o custo ou o risco, maior o número de participantes na decisão e maiores os esforços da empresa para coletar informações. Esse tipo de compra apresenta as maiores oportunidades e desafios para as empresas. Elas não só tentam alcançar o maior número possível de influências importantes sobre a compra, como também oferecem ajuda e informações. O comprador faz menos decisões na recompra simples e mais decisões na compra nova.

Venda de soluções: além de entregar pacotes para o varejista *on-line* Overstock.com, a UPS também gerencia grande parte do complexo processo de pedidos e devoluções da Overstock de maneira eficiente e agradável ao cliente.

Ken James/Bloomberg via Getty Images

Muitos compradores organizacionais preferem comprar uma solução completa para o seu problema de uma única empresa, em vez de comprar produtos e serviços separados de diversos fornecedores e depois juntá-los. A venda geralmente vai para a empresa que oferece o mais completo *sistema* para atender às necessidades do cliente e resolver seus problemas. Essa **venda de sistemas (ou venda de soluções)** é, muitas vezes, uma importante estratégia de *marketing* organizacional para conquistar e manter contas. Considere o caso da UPS e seu cliente Overstock.com:[5]

A varejista *on-line* Overstock.com vende mais de 1,7 bilhão de dólares em móveis, decoração, roupas de cama e banho, cozinha e itens de reforma para casa anualmente para dezenas de milhões de clientes. Ela oferece um estoque de mais de 2,8 milhões de produtos diferentes. Mas com todas essas vendas vêm grandes dores de cabeça de entrega e centenas de milhares de devoluções difíceis de lidar. Até recentemente, a Overstock.com cuidava de todas as vendas e devoluções de seu próprio armazém em Salt Lake City, Utah. Mas, à medida que as vendas aumentaram, os envios e as devoluções de produtos tornaram-se cada vez mais complexos e caros, especialmente para os clientes da costa leste dos Estados Unidos.

Assim, a Overstock.com recorreu à UPS, que cuidava da entrega de seus pacotes há anos. Mas mais do que apenas enviar os produtos, a UPS ajudou a criar uma solução completa de sistemas. Ela assumiu uma grande parte do inventário da costa leste da Overstock.com e das operações de devolução, tomando conta de todos os processos. A UPS agora gerencia o transporte, a equipe e o armazenamento de grande parte da Overstock.com – em sua própria central de transporte e logística, em Hebron, Kentucky, processando com eficiência dezenas de milhares de devoluções a cada mês. A central da UPS agora atende 78% da costa leste e 66% do país com entrega em dois dias para agradar o cliente. "Desenvolvemos um processo de devolução de classe mundial", diz um executivo da Overstock.com. "A UPS como parceira tem sido essencial para este sucesso".

Participantes do processo de compra organizacional

Quem são os responsáveis pelas compras envolvendo trilhões de dólares em produtos e serviços necessários para as organizações compradoras? A unidade de tomada de decisão de uma organização compradora é chamada de **centro de compras**. Ela engloba todos os indivíduos e unidades que participam do processo de tomada de decisão de compra organizacional. Esse grupo inclui os usuários atuais do produto ou serviço, aqueles que tomam a decisão de compra, aqueles que influenciam essa decisão, aqueles que fazem a compra e aqueles que controlam as informações de compra.

Centro de compras
Todos os indivíduos e unidades que participam do processo de tomada de decisão de compra.

Assim, o centro de compras é composto por todos os membros da organização que desempenham qualquer um dos cinco papéis a seguir no processo de decisão de compra:[6]

Usuários
Membros da organização compradora que usarão o produto ou o serviço adquirido.

Influenciadores
Pessoas do centro de compras de uma organização que afetam a decisão de compra; geralmente, ajudam a definir as especificações e também oferecem informações para a avaliação das alternativas.

Compradores
Pessoas do centro de compras de uma organização que efetuam a compra.

Decisores
Pessoas do centro de compras de uma organização que têm poder formal ou informal para selecionar ou aprovar os fornecedores finais.

Filtros
Pessoas do centro de compras de uma organização que controlam o fluxo de informações.

- **Usuários**: são os membros da organização que vão usar o produto ou serviço. Em muitos casos, eles dão início à proposta de compra e ajudam a definir as especificações do produto.
- **Influenciadores**: geralmente ajudam a definir as especificações e também oferecem informações para a avaliação das alternativas. Os funcionários das áreas técnicas são influenciadores particularmente importantes.
- **Compradores**: têm autoridade formal para selecionar o fornecedor e estipular as condições de compra. Eles podem ajudar na formulação das especificações do produto, mas seu principal papel é selecionar os fornecedores e negociar. Em compras mais complexas, os compradores podem solicitar a participação da alta gerência nas negociações.
- **Decisores**: têm poder formal ou informal para selecionar ou aprovar os fornecedores finais. Em compras rotineiras, os compradores costumam ser os decisores ou, pelo menos, os aprovadores.
- **Filtros**: controlam o fluxo de informações. Por exemplo, os compradores geralmente têm autoridade para impedir os vendedores de ver os usuários ou os decisores. Outros filtros são as pessoas das áreas técnicas.

O centro de compras não é uma unidade estabelecida e formalmente identificada na organização compradora. Ele é um conjunto de papéis de compra assumidos por diferentes pessoas em diferentes compras. Dentro da organização, o tamanho e a composição do centro de compras variam de acordo com os diversos produtos e as diversas situações de compra. Em algumas compras rotineiras, uma pessoa – digamos, um comprador – pode assumir todos os papéis do centro de compras e ser a única envolvida na decisão. Em compras mais complexas, o centro de compras pode incluir entre 20 e 30 pessoas de diferentes níveis e departamentos da organização.

O conceito de centro de compras representa um grande desafio para o *marketing*. As empresas que atuam no mercado organizacional precisam saber quem participa da decisão, qual a influência relativa de cada participante e qual critério de avaliação cada um deles utiliza. Isso pode ser muito difícil.

O centro de compras normalmente conta com alguns participantes óbvios, que estão formalmente envolvidos na decisão de compra. Por exemplo, a decisão de compra de um avião corporativo provavelmente envolverá o CEO da empresa, o principal piloto, um comprador, alguns membros do departamento jurídico, um membro da alta administração e outras pessoas formalmente encarregadas da decisão de compra. No entanto, ela poderá envolver também participantes menos óbvios, informais, e alguns deles poderão tomar, de fato, a decisão ou afetá-la fortemente. Às vezes, nem as pessoas do centro de compras têm consciência de todos os participantes envolvidos no processo. Por exemplo, a decisão em relação a qual avião corporativo comprar pode ser tomada por um membro do conselho de administração que se interesse por aviação e tenha algum conhecimento sobre aviões. Essa pessoa

Anúncios como este dos painéis estruturais de concreto da USG sugerem que as emoções desempenham um papel mesmo na tomada de decisões em empresas fortemente baseadas em desempenho.

USG

pode trabalhar nos bastidores para influenciar a decisão. Muitas decisões de compra organizacional resultam de complexas interações dos participantes do centro de compras, que mudam constantemente.

Principais influências sobre os compradores organizacionais

Ao tomar suas decisões de compra, os compradores organizacionais estão sujeitos a muitas influências. Algumas empresas que atuam no mercado organizacional acreditam que as principais influências sejam econômicas. Para elas, os compradores dão preferência aos fornecedores que oferecem o menor preço, o melhor produto ou mais serviços. Por essa razão, essas empresas se concentram em oferecer grandes benefícios econômicos para os compradores. Esses fatores econômicos são realmente determinantes para muitos compradores, ainda mais em períodos econômicos difíceis. Entretanto, os compradores organizacionais respondem, na verdade, a fatores tanto econômicos como pessoais. Longe de serem frios, calculistas e impessoais, eles são humanos e sociáveis, agindo não só com a razão, mas também com a emoção.

Hoje, a maioria dos profissionais de *marketing* B2B reconhece que a emoção desempenha um papel importante nas decisões de compra de negócios. Considere o seguinte exemplo:[7]

A USG Corporation é uma fabricante líder de materiais para as indústrias de construção e remodelação. Dado seu público de empreiteiros, arquitetos e construtores, você pode esperar que os anúncios B2B da USG se concentrem em detalhar recursos e benefícios de desempenho, como força, resistência ao impacto, facilidade de instalação e custos. E realmente a USG promove esses benefícios, mas as imagens em seus anúncios B2B trazem um forte impacto emocional. Por exemplo, as vendas e o *marketing* gerais dos painéis estruturais de concreto da USG enfatizam a durabilidade, o peso leve e a facilidade de instalação em comparação ao cimento tradicional, que é comparativamente pesado, lento e caro. Em vez de declarar esses benefícios diretamente, um anúncio da USG para seus painéis estruturais apresenta a inusitada cena de um engenheiro preso pelas mãos e pelos pés aos tentáculos de um polvo de concreto emergindo de um piso de cimento. O anúncio pergunta: "O cimento está te segurando?" e, em seguida, encaminha os clientes ao *site* da USG para obter recursos e comparações de desempenho detalhados. Este e outros anúncios da USG reconhecem que as emoções podem desempenhar um papel importante mesmo em decisões fortemente baseadas em desempenho.

A **Figura 6.2** relaciona vários grupos de influência sobre os compradores organizacionais – ambiental, organizacional, interpessoal e individual. Os compradores organizacionais são fortemente influenciados por fatores atuais e esperados no *ambiente econômico*, como o nível de demanda primária, a perspectiva econômica e o valor da moeda. Outro fator ambiental é o *abastecimento* de materiais importantes. Os compradores organizacionais também são afetados por acontecimentos *tecnológicos*, *políticos* e *competitivos* no ambiente. Por fim, *cultura e costumes* podem influenciar bastante as reações do comprador organizacional em relação ao comportamento e às estratégias das empresas vendedoras, principalmente no ambiente de *marketing* internacional (veja o Marketing Real 6.1). O comprador organizacional deve observar esses fatores, determinar como eles afetarão o comprador e tentar transformar esses desafios em oportunidades.

FIGURA 6.2
Principais influências sobre o comportamento do comprador organizacional.

Marketing Real 6.1 | Modos de comportamento no *marketing* internacional

Imagine a seguinte situação: a Consolidated Amalgamation, Inc., acredita que chegou o momento de o resto do mundo apreciar os excelentes produtos que ela oferece aos consumidores norte-americanos há duas gerações. A empresa envia Harry E. Slicksmile, seu vice-presidente, para a Europa, África e Ásia a fim de explorar o território. O sr. Slicksmile vai primeiro para Londres, onde entra rapidamente em contato com alguns banqueiros por telefone. Ele tem a mesma facilidade com os parisienses: depois de reservar uma mesa no La Tour d'Argent, apresenta-se para seu convidado – o diretor de uma empresa de engenharia industrial – dizendo: "Pode me chamar de Harry, Jacques". Na Alemanha, o sr. Slicksmile mostra-se uma fonte de saber. Com uma apresentação multimídia fantástica, feita com a ajuda de um projetor ultracompacto, ele mostra aos alemães que aquele garoto da Geórgia sabe ganhar dinheiro.

Depois disso, o sr. Slicksmile vai para a Arábia Saudita, onde apresenta para um cliente potencial uma proposta de vários milhões de dólares em uma elegante pasta de couro de porco. A caminho de Moscou, Harry puxa conversa com um executivo japonês que está sentado ao seu lado no avião. Ele elogia as abotoaduras do executivo diversas vezes, reconhecendo-o como um homem de importância. Na hora de se despedirem, o executivo presenteia Harry com suas abotoaduras, oferece a ele seu cartão de visita com ambas as mãos e se inclina até a altura da cintura. Para expressar seus mais sinceros agradecimentos, Harry coloca firmemente a mão nas costas do executivo e, em seguida, deposita seu cartão de visita no bolso da camisa dele.

Harry conquista a Rússia quando se encontra com o CEO de uma *startup* de tecnologia. Sentindo-se muito à vontade com o executivo russo, ele tira o casaco, se encosta, cruza as pernas e coloca suas mãos no bolso. Sua próxima parada é Pequim, na China, onde Harry fala de negócios em um almoço com um grupo de executivos chineses. Terminada a refeição, ele larga seu *hashi* em sua tigela de arroz e, para mostrar seu desejo de fazer negócios com o grupo, presenteia cada convidado com um elegante relógio da Tiffany.

Uma grande viagem que, com certeza, vai gerar uma pilha de pedidos, certo? Errado. Seis meses depois, a Consolidated Amalgamation não tem nada para mostrar da longa viagem, a não ser uma pilha de contas. Lá fora, ninguém tinha se impressionado com Harry.

Esse caso hipotético foi exagerado para dar mais ênfase à questão. Os norte-americanos raramente são tão bobos assim. Seja como for, especialistas dizem que o sucesso no mercado internacional tem muito a ver com o conhecimento que se tem da região e de seu povo. Estudando inglês e aperfeiçoando-se de outras maneiras, os executivos de outros países aprenderam muito sobre os norte-americanos. Em compensação, os norte-americanos costumam fazer pouca coisa além de acreditar que os outros dançarão conforme sua música. "Queremos que as coisas sejam 'norte-americanas' quando viajamos. Rápidas. Práticas. Fáceis. E assim nos tornamos os 'norte-americanos maus', que querem que os outros mudem", diz um especialista norte-americano em comércio exterior. "Acho que fecharíamos mais negócios se nos empenhássemos mais."

O pobre Harry tentou, é verdade, mas da maneira errada. Como regra, diferentemente dos norte-americanos, os britânicos não fazem negócios por telefone. Não se trata especificamente de uma diferença "cultural", mas sim de uma diferença na abordagem. Um francês típico não gosta de familiaridade imediata, nem chama estranhos pelo primeiro nome. "Aquele pobre sujeito, o Jacques, provavelmente não demonstraria nada, mas não ficaria contente", explica um especialista em práticas de negócios franceses.

A impressionante apresentação de Harry muito possivelmente seria um fiasco com os alemães, que não gostam de exageros e exibicionismo. E, para os sauditas, a pasta de couro de porco seria considerada repulsiva. Um vendedor norte-americano que, de fato, apresentou uma pasta assim foi expulso do país sem cerimônias e sua empresa entrou na lista negra das organizações saudistas.

Harry também cometeu inúmeras gafes com seu novo colega japonês. Como os japoneses se esforçam para agradar os outros, especialmente quando a pessoa admira o que eles têm, o executivo provavelmente não daria suas abotoaduras com prazer: ele se sentiria obrigado a fazer isso. A mão de Harry nas costas do executivo possivelmente seria interpretada como um ato desrespeitoso e presunçoso. O Japão, assim como muitos outros países da Ásia, é adepto à cultura do "nenhum contato físico". Lá, mesmo um aperto de mãos é uma experiência estranha. Harry conseguiu piorar as coisas com o modo como lidou com seu cartão de visita. Os japoneses consideram o cartão de visita uma extensão de si e um indicador de sua posição. Eles não o entregam às pessoas: eles o apresentam – e com as duas mãos.

As coisas também não foram muito bem na Rússia. Os executivos russos mantêm um visual conservador, profissional, com ternos escuros e sapatos sociais. Tirar o casaco durante uma negociação de qualquer tipo é tido como um sinal de fraqueza. Colocar as mãos no bolso é considerado rude. E mostrar a sola dos sapatos é um gesto desagradável e repugnante. De maneira similar, na China, o fato de Harry largar seu *hashi* na tigela poderia ser mal interpretado como um ato de agressão. Colocar os pauzinhos em uma tigela de arroz e deixá-los lá significa morte para os chineses. Os relógios que Harry ofereceu como presente teriam confirmado essas intenções sombrias. Em chinês, as palavras "dar um relógio" tem mais ou menos o mesmo som que "providenciar a morte de alguém".

Portanto, para competir com sucesso no mercado internacional – ou mesmo para lidar de maneira eficiente com empresas estrangeiras em mercados domésticos –, as organizações devem ajudar seus gestores a entender as necessidades, os costumes e a cultura dos compradores organizacionais internacionais. Hoje em dia, muitas empresas comercializam aplicativos para *smartphones* que oferecem dicas para os viajantes internacionais e os ajudam a não cometer erros embaraçosos no exterior. As culturas ao redor do mundo diferem muito, e os profissionais de *marketing* devem ter isso bem claro para ter certeza de que se adaptarão às diferenças. "Ao fazer negócios em um outro país e em uma outra cultura [...] não tome nada como certo", aconselha um especialista em negócios internacionais. "Revire tudo. Pergunte tudo. Examine cada detalhe".[8]

Condutas no *marketing* internacional: para competir com sucesso nos mercados globais, as empresas devem ajudar seus gerentes a entender as necessidades, os costumes e as culturas dos compradores de negócios internacionais.

Rawpixel.com/Shutterstock

Os *fatores organizacionais* também são importantes. Toda organização compradora tem seus objetivos, estratégias, estrutura, sistemas e procedimentos, e o profissional de *marketing* organizacional deve conhecer esses fatores. Perguntas como essas surgem: Quantas pessoas estão envolvidas na decisão de compra? Quem são essas pessoas? Quais critérios de avaliação elas utilizam? Quais são as políticas da empresa e os limites impostos a seus compradores?

O centro de compras normalmente possui muitos participantes que influenciam uns aos outros, de modo que os *fatores interpessoais* também afetam o processo de compra organizacional. Entretanto, costuma ser difícil avaliar esses fatores interpessoais e as dinâmicas do grupo. Os participantes do centro de compras não usam crachás que os identificam como "tomador de decisões importante" ou "não influenciador". Além disso, nem sempre os participantes que ocupam os cargos mais altos têm maior influência. Os participantes podem ter influência na decisão de compra por controlarem as recompensas e as punições, serem estimados, terem conhecimentos especiais ou cultivarem um relacionamento especial com outros participantes importantes. Os fatores interpessoais geralmente são muito sutis. Sempre que possível, os profissionais de *marketing* organizacional devem tentar entender esses fatores e elaborar estratégias que os levem em consideração.

Todo participante do processo de decisão de compra organizacional possui motivações, percepções e preferências pessoais. Esses *fatores individuais* são afetados por características pessoais, como idade, renda, nível de instrução, identificação profissional, personalidade e atitude em relação ao risco. Além disso, os compradores têm estilos de compra diferentes. Alguns podem ser do tipo técnico, ou seja, analisam profundamente as propostas dos concorrentes antes de escolher um fornecedor. Outros podem ser negociadores intuitivos, daqueles que, para conseguirem fechar o melhor negócio, fazem as empresas vendedoras competirem entre si.

Comentário do autor | Assim como acontece com os consumidores finais, a decisão real de compra organizacional faz parte de um processo de compra muito maior – desde a identificação do problema até a análise do desempenho pós-compra. Os profissionais de *marketing* B2B querem se envolver do começo ao fim.

Processo de compra organizacional

Objetivo 6.3 **Relacionar e definir os estágios do processo de decisão de compra organizacional.**

A **Figura 6.3** apresenta os oito estágios do processo de compra organizacional.[9] Os compradores que se deparam com uma nova situação de compra geralmente passam por todos os estágios do processo de compra. Em contrapartida, os que fazem uma recompra simples ou modificada podem pular alguns estágios. Examinaremos esses estágios para uma típica situação de compra nova.

Identificação do problema

Identificação do problema
Estágio do processo de compra organizacional em que a empresa identifica um problema ou uma necessidade que pode ser dissipada com a aquisição de determinado produto ou serviço.

O processo de compra tem início quando alguém na empresa identifica um problema ou uma necessidade que pode ser dissipada com a aquisição de determinado produto ou serviço. A **identificação do problema** pode resultar de estímulos internos ou externos. Internamente, a empresa pode decidir lançar um produto que exija novos equipamentos e materiais para sua produção. Ou uma máquina pode quebrar e precisar de novas peças. Talvez um gerente de compras não esteja satisfeito com a qualidade do produto, os serviços ou os preços do fornecedor atual. Externamente, o comprador pode obter novas ideias em feiras, ver um anúncio ou um *site* ou receber uma ligação de um vendedor, oferecendo um produto melhor ou um preço mais baixo.

Na verdade, os profissionais de *marketing* organizacional geralmente alertam os clientes sobre possíveis problemas e, em seguida, mostram como seus produtos e serviços fornecem soluções.

FIGURA 6.3
Estágios do processo de compra organizacional.

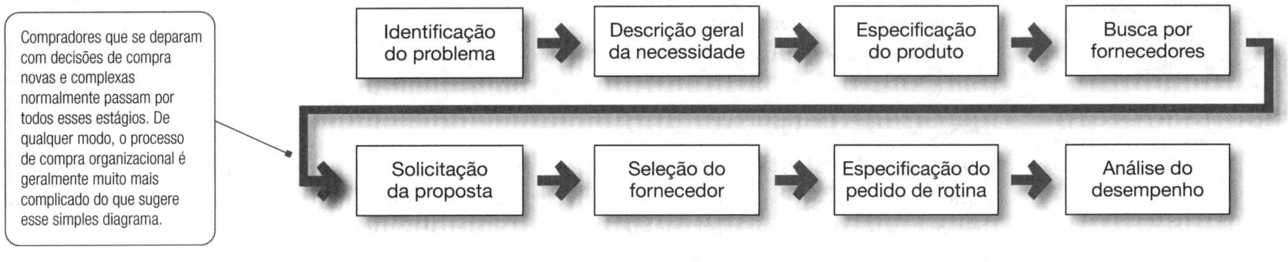

Identificação do problema: os anúncios "Blaze your trail" (Rastreie sua trilha) da Salesforce mostram como ela resolve problemas para alguns de seus clientes de alto escalão, como a Intuit, sugerindo que ela pode fazer o mesmo para novos clientes.

Salesforce.com, inc.

Por exemplo, os anúncios "Blaze your trail" (Rastreie sua trilha) da empresa de soluções de CRM Salesforce mostram como a empresa resolve problemas para alguns de seus clientes de alto escalão, sugerindo que ela pode fazer o mesmo para novos clientes.[10] "Como a Intuit obtém uma melhor visão de seus clientes", diz um título de anúncio da Salesforce. "Administrar um negócio com milhões de clientes pode ser como controlar o tráfego aéreo", continua o anúncio. "Como você mantém todos na rota de voo certa? A Intuit faz isso com o Salesforce. A plataforma de sucesso do cliente, desenvolvida pela inteligência artificial Einstein, oferece aos funcionários os *insights* necessários para trabalhar de forma mais inteligente. E os aplicativos conectam os clientes ao atendimento em tempo real, exatamente quando eles precisam. E se você tivesse uma maneira de rastrear cada um de seus clientes, não importa para onde eles fossem?"

Descrição geral da necessidade

Uma vez identificada a necessidade, o comprador prepara uma **descrição geral da necessidade**, que descreve as características e a quantidade do item necessário. Para itens padronizados, esse processo apresenta poucos problemas. Para itens complexos, no entanto, o comprador pode ter que trabalhar com outras pessoas - engenheiros, usuários, consultores —, a fim de definir as características deles. A equipe pode querer classificar a importância da confiabilidade, da durabilidade, do preço e de outros atributos desejados no item. Nessa fase, o profissional de *marketing* organizacional atento pode ajudar os compradores a definir suas necessidades e fornecer informações sobre o valor das diferentes características do produto.

Descrição geral da necessidade
Estágio do processo de compra organizacional em que o comprador descreve as características gerais e a quantidade de um item necessário.

Especificações do produto
Estágio do processo de compra organizacional em que a organização compradora decide quais são as melhores características técnicas do produto para um determinado item e as especifica.

Busca por fornecedores
Estágio do processo de compra organizacional em que o comprador tenta encontrar os melhores fornecedores.

Especificação do produto

A organização compradora então desenvolve as **especificações do produto** para o item, muitas vezes com a ajuda de uma equipe de engenharia, que realiza uma análise produto-valor. A *análise produto-valor* é uma abordagem de redução de custos em que os componentes são estudados cuidadosamente para determinar se podem ser reprojetados, padronizados ou fabricados a partir de métodos de produção mais baratos. A equipe decide quais são as melhores características técnicas do produto e as especifica. As empresas vendedoras também podem usar a análise produto-valor como uma ferramenta para ajudar a conseguir uma nova conta. Ao mostrar para os compradores uma maneira melhor de fabricar um objeto, os vendedores podem transformar situações de recompra simples em situações de compra nova - e têm a chance de obter novos negócios.

Busca por fornecedores

Nesse estágio, o comprador conduz uma **busca por fornecedores**, a fim de encontrar os melhores. Ele pode compilar uma pequena lista de fornecedores qualificados analisando diretórios comerciais, fazendo pesquisas *on-line* ou entrando em contato com outras empresas para obter indicações. Atualmente, um número cada vez maior de empresas recorre à Internet para encontrar fornecedores. Para os profissionais de *marketing*, isso significou um aumentou de seu campo de ação - a Internet oferece aos fornecedores menores muitas das vantagens que oferece aos maiores. Quanto mais original a compra e mais complexo e caro o item, mais tempo o comprador gastará procurando fornecedores. A tarefa do fornecedor consiste em fazer com que seu nome esteja relacionado em importantes diretórios, criar uma presença *on-line* robusta e construir uma boa reputação no mercado. Os vendedores devem ficar atentos às empresas que estão em processo de busca por fornecedores e se certificar de que sua organização será lembrada.

Solicitação da proposta

No estágio de **solicitação da proposta** do processo de compra organizacional, o comprador pede que os fornecedores qualificados apresentem suas propostas. Em resposta, alguns fornecedores vão direcionar o comprador para seu *site*, enviar-lhe materiais promocionais ou pedir a um vendedor que

Solicitação da proposta
Estágio do processo de compra organizacional em que o comprador pede que os fornecedores qualificados apresentem propostas.

lhe faça uma visita. Entretanto, quando se trata de um item complexo ou caro, o comprador geralmente exige propostas detalhadas por escrito ou apresentações formais de cada fornecedor potencial.

Os profissionais de *marketing* organizacional precisam ser hábeis na pesquisa, redação e apresentação das propostas solicitadas pelo comprador. As propostas devem ser documentos de *marketing*, e não apenas documentos técnicos. As apresentações devem transmitir confiança e fazer com que a empresa se destaque entre seus concorrentes.

Seleção do fornecedor

Seleção do fornecedor
Estágio do processo de compra organizacional em que o comprador analisa as propostas e seleciona um ou mais fornecedores.

Nesse estágio, os membros do centro de compras analisam as propostas e selecionam um ou mais fornecedores. Durante a **seleção do fornecedor**, o centro de compras geralmente desenvolve uma lista com os atributos desejados do fornecedor e a importância relativa de cada um deles. Entre esses atributos, estão: qualidade dos produtos e serviços, reputação, entrega dentro do prazo, comportamento corporativo ético, comunicações honestas e preços competitivos. Os membros do centro de compras avaliam os fornecedores de acordo com esses atributos e identificam os melhores.

Os compradores podem tentar negociar com os fornecedores preferidos para obter melhores preços e condições antes de fazer a escolha final. No fim, eles podem selecionar um único fornecedor ou alguns deles. Muitas empresas preferem trabalhar com vários fornecedores, para não ficarem totalmente dependentes de um fornecedor e para poderem comparar os preços e o desempenho de vários fornecedores ao longo do tempo. Hoje em dia, os gerentes de desenvolvimento do fornecedor querem desenvolver uma rede completa de fornecedores parceiros que possa ajudar a empresa a entregar mais valor para seus clientes.

Especificação do pedido de rotina

Especificação do pedido de rotina
Estágio do processo de compra organizacional em que o comprador escreve o pedido final para o(s) fornecedor(es) escolhido(s), listando as especificações técnicas, a quantidade necessária, o prazo de entrega esperado, as políticas de devolução e os termos de garantia.

Nesse estágio, o comprador prepara uma **especificação do pedido de rotina**, que contém o pedido final para o(s) fornecedor(es) escolhido(s) e uma lista com itens como: especificações técnicas, quantidade necessária, prazo de entrega esperado, políticas de devolução e termos de garantia. No caso de itens utilizados em manutenção, reparo e produção, os compradores geralmente utilizam contratos de fornecimento, em vez de pedidos de compra periódicos. O contrato de fornecimento gera um relacionamento de longo prazo, no qual o fornecedor se compromete a reabastecer o comprador sempre que necessário por um preço e um prazo determinados.

Atualmente, muitos grandes compradores trabalham com *estoque gerenciado pelo fornecedor*, delegando a responsabilidade pelo processamento de pedidos e pela administração do estoque para seus fornecedores. Em sistemas como esse, os compradores compartilham as informações de vendas e estoque com fornecedores-chave. Com isso, os fornecedores monitoram o estoque e o reabastecem automaticamente sempre que necessário. Por exemplo, grande parte dos importantes fornecedores de grandes varejistas, como Walmart, Target, Home Depot e Lowe's, fica com a responsabilidade pelo gerenciamento do estoque.

Análise do desempenho

Análise do desempenho
Estágio do processo de compra organizacional em que o comprador avalia o desempenho do fornecedor e decide dar continuidade ao acordo, modificá-lo ou desfazê-lo.

Nesse estágio, o comprador analisa o desempenho do fornecedor. Para isso, ele pode entrar em contato com usuários e pedir que eles classifiquem sua satisfação. A **análise do desempenho** pode fazer com que o comprador dê continuidade ao acordo, modifique-o ou desfaça-o. O trabalho do vendedor é monitorar os mesmos fatores usados pelo comprador para se certificar de que está atingindo o nível esperado de satisfação.

Resumindo, o modelo de oito estágios do processo de compra mostrado na Figura 6.3 fornece uma visão simplificada da compra organizacional no caso de uma situação de compra nova. Em geral, o processo real é muito mais complexo. Nas situações de recompra simples ou modificada, alguns desses estágios seriam reduzidos ou desconsiderados. Cada organização tem seus próprios métodos de compra, e cada situação de compra tem exigências singulares.

Os diversos participantes do centro de compras podem ser envolvidos em diferentes estágios do processo. Apesar de certos estágios normalmente ocorrerem, os compradores nem sempre os seguem na mesma ordem. Além disso, podem acrescentar estágios aos processos. Geralmente, os compradores repetem determinados estágios. Por fim, o relacionamento com o cliente pode envolver muitos tipos diferentes de compras em andamento em determinado momento, cada um em um estágio diferente do processo de compra. E para a maioria dos clientes organizacionais, as compras individuais são feitas na estrutura de um relacionamento contínuo e de longo prazo com o cliente. O vendedor deve gerenciar o *relacionamento total* com o cliente, e não apenas as compras individuais.

Comentário do autor | À medida que os clientes organizacionais mudam rapidamente para as práticas de compra digital, os profissionais de *marketing* B2B de hoje estão usando uma ampla variedade de abordagens de *marketing* digital, móvel e de mídias sociais.

Engajamento de compradores organizacionais por meio de *marketing* digital e social

Objetivo 6.4 Discutir como as mídias *on-line*, móveis e sociais mudaram o *marketing* B2B.

Como em todas as outras áreas do *marketing*, a explosão das tecnologias da informação e das mídias *on-line*, móveis e sociais mudou o padrão do processo de compra e *marketing* B2B. Nas seções a seguir, discutimos dois importantes avanços tecnológicos: *e-procurement e compras on-line* e *marketing B2B de mídias digitais e sociais.*

E-procurement e compras *on-line*

E-procurement
Compra realizada por meio de conexões eletrônicas entre os compradores e os vendedores – geralmente *on-line*.

Avanços na tecnologia da informação mudaram a cara do processo de *marketing* B2B. Nos últimos anos, as compras *on-line*, conhecidas também por ***e-procurement***, cresceram rapidamente. Praticamente inexistentes há cerca de três décadas, as compras *on-line* são, hoje, o procedimento-padrão de grande parte das organizações. Por sua vez, os profissionais de *marketing* organizacional podem se conectar *on-line* com os clientes para compartilhar informações de *marketing*, vender produtos e serviços, oferecer serviços de atendimento ao cliente e manter um relacionamento contínuo com eles.

As empresas podem praticar o *e-procurement* de diversas maneiras. Elas podem conduzir *leilões reversos*, colocando na Internet seus requisitos de compra e pedindo para os fornecedores apresentarem sua proposta. Podem também partir para as *trocas comerciais*, por meio das quais as empresas trabalham em conjunto para facilitar o processo comercial. Elas podem ainda montar um *site de compras da empresa*. Por exemplo, a GE possui um *site* no qual, além de divulgar suas necessidades de compra, recebe propostas, negocia condições e fecha pedidos. Outra opção é a criação de *extranets* com os principais fornecedores. Por exemplo, uma empresa pode criar contas de compra direta com fornecedores como a Dell ou a Staples, por meio das quais os compradores da empresa podem adquirir equipamentos, materiais e suprimentos. A Staples opera uma divisão de compras organizacionais chamada Staples Business Advantage que atende às necessidades de suprimentos e serviços de empresas de qualquer tamanho – desde aquelas que têm 10 funcionários até as que constam na lista das mil maiores da revista *Fortune*.

A compra *on-line* é um procedimento padrão para a maioria das empresas hoje, permitindo que os profissionais de *marketing* organizacional se conectem com os clientes *on-line* para vender produtos e serviços, fornecer serviços de suporte ao cliente e manter relacionamentos contínuos com eles.
icetray/123RF

O *e-procurement* entre empresas gera muitos benefícios. Para começar, ele reduz os custos de transação e resulta em compras mais eficientes, tanto para os compradores como para os fornecedores. Além disso, diminui o tempo entre o pedido e a entrega. Um sistema de compras *on-line* elimina toda papelada associada aos procedimentos tradicionais de requisição e pedido e ajuda as empresas a acompanhar melhor todas as suas compras. Por fim, além da economia de tempo e dinheiro, o *e-procurement* permite que o pessoal de compras se livre de uma série de trabalhos enfadonhos e de burocracias, o que permite a eles se concentrarem em questões mais estratégicas, como a busca por suprimentos melhores e o trabalho com fornecedores para reduzir custos e desenvolver novos produtos.

Entretanto, a rápida e cada vez maior utilização do *e-procurement* também apresenta alguns problemas. Por exemplo, ao mesmo tempo em que a Internet possibilita que fornecedores e clientes compartilhem dados de negócios e, até mesmo, trabalhem juntos no desenvolvimento de um produto, ela também pode desgastar relacionamentos de décadas entre fornecedores e clientes. Muitas empresas estão utilizando o poder da Internet para colocar os fornecedores uns contra os outros e procurar melhores acordos, produtos e prazos de entrega em uma base de compra individual.

Marketing B2B de mídias digitais e sociais

***Marketing* B2B de mídias digitais e sociais**
Utilização de abordagens de *marketing* de mídias digitais e sociais para engajar clientes organizacionais e gerenciar relacionamentos com eles em qualquer lugar, a qualquer hora.

Em resposta à rápida mudança dos clientes organizacionais para compras *on-line*, os profissionais de *marketing* B2B estão usando uma ampla variedade de abordagens de *marketing* de mídias digitais e sociais – desde *sites*, *blogs*, aplicativos móveis, *newsletters* e redes *on-line* proprietárias a mídias sociais tradicionais, como Facebook, LinkedIn, Instagram, YouTube e Twitter, para engajar clientes organizacionais e gerenciar relacionamentos com eles em qualquer lugar, a qualquer hora.

O ***marketing* B2B de mídias digitais e sociais** não está apenas crescendo, está explodindo. O *marketing* de mídias digitais e sociais rapidamente se tornou o novo espaço para envolver os clientes

A gigante do transporte de contêineres Maersk Line engaja os clientes empresariais por meio de várias mídias digitais e sociais. "O objetivo é [...] nos aproximarmos de nossos clientes".

A.P. Møller-Mærsk A/S

organizacionais. Considere a Maersk Line, a empresa líder mundial em transporte e remessa de contêineres, atendendo clientes empresariais por meio de 374 escritórios em 160 países:[11]

> Você pode não esperar ver muito do *marketing* moderno em uma empresa antiga de transporte de contêineres, mas reconsidere. A Maersk Line é uma das empresas mais bem-sucedidas e voltadas para o futuro com relação ao *marketing* B2B de mídias digitais e sociais em qualquer setor. A Maersk Line navegou a todo vapor nas águas das mídias sociais com oito contas globais nas principais redes sociais, incluindo Facebook, LinkedIn, Twitter e YouTube. A Maersk Line tem mais de 2,4 milhões de seguidores no Facebook, tornando o Facebook uma plataforma para engajar um amplo público de clientes e outras partes interessadas na marca. No Instagram, a empresa compartilha imagens e histórias de clientes e funcionários para ajudar a dar visibilidade para a marca. No YouTube, ela publica vídeos informativos e educativos detalhando as atividades, os serviços e as pessoas da Maersk Line. O *feed* do Twitter da Maersk Line apresenta as últimas notícias e eventos, criando conversas e *buzz* com seus mais de 108 mil seguidores na rede social. A conta da empresa no LinkedIn, com mais de 1 milhão de seguidores, permite que a Maersk Line envolva clientes, formadores de opinião e influenciadores do ramo, que compartilham informações e discutem desafios e oportunidades do setor com especialistas em transporte e logística. Por que toda essa mídia social? "O objetivo é usar as mídias sociais para nos aproximarmos de nossos clientes", diz Maersk Line. "A mídia social é sobre engajar, não empurrar".

Em comparação com a mídia tradicional e as abordagens de vendas, as mídias digitais e sociais podem criar maior engajamento e interação com o cliente. Os profissionais de *marketing* B2B sabem que na realidade não estão se direcionando a *empresas*, mas a *indivíduos* dentro dessas empresas que afetam as decisões de compra. E os compradores organizacionais hoje estão sempre conectados por meio de seus dispositivos digitais, sejam computadores, *tablets* ou *smartphones*.

As mídias digitais e sociais desempenham um papel importante no engajamento desses compradores organizacionais sempre conectados de maneira que a venda pessoal sozinha não conseguiria. Em vez do antigo modelo de representantes de vendas que visitam clientes comerciais no trabalho ou talvez encontrando-os em feiras, as novas abordagens digitais facilitam conexões a qualquer hora e em qualquer lugar com um amplo alcance de pessoas tanto nas organizações que estão vendendo quanto nas que estão comprando. Isso oferece aos vendedores e aos compradores mais controle e acesso a informações importantes. O *marketing* B2B sempre foi voltado ao *networking*, mas o ambiente digital de hoje oferece uma empolgante variedade de novas ferramentas e aplicativos que conectam pessoas.

Algumas empresas B2B assumem erroneamente que as mídias digitais e sociais são úteis principalmente para empresas de produtos e serviços de consumo. Não importa qual seja o setor, as plataformas digitais podem ser ferramentas poderosas para engajar clientes e outros públicos importantes. Por exemplo, a IBM, gigante da tecnologia B2B, usa uma ampla variedade de mídias digitais e sociais não apenas para engajar e apoiar seus clientes organizacionais diretamente, mas também para contar a história de marca convincente da IBM e manter a empresa relevante, contemporânea e acessível (veja o Marketing Real 6.2).

Comentário do autor | Esses dois mercados organizacionais não comerciais oferecem oportunidades atraentes para muitas empresas. Em razão de sua natureza única, daremos aqui uma atenção especial a eles.

Mercados institucional e governamental

Objetivo 6.5 Comparar os mercados institucional e governamental e explicar como os compradores desses mercados tomam suas decisões de compra.

Mercado institucional

Mercado institucional
Escolas, hospitais, casas de repouso, presídios e outras instituições que oferecem produtos e serviços para as pessoas que estão sob seus cuidados.

O **mercado institucional** é formado por escolas, hospitais, casas de repouso, presídios e outras instituições que oferecem produtos e serviços para as pessoas que estão sob seus cuidados. As instituições diferem quanto a seus mantenedores e objetivos. Por exemplo, a Health Systems opera 115 hospitais particulares em 20 estados norte-americanos, gerando 15 bilhões de dólares em receitas anuais. Já o Shriners Hospitals for Children é uma organização sem fins lucrativos com 22 hospitais

Marketing Real 6.2 | IBM: Mantendo-se ágil e relevante com o *marketing* B2B de mídias digitais e sociais

A IBM é uma marca familiar para a maioria de nós. No entanto, ao longo dos anos, as fortunas da IBM não vieram de consumidores finais, mas de grandes empresas e clientes institucionais. A "Big Blue" – como é frequentemente chamada – é a marca B2B por excelência. Vende soluções complexas e caras para problemas de grandes clientes. A gigante de tecnologia de 119 bilhões de dólares sobreviveu e prosperou por mais de 100 anos, algo que nenhuma outra empresa entre as 25 melhores da revista *Fortune* conseguiu.

Seu sucesso de longo prazo em um setor turbulento significa que a IBM dominou a arte da inovação e transformação. "Temos 104 anos", disse o CEO da IBM em 2015. "A razão pela qual somos a única empresa de tecnologia ainda aqui aos 104 anos é por quantas vezes nos transformamos". Vinte anos atrás, a IBM se concentrou fortemente em seus computadores e *softwares mainframe* de última geração. Mas os clientes de hoje não precisam apenas de computadores e *software*. Em vez disso, eles precisam de soluções completas para problemas de dados, informações e análises cada vez mais desafiadores.

Para atender às necessidades em constante mudança dos clientes, a IBM fez uma profunda transformação para se tornar uma consultora para seus clientes em análise de dados, computação em nuvem, segurança cibernética, redes sociais, tecnologia móvel e outros problemas da era digital. A IBM transformada agora trabalha lado a lado com clientes B2B em tudo, desde avaliar, planejar, projetar e implementar seus sistemas de dados e análises até realmente executar esses sistemas para os clientes e ajudá-los a aplicar os resultados.

A marca IBM é amplamente moldada pelas interações que os IBMistas têm com os clientes. Ao longo das décadas, a IBM alimentou os relacionamentos com os clientes principalmente por meio de suas lendárias forças de vendas. Mas, assim como a IBM mudou seu portfólio de produtos e serviços para atender às necessidades da revolução digital, também transformou a forma como ela se relaciona com os clientes. Embora seja uma das empresas mais antigas do mercado, quando se trata de entender as mídias digitais e sociais, a boa e velha Big Blue é jovem, ágil e relevante.

O salto da IBM para a proeminência nas mídias sociais não aconteceu da noite para o dia. No início, a empresa simplesmente encorajou os funcionários a falar publicamente nas mídias sociais – entre si e com os clientes – e os deixou fazer isso sem intervenção ou supervisão. E foi o que eles fizeram. Dezenas de milhares de IBMistas tornaram-se importantes defensores da marca para a empresa, por meio de *blogs* internos, rede interna semelhante ao Facebook e envolvimento individual no Twitter, Instagram, LinkedIn, Facebook, YouTube e outras mídias sociais públicas.

Essa rede social liderada por IBMistas gerou uma quantidade incrível de interação entre funcionários, clientes e fornecedores da IBM. No entanto, às vezes, também era caótico e sem foco. Assim, à medida que o ambiente digital amadureceu, a IBM centralizou sua estratégia de mídia social para oferecer mais foco e impacto no cliente.

Em um nível central, a IBM agora cobre bem os conceitos básicos digitais por meio de uma ampla variedade de plataformas que informam e engajam os clientes organizacionais diretamente, conectando-os aos vendedores da empresa e promovendo a compra e o relacionamento com eles. Por exemplo, as várias divisões da IBM oferecem dezenas de *sites* específicos do mercado e do setor, contendo milhares de áreas de *sites* individuais e dezenas de milhares de páginas que fornecem aos clientes B2B soluções de compra, visões gerais de produtos, informações técnicas detalhadas e suporte ao cliente em tempo real. A IBM também ajuda sua força de vendas a engajar mais profundamente os clientes organizacionais por meio de uma presença abrangente nas principais mídias sociais.

Mas a IBM sabe que o *marketing* de mídias digitais e sociais é mais do que apenas impulsionar as vendas. Trata-se de construir uma marca. Trata-se de criar personalidade de marca e relacionamentos contínuos. Trata-se de contar grandes histórias da marca sobre inovação, *big data*, inteligência artificial, computação em nuvem e consultoria de tecnologia. O objetivo é tornar a marca IBM relevante, contemporânea e acessível, uma tarefa idealmente adequada às mídias digitais e sociais.

Para isso, ao longo dos últimos anos, a IBM lançou um conjunto notável de conteúdo digital que conecta a marca com os clientes em uma gama completa de plataformas digitais e posiciona a empresa icônica como líder contemporânea em tecnologia. Como parte de um programa de conteúdo de *marketing* de base ampla e cuidadosamente elaborado, cada plataforma de mídia social desempenha um papel único ao contar a história da IBM.

Por exemplo, as postagens no Instagram da IBM fornecem explosões atraentes de conteúdo colorido e estimulante, consistente com a propensão dessa plataforma para a criatividade visual. As postagens contam histórias interessantes sobre desenvolvimentos de seus produtos, usos criativos de sua tecnologia e trechos da história da IBM. No que um analista chama de "folheto B2B de alta qualidade e hiperbrilhante", as páginas do Instagram da IBM transformam inovações em arte e tornam tecnologias complexas digeríveis. Uma publicação conta como a IBM aplicou inteligência artificial a dados dentro e fora da quadra nos campeonatos de tênis do US Open para melhorar a experiência dos fãs e ajudar jogadores e treinadores a melhorar suas estratégias de jogo. Outra publicação conta como o IBM Watson guia os turistas por um belíssimo passeio costeiro. Ainda em outra publicação, a empresa mostra como, em 1981, o icônico IBM 5150 PC "estabeleceu um padrão mundial de computação e ajudou a estabelecer uma indústria multibilionária".

As postagens do Instagram não são pensadas para vender, mas para mostrar os produtos, a proeza e o impacto da IBM. Por

Embora a IBM seja uma das empresas mais antigas do mercado, quando se trata de entender as mídias digitais e sociais, a tradicional empresa é jovem, ágil e relevante.

Cortesia da International Business Machines Corporation, ©2019 International Business Machines Corporation.

exemplo, as postagens apresentam imagens visualmente atraentes de produtos como servidores *mainframe* IBM Z com pouco texto e nenhum argumento de vendas claro. As postagens não explicam os diferenciais de venda do produto – a IBM sabe que as pessoas que comentam as postagens cuidarão disso. Os representantes da IBM podem participar dos diálogos e direcionar as partes interessadas aos lugares certos para saber mais.

Os vários *feeds* do Twitter da IBM (IBM Watson, IBM Cloud, IBM Analytics, IBM Research, IBM News Room, entre outros) desempenham um papel diferente. Embora as postagens do Twitter incluam imagens e conteúdo de vídeo impressionantes, sua ênfase é menos na arte visual e mais nas notícias, educação e informações atuais. Cada postagem inclui *links* interessantes para artigos ou *blogs* no *site* da IBM, onde os clientes podem se aprofundar em tópicos de interesse, como inovações em *blockchain*, o mais novo empreendimento de IA da IBM Watson ou até mesmo os ganhos trimestrais mais recentes da empresa. As postagens diárias do Twitter fornecem um fluxo constante de conteúdo rico que mantém os seguidores engajados e a IBM relevante.

A IBM usa o Facebook para construir uma comunidade de marca. Embora apresente muito do mesmo conteúdo dos *feeds* do Instagram e do Twitter, a IBM também usa o Facebook para postar vídeos mais longos que não funcionariam bem em plataformas como o Twitter, onde os espectadores têm períodos de atenção mais curtos. As páginas da IBM no Facebook também incluem conteúdo mais motivacional e inspirador. Por exemplo, um vídeo publicado recentemente mostra um desenvolvedor de 13 anos que construiu um *bot* de entrega de pizza com o IBM Watson. A IBM também se destaca no LinkedIn, talvez a rede social mais popular para *marketing* B2B de mídia social. Seus mais de uma dúzia de *feeds* do LinkedIn se concentram em conteúdo relacionado a negócios. Com 5,3 milhões de seguidores no LinkedIn, a IBM está entre as empresas mais populares da plataforma.

Ao todo, por meio de seu uso hábil de *marketing* de mídias digitais e sociais, a IBM alcança um dos maiores números de seguidores de *marketing* social dentre qualquer empresa B2B. Nesta era digital, ao transformar constantemente não apenas seus produtos e serviços, mas também suas abordagens digitais para atrair clientes, a centenária IBM permanece tão ágil e relevante quanto seus concorrentes muito mais jovens. E mais do que produzir visualizações, comentários, curtidas e cliques, a transformação digital da IBM ajudou a empresa a transformar o engajamento e o relacionamento com o cliente em receitas e lucros. Apesar de sua idade avançada, a IBM foi classifica como a segunda marca B2B mais valiosa, atrás apenas da Microsoft.[12]

---

que oferecem atendimento médico especializado para crianças. E os Veterans Affairs Medical Centers, de responsabilidade do governo dos Estados Unidos e distribuídos por todo o país, oferecem serviços especiais para os veteranos de guerra.[13] Cada instituição possui diferentes necessidades de compra e recursos.

Alguns segmentos do mercado institucional podem ser enormes. Considere os números dos presídios norte-americanos, que são gigantescos e estão em expansão. Eles gastam em torno de 80 bilhões de dólares anualmente para manter suas instalações funcionando, uma quantia maior do que o PIB de 144 países.[14] Esse mercado apresenta uma oportunidade única para empresas de alimentos, medicamentos, manutenção predial, educação, tecnologia, segurança, entre outros produtos e serviços.

Muitos segmentos do mercado institucional são caracterizados por orçamentos baixos e clientela cativa. Por exemplo, só nos Estados Unidos há quase 100 mil escolas públicas. Para administrar essas escolas, o custo anual ultrapassa os 668 bilhões de dólares – 13 mil dólares em média por aluno.[15] A menos que alunos e professores passem a levar sua própria comida, eles têm pouca escolha a não ser comer qualquer alimento que a escola forneça. O agente de compras do distrito escolar responsável pelos alimentos deve aderir a diretrizes nutricionais rígidas a serem seguidas, e muitas vezes é limitado por um orçamento apertado. Assim, os vendedores de alimentos podem desempenhar um papel importante para ajudar esses compradores a atender ou exceder as diretrizes e preços acessíveis.

Muitos profissionais de *marketing* criam divisões separadas para atender às características e necessidades especiais dos compradores institucionais. Por exemplo, a Nestlé Professional ajuda os clientes institucionais de serviços de alimentação em qualquer um dos diversos setores a encontrar soluções criativas de refeições usando a ampla variedade de marcas de alimentos e bebidas da Nestlé. E a P&G Professional Division comercializa fórmulas e sistemas profissionais de limpeza e lavanderia para clientes educacionais, de saúde, entre outros clientes institucionais e comerciais.[16]

Mercado governamental

mercado governamental
Unidades governamentais ou do setor público – federal, estadual e municipal – que compram ou alugam bens e serviços para a realização de funções do governo.

O **mercado governamental** oferece enormes oportunidades para muitas empresas, tanto grandes como pequenas. Em diversos países, as organizações governamentais são as principais compradoras de produtos e serviços. Só nos Estados Unidos, os governos federal, estadual e municipal mantêm mais de dezenas de milhares de unidades de compra, que adquirem mais de 2,3 trilhões de dólares anualmente em produtos e serviços.[17] As compras governamentais e organizacionais são parecidas em muitos aspectos, mas também existem diferenças que devem ser compreendidas pelas empresas que desejam vender produtos e serviços para os governos. Para ter sucesso no mercado governamental, as empresas devem identificar os principais responsáveis pela tomada de decisão,

Mercados institucionais: A divisão Nestlé Professional ajuda clientes de serviços de alimentação em qualquer um dos diversos setores a encontrar soluções criativas de refeições usando a ampla variedade de marcas de alimentos e bebidas da Nestlé.

Nestlé Brands®

determinar os fatores que afetam o comportamento do comprador e entender o processo de decisão de compra.

Geralmente, as organizações governamentais abrem licitações e contratam o fornecedor que apresenta o orçamento mais baixo. Em alguns casos, a unidade do governo abre uma exceção, dando preferência ao fornecedor que oferece qualidade superior ou tem reputação de cumprir os contratos no prazo. Os governos também compram com base em contratos negociados, principalmente no caso de projetos complexos, que envolvem grandes custos e riscos de pesquisa e desenvolvimento (P&D), e nos casos em que há pouca concorrência.

As organizações governamentais tendem a favorecer os fornecedores locais em detrimento dos estrangeiros. Uma reclamação constante das multinacionais que operam na Europa é que os países favorecem as empresas locais mesmo quando as estrangeiras oferecem melhores condições. A Comissão Econômica Europeia está, gradualmente, eliminando essa tendência.

Assim como os consumidores finais e os compradores organizacionais, os compradores governamentais são afetados por fatores ambientais, organizacionais, interpessoais e individuais. Uma característica exclusiva da compra governamental é o fato de ela ser acompanhada de perto por públicos externos – do Congresso a uma série de grupos privados que se interessam pelo modo como o governo gasta o dinheiro dos contribuintes. Como suas decisões de gastos estão sujeitas à análise pública, as organizações governamentais exigem uma considerável papelada de seus fornecedores, que com frequência reclamam do excesso de documentação, da burocracia, das regulamentações, da demora nas tomadas de decisão e das constantes mudanças no pessoal de compras.

Tendo em vista todos esses problemas, por que uma empresa iria querer fazer negócios com o governo? As razões são bastante simples: o governo dos Estados Unidos, por exemplo, é o maior comprador de produtos e serviços do mundo e seus cheques nunca voltam. Ele compra de tudo: de meias a bombardeiros para simulação.

Muitos governos oferecem aos possíveis fornecedores guias detalhados sobre como vender para eles. Por exemplo, a U.S. Small Business Administration (Administração de Pequenas Empresas dos Estados Unidos) oferece em seu *site* conselhos minuciosos para pequenos negócios que estão em busca de oportunidades de contrato com o governo (https://www.sba.gov/federal-contracting/contracting-guide/how-win-contracts). E o *site* do U.S. Commerce Department (Departamento de Comércio dos Estados Unidos) está repleto de informações e conselhos sobre oportunidades de negócios internacionais (www.commerce.gov/work-with-us/grants-and-contract-opportunities).

Em muitas grandes cidades norte-americanas, a GSA (General Services Administration – Administração de Serviços Gerais) opera *centros de serviços empresariais*, com equipes preparadas para oferecer uma orientação completa sobre o modo como os órgãos governamentais compram, as etapas que os fornecedores devem seguir e as oportunidades de compra disponíveis. Várias associações e revistas especializadas em negócios fornecem informações sobre como ter acesso a escolas, hospitais, departamentos de estradas de rodagem e outros órgãos governamentais. E a maioria dessas organizações e associações governamentais mantém *sites* que oferecem informações e conselhos atualizados. Ainda assim, os fornecedores precisam dominar o sistema e encontrar maneiras de reduzir a burocracia, especialmente para grandes compras governamentais.

Critérios não econômicos também desempenham um papel cada vez maior nas compras governamentais. É pedido aos compradores governamentais que favoreçam empresas e áreas de negócios em dificuldades econômicas, pequenas empresas, empresas controladas grupos minoritários e organizações que sejam contra a discriminação racial, de gênero ou de idade. Os vendedores devem ter esses fatores em mente na hora de buscar negócios com o governo.

Muitas empresas que vendem para o governo não são orientadas para o *marketing* por causa de uma série de razões. Os gastos totais do governo são determinados por representantes eleitos, e não por esforços de *marketing* para desenvolver esse mercado. As compras governamentais enfatizam o preço, o que faz com que os fornecedores invistam seus esforços em tecnologia para baixar os custos. Quando as características do produto são cuidadosamente especificadas, seus diferenciais não são um fator de *marketing*. Nem a propaganda e a venda pessoal fazem muita diferença em uma licitação baseada em orçamentos abertos.

Entretanto, diversas empresas, como a Boeing, a Goodyear e a Raytheon, criaram departamentos à parte para o *marketing* governamental. Outras empresas vendem basicamente para compradores governamentais, como a Lockheed Martin: 69% de suas vendas vêm do governo dos Estados Unidos, seja como principal contratada ou como subcontratada; outros 30% são principalmente vendas militares estrangeiras contratadas pelo governo dos Estados Unidos.[18] Essas empresas antecipam as necessidades e os projetos do governo, participam da fase de especificação do produto, coletam informações sobre a concorrência, preparam suas propostas cuidadosamente e constroem relacionamentos de valor agregado de longo prazo com os centros de compras governamentais.

Outras empresas criaram programas de *marketing* personalizados para os compradores governamentais. Por exemplo, a Dell possui unidades de negócios específicas, formatadas sob medida para atender às necessidades dos compradores governamentais federais, estaduais e municipais. A empresa oferece a seus clientes páginas na Internet que incluem, além de precificações especiais e compras *on-line*, serviços e suporte para cada cidade, estado e entidade do governo federal.

Na última década, um grande número das compras do governo norte-americano passou a ser feita *on-line*. A GSA possui um *site* (www.sam.gov/content/opportunities) que atua como um ponto de entrada centralizado, em que fornecedores comerciais e compradores governamentais podem postar, buscar, acompanhar e recuperar oportunidades apresentadas por todos os órgãos federais que realizam compras. Os três órgãos federais que atuam como agentes de compra para o restante do governo norte-americano também lançaram *sites* para apoiar as atividades de compra governamental *on-line*. A Defense Logistics Agency (Agência de Logística do Departamento de Defesa) oferece o Internet Bid Board System (www.dibbs.bsm.dla.mil) para compras para os serviços militares dos Estados Unidos. E o Department of Veterans Affairs (Departamento de Assuntos dos Veteranos de Guerra) facilita o *e-procurement* por meio do *site* VA Advantage! (https://vaadvantage.gsa.gov).

Esses *sites* permitem que os órgãos civis e de defesa autorizados adquiram de tudo por meio da compra *on-line*: de suprimentos, comida e equipamentos de tecnologia da informação a serviços de construção. A GSA, a Defense Logistics Agency e o Department of Veterans Affairs não apenas vendem mercadorias estocadas por meio de seus *sites*, como também criam linhas diretas entre compradores governamentais e fornecedores contratados. Por exemplo, a divisão da Defense Logistics Agency que vende 160 mil tipos de suprimentos médicos para as forças militares transmite seus pedidos diretamente para fornecedores como a Bristol-Myers Squibb. Sistemas como esse, baseados na Internet, prometem eliminar grande parte dos problemas, às vezes, encontrados nas negociações de compras com o governo.[19]

Revisão e extensão dos conceitos

Revisão dos objetivos

O mercado organizacional e o consumidor são parecidos em determinados aspectos importantes. Por exemplo, ambos envolvem pessoas que assumem papéis e tomam decisões de compra para satisfazer necessidades. No entanto, o mercado organizacional também difere em muitos pontos do mercado consumidor. Em primeiro lugar, ele é *enorme*, muito maior do que o mercado consumidor. Só nos Estados Unidos, o mercado organizacional inclui organizações que compram, anualmente, trilhões de dólares em produtos e serviços.

Objetivo 6.1 Definir o mercado organizacional e explicar de que modo ele difere do mercado consumidor *(p. 162-164)*

O *mercado organizacional* compreende todas as organizações que compram produtos e serviços para utilizar na produção de outros produtos e serviços ou para revendê-los ou alugá-los para terceiros e, assim, obter lucro. Comparado ao mercado consumidor, o organizacional geralmente possui muito menos compradores, no entanto, são considerados muito maiores. A demanda organizacional é derivada, tendendo a ser mais inelástica e oscilante do que a demanda de consumo. A decisão de compra organizacional costuma envolver mais (e mais bem preparados) compradores. Em geral, os compradores organizacionais se deparam com decisões de compra mais complexas, e o processo de compra tende a ser mais formalizado. Para completar, os compradores e vendedores organizacionais geralmente dependem mais um do outro.

Objetivo 6.2 Identificar os principais fatores que influenciam o comportamento de compra organizacional *(p. 164-169)*

As decisões dos compradores organizacionais variam de acordo com três *tipos de situação de compra*: recompra simples, recompra modificada e compra nova. A unidade que toma a decisão em uma organização compradora – o *centro de compras* – pode englobar muitas pessoas diferentes desempenhando diversos papéis distintos. O profissional de *marketing* organizacional precisa saber o seguinte: quem são os principais participantes do centro de compra? Em quais decisões eles exercem influência e em que nível? Quais critérios de avaliação cada participante utiliza? O profissional de *marketing* organizacional também precisa entender as principais influências ambientais, organizacionais, interpessoais e individuais sobre o processo de compra.

Objetivo 6.3 Relacionar e definir os estágios do processo de decisão de compra organizacional *(p. 169-171)*

O *processo de decisão de compra organizacional* pode ser bastante complexo, com oito estágios básicos: identificação do problema, descrição geral da necessidade, especificação do produto, busca por fornecedores, solicitação da proposta, seleção do fornecedor, especificação do pedido de rotina e análise do desempenho. Compradores diante de uma situação de compra nova normalmente percorrem todos os estágios do processo de compra. Os que estão diante de uma recompra simples ou modificada podem pular alguns desses estágios. No entanto, a maioria das compras B2B é feita dentro da estrutura de relacionamento com o cliente mais amplo e de longo prazo. As empresas devem administrar o relacionamento geral com o cliente, o que, com frequência, inclui muitas diferentes decisões de compra em vários estágios do processo de decisão de compra.

Objetivo 6.4 Discutir como as mídias *on-line*, móveis e sociais mudaram o *marketing* B2B *(p. 172-173)*

Avanços na tecnologia da informação deram origem ao "*e-procurement*", por meio do qual os compradores organizacionais adquirem *on-line* todo tipo de produtos e serviços. A Internet oferece aos compradores organizacionais acesso a novos fornecedores, reduz os custos da compra e agiliza o processamento e a entrega do pedido. As empresas voltadas para o mercado organizacional estão cada vez mais conectando-se *on-line* por meio de mídias digitais, móveis e sociais para engajar os clientes, compartilhar informações de *marketing*, vender produtos e serviços, fornecer serviços de atendimento ao cliente e manter um relacionamento contínuo com eles.

Objetivo 6.5 Comparar os mercados institucional e governamental e explicar como os compradores desses mercados tomam suas decisões de compra *(p. 173-177)*

O *mercado institucional* compreende escolas, hospitais, presídios e outras instituições que fornecem produtos e serviços para as pessoas que estão sob seus cuidados. Os segmentos desse mercado são caracterizados por baixos orçamentos e clientela cativa. O *mercado governamental*, que é enorme, consiste em unidades do governo – federais, estaduais e municipais – que compram ou alugam produtos e serviços para realizar as principais atribuições do Estado.

Os compradores governamentais adquirem produtos e serviços para defesa, educação, bem-estar da sociedade e outras necessidades públicas. As práticas de compra governamentais são extremamente especializadas e especificadas, com as licitações e os contratos negociados caracterizando a maioria das aquisições. Os compradores governamentais trabalham sob a vigilância do Congresso e de muitos grupos privados. Como consequência, eles tendem a exigir mais formulários e assinaturas e a operar mais lenta e metodicamente quando fazem pedidos.

Termos-chave

Comportamento de compra organizacional (p. 162)
Processo de compra organizacional (p. 162)

Objetivo 6.1

Demanda derivada (p. 163)
Desenvolvimento do fornecedor (p. 164)

Objetivo 6.2

Recompra simples (p. 165)
Recompra modificada (p. 165)
Compra nova (p. 165)

Venda de sistemas (ou venda de soluções) (p. 165)
Centro de compras (p. 166)
Usuários (p. 166)
Influenciadores (p. 166)
Compradores (p. 166)
Decisores (p. 166)
Filtros (p. 166)

Objetivo 6.3

Identificação do problema (p. 169)
Descrição geral da necessidade (p. 170)
Especificação do produto (p. 170)
Busca por fornecedores (p. 170)
Solicitação da proposta (p. 171)
Seleção do fornecedor (p. 171)
Especificação do pedido de rotina (p. 171)
Análise do desempenho (p. 171)

Objetivo 6.4

***E-procurement* (p. 172)**
***Marketing* B2B de mídias digitais e sociais (p. 172)**

Objetivo 6.5

Mercado governamental (p. 173)
Mercado institucional (p. 175)

Questões para discussão

6.1 Como os mercados organizacionais são semelhantes aos mercados de consumo? Como eles são diferentes?

6.2 Discuta brevemente as estratégias de recompra simples e de recompra modificada de um comprador empresarial. Quais são as semelhanças e diferenças? Quando pode ser benéfico usar uma abordagem em vez da outra?

6.3 Descreva as ferramentas que os profissionais de *marketing* B2B usam para engajar os clientes. Quais são os desafios do *marketing* de mídia social B2B?

6.4 Liste os participantes do processo de compra comercial. Quais fatores influenciam a decisão de compra? Discuta as principais influências sobre os compradores organizacionais.

6.5 Discuta as principais influências sobre os compradores organizacionais.

6.6 Quais são os benefícios do *e-procurement* B2B?

Atividades de pensamento crítico

6.7 A compra organizacional pode ser um processo muito complicado. Muitas empresas empregam especialistas em aquisições ou compras dedicados a gerenciar o processo de compra da empresa. Visite www.glassdoor.com/Salaries e www.indeed.com/salary para pesquisar as faixas salariais de "especialistas em compras", "gerente de compras" ou cargos semelhantes em compras. Apresente suas descobertas. O *e-procurement* pode ajudar a agilizar o processo de compra? Pode eventualmente substituir os funcionários nessas carreiras? Discuta se é possível que todas as funções de compra sejam realizadas por meio de *e-procurement*.

6.8 Dirigíveis híbridos elétricos são dirigíveis lentos e cheios de hélio que competem com helicópteros. Enquanto os dirigíveis híbridos elétricos e os helicópteros podem decolar e pousar sem um aeroporto, os dirigíveis híbridos elétricos podem transportar mais pessoas e mais carga e viajar mais. Suponha que você seja um vendedor vendendo dirigíveis híbridos elétricos para empresas, governos e instituições que desejam transferir cargas para locais que não possuem infraestrutura para receber cargas de outros tipos de veículos (por exemplo, o Ártico, áreas rurais sem pistas de pouso e assim por diante). Que tipo de informação você forneceria às pessoas que ocupam cada uma das cinco funções no centro de compras?

6.9 Após um discurso de vendas, um indivíduo de uma empresa reconhece a necessidade de um dos dirigíveis híbridos elétricos – como aqueles que você estava vendendo no Exercício 6-8. O que acontece a seguir no processo de compra?

CASOS E APLICAÇÕES

Marketing digital *E-procurement* e *Mobile Procurement*

Se foram os dias de tarefas de aquisição B2B tediosas, carregadas de papel e de trabalho intensivo. O *e-procurement* está mudando a maneira como compradores e vendedores fazem negócios, especificamente por meio de compras móveis que oferecem plataformas baseadas em nuvem que reduzem o ciclo de pesquisa, pedido e aprovação. A maioria das grandes empresas adotou alguma forma de *e-procurement*. Um estudo recente descobriu que quase 70% das empresas utilizam alguma forma de *e-procurement*, compras móveis ou aplicativos de gestão da cadeia de suprimentos. Uma plataforma líder do setor, a Coupa, fornece um conjunto de aplicativos baseados em nuvem para finanças, incluindo contas a pagar, abastecimento, compras e gerenciamento de despesas que permitem aos clientes funcionalidade completa a partir de seus dispositivos móveis. Os funcionários agora desfrutam da flexibilidade e economia de tempo de visualizar, aprovar ou negar requisições, pedidos de compra e faturas. Um dos grandes clientes de varejo da Coupa alegou uma redução de 10 dias para apenas 5 horas em seu ciclo de requisição-aprovação-processo ao implementar a plataforma de compras móvel da Coupa: Talk about savings! Visite https://www.coupa.com/products/procurement para saber mais sobre como esta empresa está revolucionando os ambientes de *e-procurement* e *mobile procurement*.

6.10 Discuta as vantagens do *e-procurement* para compradores e vendedores. Quais são as desvantagens?

6.11 Pesquise compras móveis e discuta as funções no centro de compras que são mais afetadas por essa tecnologia.

Marketing e ética Grande tecnologia para atividades militares

O governo dos Estados Unidos apelou a gigantes da tecnologia, incluindo Amazon, Google e Microsoft, indicando que é dever patriótico das empresas de tecnologia norte-americanas ajudar os militares a usar tecnologia avançada, como inteligência artificial. No entanto, alguns funcionários de empresas de tecnologia protestaram contra o uso das ferramentas que desenvolvem pelo governo – em particular, se as ferramentas forem usadas para atividades militares que consideram imorais. Assim, as empresas de tecnologia têm preocupações sobre como a tecnologia pode ser usada no futuro, como os contratos governamentais podem afetar os esforços de recrutamento e como os contratos podem afetar as atitudes do consumidor em relação à marca.

6.12 Tome uma posição: se você fosse a Microsoft, você buscaria um contrato com o governo para adaptar o HoloLens, um headset de realidade aumentada, para uso por soldados no campo de batalha? Por que ou por que não?

6.13 Que outros fatores mais geralmente associados a contratos governamentais os profissionais de *marketing* da Microsoft podem querer ao concorrer a um contrato governamental?

Marketing em números Dos jogos à segurança pública

A Edgybees, anteriormente uma empresa de jogos de drones, está aplicando a tecnologia de realidade aumentada (RA), geralmente utilizada em jogos, na segurança pública, com aplicativos para militares e socorristas de emergência. A nova tecnologia celular de quinta geração (ou 5G) abriu portas para empresas como a Edgybees sobrepor *feeds* de vídeo de drones em tempo real com camadas de geoinformação, como mapas, layouts de edifícios e outros dados. Por exemplo, a empresa recentemente forneceu informações aos bombeiros que lutavam contra um dos piores incêndios florestais do norte da Califórnia, fornecendo imagens em tempo real de seus arredores e ajudando a salvar vidas. A Edgybees é uma empresa pequena, mas recentemente levantou 6 milhões de dólares em financiamento de capital de risco para expandir. Um mercado que deseja atingir é o de socorristas. Esses clientes organizacionais precisam mais do que apenas vender um produto – eles precisam de um relacionamento com a Edgybees para garantir que a tecnologia mais recente atenda a suas necessidades. Assim, a Edgybees precisaria visitar os clientes pelo menos duas vezes por ano, ficando por horas em cada visita. Se a Edgybees decidir ir com sua própria força de vendas, cada vendedor ganhará 50 mil dólares mais 5% de comissão sobre todas as vendas. Consulte a seção "Aumento da cobertura de distribuição", no *Apêndice 2: Marketing em números* para responder às perguntas abaixo.

6.14 De quantos vendedores a Edgybees precisa se quiser obter 500 contas de clientes de primeiros socorros, como bombeiros e delegacias de polícia, que precisam ser acionadas duas vezes por ano? Cada visita de vendas dura aproximadamente 2,5 horas e cada representante de vendas tem aproximadamente 1.250 horas por ano para dedicar aos clientes.

6.15 Se a Edgybees obtiver uma margem de contribuição geral de 40%, à medida que a empresa se expande, em quanto as vendas terão de aumentar para equilibrar cada representante de vendas adicional?

Caso empresarial Shopify: um gigante do comércio eletrônico que não vende para usuários finais

O que Budweiser, Tesla, *The New York Times*, Bombas Socks e Kylie Cosmetics têm em comum? Cada empresa vende mercadorias diretamente ao consumidor (D2C, do inglês *direct-to-consumer*) principalmente *on-line*. Além disso, cada um tem uma loja *on-line* criada, gerenciada e desenvolvida pela Shopify – a maior empresa de comércio eletrônico da qual a maioria das pessoas nunca ouviu falar. Na era das empresas D2C, a Shopify é um negócio de bastidores que cuida de tudo para quem quer vender algo *on-line* – uma plataforma de comércio de ponta a ponta genuína para todos, desde o jovem empreendedor que nunca iniciou uma empresa até grandes e conhecidas corporações que precisam de uma loja *on-line*.

O conceito é simples. Por uma taxa mensal, a Shopify ajuda indivíduos ou empresas a vender suas mercadorias *on-line*. Ela fornece tudo o que os comerciantes precisam para ficar *on-line*, incluindo modelos de loja personalizáveis, sistemas de gerenciamento de estoque, análises, processamento de pagamentos e envio. Shopify também fornece serviços de consultoria e uma rede de parceiros para lidar com fabricação, promoção e atendimento de pedidos. A plataforma da Shopify não apenas vende mercadorias diretamente da loja *on-line* ou aplicativo móvel do comerciante, mas também se conecta a um número crescente de plataformas mais amplas, incluindo *marketplaces on-line*, como a Amazon, canais de mídias sociais, como o Instagram Stories, e até locais físicos. O sistema é totalmente baseado em nuvem, o que significa investimento zero em *hardware* e *software*. Isso também significa que os proprietários de empresas podem gerenciar as coisas de qualquer lugar em qualquer dispositivo com conexão à Internet. Resumindo, a missão da Shopify é tornar o e-commerce mais fácil e melhor para todos.

Embora essa missão pareça um pouco grandiosa, a Shopify está a caminho. Em 2015, a empresa de quase 10 anos abriu seu capital por um valor de 1,3 bilhão de dólares. No ano anterior, as 140 mil lojas da Shopify venderam mais de 3,7 bilhões de dólares em mercadorias. E a empresa foi elogiada por especialistas e organizações em todo o mundo por seu crescimento e impacto, inclusive sendo nomeada como uma das mais inovadoras do mundo pela Fast Company. Mas como a Shopify chegou tão rápido e ainda permanece relativamente desconhecida para o consumidor médio?

De snowboards a *startups*

Tudo começou no início dos anos 2000 em Ottawa, Quebec, quando Tobi Lütke e Scott Lake se conheceram e se uniram por causa de seu amor pela tecnologia e pelo snowboard. A dupla uniu forças para abrir a Snowdevil, uma loja *on-line* que vende pranchas de snowboard de alta qualidade. Construir o *site* provou ser um exercício de frustração. Trabalhar com opções de *software* populares da época, como Microsoft Commerce e Yahoo! Stores, era difícil e caro. Então Lütke – que abandonou o ensino médio aos 17 anos para trabalhar como aprendiz de programação na Siemens – decidiu construir sua própria plataforma de comércio eletrônico do zero. Ele veio com algo muito mais simples, rápido e visualmente mais agradável do que qualquer coisa existente até então em relação a web design.

As vendas do Snowdevil.com eram, na melhor das hipóteses, escassas. Mas Lütke e Lake rapidamente perceberam que a entidade mais valiosa que possuíam era a plataforma por trás do *site* da Snowdevil. Então, em 2006, eles lançaram a Shopify como uma plataforma para criar lojas *on-line*. O caminho foi lento no início, mas à medida que continuaram a melhorar a plataforma com ferramentas inovadoras, a base de clientes cresceu de forma constante. A Shopify também desenvolveu uma cultura corporativa baseada em autenticidade, pensamento livre e o que a empresa chama de "bateria de confiança" – um medidor do potencial de um indivíduo baseado menos no que ele já fez e mais no que ele pode fazer no futuro.

A Anti-Amazon

Construir a plataforma de e-commerce da Shopify exigiu definir cuidadosamente o que é essa plataforma. Mas a chave para a estratégia da Shopify também foi definir o que a plataforma não é. Em suma, a Shopify não é um *marketplace*. Embora a plataforma configure e execute operações de comércio eletrônico para empresas D2C, ela opera nas sombras, de forma silenciosa e invisível. Assim, quando os clientes visitam Leesa.com para comprar um colchão, todas as interações ocorrem com a Leesa, a empresa e a marca. Clientes procurando tatuagens temporárias na Tattly.com sabem apenas que estão experimentando uma seleção de tatuagens temporárias criativas e de alta qualidade exclusivas da Tattly. Quando as marcas D2C vendem na Amazon – sejam atendidas pela Amazon ou por fornecedores terceirizados – os clientes estão comprando da Amazon e as próprias marcas ganham pouco em valor de marca. Mas os visitantes das lojas de comércio eletrônico com a Shopify normalmente não têm ideia de que a Shopify existe, muito menos que é a empresa por trás do mecanismo que impulsiona suas interações. A própria marca D2C se destaca, não a plataforma.

A Shopify se considera a anti-Amazon, não porque seja contra a gigante do comércio eletrônico, mas porque oferece às empresas D2C um caminho para vender seus produtos que é totalmente diferente em conceito e resultado. Embora a Amazon cuide de tudo até das operações e do atendimento, os fornecedores não constroem suas próprias marcas, mas sim as da Amazon. À medida que a Amazon cresceu, mais vendedores reclamaram abertamente que têm pouco controle sobre suas vendas, relações com os clientes e os dados gerados nas compras. Em muitos casos, controlar esses ativos permitiu que a Amazon desenvolvesse marcas próprias que competem diretamente com as marcas de seus vendedores. Com a Shopify, o lojista, não o mercado, é o proprietário do acesso ao usuário final.

Ser uma plataforma de comércio eletrônico que não é um *marketplace* dá à Shopify uma vantagem competitiva única: ela é neutra. Ela interage e até se conecta a vários *marketplaces* existentes, mas não favorece nenhum deles. Além de monitorar para evitar atividades ilegais por parte dos fornecedores, a Shopify não interfere em seus negócios. Essa neutralidade permitiu que a Shopify interaja facilmente com Pinterest, Instagram, Facebook, Amazon e várias outras empresas que apresentam seus próprios *marketplaces*. Assim, os clientes da Shopify têm acesso a todo e qualquer *marketplace* parceiro.

Um grande impulso do batom

Desde a abertura de capital, o crescimento da Shopify acelerou. A empresa teve seu maior impulso publicitário em agosto de 2018, quando a capa da *Forbes* mostrava Kylie Jenner em um terno preto com a manchete "Mulheres bilionárias da América do Norte". A matéria de capa descrevia como Jenner se tornou a bilionária mais jovem de todos os tempos aos 21 anos, alavancando sua fama em um império de cosméticos. Mais importante, o artigo observou que a loja *on-line* de Jenner, kyliecosmetics.com, foi desenvolvida pela Shopify. Menos de um ano depois de ingressar na plataforma, a Kylie Cosmetics passou a vender, além de seus kits de lábios exclusivos, uma linha completa de mais de 50 produtos cosméticos diferentes, gerando mais de 300 milhões de dólares em vendas anuais. Prestando homenagem ao poder da fama de Jenner como fator de sucesso da jovem marca, a *Forbes* também apontou que a Shopify era a plataforma de comércio eletrônico por trás das lojas *on-line* de Drake, Justin Bieber e da meia-irmã de Jenner, Kim Kardashian.

Mais recentemente, a Shopify levou as coisas a um nível totalmente novo, lançando uma série de novas ferramentas que permitem que pequenas e médias empresas compitam melhor com os gigantes do comércio eletrônico. Isso inclui a Shopify Ping, uma poderosa ferramenta de atendimento ao cliente que permite que os comerciantes interajam com os clientes pelo Facebook Messenger; e o Dynamic Checkout, um sistema de checkout que elimina obstáculos que levam os clientes a abandonar seus carrinhos. Embora pequenas empresas e *startups* ainda sejam a espinha dorsal da Shopify, a empresa agora oferece a Shopify Plus – uma plataforma de comércio eletrônico e serviços para empresas com receita de 1 milhão de dólares ou mais a cada ano.

Hoje, apenas sete anos após a abertura de capital da empresa, a Shopify hospeda mais de 4 milhões de lojas de clientes ativos que venderam mais de 543 bilhões de dólares em mercadorias. Por seus esforços, a fatia da Shopify nas vendas de lojas de clientes chegou a mais de 1 bilhão de dólares em 2014, tornando-se a empresa de *software* como serviço (SaaS, do inglês *software-as-a-service*) mais jovem a atingir a marca de receita de um bilhão de dólares. "A marca do século 21 é a marca direta ao consumidor", diz o diretor de *marketing* da Shopify. "Nós executamos tudo o que um sistema operacional de varejo faz", diz ele, indicando que a empresa pretende ser uma força importante no fornecimento de energia às empresas D2C por um longo tempo.

Apesar de seu impulso, a Shopify enfrenta muitos desafios pela frente. Para começar, a Amazon lançou recentemente sua própria competidora à Shopify, a Amazon Storefronts. Anunciada como "uma nova maneira de pequenas e médias empresas venderem produtos diretamente pela Amazon", a Storefronts destaca as pequenas empresas e suas coleções de produtos exclusivos em uma seção separada. E embora a Shopify tenha uma liderança clara no negócio de plataforma de comércio eletrônico de ponta a ponta, alguns analistas especulam que seu modelo seria fácil de replicar. Na verdade, muitas das empresas com as quais a Shopify se associa para oferecer partes dos processos para sua plataforma de comércio eletrônico – como PayPal e MailChimp – já possuem dados que podem permitir a expansão dos serviços de comércio eletrônico que fornecem aos seus próprios clientes D2C. Abandonando os lucros de curto prazo, a empresa continua investindo pesadamente na Shopify Plus, expansão internacional e inovações que acredita que continuarão a torná-lo o principal provedor de plataforma de comércio eletrônico.[20]

Questões para discussão

6.16 Compare e contraste a natureza da estrutura do mercado organizacional, a demanda em relação à estrutura do mercado consumidor e a demanda pelos serviços da Shopify.

6.17 Discuta como um cliente em potencial da Shopify pode passar pelo processo de decisão do comprador organizacional.

6.18 Como o conceito de centro de compras se aplica à Shopify?

6.19 Quanta ameaça a concorrência representa no futuro da Shopify?

7 Estratégia de *marketing* orientada para o valor ao cliente

Criação de valor para clientes-alvo

Resumo dos objetivos

Objetivo 7.1 Definir as principais etapas da elaboração de uma estratégia de *marketing* orientada para o valor ao cliente: segmentação de mercado, seleção do mercado-alvo, diferenciação e posicionamento. **Veja: Estratégia de marketing** (p. 184)

Objetivo 7.2 Relacionar e discutir as principais bases para a segmentação dos mercados consumidor e organizacional. **Veja: Segmentação de mercado** (p. 185-193)

Objetivo 7.3 Explicar como as empresas identificam segmentos de mercado atrativos e escolhem uma estratégia de cobertura de mercado. **Veja: Seleção de mercado-alvo** (p. 193-200)

Objetivo 7.4 Discutir como as empresas diferenciam e posicionam seus produtos para maximizar a vantagem competitiva. **Veja: Diferenciação e posicionamento** (p. 201-207)

Prévia do capítulo

Até agora, vimos o que é *marketing* e a importância de entender os consumidores e o ambiente de mercado. Agora aprofundaremos mais na estratégia e nas táticas de *marketing*. Este capítulo analisa as principais decisões de estratégia de *marketing* orientadas para o valor ao cliente, a saber: divisão dos mercados em grupos de clientes significativos (*segmentação*), escolha dos grupos de clientes que serão atendidos (*seleção de mercado-alvo*), criação de ofertas ao mercado que atendam melhor aos clientes escolhidos (*diferenciação*) e posicionamento das ofertas na mente dos consumidores (*posicionamento*). Nos capítulos seguintes, exploraremos as ferramentas táticas do *marketing* – os quatro Ps –, com as quais os profissionais dessa área concretizam as estratégias.

Para abrir nossa discussão sobre segmentação, seleção de mercado-alvo, diferenciação e posicionamento, vamos dar uma olhada na *expert* em *marketing* Procter & Gamble (P&G). Por mais de 185 anos, a P&G liderou a gestão de marcas e *marketing*. A gigante de produtos de consumo agora ostenta 23 marcas com receitas superiores a 1 bilhão de dólares por ano, o dobro do número de marcas bilionárias de seu concorrente mais próximo. Curiosamente, muitas das marcas de sucesso da P&G competem diretamente umas com as outras nas prateleiras das lojas. Como isso faz sentido? Por causa da segmentação e da seleção de mercado-alvo feitas cuidadosamente, cada marca oferece uma proposta de valor exclusiva para um segmento distinto de clientes.

P&G: Competindo consigo mesma – e vencendo

A Procter & Gamble é a principal empresa de produtos de consumo do mundo. Ela inventou a gestão de marca, e poucas empresas a fazem melhor. A P&G comercializa 48 marcas – a maioria conhecida – para clientes em mais de 180 países ao redor do mundo. Estima-se que 99% de todos os lares dos Estados Unidos usem pelo menos uma marca da P&G. E de acordo com a empresa, suas marcas agora atendem quase 5 bilhões dos quase 8 bilhões de pessoas do planeta.

A P&G constrói grandes marcas. A gigante de bens de consumo comercializa 23 marcas com receitas anuais entre 1 bilhão e 10 bilhões de dólares, quase todas ocupando a primeira ou segunda posição em sua categoria. Outras 14 marcas da P&G geram receitas entre 500 milhões e 1 bilhão de dólares anualmente. Só a megamarca Pampers da P&G responde por mais de 13% dos 67 bilhões de dólares em vendas anuais da empresa.

As marcas da P&G dominam em muitas categorias de cuidados pessoais e domésticos. Por exemplo, nos Estados Unidos, a P&G vende uma linha de lavanderia repleta de marcas mais vendidas de sabão líquido e produtos de cuidados para roupas (incluindo Tide, Gain, Cheer, Era, Dreft, Bounce e Downey), juntamente com várias marcas familiares de produtos de limpeza e cuidados domésticos (Mr. Clean, Swiffer, Febreze), detergentes para lavar louça (Dawn, Gain, Joy e Cascade), sabonetes e desinfetantes para as mãos (Safeguard, Olay e Ivory) e marcas de cuidados com o cabelo (Head & Shoulders, Pantene, Herbal Essences, Old Spice e Aussie). A lista de marcas icônicas continua, com megamarcas em higiene bucal (Crest, Oral-B e Scope), desodorantes (Secret e Old Spice), barbearia e depilação (Gillette, Braun, Venus e The Art of Shaving), cuidados com a pele (Olay e SK-II), fraldas descartáveis e cuidados com o bebê (Luvs e Pampers) e lenços e toalhas (Bounty, Charmin e Puffs).

Curiosamente, muitas dessas marcas da P&G competem diretamente entre si nas mesmas prateleiras dos supermercados. Mas por que a P&G introduziria várias marcas em uma categoria em vez de concentrar seus recursos em uma única marca líder? A resposta está nos conceitos de segmentação e posicionamento e no fato de que diferentes pessoas desejam diferentes conjuntos de benefícios dos produtos que compram.

Vamos considerar os sabões para roupas, por exemplo. As pessoas os usam para lavar suas roupas, mas também buscam outros benefícios, como força ou suavidade, remoção de manchas, "maciez" tecidos, aroma fresco, economia e conveniência. Todos nós queremos *alguns* desses benefícios do sabão para roupas, mas podemos ter *prioridades* diferentes para cada benefício. Para algumas pessoas, o poder de limpeza e branqueamento é o mais importante; para outros, a maciez de tecidos é o mais importante. Outros ainda querem um sabão suave e perfumado. Assim, cada segmento de compradores de sabão para roupas busca uma combinação especial de benefícios.

A P&G identificou vários segmentos importantes de sabão para roupas, juntamente com vários subsegmentos, e desenvolveu marcas distintas com propostas de valor para atender às necessidades de cada um deles. As principais marcas de sabão para roupas da P&G nos Estados Unidos estão posicionadas para diferentes segmentos, da seguinte forma:

- *Tide* é "um milagre de lavagem". É o sabão para roupas da família, potente, feito para todos os fins e que remove sujeira e manchas difíceis. Como veremos em breve, a Tide se ramificou em uma dúzia ou mais de submarcas que atendem a conjuntos específicos de necessidades de lavanderia e cuidados com tecidos.
- *Gain* deixa as roupas com um cheiro "irresistivelmente fresco; é como colocar seu nariz em uma montanha-russa e depois comprar para ele um presente".
- *Cheer* ajuda os consumidores a "ficarem coloridos". Assim, "mantém o divertido dos tecidos cor de rosa, e a beleza dos azuis"
- *Era* é "mais por menos". É um sabão líquido concentrado econômico que "faz o trabalho rápido de tirar manchas difíceis sem gastar muito".
- *Dreft* é "especialmente formulado para ser suave como a pele de um bebê e resistente às manchas". Recomendada por pediatras e confiável pelas mães há mais de 80 anos, a Dreft agora oferece uma linha completa de produtos para casa e lavanderia para todas as fases da infância.

Tais posicionamentos são mais do que apenas falar de marca. Cada marca é especialmente formulada para entregar o conjunto prometido de benefícios.

Ao oferecer marcas e submarcas que visam segmentos específicos com diferentes preferências de sabão para roupas, a Tide oferece uma proposta de valor exclusiva para cada segmento de cliente.

melissamn/Shutterstock

Dentro de cada segmento, a P&G identificou nichos ainda mais específicos. Por exemplo, você pode comprar Tide em mais de 45 formulações diferentes. Aqui está apenas uma amostra:

- *Tide Original* é o detergente líder dos Estados Unidos que oferece "uma limpeza incrível que você conhece e ama", prometendo manter as roupas "com um cheiro tão bom quanto aparentam". Como muitas outras versões do Tide, você pode comprá-lo em pó, líquido, em cápsula e em forma líquida de alta eficiência.
- *Tide Plus Coldwater Clean* foi especialmente formulado para proporcionar uma "limpeza brilhante que você conhece e ama, além de proteger as cores brilhantes, mesmo em uma lavagem com água fria", economizando energia e dinheiro ao lavar com água fria.
- *Tide Ultra Stain Release* é "enriquecido com ingredientes especialmente formulados para ajudar a remover até 99% das manchas do dia a dia, incluindo manchas de alimentos gordurosos".
- *Tide Free & Gentle* mantém "suas roupas brilhantemente limpas e a pele de sua família segura" – é hipoalergênico e livre de corantes e perfumes.
- *Tide Plus Bleach Alternative* revive tecidos sujos, protege as cores e "ajuda seus tecidos a ficarem mais brilhantes e brancos após apenas uma lavagem".
- *Tide Plus Downy* infunde o famoso cheiro "April Fresh" na fórmula original do Tide enquanto adiciona um toque de suavidade para que os usuários possam "aconchegar-se com uma limpeza mais fresca".
- *Tide Plus Febreze* oferece a assinatura "limpeza brilhante que você conhece e ama", além de um frescor que é liberado à medida que você se move ao longo do dia. O Tide Plus Febreze Sport foi especialmente desenvolvido para eliminar odores de roupas esportivas e combater manchas difíceis, como grama, sujeira e sangue.

As marcas da P&G costumam competir de igual para igual nas prateleiras lotadas dos supermercados. Mas, graças à segmentação e ao posicionamento inteligentes, quando a P&G compete contra si mesma, ela vence.

- A maioria das variedades Tide está disponível nas formas *Tide Pods* (pacotes de uso único pequenos e convenientes) e *Tide HE* (formulado para uso em máquinas de lavar de alta eficiência cada vez mais populares).
- Aproveitando a força da marca Tide, a P&G lançou vários produtos de lavanderia adicionais da marca, como canetas e absorventes de manchas *Tide To Go*, spray antibacteriano *Tide Antibacterial Fabric Spray*, intensificadores de sabão *Tide Boost* para "dar um cuidado extra para sua roupa", e o limpador de máquina de lavar *Tide Washing Machine Cleaner*.

As marcas e submarcas da P&G competem de igual para igual no concorrido mercado de sabão para roupas. Mas, graças a uma cuidadosa segmentação e posicionamento de mercado, a P&G tem algo especial para oferecer aos consumidores em cada importante grupo de preferência. Combinadas, suas muitas marcas de sabão para roupas conquistam muito mais participação de mercado do que qualquer marca isolada poderia alcançar sozinha. Como resultado, mesmo com os sabões para roupas de marcas próprias do Walmart, Costco e de outros grandes varejistas que ganharam força nos últimos anos, a P&G ainda domina o mercado de sabão para roupas de 12 bilhões de dólares nos Estados Unidos. Incrivelmente, por si só, a família de marcas Tide captura mais de um terço de todas as vendas de sabão para roupas na América do Norte; a marca Gain atrai outros 11%. Ainda mais incrível, todas as marcas de sabão para roupas da P&G juntas capturam aproximadamente dois terços do mercado dos Estados Unidos. O domínio da P&G forçou grandes concorrentes, como Unilever e Colgate, a jogar a toalha e vender suas marcas de sabão para roupas nos Estados Unidos. Assim, ao competir consigo mesma, a P&G vence.[1]

AS EMPRESAS DE HOJE SABEM que não podem atingir todos os compradores no mercado – ou, pelo menos, não todos eles da mesma maneira. Os compradores são bastante numerosos, estão espalhados e apresentam as mais variadas necessidades e práticas de compra. Além disso, as empresas variam muito em sua capacidade de atender a diferentes segmentos do mercado. Desse modo, assim como a P&G, as empresas devem identificar os segmentos do mercado que podem atender melhor e de maneira mais lucrativa. Elas precisam desenvolver estratégias de *marketing* orientadas para o valor ao cliente que construam o relacionamento certo com os clientes certos.

Além disso, as novas tecnologias de hoje – desde análise de *big data* até plataformas de mídia digital e social – expandiram muito a capacidade dos profissionais de *marketing* de entender e alcançar os consumidores de maneira individualizada. Assim, grande parte das empresas tem deixado de lado o *marketing* de massa e partido para o *marketing segmentado*: identificação de segmentos de mercado, seleção de um ou mais desses segmentos, e desenvolvimento de produtos e programas de *marketing* sob medida para cada um deles.

Comentário do autor | A segmentação de mercado aborda a primeira pergunta de *marketing* aparentemente simples: quais clientes atenderemos?

Estratégia de *marketing*

Objetivo 7.1 Definir as principais etapas da elaboração de uma estratégia de *marketing* orientada para o valor ao cliente: segmentação de mercado, seleção do mercado-alvo, diferenciação e posicionamento.

Segmentação de mercado
Divisão de um mercado em grupos menores de compradores com necessidades, características ou comportamentos distintos que podem requerer estratégias ou *mixes* de *marketing* diferenciados.

A **Figura 7.1** mostra as quatro principais etapas na elaboração de uma estratégia de *marketing* orientada para o valor ao cliente. Nas duas primeiras etapas, a empresa escolhe os clientes que vai atender. A **segmentação de mercado** envolve a divisão de um mercado em grupos menores de compradores com necessidades, características ou comportamentos distintos que podem requerer estratégias ou *mixes* de *marketing* diferenciados. A empresa identifica diferentes maneiras de segmentar o mercado e desenvolve perfis dos segmentos resultantes. A **seleção do mercado-alvo** consiste em avaliar a atratividade de cada segmento e selecionar um ou mais segmentos de mercado para atuar.

Nas duas etapas finais, a empresa toma decisões referentes à proposta de valor – como ela vai criar valor para os clientes-alvo. A **diferenciação** implica realmente diferenciar a oferta ao mercado da empresa a fim de criar valor superior para o cliente. O **posicionamento** consiste em fazer um produto ocupar um lugar claro, distinto e desejável na mente dos consumidores-alvo em relação aos produtos da concorrência. Discutiremos a seguir cada uma dessas etapas.

FIGURA 7.1
Elaboração de uma estratégia de *marketing* orientada para o valor ao cliente.

Na teoria, o *marketing* se concentra em suas questões: (1) Quais clientes nós atenderemos? e (2) Como nós os atenderemos? Obviamente, a parte difícil é encontrar boas respostas para essas questões, que são aparentemente simples, mas, na realidade, são complexas. A meta é criar mais valor para os clientes atendidos do que os concorrentes.

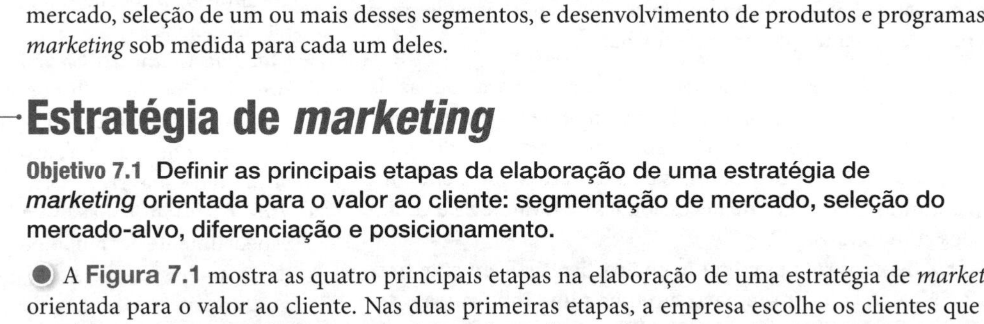

Seleção do mercado-alvo
Avaliação da atratividade de cada segmento e seleção de um ou mais segmentos de mercado para atuar.

Diferenciação
Diferenciação da oferta ao mercado da empresa, criando valor superior para o cliente.

Posicionamento
Fazer com que um produto ocupe um lugar claro, distinto e desejável na mente dos consumidores-alvo em relação aos produtos da concorrência.

Segmentação de mercado

Objetivo 7.2 Relacionar e discutir as principais bases para a segmentação dos mercados consumidor e organizacional.

Em qualquer mercado, os compradores diferem uns dos outros em seus desejos, recursos e localizações, bem como em suas atitudes e práticas de compra. Por meio da segmentação de mercado, os profissionais de *marketing* dividem mercados grandes e heterogêneos em segmentos menores, que possam ser alcançados de maneira mais eficiente e efetiva com produtos e serviços que correspondam às suas necessidades específicas. Nesta seção, vamos discutir quatro importantes tópicos de segmentação: segmentação de mercados consumidores, segmentação de mercados organizacionais, segmentação de mercados internacionais e requisitos para uma segmentação eficaz.

Segmentação de mercados consumidores

Não existe uma única maneira de segmentar um mercado. Um profissional de *marketing* deve buscar diferentes variáveis de segmentação, sozinhas e combinadas, para encontrar a melhor maneira de observar a estrutura do mercado. A ● **Tabela 7.1** descreve, em linhas gerais, variáveis que podem ser utilizadas na segmentação de mercados consumidores. Aqui, vamos analisar as principais variáveis *geográficas*, *demográficas*, *psicográficas* e *comportamentais*.

Segmentação geográfica

Segmentação geográfica
Divisão de um mercado em diferentes unidades geográficas, como países, regiões, estados, cidades ou até mesmo bairros

A **segmentação geográfica** é a divisão de um mercado em diferentes unidades geográficas, como países, regiões, estados, cidades ou até mesmo bairros. Uma empresa pode decidir atuar em uma ou algumas áreas geográficas. Pode também decidir estar presente em todas as áreas, mas prestando atenção nas diferenças geográficas em termos de necessidades e desejos.

Por exemplo, muitos grandes varejistas – como Target, Walmart, Kohl's e Staples –estão abrindo lojas em formatos menores projetadas para atender às necessidades de mercados menores ou bairros urbanos densamente lotados em cidades maiores, não adequados às típicas e grandes superlojas suburbanas. Por exemplo, a Target está abrindo mais de 100 lojas de pequeno formato nos próximos três anos em cidades universitárias e áreas urbanas lotadas:[2]

> As lojas menores da Target têm cerca de um terço do tamanho de uma loja normal da rede. Elas oferecem uma variedade limitada de produtos cuidadosamente selecionados para os clientes locais a fim de criar experiências personalizadas de compras. Por exemplo, lojas em áreas universitárias são projetadas para se adequar ao estilo de vida de estudantes universitários em movimento e preocupados com o orçamento. Cada loja de pequeno formato analisa as características, compras e *feedback* de seus clientes para moldar os sortimentos. Uma loja da Target em um campus no estado da Flórida seria muito diferente de uma próxima ao campus da Northwestern University. A loja da Target em Chicago Belmont apresenta equipamentos do time de beisebol Chicago Cubs e banners de orgulho gay na vitrine para combinar com sua localização perto do estádio Wrigley Field e de uma comunidade gay local.

***Marketing* social hiperlocalizado**
Segmentação baseada na localização de consumidores em comunidades ou bairros locais usando mídias digitais e sociais.

O aumento da tecnologia digital e móvel causou um crescimento correspondente do ***marketing* social hiperlocalizado** – segmentação baseada na localização de consumidores em comunidades ou bairros locais utilizando mídias digitais e sociais. ● Por exemplo, para levar café e promoções aos clientes mais rapidamente, a Dunkin' fez uma parceria com o aplicativo de trânsito e navegação Waze. Onde quer que estejam, os clientes da Dunkin' podem abrir o aplicativo Waze, localizar a loja mais próxima (incluída no mapa), fazer o pedido com antecedência usando o aplicativo e ter seu pedido pronto quando chegarem.

● Tabela 7.1 Principais variáveis de segmentação para mercados consumidores

Variável de segmentação	Exemplos
Geográfica	Países, regiões, estados, cidades, bairros, densidade populacional (urbana, suburbana, rural), clima
Demográfica	Idade, estágio no ciclo de vida, gênero, renda, ocupação, grau de instrução, religião, etnia, geração
Psicográfica	Estilo de vida, personalidade
Comportamental	Ocasiões, benefícios, status do usuário, intensidade de uso, lealdade

***Marketing* social hiperlocalizado: os clientes da Dunkin' em comunidades locais podem usar o aplicativo Waze da marca para navegar até a loja mais próxima, fazer o pedido com antecedência e ter seu pedido pronto quando chegarem.**

Como alternativa, muitas das principais mídias sociais, como Facebook e Instagram, permitem que os anunciantes selecionem o público por localização geográfica. As empresas podem se inscrever no Google Maps para mostrar seus locais e anúncios em resposta a pesquisas "perto de mim" ou "próximo" no Google. Por exemplo, uma busca por "reparos de automóveis perto de mim" traz vários anúncios para qualquer coisa, desde o centro de serviço local da Sears até as oficinas de automóveis locais. Se você pesquisar "hotéis em Poughkeepsie, NY", os resultados da pesquisa serão encabeçados por anúncios para Expedia.com, Booking.com, Tripadvisor.com e KAYAK.com, seguidos de várias listagens de hotéis específicos com *links* de *sites* e um mapa mostrando cada local. Essa segmentação hiperlocalizada permite que os anunciantes refinem seu conteúdo de *marketing* e adaptem seu conteúdo de *marketing* às localizações do consumidor e à intenção da pesquisa.

Segmentação demográfica

A **segmentação demográfica** divide o mercado em segmentos com base em variáveis como idade, estágio no ciclo de vida, gênero, renda, ocupação, grau de instrução, religião, etnia e geração. Os fatores demográficos constituem os critérios mais utilizados para a segmentação de grupos de clientes. Uma razão para isso é o fato de as necessidades, os desejos e os índices de utilização dos consumidores geralmente diferirem de acordo com as variáveis demográficas. Além disso, as variáveis demográficas são mais facilmente mensuradas do que a maioria dos outros tipos de variável. Mesmo quando definem os segmentos de mercado utilizando outros critérios, como busca de benefícios ou comportamento, os profissionais de *marketing* devem conhecer as características demográficas desses segmentos para avaliar o tamanho do mercado-alvo e atingi-los de maneira eficiente.

Idade e estágio do ciclo de vida. As necessidades e desejos do consumidor mudam de acordo com a idade. Algumas empresas usam a **segmentação por idade e ciclo de vida**, oferecendo produtos diferentes ou usando diferentes abordagens de *marketing* para diferentes grupos de idade e ciclo de vida. Por exemplo, a pasta de dente Crest White Brilliance da P&G tem como alvo idosos e adultos mais velhos – ela ajuda "os idosos a transformarem suas manchas nos dentes em um sorriso mais brilhante e branco". Por outro lado, a pasta de dente Crest Pro-Health Jr. tem como alvo crianças pequenas, apresentando embalagens adornadas com personagens de *Frozen* e *Star Wars* e oferecendo o aplicativo Magic Timer "para ajudar até mesmo a criança mais relutante a escovar os dentes por mais tempo".[3]

Os profissionais de *marketing* devem ter cuidado para evitar estereótipos ao usar a segmentação por idade e ciclo de vida. Por exemplo, embora algumas pessoas de 80 anos se encaixem nos estereótipos de idosos fragilizados e reclusos com renda fixa, outros esquiam e jogam tênis. Da mesma forma, enquanto alguns casais de 40 anos estão enviando seus filhos para a faculdade, outros estão apenas começando novas famílias. Assim, a idade é muitas vezes um preditor fraco de ciclo de vida, saúde, *status* familiar ou profissional, necessidades e poder de compra de uma pessoa.

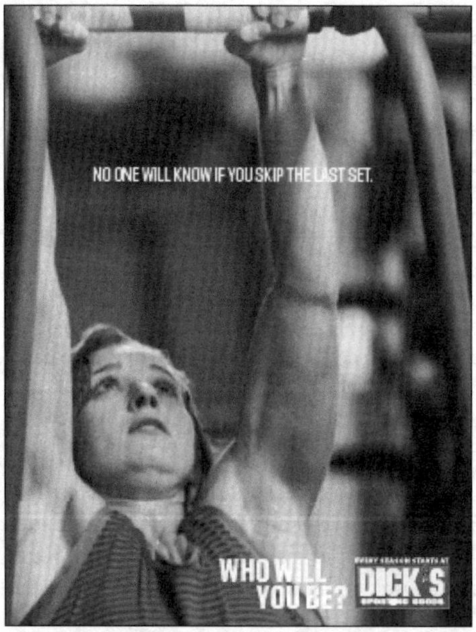

Segmentação de gênero: em linha com a tendência de que cada vez mais as mulheres vestem roupas de ginástica como moda cotidiana, a Dick's Sporting Goods lançou recentemente seus primeiros anúncios direcionados para mulheres preocupadas com o condicionamento físico.

DICK'S Sporting Goods

Gênero. A **segmentação por gênero** tem sido bastante utilizada para roupas, cosméticos, produtos de higiene pessoal, brinquedos e revistas. Por exemplo, a P&G foi uma das primeiras empresas a utilizar a segmentação por gênero ao lançar a Secret, uma marca de desodorante com uma fórmula especialmente desenvolvida para mulheres, com embalagens e anúncios que reforçam a imagem feminina.

Mais recentemente, o setor de cuidados pessoais masculinos cresceu consideravelmente, e hoje muitos fabricantes de cosméticos, que antes se voltavam basicamente para as mulheres – como L'Oréal, Nivea, Sephora Dove –, são bem-sucedidas em trabalhar com linhas para homens. Por exemplo, o Men+Care da Dove acredita que "o cuidado torna o homem mais forte". A marca oferece uma linha completa de sabonetes líquidos, barras corporais, desodorantes, cuidados com o rosto e cuidados com os cabelos.[4]

Indo na outra direção, as marcas que tradicionalmente tinham como alvo os homens agora estão mirando as mulheres. Por exemplo, de acordo com a tendência *fitness*, na qual mais mulheres estão usando roupas de ginástica como moda cotidiana, fabricantes e varejistas de roupas esportivas – como

Segmentação demográfica
Divisão de um mercado em segmentos com base em variáveis como idade, estágio no ciclo de vida, gênero, renda, ocupação, grau de instrução, religião, etnia e geração.

Segmentação por idade e ciclo de vida
Divisão de um mercado em diferentes grupos de idade e ciclo de vida.

Segmentação por gênero
Divisão de um mercado em diferentes segmentos com base no gênero.

Segmentação por renda
Divisão de um mercado em diferentes segmentos de renda.

Nike, Adidas, Under Armour e Dick's Sporting Goods – estão aumentando seus esforços de *marketing* voltados para as compradoras mulheres, que agora representam metade dos compradores esportivos da Sporting Goods:[5]

> A Dick's Sporting Goods lançou seus primeiros anúncios voltados diretamente para mulheres preocupadas com um bom condicionamento físico, como parte de sua campanha mais ampla "Quem você será?". Os anúncios apresentaram mulheres que precisam conciliar suas vidas ocupadas para atingir suas metas de condicionamento físico. O primeiro anúncio da série mostrava uma mãe correndo em vez de dirigir para buscar os filhos na escola. Outra mãe corre em uma esteira enquanto ouve a babá eletrônica. "Quem você vai ser?", pergunta o anúncio. "Cada corrida; cada treino; cada dia; cada escolha; toda temporada começa com a Dick's Sporting Goods". A Dick's quer que as consumidoras saibam que "entendemos as escolhas da rede varejista que elas precisam fazer todos os dias [...] para se adequar ao condicionamento físico", diz o chefe de *marketing* da varejista.

Renda. A **segmentação por renda** tem sido bastante utilizada por profissionais de *marketing* que trabalham com produtos e serviços como carros, roupas, cosméticos, serviços financeiros e viagens. Muitas empresas voltam-se para os consumidores ricos com produtos luxuosos e serviços ligados à praticidade. Por exemplo, as empresas de cartão de crédito visam a clientes abastados com cartões *premium* que oferecem luxo e mais vantagens, mas com altas taxas anuais. Considere o exemplo da American Express:[6]

> O cartão American Express Platinum custa aos clientes 550 dólares por ano. Ele vem com vantagens como acesso especial ao saguão VIP do aeroporto, descontos em taxas aéreas, créditos Uber, *status* de elite em redes de hotéis e aluguel de carros e pontos extras em viagens aéreas. Mas para os mais abastados, a American Express oferece o Centurion Black Card, talvez o cartão de crédito mais exclusivo do mundo. O Amex Centurion Black Card visa indivíduos de alto patrimônio líquido que ganham pelo menos 1 milhão de dólares por ano e gastam pelo menos 100.000 a 450.000 dólares por ano. A afiliação é feita apenas por convite, e os portadores de cartão pagam uma taxa de iniciação de 7.500 dólares mais uma anuidade de 2.500 dólares. Os membros do Black Card recebem experiências exclusivas – muitas mantidas em segredo – não disponíveis para os titulares do Platinum Card. Por exemplo, inclui o Centurion Concierge, uma espécie de assistente pessoal que atende a todas as necessidades, como assentos prioritários em restaurantes badalados, preferência por ingressos para shows e pesquisas para férias exóticas. E, claro, o Amex Black Card vem com o *status* e o direito de se gabar que simplesmente se consegue com outros cartões.

Segmentação psicográfica
Divisão de um mercado em diferentes grupos com base, no estilo de vida ou em traços da personalidade.

Entretanto, nem todas as empresas que utilizam a segmentação por renda têm como alvo os ricos. Por exemplo, muitos varejistas – como as redes de loja Dollar General, Family Dollar e Dollar Tree – se voltam, com sucesso, para grupos de renda baixa e média. O principal mercado para essas lojas é composto por famílias com renda anual abaixo de 50 mil dólares. Quando especialistas no mercado imobiliário da Family Dollar buscam pontos para novas lojas, eles procuram bairros de classe média baixa, nos quais as pessoas usam sapatos mais baratos e dirigem carros velhos que vazam óleo. Com suas estratégias voltadas para o público de baixa renda, as lojas populares são, hoje em dia, as que crescem mais rápido nos Estados Unidos.

Segmentação de estilo de vida: o restaurante Panera atende a um segmento de estilo de vida saudável de pessoas que querem mais do que uma comida saborosa – querem comida que também seja boa para elas.
Panera LLC

Segmentação psicográfica

A **segmentação psicográfica** divide os compradores em diferentes grupos com base no estilo de vida ou em traços da personalidade. Pessoas de um mesmo grupo demográfico podem ter características psicográficas bastante diferentes.

No Capítulo 5, discutimos como os produtos que as pessoas compram refletem seu *estilo de vida*. Como resultado, os profissionais de *marketing* geralmente segmentam seus mercados em função do estilo de vida dos consumidores e fundamentam suas estratégias de *marketing* em apelos ligados a esse estilo. Por exemplo, o restaurante *fast-casual* Panera atende a um segmento de estilo de vida de pessoas que querem mais do que apenas comida saborosa – eles querem comida que seja boa para eles também. Para melhor atender às necessidades desse segmento de estilo de vida saudável, o Panera anunciou recentemente que em breve baniria mais de 150 conservantes, adoçantes, corantes e sabores artificiais de seus alimentos. Em seguida, lançou uma campanha de *marketing* com a etiqueta "Comida como deveria ser", mostrando clientes satisfeitos comendo melhor no Panera. Um anúncio diz: "100% da nossa comida é 100% limpa". De acordo com o restaurante, a comida deve fazer mais do que apenas encher o estômago: "A comida deve ser saborosa; deve oferecer uma boa sensação; deve fazer coisas boas para você e para o mundo ao seu redor; isso é comida como deveria ser". Se esse tipo de pensamento se encaixa no seu estilo de vida, sugere o diretor de *marketing* do Panera, "então sim, pode entrar... é por isso que estamos aqui".[7]

Os profissionais de *marketing* também usam variáveis de *personalidade* para segmentar mercados. Por exemplo, a Loews, uma cadeia de hotéis de boutique de luxo que oferece serviço personalizado de alto nível, tem como alvo segmentos de "personas", como "casais exploradores de fim de semana", "viajantes de negócios confiantes", "planejadores sérios", "turistas de luxo", " famílias em férias" e "leais à Loews". A rede cria ofertas, mensagens e planos de mídia personalizados para cada segmento, direcionados aos estágios de planejamento e hospedagem em um hotel Loews – o que chamam de "SmartJourney". Por exemplo, comunicações destinadas a turistas de luxo podem começar com um *e-mail* oferecendo oportunidades para aprimorar suas experiências com upgrades especiais de quarto. Em seguida, vêm as notificações do aplicativo Loews, oferecendo opções adicionais de pré-estadia, como reservas para refeições requintadas. Uma vez no local, os viajantes deste grupo de persona recebem atenção personalizada e de alto toque, adaptada às suas preferências, como por exemplo, notificações de aplicativo de uma "degustação do chef" especial ou tratamentos de spa. No ano seguinte ao início da abordagem SmartJourney, as taxas de engajamento de *e-mail* do cliente Loews melhoraram 40% e as remarcações aumentaram 20%.[8]

Segmentação comportamental
Divisão de um mercado em segmentos com base nos conhecimentos, nas atitudes, no uso e nas reações dos consumidores aos produtos.

Segmentação comportamental

A **segmentação comportamental** divide os compradores em segmentos com base no conhecimento que eles possuem sobre um produto, nas atitudes que têm direcionadas a ele, no uso que fazem desse produto e em suas reações a ele. Para muitos profissionais de *marketing*, as variáveis comportamentais constituem o melhor ponto de partida para a formação de segmentos de mercado.

Segmentação por ocasião
Divisão de um mercado em segmentos de acordo com as ocasiões em que os compradores pensam em comprar, quando de fato realizam a compra, ou quando utilizam os produtos comprados.

Ocasiões. Os compradores podem ser agrupados de acordo com as ocasiões em que os compradores pensam em comprar, quando de fato realizam a compra ou quando utilizam os produtos comprados. A **segmentação por ocasião** pode ajudar as empresas a aumentar a taxa de uso do produto. A Campbell's anuncia suas sopas com mais intensidade nos meses frios de inverno; e a P&G aumenta seu *marketing* para os remédios Vicks Nyquil, DayQuil, VapoRub e VapoDrops durante a temporada de gripes e resfriados. Além disso, há mais de 15 anos a Starbucks dá as boas-vindas à temporada de outono com seu latte com especiarias de abóbora. Vendido apenas no outono e agora disponível em mais de 50 países, essa é a bebida sazonal mais vendida da Starbucks de todos os tempos.[9]

Segmentação por benefício
Divisão de um mercado em segmentos de acordo com os diferentes benefícios que os consumidores procuram em um produto.

Outras marcas ainda tentam aumentar o consumo promovendo o uso em ocasiões não tradicionais. Por exemplo, considere o American Egg Board (AEB), uma associação de produtores de ovos dos Estados Unidos que trabalha para aumentar a demanda por ovos por meio de pesquisa, educação e promoção. Muitos consumidores pensam nos ovos principalmente como um alimento para o café da manhã. Mas a campanha "Como você gosta de seus ovos?" da AEB visa fazer com que as pessoas pensem no "Ovo Incrível" além do café da manhã. A campanha é bem-humorada, combinando personagens coloridos com uma variedade de pratos de ovos, como uma freira que adora ovos cozidos ou Papai Noel, que obviamente prefere seus ovos em uma gemada. "Não há resposta errada para a pergunta 'Como você gosta de seus ovos?'" diz um executivo de *marketing* da AEB. A associação espera "ajudar os consumidores a descobrir novas maneiras de aproveitar o incrível ovo do café da manhã ao jantar e tudo mais". Além de anúncios e outros conteúdos digitais, a AEB fornece uma série de receitas inovadoras de ovos. "As possibilidades são realmente infinitas."[10]

Segmentação por benefícios: a Schwinn fabrica bicicletas para todo segmento que busca algum benefício. Por exemplo, suas bicicletas elétricas "ajudam a tornar o trajeto matinal ou o passeio pela cidade um pouco mais fácil".

Busca de benefícios. Uma boa forma de segmentação consiste em agrupar os compradores de acordo com os diferentes benefícios que eles buscam no produto. A **segmentação por benefício** requer que se descubra os principais benefícios que as pessoas procuram em uma classe de produtos, os tipos de pessoas que procuram cada um dos benefícios e as principais marcas que os oferecem. Por exemplo, as pessoas que compram bicicletas procuram qualquer um dos inúmeros benefícios, desde corridas competitivas e desempenho esportivo até recreação, condicionamento físico, turismo, transporte e simplesmente diversão. Para atender às diversas preferências de benefícios, a Schwinn fabrica bicicletas de qualidade e acessíveis em sete grandes grupos de benefícios: *cruisers*, híbridas, de ciclovia, *mountain*, de estrada, elétrica e infantil. As bicicletas de ciclovia da Schwinn são "perfeitas para ciclistas que desejam uma bicicleta confortável e fácil de pilotar com recursos convenientes para passeios casuais".[11] As mountain bikes são "para ciclistas que desejam uma bicicleta sólida, robusta e durável para pedalar em todas as superfícies". As bicicletas elétricas da Schwinn são "para ciclistas que desejam um impulso extra para ajudar a tornar o trajeto matinal ou o passeio pela cidade um pouco mais fácil".

Ao todo, a Schwinn fabrica dezenas de linhas de bicicletas, cada uma projetada para um segmento ou subsegmento que busca um benefício específico. Por exemplo, as bicicletas cruisers série S da Schwinn (com preços acessíveis de 250 a 340 dólares) são bicicletas clássicas com estrutura de aço e freios contra pedal que são vendidas em grandes varejistas. Andar de bicicleta "nunca foi tão fácil e com um valor tão bom". Em contraste, os modelos Sycamore de alta qualidade da Schwinn são "e-bikes híbridas esportivas elegantes" (com preço de 2.099 dólares). Eles ostentam um motor elétrico acionado por cubo e oferecem cinco níveis diferentes de assistência eletrônica de até 32 quilômetros por hora, proporcionando "uma nova aventura em ciclismo ou deslocamento". "Não importa o que você esteja procurando", diz Schwinn, "temos uma linha de bicicletas para você".

Status de usuário. Os mercados podem ser segmentados em grupos de não usuários, ex-usuários, usuários potenciais, usuários iniciantes e usuários regulares de um produto. As empresas querem reforçar e reter os usuários regulares, atrair não usuários que fazem parte do público-alvo e revigorar o relacionamento com ex-usuários. Fazem parte do grupo de usuários potenciais os consumidores que se veem diante de mudanças no estágio de vida – como recém-casados e pessoas que acabaram de ter o primeiro filho –, os quais podem se tornar grandes usuários. Por exemplo, para começar de maneira positiva com pais recentes, a P&G certifica-se de que sua fralda Pampers seja oferecida aos recém-nascidos na maioria dos hospitais nos Estados Unidos e, assim, as promove como "a escolha número um dos hospitais".[12]

Índice de utilização. Os mercados também podem ser segmentados em usuários que consomem um produto de forma leve, moderada ou intensa. Os usuários que consomem com alta intensidade e/ou frequência geralmente constituem uma pequena porcentagem do mercado, mas são responsáveis por uma grande porcentagem do consumo total. Por exemplo, a rede de *fast-food* em rápido crescimento Bojangles' Famous Chicken 'n Biscuits, do sudeste dos Estados Unidos, visa tudo o que faz para os gostos e tendências de seu núcleo de clientes regulares.[13]

Visando usuários intensos: A rede de *fast-food* em rápido crescimento Bojangles' Famous Chicken 'n Biscuits, do sudeste dos Estados Unidos, tem como alvo os gostos e as tendências dos fiéis e famintos clientes para tudo o que faz.

Milesbeforelsleep/Shutterstock

A empresa chama as pessoas que anseiam muito por seu frango frito, seus biscoitos feitos na hora e seu "Legendary Sweet Tea" de Bo Fanatics ou Bo'lievers. O norte-americano Brandon Sanders, treinador de basquete de 36 anos, é um típico Bo'liever. Brandon comeu em mais de 100 das 759 lojas da Bojangles. "Ele percebe as diferenças sutis entre os locais, como um *sommelier* de frango frito", observa um repórter. A obsessão de Brandon pela Bojangles começou com as refeições da família na infância. O lado paterno da família levava os pratos tradicionais da Bojangles para comer em casa; o lado de sua mãe comia frequentemente no restaurante. Então Brandon teve influência da Bojangles de ambos os lados. Como adulto, ele reduziu a frequência – agora ele faz apenas duas ou três visitas por semana aos restaurantes da rede. Ele poderia comer no KFC ou em algum outro lugar de frango frito, mas "eles não têm alma para isso". A marca até criou Bomojis, incluindo um com um Bo'liever ajoelhado e segurando uma Bo Box de frango em direção aos céus como agradecimento aos deuses. Para Bo'lievers famintos, o slogan de longa data da empresa diz tudo. Não importa onde ou quando; faça chuva ou faça sol; manhã, tarde ou noite; "É hora de Bo!"

Status de fidelidade. Um mercado também pode ser segmentado de acordo com a fidelidade do consumidor. Os consumidores podem ser fiéis a marcas (Tide), a lojas (Target) e a empresas (Apple). Eles podem ser divididos em grupos de acordo com seu nível de fidelidade. Alguns são absolutamente fiéis – compram uma única marca sempre e mal podem esperar para contar isso aos outros. Outros consumidores possuem algum nível de lealdade – são leais a duas ou três marcas de um determinado produto ou preferem uma marca embora às vezes comprem outras. Já outros compradores não demonstram lealdade a nenhuma marca – eles querem algo diferente cada vez que compram ou compram o que estiver à venda.

Uma empresa pode aprender muito analisando os padrões de fidelidade em seu mercado. Deve começar estudando seus próprios clientes fiéis. Clientes altamente fiéis podem ser um ativo real, uma vez que geralmente promovem a marca por meio do boca a boca pessoalmente e por meio das mídias sociais. Em vez de apenas fazer *marketing* para clientes fiéis, as empresas devem engajá-los totalmente e torná-los parceiros na construção da marca e de sua história. Por exemplo, o time de basquete da NBA Chicago Bulls transformou seus fãs leais em uma nação de superfãs apaixonados que permanecem com o time nos bons e maus momentos (veja o Marketing Real 7.1).

Marketing Real 7.1 | Chicago Bulls: Criando laços com superfãs em tempo real

Durante a década de 1990, o Chicago Bulls era uma dinastia da NBA. Liderados pelo lendário superstar Michael Jordan e pelo técnico Phil Jackson, os Bulls venceram seis campeonatos da NBA em oito anos. Durante esses tempos inebriantes, os fãs ávidos se reuniam para os jogos e seguiam entusiasticamente seus Bulls via TV, rádio, revistas esportivas e em qualquer outro lugar onde pudessem descobrir estatísticas, destaques do jogo, características dos jogadores e qualquer outra informação. A memória daqueles dias de glória ainda perdura. No entanto, durante os últimos anos, os Bulls caíram em tempos turbulentos. À medida que as vitórias diminuíram e as derrotas aumentaram, manter e energizar fãs leais tornou-se mais difícil.

Entre a equipe de mídia digital do Bulls, 20 especialistas trabalham incansavelmente 24 horas por dia, 7 dias por semana, para criar conteúdo digital emocionante que mantém os fãs leais do Bulls conectados, engajados e entusiasmados. Armada com uma abundância de ferramentas da era digital, a equipe engaja os fãs como parceiros, criando vínculos com eles em tempo real e tornando-os parte da história da franquia à medida que ela se desenrola.

As atividades da equipe de mídia digital são especialmente intensas durante os jogos. A equipe se reúne em uma sala de conferências de alta tecnologia cheia de telas no interior do United Center, casa dos Bulls, monitorando as interações *on-line* dos fãs e criando novos conteúdos digitais na hora – como replays instantâneos estilizados de enterradas estrondosas e outras dinâmicas de jogo para análise *play-by-play*, gráficos, estatísticas, flashes de notícias e trechos relevantes de cor de fundo. A equipe também estimula a emoção dos jogos de fãs com *stories*, tuítes e postagens em tempo real em uma ampla variedade de plataformas digitais.

Ganhando ou perdendo, o Chicago Bulls tem uma das maiores e mais ativas bases de fãs *on-line* entre qualquer franquia esportiva. O time tem 4 milhões de seguidores no Twitter e 4,1 milhões de seguidores no Instagram. Mais de 18 milhões de fãs curtiram o Bulls no Facebook e mais de 108 mil fãs se inscreveram no canal do Bulls no YouTube. A base de fãs de mídia social dos Bulls totaliza 28 milhões de pessoas, 70% residindo fora dos Estados Unidos. De acordo com o diretor digital dos Bulls, a equipe personaliza o conteúdo para cada canal: "O Twitter é ativo e responsivo, o Facebook mostra os 'melhores' destaques e as atualizações de pontuação, o Snapchat dá aos fãs uma perspectiva dos bastidores de um jogo, o Instagram exibe fotos dos jogos feitas por fotógrafos profissionais, e o *site* dos Bulls hospeda vídeos, pontuações, jogos de fãs e documentários".

A equipe de mídia digital dos Bulls está constantemente à procura de conteúdo inovador que agrade aos fãs leais e os mantenha engajados: como o do Instagram, onde os artistas de Chicago têm controle total do *feed* do Instagram dos Bulls durante um jogo. Ou um clipe de enterrada de Lauri Markkanen patrocinado pela Sprite, animado a partir de quadros desenhados à mão por fãs. Ou o desafio Bulls' Fanbeat, um jogo de trivia na segunda tela que roda simultaneamente com os jogos do Bulls em que os fãs podem ganhar ingressos e mercadorias. Se eles responderem todas as 20 perguntas corretamente, eles ganham 1 milhão de dólares (nenhum vencedor até agora). A equipe está aberta a tudo e qualquer coisa, desde que se encaixe em sua estrutura de conteúdo digital, conhecida como HITTID (*human, iconic, timely, thumb-stopping, inclusive, and differentiated* – humano, icônico, oportuno, atrativo, inclusivo e diferenciado).

Porém, mais do que criar conteúdo para manter os fãs na ponta dos assentos durante o jogo, o principal objetivo da equipe de mídia digital é "humanizar" os jogadores do Chicago Bulls, para construir conexões mais pessoais entre jogadores e fãs que superem registros de ganhos e perdas. O objetivo é ajudar os fãs a conhecerem os jogadores e uns aos outros como pessoas. Para humanizar os jogadores, a equipe de mídia digital publica entrevistas e reportagens de perto que mostram quem eles são, e não apenas o que eles fazem na quadra. Os Bulls de hoje são uma equipe jovem e em desenvolvimento. Embora isso geralmente seja uma desvantagem em quadra, isso contribui para um bom conteúdo de mídia social. "Isso torna o time mais simpático para mostrar sua personalidade", diz o diretor digital dos Bulls. "Há uma sensação entre os fãs de que eles estão realmente vendo desenvolvimento e crescimento a sua frente. Isso ajudou muitos fãs a embarcarem."

Humanizar os jogadores ajuda os torcedores a se sentirem conectados ao time. Mas a equipe de mídia digital dos Bulls também faz um grande esforço para construir uma comunidade entre os fãs. Ela monitora e responde rotineiramente às conversas dos fãs *on-line*, e muitas vezes tenta tornar os próprios fãs parte da história do Bulls. Por exemplo, em uma ocasião, a equipe do Bulls foi marcada no Reddit e no Twitter por cartazes alertando sobre um jovem fã chamado Rocco, que estava confinado a uma cama de hospital lutando contra o câncer. O jovem Rocco esperava uma mensagem de ânimo de seu jogador favorito, o armador do Bulls, Kris Dunn. A equipe respondeu enviando a Rocco um pacote cheio de equipamentos do Bulls e postando um vídeo de Dunn no Twitter: "Estamos mandando pensamentos positivos para você", diz Dunn no clipe inspirador. Em troca, os Bulls receberam e compartilharam uma foto de Rocco vestido com roupas dos Bulls, deitado em uma cama de hospital com um enorme sorriso no rosto.

Em outro caso, enquanto monitorava as menções nas mídias sociais, a equipe de mídia digital do Bulls descobriu a neozelandesa Emma Sullivan, uma torcedora obstinada do Bulls há 25 anos. O marido de Emma, AJ, a estava levando para ver um jogo dos Bulls no United Center para seu aniversário de 40 anos. Na manhã do jogo, AJ alegremente tuitou seus planos, com os números dos assentos e tudo. A equipe de mídia digital do Bulls aproveitou ao máximo o momento. No início do jogo, Samantha Brown, gerente de mídia social dos Bulls, abriu caminho até os assentos dos Sullivans, presenteou Emma com uma bolsa do Chicago Bulls cheia de equipamentos do Bulls, deu a ela dois ingressos para assentos mais próximos da quadra e desejou-lhe um feliz aniversário.

Enquanto Brown escoltava o casal para seus assentos *premium*, Emma Sullivan ficou emocionada. "Ela está chorando", Brown relatou aos colegas de trabalho, "Vou começar a chorar". Sullivan, que batizou seu primeiro filho Jordan em homenagem ao lendário jogador do Bulls, abanou o rosto para secar as lágrimas. "Esperei 25 anos por isso", disse ela. Brown tuitou uma foto dos Sullivans mostrando seus presentes dos Bulls. Pouco depois que os Sullivans assumiram seus novos assentos, uma mensagem brilhou no gigantesco placar do United Center: "Da Nova Zelândia para cá, feliz aniversário Emma!" Tais momentos,

Ao envolver fãs leais em tempo real e torná-los parte da história da equipe, o Chicago Bulls criou uma comunidade de superfãs que permanecem com o time nos bons e maus momentos.

grzegorz knec/Alamy Stock Photo

quando compartilhados, fazem milhões de seguidores das mídias sociais do Bulls também se sentirem conectados.

O apoio dos fãs nem sempre se traduz em um recorde de vitórias. A equipe de mídia digital do Chicago Bulls não pode fazer o time ganhar mais jogos. Mas pode fazer algo quase tão importante – pode manter os fãs leais engajados e solidários. E é exatamente isso que é feito. Ao envolver os fãs em tempo real e torná-los parte da história da equipe, os Bulls criaram uma comunidade de superfãs que permanecem com a equipe nos bons e maus momentos. Apesar dos últimos anos de vitórias em declínio e eliminatórias de pós-temporada perdidas, os Bulls de hoje ainda apresentam números de participação na temporada mais altos do que qualquer outro time da NBA. E seus seguidores nas mídias sociais ocupam o segundo lugar entre as franquias esportivas dos Estados Unidos. Como resultado, os Bulls continuam sendo a quarta franquia mais valiosa da NBA, com um patrimônio líquido de 2,6 bilhões de dólares.[15]

Algumas empresas realmente colocam os clientes leais para trabalhar pela marca. Por exemplo, a Patagonia conta com seus clientes mais testados e comprovados – chamando-os de embaixadores da Patagonia – para testar produtos em ambientes hostis, fornecer informações para linhas de vestuário e equipamentos "orientados por embaixadores" e compartilhar suas experiências de produtos com outros.[14] Em contrapartida, ao estudar seus compradores menos leais, uma empresa pode detectar quais marcas são mais competitivas com as suas. Ao observar os clientes que estão se afastando de sua marca, a empresa pode aprender sobre seus pontos fracos de *marketing* e tomar medidas para corrigi-los.

Utilização de bases múltiplas de segmentação

Raramente os profissionais de *marketing* limitam sua análise de segmentação a uma ou a poucas variáveis. Em vez disso, eles geralmente utilizam bases múltiplas de segmentação, em um esforço para identificar grupos-alvo menores, mais bem definidos. Diversos serviços de informações organizacionais – como os oferecidos pela Acxiom, Nielsen, Esri e Experian – oferecem sistemas de segmentação multivariável que combinam dados geográficos, demográficos, de estilo de vida e comportamentais para ajudar as empresas a segmentar seus mercados por códigos postais, bairros e até mesmo domicílios.

Por exemplo, o sistema Personicx Lifestage da Acxiom classifica as famílias dos Estados Unidos em um dos 70 grupos distintos dentro de 21 grupos de estágio de vida.[16] Os segmentos Personicx carregam nomes descritivos característicos como "Proprietários no topo", "Camarotes suburbanos", "Ambiciosos e determinados", "Brinquedos e crianças", "Solteiros do campo", "Criando os netos", "Caminhonetes com estilo", "Famílias da fazenda", "Moradores do centro", "Hipoteca e poupança" e "Desenhos e passeios".

Usando o sistema de segmentação Personicx da Acxiom, os profissionais de *marketing* têm uma imagem surpreendentemente precisa de quem é quem e o que cada grupo de pessoas compra. Os clusters da Personicx carregam nomes característicos como "Camarotes suburbanos", "Estrelas cadentes", "Ambiciosos e determinados", "Futebol e SUVs", "Criando os netos", "Caminhonetes com estilo", "Hipoteca e poupança" e "Desenhos e passeios".

Acxiom Corporation

Cada segmento tem seu próprio padrão demográfico, estilos de vida, gostos e desgostos e comportamentos de compra. Usando o sistema Personicx, os profissionais de *marketing* podem pintar uma imagem surpreendentemente precisa de quem são os consumidores e o que eles podem comprar. Por exemplo, o grupo da Personicx "Desenhos e passeios" consiste em casais de renda média, casados, na faixa dos 30 anos e com filhos de todas as idades. Eles representam o ponto médio em termos de renda, educação e valores domésticos e vivem confortavelmente com suas famílias. O grupo tem uma alta concentração de hispânicos e ocupações de trabalho braçais. Os consumidores de "Desenhos e passeios" dirigem minivans e picapes, compram muitas roupas e sapatos para seus filhos e desfrutam de atividades familiares, como visitar zoológicos, parques temáticos e acampar.[17]

O Personicx e outros sistemas desse tipo podem ajudar os profissionais de *marketing* a segmentar pessoas e locais em grupos de consumidores com ideias semelhantes. Essa segmentação rica fornece uma ferramenta poderosa para profissionais de *marketing* de todos os tipos. Ela pode ajudar as empresas a identificar e entender melhor os principais segmentos de clientes, alcançá-los com mais eficiência e adaptar as ofertas e mensagens do mercado a suas necessidades específicas.

Segmentação de mercados organizacionais

Os profissionais de *marketing* que atuam no mercado consumidor e os que trabalham no mercado organizacional utilizam muitas das mesmas variáveis para segmentar seus mercados. As empresas que efetuam compras organizacionais podem ser segmentadas geograficamente, demograficamente (por setor, tamanho) ou de acordo com busca de benefícios, *status* de usuário, índice de utilização e *status* de fidelidade. Contudo, os profissionais de *marketing* organizacional utilizam algumas variáveis adicionais, como *características da operação, abordagens de compra, fatores situacionais* e *características individuais* do cliente.

Quase toda empresa atende, pelo menos, a alguns mercados organizacionais. Por exemplo, a Starbucks desenvolveu programas de *marketing* distintos para vários segmentos organizacionais, como faculdades e universidades, governo e Forças Armadas, e café de escritório. No segmento de café de escritório, a *Starbucks* Branded Solutions comercializa uma variedade de serviços de café no local de trabalho para empresas de qualquer tamanho, ajudando-as a disponibilizar o café Starbucks e produtos relacionados a seus funcionários em seus locais de trabalho. A Starbucks ajuda esses clientes corporativos a projetar as melhores soluções de escritório envolvendo seus cafés (as marcas Starbucks, Seattle's Best e Torrefazione Italia), xaropes e produtos de papel de marca e métodos de servi-los – fermentados, self-service *premium* ou prontos para beber. O segmento de faculdades e universidades oferece várias plataformas de fornecimento de produtos Starbucks, como autoatendimento *premium*, bebidas prontas e lojas licenciadas. A Starbucks fornece não apenas café, chá e produtos de papel para seus clientes empresariais, mas também equipamentos, treinamento e suporte de *marketing* e *merchandising*.[18]

Muitas empresas estabelecem sistemas separados para lidar com clientes maiores ou de vários locais. Por exemplo, a Steelcase, uma grande produtora de móveis de escritório, primeiro divide os clientes em vários segmentos: saúde, educação, hospitalidade, jurídico, governos dos Estados Unidos e Canadá, governos estaduais e locais e arquitetos e designers. Em seguida, os vendedores da empresa trabalham com revendedores independentes da Steelcase para atender clientes menores, locais ou regionais da empresa em cada segmento. Mas muitos clientes nacionais de vários locais, como ExxonMobil ou IBM, têm necessidades especiais que podem ir além do escopo de revendedores individuais. Portanto, a Steelcase usa gerentes de contas nacionais para ajudar suas redes de revendedores a lidar com contas nacionais e gerentes de contas globais que lidam com contas que operam em regiões nacionais e internacionais.[19]

Segmentação de mercados internacionais

Poucas empresas possuem recursos para operar em todos os países existentes – ou mesmo na maioria deles – ou querem fazer isso. Embora algumas grandes empresas, como a Coca-Cola e a Unilever, vendam produtos em mais de 200 países, a maior parte das empresas internacionais concentra-se em um grupo menor. As nações, mesmo aquelas que ficam bem próximas, podem variar muito em termos econômicos, culturais e políticos. Portanto, assim como fazem em seus mercados domésticos, as empresas internacionais precisam agrupar seus mercados mundiais em segmentos com necessidades e comportamentos de compra distintos.

As empresas podem segmentar os mercados internacionais utilizando uma variável ou uma combinação de muitas delas. Essa segmentação pode se dar por *localização geográfica*, agrupando-se os países por regiões, como Europa Ocidental, Costa do Pacífico, Sul da Ásia ou África. A segmentação geográfica parte do princípio de que países próximos têm muitas características e comportamentos em comum. Embora geralmente esse seja o caso, há muitas exceções. Por exemplo, algumas empresas norte-americanas colocam em um só grupo os países da América Central e do Sul. No entanto, a República Dominicana é tão diferente do Brasil quanto a Itália é da Suécia. Muitos latino-americanos nem mesmo falam espanhol, incluindo os mais de 200 milhões de brasileiros que falam português e milhões de pessoas em outros países que falam uma série de línguas indígenas.

Os mercados mundiais também podem ser segmentados com base em *fatores econômicos*. Os países poderiam ser agrupados pelo nível de renda de seus habitantes ou por seu nível geral de desenvolvimento econômico. A estrutura econômica de um país molda as necessidades de produtos e serviços de sua população e, consequentemente, as oportunidades de *marketing* que se apresentam. Por exemplo, muitas empresas estão se voltando para os países que compõem o BRICS – Brasil, Rússia, Índia, China e África do Sul –, que são economias em desenvolvimento com rápido crescimento e aumento do poder de compra.

Os países podem ser segmentados por *fatores políticos e legais*, como o tipo de governo e sua estabilidade, a receptividade a empresas estrangeiras, as regulações monetárias e o nível de burocracia. Também podem ser utilizados *fatores culturais*. Nesse caso, os mercados são agrupados de acordo com idiomas, religiões, valores e atitudes, costumes e padrões de comportamento em comum.

Segmentar os mercados internacionais com base em fatores geográficos, econômicos, políticos e culturais, entre outros, pressupõe que os segmentos serão constituídos de grupos de países. No entanto, graças a tecnologias como mídias sociais, telefones celulares e TV via satélite, os profissionais de *marketing* de hoje podem definir e alcançar segmentos de consumidores semelhantes em qualquer lugar do mundo.

Segmentação intermercados: as tecnologias atuais permitem que a varejista de moda rápida Zara tenha como alvo consumidores com a mesma mentalidade, mas que buscam valor em qualquer lugar do mundo em que vivem.

Eyal Dayan Photography

Ao utilizar a **segmentação intermercados** (também chamada de **segmentação de mercado cruzada**), eles formam segmentos de consumidores que possuem necessidades e comportamentos de compra similares, mesmo estando em países diferentes.

Por exemplo, a Zara – a maior varejista de moda rápida do mundo – tem como alvo compradores preocupados com a moda, mas que buscam valor, espalhados por diversas culturas em mais de 96 países. Todas as mais de 2.250 lojas da Zara e quase 40 *marketplaces on-line* em todo o mundo apresentam apelos semelhantes, uma espécie de "choque de atração" baseado em modas elegantes, de boa qualidade e constantemente atualizadas oferecidas por uma fração do preço de marcas sofisticadas. Além de suas lojas, a Zara aproveita as tecnologias digitais de hoje para engajar consumidores-alvo com ideias semelhantes diretamente, não importa onde morem. Por exemplo, a marca tem mais de 50 milhões de seguidores no Instagram, 30 milhões de seguidores no Facebook, 1,6 milhões seguidores no Pinterest e 100 mil assinantes no YouTube. Conecte-se com a Zara de qualquer lugar do planeta e você verá os mesmos apelos direcionados aos mesmos tipos de clientes.[20]

Segmentação intermercados (segmentação de mercado cruzada)
Formação de segmentos de consumidores que possuem necessidades e comportamentos de compra similares, mesmo estando em países diferentes.

Requisitos para uma segmentação eficaz

É claro que existem muitas maneiras de segmentar um mercado, mas nem todas as segmentações são eficientes. Por exemplo, os compradores de sal de cozinha poderiam ser divididos em loiros e morenos. No entanto, a cor do cabelo, obviamente, não afeta a compra do sal. Além disso, se todos os compradores de sal adquirissem a mesma quantidade do produto todo mês, acreditassem que todo sal é igual e quisessem pagar o mesmo preço, a empresa não se beneficiaria com a segmentação desse mercado.

Para ser útil, os segmentos de mercado devem ser:

- *Mensuráveis:* o tamanho, o poder de compra e o perfil dos segmentos podem ser mensurados.
- *Acessíveis:* os segmentos de mercado podem ser alcançados e atendidos de maneira eficiente.
- *Substanciais:* os segmentos de mercado são grandes e lucrativos o suficiente para serem atendidos. Um segmento deve ser o maior grupo homogêneo possível, que compense o desenvolvimento de um programa de *marketing* sob medida para ele. Por exemplo, não vale a pena para um fabricante de automóveis desenvolver carros especialmente para pessoas com mais de 2,10 metros de altura.
- *Diferenciáveis:* os segmentos são conceitualmente distintos e respondem de maneira diferente a programas e elementos do *mix* de *marketing* diversos. Se homens e mulheres respondem de maneira parecida a esforços de *marketing* para refrigerantes, elas não constituem segmentos separados.
- *Acionáveis:* podem ser desenvolvidos programas eficientes para atrair os segmentos e atender a eles. Por exemplo, embora uma pequena companhia aérea tenha identificado sete segmentos de mercado, sua equipe era muito pequena para desenvolver programas de *marketing* distintos para cada segmento.

Comentário do autor | Depois de dividir o mercado em segmentos, é hora de responder à primeira pergunta de estratégia de *marketing* que levantamos na Figura 7.1: Quais clientes a empresa atenderá?

Seleção de mercado-alvo

Objetivo 7.3 Explicar como as empresas identificam segmentos de mercado atrativos e escolhem uma estratégia de cobertura de mercado.

A segmentação de mercado revela as oportunidades de segmento de mercado da empresa. Depois disso, a organização precisa avaliar os vários segmentos e decidir quantos e quais pode atender melhor. A partir de agora, analisaremos como as empresas avaliam e selecionam segmentos-alvo.

Avaliação dos segmentos de mercado

Ao avaliar diferentes segmentos de mercado, a empresa deve analisar três fatores: (1) o tamanho e o crescimento do segmento, (2) a atratividade estrutural do segmento e (3) os recursos e objetivos da organização. Para começar, as empresas querem segmentos que tenham as características de tamanho e crescimento corretas. No entanto, "tamanho e crescimento certos" é algo relativo.

Os segmentos maiores e de crescimento mais rápido nem sempre são os mais atrativos para todas as empresas. Empresas menores podem não ter os recursos e as habilidades necessárias para atender a segmentos maiores. Elas também podem achar que esses segmentos são muito competitivos. Empresas desse tipo podem se voltar para segmentos que, em termos absolutos, são menores e menos atrativos, mas que são potencialmente mais lucrativos para elas.

As empresas também precisam examinar importantes fatores estruturais que afetam a atratividade do segmento no longo prazo.[21] Por exemplo, um segmento é menos atrativo se já tem muitos *concorrentes* fortes e agressivos ou se é fácil para *novos entrantes* ingressarem nele. A existência de muitos *produtos substitutos* reais ou potenciais pode limitar os preços e os lucros que poderiam ser obtidos em um segmento. O *poder relativo dos compradores* também afeta a atratividade do segmento. Compradores com forte poder de barganha junto aos vendedores tentarão baixar os preços, demandarão mais serviços e colocarão um concorrente contra o outro – tudo isso à custa da lucratividade do vendedor. Para completar, um segmento pode ser menos atrativo se tiver *fornecedores com bastante poder*, que podem controlar preços ou reduzir a qualidade ou a quantidade dos produtos e serviços pedidos.

Mesmo quando o segmento apresenta o crescimento e o tamanho certos e é estruturalmente atrativo, a empresa deve considerar seus próprios objetivos e recursos. Alguns segmentos atrativos podem ser descartados rapidamente, por não se encaixarem com os objetivos de longo prazo da empresa. Ou a empresa pode não ter as habilidades e os recursos necessários para ser bem-sucedida em um segmento atrativo. Por exemplo, o segmento de carro popular é grande e está em expansão. Contudo, devido a seus objetivos e recursos, faria pouco sentido para a BMW, fabricante de carros luxuosos, entrar nesse segmento. A empresa deve ingressar somente em segmentos em que pode criar valor superior para o cliente e obter vantagens em relação a seus concorrentes.

Mercado-alvo
Conjunto de compradores com necessidades ou características em comum a que a empresa decide atender.

Seleção de segmentos de mercado-alvo

Após avaliar diferentes segmentos, a empresa deve decidir quais e quantos atenderão. Um **mercado-alvo** consiste em um conjunto de compradores com necessidades ou características em comum a que a empresa decide atender. A seleção do mercado-alvo pode ser conduzida em diversos níveis diferentes. A **Figura 7.2** mostra que as empresas podem adotar uma cobertura muito ampla (*marketing indiferenciado*), muito restrita (*micromarketing*) ou intermediária (*marketing diferenciado* ou *marketing concentrado*).

***Marketing* indiferenciado (ou *marketing* de massa)**
Estratégia de cobertura de mercado em que a empresa decide ignorar as diferenças nos segmentos do mercado e se voltar para o mercado total com uma única oferta.

***Marketing* diferenciado (ou *marketing* segmentado)**
Estratégia de cobertura de mercado em que a empresa decide se voltar para diversos segmentos de mercado e desenvolve ofertas separadas para cada um deles.

Marketing indiferenciado

Ao utilizar uma estratégia de ***marketing* indiferenciado (ou *marketing* de massa)**, a empresa pode decidir ignorar as diferenças nos segmentos do mercado e se voltar para o mercado total com uma única oferta. Esse tipo de estratégia de *marketing* se concentra no que é *comum* nas necessidades dos consumidores, e não no que é *diferente*. A empresa desenvolve um produto e um programa de *marketing* capazes de atingir a maior parte dos compradores.

Como observado anteriormente neste capítulo, hoje em dia, a maioria dos profissionais de *marketing* tem grandes dúvidas em relação a essa estratégia. As dificuldades têm a ver com o desenvolvimento de um produto ou uma marca que satisfaça todos os consumidores. Além disso, empresas que utilizam o *marketing* de massa encontram problemas ao concorrer com organizações mais focadas, que satisfazem melhor as necessidades de segmentos e nichos específicos. Por fim, as novas tecnologias digitais permitem que os profissionais de *marketing* "tenham o bolo e também possam comê-lo", alcançando um grande número de consumidores com ofertas e mensagens de *marketing* mais personalizadas.

Marketing diferenciado

Ao utilizar uma estratégia de ***marketing* diferenciado (ou *marketing* segmentado)**, a empresa decide se voltar para diversos segmentos de mercado e desenvolve ofertas separadas para cada um deles. Por exemplo, a Marriott International mantém um portfólio de 30 marcas diferenciadas

FIGURA 7.2
Estratégias de cobertura de mercado.

Esta figura abrange um amplo espectro de estratégias de cobertura de mercado, do *marketing* de massa (praticamente não há seleção de mercado-alvo) ao *marketing* individual (customização de produtos e programas para clientes individuais). Um exemplo de *marketing* individual: no *site* mymms.com, você pode encomendar M&Ms com seu rosto e mensagens pessoais impressas em cada chocolatinho.

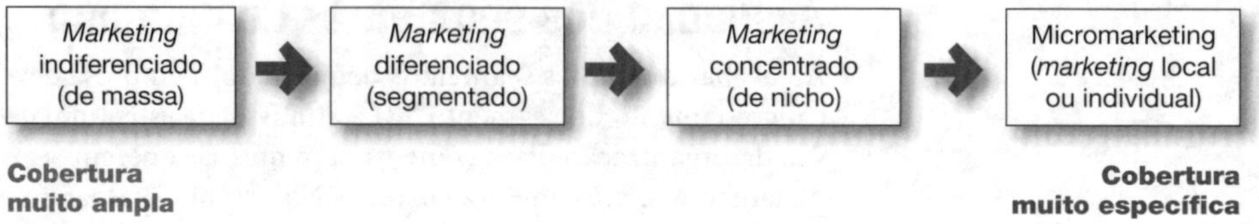

Marketing **diferenciado: com mais de 30 marcas hoteleiras diferenciadas, a Marriott International domina a indústria hoteleira, capturando uma fatia muito maior do mercado de viagens e hospedagem do que poderia com qualquer marca isolada.**

ASSOCIATED PRESS

de hotéis, desde Ritz-Carlton e St. Regis até Westin Hotels, Sheraton e Marriott, Courtyard, Residence Inn e Aloft. Cada marca de hotel atende um entre vários segmentos de viagens e hospedagem.

Por exemplo, os hotéis Ritz-Carlton, St. Regis e W Hotels atendem ao segmento de luxo. As marcas Marriott, Sheraton e Westin atendem a viajantes mais tradicionais, mas ainda assim sofisticados. O Courtyard by Marriott concentra-se em quartos mais acessíveis para viajantes a negócios, e o Residence Inn by Marriott visa viajantes de negócios e lazer com estadias prolongadas. Já a marca Aloft oferece "uma alternativa acessível para os viajantes com experiência em tecnologia e socialmente confiantes – que amam espaços abertos, pensamento aberto e livre expressão". O Marriott Vacation Club oferece aos viajantes uma opção de tempo compartilhado para suas estadias. Ao todo, o portfólio de marcas da Marriott oferece algo para todos os segmentos de viagens.[22]

Ao oferecer variações de produto e de *marketing* para os segmentos, as empresas esperam obter mais vendas e uma posição mais forte em cada segmento de mercado. O desenvolvimento de uma posição mais forte em diversos segmentos gera mais vendas totais do que o *marketing* indiferenciado, que busca todos os segmentos. Graças a sua abordagem diferenciada, a Marriot International domina o setor hoteleiro, capturando uma participação muito maior do mercado de viagens e hospedagem do que conseguiria com apenas uma marca.[23]

Mas o *marketing* diferenciado também aumenta os custos dos negócios. Normalmente, é mais caro para a empresa desenvolver e produzir, digamos, dez unidades de dez diferentes produtos do que cem unidades de um único produto. O desenvolvimento de planos de *marketing* distintos para segmentos diferentes exige mais pesquisa de *marketing*, previsões, análises de vendas, planejamento de promoção e gerenciamento de canal. Quando se tenta alcançar diferentes segmentos de mercado com diferentes campanhas publicitárias, os custos de promoção também aumentam. Além disso, ter muitas marcas sobrepostas pode confundir os clientes, e marcas diferentes podem canibalizar os clientes umas das outras. Por exemplo, a Marriott realmente precisa de 30 marcas diferentes, muitas das quais competem entre si, em um determinado segmento? Assim, uma empresa deve pesar as vantagens contra as desvantagens ao decidir quantas marcas oferecerá e quão diferenciadas elas serão.

Marketing concentrado

marketing concentrado (de nicho)
Estratégia de cobertura de mercado em que a empresa busca uma grande participação em um ou em alguns segmentos ou nichos.

Ao utilizar a estratégia de ***marketing* concentrado (ou *marketing* de nicho)**, em vez de perseguir uma pequena participação em um grande mercado, a empresa busca uma grande participação em um ou em alguns poucos segmentos ou nichos. Por exemplo, considere a empresa de vestuário de nicho American Giant:[24]

> A marca de nicho American Giant fabrica e vende uma linha limitada de roupas básicas, feitas nos Estados Unidos, apenas em seus próprios *sites* na web e em dispositivos móveis. Ela começou em 2012 como uma *startup on-line* que vendia moletons de alta qualidade a preços razoáveis (o que a Slate Magazine chamou de "o melhor moletom conhecido pelo homem"). Desde o início, a abordagem de "volta ao básico" da American Giant concentrou-se em alguns produtos de estilo clássico norte-americano e de alta qualidade, como o moletom com capuz com nova tecnologia: com forro duplo e painéis canelados nos ombros e na cintura para melhorar a funcionalidade e a durabilidade. A empresa estabeleceu relacionamentos duradouros com produtores e fábricas norte-americanas para produzir tecidos e roupas de alta qualidade feitos nos Estados Unidos.
>
> Embora a American Giant tenha expandido suas linhas para incluir estilos básicos de camisetas, camisas de trabalho, suéteres, polos, coletes, jaquetas e jeans, ela manteve a simplicidade, a qualidade, a durabilidade e o valor. Por exemplo, sua primeira oferta de jeans é uma calça clássica de cinco bolsos, perna reta e design descontraído – o 218 Straight – em uma cor, um ajuste e um preço. É fabricado por uma empresa têxtil norte-americana de 173 anos, a Mount Vernon Mills, em Trion, Geórgia. Além de suas linhas de produtos, toda a abordagem da American Giant é praticamente focada no conceito de volta ao básico. "A American Giant faz pouco ou nenhum *marketing*, não tem lojas de varejo, não persegue tendências e paga salários *premium* à mão de obra norte-americana para produzir produtos de alta qualidade a um preço médio", diz um analista. Embora ainda seja pequena em comparação com grandes concorrentes como Gap e Levi-Strauss, a American Giant cresceu imensamente em seu nicho.

Por meio do *marketing* concentrado, a empresa conquista uma forte posição de mercado, graças a seu maior conhecimento das necessidades dos consumidores nos nichos que atende e à reputação especial que adquire. Ela pode operar de maneira mais *eficaz*, ao ajustar seus produtos, preços e

Marketing Real 7.2 | Harry's: Concentrando-se nas coisas que se pode fazer de forma incrível

O mercado de barbeadores há muito é dominado por grandes concorrentes do mercado de massa. Não muito tempo atrás, a Gillette da P&G quase tinha um monopólio com uma enorme participação de mercado de 70%, com Schick e Bic firmemente estabelecidos em um distante segundo e terceiro lugar. Durante décadas, essas marcas gigantes investiram grandes somas em novos produtos e *marketing* para fortalecer suas posições, deixando pouco espaço para concorrentes menores.

Mas uma *startup* com uma pequena marca – Harry's – despertou a adormecida indústria de barbear, forçando as grandes marcas a aprimorar suas estratégias. A Harry's entrou no mercado sem competir de frente com a Gillette e a Schick. Em vez disso, concentrou-se em um nicho de consumidores anteriormente ignorado pelas gigantes – aqueles que buscam preços mais baixos e uma experiência de compra mais simples. A Harry's adota uma abordagem direta ao consumidor (D2C), vendendo produtos de barbear de alta qualidade *on-line* pela metade do preço de produtos comparáveis oferecidos pela Gillette. E depois de apenas cinco anos no mercado, a marca Harry's não está apenas sobrevivendo, está prosperando, com crescimento esperado de mais de 50% nos próximos anos.

Tudo começou quando o cofundador da Harry's, Andy Katz-Mayfield, parou em uma farmácia para comprar lâminas de barbear e creme de barbear. A experiência lhe pareceu absurda. Ele fez uma viagem especial para algo que ele usava regularmente, mas no qual ele dava pouca atenção. Uma vez na loja, ele teve que rastrear um balconista para destrancar a caixa onde os suprimentos de barbear eram guardados. Finalmente, quando o caixa abriu a venda, ele quase se engasgou com o preço – 25 dólares por um pacote de quatro cartuchos de barbear e uma única lata de creme de barbear. "Lembro-me da emoção, sabe, como consumidor, quando estão se aproveitando de você", lembra Andy.

Devia haver uma maneira melhor, pensou Andy – uma experiência mais sensata e satisfatória para o cliente. Ele entrou em contato com o amigo Jeff Raider, e os dois começaram a trabalhar. Eles sabiam que o modelo *on-line* direto ao consumidor – o conceito de criar produtos de alta qualidade com melhores experiências para cliente por uma fração do custo – havia surgido em praticamente todas as categorias de consumo, desde roupas íntimas (MeUndies), fraldas (Diapers.com) e colchões (Casper.com) até produtos de coloração de cabelo caseiros (eSalon), para citar apenas alguns. Na verdade, em 2011, mesmo quando os dois sócios estavam concebendo a Harry's, a Dollar Shave Club (DSC) já havia lançado seu negócio de assinatura *on-line* voltado para o segmento de que busca economia.

A DSC identificou alguns dos mesmos problemas do consumidor: as lâminas de barbear são muito caras e são algo em que a maioria das pessoas não pensa até que seu último cartucho fique sem corte. O *site* da DSC oferecia compras convenientes para três níveis de qualidade de barbeador, enviando lâminas aos clientes por taxas de assinatura mensais de 1, 6 e 9 dólares, respectivamente. Com um vídeo promocional "Our Blades Are F***ing Great" (Nossas lâminas são boas demais) que rapidamente se tornou viral, a DSC se posicionou como a empresa de lâminas da nova era para os *millennials* que buscam valor e conveniência.

Mas Jeff e Andy formularam uma estratégia diferente. Em vez da abordagem da DSC de venda agressiva e com base na barganha, a Harry's comercializaria produtos bem projetados posicionados em uma experiência de barbear de nível superior. Ofereceria uma linha de produtos simples a preços justos e "honestos", variando de um pacote de quatro cartuchos por 8 dólares a um kit de 39 dólares com loção pós-barba. A Harry's daria aos seus kits de barbear nomes vintage elegantes, como o "Truman Set" e o "Winston Set". Ao contrário da DSC, os itens podem ser adquiridos em um plano de assinatura ou individualmente, tornando a experiência conveniente e flexível. E enquanto o vídeo viral da DSC dizia aos clientes o que pensar de suas lâminas, a Harry's se concentrava na experiência do cliente, pedindo a cada cliente um *feedback* sobre o que achavam de suas lâminas e do processo de compra da Harry's.

A Harry's queria oferecer lâminas realmente melhores com força e afiação superiores, não as lâminas "tão boas quanto as deles" prometidas pela DSC. Por isso, teve suas lâminas projetadas e fabricadas por uma empresa alemã com 94 anos de experiência que fabricava lâminas de primeira qualidade para as maiores lojas de marca.

Na primavera de 2013, Jeff e Andy lançaram a Harry's com uma campanha de *e-mail marketing* e um forte programa de referência boca a boca. Em apenas dois meses, os pedidos dos clientes superaram todas as projeções de vendas, eliminando todo o estoque da Harry. Sobrecarregado, o fabricante alemão não conseguiu acompanhar a demanda. Então, Jeff e Andy reuniram investidores e compraram o fornecedor por um valor inédito de 100 milhões de dólares, dando à Harry's o controle sobre os níveis de produção e qualidade. A Harry's então se dedicou a desenvolver um cartucho melhor. Dois anos depois, lançou seu cartucho Gen2 – uma maravilha tecnológica com cinco lâminas de dois gumes, além de uma lâmina de aparador de borda traseira em uma cabeça giratória.

Exploradoras de nicho, a Harry's e a DSC tiveram sucessos imediatos, cortando participações significativas em seus segmentos *on-line* orientados a valor. E como muitas vezes acontece com nichos de sucesso, sentindo a mordida, as gigantes reagiram agressivamente. Em 2014, a Gillette lançou seu próprio serviço *on-line*, o Gillette Shave Club (agora Gillette On Demand), uma maneira mais conveniente de comprar produtos da Gillette, mas com praticamente os mesmos preços das lojas.

A Gillette então processou a Harry's, alegando que a *startup* havia roubado as patentes da marca. A Harry's rapidamente provou que as alegações eram falsas e a Gillette desistiu do processo. Em seguida, a Gillette lançou uma campanha publicitária de ataque, alegando que os clientes da Harry's finalmente retornaram à Gillette. A Harry's então a processou, alegando que a gigante das lâminas de barbear havia usado dados falsos. Mais uma vez, a Gillette recuou. Finalmente, a Gillette introduziu novos produtos em um esforço para se diferenciar dos nichos *on-line* de preço justo. Anunciou que havia "reconstruído" o barbear com seu novo barbeador Fusion ProGlide FlexBall (a cinco dólares por cartucho) e até lançou o Razor Maker, um *site* onde os indivíduos podem criar seus próprios cabos de barbear personalizados por meio da tecnologia de impressão 3D.

Mas os esforços da Gillette para conter a ameaça das *startups* de rápido crescimento, como a Harry's, tiveram pouco efeito, e o

A marca de nicho Harry's concentra seus recursos em vendas diretas ao consumidor de lâminas de barbear e produtos de barbear de alta qualidade para um segmento de compradores orientados a valor e conveniência, anteriormente não bem atendidos por concorrentes gigantes como a Gillette.

Harry's Inc.

nicho *on-line* com preços acessíveis continua a se expandir. Mesmo com um corte de 12% no preço, o sangramento da Gillette não parou. Em menos de uma década, a participação de mercado da Gillette caiu de 70% para menos de 50%. A marca Schick está lá com uma participação de mercado de 15%, mas só depois de lançar sua própria linha de cartuchos acessíveis que se encaixam nos cabos da Gillette. Como evidência de que as *startups* D2C irritaram as empresas estabelecidas, a gigante Unilever comprou a DSC por um acordo de aproximadamente 1 bilhão de dólares. A aquisição dá à Unilever uma participação instantânea de 16% no mercado de barbear dos Estados Unidos, perdendo apenas para a Gillette. Por sua vez, a Edgewell Personal Care Company, dona das marcas de barbeadores Schick e Personna, comprou recentemente a Harry's por 1,4 bilhão de dólares, fazendo com que essa tradicional empresa de marcas coloque o pé dentro do modelo D2C.

A marca Harry's ainda é pequena – captura apenas uma pequena parcela do mercado geral de lâminas de barbear e ocupa o terceiro lugar no nicho de venda direta ao consumidor, com uma participação de 15% contra os 50% da DSC e os 21% da poderosa Gillette. Mas a Harry's está crescendo rapidamente e está bem posicionada no segmento de crescimento mais rápido do mercado de cuidados pessoais. Ela se concentra na extremidade superior do segmento *on-line* de preços mais baixos, com linhas limitadas de produtos de qualidade. Além disso, a Harry's está expandindo seu portfólio de forma muito seletiva: recentemente adicionou a linha feminina Flamingo e agora vende seus produtos por meio de lojas varejistas como Target e Walmart. Mas a Harry's não tem pressa em expandir. "Preferimos fazer três coisas incrivelmente bem do que 100 coisas não tão bem", diz o cofundador Jeff Raider.[25]

programas às necessidades de segmentos cuidadosamente definidos. Pode também operar de modo mais *eficiente*, direcionando seus produtos ou serviços, canais e programas de comunicação apenas para os consumidores que pode servir melhor e de maneira mais lucrativa.

O trabalho com nichos permite às empresas menores concentrar seus recursos limitados no atendimento a grupos pequenos, que podem ser pouco importantes para concorrentes maiores ou, então, negligenciados por eles. Por exemplo, o comerciante *on-line* Harry's concentra seus recursos em vendas diretas ao consumidor de lâminas e de produtos de barbear de alta qualidade para um segmento de compradores orientados a valor e conveniência antes não bem atendidos por gigantes como a Gillette. Em vez de vender uma ampla variedade de produtos para todos os clientes, a Harry's oferece uma variedade simples de produtos para um segmento bem definido, mas crescente, do mercado. "Temos apenas recursos limitados [...] em relação a essas empresas gigantes", diz o cofundador da empresa. Portanto, a Harry's precisa ter "realmente um propósito nas coisas que decidimos fazer e, por sua vez, as coisas que decidimos não fazer". (Veja o Marketing Real 7.2.)

Muitas empresas começam atendendo nichos para se posicionar contra concorrentes maiores e mais engenhosos e depois se tornam concorrentes mais amplos. Por exemplo, a Southwest Airlines começou atendendo passageiros intraestaduais e sem luxos no Texas, mas agora é uma das maiores companhias aéreas do país. A empresa Rent-A-Car começou construindo uma rede de escritórios de bairro em vez de competir com a Hertz e a Avis em aeroportos, mas agora é a maior empresa de aluguel de carros do país. E a Amazon começou vendendo livros *on-line*, mas agora vende de tudo como o maior mercado *on-line* do país.

O *marketing* concentrado pode ser altamente lucrativo, dando às empresas uma vantagem em seus nichos de mercado. Ao mesmo tempo, envolve riscos acima do normal. Empresas que dependem de um ou alguns segmentos para todos os seus negócios sofrerão muito se o segmento for mal ou se concorrentes maiores, ameaçados por marcas de nicho de sucesso, decidirem entrar no mesmo segmento com maiores recursos. Empresas grandes também podem atacar ou até adquirir marcas de nicho para proteger seus próprios mercados. A Harry's e a Dollar Shave Club experimentaram ambas as respostas dos concorrentes no mercado de barbeadores de venda direta ao consumidor.

Na verdade, muitas grandes empresas desenvolvem ou adquirem marcas próprias de nicho. Por exemplo, a unidade de Venturing & Emerging Brands da Coca-Cola comercializa um refrigerador cheio de bebidas de nicho. Suas marcas incluem Honest (o número um de chás orgânicos engarrafados, limonadas e refrigerantes com gás), Hubert's Lemonade, FUZE (uma fusão de chá, frutas e outros sabores), Suja (a marca líder de suco orgânico e prensado a frio dos Estados Unidos), Fairlife (leite ultrafiltrado) e muitas outras. Essas marcas permitem que a Coca-Cola concorra efetivamente em mercados menores e especializados, e algumas se transformarão em futuras marcas poderosas. Na verdade, a missão da unidade Venturing & Emerging Brands é "identificar e nutrir marcas com potencial de bilhões de dólares".[26]

Micromarketing
Desenvolvimento de produtos e programas de *marketing* sob medida para atender às necessidades e aos desejos de pessoas e segmentos específicos; inclui o *marketing* local e o *marketing* individual.

Micromarketing

Empresas que praticam o *marketing* diferenciado e o concentrado desenvolvem ofertas e programas de *marketing* ajustados para atender às necessidades dos vários segmentos e nichos de mercado. Entretanto, elas não customizam suas ofertas para cada cliente. O **micromarketing** é a prática de desenvolver produtos e programas de *marketing* sob medida para atender aos gostos de pessoas e segmentos específicos. Em vez de ver um cliente em cada indivíduo, as praticantes do micromarketing veem o indivíduo em cada cliente. O micromarketing inclui o *marketing local* e o *marketing individual*.

Segmentação geográfica: o programa Navigator do Marriott's Renaissance Hotels ajuda os hóspedes a experimentar "as joias escondidas nos bairros de cada hotel através dos olhos daqueles que o conhecem melhor". A navegadora Jennifer Portuhondo do Renaissance New York Times Square Hotel "vive e respira Nova York".

Marriott International, Inc.

Marketing local. O ***marketing* local** implica o desenvolvimento de marcas e promoções sob medida para atender às necessidades e aos desejos de grupos de clientes locais. Por exemplo, o Marriott's Renaissance Hotels tem o programa Navigator, que hiperlocaliza as experiências dos hóspedes em cada um de seus mais de 160 hotéis de estilo de vida ao redor do mundo:[27]

> O programa Navigator do Renaissance Hotels dá uma cara pessoal e regional a cada local ao "microlocalizar" recomendações de alimentação, compras, entretenimento e experiências culturais dos hóspedes em cada destino. O programa é ancorado pelos "navegadores" do Renaissance Hotels em cada local. Os navegadores são pessoas locais extensivamente treinadas e profundamente apaixonadas pelo destino, e muitas vezes têm uma conexão pessoal com a localidade. Um exemplo é a Jennifer Portuhondo do Renaissance New York Times Square Hotel, uma amante de restaurantes de Manhattan que "vive e respira Nova York". Com base em horas de treinamento intenso, além de suas próprias experiências pessoais e pesquisas contínuas, os navegadores trabalham pessoalmente com os hóspedes para ajudá-los a experimentar as joias escondidas da vizinhança de cada hotel através de seus próprios olhos experientes.
>
> Além disso, o Renaissance Hotels envolve os moradores de cada cidade para participar, convidando-os a seguir seu navegador local por meio das mídias sociais, além de adicionar seus próprios favoritos ao sistema, criando a versão do Yelp de cada hotel. Os navegadores então selecionam as dicas enviadas e apresentam as melhores recomendações ao lado das suas para compartilhamento em seus canais da web, em dispositivos móveis e nas mídias sociais ou no lobby do hotel em um *tablet* ou em um Guia Local Navigator impresso. Os hotéis também oferecem um aplicativo de telefone R Navigator que permite aos hóspedes "descobrir as joias escondidas mais autênticas que a cidade que você está visitando tem a oferecer; coma, beba, faça compras e muito mais – em locais escolhidos a dedo e continuamente atualizados pelos próprios navegadores locais".

***Marketing* local**
Desenvolvimento de marcas e *marketing* sob medida para atender às necessidades e aos desejos de grupos de cliente de um local – cidades, bairros e até mesmo lojas específicas.

Os avanços na tecnologia de comunicação deram origem a novas versões de alta tecnologia do *marketing* baseado em localização. Graças à explosão de *smartphones* e *tablets* que integram a tecnologia de geolocalização, as empresas agora podem rastrear de perto o paradeiro dos consumidores e envolvê-los em qualquer lugar com ofertas e informações localizadas rapidamente, onde quer que estejam. Varejistas que vão de Home Depot e Starbucks a Walgreens e Sephora saltaram para o movimento hiperlocal. Por exemplo, o aplicativo da Home Depot localiza informações de tendências e sugestões de produtos – os clientes em Oregon recebem recomendações diferentes daqueles que moram na Flórida. E quando os clientes visitam uma loja, o aplicativo Home Depot muda para o "modo loja" para mostrar a localização dos produtos. Alguns estabelecimentos ainda oferecem navegação semelhante ao Waze dos corredores das lojas.

No entanto, o *marketing* local tem algumas desvantagens. Ele pode aumentar os custos de fabricação e *marketing*, reduzindo as economias de escala. Também pode criar problemas de logística à medida que as empresas tentam atender aos diversos requisitos de diferentes mercados locais. Ainda assim, à medida que as empresas enfrentam mercados cada vez mais fragmentados e à medida que novas tecnologias digitais de suporte se desenvolvem, as vantagens do *marketing* local geralmente superam as desvantagens.

***Marketing* individual**
Desenvolvimento de produtos e programas de *marketing* sob medida para atender às necessidades e às preferências de clientes individuais.

Marketing individual. O extremo do micromarketing é o ***marketing* individual** – desenvolvimento de produtos e programas de *marketing* sob medida para atender às necessidades e às preferências de clientes individuais. O *marketing* individual também é chamado de *marketing um-para-um*, *marketing customizado* e *marketing personalizado*.

O amplo uso do *marketing* de massa fez com que praticamente esquecêssemos que durante séculos os consumidores foram atendidos em uma base individual: o alfaiate fazia ternos sob medida, o sapateiro desenhava sapatos para cada pessoa e o marceneiro fazia os móveis de acordo com os pedidos. Hoje, novas tecnologias permitem que muitas empresas retornem para o *marketing* customizado. Bancos de dados mais detalhados, produção robotizada, fabricação flexível e meios de comunicação interativos, como os *smartphones* e mídias sociais *on-line*, se unem para permitir que as marcas abordem e atendam os clientes individualmente.

Hoje em dia, as empresas estão hiperpersonalizando tudo, desde alimentos, obras de arte, fones de ouvido e tênis até produtos de luxo de alta qualidade. Em um extremo, os amantes de doces

Marketing **individual: a equipe de design Rolls-Royce Bespoke trabalha em estreita colaboração com clientes para ajudá-los a criar seus próprios Rolls-Royces exclusivos.**

WENN Ltd/Alamy Stock Photo

podem ir ao mymms.com e personalizar cada M&M com suas próprias mensagens ou fotos em relevo. Visite o Nike ID *on-line* para projetar e encomendar seus próprios tênis personalizados. Jerry Harvey Audio fabrica fones de ouvido personalizados com base nos moldes das orelhas dos clientes para proporcionar um ajuste otimizado e um som melhor e mais seguro. A empresa até imprime desenhos a laser nos minúsculos fones de ouvido – algumas pessoas pedem uma criança para cada orelha; outros preferem um cachorro.

No outro extremo estão os bens de luxo "*bespoke*" (uma palavra chique para "feito sob medida" ou "feito sob encomenda"). Pelo preço certo, clientes abastados podem comprar produtos personalizados, desde roupas e acessórios da Hermès e Gucci até carros da Aston Martin ou Rolls-Royce. Noventa e cinco por cento dos compradores da Rolls-Royce personalizam seus carros de alguma forma. Os clientes podem sentar-se com uma equipe de design Rolls-Royce Bespoke – especialistas em cores, ferreiros, mestres marceneiros – em um lounge repleto de imagens, materiais e outros elementos inspiradores para projetar seus próprios Rolls-Royces exclusivos. Um cliente até queria que o acabamento interno de seu carro fosse feito de uma árvore favorita que havia caído recentemente em sua propriedade. Depois de analisar uma amostra, um artesão da Rolls-Royce considerou a madeira aceitável, e a árvore do cliente agora viverá para sempre no painel e nos perfis das portas de seu Rolls-Royce personalizado.[28]

Além de personalizar produtos, os profissionais de *marketing* também personalizam mensagens promocionais, ofertas de *marketing* e encontros de serviço de forma individualizada. Dadas as tecnologias de dados e análises de hoje, quase qualquer envolvimento do cliente pode ser ajustado às características, preferências e comportamentos individuais do cliente.

Escolha da estratégia para a cobertura do mercado-alvo

As empresas precisam levar em consideração muitos fatores na hora de escolher uma estratégia para a cobertura do mercado-alvo. Qual a melhor estratégia? Isso depende dos recursos da empresa. Quando esses recursos são limitados, o *marketing* concentrado faz mais sentido. A melhor estratégia também depende do nível de variabilidade do produto. O *marketing* indiferenciado é mais indicado para produtos uniformes, como laranja ou aço. Produtos que podem variar em termos de design, como câmeras e carros, ajustam-se melhor à diferenciação ou à concentração. O estágio no ciclo de vida do produto também deve ser levado em conta. Quando uma empresa lança um produto, é mais prático para ela lançar somente uma versão dele, e o *marketing* indiferenciado ou o concentrado fazem mais sentido nesse caso. Entretanto, no estágio de maturidade do ciclo de vida do produto, o *marketing* diferenciado costuma ser o mais indicado.

Outro fator que deve ser considerado é a *variabilidade do mercado*. Se a maioria dos compradores tem os mesmos gostos, compra as mesmas quantidades e reage da mesma maneira aos esforços de *marketing*, o *marketing* indiferenciado é o mais apropriado. Por fim, as *estratégias de marketing dos concorrentes* são importantes. Quando eles usam o *marketing* diferenciado ou o concentrado, o *marketing* indiferenciado pode ser uma opção suicida. Por outro lado, quando os concorrentes utilizam o *marketing* indiferenciado, a empresa pode obter vantagem com o uso do *marketing* diferenciado ou o concentrado, voltando-se para as necessidades dos compradores em segmentos específicos.

Responsabilidade social do *marketing* na seleção do mercado-alvo

Estabelecer mercados-alvo de maneira inteligente ajuda as empresas a se tornarem mais eficientes e eficazes, pois elas se concentram nos segmentos que são capazes de satisfazer melhor e mais lucrativamente. Isso também beneficia os consumidores – as empresas servem grupos específicos de consumidores, com ofertas desenvolvidas cuidadosamente sob medida para atender às necessidades deles. Entretanto, o *marketing* voltado para mercados-alvo muitas vezes gera polêmica e preocupação. As maiores inquietações normalmente envolvem a escolha de consumidores vulneráveis ou desfavorecidos para oferecer produtos controversos ou potencialmente prejudiciais.

Por exemplo, as redes de *fast-food* geraram controvérsia ao longo dos anos por suas tentativas de atingir consumidores minoritários do centro da cidade. Eles foram acusados de vender sua comida rica em gordura e sal para moradores urbanos de baixa renda que são muito mais propensos do que os suburbanos a serem consumidores frequentes. Da mesma forma, grandes bancos e credores hipotecários foram criticados por visarem consumidores em áreas urbanas pobres com hipotecas residenciais atraentes que eles na realidade não podem pagar.

As crianças são vistas como um público especialmente vulnerável. Empresas dos mais variados setores – de cereal matinal, refrigerante, *fast-food*, brinquedo, moda e mídia social – são duramente criticadas por seus esforços de *marketing* direcionados às crianças. Os críticos se preocupam com a possibilidade de as ofertas *premium* e as poderosas campanhas promocionais apelativas acabarem com as defesas das crianças. Por exemplo, o YouTube foi acusado por alguns grupos de consumidores de lucrar atraindo crianças para o que um defensor chama de "playground digital cheio de propagandas", onde propagandas de brinquedos, parques temáticos e tênis podem aparecer ao lado de vídeos voltados para crianças. Os termos de uso do YouTube desencorajam crianças menores de 13 anos de usar o *site*, mas a maioria das crianças não conhece ou ignora essas condições. "O Google lucra muito com a venda de propaganda empacotada em programas direcionados a crianças", diz o defensor.[29]

Essas tecnologias digitais podem tornar as crianças ainda mais vulneráveis a mensagens de *marketing* direcionadas. As propagandas tradicionais de TV e impressos dirigidos a crianças geralmente contêm argumentos bastante óbvios que são facilmente detectados e controlados pelos pais. No entanto, o *marketing* na mídia digital pode ser sutilmente incorporado ao conteúdo e visto pelas crianças em dispositivos pessoais de tela pequena que estão além dos olhos dos pais mais atentos. Nas plataformas digitais, as linhas entre conteúdo educacional, de entretenimento e promocionais geralmente não são claras. Assim, à medida que as crianças consomem quantidades crescentes de conteúdo *on-line* e digital, os especialistas aconselham a supervisão dos pais de crianças que usam dispositivos digitais.

Segmentação socialmente responsável: as tecnologias digitais podem tornar as crianças ainda mais vulneráveis a mensagens de *marketing* direcionadas.

subbotina/123RF

Mais amplamente, o crescimento da Internet, *smartphones* e outras mídias diretas cuidadosamente direcionadas levantou novas preocupações sobre possíveis abusos de direcionamento. A Internet e o *marketing* móvel permitem uma segmentação mais precisa, permitindo que os fabricantes de produtos questionáveis ou anunciantes enganosos se concentrem nos públicos mais vulneráveis. Profissionais de *marketing* sem escrúpulos agora podem enviar mensagens enganosas e personalizadas por *e-mail* diretamente para milhões de consumidores desavisados. Por exemplo, só o *site* do Centro de Reclamações de Crimes na Internet do Federal Bureau of Investigation (FBI) recebeu quase 300 mil reclamações no ano passado.[30]

Os profissionais de *marketing* de hoje também estão usando técnicas analíticas sofisticadas para rastrear os movimentos digitais dos consumidores e criar perfis de clientes incrivelmente detalhados contendo informações altamente pessoais. Esses perfis podem ser usados para segmentar consumidores individuais com mensagens e ofertas personalizadas da marca. No entanto, com essa segmentação, os profissionais de *marketing* geralmente seguem uma linha tênue entre atender melhor os clientes e persegui-los:

> Quão bem o seu *smartphone* conhece você? Que histórias seu *laptop* poderia contar? Faça o que fizer – no trabalho, no lazer, socializando, fazendo compras – seu telefone, *tablet*, *laptop* ou desktop quase sempre faz parte da ação. Esses dispositivos vão aonde você for, seja para entretê-lo, conectá-lo com amigos, levá-lo a navegar e fazer compras, fornecer notícias e informações e ouvir até mesmo suas conversas mais íntimas de voz, texto e *e-mail*. E cada vez mais, esses dispositivos estão compartilhando todas essas informações pessoais com os profissionais de *marketing*. As empresas agora desenvolveram análises sofisticadas que beiram a magia para extrair *insights* íntimos sobre os consumidores.
>
> Os profissionais de *marketing* argumentam que o uso de todas essas informações pessoais e próximas atende melhor aos clientes e à empresa. Os clientes recebem informações e ofertas personalizadas e relevantes de marcas que realmente os entendem e os interessam. No entanto, muitos consumidores e defensores da privacidade estão preocupados que essas informações íntimas nas mãos de profissionais de *marketing* sem escrúpulos possam resultar em mais danos do que benefícios. Eles geralmente veem o *big data* e a hipersegmentação menos como "servir melhor os consumidores" e mais como "perseguir" e "perfilar" os consumidores. Embora a maioria dos clientes esteja disposta a compartilhar algumas informações pessoais se isso significar obter melhores serviços ou ofertas, muitos temem que os profissionais de *marketing* possam ir longe demais.

Assim, na seleção de mercado-alvo, a questão não é realmente *quem* é escolhido como alvo, mas *como* e *para quê*. As controvérsias surgem quando os profissionais de *marketing* tentam lucrar às custas de segmentos-alvo – quando, de modo desleal, se voltam a segmentos vulneráveis ou os atingem com produtos ou táticas questionáveis. O *marketing* socialmente responsável requer segmentação e seleção do mercado-alvo que atendam não apenas aos interesses da empresa, mas também aos do público selecionado.

Comentário do autor | Ao mesmo tempo em que uma empresa está respondendo à primeira pergunta (Quais clientes atenderemos?), aparentemente simples, ela também deve estar se fazendo a segunda pergunta (Como os atenderemos?).

Diferenciação e posicionamento

Objetivo 7.4 Discutir como as empresas diferenciam e posicionam seus produtos para maximizar a vantagem competitiva.

Além de decidir em quais segmentos do mercado vai atuar, a empresa deve determinar sua *proposta de valor* – como vai criar valor diferenciado para os segmentos-alvo e quais posições quer ocupar nesses segmentos. O **posicionamento do produto** é a maneira como o produto é *definido pelos consumidores* em termos de seus atributos importantes – é o lugar que o produto ocupa na mente dos consumidores em relação aos produtos concorrentes. Os produtos são criados em fábricas, mas as marcas são criadas nas mentes dos consumidores.

Posicionamento do produto
A maneira como o produto é definido pelos consumidores em termos de seus atributos importantes – é o lugar que o produto ocupa na mente dos consumidores em relação aos produtos concorrentes.

No mercado automobilístico, Honda Fit e Nissan Versa estão posicionados como carros econômicos, Mercedes e Cadillac como carros de luxo, e Porsche e BMW como carros de desempenho. Seu cartão Visa está "em todos os lugares que você quer estar"; com a American Express você "não vive a vida sem isso". A Gillette é "o melhor que um homem pode conseguir", mas com a Dollar Shave Club você "corta tempo, corta gastos". E enquanto a Bose oferece "melhor som por meio de pesquisa", a Sonos libera "toda a música do mundo, em todos os cômodos da sua casa, sem fio". Essas declarações que soam simples formam a espinha dorsal da proposta de valor de uma marca.

Posicionamento: a Sonos faz mais do que apenas vender alto-falantes; ela libera "toda a música do mundo, em todos os cômodos da sua casa, sem fio".

The Advertising Archives/Alamy Stock Photo

Os consumidores são sobrecarregados com informações sobre produtos e serviços. Eles não podem reavaliar os produtos toda vez que tomam uma decisão de compra. Para simplificar o processo de compra, eles organizam produtos, marcas e empresas em categorias e os "posicionam" em suas mentes. A posição de um produto é o conjunto complexo de percepções, impressões e sentimentos que os consumidores têm de um produto em relação aos concorrentes.

Os consumidores posicionam os produtos com ou sem a ajuda dos profissionais de *marketing*. No entanto, esses profissionais não querem deixar o posicionamento de seus produtos ao léu. Assim, eles precisam não apenas *planejar* posicionamentos que darão a seus produtos mais vantagem nos mercados-alvo selecionados, mas também desenvolver *mixes* de *marketing* para criar esses posicionamentos planejados.

Mapas de posicionamento

Ao planejar suas estratégias de diferenciação e posicionamento, os profissionais de *marketing* costumam preparar *mapas perceptuais de posicionamento*, que mostram as percepções que os consumidores têm de suas marcas em comparação com as que têm dos produtos dos concorrentes em importantes dimensões de compra. A **Figura 7.3** mostra um mapa de posicionamento para o mercado de grandes SUVs de luxo nos Estados Unidos.[31] A posição de cada círculo no mapa indica o posicionamento percebido da marca em duas dimensões: preço e orientação (luxo *versus* desempenho). O tamanho de cada círculo assinala a participação de mercado relativa da marca.

FIGURA 7.3
Mapa de posicionamento: grandes SUVs de luxo.

A posição de cada círculo indica onde os consumidores posicionam as marcas em duas dimensões: preço e orientação (luxo *versus* desempenho). O tamanho de cada círculo assinala a participação de mercado relativa da marca no segmento. Assim, o Toyota Land Cruiser é uma marca de nicho percebida como relativamente acessível e mais orientada para o desempenho.

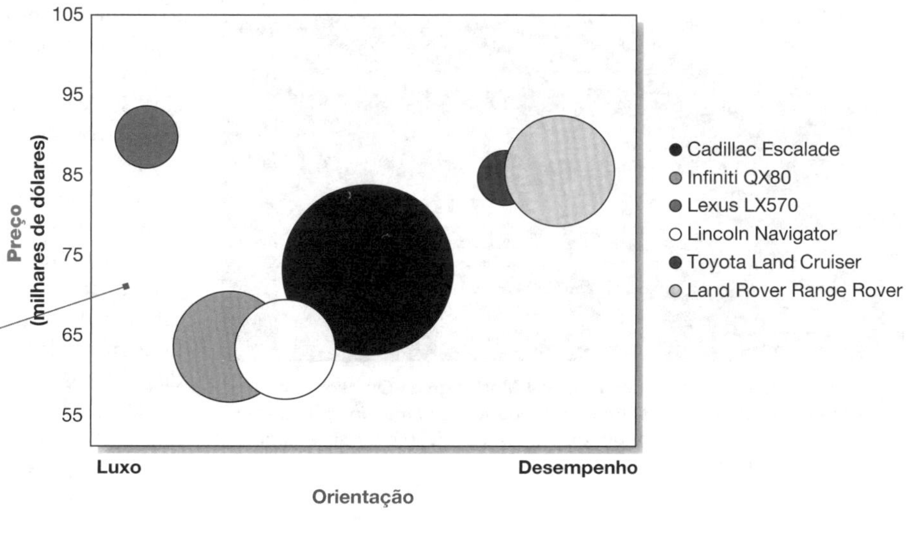

Assim, em relação a outros SUVs de luxo, os clientes entendem que o Cadillac Escalade é líder de mercado como um SUV de luxo de preço moderado, grande e com equilíbrio entre luxo e desempenho. O Escalade está posicionado no luxo urbano e, no seu caso, "desempenho" provavelmente significa desempenho de potência e segurança. Você não verá menções a aventuras *off-road* em uma propaganda do Escalade.

Escolha da estratégia de diferenciação e posicionamento

Para algumas empresas, é fácil escolher uma estratégia de diferenciação e posicionamento. Por exemplo, uma empresa famosa pela qualidade em certos segmentos perseguirá essa posição em um novo segmento, caso haja compradores suficientes em busca de qualidade. Mas, em muitos casos, duas ou mais empresas perseguirão a mesma posição. Em situações como essa, cada uma das empresas tem de encontrar outros caminhos para se distinguir. As empresas diferenciam sua oferta construindo um pacote único de benefícios dirigido para um grupo substancial dentro do segmento.

Acima de tudo isso, o posicionamento da marca deve atender às necessidades e às preferências de mercado-alvo bem definidos. Por exemplo, apesar de tanto a Dunkin' Donuts como a Starbucks serem cafeterias, elas têm como alvo clientes que querem coisas bem diferentes de sua cafeteria favorita. A Starbucks tem como alvo profissionais mais sofisticados com posicionamento de "terceiro lugar" mais sofisticado. Em contraste, a Dunkin' tem como alvo a "pessoa comum" com um posicionamento decididamente mais baixo, todo tipo de pessoa está em "a América vai em frente com a Dunkin'". Contudo, ambas são bem-sucedidas, pois criam a proposta de valor certa para seu *mix* único de clientes.

A tarefa de diferenciar e posicionar consiste em três etapas: (1) identificação de um conjunto de vantagens competitivas de diferenciação sobre o qual construir uma posição, (2) escolha das vantagens competitivas certas e (3) seleção de uma estratégia de posicionamento geral. A empresa deve, em seguida, comunicar e entregar a posição escolhida para o mercado.

Identificação de possíveis diferenças de valor e vantagens competitivas

Vantagem competitiva
Vantagem sobre os concorrentes obtida por meio do fornecimento de mais valor para os clientes, seja diminuindo os preços ou oferecendo mais benefícios que justificam preços mais altos.

Para construir relacionamentos lucrativos com os clientes-alvo, os profissionais de *marketing* devem entender as necessidades dos clientes melhor do que os concorrentes e entregar mais valor. Na medida em que a empresa consegue se diferenciar e se posicionar como fornecedora de valor superior para o cliente, ela ganha **vantagem competitiva**.

Mas, posições sólidas não podem ser construídas sobre promessas vazias. Se a empresa posiciona seu produto como aquele que *oferece* a melhor qualidade e o melhor serviço, ela deve diferenciar o produto, *entregando* a qualidade e o serviço prometidos. As empresas precisam fazer muito mais do que simplesmente alardear sua posição em slogans e bordões. Elas precisam, em primeiro lugar, dar *vida* ao slogan. Por exemplo, a Clorox posiciona seu saco de lixo Glad como "Glad: O saco de lixo mais resistente". Mas esse posicionamento soaria vazio se seus produtos não cumprissem a promessa. Então, para provar sua afirmação de posicionamento, a Glad realizou uma campanha de "Teste de tortura" na qual uma dona de casa embalou em um saco de lixo de cozinha Glad Force Flex Plus diversas roupas e outros itens e o despachou como bagagem normal em uma viagem pelos sete principais aeroportos dos Estados Unidos. Um vídeo de anúncio de 90 segundos mostrou imagens de câmeras escondidas enquanto seguiam as provações tortuosas do saco nas mãos de manipuladores de bagagem implacáveis durante toda a jornada. O saco saiu ileso. "O saco chegou inteiro", concluía o anúncio. "Se ele pode lidar com isso, pode lidar com seu lixo! Seja feliz, isso é Glad."[32]

Diferenciação de serviços: a Rocket Mortgage da QuickenLoans não oferece apenas empréstimos hipotecários; sua interface somente *on-line* permite que os usuários tomem uma decisão de empréstimo em apenas alguns minutos.
Quicken Loans

Para encontrar pontos de diferenciação, os profissionais de *marketing* devem pensar em toda a experiência do cliente com o produto ou serviço da empresa. Uma empresa alerta pode encontrar maneiras de se diferenciar em cada ponto de contato com o cliente na jornada do cliente. De que maneiras específicas uma empresa pode se diferenciar ou sua oferta de mercado? Ele pode se diferenciar ao longo das linhas de produtos, serviços, canais, pessoas ou imagem.

Com a *diferenciação por produto*, as marcas podem se diferenciar de acordo com características, desempenho ou estilo e design. Assim, a marca de áudio *premium* Bose posiciona seus produtos de áudio como experiências auditivas inovadoras e de alta qualidade que oferece aos usuários. A Bose promete "melhor som por meio de pesquisa". E a BMW se posiciona como "a melhor máquina de dirigir" que é "projetada para o prazer de dirigir".

Além de diferenciar seu produto físico, uma empresa também pode diferenciar os serviços que acompanham o produto. Algumas empresas ganham diferenciação de serviços por meio de serviços rápidos e convenientes. A unidade Rocket Mortgage da QuickenLoans não oferece apenas empréstimos hipotecários; seu *site* ou aplicativo móvel permite que os usuários carreguem facilmente detalhes financeiros e obtenham uma decisão de empréstimo em apenas alguns minutos. Outras empresas prometem atendimento de alta qualidade ao cliente. Por exemplo, em uma época em que a satisfação do cliente com o serviço das companhias aéreas está em constante declínio, a Singapore Airlines se diferencia pelo atendimento extraordinário ao cliente e pela cortesia de seus comissários de bordo.

As empresas que praticam a *diferenciação de canal* obtêm vantagem competitiva pela maneira como projetam a cobertura, a experiência e o desempenho de seu canal. A Amazon e a GEICO, por exemplo, se diferenciam por seus canais diretos de fácil funcionamento. As empresas também podem obter uma forte vantagem competitiva por meio da *diferenciação de pessoas* – contratando e treinando pessoas melhores do que seus concorrentes. A diferenciação de pessoas exige que uma empresa selecione cuidadosamente seus colaboradores de contato com o cliente e os treine bem. Por exemplo, a rede de supermercados da Costa Leste Wegmans é reconhecida há muito tempo como campeã de atendimento ao cliente, com uma lealdade *cult* entre seus compradores. O segredo de seu extraordinário atendimento ao cliente está em seus funcionários felizes, altamente treinados e cuidadosamente selecionados, que personificam o compromisso da Wegmans com os clientes: "Todos os dias você obtém o nosso melhor". Por exemplo, os caixas da rede não podem interagir com os clientes até que tenham pelo menos 40 horas de treinamento. "Estamos comprometidos em contratar boas pessoas apaixonadas por comida e prontas para aprender e crescer conosco", diz um gerente de loja da Wegmans.[33]

Mesmo quando as ofertas concorrentes parecem iguais, os compradores podem perceber uma diferença com base na *diferenciação da imagem* da empresa ou da marca. A imagem de uma empresa ou marca deve transmitir os benefícios e o posicionamento diferenciados de um produto. Desenvolver uma imagem forte e distinta exige criatividade e trabalho duro. Uma empresa não pode desenvolver uma imagem na mente do público da noite para o dia usando apenas alguns anúncios. Se o Ritz-Carlton significa qualidade, essa imagem deve ser sustentada por tudo o que a empresa é, diz e faz.

Símbolos, como os arcos dourados do McDonald's, o logotipo colorido do Google, o pássaro do Twitter, o *swoosh* da Nike ou o logotipo da "maçã mordida" da Apple, podem fornecer forte reconhecimento da empresa ou marca e diferenciação de imagem. A empresa pode construir uma marca em torno de uma pessoa famosa, como a Nike fez com suas coleções de roupas e tênis de basquete Michael Jordan e LeBron James. Algumas empresas até se associam a cores, como Coca-Cola (vermelho), IBM (azul) ou UPS (marrom). Os símbolos, personagens e outros elementos de imagem escolhidos devem ser comunicados por meio de uma propaganda que transmita a personalidade da empresa ou marca.

Escolha das vantagens competitivas certas

Vamos supor que uma empresa seja sortuda o suficiente para descobrir uma série de diferenciações potenciais que proporcionem vantagens competitivas. Depois disso, ela deve escolher aquelas sobre as quais vai construir sua estratégia de posicionamento. A empresa deve decidir quantas e quais diferenças promover.

Posicionamento em múltiplas vantagens competitivas: a Toyota posiciona seu Land Cruiser como "uma mistura sofisticada de proeza *off-road*, conforto na estrada e refinamento incomparável".

David Hare/Alamy Stock Photo

Quantas diferenças promover. Muitos profissionais de *marketing* pensam que as empresas devem promover agressivamente apenas um benefício para o mercado-alvo. O ex-executivo de propaganda Rosser Reeves, por exemplo, disse que uma empresa deve desenvolver uma *proposta única de vendas* (*USP – Unique Selling Proposition*) para cada marca e permanecer fiel a ela. Cada marca deve escolher um atributo e se promover como a "número um" nesse atributo. Os compradores tendem a se lembrar melhor da marca número um, especialmente em uma sociedade com excesso de comunicação. Assim, o Walmart promove preços imbatíveis e o Burger King promove a escolha pessoal – "peça do seu jeito".

Outros profissionais de *marketing* acham que as empresas devem se posicionar em mais de um diferenciador. Isso pode ser necessário se duas ou mais empresas afirmam ser as melhores no mesmo atributo. Por exemplo, a Toyota posiciona seu Land Cruiser em desempenho de luxo e off-road. O Land Cruiser começou em 1951 como um veículo com tração nas quatro rodas, semelhante a um jipe, projetado para conquistar os terrenos e climas mais difíceis do mundo. Nos últimos anos, o veículo manteve esse posicionamento de aventura e desempenho, mas com luxo adicionado. Em seu *site* ele se gaba de ser um "ícone atemporal" com "uma mistura sofisticada de proeza *off-road*, conforto na estrada e refinamento incomparável".

Hoje, em uma época em que o mercado de massa está se fragmentando em muitos segmentos pequenos, empresas e marcas estão tentando ampliar suas estratégias de posicionamento para atrair mais segmentos.

Quais diferenças promover. Nem todas as diferenças de marca são significativas ou valorizadas, e todas elas têm potencial para gerar custos para a empresa, bem como benefícios para os clientes. Vale a pena destacar a diferença quando ela atende aos seguintes critérios:

- *Importância:* a diferença entrega um benefício altamente valorizado para os compradores-alvo.
- *Capacidade de distinção:* os concorrentes não oferecem a diferença ou a empresa pode oferecê-la de maneira diferenciada.
- *Superioridade:* a diferença é superior a outras formas pelas quais os clientes poderiam obter o mesmo benefício.
- *Capacidade de comunicação:* a diferença é comunicável e visível para os compradores.
- *Antecipação:* os concorrentes não podem copiar facilmente a diferença.
- *Acessível:* os compradores podem pagar pela diferença.
- *Lucratividade:* a empresa pode introduzir a diferença de maneira lucrativa.

Muitas empresas introduziram diferenciações que falharam em um ou mais desses testes. Quando o Westin Stamford Hotel em Cingapura se anunciou como o hotel mais alto do mundo, era uma distinção que não era importante para a maioria dos turistas; na verdade, desmotivou muitos deles. Da mesma forma, o fracasso clássico de um produto da Coca-Cola – a New Coke – falhou nos testes de superioridade e importância entre os principais consumidores de Coca-Cola:

> Extensos testes cegos de sabor mostraram que 60% de todos os consumidores de refrigerantes escolheram uma nova e mais doce formulação da Coca-Cola em vez da Coca-Cola original, e 52% escolheram-na em vez da Pepsi. Assim, a marca abandonou a fórmula original da Coca-Cola e, com muito alarde, a substituiu pela New Coke, uma versão mais doce e suave. No entanto, em sua pesquisa, a Coca-Cola ignorou os muitos intangíveis que tornaram a Coca-Cola tão popular por 130 anos. Para os leais consumidores de Coca-Cola, a bebida original fica ao lado do beisebol, da tradicional torta de maçã e da Estátua da Liberdade como uma instituição norte-americana. Portanto, a Coca-Cola diferencia sua marca não apenas pelo sabor, mas pela tradição. Ao abandonar a fórmula original, a Coca-Cola pisoteou as sensibilidades do enorme núcleo de consumidores leais de Coca-Cola que amavam a Coca do jeito que ela era. Depois de apenas três meses, a empresa trouxe de volta a Coca-Cola clássica.

Assim, escolher em quais vantagens competitivas posicionar um produto ou serviço pode ser difícil, mas crucial para o sucesso. Escolher os diferenciais certos pode ajudar uma marca a se destacar em meio aos concorrentes.

Seleção de uma estratégia de posicionamento geral

Proposta de valor
O posicionamento completo de uma marca – o *mix* total de benefícios sobre os quais ela é posicionada.

O posicionamento completo de uma marca é chamado de **proposta de valor** da marca – o *mix* total de benefícios sobre os quais a marca é diferenciada e posicionada. Ele é a resposta para a seguinte pergunta do cliente: "Por que eu deveria comprar sua marca?" A proposta de valor "a melhor máquina de dirigir; projetada para o prazer de dirigir" da BMW tem como base o desempenho, mas também inclui luxo e benefício – tudo isso por um preço que é mais alto que a média, mas que parece justo para esse *mix* de benefícios.

A ● **Figura 7.4** mostra possíveis propostas de valor sobre as quais uma empresa poderia posicionar seus produtos. Na figura, as cinco células verdes representam boas propostas de valor – diferenciação e posicionamento que dão à empresa uma vantagem competitiva. As células vermelhas na parte inferior esquerda, entretanto, indicam propostas de valor ruins. E a célula no centro traz, na melhor das hipóteses, uma proposta de valor marginal. A seguir, vamos discutir as cinco boas propostas de valor: mais por mais, mais pelo mesmo, o mesmo por menos, menos por muito menos e mais por menos.

Mais por mais. O posicionamento *mais por mais* implica oferecer um produto ou serviço superior a todos os outros e cobrar um preço mais alto para cobrir os custos também mais altos. Uma oferta ao mercado mais por mais, além de fornecer mais qualidade, oferece prestígio ao comprador. Ela simboliza *status* e um estilo de vida mais grandioso.

Os hotéis Four Seasons, os relógios Patek Philippe, o café Starbucks, as bolsas Louis Vuitton, os automóveis Mercedes, os eletrodomésticos SubZero – cada um reivindica qualidade, artesanato, durabilidade, desempenho ou estilo superiores e, portanto, cobra um preço mais alto.

FIGURA 7.4
Possíveis proposições de valor.

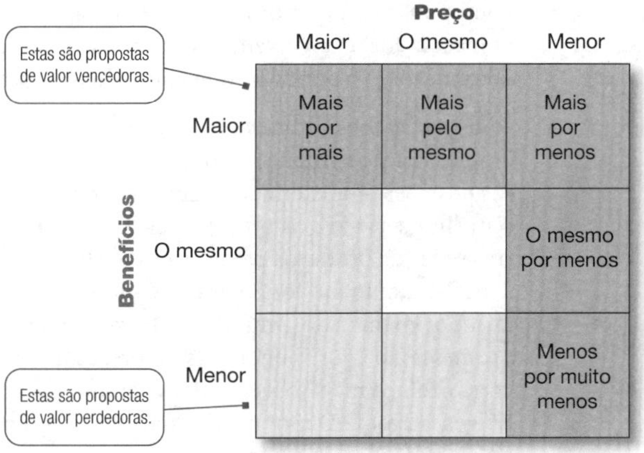

Da mesma forma, os comerciantes de diamantes Hearts On Fire criaram um nicho mais por mais como "o diamante mais perfeito do mundo". Os diamantes Hearts On Fire têm um design exclusivo de "corações e flechas". Quando visto sob ampliação da parte inferior, aparece um anel perfeito de oito corações; do topo vem uma explosão de luz perfeitamente formada. Os diamantes Hearts On Fire não são para todos, diz a empresa. "Hearts On Fire é para aqueles que esperam mais e dão mais em troca." A marca cobra um preço *premium* de 15 a 20% a mais sobre os diamantes dos concorrentes diretos.[35]

Embora o posicionamento mais por mais possa ser lucrativo, essa estratégia também pode ser vulnerável. Muitas vezes ela convida imitadores que reivindicam a mesma qualidade, mas a um preço mais baixo. Por exemplo, a Starbucks, marca mais por mais, agora enfrenta concorrentes de café "gourmet" que vão de Dunkin' a McDonald's e ao torrador de café local. Além disso, os bens de luxo que vendem bem durante os bons tempos podem estar em risco durante as crises econômicas, quando os compradores se tornam mais cautelosos em seus gastos.

Mais pelo mesmo. As empresas podem fazer frente ao posicionamento mais por mais de um concorrente lançando uma marca que ofereça qualidade comparável a um preço mais baixo. Por exemplo, a Target se posiciona como "econômica de luxo". Ela afirma oferecer mais em termos de atmosfera de loja, serviço, mercadorias elegantes e imagem de marca elegante, mas a preços comparáveis aos do Walmart, Kohl's e outras lojas que praticam preços baixos.

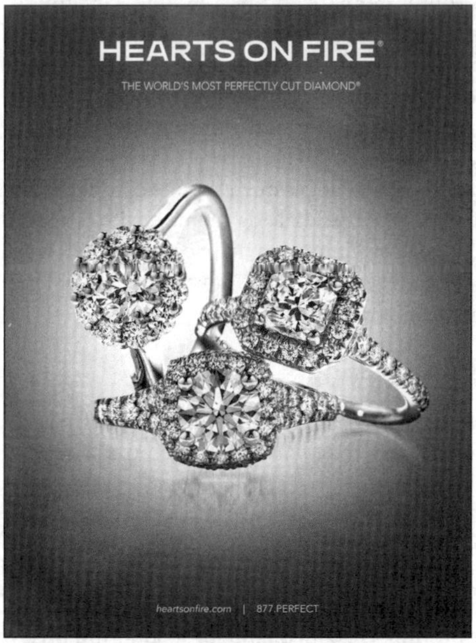

Posicionamento mais por mais: os diamantes Hearts On Fire criaram um nicho de mais por mais como "o diamante mais perfeito do mundo – para aqueles que esperam mais e dão mais em troca".
Hearts On Fire

O mesmo por menos. Oferecer *o mesmo por menos* pode ser uma poderosa proposta de valor – todo mundo gosta de um bom negócio. As lojas econômicas como o Walmart e as "assassinas de categoria" como a Costco, a PetSmart e a DSW Shoes usam esse posicionamento. Elas não afirmam oferecer produtos diferentes ou melhores. Em vez disso, elas oferecem muitas das mesmas marcas que as lojas de departamento e lojas especializadas, mas com grandes descontos com base no poder de compra superior e nas operações de baixo custo. Outras empresas desenvolvem marcas imitativas, mas com preços mais baixos, em um esforço para atrair clientes para longe do líder de mercado. Por exemplo, os *tablets* Kindle Fire da Amazon são vendidos por menos de 40% do preço do iPad da Apple ou do *tablet* Samsung Galaxy. A Amazon alega que oferece "produtos *premium* a preços não *premium*".

Menos por muito menos. Quase sempre existe um mercado para produtos que oferecem menos e, consequentemente, custam menos. Poucas pessoas precisam, querem ou podem adquirir "o melhor" de tudo que compram. Em muitos casos, os consumidores, com prazer, optam por um desempenho que não é excelente ou abrem mão de alguns acessórios e caprichos em troca de um preço menor. O posicionamento menos por muito menos envolve atender aos requisitos de desempenho ou qualidade mais baixos dos consumidores a um preço muito mais baixo.

Por exemplo, nas mercearias ALDI, os clientes pagam preços superbaixos, mas devem se contentar com menos em termos de seleção e serviços. A ALDI oferece uma seleção mais restrita com menos marcas nacionais e não oferece preços promocionais ou correspondência de preços – apenas mantém eficientemente seus preços muito baixos todos os dias. Os clientes trazem suas próprias sacolas (ou as compram na ALDI por uma pequena taxa), guardam suas próprias compras (a ALDI não fornece empacotador) e devolvem os carrinhos de compras por conta própria (para receber um depósito de 25 centavos). "Você não pode comer luxo", diz a ALDI, "então por que pagar por ele?"

Mais por menos. Naturalmente, a melhor proposta de valor seria oferecer *mais por menos*. Muitas empresas afirmam que fazem isso. E, no curto prazo, algumas podem mesmo atingir essas grandiosas posições. Por exemplo, quando começou, a Home Depot tinha a melhor variedade de produtos, o melhor serviço *e* os preços mais baixos, em comparação com as lojas de ferramentas locais e outras redes de produtos para casa e construção.

No entanto, no longo prazo, é muito difícil para as empresas sustentarem esse posicionamento do tipo "melhor dos mundos". Oferecer mais normalmente custa mais, o que dificulta cumprir a promessa do "por menos". As empresas que tentam oferecer ambas as coisas podem perder para concorrentes mais focados. Por exemplo, ao se deparar com a concorrência determinada das lojas Lowe's, a Home Depot precisa decidir se competirá principalmente com base em serviço superior ou em preços mais baixos.

Posto isso, toda marca deve adotar uma estratégia de posicionamento desenvolvida para atender às necessidades e aos desejos de seus mercados-alvo. O posicionamento *mais por mais* vai atingir um mercado-alvo, o *menos por muito menos* vai atingir outro e assim por diante. Portanto, em todo mercado há espaço para muitas empresas, cada uma delas ocupando com sucesso diferentes posições. O importante é que cada empresa desenvolva sua própria estratégia de posicionamento vitoriosa, uma estratégia que a torne especial para seus consumidores-alvo.

Desenvolvimento de uma declaração de posicionamento

Declaração de posicionamento
Uma declaração que resume a marca da empresa da seguinte forma: para (segmento e necessidade que se quer atingir) nossa (marca) é (conceito) que (pontos de diferença)

O posicionamento da empresa e da marca precisa ser resumido em uma **declaração de posicionamento**, que deve ter a seguinte forma: para (segmento e necessidade que se quer atingir) nossa (marca) é (conceito) que (pontos de diferença).[36] Aqui está um exemplo usando a varejista *on-line* Brandless: "Para compradores que buscam valor e conveniência, a Brandless é uma varejista *on-line* de alimentos e utensílios domésticos que torna produtos melhores acessíveis a mais pessoas de maneira responsável".

Observe que a declaração de posicionamento primeiro afirma a participação da marca em uma categoria (varejista *on-line* de alimentos e utensílios domésticos) e, em seguida, mostra seu ponto de diferença em relação a outros membros da categoria (torna produtos melhores acessíveis a mais pessoas de maneira responsável). Comparada por um analista como "uma varejista *on-line* qualquer", a Brandless oferece cerca de 350 itens de produtos de marca própria *on-line* – incluindo produtos orgânicos e especiais – tudo a um preço mágico de 3 dólares. "Produtos melhores, preços menores; é simples assim", diz a Brandless. A varejista *on-line* também acredita em retribuir a suas comunidades. Por meio de sua iniciativa "Tangible Acts of Kindness" (atos tangíveis de gentileza), em parceria com a Feeding America, toda vez que alguém termina uma compra na Brandless, a empresa doa uma refeição para uma pessoa em situação de fome.[37]

Colocar uma marca em uma categoria específica sugere semelhanças que ela pode compartilhar com outros produtos da categoria. Mas o argumento para a superioridade da marca é feito em seus pontos de diferença. Por exemplo, o Serviço Postal dos Estados Unidos envia pacotes da UPS e da FedEx, mas diferencia seu correio prioritário dos concorrentes com caixas e envelopes convenientes, de baixo preço e taxa fixa. "Se coube, nós enviamos", promete o USPS.

Comunicação e entrega da posição escolhida

Uma vez que a posição tenha sido escolhida, a empresa deve tomar fortes medidas para entregá-la e comunicá-la a seus consumidores-alvo. Todos os esforços de *mix* de *marketing* da empresa devem apoiar a estratégia de posicionamento.

O posicionamento da empresa exige ações concretas, e não apenas conversas. Se a organização decide posicionar-se com base em qualidade e serviços superiores, ela deve, antes de mais nada, *entregar* essa posição. O desenvolvimento do *mix* de *marketing* – produto, preço, praça e promoção – implica planejar os detalhes táticos da estratégia de posicionamento. Assim, uma empresa que adota uma posição "mais por mais" sabe que precisa fabricar produtos de alta qualidade, cobrar um preço alto, distribuir por meio de intermediários sofisticados e anunciar em veículos de comunicação de primeira linha. Ela precisa também contratar e treinar mais pessoas para a área de serviços, encontrar varejistas que tenham boa reputação em serviços e desenvolver mensagens promocionais e de vendas que propaguem seus serviços superiores. Essa é a única maneira de construir uma posição mais por mais consistente e confiável.

Em geral, as empresas acham mais fácil elaborar uma boa estratégia de posicionamento do que implementá-la. Estabelecer ou mudar uma posição costuma levar muito tempo. Por outro lado, posições que demoraram anos para serem construídas podem ser perdidas rapidamente. Uma vez que tenha construído a posição desejada, a empresa deve cuidar para mantê-la, por meio de uma comunicação e um desempenho consistentes. Ela deve acompanhar de perto a posição e adaptá-la com o passar do tempo, ajustando-a às mudanças nas necessidades dos consumidores e às estratégias dos concorrentes. No entanto, a empresa deve evitar mudanças abruptas, que podem confundir os consumidores. Em vez disso, a posição do produto deve evoluir gradativamente, à medida que se adapta ao ambiente de *marketing* em constante mudança.

Revisão e extensão dos conceitos

Revisão dos objetivos

Neste capítulo, vimos os principais elementos de uma estratégia de *marketing* orientada para o valor ao cliente: segmentação, seleção do mercado-alvo, diferenciação e posicionamento. Os profissionais de *marketing* sabem que não podem atingir todos os compradores em seus mercados – ou, pelo menos, não da mesma maneira. Por conta disso, hoje em dia, muitas empresas praticam o *marketing para mercado-alvo* – identificam segmentos de mercado, selecionam um ou mais desses segmentos e desenvolvem produtos e *mixes* de *marketing* sob medida para cada um deles.

Objetivo 7.1 Definir as principais etapas da elaboração de uma estratégia de *marketing* orientada para o valor ao cliente: segmentação de mercado, seleção do mercado-alvo, diferenciação e posicionamento *(p. 184-185)*

A estratégia de *marketing* orientada para o valor ao cliente começa com a seleção dos clientes que serão servidos e a determinação da proposta de valor que melhor atende aos clientes-alvo. Ela consiste em quatro etapas. A *segmentação de mercado* é o ato de dividir um mercado em segmentos distintos de compradores, com diferentes necessidades, características ou comportamentos que podem exigir produtos ou *mixes* de *marketing* separados. Uma vez que os segmentos tenham sido identificados, a *seleção do mercado-alvo* para o produto avalia a atratividade de cada segmento e seleciona um ou mais para atender. A *diferenciação* envolve diferenciar, de fato, a oferta ao mercado a fim de criar valor superior para o cliente. O *posicionamento* consiste em posicionar a oferta ao mercado na mente dos clientes-alvo. Uma estratégia de *marketing* orientada para o valor ao cliente busca construir o *relacionamento certo* com os *clientes certos*.

Objetivo 7.2 Relacionar e discutir as principais bases para a segmentação dos mercados consumidor e organizacional *(p. 185-193)*

Não existe uma única maneira de segmentar um mercado. Por essa razão, os profissionais de *marketing* testam diferentes variáveis para verificar quais oferecem as melhores oportunidades de segmentação. No *marketing* voltado para o consumidor, as principais variáveis de segmentação são: geográficas, demográficas, psicográficas e comportamentais. Na *segmentação geográfica*, o mercado é dividido em diferentes unidades geográficas, como países, regiões, estados, cidades ou até mesmo bairros. Na *segmentação demográfica*, o mercado é dividido em grupos com base em variáveis demográficas, como idade, estágio no ciclo de vida, gênero, renda, ocupação, grau de instrução, religião, etnia e geração. Na *segmentação psicográfica*, o mercado é dividido em diferentes grupos com base na classe social, no estilo de vida e em traços da personalidade. Na *segmentação comportamental*, o mercado é dividido em grupos com base no conhecimento, nas atitudes e na reação dos consumidores em relação a um produto, bem como no uso que fazem dele.

Os profissionais de *marketing* organizacional usam muitas dessas variáveis para segmentar seus mercados. No entanto, os mercados organizacionais também podem ser segmentados pela *demografia* (setor, tamanho da empresa), pelas *características da operação*, pelas *abordagens de compra*, pelos *fatores situacionais* e pelas *características individuais*. A efetividade da análise de segmentação depende da descoberta de segmentos que sejam *mensuráveis*, *acessíveis*, *substanciais*, *diferenciáveis* e *acionáveis*.

Objetivo 7.3 Explicar como as empresas identificam segmentos de mercado atrativos e escolhem uma estratégia de cobertura de mercado *(p. 193-200)*

Para encontrar os melhores segmentos de mercado, primeiro a empresa avalia as características de crescimento e o tamanho de cada segmento, bem como a atratividade estrutural e a compatibilidade deles com seus objetivos e recursos. Em seguida, ela escolhe uma das quatro estratégias de cobertura de mercado – que variam de cobertura muito ampla a muito limitada. A empresa pode ignorar diferenças no segmento e optar por uma cobertura ampla utilizando o *marketing indiferenciado* (ou *de massa*). Isso envolve produzir, distribuir e promover em massa, de certa forma, o mesmo produto mais ou menos da mesma maneira para todos os consumidores. A empresa também pode adotar o *marketing diferenciado*, desenvolvendo diferentes ofertas ao mercado para diversos segmentos. O *marketing concentrado* (ou *de nicho*) implica se concentrar em somente um ou em alguns poucos segmentos do mercado. Para completar, o *micromarketing* é a prática de desenvolver produtos e programas de *marketing* sob medida para atender aos gostos de pessoas e locais específicos. O micromarketing inclui o *marketing local* e o *marketing individual*. A escolha da melhor estratégia depende dos recursos da empresa, da variabilidade do produto, do estágio no ciclo de vida do produto, das flutuações do mercado e das estratégias de *marketing* dos concorrentes.

Objetivo 7.4 Discutir como as empresas diferenciam e posicionam seus produtos para maximizar a vantagem competitiva *(p. 201-207)*

Uma vez que a empresa tenha decidido em quais segmentos atuar, ela deve determinar sua *estratégia de diferenciação e posicionamento*. A tarefa de diferenciar e posicionar consiste em três etapas: (1) identificação de um conjunto de possíveis diferenciações que criem vantagem competitiva, (2) escolha das vantagens sobre as quais construir uma posição e (3) seleção de uma estratégia de posicionamento geral.

O posicionamento completo de uma marca é chamado de *proposta de valor* – o *mix* total de benefícios sobre o qual a marca é posicionada. Em geral, as empresas podem escolher uma das cinco boas propostas de valor para posicionar seus produtos: mais por mais, mais pelo mesmo, o mesmo por menos, menos por muito menos ou mais por menos. O posicionamento da empresa e da marca é resumido em uma declaração de posicionamento, que comunica o segmento e a necessidade nos quais a empresa se concentra, o conceito do posicionamento e os pontos de diferença específicos. A empresa deve, então, comunicar e entregar a posição escolhida para o mercado.

Termos-chave

Objetivo 7.1

Segmentação de mercado (p. 184)
Seleção do mercado-alvo (p. 185)
Diferenciação (p. 185)
Posicionamento (p. 185)

Objetivo 7.2

Segmentação geográfica (p. 185)
***Marketing* social hiperlocal (p. 185)**
Segmentação demográfica (p. 187)
Segmentação por idade e ciclo de vida (p. 187)
Segmentação por gênero (p. 187)
Segmentação por renda (p. 187)
Segmentação comportamental (p. 188)
Segmentação psicográfica (p. 188)
Segmentação por ocasião (p. 188)
Segmentação por benefício (p. 188)
Segmentação intermercados (de mercado cruzado) (p. 193)

Objetivo 7.3

Mercado-alvo (p. 194)
***Marketing* indiferenciado (de massa) (p. 194)**
***Marketing* diferenciado (segmentado) (p. 194)**
***Marketing* concentrado (de nicho) (p. 195)**
Micromarketing (p. 197)
***Marketing* local (p. 198)**
***Marketing* individual (p. 198)**

Objetivo 7.4

Posicionamento do produto (p. 201)
Vantagem competitiva (p. 202)
Proposta de valor (p. 204)
Declaração de posicionamento (p. 206)

Questões para discussão

7.1 Cite e descreva brevemente as quatro etapas principais na elaboração de uma estratégia de *marketing* orientada para o valor ao cliente. (AACSB: Comunicação oral e escrita)

7.2 Como a segmentação demográfica é usada nos mercados de consumo? Forneça um exemplo em que empresas usaram a segmentação demográfica. (AACSB: Comunicação oral e escrita; Pensamento reflexivo)

7.3 Quais são os principais fatores estruturais que afetam a atratividade do segmento de longo prazo? (AACSB: Comunicação oral e escrita)

7.4 Discuta os desafios que os profissionais de *marketing* enfrentam com a segmentação de mercado internacional. (AACSB: Comunicação)

7.5 Como uma empresa pode obter vantagem competitiva por meio da diferenciação? Descreva um exemplo de empresa que ilustre cada tipo de diferenciação discutido no capítulo. (AACSB: Comunicação oral e escrita)

7.6 O que é uma proposta de valor? Discuta as cinco propostas de valor vencedoras nas quais uma empresa pode posicionar seus produtos e dê um exemplo de cada uma delas. (AACSB: Comunicação oral e escrita)

Atividades de pensamento crítico

7.7 Identifique um produto que você usa todos os dias. Suponha que você seja a empresa dona do produto e queira transmitir de quais maneiras ele difere dos produtos concorrentes no mercado. Crie uma estratégia de diferenciação para promover seu produto e criar uma vantagem competitiva. (AACSB: Comunicação oral e escrita; Pensamento reflexivo)

7.8 O mercado de cereais matinais é altamente competitivo e os profissionais de *marketing* das diversas variedades de cereais tentam diferenciar suas marcas para atrair segmentos específicos. Escolha cinco marcas diferentes de cereais matinais e combine-as com as variáveis de segmentação que as empresas devem estar usando para atingir um mercado específico. Explique por que você combinou cada cereal com as variáveis de segmentação específicas. (AACSB: Comunicação oral e escrita; Pensamento reflexivo)

7.9 Em um pequeno grupo, acesse https://notco.com/br/. Usando as etapas descritas no capítulo, descreva a estratégia de *marketing* orientada para o valor do cliente da empresa. Escreva como uma declaração de posicionamento para esse negócio. (AACSB: Comunicação oral e escrita; Pensamento reflexivo)

CASOS E APLICAÇÕES

Marketing digital Influência não aceita como pagamento

Recentemente, o Sr. Gianluca Casaccia, gerente e coproprietário do White Banana Beach Club em uma ilha nas Filipinas, postou a seguinte mensagem no Facebook:

> "Estamos recebendo muitas mensagens sobre colaborações com influenciadores, influenciadores do Instagram. Gostaríamos de anunciar que o White Banana não está interessado em 'colaborar' com autoproclamados 'influenciadores'. E gostaríamos de sugerir que você experimentasse outra maneira de comer, beber ou dormir de graça. Ou realmente tente trabalhar".

Apesar dos esforços anteriores para trabalhar com "influenciadores reais", que Casaccia classificou como viajantes com 500 mil ou mais seguidores no Instagram, ele ficou incomodado com os "aspirantes a aproveitadores". A mensagem se tornou viral, com respostas mistas. Alguns sugeriram que os viajantes eram empreendedores e que não custaria nada a eles perguntar. Outros sugeriram que o número de solicitações se tornou um desafio para gerenciar e compararam influenciadores a pedintes. Além disso, se um influenciador do Instagram com sede nos Estados Unidos for remunerado por uma publicação, ele deve atentar-se de que o conteúdo se torna patrocinado (consulte https://www.ftc.gov/news-events/news/press-releases/2017/04/ftc-staff-reminds-influencers-brands-clearly-disclose-relationship).

7.10 O White Banana Beach Club deve patrocinar influenciadores do Instagram com menos de 500 mil seguidores para ajudar a posicionar sua oferta? Deve patrocinar influenciadores do Instagram que tenham mais de 500 mil seguidores? Em cada caso, explique por que ou por que não. (AACSB: Comunicação oral e escrita; Tecnologia da informação; Pensamento reflexivo)

7.11 Como utilizar um influenciador do Instagram com mais de 500 mil seguidores se compara a uma estratégia de micromarketing? Qual estratégia você recomendaria para o White Banana Beach Club? Por quê? (AACSB: Comunicação oral e escrita; Pensamento reflexivo)

Marketing e ética Allegiant Airlines: criação de valor ou passageiros em risco?

Com milhões de passageiros norte-americanos optando por viagens aéreas para chegar aos destinos pretendidos, a Allegiant Airlines conquistou o mercado oferecendo tarifas excepcionalmente baixas, atendimento consistente ao cliente e excelentes retornos para os investidores. Embora a Allegiant seja conhecida por suas tarifas baratas, agora também é conhecida por suas avarias em voo e falhas mecânicas. De acordo com uma investigação da *60 Minutes* em 2018, a Allegiant Airlines, que possui a frota de aviões mais antiga do setor, sofreu mais de 100 incidentes mecânicos graves entre janeiro de 2016 e outubro de 2017, variando de falhas de motor e incêndios, decolagens abortadas e fumaça e vapores na cabine de passageiros para descidas rápidas e mau funcionamento do controle de voo. Especialistas acreditam que os problemas da Allegiant derivam de suas práticas comerciais agressivas de redução de custos, que produziram 60 trimestres consecutivos de lucratividade, com margens de lucro próximas a 30%. Para alcançar esses resultados, a Allegiant manteve ou diminuiu os custos o máximo possível e colocou sua frota para voar com a maior frequência possível. Para assistir ou ler a matéria completa, visite: www.cbsnews.com/news/allegiant-air-the-budget-airline-flying-under-the-radar/.

7.12 As empresas há muito lutam para equilibrar a necessidade de lucro com o valor ao consumidor. Como a Allegiant se diferenciou e se posicionou no setor aéreo? Como essa estratégia de diferenciação e posicionamento impactou sua tomada de decisão corporativa? (AACSB: Comunicação oral e escrita; Compreensão e raciocínio ético)

7.13 Dê um exemplo de outra companhia aérea que se posicione de uma maneira diferente da Allegiant. Em qual companhia aérea você prefere voar? (AACSB: Comunicação oral e escrita; Pensamento reflexivo)

Marketing em números Encontrando e removendo coágulos para salvar vidas

O acidente vascular cerebral (AVC) é a quinta principal causa de morte entre os norte-americanos, ceifando mais de 130 mil vidas a cada ano. Quase 800 mil pessoas sofrem um derrame a cada ano nos Estados Unidos, um a cada 40 segundos. Essas estatísticas sombrias na verdade não são tão tenebrosas quanto costumavam ser. Novas tecnologias e tratamentos estão aumentando a taxa de sobrevivência entre os que sofrem do tipo mais comum de AVC, causado por um coágulo que bloqueia um vaso sanguíneo que fornece sangue ao cérebro. Um procedimento conhecido como trombectomia remove coágulos e aumenta as taxas de sobrevivência se os pacientes forem tratados dentro de 6 a 24 horas após a apresentação dos sintomas. No entanto, menos de 5% dos pacientes apresentam sintomas dentro dessa janela de tempo curta. A Neural Analytics, Inc. tem uma solução: o Lucid Robotic System. O sistema é uma combinação de dois produtos: ultrassonografia transcraniana e um sistema robótico. A ultrassonografia é feita perto do ouvido do paciente e funciona como uma "janela para o cérebro", o que permite que os médicos vejam se um coágulo está bloqueando o fluxo sanguíneo. O sistema robótico, usando inteligência artificial (IA), compara a imagem com milhares de imagens armazenadas de graves derrames para identificar candidatos ao procedimento de trombectomia, que salva vidas. Este dispositivo ajuda os departamentos de emergência hospitalar a identificar melhor os 10 a 15% dos pacientes com AVC que se qualificam para uma trombectomia e enviá-los para um dos 100 centros de AVC certificados do país. A Neural Analytics planeja comercializar seu Lucid Robotic System primeiro para os hospitais, para depois implementar um sistema portátil com preço mais baixo em todas as ambulâncias de emergência nos Estados Unidos.

7.14 Existem 5.534 hospitais certificados nos Estados Unidos e 95% têm departamentos de emergência. Supondo que o preço do Lucid Robotic System seja de 50 mil dólares e que todos os hospitais com departamentos de emergência adquiram um sistema, use o método de razão de cadeia descrito na seção *Potencial de mercado e estimativas de vendas* no Apêndice 2: *Marketing* em números para calcular o potencial de mercado deste produto. (AACSB: Raciocínio analítico)

7.15 Existem aproximadamente 50 mil ambulâncias de emergência operadas por empresas privadas, bombeiros municipais e hospitais. Supondo que o preço do Lucid Robotic System portátil seja de 5.000 dólares e que cada veículo de resposta a emergências seja equipado com um sistema, calcule o potencial de mercado desse mercado-alvo. (AACSB: Raciocínio analítico)

Caso empresarial 5-Hour Energy: horas de energia em uma dose

Talvez você já tenha ouvido falar da 5-Hour Energy – pequenas garrafas vermelhas cheias de um elixir de energia que podem ser encontradas ao lado dos doces e chicletes perto do caixa na maioria dos supermercados e lojas de conveniência dos Estados Unidos. Se você nunca experimentou um, saiba que 4 milhões de pessoas nos Estados Unidos consumiram coletivamente 9 milhões de garrafas de 5-Hour Energy nos últimos sete dias. Essa marca nova teve um enorme impacto no setor de bebidas. Como a 5-Hour Energy se tornou tão grande tão rapidamente? Escolhendo os tipos certos de clientes-alvo e oferecendo a eles um produto que lhes dá exatamente o que querem no momento certo.

Descobrindo uma necessidade não atendida

Tudo começou no início dos anos 2000. Manoj Bhargava, nascido na Índia, vendeu sua empresa – uma fabricante de componentes de móveis para ambientes externos – e se aposentou e se mudou para Michigan com sua esposa e filho. Mas depois de apenas alguns meses, ele se cansou de não fazer nada e começou a procurar um produto que pudesse licenciar e se transformar na "próxima grande novidade". Com isso em mente, ele participou de uma feira de produtos naturais em Anaheim, Califórnia.

Em meio a reuniões com inúmeras empresas, ele se deparou com o estande de um energético desenvolvido por um grupo de doutores. A mistura de 470 mL alegava aumentar a energia por horas. Sabendo que enfrentaria reuniões até as 22h naquela noite, Bhargava estava preocupado em não conseguir ficar acordado, muito menos prestar atenção nas conversas. Então, ele experimentou uma lata da bebida energética. Os resultados foram quase instantâneos. "Nas seis ou sete horas seguintes, eu estava em ótima forma", lembra Bhargava. Não apenas ele estava bem acordado, mas seus níveis de foco e consciência foram aprimorados. "Pensei: 'Uau, isso é incrível. Eu posso vender isso'".

Mas quando conversou com os donos da bebida para discutir possíveis parcerias, Bhargava soube que eles não estavam interessados em vender ou mesmo licenciar os direitos do produto. Ele olhou o rótulo e fez uma anotação mental de seus ingredientes e pensou: "Quão difícil pode ser?" A maioria das pessoas sem formação em ciência ou nutrição nunca sonharia em tentar criar sua própria receita para um produto destinado ao consumo humano. Mas Bhargava não foi dissuadido. Ele começou a trabalhar montando seu próprio laboratório e formando uma empresa que chamou de Living Essentials.

Bhargava rapidamente percebeu que uma bebida de 470 mL não teria sucesso em um mercado saturado de marcas tradicionais vendidas por empresas cheias de dinheiro. Como bebida energética, o novo produto teria que competir por espaço na geladeira e nas prateleiras com um volume cada vez maior de marcas, sendo a maior delas a Red Bull. Também enfrentaria algumas das marcas mais estabelecidas do mundo, lançadas por empresas como a Coca-Cola e a PepsiCo.

Mas a nova mistura de Bhargava não precisava ser uma bebida de 470 mL ou, nesse caso, uma bebida. "Se estou cansado, também estou com sede? É como ter uma dor de cabeça e uma dor de estômago?" refletiu Bhargava. Afinal, o Tylenol não vendia uma versão de 470 mL de seu analgésico. À medida que desenvolvia a fórmula por tentativa e erro – ele sempre experimentava as versões de teste em si mesmo – ele contemplava o cliente que estava tentando alcançar e como o produto poderia ser posicionado para atraí-lo.

Perfil de um cliente insatisfeito

Ao definir esse cliente, Bhargava pensou em si mesmo na feira. Ele precisava de energia para ficar acordado. Mas ele também precisava ser capaz de prestar atenção – concentrar-se no que estava acontecendo enquanto se reunia com pessoas de várias empresas. Ele precisava de energia e foco rapidamente, de preferência de uma forma que não o sobrecarregasse ou produzisse efeitos colaterais indesejados. Depois de pensar nesses termos, ele considerou outros tipos de pessoas que também precisam desses benefícios – pessoas que trabalham em dois empregos para sobreviver, motoristas de caminhão que passam horas ao volante, operadores de Wall Street trabalhando 16 horas por dia, ou pessoas que trabalham em um set de filmagem de Hollywood. Todas essas pessoas têm duas coisas em comum: trabalham longas horas e precisam se concentrar em seu trabalho.

A partir de sua própria experiência e observação, Bhargava sabia que as bebidas energéticas, os refrigerantes com cafeína e até o café se concentravam em fornecer energia e a capacidade de permanecer acordado. Mas consumir o suficiente de qualquer uma dessas bebidas para obter a quantidade certa de energia coloca muito líquido na barriga das pessoas, tendendo a pesá-las e fazê-las se sentirem lentas. Além disso, o açúcar que o produto contém pode produzir um choque inicial de energia, mas esse pico é de curta duração, seguido por uma queda induzida por carboidratos que resulta no sono.

Com o cliente-alvo em mente, Bhargava definiu a forma – uma dose de 60 mL sem açúcar que continha cafeína suficiente (200 miligramas aproximadamente) para produzir um aumento substancial de energia, juntamente com uma mistura de vitaminas e aminoácidos conhecidos por aumentar a capacidade do cérebro humano de se concentrar. A pequena dose de líquido não era tanto uma bebida, mas um sistema de entrega.

Posicionamento por meio do *mix* de *marketing*

Com a forma do produto estabelecida, Bhargava criou o nome: 5-Hour Energy – simples e funcional, comunicando com precisão o benefício do produto. A forma do produto foi importante para facilitar o consumo e diferenciá-lo de outras opções de bebidas. Mas era necessário outro componente-chave da estratégia de *mix* de *marketing* de Bhargava – levar o produto às lojas em um local próprio, longe das bebidas refrigeradas e bem próximo às caixas registradoras.

A primeira rede de varejo que a equipe de *marketing* da 5-Hour Energy selecionou para distribuição foi a GNC – a maior rede de lojas de vitaminas e nutrição do país. A 5-Hour Energy se encaixou perfeitamente às necessidades dos clientes da GNC – pessoas voltadas para a saúde e o bom condicionamento físico, que passavam horas se exercitando todos os dias, além de manter seus empregos e outras atividades diárias. Os compradores da GNC concordaram, colocando as pequenas garrafas de 5-Hour Energy em um pequeno display ao lado da caixa registradora.

Após a primeira semana, no entanto, a 5-Hour Energy vendeu apenas 200 garrafas nas 1.200 lojas da GNC. O preço *premium* de mais de 3 dólares para a pequena dose era um obstáculo. Mas Bhargava não estava preocupado. Ele sabia que o produto era bom, a localização era perfeita e o preço justo para estabelecer uma imagem como um produto de qualidade. Seus palpites estavam certos. Após seis meses, a 5-Hour Energy estaria vendendo 10.000 garrafas por semana.

Esse sucesso ganhou a entrada da 5-Hour Energy na Walgreen's, na CVS e em várias redes de lojas de conveniência em todo o país. Com o aumento da distribuição, a empresa veiculava anúncios na TV e na Internet. Os anúncios eram simples – até mesmo de baixo orçamento em termos de aparência. Mas a mensagem estava correta. "Você sabe como se sente às 14h30, certo? Sonolento? Grogue? Morrendo por um cochilo?" disse um jovem e descolado executivo, navegando em um típico escritório corporativo. "O que você faz? Corre para o café? Pega um refrigerante? Mas quanto tempo isso dura, antes de você voltar a sentir sono?" Depois de detalhar os benefícios fornecidos pelo 5-Hour Energy, o anúncio terminava com o slogan: "Horas de energia agora, sem se sentir às 14h30 mais tarde".

Adicionando vários sabores como regular, extraforte e até mesmo descafeinado, o 5-Hour Energy alcançou novos patamares ao distribuir para o Walmart e para todas as outras grandes cadeias de supermercados dos Estados Unidos. Naquela época, muitas outras empresas estavam percebendo a marca novata e as oportunidades na nova categoria de doses de energia. Se a 5-Hour Energy tinha sido criada por uma pessoa sem nenhuma experiência no ramo, certamente, elas poderiam fazer melhor.

Logo, a Coca-Cola, a Pepsi, a Red Bull, a Monster e uma série de outros fabricantes de bebidas começaram a distribuir suas próprias versões de doses de 60 mL, competindo pelo espaço limitado no balcão próximo às caixas registradoras. E elas não foram as únicas novas participantes. A certa altura, havia literalmente centenas de marcas de doses de 60 mL no mercado, em sua maioria empresas pequenas e oportunistas que buscavam ganhar dinheiro rápido. Quase todos chegaram a preços mais baratos que a 5-Hour Energy. E as marcas veteranas endinheiradas utilizaram sua força nos canais de distribuição e promoveram seus mais novos produtos.

Inicialmente, a nova competição afetou a fortuna da 5-Hour Energy. Em poucos meses, a participação de mercado da marca caiu de 93 para 67%. "Todo mundo experimentou os novos produtos", relata Bhargava. "No entanto, a única coisa que todos esqueceram foi que você precisa ter um ótimo produto". Bhargava continua a ser um grande crente na qualidade do produto. "Não é a garrafinha. Não é a colocação. É o produto. Você pode enganar as pessoas uma vez, mas ninguém paga 3 dólares duas vezes".

À medida que o mercado de doses de energia evoluiu, Bhargava provou estar certo. Mesmo que o mercado tenha continuado a crescer em volume geral, os concorrentes caíram no esquecimento. Com poucas compras repetidas e pouco incentivo para permanecer no jogo, até as grandes marcas decidiram que a batalha não valia a pena.

Hoje, a 5-Hour Energy comanda novamente mais de 95% da categoria que criou. A marca número dois? A "Stacker" da NVE Pharmaceutical, com pouco mais de 3% do mercado. Quando perguntado com qual outra marca a 5-Hour Energy mais se parece, Bhargava responde: "WD-40". Ele considera as duas marcas semelhantes por serem ambas marcas sem categorias. "Normalmente, para ser uma categoria, tem que haver pelo menos dois grandes concorrentes. Esse setor de doses... não é tanto uma categoria quanto uma marca".

Com a concorrência neutralizada, a Living Essentials continua a manter a 5-Hour Energy na vanguarda das mentes dos consumidores com novos anúncios que apresentam slogans simples e funcionais como "De volta aos 100%" e "Energia para viagem". A marca também continua a desenvolver novas variedades, incluindo o 5-Hour Tea – uma dose de 60 mL em uma garrafa branca com cafeína derivada de folhas de chá verde.

Como empresa privada, a Living Essentials não divulga seu desempenho. Mas as estimativas do setor colocam as vendas anuais no varejo da 5-Hour Energy em mais de 1 bilhão de dólares. Cerca de 25% desse valor de varejo é filtrado para o lucro líquido da Living Essentials. Isso é suficiente para Bhargava ter acumulado um patrimônio líquido estimado entre 1,5 bilhão e 4 bilhões de dólares. No entanto, com o rápido crescimento e domínio do mercado da 5-Hour Energy, Bhargava vê muito mais potencial antes que o mercado fique saturado. "Se vendêssemos a 5-Hour Energy para todos que precisam, estaríamos vendendo vinte vezes mais".[38]

Questões para discussão

7.16 Considere as variáveis comumente usadas para segmentar mercados. Qual delas representa melhor como o fabricante da 5-Hour Energy segmentou o mercado?

7.17 Qual estratégia de segmentação de mercado a 5-Hour Energy está seguindo? Justifique sua resposta.

7.18 Escreva uma declaração de posicionamento para a 5-Hour Energy.

7.19 Que desafios potenciais a 5-Hour Energy enfrentará no futuro?

8 Produtos, serviços e marcas
Construção de valor para os clientes

Resumo dos objetivos

Objetivo 8.1 Definir o que é *produto* e as importantes classificações de produtos e serviços. **Veja: O que é um produto?** (p. 214-219)

Objetivo 8.2 Descrever as decisões que as empresas tomam em relação a seus produtos e serviços individuais, suas linhas de produtos e seu *mix* de produtos (composto de produtos). **Veja: Decisões de produtos e serviços** (p. 219-227)

Objetivo 8.3 Identificar as quatro características que afetam o *marketing* de serviços e outras considerações adicionais de *marketing* que os serviços demandam. **Veja: Marketing de serviços** (p. 227-232)

Objetivo 8.4 Discutir a estratégia de *branding* – as decisões que as empresas tomam ao construir e gerenciar suas marcas. **Veja: Estratégia de *branding*: construção de marcas fortes** (p. 232-241)

Prévia do capítulo

Após examinar a estratégia de *marketing* orientada para o valor ao cliente, analisaremos com mais profundidade o *mix* de *marketing*: as ferramentas táticas que os profissionais de *marketing* utilizam para implementar suas estratégias e entregar um valor superior aos clientes. Neste e no próximo capítulo, estudaremos como as empresas desenvolvem e gerenciam os produtos e as marcas. E, nos capítulos seguintes, vamos analisar as ferramentas de determinação de preços, distribuição e comunicação de *marketing*. O produto e a marca são, geralmente, as primeiras e mais básicas considerações de *marketing*. Começaremos com uma pergunta aparentemente simples: o que *é* um produto? Como era de se esperar, a resposta pode não ser tão simples.

Para aprofundar um pouco essa questão, começaremos olhando para a Starbucks, a principal cafeteria do mundo e uma das marcas mais conhecidas do planeta. A Starbucks fabrica e vende bons produtos de café *premium*. Mas para seus clientes, o "produto" da Starbucks é muito, muito mais do que isso. O enorme sucesso da marca resulta do envolvimento dos clientes e da criação de valor para eles durante toda a experiência de consumo de café. Em sua essência, a Starbucks não vende apenas café, vende a "Experiência Starbucks".

Starbucks: entregando a "Experiência Starbucks"

Há mais de 30 anos, Howard Schultz começou a transformar a indústria do café trazendo uma cafeteria de estilo europeu para a América. Ele acreditava que as pessoas precisavam desacelerar – "sentir o aroma do café" e aproveitar um pouco mais a vida. O resultado foi a Starbucks, uma cadeia de café de varejo projetada em torno de uma estratégia totalmente nova para atrair clientes e criar valor para eles.

A Starbucks não vendia apenas café, vendia a "Experiência Starbucks" – "uma experiência inspiradora que enriquece a vida das pessoas por um momento, para cada ser humano, com uma extraordinária xícara de café de cada vez". A Starbucks deu aos clientes o que chama de "terceiro lugar" – um lugar longe de casa e longe do trabalho. Na Starbucks, sentir os aromas, ouvir o som dos grãos sendo moídos e assistir aos baristas misturando e preparando os cafés especiais da marca tornaram-se parte da experiência do cliente, tanto ou mais quanto o próprio café.

Nas duas décadas posteriores, os clientes se amontoaram nos cafés da Starbucks e as vendas e os lucros da empresa aumentaram como vapor de uma caneca de café java quente. No entanto, o enorme sucesso da Starbucks atraiu uma série de concorrentes. Parecia que cada rival – de cafés independentes a restaurantes de *fast-food* – estava vendendo sua própria marca de café *premium*.

Para manter seu crescimento fenomenal no mercado cada vez mais cafeinado, a Starbucks elaborou uma estratégia de crescimento ambiciosa. Abriu novas lojas em um ritmo vertiginoso, aparentemente em todos os lugares. Por exemplo, um trecho de três quarteirões em Chicago continha seis dos principais cafés da moda. Na cidade de Nova York, havia dois Starbucks em uma loja da Macy's. Na verdade, juntar tantas lojas tão próximas umas das outras fez com que uma revista de humor satírico publicasse esta manchete: "Uma nova loja da Starbucks abre no banheiro de uma Starbucks". A empresa também cobriu o país com quiosques Starbucks e barracas de café em todos os lugares, desde lojas e supermercados Target até lobbies de hotéis. E empresas de serviços, de companhias aéreas a concessionárias de automóveis, proclamaram: "Nós servimos café Starbucks com orgulho".

Quanto mais a Starbucks crescia, mais se afastava da missão e dos valores centrais que haviam tornado a marca tão bem-sucedida. O foco quase obsessivo da empresa no crescimento pelo crescimento começou a afetar a premiada Experiência Starbucks. Longe de suas raízes como uma cafeteria aconchegante e íntima, a Starbucks começou a evoluir mais para um posto de abastecimento de cafeína. Cada vez mais, a marca *premium* se viu competindo até mesmo – acredite se puder! – com o McDonald's por muitos dos mesmos clientes.

O fundador Howard Schultz, que deixou o cargo de CEO em 2000, expressou preocupação. Em um memorando de 2007 para a administração da Starbucks, Schultz lamentou que o impulso da empresa para o crescimento tivesse "levado ao enfraquecimento da Experiência Starbucks" e que a marca estava "perdendo sua alma". Schultz estava certo de que algo estava errado. No início de 2008, quando Schultz reassumiu seu cargo de presidente e CEO da Starbucks, a empresa se viu em apuros. Pela primeira vez, o número médio de transações por loja nos Estados Unidos diminuiu e o crescimento das vendas nas mesmas lojas desacelerou. Nos dois anos antes, as ações da Starbucks caíram quase 80%. De acordo com um analista, "os abutres financeiros circulavam; obituários foram redigidos."

Em vez de presidir o fim da marca, no entanto, Schultz reagiu rapidamente para restaurar seu brilho. Ele esfriou o ritmo de crescimento da Starbucks, fechou locais com baixo desempenho e substituiu a maioria dos principais executivos da empresa. Mais importante, Schultz fez planos para reorientar a empresa para oferecer aos clientes a autêntica Experiência Starbucks. "À medida que crescemos rapidamente e tivemos um sucesso fenomenal", anunciou Shultz, "começamos a perder de vista nosso foco no cliente e nosso compromisso de aprimorar contínua e criativamente a Experiência Starbucks". A Starbucks precisava voltar seu foco para os clientes – para "reacender o vínculo emocional [da marca] com os clientes".

Para enfatizar sua decisão, Schultz transportou 10.000 gerentes de lojas da Starbucks para Nova Orleans para uma reorientação do moral da equipe a um custo de 30 milhões de dólares. Pouco tempo depois, a Starbucks fechou drasticamente todos os seus locais nos Estados Unidos por três horas para realizar um treinamento nacional de funcionários sobre os fundamentos da produção de experiências satisfatórias para os clientes.

Essas primeiras ações iniciaram um processo de renovação contínua pela qual a Starbucks reacendeu a experiência de seus clientes por meio de novos produtos, formatos inovadores de loja e novas plataformas a fim de engajar os clientes. Além de melhorar seus produtos de café exclusivos, a Starbucks desenvolveu novos produtos que levaram a Experiência Starbucks a novas áreas.

A icônica marca Starbucks é muito mais do que fazer um bom café. Em sua essência, a Starbucks não vende apenas café. Vende a experiência Starbucks. "A vida acontece durante o café".

Mais do que apenas café, a Starbucks vende a Experiência Starbucks, que "enriquece a vida das pessoas por um momento, para cada ser humano, com uma extraordinária xícara de café de cada vez".

Andrew Aitchison/Alamy Stock Photo

Por exemplo, desenvolveu ou adquiriu várias marcas de bebidas que hoje vende em toda a cadeia Starbucks, incluindo o Teavana (chás gelados artesanais engarrafados), o Evolution Fresh (sucos de frutas e vegetais prensados a frio) e os Starbucks Refreshers (refrescos de suco de frutas reais levemente cafeinados). A rede também ampliou suas opções de alimentação *premium*. Hoje em dia ela oferece tudo, desde pratos quentes de café da manhã a sanduíches e paninis, caixas e tigelas de proteína, iogurtes e frutas.

A empresa também está lançando novos formatos de loja, como a Starbucks Reserve Roasteries – parte cafeteria, parte santuário e parte torrefadora. Pense nisso como a Experiência Starbucks com esteroides. "Nós projetamos a Roastery como a experiência máxima em torno do café, e não há nada parecido no mundo", diz Kevin Johnson, atual CEO da Starbucks. Representando a expressão máxima da Experiência Starbucks, essas lojas estão sendo lançadas lentamente e apenas nas cidades mais cosmopolitas do mundo, incluindo Xangai, Milão, Nova York, Tóquio e Chicago. Em outras áreas, a Starbucks abriu 170 Starbucks Reserve Bars, torrefadoras de menor escala e mais intimistas, descritas como "lugares perfeitos para pegar café em grãos inteiros, desfrutar de uma bebida artesanal da Starbucks Reserve e conversar com um barista sobre qualquer coisa relacionada a café".

Além do treinamento de funcionários, dos novos produtos e dos formatos inovadores de loja, a Starbucks estendeu a Experiência Starbucks muito além de suas lojas por meio de plataformas digitais e móveis. Seu bem-sucedido aplicativo móvel Starbucks Rewards permite que os membros façam pedidos com antecedência, paguem, ganhem prêmios e conheçam novos produtos e ofertas especiais. A Starbucks pensa em seu aplicativo como "um relacionamento digital direto, em tempo real, personalizado e bidirecional com seus clientes". Na China, a Starbucks abriu sua primeira loja virtual, permitindo que cerca de 670 milhões de usuários ativos façam pedidos, recebam entregas e ganhem recompensas por meio de uma interface de aplicativo em comum.

Hoje, a Starbucks continua devotamente comprometida em oferecer uma Experiência Starbucks única, tornando-a uma das marcas mais icônicas e valiosas do mundo. As vendas e os lucros estão se recuperando consistentemente. Toda semana, 350 mil funcionários da Starbucks levam a Experiência Starbucks para 91 milhões de clientes em quase 30 mil lojas em 78 países. Nos últimos quatro anos, o número de clientes e a receita anual da Starbucks cresceram 50% e os lucros dobraram.

A moral da história da Starbucks é: o icônico "produto" da Starbucks é muito mais do que fazer um bom café. Trata-se de envolver os clientes e entregar consistentemente a Experiência Starbucks completa. "Não se trata apenas de tocar uma caixa registradora e realizar uma tarefa", diz Schultz, agora presidente emérito da Starbucks. "Trata-se também de criar um relacionamento emocional e duradouro e uma conexão com nossos [...] clientes; em nossa essência, celebramos a interação entre nós e nossos clientes por meio da experiência do café; a vida acontece durante o café".[1]

COMO A HISTÓRIA DA STARBUCKS mostra, em sua busca por criar relacionamentos com os clientes, os profissionais de *marketing* devem construir e gerenciar produtos e marcas que se conectem com eles. Este capítulo começa com uma pergunta aparentemente simples: O que é um produto? Depois de abordar essa questão, procuramos formas de classificar os produtos nos mercados de consumo e organizacional. Em seguida, discutimos as decisões importantes que os profissionais de *marketing* tomam em relação a produtos individuais, linhas de produtos e *mix* de produtos. Em seguida, examinamos as características e os requisitos de *marketing* de um tipo especial de produto: os serviços. Finalmente, examinamos uma questão extremamente importante: como as empresas constroem e gerenciam marcas de produtos e serviços.

O que é um produto?

Comentário do autor | Como veremos, essa pergunta aparentemente simples tem uma resposta muito complexa. Por exemplo, pense na história de abertura da Starbucks. O que é o "produto" da Starbucks?

Objetivo 8.1 Definir o que é *produto* e as importantes classificações de produtos e serviços.

Produto
Qualquer coisa que pode ser oferecida a um mercado para apreciação, aquisição, uso ou consumo e que pode satisfazer um desejo ou uma necessidade.

Serviço
Uma atividade, benefício ou satisfação oferecida para venda que é essencialmente intangível e não resulta na posse de nada.

Definimos um **produto** como qualquer coisa que pode ser oferecida a um mercado para apreciação, aquisição, uso ou consumo e que pode satisfazer um desejo ou uma necessidade. Os produtos incluem mais do que apenas objetos tangíveis, como carros, computadores ou celulares. Definidos de maneira ampla, os *produtos* também incluem serviços, eventos, pessoas, lugares, organizações, ideias ou uma mistura de tudo isso. Ao longo deste livro, utilizamos amplamente o termo *produto* como uma dessas entidades ou todas elas. Portanto, um iPhone da Apple, um Toyota Camry e um Caffé Mocha da Starbucks são produtos, assim como uma viagem a Las Vegas, os serviços de investimentos *on-line* da Schwab, uma conta no Instagram e uma consulta ao médico também o são.

Por causa da sua importância na economia mundial, daremos especial atenção aos serviços. Os **serviços** são uma forma de produto que consiste em atividades, benefícios ou satisfações oferecidas para venda que são essencialmente intangíveis e não resultam na posse de nada. São exemplos de serviços os bancários, hoteleiros, de viagens aéreas, de varejo, de comunicação sem fio e de reformas residenciais. Examinaremos os serviços mais detalhadamente neste capítulo.

Produtos, serviços e experiências

Os produtos são um elemento-chave da *oferta ao mercado*. O planejamento do *mix* de *marketing* (ou composto de *marketing*) começa com o desenvolvimento de uma oferta que proporcione valor aos clientes-alvo. Essa oferta se torna a base sobre a qual a empresa constrói relacionamentos lucrativos com os clientes.

A oferta de uma empresa ao mercado geralmente inclui tanto produtos tangíveis como serviços. Em um extremo, a oferta pode consistir em um *bem puramente tangível*, como sabonete, pasta de dente ou sal – nenhum serviço acompanha o produto. Em outro extremo estão os *serviços puros*, caso em que a oferta consiste basicamente em um serviço. São exemplos de serviços puros: uma consulta médica e serviços financeiros. Entre esses dois extremos, no entanto, são possíveis muitas combinações de produtos e serviços.

Hoje em dia, à medida que os produtos e serviços se tornam cada vez mais *commodities*, muitas empresas estão se voltando para um novo nível na criação de valor para seus clientes. Para diferenciar suas ofertas, mais do que simplesmente fabricar produtos e entregar serviços, elas estão criando e gerindo *experiências* entre suas marcas e o cliente.

Criando experiências para o cliente: o Buffalo Wild Wings não serve apenas asas de frango e cerveja; fornece a melhor experiência para fãs de "asas de frango, cerveja e esportes".

Buffalo Wild Wings, Inc.

As experiências sempre foram uma parte importante do *marketing* para algumas empresas. A Disney há muito tempo fabrica sonhos e memórias por meio de seus filmes e parques temáticos – ela quer que os membros do elenco dos parques temáticos entreguem milhares de pequenos "uaus" a cada cliente. E a Nike há muito tempo declara: "Não se trata dos tênis, mas aonde eles levam você". Hoje, no entanto, todos os tipos de empresas estão reformulando seus bens e serviços tradicionais para criar experiências. Por exemplo, o restaurante Buffalo Wild Wings não serve apenas asas de frango e cerveja; fornece a melhor experiência para fãs de "asas de frango, cerveja e esportes": [2]

> "Asas de frango. Cerveja. Esportes". Esse é o lema de longa data da cadeia de restaurantes Buffalo Wild Wings. O "B-Dubs" – como o restaurante é chamado pelos seus ávidos frequentadores – concentra-se em comida e esportes, e "tudo o que está entre eles". Não há dúvida sobre isso. O Buffalo Wild Wings mais do que faz jus às "asas de frango" e à "cerveja" nessa equação. Ele oferece uma ampla variedade de asas de frango e cada unidade serve até 30 tipos diferentes de chope. Então é certo que você não vai passar fome ou sede no B-Dubs.
>
> Mas a receita de sucesso do Buffalo Wild Wings é muito mais profunda do que apenas vender asas e cerveja para obter lucro. O que realmente envolve e mantém os clientes voltando é a experiência B-Dubs. Os clientes vêm ao B-Dubs para assistir a esportes, falar besteira, torcer por seus times esportivos, encontrar velhos amigos e fazer novos – ou seja, uma experiência social e alimentar total. "Percebemos que não estamos apenas no negócio de vender asas de frango", diz a empresa. "Somos algo muito maior; estamos no negócio de alimentar a experiência dos fãs de esportes". Atender à experiência do cliente trouxe grandes faturamentos para a Buffalo Wild Wings. A B-Dubs é agora a maior vendedora de asas de frango e de chope do país.

Níveis de produtos e serviços

As pessoas que criam produtos precisam pensar nos produtos e serviços em três níveis (veja a **Figura 8.1**). Cada nível agrega mais valor para o cliente. O nível mais básico é o *benefício central*, que trata da questão: *O que o cliente está de fato comprando?* Ao projetar produtos, os profissionais de *marketing* devem, primeiro, definir os benefícios ou serviços centrais, ligados à solução de problemas, que os consumidores procuram. A mulher que compra um batom adquire mais do que cor para os lábios. Charles Revson, da Revlon, percebeu isso logo: "Na fábrica, fazemos cosméticos;

FIGURA 8.1
Três níveis de produto.

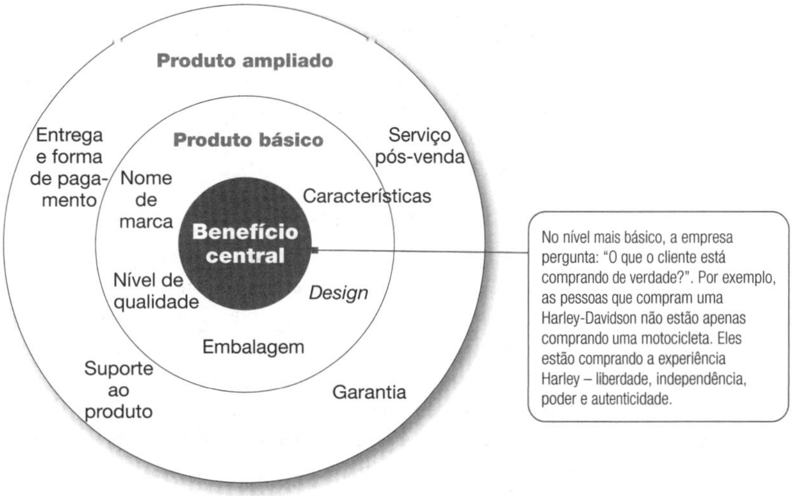

Produto principal: as pessoas que compram uma Harley-Davidson estão comprando mais do que apenas uma motocicleta. Elas estão comprando autoexpressão, estilo de vida, aspirações e sonhos.

John Powell Photographer/Alamy Stock Photo

na loja, vendemos esperança". E as pessoas que compram uma motocicleta Harley-Davidson estão comprando muito mais do que uma máquina que as leva do ponto A ao ponto B:[3]

> Remova os capacetes e os couros de um ávido entusiasta da Harley e não há como dizer quem você encontrará. Pode ser um cara com tatuagens e cabelos rebeldes, mas é igualmente provável que seja um CEO, banqueiro de investimentos ou *chef gourmet*. Mais de 12% dos compradores de Harley hoje são mulheres. "A Harley reúne todas as esferas da vida", diz o diretor de *marketing* da Harley. "Você encontrará um neurocirurgião conversando e andando com um zelador. É uma família."
>
> Mas não importa quem eles sejam, os discípulos da Harley-Davidson compartilham uma atração comum e profundamente arraigada pela marca. Os principais apelos da Harley são estes: liberdade, independência, poder e autenticidade. Uma Harley renova seu espírito e anuncia sua liberdade e independência. "É tudo sobre a *experiência*", diz um analista, "alguém forjado no trovão do heavy metal, vivendo livre e rodando pela Rota 66; é uma experiência que permite que contadores de meia-idade vistam couro preto e cravejado e esqueçam débitos e créditos por um tempo."

No segundo nível, os profissionais responsáveis pela criação de produtos devem transformar o benefício central em um *produto básico*. Eles precisam desenvolver características, design, nível de qualidade, nome de marca e embalagem para os produtos e serviços. Por exemplo, uma motocicleta Harley-Davidson é um produto real. Seu nome, estilo, recursos, sons, peças e outros atributos foram cuidadosamente combinados para oferecer aos clientes os benefícios centrais de liberdade e independência.

Por fim, os profissionais de produtos devem desenvolver um *produto ampliado* ao redor do benefício central e do produto básico, oferecendo serviços e benefícios adicionais para o consumidor. Assim, quando os consumidores compram uma Harley, a Harley-Davidson e seus revendedores também dão aos compradores uma garantia sobre peças e mão de obra, serviços de reparo rápido quando necessário, um *showroom* repleto de acessórios e *sites* da web e móveis para utilizarem em caso de problemas ou dúvidas. O Harley Owners Group (H.O.G. – grupo de proprietários da Harley) oferece benefícios adicionais, como assistência na estrada, comícios e outros eventos e edições regulares da revista *HOG*, recheadas de notícias relacionadas ao grupo, informações sobre produtos, histórias de motociclismo e muito mais.

Os consumidores veem os produtos como complexos conjuntos de benefícios que satisfazem suas necessidades. Ao desenvolver produtos, as empresas devem, primeiro, identificar quais *benefícios centrais* os consumidores procuram no produto. Em seguida, elas devem projetar o produto *em si* e procurar maneiras de *ampliar* esse produto, a fim de criar valor para o cliente e a mais satisfatória experiência de marca.

Classificação de produto e serviço

Os produtos e serviços dividem-se em duas amplas classes baseadas nos tipos de consumidor que os utilizam: *produtos de consumo* e *produtos organizacionais*. Uma definição mais ampla de produto inclui também outros elementos comerciáveis, como experiências, organizações, pessoas, lugares e ideias.

Produtos de consumo

Produto de consumo
Produto comprado por consumidores finais para uso próprio.

Produtos de consumo são produtos e serviços comprados por consumidores finais para uso próprio. Os profissionais de *marketing* geralmente trabalham com classificações adicionais para esses produtos com base no modo como os consumidores os compram. Entre os produtos de consumo estão: *produtos de conveniência*, *produtos de compra comparada*, *produtos de especialidade* e *produtos não procurados*. Esses produtos diferem na maneira como os consumidores os compram e, portanto, na maneira como são comercializados (veja a **Tabela 8.1**).

Produto de conveniência
Produto de consumo que os clientes geralmente compram com frequência, rapidez e o mínimo de comparação e esforço.

Produtos de conveniência são produtos e serviços de consumo que os clientes geralmente compram com frequência, rapidez e o mínimo de comparação e esforço. São exemplos desse tipo de produto: sabão em pó, balas, revistas e *fast-food*. Os produtos de conveniência costumam ser baratos, e as empresas os colocam em muitos lugares para que estejam prontamente disponíveis quando os consumidores precisarem deles ou os quiserem.

Tabela 8.1 Considerações de *marketing* para produtos de consumo

Considerações de *marketing*	Tipo de produto de consumo: Conveniência	Compra comparada	Especialidade	Não procurados
Comportamento de compra do cliente	Compra frequente; pouco planejamento, comparação ou esforço na compra, baixo envolvimento do cliente	Compra menos frequente; muito planejamento e esforço na compra; comparação de marcas em relação a preço, qualidade e estilo	Forte preferência e fidelidade de marca; esforço especial na compra; pouca comparação de marcas; baixa sensibilidade ao preço	Pouca consciência e conhecimento de produto (e, quando há, pouco interesse ou até mesmo interesse negativo)
Preço	Preço baixo	Preço mais alto	Preço alto	Varia
Distribuição	Distribuição ampla; locais convenientes	Distribuição seletiva em menos pontos de venda	Distribuição exclusiva em um ou alguns poucos pontos de venda por área de mercado	Varia
Promoção	Promoção em massa feita pelo fabricante	Propaganda e venda pessoal feita tanto pelo fabricante como pelos revendedores	Promoção dirigida mais cuidadosamente feita tanto pelo fabricante como pelos revendedores	Propaganda agressiva e venda pessoal feita tanto pelos fabricantes como pelos revendedores
Exemplos	Pasta de dente, revistas e sabão em pó	Eletrodomésticos de grande porte, televisores, móveis e roupas	Produtos de luxo, como relógios Rolex e cristais finos	Seguro de vida e doação de sangue para a Cruz Vermelha

Produto de compra comparada
Produto de consumo em que o cliente, no processo de seleção de compra, costuma comparar características como adequabilidade, qualidade, preço e estilo.

Produto de especialidade
Produto de consumo com características singulares ou identificação de marca pela qual um grupo significativo de compradores está disposto a fazer um esforço especial de compra.

Produto não procurado
Produtos de consumo que o cliente não conhece ou que conhece, mas, em geral, não pensa em comprar.

Produtos de compra comparada são produtos e serviços de consumo comprados com menos frequência e cujas características de adequabilidade, qualidade, preço e estilo são comparadas cuidadosamente pelos clientes. Ao adquirir produtos e serviços de compra comparada, os consumidores gastam muito mais tempo e esforço buscando informações e fazendo comparações. São exemplos desse tipo de produto: móveis, roupas, eletrodomésticos de grande porte e serviços de hotelaria. As empresas de produtos de compra comparada costumam distribuir seus produtos em um menor número de pontos de venda, mas oferecem um maior suporte de vendas para ajudar os clientes em seus esforços de comparação.

Produtos de especialidade são produtos e serviços de consumo com características singulares ou identificação de marca pela qual um grupo significativo de compradores está disposto a fazer um esforço especial de compra. São exemplos de produtos de especialidade: determinadas marcas de carros, equipamento fotográfico de preço alto, roupas de estilistas famosos, alimentos gourmet e serviços médicos ou jurídicos especializados. Uma Lamborghini, por exemplo, é um produto de especialidade, uma vez que os compradores estão geralmente dispostos a percorrer grandes distâncias para comprá-lo. Os compradores não costumam comparar produtos de especialidade. Eles investem somente o tempo necessário para ir até os revendedores que têm o produto desejado.

Produtos não procurados são produtos de consumo que o cliente não conhece ou que conhece, mas, em geral, não pensa em comprar. Muitas inovações são produtos não procurados até que o consumidor se conscientize de sua existência por meio da propaganda. Exemplos clássicos de produtos e serviços conhecidos, mas não procurados, são: seguro de vida, serviços de funeral pré-planejados e doações de sangue para a Cruz Vermelha. Por causa de sua natureza, os produtos não procurados exigem muita propaganda, venda pessoal e outros esforços de *marketing*.

Produtos organizacionais

Produto organizacional
Produto comprado por indivíduos ou organizações para processamento posterior ou para uso na condução de um negócio.

Produtos organizacionais são aqueles comprados para processamento posterior ou para uso na condução de um negócio. Assim, a diferença entre um produto de consumo e um produto organizacional é fundamentada na *finalidade* para a qual o produto é comprado. Se um consumidor compra um cortador de grama para uso doméstico, esse cortador é um produto de consumo. Se o mesmo consumidor compra o mesmo cortador para uso em sua empresa de paisagismo, o cortador passa a ser um produto organizacional.

Os três grupos de produtos e serviços organizacionais são: materiais e peças, bens de capital e suprimentos e serviços. O grupo de *materiais e peças* incluem as matérias-primas e os materiais e peças manufaturados. *Bens de capital* são produtos organizacionais que auxiliam na produção ou nas operações do comprador e incluem instalações e equipamentos acessórios. O último grupo de produtos organizacionais é o de *suprimentos e serviços*. Nesse grupo estão os suprimentos operacionais e os itens de manutenção e reparo. Os serviços organizacionais compreendem: serviços manutenção e reparo e serviços de consultoria.

Organizações, pessoas, lugares e ideias

Além de produtos e serviços tangíveis, os profissionais de *marketing* têm expandido o conceito de produto para abranger outras ofertas ao mercado: organizações, pessoas, lugares e ideias.

As organizações com frequência desenvolvem atividades para "vender" a organização em si. O *marketing de organização* consiste em atividades desenvolvidas para criar, manter ou mudar as atitudes e o comportamento de consumidores-alvo em relação a uma organização. Tanto as organizações comerciais como aquelas sem fins lucrativos praticam esse tipo de *marketing*. Empresas de negócios patrocinam campanhas de *marketing* corporativo para autopromover suas imagens e seus ideais.

Por exemplo, a Patagonia, comerciante de roupas e equipamentos para atividades ao ar livre, faz pouca ou nenhuma publicidade para produtos específicos. Em vez disso, seu *marketing* promove o propósito e os valores ambientais da empresa, sejam seus anúncios impressos promovendo o consumo responsável ou uma campanha ativista de mídia social para salvar as terras públicas do mundo. De acordo com o diretor de *marketing* europeu da Patagonia, quando alguém compra algo da marca, "queremos ter certeza [...] que eles entendam por que existimos como empresa, como escolhemos trazer esse produto à existência, para que eles precisam usar esse produto e como eles – com o nosso apoio – cuidarão dessa roupa". Mais do que vender produtos, o *marketing* da Patagonia trata de "construir um movimento" com base nos valores que compartilha com suas comunidades.[4]

As pessoas também podem ser pensadas como produtos. O *marketing de pessoa* consiste em atividades realizadas para criar, manter ou mudar atitudes ou comportamentos em relação a determinadas pessoas. Pessoas que vão de presidentes, artistas e figuras do esporte a profissionais como médicos, advogados e arquitetos usam o *marketing* de pessoa para construir suas reputações. E empresas, instituições de caridade e outras organizações usam personalidades conhecidas para ajudar a vender seus produtos ou causas. Por exemplo, a superestrela do tênis e empreendedora Serena Williams ganha quase 20 milhões de dólares por ano com endossos para marcas que vão desde Nike, Gatorade e Beats até JPMorgan Chase. A própria Williams se tornou uma marca comercializável. Ela até mesmo lançou uma linha de moda – Serena – inspirada em seu próprio modelo pessoal de feminilidade, força e autenticidade.[5]

O *marketing de lugar* envolve atividades realizadas para criar, manter ou mudar atitudes ou comportamentos em relação a lugares específicos. Cidades, estados, regiões e até nações inteiras competem para atrair turistas, novos moradores, convenções e escritórios e fábricas de empresas. Por exemplo, o *site* da cidade de Detroit celebra Detroit como a "a cidade da superação dos Estados Unidos", e promove os melhores lugares para comer, coisas para fazer e eventos para participar. A Tourism Ireland diz aos viajantes: "Encha seu coração com a Irlanda – descubra momentos emocionantes e vistas espetaculares". Ela diz às empresas: "Irlanda, o lugar certo na hora certa – nossas pessoas e sua empresa, uma combinação vencedora".[6]

Marketing social
A utilização de conceitos e ferramentas tradicionais de *marketing* empresarial para incentivar comportamentos que irão criar bem-estar individual e social.

As *ideias* também podem ser comercializadas. Em certo sentido, todo *marketing* se refere a uma ideia, seja a ideia geral de escovar os dentes ou a ideia específica de que os cremes dentais Crest "melhoram a saúde do seu sorriso". Aqui, no entanto, estreitamos nosso foco para o *marketing* de *ideias sociais*. Essa área tem sido chamada de **_marketing_ social** e consiste em usar conceitos e ferramentas tradicionais de *marketing* empresarial para incentivar comportamentos que irão criar bem-estar individual e social.

Muitas empresas se envolvem em *marketing* social para apoiar ideias em que acreditam. A campanha "Make What's Next" (Faça o que vem a seguir) da Microsoft incentiva as meninas a ingressar nas áreas de tecnologia e ciência. A empresa promove o programa com anúncios inspiradores, vídeos e eventos de mídia social e um *site* dedicado. O *site* também oferece uma ferramenta experimental chamada Career Explorer,

Ideias de _marketing_: a campanha "Make What's Next" da Microsoft promove o apoio da empresa à ideia de incentivar as meninas a entrar nas áreas de tecnologia e ciência.
Microsoft Corporation

desenvolvida pelo LinkedIn profissional, que mostra às meninas como perseguir suas paixões e habilidades em áreas específicas. "Quando incentivamos as meninas a buscar ciência, tecnologia, engenharia e matemática (STEM – *science, technology, engineering, and math*)", diz a Microsoft, "duplicamos o potencial para resolver problemas. Se elas permanecerem nas áreas da STEM, elas podem ser aquelas que irão mudar o mundo".[7]

Os programas de *marketing* social cobrem uma ampla gama de questões. O Ad Council of America (Conselho de Propaganda dos Estados Unidos), que pode ser acessado no *site* www.adcouncil.org, por exemplo, desenvolveu dezenas de campanhas publicitárias sociais envolvendo questões que vão desde saúde, educação e sustentabilidade ambiental até a prevenção do *bullying* entre adolescentes e o enfrentamento do assédio sexual. Mas o *marketing* social envolve muito mais do que apenas publicidade. Envolve uma ampla gama de estratégias de *marketing* e ferramentas de *mix* de *marketing* projetadas para trazer mudanças sociais benéficas.[8]

Comentário do autor | Agora que respondemos à pergunta "O que é um produto?", nos aprofundaremos nas decisões específicas que as empresas devem tomar ao projetar e comercializar produtos e serviços.

Decisões de produtos e serviços

Objetivo 8.2 Descrever as decisões que as empresas tomam em relação a seus produtos e serviços individuais, suas linhas de produtos e seu *mix* de produtos (composto de produtos).

As empresas tomam decisões relacionadas a produtos e serviços em três níveis: decisões de produto individual, decisões de linha de produtos e decisões de *mix* de produtos. Discutiremos, a seguir, cada uma delas.

Decisões de produto e serviço individual

A **Figura 8.2** mostra as importantes decisões que precisam ser tomadas no desenvolvimento e no *marketing* de produtos e serviços individuais. Vamos nos concentrar nas decisões relativas a *atributos do produto, branding, embalagem, rotulagem e logotipos* e *serviços de apoio ao produto.*

Atributos do produto e serviço

Desenvolver um produto ou serviço envolve definir os benefícios que ele vai oferecer. Esses benefícios são comunicados e entregues por meio de atributos do produto como *qualidade, características* e *estilo e design.*

Qualidade do produto
As características de um produto ou serviço que sustentam sua capacidade de satisfazer necessidades expressas ou implícitas dos clientes.

Qualidade do produto. A **qualidade do produto** é uma das principais ferramentas de posicionamento do profissional de *marketing.* A qualidade afeta o desempenho do produto ou serviço e, portanto, está diretamente relacionada com o valor e a satisfação para o cliente. Em um sentido mais estrito, qualidade pode ser definida como "ausência de defeitos". Mas a maioria das empresas vai além dessa definição. Em vez disso, elas definem qualidade em termos de criação de valor e satisfação para o cliente. A American Society for Quality (Sociedade Norte-Americana de Qualidade) define *qualidade* como as características de um produto ou serviço que sustentam sua capacidade de satisfazer necessidades expressas ou implícitas dos clientes. De modo similar, a Siemens define a qualidade da seguinte maneira: "Qualidade é quando nossos clientes voltam e nossos produtos não".[9]

As empresas podem adotar qualquer uma das várias abordagens para a qualidade do produto. A *gestão da qualidade total* (TQM – *total quality management*) é uma abordagem na qual todos os funcionários de uma empresa estão constantemente envolvidos no aprimoramento da qualidade dos produtos, serviços e processos de negócios. Para a maioria das empresas líderes, a qualidade orientada para o cliente se tornou uma maneira de fazer negócios.[10] Hoje em dia, as empresas estão adotando uma abordagem de *retorno da qualidade* (ROQ – *return on quality*), considerando a qualidade como um investimento e mantendo os esforços de qualidade responsáveis por seus resultados finais.

A qualidade do produto tem duas dimensões: nível e conformidade. Ao desenvolver um produto, o profissional de *marketing* deve primeiro escolher um *nível de qualidade* que sustentará o posicionamento do produto. Nesse caso, qualidade do produto significa *qualidade do desempenho* – a capacidade que o produto tem de desempenhar suas funções. Por exemplo, um Rolls-Royce oferece qualidade de desempenho superior a de um Chevrolet: ele roda de maneira mais suave, oferece design personalizado, fornece mais luxo e conforto aos seus ocupantes e dura mais. As empresas

FIGURA 8.2
Decisões de produto individual.

raramente tentam oferecer o nível de qualidade de desempenho mais alto possível – poucos clientes querem ou podem bancar os altos níveis de qualidade oferecidos por produtos como um automóvel Rolls-Royce, um eletrodoméstico para cozinha Viking ou um relógio Rolex. Em vez disso, as empresas optam por um nível de qualidade que seja compatível com as necessidades do mercado-alvo e os níveis de qualidade dos produtos concorrentes.

Alta qualidade pode significar, além do nível de qualidade, altos níveis de consistência de qualidade. Nesse caso, qualidade do produto significa *qualidade de conformidade* – ausência de defeitos e também *consistência* na entrega do nível de desempenho pretendido. Todas as empresas devem lutar por altos níveis de qualidade de conformidade. Nesse sentido, um Chevrolet pode ter tanta qualidade quanto um Rolls-Royce. Embora um Chevrolet não tenha o mesmo nível de desempenho de um Rolls-Royce, ele pode entregar, com consistência, a qualidade que os clientes esperam e pela qual pagam.

Da mesma forma, a rede de *fast-food* Chick-fil-A não pretende oferecer experiências gastronômicas gourmet. Mas ela se destaca em encantar os clientes, superando suas expectativas de qualidade dia após dia (veja o Marketing Real 8.1). E o Americas Best Value Inn – uma cadeia de hotéis econômicos em rápido crescimento – não oferece uma experiência de luxo como o Ritz-Carlton. No entanto, ele cumpre consistentemente sua promessa de oferecer aos clientes "o melhor custo-benefício". Seus hotéis de propriedade e operação local costumam fornecer "uma estadia honesta e um serviço confiável". Por atender e superar com frequência as expectativas de qualidade do cliente, o Americas Best Value Inn recebeu o J.D. Power Award pela maior satisfação do cliente entre os hotéis econômicos do país. "Uma boa estadia não exige nenhuma fórmula complicada", diz o hotel, "nós nos concentramos em uma cama confortável para dormir, café da manhã de cortesia todas as manhãs e a promessa de um ótimo dia pela frente; é simples assim".[11]

Características do produto. Um produto pode ser oferecido com características variáveis. O ponto de partida é um modelo básico, sem nada extra. A empresa pode, então, criar modelos de nível mais alto acrescentando mais características. De fato, as características são uma ferramenta competitiva para diferenciar os produtos da empresa dos oferecidos pelos concorrentes. Ser o primeiro fabricante a trabalhar com uma nova característica valorizada é uma das maneiras mais eficazes de competir.

Como uma empresa pode identificar novas características e decidir quais delas acrescentar a seu produto? Ela deve, periodicamente, conduzir levantamentos com os compradores que usaram o produto e fazer as seguintes perguntas: qual é seu nível de satisfação com o produto? De quais características do produto você gostou mais? Quais características poderíamos adicionar para melhorar o produto? As respostas a essas perguntas geram à empresa uma lista valiosa de ideias de características. Ela pode, então, avaliar o *valor* de cada característica para os clientes e compará-lo com seu *custo* para a organização. Características às quais os clientes atribuem alto valor em relação aos custos devem ser adicionadas.

Estilo e design do produto. Outro modo de agregar valor para o cliente é por meio do *design e estilo* diferenciados do produto. Design é um conceito mais amplo do que estilo. O estilo simplesmente descreve a aparência de um produto. Ele pode atrair o olhar ou gerar indiferença. Um estilo sensacional pode prender a atenção e produzir uma sensação estética agradável, mas não necessariamente faz com que o produto tenha um *desempenho* melhor. Diferentemente do estilo, o *design* vai além da superfície – ele vai até o cerne do produto. Um bom design contribui para a utilidade do produto e também para sua aparência.

Um bom design não começa com a criação de novas ideias em brainstorming ou a confecção de protótipos. Ele começa com a observação dos clientes, com um profundo entendimento das suas necessidades e com a modelagem de sua experiência de uso do produto. O pessoal responsável pelo design deve pensar menos nas especificações técnicas do produto e mais no modo como os clientes vão usá-lo e se beneficiar dele. Por exemplo, considere PopSockets:[12]

> Os PopSockets, aqueles suportes de dedo colados na parte de trás dos celulares, que você vê em todos os lugares, não começaram em um laboratório de design de uma grande empresa. Eles começaram quando os fones de ouvido do iPhone de um professor de filosofia ficavam emaranhados no bolso e ele precisava de algo para enrolar o fio. Ele observou que muitos outros experimentaram esse mesmo problema, juntamente com um monte de outras frustrações no manuseio e uso de seus *smartphones*. Então ele investiu suas economias, aprendeu sozinho a utilizar um *software* de design 3D e começou a criar uma solução. Após 100 tentativas, ele criou o PopSockets. Os suportes dobráveis, do tamanho de uma moeda e com *designs* coloridos e modernos são úteis para muito mais do que apenas o armazenamento do cabo. Eles também são úteis para segurar o dispositivo, apoiando-o em um ângulo para uso com as mãos livres e evitando quedas e quebras por tentar tirar uma *selfie*. Graças ao design centrado no usuário, as vendas do PopSocket aumentaram para dezenas de milhões de unidades por ano.

Marketing Real 8.1 | Alta qualidade e clientes felizes consistentemente

O Chick-fil-A cresceu de maneira surpreendentemente rápida nos últimos anos, de um restaurante querido do sudeste dos Estados Unidos à maior rede de restaurantes de frango, a sétima maior de *fast-food*, do país. E embora o Chick-fil-A ainda fique atrás de McDonald's, Starbucks, Wendy's, Burger King e Taco Bell nas vendas gerais, ele supera esses concorrentes nas vendas por loja. A Chick-fil-A tem mais que o dobro das vendas por loja que o Taco Bell e a Wendy's e três vezes mais que as do concorrente direto mais próximo, o KFC. E apesar de estar aberta apenas seis dias por semana (o Chick-fil-A fica fechado aos domingos), a loja média do Chick-fil-A gera 50% mais vendas por semana do que o McDonald's ao lado. Para completar, com vendas anuais de 10 bilhões de dólares e uma taxa média anual de crescimento de 15%, o Chick-fil-A está ganhando rapidamente nas vendas gerais dos líderes do setor.

Então qual é a receita do Chick-fil-A para o sucesso? Manter um foco cirúrgico na satisfação do cliente por meio de alimentos e serviços de qualidade consistentemente excelentes. O Chick-fil-A não pretende oferecer experiências gastronômicas gourmet, mas é excelente em encantar os clientes, excedendo rotineiramente suas expectativas de qualidade.

O Chick-fil-A serve boa comida, centrada em seu icônico sanduíche de frango à milanesa – "um peito de frango desossado temperado com perfeição, empanado à mão, cozido na pressão em óleo de amendoim 100% refinado e servido em um pão torrado e amanteigado com picles". A empresa afirma com orgulho: "Não inventamos o frango, apenas o sanduíche de frango". O sanduíche que derrete na boca há muito tempo está no centro do cardápio do Chick-fil-A, apoiado por uma lista simples de outros alimentos e bebidas que raramente mudam (sem novos "sabores do mês").

O menu simples e consistente mantém os clientes formando fila nos balcões do Chick-fil-A há décadas. Mas pergunte aos clientes fiéis o que eles mais gostam no restaurante e eles provavelmente dirão que é o serviço imbatível que realmente diferencia a rede. O ponto central da filosofia operacional da empresa é "ter uma influência positiva em todos os que entram em contato com o Chick-fil-A". Esse sentimento permeia todos os aspectos do negócio, principalmente o atendimento ao cliente. Alguns anos atrás, o atual CEO do Chick-fil-A, Dan Cathy, foi profundamente afetado por uma nota que sua esposa colou em sua geladeira. Em uma visita recente a uma loja local do Chick-fil-A, ela não apenas recebeu o pedido errado, como também foi cobrada a mais. Ela circulou o valor em seu recibo, escreveu "Voltarei quando você acertar" e fixou na geladeira para o marido ver.

Essa nota levou Dan Cathy a dobrar o atendimento ao cliente. Ele iniciou um programa pelo qual todos os funcionários do Chick-fil-A foram retreinados para percorrer a "segunda milha" na prestação de serviços. Isso significava não apenas atender aos padrões básicos de qualidade dos alimentos, limpeza e educação, mas também ir além, entregando cada pedido na mesa do cliente, juntamente com toques inesperados, como uma flor recém-cortada ou pimenta moída para saladas.

A experiência de um cliente recente ilustra o nível de serviço que os clientes do Chick-fil-A esperam, bem como o espírito inovador que torna esse serviço possível:

Minha filha e eu paramos no Chick-fil-A a caminho de casa. O estacionamento estava cheio, o *drive-thru* estava lotado... mas que amor temos pelos sanduíches de frango e batatas fritas com *waffle*! Então decidimos que valia a pena esperar. Enquanto caminhávamos pela calçada, havia dois funcionários cumprimentando todos os carros no drive-thru e anotando pedidos em pequenos *tablets*. Quando entramos, fomos recebidos imediatamente pelos caixas. Seth, que anotou nosso pedido, tinha um grande sorriso, modos maravilhosos, falava claramente e tinha uma grande energia de adolescente. Ele nos deu um número e disse que em breve estaria com nossas bebidas. Sentamos em uma mesa recentemente desocupada e, antes que pudéssemos nos acomodar, nossas bebidas estavam na mesa. Enquanto Seth se afastava, nossa comida foi entregue por outra pessoa muito simpática. Todos atrás do balcão trabalhavam juntos, tinham boas maneiras e sorriam. O trabalho em equipe foi incrível. Então Ron, um simpático homem de cabelos grisalhos, foi de mesa em mesa, verificando os clientes, pegando refis de bebidas e trocando livros de colorir por casquinhas de sorvete com granulado para crianças pequenas. Ele nos consultou duas vezes e reabasteceu nossas bebidas uma vez.

O Chick-fil-A lidera o setor em tempos de *drive-thru*, colocando vários funcionários com *tablets* e fones de ouvido na fila do drive-thru para receber pedidos no momento em que um carro entra na fila. Muitos Chick-fil-As ainda oferecem um serviço de "Valet para mães", convidando os pais e responsáveis que fazem malabarismos com crianças pequenas a pedir no *drive-thru* e entrar no restaurante já com a refeição da família esperando em uma mesa posta, com as cadeiras de criança devidamente posicionadas.

O Chick-fil-A treina os funcionários para procurar maneiras especiais de atender os clientes, como retirar aparelhos dentários de lixeiras, levar clientes até os carros sob guarda-chuvas quando chove ou entregar *smartphones* e carteiras que os clientes deixaram para trás. Isso não é exagero – basta perguntar a Danny Cadra, de Lubbock, Texas. Não muito tempo atrás, Cadra e sua filha adolescente foram ao Chick-fil-A local, esperando a boa refeição de sempre, com um bom serviço. Mas depois de entregar o pedido, um funcionário sorridente do Chick-fil-A entregou um envelope a Cadra e disse: "Aqui, você deixou seu dinheiro aqui há algum tempo". O envelope continha três notas de um dólar, troco que Cadra havia deixado quase um mês antes no *drive-thru*. O funcionário havia colocado o dinheiro excedente em um envelope como se fosse parte de seu uniforme até que Cadra voltasse. "Fiquei chocado", diz Cadra.

"O Chick-fil-A desenvolveu seguidores dedicados tanto para o atendimento ao cliente quanto para o frango", diz um analista. "Tópicos inteiros do Twitter e outros cantos da Internet são dedicados às maravilhas do serviço que as pessoas experimentaram nas lojas do Chick-fil-A."

Ao atender ou exceder consistentemente as expectativas de qualidade dos clientes, o Chick-fil-A ganhou uma estante de troféus repleta de prêmios pela melhor qualidade de comida e serviço. Entre muitos outros prêmios, o Chick-fil-A foi classificado como número um em atendimento ao cliente entre as cadeias de *fast-food* no mais recente American Customer Service Satisfaction Index (ACSI – índice de satisfação do serviço ao consumidor dos Estados Unidos). A rede também recebeu

Ao exceder consistentemente as expectativas de qualidade dos clientes, o Chick-fil-A ganhou uma estante de troféus cheia de prêmios pela melhor comida e qualidade de serviço e clientes extremamente leais.

Jonathan Weiss/Shutterstock

as principais honras em pesquisas recentes da *Consumer Reports*, *Business Insider* e *Newsweek-Statista*.

Esse serviço consistente e de alta qualidade resulta em clientes satisfeitos, e clientes satisfeitos geram vendas e lucros em rápido crescimento. Em sua taxa atual de crescimento, o Chick-fil-A em breve passará Taco Bell, Burger King, Wendy's e Subway para se tornar a terceira maior rede de *fast-food* do país, atrás apenas do McDonald's e do Starbucks. Mas nos corações, mentes e estômagos de seus fãs leais, o Chick-fil-A tem sido o número um.[13]

Branding

Marca
Um nome, termo, sinal, símbolo ou design – ou uma combinação desses elementos – que identifica os produtos ou serviços de um vendedor ou grupo de vendedores e os diferencia dos oferecidos pelos concorrentes.

Talvez a habilidade mais distintiva dos profissionais de *marketing* seja sua capacidade de criar e gerenciar marcas. Uma **marca** é um nome, termo, sinal, símbolo ou design – ou uma combinação desses elementos – que identifica o fabricante ou o vendedor de um produto ou serviço. Os consumidores veem a marca como parte importante de um produto, e o *branding* pode agregar valor à compra de um consumidor. Os clientes atribuem significados às marcas e desenvolvem relacionamento com elas. Como resultado, as marcas possuem significados que vão muito além dos atributos físicos do produto.

Uma pegadinha clássica do ex-varejista de calçados Payless ilustrou muito bem o poder das marcas em moldar as percepções do consumidor:[14]

Como parte de uma campanha de publicidade viral para mudar a percepção do consumidor sobre sua marca, a Payless e sua agência de *marketing* DCX Growth Accelerator criaram uma marca de luxo falsa – a Palessi. Eles colocaram o nome falso em uma antiga loja Armani em um shopping de luxo, abasteceram a loja com calçados que geralmente eram vendidos na Payless por 19,99 a 39,99 dólares e convidaram 60 influenciadores de moda VIP para a festa de lançamento da marca. Sem a menor ideia de que estavam vendo produtos de liquidação, os fashionistas elogiaram o design e a fabricação dos sapatos Palessi e pagaram até 645 dólares pelos calçados. "É simplesmente impressionante; elegante, sofisticado", disse um comprador de um salto agulha normalmente de baixo preço. A Payless aumentou as vendas, mas depois devolveu o dinheiro aos influenciadores junto com sapatos grátis. As reações dos influenciadores, juntamente com os inestimáveis "momentos de pegadinha" quando souberam que haviam sido pegas, foram capturadas em vídeos para os anúncios da campanha. De acordo com o então chefe de *marketing* da Payless, "a campanha teve como objetivo lembrar aos compradores que a Payless atinge o equilíbrio certo entre relevância estilística e acessibilidade". Disse um analista, "a pegadinha indica quão poderoso é o *branding* na sociedade de hoje".

Uma pegadinha clássica do ex-varejista de calçados Payless ilustrou muito bem o poder das marcas em moldar percepções. Influenciadores de moda pagaram até 645 dólares por sapatos "Palessi" que normalmente são vendidos por menos de 40 dólares.
Collective Brands Inc.

O *branding* tornou-se tão forte que hoje quase nada fica sem marca. O sal é embalado em recipientes com marca, porcas e parafusos comuns são embalados com etiquetas do distribuidor e peças de automóveis – velas de ignição, pneus, filtros – têm marcas diferentes das montadoras. Até frutas, legumes, laticínios e aves são de marca – tangerinas Cuties, saladas Dole Classic, pistaches Wonderful, galinhas Perdue, ovos da Eggland's Best e abacates Avocados From México.

O *branding* ajuda os compradores de várias maneiras. Os nomes das marcas ajudam os consumidores a identificar produtos que podem beneficiá-los. As marcas também dizem algo sobre a qualidade e a consistência do produto – os compradores que sempre compram as mesmas marcas sabem que obterão os mesmos recursos, benefícios e qualidade toda vez que as comprarem. A marca também dá ao vendedor várias vantagens. O nome da marca e a marca registrada do vendedor fornecem proteção legal para recursos exclusivos do produto que, de outra forma, poderiam ser copiados pelos concorrentes. O *branding* ajuda o vendedor a segmentar os mercados. Por exemplo, em vez de oferecer apenas um produto geral para todos os consumidores, a Toyota pode oferecer as diferentes marcas Lexus, Toyota e Scion, cada uma com várias submarcas, como Avalon, Camry, Corolla, Prius, Yaris, Tundra e Land Cruiser.

Por fim, um nome de marca torna-se a base sobre a qual toda uma história pode ser construída sobre as qualidades especiais de um produto. Por exemplo, o objetivo da Avocados From Mexico – uma organização sem fins lucrativos que representa tanto os produtores de abacate mexicanos quanto os importadores e embaladores dos Estados Unidos – é convencer os consumidores norte-americanos de que os abacates são um lanche obrigatório ("No Guac. No Game!" – sem guacamole, sem chance). Ela quer que os consumidores saibam que a marca Avocados From Mexico representa ótimos abacates que proporcionam bons momentos, boa comida e boa saúde. Para promover a marca, a organização gasta 20 milhões de dólares por ano em campanhas promocionais, incluindo anúncios de grande orçamento em quatro Super Bowls consecutivos. Durante um Super Bowl, a Avocados From Mexico foi o anunciante mais mencionado no Instagram e no Twitter e a #Guacworld foi a *hashtag* mais usada. Como resultado dessa construção de marca, as vendas de abacate nos Estados Unidos tiveram um crescimento de dois dígitos nos últimos anos, e a marca Avocados From Mexico agora responde por quase 80% de todas as vendas de abacate nos Estados Unidos.[15] Discutiremos estratégias de *branding* com detalhes mais adiante no capítulo.

Embalagem

Embalagem
As atividades de concepção e produção do recipiente ou envoltório de um produto.

A **embalagem** envolve a concepção e a produção do recipiente ou envoltório de um produto. Antigamente, a principal função da embalagem era guardar e proteger o produto. Nos últimos tempos, entretanto, a embalagem se tornou uma importante ferramenta de *marketing*. O aumento da concorrência e o abarrotamento das prateleiras das lojas de varejo significam que, agora, as embalagens devem realizar inúmeras tarefas de vendas, que variam de atrair a atenção dos compradores até comunicar o posicionamento da marca e fechar a venda. Nem todo consumidor vê a propaganda de uma marca ou é exposto a uma ação de mídia social ou a outro conteúdo de *marketing* interessante que a marca tenha feito. Mas todos os consumidores que compram seu produto interagem constantemente com sua embalagem. Assim, a humilde embalagem representa um espaço de *marketing* privilegiado.

As empresas sabem que uma boa embalagem tem o poder de criar o reconhecimento imediato de uma marca pelo consumidor. Por exemplo, um supermercado médio armazena cerca de 30 mil itens; uma superloja média do Walmart carrega 142 mil itens. E, de acordo com estudos recentes, 55% dos compradores decidem qual marca comprar durante as compras e 81% dizem que experimentaram algo novo por causa da embalagem. Nesse ambiente altamente competitivo, a embalagem pode ser a melhor e última chance da empresa de influenciar os compradores. Assim, a própria embalagem torna-se um importante meio promocional.[16]

Embalagens inovadoras podem dar à empresa uma vantagem sobre os concorrentes e aumentar as vendas. Embalagens diferenciadas podem até se tornar uma parte importante da identidade de uma marca. Por exemplo, uma caixa marrom lisa impressa com a familiar seta curvada do logotipo da Amazon.com – interpretada de várias maneiras como "a a z" ou até mesmo uma carinha sorridente – não deixa dúvidas sobre quem enviou o pacote a sua porta. E as distintas caixas azuis da Tiffany passaram a incorporar o legado e o posicionamento *premium* da varejista de joias exclusivas. Como a empresa diz: "Visualizada em uma rua movimentada ou descansando na palma da mão, as Tiffany Blue Boxes fazem os corações baterem mais rápido e simbolizam a grande herança de elegância, exclusividade e artesanato impecável da Tiffany."[17]

Embalagens mal projetadas podem causar dores de cabeça para os consumidores e perda de vendas para a empresa. Pense em todos aqueles pacotes difíceis de abrir, como embalagens com amarrações de arame que rasgam os dedos ou recipientes de plástico selados que trazem "raiva embalada" e enviam milhares de pessoas ao hospital todos os anos com cortes e perfurações. Outro problema é o excesso de embalagem – como um pequeno pen drive USB em uma embalagem de papel e plástico exageradamente grande entregue dentro de uma caixa de papelão gigante. O excesso de embalagens gera uma quantidade incrível de resíduos, frustrando aqueles que se preocupam com o meio ambiente.

A inovadora embalagem de segurança de proteção às crianças provavelmente salvou o Tide PODS da P&G e outras marcas de sabão para roupas em cápsula.

Gary Armstrong

Ao tomar decisões sobre embalagens, a empresa também deve estar atenta às crescentes preocupações ambientais. Felizmente, muitas empresas se tornaram "verdes" reduzindo suas embalagens e usando materiais de embalagem ambientalmente responsáveis. A segurança do produto também se tornou uma grande preocupação com relação às embalagens nos últimos anos. Por exemplo, considere os pacotes de sabão para roupas em pastilha Tide PODS da P&G. Para evitar que as crianças comam acidentalmente as pastilhas com pacotes coloridos – parecidas com doces, mas tóxicas – a P&G passou três anos aperfeiçoando uma embalagem de proteção às crianças. Essas inovações de embalagem provavelmente salvaram o Tide PODS da P&G e outras marcas de sabão para roupas em cápsula.[18]

Rotulagem e logotipos

Os rótulos e logotipos variam de simples etiquetas presas a produtos até gráficos complexos que fazem parte da embalagem. Eles desempenham várias funções. No mínimo, o rótulo *identifica* o produto ou a marca. O rótulo também pode *descrever* várias coisas sobre o produto – quem o fez, onde foi feito, quando foi feito, seu conteúdo, como deve ser utilizado e como usá-lo com segurança. Por fim, o rótulo e o logotipo ajudam a *promover* a marca e engajar os clientes. Para muitas empresas, rótulos e logotipos tornaram-se elementos importantes em campanhas de *marketing* mais amplas.

Mudanças de logotipos de marca: muitas empresas estão redesenhando seus logotipos para mantê-los em sincronia com os tempos digitais em rápida evolução.

Pizza Hut, Inc.; Southwest Airlines; International House of Pancakes, LLC; e Audi of America.

Etiquetas e logotipos devem ser redesenhados de tempos em tempos. As empresas sempre tiveram muito cuidado em criar logotipos simples e facilmente reconhecíveis que identifiquem rapidamente suas marcas e causem impressões positivas aos consumidores. No entanto, no mundo digital de hoje, espera-se que os logotipos das marcas façam muito mais. Um logotipo não é mais apenas um símbolo estático colocado em uma página impressa, pacote, anúncio de TV, *outdoor* ou vitrine de loja. Em vez disso, hoje eles também devem atender às demandas de um conjunto cada vez mais diversificado de mídia. Assim, muitas marcas estão adaptando seus logotipos para atender às necessidades de novos dispositivos digitais e plataformas interativas, como aplicativos móveis e mídias sociais. Diversas empresas – como Google, Uber, Southwest Airlines, Pizza Hut e Audi – deixaram marcas antigas para trás e adotaram uma nova abordagem:

> A maioria das mudanças de logotipo se concentra na criação de *designs* mais simples, brilhantes e modernos que se apresentam melhor em telas e plataformas digitais. O novo logotipo da Pizza Hut consiste em um medalhão simples em forma de pizza com o nome da marca e o símbolo familiar do telhado aplicado na cor branca. A Southwest passou de letras maiúsculas pretas sob a imagem de um jato jumbo para letras azuis mais suaves acompanhadas de seu ícone de coração com as cores da marca. O antigo logotipo do IHOP tinha letras brancas em um fundo azul com uma faixa vermelha curvada para baixo contendo a palavra "restaurante". Agora, as letras do IHOP são azuis em um fundo branco, um design que se destaca melhor contra os fundos brancos na maioria dos *sites* da web, dispositivos móveis e redes sociais. O novo logotipo também substitui o antigo banner de "restaurante" com uma linha vermelha curvada para cima sob o "o" e o "p", criando um rosto sorridente que adiciona uma explosão de felicidade à marca.
>
> Muitos logotipos hoje não trazem palavras, usando apenas o símbolo da marca sem nenhuma menção a seu nome. Pense na Apple, Twitter, Nike e Airbnb. A montadora Audi recentemente redesenhou seu logotipo, descartando completamente o nome da marca "Audi" em vermelho. Ela transformou sua assinatura de quatro anéis cromados 3D em preto plano e deixou os anéis se tornarem o logotipo. O novo logotipo parece mais simples, mas também é menos restritivo e mais interativo nos formatos digitais atuais, como nas telas dentro do painel do carro, no *site* da Audi, nos aplicativos móveis e até nos acessórios da marca.

As empresas precisam ter cuidado ao alterar seus logotipos de marca. Os clientes geralmente formam fortes conexões com as representações visuais de suas marcas – considere os sentimentos evocados pelos logotipos de empresas como Google, Coca-Cola, Twitter, Apple e Nike. Os consumidores podem reagir intensamente a mudanças nos símbolos de suas marcas favoritas. Além disso, essas mudanças geralmente exigem um grande investimento. Por exemplo, o redesenho do logotipo aparentemente simples da Southwest exigiram mudanças radicais que afetaram quase todos os aspectos das operações da empresa. Basta pensar em todos os lugares em que você vê o logotipo da Southwest – desde suas atividades de publicidade, web e mídia social até os folhetos em seus aviões e o design dos portões do aeroporto até o papel timbrado corporativo. Tudo deve ser refeito para refletir o novo visual da logomarca, processo que exige recursos e deve ser feito com precisão estratégica.

Juntamente aos pontos positivos das embalagens e dos rótulos, existe uma longa história de preocupações legais envolvendo esses elementos. Nos Estados Unidos, em 1914, a Federal Trade Commission Act (Lei da Comissão Federal do Comércio) estabeleceu que embalagens ou rótulos falsos ou enganosos configuram concorrência desleal. Os rótulos podem enganar os consumidores, bem como errar na descrição de ingredientes importantes ou na inclusão de instruções de segurança necessárias. Como resultado, diversas leis federais e estaduais norte-americanas regulam a rotulagem. A mais importante é a Fair Packaging and Labeling Act (Lei de Embalagem e Rotulagem), de 1996, que determinou exigências compulsórias para a rotulagem, incentivou a autorregulação do setor de embalagens e permitiu que órgãos federais regulassem as embalagens em setores específicos. Nos Estados Unidos, a Nutritional Labeling and Educational Act (Lei de Rotulagem e Informação Nutricional), de 1990, determina que os fabricantes apresentem informações nutricionais sobre os produtos alimentícios, e diversas ações generalizadas realizadas recentemente pela

FDA (Food and Drug Administration – Administração de Alimentos e Medicamentos) regulam o uso de termos relacionados à saúde, como *baixo teor de gordura*, *light*, *rico em fibras* e *orgânico*. Os fabricantes devem garantir que seus rótulos contenham todas as informações exigidas.

Serviços de apoio ao produto

O serviço de atendimento ao cliente é outro elemento da estratégia do produto. A oferta de uma empresa normalmente inclui alguns serviços de apoio, que podem ser uma parte pequena ou importante da oferta total. Mais adiante, neste capítulo, discutiremos serviços como produtos. Aqui, discutiremos serviços que ampliam os produtos básicos.

Os serviços de apoio podem ser uma parte importante da experiência total do cliente com a marca. A Lexus sabe que um bom *marketing* não termina com uma venda. Manter os clientes satisfeitos após a venda é a chave para construir relacionamentos duradouros. A Lexus acredita que se você encantar o cliente e continuar a encantá-lo, terá um cliente para toda a vida. Assim, os concessionários Lexus em todo os Estados Unidos fazem quase tudo para cuidar dos clientes e fazê-los voltar:[19]

Lexus Covenant

Lexus will enter the most competitive, prestigious automobile race in the world. Over 50 years of Toyota automobile experience has culminated in the creation of Lexus cars. They will be the finest cars ever built.

Lexus will win the race because Lexus will do it right from the start. Lexus will have the finest dealer network in the industry. Lexus will treat each customer as we would a guest in our home.

If you think you can't you won't...
If you think you can, you will! We can, we will.

Atendimento ao cliente: desde o início, sob o Pacto Lexus, os serviços de apoio de alta qualidade da Lexus criam uma experiência inigualável para alguns dos proprietários de carros mais satisfeitos do mundo.

Toyota Motor Sales, USA, Inc.

> Desde o início, a Lexus se propôs a revolucionar a experiência de propriedade de automóveis. Em seu "Pacto Lexus", a empresa se compromete a fazer "os melhores carros já construídos" – carros de alta qualidade que precisam de pouca manutenção. No entanto, o pacto também promete valorizar os clientes como indivíduos importantes e "tratar cada cliente como se fosse um hóspede em nossa própria casa". Assim, quando um carro precisa de manutenção, a Lexus se esforça para torná-lo fácil e indolor. Muitos revendedores até pegam o carro e o devolvem quando a manutenção termina. Você pode até se surpreender ao descobrir que eles retocaram uma porta para ajudar a restaurar o carro ao seu brilho recém-saído da fábrica. Sem medir esforços, a Lexus tem cumprido sua ambiciosa promessa de satisfação ao cliente. Ela provavelmente alcançou o objetivo de ter os proprietários de carros mais satisfeitos do mundo. A Lexus lidera regularmente as classificações de satisfação ao cliente do setor nos Estados Unidos e no mundo.

O primeiro passo para projetar serviços de apoio é fazer pesquisas periódicas com os clientes para avaliar o valor dos serviços atuais e obter ideias para novos. Em seguida, a empresa pode tomar medidas para corrigir problemas e adicionar novos serviços que irão encantar os clientes e gerar lucros para a empresa.

Muitas empresas usam uma combinação sofisticada de telefone, *e-mail*, *on-line*, mídia social, celular e tecnologias interativas de voz e dados para fornecer serviços de apoio que não eram possíveis antes. Por exemplo, a Lowe's oferece uma dose vigorosa de atendimento ao cliente em suas lojas físicas e *on-line*, o que facilita as compras, responde às dúvidas dos clientes e resolve problemas. Os clientes podem acessar o amplo suporte da Lowe's por telefone, *e-mail* (CareTW@lowes.com), *site*, aplicativo móvel e Twitter via @LowesCares. O *site* e o aplicativo móvel da Lowe's têm um *link* para um guia de compras e uma biblioteca de instruções. Em suas lojas, a Lowe's equipou os funcionários com telefones repletos de aplicativos personalizados e *hardware* complementar, permitindo que eles executem tarefas de serviço, como verificar estoque em lojas próximas, pesquisar históricos de compras de clientes específicos, compartilhar vídeos de instruções e verificar preços de concorrentes – tudo sem sair do lado do cliente.

Decisões de linha de produtos

Linha de produtos
Um grupo de produtos que são intimamente relacionados porque funcionam de maneira similar, são vendidos para os mesmos grupos de cliente, são comercializados por meio dos mesmos tipos de pontos de venda ou se enquadram em determinadas faixas de preços.

Além das decisões sobre produtos e serviços individuais, a estratégia do produto requer o desenvolvimento de uma linha de produtos. Uma **linha de produtos** é um grupo de produtos que são intimamente relacionados porque funcionam de maneira similar, são vendidos para os mesmos grupos de cliente, são comercializados por meio dos mesmos tipos de pontos de venda ou se enquadram em determinadas faixas de preços. Por exemplo, a Nike produz várias linhas de calçados esportivos e vestuário. E a Nest, de propriedade da Google, oferece uma linha completa de produtos inteligentes para casa, desde termostatos e alarmes de fumaça inteligentes até câmeras de segurança doméstica, interfone com vídeo e fechaduras sem chave.

Nesse contexto, a decisão mais importante envolve a *extensão da linha de produtos* – o número de itens que compõe a linha de produtos. A linha é muito pequena se o gerente puder aumentar os lucros adicionando itens; se ele puder aumentar os lucros descartando itens, ela é muito extensa. Os gerentes precisam analisar suas linhas de produtos periodicamente para avaliar as vendas e os lucros de cada item e entender como cada um contribui para o desempenho geral da linha.

Uma empresa pode expandir sua linha de produtos de duas maneiras: pela *complementação* ou pela *ampliação*. A *complementação da linha de produtos* envolve acrescentar mais itens à atual variedade da linha. Existem diversos motivos para complementar a linha de produtos: conquistar lucros adicionais, satisfazer revendedores, utilizar capacidade de produção em excesso, assumir a liderança como uma empresa de linha completa e preencher lacunas para afastar os concorrentes. No entanto, a complementação da linha passa do ponto quando resulta em canibalização e confusão por parte do cliente. A empresa deve garantir que novos itens sejam visivelmente diferentes dos existentes.

A *ampliação da linha de produtos* ocorre quando a empresa estende sua linha de produtos indo além da variedade atual. A empresa pode estender sua linha para baixo, para cima ou em ambos os sentidos. Empresas posicionadas na parte superior do mercado podem estender suas linhas para *baixo*. Uma empresa pode fazer isso para preencher uma lacuna de mercado ou para reagir ao ataque de um concorrente na parte superior. Ela também pode adicionar produtos à parte de baixo para atrair novos segmentos de compradores de nível de entrada. Por exemplo, a Nest ampliou sua linha de produtos para baixo com seu Nest Thermostat E para atrair mais compradores preocupados com o orçamento e de primeira viagem. O Thermostat E possui muitos dos mesmos recursos do Nest Learning Thermostat original, mas com um design mais simples e uma tela de resolução mais baixa a um preço 30% menor. As empresas podem ainda estender suas linhas de produto para *cima*. Muitas vezes, elas fazem isso para agregar prestígio a seus produtos atuais ou para colher maiores margens de lucro. O serviço de compartilhamento de viagens Uber expandiu com o UberBLACK ("viagens de alta qualidade com motoristas profissionais"). E o concorrente Lyft adicionou o Lyft Lux ("adicione um pouco de luxo a sua viagem e chegue com estilo").

Ampliação e complemento da linha de produtos: por meio da ampliação e do complemento hábil da linha de produtos, a BMW agora tem marcas e linhas que atraem com sucesso os ricos, os super-ricos e os que esperam ser ricos.

dpa picture alliance archive/Alamy Stock Photo

À medida que crescem e se expandem, muitas empresas ampliam e complementam suas linhas de produtos. Considere a BMW:[20]

> Ao longo dos anos, a BMW Group passou de uma montadora com cinco modelos de marca única para uma potência do setor automobilístico com três marcas, 14 "Séries" e dezenas de modelos distintos. A empresa expandiu para baixo com sua linha MINI Cooper e para cima com a Rolls-Royce. A linha BMW transborda com modelos de níveis mais básicos até os mais altos e tudo o que está no meio. As sete "Séries" da marca variam do subcompacto Série 1, de nível básico; ao compacto de luxo Série 3 Sedã; ao Série 5 Sedã, de nível médio; até o luxuoso Série 7. No meio, a BMW preencheu as lacunas com os SUVs X1, X3, X4, X5 e X6; Modelos de desempenho da Série M; e os híbridos i3 e i8. Assim, por meio da ampliação e complementação hábil da linha de produtos, a BMW manteve-se dentro de seu posicionamento *premium*, agora possuindo marcas e linhas que atraem com sucesso os ricos, os super-ricos e os que esperam ser ricos.

Decisões de *mix* de produtos

***Mix* de produtos (ou composto de produtos)**
O conjunto de todas as linhas de produtos e itens que uma determinada empresa oferece para venda.

Uma organização que possui diversas linhas de produtos tem um *mix* de produtos. Um ***mix* de produtos (ou composto de produtos)** consiste em todas as linhas de produtos e itens que uma determinada empresa oferece para venda. Por exemplo, a Colgate-Palmolive talvez seja mais conhecida por sua pasta de dente e outros produtos de higiene bucal. Mas, na verdade, a Colgate é uma empresa de produtos de consumo de 15,5 bilhões de dólares que fabrica e comercializa um *mix* completo de produtos que consiste em muitas linhas e marcas conhecidas. A Colgate divide seu *mix* geral de produtos em quatro linhas principais: higiene bucal, cuidados pessoais, cuidados com a casa e nutrição para animais de estimação. Cada linha de produtos consiste em muitas marcas e itens.[21]

O *mix* de produtos de uma empresa possui quatro importantes dimensões: abrangência, extensão, profundidade e consistência. A *abrangência* de um *mix* de produtos refere-se ao número de diferentes linhas de produtos com que a empresa trabalha. Por exemplo, a Colgate comercializa um *mix* de produtos bastante abrangente, composto por muitas marcas que constituem o "Colgate World of Care" (mundo do cuidado Colgate – produtos nos quais "pessoas como você confiam,

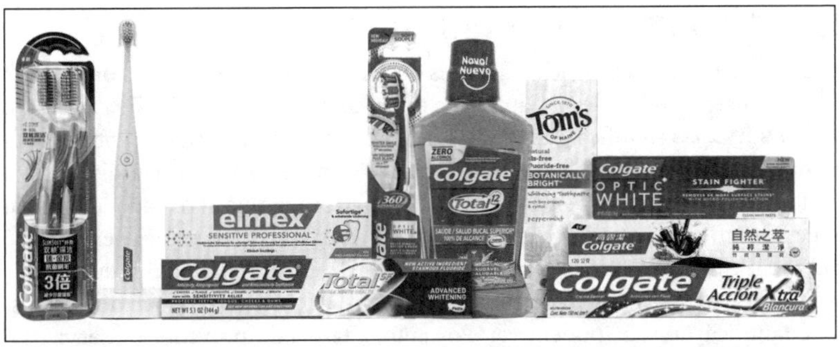

O *mix* de produtos: a Colgate-Palmolive possui um *mix* de produtos bem consistente que contém muitas marcas que constituem o "Colgate World of Care" – produtos nos quais "pessoas como você confiam, todos os dias, para cuidar de si mesmas e daqueles que amam".

Usado com permissão da Colgate-Palmolive Company

todos os dias, para cuidar de si mesmas e daqueles que amam".

A *extensão* do *mix* de produtos se refere ao número total de itens com que a empresa trabalha em cada uma de suas linhas de produtos. A Colgate carrega várias marcas dentro de cada linha. Por exemplo, sua linha de cuidados pessoais inclui sabonetes líquidos Softsoap; sabonetes em barra Tom's of Maine e Irish Spring; desodorantes Speed Stick; produtos de higiene e barbear Colgate e Afta, entre outros produtos e marcas. A linha de cuidados domésticos da Colgate inclui produtos para lavar louça Palmolive e AJAX; amaciantes de roupas Suavitel; e limpador para móveis e pisos Murphy Oil Soap. A linha de nutrição para animais de estimação abriga a marca Hill's Science Diet.

A *profundidade* da linha de produtos refere-se ao número de versões oferecidas de cada produto da linha. Os cremes dentais Colgate vêm em muitas variedades, desde Colgate Total, Colgate Optic White e Colgate Tartar Protection até Colgate Sensitive, Colgate Enamel Health, Colgate PreviDent e Colgate Kids. Cada variedade vem em suas próprias formas e formulações especiais. Por exemplo, você pode comprar Colgate Total nas versões regular, *clean mint, advanced whitening, deep clean, total daily repair, liquid gel* 2 em 1 ou qualquer uma das várias outras versões.

Por fim, a *consistência* do *mix* de produtos (composto de produtos) refere-se ao grau de proximidade das várias linhas de produtos no uso final, nas exigências de produção, nos canais de distribuição ou em qualquer outra característica. As linhas de produtos da Colgate são consistentes na medida em que são produtos de consumo que passam pelos mesmos canais de distribuição. As linhas são menos consistentes na medida em que desempenham funções diferentes para os compradores.

Essas dimensões do *mix* de produtos oferecem os meios para definir a estratégia de produtos da empresa. A organização pode ampliar seus negócios de quatro maneiras. Ela pode adicionar novas linhas de produtos, aumentando, assim, a abrangência de seu *mix* de produtos. Desse modo, as novas linhas são desenvolvidas em cima da reputação da empresa nas linhas existentes. A organização pode aumentar a extensão de suas linhas de produtos atuais, para se tornar uma empresa de linha completa. Pode também adicionar mais versões de cada produto e, assim, aumentar a profundidade seu *mix* de produtos. Por fim, a organização pode buscar uma consistência maior – ou menor – de sua linha de produtos, e isso depende se seu objetivo é ter boa reputação em apenas um campo ou em vários.

De tempos em tempos, uma empresa também pode ter que otimizar seu *mix* de produtos para eliminar linhas com desempenho marginal e para se alinhar melhor a seus mercados. Por exemplo, em resposta às mudanças nas preferências dos compradores de automóveis SUVs, crossovers, hatchbacks e caminhões, a GM recentemente abandonou vários modelos de sedãs de longa data: o Buick LaCrosse, Cadillac CT6, Cadillac XTS, Chevrolet Cruze e Chevrolet Impala. E como o mercado mudou para veículos elétricos, a GM abandonou seu sedã híbrido elétrico plug-in Chevy Volt para se concentrar mais no Chevy Bolt e em outros modelos totalmente elétricos.

Marketing de serviços

Comentário do autor | Conforme observado no início deste capítulo, os serviços também são "produtos" – intangíveis. Portanto, todos os tópicos de produtos que discutimos até agora se aplicam tanto a serviços quanto a produtos físicos. No entanto, nesta seção, focamos nas características e necessidades especiais de *marketing* relacionadas a serviços.

Objetivo 8.3 Identificar as quatro características que afetam o *marketing* de serviços e outras considerações adicionais de *marketing* que os serviços demandam.

Os serviços cresceram expressivamente nos últimos anos. Eles agora representam mais de 80% do produto interno bruto (PIB) dos Estados Unidos. Os serviços estão crescendo ainda mais rápido na economia mundial, representando 63% do produto bruto mundial.[22]

Os setores de serviços variam muito. Os *governos* oferecem serviços por meio de tribunais, agências de emprego, hospitais, serviços militares, departamentos de polícia, corpos de bombeiros, correios e escolas. As *Organizações privadas sem fins lucrativos* oferecem serviços por meio de museus, instituições de caridade, igrejas, faculdades, fundações e hospitais. Além disso, um grande número de *organizações empresariais* oferece serviços – companhias aéreas, bancos, hotéis, seguradoras, empresas de consultoria, imobiliárias, varejistas, consultórios médicos, escritórios de advocacia, empresas de entretenimento e telecomunicações, plataformas de mídias digitais e sociais, entre outras.

A natureza e as características de um serviço

Uma empresa deve considerar quatro características especiais dos serviços ao elaborar seus programas de *marketing*: intangibilidade, inseparabilidade, variabilidade e perecibilidade (veja a **Figura 8.3**).

Intangibilidade dos serviços
Os serviços não podem ser vistos, provados, sentidos, ouvidos ou cheirados antes da compra.

A **intangibilidade dos serviços** significa que eles não podem ser vistos, provados, sentidos, ouvidos ou cheirados antes da compra. Por exemplo, as pessoas que se submetem a uma cirurgia plástica não podem ver o resultado antes da compra. Os passageiros de uma companhia aérea não têm nada, a não ser uma passagem e a promessa de que eles e suas bagagens chegarão a salvo (e espera-se que juntos) ao destino pretendido. Para reduzir a incerteza, os compradores buscam *sinais* da qualidade dos serviços. Eles tiram conclusões acerca da qualidade com base nas instalações, no pessoal, nos preços, nos equipamentos e nas comunicações que podem ver. Portanto, a tarefa do provedor de serviços é tornar o serviço tangível de uma ou mais maneiras e enviar os sinais corretos relacionados à qualidade. A Oscar Insurance Corporation faz isso muito bem:[23]

A Oscar Health personalizou e tangibilizou a assistência médica em um setor notoriamente complexo e difícil de navegar. Os negócios da jovem empresa estão crescendo.
Oscar Health Insurance

Para a maioria das pessoas, as seguradoras de saúde tradicionais são pouco mais do que entidades corporativas sem rosto. E para indivíduos que não obtêm seguro de saúde por meio de um empregador, comprar seguro no mercado aberto pode ser um processo complexo e incerto. A *startup* de rápido crescimento Oscar Insurance Corporation tem mudado isso tudo. "O seguro é confuso; a Oscar simplifica", diz a empresa. A Oscar oferece um "seguro de saúde que não vai fazer sua cabeça explodir, [...] e se isso acontecer, você está coberto".

Predominantemente baseada na web, a Oscar tem como alvo consumidores jovens e digitalmente experientes com planos de saúde simples e acessíveis. Ela oferece uma série de recursos de alta tecnologia que tornam a experiência do usuário mais pessoal e tangível. Por exemplo, cada membro recebe uma equipe dedicada de atendimento da Oscar: "Você fala com as mesmas pessoas todas as vezes, então recebe ajuda personalizada quando precisa". Os aplicativos móveis e web inovadores da Oscar facilitam aos membros realizar o gerenciamento de seus cuidados de saúde. Eles podem usar os aplicativos para tudo, desde acessar seus históricos de saúde e informações da conta até encontrar um médico, fazer uma visita virtual gratuita e obter receitas. A Oscar também oferece consultas médicas gratuitas 24 horas por dia, 7 dias por semana e serviços de telemedicina. É "estupidamente fácil", diz a empresa. Basta abrir o aplicativo da Oscar, solicitar uma ligação de um médico e receber uma ligação de volta em cerca de 10 minutos. Você pode até anexar uma imagem de seus sintomas.

Personalizar e tangibilizar a experiência do usuário valeu a pena para a Oscar. Em um momento em que as maiores companhias de seguro de saúde estão reduzindo os cuidados de saúde individuais, a Oscar está crescendo. Durante os últimos três anos, seus negócios aumentaram de 40 mil membros e 200 milhões de dólares em receitas anuais para cerca de 250 mil membros e bem mais de 1 bilhão de dólares em receitas.

Inseparabilidade dos serviços
Os serviços são produzidos e consumidos ao mesmo tempo e não podem ser separados de seus fornecedores.

Os produtos físicos são fabricados, em seguida armazenados, depois vendidos e mais tarde consumidos. Já os serviços são primeiro vendidos e depois produzidos e consumidos, ao mesmo tempo. A **inseparabilidade dos serviços** significa que eles não podem ser separados de seus fornecedores, sejam eles pessoas ou máquinas. Se for um funcionário da empresa prestadora de serviços quem fornecerá o serviço, então ele será parte do serviço. E os clientes não apenas compram e usam um serviço: eles também desempenham um importante papel em sua entrega. A coprodução do cliente torna a *interação entre o prestador de serviços e o cliente* uma característica especial do *marketing* de serviços. Tanto o prestador de serviços quanto o cliente afetam o resultado do serviço.

FIGURA 8.3
Quatro características dos serviços.

Embora, no sentido geral, os serviços sejam "produtos", eles possuem características e necessidades de *marketing* especiais. As maiores diferenças residem no fato de que os serviços são essencialmente intangíveis e são criados por meio de interações diretas com os clientes. Pense em sua experiência com uma companhia aérea ou com o Google e a compare com sua experiência com a Nike ou a Apple, por exemplo.

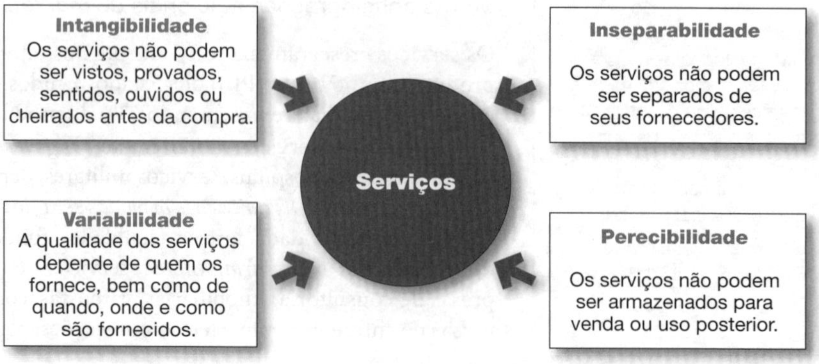

Variabilidade dos serviços
A qualidade dos serviços pode variar muito, dependendo de quem os fornece, bem como de quando, onde e como são fornecidos.

Perecibilidade dos serviços
Os serviços não podem ser armazenados para venda ou uso posterior.

A **variabilidade dos serviços** significa que a qualidade deles depende de quem os fornece, bem como de quando, onde e como são fornecidos. Por exemplo, alguns hotéis – digamos, os da Marriott – têm a reputação de fornecer melhores serviços do que outros. Mesmo assim, em um algum hotel Marriott, um recepcionista pode ser alegre e eficiente, ao passo que outro, que está a apenas poucos metros de distância, pode ser desagradável e lento. Até a qualidade do serviço de determinado funcionário da Marriott varia de acordo com sua energia e estado de espírito no momento em que interage com cada hóspede.

A **perecibilidade dos serviços** significa que eles não podem ser armazenados para venda ou uso posterior. Alguns médicos cobram uma espécie de multa dos pacientes que não comparecem a uma consulta marcada porque o valor do serviço existia somente naquele instante e desapareceu, já que o paciente não foi. A perecibilidade dos serviços não é um problema quando a demanda é estável. Contudo, quando ela flutua, as empresas prestadoras de serviços geralmente se veem diante de difíceis problemas. Por exemplo, quando a demanda aumenta durante a temporada de festas de fim de ano, a Amazon tem de aumentar sua capacidade de entrega, assim como as empresas de entrega de encomendas, como UPS, FedEx e USPS. Para atender a esses aumentos de demanda, a Amazon contrata milhares de motoristas sazonais e fornece vans para ajudar a entregar as encomendas. Outras empresas de serviços geralmente elaboram estratégias para produzir uma melhor correspondência entre demanda e oferta. Hotéis e resorts cobram preços mais baixos na baixa temporada para atrair mais hóspedes. E os restaurantes contratam funcionários de meio período para servir nos períodos de pico.

Estratégias de *marketing* para empresas prestadoras de serviços

Exatamente como as empresas que fabricam produtos, as boas empresas que prestam serviços utilizam o *marketing* para se posicionar fortemente nos mercados-alvo escolhidos. A Enterprise Rent-A-Car diz: "Você dirige; nós tratamos do resto"; A Zipcar oferece "uma alternativa ao aluguel de carros". Na Farmácia CVS, "saúde é tudo"; A Walgreens encontra você "na esquina do feliz com o saudável". E o Hospital Infantil St. Jude está "encontrando curas e salvando crianças". Essas e outras empresas de serviços estabelecem suas posições por meio de atividades tradicionais de *mix* de *marketing*. No entanto, como os serviços diferem dos produtos tangíveis, eles geralmente exigem abordagens de *marketing* adicionais.

A cadeia de valor dos serviços

Cadeia de valor dos serviços
A cadeia que liga os lucros da empresa à satisfação do funcionário e do cliente.

Em uma empresa prestadora de serviços, o cliente e o funcionário da linha de frente *interagem* para criar o serviço juntos. A interação eficaz, por sua vez, depende das habilidades dos funcionários e dos processos que os apoiam. Assim, prestadoras de serviços bem-sucedidas concentram sua atenção tanto em seus clientes como em seus funcionários. Elas entendem como funciona a **cadeia de valor dos serviços**, que liga seus lucros à satisfação do funcionário e do cliente. Essa cadeia consiste em cinco elos:[24]

- *Qualidade do serviço interno:* uma boa seleção e treinamento dos funcionários, um ambiente de trabalho de qualidade e um forte apoio àqueles que lidam diretamente com os clientes, o que resulta em...
- *Funcionários satisfeitos e produtivos:* funcionários mais satisfeitos, leais e esforçados, o que resulta em...
- *Serviço de maior valor:* criação de valor e entrega de serviços mais efetivos e eficazes para o cliente, o que resulta em...
- *Clientes satisfeitos e fiéis:* clientes satisfeitos que se permanecem fiéis compram regularmente e dão indicações a outros clientes, o que resulta em...
- *Crescimento saudável da lucratividade dos serviços:* desempenho superior da empresa prestadora de serviços.

A cadeia de valor do serviço: a campeã perene de atendimento ao cliente Wegmans sabe que "para ser um ótimo lugar para fazer compras, primeiro devemos ser um ótimo lugar para trabalhar".
Wegmans Food Markets Inc.

Por exemplo, a rede de supermercados Wegmans – uma perene campeã de atendimento ao cliente – desenvolveu uma base de clientes fiéis ao colocar seus funcionários em primeiro lugar:[25]

> Os clientes da Wegmans adoram o supermercado. Uma pesquisa recente colocou a Wegmans em segundo lugar na percepção dos consumidores entre as 100 marcas mais conhecidas, atrás apenas da Amazon. Outra pesquisa colocou a Wegmans em segundo lugar na lista de marcas mais amadas, atrás apenas da Disney. "Toda vez que compro na Wegmans",

FIGURA 8.4
Três tipos de *marketing* de serviços.

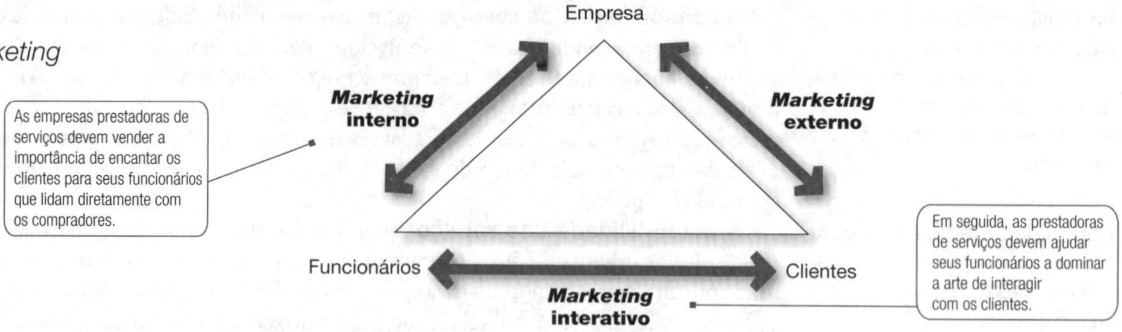

diz um cliente, "as lojas estão cheias de pessoas felizes em comprar lá". Diz outro cliente: "Eu nunca me mudaria para nenhum lugar onde não houvesse uma Wegmans".

Qual é o segredo por trás dos seguidores ávidos e leais da Wegmans? "Para ser um ótimo lugar para fazer compras, devemos primeiro ser um ótimo lugar para trabalhar", declara um executivo de *marketing* da Wegmans. Uma experiência superior do cliente começa com funcionários super treinados e felizes. Para isso, a Wegmans investe 50 milhões de dólares por ano em desenvolvimento de funcionários e outros 5 milhões de dólares em bolsas de estudo. Oferece um ambiente de trabalho flexível e muitas oportunidades de progressão na carreira. A Wegman's ouve os funcionários e age de acordo com seus comentários – por meio de "dias de portas abertas, reuniões, grupos focais e um *blog* de perguntas e respostas bidirecional". "Construir uma cultura em que os funcionários possam prosperar e se desenvolver não é algo único", diz Wegmans, "é algo em que trabalhamos duro todos os dias". Não surpreendentemente, portanto, juntamente com todos os altos índices de satisfação do cliente, a Wegmans passou 21 anos consecutivos na lista das 100 Melhores Empresas para Trabalhar da *Fortune*.

***Marketing* interno**
Orientação e motivação dos funcionários que lidam com os clientes, bem como de todo o pessoal que oferece serviços de apoio, para que trabalhem em equipe a fim de fornecer satisfação aos clientes.

***Marketing* interativo**
Treinamento dos funcionários de serviços na arte de interagir com os clientes para satisfazer suas necessidades.

O *marketing* de serviços exige mais do que o tradicional *marketing* externo, que faz uso dos quatro Ps. A **Figura 8.4** mostra que o *marketing* de serviços também requer *marketing interno* e *marketing interativo*. ***Marketing* interno** significa que a empresa prestadora de serviços deve orientar e motivar seus funcionários que lidam com os clientes, bem como todo o pessoal que oferece serviços de apoio, para que trabalhem em *equipe* a fim de fornecer satisfação aos clientes. A empresa deve fazer com que todos os seus funcionários sejam orientados para o cliente. Na verdade, o *marketing* interno deve *preceder* o *marketing* externo. Por exemplo, a Wegmans começa contratando as pessoas certas e orientando-as cuidadosamente e inspirando-as a oferecer um atendimento ao cliente inigualável. A ideia é garantir que os próprios funcionários acreditem na marca para que possam cumprir autenticamente a promessa da Wegmans aos clientes de que "todos os dias damos o nosso melhor".

***Marketing* interativo** significa que a qualidade dos serviços depende fortemente da qualidade da interação entre o comprador e o vendedor durante a venda. No *marketing* de produtos, a qualidade daquilo que é comprado geralmente depende muito pouco do modo como é obtido. Mas, no *marketing* de serviços, a qualidade do serviço depende tanto de quem o entrega como da qualidade da entrega. Portanto, as empresas prestadoras de serviços devem dominar as habilidades do *marketing* interativo. Assim, a Wegmans contrata apenas as pessoas que se encaixam na cultura da empresa e as instrui cuidadosamente na arte de interagir com os clientes para satisfazer todas as suas necessidades.

Diferenciação do serviço: a Emirates oferece suítes de primeira classe em seus aviões Boeing 777 com portas de correr, armários para pendurar roupas, *tablets* sem fio com 2.500 canais, telas de TV de 32 polegadas, minibar pessoal e "kits de inspiração" com pijamas hidratantes e kits de cuidados com a pele.
Christian Charisius/picture-alliance/dpa/AP Images

Hoje, com o aumento da concorrência e dos custos e com a queda da produtividade e da qualidade, é necessário maior sofisticação no *marketing* de serviços. As empresas prestadoras de serviços se deparam com três importantes tarefas de *marketing*. Elas precisam melhorar a *diferenciação dos serviços*, a *qualidade dos serviços* e a *produtividade dos serviços*.

Gerenciamento da diferenciação dos serviços

Nessa época de intensa concorrência de preços, as empresas prestadoras de serviços com frequência reclamam da dificuldade de criar uma diferenciação entre seus serviços e os de seus concorrentes. Quando os clientes consideram parecidos os serviços prestados por diferentes empresas, eles se preocupam menos com o prestador do que com o preço. A solução para a concorrência de preços é o desenvolvimento de oferta, entrega e imagem diferenciadas.

A oferta diferenciada pode incluir recursos inovadores que diferenciam a oferta de uma empresa das ofertas dos concorrentes. Por exemplo, a Emirates recentemente adicionou suítes de primeira classe aos seus aviões Boeing 777 com portas deslizantes do piso ao teto, armários para pendurar roupas, *tablets* sem fio com 2.500 canais, telas de TV de 32 polegadas, minibares pessoais e "kits de inspiração" contendo pijamas hidratantes e kits de cuidados com a pele. Alguns varejistas se diferenciam com ofertas que os levam muito além dos produtos que eles estocam. Em qualquer uma das várias grandes lojas REI, os consumidores podem obter experiências práticas com as mercadorias antes de comprá-las, por meio da trilha de teste de mountain bike, estações de teste de equipamentos, uma enorme parede de escalada ou uma chuva simulada dentro da loja.

As empresas prestadoras de serviços podem diferenciar a *entrega* de seus serviços contratando pessoas mais qualificadas e confiáveis para lidar diretamente com os clientes, desenvolvendo um ambiente físico de qualidade superior para a entrega do seu produto de serviço ou desenhando um processo de entrega melhor. Por exemplo, muitas redes de supermercados agora oferecem pedidos *on-line* com retirada na calçada ou entrega em domicílio como uma maneira mais prática de fazer compras do que ter que dirigir, estacionar, esperar na fila e levar mantimentos para casa. A CVS Health oferece serviços médicos rápidos e convenientes por meio da Minute Clinics em lojas próprias e em lojas da Target, economizando uma viagem e uma longa espera no consultório para imunizações, tratamento de doenças menores e outras necessidades de saúde. A Minute Clinic oferece "o cuidado que você precisa na sua agenda".

Por fim, as empresas de serviços também podem trabalhar na diferenciação de suas imagens por meio de símbolos e *branding*. Personagens e símbolos de serviço bem conhecidos incluem a lagartixa da GEICO, o Flo da Progressive Insurance, os arcos dourados do McDonald's, as "boas mãos" da Allstate, o pássaro do Twitter e a garota ruiva com sardas e rabos de cavalo da Wendy's. O Coronel do KFC se tornou uma figura popular da cultura pop, retratado em uma série de anúncios deliciosamente horríveis nos últimos anos por uma dúzia ou mais de celebridades, de Rob Lowe, George Hamilton e Norm McDonald à cantora country Reba McEntire.

Gerenciamento da qualidade dos serviços

Uma empresa prestadora de serviços pode se diferenciar entregando, consistentemente, qualidade superior àquela que seus concorrentes oferecem. Como já aconteceu com as empresas que fabricam produtos, hoje em dia, a maioria das empresas prestadoras de serviços pratica o movimento da qualidade direcionada para o cliente. E, como as organizações que vendem produtos, as prestadoras de serviços precisam identificar o que os clientes-alvo esperam em termos de qualidade dos serviços.

Infelizmente, é mais difícil definir e avaliar a qualidade dos serviços do que a dos produtos. Por exemplo, é mais difícil chegar a um consenso com relação à qualidade de um corte de cabelo do que à qualidade de um secador de cabelo. A retenção do cliente talvez seja a melhor medida da qualidade – a capacidade que a prestadora de serviços tem de conservar seus clientes depende do grau de consistência com que ela entrega valor a eles.

As grandes prestadoras de serviços estabelecem altos padrões de qualidade. Elas observam de perto o desempenho dos serviços, tanto o dos seus como o dos concorrentes. E não se contentam simplesmente com um bom serviço: seu objetivo é atingir a perfeição. Um padrão de desempenho de 98% pode parecer bom, mas, se usasse esse padrão, o U.S. Postal Service perderia ou mandaria para o endereço errado 412 mil correspondências por dia, ao passo que os farmacêuticos entenderiam errado mais 2,2 milhão de receitas por semana.[26]

Diferentemente dos fabricantes de produtos que podem ajustar suas máquinas e matérias-primas até que tudo fique perfeito, a qualidade dos serviços sempre vai variar, dependendo das interações entre funcionários e clientes. Por mais que se esforcem, mesmo as melhores empresas ocasionalmente terão um atraso na entrega, uma carne queimada ou um funcionário rabugento. Contudo, uma boa *recuperação dos serviços* pode transformar clientes furiosos em clientes fiéis. Na verdade, uma boa recuperação pode gerar um índice maior de compra e fidelidade por parte do cliente do que se as coisas tivessem corrido bem logo no início. Por exemplo, um estudo da Marriott sobre clientes recorrentes os reuniu em três grupos: nada de ruim aconteceu; algo ruim aconteceu, mas a Marriott resolveu o problema; e algo ruim aconteceu, mas a Marriott não resolveu o problema. As porcentagens desses três grupos que pretendiam retornar foram 89%, 94% e 69%, respectivamente. Assim, os melhores resultados foram aqueles em que a Marriott transformou o negativo em positivo.[27]

Qualidade do serviço: uma boa recuperação de serviço pode transformar clientes irritados em clientes fiéis. A Starbucks treina seus funcionários a cuidar de clientes chateados pelo método "LATTE": ouvir, reconhecer, agir para resolver, agradecer e explicar o que aconteceu.

B.O'Kane/Alamy Stock Photo

Muitas empresas treinam seus funcionários da linha de frente na arte da recuperação de serviços. Por exemplo, os baristas da Starbucks aprendem o método

LATTE para reconhecer clientes insatisfeitos e abordar suas preocupações de maneira positiva. A sigla LATTE (*listen, acknowledge, take action, thank e explain*) significa: *ouça* o cliente, *reconheça* sua reclamação, *aja para resolver* o problema, *agradeça* e *explique* por que o problema ocorreu. Ao ouvir e agir de forma positiva, os funcionários da Starbucks muitas vezes podem transformar clientes chateados em clientes satisfeitos.[28]

Atualmente, mídias sociais como Facebook, Instagram e Twitter podem ajudar as empresas a erradicar e remediar a insatisfação do cliente com o serviço. Conforme discutido no Capítulo 4, as empresas agora monitoram o espaço digital para identificar rapidamente os problemas dos clientes e responder em tempo real. Por exemplo, a Southwest Airlines tem uma equipe dedicada de 29 pessoas que respondem a cerca de 80 mil publicações no Facebook e no Twitter mensalmente. A Southwest e outras companhias aéreas se tornaram hábeis em responder rapidamente a perguntas e comentários nas mídias sociais. Um estudo recente mostra que o tempo de resposta da Southwest aos clientes no Twitter é em média de apenas 6 minutos e 36 segundos. Uma resposta rápida e cuidadosa pode transformar um cliente insatisfeito em um defensor da marca.[29]

Gerenciamento da produtividade dos serviços

Com seus custos crescendo rapidamente, as empresas prestadoras de serviços estão sofrendo uma grande pressão para melhorar a produtividade dos serviços. Elas podem fazer isso de diversas maneiras. Podem dar melhor treinamento aos atuais funcionários ou contratar novos, mais qualificados ou que trabalhem com mais afinco. Podem também aumentar a quantidade de serviços, abrindo mão de alguma qualidade. Por fim, podem aproveitar o poder da tecnologia. Embora costumemos pensar no poder da tecnologia como algo para economizar tempo e custos nas empresas de manufatura, ele também tem grande – e, muitas vezes, não utilizado – potencial para tornar as pessoas que trabalham com serviços mais produtivas. Por exemplo, o Vdara Hotel and Spa em Las Vegas usa robôs para serviço de quarto. Dois robôs de entrega – chamados Fetch e Jett, projetados para se parecerem com cães – podem chamar o elevador remotamente, levar alimentos do café do hotel diretamente para os quartos dos hóspedes e alertar os hóspedes por meio de mensagens telefônicas automáticas antes que eles cheguem.[30]

No entanto, as empresas devem evitar aumentar a produtividade com tanta intensidade a ponto de reduzir a qualidade. Tentativas de simplificar um serviço ou cortar custos podem tornar uma empresa de serviços mais eficiente no curto prazo, mas isso também pode reduzir sua capacidade de longo prazo de inovar, manter a qualidade do serviço ou responder às necessidades e desejos do consumidor. Por exemplo, a Vdara em Las Vegas prevê o uso da tecnologia para eliminar completamente as mesas de recepção, permitindo que os clientes façam *check-in* por telefone. Mas automatizar esses serviços ao cliente pode ser arriscado se reduzir o toque humano do hotel. "Isso não vai acontecer", diz um executivo de *marketing* da MGM Resorts International, que administra o Vdara. O *check-in* mais eficiente permite um atendimento mais personalizado em outros lugares. "As pessoas que estavam na recepção ainda estão lá", diz ele. "Eles estão lá para personalizar sua jornada, para recebê-lo no carro e para acompanhá-lo ao seu quarto para garantir que você tenha tudo o que precisa. Você não pode substituir esse compromisso".[31]

Assim, na tentativa de melhorar a produtividade do serviço, as empresas devem estar atentas à forma como criam e entregam valor ao cliente. Elas devem ter cuidado para não tirar o *serviço* do serviço. De fato, uma empresa pode diminuir propositalmente a produtividade do serviço para melhorar sua qualidade, permitindo, por sua vez, manter preços e margens de lucro mais altos.

> Comentário do autor | Uma marca representa tudo o que um produto ou serviço significa para os consumidores. Como tal, as marcas são ativos valiosos para uma empresa. Por exemplo, quando você ouve alguém dizer "Coca-Cola", o que você pensa, sente ou lembra? E a "Target"? Ou "Instagram"?

Estratégia de *branding*: construção de marcas fortes

Objetivo 8.4 Discutir a estratégia de *branding* – as decisões que as empresas tomam ao construir e gerenciar suas marcas.

Alguns analistas consideram as marcas o ativo mais perdurável de uma empresa, durando mais que seus produtos específicos e suas instalações. John Stewart, antigo CEO da Quaker Oats, uma vez disse: "Se esta empresa fosse dividida, eu lhe daria os terrenos e os prédios e ficaria com as marcas e as marcas registradas, e ganharia muito mais do que você". Um ex-CEO do McDonald's afirmou: "Se cada ativo, cada prédio e cada equipamento que possuímos fossem destruídos em um terrível desastre natural, seríamos capazes de tomar emprestado o dinheiro para substituí-los muito rapidamente, por causa do valor de nossa marca [...]. A marca é mais valiosa que o total de todos esses ativos".[32]

Assim, as marcas são ativos poderosos que devem ser cuidadosamente desenvolvidos e gerenciados. Nesta seção, analisaremos as principais estratégias para construir e gerenciar marcas de produtos e serviços.

Brand equity e avaliação da marca

As marcas são mais do que meros nomes e símbolos. Elas são um elemento-chave no relacionamento da empresa com os consumidores. As marcas representam as percepções e os sentimentos dos consumidores em relação a um produto e a seu desempenho – tudo que o produto ou serviço *significa* para os consumidores. Em última instância, as marcas existem na mente dos consumidores. Como um respeitado profissional de *marketing* disse certa vez: "Os produtos são criados na fábrica, mas as marcas são criadas na mente".[33]

Brand equity
É o efeito diferenciador que o conhecimento do nome de marca tem sobre a reação do cliente ao produto e seu *marketing*.

Uma marca poderosa tem um alto brand equity. **Brand equity** é o efeito diferenciador que o conhecimento do nome de marca tem sobre a reação do cliente ao produto e seu *marketing*. Trata-se de uma medida da capacidade da marca de conquistar a preferência e a fidelidade do consumidor. Uma marca tem brand equity positivo quando os consumidores reagem mais favoravelmente a ela do que a uma versão genérica ou sem marca do mesmo produto. O brand equity é negativo quando os consumidores reagem menos favoravelmente à marca do que a uma versão sem marca.

As marcas variam na quantidade de poder e valor que detêm no mercado. Algumas marcas – como Coca-Cola, Nike, Disney, Apple, McDonald's, Harley-Davidson e outras – tornaram-se ícones grandiosos que mantêm seu poder no mercado por anos, até mesmo gerações. Outras marcas – como Amazon, Google, Instagram, Airbnb, Uber e Waze – criaram um novo entusiasmo e lealdade do consumidor. Essas marcas ganham no mercado não apenas porque oferecem benefícios exclusivos ou serviços confiáveis. Em vez disso, elas são bem-sucedidas porque criam conexões profundas com os clientes.

As pessoas realmente têm relacionamentos com as marcas. Por exemplo, para os mais de 800 milhões de usuários do Instagram no mundo, a marca representa muito mais do que apenas um serviço de compartilhamento de fotos e vídeos. O Instagram significa compartilhar momentos importantes com os amigos à medida que eles acontecem por meio de fotos e vídeos. Significa se aproximar de amigos e familiares por meio de experiências compartilhadas na hora, seja um novo cachorrinho, alguém se casando, os primeiros passos de seu filho ou vendo um lindo arco-íris duplo no Havaí.[34]

Relacionamento dos consumidores com as marcas: para os usuários do Instagram, a marca representa muito mais do que apenas um serviço de compartilhamento de fotos. Significa se aproximar de amigos e familiares por meio de experiências compartilhadas no momento em que elas acontecem.

Eyal Dayan Photography

O BrandAsset Valuator da agência de publicidade e propaganda Young & Rubicam mede a força da marca em quatro dimensões de percepção do consumidor: *diferenciação* (o que faz a marca se destacar), *relevância* (como os consumidores sentem que ela atende a suas necessidades), *conhecimento* (o quanto os consumidores sabem sobre a marca) e *estima* (o quanto os consumidores consideram e respeitam a marca). Marcas com forte índice de brand equity possuem níveis altos em todas as quatro dimensões. A marca deve ser distinta, ou os consumidores não terão motivos para escolhê-la em detrimento de outras marcas. No entanto, o fato de uma marca ser altamente diferenciada não significa necessariamente que os consumidores irão comprá-la. A marca deve se destacar de maneira relevante para as necessidades dos consumidores. Mesmo uma marca diferenciada e relevante está longe de ser um sucesso. Antes que os consumidores reajam à marca, eles devem primeiro conhecê-la e compreendê-la. E essa familiaridade deve levar a uma conexão forte e positiva entre o consumidor e a marca.[35]

Avaliação da marca
É o processo de estimar o valor financeiro total de uma marca.

Assim, o brand equity positivo deriva dos sentimentos e conexões do consumidor com a marca. Uma marca com alto brand equity é um ativo muito valioso. A **avaliação da marca** é o processo de estimar o valor financeiro total de uma marca. Calcular esse valor é difícil. No entanto, de acordo com uma estimativa, o valor de marca da Apple é de 316 bilhões de dólares, o do Google é de 313 bilhões, o da Amazon é de 279 bilhões, o da Microsoft é de 215 bilhões, o do Facebook* é de 161 bilhões e o da AT&T é de 106 bilhões. Outras marcas classificadas entre as mais valiosas dos Estados Unidos incluem Visa, IBM e McDonald's.[36]

Um alto brand equity proporciona a uma empresa muitas vantagens competitivas. Uma marca poderosa desfruta um alto nível de consciência e fidelidade de marca por parte do consumidor. Como os consumidores esperam que as lojas disponibilizem a marca, a empresa tem mais força na negociação com os revendedores. Como o nome de marca carrega grande credibilidade, a empresa

*N. do R.T. A estimativa é de 2019 quando a Meta ainda se chamava Facebook.

consegue lançar com mais facilidade extensões de marca e de linha. Uma marca poderosa também oferece à empresa algumas defesas contra a feroz concorrência por preço e contra outras ações de *marketing* da concorrência.

Acima de tudo, entretanto, uma marca forte forma a base para a construção de engajamento e relacionamentos sólidos e lucrativos com o cliente. O ativo fundamental por trás do brand equity é o *customer equity* – o valor do relacionamento com o cliente criado pela marca. Uma marca forte é importante, mas o que ela realmente representa é um conjunto lucrativo de clientes fiéis. O foco adequado do *marketing* é o desenvolvimento de customer equity, com a gestão da marca servindo de ferramenta essencial de *marketing*. As empresas precisam se ver não como um portfólio de marcas, mas sim de clientes.

Construção de marcas fortes

O *branding* traz decisões desafiadoras para as empresas. A **Figura 8.5** mostra que as principais decisões de estratégia de marca envolvem *posicionamento de marca, seleção do nome de marca, patrocínio de marca* e *desenvolvimento de marca.*

Posicionamento de marca

As empresas precisam posicionar suas marcas claramente na mente dos clientes-alvo. Elas podem posicionar as marcas em qualquer um dos três níveis.[37] No nível mais baixo, elas podem posicionar a marca nos *atributos do produto ou serviço*. Por exemplo, a FedEx pode se posicionar em atributos como velocidade, confiabilidade, qualidade e conveniência na entrega de pacotes. No entanto, em geral, os atributos são o nível menos desejável para o posicionamento da marca, uma vez que os concorrentes podem facilmente copiar atributos. Mais importante, os clientes não estão interessados nos atributos em si – eles estão interessados no que os atributos farão por eles.

Uma marca pode ser melhor posicionada associando seu nome a um *benefício* desejável. Assim, a FedEx pode ir além dos atributos do produto e falar de benefícios como a tranquilidade de saber que as encomendas serão entregues onde e quando devem estar. Por exemplo, durante anos, a FedEx construiu seu posicionamento em torno do slogan "Quando absolutamente e positivamente deve estar lá na hora certa". Algumas marcas de sucesso posicionadas em benefícios são Walmart (economizar dinheiro) e Instagram (capturar e compartilhar momentos).

As marcas mais fortes vão além do posicionamento de atributos ou benefícios. Elas estão posicionadas em fortes *crenças, valores* e *sentimentos*, envolvendo os clientes em um nível profundo e emocional. Por exemplo, a campanha mais recente da FedEx "O que entregamos quando entregamos" vai além dos atributos e benefícios pragmáticos. Isso mostra que a marca é mais do que entregas eficientes de pacotes; é sobre o que essas entregas de pacotes significam para as pessoas que as enviam e as recebem. Por exemplo, um anúncio suave e sentimental – intitulado "A Lebre e a Tartaruga" – conta a história da alegria de uma jovem quando sua amada tartaruga de pelúcia é devolvida a ela pela FedEx depois de ser esquecida para trás em um hotel nas férias com a família. Outro anúncio – intitulado "Memórias" – mostra um jovem recebendo um pacote da FedEx contendo um antigo álbum de fotos de família e sendo transportado de volta para uma pitoresca cerimônia de casamento europeia da década de 1920, presumivelmente a de seus avós imigrantes. "Para nós, não se trata apenas de embalagens e paletes", diz a empresa, "é sobre o que fazemos pelas pessoas e comunidades".[38]

Marcas que se conectam com os consumidores em um nível emocional podem inspirar uma lealdade substancial. Marcas como Disney, Apple, Nike, Coca-Cola e Starbucks alcançaram esse *status* com muitos de seus clientes. Os clientes não gostam apenas dessas marcas; eles têm fortes conexões emocionais com eles e as amam incondicionalmente. Por exemplo, considere a Disney. Como um ávido frequentador do Walt Disney World Resort afirma: "Tenho um profundo amor e vínculo com todas as coisas da Disney. Andar pela Main Street e ver o castelo da Cinderela pela primeira vez sempre faz meu coração pular. É um momento que posso garantir e confiar. Uma constante na minha vida. Não importa o que eu esteja passando [...] de repente o mundo está cheio de magia e maravilhas e possibilidades novamente e eu sinto uma onda de felicidade fluir dentro de mim e um

FIGURA 8.5
Principais decisões de estratégia de marca.

As marcas são poderosos ativos que precisam ser cuidadosamente desenvolvidos e gerenciados. Como esta figura sugere, a construção de marcas fortes envolve muitas decisões desafiadoras.

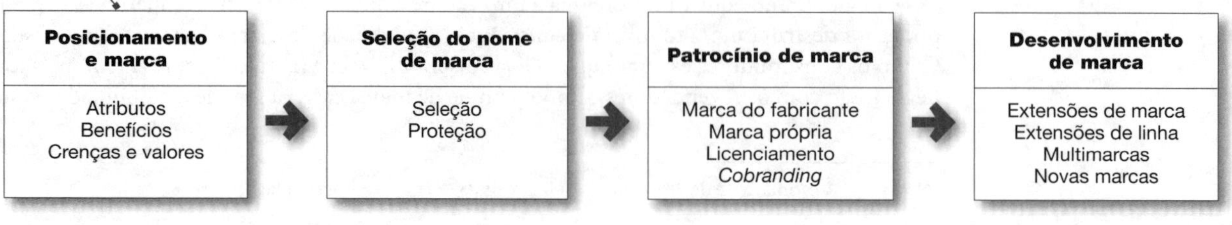

Posicionamento da marca: marcas como a Disney formam fortes conexões emocionais com os clientes. Como disse um frequentador do Disney World Resort: "Tenho um profundo amor e vínculo com todas as coisas da Disney".

Art of Drawing/Alamy Stock Photo

sorriso rastejar de volta ao meu rosto facilmente, não forçado ou pintado. Um sorriso real e verdadeiro".[39]

Ao posicionar uma marca, o profissional de *marketing* deve estabelecer uma missão para a marca e uma visão do que ela deve ser e fazer. Uma marca é a promessa da empresa de fornecer um conjunto específico de recursos, benefícios, serviços e experiências de forma consistente aos compradores. A promessa da marca deve ser clara, simples e honesta. O Motel 6, por exemplo, oferece quartos limpos, preços baixos e um bom serviço, mas não promete móveis caros ou banheiros grandes. Em contraste, o Ritz-Carlton oferece quartos luxuosos e uma experiência verdadeiramente memorável, mas não promete preços baixos.

Seleção do nome de marca

Um bom nome pode ajudar muito no sucesso de um produto. No entanto, encontrar o melhor nome de marca é uma tarefa difícil. Ela começa com uma cuidadosa análise do produto e de seus benefícios, do mercado-alvo e das estratégias de *marketing* propostas. Depois disso, nomear uma marca se torna em parte ciência, em parte arte e um pouco de instinto.

As qualidades desejáveis para um nome de marca incluem o seguinte: (1) Deve sugerir algo sobre os benefícios e qualidades do produto: Beautyrest, Slimfast, Facebook, Airbnb (no Brasil, temos como exemplo a Limpol, Bom Ar, Sadia e Porto Seguro). (2) Deve ser fácil de pronunciar, reconhecer e lembrar: iPad, Beats, Jelly Belly, Twitter, JetBlue (no Brasil, Magalu, Natura, Vivo, Veja e Vale). (3) O nome da marca deve ser inconfundível: Panera, Swiffer, Zappos, Nest (no Brasil, Bic, Skol, Coca-Cola e Omo). (4) Deve ser extensível – A Amazon.com começou como uma livraria *on-line*, mas escolheu um nome que permitisse a expansão para outras categorias. (5) O nome deve poder ser usado ou traduzido facilmente em idiomas estrangeiros: a Coca-Cola foi traduzida em chinês para "Ke Kou Ke Le", que significa "diversão saborosa". (6) Deve ser passível de registro e proteção legal – um nome de marca não pode ser registrado se infringir nomes de marcas existentes.

Escolher um novo nome de marca é um trabalho árduo. Depois de uma década escolhendo nomes peculiares (Yahoo!, Google) ou nomes inventados à prova de marca registrada (Novartis, Aventis, Accenture), o estilo de hoje é construir marcas em torno de nomes que tenham significado real. Por exemplo, nomes como Silk (leite de soja), Method (produtos domésticos), Smartwater (bebidas) e Snapchat (mensagens fotográficas) são simples e fazem sentido intuitivo. Mas com os pedidos de marcas registradas em alta, novos nomes *disponíveis* podem ser difíceis de encontrar. Tente você mesmo. Escolha um produto e veja se consegue um nome melhor para ele. Que tal Moonshot? Tickle? Treehugger? Avocado? Simplicity? Mindbender? Bearhug? (Ou, no Brasil, Vida? Pardal? Certo? Água de Coco? Colher de Pau? Sensação?) Pesquise no Google e você descobrirá que eles já foram usados.

Uma vez escolhido, o nome da marca deve ser protegido. Muitas empresas tentam construir um nome de marca que pode vir a se identificar com a categoria do produto. Marcas como Kleenex, JELL-O, BAND-AID, Scotch Tape, Velcro, Formica, Magic Marker, Post-it Notes e Ziploc (no contexto brasileiro, outros exemplos são: Danone, Bombril, Nescau, Gilette, Cotonete, Chiclets, Maizena, Super Bonder, Catupiry) tiveram sucesso dessa maneira. No entanto, seu próprio sucesso pode ameaçar os direitos da empresa sobre o nome. Muitas marcas originalmente protegidas – como celofane, aspirina, nylon, querosene, linóleo, ioiô, trampolim, escada rolante, garrafa térmica e trigo triturado; e, por exemplo, no Brasil, Modess (J&J) e Tênis (Alpargatas) – agora são nomes genéricos que qualquer fabricante pode usar.

Para proteger suas marcas, os profissionais de *marketing* as apresentam cuidadosamente usando o nome da marca e o símbolo de marca registrada. Por exemplo, um anúncio recente de Kleenex aconselha os anunciantes e outros interessados que o nome Kleenex deve sempre ser seguido pelo símbolo de marca registrada e as palavras "Brand Tissue" (Lenços de marca). "Você pode não perceber, mas ao usar o nome Kleenex como um termo genérico para lenço", diz o anúncio, "você corre o risco de apagar nossa cobiçada marca pela qual trabalhamos tanto por todos esses anos".

As empresas geralmente fazem grandes esforços para proteger seus nomes e símbolos de marca. Por exemplo, a seguradora Travelers persegue diligentemente as empresas que infringem, mesmo que minimamente, seu conhecido símbolo de guarda-chuva vermelho. Certa vez, ela ameaçou uma pequena empresa de consultoria em Anchorage, Alasca – a Human Resource Umbrella – com uma ação legal por inserir um guarda-chuva acima dos dois l's em sua marca. Tais ações podem parecer desnecessárias, mas são um negócio sério para a Travelers. "Mary Poppins pode querer considerar a advocacia", brinca um advogado do setor.[40]

Protegendo o nome da marca: este anúncio pede aos anunciantes e outros interessados que sempre adicionem o símbolo da marca registrada e as palavras "Brand Tissue" ao nome Kleenex, ajudando a evitar "apagar nossa cobiçada marca que trabalhamos tanto por todos esses anos".

©Kimberly-Clark Worldwide, Inc. Reimpresso com permissão.

Patrocínio de marca

Um fabricante tem quatro opções de patrocínio. O produto pode ser lançado como uma *marca de fabricante* (ou *marca nacional*). Isso acontece, por exemplo, quando a Samsung e a Kellogg's vendem sua produção com seu próprio nome de marca (*tablet* Samsung Galaxy ou Frosted Flakes Kellogg's). No Brasil, temos o caso do Peru Sadia. O fabricante também pode vender a revendedores, que dão ao produto uma *marca própria* (também chamada de *marca de varejo* ou *marca do distribuidor*). Embora a maioria dos fabricantes crie seus próprios nomes de marca, outros comercializam marcas licenciadas. Para completar, duas empresas podem juntar as forças e desenvolver um produto em um esquema de *cobranding*. A seguir, vamos discutir cada uma dessas opções.

Marcas do fabricante versus marcas próprias. As marcas de fabricante (ou marcas nacionais) dominam o varejo há muito tempo. Recentemente, contudo, um número cada vez maior de varejistas e de atacadistas têm criado **marcas próprias (ou marcas de varejo)**. As marcas próprias vêm ganhando força há décadas, mas recentemente houve um boom desse tipo de marca.

Muitos grandes varejistas comercializam habilmente uma grande variedade de mercadorias com a marca da loja. Por exemplo, as marcas próprias da Kroger – a própria Kroger, a Private Selection, a Heritage Farm, a Simple Truth (natural e orgânico), a Psst, a Check This Out (poupanças) entre outras – somam 25% das vendas dos grandes varejistas de supermercados, cerca de 23 bilhões de dólares anualmente. Na cadeia de supermercados ALDI, mais de 90% das vendas vêm de marcas próprias, como Baker's Choice, Friendly Farms, Simply Nature e Mama Cozzi's Pizza Kitchen. Até mesmo a varejista *on-line* Amazon desenvolveu um conjunto estável de marcas próprias, incluindo AmazonBasics (principalmente eletrônicos), Amazon Elements (suplementos nutricionais), Strathwood (móveis para ambientes externos), GoodThreads (roupas masculinas) e Denali (ferramentas).[41]

Marca própria (ou marca de varejo)
Uma marca criada por um revendedor de um produto ou serviço e de propriedade dele.

As marcas de varejo já foram conhecidas como marcas "genéricas" ou "sem nome". O supermercado *on-line* Brandless ainda os posiciona dessa maneira, alegando que seus clientes evitam o "imposto sobre a marca" que os produtos de marca cobram para cobrir os custos de construção e promoção de suas marcas.[42] No entanto, a maioria das marcas próprias hoje perderam a imagem de serem imitações mais baratas das marcas nacionais. As marcas de varejo agora oferecem uma seleção muito maior e estão melhorando rapidamente a qualidade. Na verdade, varejistas como Target e Trader Joe's estão trazendo mais inovações do que muitos de seus concorrentes de marcas nacionais. A Kroger ainda oferece uma garantia da marca Kroger – "Experimente, goste, ou obtenha a marca nacional de graça". Como resultado, os consumidores estão se tornando leais às marcas próprias por outras razões além do preço. Em alguns casos, os consumidores estão dispostos a pagar mais por marcas próprias que foram posicionadas como itens gourmet ou *premium*. Além do preço e do valor, a experiência do cliente tornou-se um motivo importante por trás do sucesso da marca de varejo (veja o Marketing Real 8.2).

Marcas próprias: as marcas de varejo da Kroger – de Private Selection a Simple Truth – representam 25% das vendas da varejista. A Kroger ainda oferece uma garantia "Experimente, curta ou ganhe a marca nacional grátis".

Al Behrman/AP Images

Na chamada *guerra das marcas* entre marcas de fabricante e marcas próprias, os varejistas têm muitas vantagens. Eles controlam os produtos que mantêm em estoque, o local em que são expostos na prateleira, os preços que são cobrados e os itens que são anunciados em suas promoções locais. Muitas vezes, os varejistas cobram um preço mais baixo por suas marcas próprias, em comparação com as marcas de fabricante, e expõem as diferenças de preço lado a lado nas prateleiras das lojas. Apesar de ser difícil estabelecer marcas próprias e o custo de estocá-las e promovê-las ser alto, elas rendem margens de lucro maiores para o revendedor. Além disso, dão a ele produtos exclusivos, que não podem ser comprados dos concorrentes, o que gera

Marketing Real 8.2 | Marcas próprias: o preço é importante, mas a experiência do cliente é o que vale

As marcas próprias estão crescendo e conquistando participação de mercado de marcas nacionais em categorias que vão de mantimentos e vestuário a bens domésticos, eletrônicos de consumo e ferramentas. Economizar dinheiro é parte da razão. Mas já se foram os dias em que as marcas de varejo eram pouco mais do que imitações baratas e sem nome. As marcas próprias de hoje geralmente se igualam às marcas nacionais em qualidade e são apoiadas por varejistas com reputações que se igualam ou superam as dos fabricantes de marcas nacionais. Por exemplo, pergunte a uma pessoa qualquer nos Estados Unidos com qual marca ela tem um relacionamento mais próximo, Kraft ou Trader Joe's? Wrangler ou Target? Ela provavelmente responderá Trader's Joe e Target.

Além de oferecer um bom valor, os grandes varejistas oferecem algo que os fabricantes de marca não podem: conveniência de compra e seleção em uma ampla gama de produtos. As marcas de varejo ajudam a descomplicar a compra. Os compradores de hoje são muitas vezes sobrecarregados por tantas opções. As marcas próprias podem reduzir o tempo e o esforço mental necessários para fazer escolhas de marca. Por exemplo, a Costco coloca sua marca Kirkland Signature, altamente bem-sucedida, em uma dúzia ou mais de categorias de produtos, de alimentos e roupas a itens de saúde e beleza, produtos domésticos e de limpeza e até suprimentos para animais de estimação. Então, se você está comprando sabão em pó, lenços umedecidos, caldo de galinha orgânico ou uma camisa, a escolha da marca na Costco fica mais fácil.

Da mesma forma, uma única viagem à Target coloca os clientes cara a cara com uma ampla seleção de marcas próprias que incluem Archer Farms e Market Pantry (alimentos e mercearias); A New Day (vestuário feminino); Simply Balanced (alimentos orgânicos e saudáveis); Threshold (produtos domésticos *premium*); Room Essentials (produtos domésticos econômicos); Goodfellow & Co, (roupa masculina); JoyLab (moda esportiva feminina), Cat & Jack (vestuário infantil) e Up & Up (produtos básicos econômicos de várias categorias). Se você gosta da Target, é provável que também goste de suas marcas próprias. Enquanto a Target tem lutado nos últimos anos no obscuro mercado de varejo, suas marcas próprias têm sido uma luz no fim do túnel. A Target agora possui mais de 30 marcas de varejo, muitas delas valendo bilhões de dólares por ano. Por exemplo, apenas um ano após seu lançamento, sua marca própria A New Day se tornou uma marca bilionária. A marca de vestuário infantil Cat & Jack disparou para surpreendentes 2 bilhões de dólares por ano.

Ao contrário do que acontecia antigamente, os consumidores aprenderam a confiar nas grandes marcas de varejo, assim como confiam nas lojas que as vendem. Por exemplo, os clientes migram para a Trader Joe's por causa de suas marcas próprias, que são praticamente tudo o que a varejista vende. A Trader Joe's vende novas marcas que você simplesmente não encontra em nenhum outro lugar, com ótimo custo-benefício e respaldadas por uma política de reembolso sem indagações.

As marcas da Trader Joe's são realmente tão boas quanto as marcas nacionais? Em muitos casos, elas são produzidas pelos mesmos fabricantes. A Trader Joe's produz muito poucos ou nenhum dos produtos que vende. Em vez disso, faz parceria com produtores terceirizados, muitos deles fabricantes de marcas nacionais que concordam em vender alguns de seus produtos sob os rótulos da Trader Joe's. Embora a varejista notoriamente guarde segredo sobre a identidade de seus fornecedores, os analistas investigaram prováveis fabricantes de muitos produtos da Trader Joe's. Estes incluem Wonderful Pistachios, Naked Juice, Tate's Bake Shop, Tribe Mediterranean Foods, Snack Factory, Stauffer's e grandes conglomerados como ConAgra (fabricante dos alimentos da marca Hunt). Mas os fãs da Trader Joe's não pensam nos produtos do varejista como "genéricos", adquiridos em outros lugares. "[Eles pensam] 'é da Trader Joe's – essa é a marca'", diz um analista, "e é uma marca especial que você só encontra aqui".

Quando se trata de comercializar suas marcas, os varejistas têm outra grande vantagem sobre os profissionais de *marketing* de marca de fabricante – acesso direto ao cliente e controle sobre a experiência do cliente. Talvez nenhum varejista saiba disso melhor do que a Amazon. A Amazon lançou sua primeira marca de loja – produtos de cama e banho Pinzon – há pouco mais de uma década. Desde então, a Amazon lançou uma série de marcas próprias em quase todas as categorias imagináveis. Hoje, a Amazon vende mais de 4.600 produtos exclusivos em mais de 100 de suas próprias marcas. Isso faz sentido. Uma vez na Amazon.com, os clientes têm acesso a uma ampla seleção de marcas de lojas da Amazon que reduzem a incerteza de compra e facilitam muito o preenchimento de seus carrinhos de compras. Por que gastar tempo avaliando uma longa lista de marcas quando você pode simplesmente comprar um cabo, bateria ou toalha de banho AmazonBasics e confiar que obterá boa qualidade e valor (confirmado por avaliações de clientes)?

A AmazonBasics é a marca ganha-pão da Amazon. Ela abrange uma ampla variedade de eletrônicos e utensílios domésticos, desde acessórios eletrônicos e baterias até lençóis, toalhas de banho, conjuntos de facas e tapetes de ioga. A marca Amazon Essentials abrange itens básicos de vestuário e o Amazon Elements inclui vitaminas, suplementos e outros itens relacionados à saúde, lançados como "produtos *premium*; origens transparentes; exclusivos da Amazon."

Mas a Amazon tem se movido rapidamente para além da Basics, da Essentials e da Elements, em direção a marcas próprias com mais moda e talento. Suas marcas de varejo mais recentemente lançadas incluem Lark & Ro (roupas femininas elegantes), Mae (roupas íntimas), Franklin Tailored (roupas masculinas), Buttoned Down (camisas masculinas), Goodthreads (roupas casuais masculinas), Scout + Ro (roupa infantil), Presto! (produtos de limpeza doméstica de base biológica), Wag (produtos para animais de estimação), Mama Bear (produtos para bebês) e Happy Belly (salgadinhos gourmet).

Apesar de novas, as marcas próprias da Amazon estão crescendo. Somente no ano passado, as vendas de marcas de varejo da Amazon atingiram 7,5 bilhões de dólares, o triplo das vendas de dois anos antes. As baterias da marca AmazonBasics agora representam mais de 30% de todas as baterias vendidas, superando a marca Duracell. E os lenços umedecidos da Amazon Elements estão prestes

Marcas próprias: a Amazon lançou uma série de marcas próprias em quase todas as categorias imagináveis. Por que gastar tempo avaliando uma longa lista de marcas quando você pode simplesmente comprar um produto AmazonBasics e confiar que obterá boa qualidade e valor (confirmado pelas avaliações de clientes)?

Gary Armstrong

a ultrapassar Pampers e Huggies. As marcas próprias da Amazon também estão ajudando o varejista *on-line* a dominar outras categorias inesperadas. Por exemplo, incluindo as vendas de marcas próprias e nacionais, os especialistas previram que a Amazon ultrapassaria o Walmart como o maior varejista de vestuário e calçados do país, com vendas de vestuário atingindo 85 bilhões de dólares até 2020, e essa previsão se confirmou. Hoje a Amazon vende quase o dobro do que a concorrente destronada.

É fácil entender o crescimento expressivo das marcas de varejo que têm a Amazon no nome – AmazonBasics, Amazon Essentials e Amazon Elements. Quando os compradores veem o nome confiável da Amazon em um produto comum, eles acreditam que obterão boa qualidade a um preço justo. O Amazon Prime o entregará em sua porta dentro de algumas horas ou alguns dias e, se tiver problemas com o produto, a Amazon resolverá as coisas sem questionar.

Mas para marcas próprias que não incluem seu nome, a Amazon deve construir confiança, satisfação e defesa do cliente. Da maneira usual, com suas marcas próprias, a Amazon está colocando a experiência do cliente antes dos lucros de curto prazo. Como apenas um exemplo, os representantes da Amazon se reuniram recentemente com a estilista Jackie Wilson para discutir a criação de um top de malha feminino que seria vendido sob uma marca própria da Amazon. Wilson relatou mais tarde que as especificações de qualidade da Amazon estão no mesmo nível dos vendedores de roupas de marca. "Eles não estão preocupados com quantas unidades vendem e não estão focados nas margens de lucro", diz Wilson, cuja empresa fabrica roupas para Kohl's, American Eagle Outfitters e JCPenney. "Eles estão preocupados com a satisfação do cliente. Eles querem avaliações de cinco estrelas".[43]

---

mais tráfego na loja e maior fidelidade a ela. O Trader Joe's, um varejista de rápido crescimento cujas marcas próprias representam 90% das mercadorias que comercializa, tem grande controle sobre o destino de sua marca, não precisando depender de outras empresas para fabricar e gerenciar as marcas de que ele necessita para atender a seus melhores clientes.

Para competir com as marcas próprias, as marcas nacionais devem aprimorar suas propostas de valor, especialmente quando apelam para os consumidores mais sóbrios de hoje. Muitas marcas nacionais estão revidando ao lançar mais descontos e cupons para proteger suas participações de mercado. A longo prazo, no entanto, as principais empresas de marca devem competir investindo em novas marcas, novos recursos e melhorias de qualidade que as diferenciem. Elas devem projetar programas de publicidade fortes para manter alta conscientização e preferência. E elas devem encontrar maneiras de fazer parceria com os principais distribuidores para encontrar economias de distribuição e melhorar o desempenho conjunto.

Licenciamento. Grande parte dos fabricantes leva anos e gasta milhões de dólares para criar sua imagem de marca. No entanto, algumas empresas licenciam nomes ou símbolos previamente criados por outros fabricantes, nomes de celebridades ou de personagens de filmes e livros populares. Mediante o pagamento de uma taxa, qualquer um deles pode se tornar um nome de marca instantâneo e comprovado.

Os vendedores de roupas e acessórios pagam grandes royalties para adornar seus produtos – como blusas, gravatas, roupas de cama ou malas – com os nomes ou iniciais de famosos inovadores da moda, como Calvin Klein, Tommy Hilfiger, Gucci ou Armani. Vendedores de produtos infantis atribuem uma lista quase infinita de nomes de personagens a roupas, brinquedos, material escolar, roupa de cama, bonecas, lancheiras, cereais e outros itens. Os nomes de personagens licenciados variam de clássicos como Vila Sésamo, Disney, Star Wars, Scooby Doo, Hello Kitty, Bob Esponja Calça Quadrada e personagens do Dr. Seuss até os mais recentes Doutora Brinquedos, Universidade Monstros, Frozen e Minions. E atualmente, vários brinquedos de varejo mais vendidos são produtos baseados em programas de televisão e filmes.

Cobranding
A prática de usar nomes de marca estabelecidos de duas diferentes empresas em um mesmo produto.

O licenciamento de nomes e personagens cresceu rapidamente nos últimos anos. As vendas anuais no varejo de produtos licenciados em todo o mundo cresceram de apenas 4 bilhões em 1977 para 55 bilhões de dólares em 1987, e quase 300 bilhões de dólares hoje. O licenciamento pode ser um negócio altamente lucrativo para muitas empresas. Por exemplo, o popular personagem Bob Esponja Calça Quadrada da Nickelodeon, por si só, gerou cerca de 12 bilhões de dólares em acordos de patrocínio nos últimos 15 anos. A Disney é a maior licenciadora do mundo com um estúdio cheio de personagens populares, desde as Princesas e as Fadas da Disney aos heróis de Toy Story e Star Wars e aos personagens clássicos como Mickey e Minnie Mouse. Os personagens da Disney arrecadaram 53 bilhões de dólares em vendas mundiais de mercadorias no ano passado.[44]

O licenciamento pode ser um negócio altamente lucrativo para as empresas: o personagem Bob Esponja Calça Quadrada da Nickelodeon, por si só, gerou bilhões de dólares em vendas no varejo ao longo dos anos.
Gary Armstrong

Cobranding. O **cobranding** ocorre quando dois nomes de marca já estabelecidos de diferentes empresas são usados em um mesmo produto. Ele oferece muitas vantagens. Como cada marca domina uma categoria diferente, a combinação delas gera um apelo maior, bem como um brand equity maior. Por exemplo, a Uber fez parceria com o Spotify para permitir que você controle a música durante sua corrida. A Sherwin-Williams e a Pottery Barn uniram forças para criar uma coleção especial de cores de tintas da Sherwin-Williams projetadas para combinar perfeitamente com os móveis e detalhes da Pottery Barn. E a Taco Bell e o Doritos se uniram para criar o Doritos Locos Taco. A Taco Bell vendeu mais de 100 milhões de tacos apenas nas primeiras 10 semanas. Ela rapidamente adicionou as versões Cool Ranch e Fiery e, desde então, vendeu mais de um bilhão de unidades. Mais do que realizar um *cobranding*, essas empresas "co-criaram" esses produtos.

O *cobranding* pode aproveitar os pontos fortes complementares de duas marcas. Também permite que uma empresa expanda sua marca existente em uma categoria que, de outra forma, poderia ter dificuldade em entrar sozinha. Por exemplo, a Yale e a Nest fizeram uma parceria com o cadeado Nest × Yale, um cadeado sem chave que se conecta ao aplicativo Nest e permite que as pessoas tranquem e destranquem suas portas de qualquer lugar. A parceria Nest × Yale dá a Yale uma presença no mercado de casas inteligentes. Ao mesmo tempo, a Nest adiciona outro dispositivo ao seu portfólio de produtos, aproveitando a experiência de longa data da Yale em fechaduras, assim como a confiabilidade de seu nome.

Mas o *cobranding* também tem suas limitações. Esse tipo de relacionamento costuma envolver complexos contratos e licenças jurídicas. Além disso, os parceiros devem coordenar, cuidadosamente, as propagandas, as promoções de vendas e outros esforços de *marketing*. Para completar, cada parceiro tem que ter confiança de que o outro vai cuidar bem de sua marca. Se alguma coisa prejudicar a reputação de uma marca, pode manchar a reputação da marca parceira também.

Desenvolvimento de marca

Uma empresa tem quatro opções quando se trata do desenvolvimento de marcas (veja a **Figura 8.6**). Ela pode lançar *extensões de linha*, *extensões de marca*, *multimarcas* ou *novas marcas*.

Extensão de linha
Expansão de nomes de marca existentes para novas formas, cores, tamanhos, ingredientes ou sabores em uma categoria de produtos já existente.

Extensões de Linha. As **extensões de linha** ocorrem quando uma empresa estende nomes de marcas existentes para novas formas, cores, tamanhos, ingredientes ou sabores de uma categoria de produto existente. Por exemplo, ao longo dos anos, o KFC ampliou sua linha de frango "de lamber os dedos" muito além de sua receita original do frango frito com osso de Kentucky. Ele agora oferece frango grelhado, frango frito desossado, tiras de frango, asas apimentadas, cubos de frango, nuggets crocantes de frango, sanduíches de frango e KFC Go Cups – fatias de frango e batata em um prático porta-copos para carros que permite que os clientes comam em qualquer lugar.

Uma empresa pode introduzir extensões de linha como uma maneira de lançar produtos a um baixo custo e risco. Ela também pode querer atender aos desejos dos consumidores por variedade, utilizar capacidade de produção em excesso ou simplesmente conquistar mais espaço nas prateleiras dos revendedores. No entanto, as extensões de linha envolvem alguns riscos. Um nome de marca estendido demais pode causar confusão no consumidor ou perder parte de seu significado específico.

Em algum momento, extensões adicionais podem agregar pouco valor a uma linha. Por exemplo, nos Estados Unidos, o Doritos original se transformou em uma lista de mais de 20 tipos diferentes de salgadinhos e sabores, além de outras dezenas em mercados estrangeiros. Os sabores incluem de tudo, desde Nacho Cheese e sabor Taco até Tapatio, Spicy Sweet Chili e Salsa Verde. Ou que tal frango picante sabor Late Night ou camarão ao alho sabor Royal, vendidos no Japão? Embora a linha esteja indo muito bem – o Doritos é a marca número dois de salgadinhos nos Estados Unidos (a Lay's é a número um) – o salgadinho Doritos original agora parece apenas mais um sabor.[45] E o quanto ao adicionar mais um sabor, ele não roubaria do Doritos suas próprias vendas em comparação as dos concorrentes? Uma extensão de linha funciona melhor quando tira as vendas de marcas concorrentes, não quando "canibaliza" os outros itens da própria empresa.

FIGURA 8.6
Estratégias de desenvolvimento de marca.

Nome de marca \ Categoria de produtos	Existente	Nova
Existente	Extensão de linha	Extensão de marca
Nova	Multimarcas	Novas marcas

Este é um modelo útil para analisar oportunidades de desenvolvimento de marca. Por exemplo, qual estratégia a Toyota usou quando lançou o Toyota Camry Hybrid? E quando lançou o Toyota Prius? E o Lexus

Extensão de marca
Expande um nome de marca existente para uma nova categoria de produtos.

Extensões de marca. Uma **extensão de marca** expande um nome de marca existente para produtos novos ou modificados em uma nova categoria. Por exemplo, a maioria dos consumidores conhece a marca Birkenstock por suas clássicas sandálias *premium* e outros calçados. E não é surpresa que a Birkenstock tenha adicionado outros itens de vestuário e acessórios a suas linhas, como calças, cintos e bolsas. Mas nos últimos anos, a Birkenstock ampliou sua marca para novas categorias interessantes, incluindo produtos naturais para cuidados com a pele e até mesmo conjuntos de camas e colchões. Embora alguns possam ver o conceito de camas Birkenstock como uma extensão de linha, a empresa o vê como uma extensão natural de seu posicionamento de calçados. A marca há muito posicionou suas sandálias e sapatos como "camas para os pés" com benefícios funcionais e ortopédicos. Assim, com os conjuntos de camas e colchões, a empresa diz que é apenas "levar uma ótima ideia um passo adiante, de palmilhas de formato anatômico para camas de formato anatômico. Assim como a palmilha original da Birkenstock, nossos sistemas de sono com design anatômico também se adaptam à forma do seu corpo. Isso permite que nossos colchões, estrados de ripas e camas apoiem e aliviem a tensão no corpo humano de maneira ideal quando deitado – ajudando você a dormir do modo mais confortável possível."[46]

Extensões de marca: a clássica fabricante de calçados Birkenstock estendeu sua marca para conjuntos de camas e colchões. É apenas "levar uma ótima ideia um passo adiante, de palmilhas em formato anatômico para camas em formato anatômico".

dpa picture alliance/Alamy Stock Photo

Atualmente, a grande maioria dos novos produtos são extensões de marcas já bem-sucedidas. Em comparação com a construção de novas marcas, as extensões podem criar familiaridade e aceitação imediatas de novos produtos a custos de desenvolvimento mais baixos. Por exemplo, o Duracell Powermat não é apenas um novo tapete de carregamento sem fio para seus dispositivos móveis, é um Powermat da Duracell. E o Vicks ZzzQuil não é apenas um novo suplemento alimentar de venda livre, sem marca, que te auxilia a dormir, é o ZzzQuil da Vicks. Extensões como o Duracell Powermat e o Vicks ZzzQuil fazem sentido – eles se conectam bem com os valores centrais da marca e se baseiam em seus pontos fortes.

Ao mesmo tempo, uma estratégia de extensão de marca envolve algum risco. A extensão pode confundir a imagem da marca principal – por exemplo, que tal o perfume Zippo ou o sabão em pó Fruit of the Loom (marca de roupas)? Extensões de marca, como protetor labial da Cheetos, a ração para animais de estimação da Heinz, refeições prontas da Colgate e chicletes da Life Savers morreram precocemente.[47] Além disso, um nome de marca pode não ser apropriado para um novo produto em particular, mesmo que seja bem-feito e satisfatório – você consideraria voar na Hooters Air ou usar um sutiã acolchoado cheio de água da Evian (ambos falharam)? Se uma extensão de marca falhar, ela pode prejudicar as atitudes do consumidor em relação a outros produtos com a mesma marca. Assim, uma empresa não pode simplesmente pegar uma marca familiar e colocá-la em um produto de outra categoria. Em vez disso, uma boa extensão de marca deve se adequar à marca-mãe, e a marca-mãe deve dar à extensão vantagem competitiva em sua nova categoria.

Multimarcas. As empresas geralmente comercializam muitas marcas diferentes em uma determinada categoria de produtos. Por exemplo, nos Estados Unidos, a PepsiCo comercializa pelo menos dez marcas de refrigerantes (Pepsi, Sierra Mist, Mountain Dew, Manzanita Sol, Mirinda, Tropicana Twister, Mug Root Beer, Paso de los Toros, Stubborn Soda e Caleb's Cola), duas marcas de bebidas energéticas (Mountain Dew AMP e AMP Energy Organic), seis marcas de chás e cafés prontos para beber (Lipton, Brisk, Pure Leaf, SoBe, Tazo, Starbucks), sete marcas de águas engarrafadas (Aquafina, H2OH!, PACt, Propel, SoBe, Bubly, Ocean Spray) e nove marcas de sucos e bebidas à base de suco (Brisk, Dole, IZZE, Looza, Ocean Spray, Tropicana, entre outras). Cada marca inclui uma longa lista de submarcas. Por exemplo, os cafés prontos para beber da PepsiCo em parceria com a Starbucks incluem café regular, Cold Brew, Refreshers, Frappuccino, Iced Coffee, Double Shot, Iced Latte e Iced Espresso Classics.

O uso de *multimarcas* oferece um meio de estabelecer características diferentes, que atraem diferentes segmentos de cliente, garante mais espaço na prateleira do revendedor e abocanha uma participação de mercado maior. Por exemplo, embora muitas marcas de bebida da PepsiCo concorram entre si nas prateleiras do supermercado, as marcas combinadas obtêm uma participação de mercado muito maior do que qualquer marca única poderia ter. De maneira similar, com o posicionamento de diversas marcas em diversos segmentos, as dez marcas de refrigerantes da Pepsi se juntaram para obter muito mais participação de mercado do que uma única marca poderia conquistar sozinha.

A maior desvantagem do uso de multimarcas é que cada marca pode obter apenas uma pequena participação de mercado e nenhuma ser muito rentável. A empresa pode acabar distribuindo seus recursos entre diversas marcas, em vez de construir algumas poucas com retornos altamente lucrativos. Essas empresas devem reduzir o número de marcas que vendem em uma determinada categoria e estabelecer procedimentos de seleção mais rigorosos para suas novas marcas.

Novas marcas. Uma empresa pode acreditar que o poder de seu atual nome de marca está se desgastando, fazendo-se necessário um novo nome. Ela também pode criar um novo nome de marca ao entrar em uma nova categoria de produtos, para a qual nenhum de seus nomes de marcas existentes são adequados. Por exemplo, a Toyota criou separadamente a marca Lexus, voltada para consumidores de carros de luxo.

Como acontece com o uso de multimarcas, a oferta de muitas marcas novas pode resultar em diluição dos recursos da empresa. E, em alguns setores, como o de produtos de consumo embalados, os consumidores e os varejistas começaram a ficar preocupados com a existência de tantas marcas com pouquíssimas diferenças entre si. Assim, a P&G, a PepsiCo, a Kraft e outras grandes fabricantes de produtos de consumo estão agora seguindo uma estratégia de *megamarcas* – eliminando as marcas mais fracas ou de crescimento mais lento e focando seus investimentos de *marketing* em marcas que podem atingir a primeira ou a segunda posição em participação de mercado, com bom potencial de crescimento em suas categorias.

Por exemplo, na última década ou mais, a P&G vendeu dezenas de grandes marcas, como a manteiga de amendoim Jif; a gordura vegetal Crisco; o café Folgers; os salgadinhos Pringles; as bebidas Sunny Delight; os produtos para cuidados com a pele da Noxzema; o desodorante Right Guard; o anti-inflamatório Aleve; as baterias Duracell; os cosméticos CoverGirl e Max Factor; os produtos de cuidado capilar Wella e Clairol; e as marcas de alimentos para animais de estimação, como a Iams, entre outras. Esses desinvestimentos permitem que a P&G concentre o investimento e a energia nas suas 65 marcas principais – incluindo marcas de mais de 23 bilhões de dólares – que geram a maior parte de suas vendas e lucros. "Menos [pode] ser muito mais", diz o CEO da P&G.

Gerenciamento de marcas

As empresas precisam gerenciar suas marcas com cuidado. Em primeiro lugar, o posicionamento da marca deve ser continuamente comunicado aos consumidores. Muitas vezes, empresas com grandes marcas gastam enormes quantias em propaganda para criar consciência de marca e construir preferência e fidelidade. Por exemplo, em todo o mundo, a Coca-Cola gasta 4 bilhões de dólares anualmente para anunciar suas muitas marcas, o Google gasta 5,1 bilhões, a Unilever gasta 8,5 bilhões e a P&G gasta impressionantes 10,5 bilhões.[48]

Essas campanhas promocionais podem ajudar a criar reconhecimento de nome, conhecimento da marca e talvez até alguma preferência pela marca. No entanto, o fato é que as marcas não são mantidas pela propaganda, mas pelo envolvimento dos clientes com elas e pelas experiências que elas geram com os clientes. Hoje, os clientes conhecem uma marca por meio de uma ampla gama de interações e pontos de contato ao longo da jornada do cliente. Isso inclui a propaganda, mas também as experiências pessoais com a marca, o boca a boca e interações nas mídias sociais, as visitas aos *sites* da empresa e o uso dos aplicativos móveis, entre muitos outros. A empresa deve ter tanto cuidado no gerenciamento desses pontos de contato quanto na produção de seus anúncios. Como disse um ex-alto executivo da Disney: "Uma marca é uma entidade viva e é enriquecida ou minada cumulativamente ao longo do tempo, o produto de mil pequenos gestos".

O posicionamento da marca só vai se estabelecer totalmente se todas as pessoas na empresa viverem a marca. Assim, a empresa precisa treinar seu pessoal para que ele seja centrado no cliente. Ou o que é ainda melhor: ela deve conduzir o desenvolvimento interno da marca, a fim de ajudar os funcionários a entender a promessa da marca e se entusiasmar com ela. Muitas empresas vão ainda mais longe, treinando e motivando seus distribuidores e revendedores para atender os clientes bem.

Para completar, as empresas precisam avaliar, periodicamente, os pontos fortes e fracos de suas marcas. Elas devem perguntar: nossa marca se sobressai na entrega de benefícios que os consumidores realmente valorizam? A marca está adequadamente posicionada? Todos os nossos pontos de contato com os clientes apoiam o posicionamento da marca? Os gerentes de marca entendem o que a marca representa para os consumidores? A marca recebe um apoio adequado e constante? A análise da marca pode revelar marcas que precisam de mais apoio, que precisam ser excluídas ou que precisam ser reposicionadas por conta de mudanças nas preferências do cliente ou do surgimento de novos concorrentes.

Revisão e extensão dos conceitos

Revisão dos objetivos

Um produto é mais do que um simples conjunto de características tangíveis. Todo produto ou serviço oferecido para os clientes pode ser considerado em três níveis. O *benefício central* consiste nos benefícios essenciais que solucionam problemas, os quais os clientes buscam quando compram um produto. O *produto básico* reside ao redor do benefício central e inclui o nível de qualidade, as características, o design, o nome de marca e a embalagem. O *produto ampliado* é o produto básico somado aos diversos serviços e benefícios oferecidos com ele, como garantia, entrega grátis, instalação e manutenção.

Objetivo 8.1 Definir o que é *produto* e as importantes classificações de produtos e serviços *(p. 214-219)*

Definido de maneira ampla, um *produto* é qualquer coisa que pode ser oferecida a um mercado para apreciação, aquisição, uso ou consumo, que possa satisfazer um desejo ou uma necessidade. Os produtos incluem objetos físicos, mas também serviços, eventos, pessoas, lugares, organizações, ideias ou combinações dessas entidades. *Serviços* são produtos que consistem em atividades, benefícios ou satisfações oferecidas para venda e que são essencialmente intangíveis, como serviços bancários, hoteleiros, de consultoria tributária ou de reformas de casa.

Produtos e serviços são divididos em duas grandes classes, com base nos tipos de consumidores que os utilizam. *Produtos de consumo* – aqueles comprados pelos consumidores finais – geralmente são classificados de acordo com os hábitos de compra do consumidor (produtos de conveniência, de compra comparada, de especialidade e não procurados). *Produtos organizacionais* – comprados para processamento posterior ou para a utilização na condução de um negócio – incluem materiais e peças, bens de capital e suprimentos e serviços. Outras entidades comerciáveis – como organizações, pessoas, lugares e ideias – também podem ser consideradas produtos.

Objetivo 8.2 Descrever as decisões que as empresas tomam em relação a seus produtos e serviços individuais, suas linhas de produtos e seu *mix* de produtos (composto de produtos) *(p. 219-227)*

As decisões acerca de produtos individuais envolvem atributos do produto, *branding*, embalagem, rotulagem e logotipos e serviços de apoio ao produto. As decisões de *atributos do produto* têm a ver com qualidade, características, estilo e design do produto. Entre as decisões de *branding* estão a escolha de um nome de marca e o desenvolvimento de uma estratégia de marca. A *embalagem* oferece muitos benefícios importantes, como proteção, economia, praticidade e promoção. As decisões envolvendo a embalagem quase sempre incluem o desenho dos *rótulos e logotipos*, que identificam, descrevem e, ocasionalmente, promovem o produto. As empresas também desenvolvem *serviços de apoio ao produto*, que melhoram o atendimento ao cliente e a satisfação dele, além de serem uma defesa contra a concorrência.

A maioria das empresas produz uma linha de produtos, em vez de apenas um produto. Uma *linha de produtos* é um grupo de produtos que têm relação em termos de função, necessidades de compra dos clientes ou canais de distribuição. O conjunto de itens e linhas de produtos oferecidas aos clientes por uma empresa em particular constitui o *mix de produtos*. O *mix* pode ser descrito em quatro dimensões: abrangência, extensão, profundidade e consistência. Essas dimensões são as ferramentas para o desenvolvimento da estratégia de produtos da empresa.

Objetivo 8.3 Identificar as quatro características que afetam o *marketing* de serviços e outras considerações adicionais de *marketing* que os serviços demandam *(p. 227-232)*

Os serviços são caracterizados por quatro características principais: eles são *intangíveis*, *inseparáveis*, *variáveis* e *perecíveis*. Cada uma dessas características suscita problemas e demandas do *marketing*. As empresas se esforçam para descobrir maneiras de tornar os serviços mais tangíveis, aumentar a produtividade daqueles que os fornecem (que são inseparáveis dos produtos), padronizar a qualidade diante da variabilidade e aprimorar o movimento da demanda e a capacidade de suprimento, tendo em vista a perecibilidade dos serviços.

Boas empresas prestadoras de serviços concentram sua atenção tanto nos clientes como nos funcionários. Elas entendem o funcionamento da cadeia de valor dos serviços, que liga os lucros da prestadora de serviços à satisfação do funcionário e do cliente. A estratégia de *marketing* de serviços requer não somente *marketing* externo, mas também *marketing interno*, para motivar os funcionários, e o *marketing interativo*, para desenvolver as habilidades necessárias naqueles que fornecem o serviço. Para ter sucesso, as empresas prestadoras de serviços devem criar *diferenciação competitiva*, oferecer alta *qualidade de serviço* e encontrar maneiras de aumentar a *produtividade do serviço*.

Objetivo 8.4 Discutir a estratégia de *branding* – as decisões que as empresas tomam ao construir e gerenciar suas marcas *(p. 232-241)*

Alguns analistas consideram as marcas *o* ativo mais duradouro de uma empresa. As marcas são mais do que meros nomes e símbolos: elas incorporam tudo que o produto ou o serviço *significa* para os consumidores. O *brand equity* é o efeito diferenciador positivo que o conhecimento do nome da marca tem sobre a reação do cliente ao produto ou serviço. Uma marca com um forte brand equity é um ativo muito valioso.

Ao construir marcas, as empresas precisam tomar decisões acerca do posicionamento de marca, do nome de marca, do patrocínio de marca e do desenvolvimento de marca. O *posicionamento de marca* mais forte é construído ao redor de crenças e valores sólidos do consumidor. A *seleção do nome de marca* implica encontrar o melhor nome de marca com base em uma cuidadosa análise dos benefícios do produto, do mercado-alvo e das estratégias de *marketing* propostas. Um fabricante tem quatro opções de *patrocínio de marca*: ele pode lançar uma *marca do fabricante* (ou marca nacional), vender para revendedores que utilizam *marcas próprias*, comercializar *marcas licenciadas* ou unir forças com outra empresa para criar um *cobranding* para um produto. Ao desenvolver novas marcas, uma empresa também tem quatro opções: lançar *extensões de linha*, *extensões de marca*, *multimarcas* ou *novas marcas*.

As empresas devem construir e gerenciar suas marcas com cuidado. O posicionamento da marca deve ser continuamente comunicado aos consumidores. A propaganda pode ajudar, entretanto, as marcas não são mantidas pela propaganda, mas pela *experiência de marca* dos clientes. Os clientes ficam sabendo de uma marca por meio de uma ampla variedade de pontos de contato e interações. A empresa deve ser tão cuidadosa ao gerenciar esses pontos de contato quanto é para produzir seus anúncios. Por fim, as empresas precisam avaliar periodicamente os pontos fortes e fracos de suas marcas.

Termos-chave

Objetivo 8.1

Produto (p. 214)
Serviço (p. 214)
Produto de consumo (p. 216)
Produto de conveniência (p. 216)
Produto de compra comparada (p. 217)
Produto de especialidade (p. 217)
Produto não procurado (p. 217)
Produto organizacional (p. 217)
***Marketing* social (p. 218)**

Objetivo 8.2

Qualidade do produto (p. 219)
Marca (p. 222)
Embalagem (p. 223)
Linha de produtos (p. 225)
***Mix* de produtos (compostos de produtos) (p. 226)**

Objetivo 8.3

Intangibilidade dos serviços (p. 228)
Inseparabilidade dos serviços (p. 228)
Variabilidade dos serviços (p. 228)
Perecibilidade dos serviços (p. 229)
Cadeia de valor dos serviços (p. 229)
***Marketing* interno (p. 230)**
***Marketing* interativo (p. 230)**

Objetivo 8.4

Brand equity (p. 233)
Avaliação da marca (p. 230)
Marca própria (marca de varejo) (p. 236)
***Cobranding* (p. 238)**
Extensão de linha (p. 239)
Extensão de marca (p. 240)

Questões para discussão

8.1 Defina o que são *produtos de consumo*. Descreva as características de cada tipo de produto de consumo e dê exemplos de cada um.

8.2 Cite e explique as cinco decisões importantes que os profissionais de *marketing* devem tomar ao desenvolver e comercializar produtos e serviços individuais.

8.3 O que é *marketing* organizacional? Dê um exemplo.

8.4 Descreva a cadeia de valor dos serviços. Dê um exemplo.

8.5 Identifique e descreva brevemente as três principais tarefas de *marketing* que as empresas de serviços enfrentam.

8.6 Explique as quatro opções que uma empresa tem ao desenvolver marcas e exemplifique cada uma delas.

Atividades de pensamento crítico

8.7 A Coca-Cola lançou há alguns anos nos Estados Unidos a Coca-Cola Orange No Sugar como um sabor (com um toque de laranja) de edição limitada. Por que a Coca-Cola comercializou esse produto usando a marca Coca-Cola em vez de criar uma nova marca? Quais são as vantagens e desvantagens associadas à extensão de linha?

8.8 A cantora Rihanna lançou tempos atrás sua própria linha de maquiagem chamada Fenty. Se a maquiagem Fenty não der certo, como isso pode afetar a Rihanna como marca pessoal?

CASOS E APLICAÇÕES

Marketing digital Engajando fãs de marcas rivais

As marcas geralmente concentram seus esforços de *marketing* em incentivar os fãs a se engajarem com elas em seus *sites* de mídias sociais e web. Mas o que acontece quando os fãs de marcas concorrentes engajam negativamente com sua marca e seus fãs em suas mídias sociais – ato informalmente conhecido como "trolar"? Os gerentes de marca podem ter sido aconselhados a não "alimentar os *trolls*" (monstros das histórias de fantasia que deram origem ao termo "trolar"). No entanto, pesquisas recentes sugerem que, quando os fãs da marca rival engajam com sua marca, isso oferece uma oportunidade para os gerentes de *marketing* influenciarem os clientes da marca rival e fortalecerem a mensagem de sua própria marca. A pesquisa também sugere que as publicações de fãs de marcas rivais podem motivar os fãs da marca central a reagir de maneira positiva, aumentando o engajamento e as mensagens positivas com relação à marca central.

8.9 Considere o BrandAsset Valuator da agência de publicidade e propaganda Young & Rubicam. Como os fãs que se manifestam em apoio a uma marca podem afetar as quatro dimensões da percepção do consumidor?

8.10 Quais são as desvantagens potenciais de alavancar ou encorajar o diálogo com fãs de marcas rivais?

Marketing e ética Permissão para desbloquear? Serviço de entrega da Amazon em casa ou no carro

Com as compras *on-line* crescendo rapidamente, entregar pacotes com segurança em seus destinos finais e reduzir o roubo de pacotes são preocupações crescentes. A Amazon reconheceu essa necessidade e está agindo para solucioná-la para seus 85 milhões de membros Prime. Em vez de entregar um pacote em sua porta, o gigante do varejo *on-line* agora oferece serviços seguros para realizar suas entregas dentro de casa ou do carro. Recentemente, a empresa lançou a Amazon Key, que usa uma fechadura inteligente e câmeras de segurança baseadas em nuvem para permitir que a equipe de entrega da Amazon deixe os pacotes dentro das casas dos clientes quando eles não estiverem lá. O kit de configuração da Amazon Key custa 250 dólares. A Amazon também está testando um serviço gratuito de entrega de pacotes nos carros dos clientes que funciona com carros equipados com a tecnologia OnStar da GM ou On-Call da Volvo. Para fazer entregas em carros, os funcionários da Amazon devem ter acesso à localização GPS do carro e ao número da placa. Esses serviços da Amazon parecem oferecer muitos benefícios, no entanto, alguns consumidores irão recusá-los. Eles vão se preocupar que a câmera para entregas em casa baseada na nuvem da Amazon possa ser hackeada e que esse monitoramento de vídeo não esteja disponível para entregas em carros. A Amazon insiste que os clientes permanecerão no controle o tempo todo, com várias notificações e a opção de bloquear o acesso a qualquer momento.

8.11 Você usaria os serviços da Amazon Key? Por que ou por que não? Em qual ocasião você estaria mais propenso a usar esse serviço?

8.12 Quais questões éticas a Amazon deve abordar antes que os consumidores considerem a adoção deste serviço?

Marketing em números Coca Diet com fibras

A Coca-Cola lançou a Coca-Cola Plus em um mercado limitado no Japão há alguns anos e agora planeja lançá-la em todo o país. A Coca-Cola Plus é um refrigerante de zero caloria (essencialmente a Coca Zero) com 5 gramas de uma fibra dietética indigerível chamada dextrina. Embora alguns possam chamá-la de Coca Zero com laxante, a Coca-Cola Plus é apresentada no Japão como um alimento saudável que suprime a absorção de gordura e mantém os triglicerídeos do sangue em níveis moderados. De fato, o produto ganhou o "rótulo de ouro" do governo japonês, designando-o como um alimento aprovado de uso específico para a saúde (FOSHU). Embora a nova Coca-Cola Plus obtenha um preço de atacado mais alto para a empresa (1,20 dólar por garrafa de 470 mililitros versus 1,15 dólar por garrafa da Coca Diet original), ela também vem com custos variáveis mais altos (0,65 centavos de dólar por garrafa versus 0,55 por garrafa da Coca-Cola original). Embora alguns consumidores de Coca Diet mudem para a Coca-Cola Plus, a empresa acredita que o novo produto atrairá novos clientes por causa de seus benefícios à saúde. Não é a primeira vez que a Coca-Cola introduz novos produtos no Japão. Anteriormente, a empresa lançou no país a Coca-Cola Coffee Plus e sua primeira bebida alcoólica, chamada Lemon Do.

8.13 Que estratégia de desenvolvimento de marca a Coca-Cola está realizando?

8.14 Suponha que a empresa espere vender 5 milhões de garrafas de Coca-Cola Plus no primeiro ano após o lançamento, mas que 60% dessas vendas virão de compradores que normalmente comprariam Coca Zero (ou seja, vendas canibalizadas). Supondo que as vendas de Coca Zero sejam normalmente de 300 milhões de garrafas por ano e que a empresa incorrerá em um aumento nos custos fixos de 500 mil dólares durante o primeiro ano de lançamento da Coca-Cola Plus, o novo produto será lucrativo para a empresa? Consulte a seção Análise financeira de táticas de *marketing*: Estender a linha de produtos no Apêndice 2: *Marketing* pelos números para obter uma explicação sobre como conduzir essa análise.

Caso empresarial MINI: Concentre-se no essencial – maximize a experiência

Marcas de longo prazo enfrentam um ato de equilíbrio. Por um lado, eles devem permanecer fiéis às características que os tornaram queridos para suas multidões de clientes fiéis. Por outro lado, quanto mais tempo uma marca permanece ativa, mais ela deve desenvolver novos atributos que atraiam novas gerações de clientes. Manter esse equilíbrio entre consistência e relevância é difícil. Marcas que podem fazer isso por décadas são realmente especiais. Veja o MINI da BMW – a representação moderna do icônico carro do povo britânico. Os MINIs continuam saindo da linha de montagem depois de mais de 60 anos. O MINI não apenas permaneceu fiel à marca original, mantendo-se atualizado com as mudanças de seus clientes, mas o fez apesar de ter pertencido a seis empresas diferentes.

Nasce um clássico

Em 1956, a Crise de Suez provocou uma grande escassez de combustível em todo o mundo. Como resultado, a demanda por veículos pequenos e eficientes em termos de combustível aumentou. A British Motor Corporation (BMC) deu a Sir Alec Issigonis o trabalho de projetar um veículo com um desafio único – minimizar dimensões e comodidades e, ao mesmo tempo, maximizar a eficiência e a utilidade. Esse desafio tornou-se o coração e a alma da marca MINI.

Medindo apenas três metros de comprimento e um metro e 40 centímetros de altura e de largura, o MINI original rodava em pequenas rodas de dez polegadas. Mas com suas rodas localizadas o máximo possível nas quatro extremidades do carro e seu motor de 40 cavalos montado lateralmente, o pequeno carro podia acomodar quatro pessoas confortavelmente, com espaço na parte de trás para carga. Ele era eficiente em termos de consumo de combustível e ostentava uma estrutura e suspensão robustas. O design inovador do MINI original deu-lhe reflexos ágeis e uma condução semelhante a um kart. Disponível em uma variedade de cores básicas, o carro oferecia detalhes opcionais, como assentos ajustáveis, abertura dos vidros laterais traseiros, tapetes de borracha e aquecedor.

Os clientes ficaram entusiasmados com o MINI e seu design pequeno em tamanho, mas com grande funcionalidade. Essas características iniciais da marca logo foram aprimoradas ainda mais por meio de uma parceria entre a BMC e John Cooper, o lendário piloto de Fórmula 1 e designer de carros de corrida. Reconhecendo o potencial do MINI como carro de corrida com base em seu tamanho pequeno, peso leve e chassi rígido, Cooper projetou modificações de desempenho para o sistema de transmissão, suspensão e freios. Os palpites de Cooper estavam certos. O MINI venceu o Rali de Monte Carlo três vezes entre 1958 e 1962 contra marcas veteranas de corrida como Ferrari, Maserati e Lotus. Com as modificações de desempenho de Cooper adicionadas à lista de opções, o MINI estava pronto para oferecer mais valor do que nunca.

Com base em seu design e opções, as principais características da marca começaram a surgir. Os faróis redondos e os para-choques de "rosto feliz" contribuíram para uma personalidade amigável e divertida da marca. À medida que as opções oferecidas pela BMC e pelas empresas de pós-venda evoluíram, o MINI logo se tornou uma das marcas de carros mais personalizáveis, dando-lhe um forte apelo para aqueles que queriam um carro que expressasse sua individualidade. Não é de surpreender que o MINI tenha se tornado rapidamente a mistura perfeita entre prático e descolado irresistível a todos, independentemente de classe e cultura. A popularidade do MINI realmente decolou quando celebridades icônicas se tornaram fãs. Em um ponto, todos os quatro Beatles entraram para o crescente grupo de proprietários de MINI.

Sob a BMC durante sua primeira década, o MINI foi vendido nas versões cupê, perua e van como uma submarca de várias marcas (Morris MINI-Minor e Austin Seven MINI, entre outras). Em 1969, o MINI tornou-se uma marca independente. Mas como a BMC passou por dificuldades financeiras no final da década de 1960, o MINI saltou de uma empresa para outra por quase 25 anos antes de encontrar um lar na BMW em 1994, onde permanece desde então.

Embora o pedigree do MINI seja confuso, o carro mudou muito pouco durante seus primeiros 41 anos, mantendo-se fiel ao design original. Mas os regulamentos de segurança e emissões de carbono, bem como as mudanças nas necessidades dos consumidores, paralisaram a produção do MINI em outubro de 2000. Foi então que o MINI número 5.387.862 – um Cooper Sport vermelho – foi conduzido da linha de montagem e imediatamente estacionado no Heritage Motor Center em Gaydon, Inglaterra, ao lado do primeiro MINI já feito – uma homenagem ao carro britânico mais popular de todos os tempos. Apenas um ano antes, um júri de 126 especialistas automotivos de 32 países elegeu o MINI como o segundo colocado, atrás apenas do Modelo T da Ford, como Carro do Século.

Redesenhando uma marca icônica

Embora o fim do *design* original do MINI já estivesse previsto, a BMW estava trabalhando duro para projetar seu substituto. A marca tinha muito patrimônio e herança para deixá-la morrer. No entanto, a BMW enfrentou o desafio de recriar um dos automóveis mais emblemáticos já feitos. Os clientes modernos exigiam mais de tudo – mais potência, tamanho maior, design mais seguro e mais recursos e opções. Mas a herança da marca exigia um automóvel para o novo milênio que fosse inconfundivelmente um MINI.

Em 2001, o primeiro dos novos hatchbacks MINI de duas portas saiu da linha de montagem na Inglaterra e chegou às salas de exposição. Embora o comprimento e a largura do novo MINI fossem substancialmente maiores do que o original (56 centímetros mais longo e 30 centímetros mais largo), o novo MINI era bastante pequeno em relação aos veículos médios da época. Várias opções de motor foram entregues, entre 75 e 245 cavalos de potência. A versão moderna da BMW oferecia eficiência do consumo de combustível, praticidade e desempenho de direção. Com reflexos ágeis e manuseio de carro de rally, era fácil dirigir e estacionar. Apesar do tamanho, os ocupantes mais altos do que a média encontraram bastante espaço para a cabeça e para as pernas, sem mencionar a excelente visibilidade em qualquer direção. Faróis redondos e uma grade de rosto feliz deram ao novo design um visual inconfundivelmente MINI.

Mantendo o apelo à individualidade do MINI original, a BMW forneceu uma longa lista de opções com vários pacotes de rodas, esquemas de pintura e apliques de látex que poderiam ser instalados para dar ao teto, espelhos, capô e escotilha opções de aparência aparentemente infinitas. Dentro de alguns anos, o hatch de duas portas gerou variantes conversíveis e com porta-malas estendido.

O objetivo do novo *branding* do MINI era vender "estilos de vida definidos pela liberdade, bom ânimo e camaradagem". Para isso, o MINI lançou a campanha "Let's Motor", empregando uma rica mistura de mídia não convencional, cuidadosamente integrada para criar personalidade para o carro e entusiasmo entre os consumidores. A empresa colocou MINIs em todos os tipos de lugares imaginativos. Ela os montou em cima de SUVs da Ford e os dirigiu por 22 grandes cidades, destacando o tamanho sensato do carro. Ela colocou displays "MINI Ride" do lado de fora das lojas de departamento, apresentando um MINI real que parecia um carrinho de criança. Em aeroportos, cartazes ao lado das grandes máquinas de venda automática de jornais mostravam um MINI em menores proporções proclamando: "Faz todo o resto parecer grande demais". Igualmente criativos foram os anúncios impressos, *on-line* e de mala direta integrados.

A campanha "Let's Motor" não só ganhou prêmios, mas foi um sucesso estrondoso em alcançar os objetivos da BMW. Juntamente com os eventos patrocinados pela empresa, o MINI desenvolveu um grupo de fãs dedicados como um culto. Embora o novo MINI não tenha agradado a todos os puristas, muitos ficaram impressionados. Como o original, o novo MINI atraiu motoristas de todas as demografias, apesar de a BMW ter como alvo motoristas entre 20 e 30 anos que gostam do prazer de dirigir. As vendas foram inicialmente fortes e aumentaram de forma constante para mais de 300 mil unidades vendidas em 2012 – um número que rivalizava com os melhores anos de vendas do MINI clássico.

A alma da marca vive

Com a popularidade do MINI mais forte do que nunca, no verão de 2015 a BMW anunciou que iria reinventar a marca novamente, com novos *designs*, um novo logotipo e um novo posicionamento para seus carros. Muitos observadores fizeram a pergunta óbvia: "Com as coisas indo tão bem para o MINI, por que ele estava se reinventando?" A resposta simples é que a BMW estava proativamente à frente das mudanças nas condições do mercado. Mantendo o controle, a BMW percebeu que seu cliente-alvo – moradores urbanos abastados na faixa dos 20 e 30 anos que gostam de diversão, liberdade e individualidade – havia mudado consideravelmente. Quando a marca foi lançada pela primeira vez em 2001, os consumidores estavam cheios de confiança de uma economia mundial em expansão. Mas a rápida mudança tecnológica, a incerteza geopolítica e a crise financeira de 2008 combinaram-se para alterar fundamentalmente os valores do consumidor. O cliente principal da MINI tornou-se mais prático – focado no essencial. Para uma marca construída em um estilo de vida definido por diversão, aventura e compartilhamento de bons momentos, os gerentes da BMW acreditavam que o MINI estava melhor posicionado do que qualquer outra marca para atender a esse novo foco na praticidade.

O novo logotipo MINI foi reduzido da versão 3D para uma versão 2D em preto e branco mais simples. A MINI também simplificou sua abordagem à propaganda. Os criativos provocadores que rompiam com a convenção ficaram longe. Em vez disso, novos anúncios MINI mais simples focaram nas características e funções dos carros. O MINI também atualizou seu *site* com vídeos e recursos visuais que ajudavam os clientes a entender melhor os benefícios do carro. Essas mudanças de marca sugeriram que o MINI era autêntico, prático e pronto para desempenhar um papel maior na sociedade.

Como parte da nova filosofia de marca, a BMW planejava lançar revisões completas de cada um de seus cinco modelos – agora referindo-se a eles como os "Cinco super-heróis" – o Hardtop 2 Door, o Hardtop 4 Door, o Convertible, o wagon-esque Clubman, e o crossover Countryman com tração nas quatro rodas. Todos os modelos receberiam atualizações tecnológicas substanciais. Em uma retomada ao passado, os esforços de marca para cada novo modelo enfatizariam uma identidade única, incluindo esquemas de cores e estética sob medida para cada carro. Com essa abordagem, o MINI criou uma marca com cinco linhas de produtos que atraíam uma gama mais ampla de clientes. Por exemplo, o Clubman tinha como objetivo atrair mais famílias para a marca. A campanha promocional então focou na funcionalidade e no design elegante do carro. E com mais de 4 metros de comprimento e um metro e oitenta de largura, era o maior e mais espaçoso carro da MINI de todos os tempos.

Com este redesenho, o MINI abandonou seus valores originais de marca? Não de acordo com o chefe de gerenciamento de marca do MINI. "Com nossos cinco 'super-heróis', queremos deixar bem claro que cada um desses carros tem seu próprio caráter. O Clubman é o exemplo mais extremo em termos de se afastar do passado, mas você ainda deve esperar muita diversão dos diferentes modelos à medida que cada personagem emerge". Os funcionários da empresa enfatizam que os valores da marca MINI ainda estão, por um lado, alinhados com os instintos minimizadores e práticos de Issigonis e, por outro, com a abordagem maximizadora e orientada para o desempenho de Cooper.

"O MINI sempre foi sobre novas ideias, inspiração e muita paixão, e essas coisas não vão mudar", disse outro representante do MINI. Desde o lançamento da nova geração de MINIs, a empresa continua inovando com recursos de última geração, como serviços MINI Connected Concierge, carregamento sem fio de *smartphones* e faróis adaptativos antiencandeamento com farol alto matricial – uma raridade em pequenos carros urbanos. Em um movimento ainda mais ousado, os compradores de novos MINIs podem personalizar detalhes de interiores, como inserções de painel, aberturas laterais e soleiras de portas que são produzidas em impressoras 3D e instaladas no carro antes que o comprador receba o veículo. Além disso, os modelos de alto desempenho do MINI em breve terão desempenho mais alto do que nunca. E no próximo ano, o MINI Copper SE fará sua estreia, o primeiro de uma nova linha de MINIs totalmente elétricos. Com base nos recentes números de vendas do MINI, parece que a nova direção está correta. Para cada um dos últimos quatro anos, o MINI vendeu substancialmente mais veículos do que em qualquer ano anterior ao rebranding de 2015, levando mais de 60 mil veículos para garagens em todo o mundo no ano passado. À medida que o MINI avança com ousadia para o futuro com esforços para permanecer relevante em um mundo em mudança, ele também deve permanecer fiel às qualidades que o tornaram icônico por tanto tempo. O pessoal da MINI parece entender isso. "O Mini cruza culturas, classes, gênero e idade", diz o chefe de design da empresa. "Quem compra um MINI sente-se imediatamente mais jovem enquanto o conduz. Ele simplesmente coloca um sorriso em seu rosto".[50]

Questões para discussão

8.15 Discuta como o MINI perdurou por 60 anos como marca, apesar de pertencer a várias empresas.

8.16 O MINI tem alto valor de marca (brand equity)? Explique.

8.17 Ao longo dos anos, o MINI se posicionou com base em atributos, benefícios ou valores? Explique.

8.18 A BMW está levando o MINI na direção certa com sua atual estratégia de marca? Por que ou por que não?

9 Desenvolvimento de novos produtos e gestão do ciclo de vida dos produtos

Resumo dos objetivos

Objetivo 9.1 Explicar como as empresas descobrem e desenvolvem ideias para novos produtos. **Veja: Estratégia de desenvolvimento de novos produtos** (p. 250-251)

Objetivo 9.2 Relacionar e definir as etapas no processo de desenvolvimento de novos produtos e as principais considerações no gerenciamento desse processo. **Veja: O processo de desenvolvimento de novos produtos** (p. 251-261)

Objetivo 9.3 Descrever os estágios do ciclo de vida do produto e como as estratégias de *marketing* mudam ao longo desse ciclo de vida. **Veja: Estratégias de ciclo de vida do produto** (p. 261-267)

Objetivo 9.4 Discutir duas considerações adicionais acerca dos produtos: decisões relacionadas a produtos socialmente responsáveis e *marketing* de produtos e serviços internacionais. **Veja: Considerações adicionais acerca de produtos e serviços** (p. 268-269)

Prévia do capítulo

Nos capítulos anteriores, você aprendeu como os profissionais de *marketing* gerenciam e desenvolvem produtos e marcas. Neste capítulo, analisaremos dois tópicos adicionais relacionados aos produtos: o desenvolvimento de novos produtos e o gerenciamento dos produtos ao longo de seu ciclo de vida. Novos produtos são a força vital de uma organização. Entretanto, o desenvolvimento de novos produtos é arriscado, e muitos não dão certo. Assim, a primeira parte deste capítulo apresenta um processo para descobrir novos produtos e torná-los bem-sucedidos. Uma vez lançado o produto, os profissionais de *marketing* querem que ele tenha uma vida longa e feliz. Na segunda parte do capítulo, você verá que todo produto passa por vários estágios no ciclo de vida e que cada estágio traz novos desafios, demandando diferentes estratégias e táticas de *marketing*. Para completar, vamos concluir nossa discussão sobre produtos analisando duas questões adicionais: a responsabilidade social nas decisões relacionadas a produtos e o *marketing* de serviços e produtos internacionais.

Para começar, consideraremos o Google, uma das empresas mais inovadoras do mundo. O Google parece apresentar um fluxo quase interminável de novas tecnologias, produtos e serviços impressionantes. Toda a cultura da empresa incentiva, apoia e recompensa a inovação. No Google e em sua empresa-mãe, Alphabet, a inovação não é apenas um processo. Está no próprio espírito do lugar.

GOOGLE (...opa, Alphabet): A fantástica fábrica de lançamentos de novos produtos

O Google é extremamente inovador. Ao longo da última década e meia, tornou-se uma das cinco principais empresas em todas as listas das mais inovadoras. O Google simplesmente se recusa a ficar confortável com a forma como as coisas são. Em vez disso, inova constantemente, mergulhando em novos mercados e enfrentando novos concorrentes.

O Google começou como uma empresa de pesquisa *on-line* com a missão de "organizar as informações do mundo e torná-las universalmente acessíveis e úteis". Nessa missão, o Google teve um sucesso espetacular. Apesar da formidável concorrência dos gigantes Microsoft, Yahoo! e da chinesa Baidu, a participação do Google nas buscas *on-line* em todo o mundo é de impressionantes 90% – um verdadeiro domínio virtual. Sua participação na pesquisa móvel é ainda mais forte, de 94%. O Google também possui a maior receita de campanhas promocionais relacionada a buscas pagas, que respondeu pela maior parte dos 256.73 bilhões de dólares de receita da empresa em 2021. E o Google está crescendo a um ritmo vertiginoso, com receitas subindo consideravelmente ano a ano.

Mas o Google agora é muito mais do que uma empresa de pesquisa e propaganda *on-line*. Na visão da empresa, a informação é um tipo de recurso natural – um a ser extraído, refinado e distribuído universalmente. Essa ampla perspectiva dá aos engenheiros e desenvolvedores do Google uma tela em branco, um pincel amplo e muito incentivo para inovar. Em muitas empresas, o desenvolvimento de novos produtos é um processo cauteloso, passo a passo, que pode levar anos para se desenrolar. Em contraste, o desenfreado processo de desenvolvimento de novos produtos do Google se move na velocidade da luz. No tempo que a maioria dos concorrentes leva para refinar e aprovar uma ideia inicial para um novo produto ou serviço importante, o Google já a implementou.

O processo de inovação caótico do Google desencadeou uma enxurrada aparentemente interminável de diversos produtos, muitos dos quais são líderes de mercado em suas categorias. Embora diversas, muitas dessas inovações estão vinculadas de uma forma ou de outra à missão de informação do Google relacionada à Internet. Os grandes sucessos do Google incluem um serviço de *e-mail* (Gmail), projetos de mapeamento e exploração do mundo (Google Maps e Google Earth), uma loja de mídia digital (Google Play), um serviço de pagamento *on-line* (Google Pay), um serviço de compartilhamento de fotos (Google Fotos), um sistema operacional móvel (Google Android), um conjunto de serviços de computação em nuvem (Google Cloud) e um navegador de Internet compatível com a nuvem (Chrome).

Embora o Google tenha tradicionalmente focado em inovações baseadas em *software*, agora tem uma forte presença em *hardware* com *smartphones*, *tablets* e *laptops* (Pixel); um assistente virtual de IA (Google Home); dispositivos *smarthome* conectados (Nest), um headset de realidade virtual de última geração (Daydream VR); e uma pequena câmera inteligente sem fio (Google Clips). O Google conecta seus mundos de *hardware* e informação ao infundir o *hardware* com algoritmos sofisticados e inteligência artificial. Por exemplo, o telefone Pixel do Google pode transformar fotos padrão em belos retratos, desfocando tudo, menos quem ou o que estiver em primeiro plano. Os Pixel Buds são mais do que apenas fones de ouvido sem fio – eles fazem interface com o Google Assistant e colocam o Google Translate na frente e no centro, permitindo que as pessoas conversem com outras pessoas em vários idiomas. E a câmera viva-voz do Google Clips usa IA para reconhecer automaticamente ótimas expressões, iluminação e enquadramento para capturar imagens espontâneas.

O Google adquiriu a Nest Labs como sua entrada na Internet das Coisas (IoT). O desenvolvimento subsequente do Google Home e do Google Assistant adicionou controle de voz e tecnologia de IA ao *smarthome* em rápido crescimento da Nest. A Nest agora inclui seu próprio portfólio em expansão de dispositivos de monitoramento e controle doméstico inteligentes e elegantes, juntamente com produtos inteligentes compatíveis "Works with Nest" de outras empresas. A Nest em breve ajudará os consumidores a administrar suas casas inteiras, um enorme mercado potencial.

O processo de inovação surpreendente do Google também levou a empresa a caminhos muito distantes de sua principal missão de informação – tudo, desde carros autônomos a satélites de imagens da Terra e até uma cruzada para aumentar a expectativa de vida humana. Com tantos empreendimentos e inovações cada vez mais diversificados, o Google criou uma holding controladora chamada Alphabet para conter todos eles.

O Google é a maior empresa da Alphabet – ela continua a abrigar informações e produtos de *software* e *hardware* relacionados

O Google e sua empresa-mãe, Alphabet, são extremamente inovadores. A máquina de inovação da empresa é conhecida por produzir novos produtos "*moonshots*", ideias futuristas que, se bem-sucedidas, mudarão profundamente a forma como as pessoas vivem.

VovanIvanovich/Shutterstock

à Internet. Mas junto com o Google, a Alphabet oferece um lar independente para os projetos e negócios de maior alcance da empresa. Isso inclui o que a Alphabet chama de "*moonshots*" – ideias futuristas e visionárias de tirar o fôlego que, se bem-sucedidas, mudarão profundamente a forma como as pessoas vivem. Para promover essas *moonshots*, a empresa criou o X – um laboratório de inovação secreto e uma espécie de paraíso nerd encarregado de desenvolver coisas que parecem audaciosas, mesmo para a Alphabet.

O laboratório de inovação X é a incubadora da Alphabet para projetos revolucionários que podem ou não se pagar a longo prazo. Para obter a luz verde no X, um projeto deve abordar um grande problema que afeta milhões ou mesmo bilhões de pessoas, propor uma solução radical e exigir uma tecnologia inovadora para trazer essa solução. O objetivo é conceber novos Googles. Esses requisitos rigorosos "nos fazem descartar mais de 99% de nossas ideias", diz o diretor do X, cujo título oficial é Capitão dos *Moonshots*. Escondidos por trás da cortina do X estão vários projetos exóticos, como o Malta (um sistema de armazenamento de energia térmica de sal fundido), as Comunicações Ópticas de Espaço Livre (transmissão de dados de alta velocidade através de feixes de luz) e a Makani (produção de energia eólica semelhante a uma pipa).

Muitos projetos X já se tornaram empresas Alphabet completas. Há o Waymo, o projeto de carro autônomo que tem a missão de torná-lo seguro e fácil para pessoas e coisas se movimentarem. O projeto de tecnologia médica Verily cria dispositivos de saúde, como lentes de contato de monitoramento de glicose que podem ajudar a identificar células cancerígenas. Apenas no ano passado, três grandes filhotes X surgiram: o Chronicle emprega ferramentas analíticas sofisticadas que podem prever e combater crimes cibernéticos antes que eles aconteçam. O Projeto Loon (uma rede de balões de alta altitude que distribui *Wi-Fi*) leva *Wi-Fi* para áreas carentes do mundo. E o Project Wing (um sistema de entrega de

O famoso processo de inovação caótico do Google desencadeou uma enxurrada aparentemente interminável de diversos novos produtos. Mas no Google, a inovação é mais do que um processo. Faz parte do DNA da empresa. "Onde a inovação acontece no Google? Acontece em todos os lugares".

drones) que já realizou mais de 100.000 entregas, e a entrega mais rápida na vida real foi de 2 minutos e 47 segundos.

As empresas menos conhecidas da Alphabet incluem os braços de investimento GV (financiamento para novas e ousadas *startups*) e CapitalG (financiamento para projetos de tecnologia de longo prazo), Calico (pesquisa sobre o combate a doenças relacionadas à idade e aumento da expectativa de vida) e DeepMind (pesquisa e aplicativos de IA). De acordo com o cofundador do Google, Larry Page, o objetivo da Alphabet é "manter um tremendo foco nas oportunidades extraordinárias" que existem e existirão dentro do Google e de outras empresas.

No final, no Google e na empresa-mãe Alphabet, a inovação é mais do que um processo – faz parte do DNA da empresa. "Onde a inovação acontece no Google? Isso acontece em todos os lugares", diz um cientista de pesquisa da empresa.

> Ao conversar com Googlers em vários níveis e departamentos, surge um tema poderoso: essas pessoas sentem que seu trabalho pode mudar o mundo. A maravilha do Google é sua capacidade de continuar a incutir um senso de coragem criativa e ambição em seus funcionários. As contratações em potencial costumam ser perguntadas: "Se você pudesse mudar o mundo usando os recursos do Google, o que você construiria?" Mas aqui, essa não é uma pergunta boba ou mesmo teórica: o Google quer realmente saber, porque pensar – e construir – nessa escala é o que o Google faz. Quando se trata de inovação, o Google é diferente. Mas a diferença não é tangível. Está no ar – no espírito do lugar.[1]

COMO A HISTÓRIA DO GOOGLE SUGERE, as empresas que se destacam no desenvolvimento e gerenciamento de novos produtos obtêm grandes recompensas. Todo produto parece ter um ciclo de vida: ele nasce, passa por várias fases e eventualmente morre à medida que surgem novos produtos que criam valor novo ou maior para os clientes.

Esse ciclo de vida do produto apresenta dois grandes desafios: primeiro, como todos os produtos acabam entrando em declínio, a empresa precisa ser boa no desenvolvimento de novos produtos para substituir os que ficam velhos (o desafio do *desenvolvimento de novos produtos*); segundo, à medida que o produto passa por diferentes estágios, a empresa precisa ser boa na adaptação de suas estratégias de *marketing*, tendo em vista as mudanças de gostos, tecnologia e concorrência (o desafio das *estratégias de ciclo de vida do produto*). Para começar, vamos analisar o problema que envolve descobrir e desenvolver novos produtos e, em seguida, o problema que implica gerenciá-los com sucesso ao longo de seu ciclo de vida.

Estratégia de desenvolvimento de novos produtos

Comentário do autor | Novos produtos são a alma de uma empresa. À medida que os produtos antigos amadurecem e desaparecem, as empresas devem desenvolver novos para substituí-los. Por exemplo, o iPhone e o iPad existem há pouco mais de uma década, mas agora são os dois produtos mais vendidos da Apple.

Objetivo 9.1 Explicar como as empresas descobrem e desenvolvem ideias para novos produtos.

Uma empresa pode obter novos produtos de duas maneiras. Uma delas é por meio da *aquisição* – pela compra de uma empresa inteira, de uma patente ou de uma licença para fabricar o produto de alguém. Por exemplo, o Google entrou no mercado de *smarthome* ao adquirir a Nest e na navegação móvel ao adquirir o Waze. A outra é por meio de seus esforços para o **desenvolvimento de novos produtos**. Entendemos *novos produtos* como produtos originais, melhorias e modificações nos produtos existentes e novas marcas que a empresa desenvolve por meio de seus esforços de pesquisa e desenvolvimento (P&D). A maioria dos produtos e serviços do Google foi desenvolvida dessa maneira. Neste capítulo, vamos nos concentrar no desenvolvimento de novos produtos.

Desenvolvimento de novos produtos
Desenvolvimento de produtos originais, de melhorias e modificações nos produtos existentes e de novas marcas por meio dos esforços de desenvolvimento de produto da empresa.

Os novos produtos são importantes tanto para os clientes como para as empresas que os atendem: eles trazem novas soluções e variedade para a vida dos clientes, além de serem uma fonte fundamental de crescimento para a empresa. Com o ambiente de rápida mudança de hoje, muitas empresas dependem de novos produtos para a maior parte do seu crescimento. Por exemplo, nos últimos anos, novos produtos transformaram a Apple quase completamente. O iPhone e o iPad – lançados há mais de uma década – são agora os dois produtos mais vendidos da empresa, com o iPhone sozinho representando 63% da receita global total da Apple. E para permanecer competitiva, a Apple lança um fluxo constante de novos produtos e novas versões dos produtos existentes.[2]

No entanto, a inovação pode ser muito cara e muito arriscada. Novos produtos enfrentam probabilidades difíceis. Por exemplo, segundo uma estimativa, dos mais de 30 mil novos produtos lançados a cada ano, 95% falham.[3] Por que tantos novos produtos falham? Existem várias razões. Embora uma ideia possa ser boa, a empresa pode superestimar o tamanho do mercado. O produto real pode ser mal projetado. Ou pode estar posicionado incorretamente, lançado na hora errada, com um preço muito alto ou mal anunciado. Um executivo de alto nível pode promover sua ideia favorita apesar dos resultados ruins na pesquisa de *marketing*. Às vezes, os custos de desenvolvimento de produtos são mais altos do que o esperado e, às vezes, os concorrentes reagem de maneira mais firme do que o esperado.

Assim, as empresas enfrentam um problema: elas devem desenvolver novos produtos, mas as chances pesam muito contra o sucesso. Para criar novos produtos bem-sucedidos, uma empresa deve entender seus consumidores, mercados e concorrentes e desenvolver produtos que ofereçam valor superior aos clientes.

Comentário do autor | As empresas não podem apenas esperar que encontrem bons produtos novos. Em vez disso, eles devem desenvolver um processo sistemático de desenvolvimento de novos produtos.

O processo de desenvolvimento de novos produtos

Objetivo 9.2 **Relacionar e definir as etapas no processo de desenvolvimento de novos produtos e as principais considerações no gerenciamento desse processo.**

Em vez de deixar os novos produtos ao acaso, as empresas devem realizar um forte planejamento nesse sentido e estabelecer um sistemático *processo de desenvolvimento de novos produtos*, orientado para o cliente, a fim de descobrir e gerar novos produtos. A ● **Figura 9.1** traz as oito etapas principais desse processo.

Geração de ideias

Geração de ideias
A busca sistemática de ideias para novos produtos.

O desenvolvimento de um novo produto começa com a **geração de ideias**: a busca sistemática de ideias para novos produtos. Normalmente, uma empresa gera centenas – até mesmo, milhares – de ideias para descobrir algumas poucas que sejam boas. Entre as principais fontes de ideias para novos produtos estão: as fontes internas e as fontes externas, como clientes, concorrentes, distribuidores e fornecedores.

Fontes internas de ideias

Usando *fontes internas*, a empresa pode encontrar novas ideias por meio do processo de P&D (Pesquisa e Desenvolvimento) formal. Por exemplo, a Ford opera um centro de inovação e mobilidade no Vale do Silício composto por engenheiros, desenvolvedores de aplicativos e cientistas que trabalham em tudo, desde carros autônomos até aplicativos Works with Nest que permitem que os consumidores controlem o aquecimento doméstico, a iluminação e os eletrodomésticos de seus veículos. A Chick-fil-A criou três grandes centros de inovação. O primeiro, chamado Hatch, é uma incubadora de ideias onde a equipe e os parceiros da Chick-fil-A exploram novas ideias em alimentos, design e serviço. "É um lugar para explorar e imaginar o futuro para criar novas ideias de comida e restaurante e trazê-las à vida".[4]

Além de seu processo interno de P&D, uma empresa pode escolher os cérebros de seu próprio pessoal – de executivos a vendedores, cientistas, engenheiros e pessoal de fabricação. Muitas empresas desenvolveram redes sociais internas bem-sucedidas e programas intraempreendedores que incentivam os funcionários a desenvolver novas ideias de produtos. Um exemplo é a "Área 120" do Google:[5]

> O Google há muito oferece aos funcionários "20% do tempo", permitindo que eles gastem até um quinto de seu tempo de trabalho em projetos que possam beneficiar a empresa mais tarde. O programa deu origem a muitas inovações de grande sucesso, incluindo Gmail, Google News e o headset Cardboard VR. Mas, à medida que os trabalhos diários dos funcionários se tornaram mais exigentes, muitos descobriram que o tempo gasto em projetos pessoais se tornou mais um complemento às horas normais de trabalho do que uma parte delas. Ou seja, o famoso "20% do tempo" do Google se tornou "120% do

O desenvolvimento de um novo produto começa com boas ideias de novos produtos [illegible] vários dolao. Por exemplo, durante a última década, o programa de *crowdsourcing* de funcionários The Innovation Pipeline (TIP) da AT&T atraiu mais de 40 mil ideias de inovação de membros em todos os 50 estados e 54 países.

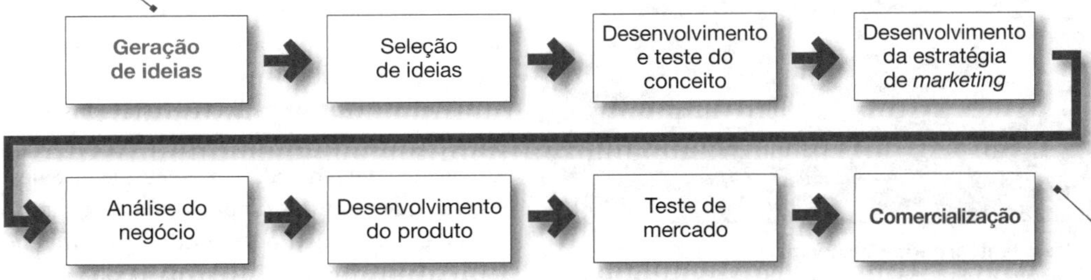

As etapas seguintes reduzem o número de ideias e levam ao desenvolvimento apenas daquelas que são melhores em termos de lucratividade do produto. Das 40 mil ideias do TIP da AT&T enviadas, apenas 80 projetos foram financiados.

● FIGURA 9.1
Principais etapas no desenvolvimento de novos produtos.

Ideias internas de novos produtos: muitas empresas – como o Meta – usam *hackathons* para consultar o intelecto de seus próprios funcionários para ideias inovadoras.

Hero Images Inc./Alamy Stock Photo

tempo". Então, há dois anos, para incentivar a inovação interna contínua, o Google criou a Area 120, uma incubadora de inovação interna que permite que funcionários selecionados dediquem tempo integral aos projetos dos seus sonhos. Os funcionários do Google apresentam suas ideias de projetos aos líderes da Área 120. Se selecionados, os funcionários deixam seus empregos anteriores e recebem total apoio financeiro e tecnológico do Google para transformar suas ideias em negócios reais. Ainda é muito cedo para dizer o quão bem-sucedida a Área 120 será. Mas até agora, recebeu mais de mil propostas de projetos, dos quais 50 foram aceitas e 25 ainda estão em andamento.

Muitas empresas patrocinam "*hackathons*" internos periódicos, nos quais os funcionários tiram um dia ou uma semana de seu trabalho diário para desenvolver novas ideias. Esses *hackathons* são lendários no Meta. Durante um *hackathon* da empresa, "centenas de nossos engenheiros liberam seus talentos em sessões de codificação épicas que duram a noite toda e, muitas vezes, resultam em produtos que atingem as versões internas e externas do *site* em semanas", diz um funcionário do Meta. Os *hackathons* da gigante da mídia social produziram grandes inovações, como o botão "Curtir" e a marcação de amigos. Esses eventos não apenas produzem novas ideias, mas também podem aumentar o moral e o engajamento dos funcionários. Como explica o funcionário, "a camaradagem, a produtividade e a insanidade ocasional dos *hackathons* ajudaram a tornar o Facebook o que ele é".[6]

Fontes externas de ideias

As empresas também podem obter boas ideias para novos produtos a partir de uma série de fontes externas. Por exemplo, os *distribuidores* e os *fornecedores* podem contribuir com ideias. Os distribuidores estão próximos do mercado e podem repassar informações referentes a problemas dos consumidores e possibilidades de novos produtos. Já os fornecedores podem trazer para a empresa novos conceitos, técnicas e materiais, os quais podem ser usados para desenvolver novos produtos.

Os *concorrentes* são outra importante fonte. As empresas observam os anúncios dos concorrentes para obter pistas acerca de seus novos produtos. Elas também compram os produtos lançados pelos concorrentes, desmontam-nos para ver como funcionam, analisam as vendas deles e decidem se devem lançar um produto próprio. Outras fontes de ideias incluem: revistas, feiras, *sites* e seminários do setor; órgãos do governo; agências de propaganda; institutos de pesquisa de *marketing*; laboratórios universitários e comerciais; e inventores.

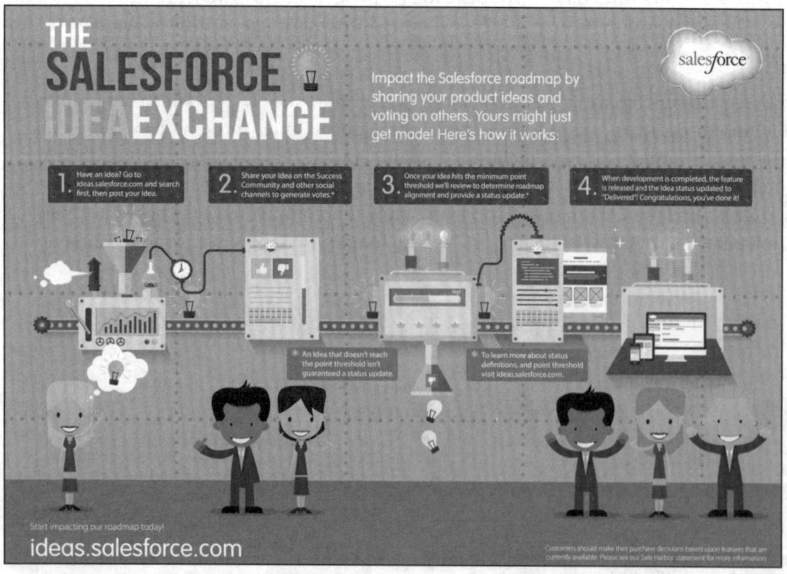

Novas ideias de produtos dos clientes: o IdeaExchange da Salesforce convida os clientes a sugerir, discutir e votar em novos recursos de *software* e aprimoramentos de produtos. Nos últimos dez anos, os clientes enviaram mais de 60mil ideias e deram milhões de votos.

Salesforce Inc.

Talvez as fontes mais importantes de ideias de novos produtos sejam os próprios *clientes*. A empresa pode analisar as dúvidas e reclamações dos clientes para encontrar novos produtos que resolvam melhor os problemas dos consumidores ou pode convidá-los a compartilhar sugestões e ideias. Por exemplo, a Salesforce – a empresa líder em soluções de CRM – hospeda um IdeaExchange *on-line*, em que convida os clientes a sugerir, discutir e votar em novos recursos de *software* e aprimoramentos de produtos. Nos últimos dez anos, os clientes enviaram mais de 60mil ideias e deram milhões de votos.

Muitas vezes, os melhores resultados vêm mais da colaboração e do *brainstorming* subsequentes do que da ideia inicial. Um executivo da Salesforce estima que um terço do pensamento de uma equipe de gerenciamento de produtos é influenciado pelo IdeaExchange. O sistema também melhora muito a experiência do cliente, pois constrói relacionamentos de mão dupla em que os clientes se sentem ouvidos e valorizados.[7]

Crowdsourcing
Convidar grandes comunidades de pessoas – clientes, funcionários, cientistas e pesquisadores independentes e até mesmo o público em geral – para participar do processo de inovação em novos produtos.

Crowdsourcing

Em termos ainda mais amplos, muitas empresas estão desenvolvendo programas de ideias para novos produtos com base em *crowdsourcing* ou *inovação aberta*. Por meio do ***crowdsourcing*** as empresas convidam grandes comunidades de pessoas – clientes, funcionários, cientistas e pesquisadores independentes e até mesmo o público em geral – para participar do processo de inovação em novos produtos. O uso de uma grande quantidade de fontes – tanto internas como externas à empresa – pode gerar novas ideias inesperadas e significativas.

Pequenas e grandes empresas, em todos os setores, estão fazendo *crowdsourcing* de ideias de inovação de produtos, em vez de confiar apenas em seus próprios laboratórios de P&D. Por exemplo, a Ben & Jerry's realizou uma campanha "Do the World a Flavor" (Dê sabor para o mundo), um videogame *on-line* no *site* da empresa e nas mídias sociais pelo qual os fãs podiam criar e nomear novos sabores. A gigante de recipientes de alimentos Tupperware recentemente patrocinou o Clever Container Challenge, um concurso de *crowdsourcing* que busca ideias para integrar tecnologias de Internet das Coisas em recipientes de alimentos para futuras cozinhas inteligentes. Ela pediu *designs* "fáceis de usar, mas tecnologicamente avançados" para recipientes reutilizáveis e acessíveis que ofereçam valor real no armazenamento e evitem o desperdício, seja na cozinha ou em trânsito. E a Under Armour patrocina uma competição anual de *crowdsourcing* chamada Future Show Innovation Challenge, na qual convida empreendedores e inventores de todo os Estados Unidos a enviar novas ideias de produtos, com os finalistas apresentando seus produtos em um cenário de reality show semelhante ao Shark Tank. "Precisamos ser humildes o suficiente para saber que a próxima grande coisa pode vir de algum garoto jogando futebol americano universitário que por acaso tenha uma ideia melhor", diz o chefe de inovação da Under Armour.[8]

***Crowdsourcing*: a gigante de embalagens de alimentos Tupperware patrocinou o concurso Clever Container Challenge em busca de ideias para integrar tecnologias de Internet das Coisas em embalagens de alimentos para futuras cozinhas inteligentes.**
Giddy Io. Inc

Assim, empresas verdadeiramente inovadoras não dependem apenas de uma fonte ou outra para ideias de novos produtos. Em vez disso, elas desenvolvem extensas redes de inovação que capturam ideias e inspiração de todas as fontes possíveis, de funcionários e clientes a inovadores externos e vários pontos além.

Seleção de ideias
A seleção de ideias para novos produtos, com objetivo de identificar as ideias boas e descartar as ruins o mais rápido possível.

Seleção de ideias

O objetivo da geração de ideias é criar uma grande quantidade delas. A finalidade das etapas seguintes é *reduzir* esse número. A primeira etapa da redução de ideias é a **seleção de ideias**, que ajuda a identificar as ideias boas e a descartar as ideias ruins o mais rápido possível. Os custos com o desenvolvimento do produto aumentam substancialmente nas próximas etapas. Assim, a empresa quer seguir adiante somente com as ideias de produto que vão se transformar em produtos rentáveis.

Muitas empresas exigem que seus executivos apresentem ideias para novos produtos em um formato padronizado, que possa ser analisado por um comitê de novos produtos. Esse relatório descreve o produto ou serviço, a proposta de valor sugerida de valor para o cliente, o mercado-alvo e a concorrência. Ele também contém algumas estimativas preliminares acerca do tamanho do mercado, do preço do produto, do prazo e dos custos de desenvolvimento, dos custos de fabricação e da taxa de retorno. O comitê, então, avalia a ideia segundo um conjunto de critérios gerais.

Um especialista em *marketing* propõe um modelo R-G-V ("ser real, ganhar, valer a pena") de seleção de novos produtos, que faz três perguntas.[9] A primeira: *é real?* Trata-se de uma necessidade e um desejo reais pelo produto e os clientes vão comprá-lo? É um conceito de produto claro, e um produto como esse vai satisfazer o mercado? A segunda: *podemos ganhar?* O produto oferece uma vantagem competitiva sustentável? A empresa possui os recursos para fazer do produto um sucesso? Por fim: *vale a pena fazê-lo?* O produto se encaixa à estratégia de crescimento geral da empresa? Ele oferece um potencial de lucro suficiente? A empresa deve responder "sim" para essas três perguntas antes de levar adiante o desenvolvimento da ideia do novo produto.

Conceito de produto
Versão detalhada da ideia de um novo produto, a qual é expressa em termos que façam sentido para o consumidor.

Desenvolvimento e teste do conceito

Uma ideia atrativa deve ser desenvolvida para se tornar um **conceito de produto**. É importante diferenciar ideia, conceito e imagem de produto. Uma *ideia de produto* é uma ideia para um possível produto que a empresa pode oferecer ao mercado. Um *conceito de produto* é uma versão detalhada da ideia, a qual é expressa em termos que façam sentido para o consumidor. Uma *imagem de produto* é o modo como os consumidores percebem um produto real ou potencial.

Carros totalmente elétricos: este é o sedã de tamanho regular totalmente elétrico da Tesla. Seu compacto Model 3 mais recente viaja até 500 quilômetros com uma única carga ao custo de um centavo de dólar por 1,5 quilômetro para rodar.

Salwan Georges/The Washington Post via Getty Images

Desenvolvimento do conceito

Vamos supor que um fabricante de automóvel tenha desenvolvido um carro totalmente elétrico, movido a bateria. Seu protótipo inicial é um conversível com dois lugares, esportivo e elegante, vendido por mais de 100 mil dólares seguido por um sedã esportivo de tamanho normal ao preço de 78 mil dólares.[10] No entanto, agora ele planeja introduzir uma versão compacta mais acessível para o mercado de massa que competirá com carros híbridos elétricos ou totalmente elétricos, como o Nissan Leaf, o Chevy Bolt EV e o KIA Soul EV. Esse novo carro 100% elétrico irá de 0 a 100 quilômetros por hora em cinco segundos, percorrerá até 500 quilômetros com uma única carga e recarregará em duas horas a partir de uma tomada elétrica normal de 120 volts ao custo de cerca de um centavo de dólar por 1,5 quilômetro.

Olhando adiante, a tarefa da empresa é desenvolver esse novo produto em diferentes conceitos de produto, descobrir até que ponto cada conceito é atrativo para os clientes e escolher o melhor. Ela pode criar os seguintes conceitos de produto para seu carro elétrico:

- *Conceito 1:* um carro de médio porte, com preço razoavelmente acessível, projetado para ser o segundo carro da família e para ser usado na cidade, em pequenos trabalhos ou em visita a amigos.
- *Conceito 2:* um carro esportivo compacto com preço mediano, voltado para pessoas jovens solteiras ou casadas.
- *Conceito 3:* um carro "ecológico" voltado para pessoas preocupadas com o meio ambiente, que querem um meio de transporte prático e não poluente.
- *Conceito 4:* um sofisticado utilitário de porte médio, voltado para aqueles que adoram o espaço que as SUVs oferecem, mas lamentam sua baixa economia de combustível.

Teste de conceito

Teste de conceito
A realização de teste dos conceitos de um novo produto com um grupo de consumidores-alvo, a fim de descobrir se os conceitos têm forte apelo para o consumidor

O **teste de conceito** demanda que se testem os conceitos de novos produtos com grupos de consumidores-alvo. Os conceitos podem ser apresentados para os consumidores simbólica ou fisicamente. Eis, em mais detalhes, o Conceito 3:

> Um carro compacto movido a bateria, eficiente e bacana de dirigir, com espaço para cinco pessoas. Essa maravilha 100% elétrica oferece um meio de transporte prático e confiável, que não polui. Ele percorre até 500 quilômetros com uma carga e custa centavos de dólares para rodar. Trata-se de uma alternativa sensata e responsável aos carros de hoje, que bebem combustível e poluem muito. A versão completa do veículo sai por 35 mil dólares.

Muitas empresas rotineiramente testam conceitos de novos produtos com os consumidores antes de tentar transformá-los em novos produtos reais. Para alguns testes de conceito, uma palavra ou descrição de imagem pode ser suficiente. No entanto, uma representação mais concreta e física do conceito aumenta a confiabilidade do teste. Após terem sido expostos ao conceito, os consumidores podem ser convidados a reagir a ele respondendo a perguntas parecidas com as apresentadas na **Tabela 9.1**.

As respostas a perguntas desse tipo vão ajudar a empresa a decidir qual dos conceitos tem o apelo mais forte. Por exemplo, a última pergunta refere-se à intenção de compra do consumidor. Vamos supor que 2% dos consumidores respondam que "definitivamente" comprariam e 5% respondam que "provavelmente" o fariam. A empresa poderia, então, projetar esses números para toda a população desse grupo-alvo a fim de estimar o volume de vendas. Mesmo assim, a estimativa é incerta, porque nem sempre as pessoas concretizam as intenções que declaram.

Desenvolvimento da estratégia de *marketing*

Desenvolvimento da estratégia de *marketing*
Elaboração de uma estratégia de *marketing* preliminar para um novo produto com base no conceito do produto.

Vamos supor que o fabricante de automóvel considere que o Conceito 3 para o carro elétrico tenha se saído melhor no teste. A próxima etapa consiste no **desenvolvimento da estratégia de *marketing*** – elaboração de uma estratégia de *marketing* preliminar para o lançamento do carro no mercado.

Tabela 9.1 Perguntas para o teste de conceito do carro totalmente elétrico

1. Você entende o conceito de um carro elétrico movido a bateria?
2. Você acredita nas afirmações acerca do desempenho do carro?
3. Quais os principais benefícios de um carro totalmente elétrico em comparação a um carro convencional?
4. Quais são as vantagens do carro elétrico em relação a um carro híbrido, que funciona com combustível e energia?
5. Que melhorias nas características do carro você sugeriria?
6. Para quais usos você preferiria um carro totalmente elétrico a um carro convencional?
7. Qual seria um preço razoável para esse carro?
8. Quem estaria envolvido em sua decisão de comprar um carro como esse? Quem o dirigiria?
9. Você compraria um carro como esse (definitivamente, provavelmente, provavelmente não, definitivamente não)?

A *declaração da estratégia de marketing* possui três partes. A primeira descreve o mercado-alvo, a proposta de valor planejada e as metas de vendas, de participação de mercado e de lucro para os primeiros anos. Assim:

> O mercado-alvo é composto por pessoas mais jovens, com bom nível de instrução e uma renda entre média e alta. Trata-se de casais ou famílias pequenas que buscam um meio de transporte prático e ambientalmente responsável. O carro será posicionado como mais bacana de se dirigir e menos poluente do que os veículos de motor de combustão interna ou híbridos atualmente disponíveis. A meta da empresa é vender 50 mil carros no primeiro ano, com uma perda de, no máximo, 15 milhões de dólares. Para o segundo ano, a meta é vender 90 mil veículos, com um lucro de 25 milhões de dólares.

A segunda parte da declaração da estratégia de *marketing* apresenta, em linhas gerais, o preço previsto, a distribuição e o orçamento de *marketing* para o produto no primeiro ano:

> O carro totalmente elétrico movido a bateria será oferecido em três cores – vermelha, branca e azul – e terá um conjunto completo de acessórios como características-padrão. No varejo, ele será vendido por 35 mil dólares, com um desconto de 15% sobre o preço de tabela para as concessionárias. Aquelas que venderem mais de 10 carros em um mês ganharão um desconto adicional de 5% sobre cada veículo vendido naquele mês. Um orçamento de *marketing* de 50 milhões de dólares será dividido em 30, 40 e 30%, respectivamente, entre campanha de mídia nacional, *marketing on-line* de mídias sociais e eventos de *marketing* regionais. A propaganda, os *sites* web e móvel e diversos conteúdos de mídias sociais vão enfatizar o espírito alegre do carro, a tecnologia avançada, o alto *status* e a baixa emissão de poluentes. No primeiro ano, serão gastos 200 mil dólares em pesquisa de *marketing*, para identificar quem está comprando o carro e seu nível de satisfação.

A terceira parte da declaração da estratégia de *marketing* descreve as vendas, as metas de lucro e a estratégia de *mix* de *marketing* planejadas para o longo prazo.

> Nós pretendemos conquistar, no longo prazo, uma participação de 3% do mercado total de automóveis e obter um retorno líquido dos investimentos de 15%. Para isso, a qualidade do produto, que será alta desde o início, será aperfeiçoada com o tempo. O preço aumentará no segundo e no terceiro anos, se a concorrência e a economia permitirem. O orçamento total de *marketing* subirá cerca de 10% todos os anos. Após o primeiro ano, a pesquisa de *marketing* será reduzida para 60 mil dólares por ano.

Análise do negócio

Análise do negócio
Revisão das projeções de vendas, custos e lucros de um novo produto, para verificar se esses fatores satisfazem os objetivos da empresa.

Uma vez decididos o conceito do produto e a estratégia de *marketing*, a gerência pode avaliar a atratividade comercial da proposta. A **análise do negócio** envolve uma revisão das projeções de vendas, custos e lucros de um novo produto, para verificar se elas satisfazem os objetivos da empresa. Em caso positivo, o produto pode passar para a etapa de desenvolvimento.

Para estimar as vendas, a empresa pode analisar o histórico de vendas de produtos similares e realizar levantamentos no mercado. Em seguida, ela pode estimar os níveis máximo e mínimo de vendas para avaliar a faixa de risco. Após preparar a previsão de vendas, a gerência pode estimar os custos e os lucros esperados para o produto, incluindo custos de *marketing*, P&D, operações, contabilidade e financeiros. A empresa, então, utiliza os números de vendas e dos custos para analisar a atratividade financeira do novo produto.

Desenvolvimento do produto

Desenvolvimento do produto
Desenvolvimento do conceito de produto em um produto físico, para garantir que a ideia do produto pode ser traduzida em uma oferta ao mercado viável.

Para muitos conceitos de novos produtos, o produto em si existe apenas como uma descrição, um desenho ou, talvez, um protótipo. Se o conceito do produto passar na análise do negócio, ele irá para **desenvolvimento do produto**. Nessa etapa, o departamento de P&D ou de engenharia desenvolve o conceito do produto, transformando-o em um produto físico. A etapa de desenvolvimento do produto, no entanto, demanda um grande aumento de investimento. Ela mostrará se a ideia do produto pode ser traduzida em um produto viável.

O departamento de P&D vai desenvolver e testar uma ou mais versões físicas do conceito do produto. A intenção do P&D é desenvolver um protótipo que, além de satisfazer os consumidores e despertar seu interesse, possa ser produzido rapidamente e dentro do orçamento. O desenvolvimento de um bom protótipo pode levar dias, semanas, meses ou até anos, dependendo da maneira de se fazer o produto e o protótipo.

Muitas vezes, é preciso submeter o produto a rigorosos testes, para garantir que ele funcione de forma segura e eficiente ou que os consumidores encontrem nele valor. As empresas podem conduzir os testes de produto por si só ou, então, terceirizá-los para organizações especializadas.

Por exemplo, a Brooks, fabricante de roupas e equipamentos de corrida de alto desempenho, recrutou legiões de usuários os quais chama de "Lab Rats" (Ratos de laboratório) e "Wear Testers" (Provedores de roupa) para testar seus produtos. Ela estuda os Lab Rats em seu laboratório de biomecânica na sede, onde os coloca em esteiras usando equipamentos da Brooks e observa como eles correm, certificando-se de que os produtos da empresa melhorem o desempenho em vez de impedi-lo. Os Wear Testers usam tênis e equipamentos de corrida da Brooks em seu dia a dia e informam a empresa sobre conforto, design, estilo e função. "É bem simples", diz a Brooks. "Nós lhe enviamos equipamentos e você os usa. Você os usa nas corridas matinais, nos dias de corrida, no sol e na neve. A qualquer hora e em qualquer lugar em que você costuma correr e depois nos informa como funcionou (ou não) para você. Seu *feedback* é o que ajuda a determinar o ajuste, a função e o design de todos os nossos futuros produtos".[11]

Testes de produtos: a Brooks recrutou legiões de usuários os quais chama de "Lab Rats" e "Wear Testers" para testar seus produtos. "Seu *feedback* é o que ajuda a determinar o conforto, a função e o design de todos os nossos futuros produtos."

Brooks Sports Inc.

Um novo produto deve ter as características funcionais demandadas, bem como comunicar as características psicológicas pretendidas. O carro totalmente elétrico, por exemplo, deve impressionar os consumidores por ser bem fabricado, confortável e seguro. A gerência precisa saber o que faz os consumidores concluírem que um carro foi bem fabricado. Para alguns, isso significa que as portas do carro fazem um "barulho sólido" ao bater. Para outros, significa que o carro pode resistir a fortes impactos nos testes que simulam acidentes. De fato, são realizados testes com consumidores nos quais eles dirigem o carro e classificam seus atributos.

Teste de *marketing*

Teste de *marketing*
Etapa do desenvolvimento do novo produto em que o produto e o programa de *marketing* para ele proposto são testados em ambientes de mercado realistas.

Se o produto passa nos testes de conceito e de produto, ele segue para o **teste de *marketing***, a etapa em que o produto e o programa de *marketing* para ele proposto são inseridos em ambientes de mercado realistas. O teste de *marketing* confere à empresa experiência na comercialização de um produto antes de ela despender as grandes somas necessárias em um lançamento completo. Ele permite que a empresa teste o produto e todo o seu programa de *marketing* – estratégia de cobertura de mercado e posicionamento, propaganda, distribuição, precificação, *branding*, embalagem e níveis de orçamento.

A quantidade de teste de *marketing* necessária varia para cada novo produto. Quando a introdução de um novo produto exige um grande investimento, quando os riscos são altos ou quando a administração não tem certeza do produto ou de seu programa de *marketing*, uma empresa pode fazer muitos testes de *marketing*. Por exemplo, a Taco Bell levou três anos e 45 protótipos antes de apresentar o Doritos Locos Tacos, o lançamento de produto de maior sucesso na história da empresa até então. E a Starbucks passou 20 anos desenvolvendo o café instantâneo Starbucks VIA - um de seus lançamentos de produtos mais arriscados de todos os tempos - e vários meses testando o produto nas lojas Starbucks em Chicago e Seattle antes de lançá-lo em todo os Estados Unidos. A Starbucks VIA agora é a marca de café mais vendida nos Estados Unidos.[12]

No entanto, os custos do teste de *marketing* podem ser altos e os testes podem levar muito tempo, podendo fazer com que oportunidades de mercado passem despercebidas ou que os concorrentes ganhem vantagens. Uma empresa pode fazer pouco ou nenhum teste de *marketing* quando os custos de desenvolvimento e introdução de um novo produto são baixos ou quando a administração já está confiante sobre o novo produto. Por exemplo, as empresas geralmente não testam extensões de linha simples ou cópias de produtos de sucesso dos concorrentes no mercado.

As empresas às vezes encurtam ou pulam o teste de *marketing* para aproveitar os desenvolvimentos de mercado em rápida mudança, como a Starbucks fez com seu aplicativo móvel de pagamentos de enorme sucesso.

SamaraHeisz5/Shutterstock

As empresas também podem encurtar ou pular os testes diante dos desenvolvimentos de mercado em rápida mudança. Por exemplo, para aproveitar as tendências digitais e móveis, a Starbucks lançou rapidamente um aplicativo móvel de pagamentos menos que perfeito e, em seguida, resolveu as falhas durante os seis meses após o lançamento. O aplicativo móvel de pedidos e pagamentos da Starbucks agora responde por mais de 20% de todas as receitas da Starbucks nos Estados Unidos. "Não achamos que está tudo bem se as coisas não forem perfeitas", diz o diretor digital da Starbucks, "mas estamos dispostos a inovar e ter velocidade para comercializar uma garantia de 100% de que será perfeito".[13]

Como alternativa aos mercados de teste padrão extensos e caros, as empresas podem usar mercados-teste controlados ou mercados-teste simulados. Em *mercados-teste controlados*, novos produtos e táticas são testados em painéis controlados de compradores e lojas. Ao combinar informações sobre os testes de compras de cada consumidor com suas informações demográficas e de visualização de mídia, a empresa pode avaliar o impacto dos esforços de *marketing* feitos em loja e em casa. Usando *mercados-teste simulados*, os pesquisadores medem as respostas dos consumidores a novos produtos e táticas de *marketing* em lojas de laboratório ou ambientes simulados de compras *on-line*. Tanto os mercados de teste controlados quanto os mercados de teste simulados reduzem os custos de *marketing* de teste e aceleram o processo.

Comercialização

Comercialização
Lançamento de um produto no mercado.

O *marketing* de teste fornece à gerência as informações necessárias para tomar uma decisão final sobre o lançamento do novo produto. Se a empresa prosseguir com a **comercialização** - o lançamento de um produto no mercado - enfrentará altos custos. Por exemplo, a empresa pode precisar construir ou alugar uma fábrica. E, no caso de um novo produto de consumo importante, pode gastar centenas de milhões de dólares em publicidade, promoção de vendas e outros esforços de *marketing* no primeiro ano. Por exemplo, a Nintendo gastou cerca de 18 milhões de dólares em um único mês em propaganda na TV para apresentar seu console Nintendo Switch - sistema de videogame híbrido portátil. A Tide gastou 150 milhões de dólares em uma campanha para lançar o Tide Pods no supercompetitivo mercado de sabão para roupas dos Estados Unidos. E para apresentar o *tablet* Surface original, a Microsoft gastou cerca de 400 milhões de dólares em uma campanha promocional que abrangeu TV, mídia impressa, rádio, *outdoors*, Internet, eventos, relações públicas e amostragem.[14]

A empresa que está lançando um produto deve primeiro decidir *quando* vai lançá-lo. Se o novo produto for abocanhar parte das vendas de outros produtos da empresa, seu lançamento poderá ser adiado. Se o produto puder ser ainda mais aperfeiçoado ou se a economia estiver em baixa, a empresa poderá esperar para lançá-lo no ano seguinte. Entretanto, se os concorrentes já estiverem prontos para lançar seus próprios produtos, a empresa poderá correr para lançar o seu antes.

Em seguida, a empresa precisa decidir *onde* vai lançar o produto - em uma única localidade, uma única região, no mercado nacional ou no mercado internacional. Algumas empresas conseguem lançar, com rapidez, modelos em todo o mercado nacional. Organizações com sistemas de distribuição internacional podem disponibilizar produtos por meio de rápidos lançamentos globais. Por exemplo, em seu lançamento global mais rápido de todos os tempos, a Apple lançou o iPhone X em 55 países no mesmo dia.[15]

Comentário do autor | Acima de tudo, o desenvolvimento de novos produtos deve se concentrar na criação de valor para o cliente. Diz um executivo sênior da Samsung: "Recebemos nossas ideias do mercado. O mercado é o motor".

Gerenciamento do desenvolvimento de novos produtos

O processo de desenvolvimento de novos produtos mostrado na Figura 9.1 destaca as importantes atividades necessárias para encontrar, desenvolver e lançar novos produtos. Entretanto, o desenvolvimento de um novo produto envolve mais do que simplesmente seguir uma série de etapas. As empresas precisam assumir uma abordagem holística para gerenciar esse processo. O desenvolvimento bem-sucedido de novos produtos requer um esforço centrado no cliente, em equipe e sistemático.

Desenvolvimento de novos produtos centrado no cliente

Desenvolvimento de novos produtos centrado no cliente
Desenvolvimento de novos produtos que se concentra em descobrir novas maneiras de solucionar os problemas do cliente e criar para ele experiências satisfatórias.

Acima de tudo, o desenvolvimento de novos produtos deve ser centrado no cliente. Muitas vezes, ao buscar e desenvolver novos produtos, as empresas confiam demais nas análises técnicas de seus laboratórios de P&D. Mas, como tudo no *marketing*, o desenvolvimento bem-sucedido de um novo produto começa com um total entendimento do que os consumidores precisam e valorizam. O **desenvolvimento de novos produtos centrado no cliente** se concentra em descobrir novas maneiras de solucionar os problemas do cliente e criar para ele experiências satisfatórias.

Um estudo descobriu que os novos produtos de mais sucesso são diferenciados, resolvem grandes problemas dos clientes e oferecem uma persuasiva proposta de valor para eles. Outro estudo mostrou que as empresas que envolvem diretamente seus clientes no processo de inovação em novos produtos têm o dobro de retorno sobre os ativos e o triplo de crescimento no resultado da operação, em comparação às empresas que não fazem isso. Assim, envolver o cliente tem um efeito positivo tanto no processo de desenvolvimento de um novo produto como no sucesso do produto.

Desenvolvimento de novos produtos centrado no cliente: a fabricante de brinquedos LEGO ouve seus clientes e aproveita ativamente sua comunidade de usuários para ter novas ideias de produtos, tornando-se o que um observador chama de "a Apple dos brinquedos".

Foto por S. Clyde/U.S. Department of Transportation, Federal Highway Administration

O Grupo LEGO, o principal fabricante de brinquedos do mundo, é um forte defensor do desenvolvimento de novos produtos centrado no cliente:[16]

> Quinze anos atrás, o Grupo LEGO estava à beira da falência quando a era da Internet, dos videogames, dos dispositivos móveis e dos brinquedos de alta tecnologia empurraram os brinquedos tradicionais, como os blocos de montar da LEGO, para o fundo do armário. Assim, o Grupo LEGO decidiu reconstruir suas linhas de produtos envelhecidas. A reforma da LEGO, no entanto, não começou com engenheiros trabalhando em laboratórios de design. Tudo começou ouvindo e engajando os clientes.
>
> O Grupo LEGO reuniu pesquisadores às famílias, observou as crianças brincando, entrevistou os pais e fez compras com os clientes. A pesquisa produziu muitos momentos "A-ha!". Por exemplo, o Grupo LEGO há muito oferecia apenas os conjuntos de blocos de construção básicos e não estruturados, que acreditavam estimular a criatividade. Mas no mundo rico em tecnologia de hoje, as crianças ficam entediadas facilmente e gostam de experiências de jogo mais estruturadas. Então, o Grupo LEGO passou a oferecer uma seleção aparentemente interminável de kits temáticos e especializados com instruções detalhadas pelas quais as crianças podem construir qualquer coisa, desde caminhões de bombeiros e helicópteros até castelos ninja dignos de desejo. A pesquisa também mostrou que, para as crianças de hoje, os mundos digital e físico se misturam como um só. Essa percepção levou aos produtos "One Reality" da empresa, que combinam experiências de jogo digitais e do mundo real que envolvem a construção com peças LEGO juntamente com um *software* executado em um aplicativo de telefone ou *tablet*.
>
> O Grupo LEGO também aproveita ativamente sua comunidade de usuários ávidos para obter novos *insights* e ideias de clientes. Por exemplo, o *site* LEGO Ideas, uma espécie de versão de marca do Kickstarter, convida os clientes a enviar ideias, avaliar e votar nas ideias de outras pessoas. Essa cocriação do cliente resultou no produto mais popular da empresa, o LEGO MINDSTORMS, uma série de conjuntos de construção completos com *hardware* e *software* para fazer robôs personalizáveis que são programáveis a partir de um aplicativo de *smartphone*. Graças ao desenvolvimento de novos produtos centrado no cliente, a LEGO agora corre lado a lado com a Mattel como a maior fabricante de brinquedos do mundo.

Assim, as empresas inovadoras de hoje deixaram o laboratório de pesquisa e se conectaram com os clientes na busca de novas maneiras de atender às necessidades deles. O desenvolvimento de novos produtos centrados no cliente começa e termina com o entendimento dos clientes e o envolvimento deles no processo.

Desenvolvimento de novos produtos em equipe

Um bom desenvolvimento de novos produtos também requer um esforço interdepartamental, que envolve a empresa como um todo. Algumas empresas organizam seu processo de desenvolvimento de novos produtos de acordo com a sequência mostrada na Figura 9.1, começando com a geração de ideias e terminando com a comercialização. Com essa abordagem de *desenvolvimento sequencial de produto*, um departamento da empresa trabalha isoladamente para concluir sua etapa do processo, antes de transferir o novo produto para o departamento e a etapa seguintes. Esse processo ordenado, etapa a etapa, pode ajudar no controle de projetos complexos e arriscados. Mas também pode ser perigosamente lento. Em mercados extremamente competitivos e de rápida mudança, esse tipo de desenvolvimento – seguro, porém lento – pode resultar em fracasso de produto, em perda de vendas e lucros e em deterioração de posições de mercado.

Desenvolvimento de novos produtos em equipe
Desenvolvimento de novos produtos em que os vários departamentos da empresa trabalham juntos, sobrepondo as etapas do processo de desenvolvimento para economizar tempo e aumentar a eficiência.

Para levar seus novos produtos ao mercado com mais rapidez, muitas empresas utilizam uma abordagem de **desenvolvimento de novos produtos em equipe**. Nessa abordagem, os departamentos da empresa trabalham juntos, em equipes interdepartamentais, sobrepondo as etapas do processo de desenvolvimento de produto para economizar tempo e aumentar a eficiência. Em vez de fazer o produto passar de departamento para departamento, a empresa monta uma equipe de pessoas oriundas de vários departamentos que se concentram no novo produto do começo ao fim. Essas equipes normalmente incluem pessoas dos departamentos de *marketing*, finanças, design, produção e jurídico, e até mesmo empresas fornecedoras e clientes. No processo sequencial, um gargalo em qualquer uma das fases pode atrasar, seriamente, o processo inteiro. Já na abordagem baseada em equipe, se uma área se depara com um empecilho, trabalha para resolvê-lo enquanto o resto da equipe segue em frente.

A abordagem baseada em equipes tem algumas limitações. Por exemplo, geralmente ela cria mais tensão e confusão organizacionais do que a abordagem sequencial, mais ordenada. No entanto, em setores dinâmicos, com ciclos de vida de produto cada vez mais curtos, as recompensas do desenvolvimento rápido e flexível superam os riscos. As empresas que combinam uma abordagem centrada no cliente com o desenvolvimento de novos produtos em equipe obtêm uma grande vantagem competitiva, ao levar os novos produtos certos ao mercado com mais rapidez.

Desenvolvimento sistemático de novos produtos

Para completar, o processo de desenvolvimento de novos produtos deve ser holístico e sistemático, em vez de compartimentalizado e aleatório. Caso contrário, surgirão poucas novas ideias, e muitas boas ideias não seguirão adiante. Para evitar esses problemas, uma empresa pode estabelecer um *sistema de gerenciamento da inovação*, para coletar, analisar, avaliar e administrar ideias para novos produtos.

A empresa pode indicar um profissional sênior respeitado para o cargo de gerente de inovação. Pode instalar um *software* de administração de ideias baseado na Web e incentivar todos os que têm algum interesse nela – funcionários, fornecedores, distribuidores, revendedores – a se envolver na descoberta e no desenvolvimento de novos produtos. Pode também instituir um comitê interdepartamental de gerenciamento da inovação, para avaliar sugestões para novos produtos e ajudar a levar boas ideias para o mercado. Pode, ainda, criar programas de incentivo para recompensar aqueles que contribuírem com as melhores ideias.

A abordagem do sistema de gerenciamento da inovação traz dois resultados favoráveis. Primeiro, ajuda a criar uma cultura empresarial orientada para a inovação. Ela demonstra que a alta administração apoia, incentiva e recompensa a inovação. Segundo, gera um número maior de ideias para novos produtos, dentre as quais serão encontradas algumas particularmente boas. As novas boas ideias serão desenvolvidas mais sistematicamente, gerando mais sucesso em termos de novos produtos. E não serão mais abandonadas por falta de apoio da direção ou de algum gerente que as defenda.

Assim, o sucesso de um novo produto requer mais do que simplesmente ter algumas boas ideias, transformá-las em produtos e encontrar clientes para eles. Requer uma abordagem holística para se descobrir novas maneiras de gerar experiências valorizadas pelos clientes, da geração e seleção de ideias para novos produtos à criação e ao lançamento de produtos que satisfaçam os desejos dos clientes.

Mais do que isso, o desenvolvimento bem-sucedido de novos produtos requer um compromisso de toda a empresa. Em empresas conhecidas por suas proezas em novos produtos, como Google, Samsung, Apple, 3M e P&G, toda a cultura incentiva, apoia e recompensa a inovação. Por exemplo, na Samsung, fabricante de eletrônicos de consumo líder mundial e uma das empresas mais inovadoras do mundo, a inovação está no centro de tudo o que faz (veja o Marketing Real 9.1).

Marketing Real 9.1 | Samsung: enriquecendo a vida dos clientes por meio da inovação de novos produtos

Você provavelmente está familiarizado com a marca Samsung. Talvez você possua um dos novos *smartphones* Galaxy da Samsung, ou talvez tenha visto uma de suas deslumbrantes *Smart* TVs 8K QLED que podem produzir mais de um bilhão de cores. A Samsung produz eletrônicos que "precisamos ter" em quase todas as categorias, de TVs e monitores de tela plana, *tablets*, telefones celulares e acessórios tecnológicos a dispositivos de *smarthome* e até uma gama completa de eletrodomésticos.

Mas há 25 anos a Samsung era pouco conhecida – e estava longe de ser uma empresa de tecnologia de ponta. Naquela época, a Samsung era uma marca coreana que imitava outras marcas e que você comprava por preços baixos em uma loja de produtos não oficiais caso não pudesse comprar um Sony – a marca de eletrônicos de consumo mais cobiçada do mundo até então. No entanto, em 1993 a Samsung tomou uma decisão inspirada. Ela virou as costas para as imitações baratas e se concentrou em ultrapassar a rival Sony. Para destronar a gigante de eletrônicos de consumo, no entanto, a Samsung primeiro teve que mudar toda a sua cultura, de imitadora para líder. Para vender mais do que a Sony, a Samsung decidiu que primeiro precisava inovar mais do que a concorrente.

Assim, a Samsung decidiu se tornar uma marca de primeira linha e líder em produtos pioneiros. Ela contratou uma safra de designers e gerentes novos e jovens, que lançaram uma enxurrada de novos produtos – não produtos monótonos, mas produtos elegantes, ousados e bonitos voltados para usuários sofisticados. A Samsung os chamou de "obras de arte de estilo de vida". Cada novo produto tinha que passar no teste do "Uau!": se não recebesse uma reação "Uau!" durante os testes de mercado, voltava direto para o estúdio de design. Além da tecnologia de ponta e *designs* elegantes, a Samsung colocou o cliente no centro de seu movimento de inovação. Seu principal objetivo de inovação era melhorar a experiência do cliente e trazer mudanças genuínas à vida das pessoas em tudo o que fazia.

Com seu foco em novos produtos centrados no cliente, a Samsung ultrapassou a Sony em menos de 10 anos. Hoje, a receita anual de 232.8 bilhões de dólares da Samsung é quase três vezes maior que a receita da Sony.

Mas mais do que apenas ser maior, a Samsung também alcançou o fator "Uau!" que tanto buscava em seus novos produtos. Por exemplo, a Samsung tem sido dominante nos últimos anos nas apresentações do International Design Excellence Awards (IDEA) – premiação internacional de excelência em design, considerada o Oscar do mundo do design – que avalia novos produtos com base na aparência, funcionalidade e pensamento inspirador. Em 2018, a Samsung conquistou 49 prêmios IDEA, mais do que qualquer outra empresa até então.

Nesta era digital, conectada e móvel, a Samsung agora compete menos com as "Sonys" do mundo e mais com inovações como as da Apple. E contra a Apple, a Samsung está mais do que se mantendo no páreo. Em dispositivos móveis, por exemplo, a Samsung subiu para o topo do mercado. Apenas alguns anos atrás, o objetivo da Samsung era dobrar sua participação no mercado de *smartphones* de 5% para 10%. Mas o sucesso de sua linha Galaxy catapultou a participação global da Samsung para mais de 20% nos últimos cinco anos, tornando-a a produtora número um de *smartphones* em todo o mundo. Além disso, a Samsung fornece telas OLED, flash NAND e chips DRAM para os iPhones da Apple, por isso ganhou bilhões com o sucesso da Apple em dispositivos móveis.

A Samsung detém outra peça do quebra-cabeça tecnológico que a Apple não possui – telas grandes. A Samsung é líder global em vendas de televisores há 12 anos consecutivos. Suas TVs inteligentes não apenas oferecem controle de gestos, controle de voz e reconhecimento de rosto, mas também oferecem conectividade perfeita que faz com que os usuários de TVs da Samsung acessem o Facebook, transmitam conteúdo *on-line*, controlem seus aparelhos e usem seus aplicativos favoritos. Equipadas com o Bixby, o assistente de voz digital da Samsung, essas TVs inteligentes também integram a mais recente tecnologia de IA. O controle de tantos tipos de telas dá à Samsung uma vantagem nesta era conectada contra concorrentes mais focados.

Mas a Samsung também percebe que os produtos que "precisamos ter" de hoje podem se tornar os produtos que "já temos" amanhã. O crescimento futuro virá não apenas de TVs maiores e *smartphones* melhores. Em vez disso, a potência eletrônica está constantemente à espreita da próxima "grande coisa", independentemente da categoria do produto. Para isso, as equipes de inteligência de mercado e inovação de produtos da Samsung em todo o mundo pesquisam continuamente o uso de produtos, o comportamento de compra e as tendências de estilo de vida, buscando *insights* do consumidor e novas formas inovadoras de atender as suas necessidades.

Por exemplo, a Samsung está investindo pesadamente na "Internet das Coisas" (IoT) – ou como a empresa gosta de chamar, a "Inteligência das Coisas" – um ambiente global em que tudo está conectado digitalmente a todo o resto. "Acreditamos que a IoT deve ser tão fácil quanto apertar um botão", diz um executivo da Samsung. A Samsung quer "ajudar os consumidores a perceber os benefícios de uma vida conectada simples e perfeita".

Dado que a Samsung já fabrica produtos em quase todas as categorias de eletrônicos, a IoT oferece um território fértil para inovação e crescimento futuros. A Samsung está desenvolvendo uma "teia de conectividade" que conecta seus produtos ao resto do mundo. O objetivo é desenvolver produtos e tecnologias Samsung IoT que estejam "em sincronia com a vida". A empresa já lançou vários produtos "inteligentes" – incluindo toda sua linha de TVs inteligentes, dezenas de eletrodomésticos, hubs e sensores inteligentes e aplicativos móveis – que conectam os dispositivos uns aos outros e às pessoas que os usam. A empresa lançará em breve seu próprio SmartThings Cloud – um ecossistema único para todos os seus produtos e serviços de IoT.

A atual linha de IoT da Samsung é apenas a ponta do iceberg. De acordo com uma estimativa, o número de dispositivos em rede aumentará de cerca de 15 bilhões há apenas alguns anos para mais de 70 bilhões em 2025, representando um enorme mercado. Muito antes disso, afirma a Samsung, 100% de seus produtos estarão conectados à Internet.

Essa inovação fornece à Samsung muito mais do que apenas novos produtos para vender. A Samsung costumava ser uma marca "quebra e conserta", que os clientes compravam apenas quando seus produtos precisavam ser consertados ou substituídos. Mas com sua crescente presença na IoT, a Samsung agora se concentra em construir

Além da tecnologia de ponta e do design elegante, a Samsung coloca o cliente no centro de seu movimento de inovação. Seus novos produtos "trazem mudanças genuínas na vida das pessoas".

Kobby Dagan/Shutterstock

relacionamentos significativos com os clientes em todas as partes de sua vida todos os dias. "A ideia é que, à medida que os clientes se conectam mais com seus dispositivos, eles também possam se conectar mais com a marca", diz um analista. "Mais dispositivos significa que há mais chance de construir clientes leais da Samsung para a vida toda".

Vinte e cinco anos atrás, poucas pessoas teriam previsto que a Samsung se transformaria tão completamente de um fabricante imitador de baixo custo em um inovador de referência mundial de produtos elegantes, de alto desempenho e líderes do setor. Mas por meio de uma dedicação à inovação de novos produtos com foco no cliente, foi exatamente isso que a Samsung fez. Mesmo recentemente, poucos teriam previsto que a empresa seria uma força motriz por trás da criação de um mundo interconectado. No entanto, a Samsung parece estar a caminho de conseguir isso também.

"Temos que mostrar aos consumidores o que há para eles e o que a Internet das Coisas pode alcançar", diz o CEO da Samsung, "para transformar nossa economia, sociedade e como vivemos nossas vidas". Acrescenta outro executivo da Samsung: "Vamos nos concentrar em criar experiências incríveis, [em fazer] o que é certo para os clientes". Em suma, aquilo que receber um "Uau!".[17]

Comentário do autor | Os produtos de uma empresa nascem, crescem, amadurecem e depois declinam, assim como tudo o que vive. Para permanecer vital, a empresa deve desenvolver continuamente novos produtos e gerenciá-los de forma eficaz ao longo de seus ciclos de vida.

Estratégias de ciclo de vida do produto

Objetivo 9.3 Descrever os estágios do ciclo de vida do produto e como as estratégias de *marketing* mudam ao longo desse ciclo de vida.

Após o lançamento do produto, a gerência quer que ele tenha uma vida longa e feliz. Embora não espere que o produto seja vendido para sempre, a empresa quer obter um lucro razoável, que compense todos os esforços e riscos em que incorreu para lançá-lo. A gerência tem ciência de que cada produto tem um ciclo de vida, mas não tem como saber com antecedência como será exatamente esse ciclo e qual será sua duração.

A ● **Figura 9.2** mostra um típico **ciclo de vida do produto (CVP)**, o curso das vendas e dos lucros de um produto ao longo de sua vida. O ciclo de vida do produto possui cinco estágios distintos:

Ciclo de vida do produto (CVP)
O curso das vendas e dos lucros de um produto ao longo de sua vida.

1. O *desenvolvimento do produto* começa quando a empresa descobre e desenvolve uma ideia para um novo produto. Neste estágio, não existem vendas e os custos de investimento da organização aumentam.
2. A *introdução* é um período de baixo crescimento das vendas, uma vez que o produto ainda está sendo introduzido no mercado. Neste estágio, não há lucro por conta das grandes despesas com o lançamento do produto.
3. O *crescimento* é um período de rápida aceitação pelo mercado e aumento dos lucros.
4. A *maturidade* é um período de redução no crescimento das vendas, uma vez que o produto já obteve a aceitação da maioria dos compradores potenciais. O nível de lucros se estabiliza ou declina, por causa dos maiores gastos de *marketing* para defender o produto contra a concorrência.
5. O *declínio* é o período em que as vendas diminuem e os lucros caem.

Nem todos os produtos seguem todos os cinco estágios do CVP. Alguns são lançados e logo desaparecem; outros permanecem no estágio de maturidade por muito, muito tempo. Alguns entram no estágio de declínio e, então, voltam para o estágio de crescimento graças a grandes promoções ou a um reposicionamento. Parece que uma marca bem gerenciada pode viver para sempre. Marcas veneráveis como Coca-Cola, Gillette, IBM, American Express, Wells Fargo, Levi-Strauss, Crayola e Quaker, por exemplo, ainda estão fortes depois de mais de 100 anos. A marca de molho TABASCO, de 150 anos, se gaba de ter "mais de 150 anos e ainda ser capaz de mostrar quem manda!".

O conceito de CVP pode descrever uma *categoria de produtos* (automóveis movidos a gasolina), uma *forma de produto* (SUVs) ou uma *marca* (Ford Escape). Ele se aplica diferentemente a cada caso. As categorias de produtos têm os ciclos de vida mais longos – as vendas de muitas categorias de produtos permanecem no estágio de maturidade por muito tempo. Já as *formas de produtos*

● FIGURA 9.2
Vendas e lucros ao longo da vida do produto, do início ao declínio.

Alguns produtos desaparecem logo; outros permanecem no estágio de maturidade por muito, muito tempo. Por exemplo, o giz de cera Crayola Crayons existe há mais de 119 anos.? No entanto, para manter a marca jovem, a empresa adicionou um fluxo contínuo de novos produtos contemporâneos, como o Color Alive, que permite às crianças colorir desenhos animados, digitalizá-los e assisti-los enquanto um aplicativo os anima.

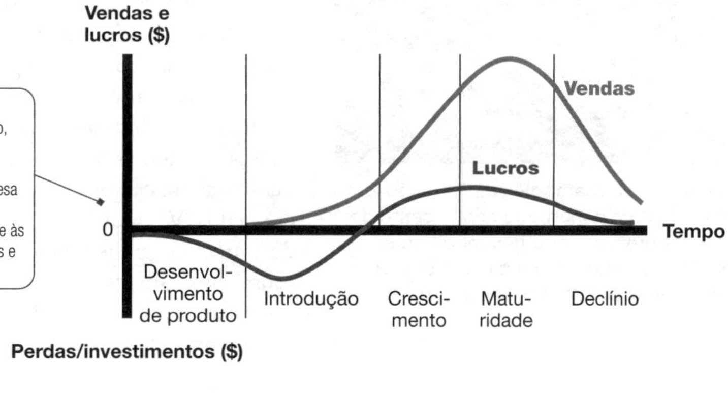

FIGURA 9.3
Estilos, modas e modismos.

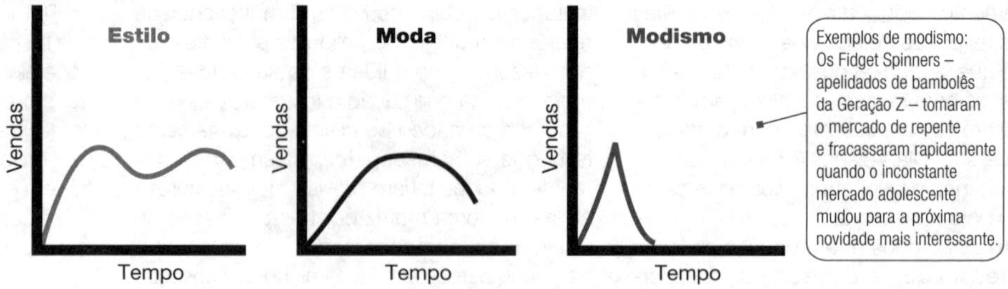

tendem a seguir a curva-padrão do CVP. Formas de produtos como telefones de discar, fitas VHS e câmeras de filme analógicas passaram por todos os estágios normais de CVP: introdução, crescimento rápido, maturidade e declínio.

O ciclo de vida de uma marca específica pode mudar rapidamente em virtude de mudanças nos ataques e nas reações da concorrência. Por exemplo, embora os sabões para lavar roupa (classe de produtos) tenham aproveitado ciclos de vida bastante longos, os ciclos das formas de produtos para lavar roupas e das marcas específicas tendem a ser muito mais curtos. Sabões em pó (forma de produto) têm dado cada vez mais lugar a líquidos e pastilhas. Atualmente, nos Estados Unidos, as marcas líderes de sabão para roupas são Tide e Gain; há 100 anos, as líderes eram Fels-Naptha e Octagon.

Estilo
Um modo básico e distintivo de expressão.

O conceito de CVP também pode ser aplicado ao que se denominam estilos, modas e modismos. Seus ciclos de vida especiais são mostrados na **Figura 9.3**. Um **estilo** é um modo básico e distintivo de expressão. Por exemplo, os estilos podem ser observados em casas (coloniais, rústicas), roupas (formais, informais) e nas artes (realista, surrealista, abstrata). Quando um estilo é inventado, pode durar muitas gerações, entrando e saindo de moda. O estilo possui um ciclo que mostra diversos períodos de interesse renovado.

Moda
Estilo atualmente aceito ou popular em uma determinada área.

Uma **moda** é um estilo atualmente aceito ou popular em uma determinada área. Por exemplo, os "trajes de negócios" mais formais que compunham o vestuário corporativo nas década de 1980 e 1990 deram lugar ao "estilo casual" de hoje. A moda tende a crescer lentamente, permanecer popular durante um certo tempo e declinar aos poucos.

Modismo
Um período temporário de vendas excepcionalmente altas motivadas pelo entusiasmo do consumidor e pela popularidade imediata do produto ou marca.

Modismos são períodos temporários de vendas excepcionalmente altas motivadas pelo entusiasmo do consumidor e pela popularidade imediata do produto ou marca. Um modismo pode ser parte de um ciclo de vida que, de outro modo, seria normal, como no caso do recente aumento nos Estados Unidos das vendas de fichas de pôquer e outros acessórios. Ou o modismo pode constituir o ciclo de vida inteiro de uma marca ou produto.

Um exemplo é o Fidget Spinner – o pequeno dispositivo de rolamento de três pontas que você agita e gira para aliviar o estresse ou apenas porque é divertido fazê-lo. Apelidados de "bambolês da Geração Z", os Spinners conquistaram o mercado pré-adolescente e adolescente no início de 2017. No início de maio daquele ano, os aparelhos representavam incríveis 17% das vendas diárias de brinquedos *on-line*. No entanto, como a maioria dos modismos, as vendas rapidamente começaram a fracassar. Em junho, enquanto eram amplamente vendidos por comércios de massa como o Walmart e a Target, os Spinners estavam se tornando comuns demais para serem legais. Além disso, as escolas começaram a proibir os brinquedos que causavam distrações – o que não contribuiu com a situação. Por fim, os adolescentes, notoriamente inconstantes, perderam o interesse e passaram para a próxima novidade mais interessante. Outros exemplos de modismos incluem paus de selfie e Pokemon Go.[18]

Modismos: apelidado de "bambolês da Geração Z", os Fidget Spinners tomaram o mercado adolescente de repente. No entanto, como a maioria dos modismos, as vendas rapidamente fracassaram à medida que os adolescentes inconstantes passavam para a próxima novidade mais interessante.

3Baboons/Shutterstock

Os profissionais de *marketing* podem aplicar o conceito de CVP como uma ferramenta útil para descrever o modo como produtos e mercados funcionam. E, quando usado com cuidado, o conceito pode ajudar no desenvolvimento de boas estratégias de *marketing* para seus diferentes estágios. No entanto, usar o conceito de CVP para fazer previsões acerca do desempenho do produto ou para desenvolver estratégias de *marketing* apresenta alguns problemas práticos. Por exemplo, na prática, é difícil prever o nível de vendas em cada estágio do CVP, a duração de cada estágio e o formato da curva do CVP. A utilização do conceito de CVP para desenvolver estratégias de *marketing* também pode ser difícil, uma vez que a estratégia é tanto uma causa como um resultado do CVP. A posição atual do CVP sugere as melhores estratégias de *marketing*, e as estratégias resultantes afetam o desempenho do produto nos estágios posteriores do ciclo de vida.

Além disso, os profissionais de *marketing* não devem empurrar os produtos às cegas pelos estágios tradicionais do ciclo de vida. Em vez disso, eles devem definir as "regras" do ciclo de vida e posicionar ou reposicionar seus produtos de formas inesperadas. Ao fazer isso, eles podem resgatar produtos maduros ou em declínio e colocá-los de volta no estágio de crescimento do ciclo de vida. Os profissionais de *marketing* podem ainda pular obstáculos que atrasariam a aceitação do consumidor e mandar os novos produtos direto para o estágio de crescimento.

A moral do ciclo de vida do produto é: as empresas devem inovar continuamente; caso contrário, elas correm o risco de desaparecer. Para crescer, a empresa precisa desenvolver um fluxo regular de novos produtos, que gerem novos valores para os clientes. E, independentemente do quão bem-sucedida é a atual linha de produtos da empresa, ela precisa gerenciar, com habilidade, o ciclo de vida dos produtos existentes para ter sucesso no futuro. A fabricante de *software* financeiro Intuit faz isso bem. Em vez de ficar com seus produtos de sucesso, ela os reinventa sistematicamente antes que os concorrentes possam fazê-lo. Assim, os produtos da Intuit permanecem em um estágio de crescimento perpétuo de CVP e nunca atingem a maturidade ou entram em declínio (veja o Marketing Real 9.2).

Nós já analisamos o estágio de desenvolvimento do produto na primeira parte deste capítulo. Agora, analisaremos as estratégias para cada um dos demais estágios do CVP.

Estágio de introdução

Estágio de introdução
Estágio do CVP em que um novo produto é distribuído e disponibilizado para compra.

O **estágio de introdução** começa assim que o produto é lançado. A introdução leva tempo, e o crescimento das vendas tende a ser lento. Produtos populares, como alimentos congelados e TVs de alta definição, levaram muitos anos para entrar no estágio de crescimento rápido.

Nesse estágio, em comparação com os outros, os lucros são negativos ou pequenos, por causa das baixas vendas e das altas despesas com distribuição e promoção. É necessário dinheiro para atrair os distribuidores e construir seus estoques. Os gastos com promoção são relativamente altos, pois é preciso informar os consumidores da existência do novo produto e fazê-los experimentá-lo. Como, neste estágio, o mercado geralmente não está preparado para refinamentos do produto, a empresa e seus poucos concorrentes produzem apenas versões básicas dele. Essas empresas se concentram em vender para os compradores que estão mais dispostos a comprar.

A empresa, principalmente a *pioneira de mercado*, deve escolher uma estratégia de lançamento que seja coerente com o posicionamento pretendido para o produto. Ela deve compreender que a estratégia inicial é apenas o primeiro passo de um plano de *marketing* mais grandioso para o ciclo de vida completo do produto. Se a pioneira escolher uma estratégia de lançamento para "arrasar", ela poderá sacrificar a receita no longo prazo em troca de ganhos no curto prazo. A pioneira tem mais chances de construir e manter a liderança do mercado se ela usar as cartas que tem em mãos corretamente desde o início do jogo.

Estágio de crescimento

Estágio de crescimento
Estágio do CVP em que as vendas do produto começam a subir rapidamente.

Se o novo produto satisfizer o mercado, ele entrará no **estágio de crescimento**, em que as vendas começarão a subir rapidamente. Os adotantes imediatos continuarão comprando o produto e os compradores posteriores seguirão seu exemplo, principalmente se tiverem uma propaganda boca a boca positiva. Atraídos pela oportunidade de lucros, novos concorrentes entrarão no mercado. Eles oferecerão novas características para o produto e o mercado se expandirá. O aumento do número de concorrentes leva a um aumento do número de pontos de distribuição. E, só com a construção do estoque dos revendedores, as vendas já dão um salto. Os preços permanecem onde estão ou caem ligeiramente. As empresas mantêm seus gastos com promoção no mesmo nível ou os passam para um nível um pouco mais alto. Instruir o mercado continua sendo uma meta, mas, a essa altura, a empresa também precisa enfrentar a concorrência.

Os lucros aumentam durante o estágio de crescimento, à medida que os custos de promoção são diluídos em um grande volume e o custo unitário de produção cai. A empresa utiliza diversas estratégias para sustentar o rápido crescimento no mercado durante o maior tempo possível. Ela melhora a qualidade do produto e acrescenta a ele novas características e modelos. Entra em novos segmentos de mercado e novos canais de distribuição. Altera parte da campanha promocional que promove a consciência do produto e passa a trabalhar com a convicção e a compra do produto. Além disso, reduz seus preços no momento certo, para atrair mais compradores.

No estágio de crescimento, a empresa precisa decidir se quer uma grande participação de mercado ou grandes lucros correntes. Ao investir pesado na melhoria, na promoção e na distribuição do produto, ela pode conquistar uma posição de domínio. No entanto, ao fazer isso, renuncia aos lucros máximos correntes, na esperança de recuperá-los no estágio seguinte.

Marketing Real 9.2 | Intuit: reinvenção e o ciclo de vida do produto

Quando a Intuit se estabeleceu pela primeira vez em 1983 com seu *software* de finanças pessoais Quicken, ela saltou para um mercado ferozmente competitivo alimentado pelo contínuo crescimento dos computadores pessoais. Entre as empresas originais de *software* financeiro, apenas a Intuit ainda sobrevive. E mais do que apenas sobreviver, a Intuit agora o domina. Em 2018, a empresa vendeu 6 bilhões de dólares em *softwares*. Suas receitas vêm crescendo a taxas de dois dígitos e os lucros estão em alta mais do que nunca. O QuickBooks da Intuit agora captura uma participação de mercado de 80% em *software* de contabilidade para pequenas empresas. E, em 2018, os clientes usaram o TurboTax da Intuit para preparar cerca de 35 milhões de declarações de imposto de renda de pessoas físicas nos Estados Unidos, quase o dobro dos 19 milhões preparados pelo *software* e pelos serviços da H&R Block.

O que está por trás do sucesso de longa data da Intuit? A empresa prospera em uma estratégia de ciclo de vida do produto de "destruição criativa". Em vez de proteger e nutrir seus produtos de sucesso, a Intuit os reinventa sistematicamente antes que os concorrentes possam fazê-lo. Assim, os produtos da Intuit permanecem em um estágio de crescimento perpétuo de PLC e nunca atingem a maturidade ou entram em declínio.

Para alimentar sua máquina de destruição criativa, a Intuit estuda proativamente e obsessivamente seus clientes e o mercado. Ela procura descobertas imprevistas ou inexplicáveis — o que chama de "saborear a surpresa" – e as transforma em oportunidades. Por exemplo, as primeiras pesquisas com usuários do *software* de finanças pessoais Quicken produziram um resultado surpreendente. Quando perguntados se usavam o Quicken em casa ou no escritório, metade relatou usá-lo no escritório. Os pesquisadores podem ter suposto que isso significava que os usuários do Quicken estavam gastando tempo no trabalho para equilibrar seus talões de cheques e pagar suas contas. Mas cavando mais fundo, a Intuit descobriu que os usuários do Quicken não estavam cuidando de suas finanças pessoais no trabalho; eles estavam usando o Quicken para administrar as finanças de suas pequenas empresas. Assustados com a complexidade do *software* de contabilidade empresarial que empregava métodos de contabilidade de grandes empresas, os proprietários de pequenas empresas estavam usando o Quicken – um *software* menos sofisticado, mas também menos complexo – em seus negócios.

Assim, embora o Quicken ainda estivesse vendendo muito bem para esse segmento, a Intuit criou o QuickBooks, *software* de finanças fácil de usar para pequenas empresas. O QuickBooks tinha menos da metade dos recursos do *software* de contabilidade empresarial líder de mercado e era vendido a 99 dólares, o dobro do preço. No entanto, atingiu o ponto ideal do mercado, ultrapassando o líder em apenas dois meses. Hoje, com sua participação de mercado de 80%, o QuickBooks responde por metade das receitas da Intuit.

Mais recentemente, os pesquisadores da Intuit notaram que alguns usuários do sistema de gerenciamento de dinheiro *on-line* da empresa, o Mint, estavam se comportando de maneira diferente dos outros jovens profissionais visados pelo Mint. Esses clientes estavam usando o Mint para gerenciar a renda e os gastos do trabalho autônomo. Muitos eram trabalhadores "informais" ou com renda extra – como motoristas Uber ou Lyft, anfitriões do Airbnb ou similares – contratados de modo independente ou como freelancers contratados por empresas para shows ou compromissos de curto prazo. Então, a Intuit criou o QuickBooks Self-Employed, agora o produto de crescimento mais rápido da empresa na explosiva "economia informal".

Enquanto muitas empresas esperam por uma crise ou disrupção competitiva antes de mexer com um produto de sucesso, a Intuit quer ser a causa de sua própria disrupção. Ao longo dos anos, a empresa reinventou rotineiramente seus produtos para atender às mudanças de mercado que levaram os concorrentes ao declínio. Por exemplo, quando a Microsoft introduziu o Windows no final da década de 1980, a Intuit rapidamente adicionou a ele versões compatíveis do Quicken e do QuickBooks, embora a maior parte do mercado ainda estivesse usando o antigo sistema operacional MS-DOS. Alguns anos depois, durante os primeiros dias da World Wide Web, a Intuit colocou seus produtos *on-line* sem problemas. E com o início da era móvel, a Intuit adaptou seus produtos mais uma vez, aperfeiçoando os aplicativos móveis muito antes de *smartphones* e *tablets* saturarem o mercado. "Tudo parece óbvio em retrospecto", diz um analista, "mas cada transformação foi uma alucinação na época – [quero dizer,] pagar impostos em um telefone? – em que a Intuit as alcançou". Embora esses movimentos de ponta sejam arriscados, eles valeram a pena para a Intuit. A explosão de assinaturas do Quickbooks Online ajudou as ações da Intuit a aumentar em 25% em valor em 2018, mesmo com a queda do mercado como um todo.

A Intuit está agora realizando uma das reinvenções de maior alcance de sua história. Em vez de simplesmente vender produtos e serviços de *software*, a empresa está se tornando uma plataforma aberta. A transformação começou com uma visão aparentemente simples: "A pequena empresa média usa de 16 a 20 aplicativos, e nós fazemos três", lembra o CEO da Intuit. "Tivemos que abrir nossa plataforma e confiar que isso tornaria nossos clientes mais leais a nós e que também nos daria *insights* sobre problemas que poderíamos resolver".

Como resultado, a Intuit criou uma plataforma *on-line* onde desenvolvedores externos podem contribuir com aplicativos projetados para funcionar com os produtos da Intuit. Por exemplo, a American Express agora oferece um aplicativo gratuito que transfere automaticamente as transações do cartão Amex para a conta do QuickBooks Online de um usuário. Algo que a Intuit nunca poderia ter desenvolvido por conta própria, o aplicativo Amex beneficia ambas as empresas, facilitando as coisas para seus clientes compartilhados.

A plataforma aberta apresenta riscos – ela cede o controle a forças externas, algumas das quais são concorrentes em potencial. Mesmo assim está funcionando bem. Nos primeiros cinco anos da plataforma aberta, o número de aplicativos que funcionam com produtos da Intuit subiu de 3 para 1.400. A colaboração aberta transformou a Intuit em um ecossistema – uma comunidade de marca onde clientes, contadores, desenvolvedores de aplicativos e a Intuit podem interagir para o benefício de todos. Por meio do código aberto, diz a Intuit, podemos "alavancar o poder de muitos para a prosperidade de cada indivíduo".

Tudo isso continua a alimentar a estratégia de destruição criativa da Intuit. Recentemente, a empresa descobriu que as pequenas empresas obtêm mais sucesso quando trabalham com contadores. E a Intuit já tem relacionamento com cerca de 600 mil contadores que usam seu *software* tributário. Reconhecendo essa oportunidade, a Intuit criou um recurso de *matchmaking* (combinação de perfis) para

Gerenciamento hábil do CVP: em vez de ficar sentada em produtos de sucesso, a Intuit os reinventa antes que os concorrentes possam fazê-lo, mantendo-os fora da maturidade e do declínio.

Michael Vi/Shutterstock

conectar os usuários do QuickBooks Online aos contadores. Só no ano passado, o recurso ajudou 600.000 pequenas empresas a obter serviços profissionais de contabilidade. "Isso é uma grande vantagem para ambos", diz o CEO da Intuit. Também é uma grande vitória para a Intuit. O recurso de *matchmaking* para contadores ajudou a aumentar a taxa de renovação de clientes do QuickBooks Online de 75% para impressionantes 91%.

Os concorrentes não conseguem duplicar facilmente o processo de destruição criativa da Intuit – a reinvenção está profundamente enraizada na cultura e nas operações da empresa. Para apoiar a inovação, a Intuit gasta 19,3% de sua receita em P&D, em comparação com os 15,5% gastos pelo Google/Alphabet e os 14,5% gastos pela Microsoft. Para nutrir um clima de reinvenção, a Intuit incentiva os funcionários em todos os níveis – incluindo os da alta administração – a admitir e aprender com os erros e fracassos. A Intuit também montou uma comunidade interna de "Catalisadores de Inovação", funcionários treinados para treinar, orientar e inspirar outros funcionários a inovar. E incentiva as pessoas em toda a empresa a gastar 10% de seu tempo em projetos não estruturados em busca de novas ideias inovadoras.

O processo de reinvenção, a cultura e o sucesso da Intuit renderam reconhecimento e elogios de vários analistas e especialistas em tecnologia. Como um escritor da Fortune conclui: "Nenhuma empresa se esforça tanto para encontrar a próxima grande disrupção antes de encontrá-la. A Intuit entende que no mundo digital não há vitórias finais, mas muitas derrotas finais, e o sucesso é sempre tênue".

Sob seus mantras criativos de destruição e reinvenção, a Intuit acolhe cada novo desafio. Referindo-se à inteligência artificial como o próximo grande avanço da empresa, o CEO da Intuit diz que essas tecnologias permitirão que a empresa "faça coisas incríveis para clientes que nunca imaginaram ser possíveis".

Estágio de maturidade

Estágio de maturidade
Estágio do CVP em que o crescimento das vendas de um produto diminui ou permanece estagnado.

Em algum ponto, o crescimento das vendas de um produto diminuirá e ele entrará no **estágio de maturidade**. Esse estágio normalmente dura mais tempo que os anteriores e apresenta grandes desafios para a gerência de *marketing*. A maioria dos produtos se encontra no estágio de maturidade do ciclo de vida e, portanto, a maioria dos gerentes de *marketing* lida com um produto maduro.

A desaceleração do crescimento das vendas resulta em muitos fabricantes com muitos produtos para vender. Por sua vez, o excesso de capacidade leva à concorrência mais acirrada. Os concorrentes começam a reduzir os preços, a fazer mais propaganda e promoção de vendas e a aumentar seu orçamento de desenvolvimento de produto com o intuito de encontrar versões melhores do produto. Essas ações levam a uma queda nos lucros. Alguns dos concorrentes mais fracos começam a se retirar e o setor, ocasionalmente, vê-se dominado apenas por concorrentes bem estabelecidos.

Embora muitos produtos no estágio de maturidade pareçam permanecer imutáveis durante muito tempo, os mais bem-sucedidos, na verdade, estão evoluindo para atender às necessidades dos consumidores, em constante mudança. Os gerentes de produto devem fazer mais do que acompanhar ou defender seus produtos maduros – um bom ataque é a melhor defesa. Eles devem considerar a possibilidade de uma modificação no mercado, na oferta do produto e no *mix* de *marketing*.

Ao *modificar o mercado*, a empresa tenta aumentar o consumo encontrando novos usuários e segmentos de mercado para suas marcas. Por exemplo, a L'Oréal, líder de longa data em cuidados de beleza femininos, criou novos produtos voltados para homens. Hoje oferece linhas completas de produtos de higiene L'Oréal Men Expert, desde desodorantes e géis de banho até produtos para cuidados com a pele, cabelos e barba. Cientificamente adaptadas às características especiais da pele masculina, as linhas incluem itens como Hydra Energetic Recharging Tissue Mask, Hydra Energetic Wake Up Boost Wash, Hydra Sensitive Soothing Birch Sap Moisturizer e Vita Lift Anti-Wrinkle & Firming Moisturizer. Os produtos Men Expert da L'Oréal são "Criados tendo os homens em mente".[20]

A empresa também pode procurar maneiras de aumentar o uso entre os clientes atuais. Por exemplo, a Campbell incentiva as pessoas a consumirem mais suas sopas e outros produtos, oferecendo ideias e receitas para refeições. Usando o *site* ou o aplicativo móvel da Campbell's Kitchen (www.campbells.com/kitchen), os consumidores podem pesquisar ou trocar receitas, criar sua própria caixa de receitas pessoal, aprender maneiras mais saudáveis de se alimentar, calcular os custos das refeições e se inscrever para um programa Meal Mail diário ou semanal. Nos *sites* do Facebook, Pinterest e Twitter da Campbell, os consumidores podem participar das conversas da Campbell's Kitchen Community e compartilhá-las.

A empresa também pode tentar *modificar o produto* – mudar características como qualidade, atributos, estilo, embalagem ou plataformas de tecnologia para manter os usuários atuais ou atrair novos. Assim, a maioria dos fabricantes de eletrodomésticos está adaptando rapidamente seus produtos para as casas inteligentes de hoje – com tudo, desde Bluetooth e eletrodomésticos de cozinha com câmeras até torneiras ativadas por voz. Por exemplo, os aparelhos integrados da Chef Collection da Samsung são todos habilitados para *Wi-Fi* ou Bluetooth, permitindo que os usuários os monitorem e os controlem dentro ou fora de casa com um aplicativo de *smartphone*. As câmeras de visão interna permitem que os consumidores vejam o que está dentro de suas geladeiras de qualquer lugar, inclusive remotamente do supermercado. As geladeiras possuem compartimentos FlexZone que fazem a transição de uma geladeira para um freezer com o toque de um botão de aplicativo. A máquina de lavar louça abre automaticamente a porta quando o ciclo termina para acelerar o tempo de secagem e notifica os usuários quando a lavagem estiver concluída. O aplicativo Chef Collection permite que os usuários pré-aqueçam remotamente seus fornos e definam temperaturas de cozimento precisas. Ou melhor ainda, o algoritmo

Gerenciando o ciclo de vida do produto: Com 140 anos, a marca Quaker com certeza não tem agido de acordo com sua idade. Por meio do que chama de "experimentos de aveia", a marca adicionou ao armário de cozinha diversos novos produtos contemporâneos e uma lista completa de abordagens de *marketing* modernas.

Fornecido por cortesia da The Quaker Oat Company.

de cozimento inteligente do forno pode detectar automaticamente o que está no forno e definir suas próprias temperaturas e tempos de cozimento.[21]

Por fim, a empresa pode tentar modificar seu *mix de marketing* – melhorar as vendas alterando um ou mais elementos do *mix* de *marketing*. Ela pode oferecer serviços novos ou aperfeiçoados para os compradores. Pode reduzir os preços para atrair novos usuários e clientes dos concorrentes. Pode lançar uma campanha publicitária melhor ou usar agressivas promoções de vendas. Além da precificação e da promoção, a empresa pode ampliar seus canais de *marketing* para ajudar a atender a novos usuários.

A PepsiCo tem usado todas essas abordagens de modificação de mercado, produto e *mix* de *marketing* para revigorar continuamente sua respeitada marca Quaker Oats:[22]

Com 140 anos, a marca Quaker com certeza não age de acordo com sua idade. Nos últimos anos, muito além de seus produtos legados de aveia, a Quaker adicionou ao armário de cozinha uma série de novos produtos contemporâneos e uma lista completa de abordagens de *marketing* modernas. A Quaker chama seus novos desenvolvimentos de produtos de "experimentos de aveia". De acordo com um anúncio recente da Malásia, "Nós brincamos com nossa aveia. Nós a temperamos bem. Por 140 anos, experimentamos nossa aveia para criar produtos de café da manhã que o ajudam a alimentar o dia, e isso nunca vai deixar de acontecer". Para esse fim, a Quaker oferece uma linha completa e em constante evolução de cereais quentes e frios cheios de energia, lanches, biscoitos e outros produtos que proporcionam às famílias contemporâneas escolhas de estilo de vida saudável.

Mais do que apenas novas adições de produtos, a Quaker moderniza todos os outros elementos da marca para mantê-la atualizada. Por exemplo, recentemente se adequou aos estilos de vida mais móveis e conectados das famílias jovens que visa. As campanhas de *marketing* da Quaker incorporam doses saudáveis de mídia digital, incluindo anúncios para celular, extenso conteúdo de mídia social e um *site* comunitário repleto de informações.

Estágio de declínio

As vendas da maioria das formas de produto e marcas acabam por cair. O declínio pode ser lento, como no caso dos selos dos correios e dos computadores de grande porte, ou rápido, como no caso das fitas VHS. As vendas podem cair para zero ou a um nível baixo, no qual permanecerão por muitos anos. Esse é o **estágio de declínio**.

Estágio de declínio
Estágio do CVP em que as vendas de um produto desaparecem.

As vendas declinam por muitas razões, entre elas avanços tecnológicos, mudanças nos gostos do consumidor e aumento da concorrência. À medida que as vendas e os lucros caem, algumas empresas se retiram do mercado. As que permanecem podem reduzir suas ofertas de produtos. Além disso, podem abandonar segmentos de mercados menores e canais de comercialização marginais ou cortar o orçamento de promoção e reduzir ainda mais os preços.

Manter um produto fraco pode ser muito custoso para uma empresa, e não apenas em termos de lucro. Há muitos custos ocultos. Um produto fraco pode tomar muito tempo da gerência, uma vez que costuma requerer ajustes de preço e de estoques frequentes. Demanda atenção do pessoal envolvido com propaganda e vendas – atenção esta que poderia ser mais bem utilizada para tornar produtos "saudáveis" mais lucrativos. A queda na reputação do produto pode deixar os clientes apreensivos com relação à empresa e a seus outros produtos. O maior custo talvez se revele no futuro. Manter produtos fracos atrasa a busca por substitutos, gera um *mix* de produtos irregular, prejudica os lucros correntes e enfraquece a base da empresa no futuro.

Por essas razões, as empresas precisam identificar seus produtos no estágio de declínio e decidir se vão mantê-los, colhê-los ou eliminá-los. A gerência pode decidir *manter* sua marca, reposicionando-a ou revigorando-a na esperança de fazê-la voltar ao estágio de crescimento do ciclo de vida do produto. A Radio Flyer – a icônica fabricante de carrinhos de puxar vermelhos de 100 anos – fez isso:[23]

Por volta de de 20 anos atrás, a Radio Flyer estava em declínio e não era lucrativa. Mas, em vez de ceder ao ciclo de vida do produto, a marca projetou uma reviravolta. Ela enviou designers para visitar casas, playgrounds e calçadas de ruas de bairro em todo os Estados Unidos para observar em primeira mão como as

Revigorando uma marca icônica: graças ao desenvolvimento de novos produtos centrado no cliente, a Radio Flyer, com 100 anos de história, está novamente crescendo e sendo lucrativa.

Cortesia da Radio Flyer, Inc.

crianças de hoje estavam usando carrinhos de puxar, triciclos e outros itens que a Radio Flyer fabricava. Na sede, construiu um Play Lab com uma calçada de teste, onde gravou como as crianças brincavam. Também estudou os pais. "Nós dizíamos para as mães: 'OK, pegue este carrinho e coloque-o em seu porta-malas', e então observávamos: é desajeitado? É estranho?" diz o CEO da Radio Flyer.

Esse desenvolvimento de novos produtos focado no cliente valeu a pena. Por exemplo, depois de observar crianças pequenas andando nos brinquedos, a equipe da Radio Flyer criou um patinete que tinha uma prancha mais larga, duas rodas dianteiras e uma condução menos instável. "Passamos de não ter nenhum produto nessa categoria para nos tornarmos a marca número um [...] em patinetes para crianças pequenas", diz o CEO. Graças a esse e a outros sucessos de produtos, a Radio Flyer voltou a ser lucrativa, conquistando recentemente um lugar na lista da *Forbes* entre as Melhores Pequenas Empresas da América.

A gerência pode decidir *colher* o produto, o que significa reduzir vários custos (instalações e equipamentos, manutenção, P&D, propaganda e força de vendas) na esperança de que as vendas se mantenham. Se der certo, isso vai aumentar os lucros da empresa no curto prazo. Por fim, a gerência pode decidir *eliminar* o produto de sua linha. A empresa pode vender o produto para outra ou simplesmente liquidá-lo por um valor módico. Nos últimos anos, a Ford vendeu ou descontinuou várias grandes marcas, como Mercury e Volvo. E, para atender às mudanças do mercado, a Ford também abandonou a maioria de seus modelos de sedãs da marca Ford, incluindo o Ford Focus, o Ford Fiesta e o outrora mais vendido Ford Taurus. O abandono desses modelos em queda permitiu que a Ford se concentrasse em seus SUVs, crossovers e picapes mais populares, que agora representam uma maioria considerável de todas as vendas de veículos novos nos Estados Unidos.

A ● **Tabela 9.2** resume as principais características de cada estágio do CVP. A tabela também lista os objetivos e estratégias de *marketing* para cada estágio.[24]

● Tabela 9.2 Resumo das características, dos objetivos e das estratégias do ciclo de vida do produto

	Introdução	Crescimento	Maturidade	Declínio
Características				
Vendas	Vendas baixas	Vendas em rápido crescimento	Vendas no pico	Vendas em declínio
Custos	Custo alto por cliente	Custo médio por cliente	Custo baixo por cliente	Custo baixo por cliente
Lucros	Negativos	Lucros crescentes	Lucros altos	Lucros em declínio
Clientes	Inovadores	Adotantes imediatos	Maioria imediata e posterior	Retardatários
Concorrentes	Poucos	Número em crescimento	Número estável, começando a diminuir	Número em declínio
Objetivos de *marketing*				
	Gerar consciência de produto e experimentação	Maximizar a participação de mercado	Maximizar os lucros e, ao mesmo tempo, defender a participação de mercado	Reduzir os gastos e tirar o máximo da marca
Estratégias				
Produto	Oferecer um produto básico	Oferecer extensões de produto, serviços e garantia	Diversificar a marca e os modelos	Descontinuar produtos fracos
Preço	Preço acima do custo	Preço para entrar no mercado	Preço para igualar ao da concorrência ou combatê-lo	Tornar-se seletivo: descontinuar pontos de venda que não são lucrativos
Distribuição	Desenvolver distribuição seletiva	Desenvolver distribuição intensiva	Desenvolver distribuição mais intensiva	Preço reduzido
Propaganda	Desenvolver consciência de produto entre os adotantes imediatos e os revendedores	Desenvolver consciência e interesse no mercado de massa	Destacar as diferenças e os benefícios da marca	Reduzir ao nível necessário para manter clientes muito fiéis
Promoção de vendas	Utilizar muita promoção de vendas para induzir a experimentação	Reduzir para obter vantagem da grande demanda	Aumentar para estimular a troca de marca	Reduzir ao nível mínimo

Fonte: Philip Kotler e Kevin Lane Keller, *Marketing management*, 15. ed. Hoboken: Pearson Education, 2016, p. 358. © 2016. Impresso e eletronicamente reproduzido com permissão da Pearson Education, Inc., Hoboken, Nova Jersey.

Comentário do autor | Vejamos apenas mais alguns tópicos de produtos, incluindo questões regulatórias e de responsabilidade social e os desafios especiais da comercialização de produtos internacionalmente.

Considerações adicionais acerca de produtos e serviços

Objetivo 9.4 Discutir duas considerações adicionais acerca dos produtos: decisões relacionadas a produtos socialmente responsáveis e *marketing* de produtos e serviços internacionais.

Vamos concluir nossas discussões sobre produtos e serviços com duas considerações adicionais: a responsabilidade social nas decisões sobre produtos e as questões relativas ao *marketing* internacional de produtos e serviços.

Decisões sobre produtos e responsabilidade social

Os profissionais de *marketing* devem levar em conta, com atenção, questões de políticas públicas e regulações envolvendo a aquisição ou o abandono de produtos, a proteção de patentes, a qualidade e a segurança do produto e as garantias do produto.

No que diz respeito a novos produtos, o governo pode impedir as empresas de acrescentar produtos por meio de aquisições se isso ameaçar reduzir a concorrência. As empresas que abandonam produtos devem estar conscientes das obrigações legais, escritas ou implícitas, para com seus fornecedores, revendedores e clientes que tenham interesse no produto descontinuado. Ao desenvolver novos produtos, as empresas também precisam estar em conformidade com as leis de patentes em vigor no país. Uma empresa não pode fabricar um produto ilegalmente similar ao de outra empresa já estabelecida.

Os fabricantes devem seguir leis específicas em relação à qualidade e à segurança do produto. Nos Estados Unidos, a Federal Food, Drug, and Cosmetic Act (Lei Federal de Alimentos, Medicamentos e Cosméticos) protege os consumidores de alimentos, medicamentos e cosméticos adulterados ou que não são seguros. Várias leis exigem a inspeção das condições sanitárias nos setores de processamento de carnes em geral. Leis voltadas para a segurança foram aprovadas para regular tecidos, substâncias químicas, automóveis, brinquedos, remédios e venenos. A Consumer Product Safety Act (Lei de Segurança de Produtos de Consumo), de 1972, instituiu a Consumer Product Safety Commission (Comissão de Segurança de Produtos de Consumo), com autoridade para banir ou apreender produtos potencialmente prejudiciais e para estabelecer severas penalidades diante da violação da lei.

Se forem prejudicados por um produto com um design malfeito, os consumidores podem processar os fabricantes ou os revendedores. Um recente levantamento com fabricantes revelou que ações legais envolvendo produtos consistiam na segunda maior preocupação das empresas com processos, ficando atrás apenas das questões trabalhistas. Hoje, os tribunais norte-americanos lidam anualmente com dezenas de milhares de ações legais envolvendo produtos. Apesar de os fabricantes serem considerados culpados em apenas uma pequena porcentagem de todos os casos, quando isso acontece, as indenizações podem chegar a dezenas e até centenas de milhões de dólares. Os processos de ação coletiva podem chegar aos bilhões. Por exemplo, depois de admitir que havia manipulado seus carros com motor diesel para trapacear nos testes de emissões, a Volkswagen concordou em pagar multas de mais de 4 bilhões de dólares somente nos Estados Unidos, liquidando uma ação coletiva de outros 25 bilhões e aceitando recomprar 600 mil veículos a diesel de consumidores norte-americanos. Até o momento, outras multas e ações judiciais ainda eram esperadas.[25]

Esse fenômeno resultou em um enorme aumento nos prêmios de seguros envolvendo produtos, o que causou sérios problemas em alguns setores. Algumas empresas repassam essas taxas mais altas para os consumidores, aumentando os preços. Outras são forçadas a descontinuar linhas de produtos de alto risco. Algumas organizações estão nomeando *intendentes de produto*, cujo trabalho é proteger os consumidores de danos e a empresa de processos por meio da detecção proativa de problemas potenciais nos produtos.

Marketing internacional de produtos e serviços

As empresas que comercializam produtos e serviços internacionais enfrentam desafios especiais. Para começar, elas precisam decidir quais produtos e serviços lançar e em quais países. Em seguida, devem resolver até que ponto padronizar ou adaptar seus produtos e serviços para os mercados mundiais.

Por um lado, as empresas gostariam de padronizar suas ofertas. A padronização ajuda a organização a desenvolver uma imagem global consistente. Ela também reduz os custos de design, fabricação e *marketing* relacionados ao oferecimento de uma ampla variedade de produtos. Por outro lado, os mercados e os consumidores ao redor do mundo são muito diferentes. E, para responder a essas diferenças, as empresas geralmente precisam adaptar suas ofertas de produtos.

Por exemplo, o McDonald's opera em mais de 100 países, às vezes com preferências alimentares locais muito variadas. Portanto, embora você encontre seus hambúrgueres e batatas fritas exclusivos na maioria dos locais ao redor do mundo, a rede adicionou itens de menu que atendem às papilas gustativas exclusivas dos clientes nos mercados locais. O McDonald's serve hambúrgueres de salmão na Noruega, hambúrgueres de purê de batata na China, hambúrgueres de camarão no Japão, um hambúrguer de porco Samurai na Tailândia, mingau de frango na Malásia e presunto enlatado com ovos no Havaí. Em um McDonald's alemão, você encontra o Nürnburger (três salsichas grandes em um rolo macio com muita mostarda, é claro); em Israel, há o McFalafel (bolinhos de grão de bico, tomate, pepino e queijo coberto com tahine e envolto em pão folha). Os menus na Turquia apresentam uma torta frita de chocolate e laranja (no Brasil se adiciona banana, no Egito, inhame, e no Havaí, abacaxi). E os consumidores franceses adoram baguetes, então o McDonald's as assa em seus restaurantes e as vende em sanduíches McBaguette tipicamente franceses.[26]

Adaptação global do produto: ao adaptar seu cardápio e operações às necessidades e preferências dos consumidores franceses e a sua cultura, o McDonald's transformou a França em seu segundo mercado mundial mais lucrativo.

PRM/SIPA/Newscom

Em muitos dos principais mercados globais, o McDonald's adapta mais do que seu cardápio. Também ajusta o design e as operações do restaurante. Embora um McDonald's em Paris possa à primeira vista parecer muito com um em Chicago, o McDonald's adaptou cuidadosamente suas operações francesas para se adequar ao estilo de vida francês. Por exemplo, os horários das refeições francesas tendem a ser mais longos, com mais comida consumida por sessão. Assim, o McDonald's refinou os interiores de seus restaurantes para criar um ambiente confortável e acolhedor, onde os clientes desejam ficar e talvez pedir um café ou sobremesa adicional – oferecendo inclusive serviço de mesa. Graças a essas adaptações de cardápio e operações, a gigante do *fast-food* transformou a França em seu segundo maior mercado mundial.[27]

Os profissionais de *marketing* de serviços também enfrentam desafios especiais ao se tornarem globais. Alguns setores de serviços têm um longo histórico de operações internacionais. Por exemplo, o setor bancário comercial foi um dos primeiros a crescer internacionalmente. Os bancos precisavam fornecer serviços globais para atender às necessidades de câmbio e crédito de seus clientes no país de origem que queriam vender no exterior. Nos últimos anos, muitos bancos tornaram-se verdadeiramente globais. O Deutsche Bank da Alemanha, por exemplo, atende mais de 20 milhões de clientes por meio de 2.400 agências em mais de 70 países. Para seus clientes em todo o mundo que desejam crescer globalmente, o Deutsche Bank pode levantar dinheiro não apenas em Frankfurt, mas também em Zurique, Londres, Paris, Tóquio e Moscou.[28]

Os varejistas estão entre as empresas de serviços mais recentes a se tornarem globais. À medida que seus mercados domésticos ficam saturados, varejistas americanos como Walmart, Office Depot e Saks Fifth Avenue estão se expandindo para mercados de crescimento mais rápido no exterior. Por exemplo, o Walmart agora tem mais de 10.500 lojas em 24 países; as vendas de sua divisão internacional respondem por 24% das vendas totais. Os varejistas estrangeiros estão fazendo movimentos semelhantes. Os compradores asiáticos agora podem comprar produtos norte-americanos nas lojas francesas do Carrefour. O Carrefour – o sétimo maior varejista do mundo – agora opera mais de 12 mil lojas em mais de 30 países. É o varejista líder na Europa, no Brasil e na Argentina e o maior varejista estrangeiro na China.[29]

A tendência de crescimento das empresas de serviços globais vai se manter, especialmente nos setores bancário, de transporte aéreo, de telecomunicações e de serviços prestados por profissionais liberais. Hoje, as empresas que prestam serviços não estão mais, simplesmente, seguindo seus clientes fabricantes. Em vez disso, elas estão assumindo a liderança na expansão internacional.

Revisão e extensão dos conceitos

Revisão dos objetivos

Os atuais produtos de uma empresa têm tempo de vida limitado e precisam ser substituídos por outros, mais novos. Mas os novos produtos podem não dar certo – os riscos da inovação são tão grandes quanto suas recompensas. O segredo da inovação de sucesso reside no esforço de toda a empresa focado no cliente, no forte planejamento e em um processo sistemático de desenvolvimento de novos produtos.

Objetivo 9.1 Explicar como as empresas descobrem e desenvolvem ideias para novos produtos *(p. 250-251)*

As empresas descobrem e desenvolvem ideias para novos produtos de uma série de fontes. Muitas dessas ideias surgem de *fontes internas*. As empresas realizam P&D formal ou utilizam a mente de seus funcionários, pedindo a eles que pensem em ideias para novos produtos e as desenvolvam. Outras ideias são provenientes de *fontes externas*. As empresas acompanham as ofertas dos *concorrentes* e obtêm ideias de *distribuidores* e *fornecedores*, que estão próximos do mercado e podem repassar informações sobre os problemas dos consumidores e sobre possibilidades de novos produtos.

Talvez a mais importante fonte de ideias para novos produtos seja os clientes. As empresas observam os clientes, convidam-nos para apresentarem suas ideias e sugestões e, até mesmo, envolvem-nos no processo de desenvolvimento de novos produtos. Hoje, muitas empresas estão desenvolvendo programas de *crowdsourcing* ou *inovação aberta* para obter ideias para novos produtos. Nesses programas, grandes comunidades de pessoas – clientes, funcionários, cientistas e pesquisadores independentes e até mesmo o público geral – são convidadas a participar do processo de inovação em novos produtos. Empresas verdadeiramente inovadoras não dependem somente de uma ou outra fonte para conseguir ideias para novos produtos.

Objetivo 9.2 Relacionar e definir as etapas no processo de desenvolvimento de novos produtos e as principais considerações no gerenciamento desse processo *(p. 251-261)*

O processo de desenvolvimento de novos produtos consiste em oito etapas sequenciais. O processo começa com a *geração de ideias*. Em seguida, vem a *seleção de ideia*, que reduz o número de ideias com base em critérios da empresa. As ideias aprovadas na etapa de seleção seguem para o *desenvolvimento do conceito do produto*, no qual uma versão detalhada da ideia de novo produto é apresentada para o consumidor de uma maneira que faça sentido. Essa etapa inclui o *teste do conceito*, em que os conceitos dos novos produtos são testados com um grupo de consumidores-alvo para determinar se eles têm forte apelo junto aos consumidores. Os conceitos fortes passam para a etapa de *desenvolvimento da estratégia de marketing*, no qual é desenvolvida uma estratégia de *marketing* preliminar para o novo produto a partir do conceito do produto. Na fase de *análise do negócio*, é feita uma revisão das projeções de vendas, custos e lucros para o novo produto, com a finalidade de determinar se ele tem possibilidade de satisfazer os objetivos da empresa. Se, nessa fase, os resultados forem positivos, as ideias se tornam mais concretas por meio do *desenvolvimento do produto* e do *teste de mercado*. E, finalmente, elas são lançadas durante a etapa de *comercialização*.

O desenvolvimento de novos produtos envolve mais do que simplesmente percorrer uma série de etapas. As empresas precisam ter uma abordagem holística e sistemática para gerenciar esse processo. O desenvolvimento bem-sucedido de um novo produto demanda um esforço centrado no cliente, em equipe e sistemático.

Objetivo 9.3 Descrever os estágios do ciclo de vida do produto e como as estratégias de *marketing* mudam ao longo desse ciclo de vida *(p. 261-267)*

Todo produto tem um *ciclo de vida* caracterizado por um conjunto mutável de problemas e oportunidades. As vendas de um produto regular seguem uma curva em forma de "S" composta de cinco estágios. O ciclo começa com o estágio de *desenvolvimento do produto*, em que a empresa encontra e desenvolve uma ideia para um novo produto. O *estágio de introdução* é marcado pelo crescimento lento e pelos lucros baixos, enquanto o produto é distribuído para o mercado. Se der certo, o produto entrará no *estágio de crescimento*, que apresenta rápido crescimento das vendas e lucros crescentes. Em seguida, vem o *estágio de maturidade*, em que o ritmo de crescimento das vendas diminui e os lucros se estabilizam. Por fim, o produto entra no *estágio de declínio*, no qual as vendas e os lucros minguam. Nesse estágio, a tarefa da empresa consiste em reconhecer o declínio e decidir se vai manter, colher ou abandonar o produto. Os diferentes estágios do ciclo de vida do produto demandam diferentes estratégias e táticas de *marketing*.

Objetivo 9.4 Discutir duas considerações adicionais acerca dos produtos: decisões relacionadas a produtos socialmente responsáveis e *marketing* de produtos e serviços internacionais *(p. 268-69)*

As empresas devem considerar duas questões adicionais acerca dos produtos. A primeira é a *responsabilidade social*. Ela inclui questões de políticas públicas e regulações envolvendo a aquisição ou o abandono de produtos, a proteção de patentes, a qualidade e a segurança do produto e as garantias do produto. A segunda tem a ver com os desafios especiais que empresas de produtos e serviços internacionais enfrentam. As empresas internacionais devem decidir até que ponto padronizar ou adaptar suas ofertas para os mercados mundiais.

Termos-chave

Objetivo 9.1

Desenvolvimento de novos produtos (p. 250)

Objetivo 9.2

Geração de ideias (p. 251)
Crowdsourcing (p. 253)
Seleção de ideias (p. 253)
Conceito de produto (p. 253)
Teste de conceito (p. 254)
Desenvolvimento de estratégia de *marketing* (p. 254)
Análise do negócio (p. 255)
Desenvolvimento de produto (p. 256)
Teste de *marketing* (p. 256)
Comercialização (p. 257)
Desenvolvimento de novos produtos centrado no cliente (p. 258)
Desenvolvimento de novos produtos em equipe (p. 259)

Objetivo 9.3

Ciclo de vida do produto (CVP) (p. 261)
Estilo (p. 262)
Moda (p. 262)
Modismo (p. 262)
Estágio de introdução (p. 263)
Estágio de crescimento (p. 263)
Estágio de maturidade (p. 265)
Estágio de declínio (p. 266)

Questões para discussão

9.1 Explicar como as empresas obtêm novos produtos e por que esse é um processo importante para elas e seus clientes.

9.2 Por que tantos novos produtos falham?

9.3 O que é geração de ideias? Liste e explique as fontes de ideias de novos produtos.

9.4 Dê um exemplo de uma empresa que motiva a inovação de fontes internas, criando tempo e espaço físico para seus funcionários explorarem ideias e inovarem.

9.5 Nomeie e explique os cinco estágios do ciclo de vida do produto (CVP). Que mensagem o ciclo de vida do produto traz para os profissionais de *marketing*?

9.6 Quais desafios específicos os profissionais de *marketing* de produtos e serviços internacionais enfrentam?

Atividades de pensamento crítico

9.7 Depois de admitir que havia manipulado seus veículos com motor a diesel para trapacear nos testes de emissões, a Volkswagen concordou em pagar 4 bilhões de dólares em multas, comprar de volta 600 mil veículos a diesel de consumidores norte-americanos e resolver uma ação coletiva por 25 bilhões de dólares. Como o escândalo do passado afeta a capacidade da Volkswagen de comercializar seus veículos com motor a diesel da geração atual com base em suas emissões de poluentes? Que estratégia ela deve usar?

9.8 Em pequenos grupos, pesquise o Owlet Smart Sock. Onde este produto está no ciclo de vida de novo produto? Depois de examinar o *site* da empresa, avalie o que a empresa faz bem. Que desafios ela enfrentará?

9.9 A Goat Yoga é a ioga praticada na presença de cabras vivas. O *site* Goatyoga.net descreve isso como "terapia assistida por animais em um ambiente natural com um animal inesperadamente inteligente, social e profundamente fofinho. Não é uma cura para o câncer, mas é uma distração inacreditável da política, trabalho, estresse, doença ou depressão". A Goat Yoga (veja goatyoga.net) é um modismo passageiro? Qual é o seu provável ciclo de vida do produto? Responda de uma maneira que reflita sua compreensão sobre modismo.

CASOS E APLICAÇÕES

Marketing digital Compartilhe o amor do robô aspirador

Embora os robôs aspiradores existam há mais de uma década, atualizações recentes os tornaram aparelhos inteligentes, permitindo que os consumidores forneçam a eles instruções de limpeza a partir de um *smartphone*. A atualização aumentou a adoção da inovação e o número de concorrentes no mercado. A iRobot (www.irobot.com), que oferece várias máquinas de limpeza robotizadas diferentes, convida os consumidores a compartilharem a #iRobotLove nas redes sociais. A campanha #iRobotLove é a iniciativa da iRobot para levar a conversa sobre possuir um aspirador iRobot – posicionado com base no benefício de uma casa mais limpa todos os dias – para as mídias sociais. Os clientes estão focados no benefício da libertação da limpeza do dia a dia e compartilham sua paixão pelo produto que permite liberdade.

9.10 Visite um canal de mídia social (Twitter, Instagram ou Facebook) e pesquise a hashtag #iRobotLove. O que as postagens dos usuários sugerem sobre a capacidade da iRobot de resolver os principais problemas dos clientes? Como o conteúdo gerado pelo usuário pode contribuir para o processo de desenvolvimento de novos produtos?

9.11 Visite https://www.pcmag.com/picks/the-best-robot-vacuums. Como as avaliações dos aspiradores iRobot se comparam às dos aspiradores robóticos concorrentes? As informações da avaliação correspondem à proposta de valor que é comunicada por meio do conteúdo gerado pelo usuário? Quais são as implicações de suas observações para as avaliações dos consumidores dos robôs aspiradores da iRobot?

Marketing e ética Automóveis autônomos

O caminho para os carros autônomos pode estar ao virar da esquina, mas as montadoras provavelmente enfrentarão reviravoltas quando esses veículos chegarem ao mercado. Empresas como Waymo, General Motors, Tesla e até Uber e Lyft estão pilotando várias tecnologias de veículos autônomos que provavelmente serão vistas nas ruas nos próximos anos. Em uma previsão futurista, o Goldman Sachs prevê que "os táxis-robôs ajudarão o negócio de transporte e compartilhamento de caronas a crescer de 5 bilhões de dólares em receita para 285 bilhões até 2030 [...] mais do que o dobro do que as montadoras geram agora. Se esse tipo de crescimento e lucro vierem a acontecer – de modo bastante hipotético – seria quase três vezes o que a GM ganha em um ano". À medida que essa tecnologia potencialmente lucrativa surge no horizonte, consumidores e grupos do setor, como o Insurance Institute for Highway Safety (Instituto de Seguros para Segurança Rodoviária), estão preocupados com medidas de segurança e com a criação de expectativas realistas ao consumidor. Programas de teste de veículos autônomos em vias públicas produziram alguns acidentes graves, alguns resultando em fatalidades.

9.12 Discuta as questões éticas em torno do teste e introdução de veículos autônomos. Existe pesquisa suficiente para apoiar as alegações e a segurança desses novos produtos?

9.13 Você usaria um produto assim? Por que ou por que não? Justifique sua resposta.

Marketing em números Massagem para viagem

De acordo com a American Massage Therapy Association (Associação Americana de Massagem Terapêutica), a indústria de massagens terapêuticas cresceu mais de 7% entre 2013 e 2018, atingindo 18 bilhões de dólares em receita. O setor continuará a crescer cerca de 32% até 2030. Embora a maioria das massagens seja realizada em spas, escritórios de massagem terapêutica ou franquias como a Massage Envy, quase 30% ocorrem nas casas dos clientes. Isso chamou a atenção de muitos massoterapeutas licenciados que veem uma oportunidade de expandir seus negócios além de seus escritórios ou spas. Alguns pacientes em casa são ricos e preferem o serviço pessoal, enquanto outros são deficientes ou idosos que não podem sair para receber a terapia necessária. As massagens em casa exigem dos massoterapeutas equipamentos adicionais, como uma mesa de massagem portátil e suprimentos como lençóis de flanela, travesseiros, toalhas, loções, pedras de massagem e música relaxante, além de um veículo. Além disso, como a produção e o consumo de serviços como massagens ocorrem simultaneamente, para realmente expandir os negócios, é preciso contratar mais massoterapeutas para atender mais clientes.

9.14 Consulte *Aumentar a cobertura de distribuição* no Apêndice 2: *Marketing pelos números* para responder à pergunta a seguir. Suponha que a adição desse serviço móvel aumentará os custos fixos em 32.500 dólares e que uma margem de contribuição de 65% é desejada. Determine o aumento nas vendas necessário para atingir o ponto de equilíbrio ao adicionar o serviço.

9.15 Que outros fatores um terapeuta deve considerar antes de oferecer este serviço?

Caso empresarial Bose: melhores produtos concentrando-se no produto

Em uma pesquisa da empresa de estratégia de marca Lippincott, a marca mais confiável em eletrônicos de consumo não foi a Apple. Nem a Samsung, a Sony ou a Microsoft. Foi a Bose, a empresa privada ainda relativamente pequena que fabrica dispositivos de áudio inovadores há mais de 50 anos. Em eletrônicos de consumo, os 4 bilhões de dólares em vendas anuais de fones de ouvido, alto-falantes e outros produtos da Bose são "relativamente pequenos" – pense na Apple, que somou 265 bilhões de dólares em acessórios e maravilhas tecnológicas. Mas quando se trata da paixão que os clientes sentem por suas marcas, a empresa de tecnologia com sede em Massachusetts supera até a Apple. A Bose cria essa conexão profunda com o consumidor com base na simplicidade do design da marca e na funcionalidade brilhante.

A Bose adere religiosamente a um conjunto de valores que norteiam a empresa desde suas origens. A maioria das empresas hoje se concentra fortemente na construção de receitas, lucros e preços de ações. Elas tentam superar os concorrentes diferenciando linhas de produtos com recursos e atributos que outras empresas não possuem. Embora a Bose não ignore esses fatores, sua vantagem competitiva está enraizada em sua filosofia corporativa única – o produto vem em primeiro lugar. "Não estamos nisso estritamente para ganhar dinheiro", diz um porta-voz da Bose. "O negócio é quase uma consideração secundária". Desde seus primeiros dias, a estratégia da Bose tem sido fazer os produtos mais inovadores, concentrando-se em pesquisa e design.

A Filosofia Bose

Para entender a Bose, você deve primeiro olhar para seu criador. Na década de 1950, o fundador Amar Bose estava trabalhando em sua terceira graduação no Massachusetts Institute of Technology (MIT – Instituto de Tecnologia de Massachusetts). Ele tinha um grande interesse em pesquisa e estudou várias áreas da engenharia elétrica. Ele também tinha um forte interesse pela música. Quando ele comprou seu primeiro sistema de alta fidelidade – um modelo que ele acreditava ter as melhores especificações – ele ficou desapontado com a capacidade do sistema de reproduzir um som realista. Foi então que Bose começou a pesquisar pesadamente o problema para encontrar sua própria solução. Assim começou um fluxo de pesquisa que acabaria por levar à fundação da Bose Corporation em 1964. Também levou ao desenvolvimento do antigo slogan da Bose, "Melhor som através da pesquisa".

Desde os primeiros dias, Amar Bose trabalhou em torno de certos princípios fundamentais que guiaram a filosofia da empresa. Ao realizar sua primeira pesquisa sobre alto-falantes e som, ele fez algo que foi repetido várias vezes na Bose. Ele ignorou as tecnologias existentes e começou inteiramente do zero, algo nada comum em estratégias de desenvolvimento de produtos.

Em outro desvio das estratégias corporativas típicas, Amar Bose reinvestiu todos os lucros de sua empresa privada em pesquisa e desenvolvimento, uma prática que refletia seu ávido amor pela pesquisa e seu desejo de produzir produtos da mais alta qualidade. Ao fazer isso, ele também ignorou o processo de descobrir o que os clientes queriam. Em vez disso, a Bose manteve a pesquisa confinada ao laboratório e centrada nas especificações técnicas da criação de um produto superior.

Hoje, essa abordagem é considerada uma heresia no mundo da inovação. Amar seguiu essa abordagem porque podia. Ele frequentemente apontou que as empresas de capital aberto têm longas listas de restrições que não se aplicam às empresas de capital fechado, observando que "se eu trabalhasse para outra empresa, já teria sido demitido há muito tempo". Por esse motivo, Bose sempre jurou que nunca abriria o capital da empresa. "Abrir o capital para mim seria o equivalente a perder a empresa. Meu real interesse é a pesquisa – essa é a emoção – e eu não seria capaz de fazer projetos de longo prazo com a Wall Street respirando no meu pescoço".

Inovando no estilo Bose

A empresa que começou tão humildemente agora tem uma variedade de linhas de produtos além de sua linha principal de áudio doméstico. Linhas adicionais têm como alvo uma variedade de aplicações que capturaram a atenção criativa de Amar Bose ao longo dos anos, incluindo sistemas de som militares, automotivos, para construção/reformas residenciais, para aviação e profissionais e comerciais. Ela ainda tem uma divisão que comercializa equipamentos de teste para instituições de pesquisa, universidades, empresas de dispositivos médicos e empresas de engenharia em todo o mundo. A seguir estão apenas alguns dos produtos que ilustram os avanços inovadores produzidos pela empresa.

Caixas de som. O primeiro produto da Bose foi um alto-falante lançado em 1965. Esperando vender 1 milhão de dólares em alto-falantes naquele primeiro ano, a Bose fez 60, mas vendeu apenas 40. O alto-falante Bose original evoluiu para o sistema de alto-falante 901 Direct/Reflecting lançado em 1968. Esse sistema de alto-falante foi projetado em torno do conceito de que o som ao vivo chega ao ouvido humano através de canais diretos e refletidos (por paredes, tetos e outros objetos). Os alto-falantes apresentavam uma configuração completamente heterodoxa. Com a forma de um oitavo de uma esfera e montada voltada para o canto de uma sala, as ondas de áudio eram refletidas nas paredes e enchiam a sala com sons que pareciam estar em todos os lugares, mas que não vêm de nenhum lugar em particular. Os alto-falantes não tinham *woofers* ou *tweeters* como nas caixas tradicionais, em vez disso, eram compostos de oito *drivers* de médio alcance de quatro polegadas e meia. Os alto-falantes também eram muito pequenos em comparação com os alto-falantes de ponta da época. O design chegou muito mais perto da essência e do impacto emocional da música ao vivo do que qualquer outra coisa no mercado e ganhou aclamação imediata da indústria. A abordagem reflexiva, embora inovadora na época, é comumente encontrada em sistemas de home theater em toda a indústria hoje.

Naquela época, no entanto, a Bose teve dificuldade em convencer os clientes dos méritos desses alto-falantes inovadores. Em uma época em que o tamanho significava tudo, a série 901 inicialmente fracassou. Em 1968, um vendedor de varejo explicou a Amar Bose por que os alto-falantes não estavam vendendo:

"Olha, eu amo seu alto-falante, mas não posso vendê-lo porque me faz perder toda a minha credibilidade como vendedor. Não consigo explicar a ninguém por que o 901 não possui *woofers* ou *tweeters*. Um homem entrou e viu o tamanho pequeno e começou a procurar nas gavetas os gabinetes dos alto-falantes. Me aproximei e ele disse: 'Onde você está escondendo o *woofer*?' Eu disse a ele: 'Não há *woofer*'.

Para resolver esse problema de credibilidade, Bose desenvolveu outra competência central – identificar e focar no cliente certo com os produtos que ele confiava serem superiores até mesmo às melhores ofertas. Para Bose, isso geralmente significava segmentar clientes de renda mais alta que não eram fãs de áudio, mas desejavam um bom produto e estavam dispostos a pagar um preço *premium* por ele. Para o 901, isso incluiu o uso de táticas inovadoras de exibição e demonstração. Ao longo de sua história, essa abordagem serviu bem à Bose. Embora os audiófilos extremos zombem dos produtos Bose como se fossem pouco mais do que truques de ilusão, os clientes cujas expectativas não foram moldadas por especificações preconcebidas consideram os produtos da marca excepcionais. No que diz respeito ao 901, o produto se tornou tão bem-sucedido que Amar Bose creditou à série de alto-falantes a construção da empresa.

A lista das principais inovações dos alto-falantes da Bose é longa, remontando aos 901s originais. A empresa introduziu o som de concerto no sistema de alto-falantes 301 Direct/Reflecting do tamanho de uma estante. Quatorze anos de pesquisa levaram ao desenvolvimento da tecnologia de alto-falante de guia de ondas acústicas, uma tecnologia hoje encontrada nos premiados sistemas de música Wave. O sistema Acoustimass mudou novamente o pensamento convencional sobre a relação entre o tamanho dos alto-falantes e o som, permitindo que alto-falantes do tamanho da palma da mão reproduzissem uma qualidade de áudio equivalente à de sistemas de ponta muito maiores com a ajuda de um *subwoofer* remoto. Este conceito é apenas mais um exemplo de como a Bose influenciou o setor quando a configuração de alto-falantes subwoofer e satélites se tornou o padrão para sistemas de home theater.

Recentemente, a Bose apresentou novamente o estado da arte com a Bose Soundbar 700, "projetada para ser a melhor barra de som do mundo". A Bose liderou o desenvolvimento de sistemas de alto-falantes sem fio Bluetooth – um movimento rapidamente seguido por todos os concorrentes. Cada um desses sistemas de alto-falante foi tão inovador quando introduzido, sendo tão tecnologicamente avançado, que a Bose ainda os vende hoje – mesmo a série 901 original. E com produtos de ponta nas categorias de alto-falantes inteligentes, portáteis, para sala e home theater, a Bose continua a definir o padrão do mercado.

Fones de ouvido. Durante um período de quase duas décadas, a Bose investiu dezenas de milhões de dólares desenvolvendo tecnologia de fone de ouvido antes de vender um único par. Agora, os fones de ouvido são um dos principais produtos da empresa. Inicialmente, a Bose se concentrou em tecnologias de redução de ruído para fabricar fones de ouvido para pilotos que bloqueariam os altos níveis de interferência de ruído gerados pelas aeronaves. Os fones de ouvido Bose não apenas abafavam o ruído; eles cancelavam eletronicamente o ruído ambiente para que os pilotos que os usavam não ouvissem nada além do som esperado vindo dos telefones. A Bose descobriu rapidamente que os passageiros das companhias aéreas poderiam se beneficiar tanto quanto os pilotos de sua tecnologia de fones de ouvido. Hoje, a série Bose QuietComfort, usada em uma variedade de aplicações de consumo, define a referência em fones de ouvido com cancelamento de ruído. Um jornalista considera esse produto tão significativo que fez sua lista de "101 invenções que mudaram o mundo" – bem ali junto à aspirina, ao papel e à lâmpada.

Outras Inovações. Desde 1980, a cultura curiosamente inovadora da Bose levou a empresa até o caminho do desenvolvimento de tecnologias para outros produtos além de alto-falantes e fones de ouvido. Isso inclui do mais radical, como suspensões automotivas e sistemas de assentos, ao mais convencional, como os Sleepbuds, fones de ouvido com mascaramento de ruído para garantir um sono tranquilo – dois produtos que aplicam as tecnologias de fones de ouvido da Bose à criação de novas categorias de produtos de bem-estar. A Bose está atualmente trabalhando com montadoras para aplicar a tecnologia de cancelamento de ruído de seus fones de ouvido ao sistema de áudio dos veículos para cancelar o ruído da estrada, do vento e de outros ruídos externos. O compromisso da Bose com pesquisa e desenvolvimento produziu produtos inovadores que contribuíram para a confiança que os clientes da Bose têm na empresa. Os clientes sabem que a empresa se preocupa mais com seus interesses – em fazer os melhores produtos – do que em maximizar os lucros.

Amar Bose faleceu há alguns anos, aos 83 anos. Com a paixão de um verdadeiro cientista, trabalhou todos os dias até pouco antes de morrer. "Ele tem mais energia do que um garoto de 18 anos", revelou certa vez um dos colegas de Bose. "Cada um dos pessimistas apenas fortalece sua determinação". Essa ética de trabalho ilustra a paixão do homem que moldou uma das empresas mais inovadoras e confiáveis da atualidade. Suas filosofias produziram a longa lista de inovações revolucionárias da Bose. Ainda hoje, a empresa continua a alcançar o sucesso seguindo outra das filosofias básicas de Amar Bose: "O tamanho potencial do mercado? Nós realmente não temos ideia. Só sabemos que temos uma tecnologia tão diferente e muito melhor que muitas pessoas vão querer".[30]

Questões para discussão

9.16 Com base nos conceitos discutidos neste capítulo, descreva os fatores que contribuíram para o sucesso do novo produto da Bose.

9.17 O processo de desenvolvimento de produtos da Bose é centrado no cliente? Explique.

9.18 Como a Bose é única em relação ao gerenciamento do ciclo de vida do produto?

9.19 Com relação ao ciclo de vida do produto, quais desafios a Bose enfrenta no gerenciamento de seu portfólio de produtos?

9.20 A Bose pode continuar a manter sua cultura inovadora sem Amar Bose?

10 Determinação de preços
entendimento e captura de valor para o cliente

Resumo dos objetivos

Objetivo 10.1 Responder à pergunta "O que é preço?" e discutir a importância da determinação de preços no ambiente de rápida mudança de hoje. **Veja: O que é preço?** (p. 276-277)

Objetivo 10.2 Identificar as três principais estratégias de determinação de preços e discutir a importância de entender as percepções de valor do cliente, os custos da empresa e as estratégias da concorrência na hora de estabelecer preços. **Veja: Principais estratégias de determinação de preços** (p. 277-286)

Objetivo 10.3 Identificar e definir outros importantes fatores internos e externos que afetam as decisões de determinação de preços da empresa. **Veja: Outras considerações internas e externas que afetam as decisões de preço** (p. 286-290)

Prévia do capítulo

Neste capítulo analisaremos outra importante ferramenta do *mix* de *marketing*: a determinação de preços. Se o desenvolvimento de produto, a promoção e a distribuição eficazes plantam as sementes para o sucesso dos negócios, a determinação eficaz de preços é quem faz a colheita. As empresas bem-sucedidas na criação de valor para o cliente com as outras atividades do *mix* de *marketing* ainda devem capturar parte desse valor nos preços que recebem. Neste capítulo, vamos tratar da importância da determinação de preços, aprofundando-nos nas três principais estratégias de precificação. Além disso, vamos analisar questões internas e externas que afetam as decisões ligadas à determinação de preços. No capítulo seguinte, veremos algumas considerações e abordagens adicionais referentes à precificação.

Para começar, vamos examinar a estratégia de preços da Apple. A Apple sempre estabeleceu seus preços substancialmente acima dos de seus concorrentes mais caros. A visão da empresa tem sido fornecer *designs* inovadores e experiências de usuário superiores que tornem seus preços *premium* um fator secundário nas mentes dos clientes que cobiçam os produtos da marca. Recentemente, no entanto, como a Apple enfrenta uma concorrência global mais acirrada de marcas com preços mais baixos, alguns clientes podem estar questionando o quanto estão dispostos a pagar pela marca icônica.

APPLE: Preço *premium* que vale a pena?

A Apple é o modelo exemplar de marca de preço *premium*. Seja um iPhone, iPad, *laptop* MacBook ou Apple Watch, os clientes pagam mais por um Apple do que por dispositivos concorrentes – muito mais. Por exemplo, o preço médio de venda do iPhone da Apple em 2018 foi bem acima de 800 dólares, três vezes maior que a média geral da indústria. Da mesma forma, um MacBook Pro padrão custa centenas de dólares a mais do que um *laptop* Dell ou HP comparável.

No entanto, apesar dos preços altíssimos, os produtos da Apple somem das prateleiras há décadas, com clientes ansiosos fazendo fila para comprar os modelos mais recentes antes que eles inevitavelmente se esgotem. Isso colocou a Apple em uma posição de inveja: ela cobrou os preços mais altos e ainda conquistou participação de receita líder de mercado na maioria de suas categorias de produtos. Como ela conseguiu isso?

Para a Apple, o sucesso nunca foi sobre os preços. Em vez disso, tem sido sobre a experiência do usuário da marca. Muitas empresas de tecnologia fabricam produtos que apenas ocupam espaço e completam as tarefas necessárias. Por outro lado, a Apple cria experiências de "como a vida é boa". Pergunte aos usuários da Apple e eles dirão que seus dispositivos simplesmente funcionam melhor e são mais fáceis de usar. E eles adoram os *designs* simples e limpos da Apple que esbanjam estilo.

Desde o início, a Apple foi uma líder inovadora, produzindo um produto de ponta após o outro, cada um funcionando perfeitamente com outros produtos de seu portfólio. Fazer os produtos que os clientes queriam – geralmente antes que os próprios

Os fãs ávidos há muito ungiram a Apple como a guardiã de todas as coisas legais, acreditando plenamente que o valor do que recebem vale o preço *premium*.

Mark Lennihan/AP/Shutterstock

consumidores soubessem o que queriam – resultou em uma revolução atrás da outra liderada pela empresa. A Apple sempre demonstrou genialidade em envolver a tecnologia de uma bela maneira em torno das necessidades humanas, destacando seus clientes da multidão. Desse modo, a empresa da maçã construiu um enorme corpo de ávidos entusiastas da marca. Por mais de quatro décadas, seus clientes ungiram a Apple como a guardiã indiscutível de todas as coisas legais, e tal entusiasmo e suporte criam demanda por produtos da Apple além dos limites de preço. Os fãs da marca não estão apenas dispostos a pagar mais, mas também acreditam que o valor que recebem vale bem o preço mais alto.

Um dos melhores exemplos do poder de preços *premium* da Apple é o Apple Watch. A Apple não foi pioneira na introdução de um smartwatch. Dezenas de empresas já estavam vendendo dispositivos vestíveis em uma ampla faixa de preços. No ano anterior ao lançamento do Apple Watch, os concorrentes venderam 6,8 milhões de smartwatches a um preço médio de 189 dólares. A Apple lançou seu próprio smartwatch em três versões. A versão mais barata, o Apple Watch Sport básico, foi vendido por 349 dólares, quase o dobro do preço médio da indústria. No outro extremo estava o Apple Watch Edition ultra-premium, feito de ouro maciço de 18 quilates com vidro de cristal de safira, que foi vendido por até 17 mil dólares. Mesmo com o aumento do preço do Apple Watch a cada nova série, a empresa vendeu mais de 30 milhões de Apple Watches em 2019, conquistando mais de 50% do mercado de smartwatches em rápida expansão.

A capacidade da Apple de comandar preços mais altos produziu resultados impressionantes de receita e lucro. Em *smartphones*, por exemplo, a Apple captura 15% de participação no mercado global de unidades, perdendo para a participação de 21% da Samsung. No entanto, graças a seus preços e margens muito mais altos, no quarto trimestre do ano passado, a Apple conquistou uma fatia impressionante de 51% das receitas globais de *smartphones*, em comparação com os 15,7% da Samsung. E colheu impressionantes 87% dos lucros globais de *smartphones*, quase nove vezes os 10% da Samsung. A Apple desfruta de receita semelhante e dinâmica de lucro para seus *laptops* e outros produtos.

No geral, a Apple se tornou uma das maiores e mais valiosas empresas do mundo. Em apenas quatro anos, as vendas da Apple aumentaram 45%, chegando a 266 bilhões de dólares em 2018, colocando a empresa em terceiro lugar entre as 500 empresas da *Fortune*. Ainda mais notável, os lucros recordes de 59 bilhões de dólares da Apple foram maiores do que os de qualquer outra empresa. E o rastreador de marcas Interbrand classificou a Apple como a marca mais valiosa do mundo por seis anos consecutivos.

Mesmo com todo esse sucesso, porém, muitos analistas veem sinais de que a demanda superaquecida por todas as coisas da Apple a qualquer preço pode estar esfriando. Embora a Apple tenha registrado receitas e lucros recordes recentemente, o preço das ações da empresa sofreu uma queda no final de 2018, que apagou cerca de 35% do valor da empresa. O declínio resultou da desaceleração do crescimento das vendas de produtos da empresa, principalmente do iPhone, que responde por 60% das receitas anuais da Apple.

O crescimento das vendas de *smartphones* em geral diminuiu à medida que as economias globais passam por dificuldades a posse de telefones atinge a saturação em muitos mercados. Além disso, a Apple parece estar perdendo parte de sua vantagem em inovação – até mesmo seus concorrentes de baixo preço estão diminuindo a lacuna tecnológica. Os preços *premium* da Apple a tornam particularmente vulnerável a essa dinâmica de mercado, especialmente nos mercados emergentes mundiais em rápido crescimento. Mas mesmo nos Estados Unidos, os seguidores do iPhone parecem estar mantendo seus telefones antigos da Apple por mais tempo. Os preços continuam subindo a cada novo modelo, e os novos telefones da marca não parecem diferentes o suficiente para justificar a atualização.

O dilema de preços da Apple é mais aparente nos mercados globais emergentes. Considere a China, o maior mercado de *smartphones* do mundo e o segundo maior mercado da Apple atrás dos Estados Unidos. Outrora o telefone mais vendido da China, o iPhone agora ocupa o quinto lugar atrás de concorrentes locais de rápido crescimento e baixo preço, como Huawei e Xiaomi. A líder do mercado chinês, a Huawei, cresceu globalmente nos últimos anos e agora dispara desenfreadamente, mesmo com a Apple como a segunda maior produtora de *smartphones* do mundo, atrás da Samsung. A Huawei vende uma ampla gama de telefones, muitos com recursos semelhantes aos do iPhone, mas a preços muito mais baixos.

Da mesma forma, a Xiaomi surgiu do nada nos últimos anos ao produzir *smartphones*, *laptops* e outros dispositivos de baixo custo inspirados nos produtos da Apple. A Xiaomi combina tecnologia potente e design impressionante em telefones baratos que são vendidos por uma fração dos preços da Apple. Por exemplo, um iPhone básico é vendido na China por cerca de 900 dólares,

A Apple sempre estabeleceu seus preços muito acima dos concorrentes, colhendo os frutos de maiores receitas e lucros. Mas como a empresa enfrenta uma concorrência global mais acirrada de marcas com preços mais baixos, alguns clientes podem estar questionando o quanto estão dispostos a pagar pela icônica marca.

enquanto um *smartphone* Xiaomi básico custa apenas 150 dólares. Com seus *designs* inteligentes e preços mais baixos, a Xiaomi tem como alvo o "tipo de cliente com inclinação técnica, nerd e tipicamente mais jovem que não pode comprar um telefone Apple ou Samsung top de linha", diz um blogueiro de tecnologia. Esses consumidores compõem o segmento de tecnologia de crescimento mais rápido não apenas na China, mas também em outros mercados emergentes como a Índia, onde a Apple captura apenas 2% do mercado de *smartphones.*

Até agora, a Apple não tem – nem pretende ter – uma resposta acessível para os tipos de consumidores que proporcionam forte crescimento para Xiaomi, Huawei e outras marcas mais baratas. Os produtos de baixo custo simplesmente não se encaixam no estilo operacional da Apple ou no posicionamento *premium.* E a empresa, talvez apropriadamente, por enquanto, está relutante em abrir mão das altas margens de lucro que acompanham seus altos preços.

Ainda assim, sentindo as pressões competitivas e o recente tropeço no crescimento das vendas, a Apple agora relaxou seus preços, pelo menos um pouco. Nos Estados Unidos, ela promoveu recentemente seu telefone básico com um subsídio de troca de até 300 dólares. E em um movimento raro, a Apple também cortou os preços de alguns de seus principais telefones em mercados fora dos Estados Unidos – é apenas a segunda vez nos 12 anos de história do iPhone que a Apple fez um corte geral de preços.

Alguns analistas de tecnologia estão pedindo que a Apple faça cortes de preços permanentes em toda a linha do iPhone, tanto nos Estados Unidos quanto no exterior. Alguns estão até pedindo que a Apple crie telefones mais simples, como a Samsung fez, para competir com marcas mais baratas nos mercados globais. Essa é uma decisão difícil para a Apple, cujo preço *premium* é um vencedor há muito tempo. Mas seja qual for a decisão sobre os preços, a Apple deve recuperar e manter sua vantagem inovadora, garantindo que os clientes obtenham o valor total pelo preço que pagarem. Apenas produtos verdadeiramente *premium* podem ter preços *premium.*[1]

Preços: não importa a situação da economia, as empresas devem vender valor, não preço.
magicoven/Shutterstock.com

AS EMPRESAS HOJE ENFRENTAM um ambiente de preços feroz e em rápida mudança. Em busca de valor, os clientes que usam *smartphones* aumentaram a pressão sobre os preços em muitas empresas. Graças às mazelas econômicas dos últimos anos, ao poder de determinação de preços da Internet e a varejistas orientados pelo valor como Walmart e Amazon. Os consumidores de hoje, mais comedidos, estão buscando estratégias para gastar menos. Em resposta, parece que quase toda empresa procura formas de diminuir os preços.

No entanto, cortar preços muitas vezes não é a melhor resposta. Reduzir os preços desnecessariamente pode levar à perda de lucros e guerras de preços prejudiciais. Pode baratear uma marca ao sinalizar aos clientes que o preço é mais importante do que o valor que ela oferece ao cliente. Em vez disso, em tempos econômicos bons e ruins, as empresas devem vender valor, não preço. Em alguns casos, isso significa vender produtos menores a preços baixíssimos. Mas, na maioria dos casos, significa persuadir os clientes de que pagar um preço mais alto pela marca da empresa é justificado pelo valor maior que eles obtêm.

O que é preço?

Objetivo 10.1 **Responder à pergunta "O que é preço?" e discutir a importância da determinação de preços no ambiente de rápida mudança de hoje.**

Preço
A quantia em dinheiro que se cobra por um produto ou serviço ou a soma dos valores que os clientes trocam pelos benefícios de se ter ou utilizar um produto ou serviço.

No sentido mais estrito, **preço** é a quantia em dinheiro que se cobra por um produto ou um serviço. De maneira mais ampla, é a soma de todos os valores dos quais os consumidores abrem mão para obter os benefícios de se ter ou utilizar um produto ou serviço. Historicamente, o preço é o principal fator que afeta a escolha do comprador. Nas últimas décadas, entretanto, fatores não relativos ao preço têm conquistado uma importância cada vez maior. Mesmo assim, o preço ainda é um dos mais importantes elementos na determinação da participação de mercado e da lucratividade de uma empresa.

O preço é o único elemento do *mix* de *marketing* que gera receita; todos os outros representam custos. Ele é também um dos elementos mais flexíveis do *mix* de *marketing.* Diferentemente das características do produto e dos compromissos com os canais de distribuição, os preços podem ser alterados rapidamente. Ao mesmo tempo, a determinação de preços é o maior problema que muitos executivos de *marketing* enfrentam, e várias empresas não lidam muito bem com a precificação. Alguns gerentes consideram a determinação de preços uma grande dor de cabeça, preferindo concentrar-se nos outros elementos do *mix* de *marketing.*

Entretanto, gestores inteligentes tratam a determinação de preços como uma ferramenta estratégica essencial para criar e capturar valor para o cliente. Os preços afetam diretamente os resultados financeiros de uma empresa. Um pequeno aumento no preço pode gerar um grande aumento na lucratividade. E o mais importante: como parte da proposta de valor geral de uma empresa, o preço exerce um importante papel na criação de valor para o cliente e na construção de relacionamentos com ele. Portanto, em vez de fugirem da determinação de preços, empresas inteligentes estão a abraçando como um importante aspecto competitivo.[2]

Comentário do autor | Definir o preço certo é uma das tarefas mais difíceis do profissional de *marketing*. Uma série de fatores entram em jogo. Mas, como ilustra o caso de abertura sobre a Apple, encontrar e implementar a estratégia de preços correta é fundamental para o sucesso.

Principais estratégias de determinação de preços

Objetivo 10.2 Identificar as três principais estratégias de determinação de preços e discutir a importância de entender as percepções de valor do cliente, os custos da empresa e as estratégias da concorrência na hora de estabelecer preços.

O preço que uma empresa cobra ficará em algum lugar entre ser muito baixo para poder gerar lucro e ser muito alto para poder gerar alguma demanda. A **Figura 10.1** resume as principais considerações no estabelecimento do preço. As percepções que o cliente tem sobre o valor do produto estabelecem o teto para os preços, seu limite superior. Se os clientes tiverem a percepção de que o preço do produto é maior do que o seu valor, eles não o comprarão. De maneira semelhante, os custos do produto determinam o piso para os preços, seu limite inferior. Se a empresa precificar seu produto abaixo de seus custos, seus lucros serão prejudicados. Ao estabelecer seu preço entre esses dois extremos, a empresa deve considerar diversos fatores externos e internos, incluindo a estratégia e o *mix* de *marketing* geral, as estratégias e os preços dos concorrentes e a natureza do mercado e da demanda.

A Figura 10.1 propõe três importantes estratégias de determinação de preços: determinação de preços baseada no valor para o cliente, determinação de preços baseada nos custos e determinação de preços baseada na concorrência.

Se os clientes tiverem a percepção de que o preço do produto é maior do que o seu valor, eles não o comprarão. Se a empresa precificar seu produto abaixo de seus custos, seus lucros serão prejudicados. Entre esses dois extremos, a estratégia de determinação de preços "correta" é aquela que entrega tanto valor para o cliente como lucros para a empresa.

Comentário do autor | Como tudo no *marketing*, uma boa precificação começa com os clientes e suas percepções de valor.

Determinação de preços baseada no valor para o cliente

Determinação de preços baseada no valor para o cliente
Estabelece o preço com base nas percepções de valor dos compradores, em vez de utilizar o custo da empresa.

No final, é o consumidor quem decidirá se o preço de um produto está correto. As decisões de precificação, como todas as outras decisões do *mix* de *marketing*, devem começar com o valor para o cliente. Quando os consumidores compram um produto, eles trocam algo de valor (o preço) por outra coisa de valor (os benefícios de se ter ou utilizar o produto). A determinação de preços eficaz e orientada para o cliente envolve saber quanto valor os consumidores dão aos benefícios que recebem do produto e estabelecer um preço que captura esse valor.

A **determinação de preços baseada no valor para o cliente** usa as percepções de valor dos compradores como chave para a precificação. Com essa determinação de preços, a empresa não pode desenvolver o produto e o programa de *marketing* e só depois definir o preço. O preço é considerado junto com todas as outras variáveis do *mix* de *marketing* *antes* do estabelecimento do programa de *marketing*.

A **Figura 10.2** compara a determinação de preços baseada no valor com a determinação de preços baseada nos custos. Embora os custos sejam um aspecto importante na definição dos preços, a precificação baseada nos custos geralmente é orientada para o produto. A empresa desenvolve o que considera um bom produto, determina os custos relacionados à sua produção e estabelece um preço que cubra os custos e ofereça também um lucro-alvo. O *marketing* deve, então, convencer os compradores de que o valor do produto àquele preço justifica sua compra. Nesse caso, se o preço se mostrar muito alto, a empresa deverá decidir entre *markups* (falaremos mais sobre *markup* à frente) mais baixos ou volumes de vendas menores, e ambos resultam em lucros decepcionantes.

FIGURA 10.1 Considerações no estabelecimento do preço.

Se os clientes tiverem a percepção de que o preço do produto é maior do que o seu valor, eles não o comprarão. Se a empresa precificar seu produto abaixo de seus custos, seus lucros serão prejudicados. Entre esses dois extremos, a estratégia de determinação de preços "correta" é aquela que entrega tanto valor para o cliente como lucros para a empresa.

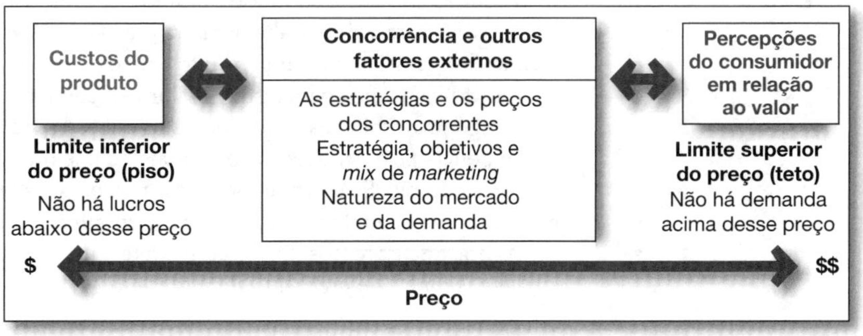

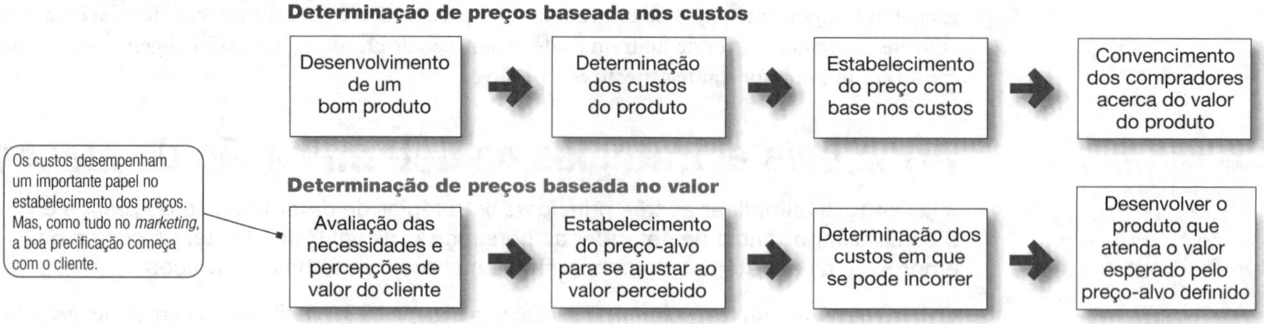

FIGURA 10.2
Determinação de preços baseada no valor *versus* determinação de preços baseada nos custos.

A determinação de preços baseada no valor reverte esse processo. A empresa primeiro avalia as necessidades e as percepções de valor do cliente. Então, ela estabelece seu preço-alvo com base nas percepções de valor do cliente. O valor e o preço que se quer atingir orientam as decisões relacionadas aos custos em que se pode incorrer e ao projeto do produto resultante. Como resultado, a determinação de preços tem início com a análise das necessidades e das percepções de valor do consumidor, e o preço é estabelecido para se ajustar ao valor percebido.

É importante lembrar que "bom valor" não é o mesmo que "preço baixo". Por exemplo, alguns consumidores consideram os refrigeradores YETI *premium* uma verdadeira pechincha, mesmo com preços impressionantes:[3]

Preço baseado no valor para o cliente: a maioria dos clientes considera que um cooler YETI *premium* oferece um valor real, mesmo com preços surpreendentes que variam de 299 a 1.299 dólares.

Ty Sprague

> Quanto vale uma caixa térmica – um daqueles coolers que você leva para acampar, para um piquenique, para uma festa ou para a praia? Se for um cooler YETI, você pode chegar a pagar de 299 a 1.299 dólares pelo modelo Tundra, o topo de linha. No entanto, apesar de seus preços altos e *designs* quadrados e básicos, as caixas térmicas da YETI alcançaram um *status* quase *cult* entre os entusiastas do ar livre e em canteiros de obras, fazendas, estacionamentos de estádios de futebol ou até bases militares. O slogan fundador da empresa "YETI Coolers – Muito mais forte. Mantenha o gelo por mais tempo!" sugere os motivos. Usuários dedicados lhe dirão que um YETI mantém as coisas mais geladas – com um design FatWall (com o dobro do isolamento dos concorrentes) e um sistema de tampa intertravada com uma vedação que mantém o frio interno. Além disso, os resistentes coolers YETI são feitos para durar – sem mais dobradiças quebradas, travas com defeito ou tampas esburacadas. Eles são certificados como à prova de ursos pardos pelo Interagency Grizzly Bear Committee (Comitê Interagências do Urso Pardo). Um anúncio descreve um YETI como "O cooler que você sempre quis. E o último cooler que você vai precisar". Portanto, um cooler YETI vale o preço *premium* em comparação com outros mais baratos, feitos pela Igloo ou Rubbermaid? Para muitos consumidores, um YETI traria um valor real pelo dobro do preço.[4]

Muitas vezes, uma empresa terá dificuldade em medir o valor que os clientes atribuem ao seu produto. Por exemplo, calcular o custo dos ingredientes de uma refeição em um restaurante chique é relativamente fácil. Mas atribuir valor a outras medidas de satisfação, como gosto, ambiente, relaxamento, conversa e *status*, é muito difícil. Tal valor é subjetivo; varia tanto para consumidores diferentes quanto para situações diferentes.

Ainda assim, os consumidores usarão esses valores percebidos para avaliar o preço de um produto, portanto a empresa deve trabalhar para medi-los. Às vezes, as empresas perguntam aos consumidores quanto eles pagariam por um produto básico e por cada benefício agregado à oferta. Ou ainda, podem realizar experimentos para testar o valor percebido de diferentes ofertas de produtos. De acordo com um antigo provérbio russo, há dois tolos em cada mercado – um que pede demais e outro que pede muito pouco. Se o vendedor cobrar mais do que o valor percebido pelos compradores, as vendas da empresa sofrerão. Se o vendedor cobrar menos, seus produtos venderão muito bem, mas produzirão menos receita do que produziriam se fossem precificados no nível de valor percebido.

Agora, analisaremos dois tipos de determinação de preços baseada no valor: a *de preço baseado em bom valor* e a *de preço de valor agregado*.

Preço baseado em bom valor

Nos últimos anos, houve uma mudança nas atitudes dos consumidores em relação ao preço e à qualidade. Cada vez mais, os consumidores querem saber se estão obtendo um bom valor pelo seu dinheiro. Em resposta, muitas empresas mudaram suas abordagens de preços para alinhá-las às mudanças nas percepções de preço e valor. Cada vez mais, os profissionais de *marketing* adotam a estratégia de **preço baseado em bom valor** – oferecendo a combinação certa de qualidade e bons serviços a um preço justo.

Em muitos casos, isso envolveu a introdução de versões menos caras de produtos de marcas estabelecidas ou novas linhas de preços mais baixos. Por exemplo, a Kroger possui três linhas de produtos de baixo preço – Heritage Farm, Check This Out e Psst, que oferece preços baixíssimos em produtos básicos de mercearia, como frango, papel higiênico e açúcar aos clientes conscientes da economia. Preços de bom valor são uma coisa relativa – mesmo marcas *premium* podem lançar versões de bom valor. A Mercedes-Benz lançou o carro CLA Class, com modelos básicos a partir de 31.500 dólares. Com o painel em forma de asa, a grade em bloco de diamante e um motor turbo inline-4 de 208 cavalos, o CLA Class oferece aos clientes "'A arte da sedução com uma redução de preço.'"[5]

Preços baseados em bom valor: mesmo marcas *premium* podem lançar versões de bom valor. O Mercedes CLA Class oferece aos clientes "A arte da sedução. Com uma redução de preço."

© Cortesia da Daimler AG

Em outros casos, a precificação baseada em bom valor envolve redesenhar marcas existentes para oferecer mais qualidade por um determinado preço ou a mesma qualidade por menos. Algumas empresas até obtêm sucesso oferecendo menos valor, mas a preços muito baixos. Por exemplo, a cadeia de supermercados ALDI estabeleceu uma impressionante posição de preços de bom valor, pela qual oferece aos clientes uma variedade básica de itens de qualidade a preços diários superbaixos (veja o Marketing Real 10.1).

O ALDI pratica um importante tipo de determinação de preços baseados em bom valor no varejo, chamado de *preços baixos todos os dias* (EDLP – *everyday low pricing*). O EDLP envolve a cobrança de um preço baixo constante e diário com poucos ou nenhum desconto temporário. Talvez o rei da EDLP seja o Walmart, que praticamente definiu o conceito. Com exceção de promoções mensais em alguns itens, o Walmart promete preços baixos todos os dias em tudo o que vende. Em contrapartida, a determinação de *preços altos-baixos* envolve cobrar preços mais altos diariamente, mas realizar promoções frequentes para reduzir os preços temporariamente em itens selecionados. Lojas de departamento como Kohl's e JCPenney praticam preços altos-baixos por terem dias de promoção, descontos para quem chega primeiro e pontos para aqueles que possuem o cartão de crédito da loja.

Preço baseado em bom valor
Oferecimento da combinação certa de qualidade e de bons serviços a um preço justo.

Preço de valor agregado
Acréscimo de características e serviços de valor agregado às ofertas para diferenciá-las e cobrar preços mais altos.

Preço de valor agregado

A determinação de preços baseada em valor não significa simplesmente cobrar a quantia que os clientes querem pagar ou estabelecer preços baixos para enfrentar a concorrência. Em vez disso, muitas empresas adotam estratégias de **preço de valor agregado**. Em vez de reduzir os preços para se igualarem à concorrência, essas empresas acrescentam características e serviços de valor agregado às suas ofertas para diferenciá-las e, assim, sustentar seus preços mais altos.

Por exemplo, a marca de áudio *premium* Bose não tenta vencer sua concorrência oferecendo descontos ou vendendo versões de baixo custo e mais acessíveis de seus alto-falantes, fones de ouvido e produtos de sistema de home theater. Em vez disso, por mais de 50 anos, a Bose investiu recursos em pesquisa e inovação para criar produtos de alta qualidade que merecem os preços *premium* que cobra. O objetivo da Bose é criar o "melhor som por meio de pesquisa – uma experiência de audição inovadora e de alta qualidade", diz a empresa. "Somos engenheiros, desenvolvedores, pesquisadores, varejistas,

Preços de valor agregado: a marca de áudio *premium* Bose cria o "melhor som por meio de pesquisa – uma experiência de audição inovadora e de alta qualidade", agregando valor que merece seus preços *premium*.

Imagem usada com permissão da Bose Corporation.

Marketing Real 10.1 | ALDI: fazendo coisas "diferentes" para trazer aos clientes preços incrivelmente baixos

Se solicitado a nomear as maiores redes de supermercados do mundo, provavelmente pensaria no Walmart, o maior varejista do mundo; e talvez na Kroger, a maior rede de supermercados dos Estados Unidos. Um nome que provavelmente não viria a sua mente é o ALDI, supermercado de preços baixos com sede na Alemanha. No entanto, surpreendentemente, com mais de 85 bilhões de dólares em receitas anuais e mais de 11 mil lojas em 20 países, o ALDI é a oitava maior varejista, em geral, do mundo e a segunda maior varejista apenas de supermercados, atrás da Kroger. Além disso, o ALDI está conquistando os mercados dos Estados Unidos e de outros países, crescendo mais rápido do que qualquer um de seus maiores rivais.

Como o ALDI faz isso? Sua fórmula simples para o sucesso não é segredo: oferecer aos clientes uma variedade básica de itens de boa qualidade a preços extremamente baixos todos os dias. Hoje em dia, muitos supermercados se gabam dos preços baixos, mas no ALDI eles são absolutos. A cadeia de supermercados em rápida expansão convida os clientes a "Comprar diferente" – a maneira do ALDI de prometer aos clientes uma experiência de compra única que oferece produtos de qualidade, economizando dinheiro e tempo. O ALDI redesenhou a experiência de compra de alimentos para reduzir custos e oferecer aos clientes preços que, segundo a empresa, são até 50% mais baixos do que os dos supermercados rivais. "O ALDI faz coisas diferentes para oferecer preços baixos incríveis", diz a empresa.

Para obter esses preços superbaixos, no entanto, os clientes ALDI devem se contentar com um pouco menos em termos dos extras que os concorrentes oferecem. Por exemplo, eles recebem uma seleção menor de produtos. Para manter os custos e os preços baixos, o ALDI opera lojas menores e com economia de energia (cerca de um quarto do tamanho dos supermercados tradicionais) que estocam apenas cerca de 1.400 dos itens de mercearia de venda rápida (o supermercado típico tem cerca de 40.000 itens). O supermercado também tem menos marcas nacionais; mais de 90% dos seus artigos são marcas próprias do ALDI. (O ALDI afirma que os clientes estão pagando pelo produto em si, não por propaganda e *marketing* da marca nacional.) E o ALDI não faz preços promocionais ou correspondência de preços – apenas mantém seus preços muito baixos diariamente e de modo eficiente. "Não igualamos os preços de outras lojas porque isso significaria aumentar os nossos", diz a empresa.

Ao reduzir os custos e repassar as economias aos clientes, o ALDI não deixa pedra sobre pedra. Até os próprios clientes ajudam a manter os custos baixos: eles trazem suas próprias sacolas (ou compram-nas no ALDI por uma pequena taxa), ensacam suas próprias compras (o ALDI não fornece ensacador) e devolvem os carrinhos de compras por conta própria (para receber de volta um depósito de 25 centavos). Mas para os fãs do ALDI, a economia faz tudo valer a pena. ALDI diz aos clientes "Você não pode comer luxo, então por que pagar por ele?"

Enquanto o ALDI reduz os custos operacionais ao osso, não economiza na qualidade. Com a sua preponderância de marcas próprias, o ALDI exerce um controle total sobre a qualidade dos produtos nas suas gôndolas, e a cadeia de supermercados promete verificar e rever tudo o que vende para "atender ou superar a qualidade das marcas nacionais". A empresa opera suas próprias cozinhas de teste, testando mais de 30 mil produtos por ano para garantir que os clientes obtenham mais do que apenas preços baixos. O ALDI está tão confiante de que os seus produtos estão à altura das marcas nacionais que apoia cada item de mercearia com a garantia "Duas vezes melhor": "Se por algum motivo você não estiver 100% satisfeito com qualquer produto, teremos o prazer de substituí-lo e devolver seu dinheiro."

Para melhorar a qualidade de sua variedade de produtos, o ALDI tem adicionado artigos que não costumam estar associados a supermercados "de preços baixos". Além dos típicos alimentos enlatados, embalados e congelados, o ALDI oferece carnes e peixes frescos, assados e produtos frescos. Ele também apresenta o ALDI Finds – produtos especiais por tempo limitado que estão "aqui hoje, esgotado amanhã" – como Castello Aged Havarti, Fusia Fresh Spicy Surimi roll, Season's Choice Steamable Edamame e filé mignon Fresh USDA. O ALDI ainda oferece uma extensa seleção de alimentos orgânicos, sem glúten e veganos. Além disso, todos os produtos da marca ALDI são completamente isentos de corantes sintéticos certificados, glutamato monossódico e óleos parcialmente hidrogenados. Muitos clientes elogiam seus produtos ALDI favoritos, itens sem os quais não podem ficar e que não encontram em nenhum outro lugar. Com itens como esses e lojas limpas e brilhantes, o ALDI visa não apenas a clientes de baixa renda, mas também a clientes de classe média e classe média alta que mantêm gastos moderados.

Nada disso é novidade para os compradores alemães, que amam o ALDI há décadas. Na Alemanha, a rede opera 4.200 lojas, representando cerca de 12% do mercado. Juntamente com os concorrentes de mercearias de preços baixos Lidl e Netto, o mercado alemão tem diversas opções de supermercados econômicos. Isso pode explicar por que o Walmart desistiu da Alemanha apenas nove anos depois de entrar no mercado. Contra concorrentes como o ALDI, os preços normalmente baixos do Walmart eram muito caros para os consumidores alemães mais conscientes economicamente.

A abordagem básica sem luxo do ALDI não é para todos. Enquanto alguns compradores adoram preços baixos, sortimentos básicos, marcas próprias e atmosfera de loja simples, outros não conseguem imaginar a vida sem pelo menos alguns dos luxos e comodidades oferecidos pelas redes tradicionais de supermercados. Mas a maioria das pessoas que compram no ALDI rapidamente se torna verdadeiros fãs, e seus depoimentos espalham-se pela internet. "Minha mercearia favorita! Incrivelmente mais barato do que em qualquer outro lugar", proclama um cliente. Outra fã fervorosa, uma mãe que faz compras com um orçamento apertado para sua família, costumava vasculhar os jornais em busca de cupons e fazer compras em duas ou três lojas diferentes em uma típica ida ao supermercado. Agora, ela compra tudo em sua lista em uma única parada no ALDI, com dinheiro sobrando para itens extras que não estão na lista. "Eu não posso acreditar o quanto eu economizei!" ela diz. "O ALDI é agora minha primeira opção! Sou totalmente do time ALDI".[6]

A rede de supermercados de rápido crescimento ALDI redesenhou a experiência de compra de alimentos para reduzir custos e criar valor para o cliente.

AKP Photos/Alamy Stock Photo

profissionais de *marketing* apaixonados [...] e sonhadores. Um objetivo nos une – criar produtos e experiências que nossos clientes simplesmente não conseguem em nenhum outro lugar". Como resultado, a Bose criou uma longa lista de inovações revolucionárias e produtos de alta qualidade que agregam valor aos seus clientes. Apesar de seus preços *premium*, ou talvez por causa deles, a Bose continua sendo uma líder consistente nos mercados que atende.[7]

Determinação de preços baseada nos custos

Determinação de preços baseada nos custos
Estabelecimento de preços com base nos custos de produção, distribuição e venda do produto somados a uma taxa justa de retorno pelo esforço e risco.

Enquanto as percepções de valor dos clientes estabelecem o limite superior do preço (o teto), os custos estabelecem o limite inferior do preço (o piso) que a empresa pode cobrar. A **determinação de preços baseada nos custos** implica estabelecer os preços com base nos custos de produção, distribuição e venda do produto somados a uma taxa justa de retorno pelo esforço e risco. Os custos das empresas podem ser um importante elemento em sua estratégia de precificação.

Algumas empresas, como o Walmart ou o ALDI, trabalham para se tornar os *produtores de baixo custo* em seus setores. Empresas com custos mais baixos podem definir preços mais baixos que resultam em margens menores, mas maiores vendas e lucros. No entanto, outras empresas – como Apple, BMW e Steinway – pagam intencionalmente custos mais altos para que possam agregar valor e reivindicar preços e margens mais altos. Por exemplo, custa mais fazer um piano Steinway "artesanal" do que um modelo de produção da Yamaha. Mas os custos mais altos resultam em maior qualidade, justificando um preço médio de 87 mil dólares. Para quem compra um Steinway, o preço não é nada; a experiência Steinway é tudo. A chave é gerenciar a diferença entre custos e preços – quanto a empresa ganha pelo valor que entrega ao cliente.

Tipos de custo

Custos fixos (indiretos)
Custos que não variam com o nível de produção ou de vendas.

Custos variáveis
Custos que variam diretamente com o nível de produção.

Custos totais
A soma dos custos fixos e variáveis em qualquer nível de produção.

Os custos de uma empresa se apresentam sob duas formas: fixos e variáveis. Os **custos fixos** (também chamados de **custos indiretos**) são aqueles que não variam com o nível de produção ou de vendas. Por exemplo, uma empresa precisa pagar todo mês contas referentes a aluguel, energia elétrica, juros e salários, independentemente de seu nível de produção. Os **custos variáveis** variam diretamente com o nível de produção. Cada *smartphone* ou *tablet* produzido pela Samsung envolve custos em chips de computador, fios, plástico, embalagens e outros insumos. Embora esses custos tendam a ser os mesmos para cada unidade produzida, eles são chamados de custos variáveis porque o total varia conforme o número de unidades produzidas. Os **custos totais** são a soma dos custos fixos e variáveis para qualquer nível de produção. A administração deseja cobrar um preço que cubra pelo menos os custos totais de produção em um determinado nível de produção.

A empresa deve observar seus custos com cuidado. Se ela tem custos maiores do que seus concorrentes para produzir e vender um produto semelhante, ela precisará cobrar um preço mais alto ou obter menos lucro, colocando-a em desvantagem competitiva.

Custos em diferentes níveis de produção

Para estabelecer preços com sabedoria, a administração precisa saber como seus custos variam em diferentes níveis de produção. Por exemplo, suponha que a Lenovo construiu uma fábrica para produzir mil *tablets* por dia. A **Figura 10.3A** mostra a típica curva de custo médio no curto prazo (SRAC – *short-run average cost*). Isso mostra que o custo por *tablet* é alto se a fábrica da Lenovo produz apenas algumas unidades por dia. Mas à medida que a produção chega a mil *tablets* por dia, o custo médio por unidade diminui. Isso ocorre porque os custos fixos são distribuídos por mais unidades, cada uma com uma parcela menor do custo fixo. A Lenovo pode tentar produzir mais de mil *tablets* por dia, mas os custos médios aumentarão porque a fábrica se tornará ineficiente.

FIGURA 10.3
Custo unitário em diferentes níveis de produção por período.

Qual o ponto de todas as curvas de custo nesta figura e na ao lado? Os custos são um importante fator no estabelecimento dos preços e as empresas devem entendê-los bem.

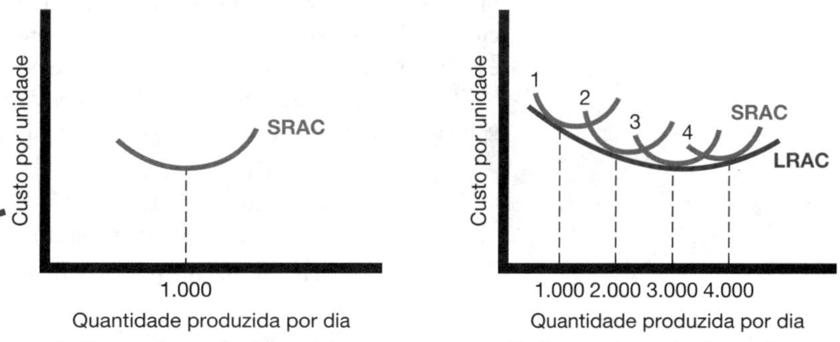

A. Comportamento do custo em uma fábrica de tamanho fixo

B. Comportamento do custo em fábricas de diferentes tamanhos

Os trabalhadores têm de esperar pelas máquinas, as máquinas quebram com mais frequência e os trabalhadores atrapalham uns aos outros.

Se a Lenovo acreditasse que poderia vender 2.000 *tablets* por dia, deveria considerar a construção de uma fábrica maior. A fábrica usaria maquinário e organização de trabalho mais eficientes. Além disso, o custo unitário de produção de 2.000 *tablets* por dia seria menor do que o custo unitário de produção de mil unidades por dia, conforme mostrado na curva de custo médio no longo prazo (LRAC – *long-run average cost*), na **Figura 10.3B**. Na verdade, uma planta com capacidade de 3.000 unidades seria ainda mais eficiente, de acordo com a Figura 10.3B. Mas uma planta de produção de 4.000 unidades diárias seria menos eficiente em razão das crescentes deseconomias de escala – muitos trabalhadores para gerenciar, papelada retardando as atividades e assim por diante. A Figura 10.3B mostra que uma fábrica com capacidade para produzir 3.000 unidades diárias é a melhor opção, se a demanda for forte o suficiente para suportar esse nível de produção.

Custos como função da experiência em produção

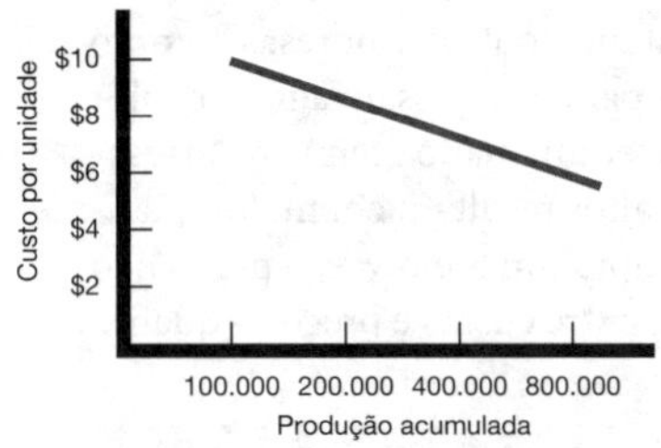

FIGURA 10.4
Custo unitário como função da produção acumulada: a curva de experiência.

Curva de experiência (curva de aprendizagem)
Queda no custo médio de produção por unidade proveniente da experiência acumulada em produção.

Suponha que a Lenovo opere uma fábrica que produz 3.000 *tablets* por dia. À medida que a empresa ganha experiência na produção de *tablets*, ela aprende a fazê-lo melhor. Os trabalhadores aprendem atalhos e se familiarizam mais com seus equipamentos. Com a prática, o trabalho fica mais organizado e a Lenovo encontra melhores equipamentos e processos de produção. Com maior volume, a Lenovo se torna mais eficiente e ganha economias de escala. Como resultado, o custo médio tende a diminuir com a experiência acumulada de produção. Isso é mostrado na **Figura 10.4**.[8] Assim, o custo médio de produção dos primeiros 100.000 *tablets* é de 10 dólares por unidade. Quando a empresa produziu os primeiros 200.000 *tablets*, o custo médio caiu para 8,50 dólares. Após sua experiência acumulada de produção dobrar novamente para 400.000, o custo médio foi para 7 dólares. Essa queda no custo médio com a experiência acumulada em produção é chamada de **curva de experiência** (ou **curva de aprendizagem**).

A existência de uma curva declinante de experiência é algo extremamente significativo para a empresa. O custo unitário de produção não somente cairá, mas cairá mais rapidamente se a empresa fabricar e vender mais em um determinado período de tempo. Mas o mercado tem que estar pronto para comprar essa maior produção. E para aproveitar a curva de experiência, a Lenovo deve obter uma grande participação de mercado no início do ciclo de vida do produto. Isso sugere a seguinte estratégia de preços: a Lenovo deve ter preços mais baixos para seus *tablets*; suas vendas irão crescer e seus custos irão diminuir à medida que ganha mais experiência; e, então, poderá reduzir ainda mais seus preços.

Algumas empresas desenvolveram estratégias em torno da curva de experiência que foram bem-sucedidas. Contudo, concentrar-se unicamente na redução de custos e na exploração da curva de experiência nem sempre funciona. A precificação com base na curva de experiência apresenta alguns grandes riscos. A determinação agressiva de preços pode render ao produto uma imagem de coisa barata. A estratégia também parte do princípio de que os concorrentes são fracos e não estão dispostos a enfrentar as reduções de preços promovidas pela empresa. Por fim, enquanto a organização acumula volume utilizando uma determinada tecnologia, um concorrente pode descobrir uma tecnologia de custo mais baixo que permita a ele oferecer preços menores do que os da líder de mercado, que continua a operar conforme a antiga curva de experiência.

Preço por custo mais margem

Preço por custo mais margem (preço de *markup*)
Acréscimo de um *markup*-padrão (margem arbitrária) aos custos do produto.

O método mais simples de determinação de preços é o **preço por custo mais margem** (ou **preço de *markup***), que adiciona um *markup*-padrão (margem arbitrária) aos custos do produto. As empresas de construção civil, por exemplo, apresentam seus orçamentos estimando o custo total do projeto e adicionando um *markup*-padrão para o lucro. Advogados, contadores e outros profissionais liberais normalmente determinam seu preço adicionando um *markup*-padrão a seus custos. Algumas empresas dizem a seus clientes que cobrarão o custo mais um *markup* especificado; é assim, por exemplo, que as empresas aeroespaciais costumam trabalhar com o governo.

Para ilustrar a determinação de preços de *markup*, vamos supor que os custos e a previsão de vendas de um fabricante de torradeiras sejam os seguintes:

Custo variável	$ 10
Custos fixos	$ 300.000
Previsão de vendas em unidades	50.000

Então, o custo do fabricante por torradeira é o seguinte:

$$\text{Custo unitário} = \text{custo variável} + \frac{\text{custos fixos}}{\text{unidades vendidas}} = \$10 + \frac{\$300.000}{50.000} = \$16$$

Agora, vamos supor que o fabricante queira ganhar um *markup* de 20% sobre as vendas. Nesse caso, o preço de *markup* do fabricante é o seguinte:[9]

$$\text{Preço de } markup = \frac{\text{custo unitário}}{(1 - \text{retorno desejado sobre as vendas})} = \frac{\$16}{1 - 0{,}2} = \$20$$

O fabricante cobrará dos revendedores 20 dólares por torradeira e ficará com um lucro de 4 dólares por unidade. Por sua vez, os revendedores também vão adicionar um *markup* ao preço da torradeira. Se quiserem ganhar 50% sobre o preço de venda, eles venderão a torradeira por 40 dólares (20 dólares + 50% de 40 dólares). Esse número é equivalente a um *markup sobre o custo* de 100% (20 dólares/20 dólares).

Faz sentido utilizar *markups*-padrão para estabelecer preços? Em geral, não. Qualquer método de determinação de preços que ignore a demanda e os preços dos concorrentes provavelmente não levará ao melhor preço. Contudo, o preço de *markup* continua sendo popular por diversas razões. Para começar, as empresas têm mais certeza dos custos do que da demanda. Vinculando o preço aos custos, elas simplificam a determinação de preços – não precisam fazer ajustes frequentes conforme a demanda muda. Em segundo lugar, quando todas as empresas do setor usam esse método de precificação, os preços tendem a ser similares e, com isso, a concorrência por preço é minimizada. Por fim, muitas pessoas acham que a determinação de preços de *markup* é mais justa tanto para compradores como para as empresas. As organizações ganham um retorno justo sobre seu investimento, mas não tiram vantagem dos compradores quando a demanda aumenta.

Análise do ponto de equilíbrio e preços de lucro-alvo

Preço de ponto de equilíbrio (preço de lucro-alvo)
Estabelecimento de preço que se iguala aos custos de produção e *marketing* de um produto ou que atinge o lucro-alvo.

Outra abordagem de determinação de preços orientada para os custos é o **preço de ponto de equilíbrio** (ou uma variação denominada **preço de lucro-alvo**). A empresa tenta determinar o preço no qual ela atinge o ponto de equilíbrio ou chega ao lucro-alvo.

A determinação de preços de lucro-alvo utiliza o conceito do *gráfico do ponto de equilíbrio*, que mostra o custo e a receita totais esperados para diferentes níveis de volume de vendas. A **Figura 10.5** mostra um gráfico de ponto de equilíbrio para o fabricante de torradeiras que já abordamos aqui. Os custos fixos são de 300 mil dólares, independentemente do volume de vendas. A soma dos custos variáveis com os fixos resulta nos custos totais, que sobem com o aumento do volume de vendas. A curva da receita total começa no zero e cresce a cada unidade vendida. A inclinação da curva de receita total reflete o preço de 20 dólares por unidade.

As curvas da receita total e a do custo total se cruzam em 30 mil unidades. Esse é o volume do *ponto de equilíbrio*. Ao preço de 20 dólares, a empresa precisa vender no mínimo 30 mil unidades para alcançar o ponto equilíbrio, isto é, para que a receita total cubra os custos totais. O volume do ponto de equilíbrio pode ser calculado usando a fórmula:

$$\text{Volume do ponto de equilíbrio} = \frac{\text{custos fixos}}{\text{preço} - \text{custos variáveis}} = \frac{\$300.000}{\$20 - 10} = 30.000$$

Se quiser atingir o lucro-alvo, a empresa precisará vender mais do que 30 mil unidades a 20 dólares cada. Vamos supor que o fabricante de torradeiras tenha investido 1 milhão de dólares no negócio e queira estabelecer um preço tal que o retorno obtido seja de 20%, isto é, de 200 mil dólares. Nesse caso, ele deve vender no mínimo 50 mil unidades a 20 dólares cada. Se a empresa cobrar um preço mais alto, ela não precisará vender tantas torradeiras para atingir seu lucro-alvo. Mas é

FIGURA 10.5
Gráfico do ponto de equilíbrio para determinar o preço de lucro-alvo e o volume do ponto de equilíbrio.

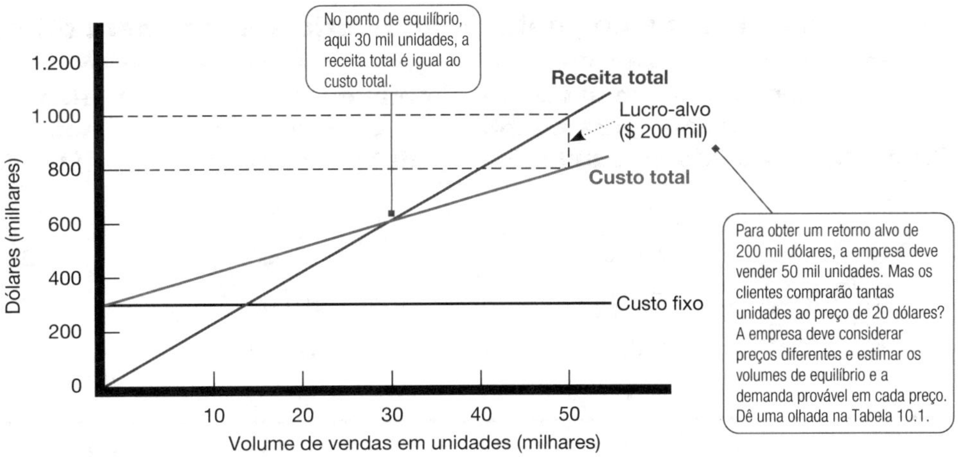

possível que o mercado não compre nem mesmo esse volume mais baixo se o preço for mais alto. Muita coisa depende da elasticidade do preço e dos preços dos concorrentes.

O fabricante precisa considerar diferentes preços e estimar volumes do ponto de equilíbrio, a provável demanda e os lucros previstos para cada caso. Isso é feito na ● **Tabela 10.1**, a qual demonstra que, à medida que o preço sobe, o volume do ponto de equilíbrio cai (coluna 2). Mas, à medida que o preço sobe, a demanda pelas torradeiras também cai (coluna 3). Ao preço de 14 dólares, como o fabricante consegue apenas 4 dólares de lucro por torradeira (14 dólares menos 10 dólares de custos variáveis), ele precisa vender um volume muito alto para atingir o ponto de equilíbrio. Embora o preço baixo atraia muitos compradores, a demanda ainda fica abaixo do alto ponto de equilíbrio, e o fabricante perde dinheiro. No outro extremo, ao preço de 22 dólares, o fabricante consegue 12 dólares de lucro por torradeira e precisa vender apenas 25 mil unidades para atingir o ponto de equilíbrio. Mas, com esse preço alto, os consumidores comprarão uma quantidade muito menor de torradeiras e os lucros serão negativos. A tabela mostra que o preço de 18 dólares gera os lucros mais altos. Observe que nenhum dos preços gera o lucro-alvo do fabricante, de 200 mil dólares. Para atingir esse retorno de lucro, o fabricante terá que procurar maneiras de baixar os custos variáveis ou os fixos, reduzindo assim o volume do ponto de equilíbrio.

Comentário do autor | Ao definir seus preços, a empresa também deve considerar os preços dos concorrentes. Não importa o preço cobrado – alto, baixo ou intermediário – a empresa deve ter certeza de oferecer aos clientes um valor superior por esse preço.

Determinação de preços baseada na concorrência

A **determinação de preços baseada na concorrência** implica estabelecer preços com base nas estratégias, nos custos, nos preços e nas ofertas ao mercado dos concorrentes. Os consumidores vão basear seu julgamento acerca do valor de um produto nos preços que os concorrentes cobram por produtos similares.

determinação de preços baseada na concorrência
Estabelecimento de preços com base nas estratégias, nos custos, nos preços e nas ofertas ao mercado dos concorrentes.

Ao avaliar as estratégias de determinação de preços dos concorrentes, a empresa deve fazer algumas perguntas. Para começar, como a oferta ao mercado da empresa se compara com a dos concorrentes em termos de valor para o cliente? Se, na percepção dos consumidores, o produto ou o serviço da empresa fornecer um valor superior, ela poderá cobrar um preço mais alto. Agora, se os consumidores perceberem menos valor em relação aos produtos da concorrência, a empresa terá que cobrar um preço mais baixo ou mudar as percepções dos clientes para justificar um preço maior.

A próxima pergunta é: qual é a força dos atuais concorrentes e quais são as estratégias de determinação de preços que eles estão usando? Se a empresa estiver diante de uma série de concorrentes menores cobrando preços altos em relação ao valor que entregam, ela poderá cobrar preços mais baixos para empurrar os concorrentes mais fracos para fora do mercado. Se o mercado for dominado por concorrentes maiores que praticam preços inferiores, a empresa poderá decidir se voltar para nichos não atendidos, com produtos de valor agregado a preços superiores.

É importante ressaltar que o objetivo não é igualar ou superar os preços dos concorrentes. Em vez disso, o objetivo é definir os preços de acordo com o valor relativo. Se uma empresa cria maior valor para os clientes, preços mais altos são justificados. Por exemplo, a Caterpillar fabrica equipamentos de construção e mineração para serviços pesados e de alta qualidade. Ela domina sua indústria apesar de cobrar preços mais altos do que concorrentes, como a Komatsu. Os clientes leais da Caterpillar aprenderam que, embora inicialmente paguem mais por um Cat, graças à alta qualidade e ao extraordinário suporte do revendedor da Caterpillar, isso lhes custará menos a longo prazo (consulte Marketing Real 10.2).

Tabela 10.1 Volume do ponto de equilíbrio e lucros para diferentes preços

Preço ($)	Demanda (em unidades) necessária para atingir o ponto de equilíbrio	Demanda (em unidades) esperada para determinado preço	Receitas totais ($) (1) × (3)	Custos totais* ($)	Lucro ($) (4) – (5)
$ 14	75.000	71.000	$ 994.000	$ 1.010.000	$ –16.000
16	50.000	67.000	1.072.000	970.000	102.000
18	37.500	60.000	1.080.000	9000.000	180.000
20	30.000	42.000	840.000	720.000	120.000
22	25.000	23.000	506.000	530.000	–24.000

*Pressupondo custos fixos de 300 mil dólares e custos variáveis unitários constantes de 10 dólares.

Marketing Real 10.2 | Caterpillar: Agregar valor ao preço mantém o motor roncando

Por mais de nove décadas, a Caterpillar dominou a indústria de equipamentos de mineração e construção pesada. Seus famosos tratores, esteiras, carregadeiras, e caminhões amarelos são comuns em qualquer área de construção ao redor do mundo. E depois de todos esses anos, seus motores ainda estão roncando. A empresa vende centenas de produtos diferentes em quase 200 países, com faturamentos anuais que chegam a 55 bilhões de dólares. Durante os últimos dois anos, à medida que a indústria da construção global se estabilizou, as vendas da Caterpillar cresceram 45% e os lucros dispararam. A Caterpillar detém uma participação de 16,4% no negócio mundial de equipamentos pesados, bem à frente da Komatsu, a número dois, com 12%.

Equipamentos pesados de construção e mineração representam uma grande compra para os clientes industriais. E o setor é altamente competitivo, servido por concorrentes de qualidade como Komatsu, John Deere, Hitachi e Volvo. Como resultado, ao comprar equipamentos de construção de alto preço, os clientes analisam minuciosamente e comparam produtos competitivos em qualidade, serviço e preço. Surpreendentemente, nesse ambiente implacável, a Caterpillar mantém seu domínio apesar de cobrar preços mais altos do que os concorrentes.

Mas a Caterpillar sabe que os clientes consideram muito mais do que apenas os preços iniciais de compra. Eles também analisam quanto o equipamento custará para operar a longo prazo em termos de combustível, manutenção de rotina, reparos e tempo de inatividade. A Caterpillar há muito enfatiza que seus produtos geram o menor custo total de propriedade durante a vida útil do equipamento. Essa é uma afirmação poderosa. Segundo uma estimativa, o custo total de propriedade de um equipamento de tamanho médio é de duas a três vezes o preço de compra inicial. A proporção fica muito maior com equipamentos maiores e mais caros que têm vida útil muito longa. Os clientes leais da Caterpillar aprenderam que, embora inicialmente paguem mais por um Cat, isso lhes custará menos a longo prazo.

Tudo começa com a confiabilidade dos equipamentos Caterpillar. Ao longo dos anos, a Cat produziu um fluxo constante de produtos inovadores e de alta qualidade. A empresa projeta minuciosamente o baixo custo de propriedade em cada peça do equipamento Cat, desde o projeto até a fabricação. Mas talvez ainda mais importante, a Caterpillar desenvolveu uma vasta rede global de 172 revendedores independentes de destaque, empregando 157 mil pessoas em 2.163 filiais, que ajudam os clientes na manutenção desses equipamentos para mantê-los funcionando.

De acordo com um ex-CEO da Caterpillar: "Depois que o produto sai da nossa porta, os revendedores assumem. São eles que convivem com o produto por toda a vida. São eles que os clientes veem. [...] Eles atendem um produto com frequência ao longo de sua vida útil, monitorando cuidadosamente a integridade de uma máquina e agendando reparos para evitar períodos de inatividade dispendiosos. [Eles] criam a imagem de uma empresa que não está apenas atrás de seus produtos, mas com seus produtos, em qualquer lugar do mundo. Nossos revendedores são a razão pela qual nosso lema – Compre o Ferro, adquira a empresa – não é um slogan vazio."

"Compre o ferro, adquira a empresa" – essa é uma poderosa proposta de valor. Isso significa que, quando os clientes compram os equipamentos Cat, eles se tornam membros da família Caterpillar. A Caterpillar e seus revendedores trabalham em estreita harmonia com os clientes para ajudá-los a obter o máximo de seus equipamentos. A grande rede de revendedores da empresa oferece aos clientes acesso rápido a peças e serviços, minimizando o tempo de inatividade e maximizando a produtividade.

Na indústria de equipamentos pesados, o tempo de inatividade pode significar grandes perdas. O serviço excepcional da Caterpillar oferece uma enorme vantagem em conquistar e manter clientes. Considere a BHP Billiton, cliente da Caterpillar que opera a enorme mina de cobre e zinco Antamina no Peru. Com mais de uma milha de comprimento, a mina fica a 14.100 pés privados de oxigênio acima do nível do mar nos Andes peruanos. A cada hora de cada dia, as máquinas Cat – caminhões gigantes, pás mecânicas, raspadores e outros brutos – extraem enormes quantidades de minerais da terra. Ao todo, a BHP usa mais de 200 milhões de dólares em maquinário da Caterpillar em Antamina – e gastará outros 200 milhões em manutenção durante sua vida útil. Quando o equipamento quebra, a BHP perde dinheiro rapidamente. Ela paga com prazer um preço *premium* por máquinas e serviços com os quais pode contar. E sabe que pode contar com a Caterpillar e sua rede de revendedores para um excelente suporte e longa vida útil da máquina.

Por exemplo, o equipamento da BHP em Antamina inclui uma frota de 49 gigantescos caminhões Caterpillar série 793 de 250 toneladas – máquinas de 13 metros de altura que custam milhões de dólares cada e são movidas por um motor a diesel com mais potência do que um tanque. Graças à qualidade inicial e ao suporte implacável da Caterpillar, os caminhões 793 têm uma reputação inigualável de durabilidade e longevidade. "Nosso primeiro caminhão 793, colocado em serviço há 27 anos, ainda está em serviço, oferecendo o melhor custo por tonelada da categoria", diz o gerente de produção global da Caterpillar. Um dos mais antigos modelos 793 acumulou 173 mil horas de operação – o equivalente a quase 20 anos ininterruptos.

O extraordinário suporte do revendedor Caterpillar se estende ao sistema de entrega de peças da empresa, o mais rápido e confiável do setor. Por meio de uma vasta rede de centros de distribuição e instalações de serviço em todo o mundo, a Caterpillar e seus revendedores garantem a entrega de peças em 48 horas em qualquer lugar do mundo, da tundra do Alasca aos desertos de Timbuktu. Por outro lado, não é incomum que os clientes dos concorrentes esperem quatro ou cinco dias dispendiosos por uma peça.

Assim, a Caterpillar não tenta atender ou superar os preços dos concorrentes. Em vez disso, oferece maior valor, o que justifica seus preços mais altos. Quando um cliente comercial perguntou uma vez a um revendedor Caterpillar por que ele deveria pagar 500 mil dólares por uma escavadeira grande da Caterpillar quando poderia obter uma

Preço versus concorrentes: a Caterpillar domina o setor de equipamentos pesados apesar de cobrar preços *premium*. Os clientes acreditam que a Caterpillar lhes oferece muito mais valor pelo preço ao longo da vida útil de suas máquinas.

Kristoffer Tripplaar/Alamy Stock Photo

escavadeira da Komatsu "equivalente" por 420 mil dólares, o revendedor Caterpillar fez uma análise como a seguinte:

$ 420.000	o preço da Caterpillar se fosse equivalente ao trator do concorrente.
+ $ 50.000	o valor agregado pela confiabilidade e durabilidade superiores da Caterpillar
+ $ 40.000	o valor agregado pelo serviço superior da Caterpillar
+ $ 40.000	o valor agregado pelos custos operacionais de vida útil mais baixos da Caterpillar
+ $ 20.000	o valor agregado pela garantia de peças mais longa da Caterpillar
= $ 570.000	o preço total de valor agregado para a escavadeira da Caterpillar
− $ 70.000	de desconto
= $ 500.000	preço final

Assim, enquanto o cliente paga um preço *premium* de 80 mil dólares a mais pela escavadeira Caterpillar, na verdade está recebendo 150.000 dólares em valor agregado ao longo da vida útil do produto. O cliente escolheu a escavadeira Caterpillar.[10]

Qual princípio deve orientar as decisões sobre os preços a serem cobrados em relação aos dos concorrentes? A resposta é simples na teoria, mas costuma ser difícil na prática: você pode cobrar o preço que quiser – alto, baixo ou intermediário –, mas deve se certificar de que está entregando aos clientes um valor superior por esse preço.

Comentário do autor | Agora que analisamos as três estratégias gerais de preços – baseados no valor, no custo e na concorrência – vamos nos aprofundar em alguns dos muitos outros fatores que afetam as decisões de preços.

Outras considerações internas e externas que afetam as decisões de preço

Objetivo 10.3 Identificar e definir outros importantes fatores internos e externos que afetam as decisões de determinação de preços da empresa.

Além das percepções de valor do cliente, dos custos e das estratégias dos concorrentes, a empresa deve levar em conta vários outros fatores internos e externos. Entre os fatores internos que afetam a determinação dos preços estão: a estratégia de *marketing* geral, os objetivos e o *mix* de *marketing* da empresa, bem como outras considerações organizacionais. Já os fatores externos incluem a natureza do mercado e da demanda e outros elementos ambientais.

Estratégia de *marketing* geral, objetivos e *mix* de *marketing*

O preço é apenas um dos elementos da estratégia de *marketing* mais ampla da empresa. Assim, antes de estabelecer o preço, a empresa deve decidir qual será sua estratégia de *marketing* geral para o produto ou serviço. Se uma empresa selecionou cuidadosamente seu mercado-alvo e seu posicionamento, sua estratégia de *mix* de *marketing*, incluindo preço, será bastante direta. Por exemplo, a Tesla tem como alvo compradores sofisticados e orientados por tecnologia com carros totalmente elétricos requintados que "aceleram o advento do transporte sustentável". Essa segmentação e posicionamento elevados determinam a cobrança de preços *premium*.

Às vezes, as empresas constroem suas estratégias em torno de uma história de preço e valor. Por exemplo, nos últimos anos, dezenas de *startups* de venda direta ao consumidor se posicionaram em oferecer boa qualidade com ótimo valor. O vendedor *on-line* de colchões e roupas de cama Casper oferece "uma melhor noite de sono por um valor incrível". O comerciante de produtos de barbear Harry's declara "Você merece um ótimo barbear a um preço justo". E o varejista *on-line* de produtos para o lar e mercearia Brandless promete "Coisas melhores, menos dólares. É simples assim".

A Spirit Airlines constrói toda a sua estratégia de *marketing* em torno dos preços de "Tarifa Básica", sem requintes. Você não ganha muito quando voa pela Spirit. Portanto você não paga pelo que não recebe.

Larry MacDougal/AP Photo

A companhia aérea Spirit Airlines se posiciona inteiramente no que chama de preços de "Tarifa Básica", sem oferecer requintes, prometendo "menos dinheiro; mais idas".:[11]

> A Spirit é uma "transportadora de custo ultrabaixo" incomparável, com preços muito menores do que os dos concorrentes – até 90% mais baixos em alguns casos. Mas para lucrar com essas tarifas baixíssimas, os clientes precisam aceitar menos em troca. Comprar uma passagem em um voo da Spirit dá a você apenas uma coisa: um assento em um avião para o seu destino. Se você quiser mais, você paga por isso. Por exemplo, enquanto a maioria das companhias aéreas oferece bebidas gratuitas, a Spirit cobra 3 dólares por uma garrafa de água ou lata de refrigerante. Quer um travesseiro ou um cobertor? Fico feliz em atender – serão 7 dólares, por favor. A escolha de um assento custa 15 dólares, e você terá um custo extra de 10 dólares para que um agente de *check-in* imprima seu cartão de embarque. Uma mala de mão de tamanho normal custa mais

37 dólares. Além disso, os assentos nos voos da Spirit são muito mais próximos (o que a Spirit chama de "assentos um pouco mais aconchegantes") e não são reclináveis. Se você quiser um pouco mais de espaço para respirar – você adivinhou – por uma taxa, você pode obter um assento na saída de emergência ou um assento na primeira fileira do tamanho da primeira classe. Embora alguns clientes considerem isso barato ou, pior, reclamem que é injusto e enganoso, a Spirit está prosperando com sua abordagem de Tarifa Básica. A companhia aérea afirma que dá aos clientes mais controle sobre o que pagam e o que não pagam. É verdade que você não ganha muito quando voa com a Spirit. Então, novamente, você não paga pelo que não recebe. Se pagar pelos extras lhe incomoda, declara a Spirit, não os compre. Ou simplesmente voe com outra companhia aérea e pague a tarifa inteira antecipadamente.

A precificação pode desempenhar um importante papel ao ajudar a empresa a atingir seus objetivos em diversos níveis. Uma empresa pode estabelecer preços para atrair novos clientes ou manter os existentes de maneira lucrativa. Pode instituir preços baixos para impedir a entrada de concorrentes no mercado ou fixar preços no mesmo nível da concorrência para estabilizar o mercado. Pode ainda estabelecer preços para manter a fidelidade e o apoio dos revendedores ou para evitar intervenções do governo. Os preços podem ser reduzidos temporariamente para gerar interesse por uma marca. Ou pode-se determinar o preço de um produto de modo que ele ajude as vendas dos outros produtos da linha da empresa.

As decisões de preço precisam ser coordenadas com as de desenvolvimento, distribuição e promoção do produto, para formar um programa de *mix* de *marketing* integrado, consistente e efetivo. As decisões tomadas para outras variáveis do *mix* de *marketing* podem afetar as decisões de determinação de preços. Por exemplo, a decisão de posicionar o produto com base em alta qualidade significa que a empresa precisará cobrar um preço maior para cobrir os custos maiores. E os fabricantes que esperam que seus revendedores apoiem e promovam seus produtos podem ter que embutir margens de revenda maiores em seus preços.

Determinação de custo-alvo
Determinação de preços que começa com um preço de venda ideal e, então, busca os custos que garantirão a cobrança desse preço.

As empresas geralmente posicionam seus produtos com base no preço e, então, ajustam outras decisões de *mix* de *marketing* aos preços que querem cobrar. Nesse caso, o preço é um fator fundamental no posicionamento do produto, o qual define o mercado, os concorrentes e o projeto do produto. Muitas empresas apoiam essas estratégias de posicionamento por preço com uma técnica chamada **determinação de custo-alvo**. Essa técnica reverte o processo usual que consiste em primeiro desenvolver um novo produto, depois determinar seu custo e só então perguntar: "Por quanto podemos vendê-lo?" Em vez disso, ela começa com um preço de venda ideal, baseado em considerações acerca do valor para o cliente, e então busca os custos que garantirão a cobrança desse preço. Por exemplo, quando começou a projetar o Fit, a Honda tinha em mente um preço de entrada de 13.950 dólares e a capacidade de rodar aproximadamente 14 quilômetros com um litro de combustível. Ela, então, projetou um pequeno carro divertido e estiloso com um custo que lhe permitia oferecer aos clientes-alvo esses valores.

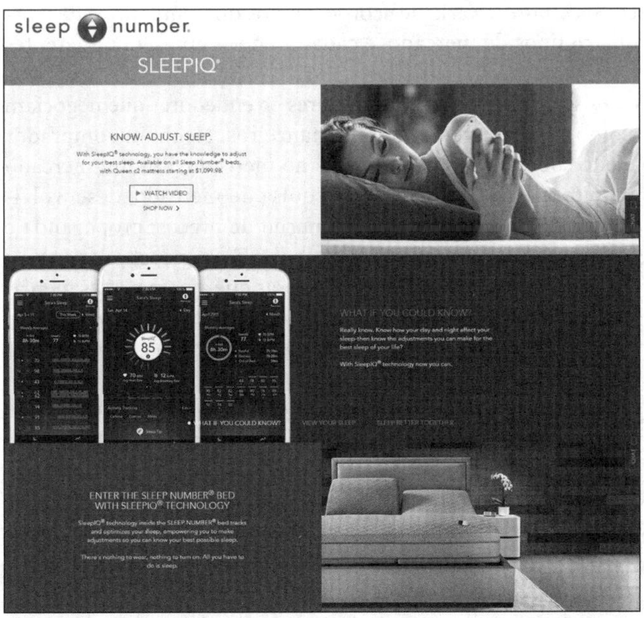

Posicionamento sem preço: as camas Sleep Number custam mais do que os colchões tradicionais, mas os clientes altamente satisfeitos da marca estão dispostos a pagar mais para obter mais. Afinal, é difícil definir um preço para uma boa noite de sono.

Select Comfort Corporation

Outras empresas não colocam ênfase no preço e usam outras ferramentas do *mix* de *marketing* para criar posições *não baseadas no preço*. Geralmente, a melhor estratégia não é cobrar o preço mais baixo, mas diferenciar a oferta ao mercado para fazer com que ela valha um preço mais alto. Por exemplo, a Sleep Number valoriza muito seus colchões e cobra um preço mais alto para corresponder a esse valor:

No nível mais básico, um colchão Sleep Number permite ajustar cada lado ao seu nível ideal de firmeza e suporte. Adicione a isso a tecnologia SleepIQ e você pode acompanhar e otimizar a melhor noite de sono possível. A Sleep Number permite que você "saiba; ajuste; durma". A tecnologia SleepIQ dentro da cama monitora o tempo de sono reparador, a frequência cardíaca, a frequência respiratória, os movimentos, entre outros fatores. Em seguida, o aplicativo SleepIQ informa a pontuação da sua noite e como você dormiu. O aplicativo recomenda ajustes que vão mudar seu sono para melhor. A linha de colchões infantis Sleep Number ajuda os pais a acompanhar como seus filhos dormem. O aplicativo ainda permite que os pais saibam quando seus filhos saem da cama à noite e inclui uma inclinação para cabeça, recompensas baseadas em estrelas para hábitos de sono e um "detector de monstros" inteligente. As camas Sleep Number custam mais do que os colchões tradicionais – os modelos custam de 900 a mais de 7.000 dólares em comparação com colchões tradicionais de boa qualidade por 1.000 dólares ou menos. Mas os clientes satisfeitos da Sleep Number estão dispostos a pagar mais para obter mais. Afinal, é difícil definir um preço para uma boa noite de sono.[12]

Dessa maneira, ao estabelecer os preços, as empresas devem levar em conta toda a estratégia e o *mix* de *marketing*. Mas, novamente, mesmo quando destacam o preço, as empresas precisam se lembrar de que os clientes raramente compram com base apenas nele. Pelo contrário, eles buscam produtos que lhes deem o melhor valor em termos de benefícios recebidos pelo preço pago.

Considerações organizacionais

A administração é que decide quem, dentro de sua organização, deve estabelecer os preços. As empresas lidam com a determinação de preços de diversas maneiras. Em pequenas organizações, os preços geralmente são estabelecidos pela alta administração, e não pelo departamento de *marketing* ou o de vendas. Já em empresas de grande porte, eles costumam ser determinados pelos gerentes de divisão ou de produto. Nos mercados organizacionais, o pessoal de vendas pode ter permissão para negociar com os clientes dentro de uma certa faixa de preços. Mesmo assim, a alta administração estabelece os objetivos e as políticas de preço e, muitas vezes, aprova os valores propostos por gerentes de nível mais baixo na hierarquia ou pelo pessoal de vendas.

Nos setores em que a precificação é um fator fundamental (aéreo, aeroespacial, siderúrgico, ferroviário, petroleiro), as empresas costumam ter um departamento responsável por estabelecer os melhores preços ou ajudar os outros a fazê-lo. Esse departamento se reporta ao de *marketing* ou à alta administração. Gerentes de vendas, gerentes de produção, gerentes financeiros e contadores também influenciam na determinação de preços.

O mercado e a demanda

Como assinalado anteriormente, uma boa determinação de preços começa com o entendimento do modo como as percepções dos clientes acerca do valor afetam os preços que eles estão dispostos a pagar. Consumidores e compradores organizacionais comparam o preço de um produto ou serviço com os benefícios de tê-lo. Assim, antes de estabelecer os preços, a empresa deve compreender a relação entre preço e demanda para seu produto. Nesta seção, analisaremos a fundo essa relação e como ela varia para diferentes tipos de mercado. Em seguida, abordaremos os métodos de análise da relação preço-demanda.

Determinação de preços em diferentes tipos de mercado

A liberdade de determinação de preços da empresa varia de acordo com os diferentes tipos de mercado. Os economistas reconhecem quatro tipos de mercado, e cada um deles apresenta diferentes desafios para a precificação.

Na *concorrência pura*, o mercado consiste em muitos compradores e vendedores que negociam uma mesma commodity uniforme, como trigo, cobre ou títulos financeiros. Nenhum comprador ou vendedor individual gera muito efeito sobre os preços correntes no mercado. Em um mercado puramente competitivo, pesquisa de mercado, desenvolvimento de produto, determinação de preços, propaganda e promoção de vendas desempenham um papel pequeno ou nenhum papel. Assim, as empresas que atuam nesses mercados não perdem muito tempo com estratégias de *marketing*.

Na *concorrência monopolista*, o mercado é formado por muitos compradores e vendedores que negociam com base em uma ampla faixa de preços, em vez de praticar um único preço de mercado. A ampla faixa de preços existe porque os vendedores podem diferenciar suas ofertas para os compradores. Como existem muitos concorrentes, cada uma das empresas é menos afetada pelas estratégias de determinação de preços dos concorrentes do que nos mercados oligopolistas. As organizações tentam desenvolver ofertas diferenciadas para diversos segmentos de clientes e, além do preço, usam com liberdade o *branding*, a propaganda e a venda pessoal para destacar suas ofertas das demais.

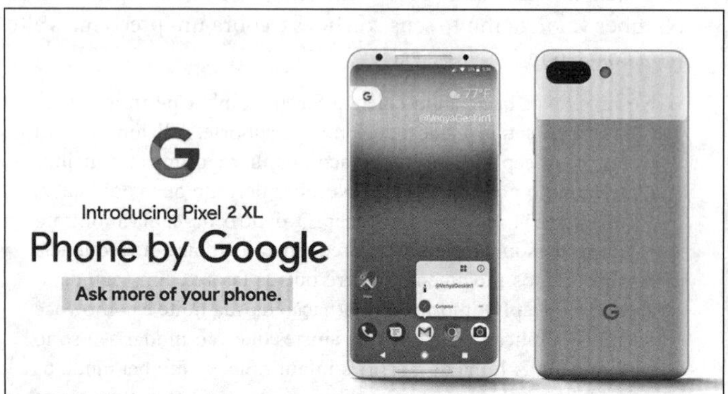

Preços em mercados de concorrência monopolista: o Google tenta diferenciar seus *smartphones* Pixel não pelo preço, mas pelo poder de sua marca e pela variedade de recursos diferenciadores. Os anúncios de pixel dizem aos consumidores para "Exigir mais de seu telefone".
Google

Assim, o Google tenta diferenciar seus *smartphones* Pixel da profusão de outros telefones não pelo preço, mas pelo poder de sua marca e pela variedade de recursos diferenciadores. Os anúncios do Pixel dizem aos consumidores para "Exigir mais de seu telefone". Seus *smartphones* prometem uma tela mais vívida, retratos mais bonitos, a melhor câmera da categoria, carregamento de bateria mais rápido, resistência à água, armazenamento gratuito na nuvem, Google Lens, mais ajuda do Google Assistant, mais diversão, mais memórias e muito mais, mais, mais... O Google gastou cerca de 40 milhões de dólares em publicidade na TV em apenas um mês para apresentar o Pixel 2 e levar para casa dos clientes esses recursos diferenciadores.[13]

Sob a *concorrência oligopolista*, o mercado é constituído de alguns poucos grandes vendedores. Por exemplo, somente alguns poucos provedores – Comcast, Spectrum, AT&T e Dish Network – controlam a maior parte do mercado de televisão a cabo/satélite dos Estados Unidos. Como há poucas empresas, cada uma está alerta e responde às estratégias de preços e movimentos de *marketing* dos concorrentes. Na batalha pelos assinantes, o preço se torna uma importante ferramenta competitiva. Por exemplo, para atrair clientes para longe dos concorrentes, eles oferecem descontos especiais, upgrades gratuitos de equipamentos e preços fixos.

No *monopólio puro*, o mercado é dominado por um único vendedor. O monopólio pode ser do governo (Correios), privado regulado (empresa de fornecimento de energia elétrica) ou privado não regulado (De Beers and diamonds). Em cada caso, a determinação de preços é trabalhada de uma maneira diferente.

Análise da relação preço-demanda

Curva de demanda
Curva que mostra o número de unidades que o mercado comprará, em determinado período de tempo, considerando os diferentes preços que podem ser cobrados.

Todo preço que a empresa pode cobrar levará a um diferente nível de demanda. A relação entre o preço cobrado e o nível de demanda resultante é mostrada na **curva de demanda** da **Figura 10.6**. Essa curva mostra o número de unidades que o mercado comprará, em determinado período de tempo, considerando os diferentes preços que podem ser cobrados. Em uma situação normal, a demanda e o preço têm relação inversa – isto é, quanto mais alto o preço, mais baixa a demanda. Assim, a empresa venderia menos se aumentasse seus preços de *P*1 para *P*2. Em resumo, consumidores com orçamentos limitados provavelmente comprariam menos de alguma coisa se seu preço fosse muito alto.

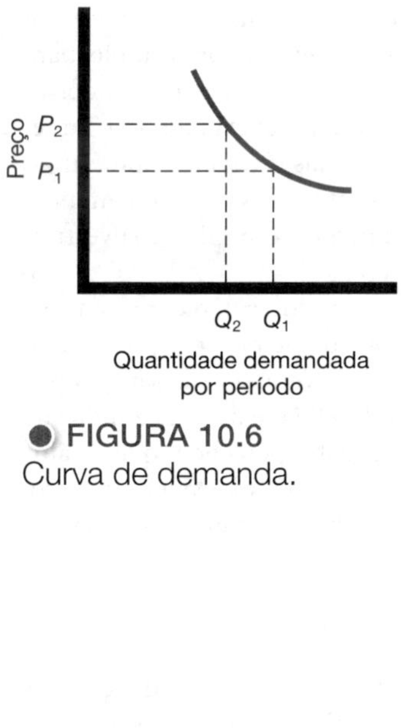

FIGURA 10.6
Curva de demanda.

Compreender a curva preço-demanda de uma marca é crucial para boas decisões de preços. A ConAgra Foods aprendeu esta lição ao precificar seus jantares congelados Banquet:[14]

> O Banquet sempre cobrou cerca de 1 dólar por jantar desde seu início em 1953. E é isso o que muitos clientes ainda esperam. O preço de 1 dólar é um componente chave no apelo das marcas. Alguns anos atrás, quando a ConAgra tentou cobrir os custos mais altos das commodities aumentando o preço de tabela dos jantares Banquet de 1 para 1,25 dólar, os consumidores torceram o nariz para o preço mais alto. As vendas caíram acentuadamente, forçando a ConAgra a baixar seus preços de volta para um dólar por jantar. Para ganhar dinheiro a esse preço, a ConAgra tentou fazer um melhor trabalho de gerenciamento de custos, diminuindo as porções e substituindo ingredientes mais caros por ingredientes mais baratos. Mas como os preços das commodities continuam subindo, o Banquet simplesmente não consegue mais fazer um jantar decente por um dólar. Então está cautelosamente aumentando os preços novamente. Algumas refeições menores ainda custam 1 dólar. Por exemplo, o frango empanado ainda vem com macarrão com queijo, mas não inclui mais brownie. Mas refeições clássicas, como o bife de Salisbury, voltaram a ser ofertados por 1,29 dólar. A ConAgra também lançou as refeições Banquet Select Recipes por um preço surpreendente de 1,50 dólar e refeições de porções maiores por mais de 2 dólares. Apesar dos aumentos de preços, as vendas de alimentos congelados da ConAgra voltaram a crescer modestamente. A Banquet é uma marca de entrada, observa o CEO da ConAgra, mas "isso não significa que seja casada com um dólar. Ela [apenas] precisa ter o melhor valor para nosso cliente principal". E os tempos estão mudando. "Quando pensamos em *millennials* comprando [alimentos congelados], a noção de que eles querem comprar uma refeição por 88 centavos de dólar não procede, porque seu café com leite custa 4,37 dólares", diz o CEO.

A maioria das empresas tenta medir suas curvas de demanda estimando a demanda em diferentes preços. O tipo de mercado faz diferença. No caso de um monopólio, a curva de demanda mostra a demanda total do mercado resultante de diferentes preços. Se a empresa tiver concorrentes, sua demanda em diferentes preços dependerá de os preços dos concorrentes se manterem estáveis ou mudarem de acordo com os seus.

Elasticidade de preço da demanda

Elasticidade de preço
A medida da sensibilidade da demanda a mudanças nos preços.

Os profissionais de *marketing* também precisam conhecer a **elasticidade de preço** – a medida da sensibilidade da demanda a mudanças nos preços. Se a demanda dificilmente muda com uma pequena mudança no preço, dizemos que a demanda é inelástica. Se a demanda muda muito, dizemos que a demanda é *elástica*.

Se a demanda for elástica em vez de inelástica, os vendedores considerarão a redução de seus preços. Um preço mais baixo produzirá mais receita total. Essa prática faz sentido desde que os custos extras de produzir e vender mais não excedam a receita extra. Ao mesmo tempo, a maioria das empresas quer evitar preços que transformam seus produtos em commodities. Nos últimos anos, forças como a desregulamentação e as comparações instantâneas de preços proporcionadas pela internet e pelas tecnologias móveis e outras tecnologias aumentaram a sensibilidade do consumidor ao preço, transformando produtos como *smartphones*, computadores e automóveis novos em commodities aos olhos de alguns consumidores.

A economia

As condições econômicas podem ter um grande impacto sobre as estratégias de determinação de preços da empresa. Fatores econômicos como recessão ou rápida expansão, inflação e taxas de juros afetam as decisões de precificação porque atingem não só os gastos do consumidor e as suas percepções em relação ao preço e ao valor de um produto, mas também os custos de produção e venda de um produto da empresa.

Após a Grande Recessão de 2008–2009, muitos consumidores repensaram a equação preço-valor. Eles apertaram os cintos e se tornaram mais conscientes com relação ao valor. Os consumidores mantiveram seus hábitos mais econômicos muito além da recuperação econômica. Como resultado, muitos profissionais de *marketing* aumentaram sua ênfase nas estratégias de precificação voltadas para o valor pelo dinheiro.

A reação mais óbvia às novas realidades econômicas é reduzir os preços e oferecer descontos. Milhares de empresas fizeram exatamente isso. Preços mais baixos tornam os produtos mais acessíveis e ajudam a estimular as vendas no curto prazo. Contudo, esses cortes no preço podem levar a consequências indesejadas no longo prazo. Preços menores significam margens menores. Grandes descontos podem degradar uma marca aos olhos dos consumidores. E, quando a empresa diminui os preços, é difícil para ela aumentá-los novamente quando a economia se recupera.

Em vez de reduzir os preços de suas principais marcas de mercado, muitas empresas estão mantendo suas posições de preço, mas redefinindo o "valor" em suas propostas de valor. Outras empresas desenvolveram "níveis de preço", adicionando linhas mais acessíveis ou linhas *premium* que abrangem os diversos meios e preferências para diferentes segmentos de clientes. Por exemplo, para aumentar o lado "pague menos" de seu mantra "espere mais, pague menos" – e para atender às necessidades de clientes preocupados com os custos e com orçamentos mais apertados –, a Target introduziu marcas de lojas com preços mais baixos, como a Room Essentials (produtos domésticos de baixo custo) e a Up & Up (itens essenciais de baixo preço em várias categorias). Um anúncio da Up & Up afirma: "Qualidade e valor podem ser amigos para sempre; e, como flores silvestres, risadas ou uma hora extra de sono, coisas bonitas não precisam ser caras".

Vale lembrar que mesmo em tempos econômicos difíceis, os consumidores não compram somente com base no preço. Eles comparam o preço que pagam ao valor que recebem, equilibrando-os. Por exemplo, apesar de vender seus sapatos por até 200 dólares o par, a Nike comanda a maior fidelidade do consumidor de qualquer marca no segmento de calçados. Os clientes percebem que o valor dos produtos da marca e a experiência de possuir um Nike valem o preço. Assim, não importa o preço cobrado – baixo ou alto – as empresas precisam oferecer um ótimo *valor pelo dinheiro*.

Preços e economia: Para atender às necessidades de clientes conscientes dos custos com orçamentos mais apertados, a Target lançou marcas de lojas com preços mais baixos, como a Up & Up: "Coisas bonitas não precisam ser caras."
Gary Armstrong

Outros fatores externos

Além do mercado e da economia, a empresa deve considerar muitos outros fatores em seu ambiente externo na hora de estabelecer seus preços. Ela precisa saber qual impacto seus preços surtirão sobre os outros participantes no mesmo ambiente. Como os *revendedores* reagirão aos vários preços? A empresa deve estabelecer preços que proporcionem aos revendedores um lucro justo, incentivem seu apoio e os ajudem a vender o produto de maneira eficaz. O *governo* é outra importante influência externa sobre as decisões de preço. Por fim, as *preocupações sociais* podem ter que ser levadas em conta. No estabelecimento de preços, as vendas no curto prazo, a participação de mercado e as metas de lucro de uma empresa podem precisar ser abrandadas por conta de considerações societais mais amplas. No Capítulo 11, analisaremos as questões de política pública na determinação de preços.

Revisão e extensão dos conceitos

Revisão dos objetivos

As empresas enfrentam hoje um ambiente de determinação de preços feroz e de rápidas mudanças. As organizações que conseguem criar valor para o cliente com as outras atividades do *mix* de *marketing* devem, ainda, capturar parte desse valor nos preços que recebem. Este capítulo analisa a importância da precificação, as estratégias gerais de determinação de preços e os fatores internos e externos que afetam as decisões de preços.

Objetivo 10.1 Responder à pergunta "O que é preço?" e discutir a importância da determinação de preços no ambiente de rápida mudança de hoje *(p. 276-277)*

O *preço* pode ser definido, em sentido estrito, como a quantia cobrada por um produto ou serviço. Ou, em sentido mais amplo, pode ser definido como a soma dos valores que os consumidores trocam pelos benefícios de se ter e utilizar o produto ou serviço. O desafio na determinação de preços consiste em encontrar o preço que permitirá à empresa obter um lucro justo ao receber pelo valor para o cliente que ela gera.

Apesar do crescente papel desempenhado pelos fatores não relacionados ao preço no processo de *marketing* moderno, o preço continua sendo um importante elemento do *mix* de *marketing*. Na verdade, ele é o único elemento que gera receita; todos os outros representam custos. E o que é mais importante: como parte da proposta de valor geral da empresa, o preço assume um papel-chave na criação de valor para o cliente e na construção de relacionamento com ele. Gestores inteligentes tratam a precificação como uma importante ferramenta estratégica para criar e capturar valor para o cliente.

Objetivo 10.2 Identificar as três principais estratégias de determinação de preços e discutir a importância de entender as percepções de valor do cliente, os custos da empresa e as estratégias da concorrência na hora de estabelecer preços *(p. 277-286)*

As empresas podem escolher uma das três principais estratégias de determinação de preços, a saber: determinação de preços baseada no valor para o cliente, determinação de preços baseada nos custos e determinação de preços baseada na concorrência. A *determinação de preços baseada no valor* para o cliente utiliza as percepções de valor dos compradores como base para o estabelecimento dos preços. Uma boa precificação começa com um entendimento completo do valor que um produto ou serviço cria para os clientes e com a fixação de um preço que captura esse valor. As percepções do cliente acerca do valor de um produto estabelecem o limite superior do preço (o teto). Se, na percepção dos clientes, o preço de um produto for maior do que o seu valor, eles não vão comprar o produto.

As empresas podem adotar dois tipos de determinação de preços baseada no valor. O *preço baseado em bom valor* implica oferecer a combinação certa de qualidade e bons serviços a um preço justo. A estratégia de preços baixos todos os dias (EDLP) é um bom exemplo dessa estratégia. Já o *preço de valor agregado* implica acrescentar características e serviços de valor agregado às ofertas da empresa para diferenciá-las e justificar a cobrança de preços mais altos.

A *determinação de preços baseada nos custos* envolve o estabelecimento de preços com base nos custos de produção, distribuição e venda do produto, mais uma taxa de retorno justa pelo esforço e risco envolvidos. Os custos organizacionais e do produto são importantes fatores que devem ser considerados no estabelecimento dos preços. Enquanto as percepções de valor do cliente constituem o limite superior do preço (teto), os custos representam seu limite inferior (o piso). Contudo, a determinação de preços baseada nos custos é orientada para o produto, e não para o cliente. A empresa desenvolve o que considera ser um bom produto e estabelece um preço que cobre os custos e ainda gera um lucro-alvo. Se o preço acaba ficando muito alto, a empresa tem que se contentar com *markups* mais baixos ou vendas menores, e ambos resultam em lucros decepcionantes. Além disso, se a empresa estabelece preços menores do que seus custos, seus lucros são prejudicados. As abordagens de determinação de preços baseada nos custos incluem *preço por custo mais margem* e *preço de ponto de equilíbrio* (ou preço de lucro-alvo).

A *determinação de preços baseada na concorrência* implica estabelecer preços com base nas estratégias, nos custos, nos preços e nas ofertas ao mercado dos concorrentes. Os consumidores fundamentam seus julgamentos acerca do valor de um produto no preço que os concorrentes cobram por produtos similares. Se, na percepção dos consumidores, o produto ou serviço da empresa oferece valor superior, então a empresa pode cobrar um preço mais alto. Agora, se os consumidores perceberem menos valor em relação aos produtos concorrentes, a empresa terá que cobrar um preço mais baixo ou mudar as percepções dos consumidores para justificar o preço.

Objetivo 10.3 Identificar e definir outros importantes fatores internos e externos que afetam as decisões de determinação de preços da empresa *(p. 286-290)*

Outros *fatores internos* que influenciam as decisões de determinação de preços incluem: a estratégia de *marketing* geral, os objetivos e o *mix* de *marketing* da empresa, bem como considerações organizacionais. O preço é apenas um elemento da estratégia de *marketing* mais ampla da empresa. Se ela tiver escolhido cuidadosamente seu mercado-alvo e seu posicionamento, então sua estratégia de *mix* de *marketing*, incluindo o preço, será razoavelmente descomplicada. Os objetivos comuns de precificação podem incluir a retenção de clientes e a construção de relacionamentos lucrativos com eles, evitando a concorrência, apoiando os revendedores e obtendo seu apoio em troca ou evitando a intervenção do governo. As decisões de preço devem ser coordenadas com as decisões de design, distribuição e promoção do produto para formar um programa de *marketing* consistente e eficaz. Finalmente, a fim de coordenar as metas e decisões de preços, a administração deve decidir quem dentro da organização é responsável por definir o preço.

Outros fatores externos que influenciam a determinação de preços incluem: a natureza do mercado e da demanda e fatores ambientais, como a economia, as necessidades dos revendedores e as ações do governo. Em última instância, é o cliente quem decide se a empresa estabeleceu o preço certo. Ele compara o preço com os valores percebidos do uso do produto – se o preço exceder a soma dos valores, o cliente não comprará o produto. Dessa forma, a empresa deve entender os conceitos como curvas de demanda (a relação entre preço e demanda) e a elasticidade de preço (a sensibilidade do consumidor aos preços).

As condições econômicas também podem gerar um grande impacto nas decisões de determinação de preços. A Grande Recessão fez com que os consumidores repensassem a equação preço–valor, e os consumidores mantiveram seus hábitos mais econômicos muito além da recuperação econômica. As empresas responderam a isso colocando mais ênfase nas estratégias de precificação baseadas no valor pelo dinheiro. No entanto, mesmo em períodos econômicos difíceis, os consumidores não compram somente com base nos preços. Assim, independentemente do preço que cobram – alto ou baixo —, as empresas precisam oferecer maior valor pelo dinheiro.

Termos-chave

Objetivo 10.1

Preço (p. 276)

Objetivo 10.2

Determinação de preços baseada no valor para o cliente (p. 279)
Preço baseado em bom valor (p. 279)
Preço de valor agregado (p. 279)
Determinação de preços baseada nos custos (p. 281)
Custos fixos (indiretos) (p. 281)
Custos variáveis (p. 281)
Custos totais (p. 281)
Curva de experiência (curva de aprendizagem) (p. 282)
Preço por custo mais margem (preço de *markup*) (p. 282)
Preço de ponto de equilíbrio (preço de lucro-alvo) (p. 283)
Determinação de preços baseada na concorrência (p. 284)

Objetivo 10.3

Determinação de custo-alvo (p. 287)
Curva de demanda (p. 289)
Elasticidade de preço (p. 289)

Questões para discussão

10.1 Por que encontrar e implementar a estratégia de precificação correta é fundamental para o sucesso de uma empresa?

10.2 O que é preço baseado em custo? Como as empresas usam custos fixos e variáveis em modelos de precificação baseados em custos?

10.3 Explique a relação preço–demanda. Que fatores os vendedores devem considerar ao estabelecer preços em diferentes tipos de mercado?

10.4 Defina elasticidade de preço e discuta por que é importante que os profissionais de *marketing* entendam esse conceito.

10.5 Como os custos de produção se relacionam com a experiência de produção?

10.6 Como o custo-alvo é diferente de outras estratégias de precificação?

Atividades de pensamento crítico

10.7 Parabéns! Você acabou de ganhar na loteria e receberá um cheque de 1 milhão de reais. Você sempre quis ter seu próprio negócio e notou o aumento do número de *food trucks* em sua região. Um novo *food truck* com cozinha e equipamentos relacionados custa cerca de 100 mil reais. Outros custos fixos incluem salários, gasolina para o caminhão e taxas de licença e são estimados em cerca de 50.000 reais por ano. Você decide servir comida mediterrânea tradicional. Os custos variáveis incluem alimentos e bebidas estimados em 6 reais por prato (carne, arroz, vegetais e pão pita). As refeições custarão 10 reais. Calcule o ponto de equilíbrio para o seu negócio de *food truck*. Depois de analisar seu ponto de equilíbrio, que mudanças você consideraria? É assim que você quer gastar seus ganhos de loteria?

10.8 Sua empresa produz e vende mel puro e orgânico e está perdendo participação de mercado para marcas próprias. A equipe de vendas quer que a empresa baixe seu preço. Forneça argumentos a favor da queda do preço e argumentos contra a queda do preço.

10.9 Sua empresa desenvolveu um novo shake de café da manhã para perda de peso que provou ser bem-sucedido na fase de teste do mercado. Os usuários experimentaram uma perda de peso média de dois quilos por semana. Você detém uma patente sobre o produto. O custo para produzir o shake é relativamente baixo, com custos totais de fabricação em torno de 1,78 real por quilo. Cada shake é de 230 gramas. Que estratégia de preços você recomenda para este produto?

CASOS E APLICAÇÕES

Marketing digital Rastreamento de preço *on-line*

Está de olho em um novo relógio esportivo Fitbit Alta Smart Fitness? Bem, é melhor você não comprá-lo em dezembro – foi quando o preço foi mais alto na Amazon.com (129 dólares *versus* 69 dólares em março). A maioria dos consumidores sabe que os preços flutuam ao longo do ano, mas você sabia que eles flutuam de hora em hora? Você provavelmente não pode acompanhar isso, mas há um aplicativo que pode. O Camelizer (também conhecido como Camelcamelcamel) é uma ferramenta que rastreia os preços da Amazon para os consumidores e envia alertas quando um preço atinge o ponto ideal. Este aplicativo permite que os usuários importem listas de desejos inteiras da Amazon e definam os níveis de preços desejados nos quais *e-mails* ou tuítes são enviados para informá-los sobre os preços. Tudo isso é gratuito. A Camel ganha dinheiro com um parceiro improvável – a Amazon – que canaliza os dados de preços diretamente para a ela. A Camel é membro do programa de afiliados da Amazon, recebendo 8,5% das vendas para cada cliente que a Camel atrai. Parece que a Amazon gostaria que os clientes comprassem quando os preços fossem mais altos, não mais baixos. Mas a gigante *on-line* vê isso como uma maneira de manter os caçadores de pechinchas felizes, ao mesmo tempo em que obtém mais lucratividade de clientes menos sensíveis a preços. Essa é uma melhoria em relação às táticas de preços anteriores da Amazon, que cobravam preços diferentes de clientes diferentes com base em seu comportamento de compra.

10.10 Acesse www.camelcamelcamel.com e crie uma conta gratuita. Acompanhe cinco produtos que lhe interessam. Algum dos produtos atingiu o preço desejado? Escreva um relatório sobre a utilidade desse tipo de aplicativo para os consumidores.

10.11 A Camel não é o único aplicativo de rastreamento da Amazon ou de rastreamento de preços *on-line*. Encontre e descreva um exemplo de outra ferramenta de rastreamento de preços *on-line* para consumidores.

Marketing e ética Cidades ocultas

Alguns viajantes usam *sites* de viagens baratas e fazem reservas fora dos horários de pico para economizar dinheiro. Outros viajantes tentaram economizar mais reservando uma passagem só de ida através de uma cidade de conexão onde pretendem ficar na cidade de escala. Por exemplo, um viajante voando de Los Angeles para Nova York pode achar mais barato reservar um voo de uma escala para Providence que faça conexão através da cidade de Nova York e depois não fazer o último trecho para Providence. Essa prática, conhecida como tarifa da cidade oculta, ou *skiplagging*, pode economizar o dinheiro do consumidor na viagem. No entanto, impede a companhia aérea de vender o assento vazio.

10.12 Por que uma companhia aérea cobraria menos por um voo mais longo que passa pela cidade de destino do que por um voo mais curto para a cidade de destino?

10.13 Na sua opinião, é ético os consumidores pularem ou usarem cidades ocultas para economizar dinheiro? Por que ou por que não?

Marketing em números Preço promocional da Rock Bottom

A Rock Bottom Golf é uma varejista *on-line* de equipamentos de golfe que vende tacos, sapatos, bolas e todos os outros acessórios que os golfistas podem precisar. Os preços da Rock Bottom são mais baixos do que os da maioria dos varejistas tradicionais de golfe e artigos esportivos, mas geralmente ficam ainda mais baixos com preços promocionais por tempo limitado, especialmente em feriados importantes. Por exemplo, a promoção do Dia dos Pais oferece 50 dólares de desconto no preço já baixo da Rock Bottom em tacos selecionados e telêmetros que normalmente custam centenas de dólares. Uma oferta atual é de 50 dólares de desconto no taco Tour Edge EX10 Driver que a loja normalmente vende por 249,99 dólares. Para divulgar a oferta, a Rock Bottom gastou 10.000 dólares em banners em *sites* relacionados a golfe, como o golfchannel.com e o pga.com. A Rock Bottom entende que o preço promocional reduz seus lucros para cada venda, mas também sabe que esse preço gera entusiasmo e um senso de urgência entre os compradores devido ao tempo limitado em que o preço promocional está disponível. Na verdade, a pesquisa da Rock Bottom sobre as promoções anteriores do Dia dos Pais mostra que são principalmente os homens que compram os tacos e os acessórios para si mesmos!

10.14 Supondo que o custo dos produtos vendidos da Rock Bottom seja de 60%, calcule a margem da loja por taco Tour Edge EX10 Driver antes e depois do desconto promocional de 50 dólares. Que efeito o preço promocional tem na margem que a Rock Bottom ganha por cada taco vendido? Consulte *Análise de ponto de equilíbrio e margem* no Apêndice 2: *Marketing* pelos números para saber como realizar essa análise.

10.15 Quantos tacos adicionais a Rock Bottom deve vender na margem mais baixa para equilibrar o aumento dos investimentos em divulgação da promoção? Suponha que os 10.000 dólares gastos em banners sejam o único custo fixo associado a esta promoção. Consulte *Análise financeira de táticas de marketing*: Aumente os gastos com publicidade no Apêndice 2: *Marketing* pelos Números para saber como realizar essa análise.

Caso empresarial Gillette: Procurando o preço certo em um mercado volátil

Poucas marcas dominam seu setor com mais de 50% de participação no mercado global. A Gillette faz isso há décadas. Sob o slogan "O melhor que um homem pode obter", a Gillette há muito é líder no mercado de lâminas de barbear, com as marcas veteranas Schick e Bic ocupando um distante segundo e terceiro lugar. A Gillette alcançou seu domínio de mercado vendendo lâminas de barbear da mais alta qualidade a um preço *premium*. Por mais de 100 anos, ao lançar mais inovações em lâminas do que qualquer outra empresa, a Gillette se destacou como a marca na busca incansável pelo barbear mais rente e sem irritação.

Com toda essa história e sucesso, você pode pensar que os profissionais de *marketing* da Gillette têm poucas preocupações. Mas mesmo que a marca histórica continue dominando o mercado de lâminas de barbear, os gerentes da Gillette e da controladora P&G não estão descansando muito bem nos dias de hoje. Na verdade, a grande história é que a participação de mercado da Gillette despencou. Capturar uma participação de mercado de 50% é fantástico para a maioria das marcas. Mas não é tão bom para a Gillette, que detinha uma enorme participação de mercado de 70% há pouco mais de 10 anos. E não há fim à vista para o declínio atual da Gillette.

Por que essa mudança drástica? Embora existam muitos fatores em jogo, todos eles apontam para uma coisa – mais e mais consumidores estão descobrindo lâminas de alta qualidade em outros lugares por uma fração do preço. E o fato de que muitos dos produtos concorrentes de hoje também estão disponíveis de forma mais conveniente apresenta desafios ainda mais difíceis para a Gillette.

Mais é melhor

A busca da Gillette pelo barbear definitivo começou quando a empresa começou a vender aparelhos de barbear em 1900. Por mais de 70 anos, o objetivo era criar uma única lâmina descartável mais fina, forte e afiada para seus cabos reutilizáveis. Mas o grande salto veio em 1972, quando a Gillette apresentou o TRAC II – o primeiro sistema de barbear com lâmina dupla. Essa inovação lançou a Gillette em uma jornada de 40 anos para convencer os consumidores de que mais lâminas proporcionam um barbear melhor. A Gillette elevou essa proposta em 1998 com seu MACH3 – o primeiro cartucho de três lâminas – e novamente em 2006 com seu FUSION5 – o primeiro sistema de barbear com cinco lâminas. Além do desenvolvimento de produtos "mais é melhor", em busca do barbear perfeito, a Gillette modificou cada nova geração de lâminas com inovações como cabeças giratórias, tiras de lubrificação e até mecanismos vibratórios.

A cada nova inovação, a Gillette estabeleceu um padrão: apresentar o novo produto a um preço alto e, ao mesmo tempo, reduzir o preço dos aparelhos de barbear Gillette existentes. Esse padrão dependia de uma coisa: convencer o público de que o novo produto proporcionava uma melhoria grande o suficiente para valer o preço mais alto. Se isso acontecesse, a nova versão mais cara se tornaria o best-seller da Gillette à medida que a tecnologia mais antiga desaparecia. Uma vez que os clientes fossem fisgados pela nova navalha, eles comprariam cartuchos de recarga caros por anos. Essa abordagem de alta margem funcionou perfeitamente com o TRAC II e o MACH3. De fato, funcionou tão bem que o bilionário Warren Buffett se tornou um dos maiores investidores da Gillette, aumentando sua fortuna quando a P&G adquiriu a empresa de barbear número um por impressionantes 57 bilhões de dólares em 2005.

A lei dos rendimentos decrescentes

Mas há uma década, o modelo de entrada no mercado da Gillette começou a mostrar sinais de fadiga. Por um lado, à medida que o desempenho da navalha aumentava a cada nova geração, a melhoria incremental se tornava menos perceptível. Quando o MACH3 chegou ao mercado no final da década de 1990, os barbeadores de todos os lugares o adotaram como o barbear mais rente e suave de todos os tempos. Com uma diferença tão notável em relação às lâminas duplas, os clientes pagavam alegremente quase 2 dólares por cartucho, um acréscimo de 35% em relação à lâmina principal anterior da Gillette. Mas quando o FUSION de cinco lâminas estreou a 3 dólares por cartucho, quase uma década depois, os clientes ficaram menos entusiasmados. De fato, enquanto a Gillette pretendia reduzir rapidamente o MACH3 à medida que as vendas do FUSION aumentassem, a demanda pelo MACH3 permaneceu forte e os dois modelos de barbeadores foram vendidos lado a lado nas prateleiras das lojas. Então, cinco anos atrás, quando a Gillette anunciou que havia "reconstruído" o barbear com sua navalha Fusion ProGlide FlexBall a 5 dólares por cartucho, a tragédia já estava anunciada.

Outro fator que contribuiu para a queda da Gillette no domínio do mercado veio na forma de uma nova geração de concorrentes diretos ao consumidor (D2C). Empresas iniciantes como a Dollar Shave Club e a Harry's visaram um nicho de clientes com uma proposta inovadora – lâminas de barbear de qualidade comparável por uma fração do preço e com a conveniência da compra *on-line* e entrega em domicílio. As marcas de barbeadores D2C cresceram rapidamente e logo chamaram a atenção de grandes varejistas e empresas de bens de consumo embalados. A Unilever comprou recentemente a Dollar Shave Club por aproximadamente 1 bilhão de dólares, e a Edgewell Personal Care Company (dona da Schick) seguiu o exemplo, pagando ainda mais pela Harry's. Hoje, ambas as marcas não só vendem *on-line*, mas também são vendidas pela Target, Walmart e outros grandes varejistas.

Além da concorrência acirrada das marcas D2C, a Gillette também enfrenta forte concorrência dos próprios varejistas que vendem seus produtos há décadas. Não muito tempo atrás, Walmart e Costco começaram a vender seus próprios cartuchos de marca própria que se encaixam nas alças da Gillette. Muitos consumidores não sabem a diferença entre um barbear com um cartucho MACH3 e um com um cartucho de 3 lâminas similar vendido sob as marcas Equate do Walmart ou Kirkland Signature da Costco. E com as marcas próprias com preços tão baixos quanto 1 dólar por cartucho, muitos clientes encontram poucas razões para pagar os preços mais altos da Gillette.

A Gillette contra-ataca

Em resposta aos desafios do D2C e das marcas próprias, a Gillette intensificou os esforços para defender seu lugar no topo do mercado. Para começar, lançou seu próprio serviço *on-line* – agora chamado Gillette On Demand – vendendo seus mesmos produtos pelos mesmos preços por meio do canal D2C, mais conveniente. Os clientes fiéis da Gillette responderam favoravelmente, mas principalmente à custa de canibalizar as vendas da Gillette em lojas físicas.

Mas a Gillette também tem muitas ideias de novos produtos na manga. Primeiro, introduziu produtos personalizados com o Razor Maker – um *site* onde os clientes podem criar seu próprio cabo de barbear por meio de impressão 3D. A empresa também continuou com novas versões de seu FUSION5. Então, no que parecia uma inversão surpreendente, ele revelou o SkinGuard Sensitive – um sistema de lâmina dupla de última geração voltado para pessoas com pele sensível. E em um movimento drástico em direção ao luxo, a Gillette lançou o Super-premium Heated Razor – um barbeador recarregável de alta tecnologia que aquece a 122 graus. Disponível apenas no *site* da Gillette On Demand e nas lojas de varejo Art of Shaving, de propriedade da empresa, a maravilha de alta tecnologia é vendida por 200 dólares mais 25 dólares por um pacote de quatro cartuchos de reposição. A cada novo modelo, no entanto, os críticos questionam se as inovações da Gillette oferecem melhorias substanciais.

Em talvez seu maior movimento até agora para combater a concorrência de baixo preço, há alguns anos, a Gillette anunciou um corte geral de 12% nos preços. "Você nos disse que nossas lâminas podem ser muito caras e nós ouvimos", declarou a Gillette em seu *site*. No entanto, embora o corte de preço aproxime os produtos Gillette da concorrência, também corre o risco de diminuir a percepção da qualidade da marca. Talvez pior, o corte de preço irritou alguns consumidores que exigiam saber por que a Gillette havia cobrado um preço tão alto por tantos anos se agora podia se dar ao luxo de vender seus produtos por menos. Seja qual for o caso, o corte de preço da Gillette sinalizou o desespero e a vulnerabilidade competitiva da marca, uma posição que a marca veterana de barbeadores raramente ou nunca experimentou.

No entanto, as coisas estão longe de terminar para Gillette. A marca ainda é de longe a líder de mercado em vendas totais. Mesmo nas vendas *on-line*, a entrada tardia da Gillette lhe rendeu a segunda posição, atrás da Dollar Shave Club, mas à frente da Harry's. E com as vendas *on-line* representando o segmento de crescimento mais rápido no mercado de barbear, a Gillette pode fazer grandes avanços nessa área. A vasta experiência da Gillette em desenvolvimento e *marketing* de produtos lhe confere uma vantagem aguda na guerra das navalhas. Mesmo que alguns observadores tenham sugerido que a P&G venda a Gillette, atualmente um dos negócios de pior desempenho da empresa, pessoas internas reafirmam a intenção da P&G de manter o rumo com a marca. "Este é um negócio que não apenas queremos manter, mas do qual gostamos e sentimos que pode vencer", diz o diretor financeiro da P&G. Mas o sucesso futuro depende de a Gillette conseguir encontrar a estratégia de preços certa em um mercado em rápida mudança.[15]

Questões para discussão

10.16 Com base no conceito de preços baseados no valor do cliente, explique a ascensão da Gillette ao domínio do mercado.

10.17 Historicamente, a Gillette empregou preços baseados em bom valor ou preços de valor agregado? Explique.

10.18 Com base nesses mesmos conceitos de precificação baseada em valor, explique como a estratégia de precificação da Gillette parou de funcionar.

10.19 O que a Gillette pode fazer para melhorar sua posição no mercado?

11 Estratégias de determinação de preços
considerações adicionais

Resumo dos objetivos

Objetivo 11.1 Descrever as principais estratégias de determinação de preços para novos produtos. **Veja: Estratégias de determinação de preços para novos produtos** (p. 298-299)

Objetivo 11.2 Explicar como as empresas encontram um conjunto de preços que maximiza os lucros obtidos com o *mix* total de produtos. **Veja: Estratégias de determinação de preços para mix de produtos** (p. 299-301)

Objetivo 11.3 Discutir como as empresas ajustam seus preços de acordo com diferentes tipos de clientes e situações. **Veja: Estratégias de ajustes de preços** (p. 301-310)

Objetivo 11.4 Discutir as principais questões ligadas a iniciativas de mudanças de preço e a reações a elas. **Veja: Mudanças de preço** (p. 310-313)

Objetivo 11.5 Debater as principais preocupações sobre as políticas públicas e as principais leis que afetam as decisões de precificação. **Veja: Política pública e determinação de preços** (p. 313-316)

Prévia do capítulo

No último capítulo, aprendemos que o preço é uma importante ferramenta do *mix* de *marketing* tanto para a criação como para a captura de valor para o cliente. Analisamos as três principais estratégias de determinação de preços – determinação de preços baseada no valor para o cliente, nos custos e na concorrência – e os vários fatores internos e externos que afetam as decisões de precificação de uma empresa. Neste capítulo, examinaremos algumas considerações adicionais a respeito da determinação de preços, como: a determinação de preços para novos produtos, a determinação de preços para *mix* de produtos, os ajustes de preços e as iniciações e as reações às mudanças de preço. Fechamos o capítulo com uma discussão sobre políticas públicas e precificação.

Para começar, veremos a Peloton, a *startup* do ramo *fitness* que está virando o setor de cabeça para baixo. A Peloton vende bicicletas ergométricas domésticas e conectadas à Internet a um preço substancial em relação à concorrência. No entanto, ela rapidamente atraiu um grande e crescente número de seguidores que gostam do que recebem pelo preço que pagam. Para os fiéis seguidores da marca, não se trata apenas do preço que se paga em uma bicicleta Peloton, mas da inspiração, do conteúdo transmitido e da participação em uma comunidade dinâmica de entusiastas de exercícios com perfis semelhantes e intimamente conectada à Peloton.

PELOTON: Preço *Premium*. Mas não se trata do preço

As bicicletas ergométricas domésticas da Peloton são vendidas a 1.995 dólares, um preço exorbitante em comparação com as bicicletas típicas encontradas em lojas de artigos esportivos por apenas 200 ou 300 dólares. Além disso, a compra de uma Peloton exige uma taxa adicional de entrega e configuração de 250 dólares, além de uma taxa mensal de associação de 39 dólares. Mas mesmo com esses preços, as vendas da Peloton estão realmente acelerando. A empresa vendeu mais de 500 mil bicicletas e suas vendas anuais dobraram nos últimos dois anos para quase 800 milhões de dólares, um feito incrível para uma *startup* de dez anos.

Embora o preço possa parecer alto, quando os consumidores compram uma Peloton, eles estão recebendo muito mais pelo seu dinheiro do que apenas uma bicicleta de ginástica doméstica *premium*. Eles estão comprando um estilo de vida envolvente e uma comunidade de entusiastas de exercícios com perfis semelhantes intimamente conectada, que pedalam juntos por meio de aulas sob demanda ou transmitidas ao vivo dos estúdios da Peloton para um *tablet* na bicicleta conectado à Internet. Como um escritor comentou, é "o fascínio de suar baldes e pedalar febrilmente em massa ao ritmo de Beyoncé enquanto um instrutor entusiasmado grita encorajamentos sobre 'sentir tudo queimar, baby!', tudo a partir do conforto e da conveniência de sua própria casa.

Nos últimos anos, um número crescente de academias popularizou o *spinning* – aulas de treino de ciclismo indoor de alta intensidade lideradas por instrutores populares em estúdios de ginástica de luxo. Com nomes como SoulCycle, Flywheel, Revolve e Swerve, esses estúdios evocam uma vibração que é mais um clube privado chique do que uma academia de ginástica suada. Por exemplo, ciclistas em um dos estúdios da SoulCycle pedalam à meia-luz e pagam 34 dólares por uma aula de 45 minutos com um instrutor. Mas mais do que um treino, a SoulCycle promete "Uma poderosa experiência mente–corpo. Mude seu corpo. Encontre sua ALMA".

O fundador da Peloton, John Foley – um triatleta e, na época, um recente pai – gostava de *spinning*. Mas como a mania do *spinning* da SoulCycle cresceu em popularidade, ele achou cada vez mais difícil reservar as aulas com os instrutores populares que ele queria. Assim como outras pessoas, seu estilo de vida desafiado pelo tempo corrido muitas vezes tornava difícil chegar a um estúdio de exercícios, e às vezes ele só queria mais privacidade ao se exercitar. Então Foley encontrou uma maneira melhor. Em vez de fazer os clientes irem às aulas de *spinning*, ele as levaria aos clientes. Trabalhando com uma equipe de engenheiros, instrutores e representantes de vendas, Foley projetou a Peloton em torno dos estilos de vida sob demanda, modernos e famintos por tecnologia dos consumidores de hoje.

Cada bicicleta *premium* da Peloton vem montada com um grande *tablet* com tela sensível ao toque pelo qual os ciclistas podem acompanhar seu desempenho, transmitir o conteúdo da Peloton ou interagir com outras pessoas na comunidade *on-line* da marca. A Peloton transmite 24 horas de conteúdo ao vivo diariamente e oferece mais de 8.000 aulas de ciclismo sob demanda e outras aulas "Além da pedalada", como ioga, exercícios para braços e pernas, alongamento e fortalecimento do abdome. Os ciclistas podem selecionar seus instrutores favoritos, duração da aula, tipo de aula e até o gênero musical. Eles podem seguir e competir com outros ciclistas em tempo real. E eles podem fazer tudo isso no conforto e na conveniência de casa.

Os primeiros adeptos da Peloton eram pilotos abastados que não foram dissuadidos pelo alto preço de entrada. A marca rapidamente conquistou seguidores de usuários abastados, que incluíam celebridades como Mark Zuckerberg, Richard Branson, David Beckham, Sean "Diddy" Combs, Ellen DeGeneres e Michelle Obama. A campanha promocional inicial da Peloton transmitiu uma mistura de funcionalidade e inspiração em ambientes sofisticados. Em um anúncio, uma mulher em boa forma pedala em uma bicicleta Peloton enquanto faz uma aula virtual de alta intensidade em sua casa, com a câmera ampliando a interface do usuário da bicicleta. Após o treino, ela desce as escadas de sua luxuosa casa para se juntar à família no café da manhã.

Mas com base em dados de clientes coletados por meio da rede da Peloton, a empresa logo descobriu oportunidades entre os ciclistas menos abastados. "Percebemos, por meio de conversas com nossa comunidade, que havia uma grande oportunidade com pessoas que achavam que 2.000 dólares era um grande investimento, mas que estavam [comprando] repetidamente porque o produto era muito importante para eles", diz o chefe de marca e *marketing* da Peloton. Então, a Peloton começou a oferecer uma opção de financiamento que incluía a bicicleta com uma assinatura mensal de 97 dólares por mês por 39 meses. Em comparação, duas aulas de *spinning* por semana em qualquer estúdio concorrente da Peloton custam de 200 a 300 dólares por mês. Três aulas por semana em um estúdio em Nova York custam 500 dólares por mês. Isso faz da Peloton uma verdadeira pechincha aos olhos de seus fãs.

Para os seguidores fiéis da Peloton, não se trata apenas do preço da bicicleta, mas dos valores recebidos por se associar a uma comunidade dinâmica e intimamente conectada à marca.

Peloton Interactive

Mas, novamente, para os fiéis seguidores da Peloton, não se trata apenas do preço de uma bicicleta. Juntar-se à Peloton oferece benefícios que os clientes não podem obter de bicicletas independentes ou de estúdios de spinning: ter uma bicicleta *premium*, conveniência de treino com programação, acesso a conteúdo de qualidade e associação a uma comunidade dinâmica e próspera. Como um número ilimitado de pessoas pode participar de uma determinada aula da Peloton, a empresa pode gastar generosamente para produzir uma ampla seleção de aulas de alta qualidade ministradas pelos melhores instrutores. E a Peloton coleta toneladas de dados de usuários que ajudam a moldar futuras ofertas de conteúdo, tornando-a no que alguns analistas chamam de "Netflix do *fitness*".

Mais do que uma marca do ramo *fitness*, a Peloton é um fenômeno "microcultural". Os membros se autosselecionam em "tribos" no Facebook com base na idade, altura, profissão, localização, preferências do instrutor e outras características. E as tribos Peloton não se reúnem apenas em pedaladas virtuais; elas interagem entre uma pedalada e outra. Elas se comunicam *on-line*, oferecendo conselhos e encorajamento e parabenizando uns aos outros por alcançar novos marcos. Elas se encontram em *showrooms* locais e viajam pelo país para participar da celebração

A Peloton vende suas bicicletas ergométricas domésticas a um preço substancial em relação à concorrência. No entanto, ela atraiu um grande e crescente número de usuários que gostam do valor que obtêm pelo preço que pagam.

anual de boas-vindas da Peloton – um evento com três dias de aulas, convívios, coquetéis e encontros com os instrutores celebridades da Peloton. Quando um membro da Peloton postou na página oficial da marca que precisava vender sua bicicleta recém-comprada para cobrir as despesas médicas de sua esposa, outros ciclistas criaram uma página no GoFundMe que arrecadou 25 mil dólares em apenas 48 horas.

A Peloton agora vende bicicletas e assinaturas em todo o mundo por meio de sua loja *on-line* e 70 *showrooms* nos Estados Unidos, Canadá e Reino Unido. Por sua vez, concorrentes como SoulCycle e Flywheel estão sentindo o impacto do sucesso da Peloton. A Peloton recentemente ultrapassou a SoulCycle como a marca de ciclismo ergométrico mais popular, dobrando seus assinantes em 2018, enquanto o número de clientes ativos da SoulCycle caiu 10%. E as mudanças de nível executivo em ambas as empresas rivais sugerem que eles estão redesenhando seus negócios para incluir suas próprias ofertas de venda de bicicletas e aulas em casa. A Flywheel até ofereceu descontos por "tempo limitado" pela metade do preço para aulas – uma novidade no setor.

Tudo isso faz da Peloton um interessante estudo de caso em estratégia de precificação. Embora, à primeira vista, o preço possa parecer excessivamente alto, a maioria dos clientes o vê como uma pechincha pelo que está comprando. Na verdade, a Peloton inicialmente estabeleceu preços mais baixos para atrair mais clientes. Mas o aumento dos preços na verdade aumentou a demanda. "Foi uma psicologia interessante que provocamos", diz Foley. "Nos primeiros dias, cobramos 1.200 dólares pela bicicleta da Peloton nos primeiros meses. E o que aconteceu é que ouvimos dos clientes que a bicicleta deve ser mal construída se você estiver cobrando 1.200 dólares por ela. Cobramos então 2.000 dólares e as vendas aumentaram, porque as pessoas diziam: 'Ah, deve ser uma bicicleta de qualidade'".

Seja qual for a psicologia, com seus seguidores fiéis e a maior base de membros do setor, mesmo com seu alto preço, a Peloton parece estar dando aos ciclistas mais do que o valor do seu dinheiro.[1]

COMO A HISTÓRIA DA PELOTON SUGERE, e como aprendemos no capítulo anterior, as decisões de preços estão sujeitas a um conjunto complexo de forças organizacionais, ambientais e competitivas. Para tornar as coisas ainda mais complicadas, uma empresa não estabelece um único preço, mas uma estrutura de precificação que abrange os diferentes itens de sua linha. Essa estrutura muda ao longo do tempo, à medida que os produtos percorrem seu respectivo ciclo de vida. A empresa ajusta seus preços para refletir alterações nos custos e na demanda, bem como variações nos compradores e nas situações. Conforme o ambiente competitivo muda, ela decide quando iniciar mudanças de preço e quando reagir a elas.

Este capítulo analisa outras abordagens de determinação de preços utilizadas em casos de precificação especiais e em ajustes no preço para atender a situações em mudança. Assim, analisaremos a *determinação de preços para novos produtos*, para itens que estão no estágio de introdução do ciclo de vida do produto; a *determinação de preços para mix de produtos*, para itens relacionados no *mix* de produtos; as *estratégias de ajustes de preços*, que levam em conta as diferenças entre os clientes e situações em alteração; e estratégias ligadas à iniciação e à reação às *mudanças de preço*.

Comentário do autor | Determinar o preço de novos produtos pode ser especialmente desafiador. Basta pensar em todas as coisas que você precisa considerar ao precificar um novo *smartphone*, digamos, o primeiro telefone Google Pixel. Ainda mais, você precisa começar a pensar no preço – e em muitas outras considerações de *marketing* – logo no início do processo de design.

Estratégias de determinação de preços para novos produtos

Objetivo 11.1 Descrever as principais estratégias de determinação de preços para novos produtos.

As estratégias de determinação de preços geralmente mudam à medida que o produto avança em seu ciclo de vida. O estágio de introdução é particularmente desafiador. As empresas que trazem um novo produto enfrentam o desafio de estabelecer os preços pela primeira vez. Elas podem escolher entre duas estratégias gerais: a *determinação de preços de desnatamento do mercado* (*skimming pricing*) e a *determinação de preços de penetração de mercado*.

Determinação de preços de desnatamento

Determinação de preços de desnatamento (*skimming pricing*) Estabelecimento de um preço alto para um novo produto a fim de "desnatar" as receitas, camada após camada, de segmentos dispostos a pagar os preços elevados; com isso, a empresa obtém menos vendas, porém mais lucrativas.

Muitas empresas que inventam novos produtos estabelecem inicialmente preços altos para *retirar a nata* (*skim*) das receitas do mercado, camada após camada. A Apple costuma usar essa estratégia, chamada de **determinação de preços de desnatamento (ou *skimming pricing*)**. A cada nova geração de iPhones, iPads ou *laptops* MacBook da Apple, novos modelos começam com um preço alto e depois diminuem à medida que os modelos mais novos são introduzidos. Desta forma, a Apple extrai o máximo de receitas e margens dos vários segmentos do mercado. Por exemplo, conforme observado no caso de abertura do capítulo anterior, por meio de preços *premium* inteligentes, a Apple absorve de 60% a 87% de todos os lucros globais de *smartphones*.[2]

O desnatamento do mercado só faz sentido sob certas condições. Primeiro, a qualidade e a imagem do produto devem suportar seu preço mais alto, e um número suficiente de compradores deve querer o produto por esse preço. Em segundo lugar, os custos de produzir um volume menor não podem ser tão altos que anulem a vantagem de cobrar mais. Finalmente, os concorrentes não devem ser capazes de entrar facilmente no mercado e reduzir o preço elevado.

Determinação de preços de penetração de mercado

Determinação de preços de penetração de mercado
Estabelecimento de preços baixos para um novo produto a fim de atrair um grande número de compradores e conquistar uma grande participação de mercado.

Em vez de estabelecer um alto preço inicial para desnatar segmentos de mercado pequenos, porém lucrativos, algumas empresas utilizam a **determinação de preços de penetração de mercado**. Elas estabelecem um preço inicial baixo com a finalidade de *penetrar* no mercado rápida e profundamente – o intuito é atrair um grande número de compradores com rapidez e conquistar uma grande participação de mercado. O alto volume de vendas resulta na diminuição dos custos, permitindo que as empresas reduzam seus preços ainda mais. Ou uma empresa pode usar preços de penetração inicialmente para conquistar clientes e depois transformá-los em clientes fiéis de longo prazo.

A Amazon faz isso para alguns de seus produtos e serviços digitais. Por exemplo, para atrair clientes iniciantes e vinculá-los à sua plataforma de Internet das coisas (IoT), a Amazon vende seus alto-falantes inteligentes Echo Dot de nível introdutório com a assistente digital Alexa a um preço de penetração de menos de 50 dólares. Uma vez a bordo de um dispositivo Echo, é mais provável que os clientes comprem outros dispositivos e serviços IoT da Amazon em vez dos de concorrentes como Google, Samsung ou Apple. Além disso, as pessoas que possuem alto-falantes inteligentes da Amazon gastam 66% mais na Amazon.com do que outros consumidores. Da mesma forma, a Amazon usou preços de penetração para avançar contra a Netflix e construir uma base de clientes para seu serviço Prime Video em mais de 240 países onde o Prime Video ainda não estava incluso nas assinaturas do Amazon Prime. A Amazon ofereceu o Prime Video por apenas 2,99 dólares por mês nos primeiros seis meses e por apenas 5,99 dólares após esse período, em comparação com a taxa mensal de mais de 10 dólares da Netflix.[3]

Preços de penetração: a Amazon usou preços de penetração para o Amazon Prime Video em mais de 240 mercados internacionais para construir uma base de clientes e avançar em relação ao preço mais alto da Netflix.

BigTunaOnline/Shutterstock

Várias condições devem ser atendidas para que o preço de penetração funcione. Primeiro, o mercado deve ser altamente sensível ao preço para que um preço baixo produza mais crescimento de mercado. Em segundo lugar, os custos de produção e distribuição devem diminuir à medida que o volume de vendas aumenta. Finalmente, o preço baixo deve ajudar a afastar a concorrência, e o preço de penetração deve manter sua posição de preço baixo. Caso contrário, a vantagem de preço pode ser apenas temporária.

Comentário do autor | A maioria dos produtos individuais faz parte de um *mix* de produtos mais amplo e deve ser precificado de acordo. Por exemplo, a Gillette tem preços baixos para seus aparelhos de barbear Fusion. Mas uma vez que o consumidor compra o aparelho, ele se torna um cliente cativo de seus cartuchos de substituição com margem mais alta.

Estratégias de determinação de preços para *mix* de produtos

Objetivo 11.2 Explicar como as empresas encontram um conjunto de preços que maximiza os lucros obtidos com o *mix* total de produtos.

A estratégia para estabelecer o preço de um produto, muitas vezes, precisa ser alterada quando ele faz parte de um *mix* de produtos. Nesse caso, a empresa busca um conjunto de preços que maximize seus lucros no *mix* total de produtos. A determinação de preços é difícil porque os vários produtos têm demanda e custos relacionados e enfrentam diferentes níveis de concorrência. Vamos analisar as cinco situações de determinação de preços de *mix* de produtos resumidas na **Tabela 11.1**, a saber: *determinação de preços para linha de produtos, determinação de preços para produtos opcionais, determinação de preços para produtos complementares, determinação de preços para subprodutos* e *determinação de preços para pacotes de produtos.*

Determinação de preços para linha de produtos

Determinação de preços para linha de produtos
Estabelecimento de gradação de preços entre os diversos produtos em uma linha com base nas diferenças de custos entre os itens, nas avaliações que os clientes fazem das diferentes características e nos preços dos concorrentes.

As empresas geralmente desenvolvem linhas de produtos em vez de produtos únicos. Na **determinação de preços para linha de produtos**, a administração deve determinar as etapas de preço a serem definidas entre os vários produtos em uma linha. As etapas de preço devem levar em consideração as diferenças de custo entre os produtos da linha. Mais importante, ela deve levar em conta as diferenças nas percepções dos clientes sobre o valor de diferentes recursos.

Tabela 11.1 Determinação de preços para *mix* de produtos

Situações de determinação de preços	Descrição
Determinação de preços para linha de produtos	Estabelecer preços para uma linha de produtos inteira
Determinação de preços para produtos opcionais	Determinação de preços para produtos opcionais ou acessórios com o seu produto principal
Determinação de preços para produtos complementares	Determinação de preços de produtos que devem ser usados com o produto principal
Determinação de preços para subprodutos	Determinação de preços de subprodutos a um baixo valor para se livrar deles ou para ganhar dinheiro com eles
Determinação de preços para pacotes de produtos	Determinação de preços de pacotes de produtos que são vendidos juntos

Por exemplo, a Microsoft oferece linhas completas de *tablets*, *laptops* e PCs Surface – desde o *tablet* Surface Go ultraportátil a partir de 399 dólares, ao *tablet/laptop* Surface Pro a partir de 899 dólares, até os *laptops* Surface Book a partir de 1.149 dólares e os PCs Surface Studio a partir de 2.999 dólares. Em seguida, cada uma dessas linhas apresenta uma faixa de preços dependendo da configuração escolhida. Por exemplo, um Surface Go de última geração pode custar até 679 dólares, e um Microsoft Surface Studio 2 completo custa até 4.799 dólares. A tarefa da Microsoft é estabelecer diferenças de valor percebido que suportem diferenças de preço para diferentes compradores e usos.

Determinação de preços para produtos opcionais
Estabelecimento de preços para produtos opcionais ou acessórios do produto principal.

Determinação de preços para produtos complementares
Estabelecimento de preços para produtos que devem ser usados juntamente com um produto principal, como lâminas para aparelhos de barbear e jogos para consoles de videogame.

Determinação de preços para produtos opcionais

Muitas empresas utilizam a **determinação de preços para produtos opcionais**, oferecendo produtos opcionais ou acessórios juntamente com seu produto principal. Por exemplo, um comprador de carro pode optar por solicitar um sistema remoto de partida do motor e um sistema de som *premium*. Geladeiras vêm com máquinas de gelo opcionais. E quando encomendamos um novo *laptop*, podemos escolher entre uma variedade desconcertante de processadores, unidades, sistemas de encaixe, opções de *software* e planos de serviço. Determinar o preço desses opcionais é um problema complicado. As empresas devem decidir quais itens incluir no preço-base e quais oferecer como opções.

Determinação de preços para produtos complementares

Empresas que fabricam produtos que devem ser usados juntamente com um produto principal utilizam a **determinação de preços para produtos complementares**. Lâminas de barbear, cartuchos de impressoras, cápsulas de café, e-books e jogos de videogame são exemplos de produtos complementares. Os fabricantes costumam estabelecer um preço baixo para os produtos principais (aparelhos de barbear, consoles de videogame, impressoras e *tablets*) e altos *markups* para os produtos complementares. Por exemplo, a Nintendo obtém pouco ou nenhum lucro em seus consoles de videogame Switch. A empresa gasta cerca de 257 dólares apenas em peças para fabricar cada Switch, que é vendido no varejo por apenas 299,99 dólares. Isso significa que a Nintendo provavelmente perderá dinheiro nos próprios consoles. No entanto, espera compensar as margens finas dos consoles com as vendas de jogos do Switch, que geram vendas e margens muito mais altas. Por exemplo, enquanto a Nintendo vendeu cerca de 23 milhões de consoles Switch no ano fiscal de 2021, ela vendeu mais de 235 milhões de unidades de jogos com margens mais altas.[4]

Preços de produtos complementares: a Nintendo obtém pouco ou nenhum lucro em seu console de videogame Switch, mas compensa com a venda de jogos com margens mais altas.
Wachirawit Iemlerkchai/Alamy Stock Photo

Os produtos complementares podem representar uma parte substancial das vendas e lucros de uma marca. Por exemplo, a Gillette há muito vende aparelhos de barbear a preços baixos e ganha dinheiro com cartuchos de lâmina de reposição de preço mais alto. "O negócio de barbeadores tem tudo a ver com lâminas", diz um analista. "Faça com que os consumidores fiquem viciados em seu aparelho de barbear e eles comprarão as lâminas de recarga altamente lucrativas para sempre". Em 2018, a Gillette vendeu mais de meio bilhão de dólares em lâminas de recarga a preços que variam até 5 dólares por cartucho.

No entanto, as empresas que usam preços de produtos complementares devem ter cuidado. Encontrar o equilíbrio certo entre os preços do produto principal e do produto complementar pode ser complicado. Ainda mais, os consumidores presos a comprar produtos complementares caros podem se ressentir da marca que os atraiu. Por exemplo, a Gillette perdeu participação de mercado nos últimos anos, à medida que clientes cansados de seus altos preços mudaram para novas marcas próprias de preços mais baixos, como a Dollar Shave Club e a Harry's. Para competir, a empresa foi recentemente forçada a reduzir os preços dos cartuchos em 15 a 20%.[5]

No caso dos serviços, a determinação de preços para produtos complementares é chamada de *precificação composta*. O preço do serviço é distribuído em uma *taxa fixa* mais uma *taxa de utilização variável*. Dessa forma, no Six Flags e em outros parques de diversão, você paga pelo ingresso para o dia ou para a temporada mais taxas adicionais pela alimentação e por outras atrações oferecidas no parque.

Determinação de preços para subprodutos

Determinação de preços para subprodutos
Estabelecimento de preços para subprodutos, com a finalidade de tornar o preço do produto principal mais competitivo.

O processo de produção de produtos e serviços muitas vezes gera subprodutos. Se esses subprodutos não tiverem nenhum valor e seu processo de descarte for custoso, a determinação do preço do produto principal será afetada. Ao utilizar a **determinação de preços para subprodutos**, a empresa procura um mercado para eles, a fim de ajudá-la a compensar os custos do descarte e a tornar o preço do produto principal mais competitivo.

Os próprios subprodutos podem até ser lucrativos – transformando lixo em dinheiro. Por exemplo, os norte-americanos comem cerca de nove bilhões de frangos por ano, mas não os pés. Os chineses, por outro lado, consideram os pés da galinha uma verdadeira iguaria. Isso resolve muitos problemas para os processadores de aves, como a Perdue Farms, que antes não podia entregar os pés e até tinha que pagar para descartá-los. Mas graças à enorme demanda na China, os pés de galinha são agora um grande centro de lucro. A Perdue vende cerca de 40 milhões de dólares do subproduto, antes sem valor, para a China anualmente. Curiosamente, o oposto é verdadeiro para as costelas de porco. Os frigoríficos europeus vendem a maioria de seus produtos de carne suína para a China. Mas os chineses só querem cortes de carne inteira, como lombos e barrigas de porco; eles não estão interessados nos ossos. Assim, os embaladores europeus vendem as costelas como subprodutos para as cadeias de serviços de alimentação dos Estados Unidos por uma pechincha. "Eles gostam de pés, nós gostamos de ossos", diz um especialista do setor. "E seguimos dando voltas e voltas".[6]

Determinação de preços para pacotes de produtos

Determinação de preços para pacotes de produtos
O agrupamento de diversos produtos e o oferecimento de um pacote a um preço reduzido.

Ao utilizar a **determinação de preços para pacotes de produtos**, as empresas geralmente agrupam diversos produtos e oferecem um pacote a um preço reduzido. Por exemplo, restaurantes *fast-food* oferecem lanche, batatas fritas e refrigerante em um pacote vendido a um preço "combo". As assinaturas do Microsoft Office 365 são vendidas como um pacote de produtos de *software*, incluindo Word, Excel, PowerPoint e Outlook. E a Comcast, a AT&T, a Spectrum, a Verizon e outras empresas de telecomunicações reúnem em um pacote, por um baixo preço previamente combinado, serviços de TV, telefone e conexão à Internet de alta velocidade. Os pacotes podem promover as vendas de produtos que os consumidores, de outra forma, não comprariam, mas o preço combinado deve ser baixo o suficiente para fazê-los comprar o pacote.

Comentário do autor | Definir o preço base de um produto é apenas o começo. A empresa deve ainda ajustar o preço para levar em conta as diferenças do cliente e da situação. Quando foi a última vez que você pagou o preço total de varejo sugerido por algo?

Estratégias de ajustes de preços

Objetivo 11.3 Discutir como as empresas ajustam seus preços de acordo com diferentes tipos de clientes e situações.

As empresas normalmente ajustam seus preços básicos para atender às várias diferenças entre os clientes e a situações em mudança. Analisaremos aqui as sete estratégias de ajustes de preços resumidas na ● **Tabela 11.2**, a saber: *determinação de preços com descontos e concessões, determinação de preços segmentados, determinação de preços psicológicos, determinação de preços promocionais, determinação de preços geográficos, determinação dinâmica de preços* e *determinação de preços internacionais*.

Determinação de preços com descontos e concessões

Muitas empresas ajustam seus preços básicos para recompensar os clientes por coisas como pagamento antecipado de faturas, compras em grande volume e compras fora de época. Esses ajustes de preços – chamados *descontos* e *concessões* – podem assumir diversas formas.

Tabela 11.2 Estratégias de ajustes de preços

Estratégia	Descrição
Determinação de preços com descontos e concessões	Redução de preços para recompensar os clientes por coisas como compras de grande volume, pagamento antecipado ou promoção do produto
Determinação de preços segmentados	Ajustes de preços para atender a diferenças entre os clientes, os produtos ou as localidades
Determinação de preços psicológicos	Ajustes de preço para gerar efeito psicológico
Determinação de preços promocionais	Redução temporária de preços para aumentar as vendas em curto prazo
Determinação de preços geográficos	Ajustes de preços para levar em conta a localização geográfica dos clientes
Determinação dinâmica de preços	Ajustes contínuos de preços para atender às características e às necessidades de clientes e situações individuais
Determinação de preços internacionais	Ajustes de preços para mercados internacionais

Desconto
Uma redução direta no preço das compras feitas em um determinado período de tempo ou em grandes volumes.

Uma das formas do **desconto** é o *desconto em dinheiro*, uma redução de preço para os compradores que pagam suas contas em dia. Um exemplo típico desse tipo de desconto é o sistema "2/10, líquido 30", em que, embora o pagamento seja para 30 dias, o comprador recebe uma dedução de 2% sobre o preço total se pagar em 10 dias. *Desconto por quantidade* é a redução de preços para compradores que adquirem grandes volumes. Uma empresa oferece um *desconto comercial* (também chamado de *desconto funcional*) para membros do canal de distribuição que desempenham certas funções, como vender, armazenar e manter registros. Um *desconto sazonal* é a redução de preços oferecida a compradores que adquirem mercadorias ou serviços fora de época.

Concessão
Dinheiro promocional pago pelos fabricantes aos varejistas em troca de um acordo no qual os varejistas apresentam os produtos dos fabricantes de determinada maneira.

A **concessão** é outro tipo de redução sobre os preços de tabela. Por exemplo, as *concessões de troca* são reduções de preços que se concedem pela entrega de um item velho na compra de um novo. Essas concessões são mais comuns no setor automobilístico, mas também são oferecidas no caso de outros bens duráveis. *Concessões promocionais* são pagamentos ou reduções de preço com a intenção de recompensar os revendedores por sua participação em programas de propaganda e de apoio às vendas.

Determinação de preços segmentados

Determinação de preços segmentados
A venda de um produto ou de um serviço por dois ou mais preços, sendo que a diferença de preços não se baseie em diferenças de custos.

As empresas, com frequência, ajustam seus preços básicos para atender a diferenças entre os clientes, os produtos e as localidades. Na **determinação de preços segmentados**, a empresa vende um produto ou serviço por dois ou mais preços, mesmo que a diferença não se baseie em diferenças de custos.

A determinação de preços segmentados assume diversas formas. Na *determinação de preços por segmento de cliente*, diferentes consumidores pagam preços distintos pelo mesmo produto ou serviço. Museus e cinemas, por exemplo, podem cobrar ingressos mais baratos para estudantes e idosos. Nos Estados Unidos, a Microsoft, a Apple, a Samsung e outras marcas de eletrônicos lançaram lojas *on-line* dedicadas a militares, veteranos e suas famílias, com descontos de 10% ou mais em uma ampla variedade de produtos oferecidos. E a Walgreens realiza eventos periódicos do Senior Discount Day, oferecendo 20% de redução de preço para membros da AARP (American Association of Retired Persons —Associação Americana de Pessoas Aposentadas) e para seus membros do Balance Rewards com 55 anos ou mais. "Pegue a vovó e vá às compras!" aconselha um anúncio da Walgreens.

Na *determinação de preços por versão de produto*, os preços das versões são diferentes, mas isso não reflete diferenças no custo. Por exemplo, um assento na classe econômica de um voo de Nova York para Londres pode custar 500 dólares, ao passo que um lugar na classe executiva, no mesmo voo, pode custar 6 mil dólares ou mais. Embora os clientes da classe executiva desfrutem de mais espaço e poltronas mais confortáveis, bem como de serviços e comida de maior qualidade, as diferenças de custos para as companhias aéreas são muito menores do que os preços adicionais cobrados dos passageiros. No entanto, para os clientes que podem pagar por isso, o conforto e os serviços adicionais compensam a cobrança extra.

Ao utilizar a *determinação de preços por local*, a empresa cobra preços diferentes em diferentes locais, mesmo que o custo do produto para cada lugar seja o mesmo. Por exemplo, nos Estados

Determinação de preços por segmento de cliente: a Microsoft e outras marcas de eletrônicos lançaram lojas *on-line* dedicadas para militares, veteranos e suas famílias, com descontos de 10% ou mais em uma ampla variedade de produtos oferecidos.

Microsoft Corporation

Unidos, universidades estaduais cobram mensalidades mais altas de estudantes de outros estados, e os teatros podem variar o preço de suas poltronas com base nas preferências do público por determinados lugares. Por fim, com a *determinação de preços por período*, a empresa altera seu preço de acordo a estação, o mês, o dia e, até mesmo, a hora. Por exemplo, os teatros cobram preços de matinê durante o dia, e os resorts oferecem descontos sazonais e nos finais de semana.

Para que a estratégia de determinação de preços segmentados dê certo, é preciso que existam algumas condições. Deve ser possível segmentar o mercado, e os segmentos devem apresentar diferentes níveis de demanda. Os custos de segmentação e de alcance do mercado não devem exceder a receita extra obtida com a diferença de preço. Evidentemente, a determinação de preços por segmentos também precisa estar dentro da lei.

E o mais importante: os preços segmentados devem refletir diferenças reais no valor percebido pelos clientes. Os consumidores nas faixas de preço mais alto devem sentir que estão recebendo valor extra pelos preços mais altos que pagam. Caso contrário, as práticas de preços segmentados podem causar ressentimento do consumidor. Por exemplo, os compradores reagiram negativamente quando uma investigação do Departamento de Assuntos do Consumidor (DCA – City Department of Consumer) da cidade de Nova York descobriu que as consumidoras costumam pagar um "imposto rosa", pagando mais por versões femininas de produtos que são praticamente idênticos às versões masculinas, exceto pela embalagem específica associada ao gênero.[7] A DCA comparou os preços das versões masculina e feminina de cerca de 800 produtos – incluindo vestuário adulto, produtos de higiene pessoal, artigos para o lar e brinquedos e roupas infantis. Eles descobriram que os itens comercializados para meninas e mulheres custam em média 7% a mais do que os itens semelhantes destinados a meninos e homens, e até 13% a mais em algumas categorias. Embora nenhuma lei proíba diferenças de preços baseadas em gênero, tais disparidades gritantes podem prejudicar a credibilidade e a reputação de uma marca.

As empresas também devem ter cuidado para não tratarem os clientes nas faixas de preço mais baixo como cidadãos de segunda classe. Caso contrário, no longo prazo, a prática deixará os clientes ressentidos e irritados. Por exemplo, nos últimos anos, as companhias aéreas suscitaram a ira de clientes frustrados, nos dois extremos do avião. Passageiros que pagam tarifas mais caras por assentos na classe executiva ou na primeira classe geralmente sentem que estão sendo extorquidos. Ao mesmo tempo, passageiros que compram assentos mais baratos sentem que estão sendo ignorados ou mal atendidos.

Determinação de preços psicológicos

O preço diz algo sobre o produto. Por exemplo, muitos consumidores utilizam o preço para avaliar a qualidade. Um vidro de perfume de 100 dólares pode conter apenas o equivalente a 3 dólares em essência, mas algumas pessoas estão dispostas a pagar os 100 dólares porque esse preço indica algo de especial.

Determinação de preços psicológicos
Precificação que considera a psicologia dos preços, e não apenas os aspectos econômicos. O preço é usado para dizer algo sobre o produto.

Quando usam a **determinação de preços psicológicos**, as empresas consideram a psicologia dos preços, e não apenas os aspectos econômicos. Por exemplo, os consumidores costumam achar que produtos mais caros têm mais qualidade. Quando podem avaliar a qualidade do produto examinando-o ou tomando como referência uma experiência anterior com ele, os consumidores usam menos o preço como indicador de qualidade. Mas, quando eles não dispõem de informações ou de conhecimento para avaliar o produto, o preço se torna um importante sinal de qualidade. Por exemplo, quem é o melhor advogado: aquele que cobra 50 dólares por hora ou aquele que cobra 500? Para responder a essa pergunta objetivamente, você teria que pesquisar muito sobre a experiência dos respectivos advogados, e mesmo assim poderia não ser capaz de avaliá-los com precisão. Mas a maioria de nós simplesmente partiria do princípio de que o advogado com o honorário mais caro é o melhor.

A Dunkin' provou esse preço psicológico quando abriu um café expresso sofisticado e de aparência moderna em Portland, Maine, chamado S!p, e serviu seus produtos de café expresso Dunkin' disfarçados em embalagens da nova marca. Um vídeo da Dunkin' mostra os gourmets locais extasiados com a qualidade do café antes de descobrirem, para sua surpresa e deleite, que o S!p, supostamente sofisticado, era na verdade as novas bebidas de café expresso artesanais da Dunkin'. O episódio mostra como o preço e o contexto podem moldar as percepções da marca.[8]

Determinação de preço psicológico: o experimento de café S!p da Dunkin' mostrou que preço e o contexto podem afetar as percepções da marca.

Dunkin' Brands

Outro aspecto da determinação de preços psicológicos são os **preços de referência** - aqueles que os compradores têm em mente e usam como referência ao analisar um determinado produto. O preço de referência pode ser formado pela observação dos preços correntes, pela recordação de preços passados ou pela avaliação da situação de compra. As empresas podem influenciar ou usar esses preços de referência dos consumidores na hora de estabelecer seus preços. Por exemplo, um supermercado pode colocar a marca de sua loja de flocos de aveia e passas por 2,49 dólares ao lado do Kellogg's Raisin Bran, que custa 3,79 dólares. Ou uma empresa pode oferecer opções mais caras que não vendem muito bem para fazer com que seus modelos mais baratos, mas ainda caros, pareçam mais acessíveis quando comparados. Por exemplo, a Williams-Sonoma certa vez ofereceu uma máquina chique de fazer pão pelo preço exorbitante de 279 dólares. No entanto, a empresa adicionou um modelo de 429 dólares. O modelo caro fracassou, mas as vendas do modelo mais barato dobraram.[9]

Preços de referência
Preços que os compradores têm em mente ao analisar determinado produto.

Para a maioria das compras, os consumidores não têm todo o conhecimento ou as informações de que precisam para saber se estão pagando um bom preço. Eles não têm tempo, condições ou vontade de pesquisar diferentes marcas ou lojas, comparar preços e obter os melhores negócios. Em vez disso, eles podem se ater a algumas pistas que sinalizam se um preço está alto ou baixo. É interessante notar que essas pistas de preços são geralmente fornecidas pelas empresas, na forma de sinalizações de oferta, preço isca e garantia dos melhores preços, entre outras pistas úteis.

Mesmo pequenas diferenças de preço podem sinalizar diferenças de produto. Um 9 ou 0,99 no final de um preço geralmente sinaliza uma barganha. Você vê esses preços em todos os lugares. Por exemplo, navegue nos *sites on-line* das principais lojas de descontos, como Target, Best Buy ou Overstock.com, onde quase todos os preços terminam em 9. Em contraste, os varejistas sofisticados podem preferir preços que terminam em um número inteiro (por exemplo, 6, 25 ou 200 dólares). Outros usam terminações de 00 centavos em itens com preços regulares e terminações de 99 centavos em mercadorias com desconto.

A fabricante de telefones *premium* Apple usa 9 terminações para tirar um pouco do impacto psicológico de seus preços de telefone mais altos do mercado. Por exemplo, quando lançou o iPhone X, atribuiu um preço inicial de 999 dólares, mantendo-o logo abaixo do limite de mercado de 1.000 dólares. A diferença de 1 dólar é surpreendentemente maior em termos psicológicos. Curiosamente, a Apple estabeleceu o preço inicial do iPhone X em 999 libras no Reino Unido (quase 1.400 dólares).[10]

Embora as diferenças de preços reais possam ser pequenas, o impacto de tais táticas psicológicas pode ser grande. Por exemplo, em um estudo, foi pedido às pessoas que indicassem qual profissional eles provavelmente escolheriam para fazer uma LASIK (correção de miopia, astigmatismo e hipermetropia), tendo como base somente o preço cobrado: 299 e 300 dólares. A diferença de preço real era de apenas 1 dólar, mas o estudo descobriu que a diferença psicológica era muito maior. O índice de preferência pelos profissionais que cobravam 300 dólares era bem mais alto. Os entrevistados viram o preço de 299 dólares como significativamente menor. Além disso, o preço mais baixo suscitou mais preocupações em relação à qualidade e ao risco. Alguns psicólogos afirmam que cada dígito tem qualidades visuais e simbólicas que devem ser consideradas na precificação. Assim, o oito (8) é arredondado, uniforme e cria um efeito calmante, ao passo que o sete (7) é angular e cria um efeito perturbador.[11]

Determinação de preços promocionais

Preços promocionais
Preços temporariamente estabelecidos abaixo dos valores de tabela – e, às vezes, até mesmo abaixo do custo – para criar entusiasmo e urgência de compra

Com a **determinação de preços promocionais**, as empresas, temporariamente, estabelecem seus preços abaixo dos valores de tabela - e, às vezes, até mesmo abaixo do custo - para criar entusiasmo e urgência de compra. A determinação de preços promocionais assume diversas formas. Uma empresa pode simplesmente oferecer *descontos* sobre os preços normais para aumentar as vendas e reduzir os estoques. Ela pode também usar *preços de ocasiões especiais*, em certas épocas, para atrair mais clientes. Por exemplo, aparelhos de TV e outros eletrônicos de consumo apresentam preços promocionais em novembro e dezembro, para atrair às lojas pessoas que estão fazendo compras para o fim do ano. As *ofertas de tempo limitado*, como as *promoções relâmpagos on-line*, podem gerar urgência de compra e fazer os compradores se sentirem sortudos por terem fechado o negócio.

Às vezes, os fabricantes oferecem *abatimentos em dinheiro* a consumidores que compram seus produtos de revendedores dentro de um período determinado; o desconto é dirigido pelo fabricante diretamente ao cliente. Os abatimentos são populares entre fabricantes de carro, de celulares e de eletrodomésticos de pequeno porte, mas também são usados para bens de consumo embalados. Alguns fabricantes oferecem *financiamento a juros baixos, garantia estendida* ou *manutenção grátis* a fim de reduzir o "preço" para o consumidor. Essa prática entrou para a lista de favoritas do setor automobilístico.

Os preços promocionais podem ajudar os clientes a passar por cima dos obstáculos no processo de decisão de compra. Por exemplo, para incentivar os consumidores a se converterem para o sistema operacional Windows 10, a Microsoft realizou uma promoção Easy Trade-Up - de troca fácil - oferecendo aos compradores 200 dólares em troca de seus dispositivos antigos na compra de novos PCs com Windows 10 custando 599 dólares ou mais na Microsoft Store. Ela adoçou o acordo para 300 dólares para trocas de Apple MacBooks ou iMacs. No passado, a Microsoft oferecia aos clientes até 650 dólares ao trocarem um MacBook Air para a compra de um Surface Pro. Essas promoções agressivas de preços podem fornecer incentivos poderosos de compra e troca.

Preços promocionais: alguns profissionais de *marketing* bombardeiam os consumidores com infinitas promoções de preços, corroendo o valor da marca. "Comprar com um cupom na Bed Bath & Beyond começou a parecer uma condição em vez de um tratamento especial".

Keri Miksza

Contudo, a determinação de preços promocionais pode ter efeitos desastrosos. Na maioria das temporadas de compra de final de ano, o que se vê é uma guerra de preços baixos. As empresas bombardeiam os consumidores com ofertas, deixando os compradores esgotados e a precificação confusa. Se usadas com muita frequência, as promoções de preço podem criar clientes "loucos por uma pechincha", que esperam as marcas entrarem em liquidação para comprá-las. Por exemplo, pergunte à maioria dos compradores regulares do varejista de artigos para o lar Bed Bath & Beyond, e eles provavelmente dirão que nunca compram lá sem uma pilha de cupons de 20% ou de 5 dólares de desconto em mãos. Como disse um repórter: "Comprar com cupom na Bed Bath & Beyond começou a parecer uma condição em vez de um tratamento especial, e isso é uma má notícia para os resultados da rede". Na verdade, maiores taxas de resgate de cupons têm cada vez mais consumido as margens de lucro do varejista.[12]

Determinação de preços geográficos

As empresas também devem decidir como estabelecer o preço de seus produtos para clientes localizados em diferentes partes de um país ou do mundo. Será que a empresa deve arriscar perder negócios com clientes mais distantes por cobrar preços mais altos para cobrir os custos mais elevados com frete? Ou a empresa deve cobrar o mesmo preço de todos os clientes, independentemente de sua localização? Vamos analisar cinco estratégias de **determinação de preços geográficos** para a seguinte situação hipotética:

Determinação de preços geográficos
O estabelecimento de preços para clientes localizados em diferentes partes de um país ou do mundo.

A Peerless Paper Company fica em Atlanta, Geórgia, e vende papel para clientes espalhados por todo os Estados Unidos. O custo do frete é alto e afeta as empresas das quais os clientes compram o papel. A Peerless quer estabelecer uma política de preços geográficos. Ela está tentando determinar o preço de um pedido de 10 mil dólares para três clientes específicos: Cliente A (Atlanta), Cliente B (Bloomington, Indiana) e Cliente C (Compton, Califórnia).

Preço FOB
Estratégia de precificação geográfica em que as mercadorias estão disponíveis para retirada no local pelo meio de transporte escolhido; os clientes pagam o frete da fábrica até o destino.

Uma das opções da Peerless é pedir que os clientes paguem o custo de transporte da sua fábrica, em Atlanta, até o local de entrega. Os três clientes pagariam o mesmo preço de fábrica de 10 mil dólares. Pelo transporte, o Cliente A pagaria 100 dólares; o Cliente B, 150 dólares; e o Cliente C, 250 dólares. Chamada de **preço FOB**, essa prática significa que as mercadorias estão disponíveis para retirada no local (*free on board* – FOB) pelo meio de transporte escolhido. A partir desse instante, a titularidade e a responsabilidade da carga passam para o cliente, que paga o frete da fábrica até o destino. Como o custo de transporte é pago pelos clientes, os defensores do preço FOB acreditam que essa é a maneira mais justa de avaliar os encargos relacionados a frete. A desvantagem, entretanto, é que a Peerless passará a ser um fornecedor caro para clientes distantes.

Preço de entrega unificado
Estratégia de precificação geográfica em que a empresa cobra o mesmo preço, incluindo o frete, de todos os clientes, independentemente de sua localização.

O **preço de entrega unificado** é o oposto do preço FOB. Nesse caso, a empresa cobra o mesmo preço, incluindo o frete, de todos os seus clientes, independentemente de sua localização. O preço do frete é estabelecido pelo seu custo médio. Vamos supor que o custo médio seja de 150 dólares. Nesse caso, o preço de entrega unificado resulta em uma cobrança mais elevada para o cliente de Atlanta (que pagará 150 dólares pelo frete, em vez de 100) e em cobrança mais baixa para o cliente de Compton (que pagará 150 dólares, em vez de 250). Embora o cliente de Atlanta talvez prefira comprar papel de outra empresa local que use preço FOB, a Peerless tem mais chance de conquistar o cliente da Califórnia.

Preço por zona
Estratégia de precificação geográfica em que a empresa define duas ou mais zonas. Todos os clientes dentro de determinada zona pagam o mesmo preço total; quanto mais distante a zona, mais alto o preço.

O **preço por zona** fica entre o preço FOB e o preço de entrega unificado. A empresa define duas ou mais zonas. Todos os clientes dentro de determinada zona pagam um único preço total; quanto mais distante a zona, mais alto o preço. Por exemplo, a Peerless pode estabelecer uma zona leste e cobrar 100 dólares de frete de todos os clientes dessa zona; uma zona meio-oeste, da qual cobra 150 dólares; e uma zona oeste, da qual cobra 250 dólares. Nesse caso, os clientes de determinada zona não recebem nenhuma vantagem da empresa. Por exemplo, os clientes de Atlanta e de Boston pagariam à Peerless o mesmo preço total. A queixa, entretanto, seria o fato de o cliente de Atlanta pagar parte do custo de frete do cliente de Boston.

Preço de ponto-base
Estratégia de precificação geográfica em que a empresa vendedora escolhe determinada cidade para ser o ponto-base e cobra de todos os clientes o custo de frete daquela cidade até a localização dos clientes.

Ao usar o **preço de ponto-base**, a empresa vendedora escolhe determinada cidade para ser o "ponto-base" e cobra de todos os clientes o custo de frete daquela cidade até a localização dos clientes, independentemente da cidade da qual as mercadorias são realmente despachadas. Por exemplo, a Peerless pode escolher Chicago como ponto-base e cobrar, de todos os clientes, 10 mil dólares mais o frete de Chicago até onde estão localizados. Isso significa que o cliente de Atlanta paga o custo do frete de Chicago para Atlanta, ainda que as mercadorias tenham sido despachadas de Atlanta. Se todas as empresas vendedoras resolvessem usar a mesma cidade como ponto-base, os preços de entrega seriam os mesmos para todos os clientes, e a concorrência de preços acabaria.

Preço com frete incluso
Estratégia de precificação geográfica em que a empresa vendedora absorve todo o custo de frete ou parte dele para conseguir o negócio que deseja.

Por fim, a empresa que estiver ansiosa por fazer negócios com determinado cliente ou área geográfica pode usar o **preço com frete incluso**. Utilizando essa estratégia, a empresa vendedora absorve todo o custo de frete ou parte dele para conseguir o negócio que deseja. Ela pode partir do princípio de que, conseguindo mais negócios, seus custos médios diminuirão e mais do que compensarão seu custo extra com frete. O preço com frete incluso é usado para entrar em um mercado e para manter posição em mercados cada vez mais competitivos.

Determinação dinâmica de preços

Ao longo de grande parte da história, os preços foram estabelecidos pela negociação entre vendedores e compradores. As políticas de *preços fixos* – o estabelecimento de um preço único para todos os compradores – são uma ideia relativamente moderna, que surgiu com o desenvolvimento do varejo em grande escala no final do século XIX. Hoje em dia, a maioria dos preços é estabelecida dessa maneira. Entretanto, com os avanços das tecnologias digitais, muitas empresas hoje estão revertendo a tendência dos preços fixos. Elas utilizam a **determinação dinâmica de preços** – ajustes contínuos nos preços para atender às mudanças nas condições e situações do mercado.

Determinação dinâmica de preços
Ajustes contínuos nos preços para atender às mudanças nas condições e situações do mercado.

A precificação dinâmica oferece muitas vantagens para os profissionais de *marketing*. Serviços que vão desde varejistas, companhias aéreas, hotéis até equipes esportivas alteram seus preços em tempo real para otimizar as vendas de acordo com as mudanças na demanda, custos ou preços da concorrência, ajustando o que cobram por itens específicos diariamente, de hora em hora ou mesmo continuamente.

Preços personalizados
Ajuste de preço em tempo real para atender às situações, aos locais e aos comportamentos de compra individuais dos clientes.

O ambiente digital de hoje também permite que os profissionais de *marketing* pratiquem **preços personalizados**, ajustando os preços em tempo real para atender às situações, aos locais e aos comportamentos de compra individuais dos clientes. Parece que todo vendedor sabe quais preços os concorrentes estão cobrando e os clientes estão pagando – por tudo e qualquer coisa que vende, minuto a minuto, até o último centavo. Por exemplo, nesta era digital de *big data*, vendedores *on-line* como Amazon, L.L. Bean ou Apple podem explorar seus bancos de dados para avaliar os desejos de um comprador específico, medir seus meios, verificar os preços dos concorrentes e personalizar instantaneamente preços e ofertas para atender às situações individuais do comprador.

Atualmente, as ofertas e preços *on-line* podem muito bem ser baseados no que clientes específicos procuram e compram, quanto pagam por outras compras, em que bairro moram e se estão dispostos e podem gastar mais. Por exemplo, um consumidor de uma área de código postal nobre que recentemente entrou *on-line* para comprar uma passagem de primeira classe para Paris ou personalizar um novo cupê Mercedes pode mais tarde obter uma cotação mais alta em um novo Bose Wave Radio. Em comparação, um amigo de uma área menos abastada com um histórico de pesquisa e compras *on-line* mais modesto pode receber uma oferta de 5% de desconto e frete grátis no mesmo rádio.

A precificação dinâmica não acontece apenas *on-line*. Por exemplo, muitos varejistas de lojas e outras organizações agora ajustam os preços por dia, por hora ou até a cada minuto. Por exemplo, a Kohl's usa etiquetas de preço eletrônicas em suas lojas para ajustar os preços instantaneamente com base na oferta, demanda e fatores de tráfego da loja. Agora, ela pode encenar vendas que duram apenas horas em vez de dias, assim como seus concorrentes *on-line*.

Serviços de compartilhamento de carona, como Uber e Lyft, ajustam suas tarifas dinamicamente durante horários de baixa ou pico, uma prática chamada "preço de pico". Da mesma forma, oferta e demanda ditam ajustes de preço minuto a minuto hoje em dia para tudo, desde ingressos de teatro a vagas de estacionamento e taxas de campos de golfe. Os pedágios no Texas até mudam os preços dos pedágios a cada cinco minutos, dependendo do tráfego – a tarifa para um trecho de 11 milhas, por exemplo, varia entre 94 centavos de dólar e 8,38 dólares, dependendo da velocidade do tráfego. Alguns consumidores insatisfeitos consideram isso como "roubo na estrada".[13]

A determinação de preço dinâmico e personalizado faz sentido em muitos contextos – eles ajustam os preços de acordo com as forças do mercado e as situações do consumidor. No entanto, se forem mal-feitos, eles podem desencadear guerras de preços que prejudicam as margens e colocam em risco os relacionamentos e a confiança dos clientes. Os clientes podem se ressentir do que consideram práticas de preços injustas ou manipulação de preços. Por exemplo, quando o descarrilamento fatal do trem 188 da Amtrak interrompeu o serviço ferroviário na linha muito movimentada de Washington, D.C. para Nova York por quase uma semana, a demanda por passagens aéreas entre as duas cidades aumentou drasticamente. À medida que a demanda aumentou, os bots de preços dinâmicos das companhias aéreas entraram em ação para aumentar friamente as tarifas em até cinco vezes, enfurecendo os viajantes e levando a uma investigação do Departamento de Transportes.

Essas transgressões extremas de preços dinâmicos são raras. No entanto, lapsos ainda menores causados por preços dinâmicos e personalizados mal executados também podem causar confusão, descontentamento ou desconfiança na marca do comprador (veja o Marketing Real 11.1). As empresas devem ter cuidado para não cruzar a linha tênue entre estratégias inteligentes e prejudiciais de preços dinâmicos.

A determinação de preço dinâmico *on-line* beneficia tanto os vendedores quanto os compradores. Os consumidores munidos de acesso instantâneo a comparações de produtos e preços muitas vezes podem negociar melhores preços na loja.

Yakobchuk Viacheslav/Shutterstock

Assim como a determinação de preço dinâmico e personalizado pode beneficiar os vendedores, os consumidores podem usá-la em seu próprio benefício. Graças à Internet, os consumidores com *smartphones* agora podem comparar preços rotineiramente *on-line* enquanto estão em casa, nas lojas ou em qualquer outro lugar. Eles podem obter comparações instantâneas de produtos e preços e alertas de preços de aplicativos móveis, como o ShopSavvy, o Price Check da Amazon ou o Price.com. Na verdade, os varejistas estão descobrindo que o acesso *on-line* a preços de comparação está dando aos consumidores uma vantagem muito grande. Essas informações permitem que os compradores inteligentes aproveitem as constantes disputas de preços entre os vendedores, façam bons negócios, aproveitem as políticas de correspondência de preços dos varejistas ou simplesmente comprem itens *on-line* a preços mais baixos.

Os varejistas de lojas estão agora implementando estratégias para combater essas comparações de preços e compras entre canais ou, melhor, para transformá-las em uma vantagem. Por exemplo, a Best Buy tem uma "Garantia de Correspondência de Preços" na qual corresponde aos preços dos principais comerciantes *on-line* ou concorrentes da loja. Uma vez neutralizado o preço como fator de compra, segundo a Best Buy, ela pode converter os compradores em compradores internos com suas vantagens não relacionadas ao preço, como imediatismo, localização conveniente, assistência pessoal por funcionários bem treinados e a capacidade de encomendar mercadorias *on-line* e escolhê-las ou devolvê-las na loja. A Best Buy também aprimorou seu próprio *marketing on-line* e móvel.

Determinação de preços internacionais

Empresas que comercializam seus produtos internacionalmente devem decidir que preços cobrar em diferentes países. Em alguns casos, a empresa pode estabelecer um preço mundial uniforme. Por exemplo, a Boeing vende seus jatos praticamente pelo mesmo preço no mundo inteiro, não importando se o comprador está nos Estados Unidos, na Europa ou em algum país emergente.

Marketing Real 11.1 | Determinação de preços dinâmicos e personalizados: andando em uma linha tênue

A precificação dinâmica tornou-se uma necessidade competitiva no mercado atual. Os consumidores munidos de dispositivos digitais – seja fazendo compras *on-line* em casa ou em trânsito – verificam rotineiramente os preços mais recentes oferecidos por diferentes vendedores. A venda muitas vezes vai para o melhor preço. Nesta era de *big data*, a maioria dos vendedores ajusta os preços de forma automática e contínua com base na oferta, na demanda, nos preços dos concorrentes e até nas características individuais dos compradores e nas situações de compra.

A gigante *on-line* Amazon dominou a ciência da precificação dinâmica. De acordo com uma fonte, o sistema de preços dinâmico automatizado e orientado por IA da Amazon altera o preço de até 80 milhões de itens ao longo de um determinado dia em seu gigantesco *site*, com base em uma série de fatores de mercado. Como resultado, a Amazon concorre de forma muito eficaz em termos de preço. No último fim de semana de feriado da Black Friday, os preços da Amazon ficaram em média quase 14% mais baixos do que os preços dos mesmos produtos em varejistas concorrentes, incluindo Walmart e Target.

Mas a precificação dinâmica é um processo complexo e nem sempre agrada aos clientes. Feito de forma inadequada, pode causar confusão, frustração ou até ressentimento no cliente, prejudicando relacionamentos duramente conquistados com ele. Considere a experiência desta compradora da Amazon:

> Nancy Plumlee tinha acabado de começar o mahjong, um jogo chinês de peças semelhante ao rummy. Ela navegou na Amazon.com e, depois de vasculhar várias páginas de opções, decidiu por um conjunto de 54,99 dólares. Ela o adicionou em seu [carrinho de compras] e continuou comprando fichas de pontuação e alguns acessórios para jogos. Alguns minutos depois, ela examinou o carrinho e notou que os 54,99 dólares haviam saltado para 70,99. Plumlee pensou que ela estava ficando louca. Ela verificou o histórico de visualizações de seu computador e, de fato, o preço original do jogo estava listado em 54,99 dólares. Determinada, ela esvaziou o carrinho e tentou novamente. [Desta vez,] o preço do jogo saltou de 54,99 para 59,99 dólares. "Isso simplesmente não parece honestidade nos negócios. Que vergonha para a Amazon", disse Plumlee, que ligou para a Amazon e convenceu o varejista *on-line* a reembolsar seus 5 dólares.

Apesar dos contratempos, a Amazon defende suas práticas de preços dinâmicos e de mudança de preços no carrinho de compras. A Amazon permite que os clientes mantenham itens em seus carrinhos indefinidamente, e isso requer atualizações regulares dos termos de compra, como preço, disponibilidade e datas de envio, para corresponder às condições atuais. "Os itens em seu carrinho de compras sempre refletirão o preço mais recente exibido na página de detalhes do produto do item", diz a Amazon em sua página de políticas de preços. "Colocar um item no carrinho não reserva o preço mostrado naquele momento". No entanto, a Amazon notifica os clientes após a confirmação da compra se o preço de um produto mudou no carrinho. E, ressalta a Amazon, essa política funciona nos dois sentidos – se o preço de um item cair depois que ele for colocado no carrinho de compras, o cliente obterá o preço mais baixo.

Para varejistas multicanais – aqueles que vendem *on-line* e em lojas físicas – a determinação de preço dinâmico apresenta desafios adicionais. Para competir efetivamente com a Amazon e outros vendedores, os varejistas *omnichannel* devem monitorar continuamente os preços dos concorrentes e combiná-los dinamicamente também em suas lojas na web e em dispositivos móveis. Mas, embora seja relativamente fácil alterar os preços *on-line*, tentar ajustar constantemente os preços nas lojas criaria estragos, se for possível. "O problema com preços dinâmicos *offline* é o custo", diz um especialista. "Você teria que ir a todas aquelas pequenas prateleiras e trocá-los".

Assim, discrepâncias entre os preços da loja física e *on-line* são comuns, muitas vezes causando confusão e descontentamento do consumidor. Um ávido comprador da Target aprendeu isso da maneira mais difícil:

> Depois de avaliar um depilador elétrico em seu aplicativo Target dentro da loja, Miranda Artz o comprou pelo preço de 99,99 dólares como listado no aplicativo e na prateleira da loja. Mas quando ela chegou ao estacionamento, ela notou algo estranho. "Meu aplicativo ainda estava aberto e ainda estava nesse produto e, quando cheguei ao meu carro, notei que constava 69,99 dólares. Eu estava um pouco confusa. Eu pensei que talvez eu tivesse lido errado na loja ou algo assim". Voltando à loja, Artz confirmou que os preços do aplicativo e da prateleira eram de 99,99 dólares. "Voltei para o meu carro e novamente custava 69,99 dólares. Então, eu fiz uma captura de tela desta vez e o trouxe de volta e consegui uma combinação de preço."
>
> A história de Artz na Target se repetiu algumas semanas depois. Ela estava comprando uma barraca no aplicativo Target e encontrou uma que gostou por um preço reduzido de 83,99 dólares. Desta vez, ela tirou uma captura de tela antes de entrar na loja Target. Sua intuição valeu a pena. Assim que ela entrou na loja, o aplicativo Target ajustou o preço da barraca para o preço normal de 119,99 dólares – uma diferença de 37 dólares. Artz está um pouco decepcionada com a Target. Ainda é sua loja favorita, mas agora ela é uma compradora mais sábia.

Com base em relatos de experiências semelhantes de clientes, várias agências de notícias conduziram seus próprios experimentos sobre a "troca de preço de estacionamento" da Target. Esses estudos compararam os preços dos aplicativos dentro e fora da loja em listas de 10 a 20 itens. Os resultados mostraram que o aplicativo Target apresentou um preço mais alto na loja para 40 a 50% dos itens. Para alguns, a diferença de preço foi pequena – 20 centavos de dólar a mais por um pacote de 24 unidades de papel higiênico Scott ou 10 centavos de dólar a mais por uma garrafa de um litro de antisséptico bucal Listerine. Em outros itens, no entanto, a diferença de preço foi surpreendente – 72 dólares a mais para um assento infantil Graco ou 148 dólares a mais para um aspirador Dyson Cyclone V10 Motorhead.

A determinação de preço dinâmico é uma necessidade competitiva. Mas, como os compradores da Target aprenderam, pode ser difícil de implementar, especialmente para varejistas *omnichannel*.

Eyal Dayan Photography

O que está por trás do estacionamento da Target versus as diferenças de preço na loja? O aplicativo da Target utiliza dados de localização do telefone para determinar onde o cliente está para definir os preços do aplicativo para esse cliente. "Quando está na loja, todos os preços listados no aplicativo se assemelham aos preços listados na loja", diz um analista de varejo. "Fora da loja é uma história diferente. É aí que a Target deve competir com outras lojas *on-line* e com o resto do mundo, e os preços lá imitam os da Target.com".

Em resposta às perguntas, a Target afirmou que está "comprometida em fornecer valor aos nossos clientes e isso inclui preços competitivos *on-line* e em nossas lojas e, como resultado, preços e promoções podem variar". No entanto, o varejista fez algumas alterações em seu aplicativo que tornam suas políticas de preços mais claras. A Target também enfatiza sua política de correspondência de preços: "Se um cliente encontrar qualquer item por um preço mais baixo em qualquer uma das maneiras de comprar na Target, nós igualaremos o preço". E observa que os clientes podem evitar o problema ao desativar os recursos de geolocalização do aplicativo da Target. Mas isso significa também abrir mão de alguns dos recursos atraentes do aplicativo, como localização do produto na loja e mapeamento de navegação nos corredores da loja.

A maioria dos consumidores experimentou em primeira mão as alegrias e as frustrações dos preços dinâmicos e personalizados. E muitos consumidores aprenderam a navegar no labirinto de preços em benefício próprio. Do lado do vendedor, quando bem-feito, a determinação de preço dinâmico pode criar vantagem competitiva. Mas deve ser praticado com cuidado. Como tudo no *marketing*, ele deve ser usado para criar valor para os clientes e aprimorar os relacionamentos entre marca e cliente. Se uma empresa acertar isso, ela ganhará valor em troca.[14]

Preços internacionais: as empresas muitas vezes precisam mudar suas estratégias de preços de país para país. Por exemplo, a Apple vende seus telefones mais recentes a preços *premium* para clientes chineses abastados, mas está sob pressão para atingir os clientes de médio porte da China com telefones de preços mais baixos.

FRED DUFOUR/AFP/Getty Images

Contudo, a maioria das empresas ajusta seus preços para se adequar às condições locais do mercado e às questões de custos.

O preço que uma empresa deve cobrar em um determinado país depende de muitos fatores, entre eles: condições econômicas, situação da concorrência, leis e regulações e nível de desenvolvimento dos sistemas de atacado e varejo. As percepções e as preferências do consumidor também variam de país para país, o que exige preços diferentes. Ou a empresa pode ter diferentes objetivos de *marketing* em vários mercados mundiais, o que requer alterações na estratégia de determinação de preços.

Por exemplo, a Apple usa sua estratégia de preços *premium* para introduzir *smartphones premium* sofisticados e repletos de recursos para mercados maduros e cuidadosamente segmentados nos países desenvolvidos e para consumidores ricos em mercados emergentes. Por outro lado, a empresa agora está sob pressão para descontinuar modelos mais antigos e desenvolver modelos de telefone mais baratos e básicos para mercados consideráveis, mas menos ricos, em países em desenvolvimento, onde até os telefones mais antigos da Apple com desconto são vendidos a preços três a cinco vezes maiores do que os modelos dos concorrentes de baixo preço. Por exemplo, na China, os mais recentes telefones *premium* da Apple vendem bem e de forma lucrativa para consumidores abastados. No entanto, como a Samsung e grandes concorrentes chineses, como Huawei e Xiaomi, trazem telefones sofisticados, mas com preços mais baixos, para o mercado chinês altamente competitivo, a Apple está lutando para manter a participação de mercado por lá. Diz um analista: "Se a Apple quiser aumentar as vendas do iPhone na China no futuro, terá que empurrar a curva de preços para baixo, não para cima, para atingir mais consumidores de médio porte que não podem mais comprar um iPhone com todos os recursos".[15]

Os custos desempenham um papel importante na fixação dos preços internacionais. Viajantes no exterior muitas vezes ficam surpresos ao descobrir que bens relativamente baratos em casa podem ter preços escandalosamente mais altos em outros países. Um par de Levi's 501 vendido por 54 dólares em Los Angeles pode sair por 118 dólares em Paris. Um Big Mac do McDonald's vendido por 5 dólares em Nova York pode custar quase 7 dólares em Zurique, e uma escova de dentes Oral-B vendida por 2,49 dólares nos Estados Unidos pode custar 10 dólares na China. Por outro lado, uma bolsa Gucci que custa apenas 1.470 dólares em Milão, na Itália, pode valer 1.790 dólares nos Estados Unidos.

Em alguns casos, essa escalada de preços pode resultar de diferenças nas estratégias de venda ou nas condições de mercado. Na maioria dos casos, no entanto, é simplesmente o resultado dos custos mais altos de venda em outro país – os custos adicionais de operações, modificações de produtos, frete e seguro, flutuações nas taxas de câmbio e distribuição física. Tarifas e impostos de importação também podem aumentar os custos. Por exemplo, o governo indiano impõe uma tarifa de 150% sobre as importações de vinho dos Estados Unidos, elevando os preços dos vinhos norte-americanos na Índia em relação aos vinhos domésticos.[16]

O preço tornou-se um elemento-chave nas estratégias de *marketing* internacional das empresas que tentam entrar em mercados emergentes menos abastados. Normalmente, entrar nesses mercados significa atingir as classes médias explosivas em países em desenvolvimento como China, Índia, Rússia, Brasil e África do Sul, cujas economias cresceram rapidamente. Mais recentemente, no entanto, muitas empresas estão mudando sua visão para incluir um novo alvo – a chamada "base da pirâmide", o vasto mercado inexplorado que consiste nos consumidores mais pobres do mundo.

Não muito tempo atrás, a maneira preferida de muitas marcas comercializarem seus produtos em mercados em desenvolvimento – sejam produtos de consumo ou carros, computadores e *smartphones* – era colar novos rótulos em modelos existentes e vendê-los a preços mais altos para os poucos privilegiados que podiam pagar por eles. No entanto, essa abordagem de preços colocou muitos produtos fora do alcance de dezenas de milhões de consumidores pobres em mercados emergentes. Como resultado, muitas empresas desenvolveram versões de produtos menores, mais básicas e acessíveis para esses mercados. Por exemplo, enquanto a Apple se concentra em telefones cada vez mais sofisticados e mais caros nos mercados globais, a Samsung lidera todos os concorrentes em todo o mundo em vendas unitárias de *smartphones*, também comercializando telefones de preço médio e baixo em mercados emergentes de rápido crescimento, como a Índia e a China.

A maioria das empresas está aprendendo que vender lucrativamente até a base da pirâmide requer mais do que apenas reembalar ou desmontar produtos existentes e vendê-los a preços baixos. Assim como os consumidores mais abastados, os compradores de baixa renda querem produtos que sejam funcionais e aspiracionais. Assim, as empresas hoje estão inovando para criar produtos que não apenas vendam a preços baixos, mas também ofereçam aos consumidores da base da pirâmide mais pelo seu dinheiro, não menos. Por exemplo, para fortalecer ainda mais sua posição nesses mercados, a Samsung está agora colocando mais tecnologia de ponta em telefones de médio porte que ainda vendem a preços acessíveis.[17]

A precificação internacional apresenta muitos problemas e complexidades especiais. Discutimos questões de preços internacionais com mais detalhes no Capítulo 19.

Comentário do autor | Quando e como uma empresa deve alterar seu preço? E se os custos aumentarem, pressionando os lucros? E se a economia afundar e os clientes se tornarem mais sensíveis aos preços? Ou se um grande concorrente aumentar ou diminuir seus preços? Como sugere a Figura 11.1, as empresas enfrentam muitas variações de mudança de preço.

Mudanças de preço

Objetivo 11.4 Discutir as principais questões ligadas a iniciativas de mudanças de preço e a reações a elas.

Depois de desenvolver estruturas e estratégias de determinação de preços, as empresas geralmente se deparam com situações em que devem iniciar mudanças de preço ou reagir a mudanças de preço dos concorrentes.

Iniciativas de mudanças de preço

Em alguns casos, a empresa pode achar interessante iniciar uma redução ou um aumento no preço. Em ambos os casos, ela precisa prever as possíveis reações de compradores e concorrentes.

Iniciativas de redução de preço

Diversas situações podem levar uma empresa a considerar uma redução em seu preço. Uma delas é o excesso de capacidade. Outra é a queda da demanda por conta de uma forte concorrência de preços ou da debilidade da economia. Nesses casos, a empresa pode reduzir agressivamente os preços para aumentar as vendas e a participação de mercado. Mas, como os setores de transporte aéreo, *fast-food* e automóveis, entre outros, descobriram nos últimos anos, a redução dos preços em um setor sobrecarregado, com capacidade em excesso, pode levar a uma guerra de preços, à medida que os concorrentes lutam para tentar manter sua participação de mercado.

A empresa também pode reduzir seus preços na tentativa de dominar o mercado por meio de custos mais baixos. Nesse caso, ou ela começa com custos mais baixos que os de seus concorrentes, ou reduz seus preços na esperança de conquistar uma participação de mercado tal que, mais adiante, vai lhe proporcionar custos mais baixos por meio de volumes mais altos. Por exemplo, a AGIT Global usou preços baixos para aumentar rapidamente a demanda por suas pranchas de surf Wavestorm. Antes da Wavestorm, surfistas e aspirantes a surfistas geralmente compravam pranchas personalizadas ou de alta qualidade em lojas de surf locais, onde as pranchas de nível básico geralmente custam de 800 a 1.000 dólares. Mas para tornar o surf mais acessível, a AGIT começou a produzir pranchas de espuma macia de boa qualidade em massa e a vendê-las em grandes lojas a preços muito baixos. Por exemplo, ela inicialmente vendeu uma prancha Wavestorm de entrada, azul e branca e com 2,5 metros, na Costco por apenas 99,99 dólares. Uma dúzia de anos depois, as pranchas ainda são vendidas na Costco por apenas 149,99 dólares. Graças aos fortes cortes de preços em relação às marcas estabelecidas, a Wavestorm é agora líder de mercado, vendendo cerca de cinco vezes mais pranchas do que as outras maiores marcas de pranchas de surf.[18]

Iniciativas de aumento de preço

Um aumento de preço que dá certo pode elevar substancialmente os lucros. Por exemplo, se a margem de lucro da empresa for de 3% sobre as vendas, um aumento de preços de 1% resultará em um aumento nos lucros de 33%, se o volume de vendas não for afetado. Um fator importante no aumento de preços é a inflação dos custos. O aumento dos custos diminui as margens de lucro e faz as empresas repassá-lo aos clientes. Outro fator que leva ao aumento de preços é o excesso de demanda: quando uma empresa não consegue suprir as necessidades de todos os seus clientes, ela pode aumentar seus preços, racionar seus produtos ou ambos.

Ao aumentar os preços, a empresa deve evitar ser vista como aquela que pratica *preços abusivos*. Por exemplo, quando o preço do combustível sobe rapidamente, clientes furiosos costumam acusar as principais empresas petrolíferas de enriquecerem à custa dos consumidores. Os clientes têm boa memória e, uma hora, acabam abandonando empresas ou até setores inteiros que, na visão deles, cobram preços abusivos. No extremo, reclamações de preços abusivos podem, inclusive, gerar maior regulamentação por parte do governo.

Existem algumas técnicas para evitar esses problemas. Uma delas é manter um senso de integridade em qualquer aumento de preço. Esses aumentos devem ser apoiados por um programa de comunicação da empresa, que diga aos clientes por que os preços subiram.

As marcas devem ter cuidado ao aumentar os preços. Quando a Mondelēz reduziu a quantidade de chocolate em sua barra de Toblerone (aumentando efetivamente o preço), os consumidores britânicos acharam a mudança na forma icônica do Toblerone difícil de digerir, provocando indignação *on-line*.

DARREN STAPLES/REUTERS/Newscom

Sempre que possível, a empresa deve pensar em maneiras de responder aos custos ou à demanda mais alta sem elevar os preços. Ela pode, por exemplo, considerar formas mais eficientes em termos de custo para produzir ou distribuir seus produtos. Ela pode simplificar sua oferta de mercado, removendo recursos, embalagens ou serviços e precificar elementos separadamente que antes faziam parte da oferta. Ou pode encolher o produto ou substituir ingredientes menos caros em vez de aumentar o preço, um processo às vezes chamado de "encolhimento". A Kimberly-Clark elevou os preços do Kleenex "desfolhando" – reduzindo o número de folhas de papel higiênico ou lenços faciais em cada pacote de mesmo preço. E a Mondelēz recentemente reduziu o tamanho de sua popular barra de chocolate Toblerone em cerca de 12% no Reino Unido, não encurtando a barra, mas aumentando o espaçamento entre seus clássicos triângulos. "A contração é, na verdade, uma tática bem-sucedida porque muitos compradores são mais sensíveis a uma mudança de preço do que a uma mudança de peso", diz um especialista em preços. No entanto, os consumidores britânicos acharam difícil de engolir a mudança óbvia demais na forma icônica do Toblerone, provocando indignação *on-line*.[19]

Reações do comprador às mudanças de preço

Os clientes nem sempre interpretam as mudanças de preços de maneira clara. Um *aumento* de preço, que normalmente diminuiria as vendas, pode ter alguns significados positivos para os compradores. Por exemplo, o que você pensaria se a Rolex *aumentasse* o preço de seu mais recente modelo de relógio? Por um lado, você poderia pensar que o relógio é mais exclusivo e de melhor qualidade. Por outro, poderia achar que a Rolex está simplesmente sendo gananciosa, cobrando aquilo que o mercado comporta.

De maneira similar, os consumidores podem ver uma *redução* de preço de diversas maneiras. Por exemplo, o que você pensaria se a Rolex, de repente, diminuísse seus preços? Você poderia pensar que está fazendo um excelente negócio com um produto exclusivo. Contudo, muito provavelmente, acharia que a qualidade caiu, e a imagem de luxo da marca seria prejudicada. O preço e a imagem de uma marca costumam caminhar bem próximos. Uma mudança de preço, especialmente uma redução, pode afetar negativamente o modo como os consumidores veem a marca.

Reações da concorrência às mudanças de preço

Uma empresa que está pensando em uma mudança de preço deve se preocupar não só com as reações de seus clientes, como também com as de seus concorrentes. É mais provável haver reações dos concorrentes quando o número de empresas envolvidas é pequeno, o produto é uniforme e os compradores são bem informados sobre os produtos e os preços.

Como a empresa pode prever as possíveis reações de seus concorrentes? A questão é complexa porque, como acontece com os clientes, os concorrentes podem interpretar a redução de preços de uma empresa de diversas maneiras. Eles podem achar que a empresa está tentando ganhar maior participação de mercado ou, então, que está com problemas e está tentando aumentar as vendas. Podem achar também que ela quer que o setor inteiro reduza seus preços para aumentar a demanda total.

A empresa precisa estimar a possível reação de cada um dos concorrentes. Se eles se comportam de maneira parecida, basta analisar um único concorrente típico. Por outro lado, se não se comportam de maneira parecida - talvez por conta de diferenças no tamanho, participação de mercado ou políticas —, então, são necessárias análises individuais. Contudo, se alguns concorrentes se equipararem a seus preços, há boas razões para esperar que o restante também o faça.

Reações a mudanças de preço

Agora vamos inverter a questão e indagar como uma empresa deve reagir a uma mudança de preço de um concorrente. Ela precisa considerar diversos pontos: por que o concorrente alterou o preço? Trata-se de uma mudança temporária ou permanente? O que acontecerá com sua participação de mercado e seus lucros se não reagir? Os outros concorrentes reagirão? Além desses pontos, a empresa precisa levar em consideração sua própria situação e estratégia e as possíveis reações dos clientes às mudanças de preço.

A **Figura 11.1** mostra o modo como uma empresa pode avaliar as reduções de preço de um concorrente e reagir a elas. Vamos supor que a empresa fique sabendo que um concorrente baixou seus preços e julgue que essa redução, provavelmente, afetará suas próprias vendas e lucros. Nesse caso, a empresa pode simplesmente decidir manter seus preços e margens de lucro atuais. Ela pode acreditar que não perderá muita participação de mercado ou que perderia muito lucro se reduzisse seu preço. A empresa também pode decidir que deve esperar e reagir quando tiver mais informações sobre os efeitos da mudança de preço do concorrente. Entretanto, esperar demais para agir pode fazer com que o concorrente fique mais forte e confiante à medida que as vendas dele crescem.

Se a empresa decide que uma ação efetiva pode e deve ser tomada, ela pode reagir de quatro maneiras. Primeiro, a empresa pode *reduzir seu preço* para equipará-lo ao do concorrente. Ela pode decidir que o mercado é sensível a preços e que perderia muita participação de mercado para o concorrente de preço mais baixo. Contudo, a diminuição do preço reduzirá os lucros da empresa no curto prazo. Algumas empresas podem também reduzir a qualidade do produto, os serviços e as comunicações de *marketing* para conservar as margens de lucro, mas isso acabará prejudicando a participação de mercado no longo prazo. A empresa deve tentar manter a qualidade quando reduz os preços.

Outra alternativa seria a empresa manter o preço, mas *elevar o valor percebido* de sua oferta. Ela poderia melhorar suas comunicações, reforçando o valor relativo de seu produto em comparação com o do concorrente de preço mais baixo. A empresa pode descobrir que é mais barato manter o preço e gastar mais para melhorar seu valor percebido do que reduzir o preço e operar em uma margem mais baixa. A organização poderia também *melhorar* a qualidade *e aumentar o preço*, deslocando sua marca para uma posição de preço-valor mais alta. A maior qualidade cria valor superior para o cliente, o que justifica o preço mais alto. Por sua vez, o preço mais alto preserva as margens mais altas da empresa.

FIGURA 11.1
Avaliação das mudanças de preço do concorrente e reação a tais mudanças.

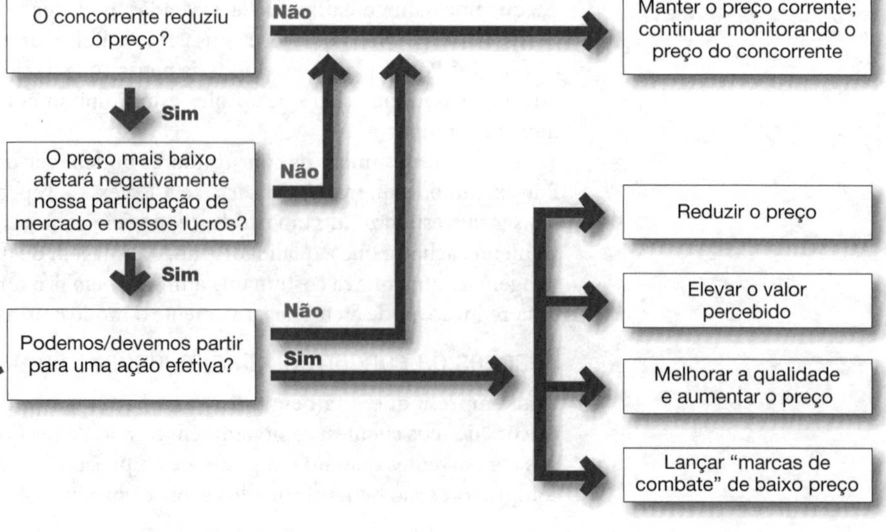

Quando um concorrente reduz o preço, a primeira reação da empresa pode ser diminuir seu reço também. Mas essa reação costuma ser errada. Em vez disso, a empresa pode querer enfatizar o "valor" na equação preço-valor.

Marcas de combate: para combater marcas próprias e outros concorrentes de baixo preço, a P&G transformou várias de suas marcas em marcas de combate. A Charmin Essentials Soft é "suave até no orçamento".

Kelly Tippett/Shutterstock

Por fim, a empresa poderia lançar uma "*marca de combate*" *de baixo preço* – acrescentar um item com preço mais baixo à sua linha de produtos ou criar outra marca com preço mais em conta. Isso é necessário se o segmento específico de mercado que está sendo perdido for sensível a preços e não reagir a argumentos de qualidade mais alta. Por exemplo, para combater marcas próprias e outros concorrentes de baixo preço, a P&G transformou várias de suas marcas em marcas de combate. As fraldas descartáveis Luvs oferecem aos pais "estiramento *premium* e proteção ultravazamento por menos do que as marcas caras". E a P&G oferece versões populares essenciais com preços acessíveis de várias de suas principais marcas. Por exemplo, a Charmin Essentials Soft é "suave até no orçamento", e a Bounty Essentials é o "topo da escolha acessível". O Tide Simply Clean & Fresh é cerca de 35% mais barato do que o sabão para roupas Tide regular – é "resistente aos odores e leve para seu bolso". No entanto, as empresas devem ter cautela ao introduzir marcas de combate, pois elas podem manchar a imagem da marca principal. Além disso, embora possam atrair compradores de baixo custo para longe de rivais com preços mais baixos, também podem tirar negócios das marcas de margem mais alta da empresa.

Política pública e determinação de preços

Comentário do autor | As decisões de preços são muitas vezes limitadas por questões sociais e legais. Por exemplo, pense na indústria farmacêutica. O rápido aumento dos preços dos medicamentos prescritos é justificado? Ou as empresas farmacêuticas estão injustamente enchendo seus bolsos roubando consumidores que têm poucas alternativas? O governo deve intervir?

Objetivo 11.5 Debater as principais preocupações sobre as políticas públicas e as principais leis que afetam as decisões de precificação

A concorrência de preços é um elemento fundamental da economia de livre mercado. Ao estabelecer preços, as empresas nem sempre são livres para cobrar aquilo que bem entendem. Muitas leis federais, estaduais e até municipais regulam o jogo limpo na determinação de preços. Além disso, ao estabelecer os preços, as empresas devem levar em consideração preocupações societais mais amplas. Por exemplo, ao determinar seus preços, as empresas farmacêuticas devem equilibrar seus custos de desenvolvimento e objetivos de lucro com as necessidades de medicamento dos consumidores, que muitas vezes envolvem uma questão de vida e morte (veja Marketing Real 11.2).

Nos Estados Unidos, as leis que mais afetam a determinação de preços são a Sherman Act (Lei Sherman), a Clayton Act (Lei Clayton) e a Robinson-Patman Act (Lei Robinson-Patman), que foram inicialmente adotadas para coibir a formação de monopólios e regular práticas empresariais que poderiam, injustamente, restringir o comércio. No Brasil, o Conselho Administrativo de Defesa Econômica (CADE) é um órgão que fomenta a cultura da livre concorrência através da Lei nº 12.529/2011. Como essas leis federais podem ser aplicadas somente no comércio interestadual, alguns estados adotaram medidas semelhantes para as empresas que operam localmente.

A **Figura 11.2** mostra as mais importantes questões de política pública ligadas à determinação de preços. Elas incluem práticas de precificação potencialmente danosas em um determinado nível do canal (formação de cartel e determinação de preços predatórios) e entre os níveis do canal (determinação de preços discriminatórios, manutenção do preço de varejo e determinação de preços enganosos).[21]

FIGURA 11.2
Questões de política pública na determinação de preços.
Source: Adapted from Dhruv Grewal and Larry D. Compeau, "Pricing and Public Policy: A Research Agenda and Overview of the Special Issue," Journal of Public Policy and Marketing, Spring 1999, pp. 3–10.

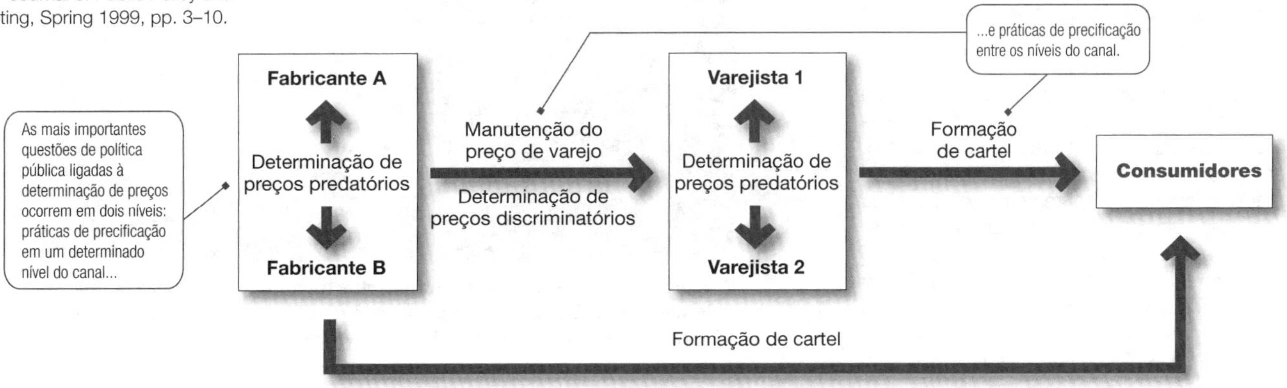

Marketing Real 11.2 | Precificação farmacêutica: não há respostas fáceis

A indústria farmacêutica dos Estados Unidos tem sido historicamente uma das indústrias mais lucrativas do país. Na maioria das situações, aplaudiríamos essas empresas e indústrias de alto desempenho. No entanto, quando se trata de empresas farmacêuticas, afirmam os críticos, vendas e lucros saudáveis podem não ser tão saudáveis para os consumidores.

De alguma forma, saber que grandes empresas farmacêuticas como Johnson & Johnson, Roche, Pfizer, Novartis, Merck e GlaxoSmithKline estão colhendo grandes lucros deixa um gosto ruim na boca de muitos consumidores. É como saber que as companhias de petróleo estão lucrando quando os preços da gasolina disparam. Embora a maioria dos consumidores aprecie o fluxo constante de medicamentos benéficos produzidos por empresas farmacêuticas, eles se preocupam que o enorme sucesso da indústria possa estar vindo às suas próprias custas – literalmente.

Os norte-americanos gastaram cerca de 360 bilhões de dólares em 2018 em medicamentos prescritos, um aumento de 6,5% em relação ao ano anterior. Os preços das prescrições aumentaram rapidamente ao longo dos anos e os custos de saúde continuam a subir. Por exemplo, os preços de medicamentos de marcas populares aumentaram 190% na última década.

Os críticos alegam que as forças competitivas não funcionam bem no mercado farmacêutico, permitindo que as empresas farmacêuticas cobrem preços excessivos. Ao contrário das compras de outros produtos de consumo, as compras de medicamentos não podem ser adiadas. E os consumidores geralmente não compram as melhores ofertas de medicamentos – eles simplesmente aceitam o que o médico ordena. Como os médicos que prescrevem as prescrições não pagam pelos medicamentos que recomendam, eles têm pouco incentivo para serem conscientes dos preços. Além disso, os pagadores de terceiros – seguradoras, planos de saúde e programas governamentais – geralmente pagam toda ou parte da conta. Finalmente, devido à proteção de patentes e ao enorme investimento e tempo necessários para desenvolver e testar novos medicamentos, há menos marcas concorrentes para forçar preços mais baixos.

Os críticos afirmam que esses fatores de mercado deixam as empresas farmacêuticas livres para praticar preços de monopólio, às vezes resultando em práticas desleais ou mesmo em casos aparentemente estranhos de manipulação de preços. Um caso clássico ganhou as manchetes quando o empresário Martin Shkreli e sua empresa Turing Pharmaceuticals adquiriram o Daraprim, um medicamento de 62 anos usado por pacientes com AIDS. Turing imediatamente elevou o preço do Daraprim de 13,50 dólares por comprimido para surpreendentes 750 dólares por comprimido, um aumento de mais de 5.000%. A pílula em si custa apenas cerca de um dólar para ser produzida.

As grandes empresas farmacêuticas nunca cometeriam tais atrocidades. "Ele não é nós", disse o CEO da Merck sobre Shkreli da Turing. No entanto, os principais fabricantes de produtos farmacêuticos aumentam rotineiramente os preços de seus medicamentos para câncer, diabetes, esclerose múltipla e redutores de colesterol em 10% ou mais por ano, muito mais rápido do que a inflação. Por exemplo, o Gleevec, um medicamento vendido pela Novartis para tratar do câncer no sangue. O Gleevec parecia muito caro quando chegou ao mercado em 2001, custando cerca de 26 mil dólares para o suprimento de um ano. No entanto, por razões desconhecidas, a Novartis quadruplicou o preço do Gleevec, levando uma economista do setor a comentar que não conseguiu encontrar nenhuma teoria econômica para explicar como as empresas farmacêuticas fixam ou aumentam os preços de seus medicamentos.

Os preços de alguns novos medicamentos que salvam vidas são mais do que exorbitantes. Por exemplo, o Bavencio, um medicamento contra o câncer recentemente aprovado, custa aos pacientes cerca de 156 mil dólares por ano. E uma nova droga para distrofia muscular estreou recentemente por 300 mil dólares anuais. Mas mesmo medicamentos mais antigos que estão no mercado há muito tempo tiveram grandes aumentos de preço. Pegue o preço do EpiPen de 40 anos, um medicamento para alergia que salva vidas. Seu preço aumentou 400% em apenas cinco anos, provocando indignação pública. Da mesma forma, uma investigação do Congresso revelou que o preço da insulina triplicou entre 2002 e 2013, apesar de ter ocorrido poucas mudanças no medicamento.

Para piorar ainda mais, dizem os críticos, as empresas farmacêuticas investem mais de 10 bilhões de dólares por ano em propaganda direta ao consumidor e gastam outros 20 bilhões em *marketing* para médicos. Os proponentes afirmam que tais promoções informam e capacitam os pacientes a participar de seus próprios cuidados de saúde. Mas os críticos alegam que esses esforços de *marketing* ditam preços mais altos ao mesmo tempo em que criam demanda por remédios mais caros. Assim, dizem os críticos mais severos, as grandes empresas farmacêuticas podem estar lucrando injustamente – ou mesmo às custas da vida humana – promovendo e precificando produtos fora do alcance de muitas pessoas que precisam deles.

Mas há um outro lado da questão do preço dos medicamentos – o lado da indústria. Os defensores da indústria apontam que, ao longo dos anos, as empresas farmacêuticas desenvolveram um fluxo constante de medicamentos que transformam a vida das pessoas. Desenvolver essas novas drogas é arriscado e caro, envolvendo legiões de cientistas, tecnologia cara e anos de esforço sem certeza de sucesso. Em 2018, a indústria farmacêutica gastou mais de 172 bilhões de dólares em P&D. Em média, leva de 12 a 15 anos e custa entre 660 milhões e 2,7 bilhões de dólares para trazer um novo medicamento ao mercado. Assim, os proponentes dizem que, embora os preços dos novos medicamentos prescritos pareçam altos, eles são necessários para financiar o desenvolvimento de importantes medicamentos

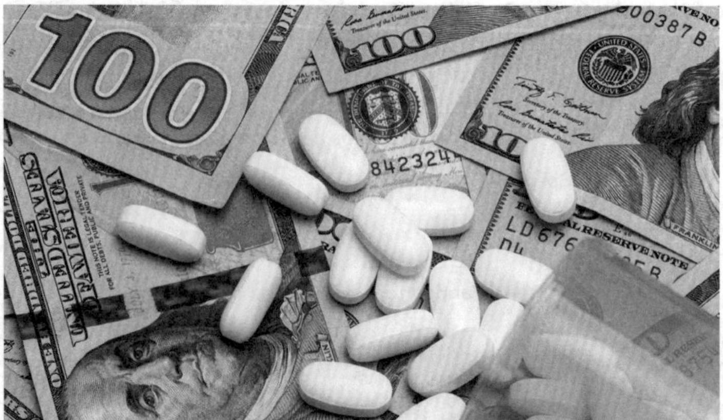

Precificação farmacêutica responsável: a maioria dos consumidores entende que terá que pagar o preço por medicamentos benéficos. Eles só querem ser tratados de modo justo nesse processo.

pixelrobot/123RF

futuros. Como afirma um anúncio recente da Pfizer: "Em média, 1.600 cientistas levam 12 anos para dar vida a um medicamento da Pfizer. Isso é muito poder cerebral coletivo dedicado a encontrar medicamentos que melhorem vidas." A GlaxoSmithKline (GSK) coloca desta forma: "Inventar novos medicamentos não é fácil, mas vale a pena [...] Os remédios de hoje financiam os milagres de amanhã".

E assim a polêmica continua. À medida que os preços dos medicamentos sobem, as empresas farmacêuticas enfrentam pressão do governo federal, das companhias de seguros, das organizações prestadoras de saúde e dos grupos de defesa do consumidor para exercer moderação na determinação de preços. No entanto, em vez de esperar por uma legislação mais dura sobre os preços – ou simplesmente porque é a coisa certa a se fazer – muitas das empresas farmacêuticas estão agindo por conta própria. Por exemplo, algumas empresas se comprometeram a manter seus aumentos médios de preços iguais ou abaixo da inflação. Outros empregam preços diferenciados – vendendo seus medicamentos em diferentes países a preços variados com base na capacidade de pagamento em cada país. A maioria das empresas farmacêuticas agora patrocina programas de assistência ao paciente que fornecem medicamentos prescritos gratuitamente ou a baixo custo para pessoas que não podem comprá-los, e doam regularmente medicamentos gratuitos em resposta aos esforços de socorro em desastres ao redor do mundo.

Ao todo, a precificação farmacêutica não é uma questão fácil. Para as empresas farmacêuticas, é mais do que uma questão de vendas e lucros. Ao definir os preços, as metas financeiras de curto prazo devem ser ponderadas por considerações sociais mais amplas. Por exemplo, a missão sincera da GSK é "ajudar as pessoas a fazer mais, sentir-se melhor, viver mais". Cumprir essa missão não será barato. A maioria dos consumidores entende isso. De uma forma ou de outra, eles sabem que terão que pagar o preço. Tudo o que eles realmente pedem é que sejam tratados com justiça nesse processo.[20]

Determinação de preços nos níveis do canal

A legislação federal sobre a *formação de cartel* determina que as empresas vendedoras devem estabelecer seus preços sem consultar os concorrentes. Caso contrário, há suspeita de conluio. A formação de cartel é ilegal *per se* – isto é, o governo não aceita nenhuma desculpa para ela. Dessa forma, empresas consideradas culpadas por essas práticas podem receber multas altíssimas. Recentemente, governos de nível estadual e federal passaram a fazer valer, com afinco, as leis contra a formação de cartel em setores como o de combustível, seguros, concreto, cartões de crédito, CDs e chips de computador. As empresas consideradas culpadas de práticas de formação de cartel podem pagar multas pesadas. Por exemplo, a Apple pagou 450 milhões de dólares em multas por conspirar com editoras para fixar preços de e-books. Quatro grandes companhias aéreas dos Estados Unidos – United, Delta, Southwest e American – concordaram em pagar 60 milhões de dólares para resolver uma ação coletiva e ainda enfrentar uma investigação do Departamento de Justiça dos Estados Unidos por conspirar para inflar artificialmente as tarifas aéreas para "obter enormes lucros". E a Visa e a Mastercard recentemente concordaram em pagar 6,2 bilhões de dólares para resolver um caso de formação de cartel movido por varejistas sobre taxas de cartão supostamente inflacionadas.[22]

As empresas vendedoras também são proibidas de usar *determinação de preços predatórios* – vender abaixo do custo com o intuito de punir um concorrente ou obter lucros maiores no longo prazo afastando concorrentes do mercado. Essa proibição protege as empresas pequenas das maiores, que poderiam vender itens abaixo do custo temporariamente ou em um determinado local com a finalidade de liquidá-las. O maior problema, nesse caso, é estabelecer o que constitui, exatamente, um comportamento de determinação de preços predatórios. Vender abaixo do custo para se desfazer de excesso de estoque não é considerado predatório; mas vender abaixo do custo para afastar um concorrente é. Assim, uma mesma ação pode ou não ser predatória, dependendo da intenção, e intenções são muito difíceis de determinar ou provar.

Preços predatórios: alguns críticos da indústria acusaram a Amazon. com de precificar livros a preços de liquidação que prejudicam os livreiros concorrentes. Mas se trata de uma precificação predatória ou simplesmente um bom *marketing* competitivo?

imageBROKER/Alamy Stock Photo

Nos últimos anos, muitas grandes e poderosas empresas foram acusadas de determinação de preços predatórios. No entanto, transformar uma acusação em um processo pode ser difícil. Por exemplo, muitos editores e livreiros expressaram preocupação com as práticas predatórias da Amazon.com, especialmente com relação à precificação de livros:[23]

> Muitos livreiros e editoras reclamam que as políticas de preços de livros da Amazon estão destruindo sua indústria. A Amazon rotineiramente vende best-sellers de capa dura como líderes de perdas a preços reduzidos. E vende e-books a preços de liquidação para conquistar clientes para seus e-readers e *tablets* Kindle. Preços de livros tão baixos

causaram danos consideráveis aos livreiros concorrentes, muitos dos quais veem as ações de precificação da Amazon como predatórias. De acordo com alguns grupos da indústria, tais práticas "prejudicam os interesses dos leitores da América do Norte, empobrecem a indústria do livro como um todo e impedem o livre fluxo de ideias em nossa sociedade". Ainda assim, nenhuma acusação de preços predatórios foi apresentada contra a Amazon. Seria extremamente difícil provar que esse preço abaixo do custo é propositalmente predatório, em oposição a um bom *marketing* competitivo. "Mas espere um minuto", afirma um analista. "Não é isso que as empresas devem fazer – competir para obter preços mais baixos?".

Determinação de preços entre os níveis do canal

Leis como a 12.529 2011 e a Robinson-Patman buscam impedir o *preço discriminatório* injusto, assegurando que as empresas vendedoras ofereçam as mesmas condições de preços para todos os clientes em um determinado nível de comércio. Por exemplo, todos os varejistas têm direito às mesmas condições de preço oferecidas por um fabricante, sejam eles a REI ou uma loja de bicicletas local. Contudo, o preço discriminatório é permitido se a empresa vendedora conseguir provar que seus custos diferem dependendo dos varejistas – por exemplo, o custo unitário é menor quando ela vende um grande volume de bicicletas para a REI do que quando vende algumas bicicletas para um revendedor local.

A empresa vendedora também pode praticar preços discriminatórios se fabricar diferentes níveis de qualidade do mesmo produto para diferentes varejistas. Contudo, ela tem de provar que essas diferenças são proporcionais. Diferenciais de preço podem também ser usados de "boa-fé", para "se equiparar à concorrência", contanto que o preço discriminatório seja temporário, localizado e defensivo, e não ofensivo.

As leis também proíbem a *manutenção do preço de varejo (ou revenda)* – um fabricante não pode exigir que os revendedores cobrem um determinado preço de varejo por seu produto. Embora a empresa vendedora possa propor aos revendedores um preço de varejo *sugerido*, ela não pode se recusar a vender para um revendedor que tenha uma política de preços independente nem puni-lo atrasando a entrega ou negando-lhe concessões de propaganda. Por exemplo, a procuradoria-geral do estado da Flórida investigou a Nike por, supostamente, fixar o preço de varejo de seus calçados e roupas. A preocupação era que a Nike estivesse deixando de entregar itens para varejistas que não vendiam seus calçados mais caros pelos preços que a empresa considerava adequados.

A *determinação de preços enganosos* ocorre quando uma empresa vendedora anuncia preços ou descontos que enganam os consumidores ou que, na realidade, não estejam disponíveis. Isso pode incluir preços de referência ou de comparação forjados, como acontece quando um varejista estabelece um preço "normal" artificialmente alto e, em seguida, anuncia uma "liquidação", com preços próximos àqueles que ele cobra rotineiramente. Por exemplo, o varejista de roupas e acessórios de luxo Michael Kors recentemente resolveu uma ação coletiva alegando que usou preços enganosos em suas lojas. O varejista foi acusado de etiquetar produtos com falsos "preços de varejo sugeridos pelo fabricante" para tornar seus supostos preços com desconto mais atraentes quando, na verdade, os produtos eram vendidos apenas nas lojas de outlet. Essa comparação artificial de preços é generalizada no varejo. Varejistas que vão desde TJMaxx, Kohl's e JCPenney até Zara, Neiman Marcus e Michael Kors já atraíram reclamações e ações judiciais relacionadas a esse problema.[24]

Se forem verdadeiros, os preços de comparação são legais. Contudo, o "Guia dos preços enganosos" da FTC (Federal Trade Commission – Comissão Federal de Comércio) adverte as empresas vendedoras para que não anunciem (1) uma redução de preços, a não ser que ela represente uma economia em relação ao preço de varejo corrente; (2) preços "de fábrica" ou "de atacadista", a não ser que eles sejam o que dizem ser; e (3) preços de valor comparável para mercadorias com defeito.[25]

Outras questões referentes a preços enganosos incluem *fraudes dos leitores de códigos de barras* e confusão de preços. A disseminação do uso de caixas registradoras computadorizadas, com leitores de códigos de barra, levou a um aumento do número de reclamações contra os varejistas, por cobrarem dos clientes um preço maior do que o anunciado. A maioria dessas cobranças indevidas resulta de mau gerenciamento – por exemplo, os preços correntes ou os promocionais não são inseridos no sistema. Outros casos, entretanto, envolvem erros intencionais.

Existem muitas leis federais e estaduais contra as práticas de determinação de preços enganosos. Por exemplo, a Automobile Information Disclosure Act (Lei de Revelação de Informações da Indústria Automobilística) exige que os fabricantes de carros coloquem um cartaz no vidro dos carros novos declarando o preço de varejo sugerido pelo fabricante, o preço dos equipamentos opcionais e o preço do frete pago pelo revendedor. O Brasil, a principal lei que protege o consumidor enganado é o Código de Defesa do Consumidor, Lei 8078 de 1990. Entretanto, empresas de renome vão além do que a lei exige. Tratar os clientes com justiça e garantir que eles entendam perfeitamente os preços e as condições de precificação é parte importante da construção de um relacionamento forte e duradouro com os clientes.

Revisão e extensão dos conceitos

Revisão dos objetivos

Neste capítulo, analisamos algumas questões adicionais acerca da determinação de preços – determinação de preços para novos produtos; determinação de preços para *mix* de produtos; ajustes de preços; iniciativas de mudanças de preço e reações a tais mudanças; e política pública. Uma empresa não estabelece apenas um preço, mas uma *estrutura de precificação* que abrange todo seu *mix* de produtos. Essa estrutura muda com o tempo, à medida que os produtos percorrem seu respectivo ciclo de vida. A empresa ajusta os preços dos seus produtos para refletir mudanças nos custos e na demanda, bem como para atender a variações nos compradores e nas situações. Conforme o ambiente competitivo se altera, ela decide quando iniciar mudanças de preço e quando reagir a elas.

Objetivo 11.1 Descrever as principais estratégias de determinação de preços para novos produtos *(p. 298-299)*

A determinação de preços é um processo dinâmico e as empresas planejam uma *estrutura de precificação* que abrange todos os seus produtos. Eles alteram essa estrutura ao longo do tempo e a ajustam para atender a diferentes clientes e situações. As estratégias de precificação geralmente mudam à medida que o produto percorre seu ciclo de vida. Ao precificar novos produtos inovadores, uma empresa pode usar a *determinação de preços de desnatamento*, estabelecendo inicialmente preços altos para "desnatar" o máximo de receita possível dos vários segmentos do mercado. Ou pode usar a *determinação de preços de penetração de mercado*, estabelecendo um baixo preço inicial para penetrar profundamente no mercado e conquistar uma grande participação.

Objetivo 11.2 Explicar como as empresas encontram um conjunto de preços que maximiza os lucros obtidos com o *mix* total de produtos *(p. 299-301)*

Quando o produto faz parte de um *mix* de produtos, a empresa procura um conjunto de preços que maximizarão os lucros obtidos com o *mix* total. Na *determinação de preços para linha de produtos*, a empresa determina as graduações de preços para todo o conjunto de linha de produtos que oferece. Além disso, ela deve estabelecer preços para *produtos opcionais* (produtos opcionais ou acessórios incluídos no produto principal), *produtos complementares* (produtos necessários para a utilização do produto principal), *subprodutos* (refugos ou produtos residuais produzidos na hora de fabricar o produto principal) e *pacotes de produtos* (combinações de produtos com preço reduzido).

Objetivo 11.3 Discutir como as empresas ajustam seus preços de acordo com diferentes tipos de clientes e situações *(p. 301-310)*

As empresas aplicam uma série de *estratégias de ajuste de preços* para atender a diferenças entre os segmentos de consumidores e as situações. Uma delas é a *determinação de preços com descontos e concessões*, por meio da qual a empresa estabelece descontos em dinheiro, de quantidade, funcionais ou sazonais ou, então, diferentes tipos de concessões. Uma segunda estratégia é a *determinação de preços segmentados*, em que a empresa vende um produto por dois ou mais preços para atender a diferentes clientes, formas de produto, localidades ou épocas. Às vezes, as empresas levam em consideração mais do que fatores econômicos em suas decisões de preço, usando a *determinação de preços psicológicos* para comunicar melhor a posição pretendida para um produto. Com a *determinação de preços promocionais*, a empresa oferece descontos ou, temporariamente, vende um produto abaixo do preço de tabela em um evento especial, por exemplo. Às vezes, ela chega a vender o produto a um preço abaixo do custo, com preço isca. Outra abordagem é a *determinação de preços geográficos*, por meio da qual a empresa decide como atribuir preços a clientes distantes, ou próximos. Na determinação de preço dinâmico e personalizado, as empresas ajustam os preços continuamente para atender às características e necessidades de clientes e situações individuais. Por fim, a *determinação de preços internacionais* significa que a empresa ajusta seus preços para atender a diferentes condições e expectativas nos diversos mercados mundiais.

Objetivo 11.4 Discutir as principais questões ligadas a iniciativas de mudanças de preço e a reações a elas *(p. 310-313)*

Quando uma empresa pensa em iniciar uma *mudança de preço*, ela precisa levar em conta as reações dos clientes e dos concorrentes. As implicações para as *iniciativas de redução do preço* e *as iniciativas de aumento do preço* são diferentes. As reações dos compradores às mudanças de preço são influenciadas pelo significado que os clientes enxergam nessas mudanças. Já as reações dos concorrentes partem de um conjunto de políticas de reações previamente estabelecido ou de uma nova análise em cada situação.

Também existem muitos fatores a considerar ao reagir às mudanças de preço realizadas por um concorrente. A empresa que enfrenta uma mudança iniciada por um concorrente deve tentar entender a intenção dele, bem como a duração e o impacto prováveis da mudança. Se o melhor a fazer é reagir rapidamente, a empresa deve planejar suas reações de acordo com as diferentes possíveis ações de preços que o concorrente possa tomar. Ao se defrontar com a mudança de preços de um concorrente, a empresa pode não fazer nada, reduzir seu preço, aumentar a qualidade percebida, aumentar a qualidade e elevar o preço ou lançar uma marca de combate.

Objetivo 11.5 Debater as principais preocupações sobre as políticas públicas e as principais leis que afetam as decisões de precificação. *(p. 313-316)*

A concorrência de preços é um elemento central da nossa economia de livre mercado. Ao definir os preços, as empresas geralmente não são livres para cobrar os preços que desejarem. Os profissionais de *marketing* devem observar as leis federais, estaduais e locais que regem os preços. Além disso, as empresas devem levar em consideração preocupações societais mais amplas relacionadas à precificação. As principais questões de política pública na determinação de preços incluem práticas potencialmente prejudiciais em um determinado nível do canal, como formação de cartel e precificação predatória. Elas também incluem práticas de precificação entre todos os níveis do canal, como manutenção do preço de varejo, determinação de preço discriminatório e precificação enganosa. Embora muitas leis federais e estaduais regulem as práticas de determinação de preços, empresas de renome vão além do que a lei exige. Tratar os clientes com justiça é parte importante da construção de um relacionamento forte e duradouro com os clientes.

Termos-chave

Objetivo 11.1

Determinação de preços de desnatamento (*skimming pricing*) (p. 298)
Determinação de preços de penetração de mercado (p. 299)

Objetivo 11.2

Determinação de preços para linha de produtos (p. 299)
Determinação de preços para produtos opcionais (p. 300)
Determinação de preços para produtos complementares (p. 300)
Determinação de preços para subprodutos (p. 301)
Determinação de preços para pacotes de produto (p. 301)

Objetivo 11.3

Desconto (p. 302)
Concessão (p. 302)
Determinação de preços segmentados (p. 302)
Determinação de preços psicológicos (p. 303)
Preços de referência (p. 303)
Determinação de preços promocionais (p. 304)
Determinação de preços geográficos (p. 305)
Preço FOB (p. 305)
Preço de entrega unificado (p. 305)
Preço por zona (p. 306)
Preço de ponto-base (p. 306)
Preço com frete incluso (p. 306)
Determinação preços dinâmicos (p. 306)
Determinação de preços personalizados (p. 306)

Questões para discussão

11.1 Discuta as duas novas estratégias de determinação de preços de produtos e as condições que devem ser atendidas para que as empresas lancem novos produtos com sucesso em cada uma dessas estratégias.

11.2 Por que a estratégia para definir o preço de um produto precisa ser alterada quando um produto faz parte de um *mix* de produtos? Quais são as cinco estratégias de determinação de preços do *mix* de produtos? Dê um exemplo para cada um.

11.3 O que é determinação de preço psicológico e como ele é usado pelos vendedores? Dê um exemplo.

11.4 Compare preços fixos com preços dinâmicos. Ilustre como e quando cada uma dessas estratégias é usada?

11.5 Por que uma empresa escolheria lançar uma marca de combate de preço baixo? Dê um exemplo. O que a empresa deve considerar ao lançar uma marca de combate de preço baixo?

11.6 Discuta as principais questões de política pública nas práticas de precificação dentro de um determinado nível de canal e entre os níveis de canal.

Atividades de pensamento crítico

11.7 Alesya vende suas bolsas para *laptop* e carteiras de alta qualidade *on-line* por meio de seu próprio *site* e em varejistas de alto nível em Charleston, Carolina do Sul. Ela incentiva os clientes de sua lista de *e-mails* a comprar produtos de seus parceiros de varejo. Ela faz isso para manter sua presença em seus locais físicos, o que ajuda a aumentar o reconhecimento de seus produtos entre outros clientes e estabelecer a imagem de prestígio e de alto padrão que ela deseja. Atualmente, ela incentiva os clientes a fazer compras nos varejistas para contornar as taxas de envio e evitar a espera. Ela está pensando em usar uma estratégia de cerca geográfica para enviar um preço personalizado com desconto para assinantes das listas de *e-mail* que estiverem a menos de 8 km de uma das lojas de varejo. Ela deve usar esse tipo de promoção? Por que ou por que não?

11.8 Uma empresa que entrega caixas de assinatura de roupas infantis para clientes em todos os Estados Unidos está considerando diferentes estratégias de determinação de preços geográficos. Se a empresa deseja penetrar no mercado e manter sua participação em um mercado competitivo, qual política de precificação geográfica deve usar? Por que sua estratégia escolhida é melhor do que as outras políticas de determinação de preços geográficos que você considerou?

11.9 A empresa de Josué está decidindo se deve vender uma versão simplificada de seu carregador de bateria estilizado movido a energia solar para consumidores na base da pirâmide na Índia. Quais fatores Josué deve considerar ao fazer uma recomendação a seu gerente?

CASOS E APLICAÇÕES

Marketing e ética Imposto rosa

Sua empresa fez uma pesquisa de mercado e percebeu que pode manter a demanda e cobrar 20 dólares a mais por uma versão rosa de um capacete de bicicleta do que pela versão azul. Ambos os capacetes custam a mesma quantia para serem produzidos. Seu gerente pergunta se a empresa deveria cobrar um preço mais alto pelo capacete rosa. Ao pesquisar sua resposta, você se depara com um relatório recente do Escritório de Contabilidade do Governo dos Estados Unidos (GAO – Government Accountability Office). O relatório descobriu que cerca de metade dos itens avaliados – que incluíam desodorante, gel/creme de barbear, lâminas de barbear, perfumes e sprays corporais e produtos financeiros – custavam mais quando eram comercializados para mulheres, o que às vezes é chamado de "imposto rosa". As diferenças de preços com base no gênero são legais, e o GAO não pôde concluir que o viés era o culpado pelas diferenças de preço. No entanto, você também encontra informações que sugerem que consumidores solicitaram leis que punam varejistas e fabricantes que cobram preços mais altos por versões femininas de produtos quando não há justificativa baseada em custos. Além disso, você aprende que os ativistas do consumidor estão envergonhando publicamente as marcas que cobram preços mais altos para determinados segmentos da população.

11.10 A empresa deveria cobrar 20 dólares a mais pelo capacete rosa? Por que ou por que não?

11.11 Um de seus colegas de trabalho argumenta que o preço mais alto do capacete rosa faz sentido porque é um exemplo de preço baseado em valor. Seu argumento é que o consumidor que não quiser pagar o preço mais alto pelo capacete rosa pode comprar a versão azul. Responda a este argumento.

Marketing em números Perder alguns clientes pode ser melhor?

Nos últimos anos, os grandes fabricantes de alimentos seguiram a liderança da Kraft-Heinz cortando custos agressivamente para melhorar a lucratividade. Isso não funcionou bem para a Kraft-Heinz ou para outros fabricantes, como a General Mills, comerciante do iogurte Yoplait, do cereal matinal Cheerios e do sorvete Häagen-Dazs, entre dezenas de outras marcas populares. Esse corte de custos prejudicou a qualidade de marcas conhecidas. Em resposta, a General Mills tomou uma atitude diferente, aumentando os preços em 20%. Alguns podem argumentar que isso também não funcionou bem para a General Mills, observando que o volume de vendas caiu no primeiro trimestre após os aumentos de preços. Embora as vendas da General Mills tenham diminuído, as margens da empresa melhoraram, tornando-a mais lucrativa. As empresas percebem que os volumes de vendas diminuirão após os aumentos de preços, mas também sabem que podem manter ou até aumentar a lucratividade, mesmo que as vendas caiam.

11.12 Assumindo uma margem de contribuição de 25% e vendas de 4 bilhões de dólares, com um aumento de preço de 20%, o quanto as vendas podem diminuir antes que a lucratividade (contribuição total) caia abaixo de seu nível atual? Consulte *Análise Financeira de táticas de marketing*: Redução de preço no Apêndice 2: *Marketing* pelos números para saber como realizar essa análise, mas determine a queda máxima nas vendas antes que a contribuição total seja afetada negativamente.

11.13 Que variação absoluta e variação percentual nas vendas isso representa?

Caso empresarial Casper: uma estratégia de preços que virou o setor de colchões de cabeça para baixo

O clima era extravagante na sede da Casper em Nova York a *startup* de colchões *on-line* virou seu setor de cabeça para baixo. Comemorando o quinto aniversário da Casper, a comemoração parecia mais uma festa de aniversário para uma criança de cinco anos – completa, com pintura de rosto, *piñatas* e um artista escultor de balões que criou de tudo, desde um intrincado *jet pack* até uma bolsa Chanel falsa. "Mas o mágico cancelou no último minuto", disse o diretor de tecnologia da Casper, "o que meio que foi uma droga". A única indicação de que este era um encontro de adultos era o bar aberto para consumo livre de bebidas.

Embora a festa fosse incomum para uma empresa bem-sucedida de Nova York, os cinco fundadores da jovem Casper tinham muito o que comemorar. Contra todas as probabilidades, a *startup* terminou o ano anterior vendendo 400 milhões de dólares em colchões e outros produtos relacionados ao sono. E conseguiu essa façanha usando um modelo inovador de "*bed-in-a-box*" direto ao consumidor (D2C). Embora não estivesse colhendo exatamente números de receita líderes de mercado, a Casper conquistou uma fatia notável do mercado de colchões de 14 bilhões de dólares dos Estados Unidos – um mercado dominado por diversas empresas de colchões e varejistas especializados. Talvez mais surpreendente, a Casper tinha acabado de levantar mais 100 milhões de dólares em financiamento, elevando seu capital de risco total para 340 milhões de dólares. Esse enorme fluxo de dinheiro combinado com o rápido crescimento da jovem empresa deu à Casper uma avaliação de 1,1 bilhão de dólares, quase um terço do valor da empresa de colchões Tempur Sealy International, de 140 anos de idade.

A Casper teve sucesso por inúmeras razões. Mas no centro de seu incrível crescimento está uma ideia tão antiga quanto as próprias camas – entrar em um mercado maduro com um produto de qualidade por uma fração do preço cobrado pelas marcas dominantes. Para completar, a Casper simplificou o processo de compras. A resposta do consumidor a essa abordagem demonstra a extensão da necessidade não atendida do consumidor escondida sob os lençóis – necessidade não atendida que levou a uma revolução no setor de colchões.

Uma indústria implorando por D2C

Os cinco fundadores da Casper se cruzaram por meio de vários outros empreendimentos comerciais e *startups* malsucedidas. Cada um estava procurando começar algo novo. À medida que as discussões evoluíram, uma coisa ficou clara. O ambiente de *marketing* moderno estava alimentando um modelo direto ao consumidor (D2C) em inúmeras indústrias que eram dominadas por empresas veteranas que cobravam preços altos apesar da pouca inovação. O que Warby Parker fez com os óculos estava sendo repetido várias vezes em outras indústrias por empresas como a Dollar Shave Club (lâminas de barbear), a Bonobos (roupas masculinas) e a The Honest Company (produtos de limpeza e para bebês). Toda a economia compartilhada, que impulsionou empresas como o Airbnb e o Uber a derrubar seus setores, estava enraizada nas mesmas características – os clientes estavam cansados de pagar preços altos por opções sem graça que lhes davam pouca satisfação.

Os fundadores da Casper então se voltaram para a indústria de colchões – uma que estava pronta para mudar. O setor era dominado por duas empresas – a Tempur Sealy e a Serta Simmons – que capturavam 60% do mercado global de colchões e 75% do mercado norte-americano. As duas empresas vendiam colchões sob as marcas Sealy, Tempur-Pedic, Serta, Simmons, Stearns & Foster, Beautyrest e outras. As vendas no varejo de colchões também foram dominadas por um pequeno círculo de redes varejistas especializadas como a Mattress Firm e a Sleepy's. Quase todos os colchões eram vendidos em uma dessas lojas, bem como em lojas de móveis ou lojas de departamentos, onde vendedores que recebiam altas comissões usavam táticas antigas para persuadir os clientes a desembolsar seu dinheiro.

Do ponto de vista do cliente, não havia muita diferença entre comprar um colchão e comprar um carro novo. A sabedoria convencional dizia que os clientes simplesmente não comprariam um colchão sem se deitarem em vários para encontrar o ajuste perfeito para seu sono. Mas o processo de compra de colchões exigia horas de esforço repletas de apresentações de vendas, testes de colchões e transações repletas de papelada. As empresas de cama complicaram ainda mais as coisas ao fabricar diferentes modelos de colchões para cada varejista, impossibilitando comparações de preços. Além disso, a maioria dos clientes não fazia ideia de que os varejistas aumentavam os preços dos colchões em até 100% em relação ao preço de atacado. Os preços dos colchões para as grandes marcas variavam de centenas de dólares para um colchão de solteiro básico a mais de 5.000 dólares para um *king size* top de linha. Não surpreendentemente, muitas compras de colchões exigiam financiamento de longo prazo.

A ideia da Casper de "cortar o intermediário" e vender colchões a preços baixos diretamente aos consumidores não era exatamente nova. Assim como o conceito de cama de espuma de memória dentro de uma caixa também não era. Na verdade, a BedInABox.com começou a vender colchões *on-line* em 2006, e um punhado de outras empresas seguiram o exemplo mais recentemente. Mas o conceito era em grande parte desconhecido para a maioria dos consumidores e ainda não havia decolado. A maioria das camas vendidas na época eram construídas com molas helicoidais, exigindo uma base de volumosa de molas. Mas várias empresas – incluindo a IKEA com suas próprias marcas de colchões – estavam vendendo colchões de espuma de memória viscoelástica do tipo aperfeiçoado pela Tempur-Pedic. Esses colchões podem ser comprimidos, enrolados e encaixotados para tornar o envio uma opção razoável.

Uma reação inesperada

A Casper mudou sua plataforma de e-commerce em abril de 2014 com apenas um modelo de colchão de espuma nos tamanhos solteiro, casal, queen e king. Cada colchão estava bem embalado em uma caixa resistente azul e branca. Ver o colchão desenrolar e expandir quando desembalado era mágico. Cada colchão vinha com uma garantia de reembolso de 100 dias e era entregue gratuitamente via UPS. E o preço – apenas 850 dólares para uma cama queen – era menor do que o preço de varejo de muitos colchões de marcas comparáveis. Visando a geração dos *millennials*, a Casper estava confiante de que uma marca *on-line* ágil e de baixo custo, com uma vibe legal e um preço irresistivelmente baixo, poderia capturar uma fatia pequena, mas lucrativa do mercado, evitando a atenção dos líderes de mercado com preços mais altos. Ela estabeleceu uma meta modesta de receita de 18 meses de apenas 1,8 milhão de dólares, uma meta que parecia alcançável com base em um plano de promoção de baixo custo usando mídias sociais e influenciadores.

Ao final do primeiro dia, a Casper já estava repensando sua meta de vendas. Os pedidos chegaram tão rápido que o estoque inicial da *startup* se esgotou rapidamente. A nova empresa superou sua meta original de vendas de 18 meses em apenas oito semanas. Durante seu primeiro ano fiscal completo, a Casper entregou 100 milhões de dólares em colchões na porta dos clientes. Originalmente planejando apenas mordiscar as bordas do mercado de colchões, a Casper deu uma grande mordida bem no meio.

O sucesso inicial levou os fundadores da Casper por um caminho que outras marcas de colchões D2C ainda não haviam tentado – levantar capital de risco. "No início, nos encontramos com dezenas de investidores que disseram: 'Ninguém nunca vai comprar um colchão *on-line*. Essa é uma ideia idiota'", disse Neil Parikh, um dos fundadores originais da Casper. Mas quando os colchões Casper começaram a sair do armazém, não faltaram investidores interessados. Por meio de empresas de capital de risco, os primeiros investidores incluíram os atores Leonardo DiCaprio e Ashton Kutcher e os rappers Nas e 50 Cent, emprestando influência de celebridades e fundos. E aí vieram os influenciadores. Cerca de um ano após o lançamento da Casper, Kylie Jenner postou uma foto de si mesma ao lado de uma caixa da marca em sua nova mansão. "Tanto trabalho ainda a ser feito. ESTOU TÃO ANIMADA. A primeira coisa que vou abrir são meus novos colchões Casper". A postagem de Jenner acumulou imediatamente 870 mil curtidas. "Quando Kylie Jenner postou sobre a Casper, acho que quebrou nosso *site*", disse Parikh.

O sucesso atrai a concorrência

Talvez mais surpreendente do que sua popularidade imediata é que as vendas da Casper explodiram mesmo quando várias empresas com a mesma ideia começaram a vender colchões. Na verdade, algumas das principais empresas de colchões D2C de hoje surgiram no mesmo ano que a Casper, incluindo a Leesa, a Yogabed, a Purple e a Bear Mattress. Com um baixo custo de entrada, as primeiras *startups* deram lugar a uma explosão de novas empresas de colchões, cada uma com seu próprio toque em colchões encaixotados e quase todas com preços muito mais baixos do que as marcas tradicionais. Com toda essa atividade, as empresas de colchões estabelecidas tomaram conhecimento. A Serta Simmons comprou a Tuft & Needle, a Sealy lançou a Cocoon e a Tempur-Pedic lançou a Tempur-Cloud, uma opção familiar para os clientes D2C, uma vez que a Tempur-Pedic já era de longe o vendedor de colchões de espuma de memória número um.

Hoje, existem mais de 100 marcas de colchões D2C. Isso é demais? Especialistas não pensam assim. Nem todos sobreviverão. Mas à medida que o mercado de colchões D2C cresce, há muito espaço para vários vendedores de cama D2C bem-sucedidos. E as compras de colchões no comércio eletrônico ainda capturam apenas 5 a 10% de todas as vendas de colchões, o que significa que levará algum tempo até que a poeira assente. Tornando as coisas ainda mais promissoras para as vendas de colchões D2C, o mercado de colchões convencionais parece estar indo na direção errada. Depois que a varejista Mattress Firm adquiriu a Sleepy's, ela prontamente renomeou todas as mil lojas da Sleepy's, resultando em 3.500 lojas da Mattress Firm. O movimento não terminou bem. A Mattress Firm entrou com pedido de falência, sendo resgatada pela gigante do varejo sul-africano Steinhoff em um acordo avaliado em 3,8 bilhões de dólares.

Embora a Casper tenha começado como uma empresa de um único produto procurando preencher uma lacuna no mercado, ela agora está abraçando o futuro ao moldar uma plataforma de marca que considera o sono como uma categoria de consumo não muito diferente de viagens ou culinária. "Se eu acordo de manhã e digo: 'Quero dormir um pouco melhor', tenho que ir buscar um colchão em uma loja de móveis, lençóis da Bed Bath & Beyond – você acaba tendo que pegar as coisas de todos esses lugares diferentes", diz Parikh. "Mas se você acordar de manhã e disser [...] 'Quero comer de forma mais saudável', ótimo, vá para a Whole Foods. Não há nada assim para dormir". A Casper pretende mudar isso. Com sua imagem segura de "mais barata que as marcas líderes", a empresa agora vende três linhas de colchões, lençóis, edredons, travesseiros e uma luz para dormir de alta tecnologia. Há até uma linha de camas para cachorros. E com seus produtos agora sendo vendidos no mundo real por meio de lojas Target e em sua própria cadeia crescente da Casper Sleep Shops, a Casper parece imparável.[26]

Questões para discussão

11.14 Explique a oferta de produtos da Casper em termos de valor para o cliente.

11.15 Qual nova estratégia de precificação de produtos a Casper emprega? Por que funciona?

11.16 A Casper poderia ter alcançado o mesmo nível de sucesso com uma estratégia de preços diferente? Explique.

11.17 Com base nos princípios de mudanças de preços, faça algumas previsões para o setor de colchões.

12 Canais de *marketing*
Entrega de valor para o cliente

Resumo dos objetivos

Objetivo 12.1 Explicar por que as empresas utilizam canais de *marketing* e discutir as funções que esses canais desempenham. **Veja: Canais de suprimento e cadeia de valor** (p. 324-328)

Objetivo 12.2 Discutir como os membros do canal interagem e como se organizam para realizar o trabalho do canal. **Veja: Comportamento e organização do canal** (p. 328-335)

Objetivo 12.3 Identificar as principais alternativas de canal disponíveis para uma empresa. **Veja: Decisões de projeto do canal** (p. 335-339)

Objetivo 12.4 Explicar como as empresas selecionam, motivam e avaliam os membros do canal. **Veja: Decisões de gerenciamento de canal** (p. 339-342)

Objetivo 12.5 Discutir a natureza e a importância da logística de *marketing* e do gerenciamento da cadeia de suprimento integrada. **Veja: Logística de *marketing* e gerenciamento da cadeia de suprimento** (p. 342-349)

Prévia do capítulo

Chegamos à terceira ferramenta do composto de *marketing*: a distribuição. As empresas raramente trabalham sozinhas para criar valor aos clientes e construir um relacionamento lucrativo com eles. Em vez disso, a maioria delas é apenas um elo mais amplo de uma cadeia de suprimentos e um canal de distribuição. Dessa forma, o sucesso da empresa depende não apenas de seu desempenho, mas também da competitividade de todo o seu canal de distribuição em relação aos canais dos concorrentes. Na primeira parte deste capítulo, exploraremos a natureza dos canais de distribuição e as decisões que a empresa precisa tomar no que diz respeito ao desenho e à gestão do canal. Em seguida, vamos analisar a distribuição física – ou logística –, uma área que está crescendo muito em importância e complexidade. No próximo capítulo, veremos com mais detalhes dois importantes intermediários do canal: os varejistas e os atacadistas.

Vamos começar analisando a Netflix. Por meio de uma distribuição inovadora, a Netflix se tornou a maior provedora de serviços de assinatura de vídeos do mundo. Mas como disse certa vez o grande jogador de beisebol Yogi Berra, conhecido mais por suas frases de efeito do que por suas façanhas no beisebol: "O futuro não é mais o que costumava ser". Para se manter no topo do agitado setor de distribuição de vídeos, a Netflix precisa continuar inovando a um ritmo frenético ou corre o risco de ficar para trás.

NETFLIX: descobrir o futuro abandonando o passado

Diversas vezes a Netflix inovou em sua trajetória rumo ao topo na distribuição de entretenimento em vídeo. No início dos anos 2000, o revolucionário serviço de DVD por correio da empresa tirou do negócio as mais fortes lojas de aluguel de filmes. Em 2007, o movimento arrojado da Netflix em direção ao *streaming* digital de vídeo novamente revolucionou o modo como as pessoas tinham acesso a filmes e a outros conteúdos em vídeo. Desde então, a Netflix continuou a inovar, disponibilizando seus serviços em todos e quaisquer dispositivos digitais e móveis e criando seu próprio conteúdo. Agora, com a Netflix liderando o grupo, a distribuição de vídeo se tornou um caldeirão em ebulição de tecnologias emergentes e concorrentes de alta tecnologia, o que gera tanto oportunidades empolgantes como riscos de revirar o estômago.

Vejamos a Blockbuster. Tempos atrás, a gigante rede de aluguel de filmes com lojas físicas dominava o setor. Então, veio a Netflix, o novato serviço de aluguel de DVDs por correio. No começo, milhares, depois milhões de sócios da Blockbuster migraram para o modelo de distribuição inovador da Netflix – pegando a Blockbuster, então líder de mercado, desprevenida e puxando seu tapete. À medida que a Netflix crescia, a Blockbuster, outrora poderosa, pedia falência.

A história da decadência da Blockbuster reflete a agitação que representa o negócio de distribuição de vídeos hoje. Nos últimos anos, um número enorme de opções de acesso a vídeos se materializou. Ao mesmo tempo em que a Netflix ascendia e a Blockbuster caía, a Redbox da Coinstar saía de algum lugar para construir uma rede nacional diferente, com quiosques de aluguel de DVD por 1 dólar a diária. Em seguida, empresas jovens de alta tecnologia como a Hulu e a Crackle começaram a oferecer acesso digital a filmes e séries por meio de um modelo de visualização gratuita patrocinada por anúncios.

A estratégia de distribuição inovadora da Netflix: dos DVDs pelo correio ao Watch Instantly, passando pelo *streaming* em quase todos os dispositivos e até criar seu conteúdo original, a Netflix liderou o setor fazendo o que faz de melhor: revolucionar a distribuição. Qual é o próximo passo?

sitthiphong/Shutterstock

Ao longo de todo o percurso, a Netflix tem agido com ousadia para permanecer à frente da concorrência. Por exemplo, em 2007, a Netflix havia enviado seu bilionésimo DVD por correio. Mas em vez de se acomodar com o sucesso, a Netflix e seu CEO, Reed Hastings, voltaram o olhar para um modelo de distribuição novo e, na época, revolucionário: a entrega dos serviços da Netflix em qualquer tela conectada à Internet, de notebooks a TVs com acesso à Internet, de *smartphones* a outros dispositivos que aceitam *Wi-Fi*. A Netflix começou lançando o serviço Watch Instantly, que permitia aos assinantes assistir a vídeos de seu computador como parte de sua mensalidade, embora às custas da empresa, que dependia do negócio de DVD ainda em alta.

Apesar de não ser a pioneira no *streaming* de vídeo, a Netflix investiu pesado em melhorias na tecnologia e na construção do maior catálogo digital de todos. Ela desenvolveu uma base gigante de assinantes e suas vendas e lucros dispararam. Com seu enorme catálogo físico de DVDs e uma seleção digital crescente de filmes e séries, acessíveis praticamente por quaisquer dispositivos com tela, parecia que nada era capaz de parar a Netflix.

Mas o sucesso impressionante da Netflix atraiu uma série de concorrentes engenhosos. Gigantes do vídeo como o YouTube do Google e o iTunes da Apple começaram a oferecer aluguel de filmes por *download*, e a Hulu e a Amazon expandiram suas bibliotecas e adicionaram serviços de *streaming* baseados em assinatura com o Hulu Plus e o Amazon Prime Video. Para ficar à frente – e sobreviver – a Netflix precisava apertar o pedal da inovação até o fim. Assim, no verão de 2011, em uma jogada ambiciosa, mas arriscada, o CEO Hastings fez uma aposta total no *streaming* digital. Ele dividiu o ainda próspero serviço de DVD por correio da Netflix em um negócio separado com uma taxa de assinatura separada.

Embora o número de assinantes tenha diminuído temporariamente enquanto alguns clientes abandonavam o barco, Hastings fez um movimento visionário. Embora a Netflix ainda forneça seu serviço clássico de DVDs por correio, apenas alguns milhões de clientes ainda verificam suas caixas de correio em busca de vídeos. Em contraste, 98% dos 139 milhões de assinantes pagos da empresa agora são clientes apenas do serviço de *streaming*. Os assinantes da Netflix assistem a impressionantes 1 bilhão de horas de filmes e programas de TV toda semana. Em uma noite de semana, em média, a Netflix comanda um terço de todo o tráfego da Internet nos lares norte-americanos. E a empresa se expandiu globalmente para mais de 190 países.

Apesar de seu sucesso sustentado, a Netflix sabe que não pode desligar sua máquina de inovação de distribuição. A concorrência continua a se mover a uma velocidade estonteante. Por exemplo, o Prime Instant Video da Amazon oferece acesso digital *on-line* à sua biblioteca cada vez maior de filmes, séries e programas de TV para membros Prime, sem custo extra. O serviço de assinatura *Premium* do YouTube, apoiado pelos bolsos cheios do Google, oferece acesso sem anúncios a vídeos e a programas e filmes originais exclusivos para membros. E mesmo que a Netflix tenha sido a principal força por trás da tendência de corte de cabos – na qual os consumidores abandonam os serviços tradicionais de TV a cabo ou por satélite em favor do *streaming* de vídeo – as redes e serviços tradicionais estão revidando com seu próprio serviço de *streaming* de vídeo por assinatura, como Xfinity Streampix da Comcast, HBO MAX, CBS All Access e DirecTV Now, para citar apenas alguns. E enquanto o acesso à TV ao vivo tem sido o maior impedimento para o corte dos cabos, vários serviços hoje oferecem acesso pago ao *streaming* de TV ao vivo, incluindo a AT&T, a DirecTV, o YouTube, o Hulu e muitas outras empresas recém-chegadas.

Durante anos, à medida que o setor se estabeleceu no *streaming* como o principal modelo de entrega, a Netflix sabia que o conteúdo – não apenas a entrega – é fundamental para se manter à frente na distribuição de vídeo. Em virtude de sua vantagem na largada, a Netflix continua à frente na corrida do conteúdo. Mas com mais concorrentes trabalhando febrilmente para assinar contratos com grandes provedores de conteúdo de cinema

Repetidamente, a Netflix inovou para chegar ao topo na distribuição de entretenimento em vídeo. Mas, para permanecer no topo de seu setor fervente e turbulento, a empresa deve continuar pisando no pedal da inovação em distribuição até o fim.

e televisão, os acordos de licenciamento de conteúdo são mais difíceis e mais caros de obter e manter.

Então, em mais uma reviravolta inovadora, para diminuir sua dependência de conteúdo de fontes externas, a Netflix vem produzindo e distribuindo seu próprio conteúdo em um ritmo alucinante. Oito anos atrás, a empresa chocou o setor quando pagou 100 milhões de dólares para superar a oferta da HBO e da AMC pelos direitos exclusivos de exibição das duas primeiras temporadas de *House of Cards*. A série foi um grande sucesso, e a Netflix se moveu rapidamente para desenvolver outras séries e filmes originais, incluindo *Orange Is the New Black*, *Stranger Things*, *Black Mirror*, *GLOW* e *Bird Box*.

Embora os concorrentes de *streaming* da Netflix tenham mais uma vez seguido o líder criando seu próprio conteúdo original, a Netflix ainda tem vantagem. Em 2018, gastou espantosos 13 bilhões de dólares para produzir cerca de 700 séries originais e 80 filmes, mais do que qualquer rede, canal a cabo ou estúdio de Hollywood. Para assistir a todo esse novo conteúdo original da Netflix, uma pessoa teria que gastar mais de quatro horas todos os dias durante um ano inteiro. O conteúdo original da empresa foi bem recebido. Por exemplo, o filme de terror *Bird Box* foi assistido por mais de 80 milhões de pessoas nos primeiros 10 dias de seu lançamento. E a Netflix registrou mais indicações ao Emmy no ano de 2018 do que qualquer outra rede de *streaming* – 112 ao todo – quebrando a sequência de 17 anos de vitórias da HBO.

Tais esforços deixaram o resto do setor lutando para acompanhar. E a Netflix está apenas começando. A empresa gasta valores cada vez mais expressivos no desenvolvimento de conteúdo original, ano após ano. No ambiente de vídeo cada vez mais tumultuado, a Netflix pretende controlar seu próprio destino assegurando a propriedade de seu conteúdo. O conteúdo original da Netflix agora compreende mais da metade de sua vasta biblioteca de vídeos.

Assim, dos DVDs por correio, para o Watch Instantly, para o *streaming* de vídeos em quase qualquer dispositivo com tela, até o domínio da produção de conteúdo original, a Netflix ficou à frente da concorrência fazendo o que faz de melhor – inovar e revolucionar a distribuição. Na lista mais recente das 50 empresas mais inovadoras da *Fast Company*, a Netflix é a número dois, atrás apenas da Apple. Apenas nos últimos dois anos, a base de assinantes da Netflix cresceu quase 58% e as receitas aumentaram mais de 80%.

Qual é o próximo passo? Ninguém realmente sabe. Mas uma coisa parece certa: aconteça o que acontecer, se a Netflix não liderar a inovação, corre o risco de ficar para trás – e rapidamente. Neste negócio em rápida mudança, novos truques envelhecem rapidamente. Para ficar à frente, como sugere uma manchete, a Netflix deve "encontrar seu futuro abandonando o passado".[1]

COMO MOSTRA A HISTÓRIA DA NETFLIX, boas estratégias de distribuição podem contribuir bastante com o valor para o cliente e criar vantagem competitiva para a empresa. Mas as empresas não podem oferecer, por si só, valor para os clientes. Em vez disso, elas precisam trabalhar com outras empresas em uma cadeia de valor maior.

Canais de suprimento e cadeia de valor

> Comentário do autor | Estes são termos bastante importantes para um conceito realmente simples: uma empresa não pode seguir sozinha na criação de valor para o cliente. Deve trabalhar dentro de uma rede mais ampla de parceiros para realizar essa tarefa. Empresas e marcas individuais não competem; todas as suas redes de entrega de valor o fazem.

Objetivo 12.1 Explicar por que as empresas utilizam canais de *marketing* e discutir as funções que esses canais desempenham.

Gerar um produto ou serviço e disponibilizá-lo aos compradores requer a construção de relacionamento não somente com os clientes, mas também com fornecedores e revendedores importantes na *cadeia de suprimento* da empresa. Essa cadeia de suprimento consiste em parceiros "nos níveis acima" e "nos níveis abaixo". Os níveis acima em relação à empresa consistem no conjunto de organizações que fornecem matérias-primas, componentes, peças, informações, recursos financeiros e conhecimento especializado necessário para criar um produto ou serviço. As empresas, entretanto, costumam focar nos níveis abaixo da cadeia de suprimento – nos *canais de marketing* (ou *canais de distribuição*) que se dirigem para os clientes. Os parceiros do *marketing* nos níveis abaixo, como atacadistas e varejistas, formam uma conexão essencial entre a empresa e seus clientes.

O termo *cadeia de suprimento* pode ser limitado demais, uma vez que trabalha com uma visão de *produção e venda* do negócio. Ele sugere que matérias-primas, insumos e capacidade de produção deveriam servir de ponto de partida para o planejamento para o mercado. Um termo melhor seria *cadeia de demanda*, pois sugere uma visão de *sentir* o mercado e *reagir* a ele. Desse ponto de vista, o planejamento se inicia com a identificação das necessidades dos clientes-alvo, às quais a empresa responde organizando uma cadeia de recursos e atividades com o objetivo de criar valor para o cliente.

Cadeia de valor: ao fabricar e comercializar suas linhas de carros, a Toyota gerencia uma enorme cadeia de pessoas dentro da empresa, além de milhares de fornecedores externos, revendedores e empresas de serviços de *marketing* que trabalham juntos para entregar a promessa de "Vamos a lugares" e "Vamos além" da marca.

Pras Nazri/Shutterstock

De fato, mesmo uma visão de cadeia de demanda sobre um negócio pode ser limitada demais, pois ela assume uma visão passo a passo e linear das atividades de compra-produção-consumo. Hoje, a maioria das empresas está envolvida na construção e no gerenciamento de uma cadeia de valor complexa, em contínua evolução. Conforme definido no Capítulo 2, uma **cadeia de valor** é formada pela empresa, fornecedores, distribuidores e, por fim, clientes que "trabalham em parceria" para aprimorar o desempenho do sistema como um todo. Por exemplo, a Toyota faz ótimos carros. Mas para fabricar e comercializar apenas uma de suas muitas linhas – digamos, seu modelo Camry, o mais vendido – a Toyota gerencia uma enorme rede de pessoas dentro da empresa, desde *marketing* e vendas a pessoas em finanças e operações. Também coordena os esforços de milhares de fornecedores, revendedores e agências de propaganda e outras empresas de serviços de *marketing*. Toda a cadeia deve funcionar em conjunto para criar valor para o cliente e estabelecer o posicionamento "Vamos a lugares" e "Vamos além" da marca.

Cadeia de valor
Cadeia formada por empresa, fornecedores, distribuidores e, por fim, clientes que "trabalham em parceria" para aprimorar o desempenho do sistema como um todo

Este capítulo concentra-se nos canais de *marketing* – nos níveis abaixo na cadeia de valor. Analisaremos quatro importantes questões relativas aos canais de *marketing*: qual é a natureza dos canais de *marketing* e por que eles são importantes? Como as empresas que fazem parte do canal interagem e se organizam para realizar o trabalho desse canal? Que problemas as empresas enfrentam no projeto e gerenciamento de seus canais? Qual o papel da distribuição física e do gerenciamento da cadeia de suprimento na atração e satisfação dos clientes? No capítulo seguinte, vamos analisar as questões relativas aos canais de *marketing* do ponto de vista de varejistas e atacadistas.

Comentário do autor | Nesta seção, examinamos os níveis abaixo da rede de entrega de valor – as organizações de canal de *marketing* que conectam a empresa e seus clientes. Para entender seu valor, imagine a vida sem varejistas – digamos, sem supermercados ou lojas de departamento.

A natureza e a importância dos canais de *marketing*

Poucos fabricantes vendem seus produtos diretamente para os usuários finais. Em vez disso, a maioria utiliza intermediários para levar seus produtos ao mercado. Eles tentam montar um **canal de *marketing* (ou canal de distribuição)** – um conjunto de organizações interdependentes que ajudam a tornar um produto ou serviço disponível para o consumo ou o uso de um consumidor ou em uma empresa.

Canal de *marketing* (ou canal de distribuição)
Um conjunto de organizações interdependentes que ajudam a tornar um produto ou serviço disponível para uso ou consumo de um consumidor ou em uma empresa.

As decisões de canal de uma empresa afetam diretamente todas as outras decisões de *marketing*. A determinação de preços depende do fato de a empresa trabalhar com redes de desconto de nível nacional, usar lojas especializadas de alta qualidade ou vender diretamente para os consumidores *on-line*. A força de vendas e as decisões de comunicação da empresa dependem do grau de persuasão, treinamento, motivação e apoio de que seus parceiros de canal necessitam. A opção da empresa pelo desenvolvimento ou pela aquisição de novos produtos pode depender de como esses produtos se ajustam à capacidade dos membros de seu canal.

É comum as empresas prestarem pouca atenção a seus canais de distribuição – às vezes, com resultados desastrosos. Por outro lado, muitas organizações têm usado sistemas de distribuição criativos para conquistar vantagem competitiva. A Enterprise Rent-A-Car revolucionou o negócio de aluguel de carros abrindo agências fora do aeroporto. A Apple virou de cabeça para baixo o setor de venda fonográfica comercializando músicas via Internet, por meio do iTunes. O criativo e impressionante sistema de distribuição da FedEx fez dela líder na entrega expressa de encomendas. O Uber e o Airbnb, com seus modelos de compartilhamento, revolucionaram os negócios de táxi e hospitalidade. E a Amazon.com mudou para sempre a cara do varejo, vendendo de tudo *on-line* sem usar lojas físicas.

As decisões do canal de distribuição geralmente envolvem compromissos de longo prazo com outras empresas. Por exemplo, empresas como Ford, McDonald's ou Nike podem alterar facilmente suas propagandas, seus preços ou suas promoções. Elas podem descartar produtos antigos e introduzir novos conforme a demanda do mercado. Mas quando elas estabelecem canais de distribuição por meio de contratos com franqueados, revendedores independentes ou grandes varejistas, elas não podem substituir prontamente esses canais por lojas próprias ou *sites on-line* conforme as condições de mercado mudem. Portanto, a administração deve projetar seus canais com cuidado, com um olho no ambiente de vendas de hoje e outro no provável ambiente de vendas de amanhã.

Como os membros do canal agregam valor

Por que os fabricantes delegam uma parcela de seu trabalho de vendas a parceiros do canal? Afinal, isso significa entregar parte do controle de como e para quem os produtos são vendidos. Os fabricantes usam intermediários porque eles geram maior eficiência na disponibilização dos produtos aos mercados-alvo. Por meio de seus contatos, experiência, especialização e escala de operação, os intermediários geralmente oferecem à empresa mais do que ela conseguiria realizar por conta própria.

A ● **Figura 12.1** mostra como a utilização de intermediários pode gerar economias. A Figura 12.1A mostra três fabricantes, cada qual usando o *marketing* direto para atender a três clientes. Esse sistema requer nove contatos diferentes. A Figura 12.1B mostra os três fabricantes trabalhando com um distribuidor, que faz o contato com os três clientes. Esse sistema requer somente seis contatos. Desse modo, os intermediários reduzem o trabalho que precisa ser realizado por fabricantes e clientes.

Do ponto de vista do sistema econômico, o papel dos intermediários de *marketing* consiste em transformar a variedade de produtos fabricados pelas empresas em uma variedade de produtos desejados pelos consumidores. Os fabricantes produzem grandes quantidades de pequenas variedades de produtos, mas os consumidores querem pequenas quantidades de grandes variedades. Os membros do canal de *marketing* compram grandes quantidades de muitos fabricantes e as dividem nas quantidades menores e nas maiores variedades desejadas pelos consumidores.

Por exemplo, a Unilever produz milhões de barras de sabonete Dove a cada semana. No entanto, você provavelmente compra apenas algumas barras por vez. Portanto, grandes supermercados, drogarias e lojas de descontos, como a Safeway, a Walgreens e a Target, compram caminhões de Dove e o armazenam nas prateleiras de suas lojas. Por sua vez, você pode comprar uma única barra de Dove junto com um carrinho de compras cheio de pequenas quantidades de pasta de dente, xampu e outros produtos relacionados, conforme necessário. Assim, os intermediários desempenham um papel importante no ajuste entre oferta e demanda.

Ao disponibilizar produtos e serviços para os consumidores, os membros do canal agregam valor, por servir de ponte nas grandes lacunas de tempo, espaço e posse que separam os produtos e serviços daqueles que os utilizarão. Os membros do canal de *marketing* realizam muitas funções-chave. Algumas delas ajudam a efetuar transações:

- *Informações:* coletar e distribuir informações sobre consumidores, fabricantes e outros agentes e forças presentes no ambiente de *marketing*, necessárias para planejar e ajudar a executar trocas.
- *Promoção:* desenvolver e divulgar mensagens persuasivas sobre uma oferta.
- *Contato:* encontrar compradores potenciais e comunicar-se com eles.
- *Ajuste:* adaptar ofertas para atender às necessidades do comprador, incluindo atividades como fabricação, classificação, montagem e embalagem.

● **FIGURA 12.1**
Como um distribuidor reduz o número de transações do canal.

Os intermediários do canal de *marketing* facilitam muito a compra dos consumidores. Pense em como seria a vida sem supermercados. Como você compraria aquelas 12 latas de Coca-cola e centenas de outros itens que você coloca com frequência em seu carrinho?

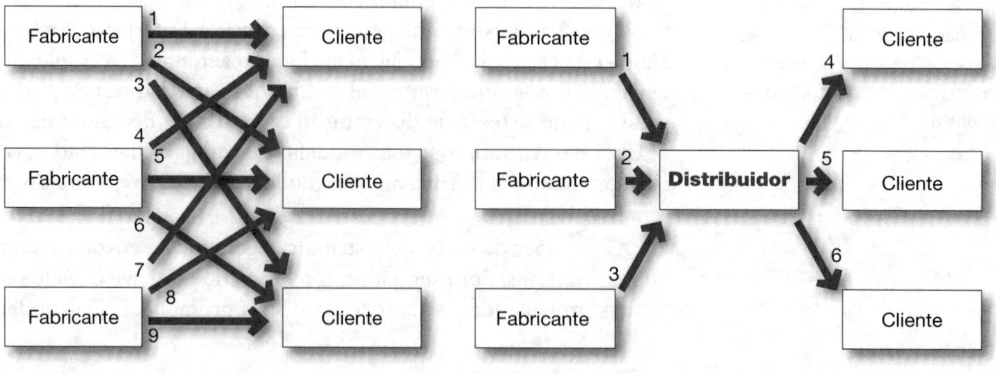

A. Número de contatos sem um distribuidor **B. Número de contatos com um distribuidor**

- *Negociação:* chegar a um acordo sobre preços e outras condições, de modo que a posse ou propriedade possa ser transferida.

Outras funções-chave ajudam a cumprir transações já efetuadas:

- *Distribuição física:* transportar e armazenar produtos.
- *Financiamento:* obter e utilizar fundos para cobrir os custos do trabalho do canal.
- *Riscos:* assumir os riscos de realizar o trabalho do canal.

A questão não é *se* essas funções precisam ser efetuadas – elas precisam ser efetuadas, de fato –, mas *quem* vai efetuá-las. Quando é o fabricante quem desempenha essas funções, seus custos sobem e, com isso, os preços ficam mais altos. Quando algumas dessas funções são transferidas a intermediários, os custos e os preços do fabricante podem ser menores, mas os intermediários têm de cobrar um adicional para cobrir os custos de seu trabalho. Na divisão do trabalho do canal, as várias funções devem ser delegadas aos membros capazes de agregar mais valor em relação ao custo.

Número de níveis de canal

Nível de canal
Uma faixa de intermediários de *marketing* que realizam algum tipo de trabalho para aproximar do comprador final o produto e sua posse.

Canal de *marketing* direto
Canal que não tem níveis intermediários.

Canal de *marketing* indireto
Canal que possui um ou mais níveis intermediários.

As empresas podem projetar seus canais de distribuição de modo que disponibilizem produtos e serviços aos clientes de diferentes maneiras. Cada faixa de intermediários de *marketing* que realizam algum tipo de trabalho para aproximar do comprador final o produto e sua posse representa um **nível de canal**. Uma vez que tanto o fabricante como o consumidor sempre realizam algum tipo de trabalho, eles fazem parte de todos os canais.

O *número de níveis intermediários* indica a *extensão* de um canal. A ● **Figura 12.2** mostra canais ao consumidor e canais organizacionais, com diferentes extensões. A Figura 12.2A traz diversos canais comuns de distribuição ao consumidor. O Canal 1, chamado de **canal de *marketing* direto**, não tem nenhum nível intermediário – a empresa vende diretamente para os consumidores. Por exemplo, a Pampered Chef, a Mary Kay Cosmetics e a Amway vendem seus produtos por meio de eventos de vendas em casas ou escritórios e por *sites* e mídias sociais *on-line*. Empresas como a Geico, a Quicken Loans e a Casper Mattress vendem diretamente aos clientes pela Internet, por dispositivos móveis e pelo telefone. Os outros canais da Figura 12.2A são **canais de *marketing* indireto**, com um ou mais intermediários.

A Figura 12.2B mostra alguns canais comuns de distribuição organizacional. Um fabricante de produtos para uso organizacional pode utilizar sua própria força de vendas para vender diretamente a seus clientes organizacionais. Ele pode também vender a vários tipos de intermediários que, por sua vez, vendem aos clientes organizacionais. Canais de *marketing* organizacional e ao consumidor com ainda mais níveis podem ser encontrados, mas com menos frequência. Do ponto de vista do

● **FIGURA 12.2**
Canais de *marketing* ao consumidor e organizacionais.

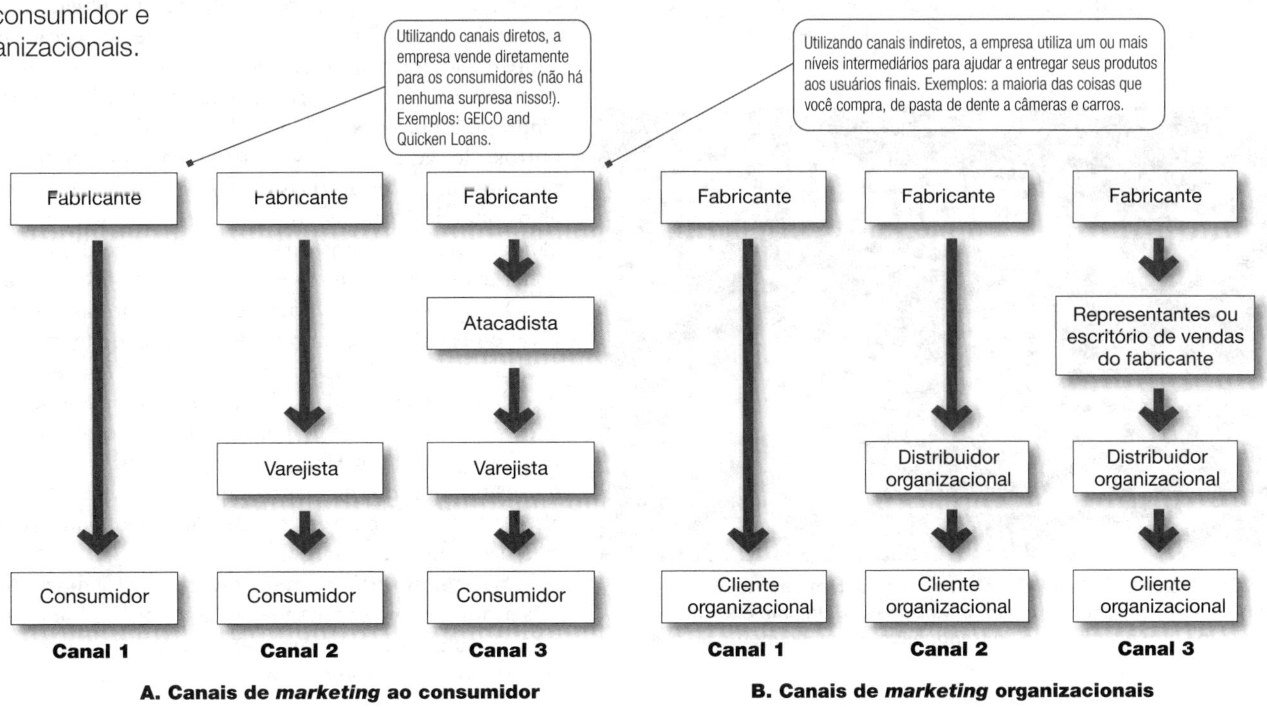

fabricante, um número maior de níveis significa menos controle e maior complexidade do canal. Além disso, todas as instituições que fazem parte do canal são interligadas por diversos tipos de *fluxos*, que incluem: *fluxo físico* de produtos, *fluxo de propriedade*, *fluxo de pagamento*, *fluxo de informações* e *fluxo de promoções*. Esses fluxos podem tornar muito complexos canais que têm um único ou poucos níveis.

Comportamento e organização do canal

Comentário do autor | Os canais são compostos de mais do que apenas caixas e setas no papel. São sistemas comportamentais constituídos por empresas e pessoas reais que interagem para atingir seus objetivos individuais e coletivos. Como em qualquer grupo de pessoas, às vezes elas trabalham bem juntas e às vezes não.

Objetivo 12.2 Discutir como os membros do canal interagem e como se organizam para realizar o trabalho do canal.

Os canais de distribuição são mais do que simples conjuntos de empresas ligadas por vários fluxos. Eles são complexos sistemas comportamentais nos quais pessoas e empresas interagem para atingir metas individuais, organizacionais e do canal. Alguns sistemas de canal consistem em interações apenas informais entre empresas livremente organizadas. Outros consistem em interações formais, orientadas por sólidas estruturas organizacionais. Além disso, os sistemas de canal não são estáticos – surgem novos tipos de intermediários e são desenvolvidos novos sistemas de canais completos. Veremos o comportamento do canal e como os membros se organizam para fazer o trabalho do canal.

Comportamento do canal

Um canal de *marketing* é composto por empresas que formam parcerias por um bem comum. Todo membro do canal depende dos outros. Por exemplo, um revendedor da Ford depende da fabricante para projetar carros que satisfaçam as necessidades dos clientes. Por sua vez, a Ford depende do revendedor para atrair clientes, persuadi-los a comprar seus carros e fornecer assistência técnica pós-venda. Todo revendedor da Ford também depende de outros revendedores para fazer boas vendas e prestar bons serviços, o que manterá em alta a reputação da marca. De fato, o sucesso individual dos revendedores da Ford depende da eficácia com que todo o canal de *marketing* da empresa concorre com os canais da Toyota, da GM, da Honda, entre outras fabricantes de automóveis.

Cada membro do canal desempenha um papel no qual é especializado. Por exemplo, o papel da Samsung é fabricar produtos eletrônicos dos quais os consumidores vão gostar e criar demanda por meio de propaganda em escala nacional. O papel da Best Buy é expor os produtos da Samsung em locais convenientes, responder às perguntas dos compradores e fechar as vendas. O canal é mais eficaz quando cada membro assume a tarefa que pode efetuar melhor.

Conflito de canal
Divergências entre os membros do canal de *marketing* com relação a metas, papéis e recompensas – quem deveria fazer o que e o que deveria ganhar com isso.

Como o sucesso de cada membro do canal depende do sucesso total do canal, o ideal seria que todas as empresas trabalhassem em conjunto harmoniosamente. Elas deveriam compreender e aceitar seus respectivos papéis, coordenar suas atividades e cooperar para o alcance dos objetivos gerais do canal. Entretanto, os membros individuais do canal raramente têm esse tipo de percepção abrangente. Cooperar para o alcance das metas gerais do canal, muitas vezes, significa abrir mão de objetivos individuais da empresa. Embora os membros do canal dependam uns dos outros, eles geralmente agem sozinhos para atender a seus próprios interesses de curto prazo. Muitas vezes eles divergem com relação a quem deveria fazer o que e o que deveria ganhar com isso. Essas divergências no que diz respeito a metas, papéis e recompensas geram um **conflito de canal**.

Conflito de canal: um alto nível de descontentamento do franqueado é preocupante para o McDonald's. Há uma enorme conexão entre a satisfação do franqueado e o atendimento ao cliente.
Ratana21/Shutterstock

O *conflito horizontal* ocorre entre empresas no mesmo nível do canal. Por exemplo, alguns revendedores da Ford em Chicago poderiam se queixar que outras concessionárias da cidade roubam vendas dela utilizando uma política muito agressiva de preços ou anunciando fora de seus territórios. Ou franqueados do Hampton Inn poderiam reclamar de outros franqueados da empresa que cobrassem preços mais altos ou oferecessem serviços de baixa qualidade, prejudicando a imagem da rede como um todo.

Os *conflitos verticais*, que acontecem entre diferentes níveis de um mesmo canal, são mais comuns. Por exemplo, o McDonald's enfrentou recentemente um conflito crescente com sua rede de 3.100 franqueados independentes:[2]

Pesquisas recentes dos proprietários de franquias do McDonald's refletiram um descontentamento substancial dos franqueados com a corporação. Os conflitos mais básicos são financeiros. O McDonald's ganha dinheiro com *royalties* de franqueados com base nas vendas totais do sistema. Em contraste, os franqueados ganham dinheiro com base em suas margens de lucro – o que sobra depois de seus custos. Para reverter o declínio constante das vendas nos últimos anos, o McDonald's enfatizou descontos agressivos – na forma de menus promocionais – uma estratégia que aumenta as vendas corporativas, mas reduz os lucros dos franqueados. Os franqueados também reclamam sobre a adição de itens de menu populares, mas mais complexos, como hambúrgueres personalizáveis, carne bovina fresca, bebidas McCafé e café da manhã durante todo o dia, que aumentam o crescimento da receita do McDonald's, mas adicionam custos de preparação, equipamento e pessoal para os franqueados enquanto tornam o serviço mais lento. O McDonald's também pediu aos franqueados que fizessem atualizações e reformas caras nos restaurantes que os proprietários alegam não agregar valor ao cliente. Como resultado, muitos franqueados estão altamente descontentes. A pesquisa mais recente classifica as atuais relações com franqueados do McDonald's em uma baixa histórica de 1,81 (sendo 5 a maior nota), ficando na faixa de "regular" a "ruim". Isso é preocupante para o McDonald's, cujos proprietários de franquias operam 93% de seus locais. Estudos mostram que há uma enorme conexão entre a satisfação do franqueado e o atendimento ao cliente.

Alguns conflitos no canal assumem a forma de competição saudável. Essa competição pode ser boa para o canal; sem ela, o canal pode se tornar passivo e não inovador. Por exemplo, o conflito do McDonald's com seus franqueados pode representar uma disputa normal sobre os respectivos direitos dos parceiros de canal. No entanto, conflitos graves ou prolongados podem interromper a eficácia e causar danos duradouros aos relacionamentos do canal. O McDonald's deve gerenciar o conflito de canal com cuidado para que ele não saia do controle.

Sistemas verticais de *marketing*

Para que o canal como um todo funcione bem, o papel de cada membro deve ser especificado e os conflitos de canal devem ser administrados. O canal funcionará melhor se tiver uma empresa, agente ou mecanismo que se coloque na liderança e tenha poder para designar papéis e administrar conflitos.

Canal de distribuição convencional
Um canal que consiste em um ou mais fabricantes, atacadistas e varejistas independentes, no qual cada membro é uma empresa à parte que busca maximizar seus próprios lucros, mesmo que seja à custa do sistema como um todo.

Tradicionalmente, os *canais de distribuição convencionais* não contavam com essa liderança e poder, o que, muitas vezes, resultava em conflitos prejudiciais e baixo desempenho. Ao longo do tempo, uma das maiores mudanças em termos de canal foi o surgimento dos *sistemas verticais de marketing*, que propiciam a liderança de canal. A ● **Figura 12.3** compara esses dois tipos de estrutura de canal.

Um **canal de distribuição convencional** consiste em um ou mais fabricantes, atacadistas e varejistas independentes. Cada membro é uma empresa à parte que busca maximizar seus próprios lucros, mesmo que seja à custa do sistema como um todo. Nenhum dos membros do canal tem muito controle sobre os outros, e não há nenhum procedimento formal para atribuição de papéis e resolução de conflitos de canal.

● FIGURA 12.3
Comparação entre um canal de distribuição convencional e um sistema vertical de *marketing*.

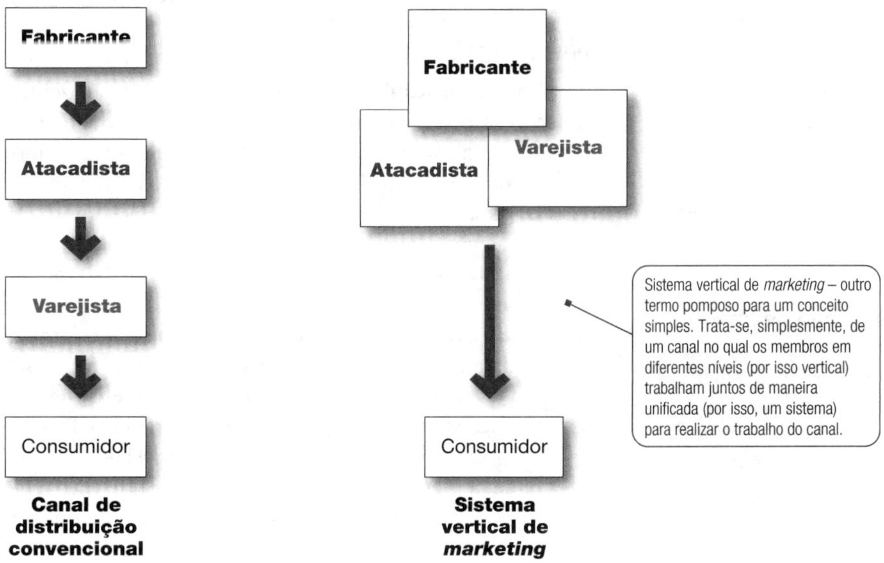

Sistema vertical de *marketing* (SVM)
Uma estrutura de canal em que fabricantes, atacadistas e varejistas atuam como um sistema unificado. Um membro do canal é dono dos outros, trabalha com eles sob contrato ou tem tanto poder que todos os outros cooperam.

Por outro lado, um **sistema vertical de *marketing* (SVM)** consiste em fabricantes, atacadistas e varejistas que atuam como um sistema unificado. Um membro do canal é dono dos outros, trabalha com eles sob contrato ou tem tanto poder que todos os outros são obrigados a cooperar. O SVM pode ser dominado pelo fabricante, pelo atacadista ou pelo varejista.

Vamos agora analisar os três tipos mais importantes de SVM: o *corporativo*, o *contratual* e o *administrado*. Cada um usa diferentes meios para estabelecer a liderança e o poder no canal.

SVM corporativo

SVM corporativo
Um sistema vertical de *marketing* que integra as sucessivas etapas de produção e distribuição sob um único proprietário – a liderança do canal é estabelecida por meio da propriedade comum.

Um **SVM corporativo** integra as sucessivas etapas de produção e distribuição sob um único proprietário. A coordenação e a administração de conflitos são feitas por meio dos canais organizacionais regulares. Por exemplo, a fabricante europeia de óculos EssilorLuxottica tem um controle firme do canal global de óculos, do produtor ao consumidor. Ela produz muitas marcas famosas de óculos – incluindo suas próprias marcas Ray-Ban, Oakley, Persol e Vogue Eyewear e marcas licenciadas como Burberry, Chanel, Polo Ralph Lauren, Dolce & Gabbana, DKNY, Prada, Versace e Michael Kors. Também produz e vende mais de 40% das lentes prescritas do mundo. Ela ainda controla a distribuição dessas marcas por meio de algumas das maiores redes de óticas do mundo – LensCrafters, Pearle Vision, Sunglass Hut, Target Optical, entre outras – das quais também é proprietária. Ao todo, por meio da integração vertical, a EssilorLuxottica fabrica e vende cerca de 1 bilhão de pares de lentes e armações por ano.[3]

SVM corporativo: para controlar as despesas de frete e obter mais controle sobre como seus pacotes são entregues, a Amazon agora está desenvolvendo seus próprios recursos de entrega de pacotes.

KYLE JOHNSON/The New York Times/Redux

Um SVM corporativo pode dar mais controle e flexibilidade de canal a uma empresa. Considere a Amazon. Em vez de depender apenas da FedEx, da UPS, da USPS e de outras empresas de entrega, a Amazon agora está desenvolvendo seus próprios recursos de entrega de pacotes. Por exemplo, ela possui uma frota de aviões de carga chamada Prime Air, e sua operação Amazon Flex, semelhante ao Uber, paga às pessoas por hora para entregar pacotes com seus próprios carros. A Amazon também lançou um programa para desenvolver uma frota de parceiros de entrega independentes da Amazon Prime que entregarão seus pacotes localmente em vans e uniformes da marca Amazon. Ao desenvolver sua própria cadeia de entrega, a Amazon espera controlar as despesas de frete e obter mais controle sobre como seus pacotes são entregues. A integração vertical também pode ajudar a Amazon a expandir seus recursos de entrega no mesmo dia e competir de forma mais eficaz com os varejistas que têm serviços de pedidos *on-line* e retirada na loja, algo que a FedEx e a UPS não podem fazer. A longo prazo, a Amazon está buscando reforçar seus próprios serviços de entrega por meio de tecnologias futuristas, como drones entregadores, veículos autônomos e robôs de manuseio de pacotes.[4]

SVM contratual

SVM contratual
Um sistema vertical de *marketing* que consiste em empresas independentes, em diferentes níveis de produção e distribuição, que se unem por meio de contratos.

Um **SVM contratual** consiste em empresas independentes, em diferentes níveis de produção e distribuição, que se unem por meio de contratos para obter mais economia ou impacto nas vendas do que poderiam conseguir trabalhando sozinhas. Os membros do canal coordenam suas atividades e administram os conflitos por meio de acordos contratuais.

Organização de franquia
Um sistema vertical de *marketing*, contratual, em que um membro do canal, chamado de franqueador, liga diversos estágios do processo de produção-distribuição.

A **organização de franquia** é o tipo mais comum de relacionamento contratual. Nesse sistema, um membro do canal, chamado de *franqueador*, liga diversos estágios do processo de produção-distribuição. Só nos Estados Unidos, quase 760 mil lojas franqueadas respondem por mais de 450 bilhões de dólares de produção econômica.[5] Quase todos os tipos de negócios são franqueados – de motéis e restaurantes de *fast-food* a centros odontológicos e serviços de namoro; de empresas que organizam casamentos e serviços de faz-tudo a funerárias, academias de ginástica, serviços de mudança e salões de beleza. As franquias permitem que empreendedores com bons conceitos administrativos cresçam seus negócios de forma rápida e lucrativa.

Por exemplo, considere o Sport Clips Haircuts, o salão de cabeleireiro com tema esportivo que atende homens e meninos em um lugar onde você "coloca o cabelo em jogo". Por meio de franquias, desde meados da década de 1990, a Sport Clips cresceu rapidamente e agora tem mais de 1.700 locais nos Estados Unidos e no Canadá, faturando mais de 600 milhões de dólares em vendas

Sistemas de franquias: por meio de franquias, a Sport Clips – onde você "coloca o cabelo em jogo" – cresceu rapidamente para mais de 1.700 locais.

Sport Clips, Inc.

anuais em todo o sistema. Em 2018, a Sport Clips ficou entre as 20 melhores na lista das 500 principais oportunidades de franquia da *Entrepreneur Franchise*, logo abaixo de pesos pesados como Pizza Hut, Ace Hardware e 7-Eleven.[6]

Há três tipos de franquias. O primeiro é o *sistema de franquia com varejista patrocinado pelo fabricante* – por exemplo, a Ford e sua rede de revendedores franqueados independentes. O segundo é o *sistema de franquia com atacadista patrocinado pelo fabricante* – por exemplo, a Coca-Cola licencia engarrafadoras (atacadistas) em vários mercados mundiais, as quais compram o xarope concentrado da Coca-Cola e, então, engarrafam e vendem o produto final a varejistas no mercado local. O terceiro tipo é o *sistema de franquia com varejista patrocinado por empresa de serviços* – por exemplo, o Sonic Drive-In tem mais de 3.600 restaurantes operados por franqueados nos Estados Unidos. Outros exemplos podem ser encontrados em toda parte: no negócio de aluguel de carros (Hertz, Avis), no varejo de roupas e acessórios (The Athlete's Foot, Plato's Closet), no negócio de hotéis (Holiday Inn Express, Hampton Inn), na área de educação complementar (Huntington Learning Center, Kumon) e nos serviços pessoais (Two Men and a Truack, Mr. Handyman, Great Clips, Planet Fitness).

O fato de a maioria dos consumidores não conseguir notar a diferença entre o SVM contratual e o corporativo comprova o sucesso das organizações contratuais na concorrência com as redes corporativas. O próximo capítulo traz uma discussão mais completa sobre os vários tipos de SVMs contratuais.

SVM administrado

SVM administrado
Um sistema vertical de *marketing* em que sucessivas etapas de produção e distribuição são coordenadas por meio do tamanho e do poder de uma das partes.

Em um **SVM administrado**, a liderança é obtida não por meio de propriedade comum ou de laços contratuais, mas pelo tamanho e poder de um ou alguns dos membros dominantes do canal. Fabricantes de uma marca líder podem conseguir grande cooperação e apoio dos revendedores. Por exemplo, a P&G e a Samsung podem comandar uma cooperação incomum de muitos revendedores em relação a displays, espaço nas prateleiras, promoções e políticas de preços. Por sua vez, grandes varejistas como Walmart, Home Depot, Kroger, Best Buy e Walgreens podem exercer forte influência sobre os muitos fabricantes que fornecem os produtos que eles vendem.

Por exemplo, no empurra-puxa normal entre a Home Depot e seus fornecedores, a gigante Home Depot – a quinta maior varejista e o maior comerciante de materiais de construção dos Estados Unidos – geralmente consegue o que quer. Por exemplo, considere a RPM International, fornecedora de revestimentos e selantes especiais. Você pode nunca ter ouvido falar da RPM International, mas ela possui muitas marcas familiares, como as tintas Rust-Oleum, as massas para correção Plastic Wood da DAP, os vernizes Mohawk e Watco e os cimentos e tintas para hobby da Testors – todas as quais você pode comprar em qualquer loja da Home Depot. A Home Depot é um cliente muito importante para a RPM, respondendo por uma parcela significativa de suas vendas ao consumidor. No entanto, as vendas da Home Depot de mais de 100 bilhões de dólares são quase 20 vezes as vendas da RPM, de 5,3 bilhões. Como resultado, a gigante varejista pode, e geralmente o faz, usar esse poder para obter cooperação de canal e suporte da RPM e milhares de outros fornecedores menores.[7]

Sistemas horizontais de *marketing*

Sistema horizontal de *marketing*
Uma estrutura de canal na qual duas ou mais empresas em um mesmo nível se juntam para explorar uma nova oportunidade de *marketing*.

Outra estrutura de canal é o **sistema horizontal de *marketing***, no qual duas ou mais empresas em um mesmo nível se juntam para explorar uma nova oportunidade de *marketing*. Trabalhando em conjunto, as empresas podem combinar seus capitais, sua capacidade de produção ou seus recursos de *marketing* para obter muito mais do que qualquer uma delas conseguiria sozinha.

As organizações podem unir forças com concorrentes ou não concorrentes. Podem trabalhar em conjunto, temporária ou permanentemente ou abrir uma nova empresa. Por exemplo, a Target faz parceria com a não concorrente Starbucks para colocar barracas de café em suas lojas. A Starbucks se beneficia do tráfego intenso de lojas da Target, e a Target mantém seus clientes cafeinados e prontos para fazer compras. A Target também faz parceria com a CVS Health, que opera farmácias CVS e Minute Clinics nas lojas Target por meio de um formato de loja dentro de uma loja. A parceria dá à CVS Health mais de 1.700 farmácias e 80 clínicas em localizações privilegiadas

Sistemas horizontais de *marketing*: a rede de lojas Target tem parceria com a CVS Health, que opera lojas dentro das lojas da varejista para o benefício de todos – da Target, da CVS e de seus clientes em comum.

CVS Caremark

dentro das lojas da Target. Ao mesmo tempo, libera o foco da Target em seus pontos fortes de design de produto, *merchandising* e *marketing*, enquanto ainda oferece aos clientes serviços de farmácia especializada e de saúde que eles desejam.[8]

As estruturas de canais horizontais também funcionam bem globalmente. Por exemplo, a maioria das principais companhias aéreas do mundo se uniu em uma das três principais alianças globais: Star Alliance, Skyteam ou Oneworld. A Star Alliance consiste em 28 companhias aéreas "trabalhando em harmonia", incluindo a United, a Air Canada, a Lufthansa, a Air China, a Turkish Airlines e quase duas dúzias de outras. Ela oferece mais de 18.800 voos diários combinados para mais de 1.300 aeroportos em todo o mundo. Essas alianças vinculam as transportadoras individuais a grandes redes mundiais de viagens aéreas com *branding* e *marketing* unificados, localizações conjuntas em aeroportos, agendamento entre linhas, melhores conexões em voos globais, recompensas compartilhadas e privilégios para membros associados.[9]

Sistemas multicanal de distribuição

Sistema multicanal de distribuição
Um sistema de distribuição em que uma única empresa estabelece dois ou mais canais de *marketing* para alcançar um ou mais segmentos de clientes

No passado, muitas empresas utilizavam apenas um canal para vender somente a um mercado ou segmento de mercado. Hoje, com a proliferação de segmentos de clientes e possibilidades de canal, cada vez mais empresas adotam **sistemas multicanal de distribuição**. O *marketing* multicanal ocorre quando uma única empresa estabelece dois ou mais canais de *marketing* para alcançar um ou mais segmentos de clientes.

A **Figura 12.4** mostra um sistema multicanal de distribuição. Nela, o fabricante vende diretamente para o segmento de consumidores 1, usando catálogos e canais *on-line* e móvel, e atinge o segmento de consumidores 2 por meio de varejistas. Ele vende indiretamente para o segmento organizacional 1, por meio de distribuidores e revendedores, e utiliza sua própria força de vendas para o segmento organizacional 2.

Hoje em dia, quase todas as grandes organizações e muitas pequenas empresas distribuem por meio de canais múltiplos. Por exemplo, a John Deere vende aos consumidores e usuários comerciais seus famosos carrinhos, aparadores e outros produtos verdes e amarelos para gramados e jardins por meio de uma série de canais, incluindo os varejistas da John Deere, as lojas voltadas para reformas e melhorias da casa da Lowe's e a Internet. Por meio de sua rede de revendedores *premium*, ela vende e presta assistência técnica a tratores, ceifadoras, plantadeiras e outros equipamentos agrícolas. E, usando sua força de vendas e revendedores selecionados, que prestam todo tipo de serviços, a John Deere vende grandes equipamentos para construção e silvicultura.

Sistemas multicanais de distribuição oferecem muitas vantagens a empresas que operam em mercados grandes e complexos. Com cada novo canal, a empresa expande sua cobertura de mercado e de vendas, além de obter oportunidades para desenvolver produtos e serviços sob medida para

FIGURA 12.4
Sistema multicanal de distribuição.

A maioria das grandes empresas distribui por meio de canais múltiplos. Por exemplo, você poderia comprar um famoso carrinho verde e amarelo para gramados da John Deere de um revendedor de seu bairro ou de uma loja Lowe's. Um grande agricultor ou uma empresa de silvicultura comprariam equipamentos maiores da John Deere de um revendedor *premium*, que oferece serviços completos, ou da força de vendas da empresa.

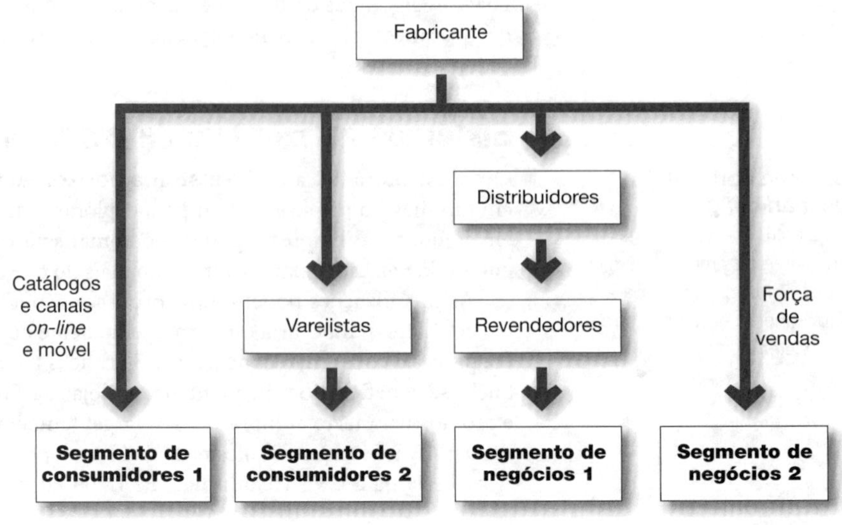

as necessidades específicas de diferentes segmentos de clientes. Mas sistemas multicanal são mais difíceis de controlar e geram conflitos, à medida que mais canais competem por clientes e vendas. Por exemplo, quando a John Deere começou a vender produtos de consumo selecionados por meio das lojas da Lowe's, muitos de seus revendedores reclamaram bastante. Para evitar esse tipo de conflito em seus canais de *marketing* na Internet, a empresa direciona todas as vendas de seu *site* para revendedores John Deere.

Mudanças na organização dos canais

Desintermediação
A eliminação, por parte de fabricantes de produtos e prestadores de serviços, dos intermediários do canal de *marketing* ou a substituição de revendedores tradicionais por tipos de intermediários radicalmente novos.

As mudanças tecnológicas e o crescimento explosivo do *marketing* direto e *on-line* estão causando um profundo impacto na natureza e no desenho dos canais de *marketing*. Uma importante tendência é a **desintermediação** – uma longa palavra que transmite uma mensagem clara e traz consequências importantes. A desintermediação ocorre quando empresas que fabricam produtos ou prestam serviços eliminam intermediários e procuram diretamente os compradores finais ou quando tipos de intermediários de canal radicalmente novos surgem para substituir os tradicionais.

Assim, em muitos setores, os intermediários tradicionais estão ficando de lado, como é o caso dos profissionais de *marketing on-line* que fazem negócios com os varejistas tradicionais. Por exemplo, serviços de *download* de música *on-line*, como iTunes e Amazon, praticamente deixaram as lojas tradicionais de música fora do mercado. Por sua vez, no entanto, serviços de *streaming* de música como Spotify, Amazon Prime Music e Apple Music estão agora desintermediando os serviços de *download* digital. Os *downloads* de música caíram 24% em 2018, ao passo que o *streaming* de áudio sob demanda aumentou 42%.[10]

A desintermediação apresenta oportunidades e problemas para fabricantes e revendedores. Os inovadores de canal que encontram novas maneiras de agregar valor ao canal podem substituir os revendedores tradicionais e colher os frutos. Por exemplo, quando os serviços de carona Lyft e Uber entraram em cena, rapidamente desintermediaram os serviços tradicionais de táxi e de aluguel de carros, oferecendo melhores experiências aos clientes com tarifas mais baixas (veja Marketing Real 12.1).

Desintermediação: a Toys "R" Us foi pioneira no formato de superloja que já a tornou o local ideal para comprar brinquedos. Mas depois de ser vítima de mudanças nas vendas do mercado de brinquedos para grandes varejistas como o Walmart e comerciantes *on-line* como a Amazon, a gigante do varejo foi forçada a encerrar as operações e fechar suas lojas.
Sundry Photography/Shutterstock

Por sua vez, os intermediários tradicionais devem continuar inovando para evitar serem deixados de lado. Por exemplo, a Toys "R" Us foi pioneira no formato de superloja que uma vez a tornou o local ideal para comprar brinquedos e produtos para bebês, levando a maioria das pequenas lojas de brinquedos independentes para fora do mercado. Mas nos últimos anos, a Toys "R" Us não conseguiu se adaptar às grandes mudanças nas vendas do mercado de brinquedos, primeiro para grandes lojas de descontos, como o Walmart e a Target, e depois para comerciantes *on-line*, como a Amazon. Estima-se que 28% das compras de brinquedos e produtos para bebês agora são feitas *on-line*, onde a Toys "R" Us ficou muito atrasada. A Amazon lidera as vendas de brinquedos *on-line*, com o Walmart em seu encalço digital. Como resultado, a Toys "R" Us acabou declarando falência e fechando suas lojas nos Estados Unidos e no Reino Unido.[11]

Assim como os revendedores, para permanecerem competitivos, os fabricantes de produtos e fornecedores de serviços devem desenvolver novas oportunidades de canais, como *on-line*, móvel e outros canais diretos. No entanto, o desenvolvimento desses novos canais muitas vezes os coloca em concorrência direta com seus canais estabelecidos, resultando em conflito. Para aliviar esse problema, as empresas geralmente procuram maneiras de transformar sua passagem para a venda direta em vantagem para o canal como um todo. Por exemplo, a Stanley Black & Decker sabe que muitos clientes preferem comprar suas ferramentas elétricas, equipamentos elétricos externos e pequenos eletrodomésticos pela Internet, diretamente da empresa. Mas vender diretamente por meio de seus *sites* na web e móveis criaria conflitos com parceiros de varejo importantes e poderosos, como a Home Depot, o Walmart e a Amazon. Portanto, embora os *sites on-line* da Stanley Black & Decker forneçam informações detalhadas sobre os produtos da empresa, você não pode comprar uma furadeira sem fio, uma trena niveladora a laser, um soprador de folhas, uma tesoura de jardim elétrica, um aspirador de pó ou qualquer outra coisa da Black & Decker por lá. Em vez disso, o *site* da empresa direciona você para *sites* e lojas de revendedores. Assim, o *marketing* direto da Stanley Black & Decker ajuda tanto a empresa quanto seus parceiros de canal.

Marketing Real 12.1 | Lyft: disrupção e desintermediação dos canais de transporte urbano

Isso é raro. Mas de vez em quando surge uma empresa que rompe completamente com as formas tradicionais de distribuição de um produto ou serviço. A FedEx revolucionou os canais de entrega de pequenos pacotes, a Amazon transformou radicalmente o varejo e o iTunes da Apple transformou a distribuição de música em seus ouvidos. Agora, vêm a Lyft e a Uber, os serviços de transporte de passageiros baseados em aplicativos que estão revolucionando o transporte urbano. Essas *startups* de rápido crescimento estão rapidamente desintermediando os serviços convencionais de táxi e de aluguel de carros.

Quando se trata de transporte urbano baseado em aplicativos, você provavelmente pensa primeiro na líder de mercado Uber. Mas foi a Lyft, a número dois, que foi pioneira no conceito de compartilhamento de viagens. Antes que os pneus da Uber chegassem à estrada, a Lyft começou como Zimride, um aplicativo de caronas destinado a estudantes universitários que procuram carona para casa nos fins de semana e feriados. No entanto, quando o Zimride se transformou na Lyft, a Uber já estava fortemente estabelecida. Embora a Lyft esteja crescendo muito mais rápido que a Uber, ela ainda é a tartaruga enquanto a Uber é a lebre, capturando 35% do mercado de compartilhamento de viagens dos Estados Unidos contra mais de 60% da Uber.

Por que tantos clientes agora ignoram os bons e velhos táxis em favor de novos entrantes como a Lyft e a Uber? É tudo uma questão de conveniência e tranquilidade. O aplicativo para *smartphone* da Lyft permite que os passageiros chamem o carro mais próximo de qualquer local e depois o rastreiem em um mapa à medida que ele se aproxima. O aplicativo da Lyft fornece aos passageiros uma estimativa precisa da tarifa com antecedência (geralmente muito menos do que a cobrada por um táxi comum), eliminando suposições e incertezas. Após o trajeto, os passageiros simplesmente saem e vão embora. A Lyft faz a cobrança automaticamente no cartão de crédito do passageiro, eliminando o momento de pagamento muitas vezes incômodo. E é o mesmo processo em qualquer lugar do país, de Nova York a São Francisco a Asheville, Carolina do Norte, ou Atenas, Geórgia.

Desde o início, a Lyft se preocupa com a experiência do cliente. Os canais convencionais de transporte urbano há muito são governados por relacionamentos semelhantes a cartéis entre empresas de táxi e governos locais, caracterizados por tarifas altas e serviço ruim. Por outro lado, sob sua missão fundadora de "reconectar pessoas e comunidades", a Lyft foi às ruas com carros comuns dirigidos por pessoas comuns, oferecendo um serviço amigável a preços razoáveis. Ela encorajou os passageiros a se sentarem na frente e trocarem conversas e cumprimentos com seus motoristas. A Lyft se gaba de ter "Motoristas felizes. Passageiros felizes".

Compare a experiência da Lyft com a experiência do táxi, muitas vezes inquietante. Um repórter de negócios descreve a espera na fila de um ponto de táxi enquanto um motorista tentava convencer outro passageiro – um completo estranho – a dividir o táxi, aumentando assim sua tarifa. O táxi em si era antigo e imundo, com assentos rasgados e gastos. Durante todo o trajeto, o taxista manteve uma conversa telefônica por meio de seu fone de ouvido, causando preocupações de segurança enquanto dirigia distraidamente pelas ruas movimentadas da cidade. O motorista falava apenas um inglês pobre e difícil de entender. "Isso acabou sendo uma coisa boa", diz o repórter, "porque eu não conseguia entender o que ele estava tentando dizer quando me insultou por não dar uma gorjeta boa o suficiente".

Assim, a inovação disruptiva da Lyft trouxe uma lufada de ar fresco para uma indústria implorando por mudanças. Isso fica evidente na rapidez com que o novo canal de transporte cresceu. Na cidade de Nova York, o maior mercado de táxis dos Estados Unidos, moradores e visitantes fazem passeios em um veículo Uber ou Lyft mais de 600 mil vezes por dia – o dobro do número de corridas de táxi. Quanto mais os consumidores aceitarem o modelo de transporte de passageiros, maior será a ameaça para as empresas tradicionais de táxi e de aluguel de carros, que agora estão perdendo clientes e motoristas para a Lyft e a Uber. Como aponta um professor de economia, o setor de táxis "estava pronto para aceitar a entrada [de *startups*] porque todo mundo o odeia".

A Lyft provavelmente não alcançará a Uber tão cedo. Com sua vantagem como pioneira e o financiamento de investidores endinheirados, a Uber cresceu rapidamente para capturar uma participação de 90% do mercado de transporte de passageiros nos Estados Unidos. A Uber também se expandiu rapidamente em todo o mundo – agora atende a mais de 65 países e 600 cidades globalmente. A Lyft está apenas começando a se tornar global. Mas não muito tempo atrás, a Uber foi abalada por uma série de escândalos – desde crimes públicos de seu cofundador e então CEO Travis Kalanick até acusações de tratamento injusto aos motoristas, tecnologias roubadas e assédio sexual dentro de uma cultura corporativa tóxica. Os clientes da Uber responderam com a campanha #deleteUber, impulsionada pelas mídias sociais, custando à Uber clientela e participação de mercado.

Os infortúnios da Uber deixaram a Lyft parecida com o que um repórter chamou de "a escolha mais moral entre as empresas de carona". À medida que a participação de mercado da Uber caiu, a da Lyft subiu. Embora as vendas da Uber tenham se recuperado e crescido modestamente no ano seguinte ao escândalo, a Lyft emergiu da sombra da Uber, dobrando o número de motoristas e passageiros. "Parecia o ano em que o público realmente nos conheceu por nossa missão e nossos valores", diz o vice-presidente de operações da Lyft.

O futuro é brilhante para a Lyft. Seu mercado continua a crescer à medida que os consumidores mudam não apenas de táxis para os novos serviços de transporte de passageiros, mas também de transporte público. Algumas pessoas estão até abandonando seus carros e usando aplicativos como Lyft e Uber como único meio de transporte de carro. Quase um quarto dos adultos norte-americanos vendeu ou trocou um carro durante o ano passado. Quase 10% deles não substituíram seu carro antigo por um novo, optando por depender da Lyft ou da Uber para se locomover. A Lyft mudou de marcha para dar um impulso a essa tendência. Em uma campanha recente, a Lyft ofereceu até 600 dólares em crédito para proprietários de veículos particulares se eles simplesmente guardassem suas chaves por um mês.

Desistir da propriedade de veículos ficou ainda mais fácil com o surgimento de empresas como a Bird e a Lime, que encheram as paisagens urbanas com patinetes elétricos e bicicletas elétricas. Esses serviços são ainda mais baratos do que os serviços de transporte de passageiros, e os membros geralmente podem pegar uma bicicleta ou scooter disponível e chegar aonde estão indo mais rápido do que esperar por um carro da Lyft ou da Uber. Agora, tanto a Lyft quanto a Uber lançaram seus próprios programas de aluguel

A Lyft e outros serviços inovadores baseados em aplicativos estão desintermediando rapidamente os táxis convencionais e os sistemas de transporte urbano.

Linda Parton/Shutterstock

de bicicletas e scooters e os disponibilizaram em seus aplicativos. E além de apenas levar as pessoas aos seus destinos, elas estão se movendo para usar suas redes de motoristas para entregar qualquer outra coisa – de comida para viagem a pacotes de compras. Como disse um executivo: "Uma vez que você entrega carros em cinco minutos, há muitas outras coisas que você pode entregar em cinco minutos".

Mas olhando para frente, a Lyft sabe que a desintermediação é uma faca de dois gumes. As empresas de transporte de passageiros que agora estão causando estragos aos serviços convencionais de transporte urbano estarão vulneráveis à chegada da próxima grande novidade. Neste caso, a próxima grande disrupção são os carros autônomos. Uma vez uma fantasia distante, o uso generalizado de carros sem motorista agora é uma conclusão inevitável – é apenas uma questão de quando. E que melhor maneira de transportar as pessoas do que com uma frota de carros autônomos? Assim, tanto a Lyft quanto a Uber estão investindo pesadamente em tecnologia de veículos autônomos, na esperança de revolucionar seu próprio canal de carona antes que os concorrentes da nova onda possam fazê-lo.

Reconhecendo que não tem recursos para fazer isso sozinha, a Lyft está buscando colaboração. Ela lançou parcerias com vários desenvolvedores de tecnologia sem motorista, incluindo o Cruise da GM, a Ford e o projeto de carro autônomo Waymo do Google. Em sua maior cartada até agora, a Lyft está criando seu próprio programa de desenvolvimento de tecnologia de direção autônoma que desenvolverá uma plataforma aberta de direção autônoma que as montadoras poderão conectar a qualquer carro, transformando-a em um fornecedor da Lyft sem motorista.

Assim, mesmo que o modelo inovador de carona da Lyft esteja revolucionando e substituindo os concorrentes convencionais, a própria jovem empresa enfrenta a disrupção de tecnologias ainda mais novas. Para prosperar, ou mesmo sobreviver, a Lyft deve continuar inovando, desintermediando seu próprio modelo de distribuição antes que os concorrentes consigam.[12]

Comentário do autor | Como tudo no *marketing*, um bom design de canal começa com a análise das necessidades do cliente. Lembre-se, os canais de *marketing* são realmente redes de entrega de valor ao cliente.

Decisões de projeto do canal

Objetivo 12.3 Identificar as principais alternativas de canal disponíveis para uma empresa.

Vamos analisar as diversas decisões referentes ao projeto do canal com que os fabricantes se deparam. Ao elaborar o projeto de canais de *marketing*, os fabricantes se debatem entre o que é ideal e o que é prático. Uma empresa nova com capital limitado geralmente começa vendendo em uma área limitada do mercado. Nesse caso, decidir quais são os melhores canais pode não ser um problema: o problema pode ser convencer um ou alguns bons intermediários a trabalhar com a linha de produtos da empresa.

Se for bem-sucedida, a nova empresa poderá expandir seus negócios para novos mercados por meio dos intermediários existentes. Em mercados menores, ela pode vender diretamente para os varejistas; em mercados maiores, pode vender por meio de distribuidores. Em determinadas partes do país, pode licenciar franquias exclusivas; em outras, pode vender por meio de todos os pontos de venda disponíveis. Além disso, a empresa pode ter uma loja na Internet para vender diretamente a clientes. Assim, os sistemas de canal muitas vezes evoluem de acordo com as oportunidades e condições do mercado.

Contudo, para atingir a eficiência máxima, as análises e as tomadas de decisão relacionadas ao canal devem ter um propósito mais bem definido. O **projeto do canal de *marketing*** demanda a análise das necessidades dos consumidores, o estabelecimento dos objetivos do canal, a identificação das principais alternativas dele e a avaliação dessas alternativas.

Projeto do canal de *marketing*
Elaboração de um projeto de canal de *marketing* eficiente por meio da análise das necessidades dos consumidores, do estabelecimento dos objetivos dos canais, da identificação das principais alternativas do canal e da avaliação dessas alternativas.

Análise das necessidades dos consumidores

Conforme observamos anteriormente, os canais de *marketing* fazem parte da *cadeia de valor para o cliente*, sendo que cada membro e nível do canal agrega valor para o cliente. Assim, o projeto do canal de *marketing* se inicia com a descoberta do que os consumidores-alvo querem do canal. Eles desejam comprar em locais próximos ou estão dispostos a ir até pontos centralizados, porém mais longe? Preferem comprar pessoalmente, pelo telefone ou *on-line*? Valorizam uma grande variedade ou preferem artigos especializados? Querem muitos serviços complementares (entrega, crédito, manutenção, instalação) ou vão procurar esses serviços em outros lugares? Quanto mais rápida a entrega, maior a variedade oferecida e maior a quantidade de serviços complementares disponíveis, maior o nível de serviço do canal.

Contudo, oferecer a entrega mais rápida, a maior variedade e a maior quantidade de serviços pode não ser possível, prático ou desejável. A empresa e os membros de seu canal podem não dispor dos recursos ou das habilidades necessárias para fornecer todos os serviços desejados. Além disso, o fornecimento de níveis mais altos de serviços resulta em custos mais elevados para o canal e preços maiores para os consumidores. O sucesso dos supermercados de desconto modernos mostra que os consumidores geralmente aceitam níveis de serviço mais baixos em troca de preços mais baixos. Por exemplo, o Walmart normalmente se classifica perto do fim do ranking de supermercados em termos de experiência de compra e satisfação do cliente em comparação a empresas como a Wegmans, a Publix, a Kroger, a Trader Joe's, a Whole Foods ou qualquer outro varejista de supermercado. No entanto, ele captura uma participação de 26% do mercado de supermercados dos Estados Unidos.[13]

Muitas empresas, no entanto, se posicionam em níveis de serviço mais altos, e os clientes pagam de bom grado por preços mais altos. Por exemplo, o Four Seasons Hotels and Resorts investe pesadamente em serviços de primeira linha que criam a satisfação do cliente:[14]

> O Four Seasons aperfeiçoou a arte do serviço de alto nível e cuidadosamente elaborado. Seja na ilha paradisíaca tropical do Four Seasons Resort Mauritius ou no luxuoso "acampamento" subsaariano do Four Seasons Safari Lodge Serengeti, os hóspedes que pagam 1.000 dólares ou mais por noite esperam ter suas mentes lidas. Para esses convidados, o Four Seasons não decepciona. Não poupa gastos na qualidade da equipe e no alto nível de serviço que prestam. O Four Seasons contrata as melhores pessoas, paga-as bem, orienta-as cuidadosamente, infunde-lhes um sentimento de orgulho e recompensa-as por excelentes serviços prestados. De acordo com um serviço de classificação de viagens, cada propriedade do Four Seasons se esforça para "ir acima e além todos os dias pelos seus hóspedes". Como um convidado do Four Seasons Maui disse uma vez a um gerente: "Se existe um paraíso, espero que seja administrado pelo Four Seasons".

Atendendo às necessidades de serviço de canal dos clientes: o Four Seasons Hotels and Resorts aperfeiçoou a arte do serviço de alto nível e cuidadosamente elaborado. "Se existe um paraíso, espero que seja administrado pelo Four Seasons".

Four Seasons Hotel Prague

Assim, as empresas devem equilibrar as necessidades do consumidor não apenas com a viabilidade e os custos de atender a essas necessidades, mas também com as preferências de preço do cliente.

Estabelecimento dos objetivos do canal

As empresas devem definir seus objetivos para o canal de *marketing* em termos do nível de serviços para o cliente. De modo geral, a organização pode identificar diversos segmentos que desejam níveis de serviço diferentes. Ela deve decidir quais segmentos atenderá e quais são os melhores canais para se usar em cada caso. Em cada segmento, ela quer minimizar os custos totais do canal com o atendimento das exigências de serviços para os clientes.

Os objetivos do canal da empresa também são influenciados pela natureza da organização, seus produtos, os intermediários de *marketing*, seus concorrentes e o ambiente. Por exemplo, o porte e a situação financeira da empresa determinam quais funções de *marketing* ela pode executar por conta própria e quais deve repassar para intermediários. Empresas que vendem produtos perecíveis, por exemplo, podem precisar de mais *marketing* direto, a fim de evitar atrasos e muito manuseio da mercadoria.

Em alguns casos, a empresa pode querer competir nos mesmos pontos de venda onde trabalha com produtos de seus concorrentes ou em pontos de venda próximos a esses locais. Por exemplo, a Maytag quer que seus eletrodomésticos fiquem expostos junto com os das marcas concorrentes para facilitar as comparações na hora da compra. Em outros casos, as empresas podem evitar os canais utilizados por concorrentes. O Pampered Chef, por exemplo, vende utensílios de cozinha de alta qualidade diretamente aos consumidores por meio de seus mais de 60 mil consultores em todo o mundo, em vez de enfrentar outros fabricantes de utensílios de cozinha para posições escassas em lojas de varejo. A GEICO e a USAA comercializam principalmente seguros e produtos bancários para consumidores por meio de canais de telefone e internet, e não por meio de agentes. E, diferentemente das montadoras concorrentes que usam concessionárias franqueadas, a Tesla vende seus carros *on-line*, apoiada por uma rede de lojas ou "galerias" da Tesla de propriedade da empresa, onde os clientes podem ver os veículos expostos e obter mais informações.

Objetivos do canal: ao contrário das montadoras concorrentes, a Tesla vende seus carros *on-line*, apoiada por uma rede de apenas algumas lojas Tesla de propriedade da empresa nas principais cidades, onde os clientes podem ver veículos expostos e obter mais informações.

Chon Kit Leong/Alamy Stock Photo

Finalmente, fatores ambientais, como condições econômicas e restrições legais, podem afetar os objetivos e a estrutura do canal. Por exemplo, em uma economia em depressão, os produtores desejarão distribuir seus produtos da maneira mais econômica, usando canais mais curtos e descartando serviços desnecessários que aumentam o preço final dos produtos.

Identificação das principais alternativas

Uma vez que a empresa tenha determinado seus objetivos de canal, ela deve identificar suas principais alternativas em termos de *tipos* de intermediários, *número* de intermediários e *responsabilidades* de cada membro do canal.

Tipos de intermediários

A empresa deve identificar os tipos de membros disponíveis para realizar suas tarefas de canal. A maioria das empresas se depara com muitas escolhas no que diz respeito a membros do canal. Por exemplo, a Dell inicialmente vendia diretamente para consumidores finais e compradores de negócios apenas por meio de seu sofisticado canal de *marketing on-line* e por telefone. Também vendia diretamente para grandes compradores corporativos, institucionais e governamentais usando sua força de vendas direta. No entanto, para alcançar mais consumidores e igualar concorrentes como Samsung, Apple e HP, a Dell agora vende indiretamente por meio de varejistas como Best Buy, Staples e Walmart. Também vende indiretamente por meio de revendedores de valor agregado, distribuidores independentes e revendedores que desenvolvem sistemas e aplicativos de computador adaptados às necessidades especiais de clientes de pequenas e médias empresas.

Usar muitos tipos de revendedores em um canal oferece vantagens e desvantagens. Por exemplo, ao vender por meio de varejistas e revendedores de valor agregado, além de seus próprios canais diretos, a Dell pode alcançar mais e diferentes tipos de compradores. No entanto, estes são mais difíceis de gerenciar e controlar. Além disso, os canais diretos e indiretos competem entre si por muitos dos mesmos clientes, causando conflitos potenciais. Na verdade, a Dell muitas vezes se vê "presa no meio", com seus representantes de vendas diretas reclamando da concorrência das lojas de varejo, enquanto seus revendedores de valor agregado reclamam que os representantes de vendas diretas estão prejudicando seus negócios.

Distribuição intensiva
Colocação dos produtos no maior número possível de pontos de venda.

Distribuição exclusiva
Concessão a um número limitado de revendedores do direito exclusivo de distribuir os produtos da empresa no território deles.

Distribuição seletiva
O uso de mais de um intermediário, mas menos do que o total disposto a comercializar os produtos da empresa.

Número de intermediários de *marketing*

As empresas também devem determinar o número de membros do canal que utilizarão em cada nível. Há três estratégias que podem ser usadas: distribuição intensiva, distribuição exclusiva e distribuição seletiva. Os fabricantes de produtos de conveniência e de matérias-primas comuns geralmente adotam a **distribuição intensiva** – estratégia por meio da qual colocam seus produtos no maior número possível de pontos de venda. Esses produtos precisam estar à mão onde e quando os consumidores quiserem. Por exemplo, pasta de dente, bala e outros itens parecidos são vendidos em milhões de pontos de venda para proporcionar a máxima exposição da marca e oferecer praticidade para o consumidor. A P&G, a Coca-Cola, a Kimberly-Clark e outras empresas de bens de consumo distribuem seus produtos dessa forma.

Em compensação, alguns fabricantes limitam, propositalmente, o número de intermediários que comercializam seus produtos. A modalidade extrema dessa prática é a **distribuição exclusiva**, por meio da qual o fabricante concede somente a um número limitado de revendedores o direito exclusivo de distribuir os produtos da empresa no território deles. Esse tipo de distribuição é usado com frequência com marcas de luxo. Os relógios Breitling – posicionados como "Instrumentos para profissionais" e vendidos a preços de 5.000 a mais de 100 mil dólares – são vendidos apenas por alguns revendedores autorizados em qualquer área de mercado. Por exemplo, a marca vende por meio de apenas um joalheiro em Chicago e apenas seis joalheiros em todo o estado de Illinois. A distribuição exclusiva reforça o posicionamento diferenciado da Breitling e garante maior suporte ao revendedor e atendimento ao cliente.

A **distribuição seletiva** fica entre a distribuição intensiva e a exclusiva – trata-se do uso de mais de um intermediário, mas menos do que o total disposto a comercializar os produtos da empresa. A maioria das marcas de eletrônicos, móveis e eletrodomésticos é distribuída dessa maneira. Por exemplo, a fabricante de equipamentos elétricos para ambientes externos STIHL não vende suas motosserras, sopradores, corta-sebes e outros produtos por meio de *merchandising* em massa, como a Lowe's e a Home Depot. Em vez disso, vende por meio de um grupo seleto de revendedores independentes de ferragens e jardinagem. Ao usar a distribuição seletiva, a STIHL pode desenvolver boas relações de trabalho com os revendedores e esperar um esforço de vendas acima da média. A distribuição seletiva também melhora a imagem da marca STIHL e permite maiores margens de lucro resultantes de um serviço de revendedor de maior valor agregado. "Contamos com nossos revendedores selecionados todos os dias e você também pode", diz um anúncio da STIHL.

Distribuição seletiva: a STIHL vende suas motosserras, sopradores, corta-sebes e outros produtos por meio de um seleto grupo de revendedores independentes de ferragens e jardinagem. "Contamos com eles todos os dias e você também pode".
STIHL Incorporated

Responsabilidades dos membros do canal

O fabricante e os intermediários precisam estar de acordo quanto aos termos e às responsabilidades de cada membro do canal. Devem concordar nas políticas de preços, nas condições de venda, nos direitos territoriais e nos serviços específicos que cada parte deve oferecer. O fabricante deve estabelecer uma tabela de preços e um programa de descontos justo para os intermediários. Deve definir o território de cada membro do canal e ser cuidadoso com a localização de novos revendedores.

Os serviços e deveres mútuos devem ser cuidadosamente definidos, em especial em canais que envolvem franquias e distribuição exclusiva. Por exemplo, o Subway oferece aos franqueados acesso a fórmulas e sistemas operacionais proprietários, suporte promocional e de propaganda, treinamento intensivo, assistência na seleção de locais e orientação geral de gerenciamento. Por sua vez, os franqueados devem atender aos padrões da empresa para instalações físicas e de qualidade dos alimentos, fornecer as informações solicitadas, comprar produtos alimentícios específicos, cooperar com os novos programas de promoção e pagar uma taxa de fundo de propaganda e *royalties* de 8% ao Subway.[15]

Avaliação das principais alternativas

Vamos supor que uma empresa tenha identificado diversas alternativas de canal e queira selecionar aquela que melhor atenderá a seus objetivos de longo prazo. Toda alternativa deve ser avaliada com base em critérios econômicos, de controle e de adaptação.

Ao utilizar *critérios econômicos*, a empresa compara as prováveis vendas, custos e lucratividade às diferentes alternativas de canal. Qual será o investimento necessário para cada alternativa de canal e quais serão os retornos resultantes? A empresa também deve considerar *questões de controle*. Usar intermediários geralmente significa conceder-lhes parte do controle sobre o *marketing* do produto, e alguns intermediários assumem mais controle do que outros. Quando todo o resto é igual, a empresa prefere manter para si o maior controle possível. Por fim, a organização deve aplicar *critérios de adaptação*. Canais geralmente envolvem compromissos de longo prazo, contudo a empresa deseja manter o canal flexível, para que possa se adaptar às mudanças no ambiente. Assim, para ser considerado um canal que envolve compromissos de longo prazo, precisa apresentar grande superioridade nos quesitos economia e controle.

Projeto de canais de distribuição internacionais

Ao projetar seus canais, as empresas internacionais enfrentam uma série de complexidades adicionais. Cada país tem um sistema de distribuição único, que evoluiu com o tempo e muda muito lentamente. Esses sistemas podem variar muito de país para país. Assim, as empresas globais geralmente têm de adaptar suas estratégias de canal às estruturas existentes dentro de cada nação.

Existem grandes diferenças nos números e tipos de intermediários que atendem ao mercado de cada país e na infraestrutura de transporte que atende a esses intermediários. Por exemplo, enquanto as grandes redes de varejo dominam o cenário dos Estados Unidos, a maior parte do varejo em outros países é feita por pequenos varejistas independentes. Na Índia ou na Indonésia, milhões de varejistas operam pequenas lojas ou vendem em mercados abertos.

Mesmo nos mercados mundiais que contêm tipos semelhantes de vendedores, as práticas de varejo podem variar muito. Por exemplo, você encontrará muitos Walmarts, Carrefours, Tescos e outras superlojas de varejo nas principais cidades chinesas. Mas enquanto as marcas de consumo vendidas em tais lojas nos mercados ocidentais dependem em grande parte do autoatendimento, as marcas na China contratam exércitos de promotoras uniformizadas nas lojas – chamadas de "*promotor girls*" ou "*push girls*" – para distribuir amostras e apresentar seus produtos pessoa a pessoa. Em um Walmart de Pequim, em qualquer fim de semana, você pode encontrar 100 ou mais dessas promotoras familiarizando os clientes com produtos da Kraft, da Unilever, da P&G, da Johnson & Johnson e de uma série de concorrentes locais. "Os consumidores chineses conhecem o nome da marca pela mídia", diz o diretor de um serviço de *marketing* de varejo chinês, "mas eles querem sentir o produto e obter uma compreensão detalhada antes de fazer uma compra".[16]

Distribuição internacional: para superar os problemas de infraestrutura de distribuição na bacia do rio Amazonas, a Nestlé lançou até um supermercado flutuante para levar mercadorias diretamente aos clientes.

Marcia Zoet/Bloomberg via Getty Images

Ao vender em mercados emergentes, as empresas geralmente precisam superar os desafios de infraestrutura de distribuição e fornecimento. Por exemplo, na Nigéria, a Domino's Pizza teve que cavar poços e instalar estações de tratamento de água atrás de muitos de seus restaurantes para obter água limpa. Da mesma forma, depois de ter dificuldade em obter carne bovina de qualidade na África do Sul, em vez de comprar carne escassa de gado esquelético criado por pastores locais, o Burger King finalmente investiu 5 milhões de dólares em sua própria fazenda de gado local.[17] E para atender a bacia do rio Amazonas, no norte do Brasil, que carece de uma rede sólida de boas estradas, a Nestlé até lançou um supermercado flutuante para levar mercadorias diretamente aos clientes. O barco atendeu 800 mil consumidores em 18 cidades ribeirinhas com 300 produtos Nestlé diferentes, passando um dia em cada parada.[18]

Comentário do autor | Agora é hora de implementar o projeto de canal escolhido e trabalhar com os membros selecionados do canal para gerenciá-los e motivá-los.

Decisões de gerenciamento de canal

Objetivo 12.4 Explicar como as empresas selecionam, motivam e avaliam os membros do canal.

Após ter analisado suas alternativas e decidido qual é o melhor projeto de canal, a empresa deve implantar e gerenciar o canal escolhido. O **gerenciamento do canal de *marketing*** requer a seleção, a gestão e a motivação de cada membro do canal, bem como a avaliação de seu desempenho ao longo do tempo.

Gerenciamento do canal de *marketing*
A seleção, gestão e motivação de cada membro do canal, bem como a avaliação de seu desempenho ao longo do tempo.

Seleção dos membros do canal

A capacidade dos fabricantes de atrair intermediários de *marketing* qualificados varia. Alguns não encontram nenhuma dificuldade para recrutar membros para o seu canal. Por exemplo, quando a Toyota lançou sua linha Lexus nos Estados Unidos, não teve problemas para atrair novos revendedores. Na verdade, ela teve que recusar muitos candidatos.

No outro extremo, estão os fabricantes que têm de batalhar muito para conseguir um número suficiente de intermediários qualificados. Por exemplo, quando a Timex tentou vender seus relógios baratos por meio de joalherias regulares, a maioria das joalherias se recusou a vendê-los. A empresa então conseguiu colocar seus relógios em pontos de venda de massa, o que acabou por ser uma decisão sábia em razão do rápido crescimento do *merchandising* de massa.

Mesmo marcas estabelecidas podem ter dificuldade em conquistar e manter a distribuição desejada, principalmente quando se trata de revendedores poderosos. Por exemplo, a Amazon.com se recusa a vender parte da linha de produtos domésticos inteligentes Nest do Google ou seus alto-falantes do assistente de voz do Google Home, dizendo que eles competem com seu próprio Amazon Echo, Ring entre outros produtos. Por sua vez, o Google removeu o YouTube dos produtos de *streaming* da FireTV e da Echo show/Spot da Amazon. A disputa entre os dois gigantes digitais priva ambas as empresas de oportunidades de distribuição significativas, ao mesmo tempo em que incomoda seus clientes mútuos.[19]

Seleção de canais: mesmo marcas estabelecidas podem ter dificuldade em obter os canais desejados. Por exemplo, a Amazon se recusa a vender muitos produtos das marcas Google e Nest.
BigTunaOnline/Shutterstock

Ao selecionar intermediários, a empresa deve determinar as características que distinguem os melhores. Ela vai precisar avaliar o tempo de experiência, as outras linhas comercializadas, a localização, o histórico de crescimento e lucros, o nível de cooperação e a reputação no mercado de cada membro do canal.

Gestão e motivação dos membros do canal

Uma vez selecionados, os membros do canal precisam ser continuamente gerenciados e motivados para darem tudo de si. A empresa deve vender não só *por meio* dos intermediários, mas também *para* e *com* eles. A maioria das empresas vê seus intermediários como clientes e parceiros de primeira linha. Elas praticam uma sólida gestão do relacionamento com o parceiro, com o intuito de desenvolver parcerias de longo prazo com os membros do canal. Isso cria um sistema de entrega de valor que atende às necessidades da empresa *e* de seus parceiros de *marketing*.

Ao gerenciar seus canais, uma empresa deve convencer fornecedores e distribuidores de que podem ter mais sucesso trabalhando juntos como parte de um sistema coeso de entrega de valor. As empresas devem trabalhar em estreita harmonia com as outras no canal para encontrar melhores maneiras de agregar valor aos clientes. Por exemplo, o sucesso crescente da unidade de serviços de computação em nuvem Azure da Microsoft deriva de seus recursos exclusivos de construção de parcerias. A Microsoft é "a melhor parceira que existe", diz um cliente (veja o Marketing Real 12.2). E a montadora Toyota

Marketing Real 12.2 | Microsoft Azure: parceria com clientes na nuvem

Assim como no varejo *on-line*, a Amazon domina o setor de serviços de computação em nuvem pública. Com base no incrível sucesso *on-line* da Amazon, sua unidade Amazon Web Services (AWS) fornece a seus clientes empresariais as plataformas, os serviços, os aplicativos e os conhecimentos que os ajudam a operar com sucesso na Internet (a "nuvem"). Como provedor de nuvem pública, a AWS fornece tudo em nuvem para seus clientes, aliviando-os das despesas, encargos e riscos de construir e gerenciar seus próprios centros de processamento de dados (*data centers*). A AWS foi pioneira nesses tipos de serviços de computação em nuvem e captura uma participação de mercado maior do que os quatro maiores concorrentes de nuvem pública combinados, incluindo os pesos-pesados da tecnologia Microsoft, Google e IBM. Como disse um analista: "No negócio de nuvem [pública], há a Amazon Web Services e todo o resto".

Ainda assim, a Amazon Web Services tem algumas vulnerabilidades que deixam a porta entreaberta para os concorrentes. E, em segundo lugar, a Microsoft está abrindo caminho por essa porta com a Microsoft Azure, que permite que as empresas criem, implantem e gerenciem aplicativos e serviços pela Internet por meio dos próprios centros de processamento de dados da Microsoft. Por um lado, alguns dos maiores clientes de serviços em nuvem são rivais ferrenhos da Amazon. No negócio de computação em nuvem pública, "'não ser a Amazon' é um posicionamento forte ao vender para varejistas, mercearias e outros clientes de nuvem que preferem evitar encher os bolsos [da Amazon] enquanto [ela] compete diretamente contra eles", observa o analista. Como resultado, um número crescente de grandes varejistas recorreu à Microsoft Azure para soluções em nuvem, incluindo o Walmart, a Kroger, a Walgreen's, a Albertsons e a Gap.

Mas o crescente sucesso da Microsoft Azure em serviços de nuvem pública é muito mais profundo do que simplesmente ser uma alternativa à Amazon. Em vez disso, a maior vantagem da Azure deriva de seus recursos de criação de parcerias. A AWS é conhecida por fornecer serviços de nuvem prontos para uso que são versões amplamente modificadas dos próprios produtos de nuvem da Amazon. Embora essa abordagem de "autoatendimento" fácil de usar funcione bem para algumas empresas, para outras não é interessante. Os clientes de nuvem estão procurando cada vez mais fornecedores-parceiros que possam ajudá-los a personalizar e gerenciar suas soluções de nuvem. E quando se trata de parceria com clientes, ninguém supera a Microsoft.

A Microsoft passou mais de quatro décadas aperfeiçoando a arte de criar relacionamentos com os clientes. Ela possui uma equipe de vendas de mais de 3.000 engenheiros de *software* a postos. Portanto, enquanto a AWS adota uma abordagem de autoatendimento à distância para vender serviços em nuvem, a Azure adota uma abordagem decididamente mais humana. A Microsoft transformou sua força de vendas em uma consultoria itinerante de desenvolvimento e gerenciamento de nuvem. Quando os clientes entram na Azure, eles obtêm acesso imediato a uma equipe de vendas que se junta a eles para ajudá-los a aproveitar ao máximo os serviços em nuvem.

Por exemplo, a grande varejista de supermercados e drogarias Albertsons recentemente convidou a Microsoft para ajudá-la a desenvolver serviços em nuvem que "transformariam digitalmente a jornada do cliente". "Estamos reimaginando o futuro para atender os clientes da maneira que eles desejam interagir conosco em todos os canais", diz o diretor de informações da Albertsons. Em parceria com as unidades Azure, Azure AI e Azure Cognitive Science da Microsoft, a Albertsons está desenvolvendo soluções em nuvem que melhoram a experiência do cliente tanto na loja quanto digitalmente.

A parceria Azure-Albertsons já está dando frutos nas paradas de abastecimento de combustível da Albertsons na forma de um novo aplicativo One Touch Fuel. O aplicativo usa a Microsoft Azure e tecnologia de *geofencing* para permitir que os clientes concluam quase todas as tarefas de compra de combustível – desde o pagamento a coleta de recompensas até a ativação da bomba – com um único toque no celular. Ao eliminar o incômodo de esperar e seguir as instruções da bomba, o aplicativo economiza aos clientes uma média de 90 segundos por abastecimento.

A Microsoft Azure tem outra vantagem de parceria. Ela já tem muitos relacionamentos de longa data com empresas que usam seus produtos de *software* exclusivos Windows e Office. Os clientes que já usam os aplicativos em nuvem do Office são mais propensos a permanecer com a Microsoft quando movem seus próprios servidores e centros de processamento de dados para a nuvem. É por isso que a fabricante de doces e empresa de alimentos para animais de estimação Mars recentemente escolheu a Microsoft Azure em vez da AWS. "Nossa filosofia é impulsionar relacionamentos mais profundos com parceiros que já temos", diz o diretor de tecnologia da Mars. "Não tínhamos esse mesmo tipo de relacionamento com a AWS".

Da mesma forma, uma boa parceria é a razão pela qual a empresa de compartilhamento de arquivos em nuvem e rival do Dropbox, Egnyte, mudou a maioria de seus serviços para a nuvem da Microsoft Azure. As duas empresas agora estão trabalhando juntas para desenvolver produtos em nuvem unificados. A Egnyte já havia confiado no Google Cloud para a maioria de suas necessidades de computação em nuvem. De fato, o Egnyte foi financiado desde o início pelo Google Ventures. Mas agora vê a Microsoft como a melhor opção, já que a maioria de seus clientes já usa produtos em nuvem da Microsoft. "Nós dois ganhamos fornecendo uma solução integrada", diz o CEO da Egnyte. "Não estamos vendo esse nível de integração ou programas de entrada no mercado sendo realizados pela Amazon [ou Google]". A Microsoft é "a melhor parceira que existe".

A AWS da Amazon ainda é de longe a líder do mercado de computação em nuvem pública. Apesar de seus sucessos recentes, a Microsoft Azure ainda captura apenas cerca de um terço das receitas de serviços em nuvem da AWS. Mas a Azure agora tem uma posição

Os clientes de serviços em nuvem desejam fornecedores parceiros que possam ajudá-los a personalizar e gerenciar suas soluções em nuvem. E quando se trata de parceria, ninguém supera a Azure da Microsoft.

Piotr Swat/Shutterstock

firme e crescente no segundo lugar, com o dobro da participação de mercado dos vice-campeões Google e IBM. E graças à sua proeza na construção de parcerias fornecedor-cliente, a Azure está crescendo a passos largos para fechar a lacuna com a AWS.

Em resposta, os concorrentes da Azure vêm reforçando seus próprios recursos de construção de relacionamento. Por exemplo, sentindo a pressão, a AWS agora está "passando mais tempo cultivando relacionamentos com altos executivos e CIOs", diz um repórter de tecnologia. "Ela organiza jantares com clientes em potencial para abordar suas preocupações em ambientes mais íntimos e trazer um toque mais humano a esses relacionamentos". E a Google agora está construindo sua própria força de vendas na nuvem do zero. Diz o repórter: "Mesmo a Google, uma empresa que geralmente é alérgica a usar pessoas para qualquer coisa que uma máquina possa fazer, viu o valor de ter uma força de vendas humana".[21]

---

estabelece relacionamentos benéficos com sua grande rede de fornecedores para obter vantagem competitiva mútua:[20]

> Alcançar relacionamentos satisfatórios com fornecedores tem sido uma pedra angular do impressionante sucesso da Toyota. Historicamente, os concorrentes da Toyota nos Estados Unidos costumam alienar seus fornecedores por meio de auto-serviços e negociações intensas. Por outro lado, em vez de intimidar os fornecedores, a Toyota faz parceria com eles e os ajuda a atender suas altas expectativas. Ela aprende sobre seus negócios, conduz atividades conjuntas de melhoria, ajuda a treinar funcionários de fornecedores, fornece *feedback* diário sobre o desempenho e busca ativamente entender as preocupações dos fornecedores. A empresa ainda reconhece os principais fornecedores com prêmios anuais de desempenho.
>
> Como resultado, em 16 dos últimos 18 anos, a Toyota recebeu a pontuação máxima de relações com fornecedores no respeitado North American Automotive Supplier Working Relations Index Study (Estudo do Índice de Relações de Trabalho com Fornecedores Automotivos da América do Norte). O estudo avalia as empresas com relação às transações financeiras com fornecedores, à valorização e ao tratamento justo a eles, à comunicação aberta e honesta e às oportunidades em obter lucros. O estudo sugere que os fornecedores da Toyota se consideram verdadeiros parceiros da gigante automotiva. Criar fornecedores satisfeitos ajuda a Toyota a produzir carros de menor custo e maior qualidade, o que, por sua vez, resulta em clientes mais satisfeitos. Como a Toyota coloca em seu *site* de fornecedores, "nem tudo o que nossos diversos fornecedores fazem é facilmente visto... mas tudo o que eles fazem aparece em cada Toyota".

Muitas empresas estão instalando sistemas integrados e de alta tecnologia para a gestão do relacionamento de parceria (*partnership relationship management* – PRM), a fim de coordenar seus esforços de *marketing* no canal como um todo. Da mesma maneira que utilizam sistemas de gestão do relacionamento com o cliente (CRM) para ajudar a gerenciar o relacionamento com clientes importantes, as empresas atualmente usam PRM e *softwares* de gerenciamento da cadeia de suprimento para recrutar, treinar, organizar, administrar, motivar e avaliar o relacionamento com parceiros do canal.

Avaliação dos membros do canal

A empresa deve verificar periodicamente o desempenho dos membros do canal com base em critérios como cotas de venda, níveis médios de estoque, prazo de entrega ao cliente, tratamento dado a mercadorias danificadas e perdidas, nível de cooperação em programas promocionais e treinamentos da empresa, e serviços de atendimento ao cliente. A empresa deve reconhecer e recompensar os intermediários que apresentam bom desempenho e agregam valor para os consumidores. Os que estão se saindo mal devem receber ajuda ou, como último recurso, ser substituídos. Por fim, as empresas precisam ser sensíveis às necessidades de seus parceiros de canal. Aquelas que tratam seus parceiros com descaso correm o risco não somente de perder apoio, mas também de gerar problemas legais. A seção seguinte descreve os vários direitos e deveres das empresas e dos outros membros de canal.

Política pública e decisões de distribuição

Na maioria dos casos, as empresas são legalmente livres para desenvolver quaisquer estruturas de canal que lhes convenham. Na realidade, as leis norte-americanas que tratam de canais procuram evitar táticas restritivas que, se usadas por algumas empresas, poderiam impedir que outra organização utilizasse um canal desejado. A maioria das leis referentes a canal trata dos direitos e dos deveres mútuos dos membros do canal após a formalização de um relacionamento.

Muitos fabricantes e atacadistas gostam de desenvolver canais exclusivos para seus produtos. Quando o fabricante permite que apenas determinados pontos de venda comercializem seus produtos, a estratégia é chamada de *distribuição exclusiva*. Quando ele exige que os revendedores não comercializem produtos de seus concorrentes, a estratégia é chamada de *direitos exclusivos de distribuição*. Ambas as partes podem se beneficiar dos contratos de exclusividade: o fabricante fica com pontos de venda mais fiéis e confiáveis, ao passo que os revendedores obtêm uma fonte estável de fornecimento e maior apoio nas vendas. Mas os contratos de exclusividade também impedem que outros fabricantes vendam para esses mesmos revendedores. Isso faz com que os contratos de exclusividade sejam regidos pela Clayton Act (Lei Clayton), de 1914. Esses contratos são legais, desde que não reduzam substancialmente a concorrência nem tendam a criar um monopólio e desde que ambas as partes concordem voluntariamente com os termos do acordo.

Os contratos de exclusividade geralmente incluem *acordos territoriais exclusivos*. O fabricante pode concordar em não vender para outros revendedores em determinada área, ou o revendedor pode concordar em vender apenas em seu território. A primeira prática, normal nos sistemas de franquia, é um modo de aumentar o entusiasmo e o comprometimento do revendedor. E também é totalmente legal – a empresa vendedora não tem nenhuma obrigação legal de vender por meio de mais pontos de venda do que deseja. A segunda prática, pela qual o fabricante tenta impedir que o revendedor venda fora de seu território, tornou-se uma importante questão legal.

Às vezes, os fabricantes com marca forte somente vendem aos revendedores se estes aceitarem vender também alguns ou todos os outros produtos de sua linha. Isso é conhecido como a prática de *forçar a linha completa*. Esses *acordos de vendas casadas* não são necessariamente ilegais, mas violam a Lei Clayton quando tendem a provocar uma redução substancial da concorrência. A prática pode impedir os consumidores de escolher livremente entre os fornecedores concorrentes dessas outras marcas.

Por fim, os fabricantes são livres para escolher seus revendedores, mas seu direito de encerrar um contrato com eles é, de certa forma, limitado. Em geral, as empresas vendedoras podem descartar revendedores por um "determinado motivo". No entanto, não podem deixá-los se, por exemplo, eles se recusarem a cooperar em acordos de legalidade duvidosa, como em contratos de direitos exclusivos de distribuição e acordos de vendas casadas.

Comentário do autor | Os profissionais de *marketing* costumavam chamar isso de "distribuição física". Mas, como esse título sugere, o tópico cresceu em importância, complexidade e sofisticação.

Logística de *marketing* e gerenciamento da cadeia de suprimento

Objetivo 12.5 **Discutir a natureza e a importância da logística de *marketing* e do gerenciamento da cadeia de suprimento integrada.**

Nos mercados mundiais de hoje, vender um produto, às vezes, é mais fácil do que fazê-lo chegar aos clientes. As empresas devem decidir qual é a melhor maneira de armazenar, manusear e transportar seus produtos e serviços, para que estejam disponíveis aos consumidores nas variedades certas, na hora certa e no lugar certo. A efetividade da logística tem um grande impacto sobre a satisfação do cliente e os custos da empresa. Vamos abordar aqui a natureza e a importância do gerenciamento da logística na cadeia de suprimento, as metas do sistema de logística, as principais funções da logística e a necessidade do gerenciamento da cadeia de suprimento integrada.

Natureza e importância da logística de *marketing*

Logística de *marketing* (distribuição física)
Planejamento, implantação e controle do fluxo físico de materiais, produtos finais e informações relacionadas desde os pontos de origem até os pontos de consumo, a fim de atender às exigências dos clientes de maneira lucrativa.

Para alguns gerentes, a logística de *marketing* significa apenas caminhões e depósitos. Mas a logística moderna é muito mais do que isso. A **logística de *marketing*** – também chamada de **distribuição física** – envolve o planejamento, a implantação e o controle do fluxo físico de produtos, serviços e informações relacionadas desde os pontos de origem até os pontos de consumo, a fim de atender às exigências dos clientes de maneira lucrativa. Em resumo, envolve levar o produto certo até o cliente certo, no lugar e na hora certos de forma lucrativa.

No passado, os responsáveis pela distribuição física normalmente iniciavam seu trabalho com os produtos na fábrica e, então, tentavam encontrar soluções de baixo custo para fazer esses produtos chegarem aos clientes. Entretanto, a logística de hoje, *centrada no cliente*, começa no mercado e percorre o caminho inverso até chegar à fábrica ou mesmo às fontes de fornecimento. A logística de *marketing* envolve não somente a *logística dirigida para fora* da fábrica (transportar os produtos da fábrica até os revendedores e, no final, até os clientes), mas também a *logística dirigida para dentro* (transportar os produtos e as matérias-primas dos fornecedores até a fábrica) e a *logística reversa* (reutilizar, reciclar, remodelar ou descartar produtos danificados, indesejados ou excedentes devolvidos pelos consumidores ou revendedores). Assim, a logística de *marketing* envolve o **gerenciamento da cadeia de suprimento** como um todo. Trata-se do gerenciamento dos fluxos acima e abaixo da cadeia de suprimentos, considerando o valor agregado de matérias-primas, de produtos finais e de informações relacionadas entre os fornecedores, a empresa, os revendedores e os consumidores finais – conforme mostrado na ● **Figura 12.5**.

Gerenciamento da cadeia de suprimento
Gerenciamento dos fluxos acima e abaixo da cadeia de suprimentos, considerando o valor agregado de matérias-primas, produtos finais e informações relacionadas aos fornecedores, empresa, revendedores e consumidores finais.

A tarefa do gerente de logística é coordenar as atividades dos fornecedores, compradores, empresas vendedoras, membros do canal e clientes. Essas atividades incluem previsão, sistemas de informação, processos de compras, planejamento da produção, processamento de pedidos, estoques, armazenagem e planejamento de transporte.

FIGURA 12.5 Gerenciamento da cadeia de suprimento.

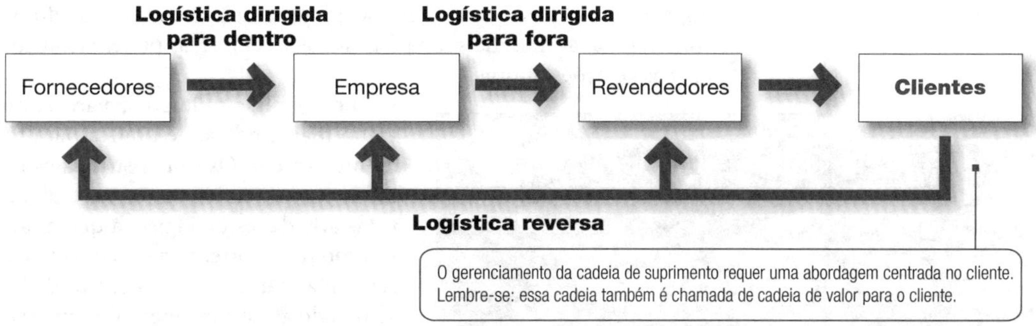

As empresas hoje dão mais ênfase à logística por uma série de razões. Para começar, as empresas podem ganhar uma grande vantagem competitiva utilizando uma logística aprimorada com o intuito de fornecer aos clientes um serviço melhor ou preços mais baixos. Em segundo lugar, uma logística aprimorada pode gerar enormes economias de custo tanto para a empresa como para seus clientes. Até 20% do preço médio de um produto refere-se, apenas, às atividades de expedição e transporte.

As empresas norte-americanas gastam 1,5 trilhão de dólares por ano – cerca de 7,7% do PIB – para embalar, empacotar, carregar, descarregar, classificar, recarregar e transportar mercadorias. Isso é mais do que o PIB nacional total de todos, exceto nove países em todo o mundo. Por si só, a General Motors tem centenas de milhões de toneladas de veículos acabados, peças de produção e peças de reposição em trânsito a qualquer momento, gerando uma conta de logística anual de cerca de 8 bilhões de dólares. Cortar até mesmo uma pequena fração dos custos de logística pode significar economias substanciais. Por exemplo, a GM anunciou recentemente uma reforma logística que economizaria quase 2 bilhões de dólares em dois anos apenas na América do Norte.[22]

A importância da logística: a qualquer momento, a GM tem centenas de milhões de toneladas de veículos acabados e peças em trânsito, gerando uma conta de logística anual de cerca de 8 bilhões de dólares. Mesmo pequenas economias podem ser substanciais.

A.J. Mast

Terceiro, a explosão na variedade de produtos criou a necessidade de uma melhor gestão logística. Por exemplo, em 1916, a típica mercearia Piggly Wiggly carregava apenas 605 itens. Hoje, uma Piggly Wiggly carrega um estoque entre 20 e 35 mil itens, dependendo do tamanho da loja. Uma loja Walmart Supercenter possui 142 mil produtos, 30 mil dos quais são produtos de mercearia. A Amazon.com carrega um desconcertante número de 12 milhões de produtos, ou quase 353 milhões se os vendedores da Amazon Marketplace forem incluídos.[23] Encomendar, enviar, estocar e controlar uma variedade de produtos apresenta um desafio logístico considerável.

Melhorias na tecnologia da informação criaram oportunidades para importantes ganhos de eficiência na distribuição. As empresas de hoje utilizam sofisticados *softwares* de gerenciamento da cadeia de suprimento, sistemas logísticos baseados na Internet, scanners nos pontos de vendas, etiquetas com transmissores de identificação por radiofrequência (RFIDs), rastreamento por satélite e transferência eletrônica de dados de pedido e pagamento. Essas tecnologias permitem às organizações gerenciarem com rapidez e eficiência o fluxo de mercadorias, informações e recursos financeiros da cadeia de suprimento.

Por fim, mais do que praticamente qualquer outra função de *marketing*, a logística afeta o ambiente e os esforços da empresa ligados à sustentabilidade ambiental. O transporte, o armazenamento, a embalagem e outras funções da logística normalmente são os elementos da cadeia de suprimento que mais contribuem para a pegada ecológica da empresa. Portanto, muitas empresas estão desenvolvendo *cadeias de suprimentos verdes*.

Cadeias de suprimentos sustentáveis

As empresas têm muitas razões para reduzir o impacto ambiental de suas cadeias de suprimentos. Por um lado, se elas não se tornarem sustentáveis voluntariamente, uma série de regulamentos de sustentabilidade promulgados em todo o mundo em breve exigirão que o façam. Por outro lado, muitos grandes clientes – do Walmart e Nike ao governo federal dos Estados Unidos – estão exigindo isso. Até os consumidores estão exigindo isso: de acordo com uma pesquisa, 73% dos *millennials* estão dispostos a pagar mais por produtos sustentáveis.[24] Assim, a sustentabilidade ambiental tornou-se um fator importante na seleção de fornecedores e avaliação de desempenho. Mas talvez ainda mais importante do que *ter* que fazer isso, projetar cadeias de suprimentos sustentáveis é simplesmente a coisa *certa* a fazer. É mais uma forma que as empresas podem contribuir para salvar nosso mundo para as gerações futuras.

Embora isso tudo possa parecer utópico, as empresas têm uma razão mais imediata e prática para tornar suas cadeias de suprimentos verdes. Os canais sustentáveis não são apenas bons para o mundo, mas também para os resultados de uma empresa. As próprias atividades de logística que criam a maior pegada ambiental – como transporte, armazenamento e embalagem – também representam a maior parte dos custos de logística. As empresas tornam suas cadeias de suprimentos mais sustentáveis por meio de maior eficiência, o que significa custos mais baixos e lucros mais altos. Em outras palavras, desenvolver uma cadeia de suprimentos sustentável não é apenas ambientalmente responsável, mas também lucrativo. Considere a Levi Strauss & Co.:[25]

Cadeias de suprimentos verdes: as inovações Water<Less da Levi Strauss são boas para o planeta, os consumidores e os resultados da empresa. "A sustentabilidade deveria realmente custar menos [...]".

Levi Strauss & Co.

A água é essencial em todas as etapas do processo de fabricação de jeans da Levi Strauss. Fazer apenas um par de jeans da Levi's consome 3.781 litros de água – cerca de três dias de água para uma casa nos Estados Unidos. Para economizar água, a Levi's lançou uma série de técnicas inovadoras chamadas Water<Less, que economiza até 96% da água apenas no processo de acabamento do jeans. Até agora, as inovações Water<Less economizaram mais de 2 bilhões de litros de água. Mas mais do que ser bom para o planeta, a Water<Less também foi boa para os resultados da Levi Strauss, economizando mais de 1,6 milhão de dólares para a empresa. Diz o vice-presidente de Sustentabilidade da Levi's: "A sustentabilidade deveria realmente custar menos, porque, por definição, se você é mais sustentável, está consumindo menos recursos, o que significa que tem menos custos de insumos".

Além da fabricação, no entanto, o maior impacto ambiental de um par de jeans ocorre no cuidado pós-compra. Então, para economizar ainda mais água, a Levi Strauss lançou uma linha de jeans Water<Less feita especificamente para não precisar ser lavada na máquina. A empresa diz aos consumidores que lavar menos seus jeans, lavá-los em água fria e secá-los no varal pode reduzir o impacto das mudanças climáticas no ciclo de vida de um par de jeans em até 50%. Mais uma vez, o que é bom para os consumidores também é bom para a Levi Strauss. "Ser conhecida como uma marca progressista também ajudou a Levi's a superar momentos difíceis de negócios", diz o executivo. "Afinal, os consumidores adoram uma empresa sustentável".

Metas do sistema logístico

Algumas empresas definem sua meta logística como sendo o fornecimento do máximo atendimento ao cliente com o mínimo custo possível. Contudo, por mais bacana que isso possa soar, infelizmente, nenhum sistema de logística pode maximizar o atendimento ao cliente *e* minimizar os custos de distribuição. A maximização do atendimento ao cliente implica entrega rápida, grandes estoques, variedades flexíveis, políticas de devolução condescendentes e outros serviços – tudo aquilo que aumenta os custos de distribuição. Em contrapartida, custos mínimos de distribuição implicam entrega mais lenta, estoques menores e carregamentos maiores – o que representa um nível mais baixo de atendimento ao cliente no geral.

A meta da logística de *marketing* deve ser fornecer um nível *desejável* de atendimento ao cliente com o mínimo custo possível. A empresa deve, primeiro, pesquisar a importância que seus clientes atribuem aos vários serviços de distribuição e, só então, determinar os níveis de atendimento desejáveis para cada segmento. O objetivo é maximizar *lucros*, e não vendas. Portanto, a empresa deve pesar os benefícios e os custos do fornecimento de níveis mais altos de atendimento. Algumas empresas oferecem menos serviços do que seus concorrentes e cobram preços mais baixos. Outras oferecem mais serviços e cobram preços mais elevados para cobrir os custos mais altos.

Principais funções da logística

Tendo um conjunto de metas logísticas, a empresa projeta um sistema de logística que minimize o custo de atingir essas metas. As principais funções da logística são: *armazenagem*, *gerenciamento de estoque*, *transporte* e *gerenciamento de informações logísticas*.

Armazenagem

Os ciclos de produção e consumo raramente coincidem, de modo que a maioria das empresas precisa armazenar seus produtos enquanto espera que sejam vendidos. Por exemplo, a Snapper, a Toro e outros fabricantes de cortadores de grama mantêm suas fábricas funcionando o ano inteiro e armazenam produtos para vendê-los na primavera e no verão, que são as estações de maiores vendas. A função da armazenagem supera as diferenças entre quantidades necessárias e oportunidades de venda, garantindo que os produtos estejam disponíveis quando os clientes estiverem prontos para comprá-los.

A empresa precisa decidir de *quantos* depósitos necessita, de que *tipo* eles devem ser e *onde* precisam ser localizados. Ela pode usar *estoques* ou *centrais de distribuição*. Os estoques servem para armazenar produtos por períodos de média e longa duração. Já as **centrais de distribuição** são projetadas para movimentar produtos, e não apenas para armazená-los. São depósitos de grande porte, com alto nível de automatização, projetados para receber produtos de diversas fábricas e fornecedores, recolher pedidos, processá-los com eficiência e entregar as mercadorias para os clientes o mais rapidamente possível.

Central de distribuição
Um depósito grande e extremamente automatizado, projetado para receber produtos de diversas fábricas e fornecedores, recolher pedidos, processá-los com eficiência e entregar as mercadorias para os clientes o mais rapidamente possível.

Por exemplo, a Amazon opera mais de 150 centros de distribuição gigantes nos Estados Unidos, chamados centros de atendimento, que atendem pedidos *on-line* e tratam de devoluções. Esses centros são enormes e altamente automatizados. Por exemplo, o centro de atendimento da Amazon em Tracy, Califórnia, cobre 114 mil metros quadrados (equivalente a 16 campos de futebol). No centro, 3.000 funcionários controlam um estoque de 21 milhões de itens e enviam até 700 mil pacotes por dia para clientes da Amazon no norte da Califórnia e partes do noroeste do Pacífico. Durante o fim de semana de Ação de Graças do ano passado, os clientes encomendaram mais de 180 milhões de itens da Amazon. A rede de centros de atendimento da Amazon atendeu aos pedidos dos clientes a uma taxa de mais de 961 itens por segundo globalmente.[26]

Como quase tudo nos dias de hoje, a armazenagem passou por drásticas mudanças tecnológicas nos últimos anos. Os antigos métodos de manuseio de materiais estão sendo substituídos por sistemas modernos, controlados por computador, que requerem poucos funcionários. Computadores e scanners leem os pedidos e direcionam as empilhadeiras, as esteiras rolantes ou os robôs para retirarem os produtos, transportá-los até as áreas de carga e emitirem as faturas. Por exemplo, a Amazon usa um exército de robôs para tornar seus centros de atendimento mais eficientes:[27]

Centros de distribuição de alta tecnologia: a Amazon emprega equipes de super-robôs laranjas da Kiva para manter seus centros de atendimento funcionando.

David Paul Morris/Bloomberg via Getty Images

> Quando você compra na Amazon, as chances são boas de que seu pedido ainda seja retirado e embalado por mãos humanas. No entanto, os humanos nos centros de atendimento da Amazon agora são auxiliados por um exército de mais de 100 mil robôs atarracados e laranjas, desenvolvidos pela divisão Amazon Robotics da própria gigante digital. Os robôs trazem prateleiras de mercadorias para os trabalhadores, que por sua vez enchem as caixas com os pedidos. Os robôs tornam o trabalho no armazém menos tedioso e desgastante fisicamente para os funcionários, ao mesmo tempo em que trazem eficiência, permitindo que um cliente peça algo tão pequeno quanto um fio dental e o receba em dois dias. Apelidada de "prateleira mágica", as prateleiras com os produtos simplesmente se materializam na frente dos trabalhadores, com lasers vermelhos apontando para os itens a serem coletados. Os robôs então partem e trazem novas prateleiras. Os robôs supereficientes trabalham incansavelmente 16 horas por dia, sete dias por semana. Eles nunca reclamam da carga de trabalho ou pedem aumentos salariais, e são praticamente livres de manutenção. "O robô funcionará da mesma forma o dia todo", diz um supervisor de armazém da Amazon. E "seus estômagos não roncam".

Gerenciamento de estoque

O gerenciamento de estoque também afeta a satisfação do cliente. Aqui, os gerentes devem manter um delicado equilíbrio entre ter um estoque excessivo e um estoque insuficiente. Ao manter estoque insuficiente, a empresa corre o risco de não ter os produtos quando os clientes quiserem comprá-los. Para remediar isso, a organização pode precisar de dispendiosa produção ou expedição de emergência. O excesso de estoque resulta em custos de manutenção mais elevados do que seria necessário e em obsolescência. Assim, ao gerenciar o estoque, a empresa deve equilibrar os custos de manter estoques maiores com as vendas e os lucros resultantes.

Muitas empresas reduziram bastante seus estoques e custos relacionados por meio de sistemas de logística *just-in-time*. Com esses sistemas, fabricantes e varejistas mantêm apenas pequenos estoques de mercadorias ou peças, que costumam ser suficientes para suprir somente alguns dias de operação. Novas provisões chegam exatamente quando necessário, em vez de ficarem em estoque até serem utilizadas. Os sistemas *just-in-time* exigem previsões precisas, assim como entrega rápida, frequente e flexível, de modo que novos suprimentos estejam disponíveis quando necessário. Entretanto, esses sistemas resultam em economias substanciais nos custos de manutenção e manuseio do estoque.

Quando se trata de gerenciar estoques, o Walmart não brinca com seus fornecedores. Com o objetivo de ter apenas o suficiente, mas não muito estoque em suas prateleiras, o Walmart exige entregas "pontuais e completas" para suas lojas. Os fornecedores que perdem a janela de entrega designada pagam o preço. "Dois dias de atraso? Isso vai te render uma multa", diz um analista. "Um dia antes? Isso é uma multa, também. Na hora certa, mas as mercadorias não foram embaladas corretamente? Você adivinhou... multa". Embora essa política de entrega pareça severa, o Walmart paga um preço alto por ter pouco estoque (vendas perdidas) ou muito (custos de manutenção de estoque). Estoque com "variabilidade é o assassino nº 1 na cadeia de suprimentos", diz um gerente de operações do Walmart.[28]

As empresas estão sempre procurando novas maneiras de tornar o gerenciamento de estoque mais eficiente. Por exemplo, muitas empresas agora usam alguma forma de tecnologia de transmissores de identificação por radiofrequência (RFID), também chamada de "Etiquetagem inteligente", pela qual pequenos chips transmissores são incorporados aos produtos ou colocados em embalagens e paletes de transporte ou em praticamente qualquer coisa, desde flores, roupas e barbeadores até pneus. Essas etiquetas inteligentes podem tornar toda a cadeia de suprimentos – que responde por até 75% do custo de um produto – inteligente e automatizada. Muitas empresas de *marketing* grandes e engenhosas, como o Walmart, a Macy's, a P&G e a IBM, estão investindo pesadamente para tornar o uso intensivo da tecnologia RFID uma realidade.

Transporte

A escolha dos transportadores afeta o preço dos produtos, a eficiência da entrega e a condição em que as mercadorias chegam a seu destino – e tudo isso afetará a satisfação do cliente. Ao despachar produtos para seus depósitos, revendedores e clientes, a empresa pode escolher entre cinco principais meios de transporte: rodoviário, ferroviário, marítimo ou fluvial, por dutos (tubulações) e aéreo, além do meio alternativo para produtos digitais: a Internet.

Nos Estados Unidos os *caminhões* têm aumentado sua participação no transporte de modo constante, e agora representam 65% do total de toneladas transportadas no país. Os caminhões são altamente flexíveis em suas rotas e horários, e geralmente podem oferecer um serviço mais rápido do que as ferrovias. Eles são eficientes para viagens curtas de mercadorias de alto valor. As empresas de transporte rodoviário evoluíram nos últimos anos e se tornaram provedoras de serviços de transporte mundial completos. Por exemplo, grandes transportadoras rodoviárias agora oferecem tudo, desde rastreamento por satélite, gerenciamento de remessas baseado na Internet e *software* de planejamento logístico até operações de remessas internacionais.[29]

As *ferrovias* respondem por 10% do total de toneladas embarcadas nos Estados Unidos. Elas são um dos modos mais econômicos para transportar grandes quantidades de produtos a granel – carvão, areia, minerais e produtos agrícolas e florestais – por longas distâncias. Nos últimos anos, as ferrovias aumentaram o atendimento ao cliente projetando novos equipamentos para movimentação de categorias especiais de mercadorias, fornecendo vagões para transporte de carretas de caminhões pela ferrovia (*piggyback*) e prestando serviços em trânsito, como o desvio de mercadorias embarcadas para outros destinos em rota e o processamento de mercadorias em trânsito.

O *transporte marítimo ou fluvial*, que é responsável por menos de 4% das mercadorias transportadas nos Estados Unidos, movimenta grandes quantidades de produtos por navio e barcas, pelas vias fluviais internas e marítimas (navegação costeira) do país. Embora o custo desse tipo de transporte seja muito baixo quando se trata do transporte de produtos não perecíveis, volumosos e de baixo valor, como areia, carvão, grãos, petróleo e minérios, é o meio mais lento e pode ser afetado pelas condições climáticas. Os *dutos* (ou *tubulações*), que são responsáveis por 16% das toneladas-quilômetro transportadas nos Estados Unidos, são um meio especializado de transporte de petróleo, gás natural e produtos químicos da fonte para os mercados. A maioria das redes de dutos é utilizada por proprietários para transportar seus próprios produtos.

Transporte: ao enviar mercadorias para seus armazéns, revendedores e clientes, as empresas podem escolher entre muitas vias de transporte, incluindo rodovias, ferrovias, água, dutos e ar. Grande parte do transporte de hoje requer vários modos.
DigitalPen/Shutterstock

Embora o transporte *aéreo* seja responsável por menos de 1% das toneladas transportadas nos Estados Unidos, é um importante meio de deslocamento de mercadorias. Os fretes aéreos são muito mais caros do que os ferroviários ou rodoviários, mas são ideais quando a rapidez é essencial ou os mercados de destino são distantes. Entre os produtos transportados com mais frequência por via aérea estão os perecíveis (como peixe fresco e flores recém-colhidas) e os artigos de alto valor e pequeno volume (como instrumentos técnicos e joias). As empresas percebem que o frete aéreo também reduz os níveis de estoque, os custos de embalagem e o número de depósitos necessários.

A *Internet* transporta produtos digitais do produtor ao cliente via satélite, cabo, conexão telefônica ou sinal sem fio. Empresas que trabalham com *software*, mídia, música, vídeo e educação utilizam a Internet para transportar produtos digitais. A Internet tem o potencial de reduzir os custos de distribuição dos produtos. Enquanto aviões, caminhões e trens transportam cargas e pacotes, a tecnologia digital movimenta bits de informação.

Transporte intermodal
Combinação de dois ou mais meios de transporte.

As empresas também usam o **transporte intermodal** – combinação de dois ou mais meios de transporte. O *piggyback* é o uso de caminhões e transporte ferroviário; o *fishyback* é a utilização de caminhões e transporte por via fluvial ou marítima; o *trainship* remete ao emprego de transporte por via fluvial ou marítima e por ferrovia; o *airtruck* tem a ver com o transporte por via aérea e caminhões. A combinação dos meios de transporte apresenta vantagens que nenhum dos meios pode oferecer sozinho. E cada tipo de combinação oferece um tipo de benefício para a empresa que despacha a carga. Por exemplo, o *piggyback* não apenas é mais barato do que o transporte somente por caminhão, como também oferece flexibilidade e praticidade. Inúmeras empresas de logística fornecem soluções de transporte intermodal de fonte única.

Gerenciamento de informações logísticas

As empresas gerenciam suas cadeias de suprimento por meio da informação. Os parceiros de canal costumam se unir para compartilhar informações e tomar melhores decisões logísticas em conjunto. Para a logística, fluxos de informações – como transações do cliente, faturamento, níveis de carregamento e estoque e até dados dos clientes – estão intimamente relacionados ao desempenho do canal. As empresas precisam de processos simples, acessíveis, rápidos e precisos para coletar, processar e compartilhar informações do canal.

As informações podem ser compartilhadas e gerenciadas de muitas maneiras, mas a maior parte delas é distribuída por *troca eletrônica de dados* (*electronic data interchange – EDI*), a troca digital de dados entre as organizações, a qual se dá principalmente por meio da Internet. O Walmart, por exemplo, exige conexões de EDI com seus mais de 100 mil fornecedores, por meio de seu sistema Retail Link de dados de vendas. Quando novos fornecedores não têm capacidade de EDI, o Walmart trabalha com eles para encontrar e implantar as ferramentas necessárias.[30]

Em alguns casos, pode ser pedido aos fornecedores que emitam os pedidos e providenciem as entregas para seus clientes. Muitos grandes varejistas, como o Walmart e a Home Depot, trabalham próximas aos fornecedores importantes, como a P&G e a Moen, para montar sistemas de *estoque gerenciado pelo fornecedor* (*vendor-managed inventory – VMI*) ou de *reposição contínua de estoque*. Com a utilização do VMI, o cliente compartilha com o fornecedor dados em tempo real sobre as vendas e os níveis atuais de estoque. Com isso, o fornecedor assume total responsabilidade pelo gerenciamento dos estoques e das entregas. Alguns varejistas vão mais longe, delegando os custos de estoque e entrega para o fornecedor. Sistemas como esses exigem um grande nível de cooperação entre a empresa compradora e a vendedora.

Gerenciamento da logística integrada

Gerenciamento da logística integrada
O conceito logístico que destaca o trabalho em equipe – tanto dentro da empresa como entre todas as organizações que fazem parte do canal de *marketing* –, a fim de maximizar o desempenho do sistema de distribuição com um todo.

Hoje em dia, um número cada vez maior de empresas adota o conceito de **gerenciamento da logística integrada**. Esse conceito reconhece que, para conquistar o melhor atendimento ao cliente e a redução dos custos de distribuição, é necessário *trabalho em equipe*, tanto dentro da empresa como entre todas as organizações que fazem parte do canal de *marketing*. Dentro da empresa, os diversos departamentos devem trabalhar em conjunto para maximizar o desempenho logístico da própria organização. Fora, a empresa deve integrar seu sistema logístico com o de seus fornecedores e clientes, a fim de maximizar o desempenho da rede de distribuição como um todo.

Trabalho em equipe interdepartamental dentro da empresa

Na maioria das empresas, a responsabilidade pelas diversas atividades de logística é dividida entre muitos departamentos – de *marketing*, vendas, financeiro, operações e compras. Com muita frequência, cada uma das funções tenta otimizar seu próprio desempenho logístico, sem levar em conta as atividades das outras funções. No entanto, as atividades de transporte, estocagem, armazenagem e gerenciamento de informações interagem, muitas vezes de maneira inversa. Níveis mais baixos de estoque reduzem seus custos de manutenção, mas também podem diminuir o atendimento ao cliente e aumentar os custos relacionados a falta de estoque, pedidos não atendidos, produção não programada e expedições urgentes e dispendiosas. Como as atividades de distribuição envolvem grandes trocas, as decisões tomadas pelas diversas funções precisam ser coordenadas, para que se alcance um melhor desempenho logístico geral.

O objetivo do gerenciamento da cadeia de suprimento integrada é harmonizar todas as decisões referentes à logística da empresa. Relações de trabalho próximas entre os departamentos podem ser alcançadas de diversas maneiras. Algumas empresas criam comitês permanentes de logística, formados pelos gerentes responsáveis pelas diferentes atividades da distribuição física. As empresas também podem criar um cargo

Gerenciamento da logística integrada: as soluções de *software* de gerenciamento da cadeia de suprimentos da Oracle ajudam as empresas a "obter vantagem sustentável e impulsionar a inovação, transformando suas cadeias de suprimentos tradicionais em cadeias de valor integradas".

Oracle Corporation

de gerente da cadeia de suprimento, que faça a ligação entre as atividades logísticas das áreas funcionais. Por exemplo, a P&G criou alguns cargos de gerente de suprimento. São pessoas que administram todas as atividades da cadeia de suprimento de cada uma das categorias de produtos. Muitas empresas têm um vice-presidente de logística ou um vice-presidente de cadeia de suprimentos com autoridade multifuncional.

Finalmente, as empresas podem empregar *softwares* sofisticados de gerenciamento de cadeia de suprimentos em todo o sistema, agora disponíveis em uma ampla variedade de empresas de *software*, grandes e pequenas, da Oracle e SAP à Logility. Por exemplo, as soluções de *software* de gerenciamento da cadeia de suprimentos da Oracle ajudam as empresas a "obter vantagem sustentável e impulsionar a inovação, transformando suas cadeias de suprimentos tradicionais em cadeias de valor integradas".[31] O *software* coordena todos os aspectos da cadeia de suprimentos, desde a colaboração da cadeia de valor para a otimização de estoque até o gerenciamento de transporte e logística. O importante é que a empresa coordene sua logística, seus investimentos em estoque, sua previsão de demanda e suas atividades de *marketing* para criar uma alta satisfação do mercado a um custo razoável.

Formação de parcerias logísticas

As empresas devem fazer mais do que aprimorar sua própria logística. Elas devem também trabalhar com os outros membros do canal para aperfeiçoar a distribuição do canal como um todo. Os membros de um canal de *marketing* estão intimamente ligados na criação de valor para o cliente e no desenvolvimento de relacionamento com ele. O sistema de distribuição de uma empresa é o sistema de suprimento de outra. O sucesso de cada membro do canal depende do desempenho de toda a cadeia de suprimento. Por exemplo, a IKEA só conseguirá criar seus móveis estilosos, mas com preços acessíveis, e entregar o "estilo de vida IKEA" se toda a sua cadeia de suprimento – que consiste em milhares de designers e fornecedores de mercadorias, transportadoras, depósitos e prestadores de serviços – funcionar efetivamente voltada para o cliente e com a máxima eficiência.

As empresas inteligentes coordenam suas estratégias de logística e constroem sólidas parcerias com fornecedores e clientes, a fim de melhorar o atendimento ao cliente e reduzir os custos do canal. Muitas empresas criaram *equipes interdepartamentais e interempresariais*. Por exemplo, a unidade Purina da Nestlé, que vende ração para animais de estimação, possui uma equipe de uma dúzia de pessoas que trabalham em Bentonville, Arkansas, onde fica a sede do Walmart. Os membros da equipe da Purina trabalham em conjunto com seus pares no Walmart, a fim de encontrar maneiras de diminuir os custos do sistema de distribuição. O trabalho em parceria beneficia não apenas a Purina e o Walmart, mas também os consumidores finais, que as empresas compartilham.

Outras empresas formam parcerias para *projetos compartilhados*. Por exemplo, muitos grandes varejistas trabalham em conjunto com seus fornecedores em programas dentro das lojas. A Home Depot permite que seus principais fornecedores usem suas lojas como campo de teste para novos programas de comercialização. Os fornecedores passam um tempo nas lojas da Home Depot observando como seus produtos são vendidos e como os clientes se relacionam com esses produtos. Em seguida, eles criam programas especialmente desenvolvidos para a Home Depot e os clientes dela. Evidentemente, tanto o fornecedor como o cliente se beneficiam de parcerias como essa. A ideia é que todos os membros da cadeia de suprimento trabalhem em conjunto com o intuito de entregar valor aos consumidores finais.

Logística terceirizada

Embora a maioria das grandes empresas adore produzir e vender seus produtos, muitas delas detestam o "trabalho pesado" envolvido na logística. Elas odeiam agrupar, carregar, descarregar, classificar, armazenar, recarregar, transportar, liberar os produtos na alfândega e fazer o acompanhamento necessário para abastecer suas fábricas e garantir que os produtos cheguem aos clientes. Elas detestam tanto essas atividades que um número cada vez maior de empresas está terceirizando parte ou a totalidade de sua logística para **operadores logísticos terceirizados**, como a Ryder, a Penske Logistics, a BAX Global, a DHL Logistics, a FedEx Logistics e a UPS Business Solutions.

operadores logísticos terceirizados
Um operador logístico independente que realiza uma ou mais funções necessárias para levar um produto do cliente para o mercado.

Por exemplo, a UPS sabe que, para muitas empresas, a logística pode ser um verdadeiro pesadelo. Mas a logística é exatamente o que a UPS faz de melhor. Para a UPS, a logística é a força mais poderosa dos dias atuais para criar vantagem competitiva. Para seus clientes da cadeia de suprimentos, UPS significa "*United Problem Solvers*" (União dos Solucionadores de Problema). No nível mais básico, a UPS pode simplesmente lidar com as remessas de pacotes de uma empresa. Mas em um nível mais profundo, a UPS pode ajudar as empresas a aprimorar seus próprios sistemas de logística para reduzir custos e atender melhor os clientes. Em um nível ainda mais profundo, as empresas podem deixar a UPS assumir e gerenciar parte ou todas as suas operações logísticas.

Por exemplo, a UPS não apenas entrega pacotes para o varejista *on-line* Overstock.com, mas também gerencia o complexo processo de devolução de pedidos da empresa de maneira eficiente e agradável ao cliente. A Toshiba, fabricante de eletrônicos de consumo, permite que a UPS lide com todo o processo de reparo de *laptops* – de cabo a rabo. As pessoas simplesmente deixam seus computadores em uma loja UPS mais próxima, que os encaminha para uma instalação especial da UPS próxima ao seu hub central Worldport para reparo. O processo de reparo de computadores UPS-Toshiba é tão eficiente que os *laptops* trazidos em um dia podem ser devolvidos ao proprietário no dia seguinte. "Os clientes esperam o mundo todo de você", diz a UPS. "Nós podemos ajudar a entregá-lo."[32]

Operadores logísticos terceirizados como a UPS podem ajudar os clientes a melhorar cadeias de suprimentos lentas e sobrecarregadas; reduzir estoques; e levar os produtos aos clientes de forma mais rápida e confiável. De acordo com um relatório, 90% das empresas da *Fortune 500* atualmente utilizam serviços logísticos terceirizados (também conhecidos por *logística por contrato*), em comparação com apenas 46% em 2001. A General Motors, a P&G e o Walmart usam 50 ou mais operadores logísticos terceirizados cada. E espera-se que o mercado de logística terceirizada cresça para cerca de 1,5 trilhão de dólares até 2025.[33]

As organizações usam operadores logísticos terceirizados por diversas razões. Em primeiro lugar, como o principal objetivo é levar o produto ao mercado, a utilização desses operadores faz mais do que sentido, uma vez que, geralmente, eles conseguem fazer isso de maneira mais eficiente e a um custo mais baixo. Em segundo lugar, a terceirização da logística deixa a empresa mais livre para se concentrar em seu negócio central. Por fim, as empresas de logística integrada entendem os ambientes logísticos, que estão ficando cada vez mais complexos.

Revisão e extensão dos conceitos

Revisão dos objetivos

Algumas empresas dão pouca atenção a seus canais de distribuição. Outras, no entanto, usam sistemas de distribuição criativos para obter vantagem competitiva. As decisões de canal de uma empresa afetam, diretamente, todas as decisões de *marketing*. A gerência deve tomar as decisões de canal com cuidado, considerando as necessidades de hoje e o provável ambiente de vendas de amanhã.

Objetivo 12.1 Explicar por que as empresas utilizam canais de *marketing* e discutir as funções que esses canais desempenham *(p. 324-328)*

Para criar valor ao cliente, a empresa não pode agir sozinha. Ela precisa atuar em uma rede completa de parceiros – uma cadeia de valor – para realizar essa tarefa. Empresas e marcas sozinhas não competem; quem faz isso é a cadeia de valor delas.

A maioria dos fabricantes utiliza intermediários para levar seus produtos ao mercado. Eles montam um *canal de marketing* (ou *canal de distribuição*) – um conjunto de organizações interdependentes envolvidas no processo de disponibilizar um produto ou serviço para uso ou consumo por parte do consumidor ou usuário organizacional. Por meio de seus contatos, experiência, especialização e escala operacional, os intermediários geralmente oferecem à empresa mais do que ela conseguiria por conta própria.

Os canais de *marketing* realizam muitas funções importantes. Alguns ajudam a *efetuar transações*, ao coletar e distribuir *informações* necessárias para o planejamento e para auxiliar a realizar as trocas; ao desenvolver e divulgar *comunicações* persuasivas sobre uma oferta; ao efetuar o trabalho de *contato* (descobrir clientes potenciais e comunicar-se com eles); ao realizar *ajustes* (moldar e adaptar a oferta às necessidades do comprador) e ao entrar em *negociações* para chegar a um acordo sobre o preço e outras condições, para que a propriedade possa ser transferida. Outras funções ajudam a *cumprir* transações já efetuadas, oferecendo *distribuição física* (transporte e armazenamento dos produtos), realizando *financiamento* (aquisição e utilização de fundos para cobrir os custos do trabalho do canal) e assumindo *riscos* (ficando com os riscos de realizar o trabalho do canal).

Objetivo 12.2 Discutir como os membros do canal interagem e como se organizam para realizar o trabalho do canal *(p. 328-335)*

O canal é mais eficaz quando cada um de seus membros assume as tarefas que podem realizar melhor. Como o sucesso de cada membro do canal depende do sucesso do canal como um todo, o ideal seria que todas as empresas trabalhassem em conjunto de maneira harmoniosa. Elas deveriam compreender e aceitar seus respectivos papéis, coordenar suas metas e atividades e cooperar para a obtenção das metas gerais do canal. Por meio da cooperação, elas podem perceber, atender e satisfazer o mercado-alvo com mais eficiência.

Em uma empresa de grande porte, a estrutura organizacional formal determina papéis e estabelece a liderança necessária. Mas, em um canal de distribuição constituído por empresas independentes, não há um estabelecimento formal de liderança e poder. Tradicionalmente, falta aos canais de distribuição a liderança necessária para determinar papéis e administrar conflitos. No entanto, nos últimos anos, têm surgido novos tipos de organizações de canal, que levam a uma liderança mais forte e a um desempenho aprimorado.

Objetivo 12.3 Identificar as principais alternativas de canal disponíveis para uma empresa *(p. 335-339)*

As alternativas de canal variam da venda direta à utilização de um, dois, três ou mais *níveis de canal* intermediários. Os canais de *marketing* enfrentam mudanças contínuas e, muitas vezes, drásticas. Três das tendências mais importantes são: o crescimento dos sistemas *verticais*, *horizontais* e *multicanais* de *marketing*. Essas tendências afetam a cooperação, o conflito e a concorrência de canal.

O *projeto do canal* se inicia com a avaliação das necessidades de atendimento ao cliente do canal e com os objetivos e limitações do canal da empresa. Em seguida, a empresa identifica as principais alternativas de canal em termos de *tipos* de intermediários, *número* de intermediários e *responsabilidades de canal* de cada um. Todas as alternativas de canal devem ser avaliadas de acordo com critérios econômicos, de controle e de adaptação. O *gerenciamento do canal* requer a seleção e a motivação de intermediários qualificados. Cada um dos membros do canal deve ser avaliado regularmente.

Objetivo 12.4 Explicar como as empresas selecionam, motivam e avaliam os membros do canal *(p. 339-342)*

A capacidade dos fabricantes de atrair intermediários de *marketing* qualificados varia. Alguns não encontram nenhuma dificuldade para recrutar membros para o canal. Outros precisam se esforçar muito para recrutar um número suficiente de intermediários qualificados. Ao selecionar os intermediários, a empresa deve avaliar as qualificações de todos os possíveis membros do canal e escolher os mais adequados a seus objetivos de canal.

Uma vez selecionados, os membros do canal precisam ser continuamente motivados a dar o melhor de si. A empresa deve vender não só *por meio* dos intermediários, mas também *com* eles. Ela deve desenvolver sólidas parcerias com os membros do canal, a fim de criar um sistema de *marketing* que atenda às suas necessidades *e* as de seus parceiros.

Objetivo 12.5 Discutir a natureza e a importância da logística de *marketing* e do gerenciamento da cadeia de suprimento integrada *(p. 342-349)*

A *logística de marketing* (ou *distribuição física*) é uma área com grande potencial de redução de custos e aumento da satisfação do cliente. Ela trata não apenas da *logística dirigida para fora* da fábrica, mas também da logística *dirigida para dentro* e da *logística reversa*. Ou seja, ela envolve o *gerenciamento da cadeia de suprimento* como um todo – o gerenciamento dos fluxos de valor agregado entre os fornecedores, a empresa, os revendedores e os usuários finais. Nenhum sistema de logística pode maximizar o atendimento ao cliente e, ao mesmo tempo, diminuir o custo de distribuição. Em vez disso, a meta do gerenciamento logístico é oferecer um nível de serviço *desejado* ao menor custo possível. As principais funções da logística são: *armazenagem*, *gerenciamento do estoque*, *transporte* e *gerenciamento das informações logísticas*.

O conceito de *gerenciamento da cadeia de suprimento integrada* reconhece que o aprimoramento da logística requer trabalho em equipe, sob a forma de estreitas relações de trabalho entre as áreas funcionais de dentro da empresa e entre as diversas organizações da cadeia de suprimento. As empresas podem conquistar harmonia em termos de logística entre as áreas funcionais criando equipes interdepartamentais de logística, cargos de gerente de suprimento integrados e posições executivas de logística de nível sênior, com autoridade nos diversos departamentos. As parcerias de canal podem assumir a forma de equipes interempresariais, projetos compartilhados e sistemas de compartilhamento de informações. Hoje em dia, algumas empresas estão repassando suas funções logísticas para operadores logísticos terceirizados, com o intuito de reduzir custos, aumentar a eficiência e obter acesso mais rápido e efetivo a mercados globais.

Termos-chave

Objetivo 12.1

Cadeia de valor (p. 325)
Canal de *marketing* (ou canal de distribuição) (p. 325)
Nível de canal (p. 327)
Canal de *marketing* direto (p. 327)
Canal de *marketing* indireto (p. 327)

Objetivo 12.2

Conflito de canal (p. 328)
Canal de distribuição convencional (p. 329)
Sistema vertical de *marketing* (SVM) (p. 330)
SVM corporativo (p. 330)
SVM contratual (p. 330)
Organização de franquia (p. 330)
SVM administrado (p. 331)
Sistema horizontal de *marketing* (p. 331)
Sistema multicanal de distribuição (p. 332)
Desintermediação (p. 333)

Objetivo 12.3

Projeto do canal de *marketing* (p. 335)
Distribuição intensiva (p. 337)
Distribuição exclusiva (p. 337)
Distribuição seletiva (p. 337)

Objetivo 12.4

Gerenciamento do canal de *marketing* (p. 339)

Objetivo 12.5

Logística de *marketing* (distribuição física) (p. 342)
Gerenciamento da cadeia de suprimento (p. 342)
Central de distribuição (p. 345)
Transporte intermodal (p. 347)
Gerenciamento da logística integrada (p. 347)
Operador logístico terceirizado (p. 348)

Questões para discussão

12.1 Descreva uma cadeia de valor. Como ela difere de uma cadeia de suprimentos? Explique. (AACSB: Comunicação Oral e Escrita; Pensamento Reflexivo)

12.2 Debata sobre os canais de *marketing* direto e os canais de *marketing* indireto. Dê exemplos de cada tipo de canal de *marketing*. (AACSB: Comunicação Oral e Escrita)

12.3 Explique as diferenças entre um canal de distribuição convencional, um sistema vertical de *marketing* (SVM) e um sistema horizontal de *marketing*. (AACSB: Comunicação Oral e Escrita)

12.4 Defina desintermediação e descreva como ela afeta a natureza e o projeto dos canais de *marketing*. (AACSB: Comunicação Oral e Escrita; Pensamento Reflexivo)

12.5 Defina gerenciamento da logística integrada e discuta sua importância para que uma empresa atinja seus objetivos corporativos. (AACSB: Comunicação Oral e Escrita; Pensamento Reflexivo)

12.6 Identifique três razões pelas quais as empresas utilizam operadores logísticos terceirizados. (AACSB: Comunicação Oral e Escrita; Pensamento Reflexivo)

Atividades de pensamento crítico

12.7 Explique como os membros do canal ajudam a fabricante de doces Mars, Inc. a entregar valor aos consumidores. A Mars poderia assumir qualquer uma dessas funções de distribuição? (AACSB: Comunicação Oral e Escrita; Tecnologia da Informação; Pensamento Reflexivo)

12.8 Os robôs têm sido uma parte fundamental da automação na fabricação, mas agora são cada vez mais usados em centros de distribuição. Os robôs podem fazer tudo, desde mover mercadorias até varrer o chão e contar paletes. Por exemplo, empilhadeiras autônomas agora executam de forma eficiente e confiável uma variedade de necessidades repetitivas de transporte de paletes e produtos em centros de distribuição automatizados. Como a automação futura afetará o valor que os centros de distribuição fornecem na cadeia de suprimentos do varejo? Substituir humanos por equipamentos automatizados é uma coisa boa? (AACSB: Comunicação Oral e Escrita; Pensamento Reflexivo)

12.9 Pesquise como o estoque gerenciado pelo fornecedor (VMI) se compara a um sistema de gerenciamento de estoque tradicional. Considerando seus benefícios, por que nem todos os fornecedores e varejistas estabeleceriam sistemas de VMI? (AACSB: Comunicação Oral e Escrita; Tecnologia da Informação; Pensamento Reflexivo)

CASOS E APLICAÇÕES

Marketing digital **Parceria da Petco com a Shipt**

A Petco formou recentemente uma parceria com a Shipt, um serviço de entrega de propriedade da Target, para expandir suas opções de entrega no mesmo dia, que já oferece em alguns mercados por meio do serviço PetcoNow da Instacart. A Shipt agora entrega mercadorias das lojas Petco para quase 70 milhões de lares dos Estados Unidos em menos de uma hora. Muitos analistas foram positivos sobre o movimento da Petco de maximizar a cobertura de entrega no mesmo dia para seus clientes. E agora esse tipo de entrega é uma expectativa dos consumidores *on-line* em quase todas as categorias. No entanto, os críticos da parceria questionaram por que a Target ofereceria seu serviço Shipt a concorrentes como a Petco, em vez de utilizar a Shipt exclusivamente para entregar seus próprios produtos para animais de estimação, incluindo sua marca própria Boots & Barkley. Os críticos também notaram as frequentes faltas de estoque na loja da Petco, o que afetaria sua capacidade de entregar os produtos desejados.

12.10 É sensato para a Petco expandir suas ofertas de entrega no mesmo dia para clientes adicionais por meio da Shipt? Por que ou por que não? (AACSB: Comunicação Oral e Escrita; Pensamento Reflexivo; Tecnologia da Informação)

12.11 As atividades de transporte, estoque, armazenamento e gerenciamento de informações podem interagir de maneiras inversas. Que compensações a Petco terá que fazer para oferecer a seus clientes o serviço de entrega no mesmo dia? (AACSB: Comunicação Oral e Escrita; Pensamento Reflexivo; Tecnologia da Informação)

Marketing e ética **Aviões de carga com apenas um piloto?**

Uma possível mudança está em andamento no setor da aviação. A Administração Federal de Aviação (Federal Aviation Administration) e membros do Congresso dos Estados Unidos estão investigando a legislação para permitir que pilotos de carga operem voos com apenas um piloto. Pesquisas estão sendo conduzidas sobre quais tecnologias seriam necessárias para habilitar aviões de piloto único. Os pilotos das companhias aéreas estão reagindo contra a medida. A Divisão de Companhias Aéreas da Irmandade Internacional de Teamsters (International Brotherhood of Teamsters Airline Division) diz que os voos de piloto único seriam inseguros e colocariam em risco os ativos valiosos de carga e o público. Além disso, afetariam os funcionários nas principais transportadoras de logística, como UPS e FedEx. Se essa ideia decolar e for adotada pelos legisladores e pelo público, a prática também poderá chegar às companhias aéreas de passageiros. Mesmo aviões autônomos podem ser uma possibilidade, no entanto, grupos de segurança do setor dizem que o público está observando o que acontece com veículos autônomos para determinar se essa tecnologia é viável.

12.12 Discuta os prós e contras de haver aviões de carga com apenas um piloto. Explique sua resposta. (AACSB: Comunicação Oral e Escrita; Pensamento Reflexivo)

12.13 Que conflitos éticos os pilotos de companhias aéreas podem enfrentar se o setor mudar para voos de piloto único? (AACSB: Comunicação Oral e Escrita; Pensamento Reflexivo)

Marketing em números **Bebendo da fonte**

Nos Estados Unidos, o "sistema de três níveis" pós-Proibição exige a separação da produção, distribuição e comercialização de álcool na maioria dos estados. Isso não foi um grande problema para as cervejarias artesanais durante os anos de crescimento explosivo entre 2011 e 2015, quando as cervejas artesanais dobraram sua porcentagem no mercado de cerveja e mal conseguiam acompanhar a demanda. No entanto, o volume de cervejas artesanais por meio do sistema de três níveis agora está diminuindo, crescendo menos de 2% ao ano, e fazendo com que os cervejeiros artesanais se voltem para a distribuição direta para buscar crescimento.

A adição de distribuição direta, principalmente por meio de balcões e bares próprios em operação, resultou em um crescimento de volume de 24%. Os balcões estão localizados em cervejarias em funcionamento, onde os consumidores podem comprar cerveja, e os bares próprios são restaurantes com uma cervejaria. Esses estabelecimentos agora respondem por quase 10% de todo o tráfego de bares nos Estados Unidos e por até 35% do tráfego em Denver e San Diego. Algumas redes independentes de bares de cerveja artesanal estão fechando estabelecimentos em estados como o Texas por causa de vendas perdidas após uma lei de 2013, que relaxou o sistema de três níveis e permitiu que as cervejarias vendessem 5.000 barris por ano para consumo no local. As pequenas cervejarias artesanais estão empolgadas com essa tendência – elas obtêm margens mais altas vendendo diretamente em comparação com o uso de um canal indireto de distribuidores e bares. O custo médio de um cervejeiro por barril de cerveja artesanal é de 60 dólares, e um barril é vendido a distribuidores por 90 dólares. O distribuidor então revende o barril para um bar por 120 dólares. Cada barril serve mais de 100 copos de 450 mL, a quantidade normalmente despejada em um copo de 500 mL em um bar para acomodar o colarinho de espuma. O custo por copo de cerveja artesanal servido em um bar é de 0,88 centavos de dólar por copo. O padrão no setor de bares é ter um custo de 20% por bebida, o que significa que 20% do preço pago pelos consumidores representa o custo das mercadorias vendidas pelo bar, sobrando 80% para sua margem de lucro.

12.14 Calcule o preço pelo qual um bar venderá um copo de cerveja artesanal de 450 mL se a margem desejada de 80% for baseada no preço de venda. Qual é o *markup* do bar em dólar por copo de cerveja artesanal? Consulte *Definição de preço com base em fatores externos* no Apêndice 2: *Marketing* pelos números para saber como fazer essa análise. (AACSB: Raciocínio Analítico)

12.15 Determine o custo da cervejaria artesanal por porção de 450 mL (um copo). Por qual preço um cervejeiro artesanal venderia aquele copo de cerveja para obter uma margem de 80% com base em seu preço de venda em seus balcões ou bares próprios? Que margem de dólar e percentual um cervejeiro obteria se o copo de cerveja fosse vendido pelo mesmo preço que é vendido em bares convencionais? O cervejeiro terá vantagem ao utilizar o canal direto em comparação com o canal indireto do "sistema de três camadas"? (AACSB: Comunicação; Raciocínio Analítico; Pensamento Reflexivo)

Caso empresarial Target: um concorrente sério no negócio de entrega no mesmo dia

Era uma vez, duas grandes forças dominando o mercado de varejo de desconto: Walmart e Target. Os dois varejistas ofereciam sortimentos de mercadorias semelhantes e suas lojas ficavam próximas umas das outras – muitas vezes frente a frente em lados opostos das principais avenidas. Os dois eram constantemente comparados – a imprensa raramente cobria um sem mencionar o outro.

O Walmart era de longe o líder de mercado. E embora a Target fosse uma distante vice-campeã, seu elegante posicionamento "barato chique" e seu mantra "espere por mais; pague menos" a tornou uma formidável desafiante ao posicionamento de preço sempre mais baixo do Walmart. Na verdade, durante anos a Target cresceu a um ritmo mais rápido que o Walmart, diminuindo a participação de mercado da gigante e representando uma ameaça genuína. Mas que diferença faz uma década. Desde a Grande Recessão de 2008, as receitas anuais do Walmart aumentaram em mais de 140 bilhões de dólares, enquanto as da Target mal se moveram. Não apenas o Walmart melhorou seu jogo, mas o aumento da concorrência da Amazon, da Costco, da Kohl's e de lojas de desconto achatou o crescimento da Target. Ainda assim, a Target não desistiu. Ela dobrou o esforço para melhorar a experiência do cliente e, ao mesmo tempo, reduzir os custos corporativos. Até agora, no entanto, seus esforços não parecem fazer muita diferença.

Tudo isso pode mudar em breve. A Target fez um grande investimento que espera ajudá-la a recuperar sua vantagem no mundo do varejo e restaurar seu crescimento. Por 550 milhões de dólares em dinheiro, a Target adquiriu recentemente a Shipt, a *startup* explosiva com uma próspera rede de entrega no mesmo dia nos Estados Unidos. Com as vendas de supermercado *on-line* explodindo, o futuro do varejo favorece as empresas que podem entregar mercadorias de forma rápida e barata. Com a aquisição da Shipt, a Target está enviando uma mensagem – ela realmente quer estabelecer uma vantagem competitiva na entrega em domicílio. A Target planeja não apenas aumentar as vendas de seu estoque atual, mas também se tornar uma participante importante em uma área de varejo onde vinha definhando – a de mantimentos.

Uma nova maneira de entregar mercadorias

Fundada em 2014 por um estudante de 32 anos que abandonou o Ensino Médio, a Shipt rapidamente se estabeleceu como uma força no negócio de entrega em domicílio. Depois de alguns modelos fracassados, a Shipt se concentrou em mantimentos. Os membros recebem entrega ilimitada de compras no mesmo dia em pedidos de 35 dólares ou mais por apenas 99 dólares por ano. O aplicativo e o *site* da Shipt oferecem aos usuários uma experiência perfeita para pedir e receber alimentos e mercadorias em geral.

Mas a Shipt não é um mercado. É um serviço de entrega a domicílio. Em vez de investir em seu próprio estoque, a Shipt construiu seu negócio em parceria com redes de supermercados como a Kroger, a Publix e, claro, a Target. Quando um cliente faz um pedido, os funcionários das lojas parceiras não precisam fazer nada. Em vez disso, um dos compradores pessoais da Shipt vai até a loja, pega os produtos das prateleiras e os entrega na casa do cliente. Os compradores da Shipt usam camisetas verdes com o logotipo da empresa. Mas, semelhante ao Uber e à Lyft, eles são contratados como independentes. Eles dirigem seus próprios veículos e trabalham quando querem. Um comprador pessoal da Shipt ganha entre 16 e 22 dólares por hora. A Shipt terminou seu ano fiscal mais recente com aproximadamente 100 mil compradores entregando aproximadamente 1 bilhão de dólares em alimentos e outras mercadorias.

Especialistas previram um modelo confiável para entrega de supermercado em casa para as massas nos últimos 20 anos. Até agora, no entanto, os esforços foram lentos, deixando para trás muitas vítimas. Hoje, a entrega de supermercado no mesmo dia é um setor em rápido crescimento, com muitos grandes concorrentes de varejo entrando na briga. Alimentada pela explosão dos dispositivos móveis e pelas expectativas dos consumidores em ter tudo instantaneamente, a entrega de supermercado no mesmo dia é mais procurada do que nunca. "O balcão único era conveniente na década de 1990", diz um analista de varejo. "Mas, para as famílias de hoje, você também precisa fazer entregas instantâneas de comida". De acordo com um relatório recente, as compras de supermercado *on-line* nos Estados Unidos podem se expandir cinco vezes, eclipsando 100 bilhões de dólares em vendas anuais até 2025.

Por que ser parceiro quando você pode comprar?

Embora a aquisição da Shipt possa parecer repentina para a Target, na verdade ela demorou muito para acontecer. A Target sempre se esforçou para se destacar do resto do mundo do varejo com desconto, oferecendo uma experiência mais sofisticada para o cliente. Com a Amazon e o Walmart estabelecendo rapidamente seus recursos de entrega de supermercado no mesmo dia, a Target sabia que precisava fazer uma mudança ou correr o risco de ficar ainda mais para trás. Mas por que comprar a Shipt em vez de simplesmente fazer parceria com ela? Para começar, a aquisição envia um forte sinal para concorrentes e clientes de que a Target leva a sério o negócio de supermercado e entrega seus produtos melhor e mais rápido do que os concorrentes maiores.

Comprar em vez de fazer parceria com a Shipt também dá mais controle à Target. A aquisição permite que a empresa aproveite ao máximo a plataforma de tecnologia da Shipt em toda a sua rede de lojas, permitindo entregas no mesmo dia mais rápidas e convenientes em uma ampla variedade de mercadorias. Agora, pouco mais de um ano após a aquisição, os clientes da Target podem receber entregas via Shipt de mantimentos, artigos para o lar e eletrônicos, entre outras coisas. De acordo com John Mulligan, diretor de operações da Target até o final de 2019 eles já ofereciam entrega no mesmo dia em todas as principais categorias de produtos da Target.

Antes da aquisição, a Target já fazia parceria com a Instacart, rival da Shipt. Mas a forte compatibilidade entre a Target e a Shipt era evidente para ambas as empresas. "O que nos diferencia, e realmente uma das grandes razões pelas quais fomos atraídos pela Target, é o valor que damos à entrega de experiências personalizadas e de qualidade aos nossos clientes", observa o fundador da Shipt. "Nossa rede localizada de [...] compradores vai além para garantir que nossos clientes sejam bem atendidos".

Na disputa ou na frente?

A compra da Shipt foi motivada principalmente por desenvolvimentos nos principais concorrentes da Target. No momento da compra da Shipt, o Walmart oferecia entrega de supermercado no mesmo dia em apenas seis mercados dos Estados Unidos, mas havia anunciado parcerias com os serviços de entrega Point Pickup, Skipcart, AxleHire e Roadie que expandiriam seus recursos rapidamente. Correndo bem, o Walmart fornecerá entregas no mesmo dia em 1.600 de suas lojas em 300 mercados dos Estados Unidos até o final do ano fiscal. Para entregas no mesmo dia, os clientes do Walmart pagam uma taxa fixa de 9,95 dólares em pedidos mínimos de 30 dólares. Semelhante à Shipt, o Walmart também usa compradores pessoais para pegar os pedidos nas prateleiras. Mas esses compradores são funcionários reais do Walmart, que também coletam pedidos para retirada na porta da loja, um serviço que será oferecido em 3.100 lojas Walmart Supercenters e Neighborhood Market até o final deste ano. Todos os pedidos são levados para uma área de espera designada na frente da loja. Mas enquanto a Shipt usa o mesmo mecanismo de entrega em todo o sistema, a entrega da loja para casa do Walmart é fragmentada em uma mistura de provedores de serviços, incluindo sua própria subsidiária Jet.com.

A Amazon também está se estabelecendo como líder na entrega de compras de supermercado no mesmo dia. Como proprietária do Whole Foods Market, a varejista de comércio eletrônico dominante agora tem uma participação maior no negócio de supermercados. E com o serviço AmazonFresh, os membros Prime que pagarem um adicional de 14,99 dólares por mês podem obter entrega de compras no mesmo dia com pedidos mínimos de 50 dólares. Os clientes podem até ter pedidos entregues automaticamente a cada duas semanas. Disponível em vários mercados nos Estados Unidos, a AmazonFresh armazena mantimentos em suas próprias instalações. Em alguns mercados, a entrega é realizada por motoristas da Amazon e por uma frota de grandes caminhões verdes Amazon Fresh. Em outros mercados, a AmazonFresh é entregue pelo Serviço Postal dos Estados Unidos.

Até agora, a qualidade de entrega da AmazonFresh tem sido irregular, provocando reclamações de clientes leais à Amazon sobre pedidos atrasados, pedidos perdidos e itens ausentes. "Sinto que a Amazon agora tem duas divisões muito distintas", disse um cliente de Los Angeles. "Embora eu ame a Amazon Prime e até o Prime Now, não sei o que está acontecendo com a AmazonFresh. Realmente deixa um gosto ruim na boca, porque existem outras empresas que fazem entregas de mercearia muito melhor". As interrupções levaram a Amazon a recuar temporariamente, interrompendo o serviço AmazonFresh em nove estados onde dependia do Serviço Postal dos Estados Unidos. Mas a Amazon garante ao público que está se reagrupando, prometendo mais cooperação ao longo do tempo entre Whole Foods, AmazonFresh e Prime Now.

Embora a Target agora seja dona da Shipt, os negócios continuam normais na *startup* com sede em Birmingham. A Target está permitindo que a Shipt continue operando de forma independente, e a Shipt continuará atendendo seus outros clientes e concorrentes da Target. Por enquanto, tudo bem pela Target. O varejista ganha uma força imediata no negócio de entrega no mesmo dia por meio de um dos players mais fortes do mercado. Para a Shipt, a aquisição dá um grande impulso à sua rede já em crescimento, que chega a 260 cidades dos Estados Unidos e contando.

Então, como a Target se compara a seus concorrentes maiores? A Target pode estar agora na melhor posição de todos os supermercados para estabelecer uma entrega nacional confiável no mesmo dia. Embora a Amazon esteja na liderança quando se trata do total de vendas de supermercado *on-line*, o serviço de entrega no mesmo dia da AmazonFresh fica atrás da Shipt e da Instacart. De acordo com um analista da Moody's, "o fato de a Target ter esse serviço em funcionamento [...] melhorará significativamente sua posição competitiva *on-line*". Com base em cálculos para entrega em uma residência média, o serviço da Shipt é o mais barato em comparação com o Walmart e a Amazon. Mais importante, a consistência e a confiabilidade do sistema de entrega da Shipt proporcionam à Target experiência da mais alta qualidade para seu cliente.

Com a capacidade de estender seus serviços de uma maneira mais moderna e flexível, a Target está deixando uma coisa clara: não vai simplesmente desaparecer. Continuará a fazer o que for preciso para servir a sua base de clientes. A concorrência no setor de entregas de compras de mercearia no mesmo dia oferece ainda mais opções para os compradores que procuram economia de tempo e conveniência. Para os clientes, isso é uma boa notícia. Para os varejistas, só o tempo dirá.[34]

Questões para discussão

12.16 Da forma mais completa possível, faça um diagrama da rede de entrega de valor para os negócios de mercearia da Target, desde as matérias-primas até os bens de consumo.

12.17 A Target é um fabricante, um cliente ou um intermediário? E a Shipt? Explique.

12.18 Discuta os procedimentos de gerenciamento de canal da Target.

12.19 Em relação ao empreendimento de entrega no mesmo dia, por que as parcerias da Target são importantes?

12.20 A aquisição da Shipt pela Target resultará em receitas crescentes nos próximos anos? Explique.

13 Varejo e atacado

Resumo dos objetivos

Objetivo 13.1 Explicar o papel dos varejistas no canal de distribuição e descrever os principais tipos de varejistas. **Veja: Varejo** (p. 356-363)

Objetivo 13.2 Discutir como os varejistas estão usando o varejo *omnichannel* para atender ao comportamento de compras em vários canais dos consumidores digitalmente conectados da atualidade. **Veja: Varejo *omnichannel*: combinação de canais em loja, *on-line*, móvel e de mídia social** (p. 363-365)

Objetivo 13.3 Descrever as principais decisões de *marketing* do varejista. **Veja: Decisões de *marketing* do varejista** (p. 365-372)

Objetivo 13.4 Discutir as principais tendências e acontecimentos no varejo. **Veja: Tendências e acontecimentos no varejo** (p. 372-377)

Objetivo 13.5 Explicar os principais tipos de atacadistas e suas decisões de *marketing*. **Veja: Atacado** (p. 378-383)

Prévia do capítulo

Vamos analisar com mais profundidade as duas principais funções do canal de *marketing* intermediário: o varejo e o atacado. Você já sabe alguma coisa sobre varejo – todos os dias, varejistas de todos os formatos e tamanhos o atendem. Entretanto, provavelmente, você sabe muito menos sobre o exército de atacadistas que atuam nos bastidores. Neste capítulo, examinaremos as características de diferentes tipos de varejistas e atacadistas, as decisões de *marketing* que eles tomam e as tendências para o futuro.

Quando se trata de varejistas, é preciso começar falando sobre o Walmart. O sucesso fenomenal desse megavarejista é resultado de um foco contínuo na entrega de valor para o cliente. Entra dia, sai dia, o Walmart vive sua promessa: "Economize dinheiro. Viva melhor". Mas com as recentes e abundantes mudanças em direção à compra digital e móvel, a gigante varejista agora se encontra travando a luta de sua vida com o titã mais recente do varejo – a Amazon.

WALMART: Uma batalha entre titãs no novo mundo do varejo

O Walmart é quase inimaginavelmente grande. Ele é o maior varejista do mundo – e a maior empresa do planeta. Atingiu incríveis 514 bilhões de dólares em vendas em 2018 – quase quatro vezes as vendas dos concorrentes Target, Macy's, Sears, JCPenney e Kohl's combinados. Se o Walmart fosse um país, suas vendas o classificariam em 27º lugar no mundo em PIB, logo atrás da Tailândia e à frente da Áustria.

O Walmart é o vendedor número um em várias categorias de produtos de consumo, incluindo mantimentos, roupas, brinquedos e produtos para animais de estimação. Em média, o Walmart atende mais de 270 milhões de clientes por semana em mais de 11.200 lojas em 27 países. Também é difícil assimilar o impacto do Walmart na economia dos Estados Unidos. Ele é o maior empregador privado do país – uma em cada 138 pessoas em idade ativa nos Estados Unidos é associada do Walmart.

O Walmart dedica-se apaixonadamente a sua tradicional proposta de valor de preços baixos e ao que eles significam para os clientes: "Economize dinheiro. Viva melhor". O icônico varejista cresceu rapidamente, oferecendo uma ampla seleção de produtos a "preços baixos imbatíveis" todos os dias. Nenhum outro varejista chegou tão perto de oferecer preços baixos dia após dia e opções completas de compras com tanta maestria. Subjacente a esses preços baixos, o Walmart é uma máquina de distribuição enxuta e implacável – tem a estrutura de custos mais baixa do setor. Os baixos custos do Walmart resultam de uma distribuição eficiente, tecnologia de informação sofisticada e a boa e velha "negociação dura" com os fornecedores.

Nas últimas décadas, o Walmart dominou o varejo. No entanto, apesar de seu incrível sucesso, nos últimos anos o poderoso varejista enfrentou desafios. Tendo crescido tanto, o gigante em amadurecimento teve dificuldade em manter as rápidas taxas de crescimento de sua juventude. Seu crescimento de vendas nas mesmas lojas estagnou nos últimos anos. Pense nisso: para crescer apenas 6% no próximo ano, o Walmart teria que adicionar quase 31 bilhões em novas vendas. Esse é um aumento de vendas maior do que o total de vendas de todas as empresas exceto as 100 maiores da *Fortune 500*, incluindo empresas como McDonald's, Marriott, Starbucks, Goodyear ou cerca de duas General Mills.

Mas mais do que apenas seu tamanho, o recente mal-estar do Walmart é o resultado de uma grande mudança na forma como os consumidores compram. Embora o Walmart ainda domine o varejo de lojas e supere a maioria de seus rivais baseados em lojas físicas, os consumidores estão cada vez mais mudando para a compra digital e móvel. Assim, o Walmart está agora travando a luta de sua vida com outro titã do varejo: a vendedora *on-line* Amazon.

Enquanto as vendas gerais no varejo dos Estados Unidos estão aumentando apenas alguns pontos percentuais ao ano, as vendas *on-line* estão aumentando em mais de 20% ao ano. E a Amazon captura incríveis 48% de todas as vendas *on-line* dos Estados Unidos. Enquanto as receitas do Walmart estão crescendo a cada ano com aumentos de um dígito, as vendas da Amazon mais que dobraram para 233 bilhões de dólares em apenas três anos. Por mais impensável que pudesse parecer há apenas alguns anos, segundo algumas estimativas, a Amazon poderá ultrapassar o Walmart em receita total em menos de cinco anos.

As recentes reviravoltas do Walmart – e a colossal batalha entre os dois gigantes – fornecem um exemplo vívido do que está acontecendo no mundo do varejo atualmente – ou mesmo no mundo mais amplo de hoje. As tecnologias digitais e *on-line* remodelaram as próprias bases de como o mundo funciona. O Walmart agora está trabalhando febrilmente reinventando suas estratégias para atender às necessidades dos consumidores *omnichannel* de hoje, que priorizam dispositivos móveis – compradores que compram facilmente em plataformas digitais em casa, no trabalho, nas lojas ou em qualquer outro lugar.

Na batalha dos titãs, cada um tem suas vantagens. Nenhuma empresa armazena o varejo melhor do que o Walmart. Por sua vez, nenhuma empresa faz o varejo *on-line* melhor do que a Amazon. Agora, no entanto, cada um está invadindo o domínio do outro, na esperança de oferecer aos clientes a combinação perfeita de *omnichannel* em lojas físicas e digitais para as opções que eles procuram. Em suma, o Walmart quer se tornar a Amazon antes que a Amazon possa se tornar o Walmart.

Por sua vez, a Amazon está adicionando tijolos e argamassa ao seu poderoso império *on-line*. Por exemplo, ela adquiriu a cadeia de supermercados de luxo Whole Foods Market, que não apenas acelerará seu impulso no varejo de supermercado, mas também fornecerá uma plataforma de loja física para vender e entregar outros tipos de mercadorias.

O Walmart investiu pesadamente para desenvolver seus recursos *omnichannel* para atender melhor aos consumidores que priorizam os dispositivos móveis de hoje.

Eyal Dayan Photography

A Amazon também está abrindo livrarias físicas de tecnologia avançada e experimentando mercearias futuristas da Amazon Go, que usam câmeras e sensores para detectar o que os clientes tiram das prateleiras e permitem que os clientes "simplesmente saiam", cobrando automaticamente as compras em suas contas. A Amazon formou uma parceria com a Kohl's, pela qual a Kohl's processa o retorno de produtos da Amazon em muitas de suas lojas. E está testando lojas dentro de outras lojas, como as boutiques de *smarthomes* da Amazon, em algumas lojas da Kohl's e outros locais. Todos esses movimentos de tijolo e argamassa empregam grandes doses de tecnologia digital, *on-line* e móvel que ajudam a Amazon a conectar os mundos digital e físico.

O Walmart ainda tem uma enorme vantagem de loja física. E continua a reforçar essa vantagem ao incrementar suas lojas e expandir suas linhas de produtos de marca própria que você simplesmente não pode comprar na Amazon.com. Mas durante os últimos anos, o Walmart também investiu pesadamente para desenvolver seus recursos *omnichannel*. Ele quer atender melhor às "famílias ocupadas" de hoje – famílias ocupadas e com problemas financeiros, em que as duas pessoas do casal trabalham e que estão conectadas a seus telefones, tanto em casa como no trabalho, e procuram ainda mais conveniência e economia.

Primeiro, o Walmart expandiu suas opções *on-line* e móvel. Ele atualizou seus *sites* e aplicativos móveis para melhorar a experiência de compra *on-line*. Em apenas um ano, triplicou o número de itens que oferece *on-line* de 20 milhões para 70 milhões. O Walmart até se alinhou com o Google para oferecer compras por voz via Google Home (pegue isso, Alexa!) e é um varejista em destaque no *site* de compras Google Express do Google.

Além disso, para reforçar sua presença *on-line* e aprender mais sobre como fazer as coisas digitais, o Walmart está em uma onda de aquisições. Começou pagando 3,3 bilhões de dólares pela inovadora varejista de descontos *on-line* Jet.com e, em seguida, conquistou uma série de *sites* de nicho da moda: a varejista de roupas masculinas Bonobos, a varejista de

O Walmart há muito dominou o varejo. É o maior varejista do mundo – e a maior empresa do planeta. Mas com as recentes e abundantes mudanças em direção à compra digital e móvel, o Walmart agora está redefinindo como entrega sua promessa "Economize dinheiro. Viva melhor".

moda feminina ModCloth, a vendedora de calçados Shoebuy, o *site* de equipamentos para atividades ao ar livre Moosejaw e a comerciante de artigos de decoração Hayneedle.

Em segundo lugar, para facilitar a compra *on-line* do Walmart e alavancar a localização de suas lojas, a empresa está vinculando serviços *on-line* e móveis à sua enorme rede de lojas. Agora, ele oferece frete grátis em dois dias, sem uma taxa de assinatura semelhante ao Amazon Prime, e está desenvolvendo novas opções para entrega no mesmo dia. O Walmart está adicionando "clientes pessoais" que selecionam e embalam pedidos de supermercado *on-line* para retirada no *drive-thru* ou na calçada. Ele também reinventou seu processo de devoluções com o Mobile Express Returns, pelo qual os clientes podem iniciar as devoluções no aplicativo Walmart e, em seguida, acelerar através de uma via expressa móvel na loja. Cada vez mais, tudo o que o Walmart faz está se tornando parte de uma proposta unificada *on-line-offline* e *omnichannel*.

Os esforços *omnichannel* do Walmart estão valendo a pena. Suas vendas *on-line* estão crescendo a taxas de dois dígitos, colocando-a bem à frente de seus principais concorrentes de descontos e lojas de departamentos. Na verdade, o Walmart acabou de ultrapassar a Apple para se tornar o terceiro maior varejista de comércio eletrônico dos Estados Unidos, atrás apenas da Amazon e do eBay. No entanto, o Walmart ainda está muito atrás da Amazon *on-line*, capturando apenas 4% das vendas *on-line* dos Estados Unidos contra 48% da Amazon. Ao mesmo tempo, a Amazon não consegue se igualar à gigantesca rede de lojas do Walmart.

A longo prazo, no entanto, não importa muito quem tem mais lojas ou mais vendas *on-line*. O futuro do varejo pertence ao comerciante que melhor mescla os mundos digital e físico em uma experiência *omnichannel* perfeita que se adapta às formas como os consumidores de hoje compram. Ao redefinir a forma como cumpre sua antiga promessa "Economize dinheiro. Viva melhor", o Walmart está agindo mais como uma *startup* do que como um gigante envelhecido. "Estamos construindo um negócio", diz o CEO do Walmart. "Estamos aprendendo algo novo".[1]

A HISTÓRIA DO WALMART prepara o terreno para a análise do mundo dos revendedores de hoje, marcado por rápidas mudanças. Este capítulo trata do varejo e do atacado. Na primeira parte dele, analisaremos a natureza e a importância do varejo, os principais tipos de varejistas, as decisões que eles têm de tomar e o futuro do varejo. Na segunda parte, discutiremos esses mesmos tópicos, porém aplicados aos atacadistas.

Comentário do autor | Você já sabe muito sobre varejistas. Você lida com eles todos os dias – varejistas de lojas, varejistas de serviços, varejistas *on-line* e móveis, entre outros.

Varejo

Objetivo 13.1 Explicar o papel dos varejistas no canal de distribuição e descrever os principais tipos de varejistas.

O que é o varejo? Todos nós sabemos que a Costco, a Home Depot, a Best Buy e a Trader Joe's são varejistas, mas a Amazon.com, o Hampton Inn local e um médico que atende a seus pacientes também o são. O **varejo** engloba todas as atividades envolvidas na venda de produtos ou serviços diretamente a consumidores finais para seu uso pessoal, e não comercial. Muitas instituições – fabricantes, atacadistas e varejistas – praticam varejo. Mas a maior parte do varejo é feita por **varejistas**: empresas cujas vendas vêm, *primordialmente*, do varejo. O varejo desempenha um papel muito importante na maioria dos canais de *marketing*. Em 2018, os varejistas foram responsáveis por mais de 6 trilhões de dólares em vendas para os consumidores finais.[2]

Varejo
Todas as atividades envolvidas na venda de produtos ou serviços diretamente a consumidores finais para seu uso pessoal, e não organizacional.

Varejista
Empresa cujas vendas vêm, *primordialmente*, do varejo.

Varejo: conexão entre marcas e consumidores

Os varejistas conectam as marcas aos consumidores durante todo o processo de compra e no ponto de venda. Na verdade, muitos profissionais de *marketing* estão agora adotando o conceito de ***shopper marketing***, concentrando todo o processo de *marketing* – desde o desenvolvimento do produto e da marca até a logística, promoção e *merchandising* – para transformar os clientes potenciais em compradores à medida que avançam em direção ao ponto de venda. É claro que todo esforço de *marketing* bem projetado se concentra no comportamento de compra do cliente. O que diferencia o conceito de shopper *marketing* é a sugestão de que esses esforços sejam coordenados em torno da própria jornada de compra do cliente.

Shopper marketing
Concentrar todo o processo de *marketing* em transformar clientes potenciais em compradores à medida que eles avançam em direção ao ponto de venda, seja durante as compras em loja, *on-line* ou móveis.

O *marketing* de compras se baseia no que a P&G há muito chama de "primeiro momento da verdade" – os três a sete segundos críticos que um comprador considera um produto na prateleira de uma loja. No entanto, com o crescimento dramático das compras *on-line* e móveis, o "momento da verdade" do varejo não ocorre mais apenas nas lojas. Em vez disso, o Google define um "momento zero da verdade" e "micromomentos", breves segundos de tomada de decisão quando os consumidores recorrem a seus dispositivos *on-line* ou móveis para pesquisar, aprender ou comprar algo. De acordo com o Google, os consumidores não têm nenhuma marca em mente durante 90% de seus micromomentos. E 73% dos consumidores tomam uma decisão de compra com base em qual marca é mais útil durante micromomentos de pesquisa de varejo.[3] Assim, hoje em dia, o shopper *marketing* e o "ponto de venda" vão muito além da compra na loja.

O modelo de varejo em mudança

As tecnologias *on-line* e móveis causaram uma grande mudança em como e onde as pessoas compram. Os consumidores de hoje são cada vez mais *compradores omnichannel*, que fazem pouca distinção entre as compras feitas em lojas físicas ou *on-line* e para quem o caminho para uma compra no varejo acontece em diversos canais.

Mais do que nunca, os consumidores são compradores "*mobile first*" (móveis antes de tudo) que começam – e às vezes terminam – seus processos de compra em dispositivos móveis. As compras geralmente consistem em pesquisar um produto *on-line* e comprá-lo de um varejista *on-line* sem nunca pisar em uma loja de varejo. Ou podem envolver o uso de um *smartphone* para pesquisar uma compra em tempo real ou nos corredores das lojas de varejo. Embora 90% de todas as compras ainda sejam feitas em lojas, um estudo recente descobriu que os dispositivos móveis geram mais da metade de todas as vendas no varejo. E durante esta última temporada de férias, 46% das compras *on-line* foram feitas em dispositivos móveis. "A jornada do cliente de varejo agora é quase irreconhecível em comparação a apenas alguns anos atrás", diz um analista de varejo.[4]

Essas mudanças drásticas nas compras causaram uma grande reviravolta no setor de varejo. O aumento das compras *on-line* significa menos necessidade de lojas físicas e *shopping centers*. À medida que a Amazon e outros comerciantes *on-line* cresceram, os varejistas de lojas tradicionais passaram dificuldades. A Amazon cresceu mais de três Macy's nos últimos três anos. No que alguns analistas chamaram de "apocalipse do varejo", as falências do varejo e o fechamento de lojas atingiram níveis recordes nos últimos anos. Mesmo com o crescimento dos gastos gerais no setor, ícones do varejo, como JCPenney, Sears e Macy's, Kohl's e The Limited, fecharam lojas, pois suas vendas estagnaram e os lucros diminuíram. Até mesmo estrelas do varejo como Walmart, Target e Best Buy fizeram grandes ajustes para se adaptar aos novos desafios de varejo impostos pelos clientes conectados de hoje.[5]

Varejo *omnichannel*
Criar uma experiência de compra perfeita em vários canais que integra compras em loja física, *on-line* e em dispositivos móveis.

Dadas essas incríveis mudanças nas compras do consumidor, alguns especialistas estão prevendo o fim do varejo como o conhecemos hoje e talvez até a eventual morte das lojas físicas. Isso não vai acontecer. As Amazons do mundo provavelmente não engolirão o mundo do varejo físico. Mas não é mais uma questão de vendedores *on-line versus* lojas físicas. ● Em vez disso, os varejistas bem-sucedidos do futuro devem adotar o **varejo *omnichannel***, criando uma experiência de compra perfeita entre canais que integra compras em loja física, *on-line* e móvel. Assim, para atender às necessidades dos clientes que buscam vários canais enquanto fazem compras, os varejistas de lojas tradicionais estão integrando rapidamente as compras digitais, *on-line* e móveis em suas operações. E muitos varejistas que antes eram apenas *on-line* – como Amazon, Warby Parker e Glossier – estão montando lojas físicas.

Discutimos o varejo *on-line* e *omnichannel* em detalhes mais adiante neste capítulo e no Capítulo 17. Mas primeiro, como a grande maioria do varejo ainda acontece em lojas, examinamos os vários tipos de varejistas de loja.

● **O novo modelo de varejo: as tecnologias digitais causaram uma grande mudança em como e onde as pessoas compram. Os varejistas de hoje devem adotar o varejo *omnichannel*, que integra compras em loja física, *on-line* e móvel.**

Stanisic Vladimir/123RF

Tipos de varejistas

As lojas de varejo apresentam-se sob todas as formas e tamanhos – do salão de cabelereiro e restaurante administrado por uma família perto de sua casa até varejistas de redes especializadas que operam em nível nacional (como a REI e a Williams-Sonoma), passando por megalojas de desconto (como a Costco e o Walmart). Os tipos mais importantes de lojas de varejo são descritos na ● **Tabela 13.1** e serão discutidos nas seções seguintes. Os varejistas podem ser classificados de acordo com diversas características, dentre elas: o *volume de serviços* que oferecem, a abrangência e a profundidade de suas *linhas de produtos*, os *preços relativos* que cobram e o modo como são *organizados*.

Volume de serviços

Diferentes tipos de clientes e produtos requerem diferentes volumes de serviços. Para atender a essas necessidades variantes, os varejistas podem oferecer um dos três níveis de serviço a seguir: o autosserviço, o serviço limitado e o serviço completo.

Varejistas de autosserviço atendem a clientes que estão dispostos a realizar seu próprio processo de *localizar-comparar-selecionar* para economizar tempo ou dinheiro. O autosserviço é a base de todas as operações de desconto. Além disso, é comumente usado por varejistas que vendem produtos de conveniência (como os supermercados) e produtos de consumo de giro rápido, de marcas nacionalmente oferecidas (como a Target e a Kohl's). *Varejistas de serviço limitado*, como a Sears e a JC Penney, oferecem mais assistência à venda porque comercializam mais produtos de consumo sobre os quais os clientes necessitam de informações. Seus custos operacionais maiores resultam em preços mais altos.

No *varejo de serviço completo*, como as sofisticadas lojas especializadas (por exemplo, a Tiffany e a Williams-Sonoma) e as lojas de departamentos de primeira linha (como a Nordstrom e a Neiman Marcus), os vendedores auxiliam os clientes em todas as fases do processo de compra. As lojas de serviço completo geralmente vendem mais produtos específicos para clientes que precisam de atendimento pessoal na hora da compra e conselho ou que os desejam. Elas oferecem mais serviços, o que resulta em custos operacionais muito mais altos. Esses custos maiores são repassados para os clientes na forma de preços mais altos.

Tabela 13.1 Tipos mais importantes de lojas de varejos

Tipo	Descrição	Exemplos
Loja especializada	Uma loja que comercializa poucas linhas de produtos com um grande sortimento, como lojas de roupas, lojas de artigos esportivos, lojas de móveis, floriculturas e livrarias.	REI, Sunglass Hut, Sephora, Williams-Sonoma
Loja de departamentos	Uma loja que comercializa diversas linhas de produtos – normalmente roupas, utensílios domésticos e produtos para o lar –, e cada uma dessas linhas é operada como um departamento à parte, administrado por compradores ou profissionais de *marketing* especializados.	Macy's, Neiman Marcus
Supermercado	Uma loja de autosserviço relativamente grande, de baixo custo, baixa margem e alto volume, projetada para atender a todas as necessidades que os clientes têm de artigos de mercearia e produtos para a casa.	Kroger, Publix, Safeway, SuperValu
Loja de conveniência	Uma loja relativamente pequena localizada perto de áreas residenciais, que funciona em horários prolongados, durante a semana inteira, e vende uma linha limitada de produtos de conveniência de alto giro, a preços um pouco mais altos.	7-Eleven, Circle K, Speedway, Sheetz
Superloja	Uma loja muito grande que atende a todas as necessidades que os clientes têm de artigos alimentícios e não alimentícios comprados rotineiramente. Incluem supercentros, uma mistura de supermercado e loja de desconto, e dominadores de categorias, que comercializam um grande sortimento de determinada categoria de produtos.	Walmart Supercenter, SuperTarget, Meijer (lojas de desconto); Best Buy, Petco, Staples, Bed Bath & Beyond (dominadores de categorias).
Loja de desconto	Uma loja que vende mercadorias-padrão a preços mais baixos, com margens menores e volumes maiores.	Walmart, Target, Kohl's
Varejista de ponta de estoque (ou de liquidação)	Uma loja que comercializa mercadorias compradas a preços mais baixos do que os normalmente praticados pelo atacado e vendidas a preços mais baixos do que os do varejo. Incluem lojas de fábrica, de propriedade dos fabricantes e administradas por eles; lojas de ponta de estoque independentes, que pertencem a empreendedores ou divisões de corporações varejistas de maior porte e são por eles operadas; e clubes de compras (ou de associação de atacadistas), que vendem uma variedade limitada de produtos com grandes descontos para seus associados, os quais pagam anuidades.	Mikasa (loja de fábrica); TJ Maxx (loja de ponta de estoque independente); Costco, Sam's Club, BJ's (clubes de compra)

Linha de produtos

Loja especializada
Uma loja de varejo que comercializa poucas linhas de produto, com um grande sortimento em cada linha.

Os varejistas também podem ser classificados de acordo com a extensão e abrangência de seu sortimento de produtos. Alguns estabelecimentos de varejo, como as **lojas especializadas**, comercializam poucas linhas de produtos, com um grande sortimento em cada linha. As lojas Williams-Sonoma concentram-se em utensílios de cozinha; A REI oferece uma ampla seleção de roupas e equipamentos para atividades ao ar livre. Hoje em dia, as lojas especializadas estão prosperando. A crescente utilização da segmentação de mercado, da determinação de mercados-alvo e da especialização de produto resultou em maior necessidade por parte das lojas de se concentrar em segmentos e produtos específicos.

Loja de departamento
Uma loja de varejo que comercializa uma ampla variedade de linhas de produtos, sendo que cada uma delas é operada como um departamento à parte, administrado por compradores ou profissionais de *marketing* especializados.

Por outro lado, as **lojas de departamentos** comercializam uma ampla variedade de linhas de produtos. Nos últimos anos, elas foram comprimidas, ficando entre as lojas especializadas, mais focadas e flexíveis, e as lojas de desconto, mais eficientes e com preços mais baixos. Como resposta, muitas lojas de departamentos começaram a praticar a determinação de preços promocionais, a fim de enfrentar a ameaça do desconto. Outras passaram a usar *lojas personalizadas*, com marcas próprias e marcas únicas, para concorrer com as lojas especializadas. Lojas de departamentos sofisticadas como a Nordstrom, a Saks e a Neiman Marcus, entre outras, estão se saindo muito bem, dando ênfase a mercadorias exclusivas e serviços de alta qualidade.

A transição em direção às compras *on-line* e móvel também atingiu fortemente as lojas de departamento, fazendo com que muitas grandes redes – desde a Sears e a JCPenney até a Macy's e a Dillard's – fechassem lojas e adaptassem suas estratégias. A maioria das grandes redes adicionou vendas diretas e *on-line*, mas ainda tem um longo caminho a percorrer para alcançar as Amazons do mundo do varejo. "O mundo está se movendo mais rápido do que as lojas de departamento estão se adaptando", diz um executivo de varejo de loja.[6]

Supermercado
Uma loja de autosserviço grande, de baixo custo, baixa margem e alto volume, que comercializa uma ampla variedade de artigos de mercearia e produtos para a casa.

Os **supermercados** são o tipo de loja de varejo a que os compradores mais vão. No entanto, atualmente, eles estão enfrentando um lento crescimento nas vendas, em razão da desaceleração do crescimento da população e do aumento da concorrência por conta das lojas de desconto (Walmart, Costco e Dollar General) e das lojas de alimentos especializados (Whole Foods Market, Trader Joe's, ALDI, Sprouts e Lidl).

Assim como as lojas de departamento, os supermercados também enfrentam desafios com a Amazon e outras opções de compras *on-line*, como serviços de entrega de alimentos e receitas, como a Blue Apron e a HelloFresh. As compras de supermercado *on-line* capturaram mais de 5% das vendas anuais no ano passado e atingirão cerca de 20% do total de vendas no varejo de supermercado até 2025. E mais da metade de todas as compras de supermercado agora são impactadas pelo que os consumidores viram ou pesquisaram *on-line*.[7]

Na batalha pela "participação no estômago dos clientes", alguns supermercados estão competindo de frente com grandes lojas de descontos, como Costco e Walmart, cortando custos, estabelecendo operações mais eficientes e reduzindo preços. Outros se voltaram para um público de maior poder aquisitivo, melhorando os ambientes das lojas e oferecendo alimentos de maior qualidade, com alas para padaria, delicatéssen, comida natural e peixaria. Outros ainda estão adicionando opções de compra *on-line*, como pedidos para entrega em domicílio, retirada na loja ou retirada na calçada. Eles estão fortalecendo seus *sites* e aplicativos para dispositivos móveis, com criadores de listas de compras, receitas e ideias de refeições e outros recursos.

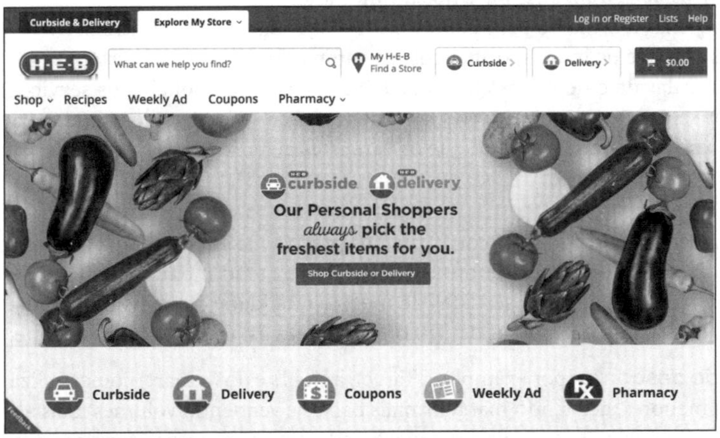

Para ficar à frente das tendências digitais e de entrega que varrem o setor de supermercados, a H-E-B, de 114 anos, está expandindo seus serviços de pedidos *on-line*, *personal shopper*, entrega sob demanda, retirada na calçada e outros serviços *omnichannel*. Ela quer oferecer "a melhor experiência digital para nossos clientes".

H-E-B

Por exemplo, para ficar à frente das tendências digitais e de entrega que varrem o setor de varejo de alimentos, a cadeia de supermercados do Texas H-E-B criou recentemente um laboratório de inovação tecnológica de "classe mundial" encarregado de desenvolver "a melhor experiência digital para nossos clientes". No laboratório, a equipe digital da rede desenvolve tecnologias e estratégias para expandir os serviços de pedidos *on-line*, *personal shopper*, entrega sob demanda, retirada na calçada entre outros serviços *omnichannel* da H-E-B. Para acelerar suas ofertas digitais e de entrega, a H-E-B também adquiriu recentemente o serviço inovador de entrega sob demanda Favor Delivery. Por meio desses e de outros investimentos estratégicos, a H-E-B, de 114 anos, está aproveitando o sucesso de suas tradicionais "operações físicas, aumentando sua presença *on-line* para atender às necessidades e expectativas em evolução dos clientes [...] permitindo que eles escolham como comprar, pagar e receber os produtos".[8]

Lojas de conveniência
Pequenas lojas que comercializam uma linha limitada de produtos de conveniência de alto giro.

Lojas de conveniência são pequenas lojas que comercializam uma linha limitada de produtos de conveniência de alto giro. Depois de muitos anos de vendas estagnadas em razão das menores vendas de cigarros e subida de preços da gasolina, essas lojas hoje estão vivenciando um crescimento. Muitas redes de lojas de conveniência tentaram se expandir para além de seu mercado primário – composto por jovens operários –, remodelando suas lojas para atrair o público feminino. Elas estão abandonando sua imagem de "parada de caminhoneiros", onde os homens vão para comprar combustível, cerveja, cigarros e cachorros-quentes esturricados em grelhas rolantes, e oferecendo produtos alimentícios frescos, além de ambientes mais limpos, seguros e sofisticados.

Muitas lojas de conveniência estão expandindo suas ofertas para atrair compradores de "preenchimento" – pessoas que procuram comprar alguns itens entre as principais idas ao supermercado. Por exemplo, a rede de conveniência Kwik Trip, do meio-oeste dos Estados Unidos, expandiu suas ofertas para se tornar a única parada rápida que os clientes precisam para ajudar a colocar o jantar na mesa quando estão correndo do trabalho para casa:[9]

> Ao entrar em uma Kwik Trip é possível comprar de tudo, desde bisnagas, pão e leite até produtos frescos, saladas e carne. Sim, carne moída, linguiça, frango e bifes – o que estiver em demanda. Nem sempre é fácil convencer os clientes a comprar mantimentos frescos em lojas mais conhecidas por vender cigarros, cerveja e bilhetes de loteria. A Kwik Trip coloca estrategicamente um refrigerador de carne, legumes frescos e frutas perto da frente de suas lojas para ajudar a convencer os compradores de que a Kwik Trip é seu "mercado de bairro" – um lugar válido para parar e comprar o que eles precisam para o jantar. Ela oferece o básico em mantimentos frescos, mas também produtos sazonais, como cerejas frescas, pêssegos e morangos, "apenas para mantê-los interessantes para nossos hóspedes", diz um dos nutricionistas registrados na Kwik Trips. A abordagem de "preenchimento" foi bem-sucedida para a Kwik Trip, especialmente nas áreas rurais, onde a rede ajuda a preencher a lacuna deixada pelo declínio das mercearias rurais.

Superloja
Loja muito maior do que um supermercado normal que oferece um grande sortimento de produtos alimentícios, itens não alimentícios e serviços adquiridos regularmente.

Dominador de categoria
Uma gigantesca loja especializada que comercializa um vasto sortimento de determinada linha.

As **superlojas** são muito maiores do que os supermercados normais e oferecem um grande sortimento de produtos alimentícios, itens não alimentícios e serviços adquiridos regularmente. O Walmart, a Target, a Meijer e outros varejistas de desconto possuem *supercentros*, uma enorme mistura de supermercado e lojas de desconto. O supercentro médio do Walmart gera cerca de três vezes mais vendas do que um supermercado tradicional.[10]

Algumas superlojas que são na verdade lojas especializadas gigantescas, chamadas de **dominadores de categoria** (por exemplo, Best Buy, Home Depot, Petco e Bed Bath & Beyond). Eles apresentam lojas do tamanho de hangares de avião que carregam uma variedade muito vasta de uma linha específica. Os dominadores de categoria são encontrados em uma ampla gama de categorias, incluindo eletrônicos, produtos de reparos domésticos, livros, artigos para o lar, artigos esportivos e até suprimentos para animais de estimação. Os dominadores de categoria cresceram rapidamente durante as décadas de 1980 e 1990, e muitos ainda estão indo bem. No entanto, outros enfrentaram tempos difíceis nas mãos de varejistas do mercado de massa, como Walmart, Target e Amazon. Dominadores de categorias outrora prósperos, como Borders, Toys "R" Us, Circuit City, Sports Authority, Blockbuster, entre outros, fecharam suas lojas nos últimos anos.

Varejista de serviços
Um varejista cuja linha de produtos é, na verdade, de serviços; exemplos incluem hotéis, companhias aéreas, bancos e faculdades, entre muitos outros.

Por fim, para muitos varejistas, a linha de produtos é, na verdade, um serviço. Entre os **varejistas de serviços** estão os hotéis e os motéis, os bancos, as companhias aéreas, os restaurantes, as faculdades, os hospitais, as salas de cinema, os clubes de tênis, as pistas de boliche, os serviços de manutenção e conserto, os salões de cabeleireiro e as lavanderias a seco. Nos Estados Unidos, os varejistas de serviços estão crescendo mais rápido do que os varejistas de produtos.

Preços relativos

Os varejistas também podem ser classificados de acordo com os preços que cobram (veja a Tabela 13.1). A maioria deles cobra preços de mercado e oferece produtos e atendimento ao cliente de qualidade normal. Outros oferecem produtos e serviços de melhor qualidade a preços mais altos. Os varejistas que cobram preços baixos são: as lojas de desconto e os varejistas de ponta de estoque.

Loja de desconto
Uma operação de varejo que comercializa mercadorias-padrão a preços menores, aceitando margens mais baixas e vendendo volumes mais altos.

Loja de desconto. Uma **loja de desconto** (por exemplo, a Target, a Kohl's e o Walmart) comercializa mercadorias-padrão a preços menores, aceitando margens mais baixas e vendendo volumes mais altos. As primeiras lojas de desconto reduziam suas despesas oferecendo poucos serviços e funcionando em instalações que pareciam depósitos, localizadas em áreas de aluguel baixo e grande tráfego. As lojas de desconto de hoje melhoraram os ambientes de loja, aumentaram seu nível de serviços e, ao mesmo tempo, mantiveram os preços baixos por meio de operações enxutas e eficientes.

Varejistas de desconto líderes, com lojas enormes, como o Walmart, a Costco e a Target, dominam hoje o cenário do varejo. No entanto, mesmo varejistas de desconto com lojas menores

A Dollar General, a maior varejista de descontos de lojas pequenas dos Estados Unidos, faz uma poderosa promessa de valor para os dias atuais: "Economize tempo. Economize dinheiro. Todos os dias!".

Gary Armstrong

estão prosperando no atual ambiente econômico. Por exemplo, as lojas populares são o formato de varejo que cresce mais rápido atualmente. Houve um tempo em que as lojas populares vendiam, principalmente, sortimentos fracionados de bugigangas, excedentes das fábricas, sobras de estoque e mercadorias ultrapassadas – a maior parte delas por 1 dólar. Isso não acontece mais.

A Dollar General, a principal representante dos varejistas de desconto com lojas menores dos Estados Unidos, trabalha com uma poderosa promessa de valor para os tempos atuais: "Economize tempo. Economize dinheiro. Todos os dias":[11]

> O slogan da Dollar General não é só para impressionar. Trata-se de uma cuidadosa declaração de promessa de valor da loja. A meta do varejista é manter as coisas simples, oferecendo apenas um sortimento selecionado de marcas populares a preços baixos todos os dias, em lojas pequenas e bem localizadas. A linha de produtos mais enxuta e as lojas menores da Dollar General (é possível colocar mais de 25 lojas da Dollar General em um supercentro médio do Walmart) têm tudo a ver com a ideia de uma parada rápida – o cliente médio entra e sai da loja em menos de dez minutos. E o preço dos produtos de marcas populares que ela comercializa é cerca de 20 a 40% menor do que o praticado nos supermercados. Junte tudo isso: as coisas estão caminhando a favor da Dollar General. Enquanto outros varejistas estão fechando lojas a taxas recordes e sendo esmagados pela Amazon e pelo Walmart, a Dollar General está abrindo novas lojas em um ritmo de mais de 950 por ano e suas receitas estão crescendo bem. Conveniência e preços baixos, ao que parece, nunca saem de moda.

Varejista de ponta de estoque
Um varejista que compra do atacado a preços mais baixos que o normal e cobra menos do que o varejo.

Varejistas de ponta de estoque (ou de liquidação). Quando as principais lojas de desconto passaram para um nível superior do mercado, uma nova onda de **varejistas de ponta de estoque** preencheu o espaço deixado pelas lojas de preço muito baixo e grande volume. Os varejistas de desconto normais compram do atacado a preços regulares e aceitam margens menores para manter os preços baixos. Em contrapartida, os varejistas de ponta de estoque compram do atacado a preços mais baixos que o normal e cobram dos consumidores menos do que o varejo. Esse tipo de varejista pode ser encontrado em todos os setores, desde o de alimentos, roupas e produtos eletrônicos até o de bancos com serviços básicos e o de agentes que intermediam vendas mediante o recebimento de recursos.

Loja de ponta de estoque independente
Um varejista de ponta de estoque que pertence a um grupo independente e é operado por ele ou, então, é uma divisão de uma corporação varejista de maior porte.

Os três principais tipos de varejistas de ponta de estoque são: as *lojas de ponta de estoque independentes*, as *lojas de fábrica* e os *clubes de compras*. As **lojas de ponta de estoque independentes** pertencem a empreendedores e são operadas por eles ou, então, são divisões de corporações varejistas de maior porte. Um exemplo é o varejista *on-line* de móveis, decoração, roupas de cama e banho, cozinha e artigos de melhorias domésticas Overstock.com, que começou comprando excessos de estoque e mercadorias de liquidação de fabricantes, distribuidores e outros varejistas e revendendo-os *on-line* com grandes descontos. A Overstock.com ainda vende excedentes de estoques e liquidações, mas agora também vende novas mercadorias de marca a preços baixos. Embora muitas lojas de ponta de estoque sejam administradas por empresas independentes e menores, a maioria pertence a redes de varejo maiores. Exemplos incluem varejistas como a TJ Maxx, a Marshalls e a HomeGoods, pertencentes à TJX Companies. A TJ Maxx promete roupas de grife e de marcas famosas com 20 a 60% de desconto nos preços das lojas de departamento.

Loja de fábrica
Uma operação de varejo de ponta de estoque que pertence a um fabricante e é administrada por ele; normalmente, comercializa produtos excedentes, em liquidação e com defeito do fabricante.

As **lojas de fábrica** (outlets) – lojas que pertencem a fabricantes como J. Crew, Gap e Levi Strauss, entre outras, e são operadas por eles – às vezes se agrupam em *centros comerciais de lojas de fábricas* (ou *outlet malls*) e *centros de varejo de valor*. Nesses centros, dezenas de lojas desse tipo oferecem preços até 50% mais baixos do que os praticados no varejo para uma ampla variedade de produtos, principalmente, excedentes, em liquidação e com defeito. Enquanto os centros comerciais de lojas de fábrica consistem, basicamente, de lojas de fábrica, os centros de varejo de valor combinam lojas de fábrica com lojas de pontas de estoque e outlets (pontos de venda de liquidação) de lojas de departamentos.

Os centros comerciais em geral estão se deslocando para níveis mais altos do mercado – chegando a excluir o termo "fábrica" de suas descrições. Um número cada vez maior de centros comerciais de lojas de fábrica conta agora com marcas de luxo, como Coach, Polo Ralph Lauren, Dolce & Gabana, Giorgio Armani, Burberry e Versace. Com os consumidores se tornando mais conscientes com relação ao valor, mesmo varejistas sofisticados estão acelerando suas estratégias voltadas para lojas de fábrica, dando maior ênfase a outlets como a Nordstrom Rack, a Neiman Marcus Last Call, a Bloomingdale's Outlets e a Saks Off 5th. Hoje, muitas empresas veem os outlets não como uma simples forma de desovar mercadorias com problemas, mas como uma maneira adicional de obter negócios com mercadorias novas. A combinação de marcas bacanas e preços baixos encontrada nos outlets oferece um forte apelo para os compradores, especialmente em períodos de economia apertada.

Clubes de compras
Varejista com preço baixo que vende uma quantidade limitada de itens de marcas selecionadas, como eletrodomésticos, roupas e outros bens com grandes descontos para membros que pagam uma anuidade.

Os **clubes de compras** (ou *clubes de associações de atacadistas*), como a Costco, o Sam's Club e o BJ's, operam em instalações grandes e arejadas, que parecem depósitos, e fornecem poucos serviços. No entanto, eles oferecem os preços muito baixos e ofertas relâmpagos para mercadorias de marcas selecionadas. Esses varejistas atraem não somente consumidores de baixa renda em busca de promoções para produtos mais simples, como também todos os tipos de clientes que buscam uma ampla variedade de produtos, desde os necessárias até os supérfluos.

Considere a Costco, agora a segunda maior varejista do mundo, atrás apenas do Walmart. O preço baixo é uma parte importante da equação da Costco, mas o que realmente a diferencia são os produtos que ela carrega e o senso de urgência que ela cria na experiência de loja do cliente Costco:

Clubes de armazém: a Costco é uma caça ao tesouro do varejo, onde produtos de baixo e alto nível atendem a preços com grandes descontos.
Oleksiy Maksymenko Photography/Alamy Stock Photo

> A Costco é uma caça ao tesouro do varejo, onde produtos de baixo e alto nível atendem a preços com grandes descontos. Juntamente com os potes de quatro litros de manteiga de amendoim, os pacotes com quatro pastas de dente e as embalagens com 2.250 hastes flexíveis Q-Tips, a Costco oferece uma variedade em constante mudança de produtos de alta qualidade – até de luxo – tudo com margens tentadoramente baixas. No ano passado, a Costco vendeu mais de 110 milhões de combinações de cachorro-quente e refrigerante (ainda por apenas 1,50 dólar, como tem sido por mais de três décadas). Ao mesmo tempo, vendeu mais de 100 mil quilates de diamantes por até 100 mil dólares por item. Ela é a maior produtora de aves do país (cerca de 70.000 frangos assados por ano a 4,99 dólares e um milhão de perus inteiros durante a temporada de férias), mas também é a maior vendedora de vinhos finos do país. Só por diversão, uma loja da Costco no Arizona certa vez vendeu uma garrafa de edição extremamente limitada de uísque de malte Macallan Lalique por 17 mil dólares (na verdade, um desconto de 6.000 dólares). E a Costco.com uma vez ofereceu um desenho de Pablo Picasso por apenas 129.999,99 dólares!

Cada loja da Costco é um teatro de varejo que cria urgência e emoção de compra. Misturado com seu estoque regular de grampos, a Costco apresenta uma variedade brilhante e em constante mudança de promoções únicas em marcas como Andrew Marc, Calvin Klein, Chanel, Prada e Breitling – ofertas que você simplesmente não encontrará em nenhum outro lugar. De fato, 25% dos itens que a Costco oferta são designados como "itens de tesouro" (palavras da Costco). As ofertas vêm e vão rapidamente, e a variedade em constante mudança e os ótimos preços fazem com que as pessoas voltem com a carteira na mão. Houve um tempo em que apenas as grandes massas mais modestas compravam em varejistas com preços baixos, mas a Costco mudou isso tudo. Agora, mesmo as pessoas que não precisam contar suas moedas compram lá.

Abordagem organizacional

Embora muitas lojas de varejo sejam independentes, outras se agrupam sob alguma forma de organização corporativa ou contratual. A **Tabela 13.2** descreve os quatro principais tipos de organizações de varejo: *redes corporativas*, *redes voluntárias*, *cooperativas de varejo* e *organizações de franquia*.

Redes corporativas
Dois ou mais pontos de venda de propriedade e controle comuns.

As **redes corporativas** são dois ou mais pontos de venda de propriedade e controle comuns. Elas têm muitas vantagens em relação às lojas independentes. Seu tamanho lhes permite comprar em grandes quantidades a preços mais baixos e fazer economia em promoções. Podem bancar a contratação de especialistas em áreas como determinação de preços, promoções, *merchandising*, controle de estoques e previsão de vendas.

O grande sucesso das redes corporativas levou muitas lojas independentes a se unirem em uma das duas formas de associação contratual. Uma é a *rede voluntária* – grupo de varejistas independentes, patrocinado por um atacadista, que se dedica a compras em grupo e a *merchandising* em comum. Exemplos de rede voluntária incluem a Independent Grocers Alliance (IGA), a Western Auto e as lojas de ferramentas True Value. O outro tipo de associação contratual é a *cooperativa de varejo* – um grupo de varejistas independentes que trabalham juntos para montar uma operação de atacado centralizada, de propriedade comum, e que realizam esforços promocionais e de *merchandising* em conjunto. Exemplos de cooperativa de varejo incluem a Associated Grocers e a Ace Hardware. Essas organizações conferem às lojas independentes as economias em compras e promoção de que precisam para enfrentar os preços das redes corporativas.

Franquia
Uma associação contratual entre um fabricante, atacadista ou organização de serviços (ou franqueador) e empresários independentes (franqueados) que compram o direito de possui e operar uma ou mais unidades no sistema de franquia.

Outra forma de organização contratual de varejo é a **franquia**. A principal diferença entre as organizações de franquia e os outros sistemas contratuais (redes voluntárias e cooperativas de varejo) é que os sistemas de franquia normalmente são baseados em algum produto ou serviço exclusivo, em um método de fazer negócios ou em uma marca registrada, patente ou reputação desenvolvida

Tabela 13.2 Principais tipos de organizações de varejo.

Tipo	Descrição	Exemplos
Rede corporativa	Duas ou mais lojas de propriedade e controle comuns. As redes corporativas aparecem em todos os tipos de varejo, mas são mais fortes nas áreas de lojas de departamentos, lojas de desconto, lojas de produtos alimentícios, drogarias e restaurantes.	Macy's (loja de departamentos), Target (loja de desconto), Kroger (loja de produtos alimentícios), CVS (drogaria)
Rede voluntária	Grupo de varejistas independentes, patrocinado por um atacadista, que se dedica à compra e ao *merchandising* em conjunto.	Independent Grocers Alliance (IGA), Western Auto (produtos automotivos), True Value (ferramentas)
Cooperativa de varejo	Grupo de varejistas independentes que montam uma organização central de compras e realizam esforços promocionais em conjunto.	Associated Grocers (artigos de mercearia), Ace *Hardware* (ferramentas)
Organização de franquia	Associação contratual entre um franqueador (um fabricante, atacadista ou prestador de serviços) e franqueados (empresários independentes que compram os direitos de possuir e operar uma ou mais unidades no sistema de franquia).	McDonald's, Subway, Pizza Hut, Jiffy Lube, Meineke Mufflers, 7-Eleven

O franchising abrange muito mais do que apenas hamburguerias e academias de ginástica. A Century 21 consiste em mais de 127 mil agentes independentes que trabalham em mais de 9.400 escritórios de franquia em 80 países.

Century 21 Real Estate LLC

pelo franqueador. A franquia tem predominado no ramo de *fast-food*, hotéis, academias de ginástica, centros de saúde, imobiliárias, concessionárias e outros serviços relacionados a automóveis.

Contudo, a franquia abrange muito mais do que lanchonetes e academias. Elas passaram a atender a praticamente qualquer necessidade. Por exemplo, os franqueados do Mad Science Group oferecem programas de ciências para escolas, grupos de escoteiros e festas de aniversário. O Soccer Shots oferece programas que dão às crianças de dois a oito anos uma introdução às habilidades básicas de futebol em creches, escolas e parques. O Mr. Handyman fornece serviços de reparos domésticos para os clientes, ao passo que a Merry Maids limpa suas casas e o Mosquito Joe livra seus quintais de mosquitos. As franquias Century 21 prestam serviços de venda de imóveis residenciais. Uma subsidiária da gigante das franquias Realogy, que também possui a franquia imobiliária Coldwell Banker, a Century 21 consiste em mais de 127 mil agentes independentes que trabalham em mais de 9.400 escritórios de franquia em 80 países.[12]

As franquias agora comandam cerca de 50% de todas as vendas no varejo nos Estados Unidos. Hoje em dia, é quase impossível passear por um quarteirão da cidade ou dirigir em uma rua da cidade sem ver um McDonald's, um Subway, um Jiffy Lube ou um Hampton Inn. Um dos franqueados mais conhecidos e bem-sucedidos, o McDonald's, agora tem mais de 37 mil lojas em mais de 100 países. Ela atende 69 milhões de clientes por dia e acumula mais de 95 bilhões de dólares em vendas anuais em todo o sistema. Mais de 90% dos restaurantes do McDonald's em todo o mundo são de propriedade e operados por franqueados.[13]

Comentário do autor | Para ter sucesso nessa era de turbulência no varejo, os varejistas tradicionais devem se adaptar às formas como os clientes digitalmente conectados de hoje compram, proporcionando experiências de compra integradas em vários canais.

Varejo *omnichannel*: combinação de canais em loja, *on-line*, móvel e de mídia social

Objetivo 13.2 Discutir como os varejistas estão usando o varejo *omnichannel* para atender ao comportamento de compra em vários canais dos consumidores digitalmente conectados da atualidade.

Conforme discutido anteriormente neste capítulo, o processo de compras no varejo mudou radicalmente nos últimos anos. Não muito tempo atrás, as compras consistiam principalmente em ir de loja em loja – ou talvez folhear catálogos – para coletar informações sobre produtos, fazer comparações de preços e comprar mercadorias. Isso foi no passado. Agora, nessa era de *sites*, *smartphones*, aplicativos móveis, mídias sociais e outras coisas digitais, as compras geralmente envolvem uma variedade impressionante de canais e plataformas.

O varejo *on-line* está prosperando. Embora atualmente represente apenas cerca de 10% do total de vendas no varejo dos Estados Unidos, as compras *on-line* estão crescendo em um ritmo muito mais rápido do que as compras no varejo como um todo. As vendas no varejo *on-line* dos Estados Unidos no ano passado cresceram 16,5% em relação a 2018, contra um aumento de 5% nas vendas gerais do varejo. Além das vendas *on-line* diretas, *sites on-line* de varejistas, aplicativos móveis e mídias sociais também influenciam uma grande quantidade de compras em loja. Estima-se que mais da metade do total de vendas no varejo dos Estados Unidos seja transacionada diretamente ou influenciada por pesquisas *on-line*.[14]

Os consumidores *omnichannel* de hoje pesquisam prontamente produtos e preços *on-line*, comprando digitalmente em casa, no trabalho, nas lojas ou em qualquer outro lugar. Eles vasculham *sites* de varejistas e mídias sociais para comprar ideias, inspiração e conselhos. Eles podem ver produtos nas lojas e encomendá-los *on-line*, ver produtos *on-line* e comprá-los nas lojas ou comprar produtos *on-line* para retirada na loja ou entrega em domicílio. De acordo com um estudo recente, 60% dos compradores usam seus *smartphones* durante as compras e 54% optaram por comprar com varejistas que enviam ofertas especiais enquanto estão na loja.[15]

Essa grande mudança na forma como as pessoas compram exige grandes mudanças na forma como os varejistas operam. A *compra omnichannel* exige *varejo omnichannel*, integrando todos os canais e dispositivos de compras disponíveis em uma experiência de compra perfeita para o cliente. As fronteiras entre o varejo na loja e o *on-line* estão se esvaindo rapidamente. Para a maioria dos clientes, não é mais uma questão de decidir entre comprar em uma loja ou comprar *on-line*. Os compradores *omnichannel* de hoje transitam perfeitamente entre os canais *on-line* e na loja ao longo do processo de compra. Eles se acostumaram a pesquisar e comprar em qualquer lugar, a qualquer hora, seja na loja, *on-line*, em trânsito ou até mesmo *on-line* dentro da loja.

Uma parcela crescente do aumento das vendas *on-line* está sendo capturada por varejistas *omnichannel* que mesclam com sucesso os mundos virtual e físico. Os operadores de lojas físicas estão se expandindo para o mundo digital por meio de *sites*, aplicativos para celulares e mídias sociais. Enquanto isso, muitos comerciantes *on-line* – incluindo a Amazon – estão migrando para o mundo físico com *showrooms*, lojas pop-up, suas próprias lojas e outras formas de encontrar os compradores cara a cara.

Os varejistas aprenderam que os compradores com *smartphones* estão fazendo muito mais do que apenas verificar os preços *on-line*. Em geral, eles estão preenchendo a lacuna de informações. "O consumidor nunca foi tão informado, e essa informação vem de seu telefone", diz um profissional de *marketing* sênior da varejista de equipamentos para atividades ao ar livre REI. "Adoramos quando alguém entra na loja segurando o celular dizendo: 'Quero essa barraca. Eu quero essa bicicleta. Ajude-me a encontrar isso'. Esse tipo de atividade mostra como o varejo digital e de loja podem se unir para fazer uma venda. Segundo uma estimativa, os dispositivos móveis influenciarão mais de 40% das vendas nas lojas até 2022.[16]

Mas o varejo *omnichannel* vai muito além de apenas ajudar os clientes na loja enquanto eles fazem compras em dispositivos móveis. Ele requer uma integração cuidadosa de toda a gama de canais de compras disponíveis, tanto na loja quanto fora dela, desde a descoberta até a efetivação da compra ao longo do processo de compra. Para esse fim, a maioria dos grandes varejistas agora está aumentando suas próprias opções de venda *on-line* e digital e vinculando-as às lojas.

Por exemplo, o Walmart aumentou a ênfase nas opções de retirada na loja e entrega gratuita em dois dias. Ele diz aos clientes que eles podem fazer pedidos em seu *site* Walmart.com, pegar itens no mesmo dia, evitar taxas de envio e devolver facilmente itens à loja se não estiverem satisfeitos. Os clientes agora pegam metade de todas as compras do Walmart.com nas lojas, muitas vezes comprando mercadorias adicionais durante a visita. Da mesma forma, a Target adquiriu o serviço de entrega no mesmo dia Shipt. Assim como no Prime da Amazon, os clientes Target nas principais áreas urbanas podem pagar uma assinatura anual para ter a entrega de pedidos *on-line* no mesmo dia.

Além dos *sites*, os varejistas *omnichannel* estão integrando outros canais de compras digitais. O Walmart, a Target, a Macy's e outros grandes varejistas oferecem aplicativos móveis úteis que atraem os clientes para seus *sites* e lojas, permitem que eles preparem listas de compras, ajudam a localizar mercadorias dentro das lojas e enviam alertas diários e descontos exclusivos para seus telefones. Um estudo recente mostrou que 44% dos compradores compram regularmente ou ocasionalmente por meio de seus celulares em uma loja de varejo no próprio *site* da loja. Dez por cento das compras do Walmart por meio de dispositivos móveis são feitas dentro de uma loja da rede.[17]

As mídias sociais também desempenham um papel importante no varejo *omnichannel*. Em uma pesquisa recente, 58% dos entrevistados indicaram que a mídia social influencia suas decisões de compra, contra 45% apenas dois anos antes. Trinta por cento dos compradores fizeram compras por meio de mídias sociais no ano passado, 44% descobriram novos produtos por meio das redes sociais e

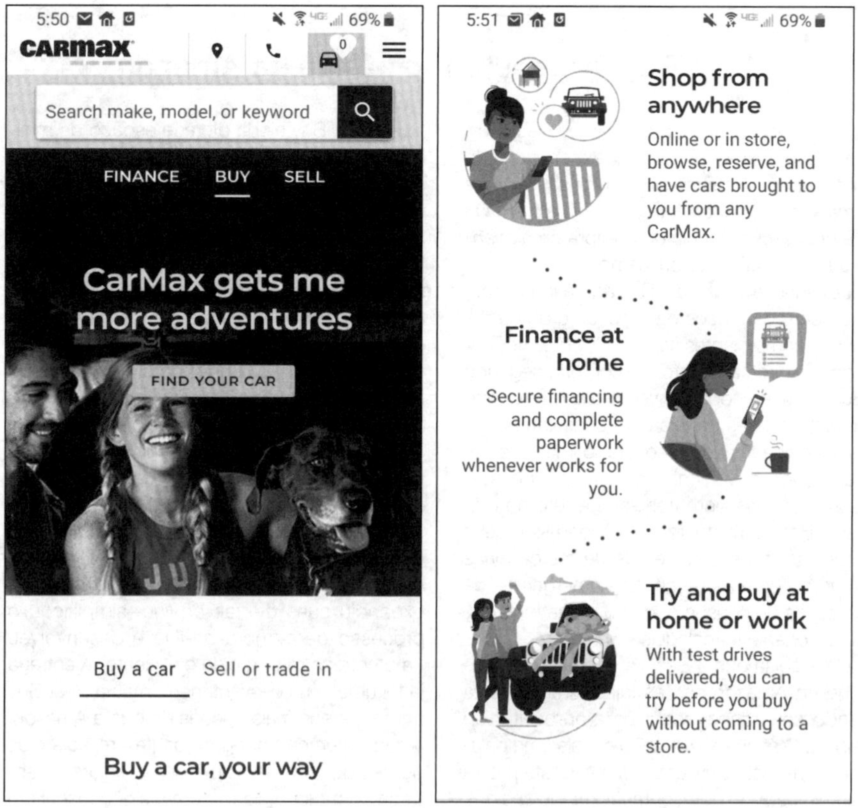

Varejo *omnichannel*: a gigante dos carros usados CarMax torna toda a experiência de compra de carros usados simples e perfeita em seus canais de compras digitais e em suas lojas.

CarMax; as imagens representam materiais voltados para o cliente e podem variar de acordo com o local ou a estação.

49% fizeram compras com base em referências de mídias sociais. Por sua vez, a maioria dos grandes varejistas agora usa a mídia social extensivamente para engajar os clientes, construir uma comunidade e vincular os compradores aos seus *sites* e lojas.[18]

Mas simplesmente criar uma loja digital amigável, um *site* poderoso e uma ampla presença nas mídias sociais não constitui um bom varejo *omnichannel*. A chave é integrar esses elementos para criar uma experiência de compra perfeita em qualquer lugar e a qualquer hora, como os clientes de hoje procuram. Por exemplo, em vez de ceder sob o ataque da Amazon e da onda do varejo digital, a superloja de eletrônicos Best Buy agora prospera combinando compras na loja e *on-line* em uma experiência *omnichannel* integrada que fornece o melhor valor geral para o cliente (consulte Marketing Real 13.1). Agora, vamos considerar a gigante de carros usados CarMax:[19]

> O pessoal de *marketing* e de produto digital da CarMax trabalha em conjunto em equipes multifuncionais compostas por gestores de produto, designers de experiência do usuário, desenvolvedores de *software* e cientistas de dados. Eles até compartilham o mesmo espaço de escritório. Seu objetivo é tornar toda a experiência de compra de carros usados simples e perfeita nos canais de compras digitais e na loja da CarMax. No *site* ou aplicativo móvel da CarMax, os clientes podem pesquisar modelos de carros usados de seu interesse, receber recomendações personalizadas de veículos, visualizar fotos em 360 graus do interior dos carros em estoque, solicitar financiamentos pré-aprovados e obter uma oferta de avaliação para suas trocas. Em seguida, eles podem visitar a loja da CarMax mais próxima, dar uma volta nos carros que estão considerando comprar, assinar os papéis e ir embora. A CarMax ainda oferece entrega em domicílio e uma opção "experimente e compre em casa ou no trabalho", com *test drives* entregues para que os clientes possam experimentar antes de comprar sem precisar ir a uma loja. "Compre um carro do seu jeito", diz a CarMax, "da maneira que você preferir fazer compras, aquilo o que você quiser comprar. *On-line* ou na loja, pesquise, reserve e receba carros de qualquer loja da CarMax". Ao combinar perfeitamente as experiências digitais e na loja em toda a jornada do cliente *omnichannel*, a CarMax continua sendo a maior comerciante de carros usados do país, vendendo mais de 720 mil veículos em suas 188 localizações no ano passado e gerando mais de 17 bilhões de dólares em receitas.

Comentário do autor | Não é de surpreender que os varejistas devam tomar os mesmos tipos de decisões de segmentação, posicionamento e *mix* de *marketing* que qualquer outra empresa.

Decisões de *marketing* do varejista

Objetivo 13.3 Descrever as principais decisões de *marketing* do varejista.

Os varejistas estão sempre em busca de novas estratégias de *marketing* para atrair e manter os clientes. No passado, eles atraíam os clientes com sortimentos exclusivos de produtos e mais ou melhores serviços. Hoje, os sortimentos e os serviços de vários varejistas estão cada vez mais parecidos. É possível encontrar a maioria das marcas para o consumidor não apenas em lojas de departamentos, mas também em lojas de desconto de comercialização de massa, em lojas de ponta de estoque, e por toda a Internet. Assim, hoje em dia, é mais difícil para qualquer varejista oferecer mercadorias exclusivas.

A diferenciação de serviços entre os varejistas também se deteriorou. Muitas lojas de departamentos reduziram seus serviços, ao passo que lojas de desconto os aumentaram. Além disso, os clientes ficaram mais espertos e sensíveis aos preços. Eles não veem motivo para pagar mais por marcas idênticas, especialmente quando as diferenças em termos de serviços estão diminuindo. Por todas essas razões, muitos varejistas estão repensando suas estratégias de *marketing*.

Marketing Real 13.1 | Best Buy: prosperando na era da Amazon

A superloja de eletrônicos de consumo Best Buy explodiu no cenário do varejo no final dos anos 1960 e cresceu rapidamente para dominar a categoria. Suas localizações privilegiadas ofereciam uma grande variedade de eletrônicos de consumo, CDs e vídeos a preços baixos. No final da década de 1990, a Best Buy era a maior rede de eletrônicos do país, com 3.900 superlojas em 14 países.

Depois veio a Amazon. A crescente varejista *on-line* oferecia ainda mais seleção, mais conveniência de compras e preços mais baixos. A Best Buy e outros varejistas de lojas foram vítimas de *showrooming* – a prática de consumidores munidos com *smartphones* visitar rotineiramente as lojas para ver um item, comparar preços *on-line* enquanto estavam na loja e, em seguida, solicitar preços correspondentes ou simplesmente comprar o item *on-line* por um preço mais baixo. A Amazon geralmente tinha uma seleção maior, preços mais baixos e boa entrega, deixando a Best Buy arcar com os custos operacionais e de estoque da loja enquanto a Amazon fazia a venda.

No início de 2012, sob pressão da aquisição digital, a Best Buy estava se debatendo: "Muitos de nossos negócios pioraram simultaneamente, e rápido", diz um ex-CEO da Best Buy. Acrescenta um analista: "As lojas caíram em desuso, a equipe tornou-se complacente, as vendas despencaram, o preço das ações caiu e, para manter alguma lucratividade, a empresa desistiu de competir em preço". A Best Buy encerrou suas operações internacionais e começou a fechar lojas nos Estados Unidos. Concorrentes como a Circuit City e a CompUSA faliram completamente, e os analistas previram uma morte lenta para a outrora poderosa Best Buy. "Todo mundo achava que íamos morrer", diz o atual CEO da empresa.

Mas a Best Buy não morreu. Na verdade, agora está prosperando na era da Amazon. Como a Best Buy está tendo sucesso onde tantos outros varejistas de lojas estão falhando? Por meio de um verdadeiro varejo *omnichannel*. A Best Buy percebeu que o verdadeiro desafio não são as compras na loja *versus* as compras *on-line*. É mais uma questão de usar ambos para fornecer a melhor experiência e valor geral de compra ao cliente. Embora os vendedores apenas *on-line* possam ter algumas vantagens de custo, preço, variedade e conveniência, os varejistas de loja oferecem seus próprios benefícios exclusivos, como, bem, lojas. Eles também têm vantagens multicanal, combinando recursos na loja e *on-line* que os varejistas apenas *on-line* não conseguem igualar. Portanto, sua melhor estratégia não é combater o *showrooming* e a compra digital. Em vez disso, a Best Buy agora os *adota*.

Em linha com esse novo pensamento, a Best Buy lançou uma estratégia de varejo *omnichannel* ampla "Construindo o novo azul" – cor que identifica as lojas da Best Buy. O plano envolve melhorar a experiência do cliente na loja, construir seus próprios recursos de *marketing on-line* e integrar a loja e o *on-line* para criar a experiência de compra *omnichannel* que o consumidor busca hoje.

Em suas lojas, a Best Buy agora iguala rotineiramente os preços da Amazon e de outros grandes comerciantes *on-line*. Uma vez neutralizado o preço como fator de compra, segundo a Best Buy, ela pode converter o *showrooming* em compradores da loja com suas vantagens não relacionadas ao preço, como imediatismo, localização conveniente, assistência pessoal por funcionários bem treinados e retornos fáceis. A Best Buy atualizou e modernizou seus layouts de loja e sortimentos de mercadorias de acordo com as tendências emergentes de eletrônicos de consumo, como home theaters, *smartphones* e tecnologias *smarthome*.

Uma coisa que a Best Buy tem muito mais do que a Amazon são as lojas, e agora está usando seus *showrooms* para aproveitar ao máximo. O *showrooming* não é mais uma palavra ruim na Best Buy, embora o varejista prefira chamar isso de apresentação (*showcasing*). A Best Buy agora trabalha em estreita colaboração com vários gigantes da tecnologia de consumo para criar vitrines de loja dentro de loja para suas marcas. Dentro da maioria das Best Buys, você encontrará uma ou mais áreas de exibição exclusivas para Apple, Samsung, Microsoft, Sony e outras grandes marcas, compostas por seus próprios vendedores ou por associados Best Buy especialmente treinados. Essas marcas pagam pelo espaço, ajudando a compensar os custos de *showrooming*.

A Best Buy ainda oferece espaço de miniloja para a Amazon e o Google para mostrar seus produtos *smarthome*. Os dois são rivais: a Amazon se recusa a vender o Google Home concorrente e muitos produtos Google Nest. A Best Buy serve como um terreno neutro onde os compradores podem examinar os dispositivos mais recentes da Amazon e do Google, juntamente com os da Apple e da Samsung. Isso é bom para as marcas de tecnologia e torna a Best Buy um ponto único atraente para os compradores.

Juntamente com as melhorias em suas lojas, em linha com o plano de varejo *omnichannel* "Construindo o novo azul", a Best Buy também aprimorou seu próprio *marketing on-line* e móvel, integrando cuidadosamente o *marketing* digital às operações da loja. A rede expandiu suas ofertas *on-line*, simplificou o processo de compra *on-line* e desenvolveu uma entrega mais rápida e eficiente. A entrega já foi uma séria desvantagem, mas a Best Buy agora oferece mais opções do que a Amazon. A rede oferece entrega gratuita em dois dias de pedidos *on-line* acima de 35 dólares e entrega no mesmo dia por uma taxa nominal em muitas cidades. E com 70% da população dos Estados Unidos vivendo a 15 minutos de uma loja Best Buy, a maioria dos clientes pode fazer pedidos *on-line* para retirada na loja. A empresa ainda tem uma função "On My Way" em seu aplicativo que garante que os pedidos dos clientes estejam prontos e esperando quando chegarem à loja. As melhorias na experiência *on-line* da Best Buy estão pagando os dividendos. Em 2018, a rede obteve receita *on-line* recorde de 6 bilhões de dólares, 25% a mais

Para enfrentar a investida da Amazon e de outros comerciantes digitais, a Best Buy lançou uma estratégia de varejo abrangente "Construindo o novo azul" que integra lojas físicas e *on-line* para criar a experiência de compra *omnichannel* que os clientes de hoje procuram.

Eyal Dayan Photography

que no ano anterior e respondendo por 14% da receita total.

Talvez a parte mais importante da estratégia "Construindo o novo azul" seja o reconhecimento de que, no ambiente tecnológico cada vez mais complexo de hoje, os clientes precisam mais do que apenas produtos – eles precisam de conselhos e soluções. "Trata-se realmente de construir uma forma mais agressiva de atender os clientes e ajudar a mudar vidas com a tecnologia", diz o chefe de *marketing* da Best Buy. A recente campanha de *marketing* "Vamos falar sobre o que é possível" da empresa posiciona a Best Buy como uma amiga inspiradora que pode ajudar os consumidores a atingir suas metas em eletrônicos.

Com mais de 100 mil funcionários de camisa azul abordando clientes face a face diariamente em mil lojas, a Best Buy está mais bem posicionada do que qualquer concorrente *on-line* para fornecer atendimento personalizado ao cliente. Os associados de vendas não trabalham por comissão, portanto, seu foco principal é ajudar os clientes, não vender produtos. Diz a Best Buy: "Continuamos investindo na proficiência de nossos associados de loja e em sua capacidade de realmente se conectar com os clientes, entender o que eles estão tentando realizar e encontrar soluções para satisfazer suas necessidades".

Além de seus associados de vendas, o Geek Squad da Best Buy – agora com 20 mil agentes – ajuda os clientes com reparos, instalações e suporte técnico em suas casas, lojas, telefone ou *on-line*. A Best Buy está construindo uma plataforma de suporte técnico total que oferece aos clientes acesso rápido e fácil aos especialistas em tecnologia Geek Squad (Esquadrão Geek), incluindo um novo aplicativo com recursos de bate-papo por vídeo.

E levando o serviço personalizado a um novo nível, a Best Buy está agora desenvolvendo um núcleo de consultores domésticos – consultores pessoais orientados para tecnologia que fornecem consultas gratuitas em casa para ajudar os clientes a encontrar soluções em uma gama completa de produtos e serviços. Esses consultores altamente treinados estão caminhando, falando com especialistas sobre todas as coisas técnicas, desde as mais recentes TVs e sistemas de som até câmeras de segurança *smarthome*, campainhas, abridores de portas de garagem, alarmes de fumaça, persianas, iluminação e termostatos. Como os associados da Best Buy, os consultores internos são funcionários assalariados e não comissionados, enfatizando ajudar os clientes a "falar sobre o que é possível" em vez de vender mais produtos.

Então, em vez de ceder sob o ataque da Amazon e a onda do varejo digital, a Best Buy agora está prosperando. Suas vendas cresceram 7% em 2018 e 9% durante as festas de fim de ano, o maior ganho de férias em 15 anos. E embora o sucesso da Amazon quase tenha causado o fim da Best Buy há menos de uma década, a relação entre a maior varejista de eletrônicos de consumo do país e a maior varejista *on-line* parece quase agradável. "Você não vai me fazer dizer uma palavra ruim sobre a Amazon", diz o CEO da Best Buy. "Há muito espaço para nós dois. Não é um jogo de soma zero". Por sua vez, a Best Buy conquistou o respeito de seu rival *on-line*. De acordo com o fundador e CEO da Amazon, Jeff Bezos, "os últimos cinco anos [da Best Buy] foram notáveis".[20]

Como mostra a ● **Figura 13.1**, os varejistas se deparam com importantes decisões de *marketing* referentes a: (1) *segmentação e seleção de mercados-alvo*, (2) *diferenciação da loja e posicionamento* e (3) *composto de marketing no varejo*.

Decisões de segmentação, seleção de mercado-alvo, diferenciação e posicionamento

Os varejistas devem, primeiro, segmentar e definir seus mercados-alvo e só então decidir como vão se diferenciar e posicionar nesses mercados. A loja deve se concentrar em compradores de poder aquisitivo alto, médio ou baixo? Os compradores-alvo querem variedade, grandes sortimentos, praticidade ou preços baixos? Antes de definir seus mercados e traçar o perfil deles, os varejistas não podem tomar decisões consistentes sobre sortimento, serviços, preços, propaganda, decoração da loja ou quaisquer outras decisões que devem servir de apoio para suas posições.

Os varejistas bem-sucedidos definem bem seus mercados-alvo e se posicionam fortemente. Por exemplo, o Trader Joe's estabeleceu sua proposta de valor "gourmet barato". O Walmart está

● FIGURA 13.1
Estratégias de *marketing* do varejista.

Assim como no caso de outros tipos de empresa, a grande questão para os varejistas é encontrar a estratégia e o composto de *marketing* orientados para o cliente que os permitirão criar valor para ele e, em troca, capturar valor. Lembre-se da proposta de valor "Economize dinheiro, viva melhor" do Walmart. E da do Olive Gardens, "Quando você está aqui, está em família".

fortemente posicionado em preços baixos e no que esses preços sempre baixos significam para seus clientes. E a varejista de produtos para atividades ao ar livre altamente bem-sucedida Bass Pro Shops se posiciona fortemente como sendo "o mais próximo possível das grandes aventuras dentro de casa!".

Com uma segmentação e um posicionamento sólidos, um varejista pode competir efetivamente contra concorrentes ainda maiores e mais fortes. Por exemplo, compare a pequena Lush Fresh Handmade Cosmetics com rivais maiores, como Sephora ou L'Oréal. A Lush tem cerca de 900 lojas de cosméticos espalhadas pelo mundo, com vendas anuais de cerca de 660 milhões de dólares. Por outro lado, a Sephora, muito maior, vende quase 7 bilhões de dólares em cosméticos e produtos de cuidados pessoais anualmente em mais de 2.300 lojas em todo o mundo. E a líder da indústria de cosméticos, a L'Oréal, supera ambas, vendendo mais de 30 bilhões de dólares em cosméticos, cuidados com a pele e o corpo, fragrâncias e outros produtos anualmente em dezenas de milhares de pontos de venda em 150 países. Como a Lush compete com os gigantes do mundo dos cosméticos? Não compete – pelo menos não diretamente. Em vez disso, a Lush é bem-sucedida posicionando-se cuidadosamente longe de seus concorrentes:[21]

Segmentação e posicionamento de varejo: a Lush Fresh Handmade Cosmetics é bem-sucedida posicionando-se cuidadosamente longe de seus concorrentes maiores. Faz produtos de beleza *premium* feitos à mão com os ingredientes naturais mais frescos possíveis.

LUSH Handmade Cosmetics Ltd

A Lush é conhecida por seus "Fresh Handmade Cosmetics" – produtos de beleza *premium* feitos à mão com os ingredientes naturais mais frescos possíveis. Ela vende produtos com nomes evocativos, como gel de banho Flying Fox, sabonete Angels on Bareskin e sabonete Honey I Washed the Kids. Mas a Lush faz muito mais do que apenas fabricar e vender produtos de cuidados com o corpo com fins lucrativos. Também se posiciona em fazer o certo com clientes, colaboradores, meio ambiente e sociedade. Sua missão de fazer o bem é explicada em uma declaração de posicionamento de sete pontos intitulada "Uma vida Lush: Acreditamos em..." Por exemplo, a empresa acredita em inventar e fazer seus próprios produtos a partir de frutas e vegetais orgânicos frescos usando pouco ou nenhum conservante ou embalagem. A Lush tem uma política rigorosa contra testes em animais e apoia os esforços de comércio justo e comércio comunitário. A cada ano, a empresa investe fortemente em iniciativas sustentáveis e no apoio a instituições de caridade de base. A Lush cuida de seus funcionários – "Acreditamos em pessoas felizes fazendo sabonetes felizes..." Na verdade, a Lush parece desejar o bem a todos, em todos os lugares – "Acreditamos em longos banhos à luz de velas, chuveiros compartilhados, massagens, encher o mundo de perfume e o direito de cometer erros, perder tudo e começar de novo". Somente em sua crença final a Lush menciona lucros – "Acreditamos que nossos produtos têm um bom valor, que devemos ter lucro e que o cliente está sempre certo". Graças ao seu posicionamento forte e único, a Lush está prosperando como flores frescas na primavera. Enquanto as vendas da L'Oréal estão crescendo bem em cerca de 5% ao ano, a Lush apresenta um crescimento médio anual de vendas de 36% em quatro anos.

Decisões de sortimento de produtos e serviços

Os varejistas precisam tomar decisões relacionadas a três importantes variáveis de produto: sortimento de produtos, *mix* de serviços e atmosfera da loja. Essas decisões, mais do que qualquer outra, podem ajudar os varejistas a se diferenciarem dos vendedores *on-line*. É claro que os varejistas de loja devem combinar elementos eficazes da Web e de tecnologias móveis em combinações de *marketing*. Mas eles também devem alavancar ativos que as Amazons do varejo não podem igualar, como suas próprias marcas privadas, serviço pessoal e experiências de loja.

"Quando a Amazon faz zigue, os varejistas devem fazer o zague", diz um especialista em varejo. "Quanto maior for a Amazon, mais oportunidades ela criará para novas alternativas locais. Quanto mais a Amazon impulsionar a eficiência movida por robôs, mais espaço haverá para um serviço acolhedor e individualizado. Quanto mais as pessoas interagirem com a Amazon por meio de seu assistente baseado em IA Alexa, mais elas desejarão a percepção e a conexão pessoal de outros humanos".[22]

O *sortimento de produtos* do varejista deve diferenciá-lo e, ao mesmo tempo, atender às expectativas dos compradores-alvo. Uma estratégia é oferecer uma variedade de produtos altamente segmentada: a Torrid oferta roupas *plus size* para adolescentes e jovens adultos; A Five Below oferece "coisas iradas; preços legais" – todos com preços entre 1 a 5 dólares; e o Battery Depot oferece todos os tipos imagináveis de bateria de reposição. Alternativamente, um varejista pode se diferenciar oferecendo mercadorias que nenhum outro concorrente possui, como marcas próprias ou marcas nacionais sobre as quais detém direitos exclusivos. Por exemplo, a Kohl's obtém direitos exclusivos para vender rótulos conhecidos, como Simply Vera de Vera Wang e uma linha de utensílios de cozinha e eletrodomésticos da marca Food Network. A Kohl's também oferece suas próprias linhas de marca própria, como Sonoma, Croft & Barrow, Candies, EVRI e Apt. 9, que representam quase metade das vendas anuais da Kohl's.

O composto de serviços também pode ajudar a diferenciar um varejista dos outros. Por exemplo, alguns varejistas convidam os clientes para fazer perguntas ou falar com representantes de serviços pessoalmente, por telefone ou *tablet*. A Home Depot oferece um composto de serviços diversificado para as pessoas que gostam de fazer reformas domésticas por conta própria. Ela oferece desde cursos do tipo "como fazer" e "faça você mesmo" e *workshops* direcionados para crianças até um cartão de crédito exclusivo. A Nordstrom oferece um serviço de alto nível e promete "cuidar do cliente, custe o que custar".

A atmosfera da loja é outro elemento importante no arsenal de produtos do revendedor. Os varejistas querem criar uma experiência de loja única, que se adapte ao mercado-alvo, melhore o posicionamento da marca e leve os clientes a comprar. Muitos varejistas praticam o *varejo experimental*. Por exemplo, considere a loja principal da Adidas na Quinta Avenida, em Nova York, sua maior loja do mundo:[23]

> A gigantesca loja da Adidas de quatro andares possui praticamente todos os produtos que a Adidas oferece, para homens, mulheres e crianças em áreas separadas para futebol, basquete, tênis e equipamentos para atividades ao ar livre. Mas a loja se concentra tanto em oferecer experiências ao cliente quanto em vender produtos. "Os clientes de hoje não estão necessariamente procurando apenas produtos", diz um executivo de varejo da adidas. "Eles também estão comprando experiências, então criar um vínculo emocional é importante."
>
> A megaloja da Quinta Avenida apresenta um conceito de design da Adidas que imita uma arena esportiva. Os clientes entram por uma entrada semelhante a um túnel, sobem escadas de cimento para chegar a diferentes andares, sentam-se nas arquibancadas para assistir aos jogos transmitidos ao vivo em telões e pagam suas compras em estações projetadas para parecerem bilheterias. A loja possui uma pista de corrida em miniatura onde os clientes podem fazer um teste ou analisar sua pisada para garantir que estão comprando o tênis certo. Outro andar inclui um campo de grama onde os clientes podem testar bolas de futebol, kettlebell e outros equipamentos de treino. Existem quatro estações de personalização em toda a loja onde os compradores podem criar seus próprios tênis e uma loja de impressão onde podem personalizar roupas. A loja ainda oferece consultores de *fitness*, serviço de concierge e entrega de hotel no mesmo dia.
>
> No futuro, este design de loja Adidas será aplicado a outras lojas da marca em todo o mundo, adaptadas a cada local específico. Os locais de varejo operados pela Adidas respondem por quase 60% das receitas. "O varejo é excepcionalmente importante para a marca", diz o executivo de *marketing* da empresa. "É importante porque podemos fornecer ao consumidor a experiência que queremos que ele tenha."

Varejo experimental: a loja principal da Adidas em forma de estádio na Quinta Avenida, em Nova York, carrega todos os produtos que a Adidas oferece. Mas a loja se concentra tanto em oferecer experiências ao cliente quanto em vender produtos.

Eyal Dayan Photography

Os varejistas de sucesso orquestram, com cuidado, praticamente todos os aspectos que envolvem a experiência de loja do consumidor. Na próxima vez em que entrar em uma loja de varejo – seja para comprar aparelhos eletrônicos, ferramentas ou roupas bacanas –, pare e preste bastante atenção no que está a seu redor. Pense no layout e nas vitrines da loja. Ouça a música ao fundo. Sinta os cheiros. São altas as chances de tudo na loja, – do layout à iluminação, da música aos cheiros – ter sido cuidadosamente combinado para ajudar a moldar as experiências de compra dos clientes (e fazê-los abrir a carteira).

Por exemplo, muitos grandes varejistas desenvolveram fragrâncias exclusivas que você sente apenas em suas lojas.[24] A Anytime Fitness utiliza a "Inspire", uma fragrância de eucalipto e menta que garante um aroma uniforme em todas suas academias e mascara aquele cheiro de "sala de ginástica". A Bloomingdale's usa diferentes essências em diferentes departamentos: um suave aroma de talco na loja de bebês, coco na área de maiôs, lilases em roupas íntimas e aromas de biscoitos de açúcar e pinho durante a temporada de férias. Os aromas podem reforçar sutilmente as imagens e o posicionamento de uma marca. Por exemplo, o Hard Rock Café Hotel em Orlando adicionou um aroma do oceano em seu lobby para ajudar os hóspedes a imaginar o *check-in* em um resort à beira-mar (mesmo que o hotel esteja localizado a uma hora da costa). Para atrair os clientes para a sorveteria do hotel, muitas vezes esquecida, o hotel colocou um aroma de biscoito de açúcar no topo das escadas e um aroma de casquinha de sorvete na parte inferior. As vendas de sorvetes aumentaram 45% nos seis meses seguintes. Por outro lado, aromas negativos podem ser desencorajadores. Por exemplo, uma década atrás, a Starbucks parou de vender sanduíches de café da manhã porque o cheiro do sanduíche de ovo estava superando o cheiro do café.

Esse varejo experimental confirma que as lojas de varejo são muito mais do que simples sortimentos de mercadorias. São ambientes a serem vivenciados pelos compradores que os visitam.

Decisões de preço

A política de preços do varejista deve estar de acordo com seu mercado-alvo e posicionamento, com seu sortimento de produtos e de serviços, com a concorrência e com fatores econômicos. Todos os varejistas gostariam de trabalhar com grandes margens e conquistar um grande volume de vendas, mas esses dois fatores raramente andam juntos. A maioria das lojas busca *ou* grandes margens sobre volumes menores (principalmente as lojas especializadas), *ou* pequenas margens sobre volumes maiores (os comerciantes de massa e as lojas de desconto fazem isso).

Assim, a Bergdorf Goodman, loja de departamento de luxo de 120 anos, atende à classe alta vendendo roupas, sapatos e joias criadas por designers como Chanel, Prada, Hermès e Jimmy Choo. O varejista de luxo mima seus clientes com serviços como *personal shopper* e mostras na loja das tendências da próxima temporada com coquetéis e aperitivos. ● Por outro lado, a TJ Maxx vende roupas de marca a preços com desconto diários voltados para norte-americanos de classe média. Os compradores da TJ Maxx estão constantemente à procura de ofertas. "Então, quando um designer produz demais e as lojas de departamento compram demais", diz a empresa, "nós entramos, negociamos o menor preço possível e repassamos a economia. Sem ofertas. Sem truques. Apenas marca e moda de grife para você [...] com descontos de até 60% nos preços das lojas de departamento".[25]

● **Posicionamento de preço de varejo: TJ Maxx vende roupas de marca a preços de desconto diários destinados a norte-americanos de classe média.**

Matthew Staver/Bloomberg/Getty Images

Os varejistas também devem decidir até que ponto usarão liquidações e outras promoções de preços. Alguns varejistas não usam promoções de preços, competindo pela qualidade do produto e do serviço e não pelo preço. Por exemplo, é difícil imaginar a Bergdorf Goodman fazendo uma promoção de duas pelo preço de uma em bolsas Chanel, mesmo em uma economia apertada. Outros varejistas – como o Walmart, a Costco, o ALDI e a Family Dollar – praticam *preços baixos todos os dias* (EDLP, sigla em inglês para *everyday low pricing*), cobrando preços baixos constantes e diários com poucas ofertas ou descontos.

Ainda outros varejistas praticam a *determinação de preços altos-baixos*, cobrando preços mais altos diariamente e oferecendo, com frequência, ofertas e outras promoções de preços para aumentar o tráfego da loja, criar uma imagem de preço baixo ou atrair clientes que comprarão outros produtos pelo preço cheio (Macy's, Kohl's, JCPenney, por exemplo). A recente e acirrada competição no varejo, tanto *on-line* quanto *offline*, causou uma onda de determinação de preços altos-baixos, já que os varejistas investiram em cortes de preços e promoções para atrair clientes em busca de pechinchas em suas lojas. A melhor estratégia de precificação depende da estratégia geral de *marketing* do varejista, das abordagens de precificação de seus concorrentes e do ambiente econômico.

Decisões de promoção

Os varejistas usam as ferramentas promocionais normais – propaganda, venda pessoal, promoção de vendas, relações públicas (RP) e *marketing* direto e *on-line* – para alcançar os clientes. Eles anunciam em jornais, revistas, rádio, televisão e Internet. A propaganda pode ser apoiada por encartes em jornais e mala direta. A venda pessoal recebe os clientes, atende às suas necessidades e constrói relacionamento. As promoções de vendas podem incluir demonstrações e exibições nas lojas, liquidações e programas de fidelidade. As atividades de relações públicas, como inauguração de lojas, eventos

Promoção do varejista: a maioria dos varejistas interage digitalmente com os clientes usando *sites* e catálogos digitais, mídias móvel e social e outras plataformas digitais. O programa myWeekly Ad da CVS distribui versões personalizadas de seus informes semanais para os membros do programa de fidelidade ExtraCare da rede.

CVS Health

especiais, boletins informativos e *blogs*, revistas e atividades de serviço público, estão sempre disponíveis para os varejistas. A maioria deles também interage digitalmente com os clientes usando anúncios e aplicativos para dispositivos móveis, *sites* e catálogos digitais, mídias sociais, *blogs* e *e-mail*. Quase todos os varejistas, grandes ou pequenos, mantêm presença total nas mídias sociais.

As promoções digitais permitem que os varejistas personalizem ofertas para clientes individuais com mensagens cuidadosamente direcionadas. Por exemplo, a CVS/farmácia distribui versões personalizadas de seus informes semanais para os 80 milhões de membros do programa de fidelidade ExtraCare da rede. Chamado de myWeekly Ad, os clientes podem visualizar os informes fazendo login em suas contas pessoais no CVS.com ou por meio do aplicativo CVS em seus telefones. Com base nas características dos membros do ExtraCare e nas compras anteriores, as promoções personalizadas destacam itens de vendas e ofertas especiais de interesse especial para cada cliente específico. Por exemplo, se um cliente comprar um determinado xampu, a CVS destacará esse xampu quando estiver em promoção no anúncio myWeekly. Ou clientes com alergias podem receber anúncios e promoções especiais em seus aplicativos quando a contagem de pólen estiver alta em suas regiões. Os membros do CVS ExtraCare que acessam suas promoções digitais pessoais tendem a economizar três vezes mais do que os clientes que não acessam.[26]

Decisões de distribuição (localização)

As empresas apontam três fatores essenciais para o sucesso no varejo: *localização*, *localização* e *localização*! É muito importante que os varejistas escolham lugares de fácil acesso para o mercado- alvo, em áreas que sejam compatíveis com o seu posicionamento. Por exemplo, a Apple coloca suas lojas em *shopping centers* de primeira linha e em estilosos centros comerciais - como no "Magnificent Mile", na Michigan Avenue, em Chicago, ou na Quinta Avenida, em Manhattan –, nunca em shoppings que alugam espaços baratos na periferia da cidade. Em compensação, o Trader Joe's coloca suas lojas em locais fora de mão, que cobram pouco pelo aluguel, com o intuito de manter os custos baixos e apoiar seu posicionamento baseado em "sofisticação barata". Pequenos varejistas podem ter de se estabelecer em qualquer lugar que encontrarem ou possam pagar. Porém, grandes varejistas geralmente contratam especialistas que selecionam lugares a partir de métodos avançados.

Hoje, a maioria das lojas se agrupa para aumentar o poder de atração sobre os clientes e oferecer a eles a praticidade de comprar tudo em um só lugar. Nos Estados Unidos, os *bairros comerciais centrais* foram a principal forma de conglomerado de varejo até a década de 1950. Toda cidade, grande ou pequena, tinha um bairro comercial central, com lojas de departamentos, lojas especializadas, bancos e cinemas. No entanto, quando a população começou a se mudar para áreas mais afastadas, esses bairros, com seus problemas de tráfego, estacionamento e criminalidade, passaram a perder negócios. Recentemente, muitas cidades uniram forças com os comerciantes para revitalizar as áreas comerciais centrais, em geral com apenas algum sucesso.

Shopping center
Um grupo de negócios de varejo de propriedade conjunta, planejado, desenvolvido e administrado como uma unidade.

Um ***shopping center*** é um grupo de negócios de varejo de propriedade conjunta, planejado, desenvolvido e administrado como uma unidade. Um *shopping center regional*, o maior tipo de *shopping center*, tem de 50 a mais de 100 lojas, incluindo duas ou mais lojas de departamentos completas. É como um minicentro da cidade, mas é coberto e atrai clientes de uma vasta região. Um *shopping center local* contém entre 15 e 50 lojas de varejo. Normalmente, contém uma filial de uma loja de departamentos ou de variedades, um supermercado, lojas especializadas, serviços profissionais e, às vezes, um banco. A maioria dos *shopping centers* fica em *bairros* ou em *centros comerciais locais*, que geralmente têm entre 5 e 15 lojas. Eles são próximos e convenientes para os consumidores. É comum terem um supermercado, talvez uma loja de desconto e diversos varejistas de serviços – lavanderia a seco, drogaria, loja de ferragens, restaurante local e outras lojas.[27]

Os *power centers* (super centros) são shoppings enormes a céu aberto que consistem em uma longa faixa de lojas de varejo, incluindo grandes lojas-âncora independentes, como Walmart, Home Depot, Costco, Best Buy, Michaels, PetSmart e Office Depot. Cada loja tem sua própria entrada, com um estacionamento em frente para os compradores que quiserem visitar somente uma loja. Em compensação, os *centros de estilo de vida* são shoppings abertos e menores, com lojas mais sofisticadas, localização conveniente e atividades não ligadas a varejo, como playground, pista de patinação, hotel, restaurantes e cinema.

Os últimos anos trouxeram tempos difíceis para muitos centros comerciais. Os Estados Unidos estão "superlotados" – entre 1970 e 2015, os shoppings do país cresceram duas vezes mais que a taxa da população. Mais recentemente, as compras *on-line* desviaram os compradores e reduziram a necessidade de eles irem ao shopping. E como lojas de departamentos e cadeias especializadas em situação econômica difícil anunciaram um fechamento de lojas recorde, as taxas de desocupação nos shoppings do país dispararam.

Embora os maiores e melhores shoppings regionais ainda estejam prosperando, muitos deles mais fracos e menores estão em apuros. Os super centros também foram duramente atingidos, pois seus inquilinos varejistas de grande porte, como Kmart, Circuit City, Borders, Sports Authority, Mervyns, Toys "R" Us e Linens N Things, fecharam os negócios e outros como a Sears, a JCPenney, a Macy's, a Gap, a Barnes & Noble e o Office Depot reduziram o número ou o tamanho de suas lojas. Ao todo, de acordo com uma previsão, um em cada três shoppings dos Estados Unidos corre o risco de morrer como resultado do fechamento de lojas.[28]

Apesar dessas previsões sombrias, o futuro para os shoppings mais fortes é brilhante. Os shoppings tradicionais estão se reinventando para atender às novas necessidades dos compradores. Eles estão adicionando elementos de estilo de vida – como academias de ginástica, restaurantes, áreas de recreação infantil, áreas comuns e cinemas multiplex – para se tornarem mais sociais e acolhedores. Ao todo, os shoppings de hoje são mais como lugares para sair do que apenas para fazer compras.

Comentário do autor | Os varejistas devem adaptar constantemente suas estratégias e combinações de *marketing* ao ambiente de varejo desafiador e em rápida mudança de hoje.

Tendências e acontecimentos no varejo

Objetivo 13.4 **Discutir as principais tendências e acontecimentos no varejo.**

Os varejistas operam em um ambiente agressivo e de rápidas mudanças, o qual oferece ameaças, mas também oportunidades. As características demográficas, os estilos de vida e os padrões de gasto dos consumidores estão mudando rapidamente, assim como as tecnologias de varejo. Para serem bem-sucedidos, os varejistas precisam escolher com cuidado seus segmentos-alvo e se posicionar fortemente. E eles precisam levar em conta os acontecimentos no varejo ao planejar e pôr em prática suas estratégias competitivas.

Gastos mais comedidos do consumidor

Depois de muitos anos de bons períodos econômicos para os varejistas, a Grande Recessão de 2008 a 2009 trouxe a preocupação de buscar melhores preços a muitos consumidores que antes gastavam livremente. Mesmo com a economia se recuperando, os varejistas ainda vão sentir a mudança nos padrões de gasto dos consumidores por um bom tempo.

Alguns varejistas realmente se beneficiam de gastos mais frugais do consumidor. Por exemplo, à medida que os consumidores cortavam e procuravam maneiras de gastar menos no que compravam, grandes lojas de descontos, como a Costco, conquistaram novos negócios de compradores famintos por pechinchas. E varejistas orientados para o preço e que praticam preços baixos, como ALDI, Dollar Tree e Marshalls, atraíram uma parcela maior de compradores mais conscientes com seus gastos.

Posicionamento de valor: para atrair os consumidores de hoje mais orientados para o valor, o TGI Friday's oferece o Fridays 5, "uma seleção de bebidas e aperitivos deliciosos, todos por 5 dólares cada [...] quando você quiser.".

Para outros varejistas, no entanto, os gastos mais apertados do consumidor exigiram ajustes na estratégia de *marketing* e nas táticas. À medida que a economia melhorou e os consumidores mantiveram suas formas mais econômicas, muitos varejistas adicionaram novos valores ao seu posicionamento. Por exemplo, a Home Depot substituiu seu antigo slogan "você pode fazer isso; nós podemos ajudar" por um mais econômico: "mais economia; fazendo mais". Varejistas que vão de Walmart e Kohl's a Macy's e Kroger aumentaram sua ênfase em marcas próprias mais econômicas. E para competir com o boom de restaurantes fast-casual, como Panera Bread e Chipotle, os restaurantes tradicionais têm suas próprias ofertas de valor agregado. Por exemplo, o Applebee's tem um menu de 2 pessoas por 20 dólares – duas refeições e um aperitivo, tudo por apenas 20 dólares. O TGI Friday's oferece o Fridays 5, "uma seleção de bebidas e aperitivos deliciosos, todos por 5 dólares cada, [...] todas as opções que você pode querer, quando quiser, mesmo tarde da noite".

Ao reagir às mudanças econômicas, os varejistas devem ter cuidado para que suas ações de curto prazo não prejudiquem suas imagens e posições de longo prazo. Por exemplo, cortes de custos e descontos drásticos nos preços podem aumentar as vendas imediatas, mas prejudicar a fidelidade à marca. Um analista chama isso de "morte por desconto" e sugere que "praticamente todos os varejistas – tanto na extremidade mais alta quanto na mais baixa – caíram tão profundamente na armadilha que o desconto se tornou uma expectativa dos clientes, e não um bônus".[29] Dar um passeio no *shopping center* mais próximo confirmará essa avaliação.

A icônica varejista Macy's caiu nessa armadilha. Para impulsionar as vendas, ofereceu um fluxo interminável de grandes descontos, prejudicando suas margens de lucro. Para sustentar seus lucros, centralizou seu *merchandising* e reduziu sua equipe de vendas, resultando em menos atendimento ao cliente. "A Macy's trabalhou muito para eliminar seus pontos de diferença – ajuda de vendas", lamenta um consultor. "Os profissionais de vendas que conheciam seus clientes foram excluídos em nome da eficiência". Por causa dessas ações, as vendas e os lucros da Macy's diminuíram constantemente nos últimos anos, forçando-a a fechar muitos locais.[30] Em vez de depender de cortes de custos e reduções de preços, a Macy's e outros varejistas devem se concentrar em criar maior valor para o cliente dentro de suas estratégias de posicionamento de loja de longo prazo.

Novas formas de varejo, ciclos de vida mais curtos e convergência varejista

Novas formas de varejo continuam surgindo para atender a novas situações e necessidades do consumidor, mas o ciclo de vida dessas formas está ficando mais curto. As lojas de departamento levaram cerca de 100 anos para atingir o estágio maduro do ciclo de vida; formas mais recentes, como as lojas tipo galpão, atingiram a maturidade em cerca de 10 anos. Em tal ambiente, posições de varejo aparentemente sólidas podem desmoronar rapidamente. Dos 10 maiores varejistas de desconto em 1962 (o ano em que as primeiras lojas Walmart, Kmart, Target e Kohl's abriram), nenhum sobreviveu. Mesmo os varejistas mais bem-sucedidos não podem ficar parados com uma fórmula vencedora. Para permanecerem bem-sucedidos, eles devem continuar se adaptando.

Novas formas de varejo estão sempre surgindo. Conforme discutido, uma das tendências mais recentes do varejo de grande sucesso é o varejo *on-line*, tanto por varejistas exclusivamente *on-line* quanto por lojas físicas, por meio de *sites*, aplicativos móveis e mídias sociais. Mas outras inovações ocorrem regularmente. Por exemplo, muitos varejistas agora usam *lojas sazonais* de tempo limitado que permitem que eles promovam suas marcas para compradores sazonais e criem burburinho em áreas movimentadas e de alto aluguel.

Os shoppings também estão entrando com opções de lojas sazonais para refrescar seus *mix* de lojas. O grande operador de shoppings Simon montou uma seção permanente para esse tipo de loja – chamada "The Edit @ Roosevelt Field" – em um de seus shoppings de Nova York. Oferecendo arrendamentos de curto prazo (*versus* arrendamentos padrão de cinco a dez anos), o Edit @ Roosevelt Field hospeda várias lojas sazonais, principalmente de varejistas *on-line* que desejam experimentar o varejo físico para alcançar consumidores que podem hesitar em comprar *on-line* sem ver e tocar os produtos. O *mix* de varejistas no The Edit @ Roosevelt Field é alternado periodicamente. As lojas sazonais recentes no The Edit @ Roosevelt Field incluíam Lively (sutiãs), Beltology (cintos), Raden (bagagens), JARS (sobremesas) e Winky Lux (cosméticos).[31]

O equivalente *on-line* das lojas sazonais são os *sites* de *vendas relâmpago*. Originalmente encontrado em *sites* como Gilt e Zulily, as vendas relâmpago podem ajudar a movimentar o estoque ou criar empolgação e entusiasmo. Por exemplo, a Target tem vendas relâmpago de apenas um dia em linhas de produtos específicas, como fantasias de Halloween em um dia de outubro. E a Amazon realiza vendas relâmpago – chamadas Lightning Deals (ofertas relâmpago) – durante todo o ano e especialmente durante as festas de fim de ano. As Lightning Deals são oferecidas em quantidades limitadas por um curto período de tempo, cliente a cliente, até que o estoque disponível se esgote.[32]

Novas formas de varejo: as vendas relâmpago *on-line*, originadas apenas em *sites* de venda relâmpago, como a Zulily, podem ajudar a movimentar o estoque ou criar empolgação e entusiasmo.

M4OS Photos/Alamy Stock Photo

As formas de varejo de hoje parecem estar convergindo. Cada vez mais, diferentes tipos de varejistas vendem os mesmos produtos pelos mesmos preços para os mesmos consumidores, graças em parte à transparência de preços que a Internet oferece. Por exemplo, você pode comprar eletrodomésticos de marca em lojas de departamentos, lojas de desconto, lojas de artigos para o lar, varejistas de descontos, superlojas de eletrônicos e uma série de *sites on-line* que competem pelos mesmos clientes. Se você não conseguir encontrar o forno de micro-ondas que deseja na Home Depot ou na Lowe's, você pode atravessar a rua e encontrar um por um preço melhor na Target ou na Best Buy – ou apenas comprá-lo *on-line* na Amazon.com ou na Build.com. Essa fusão de consumidores, produtos, preços e varejistas é chamada de *convergência varejista*. Tal convergência significa maior competição para os varejistas e maior dificuldade em diferenciar os sortimentos de produtos dos diversos tipos de lojas.

Ascensão dos megavarejistas

A ascensão das enormes lojas de varejo de massa e das superlojas especializadas, a formação dos sistemas verticais de *marketing*, o rápido crescimento de varejistas *on-line* como a Amazon e a onda de fusões e aquisições no varejo criaram um núcleo de superpoderosos megavarejistas. Com seu tamanho e poder de compra, esses varejistas gigantescos conseguem oferecer maior variedade de mercadorias, bons serviços e muita economia para os consumidores. Como resultado, eles crescem cada vez mais, expulsando do mercado os concorrentes menores e mais fracos.

Os megavarejistas mudaram o equilíbrio de poder entre varejistas e produtores. Um pequeno punhado de varejistas agora controla o acesso a um grande número de consumidores, dando-lhes vantagem em suas negociações com os fabricantes. Por exemplo, no empurra-empurra normal entre o Walmart e seus fornecedores de bens de consumo, o gigante Walmart – o maior supermercado dos Estados Unidos, com mais de 26% de participação em todas as vendas de supermercado no país – geralmente consegue o que quer. Veja o fornecedor Clorox, por exemplo. Embora a forte preferência de marca do consumidor da The Clorox Company dê a ela um poder de negociação significativo, o Walmart simplesmente possui mais cartas na mão. As vendas para o Walmart representam 27% das vendas da Clorox, enquanto os produtos Clorox representam apenas um terço de 1% das compras do Walmart, tornando o Walmart, de longe, o parceiro dominante. Da mesma forma, a Cal-Maine Foods, com sua marca Eggland's Best, depende do Walmart para quase 33% de suas vendas, mas representa apenas cerca de um décimo de 1% do volume do Walmart. E não são apenas marcas menores que operam sob a influência do Walmart. A P&G depende do Walmart para cerca de 9 bilhões de dólares em vendas anuais e 13,5% de suas receitas anuais, mas representa apenas 1,75% das vendas totais do megavarejista.[33]

Importância crescente da tecnologia de varejo

À medida que as compras digitais e *omnichannel* se tornam o padrão, as tecnologias de varejo se tornaram criticamente importantes como ferramentas competitivas. Varejistas progressistas estão usando tecnologia de informação avançada e sistemas de *software* para produzir melhores previsões, controlar custos de estoque, interagir digitalmente com fornecedores, enviar informações entre lojas e até vender para clientes dentro das lojas. Eles adotaram sistemas sofisticados para digitalização de caixas, rastreamento de estoque por identificação por radiofrequência (RFID), manuseio de mercadorias, compartilhamento de informações e interações com clientes.

Talvez os avanços mais surpreendentes na tecnologia de varejo sejam as maneiras pelas quais os varejistas estão avaliando e se conectando com os consumidores. Nessa era de *big data*, grandes e pequenos varejistas podem aplicar análises avançadas às montanhas de dados internos e *on-line* para obter *insights* sobre as necessidades e comportamentos dos clientes. Usando inteligência artificial eles podem personalizar mercadorias, promoções, recomendações e serviços para perfis de clientes individuais.

À medida que o aumento das compras *on-line* e móveis mudou o comportamento e as expectativas dos clientes de varejo, uma ampla gama de varejistas está mesclando os mundos físico e digital para criar ambientes de varejo de experiência da nova era. A Amazon está fazendo isso em suas lojas futuristas Amazon Go:[34]

Tecnologia de varejo: "Se você quiser vislumbrar o futuro do varejo, confira uma loja Amazon Go."

Naum Chayer/Alamy Stock Photo

"Imagine um mundo em que você nunca espere na fila, ou mesmo abra sua carteira", postula um analista de varejo. "Um mundo onde as lojas saibam tanto sobre você que recomendem produtos e levem você diretamente a elas". Não há necessidade de imaginar esse mundo – já é uma realidade em um número cada vez maior de lojas de conveniência sem caixa da Amazon Go. Os compradores simplesmente entram em uma loja Amazon Go com um aplicativo, pegam itens das prateleiras e saem sem esperar na fila. Câmeras e sensores rastreiam o que os clientes pegam e largam, fazem recomendações ou até mesmo ofertas especiais com base em dados de compradores individuais e cobram automaticamente as compras em um cartão de crédito quando saem. Momentos depois, o aplicativo de telefone fornece um recibo com detalhes do que os clientes compraram, o que pagaram e até mesmo quanto tempo passaram na loja. Além de facilitar as compras para os clientes, o sistema "*just walk out*" (apenas saia) da Amazon Go reduz custos operacionais, facilita o gerenciamento de estoque e gera uma mina de ouro de dados de clientes. A Amazon supostamente planeja abrir até 3.000 lojas Amazon Go nos próximos anos. Diz outro analista: "Se você quiser vislumbrar o futuro do varejo, confira uma loja Amazon Go".

Muitas outras tecnologias avançadas estão chegando aos *showrooms* de varejo. Uma é a tecnologia beacon – conexões Bluetooth que cumprimentam e engajam os clientes por meio de seus *smartphones* enquanto eles fazem compras nas lojas. Por exemplo, quando clientes cadastrados entram em uma loja Target, um sinal de beacon ativa o aplicativo Target em seus *smartphones*. O aplicativo mostra a localização dos compradores em um mapa enquanto eles se movem pela loja. Ele também mostra a localização dos itens em suas listas de compras e identifica as ofertas de seu carrinho de compras nas proximidades. A tecnologia da Target baseada em beacon pode em breve oferecer um recurso *scan-and-go* (escaneie e siga em frente) que simplesmente rastreia quais itens os clientes selecionam e os cobra automaticamente em um cartão de crédito sem passar pelo checkout, assim como nas lojas Amazon Go descritas anteriormente, mas em um escala maior. "Queremos economizar tempo e dinheiro dos clientes, ajudando-os a encontrar o que procuram, descobrir novos produtos e receber ofertas e serviços relevantes e oportunos", diz um profissional de *marketing* da Target.[35]

Outros varejistas estão experimentando realidade aumentada (RA) e virtual (RV) para aprimorar a experiência de compra. Por exemplo, os clientes da loja da North Face em Manhattan podem usar fones de ouvido de realidade virtual que os transportam para locais remotos de caminhadas, escaladas ou até *base jump*, onde podem experimentar saltos corajosos de um penhasco de 130 metros, enquanto usam equipamentos da North Face. Os hóspedes do Marriott podem usar óculos de realidade virtual para passeios em destinos como Havaí ou Londres. A Intel desenvolveu um camarim "inteligente", apelidado de MemoryMirror, no qual os compradores, usando realidade aumentada, podem mudar de roupa e cores com um aceno de mão. Embora as tecnologias de realidade aumentada e virtual sejam difíceis e caras de implementar agora, elas são promissoras para o futuro (veja Marketing Real 13.2).[36]

Varejo ecológico: sob sua estratégia de sustentabilidade "People & Planet Positive", o objetivo de longo prazo da varejista de móveis para casa IKEA é se tornar 100% sustentável, tanto em suas operações quanto nos produtos que vende.

Varejo ecológico

Os varejistas de hoje estão, cada vez mais, adotando práticas ambientalmente sustentáveis. Eles estão tornando suas lojas e operações mais "verdes", promovendo mais produtos responsáveis em termos ambientais, lançando programas para ajudar os clientes a serem mais responsáveis e trabalhando com parceiros de canal para reduzir seu impacto ambiental.

No nível mais básico, a maioria dos grandes varejistas está deixando suas lojas mais ambientalmente corretas, por meio de uma arquitetura, um processo de construção e operações sustentáveis. Por exemplo, sob sua estratégia de sustentabilidade "People & Planet Positive", a meta de longo prazo da varejista de móveis para casa IKEA é se tornar 100% sustentável:[37]

A estratégia "People & Planet Positive" começa tornando 355 lojas gigantes da IKEA em 29 países mais independentes e eficientes em termos energéticos. Para alimentar suas lojas, a IKEA se comprometeu a possuir e operar 416 turbinas eólicas e instalou 750 mil painéis solares – 90% de suas lojas nos Estados Unidos têm painéis solares. A IKEA agora gera tanta energia quanto utiliza a partir de fontes renováveis. Dentro de suas lojas, a IKEA usa apenas iluminação LED energeticamente eficiente. A maioria das lojas também separa os resíduos de alimentos dos restaurantes dos clientes para compostagem ou os envia para centros de tratamento, onde são transformados em ração animal ou biogás para abastecer carros e ônibus. Algumas lojas da IKEA oferecem centros de reciclagem de produtos como plástico, papel, lâmpadas fluorescentes compactas, baterias e até mesmo eletrodomésticos em fim de vida.

Marketing Real 13.2 | RA e RV no varejo: ampliando e aprimorando a experiência de compra

Remodelar uma cozinha ou banheiro datado pode ser uma tarefa hercúlea, e muitos clientes simplesmente abrem mão e dizem: "Esqueça!" Para ajudar a resolver esse dilema do cliente, a varejista Lowe's criou um programa de realidade virtual chamado Holoroom, que permite que os clientes em algumas lojas experimentem ferramentas elétricas ou refaçam salas para ver como ficariam sem precisar sequer derrubar uma parede.

Apelidado de "Minecraft para mães", o Holoroom permite que os clientes usem um aplicativo de *tablet* na loja para projetar seu quarto dos sonhos, selecionando armários, bancadas, torneiras, eletrodomésticos, azulejos e cores de tinta em configurações infinitas (todos com os produtos da Lowe, é claro). Os clientes então usam um headset HTC Vive e se veem no meio do espaço redesenhado em realidade virtual 3D. Com base no que observam, eles podem ajustar o design até que fique perfeito. Em seguida, eles podem exportá-lo para o YouTube 360 para compartilhar e visualizar em casa por meio do Google Cardboard.

Bem-vindo ao mundo em rápido crescimento da realidade aumentada e virtual no varejo. Os varejistas estão usando cada vez mais tecnologias digitais sofisticadas para estender e aprimorar a experiência de compra do cliente, trazer o mundo exterior para suas lojas e levar suas lojas para o mundo exterior. Eles estão usando realidade aumentada (RA) e realidade virtual (RV), alimentadas por inteligência artificial (IA), para criar experiências de varejo aprimoradas, personalizadas e altamente envolventes que transcendem os limites do mundo real.

A realidade aumentada mescla objetos digitalmente criados com imagens do mundo real. A RA pode ajudar os consumidores a projetar, experimentar e visualizar produtos antes de comprá-los. Por exemplo, o aplicativo de maquiagem Virtual Artist da Sephora escaneia o rosto de uma cliente e permite que ela experimente diferentes combinações de maquiagem para olhos, lábios e bochechas até encontrar uma que goste. Também oferece "tutoriais virtuais" que mostram às clientes como aplicar maquiagem e sobrepõe digitalmente os resultados em seus rostos. Da mesma forma, o aplicativo Color Visualizer da Sherwin-Williams permite a você "Colorir antes de pintar!" fazendo upload de imagens reais de salas e pintando-as virtualmente. E o aplicativo RA da IKEA, IKEA Place, permite que os clientes coloquem móveis virtualmente em suas casas para ver como eles ficarão antes de comprar.

No NIKEiD Direct Studio em Londres, o mapeamento de vídeo aumentado permite que os visitantes criem seus próprios Nikes exclusivos e vejam os *designs* ganharem vida diante de seus olhos. Os clientes começam colocando uma versão totalmente branca do Nike Air Force 1 no configurador NIKEiD Direct – um pequeno estande que serve como área de exibição. Então, à medida que os clientes selecionam cores, materiais e padrões nas opções de uma interface de *tablet*, suas seleções são projetadas no sapato em tempo real. Os *designs* finais entram em produção na fábrica da NIKEiD. Esses aplicativos de RA podem enriquecer e personalizar muito as experiências de compra do cliente.

Enquanto a RA aumenta os ambientes existentes dos clientes, a RV os envolve em ambientes virtuais totalmente novos. Por exemplo, a montadora Audi instalou RV em 1.000 concessionárias. Os clientes usam *tablets* para selecionar qualquer modelo Audi e personalizar cada elemento. Eles então colocam óculos RV e fones de ouvido para experimentar as imagens e os sons de seu carro personalizado em realidade virtual. Eles podem se movimentar pelo lado de fora do carro, abrir o porta-malas e as portas, verificar sob o capô e até sentar no banco do motorista. Versões futuras podem até adicionar a sensação do estofamento de couro e o cheiro de carro novo.

Os varejistas podem usar a RV para ajudar os clientes a experimentar os produtos em ambientes simulados do mundo real. Por exemplo, o Walmart está experimentando aplicativos de RV que aprimoram "a experiência de compra contextual". O braço de inovação do gigante do varejo – chamado de Store No. 8 (nomeado em homenagem a uma loja do Walmart lembrada pelo fundador Sam Walton como um "experimento") – demonstrou recentemente um aplicativo de realidade virtual que permite que os compradores experimentem equipamentos de acampamento em um Yosemite National Park virtual. "Você pode ver a barraca no ambiente em que vai usá-la", diz o chefe da Store No. 8. "Você pode abrir o zíper, entrar, deitar no chão e dizer: 'Quer saber? isso é muito apertado', e então deslizar sua mão para tentar outra barraca". Enquanto o Walmart não tem espaço para montar nem uma ou duas barracas em suas lojas físicas, com a realidade virtual, ele pode permitir que os clientes experimentem todo o seu estoque. "A capacidade de ter uma experiência da vida real, de ver como é o tecido da barraca e que tipo de zíper ela possui, tem potencial para ser a próxima geração de *merchandising*", acrescenta o desenvolvedor do Walmart.

Além de usar a RV para atrair compradores para as lojas ou proporcionar experiências fora da loja, os varejistas podem usá-la para levar suas lojas aos compradores, onde quer que estejam. Por exemplo, você provavelmente não encontrará uma loja da Nike em uma cidade pequena. Mas a Nike poderia criar uma loja virtual da Nike e colocá-la em qualquer lugar. Usando inteligência artificial, essas lojas virtuais podem fornecer experiências interativas personalizadas de acordo com os dados demográficos, as preferências, os históricos de compras e as ações de cada comprador durante a navegação na loja. Como alguns equipamentos de RV podem rastrear exatamente o que um usuário está visualizando, os aplicativos de lojas virtuais podem usar a IA para adaptar a experiência de um comprador individual com base no que ele está mais interessado. agrada a todos", diz o analista. "A RV resolve isso."

Os futuristas de olhos arregalados da RV imaginam lojas virtuais – ou até lojas reais – povoadas por vendedores orientados por IA sincronizados com características e preferências individuais dos compradores. Os clientes em algumas lojas ou situações podem preferir

RA e RV no varejo: a montadora Audi instalou realidade virtual em muitos de seus *showrooms*, permitindo que os clientes coloquem óculos de RV e fones de ouvido para experimentar as imagens e os sons de seu carro personalizado em ambientes virtuais realistas.

Audi of America

a assistência de um homem, outros de uma mulher. Alguns podem precisar de vendedores com uma aparência específica ou um conjunto de conhecimentos. Uma loja física só pode contratar um limitado número de vendedores. Com a realidade virtual, as lojas podem criar o que o cliente quiser. Por exemplo, imagine entrar em uma loja da Nike e ser abordado por uma Serena Williams holográfica – estrela do tênis e porta-voz da marca. Você poderia perguntar qualquer coisa à Serena Williams virtual, e ela entenderia e responderia pessoalmente como a Williams real faria.

A RA e a RV ainda estão em seu começo. O *hardware* continua caro e complicado, e o impacto dos aplicativos virtuais nos compradores ainda não foi testado e é incerto. Assim, os varejistas ainda estão apenas experimentando essas tecnologias potencialmente poderosas para atrair e engajar clientes. Mas a maioria dos varejistas vê a RA e a RV, alimentados pela IA, como a onda do futuro. Diz um consultor de RV: "Quando você pega um mundo tridimensional, como na RV ou na RA, e o combina com um sistema inteligente [de IA] que pode replicar um humano, de repente a experiência pode dar um enorme salto à frente de onde estávamos".[38]

Os varejistas também estão tornando seu sortimento de produtos mais "verde". Por exemplo, a IKEA agora vende apenas produtos de iluminação LED em suas lojas, e uma proporção crescente dos produtos de decoração doméstica que vende são feitos de algodão, madeira e de outros recursos sustentáveis e renováveis. Os fornecedores da IKEA devem aderir aos padrões de sustentabilidade do código de conduta da varejista para fornecedores: o IWAY. O objetivo da IKEA é que todos os seus móveis domésticos sejam feitos de materiais renováveis, recicláveis ou reciclados. "Na IKEA, a sustentabilidade é fundamental para o nosso negócio", diz a empresa, "para garantir que tenhamos um impacto positivo nas pessoas e no planeta".

Muitos varejistas também lançaram programas que ajudam os consumidores a tomar decisões mais ambientalmente responsáveis. O Programa de Sustentabilidade Fácil da Staples ajuda os clientes a identificar produtos "verdes" vendidos em suas lojas e a reciclar cartuchos de impressora, telefones celulares, computadores e outros produtos de tecnologia relacionados a escritório. A Staples recicla cerca de 30 milhões de cartuchos de impressora e 4,5 milhões de quilos de tecnologia ultrapassada a cada ano.[39]

Por fim, muitos grandes varejistas estão unindo forças com fornecedores e distribuidores para desenvolver produtos, embalagens e sistemas de distribuição mais sustentáveis. Por exemplo, a Amazon.com trabalha de perto com os fabricantes de muitos produtos que ela vende para reduzir e simplificar suas embalagens. E, além de suas próprias iniciativas substanciais no que diz respeito à sustentabilidade, o Walmart utiliza seu enorme poder de compra para estimular seu exército de fornecedores a melhorar seu impacto e suas práticas ambientais. O varejista, inclusive, desenvolveu o Índice de Produto Sustentável, que é aplicado no mundo inteiro e por meio do qual ele avalia os fornecedores. O Walmart planeja transformar o índice em um método de avaliação simples para os consumidores, a fim de ajudá-los a fazer escolhas de compra mais sustentáveis.[40]

O varejo ecológico gera benefícios tanto para as receitas como para os resultados financeiros. As práticas sustentáveis melhoram as receitas do varejista ao atrair consumidores que querem apoiar empresas e produtos ambientalmente corretos. Elas também contribuem com os resultados financeiros reduzindo os custos. Por exemplo, os esforços voltados para a redução da embalagem da Amazon.com melhoraram a conveniência do cliente e eliminaram a fúria gerada por tantos embrulhos, ao mesmo tempo em que geraram economia, com a diminuição dos custos de embalagem. As lojas ecologicamente corretas da IKEA não apenas surtem um efeito sobre os clientes e ajudam a salvar o planeta, como custam menos para operar.

Expansão global dos principais varejistas

Varejistas com formatos exclusivos e posições de marca fortes estão cada vez mais penetrando em outros países. Muitos estão se expandindo internacionalmente para escapar dos mercados domésticos saturados. Ao longo dos anos, alguns varejistas gigantes dos Estados Unidos, como o McDonald's e o Walmart, tornaram-se globalmente proeminentes por causa de sua força em *marketing*.

No entanto, alguns varejistas dos Estados Unidos ainda estão significativamente atrás da Europa e da Ásia quando se trata de expansão global. Embora 10 dos 20 maiores varejistas do mundo sejam empresas dos Estados Unidos, apenas cinco desses varejistas estabeleceram operações fora da América do Norte (Walmart, Home Depot, Walgreens, Amazon e Costco). Dos 10 varejistas fora dos Estados Unidos no top 20 do mundo, oito têm lojas em pelo menos 10 países. Os varejistas estrangeiros que se tornaram globais incluem o Carrefour, o Groupe Casino e o Groupe Auchan da França; as cadeias Metro, Lidl e ALDI da Alemanha; Tesco da Grã-Bretanha; e o Seven & I do Japão.[41]

O varejo internacional traz desafios e oportunidades. Ao atravessar países, continentes e culturas, os varejistas podem se deparar com ambientes de varejo completamente diferentes. Simplesmente adaptar as operações que funcionam bem no país de origem, em geral, não é suficiente para conquistar sucesso internacional. Em vez disso, ao partir para outros países, os varejistas devem entender as necessidades dos mercados locais e atendê-las.

Comentário do autor | Enquanto os varejistas vendem principalmente bens e serviços diretamente aos consumidores finais para uso pessoal, os atacadistas vendem principalmente para aqueles que compram para revenda ou uso comercial. Como os atacadistas operam nos bastidores, eles são em grande parte desconhecidos dos consumidores finais. Mas eles são muito importantes para seus clientes empresariais.

Atacado

Objetivo 13.5 **Explicar os principais tipos de atacadistas e suas decisões de *marketing*.**

O **atacado** inclui todas as atividades envolvidas na venda de produtos e serviços para aqueles que compram para revenda ou uso comercial. As empresas dedicadas *principalmente* às atividades de atacado são chamadas de **atacadistas**.

Atacado
Todas as atividades envolvidas na venda de produtos e serviços para aqueles que compram para revenda ou uso comercial

Atacadista
Uma empresa dedicada *principalmente* às atividades de atacado.

Os atacadistas compram, principalmente, de produtores e vendem, principalmente, para varejistas, consumidores organizacionais e outros atacadistas. Como resultado, muitos dos maiores e mais importantes atacadistas de um país são completos desconhecidos pelos consumidores finais.

Por exemplo, poucos conhecem a McKesson, a gigantesca prestadora de serviços de saúde diversificados de 208 bilhões de dólares e a maior atacadista nacional de produtos farmacêuticos, de saúde e beleza, assistência médica domiciliar e de suprimentos e equipamentos médicos. Ou o atacadista Arrow Electronics, que fornece 30 bilhões de dólares em chips de computador, capacitores e outros componentes eletrônicos e de computador anualmente para mais de 125 mil fabricantes de equipamentos originais e clientes comerciais por meio de uma rede global de mais de 465 locais atendendo mais de 90 países. E a grande maioria talvez nunca tenha ouvido falar de uma empresa chamada Grainger, mesmo sendo muito conhecida e muito valorizada por seus mais de 3,2 milhões de clientes empresariais e institucionais em mais de 150 países:[42]

> A Grainger pode ser a maior líder de mercado da qual você nunca ouviu falar. É um negócio de 10,4 bilhões de dólares que oferece mais de 1,6 milhão de produtos de manutenção, reparo e operação (MRO) de 5.000 fabricantes a mais de 3,2 milhões de clientes ativos. Por meio de sua rede de filiais, centros de serviços, representantes de vendas, catálogo e *sites* de mídia social e *on-line*, a Grainger conecta os clientes com os suprimentos necessários para manter suas instalações funcionando sem problemas – desde lâmpadas, produtos de limpeza e vitrines até porcas e parafusos, motores, válvulas, ferramentas elétricas, equipamentos de teste e suprimentos de segurança. As quase 600 filiais da Grainger, 33 centros de distribuição estrategicamente localizados, mais de 25 mil funcionários e *sites* inovadores na web e móveis lidam com mais de 100 mil transações por dia. Os clientes da Grainger incluem organizações que vão desde fábricas, garagens e mercearias até escolas e bases militares.
>
> A Grainger opera com uma proposta de valor simples: tornar mais fácil e menos dispendioso para os clientes encontrar e comprar suprimentos de MRO. Começa por atuar como um balcão único para os produtos necessários à manutenção das instalações. Em um nível mais amplo, ele constrói relacionamentos duradouros com os clientes, ajudando-os a encontrar soluções para seus problemas gerais de MRO. Atuando como consultores, os representantes de vendas da Grainger ajudam os compradores em tudo, desde melhorar o gerenciamento da cadeia de suprimentos até reduzir estoques e simplificar as operações de armazenamento. Estamos "aqui para ajudá-lo a construir, consertar e mover nosso mundo", diz Grainger.

Atacado: Muitos dos maiores e mais importantes atacadistas – como a Grainger – são em grande parte desconhecidos para os consumidores finais. Mas eles são muito conhecidos e muito valorizados pelos clientes empresariais que atendem.
Kristoffer Tripplaar/Alamy Stock Photo

Então, como é possível nunca ter ouvido falar da Grainger? Talvez seja pelo fato de a empresa operar no mundo não tão glamoroso dos materiais de MRO, que são importantes para qualquer negócio, mas não tão importantes para os consumidores. Mas o mais provável é que isso ocorra porque a Grainger é uma atacadista. E, como a maioria dos atacadistas, ela opera nos bastidores, vendendo principalmente para outras empresas.

Por que os atacadistas são importantes para as empresas vendedoras? Por exemplo, por que um fabricante utilizaria atacadistas, em vez de vender diretamente a varejistas ou consumidores? Simplesmente porque os atacadistas agregam valor, ao desempenhar uma ou mais das seguintes funções de canal:

- *Vendas e promoção:* a força de vendas dos atacadistas ajuda os fabricantes a alcançar muitos clientes pequenos a um baixo custo. O atacadista tem mais contatos e, geralmente, o comprador confia mais nele do que no fabricante, que está distante.
- *Processo de compra e formação de sortimento:* os atacadistas podem selecionar itens e formar os sortimentos de que seus clientes precisam, poupando-lhes trabalho.
- *Quebra de lotes:* os atacadistas economizam o dinheiro de seus clientes comprando grandes carregamentos de mercadorias e dividindo-os em lotes menores.
- *Armazenagem:* os atacadistas mantêm estoques, reduzindo assim os custos e os riscos relacionados a estoques para fornecedores e clientes.

- *Transporte:* Os atacadistas podem fornecer entregas mais rápidas aos compradores porque estão mais próximos deles do que os produtores estão.
- *Financiamento:* os atacadistas financiam seus clientes, concedendo-lhes crédito, e seus fornecedores, fazendo pedidos antecipados e pagando as faturas em dia.
- *Riscos:* os atacadistas absorvem os riscos ao assumir a posse das mercadorias e arcar com os custos de furtos, danos, deterioração e obsolescência.
- *Informações de mercado:* os atacadistas passam informações a fornecedores e clientes sobre concorrentes, novos produtos e mudanças de preços.
- *Serviços de gerenciamento e consultoria:* os atacadistas com frequência ajudam os varejistas no treinamento de seus vendedores, na melhoria do layout e das vitrines das lojas e na implantação de sistemas de controle de contabilidade e estoque.

Atacadista comercial
Um negócio de atacado independente que assume a posse das mercadorias com as quais lida.

Tipos de atacadistas

Os atacadistas dividem-se em três grupos principais (veja a **Tabela 13.3**): *atacadistas comerciais, corretores e agentes* e *filiais e escritórios de vendas dos fabricantes.* Os **atacadistas comerciais** formam o maior grupo de atacadistas, responsáveis por aproximadamente 50% de toda a atividade de atacado. Eles se dividem em duas grandes classes: atacadistas de serviço completo e atacadistas

Tabela 13.3 Principais tipos de atacadistas

Tipo	Descrição
Atacadistas comerciais	Empresas independentes que assumem a posse de todas as mercadorias com as quais lidam. Elas são atacadistas de serviço completo ou atacadistas de serviço limitado.
Atacadistas de serviço completo	Oferecem uma linha completa de serviços: manutenção de estoque, força de vendas, oferta de crédito, serviços de entrega e assistência administrativa. São divididos em dois tipos: atacadistas comerciais e distribuidores industriais.
Atacadistas comerciais	Vendem principalmente para varejistas e oferecem uma gama completa de serviços. Os atacadistas de produtos gerais oferecem diversas linhas de mercadorias, ao passo que os atacadistas de linha geral trabalham com uma ou duas linhas de produtos bastante amplas. Os atacadistas especializados trabalham com apenas parte de uma linha.
Distribuidores industriais	Vendem para os fabricantes, e não para os varejistas. Oferecem diversos serviços, como manutenção de estoque, oferta de crédito e entrega. Podem trabalhar com uma ampla variedade de mercadorias, uma linha geral ou uma linha especializada.
Atacadistas de serviço limitado	Oferecem menos serviços que os atacadistas de serviço completo. Existem diversos tipos de atacadistas de serviço limitado, como:
Atacadistas "pague e leve"	Trabalham com uma linha limitada de produtos de alto giro e vendem à vista para pequenos varejistas. Normalmente, não fazem entrega.
Atacadistas móveis (ou de caminhão)	Executam, principalmente, as funções de venda e entrega. Trabalham com uma linha limitada de mercadorias semiperecíveis (como leite, pão e petiscos), que são vendidas à vista seguindo uma rota entregue em supermercados, mercearias, hospitais, restaurantes, lanchonetes de empresas e hotéis.
Atacadistas logísticos	Não mantêm estoques nem manuseiam produtos. Ao receber um pedido, esses atacadistas selecionam um produtor, que despacha a mercadoria diretamente para o cliente. Os atacadistas logísticos operam em setores de grande volume, como o de carvão, madeira e equipamentos pesados.
Abastecedores	Atendem a supermercados e drogarias, principalmente com itens não alimentícios. Enviam caminhões de entrega para as lojas, nas quais o próprio entregador abastece as prateleiras com brinquedos, itens de papelaria, ferragens, produtos de beleza e saúde ou outras mercadorias. Colocam preços nos produtos, certificam-se de que não estão danificados, montam vitrines nos pontos de compra e controlam o estoque.
Cooperativas de produtores	Pertencem a agricultores associados, que reúnem produtos agrícolas para vendê-los em mercados locais. Os agricultores geralmente tentam melhorar a qualidade dos produtos e promover um nome de marca para a cooperativa, como acontece com as passas Sun Maid, as laranjas Sunkist e as nozes Diamond.

(continua...)

Tabela 13.3 Principais tipos de atacadistas *(Continuação)*

Tipo	Descrição
Atacadistas que vendem por mala direta ou pela Internet	Enviam catálogos a clientes varejistas, organizacionais e institucionais ou mantêm *sites*, nos quais oferecem joias, cosméticos, alimentos especiais e outros itens pequenos. Seus principais clientes são empresas estabelecidas em pequenas áreas distantes das cidades.
Corretores e agentes	Não assumem a posse das mercadorias. Sua função principal é facilitar a compra e a venda, em um serviço pelo qual recebem uma comissão sobre o preço de venda. Geralmente especializam-se em linhas de produtos ou em tipos de clientes.
Corretores	Reúnem compradores e vendedores e ajudam nas negociações. São pagos pela parte que os contratou e não mantêm estoques, não oferecem serviços de crédito e não assumem riscos. Exemplos incluem corretores de alimentos, de imóveis e de seguros.
Agentes	Representam ou os compradores ou os vendedores, em uma base mais permanente que a dos corretores. Existem, ao todo, quatro tipos de agentes:
Agentes dos fabricantes	Representam dois ou mais fabricantes de linhas complementares. São geralmente usados em linhas de produtos como roupas, móveis e aparelhos elétricos. Esse tipo de agente é contratado por pequenos fabricantes que não podem bancar uma força de vendas externas própria e por grandes fabricantes que os usam para entrar em novos territórios ou vender em áreas que não comportam vendedores em tempo integral.
Agentes de venda	Têm autoridade contratual para vender toda a produção de um fabricante. O agente de venda exerce o papel de um departamento de vendas e tem significativa influência sobre os preços, os termos e as condições de venda. Ele é encontrado em áreas como a de produtos têxteis, máquinas e equipamentos industriais, carvão e coque, produtos químicos e metais.
Agentes de compra	Em geral, têm um relacionamento de longo prazo com as empresas compradoras e fazem compras em nome deles. Com frequência, recebem, inspecionam, armazenam e entregam a mercadoria aos compradores. Os agentes de compra ajudam os clientes a conseguir as melhores mercadorias e preços disponíveis na praça.
Atacadistas comissionados	Assumem a posse física dos produtos e negociam as vendas. São utilizados, principalmente, em mercados agrícolas, por agricultores que não querem vender a própria produção. O atacadista comissionado leva um caminhão repleto de commodities até um mercado central, vende as mercadorias pelo melhor preço, deduz as despesas e sua comissão e envia o saldo aos produtores.
Filiais e escritórios de fabricantes e varejistas	Operações de atacado realizadas pelos próprios vendedores e compradores, e não por meio de atacadistas independentes. Filiais e escritórios à parte podem se dedicar exclusivamente às vendas ou às compras.
Filiais e escritórios de vendas	Montados por fabricantes para melhorar o controle de estoque, as vendas e a promoção. As filiais de vendas mantêm estoques e são encontradas em setores como os de madeira e o de equipamentos e peças para automóveis. Os escritórios de vendas não mantêm estoque e são mais comuns nos setores têxtil e de aviamentos.
Escritórios de compra	Desempenham um papel semelhante ao dos corretores e agentes, mas fazem parte da organização do comprador. Muitos varejistas montam escritórios de compra em importantes centros comerciais, como Nova York e Chicago.

Corretor
Um atacadista que não assume a posse das mercadorias e cuja função é reunir os compradores e vendedores e ajudar nas negociações.

Agente
Um atacadista que representa compradores ou vendedores em uma base mais permanente, desempenha somente algumas funções e não assume a posse das mercadorias.

de serviço limitado. Os *atacadistas de serviço completo* oferecem um conjunto total de serviços, ao passo que os diversos *atacadistas de serviço limitado* oferecem uma quantidade menor de serviços a seus fornecedores e clientes. Os vários tipos de atacadistas de serviço limitado realizam diversas funções especializadas no canal de distribuição.

Os *corretores* e *agentes* diferem dos atacadistas comerciais de duas maneiras: eles não assumem a posse das mercadorias e desempenham apenas algumas funções. Assim como os atacadistas comerciais, eles geralmente se especializam em uma linha de produtos ou em um tipo de cliente. Um **corretor** reúne compradores e vendedores e ajuda nas negociações. Os **agentes** representam compradores e vendedores em uma base mais permanente. Os *agentes dos fabricantes* (também chamados de *representantes dos fabricantes*) constituem o tipo mais comum de agente no atacado.

Filiais e escritórios de vendas dos fabricantes
Operações de atacado realizadas por compradores ou vendedores, e não por atacadistas independentes.

O terceiro maior tipo de operação de atacado é realizado em **filiais e escritórios de vendas dos fabricantes**, pelos próprios vendedores ou compradores, e não por atacadistas independentes.

Decisões de *marketing* do atacadista

Atualmente, os atacadistas se deparam com pressões competitivas cada vez maiores, clientes mais exigentes, novas tecnologias e um número maior de programas de compras diretas da parte de grandes compradores organizacionais, institucionais e varejistas. O resultado disso é que eles têm sido obrigados a rever suas estratégias de *marketing*. Assim como acontece com os varejistas, as decisões de *marketing* dos atacadistas incluem: segmentação e seleção de mercados-alvo; diferenciação e posicionamento; e *mix* de *marketing* – sortimentos de produtos e serviços, preço, promoção e distribuição (veja a ● **Figura 13.2**).

Decisões de segmentação, seleção de mercados-alvo, diferenciação e posicionamento

Assim como os varejistas, os atacadistas precisam, de maneira efetiva, segmentar e definir seus mercados-alvo, bem como se diferenciar e se posicionar – não dá para atender a todos. Eles podem escolher um grupo-alvo com base no tamanho do cliente (apenas grandes varejistas), no tipo de cliente (apenas lojas de conveniência), na necessidade de serviço (clientes que precisam de crédito) ou em outros fatores. Dentro do grupo-alvo, os atacadistas podem identificar os clientes mais lucrativos, planejar ofertas mais agressivas e desenvolver um melhor relacionamento com eles. Podem propor sistemas automáticos de renovação de pedidos, estabelecer sistemas de treinamento administrativo e de consultoria ou até mesmo patrocinar uma rede voluntária. Podem ainda desestimular os clientes menos lucrativos, exigindo pedidos maiores ou cobrando taxas de serviço para os pedidos menores.

Decisões de composto de *marketing*

Assim como os varejistas, os atacadistas precisam tomar decisões acerca do sortimento de produtos e serviços, dos preços, da promoção e da praça. Os atacadistas agregam valor aos clientes por meio dos *produtos e serviços* que oferecem. Com frequência, eles sofrem grande pressão para manter uma linha completa e estoque suficiente para pronta entrega. Mas essa prática pode prejudicar os lucros. Hoje, os atacadistas estão reduzindo o número de linhas com as quais trabalham, concentrando-se apenas nas mais lucrativas. Eles também estão reconsiderando os serviços, vendo quais contam mais no desenvolvimento de um forte relacionamento com os clientes e quais devem ser abandonados ou cobrados. O segredo para as empresas consiste em chegar ao composto de serviços mais valorizado por seus clientes-alvo.

O *preço* também é uma importante decisão para os atacadistas. Eles geralmente acrescentam uma margem ao custo das mercadorias aplicando uma porcentagem-padrão e operam com pequenas margens de lucro. Quando os clientes varejistas e organizacionais se deparam com quedas nas vendas e nas margens, eles se voltam para os atacadistas, à procura de preços mais baixos. Os atacadistas, por sua vez, podem reduzir suas margens em algumas linhas para manter clientes importantes. Eles podem também solicitar reduções de preços especiais aos fornecedores, quando for possível transformar essas reduções em aumento nas vendas deles.

Embora a *promoção* possa ser fundamental para o sucesso do atacadista, a maioria deles não é orientada para isso. O uso que fazem de propaganda, promoções de vendas, venda pessoal e relações

● FIGURA 13.2
Estratégias de *marketing* do atacadista.

públicas é muito disperso e não planejado. Como outras empresas de *marketing* B2B, os atacadistas precisam fazer um esforço de trabalho em equipe para vender, construir e atender grandes contas. Eles também precisam adotar algumas técnicas de promoção não pessoais utilizadas pelos varejistas. E precisam desenvolver uma estratégia geral de promoção e fazer maior uso dos materiais e programas promocionais do fornecedor.

As mídias digitais e sociais estão desempenhando um papel cada vez mais importante na promoção dos atacadistas. Por exemplo, a Grainger mantém uma presença ativa no Facebook, YouTube, Twitter, LinkedIn e Instagram. Ela também fornece um aplicativo móvel rico em recursos. Em seu canal no YouTube, a Grainger lista mais de 700 vídeos sobre temas que vão desde a empresa e seus produtos e serviços até sobre a redução dos custos de estoque.

Por fim, a *distribuição* (localização) é importante. Os atacadistas devem escolher cuidadosamente suas localizações físicas e instalações. Foi-se o tempo em que os atacadistas podiam se instalar em áreas de aluguéis e impostos baixos e investir pouco dinheiro em seus edifícios, equipamentos e sistemas. Hoje em dia, com a tecnologia se movendo depressa, esse tipo de comportamento resulta em sistemas desatualizados de manuseio de mercadorias, processamento de pedidos e entregas.

Em vez disso, os grandes e progressistas atacadistas de hoje reagiram à elevação dos custos investindo em depósitos automatizados e em sistemas de TI. Os pedidos passam diretamente do sistema de informação do varejista para o atacadista. Os itens, então, são separados por dispositivos mecânicos e automaticamente levados para uma plataforma de embarque, onde a carga é montada. A maioria dos grandes atacadistas usa tecnologia para processar a contabilidade, o faturamento, o controle de estoque e a previsão de vendas. Atacadistas modernos estão adaptando seus serviços às necessidades dos clientes-alvo e buscando métodos de redução de custos para se fazer os negócios. Eles também estão realizando mais transações *on-line*. Por exemplo, o e-commerce é o canal de vendas de mais rápido crescimento da Grainger. As compras *on-line* agora representam mais da metade das vendas totais da atacadista.[43]

Tendências no atacado

Os atacadistas de hoje enfrentam desafios consideráveis. O setor continua vulnerável a uma das mais duradouras tendências – a necessidade cada vez maior de eficiência. As condições econômicas mais severas e os apuros do varejo levaram a exigências de preços ainda menores e à eliminação de fornecedores que não estavam agregando valor com base em custo e qualidade. Atacadistas de vanguarda sempre buscam melhores formas de atender às necessidades em constante mudança de seus fornecedores e clientes-alvo. Eles reconhecem que a única razão de sua existência é o fato de agregarem valor, o qual se dá pelo aumento da eficiência e da efetividade do canal de *marketing* como um todo.

Tal como acontece com outros tipos de profissionais de *marketing*, o objetivo é construir relacionamentos com clientes que agreguem valor. Por exemplo, considere a Sysco, a empresa de distribuição de alimentos por atacado de 55 bilhões de dólares que opera nos bastidores para abastecer mais de 425 mil restaurantes, escolas, hospitais, faculdades e outros clientes comerciais que preparam refeições fora de casa.[44]

A gigante atacadista de distribuição de alimentos Sysco faz jus ao seu lema "Coisas boas vêm da Sysco" ao adquirir e entregar alimentos e suprimentos de serviços de alimentação de maneira mais confiável, eficiente e barata do que os clientes jamais poderiam esperar fazer por conta própria.

Sysco Corporation

Seja o cachorro-quente do Reliant Stadium em Houston, o original sanduíche italiano do Jersey Mike's, os bolinhos de caranguejo de um Hotel Hilton ou o sanduíche de presunto e queijo na lanchonete de um hospital nos Estados Unidos, as chances são boas de que os ingredientes tenham sido fornecidos pela Sysco, o maior fornecedor de alimentos do país. A Sysco fornece tudo e qualquer coisa necessária para administrar um estabelecimento de alimentação, de caixas de frutos do mar, frango e carne bovina a sacos de 10 quilos de arroz ou macarrão, potes de ketchup ou molho até caixas de luvas plásticas e jarros de detergente para lavar louça. O que torna a Sysco tão valiosa para seus clientes é que ela adquire e entrega esses suprimentos de forma mais confiável, eficiente e barata do que os clientes jamais poderiam esperar fazer por conta própria.

Por exemplo, o Lowell's, o restaurante icônico no Pike Place Market de Seattle, compra quase todos os seus produtos convenientemente por meio do sistema de pedidos *on-line* do Sysco Market. Seus pedidos são processados com rapidez e precisão no centro de distribuição automatizado da Sysco. Em seguida, o Lowell's – por si só ou com a ajuda de representantes de vendas e despachantes da Sysco – pode rastrear a localização de entregas individuais por meio do programa My Sysco Truck. A Sysco busca constantemente novas maneiras de agregar mais valor e construir confiança, desde a rastreabilidade do produto para segurança até o fornecimento de produtos de fazendas, ranchos e produtores locais, para atender às necessidades dos clientes cujos negócios estão posicionados na sustentabilidade e no senso de comunidade. Em suma, a Sysco mais do que faz jus ao seu lema: "Coisas boas vêm da Sysco".

A distinção entre grandes varejistas e grandes atacadistas continua pouco clara. Hoje, muitos varejistas operam formatos como clubes de compras e supercentros, os quais desempenham muitas funções do atacado. Por sua vez, alguns grandes atacadistas estão montando suas próprias operações de varejo. Por exemplo, o SuperValu é um dos maiores atacadistas de alimentos dos Estados Unidos e também um dos maiores varejistas de alimentos do país. Cerca de um terço das vendas da empresa vêm de suas lojas Cub Foods, Farm Fresh, Hornbacher's, Shop 'n Save e Shoppers.[45]

Os atacadistas continuarão a aumentar os serviços que oferecem aos varejistas – determinação de preços no varejo, propaganda cooperativa, relatórios de informações gerenciais e de *marketing*, serviços de contabilidade e transações *on-line*, entre outros. Contudo, tanto o ambiente mais focado em valor quanto a demanda por serviços crescentes reduziram os lucros dos atacadistas. Aqueles que não conseguirem encontrar maneiras eficientes de fornecer valor a seus clientes logo serão colocados de lado. Felizmente, o uso cada vez maior de sistemas computadorizados, automatizados e baseados na Internet ajudará os atacadistas a refrear os custos de processamento de pedidos, expedição e manutenção de estoque, aumentando assim sua produtividade.

Revisão e extensão dos conceitos

Revisão dos objetivos

O varejo e o atacado consistem em muitas organizações que levam produtos e serviços do ponto de produção para o ponto de uso. Neste capítulo, analisamos a natureza e a importância do varejo, os principais tipos de varejistas, as decisões que eles tomam e o futuro do varejo. Em seguida, analisamos esses mesmos tópicos levando em conta os atacadistas.

Objetivo 13.1 Explicar o papel dos varejistas no canal de distribuição e descrever os principais tipos de varejistas. *(p. 356-363)*

O *varejo* inclui todas as atividades envolvidas na venda de produtos ou serviços diretamente para os consumidores finais, para seu uso pessoal, e não comercial. Os varejistas desempenham um importante papel ao conectar as marcas aos consumidores nas fases finais do processo de compras. O *shopper marketing* implica concentrar-se no processo de *marketing* como um todo, transformando *shoppers* em compradores no ponto de venda, seja a compra realizada na loja, *on-line* ou por dispositivos móveis.

Mudanças drásticas recentes na forma como os consumidores conectados de hoje compram causaram uma grande reviravolta no setor do varejo. Os compradores de hoje são consumidores *omnichannel* que utilizam vários canais enquanto fazem compras, mudando o papel das lojas de varejo no processo de compra. À medida que a Amazon e outros comerciantes *on-line* cresceram, os varejistas de lojas tradicionais passaram dificuldades. Os varejistas bem-sucedidos do futuro devem adotar o varejo *omnichannel*, criando uma experiência de compra perfeita em vários canais que integra compras em loja, *on-line* e móvel.

As lojas de varejo apresentam-se sob todas as formas e tamanhos, e novos tipos de varejo estão sempre surgindo. Os varejistas com loja podem ser classificados pelo *volume de serviços* que oferecem (autosserviço, serviço limitado ou serviço completo), pela *linha de produtos* que vendem (lojas especializadas, lojas de departamentos, supermercados, lojas de conveniência, superlojas e varejistas de serviços) e por seus *preços relativos* (lojas de desconto e varejistas de ponta de estoque). Hoje em dia, muitos varejistas estão se agrupando em *organizações varejistas* corporativas e contratuais (redes corporativas, redes voluntárias, cooperativas de varejo e organizações de franquia).

Objetivo 13.2 Discutir como os varejistas estão usando o varejo *omnichannel* para atender ao comportamento de compras em vários canais dos consumidores digitalmente conectados da atualidade. *(p. 363-365)*

O processo de compras no varejo mudou radicalmente nessa era de *sites*, *smartphones*, aplicativos móveis, mídias sociais e outras coisas digitais. Os compradores *omnichannel* de hoje transitam facilmente entre os canais *on-line* e em lojas físicas ao longo do processo de compra. Eles pesquisam prontamente produtos e preços *on-line*, comprando digitalmente em casa, no trabalho, nas lojas ou em qualquer outro lugar. Essa grande mudança na forma como as pessoas compram exige grandes mudanças na forma como os varejistas operam. A *compra omnichannel* exige *varejo omnichannel*, integrando todos os canais e dispositivos de compras disponíveis em uma experiência de compra perfeita para o cliente.

O varejo *omnichannel* vai além de apenas ajudar os clientes na loja enquanto eles fazem compras em dispositivos móveis. Requer uma integração cuidadosa de toda a gama de canais de compras disponíveis, tanto na loja quanto fora dela, desde a pesquisa até a efetivação da compra no processo de compra. Para esse fim, a maioria dos grandes varejistas agora está aumentando suas opções de venda *on-line* e digital e vinculando-as às lojas. A chave é integrar esses elementos para criar a experiência de compra essencialmente *omnichannel*, em qualquer lugar, a qualquer hora, do jeito que os clientes de hoje buscam.

Objetivo 13.3 Descrever as principais decisões de *marketing* do varejista. (p. 365-372)

Os varejistas estão sempre buscando novas estratégias de *marketing* para atrair e manter os clientes. Eles se deparam com importantes decisões de *marketing* no que se refere a segmentação e seleção de mercados-alvo, diferenciação e posicionamento da loja e *mix* de *marketing* do varejo.

Os varejistas devem primeiro segmentar e definir seus mercado-alvo e, só então, decidir como vão se diferenciar e se posicionar nesses mercados. Aqueles que tentam oferecer "alguma coisa para todo mundo" acabam não atendendo a mercado nenhum. Por outro lado, varejistas bem-sucedidos definem bem seus mercados-alvo e se posicionam neles de maneira sólida.

Orientados pela seleção de mercado-alvo e pelo posicionamento sólidos, os varejistas devem tomar decisões referentes ao composto de *marketing* do varejo – sortimento de produtos e serviços, preço, promoção e distribuição. As lojas de varejo são muito mais do que simplesmente um sortimento de produtos. Além dos produtos e serviços que oferecem, os varejistas de sucesso de hoje orquestram, com cuidado, praticamente todos os aspectos envolvidos na experiência de loja do consumidor. A política de preço do varejista deve estar de acordo com seu mercado-alvo e posicionamento, com seu sortimento de produtos e serviços e com a concorrência. Os varejistas utilizam as cinco ferramentas de promoção normais – propaganda, venda pessoal, promoção de vendas, relações públicas (RP) e *marketing* direto e digital – para alcançar os clientes. As ferramentas *on-line*, móveis e de mídia social estão desempenhando um papel cada vez maior em ajudar os varejistas a engajar os clientes. Por fim, é muito importante que os varejistas escolham locais de fácil acesso para o mercado-alvo, em áreas que tenham a ver com seu posicionamento.

Objetivo 13.4 Discutir as principais tendências e acontecimentos no varejo. (p. 372-377)

Os varejistas operam em um ambiente agressivo e de rápidas mudanças, o qual oferece ameaças, mas também oportunidades. Após anos de bons tempos econômicos, os varejistas agora se ajustaram às novas realidades da economia e aos consumidores mais preocupados com os gastos. Novas formas de varejo continuam a surgir. Ao mesmo tempo, diferentes tipos de varejistas estão, cada vez mais, atendendo a clientes parecidos com os mesmos produtos e serviços (convergência varejista), dificultando a diferenciação. Outras tendências no varejo incluem: a ascensão dos megavarejistas, o rápido crescimento do varejo direto e *on-line*, a crescente importância da tecnologia de varejo, a onda do varejo ecológico e a expansão global dos maiores varejistas.

Objetivo 13.5 Explicar os principais tipos de atacadistas e suas decisões de *marketing*. (p. 378-383)

O *atacado* inclui todas as atividades envolvidas na venda de produtos e serviços para aqueles que compram para revenda ou uso comercial. Os atacadistas se dividem em três grupos. Para começar, os *atacadistas comerciais* assumem a posse das mercadorias. Eles incluem os *atacadistas de serviço completo* e os *atacadistas de serviço limitado*. Depois, os *corretores* e *agentes* não assumem a posse das mercadorias, mas recebem uma comissão por ajudar no processo de compra e venda. Por fim, *as filiais e os escritórios de vendas dos fabricantes* são operações de atacado conduzidas por não atacadistas com o objetivo de evitar os atacadistas.

Assim como os varejistas, os atacadistas precisam selecionar seus mercados-alvo com cuidado e se posicionar de maneira sólida. E, como os varejistas, os atacadistas precisam tomar decisões relacionadas ao sortimento de produtos e serviços, aos preços, à promoção e à distribuição. Varejistas de vanguarda estão sempre em busca de melhores formas para atender às necessidades em constante mudança de seus fornecedores e clientes-alvo. Eles reconhecem que, no longo prazo, a única razão de sua existência é o fato de agregarem valor, o que se dá pelo aumento da eficiência e da eficácia do canal de *marketing* como um todo. Assim como acontece com outros tipos de empresa, a meta dos atacadistas é sempre desenvolver um relacionamento de valor agregado com os clientes.

Termos-chave

Objetivo 13.1

Varejo (p. 356)
Varejista (p. 356)
Shopper *marketing* (p. 356)
Varejo *Omnichannel* (p. 357)
Loja especializada (p. 359)
Loja de departamento (p. 359)
Supermercado (p. 359)
Loja de conveniência (p. 360)
Superloja (p. 360)
Dominador de categoria (p. 360)
Varejista de serviços (p. 360)
Loja de desconto (p. 360)
Varejista de ponta de estoque (p. 361)
Loja de ponta de estoque independente (p. 361)
Loja de fábrica (p. 361)
Clube de compras (p. 362)
Redes corporativas (p. 362)
Franquia (p. 362)

Objetivo 13.3

***Shopping center* (p. 371)**

Objetivo 13.5

Atacado (p. 378)
Atacadista (p. 378)
Atacadista comercial (p. 380)
Corretor (p. 380)
Agente (p. 380)
Filiais e escritórios de vendas dos fabricantes (p. 381)

Questões para discussão

13.1 Defina varejo *omnichannel* e explique sua conexão com o *shopper marketing*.

13.2 Diferencie os varejistas com base na quantidade de serviço que eles oferecem. Dê um exemplo de cada tipo.

13.3 Diferencie os variados tipos de varejistas com base no comprimento e na amplitude de seus sortimentos de produtos. Dê um exemplo de cada tipo.

13.4 Quais são as principais tendências e desenvolvimentos que os varejistas estão enfrentando? Como esses desenvolvimentos afetam suas estratégias competitivas?

13.5 Liste e descreva as funções que os atacadistas executam que agregam valor tanto aos varejistas quanto aos consumidores.

13.6 Discuta as decisões de *mix* de *marketing* enfrentadas pelos atacadistas. Que desafios atuais os atacadistas enfrentam?

Atividades de pensamento crítico

13.7 Você precisa de um novo par de jeans e tem muitas opções de varejo. Usando as informações do livro, escolha três tipos diferentes de grandes varejistas e selecione uma loja específica para cada tipo escolhido. Visite cada loja (pessoalmente ou *on-line*) e descreva a estratégia de segmentação e posicionamento de cada loja e o *mix* de *marketing* de varejo – produto, preço, praça e promoção. Como os sortimentos de produtos diferem? Qual é a abordagem de preços de cada loja? Quais ferramentas promocionais são usadas? Discuta a localização das lojas.

13.8 Em um pequeno grupo, apresente um plano para uma nova loja de varejo. Quem é o mercado-alvo da loja? Descreva a mercadoria, a atmosfera, os preços, os serviços prestados, a localização e como você promoveria sua loja de varejo. Descreva como você diferenciará sua loja dos concorrentes.

13.9 Em um pequeno grupo, apresente um plano para um novo atacadista. Identifique e descreva que tipo de atacadista será, o mercado-alvo que atenderá e quais funções de canal fornecerá para agregar valor ao seu mercado-alvo.

CASOS E APLICAÇÕES

Marketing digital Kohl's atrai *millennials* com mercadorias selecionadas por influenciadores de mídia social

A Kohl's conquistou a lealdade de compradoras mães de meia-idade, mas teve desafios para atrair os *millennials*. As tendências da moda *millennial* são frequentemente impulsionadas por influenciadores de mídia social. Além disso, essa geração se sente à vontade para fazer compras *on-line* e não querem perder tempo perambulando em grandes varejistas procurando tamanhos e estilos certos. Com base no *feedback* dos *millennials*, a Kohl's lançou um "Outfit Bar" inspirado no Pinterest. Os clientes da Kohl's podem comprar roupas *on-line* ou na loja e encontrar seu "*look*" favorito. A experiência na loja apresenta sinalização e mercadorias que parecem feitas sob medida para o Instagram. O *site on-line* tem uma página de destino complementar que permite que os clientes comprem por roupa. Personalidades de mídia social farão a curadoria das seleções do Outfit Bar, que serão atualizadas a cada 30 dias com novos looks.

13.10 Quais benefícios e desafios a Kohl's terá ao lançar seu Outfit Bar?

13.11 Se um Outfit Bar da Kohl's estivesse disponível em um local perto de você, seus amigos o usariam? Por que ou por que não? Com base em sua resposta, que conselho você daria à administração da Kohl's antes de lançarem a iniciativa Outfit Bar em todo o país?

Marketing e ética Adotar o que há de bom na Costco

Como uma empresa listada na *Fortune 500*, a gigante do varejo de clube de compras Costco se posicionou com sucesso como um varejista inovador que atende sua base de membros com produtos e serviços de qualidade a preços baixos. A Costco também construiu sua reputação por atrair e reter seus funcionários ao cuidar bem deles. Com operações em oito países e mais de 225 mil funcionários em todo o mundo, a Costco tomou medidas arrojadas como empregadora, como estender a cobertura de assistência médica a trabalhadores de meio período e aumentar sua taxa salarial média. A taxa média nacional de pagamento por hora para trabalhadores do varejo é de 11,39 dólares. O pagamento por hora inicial da Costco é de 11,50 dólares, mas o pagamento por hora médio para a maioria de seus funcionários é de cerca de 21,00 dólares. Mais de 85% dos funcionários da Costco têm cobertura de assistência médica oferecida pela empresa. O CEO da empresa, Craig Jelinek, acredita que, se os funcionários tiverem bons cuidados de saúde e ganharem um salário digno, mais dinheiro será injetado nas economias locais. Também é interessante notar que mais de 70% dos funcionários da Costco são promovidos a cargos mais altos na empresa por meio da política de promoção interna da varejista. Além disso, a Costco procura contratar veteranos e membros e equipe de perfis diversos que representam as comunidades onde as lojas estão localizadas. Além de sua cultura positiva no local de trabalho, a Costco implementou amplas práticas de sustentabilidade destinadas a minimizar o impacto ambiental, incluindo gerenciamento de resíduos, doações de alimentos, uso de pesca sustentável, proteção a animais e construção de galpões com certificação LEED (Leadership in Energy and Environmental Design – Liderança em Energia e Design Ambiental). Todos esses fatores contribuíram para colocar a Costco em quinto lugar na lista da Forbes de "Melhores Empregadores da América do Norte" e número 86 em sua lista de "Marcas Mais Valiosas do Mundo".

13.12 O que outras empresas podem aprender com as práticas de negócios socialmente responsáveis e éticas da Costco?

13.13 Discuta os benefícios e limitações que os clubes de depósito enfrentam ao oferecer uma seleção limitada de produtos.

Marketing em números Mercearias que oferecem kits de refeições

Metade do dinheiro dos alimentos dos norte-americanos é gasto comendo fora, e muitas refeições feitas em casa não são realmente cozinhadas em domicílio, tendências que estão afetando as vendas dos supermercados. Mais recentemente, empresas como HelloFresh, Blue Apron, Plated e outras começaram a fornecer kits de refeições que incluem ingredientes pré-medidos para serem preparados em casa, prejudicando ainda mais as vendas nos supermercados. Embora a indústria de kits de refeição tenha explodido para 2 bilhões de dólares em vendas anuais, ela teve problemas para alcançar escala e lucratividade. Para combater isso, a Blue Apron e a HelloFresh estão distribuindo kits de refeições em supermercados e clubes atacadistas. Outras empresas de kits de refeição estão sendo adquiridas por redes de supermercados. Por exemplo, a Kroger, a maior rede de supermercados dos Estados Unidos, comprou a Home Chef, a maior empresa privada de kits de refeição. Além de aumentar seu delivery *on-line*, a Kroger também pretende vender kits de refeição em suas lojas. No entanto, o negócio de kits de refeição pode ser difícil para a Kroger. As empresas de kits de refeição por assinatura *on-line* descobriram que não é bom oferecer muitas opções de receitas. Mas quantas receitas diferentes são ideais? A Kroger acredita que a não exigência de assinatura e seu preço (14 a 18 dólares para um kit de refeição para duas pessoas em comparação com os 50 dólares ou mais para os kits de refeição regulares para entrega em domicílio) atrairão mais vendas. Mas encontrar o equilíbrio certo entre as ofertas de kits e os níveis de estoque é um desafio. Não estocar mercadorias suficientes – nesse caso, kits de refeição variados – resulta em vendas perdidas. Mas carregar muito estoque aumenta os custos e reduz as margens, especialmente por causa da perecibilidade. Ambas as condições reduzem os lucros. Uma medida da eficácia do gerenciamento de estoque de um revendedor é sua taxa de giro de estoque (também chamada de taxa de giro de estoque para fabricantes). Os varejistas desejam realizar um grande volume de vendas com o menor estoque possível, mantendo estoque suficiente para atender à demanda do cliente. Para determinar isso, a Kroger realizou vários testes de mercado em lojas selecionadas para estabelecer os níveis ideais de estoque.

13.14 Usando os dados apresentados, determine a taxa de giro de estoque semanal da Kroger para kits de refeição durante um dos testes de mercado. Consulte os *Índices analíticos* no Apêndice 2: *Marketing* pelos números para saber como calcular a taxa de retorno das ações.

13.15 Interprete suas respostas da pergunta anterior. A taxa de giro semanal da Kroger é boa ou ruim? Que fatores devem ser considerados para determinar isso?

Caso empresarial Ulta Beauty: onde a experiência é bela

No ambiente de varejo de hoje, há muito burburinho sobre o "apocalipse do varejo" – em 2019, mais de 8 mil lojas físicas diversas foram fechadas. Vários varejistas especializados de longa data, como Radio Shack, Sports Authority, Toys "R" Us e Payless Shoe Source fecharam os negócios nos últimos anos. Outros ainda, como The Gap, J.Crew e Victoria's Secret estão fechando lojas e mostrando sinais de angústia. E uma vez que grandes varejistas de mercadorias em geral, como a Sears e a JCPenney, estão encolhendo há anos, muitos especulam que em breve estarão totalmente fora de operação.

Mas todo o rumor sobre as cadeias de varejo em dificuldades ignora as áreas do varejo que estão prosperando. E é mais do que o e-commerce. Muitas cadeias de loja física estão crescendo. Uma dessas empresas é a Ulta Beauty – a maior varejista de beleza dos Estados Unidos e o principal destino de cosméticos, fragrâncias, produtos para cuidados com a pele, produtos para cabelos e serviços de salão. Além de a Ulta ser líder de mercado, suas receitas dobraram nos últimos quatro anos, à medida que a rede cresceu de 874 para quase 1.200 lojas. Qual é o segredo do sucesso da Ulta? Clientes de todos os tipos recorrem entusiasticamente à Ulta porque, mais do que qualquer outro varejista, a rede oferece uma experiência de beleza completa.

A Ulta abriu sua primeira loja há mais de 27 anos. Mas até alguns anos atrás, a empresa operava discretamente à sombra da ex-líder varejista de beleza Sephora. As vendas da Ulta foram boas, mas a empresa tinha uma presença de mercado sem brilho e uma imagem de marca morna. Ela sempre funcionou como uma superloja de beleza, onde os compradores podiam encontrar centenas de marcas do setor, mas isso não foi suficiente para separá-la dos rivais – megacadeias de mercadorias com desconto como o Walmart e a Target e a presença cada vez mais crescente da gigante *on-line* Amazon. Foi quando Mary Dillon assumiu o cargo de CEO da Ulta que a marca realmente começou a brilhar.

Fortalecendo sua vantagem competitiva

Dillon construiu uma estratégia que capitaliza as vantagens competitivas que os varejistas de beleza baseados em lojas físicas têm sobre os concorrentes *on-line*. Comprar produtos de beleza é uma experiência profundamente pessoal e emocionalmente única. Somente em uma loja do mundo real os clientes podem combinar perfeitamente com um tom, ver como uma fragrância combina com eles ou sentir os efeitos do desempenho de um produto. Os clientes geralmente precisam de conselhos sobre opções ou instruções sobre como usar produtos, algo que o mundo *on-line* ainda precisa aperfeiçoar. E quando uma pessoa precisa de um produto imediatamente, mesmo a entrega no mesmo dia não serve.

A estratégia de Dillon amplifica os elementos "pessoais" e "emocionais" da experiência de compra de beleza. Para começar, a Ulta investiu pesadamente para contratar, treinar e recompensar os funcionários certos, criando um exército de funcionários da linha de frente que não apenas dão as boas-vindas aos clientes, mas também os fazem se sentir em casa. Os funcionários da Ulta são profissionais em ler os clientes, entender suas necessidades e motivos e fazer recomendações que pareçam perfeitas para eles. Por sua vez, isso cria confiança, e a confiança aumenta o tempo e o dinheiro que os clientes gastam em uma loja.

Para tornar as lojas mais satisfatórias, a Ulta também criou um sortimento de produtos incomparável. Possui "mais de 25 mil produtos de aproximadamente 500 marcas". Mas isso é apenas parte da história do produto. A Ulta também se concentra na introdução de novas marcas de cosméticos quentes, como Morphe, Revolution Beauty e Jeffree Star, muitas com direitos exclusivos de distribuição. Por exemplo, até o ano passado, a explosiva marca Kylie Cosmetics estava disponível apenas em sua própria loja *on-line*. Mas a Ulta obteve uma grande vitória ao se tornar a única rede de lojas físicas a carregar o crescente portfólio de beleza da marca. Com uma das maiores e mais jovens legião de seguidores nas redes sociais, a Kylie Cosmetics é um exemplo perfeito de marcas que aumentaram o tráfego e as vendas das lojas da Ulta. Essas novas marcas "tem que ter" estão atraindo consumidores mais jovens, dando à Ulta uma base forte em todas as faixas etárias.

A Ulta desenvolveu outros atrativos para aprimorar a experiência de compra. Os compradores de cosméticos adoram amostras. Além de serem gratuitas, as amostras permitem que os clientes experimentem um produto por um tempo limitado para ver se gostam. Embora a maioria dos varejistas de beleza forneça "testadores" internos, bem como miniversões de produtos para levar para casa, eles o fazem apenas para marcas mais sofisticadas. Mas a Ulta oferece amostras em uma gama mais ampla de produtos do que outros varejistas, incluindo as chamadas marcas de "drogarias", como Maybelline e CoverGirl.

Além de sua incrível seleção de produtos, a Ulta se destaca por oferecer serviços na loja, como cortes de cabelo e tratamentos faciais. Isso não apenas impulsiona o tráfego nas lojas e gera receita adicional, como as vistas, sons e cheiros desses serviços aumentam o nível de energia nas lojas. Os dados da Ulta mostram que os clientes dos serviços de salão gastam quase três vezes mais do que os outros clientes. Isso levou Dillon a mover o Benefit Brow Bar – uma estação para modelagem de sobrancelhas – para a frente da loja, para que os compradores vissem os serviços sendo executados no momento em que entrassem. Funcionou. As vendas do salão aumentaram 15% em apenas nove meses após essa mudança.

O poder das recompensas

Um dos movimentos estratégicos mais fortes de Dillon foi a reforma do programa de fidelidade anteriormente obsoleto da Ulta. Agora com mais de 30 milhões de membros ativos, o novo programa Ultamate Rewards é muito mais simples e envolvente. Como qualquer bom programa de fidelidade, o novo e aprimorado Ultamate Rewards afeta positivamente a experiência do cliente de várias maneiras. Para começar, em vez de simplesmente lançar brindes gratuitos, ele permite que a Ulta use os preços como uma ferramenta de construção de relacionamento. Em vez da antiga abordagem de força bruta que distribuía brindes para atingir determinados marcos de pontos, o Ultamate Rewards agora permite que os clientes usem seus pontos acumulados como crédito na loja para itens de sua própria escolha. Isso não apenas dá aos clientes mais autonomia, mas também permite que eles apliquem pontos a marcas de ponta, como a Urban Decay – marcas que nunca entram em liquidação.

O Ultamate Rewards também permite que a Ulta interaja com cada cliente de maneira pessoal. Ela pode projetar mensagens, incentivos e recompensas para atender indivíduos com base em todas as informações nos bancos de dados da empresa, incluindo histórico de compras. "Há muitas informações com as quais precisamos trabalhar para entregar essa oferta direcionada à pessoa certa", diz o diretor de *marketing* de fidelidade da Ulta. "A maioria de nossas promoções e engajamento com os clientes passou para o programa de fidelidade, então agora estamos criando ainda mais valor aos pontos e a capacidade de acumulá-los em outros produtos". Como cereja no topo do bolo, a Ulta pode associar o Ultamate Rewards com um cartão de crédito da empresa para um benefício imediato para o cliente, fornecendo pontos em dobro. O novo programa de recompensas está funcionando bem. A adesão ao Ultamate Rewards cresceu mais de 14% no ano passado, e os membros do programa representam 90% das vendas da empresa.

A cadeia de lojas físicas da Ulta oferece uma vantagem competitiva substancial. No entanto, a rede também tem uma forte presença no e-commerce, tornando-se uma verdadeira varejista *omnichannel*. Quando se trata de vendas *on-line* de produtos de beleza, a Amazon é de longe a líder. Na verdade, "beleza e cuidados pessoais" é a segunda categoria mais comprada da Amazon e uma das que mais cresce. Mas, além da falta de interação cara a cara com os clientes, a Amazon faz uma parte considerável de suas vendas de cosméticos por meio de fornecedores terceirizados, com preços de 35 a 40% mais altos do que os mesmos produtos da Ulta. Mesmo com sua enorme escala, a Amazon alcançou menos de dois terços da receita da Ulta em produtos de beleza no ano passado. E de todos os produtos de beleza que a Amazon vende, os cosméticos estão apresentando o menor crescimento.

Embora Dillon acredite que a construção de lojas físicas seja fundamental para o crescimento da empresa, ela está igualmente comprometida em impulsionar a experiência de compra *on-line* da Ulta. Investimentos recentes no sistema de distribuição da Ulta melhoraram drasticamente seu processamento de e-commerce. Mas a Ulta também fez grandes melhorias em sua interface de cliente *on-line* com uma infusão de tutoriais, dicas e conteúdo social. "As pessoas querem comprar *on-line* e querem entrar na loja e experimentar coisas", diz Dillon. Ela observa que a Ulta pode orientar os clientes com mais eficiência no processo de compra e em novas experiências *on-line* do que nas lojas. Embora a Ulta ainda não tenha atingido a marca de um bilhão de dólares em receitas *on-line*, seu negócio de comércio eletrônico está crescendo muito mais rapidamente do que as vendas nas lojas. Assim, o comércio eletrônico é uma parte fundamental da experiência do cliente Ulta e um dos principais contribuintes para o desempenho financeiro da empresa.

Sob a orientação de Dillon, a Ulta agora colocou a experiência do cliente em primeiro plano em todos os aspectos de seu negócio de varejo. Esse foco desempenhou um papel fundamental para ajudar a empresa a escapar dos efeitos negativos do "apocalipse do varejo". De forma mais ampla, a beleza e os cosméticos continuam sendo uma indústria em crescimento genuíno. Embora a Ulta seja a líder de mercado, a Sephora continua a se sair bem, mesmo com a prosperidade da Amazon. Enquanto a Ulta se concentrar em melhorar continuamente a experiência do cliente, seu futuro parece tão brilhante e vibrante quanto as paletas de cores em todas as suas lojas.[46]

Questões para discussão

13.16 Descreva a estratégia de segmentação da Ulta Beauty. A rede oferece uma experiência de cliente realmente diferenciada?

13.17 Como a Ulta Beauty se tornou a principal varejista de beleza dos Estados Unidos com base no *mix* de *marketing* de varejo?

13.18 Em relação aos principais tipos de varejistas, como você classificaria a Ulta Beauty?

13.19 A Ulta Beauty pode continuar mantendo sua vantagem contra a concorrência nos próximos anos? Explique.

14 Engajamento do cliente e comunicação de valor para o cliente

estratégia de comunicação integrada de *marketing*

Resumo dos objetivos

Objetivo 14.1 Definir as cinco ferramentas do composto de promoção que comunicam valor para os clientes. **Veja: O composto de promoção** (p. 390-391)

Objetivo 14.2 Discutir o cenário em mudança das comunicações e a necessidade da comunicação integrada de *marketing*. **Veja: Comunicação integrada de *marketing*** (p. 391-396)

Objetivo 14.3 Resumir o processo de comunicação e as etapas do desenvolvimento de comunicações de *marketing* eficazes. **Veja: Desenvolvimento de comunicação de *marketing* eficaz** (p. 396-402)

Objetivo 14.4 Explicar os métodos para definir o orçamento de promoção e os fatores que afetam o projeto do composto de promoção. **Veja: Definição do orçamento total e do composto de promoção** (p. 402-409)

Prévia do capítulo

Neste e nos próximos três capítulos, analisaremos a última ferramenta do composto de *marketing* – a promoção. As empresas precisam fazer mais do que simplesmente criar valor para o cliente: elas também precisam utilizar a promoção para comunicar esse valor de maneira clara e persuasiva. A promoção não é uma ferramenta única, mas é um composto de várias ferramentas. Com base no conceito de *comunicação integrada de marketing*, a empresa deve coordenar com cuidado essas ferramentas de promoção para transmitir uma mensagem clara, consistente e convincente sobre a organização e seus produtos.

Começaremos apresentando as diversas ferramentas do composto de promoção. Em seguida, analisaremos o ambiente de comunicação em rápida mudança – especialmente a adição das mídias digitais, móveis e sociais – e a necessidade da comunicação integrada de *marketing*. Para finalizar, discutiremos as etapas envolvidas no desenvolvimento das comunicações de *marketing* e o processo orçamentário para a promoção. Nos próximos três capítulos, veremos as ferramentas específicas de comunicação de *marketing*.

Vamos começar analisando boas comunicações de *marketing* integradas em ação no Burger King. A rede de hambúrgueres número dois do mundo dominou a arte e a ciência de combinar canais de mídia tradicionais com as mais recentes plataformas de mídia digital, móvel e social para criar campanhas ousadas e inovadoras que engajam os consumidores, apoiam seu posicionamento como a "Casa do Whopper", ganham prêmios no setor e alimentam o crescimento constante na atual indústria de alimentos de serviço rápido altamente competitivo.

BURGER KING: Tudo, menos a tradicional comunicação integrada de *marketing*

O Burger King é a segunda maior rede de hambúrgueres de *fast-food* do mundo, atrás do líder do setor McDonald's. Mas, embora o Burger King fique atrás em vendas, ele rotineiramente domina o McDonald's quando se trata de comunicações de *marketing* inovadoras, atraentes e eficazes. Ano após ano, o Burger King realiza uma série aparentemente interminável de campanhas premiadas, com propagandas ousadas e inovadoras que despertam a imaginação, engajam o público e os fãs da rede e mantêm a marca Burger King original e contemporânea.

Embora as campanhas muitas vezes malucas do Burger King possam parecer impetuosas ou até imprudentes a alguns observadores, elas se unem em torno de temas de posicionamento de longa data que diferenciam o Burger King dos concorrentes. O Burger King é a "Casa do Whopper", o icônico hambúrguer "grelhado no fogo, 100% carne bovina" que faz com que os clientes continuem voltando. É um lugar onde você pode "fazer do seu jeito" – todo Whopper é preparado à mão, pedido a pedido. E ainda há "O Rei" – o peculiar mascote do Burger King, com cabeça de cerâmica, que frequentemente aparece em lugares inesperados.

As campanhas muitas vezes malucas do Burger King podem parecer impetuosas ou até mesmo imprudentes a alguns observadores. Mas elas se unem em torno do posicionamento de longa data de que o Burger King é a "Casa do Whopper", o icônico hambúrguer "grelhado no fogo, 100% carne bovina" que faz com que os clientes continuem voltando.

dpa picture alliance/Alamy Stock Photo

As campanhas do Burger King são tudo menos tradicionais; os fãs da marca aprenderam a esperar o inesperado. Muitas das campanhas da rede são construídas em torno de acrobacias e brincadeiras provocativas. Mas mais do que apenas ingênuas manobras pontuais, as campanhas usam uma combinação rica e cuidadosamente integrada de mídia tradicional e digital para obter o máximo impacto. Um exemplo é a clássica campanha Whopper Freakout (histeria do Whopper), agora com mais de uma década, mas ainda muito lembrada. Para comemorar o 50º aniversário do Whopper, o Burger King começou a mostrar o que aconteceria se de repente removesse o sanduíche de seu menu "para sempre". Ele derrubou o Whopper em restaurantes selecionados e usou câmeras escondidas para capturar as reações em tempo real dos clientes impactados. Em seguida, compartilhou os resultados em uma campanha promocional integrada e multifacetada.

A campanha começou com anúncios coordenados de TV, mídia impressa e rádio anunciando: "Paramos de vender o Whopper por um dia para ver o que aconteceria [...] O que aconteceu foi que as pessoas enlouqueceram!". Os anúncios levaram os consumidores ao whopperfreakout.com, que apresentava um documentário em vídeo descrevendo todo o experimento. O documentário também foi enviado para o YouTube e outras mídias sociais. No *site*, os visitantes podiam ver anúncios hilários do Freakout mostrando as reações descrentes, muitas vezes irritadas e às vezes insultantes de uma dúzia ou mais de clientes. Os próprios clientes estenderam a campanha com paródias e sátiras postadas no YouTube.

O Whopper Freakout se tornou a campanha mais lembrada da história do Burger King. Ganhou um Grand Effie – o maior prêmio do setor de *marketing* pela eficácia da campanha. O *site* whopperfreakout.com recebeu 4 milhões de visualizações apenas nos primeiros três meses, e a campanha aumentou o tráfego da loja e as vendas do Whopper em 29%.

O Burger King criou inúmeras fontes imaginativas para conteúdo promocional. Por exemplo, para levar para casa as qualidades grelhadas na chama de seus hambúrgueres, a rede lançou recentemente uma campanha no Twitter atraindo clientes com um Whopper gratuito para "queimar" os anúncios de seus rivais usando realidade aumentada no aplicativo do Burger King. "Afinal", concluiu a promoção, "grelhado no fogo é sempre melhor". Em outro esforço, no ano passado, no dia do Bom Samaritano, a rede postou um vídeo mostrando um carro pegando fogo ao lado de uma estrada deserta – um conversível vintage, com capô levantado, fumaça saindo e um motorista acenando para tentar conseguir ajuda. Mas quando os transeuntes pararam para prestar socorro, não encontraram um motor em chamas sob o capô. Em vez disso, era o Rei do Burger King virando hambúrgueres em uma grelha em chamas onde o motor deveria estar. O vídeo se tornou viral e gerou muita cobertura da mídia.

Ainda em outra campanha de pegar fogo – "Lojas em chamas" – uma série de anúncios impressos trouxeram fotos impressionantes de lojas reais do Burger King em chamas, com bombeiros em ação, com o simples título "Grelhados em chamas desde 1954". Juntas, as imagens e a manchete criaram o que um analista chamou de um momento "a-ha" perfeito nos leitores. Especialistas do setor concordaram: a campanha ganhou um prestigioso prêmio de propaganda no Grand Prix de Cannes.

O Burger King dominou a arte e a ciência de misturar plataformas digitais tradicionais e da nova era. Por exemplo, considere sua breve, mas sofisticada campanha "Dê um Google em Casa do Whopper". A campanha começou com um comercial de TV de 15 segundos em que um funcionário do Burger King explicou que a curta duração do anúncio não lhe deu tempo para dizer completamente o que torna o Whopper tão bom. Em vez disso, ele se inclina para a câmera e diz: "Ok Google, o que é o hambúrguer Whopper?" Essa frase, lançada em TVs, *laptops* e dispositivos móveis, acionou o Google Assistant em dispositivos Google Home em todo o país, levando-os a ler em voz alta a entrada da Wikipédia para o Whopper do Burger King.

O Google respondeu rapidamente, encerrando a pesquisa sobre o Whopper. Mas o Burger King estava pronto com propagandas adicionais durante *talk shows* noturnos usando palavras-chave alternativas direcionadas aos dispositivos Google Home. A campanha foi breve, mas o efeito foi enorme. Com o Burger King e o Whopper no centro do palco, as manchetes da mídia, os blogueiros e as mídias sociais se envolveram em debates acalorados sobre privacidade, vulnerabilidade da tecnologia e o papel da propaganda em um mundo digital em rápida evolução. A genialidade da campanha rendeu ao Burger King 135 milhões de dólares em cobertura midiática e mais premiações de criatividade em Cannes.

A campanha "Dê um Google em Casa do Whopper" também apoiou a noção de que algumas das promoções mais eficazes são

Ano após ano, o Burger King lança uma série aparentemente interminável de campanhas de comunicação de *marketing* integradas premiadas, ousadas e inovadores, que envolvem os fãs da rede e mantêm a marca Burger King original e contemporânea.

aquelas que as pessoas inicialmente acham irritantes. A esse respeito, o Burger King não tem medo de correr riscos com seu conteúdo de *marketing* – na verdade, parece gostar da controvérsia. Por exemplo, considere o anúncio da marca no Super Bowl LIII, "Coma como o Andy", um comercial de 45 segundos que consiste em imagens vintage do artista pop Andy Warhol sentado em uma mesa comendo um Whopper em silêncio. Após o grande jogo, o Burger King postou o anúncio de TV junto com uma versão em vídeo de quatro minutos e meio em seus canais de mídia social e na web. Em uma vitrine de anúncios como o Super Bowl, ao lado de uma série dos melhores anúncios, a campanha "Coma como o Andy" do Burger King deixou a maioria dos espectadores coçando a cabeça. O medidor de anúncios do *USA Today* classificou-a como a número 58 – a última. O rastreador de mídia Ace Metrix revelou que o anúncio de Warhol ficou em segundo lugar em duas categorias – "Estranho" e "WTF".

"Estamos orgulhosos disso", disse o chefe de *marketing* do Burger King. "O medidor de anúncios nunca foi nosso objetivo. Toda a campanha foi projetada para criar conversa". Missão cumprida. Pessoas em massa compartilharam imagens, memes e vídeos com #EatLikeAndy; se perguntaram se Andy Warhol ainda estava vivo e por que estava comendo um Whopper; e debateram se aquele era o verdadeiro Warhol ou apenas um ator. Um artista postou fotos emolduradas do anúncio ao preço de 7.292 dólares – o preço especulado do tempo de transmissão para um único quadro do anúncio de 45 segundos. Apesar da confusão inicial e das reações negativas, pesquisas posteriores mostraram que, entre aqueles que viram o anúncio, o burburinho positivo do Burger King aumentou 36% no geral e 52% entre a cobiçada faixa etária de 18 a 34 anos. O anúncio também ganhou mais de 4 bilhões de impressões de mídia. "Nunca vimos uma mudança tão forte nos atributos da marca como vimos nesta campanha", diz o profissional de *marketing* do Burger King.

Nos últimos dois anos, as malucas, mas bem elaboradas, campanhas de comunicação integrada de *marketing* do Burger King renderam à rede um armário de troféus repleto de alguns dos prêmios mais prestigiosos da indústria da propaganda, incluindo o Creative Marketer of the Year de Cannes, o Innovator of the Year da *Advertising Age* e o Grand Brand Genius da *Ad Week*. E graças, em grande parte, às premiadas campanhas promocionais do Burger King, mesmo com o crescimento estagnado da receita do McDonald's nos últimos anos, as vendas em toda a rede do Burger King cresceram em média 9% ao ano. Em um ambiente competitivo repleto de restaurantes casuais mais saudáveis e com pratos mais frescos e redes de hambúrgueres *premium*, como Smashburger, Five Guys e The Habit, isso é uma grande conquista.[1]

Comentário do autor | O composto de promoção é o kit de ferramentas do profissional de *marketing* para engajar e se comunicar com clientes e outras partes interessadas. Para entregar uma mensagem clara e convincente, cada ferramenta deve ser cuidadosamente coordenada sob o conceito de comunicação integrada de *marketing*.

A CRIAÇÃO DE UM BOM RELACIONAMENTO com o cliente exige mais do que apenas desenvolver um bom produto, atribuir-lhe um preço competitivo e colocá-lo à disposição dos consumidores-alvo. As empresas também precisam engajar os clientes e comunicar suas propostas de valor a eles, e aquilo que comunicam não deve ser deixado por conta do acaso. Todos os seus esforços de comunicação devem ser planejados e combinados em programas cuidadosamente integrados. Da mesma maneira que uma boa comunicação é importante para desenvolver e manter qualquer tipo de relacionamento, ela também é um elemento fundamental nos esforços da empresa para construir relacionamentos lucrativos com o cliente.

O composto de promoção

Objetivo 14.1 Definir as cinco ferramentas do composto de promoção que comunicam valor para os clientes.

Composto de promoção
Combinação específica de ferramentas de promoção que a empresa utiliza para, de maneira persuasiva, engajar e comunicar o valor para o cliente e construir relacionamento com ele.

Propaganda
Qualquer forma paga de apresentação e promoção não pessoais de ideias, produtos ou serviços feita por um patrocinador identificado.

Promoção de vendas
Incentivos de curto prazo para estimular a compra ou a venda de um produto ou serviço.

O **composto de promoção** total de uma empresa – também chamado de **composto de comunicação de *marketing*** – consiste na combinação específica de ferramentas de propaganda, relações públicas, venda pessoal, promoção de vendas e *marketing* direto e digital que a empresa utiliza para, de maneira persuasiva, engajar e comunicar o valor para o cliente e construir um relacionamento com ele. As cinco mais importantes ferramentas de promoção são definidas da seguinte maneira:[2]

- **Propaganda:** qualquer forma paga de apresentação e promoção não pessoais de ideias, produtos ou serviços feita por um patrocinador identificado.
- **Promoção de vendas:** incentivos de curto prazo para estimular a compra ou a venda de um produto ou serviço.
- **Venda pessoal:** apresentação pessoal feita pela força de vendas da empresa com o propósito de realizar vendas e desenvolver relacionamento com os clientes.
- **Relações públicas (RP):** atividades destinadas a engajar os diversos públicos da empresa e construir um bom relacionamento com eles.

Venda pessoal
Apresentação pessoal feita pela força de vendas da empresa com o propósito de realizar vendas e desenvolver relacionamento com os clientes.

Relações públicas (RP)
Desenvolvimento de boas relações com os diversos públicos da empresa por meio da obtenção de publicidade favorável, construção de uma boa imagem corporativa e administração ou contenção de boatos, histórias ou eventos desfavoráveis.

- ***Marketing* direto e digital:** engajamento direto com consumidores individuais e comunidades de clientes cuidadosamente definidos como alvo, com o objetivo de obter resposta imediata e cultivar relacionamentos duradouros.

Cada categoria utiliza ferramentas promocionais específicas que são usadas para se comunicar com os consumidores. Por exemplo, a *propaganda* inclui impressos, TV e rádio, Internet, dispositivos móveis, *outdoors* e outras formas. Já as *promoções de vendas* incluem descontos, cupons, exibições e demonstrações. A *venda pessoal*, por sua vez, inclui apresentações de vendas, feiras comerciais e programas de incentivo, enquanto as atividades de *relações públicas* (*RP*) incluem comunicados à imprensa, patrocínios, eventos especiais e páginas na Internet. Por fim, o *marketing direto e digital* inclui mala direta, *e-mail*, catálogos, mídias sociais e *on-line*, *marketing* móvel e outros.

Ao mesmo tempo, a comunicação de *marketing* vai além dessas ferramentas promocionais específicas. O design do produto, seu preço, o formato e a cor de sua embalagem e as lojas que o vendem – *tudo* isso comunica algo para os compradores. Assim, apesar de o composto de promoção ser a principal atividade de comunicação da empresa, o composto de *marketing* como um todo – promoção *mais* produto, preço e praça – deve ser coordenado para que haja um maior impacto das comunicações.

Comentário do autor | As comunicações integradas de *marketing* são um tema muito atual. Nenhuma outra área do *marketing* está mudando mais rápida e profundamente. Uma grande parte do motivo é o enorme aumento no engajamento do cliente por meio da mídia digital – *marketing on-line*, móvel e de mídia social.

Comunicação integrada de *marketing*

Objetivo 14.2 Discutir o cenário em mudança das comunicações e a necessidade da comunicação integrada de *marketing*.

Nas últimas décadas, as empresas aperfeiçoaram a arte do *marketing* de massa, que consiste em vender produtos extremamente padronizados para um grande número de clientes. No processo, elas desenvolveram técnicas eficazes de comunicação de massa para apoiar essa estratégia. Grandes empresas investem, rotineiramente, milhões ou até mesmo bilhões de dólares em propaganda na televisão, em revistas e outros meios de comunicação de massa, atingindo dezenas de milhões de consumidores com um único anúncio. Hoje, no entanto, os gestores se deparam com novas realidades na comunicação de *marketing*. Talvez, nenhuma outra área do *marketing* esteja mudando tanto como a comunicação, levando a um período, ao mesmo tempo, de entusiasmo e desafiador para aqueles que trabalham com comunicação de *marketing*.

***Marketing* direto e digital**
Engajamento direto com consumidores individuais e comunidades de clientes cuidadosamente definidos como alvo, com o objetivo de obter resposta imediata e cultivar relacionamentos duradouros.

O novo modelo de comunicação de *marketing*

Diversos fatores importantes estão mudando o cenário das comunicações de *marketing* de hoje. Em primeiro lugar, os *consumidores* estão mudando. Nessa era digital e sem fio, eles são mais bem informados, além de terem mais poder sobre a comunicação. Em vez de depender das informações fornecidas pelas empresas, os consumidores podem usar a Internet, as mídias sociais e outras tecnologias para encontrar informações por conta própria. Eles também podem contatar, com mais facilidade, outros consumidores, a fim de trocar informações relacionadas à marca ou, até mesmo, criar sua própria mensagem de *marketing*.

Em segundo lugar, as *estratégias de marketing* estão mudando. À medida que os mercados de massa se fragmentam, as empresas se afastam do *marketing* de massa. Cada vez mais e mais, elas desenvolvem programas de *marketing* focados, que são elaborados para construir um relacionamento mais próximo com os clientes em micromercados definidos mais estritamente.

Por fim, os enormes avanços na *tecnologia da comunicação* estão gerando mudanças incríveis na forma como as empresas e os clientes se comunicam. A era digital trouxe uma série de novas ferramentas de informação e comunicação – de *smartphones* e *tablets* às muitas faces da Internet (*sites* de marca, *e-mail*, *blogs*, conteúdos transmitidos em tempo real, mídias sociais e comunidades *on-line*, mídias móveis e muito mais). Assim como, no passado, o *marketing* de massa surgiu para criar uma nova geração de comunicação de massa, as mídias digitais e sociais fizeram nascer um novo modelo de comunicação de *marketing* mais segmentado, social e engajador.

Embora a televisão, as revistas, os jornais e outros tradicionais meios de comunicação de massa continuem sendo muito importantes, sua dominância está em declínio. Em seu lugar, os anunciantes estão incorporando uma ampla seleção de mídias mais especializadas e altamente segmentadas para atingir grupos de clientes menores com mensagens mais personalizadas, interativas. A novas mídias abrangem desde canais de televisão a cabo especializados e vídeos feitos para a Web até anúncios *on-line*, *e-mail* e mensagens de texto, *blogs*, catálogos e cupons móveis e uma lista crescente de mídias sociais. Essas novas mídias tomaram o *marketing* de assalto.

Alguns especialistas do setor de comunicação chegam a prever que o antigo modelo da mídia de massa acabará se tornando obsoleto. Os custos de mídia de massa estão aumentando, o público está diminuindo, a confusão de anúncios está crescendo e os espectadores estão ganhando controle da exposição da mensagem por meio de tecnologias como conteúdo transmitido por *streaming* que os permitem pular comerciais de televisão disruptivos. Como resultado, sugerem os céticos, os profissionais de *marketing* transferiram porções cada vez maiores de seus orçamentos de *marketing* dos pilares da mídia antiga para a mídia *on-line*, social e móvel.

Nos últimos anos, embora a TV continue sendo um meio de propaganda potente, o crescimento dos gastos com anúncios de TV diminuiu. Os gastos com anúncios em revistas, jornais e rádio também perderam terreno significativo. Enquanto isso, os gastos com mídia digital aumentaram. Os gastos totais com anúncios digitais agora capturam mais de 50% de todos os gastos com anúncios nos Estados Unidos e crescerão para cerca de 67% dos gastos totais com anúncios até 2023. A propaganda em dispositivos móveis agora representa quase dois terços de todos os gastos com anúncios digitais e por si só excede o valor gasto em comunicação na TV.[3]

O novo modelo de comunicação de *marketing*: as empresas estão transferindo parcelas cada vez maiores de seus orçamentos de *marketing* dos pilares da mídia antiga para a mídia *on-line*, social e móvel. A Adidas agora usa apenas canais digitais para engajar seus consumidores mais jovens.

Dan Freebairn

Cada vez mais, grandes anunciantes – de Nike a P&G e Unilever – estão adotando uma abordagem "*digital-first*" (digital primeiro) para construir suas marcas. Por exemplo, a Unilever, um dos maiores anunciantes do mundo, agora gasta até 40% de seu orçamento global de *marketing* de mais de 9 bilhões de dólares em mídia digital.[4] Algumas empresas agora dependem quase inteiramente de mídia digital e social. Por exemplo, a Adidas abandonou completamente a TV e usa apenas canais digitais para alcançar consumidores mais jovens. "Está claro que o consumidor mais jovem se envolve conosco predominantemente pelo dispositivo móvel", diz o CEO da Adidas.[5]

No mundo atual das comunicações de *marketing*, em vez de usar abordagens antigas que interrompem os clientes e os forçam a consumir mensagens de massa, os novos formatos de mídia permitem que os profissionais de *marketing* alcancem comunidades menores de consumidores de maneiras mais envolventes. Por exemplo, pense em assistir à televisão hoje em dia. Os consumidores agora podem assistir seus programas favoritos em praticamente qualquer tela – em televisores, mas também em *tablets*, *smartphones* ou *laptops*. E eles podem optar por assistir a programas quando e onde quiserem, muitas vezes sem comerciais. Cada vez mais, programas, anúncios e vídeos estão sendo produzidos apenas para visualização *on-line*.

Apesar da mudança para a mídia digital, no entanto, a mídia de massa tradicional ainda consome uma parcela considerável dos orçamentos de promoção da maioria das grandes empresas. Assim, em vez de o velho modelo de mídia entrar em colapso completamente, a maioria dos profissionais de *marketing* prevê uma mistura variável de mídia de massa tradicional e mídia *on-line*, móvel e social que engaje comunidades de consumidores mais direcionadas de maneira mais personalizada. No final, independentemente do canal de comunicação, a chave é integrar todas essas mídias de uma maneira que melhor engaje os clientes, comunique a mensagem da marca e aprimore as experiências de marca do cliente.

À medida que o ambiente de comunicação de *marketing* muda, o papel dos comunicadores de *marketing* também o faz. Em vez de apenas criar e colocar "anúncios de TV" ou "anúncios impressos" ou "*stories* do Instagram", muitos profissionais de *marketing* agora se veem mais amplamente como gerentes de ***marketing* de conteúdo**. Como tal, eles criam, inspiram e compartilham mensagens e conversas da marca com e entre os clientes em uma mistura fluida de canais de comunicação *pagos*, *próprios*, *conquistados* e *compartilhados*. Esses canais incluem mídias tradicionais e novas, controladas e não controladas. Não é mais apenas propaganda, observa um executivo de agência de publicidade: "Trata-se de contexto e canais [de comunicação] agora, e não apenas da mensagem em si. Trata-se de mapear a jornada do cliente para iniciar uma conversa com os consumidores, que leve ao engajamento, à compra, à fidelidade e à defesa em diferentes pontos de contato contra essa jornada integrada" (veja o Marketing Real 14.1).[6]

***Marketing* de conteúdo**
Criar, inspirar e compartilhar mensagens de marca e conversas com e entre os clientes em uma mistura fluida de canais pagos, próprios, conquistados e compartilhados.

Marketing Real 14.1 | Só não chame de propaganda: é *marketing* de conteúdo

Nos bons e velhos tempos, a vida parecia bastante simples para os anunciantes. Quando uma marca precisava de uma campanha promocional, todos sabiam o que isso significava. A equipe de *marketing* e a agência de publicidade criavam uma estratégia criativa, desenvolviam um plano de mídia, produziam e colocavam um conjunto de comerciais de TV e anúncios em revistas ou jornais, e talvez emitiam um press release para agitar algumas notícias. Mas nos tempos digitais atuais, a velha prática de colocar "anúncios" em "mídia" bem definida dentro da estrutura organizada de uma campanha promocional cuidadosamente gerenciada simplesmente não funciona mais.

Em vez disso, as fronteiras entre a propaganda tradicional e o novo conteúdo digital estão desaparecendo rapidamente. Para serem relevantes, as mensagens da marca hoje em dia devem ser sociais, móveis, interativamente engajadoras e multiplataforma. Diz um especialista do setor: "O cenário de mídia de hoje está cada vez mais diversificado – TV aberta, TV a cabo e *streaming*; *on-line*, *tablet* e *smartphone*; vídeo, *rich media*, mídia social, conteúdo de marca, banners, aplicativos, propaganda em aplicativos e produtos de tecnologia interativa".

O novo cenário digital colocou em xeque a própria definição de propaganda. "O que é propaganda afinal?" pergunta uma manchete provocativa. Chame do que quiser, adverte outra, mas "Só não chame de propaganda". Em vez disso, hoje em dia, de acordo com muitos profissionais de *marketing*, é "*marketing* de conteúdo", criando e distribuindo uma ampla combinação de conteúdo atraente que engaja os clientes, constrói relacionamentos com e entre eles e os leva a agir e defender a marca para outras pessoas. Para alimentar o maquinário de mídia digital e social de hoje e sustentar conversas "sempre ativas" com o consumidor, as marcas precisam de um fornecimento constante de conteúdo novo em uma variedade de plataformas tradicionais e digitais.

Muitos anunciantes e profissionais de *marketing* agora se veem de maneira mais ampla como gerentes de *marketing* de conteúdo que criam, inspiram, compartilham e organizam conteúdo de *marketing* – tanto seu próprio conteúdo quanto o que é criado por consumidores e outros envolvidos. Em vez de usar os desdobramentos da mídia tradicional, eles adotam uma nova estrutura que se baseia em como e por quem o conteúdo de *marketing* é criado, controlado e distribuído. A nova classificação identifica quatro tipos principais de mídia: pagos, próprios, conquistados e compartilhados (PPCC):

Mídia paga: inclui canais promocionais pagos pelo patrocinador, abarcando mídia tradicional (anúncios para TV, rádio, impressos e *outdoor*) e mídia digital e *on-line* (*links* patrocinados, anúncios em *sites* e mídias sociais, anúncios móveis e *e-mail marketing*).

Mídia própria: inclui canais promocionais de propriedade e controle da empresa, abarcando *sites*, *blogs*, páginas em mídias sociais e comunidades de marca da própria organização, bem como força de vendas e eventos.

Mídia conquistada: inclui canais de mídia de RP, como televisão, jornais, *blogs* e vídeos *on-line*, e outras mídias que não são nem pagas nem controladas pela empresa.

Mídia compartilhada: inclui meios compartilhados pelos consumidores com outros consumidores ou com marcas, como mídias sociais, *blogs*, mídias móveis e canais virais, além de o tradicional boca a boca.

No passado, os anunciantes se concentravam na mídia tradicional paga (TV, rádio, impresso) ou conquistada (relações públicas). Agora, no entanto, os profissionais de *marketing* de conteúdo adicionaram rapidamente a nova geração digital de mídia própria (*sites*, *blogs*, comunidades de marca) e compartilhada (social, *on-line*, móvel, *e-mail*). Enquanto um anúncio pago bem-sucedido costumava ser um fim em si mesmo, os profissionais de *marketing* agora estão desenvolvendo conteúdo de *marketing* integrado que aproveita o poder combinado de todos os canais PPCC. Assim, muitos comerciais de TV geralmente não são mais apenas comerciais de TV. Eles são "conteúdos de vídeo" que você pode ver em qualquer lugar – na tela da TV, mas também em um *tablet* ou telefone. Outros conteúdos de vídeo se parecem muito com propaganda de TV, mas nunca foram destinados à TV, como vídeos feitos para a mídia *on-line*, postados em *sites* ou mídias sociais. Da mesma forma, as mensagens e imagens impressas da marca não aparecem mais apenas em anúncios ou catálogos de revistas cuidadosamente elaborados. Em vez disso, esse conteúdo, criado por uma variedade de fontes, aparece em qualquer coisa, desde anúncios formais e páginas de marca *on-line* até mídias móveis e sociais e *blogs* independentes.

As novas campanhas de "*marketing* de conteúdo" são muito diferentes das antigas campanhas de "propaganda". Por exemplo, considere a Intuit. Até recentemente, a Intuit era a maior empresa de *software* da qual você nunca ouviu falar. Suas marcas TurboTax, Mint e QuickBooks eram nomes conhecidos, mas a Intuit queria unir seus produtos sob uma marca corporativa comum e atraente. Para isso, a Intuit desenvolveu uma campanha promocional ousada. Mas para envolver os consumidores no complexo ambiente de mídia de hoje, a Intuit foi muito além da propaganda tradicional na TV. Em vez disso, criou uma campanha rica em conteúdo, abrangendo uma série completa de plataformas tradicionais e digitais.

Embora a campanha inicial incluísse um anúncio do Super Bowl, ela se concentrava em um vídeo animado de quatro minutos compartilhado no YouTube, Facebook e *sites* da Intuit. O vídeo, um curta-metragem animado ao estilo da Pixar intitulado "História gigante", apresentou um simpático robô gigante, representando o poder dos vários produtos da Intuit. O vídeo lindamente animado conta a história de Pari,

***Marketing* de conteúdo: à medida que as fronteiras entre a propaganda tradicional e o novo conteúdo digital estão rapidamente desaparecendo, muitos profissionais de *marketing* agora se veem de maneira mais ampla como gerentes de *marketing* de conteúdo que criam, inspiram, compartilham e selecionam conteúdo de *marketing* – tanto o próprio quanto o que é criado por consumidores e outros envolvidos.**

designer491/Shutterstock

uma engenheira que vê seu amigo Pete lutar com os encargos financeiros de possuir e operar sua própria floricultura em um mundo futurista. Pari inventa o gigante e gentil robô Intuit, que aproveita o poder da TurboTax, da QuickBooks e da Mint para ajudar Pete a gastar menos tempo gerenciando as finanças de sua pequena empresa e mais tempo fazendo as coisas que ajudarão sua empresa a prosperar.

A campanha visou principalmente empreendedores autônomos que trabalham duro e têm sonhos grandes, mas são vulneráveis. "Existem 750 milhões de pessoas que trabalham por conta própria em todo o mundo que fazem malabarismos com o gerenciamento de suas finanças enquanto perseguem suas paixões", diz o chefe de *marketing* da Intuit. "Com a economia de hoje e as pressões de administrar tempo e dinheiro, às vezes pode parecer que as probabilidades estão contra eles. Mas a Intuit existe para trabalhar para eles". A campanha posicionou a QuickBooks, a Mint e o TurboTax como um ecossistema – como um conjunto de produtos que funcionam em seu nome e cumprem a promessa de "prosperidade poderosa" da Intuit.

Uma enxurrada de outros conteúdos da História gigante, incluindo o Super Bowl e outros anúncios de TV, além de clipes mais curtos no Facebook, Instagram e Twitter, apresentaram versões mais compactas da história da Intuit e encorajou os espectadores a irem ao YouTube para assistir ao vídeo completo. "Uma História gigante está aqui", diz um anúncio do Instagram. "Assista e veja o que o gigante Intuit pode fazer por você."

Habilmente integrada nos canais PPCC, a campanha da Intuit produziu resultados impressionantes. No dia em que o vídeo de quatro minutos foi publicado pela primeira vez, antes de qualquer mídia paga, os funcionários da Intuit ajudaram a gerar mais de 1 milhão de visualizações. O vídeo alcançou 22 milhões de visualizações no YouTube nos primeiros três meses, além de mais 3 milhões no Facebook. Mais impressionante, logo após a campanha, o recall do anúncio da Intuit aumentou 26%, o reconhecimento da marca aumentou 17% e a preferência da marca aumentou 27%.

A Intuit seguiu com uma segunda campanha do gigante, apresentando um comercial de 60 segundos – "Uma história de prosperidade" – em que o gigante Intuit ajuda outra jovem empreendedora chamada Luisa a transformar sua propensão ao design em uma loja de roupas de sucesso. O gigante mostra a Luisa o fluxo de caixa positivo por meio do QuickBooks, a saúde financeira e os cortes de impostos com o TurboTax e a gestão financeira com a Mint. A campanha é apoiada por uma programação completa de outras peças de televisão e de mídia *on-line* e social, incluindo uma campanha de mídia social na qual a Intuit convida os clientes a compartilhar com outros o que a prosperidade significa para eles.

Portanto, não podemos mais chamar apenas de "propaganda". O ambiente de comunicação de *marketing* instável e às vezes caótico de hoje exige mais do que criar e colocar anúncios em espaços de mídia bem definidos e controlados. Em vez disso, os comunicadores de *marketing* de hoje devem ser estrategistas, criadores, conectores e catalisadores de conteúdo de *marketing* que gerenciem as conversas da marca com e entre os clientes e ajudem essas conversas a se expandirem em uma combinação fluida de canais. Isso é uma tarefa difícil, mas com o novo pensamento de hoje, qualquer coisa é PPCCível![7]

A necessidade da comunicação integrada de *marketing*

A mudança em direção a uma mistura mais rica de mídias e abordagens de comunicação gera um problema para os profissionais de *marketing*. Os consumidores de hoje são bombardeados por mensagens comerciais que partem de uma ampla variedade de fontes. Mas, frequentemente, as empresas não conseguem integrar seus vários canais de comunicação. Os anúncios de mídia de massa dizem uma coisa, enquanto o *site* da empresa, as páginas e as postagens de mídia social, os vídeos ou os *e-mails* dizem algo completamente diferente.

Um dos problemas é que o conteúdo de *marketing* geralmente vem de diferentes partes da empresa. As mensagens promocionais são preparadas pelo departamento de comunicação e *marketing* ou por uma agência. Outros departamentos ou agências da empresa preparam mensagens de relações públicas, eventos de promoção de vendas e conteúdo para Web, mídia móvel ou social. No entanto, os consumidores não distinguem entre as fontes de conteúdo da maneira que os profissionais de *marketing* o fazem. Na mente do consumidor, o conteúdo relacionado à marca de diferentes fontes – seja um anúncio do Super Bowl, exibição na loja, aplicativo para dispositivos móveis ou postagem de mídia social de um amigo – se funde em uma única mensagem sobre a marca ou empresa. O conteúdo conflitante dessas diferentes fontes pode resultar em imagens confusas da empresa, do posicionamento da marca e do relacionamento com o cliente.

Assim, a explosão do *marketing on-line*, móvel e de mídia social apresenta enormes oportunidades, mas também grandes desafios. Ela oferece aos profissionais de *marketing* novas ferramentas para entender e engajar os clientes. Ao mesmo tempo, complica e fragmenta as comunicações gerais de *marketing*. O desafio é reunir tudo de forma organizada. Para isso, a maioria das empresas pratica o conceito de **comunicação integrada de *marketing* (CIM)**. Sob esse conceito, conforme ilustrado na ● **Figura 14.1**, a empresa integra cuidadosamente seus diversos canais de comunicação a fim de transmitir uma mensagem clara, consistente e persuasiva sobre a organização e seus produtos.

Comunicação integrada de *marketing* (CIM)
A integração e a coordenação cuidadosas dos diversos canais de comunicação da empresa, a fim de transmitir uma mensagem clara, consistente e persuasiva sobre a organização e seus produtos.

Muitas vezes, diferentes mídias desempenham papéis únicos em engajar, informar e persuadir os consumidores. Por exemplo, um estudo recente mostrou que mais de dois terços dos anunciantes e suas agências estão planejando campanhas de propaganda em vídeo que se estendem por várias plataformas de visualização, como TV tradicional e digital, celular e mídia social. Essas campanhas multiplataforma combinam a força central da TV – amplo alcance – com a melhor segmentação,

FIGURA 14.1
Comunicação integrada de *marketing*.

Os clientes hoje são bombardeados por mensagens comerciais que vêm de todas as direções. Pense, por exemplo, em todas as maneiras pelas quais você interage com a Nike, a Apple ou a Coca-Cola. A comunicação integrada de *marketing* significa que as empresas devem coordenar, com cuidado, todos os seus pontos de contato com o cliente para garantirem a transmissão de mensagens claras sobre a marca.

interação e engajamento do digital. Essas mídias e funções variadas devem ser cuidadosamente coordenadas sob o plano geral de comunicação integrada de *marketing*.

Um bom exemplo de um esforço de comunicação de *marketing* bem integrado é a campanha de *marketing* "Acima e além" da montadora Land Rover, que integra a influência e o alcance da mídia tradicional com o poder da mídia digital para criar um envolvimento profundo do cliente:[8]

> A marca Range Rover de 70 anos usa muito da boa e velha mídia tradicional. Ela veicula comerciais de TV de grande orçamento – incluindo anúncios do Super Bowl – que mostram seu desempenho de luxo e posicionamento de aventura ao ar livre. Ela suporta esses anúncios de mercado de massa com comerciais de TV mais direcionados na AMC, ESPN, Food Network e NFL Network e anúncios impressos no *Architectural Digest*, *GQ*, *Wired*, *Vogue* e *The Wall Street Journal*.
>
> Mas a campanha do Range Rover também inclui um fluxo cuidadosamente integrado de conteúdo na Web e em mídia social que enriquece a experiência do cliente de uma forma que a mídia tradicional não consegue. Por exemplo, a seção Land Rover Stories do *site* da marca apresenta diários de viagem nos quais fotógrafos de aventura relatam suas experiências pessoais pilotando Land Rovers por paisagens acidentadas e pitorescas, cada história ilustrada com visuais impressionantes. Mas isso é apenas um começo. A marca produziu recentemente uma série de vídeos capturando as aventuras de um casal e seu filho pequeno durante uma viagem pela Europa em um Land Rover Discovery, e criou um vídeo em 360 graus no qual os espectadores podem navegar com a equipe Land Rover nas Bermudas antes de a 35ª Copa América.
>
> A Land Rover compartilha essas histórias em vídeo e outros conteúdos cuidadosamente elaborados com os fãs da marca por meio das mídias sociais. A marca possui 16 milhões de seguidores no Facebook, 839 mil assinantes no YouTube, 910 mil seguidores no Twitter e 8,8 milhões de seguidores no Instagram, que se envolvem aos milhares com cada postagem. Os seguidores de mídia social dos concorrentes empalidecem em comparação com a marca. Não importa qual seja a plataforma, todo o conteúdo – de spots de televisão a vídeos na Web e postagens no Instagram – é cuidadosamente coordenado sob o mantra de aventura de luxo "Acima e além" da Range Rover. A campanha de *marketing* integrada parece menos sobre vender veículos e mais sobre reforçar a experiência Range Rover e manter os clientes profundamente engajados.

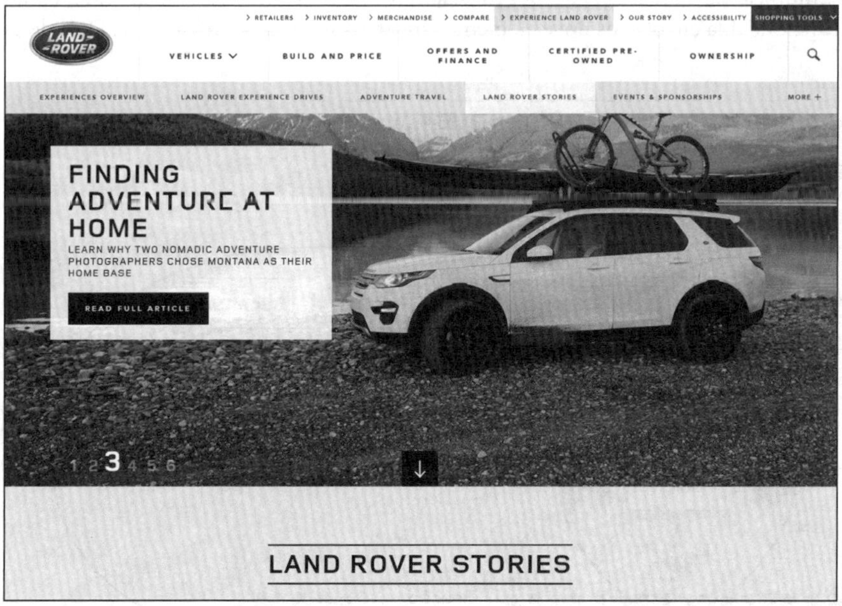

Comunicações de *marketing* integradas: a campanha de *marketing* "Acima e além" da Land Rover integra a influência e o alcance da mídia tradicional com o poder da mídia digital e social para criar um engajamento profundo e pessoal com o cliente.

Jaguar Land Rover North America, LLC

No passado, nenhuma pessoa ou departamento era responsável por pensar por meio das funções comunicacionais das várias ferramentas promocionais e por coordenar o *mix* da promoção. Para ajudar a implementar ações de *marketing* integradas, muitas empresas têm apontado um diretor para uma responsabilidade geral pelos esforços de comunicação. Isso ajuda a permitir coerências e impactos de venda maiores. Assim, a responsabilidade fica nas mãos de alguém – quando não havia nenhuma antes – para consolidar a imagem da empresa da forma como ela é moldada por milhares de atividades internas.

Comentário do autor | Para desenvolver comunicações de *marketing* eficazes, você deve primeiro entender o processo geral de comunicação.

Desenvolvimento de comunicação de *marketing* eficaz

Objetivo 14.3 Resumir o processo de comunicação e as etapas do desenvolvimento de comunicações de *marketing* eficazes.

Uma visão do processo de comunicação

A comunicação integrada de *marketing* envolve a identificação do público-alvo e a formatação de um programa promocional coordenado para obter a reação que se deseja do público. Com muita frequência, as comunicações de *marketing* se concentram em metas imediatas de conscientização, imagem ou preferência do público-alvo. Mas essa abordagem de comunicação tem muitas limitações. Hoje, a tendência dos profissionais de *marketing* é enxergar as comunicações como um gerenciamento contínuo do engajamento do cliente e dos relacionamentos dele com a empresa e suas marcas.

Como os clientes diferem, os programas de comunicações precisam ser desenvolvidos para segmentos, nichos e até indivíduos específicos. E, dadas as novas tecnologias da comunicação interativas, as empresas não podem mais se ater a perguntar: "Como podemos engajar nossos clientes?"; elas devem, também, questionar: "Como podemos possibilitar que nossos clientes se engajem conosco e entre eles?"

Assim, o processo de comunicação deve começar com um levantamento de todos os pontos de contatos potenciais que os clientes-alvo possam ter com a empresa e suas marcas. Por exemplo, alguém que queira contratar um novo plano de celular pode consultar outras pessoas, ver propaganda na televisão ou em revistas, visitar vários *sites* em busca de preços e análises e checar os planos na Best Buy, no Walmart ou em um quiosque ou loja do provedor de serviços sem fio. A empresa precisa avaliar qual influência cada uma dessas experiências de comunicação terá nos diferentes estágios do processo de compra. Esse conhecimento ajuda a organização a alocar, com mais efetividade e eficácia, seu orçamento de comunicação.

Para poder comunicar de maneira eficaz, os profissionais de *marketing* precisam entender como a comunicação funciona. Ela envolve os nove elementos mostrados na ● **Figura 14.2**. Dois deles

FIGURA 14.2
Elementos no processo de comunicação.

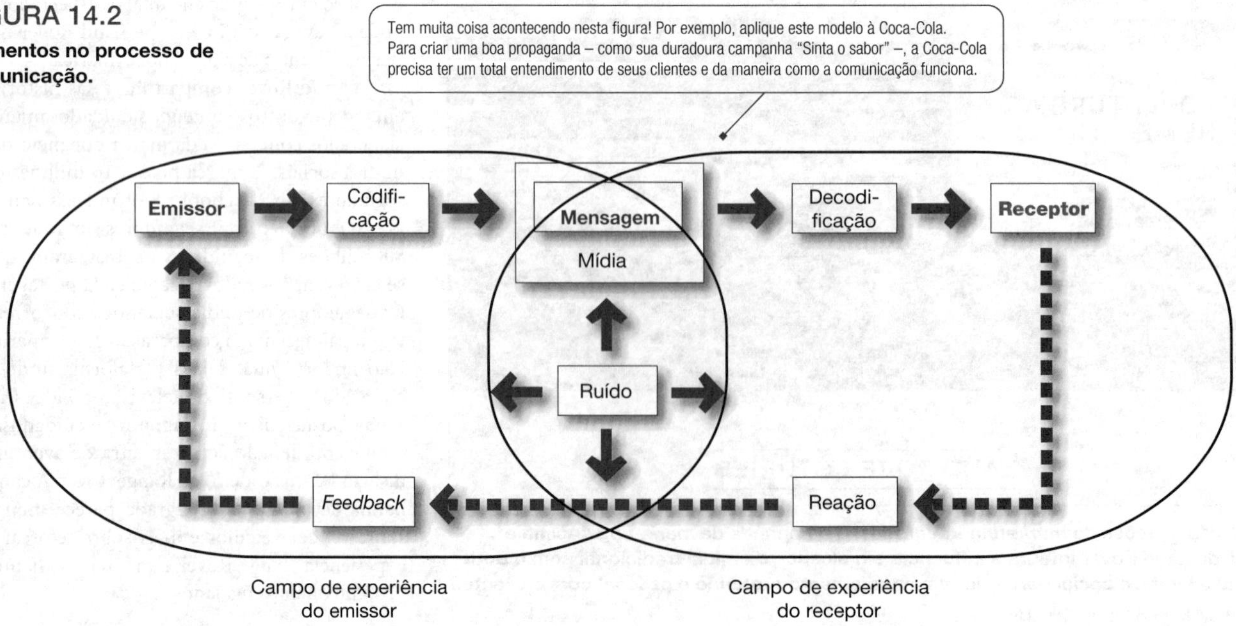

são as partes mais importantes da comunicação – o *emissor* e o *receptor*. Outros dois são as principais ferramentas da comunicação – a *mensagem* e a *mídia*. Outros quatro representam as mais importantes funções da comunicação – *codificação, decodificação, resposta* e *feedback*. O último elemento é o *ruído* do sistema. Esses elementos serão definidos a seguir e aplicados a um comercial de televisão da Coca-Cola, "Sinta o sabor":

- *Emissor:* a *parte que envia a mensagem* para a outra parte – nesse caso, a Coca-Cola.
- *Codificação:* o processo de *transformar o pensamento em linguagem simbólica* – por exemplo, a agência de propaganda da Coca-Cola reúne palavras, sons e imagens em um comercial de TV que transmitirá a mensagem pretendida.
- *Mensagem:* o *conjunto de símbolos* que o emissor transmite – o anúncio da Coca-Cola propriamente dito.
- *Mídia:* os *canais de comunicação* por meio dos quais a mensagem passa do emissor para o receptor – nesse caso, a televisão e os programas de TV escolhidos pela Coca-Cola.
- *Decodificação:* o processo pelo qual o receptor *atribui significado aos símbolos* codificados pelo emissor – um consumidor assiste ao comercial da Coca-Cola e interpreta as palavras e imagens ali contidas.
- *Receptor:* a *parte que recebe a mensagem* enviada por outra parte – o cliente que assiste ao comercial da Coca-Cola.
- *Resposta:* as *reações do receptor* após ter sido exposto à mensagem – qualquer uma das centenas de reações possíveis, como: o consumidor gosta mais da Coca-Cola, fica mais propenso a beber Coca-Cola na próxima vez, defende a Coca-Cola para um amigo ou não faz nada.
- *Feedback:* a parte da *reação do receptor que é comunicada ao emissor* – a pesquisa da Coca-Cola mostra que os consumidores são atingidos pelo anúncio e lembram-se dele ou, então, os clientes escrevem um *e-mail* para a Coca-Cola ou publicam mensagens em seus *sites* de mídias sociais com o objetivo de elogiar ou criticar o comercial ou os produtos da empresa.
- *Ruído: a estática ou distorção não planejada* que ocorre durante o processo de comunicação, que resulta no recebimento, pelo receptor, de uma mensagem diferente daquela enviada pelo emissor – o consumidor se distrai enquanto assiste ao comercial e não compreende seus pontos-chave.

Para que uma mensagem seja efetiva, o processo de codificação do emissor deve se encaixar com o processo de decodificação do receptor. Assim, as melhores mensagens consistem em palavras e outros símbolos que são familiares para o receptor. Quanto mais os campos de experiência do emissor e do receptor coincidirem, mais efetiva, provavelmente, a mensagem será. Os profissionais que trabalham com comunicação de *marketing* podem até nem sempre *compartilhar* do mesmo campo de experiência do consumidor. Por exemplo, um redator proveniente de determinada camada social poderia criar anúncios para consumidores de outro estrato – como ricos empresários. No entanto, para comunicar de maneira eficaz, ele precisa *entender* o campo de experiência desse cliente.

Esse modelo destaca diversos fatores-chave da boa comunicação. Os emissores precisam saber quais públicos desejam atingir e quais reações querem obter. Eles devem ser competentes na codificação de mensagens que levem em conta o modo como os públicos-alvo as decodificam. Devem enviar mensagens por meio de mídias que atinjam os públicos-alvo e desenvolver canais de *feedback*, de modo que possam avaliar as respostas do público às mensagens. Além disso, no ambiente de mídia interativo de hoje, as empresas precisam estar preparadas para "inverter" o processo de comunicação – tornarem-se receptoras das mensagens enviadas pelos consumidores e reagir a elas.

Comentário do autor | Agora que entendemos como a comunicação funciona, é hora de transformar todos esses elementos do composto de promoção em um programa real de comunicação de *marketing*.

Etapas no desenvolvimento de comunicações de *marketing* eficazes

Examinaremos as etapas do desenvolvimento de um programa eficaz de comunicações e promoções integradas. O profissional de *marketing* deve fazer o seguinte: identificar o público-alvo, determinar os objetivos da comunicação, elaborar uma mensagem, escolher a mídia pela qual a mensagem será transmitida, selecionar a fonte da mensagem e coletar o *feedback*.

Identificação do público-alvo

O profissional de comunicação de *marketing* começa com uma ideia clara do público-alvo. O público pode ser formado por compradores potenciais ou usuários atuais, por aqueles que tomam a decisão de compra ou que a influenciam. Pode consistir em indivíduos, grupos, públicos especiais ou público em geral. O público-alvo afetará muito as decisões do profissional de *marketing* sobre *o que* será dito, *como* será dito, *quando* será dito, *onde* será dito e quem dirá.

Determinação dos objetivos da comunicação

Uma vez definido o público-alvo, os profissionais de *marketing* devem definir qual resposta desejam. É claro que, em muitos casos, eles buscarão uma resposta de compra. Mas, conforme discutido no Capítulo 5, as decisões de compra são apenas parte de uma jornada mais ampla do cliente, a soma das experiências contínuas que os consumidores têm com uma marca. De forma mais ampla, os comunicadores de *marketing* querem ajudar a construir relacionamentos cliente-marca e orientá-los através das **cinco etapas da jornada do cliente**: *conscientização* (eu conheço o produto), *apelo* (gosto do produto), *pesquisa* (quero saber mais sobre o produto e estar mais engajado com a marca), *ação* (estou comprando e me relacionando com o produto) e *defesa* (estou falando sobre o produto para outras pessoas).[9] O objetivo é criar experiências de conteúdo que mantenham os clientes atualizados o caminho da consciência e preferência da marca para comprar a marca e defendê-la para os outros.

Cinco etapas da jornada do cliente
Os cinco estágios da jornada do cliente no caminho desde a conscientização de uma marca até a promoção dela para outras pessoas: conscientização, apelo, pesquisa, ação e defesa.

O mercado-alvo do comunicador de *marketing* pode desconhecer a marca totalmente. Na verdade, é mais provável que os consumidores conheçam a marca, mas não a considerem ou não se engajem ativamente com ela. Assim, os profissionais de *marketing* geralmente devem primeiro criar conscientização e engajamento ativos e, em seguida, levar os consumidores à compra e à defesa. Por exemplo, a maioria dos consumidores conhece a marca de nozes Planters, de 103 anos. No entanto, nos últimos anos, a Planters às vezes se viu perdida em meio à confusão de marcas concorrentes no mercado mutável de salgadinhos. Então, para despertar a conscientização, o engajamento, a preferência e a compra, a Planters lançou uma grande campanha promocional multiplataforma com a etiqueta "Sempre lá no momento crocante".

A campanha começou com o primeiro anúncio da Planters no Super Bowl. No comercial, o mascote da Planters, Mr. Peanut, faz um passeio selvagem no Planters Nutmobile para resgatar a lenda dos Yankees, Alex Rodriguez, de comer chips de couve sem graça. Para aumentar o engajamento durante o jogo, a Planters realizou uma promoção *on-line* ao vivo dando prêmios surpresa – como objetos de coleção assinados por Rodriguez ou ter o Sr. Peanut como seu motorista pessoal no Nutmobile por uma semana – para fãs selecionados que engajaram com a marca seguindo @MrPeanut no Twitter. Nos dias logo após o grande jogo, a Planters continuou seu engajamento com o consumidor em tempo real no Twitter e em outras mídias sociais com conteúdo inovador.

Movimentando os clientes pela jornada do cliente: a campanha de comunicação "Momento crocante" da Planters aumentou a conscientização, o engajamento e a consideração de compra da icônica marca.
The Kraft Heinz Company

Com base no sucesso da campanha do Super Bowl, os Planters logo seguiram com uma segunda campanha do "Momento crocante", dessa vez utilizando mídias sociais interativas no Dia dos Namorados. A empresa fez uma parceria com a famosa analista Dra. Ruth para ajudar a responder às perguntas de relacionamento das pessoas. "Com o #DiaDosNamorados chegando, é oficialmente hora do #MomentoCrocante!" disse o Mr. Peanut em um tuíte. "Mas não se preocupe, eu te protejo. Junto com @AskDrRuth, estamos respondendo SUAS perguntas sobre relacionamento". As campanhas "Momento crocante" e outros esforços de conteúdo de marca valeram a pena para a nostálgica marca Planters. A conscientização e o engajamento do consumidor com os anúncios foram em níveis recordes, levando a um aumento significativo na consideração de compra.

É claro que as comunicações de *marketing* por si só não podem gerar engajamento positivo, preferência e compras para os produtos da Planters. O produto em si deve fornecer valor superior para os clientes. Na verdade, as comunicações de *marketing* excelentes podem realmente acelerar o fim de um produto ruim. Quanto mais rapidamente os compradores em potencial aprendem sobre um produto ruim, mais rapidamente ficam cientes de suas falhas. Assim, boas comunicações de *marketing* exigem "boas ações seguidas de boas palavras".

Elaboração da mensagem

Após definir a resposta desejada do público, o comunicador passa a desenvolver uma mensagem eficaz. Ao criar uma mensagem, o comunicador de *marketing* deve decidir o que dizer (conteúdo da mensagem) e como dizê-lo (estrutura e formato da mensagem).

Conteúdo da mensagem. O profissional de *marketing* precisa descobrir um apelo ou tema que produzirá as respostas desejadas. Existem três tipos de apelos: racional, emocional e moral. Os *apelos racionais* estão relacionados ao interesse próprio do público. Eles mostram que o produto produzirá os benefícios desejados. Alguns exemplos são mensagens que mostram a qualidade, a economia, o valor ou o desempenho de um produto. Assim, um anúncio da Aleve faz esta afirmação prática: "Mais pílulas não significam mais alívio da dor. Aleve tem a força para evitar dores nas costas, no corpo e na artrite o dia todo com menos pílulas do que o Tylenol". E em um anúncio recente da

O anúncio "100 bilhões de palavras" do Google usa apelos emocionais calorosos que posicionam o Google Tradutor e o idioma em geral como um grande unificador internacional.

©2019 Google LLC, usado com permissão. Google e o logotipo do Google são marcas registradas da Google LLC.

campanha "Veja quem mudou" da Sprint, um cliente que mudou da Verizon para a Sprint simplesmente afirma: "Você obtém uma rede altamente confiável e economiza 50% na maioria das taxas cobradas por outras operadoras sem fio".[11]

Os *apelos emocionais* tentam despertar emoções positivas ou negativas que podem motivar a compra. Os comunicadores podem usar apelos emocionais que vão do amor, da alegria e do humor ao medo e à culpa. Os defensores das mensagens emocionais afirmam que elas atraem mais atenção e criam mais crença no patrocinador e na marca. A ideia é que os consumidores muitas vezes sentem antes de pensar, e a persuasão é de natureza emocional.

Por exemplo, o anúncio mais recente do Google no Super Bowl não se concentra nas funcionalidades racionais de seu mecanismo de busca, telefones ou dispositivos *smarthome*, mas nas emoções em torno do Google Tradutor, seu aplicativo de tradução multilíngue de mais de uma década. O comercial de 60 segundos – intitulado "100 bilhões de palavras", denotando o número de palavras que os usuários processam todos os dias – usa apelos emocionais que posicionam o Google Tradutor e a língua em geral como um unificador internacional. Composto por uma série de cenas inspiradoras em vários idiomas, o anúncio mostra como o Google Tradutor reúne pessoas de todas as nacionalidades e convicções por meio de experiências compartilhadas. "Todos os dias", conclui o anúncio, "as palavras mais traduzidas do mundo são 'como vai você', 'obrigado' e 'eu te amo'".[12]

Os *apelos morais* são direcionados ao senso de uma audiência do que é "certo" e "adequado". Eles são frequentemente usados para convencer as pessoas a apoiar causas sociais, como um meio ambiente mais limpo ou ajuda aos desfavorecidos. Por exemplo, uma campanha publicitária da Colgate incentiva as pessoas a "fechar a torneira enquanto escovam" os dentes para economizar água. Um anúncio mostra um menino em uma economia em desenvolvimento com um balde de água em cima da cabeça, observando: "O que você desperdiça em dois minutos é tudo o que a família dele precisa para um dia".

Estrutura da mensagem. Os profissionais de *marketing* também devem decidir como lidar com três questões de estrutura da mensagem. A primeira é se é preciso chegar a uma conclusão ou se isso pode ser deixado para o público. Pesquisas sugerem que, em muitos casos, em vez de oferecer uma conclusão, é melhor o anunciante fazer perguntas e deixar os compradores chegarem a suas próprias conclusões. A segunda questão de estrutura é se vale apresentar os argumentos mais fortes no início ou no final da mensagem. Apresentá-los no início recebe forte atenção, mas pode levar a um final anticlimático.

A terceira questão é se devem ser apresentados argumentos unilaterais (que mencionam somente os pontos fortes do produto) ou bilaterais (que promovem as vantagens do produto, mas também admitem suas deficiências). O argumento unilateral geralmente é mais eficaz em apresentações de vendas – exceto quando o público tiver um nível de instrução mais alto ou for propenso a dar ouvidos a afirmações contrárias ou quando o comunicador tiver de superar uma associação negativa. Com bom humor, a Heinz veiculou a mensagem "o ketchup Heinz é slow good" (em uma brincadeira com a expressão "*fast-food*" e o fato de o ketchup demorar para descer) e o Listerine divulgou que o produto tem "gosto ruim duas vezes por dia". Nesses casos, as mensagens bilaterais podem aumentar a credibilidade do anunciante e deixar os compradores mais resistentes aos ataques da concorrência.

Formato da mensagem: para atrair a atenção, os anunciantes podem usar originalidade e contrastes, imagens e títulos chamativos e formatos diferenciados, como neste anúncio da Reese's.

The Hershey Company

Formato da mensagem. O profissional de comunicação de *marketing* também precisa de um *formato* atraente para a mensagem. No caso de um anúncio impresso, ele tem de decidir como serão o título, o texto, a ilustração e as cores. Para chamar a atenção, os anunciantes podem usar: novidades e contrastes; imagens e títulos que atraiam o olhar; formatos diferenciados; tamanho e posição da mensagem; e cores, forma e movimento. Por exemplo, os anúncios da Peanut Butter Cup da Reese's são ousados e simples. Eles apresentam as cores laranja, amarelo e marrom familiares da marca com texto sobreposto às imagens do doce clássico. Eles apresentam títulos inteligentes que unem os dois ingredientes distintos do doce, como "O chocolate e a manteiga de amendoim entraram em um bar. O resto é história." e "Desde que a manteiga de amendoim se juntou ao chocolate, a manteiga de amendoim ainda fala com a geleia, mas a relação é muito tensa".

Os apresentadores têm que planejar todos os detalhes, do início ao fim. Se a mensagem for veiculada por televisão ou vídeo, o profissional de *marketing* tem que incorporar movimento, ritmo e som. Se a mensagem for veiculada no produto ou em sua embalagem, o profissional de *marketing* terá de dar atenção à textura, ao aroma, à cor, ao tamanho e ao formato. Por exemplo, a cor pode aumentar o reconhecimento da mensagem de uma marca – pense na Target (vermelho), no McDonald's (amarelo e vermelho), na John Deere (verde e amarelo), no Twitter (azul) ou na Home Depot (laranja). Assim, ao desenvolver comunicações de *marketing* eficazes, os profissionais de *marketing* precisam considerar, com cuidado, a cor e outros detalhes aparentemente sem importância.

Escolha da mídia e dos canais de comunicação

O profissional de comunicação precisa selecionar os *canais de comunicação*. Há dois tipos abrangentes de canais de comunicação: os *pessoais* e os *não pessoais*.

Canais de comunicação pessoal
Canais por meio dos quais duas ou mais pessoas se comunicam de maneira direta; eles incluem comunicação pessoal, telefone, correio, *e-mail* ou até mesmo mensagens de texto e bate-papo na Internet.

Comunicação boca a boca
Comunicações pessoais sobre um produto entre compradores-alvo e vizinhos, amigos, familiares, conhecidos ou outros consumidores.

Buzz marketing
Desenvolver formadores de opinião e incentivá-los a divulgar informações sobre um produto ou serviço para outros membros de suas comunidades.

Canais de comunicação pessoal. Nos **canais de comunicação pessoal**, duas ou mais pessoas se comunicam diretamente entre si. Elas podem se comunicar cara a cara, por telefone, por correio ou *e-mail*, ou por meio de mensagens de texto ou bate-papo. Os canais de comunicação pessoal são eficazes porque permitem endereçamento e *feedback* pessoais.

Alguns canais de comunicação pessoal são controlados diretamente pela empresa. Por exemplo, os vendedores da empresa entram em contato com os compradores organizacionais. Mas outras comunicações pessoais sobre o produto podem chegar aos compradores por meio de canais não controlados diretamente pela empresa. Esses canais podem incluir especialistas independentes – defensores do consumidor, blogueiros, entre outros – que fazem declarações aos compradores. Ou podem ser vizinhos, amigos, familiares, associados ou outros consumidores conversando com os compradores-alvo, pessoalmente ou por meio de mídias sociais ou outros canais interativos. Este último canal, conhecido por **comunicação boca-a-boca**, tem um efeito considerável em muitas áreas de produtos.

A influência pessoal tem grande peso, principalmente sobre produtos caros, de risco ou de grande visibilidade. Um levantamento descobriu que as recomendações de amigos e familiares são, de longe, a mais forte influência sobre os consumidores no mundo inteiro: mais de 83% dos consumidores disseram que amigos e familiares são a principal influência em sua conscientização e compra de um produto. Cinquenta por cento dos norte-americanos escolheriam a comunicação boca a boca *on-line* ou *offline* se tivessem que escolher uma fonte de informação.[13]

É de se admirar, então, que poucos consumidores comprem um item caro antes de verificar o que os usuários existentes têm a dizer sobre o produto em um *site* como o Amazon.com? Quem não fez uma compra na Amazon com base na avaliação de outro cliente ou na seção "Clientes que compraram isso também compraram..." ou decidiu não comprar por causa de comentários negativos de outros clientes?

Canais de comunicação pessoal: os embaixadores da marca Lululemon representam a marca para os clientes e nutrem o impacto em suas comunidades. "Vamos fazer grandes coisas", diz a Lululemon a seus embaixadores.
fizkes/Shutterstock; Arne Beruldsen/Shutterstock

As empresas podem tomar algumas medidas para fazer com que os canais de comunicação pessoal trabalhem para elas. Por exemplo, como apresentado no Capítulo 5, elas podem eleger *formadores de opinião* para suas marcas – pessoas às quais as outras recorrem para saber sua opinião –, ao fornecer o produto com condições especiais a essas pessoas influentes ou ao instruí-las para que possam informar os outros. O ***buzz marketing*** envolve desenvolver formadores de opinião e incentivá-los a divulgar informações sobre um produto ou serviço para outros membros de suas comunidades.

Por exemplo, a Red Bull criou o "The Wings Team", um grupo de 2.800 embaixadores da marca que se conectam com os fãs da Red Bull em eventos e por meio de pilhas de conteúdo digital gerado pelo usuário, mostrando seus estilos de vida radicais e ativos. O The Wings Team é "a cara da marca". A Red Bull os descreve como "indivíduos encantadores, divertidos, empreendedores e dinâmicos [...] que conduzem testes de produtos, apoiam vendas e trabalham na Red Bull Events, [...] conquistando os corações e as mentes de nossos clientes por meio de interações altamente personalizadas.[14]

Da mesma forma, a varejista de roupas esportivas Lululemon cultivou uma rede de mais de 1.600 embaixadores da marca. O grupo inclui embaixadores globais de ioga (oito instrutores experientes), embaixadores de elite (mais de 75 atletas profissionais de futebol, ciclismo e muito mais) e embaixadores de lojas (mais de 1.500 influenciadores locais em treinamento pessoal, ioga, corrida e outras atividades). A Lululemon recruta pessoas dedicadas ao que chama de "a vida suada: suar, crescer e conectar-se". A empresa apoia os embaixadores com experiências de desenvolvimento, produtos para experimentar e "uma rede de pessoas com a mesma opinião e um enorme esquadrão de torcida". Os embaixadores representam a marca para os clientes e nutrem o impacto em suas comunidades, mas também dão *feedback* valioso à Lululemon. "Vamos fazer grandes coisas", diz a empresa a seus embaixadores. "Quando você é um embaixador, [...] você é uma extensão da nossa marca e uma inspiração para nossos clientes".[15]

Canais de comunicação não pessoal

Canais de comunicação não pessoal
Meios que veiculam mensagens sem contato pessoal nem *feedback*; eles incluem as mídias mais importantes, as atmosferas e os eventos.

Os **canais de comunicação não pessoal** são meios que veiculam mensagens sem contato pessoal nem *feedback*. Eles incluem as mídias mais importantes, as atmosferas e os eventos. Entre as *mídias* mais importantes estão a transmitida (rádio e televisão), a impressa (jornais, revistas e mala direta), a expositiva (*outdoors*, placas e pôsteres) e a *on-line* e digital (*e-mail*, *sites* da empresa e mídias sociais e móveis). As *atmosferas* são ambientes planejados que criam uma tendência no consumidor para a compra de um produto ou a reforçam. Assim, escritórios de advocacia e bancos são projetados para transmitir confiança e outras qualidades que possam ser valorizadas pelos clientes. Os *eventos* são acontecimentos planejados que comunicam mensagens para os públicos-alvo. Por exemplo, marcas organizam grandes inaugurações, shows, exibições, excursões públicas e outros eventos.

As comunicações não pessoais afetam diretamente os compradores. Além disso, a utilização de mídia de massa muitas vezes afeta o comprador indiretamente, gerando mais comunicação pessoal. Por exemplo, as comunicações podem, primeiro, fluir da televisão, das revistas e de outras mídias de massa para os formadores de opinião e, depois, deles para os outros. Assim, os formadores de opinião ficam entre a mídia de massa e seu público, levando mensagens para as pessoas menos expostas à mídia. É interessante notar que os profissionais de *marketing* muitas vezes utilizam os canais de comunicação não pessoal para substituir ou estimular comunicações pessoais, ao incorporar endossos dos consumidores ou declarações boca a boca em seus anúncios e outras promoções.

Seleção da fonte da mensagem

Na comunicação tanto pessoal como não pessoal, o impacto da mensagem também é afetado pelo modo como o público-alvo vê o comunicador. Mensagens transmitidas por fontes de grande credibilidade são mais persuasivas. Assim, muitas empresas de produtos alimentícios fazem propaganda para médicos, dentistas e outros especialistas da área da saúde para motivar esses profissionais a recomendar produtos específicos a seus pacientes. E as empresas contratam celebridades – atletas, atores, músicos e até personagens de desenho animado famosos – para endossar seus produtos e transmitir suas mensagens. Uma série de estrelas da NBA empresta sua imagem para marcas como Nike, McDonald's e Coca-Cola. A atriz Sophia Vergara endossa a CoverGirl, a State Farm, o Comcast, o Rooms to Go, entre outras marcas, e tem sua própria linha de roupas na Kmart. O ator George Clooney adora sua máquina de expresso Nestlé Nespresso, e a grande tenista Serena Williams endossa a Gatorade, a Nike e a Beats By Dre.

Mas as empresas devem tomar cuidado na hora de selecionar celebridades para representar suas marcas. A escolha do representante errado pode resultar em embaraços e em uma imagem arranhada. Por exemplo, uma dúzia ou mais de grandes marcas – incluindo a Nike, a Anheuser-Busch, a Oakley, as bicicletas Trek e os capacetes Giro – enfrentaram constrangimento quando o ciclista profissional Lance Armstrong foi destituído de seus títulos do Tour de France e banido para sempre do ciclismo competitivo por uso ilegal de drogas para melhoria do desempenho. Anteriormente considerado um modelo como porta-voz de marca, Armstrong já ganhou quase 20 milhões de dólares em receita de endossos em um único ano. "Casamentos arranjados entre marcas e celebridades são inerentemente arriscados", observa um especialista. "Noventa e nove por cento das celebridades fazem um bom trabalho para seus parceiros de marca", diz outro, "e 1% sai dos trilhos".[16] Mais do que nunca, é importante escolher a celebridade certa para a marca.

Coleta de *feedback*

Após enviar a mensagem, o profissional de *marketing* deve pesquisar o efeito que ela causou sobre o público-alvo. Isso implica perguntar aos membros do público-alvo se eles se lembram da mensagem, quantas vezes a viram, de que pontos se recordam, como se sentiram quanto a ela e suas atitudes antigas e atuais com relação ao produto e à empresa. O profissional de *marketing* deveria também aferir o comportamento resultante da mensagem – quantos compraram o produto, falaram sobre ele com outras pessoas ou visitaram a loja.

O *feedback* sobre as comunicações de *marketing* pode sugerir mudanças no programa de promoção ou na própria oferta do produto. Por exemplo, a Macy's usa televisão, jornal e propaganda móvel para informar os consumidores da região sobre suas lojas, serviços e eventos de *merchandising*. Suponha que a pesquisa de *feedback* mostre que 80% de todos os compradores em uma área lembram de ter visto os anúncios da loja e estão cientes de suas mercadorias e vendas. Sessenta por cento desses compradores conscientes visitaram uma loja da Macy's no mês passado, mas apenas 20% daqueles que visitaram ficaram satisfeitos com a experiência de compra.

Esses resultados sugerem que, embora a promoção esteja criando conscientização, as lojas da Macy's não estão dando aos consumidores a satisfação que eles esperam. Portanto, a Macy's precisa melhorar a experiência de compra, mas manter seu bem-sucedido programa de comunicação. Em contraste, suponha que a pesquisa mostre que apenas 40% dos consumidores da área estão cientes das mercadorias e eventos da loja, e apenas 30% dos que estão cientes compraram recentemente, mas 80% daqueles que compraram retornam em breve para comprar novamente. Nesse caso, a Macy's precisa fortalecer seu programa de promoção para aproveitar seu poder de criar satisfação do cliente na loja.

Comentário do autor | Nesta seção, veremos o processo de definição do orçamento de promoção e como os profissionais de *marketing* combinam as várias ferramentas de comunicação de *marketing* em um composto de promoção integrado que funciona sem problemas.

Definição do orçamento total e do composto de promoção

Objetivo 14.4 Explicar os métodos para definir o orçamento de promoção e os fatores que afetam o projeto do composto de promoção.

Já estudamos as etapas de planejamento e de envio de comunicações a um público-alvo. Mas como a empresa determina o *orçamento de promoção* e a distribuição desse orçamento entre as principais ferramentas promocionais para criar o *composto de promoção*? Que processo ela utiliza para mesclar as ferramentas a fim de criar comunicações integradas de *marketing*? Vamos examinar essas questões.

Definição do orçamento total de promoção

Método dos recursos disponíveis
Definição do orçamento de promoção no nível que a administração acha que pode gastar.

Uma das mais difíceis decisões de *marketing* que uma empresa tem de tomar é quanto gastar em promoção. John Wanamaker, o magnata das lojas de departamentos, disse em certa ocasião: "Eu sei que metade da minha propaganda é desperdiçada, mas não sei qual das metades. Gastei 2 milhões de dólares em propaganda e não sei se isso representa a metade ou o dobro do que seria necessário". Por exemplo, a PepsiCo gasta mais de 1 bilhão de dólares anualmente em promoção entre suas muitas marcas, mas isso é muito pouco, é a quantia certa ou é demais? Assim, não é nenhuma surpresa que haja uma enorme variação nos gastos de promoção entre diferentes setores e empresas. Esses gastos podem representar de 10 a 12% das vendas de produtos de consumo embalados, 20% das vendas de cosméticos e apenas 1,9% das vendas eletrodomésticos. Dentro de determinado setor, podem ser encontradas empresas que gastam muito e outras que gastam pouco com promoção.[17]

Como uma empresa determina seu orçamento de promoção? Vamos analisar quatro métodos comuns utilizados para estabelecer o orçamento total de propaganda: o *método dos recursos disponíveis*, o *método da porcentagem sobre as vendas*, o *método da paridade com a concorrência* e o *método de objetivos e tarefas*.[16]

Definindo o orçamento de promoção: a PepsiCo gasta mais de 1 bilhão de dólares por ano em campanhas de promoção para suas muitas marcas, como a campanha da Pepsi "Por puro prazer". Mas isso é muito pouco, é a quantia certa ou é demais?

Método dos recursos disponíveis

Algumas empresas usam o **método dos recursos disponíveis:** elas estabelecem o orçamento de promoção no nível que acham que podem gastar. Pequenas empresas costumam usar esse método, raciocinando que a empresa não pode gastar em propaganda mais do que tem. Elas partem do total de receitas, deduzem as despesas operacionais e os desembolsos de capital e, então, reservam uma parte dos fundos remanescentes para propaganda.

Infelizmente, esse método ignora por completo os efeitos da promoção nas vendas. Ele tende a colocar a propaganda em último lugar na prioridade de gastos, mesmo em situações em que ela é fundamental para o sucesso da empresa. Esse método leva a um orçamento anual de promoção incerto, o que dificulta o planejamento de mercado no longo prazo. Embora o método dos recursos disponíveis possa resultar em despesas excessivas com propaganda, na maioria das vezes resulta em gastos insuficientes.

Método da porcentagem sobre as vendas

Método da porcentagem sobre as vendas
Definição do orçamento de promoção como uma determinada porcentagem das vendas atuais ou previstas ou, então, como uma porcentagem do preço unitário de venda.

Outras empresas usam o **método da porcentagem sobre as vendas**, definindo seu orçamento de promoção como uma determinada porcentagem das vendas atuais ou previstas. Ou, então, seu orçamento pode ser uma porcentagem do preço unitário de venda. Esse método é fácil de usar e ajuda a administração a pensar sobre as relações entre gastos com promoção, preço de venda e lucro por unidade.

No entanto, apesar dessas vantagens, não há muito o que justifique o método de porcentagem sobre as vendas. Ele, erroneamente, enxerga as vendas como a *causa* da promoção, e não como seu *resultado*. Apesar de estudos terem revelado uma correlação positiva entre gastos promocionais e força da marca, essa relação muitas vezes é de efeito e causa, e não de causa e efeito. As marcas mais fortes, com índices de vendas mais altos, podem bancar os maiores investimentos em propaganda.

Assim, o orçamento calculado por porcentagem sobre as vendas se baseia na disponibilidade de recursos, e não nas oportunidades. Pode evitar um aumento de gastos que, muitas vezes, é necessário para reverter a queda nas vendas. Como o orçamento varia de ano para ano, conforme os índices de vendas, é difícil um planejamento de longo prazo. Por fim, o método não oferece nenhuma base para a escolha de uma porcentagem *específica*, exceto o que foi feito no passado ou o que os concorrentes estão fazendo.

Método da paridade com a concorrência

Método da paridade com a concorrência
Definição do orçamento de promoção para se equiparar aos gastos dos concorrentes.

Outras empresas usam o **método da paridade com a concorrência**, definindo orçamentos de promoção que correspondem aos gastos dos concorrentes. Elas monitoram a propaganda dos concorrentes ou obtêm, por meio de publicações ou associações comerciais, estimativas dos gastos em promoção do setor e, então, definem seus orçamentos com base na média do setor.

Dois argumentos sustentam esse método. Primeiro, os orçamentos dos concorrentes representam o consenso coletivo do setor. Segundo, gastar o mesmo que os concorrentes ajuda a evitar guerras promocionais. Infelizmente, nenhum dos argumentos é válido. Não há motivos para acreditar que os concorrentes tenham uma ideia melhor sobre quanto uma empresa deve gastar em promoção do que ela própria. As empresas diferem muito, e cada uma delas tem necessidades promocionais específicas. Por fim, não há evidência de que orçamentos baseados na paridade com a concorrência evitem guerras promocionais.

Método de objetivo e tarefas

Método de objetivos e tarefas
Definição do orçamento de promoção por meio (1) do estabelecimento dos objetivos específicos de promoção, (2) da determinação das tarefas necessárias para atingir esses objetivos e (3) da estimativa dos custos para realizar essas tarefas. A soma desses custos corresponde ao orçamento de promoção proposto.

O método mais lógico para definir orçamentos é o **método de objetivos e tarefas**, por meio do qual a empresa define seu orçamento de promoção com base no que quer conseguir com ela. Esse método orçamentário implica (1) estabelecer os objetivos específicos de promoção, (2) determinar as tarefas necessárias para atingir esses objetivos e (3) estimar os custos para realizar essas tarefas. A soma desses custos é o orçamento de promoção proposto.

A vantagem do método de objetivos e tarefas é que ele força a administração a deixar claras suas premissas sobre a relação entre o dinheiro gasto e os resultados da promoção. Mas ele é também o método mais difícil de usar. Em geral, é difícil imaginar quais tarefas específicas atingirão os objetivos traçados. Por exemplo, vamos supor que a Samsung deseje obter um índice de conscientização de 95% para seu mais recente modelo de *smartphone* Galaxy durante os dois meses do período de lançamento. Que mensagens de propaganda e programações de mídia específicas ela deveria usar para atingir esse objetivo? Quanto custariam essas mensagens e programações? A gerência da Samsung deve levar em conta essas perguntas, mesmo elas sendo difíceis de responder.

Comentário do autor | Nesta seção, abordaremos como os profissionais de marketing combinam as várias ferramentas de comunicação de marketing em um mix de promoção de funcionamento suave, integrado e envolvente.

Definição do composto total de promoção

O conceito de comunicação integrada de *marketing* sugere que a empresa deve mesclar as ferramentas promocionais cuidadosamente em um *composto de promoção* coordenado. Mas como ela determina qual composto de ferramentas promocionais usará? As empresas de um mesmo setor diferem bastante na determinação de seu composto de promoção. Por exemplo, a Casper, fabricante de colchões de venda direta ao consumidor, promove seus produtos principalmente por meio de conteúdo digital em seu *site* e páginas de mídia social. Por outro lado, a Sleep Number promove seus colchões e sistemas de cama por meio de uma ampla combinação de ferramentas promocionais, desde anúncios de televisão e conteúdo digital até vendas pessoais e promoções na loja. Agora, vamos analisar os fatores que influenciam a escolha das ferramentas de promoção do profissional de *marketing*.

A natureza de cada ferramenta de promoção

Cada ferramenta de promoção tem características e custos singulares. Para definir seu composto de promoção, os profissionais de *marketing* precisam entender essas características.

Propaganda. A propaganda pode atingir massas de compradores geograficamente dispersos a um baixo custo por exposição e permite que o vendedor repita uma mensagem muitas vezes. A propaganda de televisão pode atingir grandes audiências. Por exemplo, mais de 91,6 milhões de norte-americanos assistiram ao mais recente Super Bowl na TV; a última transmissão do Oscar atraiu 15,3 milhões de espectadores.[18]

Além disso, o alcance de um anúncio de TV popular pode ser estendido por meio da mídia *on-line* e social. Por exemplo, 42% dos fãs de futebol assistiram aos anúncios do Super Bowl 53 no YouTube antes, durante e depois do grande jogo. Um estudo que rastreou 28 anúncios do Super Bowl em 24 plataformas de vídeo e mídia social (incluindo YouTube, Facebook, Instagram, Twitter e TikTok) descobriu que os anúncios foram vistos cerca de 105 milhões de vezes durante os dois dias antes do jogo ir ao ar. O comercial "O time que não estaria aqui" da Verizon – destacando as histórias reais de 12 estrelas da NFL que enfrentaram situações de risco de vida e homenageando os socorristas que os salvaram – capturou os quase 100 milhões de telespectadores durante o Super Bowl, e ainda obteve mais de 16 milhões de visualizações somente no YouTube durante as duas semanas seguintes ao jogo.[19] Assim, para empresas que desejam atingir um público de massa, a TV é o lugar certo.

Além de seu alcance, a propaganda em larga escala diz algo positivo sobre o tamanho, a popularidade e o sucesso do vendedor. Em razão da à natureza pública da propaganda, os consumidores tendem a ver os produtos anunciados como mais legítimos. A propaganda também é muito expressiva; ela permite que a empresa dramatize seus produtos por meio do uso artístico de recursos visuais, impressão, som e cor. Por um lado, a propaganda pode ser usada para construir uma imagem de longo prazo para um produto (como os anúncios da Coca-Cola). Por outro lado, ela pode desencadear vendas rápidas (como quando a Kohl's anuncia promoções de fim de semana).

A propaganda também tem algumas desvantagens. Embora alcance muitas pessoas rapidamente, a propaganda na mídia de massa é impessoal e carece da persuasão direta dos vendedores da empresa. Na maioria das vezes, a propaganda pode realizar apenas uma comunicação de mão única com o público, e o público não sente que precisa prestar atenção ou responder. Além disso, ela pode ser muito cara. Embora algumas formas de propaganda – como em jornal, em rádio ou *on-line* – possam ser feitas com orçamentos menores, outros formatos, como a propaganda em rede de TV, exigem orçamentos muito grandes. Por exemplo, o anúncio de 90 segundos do Amazon Echo "Nem tudo vale o corte" do Super Bowl 53 custou quase 16 milhões de dólares apenas pelo tempo de mídia – mais de 175 mil dólares por tique-taque do relógio – sem contar os custos de produção do anúncio, o pagamento de talentos (Forrest Whittaker e Harrison Ford) e licenciamento de uma música do Queen ("Don't Stop Me Now").[20]

Venda pessoal. A venda pessoal é a ferramenta mais eficaz em certos estágios do processo de compras, particularmente no desenvolvimento das preferências, convicções e ações dos compradores. Ela envolve interações pessoais entre dois ou mais indivíduos, de modo que cada um pode observar as necessidades e as características do outro e fazer ajustes rápidos. A venda pessoal também permite que surjam todos os tipos de relacionamento com o cliente, desde uma relação de vendas mais formal até uma amizade pessoal. O vendedor eficiente coloca os interesses do cliente em primeiro lugar, para criar um relacionamento duradouro por meio da solução dos problemas do cliente. Por fim, na venda pessoal, o comprador geralmente sente uma necessidade maior de ouvir e responder, mesmo que a resposta seja apenas um educado: "Não, obrigado".

No entanto, essas qualidades singulares têm um custo. Uma força de vendas exige um comprometimento de prazo mais longo do que o da propaganda – enquanto a propaganda pode ser acionada e interrompida, o tamanho de uma força de vendas é mais difícil de mudar. As empresas norte-americanas podem chegar a gastar três vezes mais em venda pessoal do que investem em propaganda.

Promoção de vendas. A promoção de vendas inclui uma ampla variedade de ferramentas – cupons, concursos, descontos, prêmios e outras –, todas com muitas qualidades exclusivas. Essas ferramentas chamam a atenção do consumidor, causam engajamento, oferecem fortes incentivos à compra e podem ser utilizadas para dar dramatização às ofertas de produtos e turbinar as vendas em declínio.

As promoções de vendas incitam e recompensam a resposta rápida. Enquanto a propaganda diz: "Compre nosso produto", a promoção de vendas fala: "Compre-o agora". Entretanto, os efeitos da promoção de vendas normalmente têm vida curta, e quase sempre ela não é tão eficaz quanto a propaganda ou a venda pessoal na criação de preferência de marca e de relacionamento com o cliente no longo prazo.

Relações públicas. As atividades de relações públicas têm muita credibilidade - para o público, novas histórias, matérias, patrocínios e eventos parecem mais reais e dignos de crédito do que anúncios. Elas também podem atingir muitos clientes potenciais que evitam vendedores e propaganda - a mensagem chega aos compradores como "notícia", e não como comunicação direcionada para vendas. E, como a propaganda, podem dar dramatização a uma empresa ou um produto. Os profissionais de *marketing* tendem a subutilizar as atividades de relações públicas ou a utilizá-las como "algo a mais". No entanto, quando bem pensada, uma campanha de relações públicas que envolve outros elementos do composto de promoção pode ser muito eficaz e econômica.

Marketing direto e digital. Embora haja muitas formas de *marketing* direto e digital - da mala direta, dos catálogos e do telemarketing tradicionais até o *marketing on-line*, móvel e de mídias sociais mais recentes -, todas compartilham algumas características diferenciadoras. O *marketing* direto é mais segmentado: a mensagem normalmente é dirigida para uma pessoa ou uma grupos de clientes específicos. Ele também é imediato e customizado: as mensagens podem ser preparadas com muita rapidez e podem ser desenvolvidas sob medida, para atrair consumidores ou comunidades de marca específicos. Por fim, é interativo: permite um diálogo entre a equipe de *marketing* e o consumidor, e as mensagens podem ser alteradas de acordo com a resposta do consumidor. Assim, o *marketing* direto e digital se ajusta muito bem aos esforços de *marketing* altamente direcionados e à criação de engajamento e relacionamentos pessoais com o cliente.

Estratégia de pressão (*push*)
Uma estratégia de promoção que demanda o uso da força de vendas e de promoção ao comércio para "empurrar" o produto pelos canais. O fabricante promove o produto para os membros do canal que, por sua vez, o promovem para os consumidores finais.

Estratégia de atração
Estratégia de promoção que exige gastar muito em propaganda, promoção e outros conteúdos para induzir os consumidores finais a se engajarem e comprarem o produto, criando um vácuo de demanda que "puxa" o produto pelo canal.

Estratégias de composto de promoção

Os profissionais de *marketing* têm à sua escolha duas estratégias básicas de composto de promoção: a promoção de *pressão* e a promoção de *atração*. A **Figura 14.3** compara as duas estratégias. A ênfase relativa dada às ferramentas de promoção específicas é o que diferencia as estratégias de pressão e atração. Uma **estratégia de pressão (*push*)** implica "empurrar" o produto pelos canais de distribuição até o consumidor final. O fabricante direciona suas atividades de *marketing* (principalmente venda pessoal e promoção ao comércio) para os membros do canal, a fim de induzi-los a trabalhar com o produto e promovê-lo aos consumidores finais. Por exemplo, a John Deere faz pouquíssima promoção de seus tratores e cortadores de grama, entre outros produtos de consumo residencial, diretamente para os consumidores finais. Em vez disso, a força de vendas da empresa trabalha com a Lowe's, a Home Depot, distribuidores independentes e outros membros do canal, os quais, por sua vez, promovem os produtos da John Deere para os consumidores finais.

Quando usa uma **estratégia de atração (*pull*)**, o fabricante direciona suas atividades de *marketing* (principalmente propaganda, promoção ao consumidor e conteúdo de mídia direta e digital) para o consumidor final, a fim de engajá-lo e induzi-lo a comprar o produto. Por exemplo, a P&G promove seus produtos de lavanderia da Tide diretamente aos consumidores usando comerciais de TV e anúncios impressos, *sites* e mídias sociais e outros canais. Se a estratégia de atração for eficaz, os consumidores exigirão a marca de varejistas como o Walmart, a Target, a Kroger, a Walgreens ou

FIGURA 14.3
Estratégia de pressão *versus* estratégia de atração.

a Amazon, que por sua vez a exigirão da P&G. Assim, com o uso da estratégia de atração, a demanda do consumidor "puxa" o produto pelos canais.

Algumas empresas de produtos industriais usam apenas estratégias de pressão, ao passo que algumas empresas de *marketing* direto utilizam apenas estratégias de atração. No entanto, a maioria das grandes empresas usa alguma combinação de ambos. Por exemplo, a P&G gasta mais de 4,3 bilhões de dólares por ano em propaganda ao consumidor nos Estados Unidos para criar preferência de marca e atrair clientes para as lojas que vendem seus produtos.[21] Ao mesmo tempo, ela usa sua força de vendas e promoções comerciais para impulsionar suas marcas pelos canais para que estejam disponíveis nas prateleiras das lojas quando os consumidores as demandarem

As empresas levam em consideração muitos fatores ao desenvolver suas estratégias de composto de promoção, incluindo o tipo de produto e mercado. Por exemplo, a importância das diferentes ferramentas de promoção varia nos mercados consumidor e organizacional. As empresas que fabricam bens de consumo geralmente usam mais a estratégia de atração, alocando uma parcela maior de seus recursos na propaganda, seguida pela promoção de vendas, pela venda pessoal e pelas atividades de relações públicas. Em compensação, as empresas que atuam em mercados organizacionais tendem a usar mais a estratégia de pressão, alocando a maior parte de seus recursos na venda pessoal, seguida pela promoção de vendas, pela propaganda e pelas atividades de relações públicas.

Integração do composto de promoção

Após ter definido o orçamento e o composto de promoção, a empresa deve tomar providências para garantir que todos os elementos do composto de promoção sejam integrados sem percalços. Orientados pela estratégia de comunicação geral da empresa, os vários elementos promocionais devem trabalhar juntos para transmitir as mensagens de marca singulares da organização e seus pontos de venda. A integração do composto de promoção começa com os clientes. Independentemente de se tratar de propaganda, venda pessoal, promoção de vendas, relações públicas ou *marketing* direto e digital, as comunicações em todos os pontos de contato com o cliente devem transmitir mensagens e um posicionamento claros. Um composto de promoção integrado garante que os esforços de comunicação aconteçam quando, onde e como os *clientes* precisarem deles.

Para se obter um composto de promoção integrado, todas as áreas funcionais da empresa devem cooperar, planejando em conjunto os esforços de comunicação. Muitas organizações incluem, até mesmo, clientes, fornecedores e outros públicos interessados em várias etapas do processo de planejamento das comunicações. Atividades promocionais dispersas ou desarticuladas, espalhadas pela empresa, podem resultar não apenas em um impacto de comunicação de *marketing* diluído, mas também em um posicionamento confuso. Em compensação, um composto de promoção integrado maximiza os efeitos combinados de todos os esforços promocionais da organização.

Comunicação de *marketing* socialmente responsável

Ao elaborar seu composto de promoção, a empresa deve estar consciente das muitas questões legais e éticas que cercam as comunicações de *marketing*. A maioria das empresas se empenha para se comunicar de maneira aberta e sincera com consumidores e revendedores. Mesmo assim, podem ocorrer abusos, e os legisladores de muitos países desenvolveram um substancial conjunto de leis e regulações que regem as atividades de propaganda, promoção de vendas, venda pessoal e *marketing* direto. Nesta seção, discutiremos questões relativas à propaganda, à promoção de vendas e à venda pessoal. Os tópicos relacionados ao *marketing* direto serão abordados no Capítulo 17.

Propaganda e promoção de vendas

Em muitos países, a lei determina que as empresas evitem propaganda falsa ou enganosa. Os anunciantes não devem fazer declarações falsas, como sugerir que um produto cure alguma coisa quando, na verdade, não o faz. Eles devem evitar anúncios que tenham a capacidade de enganar, mesmo que, na realidade, ninguém possa ser enganado por eles. Não se pode anunciar que um automóvel faz 13 quilômetros por litro de gasolina se isso não se referir a condições normais, e não se pode declarar que um pão *diet* tem menos calorias apenas porque suas fatias são mais finas.

As empresas vendedoras devem evitar propagandas que atraiam os compradores sob falsos pretextos. Por exemplo, um grande varejista anunciou uma máquina de costura por 179 dólares. No entanto, quando os consumidores tentavam comprar a marca anunciada, o vendedor depreciava as características dela, colocava máquinas defeituosas em seu *showroom*, fornecia dados enganosos sobre o desempenho da máquina e tomava outras medidas na tentativa de fazer os clientes comprarem uma máquina mais cara. Essas atitudes são tanto ilegais como antiéticas.

Marketing Real 14.2 | Promover a responsabilidade social: a coisa certa a fazer

A maioria das empresas hoje fez da responsabilidade social parte de sua estratégia corporativa e usa a propaganda e o *marketing* para promover programas, ações e ideias socialmente responsáveis. Em vez de focar apenas nos lucros, elas reconhecem que o sucesso da empresa está inevitavelmente ligado ao bem-estar de seus clientes e do mundo ao seu redor.

Empresas em quase todos os setores agora apoiam e promovem uma ampla gama de questões sociais e ambientais. Nas últimas duas temporadas, por exemplo, 20% de todos os anúncios do Super Bowl conectaram marcas a uma ampla variedade de causas sociais e ambientais. Por exemplo, Microsoft publicou um anúncio inspirador com crianças com deficiências físicas e cognitivas chegando ao topo de seus jogos com a ajuda de seu Xbox Adaptive Controller. "A história ilustra o compromisso da Microsoft em construir uma tecnologia acessível que nivele o campo de jogo e crie oportunidades para todos nós", diz a Microsoft. "Quando todos jogam, todos nós ganhamos". E um anúncio do Super Bowl da Anheuser-Busch mostrava a Dálmata da Budweiser, com as orelhas batendo na brisa, sentada em cima de uma carroça puxada por cavalos da raça Clydesdales através de um campo de grãos dourados em uma fazenda de turbinas eólicas, ao som de "Blowin' In the Wind", de Bob Dylan. "O vento nunca foi melhor", concluiu o anúncio, observando que a Budweiser "agora é fabricada com energia 100% renovável. Esta Bud é para um amanhã melhor".

Assim, cada vez mais, as empresas estão usando a propaganda e o *marketing* para se posicionar sobre questões sociais e ambientais relevantes, não apenas para ganhar dinheiro, mas porque é a coisa certa a fazer. Vamos analisar mais profundamente três campanhas bem-sucedidas que promovem a responsabilidade social.

Google: "Feito com código"

Em 2014, o Google lançou uma campanha de *marketing* e propaganda de 50 milhões de dólares chamada "Feito com código", que incentivava jovens meninas a seguir carreiras em ciência e tecnologia. A empresa descobriu que 74% das meninas do Ensino Médio expressam interesse em ciência, tecnologia, engenharia e matemática (STEM), mas menos de 1% delas planeja se formar em ciência da computação. Empregos em ciência da computação estarão entre os empregos mais bem pagos na próxima década. No entanto, as mulheres estão sub-representadas nos papéis que fazem a tecnologia acontecer.

Por meio de anúncios, *sites* dedicados de mídia digital e social, eventos e parcerias com dezenas de organizações sem fins lucrativos, a campanha do Google promoveu a ideia de que as coisas que as meninas amam, de seus aplicativos de *smartphone* à moda e seus filmes favoritos, são "feitos com código". "Simplificando, o código é uma ferramenta que permite que você escreva sua história com tecnologia", diz o Google.

O *site* "Feito com código" oferece recursos para ajudar as crianças a aprender codificação, comunidades para discutir e compartilhar projetos e descobertas de codificação e suporte de mentores de codificação. As páginas do Twitter, do Instagram e do Tumblr da campanha são carregadas de imagens, notícias e histórias que dão vida à codificação. "As meninas começam com o amor pela ciência e tecnologia, mas o perdem em algum lugar ao longo do caminho", diz o Google. "Vamos ajudar a incentivar essa paixão".

Walgreens: "Dia do Nariz Vermelho"

A Walgreens não inventou o Dia do Nariz Vermelho, um esforço global de arrecadação de fundos para ajudar a acabar com a pobreza infantil. Mas, mais do que qualquer outra organização, a Walgreens tornou o dia famoso nos Estados Unidos. Para apoiar seu compromisso corporativo com a saúde, educação e bem-estar infantil, a Walgreens, cinco anos atrás, deu um passo à frente para se tornar a varejista oficial e exclusiva do Dia do Nariz Vermelho nos Estados Unidos. Todos os anos, nas semanas que antecedem o dia (a quarta quinta-feira de maio), a Walgreens promove e vende os icônicos narizes vermelhos *on-line* e em cada uma de suas 9.000 lojas nos Estados Unidos. Ela vende os narizes vermelhos por 1 dólar cada, individualmente ou em caixas de 60 ou 360 unidades, e doa todos os lucros para o Fundo do Dia do Nariz Vermelho.

Além de apenas vender narizes vermelhos, a Walgreens apoia o dia com uma campanha de conteúdo de *marketing* totalmente integrada. Além de comerciais de TV, vídeos *on-line* e suporte a *sites* e mídias sociais, a Walgreens também promove eventos e desafios. Por exemplo, seu Desafio do Nariz Vermelho convida todo mundo em todos os lugares a "ficarem seriamente bobos" nas mídias sociais ou para compartilharem suas selfies com a #NosesOn.

Walgreens apoia o Dia do Nariz Vermelho com uma campanha de conteúdo de *marketing* totalmente integrada. Isso cria "uma oportunidade poderosa para nossos clientes e as comunidades que servimos se unirem para ajudar a causar impacto em uma causa valiosa como a pobreza infantil".

Walgreen Co.

A Walgreens não está sozinha no apoio ao Dia do Nariz Vermelho nos Estados Unidos – dezenas de marcas participam. Mas como o único canal onde os narizes oficiais do Dia do Nariz Vermelho podem ser comprados, ela desempenha um papel essencial na condução de conteúdo promocional e na movimentação de pessoas para doação. Em 2018, a Walgreens gerou 180 milhões de impressões de mídia e 267 mil engajamentos para o Dia do Nariz Vermelho. Mais importante, a Walgreens sozinha levantou mais de 28 milhões de dólares para o Dia do Nariz Vermelho, elevando seu total de cinco anos para mais de 100 milhões de dólares. "Ao concentrar nossos esforços em iniciativas como o Dia do Nariz Vermelho", diz um executivo da Walgreens, "criamos uma oportunidade única e poderosa para que nossos clientes e as comunidades que atendemos se unam para ajudar a causar impacto em uma causa valiosa como a pobreza infantil. Ao escolher a Walgreens, nossos clientes optam por fazer a diferença na vida de uma criança necessitada".

Gillette: "O melhor que um homem pode ser"

A Gillette está intimamente associada a imagens de homens e masculinidade há décadas. Recentemente, a marca tentou usar essa associação como agente de mudança social. Em resposta ao movimento #metoo, a Gillette se posicionou. "Ligue o noticiário hoje e é fácil acreditar que os homens não estão no seu melhor", diz a Gillette. "É hora de reconhecermos que marcas como a nossa desempenham um papel na influência da cultura. E como uma empresa que incentiva os homens a serem o seu melhor, temos a responsabilidade de garantir que estamos promovendo versões positivas, atingíveis, inclusivas e saudáveis do que significa ser um homem".

Para começar, a Gillette lançou um pequeno anúncio em vídeo – "O melhor que um homem podem ser" – que reproduz seu slogan de 30 anos, "O melhor que um homem pode ter". O vídeo mostra que os homens precisam se unir para abordar questões de "masculinidade tóxica", incluindo assédio sexual, discriminação sexual e bullying. O comercial convida os homens a apoiar mudanças positivas, "a se esforçar para ser melhor, para nos tornar melhores e para ajudar uns aos outros a ser melhores".

A Gillette lançou simultaneamente um novo *site* de marca, TheBestMenCanBe.org, que detalha o propósito da campanha e promete que a marca "desafiará ativamente os estereótipos e expectativas do que significa ser um homem em todos os lugares que você vê a Gillette. Nos anúncios que veiculamos, nas imagens que publicamos nas mídias sociais, nas palavras que escolhemos e muito mais". A Gillette também se comprometeu a doar 1 milhão de dólares anualmente para organizações sem fins lucrativos que oferecem programas que ajudam homens de todas as idades a "alcançar o seu melhor e se tornarem modelos para a próxima geração". "Temos trabalho a fazer", diz a marca. "E ele começa hoje".

A campanha "O melhor que um homem pode ser" da Gillette recebeu elogios de muitos setores. Mas não surpreendentemente, tomar uma posição sobre uma questão polêmica geralmente gera controvérsia. Em 48 horas, o vídeo recebeu 20 milhões de visualizações e a Gillette acumulou 1,5 milhão de menções nas redes sociais, explosivamente mais do que as meras 10 mil menções durante o mesmo período da semana anterior. No YouTube, as respostas foram de dois para um "polegar para baixo". A maioria dos pessimistas concordou que há uma necessidade de mudança, mas acusou a Gillette de polarizar uma questão delicada, agrupando todos os homens em uma categoria e sendo pregadora. Uma emissora proeminente até acusou a Gillette de contribuir para o chamado "ataque global à masculinidade".

Apesar da controvérsia, a Gillette continuou a apoiar a campanha e a causa. A empresa esperava que a campanha "O melhor que um homem pode ser" desencadeasse um diálogo difícil. "As marcas de sucesso hoje precisam ser relevantes e engajar os consumidores em tópicos que importam para eles", disse um profissional de *marketing* da Gillette. "Se conseguirmos fazer com que as pessoas parem, reflitam e desafiem a si mesmas e aos outros para garantir que suas ações reflitam quem elas realmente são, então esta campanha será um sucesso".[22]

As atividades de promoção ao comércio de uma empresa também são reguladas de perto. Por exemplo, nos Estados Unidos, pela Robinson-Patman Act (Lei Robinson-Patman), as empresas vendedoras não podem favorecer determinados clientes por meio do uso de promoções comerciais. As concessões e os serviços promocionais devem estar disponíveis para todos os revendedores em termos proporcionalmente equivalentes. No Brasil, o Conselho Nacional de Autorregulamentação Publicitária (Conar) foi criado em 1980, após a aprovação do Código Brasileiro de Autorregulamentação Publicitária, em 1978.

Além de simplesmente evitar atos ilegais, como a propaganda enganosa, as empresas podem usar a propaganda e outras formas de promoção para incentivar e promover programas, ações e ideias socialmente responsáveis. Hoje em dia, empresas em quase todos os setores promovem uma ampla variedade de causas sociais e ambientais e temas relacionados a suas marcas (veja o Marketing Real 14.2).

Um exemplo clássico de todos os tempos é a longa campanha da Dove pela "Real beleza", que se propôs a mudar as definições estereotipadas de beleza com anúncios apresentando imagens sinceras e confiantes de mulheres reais com todos os tipos de corpo (não atrizes glamourosas ou modelos). "Nossa missão é fazer com que mais mulheres se sintam bonitas todos os dias, ampliando a definição de beleza", diz a Dove. Ao longo dos anos, a campanha pela "Real beleza" esteve constante evolução – consistindo em anúncios, vídeos digitais muito assistidos e outros conteúdos –, o que serviu muito para a causa de ajudar as mulheres a se sentirem confortáveis em sua própria pele. E embora a campanha tenha motivos nobres além das vendas e do lucro, também contribuiu para o sucesso da Dove. Durante a primeira década da campanha, a receita anual da marca cresceu de 2,5 bilhões de dólares para mais de 4 bilhões. Quinze anos depois, a campanha da Dove pela "Real beleza" continua forte.[23]

Venda pessoal

Os vendedores de uma empresa devem seguir as regras da "concorrência leal". A maioria dos estados norte-americanos possui leis contra a propaganda enganosa, determinando o que não é permitido. Por exemplo, os vendedores não podem mentir para os consumidores ou enganá-los sobre as vantagens de comprar um determinado produto. Para que essa prática não seja caracterizada, as declarações dos vendedores devem estar de acordo com o que diz a propaganda do produto.

Aplicam-se diferentes regras para os consumidores que são visitados em casa ou compram em locais que não constituem a base permanente do vendedor da empresa e os que vão à loja em busca do produto. Como as pessoas que são visitadas podem ser pegas de surpresa e estar especialmente vulneráveis a técnicas de venda de alta pressão, a FTC (Federal Trade Commission - Comissão Federal de Comércio) adotou a *regra do prazo de arrependimento de três dias*, para dar proteção especial aos clientes que não estão à procura do produto. Segundo essa regra, os clientes que comprarem em casa, no local de trabalho, em dormitórios ou em espaços alugados temporariamente pelo vendedor - como salas de hotel, centros de convenção e restaurantes -, qualquer coisa que custe mais de 25 dólares, têm 72 horas para cancelar o contrato ou devolver a mercadoria e receber seu dinheiro de volta, sem nenhum questionamento.

Revisão e extensão dos conceitos

Revisão dos objetivos

Neste capítulo, você aprendeu como as empresas utilizam a comunicação integrada de *marketing* (CIM) para comunicar valor para o cliente. O *marketing* moderno exige mais do que apenas criar valor para o cliente desenvolvendo um bom produto, atribuindo-lhe um preço atraente e colocando-o à disposição dos clientes-alvo. As empresas também precisam engajar clientes existentes e potenciais e *comunicar*, com clareza e persuasão, esse valor a eles. Para isso, elas devem mesclar as cinco ferramentas do composto de promoção, tendo como orientação uma estratégia de comunicação integrada de *marketing* bem elaborada e implementada.

Objetivo 14.1 Definir as cinco ferramentas do composto de promoção que comunicam valor para os clientes *(p. 390-391)*

O composto de promoção total de uma empresa – também chamado de composto de comunicação de *marketing* – consiste na combinação específica de ferramentas de *propaganda*, *venda pessoal*, *promoção de vendas*, *relações públicas* e *marketing direto e digital* que a empresa utiliza para engajar clientes, comunicar de maneira persuasiva o valor a ele e construir relacionamento com ele. A *propaganda* inclui qualquer forma paga de apresentação e promoção não pessoais de ideias, produtos ou serviços com um patrocinador identificado. Por outro lado, as atividades de *relações públicas* se concentram na construção de um bom relacionamento com os vários públicos da empresa. A *venda pessoal* é uma apresentação pessoal feita pela força de vendas da empresa, com o propósito de realizar vendas e desenvolver um relacionamento com os clientes. As empresas utilizam a *promoção de vendas* para oferecer incentivos de curto prazo que estimulem a compra ou a venda de um produto ou serviço. Por fim, as empresas que buscam uma reação imediata dos clientes individuais focados usam ferramentas de *marketing* direto e digital para engajar diretamente com os clientes e desenvolver um relacionamento com eles.

Objetivo 14.2 Discutir o cenário em mudança das comunicações e a necessidade da comunicação integrada de *marketing* *(p. 391-396)*

Os grandes desenvolvimentos na tecnologia da comunicação e as mudanças nas estratégias de comunicação das empresas e dos clientes causaram um profundo impacto nas comunicações de *marketing*. Os anunciantes têm trabalhado com uma ampla variedade de mídias mais especializadas e extremamente focadas – incluindo mídias *on-line*, móveis e sociais – para alcançar segmentos menores de clientes com mensagens mais personalizadas e interativas. À medida que adotam mídias e compostos de promoção mais ricos, porém mais fragmentados, para atingir seus diversos mercados, os anunciantes se arriscam a criar uma confusa miscelânea de comunicações para os consumidores. Para impedir isso, as empresas adotam o conceito de *comunicação integrada de marketing (CIM)*. Orientada por uma estratégia geral de CIM, a empresa define as funções que as várias ferramentas promocionais terão que desempenhar e a extensão em que cada uma delas será utilizada. Ela coordena, com cuidado, as atividades promocionais e o momento mais oportuno para as grandes campanhas.

Objetivo 14.3 Resumir o processo de comunicação e as etapas do desenvolvimento de comunicações de *marketing* eficazes *(p. 396-402)*

O processo de comunicação envolve nove elementos: duas partes principais (emissor e receptor), duas ferramentas de comunicação (mensagem e mídia), quatro funções de comunicação (codificação, decodificação, resposta e *feedback*) e ruído. Para se comunicar de maneira eficaz, os profissionais de *marketing* precisam entender como esses elementos se combinam a fim de transmitir valor para os clientes-alvo.

Ao preparar comunicações de *marketing*, a primeira tarefa da empresa é *identificar o público-alvo* e suas características. Depois, ela deve estabelecer os *objetivos da comunicação* e definir a reação esperada. Além da compra, os comunicadores de *marketing* querem ajudar a construir relacionamentos cliente-marca e orientá-los pelas cinco etapas da jornada do cliente: *conscientização*, *apelo*, *pesquisa*, *ação* e *defesa*. Em seguida, a *mensagem* deve ser elaborada com uma estrutura e um conteúdo eficazes. A *mídia* deve ser selecionada, tanto para a comunicação pessoal como para a não pessoal. A empresa deve procurar fontes de alta credibilidade para transmitir as mensagens. Por fim, ela deve coletar o feedback, observando quais parcelas do mercado se conscientizaram em relação ao produto, experimentaram-no e ficaram satisfeitas no processo.

Objetivo 14.4 Explicar os métodos para definir o orçamento de promoção e os fatores que afetam o projeto do composto de promoção *(p. 402-409)*

A empresa tem de decidir quanto vai gastar com promoção. As abordagens mais populares para isso são: gastar o que ela tem condições, usar uma porcentagem sobre as vendas, fundamentar a promoção nos gastos dos concorrentes ou se basear na análise e nos custos dos objetivos e tarefas da comunicação.

A empresa divide o *orçamento de promoção* entre as ferramentas mais importantes para criar o *composto de promoção*. Ela pode utilizar uma estratégia promocional de *pressão* (*push*) ou de *atração* (*pull*) – ou ainda uma combinação das duas. As pessoas em todos os níveis da organização devem estar conscientes das diversas questões legais e éticas que cercam as comunicações de *marketing*. As empresas devem trabalhar bastante e de maneira proativa para se comunicar aberta, sincera e agradavelmente com seus clientes e revendedores.

Termos-chave

Objetivo 14.1

Composto de promoção (composto de comunicação de *marketing*) (p. 390)
Propaganda (p. 390)
Promoção de vendas (p. 390)
Venda pessoal (p. 391)
Relações públicas (RP) (p. 391)
***Marketing* direto e digital (p. 391)**

Objetivo 14.2

***Marketing* de conteúdo (p. 392)**
Comunicação integrada de *marketing* (CIM) (p. 394)

Objetivo 14.3

Cinco etapas da jornada do cliente (p. 398)
Canais de comunicação pessoal (p. 400)
Comunicação boca a boca (p. 400)
***Buzz marketing* (p. 400)**
Canais de comunicação não pessoal (p. 401)

Objetivo 14.4

Método dos recursos disponíveis (p. 403)
Método da porcentagem sobre as vendas (p. 403)
Método da paridade com a concorrência (p. 403)
Método de objetivos e tarefas (p. 403)
Estratégia de pressão (*push*) (p. 405)
Estratégia de atração (*pull*) (p. 405)

Questões para discussão

14.1 Cite e descreva as cinco principais ferramentas de promoção usadas no composto de comunicação de *marketing* de uma empresa.

14.2 Como o papel dos comunicadores de *marketing* mudou em resposta ao ambiente cada vez mais fragmentado e digital das comunicações?

14.3 O que é comunicação integrada de *marketing* (CIM) e como uma empresa faz para implementá-la?

14.4 Quais são as etapas no desenvolvimento de um programa de comunicação e promoção integrado eficaz?

14.5 Como uma empresa determina seu orçamento de promoção?

Atividades de pensamento crítico

14.6 Compare e contraste canais de comunicação pessoais e não pessoais. Como você usaria cada tipo de canal para promover um candidato político? Por quê?

14.7 Em um pequeno grupo, crie um anúncio em vídeo para a Rare Beauty https://www.rarebeauty.com/ que aborde adequadamente cada aspecto do processo de comunicação mostrado na Figura 14.2. Ilustre como cada elemento é representado no anúncio. Discuta como o anúncio, por si só, constitui ou não uma comunicação de *marketing* eficaz para a Ulta Beauty.

14.8 Recentemente, um ex-diretor de criação da Netflix fundou uma *startup* de água enlatada chamada Liquid Death Mountain Water. A marca se posiciona como uma alternativa sustentável para bebidas energéticas e refrigerantes e tem como alvo o público punk que se abstém de drogas e álcool usando o slogan: "Assassine sua sede". A marca visa tornar a bebida mais saudável do mundo, a água, tão divertida e interessante quanto as marcas não saudáveis em outras categorias (bebidas energéticas, refrigerantes, cerveja). A marca vende água em latas altas que lembram latas de cerveja por 1,83 dólar, incluindo a entrega. Ela doa 5 centavos de cada lata vendida para limpar o lixo plástico do oceano. A Liquid Death deve enfatizar uma estratégia de pressão ou atração? Explique.

CASOS E APLICAÇÕES

Marketing digital Compre uma bebida para uma dama

Em 2017, a Stella Artois e a National Geographic colaboraram em uma campanha chamada "Compre uma bebida para uma dama" na qual, para cada taça de edição limitada vendida, a Stella Artois ajudava a water.org a fornecer cinco anos de água potável para uma pessoa em países em desenvolvimento, onde 665 milhões de pessoas vivem sem acesso a água potável. A falta de acesso à água afeta desproporcionalmente mulheres e crianças, que são mais propensas a buscar água em vez de fazer outras coisas, como trabalhar ou ir à escola. A National Geographic estendeu o Dia Mundial da Água (22 de março de 2017) para todo o mês março, chamando-o do Mês Mundial da Água, em um esforço para aumentar a conscientização, a comunicação e a defesa com relação à escassez global de água. Para envolver os consumidores, ela utilizou os canais sociais da National Geographic: postando 30 fotos em cinco canais no Instagram, colocando 10 postagens em quatro canais no Facebook e assumindo o controle do Snapchat no Dia Mundial da Água. A Stella Artois e a National Geographic anunciaram um documentário de Crystal Moselle chamado "Nosso sonho por água" que mostrava como a vida das mulheres fora afetada pela crise global da água. O vídeo de formato longo estreou no canal da National Geographic, mas depois foi dividido em minidocumentários mais curtos, permitindo que fossem compartilhados em redes sociais. A campanha se estendeu à mídia digital, transmitida, impressa e em *outdoor*. A chamada à ação, "Compre uma bebida para uma dama", foi integrada aos pontos de contato de comunicação. O resultado: a campanha gerou mais de 200 milhões de impressões e forneceu a mais de meio milhão de pessoas nos países em desenvolvimento acesso a água potável.

14.9 Como a integração das comunicações impactou a eficácia da campanha "Compre uma bebida para uma dama"?

14.10 Empresas e marcas têm sido criticadas por se alinharem às causas sociais de forma egoísta, explorando a causa social para o ganho da empresa. A campanha da Stella Artois "Compre uma bebida para uma dama" tirou proveito da causa social – o impacto desproporcional da escassez de água sobre as mulheres – para promover a marca da Stella Artois? Explique.

Marketing e ética **Comunicar o propósito da marca sem se gabar**

Um estudo recente da consultoria de impacto social DoSomething Strategic mostrou que 58% dos jovens consumidores eram mais propensos a comprar de marcas que apoiam uma boa causa. No entanto, pode ser complicado para os profissionais de *marketing* dizer aos consumidores o que uma marca está fazendo para causar um impacto social de uma maneira que faça barulho, mas não soe apenas como um truque. Parte do desafio é que algumas marcas anunciam o propósito social da marca, mas não seguem com ações que realmente causam impacto. Por outro lado, as marcas que comunicam com sucesso o propósito de uma marca – como Lush, The Body Shop, Patagonia, United by Blue e TOMS – são percebidas como autenticamente comprometidas com um propósito social. Elas acompanham as boas ações e acionam consumidores e colaboradores para causar impacto social, o que gera uma resposta positiva.

14.11 Como uma marca como a Unilever/OMO pode comunicar que apoia boas causas como o Criança Esperança (consulte https://www.unilever.com.br/news/press-releases/2021/omo-promove-parceria-com-alok-e-melim-para-potencializar-doacoes/)? Quais canais de comunicação ele deve usar? Que riscos ela enfrenta ao tentar informar as pessoas sobre seus compromissos?

14.12 Quais questões legais e éticas uma empresa deve considerar antes de fazer reivindicações sobre seu compromisso com um propósito social?

Marketing em números **Guerra interminável dos refrigerantes**

Embora o consumo de bebidas carbonatadas tenha diminuído, ainda é uma indústria de 81 bilhões de dólares na América do Norte, que excede em muito alternativas como a água (23 bilhões) e bebidas esportivas (9,4 bilhões). É por isso que a Coca-Cola e a Pepsi ainda lutam entre si. A participação de mercado da Coca-Cola aumentou de 17,3% para 17,8% na última década. Isso pode não parecer muito, mas um ponto de percentual de participação equivale a 1% das vendas do mercado, então meio ponto de participação representa 405 milhões de dólares. A participação de mercado da Pepsi caiu de 10,3% para 8,4% durante o mesmo período – uma perda de 1,9% ou 1,5 bilhão de dólares. Mas a guerra ainda não acabou. A PepsiCo aumentou seu orçamento de comunicação em 500 milhões de dólares em 2018, resultando em um aumento de 1,13 bilhão de dólares nas vendas em comparação com o aumento de vendas de quase 4 bilhões da Coca-Cola. Muitos profissionais de *marketing* orçam os gastos com comunicação do próximo ano usando um método de porcentagem de vendas com base em vendas passadas ou projetadas. A proporção média de promoção/vendas do setor de bebidas é de 4,1% das vendas. Abaixo estão os gastos mundiais com comunicação e receitas de vendas para os dois combatentes (todos os números estão em bilhões de dólares):

	PepsiCo		Coca-Cola	
Ano	**Promoção**	**Vendas**	**Promoção**	**Vendas**
2014	$ 2.30	$ 66.68	$ 3.50	$ 46.00
2015	$ 2.40	$ 63.06	$ 3.98	$ 44.29
2016	$ 2.50	$ 62.80	$ 4.00	$ 41.86
2017	$ 2.40	$ 63.53	$ 3.96	$ 35.41
2018	$ 2.90	$ 64.66	$ 4.00	$31.86

14.13 Calcule os índices de promoção e vendas de ambas as empresas para cada ano. Qual é a proporção média de cada uma durante o período de cinco anos? Consulte o método da porcentagem sobre as vendas no capítulo para saber mais sobre esse método.

14.14 Se a PepsiCo tivesse decidido basear seu orçamento de promoção de 2018 na proporção média de promoção/vendas do setor para bebidas, que é de 4,1%, quanto a PepsiCo teria orçado para publicidade com base nas vendas do ano anterior? Quanto isso representa de aumento de orçamento? Compare isso com o aumento real de 500 milhões de dólares em gastos com promoção em 2018. A ação da Pepsi foi eficaz?

Caso empresarial LinkedIn: esmagando o estereótipo executivo por meio de comunicações integradas de *marketing*

As redes de mídia social parecem inumeráveis hoje em dia, mas apenas uma pequena elite que começou nos primórdios da World Wide Web ainda sobrevive. Uma delas é o LinkedIn, um *site* de mídia social que estreou em 2002. Hoje, mais do que apenas sobreviver, o LinkedIn está prosperando. A plataforma de mídia social de rede profissional oferece um local para empresas e indivíduos interagirem em um contexto de negócios. Cresceu ano após ano, acumulando mais de 840 milhões de membros em mais de 200 países. Hoje, apenas algumas poucas redes sociais são maiores. E das principais plataformas de mídia social ativas hoje, nenhuma existe há tanto tempo quanto o LinkedIn.

Mas há alguns anos, os profissionais de *marketing* do LinkedIn reconheceram que sua popular plataforma de rede profissional tinha um problema. Ela havia desenvolvido uma imagem restritiva melhor descrita como "o lugar onde os executivos se encontram". Ainda mais limitante, "executivo" tendia a ser definido como "caucasiano", "homem" e "velho". Além disso, o sucesso nesse grupo foi definido como "subir na escada corporativa". Em outras palavras, o LinkedIn foi percebido pelas massas como rígido e estóico. Essa imagem prevaleceu apesar do fato de a rede do LinkedIn abranger uma gama diversificada de pessoas e empresas. À medida que a percepção do público se instalou, muitos no LinkedIn sentiram que a empresa havia se desviado de sua verdadeira natureza e missão.

Para corrigir esse estereótipo, o LinkedIn fez algo que nunca havia feito antes. Embora tradicionalmente tenha feito muito pouca propaganda, a empresa lançou sua primeira grande campanha de mídia integrada de *marketing*. O objetivo da campanha do LinkedIn – chamada "Juntos nisso" – foi reformular a imagem de marca da rede social profissional enviando uma mensagem sobre diversidade por meio de TV, *outdoor*, rádio, vídeo *on-line*, display digital, podcast, mecanismos de busca e outros canais de mídia.

Elaborando a mensagem

Quando os profissionais de *marketing* do LinkedIn começaram a desenvolver a campanha de reposicionamento da marca, eles primeiro se perguntaram o que o trabalho significava para eles e qual a importância do trabalho. A empresa também contratou pesquisadores para fazer as mesmas perguntas aos membros da rede. O que eles descobriram os surpreendeu. Havia quase tantas respostas únicas quanto os entrevistados. À medida que os pesquisadores vasculhavam os dados, certos temas começaram a surgir. Para alguns, o trabalho simboliza um senso de propósito. Para outros, significa uma paixão profunda. Alguns membros definiram o trabalho como uma forma de retribuir. Outros viam o trabalho de forma mais pragmática, como um meio de prover.

Independentemente das motivações ou razões das pessoas para trabalhar, surgiu um tema primordial. "Ninguém quer seguir sozinho", diz Melissa Selcher, vice-presidente de *marketing* de marca e comunicações corporativas do LinkedIn. "Seja qual for o objetivo, você quer saber que existe uma comunidade de pessoas para ajudar, apoiar, inspirar e impulsionar você." À medida que os dados revelavam cada vez mais pessoas com origens não tradicionais, outro tema também se tornava claro. As pessoas têm crenças diferentes sobre o que significa ter sucesso. Mas, independentemente de como cada pessoa define o sucesso, a importância do sucesso parece universal.

A partir desses *insights*, os profissionais de *marketing* do LinkedIn desenvolveram uma mensagem central de campanha. Em suma, o LinkedIn resumiu um conceito amplo e complexo a um tema simples: o sucesso é tão diverso quanto as pessoas que tentam alcançá-lo. Com isso, a campanha precisava comunicar o ponto-chave de posicionamento da rede profissional – que o LinkedIn fornece uma comunidade onde as pessoas se encontram, se entendem e se apoiam umas às outras. E além de ser apenas uma corporação independente que oferece um local de encontro para profissionais, o LinkedIn faz parcerias com membros organizacionais e individuais para ajudá-los a ter sucesso. Para estabelecer a imagem de "parceiro", a campanha precisava mostrar que o LinkedIn não quer moldar as pessoas em algo que elas não são, mas sim fornecer as ferramentas necessárias para que os membros construam seus próprios caminhos individuais. Ao todo, o LinkedIn e toda sua comunidade estão "Juntos nisso" para criar o sucesso dos membros.

Executando o Tema

Para dar vida a esse posicionamento "Juntos nisso", os profissionais de *marketing* do LinkedIn decidiram mostrar membros reais. Stacy Peralta, diretora de conteúdo de vídeo da campanha, explica:

> Eu sabia desde a primeira leitura dos storyboards que esta era uma daquelas raras oportunidades. Eles nos pediram para contar histórias reais sobre pessoas reais; eles queriam que fosse filmado em preto e branco; e eles queriam energia, entusiasmo e franqueza das pessoas envolvidas. Encontramos e documentamos muitas das pessoas únicas que usam a plataforma. Encontramos músicos de vanguarda, lutadores de MMA, professores de física, animadores, chefs e caubóis da vida real, todos os quais não apenas usam o LinkedIn, mas elogiam seu efeito em suas carreiras.

Ao desenvolver a campanha "Juntos nisso", o LinkedIn convidou seus 11.000 funcionários a visitar um microsite para compartilhar por que eles estão "nisso". Eles também pediram aos funcionários que indicassem membros do LinkedIn para serem protagonistas do conteúdo da campanha.

Dos membros do LinkedIn escolhidos para a campanha – todos os quais se ofereceram para participar sem remuneração – uma pensou que era apenas a destinatária de um *e-mail* em massa quando recebeu o convite. "Não sou a consultora financeira típica", disse Eszylfie Taylor, fundadora e presidente da Taylor Insurance and Financial Services. "Eu ainda sou jovem. Eu sou afro-americano. E minha história geralmente não é contada". Como alguém que se considerava atípica, Taylor estava animada para "compartilhar as razões por trás do que faço e o papel que desempenho na vida das pessoas em grande escala".

Para monitorar a eficácia da campanha, o LinkedIn lançou a "Juntos nisso" sequencialmente, com o esforço inicial de 12 semanas direcionando-a a quatro mercados principais: Atlanta, Filadélfia, Los Angeles e São Francisco. Ele comparou os resultados nesses mercados com o desempenho em mercados de controle não expostos à campanha. Em seguida, lançou um comercial de TV durante a premiação do Globo de Ouro – um canal de mídia e veículo incomum, mas que o LinkedIn achou perfeito para deixar claro suas intenções de destruir as percepções atuais de sua imagem de marca.

Esse primeiro anúncio, juntamente com outros conteúdos de vídeo, contemplou vídeos e fotos em preto e branco crus, em um estilo documental. Os comerciais apresentavam uma variedade de membros reais do LinkedIn contando suas histórias de sucesso em seus próprios ambientes exclusivos. Além disso, o LinkedIn criou diferentes versões do comercial para que cada mercado visse um anúncio com pessoas de seu mercado. A abordagem simples da produção dos anúncios permitiu que a mensagem poderosa brilhasse.

A mensagem "Juntos nisso" desdobrou-se em pedaços ao longo da montagem dos indivíduos. "As artes marciais mistas são literalmente a coisa mais difícil que já fiz na minha vida", disse a integrante Colleen Schneider, para imagens dela malhando e fazendo *sparring*. "Me dá muito orgulho saber que posso ajudar a expandir o conhecimento humano", disse o pesquisador de física e professor Lamar Glover em um cenário com um quadro-negro repleto de fórmulas. "Ser fazendeiro não é o que eu faço, é quem eu sou", comentou Mike Williams em uma manhã fria enquanto pastoreava o gado. "É bem simples, na verdade." Outras citações incluíam: "Estou vivendo minha vida, fazendo o que amo para viver", "Ninguém na minha família tentou dar esse salto de fé – então decidi fazê-lo" e "Minha definição de sucesso é mudar vidas para melhor".

O anúncio continuou com respostas a uma pergunta feita pela Sra. Schneider. "Por que estou nisso?" As respostas de vários membros vieram rapidamente – "Porque eu acredito na ciência", "porque está no meu sangue", "esmagar", "inspirar", "porque adoro resolver problemas", "criar mágica", "ser pioneiro" e "fazer o que amo". Quando o anúncio chegou ao fim, uma voz narrou o slogan conclusivo "O que quer que você esteja fazendo, estamos juntos nisso".

O impacto do *storytelling*

A campanha recebeu uma quantidade considerável de atenção da imprensa de *marketing*. Apenas alguns meses após o lançamento da campanha, o Digital *Marketing* Institute a classificou como uma das três principais campanhas de *marketing* mais criativas do ano. Parte do impacto da campanha pode ser atribuído ao *timing* perfeito. Pouco antes do lançamento da mensagem de parceria e confiança do LinkedIn, a imprensa global noticiou amplamente casos de assédio sexual que evoluíram para o movimento "#MeToo". Logo após o lançamento da campanha, o mundo soube das violações de dados envolvendo o Facebook e a Cambridge Analytica.

Embora o LinkedIn tenha dado poucos detalhes sobre os resultados da campanha, a expansão da "Juntos nisso" é uma boa indicação de que ela funcionou. Após a primeira fase da campanha, o LinkedIn aumentou seu escopo com esforços na América do Norte, Europa, Oriente Médio, África, região da Ásia-Pacífico e América do Sul. Nos Estados Unidos, breves spots transmitidos na TV e nas mídias sociais focaram em histórias individuais. O arquiteto expatriado Branka Knezevic usa o LinkedIn para se conectar com mentores, construtores e clientes. O engenheiro de *software* aeroespacial Victor Luo segue *hashtags* no LinkedIn para aprender com outras pessoas e se manter atualizado com as tendências em seu setor e no mundo da tecnologia. E a cineasta Gabrielle Gorman construiu uma rede de diretores e produtores que a conectam a oportunidades.

Em países fora dos Estados Unidos, a campanha permaneceu local, apresentando pessoas e histórias de cada região. Para quem não conhecia o LinkedIn, a campanha apresentou a rede com a desejada imagem de diversidade e parceria. Para quem já conhecia a marca, a campanha apagou percepções indesejáveis. De qualquer forma, o LinkedIn provavelmente expandirá ainda mais seus membros entre etnias e tipos de carreira em um futuro próximo.[24]

Questões para discussão

14.15 Quais elementos do composto de promoção o LinkedIn usa em sua campanha "Juntos nisso"?

14.16 Como a campanha "Juntos nisso" demonstra a característica da comunicação integrada de *marketing*? Que nota você daria a essa campanha sobre a eficácia da integração?

14.17 Descreva o público-alvo do LinkedIn. As técnicas de promoção do LinkedIn são consistentes com esse público?

14.18 Que desafios o LinkedIn enfrentará para manter o sucesso alcançado com essa campanha?

15 Propaganda e relações públicas

Resumo dos objetivos

Objetivo 15.1 Definir o papel da propaganda no *mix* de promoção. **Veja: Propaganda** (p. 416-417)

Objetivo 15.2 Descrever as principais decisões envolvidas no desenvolvimento de um programa de propaganda. **Veja: Principais decisões de propaganda** (p. 417-434)

Objetivo 15.3 Definir o papel das relações públicas no *mix* de promoção. **Veja: Relações públicas** (p. 434-436)

Objetivo 15.4 Explicar como as empresas utilizam as relações públicas para se comunicar com seus públicos. **Veja: Principais ferramentas de relações públicas** (p. 436)

Prévia do capítulo

Agora que analisamos o planejamento geral da comunicação integrada de *marketing* (CIM), vamos examinar com mais profundidade as ferramentas específicas de comunicação de *marketing*. Neste capítulo, exploraremos a propaganda e as relações públicas (RP). A propaganda envolve comunicar a proposta de valor da empresa ou da marca utilizando a mídia paga para informar, persuadir e lembrar os consumidores. As relações públicas implicam o desenvolvimento de um bom relacionamento com os vários públicos da empresa – de consumidores e público em geral até a mídia, investidores, doadores e públicos governamentais. Como ocorre com todas as ferramentas do *mix* de promoção, a propaganda e as relações públicas devem ser incorporadas ao programa geral de comunicação integrada de *marketing*. Nos capítulos 16 e 17, trataremos das outras ferramentas do *mix* de promoção que faltam: vendas pessoais, promoção de vendas e *marketing* direto e digital.

Vamos começar analisando uma das campanhas promocionais mais bem-sucedidas da história recente. Na ferozmente competitiva indústria de lanches e doces, em que marcas bem estabelecidas lutam pela sobrevivência, a inspiradora e duradoura campanha de conteúdo da Snickers "Você não é você quando está com fome" deu vida nova à marca icônica. Não importa onde você veja a mensagem – na TV, na tela do celular, no post de um amigo ou até mesmo na embalagem de uma barra de chocolate Snickers – a criativa campanha transmite de forma clara e consistente que a "Snickers mata sua fome" e "Você não é você quando está com fome" posicionando-se de modo envolvente e memorável. Também fez da Snickers o principal lanche doce do mundo. A mensagem: a boa propaganda realmente importa.

SNICKERS: "Você não é você quando está com fome"

Tudo começou com um agora clássico comercial da Snickers no Super Bowl de 2010. No anúncio, durante um jogo de futebol americano da vizinhança, a então octogenária Betty White da antiga série *Supergatas* apareceu como uma jogadora de futebol americano que estava "jogando como Betty White" – ou seja, muito mal. Mas depois de morder uma barra de Snickers, ela se transformou em um jovem e atlético jogador de futebol americano que voltou a jogar bem. O anúncio terminava com o slogan agora familiar "Você não é você quando está com fome", seguido pelo slogan "Snickers mata sua fome".

O anúncio de Betty White gerou um tremendo burburinho, revigorando a então estagnada marca de barras de chocolate Snickers. De acordo com a Nielsen, foi o "comercial mais curtido" do Super Bowl daquele ano e alcançou a pontuação mais alta no ranking Ad Meter da *USA Today*. O anúncio se tornou viral, acumulando dezenas de milhões de visualizações *on-line* e ganhando atenção de mídia aparentemente interminável. O slogan "Você não é você quando está com fome" se tornou a pedra angular de propaganda de longa duração e muito bem-sucedida que levou a Snickers ao topo do mercado global de confeitos.

Toda grande campanha comercial começa com uma mensagem única de marca, algo que a diferencie. Durante décadas, a Mars posicionou a Snickers com um atributo primordial da marca: a "Snickers mata sua fome". Mais saudável do que a maioria das barras de chocolate, a Snickers combina ingredientes como chocolate, torrone e caramelo com o poder proteico do amendoim. O slogan "Snickers mata sua fome" enfatiza as propriedades de enchimento do estômago da barra. Antes da atual campanha, a Snickers lançou a barra para jovens atletas do sexo masculino como uma alternativa de refeição. Um anúncio impresso clássico, por exemplo, mostrava uma mãe "coruja" mandando seu filho para o treino de futebol com uma barra de Snickers.

Mas no início dos anos 2000, a Snickers estava andando em círculos. Seu posicionamento havia se tornado obsoleto; suas vendas e participação de mercado haviam se estabilizado. A marca precisava de um novo conceito criativo – algo que rejuvenescesse a Snickers e ampliasse seu apelo de mercado. Em vez de abandonar seu posicionamento estabelecido, no entanto, a Mars o ampliou com o novo tema "Você não é você quando está com fome". Portanto, enquanto "Snickers mata sua fome" continua sendo o posicionamento básico da marca, "Você não é você" é a "grande ideia" criativa que agora dá vida ao posicionamento de maneira inteligente e envolvente.

"Você não é você quando está com fome" explora um apelo emocional poderoso e universal – a fome –, e isso atinge um amplo mercado. Quase todo mundo pode se relacionar com a forma como a fome muda quem você é. O posicionamento é tão poderoso para as mulheres quanto para os homens; para as gerações mais velhas como para as mais jovens; para trabalhadores de escritório, trabalhadores de fábrica ou estudantes. Funciona em linhas culturais globais. Por fim, o tema "Você não é você" abre espaço para muitos anúncios imaginativos e divertidos e execuções em várias plataformas de mídia.

A partir desse primeiro anúncio de Betty White no Super Bowl, a campanha "Você não é você" gerou uma série de anúncios criativos em mais de 80 países. Um anúncio de TV memorável apresentou o falecido Robin Williams como treinador de futebol instruindo seu time a "matá-los com bondade" fazendo animais de balão e copinhos de chá. Depois, houve o anúncio do Snickers Brady Bunch para o Super Bowl XLIX, no qual o durão Danny Trejo interpretou Marcia – uma filha adolescente rosnando de fome – e o peculiar Steve Buscemi interpretou sua irmã descontente, Jan. Esse comercial ficou em terceiro lugar entre os anúncios do Super Bowl daquele ano em termos de impressões conquistadas e venceu o primeiro Super Clio (o Oscar da propaganda). Durante o Super Bowl 50, outro anúncio da Snickers imitou a icônica sessão de fotos com Marilyn Monroe em um vestido branco de pé sobre uma grade de metrô arejada – só que desta vez, a corrente ascendente revelou as pernas ossudas e a cueca branca de Willem Dafoe com cara de mal-humorado. Esse anúncio atraiu mais de 11 milhões de visualizações apenas no canal da Snickers no YouTube.

A campanha "Você não é você" também funcionou bem no impresso. Um anúncio impresso mostrou três corredores na posição de largada em uma pista, um deles voltado para a direção errada. Outro mostrou quatro jogadores de futebol em posição de barreira para bloquear uma cobrança de falta, todos com as mãos em concha protegendo partes importantes do corpo, exceto um, que está desprotegido com as mãos acima da cabeça com a camisa puxada sobre o rosto. Ainda em outro anúncio a mesma mensagem foi transmitida sem o uso de humanos; em uma inversão de papéis, o anúncio exibia uma zebra perseguindo um leão. Cada imagem foi acompanhada por uma seção transversal de uma barra de Snickers e a frase "Você não é você quando está com fome. Snickers mata sua fome."

O mantra da Snickers "Você não é você quando está com fome" explora um apelo emocional poderoso e universal – a fome. Todos podem se relacionar com a maneira como estar com fome muda quem você é.

Mars Incorporated

A duradoura campanha de comercial "Você não é você quando está com fome" da Snickers impulsiona de forma clara e consistente o posicionamento "Snickers mata sua fome" da marca de maneira envolvente e memorável, ajudando a tornar a Snickers o principal lanche doce do mundo.

Além dos anúncios de TV e impressos, o apelo "Você não é você" funcionou em uma variedade de mídias de propaganda, incluindo a digital e a móvel. Por exemplo, uma campanha global no Twitter perguntando aos usuários o que acontece #WhenYouAreHungry atraiu quase 5 milhões de tuítes em apenas uma semana. E um concurso "Tire uma selfie com sua barra de Snickers" convidou os mais de 11 milhões de seguidores da marca no Facebook a compartilhar fotos de "quem é você quando você está com fome" – o vencedor recebeu 100 mil dólares e suas próprias barras de Snickers personalizadas.

O conceito criativo da Snickers "Você não é você quando está com fome" se transfere até mesmo para a embalagem da barra de chocolate. As embalagens de doces "Barra de fome" da Snickers reforçam diretamente a mensagem da campanha, com rótulos contendo descritores de humor como Irritado(a), Bolado(a), Pentelho(a), Chorão(ona), Confuso(a), Lesado(a), Reclamão(ona) e Dramático(a). Essa ação inteligente incita os clientes a associar os amigos – que agem descontroladamente quando estão com fome – a uma barra de Snickers apropriadamente rotulada.

A campanha "Você não é você" também se estendeu bem a novas linhas de produtos. Por exemplo, a Snickers deu uma reviravolta no slogan de longa data para apresentar sua nova linha de Creamy Snickers – uma barra recheada com manteiga de amendoim cremosa e suave, em vez do tradicional torrone. Durante a contagem regressiva da NFL antes do Super Bowl LIII, um comercial de 30 segundos do Creamy Snickers chamado "Roubo" mostrou três homens com meias-calças puxadas sobre o rosto abrindo a porta de um caminhão blindado preso no trânsito. Naquele momento crítico, dois dos bandidos olharam incrédulos para o terceiro – ele estava usando uma meia-calça arrastão, deixando seu rosto completamente visível. "O que?" diz o culpado. "Nós dissemos meia-calça, certo?" Ao fundo, uma mulher grita: "Pete Zagarine? Esse é o Pedro. Ensinei-lhe estudos sociais. Pedro, o que você está fazendo aí? O anúncio termina com o slogan "Você não é bom quando está com fome". Cada novo anúncio "Você não é bom", além de uma oferta abundante de conteúdo de mídia digital e social com o apoio da #SmoothItOver, apresentou um comportamento estranho suavizado por uma barra de Creamy Snickers.

Apesar de sua diversidade, não importa qual seja a plataforma – seja mídia impressa ou na embalagem, na TV ou em telas de celular, ou em qualquer outra coisa – a campanha da Snickers é muito mais do que apenas uma coleção dispersa de conteúdo inteligente. O que a torna tão poderosa é que todas suas peças são cuidadosamente integradas sob o posicionamento "Snickers mata sua fome" e "Você não é você quando está com fome" da marca. Não importa onde você esteja no mundo ou como você recebe a mensagem, a campanha entrega uma mensagem de marca clara e consistente.

Assim, depois de quase 10 anos, a campanha "Você não é você" ainda carrega energia. Antes da campanha, a Snickers estava perdendo participação de mercado. No entanto, pouco depois de Betty White fazer sua estreia no Super Bowl, a Snickers superou os próprios M&Ms da Mars para se tornar o doce mais vendido do planeta. Com uma linha expandida que agora inclui Creamy Snickers, Snickers Almond, Snickers & Hazelnut, Snickers Crisper, Snickers Crunchy Peanut Butter, Snickers Bites e Snickers Ice Cream bars, a marca multibilionária Snickers contribui com uma estimativa de 10% ou mais das receitas anuais totais da gigante Mars. Graças em grande parte à inovadora campanha de conteúdo "Você não é você quando está com fome", o slogan de longa data da marca é mais verdadeiro do que nunca, tanto para a empresa quanto para seus clientes: "Snickers mata sua fome".[1]

AS EMPRESAS DEVEM FAZER MAIS do que simplesmente criar valor para o cliente. Eles também devem engajar os clientes-alvo e comunicar esse valor a eles de forma clara e persuasiva. Neste capítulo, examinamos mais de perto duas ferramentas de comunicação de *marketing*: propaganda e relações públicas.

Comentário do autor | Você já sabe muito sobre propaganda – você está exposto a ela todos os dias. Mas aqui veremos os bastidores de como as empresas tomam decisões de propaganda.

Propaganda

Objetivo 15.1 Definir o papel da propaganda no *mix* de promoção.

Propaganda
Qualquer forma paga de apresentação e promoção não pessoais de ideias, produtos ou serviços feita por um patrocinador identificado.

A **propaganda** pode ser encontrada nos primórdios da história. Arqueólogos que fizeram escavações em países nas proximidades do mar Mediterrâneo descobriram placas anunciando vários eventos e ofertas. Os romanos pintavam paredes para anunciar lutas de gladiadores, e os fenícios pintavam figuras em grandes rochas ao longo de suas rotas de comércio para promover suas mercadorias. Durante a era de ouro na Grécia, os arautos da cidade anunciavam a venda de gado, de artigos artesanais e até mesmo de cosméticos. Um antigo "jingle" dizia o seguinte: "Para ter olhos brilhantes, para ter um rosto radiante/Para conservar a beleza quando não for mais jovem/Por preços razoáveis, a mulher esperta/Vai comprar os cosméticos de Aesclyptos".

A propaganda moderna, entretanto, é muito diferente desses primeiros esforços. Os anunciantes dos Estados Unidos hoje geram uma fatura anual estimada em quase 300 bilhões de dólares em mídia de propaganda mensurada; a estimativa dos gastos com propaganda em todo o mundo é de 780 bilhões de dólares. A P&G, maior anunciante do mundo, gasta mais de 4,3 bilhões de dólares em propaganda nos Estados Unidos e 10,5 bilhões em todo o mundo.[2]

Embora a propaganda seja usada principalmente por empresas, uma ampla gama de organizações sem fins lucrativos, profissionais e agências sociais também a utilizam para promover suas causas para vários públicos-alvo. Na verdade, o 35º maior anunciante dos Estados Unidos é uma organização sem fins lucrativos – o governo norte-americano, que anuncia de várias maneiras. Por exemplo, somente o Exército dos Estados Unidos gasta cerca de 400 milhões de dólares por ano para

● FIGURA 15.1
Principais decisões de propaganda.

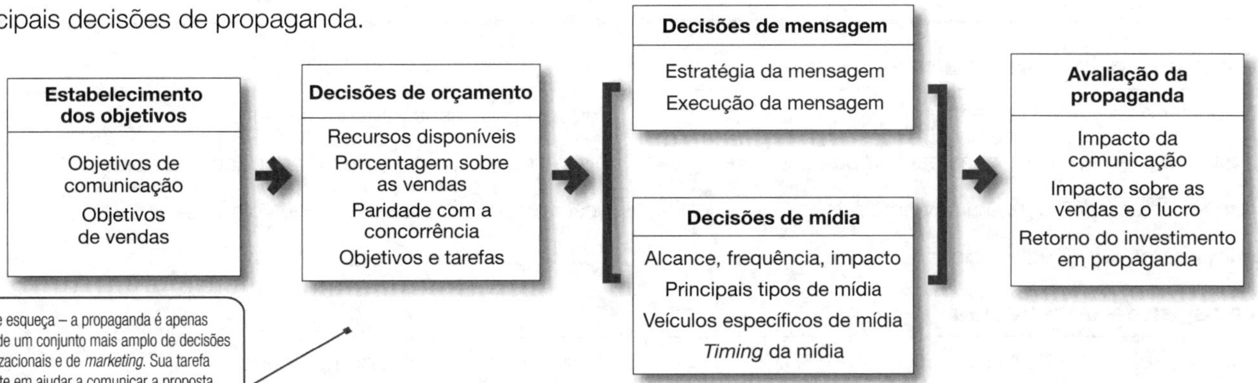

Não se esqueça – a propaganda é apenas parte de um conjunto mais amplo de decisões organizacionais e de *marketing*. Sua tarefa consiste em ajudar a comunicar a proposta de valor da marca para os clientes-alvo. A propaganda deve ser combinada com outras decisões envolvendo o *mix* de promoção e o de *marketing*.

atrair novos recrutas.[3] A propaganda é um bom meio para engajar, informar e persuadir, seja com o objetivo de vender Coca-Cola em todo o mundo, atrair recrutas para as forças armadas, ou educar as pessoas em nações em desenvolvimento sobre como levar uma vida mais saudável.

A administração de *marketing* deve tomar quatro importantes decisões na hora de desenvolver um programa de propaganda (veja a ● **Figura 15.1**). Ela deve *estabelecer os objetivos da propaganda, definir o orçamento de propaganda, desenvolver a estratégia de propaganda* (*decisões de mensagem* e *decisões de mídia*) e *avaliar as campanhas.*

Principais decisões de propaganda

Objetivo 15.2 Descrever as principais decisões envolvidas no desenvolvimento de um programa de propaganda.

Estabelecimento dos objetivos da propaganda

O primeiro passo é estabelecer os *objetivos da propaganda*. Eles devem ser fundamentados em decisões anteriores sobre o mercado-alvo, o posicionamento e o *mix* de *marketing*, que definem que tarefa cabe à propaganda no programa de *marketing* total. O objetivo geral da propaganda é ajudar a construir relacionamento com os clientes por meio da comunicação do valor para eles. Aqui, vamos discutir os objetivos específicos da propaganda.

Objetivo da propaganda
Uma tarefa específica de comunicação a ser realizada para um certo *público-alvo* durante um período de *tempo* determinado.

Um **objetivo da propaganda** é uma *tarefa* específica de comunicação a ser realizada para um certo *público-alvo* durante um período de *tempo* determinado. Os objetivos podem ser classificados de acordo com suas principais finalidades: *informar*, *persuadir* ou *lembrar*. A ● **Tabela 15.1** traz exemplos de cada um desses objetivos.

A *propaganda informativa* é usada maciçamente no lançamento de uma categoria de produtos. Nesse caso, o objetivo é criar uma demanda primária. Assim, os primeiros produtores de veículos totalmente elétricos tiveram que informar os consumidores sobre os benefícios econômicos e de desempenho da nova classe de produtos. A *propaganda persuasiva* adquire maior importância à medida que a concorrência aumenta. Nesse caso, o objetivo da empresa é criar demanda seletiva. Por exemplo, à medida que os veículos elétricos se popularizam, a GM está tentando convencer os consumidores de que seu Chevy Bolt oferece mais valor pelo preço do que o Tesla Model 3 ou o Nissan Leaf. Portanto, essa propaganda pretende engajar os clientes e criar preferência de marca.

Algumas propagandas persuasivas se tornam *propagandas comparativas* (ou *propagandas de ataque*), nas quais a empresa, direta ou indiretamente, compara sua marca com uma ou mais marcas diferentes. É possível ver a propaganda comparativa em quase todas as categorias de produtos – de *fast-food* e refrigerantes a locações de carros, cartões de crédito, planos de Internet e *smartphones*. Por exemplo, os anúncios do Samsung Galaxy há muito tempo atacam descaradamente o iPhone da Apple. Na última década, em uma campanha após a outra, os anúncios da Samsung apresentaram comparações diretas de seus telefones com os da Apple. Os anúncios mostram presunçosamente proprietários de iPhones decepcionados com seus telefones ou secretamente invejosos das pessoas que usam o modelo Galaxy mais recente. "No que diz respeito à maneira como a Samsung está comercializando seus novos dispositivos", diz um analista, "parece que está fixada em apenas atacar a Apple".[4]

Tabela 15.1 Possíveis objetivos da propaganda

Propaganda informativa	
Comunicar o valor para o cliente	Sugerir novos usos para um produto
Construir a imagem de uma marca e empresa	Informar o mercado sobre uma mudança de preço
Informar o mercado sobre um novo produto	Descrever os serviços e suportes disponíveis
Explicar como o produto funciona	Corrigir falsas impressões
Propaganda persuasiva	
Construir preferência de marca	Persuadir os clientes a comprar agora
Incentivar a troca de marca	Criar engajamento com o cliente
Mudar as percepções do cliente sobre o valor do produto	Construir comunidade de marca
Propaganda de lembrança	
Manter o relacionamento com os clientes	Lembrar os consumidores onde podem comprar o produto
Lembrar os consumidores de que o produto pode ser necessário no futuro próximo	Manter a marca na mente dos clientes durante períodos de baixa demanda

Em outra batalha comercial clássica, a propaganda da Wendy's mirou diretamente os hambúrgueres de carne congelada do McDonald's:

> A Wendy's há muito afirma que usa carne bovina "fresca, nunca congelada" em seus hambúrgueres. Então, quando em meados de 2017 o McDonald's tuitou que começaria a fazer todos os seus Quarteirões com Queijo na maioria de seus restaurantes com carne fresca, a Wendy's respondeu em apenas uma ou duas horas: "@McDonalds Então você ainda vai usar carne congelada na MAIORIA dos seus hambúrgueres em TODOS os seus restaurantes?" Essa resposta acabou sendo um dos principais tuítes da marca, registrando até 600 milhões de impressões em pouco mais de um dia. O ataque "fresco e não congelado" da Wendy's aumentou com um anúncio bem-humorado no Super Bowl LII apoiado por conteúdo de mídia social. No anúncio, a Wendy's zombou do McDonald's por dizer que sua carne é "moída fresca e depois congelada rapidamente para selar o sabor fresco". "O iceberg que afundou o Titanic também estava congelado", brincou o anúncio da Wendy's. "Usamos apenas carne bovina fresca, nunca congelada, em todos os hambúrgueres, todos os dias. Então esqueça os hambúrgueres dos Arcos Congelados". O anúncio ganhou atenção e produziu resultados: "O impacto do Super Bowl foi ótimo para nós", diz o chefe de *marketing* da Wendy's. Com base nesse sucesso, a Wendy's continuou com novos anúncios listando todos os hambúrgueres feitos com hambúrgueres congelados no McDonald's. Ao todo, a campanha de propaganda comparativa deu uma nova voz ao posicionamento "fresco, nunca congelado" da Wendy's.[5]

Propaganda comparativa: a propaganda da Wendy's teve como alvo direto os hambúrgueres de carne bovina congelados do McDonald's, dando uma nova voz ao seu posicionamento tradicional de hambúrguer "fresco, nunca congelado".
rafapress/Shutterstock

As campanhas de propaganda comparativa muitas vezes criam controvérsia. Muitas vezes, esse é o objetivo em usá-las. Enquanto os líderes de mercado estabelecidos querem excluir outras marcas do conjunto de escolhas do consumidor, os desafiantes querem agitar as coisas, injetar suas marcas na conversa do consumidor e se colocar em pé de igualdade com o líder. Ainda assim, os anunciantes devem usar a propaganda comparativa com cautela. Frequentemente, esses anúncios abrem espaço para respostas dos concorrentes, resultando em uma guerra de propagandas que nenhum concorrente pode vencer. Nos Estados Unidos, concorrentes aborrecidos também podem tomar medidas mais drásticas, como apresentar queixas na divisão autorreguladora de propaganda do Council of Better Business Bureau (Conselho de

Departamentos para Melhores Negócios) ou até mesmo entrar com ações judiciais alegando propaganda falsa. No Brasil, temos o Conselho Nacional de Autorregulamentação Publicitária (Conar). Considere as reações dos concorrentes aos anúncios comparativos da Chobani:[6]

> Um anúncio de iogurte Chobani Simply 100 mostrou uma mulher examinando o rótulo de um recipiente de iogurte grego Yoplait 100 e descartando-o prontamente quando a narração do anúncio diz: "Sorbato de potássio? Sério? Esse ingrediente é usado para matar insetos". O anúncio concluiu observando que o iogurte grego Chobani Simply 100 contém zero conservantes. Outro anúncio mostrava uma mulher sentada à beira da piscina jogando um recipiente de Danone Light and Fit no lixo enquanto uma narração declarava: "Sucralose, por quê? Esse ingrediente tem adição de cloro. Chobani Simply 100 é o único iogurte de 100 calorias adoçado naturalmente". Os concorrentes não aceitaram bem os golpes. A fabricante do Yoplait, a General Mills, entrou com uma ação contra a Chobani por propaganda enganosa. E os advogados da Danone enviaram à Chobani uma carta de "cessar-fogo" pedindo que interrompesse a campanha. Por sua vez, a Chobani processou a Danone, pedindo aos tribunais que confirmassem que a propaganda da Chobani não é enganosa. Em ambos os processos, os tribunais concluíram que as informações sobre os concorrentes eram enganosas e decidiram que a Chobani não poderia veicular os anúncios.

A *propaganda de lembrança* é importante para produtos maduros – ela ajuda a manter o relacionamento com os clientes e os faz continuar lembrando do produto. Por exemplo, uma campanha de propaganda do leite de soja Silk diz aos consumidores para "Voltar a se apaixonar pelo leite de soja", lembrando-os das muitas razões pelas quais "A Silk ajuda você a resplandecer". Os dispendiosos comerciais de televisão da Coca-Cola basicamente constroem e mantêm o relacionamento com a marca Coca-Cola, em vez de informar o consumidor ou persuadi-lo a comprar o produto no curto prazo.

A meta da propaganda é ajudar a conduzir os consumidores ao longo do processo de compra. Algumas campanhas são elaboradas para incitar as pessoas à ação imediata. Por exemplo, um anúncio de televisão de resposta direta dos Vigilantes do Peso encoraja os consumidores a se conectarem e se inscreverem imediatamente, e um anúncio móvel da Walgreens promovendo promoções de fim de semana incentiva visitas imediatas às lojas. Entretanto, muitos anúncios se concentram na construção ou no fortalecimento de um relacionamento de longo prazo com os clientes. Por exemplo, um anúncio para a televisão da Nike, no qual atletas do dia a dia enfrentam grandes desafios usando os produtos da empresa, jamais busca diretamente uma venda. Em vez disso, o objetivo é, de algum modo, mudar a maneira como os clientes pensam na marca ou a sentem.

Definição do orçamento de propaganda

orçamento de propaganda
O dinheiro e outros recursos alocados a um programa de propaganda de um produto ou empresa.

Após determinar os objetivos da propaganda, a empresa estabelece seu **orçamento de propaganda** para cada produto. Os quatro métodos comumente utilizados para estabelecer os orçamentos de promoção foram discutidos no Capítulo 14. Neste capítulo, vamos tratar de alguns fatores específicos que devem ser considerados na hora de se definir o orçamento de propaganda.

O orçamento de propaganda de uma marca geralmente depende de seu estágio no ciclo de vida do produto. Por exemplo, em geral, novos produtos demandam grandes orçamentos de propaganda, para criar conscientização e conseguir que o cliente os experimente. Por outro lado, marcas maduras normalmente requerem orçamentos mais baixos, estabelecidos como uma proporção das vendas. Além disso, as marcas em um mercado com muitos concorrentes e muita propaganda devem ser anunciadas com mais intensidade para serem notadas acima do ruído do mercado. Marcas indiferenciadas – aquelas que se assemelham a outras marcas em sua classe de produtos (refrigerantes, sabão para roupas) – podem exigir propaganda pesada para diferenciá-las. Quando o produto difere muito dos concorrentes, a propaganda pode ser usada para apontar as diferenças aos consumidores.

Independentemente do método utilizado, definir o orçamento de propaganda não é tarefa fácil. Como uma empresa sabe se está gastando a quantia certa, ou investindo no conteúdo ou na mídia ideais? Mesmo dentro do orçamento geral, as compras de mídias específicas podem ser difíceis de avaliar. Por exemplo, dezenas de anunciantes gastam muito em anúncios de alto nível do Super Bowl a cada ano. Embora sintam que os retornos valem o investimento considerável, poucos conseguem medir ou provar isso completamente (veja Marketing Real 15.1).

Como resultado, a propaganda é um dos itens orçamentários mais fáceis de serem cortados quando os tempos econômicos ficam difíceis. Cortes na propaganda para construção de marca parecem causar pouco dano a curto prazo às vendas. A longo prazo, no entanto, cortar gastos com anúncios pode causar danos duradouros à imagem e à participação de mercado de uma marca. De fato, as empresas que conseguem manter ou até aumentar seus gastos com propaganda enquanto os concorrentes os diminuem podem obter vantagem competitiva.

Marketing Real 15.1 | O Super Bowl: a mãe de todos os eventos de propaganda – mas vale a pena?

O Super Bowl é a mãe de todos os eventos de propaganda. A cada ano, dezenas de anunciantes de primeira linha exibem alguns de seus melhores trabalhos para grandes públicos em todo o mundo. Mas tudo isso não sai barato. Em 2022, os principais anunciantes desembolsaram uma média de 7 milhões de dólares por anúncio de 30 segundos, ou seja, 233,3 mil dólares por segundo! Acrescente os custos de produção de comerciais – que podem custar milhões a mais por anúncio – e exibir até mesmo um único anúncio do Super Bowl se torna uma proposta absurdamente cara.

Então, a cada ano, surge o grande debate: a propaganda do Super Bowl vale todo esse dinheiro? Marcas fiéis ao Super Bowl, como a Anheuser-Busch e a PepsiCo, devem achar que é um bom investimento – elas voltam ano após ano. Mas para cada grande marca que investe no Super Bowl, há muitas outras que simplesmente não acham que os retornos justificam os custos.

Os pessimistas possuem alguns argumentos muito bons. A propaganda no Super Bowl é escandalosamente cara. E além dos custos, a disputa por atenção durante o evento é acirrada. Cada anúncio representa os melhores esforços de um grande profissional de *marketing* tentando projetar um espetáculo de arrasar. Muitos anunciantes acham que podem obter mais por seu dólar em locais que não estão tão lotados de comerciais maiores que a vida.

Ainda assim, o Super Bowl tem muito a oferecer aos anunciantes. Ele se comunica com um público enorme e receptivo. Das 20 transmissões de televisão mais assistidas de todos os tempos, 19 são jogos do Super Bowl. Um jogo típico atrai mais de 100 milhões de espectadores dos Estados Unidos. Além disso, durante um típico Super Bowl, os anúncios atraem tanto ou mais visualizações do que o jogo. Como resultado, de acordo com um estudo, o retorno do investimento de um anúncio do Super Bowl pode ser igual ao de até 250 anúncios de TV regulares.

Mais importante hoje em dia, um comercial no Super Bowl em si geralmente é apenas a peça central de algo muito, muito maior. Muito antes de o jogo começar e muito depois de terminar, consumidores, críticos de anúncios, especialistas da mídia e anunciantes estão visualizando, revisando, discutindo, classificando e refazendo os comerciais. "O que costumava ser um evento de um dia, com algum bate-papo pós-jogo, agora é uma experiência de oito a 13 semanas", diz um profissional de *marketing* do Super Bowl. Nesta era digital, móvel e de mídia social, em vez de surpreender os espectadores com seus anúncios de sucesso durante o jogo, a maioria dos patrocinadores começa com semanas de antecedência para criar antecipação para seus comerciais no Super Bowl. Eles inundam os canais *on-line* e de mídia social com promoções relacionadas, teasers ou até mesmo os próprios anúncios inteiros.

Por exemplo, quando o Super Bowl LIII começou, Doritos, Jeep, Hyundai, Microsoft, Amazon e 37 outras marcas – compreendendo 64% de todas as marcas que acabaram anunciando durante o jogo – já haviam postado 135 peças comerciais relacionadas nas mídias sociais, conquistando mais de 154 milhões de visualizações *on-line*. Considere o comercial "O vento nunca foi melhor" da Budweiser – um anúncio comovente apresentando o Dálmata da Budweiser alegremente sentindo a brisa no topo de uma carroça puxada pelo icônico cavalo da Budweiser da raça Clydesdales por meio de um campo de grãos dourados em uma fazenda de turbinas eólicas ao som de "Blowin' in the wind" de Bob Dylan. Antes mesmo do jogo começar, esse anúncio já havia conseguido mais de 14 milhões de visualizações e 27 mil engajamentos.

Em vez de roubar o impacto dos anúncios supercaros no dia do jogo, as visualizações antecipadas parecem torná-los ainda mais eficazes. De acordo com um estudo, 60% dos anúncios do Super Bowl mais compartilhados de todos os tempos foram introduzidos antes do jogo ir ao ar. E, em média, os comerciais compartilhados no YouTube antes do jogo geraram 3,4 vezes mais visualizações do que os anúncios lançados no dia do jogo. Graças ao poder viral das mídias sociais, criar *buzz* em torno de um ótimo anúncio pode ter um impacto muito maior do que gastar a mesma quantia em uma série de anúncios menores.

Muitas empresas vão muito além de simplesmente colocar e visualizar anúncios; eles constroem espetáculos promocionais ao redor de todo o evento do Super Bowl. Por exemplo, durante o Super Bowl LIII em Atlanta, a PepsiCo – patrocinadora da NFL há mais de 35 anos – exibiu anúncios de suas marcas Pepsi, Doritos e Bubly. E como muitos outros anunciantes, postou os anúncios antes do jogo para criar entusiasmo. Mas além disso, a PepsiCo serviu mais uma vez como patrocinadora principal do popular programa Pepsi Halftime. E, ainda mais, uma semana antes do jogo, a Pepsi pintou a cidade natal da rival Coca-Cola, Atlanta, com o azul da marca, colocando mais de 350 anúncios enormes em tudo, de *outdoors* e lixeiras de reciclagem a paredes de estações de trem. "Pepsi em Atlanta. Que refrescante", provocou um *outdoor* perto do museu World of Coca-Cola. "Ei Atlanta, obrigado por nos hospedar. Traremos as bebidas", disse outro. A abrangente campanha da PepsiCo no Super Bowl ajuda a torná-la a vencedora na batalha das colas no próprio quintal da Coca-Cola.

Além das travessuras pré-jogo, os anunciantes do Super Bowl também estão trabalhando duro hoje em dia para criar anúncios que envolvam os consumidores de forma interativa durante o próprio jogo. Os anúncios incorporam cada vez mais *hashtags*, avisos e incentivos que desencadeiam conversas *on-line* sobre a marca e atraem os espectadores para os *sites* de mídia social, celular e web das empresas. Todos esses acenos digitais estão valendo a pena. Por exemplo, a visualização dos anúncios do Super Bowl em 2018 no YouTube aumentou 58% no geral e 78% em dispositivos móveis em relação ao jogo da final do ano anterior. De acordo com uma conta, os anúncios do Super Bowl perto e durante o jogo final geraram 48 milhões de visualizações *on-line* totais, 1,1 milhão de ações sociais e 2,9 bilhões de impressões de mídia social.

Orçamentos de propaganda: a cada ano, dezenas de anunciantes gastam muito para exibir seus comerciais durante o Super Bowl. Mas os retornos justificam os custos exorbitantes?

Photoraidz/Shutterstock; CharacterFamily/Shutterstock; grzegorz knec/Alamy Stock Photo; h_f_a/Shutterstock

Por fim, para a maioria dos anunciantes do Super Bowl, a máquina de conteúdo de *marketing* ainda funciona muito depois do jogo terminar. As discussões do dia seguinte sobre os anúncios do Super Bowl acontecem há décadas. Não há fim para o número de organizações e especialistas postando seu ranking de anúncios do Super Bowl. Mas as mídias digitais, móveis e sociais levaram o burburinho pós-jogo à estratosfera. Por dias ou até semanas após o jogo, os canais sociais *on-line* zumbem com visualizações e comentários de anúncios, curtidas, compartilhamentos e comentários. Tornar-se parte de toda essa conversa e compartilhamento *on-line* pode estender substancialmente o retorno do investimento no dia do jogo.

Capturar as impressões dos espectadores, o *buzz on-line* e a popularidade da propaganda podem refletir engajamentos significativos com a marca resultantes de um comercial no Super Bowl. No entanto, os profissionais de *marketing* também devem olhar além desses números e avaliar a natureza do burburinho por trás dos números. Todo anunciante deseja criar anúncios populares e eficazes, mas os dois não necessariamente andam de mãos dadas. Um anúncio popular que é muito discutido por si só, mas logo esquecido, pode contribuir pouco para a mensagem e o posicionamento de uma marca. Por outro lado, um anúncio que é menos popular e menos discutido ainda pode ser muito eficaz se fizer com que as pessoas certas falem sobre a mensagem certa.

Por exemplo, no Super Bowl LIII, o anúncio "O vento nunca foi melhor" da Budweiser fez as duas coisas: ficou entre os 10 anúncios mais populares nas classificações do medidor de anúncios do *USA Today*. E mesmo depois que o burburinho das mídias sociais diminuiu, as conversas *on-line* permaneceram fortes para a mensagem da marca de que sua cerveja é fabricada com 100% de energia renovável e sobre seu posicionamento sustentável. Em contraste, o anúncio do aplicativo de namoro Bumble no Super Bowl LIII, no qual a tenista Serena Williams disse às mulheres para "dar o primeiro passo", recebeu apenas reações medianas no medidor de anúncios. No entanto, gerou um forte interesse *on-line* para o Bumble durante a semana seguinte, com quase todas as conversas focadas em como o aplicativo funciona e como ele se compara a outros aplicativos de namoro. Assim, para valer o custo, os anúncios do Super Bowl devem fazer mais do que apenas criar *buzz*. Eles devem criar *buzz* eficaz.

Então – voltando à questão original – a propaganda do Super Bowl realmente vale o enorme investimento? O Super Bowl certamente não é para todas as marcas. Mas para as marcas certas, e as marcas que fazem certo, a resposta é um sonoro "sim". Não se trata apenas de exibir um ou dois anúncios durante a grande final. Em vez disso, trata-se de consumidores aos milhões assistindo, transmitindo, compartilhando, conversando, debatendo e comentando sobre anúncios e marcas antes do jogo e no momento e depois do evento principal. "O Super Bowl não é uma plataforma de anúncios – é um teatro", diz um executivo de propaganda. "O Super Bowl é um momento único, com um público enorme e engajado e um valor enorme", diz outro. "O custo não é o problema que impede as pessoas – é acertar o conteúdo o que mais importa".[7]

Por exemplo, durante a recessão econômica de 2008–2009, enquanto os concorrentes estavam cortando gastos, a montadora Audi aumentou seus investimentos em *marketing* e propaganda. A Audi "manteve o pé no pedal enquanto todos os outros [estavam] recuando", disse um executivo de propaganda da Audi. "Por que iríamos para trás agora enquanto a indústria geralmente está travando os freios e cortando gastos?". Como resultado, o reconhecimento da marca e a consideração do comprador da Audi atingiram níveis recordes durante a recessão, superando os da BMW, Mercedes e Lexus e posicionando a Audi fortemente na era pós-recessão. A Audi é agora uma das marcas de automóveis mais quentes do mercado, lado a lado com a BMW e a Mercedes nas vendas globais de carros de luxo.[8]

Desenvolvimento da estratégia de propaganda

Estratégia de propaganda
A estratégia por meio da qual a empresa realiza seus objetivos de propaganda. Ela consiste em dois elementos principais: a criação das mensagens de propaganda e a seleção da mídia de propaganda.

A **estratégia de propaganda** consiste em dois elementos principais: a criação das *mensagens* de propaganda e a seleção da *mídia* de propaganda. Antigamente, as empresas costumavam ver o planejamento de mídia como algo secundário no processo de criação da mensagem. Primeiro, o departamento de criação desenvolvia bons anúncios e, então, o departamento de mídia escolhia e comprava a melhor mídia para veicular esses anúncios aos públicos-alvo desejados. Isso quase sempre provocava um atrito entre o pessoal de criação e planejamento de mídia.

Hoje, porém, com os exorbitantes custos de mídia, as estratégias de *marketing* mais focadas e a enxurrada de novas mídias digitais e interativas, a função de planejamento de mídia passou a ser bastante valorizada. Atualmente, a decisão sobre qual mídia usar em uma campanha – televisão, jornais, revistas, *sites*, redes sociais, celulares ou *e-mail* – muitas vezes é mais importante do que seus elementos criativos. Como resultado, cada vez mais anunciantes adotam uma combinação mais harmônica entre suas mensagens e as mídias em que elas são veiculadas. Como visto no capítulo anterior, a meta é criar e gerenciar conteúdo da marca em uma série de mídias, sejam elas pagas, proprietárias, conquistadas ou compartilhadas.

Criação da mensagem de propaganda

Não importa o tamanho do orçamento: a propaganda só vai dar certo se os anúncios chamarem a atenção e comunicarem bem. Boas mensagens e conteúdo de propaganda são especialmente importantes no ambiente comercial de hoje, caro e saturado.

Hoje, o domicílio médio norte-americano tem à disposição 200 canais de TV, e os consumidores podem escolher entre mais de 7.200 revistas.[9] Acrescentemos a isso as inúmeras estações de rádio e a artilharia incessante de catálogos, malas diretas, mídia externa, *e-mails* e exposições em mídias *on-line*, sociais e móveis e verificamos que os consumidores estão sendo bombardeados com anúncios em casa, no trabalho e em todos os pontos do trajeto entre um e outro. Por exemplo, os norte-americanos são expostos a cerca de 5,3 trilhões de impressões de anúncios *on-line* a cada ano e consomem diariamente 500 milhões de tuítes, 432 mil horas de vídeos no YouTube, 95 milhões de fotos compartilhadas no Instagram, 5 milhões de pins de artigos no Pinterest e 4,75 bilhões de peças de conteúdo compartilhado no Facebook.[10]

Rompendo a saturação. Se essa saturação da propaganda incomoda alguns consumidores, ela causa grandes dores de cabeça para os anunciantes. Considere a situação enfrentada pelas empresas que anunciam nas emissoras de televisão. Elas pagam uma média de 350 mil dólares para produzir um único comercial de 30 segundos. Então, cada vez que o exibem, elas pagam uma média de 123 mil dólares por 30 segundos de propaganda durante um programa popular no horário nobre. Elas ainda pagam mais se for um programa especialmente popular, como o *Sunday Night Football* (666 mil dólares), *This Is Us* (434 mil dólares) ou um megaevento como o Super Bowl (com média de 7 milhões de dólares por 30 segundos!). Em seguida, seus anúncios são intercalados com uma profusão de outros comerciais, anúncios e promoções da emissora e outros materiais não programáticos, totalizando até 20 minutos por hora do horário nobre, com longos intervalos comerciais a cada seis minutos em média. Essa saturação na televisão e em outras mídias criou um ambiente comercial cada vez mais hostil.[11]

Saturação de propaganda: os consumidores de hoje podem pular, silenciar ou bloquear facilmente a TV e o conteúdo digital que não desejam assistir. E, cada vez mais, eles estão optando por não assistir aos anúncios.

cgstock/Shutterstock

Antigamente, os telespectadores eram um público cativo para os anunciantes. Mas os espectadores de hoje têm um novo e rico conjunto de informações e opções de entretenimento – como a Internet, *streamings* de vídeo, mídias sociais e móveis, *tablets* e *smartphones*, entre outros. Mais e mais consumidores estão se tornando "cortadores de cabos" – cancelando suas assinaturas a cabo e satélite em favor de serviços de *streaming* sem fio ou baseados na Internet, muitas vezes sem anúncios. Os consumidores de hoje podem facilmente pular, silenciar ou bloquear a TV e o conteúdo digital que não desejam assistir. E, cada vez mais, eles estão optando por não assistir aos anúncios.

Assim, os anunciantes já não conseguem mais empurrar as mesmas velhas mensagens comerciais, produzidas em massa, para os consumidores cativos por meio da mídia tradicional. A simples interrupção ou disrupção dos consumidores já não funciona mais. A não ser que os anúncios transmitam informações interessantes, úteis ou divertidas, muitos consumidores irão simplesmente pulá-las.

Fusão da propaganda e do entretenimento. Para driblar a saturação, muitas empresas estão adotando uma nova fusão da propaganda e do entretenimento para criar novos caminhos que alcancem consumidores com mensagens mais engajadoras.

Essa fusão da propaganda e do entretenimento assume duas principais formas: o *advertainment* e o entretenimento de marca. O objetivo do *advertainment* é fazer com que os próprios anúncios sejam tão divertidos, ou tão úteis, que as pessoas *queiram* vê-los. Você jamais assistiria a um anúncio se pudesse escolher não vê-lo? Pense novamente. O Super Bowl, por exemplo, se tornou uma exposição anual de *advertainment*. Dezenas de milhões de pessoas sintonizam no Super Bowl todos os anos tanto para ver os jogos como para assistir aos divertidos anúncios. E tanto anúncios como conteúdos relacionados publicados *on-line* antes, durante e depois da grande partida atraem centenas de milhões de visualizações. Hoje em dia, é comum ver um anúncio divertido no YouTube muito antes de vê-lo na TV ou compartilhá-lo com os amigos depois de vê-lo.

Os anunciantes também estão criando formas de conteúdo que se parecem menos com anúncios e mais com curtas-metragens ou programas. Uma série de plataformas que transmitem mensagens da marca – de websódios e *blogs* a longos vídeos *on-line* e postagens de mídia social – agora ultrapassam a linha entre anúncios e outros conteúdos do consumidor. Por exemplo, a Pizza Hut desenvolveu uma série de vídeos chamada "Heróis da cidade natal" (Hometown Heroes) em estilo de documentário em duas partes, com o objetivo de criar uma conexão emocional entre a marca e os fãs de futebol americano.[12]

A série de vídeos "Heróis da cidade natal", veiculada no Yahoo! Sports, deu aos fãs um vislumbre dos bastidores de dois principais atletas da NFL retribuindo a suas comunidades locais. Em um episódio, o *running back* Alvin Kamara surpreende um sortudo grupo de jovens jogadores de futebol americano no Ninth Ward de Nova Orleans com novos equipamentos e um festival de pizzas no Pizza Hut. Em outro, o *wide receiver* Tyler Lockett para em uma escola de Ensino Médio na área de Seattle, com uma pizza na mão, para falar sobre os dias de sua juventude e o poder dos livros, da leitura e da imaginação. A série com a marca "Heróis da cidade natal" gerou mais de 120 milhões de impressões. E embora os vídeos se concentrassem nos jogadores e em suas histórias, quase sem menção direta à Pizza Hut, eles aumentaram a associação da marca com o futebol americano e a NFL em 86%.

Os profissionais de *marketing* testaram todos os tipos de novas maneiras de romper a saturação dos dias atuais e engajar os consumidores. Por exemplo, a JCPenney uma vez postou tuítes incoerentes, chamando a atenção e levando à especulação de que a pessoa responsável pela mídia social da varejista estava bêbada ou havia sido hackeada. Em vez disso, disse a JCPenney, a pessoa estava tuitando com luvas para promover sua mercadoria de inverno. A campanha #tweetfromtheseat no Twitter, da marca Charmin da P&G, usou humor irreverente para criar engajamento e gerar *buzz* por meio de perguntas como "Charmin pergunta: O que você pensa sobre *streaming* durante o *streaming*?" e "Não sobrou papel higiênico no rolo, o que você faz: grita por socorro; balança e seca ao ar; ou manda mensagem para alguém pedindo ajuda?".[13]

O *entretenimento de marca* (ou *integrações de marca*) envolve fazer com que a marca seja uma parte inseparável de alguma outra forma de entretenimento. A forma mais comum de entretenimento de marca são as inserções de produto – a incorporação da marca no programa. Podem ser personagens bebendo em copos da Starbucks nos episódios de *Will & Grace*, salsichas da Jimmy Dean em uma cena de *Young Sheldon* ou personagens de *The Big Bang Theory* trabalhando na Cheesecake Factory. Podem ser cenas do filme dos *Vingadores* em que a Viúva Negra pilota uma Harley-Davidson Livewire.

A inserção do produto também pode ser roteirizada em um filme ou em episódios de programas de TV. Por exemplo, o enredo de um episódio de *Black-ish* foi construído em torno de um Buick Encore, que os personagens Dre e Bow compraram para sua filha, Zoey. Outro episódio foi roteirizado em torno de um jogo supercompetitivo de Monopoly, da Hasbro, que traz à tona os piores instintos competitivos de cada membro da família. Em mais um programa, a agência de propaganda de Dre discute uma campanha comercial para a P&G. Depois, há outro em que Dre aprende a lidar com seu recém-descoberto diabetes tipo 2 – os anúncios entre os segmentos apresentavam a insulina de longa duração da Tresiba e o medicamento para controle de diabetes Victoza, ambos desenvolvidos e comercializados pela gigante farmacêutica Novo Nordisk. Outros episódios de *Black-ish* apresentaram histórias construídas em torno de marcas que vão desde a State Farm Insurance até a Disney.

Propaganda nativa
Propaganda ou outro conteúdo *on-line* produzido pela marca que se assemelha, em forma e função, aos outros conteúdos que o cerca em uma plataforma da Web ou de mídia social.

Originalmente criada para a TV, o entretenimento de marca se espalhou rapidamente para outros setores da indústria do entretenimento. Se você olhar com atenção, verá inserções de produtos em filmes, videogames, histórias em quadrinhos, musicais da Broadway e até na música pop. Por exemplo, o filme altamente aclamado *The LEGO Movie* foi praticamente uma inserção de produto de 100 minutos para os icônicos tijolos de construção da LEGO. De acordo com um escritor, "o público fica feliz com um discurso de vendas cinematográfico [...] que mostra a imensa versatilidade do produto ao colocá-lo em um contexto profundamente pessoal [...] Este filme [é] a perfeição da inserção de produto". O *The LEGO Movie* impulsionou as vendas da LEGO Group em 13% no ano seguinte a sua estreia. Um filme de sequência, *The LEGO Movie 2: The Second Part*, também ofereceu oportunidades de inserção de produtos para outras marcas. Por exemplo, o filme apresentou uma versão LEGO do Chevrolet Silverado. A Chevrolet lançou anúncios vinculados no Facebook, Twitter e Instagram mostrando personagens do filme, Emmet e Lucy, andando em um Silverado tamanho LEGO.[14]

O filme bastante aclamado *The LEGO Movie* foi praticamente uma inserção de produto de 100 minutos para os icônicos tijolos de construção da LEGO. A sequência ofereceu oportunidades de inserção de produtos para outras marcas, como uma versão LEGO do Chevrolet Silverado.

WENN Rights Ltd/Alamy Stock Photo; Barry King/Alamy Stock Photo

Uma forma relacionada de integração de marca é a **propaganda nativa** (também chamado de *conteúdo patrocinado*) – propaganda ou outro conteúdo produzido pela marca que parece ser "nativo" do *site* da Web ou da mídia social em que é colocado. O conteúdo da marca se assemelha, em forma e função, aos outros conteúdos que os cercam. Pode ser um artigo em um *site* como *The Huffington Post*, *BuzzFeed*, *Mashable* ou mesmo *The New York Times* ou *The Wall Street Journal* que é pago, escrito e colocado por um anunciante, mas usa o mesmo formato dos artigos escritos pela redação. Ou podem ser vídeos, fotos, postagens ou páginas preparadas pela marca integradas às mídias sociais, como Facebook, YouTube, Instagram, Pinterest ou Twitter, que correspondam à forma e sensação do conteúdo nativo nessas mídias. Exemplos incluem tuítes promovidos no Twitter, anúncios no Facebook Stories, postagens patrocinadas no BuzzFeed ou anúncios em stories no Instagram.

A propaganda nativa é uma forma cada vez mais popular de conteúdo de marca. Ela permite que os anunciantes criem associações relevantes entre a marca e o conteúdo do consumidor. Ela ignora os bloqueadores de anúncios, mas parece menos intrusiva do que anúncios pop-up ou banners. Um estudo recente descobriu que os espectadores prestam 53% mais atenção à propaganda nativa do que aos banners. Como resultado, a propaganda nativa cresceu mais de 25% no ano passado e agora representa cerca de dois terços de todos os gastos com propaganda em meios digitais.[15]

Assim, mediante a combinação entre propaganda e entretenimento, o objetivo dos profissionais de *marketing* de conteúdo e propaganda de hoje é tornar as mensagens de marca parte do fluxo mais amplo de conteúdo e conversação do consumidor, em vez de uma intrusão ou interrupção do mesmo. Como a agência de propaganda JWT afirma: "Acreditamos que a propaganda precisa parar de interromper o que as pessoas estão interessadas e ser o que as pessoas estão interessadas". No entanto, os anunciantes devem ter cuidado para que os novos formatos de conteúdo não fiquem muito saturados. Com todos os novos formatos e a integração do conteúdo de marca, a fusão entre propaganda e entretenimento pode criar ainda mais saturação do que foi projetada para romper.

Conceito de criação
A grande ideia, atraente, que dará vida a uma estratégia de mensagem da propaganda um modo distintivo e memorável

Estratégia de mensagem e conteúdo. O primeiro passo na criação de conteúdo de propaganda eficaz é planejar uma estratégia de mensagem – a mensagem geral que será comunicada aos consumidores. O objetivo da propaganda e de outros conteúdos é fazer com que os consumidores se envolvam ou reajam ao produto ou à empresa de uma determinada maneira. As pessoas irão engajar e reagir apenas se acreditarem que terão algum benefício com isso. Assim, o desenvolvimento de uma estratégia de mensagem eficaz começa com a identificação dos *benefícios* para o cliente que podem ser usados como apelos de conteúdo. Idealmente, a estratégia de mensagem seguirá diretamente o posicionamento mais amplo da empresa e as estratégias de criação de valor para o cliente.

As declarações da estratégia da mensagem tendem a ser descrições simples e diretas de benefícios e pontos de posicionamento que o anunciante quer reforçar. Em seguida, ele deve desenvolver um **conceito de criação** atraente – ou uma *grande ideia* –, que dará vida à estratégia de um modo distintivo e memorável. É nesse estágio que as ideias de mensagem simples se transformam em grandes campanhas de propaganda. O conceito de criação pode surgir como um elemento visual, uma frase ou uma combinação de ambos.

O conceito de criação orientará a escolha dos apelos específicos que serão utilizados na campanha de propaganda. Os *apelos de propaganda* devem ter três características. Para começar, eles devem ser *significativos*, destacando os benefícios que tornam o produto mais desejável ou interessante para os consumidores. Além disso, devem ser *críveis* – os consumidores devem acreditar que o produto ou o serviço oferecerá os benefícios prometidos.

Mas nem sempre os benefícios mais significativos e críveis são os melhores para se destacar. Por essa razão, os apelos também devem ser *distintivos* – eles devem mostrar como o produto é melhor do que o das marcas concorrentes. Por exemplo, o benefício mais significativo de um relógio de pulso é que ele mostra a hora exata, porém poucos anúncios de relógios apresentam esse benefício. Em vez disso, com base nos benefícios distintivos que o produto oferece, os fabricantes de relógios podem escolher um deles como tema para seu anúncio. Há anos, a Timex fabrica relógios mais acessíveis que "levam pancadas e continuam funcionando". De maneira similar, os anúncios da Rolex nunca falam em hora exata. Eles falam sobre a "obsessão com a perfeição" da marca e sobre o fato de o "Rolex ser um símbolo notável de sucesso e prestígio há mais de um século".

Da mesma forma, os benefícios mais significativos das botas de trabalho de alta qualidade são a robustez e a durabilidade. Mas a Wolverine diferencia seus calçados Cat Earthmovers por meio de sua associação com a respeitada marca de equipamentos de construção Caterpillar. As botas Cat Earthmovers "nascem de tratores".[16] "A Cat Footwear vem de um mundo de indústria e ação", diz a marca. "Um mundo onde você pode construir qualquer coisa. Onde o esforço é tudo. Onde o trabalho duro compensa. Onde os outros veem obstáculos, nós vemos oportunidades. Somos escavadores de terra".

Apelos de propaganda distintivos: a Wolverine diferencia seus calçados Cat Earthmovers por meio de sua associação com a respeitada marca Caterpillar. As botas Cat Earthmovers são "nascidas de tratores".

Courtesy Young & Laramore e Cat Footwear

Estilo de execução
A abordagem, o estilo, o tom, as palavras e o formato usados para executar a mensagem.

Execução da mensagem. Em seguida, o anunciante precisa transformar a grande ideia na execução propriamente dita de um anúncio, que atraia a atenção e o interesse do mercado-alvo. Cabe à equipe do departamento de criação encontrar a melhor abordagem, estilo, tom, palavras e formato para executar a mensagem. Qualquer mensagem pode ser apresentada em diferentes **estilos de execução**, como os apresentados a seguir:

- *Cenas da vida real:* esse estilo mostra uma ou mais pessoas "comuns" usando o produto em uma situação também comum. Por exemplo, o conteúdo da IKEA – de microsites e postagens no Instagram a anúncios impressos, catálogos e comerciais de televisão – apresenta pessoas que vivem em quartos mobiliados com móveis e utensílios domésticos da IKEA.
- *Estilo de vida:* esse estilo de execução mostra como um produto se encaixa a um determinado estilo de vida. Por exemplo, um anúncio da Athleta, que fabrica roupas para atividades físicas, mostra uma mulher em uma complexa posição de ioga e afirma: "Se seu corpo é seu templo, construa-o aos poucos".
- *Fantasia:* esse estilo cria uma fantasia em torno do produto ou sua utilização. Por exemplo, um anúncio da água Nestlé Pure Life mostra uma jovem mergulhando em uma terra de fantasia cheia de água, onde crianças sopram bolhas de sabão do alto de um teleférico e remam um barco pelas nuvens, sugerindo que "um futuro cheio de possibilidades começa agora bebendo água pura engarrafada".
- *Atmosfera ou imagem:* esse estilo cria uma atmosfera ou imagem ao redor do produto ou serviço, como beleza, amor, fascínio ou serenidade. As poucas afirmações sobre o produto ou serviço são feitas por meio de sugestões. Por exemplo, um anúncio caloroso e emocionante de três minutos chamado "Pequenos momentos" para a impressora Sprocket da HP, do tamanho de um telefone, captura por meio de imagens impressas a evolução do relacionamento entre um pai e sua filha temperamental de 12 anos, quando ela começa o sexto ano. "Segure quem você ama", o anúncio pede. "Reinvente memórias".
- *Musical:* esse estilo utiliza música ou dança para engajar os espectadores com a marca. Por exemplo, a Apple apresentou seu HomePod equipado com a Siri por meio de um cativante curta-metragem musical de quatro minutos, no qual a cantora e dançarina inglesa FKA Twigs revive corpo e alma depois de chegar em casa no final de um árduo dia de trabalho dançando uma música inspiradora selecionada para ela pela Siri.
- *Personagem-símbolo:* esse estilo cria um personagem que representa o produto. Ele pode ser animado (o Mr. Clean; o lagarto da GEICO; ou o gnomo da Travelocity) ou real (a alegre Flo, porta-voz da Progressive Insurance; o Coronel Sanders do KFC; ou o Ronald McDonald).
- *Conhecimento técnico:* esse estilo mostra a capacidade técnica da empresa na fabricação do produto. Por exemplo, o Jim Koch, da Boston Beer Company, fala sobre seus vários anos de experiência produzindo a cerveja Samuel Adams.
- *Comprovação científica:* esse estilo apresenta uma pesquisa ou uma comprovação científica de que a marca é melhor ou mais apreciada do que uma ou mais marcas. Durante anos, a pasta de dente Crest utilizou-se de comprovação científica para convencer os compradores de que ela era mais eficiente na prevenção de cáries do que as outras marcas.
- *Testemunho ou endosso:* esse estilo utiliza uma fonte de alta credibilidade ou pela qual o público tenha grande simpatia para endossar o produto. Podem ser pessoas comuns contando como gostam de determinado produto. Por exemplo, em sua campanha de *marketing* "É de graça", a Angie's List apresenta uma variedade de clientes reais endossando o serviço. Também pode ser uma celebridade apresentando o produto, como Dwayne "The Rock" Johnson para a Under Armour ou Steve Carrell e Cardi B em um anúncio do Super Bowl para a Pepsi.

O anunciante também deve escolher um *tom* para o anúncio. A P&G, por exemplo, sempre utiliza um tom positivo: seus anúncios dizem algo muito bom sobre seus produtos. Por outro lado, muitos anunciantes utilizam o humor provocativo para driblar a saturação dos comerciais. Os comerciais do Doritos, do Burger King e da Budwesier, por exemplo, são famosos por fazerem isso.

O anunciante deve ainda utilizar *palavras* fáceis de lembrar e chamativas em seus anúncios. Por exemplo, em vez de apenas dizer que suas lentes de óculos de sol de prescrição protegem seus olhos e ficam bem ao mesmo tempo, um anúncio da LensCrafters proclama: "Um protetor solar nunca ficou tão bom". Em vez de afirmar que "um BMW é um automóvel bem projetado", a BMW usa frases mais criativas e de maior impacto: "A máquina de direção definitiva". E, em vez de afirmar claramente que oferece produtos de barbear baratos diretamente a sua porta, a Dollar Shave Club convida você a "Cortar tempo. Cortar dinheiro".

Por fim, os elementos relacionados ao *formato* fazem diferença no impacto de um anúncio, bem como em seu custo. Uma ligeira mudança no projeto gráfico de um anúncio pode causar uma

Novos formatos podem fazer um anúncio se destacar. Este anúncio da Quicken Loans Rocket Mortgage obriga os leitores a virar o anúncio, onde eles recebem a mensagem "Vá sem esperar" da marca.

Quicken Loans

grande diferença em seu efeito. Em um anúncio impresso, a *ilustração* é a primeira coisa que o leitor nota – ela deve ser forte o suficiente para chamar a atenção. Em seguida, o *título* deve, com eficiência, atrair as pessoas certas para a leitura do texto. Para completar, o *texto* – o principal bloco de conteúdo do anúncio – deve ser simples, porém forte e convincente. Ademais, esses três elementos devem funcionar eficientemente, *em conjunto*, para engajar os consumidores e para que o valor para o cliente seja apresentado de modo persuasivo.

No entanto, novos formatos podem ajudar um anúncio a se destacar da confusão. Por exemplo, em um anúncio recente da Quicken Loans Rocket Mortgage, o título e o subtítulo estão de cabeça para baixo, sugerindo que a pessoa no anúncio está flutuando sem peso acima do solo. Leitores curiosos são compelidos a virar o anúncio e a manchete fica clara: "Vá sem esperar – não fique preso por um processo de hipoteca desatualizado. Tenha uma aprovação rápida e conveniente totalmente *on-line*."

Mensagens geradas pelos consumidores. Aproveitando-se das tecnologias interativas de hoje, muitas empresas estão se valendo dos consumidores para obter conteúdo de *marketing*, ideias de mensagens ou até mesmo fazer anúncios e vídeos de verdade. Às vezes, os resultados são excepcionais; outras vezes, são inexpressivos. Quando bem feito, entretanto, o conteúdo gerado pelos usuários podem incorporar a voz do cliente nas mensagens de marca e gerar um maior engajamento com a marca por parte do consumidor

Talvez o esforço de conteúdo gerado pelo consumidor mais conhecido seja o antigo "Arrebente no desafio do Super Bowl", realizado anualmente pela marca Doritos da PepsiCo. Por mais de uma década, a Doritos convidou os consumidores a criar seus próprios anúncios em vídeo de 30 segundos, com os vencedores recebendo prêmios em dinheiro e exibindo seus anúncios durante o Super Bowl.

O conteúdo gerado pelo consumidor pode tornar os clientes uma parte cotidiana da marca. Por exemplo, como parte de sua campanha #AerieREAL (discutida anteriormente), a marca de roupas de banho e lingerie Aerie incluiu conteúdo enviado por usuários em suas mídias sociais. Promovendo o compromisso da Aerie de nunca usar imagens retocadas em seu *marketing*, a #AerieREAL convidou os usuários a enviar suas próprias fotos intocadas legendadas com a *hashtag*. Em seguida, ela doou 1 dólar para a Associação Nacional de Distúrbios Alimentares por cada foto enviada. Esse conteúdo cria interesse e envolvimento do consumidor de uma forma que mostra naturalmente a positividade corporal da marca por meio da #AerieREAL e seu posicionamento inclusivo.[17]

Da mesma forma, o moderno fabricante de móveis para casa West Elm realiza uma campanha chamada #MyWestElm. A campanha coleta fotos geradas por usuários dos produtos West Elm compartilhadas *on-line* e as usa em postagens promocionais em seus *sites* na Web, no Facebook, no Instagram e no Pinterest, juntamente com *links* para produtos semelhantes na loja *on-line* da empresa. Ela ainda inclui fotos geradas pelo usuário em suas páginas de produtos para mostrar aos compradores como outros clientes utilizam os produtos no mundo real. A taxa de cliques para essas fotos geradas pelo usuário é 2,6 vezes maior do que para fotos tradicionais produzidas profissionalmente.[18]

Nem todos os esforços de conteúdo gerado pelo consumidor, no entanto, são bem-sucedidos. Como muitas grandes empresas aprenderam, anúncios e outros conteúdos feitos por amadores podem ser... bem, muito amadores. Se bem-feito, no entanto, os esforços de conteúdo gerado pelo consumidor podem produzir novas ideias criativas e novas perspectivas sobre a marca dos consumidores que realmente a vivenciam. Essas campanhas podem aumentar o engajamento do consumidor e fazer com que os clientes falem sobre uma marca e seu valor para eles.

Seleção da mídia de propaganda

Mídia de propaganda
Os veículos por meio dos quais as mensagens de propaganda são transmitidas para o público que se pretende atingir.

As principais etapas na seleção da **mídia de propaganda** são: (1) as decisões de *alcance, frequência e impacto*; (2) a escolha entre os principais *tipos de mídia*; (3) a seleção dos *veículos de mídia* específicos; e (4) a decisão do *timing da mídia*.

Decisão de alcance, frequência e impacto. Para selecionar a mídia, o anunciante deve decidir o alcance e a frequência que serão necessários para atingir os objetivos da propaganda. O *alcance* é uma medida da *porcentagem* de consumidores pertencentes ao mercado-alvo que são expostos à campanha durante determinado período. Por exemplo, o anunciante pode tentar atingir 70% do mercado-alvo durante os três primeiros meses da campanha. A *frequência* é a medida do número de vezes que o consumidor médio é exposto à mensagem. Por exemplo, o anunciante pode querer uma frequência média de exposição igual a três.

Mas os anunciantes querem fazer mais do que simplesmente atingir um determinado número de consumidores um número específico de vezes. Ele também quer determinar o *impacto de mídia* que deseja – o *valor qualitativo* da exposição a uma mensagem produzido por determinado veículo. Por exemplo, a mesma mensagem veiculada em uma certa revista (como a *Travel+Leisure*) pode ter mais credibilidade do que se fosse veiculada em outra (digamos, a *National Enquirer*). Para produtos que precisam ser demonstrados, as mensagens na televisão ou em um vídeo *on-line* podem ter mais impacto do que as mensagens impressas ou no rádio, porque esses meios utilizam a visão, o movimento *e* o som. Os produtos para os quais os consumidores dão sua opinião em relação ao design ou às características podem ser mais bem promovidos em um *site* interativo do que por mala direta.

Em geral, o anunciante deseja escolher uma mídia que *engajará* os consumidores, em vez de simplesmente alcançá-los. Em qualquer meio, o grau de relevância do conteúdo do anúncio para seu público é, muitas vezes, mais importante do que o número de pessoas que ele alcança. Por exemplo, quando a Adidas quis se conectar pessoalmente com corredores ávidos e influenciadores, lançou uma campanha da Maratona de Boston "Estamos aqui para criar lendas" que criou vídeos de destaque personalizados para cada um dos 30 mil participantes da maratona:[19]

> Usando dados gerados por chips de identificação por radiofrequência (RFID), colocados nos números de peito usados por corredores, e imagens de vídeo capturadas por oito câmeras ao longo do percurso de 42 quilômetros, a Adidas misturou destaques pessoais com cenas gerais do dia da corrida e música inspiradora, criando 30 mil vídeos exclusivos para 30 mil corredores. Os participantes puderam recuperar seus vídeos no *site* da campanha da Adidas "Estamos aqui para criar lendas", poucas horas após a corrida, e compartilhá-los via Facebook, Twitter, Instagram e outras mídias sociais. Embora a campanha não tenha alcançado os grandes números de audiência de uma campanha de propaganda de TV, essa ultrapersonalização e engajamento só poderiam ser alcançados com mídia digital. Mais de 57% dos corredores que completaram a corrida viram seus vídeos e mais de um quarto compartilhou o vídeo no Facebook. Em todas as mídias sociais, o conteúdo atraiu centenas de milhares de visualizações, resultando em um aumento de quase 1.200% nas vendas *on-line*.

Engajando os consumidores certos com a mídia certa: a campanha da Maratona de Boston "Estamos aqui para criar lendas" criou vídeos de destaque ultrapersonalizados para cada um dos 30 mil participantes da maratona. Tal ultrapersonalização e engajamento só poderiam ser alcançados com mídias digitais e sociais.

Marcio Jose Bastos Silva/Shutterstock

Embora a Nielsen esteja começando a medir os níveis de *engajamento de mídia* para algumas mídias de televisão, rádio e redes sociais, tais medidas ainda são difíceis de conseguir na maioria dos casos. As medidas de mídia atuais são coisas como classificações, leituras, ouvintes e taxas de cliques. No entanto, o engajamento acontece dentro da cabeça do consumidor. Já é difícil medir quantas pessoas estão expostas a um determinado anúncio de televisão, vídeo ou postagem de mídia social, quanto mais medir a profundidade do envolvimento com esse conteúdo. Ainda assim, os profissionais de *marketing* precisam saber como os clientes se conectam com um anúncio e uma ideia de marca como parte de um relacionamento mais amplo com a marca.

Consumidores engajados são mais propensos a agir de acordo com as mensagens da marca e até mesmo compartilhá-las com outras pessoas. Assim, em vez de simplesmente rastrear as impressões do consumidor para uma veiculação de mídia – quantas pessoas veem, ouvem ou leem um anúncio – a Coca-Cola também rastreia o resultado das expressões do consumidor, como um comentário, uma "Curtida", o upload de uma foto ou vídeo ou o compartilhamento de conteúdo da marca nas redes sociais. Os consumidores empoderados de hoje geralmente geram mais mensagens sobre uma marca do que uma empresa poderia.

Escolha entre os principais tipos de mídia. Conforme resumido na **Tabela 15.2**, os principais tipos de mídia são: televisão; digital, móvel e social; jornais, mala direta, revistas, rádio e *outdoor*. Todo veículo tem vantagens e limitações. O objetivo dos responsáveis pelo planejamento de mídia é escolher a mídia que apresentará de maneira eficiente e eficaz a mensagem de propaganda aos clientes-alvo. Assim, eles precisam levar em consideração o impacto de cada veículo, a eficácia da mensagem e seu custo.

Tabela 15.2 Perfil dos principais tipos de mídia

Mídia	Vantagens	Limitações
Televisão	Boa cobertura do mercado de massa; baixo custo por exposição; combina imagem, som e movimento; apela para os sentidos	Altos custos absolutos; alto nível de saturação; exposição transitória; menos seletividade de público
Digital, móvel e social	Alta seletividade; baixo custo; instantaneidade; capacidade de engajamento	Impacto potencialmente baixo; alto controle pelo público do conteúdo e da exposição
Jornais	Flexibilidade; possibilidade de escolha do momento oportuno; boa cobertura do mercado local; alto nível de aceitação; grande credibilidade	Vida curta; baixo nível de qualidade de reprodução; pequeno público secundário
Mala direta	Alta seletividade de público; flexibilidade; ausência de concorrência no mesmo veículo; permite personalização	Custos por exposição relativamente altos; imagem de "correspondência inútil"
Revistas	Alta seletividade geográfica e demográfica; credibilidade e prestígio; alta qualidade de reprodução; vida longa e boa taxa de leitura secundária	Longo tempo transcorrido entre o anúncio e a compra; alto custo; nenhuma garantia da posição do anúncio
Rádio	Boa aceitação local; alta seletividade geográfica e demográfica; baixo custo	Somente áudio; exposição transitória; baixo nível de atenção (o meio que "se ouve sem prestar atenção"); públicos fragmentados
Outdoor	Flexibilidade; alto grau de repetição de exposição; baixo custo; baixa concorrência de mensagens; boa seletividade de localização	Pouca seletividade de público; limitações à criação

Conforme discutido anteriormente neste capítulo, a mídia de massa tradicional ainda constitui uma parcela significativa dos compostos de mídia de hoje. No entanto, à medida que os custos de mídia de massa aumentam e o público diminui, as empresas adicionam porções maiores de mídia digital, móvel e social que custam menos, atingem de modo mais eficaz e engajam os consumidores de maneira mais completa. Os profissionais de *marketing* de hoje estão montando um composto completo de mídia *paga*, *própria*, *conquistada* e *compartilhada* que cria e entrega conteúdo de marca atraente para os consumidores-alvo.

Além da explosão das mídias *on-line*, móveis e sociais, os sistemas de televisão a cabo e por satélite ainda estão prosperando. Esses sistemas permitem formatos de programação restritos, como voltados para esportes, notícias, nutrição, artes, melhorias domésticas e jardinagem, culinária, viagens, história, finanças ou outros direcionados a grupos selecionados. A Comcast e outras operadoras a cabo estão até testando sistemas que permitirão direcionar tipos específicos de anúncios para TVs em bairros específicos ou individualmente para tipos específicos de clientes. Por exemplo, os anúncios de um canal em espanhol seriam veiculados apenas em bairros hispânicos ou apenas donos de animais de estimação veriam anúncios de empresas de alimentos para animais de estimação.

Finalmente, em seus esforços para encontrar formas menos dispendiosas e mais direcionadas para atingir os consumidores, os anunciantes descobriram uma coleção deslumbrante de mídias alternativas. Hoje em dia, não importa aonde você vá ou o que faça, você provavelmente encontrará alguma nova forma de propaganda:

> Pequenos *outdoors* anexados a carrinhos de compras pedem que você compre Pampers, enquanto anúncios rolam na esteira do caixa da loja divulgando seu revendedor Chevrolet local. Saia e lá se vai um caminhão de lixo da cidade exibindo um anúncio de sacos de lixo Glad ou um ônibus escolar exibindo um anúncio de pizza do Little Caesar. Um hidrante próximo está estampado com a propaganda das asas de frango "ardentes" do KFC. Você foge para o estádio, mas lá encontra telas de vídeo do tamanho de *outdoors* exibindo anúncios da Budweiser enquanto um dirigível com um quadro de mensagens eletrônicas circula preguiçosamente acima. Em um dia chuvoso, enquanto os trovões ressoam e a chuva começa, os jardineiros cobrem o campo interno com uma lona colorida com a marca Skittles "Prove o arco-íris".
>
> Hoje em dia, é provável que você encontre anúncios, bem... em qualquer lugar. Os táxis ostentam sinais de mensagens eletrônicas ligados a sensores de localização GPS que podem apresentar lojas e restaurantes locais onde quer que estejam. Espaços de propaganda estão sendo vendidos em bilhetes de estacionamento, cartões de embarque de companhias aéreas, catracas de metrô, portões de pedágio de

Os profissionais de *marketing* descobriram uma variedade deslumbrante de mídias alternativas, como essa colorida lona de cobertura de campo "Prove o arco-íris" da marca Skittles.

Carolyn Kaster/AP Photo

rodovias, caixas eletrônicos, latas de lixo municipais e até carros de polícia, mesas de exames médicos e folhetos da igreja. Uma empresa até vende espaço em papel higiênico fornecido gratuitamente para restaurantes, estádios e shoppings – o papel traz logotipos de anunciantes, cupons e códigos que você pode digitalizar com seu *smartphone* para baixar cupons digitais ou *link* para páginas de mídia social dos anunciantes. Agora essa é uma audiência cativa.

Algumas dessas mídias alternativas parecem um tanto implausíveis e, às vezes, irritam os consumidores, que as veem como um excesso. Mas, para muitas empresas, elas podem economizar dinheiro e oferecer um modo de atingir os consumidores selecionados nos locais em que vivem, compram, trabalham e se divertem.

Outra importante tendência que afeta a seleção da mídia é o rápido crescimento do número de *multitarefas de mídia*, pessoas que absorvem mais de uma mídia por vez. Por exemplo, não é raro encontrar alguém vendo TV com o *smartphone* nas mãos, tuitando, publicando stories para os amigos e buscando informações sobre um produto no Google. Um recente levantamento descobriu que 88% dos norte-americanos utilizam outro dispositivo digital enquanto veem TV. Outro estudo descobriu que os consumidores *millennials* e da geração X se envolvem em uma média de três atividades de mídia adicionais enquanto assistem à televisão, incluindo navegação *on-line*, mensagens de texto e leitura de *e-mail*. Embora algumas dessas multitarefas estejam relacionadas ao que estão assistindo na TV – como pesquisar informações relacionadas a produtos e programas – a maioria das multitarefas envolve tarefas não relacionadas aos programas ou anúncios que estão sendo assistidos. Os profissionais de *marketing* precisam levar essas interações de mídia em conta na hora de selecionar os tipos de mídia que vão utilizar.[20]

Seleção dos veículos de mídia específicos. Os responsáveis pelo planejamento de mídia também precisam escolher os melhores veículos de mídia – mídias específicas dentro de cada tipo de mídia geral. Por exemplo, veículos de televisão incluem o seriado *Modern Family* e o noticiário *ABC World News Tonight*. Veículos de revistas incluem a *People*, a *Better Homes and Gardens* e a *ESPN The Magazine*. Veículos *on-line* e móveis incluem o Twitter, o Facebook, o Instagram e o YouTube.

Os responsáveis pelo planejamento de mídia precisam calcular o custo por mil pessoas atingidas por um veículo. Por exemplo, se um anúncio de página inteira em quatro cores na edição nacional da revista *People* custa 402.900 dólares e o público leitor da People é de 3,4 milhões de pessoas, o custo para atingir cada grupo de mil pessoas é de cerca de 119 dólares. O mesmo anúncio na *Forbes* pode custar 169.988 dólares e atingir apenas 650 mil pessoas – um custo por mil de cerca de 262 dólares.[21] O planejador de mídia classifica cada revista considerando o custo por mil pessoas e geralmente favorece as revistas com menor custo por mil consumidores-alvo atingidos. No caso anterior, se um profissional de *marketing* visasse gerentes de negócios, a Forbes provavelmente seria a compra mais econômica, mesmo com leitores gerais mais baixos e um custo por mil mais alto.

As pessoas responsáveis pelo planejamento de mídia também devem considerar os custos de produção de anúncios para as diferentes mídias. Enquanto os custos para produzir anúncios em jornais podem ser muito baixos, os requintados anúncios de televisão podem custar muito dinheiro. Muitos anúncios *on-line* custam pouco para produzir, mas o montante pode aumentar quando se produz vídeos e séries de anúncios feitos para a Internet.

Ao selecionar veículos de mídia específicos, o responsável pelo planejamento precisa ponderar os custos médios e os diversos fatores ligados à eficácia da mídia. Primeiro, ele deve avaliar a qualidade da audiência do veículo. Para um anúncio das fraldas descartáveis Huggies, por exemplo, a revista *Crescer* teria um alto valor de exposição, ao passo que a revista de estilo de vida masculino *Maxim* teria um valor baixo. Em segundo lugar, ele deve considerar o engajamento do público. Os leitores da revista *Vogue*, por exemplo, geralmente prestam mais atenção aos anúncios do que os da *Forbes*. Em terceiro lugar, o planejador de mídia deve avaliar a qualidade editorial do veículo. A *People* e o *Valor Econômico* têm mais credibilidade e prestígio do que a *Tititi* e a *Quem*.

Decisão do timing da mídia. O anunciante também deve decidir como programar a campanha de propaganda no decorrer de um ano. Vamos supor que as vendas de um produto atinjam o ápice em dezembro e caiam muito em março (isso ocorre nos Estados Unidos com equipamentos para atividades ao ar livre praticadas no inverno, por exemplo). A empresa pode variar a programação de sua campanha conforme o padrão sazonal, em oposição a esse padrão ou manter a mesma frequência durante o ano inteiro. A maioria das empresas faz alguma propaganda sazonal.

Por exemplo, a empresas de produtos e serviços para perda de peso tendem a aumentar os esforços de comunicação após o primeiro dia do ano, visando consumidores que deixam seus apetites dominarem durante a temporada de festas. O Vigilantes do Peso, por exemplo, gasta mais de um quarto de seu orçamento anual de propaganda em janeiro. Por outro lado, a Peeps, dos famosos doces de pintinhos e coelhinhos de marshmallow, favoritos da Páscoa, lançou uma campanha "Todo dia é feriado" para ampliar a demanda além da Páscoa, que representa cerca de 70% dos negócios da marca. A campanha agora promove Peeps no Dia dos Namorados, Dia das Bruxas, Dia de Ação de Graças, Natal e outros feriados. Algumas empresas fazem apenas propaganda sazonal: por exemplo, a P&G anuncia seu Vicks NyQuil principalmente durante a temporada de gripes e resfriados.[22]

A campanha "Todo dia é feriado" da Peeps promove os doces de pintinhos e coelhinhos de marshmallow, favoritos das épocas festivas, além da Páscoa – neste caso, no Natal.

Keith Homan/Alamy Stock Photo

As mídias *on-line* e sociais de hoje permitem que os anunciantes criem conteúdo que responda a eventos em tempo real. Em um exemplo clássico, a Oreo reagiu em tempo hábil a uma queda de energia durante o Super Bowl XLVII com um anúncio no Twitter: "Falta de energia? Sem problemas. Você ainda pode mergulhar no escuro". O anúncio de reação rápida foi retuitado e compartilhado dezenas de milhares de vezes em apenas 15 minutos, atraindo mais atenção para a Oreo do que o anúncio de grande orçamento da marca no primeiro trimestre. No ambiente de mídia digital e social de hoje, no entanto, o *marketing* eficaz em tempo real envolve muito mais do que apenas tuítes espontâneos e pontuais. Em vez disso, exige campanhas bem planejadas e de construção de valor, com um fluxo constante de conteúdo que engaje os consumidores no momento (veja o Marketing Real 15.2).

Marcas grandes e pequenas aproveitam o imediatismo e as qualidades de segmentação do *marketing* em tempo real. Por exemplo, o Red Roof Inn vincula regularmente dados de voos de companhias aéreas do serviço de rastreamento de voos da FlightAware com os anúncios de pesquisa *on-line* do Google para transmitir anúncios em tempo real para viajantes retidos que tiveram seus voos cancelados. Por exemplo, quando o Aeroporto O'Hare de Chicago recentemente passou por uma grande onda de cancelamentos de voos, a Red Roof conseguiu garantir o primeiro lugar de anúncio em três quartos dos resultados de pesquisa do Google para "hotéis perto de O'Hare", resultando em um salto de 60% em reservas a partir dessas pesquisas.[23]

Avaliação da eficácia da propaganda e do retorno do investimento

Retorno do orçamento em propaganda
O retorno líquido do investimento em propaganda dividido pelos custos do investimento nela.

A mensuração da eficácia da propaganda e o **retorno do investimento em propaganda** se tornaram questões de grande relevância para a maioria das empresas. A alta administração de muitas empresas frequentemente pergunta a seus gerentes de *marketing*: "Como sabemos se estamos gastando a quantia certa em propaganda?" e "Qual retorno estamos tendo de nossos investimentos em propaganda?"

Os anunciantes devem avaliar regularmente dois tipos de resultados da propaganda: os efeitos de comunicação e os efeitos nas vendas e nos lucros. A medição dos *efeitos de comunicação* de um anúncio ou campanha de propaganda diz se o anúncio e a mídia estão comunicando a mensagem transmitida de forma clara. Os anúncios individuais podem ser testados antes ou depois de serem veiculados. Antes de um anúncio ser lançado, o anunciante pode mostrá-lo aos consumidores, perguntar se gostam dele e medir a lembrança da mensagem ou as mudanças de atitude resultantes do anúncio. Após a veiculação, o anunciante pode analisar como o anúncio afetou a lembrança do consumidor ou a conscientização, o engajamento, o conhecimento e a preferência em relação ao produto. As avaliações dos efeitos de comunicação antes e depois da veiculação podem ser feitas, também, para campanhas de propaganda e conteúdo inteiras.

Os anunciantes desenvolveram técnicas muito boas para medir os efeitos de comunicação de seus anúncios e campanhas. Entretanto, os efeitos da propaganda sobre *as vendas e os lucros* são muito mais difíceis de medir. Por exemplo, que vendas e lucros são gerados por uma campanha que eleva a conscientização da marca em 20% e a preferência da marca em 10%? As vendas e os lucros são afetados por muitos fatores além da propaganda – como características, preço e disponibilidade do produto.

Marketing Real 15.2 | *Marketing* em tempo real: engajando os consumidores na hora

Uma coisa engraçada aconteceu durante o Super Bowl XLVII em Nova Orleans. No início do terceiro trimestre, as luzes do Mercedes-Benz Superdome se apagaram repentinamente. Enquanto 71 mil participantes e 106 milhões de espectadores esperavam incansavelmente e coçavam a cabeça, os engenheiros trabalhavam febrilmente por 34 minutos completos para reparar a queda de energia e acender as luzes novamente. Mas enquanto o apagão foi um desastre para a gerência do Superdome e a CBS Sports e um aborrecimento para jogadores e fãs, pelo menos um profissional de *marketing* enxergou isso como uma oportunidade. Logo após o início do apagão, a marca Oreo da Nabisco tuitou uma mensagem simples: "Energia? Sem problemas. Você ainda pode mergulhar no escuro".

Aquele tuíte único, agora famoso, concebido e aprovado em poucos minutos, chamou mais atenção para a Oreo do que o extravagante anúncio da marca feito no primeiro trimestre. Em uma hora, a mensagem "Mergulhe no escuro" foi retuitada quase 16 mil vezes e acumulou mais de 20 mil curtidas no Facebook, resultando em dezenas de milhões de exposições favoráveis. Nos dias seguintes, a Oreo recebeu muita cobertura da mídia e foi aclamada como "A marca que ganhou o Blackout Bowl". Esses resultados foram bastante impressionantes para uma única piada de um fabricante de biscoitos.

O sucesso de uma linha de texto da Oreo no Super Bowl desencadeou um aumento no *marketing* em tempo real. Marcas de todos os tipos começaram a tentar criar seus próprios "momentos Oreo" alinhando conteúdo de *marketing* com eventos do mundo real e tópicos de tendências por meio de tuítes oportunos, vídeos, entradas de *blog* e postagens de mídia social. Mas, seis anos depois, essas ocorrências espontâneas tornaram-se quase comuns, e muito poucos desses rebatedores rápidos geram tanto interesse ou resposta. No ambiente de conteúdo de *marketing* saturado de hoje, até o famoso momento Oreo "Mergulhe no escuro" pode passar despercebido.

Com certeza, o *marketing* em tempo real agora é maior do que nunca. Mas hoje, à medida que as marcas dominam os mistérios das mídias digitais e sociais, a interação do consumidor em tempo real tornou-se um processo diário, interminável e incessante. Hoje em dia, o sucesso do *marketing* em tempo real resulta de campanhas bem planejadas e de criação de valor e de engajamentos constantes e instantâneos do consumidor que tornam as marcas uma parte autêntica das conversas em tempo real dos clientes. "Agora é mais como um longo jogo do que um relâmpago em uma garrafa", diz um estrategista de *marketing* digital.

Por exemplo, ao contrário do tuíte espontâneo da Oreo, a campanha de *marketing* em tempo real do Super Bowl LII da P&G para a Tide levou meses de planejamento cuidadoso. Em vez de esperar que algo aconteça e reagir a isso, a equipe da marca Tide criou seu próprio momento, monitorou as reações dos consumidores nas mídias sociais e integrou perfeitamente a marca à conversa.

A campanha se concentrou em quatro anúncios "Esso é um anúncio da Tide" com o ator de *Stranger Things*, David Harbour, pedindo aos espectadores que questionassem todos os anúncios que viram durante o jogo. Se eles estavam vendo roupas limpas, era um anúncio da Tide. Um anúncio de 45 segundos no primeiro quarto do jogo preparou as coisas. Ele apresentava vários cenários com *teasers* de carro, cerveja, barbear e outros anúncios antes de revelar: "Não, é um anúncio da Tide". Como você sabe? "Olhe para essas roupas limpas". O anúncio de abertura deixou os espectadores imaginando qual dos anúncios que eles veriam mais tarde era na verdade um anúncio da Tide.

Os anúncios em cada trimestre subsequente mantiveram a questão viva e até promoveram outras marcas da P&G. Um anúncio com Isaiah Mustafa em um cavalo certamente deve ser um anúncio do Old Spice, certo? Não, é um anúncio da Tide. Um anúncio com Mr. Clean dançando com uma mulher limpando sua casa? Também um anúncio da Tide. A P&G até trabalhou com a Anheuser-Busch, exibindo um anúncio no último quarto do jogo, apresentando um clássico cavalo da Budweiser da raça Clydesdale em câmera lenta antes de dar lugar a Harbour com um chapéu de caubói anunciando que seria mais um anúncio da Tide.

Aqui é onde a campanha em tempo real começou. Quando o grande jogo teve início, a sala de guerra da Madison Avenue da Tide ganhou vida. A equipe da marca – incluindo profissionais de *marketing*, especialistas em mídia social, representantes de agências de propaganda e até representantes de vendas do Twitter – havia planejado de seis a dez tuítes para cada quarto de jogo, além de videoclipes adicionais para postar no Facebook e no YouTube. A equipe também estava preparada para improvisar à medida que os eventos se desenrolavam. Por exemplo, quando a transmissão da TV de repente ficou preta durante o jogo, a equipe habilmente tuitou, à la Oreos: "Roupas limpas ainda são limpas no escuro. Se estiver limpo, é um #TideAd". Para aumentar o drama, a equipe até zombou de outras marcas. Durante um anúncio da Mercedes, por exemplo, ela postou: "Robusto, elegante, confiável, número 1 em satisfação inicial do cliente". E em vez de postar um tuíte mostrando Harbour na cama com uma mensagem de "Bom dia" no dia seguinte, como pretendido, a equipe mudou de jogada na última hora e postou como a parte final do conteúdo do Super Bowl daquela noite uma mensagem de despedida: "Bons sonhos, sua linda e limpa."

A campanha em tempo real "Esse é um anúncio da Tide" foi nada menos que um golpe no Super Bowl. Segundos após o anúncio do primeiro quarto, a mídia social se iluminou com tuítes e retuítes de comentários como "Ok, este #TideAd é brilhante", "Todo comercial é um #TideAd agora" e "Droga, Tide! Você tem pessoas com dúvidas agora #TideAd". A campanha foi além dos intervalos comerciais com tuítes como "Esse jogo inteiro é um #TideAd" e "MINHA VIDA É UM #TideAd". Nos dias que se seguiram, blogueiros, jornalistas,

***Marketing* em tempo real: o agora famoso tuíte "Você ainda pode mergulhar no escuro" da Oreo desencadeou um aumento no *marketing* em tempo real. Mas hoje, o sucesso do *marketing* em tempo real resulta de engajamentos bem planejados e constantes do consumidor na hora, que tornam as marcas uma parte autêntica das conversas com o consumidor em tempo real.**

Sean Strong Photography/Shutterstock

apresentadores de programas matinais e locutores esportivos comentaram sobre a campanha. Outras marcas, de M&Ms ao concorrente Persil, pularam na euforia do "Esse é um anúncio da Tide" com anúncios próprios inteligentes esclarecendo: "Esse não é um comercial da @Tide".

Durante a transmissão do Super Bowl, as menções de mídia social da Tide aumentaram para 163.800, enquanto os engajamentos sociais aumentaram 2.500%. Quando a poeira baixou, muitos dias depois, a Tide havia conquistado 3,6 bilhões de impressões na mídia e um aumento de 35% nas vendas. A revista *Time* até proclamou: "A Tide ganhou o Super Bowl".

Embora o momento de *marketing* em tempo real da Tide tenha sido um grande sucesso, ainda era apenas um momento, construído em torno de um megaevento específico. Tais eventos são raros e, uma vez mais, a magia logo desaparece. Assim, para ser consistentemente bem-sucedido, o *marketing* em tempo real deve se tornar parte de uma estratégia mais ampla e cuidadosamente concebida que torne a própria marca uma parte contínua do compartilhamento social dos consumidores. "A sala de guerra [em tempo real] deu lugar a um acampamento", diz o estrategista digital. "O *marketing* em tempo real precisa ser uma estratégia integrada durante todo o ano".

Veja a Wendy's, por exemplo. A cadeia de hambúrgueres é bem conhecida por seus comentários no Twitter, provocando os concorrentes para o deleite de seus mais de 3 milhões de fãs no Twitter. "Gostamos de nossos tuítes da mesma forma que gostamos de fazer hambúrgueres: melhor do que qualquer um espera de um *fast-food*", proclama a rede. Quando um tweeter perguntou: "@Wendy's Quanto custa um Big Mac?", a Wendy's respondeu: "Sua dignidade". Quando um fã do Burger King postou: "Ei, @Wendys, vocês podem usar minha coletânea de músicas para grelhar seus hambúrgueres se quiserem #JustSayin", a Wendy respondeu: "Preferimos manter nossa comida fresca e quente". E quando o Sr. Peanut, da Planter, instigou a Wendy's no Dia Nacional do Assado com um "Tudo bem, @Wendy's. Asse esta noz!" No tuíte, a Wendy's voltou rapidamente com um irônico "Parabéns por ser o pior tipo de nozes". Esses comentários em tempo real mantêm os clientes fiéis da Wendy's voltando para mais. "Enquanto os profissionais de *marketing* queriam ser a Oreo em 2013, agora querem ser a Wendy's", diz um analista. "As pessoas tuítam para a Wendy's e todo mundo espera e assiste com a respiração suspensa para o que a marca de hambúrgueres dirá de volta".

Como a Wendy's, a maioria das marcas – seja a Nike, a Starbucks, a Moonpie ou a Pop Tarts – agora está trabalhando para aproveitar o poder do *marketing* em tempo real para envolver os clientes na hora. Alguns o fazem bem; outros ainda estão aprendendo. Mas feito corretamente, o *marketing* em tempo real pode conectar uma marca com o que está acontecendo, e é importante na vida dos consumidores manter a conversa em andamento. "O *marketing* em tempo real costumava ser apenas o conteúdo", diz o estrategista. "Mas agora o conteúdo é a faísca da conversa e ajuda as marcas a construir um relacionamento com os seguidores".[24]

Um modo de medir os efeitos da propaganda nas vendas e nos lucros consiste em comparar as vendas e lucros anteriores com gastos anteriores em propaganda. Outro modo é por meio da experimentação. Por exemplo, para testar os efeitos de diferentes níveis de gasto com propaganda, a Coca-Cola poderia variar a quantidade de gastos em diversas áreas do mercado e medir as diferenças nos níveis resultantes de vendas e lucros. Podem ser elaboradas experimentações mais complexas, que incluiriam outras variáveis, como diferenças nos anúncios ou na mídia utilizada.

Entretanto, como são muitos os fatores que afetam a eficácia da propaganda – alguns controláveis e outros não –, a medição dos resultados dos gastos continua sendo uma ciência inexata. Os gestores geralmente precisam se apoiar em grandes doses de julgamento junto com a análise quantitativa ao avaliar o conteúdo e o desempenho da propaganda. Isso é especialmente verdade nesta era digital faminta por conteúdo, onde grandes quantidades de anúncios e outros conteúdos são constantemente produzidos e executados de modo virtual e em tempo real. Assim, enquanto as empresas tendem a testar cuidadosamente os anúncios de mídia tradicionais de grande orçamento antes de executá-los, o conteúdo de *marketing* digital geralmente não é testado.

Outras considerações sobre a propaganda

Ao desenvolver estratégias e programas de propaganda, a empresa deve considerar duas questões adicionais. Primeiro, como ela organizará sua função de propaganda – quem executará quais tarefas da campanha? Além disso, como adaptará suas estratégias e programas de propaganda às complexidades dos mercados internacionais?

Organização para a propaganda

Diferentes empresas se organizam de maneiras distintas para lidar com a propaganda. Em empresas pequenas, a propaganda pode ficar sob a responsabilidade de alguém que trabalhe no departamento de vendas. Grandes empresas possuem departamentos de propaganda, cuja tarefa é definir o orçamento, trabalhar em parceria com a agência de propaganda e cuidar das propagandas que não são feitas pela agência. A maioria das grandes empresas, entretanto, utiliza agências de propaganda externas por causa das diversas vantagens que elas oferecem.

Agência de propaganda
Uma empresa que presta serviços de comunicação de *marketing* e auxilia outras organizações a planejar, preparar, implementar e avaliar todos os seus programas de propaganda ou parte deles.

Como funciona uma **agência de propaganda**? Essas agências foram criadas entre a metade e o final do século XIX por vendedores e corretores que trabalhavam para os veículos de mídia e recebiam uma comissão pela venda de espaço comercial para as empresas. Com o tempo, os vendedores começaram a ajudar os clientes a preparar seus anúncios. Em um determinado momento, eles fundaram agências e se aproximaram mais dos anunciantes do que da mídia.

Hoje, as agências empregam especialistas que, muitas vezes, executam as tarefas de propaganda muito melhor do que o pessoal da empresa. As agências também contribuem não só com um ponto de vista externo para a solução dos problemas da empresa, mas também com a grande experiência adquirida ao trabalhar com diferentes clientes e situações. Assim, hoje, mesmo as empresas com fortes departamentos de propaganda utilizam agências.

Algumas agências de propaganda são enormes; A Y&R, um dos maiores grupos de agências dos Estados Unidos, tem receita bruta anual nos de 4,1 bilhões de dólares. Nos últimos anos, muitas agências cresceram absorvendo outras, criando grandes holdings de agências de propaganda. O maior desses megagrupos, a WPP, inclui várias grandes agências de propaganda, relações públicas, *marketing* digital e promoção com receitas mundiais combinadas de mais de 19,7 bilhões de dólares.[25]

A maioria das grandes agências de propaganda dispõe de pessoal e de recursos para lidar com todas as fases de uma campanha de propaganda para seus clientes, desde a criação de um plano de comunicação de *marketing* até o desenvolvimento de campanhas, passando pela preparação, veiculação e avaliação dos anúncios e outros conteúdos de marca.

Grandes marcas geralmente empregam várias agências para lidar com tudo, desde campanhas de propaganda em mídia de massa até *marketing* de compras e conteúdo de mídia social.

Decisões de propaganda internacional

Os anunciantes internacionais enfrentam muitas complexidades que não são encontradas pelos anunciantes nacionais. A questão mais básica é determinar até que ponto a propaganda global deve ser adaptada às características singulares dos mercados de vários países.

Alguns grandes anunciantes tentaram apoiar suas marcas globais com propaganda mundial altamente padronizada, apostando em campanhas que funcionam tão bem em Bangcoc quanto em Baltimore. Por exemplo, a Coca-Cola segue uma estratégia de "marca única" sob a qual unifica seus elementos criativos e apresentação da marca sob um tema global "Sinta o sabor". O "Se abra com Oreo" da Oreo é executado em 50 mercados globais com uma mensagem universal simples – "Abra seu coração para pessoas diferentes e você descobrirá semelhanças". E há alguns anos, a Chevrolet trocou seu tema anterior de posicionamento e propaganda "A Chevrolet vai fundo", com foco no público norte-americano, por um tema mais global: "Encontre novos caminhos". O novo tema "funciona em todos os mercados", diz um executivo de *marketing* da GM. "O tema tem significado em mercados maduros como os Estados Unidos, bem como em mercados emergentes como Rússia e Índia, onde o potencial de crescimento contínuo é maior". Era a hora certa para uma mensagem de marca mais forte globalmente para a Chevrolet. A empresa vende carros em mais de 140 países, e quase dois terços de suas vendas estão agora fora dos Estados Unidos, em comparação com apenas um terço há pouco mais de uma década.[26]

Propaganda internacional: a Chevrolet unificou sua propaganda global sob o tema "Encontre novos caminhos" que tem significado em todos os mercados – neste caso, na Rússia.

General Motors

Nos últimos anos, a crescente popularidade do *marketing on-line* e do compartilhamento em mídias sociais aumentou a necessidade de padronização da propaganda para marcas globais. Os consumidores conectados agora podem cruzar facilmente as fronteiras pela Internet e pelas mídias sociais, dificultando para os anunciantes lançar campanhas adaptadas de maneira controlada e ordenada. Como resultado, a maioria das marcas globais de consumo, pelo menos, coordena seus *sites* digitais internacionalmente. Por exemplo, os *sites* de mídias sociais e Web da Coca-Cola em todo o mundo, da Austrália e Argentina à França, Romênia e Rússia, são surpreendentemente uniformes. Todos apresentam o conhecido vermelho, as formas icônicas de garrafas e a música com o tema "Sinta o sabor" da Coca-Cola.

A padronização traz muitos benefícios – custos de campanha mais baixos, maior coordenação global da propaganda e imagem mundial mais consistente. Mas ela também apresenta desvantagens. A mais importante delas: a padronização ignora o fato de que a cultura, a demografia e as condições econômicas dos mercados de cada país diferem bastante. Assim, a maioria dos anunciantes internacionais "pensa globalmente, mas age localmente". Eles desenvolvem *estratégias* de propaganda globais que tornam seus esforços mundiais mais eficientes e consistentes. Em seguida, adaptam seus *programas* de propaganda para que tenham mais a ver com as necessidades e as expectativas dos mercados locais. Por exemplo, apesar de a Visa utilizar o tema "Onde você quiser estar" no mundo todo, anúncios em localidades específicas empregam a linguagem e o imaginário de inspiração locais, o que torna o tema relevante para os mercados em que eles aparecem.

Os anunciantes globais se deparam com diversos problemas especiais. Por exemplo, os custos e a disponibilidade de mídia de propaganda diferem consideravelmente de país para país. E também há diferenças no grau de regulamentação das práticas de propaganda. Muitos países têm uma abrangente legislação que restringe o valor que uma empresa pode gastar em propaganda, a mídia utilizada, a natureza dos conteúdos apresentados e outros aspectos do programa de propaganda. Essas restrições, muitas vezes, exigem que os anunciantes adaptem suas campanhas de um país para outro.

Assim, embora os anunciantes possam desenvolver estratégias globais para orientar seus esforços gerais de propaganda, geralmente os programas específicos precisam ser adaptados para atender à cultura e aos costumes, às características da mídia e às regulamentações locais.

Comentário do autor | Não muito tempo atrás, as relações públicas eram consideradas um "enteado" do *marketing* por causa de seu uso limitado de *marketing*. No entanto, essa situação mudou rapidamente nos últimos anos, à medida que as empresas reconhecem cada vez mais a colaboração das relações públicas na construção da marca, no engajamento do cliente e no poder social.

Relações públicas

Objetivo 15.3 Definir o papel das relações públicas no *mix* de promoção.

Relações públicas (RP) Construção de um bom relacionamento com os vários públicos da empresa, com o objetivo de obter publicidade favorável, desenvolver uma boa imagem corporativa e administrar ou conter boatos, histórias ou eventos desfavoráveis.

Outra importante ferramenta de promoção, as **relações públicas (RP)** consistem de atividades desenvolvidas com o objetivo de construir um bom relacionamento com os diversos públicos da empresa. Os departamentos de relações públicas podem desempenhar qualquer uma das seguintes funções ou todas elas:[27]

- *Assessoria de imprensa ou relações com a imprensa:* criação e inserção de informações de interesse público em diferentes mídias, a fim de atrair a atenção para uma pessoa, produto ou serviço.
- *Publicidade de produto ou marca:* divulgação de produtos específicos.
- *Assuntos de interesse público:* construção e manutenção de relacionamentos nacionais ou com comunidades locais.
- *Atividades de relações governamentais:* construção e manutenção de relacionamentos com legisladores e funcionários do governo para influenciar nas leis e nas regulamentações.
- *Relações com investidores:* manutenção de relacionamentos com acionistas e outros representantes da comunidade financeira.
- *Desenvolvimento:* trabalho junto a doadores ou membros de organizações sem fins lucrativos para conseguir apoio financeiro ou auxílio voluntário.

As relações públicas são utilizadas para promover produtos, pessoas, lugares, ideias, atividades, organizações e até mesmo países. As empresas as usam para construir bons relacionamentos com consumidores, investidores, a mídia e suas comunidades. As relações públicas são frequentemente usadas para criar suporte para eventos e ações de interesse jornalístico da empresa. Por exemplo, alguns anos atrás, quando a CVS Health anunciou sua decisão ousada de parar de vender cigarros e produtos à base de tabaco em suas lojas – embora isso significasse sacrificar US$ 2 bilhões em receitas relacionadas ao tabaco –, ela sabia que a decisão seria manchete. Mas não deixou ao acaso sobre como a história completa seria contada. Em vez disso, a CVS criou uma campanha abrangente de relações públicas "A CVS parou de vez" para dizer aos consumidores, à Wall Street e à comunidade de saúde que a decisão beneficiaria os clientes e a empresa:[28]

> A campanha de relações públicas "A CVS parou" começou com anúncios de página inteira no *The New York Times*, *The Wall Street Journal*, *The Boston Globe* e outros grandes jornais, juntamente com comunicados de imprensa multimídia com anúncios em vídeo do presidente da CVS e outros líderes da empresa. Os anúncios e comunicados explicavam que abandonar os produtos à base de tabaco "é simplesmente a coisa certa a se fazer para o bem de nossos clientes e de nossa empresa", consistente "com nosso propósito – ajudar as pessoas em seu caminho para uma saúde melhor". A CVS também criou um *site* (cvsquits.com) repleto de informações, juntamente com uma hashtag #cvsquits e banners anunciando a decisão em muitos *sites* da empresa na Web e nas mídias sociais. A história "A CVS parou" foi abocanhada pela grande mídia impressa e televisiva, criando cerca de 2.557 menções em televisão e mais de 218 milhões de impressões totais de mídia. A notícia também se tornou viral *on-line*, tornando-se um dos principais tópicos de tendências no Facebook e no Twitter e gerando 200 mil menções nas mídias sociais e 152 mil compartilhamentos.
>
> No dia em que a decisão entrou em ação, o CEO da CVS tocou a campainha da Bolsa de Valores de Nova York e os executivos da CVS Health apagaram um cigarro de 15 metros de altura em um evento no Bryant Park, em Nova York. Ambos os eventos receberam cobertura substancial da mídia. Por fim,

ao mesmo tempo em que vetou os produtos derivados do tabaco, a CVS lançou uma campanha nacional para ajudar fumantes a abandonar o hábito do fumo, consolidando a mensagem da empresa de "ajudar as pessoas no caminho para uma saúde melhor" e gerando notícias ainda mais positivas.

A campanha de relações públicas "A CVS parou" alcançou resultados impressionantes. No Capitólio, oito senadores dos Estados Unidos, 12 membros da Câmara e outros líderes influentes divulgaram declarações pedindo a outros varejistas que seguissem os passos da CVS. O preço das ações da CVS saltou 9,2% nas três semanas após o anúncio. Uma pesquisa mostrou que um em cada quatro consumidores que não compram atualmente nas farmácias CVS disseram que passariam a comprar suas prescrições lá depois que a empresa parasse de vender derivados de tabaco. Com isso, "A CVS parou" foi eleita a campanha do ano da *PR Week*. "Este é um novo padrão em relações públicas", disse um juiz. "Grande decisão de negócios que levou a resultados surpreendentes de relações públicas [que tiveram] um impacto comercial real no valor das ações, no comportamento do consumidor e na reputação da marca".

O papel e o impacto das relações públicas

Assim como outras formas de promoção, as relações públicas têm o poder de engajar os consumidores e tornar a marca parte de suas vidas e conversações. No entanto, as relações públicas podem ter um forte impacto a um custo muito menor do que a propaganda. Histórias de marca, eventos, vídeos ou outros conteúdos interessantes podem ser captados por diferentes mídias ou compartilhados de forma viral pelos consumidores, gerando o mesmo, ou um maior, impacto do que uma propaganda que custaria milhões de dólares. Considere uma recente campanha de RP da grande empresa de investimentos de Wall Street, a State Street Global Advisors:[29]

Na véspera do Dia Internacional da Mulher de 2017, a State Street colocou uma pequena estátua de bronze de 4 pés de altura no coração do distrito financeiro de Nova York, em frente à estátua muito maior do Charging Bull (touro em investida) de Wall Street, o símbolo icônico da força corporativa na América do Norte. Apesar de pequena em estatura, a estátua – chamada de "Fearless Girl" (garota destemida) – enviou uma mensagem poderosa. Mostrava uma jovem orgulhosamente desafiadora com as mãos nos quadris e o queixo erguido. O objetivo era promover o fundo "Índice de Diversidade de Gênero" da State Street, que investe em grandes empresas com alto nível de diversidade de gênero em sua liderança sênior. Mais importante, deu início à campanha "Garota destemida" que destacou o apoio da State Street à diversidade de gênero nos conselhos corporativos. A placa abaixo da estátua dizia: "Conheça o poder das mulheres na liderança. ELA faz a diferença". (SHE também é o símbolo NASDAQ do fundo.) No dia em que inaugurou a estátua, a State Street convocou as mais de 3.500 empresas nas quais investe em nome de clientes a tomar medidas para aumentar o número de mulheres em seus conselhos corporativos.

O poder das relações públicas: uma simples estátua com uma grande mensagem, apoiada por uma campanha de relações públicas criativa, teve um impacto maior e mais duradouro do que até mesmo o anúncio mais memorável do Super Bowl, provavelmente a um custo menor.

AP/Shutterstock

A campanha da "Garota destemida" foi uma sensação instantânea. Atraiu grandes multidões em Nova York e gerou mais de 10 bilhões de impressões de mídia social, impressa e digital em seis continentes, provocando conversas globais sobre o poder das mulheres na liderança corporativa. A campanha também inspirou mais de 420 empresas em todo o mundo a adicionar uma diretora feminina aos seus conselhos, até então exclusivamente masculinos. Originalmente com uma licença municipal concedida de uma semana, a estátua permaneceu no local até dezembro de 2018, quando ela e o Charging Bull foram transferidos para um local de frente para a Bolsa de Valores de Nova York. E no início de 2019, a State Street instalou uma réplica da Fearless Girl na Paternoster Square, em Londres, de frente para a Bolsa de Valores de Londres, onde serve como um lembrete constante de que ter mulheres na liderança é bom para os negócios. A moral: uma estátua simples com uma grande mensagem, apoiada por uma campanha de relações públicas criativa, teve um impacto maior e mais duradouro do que até mesmo o anúncio mais memorável do Super Bowl, provavelmente a um custo menor.

Apesar de seus potenciais pontos fortes, as relações públicas são, de vez em quando, descritas como o "enteado do *marketing*", por conta de sua utilização, muitas vezes, limitada e esparsa. O departamento de RP geralmente fica na sede das empresas ou, então, as atividades são executadas por uma agência terceirizada. Seu pessoal está sempre tão ocupado lidando com vários públicos – acionistas, funcionários, legisladores e a imprensa – que pode acontecer de programas de RP para apoiar os objetivos de *marketing* de um produto serem ignorados. Além disso, gerentes de *marketing* e profissionais de RP nem sempre falam a mesma língua. Muitos profissionais de RP consideram seu trabalho como algo ligado simplesmente à comunicação, ao passo que os gerentes de *marketing* tendem a se interessar muito mais pelo modo como a propaganda e as atividades de RP afetam a construção da marca, as vendas, os lucros, o envolvimento dos clientes e o relacionamento com eles.

Mas essa situação está mudando. Embora na maioria das empresas as relações públicas ainda fiquem com uma pequena parte do orçamento geral de *marketing*, as atividades de RP podem ser uma poderosa ferramenta de construção de marca. E, nessa era digital, as linhas que separam a propaganda e as relações públicas estão cada vez mais e mais embaralhadas. Por exemplo, os *sites*, os *blogs*, as redes sociais e os vídeos virais voltados para uma marca são esforços de propaganda, de RP ou de outra coisa? No fim, tudo é conteúdo de *marketing*. E à medida que o uso de conteúdo digital conquistado e compartilhado cresce rapidamente, as relações públicas estão desempenhando um papel maior no gerenciamento do conteúdo de *marketing*.

Mais do que qualquer outro departamento, o de RP sempre foi responsável por criar conteúdo de *marketing* relevante que atraia os consumidores para a marca, em vez de empurrar mensagens a eles. "Os profissionais de RP são os mestres contadores de histórias de uma organização. Em uma palavra, eles *fazem* conteúdo", diz um especialista. "A ascensão das mídias sociais [está] tirando os profissionais de RP dos bastidores, elaborando comunicados de imprensa e organizando eventos, para a vanguarda do desenvolvimento da marca e do engajamento do cliente", diz outro. Os profissionais de RP "têm uma vantagem porque sempre tiveram que ganhar atenção, enquanto [profissionais de propaganda] compravam atenção".[30] A questão é que as relações públicas devem trabalhar lado a lado com a propaganda dentro de um programa integrado de comunicação de *marketing* para ajudar a construir o envolvimento e o relacionamento com o cliente.

Principais ferramentas de relações públicas

Objetivo 15.4 Explicar como as empresas utilizam RP para se comunicar com seus públicos.

As relações públicas utilizam diversas ferramentas. Uma das mais importantes é a *notícia*. Os profissionais de RP encontram ou criam notícias favoráveis sobre a empresa e seus produtos ou pessoas. Às vezes, histórias novas acontecem naturalmente; outras vezes, o profissional de RP pode sugerir acontecimentos ou atividades que gerariam notícias. Outra ferramenta comum de RP são os *eventos especiais*, que vão desde coletivas de imprensa, palestras, excursões de marca, patrocínios, apresentações multimídia e programas educacionais elaborados para atingir e despertar o interesse dos públicos-alvo.

Os profissionais de RP também preparam *materiais escritos* para atingir e influenciar seus mercados-alvo. Entre esses materiais estão relatórios anuais, brochuras e artigos, bem como *newsletters* e revistas da empresa. Os *vídeos* estão sendo cada vez mais usados como ferramentas de comunicação. *Materiais de identidade corporativa* também podem ajudar a criar uma identidade organizacional que o público reconheça imediatamente. Logos, papéis padronizados, catálogos, placas, formulários, cartões de visita, edifícios, uniformes, carros e caminhões da empresa – tudo isso se transforma em ferramentas de *marketing* quando são atrativos, distintivos e marcantes. Por fim, as empresas podem melhorar o modo como são vistas, contribuindo com dinheiro e tempo para *atividades ligadas a serviços de utilidade pública*.

Como discutido anteriormente, a Web e as mídias sociais também são importantes canais de RP. *Sites*, *blogs* e redes sociais fornecem maneiras de alcançar e engajar as pessoas. Como observado, contar histórias e promover engajamento são os principais pontos fortes das relações públicas, e isso funciona bem no uso das mídias *on-line*, móveis e sociais.

Como acontece com as outras ferramentas de promoção, ao considerar quando e como usar produtos de RP, a gerência deve estabelecer os objetivos de RP, escolher as mensagens e os veículos, implementar o plano e avaliar os resultados. As relações públicas da empresa devem ser combinadas, com harmonia, às outras atividades promocionais que fazem parte do esforço geral de comunicação integrada de *marketing*.

Revisão e extensão dos conceitos

Revisão dos objetivos

As empresas devem fazer mais do que fabricar um bom produto – elas devem informar os consumidores sobre os benefícios do produto e posicioná-lo cuidadosamente na mente deles. Para isso, elas precisam dominar a *propaganda* e as *relações públicas*.

Objetivo 15.1 Definir o papel da propaganda no *mix* de promoção *(p. 416-417)*

A *propaganda* – o uso de mídia paga por uma empresa vendedora para informar, persuadir e lembrar os consumidores de seus produtos ou de sua organização – é uma importante ferramenta de promoção para engajar clientes e comunicar o valor que as empresas criam para eles. As empresas norte-americanas gastam mais de 210 bilhões de dólares por ano em propaganda, e os gastos mundiais superam os 563 bilhões. A propaganda assume muitas formas e tem muitos usos. Embora seja mais utilizada por empresas comerciais, a propaganda também é usada por uma série de organizações sem fins lucrativos, profissionais liberais e órgãos sociais, para divulgar suas causas a diversos públicos-alvo. As *relações públicas* – engajamento dos diversos públicos da empresa e construção de boas relações com eles – são a menos utilizada das principais ferramentas de promoção, embora tenha grande potencial para construir conscientização e preferência do consumidor.

Objetivo 15.2 Descrever as principais decisões envolvidas no desenvolvimento de um programa de propaganda *(p. 417-434)*

O processo de *tomada de decisões de propaganda* envolve definir objetivos, orçamento, mensagem e mídia e avaliar os resultados. Os anunciantes devem estabelecer objetivos claros ligados ao público-alvo, à tarefa e ao *timing*, independentemente de o objetivo da campanha ser informar, engajar, persuadir ou lembrar os compradores. A meta da propaganda é conduzir os consumidores ao longo dos estágios de disposição de compra discutidos no Capítulo 14. Algumas campanhas são elaboradas para incitar as pessoas à ação imediata. Entretanto, muitos outros anúncios vistos hoje em dia têm como foco construir ou fortalecer engajamento e relacionamentos de longo prazo com o cliente. O *orçamento* de propaganda depende de uma série de fatores. Não importa qual é o método utilizado: definir o orçamento de propaganda não é uma tarefa fácil.

A estratégia de propaganda consiste em dois elementos principais: a criação de mensagens e a seleção da mídia. A *decisão de mensagem* exige o planejamento da estratégia de mensagem e a execução eficiente dessa estratégia. Boas mensagens de propaganda são especialmente importantes no ambiente caro e saturado da propaganda de hoje. Só para atrair e reter a atenção, as mensagens hoje em dia precisam ser mais bem planejadas, mais criativas, divertidas e gratificantes para os consumidores. Na verdade, muitas empresas atualmente estão adotando uma nova fusão de propaganda e entretenimento para romper a saturação. A *decisão de mídia* envolve a definição das metas de alcance, frequência, impacto e engajamento; a seleção dos principais tipos de mídia; a escolha dos veículos de mídia; e a decisão do *timing* da mídia. As decisões de mensagem e mídia devem ser muito bem coordenadas para que a campanha tenha o máximo de eficácia.

Para completar, a *avaliação* requer a análise dos efeitos de comunicação e sobre as vendas antes, durante e depois da veiculação da campanha. A contabilização da propaganda se tornou uma questão importante para a maioria das empresas. Cada vez mais, a alta administração está perguntando: "Que retorno estamos obtendo de nosso investimento em propaganda?" e "Como sabemos se estamos gastando a quantia certa?" Outras importantes questões envolvendo a propaganda são: a *organização* para a propaganda e a abordagem das complexidades ligadas à propaganda *internacional*.

Objetivo 15.3 Definir o papel das relações públicas no *mix* de promoção *(p. 434-436)*

As relações públicas são usadas para promover produtos, pessoas, lugares, ideias, atividades, organizações e até mesmo países. As empresas utilizam as relações públicas para provocar engajamento e construir um bom relacionamento com consumidores, investidores, a mídia e suas comunidades. As atividades de RP podem causar um grande impacto sobre a conscientização do público a um custo muito mais baixo do que o da propaganda. Apesar de ainda ficarem com uma parte pequena do orçamento geral de *marketing* da maioria das empresas, as relações públicas estão exercendo um papel cada vez mais importante de construção da marca. Na era digital, as linhas que separam a propaganda das relações públicas estão cada vez mais e mais embaralhadas.

Objetivo 15.4 Explicar como as empresas utilizam as relações públicas para se comunicar com seus públicos *(p. 436)*

As empresas utilizam as relações públicas para se comunicar com seus públicos definindo os objetivos de RP, escolhendo as mensagens e os veículos, implementando o plano e avaliando os resultados. Para atingir essas metas, os profissionais de RP usam diversas ferramentas, como notícias, palestras e eventos especiais. Eles também preparam materiais escritos, audiovisuais e de identidade corporativa, além de investirem dinheiro e tempo em atividades ligadas a serviços de utilidade pública. A Internet está se tornando um canal de RP cada vez mais importante, à medida que *sites*, *blogs* e redes sociais oferecem novas formas interessantes de atingir mais pessoas.

Termos-chave

Objetivo 15.1

Propaganda (p. 416)

Objetivo 15.2

Objetivo da propaganda (p. 417)
Orçamento de propaganda (p. 419)
Estratégia de propaganda (p. 421)
Propaganda nativa (p. 423)
Conceito de criação (p. 424)
Estilo de execução (p. 425)
Mídia de propaganda (p. 426)
Retorno do orçamento em propaganda (p. 430)
Agência de propaganda (p. 432)

Objetivo 15.3

Relações públicas (RP) (p. 434)

Questões para discussão

15.1 Que decisões importantes um gerente de *marketing* deve considerar ao desenvolver um programa de propaganda?

15.2 O que é propaganda nativa e por que seu uso pelos profissionais de *marketing* aumentou?

15.3 Cite e explique os dois principais elementos no desenvolvimento da estratégia de propaganda.

15.4 Quais são as três características que os apelos de propaganda devem ter?

15.5 Defina relações públicas e explique as muitas funções que elas exercem.

15.6 Discuta as principais ferramentas usadas pela equipe de relações públicas para comunicar um conteúdo de *marketing* relevante.

Atividades de pensamento crítico

15.7 Pesquise no YouTube três de seus comerciais de televisão favoritos, cada um usando um estilo de execução diferente. Para cada anúncio, identifique o estilo de execução utilizado e o público-alvo. É um bom anúncio? Esteja preparado para apresentar os comerciais e apoiar suas conclusões.

15.8 Visite o *site* do OBIE Awards, que celebra a excelência criativa na propaganda. Vá para a seção de vencedores atuais e selecione uma das campanhas vencedoras (obieawards.org/Current-Winners). Avalie a campanha. Descreva como o anunciante usou o(s) veículo(s) de mídia para atingir o público-alvo e engajá-lo.

15.9 A Nike ofereceu um filtro de stories que permite que os usuários usem virtualmente o kit de futebol feminino dos Estados Unidos. Os torcedores da seleção feminina de futebol norte-americana puderam experimentar as camisas por meio de um filtro de realidade aumentada e depois deslizar para cima para comprá-las no *site* da Nike.com. Que fatores podem ter influenciado a decisão da Nike de anunciar dessa forma?

CASOS E APLICAÇÕES

Marketing digital Plum Organics: criando filhos sem filtros

A Plum Organics, uma marca de comida orgânica para bebês, criou uma campanha em vídeo chamada "Criando filhos sem filtros", que celebrava a bagunça e as complicações associadas à criação de filhos. A campanha não apresentava um produto; foi uma campanha de estilo de vida projetada para que os pais conversassem entre si e se envolvessem com a marca. Ela mostrou vídeos de pais e mães reais tendo momentos reais e não filtrados (por exemplo, um funeral para um peixinho dourado) e fez parceria com pais e mães influentes que engajaram os consumidores em uma variedade de plataformas usando #ParentingUnfiltered. A Plum lançou uma campanha social multiplataforma para apoiar o lançamento dos vídeos. O objetivo era criar uma conversa que outras pessoas pudessem voltar e referenciar ao longo do tempo e oferecer conteúdo gerado pelo usuário, na forma de cartões de férias realistas que as pessoas pudessem compartilhar, para aumentar o engajamento. A campanha resultou em mais de quatro milhões de visualizações de vídeo e centenas de milhares de engajamentos em todas as plataformas.

15.10 A Plum Organics optou por concentrar sua propaganda nas dimensões do estilo de vida associadas à criação de filhos e não em seus produtos. Quais são os pontos positivos e negativos dessa abordagem?

15.11 Crie um esboço para uma campanha de relações públicas focada em *marketing* para ser executada junto com a campanha de propaganda "Criando filhos sem filtro". O que a campanha de RP abrangeria? Como complementaria a campanha de propaganda?

Marketing e ética Refeições reais do Burger King

O Burger King lançou recentemente "Refeições reais" em mercados selecionados para transmitir uma mensagem importante sobre saúde mental. As Refeições reais vêm em cinco variedades, incluindo uma Refeição brava (para momentos de raiva) e uma Refeição azul (para momentos de tristeza). Os anúncios estendem o conceito do Burger King de permitir que os clientes também devam se sentir como quiserem. A campanha alavancou a rivalidade do Burger King com o concorrente McDonald's, que lançou o McLanche Feliz em 1979, ao observar que ninguém está feliz o tempo todo. No entanto, o objetivo do Burger King era aumentar a visibilidade de questões relacionadas ao bem-estar mental durante o Mês de Conscientização da Saúde Mental (maio) e doar uma parte das vendas para a ONG de cuidados com a saúde mental Mental Health America. A empresa observou que a mídia social pode encorajar as pessoas a parecerem felizes e perfeitas; e o Burger King quer que os consumidores sejam eles mesmos. Os usuários das redes sociais reagiram positivamente à decisão da rede de incluir a saúde mental nas questões sociais que aborda. Outras questões incluíam o imposto rosa e a neutralidade da rede.

15.12 Que desafios o Burger King pode enfrentar se optar por levar essa campanha globalmente?

15.13 É ético para o Burger King usar propaganda que enfatize emoções negativas para vender seus produtos?

Marketing em números Custos de propaganda

Uma medida comum de eficiência de propaganda é o custo por mil (CPM), que é o custo do anúncio por mil contatos potenciais do público. Embora todos os membros do público sejam importantes para os anunciantes, aqueles na faixa demográfica de 18 a 49 anos são os mais cobiçados pela maioria, porque são os mais difíceis de alcançar com mensagens de propaganda. Como esses espectadores basicamente fazem ou quebram o sucesso de um programa de TV, as redes de televisão destacam essa faixa demográfica ao fornecer números de audiência. O gráfico mostrado a seguir ilustra os custos médios (em dólares) e o tamanho da audiência de alguns dos programas de televisão favoritos do horário nobre dos Estados Unidos durante um período de cinco semanas em 2018.

Embora os cálculos de custo por mil para programas de televisão sejam normalmente feitos por família e não por espectador, comparar o CPM por membros da audiência geral versus o CPM por membros da audiência demográfica de 18 a 49 anos pode ajudar os anunciantes a selecionar veículos de mídia apropriados (ou seja, os programas de televisão corretos) ao tentar atingir essa faixa demográfica.

Programa	Custo médio do programa por comercial de 30 segundos	Número médio de espectadores (em milhões)	Visualizadores de demonstração de 18 a 49 anos (em milhões)
This Is Us	$ 433.866	9.309	2.47
The Big Bang Theory	$ 285.934	12.483	2.27
Empire	$ 227.494	5.387	1.67
Young Sheldon	$ 213.536	10.731	1.74
The Voice (Seg.)	$ 212.618	9.816	1.99
Grey's Anatomy	$ 204.792	6.739	1.73
The Connors	$ 201.065	10.563	2.35
The Voice (Ter.)	$ 193.140	9.372	1.91

15.14 Calcule o CPM geral e o CPM para o grupo demográfico de 18 a 49 anos para cada programa. Consulte a subseção "Seleção dos veículos de mídia específicos" na seção "Seleção da mídia de propaganda" no capítulo para saber como fazer esse cálculo. Quais programas são as compras de mídia mais eficientes para os anunciantes?

15.15 Se um anunciante quiser atingir o grupo demográfico de 18 a 49 anos, quais programas você sugeriria? Explique.

Caso empresarial Allstate: levando o caos para a guerra de propaganda entre os seguros de automóveis

Na primavera de 1950, a filha adolescente do gerente geral de vendas da Allstate, Davis Ellis, foi acometida de hepatite pouco antes de se formar no Ensino Médio. Preocupado, o executivo chegou em casa do trabalho uma noite no momento em que sua esposa voltava do hospital onde sua filha estava internada. Quando ele a encontrou na porta da frente, sua esposa relatou: "O hospital disse para não se preocupar... estamos em boas mãos com o médico."

Mais tarde naquele ano, Ellis tornou-se parte de uma equipe encarregada de desenvolver a primeira grande campanha de propaganda nacional para a Allstate Insurance Company. Enquanto a equipe discutia a mensagem que eles queriam que a marca transmitisse, Ellis lembrou da observação de sua esposa "estamos em boas mãos" e como isso o fez se sentir bem. A frase projetava segurança, tranquilidade e responsabilidade, exatamente as características que a equipe queria que os clientes associassem à Allstate. Assim nasceu o slogan "Você está em boas mãos com a Allstate".

No início dos anos 2000, um estudo da Northwestern University descobriu que o slogan de longa data da Allstate era o slogan mais reconhecido nos Estados Unidos. Durante anos, a Allstate ocupou a posição de segunda maior seguradora de planos pessoais, atrás apenas da State Farm. Pouco tempo depois, a Allstate contratou o ator Dennis Haysbert como porta-voz da marca. Depois de estrelar dezenas de comerciais da Allstate – cada um culminando com a pergunta "Você está em boas mãos?" – a voz profunda de Haysbert tornou-se uma familiaridade reconfortante para os telespectadores. Hoje, o slogan "Em boas mãos" é o mais antigo slogan sobrevivente em uma campanha paga.

Uma reviravolta na propaganda

Embora a propaganda da Allstate tenha servido bem por décadas, a empresa acabou caindo na mesma rotina do resto do setor de seguros. Grandes seguradoras de automóveis estavam gastando modestamente em campanhas de propaganda sonolentas com mensagens melodiosas e tranquilizadoras, como "Você está em boas mãos" da Allstate ou "Como um bom vizinho" da State Farm. Em um setor caracterizado por orçamentos baixos e anúncios ainda mais discretos, o *marketing* de nenhuma marca se destacou.

No entanto, a serenidade comercial terminou com a primeira aparição do agora icônico lagarto Gecko da GEICO, apoiado por um grande orçamento, lançando vendas diretas e preços baixos. Essa única campanha comercial da GEICO desencadeou um frenesi de gastos com propaganda e criatividade no setor de seguros que rapidamente se transformou em uma guerra de propaganda em grande escala. Os anúncios de seguros de automóveis, antes conservadores, tornaram-se atrativos criativos, tão ousados e criativos quanto os anúncios encontrados em qualquer setor. Aqui estão alguns destaques:

- **GEICO:** a GEICO deu início à guerra de propaganda entre as seguradoras de automóveis quando foi comprada pela Berkshire-Hathaway, do milionário Warren Buffet, e recebeu carta branca para aumentar, agressivamente, a participação de mercado. Isso levou a um ataque de propaganda do tipo que o setor de seguros de automóveis nunca tinha visto antes. Uma série de campanhas criativas da GEICO trouxe de tudo, de homens da caverna civilizados a dinheiro com olhos esbugalhados. Mas foi o lagarto Gecko da GEICO que teve o maior impacto. Com seu característico sotaque, Gecko clarificou a mensagem simples da GEICO – "15 minutos podem fazer com que você economize 15% ou mais no seguro do carro". Mais do que qualquer outro porta-voz do setor, o Gecko deu personalidade e um toque diferente ao setor de seguros, anteriormente sonolento e com marcas sérias. Desde a primeira aparição do Gecko, a GEICO continuou a levar para casa sua mensagem e entreter as massas com anúncios apresentando Maxwell, o Porco, os esquilos GEICO, o camelo Hump Day e várias outras paródias.
- **Progressive:** seguindo o que fez a GEICO, em 2008, a Progressive criou sua própria personalidade adorável – a alegre vendedora Flo. Sempre para cima, Flo foi criada para ajudar a convencer os consumidores que já estão no mercado de que eles podem conseguir um preço melhor na Progressive. A Flo ajudou a Progressive a se aproximar da GEICO, ficando em quarto lugar no setor. A Flo ajuda as pessoas quando elas estão prontas para a compra. A campanha da Flo continuou como uma amada série de TV, revelando novos personagens e cenários a cada ano. E para evitar o risco de esgotamento da Flo, a Progressive também introduziu campanhas complementares com novos personagens, como o estranho Messenger, de bigode e jaqueta de couro, e o tranquilo Brad, seguro de si com um senso de autoestima absurdamente engraçado que se refere a si mesmo apenas na terceira pessoa. Assim como o Gecko da GEICO, a Flo e o Messenger têm como principal apelo a economia com os preços.
- **State Farm:** com a GEICO e a Progressive sacudindo o setor com seu modelo de vendas direto, chamativo e de preço baixo, as seguradoras de automóveis convencionais, baseadas em agências, foram obrigadas a reagir. Por exemplo, a State Farm, a líder de longa data do setor, com 90 anos de atuação, não era estranha à propaganda. Assim como a Allstate, a State Farm tinha um slogan tradicional amplamente reconhecido – "Como um bom vizinho, a State Farm está aí" – com um jingle escrito pelo ícone da música pop Barry Manilow em 1971. Sentindo a ameaça dos recém-chegados em ascensão, a State Farm reagiu vigorosamente com uma nova campanha centrada em seu jingle duradouro. Na campanha intitulada "Jingle mágico", representantes da State Farm aparecem de forma mágica quando convocados, com o jingle, por motoristas jovens que estão tendo problemas – esses motoristas incluem pessoas como LeBron James. O objetivo da campanha é convencer os consumidores de que eles ainda precisam dos serviços de um dos 18 mil representantes da State Farm. Para ajudar a tornar o ponto mais forte, a State Farm dobrou seu orçamento de propaganda.

As "boas mãos" encontram o caos

Em meio a essa onda de concorrência e criatividade de propaganda, a Allstate lutou apenas para se manter, e não para crescer. Na esteira do Gecko e da Flo, a Allstate havia perdido participação de mercado por dois anos consecutivos, mesmo com a presença de Haysbert como porta-voz da empresa. A marca precisava de sua própria personalidade exagerada. Então a Allstate contratou a agência de propaganda Leo Burnett para dar vida ao caos – literalmente. Com o assustador personagem Caos, interpretado pelo ator Dean Winters, a Allstate criou uma contraparte vilã para o herói reconfortante de Haysbert. O objetivo da campanha era convencer os consumidores de que comprar um seguro de carro é mais do que apenas o preço. "Nós sabíamos que precisávamos [...] de um estrondoso trovão para dizer às pessoas que nos importamos com elas", disse Lisa Cochrane, vice-presidente sênior de *marketing* da Allstate. "O Caos está lá para mudar a conversa, interromper a comoditização do seguro e fornecer algo em que pensar para garantir que você tenha a cobertura certa". Um executivo da Leo Burnett foi mais direto: "Queríamos chutar o traseiro do Flo".

O Caos retrata todos os eventos improváveis que podem levar a uma grande busca por um seguro de automóvel. Ele apareceu pela primeira vez como um galho de árvore caindo em um carro, depois como uma adolescente comprometida emocionalmente batendo seu SUV rosa em um veículo desavisado. De acordo com Cochrane, depois de apenas esses dois primeiros anúncios, "tivemos uma boa impressão". As situações possíveis para o Caos são infinitas. Como um cervo, o Caos pula no caminho de um carro em movimento à noite, "porque é isso que nós cervos fazemos". Como uma chuva torrencial, ele adora tetos solares com vazamentos. Como um GPS com defeito, ele envia um motorista desviando para outro carro. Como a neve, ele pesa o teto de uma garagem até que ela desabe, esmagando o carro dentro. Cada anúncio peculiar termina com a afirmação e a pergunta "Se você tem um seguro com desconto, pode estar pagando por isso sozinho. Você está em boas mãos?"

Por meio de anúncios tão inteligentes, o criativo "Caos; ele está em toda parte" A campanha deu um toque contemporâneo e chamativo ao slogan de longa data da empresa "Você está em boas mãos com a Allstate", ajudando a posicionar a marca como uma alternativa superior aos concorrentes orientados para o preço. Mesmo com sua campanha de longa data "Em boas mãos", a Allstate precisava de algo não convencional. Na verdade, o caos não descrevia apenas a campanha da Allstate – caracterizou todo o mundo da propaganda de seguros de automóveis.

A campanha Caos não foi apenas bem recebida pelos consumidores, mas também aclamada pela crítica, ganhando aproximadamente 80 prêmios de propaganda no primeiro ano. Mas talvez uma indicação maior do impacto da campanha seja a extensão em que o personagem se enraizou na cultura pop. Embora Caos tenha apenas um pouco mais de um terço dos 4,5 milhões de fãs de Flo no Facebook, ele comanda uma pontuação de engajamento cerca de cinco vezes maior do que a porta-voz da Progressive. E quando a criadora do personagem recentemente viu alguém fantasiado de Caos no Halloween, andando por sua rua, ela o chamou de "um destaque na carreira que lhe deu calafrios".

Mais do que apenas popular, o Caos está certo na mensagem. No final de cada anúncio, ele avisa: "Se você tem seguro com desconto, pode estar pagando por isso sozinho". Então a voz tranquilizadora de Haysbert fornece a solução: "Você está em boas mãos?" ele pergunta. "Contrate a Allstate. Você pode economizar dinheiro e ficar mais protegido do caos." Essa mensagem "vale a pena pagar um pouco mais" colocou a Allstate de volta ao topo em termos de valor para o cliente.

Caos restaurado

Os anúncios da Allstate não eram apenas criativos, eles eram eficazes. Depois de alguns anos de anúncios do Caos complementando os anúncios "Em boas mãos" de Haysbert, a conscientização de marca da Allstate chegou a 74%, ficando atrás da State Farm por apenas uma pequena margem, apesar de a State Farm ter gasto 60% a mais com propaganda. E por um tempo, a campanha do Caos interrompeu a queda da participação de mercado da Allstate. De acordo com o CEO da Allstate, Thomas Wilson, "está funcionando. Se você observar nossas cotações e nosso novo negócio, verá que está subindo". Tudo isso levou a Allstate a estender a campanha, incluindo a introdução do primo hispânico do Caos, o Má Sorte, voltado para consumidores hispânicos.

Para estender a campanha, Allstate levou o Caos para o próximo nível, dando ao personagem sua própria conta no Twitter. Aparentemente atrasados para o estrondo do Twitter, os executivos da Allstate indicaram que o atraso foi intencional. "Tivemos muito cuidado para não exagerar no Caos e não expô-lo demais disse Jennifer Egeland, diretora de propaganda da Allstate. "[Queríamos] a ideia certa para lançá-lo no espaço do Twitter".

A ideia certa era se adequar à personalidade do Caos. No início de uma temporada da NFL, Caos fez uma pesquisa com os seguidores sobre o que ele deveria retratar no próximo anúncio – uma churrasqueira a carvão ou uma corda elástica barata. Os consumidores votaram a favor da corda. Caos desobedeceu, tuitando: "Pena que eu sou fã de churrasco. Quem tem fogo?" Ele seguiu com vídeos *on-line* de um carro incendiado por um acidente na grelha. A Allstate então lançou dois novos anúncios do Caos – "Fogo na churrasqueira" e "Corda elástica barata" – deixando todos felizes. Também direcionando o tráfego para seus *sites* de mídia social foi a parcela "#MayhemSale", um local em que os fãs de futebol americano desavisados, Matt e Shannon, tiveram sua casa invadida por um ladrão experiente em mídia social. O comercial gerou um tráfego significativo na web e ganhou um prêmio ADDY de ouro da American Advertising Federation.

Com toda essa atividade e resposta pública positiva, a Allstate parece ter encontrado uma arma para manter sua posição no mercado. Mas toda a guerra de propaganda dos seguros de automóveis ilustra o quão crítico é ficar um passo à frente da concorrência. Mesmo que a Allstate tenha aumentado seu orçamento anual de propaganda para cerca de 1 bilhão de dólares, ela está apenas acompanhando a líder de mercado State Farm. No entanto, os gastos com propaganda de ambas as empresas ficam bem atrás do orçamento de propaganda de quase 2 bilhões de dólares da GEICO. Hoje, nada menos que 12 marcas de seguros de automóveis estão realizando campanhas de propaganda na TV nacional, sendo a Liberty Mutual a mais recente a entrar no jogo da mascote com a ema LiMu. Combinadas, as seguradoras de automóveis agora gastam mais de 6 bilhões de dólares por ano para divulgar suas mensagens. Isso torna as coisas confusas para os consumidores, que lutam sob a enxurrada de anúncios inteligentes, o que também cria dificuldades para as seguradoras.

Ainda assim, a Allstate está se mantendo no que diz respeito à eficácia da propaganda. O caos da Allstate já causa caos na indústria de propaganda há mais de dez anos por meio de mais de 25 anúncios de TV, além de uma série de spots de rádio, veiculações em *outdoors* e anúncios de banner na Internet. E um estudo recente de quase 500 marcas de consumo descobriu que as campanhas atualizadas de Caos e "Em boas mãos" impulsionaram a Allstate para o número um como a marca com o *marketing* mais comentado.

Ainda assim, a concorrência intensa, os grandes orçamentos e o foco na propaganda ao consumidor mantiveram as participações de mercado do setor dinâmicas. De fato, durante 2018, a número dois GEICO aumentou substancialmente sua participação de mercado, reduzindo a diferença para apenas alguns pontos percentuais da participação de 17% da State Farm, líder de mercado. A Progressive e a Allstate continuaram com 11% e 9% de ações, respectivamente. Embora a Allstate tenha aumentado seu negócio de seguros de automóveis nos últimos anos, a GEICO e a Progressive permaneceram consistentemente mais fortes. Isso leva a Allstate a reconsiderar o valor que está obtendo de sua propaganda e como pode desacelerar seus rivais e retomar sua antiga posição de número dois no mercado.[31]

Questões para discussão

15.16 Por que o slogan "Em boas mãos" da Allstate resistiu ao teste do tempo para se tornar o slogan de propaganda mais antigo?

15.17 Analise os anúncios do Caos da Allstate com base no processo de criação de uma mensagem de propaganda, conforme descrito no capítulo (procure no YouTube por "Allstate Mayhem Ads").

15.18 Discuta questões de seleção de mídia de propaganda para a campanha do Caos. Como esse processo pode ser diferente das campanhas para outras empresas?

15.19 Com base nas informações desse estudo de caso, como a Allstate pode medir a eficácia da campanha do Caos?

15.20 A campanha do Caos foi eficaz? Justifique sua resposta.

16 Venda pessoal e promoção de vendas

Resumo dos objetivos

Objetivo 16.1 Discutir o papel dos vendedores de uma empresa na criação de valor para os clientes e na construção de um relacionamento com eles. **Veja: Vendas pessoais** (p. 444-446)

Objetivo 16.2 Identificar e explicar as seis principais etapas no gerenciamento da força de vendas. **Veja: Gerenciamento da força de vendas** (p. 444-456)

Objetivo 16.3 Discutir o processo de vendas pessoais, diferenciando o *marketing* orientado para a transação do *marketing* de relacionamento. **Veja: O processo de vendas pessoais** (p. 456-459)

Objetivo 16.4 Explicar como as campanhas de promoção de vendas são desenvolvidas e implementadas. **Veja: Promoção de vendas** (p. 459-466)

Prévia do capítulo

Nos dois capítulos anteriores, vimos como engajar o cliente e transmitir valor para ele por meio da comunicação integrada de *marketing* (CIM) e dos dois elementos do *mix* de promoção: a propaganda e as relações públicas. Neste capítulo, vamos analisar outros dois elementos da CIM: a venda pessoal e a promoção de vendas. A venda pessoal é o braço interpessoal das comunicações de *marketing*, no qual a força de vendas interage com os clientes existentes e potenciais para construir relacionamentos e realizar vendas. A promoção de vendas consiste em incentivos de curto prazo que têm como objetivo estimular a compra ou a venda de um produto ou serviço. Apesar de o capítulo tratar a venda pessoal e a promoção de vendas como ferramentas independentes, lembre-se de que elas devem ser cuidadosamente integradas com os outros elementos do *mix* de promoção.

Primeiro, vamos olhar para a força de vendas sob uma perspectiva realista. Quando você pensa em vendedores, talvez pense em vendedores de varejo insistentes, vendedores de TV que "gritam e vendem" ou o estereotipado "vendedor de carros usados". Mas esses estereótipos não se encaixam na realidade da maioria dos vendedores de hoje – profissionais de vendas que têm sucesso sem tirar vantagem dos clientes, mas ouvindo suas necessidades e ajudando a forjar soluções. Considere a Salesforce – a líder do setor em soluções de gestão do relacionamento com o cliente. A Salesforce não apenas produz serviços de *software* de gestão de vendas líderes de mercado, mas também se destaca por praticar o que prega: vendas pessoais eficazes.

SALESFORCE: Uma ótima força de vendas para vender a Salesforce

A Salesforce está muito à frente no mercado de 48 bilhões de dólares de soluções para a gestão do relacionamento com o cliente (CRM). O logotipo da Salesforce, colocado dentro da imagem de uma nuvem, ressalta o modelo de computação em nuvem altamente bem-sucedido da empresa (sem a necessidade de possuir ou instalar um *software*). Os sistemas baseados em nuvem são comuns hoje em dia, mas eram de última geração quando a Salesforce foi pioneira no conceito há mais de 20 anos. Desde então, a empresa se estabeleceu como líder em inovação, encontrando constantemente novas maneiras de ajudar empresas a se conectarem com os clientes e obter maior eficácia da força de vendas por meio das mais recentes tecnologias *on-line*, móvel, social, de inteligência artificial (IA) e em nuvem.

A Salesforce ajuda as empresas a "aumentar suas vendas". Ela fornece o que chama de "Plataforma de Sucesso do Cliente", uma ampla gama de ferramentas de gestão do relacionamento com o cliente baseadas em nuvem para vendas, *marketing*, comércio eletrônico e atendimento ao cliente. O sistema de inteligência artificial Einstein da Salesforce ainda permite que as empresas prevejam os resultados dos clientes com base em dados de vendas sem suas próprias equipes de ciência de dados. De sua casa, na nuvem, a Salesforce disponibiliza todos esses dados e análises prontamente disponíveis a qualquer hora, de qualquer lugar, em

A "Plataforma de Sucesso do Cliente" baseada na nuvem da Salesforce oferece uma ampla gama de ferramentas de gestão do relacionamento com o cliente que ajudam suas empresas clientes a "aumentar suas vendas".

Salesforce.com Inc.

qualquer dispositivo com acesso *on-line* – desktops, *laptops*, *tablets* ou *smartphones*. A Salesforce também oferece engajamento e colaboração com o cliente em tempo real em sua plataforma Salesforce Chatter, uma espécie de Facebook para empresas.

Os produtos inovadores da Salesforce a tornaram a plataforma de CRM número um e de crescimento mais rápido do mundo, à frente de concorrentes de primeira linha, como Microsoft, Oracle, SAP e IBM. As receitas da empresa atingiram 13,3 bilhões de dólares em 2018, um aumento impressionante de 27% em relação ao ano anterior e mais do que o triplo em comparação a apenas cinco anos antes. A Salesforce ficou em primeiro ou segundo lugar na lista World's Most Innovative Company da *Forbes* por sete anos consecutivos. Com a transformação digital em curso causando um aumento no mercado de CRM, a Salesforce estabeleceu uma meta ousada de 23 bilhões de dólares em receita anual até 2022.

Produtos e plataformas inovadoras desempenharam um papel importante no impressionante sucesso da Salesforce. Mas mesmo os melhores produtos não se vendem sozinhos. Você precisa de uma ótima força de vendas para vender a Salesforce, e a empresa se destaca em praticar o que prega: vendas pessoais eficazes. Assim como as empresas que contratam seus serviços, a Salesforce tem seu próprio exército de representantes de vendas experientes, bem treinados e altamente motivados que levam os produtos da empresa aos clientes. Em muitos aspectos, a própria força de vendas da Salesforce serve como modelo para os produtos e serviços que vende – não apenas para usar a nuvem da Salesforce, mas, de maneira mais geral, para alcançar os resultados excepcionais da força de vendas que a empresa promete a seus clientes.

Na Salesforce, o desenvolvimento de uma força de vendas fenomenal começa com o recrutamento e a contratação de vendedores de primeira linha. O agressivo e altamente seletivo programa de recrutamento da Salesforce extrai a nata do grupo de candidatos a representantes de vendas globais. A experiência conta. A Salesforce espera um mínimo de dois anos de experiência anterior em vendas para representantes de vendas de pequenas empresas e até duas décadas de experiência para executivos de vendas responsáveis por grandes contas. A Salesforce conta com sua cultura de alta energia e forte pacote de remuneração para atrair candidatos experientes e bem-sucedidos para a empresa.

Uma vez contratados, como seria de se esperar, os vendedores da Salesforce têm acesso a todas as ferramentas de vendas de alta tecnologia mais recentes. Na verdade, a primeira grande tarefa dos novos contratados é estudar 20 horas de vídeo em casa que ensina os prós e contras das tecnologias da Salesforce que eles não apenas irão vender, mas também utilizar. Mas a Salesforce seria a primeira a dizer que, embora sua magia na nuvem possa ajudar a otimizar o contato com o cliente e o processo de venda, ela não substitui as boas habilidades de vendas pessoais. Assim, ao treinar e ajustar sua própria força de vendas, a empresa começa pregando fundamentos de vendas testados e comprovados, maturados por suas próprias reviravoltas modernas.

O primeiro fundamento de uma boa venda na Salesforce é *ouvir e aprender*. À medida que os novos recrutados passam pelo treinamento de vendas de uma semana da Salesforce, ministrado na Salesforce U da empresa, eles aprendem que devem começar a construir relacionamentos com os clientes fazendo perguntas de sondagem e fazendo com que os clientes conversem, procurando entender tudo o que puderem sobre a situação e as necessidades de um cliente. "Oitenta e cinco por cento dos vendedores não desaceleram o suficiente para realmente entender os negócios de seus clientes", diz um executivo sênior de vendas da Salesforce.

Compreender o cliente leva a um segundo fundamento de vendas: *empatia* – deixe os clientes saberem que você entende seus problemas e sente sua dor. A empatia cria relacionamento e confiança, um passo importante para fechar vendas e construir relacionamentos de longo prazo com os clientes. Ouvir, aprender e ter empatia são os primeiros passos importantes, mas é preciso mais. "Se tudo o que você faz é ser receptivo e prestativo, então você se tornará apenas um assistente administrativo", diz o executivo de vendas da Salesforce.

Portanto, o próximo passo importante é *oferecer soluções* – mostrando como elas ajudarão as empresas a tornar suas forças de vendas mais eficazes e produtivas na conexão e na venda aos clientes. A Salesforce acredita que a melhor forma de oferecer soluções é contar boas histórias que destaquem o sucesso de outros clientes com seus produtos. "O *storytelling* é muito, muito importante", diz o gerente de produtividade de vendas da Salesforce. "Pode ser a base de coisas como o discurso corporativo e suas interações com seus clientes atuais e potenciais". Quando se trata de lidar com objeções, como "Não confio em colocar nossos dados na nuvem", "Meu sistema atual está funcionando bem" ou "Custa muito caro" – a Salesforce diz a seus vendedores que o *storytelling* pode ser a ferramenta mais poderosa que eles têm. "Quando enfrentamos objeções, sempre a relacionamos com a história de um cliente", diz um gerente de *marketing* da Salesforce. "Não somos o herói nas histórias

A Salesforce lidera o mercado de soluções de automação de força de vendas e de gestão do relacionamento com o cliente. Mas mesmo os produtos inovadores da Salesforce não se vendem sozinhos. A empresa sabe que precisa de uma grande força de vendas para vender a Salesforce.

de nossos clientes", diz outro gerente. "É como o cliente teve sucesso, não como nós o salvamos".

Quando se trata de concorrentes, os vendedores da Salesforce são ferozes. Mas os representantes da Salesforce são treinados para seguir o caminho certo para vender os pontos fortes da empresa, não os pontos fracos dos concorrentes. E embora a Salesforce possua as melhores ferramentas de vendas e de conexão com o cliente do mercado – apoiadas por *big data* e combinadas com IA e muitas outras técnicas da atualidade –, seus representantes de vendas permanecem focados nos princípios de vendas da velha escola. Na Salesforce – ou em qualquer outro lugar – uma boa venda começa com os fundamentos de engajar e ouvir os clientes, entender e ter empatia com seus problemas e construir relacionamentos oferecendo soluções significativas para ganho mútuo. É assim que você constrói uma força de vendas e uma Salesforce incrivelmente bem-sucedidas.[1]

NESTE CAPÍTULO, vamos analisar mais duas ferramentas do *mix* de promoção: as *vendas pessoais* e a *promoção de vendas*. As vendas pessoais consistem em interações interpessoais com clientes existentes e potenciais para realizar vendas e manter o relacionamento com o cliente. A promoção de vendas envolve a utilização de incentivos de curto prazo para incentivar a compra, o apoio ao revendedor e os esforços da força de vendas.

Comentário do autor | A venda pessoal é o braço interpessoal do composto de promoção. A força de vendas de uma empresa cria e comunica valor ao cliente ao engajá-los pessoalmente e construir relacionamentos com eles.

Vendas pessoais

Objetivo 16.1 Discutir o papel dos vendedores de uma empresa na criação de valor para os clientes e na construção de um relacionamento com eles.

Robert Louis Stevenson certa vez observou que "todos vivem da venda de alguma coisa". Empresas ao redor do mundo utilizam forças de vendas para vender produtos e serviços a clientes organizacionais e consumidores finais. Mas forças de vendas também podem ser encontradas em muitos outros tipos de organização. Por exemplo, universidades usam recrutadores para atrair novos alunos. Museus e organizações artísticas utilizam captadores de recursos para contatar possíveis doadores e angariar fundos. Até os governos usam forças de vendas. O serviço de correios dos Estados Unidos, por exemplo, usa uma força de vendas para vender seus serviços de entrega rápida (Express Mail) e outros serviços a clientes corporativos. Na primeira parte deste capítulo, vamos analisar o papel das vendas pessoais na organização, as decisões de gerenciamento de vendas e o processo de venda pessoal.

A natureza das vendas pessoais

Vendas pessoais
Apresentações pessoais feitas pela força de vendas de uma empresa com o objetivo de realizar vendas e construir relacionamento com o cliente.

As **vendas pessoais** são uma das mais antigas atividades do mundo. As pessoas que fazem vendas recebem muitos nomes, entre eles vendedores, representantes de vendas, agentes, gerentes regionais, executivos de contas, consultores de vendas e engenheiros de vendas.

As pessoas guardam muitos estereótipos dos vendedores – alguns bastante desfavoráveis. A palavra *vendedor* pode suscitar a imagem de Dwight Schrute, o obstinado vendedor de papéis da Dunder Mifflin, do seriado *The office*, a quem falta senso crítico e habilidades sociais. Ou pode trazer à mente aquelas pessoas de carne e osso que ficam gritando na TV, vendendo de tudo em infomerciais, de seladores Flex Seal a programas de treinamento INSANITY Workout e fritadeiras sem óleo Power Air Fryer. Entretanto, a maioria dos vendedores está anos-luz à frente desses desafortunados estereótipos.

Venda profissional: é preciso mais do que uma conversa rápida e um sorriso caloroso para vender aviões caros. O verdadeiro desafio da Boeing é conquistar negócios construindo parcerias – dia após dia, ano após ano – com seus clientes.
Stephen Brashear/Getty Images

Como mostra a história inicial da Salesforce, a maioria dos vendedores são profissionais bem formados e bem treinados que agregam valor aos clientes e mantêm relacionamentos de longo prazo com eles. Os vendedores ouvem e avaliam as necessidades dos clientes e organizam os esforços da empresa para resolver os problemas deles. Os melhores vendedores são aqueles que trabalham em estreita colaboração com os clientes para obter ganho mútuo. Considere a Boeing, a gigante aeroespacial que compete no mercado mundial de aeronaves comerciais. É preciso mais do que uma conversa rápida e um sorriso caloroso para vender aviões caros:

> Vender aeronaves de alta tecnologia por 125 milhões de dólares ou mais é uma tarefa complexa e desafiadora. Uma única grande venda para uma companhia aérea, transportadora aérea, governo e cliente

militar pode facilmente chegar a bilhões de dólares. Os vendedores da Boeing lideram uma extensa equipe de especialistas da empresa – técnicos de vendas e serviços, analistas financeiros, planejadores e engenheiros – todos dedicados a encontrar maneiras de satisfazer as necessidades de um grande cliente. Do lado do cliente, comprar um lote de jatos envolve dezenas ou mesmo centenas de tomadores de decisão de todos os níveis da organização de compras e camadas e mais camadas de influências de compra sutis e não tão sutis. O processo de venda é extremamente lento – pode levar dois ou três anos desde a primeira apresentação de vendas até o dia em que a venda é anunciada. Depois de receber o pedido, os vendedores devem manter contato quase constante para acompanhar as necessidades de equipamentos da conta e garantir que o cliente permaneça satisfeito. O verdadeiro desafio é conquistar os negócios dos compradores construindo com eles parcerias dia após dia, ano após ano, com base em produtos superiores e estreita colaboração.

Vendedor
Um indivíduo que representa uma empresa para os clientes desempenhando uma ou mais das seguintes atividades: prospectando, comunicando, vendendo, servindo, colhendo informações e construindo relacionamentos.

O termo **vendedor** abrange uma série de posições. Em um extremo, o vendedor pode ser, em grande medida, um *tirador de pedidos*, como o vendedor de uma loja de departamentos que fica atrás do balcão. No outro extremo, ele é um *gerador de pedidos* e seu trabalho exige *criatividade em vendas, venda social* e *construção de relacionamentos* com os clientes para a venda de produtos e serviços que vão de eletrodomésticos, equipamentos industriais e aviões até seguros e serviços de tecnologia da informação. Neste capítulo, vamos nos concentrar nos tipos mais criativos de vendas e no processo de construção e gerenciamento de uma força de vendas eficaz.

O papel da força de vendas

A venda pessoal constitui o braço interpessoal do composto de promoção. Ela envolve interações interpessoais entre o vendedor e clientes individuais – seja pessoalmente, por telefone ou texto, *e-mail*, mídias sociais, videoconferência, Webconferência ou por quaisquer outros meios. A venda pessoal pode ser muito efetiva em situações de vendas mais complexas. O vendedor pode sondar os clientes para conhecer melhor seus problemas e, então, adaptar a oferta de *marketing* e a apresentação para que se ajustem às necessidades especiais de cada cliente.

O papel da venda pessoal varia de empresa para empresa. Algumas delas não têm vendedor nenhum – por exemplo, as empresas que vendem apenas *on-line* ou as que vendem por meio de representantes dos fabricantes, agentes de vendas ou corretores. Na maior parte das empresas, contudo, a força de vendas desempenha um papel importante. No caso das empresas que vendem produtos e serviços organizacionais, como a IBM, a DuPont, a Intel e a GE, os vendedores trabalham diretamente com os clientes. Em empresas de produtos de consumo, como a P&G e a Nike, a força de vendas exerce um importante papel nos bastidores. Ela trabalha com atacadistas e varejistas para obter seu apoio e ajudá-los a ser mais eficazes na venda dos produtos da empresa aos compradores finais.

Elo entre a empresa e seus clientes

A força de vendas é um elo fundamental entre a empresa e seus clientes. Em muitos casos, os vendedores têm dois "chefes" – a empresa vendedora e o comprador. Para começar, eles *representam a empresa vendedora junto aos clientes*. Descobrem e cativam novos clientes e transmitem informações sobre os produtos e serviços da empresa. Além disso, vendem produtos abordando os clientes e aprendendo sobre suas necessidades, apresentando soluções, respondendo a objeções, negociando preços e condições, fechando vendas, atendendo às contas e mantendo relacionamentos com os clientes.

Ao mesmo tempo, os vendedores *representam os clientes junto à empresa*, agindo na organização como defensores dos interesses dos clientes e gerenciando o relacionamento entre comprador e vendedor. Eles retransmitem as preocupações dos clientes com relação aos produtos da empresa e atuam junto àqueles que podem lidar com elas. Também informam-se sobre as necessidades dos clientes e trabalham com outras pessoas da empresa, do *marketing* e de outros departamentos, para desenvolver mais valor para o cliente.

De fato, para muitos clientes, o vendedor *é* a empresa – a única manifestação tangível da empresa que eles veem. Consequentemente, os clientes podem se tornar fiéis ao vendedor, assim como à empresa e ao produto que ele representa. Esse conceito de *fidelidade a partir do vendedor* confere ainda mais importância às habilidades de construção de relacionamento com o cliente dos profissionais de vendas. Relacionamentos fortes com o vendedor resultarão em relacionamentos fortes com a empresa e seus

Os vendedores conectam a empresa a seus clientes. Para muitos clientes, o vendedor é a empresa.
dotshock/Shutterstock

produtos. Por outro lado, um relacionamento ruim com o vendedor provavelmente resultará em um relacionamento ruim com a empresa e o produto.

Coordenação do *marketing* e das vendas

O ideal é que a força de vendas e as outras funções do *marketing* (pessoal responsável pelo planejamento de *marketing*, gerentes de marca, gestores de conteúdo de *marketing* e pesquisadores) trabalhem juntas para, em parceria, criarem valor para os clientes. Contudo, infelizmente, algumas empresas ainda tratam as vendas e o *marketing* como funções separadas. Quando isso acontece, as equipes de vendas e *marketing* podem não se dar bem. Nesse caso, quando as coisas estão indo mal, os profissionais de *marketing* culpam a força de vendas pela execução ruim daquilo que, na opinião deles, é uma excelente estratégia. A força de vendas, por sua vez, culpa os profissionais de *marketing* por não saberem, de verdade, o que está se passando com os clientes. Nenhuma das equipes valoriza por completo as contribuições da outra. Contudo, se não for revista, a desconexão entre *marketing* e vendas pode prejudicar o relacionamento com o cliente e o desempenho da empresa.

Uma empresa pode tomar uma série de medidas para aproximar suas funções de *marketing* e vendas. Em um nível mais básico, ela pode aumentar a interação entre as duas equipes, marcando reuniões conjuntas e estabelecendo canais de comunicação. Pode também criar oportunidades para os vendedores e os profissionais trabalharem juntos. Gerentes de marca e pesquisadores podem acompanhar visitas de vendas ou participar de reuniões de planejamento de vendas. Por sua vez, vendedores podem tomar parte em reuniões de planejamento de *marketing* e compartilhar seu conhecimento de primeira mão sobre o cliente.

A empresa também pode desenvolver objetivos e sistemas de recompensa em comum para as equipes de vendas e *marketing* e designar intermediadores entre *marketing* e vendas – pessoas do *marketing* que convivem com a força de vendas e ajudam a coordenar os programas e os esforços de *marketing* e vendas. Por fim, ela pode destacar um executivo de alto nível para supervisionar tanto o *marketing* como as vendas. Uma pessoa assim pode ajudar a introjetar no *marketing* e nas vendas a meta comum de criar valor para os clientes a fim de obter valor deles em troca.

Comentário do autor | Aqui está outra definição de gerenciamento de força de vendas: "planejar, organizar, liderar e controlar programas de contato pessoal projetados para alcançar relacionamentos lucrativos com os clientes". Mais uma vez, o objetivo de toda atividade de *marketing* é criar valor para o cliente, engajá-lo e construir relacionamentos lucrativos com ele.

Gerenciamento da força de vendas

Objetivo 16.2 Identificar e explicar as seis principais etapas no gerenciamento da força de vendas.

Gerenciamento da força de vendas
A análise, o planejamento, a implementação e o controle das atividades da força de vendas.

Definimos **gerenciamento da força de vendas** como a análise, o planejamento, a implementação e o controle das atividades da força de vendas. Ele inclui a elaboração da estratégia e da estrutura da força de vendas, assim como o recrutamento, a seleção, o treinamento, a remuneração, a supervisão e a avaliação dos vendedores da empresa. Essas importantes decisões de gerenciamento da força de vendas são apresentadas na **Figura 16.1** e discutidas nas seções seguintes.

Elaboração da estratégia e da estrutura da força de vendas

Os gerentes de *marketing* se deparam com uma série de perguntas ao elaborar a estratégia e a estrutura da força de vendas. Como os vendedores e suas tarefas devem ser estruturados? Que tamanho deve ter a força de vendas? Os vendedores devem trabalhar sozinhos ou em equipe, com outros profissionais da empresa? Eles devem vender em campo, por telefone ou pela Internet? Vamos tratar dessas questões a seguir.

Estrutura da força de vendas

A empresa pode adotar uma entre diversas diretrizes para dividir as responsabilidades sobre as vendas. A decisão é simples quando ela vende apenas uma linha de produtos para um único setor e tem clientes em várias localidades. Nesse caso, a organização deve utilizar uma *estrutura de força de*

O ponto alto desse processo? Você adivinhou! O que a empresa quer é desenvolver uma equipe de vendas capacitada e motivada, que ajudará a criar valor para o cliente e a construir um forte relacionamento com ele.

FIGURA 16.1
Principais etapas no gerenciamento da força de vendas.

vendas por território. Contudo, se ela vende muitos produtos para variados tipos de clientes, talvez seja necessário uma *estrutura de força de vendas por produto*, uma *estrutura de força de vendas por cliente* ou uma combinação das duas.

Estrutura da força de vendas por território
Uma organização de força de vendas que atribui uma área geográfica exclusiva para cada vendedor, o qual vende a linha completa da empresa.

Na **estrutura da força de vendas por território**, é atribuída uma área geográfica exclusiva para cada vendedor, que vende a linha completa de produtos ou serviços da empresa para todos os clientes daquele território. Esse tipo de organização define as tarefas de cada vendedor e estabelece responsabilidades com clareza. Ele também faz aumentar a vontade do vendedor de construir um relacionamento com os clientes locais, o qual, por sua vez, ampliará a eficácia das vendas. Por fim, como cada vendedor percorre uma área geográfica limitada, as despesas com viagem são relativamente pequenas. Em geral, a organização de vendas por território é apoiada por muitos níveis hierárquicos de gerenciamento das vendas. Por exemplo, representantes de vendas por território podem se reportar para gerentes de área, que, por sua vez, se reportam para gerentes regionais, os quais se reportam para um diretor de vendas.

Estrutura da força de vendas por produto
Organização da força de vendas em que os vendedores se especializam em vender apenas uma parte dos produtos ou linhas de produtos da empresa.

Quando a empresa possui vários e complexos produtos, ela pode adotar a **estrutura da força de vendas por produto**, em que a força de vendas se especializa em linhas de produtos. Por exemplo, a GE utiliza forças de vendas diferentes dentro de suas diversas divisões de produtos e serviços. Por exemplo, a empresa tem uma força de vendas só para aviação, outra para energia, uma outra para transporte e para produtos e tecnologias de cuidado à saúde. A subsidiária Healthcare, da GE, utiliza diferentes forças de vendas para diagnóstico por imagem, biociências e produtos e serviços de TI integrados. Não tem como um único vendedor se tornar especialista em todas essas categorias de produtos, de modo que a especialização por produto se faz necessária. No final das contas, uma empresa grande e complexa como a GE pode ter dezenas de forças de vendas, trabalhando com seus diversos portfólios de produtos e serviços.

Estrutura da força de vendas por cliente (ou mercado)
Uma organização de força de vendas em que os vendedores se especializam em vender só para determinados clientes ou setores

Ao utilizar a **estrutura da força de vendas por cliente (ou mercado)**, a empresa organiza sua força de vendas de acordo com as linhas de clientes ou de setores. Diferentes forças de vendas podem ser montadas para setores distintos, com equipes diferenciadas para atender aos clientes existentes e novos e, também, para lidar com as contas mais importantes e as normais. Muitas empresas chegam a ter forças de vendas especiais para lidar com as necessidades de grandes clientes individuais. Por exemplo, os representantes de vendas da P&G são integrados às equipes de desenvolvimento de negócios do cliente (Customer Business Development, CBD, em inglês). Cada equipe de DNC é atribuída a um grande cliente da P&G, como o Walmart, a Safeway ou a CVS Health. A equipe de DNC responsável pelo Walmart é composta por mais de 200 funcionários da P&G que fazem parceria com compradores do Walmart na cidade natal do varejista, Bentonville, Arkansas. A organização em DNCs coloca o foco em atender às necessidades completas de cada grande cliente, o que permite que a P&G "expanda nossos negócios trabalhando como um 'parceiro estratégico' (em vez de apenas um fornecedor) com aqueles que, no fim das contas, vendem nossos produtos aos consumidores".[2]

Estrutura da força de vendas por cliente: a equipe de vendas de desenvolvimento de negócios do cliente responsável pelo Walmart consiste em centenas de funcionários da P&G que trabalham em estreita colaboração com os compradores do Walmart na cidade natal do varejista, Bentonville, Arkansas.

grzegorz knec/Alamy Stock Photo

Quando a empresa vende uma grande variedade de produtos a muitos tipos de clientes em uma extensa área geográfica, muitas vezes ela utiliza uma *estrutura de força de vendas complexa*, que combina diversos tipos de organização. Os vendedores podem ser especializados por cliente e território, por produto e território, por produto e cliente ou por território, produto e cliente. Por exemplo, a P&G especializa sua força de vendas por cliente (com diferentes equipes de vendas para o Walmart, a Safeway, a CVS Health ou outros grandes clientes) e por território para cada grupo de clientes-chave (representantes de DNC de território, gerentes de território, gerentes regionais e assim por diante). Nenhuma estrutura é a melhor para todas as empresas e situações. As empresas devem escolher a estrutura de força de vendas que melhor atenda às necessidades de seus clientes e se ajuste à sua estratégia de *marketing* geral.

Tamanho da força de vendas

Após ter definido a estrutura, a empresa está pronta para pensar no *tamanho da força de vendas*. As forças de vendas podem variar em termos de tamanho, contando com apenas alguns vendedores a até dezenas de milhares deles. Algumas forças de vendas são enormes – por exemplo, a AT&T emprega quase 40 mil vendedores em todo o mundo; a PepsiCo, 24.300; a Microsoft, 16 mil; e a IBM, 14 mil.[3] Os vendedores constituem um dos ativos mais produtivos e mais caros da empresa. Portanto, aumentar seus números aumentará tanto as vendas quanto os custos.

Uma empresa pode utilizar algum tipo de *abordagem segundo a carga de trabalho* para determinar o tamanho da força de vendas. Nessa abordagem, a empresa, primeiro, agrupa as contas em diferentes classes, de acordo com seu tamanho, *status* ou outros fatores relacionados ao esforço exigido para mantê-las. Em seguida, ela determina a quantidade de vendedores necessária para contatar cada classe de contas o número de vezes desejado.

A empresa pode adotar o seguinte raciocínio: vamos supor que temos mil contas do tipo A e 2 mil do tipo B. As contas do tipo A requerem 36 contatos por ano, e as do tipo B, 12. Nesse caso, a *carga de trabalho* da força de vendas – isto é, o número de contatos que ela deve fazer por ano – é de 60 mil [(1.000 x 36) + (2.000 x 12) = 36.000 + 24.000 = 60.000 contatos]. Vamos supor que um vendedor médio possa fazer mil contatos por ano. Com isso, precisamos de 60 vendedores (60.000/1.000).

Outras questões referentes à estrutura e à estratégia da força de vendas

A gerência de vendas também deve decidir quem estará envolvido no esforço de vendas e como as diversas equipes de vendas e de apoio trabalharão em conjunto.

Força de vendas externa (ou força de vendas de campo)
Os vendedores que trabalham fora da empresa visitando os clientes.

Força de vendas interna
Vendedores que conduzem os negócios de seu escritório, por telefone, pela Internet ou recebendo visitas de compradores potenciais.

Forças de vendas externas e internas. A empresa pode ter uma **força de vendas externa** (ou **força de vendas de campo**), uma **força de vendas interna** ou ambas. Os vendedores externos trabalham fora da empresa, visitando os clientes. Já os vendedores internos trabalham dentro da empresa e fazem negócios de seu escritório, por telefone, por interações *on-line* e em mídias sociais ou recebendo visitas dos compradores. O uso de vendas internas cresceu nos últimos anos como resultado do aumento dos custos de vendas externas e do aumento das tecnologias *on-line*, móveis e de mídia social.

Alguns vendedores internos dão suporte aos vendedores externos, deixando-os com mais tempo livre para trabalhar com as principais contas e encontrar novos clientes potenciais. Por exemplo, o *pessoal de apoio técnico de vendas* fornece informações técnicas e responde às perguntas dos clientes. Os *assistentes de vendas* fazem o trabalho burocrático para os vendedores externos. Eles ligam com antecedência para marcar e confirmar compromissos, fazem o acompanhamento das entregas e respondem às perguntas dos clientes quando os vendedores externos não estão disponíveis. O uso de combinações de vendedores internos e externos pode ajudar a atender melhor a clientes importantes. O representante interno fornece acesso e suporte diários, ao passo que o representante externo oferece colaboração pessoal e construção de relacionamento.

Outros vendedores internos fazem mais do que apenas fornecer suporte. Os *operadores de telemarketing* e os *vendedores on-line* usam o telefone, a Internet e mídias sociais para descobrir novas oportunidades de vendas e qualificar os clientes potenciais ou, então, atender diretamente às contas. O telemarketing e as vendas *on-line* podem ser meios muito eficazes e menos dispendiosos para vender para clientes menores e de difícil alcance. Dependendo da complexidade do produto e do cliente, por exemplo, um operador de telemarketing pode fazer de 20 a 33 contatos com tomadores de decisões por dia, comparados a uma média de quatro contatos que um vendedor externo pode fazer. Além disso, enquanto uma visita externa média envolvendo uma venda organizacional pode custar 600 dólares ou mais, um contato rotineiro do telemarketing com uma empresa custa apenas cerca de 5 dólares, e um contato complexo, aproximadamente de 25 a 75 dólares.[4]

Vendas externas e internas: no ambiente digital, móvel e de mídia social de hoje, as vendas internas estão crescendo muito mais rápido do que as vendas presenciais. E uma proporção crescente de vendas externas agora é feita por telefone ou dispositivo móvel.

LDProd/Shutterstock

Nos Estados Unidos, embora as restrições do governo federal tenham reduzido as vendas por telefone para os consumidores, o telemarketing continua sendo uma ferramenta fundamental para a maioria das empresas que atuam no mercado organizacional. Para algumas empresas menores, as vendas por telefone e *on-line* podem ser as principais abordagens de vendas. No entanto, a maioria das empresas maiores também utilizam essas táticas, seja para vender diretamente a clientes de pequeno e médio portes ou para ajudar nas vendas aos clientes maiores.

Além da economia de custos, nos ambientes de mídias digitais, móveis e sociais de hoje, muitos compradores estão mais receptivos – ou até preferem – às vendas por telefone e *on-line* em vez do alto nível de contato pessoal que antes era necessário. Os clientes de hoje estão mais inclinados a coletar suas próprias informações *on-line* – um estudo mostrou que um comprador típico relata entrar em contato com um representante de vendas somente depois de concluir de forma independente cerca de 60% do processo de compra. Em seguida, os compradores usam rotineiramente o telefone, as reuniões *on-line* e as interações nas mídias sociais para envolver os vendedores e fechar negócios.

Como resultado dessas tendências, as vendas por telefone e virtuais estão crescendo muito mais rapidamente do que as vendas presenciais. Além disso, os limites entre as vendas externas e internas estão sumindo, o que faz com que surja uma nova geração de "representantes de vendas híbridos" – um cruzamento moderno entre um representante de vendas de campo e um representante interno – que geralmente trabalham virtualmente ao se conectarem com os clientes. Uma pesquisa recente com 2.900 profissionais de vendas concluiu que "em uma era de conexões sem precedentes, os representantes de vendas estão cada vez mais propensos a conversar com um cliente atual ou potencial por trás de uma tela de computador, em vez de ter de se arrastar para o escritório".[5]

Venda em equipe
O uso de pessoas das áreas de vendas, *marketing*, engenharia, finanças, suporte técnico e, até mesmo, da alta administração para atender a contas grandes e complexas.

Venda em equipe. À medida que os produtos ficam cada vez mais complexos e os clientes se tornam maiores e mais exigentes, um vendedor sozinho simplesmente não consegue lidar com todas as necessidades de um grande cliente. Assim, a maioria das empresas utiliza a **venda em equipe** para atender a contas grandes e complexas. As equipes de vendas podem descobrir problemas, soluções e oportunidades de vendas que nenhum vendedor poderia encontrar individualmente. Essas equipes podem incluir especialistas de qualquer área ou nível da empresa vendedora – vendas, *marketing*, serviços técnicos e de suporte, pesquisa e desenvolvimento (P&D), engenharia, operações e finanças, entre outras.

Em muitos casos, a mudança para a venda em equipe reflete alterações semelhantes ocorridas na organização de compra dos clientes. Muitas grandes empresas implementaram um processo de compras baseado em equipe, exigindo que as empresas vendedoras fizessem algo equivalente com seu processo de vendas. Ao lidar com contas grandes e complexas, um único vendedor não consegue ser especialista em todas as necessidades dos clientes. Assim, a venda é feita por equipes estratégicas de contas, lideradas por gerentes de conta seniores ou por gerentes do cliente.

Por exemplo, a equipe da P&G de desenvolvimento de negócios do cliente responsável pelo Walmart, formada por 200 pessoas, é uma unidade completa e multifuncional de atendimento ao cliente. A equipe conta com um gerente e vários executivos de contas (cada um responsável por uma categoria de produto específica da P&G), apoiados por especialistas em estratégia de *marketing*, desenvolvimento de produtos, operações, sistemas de informação, logística, finanças e recursos humanos.

Mas a venda em equipe tem suas armadilhas. Por exemplo, os vendedores são, por natureza, competitivos e, muitas vezes, são treinados para apresentar um excelente desempenho individual, sendo recompensados por isso. Além disso, vendedores que estão acostumados a ter todos os clientes só para eles podem ter dificuldade para aprender a trabalhar com outros, em equipe, e confiar neles. Para completar, as dificuldades em avaliar as contribuições individuais para o esforço de vendas em equipe podem gerar algumas desagradáveis questões referentes à remuneração.

Recrutamento e seleção dos vendedores

No centro de qualquer operação bem-sucedida de força de vendas estão o recrutamento e a seleção de bons vendedores. A diferença entre o desempenho de um vendedor médio e o de um vendedor excelente pode ser substancial. Em uma força de vendas típica, os 30% dos melhores vendedores podem ser responsáveis por 60% das vendas. Assim, uma cuidadosa seleção de vendedores pode aumentar muito o desempenho geral da força de vendas.

Além de diferenças no desempenho das vendas, uma seleção malfeita resulta em uma custosa rotatividade. Quando um vendedor sai da empresa, os custos para encontrar e treinar um novo vendedor – mais os custos correspondentes às vendas perdidas – podem ser muito altos. Uma empresa de consultoria de vendas calcula o custo total de 12 meses de uma má contratação de vendas em incríveis 382 mil dólares.[6] Além disso, uma força de vendas constituída de muitas pessoas novatas é menos produtiva, e a rotatividade interrompe importantes relacionamentos com o cliente.

O que diferencia os excelentes vendedores dos outros? Em um esforço para estabelecer o perfil dos melhores vendedores, a Gallup Consulting, uma divisão da famosa organização de pesquisas de opinião Gallup, entrevistou centenas de milhares de vendedores. Sua pesquisa sugere que os melhores vendedores possuem quatro talentos-chave: motivação intrínseca, estilo de trabalho disciplinado, habilidade para fechar uma venda e, talvez o mais importante, capacidade de construir relacionamento com os clientes.[7]

Os supervendedores são automotivados – eles possuem um implacável impulso de se superar. Alguns vendedores são motivados por dinheiro, pela necessidade de reconhecimento ou pela satisfação de competir e vencer. Outros são motivados pelo desejo de prestar serviços e construir relacionamentos. Os melhores vendedores possuem um pouco de cada uma dessas motivações. No entanto, outra análise descobriu que os melhores vendedores são movidos por um forte senso de propósito: "Os vendedores que vendiam com propósito nobre, que realmente querem fazer a diferença para os clientes, superaram consistentemente os vendedores focados em metas de vendas

Supervendedores: os melhores vendedores possuem motivação intrínseca, um estilo de trabalho disciplinado, a capacidade de fechar uma venda e, talvez o mais importante, a capacidade de construir relacionamentos com os clientes.

nd3000/Shutterstock

e dinheiro". Vender com esse senso de propósito relacionado ao cliente não é apenas mais bem-sucedido, mas também mais lucrativo e mais satisfatório para os vendedores.[8]

Os melhores vendedores também têm um estilo de trabalho disciplinado. Prepararam planos detalhados e organizados e os seguem à risca. Mas motivação e disciplina não significam muito, a menos que resultem em mais vendas fechadas e na construção de melhores relacionamentos com os clientes. Os supervendedores desenvolvem a habilidade e o conhecimento de que precisam para fazer seu trabalho. E, talvez o mais importante, eles são ótimos em solucionar o problema dos clientes e construir um relacionamento com eles. Esses vendedores entendem as necessidades de seus clientes. Converse com executivos de vendas e eles descreverão os vendedores de primeira nos seguintes termos: são bons ouvintes, têm empatia, são pacientes, cuidadosos e receptivos. Os grandes vendedores conseguem se colocar no lugar do comprador e veem o mundo por meio dos olhos de seus clientes. Eles não querem apenas ser simpáticos: querem também agregar valor para seus clientes.

Posto isso, não existe uma maneira certa de vender. Todo vendedor bem-sucedido utiliza uma abordagem diferente, que melhor se aplica a seus pontos fortes e talentos singulares. Por exemplo, alguns vendedores gostam da emoção de uma venda mais complicada, em que é preciso enfrentar desafios e vencer outras pessoas. Outros podem aplicar talentos "mais suaves" para atingir o mesmo objetivo. "A verdade é que não há dois grandes representantes de vendas iguais", diz um consultor de vendas. "Você pode prosperar em uma competição acirrada, enquanto um colega ganha por ser um solucionador de problemas superanalítico. Ou talvez você tenha um tremendo talento para construir relacionamentos, enquanto seu colega de alto desempenho é um estrategista brilhante. O mais importante é que você feche negócios do seu jeito".[9]

No recrutamento, as empresas devem analisar o trabalho de vendas em si e as características de seus vendedores mais bem-sucedidos para identificar os atributos necessários para ser um vendedor de sucesso em seu setor. Em seguida, elas devem recrutar os vendedores certos. O departamento de recursos humanos procura candidatos obtendo indicação dos vendedores atuais, utilizando agências de emprego, fazendo buscas na Internet e em mídias sociais, publicando anúncios classificados e trabalhando junto a empresas que prestam serviços de colocação profissional para universitários. Outro modo de procurar é atraindo os melhores vendedores de outras empresas. Vendedores experientes precisam de menos treinamento e podem se tornar produtivos imediatamente.

O recrutamento atrairá muitos candidatos, dentre os quais a empresa terá que selecionar o melhor. O procedimento de seleção pode variar de uma única entrevista informal a longos testes e entrevistas. Muitas empresas aplicam testes formais para candidatos ao cargo de vendedor. Os testes geralmente avaliam a aptidão deles para vendas, sua capacidade analítica e organizacional, traços de personalidade e outras características. Mas a pontuação nos testes é apenas uma parcela da informação, em um conjunto que inclui características pessoais, referências, histórico profissional e reações do entrevistador.

Treinamento dos vendedores

Os novos vendedores podem passar de algumas semanas ou meses a até um ano ou mais em treinamento. Depois disso, a maioria das empresas oferece, ao longo da carreira do vendedor, treinamento contínuo em vendas por meio de seminários, conferências de vendas e treinamento *on-line*. De acordo com uma fonte, as empresas sediadas nos Estados Unidos gastam cerca de 88 bilhões de dólares em treinamento de vendas por ano. Apesar de poder ser caro, esse tipo de treinamento também pode gerar extraordinários retornos.[10]

Os programas de treinamento têm diversos objetivos. Para começar, os vendedores precisam conhecer os clientes e saber como construir um relacionamento com eles. Assim, o programa de treinamento deve instruí-los sobre os diferentes tipos de clientes e suas necessidades, bem como sobre as motivações e hábitos de compra desses clientes. Deve também ensiná-los a vender de maneira eficaz e treiná-los nos fundamentos do processo de vendas. Os vendedores também precisam conhecer a empresa, seus produtos e seus concorrentes e se identificar com eles. Dessa maneira, um programa de treinamento efetivo instrui os vendedores sobre os objetivos da empresa, sua organização, seus produtos e as estratégias dos principais concorrentes.

Hoje em dia, muitas empresas estão trabalhando também com elementos digitais em seus programas de treinamento de vendas. A preparação por meio de treinamentos *on-line* pode ir de um simples treinamento de produto, oferecido na forma de texto, até exercícios baseados na Internet, que desenvolvem habilidades de vendas, e simulações sofisticadas, as quais recriam as dinâmicas de contatos de vendas na vida real. As empresas também estão combinando treinamento digital com eventos presenciais em sala de aula e tutoria individual. Embora grande parte do treinamento *on-line* seja baseado na Web, as empresas agora oferecem treinamento sob demanda de qualquer lugar por meio de praticamente qualquer dispositivo móvel ou outra plataforma digital. Realizar o treinamento *on-line* em vez do presencial pode reduzir os custos de viagens entre outros, além de ocupar menos tempo de vendas de um vendedor. Ele também possibilita a oferta de treinamentos sob demanda para os vendedores, permitindo que eles treinem o mínimo ou o máximo necessário, quando e onde precisarem.

Remuneração dos vendedores

Para atrair bons vendedores, a empresa precisa ter um plano de remuneração atrativo. A remuneração é composta por quatro elementos: uma quantia fixa, uma quantia variável, reembolso de despesas e benefícios adicionais. A quantia fixa – geralmente um salário – garante ao vendedor uma renda estável. A quantia variável, que pode ser constituída por comissões ou bônus calculados sobre o desempenho das vendas, recompensa o vendedor por um maior empenho e sucesso.

O plano de remuneração da força de vendas pode, ao mesmo tempo, motivar os vendedores e orientar suas atividades. A remuneração deve orientar os vendedores para atividades que sejam compatíveis com os objetivos gerais do *marketing* e da força de vendas. Por exemplo, se a estratégia for conquistar novos negócios, crescer rapidamente e ganhar participação de mercado, o plano de remuneração poderá incluir uma comissão maior, combinada com um bônus pela conquista de novas contas, para incentivar o alto desempenho em vendas e o desenvolvimento de novos clientes. Por outro lado, se a meta for maximizar a lucratividade das contas existentes, o plano de remuneração poderá ser composto de um salário-base maior, com incentivos adicionais baseados nas vendas para a conta ou na satisfação do cliente.

Remuneração da força de vendas: um bom plano de remuneração motiva os vendedores e direciona suas atividades.

Luca Bertolli/123RF

De fato, um número cada vez maior de empresas está deixando de lado os planos com altas comissões, que podem levar os vendedores a fazer tentativas precipitadas de fechar o negócio. Essas empresas se preocupam com a possibilidade de um vendedor que está tentando fechar um acordo de maneira muito agressiva poder prejudicar o relacionamento com o cliente. Assim, as empresas estão elaborando planos de remuneração que recompensem os vendedores pelo desenvolvimento de relacionamento com os clientes e pelo crescimento do valor de cada um deles no longo prazo.

Em tempos economicamente difíceis, algumas empresas tentam cortar custos reduzindo a remuneração da equipe de vendas. Entretanto, embora algumas medidas de contenção de gastos façam sentido quando o negócio está devagar, diminuir a remuneração da força de vendas como um todo é, normalmente, uma ação emergencial. Os melhores vendedores estão sempre em demanda, e pagar menos pode significar perdê-los no momento em que são mais necessários. Assim, vendedores-chave que mudam constantemente podem resultar em relacionamentos curtos com clientes importantes. Se a empresa precisar reduzir suas despesas de remuneração, em vez de fazer cortes generalizados, as empresas devem continuar pagando bem aos de melhor desempenho, deixando de lado os de baixo desempenho.

Supervisão e motivação dos vendedores

Vendedores novatos precisam de mais do que território, remuneração e treinamento – eles necessitam de supervisão e motivação. A meta da *supervisão* é ajudar os vendedores a "trabalhar de modo inteligente", fazendo as coisas certas da maneira certa. A meta da *motivação* é incentivar os vendedores a trabalhar com empenho e energia para alcançar as metas da força de vendas. Se os vendedores trabalharem de modo inteligente e com empenho, eles atingirão seu pleno potencial – para o benefício deles mesmos e da empresa.

Supervisão dos vendedores

O grau em que as empresas supervisionam seus vendedores varia. Muitas ajudam seus vendedores a identificar os clientes-alvo e estabelecem os objetivos dos contatos. Algumas podem também determinar quanto tempo sua força de vendas deve gastar na prospecção de novos clientes e estabelecer outras prioridades relacionadas a gerenciamento do tempo. Uma ferramenta é o *plano de contatos* semanal, mensal ou anual, que mostra quais clientes existentes e potenciais devem ser contatados e quais atividades devem ser realizadas. Outra ferramenta é a *análise de tempo e tarefa*.

Além do tempo que passa vendendo, o profissional de vendas gasta seu tempo com deslocamentos, esperas, intervalos para descanso e realização de tarefas administrativas. Surpreendentemente, estudos mostram que, em média, os vendedores gastam apenas 34% de seu tempo em vendas ativas.[11] As empresas estão sempre procurando maneiras de economizar tempo – simplificando as tarefas administrativas, desenvolvendo melhores planos de chamadas e de rotas, fornecendo mais e melhores informações aos clientes e utilizando telefone, *e-mail* e conferências *on-line* ou móvel em vez de viajar.

Automação da força de vendas: para ajudar os vendedores a trabalhar com mais eficiência e eficácia a qualquer hora, em qualquer lugar, as empresas equipam seus vendedores com *laptops* ou *tablets*, *smartphones*, conexões sem fio, tecnologias de videoconferência e *software* de gerenciamento de relacionamento com o cliente.

kantver/123RF

Muitas empresas adotaram *sistemas de automação da força de vendas*. Trata-se de operações computadorizadas e digitalizadas da força de vendas que permitem aos vendedores trabalharem de maneira mais eficaz a qualquer momento, em qualquer lugar. Atualmente, as empresas equipam seus vendedores com notebooks ou *tablets*, *smartphones*, tecnologias para videoconferência e *software* para administração de contato e relacionamento com o cliente. Munidos dessas tecnologias, os vendedores podem traçar o perfil de clientes existentes e potenciais de maneira mais eficaz e eficiente, analisar e prever vendas, agendar contatos de vendas, fazer apresentações, preparar relatórios de vendas e de despesas e gerenciar o relacionamento com as contas. O resultado disso é um melhor gerenciamento do tempo e do atendimento ao cliente, bem como menores custos e maior desempenho nas vendas. No final das contas, a tecnologia remodelou a maneira como os vendedores realizam suas tarefas e se envolvem com os clientes.

Motivação do vendedor

Além de orientar os vendedores, os gerentes de vendas precisam motivá-los. Alguns vendedores vão dar o melhor de si, sem precisarem de nenhuma pressão especial da gerência. Para eles, vender pode ser o trabalho mais fascinante do mundo. Mas vender também pode ser frustrante. Os vendedores geralmente trabalham sozinhos, e muitas vezes precisam viajar, ficando longe de casa. Eles ainda podem se deparar com vendedores agressivos da concorrência e com clientes difíceis. Portanto, necessitam, com frequência, de um incentivo especial para fazer o melhor trabalho possível.

A gerência pode elevar o moral e o desempenho da força de vendas por meio do clima organizacional, de cotas de vendas e de incentivos positivos. O *clima organizacional* descreve o que os vendedores acham das oportunidades e do valor que têm dentro da empresa e das recompensas por um bom desempenho por ela oferecidos. Algumas empresas tratam os vendedores como se eles não fossem importantes, e por conta disso o desempenho é prejudicado. Outras os tratam como pessoas que contribuem e são valorizadas, dando-lhes oportunidades de renda e promoção praticamente ilimitadas. Não surpreende o fato de essas empresas terem uma força de vendas com melhor desempenho e menos rotatividade.

Cotas de vendas
Um padrão que determina quanto os vendedores devem vender e como as vendas devem ser divididas entre os produtos da empresa.

Muitas organizações motivam seus vendedores estabelecendo **cotas de vendas** – padrões que determinam quanto os vendedores devem vender e como as vendas devem ser divididas entre os produtos da empresa. A remuneração geralmente está relacionada ao grau de cumprimento dessas cotas. As empresas também utilizam vários *incentivos positivos* para aumentar o empenho da força de vendas. *Conferências de vendas* geram oportunidades de convívio social, quebra da rotina, chances de conversar com os "maiorais" da empresa e oportunidades para expor sentimentos e se identificar com um grupo maior. As empresas também patrocinam *concursos de vendas*, para incentivar a força de vendas a fazer um esforço maior do que seria normalmente esperado. Outros incentivos incluem homenagens, prêmios em produtos e em dinheiro, viagens e planos de participação nos lucros.

Avaliação do desempenho dos vendedores e da força de vendas

Até agora descrevemos como a gerência comunica aos vendedores o que eles devem fazer e como os motiva a fazê-lo. Esse processo exige um bom *feedback*. E um bom *feedback* significa obter informações regulares sobre os vendedores para avaliar seu desempenho.

A gerência obtém informações sobre seus vendedores de diversas maneiras. A fonte mais importante é o *relatório de vendas*, que deve incluir planos de trabalho semanais ou mensais e planos de *marketing* de longo prazo para os respectivos territórios. Os vendedores também fazem *relatórios de visitas*, em que descrevem as atividades que realizaram, e apresentam *relatórios de despesas*, por meio dos quais são parcial ou totalmente reembolsados. A empresa também pode monitorar dados relacionados ao desempenho das vendas e dos lucros no território do vendedor. Informações adicionais são fornecidas por observação pessoal, pesquisas junto aos clientes e conversas com outros vendedores.

Utilizando vários relatórios da força de vendas e outras informações, a gerência de vendas avalia os membros de sua equipe. Isso é feito por meio da avaliação da capacidade deles de "planejar seu trabalho e executar seu planejamento". A avaliação formal obriga a gerência a desenvolver e informar, com clareza, os padrões adotados para o julgamento do desempenho. Ela propicia aos vendedores um *feedback* construtivo, além de motivá-los a melhorar seu desempenho.

Em um nível mais amplo, a gerência deve avaliar o desempenho da força de vendas como um todo. A força de vendas está atingindo seus objetivos no que se refere a relacionamentos com os clientes, vendas e lucros? Ela está trabalhando bem com outras áreas de *marketing* e da organização da empresa? Seus custos estão alinhados com os resultados? Como em outras atividades de *marketing*, a empresa quer mensurar o *retorno do seu investimento em vendas.*

Comentário do autor | Como quase tudo nos dias de hoje, as vendas foram afetadas em grande parte pelas tecnologias digitais. As forças de vendas de hoje estão dominando o uso de ferramentas *online*, móveis e de mídia social para engajar clientes empresariais, construir relacionamentos e fazer vendas.

Vendas sociais: ferramentas *on-line*, móveis e de mídia social

Venda social
Uso de mídia *on-line*, móvel e social para envolver os clientes, construir relacionamentos mais fortes com eles e aumentar o desempenho das vendas

A tendência de vendas que mais cresce é a explosão da **venda social** – o uso de mídia *on-line*, móvel e social para envolver os clientes, construir relacionamentos mais fortes com eles e aumentar o desempenho das vendas. As tecnologias digitais de força de vendas estão criando caminhos interessantes para conectar e engajar os clientes. Alguns analistas até preveem que a internet significará a morte da venda pessoal, já que os vendedores são substituídos por *sites*, mídias sociais *on-line*, aplicativos móveis, tecnologias de videoconferência, assistentes de vendas orientados por IA e outras ferramentas que permitem contato direto com o cliente. Mas tais previsões são muito exageradas. As tecnologias *on-line* e de mídia social provavelmente não tornarão os vendedores obsoletos (veja o Marketing Real 16.1). No entanto, as tecnologias digitais estão mudando rapidamente o papel da venda presencial.

Quando usadas corretamente, as tecnologias digitais podem tornar os vendedores mais produtivos e eficazes. Elas fornecem ferramentas poderosas para identificar e conhecer clientes em potencial, engajar e criar valor para os clientes e fechar vendas e nutrir relacionamentos com eles. As tecnologias de vendas sociais podem produzir grandes benefícios organizacionais para as forças de vendas. Elas ajudam a conservar o valioso tempo dos vendedores, economizam dinheiro em viagens e dão aos vendedores novos veículos para vendas e manutenção de contas.

A venda social não mudou realmente os fundamentos da venda. As forças de vendas sempre assumiram a responsabilidade principal de alcançar e engajar os clientes e gerenciar o relacionamento com eles. Agora, isso tem sido feito cada vez mais digitalmente. No entanto, como as mídias *on-line* e sociais estão mudando drasticamente o processo de compra do cliente, elas também estão mudando o processo de venda. No mundo digital de hoje, muitos clientes não confiam mais tanto quanto antes nas informações e na assistência fornecida pelos vendedores. Em vez disso, eles realizam boa parte do processo de compra por conta própria, especialmente nos estágios iniciais. Cada vez mais, eles usam recursos *on-line* e de mídia social para analisar seus próprios problemas, pesquisar soluções, obter conselhos de colegas e classificar opções de compra antes mesmo de falar com um vendedor. Um estudo sobre compradores organizacionais descobriu que 68% deles preferem pesquisar *on-line*, de maneira independente, e 62% desenvolvem um critério de seleção antes de entrar em contato com um representante de vendas.[12]

Assim, os clientes de hoje têm muito mais controle sobre o processo de vendas do que tinham na época em que folhetos, preços e conselhos sobre produtos eram disponibilizados apenas pelos representantes de vendas. Os clientes agora podem navegar em *sites* corporativos e *sites* de mídia social para identificar e qualificar as empresas vendedoras. Eles podem conversar com outros compradores em mídias sociais como LinkedIn, Twitter ou Facebook para compartilhar experiências, identificar soluções e avaliar os produtos que estão considerando.

Como resultado, se e quando os vendedores entram no processo de compra, os clientes geralmente sabem quase tanto sobre os produtos de uma empresa quanto eles. E quando os clientes entram em contato com os vendedores, eles costumam fazer isso digitalmente, com a expectativa de engajamento em tempo real. Hoje em dia, eles querem mais informações dos vendedores do que sobre produtos e preços – eles querem resolver problemas e obter soluções.

Em resposta a esse novo ambiente de compra digital, os vendedores estão reorientando seus processos de vendas em torno do novo processo de compra do cliente. Eles estão "indo aonde os clientes estão" – mídias sociais, fóruns da Web, comunidades *on-line*, *blogs* – para engajar os clientes mais cedo. Eles estão engajando os clientes não apenas onde e quando eles estão comprando, mas também onde e quando estão conhecendo e avaliando o que vão comprar.

Marketing Real 16.1 | Vendedores B2B: Quem precisa deles nessa era de mídia digital e social?

É difícil imaginar um mundo sem vendedores. Mas, com base na queda dos números nos últimos anos, alguns analistas preveem que os vendedores B2B nos próximos anos irão diminuir em quantidade ou, até mesmo, desaparecer. Com a explosão da Internet, dos dispositivos móveis e de outras tecnologias que conectam os clientes diretamente às empresas, eles concluem, quem precisa de venda pessoal?

Para os céticos, os vendedores estão rapidamente sendo substituídos por *sites*, *e-mails*, *blogs*, aplicativos, *blogs*, compartilhamentos de vídeos, feiras virtuais, redes sociais, assistentes de vendas com IA e uma série de outras ferramentas de interação da era digital. "O mundo não precisa mais de vendedores", proclama um apocalíptico. "Vendas é uma profissão moribunda e em breve estará tão fora de moda quanto as lamparinas a óleo e o telefone de disco".

Então, a venda B2B está realmente morrendo? A Internet, as tecnologias móveis, as mídias sociais e os representantes de IA irão substituir a antiga arte de vender pessoalmente? Para a maioria dos analistas de vendas, a resposta é um sonoro "não". "Muitas pessoas que são especialistas em vendas [...] preveriam a queda do representante de vendas", diz um especialista em vendas. "Eu ouço as pessoas dizerem isso e penso, 'de jeito nenhum'".

A maioria dos especialistas concorda em uma coisa: a tecnologia está transformando radicalmente a profissão de vendedor. As mudanças revolucionárias de hoje na forma como as pessoas se comunicam estão afetando todos os aspectos dos negócios, e as vendas não são exceção. Mas as tecnologias digitais não substituirão tão cedo a compra e venda pessoal. A tecnologia pode melhorar muito o processo de venda, mas não pode substituir muitas das funções que os vendedores realizam. "A Internet pode receber pedidos e divulgar conteúdo, mas o que ela não pode fazer é descobrir as necessidades do cliente", diz outro especialista em vendas. "Ela não pode construir relacionamentos e não pode prospectar por conta própria". Acrescenta outro: "Alguém deve definir a proposta de valor da empresa e a mensagem exclusiva e comunicá-la ao mercado, e essa pessoa é o representante de vendas".

O que está morrendo, no entanto, é a função de manutenção da conta – o tomador de pedidos que passa no escritório do cliente na sexta-feira e diz: "Ei, tem alguma coisa para mim?" Da mesma forma, não há muito futuro para os explicadores, representantes que simplesmente transmitem informações sobre produtos e serviços que podem ser obtidas *on-line* de forma mais rápida e fácil. Esses vendedores não estão criando valor e podem ser facilmente substituídos pela automação. No entanto, os vendedores que se destacam na aquisição de novos clientes, na gestão do relacionamento, na solução de problemas e no aumento da conta dos atuais clientes sempre estarão em alta demanda. E as tecnologias digitais apenas tornarão esses vendedores melhores.

Não há dúvida sobre isso – a tecnologia está transformando a profissão de vendas. Em vez de depender de vendedores para obter informações básicas e conhecimento, os clientes agora podem fazer grande parte de suas próprias pesquisas de pré-compra por meio de *sites*, buscas *on-line*, aplicativos de telefone, contatos de mídia social e outros locais. Um estudo recente descobriu que 91% dos compradores B2B são ativos nas mídias sociais e que as decisões de 75% dos compradores são influenciadas por atividades de mídia digital e social. Muitos clientes agora iniciam o processo de vendas *on-line* e fazem sua lição de casa para conhecer mais sobre problemas, produtos concorrentes e fornecedores antes da primeira reunião de vendas.

Outro estudo descobriu que os compradores organizacionais já percorrem pelo menos 60% do processo de compra no momento em que entram em contato com um fornecedor. Eles não precisam de informações básicas ou conhecimento sobre os produtos; eles precisam de soluções e novos *insights*. Portanto, os vendedores de hoje precisam se destacar na solução dos problemas dos clientes e na construção de relacionamentos. Na verdade, mesmo que os empregos de vendas de baixo nível desapareçam nos próximos anos, espera-se que os empregos para representantes de vendas do tipo consultor cresçam em um ritmo saudável.

Além da mecânica do processo de venda, a compra e a venda envolvem trocas emocionais e também transacionais. Mesmo com novos aplicativos de inteligência artificial que dão um rosto quase humano à automação da força de vendas, as tecnologias digitais ainda não podem substituir o toque humano – a empatia, o instinto e a compreensão que são essenciais para uma boa venda. Em vez de substituir os vendedores, a tecnologia os está aperfeiçoando. Os melhores vendedores de hoje não estão fazendo nada de fundamentalmente novo. Eles sempre fizeram pesquisa de clientes, solução de problemas, contatos por redes sociais e construção de relacionamentos. Hoje, no entanto, eles estão fazendo isso com esteroides, usando um novo kit de ferramentas e aplicativos digitais de alta tecnologia.

Conforme discutido no Capítulo 6, a IBM fornece um bom exemplo de como as empresas estão usando a venda social para tornar ainda melhor uma força de vendas já forte. Por mais de 100 anos, a IBM confiou em sua lendária força de vendas para construir relacionamentos com clientes e vendas. Mas nos últimos anos, a IBM transformou significativamente a forma como sua força de vendas se relaciona com os clientes B2B para atender a suas necessidades na era digital. A IBM agora emprega uma ampla variedade de plataformas que informam e engajam clientes de negócios diretamente, conectam-nos aos vendedores da IBM e promovem compras e relacionamentos com eles.

Por exemplo, as várias divisões da IBM oferecem dezenas de *sites* específicos do mercado e do setor, contendo milhares de áreas de *sites* individuais e dezenas de milhares de páginas. Os clientes podem acessar os *sites* para fazer suas próprias pesquisas em visões gerais de produtos e serviços da IBM, informações técnicas minuciosas e detalhes de compra com suporte ao cliente em tempo real, conforme

As tecnologias de vendas digitais e sociais – de *sites*, mídias sociais e aplicativos móveis a assistentes de vendas com IA – mudaram rapidamente a face da venda pessoal. Mas, em vez de substituir os vendedores, esses esforços ampliam seu alcance e eficácia.

Gerd Altmann/Pixabay

necessário. Os clientes podem se conectar de forma ainda mais profunda e interativa com a comunidade IBM por meio da abrangente rede de mídia digital e social da empresa – aplicativos móveis, canais do Twitter, grupos do LinkedIn, páginas do Facebook e do Instagram, canais do YouTube e muito mais – onde podem descobrir, discutir, avaliar e até mesmo comprar soluções e serviços da IBM.

No entanto, embora a presença de mídia digital e social da IBM atraia novos clientes em potencial e os conduza por muitos dos estágios iniciais de descoberta e avaliação de produtos, ela não substitui os vendedores da empresa. Em vez disso, estende seu alcance e eficácia. A mídia digital e social não apenas oferece aos clientes um acesso mais eficaz à IBM, mas também oferece aos vendedores da IBM um acesso mais eficaz aos clientes.

O valor real da venda social da IBM é a enxurrada de oportunidades de vendas que ela cria e as conexões com os clientes que desenvolve. Depois que os clientes em potencial descobrirem e avaliarem as soluções da IBM *on-line*, eles provavelmente iniciarão o contato, solicitarão uma proposta ou iniciarão o processo de negociação. É aí que começa a venda pessoal. E uma vez que os contratos de vendas são assinados, a mídia digital e social oferece aos vendedores da IBM um rico reservatório de ferramentas de conexão com as quais manter e construir relacionamentos de longo prazo com os clientes.

Tudo isso sugere que a venda B2B não está morrendo, está apenas mudando. De fato, de acordo com o Bureau of Labor Statistics (departamento de estatísticas do trabalho dos Estados Unidos), o emprego geral de representantes de vendas B2B deve crescer 5% até 2026, igual ao crescimento médio para todas as ocupações. Mas agora, mais do que nunca, os vendedores devem combinar abordagens mais tradicionais com novas experiências digitais. As ferramentas e técnicas podem ser diferentes à medida que as forças de vendas aproveitam e se adaptam às vendas na era digital e das mídias sociais, mas quaisquer que sejam as ferramentas, os profissionais de *marketing* B2B ainda precisam de equipes de vendas fortes compostas por vendedores capazes de engajar os clientes, descobrir suas necessidades, resolver seus problemas e construir relacionamentos com eles. Especialmente para grandes vendas B2B, "toda a nova tecnologia pode facilitar a venda ao construir laços fortes com os clientes antes mesmo da primeira reunião, mas quando a assinatura atingir a linha pontilhada, haverá um representante de vendas lá".[13]

Os vendedores agora usam rotineiramente ferramentas digitais que monitoram as comunicações em mídias sociais dos clientes para identificar tendências, encontrar clientes em potencial e aprender o que os eles gostariam de comprar, como se sentem em relação a um fornecedor e o que seria necessário para fazer uma venda. Eles geram listas de clientes em potencial a partir de bancos de dados *on-line* e *sites* de redes sociais, como InsideView, Hoovers e LinkedIn. Eles iniciam conversas quando clientes em potencial visitam seus *sites* de mídia social e Web por meio de bate-papos ao vivo com a equipe de vendas. Eles usam ferramentas de conferência pela Internet, como WebEx, Zoom, GoToMeeting ou TelePresence, para conversar ao vivo com os clientes sobre produtos e serviços. Eles fornecem vídeos e outras informações em seus canais do YouTube e páginas do Facebook.

As forças de vendas de hoje também aumentaram seu próprio uso de conteúdo digital e mídia social para envolver os clientes durante todo o processo de compra. Uma pesquisa recente com profissionais de *marketing* B2B descobriu que, embora tenham cortado recentemente os gastos com mídia tradicional e eventos, estão investindo mais em conteúdo digital, desde comunidades proprietárias de clientes *on-line* até webinars e mídias sociais e aplicativos móveis. Considere a Makino, uma fabricante líder de tecnologia de corte e usinagem de metal:[14]

Há um novo vídeo na moda no YouTube nos dias de hoje, apresentado no canal Makino Machine Tools. Ele mostra um centro de usinagem vertical Makino de cinco eixos em ação, com lascas de metal voando enquanto as máquinas fabricam uma nova peça industrial. Parece emocionante? Provavelmente não para você. Mas para o cliente industrial certo, o vídeo é absolutamente fascinante. O YouTube é apenas uma de uma ampla variedade de iniciativas de conteúdo de mídia social que a Makino usa para apoiar seus vendedores em seus esforços para engajar e informar os clientes e para melhorar o relacionamento com eles. Por exemplo, a Makino hospeda uma série contínua de webinars específicas que posicionam a empresa como líder de pensamento do setor. A Makino produziu e arquivou centenas de webinars sobre tópicos que vão desde como tirar o máximo proveito de suas máquinas e ferramentas até como os processos de corte de metal são feitos. O conteúdo das webinars é adaptado para setores específicos, como aeroespacial ou médico, e é promovido por meio de anúncios *on-line* cuidadosamente direcionados e convites por *e-mail*. As webinars ajudam a construir o banco de dados de clientes da Makino, gerar oportunidades de vendas, construir relacionamentos com os clientes e preparar o caminho para os vendedores, fornecendo informações relevantes e educando os clientes *on-line*. A Makino também usa o Facebook, o YouTube e o Twitter para informar clientes atuais e potenciais sobre as últimas inovações e eventos da Makino e para demonstrar as máquinas da empresa em ação. Esse conteúdo digital e as

Venda social: o fabricante de máquinas e ferramentas Makino engaja os clientes por meio de extenso conteúdo digital e de mídias sociais, que complementam os esforços da força de vendas para envolver os clientes e construir relacionamentos com eles.

Cortesia de Makino

mídias sociais não substituem os vendedores. Em vez disso, eles ajudam-nos a construir relacionamentos ainda mais frutíferos com os clientes. Quando se trata de vendas B2B nos dias de hoje, a Makino aprendeu, o *marketing* social é o lugar onde estar.

Em última análise, as tecnologias de vendas sociais estão ajudando a tornar as forças de vendas mais eficientes, econômicas e produtivas. As tecnologias ajudam os vendedores a fazer o que os bons vendedores sempre fizeram – construir relacionamentos com os clientes resolvendo os problemas deles –, mas de modo melhor, mais rápido e mais barato.

No entanto, a venda social também tem algumas desvantagens. Para começar, ela não é barata, e, além disso, há algumas coisas que você simplesmente não pode apresentar ou ensinar pela Internet – coisas que exigem engajamento pessoal, percepção e interação. Por essas razões, alguns especialistas em tecnologia recomendam que os executivos de vendas usem tecnologias *on-line* e de mídia social para identificar clientes potenciais e oportunidades de vendas, fornecer informações, manter contato com o cliente e fazer apresentações preliminares de vendas, mas recorrer às boas e velhas reuniões presenciais quando o tempo se aproxima para fechar um grande negócio.

Comentário do autor | Até agora, examinamos como o gerenciamento de vendas desenvolve e implementa estratégias e programas gerais da força de vendas. Nessa seção, veremos como vendedores individuais e equipes de vendas vendem para clientes e constroem relacionamentos com eles.

O processo de vendas pessoais

Objetivo 16.3 Discutir o processo de vendas pessoais, diferenciando o *marketing* orientado para a transação do *marketing* de relacionamento.

Passaremos agora do planejamento e gerenciamento da força de vendas para o processo de vendas pessoais propriamente dito. O **processo de vendas** consiste em várias etapas que os vendedores devem dominar. Essas etapas se concentram na meta de conquistar novos clientes e obter pedidos deles. Embora a maioria dos vendedores passa a maior parte de seu tempo atendendo a contas existentes e construindo um *relacionamento* de longo prazo com o cliente, discutiremos o aspecto do relacionamento no processo de venda pessoal mais adiante, em uma seção específica.

Processo de vendas
As etapas que os vendedores devem seguir ao vender, que incluem prospecção e qualificação, pré-abordagem, abordagem, apresentação e demonstração, tratamento de objeções, fechamento e acompanhamento.

Etapas do processo de vendas

Como mostrado na **Figura 16.2**, o processo de vendas consiste em sete etapas: prospecção e qualificação, pré-abordagem, abordagem, apresentação e demonstração, tratamento de objeções, fechamento e acompanhamento.

Prospecção e qualificação

Prospecção
A etapa da venda em que o vendedor ou a empresa identifica clientes potenciais qualificados.

A primeira etapa do processo de vendas é a **prospecção** – identificação de clientes potenciais qualificados. Abordar os clientes certos é essencial para o sucesso da venda. Os vendedores não querem entrar em contato com todo e qualquer cliente potencial. Eles querem contatar aqueles que são mais propensos a gostar da proposta de valor da empresa e a responder a ela – aqueles que a empresa pode atender bem e de maneira lucrativa.

Muitas vezes, o vendedor precisa abordar muitos clientes potenciais para conseguir apenas algumas vendas. Embora a empresa forneça alguns leads, os vendedores precisam ser capazes de encontrar os seus próprios. A melhor fonte são as indicações. Os vendedores podem pedir indicações aos clientes atuais e manter outras fontes de referência, como fornecedores, revendedores, vendedores não concorrentes e contatos *on-line* ou em mídias sociais. Eles também podem procurar clientes potenciais em listas telefônicas ou na Internet e buscar leads usando o telefone, o *e-mail* e redes sociais. Podem ainda, como último recurso, visitar diversos escritórios sem aviso prévio (uma prática conhecida como *visita não agendada*).

FIGURA 16.2
Etapas do processo de vendas.

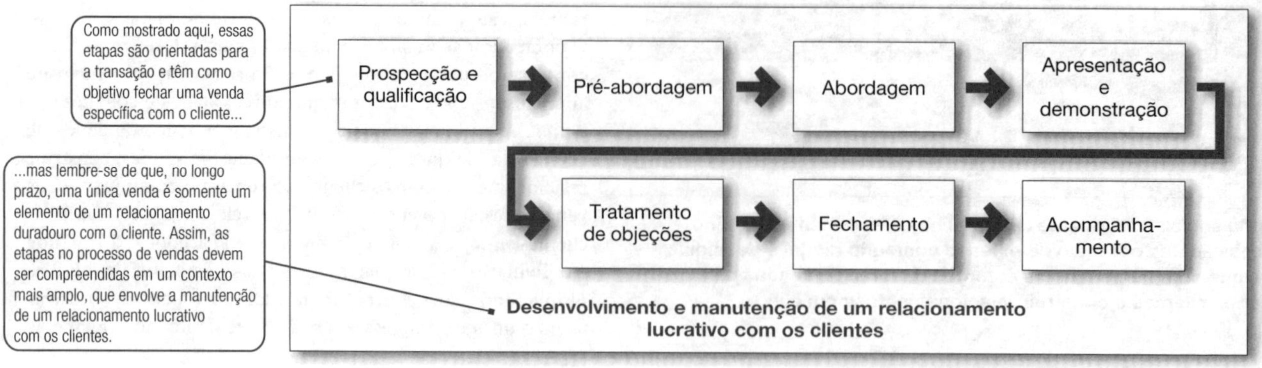

Os vendedores também precisam saber como *qualificar* as indicações – isto é, identificar as boas e separá-las das ruins. Os clientes potenciais podem ser qualificados de acordo com sua capacidade financeira, volume de negócios, necessidades especiais, localização e possibilidade de crescimento.

As empresas estão usando cada vez mais inteligência artificial e outras análises avançadas para identificar e avaliar as oportunidades de vendas. Eles estão usando a IA para reunir e filtrar as montanhas de dados sobre características, comportamentos e padrões de compra de clientes em potencial para gerar e classificar bons leads de vendas. A IA também pode ser usada para avaliar as necessidades de clientes em potencial e sugerir soluções da empresa que podem tornar os vendedores mais eficazes na obtenção de novos negócios. Nos últimos anos, diz um analista, a IA "passou de preditiva para prescritiva, o que significa que pode sugerir ligar para o cliente em potencial com maior probabilidade de resultar em uma venda, ou sugerir a melhor combinação de ofertas para construir uma [venda] bem-sucedida".[15]

Pré-abordagem

Pré-abordagem
A etapa da venda em que o vendedor busca aprender o máximo possível sobre um cliente potencial antes de entrar em contato com ele.

Antes de entrar em contato com um cliente potencial, o vendedor deve buscar aprender o máximo possível sobre a organização (do que ela precisa, quem está envolvido na compra) e seus compradores (suas características e seus estilos de compra). Essa etapa é conhecida como **pré-abordagem**. Uma venda bem-sucedida começa muito antes de o vendedor colocar os pés no escritório do cliente potencial. A pré-abordagem tem início com uma boa pesquisa e preparação. O vendedor pode consultar fontes comuns de referência do setor e *on-line*, bem como conhecidos e outras fontes para se informar sobre a empresa. Em seguida, ele deve aplicar os dados coletados na pesquisa, desenvolvendo uma estratégia para o cliente. Ele pode vasculhar os *sites* de mídia social e da Web do cliente em potencial em busca de informações sobre seus produtos, compradores e processos de compra. As atividades de IA da empresa podem fornecer dados e análises sobre as características e necessidades dos prospects. Em seguida, o vendedor deve aplicar a pesquisa coletada para desenvolver uma estratégia para o cliente.

O vendedor precisa estabelecer os *objetivos do contato*, que podem ser qualificar o cliente potencial, coletar informações ou fazer uma venda imediata. Outra tarefa do vendedor é decidir qual é a melhor abordagem, que pode ser uma visita pessoal, um telefonema, um *e-mail* ou uma mensagem de texto. A melhor ocasião para fazer a abordagem deve ser cuidadosamente avaliada, porque há certas horas do dia ou da semana em que muitos clientes potenciais estão mais ocupados. Para completar, o vendedor deve elaborar uma estratégia geral de vendas para o cliente.

Abordagem

Abordagem
A etapa da venda em que o vendedor encontra o cliente pela primeira vez.

Durante a fase de **abordagem**, o vendedor deve saber como encontrar o comprador e cumprimentá-lo, bem como iniciar o relacionamento com ele de uma maneira satisfatória. A abordagem pode ocorrer *offline* ou *on-line*, pessoalmente ou por meio de conferência digital ou mídia social. Essa fase abrange a aparência pessoal do vendedor, as frases iniciais e as observações subsequentes. As frases iniciais devem ser positivas, para gerar boa vontade desde o início. Após esse início, podem ser feitas algumas perguntas-chave, a fim de descobrir mais sobre as necessidades do cliente, ou pode ser apresentado um mostruário ou amostra para atrair a atenção e a curiosidade do comprador. Em todas as etapas do processo de vendas, é fundamental ouvir o cliente.

Apresentação e demonstração

Apresentação
A etapa da venda em que o vendedor conta a "história de valor" para o comprador, mostrando como sua oferta soluciona os problemas da empresa do cliente.

Durante a etapa de **apresentação** do processo de vendas, o vendedor conta a "história de valor" para o comprador, mostrando como a sua oferta pode solucionar os problemas da empresa do cliente. A *abordagem voltada à solução para o cliente* se encaixa melhor ao conceito de *marketing* de relacionamento de hoje do que uma aproximação mais agressiva ou invasiva de vendas.

O objetivo deve ser mostrar como os produtos e serviços da empresa atendem às necessidades do cliente. Os compradores de hoje querem soluções, e não sorrisos; resultados, e não papo-furado. Além disso, eles não querem apenas produtos, querem saber como os produtos vão agregar valor ao seu negócio. Eles querem vendedores que ouçam suas preocupações, entendam suas necessidades e respondam a elas com os produtos e os serviços certos.

No entanto, antes de serem capazes de *apresentar* soluções para os clientes, os vendedores precisam *desenvolver* soluções para mostrá-las. Essa abordagem voltada à solução requer a capacidade de saber ouvir e a habilidade de solucionar problemas. As características dos vendedores que os compradores *menos apreciam* são: insistência, atraso, falta de preparo, desorganização e excesso de conversa. As qualidades que eles *mais valorizam* são: capacidade de ouvir, empatia, honestidade, confiabilidade, perfeccionismo e acompanhamento. Excelentes vendedores sabem vender, mas, o que é mais importante, eles sabem ouvir e construir relacionamentos sólidos com os clientes. De acordo com um antigo ditado conhecido na área de vendas: "Você tem dois ouvidos

Excelentes vendedores sabem vender, mas, o que é mais importante, eles sabem ouvir e construir relacionamentos sólidos com os clientes.
Tony Garcia/The Image Bank/Getty Images

e uma boca. Use-os proporcionalmente". Um clássico anúncio da Boise Cascade, fabricante de produtos de escritório, trata da questão do ouvir. Ele traz um vendedor da empresa com orelhas imensas. "Com a Boise, você perceberá a diferença no ato, especialmente em nossa força de vendas", diz o anúncio. "Na Boise [...] nossos representantes de contas têm a capacidade singular de ouvir as suas necessidades."

Por fim, os vendedores também precisam planejar seu método de apresentação. Boas habilidades de comunicação interpessoal ajudam a engajar os clientes e tornar apresentações de vendas mais eficazes. No entanto, o ambiente de comunicação atual, rico em mídia e saturado, traz muitos e novos desafios para os vendedores na hora da apresentação. Os clientes de hoje, sobrecarregados de informações, demandam experiências de apresentação mais enriquecedoras. De sua parte, os vendedores atualmente se deparam com uma série de distrações durante a sua apresentação, de celulares a mensagens de texto entre outros concorrentes digitais. Como resultado, eles precisam transmitir sua mensagem de uma maneira mais envolvente e persuasiva.

Assim, hoje em dia, os vendedores estão utilizando tecnologias avançadas, que permitem apresentações totalmente multimídia para somente uma ou algumas pessoas. O velho *flip chart* usado em apresentações de vendas foi substituído por *tablets*, *softwares* sofisticados de apresentação, tecnologias *on-line*, lousas interativas e projetores digitais.

Tratamento de objeções

Tratamento de objeções
A etapa da venda em que o vendedor busca, clarifica e resolve quaisquer objeções que o cliente tenha à compra.

Os clientes quase sempre fazem objeções durante a apresentação ou quando lhe é pedido que conclua um pedido. As objeções podem ser de ordem lógica ou psicológica, e muitas vezes não são expressas verbalmente. No **tratamento de objeções**, o vendedor deve usar uma abordagem positiva, tentar encontrar objeções ocultas, solicitar ao cliente que esclareça qualquer objeção, considerá-las como oportunidades para fornecer mais informações e transformá-las em razões para comprar. Todos os vendedores precisam de treinamento para lidar com as objeções.

Fechamento

Fechamento
A etapa da venda em que o vendedor solicita o pedido ao cliente.

Após lidar com as objeções do cliente potencial, o vendedor tenta, então, fechar a venda. Alguns não conseguem chegar à fase do **fechamento** ou não sabem conduzi-la adequadamente. É possível que lhes falte confiança, que se sintam culpados por solicitar o pedido ou que não percebam o momento certo de fechar a venda. Os vendedores devem saber reconhecer os sinais de que o cliente está disposto a fechar a venda, como postura física, comentários e perguntas. Por exemplo, o cliente pode inclinar-se para a frente e balançar a cabeça em sinal de aprovação ou fazer perguntas sobre preços e condições de financiamento.

Os vendedores têm à sua disposição diversas técnicas de fechamento. Eles podem solicitar o pedido, salientar algumas condições do acordo, oferecer-se para redigir o pedido, perguntar qual modelo o comprador prefere ou comentar que ele vai perder uma boa oportunidade se não fechar o pedido naquele momento. O vendedor pode ainda oferecer condições especiais para que o comprador feche o pedido, como preço mais baixo, uma quantidade extra grátis ou serviços adicionais.

Acompanhamento

Acompanhamento
A etapa da venda em que o comprador faz um trabalho pos-venda a fim de garantir a satisfação do cliente e mais negócios com ele.

A última etapa do processo de vendas – o **acompanhamento** – é necessária se o vendedor quer garantir a satisfação do cliente e mais negócios com ele. Logo após o fechamento, o vendedor deve confirmar todos os detalhes, como prazo de entrega, condições de compra e outros pontos. Em seguida, ele deve programar um contato, que deve ocorrer após o comprador ter recebido o pedido, a fim de assegurar que a instalação, as instruções e os serviços estejam em ordem. Se nessa visita for revelado algum problema, o vendedor deverá mostrar interesse e dirimir qualquer preocupação do comprador que possa ter surgido depois do momento da venda.

Venda pessoal e gestão do relacionamento com o cliente

As etapas do processo de vendas que acabamos de descrever são *orientadas para a transação* – sua finalidade é ajudar os vendedores a fechar uma venda específica com um cliente. Mas, na maioria dos casos, o que a empresa busca não é simplesmente uma venda: ela quer atender ao cliente por muito tempo, em um *relacionamento* mutuamente lucrativo. Em geral, a força de vendas exerce um papel importante na construção de relacionamentos com os clientes.

Assim, como visto na Figura 16.2, o processo de vendas deve ser compreendido no contexto do desenvolvimento e da manutenção de um relacionamento lucrativo com o cliente. Além disso, como discutido na seção anterior, os compradores de hoje estão cada vez mais passando pelos estágios iniciais do processo de compra, antes mesmo de envolver os vendedores. Os vendedores devem adaptar seu processo de venda para corresponder ao novo processo de compra, o que significa descobrir e engajar os clientes com base no relacionamento, e não na transação.

As organizações de vendas bem-sucedidas reconhecem que conquistar e manter clientes exige mais do que fabricar bons produtos e direcionar a força de vendas para o fechamento de muitos negócios. Se a empresa quer apenas conseguir vendas e conquistar negócios no curto prazo, ela pode fazer isso simplesmente diminuindo os preços, equiparando-os aos dos concorrentes ou deixando-os menores. Em vez disso, a maioria das organizações quer que seus vendedores coloquem em prática a *venda de valor* – demonstrando e entregando valor superior para o cliente e obtendo algo em troca por esse valor, em um processo justo tanto para a empresa como para o cliente.

Infelizmente, no calor do fechamento de uma venda, os vendedores muitas vezes pegam o caminho mais fácil, reduzindo o preço em vez de vender valor. O desafio dos gerentes de vendas é transformar os vendedores, fazendo com que eles deixem de ser defensores dos clientes, cortando preços, e passem a ser defensores da empresa, transmitindo valor. Eis como a Rockwell Automation vende valor e relacionamento em vez de preço:[16]

Venda de valor: o desafio da gestão de vendas é transformar os vendedores de defensores do cliente por cortes de preços em defensores da empresa pelo valor.

almagami/123RF

> Pressionado pelo Walmart para reduzir seus preços, um fabricante de condimentos pediu que diversos representantes de fornecedores concorrentes – incluindo Jeff Policicchio, representante de vendas da Rockwell Automation – o ajudassem a encontrar maneiras de reduzir seus custos operacionais. Após passar um dia na fábrica do cliente, Policicchio logo percebeu o principal problema: a produção estava sendo prejudicada por conta de períodos de inatividade, em razão do desempenho ruim das bombas nos 32 grandes tanques de condimento do cliente. Coletando rapidamente dados de custo e uso, Policicchio utilizou a ferramenta de avaliação do valor disponível no notebook da Rockwell Automation que usava para desenvolver uma solução eficiente para o problema do cliente com as bombas.

No dia seguinte, quando Policicchio e os representantes concorrentes apresentaram suas propostas de redução de custos para o gerenciamento do fábrica, ele ofereceu a seguinte proposta de valor: "Com essa solução de bombas da Rockwell Automation, por meio da redução dos períodos de inatividade, da diminuição dos custos administrativos ligados a compras e de menos gastos com peças de reparo, sua empresa economizará, no mínimo, 16.268 dólares por bomba – o que pode ser estendido para as 32 bombas –, em relação à melhor solução concorrente". Comparada com as propostas dos concorrentes, a solução de Policicchio tinha um custo inicial mais alto. Mas nenhum representante concorrente ofereceu mais do que promessas vazias sobre possíveis economias de custo. A maioria deles simplesmente abaixou seu preço.

Impressionados com a proposta de valor de Policicchio – apesar de seu alto custo inicial –, os gerentes da fábrica optaram por comprar e testar uma bomba da Rockwell Automation. Como a bomba apresentou um desempenho melhor do que o previsto, o cliente pediu todas as bombas que faltavam. Apresentando valor tangível, em vez de apenas vendas com base no preço, Policicchio não só conseguiu a primeira venda, como também conquistou um cliente fiel para o futuro.

A venda de valor requer ouvir os clientes, entender suas necessidades e, cuidadosamente, coordenar os esforços da empresa como um todo, a fim de criar relacionamentos duradouros baseados no valor para o cliente.

Comentário do autor | A promoção de vendas é a ferramenta do composto de promoção de mais curto prazo. Enquanto a propaganda ou a venda pessoal diz "compre", as promoções de vendas dizem "compre agora".

Promoção de vendas

Objetivo 16.4 Explicar como as campanhas de promoção de vendas são desenvolvidas e implementadas.

Promoção de vendas
Incentivos de curto prazo para estimular a compra ou a venda de um produto ou serviço.

Geralmente, a venda pessoal e a propaganda agem em conjunto com uma outra ferramenta de promoção: a promoção de vendas. A **promoção de vendas** consiste em incentivos de curto prazo para estimular a compra ou a venda de um produto ou serviço. Enquanto a propaganda oferece motivos para comprar um produto ou serviço, a promoção de vendas oferece razões para comprar *agora*.

As promoções de vendas são encontradas em todos os lugares. Por exemplo, as lojas do seu shopping local estão repletas de placas anunciando vendas especiais.
Gary Armstrong

Exemplos de promoções de vendas são encontrados em todos os lugares. Um encarte de 20 páginas da Best Buy no jornal de domingo oferece centenas de ótimas ofertas da Black Friday Doorbuster; um encarte da Rooms to Go oferece preços especiais e 60 meses sem juros. No shopping, as lojas estão repletas de placas anunciando vendas sazonais; uma loja promete dar 20 dólares em dinheiro para cada 20 dólares que você gastar, mais 60% de desconto nos preços de desconto. Compre um novo *tablet* Samsung e ganhe um upgrade de memória grátis. Uma rede de lojas de ferragens recebe um desconto de 10% em ferramentas elétricas de gramado e jardim selecionadas da Stihl se concordar em anunciá-las em jornais locais. A promoção de vendas inclui uma ampla variedade de ferramentas de promoção projetadas para estimular uma resposta mais rápida ou mais forte do mercado.

O rápido crescimento da promoção de vendas

As ferramentas de promoção de vendas são utilizadas pela maioria das organizações, incluindo fabricantes, distribuidores, varejistas e instituições sem fins lucrativos. Elas são direcionadas para compradores finais (*promoções dirigidas ao consumidor*), para varejistas e atacadistas (*promoções dirigidas ao canal de distribuição*), para clientes organizacionais (*promoções dirigidas às empresas*) e para o pessoal da força de vendas (*promoções dirigidas à força de vendas*). Ao todo, segundo uma estimativa, os gastos com promoção de vendas representam cerca de 20% de todos os gastos com *marketing* nos Estados Unidos.[17]

Vários fatores têm contribuído para esses altos níveis de promoção de vendas, principalmente nos mercados de consumo. Primeiro, dentro da empresa, os gerentes de produto enfrentam grandes pressões para aumentar as vendas atuais e veem a promoção como uma ferramenta eficaz de vendas de curto prazo. Em segundo lugar, externamente, a empresa enfrenta forte concorrência e as marcas concorrentes são cada vez menos diferenciadas. A promoção de vendas pode ajudar a diferenciar suas ofertas. Em terceiro lugar, a eficiência da propaganda diminuiu devido ao aumento dos custos, à saturação da mídia e às restrições legais. Por fim, os consumidores tornaram-se muito orientados para bons negócios. Os consumidores estão exigindo preços mais baixos e melhores ofertas. As promoções de vendas podem ajudar a atrair os consumidores dos dias atuais, mais orientados para o valor.

O uso intenso da promoção de vendas resultou em uma *saturação de promoções*, semelhante ao que acontece com a saturação de propagandas. Com tantos produtos sendo vendidos em promoções nos dias de hoje, uma determinada promoção corre o risco de se perder em um mar de tantas outras, enfraquecendo sua capacidade de desencadear uma compra imediata. Os fabricantes agora estão procurando maneiras de superar a saturação, como oferecer maiores valores de cupom de desconto, criar displays de ponto de venda mais chamativos ou entregar promoções por meio de mídias digital, móvel e social. As promoções digitais podem ajudar a impulsionar as vendas nas lojas física e *on-line*.

Ao desenvolver um programa de promoção de vendas, a empresa deve, em primeiro lugar, estabelecer os objetivos da promoção e, em seguida, selecionar as melhores ferramentas para atingir esses objetivos.

Objetivos da promoção de vendas

Os objetivos da promoção de vendas variam muito. As empresas vendedoras podem usar *promoções dirigidas ao consumidor* para induzir mais compras por parte do consumidor no curto prazo ou para melhorar o engajamento do cliente com a marca. Os objetivos das *promoções dirigidas ao canal de distribuição* incluem convencer os varejistas a comercializar novos itens e manter um estoque maior, fazer compras antecipadas ou promover os produtos da empresa e dar a eles mais espaço na prateleira. As *promoções dirigidas a empresas* são utilizadas para gerar oportunidades de negócios, estimular compras, recompensar os clientes e motivar os vendedores. Para a força de vendas, os objetivos incluem conseguir maior apoio dela para produtos existentes ou novos e incentivar os vendedores a conquistar novas contas.

As promoções de vendas geralmente são utilizadas em conjunto com a propaganda, a venda pessoal, o *marketing* direto ou outras ferramentas do composto de promoção. Em geral, as promoções dirigidas ao consumidor devem ser anunciadas e podem acrescentar entusiasmo e poder de persuasão aos anúncios e a outros conteúdos de *marketing*. As promoções dirigidas ao canal de distribuição e à força de vendas apoiam o processo de venda pessoal da empresa.

Quando a economia aperta e as vendas caem, é tentador oferecer grandes descontos promocionais para estimular os gastos do consumidor. Em geral, entretanto, em vez de gerar apenas vendas

Programas de fidelidade do cliente: a associação ao clube de fidelidade IKEA Family oferece aos clientes benefícios, recompensas e descontos especiais. E, mais importante, permite que a IKEA crie experiências especiais projetadas apenas para eles.

Hadrian/Shutterstock

de curto prazo ou conseguir uma troca momentânea de marca, as promoções de vendas devem ajudar a reforçar o posicionamento do produto e a construir um relacionamento duradouro com os clientes. Se desenvolvida adequadamente, qualquer ferramenta de promoção de vendas tem o potencial de gerar tanto entusiasmo de curto prazo como relacionamento de longo prazo com o cliente. Os profissionais de *marketing* devem evitar "soluções rápidas" e promoções baseadas exclusivamente em preços, optando por promoções elaboradas para construir brand equity. Exemplos disso são os vários *programas de marketing de frequência* e os cartões de fidelidade. A maioria dos hotéis, supermercados e companhias aéreas oferece programas para hóspedes/compradores/viajantes frequentes, recompensando os clientes regulares para fazê-los continuar voltando. Esses programas promocionais podem construir fidelidade por meio de adição de valor, em vez de desconto em preços.

Por exemplo, a IKEA convida os clientes a aderirem ao seu clube de fidelidade IKEA Family. Além de descontos especiais nas compras, os membros do IKEA Family recebem acesso antecipado aos eventos da marca, congelamento de preço por 90 dias, opções de financiamento, um registro de compras e uma assinatura da IKEA Family Magazine, repleta de dicas e truques de decoração. Os membros podem optar por *e-mails* que oferecem "recompensas e inspiração". Passar o cartão de membro em uma loja IKEA local dá aos membros a chance de ganhar um vale-presente IKEA de 100 dólares todos os meses. E os membros que completam o perfil na IKEA Family recebem tratamento especial, como ofertas personalizadas e "guloseimas de feliz aniversário" em suas caixas de *e-mail*. "Queremos conhecer os seus gostos, ideias e planos para criar a experiência IKEA perfeita para você", diz a IKEA. "Juntos, damos vida às ideias".[18]

Promoções dirigidas ao consumidor
Ferramentas de promoção de vendas usadas para aumentar a compra e o envolvimento por parte dos clientes no curto prazo ou para intensificar o relacionamento com eles no longo prazo.

Principais ferramentas da promoção de vendas

Muitas ferramentas podem ser utilizadas para se atingir os objetivos da promoção de vendas. A seguir, descrevemos as principais usadas nas promoções dirigidas ao consumidor, ao canal de distribuição e às empresas.

Promoções dirigidas ao consumidor

As **promoções dirigidas ao consumidor** incluem uma série de ferramentas, que variam de amostras, cupons, reembolsos, brindes e displays no ponto de venda a concursos, sorteios e patrocínios de eventos.

Amostras são ofertas de uma quantidade do produto para experimentação. A distribuição de amostras é a maneira mais eficaz – e a mais cara – de lançar um novo produto ou criar entusiasmo em torno de um produto existente. Algumas amostras são grátis. Para outras, a empresa cobra um preço reduzido, a fim de cobrir seu custo. A amostra pode ser enviada por correio, distribuída em uma loja ou quiosque, anexada a outro produto e incorporada a um anúncio ou *e-mail*. Às vezes, elas vêm combinadas em pacotes promocionais, que podem ser utilizados para promover outros produtos e serviços. A distribuição de amostras pode ser uma poderosa ferramenta promocional. Por exemplo, todos os anos a 7-Eleven celebra seu autoproclamado 7-Eleven Day em 11 de julho distribuindo suas raspadinhas Slurpee gratuitamente. No ano passado, a empresa distribuiu cerca de 9 milhões de raspadinhas. O Free Slurpee Day é seguido por uma promoção "sete ofertas em sete dias" que oferece aos membros do clube de fidelidade 7Rewards e aos usuários do aplicativo 7-Eleven uma semana de ofertas de amostra em outros produtos 7-Eleven, como um refrigerante Big Gulp grátis com a compra de uma barra de Snickers. Assim, o popular programa de amostragem atrai novos clientes para as lojas, mas também recompensa os clientes fiéis e os incentiva a "talvez tentar algo que ainda não experimentaram". Isso também gera bastante *buzz* sobre a marca.[19]

Amostras para consumidores podem ser uma ferramenta poderosa. A celebração do Free Slurpee Day da 7-Eleven atrai novos clientes para as lojas, mas também recompensa os clientes fiéis e os incentiva a "talvez tentar algo que ainda não experimentaram".

7-Eleven, Inc.

Cupons são comprovantes que garantem aos consumidores um desconto na compra de um produto especificado. A maioria dos consumidores adora cupons. As empresas de bens de consumo embalados dos Estados Unidos distribuíram 267 bilhões de cupons em 2018. Os consumidores resgataram mais de 1,7 bilhão deles. Os cupons podem promover o teste inicial de uma nova marca ou estimular as vendas de uma marca madura. No entanto, para combater o aumento do saturamento de cupons, a maioria das grandes empresas de bens de consumo está emitindo menos cupons e direcionando-os com mais cuidado. Por exemplo, o número de cupons emitidos caiu impressionantes 11,7% em 2018.[20]

Os cupons digitais e de aplicativos móveis representam o segmento de cupons que mais cresce atualmente. Os cupons digitais podem ser direcionados e personalizados individualmente de maneiras que os cupons impressos não podem. Seja impresso em casa, carregado em um cartão ou resgatado via *smartphone* ou por outro dispositivo móvel, os cupons digitais possuem taxas de resgate muito mais altas do que os cupons tradicionais de jornal. Enquanto os consumidores resgatam apenas 0,28% dos cupons tradicionais, os cupons digitais e impressos em casa representam 8%. Esse fato explica a queda geral de cupons – os profissionais de *marketing* podem obter os mesmos níveis de resgate com muito menos cupons emitidos.[21]

Os *reembolsos* (ou *cashback*) são semelhantes aos cupons, exceto pelo fato de que a redução de preço ocorre após a compra, e não na loja. O cliente envia um comprovante de compra ao fabricante, o qual reembolsa parte do preço pago por correio. Por exemplo, a Toro realizou uma inteligente promoção pré-estação para alguns de seus modelos de máquina de remoção de neve, oferecendo um reembolso se o nível de neve na área de mercado do comprador ficasse abaixo da média. Os concorrentes não conseguiram fazer uma oferta equivalente em um tempo tão curto, e a promoção foi um grande sucesso.

Pacotes promocionais (também chamados de *descontos promocionais*) oferecem aos consumidores descontos sobre o preço normal de um produto. Os preços reduzidos são marcados pelo fabricante diretamente no rótulo ou na embalagem do produto. Os pacotes promocionais podem ser embalagens individuais vendidas a um preço menor (como duas pelo preço de uma) ou dois produtos relacionados vendidos em um único pacote (como escova de dentes e creme dental). Esses pacotes são muito efetivos – até mais do que os cupons – para estimular vendas no curto prazo.

Brindes são mercadorias oferecidas gratuitamente ou a um baixo custo como incentivo à compra de determinado produto. Eles compreendem desde brinquedos anexados a produtos para crianças até cartões de memória micro grátis na compra de um *smartphone*. O brinde pode vir dentro da embalagem (interno), fora da embalagem (externo), como crédito no ponto de venda ou ser enviado por correio. Por exemplo, há anos o McDonald's oferece uma série de brindes junto com seu McLanche Feliz – de miniaturas colecionáveis Shopkins a personagens de *Pokémon*. Os clientes podem visitar o *site* www.happymeal.com* para brincar com jogos e assistir a comerciais associados ao atual patrocinador do McLanche Feliz.[22]

Brindes promocionais, também chamados de *produtos promocionais*, são artigos úteis, com o nome, o logotipo ou slogan do anunciante impressos, que são oferecidos como presente aos consumidores. Entre os brindes promocionais mais comuns estão camisetas e outros itens de vestuário, canetas, canecas, calendários, chaveiros, mouse pads, sacolas, bolas de golfe e bonés. Em 2018, as empresas norte-americanas gastaram mais de 23 bilhões de dólares em brindes promocionais. Esses brindes podem ser bastante eficazes. Muitos deles são mantidos por meses, ou até mais, sutilmente gravando um nome de marca no cérebro do usuário.[23]

Promoções nos pontos de venda incluem colocação de displays e demonstrações nos locais de venda. Ao visitar a Safeway, a Costco, a CVS ou a Bed Bath & Beyond, os clientes, muito provavelmente, percorrerão os corredores tropeçando em displays, placas promocionais, "prateleiras falantes" ou demonstradores que oferecem amostras grátis de produtos alimentícios. Infelizmente, muitos varejistas não gostam de lidar com as centenas de displays, placas e pôsteres que recebem dos fabricantes todos os anos. Por conta disso, os fabricantes passaram a oferecer materiais de ponto de venda de melhor qualidade, propondo-se a montá-los e complementando-os com mensagens na televisão, na mídia impressa ou *on-line*.

Concursos, *sorteios* e *jogos* dão aos consumidores a chance de ganhar alguma coisa, como dinheiro, viagens ou mercadorias, por sorte ou esforço extra. Um *concurso* requer que os clientes apresentem algo – um jingle, um slogan, uma sugestão –, que será julgado por um grupo de pessoas encarregado de escolher os melhores participantes. Um *sorteio* requer que os clientes deem seu nome para participar. Um *jogo* oferece algo aos consumidores sempre que eles fazem uma compra – números de bingo, letras para completar alguma coisa –, o que lhes dá a oportunidade de, eventualmente, ganhar um prêmio.

Todos os tipos de empresas usam sorteios e concursos para criar atenção à marca e aumentar o envolvimento do consumidor. Por exemplo, a varejista de móveis West Elm realizou um "concurso para reformar seu quarto por 5.000 dólares" convidando os participantes a enviar vídeos curtos

---

*N. de R.T. No Brasil, o *site* https://www.mcdonalds.com.br/familia/mclanchefeliz não oferece a opção de brincar ou assistir a comerciais, mas no aplicativo móvel, sim.

se apresentando e mostrando seus espaços com a chance de ganhar uma reforma completa de um quarto no valor de até 5.000 dólares. E nos últimos anos, o concurso "Rabisque para o Google" do Google convidou crianças a criar um logotipo do Google com base em temas como "Quando eu crescer, espero" ou "O que me inspira", com prêmios que variavam de camisetas e *tablets* até uma bolsa de estudos universitária de 30 mil a 50 mil dólares para o programa de tecnologia na escola ou organização do vencedor.[24]

***Marketing* de eventos (ou patrocínio de eventos)**
Criar um evento para uma marca ou, então, ser patrocinador único ou um dos participantes de eventos criados por outros.

Por fim, as empresas podem promover suas marcas por meio do ***marketing* de eventos** (ou **patrocínio de eventos**). Elas podem criar eventos para suas marcas ou, então, serem as únicas patrocinadoras ou uma das participantes de eventos criados por outros. Os eventos podem incluir de tudo, de turnês itinerantes a festivais, reuniões, maratonas, shows e outros encontros patrocinados. O *marketing* de eventos é algo enorme – e talvez seja o segmento da promoção de mais rápido crescimento. Ele é eficaz quando relaciona eventos e patrocínios a uma proposta de valor da marca.

O *marketing* de eventos eficaz vincula eventos e patrocínios à proposta de valor de uma marca. E com o poder de compartilhamento social das mídias digitais de hoje, até mesmo eventos locais podem ter um impacto de longo alcance. Por exemplo, a Delta Faucet usou um evento criativo para promover seus chuveiros de baixo fluxo H2Okinetic – que usam 40% menos água, mas funcionam tão bem quanto os modelos concorrentes de fluxo mais alto – para seu público-alvo voltado para o bem-estar e a família.[25]

***Marketing* de eventos: como parte de sua campanha #HappiMess, a Delta Faucet usou um evento imaginativo para mostrar aos consumidores-alvo em primeira mão como seus chuveiros de baixo fluxo funcionam em condições realmente difíceis – após uma corrida de 5 km na lama.**

Steven Mitchell/AP Images for Delta Faucet Company

A campanha de promoção #HappiMess (feliz bagunça) da Delta é baseada na percepção de que alguns dos momentos mais felizes de seus clientes vieram de fazer e superar grandes bagunças. Para mostrar aos consumidores-alvo em primeira mão como seus chuveiros de baixo fluxo funcionam em condições realmente difíceis, a Delta fez uma parceria com a Warrior Dash, que patrocinou várias corridas de 5 km na lama em todos os Estados Unidos durante o verão. Em cada evento, a Delta construiu uma enorme estação de chuveiro personalizada, completa com 184 chuveiros Delta, onde os competidores encharcados de lama podiam se encontrar e se lavar após a corrida. O "Warrior Dash é um ótimo exemplo de um lugar onde as pessoas se divertem fazendo bagunça", diz um gerente sênior de marca da Delta Faucet. "Queremos que as pessoas celebrem esses momentos divertidos com a confiança de que temos produtos que os ajudarão a ficarem limpos novamente". Em um evento em Indiana, 331 pessoas se reuniram para tomar banho, estabelecendo um Recorde Mundial do Guinness para o maior número de pessoas tomando banho simultaneamente. Depois de experimentar os chuveiros, 75% dos corredores pesquisados disseram que considerariam comprar um. As estações de chuveiro também incluíam uma estação de selfie. Como resultado, o evento impulsionou a atividade de mídia social em torno da campanha #HappiMess da Delta em 85% e deu à marca um aumento de 50% nas vendas.

Todo tipo de marca agora realiza eventos. Mas os eventos únicos raramente são tão eficazes quanto as campanhas de eventos bem planejadas que se vinculam às promoções e ao posicionamento mais amplos de uma marca. Considere o fabricante de bebidas energéticas Red Bull. Chamada por um repórter de negócios de "mãe de todos os profissionais de *marketing* de eventos", a Red Bull realiza centenas de eventos em todo o mundo todos os anos, projetados para trazer o mundo de alta octanagem da Red Bull para sua comunidade de entusiastas (veja o Marketing Real 16.2).

Promoções dirigidas ao canal de distribuição

Promoções dirigidas ao canal de distribuição
Ferramentas de promoção de vendas usadas para persuadir os revendedores a comercializar determinada marca, dar a ela espaço na prateleira, promovê-la por meio de propaganda e incentivar os consumidores a comprá-la.

Os fabricantes de bens de consumo de embalagem gastam quase quatro vezes mais em promoção de vendas aos varejistas e atacadistas do que em promoção de vendas aos consumidores finais.[26] As **promoções dirigidas ao canal de distribuição** podem persuadir os revendedores a levar uma marca, dar-lhe espaço nas prateleiras, promovê-la em propagandas e empurrá-la para os consumidores. O espaço nas prateleiras é tão escasso hoje em dia que os fabricantes geralmente precisam oferecer descontos, concessões, garantias de recompra ou mercadorias gratuitas a varejistas e atacadistas para obter produtos na prateleira e, uma vez lá, mantê-los nela.

Os fabricantes utilizam diversas ferramentas de promoção dirigida ao canal de distribuição. Muitas das ferramentas usadas para as promoções dirigidas ao consumidor – concursos, brindes, displays – podem ser utilizadas para promoções dirigidas ao canal de distribuição. O fabricante pode ainda oferecer um *desconto* sobre o preço de tabela para cada caixa comprada durante um determinado período de tempo (uma prática chamada também de *desconto sobre o preço, desconto*

Marketing Real 16.2 | Red Bull: A mãe de todos os profissionais de *marketing* de eventos

Não há dúvidas: a Coca-Cola e a PepsiCo dominam a indústria global de bebidas. Cada uma possui marcas líderes em quase todas as categorias, de refrigerantes carbonatados a sucos aprimorados e águas engarrafadas. No ano passado, a Coca-Cola vendeu quase 32 bilhões de dólares em bebidas em todo o mundo; A PepsiCo foi uma sólida vice-campeã com quase 30 bilhões de dólares. Ambas as empresas gastam centenas de milhões de dólares anualmente em sofisticados programas de *marketing* e propaganda. Então, como uma empresa menor compete efetivamente com essas potências globais? A melhor resposta: não compete – pelo menos não diretamente. Em vez disso, ela usa uma abordagem de *marketing* exclusiva e funciona onde os cães grandes não vão.

É isso que a Red Bull faz. Quando a empresa lançou sua bebida energética há mais de 30 anos, poucos imaginavam que se tornaria o sucesso anual de 6,3 bilhões de dólares que é hoje. A Red Bull conseguiu evitar batalhas promocionais diretas com gigantes como Coca-Cola e Pepsi. Em vez disso, energizou os fãs da marca com um produto exclusivo, uma marca com personalidade e uma abordagem de *marketing* de eventos.

Em 1987, as bebidas energéticas simplesmente não existiam. Se você queria um estímulo rápido, as únicas opções eram refrigerantes com cafeína ou uma boa e velha xícara de café. Mas a Red Bull formulou uma nova bebida contendo uma boa dose de cafeína junto com ingredientes pouco conhecidos, como taurina e glucuronolactona. Tinha um gosto terrível. Mas deu um golpe certeiro, produzindo benefícios únicos de energia física e clareza mental. Para tornar a nova bebida ainda mais distinta, os fundadores deram a ela um nome exclusivo (Red Bull) e a embalaram em uma lata fina de 240 ml azul e prata com um logotipo vermelho e amarelo distinto. Assim nasceu uma nova categoria de bebidas – as bebidas energéticas – tendo a Red Bull como única jogadora.

O produto exclusivo da Red Bull exigia um posicionamento de marca e uma personalidade igualmente únicos, com uma declaração de que essa não era uma bebida comum. O *marketing* da Red Bull não decepcionou. O primeiro e ainda único slogan da marca – "Red Bull te dá asas" – comunicava os benefícios indutores de energia do produto. Mais importante, ela aproveitou as forças que moviam o restrito segmento-alvo da marca – consumidores que buscavam viver a vida na pista rápida, cheia de adrenalina.

Para reforçar a promessa da marca "Te dá asas" e de acordo com as parcas finanças iniciais da nova marca, a Red Bull evitou a propaganda de alto orçamento nas mídias de massa comuns à indústria de bebidas na época. Em vez disso, baseou-se em esportes populares e de alta octanagem e no *marketing* de eventos. Ela patrocinou eventos de esportes radicais e atletas que eram ignorados pelos grandes concorrentes de bebidas, mas estavam ganhando popularidade entre os clientes-alvo da Red Bull, eventos como campeonatos de snowboard e motocross freestyle e atletas como Shaun White e Travis Pastrana.

Nos anos seguintes, a Red Bull transformou o *marketing* de eventos em uma ciência. Hoje, a marca realiza centenas de eventos todos os anos em dezenas de esportes ao redor do mundo. Cada evento apresenta experiências fora da grade projetadas para trazer o mundo de alta octanagem da Red Bull para sua comunidade apaixonada de entusiastas. A Red Bull possui equipes de corrida de carros de Fórmula 1 e clubes de futebol. Seu nome está estampado em eventos como o Red Bull Crashed Ice World Championship e a competição anual de mountain bike freeride Red Bull Rampage. Além dos esportes, a empresa também patrocina eventos de estilo de vida em música, dança, moda e arte.

A Red Bull é talvez mais conhecida por seus eventos massivos e altamente promovidos, destinados a alcançar o maior número possível de espectadores. Um exemplo clássico foi o projeto Red Bull Stratos, no qual o paraquedista extremo Felix Baumgartner saltou de um balão de hélio a 40 mil metros acima da terra, quebrando a barreira do som e vários outros recordes no processo. O salto também estabeleceu recordes para o engajamento da marca do consumidor. Baumgartner mergulhando do espaço se encaixa perfeitamente com a mensagem da marca "Te dá asas" da Red Bull. E tanto a cápsula de Baumgartner quanto seu macacão da era espacial foram estampados com o nome e o logotipo da Red Bull. Mais de 8 milhões de pessoas assistiram ao evento ao vivo em 40 emissoras de TV e 130 canais digitais. Durante meses antes e depois do evento, você não podia ver ou ouvir nada sobre Baumgartner sem pensar na Red Bull. E por uma estimativa, 90 milhões de pessoas em todo o mundo seguiram a campanha nas mídias sociais, criando 60 milhões de impressões de marca confiáveis. Você simplesmente não pode comprar esse tipo de engajamento do consumidor na mídia tradicional.

Embora a Red Bull seja conhecida por tantos sucessos virais, o verdadeiro feijão com arroz vem de seu menu constante de eventos menores. E o objetivo maior por trás da máquina de eventos ininterruptos da Red Bull é alimentar a enorme biblioteca de vídeos cheia de ação. Os visitantes do *site* www.redbull.com da marca não encontrarão uma única foto de uma bebida Red Bull. Em vez disso, eles encontrarão uma vitrine de conteúdos cuidadosamente projetada e escolhida com uma seleção aparentemente interminável de videoclipes organizados por eventos, atletas, tipos de humor e estações do ano. Com um pouco de navegação, é possível ver vídeos de tudo, desde mergulhos em penhascos oceânicos de 27 metros em seu evento Red Bull's Cliff Diving Series em Grimstad, Noruega, até feitos temerários de freeski em seu evento Red Bull Cold Rush nos picos das montanhas do Colorado, a documentários em vídeo de seus heróis de esportes radicais até voos absolutamente de tirar o fôlego em eventos da Red Bull realizados em locais exóticos de Monterrey, no México, até a província de Hunan, na China.

Individualmente, os eventos e vídeos menores não são o suficiente para o projeto Red Bull Stratos. O vídeo médio da Red Bull recebe modestas 500 mil visualizações nos primeiros 30 dias. Mas a torrente de eventos resulta em um impacto maciço. Durante um período recente de um ano, a Red Bull publicou 4.331 vídeos em 23 canais. Combinados, esses vídeos geraram mais de 2,5 bilhões de

***Marketing* de eventos: a Red Bull transformou o *marketing* de eventos em uma ciência. Ela promove centenas de eventos todos os anos projetados para trazer o mundo de alta octanagem da Red Bull para sua comunidade de entusiastas.**

Mi Pan/Shutterstock

visualizações e mais de 50 milhões de engajamentos. Isso equivale a mais de 60 saltos espaciais todos os anos. Isso fez da Red Bull a marca mais vista do país por nove dos 12 meses do ano.

Mais do que apenas uma empresa de bebidas, a Red Bull hoje se tornou uma comunidade de marcas unida. O *marketing* de eventos da Red Bull produz um fluxo constante de conteúdo de marca envolvente que engaja e entretém os fãs da marca de maneira relevante. Durante os últimos anos, a unidade Media House da Red Bull filmou filmes, assinou um contrato com a NBC para um programa chamado *Red Bull Signature Series*, desenvolveu ideias de reality show para a TV com grandes produtores, tornou-se um dos maiores produtores de conteúdo original no YouTube e no Facebook, e preencheu seus próprios *sites* para Web e dispositivos móveis com recursos de conteúdo exclusivo. "Sempre que [fazemos] algum evento, ou contratamos um atleta ou executamos um projeto, tudo é filmado ou fotografado. Histórias foram contadas", diz o chefe da unidade Red Bull Media House. "Faz parte do DNA da marca."

Assim, a Red Bull não pode competir diretamente com marcas de grande orçamento, como a Coca-Cola e a PepsiCo – e ela nem tenta. Por outro lado, dada a profundidade do engajamento e da lealdade do consumidor que a Red Bull gera em seu próprio canto do mundo das bebidas, a Coca-Cola e a Pepsi acharam ainda mais difícil competir com a Red Bull no segmento de bebidas energéticas. A Red Bull ainda detém cerca de 40% da categoria global de bebidas energéticas que criou, em que a Coca-Cola e a Pepsi também competem.

No final, embora os eventos da Red Bull atraiam grandes multidões e muita cobertura da mídia, trata-se de mais do que apenas os eventos – trata-se do engajamento do cliente. O *marketing* de eventos promove a criação de interações táteis onde as pessoas podem sentir, tocar, saborear e experimentar a marca cara a cara, em vez de simplesmente ler ou assistir a ela. A Red Bull não patrocina apenas um evento – ela *é* o evento. A experiência da marca é muitas vezes tanto a história quanto o próprio evento. Por meio do *marketing* inteligente de eventos, a Red Bull deu a seus clientes – e a si mesma – novas asas e uma grande dose de energia. Como disse um observador, a Red Bull é a "mãe de todos os profissionais de *marketing* de eventos".[27]

sobre a fatura ou *desconto sobre a tabela*). Pode, inclusive, oferecer uma *bonificação* (geralmente um desconto por volume) em troca da concordância do varejista em apresentar seus produtos de determinada maneira. Por exemplo, pode ser oferecida uma bonificação aos varejistas que anunciarem o produto ou para aqueles que utilizarem displays especiais.

Os fabricantes também podem oferecer *mercadorias grátis*, como caixas extras do produto, para revendedores que comprarem uma determinada quantidade ou concordarem em vender um sabor ou tamanho específico. Eles podem ainda oferecer uma *verba de incentivo* – dinheiro vivo ou presentes – aos revendedores ou à equipe de vendas deles para "empurrar" suas mercadorias. Por fim, os fabricantes podem dar aos varejistas *brindes promocionais* com o nome da empresa, como canetas, calendários, pesos para papéis, lanternas e sacolas.

Promoções dirigidas às empresas
Ferramentas de promoção de vendas usadas para gerar oportunidades de negócios, estimular compras, recompensar clientes e motivar a equipe de vendas.

Promoções dirigidas às empresas

As empresas gastam bilhões de dólares todos os anos em promoções voltadas para clientes organizacionais. As **promoções dirigidas às empresas** são utilizadas para gerar oportunidades de negócios, estimular compras, recompensar clientes e motivar a equipe de vendas. Elas podem incluir muitas das ferramentas usadas para as promoções dirigidas ao consumidor e ao canal de distribuição. Aqui, focamos em duas importantes ferramentas adicionais: as convenções e feiras e os concursos de vendas.

Muitas empresas e associações comerciais organizam *convenções e feiras comerciais* para promover seus produtos. As empresas que vendem produtos para o setor os apresentam na feira comercial. Elas obtêm muitos benefícios, como a oportunidade de conseguir novos leads de vendas, contatar clientes, lançar produtos, encontrar novos clientes, vender mais para os clientes existentes e instruir os compradores com publicações e materiais audiovisuais. As feiras comerciais também ajudam as empresas a contatar muitos clientes potenciais que não foram alcançados por suas equipes de vendas.

Algumas feiras são enormes. Na feira Bauma de equipamentos de mineração e construção de 2019, mais de 3.400 expositores de 58 países apresentaram suas mais recentes inovações de produtos para mais de 583 mil participantes de mais de 210 países.
dpa picture alliance/Alamy Stock Photo

Algumas feiras são enormes. Por exemplo, na International Consumer Electronics Show de 2019, mais de 4.400 expositores atraíram cerca de 182 mil visitantes profissionais. Ainda mais impressionante, na feira Bauma de equipamentos de mineração e construção em Munique, Alemanha, mais de 3.400 expositores de 58 países apresentaram suas mais recentes inovações de produtos para mais de 583 mil participantes de mais de 210 países. O espaço total de exposição equivalia a cerca de 6 milhões de metros (mais de 100 campos de futebol).[28]

Um *concurso de vendas* é dirigido à equipe de vendas ou a revendedores, para motivá-los a melhorar seu desempenho em vendas em um determinado período. Esses concursos motivam e dão o devido reconhecimento àqueles que apresentam bom desempenho, os quais podem ganhar viagens, prêmios em dinheiro ou outros presentes. Algumas empresas dão pontos por desempenho, que podem ser trocados por vários prêmios. Os concursos de vendas funcionam melhor quando são condicionados a objetivos de vendas mensuráveis e possíveis de serem atingidos (como conseguir novas contas, reativar contas antigas ou aumentar a lucratividade das contas).

Desenvolvimento do programa de promoção de venda

Além de selecionar os tipos de promoção a serem utilizados, o profissional de *marketing* deve tomar inúmeras outras decisões na hora de definir o programa de promoção de vendas como um todo. Para começar, ele deve definir o *tamanho do incentivo*. É necessário um determinado incentivo mínimo para que a promoção tenha sucesso; um incentivo maior gerará mais resposta de vendas. Ele também deve estabelecer as *condições de participação*. Os incentivos podem ser oferecidos para todos ou somente para grupos selecionados.

O profissional de *marketing* deve decidir ainda como *promover e distribuir* o programa de promoção em si. Por exemplo, um cupom de desconto de 2 dólares pode ser oferecido em uma embalagem, em um anúncio, na loja, pela Internet ou por *download* em um dispositivo móvel. Cada método de distribuição envolve um nível diferente de alcance e custo. Cada vez mais, os profissionais de *marketing* mesclam diversas mídias em um conceito geral de campanha. A *duração da promoção* também é importante. Se o período de promoção de vendas for muito curto, muitos clientes potenciais (que podem não estar comprando na época) vão perdê-la. Se a promoção abranger um período muito longo, a oferta perderá um pouco da força do argumento "compre agora".

A *avaliação* também é muito importante. Os profissionais de *marketing* devem trabalhar para mensurar os retornos de seus investimentos em promoção de vendas, da mesma forma como devem buscar estimar os retornos das outras atividades de *marketing*. O método mais comum de avaliação consiste em comparar as vendas antes, durante e depois de uma promoção. Os profissionais de *marketing* devem perguntar: A promoção atraiu novos clientes ou gerou mais compras por parte dos clientes existentes? Podemos manter esses novos clientes e compras? Os ganhos em termos de relacionamento de longo prazo com o cliente e vendas gerados pela promoção justificam seus custos?

A promoção de vendas, obviamente, exerce um importante papel no composto total de promoção. Para fazer bom uso dela, o profissional de *marketing* deve definir os objetivos da promoção, selecionar as melhores ferramentas, elaborar e implementar o programa de promoção e avaliar os resultados. Além disso, a promoção de vendas deve ser cuidadosamente coordenada com os outros elementos do composto de promoção, em um programa geral de comunicação integrada de *marketing*.

Revisão e extensão dos conceitos

Revisão dos objetivos

Este capítulo é o terceiro de quatro que tratam do último elemento do *mix* de *marketing*: a promoção. Os dois capítulos anteriores abordaram a comunicação integrada de *marketing* geral e a propaganda e as relações públicas. Este tratou da venda pessoal e da promoção de vendas. A venda pessoal constitui o braço interpessoal do composto de comunicação. Já a promoção de vendas consiste em incentivos de curto prazo para estimular a compra ou a venda de um produto ou serviço.

Objetivo 16.1 Discutir o papel dos vendedores de uma empresa na criação de valor para os clientes e na construção de um relacionamento com eles

(p. 444-446)

A maioria das empresas usa vendedores, e muitas delas designam para eles um importante papel no *mix* de *marketing*. Nas empresas que vendem produtos organizacionais, o pessoal de vendas trabalha diretamente com os clientes. Muitas vezes, a força de vendas é o único contato direto do cliente com a empresa e, portanto, pode ser considerada por ele a representante da organização. Por outro lado, no caso das empresas de produtos de consumo que utilizam intermediários para vender, os consumidores geralmente não conhecem os vendedores nem sabem que são. A força de vendas trabalha nos bastidores, negociando com atacadistas e varejistas para obter o apoio deles e ajudando-os a serem mais eficazes na venda dos produtos da empresa.

Como um dos elementos do *mix* de promoção, a força de vendas é muito eficaz no cumprimento de certos objetivos de *marketing* e na execução de atividades como prospecção, comunicação, vendas, atendimento e coleta de informações. No entanto, com as empresas estão se tornando cada vez mais orientadas para o mercado, uma força de vendas focada no cliente também trabalha para gerar tanto satisfação para o cliente como lucro para a empresa. A força de vendas exerce um papel fundamental no desenvolvimento e na gestão de relacionamentos lucrativos com o cliente.

Objetivo 16.2 Identificar e explicar as seis principais etapas no gerenciamento da força de vendas *(p. 446-456)*

O alto custo da força de vendas exige um processo de gerenciamento de vendas eficaz, que consiste em seis etapas: elaboração da estratégia e da estrutura da força de vendas; recrutamento e seleção; treinamento; remuneração; supervisão; e avaliação do desempenho dos vendedores e da força de vendas.

Ao projetar uma força de vendas, a gerência de vendas deve levar em conta diversas questões, como o tipo de estrutura que funcionará melhor (por território, por produto, por cliente ou uma estrutura complexa); o tamanho que a força de vendas terá; quem se envolverá no esforço de vendas; e como o pessoal de apoio às vendas trabalhará em conjunto com os vendedores (forças de vendas internas ou externas e venda em equipe).

Os vendedores devem ser recrutados e selecionados com cuidado. No recrutamento, a empresa pode considerar as tarefas da função e as características de seus vendedores mais bem-sucedidos como indicativos do perfil desejado. Ela deve buscar candidatos por meio de indicações de vendedores atuais, de anúncios classificados, da Internet e de outras redes sociais, como centros de recrutamento e colocação de universitários. O processo de seleção pode variar de uma única entrevista informal a longos testes e entrevistas. Concluído o processo de seleção, são conduzidos programas de treinamento para que os novos vendedores se familiarizem não apenas com a arte de vender, mas também com a história da empresa, com seus produtos e políticas e com as características de seus clientes e concorrentes.

O sistema de remuneração da força de vendas ajuda a recompensar, motivar e orientar os vendedores. Além da remuneração, todos os vendedores precisam de supervisão, e muitos necessitam de motivação contínua, por terem que tomar muitas decisões e enfrentar muitas frustrações. A empresa deve avaliar periodicamente o desempenho deles, para ajudá-los a fazer um trabalho melhor. Ao avaliar os vendedores, a empresa se baseia nas informações coletadas por meio de relatórios de vendas, observações pessoais, pesquisas com os clientes e conversas com outros vendedores.

A tendência de vendas que mais cresce é a explosão da *venda social* – o uso de mídias *on-line*, móveis e sociais nas vendas. As tecnologias digitais estão fornecendo aos vendedores ferramentas poderosas para identificar e aprender sobre clientes em potencial, engajar clientes, criar valor para eles, fechar vendas e nutrir relacionamentos com eles. Muitos dos clientes de hoje já não dependem tanto da assistência prestada pelos vendedores. Em vez disso, cada vez mais, eles usam recursos *on-line* e de mídia social para analisar seus próprios problemas, pesquisar soluções, obter conselhos de colegas e classificar opções de compra antes de falar com um vendedor. Em resposta, os vendedores estão reorientando seus processos de vendas em torno do novo processo de compra do cliente. Eles estão usando mídias sociais, dispositivos móveis, fóruns da Web, comunidades *on-line*, *blogs* e outras ferramentas digitais para engajar os clientes mais cedo e de forma mais completa. Em última análise, as tecnologias *on-line*, móveis e de mídia social estão ajudando a tornar as forças de vendas mais eficientes, econômicas e produtivas.

Objetivo 16.3 Discutir o processo de vendas pessoais, diferenciando o *marketing* orientado para a transação do *marketing* de relacionamento *(p. 456-459)*

O processo de vendas envolve sete etapas: prospecção e qualificação; pré-abordagem; abordagem; apresentação e demonstração; tratamento de objeções; fechamento; e acompanhamento. Essas etapas ajudam a empresa a fechar um negócio específico e, por essa razão, são orientadas para a transação. Entretanto, os contatos de um vendedor com os clientes devem ser orientados pelo conceito mais amplo de *marketing* de relacionamento. A força de vendas deve ajudar a orquestrar o esforço da empresa inteira, com o intuito de desenvolver relacionamentos duradouros e lucrativos com clientes-chave, tendo como base o valor e a satisfação superiores do cliente.

Objetivo 16.4 Explicar como as campanhas de promoção de vendas são desenvolvidas e implementadas *(p. 459-466)*

As campanhas de promoção de vendas requerem a definição dos objetivos da promoção (em geral, as promoções de vendas devem *construir um relacionamento com o consumidor*), a seleção de ferramentas e o desenvolvimento e implementação do programa de promoção, por meio da utilização de *ferramentas de promoção dirigidas ao consumidor* (cupons, reembolsos, brindes, promoções no ponto de venda, concursos, sorteios e eventos), *ferramentas de promoção dirigidas ao canal de distribuição* (descontos, bonificações, mercadorias grátis e verba de incentivo) e *ferramentas de promoção dirigidas às empresas* (convenções, feiras comerciais e concursos de vendas). É preciso também determinar aspectos como o tamanho do incentivo, as condições de participação, o modo de promover e distribuir o pacote de promoção e a duração da promoção. Após o término desse processo, a empresa deve avaliar os resultados de sua promoção de vendas.

Termos-chave

Objetivo 16.1

Vendas pessoais (p. 444)
Vendedor (p. 445)

Objetivo 16.2

Gerenciamento da força de vendas (p. 446)
Estrutura da força de vendas por território (p. 447)
Estrutura da força de vendas por produto (p. 447)
Estrutura da força de vendas por cliente (ou mercado) (p. 447)
Força de vendas externa (ou força de vendas de campo) (p. 448)
Força de vendas interna (p. 448)
Vendas em equipe (p. 449)
Cota de vendas (p. 452)
Venda social (p. 453)

Objetivo 16.3

Processo de vendas (p. 456)
Prospecção (p. 456)

Pré-abordagem (p. 457)
Abordagem (p. 457)
Apresentação (p. 457)
Tratamento de objeções (p. 458)
Fechamento (p. 458)
Acompanhamento (p. 458)

Objetivo 16.4

Promoção de vendas (p. 459)
Promoções dirigidas ao consumidor (p. 461)
***Marketing* de eventos (ou patrocínio de eventos) (p. 462)**
Promoções dirigidas ao canal de distribuição (p. 463)
Promoções dirigidas às empresas (p. 463)

Questões para discussão

16.1 Defina venda pessoal e discuta seu papel no composto de promoção de uma empresa.

16.2 Cite e explique as principais etapas do gerenciamento da força de vendas.

16.3 O que é venda social? Como os vendedores estão usando as tecnologias digitais para beneficiar suas empresas?

16.4 Identifique e descreva brevemente as etapas do processo de venda pessoal. Como esse processo funciona para atrair clientes e construir relacionamentos?

16.5 O que é promoção de vendas? Discuta seu crescimento como uma ferramenta de promoção do consumidor de curto prazo.

16.6 Discuta as diferenças entre promoções dirigidas ao consumidor, promoções dirigidas a empresas e promoções dirigidas ao canal de distribuição. Dê exemplos das diferentes ferramentas de promoção de vendas que podem ser usadas em cada campanha de promoção.

Atividades de pensamento crítico

16.7 Escreva uma descrição de trabalho para um coletor de pedidos na Snap-on Tools, uma empresa que vende ferramentas avançadas para mecânicos e técnicos de automóveis.

16.8 Um gerente de vendas de uma empresa de telecomunicações está tentando calcular o número ideal de vendedores. A empresa tem 500 contas de nível A e 3 mil contas de nível B. As contas de nível A exigem 20 chamadas por ano; As contas de nível B exigem 10 chamadas por ano. O vendedor médio pode fazer mil ligações por ano. Qual é a carga de trabalho? Quantos vendedores o gerente de vendas deve contratar? Que outros fatores devem ser considerados?

16.9 Elabore uma promoção dirigida ao consumidor para aumentar o reconhecimento da marca e o consumo da Chirps Chips, um salgadinho à base de farinha de grilo (www.eatchirps.com).

CASOS E APLICAÇÕES

Marketing digital Laboratório de inovação em uma feira de negócios

A Marriott montou um laboratório de inovação temporário no Americas Lodging and Investment Summit (uma conferência de investimento do setor hoteleiro) para mostrar suas marcas de hotéis Aloft e Element. Além de obter *feedback* de consumidores (influenciadores) e profissionais do setor (potenciais investidores e franqueados), que visitaram a conferência em dias separados e responderam a diferentes perguntas, a Marriott também queria criar oportunidades para que ambos os grupos compartilhassem imagens e reações das experiências na conferência por meio das redes sociais. O laboratório de inovação temporário permitiu que os participantes experimentassem as duas marcas de hotel usando a realidade virtual. Eles também puderam interagir com o serviço Botlr Bellhop Robot da Aloft; usar a torneira de vinho self-service ecologicamente sustentável da Element, que poderia ser acionada através de um aplicativo ou de um cartão-chave; e experimentar os guarda-chuvas movidos a energia solar, que também funcionam como dispositivos de carregamento. Os embaixadores da marca Marriott, carregando iPads, abordaram os participantes e pediram que eles respondessem a uma pesquisa sobre suas percepções e reações sobre o espaço – ou enviavam um *link* para as pessoas responderem à pesquisa mais tarde.

16.10 A Marriott usou o laboratório de inovação como promoção dirigida às empresas e promoção dirigida ao consumidor, atendendo a diferentes segmentos com necessidades diferentes. Essa foi uma estratégia sábia? Explique.

16.11 Uma maneira alternativa e potencialmente mais barata de fazer com que os consumidores interajam com as marcas Aloft e Element seria oferecer grandes descontos promocionais para influenciadores e clientes em potencial para que eles fiquem em um hotel de uma das marcas. Como uma promoção somente de preço se compara ao laboratório de inovação da Merriot na feira?

Marketing e ética Usando estratégias de vendas farmacêuticas para promover medicamentos com boa relação custo-benefício

Uma crítica às vendas de produtos farmacêuticos é que eles tornam os cuidados de saúde mais caros. Embora as empresas farmacêuticas restrinjam cada vez mais presentes de entretenimento, refeições e outros incentivos que antes faziam parte dos discursos de vendas dos vendedores do setor, os representantes ainda compram almoços para equipes médicas, levam-nos para comer e pagam para que participem de apresentações informativas em conferências médicas, às vezes em destinos exóticos, como parte de seus esforços para promover medicamentos caros. Eles também lançam seus medicamentos de marca em vez de genéricos mais baratos. Mas agora, as seguradoras de saúde estão recrutando vendedores vindos das grandes empresas farmacêuticas para usar as mesmas habilidades de construção de relacionamento e vendas criativas, mas sem as contas de despesas, para aumentar a conscientização dos provedores de saúde sobre medicamentos genéricos, que custam menos e funcionam tão bem quanto as marcas caras. A premissa é que os médicos muitas vezes desconhecem os custos dos medicamentos que prescrevem e podem não perceber quando as empresas farmacêuticas aumentam seus preços. O argumento das companhias de seguros para os vendedores farmacêuticos é que eles poderão usar as habilidades que aprenderam com as empresas farmacêuticas para fazer algo significativo: reduzir os custos de saúde. O objetivo é salvar milhões de dólares das companhias de seguros e dos segurados.

16.12 Uma análise recente dos melhores vendedores sugeriu que vendedores que são movidos por um forte senso de propósito relacionado ao cliente vendem mais que vendedores que estão focados em metas de vendas e dinheiro. As companhias de seguros estão usando esses argumentos relacionados a propósitos no recrutamento de vendedores farmacêuticos. Que outras características as seguradoras devem buscar em seus contratados?

16.13 Por que as seguradoras recrutam vendedores farmacêuticos em vez de contratar e treinar suas próprias forças de vendas?

Marketing em números Compre um, ganhe algo grátis!

A Mountain Goat Cyclery é uma varejista independente de bicicletas no Colorado especializada em mountain bikes. Ela oferece uma linha completa de mountain bikes para homens, mulheres e crianças, além de acessórios e serviços de conserto de bicicletas. Como muitos varejistas locais, ela anuncia na mídia local, como jornais, rádio, revistas e programas de notícias locais. O proprietário está pensando em gastar 500 dólares para anunciar uma oferta de brinde de promoção de vendas de verão. Para cada bicicleta Diamondback Lux comprada, o varejista oferece gratuitamente um capacete de mountain bike Fox Flux. Ela vende a bicicleta por 500 dólares, enquanto o valor de varejo do capacete é de 100 dólares.

16.14 Se a porcentagem de *markup* da Mountain Goat nos preços de venda for de 35%, qual margem o varejista obterá para cada bicicleta comprada durante a oferta *premium*? Quantas bicicletas adicionais a Mountain Goat precisaria vender para equilibrar essa oferta de brinde? Consulte a *Análise do ponto de equilíbrio e da margem* no Apêndice 2: *Marketing* pelos números para saber como realizar essa análise.

16.15 A Mountain Goat realizou a promoção e vendeu 15 bicicletas durante o período promocional. Supondo que os 500 dólares gastos em propaganda sejam o único custo de *marketing* associado a essa promoção, calcule a contribuição líquida de *marketing* da promoção. A promoção foi bem-sucedida? Consulte a seção *Contribuição de marketing de rede* no Apêndice 2: *Marketing* pelos números para saber como fazer essa análise.

Caso empresarial Procter & Gamble: Venda por meio do desenvolvimento de negócios do cliente

Quando se trata de venda pessoal, o termo ganha-ganha é tão usado que se tornou um clichê. Mas na Procter & Gamble, o conceito de vendas de que a empresa só se beneficia quando o cliente obtém benefício tem sido, há muito tempo, um modo de vida. Desde que William Procter e James Gamble formaram uma empresa familiar de sabonetes e velas em 1837, a P&G entendeu que, se o cliente não se sair bem, a empresa também não.

Assim, embora a P&G tenha uma força de vendas de mais de 3 mil funcionários somente nos Estados Unidos, a empresa raramente usa o termo vendas. Em vez disso, na P&G, eles chamam isso de desenvolvimento de negócios do cliente, ou DNC. O título praticamente diz tudo. Em vez de apenas vender detergente ou pasta de dente, a filosofia da P&G é expandir seus próprios negócios aumentando os negócios de seus clientes – os milhares de varejistas e atacadistas que distribuem as marcas da P&G em todo o mundo. Para esses clientes, a P&G não é apenas um fornecedor. É um parceiro de negócios estratégico. “Dependemos deles tanto quanto eles dependem de nós”, diz Jeff Weedman, gerente de CBD.

A competência central do desenvolvimento de negócios do cliente

À medida que os grandes varejistas de hoje ficam cada vez maiores, eles também se tornam mais complexos. Veja empresas como Walmart, Kroger ou Amazon. Como um fornecedor como a P&G pode entender completamente esses clientes gigantes? Essas organizações complexas têm tantos braços e pernas que se torna quase impossível ter uma compreensão completa e consistente de suas operações e necessidades.

Para lidar com essas complexidades do cliente, a P&G organiza seus representantes de vendas em equipes de desenvolvimento de negócios do cliente. Em vez de atribuir representantes a regiões geográficas ou produtos específicos, ele atribui cada equipe de CBD a um cliente da P&G. Para o maior cliente da empresa, o Walmart (que responde por 16% de todas as vendas da P&G), a equipe de CBD é composta por mais de 300 funcionários. Para um cliente como a Family Dollar, a segunda maior cadeia de lojas do país, a equipe de CBD tem, comparativamente, poucos 30 funcionários.

Independentemente do tamanho da equipe, a força do conceito do CBD deriva do fato de que cada equipe, por si só, é uma unidade completa de atendimento ao cliente, contendo pelo menos um especialista de suporte para cada função importante do negócio. Além de um gerente geral de CBD e vários executivos de contas de vendas (cada um responsável por uma categoria específica de produtos da P&G), cada equipe de CBD inclui especialistas em estratégia de *marketing*, operações, sistemas de informação, logística, finanças e recursos humanos. Essa estrutura multifuncional permite que cada equipe atenda às múltiplas e vastas necessidades de seu cliente, sejam as necessidades de um diretor financeiro ou de todo um departamento de TI.

Uma força real das equipes de CBD é que os membros da equipe funcionam como um todo colaborativo, e não como indivíduos realizando suas próprias tarefas isoladamente. Os membros da equipe compartilham informações, capacidades organizacionais e tecnologias. "Tenho todos os recursos de que preciso aqui", diz Amy Fuschino, executiva de contas de cuidados com a saúde e cosméticos. "Se eu precisar, posso ir pelo corredor e conversar com alguém do *marketing* sobre fazer algum tipo de acordo promocional. É simples assim".

Mas a natureza multifuncional da equipe de CBD também significa que a colaboração vai muito além das interações internas. Cada vez que um membro da equipe de CBD entra em contato com o cliente, ele representa toda a equipe. Por exemplo, se durante uma ligação do cliente um executivo de contas do CBD receber uma pergunta sobre um assunto promocional, logístico ou financeiro, o executivo de contas atuará como uma conexão com o especialista apropriado do CBD. Assim, embora nem todos os membros do CBD tenham conhecimento especializado em todas as áreas, a equipe como uma unidade tem.

Os concorrentes tentaram implementar alguns aspectos da abordagem multifuncional da P&G. No entanto, a P&G foi pioneira na estrutura do CBD, construindo algumas características únicas que lhe permitiram alavancar mais poder de sua estrutura de equipe do que seus rivais.

A verdadeira vantagem

Para começar, a estrutura de CBD da P&G é mais ampla e abrangente, tornando-a mais multifuncional do que estruturas de equipe semelhantes empregadas por outras empresas. Mas talvez mais importante, a estrutura da P&G foi projetada para atingir quatro objetivos principais. Esses objetivos são tão importantes que são chamados internamente de "trabalho central" do CBD. Esses quatro objetivos são:

- *Alinhar a estratégia:* criar oportunidades para a P&G e o cliente se beneficiarem colaborando no desenvolvimento da estratégia.
- *Criar demanda:* para construir um volume de vendas lucrativo para a P&G e o cliente por meio do valor do consumidor e da satisfação do comprador.
- *Otimizar o fornecimento:* para maximizar a eficiência da cadeia de fornecimento da P&G até o ponto de venda para otimizar custos e capacidade de resposta.
- *Capacitar a organização:* desenvolver capacidades para maximizar os resultados de negócios, criando a capacidade de inovação frequente.

Mais do que apenas frases de efeito corporativas anotadas em um manual do funcionário, essas são palavras para os funcionários do CBD vivenciarem. A P&G treina os funcionários de vendas nos métodos para atingir cada objetivo e avalia sua eficácia no cumprimento deles. Na verdade, o conceito de CBD surgiu do reconhecimento de que, para desenvolver verdadeiras relações ganha-ganha com cada cliente, a P&G precisaria atingir o primeiro objetivo. De acordo com Bill Warren, executivo de contas sênior de um CBD, "A verdadeira vantagem competitiva é alcançada adotando uma abordagem multifuncional, desde a venda básica até a colaboração estratégica com o cliente!".

A colaboração estratégica começa com o planejamento de negócios conjunto anual. Tanto a equipe da P&G quanto o cliente chegam à mesa focados no mais importante: como cada um pode fornecer melhor valor para o consumidor final? A equipe e o cliente dão muita atenção durante essa fase de planejamento à melhor forma de apresentar e colocar os produtos no ambiente de varejo. Isso ocorre porque a P&G e seus clientes sabem que o consumidor final avalia o valor nos primeiros três a sete segundos ao ver o produto na prateleira. Na P&G, isso é conhecido como "ganhar o primeiro momento da verdade". Se os clientes perceberem rapidamente que um produto atenderá a suas necessidades, provavelmente o comprarão.

Os membros da equipe de CBD são muito bons em demonstrar ao varejista que a melhor maneira de ganhar o primeiro momento da verdade é com um produto da P&G. Mas a P&G está tão empenhada em desenvolver o negócio do cliente como um meio de desenvolver o seu próprio que está aberta à possibilidade de que a melhor maneira de atender o cliente seja por meio do produto de um concorrente. O principal objetivo da equipe de CBD é ajudar o cliente a vencer em cada categoria de produto. Às vezes, a análise mostra que a melhor solução para o cliente é "o produto do outro". Para a P&G, tudo bem. A empresa sabe que criar a melhor situação para o varejista acaba gerando mais tráfego de clientes, o que, por sua vez, provavelmente resultará no aumento das vendas de outros produtos da P&G na mesma categoria. Como a maioria das marcas da P&G são líderes de mercado, a empresa pode se beneficiar mais do aumento de tráfego do que os concorrentes. Novamente, é uma situação ganha-ganha. Esse tipo de honestidade também ajuda a construir confiança e fortalecer as relações empresa/cliente.

Os esforços colaborativos entre a P&G e cada um de seus clientes geralmente envolvem mais do que planejamento conjunto e compartilhamento de informações. Eles também podem envolver esforços cooperativos para compartilhar os custos de diferentes atividades. "Ajudaremos os clientes a veicular esses comerciais ou fazer esses eventos de *merchandising*, mas deve haver um retorno sobre o investimento", explica Amy Fuschino. "Talvez esteja nos ajudando com uma nova distribuição ou aumentando o espaço para os produtos de cuidados com roupas. Estamos muito dispostos se o esforço criar valor para nós, além de criar valor para o cliente e o consumidor".

Se a equipe de CBD puder cumprir efetivamente o primeiro objetivo de alinhar a estratégia e colaborar no desenvolvimento estratégico, a realização dos outros três objetivos seguirá mais facilmente. Por exemplo, se o planejamento estratégico leva à conquista do primeiro momento da verdade, não apenas o consumidor se beneficia, mas tanto o varejista quanto a P&G também obtêm maiores receitas e lucros. Por meio de um planejamento estratégico adequado, também é mais provável que tanto a P&G quanto o cliente criem maior eficiência na cadeia de suprimentos.

É melhor dar... e então receber

Ao colaborar com os clientes, a P&G recebe tanto ou mais do que dá. Entre outras coisas, a P&G recebe informações que ajudam a alcançar o quarto objetivo da DNC, permitindo que a organização alcance a inovação. No que diz respeito ao processo de pesquisa e desenvolvimento, isso significa criar produtos melhores. Essa é uma das razões pelas quais, na premiação de Produto do Ano de 2019, realizada em Nova York, a P&G se destacou, vencendo quatro das categorias em que concorreu.

Nos últimos anos, a indústria de produtos de consumo foi duramente atingida por tempos econômicos difíceis e um aumento na popularidade das marcas próprias. Mas a P&G resistiu à tempestade. Nos últimos anos, a P&G desinvestiu muitas marcas de baixo desempenho para fortalecer suas melhores marcas. A P&G continua sendo a maior empresa de produtos de consumo do mundo, com receita de 67 bilhões de dólares e mais marcas que faturam mais de 1 bilhão de dólares por ano do que qualquer outra empresa. No ano passado, as vendas da Pampers ultrapassaram 8,5 bilhões de dólares, um número que, por si só, teria colocado a marca líder de fraldas na posição 357 na prestigiosa lista da *Fortune 500*.

Muitos fatores contribuíram para o crescimento e sucesso da P&G. Mas o papel que o CBD desempenha não pode ser superestimado. E à medida que a P&G avança, as palavras de Weedman de que "dependemos deles tanto quanto eles dependem de nós" soam cada vez mais verdadeiras. À medida que os megaclientes da P&G crescem em tamanho e poder, desenvolver os negócios da P&G significa primeiro desenvolver os negócios de seus clientes. E a organização de vendas do CBD está no centro desse esforço.[29]

Questões para discussão

16.16 Qual das estruturas de força de vendas discutidas no capítulo melhor descreve a estrutura do CBD da P&G?

16.17 Do ponto de vista da equipe de vendas, discuta os aspectos positivos, bem como os possíveis pontos negativos, para a organização de vendas de desenvolvimento de negócios do cliente.

16.18 Discuta maneiras pelas quais a estrutura do CBD pode ser mais eficaz do que um único representante de vendas para cada etapa do processo de venda pessoal.

16.19 Parece que a P&G tem a estrutura de força de vendas mais eficaz de qualquer empresa em seu setor. Por que os concorrentes não foram capazes de igualá-la?

17 *Marketing* direto e digital

Resumo dos objetivos

Objetivo 17.1 Definir *marketing* direto e digital e discutir seu rápido crescimento e benefícios para clientes e empresas. **Veja: *Marketing* direto e digital** (p. 476-477)

Objetivo 17.2 Identificar e discutir as principais formas de *marketing* direto e digital. **Veja: Formas de *marketing* direto digital** (p. 477)

Objetivo 17.3 Explicar como as empresas reagiram à era digital por meio de várias estratégias de *marketing* digital. **Veja: *Marketing* na era digital** (p. 477-483)

Objetivo 17.4 Discutir como as empresas usam mídias sociais e *marketing* móvel para engajar os consumidores e criar uma comunidade de marca. **Veja: Mídias sociais e *marketing* móvel** (p. 483-489)

Objetivo 17.5 Identificar e discutir as formas tradicionais de *marketing* direto e o panorama de políticas públicas e questões éticas relacionadas ao *marketing* direto. **Veja: Formas tradicionais de *marketing* direto** (p. 490-497)

Prévia do capítulo

Nos três capítulos anteriores, tratamos da transmissão do valor para o cliente por meio da comunicação integrada de *marketing* (CIM) e de quatro elementos do *mix* de comunicação – propaganda, relações públicas, venda pessoal e promoção de vendas. Neste capítulo, vamos analisar o *marketing* direto e sua modalidade de mais rápido crescimento: o *marketing* digital (*on-line*, de mídia social e móvel). Nos últimos anos, estimulado pelo aumento das tecnologias digitais – de *smartphones*, *tablets* e dispositivos IoT à onda das mídias *on-line*, móvel e social – o *marketing* direto passou por uma drástica transformação. À medida que avançar na leitura deste capítulo, lembre-se de que, apesar de ele tratar o *marketing* direto como uma ferramenta independente, essa modalidade deve ser cuidadosamente integrada aos outros elementos dos compostos de promoção e de *marketing*.

Vamos começar olhando para a Coca-Cola, uma empresa famosa por sua propaganda. Suas clássicas campanhas na mídia de massa informaram e entretiveram gerações de consumidores ao longo de muitas décadas. Mas, à medida que os tempos mudaram nessa era digital, a forma como a Coca-Cola se comunica e engaja os consumidores também mudou. Embora ainda dependa muito de campanhas de propaganda massivas para posicionar a marca e contar sua história, a Coca-Cola também domina as mídias digital, social e móvel para engajar os consumidores diretamente, estimular conversas sobre a marca e torná-la parte da vida dos consumidores.

COCA-COLA: Fazendo da marca uma parte da história do cliente

Ao longo das décadas, a Coca-Cola tem sido mestre indiscutível da propaganda e do *marketing* na mídia de massa. A empresa produziu uma série impressionante de campanhas de grande orçamento construídas em torno de slogans clássicos como "A pausa que refresca", "Tudo vai melhor com Coca-Cola", "Eu gostaria de ensinar o mundo a cantar", "Tome uma Coca-Cola e sorria" e "Sinta o sabor". As campanhas apresentam personagens memoráveis, desde Michael Jordan até Papai Noel e os icônicos Ursos Polares da Coca-Cola. A empresa gasta impressionantes 4 bilhões de dólares por ano em propaganda em todo o mundo – 10% de suas receitas.

Sua enorme presença de propaganda fez da Coca-Cola uma das marcas mais conhecidas globalmente – de acordo com uma fonte, a palavra *Coca-Cola* é a segunda palavra mais reconhecida no mundo depois de *ok*. Mas você sabe tudo isso. O que você pode não ter percebido é que, à medida que o mundo mudou massivamente para o digital, a Coca-Cola também mudou. Embora a marca ainda seja a rainha do *marketing* de mídia de massa, a Coca-Cola mudou com o tempo para se tornar uma empresa de ponta no *marketing* digital e nas mídias social e móvel.

Antigamente, o objetivo de propaganda da Coca-Cola era construir a imagem e o posicionamento da marca por meio de impressões na mídia de massa. As mensagens da marca fluíram da empresa para os consumidores. Um único anúncio do Super Bowl poderia criar centenas de milhões de impressões de consumidores em todo o mundo. Isso ainda é importante. Mas a mídia digital de hoje permite que a marca leve o engajamento do consumidor um grande passo adiante. Além de criar impressões, a Coca-Cola agora procura criar "*expressões*" de consumidores, trocas e respostas relacionadas à marca, como comentários, retuítes, uploads de fotos, defesa da marca e compartilhamento de conteúdo da marca nas mídias sociais.

A Coca-Cola aprendeu que os consumidores empoderados de hoje geralmente geram mais conteúdo sobre uma marca do que uma empresa é capaz. Por exemplo, a Coca-Cola estima que das centenas de milhões de visualizações de conteúdo relacionado à Coca-Cola no YouTube a cada ano, apenas cerca de 18% são de conteúdo criado pela Coca-Cola. Os outros 82% são de conteúdo criado por consumidores engajados. Assim, muitas campanhas de *marketing* da Coca-Cola visam estimular expressões de consumidores relacionadas à marca, em vez de apenas impressões.

Por exemplo, a campanha "Compartilhe uma Coca-Cola" da marca – na qual ela troca o logotipo icônico da empresa em garrafas de 600 mL de Coca-Cola por um dos mais de mil nomes mais populares de cada país – incentiva os fãs da Coca-Cola a compartilhar as garrafas com amigos e família. Os consumidores também podiam encomendar garrafas com rótulos personalizados *on-line* ou criar garrafas de Coca-Cola virtuais personalizadas para guardar, publicar ou compartilhar. Eles também podiam compartilhar suas fotos, histórias e experiências da Coca-Cola *on-line*, usando a hashtag #ShareaCoke e ter suas publicações selecionadas para aparecer nos *sites* da marca e em *outdoors* da empresa.

"Compartilhe uma Coca-Cola" tornou-se uma das campanhas de maior sucesso da Coca-Cola de todos os tempos. Depois de apenas um ano, resultou em mais de 500 mil fotos e 6 milhões de garrafas virtuais de Coca-Cola compartilhadas *on-line*, além de um aumento de quase 25 milhões de seguidores da Coca-Cola no Facebook. Em seu sexto ano, a campanha teve uma nova reviravolta. As etiquetas com o nome "Compartilhe uma Coca-Cola" nas garrafas se tornaram adesivos que os clientes poderiam retirar e colar em roupas, mochilas, telefones, carros ou em qualquer outro lugar, oferecendo ainda mais oportunidades para compartilhar conversas e fotos da marca nas mídias sociais.

Em seus esforços para criar uma "Coca-Cola conectada" e estimular a cocriação do consumidor e o compartilhamento de conteúdo da marca, a Coca-Cola mantém uma enorme pegada digital. Além de centenas de *sites* em todo o mundo, a marca hospeda 70 páginas do Facebook, 35 usuários do Twitter, 21 contas do Instagram, 10 canais do YouTube e 2 contas do LinkedIn. Seu perfil inicial no Facebook tem 108 milhões de fãs.

As campanhas digitais, móveis e de mídia social da Coca-Cola estimulam conversas sobre a marca, constroem a comunidade da marca e fazem com que ela se torne parte da vida dos consumidores.

Barry Tuck/Stockimo/Alamy Stock Photo

Ela atrai 3,4 milhões de seguidores no Twitter, 2,8 milhões de seguidores no Instagram, 264 mil seguidores no TikTok, 3,76 milhões de inscritos do YouTube e 7 milhões de seguidores no LinkedIn. A Coca-Cola preenche seus *sites* e páginas de mídia social sempre ativos e infinitamente conectados com conteúdo interativo projetado para engajar os consumidores com a marca e levá-los a compartilhar suas experiências com ela.

Por exemplo, há alguns anos, a Coca-Cola transformou seu *site* corporativo em uma revista digital dinâmica, chamada Coca-Cola Journey. O *site* com enfoque jornalístico contém reportagens no estilo de revista, trazidas à vida com formatos chamativos de fotografia, vídeo e áudio e gráficos atraentes que estão "refrescando o mundo, uma história de cada vez". Diariamente, você encontrará histórias em tempo real sobre os acontecimentos da empresa, novos produtos e as opiniões da empresa sobre os principais problemas atuais. Mas você também encontrará matérias escritas por funcionários e clientes sobre tópicos que vão desde a história dos slogans publicitários da Coca-Cola, como pedir uma garrafa de Coca-Cola com seu nome, como é trabalhar na Coca-Cola e até mesmo como assar um bolo de Coca-Cola (completo com um vídeo).

Há muito conhecida por suas clássicas campanhas de propaganda na mídia de massa, a Coca-Cola mudou suas comunicações para se adequar aos tempos digitais. Agora também dominou o conteúdo digital e de mídias social e móvel que envolve os consumidores de maneira direta e interativa.

O *site* também convida os visitantes a "participar da jornada", "compartilhar seus momentos de Coca-Cola" e "espalhar felicidade" enviando fotos ou vídeos. "Olhos de cachorrinho... um passeio na floresta... dividir um sorvete e rir com um amigo – essas são algumas das coisas favoritas de nossos funcionários da Journey", diz o *site*. "Então, gostaríamos de saber o que faz você feliz!". Os envios de fãs selecionados são apresentados na Coca-Cola Journey. Assim, sendo tudo menos um *site* corporativo tipicamente sem graça e obsoleto, o Coca-Cola Journey transborda um conteúdo de marca envolvente e compartilhável.

A Coca-Cola também faz uso extensivo do *marketing* móvel. Por exemplo, ela oferece mais de uma dúzia de aplicativos móveis próprios, desde seu aplicativo principal Coca-Cola até o Coke Studio (de transmissão de música), o Coca-Cola Happy Shopmate (para encontrar e resgatar ofertas locais interessantes da Coca-Cola, regalias e brindes em dispositivos móveis), o Simply Tasty (que fornece receitas diárias e "aventuras gastronômicas") e até mesmo o Coca-Cola Freestyle (um aplicativo de mixologia que permite que os clientes misturem e salvem suas próprias misturas favoritas de Coca-Cola e depois as peçam digitalmente em uma máquina de venda automática de Coca-Cola Freestyle local).

A Coca-Cola também produz um fluxo constante de campanhas para celular, projetadas para fornecer "conteúdo portátil e para lanches" para os consumidores de hoje altamente móveis e pressionados pelo tempo. Um exemplo é a campanha "O efeito Ahh" da Coca-Cola, lançada há alguns anos como um dos primeiros esforços digitais da marca. Otimizada para dispositivos móveis, a campanha "O efeito Ahh" forneceu pedaços de conteúdo fáceis de digerir e otimizados para dispositivos móveis, projetados para envolver os adolescentes do mundo, um público conhecido por seu curto período de atenção. "Pense em vídeos e GIFs divertidos que os adolescentes [poderiam] passar apenas alguns segundos visualizando para receber a mensagem e jogos simples que eles [poderiam] jogar por dois ou três minutos", diz um analista de *marketing* digital. "Eles [poderiam] entrar, sair e seguir em frente", diz um executivo sênior de *marketing* da Coca-Cola, "e se você observar a maneira como os adolescentes consomem tuítes, postagens e textos, esse é praticamente o comportamento deles". O conteúdo "Efeito Ahh" veio não apenas da Coca-Cola, mas também dos próprios adolescentes. E foi atualizado regularmente, "aproveitando continuamente o desejo de descoberta, estímulo constante e novidade de um adolescente", diz o profissional de *marketing*.

Assim, a Coca-Cola ainda é um anunciante prolífico da mídia de massa tradicional; suas campanhas de propaganda massivas posicionam a marca e contam sua história. Mas a Coca-Cola também é líder na criação de conteúdo digital e de mídias social e móvel. O conteúdo digital não apenas *conta* a história da marca, mas faz com que ela *faça parte* da história do *consumidor*. Ele envolve os consumidores direta e pessoalmente, estimula as conversas sobre a marca e a torna parte da vida dos consumidores.[1]

MUITAS DAS FERRAMENTAS DE *MARKETING* e promoção que examinamos nos capítulos anteriores foram desenvolvidas no contexto do *marketing de massa*: visando mercados amplos com mensagens padronizadas e ofertas distribuídas por meio de intermediários. Hoje, no entanto, com a tendência de direcionamento mais restrito e o aumento das tecnologias de mídia digital e social, muitas empresas estão mudando para o *marketing direto*, seja como uma abordagem de *marketing* primária ou como um complemento a outras abordagens. Nesta seção, exploramos o mundo explosivo do *marketing* direto e sua forma de crescimento mais rápido – *marketing* digital usando canais *on-line*, de mídia social e de *marketing* móvel.

Comentário do autor | Para a maioria das empresas, o *marketing* direto e digital são canais ou mídias complementares. Mas para muitas outras empresas hoje – como a Amazon, a GEICO ou a Travelocity – o *marketing* direto é uma maneira completa de fazer negócios.

Marketing direto e digital

Objetivo 17.1 Definir *marketing* direto e digital e discutir seu rápido crescimento e benefícios para clientes e empresas.

***Marketing* direto e digital**
Engajar de modo direto consumidores individuais e comunidades de clientes cuidadosamente selecionados, a fim de obter uma resposta imediata e construir relacionamentos duradouros com eles.

O ***marketing* direto e digital** envolve o engajamento direto com consumidores individuais e comunidades de clientes cuidadosamente selecionados para obter uma resposta imediata e construir relacionamentos duradouros com eles. As empresas usam o *marketing* direto para adequar suas ofertas e conteúdo às necessidades e interesses de segmentos estritamente definidos ou compradores individuais. Dessa maneira, eles impulsionam o engajamento do cliente, a comunidade e a defesa da marca e as vendas.

Por exemplo, a Amazon interage diretamente com os clientes por meio de seu *site* ou aplicativo móvel para ajudá-los a descobrir e comprar quase tudo e qualquer coisa *on-line*. Da mesma forma, a GEICO interage diretamente com os clientes – por telefone, por meio de seu *site* ou aplicativo de *smartphone* ou em suas páginas do Facebook, Twitter, Instagram e YouTube – para construir relacionamentos com marcas individuais, fornecer cotações de seguros, vender apólices ou atender contas de clientes.

O novo modelo de *marketing* direto

Os primeiros profissionais de *marketing* direto – empresas de vendas por catálogo, mala direta e telemarketing – reuniam nomes de clientes e vendiam mercadorias principalmente por correio e telefone. Durante a última década, no entanto, estimulado pelo aumento do uso e da compra na Internet e pelos rápidos avanços nas tecnologias digitais – de *smartphones*, *tablets* e outros dispositivos digitais à onda das mídias sociais e móveis *on-line* – o *marketing* direto passou por uma drástica transformação.

Nos capítulos anteriores, discutimos o *marketing* direto na forma de distribuição direta – como canais de *marketing* sem intermediários. E também o incluímos nos elementos do composto de promoção – como uma abordagem de comunicação direta com os consumidores. Na verdade, o *marketing* direto são as duas coisas e muito mais.

A maioria das empresas ainda usa o *marketing* direto como um canal ou meio complementar. Assim, a maioria das lojas de departamento, como a Macy's ou a Kohl's, vende a maior parte de suas mercadorias nas prateleiras das lojas, mas também as vendem por meio de *sites* e catálogos *on-line*, mala direta e aplicativos e páginas de mídia móvel e social. A marca Mountain Dew, da Pepsi, anuncia intensamente por meio de propagandas em mídias de massa e nos canais de seus parceiros de varejo. No entanto, também complementa esses canais com uma forte dose de *marketing* direto. Por exemplo, a marca exibiu anúncios de televisão de grande sucesso durante um Super Bowl. Mas também gastou muito em mídia digital para engajar sua base de fãs apaixonadamente leais nas semanas antes e após o grande jogo. "Cerca de 40% do nosso investimento [foi] no digital porque é onde os consumidores conversam", diz o chefe de *marketing* da Pepsi. Gastamos "muitos dólares no dia do jogo do Super Bowl. Mas isso, por si só, não é suficiente para ter uma conversa de via dupla com um consumidor".[2] A Mountain Dew também engaja os fãs digitalmente por meio de uma forte presença em mídias sociais e em seu *site*.

No entanto, hoje, para muitas empresas, o *marketing* direto e digital é muito mais do que apenas um canal ou veículo complementar – ele constitui um modelo completo para se fazer negócios. Empresas que empregam esse modelo direto utilizam-no como única abordagem. Gigantes *on-line*, como Amazon, Netflix, GEICO e Expedia construíram com sucesso todas suas abordagens de mercado em torno do *marketing* direto e digital.

Por exemplo, o Expedia Group é uma enorme composição de empresas de viagens totalmente *on-line*, incluindo marcas conhecidas como Expedia, Travelocity, Hotels.com, Hotwire, Trivago, Orbitz e HomeAway. Com receitas combinadas de 11,2 bilhões de dólares em 2018, a empresa faz negócios por meio de mais de 200 *sites* de reservas de viagens e mais de 150 *sites* móveis. Sua unidade Travelocity foi uma das primeiras empresas de viagens *on-line* que permitiram que os clientes encontrassem e reservassem viagens sem a ajuda de agentes ou corretores de viagens. Agora uma das maiores marcas de viagens do mundo, a Travelocity e seu famoso duende viajante ajudam os clientes a "passear com sabedoria", tornando suas experiências de viagem simples e memoráveis.[3]

O novo modelo de *marketing* direto: a empresa de viagens *on-line* Expedia Group construiu com sucesso toda sua abordagem de mercado em torno do *marketing* direto e digital. Sua unidade Travelocity.com e o famoso duende viajante tornam mais fácil para o cliente "passear com sabedoria".

Travelocity

O modelo de *marketing* direto e digital também oferece oportunidades para marcas novas e menores. Nos últimos anos, houve uma onda de *startups* totalmente *on-line* – as chamadas **marcas direto ao consumidor (marcas D2C)** – que evitam a concorrência direta com marcas tradicionais estabelecidas, vendendo e enviando diretamente aos consumidores apenas por meio de canais *on-line* e móveis. Alguns exemplos de marcas D2C bem-sucedidas incluem Dollar Shave Club e Harry's (aparelhos e produtos de barbear), Peloton (equipamentos e programas de ginástica) e Casper (colchões e roupas de cama). Ao eliminar intermediários, as empresas D2C podem reduzir custos e preços, oferecer maior conveniência, construir relacionamentos diretos com os clientes e oferecer ofertas mais personalizadas. Curiosamente, assim como os vendedores tradicionais adicionaram canais digitais, as marcas D2C estão adicionando canais tradicionais. Por exemplo, os consumidores agora podem comprar as lâminas de barbear da Harry's e os colchões da Casper na maioria das lojas da Target, e a Casper está abrindo suas próprias lojas Casper Sleep Shop.

Marcas direto ao consumidor (marcas D2C)
Marcas que evitam a concorrência direta com as marcas tradicionais estabelecidas, vendendo e enviando diretamente aos consumidores apenas por meio de canais *on-line* e móveis.

Rápido crescimento do *marketing* direto e digital

O *marketing* direto e digital é a forma de *marketing* que mais cresce. E à medida que o *marketing* direto continua a mudar para o digital, o *marketing* direto digital está reivindicando uma parcela crescente dos gastos e vendas de *marketing*. Os gastos totais com propaganda digital – gastos com anúncios que aparece em computadores, telefones celulares, *tablets* e outros dispositivos conectados à Internet – agora representam cerca de 54% de todos os gastos com propaganda nos Estados Unidos. Crescendo mais de 20% ao ano, o digital irá reivindicar cerca de dois terços de todos os gastos com anúncios até 2023. E à medida que os consumidores passam cada vez mais tempo em seus *tablets* e *smartphones*, os gastos com anúncios em mídia móvel estão explodindo. Por si só, os gastos com anúncios para celular agora respondem por 34% de todos os gastos com anúncios nos Estados Unidos, uma parcela 2% maior do que o valor gasto em propaganda na televisão.[4]

Benefícios do *marketing* direto e digital para compradores e vendedores

Para os compradores, o *marketing* direto e digital é conveniente, fácil e privado. Ele dá aos compradores acesso a uma variedade quase ilimitada de mercadorias e uma riqueza de informações sobre produtos e compras em qualquer lugar, a qualquer hora. Por exemplo, em seu *site* e aplicativo móvel, a Amazon.com oferece mais informações do que a maioria dos consumidores pode digerir, desde as 10 principais listas de produtos, extensas descrições e análises de produtos por especialistas e usuários até recomendações baseadas em pesquisas e compras anteriores dos clientes.

Por meio do *marketing* direto, os compradores podem interagir com os vendedores por telefone ou no *site* ou aplicativo móvel do vendedor para criar exatamente a configuração de informações, produtos ou serviços que desejam e, em seguida, encomendá-los no local e recebê-los dias ou até horas depois. Por fim, para os consumidores que desejarem, o *marketing* digital, por meio de mídias *on-line*, móvel e social, oferece uma sensação de engajamento e comunidade da marca – um lugar para compartilhar informações e experiências de marca com outros fãs.

***Marketing* direto e digital: a marca de doces MoonPie é conhecida por seu uso habilidoso de *marketing* de mídia social em tempo real para criar uma personalidade de marca nova e relevante e para estimular o engajamento contínuo com os fãs da marca.**

Moonpie

Para os vendedores, o *marketing* direto geralmente oferece uma alternativa de baixo custo, eficiente e rápida para atingir seus mercados. Os profissionais de *marketing* direto de hoje podem segmentar pequenos grupos ou clientes individuais. Em virtude da natureza individualizada do *marketing* direto, as empresas podem interagir com os clientes por telefone ou *on-line*, aprender mais sobre suas necessidades e personalizar produtos e serviços para gostos específicos dos clientes. Por sua vez, os clientes podem fazer perguntas e fornecer *feedback* voluntário.

O *marketing* direto e digital também oferece maior flexibilidade aos vendedores. Ele permite que os profissionais de *marketing* façam ajustes contínuos em preços e programas ou criem engajamento e ofertas imediatos, oportunos e pessoais. Por exemplo, a "Biblioteca de orientações" *on-line* do varejista Lowe leva os consumidores a centenas de vídeos de instruções detalhadas, guias de planejamento de projetos, calculadoras de custos e outras informações úteis sobre quase qualquer projeto, desde a construção de um pátio no quintal ou como instalar um sistema de irrigação de gramado, erguer paredes de gesso ou até mesmo se livrar de ratos. Os guias estão disponíveis sempre que surgem projetos e, é claro, fornecem listas detalhadas de suprimentos disponíveis em uma loja Lowe's próxima.[5]

Especialmente no ambiente digital de hoje, o *marketing* direto oferece oportunidades de *marketing* em tempo real que vincula as marcas a momentos importantes na vida dos clientes. É uma ferramenta poderosa para conduzir os clientes através do processo de compra ou simplesmente para construir relacionamentos contínuos e personalizados com eles e com a comunidade. As mídias *on-line* e sociais oferecem uma plataforma ideal para engajar os consumidores em tempo real, vinculando as marcas a importantes tópicos de tendências, eventos do mundo real, causas, ocasiões pessoais ou outros acontecimentos. Elas oferecem oportunidades interessantes para ampliar o engajamento do cliente e fazer com que as pessoas falem sobre uma marca. Por exemplo, a marca de doces MoonPie é conhecida por seu uso habilidoso de mídias sociais em tempo real para desencadear um diálogo contínuo com os fãs da marca sobre qualquer coisa – até mesmo sobre nada:[6]

> "Os *baby boomers* e outras gerações mais velhas se lembram com carinho da empresa de 100 anos por combinar biscoitos, marshmallow e cobertura sabor chocolate para formar a guloseima perfeita", diz um analista digital. "Os *millennials* e a geração Z, por outro lado, sabem disso por ter um dos Twitters mais sarcásticos trazendo isso à tona, assim como a Wendy's e a Denny's fazem". As postagens peculiares da MoonPie no Twitter, no Instagram e no Facebook ensinaram os seguidores a esperar o inesperado, e é exatamente isso que eles recebem. "No passado, '*mooning*' significava 'dar um MoonPie a um amigo'", brinca um tuíte, "e então alguém foi e arruinou a coisa toda >:(". Diz outro tuíte, "Você quer jogar um MoonPie na minha cara eu digo vá em frente amigo, é onde eu ia colocá-lo de qualquer maneira". Ainda em outro tuíte, mostrando uma montagem da capa da clássica história infantil Goodnight Moon, mas com o título Goodnight MoonPie: "Toda manhã meu chefe lê este livro para nós, o que é estranho porque 1) é de manhã e 2) eu nem acho que este é um livro real". O sucesso nas mídias sociais em tempo real dá à MoonPie uma personalidade nova e relevante e cria uma comunidade engajada e ativa que ajuda a espalhar a mensagem da marca. Também dá à marca social um alcance nacional contínuo sem grandes gastos com anúncios, aumentando as vendas não apenas em lojas de varejo, mas também por meio de seu próprio *site* e da Amazon.

Comentário do autor | O *marketing* direto é rico em ferramentas, desde os mais tradicionais, como mala direta e catálogos, até ferramentas digitais mais recentes, como mídias *on-line*, móveis e sociais.

Formas de *marketing* direto e digital

Objetivo 17.2 **Identificar e discutir as principais formas de *marketing* direto e digital.**

As principais formas de *marketing* direto e digital são mostradas na **Figura 17.1**. As ferramentas tradicionais de *marketing* direto incluem venda pessoal, mala direta, catálogos, telemarketing, televendas e *marketing* de terminais multimídia (quiosques). Nos últimos anos, no entanto, novas ferramentas de *marketing* direto digital surgiram no cenário do *marketing*, incluindo *marketing on-line* (*sites*, anúncios e promoções *on-line*, *e-mail*, vídeos *on-line* e *blogs*), de mídia social e móvel.

Começaremos examinando as ferramentas diretas de *marketing* digital e de mídia social que hoje recebem tanta atenção. Em seguida, veremos as ferramentas tradicionais de *marketing* direto ainda muito usadas e muito importantes. Como sempre, no entanto, é importante lembrar que todas essas ferramentas – tanto as novas formas digitais quanto as mais tradicionais – devem ser combinadas em um programa de comunicação de *marketing* totalmente integrado.

Marketing digital e de mídia social
O uso de ferramentas de *marketing* digital, como *sites*, mídias sociais, aplicativos e anúncios para dispositivos móveis, vídeos *on-line*, *e-mail* e *blogs* que engajam os consumidores em qualquer lugar, a qualquer hora, por meio de seus dispositivos digitais.

Como observado anteriormente, o **_marketing_ digital e de mídia social** é a forma de *marketing* direto que mais cresce. Ele usa ferramentas de *marketing* digital, como *sites*, vídeos *on-line*, *e-mail*, *blogs*, mídias sociais, anúncios e aplicativos para dispositivos móveis e outras plataformas digitais para engajar diretamente os consumidores em qualquer lugar, a qualquer hora, por meio de seus computadores, *smartphones*, *tablets*, TVs conectadas à Internet e outros aparelhos digitais. O uso generalizado da Internet e das tecnologias digitais teve um impacto tremendo tanto nos compradores quanto nos profissionais de *marketing* que os atendem.

Comentário do autor | O *marketing* direto de mídia digital e social está crescendo e ganhando todas as manchetes nos dias de hoje, então vamos começar com ele. Mas as ferramentas tradicionais de *marketing* direto ainda são muito utilizadas. Iremos abordá-las mais adiante no capítulo.

Marketing na era digital

Objetivo 17.3 **Explicar como as empresas reagiram à era digital por meio de várias estratégias de *marketing on-line*.**

Hoje em dia, as pessoas se conectam digitalmente a informações, marcas e umas com as outras praticamente a qualquer momento e de qualquer lugar. Na era da "Internet das Coisas" (IoT), parece que tudo e todos em breve estarão conectados digitalmente a tudo e a todos. A era digital mudou fundamentalmente as noções dos clientes sobre conveniência, velocidade, preço, informações

FIGURA 17.1
Formas de *marketing* direto e digital.

Começaremos com as novas e empolgantes formas digitais de *marketing* direto. Mas lembre-se de que as formas tradicionais ainda são muito usadas e que o novo e o antigo devem ser integrados para obter o máximo impacto.

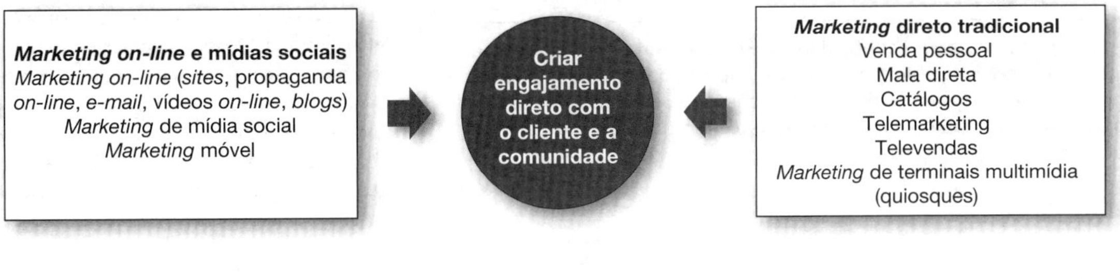

sobre produtos, serviços e interações com a marca. Como resultado, isso deu aos profissionais de *marketing* uma maneira totalmente nova de criar valor para o cliente, engajá-los e construir relacionamentos com eles.

O uso e o impacto digital continuam a crescer de forma constante. Mais de 90% de todos os adultos dos Estados Unidos usam a Internet, e o usuário médio norte-americano gasta quatro horas por dia consumindo mídia digital, principalmente por meio de dispositivos móveis. Em todo o mundo, mais de 55% da população tem acesso à Internet e um terço tem acesso à Internet móvel.[7]

Como resultado, mais da metade de todos os lares dos Estados Unidos agora compram regularmente *on-line*, e a compra digital continua a crescer a uma taxa saudável de dois dígitos. As vendas no varejo *on-line* norte-americano foram estimadas em 767,7 bilhões de dólares em 2021. Até 2027, à medida que os consumidores continuam a mudar seus gastos em lojas físicas para as digitais, as vendas *on-line* devem crescer para mais de 1 trilhão de dólares. Talvez ainda mais importante, estima-se que mais da metade de todas as vendas no varejo nos Estados Unidos foram realizadas diretamente *on-line* ou influenciadas por pesquisas na Internet.[8] À medida que os consumidores *omnichannel* de hoje se tornam cada vez mais adeptos da combinação de compras *on-line*, móveis e na loja, os canais digitais conquistarão uma proporção cada vez maior de suas compras.

Para alcançar esse mercado em expansão, a maioria das empresas hoje comercializa *on-line* – e algumas operam apenas *on-line*. Eles incluem uma ampla gama de empresas, de varejistas eletrônicos como Amazon, Quicken Loans e Expedia.com, que vendem produtos e serviços diretamente aos compradores finais pela Internet, a *mecanismos de busca e portais* (como Google, Bing e Yahoo!), *sites de transações* (eBay, Craigslist), *sites de conteúdo* (*The New York Times*, ESPN.com e Wikipedia) e *mídias sociais on-line* (Facebook, Twitter, Instagram e YouTube).

Hoje, no entanto, é difícil encontrar uma empresa que não tenha uma presença *on-line* substancial. Mesmo as empresas que tradicionalmente operavam *offline* agora criaram seus próprios canais *on-line* de vendas, *marketing* e comunidade de marca. Os varejistas de lojas tradicionais estão obtendo proporções cada vez maiores de suas vendas por meio *on-line*. Por exemplo, o Walmart é agora o quarto maior varejista eletrônico do país, com quase 16 bilhões de dólares em receitas *on-line* anuais. Até a loja de departamentos Nordstrom captura 30% de suas vendas *on-line*.[9]

Varejo *omnichannel*
Criar uma experiência de compra perfeita em vários canais, que integre compras em loja, *on-line* e em dispositivos móveis.

Na verdade, as empresas de **varejo *omnichannel*** estão tendo tanto sucesso *on-line* quanto seus concorrentes totalmente *on-line*. Por exemplo, a varejista de artigos para o lar Home Depot tem quase 2.300 lojas na América do Norte. Mas sua área de maior crescimento nos últimos anos foram as vendas *on-line*, que cresceram mais de 24% em 2018:[10]

> Embora possa ser difícil imaginar vender folhas de compensado, portas pré-montadas, lava-louças ou revestimentos de vinil *on-line*, a Home Depot faz isso e muito mais nos dias de hoje. Em 2018, a Home Depot vendeu mais de 8,5 bilhões de dólares em produtos *on-line*, um valor maior ou igual à receita total de varejistas como Staples, Dick's Sporting Goods, PetSmart ou Bass Pro Shops. A Home Depot é agora o quinto maior comerciante *on-line* do país. Seu estoque *on-line* excede 1 milhão de produtos em comparação com apenas cerca de 35 mil em uma típica loja da marca.
>
> A Home Depot oferece a seus clientes vários pontos de contato e modos de entrega. Obviamente, os clientes podem comprar produtos nas prateleiras das lojas da Home Depot. Mas eles também podem fazer pedidos *on-line* de casa, de seu local de trabalho ou de qualquer outro lugar em seus computadores, *tablets* ou *smartphones* e, em seguida, receber as mercadorias ou buscá-las em uma loja. Metade de todos os pedidos *on-line* agora são retirados em uma loja Home Depot. Por fim, na loja, os funcionários munidos de *tablets* podem ajudar os clientes a encomendar itens esgotados para retirada ou entrega posterior. Ao todo, a Home Depot usa o *on-line* como um canal de vendas para impulsionar as vendas *on-line* e na loja e melhorar a experiência do cliente, fornecendo informações sobre produtos, projetos e outras. "Nossos clientes estão mudando a maneira como compram e como se relacionam conosco", diz a Home Depot. O objetivo é fornecer "uma experiência perfeita e sem atritos, não importa onde nossos clientes comprem, seja no mundo digital, em nossas lojas físicas, em casa ou no local de trabalho. Onde quer que o cliente esteja, precisamos estar lá".

Varejo *omnichannel*: o objetivo da Home Depot é fornecer "uma experiência perfeita e sem atritos, não importa onde nossos clientes comprem, seja no mundo digital, em nossas lojas físicas, em casa ou no local de trabalho. Onde quer que o cliente esteja, precisamos estar lá".

O *marketing* direto de mídia digital e social assume qualquer uma das várias formas mostradas na Figura 17.1. Essas formas incluem *marketing on-line*, *marketing* de mídia social e *marketing* móvel. Discutiremos cada um por sua vez, começando com o *marketing on-line*.

Marketing on-line

Marketing on-line
Marketing feito via Internet usando *sites* da empresa, anúncios e promoções *on-line*, *e-mail*, vídeos *on-line* e *blogs*.

O **marketing on-line** refere-se ao *marketing* feito via Internet usando *sites* da empresa, propaganda e promoções *on-line*, *e-mail marketing*, vídeos *on-line* e *blogs*. As mídias sociais e o *marketing* móvel também ocorrem *on-line* e devem ser estreitamente coordenados com outras formas de *marketing* digital. No entanto, em razão de suas características especiais, abordaremos a mídia social e o *marketing* móvel em seções separadas.

Sites e comunidades de marca na Web

Site* de *marketing
Um *site* que engaja os consumidores para direcioná-los a uma compra direta ou a outro resultado de *marketing*.

Para a maioria das empresas, o primeiro passo para realizar o *marketing on-line* é criar um *site*. Os *sites* variam muito em propósito e conteúdo. Alguns *sites* são principalmente ***sites* de *marketing***, projetados para engajar os clientes e direcioná-los à compra direta ou a outro resultado de *marketing*.

Por exemplo, a GEICO opera um *site* de *marketing* em www.geico.com. Uma vez que um cliente em potencial clica em seu *site*, a GEICO não perde tempo, tentando transformar a consulta em uma venda e depois em um relacionamento de longo prazo. Uma manchete em destaque incentiva os clientes em potencial: "Vire em direção à economia. Faça uma cotação", e o *site* fornece todas as informações e ferramentas necessárias para fazer exatamente isso, combinadas com uma calculadora de seguro automotivo para ajudar os compradores a estimar a cobertura de seguro, as taxas e a quantia exata que será economizada. O *site* direto também facilita aos clientes atuais gerenciar suas contas e apólices, adicionar ou substituir veículos e fazer e visualizar reivindicações, tudo sob o olhar atento do familiar lagarto Gecko da marca. Os clientes também podem usar o aplicativo móvel da GEICO para pagar contas, obter informações de conta e cobertura ou conectar-se via *chat*.

***Site* de comunidade da marca**
Um *site* que apresenta conteúdo de marca que engaja os consumidores e cria uma comunidade de clientes em torno dela.

Em contraste, os ***sites* de comunidade da marca** fazem muito mais do que apenas vender produtos. Em vez disso, seu objetivo principal é apresentar conteúdo de marca que engaje os consumidores e crie uma comunidade de marca formada por clientes. Esses *sites* geralmente oferecem uma rica variedade de informações sobre a marca, vídeos, *blogs*, atividades e outros recursos que constroem relacionamentos mais próximos com os clientes e geram engajamento com a marca e entre seus clientes. Por exemplo, você não pode comprar nada no *site* PlayStation Forums da Sony. Em vez disso, ele serve como um hub social para os entusiastas de jogos do PlayStation. Um lugar onde os fãs da marca podem acompanhar as tendências dos jogos, compartilhar conteúdo e interagir com outros fãs, tudo em tempo real.[11]

Da mesma forma, você não pode comprar fraldas na Pampers.com. Na verdade, trata-se de uma comunidade *on-line* rica em recursos para futuros pais e pais de recém-nascidos, bebês e crianças pequenas. O *site* oferece tudo, desde um gerador de nome de bebê, calendário de gravidez, planejador de chá de bebê e um checklist de bolsa de hospital para futuros pais até artigos de especialistas sobre tópicos que vão de como cuidar de recém nascidos e lidar com bebês em fase de dentição até eliminar birras de crianças. No *site* Pampers.com, os pais podem explorar e discutir praticamente qualquer assunto concebível sobre cuidados com bebês ou relacionados a crianças pequenas, obter conselhos e dicas de especialistas e baixar guias e outros recursos úteis.[12]

***Sites* de comunidade de marca: o *site* PlayStation Forums da Sony serve como uma rede social onde os entusiastas do PlayStation podem compartilhar conteúdo e interagir com outros fãs, tudo em tempo real.**

Christian Bertrand/Shutterstock

Criar um *site* é uma coisa; fazer com que as pessoas *visitem* o *site* é outra. Para atrair visitantes, as empresas promovem ostensivamente seus *sites* em propagandas impressas e transmitidas *offline* e por meio de anúncios e *links* em outros *sites*. Mas os usuários da Web de hoje são rápidos em abandonar qualquer *site* que não seja bom o suficiente. A chave é criar conteúdo atraente e que tenha valor para fazer com que os consumidores acessem o *site*, permaneçam e voltem novamente.

No mínimo, um *site* deve ser fácil de usar e visualmente atraente. Em última análise, no entanto, os *sites* também devem ser *úteis*. Quando se trata de navegação e compras *on-line*, a maioria das pessoas prefere substância em vez de estilo e função em vez de espetáculo. Por exemplo, o *site* Pampers.com não é tão chamativo e é bastante exagerado e congestionado visualmente. Mas ele conecta os clientes de maneira rápida e eficaz a todas as informações e envolvimentos sobre cuidados com o bebê que eles procuram. Assim, *sites* eficazes contêm informações profundas e úteis, ferramentas interativas que ajudam a encontrar e avaliar conteúdo de interesse, *links* para outros *sites* relacionados, alterações de ofertas promocionais e recursos de entretenimento que proporcionam emoção relevante.

Propaganda *on-line*

Propaganda *on-line*
Propaganda que aparece enquanto os consumidores navegam *on-line*, incluindo anúncios gráficos e anúncios relacionados à pesquisa.

À medida que os consumidores passam cada vez mais tempo *on-line*, as empresas estão transferindo mais dinheiro de *marketing* para a **propaganda *on-line*** a fim de aumentar as vendas da marca ou atrair visitantes para seus *sites* na Internet, móveis e em mídias sociais. A propaganda *on-line* tornou-se um importante meio promocional. As principais formas de propaganda *on-line* são os anúncios gráficos e os anúncios relacionados à pesquisa.

Os *anúncios gráficos on-line* podem aparecer em qualquer lugar na tela de um usuário da Internet e geralmente estão relacionados às informações visualizadas. Por exemplo, ao navegar no *site* espn.com em um dia quente de verão, os usuários podem ver o conteúdo da Web circundado na parte superior e em ambos os lados por um grande banner da marca de caixas térmicas RTIC Coolers, divulgando a durabilidade de seu produto e a capacidade de manter o gelo. Clicar no banner ou em um anúncio gráfico leva-os ao *site* da marca.

Anúncios gráficos *on-line*: para criar antecipação para uma promoção de verão, a Sonic combinou um relógio de contagem regressiva em tempo real com um questionário interativo que "facilitou [ao cliente] dizer 'sim!'" às guloseimas de verão pela metade do preço do restaurante.
Cortesia de SONIC Drive-In

Os anúncios gráficos percorreram um longo caminho nos últimos anos em termos de engajar os consumidores e conduzi-los ao longo do percurso até a compra. Os anúncios de mídia interativa de hoje incorporam animação, vídeo, som e interatividade. Por exemplo, a Boeing exibiu um anúncio apresentando uma vista 3D giratória da Estação Espacial Internacional de tirar o fôlego. No outro extremo, quando os restaurantes Sonic quiseram criar conscientização e antecipação para uma promoção de verão vendendo seus shakes e sorvetes pela metade do preço depois das 20h, eles criaram um anúncio de exibição *on-line* com um relógio diário de contagem regressiva em tempo real. O anúncio combinou o relógio com um questionário interativo para ajudar os clientes a decidir antecipadamente o sabor perfeito, e um localizador de lojas os ajudou a encontrar o restaurante Sonic mais próximo. "Em outras palavras", diz um profissional de *marketing* da Sonic, "tornamos fácil dizer 'sim!' às guloseimas de verão pela metade do preço da Sonic".[13]

Utilizando *anúncios relacionados à pesquisa* (ou *propaganda contextual*), anúncios e *links* baseados em texto e imagem aparecem no topo ou ao lado dos resultados do mecanismo de pesquisa em *sites* como Google, Yahoo! e Bing. Por exemplo, ao pesquisar no Google por "TVs LED", na parte superior e lateral da lista de pesquisa resultante, aparecerá anúncios de 10 ou mais anunciantes, desde Samsung e Visio até Best Buy, Amazon.com, Walmart.com e Crutchfield. Oitenta e um por cento dos 256 bilhões de dólares em receitas do Google no ano passado vieram de vendas de anúncios. A pesquisa é um tipo de meio sempre ativo e os resultados são facilmente mensurados.[14]

Um anunciante de pesquisa compra termos de pesquisa ou palavras-chave do *site* de busca e paga apenas se os consumidores clicarem no *link*. O custo médio por clique para palavras-chave da busca do Google é entre 1 e 2 dólares. As palavras-chave mais caras e competitivas podem custar 50 ou mais por clique. O anúncio de busca é um grande componente no composto de propaganda digital da maioria das marcas. Grandes varejistas podem facilmente gastar 50 milhões de dólares ou mais por ano em propaganda de busca paga. Ao todo, a propaganda de busca responde por 45% de todos os gastos com propaganda digital.[15]

E-mail marketing

E-mail marketing
Envio de mensagens de *marketing* altamente segmentadas, personalizadas e focadas na construção de relacionamento por *e-mail*.

O ***e-mail marketing*** continua sendo uma importante e crescente ferramenta de *marketing* digital. Em todo o mundo, as pessoas enviam mais de 406 milhões de *e-mails* a cada minuto de cada dia. De acordo com uma pesquisa, 50% dos consumidores preferem se engajar com marcas por *e-mail*

***E-mail marketing*: a marca de óculos de grau Warby Parker envia *e-mails* personalizados para clientes que desejam provar seus óculos em casa durante todo o processo de compra e pós-compra. "Você tem seus óculos Warby Parker há um ano. Diga a eles que dissemos feliz aniversário!"**

Cortesia de Warby Parker

em vez de mala direta, telefone, texto ou mídia social. E 76% dos consumidores concordam que as marcas de varejo enviam *e-mails* relevantes que refletem com precisão suas preferências de compras, locais ou históricos de compras. O *e-mail* é uma importante ferramenta B2B – 86% dos profissionais de negócios preferem usar o *e-mail* ao se comunicar para fins comerciais, e as taxas de *e-mail* são a terceira fonte de informação mais influente para o público B2B. Além disso, o *e-mail* agora é um meio móvel – 55% de todos os *e-mails* agora são abertos em dispositivos móveis. Não surpreendentemente, devido aos seus baixos custos e capacidade de segmentação, o *e-mail* pode gerar um retorno do investimento muito alto.[16]

Quando usado corretamente, o *e-mail* pode ser o melhor meio de *marketing* direto. Os *e-mails* de hoje são tudo menos mensagens sérias somente com texto do passado. Em vez disso, eles são coloridos, convidativos e interativos. O *e-mail* permite que os profissionais de *marketing* enviem mensagens altamente segmentadas, personalizadas e focadas na construção de relacionamento. Por exemplo, a marca de óculos de grau Warby Parker envia uma sequência de nove *e-mails* informativos e promocionais para clientes que desejam provar seus óculos em casa. Cada um é endereçado pessoalmente e conectado com as etapas do processo de prova dos óculos, desde o registro inicial e confirmação do pedido até ofertas de assistência na seleção e instruções para devolução de quadros. "A parte mágica foi sentir que Warby Parker estava comigo durante todo o processo", diz um cliente. A Warby Parker também envia *e-mails* animados de acompanhamento pós-compra, anúncios e promoções. Por exemplo, ela envia *e-mails* personalizados para os clientes no primeiro aniversário de sua compra, com a mensagem "Você tem seus óculos Warby Parker há um ano. Diga a eles que dissemos feliz aniversário! Esperamos que os primeiros 365 dias tenham sido alegres". E caso o cliente queira "começar novas tradições", o *e-mail* também inclui um *link* para os *sites* de mídia social e Web da Warby Parker.[17]

Mas há um lado obscuro no uso do *e-mail marketing*. A explosão de **spam** – mensagens de *e-mail* comerciais não solicitadas e indesejadas que entopem nossas caixas de *e-mail* – produziu irritação e frustração no consumidor. De acordo com uma fonte, o spam agora responde por 55% dos bilhões de *e-mails* enviados em todo o mundo todos os dias. Trabalhadores de escritório norte-americanos recebem uma média de 200 *e-mails* por dia e passam quase duas horas e meia lendo e respondendo a eles. Como resultado, de acordo com um estudo recente, mais da metade dos consumidores dizem que deletam pelo menos 50% dos *e-mails* de marca sem abri-los.[18] As empresas que utilizam *e-mail marketing* andam na linha tênue entre agregar valor para os consumidores e ser intrusivos e irritantes.

Spam
Mensagens de *e-mail* comerciais não solicitadas e indesejadas.

Para resolver essas preocupações, a maioria dos profissionais de *marketing* legítimos agora pratica o *e-mail marketing baseado em permissão*, enviando propostas por *e-mail* apenas para clientes que as "aceitem". Muitas empresas usam sistemas de *e-mail* configuráveis que permitem que os clientes escolham o que desejam receber. Por exemplo, a Amazon tem como alvo clientes que autorizam o recebimento de mensagens (*opt-in*), enviando um número limitado de mensagens úteis do tipo "achamos que você gostaria de saber" com base em suas preferências expressas e compras anteriores. Poucos clientes se opõem, e muitos realmente dão boas-vindas a essas mensagens promocionais. A Amazon se beneficia por meio de taxas de retorno mais altas e evita alienar os clientes com *e-mails* que eles não desejam.

Vídeos *on-line*

Outra forma de *marketing on-line* é postar conteúdo de vídeo digital nos *sites* da marca ou nas mídias sociais. Alguns vídeos são anúncios que uma empresa faz principalmente para a TV ou outras mídias, mas publica *on-line* antes ou depois de uma campanha de propaganda para ampliar seu alcance e impacto. Outros vídeos são feitos especificamente para a Web e mídias sociais. Esses vídeos variam de vídeos instrutivos de "como fazer" e peças de relações públicas a promoções de marca e entretenimento relacionado à marca.

Bons vídeos *on-line* podem engajar dezenas de milhões de consumidores. E o público de vídeos *on-line* está subindo. Quase 72% da população dos Estados Unidos já viu vídeos *on-line*. Os usuários do YouTube hoje carregam mais de 300 horas de vídeo a cada minuto. Só o Facebook gera e estima mais de 60 bilhões de visualizações de vídeos por dia em todo o mundo. Segundo uma estimativa, o vídeo representará 82% de todo o tráfego da Internet até 2022. "Nos últimos anos", observa um analista, "a Internet evoluiu de um meio baseado em texto para a nova TV".

Muitas marcas produzem campanhas de vídeo multiplataforma que unem TV tradicional e mídias *on-line* e móvel. Por exemplo, versões em vídeo e promoções para a maioria dos anúncios do

Super Bowl atraem grandes audiências antes e depois do grande jogo ir ao ar. Considere o anúncio bem-humorado "Alexa perde a voz" da Amazon exibido durante o Super Bowl LII. No anúncio, uma série de celebridades de grande nome substituem a assistente de IA do gigante da tecnologia após ela perder a voz e não conseguir atender às solicitações dos usuários. O anúncio de 90 segundos ficou em primeiro lugar nas classificações do medidor de anúncios do *USA Today*, fazendo mais de 81 milhões de impressões de anúncios de TV e ganhando mais de 8 milhões de visualizações *on-line* no dia do jogo. Mas os vídeos *teaser* de formato curto e as versões de pré-lançamento do anúncio conquistaram mais de 20 milhões de visualizações *on-line* nos dias que antecederam o jogo e dezenas de milhões de visualizações a mais nos dias seguintes. De acordo com os números, o anúncio da Amazon e seus vídeos relacionados ficaram em quarto lugar no "*buzz* digital" *on-line* antes do jogo.[20]

***Marketing* viral**
A versão digital do *marketing* boca a boca: vídeos, anúncios e outros conteúdos de *marketing* que são tão contagiantes que os clientes os procuram ou os repassam aos amigos.

Como a Amazon, outras empresas esperam que alguns de seus vídeos se tornem virais. O ***marketing* viral,** a versão digital do *marketing* boca a boca, envolve a criação de vídeos, anúncios e outros conteúdos de *marketing* que são tão contagiantes que os clientes os procuram ou os repassam para seus amigos. Como os próprios clientes encontram e repassam o conteúdo, o *marketing* viral pode ser muito barato. E quando o conteúdo vem de um amigo, é muito mais provável que o destinatário o veja ou leia.

As marcas costumam usar vídeos para engajar os consumidores além da promoção de produtos, dando voz às marcas e criando associações positivas à marca. Considere a seguinte campanha de vídeo da Gatorade:[21]

> Depois de saber que as meninas abandonam os esportes 50% mais do que os meninos na adolescência, a Gatorade criou uma série de vídeos de seis episódios chamada "Versus". Os episódios de 21 minutos, estrelados por jogadoras de lacrosse do Ensino Médio, foram projetados para "desencadear uma conversa franca sobre a importância de manter as meninas no jogo", diz um profissional de *marketing* da Gatorade. "Queríamos encontrar algo que incentivasse as meninas que adoram esportes a se manterem motivadas". A série de vídeos foi veiculada ao lado da campanha "Irmãs no suor" da Gatorade, com atletas profissionais como Serena Williams e outras mulheres famosas para as quais o esporte foi uma influência positiva. A série de vídeos "Versus" rapidamente conquistou mais de 1 milhão de visualizações, criando uma "elevação de dois dígitos" na confiança da participação esportiva das meninas e aumentando as associações positivas à marca Gatorade. "Sabíamos que tínhamos algo especial, emocional e instigante em nossas mãos imediatamente", diz outro profissional de *marketing* da Gatorade.

Apesar dos muitos sucessos virais, é importante notar que os profissionais de *marketing* geralmente têm pouco controle sobre onde suas mensagens virais acabam. Eles podem semear conteúdo *on-line*, mas isso não adianta muito, a menos que a própria mensagem atinja os consumidores. Como disse um diretor criativo: "Você espera que o criativo plante em um local bom o suficiente para que as sementes cresçam e se tornem carvalhos poderosos. Se elas não gostarem, não vai rolar. Se elas gostarem, vão se mexer um pouco; e se elas o amarem, se moverão como um fogo que queima rapidamente pelas colinas de Hollywood".[22]

Blogs e outros fóruns *on-line*

Blogs
Fóruns *on-line* onde pessoas e empresas postam seus pensamentos e outros conteúdos, geralmente relacionados a tópicos bem definidos.

As marcas também realizam *marketing on-line* por meio de vários fóruns digitais que atraem grupos específicos de interesse especial e comunidades de marca. ***Blogs*** são fóruns *on-line* onde pessoas e empresas postam seus pensamentos e outros conteúdos, geralmente relacionados a tópicos bem definidos. Os *blogs* podem ser sobre qualquer coisa, de política ou beisebol a haicai, conserto de carros, marcas ou as últimas séries de televisão. Muitos blogueiros usam redes sociais como Twitter, Facebook, Tumblr e Instagram para promover seus *blogs*, dando-lhes um grande alcance. Esse alcance pode dar aos *blogs* – especialmente àqueles com muitos e dedicados seguidores – uma influência substancial.

Atualmente, quase todas as empresas têm seu próprio *blog* relacionado à marca que alcança as comunidades de clientes. Por exemplo, o *blog Oh My Disney* oferece aos fãs da Disney um "destino oficial para testes, nostalgia, notícias e outras magias da Disney". O *blog 1912 Pike* da Starbucks, em homenagem ao endereço do primeiro local da Starbucks, é um "*blog* de educação sobre café" que oferece aos viciados em cafeína e fãs da marca Starbucks uma mistura interessante de artigos relacionados ao café e notícias do setor, além de receitas e guias de instruções. O *blog Chase News & Stories* do Chase bank se concentra em "ajudar você a aproveitar ao máximo seu dinheiro" com artigos e histórias úteis sobre tópicos financeiros, como comprar sua primeira casa, planejar com antecedência as despesas com educação universitária ou economizar dinheiro ao comprar mantimentos. E o *blog* da Patagonia, *The Cleanest Line*, compartilha histórias sobre o meio ambiente, conta a posição da empresa em questões-chave e divulga a mensagem da marca "salve nosso planeta natal" em vez de promover vendas. A Patagonia usa seus populares *sites* de mídia social, especialmente o

Blogs corporativos: O *blog Oh My Disney* oferece aos fãs da Disney um "destino oficial para testes, nostalgia, notícias e outras magias da Disney".

Eyal Dayan Photography

Instagram (com mais de 5,1 milhões de seguidores), para direcionar os fãs para as histórias e vídeos mais longos do *blog*.[23]

Além de seus próprios *blogs* de marca, muitos profissionais de *marketing* usam *blogs* de terceiros para ajudar a divulgar suas mensagens. Por exemplo, alguns blogueiros de moda acumularam milhões de seguidores, com bases de fãs maiores até do que os *blogs* e contas de mídia social das principais revistas de moda. Por exemplo, Danielle Bernstein, de 27 anos, iniciou o *blog* de moda We Wore What como estudante de graduação no Fashion Institute of Technology em Nova York. O *blog* e a conta do Instagram agora são uma fonte de inspiração diária para uma base de mais de 3 milhões de fãs. Por causa de tantos seguidores, as marcas migram para Bernstein e outros influenciadores de *blogs* de moda, como BryanBoy, The Blonde Salad, Song of Style e Gal Meets Glam, pagando a eles 15 mil dólares ou mais para postar e marcar imagens de produtos em seus *blogs* e perfis do Facebook e do Instagram. Bernstein publica imagens que contêm produtos patrocinados de pequenas marcas como Schultz Shoes e Revolve Clothing a grandes marcas como Nike, Lancôme e Nordstrom.[24]

Como ferramenta de *marketing*, os *blogs* oferecem algumas vantagens. Eles podem oferecer uma maneira nova, original, pessoal e barata de entrar em conversas de consumidores *on-line* e de mídia social. No entanto, a blogosfera é confusa e difícil de controlar. E embora as empresas às vezes possam aproveitar os *blogs* para envolver os clientes em relacionamentos significativos, os *blogs* continuam sendo em grande parte um meio controlado pelo consumidor. Quer participem ativamente ou não dos *blogs*, as empresas devem monitorá-los e ouvi-los. Os profissionais de *marketing* podem usar *insights* de conversas *on-line* do consumidor para melhorar seus programas de *marketing*.

Comentário do autor | Como em quase todas as outras áreas de nossas vidas, a mídia digital e as tecnologias móveis conquistaram o mundo do *marketing*. Elas oferecem algumas possibilidades de *marketing* incríveis. Mas, verdade seja dita, muitos profissionais de *marketing* ainda estão preocupados em como usá-las de modo mais eficaz.

Mídias sociais e *marketing* móvel

Objetivo 17.4 **Discutir como as empresas usam mídias sociais e *marketing* móvel para engajar os consumidores e criar uma comunidade de marca.**

Marketing de mídia social

Mídias sociais
Redes sociais *on-line* independentes e comerciais onde as pessoas se reúnem para socializar e compartilhar mensagens, opiniões, fotos, vídeos e outros conteúdos.

O aumento do uso da Internet e das tecnologias e dispositivos digitais gerou uma variedade impressionante de **mídias sociais** *on-line* e outras comunidades digitais. Inúmeras redes sociais independentes e comerciais surgiram onde as pessoas se reúnem para socializar e compartilhar mensagens, opiniões, fotos, vídeos e outros conteúdos. Hoje em dia, parece que quase todo mundo está fazendo amizade no Facebook, marcando sua localização no Twitter, assistindo aos vídeos mais quentes do dia no YouTube, salvando imagens no Pinterest ou compartilhando fotos e vídeos pelo Instagram e pelo TikTok. E, é claro, onde quer que os consumidores se reúnam, os profissionais de *marketing* certamente o seguirão.

Os profissionais de *marketing* agora estão surfando na enorme onda das mídias sociais. Quase todas as empresas, grandes e pequenas, usam um ou mais canais de mídia social. Grandes marcas geralmente têm uma enorme presença nas mídias sociais. Por exemplo, de acordo com uma fonte, a Nike mantém pelo menos 108 páginas no Facebook, 104 perfis no Twitter, 16 contas no Instagram e 41 canais no YouTube.[25]

Curiosamente, assim como os profissionais de *marketing* estão dominando o uso das mídias sociais para engajar os clientes, as próprias mídias sociais estão aprendendo como tornar suas comunidades uma plataforma adequada para o conteúdo de *marketing*, de uma maneira que beneficie tanto os usuários das mídias sociais quanto as marcas. A maioria das mídias sociais, mesmo as mais bem-sucedidas, ainda enfrenta um problema de monetização: como elas podem aproveitar de maneira lucrativa o potencial de *marketing* de suas enormes comunidades para ganhar dinheiro sem afastar usuários fiéis. As exceções de enorme sucesso são o Facebook e o Instagram – de propriedade do Facebook – (veja o Marketing Real 17.1).

Utilização de mídias sociais

Os profissionais de *marketing* podem engajar nas mídias sociais de duas maneiras: usando as mídias sociais existentes ou criando suas próprias. Usar as mídias sociais existentes parece ser o mais fácil, portanto, a maioria das marcas – grandes e pequenas – se instalou em uma série de *sites* de

Marketing Real 17.1 | Instagram: Benefício mútuo entre empresa, anunciantes e usuários

O gigante da mídia social Meta adquiriu uma jovem *startup* chamada Instagram há alguns anos pela soma alucinante de 1 bilhão de dólares – até então um preço recorde pago por qualquer aplicativo e muito mais do que o Facebook já havia gastado em uma aquisição. Especialistas ficaram chocados e alguns críticos zombaram da sanidade do Meta. Na época, o Instagram tinha receita zero, apenas 30 milhões de usuários e nenhuma ideia de como ganharia dinheiro. Mas o Meta viu um grande potencial na incipiente rede social.

À medida que o mundo se tornou rapidamente social e móvel, as redes sociais desempenharam um papel enorme. Seja em grandes plataformas de mídia social ou *sites* de nicho menos conhecidos, é comum ver pessoas em todos os lugares hoje em dia, de cabeça baixa com dispositivos em mãos, conectando, publicando, enviando mensagens e compartilhando. Somente no Meta, todos os dias, 1,6 bilhão dos 2,4 bilhões de usuários ativos mensais da rede em todo o mundo assistem a 8 bilhões de vídeos, geram 5,7 bilhões de curtidas e compartilham 4,8 bilhões de conteúdos.

No entanto, mesmo que as redes de mídia social tenham alcançado um sucesso incrível em termos de número de usuários e volume de conteúdo, um problema persistente ainda as atormenta. Chama-se monetização. Como as mídias sociais podem aproveitar de forma lucrativa o potencial de *marketing* de suas comunidades massivas para ganhar dinheiro sem expulsar suas legiões de usuários fiéis? A maioria das mídias sociais ainda luta para obter lucro. Em 2018, o Twitter teve lucro pela primeira vez enquanto o Snapchat perdia quase 1,3 bilhão de dólares.

O Meta foi o primeiro meio social a resolver o problema da lucratividade, e é o único a fazer isso em larga escala. Em 2017, o Facebook obteve 39 bilhões de dólares em lucros sobre receitas de pouco mais de 117 bilhões de dólares – uma incrível margem de 35%. Como o Meta tem sucesso onde tantas outras mídias sociais ainda lutam pela monetização? É tudo sobre propaganda. As mídias sociais do Meta arrecadam dinheiro fornecendo maneiras eficazes para as empresas segmentarem e engajarem sua gigantesca comunidade de usuários com anúncios relevantes e outros conteúdos de marca.

Talvez em nenhum lugar esse sucesso de monetização seja mais aparente do que no muito bem-sucedido Instagram. Lançado como uma *startup* privada em 2010, o Instagram se diferenciava de outros aplicativos de duas maneiras: era apenas para dispositivos móveis e foi projetado com uma única função simples em mente: compartilhar fotos. A simplicidade do Instagram e o amplo apelo da comunicação por meio de imagens o tornaram um sucesso instantâneo. O aplicativo de compartilhamento de fotos rapidamente se tornou a rede social preferida para os jovens da geração *millennial* se comunicarem com seus amigos, longe do olhar atento de seus pais.

A aquisição feita pelo Meta ocorreu menos de dois anos após o lançamento do Instagram. Embora pequeno na época, o público jovem do Instagram complementava o público envelhecido do Facebook. Um ano depois, o Instagram introduziu a propaganda paga. A decisão foi polêmica. Como a maioria dos usuários de mídia social, os usuários do Instagram valorizavam a cultura de compartilhamento gratuito (e sem comerciais) de sua comunidade digital. Se não fosse bem concebido, o conteúdo comercial seria uma intrusão indesejada que poderia alienar os usuários e afastá-los. O desafio para o Instagram, como para todas as mídias sociais, era injetar conteúdo de marca junto do conteúdo do usuário sem perturbar a dinâmica da comunidade.

Mas mesmo que mais e mais anunciantes tenham entrado no Instagram – primeiro centenas, depois milhares e então milhões – a base de usuários do Instagram continuou a explodir. De fato, embora ainda muito menor que o Facebook, as taxas de crescimento do Instagram rivalizam com as de seu antecessor. Todos os dias, 1,1 bilhão de usuários do Instagram compartilham mais de 100 milhões de fotos e vídeos e apertam o botão Curtir mais de 4,2 bilhões de vezes. E a base de anunciantes do Instagram cresceu em harmonia com sua base de usuários. O Instagram é um dos principais canais de propaganda digital, social e móvel do mundo, atraindo agora 2 milhões de anunciantes mensais, desde pesos pesados do *marketing*, como Nike, Disney e P&G, até restaurantes ou academias locais.

A base de usuários exclusiva do Instagram o torna ideal para as estratégias de conteúdo de muitas marcas. A comunidade do Instagram é grande e jovem – 71% dos norte-americanos de 18 a 29 anos – mas abrange uma ampla faixa demográfica que permite uma segmentação precisa. O público do Instagram também é fiel à marca: 80% dos usuários seguem uma ou mais marcas no aplicativo e 60% dizem que descobrem novos produtos lá. Além disso, cerca de 75% dos usuários do Instagram agem depois de ver uma postagem publicitária, como visitar um *site* ou conferir uma oferta.

O design do Instagram facilita aos anunciantes combinarem o conteúdo da marca naturalmente com o fluxo do conteúdo do usuário. Como resultado, em vez de interromper a experiência do usuário, o conteúdo da marca geralmente a aprimora. Além de seus próprios *feeds* do Instagram, os anunciantes podem escolher entre vários formatos de conteúdo. Usando anúncios em fotos – o formato de anúncio mais básico do Instagram – os anunciantes podem postar imagens de alto impacto na "tela criativa limpa, simples e bonita" do aplicativo. Os anúncios em vídeo injetam o poder do som e do movimento em vídeos de marca com até 60 segundos de duração. Os anúncios em carrossel trazem mais profundidade, permitindo que os usuários deslizem para ver fotos ou vídeos adicionais em um único anúncio. E com os anúncios do Stories, os anunciantes podem apresentar o conteúdo da marca da mesma forma que os

O bem-sucedido Instagram descobriu como integrar propaganda ao conteúdo do consumidor de uma maneira que beneficie usuários, anunciantes e seus próprios resultados.

ELF

usuários utilizam o recurso de Stories – misturando fotos e vídeos juntos, aprimorando-os com texto e efeitos e colocando-os em apresentações de slides em tela cheia que permanecem por 24 horas.

Projetado para compartilhar fotos e vídeos, os formatos de apresentação do Instagram permitem que os usuários processem o conteúdo visual de forma rápida e eficiente, com mais impacto emocional, condizente com a geração de hoje, que é móvel e que busca interações em tempo real. O conteúdo do anúncio do Instagram cria altos níveis de engajamento do consumidor em comparação com outras mídias sociais. Por exemplo, enquanto o conteúdo do Snapchat – seu concorrente mais próximo – desaparece, o que torna as conexões entre marca e cliente fugazes, o formato do Instagram permite que os consumidores percorram, permaneçam e compartilhem conteúdo em seus próprios termos de tempo.

Além das comparações com o Snapchat e TikTok, um estudo recente revelou que as marcas obtêm até 30 vezes mais engajamento no Instagram do que no Twitter e três vezes mais engajamento do que no Facebook. Por exemplo, a Mercedes postou recentemente teasers de mídia social para a estreia mundial de seu novo hatchback Classe A. No Facebook, o post acumulou respeitáveis 10 mil curtidas. Em comparação, no entanto, a mesma imagem no Instagram gerou 150 mil curtidas. Assim, o Instagram obtém níveis de engajamento que as mídias sociais mais antigas e baseadas em texto geralmente não conseguem igualar.

Além de sua capacidade de envolver os consumidores com conteúdo de marca impactante, o Instagram agora está de olho na próxima etapa da jornada do cliente – a compra. As marcas agora podem criar vitrines no Instagram, onde os usuários podem clicar no *site* da empresa ou no *site* móvel para fazer pedidos. Os anúncios de coleção do Instagram – lançados há alguns anos – permitem que os usuários comprem os produtos de uma marca diretamente do anúncio. E o Instagram agora aceita pagamentos, permitindo que os usuários paguem pelas compras sem precisar sair da rede.

Assim, não demorou muito para o Meta transformar o Instagram em uma máquina de fazer dinheiro. Embora o Meta não relate informações financeiras do Instagram separadamente, segundo uma estimativa, o Instagram geraria 33,25 bilhões de dólares em receita de propaganda em 2022. Os anúncios dos Stories do Instagram sozinhos geram mais receita do que todo o rival Snapchat. Outra análise avalia o Instagram em mais de 100 bilhões de dólares como uma empresa independente – 100 vezes o que o Meta pagou por ele há pouco mais de uma década atrás. Em suma, ninguém está mais zombando da compra do Instagram pelo Meta.

O Instagram está crescendo porque descobriu como integrar propaganda ao conteúdo do consumidor de uma maneira que beneficie a todos. Longe de ressentir o conteúdo da marca como intrusivo, muitos usuários da rede social parecem recebê-lo bem, tornando a propaganda de mídia social uma vantagem para o Instagram, seus anunciantes e sua comunidade de usuários.[26]

mídia social. Verifique os *sites* de marcas que vão desde Coca-Cola, Nike e Chick-fil-A até Chicago Bulls ou até mesmo o Serviço Florestal dos Estados Unidos, e você encontrará *links* para o Facebook, Twitter, Instagram, YouTube, LinkedIn ou outras páginas de mídia social. Essas mídias sociais podem criar comunidades de marca substanciais. Por exemplo, o Chicago Bulls tem mais de 18 milhões de fãs no Facebook; A Coca-Cola tem impressionantes 108 milhões de fãs no Facebook.

Algumas das principais redes sociais são enormes. O Facebook tem 2,4 bilhões de usuários ativos mensais, mais de sete vezes a população dos Estados Unidos. O Twitter tem mais de 450 milhões de usuários ativos mensais e os mais de 1,3 bilhão de usuários do YouTube carregam 300 horas de vídeo a cada minuto de cada dia. A lista continua: o Instagram tem 1,44 bilhões de usuários ativos mensalmente; o LinkedIn, 849 milhões; o TikTok, 1 bilhão; o Pinterest, 433 milhões; e o Snapchat, 347 milhões.[27]

Embora essas grandes redes de mídia social de interesse geral ganhem a maioria das manchetes, também surgiram inúmeras mídias sociais baseadas em nichos e interesses. Essas redes sociais *on-line* atendem às necessidades de comunidades menores de pessoas com ideias semelhantes, tornando-as veículos ideais para profissionais de *marketing* que desejam atingir grupos de interesse especial. Há pelo menos uma rede de mídia social para praticamente todos os interesses, hobbies ou grupos. O Goodreads é uma rede social onde 90 milhões de leitores ávidos podem "Conhecer seu próximo livro favorito" e discuti-lo com amigos, enquanto as mães compartilham conselhos e experiências no CafeMom.com. Na Doximity, mais de 1 milhão de profissionais da saúde – médicos, enfermeiros, farmacêuticos e outros – fazem contatos com colegas, ficam em dia com notícias médicas e pesquisam oportunidades de emprego. O PURRsonals é onde "os amantes de gatos se encontram e se saúdam". O FarmersOnly.com oferece namoro *on-line* para "pessoas do campo" que gostam de "céu azul e viver livre e em paz em espaços abertos, criando animais e apreciando a natureza" – "porque as pessoas da cidade simplesmente não entendem".[28]

Surgiram inúmeros nichos e mídias sociais de interesse especial atendendo a comunidades de pessoas com ideias semelhantes. O Goodreads é um lugar onde você pode "Conhecer seu próximo livro favorito" e discuti-lo com outras pessoas.

Sharaf Maksumov/Shutterstock

Vantagens e desafios do *marketing* de mídia social

Usar as mídias sociais traz vantagens e desafios. No lado positivo, as mídias sociais são *segmentadas* e *pessoais* – elas permitem que os profissionais de *marketing* criem e compartilhem conteúdo de marca personalizado com consumidores individuais e comunidades de clientes. As mídias sociais são *interativas*, tornando-as ideais para iniciar e participar de conversas com clientes e ouvir seu *feedback*. As mídias sociais também são *imediatas* e *oportunas*. Elas podem ser usadas para alcançar clientes a qualquer hora, em qualquer lugar com conteúdo de *marketing* oportuno e relevante sobre acontecimentos e atividades da marca. Conforme discutido anteriormente neste capítulo, o rápido crescimento no uso de mídia social causou um aumento do *marketing em tempo real*, permitindo que os profissionais de *marketing* criem e participem de conversas de consumidores sobre situações e eventos à medida que elas ocorrem. Considere a JetBlue:[29]

A JetBlue é lendária pela velocidade e qualidade de suas respostas nas mídias sociais. Por exemplo, a equipe de mídia social da JetBlue responde a cada menção que recebe no Twitter com um tempo médio impressionante de 10 minutos.

JetBlue

> Certa vez, um homem tuitou a JetBlue enquanto esperava no aeroporto para perguntar por que lhe cobraram 50 dólares por pegar um voo mais cedo. A JetBlue respondeu ao seu tuíte em alguns minutos e o cliente parecia satisfeito. Mas a equipe de mídia social da JetBlue não parou por aí. Em vez disso, encaminhou a troca para a equipe da JetBlue no aeroporto. A equipe do aeroporto estudou a foto do perfil do homem no Twitter e, em seguida, caminhou pelo terminal até encontrá-lo para que pudessem acompanhá-lo pessoalmente. Em outro caso, uma cliente da JetBlue tuitou brincando que esperava um "desfile de boas-vindas" no portão quando chegasse a Boston. Para grande surpresa da cliente encantada, quando ela chegou ao seu destino, a equipe da JetBlue no aeroporto a recebeu com estardalhaço, incluindo música de banda marcial e cartazes feitos à mão.
>
> É claro que a JetBlue não pode surpreender todos os clientes dessa maneira. No entanto, a companhia aérea é lendária pela velocidade e qualidade de suas interações nas mídias sociais. Ela recebe de 2.500 a 2.600 menções no Twitter todos os dias, e a equipe de mídia social da JetBlue lê e responde a cada uma delas, com um tempo médio de resposta impressionante de 10 minutos. Além de envolver os clientes e mantê-los satisfeitos, essas interações de mídia social fornecem *feedback* valioso do cliente. "Para nós tudo se trata de pessoas", diz o gerente de compromisso com o cliente da JetBlue, "e estar nas mídias sociais é apenas uma extensão natural disso".

As mídias sociais podem ser muito econômicas. Embora criar e administrar conteúdo de mídia social possa ser caro, muitas mídias sociais são gratuitas ou baratas de usar. Assim, os retornos dos investimentos em mídia social costumam ser altos em comparação com os da cara mídia tradicional, como televisão ou mídia impressa. O baixo custo das mídias sociais as coloca ao alcance até mesmo de pequenas empresas e marcas que não podem arcar com os altos custos de campanhas de *marketing* de grande orçamento.

Talvez a maior vantagem das mídias sociais seja sua *capacidade de engajamento e compartilhamento social*. As mídias sociais são especialmente adequadas para criar engajamento e comunidade de clientes – para engajar os clientes com a marca e uns com os outros. Mais do que qualquer outro canal, a mídia social pode engajar os clientes a criar e compartilhar conteúdo, experiências, informações e ideias de marca.

Por exemplo, considere o Etsy – o mercado *on-line* de artesanato que é o lugar ideal para comprar e vender qualquer coisa feita à mão". A Etsy usa seus *sites* da Web e móveis e uma série de mídias sociais para criar uma comunidade de estilo de vida Etsy, onde os compradores se reúnem para aprender, explorar, trocar e compartilhar ideias sobre produtos artesanais e tópicos relacionados. Além de suas páginas ativas no Facebook, Twitter e YouTube, a Etsy envolve 2 milhões de seguidores da marca no *site* de compartilhamento de fotos Instagram, onde a comunidade Etsy compartilha fotos de ideias e projetos criativos. Também envolve cerca de 1,2 milhão de seguidores no *site* de álbum de recortes social Pinterest, com painéis sobre tópicos que variam de "Projetos faça você mesmo", "Divertido" e "Coisas que amamos" a "Casamentos Etsy" e até "Yum! Receitas para compartilhar", onde a comunidade publica receitas favoritas. A Etsy vende poucos dos ingredientes que entram nas receitas, mas tudo faz parte do estilo de vida da marca. Por meio de sua extensa presença *on-line* e nas mídias sociais, a Etsy criou uma comunidade mundial ativa e engajada de 39,4 milhões de compradores e 2,1 milhões de vendedores em todo o mundo, no que chama de "O mercado que fazemos juntos".[30]

O *marketing* de mídia social também apresenta desafios. Por exemplo, as redes sociais são amplamente controladas pelo usuário, e o objetivo da empresa, ao usar as mídias sociais, é tornar a marca parte das conversas dos consumidores e de suas vidas. No entanto, os profissionais de *marketing* não podem simplesmente entrar nas interações digitais dos consumidores – eles precisam ganhar o direito de estar lá. Em vez de se intrometer, os profissionais de *marketing* devem se tornar uma parte valiosa da experiência *on-line*, desenvolvendo um fluxo constante de conteúdo envolvente.

Além disso, como os consumidores têm tanto controle sobre o conteúdo das redes sociais, até mesmo uma campanha de mídia social aparentemente inofensiva pode sair pela culatra. Por exemplo, a Frito-Lay uma vez lançou um concurso Do Us a Flavor, no qual pedia às pessoas que criassem novos sabores de batata frita, os enviassem para seu *site* ou Facebook e desenhassem a arte da embalagem para suas criações. Muitos consumidores levaram o concurso (e o grande prêmio de 1 milhão de dólares) a sério, apresentando sabores que as pessoas realmente gostariam de comer. No entanto, outros "sequestraram" o concurso, enviando sabores às vezes hilariantes, mas completamente impraticáveis, variando de "sapo crocante com queijo", "pasta de dente e suco de laranja", "vestiário da 7ª série" e "Band-aid na piscina pública" até "antraz ondulado" e "90% ar e tipo 4 salgadinhos". Infelizmente, para cada envio, não importa o quão falso fosse, os *sites* da marca responderam alegremente com uma mensagem automática colorida com a embalagem e o nome do sabor, juntamente com uma mensagem como a seguinte: "Vestiário da 7ª série? Isso soa gostoso como chips! Mantenha essas ideias saborosas chegando para sua próxima chance de ganhar 1 milhão de dólares."

Há uma mensagem clara. Com a mídia social, "você está indo para o quintal do consumidor. Esse é o lugar deles", alerta um profissional de *marketing* social. "As redes sociais são uma panela de pressão", diz outro. "As centenas de milhares, ou milhões, de pessoas vão pegar sua ideia e vão tentar destrui-la ou rasgá-la para descobrir o que há de fraco ou estúpido nela".[31]

Marketing de mídia social integrado

Usar mídias sociais pode ser tão simples quanto postar algumas mensagens e promoções nos perfis de uma marca no Facebook ou no Twitter ou criar *buzz* da marca com vídeos ou imagens no YouTube, no Instagram ou no Pinterest. No entanto, a maioria das grandes empresas agora está projetando esforços de mídia social em grande escala que combinem e apoiem outros elementos da estratégia e das táticas de conteúdo de *marketing* de uma marca. Mais do que fazer esforços dispersos e perseguir curtidas e retuítes, as empresas que usam as mídias sociais com sucesso estão integrando uma ampla gama de mídias diversas para criar compartilhamento social, engajamento e comunidade de clientes relacionados à marca.

Gerenciar os esforços de mídia social de uma marca pode ser uma grande tarefa. Por exemplo, a Starbucks é uma das empresas de *marketing* de mídia social mais bem-sucedidas do mundo. Sua equipe principal de mídia social se conecta com seus fãs por meio de 87 contas em cinco plataformas sociais diferentes. As bebidas Frappuccino sozinhas têm mais de 14 milhões de seguidores no Facebook, Twitter e Instagram. Gerenciar e integrar todo esse conteúdo de mídia social é um desafio, mas os resultados valem o investimento. Os clientes podem interagir com a Starbucks às dezenas de milhões digitalmente, sem nunca pisar em uma loja. Um estudo recente descobriu que a Starbucks registrou 17 vezes mais engajamento no Facebook e no Instagram do que seu concorrente mais próximo, Dunkin'.[32]

Mas mais do que apenas criar engajamento e comunidade *on-line*, a presença de mídia social da Starbucks também atrai clientes para suas lojas. Por exemplo, em sua primeira grande promoção de mídia social há vários anos, a Starbucks ofereceu um doce grátis na compra de uma bebida matinal. Um milhão de pessoas apareceram. Uma outra promoção, "Tuíte um café", permitia aos clientes dar um vale-presente de 5 dólares a um amigo colocando a hashtag #tweetacoffee e o nome do amigo em um tuíte, resultou em 180 mil dólares em compras em pouco mais de um mês. E quando a Starbucks lançou o Unicorn Frappuccino – uma bebida por tempo limitado que mudava de cor quando mexida —, perfeitamente criado para chamar a atenção dos usuários do Instagram, que postaram cerca de 180 mil fotos da bebida na rede social em apenas uma semana. Embora oferecido por uma semana, muitos locais da Starbucks ficaram sem suprimentos mais cedo. As mídias sociais "não se tratam apenas de engajar, contar uma história e conectar", diz o chefe de *marketing* digital global da Starbucks. "Elas podem ter um impacto material nos negócios".[33]

Marketing móvel
Mensagens de *marketing*, promoções e outros conteúdos entregues a consumidores em trânsito por meio de seus dispositivos móveis.

Marketing móvel

O ***marketing* móvel** apresenta mensagens de *marketing*, promoções e outros conteúdos de *marketing* entregues a consumidores em trânsito por meio de seus dispositivos móveis. Os profissionais de *marketing* usam o *marketing* móvel para envolver os clientes em qualquer lugar, a qualquer momento durante os processos de compra e construção de relacionamento. A ampla adoção de dispositivos móveis e o aumento no tráfego da web móvel tornaram o *marketing* móvel uma obrigação para todas as marcas.

Com a recente proliferação de *smartphones* e *tablets*, a penetração de dispositivos móveis é agora superior a 100% nos Estados Unidos (muitas pessoas possuem mais de um dispositivo móvel). Mais de 75% das pessoas nos Estados Unidos possuem um *smartphone*, e mais da metade de todas as residências dos Estados Unidos são atualmente residências sem telefone fixo, apenas com dispositivos móveis. O mercado de aplicativos móveis, com mais de uma década, explodiu globalmente: existem milhões de aplicativos disponíveis, e o proprietário médio de *smartphones* usa nove aplicativos por dia.[34]

A maioria das pessoas ama seus telefones e confia muito neles. De acordo com um estudo, quase 90% dos consumidores que possuem *smartphones*, *tablets*, computadores e TVs desistiriam de todas essas outras telas antes de desistir de seus celulares. Em média, os norte-americanos verificam seus *smartphones* 80 vezes por dia e passam cinco horas por dia em seus dispositivos móveis usando aplicativos, conversando, enviando mensagens de texto e navegando na Web. Assim, embora a TV ainda seja uma grande parte da vida das pessoas, o celular está rapidamente se tornando sua "primeira tela". Fora de casa, é a única tela que utilizam.[35]

Para os consumidores, um *smartphone* ou *tablet* pode ser um companheiro útil nas compras. Como resultado, os gastos com propaganda móvel estão aumentando.

George Rudy/Shutterstock

Para os consumidores, um *smartphone* ou *tablet* pode ser um companheiro útil nas compras. Ele pode fornecer informações sobre produtos em movimento, comparações de preços, conselhos e avaliações de outros consumidores, acesso a ofertas instantâneas e vias rápidas e convenientes para comprar. Um estudo recente descobriu que mais de 90% dos compradores de *smartphones* usaram o telefone enquanto faziam compras e 51% fizeram uma compra usando um dispositivo móvel. Entre as pessoas de 18 a 34 anos, 61% fizeram uma compra móvel no mês passado. A compra móvel agora representa mais de um terço de todas as vendas de comércio eletrônico.[36]

O celular fornece uma plataforma avançada para engajar os consumidores mais profundamente à medida que eles avançam no processo de compra com ferramentas que vão desde anúncios para celular, cupons e textos até aplicativos e *sites* para celular. Como resultado, os gastos com propaganda móvel nos Estados Unidos estão aumentando. Os dispositivos móveis agora respondem por cerca de dois terços de todos os gastos com anúncios digitais. Os gastos com anúncios para celular agora excedem os gastos com anúncios de TV, devendo atingir o dobro até 2022.[37] Quase todas as principais empresas – de Nike, P&G e Nordstrom a supermercados locais até organizações sem fins lucrativos, como a Cruz Vermelha – agora estão integrando o *marketing* móvel em seus programas de *marketing* direto.

As empresas usam o *marketing* móvel para estimular a compra imediata, facilitar o processo de compra, enriquecer a experiência da marca ou tudo isso. Ele permite que os profissionais de *marketing* forneçam aos consumidores informações, incentivos e escolhas no momento em que eles expressam interesse ou quando têm maior probabilidade de fazer uma escolha de compra (veja o Marketing Real 17.2). Os anúncios para celular de mídia avançada de hoje podem criar engajamento e impacto substanciais. Por exemplo, a Gatorade fez bom uso do potencial de engajamento oportuno do *marketing* móvel durante um Super Bowl:[38]

> A Gatorade queria recriar o icônico momento do banho de Gatorade – a tradição de encharcar um treinador esportivo com um refrigerador cheio de Gatorade gelado após uma grande vitória —, mas torná-lo um momento pessoal, que os fãs pudessem desfrutar individualmente e compartilhar durante e depois do jogo. Por isso, a empresa trabalhou com o Snapchat para criar um filtro do Snapchat que fazia parecer que um cooler da Gatorade estava derramando a bebida sobre as cabeças dos usuários enquanto os fãs aplaudiam ao fundo. O resultado? Os fãs criaram mais de 8,2 milhões de vídeos de si mesmos, ficando virtualmente imersos em Gatorade com mais de 165 milhões de visualizações em 48 horas. Embora nunca tenha aparecido na TV, foi o anúncio mais visto e interagido do Super Bowl. "Sempre hesitamos um pouco em utilizar o banho de Gatorade porque é um momento tão natural que acontece no jogo", diz um comerciante da Gatorade. Mas "isso acabou parecendo a oportunidade certa, porque não se trata do que acontece em campo, mas de os torcedores poderem participar".

A maioria das empresas criou seus próprios *sites on-line* para dispositivos móveis. Outras criaram aplicativos móveis úteis ou divertidos para engajar os clientes com suas marcas e ajudá-los a

Marketing Real 17.2 | *Marketing* móvel: engajando clientes nos momentos que importam

Parece que para tudo o que você quer fazer hoje em dia, "há um aplicativo para isso". O mercado de aplicativos móveis explodiu nos últimos anos. A App Store da Apple agora possui 1,8 milhão de aplicativos; a Google Play Store lidera com mais de 2,1 milhões de aplicativos. O celular se tornou a nova e corajosa fronteira de *marketing* de hoje, especialmente para marcas que cortejam consumidores mais jovens. Os dispositivos móveis são muito pessoais, sempre presentes e sempre ativos. Isso os torna um meio ideal para obter respostas rápidas a ofertas individualizadas e urgentes. O *marketing* móvel permite que as marcas engajem os consumidores em momentos importantes.

Alguns aplicativos móveis são específicos da marca – eles ajudam os consumidores a navegar pelos produtos, serviços, ofertas especiais e comunidade da marca. Por exemplo, o aplicativo da Sephora "Makes Beauty Mobile", fornece "acesso instantâneo e em movimento a inspirações diárias, ofertas exclusivas e muito mais". O aplicativo Chick-fil-A oferece aos clientes "Maravilhas sem fim" – facilita o pedido, permite que ignorem as filas e digitalizem o pagamento, lembra as preferências do menu e os recompensa com guloseimas especiais. Esse terminal multimídia da Redbox é muito lento? Baixe o aplicativo Redbox – ele permite encontrar e reservar um DVD usando seu dispositivo móvel e tê-lo esperando por você no terminal.

Outros aplicativos ajudam os consumidores a navegar no mercado e acessar as ofertas de outras empresas. O aplicativo Angie's List fornece acesso móvel a listas, classificações e avaliações dos melhores prestadores de serviços locais, de carpinteiros, encanadores e mecânicos a médicos e dentistas. O aplicativo Flipp de organização de cupons oferece promoções semanais de folhetos de lojas para os celulares dos consumidores, mesmo enquanto eles fazem compras; o aplicativo AwardWallet ajuda os usuários a rastrear e gerenciar pontos e prêmios de todas as suas contas de recompensas em um só lugar.

No ambiente móvel desordenado de hoje, o *marketing* móvel bem-sucedido vai muito além de apenas enviar um cupom ou um *link* para a compra. Em vez disso, engaja os clientes em tempo real com recursos e ofertas relevantes que aprimoram os relacionamentos com a marca e as experiências de compra. O aplicativo Waze do Google faz mais do que apenas ajudar os usuários a navegar do ponto A ao ponto B e encontrar paradas locais ao longo do caminho. O aplicativo de navegação "orientado pela comunidade" também identifica engarrafamentos, acidentes, radares e preços de combustível em tempo real, atualizados fielmente pelos 110 milhões de usuários ativos do Waze em 185 países. A REI tem um conjunto completo de aplicativos que abrangem uma variedade de esportes de montanha, incluindo caminhadas, escaladas, mountain bike, corrida em trilha, esqui e snowboard. Cada aplicativo fornece mapas, roteamento GPS, condições meteorológicas e do terreno em tempo real, avaliações, dicas e fóruns. E às vezes, se você decidir que não pode viver sem um par de meias de caminhada Darn Tough ou uma barraca Hubba Hubba para duas pessoas, a REI também tem um aplicativo de compras.

Os consumidores esperam de gigantes do *marketing*, como a Amazon, uma experiência de compra móvel sem atrito. Mas com os rápidos avanços dos recursos móveis, mais e mais empresas estão se tornando as Amazons de seus setores. Considere a empresa de viagens TripAdvisor. O que começou principalmente como um *site* de avaliação de hotéis e restaurantes agora se tornou o "companheiro de viagem definitivo". Os aplicativos móveis do TripAdvisor oferecem aos usuários "a sabedoria das multidões" com acesso a qualquer hora, em qualquer lugar, durante a viagem; avaliações abrangentes com fotos, vídeos e mapas; e informações descritivas sobre hotéis, restaurantes, opções de viagens aéreas, lugares para ir e coisas para ver em todo o mundo. Os aplicativos fáceis de usar incluem muitos recursos úteis, como notificações na tela de bloqueio do *smartphone* que notificam sobre pontos de interesse próximos enquanto você viaja. E as opções de reserva de hotéis, restaurantes e voos estão sempre a um toque de distância.

Um usuário compara o aplicativo do TripAdvisor a um melhor amigo que é um especialista em viagens extremamente experiente e ajuda você a fazer todos os preparativos de viagem de férias. E ele vai com você em suas férias como seu próprio guia de viagem pessoal, compartilhando as informações certas sobre pontos locais de interesse, encontrando e analisando bons lugares para comer e fornecendo mapas digitais para ajudá-lo a chegar aonde está indo. Por sua vez, o TripAdvisor é um ótimo lugar para marcas relacionadas a viagens e hospitalidade entrarem em contato com 490 milhões de viajantes engajados e conectados por mês que estão viajando ou planejando viagens ativamente. O TripAdvisor arrecadou 1,6 bilhão de dólares em receitas de propaganda móvel e reservas no ano passado.

O *marketing* móvel permite que as marcas personalizem promoções e as integrem em experiências relevantes do dia a dia do cliente. Por exemplo, a Kiip é uma rede de recompensas móvel especializada em ajudar as marcas a fornecer aos clientes as recompensas certas nos momentos certos, com base em suas atividades diárias. A Kiip começou incorporando sua tecnologia em aplicativos de videogame, recompensando os jogadores que alcançaram novos níveis de jogo ou atingiram outras metas com cupons para uma de suas marcas favoritas, como a Coca-Cola. Agora, ajuda marcas em várias categorias a usar recompensas móveis para envolver os clientes em momentos importantes relacionados à marca. A Kiip trabalhou com centenas de marcas – incluindo Coca-Cola, Kraft, Johnson & Johnson, McDonald's, BMW e General Mills – e agora está incorporada em milhares de aplicativos móveis.

A Kiip trabalha com marcas para ajudá-las a mapear "momentos de demanda" – períodos

***Marketing* móvel: o aplicativo móvel do TripAdvisor – "seu melhor companheiro de viagem" – dá aos usuários acesso, enquanto viajam, a informações de origem coletiva sobre hotéis, restaurantes, lugares para ir e coisas para ver em todo o mundo. E as opções de reserva estão sempre a um toque de distância.**

Ian Dagnall/Alamy Stock Photo

em que os consumidores podem ser mais receptivos ao engajamento e às mensagens da marca. Em seguida, ela usa o poder do "aqui e agora" do celular para permitir que as marcas estejam presentes quando o comportamento estiver ocorrendo. Para aplicativos de *fitness* como MapMyRun e aplicativos de produtividade como Any.do, a Kiip vincula recompensas a conquistas da vida real. Quando os usuários riscam coisas de suas listas de tarefas ou atingem uma meta de execução, eles recebem uma recompensa de uma marca relevante. A PepsiCo usa a Kiip para mapear momentos de demanda relacionados a aplicativos para todas as suas marcas – como momentos em que um aplicativo para atividades físicas, ouvir música ou assistir a um filme é utilizado – para descobrir quando alguém pode ter sede de Gatorade ou fome de Doritos. Em momentos apropriados, oferece mensagens, recompensas e promoções relacionadas à marca por meio dos aplicativos.

A Kiip ajudou a empresa de destilados Campari America com uma campanha de responsabilidade corporativa projetada para conectar os consumidores com a marca enquanto promove o consumo responsável. A Kiip identificou prováveis ocasiões de consumo, como quando os clientes faziam buscas em dispositivos móveis para happy hours, consultando receitas de coquetéis ou verificando resultados de jogos em bares esportivos durante a madrugada. A Campari então ofereceu aos usuários cupons de desconto ou até mesmo passeios gratuitos do serviço de carona Lyft para ajudá-los a voltar para casa com segurança.

Ao contrário de anúncios de banner, pop-ups ou *e-mails* típicos, as ofertas da Kiip melhoram as atividades regulares de um usuário em vez de interrompê-las. De acordo com o fundador da Kiip: "trata-se menos do *marketing* em tempo real e mais do atendimento de necessidades em tempo real". Na verdade, ele afirma, a Kiip não está realmente no negócio de anúncios para celular – está no negócio de felicidade. "Queremos capitalizar a felicidade", diz ele. "Tudo é melhor quando você está feliz". A pontualidade, a relevância e a felicidade trazidas pelo celular compensam em termos de resposta do consumidor. Em toda a rede, a taxa média de engajamento da Kiip – pessoas reivindicando uma recompensa, clicando nela ou assistindo a um vídeo relacionado a ela – é de 10%, mas pode chegar a 50%. Isso é impressionante, já que as taxas de engajamento para anúncios típicos de aplicativos são inferiores a 1%.

Muitos consumidores ainda estão inicialmente céticos em relação ao *marketing* móvel. Mas eles geralmente mudam de ideia se as ofertas móveis fornecerem informações úteis sobre a marca e gerarem compras imediatas, conteúdo divertido ou cupons oportunos e preços com desconto. A maioria dos esforços móveis visa apenas os consumidores que voluntariamente optam por eles ou que baixam os aplicativos. Mas no espaço do *marketing* móvel desordenado de hoje, os clientes simplesmente não farão isso a menos que vejam valor real nisso. O desafio para os profissionais de *marketing*: desenvolver ofertas móveis valiosas e anúncios e aplicativos que façam os clientes virem.[39]

comprar. Por exemplo, o aplicativo Benjamin Moore Color Capture permite que os clientes tirem fotos de objetos coloridos e, em seguida, combinem com qualquer uma das 3.500 cores de tinta Benjamin Moore. O aplicativo móvel da Starbucks permite que os clientes usem seus telefones como um cartão Starbucks para fazer compras rápidas e fáceis. O aplicativo móvel da Fitbit permite que os usuários usem seus *smartphones* para contar passos, registrar atividades físicas e se conectar e competir com amigos. E os aplicativos móveis da Charles Schwab permitem que os clientes recebam notícias de investimento atualizadas, monitorem suas contas e façam negócios a qualquer momento e em qualquer local – isso ajuda você a "ficar conectado com seu dinheiro".

Tal como acontece com outras formas de *marketing* direto, no entanto, as empresas devem usar o *marketing* móvel de forma responsável ou correm o risco de irritar os consumidores já cansados. A maioria das pessoas não quer ser interrompida regularmente pela propaganda, então os profissionais de *marketing* devem ser inteligentes sobre como engajar as pessoas em dispositivos móveis. A chave é fornecer informações e ofertas genuinamente úteis que farão com que os consumidores queiram se envolver. Assim, muitas empresas segmentam anúncios para celular apenas com base na permissão do cliente.

Ao todo, o *marketing* direto digital – *on-line*, de mídia social e *marketing* móvel – oferece grandes promessas e muitos desafios. Seus apóstolos mais ardentes ainda vislumbram um tempo em que a Internet e o *marketing* digital substituirão revistas, jornais e até lojas como fontes de informação, engajamento e compra. A maioria dos profissionais de *marketing*, no entanto, tem uma visão mais realista. Para a maioria das empresas, o *marketing* digital, móvel e de mídia social continuarão sendo abordagens importantes para o mercado que funcionam ao lado de outras abordagens em um *mix* de *marketing* totalmente integrado.

Formas tradicionais de *marketing* direto

Comentário do autor | Embora as modalidades de *marketing* direto *on-line*, de mídia social e móvel recebam grande parte da atenção nos dias de hoje, a mídia direta tradicional ainda carrega uma boa carga do *marketing* direto. Basta pensar em sua caixa de correio lotada.

Objetivo 17.5 Identificar e discutir as formas tradicionais de *marketing* direto e o panorama de políticas públicas e questões éticas relacionadas ao *marketing* direto.

Embora as ferramentas de *marketing* digital, social e móvel de rápido crescimento tenham conquistado a maioria das manchetes ultimamente, as ferramentas tradicionais de *marketing* direto estão muito vivas e ainda são muito usadas. Agora examinaremos as abordagens tradicionais mostradas no lado direito da Figura 17.1.

As principais formas de *marketing* direto são: venda pessoal, mala direta, catálogos, telemarketing, televendas e *marketing* de terminais multimídia (quiosques). Analisamos a venda pessoal em detalhe no Capítulo 16. Aqui, vamos abordar as outras formas tradicionais de *marketing* direto.

Marketing de mala direta

***Marketing* de mala direta**
Marketing que envolve enviar uma oferta, anúncio, lembrete ou outro item diretamente para uma pessoa, em um determinado endereço.

O ***marketing* de mala direta** envolve enviar uma oferta, anúncio, lembrete ou outro item para uma pessoa em um determinado endereço. Utilizando listas de mailing altamente seletivas, as empresas que utilizam o *marketing* direto enviam milhões de malas diretas por ano – cartas, catálogos, anúncios, amostras, folhetos, vídeos e outros "vendedores alados". As empresas norte-americanas gastam cerca de 44 bilhões de dólares anualmente em mala direta (incluindo correspondências com ou sem catálogos), o que representa 12% de todos os gastos com *marketing* nos Estados Unidos.[40]

A mala direta é bastante adequada para a comunicação direta, individual. Ela permite grande seletividade de mercado-alvo, pode ser personalizada, é flexível e possibilita a fácil mensuração dos resultados. Embora seu custo por mil pessoas atingidas seja mais alto do que o das mídias de massa, como a televisão e as revistas, as pessoas alcançadas são clientes potenciais muito melhores. A mala direta provou-se eficaz na promoção de todos os tipos de produtos, desde livros, seguros, viagens, itens para presentes, alimentos finos, roupas e outros produtos de consumo até mercadorias industriais. As instituições de caridade também utilizam bastante os serviços de mala direta para arrecadar bilhões de dólares todos os anos.

Alguns analistas previram eventualmente o fim no uso das formas tradicionais de mala direta nos próximos anos, à medida que as empresas se voltam para formas digitais mais recentes, como o *e-mail* e o *marketing on-line*, de mídia social e móvel. As novas formas de *marketing* direto digital enviam mensagens a uma velocidade incrível e a custos mais baixos, em comparação com o "passo de tartaruga" dos correios.

No entanto, embora o volume de mala direta tradicional tenha diminuído durante a última década, ela ainda é muito utilizada por grande parte das empresas. O *marketing* por correspondência oferece algumas vantagens distintas sobre os formulários digitais. Ele fornece algo tangível para as pessoas tocarem e manterem, e pode ser usado para enviar amostras. "O correio torna isso real", diz um analista. Ele "cria uma conexão emocional com os clientes que o digital não consegue. Eles o seguram, o visualizam e engajam com ele de uma maneira totalmente diferente de suas experiências [digitais]". Em contraste, *e-mail* e outros formulários digitais são facilmente ignorados, filtrados ou descartados. Com filtros de spam e bloqueadores de anúncios filtrando *e-mails* e anúncios para celular hoje em dia, diz um profissional de *marketing* direto, "às vezes você precisa lamber alguns selos".

Marketing de mala direta: a GEICO usa muito da boa e velha mala direta para romper a saturação de propagandas de seguros.

A mala direta tradicional pode ser um componente eficaz de uma campanha de *marketing* integrada mais ampla. Por exemplo, a GEICO depende muito da propaganda na TV para estabelecer uma ampla conscientização e posicionamento do cliente. No entanto, ela também usa muito da boa e velha mala direta para romper a saturação de propagandas de seguros na TV. A GEICO utiliza ofertas de mala direta que convidam clientes cuidadosamente segmentados a agir imediatamente para economizar dinheiro em seu seguro automóvel visitando o *site* geico.com, ligando para 1-800-947-AUTO ou entrando em contato com um agente local da GEICO. A empresa torna suas malas diretas tão impossíveis de passar em branco como faz com seus anúncios de TV e digitais. Por exemplo, os clientes em potencial podem receber uma correspondência endereçada pessoalmente com uma mensagem de "economize dinheiro" e um código digitalizável na frente da carta, convidando-os a olhar dentro do envelope ou simplesmente digitalizar o código com seu *smartphone*. A digitalização do código os leva diretamente ao *site* móvel da GEICO, onde recebem informações adicionais e chamadas para ação.

A mala direta pode ser considerada como *correspondência inútil* se enviada para pessoas que não têm interesse nela. Por esse motivo, os profissionais de *marketing* inteligentes estão direcionando sua mala direta com cuidado para não desperdiçar dinheiro e tempo dos destinatários. Eles estão projetando programas baseados em permissão que enviam mala direta apenas para aqueles que desejam recebê-la.

Marketing de catálogo

***Marketing* de catálogo**
Marketing direto realizado por meio de catálogos impressos, em vídeo ou digitais, os quais são enviados por correio para clientes selecionados, disponibilizados em lojas ou apresentados *on-line*.

Os avanços na tecnologia, aliados à tendência ao *marketing* personalizado e individual, resultaram em interessantes modificações no ***marketing* de catálogo**. A revista *Catalog Age* costumava definir catálogo como "uma publicação impressa e encadernada de, no mínimo, oito páginas que vende diversos produtos e oferece um mecanismo de colocação direta de pedidos". Hoje, essa definição está totalmente desatualizada.

Os catálogos digitais eliminam os custos de impressão e postagem. Os catálogos *on-line* também possibilitam o *merchandising* em tempo real: produtos e características podem ser acrescentados ou removidos de acordo com a necessidade, e os preços podem ser ajustados instantaneamente para se adequar à demanda. E, enquanto no catálogo impresso o espaço é limitado, os catálogos *on-line* podem trazer uma quantidade praticamente ilimitada de mercadorias.

Os clientes podem levar catálogos digitais para qualquer lugar, mesmo quando fazem compras nas lojas. Os catálogos digitais podem ser interativos e podem oferecer uma variedade mais ampla de formatos de apresentação, incluindo pesquisa, vídeo e realidade aumentada (RA). Por exemplo, o aplicativo de catálogo da IKEA contém recursos 3D e de RA que permitem que os clientes experimentem *designs* de salas e esquemas de cores e até coloquem móveis e outros produtos IKEA virtualmente em suas casas para ver como eles podem ficar ou compartilhá-los com outras pessoas por meio de mídia social.

Apesar das vantagens dos catálogos digitais, no entanto, como sua caixa de correio lotada pode sugerir, os catálogos impressos ainda estão prosperando. Os profissionais de *marketing* direto dos Estados Unidos enviaram quase 10 bilhões de catálogos em 2018.[42] Embora seja menos da metade do número enviado há uma década, ainda são muitos catálogos.

Apesar do rápido crescimento dos catálogos digitais, os catálogos impressos ainda estão prosperando. De alguma forma, virar as páginas do catálogo real engaja os consumidores de uma forma que as imagens digitais simplesmente não conseguem.
Hadrian/Shutterstock

Além de sua capacidade de gerar vendas imediatas, os catálogos em papel criam conexões emocionais com os clientes. De alguma forma, virar as páginas do catálogo real envolve os consumidores de uma forma que as imagens digitais simplesmente não conseguem. Por exemplo, apesar dos catálogos digitais de alta tecnologia da IKEA, muitos de seus clientes provavelmente se revoltariam se o varejista parasse de enviar a versão impressa anual que produz há mais de seis décadas. A maioria dos catálogos impressos de hoje são muito mais do que apenas grandes livros cheios de fotos e preços de produtos. A Anthropologie chama seus catálogos de "jornais" e os preenche com imagens de estilo de vida. Embora o varejista esteja expandindo seu *marketing* digital, ele percebe que "há algo de especial em segurar um belo livro de imagens em suas mãos", diz um profissional de *marketing* da Anthropologie. "Anos atrás, [um catálogo] era uma ferramenta de vendas e agora se tornou uma fonte de inspiração", diz outro profissional de *marketing* direto. "Sabemos que nossos clientes adoram uma experiência tátil".[43]

É importante ressaltar que os catálogos impressos são uma das melhores maneiras de impulsionar as vendas na loja, *on-line* e em dispositivos móveis. Por exemplo, a varejista de móveis Restoration Hardware diz que seus catálogos, que chama de "livros de origem", são "um fator-chave de vendas por meio de nossos *sites* e lojas de varejo". "Acho que o catálogo deles é uma obra de arte", diz um consultor de varejo. "É muito, muito sofisticado. As pessoas acabam querendo ver os produtos [nas lojas] por causa de como parecem belos nas páginas". Os catálogos e as vendas *on-line* juntos representam 45% das receitas da Restoration Hardware. E assim como os varejistas das lojas estão se voltando para os catálogos digitais, algumas empresas que utilizam *marketing* digital estão adicionando catálogos impressos. Por exemplo, até mesmo a Amazon, tão digital, enviou seu primeiro catálogo impresso antes da temporada de férias de 2018 – um catálogo de brinquedos de férias com códigos QR para ajudar os clientes a encontrar itens em seu *site on-line*. Assim, a chave para o *marketing* de catálogo hoje é integrar cuidadosamente os catálogos com os esforços de *marketing on-line* e de loja.[44]

Telemarketing

Telemarketing
Utilização do telefone para vender diretamente aos clientes.

O **telemarketing** envolve o uso do telefone para vender diretamente aos consumidores finais e aos clientes organizacionais. Estamos todos familiarizados com o *marketing* por telefone direcionado aos consumidores finais, mas as empresas B2B também usam o telemarketing extensivamente. Os profissionais de *marketing* usam o telemarketing *ativo* para vender diretamente aos consumidores e empresas. Eles também utilizam o telemarketing *receptivo*, que conta com números gratuitos para receber pedidos gerados por anúncios de televisão e impressos, mala direta, catálogos, *sites* e aplicativos de celular.

O telemarketing adequadamente projetado e segmentado oferece muitos benefícios, incluindo a conveniência de compra e a obtenção de mais informações sobre produtos e serviços. No entanto, a explosão do telemarketing ativo não solicitado irritou muitos consumidores ao longo dos anos, que se opuseram às "ligações inúteis" quase diárias. Em 2003, legisladores dos Estados Unidos responderam às reclamações com a criação de um cadastro nacional de solicitação de interrupção das ligações, administrado pela FTC (Federal Trade Commission – Comissão Federal de Comércio). A legislação proíbe a maioria das ligações de telemarketing para os números de telefone cadastrados (apesar de as pessoas ainda poderem receber ligações de organizações sem fins lucrativos, políticos e empresas com as quais tenham feito negócios recentemente). Os consumidores reagiram com entusiasmo. Até o momento, mais de 235 milhões de números de telefones residenciais e de celulares foram registrados em www.donotcall.gov ou ligando para 888-382-1222.[45] As empresas que violam a lei podem ser multadas em mais de 40 mil dólares por violação. Como resultado, o programa tem sido muito bem-sucedido.

Apesar da lei que restringe as chamadas de telemarketing, os consumidores ainda enfrentam uma epidemia de ligações ilegais de spam sobre qualquer coisa, desde taxas de juros mais baixas de cartão de crédito e serviços de alívio de dívidas até garantias de automóveis e sistemas de segurança doméstica. Em 2022, os consumidores dos Estados Unidos receberam cerca de 52 bilhões de chamadas indesejadas.[46] Esses abusos, juntamente com a lei de restrição de ligações indesejadas e o uso mais prevalente de identificadores de chamadas para rastreá-las, causaram danos substanciais ao setor de telemarketing ativo legítimo ao consumidor.

No entanto, duas formas principais de telemarketing – o telemarketing receptivo ao consumidor final e o telemarketing ativo B2B – continuam fortes e crescendo. Curiosamente, as regulamentações de restrição de chamadas parecem estar ajudando alguns profissionais de *marketing* direto mais do que prejudicando-os. Em vez de fazer chamadas indesejadas, muitos desses profissionais de *marketing* estão desenvolvendo sistemas de chamadas "por adesão", nos quais fornecem informações úteis e ofertas aos clientes que autorizarem a empresa a contatá-los por telefone ou *e-mail*. O modelo por adesão oferece melhores retornos para as empresas do que o modelo anterior, que era invasivo.

Marketing de televendas

***Marketing* de televendas**
Marketing direto via televisão que descreve um produto de maneira persuasiva e fornece aos clientes um número gratuito ou um *site on-line* para fazer pedidos.

Usando o ***marketing* de televendas**, os profissionais de *marketing* direto transmitem anúncios de televisão, geralmente com 60 ou 120 segundos de duração, que descrevem de forma persuasiva um produto e fornecem aos clientes um número gratuito ou um *site on-line* para fazer pedidos. Ele também inclui programas de propaganda completos de 30 minutos ou mais, chamados *infomerciais*, para um único produto.

Campanhas de propaganda de televendas bem-sucedidas podem gerar grandes vendas. Por exemplo, o fabricante de infomercial pouco conhecido Guthy-Renker ajudou a impulsionar o produto de tratamento de espinhas Proactiv, o Crepe Erase, o Meaningful Beauty e outros produtos de beleza "transformacionais" em marcas multimilionárias. A Guthy-Renker combina televendas com campanhas de mídia social, usando o Facebook, o Pinterest, o Twitter e o YouTube para criar um poderoso canal de *marketing* direto integrado que cria o engajamento e impulsiona a compra do consumidor.

Os anúncios de televendas às vezes são associados a propostas um tanto barulhentas ou questionáveis para produtos de limpeza, removedores de manchas, utensílios de cozinha e maneiras mirabolantes de ficar em forma sem trabalhar muito para isso. Por exemplo, nos últimos anos, vendedores de TV "escandalosos" como Anthony Sullivan (Swivel Sweeper, Awesome Auger) e Vince Offer (ShamWow, SlapChop) acumularam bilhões de dólares em vendas de produtos "Como visto na TV". Marcas como OxiClean, ShamWow e Snuggie (um cobertor com mangas) tornaram-se clássicos cult de televendas. E a empresa de venda direta Beachbody arrecada mais de 1 bilhão de dólares anualmente por meio de um arsenal de shakes e vídeos de treino – de P90X e T-25 a Insanity e Hip Hop Abs – que anuncia na TV usando histórias de antes e depois, imagens de treino e palavras de encorajamento de seus criadores.[47]

Nos últimos anos, no entanto, várias grandes empresas – de P&G, AT&T e GEICO a L'Oreal – usaram infomerciais para vender seus produtos, encaminhar clientes para varejistas, recrutar membros ou atrair compradores para seus *sites on-line*, móveis e de mídia social. As televendas também podem ser eficazes no lançamento de novas marcas ou na construção de marcas que estão tentando ir além dos canais de mídia digital e social. E muitas marcas D2C – como a Peloton, a Dollar Shave Club e a Chewy (produtos para animais de estimação) – usaram com sucesso o poder de alcance em massa das televendas para impulsionar um rápido crescimento.[48]

Cada vez mais, à medida que os limites entre a TV e outras telas continuam a se confundir, os anúncios de resposta direta e infomerciais estão aparecendo não apenas na TV, mas também em plataformas móveis, *on-line* e de mídia social, adicionando ainda mais locais de *marketing* direto interativos semelhantes à TV. Além disso, a maioria dos anúncios de TV hoje em dia apresenta *links* da Web, móveis e de mídias sociais que permitem que os consumidores multitela se conectem em tempo real para obter e compartilhar mais informações sobre as marcas anunciadas.

Marketing de terminais multimídia (quiosques)

Com os consumidores sentindo-se cada vez mais à vontade com as tecnologias digitais e *touch-screen*, muitas empresas estão instalando máquinas de informações e de registro de pedidos – chamadas de *terminais multimídia* ou *quiosques* (trata-se das boas e velhas máquinas de venda automática, mas que oferecem muito mais) – em lojas, aeroportos, hotéis, campi universitários e outros locais. Hoje em dia, os terminais de multimídia estão em todos os lugares, de hotéis de autosserviço e totens de *check-in* das companhias aéreas a pontos de informações e produtos nos shoppings, passando por dispositivos de encomenda em lojas, que permitem a você fazer pedidos de mercadorias não disponíveis nas lojas. Muitos "quiosques inteligentes" modernos agora são equipados com conexão sem fio. E algumas máquinas podem até usar *software* de reconhecimento facial que permite adivinhar sexo e idade dos clientes e fazer recomendações de produtos com base nesses dados.

● *Marketing* de terminais multimídia: o quiosque localizador de eletrodomésticos na loja da Home Depot ajuda os clientes a encontrar e comprar os produtos que desejam no local. Os vendedores também podem usar o quiosque como ferramenta de vendas.

Image Manufacturing Group

Terminais multimídia nas lojas da Kodak, da Fuji e da HP permitem que os clientes transfiram as fotos de cartões de memória, telefones celulares e outros dispositivos de armazenamento digital, editem-nas e façam impressões coloridas de alta qualidade. Os terminais da Coinstar em mercearias, drogarias e lojas de produtos de massa convertem suas montanhas de moedas em papel-moeda, vales-presente para varejistas como Amazon e Home Depot ou doações para sua instituição de caridade favorita. A Redbox opera mais de 42 mil quiosques de aluguel de DVD no McDonald's, Walmart, Walgreens, CVS, Family Dollar e em outros pontos de varejo – os clientes fazem sua escolha usando uma tela *touch-screen* e, então, passam um cartão de crédito ou débito para alugar DVDs por 4 dólares a diária.

Os varejistas também podem usar terminais multimídia dentro de suas lojas para melhorar a experiência de compra do cliente ou auxiliar seus vendedores. ● Um exemplo é o quiosque de inventário virtual Appliance Finder da Home Depot. Como os eletrodomésticos são uma compra grande, os clientes geralmente fazem pesquisas *on-line* para determinar suas preferências de marca e recursos, mas depois vão à Home Depot para fazer a compra. No entanto, as lojas Home Depot podem estocar apenas cerca de 5% dos eletrodomésticos disponíveis para venda, de modo que os clientes podem acabar navegando na loja e não encontrar o que desejam. O quiosque Appliance Finder ajuda esses clientes a encontrar e comprar os produtos que desejam no local. Por conta própria, os clientes podem navegar digitalmente por todo o catálogo da Home Depot, visualizar conteúdo informativo, incluindo fotos e vídeos, selecionar um produto adequado para eles e, em seguida, pagar e configurar a entrega de sua seleção. Os vendedores também podem usar o terminal como ferramenta de vendas. As lojas Home Depot com o Appliance Finder tiveram um aumento de 10% a 12% nas vendas de eletrodomésticos.[49]

Comentário do autor | Embora geralmente nos beneficiemos do *marketing* direto e digital, como a maioria das outras coisas da vida, eles também têm um lado sombrio. Empresas e clientes devem se proteger contra práticas irritantes ou prejudiciais de *marketing* direto e digital.

Questões de política pública no *marketing* direto e digital

Empresas que praticam o *marketing* direto e seus clientes costumam desfrutar de um relacionamento mutuamente recompensador. No entanto, de vez em quando, surge um lado mais sombrio. As táticas agressivas e, às vezes, suspeitas de *marketing* direto de algumas empresas podem preocupar ou prejudicar os consumidores, atingindo em cheio o setor como um todo. Os abusos vão de simples excessos que irritam os consumidores a exemplos de conduta desleal ou, até mesmo, verdadeiros logros e fraudes. O setor de *marketing* direto também tem se defrontado com crescentes preocupações envolvendo privacidade, e as empresas que optam por trabalhar com *marketing on-line* têm que lidar com questões de segurança na Internet e móveis.

Irritação, deslealdade, logro e fraude

Os excessos do *marketing* direto às vezes incomodam ou ofendem os consumidores. Por exemplo, a maioria de nós não gosta de comerciais de televendas, que são muito estridentes, longos e insistentes.

Nossas caixas de correio estão repletas de correspondência inútil, nossas caixas de entrada de *e-mail* estão lotadas de spams indesejados e nossas telas de computador, *tablet* ou celular são invadidas por inconvenientes anúncios *on-line* e móveis em forma e propaganda gráfica, pop-ups e pop-unders.

Além de irritar os consumidores, algumas empresas de *marketing* direto têm sido acusadas de se aproveitar, com deslealdade, de compradores impulsivos ou mais simples. Os canais de compra e os infomerciais tão longos quanto programas de televisão, voltados para compradores viciados em TV, são aparentemente os piores culpados. Com apresentadores de fala mansa, demonstrações cuidadosamente encenadas, anúncios de reduções drásticas de preços, limitação da oferta à "duração do estoque" e inigualável facilidade de compra, eles estimulam os compradores que têm baixa resistência ao consumo.

A fraude na Internet se multiplicou nos últimos anos. O Centro de Denúncias de Crimes na Internet do FBI oferece aos consumidores uma maneira conveniente de alertar as autoridades sobre suspeitas de violações.

FBI

Esquemas fraudulentos, como falsos programas de investimento e arrecadação de dinheiro para instituições de caridade, multiplicaram-se nos últimos anos. A *fraude na Internet*, incluindo o roubo de identidade e golpes financeiros, tornou-se um problema sério. De acordo com o Internet Crime Complaint Center (Centro de Denúncias de Crimes na Internet), desde 2005, as reclamações de fraudes na Internet mais do que triplicaram, chegando a mais de 300 mil por ano. Em 2018, a perda monetária de golpes denunciados ultrapassou 1,4 bilhãode dólar.[50]

Uma forma comum de fraude na Internet é o *phishing*, um tipo de roubo de identidade que utiliza *e-mails* enganosos e *sites* Web e móveis fraudulentos para induzir os usuários a divulgar seus dados pessoais. Por exemplo, os consumidores podem receber um *e-mail*, supostamente de seu banco ou cartão de crédito, dizendo que a segurança de sua conta está comprometida. O remetente pede, então, que os clientes acessem um determinado *site* e confirmem o número da sua conta, sua senha e talvez, até mesmo, o número de sua identidade. Se seguirem as instruções, os consumidores, na verdade, passam seus dados confidenciais para golpistas. Apesar de, atualmente, muitos consumidores estarem cientes desses esquemas, o *phishing* pode ser extremamente custoso para as pessoas enganadas. Ele também prejudica identidades de marca de empresas *on-line* sérias, que trabalham para desenvolver a confiança do usuário nas interações digitais.

Muitos consumidores também se preocupam com a *segurança on-line e digital*. Eles temem que enxeridos inescrupulosos vejam suas transações *on-line* e postagens nas mídias sociais, coletando informações pessoais ou financeiras. Embora as compras *on-line* e móveis sejam agora comuns, um estudo recente indicou que mais de 70% dos participantes ainda estavam preocupados com o roubo de identidade. Tais preocupações são muitas vezes justificadas nesta era de violações massivas de dados de consumidores por organizações que vão desde varejistas, mídias sociais, serviços de telecomunicações e bancos até provedores de assistência médica e o governo. De acordo com uma fonte, houve mais de 1.200 grandes violações de segurança de dados nos Estados Unidos somente no ano passado.[51]

Uma outra preocupação do *marketing* pela Internet é o acesso a *grupos vulneráveis ou não autorizados*. Por exemplo, empresas que trabalham com materiais e *sites* voltados para adultos têm dificuldade para restringir o acesso a menores de idade. Embora o Facebook, o Twitter, o Instagram e outras redes sociais não permitam que crianças menores de 13 anos tenham perfis, todas têm um número significativo de usuários menores de idade. Jovens usuários de mídia social podem ser especialmente vulneráveis a esquemas de roubo de identidade, revelando informações pessoais, experiências negativas e outros perigos *on-line*. Nos Estados Unidos, os legisladores estaduais e nacionais preocupados estão atualmente debatendo projetos de lei que ajudariam a proteger melhor as crianças *on-line*. Infelizmente, isso requer o desenvolvimento de soluções tecnológicas e, como diz o Facebook, "isso não é tão fácil".[52]

Privacidade do consumidor

A invasão da privacidade talvez seja a questão de política pública mais premente que o setor de *marketing* direto enfrenta hoje. Os consumidores geralmente se beneficiam do *marketing* de banco de dados – eles recebem um número maior de ofertas que se ajustam melhor a seus interesses. Contudo, muitos críticos se preocupam com a possibilidade de as empresas saberem *demais* sobre a vida dos consumidores e utilizarem esse conhecimento para se aproveitar deles. Esses críticos alegam que, em um determinado ponto, o amplo uso dos bancos de dados invade a privacidade do consumidor. Os consumidores também se preocupam com sua privacidade. Embora agora estejam muito mais dispostos a compartilhar informações e preferências pessoais com profissionais de *marketing* por meio de mídias digitais e sociais, ainda estão desconfortáveis com isso. Uma pesquisa recente descobriu que 77% dos consumidores dos Estados Unidos estão muito preocupados com a privacidade dos dados. Outro descobriu que 68% dos norte-americanos acham que o governo deveria fazer mais para proteger a privacidade dos dados

Nestes dias de "*big data*", parece que quase toda vez que os consumidores postam algo nas mídias sociais ou enviam um tuíte, visitam um *site*, participam de sorteios, solicitam um cartão de crédito ou pedem produtos por telefone ou *on-line*, seus nomes, perfis e comportamentos são inseridos no banco de dados já volumoso de algumas empresas. Usando análises sofisticadas de *big data*, os profissionais de *marketing* direto podem explorar esses bancos de dados para "microssegmentar" seus esforços de vendas. Por exemplo, usando dados de uso de telefone celular fornecidos por operadoras móveis, a unidade Consumer Insight 365 da SAP coleta e vende informações de clientes de até 300 eventos de chamadas móveis, navegação na Web e mensagens de texto por dia para cada um dos 20 a 25 milhões de assinantes móveis.[54]

A maioria dos profissionais de *marketing* tornou-se altamente hábil em coletar e analisar informações detalhadas do consumidor, tanto *on-line* quanto *offline*. Até os especialistas às vezes ficam surpresos com o quanto os profissionais de *marketing* podem aprender. Por exemplo, você tem uma conta do Google? Considere o que o Google provavelmente sabe sobre você:[55]

> O Google sabe tudo o que você já pesquisou, em todos os seus dispositivos. Ele sabe onde você esteve – ele armazena sua localização toda vez que você liga o telefone. Ele sabe quais aplicativos você usa, quando e com que frequência. E ele armazena seu histórico do YouTube, do qual provavelmente pode obter seu *status* familiar, religião, esportes favoritos, tendências políticas e o fato, digamos, de você ter procurado recentemente instruções sobre como consertar sua máquina de lavar louça. O Google cria um perfil de propaganda seu com base em itens como sua localização, idade, sexo, interesses, carreira, renda e uma série de outras variáveis.
>
> O Google permite que você baixe todos os dados que armazena sobre você em google.com/takeout; um repórter ficou surpreso ao saber que seu arquivo de *download* tinha 5,5 GB de tamanho (aproximadamente 3 milhões de documentos do Word). "Este *link* inclui seus *sites* favoritos, *e-mails*, contatos, seus arquivos do Google Drive, seus vídeos do YouTube, as fotos que você tirou em seu telefone, as empresas das quais você comprou, [e] os produtos que você comprou através do Google", diz o repórter. O Google também tem os "dados de sua agenda, suas sessões de hangout do Google, seu histórico de localização, a música que você ouve, os livros do Google que você comprou, os grupos do Google em que você participa, os *sites* que você criou, os telefones que você possuiu, as páginas que compartilhou, quantos passos você anda em um dia..." Ele conclui: "Conseguiu acessar a conta do Google de alguém? Perfeito, você tem um diário de tudo que essa pessoa fez".

O Facebook, que foi invadido com frequência nos últimos anos, pode construir perfis semelhantes. E depois há a Amazon e a maioria das outras empresas vendedoras que rastreiam detalhes da navegação *on-line* do consumidor e transações de compra. Adicione os dados mantidos por agências de relatórios de crédito como a Equifax, também recentemente violadas, e o potencial de abuso ao consumidor pode ser assustador.

Necessidade de ação

Nos Estados Unidos, para coibir o excesso de *marketing* direto, vários órgãos governamentais estão analisando não apenas listas que restringem ligações, mas também que limitam correspondências e o rastreamento *on-line*, além de leis que regulam o spam. Em resposta às preocupações com a segurança e a privacidade *on-line*, o governo federal tem analisado várias propostas para regulamentar o modo como as operadoras de Internet, mídias sociais e redes móveis obtêm e utilizam as informações dos consumidores. A União Europeia aprovou uma nova e dura lei de privacidade, o GDPR (General Data Protection Regulation – Regulamento Geral de Proteção de Dados), projetado para proteger os direitos de privacidade dos europeus nesta era de *big data*. O GDPR estabelece requisitos rigorosos para coletar e proteger informações pessoais sobre pessoas que vivem na União Europeia e oferece aos consumidores europeus mais controle sobre o que é coletado e como é usado. Muitos legisladores norte-americanos e defensores da privacidade do consumidor estão pedindo legislação semelhante nos Estados Unidos.[56] Além disso, a FTC está desempenhando um papel mais ativo no monitoramento da privacidade *on-line*. No Brasil, para complementar o Marco Civil da Internet (Lei nº 12.965/14), entrou em vigor em 2020 a Lei nº 13.709/18 (Lei Geral de Proteção de Dados - LGPD), inspirada pela GDPR da União Europeia e que visa centralizar as regras vinculadas ao uso, compartilhamento e armazenamento de dados pessoais, sejam eles digitais ou não, que sejam capazes de identificar uma pessoa, sejam essas informações documentais ou de perfil de consumo.

Todas essas preocupações demandam ações rigorosas por parte das empresas, que devem monitorar e prevenir abusos antes que os legisladores intervenham e façam isso por elas. Por exemplo, recentemente, em resposta à maior regulamentação do governo, seis grupos de anunciantes – a American Association of Advertising Agencies (Associação Norte-Americana de Agências de Propaganda), a American Advertising Federation (Federação Norte-Americana de Propaganda), a Association of National Advertisers (Associações dos Anunciantes Nacionais), a Data & Marketing Association (Associação de Dados e *Marketing*), o Interactive Advertising Bureau (Departamento de Propaganda Interativa) e o Network Advertising Initiative (Iniciativa da Propaganda em Rede) – emitiram um conjunto de princípios de propaganda *on-line* por meio da Digital Advertising Alliance (Aliança da Propaganda Digital). Entre outras medidas, as diretrizes autorregulatórias solicitam às empresas que atuam no ambiente *on-line* e móvel que forneçam aos consumidores transparência e escolha se seus dados foram coletados ou usados para segmentação de propaganda baseada em interesses. O setor de propaganda utiliza um *ícone de opção de propaganda* – um pequeno "i" dentro de um triângulo – que indica se determinado anúncio *on-line* é segmentados com base no comportamento, a fim de informar aos consumidores por que eles estão recebendo o anúncio, permitindo--os optarem por não recebê-los mais.

Os direitos de privacidade das crianças geram preocupações especiais. Em 1998, o Congresso aprovou a Lei a Coppa (Children's Online Privacy Protection Act - Lei de Proteção da Privacidade de Crianças On-line), que exige que as empresas que atuam *on-line* direcionadas a crianças publiquem políticas de privacidade em seus *sites*. Eles também devem notificar os pais sobre qualquer informação que estejam coletando e obter o consentimento deles antes de coletar informações pessoais de crianças menores de 13 anos. Com o subsequente advento das mídias sociais *on-line*, telefones celulares e outras tecnologias digitais, o Congresso em 2013 ampliou a Coppa para incluir "identificadores, como os cookies, que rastreiam a atividade de uma criança *on-line*, bem como informações de geolocalização, fotos, vídeos e gravações de áudio". A principal preocupação é a quantidade de dados extraídos por terceiros das mídias sociais, bem como as próprias políticas de privacidade nebulosas das mídias sociais.[57]

Muitas empresas reagiram às preocupações de privacidade e segurança do consumidor com iniciativas próprias. Outras ainda estão adotando uma abordagem mais ampla. Por exemplo, a TrustArc, uma organização autorregulada, sem fins lucrativos, trabalha com muitos grandes patrocinadores corporativos, incluindo a Microsoft, o Yahoo!, a AT&T, o Facebook, a Disney e a Apple, para auditar medidas de privacidade e segurança e ajudar os consumidores a navegar na Internet com segurança. Para tranquilizar os consumidores, a empresa empresta seu selo de aprovação de privacidade TRUSTe a *sites*, aplicativos móveis, *e-mail marketing* e outros canais *on-line* e de mídia social que atendem aos seus padrões de privacidade e segurança.[58] No Brasil, o Código de Defesa do Consumidor (Lei nº 8.078/1990) já afirma que direcionar propaganda a públicos infantis é prática ilegal e abusiva. Além disso, o Conselho Nacional dos Direitos da Criança e do Adolescente tem uma resolução de número 163 que versa sobre a abusividade de toda e qualquer propaganda que seja direcionada ao público infantil.

As empresas que adotam *marketing* direto sabem que, se não receberem a devida atenção, os abusos relacionados ao *marketing* direto levarão a atitudes cada vez mais negativas por parte do consumidor, a taxas de resposta e engajamento mais baixos e leis estaduais e federais mais rígidas. A maioria dessas empresas deseja o mesmo que os consumidores: ofertas de *marketing* honestas e bem elaboradas, dirigidas apenas a consumidores que as apreciarão e responderão a elas. O *marketing* direto é muito caro para ser desperdiçado com quem não o deseja.

Revisão e extensão dos conceitos

Revisão dos objetivos

Este capítulo é o último de quatro capítulos que cobrem o elemento final do *mix* de *marketing* – a promoção. Os capítulos anteriores trataram de comunicações integradas de *marketing*, propaganda, relações públicas, venda pessoal e promoção de vendas. Este investigou o crescente campo do *marketing* direto e digital, incluindo o *marketing on-line*, de mídia social e móvel.

Objetivo 17.1 Definir *marketing* direto e digital e discutir seu rápido crescimento e benefícios para clientes e empresas *(p. 476-477)*

O *marketing direto e digital* envolve o engajamento direto com consumidores individuais e comunidades de clientes cuidadosamente segmentados para obter uma resposta imediata e construir relacionamentos duradouros com eles. As empresas usam o *marketing* direto para adaptar suas ofertas e conteúdo às necessidades e interesses de segmentos estritamente definidos ou de compradores individuais para criar engajamento direto com o cliente e a comunidade de marca para gerar vendas. Hoje, estimulado pelo aumento no uso da Internet, da compra *on-line* e pelos rápidos avanços nas tecnologias digitais – de *smartphones*, *tablets* e outros dispositivos digitais à enxurrada de mídias sociais e móveis *on-line* – o *marketing* direto passou por uma drástica transformação.

Para os compradores, o *marketing* direto e digital é conveniente, fácil de usar e privado. Eles dão aos compradores em qualquer lugar, a qualquer hora, acesso a uma variedade quase ilimitada de produtos e informações de compra. O *marketing* direto também é imediato e interativo, permitindo que os compradores criem exatamente a configuração de informações, produtos ou serviços que desejam e depois os encomendem no local. Por fim, para os consumidores que desejam, o *marketing* digital por meio de mídia *on-line*, móvel e social oferece uma sensação de envolvimento e comunidade da marca – um lugar para compartilhar informações e experiências da marca com outros fãs da marca. Para os vendedores, o *marketing* direto e digital são ferramentas poderosas para construir o envolvimento do cliente e relacionamentos próximos, personalizados e interativos com o cliente. Eles também oferecem maior flexibilidade, permitindo que os profissionais de *marketing* façam ajustes contínuos nos preços e programas ou façam anúncios e ofertas imediatos, oportunos e pessoais.

Objetivo 17.2 Identificar e discutir as principais formas de *marketing* direto e digital *(p. 477)*

As principais formas de *marketing* direto e digital incluem as ferramentas tradicionais de *marketing* direto e as mais recentes ferramentas de *marketing* digital. As abordagens diretas tradicionais são a venda pessoal, a mala direta, os catálogos, o telemarketing, as televendas e os terminais multimídia (quiosques). Essas ferramentas tradicionais ainda são muito usadas e muito importantes nos esforços de *marketing* direto da maioria das empresas. Nos últimos anos, no entanto, ferramentas de *marketing* direto digitais surgiram no cenário do *marketing*, incluindo *marketing on-line* (*sites*, anúncios e promoções *on-line*, *e-mail*, vídeos *on-line* e *blogs*), *marketing* de mídia social e *marketing* móvel. Primeiro o capítulo discutiu as ferramentas de *marketing* direto digitais de rápido crescimento e, em seguida, examinou as ferramentas tradicionais.

Objetivo 17.3 Explicar como as empresas reagiram à era digital por meio de várias estratégias de *marketing on-line* *(p. 478-483)*

A era digital mudou fundamentalmente as noções dos clientes sobre conveniência, velocidade, preço, informações sobre produtos, serviços e interações com a marca. Como resultado, isso traz às empresas uma maneira totalmente nova de criar valor para o cliente, engajá-lo e construir relacionamentos com ele. A Internet agora influencia uma grande proporção das vendas totais – incluindo as vendas transacionadas *on-line* mais aquelas feitas nas lojas, mas incentivadas pela pesquisa *on-line*. Para alcançar esse mercado em expansão, a maioria das empresas agora comercializa fortemente *on-line*.

O *marketing on-line* assume várias formas, incluindo *sites* da empresa, propaganda e promoções *on-line*, *marketing* por *e-mail*, vídeos *on-line* e *blogs*. As mídias sociais e o *marketing* móvel também acontecem *on-line*, mas por causa de suas características especiais, discutimos essas abordagens de *marketing* digital de rápido crescimento em seções separadas. Para a maioria das empresas, o primeiro passo para realizar o *marketing on-line* é criar um *site*. A chave para um *site* de sucesso é criar valor e engajamento suficientes para que os consumidores acessem o *site*, permaneçam e voltem novamente.

A propaganda *on-line* tornou-se um importante meio promocional. As principais formas de propaganda *on-line* são os anúncios gráficos e os anúncios relacionados à pesquisa. O *e-mail marketing* também é uma forma importante de *marketing* digital. Usado corretamente, o *e-mail* permite que os profissionais de *marketing* enviem mensagens altamente segmentadas, personalizadas e capazes de construir relacionamentos. Outra forma importante de *marketing on-line* é postar conteúdo de vídeo digital em *sites* de marcas ou mídias sociais. Os profissionais de *marketing* esperam que alguns de seus vídeos se tornem virais, engajando dezenas de milhões de consumidores. Por fim, as empresas podem usar *blogs* como meios eficazes de alcançar comunidades de clientes. Eles podem criar seus próprios *blogs* e anunciar em *blogs* existentes ou influenciar o conteúdo deles.

Objetivo 17.4 Discutir como as empresas usam mídias sociais e *marketing* móvel para engajar os consumidores e criar uma comunidade de marca *(p. 483-489)*

Surgiram inúmeras mídias sociais independentes e comerciais que oferecem aos consumidores ambientes *on-line* para se reunir, socializar e trocar opiniões e informações. A maioria dos profissionais de *marketing* agora está aproveitando essa enorme onda de mídia social. As marcas podem usar as mídias sociais existentes ou podem criar suas próprias. Usar as mídias sociais existentes parece ser o mais fácil, portanto, a maioria das marcas – grandes e pequenas – se instalou em uma série de *sites* de mídia social. Algumas das principais redes sociais são enormes; outras mídias sociais de nicho atendem às necessidades de comunidades menores de pessoas com ideias semelhantes. Além dessas mídias sociais independentes, muitas empresas criaram suas próprias comunidades de marca *on-line*. Mais do que fazer apenas esforços dispersos e perseguir curtidas e tuítes, a maioria das empresas está integrando uma ampla gama de mídias diversas para criar compartilhamento social, engajamento e comunidades de clientes relacionados à marca.

Utilizar as mídias sociais apresenta vantagens e desafios. Do ponto de vista positivo, elas são segmentadas e pessoais, interativas, imediatas, oportunas e econômicas. Talvez a maior vantagem seja a capacidade de engajamento e compartilhamento social, tornando-as ideais para criar uma comunidade de clientes. No lado negativo, o controle dos consumidores sobre o conteúdo da mídia social dificulta seu controle.

O *marketing* móvel apresenta mensagens de *marketing*, promoções e outros conteúdos entregues a consumidores em trânsito por meio de seus dispositivos móveis. Os profissionais de *marketing* usam o *marketing* móvel para engajar os clientes em qualquer lugar, a qualquer momento, durante os processos de compra e de construção de relacionamento. A ampla adoção de dispositivos móveis e o aumento no tráfego da Web móvel tornaram o *marketing* móvel uma necessidade para a maioria das marcas, e quase todas as principais empresas estão agora integrando o *marketing* móvel em seus programas de *marketing* direto. Muitos profissionais de *marketing* criaram seus próprios *sites on-line* para dispositivos móveis. Outros criaram aplicativos móveis úteis ou divertidos para engajar os clientes com suas marcas e ajudá-los a comprar.

Objetivo 17.5 Identificar e discutir as formas tradicionais de *marketing* direto e o panorama de políticas públicas e questões éticas relacionadas ao *marketing* direto *(p. 490-497)*

Embora as ferramentas de *marketing* digital de rápido crescimento tenham conquistado a maioria das manchetes ultimamente, as ferramentas tradicionais de *marketing* direto estão muito vivas e ainda são muito usadas. As principais formas são a venda pessoal, a mala direta, o catálogo, o telemarketing, as televendas e os terminais multimídia (quiosques).

O *marketing* de mala direta consiste no envio de uma oferta, anúncio, lembrete ou outro item para uma pessoa em um endereço específico. Alguns profissionais de *marketing* confiam no *marketing* de catálogo – vendendo por meio de catálogos enviados para uma lista selecionada de clientes, disponibilizados nas lojas ou acessados *on-line*. O telemarketing consiste em usar o telefone para vender diretamente aos consumidores. As televendas envolvem propagandas televisivas que descrevem um produto de maneira persuasiva e fornecem aos clientes um número gratuito ou um *site on-line* para realizar pedidos. Os terminais multimídia ou quiosques são máquinas de informações e pedidos que os profissionais de *marketing* direto colocam em lojas, aeroportos, hotéis e outros locais.

Os profissionais de *marketing* direto e seus clientes geralmente desfrutam de relacionamentos mutuamente benéficos. Às vezes, no entanto, o *marketing* direto apresenta um lado mais sombrio. As táticas agressivas e às vezes obscuras de algumas empresas que adotam o *marketing* direto podem incomodar ou prejudicar os consumidores, deixando todo o setor insatisfeito. Os abusos variam de simples excessos que irritam os consumidores a casos de práticas desleais ou até mesmo logros e fraudes. O setor de *marketing* direto também enfrenta preocupações crescentes com relação à invasão de privacidade e à segurança na Internet. Tais preocupações exigem uma forte iniciativa das empresas e dos formuladores de políticas públicas para coibir os abusos do *marketing* direto. Por fim, a maioria das empresas que adotam o *marketing* direto quer o mesmo que os consumidores: ofertas de *marketing* honestas e bem elaboradas, segmentadas apenas para consumidores que as apreciarão e reagiram positivamente a elas.

Termos-chave

Objetivo 17.1

Marketing direto e digital (p. 474)
Marcas direto ao consumidor (marcas D2C) (p. 475)

Objetivo 17.2

Marketing digital e de mídia social (p. 477)

Objetivo 17.3

Varejo _omnichannel_ (p. 478)
Marketing on-line (p. 479)
Site de _marketing_ (p. 479)
Site de comunidade da marca (p. 479)
Propaganda _on-line_ (p. 480)
E-mail marketing (p. 480)
Spam (p. 482)
Marketing viral (p. 482)
Blogs (p. 482)

Objetivo 17.4

Mídias sociais (p. 483)
Marketing móvel (p. 487)

Objetivo 17.5

Marketing de mala direta (p. 491)
Marketing de catálogo (p. 491)
Telemarketing (p. 492)
Marketing de televendas (p. 493)

Questões para discussão

17.1 Compare e contraste o novo modelo de *marketing* direto com o modelo tradicional.

17.2 Liste as principais formas de *marketing* direto e digital. Houve uma mudança na maneira como os profissionais de *marketing* utilizam o *marketing* direto?

17.3 O que é *marketing* móvel e por que ele é importante para as empresas?

17.4 Como os profissionais de *marketing* podem usar as mídias sociais e o *marketing* móvel para engajar os clientes? Quais desafios eles enfrentam?

17.5 Discuta como as formas tradicionais de *marketing* direto continuam sendo importantes ferramentas de promoção.

17.6 Como a Lei Geral de Proteção de Dados (LGPD) afeta a coleta e proteção de dados?

Atividades de pensamento crítico

17.7 Em um pequeno grupo, pesquise na Internet uma campanha de mídia social controversa ou fracassada. Apresente uma análise sobre ela. Faça uma recomendação sobre como lidar com o fracasso ou a controvérsia.

17.8 O Taco Bell utiliza as mídias sociais para engajar os consumidores em ações descontraídas de *marketing* direcionadas aos segmentos da geração Z e dos *millennials*. Por exemplo, ela já recebeu festas do pijama do Airbnb em seus restaurantes e uma vez montou um *outdoor* que servia molho de queijo nacho quente à vontade. Recentemente, o Taco Bell criou um drive-thru deslizante, em que 125 fãs do Taco Bell foram levados de ônibus para um resort fora de Toronto para escorregar em boias infláveis e tentar pegar um lanche Cheetos Crunchwrap Slider em uma sacola para viagem enquanto passavam pela cabine. O objetivo era gerar engajamento de mídia social que aumentasse a conscientização sobre o retorno do Cheetos Crunchwrap Slider. Os fãs pediam sua comida no topo do morro. A comida era preparada em uma cozinha e levada para a cabine abaixo em uma motoneve. Os clientes então recebiam uma boia inflável da marca Taco Bell para deslizar e pegar sua comida antes de ir ao lounge para desfrutar da refeição. Como os profissionais de *marketing* da Taco Bell podem avaliar o sucesso desse evento de promoção?

17.9 Graças à Internet das Coisas (IoT), os profissionais de *marketing* agora podem agregar valor à experiência de compra usando displays digitais. Eles podem usar as telas para coletar dados sobre os consumidores, enviar mensagens publicitárias para seus telefones celulares à medida que passam e utilizar seus telefones celulares ou reconhecimento facial para personalizar as mensagens de *marketing* que aparecem nas telas. No entanto, em resposta aos avanços tecnológicos e à maior sensibilidade à privacidade, várias políticas foram introduzidas para limitar a coleta e o compartilhamento de dados. É uma sábia estratégia para os varejistas usar displays digitais para vender diretamente aos consumidores? Por quê?

CASOS E APLICAÇÕES

Marketing digital Posicionar a QVC para competir

Com muitos varejistas *on-line* tendo que olhar os gigantes Amazon e Walmart diretamente nos olhos, a rede de compras domésticas QVC está repensando como pode competir e permanecer relevante em um mercado de varejo restrito. A infame rede, que começou em 1986, cresceu para se tornar uma organização mundial de compras de mais de 8,8 bilhões de dólares. Hoje a QVC está se concentrando em sua interação nas mídias sociais com os consumidores e na experiência social de compras – um lugar onde a Amazon ainda não chegar.

Muitos norte-americanos "cortaram o fio" em razão dos altos custos das assinaturas de televisão a cabo, o que afetou negativamente o acesso da QVC às audiências de televisão ao longo do tempo. No entanto, a organização superou esse obstáculo transmitindo ao vivo seu conteúdo de compras em seu próprio *site* e em outras plataformas, como a Roku, a Apple TV e o Facebook Live. A empresa produz mais de 100 horas por semana em vídeos de transmissão simultânea. Os hosts da QVC ainda têm suas próprias páginas de fãs no Facebook que os compradores podem seguir. A QVC colhe fortes vantagens desta estratégia. Como a QVC é uma entidade conhecida, possui altos níveis de confiança do consumidor e de engajamento, e a empresa pode rastrear o que está funcionando ou não em seu painel de *marketing*. A QVC descobriu que pode converter os consumidores da conscientização do produto até a compra real muito rapidamente, com 93% das vendas provenientes de clientes recorrentes.

17.10 Discuta a mudança de estratégia da QVC. Que vantagens competitivas podem agora ser alcançadas?

17.11 Visite qvc.com e conecte-se a um ou mais de seus *links* de mídia social. Qual presença de mídia social da QVC mais engaja a você como cliente em potencial?

Marketing e ética Paranoia dos hubs domésticos

Os hubs domésticos que contêm tecnologias de voz e microfones, como o Echo da Amazon, com a Alexa, e o Nest Hub do Google, com a Google Assistant, são dispositivos populares que escutam continuamente nossos comandos. Muitos consumidores gostam da conveniência dos hubs domésticos, mas se preocupam com sua privacidade. Como reação, as pessoas geralmente colocam os dispositivos em áreas comuns, mas não em quartos ou outras áreas mais privadas. Onde quer que os dispositivos estejam localizados, os profissionais de *marketing* poderiam usá-los para coletar informações que poderiam ser usadas para direcionar os esforços de venda aos consumidores. Essa possibilidade, juntamente com revelações recentes sobre outros dispositivos, como o microfone não anunciado incluído no dispositivo do Nest Guard da Amazon, que permite que a Amazon colete informações para fornecer recursos futuros, e relatos de funcionários da Amazon ouvindo conversas da Alexa, fez com que alguns consumidores ficassem paranoicos sobre quem está ouvindo suas conversas.

17.12 Como as empresas que oferecem hubs domésticos devem abordar as preocupações dos consumidores sobre violações de privacidade?

17.13 É ético por parte das empresas coletar e utilizar dados de dentro da casa dos consumidores para melhorar a proposta de valor para eles? Explique.

Marketing em números Campanhas de *marketing* digital da Uniqlo

A Uniqlo é uma marca de varejo japonesa que se tornou uma marca global em 15 países graças a campanhas de *marketing* digital. Seu fundador, Tadashi Yamai, herdou uma cadeia de lojas de varejo de alfaiataria masculina, portanto, ele não era estranho ao varejo de moda, mas ele queria trazer roupas casuais, modernas e acessíveis para todas as pessoas. Assim, ele criou a Uniqlo em 1984, para oferecer roupas casuais para todos. A filosofia da marca é "roupas UNIQLO são FEITAS PARA TODOS". A empresa se concentra em suas linhas de roupas inovadoras exclusivas que têm nomes como HeatTech, UV Cut, LifeWear e AIRism. Em 2007, sua campanha pioneira de *marketing* viral "Uniqlock" ganhou dezenas de prêmios de propaganda, incluindo o cobiçado prêmio Grand Prix em Cannes. A empresa continua a executar campanhas de *marketing* digital e, embora os prêmios sejam bons, os resultados são ainda melhores. Os profissionais de *marketing* medem todos os tipos de métricas relacionadas a campanhas digitais, desde impressões e cliques até compras. Considere uma de suas campanhas digitais realizadas nos Estados Unidos para aumentar o reconhecimento da marca e as vendas de sua linha de roupas LifeWear:

Iniciativas	Valor
Impressões	4.000.000
Clique para o *site*	150.000
Custo da campanha	$ 45.000
Número de encomendas	10.250
Receita gerada	$ 750.000
Carrinho de compras abandonado	650
Custo médio dos produtos vendidos (%)	45%
Custos de envio e manuseio (por pedido)	$ 8,50

Métrica de desempenho	Equação
Taxa de cliques (TC)	(Cliques ÷ Impressões) × 100
Custo por clique (CPC)	Custo da campanha ÷ Cliques
Taxa de conversão	(Número de pedidos ÷ Cliques) × 100
Custo por conversão	Custo da campanha ÷ Número de pedidos
Valor médio do pedido (VMP)	Receita gerada ÷ Número de pedidos
Taxa de abandono do carrinho de compras	(Carrinho de compras abandonado ÷ Cliques) × 100

17.14 Calcule as métricas de desempenho listadas na tabela anterior. Com base nessas métricas, avalie a campanha.

17.15 Calcule a margem de contribuição líquida de *marketing*, o retorno de vendas de *marketing* (ROS de *marketing*) e o retorno do investimento de *marketing* (ROI de *marketing*). A campanha foi bem-sucedida? Consulte a seção *Métricas de lucratividade de marketing* no Apêndice 2: *Marketing* pelos números para saber como fazer essa análise.

Caso empresarial OfferUp: uma solução móvel para a era móvel

Quando as pessoas pensam em comprar e vender coisas *on-line*, a maioria pensa automaticamente na Craigslist, o *marketplace* de anúncios classificados que dominou esse negócio nas últimas duas décadas. Mas mesmo que o resto do mundo tenha se tornado móvel, a Craigslist não. Na verdade, a familiar, mas desordenada, coletânea de hiperlinks azuis mudou muito pouco ao longo dos anos. Alguns críticos sugerem que a Craigslist acreditou que seu monopólio estava garantido. Um observador da indústria refere-se a ela como "a barata da era da Internet – uma plataforma de comércio eletrônico feia, mas eficaz [...] emergiu ilesa das mudanças tecnológicas que paralisaram contemporâneos mais poderosos como a Netscape e o Yahoo".

No novo cenário da disrupção digital, uma coisa parece certa: o que domina hoje pode estar ameaçado amanhã. Esse amanhã já pode estar aqui para a Craigslist, pois vários concorrentes mais fáceis de usar surgiram para desafiar o campeão de anúncios classificados. Entre na OfferUp – um aplicativo móvel para a compra e venda de coisas que surpreendeu o mercado digital. A OfferUp não está apenas desafiando a Craigslist como a principal plataforma por onde indivíduos e empresas vendem bens e serviços em mercados locais, mas também está começando a desafiar empresas como o eBay e até a Amazon, esticando seus braços para além dos limites do mercado local. Inesperadamente, a OfferUp agora rivaliza com os aplicativos de mídia social mais populares em termos de tempo gasto pelos usuários.

Cerca de uma década atrás, quando a revolução dos dispositivos móveis começou a explodir, o morador de Seattle Nick Huzar ficou frustrado ao tentar se desfazer de itens domésticos indesejados para livrar espaço para montar o quarto de sua filha que estava prestes a nascer. Ele não teve tempo de postar todos esses itens na Craigslist, que demandava várias etapas que praticamente exigiam um desktop ou *laptop* para serem concluídas. Em vez disso, foi para a Goodwill, onde sempre encontrava uma fila para deixar doações. Com um *smartphone* na mão, ele reconheceu o potencial de um mercado *on-line* que tornava a postagem, o monitoramento e a navegação de itens à venda em um mercado local tão simples quanto as interações nas mídias sociais. Isso levou a uma parceria com o amigo Arean van Veelen e o lançamento definitivo da OfferUp aconteceu em 2011.

Um tipo diferente de *marketplace*

A principal coisa que diferencia a OfferUp da Craigslist, e de outras plataformas tradicionais de *marketplace on-line*, é que ela foi projetada exclusivamente para canais móveis. Para os vendedores, isso significa que postar um item é tão simples quanto postar uma foto no Facebook – apontar, disparar, adicionar uma descrição e clicar. Cada anúncio local tem como padrão um raio de 50 quilômetros, e os anúncios padrão são gratuitos. O objetivo da OfferUp é que o processo não leve mais de 30 segundos. Para os vendedores, é indolor e há pouco risco.

Para os compradores, a interface também é muito atraente, com uma aparência semelhante ao Pinterest, que é principalmente visual. A rolagem sem fim atrai os usuários, convidando-os a uma caça ao tesouro virtual. As pessoas normalmente acessam o aplicativo da OfferUp procurando por uma coisa, mas descobrem um tesouro de maravilhas inesperadas. Esse elemento surpresa faz com que os usuários gastem em média 25 minutos por dia na OfferUp, o mesmo que o Snapchat e o Instagram. "Não é como a Amazon, que é muito baseada na intenção – onde você sabe o que quer", diz Huzar. "A OfferUp é mais baseada em descobertas. Você vai lá e meio que olha em volta e encontra aquela coisa que você não sabia que queria e acaba comprando".

Além da aparência do Pinterest, a OfferUp também possui o forte senso de comunidade que normalmente é reservado para *sites* dedicados à mídia social. Fundamental para sua missão, a OfferUp visa "conectar pessoas e capacitá-las a viver localmente", e a base desta comunidade é a confiança e a reputação. Veja o perfil de usuário e o sistema de classificação, por exemplo. Os usuários não são aleatórios e anônimos, mas membros da comunidade. Um usuário pode criar um perfil e fazer upload de uma foto. Além disso, os usuários podem dar um passo adiante e solicitar a verificação de identidade TruYou, enviando um número de telefone celular, uma foto e um documento de identidade emitido pelo estado. Uma vez verificado, um certificado de autenticação Trubadge é exibido como parte do perfil do usuário.

Além do TruYou, o *status* de um usuário pode ser aprimorado por meio de várias conquistas – avaliações positivas, tempo médio de resposta e conexões confiáveis, para citar alguns. Os usuários também podem personalizar suas imagens de plano de fundo e descrições de perfil, assim como em *sites* de mídia social. E quando se trata de comunicação, a OfferUp inclui uma função de mensagens de bate-papo que permite que os usuários se comuniquem sem revelar informações pessoais de contato. Se isso não for suficiente, a OfferUp ainda disponibiliza locais de encontro da comunidade, os Community MeetUp Spots, para os usuários fazerem suas trocas. Em parceria com empresas e forças policiais locais, os mais de 1.900 pontos de encontro da comunidade da OfferUp fornecem locais bem iluminados e monitorados por vídeo que são seguros para compradores e vendedores fazerem trocas – um forte contraste com a abordagem tradicional e *laissez-faire* da Craigslist.

Tudo isso faz mais do que apenas ajudar as pessoas a se sentirem conectadas ou até mesmo desenvolver redes sociais dentro da OfferUp, mas elimina alguns dos maiores problemas de segurança da Craiglist. Para começar, como os números de telefone e endereços de *e-mail* são normalmente compartilhados na Craigslist, os usuários geralmente são alvos de golpistas. Além disso, conhecer alguém pessoalmente para uma transação já levou a roubos, agressões e até assassinatos. Isso mesmo. Dezenas de pessoas já morreram nas mãos da pessoa com quem se encontraram para realizar uma transação na Craigslist.

Durante seus primeiros cinco anos, a OfferUp concentrou-se na construção de sua base de usuários, colocando pouco esforço na geração de receita, uma estratégia típica para *marketplaces on-line*. Na verdade, com 18 milhões de *downloads* e transações totalizando mais de 14 bilhões de dólares em seu quinto ano, a OfferUp não ganhou um centavo. Com pouquíssima despesa de *marketing* e uma taxa de crescimento que excedeu a Craigslist e o eBay em seus primeiros anos, a OfferUp conseguiu levantar dinheiro por meio de investidores – primeiro na casa das dezenas de milhões de dólares e depois nas centenas de milhões.

De aplicativo móvel a empresa móvel

Finalmente a OfferUp começou a abordar a questão de como ganhar dinheiro com todos esses usuários e transações. Como a Craigslist, a OfferUp desenvolveu-se naturalmente de uma plataforma de transações entre consumidores para englobar também transações B2C e até B2B. Embora houvesse várias opções para iniciar um fluxo de receita, a OfferUp primeiro se concentrou nos negócios. Para começar, ela projetou dois recursos *premium* opcionais para facilitar a segmentação de clientes – o "Bump" e o "Feature". Com o Bump, um vendedor pode colocar um item no topo da navegação e dos resultados de pesquisa de novos itens. O Feature, por outro lado, permite que os vendedores promovam itens e os faça aparecer em pontos promocionais especiais nos 50 principais resultados de pesquisa, navegação e categoria. Ambos os recursos podem ser adquiridos para serem exibidos por 3, 7 ou 14 dias. Embora esses recursos atraiam principalmente os vendedores organizacionais, eles podem ser selecionados por qualquer pessoa.

Para não ficar parada, a OfferUp fez dois grandes movimentos para aumentar seu valor para marcas nacionais e aumentar a base de receita da empresa. Primeiro, introduziu a propaganda paga. Os anunciantes agora podem segmentar usuários específicos com base em suas atividades de rede, navegação e postagem. Assim, quando um usuário pesquisa um sistema de home theater entre as ofertas locais de indivíduos e empresas, por exemplo, esse comprador provavelmente verá anúncios de ofertas relevantes de varejistas *on-line* como o eBay, a Amazon e o Walmart, bem como por empresas como Sony ou Samsung, que vendem seus produtos diretamente.

Para complementar a propaganda paga, a OfferUp expandiu seu mercado além das fronteiras locais, adicionando uma opção de envio. Quando um item é vendido por meio desse novo recurso de entrega nacional, o vendedor é cobrado por uma taxa de 7,9% – menor do que no eBay ou na Amazon. O comprador paga entre 5 e 20 dólares pelo frete, dependendo do tamanho do produto. Essa nova taxa de transação oferece muito mais valor para empresas e marcas de todos os tamanhos e locais, além de aumentar a utilidade da plataforma para os compradores. Para a OfferUp, as taxas de propaganda e transação representam novos fluxos de receita substanciais em relação às ferramentas pagas para promover itens à venda.

As estratégias da OfferUp parecem estar funcionando. Ela agora possui mais de 40 milhões de *downloads*. E enquanto a Craigslist ainda conquista um grande público, seu tráfego está em declínio. Isso não se deve inteiramente à chegada da OfferUp. Há pelo menos uma dúzia de outros rivais como opção, entre os quais o LetGo – um *marketplace* móvel semelhante que está fazendo quase tanto barulho quanto a OfferUp nos Estados Unidos. E enquanto a OfferUp planeja eventualmente tornar seu aplicativo internacional, a LetGo já está fazendo negócios em vários países. A LetGo também levantou quase o dobro de capital de risco que a OfferUp e está gastando agressivamente em propaganda, enquanto a OfferUp confiou mais no boca a boca. Além do LetGo e de outros aplicativos dedicados a *marketplace*, o Facebook Marketplace aumentou rapidamente sua presença como um meio de compra e venda local. E com base em seu tamanho, o Facebook precisa apenas engajar uma fração de sua base de usuários para fazer uma grande diferença no mercado.

Embora Huzar reconheça a concorrência representada pela LetGo, pelo Facebook, pela Craigslist e por outros, ela tem uma perspectiva diferente da maioria. Ela não vê o negócio dos *marketplaces on-line* – sejam locais, nacionais ou globais – como um jogo de soma zero. Em sua opinião, a OfferUp não precisa tirar negócios da Craigslist para prosperar. Em vez disso, junto com a LetGo e outros participantes, a OfferUp precisa atrair uma nova geração de usuários de dispositivos móveis que nunca consideraram a Craigslist como uma plataforma de compras ou vendas.

Huzar pode estar certo. É quase impossível calcular o volume de vendas que flui pela Craigslist – a empresa deixa todo o troco para os compradores e vendedores. Mas combinadas, a OfferUp e a LetGo apresentaram em 2018 um valor estimado de 40 bilhões de dólares em vendas de bens e serviços nos Estados Unidos. Compare isso com o volume mundial total do eBay de 95 bilhões de dólares ou até mesmo com as vendas de comércio eletrônico norte-americanas da Amazon, de aproximadamente 125 bilhões de dólares. Podemos concluir que novos participantes estão tendo um impacto substancial.

Em última análise, embora a OfferUp enfrente alguns desafios difíceis pela frente, seu futuro parece brilhante. Com seu foco em uma interface fácil de usar feita para os usuários móveis de hoje, bem como uma comunidade crescente e segura, a OfferUp continuará a revolucionar o mundo dos markatplaces digitais. Huzar leva os desafios a sério, mas tenta não deixar que isso o incomode demais. "Não perco muito sono à noite por causa disso", referindo-se à competição. De fato, Huzar está contando que a OfferUp esteja por aí na próxima década, quando for a hora de comprar o primeiro carro para sua filha.[59]

Questões para discussão

17.16 Como um *marketplace* móvel, como a OfferUp, agrega valor aos compradores? E aos vendedores?

17.17 Analise o modelo de negócios da OfferUp em relação às diferentes formas de *marketing* digital e *on-line* abordadas neste capítulo.

17.18 Descreva o valor da OfferUp para marcas e varejistas nacionais como um canal de *marketing* móvel. A OfferUp também representa uma ameaça para essas empresas?

17.19 Compare a relação competitiva entre a OfferUp e a LetGo com o Uber e a Lyft. Com base nessa comparação, o que o futuro reserva para a OfferUp?

17.20 Você concorda com Nick Huzar que a OfferUp pode ter sucesso sem tirar negócios da Craigslist? Explique.

18 Criação de vantagem competitiva

Resumo dos objetivos

Objetivo 18.1 Discutir a necessidade de entender os concorrentes, bem como os clientes, por meio da análise da concorrência. **Veja: Análise da concorrência** (p. 506-513)

Objetivo 18.2 Explicar os fundamentos das estratégias competitivas de *marketing* baseadas na criação de valor para os clientes. **Veja: Estratégias competitivas** (p. 513-524)

Objetivo 18.3 Ilustrar a necessidade de encontrar o equilíbrio entre a orientação para o cliente e a concorrência, a fim de se tornar uma organização verdadeiramente centrada no mercado. **Veja: Equilíbrio entre a orientação para o cliente e para a concorrência** (p. 524)

Prévia do capítulo

Nos capítulos anteriores, exploramos os fundamentos do *marketing*. Você aprendeu que o objetivo do *marketing* é engajar clientes e *criar* valor para eles com o intuito de, em troca, *obter* valor deles. Empresas que são boas em *marketing* conquistam, mantêm e desenvolvem clientes entendendo suas necessidades, elaborando estratégias centradas neles, arquitetando programas de *marketing* que entregam valor, engajando-os e construindo relacionamentos de parceria entre eles e a organização. Nos três últimos capítulos, ampliaremos esse conceito para três áreas especiais: (1) criação de vantagem competitiva, (2) *marketing* global e (3) sustentabilidade social e ambiental do *marketing*.

Para começar, vamos analisar a estratégia competitiva de *marketing* da Nordstrom, a varejista de lojas de departamentos de luxo conhecida por criar experiências incomparáveis para os clientes. Em sua essência, a Nordstrom pratica uma estratégia de "intimidade com o cliente" (mimá-los para que eles voltem – veremos mais sobre essa estratégia competitiva mais adiante no capítulo). Desde seus primórdios como uma loja de calçados de Seattle, há quase 120 anos, a Nordstrom é obcecada por "cuidar dos clientes, custe o que custar".

NORDSTROM: Cuidar dos clientes, custe o que custar

A Nordstrom é reconhecida como uma lenda pelo excelente atendimento que oferece ao cliente. A cadeia de lojas de departamentos de luxo prospera com histórias sobre seus serviços heroicos, como funcionários que deixam pedidos na casa dos clientes ou que aquecem seus carros em um dia frio enquanto os clientes passam um pouco mais de tempo fazendo compras. E, ainda, há histórias sobre o funcionário da Nordstrom que separou dois pares de sapatos para que coubessem em um homem com pés de tamanhos diferentes ou o vendedor que passou uma camisa nova para um cliente que precisava dela para uma reunião naquela tarde. Em outro caso, um homem supostamente entrou na Nordstrom para devolver um jogo de pneus que ele insistiu que comprou lá. A Nordstrom não vende pneus, mas sem hesitar, embora seu recibo indicasse claramente uma loja diferente, a balconista da Nordstrom devolveu o dinheiro do homem do próprio bolso. Mais tarde, na hora do almoço, ela levou os pneus e o recibo para a loja onde foram comprados e recebeu o dinheiro de volta.

Sejam verdade ou ficção, essas histórias estão enraizadas em experiências reais dos clientes da Nordstrom. Parece que quase todo mundo que faz compras regularmente em suas lojas tem uma história favorita para contar. Como um jornalista observou depois de ver a rede mais uma vez perto do topo da lista do Customer Service Hall of Fame, "já não é novidade: a Nordstrom e seu lendário bom atendimento ao cliente". Mas essas histórias nunca envelhecem na Nordstrom. "A Nordstrom vai além de uma maneira que os clientes nunca esquecem", diz um especialista em varejo.

O excelente atendimento ao cliente está profundamente enraizado no DNA da Nordstrom, de mais de 120 anos, conforme resumo seu mantra: Cuidar dos clientes, custe o que custar. Embora muitas empresas prestem homenagem a pronunciamentos semelhantes escondidos em suas declarações de missão, a Nordstrom realmente fala sério – e realmente faz acontecer. Considere estas histórias que levam ao encantamento do cliente:

- Um homem conta uma história sobre sua esposa, uma cliente leal da Nordstrom, que morreu com uma dívida de mil dólares em sua conta na Nordstrom. A Nordstrom não só acertou a conta, como também enviou flores para o funeral.
- Uma mulher estava fazendo compras com sua filha no elegante Horton Plaza de San Diego. Depois de passear pela Nordstrom por um tempo e acreditar que ninguém estava por perto, ela disse com um suspiro exausto, como se pensasse em voz alta para si mesma: "Eu beberia um Dr. Pepper com certeza". Com isso, em apenas alguns minutos, um funcionário da Nordstrom apareceu do nada com uma lata gelada do refrigerante Dr. Pepper.
- No final de novembro, uma mulher que comprava um suéter como presente de Natal para o marido encontrou exatamente o que queria na Nordstrom, mas não na cor ou no tamanho certo. "Não se preocupe", disse o gerente da Nordstrom. Ele o encontraria em tempo para as festas de fim de ano. Uma semana antes do Natal, quando a mulher estava começando a se preocupar, o gerente ligou e entregou pessoalmente o suéter em sua casa, já lindamente embrulhado para presente. Isso é incrível o suficiente, mas aqui está a história por trás: por fim, o gerente não conseguiu encontrar o suéter certo, mas enquanto falava do problema com sua esposa, ele descobriu que ela já havia comprado aquele mesmo suéter para ele no Natal e que já estava embrulhado e debaixo da árvore. O gerente e sua esposa rapidamente concordaram em entregar o suéter dele para a cliente.

Como a Nordstrom supera consistentemente as expectativas dos clientes? Para começar, ela contrata pessoas que realmente gostam de servir outras pessoas. Em seguida, ela os treina minuciosamente em como fornecer atendimento ao cliente e os coloca em ação. A Nordstrom confia em seus funcionários para fazer os julgamentos corretos sem os sobrecarregar com procedimentos e políticas. O famoso "manual" do funcionário da Nordstrom consiste em um único cartão de dois lados contendo apenas 74 palavras, entre elas: "Nossa única regra: use o bom senso em todas as situações. Não haverá regras adicionais". Como resultado, na Nordstrom, o atendimento ao cliente não se resume a balconistas recitando roteiros ensaiados. Em vez disso, trata-se de pessoas da Nordstrom genuinamente se conectando e atendendo os clientes. "Tudo se resume a dar aos funcionários total liberdade para cuidar do cliente", diz um executivo da Nordstrom. "E dizemos que, se você cometer um erro, vamos garantir que você o faça a favor do cliente".

Para motivar ainda mais seus funcionários, a Nordstrom coleta e recicla histórias de heroísmo no atendimento ao cliente. Cada registrador Nordstrom fornece canetas e papel para que os clientes compartilhem suas boas experiências. Todas as manhãs, no saguão principal de cada loja, os gerentes compartilham algumas das melhores histórias dos clientes do dia anterior e recompensam os funcionários envolvidos por suas boas ações. Por sua vez, as histórias de bem-estar inspiram todos na loja a continuar o ciclo de mimar os clientes e fazê-los se sentirem especiais.

A estratégia competitiva de *marketing* "cuidar dos clientes, sem importar o que for preciso" está profundamente enraizada no DNA da Nordstrom. "Temos apenas uma regra: use o bom senso em todas as situações".

Michael Gordon/Shutterstock

Fundada em 1901 pelo imigrante sueco John W. Nordstrom, a empresa agora é administrada pela quarta geração de Nordstroms – os irmãos e copresidentes Pete e Erik – de uma forma que deixaria seu tataravô orgulhoso. Esta última geração de liderança deu à filosofia atemporal da Nordstrom uma dose de tecnologia moderna. Por exemplo, eles reestruturaram completamente todo o sistema de compras e gerenciamento de estoque da rede, tornando mais fácil para os funcionários da linha de frente encontrarem e obterem rapidamente os itens que os clientes desejam por meio de *tablets*. Quando o sistema entrou em operação, as vendas aumentaram imediatamente. Mas, mais importante, o atendimento ao cliente melhorou drasticamente.

A Nordstrom também está transpondo a barreira entre o mundo digital e suas lojas físicas. Por exemplo, os compradores podem comprar itens que veem no Instagram ou Pinterest com apenas alguns toques em seus *smartphones*. O aplicativo Nordstrom TextStyle permite que os clientes conversem com associados e estilistas, obtenham recomendações de produtos e comprem itens em qualquer lugar. E a Nordstrom investiu pesadamente em suas próprias plataformas de compras *on-line*, – tanto para a web quanto para dispositivos móveis – e oferecendo entregas mais rápidas. Trinta por cento das vendas da Nordstrom agora são digitais. O uso inovador dos dados do cliente pela rede ajuda a entender melhor os clientes e fornecer experiências *omnichannel* ainda mais personalizadas. "Nosso objetivo é construir uma experiência perfeita para o cliente 'One Nordstrom' [...] não importa como eles escolham comprar", diz

O lendário atendimento ao cliente da Nordstrom oferece uma forte vantagem competitiva. A varejista de luxo está obcecada em "cuidar dos clientes, sem importar o que for preciso".

a empresa. Cada contato – na loja ou *on-line* – "representa uma oportunidade para nos conectarmos com os clientes da forma como desejarem, o que significa uma experiência cada vez mais relevante, conveniente e personalizada".

Criar a satisfação do cliente tem sido bom para os resultados da Nordstrom ao longo dos anos. Em cinco anos, apesar da profundidade do apocalipse do varejo que levou vários grandes varejistas à falência, as vendas da Nordstrom cresceram mais de 27% para um recorde de 15,5 bilhões de dólares. E enquanto muitas lojas de departamento rivais cresceram pouco ou nada, a Nordstrom continuou a ganhar participação de mercado com 10 anos consecutivos de crescimento.

Quando Erik Nordstrom compartilhou essas e outras boas notícias com os acionistas em uma reunião anual da Nordstrom, ele também compartilhou mais uma história de satisfação do cliente. Ele falou de uma mulher na Carolina do Norte que recentemente perdeu o diamante de sua aliança de casamento enquanto experimentava roupas em uma loja da Nordstrom. Um segurança da loja a viu rastejando no chão sob as prateleiras e se juntou à busca. Sem obterem sucesso, o segurança contou com a ajuda de dois funcionários da limpeza, que haviam aspirado a área, e abriram os sacos do aspirador e vasculharam minuciosamente o conteúdo, onde recuperaram a joia cintilante.

Depois de exibir um videoclipe com a cliente encantada, sob aplausos estrondosos, Erik Nordstrom apresentou os três funcionários aos acionistas. Estendendo a mão para os três, Nordstrom proclamou que, quando se trata de cuidar dos clientes, não importa o que é preciso, "isso eleva o nível".[1]

Vantagem competitiva
Vantagem em relação aos concorrentes obtida com o fornecimento de um mais valor para os consumidores.

Análise da concorrência
Identificação dos principais concorrentes; avaliação dos seus objetivos, estratégias, pontos fortes e fracos e padrões de reação; e seleção dos concorrentes que devem ser atacados ou evitados.

Estratégias competitivas de *marketing*
Estratégias que posicionam solidamente a empresa contra seus concorrentes e lhe conferem a maior vantagem competitiva possível.

ATUALMENTE, AS EMPRESAS ENFRENTAM a mais acirrada concorrência de todos os tempos. Nos capítulos anteriores, assinalamos que, para atingir o sucesso no mercado altamente competitivo de hoje, as empresas precisam deixar de lado uma filosofia de produto e venda e se voltar para a filosofia de cliente e *marketing*.

Este capítulo explica mais detalhadamente como as empresas precisam agir para superar o desempenho de seus concorrentes, a fim de conquistar, manter e desenvolver clientes. Para vencer no mercado de hoje, as organizações precisam transformar-se em peritas não apenas na administração dos produtos, mas também na gestão do relacionamento com os clientes, tendo à frente uma forte concorrência e um difícil ambiente de *marketing*. Entender os clientes é fundamental, mas não o suficiente. Construir relacionamentos lucrativos com os clientes e conquistar **vantagem competitiva** requer entregar mais valor e satisfação para os consumidores-alvo do que os concorrentes. Os clientes verão as vantagens competitivas como vantagens do cliente, dando à empresa uma supremacia em relação a seus concorrentes.

Neste capítulo, examinaremos as estratégias competitivas de *marketing* – como as empresas não só analisam seus concorrentes, mas também desenvolvem estratégias bem-sucedidas e baseadas em valor para os clientes, a fim de construir e manter relacionamentos lucrativos com eles. O primeiro passo é a **análise da concorrência**, o processo de identificar, avaliar e selecionar os principais concorrentes. O segundo é o desenvolvimento de **estratégias competitivas de *marketing***, que posicionem solidamente a empresa contra seus concorrentes e lhe confiram a maior vantagem competitiva possível.

Comentário do autor | A criação de vantagem competitiva começa com uma compreensão completa das estratégias dos concorrentes. Mas antes que uma empresa possa analisar seus concorrentes, ela deve primeiro identificá-los – uma tarefa que não é tão simples quanto parece.

Análise da concorrência

Objetivo 18.1 Discutir a necessidade de entender os concorrentes, bem como os clientes, por meio da análise da concorrência.

Para planejar estratégias de *marketing* efetivas, a empresa precisa descobrir o máximo possível sobre seus concorrentes. Ela deve comparar sempre suas estratégias de *marketing*, produtos, preços, canais e promoções com os de seus concorrentes mais próximos. Desse modo, pode descobrir áreas de potenciais vantagens e desvantagens competitivas. Como mostra a **Figura 18.1**, a análise da concorrência envolve, em primeiro lugar, identificar e avaliar os concorrentes para, em seguida, selecionar quais deles atacar e evitar.

Identificação dos concorrentes

À primeira vista, identificar os concorrentes pode parecer uma tarefa simples. No nível mais restrito, a empresa pode definir seus concorrentes como as outras organizações que oferecem produtos e serviços semelhantes aos mesmos clientes, por preços similares. Assim, a Zara poderia considerar a H&M uma importante concorrente, mas não a Nordstrom ou a Target. Já o Ritz-Carlton poderia ver o Four Seasons como um grande concorrente, mas não o Holiday Inn, o Hampton Inn ou qualquer um dos outros milhares de hotéis de serviços básicos espalhados pelos Estados Unidos.

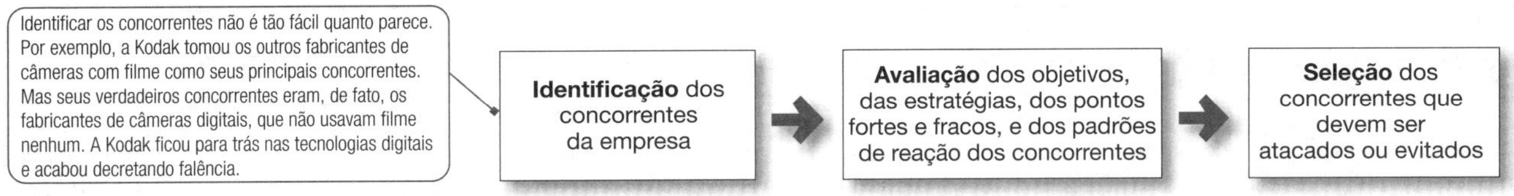

FIGURA 18.1
Etapas na análise da concorrência.

Contudo, as empresas enfrentam uma faixa muito mais ampla de concorrentes. Elas poderiam definir como concorrentes todas as organizações que trabalham com o mesmo produto ou classe de produtos. Desse modo, o Ritz-Carlton poderia se ver como concorrente de todos os outros hotéis. Em um nível mais abrangente, os concorrentes poderiam incluir todas as empresas que trabalham com produtos que fornecem o mesmo serviço. Nesse caso, o Ritz-Carlton poderia se ver como concorrente não apenas dos outros hotéis, mas também de qualquer pessoa que alugue quartos a viajantes cansados, do Airbnb a pousadas particulares. Para completar, em um nível ainda mais abrangente, os concorrentes poderiam incluir todas as empresas que competem pelo mesmo dinheiro do consumidor. Nessa situação, o Ritz-Carlton poderia ver-se como concorrente de produtos e serviços de viagens e lazer, incluindo cruzeiros, casas de veraneio e férias no exterior.

As empresas precisam evitar a "miopia em relação à concorrência". Há mais chance de uma empresa ser "enterrada" por seus concorrentes latentes do que pelos atuais. Por exemplo, a Kodak não perdeu para produtoras de filmes para câmeras concorrentes, como a Fuji, mas para os fabricantes de câmeras digitais que não usavam nenhum filme (veja o Marketing Real 18.1). E a superloja de aluguel de vídeos Blockbuster, outrora imponente, não faliu nas mãos de outros varejistas de lojas físicas. Ela primeiro foi vítima de concorrentes inesperados, como a empresa de aluguel de filmes direto ao consumidor Netflix e a locadora de filmes em quiosques Redbox e, em seguida, de uma série de novos serviços e tecnologias de *streaming* de vídeo digital. Quando a Blockbuster reconheceu e reagiu a esses concorrentes imprevistos, já era tarde demais.

Identificação da concorrência com base no mercado: ao mudar para um conceito de competição de mercado – vendendo "deleite irresistível" – a Cinnabon cresceu em uma arena competitiva muito mais ampla. Embora o negócio global de padarias físicas permaneça como seu foco, cerca de 72% das vendas totais ao consumidor agora vêm de serviços de alimentação licenciados e de bens de consumo embalados.

FOCUS Brands

As empresas podem identificar os concorrentes do ponto de vista do *setor*. Elas podem se ver como membros do setor petrolífero, da indústria farmacêutica ou do setor de bebidas. A organização deve compreender os padrões competitivos de seu setor, espera-se ser um membro eficaz. As empresas podem ainda identificar os concorrentes do ponto de vista do *mercado*. Nesse caso, elas definem os concorrentes como empresas que estão tentando satisfazer as mesmas necessidades dos clientes ou construir um relacionamento com o mesmo grupo de consumidores.

Do ponto de vista da indústria, o Google certa vez definiu seus concorrentes como outros provedores de mecanismos de busca, como o Yahoo! ou o Bing, da Microsoft. Agora, o Google tem uma visão mais ampla de atender às necessidades do mercado de acesso *on-line* e móvel ao mundo digital. Sob essa definição de mercado, o Google enfrenta concorrentes antes improváveis, como a Apple, a Samsung, a Microsoft, a Amazon e o Facebook.

Em geral, o conceito de mercado de concorrência abre os olhos da empresa para um conjunto mais amplo de concorrentes reais e potenciais. Por exemplo, do ponto de vista da indústria, a Cinnabon se definiu por muito tempo como uma cadeia de produtos frescos de panificação baseada em shoppings e aeroportos. Adotar uma visão de mercado, no entanto, permite que a marca cresça em uma arena competitiva muito mais ampla contra concorrentes de bens de consumo embalados:[2]

> A Cinnabon é conhecida há muito tempo por seus gigantescos "Cinnamon Rolls mundialmente conhecidos", criações que irradiam aquele aroma sedutor de canela em shoppings ou aeroportos. Mas a partir de uma visão de mercado mais ampla, a Cinnabon percebeu que não vende apenas cinnamon rolls em shoppings. Em vez disso, vende "deleite irresistível", com atributos como "aroma", "suave" e "indulgente". Os fãs da Cinnabon "queriam os sabores da Cinnabon em outros tipos de ocasiões em que pudessem se deleitar", diz o CEO da marca. Essa percepção levou a uma expansão para produtos de consumo por meio

Marketing Real 18.1 | Kodak: o concorrente que ela não viu a tempo – aquele que não usava filme

Kodak. O venerado nome de marca foi, por gerações, uma palavra bastante conhecida no mundo todo. Por mais de um século, as pessoas contaram com a Kodak para produtos que as ajudavam a registrar "momentos Kodak" – eventos pessoais e familiares importantes, para serem compartilhados e guardados para a posteridade. O setor de filmes de Hollywood evoluiu em torno da tecnologia da Kodak. Em 1972, Paul Simon, inclusive, conquistou o segundo lugar nas paradas com *Kodachrome*, uma música que colocava em palavras o papel emocional que os produtos da Kodak desempenhavam na vida das pessoas.

Em 2012, entretanto, a Kodak entrou em falência. A marca que monopolizou seu setor, com 85% de todas as vendas de câmeras e 90% do enorme mercado de filmes fotográficos, agora sequer vende câmeras ou filmes ao consumidor. Uma vez entre as melhores empresas e rolando em dinheiro, uma Kodak completamente transformada hoje luta com vendas cada vez menores e perdas ano após ano.

Como uma marca tão famosa – e tão poderosa em sua época quanto a Apple ou a Microsoft hoje – pôde cair tão rapidamente? A Kodak foi vítima da miopia de *marketing* e em relação à concorrência – ela se concentrou em um conjunto restrito de produtos e concorrentes existentes, em vez de levar em conta as necessidades dos clientes e desenvolver dinâmicas de mercado. Não foram os fabricantes de filmes concorrentes que derrubaram a Kodak, mas o concorrente que a empresa não enxergou a tempo: as câmeras e fotografias digitais, que não usam filme nenhum. Do começo ao fim, a Kodak fabricou o melhor filme. Mas, em um mundo cada vez mais digital, os clientes não precisavam mais de filmes. Apegada a seus produtos do passado, a Kodak ficou para trás dos concorrentes na mudança para o digital.

Em 1880, George Eastman fundou a Kodak com base em um método fotográfico que envolvia negativos secos. Em 1888, ele lançou a câmera Kodak, que usava negativos de vidro para registrar as imagens. De olho na expansão do mercado, Eastman desenvolveu em seguida o filme e a pequena e inovadora câmera Kodak Brownie. Ele vendia a câmera por 1 dólar apenas, mas conquistava grandes lucros com a venda do filme, bem como dos produtos químicos e papéis necessários para produzir as fotos. Embora a Kodak também desenvolvesse tecnologias de imagem inovadoras para setores que iam do médico ao editorial, ao longo do século XX, as câmeras e os filmes foram a grande mina de ouro da empresa.

É interessante assinalar que, em 1975, os engenheiros da Kodak inventaram a primeira câmera digital: um sensor de imagem do tamanho de uma torradeira que registrava tons irregulares de preto e branco. Entretanto, não percebendo o potencial mercado de massa da fotografia digital – e com medo de a tecnologia digital canibalizar seu precioso negócio de filmes —, a Kodak engavetou o projeto. Os gestores da empresa simplesmente não conseguiam conceber um mundo sem filmes. Assim, a Kodak se voltou com tudo para os filmes, concentrando sua energia inovadora e competitiva em fabricar filmes melhores e superar os outros fabricantes de filmes. Mais adiante, quando a empresa percebeu seu erro, já era tarde demais.

Cega por sua fixação por filmes, a Kodak não conseguiu enxergar as tendências competitivas que estavam surgindo, associadas ao registro e ao compartilhamento de imagens. A cultura da Kodak se ligou à história da empresa e à nostalgia que isso traz. "Eles eram uma empresa parada no tempo", diz um analista. "A história era muito importante para eles – uma fantástica história do século passado, quando eles fizeram um monte de coisas incríveis e ganharam um monte de dinheiro pelo caminho. [Desse modo,] a história deles [se tornou] uma desvantagem".

Quando a Kodak finalmente lançou uma linha de câmeras digitais que cabiam no bolso, no final da década de 1990, o mercado já estava cheio de produtos digitais da Sony, da Canon e de uma dúzia de outros fabricantes de câmera. Essas empresas logo foram seguidas por uma categoria de concorrentes totalmente nova, à medida que cada vez mais pessoas usavam celulares e outros dispositivos móveis e compartilhavam fotografias de maneira instantânea, por mensagens de texto, *e-mail* e redes *on-line* de compartilhamento de fotos. Atrasada para o jogo digital, a Kodak se tornou uma relíquia do passado e um concorrente sem importância para uma série de empresas digitais da nova era, que nem ao menos existiam uma ou duas décadas antes.

Em algum lugar no meio do caminho, embevecida com o sucesso, a Kodak perdeu de vista a capacidade visionária de George Eastman, seu fundador, de definir as necessidades dos clientes e a dinâmica dos concorrentes. De acordo com um biógrafo, o legado de Eastman não foi o filme, mas a inovação. "George Eastman nunca olhou para trás. Ele sempre olhou adiante, para fazer algo superior ao que tinha feito, mesmo se tivesse o melhor do mercado no momento." Se tivesse mantido a filosofia de Eastman, a Kodak poderia muito bem ter sido líder de mercado nas tecnologias digitais. Nós poderíamos ainda estar registrando "momentos Kodak" em câmeras digitais e *smartphones* da empresa, bem como os compartilhando em *sites* e redes sociais operadas pela Kodak.

Quando a Kodak se recuperou da falência, parou de fabricar câmeras e descontinuou seu famoso filme colorido Kodachrome. Em vez disso, a empresa agora licencia seu nome para outros fabricantes que produzem dispositivos que vão desde câmeras de impressão instantânea e molduras digitais até monitores de bebês sob a marca Kodak. Quase todas suas receitas agora vêm de produtos e serviços de imagem e impressão comercial para clientes organizacionais de artes gráficas, impressão comercial, publicação, embalagem, displays eletrônicos e filmes comerciais e de entretenimento. Portanto, assim como as ilustres fortunas da Kodak, parece que o famoso "momento Kodak" já entrou para a história.[3]

Miopia em relação à concorrência: não foram os fabricantes de filmes concorrentes que derrubaram a Kodak, mas o concorrente que a empresa não enxergou a tempo – as câmeras e fotografias digitais, que não usam filme nenhum.

© Finnbarr Webster/Alamy

de parcerias de licenciamento com empresas que vão desde Pillsbury e Green Mountain Coffee a Taco Bell, Air Wick e até à vodka Pinnacle. Cada parceiro agora faz produtos que capturam o sabor e o cheiro irresistíveis da Cinnabon. Como resultado, embora o negócio global de padaria física permaneça como seu foco, cerca de 72% do total de vendas ao consumidor agora vem de serviços de alimentação licenciados e de bens de consumo embalados.

Avaliação dos concorrentes

Depois de identificar os principais concorrentes, a gerência de *marketing* deve perguntar: quais são os objetivos dos concorrentes? O que cada um deles busca no mercado? Qual é a estratégia dos concorrentes? Quais são os pontos fortes e fracos dos diversos concorrentes e como cada um deles reagirá às medidas que a empresa vier a tomar?

Determinação dos objetivos dos concorrentes

Todos os concorrentes têm um conjunto de objetivos. A empresa precisa saber a importância relativa que cada um deles atribui à lucratividade atual, ao crescimento da participação de mercado, ao fluxo de caixa, à liderança tecnológica, à liderança em serviços e a outros objetivos. Conhecer o conjunto de objetivos de um concorrente revela se ele está satisfeito com sua situação atual e como poderia reagir a diferentes ações competitivas. Por exemplo, uma empresa que busca liderança fundamentada em baixo custo reagirá de modo muito mais agressivo a um avanço revolucionário no processo de produção de um concorrente do que a uma intensificação na propaganda realizada pelo mesmo concorrente.

A empresa também deve monitorar os objetivos de seus concorrentes em relação a vários segmentos. Se souber que um concorrente descobriu um novo segmento, a empresa poderá ter em mãos uma oportunidade. Se souber que os concorrentes planejam novas incursões em segmentos atualmente atendidos por ela, a empresa ficará de sobreaviso e, se possível, reagirá com antecedência.

Identificação das estratégias dos concorrentes

Grupo estratégico
Um grupo de empresas em um setor que seguem a mesma estratégia ou uma estratégia similar.

Quanto mais a estratégia de uma empresa se parecer com a de outra, mais acirrada será a concorrência entre elas. Na maioria dos setores os concorrentes podem ser separados em grupos que seguem diferentes estratégias. Um **grupo estratégico** é um grupo de empresas em um setor que seguem a mesma estratégia ou uma estratégia similar para determinado mercado-alvo. Por exemplo, na grande indústria de eletrodomésticos, a Whirlpool, a Maytag e a LG pertencem ao mesmo grupo estratégico. Cada uma produz uma linha completa de aparelhos de preço médio apoiada por um bom serviço. Em contraste, a Sub-Zero e a Viking pertencem a um grupo estratégico diferente. Elas produzem uma linha mais restrita de aparelhos de alta qualidade, oferecem um nível de serviço mais alto e cobram um preço *premium*. "Somos tão apaixonados por construir produtos Viking quanto os chefs são apaixonados por cozinhar com eles", diz a Viking. "Nós inovamos. Nós superamos a engenharia. E então usamos materiais de alta qualidade e resistentes para criar os produtos mais poderosos disponíveis. Na Viking, o que está na linha de montagem não é apenas o aço. É o nosso orgulho".[4]

Grupos estratégicos: a Viking pertence ao grupo estratégico da indústria de eletrodomésticos que oferece uma linha restrita de eletrodomésticos de alta qualidade apoiados por um bom serviço.

Viking Corporate Offices Location

Com a identificação de grupos estratégicos, surgem alguns *insights* importantes. Por exemplo, se uma empresa entra em um grupo estratégico, os membros desse grupo se tornam seus principais concorrentes. Assim, se a empresa entrar em um grupo contra a Whirlpool, a Maytag e a LG, só poderá ter sucesso se desenvolver vantagens estratégicas sobre essas três marcas.

Apesar de a concorrência ser mais intensa em um grupo estratégico, há também rivalidade entre os diferentes grupos. Para começar, alguns grupos estratégicos podem se voltar para segmentos de clientes sobrepostos. Por exemplo, independentemente de sua estratégia, todos os fabricantes de eletrodomésticos de grande porte tentarão se aproximar do segmento de construtoras de imóveis residenciais. Além disso, os clientes podem não perceber muita diferença nas ofertas dos diferentes grupos – eles podem ver pouca diferença de qualidade entre a LG e a Whirlpool. Por fim, os membros de um grupo estratégico podem se expandir para novos segmentos estratégicos. Assim, as linhas de eletrodomésticos Signature da LG concorrem com as linhas de alta qualidade e preços superiores da Viking e da Sub-Zero. A Signature LG permite a você "Experimentar a arte da essência".[5]

A empresa precisa considerar todas as dimensões que identificam grupos estratégicos dentro de um setor. Ela precisa saber como cada concorrente entrega valor a seus clientes. Precisa conhecer a qualidade, as características e o *mix* de produtos de cada concorrente, bem como os serviços que ele presta ao cliente, sua política de preços, cobertura de distribuição, estratégia da força de vendas e programas de propaganda, promoção de vendas e programas de conteúdo digital, móvel e de mídia social. E também deve estudar os detalhes das estratégias de P&D, de produção, de compras e financeiras, entre outras, de cada concorrente.

Avaliação dos pontos fortes e fracos dos concorrentes

Os profissionais de *marketing* precisam avaliar, cuidadosamente, os pontos fortes e fracos de cada concorrente para responder a uma pergunta essencial: o que nossos concorrentes *podem* fazer? Como um primeiro passo, as empresas podem coletar dados sobre as metas, as estratégias e o desempenho dos concorrentes ao longo dos últimos anos. Algumas dessas informações, sem dúvida, serão difíceis de serem obtidas. Por exemplo, as empresas que atuam no *business to business* (B2B) acham difícil estimar a participação de mercado dos concorrentes, por não terem acesso aos mesmos serviços de informações disponíveis para as empresas de produtos de consumo embalados.

As empresas geralmente ficam a par dos pontos fortes e fracos de seus concorrentes por meio de dados secundários, experiência pessoal e boca a boca. Elas também podem realizar pesquisas de mercado primárias com clientes, fornecedores e revendedores. Podem verificar os *sites* dos concorrentes ou sua página em redes sociais. Ou podem utilizar o processo de **benchmarking**, comparando seus produtos e processos com os dos concorrentes ou das empresas líderes em outros setores, para identificar melhores práticas e descobrir meios de aprimorar a qualidade e o desempenho. O benchmarking tornou-se uma poderosa ferramenta para aumentar a competitividade da empresa.

Benchmarking
Comparar os produtos e processos da empresa com os dos concorrentes ou das empresas líderes em outros setores, para identificar melhores práticas e descobrir meios de aprimorar a qualidade e o desempenho.

Estimativa das reações dos concorrentes

A empresa também quer saber: o que nossos concorrentes *vão* fazer? Os objetivos, as estratégias e os pontos fortes e fracos de um concorrente dizem muito sobre suas prováveis ações, assim como sugerem as possíveis reações a manobras da empresa, como redução de preços, aumento do volume de promoções ou lançamento de produtos. Além disso, cada concorrente possui uma determinada filosofia de negócios – uma certa cultura interna e crenças que lhe servem de diretrizes. Os gestores de *marketing* precisam compreender profundamente a mentalidade de um concorrente, se quiserem prever o modo como ele vai agir ou reagir.

Cada concorrente reage de uma maneira. Alguns deles não reagem de forma rápida ou agressiva às manobras de um concorrente. Eles podem acreditar na fidelidade de seus clientes, podem demorar para perceber a manobra ou podem não dispor de recursos financeiros para reagir. Alguns reagem somente a determinados tipos de manobras, outros reagem de forma rápida e agressiva a qualquer movimento. A P&G, por exemplo, não permite que um novo produto do concorrente entre com facilidade no mercado. Muitas empresas evitam concorrer diretamente com a P&G e procuram presas mais fáceis, pois sabem que ela reagirá com ferocidade caso seja desafiada. Saber como os principais concorrentes reagem dá à empresa pistas sobre a melhor forma de atacar os concorrentes ou defender suas posições atuais.

Em alguns setores, os concorrentes vivem em relativa harmonia; em outros, os concorrentes são mais abertamente combativos. Por exemplo, as rivais Pepsi e Coca-Cola há anos se atacam diretamente com suas propagandas, geralmente por diversão, mas às vezes de maneiras mais acaloradas:[6]

Reações dos concorrentes: Pepsi e Coca-Cola há anos se atacam diretamente com suas propagandas. Quando Atlanta, a cidade natal da Coca-Cola, sediou o Super Bowl LIII, a Pepsi cobriu a cidade com grandes e sarcásticos anúncios da sua marca.
David J Phillip/AP/Shutterstock.

> Tudo começou anos atrás, com a longa campanha "Desafio Pepsi", em que anúncios da marca mostravam testes cegos de sabor em *shopping centers* e outros locais públicos nos quais os consumidores invariavelmente preferiam o sabor da Pepsi ao da Coca-Cola. Desde então, a Pepsi tem veiculado anúncios comparativos provocando seu maior concorrente, variando de um anúncio mostrando o Papai Noel (há muito associado à propaganda da Coca-Cola) escolhendo uma Pepsi em vez de uma Coca-Cola; a um comercial em que um entregador da Pepsi tira uma foto de um motorista da Coca-Cola tomando uma lata gelada de Pepsi escondido.
>
> Mais recentemente, quando Atlanta, a cidade natal da Coca-Cola, sediou o Super Bowl LIII, a Pepsi cobriu a cidade com mais de 350 grandes

anúncios colocados em todos os lugares, desde *outdoors* e lixeiras até paredes de estações de trem. "Os anúncios não são apenas enormes, eles também são sarcásticos", relatou um analista. Um *outdoor* na rua do museu O Mundo da Coca-Cola dizia: "Pepsi em Atlanta. Que Refrescante". Outro trazia: "Ei, Atlanta, obrigado pela hospedagem. Nós Traremos as Bebidas". Essa propaganda tem sido popular entre os fãs da Pepsi. "Há poucas coisas que chamam tanto a atenção de nossos fãs quanto ver nosso amado azul e aquele vermelho um ao lado do outro", diz o diretor digital e de *marketing* de marca da Pepsi. "Foi benéfico para nós no passado, e é apenas algo que sabemos que funciona e que eles adoram ver".

Em alguns casos, as trocas competitivas podem fornecer informações úteis aos consumidores e vantagens para as marcas. Em outros casos, podem refletir desfavoravelmente em todo o setor.

Seleção dos concorrentes para atacar e evitar

Em grande parte, a empresa já selecionou seus principais concorrentes quando definiu, anteriormente, seus clientes-alvo, seu posicionamento e sua estratégia de *mix* de *marketing*. O que a gerência deve decidir é com quais concorrentes competirá com mais vigor.

Concorrentes fortes ou fracos

A empresa pode se concentrar em uma das diversas classes de concorrentes. A maioria das organizações prefere competir com concorrentes fracos, pois isso demanda menos recursos e menos tempo, mas, nesse processo, pode ser que a empresa ganhe pouco. Um argumento válido é que a organização também deve competir com concorrentes fortes para desenvolver suas habilidades. E, muitas vezes, a empresa simplesmente não consegue evitar seus maiores concorrentes. Mas mesmo os concorrentes fortes têm suas fraquezas, e se sair bem contra eles costuma gerar maiores retornos para a organização.

Análise de valor para o cliente
Uma análise conduzida para identificar os benefícios que os clientes-alvo valorizam e como eles avaliam o valor relativo das várias ofertas dos concorrentes.

Uma ferramenta útil para estimar os pontos fortes e fracos dos concorrentes é a **análise de valor para o cliente**. A meta dessa análise é identificar os benefícios que os clientes-alvo valorizam e como eles avaliam o valor relativo das várias ofertas dos concorrentes. Ao conduzir uma análise de valor para o cliente, a empresa, primeiro, identifica os principais atributos que os clientes valorizam e a importância que eles conferem a esses atributos. Depois, ela avalia seu desempenho em relação aos dos concorrentes, com base nesses atributos valorizados.

O segredo para a conquista de vantagem competitiva é pegar cada segmento de clientes e avaliar como a oferta da empresa se compara à de seus principais concorrentes. O que a empresa quer é encontrar um lugar no mercado em que ela atenda às necessidades dos clientes de tal maneira que os rivais não consigam atender. Se a oferta da empresa entrega um valor maior, superando a do concorrente em atributos importantes, ela pode cobrar um preço mais alto e obter maiores lucros ou, então, pode cobrar o mesmo preço e conquistar mais participação de mercado. Mas, se a empresa é vista como de desempenho inferior ao de seus principais concorrentes em alguns importantes atributos, ela deve investir no fortalecimento desses atributos ou na descoberta de outros atributos importantes, com base nos quais possa desenvolver uma liderança.

Concorrentes bons ou ruins

A verdade é que as empresas precisam de concorrentes e se beneficiam deles. A existência de concorrentes resulta em diversos benefícios estratégicos. Os concorrentes podem compartilhar os custos do desenvolvimento do mercado e do produto, bem como ajudar a legitimar novas tecnologias. Eles podem atender a segmentos menos atrativos ou levar a uma maior diferenciação de produto. Por fim, os concorrentes podem ajudar a aumentar a demanda total.

Por exemplo, você pode pensar que ter as principais montadoras do mundo trabalhando intensamente para produzir carros totalmente elétricos pode trazer problemas para a Tesla, a pioneira em carros elétricos. A líder do setor Volkswagen, por exemplo, planeja lançar 70 novos modelos elétricos e vender 28 milhões deles por meio de suas marcas Volkswagen, Audi, Porsche, Bentley, Skoda, entre outras, até 2028. À medida que as principais marcas de automóveis entram em massa no mercado de carros elétricos, a Tesla terá que continuar inovando e melhorando seus carros para competir bem. No entanto, a Tesla de beneficia com o aumento da concorrência. Possuir mais concorrentes ajudará a Tesla a popularizar os

Boa concorrência: em vez de trazer problemas, quanto mais concorrentes importantes como a Volkswagen comprarem a ideia dos carros elétricos, melhor será para a Tesla, a pioneira em carros elétricos.

Kyodo/AP Images

carros elétricos, aumentando a demanda por seus próprios modelos. "Você precisa de volume para legitimar o que está fazendo", diz um analista. "Estar no topo pode ser solitário", diz outro. "Quanto mais empresas comprarem a ideia dos carros elétricos, melhor será".[7]

No entanto, é possível que a empresa não veja todos os seus concorrentes como benéficos. Um setor costuma conter *concorrentes bons* e *concorrentes ruins*. Os bons seguem as regras do setor; os ruins, ao contrário, quebram as regras. Eles tentam comprar participação, em vez de conquistá-la, assumem grandes riscos e jogam de acordo com suas próprias regras. Por exemplo, muitas companhias aéreas veem a Spirit Airlines como uma má concorrente. Em vez de competir nas medidas padrão do setor, como conforto, serviço, comodidades e partidas pontuais, a Spirit compete estritamente com preços baixíssimos, mesmo que isso signifique sacrificar serviços e extras. Seus preços de "tarifa básica" chegam a ser 90% mais baixos do que os das companhias aéreas concorrentes. Reduzir os preços faz sentido para a Spirit Airlines – graças ao seu custo de assento por quilômetro mais baixo, a Spirit ainda obtém margens de lucro líderes no setor. Mas os preços rebeldes da Spirit causam dores de cabeça para os concorrentes que não conseguem igualar suas tarifas baixas e ainda obter margens decentes.

Descoberta de espaços de mercado não disputados

Em vez de brigar diretamente com concorrentes estabelecidos, muitas empresas buscam posições desocupadas em espaços de mercado não disputados. Elas tentam criar produtos e serviços para os quais não existam concorrentes diretos. Chamada de "estratégia do oceano azul", sua meta é tornar a concorrência irrelevante.[8]

Faz muito tempo que as empresas se envolvem em competições diretas em busca de um crescimento lucrativo. Elas têm brigado por vantagem competitiva, batalhado por participação de mercado e brigado por diferenciação. Contudo, nos setores extremamente saturados de hoje, a concorrência direta não resulta em nada, a não ser em um "oceano vermelho" com o sangue de rivais que lutam por um lucro minguado. Em seu livro *Estratégia do oceano azul*, dois professores de estratégia afirmam que, embora a maioria das empresas concorra em oceanos vermelhos, é muito provável que a estratégia não leve a um crescimento lucrativo no futuro. As empresas líderes do amanhã serão bem-sucedidas não brigando com os concorrentes, mas criando "oceanos azuis", com espaços de mercado não disputados. Essas manobras estratégicas – chamadas de *inovação de valor* – levam a grandes saltos em valor tanto para a empresa como para seus compradores, criando toda uma nova demanda e rendendo rivais obsoletos. Por meio do desenvolvimento e do domínio de oceanos azuis, as empresas podem, em grande medida, afastar os rivais.

A Apple há muito pratica essa estratégia, lançando produtos inéditos como iPod, iPhone, App Store, iPad e iTunes, que criaram categorias totalmente novas. Da mesma forma, a Redbox reinventou a categoria de aluguel de DVD por meio de quiosques em locais convenientes. E, em vez de competir com marcas tradicionais de cafeteiras, como Hamilton Beach e Mr. Coffee, que preparam café em bules, a Keurig reinventou o processo com inovadoras cafeteiras baseadas em cápsulas de café. Como resultado, a Keurig alcançou vendas anuais de cafeteiras e cápsulas superiores a 4 bilhões de dólares e captura 30% do mercado de dose única dos Estados Unidos. Incluindo licenciamento e parcerias de fabricação com marcas como Starbucks, Dunkin', Caribou Coffee, Eight O'Clock, Folgers, Maxwell House e outras, a Keurig detém 80% do mercado de cápsulas K-Cup.[9]

Outro exemplo de concorrentes do oceano azul é o recente surto de marcas direto ao consumidor (D2C). Em vez de competir cara a cara com concorrentes estabelecidos em lojas de varejo, as marcas D2C conquistaram um novo espaço competitivo, vendendo e enviando diretamente aos consumidores por meio de canais *on-line* e móveis. As marcas D2C obtiveram sucesso em categorias que vão desde beleza e cuidados pessoais, vestuário e alimentos até artigos de decoração e *fitness*. Alguns exemplos incluem a Dollar Shave Club e a Harry's (aparelhos e produtos de barbear), a Peloton (equipamentos e programas de ginástica), a Casper (colchões e roupas de cama), a Bonobos (roupas masculinas), a Allbirds (calçados ecologicamente corretos) e a BarkBox (brinquedos, petiscos e guloseimas para cães). Ao contornar os intermediários, as empresas D2C podem cortar custos, oferecer preços mais baixos e maior conveniência, construir relacionamentos diretos com os clientes mais próximos e promover ofertas hiperfocadas.

Estratégia do oceano azul: marcas direto ao consumidor (D2C), como a Casper, conquistaram um novo espaço competitivo vendendo e enviando diretamente aos consumidores por meio de canais *on-line* e móveis.

Yana Paskova/For The Washington Post via Getty Images

Muitas marcas D2C têm sido muito bem-sucedidas na conquista de novos espaços de mercado. Por exemplo, depois de apenas cinco anos, a Casper agora vende cerca de 500 milhões de dólares anualmente em colchões e produtos de cama diretamente aos consumidores, e a empresa vale cerca de 1,1 bilhão de dólares. A empresa de calçados Allbirds, cujos sapatos proporcionam "Conforto que surge naturalmente", está avaliada em 1,4 bilhão de dólares após apenas dois anos. Respondendo ao aumento do D2C, marcas estabelecidas adquiriram ou estabeleceram suas próprias operações de D2C. Por exemplo, o Walmart comprou a Bonobos, a Unilever adquiriu a Dollar Shave Club e a P&G criou seu próprio *site* D2C Gillette on Demand.[10]

Elaboração de um sistema de inteligência competitiva

Já descrevemos os principais tipos de informação de que as empresas precisam sobre seus concorrentes. Essas informações devem ser coletadas, interpretadas, distribuídas e utilizadas. Coletar informações competitivas pode ser custoso em termos de dinheiro e tempo. Desse modo, as empresas necessitam elaborar um sistema de inteligência competitiva que tenha uma boa relação custo/benefício.

O sistema de inteligência competitiva primeiro identifica os tipos essenciais de informações competitivas que são necessárias, bem como as melhores fontes dessas informações. Em seguida, coleta continuamente informações do campo (da força de vendas, canais, fornecedores, institutos de pesquisa de mercado, *sites*, monitoramento *on-line* e associações comerciais) e dados disponíveis ao público (publicações do governo, palestras e bancos de dados *on-line*). Depois, o sistema analisa as informações para verificar sua validade e confiabilidade, interpreta-as e organiza-as de maneira apropriada. Por fim, ele envia as informações relevantes para os tomadores de decisão e responde a consultas de gestores acerca dos concorrentes.

Com esse sistema, os gestores da empresa recebem informações sobre os concorrentes em tempo hábil, na forma de relatórios, telefonemas, alertas em *e-mail*, boletins informativos e *newsletters*. Além disso, os gestores podem se conectar ao sistema quando precisarem interpretar uma manobra repentina de um concorrente, identificar os pontos fortes e fracos de outro ou avaliar como um competidor reagirá a um movimento planejado pela empresa.

Comentário do autor | Agora que identificamos os concorrentes e sabemos tudo sobre eles, é hora de desenhar uma estratégia para ganhar vantagem competitiva.

Estratégias competitivas

Objetivo 18.2 Explicar os fundamentos das estratégias competitivas de *marketing* baseadas na criação de valor para os clientes.

Uma vez identificados e avaliados os principais concorrentes, a empresa deve elaborar amplas estratégias competitivas de *marketing*, com as quais possa conquistar vantagem competitiva. Mas quais dessas estratégias a empresa poderia utilizar? Quais são as mais indicadas para uma determinada empresa ou para suas diferentes divisões e produtos?

Abordagens para a estratégia de *marketing*

Não existe uma estratégia que seja a melhor para todas as empresas. Cada empresa deve determinar qual a estratégia que faz mais sentido para ela, tendo em vista sua posição no setor e seus objetivos, suas oportunidades e seus recursos. Mesmo dentro de uma empresa, podem ser necessárias diferentes estratégias para diferentes negócios ou produtos. A Johnson & Johnson utiliza uma determinada estratégia de *marketing* para suas marcas líderes em mercados de consumo estáveis (como BAND-AID, Tylenol, Listerine e produtos para bebês) e outra, diferente, para seus negócios e produtos de alta tecnologia na área da saúde (como suturas cirúrgicas Monocryl ou implantes de articulações dos dedos NeuFlex).

As empresas também diferem na maneira como abordam o processo de planejamento estratégico. Muitas grandes empresas desenvolvem estratégias competitivas formais e as implementam religiosamente. Outras, contudo, desenvolvem estratégias de modo menos formal e organizado. Algumas empresas, como a Red Bull, a Shinola e a Spanx, saíram-se muito bem quebrando várias regras da estratégia de *marketing*. Empresas como essas não possuem grandes departamentos de *marketing*, não conduzem dispendiosas pesquisas de mercado, não têm estratégias competitivas complexas e não gastam enormes somas de dinheiro em propaganda. Em vez disso, elas delineiam estratégias durante o percurso, esticam seus limitados recursos, mantêm-se próximas de seus clientes e criam soluções mais satisfatórias para as necessidades deles. Essas empresas formam clubes de compras, utilizam *buzz marketing* e se concentram em conquistar fidelidade por parte dos clientes. Ao que parece, nem todas as empresas têm que seguir os passos de gigantes do *marketing*, como a P&G, o McDonald's e a Microsoft.

De fato, as abordagens para a estratégia e a prática de *marketing* muitas vezes percorrem três estágios: o *marketing* empreendedor, o *marketing* formalizado e o *marketing* criativo:

Marketing **empreendedor: Jim Koch, fundador da Boston Beer Company, primeiro comercializou sua cerveja Samuel Adams carregando garrafas em uma mala de bar em bar, contando sua história, educando os consumidores, fazendo as pessoas provarem a cerveja e persuadindo os bartenders a recomendá-la. A empresa é hoje a cervejaria artesanal líder nos Estados Unidos.**

Kelvin Ma/Bloomberg via Getty Images

- *Marketing empreendedor*: a maioria das empresas é fundada por indivíduos que vivem de acordo com sua sagacidade. Por exemplo, Jim Koch, fundador da Boston Beer Company, cuja cerveja Samuel Adams Boston Lager se tornou a cerveja artesanal mais vendida nos Estados Unidos, começou em 1984 preparando na própria cozinha uma receita de cerveja da família. Para tornar sua cerveja conhecida, Koch carregava garrafas de Samuel Adams em uma mala, de bar em bar, contando sua história, educando os consumidores sobre a qualidade e os ingredientes da fabricação, levando as pessoas a provar a cerveja e persuadindo os bartenders a recomendá-la. Por 10 anos, ele não pôde pagar por publicidade; ele vendia sua cerveja por meio de vendas diretas e relações públicas básicas. "Foi tudo *marketing* de guerrilha", diz Koch. "Os caras grandes eram tão grandes que tivemos que fazer coisas inovadoras como essa". Hoje, no entanto, sua empresa fatura quase 1 bilhão de dólares por ano, tornando-se líder entre mais de 1.000 concorrentes no mercado de cervejarias artesanais.[11]
- *Marketing formalizado*: à medida que atingem o sucesso, as pequenas empresas passam, inevitavelmente, a adotar um *marketing* mais formalizado. Elas desenvolvem estratégias de *marketing* formais e as seguem de perto. Por exemplo, a Boston Beer Company agora emprega uma grande força de vendas e tem um departamento de *marketing* que realiza pesquisas de mercado e planeja estratégias. Embora a Boston Beer Company seja muito menos formal e sofisticada em sua estratégia do que a megaconcorrente de 55 bilhões de dólares Anheuser-Busch Inbev, ela adotou algumas das ferramentas usadas em empresas de *marketing* administradas profissionalmente.
- *Marketing criativo*: muitas empresas grandes e maduras ficam presas ao *marketing* formalizado. Elas dissecam os mais recentes números da Nielsen, debruçam-se sobre relatórios de pesquisa de mercado e tentam ajustar com precisão suas estratégias e programas competitivos. Essas empresas, às vezes, perdem a criatividade e a paixão de *marketing* que tinham no início. Elas precisam, então, recuperar o espírito e as ações empreendedoras que fizeram com que fossem bem-sucedidas no começo. Precisam incentivar mais iniciativas de *marketing* e criatividade no nível local. Eles agora precisam construir mais iniciativas de *marketing* e "intraempreendedorismo" – incentivando os funcionários a serem mais empreendedores dentro da corporação – recuperando parte do espírito e da ação que os tornaram bem-sucedidos em primeiro lugar. Algumas empresas incorporam o intraempreendedorismo em suas principais operações de *marketing*. Por exemplo, a IBM incentiva os funcionários de todos os níveis a interagir por conta própria com os clientes por meio de *blogs*, mídia social e outras plataformas. O programa Innovation Time-Off do Google incentiva todos os seus engenheiros e desenvolvedores a gastar 20% de seu tempo desenvolvendo novas ideias de produtos "legais e malucos" – sucessos de bilheteria como o Google Notícias, o Gmail, o Google Maps e o AdSense são apenas alguns dos resultados de produtos. E o Facebook patrocina "hackathons", nos quais incentiva as equipes internas a criar e apresentar ideias intraempreendedoras. Uma das inovações mais importantes da história da empresa – o botão "Curtir" – foi resultado de um hackathon.[12]

Em resumo, há muitas abordagens para o desenvolvimento de estratégias competitivas de *marketing* eficazes. Sempre haverá uma tensão entre o lado formal e o criativo do *marketing*. É mais fácil aprender a faceta formal, que ocupou grande parte de nossa atenção neste livro. Mas também vimos como a criatividade e a paixão de *marketing* nas estratégias de muitas das empresas que estudamos – sejam elas pequenas ou grandes, novas ou maduras – ajudaram a construir e a manter o sucesso no mercado. Com isso em mente, vamos analisar as amplas estratégias competitivas de *marketing* que as empresas podem utilizar

Estratégias competitivas básicas

Há três décadas, Michael Porter sugeriu quatro estratégias competitivas de posicionamento básicas que as empresas poderiam adotar – três delas vencedoras e uma perdedora.[13] As três estratégias vencedoras são:

- *Liderança pelo custo total:* nesse caso, a empresa se esforça para atingir os menores custos de produção e distribuição. Os custos baixos permitem que ela cubra preços menores que os de seus concorrentes e conquiste uma grande participação de mercado. Walmart, Lenovo e Spirit Airlines são líderes praticantes dessa estratégia.

- *Diferenciação:* a empresa se concentra na criação de uma linha de produtos e de um programa de *marketing* extremamente diferenciados, assumindo o papel de líder de qualidade no setor. A maioria dos consumidores preferiria obter produtos dessa marca, se os preços não fossem tão altos. A Nike e a Caterpillar adotam essa estratégia para, respectivamente, serviços de tecnologia da informação e equipamentos pesados para construção.
- *Foco:* nesse caso, a empresa concentra seus esforços no bom atendimento de alguns segmentos de mercado, em vez de tentar atingir o mercado como um todo. Por exemplo, o Ritz-Carlton se concentra nos 5% dos viajantes a negócios e a lazer com maior poder aquisitivo. A Bose concentra-se em produtos eletrônicos de altíssima qualidade que produzem um som melhor. E o mecanismo de busca DuckDuckGo se concentra em um segmento de usuários que estão especialmente preocupados com o rastreamento e a privacidade da Internet.

Empresas que adotam uma estratégia clara – como uma das que acabamos de citar – provavelmente terão um bom desempenho, e a empresa que melhor executar a estratégia escolhida terá os maiores lucros. Mas as organizações que não adotam uma estratégia clara – as que ficam no meio do caminho entre uma estratégia e outra – são as que se saem pior. A Sears, a Levi-Strauss e o Holiday Inn passaram por dificuldades por não se destacarem nem por seus custos mais baixos, nem pela percepção de valor mais alto, nem pelo melhor atendimento a algum segmento do mercado. Empresas que ficam no meio do caminho tentam ser boas em todas as estratégias, mas acabam não sendo muito boas em nada.

Michael Treacy e Fred Wiersema, dois consultores de *marketing*, oferecem uma classificação para as estratégias competitivas de *marketing* mais centrada no cliente.[14] Eles sugerem que as empresas conquistam posições de liderança com a entrega de valor superior a seus clientes. No caso, as empresas podem adotar qualquer uma das três estratégias a seguir – chamadas de *disciplinas de valor* – para entregar mais valor aos clientes:

- *Excelência operacional*: a empresa oferece valor superior liderando o setor em preço e conveniência. Ela trabalha para reduzir os custos e para criar um sistema de entrega de valor enxuto e eficiente. Atende a clientes que querem produtos ou serviços confiáveis e de boa qualidade, mas que também sejam baratos e fáceis de encontrar. Exemplos incluem o Walmart, A IKEA, a Zara, a Southwest Airlines e o Trader Joe's. Por exemplo, por meio da excelência operacional, o Trader Joe's oferece uma equação preço-valor que a tornou uma das cadeias de supermercados com melhor desempenho e mais populares do país (veja o Marketing Real 18.2).
- *Intimidade com o cliente*: a empresa oferece valor superior segmentando seus mercados com precisão e, então, desenvolvendo produtos ou serviços sob medida, que se ajustam exatamente às necessidades dos clientes-alvo. Ela se especializa na satisfação das necessidades singulares dos clientes, por meio não só de um relacionamento próximo com eles, mas também de um profundo conhecimento deles. Além disso, a empresa dá poder a seus funcionários, para que reajam com rapidez às necessidades dos clientes. As organizações que têm intimidade com o cliente atendem a indivíduos que estão dispostos a pagar um preço mais elevado para obterem exatamente aquilo que querem. E elas fazem praticamente qualquer coisa para construir fidelidade duradoura e capturar o valor do cliente ao longo do tempo. Exemplos incluem a Nordstrom, a Amazon, o Salesforce, a Lexus e os hotéis Ritz-Carlton.
- *Liderança de produto*: a empresa oferece valor superior disponibilizando um fluxo contínuo de produtos ou serviços de ponta. Seu objetivo com isso é tornar obsoletos seus próprios produtos e os dos concorrentes. As líderes de produto são abertas a novas ideias, buscam incansavelmente novas soluções e trabalham para levar novos produtos ao mercado com rapidez. Elas atendem a clientes que querem produtos e serviços de última geração, independentemente dos custos relacionados a preço ou inconveniência. Um exemplo de líder de produto é a Apple:[15]

Desde o início, a Apple produziu um produto de ponta após o outro. Tudo começou com o elegante e acessível Apple Macintosh, o primeiro computador pessoal a apresentar uma interface gráfica de usuário e mouse. Isso foi seguido por uma revolução liderada pela Apple, na qual produtos inovadores da empresa, como o iPod, o iTunes, o iPhone e o iPad, criaram categorias totalmente novas que antes não existiam. Os modelos mais recentes do iPhone continuam a impressionar os usuários, os AirPods sem fio da Apple se tornaram acessórios em todo o mundo e o relógio *fitness* Apple Watch é um campeão de vendas. Na Apple, a inovação é mais do que superficial. Por

Liderança de produto: desde o início, a Apple produziu um produto de ponta após o outro, criando um caso de amor com o consumidor que fez dela uma das empresas mais valiosas do mundo.

Malcolm Haines/Alamy Stock Photo.

Marketing Real 18.2 | Excelência operacional: O posicionamento de valor "gourmet barato" exclusivo do Trader Joe's

Em uma manhã de julho, uma grande e entusiasmada multidão se reúne. A ocasião: a Trader Joe's está abrindo uma nova loja, e os compradores que esperam estão compartilhando sua alegria com a chegada do moderno varejista em seu bairro. O Trader Joe's é mais do que um supermercado, é uma experiência cultural. Suas prateleiras estão repletas de produtos que são ao mesmo tempo luxos exóticos e acessíveis. Seja manteiga de amendoim cremosa orgânica de Valência ou ovos de galinhas criadas livres, cajus tailandeses com limão e pimenta ou biscoitos de waffle de manteiga belga, são coisas encontradas apenas no Trader Joe's.

Poucos momentos após a abertura da nova loja, a enxurrada de clientes tornou quase impossível navegar pelos corredores. Eles fizeram filas de 10 pessoas nos caixas com carrinhos cheios do exclusivo vinho Charles Shaw de 2,99 dólares do Trader Joe's – também conhecido como "Two-Buck Chuck" – e uma variedade de outros produtos gourmet exclusivos a preços incrivelmente baixos. Tudo isso fez do Trader Joe's um dos varejistas mais aclamados do país.

O Trader Joe's não é realmente um mercado de comida gourmet. E também não é um mercado de alimentos com desconto. Na verdade, é um pouco dos dois. Apesar da excelência operacional, o Trader Joe's deu um toque especial à equação preço-valor dos alimentos – chame-o de "gourmet barato". Ele oferece produtos de nível gourmet e únicos a preços de pechincha, todos servidos em uma atmosfera festiva e de férias que torna as compras divertidas. Seja como for que você o defina, o posicionamento inventivo de preço e valor do Trader Joe's lhe rendeu uma base de clientes dedicados que adoram o que recebem pelos preços que pagam.

O Trader Joe's se descreve como uma "ilha paradisíaca" onde "valor, aventura e tesouros saborosos são descobertos todos os dias". Os compradores se agitam e zumbem em meio a paredes revestidas de tábuas de cedro e palmeiras falsas enquanto o sino de um navio toca ocasionalmente no caixa, alertando-os sobre anúncios especiais. Funcionários extremamente prestativos e alegres conversam com os clientes sobre qualquer coisa, desde o clima até sugestões de cardápio para jantares. Na recente abertura da loja, os atendentes saudaram os clientes com cumprimentos e biscoitos grátis. Os clientes não apenas compram no Trader Joe's; eles desfrutam uma experiência.

As prateleiras estão repletas de uma variedade eclética de itens de mercearia de qualidade gourmet. Os estoques do Trader Joe's têm apenas um sortimento limitado de cerca de 4 mil produtos (em comparação com os 45 mil itens encontrados em um típico supermercado). No entanto, a variedade é exclusivamente do Trader Joe's, incluindo misturas especiais de alimentos e molhos gourmet embalados, sopas prontas, entradas frescas e congeladas, lanches e sobremesas – tudo livre de corantes, sabores e conservantes artificiais.

O Trader Joe's é o deleite de um entusiasta gourmet, ofertando desde salada de brócolis orgânico, manteiga de amendoim cremosa de Valência e cafés artesanais a molho de milho e pimenta sem tomate e biscoitos de gengibre. Outra coisa que torna os produtos do Trader Joe's tão especiais é que você simplesmente não pode obter a maioria deles em outro lugar. Por exemplo, não há como encontrar os biscoitos Ginger Cats, a tortilla chips de quinoa e feijão preto ou a pipoca de manga e coco em alguma outra loja. Mais de 80% das marcas da loja são produtos de marca própria, vendidos exclusivamente pelo Trader Joe's. Se solicitado, quase qualquer cliente pode fazer uma lista dos produtos favoritos do Trader Joe's sem os quais eles simplesmente não podem viver – uma lista que cresce rapidamente. As pessoas chegam com a intenção de comprar apenas alguns produtos favoritos e rapidamente enchem o carrinho.

O Trader Joe's colocou seu próprio toque especial na equação preço-valor dos alimentos – chame-o de "gourmet barato".

Ken Wolter/Shutterstock.

Ambiente de loja especial, produtos gourmet exclusivos, colaboradores prestativos e atenciosos – tudo isso soa como uma receita de preços altos. Mas no Trader Joe's não é assim. Enquanto concorrentes de alto nível, como o Whole Foods Market, cobram preços de luxo para combinar com seus produtos, o Trader Joe's surpreende os clientes com seus preços relativamente baratos. Os preços não são tão baixos em termos absolutos, mas são uma verdadeira pechincha em comparação com o que você pagaria pela mesma qualidade e sofisticação em outros lugares. "No Trader Joe's, prezamos tanto pelo valor quanto pela boa comida", diz a empresa. "Então você pode se dar ao luxo de ser aventureiro sem ficar no vermelho".

Como o Trader Joe's mantém seus preços gourmet tão baixos? Por meio da excelência operacional. Ela molda cuidadosamente os elementos não relacionados ao preço para apoiar sua estratégia geral de preço-valor. Para começar, o Trader Joe's tem operações enxutas e um foco quase fanático em economizar dinheiro. Para manter os custos baixos, o Trader Joe's normalmente instala suas lojas em locais com baixo aluguel e afastados, como shoppings suburbanos. Notório pelos estacionamentos pequenos e sempre lotados, o Trader Joe's ressalta que estacionamentos espaçosos exigem imóveis maiores, e isso custa dinheiro. As lojas de pequeno porte da rede, com pequenas salas nos fundos e sortimentos de produtos limitados, resultam em instalações e custos de estoque reduzidos. As lojas do Trader Joe's economizam dinheiro eliminando grandes seções de produtos e caros setores de padaria, açougue, delicatessen e frutos do mar. E para suas marcas próprias, o Trader Joe's compra diretamente de fornecedores e negocia com afinco o preço.

Finalmente, o varejista econômico e operacionalmente excelente economiza dinheiro gastando quase nada em publicidade e não oferece cupons, cartões de desconto ou promoções especiais. A combinação única de produtos peculiares e preços baixos do Trader Joe's produz tanta promoção boca a boca e urgência de compra que a empresa realmente não precisa anunciar ou promover preços. Os elementos mais próximos de uma promoção oficial são o *site* da empresa, o aplicativo móvel e o boletim informativo mensal *The Fearless Flyer*.

O recurso promocional mais potente do Trader Joe's é seu exército de seguidores fiéis. Os clientes do varejista até começaram seus próprios *sites* de fãs na Web e nas redes sociais, como o www.traderjoesfan.com, onde discutem novos produtos e lojas, trocam receitas e contam suas histórias favoritas relacionadas ao Trader Joe's.

Assim, a construção da fórmula correta de valor-preço tornou o Trader Joe's um dos mercados de alimentos com melhor desempenho e mais populares do país. Suas mais de 504 lojas em 48 estados agora obtêm faturamento anual estimado em 13,3 bilhões de dólares, mais que quadruplicando suas vendas de uma década atrás. As lojas do Trader Joe's geram vendas por metro quadrado mais que o dobro da média do setor de supermercados. E ano após ano, é possível encontrar o Trader Joe's perto ou no topo de quase todas as listas de varejistas de supermercados com melhor desempenho, tanto financeiro quanto em relação à preferência do cliente.

É tudo uma questão de valor e preço – o que você recebe pelo que paga. Basta perguntar à cliente frequente do Trader Joe's Chrissi Wright encontrada de manhã cedo vagando em sua loja local em Bend, Oregon.

Chrissi espera sair do Trader Joe's com oito garrafas do popular vinho Charles Shaw, por 2,99 dólares, carregadas debaixo de seus braços. "Adoro o Trader Joe's porque eles me deixam comer como uma yuppie sem levar todo o meu dinheiro", diz Wright. "Seus produtos são gourmet, muitas vezes ambientalmente conscientes e bonitos... e, claro, há o Two-Buck Chuck – possivelmente a maior inovação do nosso tempo".[16]

exemplo, a empresa projeta seus próprios sofisticados chips de processador, especificamente otimizados para o sistema operacional, a tela, a câmera e os aplicativos da Apple.

A liderança de produtos da Apple resulta da compreensão do que motiva seus clientes e, em seguida, da criação de produtos inovadores que colocam os clientes à frente da multidão. Muitas empresas de tecnologia fabricam produtos que apenas ocupam espaço e funcionam. Por outro lado, a Apple tem um gênio para despertar a imaginação do consumidor e criar produtos que "melhoram a vida" que os clientes tanto desejam – muitas vezes antes mesmo dos próprios consumidores saberem o que querem. Essa liderança de produto produziu um caso de amor do consumidor com a Apple. Por sua vez, a Apple produziu resultados impressionantes de vendas e lucros ao longo dos anos, colocando a empresa em uma corrida acirrada com as estrelas da inovação Microsoft e Amazon pelo título de empresa mais valiosa do mundo.

Algumas empresas adotam, com sucesso, mais de uma disciplina de valor ao mesmo tempo. Por exemplo, a FedEx se destaca tanto na excelência operacional como na intimidade com o cliente. No entanto, essas empresas são raras – poucas conseguem ser as melhores em mais de uma dessas disciplinas. Na tentativa de ser boa em todas as disciplinas de valor, a empresa normalmente acaba não sendo a melhor em nenhuma delas.

Assim, as empresas excelentes se concentram e se destacam em uma única disciplina de valor, ao mesmo tempo em que atendem aos padrões do setor nas outras duas. Essas empresas projetam toda a sua cadeia de valor para apoiar, de maneira resoluta, a disciplina escolhida. Por exemplo, o Walmart sabe que intimidade com o cliente e liderança de produto são importantes. Em comparação com os outros varejistas de desconto, ele oferece um atendimento ao cliente muito bom e um ótimo sortimento de produtos. Mesmo assim, propositalmente, o Walmart oferece um nível mais baixo de atendimento ao cliente e profundidade de produto do que a Nordstrom ou a Williams-Sonoma, que buscam intimidade com o cliente. Em vez disso, o Walmart se concentra, obsessivamente, na excelência operacional – reduzindo custos e aperfeiçoando seu processo de pedido-entrega, para proporcionar ao cliente a conveniência de comprar os produtos certos pelos menores preços.

É interessante classificar as estratégias competitivas como disciplinas de valor. Isso define a estratégia de *marketing* em termos de busca resoluta de entrega de valor superior para os clientes. Cada disciplina de valor estabelece uma maneira específica de construir relacionamentos duradouros com o cliente.

Posições competitivas

As empresas que competem em um determinado mercado-alvo diferem em termos de objetivos e recursos. Algumas são grandes, outras são pequenas. Algumas dispõem de muitos recursos, outras ficam amarradas por falta de fundos. Algumas são antigas e bem estabelecidas, outras são novas e inexperientes. Algumas lutam por rápido crescimento da participação de mercado, outras por lucros no longo prazo. E todas essas empresas ocupam diferentes posições competitivas no mercado-alvo.

Vamos examinar agora as estratégias competitivas baseadas nos papéis que as empresas desempenham no mercado-alvo – elas podem ser líderes, desafiantes, seguidoras ou ocupantes de nicho. Suponhamos que um setor contenha as empresas mostradas na **Figura 18.2**. Ao todo, 40% do

FIGURA 18.2
Posições competitivas de mercado e papéis.

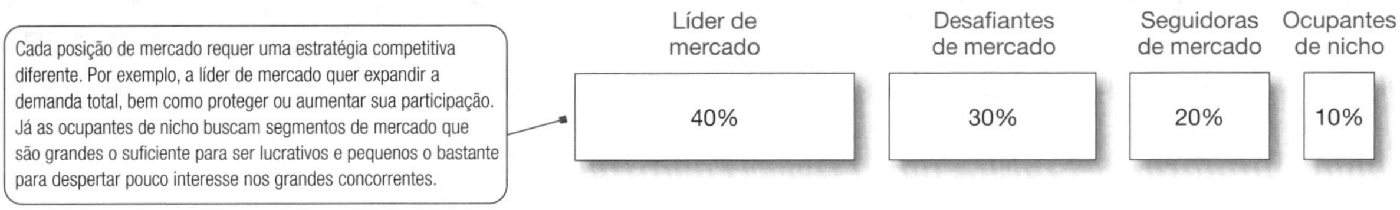

Líder de mercado
A empresa com maior participação de mercado do setor.

Desafiante de mercado
A empresa que não está na liderança e que luta com afinco para aumentar sua participação de mercado em um setor.

Seguidora de mercado
A empresa que não está na liderança e que quer manter sua participação no setor sem causar problemas.

Ocupante de nicho
Uma empresa que atende a segmentos pequenos, os quais as outras organizações no setor ignoram.

mercado está nas mãos da **líder de mercado**, a empresa com a maior participação. Outros 30% estão nas mãos das **desafiantes de mercado**, empresas que não estão na liderança e que lutam com afinco para aumentar sua participação de mercado. No total, 20% do mercado está nas mãos das **seguidoras de mercado**, empresas que também não ocupam a liderança, mas que querem manter sua participação sem causar problemas. Os 10% restantes pertencem às **ocupantes de nicho**, que atendem a segmentos pequenos, que não são cobiçados por outras empresas.

A ● **Tabela 18.1** mostra estratégias de *marketing* específicas disponíveis para as líderes, as desafiantes, as seguidoras e as ocupantes de nichos.[17] Lembre-se, todavia, de que nem sempre essas classificações se aplicam a uma empresa como um todo, mas apenas à sua posição dentro de um determinado setor. Empresas grandes, como a Amazon, a Microsoft, o Google, a P&G e a Disney, podem ser líderes em alguns mercados e ocupantes de nicho em outros. Por exemplo, a Amazon lidera o mercado de varejo *on-line*, mas desafia a Apple e a Samsung em *smartphones* e *tablets*. A P&G é líder em muitos segmentos, como o de sabão em pó e xampu, mas desafia a Unilever nos sabonetes e a Kimberly-Clark nos lenços de papel. Essas empresas normalmente utilizam estratégias diferentes para diferentes unidades de negócios ou produtos, dependendo das respectivas situações competitivas.

Estratégias da empresa líder de mercado

A maioria dos setores tem uma líder de mercado reconhecida. Ela detém a maior participação de mercado e, normalmente, lidera as outras empresas nas alterações de preço, no lançamento de novos produtos, na cobertura da distribuição e nos gastos com promoção. A líder pode ou não ser admirada ou respeitada, mas as outras empresas reconhecem seu domínio. Os concorrentes veem na líder uma empresa a desafiar, imitar ou evitar. Entre as líderes de mercado mais conhecidas estão: Walmart (varejo), Amazon (varejo *on-line*), McDonald's (*fast-food*), AT&T (telecomunicações), Coca-Cola (bebidas), Boeing (aeroespaço), Nike (roupas e calçados esportivos), Marriot (hotéis e resorts) e Google (serviços de busca na Internet).

A vida de uma líder não é nada fácil. Ela precisa estar constantemente em alerta. Outras empresas estão sempre desafiando suas forças ou tentando se aproveitar de suas fraquezas. A líder pode facilmente perder uma oportunidade no mercado e cair para o segundo ou o terceiro lugar. Pode aparecer uma inovação de produto que a prejudique (como quando o *marketing* direto e o *streaming* de vídeo da Netflix desbancaram a então líder de mercado Blockbuster ou quando a Apple desenvolveu o iPod e o iTunes e tirou a liderança do mercado dos aparelhos portáteis de áudio Walkman, da Sony). A líder pode também se tornar arrogante ou confiante demais e julgar erroneamente a concorrência (foi o caso da Sears, que perdeu a liderança para o Walmart). Ou ela pode parecer antiquada em comparação com novos rivais, mais interessantes (como quando a Abercrombie & Fitch perdeu terreno para marcas estilosas ou de baixo custo, como a Zara, a H&M e a Forever 21).

Para continuar no topo, as empresas líderes podem optar por uma entre três ações. Em primeiro lugar, elas podem descobrir meios de expandir a demanda total. Em segundo, podem proteger sua participação de mercado atual por meio de boas ações defensivas e ofensivas. Em terceiro, podem tentar expandir ainda mais sua participação de mercado, mesmo que o tamanho do mercado permaneça o mesmo.

Expansão da demanda total

A empresa líder geralmente é a que ganha mais quando o mercado total se expande. Se os norte-americanos comerem mais *fast-food*, o McDonald's terá mais a ganhar, pois sua participação de mercado é muito maior do que a do Subway, do Burger King ou do Taco Bell. Se o McDonald's

● **Tabela 18.1 Estratégias para líderes, desafiantes, seguidoras e ocupantes de nicho**

Estratégias de líder de mercado	Estratégias de desafiante de mercado	Estratégias de seguidora de mercado	Estratégias de ocupante de nicho
Expandir o mercado total	Ataque frontal direto	Seguir de perto	Por cliente, mercado, qualidade/preço, serviço
Proteger a participação de mercado	Ataque indireto	Seguir a distância	Ocupação de vários nichos
Aumentar a participação de mercado			

Atraindo novos usuários: para atrair novos clientes, a IKEA está montando lojas de pequeno porte – chamadas IKEA Planning Studios – que atendem às necessidades especiais dos consumidores que moram em apartamentos minúsculos em centros urbanos densamente povoados, como Nova York.

Associated Press

conseguir convencer os norte-americanos de que, na atual conjuntura econômica, o *fast-food* é a melhor opção quando se quer comer fora, ele se beneficiará mais do que seus concorrentes.

As líderes podem expandir o mercado por meio do desenvolvimento de novos usuários, novos usos e maior utilização de seus produtos. Normalmente, elas podem encontrar *novos usuários* ou segmentos de mercado não atendidos em muitos locais. Por exemplo, a IKEA está montando lojas especiais de pequeno porte – chamadas IKEA Planning Studios – para atrair novos clientes em centros urbanos densamente povoados, como Nova York, Londres, Paris e Moscou:[18]

> A primeira IKEA Planning Studio nos Estados Unidos, localizada em Manhattan, tem cerca de um vigésimo do tamanho de uma superloja regular da IKEA. Ela foi projetada para atender às necessidades exclusivas de muitos nova-iorquinos que vivem em apartamentos minúsculos. Muitas vezes sem carros, esses consumidores procuram comprar móveis com orçamento limitado, mas acham difícil chegar a uma superloja IKEA maior ou transportar móveis de volta para seus apartamentos ("Porque às vezes suas ideias são maiores que o trem", diz uma placa perto da entrada da loja). Os clientes não podem levar nada do centro de planejamento para casa. Em vez disso, eles podem ver configurações de quartos cuidadosamente projetadas com base em apartamentos da vida real em Nova York – uma planta baixa de 30 metros quadrados tem até uma banheira na sala de estar. Ou eles podem consultar um funcionário da IKEA com iPad para criar configurações personalizadas de móveis, objetos de decoração e acessórios da IKEA para caber em seus próprios espaços. As compras são enviadas diretamente para as casas dos clientes. "Este estúdio de planejamento foi criado e projetado especificamente para o modo de vida do nova-iorquino e o que funciona em seu espaço, suas necessidades", diz um profissional de *marketing* da IKEA. "As lojas do centro da cidade podem dar à IKEA acesso a um novo conjunto de clientes", acrescenta um analista de varejo.

Os profissionais de *marketing* podem expandir os mercados descobrindo e promovendo *novos usos* para o produto. Por exemplo, a capacidade da The WD-40 Company para encontrar novos usos para seu produto o tornou um dos itens de sobrevivência mais essenciais na maioria dos lares norte-americanos. Alguns anos atrás, a WD-40 fez uma pesquisa com usuários para descobrir usos exclusivos e postou as melhores entre as mais de 2 mil sugestões recebidas no *site* da empresa.[19] Alguns consumidores sugeriram usos simples e práticos, como evitar que cadeiras de vime rangessem, soltar peças de LEGO presas ou limpar marcas de lápis de praticamente qualquer lugar. Outros, no entanto, relataram algumas aplicações bastante incomuns. Muitas pessoas, ao que parece, usam o WD-40 para fazer os esquilos deslizarem dos postes de alimentação de pássaros. Um homem usa WD-40 para polir seu olho de vidro; outro usa para remover sua prótese de perna. Você já ouviu falar de um suspeito de assalto que, sem roupas, se lançou na passagem de ar de uma cafeteria em Denver? Os bombeiros conseguiram tirá-lo de lá com uma grande dose de WD-40. E conhece a história do oficial naval do Mississippi, que usou WD-40 para repelir um urso raivoso? Como a empresa conclui: "Você só precisa de duas coisas na vida: fita adesiva e WD-40. Se algo se mover, mas não deveria, use fita adesiva. Se não se mover, mas deveria, use WD-40".

Por fim, as líderes de mercado podem incentivar um *maior uso*, convencendo as pessoas a utilizar o produto com mais frequência ou a usar uma maior quantidade maior dele por vez. Por exemplo, a Campbell incentiva as pessoas a consumir suas sopas e outros produtos com mais frequência veiculando anúncios que contêm receitas novas. No *site* Campbell's Kitchen (www.cambellskitchen.com), os visitantes podem procurar ou trocar receitas, criar sua própria caixinha com receitas, ficar por dentro de maneiras mais saudáveis de comer e se cadastrar para receber o programa Meal Mail diária ou mensalmente. Na página da Campbell no Facebook, no Pinterest e no Twitter, os consumidores podem participar de conversas na Campbell's Kitchen Community e compartilhá-las.

Proteção da participação de mercado

Ao mesmo tempo em que tenta expandir o tamanho total do mercado, a empresa líder também precisa proteger seus negócios atuais dos ataques dos concorrentes. O Walmart precisa se proteger constantemente da Amazon, da Target e da Costco; o McDonald's, da Wendy's e do Burger King; e a Nike, da Adidas.

O que a líder de mercado pode fazer para proteger sua posição? Para começar, ela deve evitar ou corrigir fraquezas que geram oportunidades para os concorrentes. Deve sempre cumprir sua

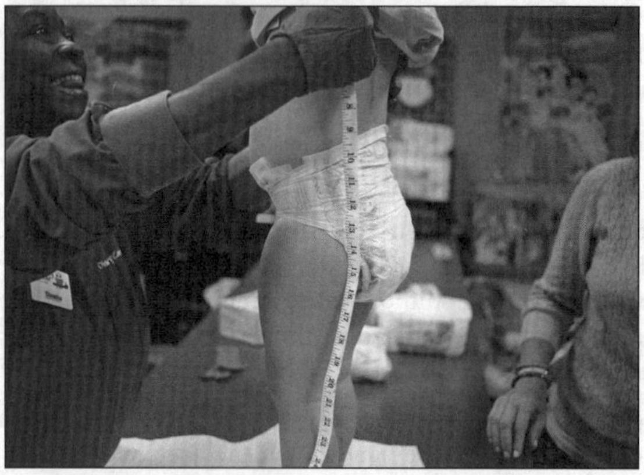

Protegendo a participação de mercado: os pesquisadores da P&G ultrapassam os limites da ciência e do estilo para manter a vantagem tecnológica sobre os concorrentes de fraldas descartáveis. Graças à inovação implacável e à construção da marca, a P&G mantém a liderança de participação de mercado.

Luke Sharrett/Bloomberg/Getty Images

promessa de valor e trabalhar, incansavelmente, para engajar clientes de valor e manter sólidos relacionamentos com eles. Seus preços devem permanecer compatíveis com o valor que os clientes veem na marca. A líder deve "reduzir as brechas", para que os concorrentes não se esgueirem por elas.

Mas a melhor defesa é um bom ataque, e a melhor resposta é a *inovação contínua*. A líder se recusa a contentar-se com o modo como as coisas estão e lidera o setor na busca de novos produtos, nos serviços para os clientes, na eficácia na distribuição, na promoção e na redução dos custos. E continua aumentando sua eficácia competitiva e seu valor para os clientes. Quando atacada pelas desafiantes, a líder de mercado reage de modo decisivo. Por exemplo, no mercado global de fraldas descartáveis de 58 bilhões de dólares, a líder de mercado P&G – com suas marcas Pampers e Luvs – tem sido implacável em sua ofensiva contra concorrentes como a Huggies, da Kimberly-Clark:[20]

> As fraldas descartáveis representam cerca de 14% das vendas da P&G. Assim, a empresa investe enormes recursos em P&D de fraldas descartáveis e de cuidados com o bebê, buscando construir a fralda definitiva que produza "zero vazamento, máxima secura, máximo conforto, com um ajuste semelhante ao de uma roupa íntima", diz um gerente de pesquisa de cuidados com bebês da P&G. Em cinco centros de cuidados com bebês em todo o mundo, os pesquisadores da P&G ultrapassam os limites da ciência e do estilo para manter uma vantagem tecnológica sobre os concorrentes. A divisão de cuidados com o bebê da P&G agora tem mais de 5 mil patentes de fraldas concedidas ou pendentes. Por exemplo, ela introduziu a Pamper Premium Care Pants, fraldas com elástico em todo o contorno, que podem ser vestidas como roupas íntimas, hoje a variedade de fraldas mais popular na China. Recentemente, ela lançou a Pampers Pure, a fralda natural mais vendida atualmente. O próximo passo na inovação de fraldas: fraldas inteligentes com sensores embutidos que alertam os pais por meio de aplicativos de *smartphone* quando seus bebês a molham ou até mesmo notificam os pais se detectarem que o usuário pode estar com alguma doença. Além da pressão pela superioridade tecnológica, a P&G emprega sua forte influência de *marketing* para engajar os consumidores e convencê-los de que suas fraldas são as melhores para seus bebês. Ao todo, graças a sua implacável inovação e construção de marca, a P&G detém nos Estados Unidos uma participação de mercado crescente de 43%, contra 35% da concorrente Kimberly-Clark. No enorme mercado chinês de fraldas, ela detém uma participação de 27% contra 22% da Kimberly-Clark.

Aumento da participação de mercado

As líderes de mercado também podem crescer aumentando ainda mais sua participação de mercado. Em muitos mercados, um pequeno aumento na participação significa um aumento muito grande nas vendas. Por exemplo, no mercado norte-americano de xampu, 1% de aumento na participação de mercado significa 128 milhões de dólares em vendas anuais; no de refrigerantes, esse aumento de participação representa 1,9 bilhão de dólares![21]

Estudos mostraram que, em geral, a lucratividade sobe com o aumento da participação de mercado. Por conta dessa descoberta, muitas empresas procuraram expandir sua participação de mercado para aumentar a lucratividade. Nos últimos anos, por exemplo, a P&G descartou dezenas de marcas menores e de baixa participação para concentrar seus recursos em menos marcas, mas com maior participação e com faturamento de mais de um bilhão de dólares. Mais de um terço das marcas da empresa agora se enquadram nessa categoria de megamarcas.

Entretanto, alguns estudos revelaram que muitos setores possuem uma ou algumas grandes empresas altamente lucrativas, diversas empresas lucrativas e mais focadas e um grande número de empresas de médio porte com um desempenho mais baixo em termos de lucratividade. Ao que parece, a lucratividade aumenta à medida que um negócio conquista mais participação em relação aos concorrentes em seus mercados atendidos. Por exemplo, a Lexus possui só uma pequena participação do mercado total de automóveis, mas obtém altos lucros por ser a marca líder no segmento de carros de luxo de alto desempenho. E ela obteve essa grande participação em seu mercado atendido fazendo as coisas certas, por exemplo, fabricando produtos de alta qualidade, criando extraordinárias experiências de serviço e construindo um relacionamento próximo com o cliente.

Contudo, as empresas não devem achar que, se conseguirem aumentar a participação de mercado, automaticamente, a lucratividade subirá. Isso depende muito de sua estratégia para conseguir o aumento de participação. Existem muitas empresas com alta participação e baixa lucratividade, assim como muitas organizações com baixa participação e alta lucratividade. O custo para adquirir maior participação de mercado pode exceder, e muito, o retorno. Participações mais altas tendem a gerar lucros maiores somente quando o custo unitário cai com a maior participação de mercado ou, então, quando a empresa oferece um produto de melhor qualidade e cobra um preço mais elevado, que, além de cobrir, excede os custos de oferecer qualidade superior.

Estratégias da desafiante de mercado

Muitas vezes, as empresas que ocupam a segunda e a terceira colocações em um setor, ou até mesmo posições mais baixas, são bastante grandes, como a PepsiCo, a Ford, a Lowe's, a Hertz e a Target. Essas empresas podem optar pela adoção de uma entre duas estratégias competitivas: elas podem desafiar a líder e as outras concorrentes em um esforço agressivo para conseguir maior participação de mercado (desafiantes de mercado) ou, então, podem acompanhar as concorrentes sem causar problemas (seguidoras de mercado).

A desafiante de mercado deve, em primeiro lugar, definir quais concorrentes desafiar e qual é seu objetivo estratégico. Ela pode atacar a líder de mercado, uma estratégia de alto risco, mas com alto potencial de ganho. Sua meta pode ser conquistar a liderança no mercado. Ou o objetivo da desafiante pode ser simplesmente obter mais participação de mercado.

Apesar de parecer que a líder de mercado tem as maiores chances, as desafiantes muitas vezes têm o que alguns estrategistas chamam de "vantagem do segundo lugar". A desafiante observa o que tornou a líder de mercado bem-sucedida e aprimora esse ponto. Por exemplo, a Home Depot criou o conceito de superloja de melhorias domésticas. Entretanto, após observar o sucesso da Home Depot, a Lowe's, segunda colocada no mercado, com suas lojas mais bem iluminadas, seus corredores mais amplos e seus vendedores mais solícitos, posicionou-se como uma boa alternativa à líder. Ao longo da última década, a Lowe's diminuiu substancialmente a lacuna em vendas e participação de mercado em relação à Home Depot.

De fato, as desafiantes, às vezes, se tornam líderes de mercado imitando e aprimorando as ideias dos pioneiros. Por exemplo, o McDonald's, primeiro, imitou e depois dominou o conceito de *fast-food*, lançado pela White Castle. E Sam Walton, fundador do Walmart, admitiu que o varejista emprestou a maioria de suas práticas das primeiras lojas de desconto – as redes Sol Price's FedMart e Price Club – e as aperfeiçoou, tornando-se o principal varejista da atualidade.

Outra possibilidade é a desafiante evitar a líder e se voltar para empresas do mesmo porte que o seu ou para organizações locais e regionais menores. Essas empresas menores podem estar descapitalizadas ou não estar atendendo bem a seus clientes. Quando a desafiante resolve ir atrás de uma pequena empresa local, seu objetivo pode ser tirar essa empresa do negócio. Nesse caso, o ponto importante continua a ser o mesmo: a desafiante deve escolher cuidadosamente suas adversárias e ter um objetivo claramente definido, possível de ser atingido.

Como a desafiante de mercado pode atacar melhor o concorrente escolhido e atingir seus objetivos estratégicos? Ela pode lançar um *ataque frontal direto*, equiparando-se ao concorrente em termos de produto, propaganda, preço e esforços de distribuição. Aqui, a empresa ataca os pontos fortes do concorrente e não suas fraquezas. O resultado depende de quem tiver mais força e resistência. A PepsiCo desafia a Coca-Cola dessa maneira, a Ford desafia a Toyota frontalmente e a Sprint mira diretamente para a AT&T.

Estratégias desafiadoras de mercado: quando entrou no mercado dos Estados Unidos, em vez de atacar diretamente as líderes de mercado Coca-Cola e Pepsi, a Red Bull usou abordagens de *marketing* indiretas e não convencionais.

Eyal Dayan Photography

No entanto, se a desafiante de mercado dispuser de menos recursos do que o concorrente, o ataque frontal não fará muito sentido. Assim, muitas empresas que estão entrando no mercado evitam ataques frontais, sabendo que as líderes podem barrá-los com bombardeios de propaganda, guerras de preços e outras retaliações. Em vez de atacar frontalmente, a desafiante pode lançar um *ataque indireto* contra as fraquezas do concorrente ou as brechas existentes na cobertura de mercado dele. Ela pode construir pontos de apoio utilizando as táticas que líderes estabelecidos têm dificuldade para usar ou optam por ignorar.

Considere, por exemplo, como a europeia Red Bull entrou no mercado norte-americano de refrigerantes no final de década de 1990, desafiando líderes como a Coca-Cola e a PepsiCo. A Red Bull atacou as líderes indiretamente, vendendo um produto de nicho caro em pontos de distribuição não tradicionais. Ela começou vendendo Red Bull em pontos nada convencionais, que não eram dominados pelas líderes de mercado, como bares e danceterias, onde pessoas com 20 e poucos anos engoliam a bebida rica em cafeína para poderem aguentar a noite toda. Depois de já ter construído uma base de clientes, a marca se expandiu para pontos de venda mais tradicionais, onde agora fica ao lado da Coca-Cola e da Pepsi. Por fim, a Red Bull usou uma série de táticas de *marketing* de guerrilha em vez da mídia tradicional de alto custo usada pelos líderes de mercado. A abordagem indireta funcionou para a Red Bull. Apesar da concorrência cada vez mais intensa nos Estados Unidos, a Red Bull é agora uma marca de 7,3 bilhões de dólares que captura 42% do mercado de bebidas energéticas, com a Coca-Cola e a PepsiCo detendo apenas pequenas participações de mercado.[22]

Estratégias da seguidora de mercado

Nem todas as empresas que não ocupam a liderança querem desafiar a líder de mercado. A líder nunca faz pouco caso dos desafios. Se os atrativos da desafiante forem preços mais baixos, melhores serviços ou características adicionais nos produtos, a líder poderá rapidamente se equiparar a ela e neutralizar o ataque. Provavelmente, a líder terá maior poder de resistência em um confronto direto pelos clientes. Por exemplo, alguns anos atrás, quando a Kmart – pertencente à Sears – lançou sua renovada campanha de preços baixos, desafiando diretamente o "preço baixo todo dia" do Walmart, ela deu início a uma guerra de preços que não tinha condições de ganhar. O Walmart teve pouco problema para se defender do ataque do Kmart, deixando o concorrente pior após a tentativa. Sem uma estratégia competitiva para desafiar efetivamente líderes de varejo como o Walmart e a Amazon, a Kmart agora está à beira da extinção. Assim, muitas empresas preferem seguir em vez de desafiar o líder de mercado.

Uma seguidora pode ter muitas vantagens. É a líder de mercado quem geralmente arca com as enormes despesas ligadas ao desenvolvimento de novos produtos e mercados, à expansão da distribuição e à instrução do mercado. Em compensação, como desafiante, a seguidora de mercado pode aprender com a experiência da líder. Ela pode copiar ou aprimorar os produtos e programas da líder, normalmente com muito menos investimento. Embora a seguidora provavelmente não consiga superar a líder, muitas vezes pode ser tão lucrativa quanto ela.

Seguir não é o mesmo que ser passiva ou uma cópia da líder. Uma seguidora de mercado deve saber como manter seus clientes atuais e como conquistar uma boa parcela de clientes novos. Deve encontrar o equilíbrio certo entre seguir suficientemente de perto o líder para conquistar clientes dele e manter uma distância razoável para evitar retaliação. Toda seguidora tenta oferecer vantagens distintas para seus mercados-alvo – localização, serviços, financiamento. As seguidoras costumam ser o alvo preferido do ataque das desafiantes. Portanto, elas devem manter seus custos de produção e seus preços baixos ou, então, deixar a qualidade de seus produtos e seus serviços em um nível alto. Devem também entrar em mercados novos assim que eles se abrirem.

Estratégias de ocupante de nicho

Quase todo setor contém empresas que se especializam em atender a nichos de mercado. Em vez de se voltar para o mercado como um todo ou até mesmo para grandes segmentos, essas empresas visam aos subsegmentos. As ocupantes de nicho são geralmente empresas menores, com recursos limitados. Mas divisões menores de grandes empresas também podem adotar estratégias de nicho de mercado. Organizações com uma pequena participação do mercado total podem ser muito bem-sucedidas e lucrativas por meio da ocupação inteligente de nichos.

Por que a ocupação de nichos é tão lucrativa? A principal razão é que a ocupante de nicho acaba conhecendo o grupo de clientes-alvo tão bem que atende a suas necessidades melhor do que outras empresas que, vez ou outra, vendem para esse nicho. Como resultado, a ocupante de nicho pode cobrar uma margem substancial sobre os custos, por conta do valor agregado. Enquanto as empresas de massa conseguem um alto volume, as ocupantes de nicho conseguem margens elevadas.

As ocupantes de nicho tentam encontrar um ou mais nichos de mercado que sejam seguros e rentáveis. O nicho de mercado ideal é suficientemente grande para ser lucrativo e tem potencial de crescimento. É também um mercado a que a empresa pode atender com eficácia. Mas talvez o mais importante seja o fato de o nicho não despertar muito interesse em grandes concorrentes. Além disso, a empresa pode desenvolver suas habilidades e uma boa reputação aos olhos dos clientes, para se defender de um concorrente de grande porte quando o nicho crescer e ficar mais atrativo.

A ideia-chave do nicho é a especialização. Os nichos prosperam atendendo em profundidade as necessidades específicas de grupos de clientes bem direcionados. Por exemplo, o Google domina a busca *on-line* nos Estados Unidos com sua enorme participação de mercado de 63%. Dois outros gigantes – o Bing, da Microsoft, e o Yahoo! – combinam-se em 34%. Isso deixa uma preciosa fatia de 3%

Marketing **de nicho: o DuckDuckGo prospera nas sombras dos gigantes concorrentes de mecanismos de busca, dando a sua comunidade de usuários algo que os Googles do mundo não podem imitar – privacidade verdadeira.**

Duck Duck Go, Inc.

para dezenas de outros mecanismos de busca que tentam se firmar. Então, como um aspirante a um pequeno mecanismo de busca compete com as potências globais? Não competindo, pelo menos não diretamente. Em vez disso, ele encontra um nicho de mercado único e funciona onde os cães grandes não estão. Essa é a estratégia da DuckDuckGo, uma corajosa *startup* de mecanismos de busca que está conquistando seu próprio nicho especial de mercado:[23]

Em vez de enfrentar o Google e outros gigantes de frente, o DuckDuckGo se posiciona firmemente com um importante recurso diferenciador que os Googles do mundo simplesmente não conseguem imitar – a privacidade verdadeira. Em seguida, ele energiza seu nicho exclusivo com personalidade de marca e comunidade de usuários, personificada pelo ícone do DuckDuckGo – um peculiar pato de gravata borboleta. Todo o modelo do Google é construído em torno da personalização para clientes e *marketing* segmentado por comportamento para anunciantes. Isso requer coletar e compartilhar dados sobre usuários e suas pesquisas. Quando você pesquisa no Google, a empresa sabe e retém em detalhes quem você é, o que pesquisou e quando pesquisou.

Por outro lado, o DuckDuckGo é menos invasivo e menos assustador. Ele não sabe quem você é. Ele não registra endereços de IP dos usuários, não usa cookies para rastreá-los e nem mesmo salva os históricos de pesquisa deles. Talvez o mais importante, quando os usuários clicam nos *links* de resultados de pesquisa do DuckDuckGo, os *sites* vinculados não recebem nenhuma informação gerada pelo mecanismo de pesquisa. "Sem rastreamento, sem segmentação de anúncios, apenas pesquisa", promete DuckDuckGo. Assim, o DuckDuckGo tornou-se um mecanismo de pesquisa preferido para pessoas que valorizam a privacidade *on-line*, e esse é um grupo em rápido crescimento.

O DuckDuckGo não está apenas sobrevivendo em seu nicho, está explodindo. A empresa ainda é relativamente pequena – faz em média cerca de 12 bilhões de buscas por ano contra quase 2 trilhões do Google. Mas o volume diário de pesquisa do DuckDuckGo aumentou quase quatro vezes nos últimos três anos, enquanto o crescimento do volume do Google ficou um pouco para trás. De muitas maneiras, o DuckDuckGo é o Davi e o Google, o Golias. Mas, ao contrário de Davi, o DuckDuckGo não quer matar o gigante. Ele sabe que não pode competir de frente com o Google. Por outro lado, dada a profundidade do engajamento e lealdade do consumidor que o DuckDuckGo gera em seu pequeno canto do mercado de buscas *on-line*, o Google e os outros gigantes podem achar difícil competir com o DuckDuckGo por usuários preocupados com a privacidade.

Uma ocupante de nicho pode se especializar em qualquer uma das muitas linhas de mercados, clientes, produtos ou *mix* de *marketing* à sua disposição. Por exemplo, ela pode se especializar em atender a um tipo de *usuário final*, como é o caso dos escritórios de advocacia que se especializam em direito criminal, civil ou corporativo. A ocupante de nicho também pode se especializar em atender a *clientes de um determinado porte* – muitas se especializam em atender clientes de pequeno e médio portes, que são ignorados pelas grandes empresas.

Algumas ocupantes de nicho se concentram em um ou alguns *clientes específicos* e vendem toda a sua produção para uma única empresa, como o Walmart ou a General Motors. Outras se especializam em *mercados geográficos*, vendendo apenas em determinada localidade, região ou área do mundo. Por exemplo, o extrato de levedura Vegemite é vendido e consumido principalmente na Austrália. As ocupantes de nicho de *preço/qualidade* operam nos extremos alto ou baixo do mercado. Por exemplo, a Manolo Blahnik é especializada em sapatos femininos de alta qualidade e alto preço. Por fim, as *ocupantes de nicho de serviços* oferecem serviços não fornecidos pelas outras empresas. Por exemplo, a LendingTree oferece financiamentos e serviços imobiliários *on-line* conectando compradores e vendedores de imóveis com redes nacionais de instituições de empréstimo hipotecário e corretores de imóveis, que competem pelos negócios dos clientes. "Quando as instituições de empréstimo hipotecário competem", ela afirma, "quem ganha é você".

A ocupação de nichos traz alguns grandes riscos. Por exemplo, o nicho de mercado pode se esgotar ou crescer a ponto de atrair concorrentes maiores. É por isso que muitas empresas adotam a prática dos *nichos múltiplos*. Desenvolvendo dois ou mais nichos, a empresa aumenta suas chances de sobrevivência. Mesmo algumas grandes empresas preferem uma estratégia de nichos múltiplos ao atendimento do mercado total. Por exemplo, a fabricante de calçados Wolverine World Wide comercializa uma dúzia de marcas de estilo de vida, desde calçados infantis, casuais e esportivos até calçados de trabalho. Por exemplo, sua antiga marca Stride Rite apresenta calçados duráveis para crianças. A marca Saucony oferece calçados esportivos para corredores. A marca Keds tem como alvo as mulheres com tênis casuais e sapatos de couro, enquanto a marca Hush Puppies oferece conforto atemporal em sapatos casuais, botas e sandálias. Em contraste, as marcas Bates e CAT da Wolverine visam os mercados de construção, policial e militar com calçados duráveis para o trabalho. Ao todo, suas marcas de nicho separadas se combinam para tornar a Wolverine uma empresa de calçados de 2,4 bilhões de dólares que "tem o mundo a seus pés, literal e figurativamente".[24]

Equilíbrio entre a orientação para o cliente e para a concorrência

Objetivo 18.3 Ilustrar a necessidade de encontrar o equilíbrio entre a orientação para o cliente e a concorrência, a fim de se tornar uma organização verdadeiramente centrada no mercado.

Quer seja líder, desafiante, seguidora ou ocupante de nicho de mercado, a empresa precisa vigiar seus concorrentes de perto e encontrar a estratégia competitiva de *marketing* que a posicione de maneira mais eficaz. Ela deve também adaptar continuamente suas estratégias ao ambiente competitivo, que está sempre em rápido desenvolvimento. Isso levanta uma questão: a empresa pode chegar ao ponto de gastar tempo e energia *demais* acompanhando os concorrentes e, com isso, prejudicar sua orientação para o cliente? A resposta é sim. A empresa pode se tornar tão centrada no concorrente que perde de vista até mesmo seu foco mais importante, que é a manutenção de um relacionamento lucrativo com o cliente.

Empresa centrada na concorrência
Uma empresa cujos movimentos são baseados, principalmente, nas ações e reações dos concorrentes.

Uma **empresa centrada na concorrência** passa a maior parte de seu tempo acompanhando as ações e a participação de mercado dos concorrentes, bem como tentando encontrar estratégias para enfrentá-las. Essa abordagem tem seus prós e contras. Pelo lado positivo, a empresa desenvolve uma orientação combativa, fica atenta a pontos fracos em sua própria posição e procura as fraquezas dos concorrentes. Pelo lado negativo, a empresa se torna reativa demais. Em vez de executar sua própria estratégia orientada para o relacionamento com o cliente, ela baseia suas manobras nas ações dos concorrentes. Como resultado, pode acabar simplesmente imitando ou ampliando as práticas do setor, sem buscar novas maneiras inovadoras de criar mais valor para os clientes.

Empresa centrada no cliente
Uma empresa que se concentra no desenvolvimento do cliente ao elaborar suas estratégias de *marketing* e entregar valor superior ao público-alvo.

Em compensação, uma **empresa centrada no cliente** concentra-se mais no desenvolvimento dele ao elaborar suas estratégias. Obviamente, esse tipo de empresa está em melhor posição para identificar novas oportunidades e estabelecer estratégias sensatas de longo prazo. Observando a evolução das necessidades dos clientes, ela pode decidir quais são os grupos de consumidores e as necessidades emergentes mais importantes para atender e, então, concentrar seus recursos na entrega de valor superior para os clientes-alvo.

Empresa centrada no mercado
Uma empresa que, ao elaborar suas estratégias de *marketing*, presta atenção nos clientes e nos concorrentes de maneira equilibrada.

Na prática, as organizações de hoje devem ser **empresas centradas no mercado**, observando tanto seus clientes como seus concorrentes. Mas elas não podem deixar que a vigilância dos concorrentes as impeça de se concentrar no cliente.

A ● **Figura 18.3** mostra que as empresas podem ter quatro orientações. Em primeiro lugar, elas podem ser orientadas para o produto, dedicando pouca atenção aos clientes e aos concorrentes. Em segundo, podem ser orientadas para os clientes, prestando atenção neles. Em terceiro, quando começam a dar atenção aos concorrentes, tornam-se orientadas para eles. Hoje, entretanto, as empresas precisam ser orientadas para o mercado, dando atenção para os clientes e concorrentes de modo equilibrado. Em vez de simplesmente observar os concorrentes e tentar vencê-los em sua abordagem atual de fazer negócios, elas precisam vigiar os clientes e descobrir maneiras inovadoras de construir um relacionamento lucrativo com eles, entregando-lhes mais valor do que os concorrentes.

● FIGURA 18.3
Evolução das orientações da empresa.

Centrada no concorrente \ Centrada no cliente	Não	Sim
Não	Orientação para o produto	Orientação para o cliente
Sim	Orientação para o concorrente	Orientação para o mercado

Empresas centradas no mercado entendem tanto os clientes como os concorrentes. Elas constroem um relacionamento lucrativo com os clientes entregando-lhes mais valor do que os concorrentes.

Revisão e extensão dos conceitos

Revisão dos objetivos

Atualmente, as empresas enfrentam a mais acirrada concorrência de todos os tempos. Entender os clientes é um passo importante no desenvolvimento de um sólido relacionamento com eles, mas não é o suficiente. Para obterem vantagem competitiva, as empresas precisam utilizar as informações que possuem a fim de elaborar ofertas ao mercado que entreguem mais valor do que as dos concorrentes que buscam conquistar os mesmos clientes. Este capítulo examina como as empresas analisam seus concorrentes e elaboram eficazes estratégias competitivas de *marketing*.

Objetivo 18.1 Discutir a necessidade de entender os concorrentes, bem como os clientes, por meio da análise da concorrência *(p. 506-513)*

Para elaborar uma estratégia de *marketing* eficaz, a empresa deve levar em consideração seus concorrentes, bem como seus clientes. A construção de um relacionamento lucrativo com os clientes requer que a empresa satisfaça as necessidades dos consumidores-alvo melhor do que os concorrentes. A empresa deve analisar constantemente os concorrentes e desenvolver *estratégias competitivas de marketing* que a posicionem de maneira sólida perante os concorrentes, além de lhe conferirem a maior *vantagem competitiva* possível.

A *análise da concorrência* envolve, em primeiro lugar, a identificação dos principais concorrentes da empresa, utilizando uma análise baseada tanto no setor como no mercado. A empresa, então, coleta informações referentes aos objetivos, estratégias, pontos fortes, pontos fracos e padrões de reação dos concorrentes. De posse dessas informações, ela pode selecionar os concorrentes a atacar ou evitar. Informações competitivas devem ser continuamente coletadas, interpretadas e distribuídas. Os gestores de *marketing* da empresa devem ser capazes de obter informações completas e confiáveis sobre qualquer concorrente que afetem suas decisões.

Objetivo 18.2 Explicar os fundamentos das estratégias competitivas de *marketing* baseadas na criação de valor para os clientes *(p. 513-523)*

Qual a estratégia competitiva de *marketing* que faz mais sentido? Isso depende do setor em que a empresa opera e da posição que ela ocupa, que pode ser de líder, desafiante, seguidora ou ocupante de nicho de mercado. A *líder de mercado* deve elaborar estratégias para expandir o mercado total, proteger sua participação de mercado e aumentar essa participação. A *desafiante de mercado* é a empresa que tenta expandir agressivamente sua participação, atacando a líder, outras empresas posicionadas abaixo da líder ou organizações menores do setor. A desafiante pode escolher uma entre várias estratégias de ataque direto ou indireto.

Uma *seguidora de mercado* é uma empresa que não ocupa a posição de liderança e prefere não causar problemas, geralmente por temer perder mais do que ganhar com o ataque. Mas a seguidora não deixa de ter sua estratégia e procura utilizar suas competências específicas para conquistar crescimento de mercado. Algumas seguidoras desfrutam de taxas de retorno maiores do que as da líder do setor. Uma *ocupante de nicho* é uma empresa menor que dificilmente chamará a atenção de organizações maiores. As ocupantes de nicho muitas vezes se especializam em algum usuário final, porte de cliente, cliente específico, mercado geográfico ou serviço.

Objetivo 18.3 Ilustrar a necessidade de encontrar o equilíbrio entre a orientação para o cliente e a concorrência, a fim de se tornar uma organização verdadeiramente centrada no mercado *(p. 523-524)*

A orientação competitiva é importante nos mercados de hoje, mas as empresas não devem exagerar no foco sobre os concorrentes. É mais provável que as organizações sejam afetadas por necessidades emergentes dos consumidores e por novos concorrentes do que por concorrentes já existentes. As *empresas centradas no mercado*, que equilibram a preocupação com o cliente e os concorrentes, praticam a verdadeira orientação para o mercado.

Termos-chave

Vantagem competitiva (p. 506)
Análise da concorrência (p. 506)
Estratégias competitivas de *marketing* (p. 506)

Objetivo 18.1

Grupo estratégico (p. 509)
Benchmarking (p. 510)
Análise de valor para o cliente (p. 511)

Objetivo 18.2

Líder de mercado (p. 518)
Desafiante de mercado (p. 518)
Seguidora de mercado (p. 518)
Ocupante de nicho (p. 518)

Objetivo 18.3

Empresa centrada na concorrência (p. 524)
Empresa centrada no cliente (p. 524)
Empresa centrada no mercado (p. 524)

Questões para discussão

18.1 Defina vantagem competitiva. Como as empresas fazem para encontrar sua vantagem competitiva?

18.2 Que perguntas os gerentes de *marketing* devem fazer depois de identificar os principais concorrentes da empresa?

18.3 É possível uma empresa perder clientes para outra que está fora de seu grupo estratégico? Explique.

18.4 Descreva as estratégias que os desafiantes do mercado podem adotar e explique por que os desafiantes podem ter uma vantagem sobre os líderes de mercado.

18.5 Como uma empresa centrada no mercado se compara a uma empresa centrada na concorrência, uma empresa orientada para o produto e uma empresa centrada no cliente?

Atividades de pensamento crítico

18.6 O mercado multibilionário de cuidados com animais de estimação está crescendo graças a fatores de mercado, incluindo o aumento da disponibilidade de produtos de tecnologia para animais de estimação, o uso da Internet para exibi-los, o aumento de suas adoções e a crescente demanda por produtos e serviços *premium* de cuidados para esses animais. Dê um exemplo de empresa de cuidados para animais de estimação que usa *marketing* empreendedor, uma que usa *marketing* formalizado e uma que usa *marketing* intraempreendedor. Compare e contraste cada abordagem.

18.7 O Walmart, líder de mercado e maior empregador privado do país, implementou recentemente um modelo de "Ótimo local de trabalho" que aumenta os salários e as responsabilidades de alguns funcionários e enfatiza o trabalho em equipe, a visão de dono e o aprimoramento de habilidades para todos os funcionários da linha de frente. O modelo visa melhorar a reputação do Walmart como empregador e seus serviços ao cliente, incluindo um sistema de boletim de atitude que incentiva todo funcionário a "Ser ousado, dono, aberto e gentil". O Walmart também está adicionando robôs para limpar pisos, classificar entregas e concluir outras tarefas repetitivas que antes eram feitas por humanos. Como o modelo "Ótimo local de trabalho" se relaciona com a estratégia de posicionamento competitivo do Walmart? Como isso se relaciona com a disciplina de valor do Walmart?

18.8 Usando a Internet, encontre um nicho de mercado em cada um de três diferentes setores. Identifique a estratégia competitiva que cada um usa.

CASOS E APLICAÇÕES

Marketing digital As mídias sociais podem aumentar a conscientização sobre a Uniqlo nos Estados Unidos?

A Uniqlo tem como alvo compradores norte-americanos jovens, urbanos, profissionais e práticos, com modas que não são exclusivas e não têm rótulos. Ela oferece preços baixos (por exemplo, jeans por 40 dólares), por isso às vezes é colocada com outras grandes marcas na categoria fast-fashion, como a Zara e a H&M. No entanto, ao contrário da Zara e da H&M, a Uniqlo não segue tendências. Ela oferece itens básicos, da mesma forma que a Gap fez quando tornou o básico legal na década de 1990 – antes de perder sua vantagem por estar em todos os shoppings e se tornar o uniforme de mães e pais suburbanos. A Uniqlo oferece o básico com linhas limpas e se posiciona como uma moda acessível que não é descartável. Oferece alfaiataria gratuita e construiu uma reputação de durabilidade. Ela também usa várias tecnologias exclusivas em suas roupas, incluindo penugem ultraleve, sistema de isolamento HEATTECH e absorção de umidade AIRism. A Madewell e a Everlane oferecem produtos similares a um preço mais alto. Embora a Uniqlo seja de propriedade da Fast Retailing, uma das cinco maiores varejistas de roupas do mundo, apenas uma pequena porcentagem das mais de 2 mil lojas da Uniqlo estão localizadas nos Estados Unidos, onde não há conscientização da marca. A Uniqlo está muito longe da previsão que fez em 2020 de ter 200 lojas abertas nos Estados Unidos, operando 45 lojas apenas.

18.9 Compare a abordagem da Uniqlo no Instagram (www.instagram.com/uniqlousa) com a abordagem da Madewell (www.instagram.com/madewell). Com base em sua comparação, a Uniqlo é uma desafiante de mercado, uma seguidora de mercado ou uma ocupante de nicho? Explique sua resposta.

18.10 Em um pequeno grupo, crie uma abordagem de mídia social que ajude a aumentar a conscientização da marca e comunique a proposta de valor da Uniqlo em relação a seus concorrentes.

Marketing e ética Os "produtos feios" são uma verdadeira solução para o desperdício de alimentos?

Após um relatório do USDA de que quase um terço dos alimentos é desperdiçado pelo varejo e pelos consumidores, os inovadores de "produtos feios" começaram a receber milhões de dólares em financiamento privado para lidar com o desperdício de alimentos. No entanto, algumas pessoas questionam se empresas de hortifrutigranjeiras com fins lucrativos, com sede nos Estados Unidos, como a Hungry Harvest e a Imperfect Produce, realmente ajudam a resolver os desafios do desperdício de alimentos. Por exemplo, a Phat Beets, sem fins lucrativos, que teve uma queda de 30% em assinaturas, acusou a Imperfect Produce, apoiada por capital de risco, de mercantilizar a miséria, reduzir os preços e minar os esforços agrícolas apoiados pela comunidade. Um cientista agrícola observou que a maioria dos resíduos vem de consumidores, restaurantes e mercearias, que não são afetados por tirar produtos feios dos agricultores. Um argumento relacionado é que os agricultores poderiam usar os produtos feios para alimentar pessoas que passam fome, os animais ou fertilizar o solo, por isso não está claro se vendê-los aos consumidores limitaria o desperdício de alimentos. No entanto, outros argumentam que as empresas de produtos feios podem ajudar a lidar com a perda de alimentos, que, como o desperdício, afeta o meio ambiente e a economia. Além disso, a comercialização de produtos feios pode iniciar uma discussão que aumenta a conscientização sobre o desperdício de alimentos.

18.11 A Phat Beets e a Imperfect Produce estão em categorias diferentes, mas atendem a mercados-alvo semelhantes com produtos semelhantes. Como a Phat Beets deve se diferenciar da Imperfect Produce, se é que deve fazê-lo?

18.12 É ético que as empresas de "produtos feios" se posicionem como empresas sociais ou como soluções para o desafio do desperdício de alimentos? Por que ou por que não?

Marketing em números Mudando os números no mercado de *smartphones*

O filósofo grego Heráclito certamente entendeu os mercados modernos quando disse: "A única coisa que é constante é a mudança". O mercado de *smartphones* mudou consideravelmente desde a sua criação, há pouco mais de 25 anos. De acordo com o Pew Research Center, 77% dos norte-americanos hoje possuem um *smartphone*. Mas o mercado de *smartphones* atual não é como era quando a IBM lançou o primeiro dispositivo móvel inteligente, chamado Simon Personal Communicator, em 1994. Antes de seu tempo, ele poderia executar muitas das funções de *smartphones* de hoje, embora fosse muito mais volumoso, tivesse uma duração de bateria de apenas uma hora e uma pequena tela LCD monocromática e pudesse ser conectado a uma tomada de telefone comum para fazer chamadas de baixo custo por um telefone fixo. O próximo líder de mercado foi o dispositivo móvel BlackBerry da RIM, que desfrutou da liderança de mercado por muitos anos. Então veio a Apple, que revolucionou o mercado de *smartphones* em 2007 ao apresentar o iPhone. As vendas do iPhone saltaram de 1,4 milhão de unidades naquele ano para quase 12 milhões em 2008 para mais de 200 milhões em 2018. A Apple desfrutou da liderança de mercado por muitos anos, mas novos concorrentes entraram no mercado, corroendo sua participação de mercado. A seguir estão os dados de envio de unidades em todo o mundo para as principais empresas de *smartphones* em 2017 e 2018:

	Unidades Enviadas (em milhões)	
Empresa	**2017**	**2018**
Samsung	317,7	292,3
Apple	215,8	208,8
Huawei	154,2	206,0
Xiaomi	92,7	122,6
OPPO	111,7	113,1
Outros	573,4	462,0

18.13 Consulte a seção *Medidas de desempenho de marketing* do Apêndice 2: *Marketing* pelos números e calcule as participações de mercado para cada empresa nos dois anos. Calcule a variação percentual nas vendas unitárias ano a ano para cada empresa. O que você pode concluir das participações de mercado e das mudanças ano a ano que você calculou?

18.14 Encontre dados de mercado de anos anteriores e analise como o mercado de *smartphones* mudou ao longo do tempo.

Caso empresarial Nokia: encontrando força ao abandonar seu negócio principal

Quando pensam em *smartphones* hoje em dia, a maior parte das pessoas pensa na Apple ou na Samsung. A maioria acharia difícil acreditar que, há pouco mais de uma década, a empresa finlandesa de eletrônicos Nokia era a líder de mercado em telefones celulares. No auge, um em cada três telefones celulares ativos do mundo tinha o nome e o logotipo da Nokia, e ela vendia meio bilhão de novos telefones a cada ano em todo o mundo. A Nokia vendeu mais telefones do que suas três rivais mais próximas – Samsung, Motorola e Sony-Ericsson – juntas. Com mais de 50% do mercado de telefonia móvel, a Nokia era a quinta marca mais valiosa do mundo, avaliada em 34 bilhões de dólares – o dobro do valor da Samsung, a número 21, e o triplo da número 33, a Apple.

Hoje, no entanto, quase ninguém reconhece a Nokia como fabricante de telefones. Dada sua ausência atual da categoria de telefones móveis de ponta, você pode pensar que a Nokia seguiu o caminho de outras marcas outrora poderosas, como a Kodak ou a Sears. Mas, na verdade, a Nokia está prosperando – não como fabricante de telefones, mas como fornecedora líder de mercado de infraestrutura de rede para provedores de serviços de telecomunicações industriais. Como a Nokia escapou da extinção e alcançou a liderança de mercado em um setor diferente? A resposta está em uma longa e difícil transformação e reinvenção.

Uma história de transformação

Dado seu atual posicionamento de alta tecnologia, a maioria das pessoas fica surpresa ao saber do início da Nokia. Fundada em 1865, a Nokia começou como uma fábrica de papel e celulose. Algumas fusões e cerca de cem anos depois, a Nokia Corporation estava fabricando não apenas produtos de papel, mas também pneus para bicicletas e carros, calçados, computadores, televisores e cabos e equipamentos de comunicação. A partir da década de 1960, uma divisão da Nokia fabricava rádios móveis comerciais e militares, uma unidade de negócios que acabou se transformando em uma gigante da telefonia móvel.

A Nokia alcançou o domínio dos telefones celulares não pela introdução contínua de novos aparelhos de última geração, mas por se concentrar em uma estratégia simples e antiga: vender produtos básicos a preços baixos. Com vantagens competitivas em logística e escala, a Nokia se ajustou bem a essa estratégia básica. E a estratégia se encaixava perfeitamente à enorme necessidade global de telefones baratos nos mercados de segundo e terceiro mundo. Assim, a Nokia tornou-se mais conhecida por seu aparelho de fácil uso. Ao produzir em massa telefones básicos confiáveis a baixo custo e enviá-los em grandes volumes para todas as partes do mundo, a Nokia obteve tanto lucro em seus telefones de 72 dólares quanto os concorrentes em telefones vendidos muito mais caro.

Embora a estratégia de telefonia da Nokia funcionasse bem, era uma estratégia mais adequada para os mercados do século XX, caracterizados por longos ciclos de vida dos produtos. Mesmo quando a Apple surpreendeu o mundo com o iPhone, o plano da Nokia era simplesmente manter sua participação de mercado constante no mercado de telefonia móvel em rápido crescimento. Dadas as projeções de que a adoção de telefones celulares dobraria de 2,5 bilhões de usuários em todo o mundo para 5 bilhões em apenas alguns anos, esse plano teria aumentado as receitas e o volume de vendas da Nokia em 67%. Em mercados normais, esse plano poderia parecer razoável.

Mas o mercado de telefonia móvel foi tudo menos normal, e o que aconteceu à Nokia só pode ser descrito como um massacre. Após anos de desempenho estelar, a indústria de telefonia móvel passou por uma "tempestade perfeita" de ameaças, incluindo a saturação do mercado nos países desenvolvidos combinada com os efeitos da Grande Recessão no fornecimento e no custo das matérias-primas. Para piorar as coisas para a Nokia, em meio a essas mudanças nas condições de mercado, a Apple apresentou o novo *smartphone* iPhone.

As vendas e os lucros da Nokia caíram porque ela ignorou os *smartphones* e continuou a se concentrar no desenvolvimento de soluções melhores para um antigo mercado de telefonia móvel que em breve deixaria de existir. Apenas oito anos depois que o inovador *smartphone* da Apple mudou o mundo, a Apple se tornou a marca mais valiosa globalmente. Durante o mesmo período, as receitas da Nokia sofreram um declínio de cair o queixo, caindo de um máximo de 75 bilhões de dólares para um mínimo de 6 bilhões. E o valor de sua marca caiu de 34 bilhões de dólares para menos de 4 bilhões.

Quando a Nokia acordou para a cruel realidade, já era tarde demais. A empresa apostou colocando mais esforços nas mesmas velhas táticas, mas sem sucesso. Finalmente, com uma participação de mercado global de menos de 5% em novos aparelhos telefônicos, quase dois terços de sua força de trabalho demitida e perdas se acumulando, a empresa vendeu seu negócio de telefonia móvel para a Microsoft. Embora esse movimento tenha salvado a Nokia da falência quase certa, criou um problema inteiramente novo. Se a Nokia não estava mais no ramo de telefonia, em que ramo ela estava?

Apostando na reinvenção

Ao mesmo tempo em que a Nokia estava vendendo seu negócio de telefonia para a Microsoft, ela já estava respondendo a essa pergunta. Para reinventar a empresa, ela recorreu a uma de suas unidades de negócios menores que oferecia um vislumbre de esperança. Quando a Nokia ainda despachava 500 mil telefones celulares por ano, ela havia transformado seu negócio de equipamentos de telecomunicações em uma joint venture com a Siemens. Quando suas vendas de telefones começaram a desandar, ela tentou sair completamente do negócio de equipamentos de rede. Mas com o fim do negócio de telefones celulares e após uma reavaliação cuidadosa, a Nokia decidiu que o negócio de equipamentos de rede apresentava a melhor oportunidade para restaurar seu crescimento.

Colocando todas as suas apostas para o futuro no mercado de equipamentos de infraestrutura de telecomunicações industriais, a Nokia começou comprando a participação da Siemens na joint venture Nokia Siemens Networks. Com o mundo se tornando móvel, os provedores estavam cada vez mais empacotando serviços móveis com acesso à Internet de banda larga e serviços de TV. Para reforçar suas capacidades de serviços de infraestrutura, a Nokia adquiriu a Alcatel-Lucent, uma empresa francesa com pontos fortes em equipamentos de serviços de banda larga. A aquisição não apenas forneceu tecnologias e capacidades muito necessárias, mas também colocou a Nokia em melhores bases de receita ao lado dos líderes de mercado Ericsson e a gigante chinesa de tecnologia Huawei.

Para alcançar o sucesso no mercado de equipamentos de rede, a Nokia estabeleceu prioridades estratégicas específicas. Para começar, ela se propôs a liderar o setor em soluções de ponta a ponta de alto desempenho, servindo como um fornecedor de qualidade de fonte única para clientes corporativos. A Nokia também se propôs a expandir as vendas da rede para novos mercados, incluindo energia, transporte e empresas da Web, como o Google e a Amazon.

Com essas novas iniciativas estratégicas, a aposta da Nokia está dando certo. No ano passado, as vendas da empresa subiram para 26,6 bilhões de dólares, quadruplicando as vendas de apenas quatro anos antes. Ao contrário de seu negócio anterior de telefonia, a Nokia está construindo seu negócio de equipamentos de rede por meio do fornecimento de tecnologia de ponta confiável, em vez de ser a opção mais barata. Essa estratégia dá à Nokia uma vantagem sobre os rivais Huawei e Ericsson. Não se pode negar que o escândalo recente em torno da Huawei, em meio a supostas tentativas de roubo de dados, tenha colaborado. Assim, apesar da vantagem de baixo preço da Huawei, mais clientes estão escolhendo a Nokia.

À medida que o mundo transita da tecnologia 4G para a 5G, o momento não poderia ser melhor para a Nokia. A empresa saltou à liderança na corrida para fornecer equipamentos para provedores de serviços de rede comercial. E com o 5G apenas começando, os analistas do setor esperam que os negócios da Nokia continuem crescendo drásticamente nos próximos anos.[25]

Questões para discussão

18.15 Como você classificaria a posição competitiva da Nokia antes do lançamento do iPhone? E quando ela vendeu seu negócio de telefonia móvel para a Microsoft? E hoje?

18.16 A Nokia é uma empresa centrada no mercado? Como ela pode melhorar nesta área?

18.17 Como você descreveria a vantagem competitiva da Nokia quando ela era forte no mercado de telefonia móvel? E hoje?

18.18 Avalie a Nokia de acordo com as disciplinas de valor de Treacy e Wiersema. A Nokia busca hoje a mesma disciplina de valor que tinha quando liderava o mercado de telefonia móvel?

19 O mercado global

Resumo dos objetivos

Objetivo 19.1 Discutir como o sistema de comércio internacional e os ambientes econômico, político/legal e cultural afetam as decisões de *marketing* internacional de uma empresa. **Veja: O *marketing* global hoje** (p. 532-543)

Objetivo 19.2 Descrever as três principais abordagens de entrada nos mercados internacionais. **Veja: Decisão sobre como ingressar no mercado** (p. 544-546)

Objetivo 19.3 Explicar como as empresas adaptam suas estratégias e *mixes* de *marketing* para os mercados internacionais. **Veja: Decisão sobre o programa de *marketing* global** (p. 546-553)

Objetivo 19.4 Identificar as três principais formas de organização para o *marketing* internacional. **Veja: Decisão sobre a organização para o *marketing* global** (p. 553)

Prévia do capítulo

Você já aprendeu os fundamentos de como as empresas desenvolvem estratégias competitivas de *marketing* a fim de criar valor para o cliente, engajá-lo e construir um relacionamento duradouro com ele. Neste capítulo, estendemos esses fundamentos ao *marketing* global. Embora tenhamos abordado aspectos globais em todos os capítulos anteriores – é difícil encontrar uma área do *marketing* que não inclua, pelo menos, algumas questões internacionais —, vamos nos concentrar aqui em considerações especiais que as empresas enfrentam quando comercializam suas marcas em nível mundial. Avanços nas comunicações, nos transportes e em outras tecnologias tornaram o mundo um lugar muito menor. Hoje, quase toda empresa, grande ou pequena, precisa lidar com questões que envolvem o *marketing* internacional. Neste capítulo, vamos analisar seis importantes decisões que os profissionais de *marketing* tomam ao se voltar para o mercado global.

L'ORÉAL: "Beleza para todos. Beleza para cada indivíduo"

Como uma empresa francesa comercializa com sucesso uma versão norte-americana de uma base de rosto coreana sob uma marca francesa na Austrália? Pergunte à L'Oréal, que vende mais de 30 bilhões de dólares por ano em cosméticos, produtos para cabelos, produtos para cuidados com a pele e fragrâncias em 150 países, tornando-se a maior empresa de cosméticos do mundo. A L'Oréal vende suas marcas globalmente entendendo como elas possuem nuances culturais variadas de beleza em mercados locais específicos. Assim, ela encontra o melhor equilíbrio entre padronizar suas marcas para obter impacto global e adaptá-las para atender às necessidades e desejos locais.

A L'Oréal é o mais global possível, com escritórios espalhados por todo o mundo e com mais da metade de suas vendas provenientes de mercados fora da Europa e da América do Norte. As 34 marcas conhecidas da L'Oréal são originárias de diferentes culturas, incluindo marcas francesas (L'Oréal Paris, Garnier, Lancôme), norte-americanas (Maybelline, Kiehl's, Soft-Sheen-Carson, Ralph Lauren, Urban Decay, Clarisonic, Redken), italiana (Giorgio Armani) e japonesa (Shu Uemura). Com essas e muitas outras marcas bem conhecidas, a mestre do *marketing* global é a líder mundial incontestável em maquiagem, cuidados com a pele e coloração de cabelos, perdendo apenas para a P&G em cuidados com os cabelos.

O domínio global da L'Oréal começa com um grupo de gerentes realmente multiculturais. A empresa é famosa por construir equipes globais de marca em torno de gerentes que possuem profundos conhecimentos em várias culturas. Os gerentes da L'Oréal em todo o mundo trazem diversas perspectivas culturais para suas marcas como se fossem, digamos, alemãs, norte-americanas ou chinesas – ou todas as três ao mesmo tempo. Conforme explicado por um gerente indo-franco-americano de uma equipe que lançou uma linha de cuidados com a pele masculina no sudeste da Ásia: "Não consigo pensar nas coisas de uma maneira. Tenho um estoque de referências em diferentes idiomas: inglês, hindi e francês. Eu leio livros em três idiomas diferentes, conheço pessoas de diferentes países, como comida de diferentes [culturas] e assim por diante."

Por exemplo, um gerente franco-irlandês-cambojano de cuidados com a pele notou que, na Europa, os cremes faciais tendiam a ser "coloridos" (e, portanto, considerados maquiagem) ou com efeito "rejuvenescedor" (considerados na categoria de cuidados com a pele). Na Ásia, no entanto, muitos cremes faciais combinam ambas as características. Reconhecendo a crescente popularidade das tendências de beleza asiáticas na Europa, o gerente e sua equipe desenvolveram um creme rejuvenescedor colorido para o mercado francês, um produto que provou ser um grande sucesso.

Com sua presença global, a visão da L'Oréal é universalizar a beleza – oferecer "beleza para todos" em todo o mundo. Mas universalização não significa uniformidade. Ao contrário, diz a empresa: "Na L'Oréal, estamos convencidos de que não existe um modelo único e singular de beleza, mas uma diversidade infinita, que muda com o tempo, através de culturas, histórias e indivíduos". Assim, para alcançar "beleza para todos", a L'Oréal busca fornecer "beleza para cada indivíduo".

Para isso, a L'Oréal se aprofunda em entender o que a beleza significa para os consumidores em diferentes partes do mundo. Ela supera todos os principais concorrentes em P&D, pesquisando minuciosamente os comportamentos de beleza e cuidados pessoais exclusivos de locais específicos. A L'Oréal montou centros de P&D em todo o mundo, aperfeiçoando uma abordagem de observação local que chama de "geocosmética". Essa ciência é alimentada com *insights* obtidos por meio de tudo, desde visitas domiciliares a observações feitas em "banheiros laboratórios" equipados com aparelhos de alta tecnologia. A pesquisa da L'Oréal produz informações precisas sobre os rituais regionais de beleza e higiene e sobre as condições e restrições locais que afetam o uso de seus produtos, como umidade e temperatura.

A L'Oréal usa essas informações detalhadas para criar produtos e posicionamento para marcas nos mercados locais. "A beleza é cada vez menos genérica", diz um executivo da L'Oréal na China, "você tem que ter resposta para necessidades muito diferentes". Por exemplo, mais de 260 cientistas hoje trabalham no centro de pesquisa da L'Oréal em Xangai, adaptando produtos que vão de batons a demaquilantes herbais e tônicos faciais a base de pepino para os gostos chineses.

Ao mesmo tempo em que a compreensão dos mínimos detalhes de comportamento do cliente regional ajuda a L'Oréal a responder às necessidades específicas do mercado, isso também permite que a empresa alcance escala global integrando marcas em todas as culturas do mundo. Por exemplo, considere a Elséve Total Reparação, uma linha de tratamento capilar desenvolvida inicialmente nos laboratórios da L'Oréal no Rio de Janeiro, para tratar de problemas capilares específicos descritos por mulheres brasileiras. No Brasil, mais da

Equilíbrio global-local: A gigante de cosméticos e cuidados de beleza L'Oréal equilibra a capacidade de resposta da marca local e o impacto da marca global, oferecendo "beleza para todos" ao fornecer "beleza para cada indivíduo".

TY Lim/Shutterstock

metade das mulheres tem cabelos longos e crespos que se tornam secos e opacos em razão do clima úmido do país, da exposição ao sol, das lavagens frequentes e dos tratamentos de alisamento. A Elséve Total Reparação foi um sucesso imediato no Brasil, e a L'Oréal rapidamente o lançou em outros mercados da América Latina. A empresa, então, rastreou outras localidades globais com características climáticas e rituais de cuidados com os cabelos semelhantes aos encarados pelas mulheres brasileiras. Posteriormente, a L'Oréal lançou a marca como Elséve Total Repair em vários mercados europeus, indianos e do Sudeste Asiático, onde as consumidoras a receberam com entusiasmo semelhante.

Essa adaptação geralmente ocorre em várias marcas da L'Oréal – o que nos leva de volta à base de rosto coreana vendida sob uma marca francesa na Austrália, como mencionado no parágrafo de abertura. A Blemish Balm Cream (BB Cream) foi originalmente criada por dermatologistas da L'Oréal na Coréia do Sul para suavizar a pele e esconder pequenas manchas. Rapidamente ela se tornou uma marca coreana de alto crescimento. No entanto, aplicando seu profundo conhecimento sobre cores de pele, tratamentos e maquiagem em todo o mundo, a L'Oréal desenvolveu um BB Cream de nova geração bem-sucedido, adaptado às condições e cores de pele nos mercados dos Estados Unidos (onde BB significa "beauty balm") e o lançou sob a marca Maybelline New York. A L'Oréal ainda criou mais uma versão específica para a Europa sob a marca Garnier, que também introduziu em outros mercados mundiais, incluindo a Austrália.

A L'Oréal não adapta apenas as fórmulas de seus produtos globalmente. Também adapta o posicionamento e o *marketing* da marca às necessidades e expectativas internacionais. Por exemplo, há mais de 25 anos, a empresa comprou a trivial produtora de maquiagem norte-americana Maybelline. Para revigorar e globalizar a marca, ela mudou a sede

A gigante de cosméticos e cuidados de beleza L'Oréal e suas marcas são verdadeiramente globais. Mas o enorme sucesso internacional da empresa vem de um equilíbrio global-local que adapta as marcas aos mercados locais, otimizando seu impacto globalmente.

da unidade do Tennessee para Nova York e acrescentou "New York" ao rótulo. O resultado foi uma imagem urbana, descolada e cosmopolitana que funcionou bem globalmente com o posicionamento de preço médio e de marca de maquiagem para o dia a dia. A reforma rapidamente rendeu à Maybelline uma participação de mercado de 20% em sua categoria na Europa Ocidental. O posicionamento urbano jovem também atingiu a marca na Ásia, onde poucas mulheres perceberam que a badalada marca Maybelline "New York" pertencia à gigante francesa de cosméticos L'Oréal.

Em seu mais recente esforço para trazer beleza a cada indivíduo, a L'Oréal lançou recentemente a Color&Co, uma marca direto ao consumidor que visa dar aos usuários de tintura em casa sua própria cor de cabelo pessoal. A experiência começa no *site* da marca, onde um cliente realiza um quiz e tem uma videoconsulta em tempo real com um profissional de coloração capilar. O colorista aplica um algoritmo que cria uma fórmula personalizada para obter o tom de cabelo perfeito com base no tipo de cabelo de cada cliente, etnia, tons naturais, preferências e outros fatores. Em poucos dias, o cliente recebe uma Color&Co Colorbox com sua fórmula e instruções personalizadas e um vídeo de como aplicar. Pensando no longo prazo, a Color&Co oferece à L'Oréal o início do que pode ser a plataforma de tecnologia definitiva para fornecer soluções de beleza individualizadas em sua ampla gama de produtos em qualquer lugar do mundo.

Assim, a L'Oréal e suas marcas são verdadeiramente globais, capturando quase 30% do mercado mundial de cosméticos. Mas o enorme sucesso internacional da L'Oréal vem de alcançar um equilíbrio global-local que adapta e diferencia as marcas nos mercados regionais, otimizando seu impacto nos mercados globais. A L'Oréal é uma das poucas empresas que alcançaram tanto a capacidade de resposta da marca local como a integração da marca global. "Respeitamos as diferenças entre nossos consumidores em todo o mundo", diz o CEO da L'Oréal. "Temos marcas globais, mas precisamos adaptá-las às necessidades locais [e até mesmo individuais]".[1]

NO PASSADO, AS EMPRESAS NORTE-AMERICANAS não davam muita atenção ao comércio internacional. Se conseguissem realizar algumas vendas a mais, por meio de exportação, seria ótimo. Mas o grande mercado era mesmo o interno, que apresentava uma abundância de oportunidades. E também era muito mais seguro. Os gestores não precisavam aprender novos idiomas, lidar com moedas diferentes e sempre em troca, enfrentar incertezas de ordem política e legal ou adaptar seus produtos às diferentes necessidades e expectativas dos clientes. Hoje, no entanto, a situação é muito diferente. Organizações de todos os tipos, como Coca-Cola, Apple, Nike, Google e até a NBA, se internacionalizaram.

Comentário do autor | O ambiente global em rápida mudança oferece oportunidades e ameaças. É difícil encontrar um profissional de *marketing* hoje que não seja afetado de alguma forma pelos desenvolvimentos globais.

O *marketing* global hoje

Objetivo 19.1 Discutir como o sistema de comércio internacional e os ambientes econômico, político/legal e cultural afetam as decisões de *marketing* internacional de uma empresa.

O mundo está encolhendo rapidamente, com o advento de novos meios de comunicação, meios de transporte e fluxos financeiros mais velozes. Produtos e serviços desenvolvidos em um determinado país – lanches do McDonald's, serviço de vídeo da Netflix, eletrônicos da Samsung, roupas da Zara, equipamentos de construção da Caterpillar, BMWs alemães, a rede social Facebook – obtiveram uma calorosa aceitação em outros países. Não seria nada surpreendente ouvir falar de um executivo alemão que, vestindo um terno italiano, se encontra com um amigo inglês em um restaurante japonês e, mais tarde, volta para casa e bebe vodca russa assistindo a um episódio de *This Is Us* e verificando as publicações de seus amigos ao redor do mundo no Facebook.

O comércio internacional aumentou muito nas últimas três décadas. Desde 1990, o número de multinacionais no mundo cresceu drasticamente, e muitas são verdadeiras gigantes. De fato, das 150 maiores economias do mundo, somente metade são países. As outras são empresas multinacionais. O Walmart, a maior empresa do mundo (com base em uma média ponderada de vendas, lucros, ativos e valor de mercado) tem receitas anuais maiores do que o produto interno bruto (PIB) de todos os países do mundo, exceto os 25 maiores.[2] O comércio global de produtos e serviços em 2018 foi avaliado em mais de 23 trilhões de dólares, cerca de 27% do PIB mundial.[3]

Muitas empresas norte-americanas há muito tempo já conquistaram o sucesso no *marketing* internacional: Coca-Cola, McDonald's, Starbucks, Nike, Netflix, Amazon, Google, Caterpillar, Boeing e dezenas de outras organizações fizeram do mundo seu mercado. Nos Estados Unidos, nomes como Toyota, Samsung, Nestlé, IKEA e Adidas se tornaram palavras incorporadas ao cotidiano. Outros produtos e serviços que parecem ser norte-americanos são, na verdade, produzidos em outros países ou de propriedade de empresas estrangeiras, como o sorvete Ben & Jerry's, a

Muitas empresas norte-americanas já fizeram do mundo seu mercado. O Coronel Sanders do KFC é quase tão familiar em Xangai, na China (na foto), ou em Tóquio, no Japão, quanto em Boise, Idaho, nos Estados Unidos.

Gary Armstrong

cerveja Budweiser, o 7-Eleven, a Universal Studios e o Motel 6. A Michelin, a tão francesa fabricante de pneus, realiza hoje 36% de seus negócios na América do Norte. Já a Johnson & Johnson, fabricante de produtos tipicamente norte-americanos, como o BAND-AID e o xampu Jonhson's Baby Shampoo, realiza 56% de seus negócios fora dos Estados Unidos. E o Coronel Sanders do KFC, outrora totalmente norte-americano, é quase tão familiar em Xangai, na China, ou em Tóquio, no Japão, quanto em Boise, Idaho, nos Estados Unidos. E com mais de 500 marcas em todo o mundo, a Coca-Cola, favorita dos norte-americanos, agora permite que os consumidores "sintam o sabor" mais de 1,9 bilhão de vezes por dia em mais de 200 países.[4]

Mas, à medida que o comércio global cresce, a competição global se intensifica. As empresas estrangeiras estão se expandindo agressivamente para novos mercados internacionais, e os mercados domésticos já não estão mais cheios de oportunidades. Atualmente, poucos setores estão livres da concorrência estrangeira. Se adiarem as providências para se internacionalizarem, as empresas correm o risco de serem excluídas de mercados em crescimento na Europa Ocidental, no Leste Europeu, na China, na Costa do Pacífico, na Rússia, na Índia, no Brasil e em outros locais. As empresas que permanecem restritas ao mercado doméstico, pensando estarem seguras, não apenas podem perder a oportunidade de entrar em outros mercados, mas também correm o risco de perder seus mercados internos. Empresas nacionais que nunca pensaram em concorrentes estrangeiros, de uma hora para outra, encontram esses concorrentes em seu território.

Ironicamente, apesar de a necessidade de internacionalização por parte das empresas ser bem maior hoje em dia do que no passado, o mesmo se aplica aos riscos. As empresas que se internacionalizam podem se deparar com governos e moedas extremamente instáveis, políticas e regulações governamentais restritivas e altas barreiras comerciais. O ambiente econômico global, recentemente enfraquecido, também gerou grandes desafios mundiais. Além disso, a corrupção representa um problema cada vez maior – funcionários públicos de diversos países muitas vezes fecham negócios não com a empresa que fez a melhor proposta, mas com a que ofereceu a propina mais alta.

Empresa global
Empresa que, por operar em mais de um país, obtém vantagens de *marketing*, de produção, de P&D e financeiras, em seus custos e reputação, que não estão ao alcance dos concorrentes que operam somente no mercado doméstico.

Uma **empresa global** é aquela que, por operar em mais de um país, obtém vantagens de *marketing*, de produção, de pesquisa e desenvolvimento (P&D) e financeiras que não estão ao alcance dos concorrentes que operam somente no mercado doméstico. Como vê o mundo como um mercado único, a empresa global minimiza a importância das fronteiras nacionais e desenvolve marcas mundiais. Ela levanta capital, obtém matérias-primas e componentes e fabrica e comercializa suas mercadorias no local em que pode realizar o melhor trabalho.

Por exemplo, a norte-americana Otis Elevator, a maior fabricante de elevadores do mundo, é sediada em Farmington, Connecticut. Contudo, ela oferece seus produtos em mais de 200 países – e mais de 73% de suas vendas vêm de fora dos Estados Unidos. Ela compra os sistemas de porta de seus elevadores da França, pequenas engrenagens da Espanha, peças eletrônicas da Alemanha e motores especiais do Japão. A empresa possui fábricas na América, na Europa e na Ásia, além de centros de engenharia e teste nos Estados Unidos, Áustria, Brasil, China, República Tcheca, França, Alemanha, Índia, Itália, Japão, Coreia e Espanha. A Otis Elevator, por sua vez, é uma subsidiária de propriedade total da United Technologies Corporation, uma gigante global das áreas aeroespacial e comercial.[5] Hoje em dia, muitas corporações mundiais, tanto grandes como pequenas, se tornaram realmente sem fronteiras.

Isso não significa, no entanto, que todas as empresas precisam operar em uma dúzia de países para serem bem-sucedidas. Empresas menores podem ocupar nichos em nível global. Mas o mundo está ficando cada vez menor, e todas as empresas que operam em um setor global, seja ele grande ou pequeno, devem avaliar e definir seu lugar nos mercados mundiais.

O rápido movimento em direção à globalização significa que todas as empresas terão que responder a algumas questões básicas: que posição de mercado devemos tentar ocupar em nosso país, em nossa região econômica e em nível global? Quem serão nossos concorrentes globais e quais são

FIGURA 19.1
Principais decisões no *marketing* internacional.

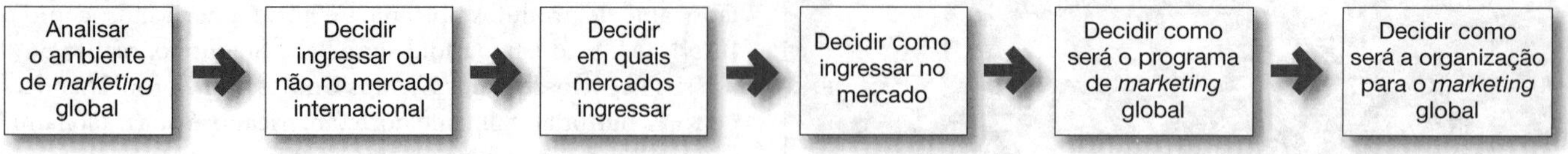

Há um grande e belo, porém ameaçador, mundo lá fora para as empresas! A maioria das grandes organizações norte-americanas fez do mundo o seu mercado. Por exemplo, outrora totalmente norte-americano, o McDonald's hoje obtém dois terços de suas vendas de fora dos Estados Unidos.

suas estratégias e seus recursos? Onde devemos fabricar nossos produtos e obter insumos para isso? Que alianças estratégicas devemos formar com outras empresas ao redor do mundo?

Como mostra a **Figura 19.1**, as empresas precisam tomar seis importantes decisões no *marketing* internacional. Vamos discutir cada uma delas, detalhadamente, neste capítulo.

Comentário do autor | Como se operar dentro das próprias fronteiras de uma empresa não fosse difícil o suficiente, tornar-se global adiciona muitas camadas de complexidade. Por exemplo, a Coca-Cola, que comercializa seus produtos em 200 países ao redor do mundo, deve compreender os diversos ambientes comerciais, econômicos, culturais e políticos em cada mercado.

Análise do ambiente de *marketing* global

Antes de decidir se vai ou não operar globalmente, a empresa deve entender o ambiente de *marketing* internacional. Esse ambiente mudou bastante nas últimas décadas, criando novas oportunidades, bem como novos problemas.

O sistema de comércio internacional

As empresas que estiverem pensando em operar no mercado externo devem, em primeiro lugar, entender o *sistema de comércio* internacional. Ao vender para outro país, elas podem enfrentar restrições relacionadas ao comércio entre nações. Os governos podem cobrar *tarifas*, impostos sobre determinados produtos importados, que têm como objetivo aumentar a receita ou proteger as empresas nacionais. Muitas vezes, as tarifas são usadas para forçar comportamentos comerciais positivos por parte de outros países.

Por exemplo, nos esforços para negociar termos comerciais mais favoráveis que iriam conter seu grande e crescente déficit comercial anual com a China, os Estados Unidos começaram a cobrar tarifas sobre as importações chinesas que variam de carne suína, soja, vinho até aço, alumínio e outra variedade de produtos industriais, tecnológicos, de transporte, médicos, têxteis e de moda. A China retaliou com suas próprias tarifas sobre produtos dos Estados Unidos, desencadeando várias rodadas de negociações comerciais acaloradas. Tais disputas comerciais entre nações fazem parte de uma dinâmica internacional mais ampla. No entanto, elas podem causar grandes dificuldades para empresas que tentam comercializar seus produtos além das fronteiras internacionais.[6]

Os países também podem estabelecer *cotas*, limites à quantidade de mercadorias importadas que eles aceitarão receber em determinadas categorias de produto. A finalidade da cota é restringir o câmbio de moedas estrangeiras, bem como proteger a indústria e a mão de obra local. As empresas podem enfrentar ainda o controle de câmbio, que limita a quantidade de moeda estrangeira convertida e as taxas de câmbio da moeda nacional em relação às demais.

Além disso, as empresas estrangeiras podem se deparar com barreiras comerciais não tarifárias, como discriminação contra suas propostas, padrões restritivos de produtos e regulações ou práticas excessivas por parte do país anfitrião. Por exemplo, a Índia é notória por lançar obstáculos não tarifários para proteger os varejistas predominantemente familiares do país, que controlam 88% dos 1,1 trilhão de dólares em vendas no varejo do país.[7] A Índia estabeleceu restrições ao comércio eletrônico que proíbem empresas *on-line* de propriedade, como a Amazon ou a unidade Flipkart do Walmart, de vender seus próprios produtos diretamente aos consumidores em seus *sites*. Para a Amazon, isso inclui produtos como os dispositivos Echo, Kindle e Fire TV da empresa e uma lista crescente de produtos de marca privada que vão desde baterias e roupas até artigos para o lar. Sob as novas regras, a Amazon e a Flipkart podem servir apenas como *marketplaces* que conectam compradores independentes a vendedores. As novas regras também proíbem a formação de acordos exclusivos com grandes vendedores e a oferta de grandes descontos. Projetado para proteger lojas indianas locais e varejistas *on-line* do poder de estoque e preços de grandes empresas estrangeiras, essas regulamentações causaram grandes obstáculos para a Amazon e o Walmart, que investiram pesadamente nos últimos anos para desenvolver uma presença no enorme mercado de e-commerce de 100 bilhões de dólares da Índia.[8]

Ao mesmo tempo, algumas forças podem *ajudar* no comércio entre as nações, entre elas a Organização Mundial do Comércio e diversos acordos regionais de livre comércio.

Barreiras comerciais não tarifárias: novas restrições aos vendedores *on-line* de propriedade estrangeira causaram grandes obstáculos para a Amazon no enorme mercado de comércio eletrônico da Índia.

REBECCA CONWAY/The New York Times/Redux

Organização Mundial do Comércio. O Acordo Geral de Tarifas e Comércio (Gatt – General Agreement on Tariffs and Trade), estabelecido em 1947 e modificado em 1994, foi elaborado para promover o comércio mundial por meio da redução de tarifas e outras barreiras ao comércio internacional. Foi o Gatt que criou a Organização Mundial do Comércio (OMC), que o substituiu em 1995 e hoje supervisiona as decisões originais do Gatt. Os países que fazem parte da OMC e do Gatt (atualmente são 164) já realizaram oito rodadas de negociações para reavaliar as barreiras comerciais e estabelecer novas regras para o comércio internacional. A OMC também impõe sanções ao comércio internacional e atua como mediadora em disputas comerciais globais. Suas ações têm sido produtivas. As sete primeiras rodadas de negociação reduziram a tarifa média mundial sobre produtos manufaturados de 45 para somente 5%. E o mecanismo de disputa comercial da OMC tem sido amplamente utilizado. Nas últimas duas décadas, os membros apresentaram mais de 500 disputas, a maioria das quais foi resolvida no âmbito da OMC.[9]

Comunidades econômicas
Um grupo de nações que se organizaram com a finalidade de atingir objetivos comuns na regulamentação do comércio internacional.

Zonas regionais de livre comércio. Alguns países criaram *zonas de livre comércio* ou **comunidades econômicas**. Esses grupos de nações se organizaram com a finalidade de atingir objetivos comuns na regulamentação do comércio internacional. Uma dessas comunidades é a *União Europeia* (*UE*). Formada em 1957, a UE partiu para a criação de um único mercado europeu, reduzindo as barreiras para o livre fluxo de produtos, serviços, recursos financeiros e mão de obra entre os países-membros e desenvolvendo políticas para o comércio com os países que não são membros da comunidade. Hoje, a UE representa um dos maiores mercados unificados do mundo. Com 27 países-membros, ela possui quase meio bilhão de consumidores e responde por quase 20% das exportações no mundo.[10] A UE oferece enormes oportunidades de comércio para empresas que não são europeias.

Por 20 anos, 19 países membros da UE adotaram o euro como moeda comum. A adoção generalizada do euro diminuiu grande parte do risco cambial associado aos negócios na Europa, tornando os países-membros com moedas anteriormente fracas em mercados mais atraentes. No entanto, a adoção de uma moeda comum também causou problemas, pois potências econômicas europeias, como Alemanha e França, tiveram que intervir para sustentar economias mais fracas, como as da Grécia, Portugal e Chipre. A então "crise do euro" levou alguns analistas a prever o possível colapso da zona do euro como hoje se configura. No entanto, o euro sobreviveu a muitas outras previsões semelhantes feitas anteriormente.[11]

Comunidades econômicas: a União Europeia representa um dos maiores mercados únicos do mundo. Ela contém quase meio bilhão de consumidores e responde por quase 20% das importações e exportações do mundo.

Paul Grecaud/123RF

É improvável que a UE vá contra a tradição de 2.000 anos e se torne os "Estados Unidos da Europa". Uma comunidade com mais de duas dúzias de línguas e culturas diferentes e um histórico de relacionamentos por vezes tensos sempre terá dificuldade em se unir e agir como uma entidade única. Por exemplo, em um referendo nacional de 2016, o povo do Reino Unido votou pela saída da União Europeia – o chamado "Brexit". O Reino Unido deixou a UE em 2020 após um "período de transição", que teve como objetivo facilitar o caminho para as relações pós-Brexit com os demais países da UE. O Brexit causou tremores secundários em toda a Europa e no mundo, levantando preocupações sobre o futuro da unidade econômica e política europeia. Ainda assim, com um PIB anual combinado pós-Brexit de mais de 17 trilhões de dólares, a UE continuará sendo uma poderosa força econômica.[12]

Em 1994, o Acordo de Livre Comércio da América do Norte (Nafta – North American Free Trade Agreement) instituiu uma zona de livre comércio entre os Estados Unidos, o México e o Canadá. O acordo criou um mercado unificado de 450 milhões de pessoas, que produzem e consomem mais de 24 trilhões de dólares em mercadorias e serviços por ano. Desde o seu surgimento, o Nafta eliminou barreiras comerciais e restrições a investimentos entre os três países. O comércio total entre os países que compõem o Nafta quase triplicou, passando de 288 bilhões de dólares em 1993 para 1,3 trilhão por ano.[13]

Outro importante acordo de comércio mundial é o Acordo Abrangente e Progressivo para a Parceria Transpacífica (CPTPP – Comprehensive and Progressive Agreement for Trans-Pacific Partnership). O recém-assinado CPTPP promete reduzir as barreiras comerciais e aumentar a cooperação econômica entre 11 países da Orla do Pacífico: Austrália, Brunei, Canadá, Chile, Japão, Malásia, México, Nova Zelândia, Peru, Cingapura e Vietnã. Este importante acordo comercial terá um impacto econômico e político significativo e por vezes controverso. Os 11 países do CPTPP têm uma população coletiva de 495 milhões de pessoas, mais do que o NAFTA, e respondem por 13,5% do PIB mundial.[14]

Cada nação tem características singulares que precisam ser compreendidas. A receptividade de um país a diferentes produtos e serviços e sua atratividade, como mercado, para empresas estrangeiras dependem de seus ambientes econômico, político/legal e cultural.

Ambiente econômico

As empresas internacionais precisam estudar a economia de cada país. Dois fatores econômicos refletem a atratividade de um país como um mercado: a estrutura industrial e a distribuição de renda.

A estrutura industrial de uma nação molda suas necessidades de produtos e serviços, bem como seus níveis de renda e emprego. Por exemplo, em economias de subsistência, a grande maioria das pessoas trabalha na agricultura simples. Elas consomem a maior parte do que produzem e trocam o excedente por produtos e serviços simples. Esse tipo de economia oferece poucas oportunidades de mercado e exige esforços de *marketing* específicos. Muitos países africanos se enquadram nessa categoria. No outro extremo, as economias industriais são grandes importadoras e exportadoras de bens manufaturados e de serviços. Suas variadas atividades manufatureiras e sua grande classe média os tornam mercados ricos para todos os tipos de bens. Os Estados Unidos, o Japão e os países da Europa Ocidental são alguns exemplos.

As economias emergentes são aquelas que experimentam rápido crescimento econômico e industrialização. Exemplos incluem os países do BRICS – Brasil, Rússia, Índia, China e África do Sul – e os países do MENA (região do Oriente Médio e Norte da África). A industrialização normalmente cria uma nova classe rica e uma classe média crescente, ambas demandando novos tipos de bens e serviços. À medida que os mercados mais desenvolvidos estagnam e se tornam cada vez mais competitivos, muitas empresas buscam oportunidades de crescimento em mercados emergentes.

O segundo fator econômico é a distribuição de renda do país. As nações industrializadas podem ter famílias de baixa, média e alta renda. Em contraste, os países com economias de subsistência consistem principalmente de famílias com renda familiar muito baixa. Outros países ainda podem ter famílias com renda muito baixa ou muito alta. Mesmo economias pobres ou emergentes podem ser mercados atraentes para todos os tipos de bens. Nos últimos anos, à medida que o crescimento desacelerou tanto nos mercados domésticos quanto nos emergentes, muitas empresas mudaram seu olhar para a chamada "base da pirâmide econômica", o vasto mercado inexplorado que consiste nos consumidores mais pobres do mundo (veja o Marketing Real 19.1).

Atualmente, empresas em uma ampla gama de setores – de automobilístico a computadores e refrigerantes – estão cada vez mais visando consumidores de renda média ou baixa em economias emergentes e de subsistência. Por exemplo, como o crescimento das vendas de refrigerantes perdeu força na América do Norte e na Europa, a Coca-Cola procurou outros lugares para cumprir suas ambiciosas metas de crescimento. Assim, a empresa está de olho na África, com oportunidades promissoras, embora desafiadoras, de crescimento de longo prazo. Muitas empresas ocidentais veem a África como uma fronteira final indomável, atormentada pela pobreza, pela instabilidade política, pelo transporte não confiável e pela escassez de água doce entre outros recursos essenciais. Mas a Coca-Cola vê muitas oportunidades para justificar os riscos. O continente africano tem uma população crescente de mais de 1,3 bilhão de pessoas, uma classe média recém-emergente e 5 trilhões de dólares em PIB e poder aquisitivo. Além disso, cerca de metade dos mercados de crescimento mais rápido do mundo estão na África:[16]

> A Coca-Cola opera na África desde 1929 e detém uma participação de mercado dominante sobre a Pepsi na África e no Oriente Médio. No entanto, ainda há muito espaço para a Coca-Cola crescer lá. Por exemplo, o consumo anual per capita de Coca-Cola e outros refrigerantes é cerca de 13 vezes menor na África

Marketing Real 19.1 | *Marketing* internacional: visando a base da pirâmide econômica

Muitas empresas já despertaram para uma estatística chocante. Das mais de 7,7 bilhões de pessoas neste planeta, mais de 3 bilhões vivem com menos de 2,50 dólares por dia. Conhecido como o "base da pirâmide", os pobres do mundo podem não parecer um mercado promissor. No entanto, apesar de sua renda insignificante, como um grupo, esses consumidores representam um poder de compra anual de 5 trilhões de dólares. Além disso, esse vasto segmento é amplamente inexplorado. Os pobres do mundo muitas vezes têm pouco ou nenhum acesso até mesmo aos produtos e serviços mais básicos, facilmente garantidos aos consumidores mais abastados. As empresas estão cada vez mais olhando para a base da pirâmide em busca de novas oportunidades de crescimento.

Mas como uma empresa pode vender de forma lucrativa para consumidores com renda abaixo do nível de pobreza? Para começar, o preço tem que ser justo. E neste caso, diz um analista, "certo" significa "mais baixo do que você pode imaginar". Com isso em mente, muitas empresas tornaram seus produtos mais acessíveis simplesmente oferecendo tamanhos de embalagem menores ou versões de baixa tecnologia dos produtos atuais. Por exemplo, na Nigéria, a P&G vende um aparelho de barbear Gillette por 23 centavos de dólar, um pacote de 30 gramas de sabão em pó Ariel por cerca de 10 centavos de dólar e um pacote de dez fraldas Pampers por 2,30 dólares. Embora não haja muita margem de lucro nos produtos vendidos por centavos cada, a P&G está tendo sucesso com a venda de volumes massivos.

Considere a Pampers: a Nigéria sozinha conta com cerca de 6 milhões de recém-nascidos a cada ano, quase 50% a mais do que os Estados Unidos, um país com o dobro da população. A surpreendente taxa de natalidade da Nigéria criou um mercado enorme e inexplorado para as fraldas Pampers, a marca mais vendida da P&G. No entanto, a típica mãe nigeriana gasta apenas cerca de 5 mil nairas por mês – o que representa cerca de 30 dólares – em todas as compras domésticas. A tarefa da P&G era tornar a Pampers acessível a essa mãe e convencê-la de que suas fraldas valiam parte de seus escassos gastos. Para manter os custos e os preços baixos em mercados como a Nigéria, a P&G inventou uma fralda absorvente com menos recursos. Embora muito menos cara, a fralda ainda funcionava em alto nível. Ao criar novos produtos tão acessíveis, diz um gerente de P&D da P&G: "Deleitar, não diluir". Ou seja, a fralda precisava ter um preço baixo, mas também tinha que fazer o que outras fraldas baratas não faziam – manter um bebê confortável e seco por 12 horas.

Mesmo com a fralda certa pelo preço certo, vender Pampers na Nigéria representava um desafio. No Ocidente, os bebês normalmente passam por várias fraldas descartáveis por dia. Na Nigéria, no entanto, a maioria dos bebês usava fraldas de pano. Para tornar a Pampers mais aceitável e ainda mais acessível para os nigerianos, a P&G comercializou as fraldas como um item de uso diário. De acordo com os anúncios da empresa, "Uma Pampers equivale a uma noite seca". A campanha disse às mães que manter os bebês secos à noite os ajudava a ter uma boa noite de sono, o que, por sua vez, os ajudava a crescer e alcançar o sucesso. A mensagem atingiu um sentimento profundo entre os nigerianos – como foi descoberto pelos pesquisadores da P&G – de que seus filhos teriam uma vida melhor do que eles. Assim, graças ao preço acessível, ao produto que atendeu às necessidades dos clientes e ao posicionamento relevante, as vendas da Pampers dispararam. Na Nigéria, o nome Pampers tornou-se sinônimo de fraldas. E apesar do recente surgimento de vários produtos concorrentes, a Pampers da P&G continua sendo uma marca dominante por lá.

Como a P&G aprendeu, na maioria dos casos, vender lucrativamente na base da pirâmide exige muito mais do que apenas desenvolver pacotes de uso único e preços de centavos por unidade. Exige ampla inovação da base, que produz não apenas preços mais baixos, mas também novos produtos e abordagens de distribuição que dão às pessoas em situação de pobreza mais pelo seu dinheiro, não menos.

Por exemplo, há mais de 30 anos, a Dufil Prima Foods desenvolveu o macarrão Indomie para o mercado nigeriano. Vendido em pacotes de porção única por menos de 20 centavos de dólar, o macarrão pode ser combinado com um ovo e cozido em minutos, resultando em uma refeição completa e nutritiva. O macarrão Indomie era perfeito para uma grande população de pessoas que vivem em extrema pobreza. Mas a Dufil foi ainda mais longe com uma inovadora rede de distribuição "pés na rua". Em vez de distribuir por meio de supermercados tradicionais, a Dufil desenvolveu uma rede de pequenos caminhões, motocicletas e triciclos para colocar o produto em pequenos mercados e estabelecimentos informais, como em escolas públicas. Em apenas uma década, o macarrão Indomie tornou-se a marca doméstica favorita na Nigéria.

Em outro exemplo, veja como a empresa indiana de eletrodomésticos Godrej & Boyce usou a inovação orientada para o cliente para explorar com sucesso o mercado de refrigeradores de baixo preço na Índia:

> Por causa de seu alto custo de compra e operação, os refrigeradores tradicionais acionados por compressor haviam penetrado apenas 18% do mercado indiano. Mas, em vez de apenas produzir uma versão mais barata e simplificada de seus refrigeradores de última geração, a Godrej designou uma equipe para estudar as necessidades dos consumidores indianos com pouca ou nenhuma refrigeração. As pessoas semiurbanas e rurais que a equipe observou normalmente ganhavam de 5 a 8 mil rúpias (cerca de 125 a 200 dólares) por mês, viviam em residências de um único cômodo com quatro ou cinco membros da família e mudavam de residência com frequência. Incapaz de comprarem geladeiras convencionais, esses consumidores se contentavam com geladeiras comunitárias, geralmente de segunda mão. Mas mesmo as geladeiras compartilhadas geralmente continham apenas alguns itens. Seus usuários costumavam fazer compras diariamente e comprar apenas pequenas quantidades de vegetais e leite. Além disso, a eletricidade não era confiável, colocando em risco até mesmo a pouca comida que eles queriam manter fresca.
>
> A Godrej concluiu que o segmento de nível básico tinha pouca necessidade de um refrigerador convencional de alto nível; ele precisava de um produto fundamentalmente novo. Então a empresa inventou o ChotuKool ("geladinho"), um refrigerador vermelho do tamanho de uma caixa térmica, com abertura superior e portátil, que tem espaço para os poucos itens que os usuários desejam manter frescos por um ou dois dias. Em vez de um compressor e refrigerador, o pequeno recipiente usa um chip

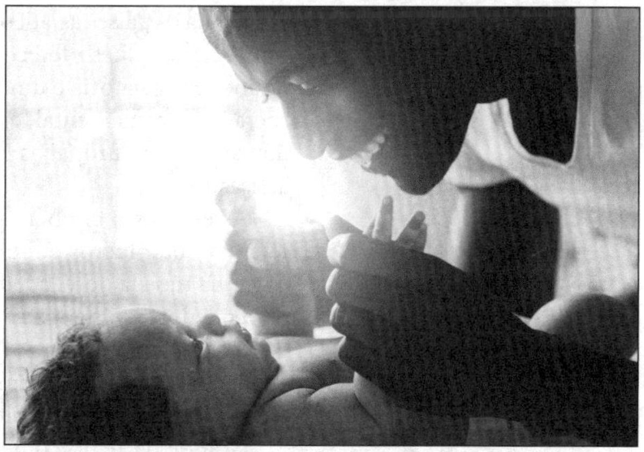

Vendendo para os pobres do mundo: na Nigéria, a marca Pampers da P&G desenvolveu uma fralda com menos recursos que é muito mais barata, mas ainda funciona em alto nível. Sua estratégia de inovação: "Deleitar, não diluir".

gstockstudio/123RF

que esfria quando a corrente é aplicada, e seu design de abertura superior mantém o ar frio dentro quando a tampa é aberta. Ao todo, o ChotuKool usa menos da metade da energia de um refrigerador convencional e pode funcionar com bateria durante as interrupções de energia comuns nos vilarejos rurais. A melhor parte: por apenas 88 dólares, o "geladinho" atende melhor às necessidades dos consumidores de baixo custo pela metade do preço, até mesmo do refrigerador tradicional mais básico. A Godrej vendeu 100 mil ChotuKools em seu segundo ano no mercado.

Assim, a base da pirâmide oferece grandes oportunidades inexploradas para empresas que podem desenvolver os produtos certos pelos preços certos. E empresas como a P&G estão se movendo agressivamente para capturar essas oportunidades. A P&G estabeleceu metas grandiosas para conquistar novos clientes nas economias em desenvolvimento da Ásia e da África. Mas explorar com sucesso esses mercados em desenvolvimento exigirá mais do que apenas enviar versões mais baratas de produtos existentes. "Nossa estratégia de inovação não é apenas diluir o produto de primeira linha para o consumidor de baixa renda", diz o CEO da P&G. "Você precisa inovar discretamente para cada um desses consumidores nessa curva econômica e, se não fizer isso, fracassará".[15]

Com as vendas estagnadas em seus mercados maduros, a Coca-Cola está buscando mercados emergentes – como a África – para atingir suas ambiciosas metas de crescimento. A sua rede de distribuição africana é rudimentar, mas eficaz.

John Wollwerth/Shutterstock

do que na América do Norte. Ainda assim, o *marketing* na África é muito diferente do *marketing* nas regiões mais desenvolvidas. Além de apenas comercializar por meio de canais tradicionais em grandes cidades africanas, a Coca-Cola conquistou comunidades menores com táticas mais populares.

Pequenas lojas desempenham um grande papel em ajudar a Coca-Cola a crescer na África. Em inúmeros bairros pobres em todo o continente, as ruas lotadas estão repletas de lojas pintadas de vermelho Coca-Cola, vendendo produtos da marca de baixo preço por garrafa em refrigeradores fornecidos pela empresa. Essas lojas são abastecidas por uma rede rudimentar, mas eficaz, de distribuidores da Coca-Cola, cujas equipes muitas vezes entregam engradados de produtos da Coca-Cola em carrinhos puxados à mão ou mesmo um engradado de cada vez carregado-o em suas cabeças. Por causa das estradas ruins e cheias de tráfego, transportar bebidas à mão geralmente é o melhor método. A primeira regra da empresa é deixar seus produtos "gelados e próximos". "Se eles não tiverem estradas para transportar os produtos por longas distâncias em caminhões, usaremos barcos, canoas ou carrinhos", diz o presidente da Coca-Cola na África do Sul. Por exemplo, no distrito de Makoko, na Nigéria – um labirinto de palafitas na lagoa da cidade de Lagos – as mulheres cruzam os canais em canoas vendendo Coca-Cola diretamente aos moradores.

Ambiente político/legal

O ambiente político/legal difere muito de país para país. Ao pensar em fazer negócios em um determinado país, a empresa deve levar em consideração fatores como: as atitudes do país em relação às compras internacionais, a burocracia governamental, a estabilidade política e as regulamentações monetárias.

Alguns países são bastante receptivos a empresas estrangeiras; outros são menos hospitaleiros. Por exemplo, a Índia tende a incomodar as empresas estrangeiras com cotas de importação, restrições no câmbio e outras limitações que fazem com que operar no país represente um grande desafio. Já os países asiáticos vizinhos, como Cingapura, Vietnã e Tailândia, cortejam os investidores estrangeiros e lhes oferecem vários incentivos e condições de operação favoráveis. A estabilidade política e regulatória é uma outra questão. Por exemplo, a Rússia é consumida pela corrupção e burocracia governamental, que o governo acha difícil de controlar. Os recentes conflitos geopolíticos do país com a Europa, os Estados Unidos e outros países tornaram os negócios na Rússia difíceis e arriscados.[17]

As empresas também precisam considerar as regulações monetárias do país. Os vendedores querem obter lucros em uma moeda que tenha valor para eles. O ideal é que o comprador possa pagar na moeda do vendedor ou em outras moedas com liquidez mundial. Se isso não for possível, os vendedores podem aceitar uma moeda bloqueada – moeda cuja retirada do país é restrita pelo governo do comprador —, caso possam comprar no país outras mercadorias de que necessitam ou vender em outros locais em moedas de que precisam. Além das restrições monetárias, a volatilidade das taxas de câmbio cria altos riscos para o vendedor.

Grande parte do comércio internacional envolve transações em moeda corrente. No entanto, muitos países dispõem de uma quantidade muito pequena de moeda forte para pagar pelas compras que fazem de outros países. Nesse caso, eles podem querer pagar com outras mercadorias, em vez de utilizar moeda. O *escambo* envolve a troca direta de produtos ou serviços. Por exemplo, a Indonésia recentemente trocou café, chá, borracha e óleo de palma por aeronaves militares da Rússia. E a Coreia do Sul trocou maçãs por café do Vietnã para ajudar a equilibrar um excedente de maçã com uma crescente demanda por café.[18]

Ambiente cultural

Cada país tem seus próprios costumes, normas e tabus. Ao elaborarem suas estratégias de *marketing* global, as empresas devem entender como a cultura afeta as reações dos consumidores em cada um de seus mercados mundiais. Por outro lado, elas também devem entender como as estratégias afetam a cultura local.

O impacto da cultura na estratégia de marketing. Antes de planejarem um programa de *marketing*, as empresas vendedoras devem entender o que os consumidores de diferentes países pensam de determinados produtos e como os utilizam. Com frequência, há surpresas. Por exemplo, os homens franceses usam, em média, quase duas vezes mais cosméticos e produtos de beleza do que suas esposas. Os alemães e franceses comem mais espaguete de marca, embalado, do que os italianos. Um relógio é um belo presente nos países ocidentais, mas é inadequado na China, onde tal presente está associado à morte e a funerais. A maioria das mulheres norte-americanas solta o cabelo e tira a maquiagem na hora de dormir, enquanto algumas mulheres chinesas penteiam o cabelo na hora de dormir e até mesmo se maquiam.[19]

As empresas que ignoram as normas e as diferenças culturais podem cometer erros muito onerosos e constrangedores. Veja dois exemplos:[20]

> A Nike inadvertidamente ofendeu as autoridades da China quando veiculou um anúncio em que LeBron James derrotava várias personalidades reverenciadas pelos chineses em uma campanha televisiva cujo tema era kung fu. O governo chinês considerou que o anúncio violava as leis de preservação da dignidade e do respeito pela "cultura da terra-mãe" e impediu a transmissão da multimilionária campanha. Sem graça, a Nike pediu desculpas formais.
>
> A Marriott International falhou quando seu *site* na China listou Tibet, Hong Kong, Macau e Taiwan como "países". Oficialmente, os três primeiros locais são "regiões autônomas" da China; Hong Kong e Macau são "regiões administrativas especiais". E a China considera Taiwan uma "província separatista" controlada por um governo ilegítimo. O que parecia um erro inocente levou a duras penalidades na China, onde a Marriott opera 124 grandes propriedades. Embora a Marriott tenha se desculpado e corrigido o erro, o governo chinês derrubou o *site* e o aplicativo chinês da Marriott por mais de uma semana, impedindo vendas e reservas *on-line* no país.

As normas e os comportamentos empresariais também variam de país para país. Os executivos norte-americanos, por exemplo, gostam de ir direto ao ponto e se envolver em negociações cara a cara que sejam rápidas e acirradas. Já os executivos japoneses e de outros países asiáticos costumam achar esse comportamento ofensivo. Eles preferem começar com um bate-papo ameno e raramente dizem "não" em conversas realizadas pessoalmente.

Outro exemplo: apertar firmemente a mão é algo comum e esperado na maioria dos países ocidentais. Contudo, em alguns países do Oriente Médio, apertos de mão podem ser negados. O fundador da Microsoft, Bill Gates, certa vez desencadeou uma onda de controvérsia internacional quando apertou a mão do presidente da Coreia do Sul com a mão direita enquanto mantinha a mão esquerda no bolso, algo que os coreanos consideram altamente desrespeitoso. Em algumas nações, ao ser convidado para uma refeição, não comer tudo significa que a comida estava de algum modo insatisfatória. Em compensação, em outras, devorar tudo até o último pedaço pode ser considerado um pequeno insulto, pois sugere que o anfitrião não ofereceu uma quantidade de comida suficiente. E na maioria dos lugares, sorrir durante uma reunião de negócios dá um tom agradável, mas na Rússia, sugere insegurança.[21] Os executivos precisam entender esses tipos de nuances culturais antes de conduzirem negócios em um outro país.

Cultura e estratégia de *marketing*: a Marriott International falhou quando seu *site* na China listou o Tibete, Hong Kong, Macau e Taiwan como "países". O governo chinês derrubou o *site* e o aplicativo da Marriott no país por mais de uma semana.

Imagine China/Newscom

De maneira similar, as empresas que entendem as variantes culturais podem utilizá-las a seu favor nos mercados globais. Por exemplo, quando a varejista de roupas britânica Marks & Spencer decidiu abrir sua primeira loja independente de lingerie e beleza, para surpresa de muitos, na Arábia Saudita – ignorando Paris, Londres e Nova York. Operar na Arábia Saudita requer alguns ajustes culturais significativos, mas que valem a pena:[22]

> O mercado de varejo saudita está crescendo e o país tem uma classe de consumidores afluentes e em rápido crescimento. No entanto, a quantidade de regras culturais e religiosas restritivas do conservador reino islâmico não tem fim, especialmente quando envolve o varejo para mulheres. Na Arábia Saudita, as mulheres se cobrem com vestes pretas compridas – chamadas *abaya* – quando saem em público e devem ter um acompanhante masculino, geralmente um parente. No entanto, como normalmente usam roupas ocidentais em casa ou quando viajam para o exterior, as lojas de moda de estilo ocidental ainda são muito populares.
>
> Ao vender para mulheres sauditas, a Marks & Spencer deve aderir a restrições religiosas e culturais rigorosamente aplicadas. Por exemplo, por decreto do governo, suas lojas de lingerie devem empregar uma equipe de vendas exclusivamente feminina. Como os rostos das mulheres não podem ser mostrados e certos trajes públicos são proibidos, a Marks & Spencer usa fotos de *marketing* mais suaves na loja e exibições de vídeo que exigem sessões de fotos separadas. A música é proibida em shoppings e lojas sauditas, então a Marks & Spencer eliminou as usuais músicas de fundo. Graças a essas e muitas outras adaptações culturais, a Arábia Saudita tornou-se um dos mercados emergentes de maior público da Marks & Spencer, fazendo valer a pena os custos adicionais de operação por lá. A Marks & Spencer agora tem seis lojas de lingerie e beleza na Arábia Saudita, além de 16 lojas de departamento completas. A varejista chegou até a usar manequins femininos sem cabeça ou sem rosto para exibir sua lingerie. "Infelizmente", diz um comerciante da Marks & Spencer, "mesmo os manequins não podem mostrar os rostos".

Assim, entender as tradições, preferências e comportamentos culturais pode ajudar as empresas não apenas a evitar erros embaraçosos, mas também a aproveitar as oportunidades transculturais.

O impacto da estratégia de marketing na cultura. Enquanto algumas empresas se preocupam com o impacto da cultura em suas estratégias de *marketing* global, outras podem se preocupar com o impacto das estratégias de *marketing* nas culturas espalhadas pelo mundo. Por exemplo, críticos sociais afirmam que grandes multinacionais norte-americanas, como o McDonald's, a Coca-Cola, a Starbucks, a Nike, o Google, a Disney e o Facebook, não estão apenas globalizando suas marcas, mas americanizando as culturas do mundo.

Outros elementos da cultura norte-americana se difundiram mundo afora. Por exemplo, hoje, há mais pessoas estudando inglês na China do que falando o idioma nos Estados Unidos. Se uma pessoa dos Estados Unidos se reunir com executivos brasileiros, alemães e chineses, eles provavelmente vão negociar em inglês. E o que une adolescentes do mundo todo em uma espécie de comunidade global, assinala um observador, "é a cultura norte-americana – a música, os filmes de Hollywood, os jogos, o Google, o Facebook, as marcas de consumo norte-americanas. O [...] resto do mundo está ficando [cada vez mais] parecido conosco, para o bem e para o mal".[23]

Os críticos se preocupam com a possibilidade de, sob tal "McDomínio", os países ao redor do mundo perderem sua identidade cultural. Os adolescentes na Turquia assistem filmes norte-americanos via *streaming*, conectam-se mundialmente com outras pessoas por meio do Facebook e do Twitter e pedem aos pais roupas mais ocidentalizadas, bem como outros símbolos da cultura popular e dos valores norte-americanos. As avós em pequenos vilarejos na Europa não passam mais as manhãs visitando açougues, padarias e pequenos mercados locais para comprar os ingredientes para a janta. Em vez disso, elas agora fazem compras no Walmart. As mulheres na Arábia Saudita assistem a filmes norte-americanos, questionam seus papéis na sociedade e compram em qualquer uma das lojas da Victoria's Secret, cada vez mais numerosas no país. Na China, a maioria das pessoas nunca tinha tomado café antes de a Starbucks entrar no mercado. Agora, os consumidores chineses correm para as lojas da Starbucks porque elas simbolizam um novo tipo de estilo de vida. De modo similar, na China, onde o McDonald's planeja expandir de 2.500 a 4.500 restaurantes até 2022, cerca da metade de todas as crianças identifica a rede como uma marca nacional.[24]

Pontos como esses, muitas vezes, levaram a uma reação contrária à globalização norte-americana. Marcas famosas nos Estados Unidos se tornaram alvos de boicotes e protestos em alguns mercados internacionais. Símbolos do capitalismo norte-americano, empresas como a Coca-Cola, o McDonald's, a Nike e a KFC foram escolhidas por pessoas que se opõem à globalização em áreas de conflito ao redor do mundo, especialmente onde o sentimento antiamericano é mais forte. Por exemplo, após a anexação da Crimeia pela Rússia e as sanções resultantes pelo Ocidente, as autoridades russas iniciaram uma repressão às franquias do McDonald's (embora a maioria fosse de propriedade russa), forçando algumas a fechar por razões incertas. A principal loja do McDonald's em Moscou foi fechada por várias semanas pela Autoridade Russa de Segurança Alimentar. E os três McDonald's na Crimeia foram permanentemente fechados, com pelo menos um tornando-se uma rede nacionalista chamada Rusburger, servindo "Cheeseburgers Czar" onde o Quarteirão com queijo costumava ser vendido.[25]

Apesar de problemas como esse, os defensores da globalização argumentam que as preocupações referentes à americanização e os potenciais danos às marcas norte-americanas são superestimados. As marcas dos Estados Unidos estão se saindo muito bem no mercado internacional. No mais recente levantamento da Millward Brown BrandZ, que avalia o valor de marcas de consumo mundiais, 19 das 25 maiores marcas eram de propriedade norte-americana, incluindo megamarcas, como Google, Apple, IBM, Microsoft, McDonald's, Coca-Cola e Amazon.[26]

Muitas marcas norte-americanas emblemáticas estão em disparada no mercado mundial. Por exemplo, a maioria dos mercados internacionais cobiça o *fast-food* norte-americano. Considere o KFC no Japão. No dia em que o KFC apresentou seu escandaloso sanduíche Double Down – bacon, queijo derretido e um "molho secreto" entre dois hambúrgueres de frango frito – em um de seus restaurantes no Japão, os fãs formaram longas filas e dormiram nas calçadas do lado de fora para prová-lo. "Era como o iPhone", diz o CMO da KFC International, "as pessoas [estavam] loucas". O item por tempo limitado nos Estados Unidos se tornou um grande sucesso em todo o mundo, do Canadá à Austrália até às Filipinas e Malásia. Mais amplamente, o KFC tornou-se sua própria instituição cultural no Japão. Por exemplo, a marca tem sido uma das principais tradições de jantar de Natal do país, tendo o icônico Coronel Sanders como uma espécie de Papai Noel japonês:[27]

Marcas norte-americanas em outras culturas: o KFC tornou-se uma das principais tradições de jantar de Natal no Japão, com o icônico Coronel Sanders como uma espécie de Papai Noel japonês.

Anthea Freshwater

> A tradição de Natal do KFC no Japão começou há mais de 40 anos, quando a empresa lançou uma campanha publicitária "Kentucky para o Natal" no Japão, para ajudar a marca a decolar. Agora, comer Kentucky Fried Chicken se tornou uma das tradições de Natal mais populares do país. Cada loja do KFC exibe uma estátua em tamanho real do Coronel Sanders, adornada com a roupa e o chapéu vermelhos tradicionais do Papai Noel. Com um mês de antecedência, os clientes japoneses pedem sua refeição especial de Natal – um balde especial de frango frito com vinho e bolo por cerca de 40 dólares. Cerca de 3,6 milhões de famílias japonesas têm uma festa de Natal no KFC todos os anos. Aqueles que não encomendam correm o risco de ficar em filas que serpenteiam pelo quarteirão ou ficar sem a cobiçada mistura de 11 ervas e especiarias do KFC. A véspera de Natal é o dia de vendas de maior sucesso da rede de *fast-food* no ano no Japão, e as vendas mensais de dezembro chegam a ser 10 vezes maiores do que as vendas em outros meses.

Em termos mais fundamentais, o intercâmbio cultural é bilateral: os Estados Unidos recebem tanto quanto enviam influências culturais. É verdade: Hollywood domina o mercado cinematográfico global, mas a TV britânica originou uma programação que, ao ser americanizada, produziu grandes sucessos, como *American idol*, *Dancing with the stars* e *Hell's Kitchen*. E, embora jovens chineses e russos estejam usando camisetas de estrelas da NBA, a crescente popularidade do futebol nos Estados Unidos tem profundas raízes internacionais.

Até as crianças norte-americanas têm sido cada vez mais influenciadas por importações culturais da Ásia e da Europa. A maioria das crianças sabe tudo sobre Hello Kitty, Pokémon ou bem como sobre qualquer um dos vários personagens de jogos da Nintendo ou da Sega. E os tão britânicos livros do Harry Potter, de J. K. Rowling, moldaram a mentalidade de uma geração inteira de norte-americanos mais jovens, sem contar os milhões de norte-americanos mais velhos que foram enfeitiçados por eles também. Até o momento, a língua inglesa continua sendo o principal idioma da Internet, e o acesso à Web muitas vezes faz com que a juventude de países do terceiro mundo fique mais exposta à cultura popular dos Estados Unidos. Contudo, essas mesmas tecnologias permitem aos estudantes do Leste Europeu que estão estudando nos Estados Unidos ouvirem, via webcast, notícias e músicas da Polônia, Romênia e da Bielorrússia.

Assim, a globalização é uma via de mão dupla. Se o mundo está comendo Big Macs e bebendo Coca-Cola, também está falando em *smartphones* Samsung, comprando móveis na IKEA, dirigindo Camrys da Toyota e assistindo a programas de inspiração britânica em televisores OLED da LG.

Decisão de ingressar no mercado internacional

Nem todas as empresas precisam se aventurar por mercados internacionais para sobreviver. Muitas são negócios locais, que precisam vender bem apenas em seu mercado. Operar no mercado interno é mais fácil e seguro. Os gestores não precisam aprender o idioma e a legislação de outros países. Também não precisam lidar com moedas instáveis, enfrentar incertezas políticas e legais ou redesenhar seus produtos para atender a diferentes expectativas dos clientes. Contudo, empresas que operam em setores globais, em que suas posições estratégicas em mercados específicos são fortemente afetadas por suas posições mundiais gerais, devem competir em âmbito tanto regional como mundial se quiserem ser bem-sucedidas.

Há diversos fatores que atraem uma empresa para a arena internacional. Por exemplo, concorrentes globais podem atacar o mercado doméstico da empresa, oferecendo melhores produtos ou preços mais baixos. A empresa pode querer contra-atacar esses concorrentes nos mercados domésticos deles, para que concentrem seus recursos ali. Pode acontecer, também, de os clientes da empresa se expandirem para o exterior e demandarem atendimento internacional. Ou, o que é mais provável, o mercado internacional pode oferecer melhores oportunidades de crescimento. Por exemplo, como vimos anteriormente, a Coca-Cola enfatizou o crescimento internacional nos últimos anos para compensar as vendas de refrigerantes nos Estados Unidos, que estão estagnadas ou em declínio. Hoje em dia, cerca de 80% das vendas da Coca-Cola são provenientes de outros países, e a empresa está se voltando, principalmente, para dezenas de mercados emergentes, como a China, a Índia e todo o continente africano.[28]

Antes de partir para o exterior, a empresa deve ponderar diversos riscos e responder a muitas perguntas sobre sua capacidade de operar globalmente. A organização consegue entender as preferências e o comportamento de compra dos consumidores em outros países? Ela pode oferecer produtos atraentes em termos competitivos? Conseguirá se adaptar às culturas empresariais de outros países e negociar efetivamente com seus executivos? Os gestores da empresa têm a experiência internacional necessária? A administração considerou o impacto das regulações e do ambiente político dos outros países?

Decisão de mercados a ingressar

Antes de se voltar para o exterior, a empresa deve tentar definir seus *objetivos e políticas de marketing internacional*. Ela precisa decidir qual *volume* de vendas deseja realizar no exterior. A maioria das empresas começa com um negócio pequeno quando parte para o mercado externo. Algumas planejam continuar assim, considerando as vendas internacionais uma pequena parte de seus negócios. Outras, no entanto, têm planos maiores e consideram os negócios internacionais tão importantes quanto os domésticos ou, até mesmo, mais importantes do que eles.

A empresa também precisa decidir em *quantos* países quer operar. As organizações têm que ter cuidado para não se expandir demais ou além de sua capacidade, ingressando em muitos países rápido demais. Em seguida, a empresa precisa decidir em que *tipos* de país quer ingressar. A atratividade de um país depende do produto, de fatores geográficos, da renda e da população, do ambiente político e de outras considerações. Nos últimos anos, surgiram muitos novos e importantes mercados, oferecendo tanto oportunidades substanciais como desafios assustadores.

Entrando em novos mercados globais: a decisão da Netflix de entrar na Índia parece óbvia, mas também é um empreendimento bastante grande e complexo.

ABHISHEK CHINNAPPA/REUTERS/Newscom

Após relacionar os possíveis mercados internacionais, a empresa deve avaliar cuidadosamente cada um deles. Ela deve levar em consideração vários fatores. Por exemplo, a decisão da Netflix de expandir para a Índia parece óbvia. A gigante de *streaming* de vídeo já está indo bem na Europa, América do Sul e em outros mercados globais, que agora respondem por mais da metade de suas receitas totais de *streaming*. E à medida que o mercado dos Estados Unidos fica saturado, a Netflix busca crescimento nos mercados internacionais. A Índia oferece um enorme potencial, com uma população de 1,4 bilhão de pessoas, mais de quatro vezes a população dos Estados Unidos e quase duas vezes a da Europa. Atualmente o segundo maior mercado de Internet do mundo, o mercado de vídeo *on-line* da Índia deve triplicar nos próximos quatro anos.[29]

No entanto, no momento em que a Netflix considera expandir para novos mercados, como a Índia, ela deve fazer algumas perguntas importantes. Ela pode competir eficazmente com concorrentes locais? Ela pode dominar as variadas diferenças culturais e de compra dos consumidores indianos? Ela será capaz de atender às barreiras ambientais e regulatórias em cada país? Ela pode superar problemas desafiadores de infraestrutura?

Ao entrar na Índia, a Netflix enfrenta muitos desafios. Por exemplo, a Índia está repleta de concorrentes formidáveis, incluindo o Amazon Prime Video e a plataforma indiana de entretenimento digital e móvel Hotstar (de propriedade da Disney Índia). Além disso, cerca de 35 serviços locais de *streaming on-line* surgiram na Índia nos últimos anos. A Hotstar, com 150 milhões de usuários ativos mensais, detém cerca de 70% do mercado de serviços de *streaming* local sob demanda da Índia. Por outro lado, a Netflix atualmente tem menos de um milhão de assinantes indianos.

A Netflix também enfrenta desafios de preços. Como preço *premium*, o plano mensal mais barato custa cerca de 500 rúpias (cerca de 8 dólares), aproximadamente o dobro do Hotstar ou de uma assinatura local de TV a cabo, colocando-o fora do alcance de muitas famílias de baixa renda da Índia. Atualmente, a Netflix está testando um plano mensal de 4 dólares apenas para celular. O conteúdo é outra consideração importante. A Netflix tem um enorme estoque de conteúdo internacional. Mas a grande maioria dos títulos do serviço da Netflix na Índia é em inglês, enquanto o mercado prefere filmes em hindi ou tâmil. Portanto, a Netflix está investindo dinheiro no desenvolvimento de conteúdo de produtores locais para gravar originais da Netflix feitos na Índia, como *Sacred Games*, *Delhi Crime* e *Love Per Square Foot*, que ajudaram a aumentar o número de assinantes no país. O conteúdo superior e localmente relevante da Netflix é a chave para cobrar preços *premium*.

Assim, a decisão da Netflix de entrar na Índia é, de fato, óbvia, mas também é um empreendimento bastante grande e complexo. No entanto, apesar dos desafios, o CEO da Netflix, Reed Hastings, prevê que os próximos 100 milhões de clientes da empresa virão da Índia. "É a [oportunidade] mais fenomenal em qualquer lugar do mundo", diz ele.

Os possíveis mercados globais devem ser classificados de acordo com diversos fatores, incluindo tamanho, potencial de crescimento, custo de se fazer negócios, vantagem competitiva e nível de risco. O objetivo é determinar o potencial de cada mercado utilizando, para isso, indicadores como os mostrados na **Tabela 19.1**. Em seguida, a empresa precisa verificar qual mercado oferece o melhor retorno do investimento no longo prazo.

Tabela 19.1 Indicadores do potencial de mercado

Características demográficas	**Fatores socioculturais**
Nível de instrução	Estilos de vida, crenças e valores do consumidor
Tamanho e crescimento da população	Regras e abordagens empresariais
Composição etária da população	Normais culturais e sociais
	Idiomas
Características geográficas	**Fatores políticos/legais**
Clima	Prioridades nacionais
Tamanho do país	Estabilidade política
Densidade populacional – urbana, rural	Atitudes do governo em relação ao comércio mundial
Estrutura de transportes e acessibilidade do mercado	Burocracia do governo
	Regulações monetárias e comerciais
Fatores econômicos	
Tamanho e crescimento do PIB	
Distribuição de renda	
Infraestrutura industrial	
Recursos naturais	
Recursos financeiros e humanos	

Comentário do autor | Uma empresa tem muitas opções para entrar em um mercado internacional, desde a simples exportação de seus produtos, até trabalhar em conjunto com empresas estrangeiras para criar suas próprias operações sediadas no exterior.

Decisão sobre como ingressar no mercado

Objetivo 19.2 **Descrever as três principais abordagens de entrada nos mercados internacionais.**

Uma vez decidida a vender em um país estrangeiro, a empresa deve determinar a melhor maneira de ingressar nele. Suas alternativas são: *exportação*, *joint-venture* e *investimento direto*. A **Figura 19.2** traz as três estratégias de entrada no mercado, juntamente com as opções que cada uma delas oferece. Como mostra a figura, cada estratégia envolve maior comprometimento e risco do que a anterior, mas também mais controle e potencial de lucro.

Exportação

Exportação
Ingressar em mercados estrangeiros vendendo mercadorias fabricadas no país de origem, geralmente, com pouca modificação.

A maneira mais simples de entrar em um mercado estrangeiro é por meio da **exportação**. A empresa pode exportar passivamente seus excedentes de tempos em tempos ou, então, assumir um compromisso ativo de expandir as exportações para um determinado mercado. Em qualquer um dos casos, a organização produz todas as suas mercadorias no país de origem, podendo ou não adaptá-las ao mercado de destino. A exportação envolve alterações mínimas nas linhas de produto, na organização, nos investimentos ou na missão da empresa.

Geralmente, as empresas começam com *exportação indireta*, operando por meio de intermediários de *marketing* internacionais e independentes. A exportação indireta envolve menos investimento, uma vez que não requer uma organização de *marketing* ou uma rede de contatos no exterior, ela também envolve menos risco. Os intermediários internacionais contribuem com sua experiência e seus serviços para o relacionamento e, assim, a empresa normalmente comete menos erros. Com o tempo, a empresa pode passar a operar com *exportação direta*, controlando suas próprias exportações. Com essa estratégia, o investimento e o risco são ligeiramente maiores, mas o retorno potencial também é maior.

Joint-venture

Joint-venture
Ingressar em mercados estrangeiros firmando parcerias com empresas do país para produzir ou comercializar um produto ou serviço.

Um segundo método de ingressar em um mercado estrangeiro é a ***joint-venture*** – unir-se a empresas estrangeiras para produzir ou comercializar produtos ou serviços. A diferença entre a *joint-venture* e a exportação é que a empresa se une a um parceiro local para vender ou comercializar no país. Ela é diferente do investimento direto porque é firmada com alguém no país estrangeiro. Existem quatro tipos de *joint-venture*: *licenciamento*, *fabricação por contrato*, *administração por contrato* e *propriedade conjunta*.

Licenciamento

Licenciamento
Ingressar em mercados estrangeiros firmando um acordo com um licenciado do próprio país.

O **licenciamento** consiste em uma maneira simples de o fabricante ingressar no mercado internacional. A empresa firma um acordo com um licenciado no mercado estrangeiro. Mediante o pagamento de uma taxa ou royalty, o licenciado compra o direito de usar o processo de fabricação, a marca registrada, a patente, a técnica comercial ou outro item de valor da empresa. Dessa maneira, a empresa ingressa no mercado estrangeiro com pouco risco, e o licenciado adquire conhecimento de produção ou um produto ou nome bastante conhecido sem ter que começar do zero.

No Japão, a Budweiser vem das cervejarias Kirin, e a Mizkan produz os sucos, as outras bebidas e as sobremesas Sunkist. A Coca-Cola comercializa seus produtos internacionalmente licenciando engarrafadores em todo o mundo e fornecendo-lhes o xarope necessário para a produção. Seus parceiros mundiais vão da Coca-Cola Bottling Company, na Arábia Saudita, à Coca-Cola Hellenic, sediada na Europa. Esses parceiros engarrafam e comercializam 197 marcas da Coca-Cola para 605

FIGURA 19.2
Estratégias de entrada no mercado.

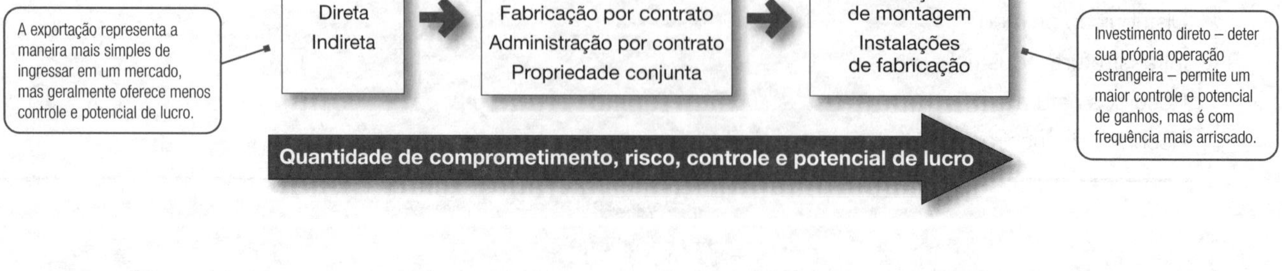

Licenciamento internacional: o Tokyo Disney Resort é de propriedade e operação da Oriental Land Company (uma empresa de desenvolvimento japonesa) sob licença da The Walt Disney Company.

David Harding/Alamy Stock Photo

milhões de pessoas em 28 países, desde a Itália e a Grécia, até a Nigéria e a Rússia.[30] E o Tokyo Disney Resort é de propriedade e operação da Oriental Land Company, sob licença da The Walt Disney Company. A licença de 45 anos fornece taxas de licenciamento à Disney mais uma porcentagem dos ingressos e das vendas de alimentos e mercadorias.

Entretanto, o licenciamento possui desvantagens potenciais. A empresa tem menos controle sobre o licenciado do que teria se as operações pertencessem a ela. Além disso, se o licenciado for muito bem-sucedido, a empresa terá cedido a ele os lucros e, ao término do contrato, poderá descobrir que criou um concorrente.

Fabricação por contrato

Fabricação por contrato
Uma *joint-venture* em que a empresa contrata fabricantes do mercado estrangeiro para produzir seu produto ou oferecer seu serviço.

Outra opção é a **fabricação por contrato** - a empresa contrata fabricantes no mercado externo para fabricar seu produto ou oferecer seu serviço. Por exemplo, a P&G atende a 650 milhões de consumidores em toda a Índia com a ajuda de nove fábricas terceirizadas. E a Volkswagen contrata o maior fabricante de automóveis da Rússia, o GAZ Group, para fabricar o Volkswagen Jetta para o mercado russo, bem como seus modelos Škoda (subsidiária da VW na República Tcheca) Octavia e Yeti vendidos por lá.[31] As desvantagens da fabricação por contrato são: menor controle sobre o processo de produção e perda de lucros potenciais na fabricação. Já os benefícios incluem: oportunidade de iniciar o negócio com mais rapidez e menos risco e possibilidade de, mais adiante, formar uma parceria com o fabricante local ou até comprá-lo. A fabricação por contrato também pode reduzir o investimento em fábrica, transporte e custos tarifários e, ao mesmo tempo, ajudar a atender aos requisitos de fabricação local do país anfitrião.

Administração por contrato

Administração por contrato
Uma *joint-venture* em que a empresa fornece sua experiência em administração a uma empresa estrangeira, que entra com o capital; a empresa exporta serviços de administração, e não produtos.

Na **administração por contrato**, a empresa fornece sua experiência em administração a uma empresa estrangeira, que entra com o capital. Em outras palavras, a empresa exporta serviços de administração, e não produtos. O Hilton utiliza esse tipo de contrato para administrar seus hotéis ao redor do mundo. Por exemplo, a rede de hotéis opera o DoubleTree by Hilton em locais que variam do Reino Unido e da Itália até o Peru e a Costa Rica, passando pela China, Rússia e Tanzânia. Os proprietários são locais, mas o Hilton administra os hotéis com sua competência em hospitalidade mundialmente reconhecida.[28]

A administração por contrato consiste em um método de baixo risco para entrar em um mercado estrangeiro, e que gera receita desde o início. Esse tipo de acordo é ainda mais atrativo se a empresa contratante tiver a opção de, mais tarde, comprar alguma participação da empresa administrada. No entanto, ele não é sensato quando a empresa pode fazer melhor uso de seu escasso talento administrativo ou quando ela pode conseguir maiores lucros assumindo a administração do empreendimento com um todo. A administração por contrato também impede a empresa de estabelecer suas próprias operações durante um período.

Propriedade conjunta

Propriedade conjunta
Um empreendimento cooperativo em que a empresa cria um negócio local com investidores no mercado estrangeiro, compartilhando a propriedade e o controle.

Um empreendimento de **propriedade conjunta** consiste na união de forças de uma empresa com investidores estrangeiros para criar um negócio local, cuja propriedade e controle sejam compartilhados. Uma empresa estrangeira pode comprar ações de uma empresa local ou as duas partes podem se unir e formar um novo empreendimento. A propriedade conjunta pode ser necessária por razões políticas ou econômicas. Por exemplo, a empresa pode não dispor de recursos financeiros, físicos ou administrativos para bancar o empreendimento sozinha. Ou, então, o governo do país em questão pode exigir a propriedade conjunta como condição de ingresso no mercado. As Disneylands de Hong Kong e de Xangai, da Disney, são ambas *joint-ventures* com o Shanghai Shendi Group, de propriedade do governo chinês. A Disney possui 43% do resort de Xangai; o Shanghai Shendi Group detém 57%.[33]

Muitas vezes, as empresas formam empreendimentos de propriedade conjunta para mesclar suas forças complementares no desenvolvimento de uma oportunidade de *marketing* global.

Propriedade conjunta: a participação de propriedade conjunta do Walmart na Flipkart, o principal mercado *on-line* da Índia, ajuda o varejista a navegar pelas rígidas restrições de investimento estrangeiro da Índia.

grzegorz knec/Alamy Stock Photo (Walmart); Farbentek/123RF (Flipkart)

Por exemplo, a participação de 81% do Walmart na Flipkart, o principal mercado *on-line* da Índia, ajudou o varejista norte-americano a lidar com as rígidas restrições de investimento estrangeiro do país. O acordo também deu ao Walmart uma grande vantagem sobre a Amazon em participação de mercado e experiência em varejo *on-line* na Índia. Por sua vez, a Flipkart se beneficia do poder financeiro e da experiência de distribuição do Walmart. Da mesma forma, as *joint-ventures* ajudaram a Kellogg a se mover rápida e fortemente para os mercados emergentes da África Ocidental. Por exemplo, a Kellogg comprou participações de 50% da Tolaram Africa Foods, fabricante líder de alimentos embalados na Nigéria e em Gana, e da Multipro, a maior distribuidora de alimentos nesses países. Os investimentos de propriedade conjunta ajudarão a Kellogg a entender melhor os consumidores da África Ocidental e a dominar o complexo ambiente de distribuição da região.[34]

A propriedade conjunta, contudo, traz algumas desvantagens. Os parceiros podem discordar em relação a investimentos, *marketing* ou outras políticas. E, embora muitas empresas norte-americanas prefiram reinvestir os lucros visando ao crescimento, as organizações locais geralmente preferem colher esses ganhos – enquanto as empresas norte-americanas enfatizam o papel do *marketing*, os investidores locais podem apostar nas vendas.

Investimento direto

Investimento direto
Ingressar em um mercado estrangeiro desenvolvendo instalações de montagem ou fabricação no país.

O maior envolvimento em um mercado estrangeiro resulta do **investimento direto** – desenvolvimento de instalações de montagem ou fabricação no exterior. Por exemplo, a fabricante de chips norte-americana Intel fez investimentos substanciais em suas próprias instalações de fabricação e pesquisa em Israel. Recentemente, a empresa gastou 5 bilhões de dólares para expandir a capacidade de sua fábrica de Kiryat Gat, no sul de Israel, e outros 15 bilhões para comprar a empresa de tecnologia e chips israelense Mobileye. Além disso, ela anunciou planos de investir mais 11 milhões de dólares em uma nova fábrica no sul de Israel. Uma parcela significativa das exportações de chips da Intel Israel vai para a China. Assim, diante das relações comerciais às vezes tensas entre os Estados Unidos e a China nos últimos anos, o aumento do investimento direto em Israel permite que a Intel atenda melhor ao grande e crescente mercado chinês de chips.[35]

Se a empresa já tem experiência em exportação e o mercado estrangeiro é suficientemente grande, instalações no exterior oferecem muitas vantagens. A empresa pode reduzir custos por conta de mão de obra ou matérias-primas mais baratas, dos incentivos para investimento externo oferecidos pelo governo local e da economia no frete. Ela também pode melhorar sua imagem no país que a recebe ao criar empregos. Em geral, a empresa desenvolve um relacionamento mais profundo com o governo, os clientes, os fornecedores locais e os distribuidores, o que lhe permite adaptar melhor seus produtos ao mercado local. Por fim, ela mantém total controle sobre seu investimento e, portanto, pode desenvolver políticas de produção e *marketing* que atendam a seus objetivos internacionais no longo prazo.

A principal desvantagem do investimento direto é que a empresa enfrenta muitos riscos, como restrição ou desvalorização da moeda, mercados em declínio ou mudanças no governo. Em alguns casos, se quiser operar em um determinado país, a empresa não terá outra opção a não ser correr esses riscos.

Comentário do autor | A principal decisão de *marketing* global geralmente se resume a isso: o quanto, se for o caso, uma empresa deve adaptar sua estratégia e programas de *marketing* aos mercados locais? Como a resposta pode ser diferente para a Boeing em comparação ao McDonald's?

Decisão sobre o programa de *marketing* global

Objetivo 19.3 Explicar como as empresas adaptam suas estratégias e *mixes* de *marketing* para os mercados internacionais.

***Marketing* global padronizado**
Uma estratégia de *marketing* internacional que, basicamente, utiliza não só a mesma estratégia de *marketing*, mas também o mesmo *mix* de *marketing*, em todos os mercados internacionais da empresa.

Empresas que operam em um ou mais mercados estrangeiros devem decidir até que ponto vão adaptar suas estratégias e programas de *marketing* às condições locais, se é que vão fazê-lo. Em um extremo estão as empresas globais que praticam o ***marketing* global padronizado**, utilizando essencialmente as mesmas abordagens de estratégia de *marketing* e o mesmo *mix* de *marketing* no mundo inteiro. No outro extremo está o ***marketing* global adaptado**. Nesse caso, o fabricante ajusta tanto a estratégia como os elementos do *mix* de *marketing* para cada mercado-alvo, arcando até com custos mais altos na esperança de conseguir maior participação de mercado e retorno.

A questão da adaptação ou padronização da estratégia e do programa de *marketing* tem sido objeto de muitas discussões nos últimos anos. Por um lado, algumas empresas globais acreditam

Marketing global adaptado
Uma abordagem de *marketing* internacional que ajusta a estratégia de *marketing*, bem como os elementos do *mix* de *marketing*, a cada mercado-alvo internacional – o que gera mais custo, mas, espera-se, leva a uma maior participação de mercado e retorno.

que a tecnologia está fazendo do mundo um lugar menor e que as necessidades dos consumidores ao redor do planeta estão cada vez mais parecidas. Isso abre caminho para as marcas mundiais e o *marketing* global padronizado. O *branding* global e a padronização, por sua vez, resultam em maior poder de marca, bem como em custos reduzidos por contas das economias de escala.

Por outro lado, a orientação de *marketing* sustenta que os programas de *marketing* serão mais eficazes se desenvolvidos sob medida para as necessidades específicas de cada grupo de clientes--alvo. Se essa orientação se aplica a um país, ela deve se aplicar ainda mais aos mercados internacionais. Apesar da convergência global, os consumidores de diferentes países ainda têm experiências culturais muito variadas. Eles ainda diferem de maneira significativa em termos de necessidades e desejos, poder de compra, preferências de produto e padrões de compra. Como é difícil mudar essas preferências, a maioria das empresas hoje adapta seus produtos, preços, canais e promoções aos desejos dos consumidores de cada país.

A padronização global, no entanto, não é uma proposta do tipo "tudo ou nada", mas uma questão de dimensão. A maioria dos profissionais de *marketing* internacional sugere que as empresas devem "pensar globalmente, mas agir localmente" – que elas devem buscar um equilíbrio entre padronização e adaptação, alavancando o reconhecimento global da marca, mas adaptando seu *marketing*, produtos e operações a mercados específicos.

Considere a varejista escandinava de móveis e utensílios domésticos IKEA. A gigante IKEA opera com sucesso mais de 420 lojas em mais de 52 países, engajando consumidores em meios, idiomas e culturas muito diferentes. A IKEA segue um modelo operacional internacional altamente padronizado, projetado para criar móveis funcionais e de boa qualidade a preços baixos que as pessoas comuns podem pagar. Não importa em que lugar do mundo você faça compras na IKEA, você encontrará lojas enormes, seu familiar logotipo e fachada nas cores azul e amarelo da marca, grandes seleções de móveis contemporâneos de design escandinavo e preços acessíveis. Ao mesmo tempo, a IKEA adapta cuidadosamente seus sortimentos de mercadorias, operações de loja e *marketing* para atender às necessidades exclusivas dos clientes em diferentes mercados globais:[36]

> A IKEA ajusta rotineiramente seus *designs* e sortimentos de produtos em todo o mundo para atender às necessidades e gostos distintos dos consumidores locais. Por exemplo, embora as lojas da IKEA na China tenham muitos dos mesmos itens encontrados em outras partes do mundo, eles também incrementam sua oferta de produtos com panelas de arroz e *hashis*. Os chineses adoram um colchão bom e duro, então no país a IKEA vende principalmente os colchões mais firmes. E como o espaço médio das moradias nas cidades populosas da China é muito menor do que na Europa e nos Estados Unidos, as IKEAs chinesas estocam eletrodomésticos e produtos menores, voltados para economizar espaço e organizar uma casa.
>
> Mas há limites para o quanto a IKEA pode adaptar *designs* e sortimentos de produtos sem aumentar os custos. Assim, o varejista muitas vezes simplesmente adapta seu *marketing* e *merchandising* para mostrar a cada local como seus produtos padrão se encaixam em suas vidas e culturas. Por exemplo, os *sites* da IKEA e seu catálogo impresso de grande circulação (mais de 200 milhões a cada ano) são personalizados para mostrar produtos IKEA padrão em configurações locais.
>
> A IKEA também ajusta suas operações básicas de loja para transformar nuances culturais locais em vantagens competitivas. Em chinês, por exemplo, a IKEA é conhecida como Yi Jia. Traduzido, significa "casa confortável", um conceito tomado literalmente pelos milhões de consumidores que visitam uma das 20 grandes lojas chinesas da IKEA a cada ano. "Os clientes vêm em passeios em família, pulam em camas do mostruário e cochilam, posam em fotos com a decoração e ficam horas aproveitando o ar-condicionado e os refis grátis de refrigerante", cita um observador. Em uma típica tarde de sábado, as camas de mostruário e outros móveis, em uma enorme loja chinesa da IKEA, estão ocupados com clientes de todas as idades descansando ou até dormindo. Embora isso possa ser considerado extremamente inapropriado e indesejado nos Estados Unidos ou em outros mercados ocidentais, os gerentes da IKEA na China incentivam esse comportamento, imaginando que a familiaridade com a loja resultará em compras posteriores.

Coletivamente, as marcas locais ainda representam a esmagadora maioria das compras dos consumidores. A maioria dos consumidores, onde quer que vivam, levam uma vida muito local. Assim, uma marca global deve engajar os consumidores em nível local, respeitando a cultura e tornando-se parte dela.

Não importa em que lugar do mundo você faça compras na IKEA, você encontrará as enormes e familiares lojas azuis e amarelas e grandes seleções de móveis de design escandinavo a preços acessíveis. Ao mesmo tempo, a IKEA adapta cuidadosamente suas mercadorias e _marketing_ às necessidades exclusivas dos clientes em mercados globais específicos.

Lou Linwei/Alamy Stock Photo

● FIGURA 19.3
Cinco estratégias globais de produto e comunicação.

A verdadeira questão por trás desta figura é: até que ponto a empresa deve padronizar ou adaptar seus produtos e seu *marketing* aos mercados mundiais?

Produto

Existem cinco estratégias que permitem adaptar o produto e a comunicação de *marketing* a um mercado externo (veja a ● **Figura 19.3**).[37] Vamos discutir primeiro as três estratégias de produto para, em seguida, abordar as duas estratégias de comunicação.

Extensão direta do produto
Comercializar um produto em um mercado estrangeiro sem fazer nenhuma modificação nele.

Extensão direta do produto significa comercializar um produto em um mercado externo sem fazer nenhuma modificação. A alta administração diz ao pessoal do *marketing*: "Peguem o produto da maneira como está e encontrem clientes para ele". O primeiro passo, contudo, deve ser descobrir se os consumidores estrangeiros utilizam o produto e de que forma preferem esse produto.

A extensão direta tem se mostrado bem-sucedida em alguns casos e desastrosa em outros. Os iPads da Apple, os aparelhos de barbear da Gillette e as ferramentas Black & Decker são todos vendidos com sucesso e praticamente da mesma maneira no mundo todo. Mas, quando a General Foods lançou sua gelatina em pó, a Jell-O, no mercado britânico, ela descobriu que os consumidores de lá preferem gelatinas sólidas, na forma de biscoitos ou bolos. O mesmo aconteceu com a Philips, que só começou a lucrar no Japão depois que reduziu o tamanho de suas cafeteiras, para adequá-las às pequenas cozinhas japonesas, e também de seus barbeadores, para que se encaixassem melhor nas mãos menores dos consumidores japoneses. E as vendas de refrigeradores da Panasonic na China aumentaram dez vezes em um único ano depois que a empresa reduziu a largura de seus eletrodomésticos em 15% para caber nas cozinhas chinesas menores.[38] A extensão direta é tentadora, pois não envolve custos adicionais de desenvolvimento de produto, alterações na produção ou novas promoções. Mas ela pode ter um alto custo no longo prazo, caso o produto não consiga satisfazer os consumidores em mercados externos específicos.

Adaptação de produto
Adaptar um produto para atender às condições ou necessidades locais em mercados estrangeiros.

A **adaptação de produto** envolve modificar o produto para atender às exigências, às condições ou às necessidades locais. ● Por exemplo, nos Estados Unidos, a assistente de voz virtual Alexa, do alto-falante Echo da Amazon, fala em uma versão suave, mas precisa do inglês norte-americano. A Alexa sabe que o Dia da Independência dos Estados Unidos cai no dia 4 de julho e que os norte-americanos adoram comemorar o Dia de Ação de Graças comendo peru. Mas o que acontece quando a Alexa se torna global? Os alto-falantes Echo da Amazon e a Alexa devem ser cuidadosamente adaptados às particularidades de cada nova cultura global. Considere o Echo na Índia:[39]

Antes de apresentar a Alexa na Índia, equipes de linguistas, fonoaudiólogos e desenvolvedores fizeram uma transformação local definitiva. Na Índia, a Alexa fala Hinglish – uma mistura de hindi e inglês – com um inconfundível sotaque indiano. "Ela sabe que o Dia da Independência é 15 de agosto, não 4 de julho, e deseja aos ouvintes 'Feliz Diwali e um próspero Ano Novo!'", diz um repórter de negócios. "Ela também se refere à sala de estar como 'sala de desenho' e pode adicionar jeera (cominho), haldi (cúrcuma) e atta (farinha) à sua lista de compras". As muitas "habilidades" da Alexa cobrem uma ampla gama de interesses indianos, observa outro repórter – "cânticos para entusiastas de críquete, recitações do Gayatri Mantra, [...] horóscopos diários, questionários de Bollywood, música de flauta indiana e até instruções de culinária baseadas nas receitas da chef celebridade Tarla Dalal".

Dominar o Hinglish é fundamental. Embora muitos indianos entendam inglês e hindi, eles se sentem mais à vontade com uma Alexa que soa como eles. Fazer com que a Alexa entenda as nuances do Hinglish e das subculturas locais é especialmente importante à medida que a Amazon se expande para além das grandes cidades da Índia. Uma proporção maior de indianos rurais fala apenas hindi ou outro idioma local, e taxas de alfabetização mais baixas significam que mais pessoas preferem controles de voz a digitação. "A Alexa não será uma norte-americana visitante que virá à Índia por alguns dias e voltará para casa", diz o gerente da Alexa Skills, da Amazon, na Índia. "Ela é tão indiana quanto parece ser".

● **Adaptação do produto: a Amazon adapta cuidadosamente sua assistente de voz virtual Alexa, do alto-falante Echo, para cada nova cultura global. Na Índia, a Alexa fala Hinglish – uma mistura de hindi e inglês – com um inconfundível sotaque indiano.**
Zapp2Photo/Shutterstock

Invenção de produto
Criar novos produtos ou serviços para mercados estrangeiros.

A **invenção de produto** consiste na criação de algo novo para atender às necessidades de um determinado país. À medida que os mercados se tornam globais, empresas que variam de fabricantes de eletrodomésticos e carros a produtores de doces e refrigerantes criam produtos que atendam às necessidades de compra especiais de consumidores de baixa renda em países em desenvolvimento.

Por exemplo, a fabricante chinesa de eletrodomésticos Haier desenvolveu máquinas de lavar mais robustas para usuários rurais da África, Índia e de outros mercados emergentes, onde descobriu que máquinas mais leves frequentemente ficavam entupidas com lama quando os agricultores as usavam para limpar vegetais além de roupas. A P&G desenvolveu uma linha Waterless de xampus e outros produtos para os cabelos que não precisam de água para consumidores sul-africanos que enfrentam grave escassez de água. E o fabricante de iluminação solar d.light Solar desenvolveu sistemas de iluminação doméstica movidos a energia solar para centenas de milhões de pessoas no mundo em desenvolvimento que não têm acesso a energia confiável. As lâmpadas e as lanternas portáteis da d.light não requerem nenhuma fonte de energia além do sol e podem durar até 15 horas por carga. A empresa já vendeu cerca de 20 milhões de produtos de luz solar e energia em 62 países, atingindo 82 milhões de usuários.[40]

Promoção

As empresas podem adotar a mesma estratégia de comunicação que usam em seu mercado doméstico ou modificá-la para cada mercado local. Considere as propagandas. Algumas empresas globais utilizam um só tema de propaganda no mundo todo. Por exemplo, a Coca-Cola unificou sua propaganda global em torno do tema "Sinta o sabor". É claro que, mesmo em campanhas de comunicação altamente padronizadas, alguns ajustes podem ser necessários para diferenças linguísticas e culturais. Os anúncios da campanha "Sinta o sabor" da Coca-Cola têm uma aparência semelhante em todo o mundo, mas são adaptados em diferentes mercados globais para apresentar consumidores, idiomas, celebridades e eventos locais.

Muitas vezes, as empresas globais têm dificuldade para transpor a barreira do idioma, com resultados que variam de leves constrangimentos a completos fracassos. Nomes de marca e frases em propagandas aparentemente inofensivos podem assumir significados indesejados ou revelar sentidos ocultos quando traduzidos para outros idiomas. Por exemplo, a Interbrand de Londres, a empresa que criou nomes conhecidos como Prozac e Acura, desenvolveu uma lista com nomes de marca que chamou de "hall da vergonha". A lista continha estes e outros nomes de marca estrangeiros – que em inglês possuem significados controversos –, e que provavelmente não serão encontrados em nenhum supermercado dos Estados Unidos: papel higiênico Krapp (cocô), da Dinamarca; chocolate Plopp (cocô), da Escandinávia; cereal Crapsy Fruit (fruta de cocô), da França, curry em pó Poo (cocô), da Argentina; e limonada Pschitt (xixi), da França.

Adaptação de comunicação
Uma estratégia de comunicação global que envolve o ajuste completo das propagandas aos mercados locais.

O tema dos anúncios muitas vezes perde – ou ganha – algo na tradução. Na China, o slogan da KFC, "É bom de lamber os dedos", soa como "Coma seus dedos". E o toque de chamada Hellomoto, da Motorola, se parece com algo como "Olá, gordo" na Índia. Os profissionais de *marketing* devem estar atentos para evitar esses erros, tomando muito cuidado ao tornar locais seus nomes de marca e mensagens para mercados globais específicos. Em mercados importantes, mas culturalmente diferentes, como a China, encontrar o nome certo pode enaltecer ou quebrar uma marca (veja o Marketing Real 19.2).

Adaptação da comunicação: para combater os estereótipos chineses negativos sobre brincar, a Mattel criou uma campanha mostrando como brincar com a Barbie tornava as meninas mais autoconfiantes, criativas e emocionalmente inteligentes.
Eugene Hoshiko/AP Photo

Em vez de padronizar sua propaganda globalmente, outras empresas seguem a estratégia da **adaptação de comunicação**, ajustando completamente suas mensagens aos mercados locais. Por exemplo, nos Estados Unidos e na maioria dos países ocidentais, os pais veem o brincar como benéfico para o desenvolvimento e a criatividade da criança. No entanto, os pais chineses tendem a ver o brincar de forma negativa, como uma distração do trabalho escolar que não contribui para o aprendizado e o desenvolvimento. Como resultado, embora a China tenha quase cinco vezes a população dos Estados Unidos, os pais chineses gastam menos da metade do que os pais norte-americanos gastam em brinquedos.

Para enfrentar esse desafio, os fabricantes de brinquedos dos Estados Unidos adaptam suas campanhas de comunicação chinesas para enfatizar como a brincadeira ajuda as crianças a ter sucesso na vida, aumentando seus conhecimentos, habilidades e criatividade. Por exemplo, um vídeo asiático para a Barbie da Mattel, baseado

Marketing Real 19.2

Localização de nomes de marcas chinesas: bastante importante, mas notoriamente complicado

Depois de um longo dia de trabalho, um típico cidadão de classe média-alta de Pequim mal pode esperar para correr para casa, vestir um confortável par de Persistente e Perseverante, abrir uma lata refrescante de Sabor Divertido e depois entrar em seu Rápido Galopante e seguir para o bar local para tomar um copo gelado de Poder da Felicidade com os amigos. Tradução? Na China, esses são os significados das marcas para Nike, Coca-Cola, Mercedes e Heineken, respectivamente.

Para os ocidentais, esses nomes soam muito bobos, mas para as marcas que fazem negócios na China, o maior e mais rápido mercado consumidor do mundo, eles não são motivo de riso. Talvez mais do que em qualquer outro lugar do mundo, as marcas na China assumem um significado profundo. Encontrar apenas o nome certo pode enaltecer ou quebrar uma marca. "Muitas vezes, a decisão de *marketing* mais importante de uma empresa na China é localizar seu nome", afirma um analista global de *branding*. "Também é notoriamente complicado".

Desenvolver a marca, o logotipo e o símbolo certos é um desafio, mesmo no mercado doméstico de uma empresa. Mas é especialmente difícil na China por causa da complexidade da linguagem escrita e falada. O desenvolvimento da marca na China tornou-se mais uma ciência do que uma arte, envolvendo consultores globais de marca, *software* de computador, análise linguística e extensos testes de consumo. "Na maioria dos projetos de nomenclatura", diz um consultor de *branding*, "o nome final é escolhido entre várias centenas de candidatos possíveis, todos exigindo cuidadosa poda para destacar o melhor".

Idealmente, para manter a consistência global, o nome chinês deve soar semelhante ao original e, ao mesmo tempo, transmitir os benefícios da marca em termos simbólicos significativos. A marca chinesa da Nike, *Nai ke*, faz isso bem. Não só soa igual quando pronunciada em chinês, seu significado "Persistente e Perseverante" encapsula poderosamente a essência "Just Do It" da marca Nike em todo o mundo. Da mesma forma, a marca Tide, da P&G, é *Taizi* na China, que se traduz em "tirar a sujeira", um apelido perfeito para um sabão para roupas de forte ação.

O nome chinês da Coca-Cola – *Ke kou ke le* – remonta a 1928. Não só soa bastante similar ao nome inglês, como os símbolos chineses transmitem felicidade na boca, um significado próximo ao posicionamento "Sinta o sabor" da Coca-Cola. Outros nomes que caem bem nos ouvidos chineses, ao mesmo tempo em que transmitem a essência de uma marca, incluem os salgadinhos Lay's (*Le shi* – "coisas felizes"); Reebok (*Rui bu* – "passos rápidos"); e Colgate (*Gau lu jie* – "revelando limpeza superior").

Houve um tempo em que as empresas ocidentais que entravam na China simplesmente criavam um nome de marca foneticamente semelhante ao nome doméstico, mesmo que não tivesse significado na língua chinesa. Por exemplo, a Cadillac escolheu *Ka di la ke* – um grupo de sons sem sentido que deu *status* à marca de luxo. Mas nomes sem significado muitas vezes não despertam a imaginação chinesa. Pior ainda, nomes fonéticos podem transmitir significados não intencionais. Por exemplo, quando a Coca-Cola levou sua bebida icônica pela primeira vez para a China, ela escolheu o nome *ko kä kö la*. Isso soa como Coca-Cola, mas se traduz em chinês, aproximadamente, como "mordeu um girino de cera".

Alguns nomes de marcas são traduzidos naturalmente. Por exemplo, quando a Garnier lançou seu shampoo Clear na China, teve sorte. A palavra chinesa para "claro" – *Qing* – é uma das poucas palavras chinesas selecionadas com associações extraordinariamente positivas que são usadas em muitas marcas. A Garnier acrescentou a palavra *yang*, que significa "voar" ou "espalhar ao vento". De acordo com o diretor da consultoria de marca da Garnier, o nome da marca *Qing Yang* conota "muito leve, saudável e feliz – pense em cabelos ao vento", é exatamente o que a marca pretende passar. Outras palavras chinesas universalmente positivas, comumente encontradas em nomes de marcas, incluem *le* e *xi* (feliz), *li* (força ou poder), *ma* (cavalo) e *fu* (sorte). Assim, a Kia vende um modelo na China chamado *Qian li ma*, ou "cavalo de mil quilômetros", sugerindo uma força incomum.

Os nomes de marcas chinesas podem transmitir significados sutis que podem não ser aparentes às sensibilidades ocidentais. Por exemplo, "Velocidade Arrojada" parece apropriado o suficiente para uma marca de automóveis de luxo como a Mercedes. O mesmo acontece com o nome da BMW – *Bao Ma* – que se traduz em "Cavalo Precioso". No entanto, na China, "precioso" tem uma conotação feminina, enquanto "Velocidade Arrojada" é mais masculino. Isso funciona bem para ambas as montadoras, que têm como alvo gêneros diversos na camada superior da China. Por exemplo, a BMW é líder de mercado entre as mulheres chinesas ricas.

Muitas marcas globais exigem uma reformulação cuidadosa. Por exemplo, a Microsoft teve que repensar a introdução de seu mecanismo de busca Bing na China, onde as traduções mais comuns do caractere pronunciado "bing" são palavras como *defeito* ou *vírus*, péssimas associações para um produto digital. A Microsoft mudou o nome na China para *Bi ying*, que significa "muito certeiro para responder". Mesmo assim, a marca está tendo dificuldade em desassociar a semelhança com o nome original.

O *branding* na China fica ainda mais complicado quando envolve associações visuais de caracteres em mandarim com os de uma marca ou logotipo. Veja a TripAdvisor e seu familiar logotipo de coruja, por exemplo. Quando o principal *site* de viagens entrou no mercado chinês, optou por *dào dào* ("chegar chegar"), um nome cativante pensado para capturar o núcleo da marca. Mas os viajantes chineses simplesmente não fizeram a conexão. Assim, a TripAdvisor contratou uma agência de *branding* para retrabalhar o nome da marca chinesa. Após um desenvolvimento exaustivo, a equipe descobriu *māo tóu yīng* – ou 猫头鹰 – um grupo de caracteres que significa literalmente "águia cabeça de gato", mas que comumente se traduz como "a coruja". Para tornar o nome da marca mais lúdico e melhor alinhá-lo aos atributos da marca TripAdvisor, a empresa mudou o conjunto de caracteres para 猫途鹰, substituindo o caractere "cabeça" (头, *tóu*) por um que significa "jornada" (途, *tú*). Ambos os caracteres compartilham uma pronúncia muito próxima, dando ao novo nome um jogo de palavras que captura tanto a identidade visual do icônico logotipo da coruja do TripAdvisor quanto a associação da marca com o planejamento de viagens.

Os nomes de marcas na China possuem um significado profundo. O nome chinês da Coca-Cola soa muito como o nome em inglês, e os símbolos chineses transmitem "felicidade na boca", um significado próximo ao posicionamento "Sinta o sabor" da Coca-Cola.

Sumeth Anu/Shutterstock

Hoje, com tantas marcas estrangeiras entrando em um mercado chinês em crescimento já saturado de marcas locais, é crucial selecionar o nome de marca correto. Se os consumidores chineses não conseguirem pronunciar um nome ou não souberem o que ele significa, é muito menos provável que comprem ou falem sobre ele com outras pessoas, seja pessoalmente ou nas mídias sociais. Em vez disso, com algum trabalho, as empresas podem criar nomes que engajem e inspirem os compradores. Na China, não é Subway, é *Sai bai wei* – "melhor que 100 sabores"; não é Revlon, mas *Lu hua nong*, uma frase emprestada de um famoso poema romântico da Dinastia Tang, que significa "flores desabrochando nutridas pelo orvalho da manhã". Em qualquer parte do mundo, o *branding* é uma questão de criar associações significativas e positivas entre a marca e o valor que ela traz para os consumidores. Na China, isso é especialmente importante, mas também notoriamente complicado.[41]

no tema "Você pode ser qualquer coisa" da marca, contraria os estereótipos chineses de que brincar é uma perda de tempo, mostrando como brincar com a Barbie torna as meninas mais autoconfiantes, criativas e emocionalmente inteligentes. O vídeo atraiu 7,5 milhões de visualizações. Da mesma forma, a LEGO compartilhou uma postagem no WeChat mostrando um pai que é engenheiro do Vale do Silício usando peças de LEGO para ensinar habilidades matemáticas ao filho. Uma campanha da Crayola apresentou uma galeria de arte infantil virtual mostrando como as crianças vão crescer "criando não apenas arte, mas também ideias, produtos e progresso científico". E uma campanha da Mattel reformulou o valor do brincar, por exemplo, mostrando como os carrinhos Hot Wheels podem ensinar física às crianças.[42]

A mídia também precisa ser adaptada internacionalmente, porque sua disponibilidade e suas regulações variam de país para país. Embora a propaganda na TV tenha poucos regulamentos nos Estados Unidos, o tempo de propaganda televisiva na Europa é muito limitado. Por exemplo, a França proibiu os varejistas de anunciar na TV e a Suécia proíbe propagandas na TV para crianças. No entanto, os anúncios de celular são muito mais amplamente aceitos na Europa e na Ásia do que nos Estados Unidos. Os jornais em papel são nacionais no Reino Unido, enquanto na Espanha são regionais e na Alemanha são o principal meio de propaganda. A Índia tem quase 300 jornais, mas devido à escassez de papel, os anúncios devem ser reservados com até seis meses de antecedência.[43]

Preço

As empresas também se deparam com muitas questões na hora de definir seus preços internacionais. Por exemplo, como a Makita poderia precificar suas ferramentas em nível mundial? Ela poderia estabelecer um preço único para o mundo todo, mas isso resultaria em um preço muito alto nos países pobres e não suficientemente alto nos países ricos. A empresa poderia também cobrar aquilo que os consumidores de cada país pudessem pagar, mas essa estratégia ignora as diferenças nos custos reais de país para país. Por fim, a Makita poderia usar uma margem-padrão sobre seus custos em todos os lugares, mas essa estratégia poderia deixar a empresa fora do mercado em alguns países em que os custos são altos.

Independentemente de como as empresas agem em relação à determinação dos preços de seus produtos, é muito provável que, para produtos comparáveis, seus preços no exterior sejam mais altos do que os praticados no mercado interno. Um iPad Pro de 11 polegadas da Apple que é vendido por 799 dólares nos Estados Unidos sai por 995 dólares no Reino Unido. Por quê? A Apple enfrenta um problema de *escalada de preços*. Ela precisa acrescentar a seu preço de fábrica os custos de transporte, as tarifas, a margem do importador, a margem do atacadista e a margem do varejista. Dependendo desses custos adicionais, o preço de venda do produto em outro país pode ser de duas a cinco vezes maior para que a mesma margem de lucro seja mantida.

Para driblar esse problema ao vender para consumidores menos abastados em países em desenvolvimento, muitas empresas fabricam versões mais simples ou menores de seus produtos, que podem ser vendidas a preços mais baixos. Por exemplo, para competir com concorrentes de baixo custo na Indonésia, Índia, Paquistão e outras economias emergentes, a Samsung desenvolveu sua linha Galaxy J de baixo preço. Os modelos J, com preço abaixo de 150 dólares, carregam o nome e o estilo Galaxy, mas com poucos recursos sofisticados.

Preços internacionais: para competir com concorrentes de baixo custo em economias emergentes, a Samsung desenvolveu sua linha Galaxy J de baixo preço, que leva o nome e o estilo Galaxy, mas com poucos recursos de ponta.

awpixel/123RF

FIGURA 19.4
Conceito de canal total para o *marketing* internacional.

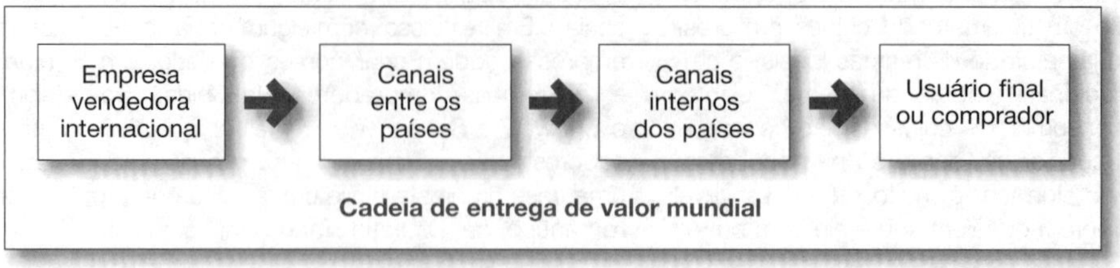

Os canais de distribuição podem variar muito ao redor do mundo. Por exemplo, nos Estados Unidos, a Coca-Cola distribui produtos por meio de uma rede de varejistas sofisticados. Em países menos desenvolvidos, ela entrega produtos da Coca-Cola usando tudo, desde carrinhos de mão até burros de carga para entrega.

Outra alternativa é a empresa reduzir os preços fabricando seus produtos localmente. Por exemplo, a Motorola e a Xiaomi atendem ao mercado indiano com telefones produzidos no país. Produzir telefones localmente permite que eles evitem altas tarifas de importação e possam repassar custos de fabricação mais baixos aos clientes na forma de preços mais baixos. As duas marcas hoje respondem por um em cada dois *smartphones* vendidos na Índia.[44]

Novas forças econômicas e tecnológicas têm impactado a determinação de preços globais. Por exemplo, a Internet está fazendo com que as diferenças de preço no mundo fiquem mais evidentes. Quando as empresas vendem suas mercadorias pela Internet, os clientes podem ver por quanto os produtos estão sendo vendidos em diferentes países. Eles podem até pedir um determinado produto diretamente de uma filial da empresa ou de um revendedor que esteja oferecendo um preço mais baixo. Isso está forçando as empresas a se voltar para uma precificação internacional mais padronizada.

Canais de distribuição

Concepção de canal total
Projetar canais internacionais que levem em consideração toda a cadeia de abastecimento e o canal de *marketing* globais, formando uma efetiva cadeia de entrega de valor mundial.

As empresas internacionais precisam adotar uma **concepção de canal total** ao tratar da questão da distribuição dos produtos aos consumidores finais. A **Figura 19.4** mostra os dois principais elos entre o vendedor e o comprador final. O primeiro elo, os *canais entre os países*, leva os produtos da empresa dos locais de produção até as fronteiras dos países em que eles são vendidos. Já o segundo elo, os *canais internos dos países*, leva os produtos dos pontos de entrada no mercado até os consumidores finais. A concepção de canal total leva em consideração toda a cadeia de suprimento e o canal de *marketing* globais. Ela reconhece que, para competir internacionalmente, a empresa precisa projetar e gerenciar com efetividade uma *cadeia de entrega de valor mundial.*

Em alguns mercados, o sistema de distribuição é complexo, competitivo e difícil de penetrar. Por exemplo, muitas empresas ocidentais acham difícil navegar no sistema de distribuição da Índia. Grandes varejistas de descontos, lojas de departamentos e supermercados ainda representam apenas uma pequena parte do enorme mercado indiano. Em vez disso, a maioria das compras é feita em pequenas lojas de bairro chamadas lojas *kirana*, administradas por seus proprietários e populares porque oferecem atendimento e crédito pessoais. Além disso, os grandes varejistas ocidentais têm dificuldade em lidar com os complexos regulamentos governamentais da Índia e a infraestrutura precária.

McDelivery: nas grandes cidades da Ásia e da África, onde ruas lotadas e altos custos imobiliários tornam os drive-thrus impraticáveis, legiões de motociclistas de entrega do McDonald's distribuem Big Macs e batatas fritas para os clientes que fazem pedidos.
Sorbis/Shutterstock

Os sistemas de distribuição nos países em desenvolvimento podem ser dispersos, ineficientes ou totalmente inexistentes. Por exemplo, os mercados rurais da China são altamente descentralizados, compostos por muitos submercados distintos, cada um com sua própria subcultura. E, devido a sistemas de distribuição inadequados, a maioria das empresas pode acessar lucrativamente apenas uma pequena parte da enorme população chinesa localizada em cidades ricas. O sistema de distribuição da China é tão fragmentado que os custos de logística para embalar, empacotar, carregar, descarregar, classificar, recarregar e transportar mercadorias representam quase 15% do PIB do país, muito mais alto do que na maioria dos outros países. (Em comparação, os custos de logística dos Estados Unidos representam cerca de 7,5% do PIB do país.)[45]

Às vezes, as condições locais podem influenciar muito a forma como uma empresa distribui produtos nos mercados globais. Por exemplo, em bairros de baixa renda no Brasil, onde os consumidores têm acesso limitado a supermercados, a Nestlé complementa sua distribuição com um exército de vendedores autônomos que vendem produtos Nestlé em carrinhos refrigerados de porta em porta. E nas grandes cidades da

Ásia e da África, onde ruas lotadas e altos custos imobiliários tornam os drive-thrus impraticáveis, restaurantes de *fast-food*, como McDonald's e KFC, oferecem entrega. Legiões de motociclistas de entrega em uniformes coloridos distribuem Big Macs e baldes de frango para os clientes que fazem pedidos. O McDonald's arrecadou mais de 1 bilhão de dólares em vendas de entrega em todo o mundo em 2018.[46]

Assim, os profissionais de *marketing* internacionais enfrentam uma ampla gama de alternativas de canal. Projetar sistemas de canais eficientes e eficazes entre e dentro dos mercados de vários países representa um desafio difícil.

Comentário do autor | Muitas grandes empresas, independentemente de seu "país de origem", agora se consideram organizações verdadeiramente globais. Eles veem o mundo inteiro como um único mercado sem fronteiras. Por exemplo, embora sediada em Chicago, a Boeing se sente tão confortável em vender aviões para a Lufthansa ou a Air China quanto para a American Airlines.

Decisão sobre a organização para o *marketing* global

Objetivo 19.4 Identificar as três principais formas de organização para o *marketing* internacional.

As empresas gerenciam suas atividades de *marketing* internacional, no mínimo, de três maneiras diferentes: a maioria delas primeiro organiza um departamento de exportação, depois cria uma divisão internacional e, por fim, se torna uma organização global.

Em geral, a empresa entra no *marketing* internacional simplesmente enviando seus produtos para o exterior. Se suas vendas internacionais se expandem, ela monta um *departamento de exportação* com um gerente de vendas e alguns assistentes. À medida que as vendas crescem, o departamento de exportação pode se expandir a ponto de incluir vários serviços de *marketing*, para que possa buscar negócios mais ativamente. Se a empresa partir para *joint-ventures* ou investimento direto, o departamento de exportação deixará de ser adequado.

Muitas empresas se envolvem em diversos mercados e empreendimentos internacionais. Elas podem exportar para um país, licenciar em outro, montar uma propriedade conjunta em um terceiro e ter uma subsidiária em um quarto. Mais cedo ou mais tarde, elas vão criar uma *divisão internacional* ou subsidiárias para lidar com todas as suas atividades internacionais.

As divisões internacionais podem ser organizadas de diversas maneiras. Seu quadro de funcionários é formado por especialistas em *marketing*, produção, pesquisa, finanças, planejamento e pessoal. Essa equipe realiza planejamento e presta serviços para várias unidades operacionais, que podem ser organizadas de três maneiras. Elas podem contar com *organizações geográficas*, com gerentes que são responsáveis pelos vendedores, pelas filiais, pelos distribuidores e pelas licenciadas em seus respectivos países. Podem ser *grupos de produtos mundiais*, cada qual sendo responsável pelas vendas mundiais de diferentes grupos de produtos. Por fim, podem ser *subsidiárias internacionais*, responsáveis por suas próprias vendas e lucros.

Muitas empresas ultrapassaram o estágio de divisão internacional e são organizações verdadeiramente globais. Por exemplo, como discutido anteriormente, apesar de suas origens francesas, a L'Oréal não tem mais um mercado doméstico claramente definido. Também não tem uma equipe à distância. Em vez disso, a empresa é famosa por construir equipes de marca globais em torno de gerentes que têm experiência profunda em várias culturas. Os gerentes da L'Oréal em todo o mundo trazem diversas perspectivas culturais para suas marcas.

As organizações globais não se veem como empresas nacionais que vendem no exterior, mas como empresas que atuam mundialmente. A alta administração e seu pessoal planejam instalações industriais, políticas de *marketing*, fluxos financeiros e sistemas logísticos no mundo inteiro. As unidades de operação globais respondem diretamente ao principal executivo ou ao comitê executivo da organização, e não ao responsável pela divisão internacional. Os executivos são treinados em operações no mundo todo, e não apenas em operações internas *ou* internacionais. As empresas globais recrutam seus quadros administrativos em muitos países, compram componentes e suprimentos onde o preço for mais baixo e investem onde o retorno esperado for maior.

Hoje em dia, grandes empresas precisam se tornar mais globais se quiserem competir. À medida que empresas estrangeiras invadem, com sucesso, os mercados internos, as empresas locais precisam avançar mais agressivamente para os mercados externos. Elas terão que deixar de ser empresas que tratam suas operações internacionais como assuntos secundários e passar a ser organizações que consideram o mundo um mercado único, sem fronteiras.

Revisão e extensão dos conceitos

Revisão dos objetivos

As empresas de hoje não podem mais se dar ao luxo de prestar atenção apenas em seu mercado interno, independentemente do tamanho que tenham. Muitos setores são globais, e empresas que operam globalmente obtêm custos menores e maior conscientização de marca. Ao mesmo tempo, o *marketing* global é arriscado por conta de variações cambiais, governos instáveis, tarifas e barreiras comerciais, entre vários outros fatores. Tendo em vista os ganhos e os riscos potenciais do *marketing* internacional, as empresas precisam de um caminho sistemático para tomar suas decisões de *marketing* global.

Objetivo 19.1 Discutir como o sistema de comércio internacional e os ambientes econômico, político/legal e cultural afetam as decisões de *marketing* internacional de uma empresa *(p. 532-543)*

A empresa precisa compreender o *ambiente de marketing global*, em especial o sistema de comércio internacional. Ela precisa avaliar as *características econômicas*, *político/legais* e *culturais* de cada mercado externo. Em seguida, deve decidir se quer partir para o exterior e considerar os potenciais riscos e benefícios. Deve também definir que volume de vendas internacionais deseja, com quantos países quer fazer negócios e em quais mercados específicos deseja entrar. Essas decisões exigem a ponderação dos prováveis retornos em relação ao nível de risco.

Objetivo 19.2 Descrever as três principais abordagens de entrada nos mercados internacionais *(p. 544-546)*

A empresa deve decidir como entrar em cada mercado escolhido – por meio de *exportação*, *joint-venture* ou *investimento direto*. Muitas empresas começam como exportadoras, passam para *joint-ventures* e, por fim, fazem um investimento direto em mercados estrangeiros. Na *exportação*, a empresa entra no mercado externo enviando e vendendo produtos por meio de intermediários de *marketing* internacionais (exportação indireta) ou de um departamento, filial ou agentes e representantes de vendas da própria organização (exportação direta). Ao estabelecer uma *joint-venture*, a empresa entra nos mercados externos associando-se a organizações no exterior para produzir ou comercializar um produto ou serviço. No *licenciamento*, a empresa ingressa no mercado externo firmando um acordo com o licenciado e lhe oferecendo o direito de utilizar um processo de fabricação, uma marca registrada, uma patente, um segredo comercial ou outro item de valor em troca de uma taxa ou royalty.

Objetivo 19.3 Explicar como as empresas adaptam suas estratégias e *mixes* de *marketing* para os mercados internacionais *(p. 546-552)*

As empresas também precisam decidir até que ponto suas estratégias de *marketing*, bem como seus produtos, promoções, preços e canais, devem ser adaptados para cada mercado externo. Em um extremo, empresas internacionais utilizam o *marketing global padronizado* no mundo inteiro. Outras usam o *marketing global adaptado*, ajustando a estratégia e o *mix* de *marketing* a cada mercado-alvo e arcando com os custos mais elevados na esperança de conseguir maiores retornos e participação de mercado. Contudo, a padronização global não é uma proposta do tipo "tudo ou nada": trata-se de uma questão de dimensão. A maioria dos profissionais de *marketing* internacional sugere que as empresas "pensem globalmente, mas ajam localmente", o que significa que elas devem buscar um equilíbrio entre as estratégias globalmente padronizadas e as táticas de *mix* de *marketing* localmente adaptadas.

Objetivo 19.4 Identificar as três principais formas de organização para o *marketing* internacional *(p. 553)*

A empresa deve desenvolver uma organização eficaz para o *marketing* internacional. Muitas começam com um *departamento de exportação*, que depois passa para uma *divisão internacional*. Algumas se transformam em *organizações globais*, com *marketing* mundial planejado e gerenciado pelos principais executivos da empresa. As organizações globais veem o mundo inteiro como um mercado único, sem fronteiras.

Termos-chave

Objetivo 19.1

Empresa global (p. 533)
Comunidade econômica (p. 535)

Objetivo 19.2

Exportação (p. 544)
Joint-venture (p. 544)
Licenciamento (p. 544)
Fabricação por contrato (p. 545)
Administração por contrato (p. 545)
Propriedade conjunta (p. 545)
Investimento direto (p. 546)

Objetivo 19.3

Marketing global padronizado (p. 546)
Marketing global adaptado (p. 547)
Extensão direta do produto (p. 548)
Adaptação de produto (p. 548)
Invenção de produto (p. 549)
Adaptação de comunicação (p. 549)
Concepção de canal total (p. 552)

Questões para discussão

19.1 Descreva brevemente a Organização Mundial do Comércio e seu papel no comércio mundial.

19.2 Que fatores ambientais as empresas internacionais devem considerar ao entrar em mercados estrangeiros?

19.3 Nomeie e explique as opções de entrada de uma empresa para mercados internacionais.

19.4 Cite e discuta as duas estratégias de *marketing* que as empresas globais podem usar para se adaptar aos mercados estrangeiros. Quais são os benefícios de cada estratégia?

19.5 Descreva brevemente as estratégias usadas para adaptar os produtos a um mercado global. Dê um exemplo para cada estratégia.

19.6 A Unilever deve utilizar preços internacionais padronizados para seus produtos de cuidado capilar Sunsilk? Por quê?

Atividades de pensamento crítico

19.7 Com base em preocupações de segurança nacional, os Estados Unidos e vários países aliados optaram por limitar o acesso ao mercado para a Huawei, uma empresa de telecomunicações chinesa que está lado a lado com a Apple como a segunda fabricante de *smartphones* do mundo, atrás da Samsung. Os críticos da proibição argumentam que ela limita a concorrência e a inovação – a Huawei é o quinto maior investidor em P&D do mundo. Em vez de comentar sobre os temores de segurança nacional que impulsionam as proibições, a Huawei respondeu com anúncios alinhados às culturas locais e que promovem as proezas tecnológicas da empresa, esperando que os consumidores exijam que a Huawei tenha acesso ao mercado. Qual parte do ambiente de *marketing* está tendo o maior impacto na expansão da Huawei para outros países: econômico, político/legal ou cultural? Em sua resposta, explique por que você selecionou esse fator e descartou os outros dois.

19.8 A Lululemon, uma varejista sediada no Canadá, está enfrentando uma concorrência cada vez maior de alternativas mais baratas para suas calças de ioga de 100 dólares. No entanto, em vez de baixar os preços ou expandir além de suas 440 lojas próprias ou *site*, ela lançará novos produtos (por exemplo, desodorantes e tênis) e expandirá via e-commerce e lojas físicas para mercados internacionais, incluindo a China. Que barreiras podem retardar a expansão da Lululemon para o comércio eletrônico internacional na China?

19.9 Você foi solicitado fazer uma consultoria para uma empresária de um pequeno negócio, que deseja expandir sua empresa no exterior. Ela pediu que você desenvolvesse uma estratégia de *marketing* global. Você não tem certeza se a proprietária entende completamente o processo de expansão internacional e os desafios envolvidos. Antes de se encontrar com ela na próxima semana, crie uma apresentação listando os fatores que ela precisará considerar antes de sua empresa se tornar global.

CASOS E APLICAÇÕES

Marketing digital Tinder: uma sensação internacional

A maior marca do Match Group, o Tinder, é um aplicativo móvel de busca social baseado em localização que é frequentemente usado para combinar encontros. Lançado em 2010, o aplicativo de namoro agora responde por 55% do total de assinantes em todas as marcas do Match Group, que incluem Match.com, Hinge e OkCupid. O Tinder teve um crescimento de receita de dois dígitos ano após ano, impulsionado, em parte, por sua expansão em mercados emergentes como a Índia, onde é o aplicativo de namoro de maior uso do país. O crescimento do aplicativo na Índia é atribuído à urbanização do país e ao declínio dos casamentos arranjados.

19.10 Quais fatores do ambiente de *marketing* podem estar afetando o crescimento do Tinder na Índia?

19.11 Desenvolva um perfil relevante da Índia que informe a gerência do Match Group sobre a demografia, os concorrentes e o potencial de mercado do país.

Marketing e ética Produtos não licenciados e falsificados

Os produtos falsificados representam entre 5 e 7% do comércio mundial e incluem de tudo, desde eletrônicos, medicamentos, DVDs e *softwares* piratas até brinquedos, cosméticos e produtos domésticos. Falsificações de roupas de marca e esportivas, sapatos e acessórios são excepcionalmente comuns. De acordo com o *Global Brand Counterfeiting Report 2018*, a quantidade total de pirataria no mundo atingiu 1,2 trilhão de dólares por ano. Marcas de luxo como Louis Vuitton, Chanel, Manolo Blahnik e Christian Louboutin viram um aumento nas violações de marcas registradas e produtos fraudulentos chegando ao mercado.

Produtos falsificados são um grande negócio globalmente. Eles são tão grandes, na verdade, que os reguladores da indústria chinesa hesitam em encerrar a prática; o mercado de produtos falsificados compreende milhões de empregos desesperadamente necessários na economia da China. Mas as empresas perdem cerca de 20 bilhões de dólares em receita anualmente por causa de produtos falsificados. Além disso, muitos consumidores em todo o mundo não recebem o que pagam – eles até podem obter a marca ou o rótulo que desejam, mas percebem que o produto tem qualidade inferior.

19.12 Discuta as organizações mundiais que auxiliam as empresas no desenvolvimento e no cumprimento de padrões globais de *marketing*, proteção ao consumidor e conformidade regulatória.

19.13 Existe alguma justificativa para que empresas lucrem com a fabricação de produtos falsificados por criarem empregos locais e fornecerem aos consumidores acesso a produtos que normalmente não poderiam comprar? Explique sua resposta.

Marketing em números Peloton pedala para o Reino Unido

No mundo do ciclismo, a palavra *peloton* (pelotão) significa "o principal grupo de ciclistas em uma corrida". Mas Peloton significa algo diferente para os cerca de um milhão de fanáticos nos Estados Unidos que desembolsaram 1.995 dólares por uma bicicleta ergométrica de uso interno conectada à Internet e que pagam 39 dólares por mês para assistir aulas ao vivo e sob demanda do estúdio da Peloton, em Nova York, no *tablet* conectado à bicicleta. A Peloton transmite 12 horas de conteúdo ao vivo todos os dias e oferece mais de 8 mil aulas de ciclismo sob demanda, entre outras aulas "além da pedalada", como ioga e exercícios para braços, pernas e fortalecimento do corpo. Os ciclistas podem selecionar seu instrutor favorito, a duração da aula, o tipo de aula e até o gênero musical, e podem seguir e competir com outros. O sucesso da Peloton vem do fato de ela ser mais do que uma bicicleta ergométrica, um estúdio ou uma aula de ciclismo – é uma experiência que criou seguidores fanáticos entre seus assinantes. O grupo fechado do Facebook da Peloton possui mais de 90 mil membros. Mais de 3 mil deles foram à cidade de Nova York durante o fim de semana da Invasão do Home Rider da Peloton, onde pagaram ansiosamente 50 dólares para participar de um coquetel e duas aulas de estúdio com instrutores de celebridades da empresa. Agora, a Peloton está se expandindo globalmente, começando pelo Reino Unido, o segundo maior mercado de *fitness* do mundo. Com as tecnologias atuais, a Peloton poderia distribuir o serviço para consumidores em todo o mundo a partir de seu estúdio em Nova York. Mas, em vez disso, a empresa recriou toda a experiência no Reino Unido, com um estúdio em Londres, instrutores britânicos e *showrooms* de varejo como nos Estados Unidos. As bicicletas custam 1.995 libras e as assinaturas das aulas, 39,50 libras por mês. A Peloton vende as bicicletas a preço de custo porque sabe que o dinheiro real vem da venda dos serviços associados.

19.14 Quantas bicicletas a Peloton deve vender para equilibrar essa expansão internacional se os custos fixos totais forem de 30 milhões de libras por ano, os custos variáveis forem de 1.995 libras por bicicleta (a Peloton as vende a preço de custo) e os custos variáveis de serviço mensal forem de 5 libras? Suponha que um consumidor que compre uma bicicleta ao preço de 1.995 libras também assine por 12 meses o serviço de *streaming* a 39,50 libras por mês. Consulte a seção *Análise de ponto de equilíbrio e margem* no Apêndice 2: *Marketing* pelos números para saber como realizar essa análise.

19.15 Quanto em vendas em dólares norte-americanos sua resposta à pergunta anterior representa? Use uma calculadora de câmbio, como a de www.xe.com/currencyconverter/, para converter libras esterlinas em dólares norte-americanos.

Caso empresarial 7-Eleven: adaptando-se às várias culturas do mundo

O CEO da Seven & I Holdings – um dos maiores grupos de varejo do mundo, com sede em Tóquio, Japão – estava sentado contemplando o relatório em sua mesa. Desde 2005, a Seven & I Holdings era a única proprietária da franquia mundial de lojas de conveniência 7-Eleven. Com 68 mil lojas em 17 países, o conceito da loja foi um sucesso inquestionável. E até hoje, a 7-Eleven floresceu como uma flor de cerejeira em todos os países em que entrou. Entretanto, aquele relatório forneceu detalhes sobre o primeiro fracasso internacional da empresa. Depois de oito anos na Indonésia, a 7-Eleven admitiu a derrota e fechou suas poucas dezenas de lojas restantes por lá. A pergunta na mente do CEO foi: O que esse fracasso significou para a futura expansão internacional da marca 7-Eleven?

Poucas pessoas nos Estados Unidos percebem que a cadeia de lojas de conveniência 7-Eleven que eles conhecem e amam não é de propriedade norte-americana. Dada a extensa presença da marca nos Estados Unidos, isso é compreensível. A 7-Eleven é a maior rede de lojas de conveniência do país, com mais de 9 mil lojas em 34 estados. E embora existam mais de 150 mil lojas de conveniência no país, nenhuma outra cadeia chega perto de 7-Eleven na contagem de lojas. Em uma era de marcas nacionais, as cadeias de lojas de conveniência dos Estados Unidos permanecem um tanto regionais, com cadeias maiores, como Circle K, Speedway, Casey's e QuikTrip, e cadeias menores, como Bucky's, com sede em Nebraska, Moto-Mart, em Illinois, ou Pump'N Munch, em Minnesota.

O conceito implícito de loja de conveniência parece tão norte-americano quanto o beisebol e a torta de maçã. Nos Estados Unidos, há uma em cada esquina, ou assim parece. Elas abrem cedo e ficam abertas até tarde da noite. E embora você não possa comprar tudo em uma loja de conveniência, você pode conseguir o que mais importa – gasolina, cerveja, cigarros e todos os tipos de guloseimas! Snickers, Twinkies, Mountain Dew, Funyuns, Slim Jim ou Good Humor, e a lista não para aí. Cada cadeia de lojas dá seu próprio toque ao conceito. Mas quase todas as lojas de conveniência sediadas nos Estados Unidos aderem a uma fórmula prescrita. Portanto, é difícil para a maioria dos consumidores norte-americanos imaginar suas amadas lojas de conveniência prosperando em outros países. No entanto, muitas cadeias de lojas de conveniência se tornaram globais, e a 7-Eleven conquistou mais mercados internacionais do que qualquer outra cadeia. E até seu recente fracasso na Indonésia, parecia que a 7-Eleven não poderia errar globalmente.

Tudo começou com gelo

Desde suas origens, a 7-Eleven sempre foi orientada para o cliente. Tudo começou quando um homem reconheceu uma necessidade não atendida do cliente e aproveitou a oportunidade. Em 1927, Jefferson Green, o "tio Johnny", começou a vender leite, pão e ovos do cais da Southland Ice Company em Dallas, Texas, onde trabalhava. No início, ele fazia isso principalmente aos domingos e à noite, quando os supermercados regulares estavam fechados. Apenas tentando ganhar um dinheirinho extra, tio Johnny não fazia ideia de que estava inventando um dos maiores e mais antigos conceitos de varejo.

Mas Joe C. Thompson Jr., o chefe de Johnny, percebeu. Em 10 anos, a Southland Ice Company de Thompson tinha 60 lojas de varejo que vendiam produtos básicos – tudo, desde enlatados a melancia fresca. À medida que a cadeia crescia lentamente, o conceito de loja de conveniência se enraizou – uma pequena loja (de 150 a 300 metros quadrados) com 2.500 produtos de alta demanda, locais convenientes, preços justos, transações rápidas e serviço amigável. A cadeia de Thompson continuou a crescer. Mas para alimentar esse crescimento, Thompson sabia que precisava encontrar continuamente maneiras inovadoras de "dar aos clientes o que eles querem, quando e onde eles querem".

Em 1946, a rede estabeleceu audaciosamente um horário comercial mais longo do que qualquer outra loja jamais ousou. Aberta das 7h às 23h, a empresa mudou seu nome para 7-Eleven, marcando a conveniência de suas longas horas em sua imagem de marca. Em 1963, surgiu o primeiro 7-Eleven 24 horas por dia, 7 dias por semana, e outra revolução começou. Quando a cadeia atingiu 1.500 lojas em meados da década de 1960, desencadeou uma febre por raspadinhas no país com o Slurpee. Entre outras inovações que rapidamente se tornariam itens básicos das lojas de conveniência estão o café para viagem, o copo Big Gulp de 1 litro de e o cachorro-quente Big Bite, maior que o normal.

Mas em 1969, a 7-Eleven lançou outra novidade que se tornaria o modelo para o seu futuro – tornou-se a primeira cadeia de lojas de conveniência a abrir lojas em um país estrangeiro. Abriu lojas primeiro no Canadá, depois no México e logo depois no Japão e em outros mercados asiáticos. Pouco antes de abrir sua primeira loja internacional, a 7-Eleven adotou um modelo de franquia que lhe permitiria crescer a um ritmo vertiginoso, exigindo que os franqueados arcassem com alguns dos encargos financeiros e operacionais. Talvez mais importante, a empresa também deu flexibilidade aos franqueados, dentro de certos limites, para atender aos gostos locais, personalizando suas ofertas de produtos para qualquer loja. Hoje, a 7-Eleven se refere a esse conceito como "iniciativa do varejista".

Essa ideia de atender aos gostos locais também se tornaria a pedra angular da expansão internacional da 7-Eleven e sua maior vantagem competitiva. Certos aspectos do *mix* de *marketing* corporativo permaneceram padrão – como o formato de pequenas lojas e a venda de produtos e serviços que os clientes locais desejam com mais frequência. Mas à medida que a empresa abriu mais lojas internacionais, ficou óbvio que cada mercado possuía diferenças com relação ao significado de conveniência.

O Japão aperfeiçoa uma invenção norte-americana

Considere o Japão, um dos primeiros mercados internacionais da 7-Eleven. Os norte-americanos que visitam o Japão hoje veem um forte contraste entre as lojas 7-Eleven na Terra do Sol Nascente e as de casa. Para começar, as lojas estão por toda parte no Japão. O Japão tem mais de 21 mil lojas 7-Eleven, com 2.700 apenas em Tóquio. Isso torna o Japão, de longe, o maior mercado da empresa.

Há uma razão para tantas lojas 7-Eleven. A rede se tornou o restaurante mais popular do Japão. Na hora das refeições, os corredores de todo e qualquer 7-Eleven estão lotados e as filas são longas. Mas em vez de fazer fila para batatas fritas e Slurpees, os clientes japoneses são tratados com alguns dos melhores alimentos preparados do mundo. Entre as ofertas estão salmão no arroz com manteiga e molho de soja, bife refogado em vinho tinto demi-glace e frango moído com gengibre e salada de repolho com espinafre. Sushis frescos em abundância, onguiris (bolinhos de arroz com alga) embrulhados de forma a manter a alga crocante e o arroz úmido, e um ovo sem casca perfeitamente cozido com uma gema que, de alguma forma, já vem salgada. Quando se trata de bebidas, a 7-Eleven oferece uma ampla seleção de cervejas, saquês, champanhes, uísques de malte, vinhos e mais de 20 variedades de café gelado.

Mas não é apenas a seleção de alimentos que diferencia as lojas 7-Eleven do Japão. Elas recebem entre duas e cinco entregas de alimentos por dia, mantendo as prateleiras abastecidas e os alimentos frescos e garantindo que tudo seja feito no local. Vitrines abertas – tanto frias quanto quentes – servem comida de uma maneira mais próxima ao Trader Joe's do que a uma loja de conveniência. E se todas essas lojas não forem convenientes o suficiente, os consumidores japoneses podem pedir comida e mantimentos *on-line* e recebê-los em um carro elétrico com assento único. Mas espere, tem mais. Além de alimentos e itens de conveniência, as lojas 7-Eleven do Japão também atendem às necessidades de serviço dos habitantes locais. Por exemplo, os clientes podem pagar suas contas de telefone ou de serviços públicos na 7-Eleven local, pegar suas correspondências e encomendas ou até mesmo comprar ingressos de beisebol em um quiosque.

A 7-Eleven Japan foi tão bem-sucedida que acabou adquirindo sua empresa-mãe nos Estados Unidos. Quando a 7-Eleven, Inc., com sede em Dallas, faliu em 1991, sua própria subsidiária japonesa a resgatou comprando uma participação majoritária, com dívidas e tudo. Em 2005, ela formou a Seven & I Holdings e adquiriu as ações remanescentes da 7-Eleven, Inc. Então, em um caso clássico do aluno se tornar o mestre, a 7-Eleven Japan aplicou o que havia dominado nas décadas anteriores para fortalecer a "iniciativa varejista" na divisão dos Estados Unidos. E a nova empresa-mãe aumentou o investimento em *merchandising*, na renovação de lojas, nos sistemas de distribuição, na logística e nos sistemas de informação.

Não é a primeira vez que uma empresa japonesa pega um conceito de negócios dos Estados Unidos, aperfeiçoa-o e depois o traz de volta ao país de origem (pense nos automóveis Honda, nos televisores Sony ou nos computadores Toshiba). Mas a estratégia central da 7-Eleven permaneceu a mesma – dar às pessoas o que elas querem em todos os mercados. Muitos recursos estabelecidos na 7-Eleven Japão funcionaram bem em outros mercados asiáticos em rápida expansão, incluindo Taiwan, Cingapura, China e Filipinas. Mas em cada mercado em que entrou, a 7-Eleven continuou adaptando o modelo com maestria.

Por exemplo, em Taiwan, louca por tecnologia, as lojas 7-Eleven vendem eletrônicos, como *smartphones*. Nos fins de semana em Hong Kong, você encontrará pessoas saindo e bebendo no "Club 7" local, como as lojas 7-Eleven são conhecidas por lá. No Havaí, onde as pessoas são obcecadas por Spam de carne cozida enlatada, a 7-Eleven serve um prato positivamente pecaminoso chamado Spam musubi – uma fatia de presunto enlatado frito em cima de uma camada de arroz e envolto em algas secas nori. E na Dinamarca, os clientes da rede preocupados com a saúde estão mais propensos a granola crocante e saladas paleo.

A anomalia na Indonésia

Quando a primeira loja 7-Eleven abriu na Indonésia, parecia o mercado perfeito para expansão internacional. O país tinha uma economia em crescimento e uma população de 240 milhões de pessoas. Mas até apenas alguns anos antes, o país havia sido amplamente ignorado pelas corporações globais. No entanto, tudo isso estava mudando. À medida que o poder de compra do consumidor da Indonésia começou a aumentar, existiam poucas opções para satisfazer as necessidades locais, tornando a Indonésia uma das oportunidades de crescimento internacional mais atraentes. Isso foi particularmente verdadeiro para as lojas de conveniência. Com apenas 12 mil "minimercados" em um dos setores do varejo de mais rápido crescimento do país, o mercado de lojas de conveniência parecia uma escolha madura para uma empresa veterana como a 7-Eleven.

Embora a cultura indonésia tivesse muitas coisas em comum com outros países, também apresentava traços não encontrados em outros mercados. Por exemplo, apenas sair e não fazer nada – algo que os locais chamam de "nongkrong" – é um dos passatempos favoritos da Indonésia. As pessoas se reúnem em mercados de rua, barracas de comida à beira da estrada e lojas de *fast-food* ocidentais para passar o tempo e compartilhar histórias. Mas a demanda por lugares para passar o tempo excedeu em muito a oferta, e poucas opções existentes ofereciam conectividade sem fio, um requisito cada vez maior.

Assim, a nova 7-Eleven na Indonésia se concentrou menos em ser uma loja de conveniência e mais em ser uma espécie de "terceiro lugar", muito parecido com o conceito iniciado pela Starbucks. Na Indonésia, a 7-Elevens ainda estocava muitos produtos básicos de lojas de conveniência, como comida pronta e barata, lanches e uma variedade de bebidas populares. E suas operações 24 horas eram perfeitas para uma cultura sem limites de tempo. Mas para atrair o tráfego para as lojas, a 7-Eleven na Indonésia oferecia estacionamento sem complicações (um recurso *premium* na nação insular congestionada pelo tráfego), um local para bandas locais tocarem (geralmente as bandas locais tinham que pagar uma taxa para fazer isso), ar-condicionado, conectividade sem fio gratuita e muito espaço para passar o tempo.

Durante os primeiros cinco anos, a 7-Eleven Indonésia expandiu em um ritmo saudável, abrindo quase 200 lojas. Em muitos mercados, essa taxa de crescimento seria respeitável. Mas, ao mesmo tempo, os concorrentes estavam crescendo muito mais rápido, com os líderes de mercado estabelecendo redes de mais de 10 mil lojas durante o mesmo período. No entanto, o maior desafio ocorreu em 2015, quando o governo indonésio proibiu a venda de álcool em minimercados para "proteger a juventude da Indonésia". Embora isso tenha afetado a maioria das redes de lojas de conveniência, com sua proposta de valor de boate, a 7-Eleven foi a mais atingida. Em apenas alguns anos, com as vendas caindo, a empresa não teve outra alternativa senão fechar suas lojas na Indonésia.

Enquanto o CEO da Seven & I Holdings considerava o futuro da 7-Eleven, ele não podia deixar de pensar na experiência da empresa na Indonésia. Atualmente olhando para o Vietnã e a Índia como próximos passos, a empresa não podia se dar ao luxo de repetir o desempenho em nenhum dos novos mercados. Mas com tantos outros sucessos na adaptação do conceito da 7-Eleven aos mercados globais, o CEO também estava confiante de que os franqueados e gerentes poderiam continuar a personalizar as ofertas das lojas para atender às necessidades dos consumidores em novos mercados internacionais.[47]

Questões para discussão

19.16 Das cinco estratégias globais de produto e comunicação, qual melhor descreve a abordagem da 7-Eleven?

19.17 Em uma escala de um a cinco, até que ponto a 7-Eleven adapta sua oferta em cada mercado global? Justifique sua resposta.

19.18 Qual estratégia a 7-Eleven emprega para entrar em novos mercados? Como a empresa se beneficia dessa abordagem?

19.19 O fracasso da 7-Eleven na Indonésia é um sinal de fraqueza futura? Discuta as implicações desse fracasso na futura expansão da empresa para outros mercados.

20 *Marketing* sustentável responsabilidade social e ética

Resumo dos objetivos

Objetivo 20.1 Definir *marketing* sustentável e discutir sua importância. **Veja: *Marketing* sustentável** (p. 562-565)

Objetivo 20.2 Identificar as principais críticas sociais ao *marketing*. **Veja: Críticas sociais ao *marketing*** (p. 564-572)

Objetivo 20.3 Definir defesa do consumidor e ambientalismo e explicar como eles afetam as estratégias de *marketing*. **Veja: Ações do consumidor para promover o *marketing* sustentável** (p. 572-576)

Objetivo 20.4 Descrever os princípios do *marketing* sustentável. **Veja: Ações organizacionais voltadas para o *marketing* sustentável** (p. 576-580)

Objetivo 20.5 Explicar o papel da ética no *marketing*. **Veja: Ética no *marketing* e a empresa sustentável** (p. 580-583)

Prévia do capítulo

Neste capítulo final, vamos analisar os conceitos de *marketing* sustentável, que atende às necessidades dos consumidores, das empresas e da sociedade – agora e no futuro – por meio de ações de *marketing* social e ambientalmente sustentáveis. Vamos começar com a definição de *marketing* sustentável e, em seguida, analisar algumas críticas comuns ao *marketing*, por conta de seus impactos sobre os consumidores individuais, bem como ações públicas que promovem o *marketing* sustentável. Por fim, veremos como as empresas podem se beneficiar da busca proativa por práticas sustentáveis de *marketing*, que entregam valor não apenas aos clientes individuais, mas à sociedade como um todo. As ações de *marketing* sustentável são mais do que apenas a coisa certa a ser feita; elas também são boas para os negócios.

Para começar, vamos analisar um exemplo de *marketing* sustentável em prática na Unilever, a terceira maior empresa de produtos de consumo do mundo. Por 20 anos, a Unilever tem sido eleita líder em sustentabilidade no setor de alimentos e bebidas pelo índice Dow Jones Sustainability. Quase uma década atrás, a empresa lançou seu programa Plano de Vida Sustentável de 10 anos, por meio do qual pretende dobrar de tamanho ao mesmo tempo em que reduz seu impacto no planeta e aumenta os benefícios sociais decorrentes de suas atividades. Trata-se de uma meta ambiciosa.

UNILEVER: criando um futuro melhor todos os dias

Quando Paul Polman se tornou CEO da Unilever há mais de uma década atrás, a empresa de produtos alimentícios, para o lar e para cuidados pessoais era um gigante adormecido. Apesar de ser a casa de marcas famosas – incluindo algumas como Dove, Axe, Noxzema, Sunsilk, OMO, Hellmann's, Knorr, Lipton e Ben & Jerry's –, a Unilever tinha passado por uma década de vendas e lucros estagnados. A empresa precisava renovar sua energia e sua proposta. "Para empurrar o mundo de volta à sanidade, precisamos saber por que estamos aqui", disse Polman.

Para responder à pergunta "por que estamos aqui" e encontrar uma missão mais energizante, Polman olhou para além das metas corporativas normais, voltadas para crescimento das vendas, dos lucros e do valor para o acionista. Em vez disso, ele afirmou, o crescimento resulta do comprometimento com uma missão social e ambiental mais ampla. A Unilever existe "para os consumidores e não para os acionistas", disse ele. "Se estivermos em sincronia com as necessidades do consumidor e com o ambiente em que operamos – e assumirmos a responsabilidade por nosso [impacto societal] –, os acionistas, então, serão recompensados".

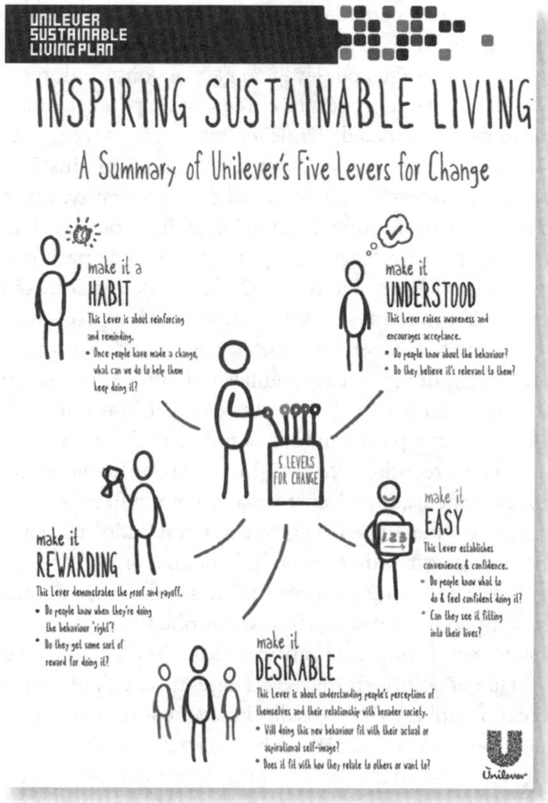

Sob seu Plano de Vida Sustentável, a Unilever está trabalhando com bilhões de clientes em todo o mundo para melhorar o impacto social e ambiental de seus produtos. "Pequenas ações. Grande diferença".

Reproduzido com a gentil permissão da Unilever PLC e empresas do grupo

Avaliar o impacto societal e ambiental e trabalhar em cima disso não é algo novo para a Unilever. Antes de Polman assumir as rédeas, a empresa já tinha diversos programas em andamento direcionados para a gestão do impacto de seus produtos e suas operações. Mas os programas e os resultados existentes, embora bons, não iam longe o bastante para Polman. Assim, no final de 2010, a Unilever lançou o programa Plano de Vida Sustentável – um plano agressivo, de longo prazo, que eleva o capitalismo a um outro nível. Com o plano, a empresa se propôs a "ajudar a criar um mundo onde todos possam viver bem dentro dos limites naturais do planeta, [colocando] a vida sustentável no centro de tudo o que fazemos". De acordo com Polman, o sucesso comercial da Unilever no longo prazo depende do quão bem ela gerencia o impacto social e ambiental de suas ações.

O Plano de Vida Sustentável estabelece três importantes objetivos sociais e ambientais: "(1) ajudar mais de um bilhão de pessoas a tomarem medidas para melhorar sua saúde e seu bem-estar; (2) reduzir pela metade a pegada ambiental gerada pela fabricação e pelo uso de nossos produtos; e (3) melhorar os meios de sustento de milhões de pessoas à medida que crescemos nossos negócios". Esse plano aglutina todo o trabalho que a Unilever vem desenvolvendo e estabelece novas metas ambiciosas relacionadas à sustentabilidade. Essas metas abrangem toda a cadeia de valor interna, desde o modo como a empresa obtém as matérias-primas até a maneira como os consumidores utilizam e descartam seus produtos. "Nosso objetivo é tornar nossas atividades mais sustentáveis e incentivar nossos clientes, fornecedores e outros a fazer o mesmo", diz a empresa.

No que diz respeito ao fornecimento, mais da metade das matérias-primas usadas pela Unilever é proveniente da agricultura. Assim, a empresa está ajudando os fornecedores a desenvolver técnicas agrícolas sustentáveis, que atendam a suas altas expectativas em relação aos impactos ambiental e social. A Unilever avalia os fornecedores com base em dois modelos. O primeiro é o Unilever Supplier Code, que demanda ações socialmente responsáveis no que diz respeito a direitos humanos, práticas trabalhistas, segurança de produto e cuidado com o meio ambiente. Já o segundo, o Unilever Sustainable Agriculture Code, voltado especificamente para fornecedores ligados à agricultura, detalha as expectativas da empresa quanto a práticas agrícolas sustentáveis, de modo que ela e seus fornecedores "possam se comprometer, juntos, com a jornada para a sustentabilidade".

Mas o Plano de Vida Sustentável da Unilever vai além de simplesmente criar canais de fornecimento e distribuição mais responsáveis. Aproximadamente 68% do total de pegada ambiental dos produtos da Unilever referente à emissão de gases do efeito estufa e 50% da pegada ligada ao consumo de água se dão durante o uso do consumidor. Assim, a Unilever também está trabalhando com seus consumidores para melhorar o impacto social e ambiental de seus produtos durante o uso. Cerca de 2,5 bilhões de pessoas em 190 mercados espalhados pelo mundo utilizam um produto da Unilever em determinado momento. Portanto, somadas, pequenas ações diárias por parte do consumidor podem fazer uma grande diferença. A Unilever resume isso na seguinte equação: "Marcas da Unilever × pequenas ações diárias × bilhões de consumidores = grande diferença".

Com o Plano de Vida Sustentável, a Unilever, gigante dos produtos de consumo, quer "criar um futuro melhor, todos os dias, para as pessoas ao redor do mundo". De fato, o sucesso comercial da empresa no longo prazo depende do quão bem ela gerencia o impacto social e ambiental de suas ações.

Por exemplo, quase um terço dos lares no mundo todo utilizam produtos da Unilever para lavar roupas – são, aproximadamente, 125 bilhões de lavagens por dia. Com seu Plano de Vida Sustentável, a Unilever não só está desenvolvendo produtos para lavar roupa que agridem menos o meio ambiente, como também está motivando os consumidores a melhorarem seus hábitos relacionados à lavagem de roupa.

Por exemplo, a Unilever está incentivando os consumidores ao redor do mundo a lavar roupas usando temperaturas mais baixas e a dosagem correta de sabão. Produtos da Unilever como os sabões OMO e Persil Small & Mighty, que são concentrados, utilizam menos embalagem, o que os tornam mais baratos e menos poluentes para transportar. E o mais importante: eles lavam a roupa com eficiência em temperaturas baixas e usam menos energia. A Unilever estima que essas mudanças tenham alcançado uma redução de 15% nas emissões de gases de efeito estufa. Outro produto da Unilever, o amaciante Comfort One Rinse, foi criado para a lavagem de roupas à mão em mercados em desenvolvimento e emergentes, em que a água muitas vezes é escassa.

O produto inovador demanda somente um balde de água para enxaguar, em vez de três, o que representa economia de tempo, esforço e 30 litros de água por lavagem para os consumidores.

Essas economias de energia e água não aparecem na demonstração de resultados da Unilever, mas serão extremamente importantes para as pessoas e o planeta. "Em última instância", diz a empresa, "só seremos bem-sucedidos se incentivarmos as pessoas ao redor do mundo a tomar pequenas atitudes diárias que, somadas, possam fazer uma grande diferença para o planeta". Para atingir esse objetivo, a Unilever identificou "cinco alavancas para a mudança" – são coisas que seus profissionais de *marketing* podem fazer para motivar as pessoas a adotar determinados comportamentos sustentáveis. O modelo ajuda esses profissionais a identificar as barreiras e os gatilhos para a mudança. As alavancas para a mudança incluem: fazer com que o ponto seja compreendido, facilitá-lo, torná-lo desejável, fazer dele algo recompensador e transformá-lo em um hábito.

O Plano de Vida Sustentável vai gerar resultados para a empresa? Até agora, está tudo caminhando bem. A Unilever está fazendo um excelente progresso em sua missão de "tornar comum a vida sustentável" e em seus 79 ousados objetivos do Plano de Vida Sustentável. A empresa já atingiu 26 metas específicas e está na rota certa para cumprir mais 52. E apesar da volatilidade em seus mercados globais, os lucros da Unilever continuam crescendo. Somente entre 2016 e 2018, embora as receitas tenham caído ligeiramente, os lucros quase dobraram. Ainda mais revelador, as marcas de vida sustentável agora compõem 26 das 40 principais marcas da Unilever. E essas marcas cresceram 46% mais rápido do que o restante dos negócios da empresa, respondendo por 70% de seu crescimento.

Polman sempre defendeu que o plano de sustentabilidade não é apenas a coisa certa a fazer para as pessoas e o meio ambiente, mas também para a Unilever. A busca pela sustentabilidade economiza dinheiro, reduzindo o uso de energia e minimizando o desperdício. Alimenta a inovação, resultando em novos produtos e novos benefícios para o consumidor. E cria novas oportunidades de mercado: mais da metade das vendas da Unilever são de países em desenvolvimento, os mesmos que enfrentam os maiores desafios de sustentabilidade.

Após 10 anos no comando, Polman recentemente deixou o cargo de CEO da Unilever. Mas seu legado de sustentabilidade permanece. Sob sua liderança, os lucros dobraram e a empresa apresentou um retorno total para os acionistas de 290%. Antes de se aposentar, Polman reafirmou que o plano de sustentabilidade está ajudando a Unilever a crescer ao mesmo tempo em que cria um futuro melhor para bilhões de pessoas sem aumentar a pegada ambiental. "Não acreditamos que haja um conflito entre sustentabilidade e crescimento lucrativo", ele conclui. "O ato diário de fabricar e vender produtos de consumo orienta o progresso econômico e social. Há bilhões de pessoas ao redor do mundo que merecem a melhor qualidade de vida que produtos do dia a dia, como sabonete, xampu e chá, podem oferecer. Viver de maneira sustentável não é um sonho impossível. Isso pode ser feito, e há pouquíssimas desvantagens".[1]

EMPRESAS RESPONSÁVEIS DESCOBREM o que os consumidores querem e respondem com ofertas ao mercado que criem valor para os compradores e obtenham valor deles em troca. A *orientação de marketing* é um princípio que prega o valor para o cliente e ganhos mútuos. Sua prática é uma mão invisível que orienta a economia, a fim de satisfazer as muitas e variáveis necessidades de milhões de consumidores.

Contudo, nem todas as empresas seguem a orientação de *marketing*. Na realidade, algumas utilizam práticas de *marketing* questionáveis, que servem a seus próprios interesses, e não os dos consumidores. E mesmo ações de *marketing* bem-intencionadas, que atendem às necessidades atuais de alguns clientes, podem causar prejuízos imediatos ou futuros a outros consumidores ou à sociedade em geral. As empresas responsáveis precisam considerar se suas ações são sustentáveis no longo prazo.

Este capítulo analisa o *marketing* sustentável, bem como os efeitos sociais e ambientais das práticas privadas de *marketing*. Para começar, vamos tratar da questão: o que é *marketing* sustentável e por que ele é importante?

Comentário do autor | Os profissionais de *marketing* devem pensar além da satisfação imediata do cliente e do desempenho do negócio, em direção a estratégias sustentáveis que preservem o mundo para as gerações futuras.

Marketing sustentável

Objetivo 20.1 Definir *marketing* sustentável e discutir sua importância.

***Marketing* sustentável**
Marketing social e ambientalmente responsável que atende às necessidades atuais de consumidores e empresas e, ao mesmo tempo, preserva ou intensifica a capacidade das gerações futuras de atender às necessidades delas.

O ***marketing* sustentável** requer ações responsáveis em termos sociais e ambientais, que atendam às necessidades atuais de consumidores e empresas e, ao mesmo tempo, preservem ou intensifiquem a capacidade das gerações futuras de atender às necessidades delas. A ● **Figura 20.1** compara a orientação de *marketing* sustentável com a orientação de *marketing* que estudamos nos capítulos anteriores.

A *orientação de marketing* reconhece que as organizações prosperam dia após dia definindo as necessidades e os desejos atuais dos clientes-alvo e atendendo-os de maneira mais eficaz e eficiente que os concorrentes. Ela se concentra em atender às necessidades de vendas, crescimento e lucro de curto prazo da empresa, oferecendo aos clientes aquilo que eles querem agora. Contudo, satisfazer as necessidades e os desejos imediatos dos consumidores nem sempre atende aos melhores interesses futuros dos clientes e da empresa.

FIGURA 20.1
***Marketing* sustentável.**

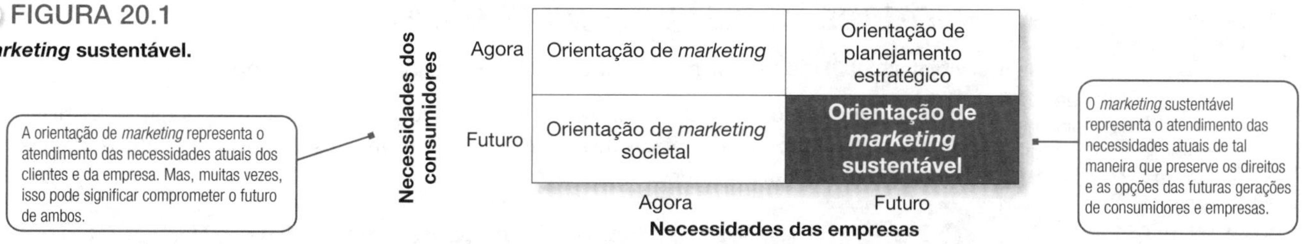

Por exemplo, as primeiras decisões do McDonald's de comercializar fast-foods saborosos – porém ricos em gordura e sal – geraram satisfação imediata para os clientes, assim como vendas e lucros para a empresa. No entanto, críticos afirmam que o McDonald's e outras redes de fast-food contribuíram, no longo prazo, para uma epidemia de obesidade nos Estados Unidos, prejudicando a saúde dos consumidores e sobrecarregando o sistema nacional de saúde. Muitos consumidores, por sua vez, começaram a buscar opções de alimentação mais saudável, gerando uma queda nas vendas e nos lucros do setor de fast-food.

Além da questão do comportamento ético e do bem-estar social, o McDonald's foi criticado pela considerável pegada ambiental de suas enormes operações globais – ele foi criticado por tudo, de desperdício na embalagem e geração de resíduo sólido até uso ineficiente da energia em suas lojas. Assim, a estratégia do McDonald's não foi sustentável em termos de benefício nem para o consumidor nem para a empresa.

Enquanto a *orientação de marketing societal* identificada na Figura 20.1 considera o bem-estar futuro dos consumidores e a *orientação de planejamento estratégico* considera as necessidades futuras da empresa, a *orientação de marketing sustentável* leva em conta ambas as coisas. O *marketing* sustentável requer ações responsáveis em termos sociais e ambientais, que atendam às necessidades tanto imediatas como futuras dos clientes e da empresa.

Por exemplo, por mais de uma década, o McDonald's respondeu a esses desafios com uma estratégia mais sustentável de diversificação em saladas, frutas, frango grelhado, leite com baixo teor de gordura e outros pratos saudáveis. A empresa também patrocinou grandes campanhas de educação para ajudar os consumidores a entender melhor os caminhos para viver estilos de vida ativos e equilibrados. Anunciou uma lista de "compromissos para oferecer opções de nutrição aprimoradas" e vem trabalhando com a Alliance for a Healthy Generation para melhorar o McLanche Feliz, oferecendo refeições mais equilibradas com ingredientes mais simples e saudáveis. O McDonald's aponta que 80% dos itens em seu cardápio nos Estados Unidos têm menos de 400 calorias – de um cheeseburger básico a produtos como o Fruit & Maple Oatmeal, Egg White Delight McMuffin e Iced Caramel Macchiato.[2]

As iniciativas de sustentabilidade do McDonald's também abordam questões ambientais. Ela exige sustentabilidade no fornecimento de alimentos, no uso de embalagens reduzidas e ambientalmente sustentáveis, na reutilização e reciclagem e em projetos de lojas mais responsáveis. Por exemplo, o McDonald's assumiu o compromisso de adquirar todas as embalagens a partir de recursos renováveis, reciclados ou certificados e tornar a reciclagem viável em todas as suas lojas até 2025.[3] Assim, o McDonald's agora está bem-posicionado para um futuro sustentável e lucrativo.

Sustentabilidade: o McDonald's respondeu aos desafios de sustentabilidade diversificando em saladas, frutas, frango grelhado, leite com baixo teor de gordura e outros pratos saudáveis, incluindo o McLanche Feliz, e oferecendo refeições mais equilibradas com ingredientes mais simples.
Michael Neelon(misc)/Alamy Stock Photo

O *marketing* verdadeiramente sustentável requer um sistema de *marketing* que funcione em harmonia, em que consumidores, empresas, legisladores e outros trabalhem em conjunto para assegurar ações de *marketing* responsáveis em termos sociais e ambientais. Entretanto, o sistema de *marketing* nem sempre funciona de maneira harmônica. As seções a seguir analisam diversas questões ligadas à sustentabilidade: quais são as mais frequentes críticas sociais ao *marketing* mais frequentes? Que providências os cidadãos têm tomado para coibir os males do *marketing*? O que os legisladores e os órgãos do governo têm feito para promover o *marketing* sustentável? Quais medidas as empresas esclarecidas têm adotado para praticar um *marketing* socialmente responsável e ético, que crie valor sustentável tanto para os clientes individuais como para a sociedade como um todo?

Comentário do autor | Na maioria das vezes, todos nós nos beneficiamos muito das atividades de *marketing*. No entanto, como a maioria dos outros empreendimentos humanos, o *marketing* tem suas falhas. Aqui apresentamos os dois lados de algumas das críticas mais comuns ao *marketing*.

Críticas sociais ao *Marketing*

Objetivo 20.2 Identificar as principais críticas sociais ao *marketing*.

O *marketing* é alvo de muitas críticas. Algumas são justificadas, mas muitas não. A crítica social afirma que determinadas práticas de *marketing* prejudicam consumidores individuais, a sociedade como um todo e outras empresas.

O impacto do *marketing* sobre os consumidores individuais

Os consumidores preocupam-se muito com o modo como o sistema de *marketing* atende a seus interesses. Em geral, levantamentos demonstram que as atitudes dos consumidores em relação às práticas de *marketing* são controversas ou até relativamente desfavoráveis. Grupos de defesa do consumidor, órgãos governamentais e outros críticos têm acusado o *marketing* de prejudicar os consumidores por meio de preços altos, práticas desonestas, vendas com muita pressão, produtos de baixa qualidade, prejudiciais ou perigosos, obsolescência planejada e oferecimento de serviços de baixa qualidade para consumidores menos favorecidos. Essas práticas de *marketing* questionáveis não são sustentáveis em termos de bem-estar do consumidor e do negócio no longo prazo.

Preços altos

Muitos críticos acusam o sistema de *marketing* norte-americano de fazer com que os preços fiquem mais altos do que seriam em sistemas mais "sensatos". Preços altos assim são difíceis de engolir, especialmente quando a economia está em crise. Os críticos destacam três fatores – altos custos de distribuição, altos custos de propaganda e promoção e *markups* excessivos.

Uma acusação antiga aponta para o fato de que as margens de lucro sobre os preços determinadas por membros gananciosos do canal são maiores do que o valor de seus serviços. Como resultado, os custos de distribuição acabam ficando muito altos e os consumidores pagam por esses custos excessivos na forma de preços mais elevados. Os revendedores argumentam que os intermediários executam um trabalho que, se não fosse feito por eles, teria de ficar a cargo dos fabricantes ou dos consumidores. Seus preços refletem aquilo que os consumidores querem – maior praticidade, lojas e sortimentos maiores, mais serviços, horários de atendimento prolongados e facilidade de devolução, entre outros. Na verdade, eles argumentam, a concorrência no varejo é tão intensa que as margens, no final das contas, são bastante baixas. E revendedores como o Walmart, a Costco, a Amazon e outros varejistas de desconto pressionam seus concorrentes a operar com eficiência e a manter os preços baixos.

O *marketing* moderno também é acusado de empurrar os preços para cima a fim de financiar, sem necessidade, grandes campanhas de propaganda, promoções de vendas e embalagens. Por exemplo, uma marca bastante promovida em nível nacional é vendida por um preço muito maior do que um produto praticamente idêntico que não tenha marca ou seja de marca própria. Os críticos alegam que grande parte dessa promoção e embalagem adiciona somente valor psicológico ao produto, e não funcional. As empresas respondem dizendo que, embora acrescente custos ao produto, a propaganda também agrega valor, ao informar os compradores potenciais da disponibilidade e dos méritos da marca. Produtos de marca podem custar mais, mas o *branding* dá aos compradores garantias de uma qualidade consistente. Além disso, apesar de os consumidores geralmente terem a opção de comprar versões funcionais do produto a preços mais baixos, eles *querem* e estão dispostos a pagar mais por produtos que também oferecem benefícios psicológicos – que os façam se sentir ricos, atraentes ou especiais.

Uma marca nacional fortemente promovida é vendida por muito mais do que um produto sem marca ou com marca própria virtualmente idêntica. Os críticos alegam que a promoção adiciona apenas valor psicológico ao produto, em vez de valor funcional.

Keri Miksza

Os críticos também acusam algumas empresas de adicionar margens excessivas a seus produtos. Eles apontam para a indústria farmacêutica, em que uma pílula que custa 5 centavos para ser fabricada pode ser vendida a 2 dólares para o consumidor, e para os altos custos relacionados a conserto de carros e outros serviços. As empresas respondem dizendo que a maioria delas tenta tratar os consumidores com justiça, pois quer construir um relacionamento com eles e fazer com que continuem a comprar. Elas também alegam que os consumidores muitas vezes não entendem as razões dos altos *markups*. Por exemplo, as margens cobradas nos produtos farmacêuticos devem cobrir os custos da compra, promoção e distribuição dos medicamentos existentes, além dos altos custos de pesquisa e desenvolvimento envolvidos na formulação e nos testes de novos remédios. Como a GlaxoSmithKline, empresa farmacêutica, afirma em seus anúncios: "Os remédios de hoje financiam os milagres de amanhã".

Práticas desonestas

As empresas às vezes são acusadas de práticas desonestas, que induzem os consumidores a acreditar que obterão mais valor do que de fato recebem. Essas práticas classificam-se em três grupos: promoções, embalagens e determinações de preço enganosas. As *propagandas enganosas* abrangem práticas como: distorcer as características ou o desempenho do produto e atrair os clientes à loja com uma superoferta que, na verdade, está com o estoque esgotado. As *embalagens enganosas* incluem exagerar o conteúdo por meio de um design sutil, usar um rótulo que não diz a verdade ou descrever o tamanho em termos ilusórios.

Na categoria das *determinações de preço enganosas*, incluem-se práticas como: anunciar falsos preços "de fábrica" ou "de atacado" e uma grande redução de preços a partir de uma lista falsa de altos preços de venda. Por exemplo, varejistas como a JCPenney, a Kohl's, a Neiman Marcus e a Nordstrom foram atingidas por processos alegando que usaram preços originais inflacionados. Uma ação coletiva contra a Ross Stores acusou a varejista de enganar os clientes com "preços comparativos falsos e/ou enganosos que supostamente seriam cobrados por outros comerciantes pelos mesmos produtos". A Ross Stores pagou um acordo de 4,9 milhões de dólares. E a Overstock.com foi recentemente multada em 6,8 milhões de dólares por um tribunal da Califórnia como resultado de uma ação contra fraude de preços movida pelos procuradores gerais de oito condados da Califórnia. O processo acusava a gigante *on-line* de anunciar rotineiramente seus preços como inferiores aos "preços de tabela" fabricados. Ele relata um exemplo em que a Overstock vendeu um conjunto de móveis para área externa por 449 dólares, enquanto afirmava que o preço de tabela era de 999 dólares. Quando o item foi entregue, o cliente descobriu que havia um adesivo do Walmart com um preço de 247 dólares.[4]

As práticas enganosas levaram à criação de leis e de outras ações de proteção ao consumidor. Por exemplo, em 1938, o Congresso dos Estados Unidos aprovou a Wheeler-Lea Act (Lei Wheeler-Lea), que conferiu à FTC (Federal Trade Commission – Comissão Federal de Comércio) poderes para regular "práticas ou atos desleais ou enganosos". Desde então, a FTC já publicou diversas diretrizes relacionando práticas enganosas.

Contudo, apesar das leis, alguns críticos dizem que as afirmações enganosas ainda são muito comuns, mesmo no caso de marcas famosas. Por exemplo, a empresa de proteção contra roubo de identidade LifeLock pagou uma multa recorde de 100 milhões de dólares decorrente das acusações da FTC de propaganda enganosa. A FTC acusou a LifeLock – que alegou estar "protegendo incansavelmente sua identidade" – de anunciar falsamente que protegia os dados confidenciais dos consumidores com as mesmas medidas de segurança de alto nível das instituições financeiras e de alegar falsamente que protegia a identidade dos consumidores 24 horas por dia, fornecendo alertas "assim que" houvesse qualquer indício de problema. Como disse um repórter: "Já é ruim o suficiente que as pessoas tenham que se preocupar com o roubo de seus dados pessoais. Agora eles precisam se preocupar com o fato de as empresas responsáveis por proteger seus dados não fazerem seu trabalho".[5]

O maior problema é definir o que é "enganoso". Por exemplo, um anunciante que afirma que o chiclete dele vai "sacudir seu mundo" não tem nenhuma intenção de ser interpretado literalmente. Ele pode alegar que isso é um exagero inocente, para causar efeito. No entanto, algumas pessoas alegam que os exageros e as imagens sedutoras podem prejudicar os consumidores de maneiras sutis. Pense nos populares e duradouros comerciais "Não tem preço" da MasterCard, que mostram consumidores conquistando seus sonhos sem preço, apesar dos custos. Os anúncios sugerem que seu cartão de crédito pode fazer com que isso aconteça. Mas os críticos assinalam que esse tipo de imaginário criado pelas operadoras de cartão de crédito incentiva uma atitude "compre agora e pague depois", a qual leva muitos consumidores a usar *demais* seus cartões.

Propaganda enganosa: A FTC acusou a LifeLock – que alega estar "protegendo implacavelmente sua identidade" – de fazer alegações de propaganda enganosa.

FOOTAGE VECTOR PHOTO/Shutterstock

Os profissionais de *marketing* argumentam que a maioria das empresas evita práticas enganosas. Como esses tipos de prática prejudicam os negócios da organização no longo prazo, eles simplesmente não são sustentáveis. Relacionamentos lucrativos com o cliente são construídos sobre bases de valor e confiança. Se os consumidores não conseguirem o que esperam, eles se voltarão para produtos mais confiáveis. Além disso, os consumidores costumam se proteger da dissimulação.

A maioria deles reconhece as intenções de venda da empresa e se mostra cautelosa ao comprar, muitas vezes a ponto de não acreditar completamente em afirmações verdadeiras.

Vendas com muita pressão

Às vezes, os vendedores são acusados de praticar vendas com muita pressão, persuadindo as pessoas a comprar mercadorias que elas não tinham nem pensado em adquirir. Costuma-se dizer que seguros, imóveis e carros usados são *vendidos*, e não *comprados*. Os vendedores são treinados para repetir discursos polidos e prontos, que têm como objetivo induzir à compra. Eles vendem agressivamente porque as disputas internas de vendas prometem grandes prêmios para quem vender mais. De maneira similar, os apresentadores de infomerciais utilizam abordagens que criam uma sensação de urgência por parte do consumidor – e somente aqueles com muita força de vontade conseguem resistir a essa sensação.

Mas, na maioria dos casos, as empresas têm pouco a ganhar com as vendas com muita pressão. Essas táticas podem funcionar em situações de venda única para ganhos no curto prazo, mas grande parte das vendas envolve a construção de um relacionamento de longo prazo com clientes valiosos. As vendas com muita pressão ou enganosas podem causar sérios danos a relacionamentos desse tipo. Imagine, por exemplo, um gerente de contas da P&G tentando pressionar um comprador do Walmart ou, então, um vendedor da IBM tentando intimidar um gerente de tecnologia da informação da GE. Isso simplesmente não daria certo.

Produtos de baixa qualidade, prejudiciais ou perigosos

Outra crítica se refere à qualidade e ao funcionamento ruim dos produtos. Uma queixa é que, com muita frequência, os produtos não são bem fabricados e os serviços não são bem feitos. Outra reclamação tem a ver com a segurança dos produtos. Essa questão tem sido um problema por diversas razões, incluindo: a indiferença das empresas, a maior complexidade dos produtos e o baixo nível de controle de qualidade. Uma outra objeção está ligada ao fato de que muitos produtos oferecem poucos benefícios ou podem chegar a ser perigosos.

Por exemplo, pense na indústria de refrigerantes. Durante anos, os críticos do setor culparam a oferta abundante de refrigerantes com alto teor calórico e carregados de açúcar pela epidemia de obesidade e outros problemas de saúde nos Estados Unidos. Empresas de bebidas são facilmente culpabilizadas por serem gananciosas ao lucrar com consumidores vulneráveis, transformando-os em uma nação de viciados em refrigerante. Embora o consumo de refrigerantes nos Estados Unidos tenha caído nos últimos anos, as empresas de bebidas agora estão buscando crescimento nos mercados emergentes. De acordo com um relatório do Centro de Ciência de Interesse Público (CSPI – Center for Science in the Public Interest) intitulado "Carbonating the World" (Carbonatando o mundo), em 2008 os mercados emergentes como China, Índia e México representaram pouco mais da metade do consumo global de refrigerantes. Agora, no entanto, quase 70% dos refrigerantes são vendidos nesses mercados. O CSPI acusa as empresas de bebidas de se comportarem como a indústria do tabaco, comercializando seus produtos nocivos para países que já lutam para fornecer assistência médica a seus cidadãos.[6]

Produtos nocivos: a indústria de refrigerantes está sendo irresponsável ao promover produtos nocivos em mercados emergentes ou está simplesmente atendendo aos desejos dos consumidores, deixando-os fazer suas próprias escolhas de consumo?

Center for Science in the Public Interest

A indústria de refrigerantes está sendo socialmente irresponsável ao promover agressivamente o excesso de autoindulgência para consumidores mal-informados ou desprevenidos em mercados emergentes? Ou está simplesmente atendendo aos desejos dos clientes, oferecendo produtos que aguçam o paladar dos consumidores enquanto permitem que os consumidores façam suas próprias escolhas de consumo? É trabalho da indústria policiar os gostos do público? Como em muitas questões de responsabilidade social, o que é certo e errado pode ser uma questão de opinião. Enquanto alguns analistas criticam o setor, outros sugerem que a responsabilidade é do consumidor. Talvez as empresas não devam vender refrigerantes em copos tamanho família, assim como ninguém é obrigado a comprá-los e bebê-los.

A maioria dos fabricantes *quer* produzir produtos de qualidade. Afinal, o modo como a empresa lida com a qualidade do produto e os problemas de segurança pode prejudicar ou favorecer sua reputação. Empresas que vendem produtos de baixa qualidade ou perigosos arriscam-se a entrar em conflitos danosos com grupos de defesa do consumidor e entidades reguladoras. Além disso, produtos perigosos podem resultar em processos judiciais e grandes indenizações por danos causados. E, em um nível mais básico, os consumidores descontentes com os produtos da empresa podem evitar comprá-los novamente e convencer outras pessoas a fazer o mesmo. Assim, deslizes na qualidade não são consistentes com o *marketing* sustentável. Atualmente, as empresas sabem que a boa qualidade resulta em valor e satisfação para o cliente, o que, por sua vez, gera um relacionamento lucrativo com ele.

Obsolescência planejada

Os críticos também acusam algumas empresas de praticar *obsolescência planejada*, fazendo com que seus produtos fiquem obsoletos antes que haja real necessidade de substituição. Eles também afirmam que alguns fabricantes utilizam materiais e componentes que vão quebrar, desgastar-se, enferrujar ou apodrecer muito antes do que deveriam. E, quando os produtos não se deterioram com rapidez suficiente, surgem as empresas acusadas de praticar a *obsolescência percebida* – elas mudam continuamente o conceito daquilo que são estilos aceitáveis para o consumidor, com o intuito de incentivar mais compras e em períodos mais curtos. Um exemplo óbvio é a indústria da moda rápida, com roupas em constante mudança, que alguns críticos afirmam criar uma cultura de roupas descartáveis. "Muitas roupas acabam em aterros sanitários", lamenta um designer. "Elas são consideradas esteticamente redundantes e são descartados no final da temporada, quando muitas vezes ainda restam anos de uso".[7]

Obsolescência planejada: a Apple foi acusada por deliberadamente deixar os iPhones antigos mais lentos por meio de atualizações de *software*, a fim de incentivar os clientes a comprar modelos mais novos.

Neil Godwin/Future Publishing/Shutterstock

Outros fabricantes são acusados de lançar fluxos planejados de novos produtos que tornam os modelos mais antigos obsoletos, transformando os consumidores em "substituidores em série". Os críticos declaram que isso ocorre nos setores de eletrônicos de consumo. Se você é como a maioria das pessoas, provavelmente tem uma gaveta cheia de aparatos tecnológicos que fizeram sucesso no passado – desde celulares e câmeras, passando por iPods e pen drives – e hoje foram reduzidos ao *status* de fósseis. Ao que parece, tudo com mais de um ou dois anos é totalmente ultrapassado. A Apple chegou a ser acusada por deliberadamente deixar os iPhones antigos mais lentos por meio de atualizações de *software*, a fim de incentivar os clientes a comprar modelos mais novos. A Apple admitiu deixar alguns telefones mais lentos, mas disse que estava fazendo isso para "prolongar a vida" dos dispositivos com baterias envelhecidas.[8]

As empresas reagem dizendo que os consumidores *gostam* de mudanças no estilo – eles se cansam dos produtos antigos e querem novidades, que estejam na moda. Ou eles *querem* as mais recentes inovações em termos de alta tecnologia, mesmo quando os modelos mais antigos ainda funcionam. Ninguém é obrigado a comprar um novo produto e, se poucas pessoas gostarem da novidade, ela simplesmente não vai dar certo. Por fim, a maioria das empresas não desenvolve seus produtos para que quebrem mais rápido porque não querem perder clientes para outras marcas. Em vez disso, elas estão sempre em busca de melhorias a fim de garantir que os produtos atendam às expectativas dos clientes ou as excedam em uma base constante.

Grande parte da chamada obsolescência planejada se deve às forças competitivas e tecnológicas em uma sociedade livre – forças que levam a produtos e serviços sempre melhores. Por exemplo, se a Samsung produzisse um novo telefone ou *tablet* Galaxy que durasse 10 anos, poucos consumidores iriam querê-lo. Em vez disso, os compradores querem as mais recentes inovações tecnológicas. A partir dessa visão, a obsolescência não é algo que as marcas estão forçando aos consumidores. É algo que os consumidores estão exigindo.

Serviços de baixa qualidade para consumidores menos favorecidos

Para completar, o sistema de *marketing* tem sido acusado de atender mal a consumidores menos favorecidos. Por exemplo, os críticos afirmam que a população pobre das áreas urbanas muitas vezes é obrigada a comprar em lojas menores, que vendem mercadorias de qualidade inferior e cobram preços mais altos. A presença de grandes redes que operam em nível nacional em bairros de baixa renda ajudaria a manter os preços baixos. Contudo, os críticos acusam as grandes redes de varejo de *discriminar* os bairros menos favorecidos, evitando abrir lojas nesses locais.

Por exemplo, as áreas pobres do país têm 30% menos supermercados do que as áreas ricas. Como resultado, muitos consumidores de baixa renda encontram-se em "desertos alimentares", repletos de pequenos mercados que oferecem pizzas congeladas, Cheetos, Moon Pies e Coca-Cola, mas onde frutas e legumes ou peixe fresco e frango estão fora de alcance. O Departamento de Agricultura dos Estados Unidos (USDA – U.S. Department of Agriculture) identificou mais de 6.500 desertos

Atendendo consumidores carentes: o USDA lançou recentemente um programa piloto que permite que consumidores de baixa renda do SNAP façam pedidos *on-line*, oferecendo opções de alimentos muito mais amplas a preços competitivos.

Food & Nutrition Service; Ronstik/123RF

alimentares em áreas rurais e urbanas do país. Atualmente, mais de 17 milhões de norte-americanos – 5,6% da população – vivem em áreas de baixa renda, onde um supermercado fica a mais de 1,6 km de distância em uma área urbana e a 32 km de distância em uma área rural. Por sua vez, a falta de acesso a alimentos frescos saudáveis e acessíveis tem um impacto negativo na saúde dos consumidores carentes nessas áreas.[9]

Muitas redes nacionais, como o Walmart, o Walgreens, a SuperValu e até a Whole Foods Market, concordaram recentemente em abrir ou expandir mais lojas que levem alimentos nutritivos e frescos para comunidades carentes. Outros varejistas descobriram que podem agir com responsabilidade e até mesmo operar com lucro, concentrando-se em áreas de baixa renda ignoradas por outras empresas. Por exemplo, a Starbucks agora está abrindo lojas em áreas urbanas de baixa renda (veja Marketing Real 20.1).

Para ajudar a aliviar o problema do deserto alimentar, o USDA lançou recentemente um programa piloto no estado de Nova York que permite aos participantes do Programa de Assistência Nutricional Suplementar (SNAP – Supplemental Nutrition Assistance Program) – pessoas que recebem auxílio governamental para comprar mantimentos em supermercados e mercados de agricultores – usem seus benefícios para comprar comida *on-line*. Com base no programa, projetado para "colocar alimentos saudáveis ao seu alcance", a Amazon e a ShopRite atenderão os compradores do SNAP na cidade de Nova York; enquanto o Walmart atenderá os compradores do interior de Nova York. O programa de compras *on-line* daria aos participantes do SNAP de baixa renda, que não têm acesso aos supermercados, opções de alimentos muito mais amplas a preços competitivos em suas salas de estar. Se o programa piloto for bem-sucedido, o USDA planeja estendê-lo para varejistas em todo o país, cobrindo 40 milhões de norte-americanos que recebem 60 bilhões de dólares em benefícios do SNAP anualmente.[10]

É evidente que é preciso instituir melhores sistemas de *marketing* para atender a consumidores menos favorecidos. Na verdade, muitas empresas se voltam de modo lucrativo para esses clientes, com produtos e serviços de boa qualidade que criam real valor. Nos casos em que as empresas não se oferecerem para preencher as lacunas, o governo provavelmente o fará. Por exemplo, a FTC tem tomado providências contra comerciantes que anunciam valores falsos, se recusam injustamente a prestar serviços ou cobram preços muito altos de clientes com menos condição.

O impacto do *marketing* sobre a sociedade como um todo

O sistema de *marketing* tem sido acusado de causar diversos "males" à sociedade em geral, gerando, por exemplo, excesso de materialismo, carência de bens sociais e uma abundância de poluição cultural.

Falsos desejos e excesso de materialismo

Os críticos acusam o sistema de *marketing* de incitar um interesse excessivo pela posse de bens materiais e afirmam que o caso de amor dos norte-americanos com a possessão mundana não é sustentável. Com muita frequência, as pessoas são avaliadas pelo que *têm*, e não pelo que *são*. Os críticos não consideram esse interesse por bens materiais um estado de espírito natural, mas sim uma questão de falsos desejos criados pelo *marketing*. As empresas, eles dizem, estimulam o desejo das pessoas por mercadorias e criam modelos materialistas ligados à boa vida. Desse modo, as organizações criaram um ciclo sem fim de consumo de massa baseado em uma interpretação distorcida do "sonho norte-americano".

Nessa visão, o objetivo do *marketing* é promover o consumo, e o resultado inevitável do *marketing* bem-sucedido é o consumo excessivo insustentável. De acordo com os críticos, mais nem sempre é melhor. Alguns grupos levaram suas preocupações diretamente ao público. Por exemplo, a New Dream é uma organização sem fins lucrativos fundada com a missão de capacitar indivíduos, comunidades e organizações a mudar a forma como consomem em benefício das pessoas e do planeta. Por meio de vídeos educativos, serviços e campanhas de *marketing* como "Mais diversão! Menos coisas!" a organização trabalha para combater a mercantilização da cultura e promover mudanças positivas na forma como os bens são produzidos e consumidos.[11]

Marketing Real 20.1 | Starbucks: servindo aos desfavorecidos – fazendo o bem e se saindo bem

A Starbucks é famosa há muito tempo por seu café *premium* caro e por sua sofisticada "Experiência Starbucks", voltada principalmente para profissionais abastados. Mais de 80% das lojas da Starbucks nos Estados Unidos estão localizadas em comunidades predominantemente brancas de classe média ou classe média alta. Houve uma sub-representação distinta das lojas Starbucks nas áreas de menor renda do país, habitadas por minorias. Nos últimos anos, no entanto, a Starbucks vem experimentando lojas nessas comunidades menos favorecidas. Em parte, essa iniciativa decorre da missão de responsabilidade social de longa data da Starbucks. Mas além de fazer o bem, a Starbucks acredita que essas lojas também oferecem boas oportunidades de crescimento e lucros.

A mudança da Starbucks para comunidades menos favorecidas começou em meados da década de 1990, quando a empresa se uniu ao astro de basquete aposentado do Los Angeles Lakers, Earvin "Magic" Johnson. Johnson estava em uma missão para levar grandes negócios para áreas urbanas desprovidas. Mais do que apenas uma tentativa filantrópica de "retribuir", Johnson viu oportunidades genuínas de *marketing* nos "desertos comerciais" do centro da cidade, amplamente ignorados pelas grandes marcas. Ele começou com algumas fábricas de engarrafamento da Pepsi e depois expandiu para *shopping centers* e complexos de cinemas.

Johnson logo encontrou uma alma gêmea no fundador e presidente emérito da Starbucks, Howard Schultz. "Eu disse: 'Olha Howard, latinos e negros. Nós também gostamos de café'", revelou Johnson mais tarde. Depois de ver o sucesso dos cinemas urbanos de Johnson, Schultz concordou que colocar a Starbucks em comunidades de baixa renda fazia sentido para os negócios. Os dois fecharam um acordo para um empreendimento Starbucks-Johnson 50/50 para construir lojas Starbucks em bairros urbanos.

Visar os consumidores urbanos exigia a adaptação do modelo da Starbucks, desde o menu até a música. "Tive que tirar os scones do meu Starbucks e colocar coisas como torta de batata-doce e bolo amanteigado", disse Johnson. Nos 12 anos seguintes, a Starbucks construiu 105 lojas Magic Johnson Enterprises. As lojas foram um sucesso absoluto. Quando Johnson liquidou seus negócios há alguns anos, a Starbucks pagou generosamente pela propriedade total de todas as 105 lojas.

As lojas Starbucks-Johnson não eram grandes extensões para a Starbucks. Desde seus primeiros dias, a rede manteve uma forte cultura corporativa de responsabilidade social. Schultz via "fazer o bem" como um pré-requisito essencial para se "sair bem". Há uma grande necessidade "de alcançar o frágil equilíbrio entre lucro, impacto social e obrigação moral", disse Schultz. As empresas devem "melhorar a vida de nossos funcionários e das comunidades que servimos". E a melhor maneira de ter um forte impacto social é alcançar um forte desempenho financeiro.

Para atender ainda mais os menos favorecidos, a Starbucks se comprometeu em abrir 15 "lojas comunitárias" em áreas urbanas de baixa renda, como na região leste de Baltimore; o bairro jamaicano do Queens, em Nova York; e Englewood, na região sul de Chicago. A iniciativa Starbucks Community Store começou após os tumultos de 2014 em Ferguson, Missouri, parte da região metropolitana de St. Louis. Schultz liderou uma equipe de executivos da Starbucks em um tour por Ferguson, uma comunidade urbana com uma população 70% negra, onde 22% dos moradores vivem abaixo da linha da pobreza e o desemprego entre os jovens negros se aproxima de 50%. Schultz disse aos executivos: "Estamos ausentes desta comunidade [...] mas temos uma responsabilidade e uma oportunidade de estarmos aqui".

Abrir uma loja em Ferguson fazia sentido do ponto de vista da responsabilidade social. Mas do ponto de vista comercial, a maioria dos analistas estava cética. Eles viam Ferguson como uma zona econômica urbana morta. Os tumultos só pioraram as coisas, deixando para trás 37 negócios danificados, 17 dos quais foram completamente destruídos. Aumentando o risco, a Starbucks encontrou uma resistência local substancial. "Muitas pessoas nos disseram: 'Você não tem um papel aqui'", diz o chefe de responsabilidade global da Starbucks. Por fim, a loja de Ferguson acabou ficando entre as de melhor desempenho entre as centenas de novas lojas abertas pela Starbucks naquele ano, e teve um crescimento de vendas de 15% no segundo ano. Hoje, a Starbucks considera a loja Ferguson "um modelo para o futuro" de suas lojas comunitárias.

Como uma loja que a maioria das empresas nunca teria aberto teve sucesso? Uma visita à loja conta a história. Na parede está pendurada uma foto emoldurada de uma placa de quintal que diz: "AMAMOS TODOS DE FERGUSON". Uma mulher sem-teto que rotineiramente estaciona seu carrinho de compras do lado de fora dorme sentada a uma mesa. Diedric Cook – um barista de 21 anos que estava morando em seu carro antes de ser contratado há um ano – coloca uma xícara de chá em sua mesa para quando ela acordar. Por volta da hora do almoço, uma dúzia de homens e mulheres se reúnem na sala comunitária designada da loja para uma aula gratuita de treinamento de habilidades para o trabalho liderada por membros da Liga Urbana. A sala funciona como um centro comunitário, abrigando feiras de emprego, reuniões do conselho escolar e leituras de poesia. Funcionários jovens e vestidos de avental verde combinam personalidades brilhantes e esperançosas com um profundo conhecimento da vida na rua, criando um ambiente onde interagem naturalmente entre si e com os clientes.

Embora os funcionários da loja de Ferguson pareçam despreocupados, um olhar mais profundo revela como eles lutam para manter as coisas funcionando. Cordell Lewis – o gerente tatuado e com cabelo moicano que foi recrutado na loja de videogames do outro lado da rua – dirá que Cook não é o único funcionário que já morou em seu carro. O próprio Lewis tinha passado por isso quando criança. Referindo-se a outra jovem funcionária que havia dormido em seu carro em um estacionamento do Walmart na noite anterior, Lewis diz: "Como vou chegar nessa pessoa e dizer: 'Você está atrasada, você não está seguindo o código de vestimenta'?" Ele continua: "Se [esses funcionários] estivessem em uma situação ruim, eu cuidaria disso. A Starbucks cuidaria disso".

Atendendo aos menos favorecidos: a Starbucks está abrindo novas lojas em áreas urbanas de baixa renda, muitas vezes ignoradas por outras grandes empresas. "Há um propósito maior aqui do que apenas café".

Jahi Chikwendiu/The Washington Post via Getty Image

Ironicamente, as situações que tornam esses funcionários "inempregáveis" para a maioria das outras empresas são ingredientes-chave na mistura que faz com que as unidades da Starbucks no centro da cidade funcionem. "Ver seu gerente se preocupando tanto com você faz com que você goste de trabalhar", ressalta Cook. "Ele é como um pai por aqui", diz outro funcionário de Lewis. "Esta é a nossa casa longe de casa". Esse tipo de comprometimento dos funcionários cria um lugar onde os clientes locais também se sentem em casa.

Por ser uma das primeiras a se estabelecer em comunidades menos favorecidas, a Starbucks inspirou outras empresas a seguirem o exemplo. Depois que a Starbucks abriu a loja de Ferguson, outros 41 novos negócios se seguiram, criando uma base econômica mais forte. "Quando uma pessoa sai da multidão, outras a seguem", diz um membro do conselho municipal local. "A Starbucks disse: 'Vamos para Ferguson. Vamos ajudar esta comunidade a se recuperar'. Assim que a Starbucks saiu da multidão, todos começaram a segui-la".

Quinze lojas comunitárias da Starbucks dificilmente afetam a enorme rede de lojas Starbucks em comunidades abastadas em todo o mundo. Nem as 105 antigas lojas Magic Johnson. Mas é um começo. E a rápida expansão da Starbucks levou à saturação em muitos mercados. Com uma meta de crescimento anual de 7% de novas lojas, a Starbucks precisa encontrar novos bolsões de oportunidades. Enquanto pondera onde colocar as 10 mil novas lojas que planeja abrir nos próximos cinco anos, os sucessos das lojas comunitárias da Starbucks sugerem que ela pode fazer o bem e se sair bem atendendo comunidades carentes. Diz o gerente da nova loja comunitária na área de Bedford-Stuyvesant, no Brooklyn, Nova York: "Há um propósito maior aqui do que apenas café".[12]

Os profissionais de *marketing* reagem dizendo que essas críticas superestimam o poder das empresas de criar necessidades. Eles afirmam que as pessoas têm grandes defesas contra a propaganda e outras ferramentas de *marketing*. As empresas são muito mais eficazes quando apelam para necessidades existentes do que quando tentam criar novas. Além disso, as pessoas procuram informar-se antes de fazer compras importantes e, em geral, não confiam em uma única fonte. Mesmo compras menos importantes, que podem ser afetadas por propagandas, só serão repetidas se o produto oferecer o valor prometido para o cliente. Por fim, o alto índice de fracasso de novos produtos demonstra que as empresas não são capazes de controlar a demanda.

Em uma análise mais profunda, nossos desejos e valores são influenciados não apenas pelas empresas, mas também por familiares, grupos de colegas, religião, formação cultural e grau de instrução. Se os norte-americanos são tão materialistas, é porque esses valores surgiram de processos básicos de socialização, os quais atingem níveis muito mais profundos do que as empresas e a mídia de massa jamais conseguiriam atingir sozinhas. Os padrões e atitudes de consumo também estão sujeitos a forças maiores, como a economia.

Materialismo: alguns profissionais de *marketing* estão incentivando o "consumo consciente". A REI fecha suas lojas na Black Friday e incentiva os clientes a aproveitar o ar livre com a campanha #OptOutside.

Alex Milan Tracy/Sipa USA/NEWscom

Atualmente, os consumidores também apoiam mais os esforços de sustentabilidade ambiental e social das empresas. Como resultado, em vez de encorajar os consumidores mais sensatos e conscientes de hoje a gastar demais ou gastar com desperdício, muitos profissionais de *marketing* estão trabalhando para ajudá-los a encontrar mais valor com menos. Por exemplo, as campanhas de "consumo consciente" da Patagonia realmente incitam seus clientes a comprar menos, dizendo a eles: "Não compre o que você não precisa". e "Pense duas vezes antes de comprar qualquer coisa". Da mesma forma, por vários anos, a REI fechou suas lojas na Black Friday, enquanto sua campanha #OptOutside incentiva os clientes a aproveitar o ar livre em vez de fazer compras. E a campanha "Quando" da L.L.Bean incentiva os clientes a comprar e manter produtos que duram, em vez de sempre comprar novos. Ele pergunta: "Quando o descartável se tornou nosso padrão?" A resposta: "Na L.L.Bean, isso nunca aconteceu. Quando você compra algo de nós, queremos que você goste por muito tempo #durando".[13]

Carência de bens sociais

As empresas têm sido acusadas de vender um excesso de bens privados à custa dos bens públicos. À medida que aumentam, os bens privados exigem mais serviços públicos, que geralmente não estão previstos para o futuro próximo. Por exemplo, o aumento do número de proprietários de automóveis (bens privados) exige mais estradas, controle de tráfego, espaços para estacionamento e serviços policiais (bens públicos). A venda excessiva de bens privados resulta em custos sociais. No caso dos carros, entre os custos sociais estão: congestionamentos, escassez de gasolina e poluição do ar. Por exemplo, os norte-americanos ficam, em média, 97 horas por ano no trânsito, o que custa aos Estados Unidos mais de 87 bilhões de dólares anualmente – são 1.348 dólares por pessoa que se desloca de casa para o trabalho. Nesse processo, elas gastam cerca de 11,7 bilhões de litros de combustível por ano (suficientes para encher o estádio New Orleans Superdome mais de quatro vezes).[14]

É preciso descobrir uma maneira de restaurar o equilíbrio entre os bens privados e os públicos. Uma alternativa é fazer com que os produtores arquem com todos os custos sociais de suas operações. Por exemplo, o governo norte-americano está exigindo que os fabricantes de automóveis produzam carros com motores mais eficientes e melhores sistemas de controle de poluição. Os fabricantes vão aumentar seus preços para cobrir os custos extras. No entanto, caso os compradores achem o preço de alguns modelos alto demais, eles vão desaparecer do mercado, e a demanda, então, passa a ser dos fabricantes que conseguem sustentar a soma dos custos privados e sociais.

Uma segunda alternativa é fazer com que os consumidores paguem os custos sociais. Por exemplo, muitas cidades ao redor do mundo estão cobrando "pedágios por congestionamento", em um esforço para reduzir o trânsito. A cidade de Nova York implementou recentemente o "pedágio do Distrito Comercial Central", pelo qual cobra taxas extras dos motoristas para entrar nas áreas mais movimentadas de Manhattan. Além de reduzir o tráfego e o congestionamento, espera-se que o pedágio arrecade mais de 1 bilhão de dólares por ano para melhorar os decrépitos sistemas de transporte público da cidade.[15]

Poluição cultural

Os críticos acusam o sistema de *marketing* de gerar *poluição cultural*. Eles acham que nossos sentidos são constantemente atingidos pelo *marketing* e pela propaganda. Comerciais interrompem programas sérios; páginas de anúncios ofuscam revistas; *outdoors* estragam a beleza da paisagem; spams lotam nossas caixas de e-mail. E mais, afirmam os críticos, essas interrupções continuamente poluem a mente das pessoas com mensagens relacionadas a materialismo, sexo, poder ou *status*. Alguns clamam por mudanças radicais.

As empresas respondem às acusações de "ruído comercial" com os seguintes argumentos: para começar, elas esperam que seus anúncios atinjam, primordialmente, o público-alvo. Mas, por conta dos canais de comunicação de massa, alguns deles acabam atingindo pessoas que não têm interesse no produto e que, portanto, são aborrecidas ou incomodadas. As pessoas que compram revistas de que gostam ou que optam por fazer parte de programas de *marketing* envolvendo e-mails ou mídias sociais e móveis raramente se queixam dos anúncios, uma vez que eles trazem produtos e serviços que são do interesse delas.

Em segundo lugar, é por causa dos anúncios que muitos canais de televisão, emissoras de rádio e *sites* são gratuitos para os usuários. Os anúncios também ajudam a manter baixos os custos das revistas e dos jornais. Para muitos, os anúncios são um preço ínfimo a pagar para ter esses benefícios. Além disso, os consumidores se divertem com os comerciais de televisão e vão atrás deles – por exemplo, a visualização de anúncios durante o Super Bowl geralmente equivale à audiência do jogo ou a supera. Por fim, os consumidores de hoje têm alternativas. Eles podem, por exemplo, trocar de canal rapidamente no momento dos comerciais, pulá-los nos programas gravados ou evitá-los completamente em muitos canais de televisão pagos, oferecidos a cabo, via satélite ou *on-line*. Assim, para prender a atenção do consumidor, os anunciantes estão criando anúncios cada vez mais interessantes e informativos.

O impacto do *marketing* sobre outras empresas

Os críticos também afirmam que as práticas de *marketing* de uma empresa podem prejudicar outras organizações e reduzir a concorrência. Eles identificam três problemas envolvidos nisso: aquisição de concorrentes, práticas de *marketing* que criam barreiras à entrada ao mercado e práticas competitivas de *marketing* desleais.

Para os críticos, as empresas são prejudicadas e a concorrência é reduzida quando organizações se expandem pela aquisição de concorrentes, e não pelo desenvolvimento de novos produtos próprios. Ao longo das últimas décadas, o grande número de aquisições e o rápido ritmo de consolidação dos setores despertaram a preocupação de que novos e vigorosos concorrentes fossem absorvidos, reduzindo assim a concorrência. Em praticamente todos os grandes setores – varejo físico e *on-line*, entretenimento, serviços financeiros, serviços de utilidade pública, transporte, automóveis, telecomunicações, saúde –, o número de concorrentes fortes está diminuindo.

Aquisição é um tema complexo. Em alguns casos, ela pode ser benéfica para a sociedade. A empresa que adquire pode obter economias de escala, que levam a custos mais baixos e a preços menores. Além disso, uma empresa bem administrada pode adquirir o controle de outra que seja mal administrada e melhorar o desempenho dela. Um setor que não era muito competitivo pode se tornar mais acirrado após uma aquisição. Mas as aquisições também podem ser prejudiciais e, por isso, são reguladas de perto pelo governo.

Os críticos também dizem que as práticas de *marketing* impedem novas empresas de entrar nos setores. Grandes empresas podem utilizar patentes, investir pesado em promoção e obter

Práticas de *marketing* competitivas: a Comissão Europeia multou pesadamente o Google por usar seu domínio em mecanismos de busca de modo ilegal para manipular os resultados de seus serviços de comparação de preços do Google Shopping a fim de favorecer seus próprios serviços de compras em detrimento dos rivais.

Alexandros Michailidis/Shutterstock

exclusividade de fornecedores ou revendedores a fim de manter os concorrentes afastados ou excluí-los do mercado. Aqueles que se preocupam com a regulamentação antitruste reconhecem que algumas barreiras são o resultado natural das vantagens econômicas de se fazer negócios em larga escala. Outras barreiras podem ser questionadas pela legislação existente e novas leis. Por exemplo, alguns críticos propuseram a cobrança de uma taxa progressiva sobre os gastos com propaganda, para reduzir o papel dos custos de venda como importante barreira à entrada nos mercados.

Por fim, algumas empresas têm mesmo utilizado práticas competitivas de *marketing* desleais com a intenção de prejudicar ou destruir outras organizações. Elas podem estabelecer seus preços abaixo do custo, ameaçar parar de trabalhar com fornecedores ou desencorajar a compra dos produtos de um concorrente. Embora existam diversas leis que atuem para prevenir esse tipo de concorrência predatória, muitas vezes é difícil provar que a intenção ou a ação foi, de fato, predatória. Em geral, é difícil diferenciar práticas predatórias de estratégias e táticas competitivas eficazes.

Nos últimos anos, o gigante de buscas Google foi acusado de usar práticas predatórias em detrimento de concorrentes menores. Por exemplo, a Comissão Europeia considerou o Google culpado de usar seu domínio em mecanismo de busca para manipular os resultados de seus serviços de comparação de preços do Google Shopping para favorecer seus próprios serviços de compras em detrimento dos rivais. A comissão multou o Google em 2,7 bilhões de dólares pelas violações. "O Google criou muitos produtos e serviços inovadores que fizeram a diferença em nossas vidas. Isso é bom", disse a comissária de concorrência da União Europeia. "Mas a estratégia do Google para seu serviço de comparação de preços não era apenas atrair clientes tornando seu produto melhor do que os de seus rivais. Em vez disso, o Google abusou de seu domínio de mercado como mecanismo de busca, promovendo seu próprio serviço de comparação de preços em seus resultados de pesquisa e rebaixando os dos concorrentes. [...] Isso é ilegal sob as regras antitruste da UE". O Google recorreu da decisão, alegando que suas operações de pesquisa na Web e dispositivos móveis constituem uma concorrência justa e eficaz que atende aos melhores interesses dos consumidores.[16]

Comentário do autor | O *marketing* sustentável não é algo que apenas empresas e governos constroem. Por meio da defesa do consumidor e do ambientalismo, os próprios consumidores podem desempenhar um papel importante.

Ações do consumidor para promover o *marketing* sustentável

Objetivo 20.3 Definir defesa do consumidor e ambientalismo e explicar como eles afetam as estratégias de *marketing*.

O *marketing* sustentável requer ações mais responsáveis por parte tanto das empresas como dos consumidores. Como algumas pessoas veem as empresas como a causa de muitos males econômicos e sociais, de tempos em tempos surgem movimentos populares para mantê-las na linha. Hoje, os dois movimentos mais importantes são: *defesa do consumidor* e *ambientalismo*.

Defesa do consumidor

Defesa do consumidor
Um movimento organizado que congrega cidadãos e órgãos governamentais, com a finalidade de melhorar a relação de direitos e poderes entre compradores e vendedores.

A **defesa do consumidor** é um movimento organizado que congrega cidadãos e órgãos governamentais, com a finalidade de melhorar a relação de direitos e poderes entre compradores e vendedores. Os tradicionais *direitos dos vendedores* incluem:

- O direito de lançar qualquer produto, de qualquer tamanho e estilo, desde que não seja prejudicial à saúde e à segurança pessoais ou, caso seja, contenha as advertências e os controles apropriados.
- O direito de cobrar qualquer preço pelo produto, desde que não haja discriminação entre tipos semelhantes de compradores.
- O direito de gastar qualquer quantia para promover o produto, desde que isso não seja definido como concorrência desleal.
- O direito de usar qualquer mensagem para o produto, desde que não seja enganosa ou desonesta em seu conteúdo ou sua execução.
- O direito de usar programas de incentivo às compras, desde que não sejam desleais ou enganosos.

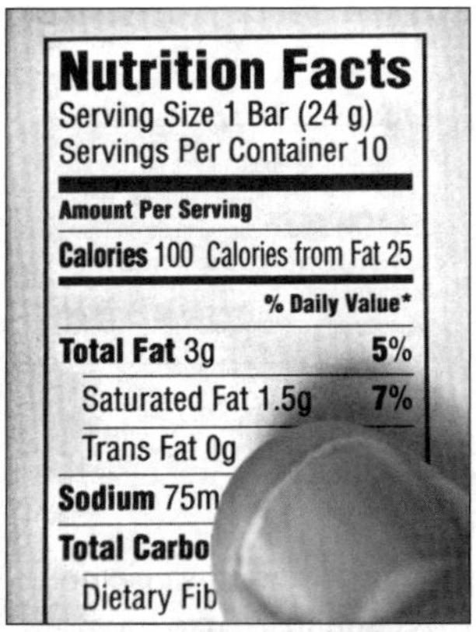

O desejo do consumidor por mais informações levou a rótulos de embalagens com informações úteis, desde ingredientes e informações nutricionais até informações sobre reciclagem e país de origem.
Jon Schulte/Shutterstock

Já os tradicionais *direitos dos compradores* incluem:

- O direito de não comprar um produto que esteja à venda.
- O direito de esperar que o produto seja seguro.
- O direito de esperar que o produto funcione como anunciado.

Ao comparar esses direitos, muitos acham que a balança do poder se inclina para o lado do vendedor. É verdade que o comprador pode se recusar a comprar. Mas, para os críticos, ele não dispõe de informação, instrução e proteção suficientes para tomar decisões sensatas quando se depara com vendedores sofisticados. As pessoas que defendem os consumidores pedem os seguintes direitos adicionais:

- O direito de ser informado sobre aspectos importantes do produto.
- O direito de ser protegido contra produtos e práticas de *marketing* questionáveis.
- O direito de influenciar os produtos e as práticas de *marketing* de tal maneira que melhorem a "qualidade de vida".
- O direito de consumir agora de tal modo que o mundo seja preservado para as gerações futuras de consumidores.

Cada direito apresentado levou não apenas a propostas mais específicas por parte dos defensores dos consumidores, mas também a ações de proteção dos consumidores por parte do governo. O direito de ser informado inclui: saber o valor correto dos juros sobre um empréstimo (transparência no empréstimo), o custo real por unidade de uma marca (preço por unidade), os ingredientes do produto (ingredientes discriminados nos rótulos), o valor nutricional dos alimentos (valores nutricionais discriminados nos rótulos), há quanto tempo o produto foi fabricado (data de fabricação) e os verdadeiros benefícios do produto (verdade na propaganda).

Entre as propostas relacionadas à proteção do consumidor, estão: o reforço dos direitos do consumidor em caso de fraude por parte das empresas e de proteção financeira, a exigência de maior segurança dos produtos, a garantia de privacidade das informações e o maior poder dos órgãos governamentais. Já entre as propostas referentes à qualidade de vida, destacam-se: o controle dos ingredientes contidos em determinados produtos e embalagens e a redução do nível de "ruído" da propaganda. Por fim, as propostas que visam preservar o mundo para o consumo futuro incluem: promoção da utilização de ingredientes sustentáveis, reciclagem, redução de resíduos sólidos e gerenciamento do uso de energia.

O *marketing* sustentável não se aplica somente às empresas e aos governos, mas também aos consumidores. De fato, os consumidores têm o *direito* e a *responsabilidade* de se protegerem, não deixando esse papel para o governo ou quem quer que seja. Aqueles que acharem que fizeram um mau negócio dispõem de vários recursos – eles podem contatar a empresa, levar o caso às mídias tradicionais ou sociais, entrar em contato com órgãos federais, estaduais ou locais ou procurar um juizado de pequenas causas. Os consumidores também precisam fazer boas escolhas de consumo, recompensando as empresas que agem de maneira responsável e punindo aquelas que não o fazem. Em última instância, o ato de deixar de lado o consumo irresponsável e se voltar para o sustentável está nas mãos do consumidor.

Ambientalismo

Enquanto os grupos de defesa do consumidor estão preocupados em verificar se o sistema de *marketing* está atendendo de maneira efetiva aos desejos dos consumidores, os ambientalistas estão preocupados com os efeitos do *marketing* sobre o meio ambiente e com os custos ambientais ligados ao atendimento das necessidades e dos desejos dos consumidores. O **ambientalismo** é um movimento organizado que congrega cidadãos, empresas e órgãos governamentais, com a finalidade de proteger e melhorar o ambiente em que as pessoas vivem hoje e viverão amanhã.

Ambientalismo
Um movimento organizado que congrega cidadãos, empresas e órgãos governamentais, com a finalidade de proteger e melhorar o ambiente em que as pessoas vivem hoje e viverão amanhã.

Os ambientalistas não são contra o *marketing* e o consumo: eles simplesmente querem que as pessoas e as organizações tenham mais cuidado com o meio ambiente em suas operações. Eles pedem o fim do que o defensor da sustentabilidade e ex-CEO da Unilever, Paul Polman, chama de "consumo irracional". De acordo com Polman, "O caminho para o bem-estar não perpassa pelo consumo reduzido. Ele deve percorrer pelo consumo mais responsável".[17] Contudo, a meta do sistema de *marketing*, dizem os ambientalistas, não deveria ser maximizar o consumo, as opções oferecidas ao consumidor ou sua satisfação, mas a qualidade de vida – a qual não significa apenas a quantidade e a qualidade dos produtos e serviços de consumo, mas também a qualidade do meio ambiente, agora e para as gerações futuras.

● FIGURA 20.2
Matriz de sustentabilidade ambiental.
Fonte: Baseado em Stuart L. Hart, "Sustainable Value," www.stuartlhart.com/sustainablevalue.html, out. 2016.

	Hoje: atividades de "rótulo verde"	**Amanhã: atividades que vão além do "rótulo verde"**
Interna	**Prevenção da poluição** Eliminação ou redução dos resíduos antes de criá-los	**Novas tecnologias limpas** Desenvolvimento de novos conjuntos de habilidades e capacidades ambientais
Externa	**Intendência de produto** Redução do impacto ambiental ao longo de todo o ciclo de vida do produto	**Visão de sustentabilidade** Criação de um modelo estratégico voltado para a sustentabilidade futura

Essa estrutura aborda mais do que apenas os desafios ambientais naturais. Também aponta para oportunidades de criação de valor sustentável para os mercados e para a empresa por meio de estratégias e práticas ambientalmente sustentáveis.

O ambientalismo está preocupado não só com os estragos no ecossistema causados pelo aquecimento global, mas com o esgotamento dos recursos, os resíduos tóxicos e sólidos, o lixo e a disponibilidade de água potável, entre outros problemas. Outras preocupações incluem a perda de áreas recreativas e o aumento de problemas de saúde causados pelas más condições do ar, pela poluição da água e por alimentos tratados de maneira química.

Ao longo das últimas décadas, essas preocupações resultaram em leis e regulações federais e estaduais com o objetivo de guiar as práticas comerciais da indústria que afetam o ambiente. Algumas empresas se irritaram bastante com as regulações ambientais e resistiram a elas, afirmando que eram muito custosas e tinham tornado seus setores menos competitivos. Essas organizações reagiram às preocupações ambientais do consumidor fazendo somente aquilo que era necessário para evitar novas regulações ou manter os ambientalistas calados.

Nos últimos anos, entretanto, a maioria das empresas assumiu a responsabilidade de não causar danos ao meio ambiente. Elas estão deixando de lado o protesto e partindo para a prevenção, deixando a regulação e se voltando para a responsabilidade. Um número cada vez maior de empresas está adotando políticas de sustentabilidade ambiental. Em termos simples, **sustentabilidade ambiental** significa gerar lucros e, ao mesmo tempo, ajudar a salvar o planeta. As empresas esclarecidas de hoje estão tomando medidas não porque alguém está as forçando ou para obter lucros imediatos, mas porque essa é a coisa certa a ser feita – tanto para o bem-estar dos clientes e da empresa como para o futuro ambiental do planeta.

Sustentabilidade ambiental
Uma abordagem de gestão que implica o desenvolvimento de estratégias voltadas não só para a preservação do meio ambiente, mas também para a geração de lucros para a empresa.

A ● **Figura 20.2** mostra uma matriz que as empresas podem usar para aferir seu progresso na área de sustentabilidade ambiental. Ela inclui atividades internas e externas que são *rotuladas como "verdes"*, as quais gerarão compensações para a empresa e o meio ambiente no curto prazo, e que vão *além do rótulo verde*, as quais produzirão benefícios no longo prazo.

No nível mais básico, a empresa pode praticar a *prevenção da poluição*. Isso envolve mais do que controlar a poluição, ou seja, eliminar os resíduos após tê-los criado. A prevenção da poluição significa eliminar ou reduzir os resíduos *antes* de criá-los. As empresas que dão ênfase à prevenção têm promovido programas internos de *marketing* ecológico – elas estão projetando e desenvolvendo produtos ecologicamente mais seguros, embalagens recicláveis e biodegradáveis, melhor controle de poluição e operação mais eficiente em termos de energia.

● **Sustentabilidade ambiental: a Adidas estabelece metas ambiciosas para produtos e operações sustentáveis. Seus sapatos e roupas Parley são criados com fios feitos de resíduos plásticos reciclados coletados em praias e comunidades costeiras do mundo antes de chegarem ao oceano.**
adidas

● Por exemplo, ao criar novos produtos, a Adidas, fabricante de roupas e calçados esportivos, considera seu impacto ambiental antes mesmo de produzi-los. Isso resulta em calçados e vestuário de baixo desperdício, como os sapatos Duramo, que trazem benefícios de desempenho e sustentabilidade. Com seu design simplificado – a parte superior é composta apenas de quatro peças – os sapatos leves proporcionam aos atletas uma corrida mais natural e, ao mesmo tempo, reduzem o uso de materiais, desperdício e energia na produção. Em uma escala mais ampla, a Adidas desenvolveu uma lista de substâncias restritas para o design e a fabricação de seus produtos: sem PVCs, sem materiais de espécies ameaçadas ou ameaçadas e menos materiais de fontes não sustentáveis. E recentemente lançou suas linhas de calçados e roupas Parley, criadas com fios feitos em colaboração com a Parley for the Oceans – rede global de conscientização, preservação e limpeza dos oceanos –, a partir de resíduos plásticos reciclados coletados em praias e comunidades costeiras do mundo antes de chegarem ao oceano. A Adidas também estabeleceu metas internas ambiciosas para reduzir as emissões de gases de efeito estufa e o consumo de energia, água e papel em suas operações.[18]

No nível seguinte, as empresas podem praticar a *gestão sustentável de produto* – minimizando não apenas a poluição causada pelo processo de produção e desenvolvimento do produto, mas todos os impactos ambientais ao longo de todo o ciclo de vida dele, ao mesmo tempo em que reduz os custos. Muitas empresas adotam práticas de *projeto para o meio ambiente* (DFE – *design for environment*), além de abordagens que pensam no ciclo completo (*cradle-to-cradle*). Isso implica pensar adiante com a finalidade de projetar produtos que sejam mais fáceis de recuperar, reutilizar, reciclar ou devolver para a natureza com segurança após o uso, tornando-se parte do ciclo ecológico. As práticas de projeto para o meio ambiente e as abordagens que levam em conta o ciclo completo não somente ajudam na preservação do ambiente, mas também podem ser extremamente lucrativas para a empresa.

Por exemplo, a IBM deu início a um negócio – o IBM Global Asset Recovery Services – projetado para reutilizar e reciclar peças de computadores provenientes de *mainframes* e outros equipamentos devolvidos. Em 2018, a IBM processou mais de 26.500 toneladas de itens no final da vida útil e resíduos de produtos em todo o mundo, desmontando equipamentos antigos para recuperar chips e metais valiosos. Desde 1995, a empresa processou mais de 2,3 bilhões de toneladas. O IBM Global Asset Recovery Services encontra usos para mais de 99% daquilo que obtém, enviando menos de 1% para aterros sanitários e instalações de incineração. O que começou como um esforço ambiental agora se transformou em um negócio multibilionário da IBM, que recicla lucrativamente equipamentos eletrônicos em 22 locais espalhados pelo mundo.[19]

As atividades *verdes* de hoje se concentram em melhorar aquilo que as empresas já fazem, com o objetivo de proteger o ambiente. Já as atividades que vão *além do rótulo verde* identificadas na Figura 20.2 focam o futuro. Para começar, internamente, as empresas podem planejar *novas tecnologias limpas*. Muitas organizações que conseguiram uma boa vantagem em sustentabilidade ainda estão limitadas pelas tecnologias existentes. Para criar estratégias totalmente sustentáveis, elas precisarão desenvolver novas tecnologias. Por exemplo, a gigante da tecnologia energética Siemens se comprometeu a se tornar totalmente neutra em carbono até 2030. Fazer isso acontecer requer muita inovação:[20]

> Com mais de 379 mil funcionários em 200 países, a Siemens de 150 anos está reduzindo sua pegada de carbono ao passar da "combustificação" para a "eletrificação". Como apenas um entre outros exemplos, sua instalação de produção de 50 anos em Kalawa, na Índia, agora usa 6 mil painéis solares para fornecer 25% de seu uso de eletricidade – o equivalente a 62 mil árvores recém-plantadas. Para reduzir o consumo de água engarrafada dos funcionários, a fábrica instalou uma estação de tratamento de água de alta tecnologia que limpa ainda mais a água da cidade para torná-la potável e a distribui aos funcionários em 50 locais ao redor da fábrica, economizando mais de 2 milhões de garrafas plásticas descartáveis por ano. A instalação de água também trata toda a água industrial usada na fábrica e a recicla para tudo, desde a limpeza de ruas e descargas de vasos sanitários até a irrigação de áreas verdes. Por fim, o depósito de segregação de resíduos de última geração da fábrica separa os resíduos em 45 categorias e os prepara para serem processados por recicladores. As inovações de neutralidade de carbono da Siemens não apenas ajudarão a salvar o meio ambiente, mas também economizarão o dinheiro da empresa. O projeto de tecnologia se pagará em apenas cinco anos e gerará 20 milhões de dólares em economia anual após sua implementação.

Por fim, as empresas podem desenvolver uma *visão de sustentabilidade*, que serve de guia para o futuro. Ela mostra como os produtos e serviços, os processos e as políticas da empresa devem evoluir e quais novas tecnologias devem ser desenvolvidas para se chegar lá. Essa visão de sustentabilidade oferece uma estrutura para a prevenção da poluição, a intendência de produto e as novas tecnologias limpas, que a empresa e os demais podem seguir. Ela aborda não apenas os desafios do ambiente natural, mas também as oportunidades estratégicas para o uso de programas ambientais para criar valor sustentável para a empresa e seus mercados.

Hoje, a maior parte das empresas se concentra no quadrante superior esquerdo da matriz apresentada na Figura 20.2, investindo principalmente na prevenção da poluição. Algumas empresas preocupadas com o futuro praticam a gestão sustentável de produto e estão desenvolvendo novas tecnologias limpas. No entanto, enfatizar apenas um ou dois quadrantes na matriz de sustentabilidade ambiental pode representar uma visão míope. Investir somente no lado esquerdo da matriz coloca a empresa em boa posição hoje, mas a deixa vulnerável no futuro. Por outro lado, uma ênfase acentuada no lado direito sugere que a empresa tem uma boa visão ambientalista, mas lhe faltam as habilidades necessárias para implementa-la. Dessa maneira, as empresas devem se dedicar para desenvolver as quatro dimensões da sustentabilidade ambiental.

A The North Face, por exemplo, está fazendo exatamente isso por meio de suas próprias ações de sustentabilidade ambiental e de seu impacto nas ações dos fornecedores e dos consumidores:[21]

> O edifício sede da The North Face em Alameda, Califórnia, vem completo com painéis solares e turbinas eólicas que geram mais eletricidade do que o edifício usa. O edifício emprega um sistema de resfriamento por evaporação que elimina a necessidade de ares-condicionados com emissões pesadas.

Visão de sustentabilidade: Na The North Face, a sustentabilidade é mais do que apenas fazer a coisa certa – também faz sentido para os negócios. Esforços de sustentabilidade, como o programa "Ciclo de roupas", são bons para a empresa, seus clientes e o planeta.

VF Corporation

As outras sedes regionais e centros de distribuição da empresa também incorporam recursos solares ou de economia de água. Na fabricação, a The North Face trabalha em estreita colaboração com os fornecedores para atingir sua meta de uso de poliéster – que compõe 80% de suas linhas de roupas – a partir de insumos 100% reciclados. A The North Face também faz parceria com fornecedores para reduzir o desperdício e o uso de produtos químicos, água e energia em suas fábricas. Desde 2010, os fornecedores da The North Face reduziram mais de 212 caminhões-tanque de produtos químicos e mais de 470 piscinas olímpicas de água de seus processos de fabricação.

Além disso, a The North Face se dedicou a inspirar os clientes a reduzir o desperdício gerado pela era da moda rápida de hoje. A garantia vitalícia de vestuário e equipamentos da empresa resulta na devolução e reparo de mais de 90 mil produtos anualmente. A The North Face também administra um programa chamado "Ciclo de roupas", pelo qual coleta roupas usadas ou indesejadas dos clientes, de qualquer marca, para reciclagem ou renovação. Os itens descartados em suas lixeiras são enviados para um centro de reciclagem onde são cuidadosamente classificados e reaproveitados para reutilização para prolongar sua vida útil ou reciclá-los em matérias-primas para uso na fabricação de outros produtos. Os rendimentos do programa beneficiam a Conservation Alliance, que financia campanhas comunitárias para proteger áreas selvagens e recreativas compartilhadas.

Para a The North Face, ser ambientalmente sustentável é mais do que apenas fazer a coisa certa. Também faz sentido para os negócios. Operações mais eficientes e produtos com menos desperdício não são apenas bons para o meio ambiente, mas também economizam dinheiro da The North Face, ajudando-a a oferecer mais valor aos clientes. É uma combinação vencedora. "No coração da The North Face está a missão de inspirar um movimento global de exploração e conservação ao ar livre", diz a marca. "Acreditamos que o sucesso do nosso negócio está fundamentalmente ligado a ter um planeta saudável".[22]

Ações públicas para a regulação do *marketing*

As preocupações dos cidadãos com relação às práticas de *marketing* geralmente despertam a atenção do público e inspiram projetos de lei. A legislação que afeta os negócios em todo o mundo tem aumentado constantemente ao longo dos anos. Os Estados Unidos e muitos outros países têm muitas leis que abrangem questões como concorrência, práticas de comércio justo, proteção ambiental, segurança do produto, verdade na propaganda, privacidade do consumidor, embalagem e rotulagem, preços, vendas e outras questões importantes.

Compreender as implicações de políticas públicas de várias atividades de *marketing* não é tarefa fácil. Nos Estados Unidos, existem muitas leis complexas criadas nos níveis nacional, estadual e local, e essas regulamentações geralmente se sobrepõem. Muitas das leis que afetam o *marketing* foram relacionadas no Capítulo 3. O trabalho consiste em traduzi-las para uma linguagem que os executivos de *marketing* entendam e levem em conta na hora de tomar decisões referentes a relações competitivas, produto, preço, promoção e canal de distribuição.

Comentário do autor | No final, as próprias empresas devem assumir a responsabilidade pelo *marketing* sustentável. Isso significa operar de modo responsável e ético para trazer valor imediato e futuro aos clientes.

Ações organizacionais voltadas para o *marketing* sustentável

Objetivo 20.4 Descrever os princípios do *marketing* sustentável.

No início, muitas empresas se opuseram à proteção do consumidor, ao ambientalismo e a outros elementos do *marketing* sustentável. Elas achavam que as críticas eram injustas ou irrelevantes. Mas, hoje, a maioria das organizações adota os princípios da sustentabilidade como uma maneira de criar valor imediato e futuro para o cliente, bem como de fortalecer o relacionamento com ele.

Princípios do *marketing* sustentável

Com base na orientação do *marketing* sustentável, o *marketing* da empresa deve apoiar o melhor desempenho possível do sistema de *marketing* no longo prazo. Ele deve ser conduzido por cinco princípios do *marketing* sustentável: *marketing orientado ao consumidor, marketing de valor para o cliente, marketing inovador, marketing com senso de missão* e *marketing societal.*

Marketing orientado ao consumidor

Marketing orientado ao consumidor
Um princípio de *marketing* sustentável segundo o qual a empresa deve ver e organizar suas atividades de *marketing* do ponto de vista do consumidor.

***Marketing* orientado ao consumidor** significa que a empresa deve ver e organizar suas atividades de *marketing* do ponto de vista do consumidor. Ela deve se esforçar para perceber as necessidades de um grupo definido de clientes, bem como atender e satisfazer a elas – tanto agora como no futuro. Todas as empresas com *marketing* eficaz que abordamos ao longo deste livro têm a seguinte característica em comum: uma grande paixão pela entrega de valor superior a clientes cuidadosamente escolhidos. A empresa só vai conseguir construir um relacionamento sustentável e lucrativo com seus clientes se ver o mundo pelos olhos deles.

Marketing de valor para o cliente

Marketing de valor para o cliente
Um princípio de *marketing* sustentável segundo o qual a empresa deve aplicar a maior parte de seus recursos em investimentos de *marketing* voltados à construção de valor para o cliente.

De acordo com o princípio do ***marketing* de valor para o cliente**, a empresa deve aplicar a maior parte de seus recursos em investimentos de *marketing* voltados à construção de valor para o cliente. Muitas ações conduzidas pelas empresas – promoções de vendas isoladas, pequenas modificações no produto, propaganda exagerada – podem aumentar as vendas no curto prazo, mas agregar menos *valor* do que melhorias reais na qualidade, nas características ou na praticidade do produto. O *marketing* responsável exige o desenvolvimento, no longo prazo, da fidelidade do consumidor e de um relacionamento com ele, o que se dá pelo aprimoramento contínuo do valor que o cliente recebe da oferta ao mercado da empresa. Ao criar valor *para* os consumidores, a empresa pode, em troca, receber valor *deles.*

Marketing inovador

Marketing inovador
Um princípio de *marketing* sustentável o qual requer que a empresa busque melhorias reais de produto e *marketing*.

O princípio do ***marketing* inovador** requer que a empresa busque continuamente melhorias reais de produto e *marketing.* A empresa que deixa passar novas e melhores maneiras de fazer as coisas pode vir a perder clientes para outra organização que descobrir um caminho melhor.

Os profissionais de *marketing* inovadores nunca param de procurar novas e melhores maneiras de criar valor para o cliente. Por exemplo, a entrega rápida e confiável é muito importante para os compradores *on-line.* Assim, a Amazon encantou os clientes ao ser a primeira a inovar com frete grátis em pedidos acima de 50 dólares. Mas a Amazon não parou por aí. Em seguida, introduziu o Amazon Prime, pelo qual os clientes podiam receber seus pacotes em apenas dois dias sem custo extra ou em um dia por uma pequena taxa adicional. Ainda não satisfeita, a Amazon inovou com o Amazon Prime Now, que oferece entregas super-rápidas no mesmo dia – ou entregas até em uma hora – em dezenas de milhares de itens nas principais áreas metropolitanas. Em sua busca incessante para reduzir os prazos de entrega, a Amazon investiu pesadamente em pesquisas sobre drones, veículos autônomos e robôs. Essa e uma lista aparentemente interminável de outras inovações ao longo dos anos – desde recomendações para clientes, avaliações de compradores, recursos de pedidos com um clique, até o Amazon Marketplace, leitores eletrônicos Kindle e serviços Amazon Cloud – ajudaram a Amazon a aprimorar a experiência de compras do consumidor e dominar o varejo *on-line.*

***Marketing* inovador: a Amazon nunca para de procurar novas maneiras de criar valor para o cliente, como o Amazon Prime Now, que oferece entrega no mesmo dia – ou em até uma hora – dos pedidos dos clientes.**
creativep/Alamy Stock Photo

Marketing com senso de missão

Marketing com senso de missão
Um princípio de *marketing* sustentável segundo o qual a empresa deve definir sua missão em termos sociais amplos, e não em termos limitados de produto.

***Marketing* com senso de missão** significa que a empresa deve definir sua missão em termos *sociais* amplos, e não em termos limitados de *produto.* Quando uma empresa define uma missão social, os funcionários se sentem melhor em relação ao trabalho e têm uma noção mais clara de direção. Marcas conectadas a missões mais amplas podem atender a seus melhores interesses no longo prazo, bem como aos dos consumidores.

Por exemplo, a Pedigree fabrica uma ótima ração para cães, mas a marca é, na verdade, muito mais do que isso. Em vez disso, em sua essência, a marca trata de amar e cuidar de cães. Os cães trazem à tona o que há de bom nas pessoas e têm um impacto profundo no mundo, argumenta a Pedigree. Assim, a marca quer alimentar bem os cães e trazer à tona o que há de bom neles. Em linha com essa filosofia de marca abrangente, além de produzir alimentos nutritivos para cachorros, a Pedigree apoia um esforço substancial para apoiar cães necessitados. Através de seu programa "Você compra, nós damos", a cada compra do cliente, a marca doa refeições saudáveis para cães de abrigos. E para cumprir ainda mais a promessa de sua marca, a empresa criou a Pedigree Foundation, que declara: "Vemos um dia em que todos os cães estarão seguros, protegidos, cuidados, bem alimentados e amados". A Pedigree Foundation arrecadou milhões de dólares para ajudar "cães de abrigo" a encontrar lares. O *marketing* do senso de missão fez da Pedigree a marca de ração para cães número um do mundo.[23]

Algumas empresas definem suas missões corporativas gerais em termos sociais amplos. Por exemplo, sob seu modelo "compre um, doe um", a fabricante de sapatos TOMS busca tanto o lucro como tornar o mundo um lugar melhor. Assim, na TOMS, "fazer o bem" e "se sair bem" andam de mãos dadas. Para cumprir sua missão de mudança social, a TOMS precisa ganhar dinheiro. Ao mesmo tempo, a missão social da marca oferece aos clientes uma razão poderosa para comprar.

No entanto, manter um *duplo resultado*, envolvendo valores e lucros, não é uma tarefa fácil. Ao longo dos anos, marcas como Ben & Jerry's, Timberland, The Body Shop e Burt's Bees – todas conhecidas e respeitadas por colocar os "princípios acima dos lucros" – às vezes lutaram contra retornos financeiros pouco favoráveis. Nos últimos anos, no entanto, surgiu uma nova geração de empreendedores sociais, gerentes de negócios bem treinados que sabem que, para *fazer o bem*, eles devem primeiro *se sair bem*, fazendo com que as operações de negócio sejam lucrativas (veja o Marketing Real 20.2).

Além disso, hoje, as empresas socialmente responsáveis não são mais um território exclusivo de pequenos empreendedores socialmente conscientes. Muitas empresas e marcas grandes e estabelecidas – de Walmart e Nike a Starbucks e Coca-Cola – abraçaram missões substanciais de responsabilidade social e ambiental. Em vez de estarem fora de rota com relação à receita e aos lucros, as missões orientadas a propósitos podem conduzir o caminho até eles.

Marketing societal
Um princípio de *marketing* sustentável segundo o qual a empresa deve tomar decisões de *marketing* com base nos desejos dos consumidores, nas exigências da organização e nos interesses de longo prazo tanto dos consumidores como da sociedade.

Produtos inadequados
Produtos que não oferecem nem apelo imediato nem benefícios no longo prazo.

Produtos agradáveis
Produtos que possuem grande apelo imediato, mas que podem prejudicar os consumidores no longo prazo.

Produtos benéficos
Produtos que têm baixo apelo imediato, mas que beneficiam os consumidores no longo prazo.

Produtos desejáveis
Produtos que geram grande apelo imediato, bem como benefícios no longo prazo.

Marketing societal

De acordo com o princípio do ***marketing* societal**, a empresa toma decisões de *marketing* com base nos desejos dos consumidores, nas exigências da organização e nos interesses de longo prazo tanto dos consumidores como da sociedade. As empresas precisam estar cientes de que negligenciar os interesses de longo prazo dos consumidores e da sociedade é um desserviço para ambos. Empresas atentas veem os problemas societais como oportunidades.

Uma empresa sustentável demanda produtos que sejam não somente agradáveis, mas também benéficos. A diferença é mostrada na **Figura 20.3**. Os produtos podem ser classificados de acordo com o grau de apelo imediato que geram no consumidor e o benefício que oferecem a ele no longo prazo.

Produtos inadequados, como medicamentos com sabor ruim e ineficazes, não oferecem nem apelo imediato nem benefícios no longo prazo. **Produtos agradáveis** possuem grande apelo imediato, mas podem prejudicar os consumidores no longo prazo – cigarros e os alimentos considerados besteiras são exemplos desse tipo de produto. Já os **produtos benéficos** têm baixo apelo imediato, mas beneficiam os consumidores no longo prazo, como acontece, por exemplo, com os capacetes para ciclistas e alguns outros produtos ligados à questão da segurança. Por fim, **produtos desejáveis** geram grande apelo imediato, além de benefícios no longo prazo, como é o caso de um café da manhã saboroso e nutritivo.

As empresas devem tentar transformar todos os seus produtos em desejáveis. O desafio imposto pelos produtos agradáveis é que eles vendem muito bem, mas podem acabar prejudicando

FIGURA 20.3
Classificação societal dos produtos.

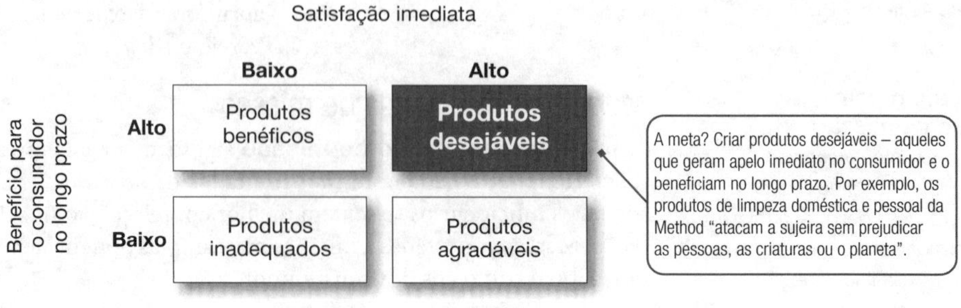

Marketing Real 20.2 | *Marketing* com senso de missão: servindo ao duplo resultado entre o propósito e os lucros

Há mais de 40 anos, empresas clássicas com a mentalidade "faça o bem", como Ben & Jerry's e The Body Shop, foram pioneiras no conceito de negócios guiados por valores ou capitalismo solidário. Sua missão: usar os negócios para tornar o mundo um lugar melhor.

A empresária Anita Roddick abriu a The Body Shop e prometeu "dedicar nossos negócios à busca de mudanças sociais e ambientais". A empresa fabricava e comercializava cosméticos à base de ingredientes naturais em embalagens recicláveis simples e atraentes. Da mesma forma, Ben Cohen e Jerry Greenfield fundaram a Ben & Jerry's Homemade como uma empresa que se preocupava profundamente com as responsabilidades sociais e ambientais. Ela comprava apenas leite e creme sem hormônios e usava apenas frutas e nozes orgânicas para fazer seu sorvete, que vendia em recipientes ecologicamente corretos. A Ben & Jerry's se esforçou para comprar de fornecedores minoritários e desfavorecidos. Desde seu início, com os sabores Rainforest Crunch, Imagine Whirled Peace e Chocolate Macadamia (feito com macadâmias de origem sustentável e cacau e baunilha com certificação de comércio justo), a Ben & Jerry's há muito defende uma série de causas sociais e ambientais. Desde sempre, a Ben & Jerry's doou surpreendentes 7,5% dos lucros antes dos impostos para apoiar projetos alinhados com suas missões sociais e ambientais.

Tanto a Ben & Jerry's quanto a The Body Shop cresceram rapidamente na década de 1990. No entanto, embora os fundadores transbordassem de idealismo e paixão, eles careciam, ou mesmo desconheciam, habilidades e *insights* de negócios. Olhando para trás, ambas as empresas podem ter se concentrado demais em questões sociais em detrimento de uma boa gestão empresarial. À medida que concorrentes não acorrentados por missões de "princípios acima dos lucros" invadiram seus mercados, o crescimento e os lucros foram achatados. No início dos anos 2000, após vários anos de retornos financeiros instáveis, a Ben & Jerry's foi adquirida pela Unilever e a The Body Shop foi comprada pela L'Oréal. Sob a orientação empresarial das grandes multinacionais, as duas marcas estão agora gerando lucros e cumprindo suas missões sociais.

As experiências de pioneiros como Ben & Jerry's e The Body Shop ensinaram ao movimento empresarial socialmente responsável algumas lições difíceis. Como resultado, mais recentemente, surgiu uma nova geração de empreendedores movidos por missões – não ativistas sociais com grandes corações que odeiam o capitalismo, mas gerentes de negócios bem treinados e fundadores de empresas com paixão por uma causa. Esses novos entrantes com visão em duplos resultados sabem que, para fazer o bem, eles devem primeiro se sair bem em termos de operações de negócio viáveis e lucrativas.

Exemplos incluem empresas como a fabricante de óculos Warby Parker e a fabricante de calçados e acessórios TOMS. Assim como suas antecessoras, ambas as empresas têm missões sociais profundamente arraigadas. Ambas foram pioneiras no modelo de negócios "compre um, doe um". Para cada par de óculos que vende, a Warby Parker distribui outro par para alguém necessitado; para cada par de sapatos que vende, a TOMS dá um par para alguém que não o possui. Ao contrário de seus antecessores, no entanto, ambas as empresas foram fundadas por gerentes de negócios bem treinados que sabiam que os lucros são o caminho para o propósito. Hoje elas estão prosperando.

Seja operando como uma empresa independente ou como uma divisão de uma corporação maior, as marcas orientadas para a missão devem permanecer focadas em ambos os resultados – propósito e lucros. A Warby Parker vende "óculos com um propósito". Mas acredita que as empresas podem fazer o bem no mundo e ainda serem lucrativas. O fundador da Honest Tea – outra marca construída em torno de uma profunda missão social de "honestidade e integridade [com] sustentabilidade e bom gosto para todos" – dá um passo adiante. "Um compromisso com negócios socialmente responsáveis não pode ser usado como desculpa para tomar más decisões de negócios. Se fôssemos aceitar margens mais baixas, estaríamos fazendo ao [...] movimento empresarial socialmente responsável um desserviço, porque não seríamos tão competitivos ou atraentes para os investidores".

Talvez nenhuma empresa hoje se saia melhor na aplicação de princípios de negócios orientados por valor do que a Patagonia, empresa de roupas e equipamentos para atividades ao ar livre de alta qualidade. Há mais de 45 anos, o empresário alpinista Yvon Chouinard iniciou a Patagonia com esta missão duradoura: "Construir o melhor produto, não causar danos desnecessários, usar os negócios para inspirar e implementar soluções para a crise ambiental". A empresa recentemente simplificou sua missão para "A Patagonia está no negócio para salvar nosso planeta natal", refletindo a crescente urgência que a empresa sente sob a crescente crise ambiental.

A missão da Patagonia reflete sua filosofia de que produtos de alta qualidade levam a menos consumo, e menos consumo ajudará a salvar o planeta. Chouinard e a Patagonia levaram sua missão ao extremo em dizer aos consumidores "não comprem nossos produtos". Tudo começou há vários anos com um anúncio de página inteira no *New York Times* na Black Friday, um dia após o Dia de Ação de Graças e o dia de compras mais movimentado do ano, mostrando a jaqueta R2 – a mais vendida da Patagônia – e anunciando "Não compre esta jaqueta".

O anúncio forneceu detalhes para explicar a manchete incomum: "Como a Patagonia quer estar no mercado por um bom tempo – e deixar um mundo habitável para nossos filhos – queremos fazer o oposto de todos os outros negócios hoje. Pedimos que você compre menos e reflita antes de gastar um centavo nesta jaqueta ou em qualquer outra coisa". Uma empresa com fins lucrativos dizendo a seus clientes para comprar *menos*? Parece loucura. Mas essa mensagem está bem alinhada com a razão de ser da Patagônia. Chouinard afirma que o capitalismo está em um caminho insustentável. As empresas e clientes de hoje estão desperdiçando os recursos do mundo fabricando e comprando produtos de baixa qualidade – comprando sem pensar e jogando fora rápido demais. Em vez disso, Chouinard e sua empresa estão pedindo o *consumo consciente*,

Equilibrar propósito e lucros: uma empresa com fins lucrativos que diz aos clientes para comprar menos parece loucura. Mas isso está de acordo com a razão de ser da Patagônia – "salvar nosso planeta natal".

Propriedade da Patagonia, Inc. Usado com permissão.

pedindo aos clientes que pensem antes de comprar e parem de consumir pelo consumo.

Vindo da Patagônia, empresa que não gasta quase nada em propaganda tradicional, o paradoxal anúncio "Não compre esta jaqueta" teve um impacto tremendo. O objetivo era aumentar a conscientização e a participação na Patagonia Common Threads Initiative – um programa que incentiva os clientes a se comprometerem a trabalhar em conjunto com a empresa para consumir com mais responsabilidade. O credo da Common Threads é simples: fazer, comprar, reparar e reutilizar produtos de alta qualidade resulta em menos consumo, que, por sua vez, usa menos recursos e reduz custos para todos.

A campanha de Black Friday da Patagonia reforçou o posicionamento de longa data da marca. Enquanto outras empresas inundavam os clientes com promoções que os encorajavam a "comprar, comprar, comprar", a Patagonia manteve seus princípios fundadores. Não é qualquer empresa que pode fazer algo assim – essa mensagem só pode funcionar se for real. A Patagonia não colocou de repente um anúncio no *New York Times* na Black Friday. Ela vinha enviando – e vivendo – essa mensagem por décadas.

Incentivar o consumo consciente não significa que a Patagonia queira que os clientes parem de comprar seus produtos. Como outras marcas com fins lucrativos, a Patagonia realmente se preocupa com vendas e lucros. Mas para ela, o negócio é mais do que ganhar dinheiro. E a campanha "Não compre esta jaqueta" mais do que se pagou com o interesse e envolvimento que criou para a Common Threads Initiative. Como um bônus, no entanto, a campanha também impulsionou as vendas. Durante o primeiro ano da campanha, as vendas da Patagonia aumentaram quase um terço. Além de tudo isso, em setembro de 2022 Yvon Chouinard doou a empresa inteira, que está valendo cerca de 3 bilhões de dólares, para combater o avanço das mudanças climáticas. Agora, "a Terra é nossa única acionista", diz o fundador da Patagonia.

Assim, desde o início, Chouinard e a Patagonia operaram com a premissa de que não basta fazer bons produtos. As empresas precisam tomar uma posição, fazendo o que é certo para os clientes e seu planeta natal e tornando os consumidores parte da solução. Mas o que é bom para os clientes e para o planeta também é bom para a Patagônia. Diz o fundador Chouinard: "Sei que parece loucura, mas toda vez que tomei uma decisão que é melhor para o planeta, ganhei dinheiro. Nossos clientes sabem disso e querem fazer parte desse compromisso ambiental".[24]

o consumidor. Portanto, aqui, a oportunidade em termos de produto consiste em agregar a ele benefícios de longo prazo sem reduzir suas qualidades que geram apelo. Já o desafio imposto pelos produtos benéficos é agregar a eles algumas qualidades que criem apelo, para que se tornem mais desejáveis do ponto de vista dos consumidores.

Considere a Method, a marca de produtos de limpeza doméstica e pessoal para "pessoas contra a sujeira". Muitos produtos de limpeza doméstica eficazes contêm produtos químicos ou mesmo ingredientes tóxicos que podem ser prejudiciais às pessoas e ao meio ambiente. Mas os produtos Method são produzidos com ingredientes naturais, biodegradáveis e não tóxicos. "Preferimos ingredientes que vêm de plantas, não de indústrias químicas", diz a marca. A Method também utiliza embalagens recicladas e recicláveis e trabalha com fornecedores para reduzir as emissões de carbono da produção de seus produtos. A Method usa fontes de energia renováveis, como turbinas eólicas e árvores solares, para ajudar a alimentar sua fábrica de Chicago. Por fim, "os produtos da Method atacam a sujeira sem prejudicar as pessoas, as criaturas ou o planeta", diz a empresa. Como o cofundador e "guardião-verde chefe" da Method diz: "Um design bonito e responsabilidade ambiental são igualmente importantes ao criar um produto, e não deveríamos ter que trocar funcionalidade por sustentabilidade".[25]

Ética no *marketing* e a empresa sustentável

Objetivo 20.5 Explicar o papel da ética no *marketing*.

Ética no *marketing*

A ética é um pilar do *marketing* sustentável. No longo prazo, o *marketing* antiético prejudica os clientes e a sociedade como um todo. Além disso, uma hora ou outra, ele compromete a reputação e a efetividade da empresa, colocando em risco sua sobrevivência. Desse modo, as metas do *marketing* sustentável, voltadas para o bem-estar do consumidor e da empresa no longo prazo, só podem ser conquistadas por meio de uma conduta de *marketing* ética.

Empresas conscientes enfrentam muitos dilemas morais. Muitas vezes, não fica claro aquilo que é o melhor para se fazer. Como nem todos os gestores têm sensibilidade moral aguçada, as empresas precisam desenvolver *políticas corporativas de ética no marketing* – diretrizes gerais que todos os membros da organização devem seguir. Essas políticas devem contemplar as relações com os distribuidores, os padrões de propaganda, os serviços de atendimento ao cliente, a determinação de preços, o desenvolvimento de produtos e os padrões éticos gerais.

Nem mesmo as melhores diretrizes são capazes de resolver todas as difíceis situações éticas com as quais os profissionais de *marketing* se deparam. A ● **Tabela 20.1** relaciona algumas das situações complicadas que esses profissionais podem enfrentar em sua carreira. Se em todos os casos eles optarem por ações que resultem em vendas imediatas, seu comportamento de *marketing* poderá muito bem ser descrito como imoral ou até amoral. Se eles se recusarem a adotar qualquer

Tabela 20.1 Algumas situações moralmente difíceis no *marketing*.

1. O departamento de P&D fez uma leve modificação em um dos produtos da empresa. Ele não é exatamente "novo e melhorado", mas você sabe que estampar essa declaração na embalagem e nos anúncios aumentará as vendas. O que você faria?
2. Solicitaram que você acrescentasse à sua linha de produtos um modelo básico, que poderia ser anunciado para atrair clientes à loja. O produto não tem que ser muito bom, mas os vendedores têm que conseguir convencer os compradores que forem até a loja a adquirir, em vez dele, itens mais caros. Você é quem deve aprovar essa versão básica. O que você faria?
3. Você está pensando em contratar um gerente de produto que acabou de sair de uma empresa concorrente. Essa pessoa estaria mais do que disposta a lhe contar todos os planos do concorrente para o ano seguinte. O que você faria?
4. Recentemente, um de seus principais revendedores em um importante território teve problemas familiares e suas vendas caíram. Ao que parece, vai levar algum tempo até que ele consiga solucionar as questões. Enquanto isso, você está perdendo muitas vendas. Legalmente, considerando o desempenho, você pode extinguir o contrato de franquia com o revendedor e substituí-lo. O que você faria?
5. Você tem a chance de conquistar uma grande conta em outro país, que significaria muito para você e para sua empresa. O comprador sugere que um "presente" poderia influenciar a decisão dele. Tais presentes são comuns naquele país, e alguns de seus concorrentes provavelmente os enviarão. O que você faria?
6. Você ouviu dizer que um concorrente desenvolveu uma nova característica de produto que vai fazer uma grande diferença nas vendas. Ele vai demonstrar essa característica em uma reunião reservada com seus revendedores, durante uma feira comercial que acontece todos os anos. Você poderia, com facilidade, enviar um espião para essa reunião e ficar sabendo que característica nova é essa. O que você faria?
7. Você precisa escolher entre três campanhas promocionais e de mídia social criadas por sua agência. A primeira (a) é uma campanha nada agressiva em termos de venda, com informações diretas e honestas. A segunda (b) utiliza apelos emocionais com uma grande carga sexual e exagera os benefícios do produto. A terceira (c) envolve um comercial barulhento e irritante que certamente vai chamar a atenção do público. Os pré-testes mostram que a ordem crescente de efetividade das campanhas é: c, b e a. O que você faria?
8. Você está entrevistando uma candidata apta para um cargo de vendedora. Ela é mais bem qualificada do que os homens que você entrevistou. No entanto, você sabe que em seu setor alguns clientes importantes preferem lidar com homens – e você vai perder algumas vendas caso a contrate. O que você faria?

ação desse tipo, poderão ser ineficazes como gestores de *marketing* e infelizes, em virtude da constante tensão moral. Os gestores precisam de um conjunto de princípios para ajudá-los a entender a importância moral de cada situação e a decidir até onde podem ir com a consciência tranquila.

Mas *quais* princípios devem orientar as empresas e os gestores de *marketing* nas questões envolvendo ética e responsabilidade social? Uma corrente afirma que o mercado é livre e que é o sistema legal quem deve resolver essas questões. Segundo esse princípio, as empresas e seus gestores não são responsáveis por fazer julgamentos morais. Eles podem, com a consciência tranquila, fazer tudo aquilo que o mercado e o sistema legal permitirem. Entretanto, a história traz uma lista interminável de exemplos de ações organizacionais que, embora legais, eram extremamente irresponsáveis.

Uma segunda corrente coloca a responsabilidade não sobre o sistema, mas nas mãos das empresas e dos gestores, individualmente. Essa corrente, mais esclarecida, sugere que a empresa deve ter uma consciência social. Empresas e gestores devem aplicar altos padrões éticos e morais ao tomar decisões corporativas, independentemente "daquilo que o sistema permite".

Toda empresa e todo gestor de *marketing* devem desenvolver uma filosofia para o comportamento socialmente responsável e ético. De acordo com a orientação de *marketing* societal, todo gestor deve ir além daquilo que é legal e permitido, desenvolvendo padrões com base em sua integridade pessoal, na consciência corporativa e no bem-estar do consumidor no longo prazo.

Lidar com questões éticas e de responsabilidade social de uma maneira sincera e direta ajuda na construção de um relacionamento sólido com o cliente, baseado na honestidade e na confiança. Por exemplo, considere CVS:[26]

Em 2014, a CVS tomou a ousada decisão de deixar de vender cigarros e outros produtos derivados do tabaco. Foi uma decisão arriscada. Apagar os cigarros resultou na perda imediata de 2 bilhões de dólares em vendas anuais de tabaco e levava ao risco de direcionar uma parcela significativa dos clientes fumantes da CVS para concorrentes como a Walgreens, o Walmart ou a Kroger, que continuaram a vendê-los. No entanto, para a CVS, largar o tabaco era praticamente uma obrigação. A empresa tem

Ética de *marketing* e responsabilidade social: a CVS tem a missão de ajudar as pessoas em seu caminho para uma saúde melhor. Ela consegue "entregar o que é certo para as pessoas todos os dias de uma maneira que cria valor econômico para o negócio".

CVS Caremark Corporation

uma importante missão de "ajudar as pessoas em seu caminho para uma saúde melhor". Vender cigarros e ajudar as pessoas em seu caminho para uma saúde melhor? Os dois simplesmente não combinavam um com o outro. Assim, a CVS retirou os produtos de tabaco de suas prateleiras. "A CVS parou de vez", anunciou a empresa. "Esta é a coisa certa a fazer." A interrupção das vendas de tabaco foi um momento marcante para a empresa. Mas foi apenas um passo em uma transformação mais abrangente e orientada por propósito. Ao mesmo tempo em que suspendeu a venda de tabaco, a empresa mudou seu nome para CVS Health. Hoje ela oferece uma gama completa de produtos e serviços que ajudam as pessoas a levar uma vida mais saudável.

Então, como o *marketing* com senso de missão está funcionando para a CVS Health? Embora as vendas na saída da loja tenham caído no ano seguinte à interrupção da venda de produtos de tabaco, a receita geral da CVS aumentou quase 10%. E no ano seguinte, as receitas aumentaram mais 10%. Acontece que a perda de receitas do tabaco foi mais do que compensada pelas receitas de novas fontes, incluindo as resultantes da decisão de deixar de vender cigarros. As novas vendas vieram tanto de novos clientes não fumantes, impressionados com a decisão, quanto dos próprios fumantes. Quando a CVS Health abandonou os cigarros, também lançou um programa de assistência "Vamos parar juntos" para ajudar os fumantes a abandonar o hábito. No final do primeiro ano, as vendas da CVS para produtos para parar de fumar cresceram 63%.

Em resumo, equilibrar o propósito com os lucros tem sido bom tanto para a reputação da CVS quanto para seus resultados. "Não consigo pensar em outro exemplo corporativo nos Estados Unidos em que uma empresa sacrificou 2 bilhões de dólares em receita por que sentiu ser a coisa certa a se fazer", diz o chefe de *marketing* da CVS. "É uma coisa impressionante, [e] provou para nós de muitas maneiras". Para a CVS Health, diz ele, sucesso significa "entregar o que é certo para as pessoas todos os dias de uma maneira que crie valor econômico para os negócios".

Assim como o ambientalismo, a questão da ética apresenta desafios especiais para as empresas internacionais. Os padrões e práticas de negócios variam muito de um país para outro. Por exemplo, subornos e propinas são ilegais para empresas dos Estados Unidos, e vários tratados contra suborno e corrupção foram assinados e ratificados por mais de 60 países. No entanto, essas ainda são práticas comerciais padrão em muitos países. O Fundo Monetário Internacional estima que subornos que totalizam mais de 2 trilhões de dólares por ano são pagos em todo o mundo.[27] Neste momento, surge a questão se uma empresa deve reduzir seus padrões éticos para competir efetivamente em países com padrões mais baixos. A resposta é não. As empresas devem se comprometer com um conjunto comum de padrões compartilhados em todo o mundo.

Muitas associações setoriais e profissionais têm sugerido códigos de ética, e muitas empresas estão adotando seus próprios códigos. Por exemplo, a American Marketing Association, uma associação internacional de gestores e acadêmicos da área de *marketing*, desenvolveu um código de ética que convoca as empresas a adotarem as seguintes normas:[28]

- *Não causar danos.* Isso significa conscientemente evitar ações e omissões prejudiciais por meio da adoção de altos padrões éticos e da adesão a todas as leis e regulamentações aplicáveis às escolhas que fazemos.
- *Cultivar a confiança no sistema de marketing.* Isso significa lutar por uma negociação justa e de boa-fé, contribuindo assim para a eficácia do comércio e para evitar enganação no design, no preço, na comunicação e na distribuição do produto.
- *Adoção de valores éticos.* Isso significa construir relacionamento com o consumidor e reforçar a confiança dele na integridade do *marketing*, reafirmando os seguintes valores centrais: honestidade, responsabilidade, justiça, respeito, transparência e cidadania.

As empresas também estão desenvolvendo programas para instruir os gestores acerca de importantes questões éticas e ajudá-los a encontrar as soluções apropriadas. Elas instituem comitês de ética e organizam *workshops* e seminários voltados para o assunto. Além disso, a maioria das principais empresas norte-americanas designou executivos de alto nível para cuidar de questões éticas e ajudar a resolver problemas e preocupações éticas enfrentadas por seus funcionários.

Ética no *marketing*: o Código de Conduta da Under Armour incentiva todos os funcionários a defender a empresa de questões éticas e de responsabilidade social: "Proteja esta casa – tome a decisão certa. [...] É tão simples quanto parece".

IgorGolovniov/Shutterstock

Por exemplo, o Código de Conduta da Under Armour incentiva todos os funcionários ("colegas de equipe") a "Proteger esta casa – Faça a coisa certa" em questões de ética e responsabilidade social. Todos da Under Armour tomam decisões diariamente que podem afetar o bem-estar da marca. A mensagem central do código: "É tão simples quanto parece". "Sempre que você se depara com uma decisão - grande ou pequena - sempre faça o que você sabe que é eticamente certo e, claro, sempre siga a lei."

O Código de Conduta da Under Armour abrange em detalhes uma ampla gama de tópicos, desde presentes e suborno até negociações honestas e justas. Mas enfatiza que não pode cobrir *todos* os problemas, então os colegas de equipe "devem ser sensíveis às situações e atividades e saber que, se algo parecer errado, provavelmente está errado". Se os funcionários virem ou ouvirem sobre qualquer situação que possa violar o código de ética, eles devem denunciá-la a sua administração, aos líderes seniores da organização de recursos humanos ou diretamente a qualquer pessoa da equipe de Ética e Conformidade Global da Under Armour. Como alternativa, eles podem relatar problemas na linha telefônica direta da Under Armour ou no *site* da linha direta, ambos monitorados 24 horas por dia, sete dias por semana, com a opção de denunciar anonimamente. "Somos uma marca agressiva e vamos continuar assim", conclui o CEO e fundador da Under Armour, Kevin Plank, na introdução do código. "Todos nós queremos vencer – é por isso que estamos aqui. [Mas] estamos comprometidos em vencer da maneira certa. Ponto final".[29]

Ainda assim, códigos escritos e programas de ética não garantem o comportamento ético. A ética e a responsabilidade social exigem total compromisso corporativo. Elas devem ser um componente da cultura corporativa geral.

A empresa sustentável

No alicerce do *marketing* reside a crença de que as empresas que atendem às necessidades e aos desejos dos clientes prosperarão. Já organizações que não conseguem satisfazer às necessidades dos clientes ou que, intencionalmente ou não, prejudicam a eles, a outros na sociedade ou a gerações futuras vão se dar mal.

Segundo um observador: "A sustentabilidade está se mostrando uma megatendência, como foram a eletricidade e a produção em massa, e ela vai afetar profundamente a competitividade das empresas, inclusive sua capacidade de sobrevivência". Outro observador diz: "Cada vez mais, as empresas e os líderes serão avaliados não apenas pelos resultados imediatos, mas também pelos [...] efeitos que suas ações geraram sobre o bem-estar societal. Essa tendência vem aparecendo em pequenas coisas há anos, mas agora está se avolumando. Então, pegue seu copo reciclado de café com selo de comércio justo e fique preparado".[30]

As empresas sustentáveis são aquelas que criam valor para os clientes por meio de ações responsáveis em termos sociais, ambientais e éticos. O *marketing* sustentável vai além de cuidar das necessidades e dos desejos dos clientes de hoje. Ele significa se preocupar com os clientes de amanhã, garantindo a permanência e o sucesso da empresa, dos acionistas, dos funcionários e do mundo mais amplo em que todos eles vivem. Significa ir atrás de uma missão com triplo resultado: pessoas, planeta, lucros. O *marketing* sustentável oferece o contexto em que as empresas podem construir um relacionamento lucrativo com os clientes por meio da criação de valor *para* eles, a fim de obter valor *deles* em troca – agora e no futuro.

Revisão e extensão dos conceitos

Revisão dos objetivos

Neste capítulo, abordamos muitos dos importantes conceitos de *marketing sustentável* relacionados ao grande impacto do *marketing* sobre os consumidores individuais, outras empresas e a sociedade como um todo. O *marketing* sustentável requer ações responsáveis em termos sociais, ambientais e éticos, que geram valor não somente para os consumidores e as empresas de hoje, mas também para as gerações e toda a sociedade de amanhã. As empresas sustentáveis são aquelas que agem com responsabilidade para criar valor aos clientes, a fim de obter valor deles em troca – agora e no futuro.

Objetivo 20.1 Definir *marketing* sustentável e discutir sua importância *(p. 562-564)*

O *marketing* sustentável requer o atendimento das necessidades atuais dos consumidores e das empresas, ao mesmo tempo em que se preserva ou se intensifica a capacidade das gerações futuras de atenderem às suas necessidades. Enquanto a orientação de *marketing* societal reconhece que a empresa prospera satisfazendo as necessidades cotidianas dos clientes, o *marketing* sustentável demanda ações sociais e ambientalmente responsáveis, que satisfaçam as necessidades tanto imediatas como futuras dos clientes e da empresa. O *marketing* verdadeiramente sustentável requer um sistema de *marketing* que funcione em harmonia, em que consumidores, empresas, legisladores e outros trabalhem em conjunto para garantir ações de responsabilidade social.

Objetivo 20.2 Identificar as principais críticas sociais ao *marketing* *(p. 564-572)*

O *impacto do marketing sobre o bem-estar do consumidor individual* tem sido criticado por conta de preços altos, práticas enganosas, vendas com muita pressão, produtos de baixa qualidade, prejudiciais ou perigosos, obsolescência planejada e oferecimento de serviços de baixa qualidade para consumidores menos favorecidos. O *impacto do marketing sobre a sociedade* tem sido criticado por ele gerar falsos desejos e excesso de materialismo, carência de bens sociais e muita poluição cultural. Os críticos também atacam o *impacto do marketing sobre outras empresas*, dizendo que ele prejudica os concorrentes e reduz a concorrência por meio de aquisições, práticas que criam barreiras à entrada no mercado e práticas competitivas de *marketing* desleais. Algumas dessas preocupações se justificam, mas outras não.

Objetivo 20.3 Definir defesa do consumidor e ambientalismo e explicar como eles afetam as estratégias de *marketing* *(p. 572-576)*

Preocupações quanto ao sistema de *marketing* levaram a movimentos de ação de cidadania. A *defesa do consumidor* é um movimento social organizado, cujo intuito é fortalecer a relação de direitos e o poder entre consumidores e vendedores. Empresas atentas veem nisso uma oportunidade para atender melhor aos consumidores, fornecendo-lhes mais informação, instrução e proteção. O *ambientalismo* é um movimento social organizado que busca minimizar os danos causados que as práticas de *marketing* causam ao ambiente e à qualidade de vida. Hoje, a maioria das empresas assume a responsabilidade por não causar danos ao meio ambiente. Elas adotam políticas de *sustentabilidade ambiental* – desenvolvem estratégias que, ao mesmo tempo, preservam o ambiente e geram lucros para a empresa. Tanto a defesa do consumidor como o ambientalismo são importantes componentes do *marketing* sustentável.

Objetivo 20.4 Descrever os princípios do *marketing* sustentável *(p. 576-580)*

No início, muitas empresas se opuseram aos movimentos e às leis sociais, mas agora a maioria delas reconhece a necessidade de oferecer informação, instrução e proteção positivas aos consumidores. Com base na orientação do *marketing* sustentável, o *marketing* da empresa deve apoiar o melhor desempenho possível do sistema de *marketing* no longo prazo. Ele deve ser conduzido por cinco princípios do *marketing* sustentável: *marketing orientado ao consumidor*, *marketing de valor para o cliente*, *marketing inovador*, *marketing com senso de missão* e *marketing societal*.

Objetivo 20.5 Explicar o papel da ética no *marketing* *(p. 580-583)*

As empresas estão cada vez mais respondendo à necessidade de instituir políticas e diretrizes organizacionais para ajudar seus gestores a lidar com as questões relacionadas à *ética no marketing*. É claro que nem as melhores diretrizes conseguem tratar de todas as difíceis decisões éticas que os indivíduos e as empresas têm que tomar. Mas há alguns princípios dentre os quais os profissionais de *marketing* podem escolher. Um deles afirma que é o mercado livre e o sistema legal que devem resolver essas questões. Um segundo princípio, mais esclarecido, não coloca a responsabilidade sobre o sistema, mas nas mãos das empresas e dos gestores, individualmente. Toda empresa e todo gestor de *marketing* devem desenvolver uma filosofia para o comportamento ético e socialmente responsável. De acordo com a orientação do *marketing* sustentável, os gestores devem ir além daquilo que é legal e permitido, desenvolvendo padrões baseados em sua integridade pessoal, na consciência corporativa e no bem-estar do consumidor no longo prazo.

Termos-chave

Objetivo 20.1

Marketing sustentável (p. 562)

Objetivo 20.3

Defesa do consumidor (p. 472)
Ambientalismo (p. 573)
Sustentabilidade ambiental (p. 574)

Objetivo 20.4

Marketing orientado ao consumidor (p. 577)
Marketing de valor para o cliente (p. 577)
Marketing inovador (p. 577)
Marketing com senso de missão (p. 577)
Marketing societal (p. 578)
Produtos inadequados (p. 578)
Produtos agradáveis (p. 578)
Produtos benéficos (p. 578)
Produtos desejáveis (p. 578)

Questões para discussão

20.1 O que é *marketing* sustentável e por que ele é importante?

20.2 Quais são as principais críticas sociais ao *marketing*? Como os profissionais de *marketing* respondem a essas críticas?

20.3 Como os esforços de *marketing* afetam a sociedade? Discuta os dois lados desta questão.

20.4 Identifique uma empresa que está envolvida na intendência de produtos e explique como suas práticas a diferenciam de empresas que apenas praticam a prevenção da poluição.

20.5 Identifique os desafios associados à gestão de um duplo resultado envolvendo um propósito e os lucros.

20.6 Que diretrizes as empresas devem seguir ao desenvolver políticas de ética em *marketing* corporativo?

Atividades de pensamento crítico

20.7 Os produtos podem ser classificados de acordo com seu grau de satisfação imediata e benefício de longo prazo para o consumidor como produtos inadequados, agradáveis, benéficos ou desejáveis. Identifique dois produtos para cada uma das quatro categorias e explique por que eles pertencem a cada categoria.

20.8 Suponha que você esteja liderando os esforços de sustentabilidade ambiental da PepsiCo. Como você avaliaria a eficácia desses programas? Como você comunicaria seus esforços aos consumidores fiéis de sua marca?

20.9 "*Greenwashing*" é a prática de promover um produto enganando os consumidores sobre seus aspectos ambientalmente benéficos. Os produtos podem ser rotulados como "naturais", "verdes", "amigos do meio ambiente" ou "biodegradáveis", mas ter pouco ou nenhum benefício ambiental. Acesse www.truthinadvertising.org/six-companies-accused-greenwashing e escolha um dos exemplos de empresas que não são tão ecológicas quanto fazem parecer. Na sua opinião, o produto ou a prática de negócios da empresa é sustentável ou a empresa está praticando *greenwashing*? Explique sua resposta.

CASOS E APLICAÇÕES

Marketing digital Mídias sociais politicamente neutras

Durante uma época em que a Starbucks prometia contratar 10 mil refugiados e as postagens nas redes sociais do Burger King do Reino Unido pareciam encorajar ativistas de esquerda que estavam jogando milkshakes em políticos opositores, a Dunkin' Brands se opôs à politização de seus negócios, incluindo Dunkin' e Baskin Robbins. Um porta-voz da Dunkin' observou que suas lojas visam um atendimento eficiente ao cliente – obtendo clientes satisfeitos dentro e fora de suas lojas rapidamente – em vez de tentar envolver os clientes em conversas políticas. Ele também observou que a marca Dunkin' não era política como a Starbucks. Os seguidores conservadores nas redes sociais reagiram favoravelmente à escolha da Dunkin' de permanecer politicamente neutra.

20.10 Analise postagens recentes no Twitter da Starbucks e da Dunkin'. Com base em postagens que não estão relacionadas aos produtos – e nas respostas dos clientes a essas postagens – você concorda ou discorda da decisão da Dunkin' em permanecer politicamente neutra? Explique.

20.11 Como a decisão da Starbucks de se posicionar politicamente e a decisão da Dunkin' de permanecer politicamente neutra se relacionam com os cinco princípios de *marketing* sustentável?

Marketing e ética Patagonia repensa os coletes para investidores

Os coletes de inverno da Patagonia, a empresa de roupas e equipamentos para atividades ao ar livre, são populares entre os investidores de risco. Eles podem ser percebidos como uma declaração visual de que o usuário tem *status* de elite e pode fazer acontecer. No entanto, a Patagonia anunciou recentemente que não faria mais coletes com marcas de novos negócios de serviços financeiros. Em vez disso, só faria coletes de marca compartilhada para corporações B (empresas certificadas para atender a certos padrões ambientais e sociais), empresas que são membros do One Percent for the Planet e empresas B2B existentes e organizações sem fins lucrativos que fossem clientes fiéis de curto prazo ou longo prazo. A ideia é que a Patagonia faça mais para apoiar as empresas que compartilham o sistema de valores da marca e evitar emparelhar sua marca com nomes de marcas de empresas com diferentes abordagens filosóficas.

20.12 Em um pequeno grupo, pesquise como as decisões anteriores de *marketing* orientadas para a sociedade da Patagonia impactaram suas vendas e lucros. Em seguida, discuta como a decisão da Patagonia sobre quem segmentar para mercadorias de marca compartilhada pode afetar sua lucratividade. Apresente suas conclusões.

20.13 É errado a Patagonia excluir clientes de empresas que têm filosofias diferentes das suas? Justifique sua resposta.

Marketing em números De cair os olhos

O MyEye 2.0 é um dispositivo do tamanho de um pen drive que pesa menos de 30 gramas e se conecta magneticamente à haste de quase qualquer par de óculos. Ele ajuda as pessoas com deficiência visual a "enxergar". O dispositivo reconhece papéis-moedas, rostos baseados em imagens armazenadas, arredores e quase tudo para o qual o usuário aponta o dedo. O MyEye 2.0 pode ler um menu ou rótulo de pacote e dizer suavemente ao usuário o que há para o jantar por meio de um pequeno alto-falante próximo a seu ouvido. Para quase 8 milhões de norte-americanos e 253 milhões de pessoas com deficiência visual em todo o mundo, isso pode ser um divisor de águas. No entanto, para muitos, o preço de 4.500 dólares é um impeditivo. Muitos *smartphones* equipados com tecnologia de IA possuem aplicativos que podem fazer muitas das mesmas coisas que o MyEye 2.0, embora não sejam vestíveis. Alguns analistas acreditam que essa usabilidade não agrega valor suficiente para justificar o preço exorbitante do MyEye 2.0, especialmente considerando que cerca de 58% dos adultos norte-americanos com deficiência visual significativa estão desempregados, e essa porcentagem é provavelmente a maior em todo o mundo. A série iPhone X da Apple – com Face ID, Siri e seus outros sensores de IA, câmera, alto-falante e recursos de aplicativos – pode fazer muitas das coisas que o MyEye 2.0 pode fazer, por um preço de 999 dólares com o custo por vendas (CPV) estimado de 360 dólares. Por outro lado, o CPV do MyEye 2.0 é estimado em 200 sólares por dispositivo.

20.14 Calcule a margem bruta em dólares e a porcentagem para o MyEye 2.0 e o iPhone X. Consulte a seção *Declaração de lucros e perdas e orçamento de marketing* no Apêndice 2: *Marketing* pelos números para saber como calcular as margens brutas.

20.15 Discuta os prós e contras da decisão da empresa de precificar o MyEye 2.0 tão alto. A empresa está seguindo o princípio do *marketing* social? Ela deveria segui-lo?

Caso empresarial LEGO: tornando o mundo um lugar melhor – uma peça de cada vez

As clássicas peças montáveis de plástico da LEGO são acessórios em casas em todo o mundo há mais de 70 anos. Há pouco mais de 15 anos, o The LEGO Group (TLG) estava à beira da falência, caindo em espiral e perdendo dinheiro a uma taxa de 1 milhão de dólares por dia. Mas depois de uma grande reestruturação e implementação de um novo plano estratégico, o TLG está em ascensão desde então. Na verdade, o TLG é a maior empresa de brinquedos do mundo, superando as potências Mattel e Hasbro em um mercado global bastante volátil. No ano passado, o The LEGO Group (TLG) produziu 3.400 tipos diferentes de peças LEGO e 70 bilhões de peças totais, o suficiente para construir uma linha contínua que se estende ao redor do mundo mais de 22 vezes. Todos esses tijolos foram para quase 100 milhões de conjuntos LEGO, que chegaram às mãos ansiosas de clientes em 140 países, colocando mais de 5,5 bilhões de dólares nos cofres do TLG.

Talvez mais notável do que se tornar o líder global do mercado de brinquedos seja o fato de o TLG ter alcançado essa façanha, ao mesmo tempo em que estabelece um compromisso insuperável com a responsabilidade social. De fato, em um estudo anual publicado pela *Forbes*, com base em classificações de responsabilidade social de consumidores em 15 países, a LEGO ficou no topo no ano passado, subindo do quinto lugar no ano anterior. No estudo realizado pelo Reputation Institute, a LEGO superou todas as outras empresas na percepção de que se comporta de forma ética, opera com transparência, conduz negócios de forma justa, protege o meio ambiente e apoia causas nobres. Essas percepções do consumidor refletem as ações do TLG. De acordo com o Reputation Institute, o TLG "abraçou a responsabilidade social corporativa de cima a baixo".

Quando o TLG desenvolveu seu plano para se recuperar da beira da falência, também aproveitou a oportunidade para reavaliar os valores de sua empresa. Como resultado, uma estratégia de responsabilidade social tornou-se um componente-chave do plano de recuperação do TLG, impulsionado pelo desejo de ter um impacto mais positivo no mundo. Para demonstrar seu compromisso, o TLG se tornou a primeira empresa de brinquedos a aderir ao Pacto Global das Nações Unidas – a maior iniciativa de responsabilidade social do mundo – e se comprometeu a apoiar os 17 Objetivos de Desenvolvimento Sustentável das Nações Unidas.

É para as crianças

O TLG organiza suas metas de responsabilidade social em três áreas principais: crianças, pessoas e meio ambiente. De acordo com Thomas Kirk Kristiansen, bisneto do fundador da empresa, Ole Kirk Kristiansen, "as crianças são nossos modelos". O TLG sempre procurou inspirar as crianças por meio do poder da brincadeira, facilitando a abordagem natural da criança ao aprendizado. A ideia é permitir que as crianças construam habilidades valiosas para a vida enquanto se divertem. Isso apoia a visão do TLG – "inspirar e desenvolver os construtores de amanhã". Além disso, um dos pilares da estratégia de responsabilidade do TLG é "deixar o melhor mundo possível para as crianças herdarem".

A própria estrutura de propriedade do TLG demonstra seu compromisso com as crianças. A LEGO Foundation detém 25% da empresa. Dedicada a realizar a visão do TLG, a LEGO Foundation atua como um cão de guarda interno, garantindo que os lucros de cada produto LEGO vendido ajudem a levar o aprendizado por meio da brincadeira para as crianças. Para este fim, a LEGO Foundation realiza pesquisas e realiza atividades de envolvimento da comunidade local em todo o mundo. Essas atividades incluem trabalhar com parceiros para executar programas para a primeira infância, lançar o Play Labs e estabelecer centros para a primeira infância.

Reconhecendo o "brincar" como um direito da criança, o TLG trabalhou com a LEGO Foundation e a parceira UNICEF para dar voz às crianças durante o Dia Mundial da Criança, trazendo as crianças para assumir funções-chave no TLG. Além disso, o TLG motivou os funcionários a se voluntariarem para trabalhar com crianças de todo o mundo em um programa para envolvê-las em questões ambientais e sociais, além de ajudá-las a criar ideias para tornar o mundo um lugar melhor. Por meio dessas e de outras atividades, a LEGO Foundation envolveu 1,3 milhão de crianças no ano passado.

Cuidar das pessoas – Um valor da empresa

As iniciativas de responsabilidade social do TLG não são apenas sobre as crianças – elas também se concentram na responsabilidade do TLG para com as pessoas em geral. E a empresa envolve funcionários e membros da comunidade local para participar. Por exemplo, o TLG incentiva os funcionários a se tornarem "Agentes da brincadeira", treinando-os e educando-os para entender o papel e o significado das brincadeiras e dando a eles as ferramentas necessárias para inspirar as crianças por meio de atividades de engajamento da comunidade local. No ano passado, a LEGO Foundation treinou quase 1.200 Agentes da brincadeira, elevando o total para 3 mil. O TLG acredita que envolver os funcionários na missão e visão da empresa é uma parte importante da criação do "melhor lugar para se trabalhar".

Mas quando se trata de cuidar das pessoas, o TLG vai muito além de misturar trabalho e diversão. O TLG tem altos padrões para tratar os funcionários com respeito, pagar salários justos, manter um ambiente de trabalho seguro e garantir horas de trabalho razoáveis. Esses padrões não param nas paredes das próprias instalações da empresa. De acordo com o Código de Conduta da LEGO, todos os fornecedores devem cumprir diretrizes rígidas sobre trabalho infantil, trabalho forçado, discriminação, salários e benefícios, saúde e segurança e outros aspectos do tratamento ético dos colaboradores. Durante o ano passado, o TLG auditou 100% dos fornecedores em relação ao Código de Conduta LEGO, incluindo fornecedores em países de alto risco. Além disso, o TLG exige que cada fornecedor garanta, por escrito, de que seus próprios fornecedores cumprem os mesmos padrões.

Deixando o planeta melhor para as crianças de amanhã

O componente final da estratégia de responsabilidade social do TLG é cuidar do meio ambiente. Embora definir metas para reduzir a pegada ambiental de uma empresa seja praticamente obrigatório nos dias de hoje, o TLG vê isso como uma extensão de sua missão. Ou seja, o trabalho do TLG para inspirar as crianças e ajudá-las a atingir seu pleno potencial por meio de brincadeiras se aplica às crianças de amanhã tanto quanto às crianças de hoje. E o TLG reconhece que, para que as crianças das gerações futuras desfrutem dos frutos de sua missão, elas devem herdar um planeta com um meio ambiente saudável. Assim como os outros componentes de seu código de responsabilidade social, o TLG tem altos padrões tanto para si quanto para seus fornecedores quando se trata de minimizar as emissões de CO2, resíduos e poluição. A empresa também estabeleceu metas para o desenvolvimento de energia renovável e materiais sustentáveis.

No ano passado, o TLG alcançou um grande marco ambiental ao produzir as primeiras peças LEGO feitas de plástico sustentável à base de plantas. Mais especificamente, o polietileno – um plástico macio, durável e flexível feito com etanol extraído da da cana de açúcar – será o único plástico usado para fazer elementos botânicos como folhas, arbustos e árvores incluídos nos conjuntos de construção LEGO. Como bioplástico, essas peças também serão recicláveis e biodegradáveis. Essas primeiras peças de bioplástico LEGO compreendiam apenas cerca de 2% de todos os elementos LEGO produzidos no ano passado, com o restante feito inteiramente de plástico à base de petróleo, como antes. No entanto, de acordo com o vice-presidente de responsabilidade ambiental do TLG, "este é um ótimo primeiro passo em nosso ambicioso compromisso de fabricar todas as peças LEGO usando materiais sustentáveis". Para avançar em direção a esse objetivo, o TLG uniu forças com o World Wide Fund for Nature e a Bioplastic Feedstock Alliance para apoiar e aumentar a demanda por plástico de origem sustentável e garantir o fornecimento totalmente sustentável de matérias-primas para a indústria de bioplásticos.

Apenas alguns anos atrás, o TLG estabeleceu uma meta de atingir 100% de materiais sustentáveis em suas peças e embalagens até 2030. No entanto, recentemente adiantou essa meta de embalagens para 2025. Atualmente, 75% do papelão usado em suas embalagens vem de material reciclado. Além disso, a empresa está focada em outros benefícios ambientais que podem ser alcançados por meio de inovações em embalagens. Por exemplo, reduzir o tamanho médio de uma caixa LEGO em 14% nos últimos quatro anos economizou 7 mil toneladas de papelão, eliminando a necessidade de 3 mil caminhões de transporte.

Quando uma grande corporação global faz uma pequena melhoria social ou ambiental, a escala da empresa aumenta o impacto. Mas o TLG não está satisfeito em alcançar grandes impactos por meio de pequenas melhorias. Você pode imaginar o impacto de 700 milhões de pneus LEGO sendo feitos a cada ano a partir de bioplástico em vez de plástico à base de petróleo? O TLG pode. E a empresa espera que o impacto de tais ações não resulte apenas em benefícios diretos, mas seja sentido em toda a indústria de brinquedos e além.[31]

Questões para discussão

20.16 Dê tantos exemplos quanto possível de como o TLG desafia as críticas sociais comuns de *marketing*.

20.17 Dos cinco princípios de *marketing* sustentável discutidos no texto, qual melhor descreve a abordagem do TLG?

20.18 Analise os negócios do TLG usando a Classificação Societal de Produtos (Figura 20.3).

20.19 O TLG seria mais bem-sucedido financeiramente se não estivesse tão focado na responsabilidade social? Explique.

APÊNDICE 1 Plano de *marketing*

O plano de *marketing*: uma introdução

Como um profissional de *marketing*, você vai precisar de um bom plano de *marketing* para proporcionar orientação e foco a sua marca, produto ou empresa. Com um plano detalhado, qualquer empresa estará mais bem preparada para lançar um produto ou gerar vendas para os produtos existentes. Organizações sem fins lucrativos também utilizam planos de *marketing* para orientar seus esforços de captação de recursos e ajuda aos necessitados. Mesmo órgãos do governo elaboram planos de *marketing* para iniciativas como aumentar a conscientização das pessoas sobre alimentação adequada e estimular o setor do turismo.

A finalidade e o conteúdo de um plano de *marketing*

Diferentemente de um plano de negócios, que oferece uma ampla visão geral da missão, dos objetivos, da estratégia e da alocação de recursos da organização como um todo, um plano de *marketing* tem um escopo mais limitado. Ele serve para documentar como os objetivos estratégicos da organização serão alcançados por meio de estratégias e táticas específicas de *marketing*, tendo o cliente como ponto de partida. Ele também está relacionado com os planos dos outros departamentos na organização. Vamos supor, por exemplo, que um plano de *marketing* demande a venda de 200 mil unidades ao ano. O departamento de produção deve agilizar as coisas para produzir esse número de unidades, o departamento financeiro deve arrumar fundos para cobrir as despesas, o departamento de recursos humanos deve se preparar para contratar e treinar pessoal e assim por diante. Sem o nível adequado de suporte e recursos organizacionais, nenhum plano de *marketing* pode ter sucesso.

Embora a extensão e a estrutura exatas variem de uma empresa para outra, um plano de *marketing* normalmente contém as seções descritas no Capítulo 2. Empresas menores podem elaborar planos de *marketing* mais concisos ou menos formais, ao passo que grandes corporações costumam demandar planos de *marketing* extremamente estruturados. Para orientar a implementação de maneira eficaz, cada parte do plano deve ser descrita com consideráveis detalhes. Às vezes, a empresa posta seu plano de *marketing* em um *site* interno, permitindo que gestores e outros funcionários, em diferentes lugares, consultem seções específicas e colaborem com acréscimos ou mudanças.

O papel da pesquisa

Os planos de *marketing* não são criados de maneira isolada. Para desenvolverem estratégias e programas de ação bem-sucedidos, os profissionais de *marketing* precisam de informações atualizadas sobre o ambiente, a concorrência e os segmentos de mercado a serem atendidos. Muitas vezes, a análise dos dados internos constitui o ponto de partida para avaliar a situação atual do *marketing*, sendo complementada por inteligência e pesquisa de *marketing*, que investigam o mercado em geral, a concorrência, questões-chave e as ameaças e oportunidades. À medida que o plano é implementado, os profissionais de *marketing* utilizam uma série de técnicas de pesquisa para mensurar o progresso em direção aos objetivos e identificar pontos para melhoria, caso os resultados estejam abaixo das expectativas.

Por fim, a pesquisa de *marketing* ajuda os profissionais da área a saber mais sobre as exigências, as expectativas, as percepções e os níveis de satisfação dos clientes. Esse entendimento mais profundo fornece uma base para o desenvolvimento de vantagem competitiva, por meio de decisões bem fundamentadas relativas à segmentação, à seleção do mercado-alvo, à diferenciação e ao posicionamento. Assim, o plano de *marketing* deve descrever, em linhas gerais, qual pesquisa de *marketing* será conduzida e como seus resultados serão aplicados.

O papel dos relacionamentos

O plano de *marketing* mostra como a empresa vai estabelecer e manter um relacionamento lucrativo com os clientes. No processo, entretanto, ele também molda uma série de relacionamentos internos e externos. Para começar, ele afeta o modo como os membros da equipe de *marketing* trabalham uns com os outros e com os outros departamentos para entregar valor e satisfazer os clientes. Em segundo lugar, afeta o modo como a empresa trabalha com fornecedores, distribuidores e parceiros estratégicos para atingir os objetivos definidos no plano. Em terceiro lugar, influencia o modo como a empresa lida com outras partes interessadas, incluindo legisladores, a mídia e a comunidade em geral. Todos esses relacionamentos são importantes para o sucesso da organização, de maneira que devem ser levados em consideração na hora de se elaborar o plano de *marketing*.

Do plano à ação de *marketing*

As empresas geralmente criam planos de *marketing* anuais, apesar de alguns planos cobrirem um período mais longo. Os profissionais de *marketing* começam o planejamento muito antes da data de implantação, a fim de que haja tempo para a pesquisa de *marketing*, a análise aprofundada, a revisão gerencial e a coordenação entre os departamentos. Então, após o início de cada programa de ação, os profissionais de *marketing* monitoram continuamente os resultados, comparam-nos com as projeções, analisam quaisquer diferenças e tomam medidas corretivas, se necessário. Algumas empresas também preparam planos de contingência, que devem ser implantados caso surjam determinadas condições. Em função de mudanças ambientais inevitáveis e muitas vezes imprevisíveis, os profissionais de *marketing* devem estar preparados para atualizar e adaptar os planos de *marketing* a qualquer momento.

Para a implantação e o controle eficazes, o plano de *marketing* deve definir como o progresso em direção aos objetivos será mensurado. Os gestores normalmente utilizam orçamentos, cronogramas e padrões de desempenho para monitorar e avaliar os resultados. Com os orçamentos, eles podem comparar os gastos planejados com os reais em uma determinada semana, mês ou qualquer outro período. Os cronogramas permitem que a administração verifique quando as tarefas deveriam ter sido concluídas – e quando, de fato, foram completadas. Os padrões de desempenho acompanham os resultados dos programas de *marketing* para ver se a empresa está se movendo em direção a seus objetivos. Alguns exemplos de padrões de desempenho são: participação de mercado, volume de vendas, lucratividade do produto e satisfação do cliente.

Exemplo de plano de *marketing*: Chill Beverage Company

Resumo executivo

A Chill Beverage Company está se preparando para lançar uma linha de água enriquecida com vitaminas, chamada NutriWater. Embora o mercado de água engarrafada esteja maduro, a categoria de água funcional – e mais especificamente, a categoria de água enriquecida com vitaminas – ainda está em crescimento. A NutriWater será posicionada pelo slogan "Deseje mais" – o que indica que a marca oferece mais em termos de características e benefícios de um produto desejável, a um preço competitivo. A Chill Beverage está aproveitando a experiência e o brand equity que possui com sua atual base de clientes fiéis, composta por integrantes da geração dos *millennials* que consomem seu refrigerante Chill Soda. A NutriWater será voltada para indivíduos parecidos, que estão amadurecendo e buscando uma alternativa aos refrigerantes e às bebidas açucaradas e altamente calóricas.

O principal objetivo de *marketing* é conquistar 50 milhões de dólares em vendas nos Estados Unidos no primeiro ano, o que representa, aproximadamente, 2% do mercado de água enriquecida. Com base nessa meta de participação de mercado, a empresa espera vender mais de 26 milhões de unidades no primeiro ano, atingindo o ponto de equilíbrio nesse mesmo ano, no final do período.

Cenário atual do *marketing*

A Chill Beverage Company – fundada em 2010 – comercializa produtos novos e de nicho na indústria de bebidas. Em vez de desafiar diretamente os gigantes do setor já estabelecidos, como a Coca-Cola Company e a PepsiCo, a Chill Beverage Company concentrou-se nas margens da indústria. Sua marca de refrigerantes Chill Soda chegou ao mercado com seis sabores únicos em garrafas de vidro. A empresa agora comercializa dezenas de sabores Chill Soda, muitos deles exclusivos da marca. Nos últimos anos, a Chill introduziu com sucesso novas linhas, incluindo sucos naturais e chás gelados. A Chill Beverage tem crescido a cada ano desde que foi fundada. Em 2018, alcançou 230 milhões de dólares em receita e lucro líquido de 18,6 milhões. Como parte de sua estratégia de crescimento futuro, a Chill Beverage planeja introduzir novas linhas de bebidas para continuar a aproveitar as tendências emergentes do setor. Atualmente, prepara-se para lançar uma linha de águas enriquecidas com vitaminas.

Durante anos, os consumidores dos Estados Unidos beberam mais refrigerantes carbonatados do que qualquer outra bebida engarrafada. Mas as preocupações com a saúde e a obesidade tiraram o gás do mercado de refrigerantes – as vendas caíram nos últimos 15 anos consecutivos. Enquanto isso, o consumo de água engarrafada está em uma trajetória de crescimento que não mostra sinais de desaceleração. Na verdade, a água engarrafada ultrapassou os refrigerantes carbonatados como a bebida número um em volume há dois anos. As pessoas nos Estados Unidos agora consomem mais água engarrafada do que qualquer outra bebida, incluindo refrigerantes carbonatados, café, cerveja e leite.

Atualmente, a pessoa média nos Estados Unidos consome mais de 160 litros de água engarrafada todos os anos, e especialistas esperam que esse volume aumente para 190 litros no próximo ano. Em contraste, o consumo per capita de refrigerantes carbonatados caiu para 142 litros e continuará a diminuir. Apoiando a nova posição da água engarrafada como líder de mercado, um estudo recente descobriu que entre os consumidores norte-americanos, a água engarrafada é sua bebida preferida. Com um mercado de 18,5 bilhões de dólares, as receitas de água engarrafada nos Estados Unidos devem aumentar em mais de 40% durante os próximos quatro anos.

A concorrência é mais intensa agora do que nunca à medida que a indústria se consolida e surgem novos tipos de água engarrafada. O mercado dos Estados Unidos é dominado por três corporações globais. Com um portfólio global de mais de 50 marcas (incluindo Poland Spring, Nestlé Pure Life, Arrowhead, Deer Park e Ice Mountain), a Nestlé lidera o mercado com uma participação de 28% em todas as vendas de água (com gás, funcional, com sabor e assim por diante). A Coca-Cola é a número dois, com mais de 24%, e a PepsiCo segue em um distante terceiro lugar, com aproximadamente 13%. Marcas próprias representam 22% do mercado.

Embora a água engarrafada como um todo seja forte, o mercado para a subcategoria de águas funcionais tem ainda mais potencial, com um mercado de USD 13,8 bilhões em 2021 e a expectativa de crescer para USD 22,97 bilhões em 2028. No ambiente de mercado atual, as águas funcionais prosperaram com base na promessa de benefícios incrementais para consumidores preocupados com a saúde, com base na infusão de ingredientes como vitaminas, minerais (incluindo eletrólitos), ervas e outros aditivos. As águas funcionais, portanto, carregam os benefícios padrão de sabor e conveniência com um apelo maior ao estilo de vida e ao bem-estar. A maioria das águas funcionais são adoçadas e aromatizadas e se distinguem das bebidas esportivas que têm o objetivo principal de maximizar a hidratação por meio da reposição de eletrólitos.

Para entrar nesse mercado dominado por grandes corporações globais e repleto de dezenas de outros pequenos concorrentes, a Chill Beverage precisa, cuidadosamente, se voltar para segmentos específicos, com características e benefícios valorizados por esses segmentos.

Descrição do mercado

O mercado de água engarrafada consiste em muitos diferentes tipos de água. Entre as variedades de água "normal", estão a de fonte, a purificada, a mineral e a destilada. Além desses diferentes tipos de água sejam vendidos como produtos de consumo, eles também servem como ingrediente principal para os vários tipos de águas funcionais. A flexibilidade da água engarrafada como categoria parece não ter fim.

Embora alguns consumidores possam não perceber muita diferença entre as marcas, outros são atraídos por características e benefícios específicos de produtos fornecidos por diferentes marcas. Por exemplo, alguns consumidores podem perceber a água de fonte como mais saudável do que outros tipos de água. Alguns podem procurar água otimizada para hidratação. Outros buscam benefícios nutricionais adicionais trazidos por empresas que aprimoram suas marcas com vitaminas, minerais, ervas e outros aditivos. Já outros consumidores escolhem com base no sabor. Um estudo recente revelou que o atributo mais importante que impulsiona a escolha da água engarrafada são *ingredientes todos naturais* (57%), seguidos por *enriquecimento com vitaminas* (33%), *antioxidantes* (31%) e *sabores* (31%).

A indústria como um todo posicionou a água engarrafada de todos os tipos como uma alternativa saudável e de baixa caloria para refrigerantes, bebidas esportivas, bebidas energéticas, entre outros tipos de bebidas. Esse posicionamento está funcionando – 94% dos norte-americanos acreditam que a água engarrafada é mais saudável que o refrigerante. As marcas de água engarrafada também se diferenciam entre si pelo tamanho e tipo de recipiente, pela embalagem e pela refrigeração no ponto de vendas.

O mercado da Chill Beverage para a NutriWater consiste em consumidores de bebidas engarrafadas, com tamanho equivalente a uma dose única, que estão em busca de uma alternativa saudável, porém saborosa. "Saudável", nesse contexto, significa ingredientes naturais e conteúdo tanto de baixa caloria como enriquecido em termos nutricionais. Esse mercado inclui consumidores de refrigerantes tradicionais, que querem melhorar a saúde, e consumidores que não tomam refrigerantes e querem uma outra opção, além da água engarrafada "normal". Entre os segmentos específicos em que a Chill Beverage vai se concentrar ao longo do primeiro ano, estão: atletas, pessoas preocupadas com a saúde, consumidores socialmente responsáveis e *millennials* que favorecem empresas independentes. A Chill Soda estabeleceu uma sólida base de clientes fiéis, principalmente entre os *millennials*. Esse segmento geracional está se tornando um importante público-alvo, à medida que amadurece e busca alternativas aos refrigerantes, ricos em calorias. A ● **Tabela A1.1** mostra como a NutriWater aborda as necessidades dos segmentos-alvo de consumidores.

Análise do produto

A nova linha de água vitaminada da Chill Beverage, a NutriWater, traz as seguintes características:

- Seis novos sabores: Peach Mango, Berry Pomegranate, Kiwi Dragonfruit, Mandarin Orange, Blueberry Grape e Key Lime.
- Garrafas PET recicláveis, de uso único, com 600 mL.
- Foi desenvolvida levando-se em conta o bem-estar, bem como a reposição e a otimização de energia.
- Possui níveis recomendados de vitaminas e minerais essenciais (incluindo eletrólitos).
- Maior concentração de vitamina – os níveis de vitamina são de duas a dez vezes mais altos do que os dos produtos que lideram o mercado, com mais vitaminas e minerais do que qualquer outra marca.
- Vitaminais adicionais – incluem as vitaminas A, E e B2, assim como ácido fólico –, que os produtos líderes de mercado não contêm.
- Totalmente natural – não possui sabores, colorantes ou conservantes artificiais.
- É adocicada com açúcar orgânico ou estévia, um adoçante natural que não contém calorias.
- A cada compra, 0,25 dólares serão doados para a Vitamin Angels, uma organização sem fins lucrativos que tem como missão prevenir a deficiência de vitaminas em crianças que correm esse risco.

Análise da concorrência

Mais de uma década antes da Chill lançar seu primeiro produto, a água engarrafada entrou em uma fase de grande crescimento. Surgiram novos tipos de água pura, seguidos por novas subcategorias. Entre elas, estavam inclusas as águas aromatizadas – como a Flavorsplash da Aquafina – bem como as águas funcionais. As águas funcionais surgiram para preencher a lacuna entre refrigerantes e águas, atraindo pessoas que sabiam que deveriam beber mais água e menos refrigerantes, mas ainda queriam sabor. Inicialmente, o desenvolvimento de marcas para essa variação de produto ocorreu em *startups* e empresas de bebidas boutique como SoBe e Glacéau, criadora da Vitaminwater. Nos anos 2000, grandes corporações de bebidas adquiriram as marcas menores de maior sucesso, proporcionando às grandes empresas sólida posição de mercado nessa categoria e diversificação em águas engarrafadas em geral. Alavancada pela experiência de *marketing* e pelos orçamentos das grandes empresas de bebidas, a água funcional cresceu a uma taxa superior à da água pura.

● **TABELA A1.1** Necessidades do segmento e características/benefícios correspondentes da NutriWater

Segmento-alvo	Necessidade do cliente	Características/benefícios correspondentes
Atletas	• Hidratar e repor minerais essenciais • Energia para maximizar o desempenho	• Eletrólitos e carboidratos • Vitaminas B, carboidratos
Pessoas preocupadas com a saúde	• Manter peso ideal • Melhorar os níveis de nutrição • Evitar produtos químicos e aditivos prejudiciais • Desejo do consumidor por uma bebida mais saborosa do que água	• Metade das calorias das bebidas totalmente adocicadas • Níveis mais altos de vitaminas A, B, C, E, zinco, cromo e ácido fólico do que os outros produtos; as vitaminas não estão disponíveis nos outros produtos • Ingredientes todos naturais • Seis novos sabores
Pessoas preocupadas com problemas sociais	• Apoiar causas que ajudam a resolver problemas sociais no mundo	• A cada compra, 0,25 dólares são doados para a Vitamin Angels
Millennials	• Aversão à propaganda de massa/ Apreciadores da tecnologia • Atitude ligada à contracultura • Dieta intensificada por conta de um estilo de vida agitado	• Táticas promocionais menos invasivas, tanto *on-line* como em redes sociais • Empresa pequena, de capital fechado • Níveis recomendados de vitaminas e minerais essenciais

A certa altura, a Vitaminwater da Coca-Cola foi a quarta maior marca de água engarrafada, atrás da Nestlé Pure Life, da Dasani (da própria Coca-Cola) e da Aquafina (da Pepsi). Depois de ser alvo da imprensa pela baixa quantidade de vitaminas e pela alta quantidade de açúcar contida na maioria das marcas de águas com vitaminas, as vendas da Vitaminwater caíram temporariamente. Mas a Coca-Cola não perdeu terreno quando as vendas da Smartwater – a irmã sem sabor da Vitaminawater – preencheram o vazio, subindo para ocupar a posição de quarta maior marca. Especialistas do setor estimam que o crescimento das águas funcionais irá ultrapassar as águas não funcionais nos próximos anos.

A fragmentação desta categoria, combinada com a dominação dos líderes de mercado, criou um ambiente altamente competitivo. Embora haja concorrência indireta com todos os tipos de águas engarrafadas e até mesmo com outros tipos de bebidas (refrigerantes, energéticos, sucos, chás e aromatizantes de bebidas), essa análise competitiva se concentra apenas na concorrência direta com as principais marcas de águas funcionais, que são aquelas adoçadas e aromatizadas, apenas aromatizadas ou não adoçadas nem aromatizadas. As variedades adoçadas usam açúcares tradicionais misturados com adoçantes de zero calorias. Os tipos de adoçantes utilizados criam um ponto de diferenciação. O resultado é uma faixa de teor de açúcar, carboidratos e calorias tão alta quanto a metade dos refrigerantes comuns e outras bebidas açucaradas e tão baixa quanto zero.

O preço deste produto é consistente entre as marcas e varia de acordo com o tipo de loja de varejo, com lojas de conveniência geralmente cobrando mais do que supermercados. O preço de uma garrafa de 600 mL varia de 1 a 1,99 dólar, com algumas marcas de nicho custando um pouco mais. A Smartwater – uma água natural sem gás enriquecida com eletrólitos – é a marca líder de água funcional. A NutriWater da Chill Beverage se concentrará em competir com marcas de águas com sabor e aprimoradas, incluindo as seguintes:

- ***Vitaminwater:*** Foi criada em 2000 como um novo produto da Glacéau da Energy Brands, que também foi desenvolvedora da Smartwater (água destilada com eletrólitos). Em 2007, a Coca-Cola comprou a Energy Brands por 4,1 bilhões de dólares. A Vitaminwater é vendida nas versões regular, zero caloria e ativa. Com 22 variedades engarrafadas – 10 regulares, 9 zero calorias e 3 ativas – e também disponível em água de fonte, a Vitaminwater oferece mais opções do que qualquer outra marca no mercado. Embora as variedades da Vitaminwater sejam diferenciadas pelo sabor, elas são nomeadas para invocar percepções de benefícios, como Refresh, Power-C, Focus e Revive, e o slogan atual da marca é "Beba fora das linhas". A Vitaminwater é destilada a vapor, desionizada e/ou filtrada e é adoçada com frutose cristalina (xarope de milho) e açúcar de cana ou eritritol e estévia. A marca ultrapassa 700 milhões de dólares em vendas anuais e comanda aproximadamente um terço do mercado de água funcional.
- ***Propel:*** A Gatorade criou a Propel em 2000, apenas um ano antes de a PepsiCo comprar a empresa líder no mercado de bebidas esportivas. Ela comercializou o Propel como uma "Hidratação para o seu treino", e a PepsiCo recentemente vinculou sua marca de água *fitness* à sua marca de bebidas esportivas líder de mercado, com o slogan "A água como a Gatorade faz". A Propel estava originalmente disponível em variedades regulares e zero calorias. No entanto, agora está disponível apenas como uma bebida sem calorias, possuindo nove variedades com sabor, bem como na forma sem sabor. Cada variedade da Propel contém a mesma mistura de vitaminas B, C e E, antioxidantes e eletrólitos. As versões aromatizadas são adoçadas com sucralose. A Propel está disponível em uma ampla variedade de tamanhos, com garrafas PET de 500 e 700 mL e embalagens com várias unidades. A Propel também é comercializada na forma de pó para ser adicionado à água engarrafada. Com mais de 200 milhões de dólares em receitas e crescimento de dois dígitos nos últimos três anos, a Propel é a marca de água funcional número três, atrás da Smartwater e da Vitaminwater.
- ***SoBewater:*** a PepsiCo comprou a SoBe em 2000 e lançou a Lifewater em 2008 como uma resposta à Vitaminwater da Coca-Cola. Agora renomeada como SoBewater, a marca inclui várias variedades de zero calorias. Cada variedade é infundida com uma formulação de vitaminas, minerais e ervas projetadas para fornecer o benefício prometido. Adoçado com PureVia à base de estévia, a SoBewater não contém sabores ou cores artificiais. A SoBewater é vendida em garrafas PET de 600 mL e embalagens múltiplas. Com mais de 150 milhões de dólares em receitas anuais, a SoBewater é a quarta maior marca de água funcional, com 7% de participação.
- ***Marcas de nicho:*** O mercado de águas funcionais inclui empresas que comercializam seus produtos em pequena escala por meio de varejistas independentes, por exemplo: Assure, Zico, Ayala Herbal Water e Skinny Water. Algumas marcas apresentam aditivos exóticos e/ou garrafas de vidro artísticas.

Apesar da forte concorrência, a NutriWater acredita que pode criar uma imagem de marca relevante e conquistar reconhecimento entre os segmentos-alvo. A marca oferece pontos fortes de diferenciação, com uma quantidade maior e ímpar de vitaminas, ingredientes totalmente naturais e apoio a uma causa social importante. Com outros recursos estratégicos, a Chill Beverage está confiante de que conseguirá estabelecer uma vantagem competitiva, a qual permitirá à NutriWater crescer no mercado. A ● **Tabela A1.2** traz alguns produtos concorrentes.

Análise dos canais e da logística

Com três das principais marcas pertencentes à Coca-Cola e à PepsiCo, há um buraco enorme no sistema de distribuição independente. A NutriWater será distribuída para uma rede de varejistas nos Estados Unidos por meio de um distribuidor independente. Essa estratégia vai driblar parte da concorrência direta com as marcas da Coca-Cola e da PepsiCo por espaço de prateleira. Além disso, vai atingir diretamente os prováveis clientes da NutriWater. Como se deu no lançamento da marca Chill Soda, essa estratégia se concentrará em colocar geladeiras em pontos de varejo que comercializarão a NutriWater com exclusividade. Entre esses varejistas, estão:

- ***Redes de supermercados***: redes regionais, como a HyVee do Meio-Oeste, a Wegman's que atua no Leste e a WinCo que opera no Oeste.
- ***Lojas voltadas para a saúde e alimentos naturais:*** cadeias como a Whole Foods, além de redes locais que trabalham com alimentos naturais.
- ***Academias:*** redes que operam em todo os Estados Unidos, como a 24-Hour Fitness e a Gold's Gym, entre outras cadeias regionais.

À medida que a marca for conquistando aceitação, os canais de *marketing* se expandirão, alcançando redes de supermercados maiores, lojas de conveniência e locais exclusivos que sejam relevantes para o segmento-alvo de clientes.

Análise dos pontos fortes, pontos fracos, oportunidades e ameaças

A NutriWater possui diversos pontos fortes importantes sobre os quais se basear, sendo sua principal fraqueza a falta de conscientização do consumidor e a imagem de marca. Suas grandes oportunidades são: o mercado em crescimento e as tendências do consumidor, selecionado de acordo com as peculiaridades do produto da NutriWater. As ameaças incluem: barreiras de entrada no mercado, que se apresentam na forma de um espaço limitado no varejo, e questões relacionadas à imagem do setor de água engarrafada. A ● **Tabela A1.3** resume os principais pontos fortes, pontos fracos, oportunidades e ameaças da NutriWater.

Pontos fortes

A NutriWater pode contar com os seguintes pontos fortes, bastante importantes:

1. ***Qualidade superior:*** a NutriWater tem a seu favor o fato de, entre as águas enriquecidas, possuir os mais altos níveis de vitaminas adicionadas, atingindo a quantidade recomendada de muitas vitaminas. Ela é natural, não possuindo sabores, colorantes ou conservantes artificiais. Além disso, é adocicada com açúcar orgânico e estévia, um adoçante natural que não possui calorias.
2. ***Expertise na comercialização de bebidas alternativas***: em questão de apenas uma década, a Chill Soda saiu do nada e se tornou uma marca de refrigerantes bem-sucedida e de rápido crescimento, com clientes extremamente fiéis. Esse sucesso foi conquistado com um início modesto e foco nas lacunas do mercado.

● **TABELA A1.2** Alguns produtos concorrentes

Concorrente	Marca	Características
Coca-Cola	Vitaminwater	Versões regulares e zero calorias; 22 variedades; cada sabor fornece uma função diferente baseada na mistura de vitaminas e minerais; destilada a vapor, desionizada e/ou filtrada; adoçado com frutose cristalina e açúcar de cana; opções em pacote único ou múltiplo de 600mL onças, água de fonte e gotas aromatizantes.
PepsiCo	Propel	Apenas zero calorias; dez sabores; posicionamento *fitness* baseado em "Hidratação para seu treino"; vitaminas do complexo B, C e E, antioxidantes e eletrólitos; adoçado com sucralose; Garrafas PET de 500 e 700 mL e embalagens com várias unidades; sachês em pó; potenciador líquido.
PepsiCo	SoBewater	Zero calorias, vitaminas, minerais e ervas; Puro – com sabor suave, adoçado com estévia; dose única de 600 mL e embalagem com várias unidades.

TABELA A1.3 Pontos fortes, pontos fracos, oportunidades e ameaças da NutriWater

Pontos fortes	**Pontos fracos**
• Qualidade superior • Expertise na comercialização de bebidas alternativas • Responsabilidade social • Imagem anticorporação	• Falta de conscientização de marca • Orçamento limitado
Oportunidades	**Ameaças**
• Mercado em crescimento • Buraco na rede de distribuição • Tendências a uma vida saudável • Imagem anticorporação	• Espaço limitado nas prateleiras • Imagem da água enriquecida • Questões ambientais

3. ***Responsabilidade social***: todo cliente terá o benefício adicional de ajudar crianças subnutridas ao redor do mundo. Embora o preço praticado pela NutriWater esteja alinhado com o dos concorrentes, os baixos custos promocionais permitem uma doação substancial para a caridade – 0,25 dólares por garrafa –, ao mesmo tempo em que a lucratividade é mantida.
4. ***Imagem anticorporação***: as grandes marcas possuem produtos honestos e fortes relacionamentos na distribuição. Mas elas também carregam a imagem de grandes corporações. A Chill Beverage conquistou o sucesso com uma imagem alternativa e manteve o capital fechado. A Vitaminwater, a Propel e a SoBe foram construídas com base nessa mesma imagem, mas, hoje em dia, são de propriedade de grandes corporações multinacionais.

Pontos fracos

1. ***Falta de conscientização de marca***: por ser uma marca totalmente nova, a NutriWater entrará no mercado com pouca ou nenhuma conscientização de marca. O fato de ela fazer parte da Chill Soda será minimamente abordado, a fim de impedir associações entre a NutriWater e os refrigerantes. Essa questão será tratada por meio de estratégias de promoção e distribuição.
2. ***Orçamento limitado***: por ser uma empresa menor, a Chill Beverage tem muito menos recursos disponíveis para as atividades de promoção e pesquisa.

Oportunidades

1. ***Mercado em crescimento***: a água funcional como categoria está crescendo a uma taxa de cerca de 12% ao ano. Dentre as seis principais categorias de bebidas, os refrigerantes, a cerveja, o leite e as bebidas à base de frutas sofreram declínios, e o crescimento do café foi inferior a 1%.
2. ***Buraco na rede de distribuição***: as líderes de mercado distribuem diretamente aos varejistas. Isso lhes confere uma vantagem em grandes redes que operam em nível nacional. Contudo, atualmente, nenhuma das principais marcas de água enriquecida está sendo vendida por meio de distribuidores independentes.
3. ***Tendências a uma vida saudável***: o peso e a nutrição continuam sendo questões importantes para os consumidores dos Estados Unidos. O país tem a mais alta taxa de obesidade entre os países desenvolvidos – essa taxa é de 34% – e mais de 60% da população está oficialmente "acima do peso". Esses números continuam a subir. Além disso, 21% das calorias diárias ingeridas pelos norte-americanos são provenientes de bebidas – um número que triplicou nas últimas três décadas. Os consumidores ainda querem bebidas saborosas, mas buscam alternativas com menos calorias.
4. ***Imagem anticorporação***: os *millennials* (nascidos entre 1977 e 2000) possuem mais aversão a mensagens de *marketing* de massa e corporações globais do que os membros da geração X e os *baby boomers*.

Ameaças

1. ***Espaço limitado nas prateleiras:*** é verdade que, em geral, a concorrência é uma ameaça para qualquer tipo de produto, mas para as bebidas é particularmente alta por conta do espaço limitado nas prateleiras do varejo. Para comercializar uma nova bebida, os varejistas têm que reduzir o espaço na prateleira ou na geladeira ocupado por outras marcas.

2. ***Imagem da água enriquecida:*** a imagem da água enriquecida vem sendo questionada após a Coca-Cola ter enfrentado recentemente um processo em que foi acusada de violar as regulamentações da FDA (Food and Drugs Administration – Administração de Alimentos e Medicamentos) ao promover os benefícios saudáveis da Vitaminwater. O processo mostrava que a principal marca de água engarrafada do mercado era basicamente água com açúcar, com pouquíssimo valor nutricional. Cada uma das grandes marcas está fortalecendo suas linhas de zero calorias e não promovem mais os benefícios para a saúde nos rótulos. Embora isso seja potencialmente uma ameaça, também é uma oportunidade a ser explorada pela Chill.
3. ***Questões ambientais:*** os grupos de defesa do meio ambiente continuam a instruir o público sobre os custos ambientais da água engarrafada, incluindo aterros sanitários, emissões de carbono provenientes da produção e do transporte e efeitos nocivos dos produtos químicos usados nos plásticos.

Objetivos e questões essenciais

A Chill Beverage estabeleceu objetivos agressivos, mas alcançáveis, para a NutriWater no primeiro e segundo anos de entrada no mercado.

Objetivos no primeiro ano

Ao longo do primeiro ano de mercado, a Chill Beverage tem como objetivo para a NutriWater conquistar uma participação de 2% do mercado de água enriquecida ou cerca de 50 milhões de dólares em vendas, com o alcance do ponto de equilíbrio no período final do ano. Com um preço de varejo médio de 1,89 dólares, isso equivale a uma meta de vendas de 26.455.026 garrafas.

Objetivos no segundo ano

Ao longo do segundo ano, a Chill Beverage vai lançar novos sabores, incluindo variedades sem calorias. O objetivo do segundo ano é dobrar as vendas do primeiro, conquistando 100 milhões de dólares.

Questões essenciais

No lançamento dessa nova marca, o principal ponto é a capacidade de conquistar conscientização de marca e uma imagem de marca significativa, com base em um posicionamento que é relevante para os segmentos-alvo de clientes. A Chill Beverage investirá em meios não tradicionais de promoção para atingir essas metas e gerar interações boca a boca. A consolidação de um relacionamento com a distribuição e o varejo também será fundamental para que o produto se torne disponível e haja comunicações nos pontos de venda. A conscientização e o conhecimento de marca serão mensurados para ajuste dos esforços de *marketing*, se necessário.

Estratégia de *marketing*

A estratégia de *marketing* da NutriWater envolverá o desenvolvimento de um posicionamento "mais pelo mesmo", baseado em benefícios extras em relação ao preço. A marca também contará com diferenciação de canal, uma vez que estará disponível em locais em que as grandes marcas concorrentes não estão. Os *millenials* constituem o principal segmento-alvo. A NutriWater se concentrará, especificamente, no mercado de jovens adultos. Entre os subconjuntos desse segmento geracional, estão: atletas, pessoas preocupadas com a saúde e indivíduos socialmente responsáveis.

Posicionamento

A NutriWater será posicionada na proposta de valor "Deseje mais". Isso vai permitir a diferenciação da marca com base em características do produto (espere uma quantidade maior de vitaminas e ingredientes totalmente naturais), benefícios desejados (espere mais benefícios nutricionais) e valores (faça mais por uma causa social). O *marketing* se concentrará em transmitir a ideia de que a NutriWater é mais do que simplesmente uma bebida: ela oferece aos clientes muito mais pelo seu dinheiro, de diversas maneiras.

Estratégia do produto

A NutriWater será vendida com todas as características descritas na seção *Análise do produto*. À medida que a conscientização for ganhando corpo e a disponibilidade no varejo for aumentando, mais variedades serão disponibilizadas. Uma versão sem calorias será acrescentada à linha de produtos, encaixando-se bem aos benefícios ligados à saúde buscados pelos consumidores. A considerável experiência da Chill Beverage em construção de marca será aplicada como parte integral da estratégia de produto da NutriWater. Todos os aspectos do *mix* de *marketing* serão consistentes com a marca.

Determinação de preços

Há pouca variação de preço na categoria de água enriquecida, em especial entre as marcas líderes. Por esse motivo, a NutriWater seguirá uma estratégia de determinação de preços baseada na concorrência. Uma vez que a NutriWater afirma ter mais qualidade, ela deve tomar cuidado para não se posicionar como uma alternativa de custo mais baixo. Os fabricantes não possuem tabelas de preço público sugerido para esse tipo de bebida. Assim, os preços variam consideravelmente com base no tipo de ponto de venda de varejo e no fato de o produto ser ou não refrigerado. O preço regular de uma garrafa de 600 mL de produtos concorrentes varia de 1 dólar, em lojas de desconto, a 1,99, em lojas de conveniência. Uma vez que, em um primeiro momento, a NutriWater não focará varejistas de desconto e lojas de conveniência, a Chill Beverage poderá estabelecer preços que vão de medianos a mais altos para produtos parecidos nos mesmos pontos de venda. Para as redes de supermercados, isso deve representar cerca de 1,69 por garrafa, com o preço aumentando para 1,99 dólares em lojas de alimentos saudáveis e academias, onde os preços tendem a ser mais altos.

Estratégia de distribuição

A NutriWater vai utilizar uma estratégia de distribuição seletiva, trabalhando com supermercados regionais conhecidos, academias e lojas voltadas para a saúde e alimentos naturais. Essa estratégia de distribuição se dará por meio de uma rede de distribuidores de bebidas independentes – nenhuma das grandes marcas de água enriquecida está seguindo essa estratégia. A Chill Beverage conquistou o sucesso com sua linha de refrigerantes Chill Soda usando esse método. Ela também colocou geladeiras com o logo da marca em locais realmente diferentes, como lojas especializadas em skate, surfe e snowboard, recepção de estúdios de tatuagem e piercing, lojas voltadas para a moda e lojas de música – lugares que mostrariam a marca para os clientes-alvo. Desse modo, a marca de refrigerantes se expandiu, fechando contrato com varejistas como Panera, Barnes & Noble, Target e Starbucks. Essa mesma abordagem será utilizada com a NutriWater, que começará nas redes pequenas e, então, se expandirá para as maiores. A NutriWater não vai se concentrar em todas as lojas usadas originalmente pela Chill Soda, uma vez que muitos daqueles pontos de venda encaixavam-se exclusivamente ao posicionamento e ao cliente-alvo da marca Chill Soda de refrigerante.

Estratégia de comunicação de *marketing*

Assim como acontece com a marca Chill Soda, a estratégia de comunicação de *marketing* da NutriWater não será baseada na propaganda tradicional, de comunicação de massa. Inicialmente, não haverá anúncio de televisão, rádio ou impresso. Os recursos promocionais da NutriWater se concentrarão em três áreas:

- ***Marketing on-line e móvel:*** o típico cliente-alvo da NutriWater passa mais tempo *on-line* do que em contato com canais de mídia tradicionais. Um componente central dessa estratégia é a construção de *sites* de marca baseados na Web e em dispositivos móveis e o direcionamento de tráfego para esses *sites* por meio da criação de presença em redes sociais, incluindo Facebook, Twitter, Instagram e Snapchat. A marca NutriWater também vai trabalhar com serviços baseados em localização fornecidos pelo Foursquare e pelo Facebook, com o intuito de ajudar a direcionar o tráfego a pontos de varejo. Uma campanha de anúncios em dispositivos móveis vai oferecer apoio adicional a esforços *on-line*.
- ***Promoções dirigidas ao canal de distribuição:*** assim como se deu com a marca Chill Soda, o sucesso da NutriWater vai depender do relacionamento com os varejistas, para fazer com que o produto se torne disponível. Os incentivos básicos para os varejistas incluirão displays nos pontos de venda e geladeiras com a marca, além de incentivos e prêmios baseados no volume comprado. Essa estratégia *push* será combinada com outras estratégias *pull*.
- ***Marketing de evento:*** a NutriWater vai lançar mão de equipes que, em trailers envelopados com a marca, distribuirão amostras do produto em eventos como competição de esqui e snowboard, torneios de golfe e shows.

Pesquisa de *marketing*

Para se manter consistente com a abordagem promocional *on-line*, além de utilizar métodos de pesquisa que atingirão com eficácia os clientes-alvo, a Chill Beverage monitorará discussões *on-line*. Dessa maneira, a empresa medirá as percepções do cliente em relação à marca e aos produtos, bem como a satisfação geral. Para futuras mudanças no produto e novos pontos de distribuição, serão utilizados métodos de crowdsourcing.

Programas de ação

A NutriWater será lançada em fevereiro. A seguir, é possível ver um resumo dos programas de ação que serão usados durante os seis primeiros meses do ano, com o intuito de se atingir os objetivos estabelecidos.

Janeiro: os representantes da Chill Beverage vão trabalhar com distribuidores e varejistas independentes para informá-los sobre a campanha promocional dirigida ao canal de distribuição, os incentivos e as vantagens de se vender NutriWater. Os representantes também vão assegurar que os distribuidores e varejistas sejam instruídos acerca das características e dos benefícios do produto, bem como recebam instruções sobre como expor os materiais e as geladeiras nos pontos de venda. O *site* da marca e outros *sites*, como o Facebook, trarão informações não só sobre o produto, mas também as datas e os locais em que ele estará disponível. O burburinho ganhará força com o fornecimento de amostras da NutriWater para críticos de produto, formadores de opinião, blogueiros influentes e celebridades selecionadas.

Fevereiro: no dia do lançamento, as geladeiras do produto e os displays serão colocados nos pontos de varejo. A campanha no *site* da marca completo e em redes sociais será lançada com força total no Facebook, no Twitter, no Instagram e no Snapchat. Essa campanha impulsionará o slogan "Deseje mais", assim como mostrará como a NutriWater entrega mais do que se espera em termos de características do produto, benefícios desejados e valores, com a doação para a Vitamin Angels e a causa social voltada para o combate de deficiência de vitaminas nas crianças.

Março: a fim de intensificar a campanha de *marketing on-line* e social, serviços baseados na localização como o Foursquare e os serviços de localização do Facebook serão usados para direcionar o tráfego aos varejistas. Os displays e cartazes nos pontos de venda serão atualizados para apoiar esses esforços e continuar apoiando os varejistas. A mensagem dessa campanha se concentrará em todos os aspectos do "Deseje mais".

Abril: uma campanha de anúncios via mídia móvel oferecerá suporte adicional, direcionando não só o tráfego para o *site* da marca e redes sociais, mas também orientando o tráfego convencional para os varejistas.

Maio: um concurso de vendas oferecerá incentivos adicionais e prêmios para os distribuidores e varejistas que venderem a maior quantidade de NutriWater em um período de quatro semanas.

Junho: uma campanha de *marketing* de evento vai levar uma equipe de representantes da NutriWater, em trailers do produto, para shows e eventos esportivos. Isso gerará visibilidade extra para a marca, além de oferecer aos clientes atuais e potenciais a oportunidade de pegar amostras do produto.

Orçamentos

A Chill Beverage estabeleceu para o primeiro ano uma meta de vendas no varejo de 50 milhões de dólares, com um preço de venda médio projetado de 1,89 dólares por unidade, para um total de 26.455.026 unidades vendidas. O preço médio no atacado, que fica em 95 centavos de dólar por unidade, gera receitas de 25,1 milhões. A Chill Beverage espera atingir o ponto de equilíbrio no último trimestre do primeiro ano. Uma análise desse ponto considera o seguinte: uma receita no atacado de 95 centavos de dólar por unidade, um custo variável por unidade de 22 centavos e custos fixos estimados para o primeiro ano de 12.500.000 dólares. Com base nessas considerações, o cálculo do ponto de equilíbrio é:

$$\frac{\$12.500.000}{\$0{,}95/\text{unidade} - \$0{,}22/\text{unidade}} = 17.123.287$$

Controles

A Chill Beverage planeja utilizar medidas rígidas de controle para acompanhar de perto a qualidade do produto, a conscientização da marca, a imagem da marca e a satisfação do cliente. Isso permitirá à empresa reagir rapidamente para corrigir quaisquer problemas que possam vir a ocorrer. Outros sinais de alerta precoces que serão monitorados para sinalização de desvios do plano são as vendas mensais (por segmento e canal) e as despesas mensais. Por conta da volatilidade do mercado, também estão prontos planos de contingência para tratar de rápidas mudanças ambientais, como alterações nas preferências do consumidor, novos produtos e novos concorrentes.[i]

APÊNDICE 2 *Marketing* pelos números

Gestores de *marketing* estão, cada vez mais, tendo que responder pelas implicações financeiras de suas ações. Este apêndice traz uma introdução à análise do desempenho financeiro do *marketing* – análise esta que orienta os profissionais de *marketing* na tomada de decisões sólidas e na avaliação dos resultados dessas decisões.

O apêndice foi desenvolvido com base em uma hipotética fabricante de produtos de automação residencial: a Wise Domotics (*domótica* se refere à tecnologia da informação aplicada em domicílio). A empresa está lançando um dispositivo que permite aos usuários controlar todos os dispositivos inteligentes em suas casas conectados à Internet. Os usuários poderão controlar iluminação, temperatura, multimídia, sistemas de segurança, eletrodomésticos, janelas e portas, telefones e quaisquer outros dispositivos inteligentes de sua residência que estejam conectados à Internet. Neste apêndice, analisaremos as várias decisões que os gerentes de *marketing* da Wise Domotics devem tomar antes e depois do lançamento do novo produto.

Este apêndice está organizado em *três seções*. A *primeira seção* trata de considerações acerca da determinação de preços, bem como das análises do ponto de equilíbrio e da margem, as quais orientarão o lançamento do novo produto da empresa. Já a *segunda seção* trata das estimativas de demanda, do orçamento de *marketing* e dos indicativos do desempenho do *marketing*. Ela tem início com uma discussão da estimativa do potencial de mercado e das vendas da empresa. Depois, apresenta o orçamento de *marketing*, ilustrado por uma demonstração *pro forma* de lucros e perdas seguida pela demonstração atual. Em seguida, a seção discute os indicativos do desempenho do *marketing*, com vistas a ajudar os gestores de *marketing* a defender melhor suas decisões do ponto de vista financeiro. Por fim, a *terceira seção* analisa as implicações financeiras das diversas táticas de *marketing*.

Ao final de cada seção, exercícios quantitativos oferecem a oportunidade de aplicar os conceitos aprendidos em situações diferentes das vividas pela Wise Domotics.

Determinação de preços, ponto de equilíbrio e margem de análise

Considerações acerca da determinação de preços

A determinação dos preços é uma das decisões mais importantes do *mix* de *marketing*. Seus fatores limitantes são a demanda e os custos. Os aspectos ligados à demanda, como o valor percebido pelo comprador, definem o teto para os preços, ao passo que os custos da empresa definem o piso para eles. Entre esses dois fatores, os profissionais de *marketing* devem levar em consideração os preços praticados pelos concorrentes e outros elementos, como as exigências dos revendedores, as regulamentações governamentais e os objetivos da empresa.

Atualmente, os produtos concorrentes voltados para automação residencial são vendidos a preços de varejo que vão de 100 a 500 dólares. Para começar, vamos levar em consideração a decisão de determinação de preços da Wise Domotics do ponto de vista dos custos. Depois, vamos trabalhar com a percepção de valor do consumidor, o ambiente competitivo e as exigências dos revendedores.

Determinação dos custos

Custos fixos
Custos que não variam com o nível de produção ou vendas.

Custos variáveis
Custos que variam diretamente com o nível de produção.

Custos totais
A soma dos custos fixos e variáveis em qualquer nível de produção.

No Capítulo 10, vimos que há diferentes tipos de custos. Os **custos fixos** não variam com o nível de produção ou vendas e incluem: aluguel, juros, depreciação e salários do pessoal operacional e da administração. Independentemente do nível de produção, a empresa precisa pagar esses custos. Apesar de os custos fixos totais permanecerem constantes à medida que a produção aumenta, o custo unitário fixo (ou custo fixo médio) cai, uma vez que os custos fixos totais são diluídos entre as unidades produzidas. Os **custos variáveis** se alteram diretamente com o nível de produção e incluem custos relacionados à produção direta do bem (como custos das mercadorias vendidas), além de muitos dos custos de *marketing* associados com sua venda. Embora esses custos tendam a ser uniformes para cada unidade produzida, eles são chamados de variáveis porque seu total varia com o número de unidades produzidas. Já os **custos totais** são a soma dos custos fixos e variáveis para qualquer nível de produção.

A Wise Domotics investiu 10 milhões de dólares para reformar uma instalação já existente, a fim de fabricar ali seu novo produto de automação residencial. Quando a produção começar, a empresa estima que incorrerá em custos fixos de 20 milhões de dólares anuais. Estima-se também que o custo variável para a produção de cada dispositivo será de 125 dólares, e espera-se que esse nível seja mantido para a capacidade de produção da instalação.

Determinação do preço com base nos custos

Determinação de preço por custo mais margem (ou determinação de preço de *markup*)
Acréscimo de um *markup*-padrão ao custo do produto.

A Wise Domotics começa sua análise de determinação de preços com a abordagem baseada em custos discutida no Capítulo 10. Lembre-se que o método mais simples, a **determinação de preço por custo mais margem (ou determinação de preço de *markup*)**, simplesmente acrescenta um *markup*-padrão ao custo do produto. Para utilizar esse método, contudo, a Wise Domotics deve especificar a previsão de unidades vendidas, de modo que os custos unitários totais possam ser definidos. Os custos unitários variáveis permanecerão constantes independentemente da produção, mas os *custos unitários fixos médios* cairão à medida que a produção aumentar.

Para ilustrarmos esse método, vamos supor que a Wise Domotics tenha custos fixos de 20 milhões de dólares, custos variáveis de 125 dólares por unidade e uma estimativa de vendas de 1 milhão de dispositivos. Assim, o custo por unidade é dado por:

$$\text{Custo unitário} = \text{custo variável} + \frac{\text{custos fixos}}{\text{unidades vendidas}} = \$125 + \frac{\$20.000.000}{1.000.000} = \$145$$

Custos relevantes
Custos que se darão no futuro e que variarão de acordo com as alternativas que estão sendo analisadas.

Observe que *não* incluímos o investimento inicial de 10 milhões de dólares nos custos fixos totais. Ele não é considerado um custo fixo por não ser um custo *relevante*. **Custos relevantes** são aqueles que se darão no futuro e que variarão de acordo com as alternativas que estão sendo analisadas. O investimento da Wise Domotics para reformar a instalação de produção foi um custo isolado, que não voltará a ocorrer no futuro. Custos passados como esse são *custos irreversíveis* e não devem ser considerados em análises futuras.

Preço de ponto de equilíbrio
Preço em que a receita total é igual ao custo total e o lucro é zero.

Observe também que, se a Wise Domotics vender seu produto por 145 dólares, o preço será igual ao custo unitário total. Esse é o **preço de ponto de equilíbrio** – o preço em que a receita unitária (preço) é igual ao custo unitário e o lucro é zero.

Vamos supor que a Wise Domotics não vise somente ao ponto de equilíbrio, mas, em vez disso, queira um *markup* de 25% sobre as vendas. Nesse caso, o preço de *markup* da HD é:[i]

$$\text{Preço de } markup = \frac{\text{custo unitário}}{(1 - \text{retorno desejado sobre as vendas})} = \frac{\$145}{1 - 0{,}25} = \$193{,}33$$

Esse é o preço pelo qual a Wise Domotics venderia o produto a revendedores como atacadistas ou varejistas para obter um lucro de 25% sobre as vendas.

Determinação de preço por retorno do investimento (ou determinação de preço por retorno pretendido)
Um método de precificação que determina o preço com base em uma taxa específica de retorno do investimento.

Outra abordagem que a Wise Domotics poderia utilizar é chamada de **determinação de preço por retorno do investimento (ROI)**, também conhecida por **determinação de preço por retorno pretendido**. Nesse caso, a empresa *levaria* em consideração o investimento inicial de 10 milhões de dólares, mas somente para determinar a meta de lucro em dinheiro. Vamos supor que a empresa queira um retorno de 30% do seu investimento. O preço necessário para satisfazer essa exigência pode ser calculado da seguinte maneira:

$$\text{Preço ROI} = \text{custo unitário} + \frac{\text{ROI} \times \text{investimento}}{\text{unidades vendidas}} = \$145 + \frac{0{,}3 \times +10.000.000}{1.000.000} = \$148$$

Assim, se a Wise Domotics vender seu produto por 148 dólares, ela terá um retorno de 30% do seu investimento inicial de 10 milhões de dólares.

Nesses cálculos de determinação de preços, o custo unitário é uma função das vendas esperadas, que são estimadas em 1 milhão de unidades. Mas o que acontece se as vendas forem mais baixas? Nesse caso, o custo unitário será mais alto, porque os custos fixos serão divididos por menos unidades, e o *markup* percentual sobre as vendas ou o retorno sobre o investimento será mais baixo. Por outro lado, se as vendas forem maiores que a estimativa de 1 milhão de unidades, o custo unitário será inferior a $145, de modo que um preço mais baixo levaria ao *markup* desejado sobre as vendas ou o retorno almejado sobre o investimento. É importante observar que esses métodos de determinação de preços baseados em custo têm foco *interno* e não levam em conta a demanda, os preços dos concorrentes ou as exigências dos revendedores. Como a Wise Domotics venderá o produto para os consumidores por meio de atacadistas e varejistas que oferecem marcas dos concorrentes, a empresa deve considerar a determinação de preço de *markup* tendo isso em vista.

Determinação do preço com base em fatores externos

Os custos determinam o piso do preço, mas a Wise Domotics também deve levar em consideração fatores externos na hora de defini-lo. A Wise Domotics não tem a última palavra em relação ao preço final cobrado dos consumidores – quem a tem são os varejistas. Assim, a empresa deve começar com o preço de varejo sugerido e fazer o caminho inverso. Com isso, ela deve analisar os *markups* exigidos pelos revendedores que vendem o produto aos consumidores.

Markup
A diferença entre o preço de vendas que a empresa pratica para um produto e os custos em que ela incorre para produzi-lo ou comprá-lo.

Em geral, o ***markup*** é a diferença entre o preço de vendas que a empresa pratica para um produto e os custos de produzi-lo ou comprá-lo. Portanto, para um varejista, o *markup* é a diferença entre o preço que ele cobra dos consumidores e o custo que deve pagar pelo produto. Assim, para cada nível de revenda:

$$\textit{Markup} = \text{preço de venda} - \text{custo}$$

Os *markups* costumam ser expressos como uma porcentagem, e há duas maneiras diferentes de calculá-los – com base no *custo* ou no *preço de venda*:

$$\text{Porcentagem de } \textit{markup} \text{ com base no custo} = \frac{\textit{markup}}{\text{custo}}$$

$$\text{Porcentagem de } \textit{markup} \text{ com base no preço de venda} = \frac{\textit{markup}}{\text{preço de venda}}$$

Para aplicar a análise da margem do revendedor, a Wise Domotics deve, em primeiro lugar, definir o preço de varejo sugerido e depois fazer o caminho inverso, até chegar ao preço pelo qual deve vender o produto a um atacadista. Vamos supor que os varejistas esperem uma margem de 30% e que os atacadistas queiram uma margem de 20%, com base em seus respectivos preços de venda. Vamos supor também que a Wise Domotics fixe o preço de varejo sugerido pelo fabricante para seu produto em 299,99 dólares.

A Wise Domotics optou pelo preço de 299,99 dólares por ele ser menor do que o dos concorrentes, mas não tão baixo a ponto de os consumidores acharem que o produto é de qualidade inferior. Além disso, uma pesquisa conduzida pela empresa indicou que esse preço está abaixo do limite no qual mais consumidores ainda estão dispostos a comprar o produto. Ao utilizar as percepções de valor dos compradores para determinar o preço de varejo sugerido, em vez de os custos de vendedor, a Wise Domotics está usando a **determinação de preço baseada no valor**. Para simplificar, vamos utilizar um preço de varejo sugerido de 300 dólares nas análises a seguir.

Determinação de preço baseada no valor
Oferecer a combinação certa de qualidade e bons serviços a um preço justo.

Cadeia de *markup*
Sequência de *markups* utilizada pelas empresas em cada nível de um canal.

Para determinar o preço que a Wise Domotics cobrará dos atacadistas, é preciso primeiro subtrair a margem do varejista do preço de varejo para determinar o custo do varejista ($300 – [$300 × 0,30] = $210). O custo do varejista é o preço do atacadista, de modo que a Wise Domotics em seguida subtrai a margem do atacadista ($210 – [$210 × 0,20] = $168). Assim, para o novo produto da Wise Domotics, a **cadeia de *markup***, que representa a sequência de *markups* utilizada pelas empresas em cada nível de um canal, é:

Preço de varejo sugerido:	$300
menos margem do varejo (30%):	– $90
Custo do varejista/preço do atacadista:	$210
menos margem do atacadista (20%):	– $42
Custo do atacadista/preço da Wise Domotics:	$168

Ao subtrair os *markups* em cada nível da cadeia de *markup*, a Wise Domotics chega ao preço de $168 para a venda de seu produto aos atacadistas.

Análise do ponto de equilíbrio e da margem

A análise anterior gerou um preço baseado no valor de 168 dólares para o produto da Wise Domotics. Embora esse preço seja superior ao do ponto de equilíbrio (que é de 145 dólares) e cubra os custos, ele pressupõe uma demanda de 1 milhão de unidades. Mas quantas unidades a Wise Domotics deve vender e que nível de vendas em dinheiro ela deve atingir para chegar ao ponto de equilíbrio a um preço de 168 dólares? E qual nível de vendas deve ser obtido para se atingir as várias metas de lucro? Essas questões podem ser respondidas por meio da análise do ponto de equilíbrio e da margem.

Determinação do volume de unidades e as vendas em dinheiro no ponto de equilíbrio

Análise do ponto de equilíbrio
Análise para identificar o volume de unidades e as vendas em dinheiro necessárias para ter lucro com um determinado preço e estrutura de custos.

Contribuição unitária
A quantia com que cada unidade contribui para cobrir os custos fixos – trata-se da diferença entre o preço e os custos variáveis.

Margem de contribuição
A contribuição unitária dividida pelo preço de venda.

Com base no que sabe sobre os custos, o valor do consumidor, o ambiente competitivo e as exigências do revendedor, a Wise Domotics decidiu estabelecer o preço de 168 dólares para os atacadistas. Com esse preço, que nível de vendas será necessário para a Wise Domotics atingir o ponto de equilíbrio ou gerar lucro com o novo produto? A **análise do ponto de equilíbrio** identifica o volume de unidades e as vendas em dinheiro necessárias para ter lucro com um determinado preço e estrutura de custos. No ponto de equilíbrio, a receita total é igual aos custos totais, e o lucro é zero. Acima desse ponto, a empresa lucrará; abaixo dele, perderá dinheiro. A Wise Domotics pode calcular o volume no ponto de equilíbrio utilizando a seguinte fórmula:

$$\text{Volume no ponto de equilíbrio} = \frac{\text{custos fixos}}{\text{preço} - \text{custo unitário variável}}$$

O denominador (preço – custo unitário variável) é chamado de **contribuição unitária** (às vezes chamada de *margem de contribuição*). Ele representa a quantia com que cada unidade contribui para cobrir os custos fixos. O volume no ponto de equilíbrio representa o nível de produção no qual todos os custos (variáveis e fixos) são cobertos. No caso da Wise Domotics, o volume de unidades no ponto de equilíbrio é:

$$\text{Volume no ponto de equilíbrio} = \frac{\text{custo fixo}}{\text{preço} - \text{custo variável}} = \frac{\$20.000.000}{\$168 - \$125} = 465.116{,}2 \text{ unidades}$$

Assim, com um determinado custo e estrutura de determinação de preços, a Wise Domotics atingirá o ponto de equilíbrio com 465.117 unidades.

Para determinar as vendas em dinheiro no ponto de equilíbrio (PE), basta multiplicar o volume de unidades no ponto de equilíbrio pelo preço de venda:

$$\text{PE vendas} = \text{PE}_{\text{vol}} \times \text{preço} = 465.117 \times \$168 = \$78.139.656$$

Outra maneira de calcular as vendas em dinheiro no ponto de equilíbrio é por meio da utilização da margem de contribuição percentual (que chamaremos de **margem de contribuição**). Essa margem representa a contribuição unitária dividida pelo preço de venda:

$$\text{Margem de contribuição} = \frac{\text{preço} - \text{custo variável}}{\text{preço}} = \frac{\$168 - \$125}{\$168} = 0{,}256 \text{ ou } 25{,}6\%$$

Assim,

$$\text{Vendas no ponto de equilíbrio} = \frac{\text{custos fixos}}{\text{margem de contribuição}} = \frac{\$20.000.000}{0{,}256} = \$78.125.000$$

Observe que a diferença entre os dois cálculos de vendas no ponto de equilíbrio deve-se ao arredondamento.

Essa análise do ponto de equilíbrio é útil para a Wise Domotics por determinar o volume de unidades necessário para cobrir os custos. Se a capacidade de produção não puder atingir esse nível, a empresa não deve lançar o produto. Mas o volume de unidades no ponto de equilíbrio está dentro da capacidade de produção da Wise Domotics. Naturalmente, a principal preocupação é se a empresa conseguirá vender esse volume ao preço de 168 dólares. Vamos tratar dessa questão um pouco mais adiante.

Também é útil entender a margem de contribuição em outros tipos de análise, especialmente se os preços unitários e os custos unitários variáveis forem desconhecidos ou se uma empresa (digamos, um varejista) vender muitos produtos a preços diferentes e conhecer a porcentagem das vendas totais que os custos variáveis representam. Enquanto a contribuição unitária é a diferença entre o preço unitário e os custos unitários variáveis, a contribuição total é a diferença entre as vendas totais e os custos variáveis totais. A margem de contribuição geral pode ser calculada do seguinte modo:

$$\text{Margem de contribuição} = \frac{\text{vendas totais} - \text{custos variáveis totais}}{\text{vendas totais}}$$

Independentemente do nível real de vendas, se souber a porcentagem das vendas que representa os custos variáveis, a empresa poderá calcular a margem de contribuição. Por exemplo, o custo unitário variável da Wise Domotics é de 125 dólares – ou 74% do preço de venda ($125 ÷ $168 = 0,74). Isso significa que, para cada 1 dólar de receita de vendas para a Wise Domotics, 0,74 dólar representa custos variáveis, e a diferença (0,26 dólar) representa a contribuição para os custos fixos. Mas, mesmo que a empresa não saiba seu preço unitário e seu custo unitário variável, ela pode calcular a margem de contribuição a partir das vendas totais e dos custos variáveis totais ou, então, a partir do conhecimento da estrutura de custo total. Ela pode estabelecer vendas totais iguais a 100%, independentemente da quantia absoluta real, e determinar a margem de contribuição:

$$\text{Margem de contribuição} = \frac{100\% - 74\%}{100\%} = \frac{1 - 0{,}74}{1} = 1 - 0{,}74 = 0{,}26 \text{ ou } 26\%$$

Observe que esse resultado corresponde à porcentagem calculada a partir do preço unitário e das informações de custo unitário variável. Esse cálculo alternativo será muito útil adiante, quando analisarmos as várias decisões de *marketing*.

Determinação do ponto de equilíbrio para as metas de lucro

Apesar de ser útil conhecer o ponto de equilíbrio, a maioria das empresas está mais interessada em lucrar. Vamos supor que a Wise Domotics quisesse obter 5 milhões de dólares em lucros no primeiro ano. Quantas unidades de seu produto ela teria que vender pelo preço de 168 dólares para cobrir os custos fixos e atingir esse lucro? Para calcular isso, a Wise Domotics pode simplesmente acrescentar esse lucro aos custos fixos e, mais uma vez, dividir o resultado pela contribuição unitária, a fim de determinar o número de unidades que precisam ser vendidas:

$$\text{Volume de vendas unitárias} = \frac{\text{custo fixo} + \text{meta de lucro}}{\text{preço} - \text{custo variável}} = \frac{\$20.000.000 + \$5.000.000}{\$168 - \$125} = 581.395{,}3 \text{ unidades}$$

Assim, para obter um lucro de 5 milhões de dólares, a Wise Domotics deve vender 581.396 unidades. Multiplique isso pelo preço para determinar as vendas em dinheiro necessárias para atingir um lucro de 5 milhões dólares:

$$\text{Vendas em dinheiro} = 581.396 \text{ unidades} \times \$168 = \$97.674.528$$

Ou utilize a margem de contribuição:

$$\text{Vendas} = \frac{\text{custo fixo} + \text{meta de lucro}}{\text{margem de contribuição}} = \frac{\$20.000.000 + \$5.000.000}{0{,}256} = \$97.656.250$$

Mais uma vez, observe que a diferença entre os dois cálculos para as vendas no ponto de equilíbrio se deve ao arredondamento.

Como vimos antes, uma meta de lucro também pode ser expressa como uma meta de retorno do investimento. Por exemplo, lembre-se de que a Wise Domotics quer um retorno de 30% do seu investimento de 10 milhões de dólares. Assim, sua meta absoluta de lucro é de 3 milhões ($10.000.000 x 0,30). Essa meta de lucro é tratada da mesma maneira que no exemplo anterior:[ii]

$$\text{Volume de vendas unitárias} = \frac{\text{custo fixo} + \text{meta de lucro}}{\text{preço} - \text{custo variável}} = \frac{\$20.000.000 + \$3.000.000}{\$168 - \$125} = 534.884 \text{ unidades}$$

$$\text{Vendas em dinheiro} = 534.884 \text{ unidades} \times \$168 = \$89.860.512$$

Ou

$$\text{Vendas em dinheiro} = \frac{\text{custo fixo} + \text{meta de lucro}}{\text{margem de contribuição}} = \frac{\$20.000.000 + \$3.000.000}{0{,}256} = \$89.843.750$$

Por fim, a Wise Domotics pode expressar sua meta de lucro como uma porcentagem das vendas, como também vimos na análise de determinação de preços. Vamos supor que a Wise Domotics almeje 25% de retorno sobre as vendas. Para determinar o volume de vendas unitárias e as vendas em dinheiro necessárias para atingir essa meta, o cálculo é um pouco diferente do visto nos dois exemplos anteriores. Aqui, incorporamos a meta de lucro na contribuição unitária como um custo variável adicional. Pense da seguinte maneira: se 25% de cada venda deve ir para o lucro, isso deixa apenas 75% do preço de venda para cobrir os custos fixos. Assim, a equação é:

$$\text{Volume de vendas unitárias} = \frac{\text{custo fixo}}{\text{preço} - \text{custo variável} - (0{,}25 \times \text{preço})} \text{ ou } \frac{\text{custo fixo}}{(0{,}75 \times \text{preço}) - \text{custo variável}}$$

Assim,

$$\text{Volume de vendas unitárias} = \frac{\$20.000.000}{(0{,}75 \times \$168) - \$125} = 20.000.000 \text{ unidades}$$

$$\text{Vendas em dinheiro necessárias} = 20.000.000 \text{ unidades} \times \$168 = \$3.360.000.000$$

Dessa forma, a Wise Domotics precisaria de mais de 3 bilhões de dólares em vendas para gerar um retorno sobre as vendas de 25%, considerando seu preço e sua estrutura de custos atuais! Seria possível atingir esse nível de vendas? A principal questão é: embora a análise do ponto de equilíbrio possa ser útil para determinar o nível de vendas necessário para cobrir os custos ou atingir uma determinada meta de lucros, ela não diz à empresa se é *possível* atingir esse nível de vendas ao preço especificado. Para responder a essa questão, a Wise Domotics precisa estimar a demanda pelo produto.

Antes de prosseguirmos, entretanto, vamos fazer uma pausa para praticar os conceitos apresentados até aqui. Agora que você já viu os conceitos de determinação de preços e ponto de equilíbrio na prática, aplicados ao novo produto da Wise Domotics, seguem-se vários exercícios para que você aplique em outros contextos aquilo que aprendeu.

Marketing pelos números: primeiro grupo de exercícios

Agora que você viu, além da determinação de preços, a análise de ponto de equilíbrio e de margem aplicadas ao lançamento do novo produto da Wise Domotics, utilize os exercícios a seguir para aplicar esses conceitos em outros contextos.

1.1 A Lawn King, fabricante de cortadores de grama, tem um custo de 450 dólares para cada unidade produzida. Seus custos fixos totais equivalem a 6 milhões de dólares. Se a empresa fabrica 1 milhão de unidades, calcule o seguinte:

a. O custo unitário.
b. O preço de *markup* se a empresa deseja um retorno de 30% sobre as vendas.
c. O preço do ROI se a empresa desejar um retorno de 60% sobre um investimento de 2 milhões de dólares.

1.2 Um varejista de artigos esportivos compra itens para vender em sua loja. Ele compra um caiaque por 250 dólares e o vende por 625. Determine o seguinte:

a. O *markup* em dinheiro.
b. A porcentagem de *markup* sobre o custo.
c. A porcentagem de *markup* sobre o preço de venda.

1.3 Um consumidor compra uma bicicleta de um varejista por 150 dólares. O *markup* do varejista é de 40% e o *markup* do atacadista é de 15%, ambos baseados no preço de venda. Por qual preço o fabricante vende o produto ao atacadista?

1.4 Um fabricante de móveis tem um custo unitário de 100 dólares em uma mesa de canto e deseja obter uma margem de 60% com base no preço de venda. Se o fabricante vende diretamente a um varejista que adiciona uma margem definida de 50% com base no preço de venda, determine o preço de varejo cobrado dos consumidores.

1.5 A Home Solutions fabrica campainhas conectadas à Internet e as vende para intermediários no canal de distribuição por 55 dólares. Cada campainha custa à Home Solutions 15 dólares para ser fabricada, além de 550 mil dólares em custos fixos. Calcule o seguinte:

a. A contribuição por unidade e percentual de margem de contribuição.
b. O volume no ponto de equilíbrio em unidades e em dinheiro.
c. O volume necessário de vendas em unidades e dinheiro se a meta de lucro da Home Solution for de 3 milhões de dólares.
d. O volume necessário de vendas em unidades e dinheiro se a meta de lucro da Home Solution for 10% de lucro nas vendas.

Estimativas de demanda, orçamento de *marketing* e indicadores de desempenho do *marketing*

Demanda total do mercado
O volume total que seria comprado por um determinado grupo de consumidores em uma área geográfica, um período e um ambiente de *marketing* específicos, com um nível e *mix* de esforço de *marketing* definidos.

Potencial de mercado e estimativas de vendas

A Wise Domotics já calculou as vendas necessárias para atingir o ponto de equilíbrio e as várias metas de lucro para seu novo produto. Entretanto, a empresa precisa de mais informações referentes à demanda para avaliar a viabilidade de atingir os níveis necessários de vendas. Essas informações também são necessárias para as decisões de produção, entre outras. Por exemplo, a programação da produção precisa ser definida, e as táticas de *marketing* têm de ser planejadas.

A **demanda total do mercado** para um produto ou serviço é o volume total que seria comprado por determinado grupo de consumidores em uma área geográfica, um período e um

Potencial de mercado
O limite superior da demanda do mercado.

ambiente de *marketing* específicos, com um nível e *mix* de esforço de *marketing* definido. A demanda total do mercado não é um número fixo, mas uma função das condições relevantes. Por exemplo, a demanda total do mercado no próximo ano para esse tipo de produto vai depender do quanto outros fabricantes gastarão no *marketing* de suas marcas. Ela também dependerá de vários fatores ambientais, como regulamentações do governo, condições econômicas e nível de confiança do consumidor em determinado mercado. O limite superior da demanda do mercado é chamado de **potencial de mercado**.

Um método geralista, porém prático, que a Wise Domotics poderia utilizar para estimar a demanda total do mercado utiliza três variáveis: (1) o número de compradores potenciais, (2) a quantidade anual comprada por um comprador médio e (3) o preço médio de uma unidade média. De posse desses números, a Wise Domotics pode estimar a demanda total do mercado como se segue:

$$Q = n \times q \times p$$

onde

Q = demanda total do mercado
n = número de compradores no mercado
q = quantidade anual comprada por um comprador médio
p = preço médio de uma unidade média

Método da proporção em cadeia
Estimativa da demanda do mercado pela multiplicação de um número-base por uma cadeia de porcentagens de ajuste.

Uma variação dessa abordagem é o **método da proporção em cadeia**. Ele envolve multiplicar um número-base por uma cadeia de porcentagens de ajuste. Por exemplo, o produto da Wise Domotics foi desenvolvido para automatizar a operação de múltiplos dispositivos inteligentes conectados pela Internet dentro de uma casa. Assim, somente os consumidores que tiverem acesso à Internet de banda larga e *Wi-Fi* em suas residências poderão utilizar o produto. Finalmente, nem todos os lares com Internet *Wi-Fi* estarão dispostos e aptos a comprar este produto. A Wise Domotics pode estimar a demanda dos Estados Unidos usando uma cadeia de cálculos como o seguinte:

Número total de residências nos Estados Unidos

× A porcentagem de residências nos Estados Unidos com Internet de banda larga
× A porcentagem de domicílios com internet *Wi-Fi*
× A porcentagem dessas famílias dispostas e aptas a comprar este dispositivo

O US Census Bureau estima que haja, aproximadamente, 120 milhões de domicílios nos Estados Unidos, e outras pesquisas indicam que 70% dos lares norte-americanos possuem Internet de banda larga e 71% dessas residências possui *Wi-Fi*.[iii] Por fim, pesquisas feitas pela empresa relevam também que 35% dos domicílios têm a renda necessária para comprar um produto como o da Wise Domotics e estão dispostos a fazê-lo. Assim, o número total de domicílios dispostos a comprar o produto e com condições de fazê-lo é:

120 milhões de domicílios × 0,70 × 0,71 = 20,9 milhões de domicílios

As famílias precisam comprar apenas um dispositivo para controlar todos os outros dispositivos inteligentes em toda a casa. Partindo do princípio de que o preço médio de varejo de todas as marcas seja de 350 dólares para esse produto, a estimativa da demanda total do mercado é:

20,9 milhões de domicílios × 1 dispositivo por lar × \$350 = \$7.315.000.000

Essa simples cadeia de cálculos fornece à Wise Domotics somente uma estimativa aproximada da demanda potencial. Cadeias mais detalhadas, envolvendo segmentos adicionais e outros fatores qualificativos, resultariam em estimativas mais precisas e refinadas. Mesmo assim, elas seriam apenas *estimativas* do potencial de mercado, que teriam como forte base premissas referentes a porcentagens de ajuste, quantidade média e preço médio. Assim, a Wise Domotics deve se certificar de que essas premissas são razoáveis e justificáveis. Como se pode ver, o potencial de mercado geral em termos de vendas em dinheiro pode variar muito, de acordo com o preço médio utilizado. Por isso, a Wise Domotics vai utilizar o potencial de unidades vendidas para determinar sua estimativa de vendas para o próximo ano. O potencial de mercado em termos de unidades é de 20,9 milhões (20,9 milhões de domicílios × 1 dispositivo por lar).

Partindo do princípio de que, de acordo com as previsões da Wise Domotics, ela terá uma participação de mercado de 3,56% no primeiro ano após o lançamento do produto, a empresa pode estimar as vendas em 20,9 milhões de unidades × 0,0356 = 744.040 unidades. Considerando um preço de venda de 168 dólares por unidade, isso se traduz em vendas de 124.998.720 milhões (744.040 unidades × $168 por unidade). Para simplificar, as análises posteriores utilizarão vendas previstas de 125 milhões de dólares.

Essa estimativa de volume de vendas unitárias está dentro da capacidade de produção da Wise Domotics e excede não apenas a estimativa do ponto de equilíbrio (465.117 unidades) calculada anteriormente, mas também o volume necessário para gerar um lucro de 5 milhões de dólares (581.396 unidades) ou 30% de retorno do investimento (534.884 unidades). Contudo, essa previsão está muito abaixo do volume necessário para atingir 25% de retorno das vendas (20 milhões de unidades!) e pode fazer com que a Wise Domotics reveja suas expectativas.

Para avaliar os lucros esperados, precisamos agora examinar os gastos orçados para lançar o produto. Para tanto, vamos elaborar uma declaração *pro forma* de perdas e lucros.

Declaração de lucros e perdas e orçamento de *marketing*

Demonstração *pro forma* (ou projetada) de lucros e perdas (ou demonstrativo do resultado, relatório das operações)
Demonstração com as receitas estimadas menos as despesas orçadas e uma estimativa do lucro líquido projetado de uma organização, produto ou marca durante um período de planejamento específico, normalmente um ano.

Todos os gestores de *marketing* devem responder pelo impacto de suas estratégias de *marketing* sobre os lucros. Uma importante ferramenta para estimar esse impacto é uma **demonstração *pro forma* (ou projetada) de lucros e perdas (ou demonstrativo do resultado, relatório das operações)**. Um demonstrativo *pro forma* mostra as receitas estimadas menos as despesas orçadas e apresenta uma estimativa do lucro líquido projetado de uma organização, produto ou marca durante um período de planejamento específico, normalmente de um ano. Ela inclui custos diretos de produção do produto, despesas de *marketing* orçadas para se atingir uma determinada previsão de vendas e custos indiretos da organização ou do produto. Uma declaração de lucros e perdas normalmente consiste em diversos componentes importantes (veja a ● **Tabela A2.1**):

- ***Vendas líquidas:*** receita de vendas bruta menos devoluções e descontos (por exemplo, descontos comerciais, por pagamento à vista, por quantidade comprada e de promoção). Estimava-se que as vendas líquidas da Wise Domotics para 2020 seriam de 125 milhões de dólares, como determinado na análise anterior.
- ***Custo dos produtos vendidos* (também chamado de *custo das vendas*):** custo real da mercadoria vendida por um fabricante ou revendedor. Inclui o custo de armazenagem, compras e outros custos associados à produção das mercadorias. Estima-se que o custo dos produtos vendidos da Wise Domotics seja de 50% das vendas líquidas – ou 62,5 milhões de dólares.
- ***Margem bruta* (ou *lucro bruto*):** a diferença entre as vendas líquidas e o custo dos produtos vendidos. A margem bruta da Wise Domotics é estimada em 62,5 milhões de dólares.
- ***Despesas operacionais:*** as despesas geradas ao se fazer o negócio. Elas incluem, além do custo dos produtos vendidos, todas as despesas necessárias para conduzir o negócio. As despesas operacionais podem ser apresentadas no total ou segmentadas em detalhes. No caso da Wise Domotics, suas despesas operacionais estimadas incluem as *despesas de marketing* e as *despesas gerais e administrativas*.

TABELA A2.1 Demonstração *pro forma* de perdas de lucros para o período de 12 meses finalizado em 31 de dezembro de 2020

			% das vendas
Vendas líquidas		$125.000.000	100%
Custo dos produtos vendidos		62.500.000	50%
Margem bruta		$62.500.000	50%
Despesas de *marketing*			
Despesas de vendas	$17.500.000		
Despesas de promoção	15.000.000		
Frete	12.500.000	45.000.000	36%
Despesas gerais e administrativas			
Salários gerenciais e despesas	$2.000.000		
Custos indiretos	3.000.000	5.000.000	4%
Lucro líquido antes dos impostos		$12.500.000	10%

Entre as despesas de *marketing*, estão: despesas de vendas, de promoção e de distribuição. Como o novo produto será vendido pela força de vendas da Wise Domotics, a empresa tem um orçamento de 5 milhões de dólares para salários da área comercial. Entretanto, como os representantes ganham uma comissão de 10% sobre as vendas, a Wise Domotics também deve acrescentar um componente variável de 12,5 milhões (10% das vendas líquidas de 125 milhões de dólares) às despesas de vendas, o que resulta em um orçamento total para despesas de vendas de 17,5 milhões. A Wise Domotics definiu em 10 milhões de dólares seus gastos de propaganda e promoção para lançar o produto. Contudo, a empresa também orçou 4% das vendas (ou 5 milhões de dólares) para concessões de propaganda cooperativa, pensando em varejistas que promovam o novo produto em suas ações de propaganda. Assim, os gastos totais orçados para propaganda e promoção são de 15 milhões de dólares (10 milhões para propaganda mais 5 milhões para concessões cooperativas). Por fim, a Wise Domotics orçou 10% de suas vendas líquidas, ou 12,5 milhões de dólares, para transporte e entrega. No total, as despesas de *marketing* são estimadas em 17,5 milhões + 15 milhões + 12,5 milhões = 45 milhões de dólares.

As despesas gerais e administrativas são estimadas em 5 milhões de dólares, divididas em 2 milhões para salários gerenciais e despesas da área de *marketing* e 3 milhões para custos indiretos alocados ao produto pelos contadores da empresa (como depreciação, juros, manutenção e seguro). Dessa forma, as despesas totais para o ano são estimadas em 50 milhões de dólares (45 milhões em despesas de *marketing* + 5 milhões em despesas gerais e administrativas).

- ***Lucro líquido antes dos impostos:*** lucro ganho após a dedução de todos os custos. O lucro líquido estimado da Wise Domotics, antes dos impostos, é de 12,5 milhões de dólares.

No total, como mostra a Tabela A2.1, a Wise Domotics esperava obter um lucro de 12,5 milhões de dólares com seu novo produto em 2020. Observe também que a porcentagem das vendas que cada componente da demonstração de lucros e perdas representa é dada pela coluna da direita. Essas porcentagens são determinadas dividindo-se o custo calculado pelas vendas líquidas – as despesas de *marketing*, por exemplo, representam 36% das vendas líquidas determinadas por $45 milhões ÷ $125 milhões). Como se pode ver, a Wise Domotics estima um lucro líquido de retorno sobre as vendas de 10% no primeiro ano depois do lançamento desse produto.

Demonstração de lucros e perdas (ou demonstrativo do resultado, relatório das operações)
Demonstração com as receitas atuais menos as despesas e o lucro líquido de uma organização, produto ou marca para um período de planejamento específico (geralmente, um ano).

Indicadores do desempenho do *marketing*

Agora vamos avançar um ano. O produto da Wise Domotics está no mercado há um ano, e a administração quer avaliar seu desempenho de vendas e lucro. Uma maneira de fazer isso é pelo cálculo dos coeficientes de desempenho do **demonstrativo de lucros e perdas (ou declaração do resultado, relatório das operações)** da Wise Domotics.

Enquanto a demonstração *pro forma* de lucros e perdas mostra o desempenho financeiro projetado, a demonstração da ● **Tabela A2.2** mostra o desempenho financeiro *real* da Wise Domotics

TABELA A2.2 Demonstração de lucros e perdas para o período de 12 meses finalizado em 31 de dezembro de 2020

			% das vendas
Vendas líquidas		$105.000.000	100%
Custo dos produtos vendidos		55.000.000	50%
Margem bruta		$45.000.000	45%
Despesas de *marketing*			
Despesas de vendas	$15.000.000		
Despesas de promoção	14.000.000		
Frete	10.000.000	39.000.000	39%
Despesas gerais e administrativas			
Salários gerenciais e despesas	$2.000.000		
Custos indiretos	5.000.000	7.000.000	7%
Lucro líquido antes dos impostos		–$1.000.000	–1%

com base nas vendas, no custo dos produtos vendidos e nas despesas que de fato se deram no decorrer do último ano. Ao comparar a demonstração de lucros e perdas de um período com a do próximo, a HD pode avaliar o desempenho em relação às metas, identificar tendências favoráveis ou desfavoráveis e tomar as medidas corretivas apropriadas.

A demonstração de lucros e perdas mostra que a Wise Domotics perdeu 1 milhão de dólares, em vez de ganhar os 12,5 milhões de lucro projetado na demonstração *pro forma*. Por quê? Uma razão evidente é que as vendas líquidas ficaram 25 milhões de dólares abaixo das estimadas. As vendas inferiores geraram custos variáveis mais baixos associados ao *marketing* do produto. Contudo, tanto os custos fixos como o custo dos produtos vendidos como uma porcentagem das vendas superaram as expectativas. Assim, a margem de contribuição do produto foi de 21%, em vez dos 26% estimados. Em outras palavras, os custos variáveis representaram 79% das vendas (55% para o custo dos produtos vendidos, 10% para as comissões de vendas, 10% para o frete e 4% para as concessões cooperativas). Lembre-se de que a margem de contribuição pode ser calculada subtraindo essa fração de um (1 – 0,79 = 0,21). Os custos fixos totais foram de 22 milhões de dólares, 2 milhões a mais do que o previsto. Assim, as vendas das quais a Wise Domotics precisava para atingir o ponto de equilíbrio, considerando essa estrutura de custos, podem ser calculadas da seguinte maneira:

$$\text{Vendas no ponto de equilíbrio} = \frac{\text{custos fixos}}{\text{margem de contribuição}} = \frac{\$22.000.000}{0,21} = \$104.761.905$$

Se a Wise Domotics tivesse conseguido mais 5 milhões de dólares em vendas, ela teria obtido lucro.

Participação de mercado
As vendas da empresa divididas pelas vendas do mercado.

Apesar de as vendas da Wise Domotics terem sido inferiores ao que era previsto, o mesmo aconteceu com as vendas do setor como um todo para esse produto, as quais ficaram em apenas 2,5 bilhões de dólares. Isso significa que a **participação de mercado** da Wise Domotics foi de 4% (\$100 milhões ÷ \$2,5 milhões = 0,04 = 4%), que é mais alta do que a participação prevista. Assim, a Wise Domotics conquistou uma participação de mercado maior do que a esperada, mas as vendas do mercado como um todo não foram tão altas quanto o estimado.

Índices analíticos

Índices operacionais
Os índices de itens selecionados do relatório operacional no que diz respeito às vendas líquidas.

A demonstração de lucros e perdas fornece os números necessários para calcular alguns **índices operacionais** essenciais – os índices de itens selecionados do relatório operacional no que diz respeito às vendas líquidas. Eles permitem que os profissionais de *marketing* comparem o desempenho da empresa em um determinado ano à performance dos anos anteriores (ou aos padrões do setor e ao desempenho dos concorrentes naquele ano). Os índices operacionais mais comumente utilizados são: a porcentagem da margem bruta, a porcentagem do lucro líquido e a porcentagem das despesas operacionais. A taxa de giro do estoque e o retorno do investimento (ROI) costumam ser utilizados para mensurar a eficácia e a eficiência gerencial.

Porcentagem da margem bruta
A porcentagem que resta das vendas líquidas após o custo dos produtos vendidos – é calculada dividindo-se a margem bruta pelas vendas líquidas.

A **porcentagem da margem bruta** indica a porcentagem que resta das vendas líquidas após o custo dos produtos vendidos, a qual pode contribuir para as despesas operacionais e o lucro líquido antes dos impostos. Quanto maior for esse índice, mais resta à empresa para cobrir as despesas e gerar lucro. O índice de margem bruta da Wise Domotics foi de 45%:

$$\text{Porcentagem da margem bruta} = \frac{\text{margem bruta}}{\text{vendas líquidas}} = \frac{\$45.000.000}{\$100.000.000} = 0,45 = 45\%$$

Observe que essa porcentagem é inferior à estimada e que esse índice é visto claramente na Tabela A2.2, na coluna de porcentagem das vendas. Inserir os itens na demonstração de lucros e perdas como uma porcentagem das vendas permite aos gestores identificar rapidamente variações anormais nos custos ao longo do tempo. Se houvesse um histórico prévio para esse produto e esse índice estivesse caindo, a administração teria que analisar o índice com mais atenção, para descobrir a razão da queda (isto é, se ela tinha a ver com uma queda no volume de vendas ou no preço, um aumento nos custos ou uma combinação dos dois). No caso da Wise Domotics, as vendas líquidas foram 25 milhões de dólares menores do que o esperado, e o custo dos produtos vendidos foi superior ao estimado (55%, em vez dos 50% previstos).

Porcentagem do lucro líquido
A porcentagem de cada unidade monetária de vendas que se traduz em lucros – é calculada dividindo-se os lucros líquidos pelas vendas líquidas.

A **porcentagem do lucro líquido** indica a porcentagem de cada unidade monetária de vendas que se traduz em lucros. Ela é calculada dividindo-se os lucros líquidos pelas vendas líquidas:

$$\text{Porcentagem do lucro líquido} = \frac{\text{lucro líquido}}{\text{vendas líquidas}} = \frac{-\$1.000.000}{\$100.000.000} = -0,01 = -1,0\%$$

Esse índice é claramente visto na Tabela A2.2, coluna de porcentagem das vendas. O novo produto da Wise Domotics gerou lucros negativos no primeiro ano – uma situação nada boa, considerando que, antes do lançamento do produto, os lucros líquidos antes dos impostos eram estimados em mais de 12 milhões de dólares. Mais adiante, trataremos de análises adicionais, que o gestor de *marketing* deve conduzir para defender o produto.

Porcentagem das despesas operacionais
A parcela das vendas líquidas que se traduz em despesas operacionais – é calculada dividindo-se as despesas totais pelas vendas líquidas.

A **porcentagem das despesas operacionais** indica a parcela das vendas líquidas alocadas nas despesas operacionais. As despesas operacionais incluem as despesas de *marketing* e outras despesas não diretamente relacionadas ao *marketing* do produto, como os custos indiretos alocados ao produto. A porcentagem de despesas operacionais é calculada assim:

$$\text{Porcentagem de despesas operacionais} = \frac{\text{despesas totais}}{\text{vendas líquidas}} = \frac{\$46.000.000}{\$100.000.000} = 0{,}46 = 46\%$$

Esse índice também pode ser rapidamente determinado a partir da coluna de porcentagem das vendas presente na demonstração de lucros e perdas, bastando para isso somar as porcentagens de despesas de *marketing* e despesas gerais e administrativas (39% + 7%). Assim, 46 centavos de cada dólar de vendas foram para as operações. Embora a Wise Domotics queira que esse índice seja o mais baixo possível – e 46% não seja uma porcentagem alarmante –, será preocupante se o índice aumentar com o tempo ou se ocorrerem perdas.

Taxa de giro do estoque
É o número de vezes em que um estoque gira ou é vendido durante um determinado período (geralmente um ano) – é calculado com base nos custos, no preço de vendas ou nas unidades vendidas.

Outro índice útil é a **taxa de giro do estoque**, que representa o número de vezes em que um estoque gira ou é vendido durante um determinado período (geralmente um ano). Esse índice demonstra a velocidade na qual um negócio gira o estoque pela organização. Altos índices indicam que são feitos investimentos mais baixos em estoque, liberando, dessa forma, fundos para outros investimentos. A taxa de giro do estoque pode ser calculada com base nos custos, no preço de vendas ou nas unidades vendidas. A fórmula baseada nos custos é:

$$\text{Taxa de giro do estoque} = \frac{\text{custo dos produtos vendidos}}{\text{estoque médio a preço de custo}}$$

Considerando que os estoques de início e fim da Wise Domotics foram de 30 e 20 milhões de dólares, respectivamente, a taxa de giro do estoque é:

$$\text{Taxa de giro do estoque} = \frac{\$55.000.000}{(\$30.000.000 + \$20.000.000)/\,2} = \frac{\$55.000.000}{\$25.000.000} = 2{,}2$$

Ou seja, o estoque da Wise Domotics girou 2,2 vezes no primeiro ano do produto. Em geral, quanto maior for a taxa de giro, maiores são a eficiência da administração e a lucratividade da empresa. Contudo, esse índice deve ser comparado às médias do setor, aos índices dos concorrentes e ao desempenho passado – só assim é possível saber se a Wise Domotics está se saindo bem. Um concorrente com vendas similares e uma taxa de giro do estoque mais alta terá menos recursos presos no estoque, o que permitirá que ele invista em outras áreas do negócio.

Retorno do investimento (ROI)
Uma medida de eficácia e eficiência gerencial – trata-se do lucro líquido antes dos impostos dividido pelo investimento total.

As empresas costumam utilizar o **retorno do investimento (ROI)** para avaliar a eficácia e a eficiência da gerencial. Para a Wise Domotics, o ROI é o índice dos lucros líquidos em relação ao investimento total necessário para fabricar o novo produto, o qual inclui: investimentos de capital em terreno, instalações e equipamentos (nesse caso, os 10 milhões de dólares iniciais para reformar a instalação de produção), além dos custos de estoque (o estoque médio da Wise Domotics foi de 25 milhões), totalizando 35 milhões de dólares. Assim, o retorno do investimento da Wise Domotics para esse novo produto é:

$$\text{Retorno do investimento} = \frac{\text{lucro líquido antes dos impostos}}{\text{investimento}} = \frac{-\,\$1.000.000}{\$35.000.000} = -\,0{,}0286 = -\,2{,}86\%$$

O ROI costuma ser utilizado para comparar alternativas, e um ROI positivo é desejável. A alternativa com o ROI mais alto é preferível às demais. A Wise Domotics precisa lidar com o ROI concretizado. Uma maneira clara de a empresa melhorar o ROI é aumentando o lucro líquido por meio da redução das despesas. Ela também pode reduzir seus investimentos, talvez investindo menos em estoque e aumentando a frequência do giro.

Métricas da lucratividade do *marketing*

Tendo em vista os resultados financeiros discutidos até aqui, você pode estar pensando que a Wise Domotics deveria desistir de seu novo produto. Seja como for, quais argumentos os profissionais de *marketing* podem utilizar para manter ou abandonar esse produto? Os argumentos mais óbvios para descontinuar o produto são: as vendas do primeiro ano foram muito abaixo dos níveis esperados e o produto apresentou prejuízo, resultando em um ROI negativo.

Mas o que aconteceria se a Wise Domotics abandonasse esse produto? Surpreendentemente, se a empresa fizer isso, os lucros para a organização como um todo cairão 4 milhões de dólares! Como isso é possível? Os gestores de *marketing* precisam analisar atentamente os números da demonstração de lucros e perdas a fim de identificar a *contribuição líquida do marketing* para esse produto. No caso da Wise Domotics, a contribuição líquida do *marketing* para o novo produto é de 4 milhões de dólares e, se a empresa abandoná-lo, essa contribuição sumirá. Vamos examinar com atenção esse conceito para ilustrar como os gestores de *marketing* podem avaliar e defender melhor suas estratégias e programas de *marketing*.

Contribuição líquida do *marketing*

Contribuição líquida do *marketing* (CLM)
Uma medida da lucratividade do *marketing* que inclui somente componentes da lucratividade controlados pelo *marketing*.

A **contribuição líquida do *marketing* (CLM)**, bem como outras métricas do *marketing* que derivam dela, mensura a *lucratividade do marketing*. Ela inclui somente componentes da lucratividade controlados pelo *marketing*. Enquanto os cálculos anteriores da demonstração de lucros e perdas para o lucro líquido antes dos impostos incluíam despesas operacionais fora do controle do *marketing*, no caso da CLM isso não ocorre. Voltando à demonstração de lucros e perdas da Wise Domotics apresentada na Tabela A2.2, podemos calcular a contribuição líquida do *marketing* para o novo produto da seguinte maneira:

$$\text{CLM} = \text{vendas líquidas} - \text{custo dos produtos vendidos} - \text{despesas do } \textit{marketing}$$
$$= \$100 \text{ milhões} - \$55 \text{ milhões} - \$41 \text{ milhões} = \$4 \text{ milhões}$$

As despesas do *marketing* incluem: despesas de vendas (15 milhões), despesas de promoção (14 milhões) e despesas com frete (10 milhões), bem como os salários e as despesas administrativas da função de *marketing* (2 milhões), o que totaliza 41 milhões de dólares.

Desse modo, o novo produto, na verdade, contribuiu com 4 milhões de dólares para os lucros da Wise Domotics. Foram os custos indiretos de 5 milhões de dólares alocados a esse produto que causaram o lucro negativo. Além disso, a quantia alocada foi de 2 milhões a mais do que a estimada na demonstração *pro forma* de lucros e perdas. Com efeito, se apenas a quantia estimada tivesse sido alocada, o produto teria apresentado um *lucro* de 1 milhão de dólares, em vez de uma perda de 1 milhão. Se a Wise Domotics abandonar o produto, os 5 milhões de dólares em custos indiretos fixos não vão desaparecer – eles simplesmente terão de ser alocados em outro lugar. Contudo, a contribuição líquida do *marketing* de 4 milhões de dólares *vai* sumir.

Retorno do *marketing* sobre as vendas e o investimento

Para uma compreensão ainda mais aprofundada do impacto da estratégia de *marketing* sobre os lucros, vamos analisar dois indicadores da eficiência do *marketing*: o *retorno do marketing sobre as vendas* (ROS do *marketing*) e o *retorno do marketing sobre o investimento* (ROI do *marketing*).[iv]

Retorno do *marketing* sobre as vendas (ou ROS do *marketing*)
A porcentagem das vendas líquidas atribuída à contribuição líquida do *marketing* – é calculado dividindo-se a contribuição líquida do *marketing* pelas vendas líquidas.

O **retorno do *marketing* sobre as vendas (ou ROS do *marketing*)** mostra a porcentagem das vendas líquidas atribuída à contribuição líquida do *marketing*. Para nosso produto, o ROS é:

$$\text{ROS do } \textit{marketing} = \frac{\text{contribuição líquida do } \textit{marketing}}{\text{vendas líquidas}} = \frac{\$4.000.000}{\$100.000.000} = 0{,}04 = 4\%$$

Assim, de cada 100 dólares em vendas, o produto retorna 4 dólares para os resultados financeiros da Wise Domotics. Um alto ROS do *marketing* é algo desejável. Desse modo, para avaliar se o nível de desempenho é bom, a Wise Domotics deve comparar esse número aos níveis do ROS do *marketing* anteriores para o produto, o ROS dos outros produtos que fazem parte do portfólio da empresa e o ROS dos produtos da concorrência.

Retorno do *marketing* sobre o investimento (ou ROI do *marketing*)
Uma medida da produtividade do *marketing* diante de um investimento na área – é calculado dividindo-se a contribuição líquida do *marketing* pelas despesas dele.

O **retorno do *marketing* sobre o investimento (ou ROI do *marketing*)** mensura a produtividade do *marketing* diante de um investimento na área. No caso da Wise Domotics, o investimento de *marketing* é representado por 41 milhões de dólares das despesas totais. Assim, o ROI do *marketing* é:

$$\text{ROI do } \textit{marketing} = \frac{\text{contribuição líquida do } \textit{marketing}}{\text{despesas do } \textit{marketing}} = \frac{\$4.000.000}{\$41.000.000} = 0{,}0976 = 9{,}76\%$$

Assim como ocorre com o ROS, é desejável um valor alto de ROI do *marketing*, mas esse número deve ser comparado não só com os níveis anteriores para um determinado produto, mas também com o ROI do *marketing* dos produtos da concorrência. Observe na equação que o ROI do *marketing* poderia ser superior a 100%. Isso pode ser obtido com uma contribuição líquida do *marketing* mais alta e/ou uma despesa total do *marketing* mais baixa.

Nesta seção, estimamos o potencial de mercado e as vendas, desenvolvemos demonstrações de lucros e perdas e analisamos indicadores financeiros de desempenho. Na seção seguinte, discutiremos métodos para analisar o impacto das várias táticas de *marketing*. Entretanto, antes de prosseguirmos com as análises, apresentamos mais um conjunto de exercícios quantitativos, para ajudá-lo a aplicar em outros contextos aquilo que aprendeu.

Marketing pelos números: segundo grupo de exercícios

2.1 Determine o potencial de mercado para um produto que tem 10 milhões de compradores em potencial que compram uma média de cinco unidades por ano e o preço médio é de 5 dólares.

2.2 Desenvolva uma declaração de lucros e perdas para uma empresa que teve 50 milhões de dólares em vendas líquidas no ano passado. O custo dos produtos vendidos representa 45% das vendas líquidas. As despesas de *marketing* incluem despesas de vendas, despesas de promoção e frete. As despesas de vendas incluem salários dos vendedores, totalizando 2 milhões de dólares por ano, e comissões de vendas (10% das vendas). A empresa gastou 2 milhões de dólares em publicidade no ano passado e os custos de frete foram 5% das vendas. Outros custos incluem 500 mil dólares para salários e despesas gerenciais para a função de *marketing* e outros 2 milhões para despesas gerais indiretas alocadas para a divisão.

2.3 Usando a declaração de lucros e perdas que você desenvolveu na questão 2.2 e supondo que o estoque inicial da empresa era de 15 milhões de dólares, o estoque final era de 6 milhões e o investimento total era de 30 milhões incluindo o estoque, determine o seguinte:

a. A porcentagem de margem bruta.
b. A porcentagem de lucro líquido.
c. A porcentagem de despesas operacionais.
d. A taxa de giro de estoque.
e. O retorno sobre o investimento (ROI).
f. A contribuição líquida de *marketing*.
g. O retorno de *marketing* sobre as vendas (ROS de *marketing*).
h. O retorno sobre o investimento de *marketing* (ROI de *marketing*).
i. A empresa está indo bem? Explique sua resposta.

Análise financeira das táticas de *marketing*

Apesar de, em termos de lucros, o desempenho do novo produto da Wise Domotics no primeiro ano ter sido inferior ao desejado, a administração acredita que esse atrativo mercado apresenta excelentes oportunidades de crescimento. De fato, embora as vendas do novo produto da empresa tenham ficado abaixo do que foi inicialmente projetado, elas foram razoáveis, considerando-se o tamanho do mercado atual. Assim, a Wise Domotics quer explorar novas táticas de *marketing* para ajudar a desenvolver o mercado para esse produto e aumentar as vendas para a empresa.

Para isso, a empresa poderia, por exemplo, aumentar a propaganda a fim de promover uma maior conscientização do novo produto e de sua categoria. Ela poderia também aumentar seu pessoal de vendas, para garantir uma maior distribuição do produto. Poderia ainda reduzir os preços, de modo que mais consumidores pudessem comprar o novo produto. Por fim, para expandir o mercado, a Wise Domotics poderia lançar um modelo de preço mais baixo, além da oferta original, mais cara. Mas, antes de adotar qualquer uma dessas táticas, a Wise Domotics deve analisar as implicações financeiras de cada uma delas.

Aumento nos gastos com propaganda

A Wise Domotics está pensando em reforçar sua propaganda para aumentar a conscientização das pessoas acerca dos benefícios de seu dispositivo (em geral) e de sua própria marca (em particular). O que aconteceria se os profissionais de *marketing* da Wise Domotics recomendassem um aumento de 50% da propaganda em âmbito nacional, que passaria a contar com 15 milhões de dólares (supondo que não haveria mudanças no componente cooperativo variável das despesas promocionais)? Isso representaria um aumento de 5 milhões nos custos fixos. Quanto as vendas deverão aumentar para atingir o ponto de equilíbrio, considerando esse aumento de 5 milhões nos custos fixos?

Uma maneira rápida de responder a essa questão é dividindo o aumento dos custos fixos pela margem de contribuição, que, como calculamos em análise anterior, é de 21%:

$$\text{Aumento das vendas} = \frac{\text{aumento dos custos fixos}}{\text{margem de contribuição}} = \frac{\$5.000.000}{0{,}21} = \$23.809.524$$

Assim, um aumento de 50% nos gastos com propaganda deve gerar uma elevação nas vendas de quase 24 milhões de dólares só para atingir o ponto de equilíbrio. Esse aumento de 24 milhões nas vendas representa um crescimento de quase 1 ponto percentual na participação de mercado (1% dos 2,5 bilhões do mercado como um todo é igual a 25 milhões). Ou seja, para atingir o ponto de equilíbrio considerando o gasto maior com propaganda, a Wise Domotics teria que aumentar sua participação de mercado de 4 para 4,95% ($123.809.524 ÷ $2,5 bilhões = 0,0495 ou 4,95%). Tudo isso pressupõe que o mercado total não crescerá, o que pode ou não ser uma premissa razoável.

Aumento na cobertura de distribuição

A Wise Domotics também quer analisar a possibilidade de contratar mais representantes de vendas, com o intuito de fechar contratos com novos varejistas e aumentar a distribuição por meio de mais pontos de venda. Embora a Wise Domotics venda diretamente para os atacadistas, seus representantes entram em contato com os varejistas para desempenhar outras funções além de vender – eles, por exemplo, treinam os vendedores do varejo. Atualmente, a Wise Domotics emprega 70 representantes, cujo salário é, em média, de 60 mil dólares anuais, mais 10% de comissão sobre as vendas. Hoje, o produto é vendido aos consumidores por meio de 1.875 pontos de varejo. Vamos supor que a Wise Domotics queira aumentar esse número para 2.500 – um aumento de 625 pontos. De quantos vendedores a mais a Wise Domotics precisará e quais vendas serão necessárias para a empresa atingir o ponto de equilíbrio, considerando o maior custo?

Método da carga de trabalho
Uma abordagem para determinar o tamanho necessário da força de vendas com base na quantidade de trabalho exigido e no tempo disponível para as vendas.

Uma maneira de calcular o tamanho necessário da força de vendas para a Wise Domotics é o **método da carga de trabalho**, que utiliza a seguinte fórmula para definir o tamanho da equipe de vendas:

$$NV = \frac{NC \times FC \times LC}{TM}$$

onde

NV = número de vendedores
NC = número de clientes
FC = frequência média de contatos de vendas por cliente
DC = duração média do contato de vendas com o cliente
TM = tempo que um vendedor médio tem disponível para as vendas por ano

Os representantes de vendas da Wise Domotics costumam entrar em contato com os clientes em média 20 vezes por ano, por cerca de 2 horas por contato. Apesar de cada representante trabalhar 2.000 horas anuais (50 semanas por ano × 40 horas por semana), eles passam cerca de 15 horas por semana em atividades não diretamente relacionadas às vendas, como tarefas administrativas e viagens. Assim, por ano, o tempo médio disponível para as vendas por representante é de 1.250 horas (50 semanas × 25 horas por semana). Com isso, podemos calcular quantos representantes de vendas serão necessários para a Wise Domotics cobrir os 2.500 pontos de varejo previstos:

$$NV = \frac{2.500 \times 20 \times 2}{1.250} = 80 \text{ vendedores}$$

Portanto, a Wise Domotics precisará contratar 10 novos vendedores. O custo para contratar esses representantes será de 600 mil dólares (10 vendedores × $60.000 de salário por vendedor).

Quanto as vendas deverão aumentar para a empresa atingir o ponto de equilíbrio, considerando esse aumento nos custos fixos? A comissão de 10% já está estimada na margem de contribuição, de modo que esta última permanece inalterada em 21%. Assim, o aumento necessário nas vendas para cobrir os maiores custos fixos pode ser calculado da seguinte maneira:

$$\text{Aumento das vendas} = \frac{\text{aumento nos custos fixos}}{\text{margem de contribuição}} = \frac{\$600.000}{0{,}21} = \$2.857.142$$

Isto é, com a utilização dessa tática, as vendas da Wise Domotics devem aumentar quase 3 milhões de dólares para que a empresa atinja o ponto de equilíbrio. Assim, quantos novos pontos de varejo serão necessários para a empresa garantir esse aumento nas vendas? Atualmente, a receita média gerada por ponto de venda é de 53.333 dólares ($100 milhões em vendas divididos por 1.875 pontos de venda). A Wise Domotics precisaria de cerca de 54 novos pontos de venda para atingir o ponto de equilíbrio com essa tática, ($2.857.142 ÷ $53.333 = 53,6 pontos de venda) ou, aproximadamente, 5 ou 6 pontos de venda para cada novo representante. Considerando que os representantes atuais cobrem aproximadamente 27 pontos de venda cada (1.875 pontos ÷ 70 representantes), essa estimativa parece bastante razoável.

Redução do preço

A Wise Domotics também está considerando a possibilidade de reduzir seu preço para aumentar a receita de vendas por meio de um volume maior. As pesquisas conduzidas pela empresa mostram que a demanda para a maioria dos produtos eletrônicos de consumo é elástica – isto é, o aumento percentual na quantidade demandada é maior que a redução percentual do preço.

Qual será o aumento necessário nas vendas para a Wise Domotics atingir o ponto de equilíbrio, considerando uma redução de 10% no preço? Em outras palavras, qual será o aumento nas vendas necessário para manter a contribuição total que a Wise Domotics obteve com o preço mais alto? A atual contribuição total pode ser calculada multiplicando-se a margem de contribuição pelas vendas totais:

$$\text{Atual contribuição total} = \text{margem de contribuição} \times \text{vendas} = 0{,}21 \times \$100 \text{ milhões} = \$21 \text{ milhões}$$

Alterações nos preços resultam em mudanças na contribuição unitária e na margem de contribuição. Sabemos que a margem de contribuição de 21% se baseava nos custos variáveis, que representavam 79% das vendas. Portanto, os custos unitários variáveis podem ser calculados multiplicando-se o preço original por essa porcentagem: $168 × 0,79 = $132,72 por unidade. Se o preço tiver uma redução de 10%, o novo preço será de $151,20. Contudo, os custos variáveis não mudam só porque o preço foi reduzido, de modo que a contribuição e a margem de contribuição caem como se segue:

	Antigo	Novo (redução de 10%)
Preço	$168	$151,20
– Custo unitário variável	$132,72	$132,72
= Contribuição unitária	$35,28	$18,48
Margem de contribuição	$35,28/$168 = 0,21 ou 21%	$18,48/$151,20 = 0,12 ou 12%

Assim, uma redução de 10% no preço resulta em uma redução na margem de contribuição de 21 para 12%. Muitas vezes, não é possível realizar essa análise no nível da unidade. Vale lembrar que a margem de contribuição de 21% foi baseada em custos variáveis representando 79% das vendas. Portanto, se não soubermos o preço unitário, podemos defini-lo igual a $ 1,00. Se o preço for igual a $ 1,00, 79 centavos representam os custos variáveis e 21 centavos representam a contribuição unitária. Se o preço for reduzido em 10%, o novo preço será de 90 centavos. No entanto, os custos variáveis não mudam apenas porque o preço diminuiu, então a contribuição unitária e a margem de contribuição diminuem da seguinte forma:

	Antigo	Novo (redução de 10%)
Preço	$1,00	$0,90
– Custo unitário variável	$0,79	$0,79
= Contribuição unitária	$0,21	$0,11
Margem de contribuição	$0,21/$1,00 = 0,21 ou 21%	$0,11/$0,90 = 0,12 ou 12%

Observe que a nova margem de contribuição (12%) é a mesma encontrada ao trabalhar a partir do preço unitário real.

Para determinar o nível de vendas necessário para a Wise Domotics atingir o ponto de equilíbrio considerando essa redução de preço, calculamos o nível de vendas que deve ser conquistado com a nova margem de contribuição para chegar à contribuição total original de 21 milhões de dólares:

$$\text{Nova margem de contribuição} \times \text{novo nível de venda} = \text{contribuição total original}$$

Assim,

$$\text{Novo nível de vendas} = \frac{\text{contribuição original}}{\text{nova margem de contribuição}} = \frac{\$21.000.000}{0{,}12} = \$175.000.000$$

Desse modo, as vendas precisam aumentar 75 milhões (\$175 milhões – \$100 milhões) só para a Wise Domotics atingir o ponto de equilíbrio em um cenário de redução de 10% no preço. Isso significa que, para atingir o nível atual de lucros (supondo que não haja aumento nas vendas totais do mercado), a Wise Domotics deve aumentar a participação de mercado para 7% (\$175 milhões ÷ \$2,5 bilhões). O gestor de *marketing* deve analisar se essa meta é ou não razoável.

Ampliação da linha de produtos

Canibalização
Situação em que um produto vendido por uma empresa tira uma parte das vendas dos outros produtos da empresa.

Como uma última alternativa, a Wise Domotics está pensando em ampliar sua linha de produtos oferecendo um modelo de preço mais baixo. Naturalmente, o novo produto mais barato tiraria parte das vendas do modelo mais caro. Isso é chamado de **canibalização** – situação em que um produto vendido por uma empresa tira uma parte das vendas dos outros produtos da empresa. Se o novo produto tiver uma contribuição mais baixa que a do produto original, a contribuição total da empresa cairá com as vendas canibalizadas. Contudo, se o novo produto pode gerar um novo volume suficiente, vale a pena analisar essa opção.

Para estimar a canibalização, a Wise Domotics deve analisar a contribuição incremental obtida com a disponibilidade dos dois produtos. Lembre-se de que na análise anterior calculamos que os custos unitários variáveis eram de 132,72 dólares, e a contribuição unitária, de pouco mais de 35 dólares. Supondo que os custos permanecerão os mesmos no ano seguinte, a Wise Domotics pode esperar atingir uma contribuição por unidade de aproximadamente 35 dólares para todas as unidades do produto original vendidas.

Vamos supor que o primeiro modelo oferecido pela Wise Domotics seja chamado de Wise Domotics1 e o novo modelo, de preço mais baixo, seja chamado de Wise Domotics2. O Wise Domotics2 será vendido no varejo por 250 dólares, e os revendedores terão as mesmas porcentagens de *markup* que tiram com o modelo mais caro. Assim, o preço do Wise Domotics2 para os atacadistas será de 140 dólares, calculado como se segue:

Preço de varejo sugerido:	\$250
menos margem do varejo (30%):	– \$ 75
Custo do varejista/preço do atacadista:	\$175
menos margem do atacadista (20%):	– \$ 35
Custo do atacadista/preço da Wise Domotics:	\$140

Se os custos variáveis do Wise Domotics2 forem estimados em 120 dólares, sua contribuição unitária será igual a 20 dólares (\$140 – \$120 = \$20). Isso significa que, para cada unidade que o Wise Domotics2 canibalizar do Wise Domotics1, a Wise Domotics *perderá* 15 dólares em contribuição em relação aos custos fixos e ao lucro (isto é, $\text{contribuição}_{\text{Wise Domotics2}} - \text{contribuição}_{\text{Wise Domotics1}} = \$20 - \$35 = -\$15$). Tendo isso em vista, pode-se concluir que a Wise Domotics não deve adotar essa tática, porque aparentemente a empresa não vai se beneficiar se lançar o modelo mais barato. Contudo, se o Wise Domotics2 conquistar vendas *adicionais* suficientes, a Wise Domotics terá vantagens mesmo com a canibalização de parte das vendas do Wise Domotics1. A empresa deve analisar o que acontecerá com a contribuição *total* – algo que requer estimativas de volume de vendas unitárias para ambos os produtos.

Originalmente, a Wise Domotics estimou que as vendas do ano seguinte para o Wise Domotics1 seriam de 600 mil unidades. Contudo, com o lançamento do Wise Domotics2, a empresa hoje estima que 200 mil dessas vendas serão canibalizadas pelo novo modelo. Se vender apenas 200 mil unidades do novo modelo Wise Domotics2 (todos canibalizados do Wise Domotics1), a Wise Domotics perderá 3 milhões de dólares em contribuição total (200.000 unidades × – \$15 por unidade canibalizada = – \$3 milhões) – um resultado nada bom. Entretanto, a Wise Domotics estima que o

Wise Domotics2 gerará as 200 mil unidades em vendas canibalizadas mais um *adicional* de 500 mil unidades vendidas. Assim, a contribuição dessas unidades adicionais do Wise Domotics2 será de 10 milhões de dólares (isto é, 500.000 unidades × \$20 por unidade = \$10 milhões). O efeito líquido disso é que a Wise Domotics ganhará 7 milhões de dólares em contribuição total com o lançamento do Wise Domotics2.

A tabela a seguir compara a contribuição total da Wise Domotics com e sem o lançamento do Wise Domotics2:

	Só com o Wise Domotics1	Wise Domotics1 e Wise Domotics2
Contribuição do Wise Domotics1	600.000 unidades × \$35 = \$21.000.000	400.000 unidades × \$35 = \$14.000.000
Contribuição do Wise Domotics2	0	700.000 unidades × \$20 = \$14.000.000
Contribuição total	\$21.000.000	\$28.000.000

A diferença na contribuição total representa um ganho líquido de 7 milhões de dólares (\$28 milhões – \$21 milhões). Com base nessa análise, a Wise Domotics deve lançar o modelo Wise Domotics2 porque isso resultaria em uma contribuição incremental positiva. Contudo, se os custos fixos aumentarem, ultrapassando os 7 milhões de dólares como resultado da ampliação da linha de produtos, o efeito líquido será negativo, e a Wise Domotics não deverá adotar essa tática.

Agora que você viu as análises de táticas de *marketing* na prática, voltadas para o novo produto da Wise Domotics, seguem-se vários exercícios para você aplicar em outros contextos aquilo que aprendeu nesta seção.

Marketing pelos números: terceiro grupo de exercícios

3.1 A Synegys, Inc. fabrica iluminação de realce que é vendida aos consumidores através de pontos de venda no sul dos Estados Unidos. As vendas da empresa são de 1 milhão de dólares e a margem de contribuição é de 30%. A empresa está considerando opções para aumentar as vendas.

a. O gerente de *marketing* sugeriu aumentar a propaganda ao consumidor em 50 mil dólares. Em quanto as vendas em dinheiro precisariam aumentar para equilibrar essas despesas? Que porcentagem de aumento nas vendas isso representa?

b. Outra sugestão é fazer uma redução geral de 5% no preço. Em quanto as vendas em dinheiro precisariam aumentar para manter a contribuição atual da Synegys? Que porcentagem de aumento nas vendas isso representa?

3.2 Uma empresa tem atualmente 2 mil contas de clientes industriais e deseja expandir para outro mercado geográfico para adquirir mais 3 mil. Atualmente, possui 10 representantes de vendas que ganham 60.000 dólares por ano e 5% de comissão sobre as vendas. Cada conta de cliente é visitada seis vezes por ano e os representantes de vendas gastam uma hora e meia em cada chamada (ou seja, 1,5 hora). Um vendedor médio trabalha 2 mil horas por ano (50 semanas por ano × 40 horas por semana), mas cada um gastará 10 horas por semana em atividades não relacionadas a vendas, como tarefas administrativas e viagens. A margem de contribuição da empresa é de 40% e cada cliente gera uma média de 50 mil dólares em vendas para a empresa.

a. Quantos vendedores a empresa precisará contratar?

b. Que aumento nas vendas é necessário para cobrir o aumento do custo de um representante de vendas adicional? Quanto as vendas devem aumentar para equilibrar o número de representantes de vendas que a empresa precisa contratar?

c. Quantos clientes a empresa deve adquirir para atingir o ponto de equilíbrio com essa tática?

3.3 A marca BriteSmile de produtos para clareamento dental está considerando a adição de uma versão modificada do produto – um produto em gel além do produto em pasta normal. Os custos e preços variáveis para atacadistas são:

	Produto em pasta atual	Novo produto em gel
Preço de venda unitário	\$ 4,00	\$ 4,50
Custo unitário variável	\$ 1,70	\$ 2,50

A BriteSmile espera vender 1 milhão de unidades do novo produto em gel no primeiro ano após o lançamento, mas estima que apenas 45% dessas vendas virão de compradores que ainda não adquiriram o produto em pasta da empresa (ou seja, novos clientes). A BriteSmile estima que venderia 1,5 milhão de unidades do produto atual em pasta se não introduzisse o gel. Se os custos fixos de lançamento do novo produto em gel forem de 250 mil dólares durante o primeiro ano, a BriteSmile deve adicionar o novo produto em gel à sua linha? Por que ou por que não?

APÊNDICE 3 Carreiras no *marketing*

Você pode ter optado por uma carreira no *marketing* porque ele oferece desafios constantes e problemas interessantes, além da chance de se relacionar com pessoas e de excelentes oportunidades de progredir. Mas pode ainda não saber qual área do *marketing* tem mais a ver com a você, pois trata-se de um campo muito amplo que oferece uma grande variedade de opções profissionais.

Este apêndice ajuda você a descobrir quais áreas do *marketing* têm mais a ver com suas aptidões e interesses, mostra como conduzir o tipo de busca por emprego que lhe renderá a posição desejada, descreve as perspectivas de carreira no *marketing* e sugere outras fontes de informação.

As carreiras no *marketing* hoje

O *marketing* está em pleno crescimento, com cerca de um terço de todos os norte-americanos empregados em posições relacionadas a esse campo de atuação. Os salários nesse ramo podem variar de acordo com a empresa, o cargo e a região, e as médias mudam constantemente. Em geral, os salários iniciais são ligeiramente inferiores aos da engenharia e da química, mas iguais ou superiores aos da economia, finanças, contabilidade, administração geral e humanidades. Além disso, se for bem-sucedido em uma posição inicial, há chances de você ser rapidamente promovido para níveis mais altos de responsabilidade e remuneração. E, por conta do conhecimento sobre os consumidores e os produtos que se obtém nessas funções, os cargos relacionados ao *marketing* oferecem um excelente treinamento para os níveis mais altos de uma organização.

Fatos e tendências gerais do *marketing*

Ao conduzir sua busca por emprego, leve em consideração os seguintes fatos e tendências que estão mudando o mundo do *marketing*.

Foco nos clientes: cada vez mais, as empresas estão percebendo que só podem vencer no mercado se criarem valor superior para os clientes. Para capturar valor dos clientes, primeiro elas devem encontrar novas e melhores maneiras de engajá-los e solucionar os problemas deles, aprimorando suas experiências de marca. Esse foco crescente no cliente coloca os profissionais de *marketing* na linha de frente de muitas empresas hoje em dia. Na qualidade de principal função orientada para o cliente, o *marketing* tem como missão fazer com que todos os departamentos da empresa "pensem como o cliente".

Tecnologia: a tecnologia está mudando o modo como os profissionais de *marketing* trabalham. Por exemplo, a Internet, os dispositivos móveis e outras tecnologias digitais estão rapidamente mudando a maneira como os profissionais de *marketing* interagem com os clientes e os atendem. Eles também estão alterando tudo: do modo como os profissionais de *marketing* criam novos produtos e os promovem à maneira como acessam informação e contratam pessoas. De fato, tradicionalmente, as empresas de propaganda contratavam "generalistas" para a administração de contas, mas a palavra "generalista" assumiu um significado totalmente novo – hoje, executivos de contas da área de propaganda precisam ter um conhecimento, ao mesmo tempo, amplo e especializado.

Diversidade: o número de mulheres e representantes de minorias no *marketing* continua a crescer, e eles estão caminhando rápido em direção à administração de *marketing*. Por exemplo, atualmente há mais mulheres do que homens na posição de executivo de contas de propaganda. E, à medida que o *marketing* se torna mais global, a necessidade de diversidade em suas posições continua a aumentar, abrindo novas oportunidades.

Âmbito global: empresas como Coca-Cola, McDonald's, Google, Walmart, IBM, Meta e P&G se tornaram multinacionais, com operações de produção e *marketing* em centenas de países. Com efeito, empresas como essas muitas vezes obtêm mais lucros com vendas feitas fora de seu país de origem. E não são apenas as grandes empresas que estão envolvidas no *marketing* internacional. Organizações de todos os tamanhos se voltaram para a arena global. Muitas novas oportunidades e carreiras no *marketing* estarão diretamente relacionadas ao mercado global em expansão. A globalização dos negócios também implica a necessidade de mais habilidades culturais, linguísticas e sociais no mundo do *marketing* no século XXI.

Organizações sem fins lucrativos: cada vez mais, instituições de ensino superior, entidades artísticas, bibliotecas, hospitais e outras organizações sem fins lucrativos estão reconhecendo a necessidade de divulgar de maneira eficaz seus "produtos" e serviços para vários públicos. Essa conscientização levou a novas posições de *marketing*, com essas organizações contratando seus próprios executivos de *marketing* ou trabalhando com especialistas terceirizados.

Procurando um emprego no atual mundo do *marketing*

Para escolher e encontrar o emprego certo, você vai precisar aplicar as habilidades de *marketing* que aprendeu nesse curso, em especial a análise e o planejamento de *marketing*. Siga esses oito passos para fazer seu *marketing* pessoal: (1) faça uma autoavaliação e busque aconselhamento profissional; (2) analise as descrições de cargo; (3) explore o mercado de trabalho e avalie as oportunidades; (4) desenvolva estratégias de busca; (5) prepare um currículo; (6) elabore uma carta de apresentação e reúna documentação de apoio; (7) faça entrevistas de emprego, e (8) faça o acompanhamento.

Faça uma autoavaliação e busque aconselhamento profissional

Se estiver com dificuldade para decidir o tipo de posição de *marketing* que tem mais a ver com você, comece com uma autoavaliação ou busque aconselhamento profissional. As autoavaliações implicam uma análise profunda e sincera de seus interesses, bem como de seus pontos fortes e fracos. O que você faz bem (suas principais e melhores habilidades) e não tão bem? Pelo que você se interessa mais? Quais são suas metas profissionais? O que faz com que você se destaque dos outros candidatos ao emprego?

As respostas a questões como essas podem sugerir as carreiras que você deve buscar ou evitar no *marketing*. Para ajudar a realizar uma autoavaliação eficaz, existem as seguintes obras: *The Pathfinder: How to Choose or Change Your Career for a Lifetime of Satisfaction and Success*, de Nicholas Lore (Touchstone, 2012) e *What Color Is Your Parachute? 2019*, de Richard Bolles (Ten Speed Press, 2018; veja também www.eparachute.com. Muitos *sites* também oferecem ferramentas de autoavaliação, como a Keirsey Temperament Theory and Temperament Sorter, uma avaliação ampla e gratuita em língua inglesa disponível no Keirsey.com). Para algo mais específico, a CareerLeader.com traz um programa completo de autoavaliação a carreiras na área de negócios desenvolvido pelos coordenadores do MBA de Desenvolvimento de Carreira da Harvard Business School. É possível usar esse programa mediante o pagamento de uma taxa.

Para ajudá-lo a encontrar um profissional que ofereça aconselhamento profissional, o livro *What color is your parachute? 2019*, de Richard Bolles, traz uma relação bastante útil, dividida por estado norte-americano. (Alguns conselheiros também podem ajudá-lo, inclusive, em sua atual busca por emprego). Por fim, você pode consultar o conselheiro e os serviços de colocação profissional de sua instituição de ensino, bem como realizar seus testes.

Analise as descrições de cargo

Depois de identificar suas habilidades, interesses e desejos, é preciso ver quais posições de *marketing* têm mais a ver com você. Duas publicações do Ministério do Trabalho dos Estados Unidos, disponíveis na biblioteca mais próxima ou *on-line* – o *Occupation Outlook Handbook* (www.bls.gov/ooh) e o *Dictionary of Occupational Titles* (www.occupationalinfo.org) –, descrevem as responsabilidades envolvidas nas diversas ocupações, o treinamento e a instrução necessários, a disponibilidade de trabalho em cada área, as possibilidades de progresso e as prováveis remunerações.

Sua lista inicial de trabalho deve ser ampla e flexível. Busque diferentes maneiras de atingir seus objetivos. Por exemplo, se quiser uma carreira na administração de *marketing*, analise tanto o setor público como o privado, bem como empresas locais, regionais, nacionais e também internacionais. Inicialmente, mantenha-se aberto para explorar diversas opções e, depois, se concentre em setores e cargos específicos, listando suas metas básicas para orientar suas escolhas. Sua lista pode incluir "um emprego em uma *startup*, nas proximidades de uma grande cidade na Costa Oeste dos Estados Unidos, que esteja fazendo o planejamento de novos produtos com uma empresa de *software*".

Explore o mercado de trabalho e avalie as oportunidades

Nesse estágio, você tem que analisar o mercado e ver quais posições estão, de fato, disponíveis. Você não precisa fazer isso sozinho. Qualquer uma das fontes listadas a seguir pode ajudá-lo.

Centros de desenvolvimento profissional

O centro de desenvolvimento profissional de sua instituição de ensino e seu *site* são um excelente ponto de partida. Por exemplo, os *sites* do centro de serviços de carreira de graduação fornecem listas de *links* de carreiras profissionais que podem ajudar a focar sua busca de emprego. A maioria das faculdades também oferece coachs de carreira e cursos de orientação de carreira. Verifique também o *site* da National Association of Colleges and Employers (www.naceweb.org), que faz uma pesquisa em nível nacional, nos Estados Unidos, que mostra a intenção de contratação dos empregadores e como isso se relaciona aos novos cursos de graduação. (pesquise por: "Job Outlook").

Além disso, descubra tudo o que conseguir sobre as empresas que lhe interessam consultando os *sites* delas, artigos em revistas de negócios e *on-line*, relatórios anuais, livros de referência, professores, orientadores de carreira e outros. Tente analisar o crescimento futuro do setor e da empresa, assim como seu potencial de lucros, suas oportunidades de crescimento profissional, seus níveis salariais, suas posições iniciais, seu tempo de percurso para chegar ao trabalho e outros fatores que sejam relevantes para você.

Feiras profissionais

Os centros de desenvolvimento profissional costumam trabalhar com recrutadores corporativos para organizar feiras profissionais em instituições de ensino. Você também pode utilizar a Internet para verificar as feiras profissionais de sua região. Por exemplo, visite a National Career Fairs no *site* www.nationalcareerfairs.com ou a Choice Career Fairs no endereço www.choicecareerfairs.com.

Networking

O *networking* – o ato de pedir para ser indicado por amigos, familiares, pessoas de sua comunidade e centros profissionais – é uma das melhores maneiras de encontrar um emprego na área de *marketing*. Estudos estimam que de 60% a 90% das vagas são preenchidas por meio do *networking*. A ideia é ampliar sua rede de relacionamentos, contatando muitas pessoas.

Estágios

Um programa de estágio possui muitos benefícios, como a obtenção de experiência em uma área específica de interesse e o desenvolvimento de uma rede de contatos. O maior deles, entretanto, é o potencial de ser oferecido ao estagiário um emprego pouco antes da graduação ou logo depois dela. De acordo com uma recente pesquisa conduzida pela National Association of Colleges and Employers, nos Estados Unidos, as empresas convertem mais de 45% dos estagiários que estão no último ano de graduação em contratados em regime integral. Ao todo, 62% dos graduados que fizeram estágio e se candidataram a uma vaga receberam, no mínimo, uma oferta de trabalho. Por outro lado, apenas 43% dos graduados que não passaram por estágio e se candidataram a uma vaga receberam uma oferta de emprego. Além disso, os resultados da pesquisa mostram que a oferta de salários médios oferecidos aos graduados que possuem estágio é 27% maior do que os ofertados àqueles que não possuem.

Muitos *sites* corporativos possuem áreas separadas para programas de estágio. Dê uma olhada, por exemplo, no Internships.com, no InternshipPrograms.com, no CampusCareerCenter.com, no InternJobs.com e no GoAbroad.com (www.goabroad.com/intern-abroad). No Brasil, O CIEE (Centro de Integração Empresa-Escola) promove o Programa Jovem Aprendiz que auxilia adolescentes e jovens a ingressar no mercado de trabalho. Mais informações em https://portal.ciee.org.br/para-voce/jovem-aprendiz-ciee/ Se você já sabe em que empresa gostaria de trabalhar, visite o *site* a organização, entre na área de recursos humanos e verifique os programas de estágio. Se não houver nada relacionado, tente enviar um *e-mail* para o departamento de RH, perguntando se são oferecidos estágios.

Busca de emprego da Internet

Um número cada vez maior de *sites* na Internet é voltado para a busca de empregos. Também é possível utilizar a Internet para entrar em contato com pessoas que podem ajudá-lo a obter informações sobre empresas que lhe interessam e a pesquisar essas organizações. O CareerBuilder, o Indeed, o Monster e o ZipRecruiter são bons *sites* gerais para procurar anúncios de emprego. Outros *sites* úteis são o Disability.gov e o Diversity.com, que contêm informações sobre oportunidades para pessoas com deficiência e minorias, respectivamente. No Brasil, temos InfoJobs, Trabalha Brasil, Vagas e outros. Para pessoas com deficiências, temos o Deficiente Online, o Pessoas com Deficiência e o Oportunidades Especiais.

Muitas empresas têm seus próprios *sites* para a divulgação de oportunidades de emprego. Isso pode ser útil se você tiver uma lista específica e relativamente limitada de empresas nas quais gostaria de encontrar oportunidades. Mas, se esse não for seu caso, lembre-se de que, para descobrir as vagas que as empresas estão divulgando, você pode precisar visitar centenas de *sites* corporativos.

Sites de redes profissionais

Muitas empresas passaram a se valer das redes sociais para encontrar candidatos talentosos. Do LinkedIn ao Facebook ao Google+, as redes sociais se tornaram redes profissionais. Por exemplo, empresas que vão da P&G à BASF têm páginas de empregos no LinkedIn (www.linkedin.com/company/procter-and-gamble/jobs e www.linkedin.com/company/basf/jobs) para encontrar potenciais candidatos para cargos de nível de entrada. E organizações profissionais, como a Public Relations Society of America e a American Advertising Federation, têm listas de empregos em seus *sites*. Para quem procura emprego, as redes sociais profissionais oferecem buscas por vagas mais eficientes e reduzem os custos associados em comparação aos métodos tradicionais de interação, como viajar para feiras de emprego e entrevistas, imprimir currículos e outras despesas.

Contudo, embora a Internet forneça uma abundância de recursos para a busca do emprego perfeito, é preciso ter consciência de que ela é uma via de mão dupla. Da mesma forma que as pessoas podem procurar oportunidades de emprego na Internet, os empregadores podem buscar informações *on-line* sobre os candidatos ao trabalho. Muitas vezes, buscas por emprego podem sair dos trilhos por conta de informações encontradas por empregadores potenciais em redes sociais, que revelam piadas e fotos embaraçosas. Além disso, buscas na Internet podem apontar inconsistências ou excessos no currículo. Um estudo recente descobriu que mais da metade dos recrutadores pesquisados reconsideraram um candidato com base em seu perfil social.

Desenvolva estratégias de busca

Uma vez que tenha decidido quais empresas lhe interessam, você precisa entrar em contato com elas. Uma das melhores maneiras de fazer isso é por meio de entrevistas no campus da sua faculdade. Mas nem toda empresa pela qual você se interessa visitará sua instituição de ensino. Nesses casos, você pode enviar uma carta, mandar um *e-mail* ou telefonar diretamente para a empresa. Pode também pedir contatos para seus professores de *marketing* ou para pessoas que se formaram em sua faculdade.

Prepare um currículo

Um currículo é um resumo conciso, porém abrangente, de suas qualificações, incluindo suas realizações acadêmicas, pessoais e profissionais, que mostram por que você é o melhor candidato para a vaga. Um empregador levará em média de 15 a 20 segundos para analisar seu currículo, portanto você precisa preparar um que seja bom.

Ao elaborar seu currículo, lembre-se de que todas as informações devem ser precisas e completas. Os currículos normalmente começam com o nome completo, o telefone, o *e-mail* e o endereço do candidato. Em seguida, costuma vir uma afirmação simples e direta dos objetivos profissionais, seguida de informações sobre o histórico profissional e acadêmico (incluindo prêmios e estágios) e sobre atividades e experiências profissionais relevantes para o cargo específico.

Às vezes, o currículo termina com uma lista de referências que o empregador pode contatar (em alguns casos, elas podem ser listadas separadamente). Se sua experiência de trabalho ou estágio for limitada, inexistente ou irrelevante, pode ser uma boa ideia enfatizar suas realizações acadêmicas e não acadêmicas, mostrando habilidades necessárias para um excelente desempenho no trabalho.

Existem três tipos de currículo. Os currículos *cronológicos*, que enfatizam o crescimento profissional, são organizados em ordem cronológica reversa, começando com o emprego mais recente. Eles se concentram nos cargos ocupados em organizações, descrevendo as responsabilidades em cada função. Os currículos *funcionais* se concentram menos nos cargos e no histórico profissional e mais em habilidades e realizações. Esse formato funciona melhor quando seu histórico profissional é limitado ou não linear. Currículos *mistos*, ou *combinados*, representam uma combinação dos outros dois formatos. Primeiro são listadas as habilidades utilizadas em um trabalho específico e, então, são relacionados os cargos ocupados. Esse formato funciona melhor para candidatos cujos empregos anteriores foram em outras áreas ou, aparentemente, não têm relação com a vaga específica. Para mais explicações e exemplos acerca desses tipos de currículo, visite o *site* Which Résumé Format to Use: www.zipjob.com/blog/resume-format-types/.

Há muitos livros que podem ajudar você no desenvolvimento de seu currículo. Um guia bastante popular é o *How to Write the Perfect Resume*, de Dan Clay, (Dan Clay, 2018). *Sites* como o MyPerfectResume (www.myperfectresume.com) fornecem exemplos de currículos e frases prontas para uso enquanto orientam você no processo de preparação do currículo. O CareerOneStop (www.careeronestop.org/resumeguide/introduction.aspx) traz um tutorial para desenvolver currículo, com um passo a passo, e o Monster (www. monster.com/career-advice) oferece serviços de aconselhamento e elaboração de currículo. Para completar, você pode criar seu próprio currículo *on-line* personalizado em *sites* como o optimalresume.com.

Currículo eletrônico

Hoje em dia, a Internet está sendo amplamente utilizada na área de colocação profissional, então é uma boa ideia ter seu currículo pronto para o ambiente *on-line*. Você pode encaminhar seu currículo para contatos de sua rede ou para profissionais de recrutamento, por *e-mail*. Pode também divulgá-lo em bancos de dados *on-line*, na esperança de que empregadores e recrutadores o encontrem.

Bons currículos eletrônicos requerem uma estratégia diferente daquela usada com currículos impressos. Por exemplo, quando consultam bancos de currículos, as empresas procuram por palavras-chaves e jargões específicos do setor, que descrevem uma habilidade ou função essencial exigida para a posição, de modo que os substantivos se tornam muito mais importantes do que os verbos. Dois ótimos *sites* que ajudam na elaboração de currículos eletrônicos são o GCF (www.gcflearnfree.org/resumewriting/9/print) e o LiveCareer (www.livecareer.com/career/advice/resume/e-resumes).

Após preparar seu currículo eletrônico, você precisa divulgá-lo. O Indeed e o LinkedIn são ótimos lugares para começar. Contudo, tome cuidado ao divulgar seu currículo em vários *sites*. Nessa era de roubo de identidade, você precisa selecionar os *sites* com cuidado, para proteger sua privacidade. Limite o acesso às suas informações de contato e não utilize *sites* que prometem "espalhar" seu currículo pelo ciberespaço.

Dicas de currículo

- Comunique o seu valor aos empregadores potenciais de modo concreto, citando exemplos sempre que possível.
- Seja conciso e direto.
- Utilize verbos ativos para mostrar dinamismo.
- Não omita suas qualidades nem use de estratagemas. Não meça esforços para apresentar um bom currículo.
- Peça para alguém fazer uma leitura crítica de seu currículo. Um único erro de digitação pode fazer com que você seja descartado.
- Customize seu currículo para empregadores específicos. Saliente seus pontos fortes se eles forem relevantes para o emprego visado.
- Elabore um currículo compacto, em geral de uma única página.
- Formate o texto para que seja atrativo, profissional e de fácil leitura. A fonte escolhida costuma ser a Times New Roman. Evite muito "design" ou exageros.

Elabore uma carta de apresentação e reúna documentação de apoio

Carta de apresentação

É necessário elaborar uma carta de apresentação, informando ao empregador que seu currículo está anexo. Mas uma carta de apresentação faz mais do que isso. Ela também serve para resumir em um ou dois parágrafos o conteúdo do currículo e explicar por que você se considera a pessoa certa para a posição. A meta é convencer o empregador a analisar o currículo. Em geral, uma carta de apresentação é organizada da seguinte maneira: (1) nome e cargo da pessoa que você está contatando; (2) um parágrafo salientando o cargo para o qual você se está se candidatando, como você tomou conhecimento da vaga e as razões do seu interesse; (3) um resumo de suas qualificações para o trabalho; (4) uma descrição do acompanhamento que você pretende fazer, como telefonar em duas semanas para verificar se o currículo foi recebido; (5) uma expressão de agradecimento pela oportunidade de se candidatar para o emprego.

O CareerOneStop (www.careeronestop.org/ResumeGuide/Writeeffectivecoverletters.aspx) oferece um tutorial passo a passo sobre como criar uma carta de apresentação, e o Cover Letter Now contém mais de 50 amostras desse documento (www.cover-letter-now.com). Outro *site* popular é o Resume Genius, que pode criar uma carta de apresentação para você (https://resumegenius.com/cover-letterbuilder). Um guia popular para conferir é o *Get It Done: Write a Cover Letter*, de Jeremy Schifling (Jeremy Schifling, 2018).

Acompanhamento

Após ter enviado sua carta de apresentação e seu currículo para empregadores potenciais pelo método que eles preferirem – *e-mail*, *site* corporativo ou correio normal –, geralmente é uma boa ideia fazer um acompanhamento. No mercado de trabalho de hoje, as pessoas que estão em busca de um emprego não podem se dar ao luxo de esperar que os entrevistadores entrem em contato com elas. Um currículo de qualidade e uma carta de apresentação atrativa são fundamentais, mas um acompanhamento adequado pode ser a chave para conseguir uma entrevista. Contudo, antes de entrar em contato com seu empregador potencial, pesquise a empresa. Conhecer a empresa e saber sua posição no setor o ajudará a se destacar. Ao dar um telefonema, enviar um *e-mail* ou mandar uma carta para uma empresa, certifique-se de reforçar seu interesse pela posição, verificar se seu currículo foi recebido e colocar-se à disposição do empregador para possíveis esclarecimentos.

Cartas de recomendação

Cartas de recomendação são referências escritas de professores, empregadores anteriores e atuais e outros, as quais testemunham sobre seu caráter, suas aptidões e suas habilidades. Algumas empresas podem solicitar que cartas de recomendação sejam enviadas com o currículo ou apresentadas na entrevista. Mesmo que não sejam solicitadas, é uma boa ideia levar cartas de recomendação para a entrevista. Uma boa carta de recomendação diz por que você seria um excelente candidato para a vaga. Ao escolher alguém para escrever uma carta de recomendação, esteja certo de que a pessoa dará uma boa referência sobre você. Além disso, não parta do princípio de que a pessoa sabe tudo sobre você e sobre o emprego que está procurando – envie a ela seu currículo e outras informações relevantes. Por fim, permita que a pessoa tenha pelo menos um mês para elaborar a carta e anexe a seu material um envelope já selado e endereçado para o retorno.

Junto com o currículo, a carta de apresentação e as cartas de recomendação, você pode querer apresentar outros documentos relevantes, para reforçar sua aptidão para o cargo, como diplomas acadêmicos, portfólios e amostras de trabalhos.

Faça entrevistas de emprego

Como diz o velho ditado: "O currículo o leva à entrevista; a entrevista o leva ao emprego". A entrevista de emprego oferece a você a oportunidade de obter mais informações sobre a organização, ao mesmo tempo em que permite que a organização obtenha mais informações sobre você. Essa é sua oportunidade de mostrar o que há de melhor em você. O processo de entrevista consiste em três partes: antes da entrevista, durante a entrevista e depois da entrevista. Se passar com sucesso por esses três estágios, você será chamado para uma segunda entrevista.

Antes da entrevista

Ao se preparar para a sua entrevista, faça o seguinte:

1. Entenda que os entrevistadores possuem estilos diferentes, incluindo o estilo informal de "vamos nos conhecer", o estilo de interrogatório, com uma avalanche de perguntas, e o estilo mais provocativo, centrado nos porquês, entre outros. Assim, esteja pronto para tudo.
2. Simule uma entrevista com um amigo e peça uma avaliação. Ou filme-se em uma entrevista hipotética, para avaliar seu desempenho. O serviço de colocação profissional da sua faculdade também pode oferecer testes de entrevistas para ajudá-lo.
3. Prepare pelo menos cinco boas perguntas, cujas respostas não são facilmente encontradas em informações disponíveis sobre a empresa, como: "Qual é o direcionamento futuro da empresa?", "Como ela se diferencia dos concorrentes?" e "Vocês têm uma divisão de novas mídias?"
4. Adiante-se a possíveis perguntas do entrevistado, como: "Por que você quer trabalhar na nossa empresa?" ou "Por que deveríamos contratá-lo?" Prepare respostas sólidas antes da entrevista. Saiba com clareza por que você está interessado naquela empresa específica e no setor ao qual ela pertence.
5. Evite marcar entrevistas seguidas – elas podem ser exaustivas, e é impossível prever sua duração.

6. Prepare uma documentação relevante, que sustente sua aptidão para o cargo, como diplomas, cartas de recomendação, portfólios e amostras de trabalhos anteriores. Leve várias cópias para a entrevista.
7. Vista-se de maneira conservadora e tradicional. Esteja bem arrumado e limpo.
8. Chegue dez minutos antes para se recompor e revisar os principais pontos que pretende abordar. Procure seu nome na programação de entrevistas e anote o nome do entrevistador, bem como o número da sala. Seja cortês e educado com o pessoal do escritório.
9. Mostre entusiasmo na entrevista. Permita que sua personalidade se destaque.

Durante a entrevista

Durante a entrevista, faça o seguinte:

1. Cumprimente o entrevistador com um aperto de mão firme. Apresente-se, adaptando-se à linguagem utilizada pelo entrevistador. Concentre-se em passar uma boa impressão inicial.
2. Mostre segurança. Relaxe, sorria quando apropriado e mostre-se otimista.
3. Mantenha contato visual e uma boa postura. Fale claramente. Não mantenha as mãos fechadas e não brinque com joias, roupas ou cabelos. Sente-se confortavelmente na cadeira.
4. Juntamente com as cópias dos documentos relevantes, que sustentam sua aptidão para o cargo, leve cópias adicionais do seu currículo.
5. Domine seu discurso. Apresente seus argumentos de "venda". Responda às perguntas de maneira direta. Evite respostas monossilábicas ou muito extensas.
6. Deixe que o entrevistador tome a iniciativa, mas não seja passivo. Fique atento a oportunidades de direcionar a conversa para aspectos que quer que o entrevistador saiba sobre você.
7. Para fechar com chave de ouro, apresente seu ponto mais importante ou faça a sua pergunta mais pertinente durante a última parte da entrevista.
8. Não hesite em fazer o "fechamento". Você pode dizer: "Estou muito interessado na posição e gostei muito da entrevista".
9. Pegue o cartão de visita, endereço de *e-mail* ou número de telefone do entrevistador, de modo que, mais para a frente, possa fazer o acompanhamento.

Uma dica para se destacar na entrevista: antes de qualquer coisa, descubra *como é ser* um gerente de marca, representante de vendas, pesquisador de mercado, executivo de propaganda ou o responsável por qualquer outro cargo para o qual estiver sendo entrevistado. Veja se é possível encontrar um "mentor" – alguém em uma posição similar à que você procura, talvez em uma outra empresa. Converse com esse mentor sobre as vantagens e as desvantagens do cargo e do setor.

Depois da entrevista

Depois da entrevista, faça o seguinte:

1. Relembre os principais pontos levantados. Certifique-se de ter anotado o nome da pessoa com quem você deve entrar em contato para o acompanhamento, assim como a data prevista para a decisão.
2. Analise a entrevista objetivamente, incluindo as perguntas feitas, suas respostas a elas, sua apresentação geral na entrevista e as reações do entrevistador a pontos específicos.
3. Assim que possível, envie uma mensagem de agradecimento por carta ou *e-mail*, mencionando quaisquer pontos adicionais e sua disposição em fornecer outras informações.
4. Se você não tiver notícias do empregador no prazo especificado, escreva uma carta, envie um *e-mail* ou telefone para o entrevistador, para se informar sobre o *status* da vaga.

Faça o acompanhamento

Se sua primeira entrevista não tiver sido na empresa – mas, por exemplo, em sua faculdade ou em uma feira profissional – e se tiver sucesso nessa entrevista inicial, você será convidado para visitar a organização. A entrevista na empresa provavelmente levará entre várias horas e um dia inteiro. A organização analisará seu interesse, maturidade, entusiasmo, assertividade, lógica e conhecimento funcional e sobre a empresa. É o momento de fazer perguntas sobre questões importantes para você. Tente descobrir o máximo possível sobre o ambiente de trabalho, o cargo, as responsabilidades, as oportunidades de crescimento profissional, questões atuais do setor e a personalidade da empresa. A empresa quer saber se você é a pessoa certa para o cargo, enquanto você quer saber se esse é o emprego certo para você. O segredo consiste em identificar se você e a empresa se *encaixam*.

Carreiras no *marketing*

Esta seção descreve algumas das principais funções no *marketing*.

Propaganda

A propaganda é uma das áreas mais agitadas do *marketing*, oferecendo uma ampla variedade de oportunidades de carreira.

Descrição de cargo

Entre as principais posições na propaganda, estão a de redator publicitário, diretor de arte, gerente de produção, executivo de desenvolvimento de contas, executivo de contas, planejador de contas, gerente de conteúdo de mídia digital e social e planejador/comprador de mídia.

- Os *redatores publicitários* escrevem o texto dos anúncios e ajudam a encontrar os conceitos por trás das palavras e das imagens das propagandas.
- Os *diretores de arte*, que constituem a outra parte da equipe de criação, ajudam a traduzir as ideias dos redatores publicitários em imagens representativas chamadas de "layouts". Os designers da agência de publicidade desenvolvem layouts impressos, embalagens, layouts para televisão e vídeo (chamados de storyboards), logotipos corporativos, marcas registradas e símbolos.
- Os *gerentes de produção* são responsáveis por criar fisicamente os anúncios, na própria empresa ou em empresas terceirizadas de produção.
- Os *executivos de desenvolvimento de contas* pesquisam e entendem os mercados e os clientes, bem como ajudam a desenvolver estratégias de *marketing* e propaganda para impactá-los.
- Os *executivos de contas* atuam como a interface entre os clientes e as agências de publicidade. Eles coordenam o planejamento, a criação, a produção e a implementação da campanha publicitária para o cliente.
- Os *planejadores de contas* atuam como a voz do consumidor na agência de publicidade. Eles pesquisam os consumidores para entender suas necessidades e motivações, que servirão de base para desenvolver campanhas publicitárias eficazes.
- Os *gerentes de conteúdo de mídia digital e social* planejam e alocam o conteúdo de *marketing* e propaganda de mídia digital e social e o coordenam com o conteúdo de mídia tradicional.
- Os *planejadores (ou compradores) de mídia* definem qual o melhor *mix* de televisão, rádio, jornal, revista, mídia digital e outras mídias para a campanha publicitária.

Habilidades necessárias, perspectiva de carreira e salários médios

O trabalho na propaganda requer grande habilidade no trato com as pessoas, para que seja possível interagir de perto com uma base de clientes geralmente difícil e exigente. Além disso, a propaganda atrai pessoas com bastante habilidade em planejamento, resolução de problemas, criatividade, comunicação, iniciativa, liderança e presença. Ela envolve trabalhar sob altos níveis de estresse e pressão gerados por prazos curtos e inflexíveis. Os profissionais da propaganda costumam ter que estender seu horário normal de trabalho para cumprir os cronogramas de apresentação. Mas as conquistas do trabalho são evidentes, com os resultados das estratégias criativas sendo observados por milhares ou até milhões de pessoas.

As vagas na área de propaganda muitas vezes exigem um MBA. Mas a maioria dos empregos requer apenas um diploma em administração, artes gráficas ou humanidades em geral. Os empregos na propaganda costumam servir de porta de entrada para a gestão de nível mais alto. Além disso, com grandes agências de publicidade abrindo escritórios em todo o mundo, existe a possibilidade de se trabalhar em campanhas globais.

Os salários iniciais na área de propaganda são relativamente baixos em comparação com outras funções do *marketing*, por conta da grande concorrência para vagas em propaganda no nível de iniciante. A remuneração aumenta rapidamente, à medida que você passa para executivo de contas ou outras posições ligadas à gestão. Para mais informações e estimativas, visite as páginas Web da *Advertising Age*, uma importante publicação do setor de propaganda (em www.adage.com, clique no *link* "Jobs") e da American Association of Advertising Agencies (www.aaaa.org).

Gerenciamento de produto e marca

Gerentes de produto e de marca planejam, orientam e controlam os esforços corporativos e de *marketing* para seus produtos. Eles se envolvem em pesquisa e desenvolvimento, embalagem, produção, vendas e distribuição, propaganda, promoção e pesquisa de mercado, bem como em análise e previsão de negócios.

Descrição de cargo

Uma equipe de gerenciamento de marca é composta de pessoas em diversas posições:

- Os *gerentes de marca* orientam o desenvolvimento das estratégias de *marketing* para uma marca específica.
- Os *assistentes do gerente de marca* são responsáveis por alguns elementos estratégicos da marca.
- Os *gerentes de produto* supervisionam diversas marcas que fazem parte de uma linha ou grupo de produtos.
- Os *gerentes de categoria de produtos* dão o direcionamento de várias linhas de uma categoria de produtos.
- Os *analistas de mercado* pesquisam o mercado e fornecem importantes informações estratégicas para os gerentes de projeto.
- Os *diretores de projeto* são responsáveis pela coleta de informações de mercado referentes a um projeto de *marketing* ou produto.
- Os *diretores de pesquisa* supervisionam o planejamento, a realização e a análise de todas as pesquisas organizacionais.

Habilidades necessárias, perspectiva de carreira e salários médios

O gerenciamento de produto e marca requer grande habilidade para a resolução de problemas, capacidade analítica, presença, comunicação e liderança, bem como a aptidão de trabalhar bem em equipe. O gerenciamento de produto requer que o horário de trabalho normal seja estendido, além de envolver uma alta pressão ligada à gestão de grandes projetos. Em empresas de produtos de consumo, o iniciante – que normalmente precisa de um MBA – entra como assistente e aprende o trabalho realizando análises quantitativas e observando o pessoal mais experiente. Ele pode chegar a liderar a equipe, passando mais tarde para a gerência de uma marca mais importante e, em seguida, de várias marcas.

Muitas empresas de produtos organizacionais também contam com gerentes de produto. O gerenciamento de produto é um dos melhores campos de treinamento para futuros diretores. Ele também oferece boas oportunidades de migrar para o *marketing* internacional. Os gerentes de produto recebem salários relativamente altos. Como esse tipo de função incentiva ou exige MBA, o salário inicial tende a ser mais alto do que o de outras áreas do *marketing*, como propaganda ou varejo.

Vendas e gerenciamento de vendas

As oportunidades em vendas e gerenciamento de vendas se apresentam em uma ampla variedade de organizações com e sem fins lucrativos e em empresas de produtos e serviços, incluindo instituições financeiras, seguradoras, empresas de consultoria e organizações governamentais.

Descrição de cargo

Entre as principais funções, estão: vendas ao consumidor, vendas organizacionais, gerência de conta nacional, serviços de apoio, treinamento comercial e gerência de vendas.

- As *vendas ao consumidor* envolvem a venda de produtos e serviços de consumo por meio de varejistas.
- As *vendas organizacionais* envolvem a venda de produtos e serviços para outras organizações.
- A *gerência de conta nacional* supervisiona algumas grandes contas.
- O pessoal dos *serviços de apoio* oferece suporte à força de vendas durante e após a venda de um produto.
- O pessoal do *treinamento comercial* treina os novos contratados e fornece treinamento de reciclagem para toda a força de vendas.
- A *gerência de vendas* inclui uma série de posições, que vão de gerente local a vice-presidente comercial.

A força de vendas tem vida profissional intensa, trabalhando fora do escritório e interagindo com outras pessoas. Ela administra seu próprio tempo e suas atividades. E vendedores bem-sucedidos podem ser muito bem remunerados. A concorrência para cargos bons pode ser intensa. Os trabalhos ligados a vendas se diferenciam, mas algumas posições envolvem muitas viagens, uma longa jornada e trabalho sob pressão. Pode acontecer também de você ser transferido mais de uma vez, indo para as matrizes da empresa e suas filiais regionais. Contudo, atualmente, a maioria das empresas está se esforçando para proporcionar um bom equilíbrio entre a vida profissional e pessoal para seus vendedores e gerentes de vendas.

Habilidades necessárias, perspectiva de carreira e salários médios

O ato de vender possui um foco social – implica a interação com pessoas todos os dias, o dia inteiro. Além de habilidades pessoais, os profissionais de vendas precisam de aptidões relacionadas a vendas e comunicação. A maioria das posições em vendas também requer grande habilidade para a resolução de problemas, capacidade analítica, presença e liderança, bem como criatividade e iniciativa. A capacidade de trabalhar em equipe é algo cada vez mais importante.

A perspectiva de carreira passa da venda local e regional para níveis mais altos de gerenciamento comercial e, em muitos casos, para a alta administração da empresa. Hoje em dia, a maioria das posições de gerência comercial requer formação superior. Cada vez mais, as pessoas em busca de empregos na área comercial adquirem experiência em vendas por meio de um programa de estágio ou uma posição de meio período antes de se formar. As posições na área de vendas são excelentes trampolins para cargos de liderança, com mais CEOs iniciando sua carreira em vendas do que em qualquer outra posição. Isso pode explicar por que a concorrência para os cargos mais altos na área de vendas é tão intensa.

Os salários iniciais em vendas podem ser modestos, mas a remuneração costuma ser complementada por comissões, bônus e outros planos de incentivo. Além disso, muitas posições na área comercial incluem um carro da empresa ou cobertura de despesas com transporte. Os vendedores bem-sucedidos estão entre os funcionários mais bem remunerados das empresas.

Outras funções do *marketing*

Pesquisa de *marketing*

Os pesquisadores de *marketing* conversam com os administradores para identificar não só problemas, mas também as informações necessárias para solucioná-los. Eles elaboram projetos de pesquisa, preparam questionários e amostras, analisam dados, redigem relatórios e apresentam suas descobertas e recomendações para a gerência. Além disso, precisam ter conhecimentos sobre estatística, comportamento do consumidor, psicologia e sociologia. E, com a pesquisa *on-line* se tornando cada vez mais digital, eles têm que entender os prós e os contras de se obter e gerenciar informações *on-line*. Uma pós-graduação ajuda. Oportunidades profissionais se apresentam em fábricas, varejistas, alguns atacadistas, associações comerciais e de setor, empresas de pesquisa de *marketing*, agências de publicidade, órgãos do governo e organizações sem fins lucrativos.

Ciência de dados de *marketing*

O trabalho de um cientista de dados de *marketing* é analisar dados de *marketing* para obter *insights* valiosos do cliente. Os cientistas de dados coletam conjuntos de *big data* e aplicam análises de *marketing* para descobrir *insights* acionáveis e soluções de *marketing*. Eles compartilham esses *insights* e soluções com gerentes de *marketing* para ajudá-los a tomar melhores decisões de *marketing*. Ser um cientista de dados de *marketing* geralmente requer habilidades matemáticas, estatísticas, analíticas e de ciência da computação, além de uma compreensão da estratégia de *marketing*. A maioria dos cientistas de dados tem pelo menos um mestrado.

Gestão de mídias digitais e sociais

O uso explosivo de mídias digitais e sociais criou uma ampla gama de cargos e carreiras de *marketing*, de estrategistas e gerentes de mídia digital e social a planejadores de mídia social, produtores de conteúdo digital, cientistas de dados e analistas de *big data* e gerentes de comunidade *on-line*. Essas posições envolvem vários graus de apoio a fim de desenvolver campanhas de mídia digital e social, desenvolver e gerenciar conteúdo digital em plataformas de mídia social, gerenciar comunidades de marca *on-line*, extrair *insights* de clientes a partir de dados de mídia social e engajar e interagir com clientes por meio de *sites*, dispositivos móveis e mídia social. Tais cargos exigem conhecimento de tecnologias digitais e plataformas de mídia social, como Twitter, Facebook, Instagram, YouTube, LinkedIn, Pinterest e Snapchat.

Varejo

O varejo oferece uma oportunidade precoce para assumir responsabilidades no *marketing*. Entre as principais posições, estão: gerente de loja, gerente regional, comprador, gerente de departamento e vendedor. Os *gerentes de loja* orientam a administração e as operações de uma loja individual. Os *gerentes regionais* administram grupos de lojas em vários estados e informam os resultados à matriz. Os *compradores* selecionam e compram as mercadorias a serem vendidas na loja. O *gerente de departamento* atua como um gerente de loja para um departamento, como vestuário, mas no nível departamental. O *vendedor* vende as mercadorias para os clientes. O varejo pode envolver mudança de endereço, mas normalmente requer poucas viagens, a menos que você seja um comprador. O varejo requer grande habilidade no trato com pessoas e em vendas, uma vez que os varejistas estão em constante contato com os clientes. Entusiasmo, disposição e habilidades de comunicação também são muito úteis para os varejistas.

Os varejistas precisam estender seu horário normal de trabalho, mas suas atividades diárias costumam ser mais estruturadas do que as de outras áreas no *marketing*. Os salários iniciais no varejo tendem a ser baixos, mas a remuneração aumenta à medida que se evolui para a gerência ou uma função especializada.

Planejamento de novos produtos

Pessoas interessadas na área de planejamento de novos produtos podem encontrar oportunidades em diversos tipos de organização. Elas normalmente precisam de bons conhecimentos de *marketing*, pesquisa de *marketing* e previsão de vendas. Precisam também de habilidades organizacionais, para motivar e coordenar outras pessoas, e podem precisar de conhecimento técnico. Geralmente, essas pessoas passam por outras funções do *marketing* antes de entrar no departamento de novos produtos.

Logística de mercado (distribuição)

A logística de mercado, ou distribuição, é uma área ampla e dinâmica, com muitas oportunidades profissionais. Grandes empresas de transporte, fabricantes, atacadistas e varejistas empregam especialistas em logística. Cada vez mais, as equipes de *marketing* integram esses especialistas, e a perspectiva de carreira para gestores de *marketing* inclui funções de logística de mercado. Conhecimentos de métodos quantitativos, finanças, contabilidade e *marketing* proporcionam as habilidades necessárias para entrar na área.

Relações públicas

A maioria das organizações tem um pessoal de relações públicas para se antecipar a problemas com vários públicos, trabalhar com reclamações, lidar com a mídia e desenvolver a imagem corporativa. Pessoas interessadas em relações públicas devem saber falar e escrever com clareza e persuasão, além de precisarem ter formação em jornalismo, comunicações ou humanidades em geral. Os desafios da área são muito variados e orientados para pessoas.

Organizações sem fins lucrativos

Entre as principais posições em organizações sem fins lucrativos, estão a de diretor de *marketing*, diretor de desenvolvimento, coordenador de eventos, especialista em divulgação e estagiário/voluntário. O *diretor de marketing* é responsável por todas as atividades de *marketing* para a organização. O *diretor de desenvolvimento* organiza, gerencia e orienta as campanhas de captação de fundos que possibilitam a sobrevivência de uma organização sem fins lucrativos. O *coordenador de eventos* coordena todos os aspectos dos eventos de captação de fundos, do planejamento inicial até a implementação. O *especialista em divulgação* supervisiona os materiais elaborados para promover conscientização acerca da organização. Apesar de normalmente ser uma posição não remunerada, o *estagiário/voluntário* desempenha várias funções do *marketing*, e esse trabalho pode ser um passo importante para um emprego em período integral.

O terceiro setor normalmente não é adequado para pessoas que são impulsionadas por dinheiro. Em vez disso, a maioria das organizações sem fins lucrativos procura colaboradores com um acentuado espírito comunitário e o desejo de ajudar os outros. Assim, o salário inicial costuma ser inferior ao oferecido por outras áreas do *marketing*. Contudo, quanto maior for a organização sem fins lucrativos, mais chances você terá de aumentar rapidamente sua renda ao caminhar para a alta administração.

Outros recursos

Entidades brasileiras de apoio ao profissional

Aconselhamento profissional – Autoavaliação:

SbCoaching – Associação Brasileira de Coaching (http://www.sbcoaching.com.br)

IBC Coaching (http://www.ibccoaching.com.br)

Feiras profissionais

Talento – Unicamp (Campinas)

Feira Recrutamento e Carreira – FEA/USP (São Paulo)

***Workshop* integrativo** – POLI/USP (São Paulo)

Feiras de profissionais Uniexpo

Obs.: As universidades Mackenzie, PUC e as federais, em geral, costumam realizar esse tipo de feira também.

Estágio e trainee

Vagas (http://www.vagas.com.br/vagas-de-estagio-trainee)

Cia de Talentos (http://www.ciadetalentos.com.br/)

Page Talent (https://www.pagepersonnel.com.br/)

Viva Talentos (http://vivatalentos.com.br/)

Eureca (https://oportunidades.eureca.me/)

Newik (http://www.newik.com.br/)

Empregos

Catho (http://www.catho.com.br)

Infojobs (www.infojobs.com.br)

LinkedIn (https://www.linkedin.com/jobs/)

Desenvolvimento de currículo

InfoJobs (http://educacao.infojobs.com.br/)

Meu Curriculum (http://www.meucurriculum.com/)

Catho On-line (http://www.catho.com.br/carreira-sucesso/modelo-curriculo)

Carta de apresentação

Catho On-line (https://www.catho.com.br/carreira-sucesso/carreira/como-fazer-uma-carta-de-apresentacao-passo-a-passo/)

Vagas (http://www.vagas.com.br/profissoes/dicas/carta-de-apresentacao/)

Dicas de currículo https://www.dicasdecurriculo.com.br/modelos-de-carta-de-apresentacao/

Glossário

Abordagem Etapa da venda em que o vendedor encontra o cliente pela primeira vez.

Acompanhamento Etapa da venda em que o comprador faz um trabalho pós-venda a fim de garantir a satisfação do cliente e mais negócios com ele.

Adaptação de comunicação Estratégia de comunicação global que envolve o ajuste completo das mensagens aos mercados locais.

Adaptação de produto Adequação de um produto para atender às condições ou necessidades locais em mercados estrangeiros.

Administração de *marketing* Arte e ciência de escolher mercados-alvo e construir relacionamentos lucrativos com eles.

Administração por contrato *Joint-venture* em que a empresa fornece sua experiência em administração a uma empresa estrangeira, que entra com o capital; a empresa exporta serviços de administração, e não produtos.

Agência de propaganda Empresa que presta serviços de *marketing* e auxilia outras organizações a planejar, preparar, implementar e avaliar todos os seus programas de propaganda ou parte deles.

Agente Intermediário que representa compradores ou vendedores em uma base mais permanente, desempenha somente algumas funções e não assume a posse das mercadorias.

Ambientalismo Movimento organizado que congrega cidadãos, empresas e órgãos governamentais, com a finalidade de proteger e melhorar o ambiente em que as pessoas vivem hoje e viverão amanhã.

Ambiente cultural Instituições e outras forças que afetam os valores, as percepções, as preferências e os comportamentos básicos da sociedade.

Ambiente de *marketing* Participantes e forças externas ao *marketing* que afetam a capacidade da administração de *marketing* de construir e manter bons relacionamentos com clientes-alvo.

Ambiente econômico Fatores econômicos que afetam o poder de compra e o padrão de gastos dos consumidores.

Ambiente natural Ambiente físico e recursos naturais que são utilizados como insumos pelas empresas ou que são afetados pelas atividades de *marketing*.

Ambiente político Leis, órgãos governamentais e grupos de pressão que influenciam ou limitam várias organizações e indivíduos em determinada sociedade.

Ambiente tecnológico Forças que criam novas tecnologias, gerando novas oportunidades de produto e mercado.

Amostra Segmento da população selecionado para representar a população como um todo em uma pesquisa de *marketing*.

Análise da concorrência Identificação dos principais concorrentes; avaliação dos seus objetivos, estratégias, pontos fortes e fracos e padrões de reação; e seleção dos concorrentes que devem ser atacados ou evitados.

Análise de dados em *marketing* Uso de ferramentas de análise, tecnologias e processos pelos quais os profissionais de *marketing* extraem padrões significativos em *big data* para obter *insights* sobre o cliente e avaliar o desempenho de *marketing*.

Análise de valor para o cliente Análise conduzida para identificar os benefícios que os clientes-alvo valorizam e como eles avaliam o valor relativo das várias ofertas dos concorrentes.

Análise do desempenho Estágio do processo de compra organizacional em que o comprador avalia o desempenho do fornecedor e decide dar continuidade ao acordo, modificá-lo ou desfazê-lo.

Análise do negócio Revisão das projeções de vendas, custos e lucros de um novo produto, para verificar se esses fatores satisfazem os objetivos da empresa.

Análise do ponto de equilíbrio Análise para identificar o ponto a partir do qual as vendas em quantidades e valor passam a gerar lucro com um determinado preço e estrutura de custos.

Análise do portfólio Processo por meio do qual a administração avalia os produtos e os negócios que constituem a empresa.

Análise SWOT Avaliação geral dos pontos fortes, dos pontos fracos, das oportunidades e das ameaças da empresa.

Anúncio *on-line* Propaganda que aparece enquanto os consumidores estão navegando na Internet, a qual inclui propaganda gráfica, *links* patrocinados e classificados *on-line*, entre outras formas.

Aprendizagem Mudanças no comportamento de uma pessoa que acontecem graças à experiência.

Apresentação Etapa da venda em que o vendedor conta a "história do valor" para o comprador, mostrando como a oferta da empresa soluciona seus problemas.

Atacadista Empresa dedicada *principalmente* às atividades de atacado.

Atacadista comercial Negócio de atacado independente que assume a posse das mercadorias com as quais lida.

Atacado Todas as atividades envolvidas na venda de produtos e serviços para aqueles que compram para revenda ou uso comercial.

Atitude Avaliações, sentimentos e tendências, favoráveis ou desfavoráveis, relativamente coerentes de uma pessoa com relação a um objeto ou ideia.

Avaliação das alternativas Estágio do processo de decisão do comprador em que ele utiliza as informações para avaliar as alternativas do conjunto final de marcas.

Baby-boomers Os 72 milhões de pessoas que nasceram entre o período pós-Segunda Guerra Mundial e 1964.

Banco de dados internos Conjuntos eletrônicos de informações sobre o consumidor e o mercado obtidas a partir de fontes de dados que fazem parte da rede da empresa.

Benchmarking Comparação dos produtos e processos da empresa com os dos concorrentes ou das empresas líderes em outros setores, para identificar melhores práticas e descobrir meios de aprimorar a qualidade e o desempenho.

Big data Conjuntos de dados enormes e complexos gerados por tecnologias sofisticadas de última geração para coleta, armazenamento e análise de informações.

Blogs Diários *on-line* nos quais as pessoas postam seus pensamentos, normalmente sobre um tema bem definido.

Brand equity Efeito diferenciador que o conhecimento do nome de marca tem sobre a reação do cliente ao produto e seu *marketing*.

Busca por fornecedores Estágio do processo de compra organizacional em que o comprador tenta encontrar os melhores fornecedores.

Busca por informações Estágio do processo de decisão do comprador em que ele é motivado a buscar mais informações.

Buzz marketing Desenvolvimento de formadores de opinião, incentivando-os a divulgar informações sobre um produto ou serviço para outros membros de suas comunidades.

Cadeia de *markup* Sequência de *markups* utilizada pelas empresas em cada nível de um canal.

Cadeia de valor Rede formada pela empresa, seus fornecedores, seus distribuidores e, por fim, seus clientes, os quais firmam uma parceria em que cada um contribui para melhorar o sistema como um todo a fim de entregar valor para o cliente.

Cadeia de valor interna Conjunto de todos os departamentos internos, o qual realiza atividades de criação de valor para projetar, produzir, comercializar, entregar e apoiar os produtos da empresa.

Cadeia de valor dos serviços Cadeia que liga os lucros da empresa à satisfação do funcionário e do cliente.

Canais de comunicação não pessoal Meios que veiculam mensagens sem contato pessoal nem *feedback*; eles incluem as mídias mais importantes, as atmosferas e os eventos.

Canais de comunicação pessoal Canais por meio dos quais duas ou mais pessoas se comunicam de maneira direta; eles incluem comunicação pessoal, telefone, correio, *e-mail* ou até mesmo mensagens de texto e bate-papo na Internet.

Canal de distribuição convencional Canal que consiste em um ou mais fabricantes, atacadistas e varejistas independentes, no qual cada membro é uma empresa à parte que busca maximizar seus próprios lucros, mesmo que seja à custa do sistema como um todo.

Canal de *marketing* (ou canal de distribuição) Conjunto de organizações interdependentes que ajudam a tornar um produto ou serviço disponível para o consumo ou o uso de um consumidor ou usuário organizacional.

Canal de *marketing* direto Canal que não tem níveis intermediários.

Canal de *marketing* indireto Canal que possui um ou mais níveis intermediários.

Central de distribuição Depósito grande e extremamente automatizado, projetado para receber produtos de diversas fábricas e fornecedores, recolher pedidos, processá-los com eficiência e entregar as mercadorias para os clientes o mais rapidamente possível.

Centro de compras Todos os indivíduos e unidades que participam do processo de tomada de decisão de compra.

Ciclo de vida do produto (CVP) Comportamento das vendas e dos lucros de um produto ao longo de sua vida.

Classes sociais Divisões relativamente permanentes e ordenadas de uma sociedade cujos membros compartilham valores, interesses e comportamentos similares.

Clube de compras Varejista de ponta de estoque que vende uma variedade limitada de artigos de mercearia, eletrodomésticos, roupas e outros produtos, todos com marca, com grandes descontos para seus associados, os quais pagam anuidades.

Cobranding Prática de usar nomes de marca estabelecidos de duas diferentes empresas em um mesmo produto.

Comercialização Venda de um produto no mercado.

Comportamento de compra com dissonância cognitiva reduzida Comportamento de compra do consumidor em situações caracterizadas por alto envolvimento da parte dele, mas por poucas diferenças significativas percebidas entre as marcas.

Comportamento de compra complexo Comportamento de compra do consumidor em situações caracterizadas por alto envolvimento da parte dele e por significativas diferenças percebidas entre as marcas.

Comportamento de compra do consumidor Comportamento de compra dos consumidores finais – indivíduos e famílias que compram produtos e serviços para consumo pessoal.

Comportamento de compra em busca de variedade Comportamento de compra do consumidor em situações caracterizadas por baixo envolvimento da parte dele, mas por significativas diferenças percebidas entre as marcas.

Comportamento de compra habitual Comportamento de compra do consumidor em situações caracterizadas por baixo envolvimento da parte dele e por poucas diferenças significativas percebidas entre as marcas.

Comportamento de compra organizacional Comportamento de compra das organizações que adquirem produtos e serviços para utilizar na produção de outros produtos e serviços que são vendidos, alugados ou fornecidos a terceiros.

Comportamento pós-compra Estágio do processo de decisão do comprador em que ele toma medidas adicionais após a compra, com base em sua satisfação ou insatisfação.

Compra nova Situação de compra em que o comprador adquire o produto ou serviço pela primeira vez.

Compradores Pessoas do centro de compras de uma organização que efetuam a compra.

Comunicação integrada de *marketing* (CIM) A integração e a coordenação cuidadosas dos diversos canais de comunicação da empresa, a fim de transmitir uma mensagem clara, consistente e persuasiva sobre a organização e seus produtos.

Comunidade econômica Grupo de nações que se organizaram com a finalidade de atingir objetivos comuns na regulamentação do comércio internacional.

Conceito de criação A grande ideia, atraente, que dará vida a uma estratégia de mensagem da propaganda um modo distintivo e memorável.

Conceito de produto Versão detalhada da ideia de um novo produto, a qual é expressa em termos que façam sentido para o consumidor.

Concepção de canal total Projeção de canais internacionais que levem em consideração toda a cadeia de abastecimento e o canal de *marketing* globais, formando uma efetiva rede de entrega de valor mundial.

Concessão Dinheiro promocional pago pelos fabricantes aos varejistas em troca de um acordo, no qual os varejistas apresentam os produtos dos fabricantes de determinada maneira.

Conflito de canal Divergência entre os membros do canal de *marketing* com relação a metas, papéis e recompensas – quem deveria fazer o que e o que deveria ganhar com isso.

Controle de *marketing* Mensuração e avaliação dos resultados dos planos e estratégias de *marketing*, adotando medidas corretivas para assegurar que os objetivos sejam alcançados.

Corretor Intermediário que não assume a posse das mercadorias e cuja função é reunir os compradores e vendedores e ajudar nas negociações.

Cotas de vendas Padrão que determina quanto os vendedores devem vender e como as vendas devem ser divididas entre os produtos da empresa.

Crença Pensamento descritivo que uma pessoa tem em relação a algo.

Crowdsourcing Convidar grandes comunidades de pessoas – clientes, funcionários, cientistas e pesquisadores independentes e até mesmo o público em geral – para participar do processo de inovação em novos produtos.

Cultura Conjunto de valores, percepções, desejos e comportamentos básicos que um membro da sociedade adquire de sua família e de outras importantes instituições.

Curva de demanda Curva que mostra o número de unidades que o mercado comprará, em determinado período de tempo, considerando os diferentes preços que podem ser cobrados.

Curva de experiência (ou curva de aprendizagem) Queda no custo médio de produção por unidade proveniente da experiência acumulada em produção.

Customer equity Total do valor ao longo do tempo de todos os clientes da empresa.

Custos fixos (ou indiretos) Custos que não variam com o nível de produção ou de vendas.

Custos totais Soma dos custos fixos e variáveis em qualquer nível de produção.

Custos variáveis Custos que variam diretamente com o nível de produção.

Dados primários Informações coletadas para a finalidade em questão.

Dados secundários Informações que já existem em algum lugar e que foram coletadas para outra finalidade.

Decisão de compra Decisão do comprador sobre qual marca ou produto adquirir.

Decisores Pessoas do centro de compras de uma organização que têm poder formal ou informal para selecionar ou aprovar os fornecedores finais.

Declaração de missão Declaração do propósito da organização – o que ela quer realizar no ambiente maior.

Declaração de posicionamento Declaração que resume o posicionamento da empresa ou da marca da seguinte forma: para (segmento e necessidade que se quer atingir) nossa (marca) é (conceito) que (pontos de diferença).

Defesa da marca pelo cliente Ações pelas quais clientes satisfeitos iniciam interações favoráveis com outras pessoas sobre uma marca.

Defesa do consumidor Movimento organizado que congrega cidadãos e órgãos governamentais, com a finalidade de melhorar a relação de direitos e poderes entre compradores e vendedores.

Definição do mercado-alvo Processo de avaliar a atratividade de cada segmento de mercado e selecionar um ou mais segmentos para entrar.

Demanda derivada Demanda organizacional que, em última instância, é proveniente (deriva) da demanda por bens de consumo.

Demandas Desejos humanos que são apoiados pelo poder de compra.

Demografia Estudo da população humana em termos de tamanho, densidade, localização, idade, sexo, raça, ocupação e outros dados estatísticos.

Desafiante de mercado Empresa que não está na liderança e que luta com afinco para aumentar sua participação de mercado em um setor.

Desconto Redução direta no preço das compras feitas em um determinado período de tempo ou em grandes volumes.

Descrição geral da necessidade Estágio do processo de compra organizacional em que o comprador descreve as características gerais e a quantidade de um item necessário.

Desejos Forma que as necessidades humanas assumem quando são moldadas pela cultura e pela personalidade individual.

Desenvolvimento da estratégia de *marketing* Elaboração de uma estratégia de *marketing* preliminar para um novo produto com base no conceito do produto.

Desenvolvimento de mercado Crescimento da empresa por meio da identificação e do desenvolvimento de novos segmentos de mercado para os produtos atuais da organização.

Desenvolvimento de novos produtos Desenvolvimento de produtos originais, de melhorias e modificações nos produtos existentes e de novas marcas por meio dos esforços de desenvolvimento de produto da empresa.

Desenvolvimento de novos produtos centrado no cliente Desenvolvimento de novos produtos que se concentra em descobrir novas maneiras de solucionar os problemas do cliente e criar para ele experiências satisfatórias.

Desenvolvimento de novos produtos em equipe Desenvolvimento de novos produtos em que os vários departamentos da empresa trabalham juntos, sobrepondo as etapas do processo de desenvolvimento para economizar tempo e aumentar a eficiência.

Desenvolvimento de produto Crescimento da empresa por meio da oferta de produtos novos ou modificados para os segmentos de mercado atuais.

Desenvolvimento do fornecedor Desenvolvimento sistemático de redes de fornecedores parceiros para garantir um fornecimento confiável de produtos e materiais utilizados para fabricar produtos ou revendê-los a terceiros.

Desenvolvimento do produto Desenvolvimento do conceito de produto em um produto físico, para garantir que a ideia do produto possa ser traduzida em uma oferta ao mercado viável.

Desintermediação Eliminação, por parte de fabricantes de produtos e prestadores de serviços, dos intermediários do canal de *marketing* ou a substituição de revendedores tradicionais por tipos de intermediários radicalmente novos.

Determinação de custo-alvo Determinação de preços que começa com um preço de venda ideal e, então, busca os custos que garantirão a cobrança desse preço.

Determinação de preços baseada na concorrência Estabelecimento de preços com base nas estratégias, nos custos, nos preços e nas ofertas ao mercado dos concorrentes.

Determinação de preços baseada no valor para o cliente Estabelecimento do preço com base nas percepções de valor dos compradores, em vez de no custo da empresa.

Determinação de preços baseada nos custos Estabelecimento de preços com base nos custos de produção, distribuição e venda do produto somados a uma taxa justa de retorno pelo esforço e risco.

Determinação de preços de desnatamento (ou *skimming* de mercado) Estabelecimento de altos preços para um novo produto a fim de "desnatar" as receitas, camada após camada, de segmentos dispostos a pagar os preços elevados; com isso, a empresa obtém menos vendas, porém mais lucrativas.

Determinação de preços de penetração de mercado Estabelecimento de baixos preços para um novo produto a fim de atrair um grande número de compradores e conquistar uma grande participação de mercado.

Determinação de preços geográficos Estabelecimento de preços para clientes localizados em diferentes partes de um país ou do mundo.

Determinação de preços para linha de produtos Estabelecimento de gradação de preços entre os diversos produtos em uma linha com base nas diferenças de custos entre os itens, nas avaliações que os clientes fazem das diferentes características e nos preços dos concorrentes.

Determinação de preços para pacotes de produtos Agrupamento de diversos produtos e oferecimento de um pacote a um preço reduzido.

Determinação de preços para produtos complementares Estabelecimento de preços para produtos que devem ser usados juntamente com um produto principal, como lâminas para aparelhos de barbear e jogos para consoles de videogame.

Determinação de preços para produtos opcionais Estabelecimento de preços para produtos opcionais ou acessórios do produto principal.

Determinação de preços para subprodutos Estabelecimento de preços para subprodutos, com a finalidade de tornar o preço do produto principal mais competitivo.

Determinação de preços promocionais Estabelecimento temporário de preços de produtos abaixo dos valores de tabela, e às vezes até do custo, para aumentar as vendas no curto prazo.

Determinação de preços psicológicos Precificação que considera a psicologia dos preços, e não apenas os aspectos econômicos. O preço é usado para dizer algo sobre o produto.

Determinação de preços segmentados Venda de um produto ou serviço por dois ou mais preços, embora a diferença de preços não se baseie em diferenças de custos.

Determinação dinâmica de preços Ajustes contínuos nos preços para atender a características e necessidades de clientes e situações individuais.

Diferenciação Processo de real diferenciação da oferta ao mercado a fim de criar valor superior para o cliente.

Dissonância cognitiva Desconforto do comprador gerado por um conflito pós-compra.

Distribuição exclusiva Concessão a um número limitado de revendedores do direito exclusivo de distribuir os produtos da empresa no território deles.

Distribuição intensiva Colocação dos produtos no maior número possível de pontos de venda.

Distribuição seletiva Uso de mais de um intermediário, mas menos do que o total disposto a comercializar os produtos da empresa.

Diversificação Crescimento da empresa por meio da abertura ou aquisição de negócios que não têm a ver com os atuais produtos e mercados da organização.

Dominador de categoria Grande rede de lojas especializadas que comercializa um vasto sortimento de determinada categoria ou linha de produtos.

Elasticidade de preço Medida da sensibilidade da demanda a mudanças no preço.

Embalagem As atividades de concepção e produção do recipiente ou envoltório de um produto.

Empresa centrada na concorrência Empresa cujos movimentos são baseados, principalmente, nas ações e reações dos concorrentes.

Empresa centrada no cliente Empresa que se concentra no desenvolvimento do cliente ao elaborar suas estratégias de *marketing* e entregar valor superior ao público-alvo.

Empresa centrada no mercado Empresa que, ao elaborar suas estratégias de *marketing*, presta atenção nos clientes e nos concorrentes de maneira equilibrada.

Empresa global Empresa que, por operar em mais de um país, obtém vantagens de *marketing*, de produção, de P&D e financeiras, em seus custos e reputação, que não estão ao alcance dos concorrentes que operam somente no mercado doméstico.

Entrevistas de grupo focal (*focus group*) Entrevista pessoal que consiste em convidar de seis a dez pessoas para um encontro de poucas horas com um moderador treinado, no qual eles conversam sobre um produto, serviço ou organização. O entrevistador "foca" a discussão do grupo em questões importantes.

E-procurement Compra realizada por meio de conexões eletrônicas entre os compradores e os vendedores. Geralmente, ocorrem *on-line*.

Especificação do pedido de rotina Estágio do processo de compra organizacional em que o comprador escreve o pedido final para o(s) fornecedor(es) escolhido(s), listando as especificações técnicas, a quantidade necessária, o prazo de entrega esperado, as políticas de devolução e os termos de garantia.

Especificações do produto Estágio do processo de compra organizacional em que a organização compradora decide quais são as melhores características técnicas do produto para um determinado item e as especifica.

Estágio de crescimento Estágio do CVP em que as vendas do produto começam a subir rapidamente.

Estágio de declínio Estágio do CVP em que as vendas de um produto "minguam" ou "reduzem".

Estágio de introdução Estágio do CVP em que um novo produto é distribuído e disponibilizado para compra.

Estágio de maturidade Estágio do CVP em que o crescimento das vendas de um produto diminui ou permanece estagnado.

Estilo Modo básico e distintivo de expressão.

Estilo de execução Abordagem, estilo, tom, palavras e formato usados para executar a mensagem.

Estilo de vida Padrão de vida de uma pessoa expresso em suas atividades, interesses e opiniões.

Estratégia de atração (*pull*) Estratégia de promoção que demanda um alto gasto com propaganda e promoção voltadas para os consumidores finais com o intuito de induzi-los a comprar o produto, criando uma demanda que "puxa" o produto pelo canal.

Estratégia de *marketing* Lógica de *marketing* por meio da qual a empresa espera criar valor para o cliente e conquistar relacionamentos lucrativos com eles.

Estratégia de *marketing* multicultural Integrar temas étnicos e perspectivas transculturais dentro do *marketing* convencional de uma marca, apelando para as semelhanças de consumidores em segmentos subculturais em vez das diferenças.

Estratégia de pressão (*push*) Estratégia de promoção que demanda o uso da força de vendas e de promoção ao comércio para "empurrar" o produto pelos canais. O fabricante promove o produto para os membros do canal que, por sua vez, o promovem para os consumidores finais.

Estratégia de propaganda Estratégia por meio da qual a empresa realiza seus objetivos de propaganda. Ela consiste em dois elementos principais: a criação das mensagens de propaganda e a seleção da mídia de propaganda.

Estratégias competitivas de *marketing* Estratégias que posicionam solidamente a empresa contra seus concorrentes e lhe conferem a maior vantagem competitiva possível.

Estrutura de força de vendas por cliente (ou mercado) Organização de força de vendas em que os vendedores se especializam em vender só para determinados clientes ou setores.

Estrutura de força de vendas por produto Organização de força de vendas em que os vendedores se especializam em vender apenas uma parte dos produtos ou linhas da empresa.

Estrutura de força de vendas por território Organização de força de vendas que atribui uma área geográfica exclusiva para cada vendedor, o qual vende a linha completa da empresa.

Etapas de decisão de compra Os cinco estágios da jornada do cliente no caminho desde a conscientização de uma marca até a defesa dela para outras pessoas: conscientização, apelo, pesquisa, ação e defesa.

Exportação Ingresso em mercados estrangeiros vendendo mercadorias fabricadas no país de origem, geralmente com pouca modificação.

Extensão de linha Expansão de nomes de marca existentes para novas formas, cores, tamanhos, ingredientes ou sabores em uma categoria de produtos também existente.

Extensão de marca Expansão de um nome de marca existente para uma nova categoria de produtos.

Extensão direta do produto Comercialização de um produto em um mercado estrangeiro sem fazer nenhuma modificação nele.

Fabricação por contrato *Joint-venture* em que a empresa contrata fabricantes do mercado estrangeiro para produzir seu produto ou oferecer seu serviço.

Fechamento Etapa da venda em que o vendedor solicita o pedido ao cliente.

Filiais e escritórios de vendas dos fabricantes Operações de comercialização realizadas por compradores ou vendedores, e não por atacadistas independentes.

Filtros Pessoas do centro de compras de uma organização que controlam o fluxo de informações.

Força de vendas externa (ou força de vendas de campo) Vendedores que ficam na rua visitando clientes.

Força de vendas interna Vendedores que conduzem os negócios de seu escritório, por telefone, pela Internet ou recebendo visitas de compradores potenciais.

Formadores de opinião Pessoas em um grupo de referência que, por conta de suas habilidades, conhecimento, personalidade ou outras características especiais, exercem influência social sobre os demais.

Franquia Associação contratual entre um fabricante, atacadista ou prestador de serviços (um franqueador) e empresários independentes (franqueados), os quais compram os direitos de possuir e operar uma ou mais unidades no sistema de franquia.

Geração de ideias Busca sistemática de ideias para novos produtos.

Geração X Os 55 milhões de pessoas nascidas entre 1965 e 1980, na "escassez de nascimentos" que se seguiu ao *baby-boom*.

Geração Z Pessoas nascidas entre 1997 e 2012 que compõem o mercado com a faixa etária entre a adolescência e os vinte e poucos anos.

Geração Alpha Crianças nascidas depois de 2012, em grande parte filhos dos *millennials*.

Gerenciamento da cadeia de suprimento Gerenciamento dos fluxos de valor agregado de matérias-primas, de produtos finais e de informações relacionadas entre os fornecedores, a empresa, os revendedores e os consumidores finais – fluxos estes que ocorrem nos níveis acima e abaixo da cadeia de suprimento.

Gerenciamento da força de vendas Análise, planejamento, implementação e controle das atividades da força de vendas.

Gerenciamento da logística integrada Conceito logístico que destaca o trabalho em equipe – tanto dentro da empresa como entre todas as organizações que fazem parte do canal de *marketing* –, a fim de maximizar o desempenho do sistema de distribuição com um todo.

Gerenciamento do canal de *marketing* Seleção, gestão e motivação de cada membro do canal, bem como avaliação de seu desempenho ao longo do tempo.

Gerenciamento do relacionamento com o cliente (CRM) Gerenciamento de informações detalhadas sobre clientes individuais e administração cuidadosa dos pontos de contato com eles, a fim de maximizar sua fidelidade.

Gestão do relacionamento com o cliente Todo o processo de construir e manter relacionamentos lucrativos com os clientes, entregando-lhes valor superior e satisfação.

Gestão do relacionamento com o parceiro Trabalhar de perto com parceiros de outros departamentos da empresa ou de fora da organização para, em conjunto, entregar maior valor para os clientes.

Grupo de referência Um grupo que serve como ponto de comparação ou referência direta ou indireta na formação de atitudes ou comportamentos de uma pessoa.

Grupo focal *on-line* Reunião de um pequeno grupo de pessoas *on-line* com um moderador treinado para conversarem sobre um produto, serviço ou organização e obter *insights* qualitativos sobre as atitudes e o comportamento do consumidor.

Grupo estratégico Grupo de empresas em um setor que seguem a mesma estratégia ou uma estratégia similar.

Identificação do problema Estágio do processo de compra organizacional em que a empresa identifica um problema ou uma necessidade que pode ser dissipada com a aquisição de determinado produto ou serviço.

Implementação de *marketing* Transformação dos planos e estratégias de *marketing* em ações para que os objetivos estratégicos de *marketing* sejam atingidos.

Influência do boca a boca Impacto que aquilo que amigos, colegas e consumidores de confiança dizem e recomendam gera no comportamento de compra do consumidor.

Influenciadores Pessoas do centro de compras de uma organização que afetam a decisão de compra; geralmente, ajudam a definir as especificações e também oferecem informações para a avaliação das alternativas.

Inseparabilidade dos serviços Serviços são produzidos e consumidos ao mesmo tempo e não podem ser separados de seus fornecedores.

***Insights* de cliente** Entendimentos sobre os clientes e o mercado derivados de pesquisa de *marketing* que se tornam a base para a criação de valor para os clientes e de relacionamentos com eles.

Intangibilidade dos serviços Serviços não podem ser vistos, provados, sentidos, ouvidos ou cheirados antes da compra.

Inteligência artificial (IA) Tecnologia pela qual as máquinas pensam e aprendem, de maneira que parecem humanas, mas com muito mais capacidade analítica.

Inteligência competitiva de *marketing* Coleta e análise sistemáticas de informações publicamente disponíveis sobre consumidores, concorrentes e acontecimentos no mercado.

Intermediários de *marketing* Organizações que ajudam a empresa a promover, vender e distribuir seus produtos aos compradores finais.

Internet das Coisas (IoT) Um ambiente global onde tudo e todos estão conectados digitalmente a tudo e a todos.

Invenção de produto Criação de novos produtos ou serviços para mercados estrangeiros.

Investimento direto Ingresso em um mercado estrangeiro, desenvolvendo instalações de montagem ou fabricação no país.

Joint-venture Ingresso em mercados estrangeiros, firmando parcerias com empresas do país para produzir ou comercializar um produto ou serviço.

Jornada do cliente A soma das experiências contínuas que os consumidores têm com uma marca que afetam seu comportamento de compra, engajamento e defesa da marca ao longo do tempo.

Licenciamento Ingresso em mercados estrangeiros, firmando um acordo com um licenciado do próprio país.

Líder de mercado Empresa com maior participação de mercado do setor.

Linha de produtos Grupo de produtos que são intimamente relacionados porque funcionam de maneira similar, são vendidos para os mesmos grupos de cliente, são comercializados por meio dos mesmos tipos de pontos de venda ou se enquadram em determinadas faixas de preços.

Logística de *marketing* (ou distribuição física) Planejamento, implementação e controle do fluxo físico de produtos, serviços e informações correlacionadas, desde os pontos de origem até os pontos de consumo, a fim de atender às exigências dos clientes de maneira lucrativa.

Loja de conveniência Loja pequena, localizada perto de áreas residenciais, que funciona em horários prolongados, durante a semana inteira, e comercializa uma linha limitada de produtos de conveniência de alto giro.

Loja de departamento Loja de varejo que comercializa uma ampla variedade de linhas de produtos, cada uma delas é operada como um departamento à parte, administrado por compradores ou profissionais de *marketing* especializados.

Loja de desconto Operação de varejo que comercializa mercadorias-padrão a preços menores, aceitando margens mais baixas e vendendo volumes mais altos.

Loja de fábrica Operação de varejo de ponta de estoque que pertence e é administrada por um fabricante, comercializa produtos excedentes, com pequenos defeitos e realiza liquidações contínuas.

Loja especializada Loja de varejo que comercializa poucas linhas de produto, com um grande sortimento em cada linha.

Loja de ponta de estoque independente Varejista de ponta de estoque que pertence a um grupo independente e é operado por ele ou, então, é uma divisão de uma corporação varejista de maior porte.

Macroambiente Forças societais mais amplas que afetam o microambiente. São elas: forças demográficas, econômicas, naturais, tecnológicas, políticas e culturais.

Marca Nome, termo, sinal, símbolo ou design – ou uma combinação desses elementos – que identifica os produtos ou serviços de um vendedor ou grupo de vendedores e os diferencia dos oferecidos pelos concorrentes.

Marca própria (ou marca de varejo) Marca criada por um revendedor de um produto ou serviço e de propriedade dele.

Marcas direto ao consumidor (D2C) Marcas que evitam a concorrência direta com marcas tradicionais estabelecidas, vendendo e enviando diretamente aos consumidores apenas por meio de canais *on-line* e móveis.

Marketing Processo pelo qual as empresas criam valor para os clientes e constroem fortes relacionamentos com eles a fim de, em troca, capturar valor deles.

***Marketing* ao comprador (*shopper*)** Utilização de promoções e propagandas dentro das lojas com o intuito de ampliar o brand equity para "o último passo" e incentivar decisões favoráveis nos pontos de compra.

***Marketing* com senso de missão** Princípio de *marketing* sustentável segundo o qual a empresa deve definir sua missão em termos sociais amplos, e não em termos limitados de produto.

***Marketing* concentrado (ou de nicho)** Estratégia de cobertura de mercado em que a empresa busca uma grande participação em um ou em alguns poucos segmentos ou nichos.

***Marketing* de catálogo** *Marketing* direto realizado por meio de catálogos impressos, em vídeo ou digitais, os quais são enviados por correio para clientes selecionados, disponibilizados em lojas ou apresentados *on-line*.

***Marketing* de conteúdo** Consiste em criar, inspirar e compartilhar mensagens de marca e conversas com e entre consumidores em uma mistura fluida de canais pagos, próprios, conquistados e compartilhados.

***Marketing* de engajamento com o cliente** *Marketing* que torna a marca uma parte significativa das conversas e da vida dos consumidores, promovendo o envolvimento direto e contínuo do cliente na formação de conversas, experiências e comunidade da marca.

***Marketing* de eventos (ou patrocínio de eventos)** *Marketing* que consiste em criar um evento para uma marca ou, então, ser patrocinador único ou um dos participantes de eventos criados por outros.

***Marketing* de influenciadores** Recrutamento de influenciadores estabelecidos ou criação de novos influenciadores para divulgar as marcas de uma empresa.

***Marketing* de mala direta** *Marketing* que envolve enviar uma oferta, anúncio, lembrete ou outro item diretamente para uma pessoa, em um determinado endereço.

***Marketing* de mídia digital e social B2B (empresa-empresa)** Uso de abordagens de *marketing* de mídia digital e social para engajar clientes organizacionais e gerenciar relacionamentos com clientes em qualquer lugar, a qualquer hora.

***Marketing* de televendas** *Marketing* direto por meio da televisão que inclui propaganda interativa (ou infomercial) que descreve um produto de forma persuasiva e fornece aos clientes um número gratuito ou um *site on-line* para pedidos.

***Marketing* de valor para o cliente** Princípio de *marketing* sustentável segundo o qual a empresa deve aplicar a maior parte de seus recursos em investimentos de *marketing* voltados à construção de valor para o cliente.

***Marketing* diferenciado (ou segmentado)** Estratégia de cobertura de mercado em que a empresa decide se voltar para diversos segmentos de mercado e desenvolve ofertas separadas para cada um deles.

***Marketing* digital e de mídia social** Utilização de ferramentas de *marketing* digital, como *sites*, mídia social, aplicativos e anúncios móveis, vídeo *on-line*, *e-mail* e *blogs* para engajar os consumidores em qualquer lugar, a qualquer momento, por meio de seus dispositivos digitais.

***Marketing* direto e digital** Engajamento direto com consumidores individuais cuidadosamente definidos como alvo e com comunidades de clientes, com o objetivo de obter resposta imediata e cultivar relacionamentos duradouros.

***Marketing* gerado pelo consumidor** Trocas referentes à marca geradas pelos próprios consumidores, que são convidados ou não para fazer isso. Por meio dessas trocas, os consumidores estão desempenhando um papel cada vez maior na formatação de suas próprias experiências com a marca e na de outros consumidores.

***Marketing* global adaptado** Abordagem de *marketing* internacional que ajusta a estratégia de *marketing*, bem como os elementos do *mix* de *marketing*, a cada mercado – alvo internacional – o que gera mais custo, mas, espera-se, leva a maiores participações de mercado e retorno.

***Marketing* global padronizado** Estratégia de *marketing* internacional que, basicamente, utiliza não só a mesma estratégia de *marketing*, mas também o mesmo *mix* de *marketing*, em todos os mercados internacionais da empresa.

***Marketing* indiferenciado (ou de massa)** Estratégia de cobertura de mercado em que a empresa decide ignorar as diferenças nos segmentos do mercado e se voltar para o mercado total com uma única oferta.

***Marketing* individual** Desenvolvimento de produtos e programas de *marketing* sob medida para atender às necessidades e às preferências de clientes individuais.

***Marketing* inovador** Princípio de *marketing* sustentável o qual requer que a empresa busque melhorias reais de produto e *marketing*.

***Marketing* interativo** Treinamento dos funcionários de serviços na arte de interagir com os clientes para satisfazer suas necessidades.

***Marketing* interno** Orientação e motivação dos funcionários que lidam com os clientes, bem como de todo o pessoal que oferece serviços de apoio, para que trabalhem em equipe a fim de fornecer satisfação aos clientes.

***Marketing* local** Desenvolvimento de marcas e *marketing* sob medida para atender às necessidades e aos desejos de grupos de cliente locais – cidades, bairros e até mesmo lojas específicas.

***Marketing* móvel** Mensagens, promoções e outros conteúdos de *marketing* dirigidos a consumidores em movimento por meio de seus dispositivos móveis.

Marketing on-line *Marketing* via internet usando *sites* da empresa, anúncios e promoções *on-line*, *e-mail*, vídeo *on-line* e *blogs*.

***Marketing* orientado ao consumidor** Princípio de *marketing* sustentável segundo o qual a empresa deve ver e organizar suas atividades de *marketing* do ponto de vista do consumidor.

Marketing* por *e-mail Envio de mensagens de *marketing* altamente direcionadas, extremamente personalizadas e voltadas para a construção de relacionamentos por *e-mail*.

***Marketing* social** Utilização de conceitos e ferramentas de *marketing* tradicionais em programas desenvolvidos para influenciar o comportamento de indivíduos, a fim de melhorar o bem-estar deles e da sociedade.

***Marketing* social hiperlocal** Segmentação baseada em localização de consumidores em comunidades ou bairros locais por meio de mídias digitais e sociais.

***Marketing* societal** Princípio de *marketing* sustentável segundo o qual a empresa deve tomar decisões de *marketing* com base nos desejos dos consumidores, nas exigências da organização e nos interesses de longo prazo tanto dos consumidores como da sociedade.

***Marketing* sustentável** *Marketing* responsável em termos sociais e ambientais, que atende às necessidades atuais dos consumidores e das empresas ao mesmo tempo em que preserva ou intensifica a capacidade das gerações futuras de atender às necessidades delas.

***Marketing* viral** Versão da Internet para o *marketing* boca a boca. São *sites*, vídeos, mensagens enviadas por *e-mail* ou aplicativos, anúncios ou outras ações de *marketing* tão contagiantes que os clientes as procuram ou repassam para os amigos.

Matriz de crescimento mercado/produto Ferramenta de planejamento de portfólio que identifica as oportunidades de crescimento da empresa por meio de penetração de mercado, desenvolvimento de mercado, desenvolvimento de produto ou diversificação.

Matriz de crescimento/participação Método de planejamento de portfólio que avalia as UENs da empresa em termos da taxa de crescimento do mercado e da participação de mercado relativa.

Mercado Conjunto de compradores atuais e potenciais de um produto ou serviço.

Mercado-alvo Conjunto de compradores com necessidades ou características em comum a que a empresa decide atender.

Mercado consumidor Todos os indivíduos ou famílias que compram ou adquirem produtos e serviços para consumo pessoal.

Mercado governamental Unidades do governo – federais, estaduais e locais – que compram ou alugam produtos e serviços para executar as principais funções do governo.

Mercado institucional Escolas, hospitais, casas de repouso, presídios e outras instituições que oferecem produtos e serviços para as pessoas que estão sob seus cuidados.

Método da paridade com a concorrência Definição do orçamento de promoção para se equiparar aos gastos dos concorrentes.

Método da porcentagem sobre as vendas Definição do orçamento de promoção como uma determinada porcentagem das vendas atuais ou previstas ou, então, como uma porcentagem do preço unitário de venda.

Método de objetivos e tarefas Definição do orçamento de promoção por meio (1) do estabelecimento dos objetivos específicos de promoção, (2) da determinação das tarefas necessárias para atingir esses objetivos e (3) da estimativa dos custos para realizar essas tarefas. A soma desses custos corresponde ao orçamento de promoção proposto.

Método dos recursos disponíveis Definição do orçamento de promoção no nível que a administração tem disponibilidade para gastar.

Microambiente Agentes próximos à empresa que afetam sua capacidade de atender seus clientes. São eles: a própria empresa, fornecedores, intermediários de *marketing*, mercados de clientes, concorrentes e públicos.

Micro*marketing* Desenvolvimento de produtos e programas de *marketing* sob medida para atender às necessidades e aos desejos de pessoas e segmentos de cliente específicos; inclui o *marketing local* e o *marketing individual*.

Mídia de propaganda Veículos por meio dos quais as mensagens de propaganda são transmitidas para o público que se pretende atingir.

Mídias sociais Redes sociais *on-line* independentes e comerciais onde as pessoas se reúnem para socializar e compartilhar mensagens, opiniões, fotos, vídeos e outros conteúdos.

***Millennials* (ou geração Y)** Os 75 milhões de filhos dos *baby-boomers* nascidos entre 1981 e 1996.

Miopia de *marketing* Erro de prestar mais atenção aos produtos específicos que uma empresa oferece do que aos benefícios e à experiência gerados por esses produtos.

Mix* de *marketing Conjunto de ferramentas táticas de *marketing* – produto, preço, praça, promoção – que a empresa combina para gerar a resposta que deseja no mercado-alvo.

***Mix* de produtos (ou composto de produtos)** Conjunto de todas as linhas de produtos e itens que uma determinada empresa oferece para venda.

***Mix* de promoção (ou composto de comunicação de *marketing*)** Combinação específica de ferramentas de promoção que a empresa utiliza para, de maneira persuasiva, comunicar o valor para o cliente e construir relacionamento com ele.

Moda Estilo atualmente aceito ou popular em uma determinada área.

Modismo Período temporário de vendas excepcionalmente altas motivadas pelo entusiasmo do consumidor e pela popularidade imediata do produto ou marca.

Motivo (ou impulso) Necessidade que é suficientemente forte para fazer com que a pessoa busque satisfazê-la.

Necessidades Situações de privação percebida.

Nível de canal Faixa de intermediários de *marketing* que realizam algum tipo de trabalho para aproximar do comprador final o produto e sua posse.

Novo produto Bem, serviço ou ideia tido como novo por alguns clientes potenciais.

Objetivo da propaganda *Tarefa* específica de comunicação a ser realizada para um certo *público-alvo* durante um período de *tempo* determinado.

Ocupante de nicho Empresa que atende a segmentos pequenos, os quais as outras organizações no setor ignoram.

Oferta ao mercado Combinação de produtos, serviços, informações e experiências oferecida a um mercado para satisfazer uma necessidade ou um desejo.

Operador logístico terceirizado Provedor de serviços de logística independente que conduz parte ou a totalidade das atividades necessárias para levar o produto de um cliente ao mercado.

Orçamento de propaganda Dinheiro e outros recursos alocados no programa de propaganda de um produto ou empresa.

Organização de franquia Sistema vertical de *marketing*, contratual, em que um membro do canal, chamado de franqueador, liga diversos estágios do processo de produção-distribuição.

Orientação de *marketing* Filosofia segundo a qual o alcance das metas organizacionais depende do conhecimento das necessidades e dos desejos dos mercados-alvo, bem como da entrega da satisfação desejada com mais eficiência que os concorrentes.

Orientação de *marketing* societal Ideia de que as decisões de *marketing* da empresa devem levar em conta os desejos dos consumidores, as exigências da organização, os interesses de longo prazo dos consumidores e os interesses de longo prazo da sociedade.

Orientação de produção Ideia de que os consumidores preferem os produtos disponíveis e altamente acessíveis; assim, a organização deve se concentrar em melhorar a eficiência da produção e da distribuição.

Orientação de produto Ideia de que os consumidores dão preferência a produtos que oferecem mais qualidade, desempenho e atributos; assim, a organização deve voltar sua energia para a promoção de melhorias constantes no produto.

Orientação de vendas A ideia de que os consumidores somente comprarão uma quantidade satisfatória de produtos da empresa se ela vender em larga escala e realizar promoções.

Participação de cliente Parcela das compras do cliente que uma empresa obtém em sua categoria de produto.

Penetração de mercado Crescimento da empresa por meio de aumento nas vendas dos produtos e nos segmentos de mercado atuais, sem alterar o produto.

Percepção Processo pelo qual as pessoas selecionam, organizam e interpretam as informações para formar uma visão significativa do mundo.

Perecibilidade dos serviços Serviços não podem ser armazenados para venda ou uso posterior.

Personalidade Conjunto de características psicológicas singulares que distinguem uma pessoa ou grupo.

Pesquisa causal Pesquisa de *marketing* para testar hipóteses sobre as relações de causa e efeito.

Pesquisa de levantamento Coleta de dados primários que envolve fazer perguntas às pessoas sobre seu conhecimento, atitudes, preferências e comportamento de compra.

Pesquisa de *marketing* Elaboração, coleta, análise e registro sistemáticos de dados relevantes sobre uma situação de *marketing* específica com a qual uma organização se depara.

Pesquisa de *marketing on-line* Coleta de dados primários *on-line* por meio de levantamentos pela Internet, grupos de foco *on-line*, pesquisas experimentais baseadas na Web ou monitoramento do comportamento do consumidor *on-line*.

Pesquisa descritiva Pesquisa de *marketing* para descrever melhor problemas de *marketing*, situações ou mercados, como o potencial de mercado para um produto ou os dados demográficos e as atitudes dos consumidores.

Pesquisa etnográfica Forma de pesquisa por observação que envolve enviar observadores treinados para analisar consumidores e interagir com eles em seu "habitat natural".

Pesquisa experimental Coleta de dados primários que consiste em selecionar grupos experimentais, submeter esses grupos a diferentes tratamentos, controlar fatores externos não associados e verificar as diferenças nas respostas desses grupos.

Pesquisa exploratória Pesquisa de *marketing* para coletar informações preliminares que ajudarão a definir o problema e a sugerir hipóteses.

Pesquisa por observação Coleta de dados primários por meio da observação de pessoas, ações e situações relevantes.

Planejamento estratégico Processo de desenvolver e manter um alinhamento estratégico entre os objetivos e capacidades da organização e suas oportunidades de *marketing* em mutação.

Portfólio de negócios Conjunto de negócios e produtos que constituem a empresa.

Posicionamento Processo de fazer com que um produto ocupe um lugar claro, distinto e desejável na mente dos consumidores-alvo em relação aos produtos concorrentes.

Posicionamento do produto Maneira como o produto é definido pelos consumidores em termos de seus atributos importantes – é o lugar que o produto ocupa na mente dos consumidores em relação aos produtos concorrentes.

Pré-abordagem Etapa da venda em que o vendedor busca aprender o máximo possível sobre um cliente potencial antes de entrar em contato com ele.

Preço Quantia em dinheiro que se cobra por um produto ou serviço ou a soma dos valores que os clientes trocam pelos benefícios de se ter ou utilizar um produto ou serviço.

Preço baseado em bom valor Oferecimento da combinação certa de qualidade e bons serviços a um preço justo.

Preço CIF (com frete incluso) Estratégia de precificação geográfica em que a empresa vendedora absorve todo o custo de frete ou parte dele para conseguir o negócio que deseja.

Preço de entrega unificado Estratégia de precificação geográfica em que a empresa cobra o mesmo preço, incluindo o frete, de todos os clientes, independentemente de sua localização.

Preço de ponto de equilíbrio (preço de lucro-alvo) Estabelecimento de preço em que os custos de produção e *marketing* se igualam e geram um nível de lucro-alvo.

Preço de ponto de origem Estratégia de precificação geográfica em que a empresa vendedora escolhe determinada cidade para ser o ponto de origem e cobra de todos os clientes o custo de frete daquela cidade até a localização dos clientes.

Preço de valor agregado Acréscimo de características e serviços de valor agregado às ofertas para diferenciá-las e cobrar preços mais altos.

Preço FOB Estratégia de precificação geográfica em que as mercadorias são "postas a bordo" do meio de transporte escolhido; os clientes pagam o frete da fábrica até o destino.

Preço personalizado Ajuste de preços em tempo real para atender às necessidades, situações, locais e comportamentos de compra de cada cliente.

Preço por custo mais margem (ou preço de *markup*) Acréscimo de um *markup*-padrão (margem arbitrária) aos custos do produto.

Preço por zona Estratégia de precificação geográfica em que a empresa define duas ou mais zonas. Todos os clientes dentro de determinada zona pagam o mesmo preço total; quanto mais distante a zona, mais alto o preço.

Preços de referência Preços que os compradores têm em mente e usam como referência ao analisar um determinado produto.

Processo de adoção Processo mental pelo qual passa um indivíduo do momento em que ouve falar de uma inovação pela primeira vez até a adoção final.

Processo de compra organizacional Processo de decisão por meio do qual os compradores organizacionais determinam quais produtos e serviços suas organizações precisam comprar e, em seguida, encontram e avaliam fornecedores e marcas alternativos, fazendo, por fim, suas escolhas.

Processo de vendas Etapas que os vendedores devem seguir ao vender, que incluem prospecção e qualificação, pré-abordagem, abordagem, apresentação de demonstração, tratamento de objeções, fechamento e acompanhamento.

Produto Qualquer coisa que pode ser oferecida a um mercado para apreciação, aquisição, uso ou consumo e que pode satisfazer um desejo ou uma necessidade.

Produto de compra comparada Produto de consumo em que o cliente, no processo de seleção de compra, costuma comparar características como adequabilidade, qualidade, preço e estilo.

Produto de consumo Produto comprado por consumidores finais para uso próprio.

Produto de conveniência Produto de consumo que os clientes geralmente compram com frequência, rapidez e o mínimo de comparação e esforço.

Produto de especialidade Produto de consumo com características singulares ou identificação de marca pela qual um grupo significativo de compradores está disposto a fazer um esforço especial de compra.

Produto não procurado Produto de consumo que o cliente não conhece ou que conhece, mas, em geral, não pensa em comprar.

Produto organizacional Produto comprado por indivíduos ou organizações para processamento posterior ou para uso na condução de um negócio.

Produtos agradáveis Produtos que possuem grande apelo imediato, mas que podem prejudicar os consumidores no longo prazo.

Produtos benéficos Produtos que têm baixo apelo imediato, mas que beneficiam os consumidores no longo prazo.

Produtos desejáveis Produtos que geram grande apelo imediato, bem como benefícios no longo prazo.

Produtos inadequados Produtos que não oferecem nem apelo imediato nem benefícios no longo prazo.

Projeto do canal de *marketing* Elaboração de um projeto de canal de *marketing* eficiente por meio da análise das necessidades dos consumidores, do estabelecimento dos objetivos dos canais, da identificação das principais alternativas do canal e da avaliação dessas alternativas.

Promoção de vendas Incentivos de curto prazo para estimular a compra ou a venda de um produto ou serviço.

Promoções dirigidas ao canal de distribuição Ferramentas de promoção de vendas usadas para persuadir os revendedores a comercializar determinada marca, dar a ela espaço na prateleira, promovê-la por meio de propaganda e incentivar os consumidores a comprá-la.

Promoções dirigidas ao consumidor Ferramentas de promoção de vendas usadas para aumentar a compra e o envolvimento por parte dos clientes no curto prazo ou para intensificar o relacionamento no longo prazo.

Promoções dirigidas às empresas Ferramentas de promoção de vendas usadas para gerar oportunidades de negócios, estimular compras, recompensar clientes e motivar a equipe de vendas.

Propaganda Qualquer forma paga de apresentação e promoção não pessoais de ideias, produtos ou serviços feita por um patrocinador identificado.

Propaganda nativa Propaganda ou outro conteúdo *on-line* produzido pela marca que se parece em forma e função como qualquer outro conteúdo natural que o cerca em uma plataforma da Web ou de mídia social.

Proposta de valor Posicionamento completo de uma marca – o *mix* total de benefícios sobre os quais ela é posicionada.

Propriedade conjunta Empreendimento cooperativo em que a empresa cria um negócio local com investidores no mercado estrangeiro, compartilhando a propriedade e o controle.

Prospecção Etapa da venda em que o vendedor ou a empresa identifica clientes potenciais qualificados.

Público Qualquer grupo que tenha interesse real ou potencial na capacidade da organização em atingir seus objetivos ou que possa causar impacto nessa capacidade.

Qualidade do produto Características de um produto ou serviço que sustentam sua capacidade de satisfazer necessidades expressas ou implícitas dos clientes.

Recompra modificada Situação de compra organizacional em que o comprador quer modificar as especificações, os preços, as condições ou os fornecedores do produto.

Recompra simples Situação de compra organizacional em que o comprador repete o pedido, rotineiramente, sem nenhuma modificação.

Reconhecimento da necessidade Primeiro estágio do processo de decisão do comprador, em que ele reconhece um problema ou uma necessidade.

Redes corporativas Dois ou mais pontos de venda de propriedade e controle comuns.

Redes sociais *on-line* Comunidades *on-line* – *blogs*, *sites* e outras comunidades *on-line* – em que as pessoas socializam e trocam informações e opiniões.

Relações públicas (RP) Desenvolvimento de boas relações com os diversos públicos da empresa por meio da obtenção de publicidade favorável, construção de uma boa imagem corporativa e administração ou contenção de boatos, histórias ou eventos desfavoráveis.

Retorno sobre o investimento (ROI) Medida de eficácia e eficiência gerencial – trata-se do lucro líquido antes dos impostos dividido pelo investimento total.

Retorno sobre o investimento em *marketing* (ou ROI em *marketing*) Retorno líquido de um investimento em *marketing* dividido pelos custos do investimento em *marketing*.

Retorno sobre o investimento em propaganda Retorno líquido do investimento em propaganda dividido pelos custos do investimento nela.

Satisfação do cliente Grau em que o desempenho que o cliente percebe do produto corresponde às suas expectativas.

Segmentação comportamental Divisão de um mercado em segmentos com base no conhecimento que os consumidores possuem sobre um produto, nas atitudes que têm direcionadas a ele, no uso que fazem desse produto e em suas reações a ele.

Segmentação comportamental (*on-line*) Uso de dados e análises de rastreamento de consumidores *on-line* para direcionar anúncios e ofertas de *marketing* a consumidores específicos.

Segmentação de mercado Divisão de um mercado em grupos distintos de compradores que têm diferentes necessidades, características ou comportamentos e que poderiam exigir produtos ou programas de *marketing* diferenciados.

Segmentação demográfica Divisão de um mercado em segmentos com base em variáveis como idade, estágio no ciclo de vida, gênero, renda, ocupação, grau de instrução, religião, etnia e geração.

Segmentação geográfica Divisão de um mercado em diferentes unidades geográficas, como países, regiões, estados, cidades ou até mesmo bairros.

Segmentação intermercados (ou de mercado cruzada) Formação de segmentos de consumidores que possuem necessidades e comportamentos de compra similares, mesmo estando em países diferentes.

Segmentação por benefício Divisão de um mercado em segmentos de acordo com os diferentes benefícios que os consumidores procuram em um produto.

Segmentação por gênero Divisão de um mercado em diferentes segmentos com base no gênero.

Segmentação por idade e ciclo de vida Divisão de um mercado em diferentes grupos de idade e ciclo de vida.

Segmentação por ocasião Divisão de um mercado em segmentos de acordo com ocasiões, quando os consumidores têm a ideia de comprar, realizam de fato a compra ou utilizam o item comprado.

Segmentação por renda Divisão de um mercado em diferentes segmentos de renda.

Segmentação psicográfica Divisão de um mercado em diferentes grupos com base na classe social, no estilo de vida ou em traços da personalidade.

Segmento de mercado Grupo de consumidores que reagem de maneira similar a determinado conjunto de esforços de *marketing*.

Seguidora de mercado Empresa que não está na liderança e que quer manter sua participação no setor sem causar problemas.

Seleção de ideias Seleção de ideias para novos produtos, com objetivo de identificar as ideias boas e descartar as ruins o mais rápido possível.

Seleção do fornecedor Estágio do processo de compra organizacional em que o comprador analisa as propostas e seleciona um ou mais fornecedores.

Serviço Atividade, benefício ou satisfação oferecida para venda que é essencialmente intangível e não resulta na posse de nada.

Shopping center Grupo de negócios de varejo de propriedade conjunta, planejado, desenvolvido e administrado como uma unidade.

Sistema de informações de *marketing* (SIM) Pessoas e procedimentos voltados para a avaliação das necessidades de informações, o desenvolvimento das informações necessárias e o auxílio aos tomadores de decisão no uso das informações para gerar e validar *insights* de cliente e mercado que possam ser utilizados.

Sistema horizontal de *marketing* Estrutura de canal na qual duas ou mais empresas em um nível se juntam para explorar uma nova oportunidade de *marketing*.

Sistema multicanal de distribuição Sistema de distribuição em que uma única empresa estabelece dois ou mais canais de *marketing* para alcançar um ou mais segmentos de clientes.

Sistema vertical de *marketing* (SVM) Estrutura de canal em que fabricantes, atacadistas e varejistas atuam como um sistema unificado. Um membro do canal é dono dos outros, trabalha com eles sob contrato ou tem tanto poder que todos os outros cooperam.

***Site* de comunidade de marca** Um *site* que apresenta conteúdo de marca que engaja os consumidores e cria uma comunidade de clientes em torno de uma marca.

Site* de *marketing *Site* que interage com os consumidores para deixá-los mais perto de uma compra direta ou de outro resultado de *marketing*.

Solicitação da proposta Estágio do processo de compra organizacional em que o comprador pede que os fornecedores qualificados apresentem propostas.

Spam Mensagens de *e-mail* comerciais, não solicitados e indesejadas.

Subcultura Grupo de pessoas que compartilham os mesmos sistemas de valor com base em situações e experiências de vida em comum.

Superloja Loja muito maior do que um supermercado normal que oferece um grande sortimento de produtos alimentícios, itens não alimentícios e serviços adquiridos regularmente.

Supermercado Loja de autosserviço grande, de baixo custo, baixa margem e alto volume, que comercializa uma ampla variedade de artigos de mercearia e produtos para a casa.

Sustentabilidade ambiental Desenvolvimento de estratégias e práticas que criam uma economia mundial que o planeta pode sustentar indefinidamente.

Sustentabilidade ambiental Abordagem de gestão que implica o desenvolvimento de estratégias voltadas não só para a preservação do meio ambiente, mas também para a geração de lucros para a empresa.

SVM administrado Sistema vertical de *marketing* em que sucessivas etapas de produção e distribuição são coordenadas por meio do tamanho e do poder de uma das partes.

SVM contratual Sistema vertical de *marketing* que consiste em empresas independentes, em diferentes níveis de produção e distribuição, que se unem por meio de contratos.

SVM corporativo Sistema vertical de *marketing* que integra as sucessivas etapas de produção e distribuição sob um único proprietário – a liderança do canal é estabelecida por meio da propriedade comum.

Tele*marketing* Utilização do telefone para vender diretamente aos clientes.

Teste de conceito Realização de teste dos conceitos de um novo produto com um grupo de consumidores-alvo, a fim de descobrir se os conceitos têm forte apelo para o consumidor.

Teste de mercado Etapa do desenvolvimento do novo produto em que o produto e o programa de *marketing* para ele proposto são testados em ambientes de mercado realistas.

Transporte intermodal Combinação de dois ou mais meios de transporte.

Tratamento de objeções Etapa da venda em que o vendedor busca, clarifica e resolve quaisquer objeções que o cliente tenha à compra.

Troca Ato de obter de alguém um objeto desejado oferecendo algo em contrapartida.

Usuários Membros da organização compradora que vão usar o produto ou serviço adquirido.

Valor do cliente ao longo do tempo Valor de todas as compras que o cliente faz ao longo de uma vida inteira de fidelidade.

Valor percebido pelo cliente Avaliação que o cliente faz da diferença entre todos os benefícios e todos os custos de uma oferta ao mercado em relação às ofertas concorrentes.

Vantagem competitiva Vantagem sobre os concorrentes obtida por meio do fornecimento de mais valor para os clientes, seja diminuindo os preços ou oferecendo mais benefícios que justificam preços mais altos.

Varejista Empresa cujas vendas vêm, *primordialmente*, do varejo.

Varejista de ponta de estoque Varejista que compra do atacado a preços mais baixos que o normal e cobra menos do que o varejo e majoritariamente comercializa produtos defasados e de saldos.

Varejista de serviços Varejista cuja linha de produtos é, na verdade, um serviço; exemplos incluem hotéis, companhias aéreas, bancos e faculdades, entre muitos outros.

Varejo Todas as atividades envolvidas na venda de produtos ou serviços diretamente a consumidores finais para seu uso pessoal, e não organizacional.

Varejo *omnichannel* Conceito que busca criar uma experiência de compra perfeita em vários canais que integra compras na loja, *on-line* e móvel.

Variabilidade dos serviços A qualidade dos serviços pode variar muito, dependendo de quem os fornece, bem como de quando, onde e como são fornecidos.

Venda de sistemas (ou venda de soluções) Compra de um pacote de soluções de uma única empresa, evitando assim todas as decisões individuais envolvidas em uma situação de compra complexa.

Venda em equipe Uso de pessoas das áreas de vendas, *marketing*, engenharia, finanças, suporte técnico e até mesmo da alta administração para atender a contas grandes e complexas.

Venda pessoal Apresentação pessoal feita pela força de vendas da empresa com o propósito de realizar vendas e desenvolver relacionamento com os clientes.

Venda social Uso de mídias *on-line*, móvel e social para engajar os clientes, construir relacionamentos mais fortes com eles e aumentar o desempenho das vendas.

Vendedor Indivíduo que representa uma empresa para os clientes desempenhando uma ou mais das seguintes atividades: prospectando, comunicando, vendendo, servindo, colhendo informações e construindo relacionamentos.

Notas

Capítulo 1

1. Mark Wilson, "Amazon Is About to Take More of Your Money, and You Won't Even Notice," *Fast Company*, 5 mar. 2019, www.fastcompany.com/90314115/amazon-is-about-to-takeeven-more-of-your-money-and-you-wont-even-notice; Daniel Keyes, "Amazon Go Is Spelling Trouble for Quick-Service Stores," *Business Insider*, 21 fev. 2019, https://www.businessinsider.com/retailers-worried-about-amazon-go-2019-2; Jeff Haden, "20 Years Ago, Jeff Bezos Said This One Thing Separates People Who Achieve Lasting Success from Those Who Don't," *Inc.*, 6 nov. 2017, ww.inc.com/jeffhaden/20-years-ago-jeff-bezos-said-this-1-thing-separatespeople-who-achieve-lasting-success-from-those-who-dont.html; Noah Robischon, "Why Amazon Is the World's Most Innovative Company of 2017," *Fast Company*, mar. 2017, www.fastcompany.com/3067455/why-amazon-is-the-worlds-mostinnovative-company-of-2017; Susie Dumond, "Amazon Closing All 87 Pop-Up Stores, Expanding Physical Stores," *Book Riot*, 7 mar. 2019, https://bookriot.com/2019/03/07/amazon-closing-pop-up-stores/; e relatórios anuais e outras informações encontradas em: www.amazon.com. Acesso em: set. 2019.
2. Veja: http://newsroom.fb.com/company-info/; www.facebook.com/pg/Amazon/about/; e www.starbucks.com/aboutus/company-information/mission-statement. Acesso em: ago. 2019.
3. Veja: Philip Kotler e Kevin Lane Keller, *Marketing Management*, 15. ed. (Hoboken, NJ: Pearson Education, 2016), p. 5.
4. A American Marketing Association oferece a seguinte definição: "*Marketing* é a atividade, o conjunto de instituições e os processos para criar, comunicar, entregar e trocar ofertas que tenham valor para consumidores, clientes, parceiros e a sociedade em geral". Veja: https://marketing-dictionary.org/m/marketing/, Acesso em: set. 2019.
5. Veja: Leah Fessler, "Airbnb Is Defined by Its CEO's Obsessive Perfection," *Quartz*, 21 fev. 2018, https://work.qz.com/1214411/airbnb-ceo-brian-chesky-wants-to-do-homevisits-to-check-your-wifi/; e Cahterine Clifford, "The Brilliant Business Lesson behind the Emails Jeff Bezos Sends to His Amazon Executives with a Single '?,'" *CNBC*, 8 maio 2018, www.cnbc.com/2018/05/07/why-jeff-bezos-still-reads-the emailsamazon customers-send-him.html.
6. Veja: Tim Nudd, "The 10 Best Ads of 2017," *Adweek*, 10 dez. 2017, www.adweek.com/creativity/the-10-best-ads-of-2017.
7. Veja o clássico artigo: Theodore Levitt, "Marketing Myopia," *Harvard Business Review*, Jul./Ago. 1960, pp. 45–56. Para discussões mais recentes, veja: Roberto Friedmann, "What Business Are You In?" *Marketing Management*, Verão 2011, pp. 18–23; Al Ries, "'Marketing Myopia' Revisited: Perhaps a Narrow Vision Is Better Business," *Advertising Age*, 4 dez. 2013, http://adage.com/print/245511; e Amy Gallo, "A Refresher on Marketing Myopia," *Harvard Business Review*, 22 ago. 2016, https://hbr.org/2016/08/a-refresher-on-marketing-myopia.
8. Veja: "Apple Stores: Keep Track of Apple's Retail Stores Worldwide," *MacRumors*, 6 fev. 2019, www.macrumors.com/roundup/apple-retail-stores/; "How Online Retailers Are Creating Immersive Brand Experiences in the Real World," *Advertising Age*, 25 mar. 2015, www.adage.com/print/297750; Barbara Farfan, "Apple's Retail Stores around the World," *The Balance Small Business*, 27 dez. 2018, www.thebalancesmb.com/apple-retail-stores-global-locations-2892925; e www.apple.com/retail/ e www.apple.com/retail/learn/. Acesso em: set. 2019.
9. Erin Ollila, "4 Brands That Mastered the Omnichannel Customer Experience," *SmarterCX*, 13 mar. 2019, https://smartercx.com/4-brands-that-mastered-the-omnichannelcustomer-experience/; Nikki Gilliland, "How Disney World Has Mastered Customer Experience," *Econsultancy*, 28 set. 2017, https://econsultancy.com/how-disney-worldhas-mastered-customer-experience/; "Why I Love WaltDisney World," https://ithoughtyouwereshorter.wordpress.com/2012/11/15/why-i-love-walt-disney-world/. Acesso em: Jul. 2019; Bruce Jones, "3 Principles Disney Uses to Enhance Customer Experience," *Harvard Business Review*, 28 fev. 2018, https://hbr.org/sponsored/2018/02/3-principles-disneyuses-to-enhance-customer-experience; "Walt Disney World Statistics," https://magicguides.com/disney-world-statistics/. Acesso em: jul. 2019, "Best Customer Service Moment at WDW," *WDWMagic*, https://forums.wdwmagic.com/threads/bestcustomer-service-moment-at-wdw.845821/. Acesso em: set. 2019; e www.disneyinstitute.com e https://disneyworld.disney.go.com. Acesso em: set. 2019.
10. "Steve Jobs: Quotable Quotes," *Goodreads*, www.goodreads.com/quotes/988332-some-people-say-give-the-customers-whatthey-want-but, accessed September 2019.
11. Veja: Michael E. Porter e Mark R. Kramer, "Creating Shared Value," *Harvard Business Review*, Jan./Fev. 2011, pp. 63–77; Marc Pfitzer, Valerie Bockstette e Mike Stamp, "Innovating for Shared Value," *Harvard Business Review*, set. 2013, pp. 100–107; e "About Shared Value," Shared Value Initiative, http://sharedvalue.org/about-shared-value. Acesso em: set. 2019.
12. Julie Sygiel, "How the Visionary Founder behind Jeni's Splendid Churned Her Ice Cream Dreams into Reality," *Forbes*, 28 fev. 2018, www.forbes.com/sites/juliesygiel/2018/02/28/jenibrittonbauer/#79fc3eaa58bf; Kara Stiles, "How Jeni's Splendid Ice Creams Flavor-Finessed Its Way to the Top," *Forbes*, 15 dez. 2017, www.forbes.com/sites/karastiles/2017/12/15/how-jenis-splendid-ice-creams-flavorfinessed-its-way-to-the-top/#1c6472694807; Hanna Snyder, "Community, Quality and Creativity: Jeni's Splendid Ice Cream Founder Shares the Scoop on Her B-Corp Business," *Yellow/Co.*, 29 dez. 2017, https://yellowco.co/blog/2017/12/29/jenis-ice-cream-b-corp-business/; e https://jenis.com/about/. Acesso em: set. 2019.
13. Veja: Megan Willett, "How Swiss Watchmaker Patek Philippe Handcrafts Its Famous $500,000 Watches," *Business Insider*, 12 jul. 2013, www.businessinsider.com/how-a-patek-philippewatch-is-made-2013-7; Stacy Perman, "Patek Philippe Crafts Its Future," *Fortune*, 16 jun. 2014, pp. 37–44; e www.patek.com/contents/default/en/values.html, Acesso em: set. 2019.
14. Com base na informação de: www.llbean.com/llb/shop/516917?lndrNbr=516884&nav=leftnav-cust e outras páginas em: www.llbean.com. Acesso em: set. 2019. Veja também: "L.L.Bean Beats Amazon.com, Once Again, for Best Customer Service," *Forbes*, 3 ago. 2017, www.forbes.com/sites/forbesinsights/2017/08/03/l-l-bean-beats-amazon-com-onceagain-for-best-customer-service/#7923b45050f6; e Shep Hyken, "L.L. Bean Discontinues Lifetime Guarantee," *Forbes*, 18 fev. 2018, www.forbes.com/sites/shephyken/2018/02/18/l-lbean-discontinues-lifetime-guarantee/#5a149cd3714d.

15. Para mais sobre os programas de lealdade da Uber e Nordstrom, veja: Tim Peckover, "Top 10 Customer Loyalty Programs of 2018," *smile.io,* 27 dez. 2018, https://blog.smile.io/top-10-customerloyalty-programs-of-2018; Meredith Carey, "Uber's New Rewards Program Offers Priority Airport Pick-Up, Locked-In Pricing," *Conde Nast Traveler,* 14 nov. 2018, www.cntraveler.com/story/uber-rewards-program, "Welcome to the Nordy Club,"*PR Newswire,* 13 set. 2018, www.prnewswire.com/newsreleases/welcome-to-the-nordy-club-300712142.html; e www.uber.com/ca/en/u/rewards/ e https://shop.nordstrom.com/content/nordy-club. Acesso em: set. 2019.

16. Veja: Sami Main, "Why BarkBox Uses Comedians Instead of Marketers to Create Engaging Content," *Adweek,* 4 dez. 2017, www.adweek.com/tv-video/why-barkbox-uses-comediansinstead-of-marketers-to-create-engaging-content; Sami Main, "The 22 Most Engaging Pieces of Brand Content on Social Media in 2017," *Adweek*, 27 dez. 2017, www.adweek.com/creativity/the-22-most-engaging-pieces-of-brand-content-on-socialmedia-in-2017; Kate Barrington, "I Tried BarkBox to Find Out What Dog Owners Like about It," *Business Insider,* 29 nov. 2018, www.businessinsider.com/barkbox-review-2018-11; e www.bark.co. Acesso em: set. 2019.

17. Veja: https://mondelez.promo.eprize.com/myoreocreation/ e https://ideas.starbucks.com/. Acesso em: set. 2019.

18. Veja: Tim Nudd, "Tesla Crowned This Commercial as the Winner of Its Fan-Made Ad Contest," *Adweek*, 31 jul. 2017, www.adweek.com/brand-marketing/tesla-crowned-thiscommercial-as-the-winner-of-its-fan-made-ad-contest/; Darrell Etherington, "Tesla's Top 10 Project Loveday Videos Reveal Truly Dedicated Fans," *Tech Crunch,* 26 jul. 2017, https://techcrunch.com/2017/07/26/teslas-top-10-project-lovedayvideos-reveal-truly-dedicated-fans/; e www.youtube.com/watch?v=oSnoYEzZnUg e www.tesla.com/project-loveday. Acesso em: set. 2019.

19. Veja: "#Bashtag: Avoiding User Outcry in Social Media," *WordStream,* 8 mar. 2013, www.wordstream.com/blog/ws/2013/03/07/bashtag-avoiding-social-media-backlash; "What Is Hashtag Hijacking?" *Small Business Trends,* 18 ago. 2013, http://smallbiztrends.com/2013/08/what-is-hashtaghijacking-2.html; "HBD #Hashtag! What Brands Can Learn from a Decade of Hashtagging," *Social Media Week,* 23 ago. 2017, https://socialmediaweek.org/blog/2017/08/hashtag-tenyears-old/; e "Hashtags Turned Bashtags: When Marketing Goes Wrong," *Search Engine People,* 27 jan. 2017, www.searchenginepeople.com/blog/150240925-epic-hashtag-fails.html.

20. Veja: www.stewleonards.com/how-it-all-began/. Acesso em: set. 2019.

21. Veja: Mai Erne, "Calculating Customer Lifetime Value," HaraPartners, www.harapartners.com/blog/calculating-lifetime-value/. Acesso em: set. 2018. Para mais sobre como calcular o valor do cliente, veja: V. Kumar, "A Theory of Customer Valuation: Concepts, Metrics, Strategy, and Implementation," *Journal of Marketing,* jan. 2018, pp. 1–19.

22. Veja: Carl Richards, "4 Steps to Manage Your Desire for Instant Gratification," *The Motley Fool,* 24 abr. 2013, www.fool.com/investing/general/2013/04/24/4-steps-to-manage-yourdesire-for-instant-gratific.aspx; Dennis Green, "Prime Members Spend Way More on Amazon Than Other Customers–and the Difference Is Growing," *Business Insider*, 21 out. 2018, www.businessinsider.com/amazon-prime-customers-spend-morethan-others-2018-10; e www.amazon.com/prime. Acesso em: set. 2019.

23. Para mais discussões sobre customer equity, veja: Roland T. Rust, Valerie A. Zeithaml, e Katherine N. Lemon, *Driving Customer Equity* (New York: Free Press, 2000); Roland T. Rust, Katherine N. Lemon, e Valerie A. Zeithaml, "Return on Marketing: Using Customer Equity to Focus Marketing Strategy," *Journal of Marketing,* jan. 2004, pp. 109–127; Christian Gronroos e Pekka Helle, "Return on Relationships: Conceptual Understanding and Measurement of Mutual Gains from Relational Business Engagements," *Journal of Business & Industrial Marketing,* v. 27, n. 5, 2012, pp. 344–359; e V. Kumar, "A Theory of Customer Valuation: Concepts, Metrics, Strategy, and Implementation," *Journal of Marketing,* jan. 2018, pp. 1–19.

24. Esse exemplo é baseado em: Rust, Lemon e Zeithaml, "Where Should the Next Marketing Dollar Go?" *Marketing Management,* set./out. 2001, pp. 24–28; com informação sobre: Grant McCracken, "Provocative Cadillac, Rescuing the Brand from Bland," *Harvard Business Review,* 4 mar. 2014, http://blogs.hbr.org/2014/03/provocative-cadillacrescuing-the-brand-from-bland/; "Cadillac Is Reinventing Its Entire Lineup after Years of Losing US Market Share," *CNBC,* 23 mar. 2018, www.cnbc.com/2018/03/23/cadillac-isreinventing-its-lineup-after-years-of-lost-us-market-share.html; "GM Reports Another Strong Year of Earnings," GM Media, fev. 2019, https://media.gm.com/content/dam/Media/gmcom/investor/2019/feb/GM-Q4-2018-Press-Release-PDF.pdf; e www.dare-greatly.com. Acesso em: set. 2019.

25. Com base em: Werner Reinartz e V. Kumar, "The Mismanagement of Customer Loyalty," *Harvard Business Review,* jul. 2002, pp. 86–94. Veja também: Chris Lema, "Not All Customers Are Equal–Butterflies & Barnacles," 18 abr. 2013, http://chrislema.com/ not-all-customers-are-equal-butterflies-barnacles/; Jill Avery, Susan Fournier e John Wittenbraker, "Unlock the Mysteries of Your Customer Relationships," *Harvard Business Review,* jul./ago. 2014, pp. 72–81, "Telling Customers 'You're Fired,'" Sales and Marketing.com, set./aut. 2014, p. 8; e Michele McGovern, "6 Rules for Firing a Customer," *Customer Insight Experience,* 6 jan. 2016, www.customerexperienceinsight.com/6-rules-for-firing-a-customer/.

26. Khadeeja Sadar, "How Your Returns Are Used against You at Best Buy, Other Retailers," *Wall Street Journal,* 13 mar. 2018, www.wsj.com/articles/how-your-returns-are-used-against-youat-best-buy-other-retailers-1520933400.

27. Pew Research Center, "Mobile Face Sheet," 5 fev. 2018, www.pewinternet.org/fact-sheet/mobile/; e "Internet Usage Statistics," *Internet World Stats,* www.internetworldstats.com/stats.htm. Acesso em: set. 2019.

28. Lee Raine, "About 6 in 10 Young Adults in U.S. Primarily Use Online Streaming to Watch TV," *Pew Research*, 13 set. 2017, www.pewresearch.org/fact-tank/2017/09/13/about-6-in-10-young-adults-in-u-s-primarily-use-online-streaming-towatch-tv/; Amanda Kooser, "Sleep with Your Smartphone in Hand? You're Not Alone," *CNET,* 30 jun. 2015, www.cnet.com/news/americans-like-to-snooze-with-their-smartphonessays-survey/; e Justin Smith, "Mobile eCommerce Stats in 2018 and the Future Online Shopping Trends of mCommerce," *Outerbox*, 19 dez. 2018, www.outerboxdesign.com/web-design-articles/mobile-ecommerce-statistics.

29. Veja: "Fitbit Community Grows to More Than 25 Million Active Users," *BusinessWire,* 8 jan. 2018, www.businesswire.com/news/home/20180108005763/en/Fitbit-Community-Grows-25-Million-Active-Users; Danielle Kosecki, "New Fitbit Community Makes It Easier to Find Friends, Join Groups & Share Inspiration," *Fitbit Blog,* 5 jan. 2017, https://blog.fitbit.com/fitbit-community-announcement/; e https://community.fitbit.com e https://help.fitbit.com/articles/en_US/Help_article/2187. Acesso em: set. 2019.

30. Veja: www.statista.com; https://newsroom.fb.com/companyinfo/, www.cafemom.com, www.newgrounds e ravelry.com. Acesso em: set. 2019.

31. Andrew Martin, "Show Me the Data: 4 Ways You Can Win Customers with Data and Not Just Tell Stories," *EContent*, 21 fev. 2019, www.econtentmag.com/Articles/Column/Marketing-Master-Class/Show-Me-the-Data-4-Ways-You-Can-Win-Customers-with-Data-and-Not-Just-Tell-Stories-130081.htm; Emily Abrams, "7 Surprising Facts Every Snickers Lover Should Know," *Swirled,* 14 fev. 2018, https://swirled.com/snickers-facts/; Erik Oster, "Clemenger BBDO

Melbourne Programs 'Hungerithm' for Snickers," *Adweek*, 26 maio 2016, www.adweek.com/agencyspy/clemenger-bbdo-melbourne--programshungerithm-for- snickers/110055; T. L. Stanley, "How Snickers Used Social Media Outrage to Fuel the Year's Most Innovative Media Plan," *Adweek*, 17 set. 2017, p. 14; Karlene Lukovitz, "Snickers Brings 'Hungerithm' to the U.S.," *Mediapost*, 27 nov. 2017, www.mediapost.com/publications/article/310600/snickers-bringshungerithm-to-the-us.html; "7-Eleven & Snickers Bring Back 'Hungerithm' Holiday Promotion," *Convenience Store News*, 13 nov. 2018, https://csnews.com/7-eleven-snickers-bringback-hungerithm-holiday-promotion; e www.mediacom.com/en/work/hungerithm. Acesso em: ago. 2019.

32. Veja: www.redbull.com, https://twitter.com/redbull e www.facebook.com/redbull. Acesso em: set. 2019.

33. John Koetsier, "Mobile Advertising Will Drive 75% of All Digital Ad Spend in 2018: Here's What's Changing," *Forbes*, 23 fev. 2018, www.forbes.com/sites/johnkoetsier/2018/02/23/mobileadvertising-will-drive-75-of-all-digital-ad-spend-in-2018-hereswhats--changing/#b7eece4758be; e "U.S. Mobile Retail Commerce Sales as a Percentage of Retail E-commerce Sales from 2017 to 2021," *Statista*, www.statista.com/statistics/249863/us-mobile-retail-commerce--sales-as-percentage-of-e-commercesales/. Acesso em: set. 2019.

34. Lauren Johnson, "Taco Bell's Mobile Ads Are Highly Targeted to Make Users Crave Its Breakfast Menu," *Adweek*, 14 mar. 2016, www.adweek.com/print/170155; e Johnson, "Taco Bell Beefs Up Mobile Advertising Play to Drive In-Store Foot Traffic," *Mobile Marketer*, www.mobilemarketer.com/ex/mobilemarketer/cms/news/advertising/13229.html. Acesso em: mar. 2019.

35. Informação de: www.stjude.org/media-resources/mediatools/facts.html. Acesso em: set. 2019; e diversas páginas em: www.stjude.org. Acesso em: set. 2019. Finding Cures. Saving Children®, Up 'Til Dawn®, St. Jude Dream Home® Giveaway, e St. Jude Thanks and Giving® são marcas registradas do St. Jude Children's Research Hospital.

36. Veja: "United States Advertisers/Agencies," *Ad Brands*, www.adbrands.net/us/top-us-advertisers.htm. Acesso em: set. 2019.

37. Veja: https://corporate.mcdonalds.com/corpmcd/about-us/ourbusiness-model.html e www.nikeinc.com. Acesso em: set. 2019.

38. Veja: Jason Del Rey, "Warby Parker Is Valued at $1,75 Billion after a Pre-IPO Investment of $75 Million," *Recode*, 14 mar. 2018, www.recode.net/2018/3/14/17115230/warby-parker-75-million-funding-t--rowe-price-ipo; Tom Foster, "Warby Parker Grew to $250 Million in Sales through Disciplined Growth. Now It's Time to Get Aggressive," *Inc.*, jun. 2017, www.inc.com/magazine/201706/tom-foster/warby--parker-eyewear.html; e www.warbyparker.com, www.warbyparker.com/history, e www.warbyparker.com/buy-a-pair-give-a-pair. Acesso em: set. 2019.

39. Kate Taylor, "Buffalo Wild Wings Was Sucked into a Downward Spiral as Millennials Ditched the Chain–But the New CEO Has a Comeback," *Business Insider*, 11 fev. 2018, www.businessinsider.com/buffalo-wild-wingscomeback-plan-2018-2; Peter Romeo, "Buffalo Wild Wings' Turnaround Is Underway," *Restaurant Business*, 1 mar. 2019, www.restaurantbusinessonline.com/financing/buffalo-wild--wings-turnaround-underway-franchiseesays; Kate Taylor, "Buffalo Wild Wings Is Rolling Out Its Restaurant of the Future," *Business Insider*, 1 abr. 2019, www.businessinsider.com/buffalo-wild-wings--restaurant-of-thefuture-2018-12; Ashley Lutz, "The Crazy Reason Buffalo Wild Wings' Business Exploded during the Election," *Business Insider*, 30 maio 2015, www.businessinsider.com/howbuffalo--wild-wings-business-exploded-2015-5; John Kell, "How Buffalo Wild Wings Turns Slower Meals into Faster Growth," *Fortune*, 19 ago. 2015, http://fortune.com/2015/08/19/buffalo-wild-wings-fastest-growing/; e informações de www.buffalowildwings.com/en/company/our-story/. Acesso em: set. 2019.

Capítulo 2

1. Veja: Kristina Monllos, "Nike and Serena Williams Redefine What It Means to Call a Female Athlete Crazy," *Adweek*, 24 fev. 2019, www.adweek.com/brand-marketing/followingits-kaepernick-ad--nike-taps-serena-williams-for-a-stirringcelebration-of-women/; Erica Sweeney, "Nike's 'Dream Crazier' Spot with Serena Williams Celebrates Female Athletes," *Marketing Dive*, 26 fev. 2019, www.marketingdive.com/news/nikes-dream-crazier-spot-with-serena--williamscelebrates-female-athletes/549146/; Natalie Koltun, "Marketer of the Year: Nike," Mobile Marketer, 3 dez. 2018, www.mobilemarketer.com/news/marketer-of-the-year-nike/541566/; Robert Williams, "Nike Sees 1,400% Surge In Social Buzz After Kaepernick Ad," *Mobile Marketer*, 5 set. 2018, www.mobilemarketer.com/news/nike-sees-1400-surge-in-social-buzzafter-kaepernick-ad/531572/; Diana Pearl, "Why Nike's 30th Anniversary Ad Featuring Colin Kaepernick Is a Worthwhile Risk," *Adweek*, 4 set. 2018, www.adweek.com/brand-marketing/why-nikes-30th-anniversary-ad-featuring--colin-kaepernick-is-aworthwhile-risk-for-the-brand/; e information from www.adidas.com e www.nike.com. Acesso em: set. 2019.

2. Veja www.ritzcarlton.com/en/about/gold-standards. Acesso em: set. 2019. Para mais exemplos de declaração de missão, veja: https://www.missionstatements.com/fortune_500_mission_statements.html. Acesso em: set. 2019.

3. Informações sobre a CVS Health e sua missão e atividades em www.cvshealth.com/about, www.cvshealth.com/about/our-story, www.cvs.com/minuteclinic/visit/about-us/history, e www.cvshealth.com/about/our-offerings. Acesso em: set. 2019.

4. Deanna Ting, "Airbnb's Response to Booking.com? We've Got More Listings," *Skift*, 1 mar. 2019, https://skift.com/2019/03/01/airbnbs--response-to-booking-comweve-got-more-listings/; Leigh Gallagher, "How Airbnb Found a Mission and a Brand," *Fortune*, 1 jan. 2017, pp. 56–62; Max Chafkin, "Airbnb Opens Up the World?" *Fast Company*, fev. 2016, pp. 76–95; Leigh Gallagher, "Here's How 'Experiences' Are Doing So Far," *Fortune*, 23 out. 2017, http://fortune.com/2017/10/23/airbnb-ceoexperiences-new-york/; Theodore Schleifer, "Airbnb Sold Some Common Stock at a $35 Billion Valuation, but What Is the Company Really Worth?" *Recode*, 29 mar. 2019, www.recode.net/2019/3/19/18272274/airbnb-valuation-commonstock-hoteltonight; e informações adicionais de www.airbnb.com e https://blog.atairbnb.com/belong-anywhere/. Acesso em: set. 2019.

5. Veja: www.mars.com/global, http://cis.mars.com/global/doingour--part/principles-in-action/business-segment-highlights, www.mars.com/about/five-principles, e www.mars.com/global/about-us. Acesso em: set. 2019.

6. A discussão a seguir é baseada em parte nas informações encontradas em: www.bcg.com/documents/file13904.pdf. Acesso em: set. 2019.

7. Veja: http://espnmediazone.com/us/espn-inc-fact-sheet/, www.espn.com, e www.thewaltdisneycompany.com/wpcontent/uploads/2019/01/2018-Annual-Report.pdf. Acesso em: jul. 2019.

8. H. Igor Ansoff, "Strategies for Diversification," *Harvard Business Review*, set./out. 1957, pp. 113–124.

9. Informações sobre a Starbucks nessa seção é de: "Starbucks CEP Kevin Johnson Unveils Innovative Growth Strategy at 2018 Annual Meeting," 21 mar. 2018, https://news.starbucks.com/press-releases/starbucks-unveils-innovative-growthstrategy-at-2018-annual-meeting; Sarah Whitten, "Starbucks Opens First Princi Location, Teases More to Come in 2018," *CNBC*, 7 nov. 2017, www.cnbc.com/2017/11/07/starbucksopens-first-princi-location-teases-more-to-come-in-2018.html; Luis Sanchez, "Why Starbucks Is Betting Big on China," *The Motley Fool*, 8 fev. 2019, www.fool.com/investing/2019/02/08/why--starbucks-is-betting-big-on-china.aspx; e diversas páginas em: www.starbucks.com. Acesso em: set. 2019.

10. Veja: Michael E. Porter, *Competitive Advantage: Creating and Sustaining Superior Performance* (New York: Free Press, 1985); e Michael E. Porter, "What Is Strategy?" *Harvard Business Review*, nov./dez. 1996, pp. 61–78. Veja também: "The Value Chain," www.quickmba.com/strategy/value-chain. Acesso em: set. 2019; e Philip Kotler e Kevin Lane Keller, *Marketing Management*, 15. ed. (Hoboken, NJ: Pearson Education, 2016), Chapter 2.

11. Blake Morgan, "When the CMO Owns the Customer Experience: 10 Top CMOs Share Their POV," *Forbes*, 29 ago. 2017, www.forbes.com/sites/blakemorgan/2017/08/29/whenthe-cmo-owns-customer-experience-10-top-cmos-share-theirpov/#65afabf469d2.

12. Veja: www.gapinc.com/content/gapinc/html/aboutus/ourbrands/gap.html. Acesso em: set. 2019.

13. Veja: www.swamedia.com/pages/corporate-fact-sheet. Acesso em: set. 2019.

14. Paul Eisenstein, "Volkswagen Boosts Electric Vehicle Production by 50% with 22 Million BEVs by 2029," *CNBC*, 13 mar. 2019, www.cnbc.com/2019/03/12/vw-boosts-electric-production-by-50percent-with-22-million-bevs-by-2029.html; Bob Sorokanich, "Can Tesla's Most Affordable Model Kick-Start the Electric Car Revolution?" *Road & Track*, 12 jan. 2018; Jeff Dyer e Hal Gregersen, "Tesla's Innovations Are Transforming the Industry," *Forbes*, 24 ago. 2016, www.forbes.com/sites/innovatorsdna/2016/08/24/teslas-innovations-are-transforming-the-autoindustry/#3d71735219f7; Kyle Hyatt, "Tesla Model Y Crossover SUV Unveiled," *CNET*, 15 mar. 2019, www.cnet.com/roadshow/news/tesla-model-y-crossover-suv-unveiled/; e informações de: www.bloomberg.com/graphics/2018-teslatracker/ e www.tesla.com. Acesso em: set. 2019.

15. Veja: Taylor Soper, "Lime Launches New LimePod Car-Sharing Services to All Users in Seattle," *GeekWire*, 19 fev. 2019, www.geekwire.com/2019/lime-launches-new-limepod-carsharing-service-users-seattle/; e www.li.me/about-us e www.li.me.com. Acesso em: set. 2019.

16. Wayne Friedman, "TV Stations Hear the Ford Blues: Ad Cuts for Carts," *MediaPost*, 13 set. 2018, www.mediapost.com/publications/article/325036/tv-stations-hear-the-fordblues-ad-cuts-for-cars.html.

17. A classificação dos quatro Ps foi sugerida pela primeira vez por E. Jerome McCarthy, *Basic Marketing: A Managerial Approach* (Homewood, IL: Irwin, 1960). Os quatro Cs são discutidos em Jagdish Sheth e Rajendra Sisodia, *The 4 A's of Marketing: Creating Value for Customer, Company and Society* (New York: Routledge, 2012); e Philip Kotler e Kevin Lane Keller, *Marketing Management*, 15. ed. (Hoboken, NJ: Pearson Education, 2016), p. 26.

18. Blake Morgan, "When the CMO Owns the Customer Experience: 10 Top CMOs Share Their POV," *Forbes*, 29 ago. 2017, www.forbes.com/sites/blakemorgan/2017/08/29/whenthe-cmo-owns-customer-experience-10-top-cmos-sharetheir-pov/#65afabf469d2. Veja também: Sonal Jaiswal, "Under the Microscope–Who Is a Chief Customer Officer?" *Customer Think*, 5 set. 2018, http://customerthink.com/under-the-microscope-who-is-a-chief-customer-officer/.

19. Para obter mais informações sobre painéis de *marketing* e medidas financeiras de desempenho de *marketing*, consulte Jim Hopkins, "6 Sales Management Dashboards Every Leader Needs," *Salesforce Blog*, 16 jan. 2019, www.salesforce.com/blog/2019/01/sales-managementdashboards.html; e "Marketing Dashboard Examples," *Klipfolio*, www.klipfolio.com/resources/dashboard-examples. Acesso em: set. 2019.

20. Para uma discussão completa desse modelo e detalhes sobre as medidas de retorno do investimento de *marketing* centradas no cliente, consulte Roland T. Rust, Katherine N. Lemon e Valerie A. Zeithaml, "Return on Marketing: Using Customer Equity to Focus Marketing Strategy," *Journal of Marketing*, jan. 2004, pp. 109–127; Roland T. Rust, Katherine N. Lemon e Das Narayandas, *Customer Equity Management* (Upper Saddle River, NJ: Prentice Hall, 2005); Roland T. Rust, "Seeking Higher ROI? Base Strategy on Customer Equity," *Advertising Age*, 10 set. 2007, pp. 26–27; Andreas Persson e Lynette Ryals, "Customer Assets and Customer Equity: Management and Measurement Issues," *Marketing Theory*, dez. 2010, pp. 417–436; e Kirsten Korosec, "'Tomato, Tomäto'? Not Exactly," *Marketing News*, 13 jan. 2012, p. 8.

21. Molly Soat, "More Companies Require Revenue-Focused Marketing ROI Measures, Study Finds," *Marketing News Weekly*, www.ama.org/publications/eNewsletters/Marketing-News-Weekly/Pages/more-companies-require-revenue-focused-marketing-roi-measures.aspx. Acesso em: set. 2019.

22. Steve Hanley, "Dyson Doubles Down on Plan to Build na Electric Car (That Doesn't Suck)," *Clean Technica*, 31 ago. 2018, www.cleantechnica.com/2018/08/31/dyson-doublesdown-on-plan-to-build-an-electric-car-that-doesnt-suck/; Paul Eisentstein, "Vacuum-Maker Dyson Releases Patents for New Electric Vehicle Line Set to Debut in 2021," *CNBC*, 11 maio 2019, www.cnbc.com/2019/05/10/vacuum-makerdyson-releases-patents-for-new-ev-line-to-debut-in-2021.html; Eamon Barrett, "Dyson Has Big Electric Car Plans. But Unlike Tesla, the Road Doesn't Go through China," *Fortune*, 26 fev. 2019, http://fortune.com/2019/02/26/singapore-shanghai-dyson-tesla/; Alicia Kirby, "A Day in the Life of James Dyson," *Wall Street Journal*, 5 dez. 2013, www.online.wsj.com/news/articles/SB10001424052702303914304579192123334228460; e informações encontradas em: www.dyson.com. Acesso em: set. 2019.

Capítulo 3

1. Veja: Klint Finley, "Microsoft Wants Cortana to Play Nice with Amazon and Google," *Wired*, 18 jan. 2019, www.wired.com/story/microsoft-wants-cortana-play-nicely-amazon-andgoogle/; Bob Evans, "#1 Microsoft Beats Amazon in 12-Month Cloud Revenue," *Forbes*, 29 out. 2018, www.forbes.com/sites/bobevans1/2018/10/29/1-microsoft-beats-amazon-in-12-monthcloud-revenue-26-7-billion-to-23-4-billion-ibm-third/#1d1709a52bf1; Matt Weinberger, "Microsoft CEO Satya Nadella's Genius Plan: To Swap One Monopoly for Another," *Business Insider*, 29 ago. 2015, www.businessinsider.com/microsoft-ceo-satya-nadella-focus-onoffice-2015-8; Tom Vander Ark, "Hit Refresh: How a Growth Mindset Culture Tripled Microsoft's Value," *Forbes*, 18 abr. 2018, www.forbes.com/sites/tomvanderark/2018/04/18/hit-refresh-how-agrowth-mindset-culture-tripled-microsofts-value/#4904470652ad; e www.microsoft.com e www.microsoft.com/en-us/investor/. Acesso em: set. 2018.

2. Veja: www.ikea.cn/ms/en_CN/about_ikea/the_ikea_way/our_business_idea/a_better_everyday_life.html, www.ikea.com/gb/en/this-is-ikea/people-planet/people-communities/suppliers/ e https://preview.thenewsmarket.com/Previews/IKEA/DocumentAssets/525318.pdf. Acesso em: set. 2019.

3. Veja: www.cokesolutions.com. Acesso em: set. 2019.

4. Veja: "Procter & Gamble Brings Relief to Residents Affected by Northern California Wildfires with P&G Product Kits and Tide Loads of Hope Laundry Services," *Business Wire*, 16 ago. 2018, www.businesswire.com/news/home/20180816005457/en/Procter-Gamble-Brings-Relief-Residents-Affected-Northern; e https://tide.com/en-us/about-tide/loads-of-hope e https://tide.com/en-us/about-tide/loads-of-hope/aboutloads-of-hope. Acesso em: set. 2019.

5. U.S. and World POP Clock, U.S. Census Bureau, www.census.gov/popclock/. Acesso em: set. 2019. Este *site* fornece projeções continuamente atualizadas das populações dos Estados Unidos e do mundo.

6. Veja: "Population Projections for the United States from 2015 to 2060," *Statista,* www.statista.com/statistics/183481/unitedstates-population-projection/. Acesso em: set. 2019.
7. "U.S. Population," *Worldometers,* www.worldometers.info/world-population/us-population/. Acesso em: set. 2019.
8. Os números da população nesta seção são baseados em "The Generations Defined," *Pew Research*, 17 jan. 2019, www.pewresearch.org/fact-tank/2018/03/01/millennials-overtakebaby-boomers. Os números financeiros são baseados em Paul Davidson, "The Economy Is Still About–Who Else?–Boomers," *USA Today*, 17 jul. 2017, www.usatoday.com/story/money/2017/07/17/economy-still-all-who-else-boomers/476908001.
9. "Generational Marketing: Tips for Reaching Baby Boomers," 16 jul. 2015, www.mayecreate.com/2015/07/generationalmarketing-tips-for-reaching-baby-boomers/; Janet Morrissey, "Baby Boomers to Advertisers: Don't Forget about Us," *New York Times*, 15 out. 2017, www.nytimes.com/2017/10/15/business/media/baby-boomers-marketing.html?mtrref=undefined; Chloe Aiello, "Tech Companies Will Increasingly Look to Aging Baby Boomers for Growth, Says Evercore Analyst," *CNBC,* 26 jan. 2018, www.cnbc.com/2018/01/26/tech-companies-will-increasingly-lookto-aging-baby-boomers-for-growth.html; e Larissa Faw, "Report: Brands Need to Rethink Attitudes about Consumers and Aging," *MediaPost,* 18 jul. 2018, www.mediapost.com/publications/article/322391/report-brands-need-to-rethinkattitudes-about-con.html.
10. Veja: Alexandra Jardine, "After the Rise of 'Femvertising,' Is 'Oldvertising' the Next Big Thing?" *Advertising Age,* 5 abr. 2017, http://adage.com/article/creativity/femvertising-vertising/308527/.
11. Veja: Mark Bradbury, "The Tide of Boomer Marketing Continues to Turn," *MediaPost,* 16 ago. 2017; e www.youtube.com/watch?v=xVkv0NCHi5s e www.youtube.com/watch?v=xMj0w6r4GPA. Acesso em: set. 2019.
12. Os intervalos de data específicos para as gerações variam de acordo com a fonte. Os usados aqui são do Pew Research Center. Veja: www.pewresearch.org/fact-tank/2019/01/17/where-millennials-end-and-generation-z-begins/ft_19-01-17_generations_2019/.
13. Colby Graff, "Gen X: 'The Forgotten Generation' by Name, by Advertisers in Real Life," *Marketing Insider*, 30 mar. 2018, www.mediapost.com/publications/article/316885/gen-x-theforgotten-generation-by-name-by-adve.html.
14. Robert Klara, "5 Reasons Marketers Have Largely Overlooked Generation X," *Adweek,* 4 abr. 2016, www.adweek.com/brandmarketing/5-reasons-marketers-have-largely-overlookedgeneration-x-170539/; Richard Fry, "Millennials Projected to Overtake Baby Boomers as America's Largest Generation," *Pew Research,* 1 mar. 2018, www.pewresearch.org/facttank/2018/03/01/millennials-overtake-baby-boomers/; e Colby Graff, "Gen X: 'The Forgotten Generation' by Name, by Advertisers in Real Life," *Marketing Insider*, 30 mar. 2018, www.mediapost.com/publications/article/316885/gen-x-theforgotten-generation-by-name-by-adve.html.
15. Veja: Michelle Markelz, "Why You Should Be Marketing to Gen X," American Marketing Association, www.ama.org/publications/eNewsletters/Marketing-News-Weekly/Pages/why-youshould-be-marketing-to-gen-x.aspx. Acesso em: set. 2018; www.lowes.com/mobile, www.lowes.com, www.youtube.com/watch?v=zbFX7p6ZGTk e www.pinterest.com/lowes/. Acesso em: set. 2019.
16. Carrie Cummings, "Blue Ribbon Millennials," *Adweek,* 11 abr. 2018, p. 13.
17. Veja: Emma Brazilian, "Millennial Movers," *Adweek,* 27 fev. 2017, p. 9. Veja também: "Millennials," Pew Research Center, www.pewresearch.org/topics/millennials/. Acesso em: set. 2019.
18. Veja: Fred Ulrich, "Venmo, Chime and the Adulting of Millennial Financial Apps," *Business 2 Community,* 24 jan. 2019, www.business2community.com/finance/venmo-chime-and-the-adulting-of-millennial-financial-apps-02161835; Tim Parker, *The Balance,* "Chime Bank Review: Everything You Need to Know," 17 jan. 2019, www.thebalance.com/chime-bank-review-4580300; e www.chimebank.com. Acesso em: set. 2019.
19. Veja: Sarah Perez, "US Mobile Bank Chime Raises $200 Million, Valuing Its Business at $1.5 Billion." *TechCrunch*, 5 mar. 2019, https://techcrunch.com/2019/03/05/u-s-mobile-bank-chimeraises-200-million-valuing-its-business-at-1-5-billion/. Acesso em: set. 2019.
20. O intervalo de datas específicos para essa geração variam de acordo com a fonte. O usado aqui é do Pew Research Center. Veja: www.pewresearch.org/fact-tank/2019/01/17/where-millennialsend-and-generation-z-begins/ft_19-01-17_generations_2019. Para outros dados listados, veja: Josh Perlstein, "Engaging Generation Z: Marketing to a New Brand of Consumer," *Adweek,* 27 nov. 2017, www.adweek.com/digital/josh-perlsteinresponse-media-guest-post-generation-z/; Libby Kane, "Meet Generation Z, the 'Millennials on Steroids' Who Could Lead the Change in the US," *Business Insider,* 4 dez. 2017, www.businessinsider.com/generation-z-profile-2017-9; e "The Power of Gen Z Influence," Barkley Report, jan. 2018, www.millennialmarketing.com/wp-content/uploads/2018/01/Barkley_WP_GenZMarketSpend_Final.pdf.
21. Veja: "GenZ: Digital in Their DNA"; Shannon Bryant, "'Generation Z' Children More Tech-Savvy; Prefer Gadgets, Not Toys," *Marketing Forecast,* 3 abr. 2013, www.ad-ology.com/tag/tech-savvy-children/#.U5d9avldV8E; Brett Relander, "How to Market to Gen Z," *Entrepreneur*, 4 nov. 2014, www.entrepreneur.com/article/238998; Josh Perlstein, "Engaging Generation Z: Marketing to a New Brand of Consumer," *Adweek,* 27 nov. 2017, www.adweek.com/digital/josh-perlsteinresponse-media-guest-post-generation-z/; e "Redesigning Retail for the Next Generation," Accenture, www.accenture.com/us-en/insight-redesigning-retail-next-generation. Acesso em: set. 2019.
22. Carrie Cummings, "Infographic: Here's How Gen Z Girls Prefer to Shop and Socialize Online," *Adweek,* 8 maio 2016, www.adweek.com/brand-marketing/infographic-hereshow-gen-z-girls-prefer-shop-and-socialize-online-171328/; e "13 Strategies for Marketing to Generation Z," *Forbes,* 22 fev. 2018, www.forbes.com/sites/forbesbusinessdevelopmentcouncil/2018/02/22/13-strategies-for-marketing-to-generation-z/#2f6cf90731c3.
23. Erica Sweeney, "American Eagle Hands Creative Control to Gen Zers for Spring Campaign," Marketing Dive, 28 jan. 2019, www.marketingdive.com/news/american-eagle-handscreative-control-to-gen-zers-for spring campaign/546930/.
24. Para essa e outras citações, exemplos e dados nessa seção, veja: Adrianne Pasquarelli e E.J. Schultz, "Move Over Gen Z, Generation Alpha Is the One to Watch," *Advertising Age,* 22 jan. 2019, https://adage.com/article/cmo-strategy/move-gen-zgeneration-alpha-watch/316314/; Daniel Lavell, "Move Over Millennials and Gen Z, Here Comes Generation Alpha," *The Guardian,* 11 jan. 2019, www.theguardian.com/society/shortcuts/2019/jan/04/move-over-millennials-and-gen-z-herecomes-generation-alpha; e Nina Lentini, "Crest's 'Chompers' Keeps Kids Attuned to Brushing," *Media Post,* 24 jan. 2019, www.mediapost.com/.../crests-chompers-keeps-kids-attunedto-brushing.html.
25. Para estatísticas sobre composição familiar nos Estados Unidos, veja: U.S. Census Bureau, "Family by Presence of Own Children Under 18," Table FM1, www.census.gov/data/tables/time-series/demo/families/ families.html. Acesso em: set. 2019; e U.S. Census Bureau, "Households by Type, Age of Members, Region of Residence, and Age of Householder: 2018," Table H2, www.census.gov/data/tables/2018/demo/families/cps-2018.html. Acesso em: set. 2019.

26. "Interracial Marriage across the U.S. by Metro Area," *Pew Research,* 18 maio 2017, www.pewsocialtrends.org/interactives/intermarriage-across-the-u-s-by-metro-area/; Mona Chalabi, "What's Behind the Rise of Interracial Marriage in the US," *Guardian,* 21 fev. 2018, www.theguardian.com/lifeandstyle/2018/feb/21/whats-behind-the-rise-ofinterracial-marriage-in-the-us; e U.S. Census Bureau, "Table 1. Household Characteristics of Opposite-Sex and Same-Sex Couple Households," www.census.gov/data/tables/time-ries/demo/same-sex-couples/ssc-house-characteristics.html. Acesso em: set. 2019.

27. Veja: Department of Labor, "Facts over Time: Women in the Labor Force," www.dol.gov/wb/stats/newstats/facts.htm. Acesso em: set. 2019; Katica Roy, "Breadwinner Moms Are the New Norm," *Medium,* jun. 28, 2018, https://medium.com/@katicaroy/breadwinner-moms-are-the-new-norm-hereswhat-you-should-know-d992e1cc7386; U.S. Census Bureau, "America's Families and Living Arrangements: 2016," Table FG1, www.census.gov/hhes/families/data/cps2015FG.html. Acesso em: set. 2019; e U.S. Census Bureau, "Parents and Children in Stay at Home Parent Family Groups: 1994 to Present," Table SHP-1, www.census.gov/hhes/families/data/families.html. Acesso em: set. 2019.

28. Veja: T.L. Stanley, "Angel Soft Continues to Build Ads around Quiet, Relatable Moments in People's Lives," *Adweek,* 11 jan. 2017, www.adweek.com/creativity/angel-softcontinues-build-ads-around-quiet-relatable-moments-peopleslives-175479/; "Best of Dad Ads," *Ad Forum,* www.adforum.com/creative-work/best-of/13299/best-of-dad-ads/play#34540302. Acesso em: set. 2019; e www.youtube.com/watch?v=nKXYc7lHs3s. Acesso em: set. 2019.

29. Veja: Cord Jefferson, "Cheerios Ad Starring Interracial Family Predictably Summons Bigot Wave," *Gawker,* 30 maio 2013, http://gawker.com/cheerios-ad-starring-interracial-familypredictably-sum-510591871; Jessica Wohl, "Campbell Soup Shows 'Real, Real Life' in New Brand Campaign," *Advertising Age,* 5 out. 2016, http://adage.com/print/300750; e www.youtube.com/watch?v=yNkCp5vjYzs e www.youtube.com/watch?v=5qkJHgkUzDA. Acesso em: set. 2019.

30. Tim Henderson, "Americans Are Moving South, West Again," Pew Charitable Trusts, 8 jan. 2016, www.pewtrusts.org/en/research-and-analysis/blogs/stateline/2016/01/08/americans-are-moving-south-west-again; U.S. Census Bureau, "Declining Mover Rate Drive by Renters, Census Bureau Reports," 15 nov. 2017, www.census.gov/newsroom/press-releases/2017/mover-rates.html; e U.S. Census Bureau, "Migration/Geographical Mobility," www.census.gov/topics/population/migration/data.html. Acesso em: set. 2019.

31. Veja: U.S. Census Bureau, "Metropolitan and Micropolitan Statistical Areas," www.census.gov/programs-surveys/metromicro.html. Acesso em: set. 2019; William H. Frey, "US Population Disperses to Suburbs, Exurbs, Rural Areas, and 'Middle of the Country' Metros," *Brookings,* 26 mar. 2018, www.brookings.edu/blog/the-avenue/2018/03/26/us-populationdisperses-to-suburbs-exurbs-rural-areas-and-middle-of-thecountry-metros/; e "List of Micropolitan Statistical Areas," *Wikipedia,* http://en.wikipedia.org/wiki/List_of_Micropolitan_Statistical_Areas. Acesso em: set. 2019.

32. Niraj Chokshi, "Out of the Office: More People Are Working Remotely, Survey Finds." *New York Times,* 15 fev. 2017, www.nytimes.com/2017/02/15/us/remote-workers-workfrom-home.html.

33. Veja: www.slack.com. Acesso em: set. 2019.

34. Erik Schmidt, "For the First Time, 90 Percent Completed High School More," 31 jul. 2018, www.census.gov/library/stories/2018/07/educational-attainment.html; e U.S. Census Bureau, "Educational Attainment," www.census.gov/data/tables/2017/demo/education-attainment/cps-detailed-tables.html. Acesso em: jun. 2019.

35. Veja: U.S. Department of Labor, "Employment Projections: 2016–2026 Summary," www.bls.gov/news.release/ecopro.nr0.htm. Acesso em: set. 2019.

36. Veja: U.S. Census Bureau, "Projections of the Size and Composition of the U.S. Population: 2017 to 2060," www.census.gov/data/tables/2017/demo/popproj/2017-summary-tables.html. Acesso em: set. 2019; "Multicultural Consumers by the Numbers," *Advertising Age,* 6 abr. 2015, p. 20; U.S. Census Bureau, "The Nation's Older Population Is Still Growing, Census Bureau Reports," 22 jun. 2017, www.census.gov/newsroom/press-releases/2017/cb17-100.html; e Census Quick Facts, www.census.gov/quickfacts/fact/table/US/PST045217. Acesso em: set. 2019.

37. Veja: Brielle Jaekel, "Marriott Celebrates Latino Love of Travel in Social Media Campaign," *Mobile Marketer,* www.mobilemarketer.com/ex/mobilemarketer/cms/news/advertising/21118.html. Acesso em: set. 2018; Parker Morse, "3 Hispanic Marketing Campaigns That Are Awesome," *Media Post,* 6 dez. 2017, https://www.mediapost.com/publications/article/311189/3-hispanic-marketing-campaignsthat-are-awesome.html; e http://lovetravelswithme.com/. Acesso em: set. 2019.

38. Jeff Green, "LGBT Purchasing Power Near $1 Trillion Rivals other Minorities," *Bloomberg,* 20 jul. 2016, www.bloomberg.com/news/articles/2016-07-20/lgbt-purchasing-power-near-1-trillion-rivals-other-minorities; e Tim Fitzsimons, "A Record 4.5 Percent of U.S. Adults Identify as LGBT, Gallup Estimates," *NBC News,* 25 maio 2018, www.nbcnews.com/feature/nbc-out/record-4-5-percent-u-s-adults-identify-lgbt-gallup-n877486.

39. Para mais discussões, veja: Jacob Passy, "Wells Fargo: Ad with Gay Couple Reflects 'Demographic Reality,'" *American Banker,* 23 jun. 2015, www.americanbanker.com/news/consumerfinance/wells-fargo-ad-with-gay-couple-reflects-demographicreality-1075043-1.html; Kristina Monllos, "Doritos Has Launched Limited-Time Rainbow Chips in Support of the LGBT Community," *Adweek,* 17 set. 2015, www.adweek.com/brand-marketing/doritos-has-launched-limited-time-rainbowchips-support-lgbt-community-166983/; e https://www.youtube.com/watch?v=DxDsx8HfXEk. Acesso em: set. 2019.

40. Ashley Welch, "1 in 4 U.S. Adults Has a Disability, CDC Says," *CBS News,* 16 ago. 2018, www.cbsnews.com/news/1-in-4-u-s-adults-has-a-disability-cdc-says/; "What Is the Disability Market," http://returnondisability.com/disability-market/. Acesso em: set. 2018; e "Disability Travel Generates $17.3 Billion in Annual Spending," *PR Newswire,* 31 jul. 2015, www.prnewswire.com/news-releases/disability-travel-generates-173-billion-in-annual-spending-300121930.html; e Michelle Yin, Dahlia Shewitz, Cynthia Overton e Deeze-Mae Smith, "A Hidden Market: The Purchasing Power of Working-Age Adults with Disabilities," American Institutes for Research, 17 abr. 2018, www.air.org/resource/hidden-market-purchasing-powerworking-age-adults-disabilities.

41. Veja: Michelle Diament, "Microsoft Spotlights Adaptive Device In Holiday TV Commercial," *Disability Scoop,* 11 dez. 2018, www.disabilityscoop.com/2018/12/11/microsoft-adaptivecommercial/25800/; e www.microsoft.com/en-us/accessibility e www.xbox.com/en-US/xbox-one/accessibility. Acesso em: set. 2019.

42. Katie Richards, "Toyota Is Betting on the Olympics with 7 New Pieces of Creative for Its First Global Campaign," *Adweek,* 9 fev. 2018, www.adweek.com/brand-marketing/toyotais-betting-big-on-the-olympics-with-7-new-pieces-of-creative-for-its-first-global-campaign/; "Toyota Rolls Out 'Start Your Impossible' Global Campaign That Reflects the Olympic and Paralympic Spirit of Encouragement, Challenge and Progress," Toyota Newsroom, 9 fev. 2018, https://newsroom.toyota.co.jp/en/corporate/21064838.html; e www.youtube.com/watch?v=38PMmAbR_e4. Acesso em: set. 2019.

43. Veja: "Purpose & Beliefs," https://corporate.target.com/about/purpose-beliefs. Acesso em: set. 2019.

44. Drew Harwell, "Meet the Secret Army of Meteorologists Who Keep Your Holiday Deliveries on Time," *The Washington Post,*" 8 dez. 2014, www.washingtonpost.com/business/economy/meet-the-secret-army-of-meteorologists-who-keepyour-holiday-deliveries-on-time/2014/12/08/2d9d3c82-759d-11e4-9d9b-86d397daad27_story.html; e Steve Banker, "Using Weather Data to Improve Supply Chain Resiliency," *Forbes,* 29 jun. 2016, www.forbes.com/sites/stevebanker/2016/06/29/usingweather-to-improve-supply-chain-resiliency/#5da581be23f2.

45. Veja: Joel Makower, "Walmart Sustainability at 10: An Assessment," *GreenBiz,* 17 nov. 2016, www.greenbiz.com/article/walmart-sustainability-10-assessment; Luna Atamian, "Why Is Walmart a Sustainability Leader?" *Huffington Post,* 14 dez. 2017, www.huffingtonpost.com/entry/why-is-walmart-asustainability-leader_us_5a329da5e4b00caf3d59eae8; e http://corporate.walmart.com/global-responsibility/sustainability/ e https://corporate.walmart.com/global-responsibility/globalresponsibility-report. Acesso em: set. 2019.

46. Veja: "A $1 Billion Project to Remake the Disney World Experience, Using RFID," www.fastcodesign.com/1671616/a-1-billionproject-to-remake-the-disney-world-experience-using-rfid#1; e Arthur Levine, "Disney Park Upgrades Make Visiting More Convenient," *USA Today,* 27 fev. 2018, www.usatoday.com/story/travel/experience/america/theme-parks/2018/02/27/disney-parks-magicbands-fastpasses-app/374588002/.

47. Veja, por exemplo: Taylor Armerding, "The 17 Biggest Data Breaches of the 21st Century," *CSO,* 26 jan. 2018, www.csoonline.com/article/2130877/data-breach/the-biggest-data-breaches-of-the-21st-century.html; Sarah Frier, "Facebook Just Doubled the Number of People Exposed in Data Breach," *Time,* 4 abr. 2018, time.com/money/5228277/facebook-cambridge-analytica-data-breachnumbers/; Kate O'Flaherty, "Breaking Down Five 2018 Breaches – and What They Mean for Security in 2019," *Forbes,* 19 dez. 2018, www.forbes.com/sites/kateoflahertyuk/2018/12/19/breaking-down-five-2018-breaches-and-what-they-mean-forsecurity-in-2019/; e Gavin O'Malley, "Facebook Faces New Accusations of Data, Privacy Breaches," *MediaPost,* 2 jan. 2019, www.mediapost.com/publications/article/329965/facebookfaces-new-accusations-of-data-privacy-br.html.

48. Veja: Hal Conick, "How Brands and Nonprofits Can Work Together on a Cause," *Marketing News,* mar. 2019, pp. 16–17; e https://carecounts.whirlpool.com/. Acesso em: set. 2019.

49. Veja: www.benjerry.com/values, www.benandjerrysfoundation.org, e www.unilever.co.uk/brands/food and drink/ben-andjerrys.html. Acesso em: set. 2019.

50. Veja: Larissa Faw, "Report: Majority of Global Consumers Are 'Belief-Drive' Buyers," *MediaPost,* 2 out. 2018, www.mediapost.com/publ ications/article/325911/reportmajority-of-global-consumers-are-belief-d.html; e Hal Conick, "How Brands and Nonprofits Can Work Together on a Cause," *Marketing News,* mar. 2019, pp. 16–17.

51. Veja: David Gianatasio, "A New Cycle," *Adweek,* 11 set. 2017, p. 13; e "Top Ice Cream Brands of the United States," *Statista,* www.statista.com/statistics/190426/top-ice-creambrands-in-the-united-states/. Acesso em: jul. 2019.

52. Veja: "Social Impact Statistics You Should Know," http://engageforgood.com/guides/statistics-every-cause-marketershould-know/. Acesso em: set. 2019.

53. "Sarah Jessica Parker Joins Stella Artois and Water.org to 'Pour it Forward®' and Help End the Global Water Crisis," *PR Newswire,* 22 jan. 2019, www.prnewswire.com/news-releases/sarahjessica-parker-joins-stella-artois-and-waterorg-to-pour-itforward-and-help-end-the-global-water-crisis-300782004.html; "Aerie Continues to Accelerate Growth, Expands #AerielReal Role Model Family," 31 jan. 2019, http://investors.ae.com/news-releases/news-releases-details/2019/Aerie-Continues-to-Accelerate-Growth-Expands-AerieREAL-Role-Model-Family/default.aspx; David Hessekiel, "Donating at Checkout Remains High amidst Retail Slump," *Forbes,* jun. 20, 2017, www.forbes.com/sites/davidhessekiel/2017/06/20/charity-checkoutchampions/; Janet Freund, "A Stumbling Victoria's Secret Could Become the 'Sears of Brassieres,'" *Bloomberg,* 10 maio 2018, www.bloomberg.com/news/articles/2018-05-10/victoria-ssecret-weak-pink-sales-has-l-brands-deeper-in-the-red; Elizabeth Segran, "Move Over, Victoria's Secret: Aerie Is Winning with Gen-Z," *Fast Company,* 1 fev. 2019, www.fastcompany.com/90300687/aeries-radically-diverse-campaigngives-me-hope-for-genz; e informações de: www.water.org/partners/stella-artois/, www.water.org/stellaartois/, e www.stellaartois.com/en_us/water.html.

54. Veja: Sherry Turkle, "The Flight from Conversation," *New York Times,* 22 abr. 2012, p. SR1; e Turkle, "Stop Googling. Let's Talk," *New York Times,* 27 set. 2015, p. SR1; e Jenny Anderson, "In the Age of Screens, Families Are Spending More Time 'Alone-Together,'" *Quartz,* 16 mar. 2019, https://qz.com/1573329/are-families-spending-less-time-together-due-to-screens/.

55. Veja: "Jeep Has One of the Most Patriotic Ads You'll Ever Watch," *Lifezette,* 3 fev. 2019, www.lifezette.com/2019/02/jeep-has-one-of-the-most-patriotic-ads-youll-ever-watch/; Erica Sweeney, "Jeep Racks Up 106M Online Views without Running Super Bowl Ad," *Marketing Dive,* 6 fev. 2019, www.marketingdive.com/news/jeeps-digital-only-super-bowlspot-racks-up-106m-views-breaks-company-rec/547740/'; e www.youtube.com/watch?v=msllMWcmC08. Acesso em: set. 2019.

56. Veja: U.S. Organic Food Market Size Worth $70.4 Billion by 2025," *PR Newswire,* 18 jul. 2018, www.prnewswire.com/news-releases/us-organic-food-market-size-worth-70-4-billion-by-2025-hexaresearch-894007633.html; e "Natural and Organic Cosmetics 2019 Global Market Expected to Grow at CAGR 9.4 % and Forecast to 2025," *MarketWatch,* 4 jan. 2019, www.marketwatch.com/press-release/natural-and-organic-cosmetics-2019-global-marketexpected-to-grow-at-cagr-94-and-forecast-to-2025-2019-01-04.

57. Veja: www.lovebeautyandplanet.com e https://gillette.com/en-us/products/pre-and-post-shave/shaving-creams-gelsand-foams/pure-natural-shave-gel-shaving-cream. Acesso em: set. 2019.

58. "America's Changing Religious Landscape," 12 maio 2015, www.pewforum.org/2015/05/12/americas-changing-religiouslandscape/; Daniel Cox e Robert P. Jones, "America's Changing Religious Identity," PRRI, 6 set. 2017, www.prri.org/research/american-religious-landscape-christian-religiouslyunaffiliated/; Michael Sheremer, "The Number of Americans with No Religious Affiliation Is Rising," *Scientific American,* 1 abr. 2018, www.scientificamerican.com/article/the-number-ofamericans-with-no-religious-affiliation-is-rising/; e www.pewforum.org/religious-landscape-study/. Acesso em: jul. 2019.

59. Para mais discussões, veja: David Masci e Michael Lipka, "Americans May Be Getting Less Religious, but Feelings of Spirituality Are on the Rise," Pew Research Center, 21 jan. 2016, www.pewresearch.org/fact-tank/2016/01/21/americans-spirituality/; e "Rising Spirituality in America," Pew Research Center, 7 mar. 2018, www.pewtrusts.org/en/research-and-analysis/articles/2018/rising-spirituality-in-america.

60. Veja: Gini Dietrich, "5 Crisis Lessons from Crock-Pot and 'This Is Us,'" *PR Daily,* 19 fev. 2017, www.prdaily.com/mediarelations/Articles/5_crisis_lessons_from_CrockPot_and_This_Is_Us_23990.aspx; Amy George, "Crock-Pot's Response to Its Tragic Role in 'This Is Us' Is a Lesson in Smart PR," *Inc.,* 29 jan. 2018, www.inc.com/amy-george/crock-potsresponse-to-angry-this-is-us-fans-shows-why-

-every-companyneeds-a-pr-crisis-plan.html; e Dan Snierson, "One Year after Jack's Death on *This Is Us*, the Slow Cooker Defends Itself," *Entertainment Weekly*, 4 fev. 2019, https://ew.com/tv/2019/02/04/this-is-us-jack-death-anniversary-slow-cooker/.

61. David Kerley, "Behind the Scenes with Southwest Airlines' Social Media 'Listening Center,'" *ABC News*, 21 nov. 2017, http://abcnews.go.com/US/scenes-southwest-airlinessocial-media-listening-center/story?id=51297908; Conor Shine, "Southwest's Heavy Heart: How the LUV Airline Is Responding to the Worst Accident in Its History," *Dallas News*, 22 abr. 2018, www.dallasnews.com/business/southwestairlines/2018/04/22/southwests-heavy-heart-luv-airline-responded-worst-accident-history; Sherry Smith, "United Airlines and the 'Re-Accommodation' Debacle," *Clarity*, 30 nov. 2017, http://clarity.pr/best-worst-2017s-prdisasters-2-united-airlines-re-accomodation-debacle/; David Angelo, "CMOs, Agencies: It's Time to Live Your Brands," *Advertising Age*, 2 out. 2013, https://adage.com/article/agency-viewpoint/turn-consumers-social-mediaadvocates/244524; Alanna Petroff, "United Airlines Shows How to Make a PR Crisis a Total Disaster," *CNN Money*, 11 abr. 2017, http://money.cnn.com/2017/04/11/news/unitedpassenger-pr-disaster/index.html; Jennifer Earl, "Whole Foods Responds to $6 Pre-Peeled Orange Twitterstorm," *CBS News*, 8 mar. 2016, www.cbsnews.com/news/wholefoods-responds-to-6-pre-peeled-orange-twitterstorm/; Chris Matyszczyk, "Many KFCs Are Still Closed Because They Have No Chicken," *Inc.*, 18 fev. 2018, www.inc.com/chrismatyszczyk/kfc-is-still-short-of-chicken-one-customer-just-letcolonel-know-how-big-of-a-mistake-hes-made.html; Robbie Abed, "KFC Just Handled a Public Relations Crisis Perfectly with a Single Picture," *Inc.*, 23 fev. 2018, www.inc.com/robbie-abed/kfc-just-handled-a-public-relations-crisisperfectly-with-a-single-picture.html; e Hal Conick, "The Best Way to Respond to Social Fury? It's Still Up in the Air," *Marketing News*, out. 2018, pp. 10–12.

62. Com base em informações de: Harry McCracken, "Square Is One of the Most Innovative Companies in the World Because It Provides a More Elegant Way to Pay," *Fast Company*, 19 fev. 2019, www.fastcompany.com/90298939/squaremost-innovative-companies-2019; "Squaring the Circle That Is Square," *PYMNTS*, 17 abr. 2017, www.pymnts.com/mpostracker/2017/square-jack-dorsey-cash-capital-first-data-vantiv-paypal-uk-apples-pay-debit-pymntsmpos-tracker-mobile-payments-mobile-point-of-sale/; Harry McCracken, "Square Takes on the Clunky Old-School Payment Terminal," *Fast Company*, 18 out. 2018, www.fastcompany.com/90253151/square-takes-on-the-clunkyold-school-payment-terminal; e informações de: www.squareup.com/us/en. Acesso em: maio 2019.

Capítulo 4

1. Veja: "P&G's Insights Generation Formula," *WARC*, 1 out. 2018, www.warc.com/newsandopinion/news/pgs_insights_generation_formula/41106; www.febreze.com/en-us. Acesso em: set. 2019; George Kuhn, "How Market Research Saved Febreze: A Case Study," *Drive Research*, 2 nov. 2016, www.driveresearch.com/single-post/2016/11/03/How-Market-Research-Saved-Febreze-Consumer-Behavior-Case-Study; A.G. Lafley and Ram Charan, "The Consumer Is Boss," *Fortune*, 10 mar. 2008, http://archive.fortune.com/2008/03/07/news/companies/lafley_charan.fortune/index.htm?postversion=2008031012; Michael Barnett, "Data Analysis: Hidden Treasure," *Marketing Week*, 13 nov. 2013, www.marketingweek.com/2013/11/13/data-analysis-hiddentreasure/; e www.pginvestor.com/Cache/1001226104.PDF?O=PDF&T=&Y=&D=&FID=1001226104&iid=4004124, http://news.pg.com/about/core_strengths, www.pg.com/en_PH/company/core_strengths.shtml e www.pgscience.com/home/the_innovation_process/consumer_research.html. Acesso em: set. 2019.

2. Veja: Bernard Marr, "How Much Data Do We Create Every Day? The Mind-Blowing Stats Everyone Should Read," *Forbes*, 21 maio 2018, www.forbes.com/sites/bernardmarr/2018/05/21/how-much-data-do-we-create-every-day-the-mind-blowingstats-everyone-should-read/#1ec7ce0760ba; e "*Big Data*," *Wikipedia*, http://en.wikipedia.org/wiki/Big_data. Acesso em: set. 2019.

3. Veja: Jordan Bitterman, "Let's Clear Up the Data Forecast," *Adweek*, 12 dez. 2016, p. W1.

4. Com base em informações de: Frank van den Driest, Stan Sthanunathan e Keith Weed, "Building an Insights Engine," *Harvard Business Review*, set. 2016, https://hbr.org/2016/09/building-an-insights-engine; "Unilever's PeopleWorld Case Study, 15 jul. 2017, www.marketlogicsoftware.com/unilevers-peopleworld-casestudy/; e www.unilever.com. Acesso em: set. 2019.

5. Veja: https://corporate.walmart.com/suppliers. Acesso em: set. 2019; e "What Is Retail Link For?" 8th & Walton, https://blog.8thandwalton.com/2015/08/what-is-retail-link-for//.

6. Katrina Lake, "Stitch Fix's CEO on Selling Personal Style to the Masses," *Harvard Business Review*, maio/jun. 2018, https://hbr.org/2018/05/stitch-fixs-ceo-on-selling-personal-style-tothe-mass-market; Calvin Claveria, "3 Companies That Have Mastered the Art of Using Customer Data," *Vision Critical*, www.visioncritical.com/master-use-customer-data/. Acesso em: set. 2019; e https://investors.stitchfix.com/ e www.stitchfix.com. Acesso em: set. 2019.

7. Veja: "Mastercard Conversation Suite Video," http://newsroom.mastercard.com/videos/mastercard-conversation-suite-video/. Acesso em: set. 2019; Sheila Shayon, "Mastercard Harnesses the Power of Social with Innovative Conversation Suite," *brandchannel*, 7 maio 2013, www.brandchannel.com/home/post/2013/05/07/Mastercard-Conversation-Suite-050713.aspx; "Mastercard's, Conversation Suite: Bringing Insights and Analytics to Social," http://shortyawards.com/7th/mastercards-conversation-suite-bringing-insights-andanalytics-to-social. Acesso em: set. 2019; e "MasterCard Conversation Suite Video," https://newsroom.mastercard.com/videos/mastercard-conversationsuite-video/. Acesso em: set. 2019.

8. Veja: "Samsung: Growing Up," www.theverge.com/2017/11/6/16611758/samsung-mocks-iphone-x-commercial, 6 nov. 2017; e Mike Murphy, "Samsung's Strategy for Keeping Up with Apple Is to Be Mean," *Quartz*, 18 ago. 2018, https://qz.com/1358333/samsungs-strategy-for-keeping-up-withapple-is-to-be-mean/.

9. Michael Brereton e Diane Bowers, "The 2017 AMA Gold Global Top 25 Market Research Firms," *Marketing News*, 1 out. 2017, www.ama.org/publications/MarketingNews/Pages/2017-ama-gold-global-report.aspx. Veja também: Zach Brooke, "The Market Research Arms Race," *Marketing News*, jul. 2018, pp. 79-85.

10. Patrick Young, "Embracing an Era of Just-in-Time Research," *Marketing*, 19 out. 2017, www.marketinginteractive.com/embracing-an-era-of-just-in-time-research/. Veja também: Michael Beebe, "Disruption Is Coming to Marketing Research," *MTA Martech Advisor*, 3 set. 2018, www.martechadvisor.com/articles/interactive-marketing/disruption-is-coming-to-marketing-research/.

11. Amanda Lacey, "The New Age of Market Research Is Here," *CMO Magazine*, 4 maio 2016, www.theceomagazine. com/business/the-new-age-of-market-research-is-here/; e Kelvin Claveria, "5 Marketing Research Trends to Watch in 2018," *Vision Critical*, www.visioncritical.com/market-research-predictions-2018/.

12. Kristen Meyer, "Data Science and the Art of Persuasion," *Harvard Business Review*, jan./fev. 2019, pp. 127–137; Dan Tynan, "Winners' Playbook," *Adweek*, 2 dez. 2018, pp. 21–22.

13. "Why the Global Rise in Vegan and Plant-Based Eating Isn't a Fad," *Food Revolution Network*, 28 jan. 2018, https://foodrevolution.org/

blog/vegan-statistics-global; e "KFC to Offer Vegan Chicken Alternatives," *Raise Vegan,* 30 maio 2018, https://raisevegan.com/kfc-to-offer-vegan-chicken-alternatives/.

14. Para mais informações sobre empresas de pesquisa que fornecem informações de marketing, veja: Michael Brereton e Diane Bowers, "The 2018 AMA Gold Global Top 50 Report," *Marketing News*, 31 maio 2018, www.ama.org/publications/MarketingNews/Pages/2018--ama-goldtop50-report.aspx. Outras informações em: www.nielsen.com/us/en/solutions/measurement/retail-measurement.html e www.kantarfutures.com/products/us-monitor. Acesso em: set. 2019.

15. Veja: www.iriworldwide.com. Acesso em: set. 2019.

16. Kai Ryssdal e Tommy Andres, "Domino's CEO Patrick Doyle: Tech with a Side of Pizza," *Marketplace*, 24 set. 2015, www.marketplace.org/2015/09/24/business/corneroffice/dominos-ceo-patrick-doyle--tech-side-pizza; e Nathaniel Meyersohn, "Why Domino's Is Winning the Pizza Wars," *CNN Business,* 6 mar. 2018, https://money.cnn.com/2018/03/06/news/companies/dominos-pizza-hut-papa-johns/index.html.

17. Veja: Geoff Colvin, "How Intuit Reinvents Itself," *Fortune,* 12 nov. 2017, pp. 76–82.

18. Ron Kohavi e Stefan Thomke, "The Surprising Power of Experiments," *Harvard Business Review,* set./out. 2017, pp. 74–82. Veja também: Daniel Burstein, "The Top 3 A/B Testing Challenges That Prevent Marketers from Getting Big Lifts," *Target Marketing,* 19 set. 2018, www.targetmarketingmag.com/article/the-top-3-a-b-testing--challenges-that-prevent-marketersfrom-getting-big-lifts/.

19. Veja: Rebecca Greenfield, "How the Deepest, Darkest Secrets of Moms Shape the Products in Aisle 6," *Fast Company,* 19 dez. 2014, www.fastcompany.com/3039798/most-creativepeople/how-the-deepest-darkest-secrets-of-moms-shapethe-products-in-aisle-6?utm_source; Christine Michel Carter, "Meet the Company Decoding How to Market to Millennial Moms," *Forbes,* 1 maio 2017, www.forbes.com/sites/christinecarter/2017/05/01/marketing-to-millennial--momswhere-there-is-pain-there-is-profit/#2fc67df35201; e www.momcomplex.com. Acesso em: set. 2019.

20. Veja: "Mobile Fact Sheet," Pew Research Center, 5 fev. 2018, www.pewinternet.org/fact-sheet/mobile/; "Internet World Stats," www.internetworldstats.com/stats14.htm#north. Acesso em: set. 2019.

21. Para mais informações, veja: www.focusvision.com/products/intervu/. Acesso em: set. 2019.

22. Veja: Giselle Tsirulnik, "ESPN Is Mobile Publisher of the Year," *Mobile Marketing,* www.mobilemarketer.com/ex/mobilemarketer/cms/news/media/7846.html. Acesso em: set. 2019; e Vision Critical, "ESPN: How the Sports Media Company Delivers What Fans Want–and Saves Resources," www.visioncritical.com/customer-stories/espn/. Acesso em: set. 2019.

23. Para mais discussões, veja: "S.2404 (114th): Do Not Track Online Act of 2015," 17 jan. 2018, www.govtrack.us/congress/bills/114/s2404; Jeff John Roberts, "The GDPR Is inEffect: Should U.S. Companies Be Afraid?" *Fortune*, 25 maio 2018, http://fortune.com/2018/05/24/the-gdpr-is-in-effect-shouldu-s-companies-be-afraid/; Nate Lord, "What Is GDPR (General Data Protection Regulation)? Understanding and Complying with GDPR Data Protection Requirements," *Digital Guardian,* 19 set. 2018, https://digitalguardian.com/blog/what-gdpr-general-data-protection-regulation-understandingand--complying-gdpr-data-protection; e "Do Not Track Legislation," http://en.wikipedia.org/wiki/Do_Not_Track_legislation. Acesso em: set. 2019.

24. Veja: Hal Conick, "Where Does Convenience Turn Creepy?" *Marketing News,* abr./maio 2017, p. 10; Lara O'Reilly, "Snapchat Is About to Introduce Something Advertisers Have Been Wanting for Ages: Behavioral Targeting," *Business Insider,* 26 ago. 2016, www.businessinsider.com/snapchat-to-launchbehavioral-targeting-for-advertisers-2016-8; "Data Suggest Surprising Shift: Duopoly Not-All-Powerful," *eMarkter,* 19 mar. 2018, www.emarketer.com/content/google-and-facebook-sdigital-dominance-fading-as-rivals-share-grows; e "Choose Your Audience," www.facebook.com/business/products/ads/ad-targeting. Acesso em: set. 2019.

25. Com base em informações de: Drake Bennett, "Getting to Know You: Expedia Has Bet Everything on Understanding the Psyche of the Modern Traveler," *Bloomberg Businessweek,* 29 fev. 2016, pp. 45–49; Jeremy Kahn, "Expedia Reads Your Mind (and Face) to Beat Rivals," *Bloomberg Businessweek,* 19 jan. 2017, www.bloomberg.com/news/articles/2017-01-19/expedia-readsyour-mind-and-face-to--beat-rivals; Rob Loveitt, "Inside Expedia's Usability Lab, Consumer Behavior Provides Insights," *PhocusWire,* 23 maio 2016, www.phocuswire.com/Inside-Expedia-s-Usability-Lab-consumer-behavior--providesinsights; e "This New Experiment by Expedia Might Give It a Significant Competitive Advantage," *Forbes,* 1 fev. 2017, www.forbes.com/sites/greatspeculations/2017/02/01/this-newexperiment--by-expedia-might-give-it-a-significant-competitiveadvantage/#6ca49b821830.

26. "Internet of Things (IoT) Connected Devices Base Worldwide from 2015 to 2025 (in Billions)," *Statista,* www.statista.com/statistics/471264/iot-number-of-connected-devicesworldwide/. Acesso em: set. 2019.

27. Poe exemplo, veja: Katie Baron, "Rewiring Storytelling: Neuroanalytic Brand Boosting from the Startup That Predicted the Trump Win," *Forbes,* 22 out. 2018, www.forbes.com/sites/katiebaron/2018/10/22/rewiring-storytellingneuro-brand-boosting-from--the-startup-that-predicted-thetrump-win/#2749e5c46625.

28. Veja: Jennifer Alsever, "At MetLife, Technology Is the Best Policy," *Fortune,* 18 nov. 2013; "MetLife Wall–Customer Focus by Leveraging *Big Data,*" KPMG, www.the-digital-insurer.com/dia/metlife-wall--customer-focus-by-leveraging-big-data/. Acesso em: set. 2019; e "Rethinking the Customer Experience at MetLife," MongoDB, www.mongodb.com/customers/metlife. Acesso em: set. 2019.

29. Andrew Nusca, "Despite High Tech, the Future of Marketing Is Exactly the Same: Focus on Customers," *Fortune,* 15 jul. 2014, http://fortune.com/2014/07/15/big-data-future-marketing-customer-focus; e Carl F. Mela e Christine Moorman, "Why Marketing Analytics Hasn't Lived Up to Its Promise," *Harvard Business Review,* 30 maio 2018, https://hbr.org/2018/05/whymarketing-analytics-hasnt-lived-up-to-its-promise.

30. Veja: Kate Jones, "What Can Associations Learn from Netflix about Member Analytics?" *Informz,* 9 nov. 2016, www.informz.com/blog/associations/associations-learn-member-analytics/; Danny Vena, "Netflix Subscribers Could More Than Double by 2023," *The Motley Fool,* 24 set. 2018, www.fool.com/investing/2018/09/24/netflix-subscribers-could-morethan-double-by-2023.aspx; Craig Smith, "135 Amazing Netflix Statistics and Facts," *Expanded Ramblings.* Acesso em: jan. 2019; e www.netflix.com. Acesso em: set. 2019.

31. "Google CEO: AI Is a Bigger Deal Than Fire or Electricity," *Fast Company,* 19 jan. 2018, www.fastcompany.com/40519204/google--sundar-pichai-ai-is-a-bigger-deal-than-fire-or-electricity; e Vijay Chittoor, "Five Predictions for AI in Marketing 2019," *Forbes,* 15 jan. 2019, www.forbes.com/sites/forbestechcouncil/2019/01/15/five-predictions-for-ai-in-marketing-in-2019/.

32. Veja: Daryl Travis, "The Best Omni-Channel Brands Look More Like a Cause Than a Business," *The Hub,* ago. 2014, www.hubmagazine.com/the-hub-magazine/zapposomnivalues-082014/; e https://zuul.zappos.com/zuul. Acesso em: set. 2019.

33. "Google CEO: AI Is a Bigger Deal Than Fire or Electricity," *Fast Company,* 19 jan. 2018, www.fastcompany.com/40519204/google-sundar-pichai-ai-is-a-bigger-deal-than-fire-or-electricity; Hal Conick, Brian Dumaine, "It Might Get Loud," *Fortune*, 2 nov. 2018, pp. 113-128; "The Past, Present, and Future of AI in Marketing," *Marketing*

News, 29 dez. 2016, pp. 27–35; Erik Wander, "Welcome to the Machine," *Adweek*, 4 dez. 2017, p. 16; Marty Swant, "As IBM Ramps Up Its AI-Powered Advertising, Can Watson Crack the Code of Digital Marketing," *Adweek*, 25 set. 2017, pp. 19–23; Lauren Johnson, "5 Bleeding-Edge Brands That Are Infusing Retail with Artificial Intelligence," *Adweek*, 2 jan. 2017, www.adweek.com/digital/5-bleeding-edge-brands-are-infusingretail-artificial-intelligence-175312/; "Software For Hardware: How Artificial Intelligence Is Helping Lowe's Customers," *Forbes*, 17 jul. 2018, https://www.forbes.com/sites/insightsintelai/2018/07/17/software-for-hardware-how-artificialintelligence-is-helping-lowes-customers/#7901c4534286; "Artificial Intelligence Software Market to Reach $105.8 Billion in Annual Worldwide Revenue in 2025," *Tractica*, 20 ago. 2018, www.tractica.com/newsroom/press-releases/artificialintelligence-software-market-to-reach-105-8-billion-in-annualworldwide-revenue-by-2025/; e "AI for Advertising," www.ibm.com/watson-advertising. Acesso em: set. 2019.

34. Veja: Elana Lyn Gross, "How the Founder of GoldieBlox Is Creating the Next Generation of Women in STEM," *Forbes*, 11 out. 2017, www.forbes.com/sites/elanagross/2017/10/11/howthe-founder-of-goldieblox-is-creating-the-next-generationof-women-in-stem/#3a9851e4e132; Mara Leighton, "This Toy Company for Girls Is Out to Disrupt the 'Pink Aisle' and Create More Female Engineers," *Insider*, 13 jun. 2017, www.thisisinsider.com/goldieblox-stem-toys-for-girls-disrupt-pinkaisle-2017-6; Gigi DeVault, "Young Women Entrepreneurs Conduct Market Research," *The Balance*, 14 out. 2017, www.thebalance.com/young-women-entrepreneurs-conduct-market-research-2296719 e www.goldieblox.com. Acesso em: set. 2019.

35. Para alguns bons conselhos sobre a realização de pesquisas de mercado em uma pequena empresa, pesquise "*conducting market research*" em www.sba.gov ou veja: "Researching Your Market," *Entrepreneur*, www.entrepreneur.com/article/43024-1. Acesso em: set. 2019.

36. Veja: "The 2017 AMA Gold Global Top 25 Report," *Marketing News*, out. 2017, pp. 36+; e www.nielsen.com/us/en/about-us.html e www.nielsen.com/us/en/about-us.html. Acesso em: set. 2019.

37. Veja: Zach Brooke, "When Surveys Get Lost in Translation," *Marketing News*, out. 2017, pp. 12-13; e "Why Mobile Is Great for Marketing Research," *MMRA*, www.mmra-global.org/. Acesso em: set. 2018.

38. Subhash C. Jain, *International Marketing Management*, 3. ed. (Boston: PWS-Kent, 1990), p. 338. Para mais discussão sobre questões e soluções de pesquisa de *marketing* internacional, consulte: Warren J. Keegan e Mark C. Green, *Global Marketing*, 8. ed. (Upper Saddle River, NJ: Pearson, 2015), pp. 170–201.

39. Para mais informações sobre problemas e soluções em pesquisa de *marketing* internacional, consulte: Caitlin Sanford, "Tips for Market Research in Emerging Markets," *Medium*, 1 ago. 2017, https://medium.com/facebook-research/tips-for-market-researchin-emerging-markets-695bed660517; e Zack Brooke, "3 Common Pitfalls of International Market Research (and How to Avoid Them)," *Marketing News*, 1 out. 2017, www.ama.org/publications/MarketingNews/Pages/3-commonpitfalls-of-international-market-research-and-how-to-avoidthem.aspx.

40. Veja: Charles Duhigg, "Psst, You in Aisle 5," *New York Times*, 19 fev. 2012, p. MM30; Kashmir Hill, "How Target Figured Out a Teen Girl Was Pregnant before Her Father Did," *Forbes*, 16 fev. 2012, www.forbes.com/sites/kashmirhill/2012/02/16/how-target-figured-out-ateen-girl-was-pregnant-before-her-father-did/; "7 *Big Data* Blunders You're Thankful Your Company Didn't Make," Umbel, 22 out. 2014, www.umbel.com/blog/big-data/7-big-data-blunders/?utm_content=buffer6a719&utm_medium=social&utm_source=twitter.com&utm_campaign=buffer; e Leslie K. John, Tami Kim e Kate Barasz, "Ads That Don't Overstep," *Harvard Business Review*, jan./fev. 2018, pp. 62–69.

41. Veja: Kate Kaye, "The $24 Billion Data Business That Telcos Don't Want to Talk About," *Advertising Age*, 26 out. 2015, pp. 12–14; e "Mobile Data Analysis with SAP Consumer Insight 365," https://experience.sap.com/designservices/work/mobile-data-analysis-with-sap-consumer-insight-365. Acesso em: set. 2019.

42. Veja: "Respondent Bill of Rights," www.marketingresearch.org/issues-policies/best-practice/respondent-bill-rights. Acesso em: set. 2019.

43. Veja: Dennis Green e Mary Hanbury, "If You Shopped at These 16 Stores in the Last Year, Your Data Might Have Been Stolen," *Business Insider*, 22 ago. 2018, www.businessinsider.com/data-breaches-2018-4; Mike Isaac e Sheera Frenkel, "Facebook Security Breach Exposes Accounts of 50 Million Users," *New York Times*, 28 set. 2018, www.nytimes.com/2018/09/28/technology/facebook-hack-databreach.html; e "Learn More about the Latest Data Breaches," *Fraud!Org*, www.fraud.org/latest_breaches?page=1. Acesso em: set. 2018.

44. Veja: Nicole Perlroth, Amie Tsang e Adam Satariano, "Marriott Hacking Exposes Data of Up to 500 Million Guests," *New York Times*, 30 nov. 2018, www.nytimes.com/2018/11/30/business/marriott-data-breach.html; e Seena Gressin, "The Marriott Data Breach," *Federal Trade Commission: Consumer Information Blog*, 6 dez. 2018, www.consumer.ftc.gov/blog/2018/12/marriott-data-breach.

45. Veja: www.insightsassociation.org/issues-policies/casro-codestandards-and-ethics. Acesso em: set. 2019.

46. "World's Best Companies Turn to Qualtrics to Power Employee Experiences," *PR Newswire*, 19 fev. 2019; www.prnewswire.com/news-releases/worlds-best-companies-turnto-qualtrics-to-power-employee-experiences-300797005.html; Patrick Thibodeau, "SAP CEO Talks Qualtrics Acquisition," *TechTarget*, 7 mar. 2019, https://searchsap.techtarget.com/news/252459069/SAP-CEO-talks-Qualtrics-acquisition-saysexperience-data-is-critical; "Qualtrics Selected for Prestigious Innovation Award by Morgan Stanley," *PR Newswire*, 7 jun. 2018, www.prnewswire.com/news-releases/qualtrics-selected-for-prestigious-innovation-award-bymorgan-stanley-300661768.html; Ee Chien Chua, "Professors Find Success," *Daily Universe*, 12 mar. 2013, universe.byu.edu/2013/03/12/nutty-wealthy-professors/; Jennifer Post, "Experience Management Software: What Small Businesses Need to Know," *Business News Daily*, 18 maio 2018, www.businessnewsdaily.com/10791-experience-managementsoftware-small-business.html; e information from www.qualtrics.com/customers/jetblue/ e www.qualtrics.com. Acesso em: set. 2019.

Capítulo 5

1. Veja: Corinne Ruff, "How Shinola Is Taking Its 'Built in Detroit' Mission National," Retail Dive, 9 fev. 2018, www.retaildive.com/news/how-shinola-is-taking-its-built-in-detroit-mission-national/516719/; Ann-Christine Diaz, "Shinola Puts a Lot of 'Work' into Its New Campaign," Advertising Age, 20 mar. 2017, http://creativity-online.com/work/shinola-roll-up-our-sleeves/51303; Robert Klara, "How Shinola Went from Shoe Polish to the Coolest Brand in America," *Adweek*, 22 jun. 2015, pp. 23–25; Helen Heller, "The Luxury Goods Company Shinola Is Capitalizing on Detroit," Washington Post, 17 nov. 2014, www.washingtonpost.com/lifestyle/style/the-luxury-goods-company-shinola-is-capitalizingon-detroit/2014/11/17/638f88a4-6a8f-11e4-b053-65cea7903f2e_story.html; Elizabeth Doer, "Shinola Celebrates Immigration with Statue of Liberty Timepieces," Forbes, 22 ago. 2018, www.forbes.com/sites/elizabethdoerr/2018/08/22/

shinola-celebratesimmigration-with-statue-of-liberty-timepieces/#4a4f017314f1; e www.shinola.com/our-story e www.shinola.com/aboutshinola. Acesso em: set. 2019.

2. Os números das despesas do consumidor são de: "United States Consumer Spending Forecast," *Trading Economics*, https://tradingeconomics.com/united-states/consumer-spending/forecast. Acesso em: set. 2019. Dados da população de: World POPClock, U.S. Census Bureau, www.census.gov/popclock. Acesso em: set. 2019. Este *site* fornece projeções continuamente atualizadas das populações dos Estados Unidos e do mundo.
3. "Advertising Age Hispanic Fact Pack," 13 ago. 2018, https://adage.com/article/hispanic-marketing/hispanic-factpack-2018/314518/; Parker Morse, "Six Facts about the Hispanic Market that May Surprise You," *Forbes*, 9 jan. 2018, www.forbes.com/sites/forbesagencycouncil/2018/01/09/six-factsabout-the-hispanic-market-that-may-surprise-you/#51ddbf25f307; e "Buying Power of Hispanic Consumers in the United States," *Statista*, www.statista.com/statistics/251438/hispanics-buyingpower-in-the-us/. Acesso em: set. 2018.
4. Veja: Ilyse Liffreing, "Inside Twitter's Push to Connect Advertisers with Its Hispanic Audience," *Digiday*, 12 out. 2018, https://digiday.com/marketing/inside-twitterspush-connect-advertisers-hispanic-audience/.
5. Veja: Alexandria Jardine, "Toyota Made a Super-Strong Coffee for Early-Rising Hispanic World Cup Fans," *Advertising Age*, 28 jun. 2018, https://adage.com/creativity/work/tundrapower-world-cup-coffee/54919; e "Tundra Power," www.adsoftheworld.com/media/film/toyota_tundra_power. Acesso em: set. 2019.
6. Veja: Nielsen, "Black Impact: Consumer Categories Where African Americans Move Markets," 15 fev. 2018. www.nielsen.com/us/en/insights/news/2018/black-impact-consumercategories-where-african-americans-move-markets.html; Bill Chappell, "Census Finds a More Diverse America, as Whites Lag Growth," *NPR*, 22 jun. 2017, www.npr.org/sections/thetwoway/2017/06/22/533926978/census-finds-a-more-diverseamerica-as-whites-lag-growth; e U.S. Census Bureau, "U.S. Population Projections," www.census.gov/topics/population.html. Acesso em: set. 2019.
7. Veja: Charlotte McEleny, "P&G's 'The Talk' for My Black Is Beautiful Wins the Outstanding Commercial Emmy Award," *The Drum*, 28 set. 2018, www.thedrum.com/news/2018/09/18/pg-s-the-talk-my-black-beautiful-winsthe-outstanding-commercial-emmy-award; Ann-Christine Dias, "P&G's 'The Taslk' Wins Film Grand Prix at Cannes," *Advertising Age*, 22 jun. 2018, https://adage.com/creativity/work/talk-full-length/52300; e www.pgeveryday.com/tag/mbib-all-together-beautiful e www.pgeveryday.com/tag/mbib-about-us. Acesso em: set. 2019.
8. Veja: Nielsen, "Asian-America Consumers Are Predictive Adopters of New Media Platforms, Online Shopping and Smartphone Use," 8 maio 2018, www.nielsen.com/us/en/press-room/2018/asian-american-consumers-are-predictive-adopters-of-newmedia-platforms.html; e Gustavo Lopez, Neil G. Ruiz, e Eileen Patten, "Key Facts about Asian Americans, a Diverse and Growing Population," Pew Research, 8 set. 2017, www.pewresearch.org/fact-tank/2017/09/08/key-facts-about-asian-americans/.
9. Veja: "State Farm Launches New Asian Creative Across Multiple Channels," 1 ago. 2018, https://newsroom.statefarm.com/new-state-farm-asian-market-commercials/; Shannon Miller, "See a Smart Home Go Rogue in New State Farm Campaign," *Adweek*, 2 ago. 2018, www.adweek.com/creativity/see-asmart-home-go-rogue-in-new-state-farm-campaign/; e www.youtube.com/watch?v=MS9Uz5iOkh8 e www.youtube.com/watch?v=8Tgfl2A_42c. Acesso em: set. 2019.
10. Veja: Yuriy Boykiv, "What Leaders Need to Know about the 'Total Market' Approach to Diverse Audiences," *Inc.*, 10 nov. 2014, www.inc.com/yuriy-boykiv/what-leaders-need-toknow-about-the-total-market-approach-to-diverse-audiences.html; Laurel Wentz, "Welcome to the Multicultural Mainstream," *Advertising Age*, 6 abr. 2015, pp. 18+; e "Total Market," Culture Marketing Council, http://culturemarketingcouncil.org/Market-Research/Total-Market. Acesso em: set. 2019.
11. Veja: ANA, "Totally Sold on Total Marketing?" 2017 ANA Multicultural Thought Leadership Supplement, www.portadaonline.com/wp-content/uploads/2017/guides/2017-ANAMULTICULTURAL/docs/17-POR-003_Issue_FINAL_singles.pdf; Sapna Maheshwari, "Different Ads, Different Ethnicities, Same Car," *New York Times*, 12 out. 2017, www.nytimes.com/interactive/2017/10/12/business/media/toyota-camry-ads-different-ethnicities.html; e "All-New Toyota Camry Ignites the Senses," 1 set. 2017, http://toyotanews.pressroom.toyota.com/releases/all+new+toyota+camry+ignites+senses.htm.
12. Nicole Laporte, "How CoverGirl Built an Ad Campaign around Multicultural Badassness," *Fast Company*, 30 out. 2017, www.fastcompany.com/40485716/how-covergirl-built-an-adcampaign-around-multicultural-badassness; Kelsey Castanon, "CoverGirl Is Getting a Makeover–& These Women Are Leading the Charge," *Refinery29*, 10 out. 2017, www.refinery29.com/2017/10/175599/covergirl-new-slogan-no-easy-breezybeautiful; e Elana Gross, "CoverGirl Just Dropped Its 'Easy, Breezy, Beautiful, CoverGirl' Slogan," *Allure*, 10 out. 2017, www.allure.com/story/covergirl-drops-easy-breezy-beautifulcovergirl-slogan; e Droga5, "CoverGirl: I Am What I Make Up," https://droga5.com/work/covergirl/. Acesso em: set. 2019.
13. Hal Conick, "How to Win Friends and Influence Millions: The Rules of Influencer Marketing," *Marketing News*, ago. 2018, pp. 36–45; Fabian Gorsler, "Here's How Much 10 of the World's Biggest Celebrities Make on Instagram per Post," *Business Insider*, 26 jul. 2018, www.businessinsider.com/how-much-celebritiesmake-on-instagram-2018-7; Declan Eytan, "Kylie Jenner Joins Adidas as Latest Brand Ambassador," *Forbes*, 29 ago. 2018, www.forbes.com/sites/declaneytan/2018/08/29/kylie-jenner-joinsadidas-as-latest-brand-ambassador/#48cf96211e91; Lisa Richwine, "Disney's Powerful Marketing Force: Social Media Moms," *Reuters*, 15 jun. 2015, www.reuters.com/article/us-disney-moms-insightidUSKBN0OV0DX20150615; Neil Patel, "9 Things We Can Learn from the Mom Blog Industry," *Forbes*, 3 nov. 2016, www.forbes.com/sites/neilpatel/2016/11/03/9-things-we-can-learn-from-the-mom-blog-industry/#1ac630062181; Jack Neff, "Clean Break: "Why J&J Is Enlisting Teens with Modest Followings as Influencers," *Advertising Age*, 1 out. 2018, pp. 30–32; e "Social Media Moms," https://twitter.com/disneymoms?lang=en. Acesso em: set. 2019.
14. Nielsen, "Females Are Queens of Clean, but Men Are Sharing Some of the Load," 5 abr. 2016, www.nielsen.com/us/en/insights/news/2016/females-are-queens-of-clean-but-men-aresharing-some-of-the-load.html; "American Time Use Survey," 20 dez. 2016, www.bls.gov/tus/charts/household.htm; e Girl Power Marketing, "Statistics on the Purchasing Power of Women," https://girlpowermarketing.com/statistics-purchasing-power-women/. Acesso em: set. 2019.
15. Veja: Alissa Fleck, "Infographic: What Marketers Should Know about Marketing to Fathers," *Adweek*, 13 jun. 2018, www.adweek.com/creativity/infographic-fathers-present-unique-targets-for-advertisers/; e www.youtube.com/watch?v=CsroaCfdiCY e www.youtube.com/watch?v=KgDT49BMBvA. Acesso em: set. 2019.
16. Veja: Jeff Fromm, "How Much Financial Influence Does Gen Z Have," *Forbes*, 10 jan. 2018, www.forbes.com/sites/jefffromm/2018/01/10/what-you-need-to-know-about-the-financial-impact-of-gen-z-influence/#47bca4d956fc; e "How Much Influence Do Teens Wield over Their Parents' Purchase Decisions?" *Marketing Charts*, 23 jun. 2015, www.marketingcharts.com/traditional/how-much-influence-do-teens-wield-over-theirparents-purchase-decisions-56068/.

17. Tanyua Gazdik, "Honda Odyssey Helps 'Keep the Peace,'" *Marketing Daily,* 13 jun. 2017, www.mediapost.com/publications/article/302750/honda-odyssey-helps-keep-thepeace.html.

18. Rina Raphael, "Female Founders Give Scrubs a Functional, Fashionable Makeover," *Fast Company,* 6 jul. 2018, www.fastcompany.com/40589057/female-founders-give-scrubsa-functional-fashionable-makeover; e www.wearfigs.com. Acesso em: set. 2019.

19. Para mais sobre a Claritas PRIZM, visite: https://claritas360.claritas.com/mybestsegments/?ID=0&menuOption=home&pageName=Home#. Acesso em: set. 2019.

20. Daniel B. Kline, "Are Whole Foods' Prices Really Lower under Amazon?" *The Motley Fool,* 4 set. 2018, www.fool.com/investing/2018/09/14/are-whole-foods-prices-really-lower-under-amazon.aspx.

21. Veja: www.patagonia.com/company-info.html e http://converseinfo.weebly.com/. Acesso em: set. 2019.

22. Veja: Jennifer Aaker, "Dimensions of Measuring Brand Personality," *Journal of Marketing Research*, ago. 1997, pp. 347–356; e Philip Kotler e Kevin Lane Keller, *Marketing Management*, 15. ed. (Upper Saddle River, New Jersey: Pearson Publishing, 2016), p. 163.

23. Deborah Malone, *The Reinvention of Marketing* (New York: The Internationalist Press, 2014), Kindle location 142; e "Which Mini Cooper Persona Are You?" 9 jun. 2016, www.schompmini.com/mini-cooper-persona/.

24. Veja: Abraham H. Maslow, "A Theory of Human Motivation," *Psychological Review, 50* (1943), pp. 370–396. Veja também: Maslow, *Motivation and Personality*, 3. ed. (New York: HarperCollins Publishers, 1987); Michael R. Solomon, *Consumer Behavior,* 12. ed. (Hoboken, NJ: Pearson Publishing, 2017), pp. 156–157; e Kendra Cherry, "The Five Levels of Maslow's Hierarchy of Needs," *Very Well Mind,* 11 nov. 2018, www.verywellmind.com/what-is-maslows-hierarchy-of-needs-4136760.

25. Veja: Jon Simpson, "Finding Brand Success in the Digital World," *Forbes,* 25 ago. 2017, https://www.forbes.com/sites/forbesagencycouncil/2017/08/25/finding-brand-success-inthe-digital-world/#40ecfced626e; e Joshua Saxon, "Why Your Customers' Attention Is the Scarcest Resource in 2017," www.ama.org/partners/content/Pages/why-customers-attentionscarcest-resources-2017.aspx. Acesso em: nov. 2017.

26. Veja: Ian Zimmerman, "Subliminal Ads, Unconscious Influence, and Consumption," *Psychology Today*, jun. 2014, www.psychologytoday.com/blog/sold/201406/subliminal-ads-unconscious-influenceand-consumption e "Does Subliminal Advertising Actually Work?" *BBC,* 20 jan. 2015, www.bbc.com/news/magazine-30878843.

27. Veja: Craig S. Smith, "Alexa and Siri Can Hear This Hidden Command. You Can't.," *New York Times,* 10 maio 2018, www.nytimes.com/2018/05/10/technology/alexa-siri-hidden-command-audio-attacks.html.

28. Veja: Larissa Zimberoff, "New-Wave Veggie Burgers," *Rachael Ray Every Day*, 30 maio 2017, www.rachaelraymag.com/food/new-wave-veggie-burgers; Leanna Garfield, "Leonardo DiCaprio Just Invested in the Bill Gates-Backed Veggie Burger That 'Bleeds' Like Beef–Here's How It Tastes," *Business Insider,* 17 out. 2017, www.businessinsider.com/review-leonardodicaprio-beyond-meat-veggie-plant-burger-2017-10; Sami Grover, "Beyond Meat's Veggie Burger Produces 90% Fewer Greenhouse Gas Emissions Than Cow-Based Burgers," *Treehugger,* 16 out. 2018, www.treehugger.com/green-food/beyond-meatsveggie-burger-produces-90-fewer-greenhouse-gas-emissionscow-based-burgers.html; Amanda Capritto, "Where to Get the Beyond Burger," *CNET,* 24 jul. 2019, www.cnet.com/news/where-to-get-the-beyond-burger/; e www.beyondmeat.com/products/view/beyond-burger. Acesso em: set. 2019.

29. Fiza Pirani, "Founder of Atlanta-Based SPANX Makes Forbes' America's Richest Self-Made Women 2018," *Atlanta Journal-Constitution*, 12 jul. 2018, www.ajc.com/blog/buzz/founder-atlanta-based-spanx-makes-forbes-america-richest-selfmade-women-2018/WB1SWiafqAfBwZOWTWrQUK/; Danielle Wiener-Bronne, "She Was Too Short to Play Goofy. Then She Invented SPANX. Now She's a Billionaire," *CNN Money*, 2 abr. 2018, http://money.cnn.com/2018/04/02/news/companies/sara-blakely-rebound/index.html; Guy Raz, "SPANX: Sara Blakely," *How I Built This*, 11 set. 2016, https://one.npr.org/?sharedMediaId=493169696:493311384; Lynn Yaeger, "The Bottom Line: A Profile on SPANX Founder Sara Blakely," *Vogue*, 19 mar. 2012, www.vogue.com/article/the-bottom-linespanx-founder-sara-blakely; Ali Montag, "How an Embarrassing Moment Led to SPANX Billionaire Sara Blakely's Huge Success," *CNBC*, 15 ago. 2017, www.cnbc.com/2017/08/15/billionairesarah-blakelys-embarrassing-moment-led-to-spanx-success.html; "Compression Wear and Shapewear Market to Reach $5,576 Million, Globally, by 2022," *Allied Market Research*, www.alliedmarketresearch.com/press-release/compression-wearshapewear-market.html. Acesso em: jun. 2019; e www.spanx.com. Acesso em: set. 2019.

30. Veja: Karlene Lukovitz, "Morton Salt Helps Home Chefs Open Pop-Up Restaurants," MediaPost, 11 nov. 2016, www.mediapost.com/publications/article/288870/morton-salt-helpshome-chefs-open-pop-up-restaurant.html; "Morton: Next Door Chef," e www.mortonsalt.com/nextdoorchef/. Acesso em: set. 2019.

31. Veja: www.yelp.com, www.yelp.com/about e www.yelp.com/factsheet. Acesso em: set. 2019.

32. Stuart Hogg, "Customer Journey Mapping: The Path to Loyalty," *Think with Google,* fev. 2018, www.thinkwithgoogle.com/marketing-resources/experience-design/customer-journeymapping/. Para saber mais sobre a jornada do cliente, consulte: Adam Richardson, "Using Customer Journey Maps to Improve Customer Experience," *Harvard Business Review,* 15 nov. 2010, https://hbr.org/2010/11/using-customer-journey-maps-to; "Customer Journey Analysis," Bain & Company, 2 abr. 2018, www.bain.com/insights/management-tools-customerjourney-analysis/; e Paul Talbot, "Deciphering the Customer Journey," *Forbes,* 30 jul. 2018, www.forbes.com/sites/paultalbot/2018/07/30/deciphering-the-customer-journey/.

33. A discussão a seguir se baseia no trabalho de: Everett M. Rogers. *Diffusion of Innovations*, 5. ed. (New York: Free Press, 2003).

34. Com base em: Rogers, *Diffusion of Innovation*, p. 281. Para mais discussão, veja: http://en.wikipedia.org/wiki/Everett_Rogers. Acesso em: set. 2019.

35. Veja: "EV Market Share," evadoption.com/ev-market-share/. Acesso em: jan. 2019; *Bloomberg Businessweek*, 7 jun. 2017, www.bloomberg.com/ e "Plug-In Vehicle Tracker: What's Coming, When," www.pluginamerica.org/vehicles. Acesso em: set. 2019.

36. Avie Schneider, "Kraft, Oscar Mayer Brands Take a Massive Hit as Tastes Shift," *NPR*, 22 fev. 2019, www.npr.org/2019/02/22/696984494/kraft-heinz-stock-dropsafter-announcement-of-big-loss-sec-probe; Paul La Monica, "What Went Wrong at Kraft," *CNN*, 22 fev. 2019, www.cnn.com/2019/02/22/investing/kraft-heinz-stock-strategy/index.html; Jessi Devenyns, "Food Companies Struggle to Adapt to Quickly Changing Consumer Tastes," *Grocery Dive*, 7 jun. 2019, www.grocerydive.com/news/grocery-food-companiesstruggle-to-adapt-to-quickly-changing-consumer-tastes/533954/; Alina Selyukh, "From Campbell's to Kellogg's, Classic Brands Are Feeling the Crunch," *NPR*, 1 jan. 2019, www.npr.org/2019/01/01/677390110/from-campbells-to-kellogg-sclassic-brands-are-feeling-the-crunch.

Capítulo 6

1. Yana Nirshberg, "How to Get the Most Out of LinkedIn for Middle-Market B2B Managers," *Forbes*, 20 ago. 2018, www.forbes.com/sites/forbesagencycouncil/2018/08/20/how-to-get

-the-most-out-of-linkedin-for-middle-market-b2b-marketers/#737685011273; Jordan Novet, "Microsoft Is Now Tying Satya Nadella's Pay to LinkedIn's Performance," *CNBC,* 19 out. 2018, www.cnbc.com/2018/10/19/microsoftis-now-tying-satya-nadellas-pay-to-linkedins-performance.html; Mansoor Iqbal, "LinkedIn Usage and Revenue Statistics," *Business of Apps,* 12 nov. 2018, www.businessofapps.com/data/linkedin-statistics/; "Utah State University attracts quality graduate students with targeted LinkedIn campaign," https://business.linkedin.com/content/dam/me/business/en-us/marketing-solutions/resources/pdfs/linkedin-utahstate-university-case-study-en-us.pdf. Acesso em: set. 2019; "Adobe Raises Brand Awareness and Captures the Attention of Hard-to-Reach Marketers with LinkedIn Sponsored Content," https://business.linkedin.com/content/dam/me/business/en-us/marketing-solutions/case-studies/pdfs/LIAdobeCaseStudy5-19-16.pdf. Acesso em: set. 2019; e https://business.linkedin.com/ e https://business.linkedin.com/marketing-solutions. Acesso em: set. 2019.

2. Veja Scott Lanza, "Shine United, Gore-Tex Ads," 24 jan. 2017, www.scottlanza.com/posts/shine-united-gore-tex-ads/; e www.gore-tex.com. Acesso em: set. 2019.
3. Veja Chuck Robbins, "Why Cisco Is the Most Strategic Digital Partner," *Cisco Blogs,* 5 out. 2015, https://blogs.cisco.com/news/why-cisco-is-the-most-strategic-digital-partner; e www.cisco.com/c/en/us/about.html, https://newsroom.cisco.com/overview, e www.cisco.com/c/dam/en_us/about/annualreport/2018-annual-report-full.pdf. Acesso em: set. 2019.
4. Esta categorização clássica foi introduzida pela primeira vez em Patrick J. Robinson, Charles W. Faris e Yoram Wind, *Industrial Buying Behavior and Creative Marketing* (Boston: Allyn & Bacon, 1967). Veja também: Philip Kotler e Kevin Lane Keller, *Marketing Management* (Hoboken, NJ: Pearson Publishing, 2016), pp. 192–193.
5. Veja: "Moving Returns Forward with Overstock.com," www.upsscs.com/solutions/case_studies/cs_Overstock.pdf. Acesso em: set. 2019; e http://investors.overstock.com/phoenix.zhtml?c=131091&p=irol-irhome. Acesso em: set. 2019.
6. Veja: Frederick E. Webster Jr. e Yoram Wind, *Organizational Buying Behavior* (Upper Saddle River, NJ: Prentice Hall, 1972), pp. 78–80. Veja também: Philip Kotler e Kevin Lane Keller, *Marketing Management,* 15. ed. (Hoboken, NJ: Pearson Publishing, 2016), pp. 193-197.
7. Veja: "USG Corporation: Structural Panels–Octopus," *Ads of the World,* 18 jul. 2017, www.adsoftheworld.com/media/print/usg_corporation_structural_panels_octopus; e USG Structural Solutions, "A New Level of Performance," http://info.usg.com/structuralpanels.html. Acesso em: set. 2019.
8. Porções adaptadas de: Susan Harte, "When in Rome, You Should Learn to Do What the Romans Do," *The Atlanta Journal Constitution,* 22 jan. 1990, pp. D1, D6. Informações adicionais e exemplos podem ser encontrados em Jeanette S. Martin e Lillian H. Cheney, *Global Business Etiquette* (Santa Barbara, CA: Praeger Publishers, 2013); "A Quick Guide to Business Etiquette around the World," *Business Insider,* 12 maio 2015, www.businessinsider.com/a-guide-to-business-etiquette-around-the-world-2015-5; Adam C. Uzialco, "15 International Business Customs That Could Make or Break a Deal," *Business News Daily,* 4 abr. 2018, www.businessnewsdaily.com/5176-unusual-international-businesscustoms.html; e "International Business Etiquette, Manners, & Culture," www.cyborlink.com. Acesso em: set. 2019.
9. Robinson, Faris e Wind, *Industrial Buying Behavior*, p. 14. Veja também: Kotler e Keller, *Marketing Management*, pp. 198–204.
10. Veja: Simon Mulcahy, "Behind the Scenes: The Making of Salesforce's New Ad Campaign," *Salesforce Blog,* 23 mar. 2017, www.salesforce.com/blog/2017/05/behind-the-scenes-salesforcenew-ad-campaign; e www.salesforce.com/campaign/blazeyour-trail/. Acesso em: set. 2019.
11. Veja: David Moth, "Q&A: How Maersk Line Created a Brilliant B2B Social Media Strategy," 9 set. 2015, https://econsultancy.com/blog/66901-q-a-how-maersk-line-createda-brilliant-b2b-social-media-strategy; Zsolt Katona e Miklos Katona Sarvary, "Maersk Line: B2B Social Media–It's Communication, Not Marketing," University of California Berkeley, Spring 2014; e www.maerskline.com/ar-sa/social/our-social-media. Acesso em: set. 2019.
12. "World's Top 20 B2B Brands Revealed," *B2B Marketing*, 4 jun. 2018, www.thinkmediaconsult.com/think-media-consulting-blog/social-media-case-study-series-ibm; Lydia Patton, "Social Media Case Study Series: IBM," *Think Media Consulting*, 25 jan. 2018, www.thinkmediaconsult.com/think-media-consulting-blog/social-media-case-study-seriesibm; Christopher Heine, "How IBM Got 1,000 Staffers to Become Brand Advocates on Social Media and Then Take Home a Big Award," *Adweek*, 1 jul. 2015, www.adweek.com/digital/how-ibm-got-1000-staffers-become-brand-advocatessocial-media-165664/; Erin O'Gara, "Five B2B Brands That Are Taking Over Social Media," *Red Brand Media*, 22 fev. 2017; https://redbranchmedia.com/blog/5-b2b-brands-taking-social-media/; "Three Examples of Great B2B Social Media Campaigns," *Target Internet,* 19 dez. 2018, www.targetinternet.com/3-examples-of-great-b2b-social-media-campaigns/; e www.ibm.com, www.instagram.com/ibm, www.facebook.com/IBM/, www.twitter.com/IBM e www.linkedin.com/company/ibm/. Acesso em: set. 2019.
13. Informações de: www.shrinershospitalsforchildren.org; e www.chs.net/investor-relations/annual-reports/. Acesso em: set. 2019.
14. Veja: Aimee Picchi, "The High Price of Incarceration in the United States," *CBS News,* 8 maio 2014, www.cbsnews.com/news/thehigh-price-of-americas-incarceration-80-billion/; e "List of Countries by GDP," *Wikipedia,* https://en.wikipedia.org/wiki/List_of_countries_by_GDP_(nominal). Acesso em: set. 2019.
15. National Center for Education Statistics, https://nces.ed.gov/fastfacts/. Acesso em: set. 2019.
16. Veja: www.pgpro.com e www.nestleprofessional.us. Acesso em: set. 2019.
17. Niraj Chokshi, "There's About One 'Government Unit' for Every 3,566 People in the U.S.," *Washington Post*, 4 set. 2013, www.washingtonpost.com/blogs/govbeat/wp/2013/09/04/theres-about-one-governmental-unit-for-every-3566-peoplein-the-u-s/; e "State & Local Government Finances," www.census.gov/programs-surveys/gov-finances.html. Acesso em: set. 2019.
18. Consulte os relatórios anuais da Lockheed Martin em: www.lockheedmartin.com/en-us/news/annual-reports.html?_ga=2.5297339.963821565.1530553440-464839600.1498153874. Acesso em: set. 2019.
19. Veja: "GSA Organization Overview," www.gsa.gov/portal/content/104438. Acesso em: set. 2019; "Defense Logistics Agency: Medical Supply Chain," www.dscp.dla.mil/sbo/medical.asp. Acesso em: set. 2019; e Department of Veterans Affairs Office of Acquisition & Material Management, www.va.gov/oal/business/dbwva.asp. Acesso em: set. 2019.
20. Megan Simpson, "Shopify Reaches Milestone, Surpassing $1 Billion in Total Revenue in 2018," *Betakit*, 12 fev. 2019, www.betakit.com/shopify-reaches-milestone-surpassing-1-billion-in-total-revenue-in-2018/; Amira Zubairi, "How Harley Finkelstein Went from Lawyer to COO of Shopify," *Betakit*, 19 mar. 2019, www.betakit.com/how-harley-finkelstein-went-from-lawyer-to-coo-ofshopify/; Shareen Pathak, "Network Effect: How Shopify Is the Platform Powering the DTC Brand Revolution," *Digiday*, 24 set. 2018, www.digiday.com/marketing/network-effect-shopifyplatform-powering-dtc-brand-revolution/; Natalie Robehmed, "How 20-Year-Old Kylie Jenner Built a $900 Million Fortune in Less Than 3 Years," *Forbes*, 11 jul. 2018, www.forbes.com/sites/forbesdigitalcovers/2018/07/11/how-20-year-old-kylie-jenner-built-a-900-million-fortune-

-in-less-than-3-years/#5a0b1824aa62; Stephen Baldwin, "The Invisible Selling Machine," *Fortune*, 15 mar. 2017, www.fortune.com/2017/03/15/shopify-ecommerce-revolution/; e informações de: www.shopify.com/about, www.fastcompany.com/most-innovative-companies/2019. Acesso em: set. 2019.

Capítulo 7

1. Com base em informações de: Jason Fernando, "Procter & Gamble Trims Down to Ramp Up," *Investopedia*, 5 out. 2018, www.investopedia.com/articles/investing/100615/procter-gamblerestructures-sheds-100-brands.asp; Asit Sharma, "For Procter & Gamble, It's Still an Uphill Climb," *The Motley Fool*, 25 jan. 2018, www.fool.com/investing/2018/01/25/for-proctergamble-its-still-an-uphill-climb.aspx; e www.statista.com/outlook/60000000/109/home-laundry-care/united-states, www.pginvestor.com/CustomPage/Index?keyGenPage=1073748359, https://news.pg.com/about/core_strengths, e https://us.pg.com/brands/. Acesso em: set. 2019.
2. Corinne Ruff, "How Target Is Using Small-Format Stores to Score with Younger Shoppers," *Retail Dive*, 24 ago. 2017, www.retaildive.com/news/how-target-is-using-small-format-storesto-score-with-younger-shoppers/503362/; Tonya Garcia, "Target's Small-Format Stores Are Turning into a Big Winner for the Retailer," 19 ago. 2017, www.marketwatch.com/story/targets-small-format-stores-are-turning-into-a-big-winfor-the-retailer-2017-08-16; "Here's What Makes Our Small-Format Stores Stand Out in a Big Way," *A Bullseye View*, 20 jul. 2018, https://corporate.target.com/article/2018/07/small-format-stores; e Bill Schiffner, "Target to Open Columbus Circle Small-Format Stored in 2019," *Chain Drug Review*, 29 out. 2018, www.chaindrugreview.com/target-to-open-columbus-circle-small-format-store-in-2019/.
3. Veja: https://crest.com/en-us/products/kids e https://crest.com/en-us/products/crest-3d-white-brilliance-toothpaste. Acesso em: set. 2019.
4. Veja: www.dove.com/us/en/men-care.html. Acesso em: set. 2019.
5. Michael McCarthy, "Ad of the Day: Dick's Sporting Goods Goes the Extra Mile in Its First Campaign for Women," 30 abr. 2015, www.adweek.com/print/164418; Alana Vagianos, "'Who Will You Be?' Campaign Celebrates the Raw Strength of Women's Bodies," *Huffington Post*, 8 maio 2015, www.huffingtonpost.com/2015/05/08/who-will-you-be-campaign-dicks-sportinggoods_n_7242320.html; e www.youtube.com/watch?v=Mf0_G1FS0l4. Acessos em: set. 2019.
6. Veja: "American Express Centurion Card Best 'Black Card' 2019," *Best Business Credit*, 29 nov. 2018, https://businesscreditcards0.wordpress.com/2018/11/29/american-express-centurion-cardbest-black-card-2019/; Johnny Jet, "American Express Centurion Black Card Review," *Forbes*, 28 jul. 2017, www.forbes.com/sites/johnnyjet/2017/07/28/american-express-centurion-black-cardreview/#2a3e997d7055; "What Super Rich People Do to Show Their Status in Style?" *LinkedIn*, 4 nov. 2017, www.linkedin.com/pulse/what-super-rich-people-do-show-status-style-property-find; e Bryan Kelly, "Travel Secrets of the World's Most Exclusive Travel Card," *Travel+Leisure*, www.travelandleisure.com/travel-tips/points-miles/american-express-black-card. Acesso em: set. 2019.
7. Veja: Andrew McMains, "Ad of the Day: Panera Gets into Lifestyle Branding with Manifesto about Healthy Living," *Adweek*, 15 jun. 2015, e www.panerabread.com/en-us/our-beliefs/foodas-it-should-be-nopt.html; e www.panerabread.com/en-us/our-beliefs/our-food-policy/clean-ingredients.html. Acesso em: set. 2019.
8. "Loews, Elicit, Spotify Win People-Based Marketing Awards," *Media Daily News*, 25 set. 2017, www.mediapost.com/publications/article/307818/loews-elicit-spotify-win-peoplebased-marketing.html.
9. Julia Glum, "People in This State Drink the Most Pumpkin Spice Lattes in the Country," *Money*, 3 out. 2018, http://time.com/money/5412045/pumpkin-spice-latte-most-popular-state.
10. Veja: "From Deviled to Divorciados–The Incredible Egg Asks How Do You Like Your Eggs?" *PRNewswire*, 15 nov. 2017, www.prnewswire.com/news-releases/from-deviledto-divorciados-the-incredible-egg-asks-how-do-youlike-your-eggs-300556149.html; e http://energybbdo.com/en/work/5a846b16f1e61dfc7d2d9319, www.aeb.org, e www.aeb.org/about-aeb/about. Acesso em: set. 2019.
11. Veja: www.schwinnbikes.com/usa/bikes/. Acesso em: set. 2019.
12. Veja: www.pampers.com/Diapers/Swaddlers. Acesso em: set. 2019.
13. Veja: Jeremy Markovich, "The Bo-lievers," *Our State*, abr. 2017, pp. 114-122; e http://investing.bojangles.com/financialinformation/annual-reports e www.bojangles.com. Acesso em: set. 2019.
14. Veja: www.patagonia.com/us/ambassadors. Acesso em: set. 2019.
15. Hal Conick, "A Night in the Life of the Chicago Bulls Digital Media Team," *Marketing News*, abr. 2018, pp. 24–35; Darren Heitner, "How the Chicago Bulls Are Making Digital Strategy a Priority for Growth," *Inc.*, 4 abr. 2018, www.inc.com/darrenheitner/how-chicago-bulls-are-making-digital-strategy-apriority-for-growth.html; Bailey Knecht, "Chicago Bulls Strive to Digitally Innovate While Honoring Their Past," *Front Office Sports*, 13 dez. 2018, https://frntofficesport.com/chicago-bullsdigitally-innovate/; e https://twitter.com/chicagobulls, www.facebook.com/chicagobulls/, www.instagram.com/chicagobulls, e www.nba.com/bulls/. Acesso em: set. 2019.
16. Veja: https://isapps.acxiom.com/personicx/personicx.aspx e www.acxiom.com/what-we-do/consumer-segmentationpersonicx/. Acesso em: set. 2019.
17. Veja: http://c.ymcdn.com/sites/dema.site-ym.com/resource/resmgr/Member_Resources/Lifestage_Clustering.pdf e https://isapps.acxiom.com/personicx/personicx.aspx. Acesso em: set. 2019.
18. Veja: www.starbucks.com/business e https://solutions.starbucks.com. Acesso em: set. 2019.
19. Por exemplo, veja: www.steelcase.com, www.steelcase.com/discover/information/government/, www.steelcase.com/discover/information/education/, www.steelcase.com/discover/information/health/, www.steelcase.com/discover/information/architects-and-designers/, www.steelcase.com/research/articles/topics/collaboration/a-new-legal-brief/ e www.steelcase.com/research/articles/topics/coworking/work-hospitality/. Acesso em: set. 2019.
20. Veja: Pamela N. Danziger, "Why Zara Succeeds: It Focuses on Pulling People In, Not Pushing Product Out," *Forbes*, 23 abr. 2018, www.forbes.com/sites/pamdanziger/2018/04/23/zarasdifference-pull-people-in-not-push-product-out/#30b78b1723cb; e www.zara.com, www.instagram.com/zara e www.facebook.com/Zara. Acesso em: set. 2019.
21. Veja: Michael Porter, *Competitive Advantage* (New York: Free Press, 1985), pp. 4–8, 234–236. Para uma discussão mais recente, veja: Philip Kotler e Kevin Lane Keller, *Marketing Management*, 15. ed. (Hoboken, NJ: Pearson, 2016), pp. 263–264.
22. Veja: "Marriott International Brand Fact Sheets," Marriott News Center, http://news.marriott.com/p/marriott-internationalbrand-fact-sheets-2/. Acesso em: set. 2019; Deanna Ting e Greg Oates, "Every One of Marriott's 30 Hotel Brands, Explained," Skift, 21 set. 2016, https://skift.com/2016/09/21/every-one-of-marriotts-30-hotel-brandsexplained/; e "Powerful Brand Advantage," Marriott, https://hotel-development.marriott.com/brands/. Acesso em: set. 2019.
23. Veja: Halah Touryalai, "World's Largest Hotels 2018: Marriott Dominates, Hyatt & Accor Rise," *Forbes*, 6 jun. 2018, www.forbes.com/sites/halahtouryalai/2018/06/06/worlds-biggest-hotels-2018/#57f4715247c7.

24. Veja: Dorothy Crouch, "American Giant Enters the Made-in-America Denim Segment," *Apparel News*, 13 set. 2018, www.apparel-news.net/news/2018/sep/13/american-giantenters-made-america-denim-segment/; Robert Klara, "American Giant, Maker of the Famous Hoodie, Is Getting into the Jeans Business," *Adweek*, 6 set. 2018, www.adweek.com/brand-marketing/american-giant-maker-of-the-famous-hoodieis-getting-into-the-jeans-business/; e www.american-giant.com. Acesso em: set. 2019.

25. Myelle Lansat e Richard Feloni, "A Startup CEO Who's Raised Nearly $500 Million Says Business Strategy Isn't What You Do–It's What You Don't," *Business Insider*, 1 nov. 2018, www.businessinsider.com/harrys-jeffraider-business-strategy-2018-10; Burt Helm, "With Flamingo, Shaving Pioneer Harry's Branches into Women's Grooming," *Fast Company*, 16 out. 2018, www.fastcompany.com/90244932/with-flamingo-shaving-pioneer-harrysbranches-into-womens-grooming; Kaitlyn Tiffany, "The Absurd Quest to Make the Best Razor," *Vox*, 11 dez. 2018, www.vox.com/the-goods/2018/12/11/18134456/bestrazor-gillette-harrys-dollar-shave-club; Bernhard Warner, "The New Industrialists," *Inc.*, maio 2016, pp. 46-56; "Startups Shook Up the Sleepy Razor Market. Here's What's Next," *CNBC*, 26 set. 2018, www.cnbc.com/2018/09/26/startups-shook-up-the-sleepy-razor-market-whats-next.html; Alexandria Olson, "Schick Owner Buys Harry's in New Shaving Alliance," *Post Register*, www.postregister.com/business/schick-owner-buys-harry-s-in-new-shaving-walliance/article_a5b5e5fd-7993-594a-bdab-43246e92a1bf.html; e www.harrys.com; https://ondemand.gillette.com/; www.dollarshaveclub.com. Acesso em: set. 2019.

26. Veja: Journey Staff, "10 Years Strong. Coca-Cola's Venturing & Emerging Brands Takes on New Territory," 23 fev. 2017, www.coca-colacompany.com/stories/10-years-strong-cocacolas-venturing-emerging-brands-takes-on-new-territory; e www.vebatcoke.com/. Acesso em: set. 2019.

27. Veja: https://renaissance-hotels.marriott.com/, http://renaissancehotels.marriott.com/navigators e www.marriott.com/renaissance-hotels/mobile-apps.mi. Acesso em: set. 2019.

28. Alanis King, "This Oddball Rolls-Royce Could Be the Most Expensive Ever," *Jalopnik*, 27 maio 2017, https://jalopnik.com/this-oddball-rolls-royce-could-be-the-new-most-expensiv-1795605881, Harvey Briggs, "For Rolls-Royce the Future Is Bespoke," *Purist*, http://pursuitist.com/for-rollsroyce-the-future-is-bespoke/. Acesso em: set. 2018; e www.rolls-roycemotorcars.com/en-US/bespoke.html. Acesso em: set. 2019.

29. "YouTube Targets Young Kids with Ads, Say Privacy Advocates, Urging FTC to Investigate," *Los Angeles Times*, 9 abr. 2018, www.latimes.com/business/hollywood/la-fi-tn-youtube-kidsprivacy-20180409-story.html.

30. Veja: "2017 Internet Crime Report," 7 maio 2018, www.fbi.gov/news/stories/2017-internet-crime-report-released-050718.

31. Dados de vendas de SUV fornecidos por: www.WardsAuto.com. Acesso em: set. 2019. Dados de preços de: www.edmunds.com. Acesso em: set. 2019.

32. Kyle O'Brien, "Glad Touts Strength of New Trash Bag by Sending It Through Airline Luggage System," *The Drum*, 26 fev. 2018, www.thedrum.com/news/2018/02/26/glad-touts-strength-new-trash-bag-sending-it-through-airlineluggage-system; e www.youtube.com/watch?v=cHlOtiJnFsI. Acesso em: set. 2019.

33. "Apply Now: Wegmans Begins Hiring and Training Full-Time Employees for First North Carolina Store," Wegmans News & Media," 8 jan. 2019, www.wegmans.com/newsmedia/press-releases/2019/apply-now-wegmans-beginshiring-and-training-full-time-employee.html; e www.wegmans.com e https://jobs.wegmans.com/diversity. Acesso em: set. 2019.

34. Veja: www.toyota.com/landcruiser/. Acesso em: set. 2019.

35. Veja: www.heartsonfire.com. Acesso em: set. 2019.

36. Veja: Bobby J. Calder e Steven J. Reagan, "Brand Design," in Dawn Iacobucci, ed., *Kellogg on Marketing* (New York: John Wiley & Sons, 2001), p. 61. Para mais discussões, veja: Philip Kotler e Kevin Lane Keller, *Marketing Management*, 15. ed. (Hoboken, NJ: Pearson, 2016), Capítulo 10.

37. Veja: Joanna Fantozzi, "The New Website Where Everything Costs $3 Is Not Worth It–Here's Why," *Insider*, 15 jul. 2017, www.thisisinsider.com/new-website-where-everything-costs-3-not-worth-it-2017-7; Dennis Green, "Brandless, the Online Store that Sells Everything for $3, Just Got $2490 Million to Take on Amazon," *Business Insider*, 21 jul. 2018, www.businessinsider.com/review-brandless-store-sells-everythingfor-3-dollars-2017-8; e https://brandless.com/about. Acesso em: set. 2019.

38. "Do 5-Hour Energy Shots Actually Work?", *Stack*, 29 jun. 2018, www.stack.com/a/do-5-hour-energy-shots-actually-work; Clare O'Connor, "The Mystery Monk Makes Billions with 5-Hour Energy," *Forbes*, 8 fev. 2012, www.forbes.com/sites/clareoconnor/2012/02/08/manoj-bhargava-the-mystery-monkmaking-billions-with-5-hour-energy/#30b89c0927ae; Robert Klara, "How This Tiny, Caffeine-Packed Bottle Became the Boost of Choice for 7 Million Americans," *Adweek*, 3 out. 2016, pp. v35-36; e informações de: https://5hourenergy.com, www.caffeineinformer.com/the-15-top-energy-drink-brands e https://one.npr.org/?sharedMediaId=519514841:519712175. Acesso em: mar. 2019.

Capítulo 8

1. Veja: Joanna Fantozzi, "What Is the Starbucks Reserve Brand – and Where Is It Going?" *Nation's Restaurant News*, 9 jan. 2019, www.nrn.com/beverage-trends/explainer-what-starbucksreserve-brand-and-where-it-going; Laura Lorenzetti, "Fortune's World's Most Admired Companies: Starbucks, Where Innovation Is Always Brewing," *Fortune*, 30 out. 2014, http://fortune.com/2014/10/30/starbucks-innovation-cafe-to-classroom/; David Kaplan, "Starbucks: The Art of Endless Transformation," *Inc.*, jun. 2014, pp. 82–86; Danny Klein, "What the Future Really Holds for Starbucks," QSR Magazine, mar. 2018, www.qsrmagazine.com/finance/what-future-really-holds-starbucks; Joanna Fantozzi, "Domestic Sales Gains Drive Starbucks' Stronger Performance," *Nation's Restaurant News*, 2 nov. 2018, www.fool.com/investing/2018/11/13/why-starbucks-isdown-16-in-2018.aspx; e Relatórios anuais da Starbucks e outras informações acessadas em: www.starbucks.com, set. 2019.

2. Veja: www.22squared.com/work/project/buffalo-wild-wings; http://ir.buffalowildwings.com/financials.cfm, http://worldwidewingsus.com/default.aspx?Page=About, e www.buffalowildwings.com/en/. Acesso em: set. 2019.

3. Veja: Rich Duprey, "12 Motorcycle Statistics That Will Floor You," *The Motley Fool*," 5 mar. 2017, Susanna Hamner, "Harley, You're Not Getting Any Younger," *New York Times*, 22 mar. 2009, p. BU1; www.fool.com/investing/2017/03/05/7-motorcycle-statistics-thatll-flooryou.aspx; Tim Clark, "Harley-Davidson Goes Whole Hog with Customer Insight," *Forbes*, www.forbes.com/sites/sap/2011/06/29/harley-davidson-goes-whole-hog-withcustomer-insight/#3803c03250eb; e diversas páginas em: www.harley-davidson.com. Acesso em: set. 2019.

4. Veja: Charlotte Rogers, "Patagonia on Why Brands Can't Reverse into Purpose through Marketing," Marketing Week, 18 jul. 2018, www.marketingweek.com/2018/07/18/patagonia-youcant-reverse-into-values-through-marketing; e www.patagonia.com/save-our-public-lands.html?zoom=3&center=40.317756,-94.421097 e www.patagonia.com/environmentalism.html. Acesso em: set. 2019.

5. Ron Stodghill, "Brand Visionary: Serena Williams," *Adweek*, 5 nov. 2018, pp. 21-26.
6. Veja: https://visitdetroit.com, www.ireland.com/en-us/ e www.idaireland.com. Acesso em: set. 2019.
7. Veja: Lindsey Stein, "Microsoft's New 'Makes What's Next' Ad Shows Girls How to Pursue STEM Careers," *Advertising Age*, 7 mar. 2017, http://adage.com/article/cmo-strategy/microsoft-s-make-ad-shows-pursue-stem/308189/; e www.microsoft.com/en-us/philanthropies/make-whats-next. Acesso em: set. 2019.
8. Para saber mais sobre *marketing* social, veja: Nancy Lee e Philip Kotler, *Social Marketing: Changing Behaviors for Good*, 5. ed. (Thousand Oaks, CA: SAGE Publications, 2015); e www.adcouncil.org e www.i-socialmarketing.org. Acesso em: set. 2019.
9. Citações e definições de: Philip Kotler, *Marketing Insights from A to Z* (Hoboken, NJ: Wiley, 2003), p. 148; e www.asq.org/glossary/q.html. Acesso em: set. 2019.
10. Para saber mais sobre gestão de qualidade total, veja: "What Is Total Quality Management?" *ASQ*, https://asq.org/quality-resources/total-quality-management. Acesso em: set. 2019.
11. Veja: "Award Recipient: Americas Best Value Inn," J.D. Power, www.jdpower.com/ratings/study/North-America-Hotel-Guest-Satisfaction-Study/2572ENG/Economy/2672. Acesso em: set. 2018; e www.americasbestvalueinn.com. Acesso em: set. 2019.
12. Veja: Christine Lagorio-Chafkin, "This Philosophy Professor Turned the Answer to One of Life's Big Questions into a $169 Million Business," *Inc.*, ago. 2018, www.inc.com/christine-lagorio/2018-inc5000-how-popsockets-becamea-169-million-dollar-business.html; e Amit Chowdhry, "PopSockets: The Story behind How It Went from a Simple Concept to Selling Tens of Millions of Units," *Forbes*, 14 fev. 2018, www.forbes.com/sites/amitchowdhry/2018/02/14/popsockets/.
13. Kate Taylor, "Chick-fil-A Is the *Fast-Food* Chain of the Year, and Things Are Only Getting Better," *Business Insider*, 28 dez. 2018, www.businessinsider.com/chick-fil-a-is-thefast-food-chain-of-2018-2018-12; Juliana Rose Pignataro, "Chickfil-A Is More Than Waffle Fries: Here's How It Created Its Legendary Customer Service Culture," *Newsweek*, 20 nov. 2018, www.newsweek.com/chick-fil-more-waffle-fries-hereshow-it-created-its-legendary-customer-1225703; Paul Ausick, "Restaurants with the Best Customer Service," *24/7 Wall St.*, 5 jul. 2018, 247wallst.com/services/2018/07/05/restaurants-withthe-best-customer-service/; Rich Duprey, "This Chain Is Gaining on Taco Bell, Burger King, and Wendy's," *Motley Fool*, 19 jan. 2019, www.fool.com/investing/2019/01/19/this-chain-isgaining-on-taco-bell-burger-king-and.aspx; "The QSR 50," *QRS Magazine*, www.qsrmagazine.com/content/qsr50-2018-top-50-chart, accessed September 2019; e www.chick-fil-a.com/About/Who-We-Are. Acesso em: set. 2019.
14. Veja: Megan Cerullo, "Payless Sold Discount Shoes at Luxury Prices–and It Worked," *CBS News*, 29 nov. 2018, www.cbsnews.com/news/payless-sold-discount-shoes-at-luxuryprices-and-it-worked/; e T. L. Stanley, "Payless Opened a Fake Luxury Store, 'Palessi,' to See How Much People Would Pay for $20 Shoes," *Adweek*, 28 nov. 2018, www.adweek.com/brand-marketing/payless-opened-a-fake-luxury-storepalessi-to-see-how-much-people-would-pay-for-20-shoes/.
15. Veja: Michael Castillo. "The Most Talked About Super Bowl Advertiser Online Was Avocados From Mexico," *CNBC*, 5 fev. 2018, www.cnbc.com/2018/02/05/the-most-talked-aboutsuper-bowl-ad-online-was-about-avocados-.html; Patrick Coffee, "Avocados From Mexico Puts Its Account in Review Ahead of 4th Straight Super Bowl Campaign," *Adweek*, 1 fev. 2018, www.adweek.com/agencyspy/avocados-from-mexico-goes-intoreview-ahead-of-4th-straight-super-bowl-campaign/142907; e https://avocadosfrommexico.com/. Acesso em: set. 2019.
16. Veja: "FMI–Supermarket Facts," www.fmi.org/our-research/supermarket-facts. Acesso em: set. 2019; Christina Ng, "The Drivers behind Shoppers' Purchasing Decisions," *Project Nosh*, 30 abr. 2015, www.projectnosh.com/news/2015/the-drivers-behind-shoppers-purchasing-decisions; "2018 Packaging Matters," Westrock, www.westrock.com/-/media/images/insights/packaging-matters-2018/westrock-packaging-matters-2018-whitepaper.pdf; e "Our Retail Divisions," http://news.walmart.com/news-archive/2005/01/07/our-retail-divisions. Acesso em: set. 2019.
17. Veja: www.tiffany.com/WorldOfTiffany/TiffanyStory/Legacy/Blue-Box.aspx, www.luxury24-7.com/blog/2016/08/the-historyof-tiffany-co/, www.luxury24-7.com/blog/2016/08/the-historyof-tiffany-co/. Acesso em: set. 2019.
18. Veja: "Keep Your Home and Loved Ones Safe," P&G, https://tide.com/en-us/safety. Acesso em: set. 2019.
19. Bennett Bennett, "Lexus Gets Conceptual, Create Perceptual Origami Art to Celebrate Customer Service," *The Drum*, 8 mar. 2018, www.thedrum.com/news/2018/03/08/lexus-gets-conceptual-createsperceptual-origami-art-celebrate-customer-service; e www.lexuslearn.com/covenant. Acesso em: set. 2019.
20. Veja: www.bmwgroup.com/com/en/brands/bmw.html e www.bmw.com/en. Acesso em: set. 2019.
21. As informações sobre o *mix* de produtos Colgate-Palmolive são de: www.colgatepalmolive.com/en-us/brands. Acesso em: set. 2019.
22. Veja: CIA World Fact Book, www.cia.gov/library/publications/the-world-factbook. Acesso em: set. 2019; e "List of Countries by GDP Sector Composition," https://en.wikipedia.org/wiki/List_of_countries_by_GDP_sector_composition. Acesso em: set. 2019.
23. Veja: Bruce Japson, "Oscar Health's Obamacare Enrollment Surges Past 250K," *Forbes*, 21 dez. 2017, www.forbes.com/sites/brucejapsen/2017/12/21/oscar-healths-2018-obamacareenrollment-surges-past-250k/#5ef8520b2fff; "10 Things to Know about Oscar Health Insurance: Will It Be the Uber of Health Plans," *Becker's Healthcare Review*, 4 ago. 2015, www.beckershospitalreview.com/payer-issues/10-things-to-knowabout-oscar-health-insurance-will-it-be-the-uber-of-health-plans.html; Sarah Buhr, "Oscar Health Expects to Generate $1 Billion in Revenue and Sign Up 250,000 Members in 2018," *Tech Crunch*, 21 dez. 2017, https://techcrunch.com/2017/12/21/oscarhealth-expects-to-generate-1-billion-in-revenue-and-sign-up-250000-members-in-2018/; Morgan Haefner, "Oscar Health Posts $5M Profit: 4 Things to Know," *Becker's Hospital Review*, 25 ago. 2018, www.beckershospitalreview.com/payer-issues/oscarhealth-posts-5m-profit-4-things-to-know.html; e www.hioscar.com/about. Acesso em: set. 2019.
24. Veja: James L. Heskett, W. Earl Sasser Jr. e Leonard A. Schlesinger, *The Service Profit Chain: How Leading Companies Link Profit and Growth to Loyalty, Satisfaction, and Value* (New York: Free Press, 1997); e Heskett, Sasser e Schlesinger, *The Value Profit Chain: Treat Employees Like Customers and Customers Like Employees* (New York: Free Press, 2003). Veja também: Jay Doerksen, "How Employee Satisfaction Drives the Service-Profit Chain and Improves the Customer Experience," *Vision Critical*, 11 maio 2017, www.visioncritical.com/employee-satisfaction-serviceprofit-chain/; e The Service-Profit Chain Institute, http://serviceprofitchain.com/. Acesso em: set. 2019.
25. Veja: Pamela N. Danziger, "Why Wegmans Food Markets Gets the Love of Customers," *Forbes*, 3 mar. 2018, www.forbes.com/sites/pamdanziger/2018/03/03/why-wegmans-food-marketsgets-the-love-of-customers/; "Fortune 100 Best: Wegmans," http://fortune.com/best-companies/wegmans-food-markets/. Acesso em: set. 2019; e "It's the Actions That Count: Find Out Why Our Employees Enjoy Coming into Work Every Day," https://jobs.wegmans.com/employee-satisfaction-at-wegmans. Acesso em: set. 2019.

26. Veja: IQVIA Institute for Data Science, "Medicine Use and Spending in the U.S.," www.iqvia.com/institute/reports/medicine-use-ands-pending-in-the-us-review-of-2017-outlook-to-2022, 19 abr. 2018, quadro 9, p. 13; e "Postal Facts," http://about.usps.com/who-weare/postal-facts/welcome.htm. Acesso em: set. 2019.

27. Ira Kalb, "Corporate Image: The Foundation for Your Brand's Success," *Huffington Post,* 3 set. 2017, www.huffingtonpost.com/entry/corporate-image-the-foundation-foryour-brands-success_us_59ab8e09e4b0c50640cd600c.

28. Micah Solomon, "Thanks a Latte: How to Fix a Customer Service Failure, per Starbucks, Marriott, and Me," *Forbes*, 29 nov. 2017, www.forbes.com/sites/micahsolomon/2017/11/19/thanks-a-latte-how-to-fix-a-customer-service-failure-perstarbucks-marriott-and-me/#4a1a1873462a.

29. Veja: Martha White, "Lost Bags, at 140 Characters, and Airlines Respond," *New York Times*, 20 out. 2015, p. B6; e Leslie Josephs, "Between Five Minutes and Five Hours: How Long Airlines Take to Respond to Your Complaint on Twitter," *CNBC*, 9 jan. 2018, https://www.cnbc.com/2018/01/09/how-longairlines-take-to-respond-to-your-complaints-on-twitter.html.

30. Veja: Lulu Garcia-Navarro, "The Robots Are Coming to Las Vegas," *NPR*, 7 out. 2018, www.npr.org/2018/10/07/652363255/the-robots-are-coming-to-las-vegas.

31. Garcia-Navarro, "The Robots Are Coming to Las Vegas," *NPR*.

32. Veja: "McAtlas Shrugged," *Foreign Policy*, maio/jun. 2001, pp. 26–37; e Philip Kotler e Kevin Lane Keller, *Marketing Management*, 15. ed. (Upper Saddle River, NJ: Pearson Publishing, 2016), p. 316.

33. Veja: "For Sale: Hessian, a Brand without a Product," *Fast Company*, 12 fev. 2013, www.fastcodesign.com/1671819/for-sale-hessian-a-brand-without-a-product.

34. Veja: Kevin Systrom, "On Instagram's Big Moves," *Fast Company*, 3 mar. 2018, www.fastcompany.com/3069066/kevin-systromon-instagrams-big-moves-its-almost-riskier-not-to-disrupt-yo; e www.instagram.com/about/us/. Acesso em: set. 2019.

35. Para saber mais sobre a BrandAsset Valuator, veja: Kotler e Keller, *Marketing Management*, Capítulo 11; e "BrandAsset Valuator," www.yr.com/BAV. Acesso em: set. 2019.

36. Veja: Kantar Millward Brown, "BrandZ Top 100 Most Valuable U.S. Brands," http://www.millwardbrown.com/brandz. Acesso em: set. 2019; e "BrandZ Top 100 Most Valuable U.S. Brands 2019," http://online.pubhtml5.com/bydd/doqx/#p=102. Acesso em: set. 2019.

37. Veja: Scott Davis, *Brand Asset Management*, 2. ed. (San Francisco: Jossey-Bass, 2002). Para saber mais sobre o posicionamento da marca, veja: Kotler e Keller, *Marketing Management*, Capítulo 10.

38. Veja: Avi Dan, "FedEx's New Campaign Delivers," *Forbes*, 5 nov. 2018, www.forbes.com/sites/avidan/2018/11/05/fedex-new-campaign-delivers/; Katie Baron, "Rewiring Stroytelling," *Forbes*, 22 out. 2018, www.forbes.com/sites/katiebaron/2018/10/22/rewiring-storytelling-neuro-brandboosting-from-the-startup-that-predicted-the-trump-win/; e "What We Deliver By Delivering," www.fedex.com/en-us/possibilities.html. Acesso em: set. 2019.

39. "Why I Love Walt Disney World," https://ithoughtyouwereshorter.wordpress.com/2012/11/15/why-ilove-walt-disney-world/. Acesso em: set. 2019.

40. Leslie Scism, "Travelers Doesn't Want to Share Its Umbrella Logo," *Wall Street Journal*, 25 maio 2015, www.wsj.com/articles/travelers-doesnt-want-to-share-its-umbrella-logo-1432598794.

41. Veja: Alexander Coolidge, "The Simple Truth: Private Selection, and Other Kroger Brands Drive Sales," *Cincinnati Enquirer,* 26 jul. 2017, www.cincinnati.com/story/money/2017/07/27/kroger-gins-up-own-goods-win-thrifty-consumers/472740001/; "Courtney Regan, "Grocer Aldi Targets Nearby Rivals in Its Bid to Boost Its US Footprint," *CNBC*, 9 ago. 2018, www.cnbc.com/2018/08/08/grocer-aldi-targets-nearby-rivals-in-bid-to-itsboost-its-us-footprint.html.

42. Veja: https://brandless.com/about. Acesso em: set. 2019.

43. Thomas Franck, "Amazon Will Dethrone Walmart as the No. 1 Retailer of Apparel This Year, Predicts Wells Fargo," *CNBC*, 10 set. 2018, www.cnbc.com/2018/09/10/amazon-tousurp-walmart-as-top-apparel-retailer-in-2018-wells-fargo.html; Nathaniel Meyersohn, "Who Needs Brand Names? Now Amazon Makes the Stuff It Sells," *CNNBusiness*, 8 out. 2018, www.cnn.com/2018/10/08/business/amazon-private-label-brands/index.html; Tonya Garcia, "Amazon's Apparel Business Could Grow to as Much as $85 Billion in Sales by 2020," *Market Watch*, 10 dez. 2017, www.marketwatch.com/story/amazonsapparel-business-could-to-grow-to-as-much-as-85-billion-insales-by-2020-2017-12-05; Matthew Boyle, "How Private Labels Caught the Public Eye," *Bloomberg BusinessWeek*, 18 dez. 2017, pp. 13–14; Alex Moazed, "How Amazon's Marketplace Supercharged Its Private-Label Growth," *Inc.*, 11 nov. 2018, www.inc.com/alex-moazed/what-brands-need-to-know-aboutamazons-private-label-growth-how-to-respond.html; Amanda Harding, "These Are the Real Brands behind Your Favorite Trader Joe's Snacks," *Cheatsheet*, 16 jun. 2018; www.cheatsheet.com/culture/these-are-the-real-brands-behind-your-favoritetrader-joes-snacks.html/; Phil Wahba, "How Target Keeps Its 'Tar-Zhay' Luster," *Fortune*, 22 ago. 2018, http://fortune.com/2018/08/22/target-private-label/; e www.amazon.com/stores/AmazonBasics/AmazonBasics/page/947C6949-CF8E-4BD3-914A-B411DD3E4433, www.amazon.com/Amazon-Elements-Premium-products-Transparent-origins-Exclusive-to-Prime/b?ie=UTF8&node=10166275011, e www.amazon.com/stores/AmazonEssentials/AmazonEssentials/page/F8FB6F3CF896-455C-BC52-7879F4CEF0CF. Acesso em: set. 2019.

44. "Top 150 Global Licensors 2018," *Global License*, abr. 2018, www.licenseglobal.com/resource/top-150-global-licensors-2018.

45. Veja: "Sector Trend Analysis–Savoury Snacks in the United States," Agriculture and Agri-Food Canada; out. 2018, www5.agr.gc.ca/eng/industry-markets-and-trade/international-agri-foodmarket-intelligence/sector-trend-analysis-savoury-snacks-inthe-united-states/?id=1537469466763#e; e www.fritolay.com/our-snacks/doritos.html. Acesso em: set. 2019.

46. Veja: www.birkenstock-group.com/de/en/products/bed-collection/, www.birkenstock-group.com/de/en/products/bed-collection/, www.birkenstock.com/gb/sleep-systems/ e www.birkenstock.com/us. Acesso em: set. 2019.

47. Para listas interessantes de candidatos bons e ruins de extensão de marca, veja: "12 Brand Extensions the World Would Like to See," *Attest*, 13 nov. 2017, http://insights.askattest.com/12-brandextensions-consumers-would-love-to-see; e Geoffrey James, "18 Insane Brand Extensions (2 Were Huge Successes)," *Forbes*, 5 dez. 2018, www.inc.com/geoffrey-james/18-insanebrand-extensions-2-were-huge-successes.html.

48. "Ad Age World's Largest Advertisers," *Advertising Age*, 3 dez. 2018, p. 10.

49. Stephen Cole, "Value of the Brand," *CA Magazine*, maio 2005, pp. 39–40. Veja também: "The Power of Customer Service," *Fortune*, 3 dez. 2012, www.timeincnewsgroupcustompub.com/sections/121203_Disney.pdf; e "Customer Engagement," http://thewaltdisneycompany.com/citizenship/community/consumer-engagement. Acesso em: set. 2019.

50. Minhea Radu, "306 HP 2020 Mini John Cooper Works Clubman, Countryman Revealed," *Autoevolution*, 14 maio 2019, www.autoevolution.com/news/306-hp-2020-mini-john-cooper-worksclubman-countryman-revealed-134451.html; Kyle Hyatt, "Mini's Got a New Boss, and It's Barreling Towards a More Electric Future," *CNet*, 19 abr. 2019, www.cnet.com/roadshow/news/

mininew-boss-bmw-group-2019/; Jonathan Bacon, 8 jul. 2015, "Mini: Reinventing a Brand Icon," *Marketing Week*, 8 jul. 2015, www.marketingweek.com/2015/07/08/how-mini-is-reinventingitself-to--remain-iconic/; Hannah Elliott, "Fifty Years of Mini Love," *Forbes*, 29 jul. 2009, www.forbes.com/2009/07/29/bmwmini-cooper-lifestyle-vehicles-mini-car-50.html#2a21eb2ccb74; e information from www.miniusa.com/. Acesso em: maio 2019.

Capítulo 9

1. Veja: Nina Zipkin, "Eight of the Coolest Projects to Come Out of X, Google's Moonshot Factory," *Entrepreneur*, 23 jan. 2019, www.entrepreneur.com/article/326836; Alex Davies, "Inside X, the Moonshot Factory Racing to Build the Next Google," *Wired*, 11 jan. 2018, www.wired.com/story/alphabet-google-xinnovation-loon-wing-graduation/; David Pierce, "One Man's Quest to Make Google's Gadgets Great," *Wired*, 8 fev. 2018, www.wired.com/story/one-mans-quest--to-make-googlesgadgets-great/; Chuck Salter, "Google: The Faces and Voices of the World's Most Innovative Company," *Fast Company*, mar. 2008, pp. 74–88; Jeff Desjardins, "How Google Retains More Than 90% of Market Share," *Business Insider*, 23 abr. 2018, www.businessinsider.com/how-google-retains-more-than-90-ofmarket--share-2018-4; e https://abc.xyz/ e http://investor.google.com. Acesso em: set. 2019.
2. Veja: "Apple 2018 10-K Filing," https://s22.q4cdn.com/396847794/files/doc_financials/quarterly/2018/Q4/10-K-2018-(As-Filed).pdf. Acesso em: set. 2019; e Todd Haselton, "Here's What We're Expecting Apple to Launch This Year," *CNBC*, 2 jan. 2019, www.cnbc.com/2019/01/02/apple- product-service-expectations-in-2019.html.
3. Marc Emmer, "95 Percent of the New Products Fail," *Inc.*, 6 jul. 2018, www.inc.com/marc-emmer/95-percent-of-new-productsfail-here--are-6-steps-to-make-sure-yours-dont.html.
4. Veja: Michael Martinez, "Ford Opens Silicon Valley Innovation Center," *The Detroit News*, 22 jan. 2015, www.detroitnews.com/story/business/autos/ford/2015/01/22/ford-silicon-valley/22165837/; "Chick-fil-A Goes High Tech at Tech Square," 8 mar. 2017, https://thechickenwire.chick-fil-a.com/News/Chick-fil-A-Goes-High-Tech-at-Tech-Square; e http://corporate.ford.com/innovation/research-and-innovation-center.html. Acesso em: set. 2019.
5. Veja: Harry McCracken, "Google's 100% Solution," *Fast Company*, dez. 2018/jan. 2019, pp. 22-26.
6. Veja: "Dominic Powell, "Want to Run Your First Hackathon? Here Are Some Tips from KPMG," *Smart Company*, 15 ago. 2017, www.smartcompany.com.au/startupsmart/advice/want-runfirst-internal--hackathon-tips-kpmg/; Matt Weinberger, "'There Are Only Two Rules'–Facebook Explains How 'Hackathons,' One of Its Oldest Traditions, Is Also One of Its Most Important," *Business Insider*, 11 jan. 2017, www.businessinsider.com/facebook-hackathons-2017-6; e www.facebook.com/hackathon/. Acesso em: set. 2019.
7. Blake Morgan, "Customer Collaboration with Salesforce's Mike Rosenbaum," *Forbes*, 3 jan. 2017, www.forbes.com/sites/blakemorgan/2017/01/03/customer-collaboration-with-salesforcesmike--rosenbaum/#464b47ce7403; Erica Kuhl, "4 Tips to Turn Customer Feedback into Action," *Salesforce Blog*, 15 dez. 2016, www.salesforce.com/blog/2016/12/4-tips-to-turn-customerfeedback-into-action.html; e Salesforce IdeaExchange, https://success.salesforce.com/ideaSearch. Acesso em: set. 2019.
8. Veja: Bonnie Cad, "Ben & Jerry's Taste for Crowdsourcing," *Digital Initiative*, 29 dez. 2018, https://digital.hbs.edu/platformscrowds/ben-jerrys-taste-crowdsourcing/; Jeff Beer, "Why Under Armour's Future Show Is Key to Its Brand Innovation Strategy," *Fast Company*, 14 out. 2015, www.fastcocreate.com/3052298/why-under--armours-future-show-is-key-to-its-brand-innovation-strategy#13; Michael Wolf, "With New Contest, Tupperware Looks to Discover the Future of Food Containers," *The Spoon*, 7 dez. 2018, https://thespoon.tech/withnew-contest-tupperware-looks-to-discover-the--future-of-foodcontainers/; Beau Muniz, "The Tupperware Clever Container Challenge," *Giddy Blog*, 6 dez. 2018, https://blog.giddy.io/2018/12/06/the-tupperware-clever-container-challenge/; e http://ideahouse.ua.com/shows#future-show. Acesso em: set. 2019.
9. Veja: George S. Day, "Is It Real? Can We Win? Is It Worth Doing?" *Harvard Business Review*, dez. 2007, pp. 110–120.
10. Esse exemplo é baseado em Tesla Motors e informações obtidas de: www.teslamotors.com e www.tesla.com/model3. Acesso em: set. 2018; e "Electric Car," *Wikipedia*, http://en.wikipedia.org/wiki/Electric_car. Acesso em: set. 2019.
11. Veja: www.brooksrunning.com/en_us/programs/beta-runners. Acesso em: set. 2019.
12. Veja: Maureen Morrison, "Marketer of the Year: Taco Bell," *Advertising Age*, 2 set. 2013, pp. 15–16; Susan Berfield, "Baristas, Patrons Steaming over Starbucks VIA," *Bloomberg BusinessWeek*, 13 nov. 2009; e Tamara Walsh, "Starbucks Makes a Big Bet on New Product Mix in 2014," *The Motley Fool*, 8 jan. 2014, www.fool.com/investing/general/2014/01/08/starbucks-makes-a-big-bet-on-new-product--mix-in-20.aspx.
13. Veja: Alex Samuely, "Mobile Ordering, Payments Responsible for 20pc of Starbucks' October Transactions," *Retail Dive*, www.retaildive.com/ex/mobilecommercedaily/mobile-orderingpayments-made--up-20pc-of-october-transactions-starbucks. Acesso em: fev. 2019; Austin Carr, "Starbucks Leap of Faith," *Fast Company*, jun. 2013, pp. 46–48; e www.starbucks.com/coffeehouse/mobile-apps. Acesso em: set. 2019.
14. Veja: Jack Neff, "P&G Reinvents Laundry with $150 Million Tide Pods Launch," *Advertising Age*, 26 abr. 2011, www.adage.com/print/227208/; Sheila Shayon, "Microsoft Unleashes Global Marketing Blitz for Windows 8, New Devices," *BrandChannel*, 25 out. 2012, www.brandchannel.com/home/post/2012/10/25/Microsoft-Global--Windows-8-Launch-102512.aspx; e Thomas Whitehead, "Nintendo of America Spent Big on Switch Advertising in March," *Nintendo Life*, 2 maio 2017, www.nintendolife.com/news/2017/05/nintendo_of_america_spent_big_on_switch_tv_advertising_in_march.
15. "iPhone X Available for Pre-Order on Friday, October 27," 24 out. 2017, www.apple.com/newsroom/2017/10/iphonex-available-for--pre-order-on-friday-october-27/; e Daniel Eran Dilger, "Apple and the Aggressive Rollout of Its iPhone XS Vision for the Future," *Apple Insider*, 13 set. 2018, https://appleinsider.com/articles/18/09/13/apple-and-the-aggressiverollout-of-its-iphone-xs-vision-for-the--future.
16. Jonathon Ringen, "When It Clicks, It Clicks," *Fast Company*, fev. 2015, pp. 72–78; Andrew Jack, "How LEGO Took to Anthropology," *Financial Times*, 26 fev. 2014, www.ft.com/cms/s/0/b071990c--9d4c-11e3-a599-00144feab7de.html#axzz3N8u6XIPH; Christian Madsbjerg e Mikkel B. Rasmussen, "An Anthropologist Walks into a Bar...," *Harvard Business Review*, mar. 2014, pp. 80–88; Jeff Beer, "The Secret of Lego's Social Media Success Is in the Creative Power of Crowds," *Fast Company*, 20 jun. 2017, www.fastcompany.com/40432685/the-secret-to-legos-social-media-success-is-in-the--creativepower-of-crowds; e https://ideas.lego.com/dashboard e www.lego.com/en-us. Acesso em: set. 2019.
17. "Internet of Things (IoT) Connected Devices Installed Base Worldwide from 2015 to 2025," *Statista*, www.statista.com/statistics/471264/iot-number-of-connected-devices-worldwide/. Acesso em: set. 2019; Blake Morgan, "The Connected Customer with Samsung," *Forbes*, 29 jan. 2018, www.forbes.com/sites/blakemorgan/2018/01/29/the-connected-customerwith-samsung; Corinne Reichert, "Samsung Smart TVs Will All Be IoT Compatible from 2016," *ZDNet*, 29 dez. 2015, www.zdnet.com/article/

samsung-smart-tvs-will-all-be-iot-compatible-from-2016/; Jared Newman, "Samsung's $100 Million Internet of Things Bet Is Even Crazier Than You Think," *Fast Company,* 28 jan. 2015, www.fastcompany.com/3041104/app-economy/samsungs-100-million-internet-of-things-betis-even-crazier-than-you-think; Rae Johnston, "Samsung Is Connecting All of Your Appliances in a Big Appliance Orgy," *Gizmodo,* 11 jan. 2018, www.gizmodo.com.au/2018/01/bixby-in-your-vase-in-your-fridge-in-your-car-samsungs-visionof-the-future-is-becoming-a-reality; e www.samsung.com e www.news.samsung.com. Acesso em: set. 2019.

18. Veja: Lisa Fu, "The Fidget Spinner Trend Is Ending and You Missed It," *Fortune,* 13 jun. 2017, http://fortune.com/2017/06/13/thefidget-spinner-trend-is-ending-and-you-missed-it/; e www.crazyfads.com. Acesso em: set. 2019.

19. Daniel Sparks, "Why Intuit Stock Jumped 25% in 2018," *Motley Fool,* 9 jan. 2019, www.fool.com/investing/2019/01/09/why-intuit-stock-jumped-25-in-2018.aspx; Alex Balazs e Vijay Anand, "Building a Culture of Open Source at Intuit," *Intuit Blog,* intuitblog.com/technology/building-a-culture-of-open-source-at-intuit/; Geoff Colvin, "How Intuit Reinvents Itself," *Fortune*, 20 out. 2017, fortune.com/2017/10/20/how-intuit-reinvents-itself/; Rich Karlgaard,"How 34-Year-Old Intuit Became Tech's Resilient Force," *Forbes*, 25 abr. 2017, www.forbes.com/sites/richkarlgaard/2017/04/25/how-34-year-old-intuitbecame-techs-resilientforce/#22a67a4864b2; Thomas Lockwood e Edgar Papke, "How Intuit Used Design Thinking to Boost Sales by $10 Million in a Year," *Fast Company*, 31 out. 2017, www.fastcodesign.com/90147434/how-intuitused-design-thinking-to-boostsales-by-10m-in-a-year; "QuickBooks Leads Intuit's FY19 Q1 as CEO Prepares to Step Down," *PYMNTS*, 20 nov. 2018, www.pymnts.com/news/b2b-payments/2018/intuit-earnings-quickbooks-q1-smb-payroll/; "Innovation Catalysts," www.intuitlabs.com/innovationcatalysts/. Acesso em: set. 2019; e informações de: www.intuit.com. Acesso em: set. 2019.

20. Veja: www.lorealparisusa.com/products/skin-care/brand/menexpert.aspx. Acesso em: set. 2019.

21. Veja: Erin DeJesus, "CES's Kitchen of the Future Is Sort of a Nightmare," *Eater,* 8 jan. 2019, www.eater.com/2019/1/8/18173843/ces-2019-kitchen-tech-ge-samsung-whirlpool; e www.samsung.com/us/explore/chef-collection/features/. Acesso em: set. 2019.

22. Veja: www.quakeroats.com e www.quaker.com.my. Acesso em: set. 2018.

23. Veja: Andrea Darlas, "A Look Inside Radio Flyer's Chicago Headquarters," *WGN TV,* 17 nov. 2018, https://wgntv.com/2018/11/17/a-look-inside-radio-flyers-chicagoheadquarters/; Sheila Marikar, "How One Iconic American Brand Got Back on a Roll," *Inc.,* mar. 2016, p. 32; Robert Klara, "How an Immigrant Cabinetmaker Accidentally Invented the Toy That Defined America," *Adweek,* 21 mar. 2017, www.adweek.com/brand-marketing/how-an-immigrantcabinetmaker-accidentally-invented-the-toy-that-definedamerican-childhood/; e www.radioflyer.com/content/about-us/. Acesso em: set. 2019.

24. Para mais discussão sobre estratégias de *marketing* ao longo do CVP, veja: Philip Kotler e Kevin Lane Keller, *Marketing Management*, 15. ed. (Hoboken, NJ: Pearson Education, 2016), pp. 358.

25. Veja: Andrew J. Hawkins, "Volkswagen Settles Diesel Emissions Lawsuit Right before Trial Set to Begin," *The Verge,* 26 fev. 2018, www.theverge.com/2018/2/26/17053928/volkswagendiesel-emissions-lawsuit-settled; "$10.4-Billion Lawsuit over Diesel Emissions Scandal Opens against Volkswagen," *Los Angeles Times,* 10 set. 2018, www.latimes.com/business/la-fi-volkswagen-trial-20180910-story.html; e Neal E. Boudette, "Fiat Chrysler Is Expected to Pay Nearly $650 Million in Emissions Case," *New York Times,* 9 jan. 2019, www.nytimes.com/2019/01/09/business/fiat-chrysler-justice-settlementemissions.html.

26. Veja: "McDonald's Food You Can't Get Here," *Chicago Tribune*, www.chicagotribune.com/business/ct-biz-mcdonalds-foodaround-the-world,0,5168632.photogallery. Acesso em: set. 2019.

27. Henry Samuel, "French Island Loses High 'Steaks' Fight to Keep McDonald's off Its Shores," *The Telegraph,* 12 out. 2018, www.telegraph.co.uk/news/2018/10/12/french-islandloses-high-steaks-fight-keep-mcdonalds-shores/; e www.mcdonalds.fr/#happymeal. Acesso em: set. 2019.

28. Informações de: www.db.com. Acesso em: set. 2019.

29. Veja: "Global Powers of Retailing 2018," https://www2.deloitte.com/content/dam/Deloitte/at/Documents/about-deloitte/globalpowers-of-retailing-2018.pdf; "Walmart Corporate International," http://corporate.walmart.com/our-story/locations. Acesso em: set. 2019; e informações de: www.walmart.com e www.carrefour.com. Acessado em: set. 2019.

30. Andrew Hawkins, "Bose Invented a Noise-Canceling System for Your Car," *The Verge*, 9 jan. 2019, www.theverge.com/2019/1/9/18175748/bose-noise-canceling-system-carces-2019; "Apple's Next Big Thing Could Be High-End Headphones to Rival Beats and Bose," *Time*, 5 mar. 2018, http://time.com/5185613/apple-headphones-beats-bose/; "The Global Earphones and Headphones Market," *PRNewswire*, 22 jan. 2018, www.prnewswire.com/news-releases/the-global-earphonesand-headphones-market-is-expected-to-grow-at-a-cagr-of-731-during-20172023-300585974.html; David Carnoy, "Bose's New Beat," *CNet*, 3 fev. 2016, www.cnet.com/news/bosenew-beat-ceo-maresca-profile/; Brian Dumaine, "Amar Bose," *Fortune Small Business*, 1 set. 2004, http://money.cnn.com/magazines/fsb/fsb_archive/2004/09/01/8184686/; Olga Kharif, "Selling Sound: Bose Knows," *Bloomberg*, 14 maio 2006, www.bloomberg.com/news/articles/2006-05-14/selling-soundbose-knows; e www.bose.com/en_us/index.html. Acesso em: set. 2019.

Capítulo 10

1. Veja: Tripp Mickle, "Apple May Need New Plan for China," *Wall Street Journal*, 31 jan. 2019, p. B3; Dave Smith, "Apple Should Give the iPhone XS and iPhone XR a Permanent Price Cut," *Business Insider*, 21 jan. 2019, www.businessinsider.com/appleshould-give-iphone-xs-xr-permanent-price-cut-2019-1; Manish Singh, "Apple Says It's Struggling to Sell iPhones in India, but It's Really Not Trying," *VentureBeat*, 3 nov. 2018, http://venturebeat.com/2018/11/03/apple-says-its-struggling-to-selliphones-in-india-but-its-really-not-trying/; Daisuke Wakabayashi, "Can Apple's Tim Cook Keep the iPhone Buzzing in China?" *Wall Street Journal*, 25 jan. 2016, www.wsj.com/articles/canapples-tim-cook-keep-the-iphone-buzzing-in-china-1453775120; Chuck Jones, "No Surprise That Apple's iPhone Dominates Smartphone Profits," *Forbes*, 20 nov. 2017, www.forbes.com/sites/chuckjones/2017/11/20/no-surprise-that-apples-iphonedominates-smartphone-profits/#5c9bd1ecbf8c; Mike Wuerthele, "Apple Grabs 86% of Global Smartphone Profits, iPhone Alone Seizes 35%," *Apple Insider*, 17 abr. 2018, https://appleinsider.com/articles/18/04/17/apple-grabs-86-of-smartphone-profits-globallyiphone-x-alone-seizes-35; "Apple to Cut iPhone Prices Outside the U.S. for Second Time in 12 Years," *The Economic Times*, 30 jan. 2019, economictimes.indiatimes.com/magazines/panache/apple-to-cut-iphone-prices-outside-u-s-for-the-second-time-in-12-years/articleshow/67749333.cms; e www.apple.com e http://investor.apple.com/financials.cfm. Acesso em: set. 2019.

2. Para saber mais sobre a importância de uma boa estratégia de precificação, veja: Thomas T. Nagle e Georg Muller, *The Strategy and Tactics of Pricing: A Guide to Growing More Profitably*, 6. ed. (New York: Routledge, 2018), Capítulo 1.

3. Veja: "Bear-Resistant Products," Interagency Grizzly Bear Committee, http://igbconline.org/bear-resistant-products/. Acesso em: set. 2019; "YETI," Scales, www.scalesadvertising.com/work.html. Acesso em: set. 2019; e https://stories.yeti.com/story/our-story e www.yeti.com/en_US/hardcoolers#. Acesso em: set. 2019.
4. Veja: "Bear-Resistant Products," Interagency Grizzly Bear Committee, http://igbconline.org/bear-resistant-products/. Acesso em: set. 2019; "YETI," Scales, www.scalesadvertising.com/work.html. Acesso em: set. 2019; e https://stories.yeti.com/story/our-story e www.yeti.com/en_US/hard-coolers#. Acesso em: set. 2019.
5. Veja: www.mbusa.com/mercedes/vehicles/class/class-CLA/bodystyle-CPE. Acesso em: out. 2019.
6. Marianne Wilson, "Study: ALDI a Growing Competitive Force," *Chain Store Age*, 30 jan. 2019, www.chainstoreage.com/news/study-aldi-a-growing-competitive-force/; Russell Redman, "ALDI Set to Kick Off National Ad Campaign," *Supermarket News*, 13 set. 2018, www.supermarketnews.com/marketing/aldi-set-kick-national-ad-campaign; "Top 250 Global Powers of Retailing 2018," Deloitte, p. 16, www2.deloitte.com/content/dam/Deloitte/at/Documents/about-deloitte/global-powers-of-retailing-2018.pdf; Jessica Tyler, "Here's How ALDI's Explosive Growth Transformed It from a Corner Store in Germany to One of the Biggest Supermarket Chains in the World," *Business Insider*, 12 ago. 2018, www.businessinsider.com/aldi-store-growth-history-2018-8; Courtney Reagan, "Grocer ALDI Targets Nearby Rivals in Its Bid to Boost Its U.S. Footprint," *CNBC*, 9 ago. 2018, www.cnbc.com/2018/08/08/grocer-aldi-targets-nearby-rivals-in-bid-to-its-boost-its-usfootprint.html; e www.aldi.us/en/. Acesso em: set. 2019.
7. Veja: www.bose.com. Acesso em: set. 2019.
8. A produção acumulada é desenhada em uma escala semi-log, de modo que distâncias iguais representam o mesmo aumento percentual na produção.
9. A aritmética de *markups* e margens é discutida no Apêndice 2: *Marketing* pelos Números.
10. Veja: "Caterpillar Looks to 'Rewrite the Rules,'" *Demolition and Recycling International*, 5 fev. 2019, www.khl.com/demolition-andrecycling-international/caterpillar-looks-to-rewrite-the-rules/136845.article; Donald V. Fites, "Make Your Dealers Your Partners," *Harvard Business Review*, mar./abr. 1996, pp. 84–95; "Caterpillar Grows Service and Repair Choices," *Lift and Access*, 12 dez. 2017, www.liftandaccess.com/article/caterpillar-grows-serviceand-repair-choices-including-launch-yellowmark%E2%84%A2-parts; Jon Markman, "This Is What You Should Know about Caterpillar," *Fortune*, 26 abr. 2018, www.forbes.com/sites/jonmarkman/2018/04/26/this-is-what-you-should-knowabout-caterpillar/#50b9c4d93e43; "Caterpillar Continues Margin Expansion in 2018; FVE Reduced on Less Ebullient Outlook for 2019," *Morningstar*, 30 jan. 2019, http://analysisreport.morningstar.com/stock/research; e www.statista.com e www.caterpillar.com. Acesso em: set. 2019.
11. Veja: Kim Renfro, "I Finally Caved and Flew on the 'Worst Airline in America'–Here's What It Was Like," *Business Insider*, 6 dez. 2019, www.thisisinsider.com/spirit-airlines-flightreview-food-photos-2018-6; Adam Levine, "Could Rising Fuel Prices Lift Spirit Airlines in 2018?" *The Motley Fool*, 2 jan. 2018, www.fool.com/investing/2018/01/02/could-risingfuel-prices-lift-spirit-airlines-2018.aspx; e www.spirit.com. Acesso em: set. 2019.
12. Veja: www.sleepnumber.com. Acesso em: set. 2019.
13. "Watch the Newest Ads on TV from Amazon, Honda, Google, and More," *Advertising Age*, 12 dez. 2017, http://adage.com/article/media/watch-newest-tv-ads-amazon-hondagoogle/311610/; e https://store.google.com/us/product/pixel_2?hl=en-US. Acesso em: set. 2019.
14. Veja: Jessica Wohl, "ConAgra's Banquet Raises Prices, Brings Back Commercials," *Advertising Age*, 9 dez. 2015, www.adage.com/print/301684. Joseph Weber, "Over a Buck for Dinner? Outrageous," *BusinessWeek*, 9 mar. 2009, p. 57; Tom Mulier e Matthew Boyle, "Dollar Dinners from ConAgra's Threatened by Costs," *Bloomberg Businessweek*, 19 ago. 2010, www.businessweek.com; e Angelica LaVito, "ConAgra's Bet on Frozen Foods Appears to Be Paying Off," *CNBC*, 15 nov. 2017, www.cnbc.com/2017/11/15/conagras-bet-on-frozenfood-appears-to-be-paying-off.html.
15. Nathaniel Meyersohn, "Gillette Is Selling a $200 Luxury Razor That Heats Up to 122 Degrees," *CNN*, 2 maio 2019, www.cnn.com/2019/05/02/tech/gillette-heated-razor/index.html; Tiffany Kary, "Edgewell Deal for Harry's Razors Will Only Nick Gillette–At First," *Bloomberg*, 9 maio 2019, www.bloomberg.com/news/articles/2019-05-09/edgewell-andharry-s-deal-will-only-nick-gillette-at-first; Barrett Brunsman, "Should P&G Exit the Shaving Business?" *Cincinnati Business Courier*, 23 abr. 2019, www.bizjournals.com/cincinnati/news/2019/04/23/should-p-g-exit-the-shaving-business.html; e informações de: www.gillette.com/en-us/ourhistory. Acesso em: set. 2019.

Capítulo 11

1. Veja: Bethany Biron, "Competition Has Flywheel and SoulCycle Spiraling into an Identity Crisis," *Vox*, 11 jan. 2019, www.vox.com/the-goods/2019/1/11/18176929/flywheel-soulcycle-peloton-spinning-bubble-cycling-class; Sara Ivry, "The Cult of Peloton," *Adweek*, 28 maio 2018, www.adweek.com/brand-marketing/peloton/; JP Mangalindan, "Peloton CEO: Sales Increased after We Raised Prices to $2,245 per Bike," *Yahoo! Finance*, 12 set. 2018, https://finance.yahoo.com/news/peloton-ceo-says-sales-increased-raised-prices-2245-exercise-bike-132256225.html?guccounter=1; Alexandra Bruell, "How Peloton Is Marketing a $2,000 Bike beyond the Rich," *Wall Street Journal*, 19 jan. 2019, www.wsj.com/articles/pelotonshifts-gears-with-more-attainable-marketing-plan-1508959554; e www.onepeloton.com. Acesso em: set. 2019.
2. Veja: Mike Wuerthele, "Apple Grabs 86% of Global Smartphone Profits, iPhone Alone Seizes 35%," *Apple Insider*, 17 abr. 2018, https://appleinsider.com/articles/18/04/17/apple-grabs-86-of-smartphone-profits-globally-iphone-x-alone-seizes-35; e Daniel Morial, "Apple Leads Global Smartphone Profits for Q2 2018," *Gadget Match*, 20 set. 2018, www.gadgetmatch.com/apple-samsung-huawei-global-smartphone-profits-q2-2018/.
3. Veja: Jacob Passy, "Amazon Rolls Out More Echo Devices, but They Could Make You Spend More Money," *Marketing Watch*, 23 set. 2018, www.marketwatch.com/story/your-amazon-echo-could-be-making-you-spend-moremoney-2018-01-03; "Amazon Is Extending Prime Video's Introductory, Discounted Pricing Globally," *Gadgets 360*, 28 jun. 2017, https://gadgets.ndtv.com/entertainment/news/amazon-prime-video-introductory-price-offer-extended-1717819; e www.amazon.com/All-new-Echo-Dot-3rd-Gen/dp/B0792KTHKJ. Acesso em: jul. 2019.
4. Veja: Charlie Hall, "Japanese Site Estimates Nintendo Spends $257 to Make One Switch," *Polygon*, 5 abr. 2107, www.polygon.com/2017/4/5/15195638/nintendo-switch-component-costestimate; e "Dedicated Video Game Sales Units," www.nintendo.co.jp/ir/en/finance/hard_soft/index.html. Acesso em: set. 2019.
5. "Harry's Shaving Club Shook Up the Razor Market. What's Next?" *Trib Live*, 26 set. 2018, https://triblive.com/business/headlines/14118900-74/harrys-shaving-club-shookup-the-razor-market-whats-next; e "Sales of the Leading Cartridge Razor Blade Brands in the United States," *Statista*, www.statista.com/statistics/276535/

leading-men-s-cartridgerazor-blade-brands-sales/. Acesso em: set. 2019.

6. Veja: Lucy Hornsby, "China's Love of U.S. Chicken Feet Proves a Recipe for Perfect Trade," *Financial Times,* 14 ago. 2017, www.ft.com/content/90ebf59a-80bb-11e7-a4ce-15b2513cb3ff; Matthew Philips, "The Economics of Chicken Feet... and Other Parts," *Freakonomics*, December 9, 2011, http://freakonomics.com/2011/12/09/the-economics-of-chickenfeet-and-other-parts/; e Pan Demetrakakes, "The Rib Bone Connects to the Foot Bone," *Food Processing,* 20 nov. 2018, www.foodprocessing.com/blogs/thescoop/the-rib-boneconnects-to-the-foot-bone/.

7. Veja: Anne-Marcelle Ngabirano, "'Pink Tax' Forces Women to Pay More Than Men," *USA Today,* 27 mar. 2017, www.usatoday.com/story/money/business/2017/03/27/pink-tax-forceswomen-pay-more-than-men/99462846/; e Karen Duffin, "The Problem with the Pink Tax," *NPR,* 13 nov. 2018, www.npr.org/sections/money/2018/11/13/667539767/theproblem-with-the-pink-tax.

8. Veja: Alexandra Jardin, "Dunkin' Fooled Portland Foodies with an Espresso Pop-Up," *Advertising Age,* 6 dez. 2018, https://adage.com/creativity/work/dunkin-espressopopup/962656; e "How We Fooled Portland Foodies into Trying a New Espresso," Dunkin' Newsroom, 4 dez. 2018, https://news.dunkindonuts.com/blog/how-we-fooledportland-foodies-into-trying-a-new-espresso.

9. Para esse e outros exemplos e explicações, veja: Peter Coy, "Why the Price Is Rarely Right," *Bloomberg Businessweek,* 1 e 8 fev. 2010, pp. 77–78; e Utpal Dholakia, "What Shoppers Should Know about Reference Prices," *Psychology Today,* 8 set. 2015, www.psychologytoday.com/blog/the-science-behind-behavior/201509/whatshoppers-should-know-about-reference-prices.

10. Veja: Emmie Martin, "There's a Sneaky Reason Why the New iPhone X Costs $999 Instead of $1,000," *CNBC,* 13 set. 2017, www.cnbc.com/2017/09/13/why-iphone-x-costs-999-insteadof-1000.html; e "Subdued Sales May Force Apple to Call Time on the iPhone X," *The Times,* 24 jan. 2018, www.thetimes.co.uk/article/subdued-sales-may-force-apple-to-call-time-onthe-iphone-x-3wzbtxd2d.

11. Veja: Anthony Allred, E. K. Valentin e Goutam Chakraborty, "Pricing Risky Services: Preference and Quality Considerations," *Journal of Product and Brand Management*, v. 19, n. 1, 2010, p. 54; Kenneth C. Manning e David E. Sprott, "Price Endings, Left-Digit Effects, and Choice," *Journal of Consumer Research*, ago. 2009, pp. 328–336; Bouree Lam, "The Psychological Difference between $12.00 and $11.67," *The Atlantic,* 30 jan. 2015, www.theatlantic.com/business/archive/2015/01/thepsychological-difference-between-1200-and-1167/384993/; e Darian Kovacs, "4 Psychological Techniques That Can Improve Your Product Pricing," *Entrepreneur,* 15 nov. 2017, www.entrepreneur.com/article/304687.

12. Sarah Halzack, "The Trouble with Those 20 Percent Off Coupons from Bed Bath & Beyond," *Washington Post*, 30 set. 2015, www.washingtonpost.com/news/business/wp/2015/09/30/the-trouble-with-those-20-percent-off-coupons-from-bed-bathbeyond/; e Wayne Duggan, "Bed Bath & Beyond Struggles to Adapt," *US News,* 21 dez. 2017, https://money.usnews.com/investing/stock-market-news/articles/2017-12-21/bed-bath-beyond-inc-bbby.

13. Alex Samuels, "Texans Drive Mad as Tolls Burn Holes in Their Wallets," *Texas Tribune,* 17 nov. 2017, www.texastribune.org/2017/11/17/texans-driven-mad-tolls-burn-holes-theirwallets/; David Schaper, "Are $40 Toll Roads the Future?" *NPR,* 12 dez. 2017, www.npr.org/2017/12/12/570248568/are-40-toll-roads-the-future; e Lori Aratani, "Dulles Toll Road Upgrade Could Foreshadow Congestion-Priced Tolling," *Washington Post,* 31 mar. 2018, www.washingtonpost.com/local/trafficandcommuting/dulles-toll-road-upgrade-could-foreshadowcongestion-priced-tolling/2018/03/31/2f07cbe2-329f-11e8-8bddcdb33a5eef83_story.html?noredirect=on&utm_term=.df7b0527a53f.

14. Dennis Green, "Target Changed Its App after an Investigation Found Prices Went Up for Shoppers Using It in Stores–but It Hasn't Changed the Practice," *Business Insider*, 9 fev. 2019, www.businessinsider.com/target-app-prices-differentin-stores-2019-2; "How Far Can Dynamic Prices Go in 2019," *PYMNTS.com*, 20 dez. 2018, www.pymnts.com/news/ecommerce/2018/dynamic-pricing-holiday-shoppingamazon/; Laura Gunderson, "Amazon's 'Dynamic' Prices Get Some Static," *The Oregonian,* 5 maio 2012, http://blog.oregonlive.com/complaintdesk/2012/05/amazons_dynamic_prices_get_som.html; Kathy Kristof, "How Amazon Uses Surge Pricing Just Like Uber," *CBS News,* 24 jul. 2017, www.cbsnews.com/news/a; Chris Hrapsky, "Target Changes App after KARE 11 Investigation," *KARE11,* 7 fev. 2019, www.kare11.com/article/money/consumer/target-changes-app-after-kare-11-investigation/89-40ee0e76-9a0f-425d-93b0-b0eb89150f6c; e "About Shopping Cart Prices," www.amazon.com/gp/help/customer/display.html?nodeId=201895490. Acesso em: set. 2019.

15. Ralph Jennings, "Why Apple Will Lose China Marketing Share in 2018, despite the Success of the iPhone X," *Forbes,* 25 fev. 2018, www.forbes.com/sites/ralphjennings/2018/02/25/why-apple-despite-the-iphone-x-will-lose-china-market-sharein-2018/#7a927675462e; e Benjamin Mayo, "iPhone Prices Discounted by Up to 20% at Chinese Retailers," *9TO5Mac,* 11 jan. 2019, https://9to5mac.com/2019/01/11/iphoneprices-discounted-by-up-to-20-at-chinese-retailers/.

16. Veja: "International Trade Policy," *The Wine Institute*, www.wineinstitute.org/international_trade_policy. Acesso em: set. 2019.

17. Veja: Peter Sarnoff, "Samsung Is Shifting Its Focus to Mid-Range Smartphones," *Business Insider,* 5 set. 2018, www.businessinsider.com/samsung-strategy-mid-rangesmartphones-2018-9; e Panos Mourdoukoutas, "Samsung Beats Apple in the Global Smartphone Market as Chinese Brands Close In," *Forbes,* 13 set. 2018, www.forbes.com/sites/panosmourdoukoutas/2018/09/13/samsungbeats-apple-in-the-global-smartphone-market-as-chinesebrands-close-in/.

18. Veja: David Sax, "Hang $99.99," *Bloomberg Businessweek,* 2–8 nov. 2015, pp. 43–44; Chris Ahrens, "The Advantage of a Custom Board," *San Diego Reader,* 2 jan. 2018, www.sandiegoreader.com/news/2018/jan/02/waterfrontadvantage-custom-board/#; "The 7 Best Beginner Surfboards Reviewed & Rated [2018]," *Outside Pursuits.* Acesso em: mar. 2018; e www.wavestormboards.com/about-us/. Acesso em: jul. 2019.

19. Veja: Katy Allen, "Shrinking Sweets? 'You're Not Imagining It,' ONS Tells Shopper," *The Guardian*," 24 jul. 2017, www.theguardian.com/business/2017/jul/24/sweets-are-shrinkingyoure-not-imagining-it-ons-tells-shoppers; e David Brown, Daniele Palumbo, Mark Bryson e Luke Keast, "Biscuits and Chocolates Take the 'Shrinkflation' Test," *BBC News,* 1 fev. 2018, www.bbc.com/news/uk-42864685.

20. Joshua Cohen, "Pouring Billions of Dollars into Marketing of Drugs," *Forbes,* 7 fev. 2019, www.forbes.com/sites/joshuacohen/2019/02/07/pouring-billions-ofdollars-into-marketing-of-drugs/#39eb2c2e3282; "Trends in Retail Prices of Brand Name Prescription Drugs," *AARP Bulletin,* set. 2018, www.aarp.org/content/dam/aarp/ppi/2018/09/trends-in-retail-prices-of-brand-nameprescription-drugs-year-end-update.pdf; Joyce Frieden, "Senator's Probe 'Enormous' Insulin Price Spikes," *MedPage Today,* 8 maio 2018, www.medpagetoday.com/endocrinology/type1diabetes/72771; Benjamin Siegel e Mary Bruce, "Former Pharma Big Martin Shkreli Boasted '$1 Bn Here We Come,' Documents Say," *ABC News,* 2 fev. 2016, http://abcnews.go.com/Politics/pharmabig-martinshkreli-boasted-bn-documents/story?id=36671216; "Fact Check: Trump's 2019 State of the Union Address," *ABC News,* 6 fev. 2019, www.abc7chicago.com/politics/fact-check-2019-state-of-the-union-address/5122821/; Tori Marsh, "Generic EpiPen Is Still Expensive," *GoodRx,* 13 dez. 2018, www.goodrx.com/blog/generic-epipen-is-stillexpensive-heres-how-you-can-save/; Joshua Cohen,

"The Curious Case of Gleevec Pricing," *Forbes,* 12 set. 2018, www.forbes.com/sites/joshuacohen/2018/09/12/the-curious-case-of--gleevec-pricing/#4bcd73b254a3; fatos e estatísticas de: www.statista.com. Acesso em: fev. 2019; e "Our Mission and Strategy," www.gsk.com/en-gb/aboutus/our-mission-and-strategy/. Acesso em: set. 2019. Para mais informações sobre o ponto de vista da indústria biofarmacêutica, veja: www.goboldly.com. Acesso em: set. 2019.

21. Para discussões sobre essas questões, veja: Dhruv Grewal e Larry D. Compeau, "Pricing and Public Policy: A Research Agenda and Overview of the Special Issue," *Journal of Public Policy and Marketing*, primavera 1999, pp. 3–10; Walter L. Baker, Michael V. Marn, e Craig C. Zawada, *The Price Advantage* (Hoboken, NJ: John Wiley & Sons, 2010), Apêndice 2; e Thomas T. Nagle e Georg Muller, *The Strategy and Tactics of Pricing: A Guide to Growing More Profitably*, 6. ed. (New York, NY: Routledge, 2017), capítulo 12.
22. Veja: "Visa and Mastercard Will Pay $6 Billion to End a Massive Price-Fixing Lawsuit," *Fortune,* 18 set. 2018; http://fortune.com/2018/09/18/visa-mastercard-6-billion-pricefixing-lawsuit/; e Russel Lee, "Southwest, American Agree to Pay $60M in Price--Fixing Lawsuit," *Aerotime News,* 24 out. 2018, www.aerotime.aero/ruta.burbaite/22016-southwestamerican-agree-to-pay-60m-in-price-fixing-lawsuit.
23. Roger Lowenstein, "Why Amazon Monopoly Accusations Deserve a Closer Look," *Fortune,* 23 jul. 2015, http://fortune.com/2015/07/23/why-amazon-monopoly-accusationsdeserve-a-closer-look/; e Emily Stewart, "Happy Prime Day! Experts Worry Amazon Is Building a Dangerous Monopoly," *Vox,* 17 jul. 2018, www.vox.com/2018/7/17/17583070/amazon-prime-day-monopoly-antitrust.
24. Jonathan Stempel, "Michael Kors Settles U.S. Lawsuit Alleging Deceptive Price Tags," *Reuters*, 12 jun. 2015, www.reuters.com/article/us-michaelkors-settlementidUSKBN0OS2AU20150612; e Daphne Howland, "Ross to Settle $4.9 Million Lawsuit Over 'Deceptive' Price Tags," *Retail Dive,* 3 out. 2018, www.retaildive.com/news/ross-to-settle-49m-lawsuit-over-deceptive-price-tags/538768/.
25. "FTC Guides against Deceptive Pricing," www.ecfr.gov/cgibin/text--idx?c=ecfr&sid=dfafb89837c306cf5b010b5bde15f041&rgn=div5&view=text&node=16:1.0.1.2.16&idno=16. Acesso em: set. 2019.
26. Amy Feldman, "Dozens of Upstart Companies Are Upending the $15-Billion Mattress Market," *Forbes,* 2 maio 2017, www.forbes.com/sites/amyfeldman/2017/05/02/dozens-ofupstart-companies--are-upending-the-15-billion-mattressmarket/#1f08c3e07da3; Jeff Andrews, "Why There Are So Many Mattress-in-a-Box Companies," *Curbed,* 28 mar. 2018, www.curbed.com/2018/3/28/17164898/bed--in-a-box-onlinemattress-brands-why-so-many; Noah Higgins--Dunn, "Billion-Dollar Mattress Start-Up Casper Could Prove to Be a Hot IPO," *CNBC,* 26 maio 2019, www.cnbc.com/2019/05/24/whycasper-kylie-jenners-mattress-could-be-an-ipo-market-sleeper.html; Andria Chang, "Casper, with Competition Growing, Wants to Be More Than a Mattress Company," *Forbes,* 7 maio 2019, www.forbes.com/sites/andriacheng/2019/05/07/casper-facing--growing-competition-wants-to-take-care-ofyour-entire-sleep--business/#4050129afb11; Jonathan Ringen, "Why Casper Is the $750 Million Startup That Just Can't Rest," *Fast Company,* 7 ago. 2017, www.fastcompany.com/40438355/why-casper-is-the-750--million-startup-thatjust-cant-rest; Tom Huddleston Jr., "How Casper's Founders Built a Billion-Dollar Mattress Start-up," *CNBC,* 5 abr. 2019, www.cnbc.com/2019/04/05/how-caspers-founders-built--abillion-dollar-mattress-start-up.html.

Capítulo 12

1. Kamila Rivero, "How Many People Use Netflix," *CheatSheet,* 8 fev. 2019, www.cheatsheet.com/entertainment/howmany-people-use--netflix.html/; Josef Adalian, "How Netflix Broke HBO's 17-Year Emmy's Streak," *Vulture,* 12 jul. 2018, www.vulture.com/2018/07/emmys-2018-nominations-netflixhbo.html; Rian Barrett, "Netflix Is Turning 20–but Its Birthday Doesn't Matter," *Wired,* 29 ago. 2017, www.wired.com/story/netflix-20th-anniversary/; "The World's Most Innovative Companies–2018," *Fast Company,* 21 fev. 2018, www.fastcompany.com/most-innovative-companies/2018; Dana Feldman, "Netflix's Content Budget Is Updated to $13B for 2018," *Forbes,* 9 jul. 2018, www.forbes.com/sites/danafeldman/2018/07/09/netflixs--content-budget-isupdated-to-13b-in-2018/#4613a36e2b8c; Ronald Grover e Cliff Edwards, "Can Netflix Find Its Future by Abandoning the Past?" *Bloomberg Businessweek*, 22 set. 2011, www.bloomberg.com/news/articles/2011-09-22/can-netflix-find-itsfuture-by-abandoning-the-past; Ashley Rodriguez, "Keeping Up with Netflix Originals Is Basically a Part-Time Job Now," *Quartz,* 1 jan. 2019, https://qz.com/1505030/keepingup-with-netflix-originals-is-basically-a--part-time-job-now/; Sara Salinas, "Netflix Beats on Subscriber Growth but Misses Slightly on Revenue," *CNBC,* 17 jan. 2019, www.cnbc.com/2019/01/16/netflix-earnings-q4-2018.html; e www.netflix.com. Acesso em: set. 2019.
2. Veja: Sarah Whitten, "Owners of McDonalds Aren't Happy with Headquarters as Promotions Pick Up and Remodeling Costs Rise," *CNBC,* 23 jan. 2018, www.cnbc.com/2018/01/23/ownersof-mcdonalds-arent-happy-with-headquarters.html; Nancy Luna, "Tension Escalates between McDonald's and Franchisees over Remodels," *Nation's Restaurant News,* 9 jan. 2019, www.nrn.com/franchising/tension-escalates-between--mcdonalds-and-franchisees-over-remodels; e "McDonald's Reports Good Results, to Continue Growth in 2019," *Forbes,* 4 fev. 2019, www.forbes.com/sites/greatspeculations/2019/02/04/mcdonalds-reports-good-results-to-continue-growth-in-2019/.
3. Veja: Sam Knight, "The Spectacular Power of Big Lens," *Guardian,* 10 maio 2018, www.theguardian.com/news/2018/may/10/theinvisible-power-of-big-glasses-eyewear-industry-essilor-luxottica; e www.luxottica.com/en/company/quick_view, set. 2019.
4. Veja: Joseph Pisani, "Amazon Orders 20,000 Vans to Build Delivery Fleet, Quadrupling Its Original Purchase," *USA Today,* 5 set. 2018, www.usatoday.com/story/tech/news/2018/09/05/amazon-quadruples-order-vans-newdelivery-fleet-now-20-000/1204619002/; e "Forget Drones, Amazon Needs People," *Bloomberg Businessweek,* 24 dez. 2018, pp. 245-26.
5. "Franchise Business Economic Outlook for 2018," jan. 2018, www.franchise.org/sites/default/files/Franchise_Business_Outlook_Jan_2018.pdf.
6. Veja: "2019 Franchise 500 Ranking," *Entrepreneur,* www.entrepreneur.com/franchise500/2019. Acesso em: set. 2019; e www.sportclipsfranchise.com/facts-stats/no1-haircarefranchise/ e https://sportclips.com/about-us/our-story. Acesso em: set. 2019.
7. Veja: "Stores Top Retailers 2018," *Stores,* https://stores.org/storestop--retailers-2018/; e www.rpminc.com/leading-brands/consumer--brands, www.rpminc.com/reports-and-filings/financial-reports/, http://ir.homedepot.com/financial-reports/annual-reports/recent. Acesso em: set. 2019.
8. Daphne Howland, "Why Target Sold Out to CVS," *Retail Dive,* 11 fev. 2016, www.retaildive.com/news/why-targetsold-out-to-cvs/413432/; e www.cvs.com/target-pharmacy. Acesso em: set. 2019.
9. Veja: www.staralliance.com, www.oneworld.com, e www.skyteam.com. Acesso em: set. 2019.
10. Amy X. Wang, "Album Sales Are Dying as Fast as Streaming Services Are Rising," *Rolling Stone,* 3 jan. 2019, https://www.rollingstone.com/music/music-news/album-sales-dying-as-fast-as-streaming-services-rising-774563/.
11. Veja: Dennis Green e Mike Nudelman, "Why Amazon Is Still Such a Threat to Toys R Us, in One Chart," *Business Insider,* 20 set. 2017, www.businessinsider.com/amazon-beat-toys-r-us-online-sales-2017-9;

Joan Verdon, "Toys R Us Said to Be Preparing for Liquidation," 9 mar. 2018, www.usatoday.com/story/money/business/2018/03/08/toys-r-us-preparing-liquidation-sources-say/408975002/; e Lauren Hirsch, "Toys R Us Tries for a Comback Year after Going Out of Business," *CNBC,* 11 fev. 2019, www.cnbc.com/2019/02/11/toys-r-us-executives-plot-retailers-comeback-with-tru-kids.html.

12. Harry Campbell, "Should You Ditch Your Car for Uber and Lyft?" *Motor Trend*, 11 fev. 2019, www.motortrend.com/news/should-you-ditch-your-car-to-rely-on-uber-and-lyft/; Brett Williams, "Americans Have Started to Ditch Their Cars for Uber and Lyft," *Mashable,* 26 maio 2017, https://mashable.com/2017/05/25/cars-replaced-by-ride-hailing-poll/#Z0bZc.OFoOqY; Jim Edwards, "Uber Has Changed My Life and as God Is My Witness I Will Never Take a Taxi Again" *Business Insider,* 22 jan. 2014, www.businessinsider.com/uber-haschanged-my-life-and-as-god-is-my-witness-i-will-never-take-ataxi-again-where-available-2014-1#ixzz3TYF7ZY29; Biz Carson, "Lyft Doubled Rides in 2017 as Its Rival Uber Stumbled," *Forbes,* 16 jan. 2018, www.forbes.com/sites/bizcarson/2018/01/16/lyft-doubled-rides-in-2017/#5afda477d6be; Olivia Solon, "Is Lyft Really the 'Woke' Alternative to Uber?" *The Guardian,* 29 mar. 2017, www.theguardian.com/technology/2017/mar/29/is-lyft-really-the-woke-alternative-to-uber; Paul Schrodt, "Meet Lyft's CEO," *Money,* 29 jan. 2019, http://money.com/money/5633622/meet-lyfts-ceo-a-35-year-old-introvert-whocelebrated-early-business-deals-at-ikeas-food-court-and-stillcarpools-to-work/; e www.lyft.com e www.lyft.com/selfdriving-vehicles. Acesso em: set. 2019.

13. Adam Levy, "Walmart's Lead in Groceries Could Get Even Bigger," *Motley Fool,* 11 out. 2018, https://www.fool.com/investing/2018/10/11/walmarts-lead-in-groceries-could-geteven-bigger.aspx; e "Benchmarks by Industry: Supermarkets," *ACSI,* www.theacsi.org/index.php?option=com_content&view=article&id=147&catid=&Itemid=212&i=Supermarkets. Acesso em: set. 2019.

14. "Four Seasons Hotels and Resorts Receives Record Number of Forbes Travel Guide Five-Star Awards for Fourth Year Running," Four Seasons Press Room, 20 fev. 2019, https://press.fourseasons.com/news-releases/2019/recordnumber-of-forbes-five-star-hotels/; Jeffrey O'Brien, "A Perfect Season," *Fortune,* 1 fev. 2008, http://archive.fortune.com/2008/01/18/news/companies/fourseasons.fortune/index.htm; e www.fourseasons.com/about_us/. Acesso em: set. 2019.

15. Veja: "Subway Franchise Cost & Fees," www.franchisedirect.com/directory/subway/ufoc/915/. Acesso em: set. 2019.

16. Anita Chang Beattie, "Catching the Eye of a Chinese Shopper," *Advertising Age,* 10 dez. 2012, pp. 20–21.

17. Drew Hinshaw, "Burgers Face a Tough Slog in Africa," *Wall Street Journal,* 10 dez. 2013, www.wsj.com/articles/SB10001424052702304607104579214133498585594.

18. Veja: Leanna Garfield, "Nestle Sponsored a River Barge to Create a 'Floating Supermarket' That Sold Candy and Chocolate Pudding to the Backwoods of Brazil," *Business Insider,* 17 set. 2017, www.businessinsider.com/nestl-expandsbrazil-river-barge-2017-9.

19. Richard Nieva, "Nest's Hello Doorbell, Other New Devices, Won't Be Sold on Amazon," *CNET,* 14 mar. 2018, www.cnet.com/news/nests-hello-doorbell-other-new-products-wont-besold-on-amazon/.

20. "Five Out of Six N.A. Automakers' Scores Drop in Annual Supplier Working Relations Study," *PRNewswire*, 14 maio 2018, www.prnewswire.com/news-releases/five-out-of-six-naautomakers-scores-drop-in-annual-supplier-working-relationsstudy-300647418.html; e www.toyotasupplier.com, https://toyotasupplierdiversity.com/ e www.loreal.com/_en/_ww/html/suppliers/. Acesso em: set. 2019.

21. Veja: Julie Bort, "Amazon Web Services Is Bigger Than Its Next 4 Competitors Combined," *Business Insider,* 6 fev. 2019, www.businessinsider.com/aws-market-share-dominates-70-billion-cloud-market-2019-2; "Microsoft Narrows Amazon's Lead in the Cloud, but the Gap Remains Large," *CNBC,* 27 abr. 2018, www.cnbc.com/2018/04/27/microsoft-gains-cloudmarket-share-in-q1-but-aws-still-dominates.html; Dina Bass, "Google May Have to Get Used to Third Place in the Cloud," *Bloomberg Businessweek,* 13 nov. 2018, www.bloomberg.com/news/articles/2018-11-13/google-may-have-to-get-usedto-third-place-in-the-cloud; Dina Bass, "The Cloud: How to Catch Amazon," *Bloomberg Businessweek,* 13 nov. 2017, pp. 45-46; "Albertsons Companies to Transform Experiences for Shoppers with Microsoft Cloud and AI," *PR Newswire,* 22 fev. 2019, www.prnewswire.com/news-releases/albertsons-companies-to-transform-experiences-for-shoppers-with-microsoft-cloudand-ai-300800184.html; Rosalie Chan, "Google Ventures-Backed Cloud Storage Company Egnyte Explains Why It's Betting Big on Microsoft, 'The Best Partner There Is,'" *Business Insider,* 21 fev. 2019, www.businessinsider.com/egnyte-microsoftazure-2019-2?IR=T&_ga=2.245147975.334175892.1550861913-507802238.1550861913; e https://azure.microsoft.com/en-us/. Acesso em: set. 2019.

22. Veja: Marcus Williams, "Cutting Logistics Costs Key to GM Profit Targets," *Automotive Logistics,* out. 2014, http://automotivelogistics.media/news/cutting-logistics-costskey-to-gm-profit-targets; e "29th Annual State of Logistics Report: Carriers Take the Wheel," 9 jul. 2018, https://www.logisticsmgmt.com/article/29th_annual_state_of_logistics_report_carriers_take_the_wheel.

23. Andy Brack, "Piggly Wiggly Center Offers Info-Packed Field Trip," *Charleston Currents*, 4 jan. 2010, www.charlestoncurrents.com/issue/10_issues/10.0104.htm; "How Many Products Does Amazon Carry?" *Retail Touch Points,* www.retailtouchpoints.com/resources/type/infographics/how-many-products-doesamazon-carry. Acesso em: mar. 2019; e informações de: http://en.wikipedia.org/wiki/Piggly_wiggly e http://corporate.walmart.com/_news_/news-archive/2005/01/07/our-retaildivisions. Acesso em: set. 2019.

24. Sarah Landrum, "Millennials Driving Brands to Practice Socially Responsible Marketing," *Forbes,* 17 mar. 2017, www.forbes.com/sites/sarahlandrum/2017/03/17/millennials-driving-brands-to-practice-socially-responsiblemarketing/#2c2d4dc94990. Veja também: Nielsen, "Sustainability Sells: Linking Sustainability Claims to Sales," 16 out. 2018, https://www.nielsen.com/us/en/insights/news/2018/sustainability-sells-linking-sustainability-claims-to-sales.html.

25. "Levi's How Can 'Clean' Begin with 'Design?'" IPE, 16 ago. 2017, http://wwwen.ipe.org.cn/GreenSupplyChain/BrandStoryDetail.aspx?id=20; Gaylen Davenport, "Levi's Water Conservation Efforts Actually Save the Company Money," *Worldwide Energy*, 24 fev. 2015, www.worldwideenergy.com/levis-water-conservation-efforts-actually-save-companymoney/; Anna Sanina, "Levi's Asks People Not to Wash Their Jeans," *Popsop,* 22 mar. 2012, http://popsop.com/2012/03/levis-asks-people-not-to-wash-their-jeans/; e www.levistrauss.com/sustainability/products/waterless/, http://store.levi.com/waterless/index.html; e www.levi.com/US/en_US/features/sustainability#process. Acesso em: set. 2019.

26. Lydia DePillis, "Watch How Amazon Spread Across the US," *CNN,* 4 out. 2018, www.cnn.com/interactive/2018/10/business/amazon-distribution-map/index.html; "Inside a Tracy Amazon Fulfillment Center on Cyber Monday," *KCRA3*, 26 nov. 2018 www.kcra.com/article/inside-a-tracyamazon-fulfillment-center-on-cyber-monday/25312342; e "Tour an Amazon Fulfillment Center," http://amazonfctours.com/. Acesso em: out. 2019.

27. Veja: Nick Wingfield, "As Amazon Pushes Forward with Robots, Workers Find New Roles," 10 set. 2017, www.nytimes.com/2017/09/10/technology/amazon-robots-workers.html; Andrea Cheng, "Amazon's Robot-Filled New York Fulfillment Center Gives Rivals Another Reason to Worry," *Forbes,* 10 dez. 2018, www.forbes.com/sites/andriacheng/2018/12/10/amazons-first-new-york-fulfillment-center-should-give-rivalretailers-another-cause-for-worry/#378cfe2a614c; e www.amazonrobotics.com. Acesso em: set. 2019.

28. Matthew Boyle, "Walmart Cracks the Whip on Suppliers," *Bloomberg Businessweek,* 24 jul. 2017, pp. 14-15.

29. Bureau of Transportation Statistics, "Pocket Guide to Transportation," https://s3-us-west-2.amazonaws.com/dotconcept-menus/menu/accordion.html. Acesso em: set. 2019.

30. Veja: Walmart's supplier requirements at http://corporate.walmart.com/suppliers. Acesso em: set. 2019.

31. www.oracle.com/webfolder/assets/infographics/value-chain/index.html. Acesso em: set. 2019.

32. Para esse e outros exemplos e informações sobre a UPS, veja: "Moving Returns Forward with Overstock.com," www.ups-scs.com/solutions/case_studies/cs_Overstock.pdf. Acesso em: out. 2018; Daniel Goure, "United Parcel Service Is on the Forefront of the Revolution in Healthcare," Lexington Institute, 14 set. 2017, www.lexingtoninstitute.org/united-parcel-service-forefrontrevolution-healthcare/; e www.ups-scs.com/solutions/ e https://solvers.ups.com/. Acesso em: set. 2019.

33. Jennifer McKevitt, "Fortune 500 Companies Are Using 3PLs More, Study Finds," *Supply Chain Dive,* 30 maio 2017, www.supplychaindive.com/news/third-party-logistics-3pl-increaselarge-companies-2017/443710/; e Adam Robinson, "Trends Driving Growth of 3PL in 2019," *Cerasis,* 6 fev. 2019, https://cerasis.com/growth-of-3pl.

34. "In Grocery Delivery Apps Market, Instacart Continues to Experience Strongest Growth Trajectory," *Edison,* 14 fev. 2019, www.medium.com/edison-discovers/in-grocerydelivery-apps-market-instacart-continues-to-experiencestrongest-growth-trajectory-58702e41f87a; "Walmart Expands Its Grocery Delivery Service Providers," 17 jan. 2019, www.news.walmart.com/2019/01/17/walmart-expands-its-grocerydelivery-service-providers; Anne D'Innocenzio, "Walmart Prepares to Roll Out Online Same-Day Grocery Delivery to 100 Cities," *Chicago Tribune,* 14 mar. 2018, www.chicagotribune.com/business/ct-walmart-online-same-day-grocery-delivery-20180314-story.html; Sarah Berger, "How This 32-Year-Old High School Dropout Built a Business That Sold to Target For $550 Million," *CNBC,* 29 mar. 2018, www.cnbc.com/2018/03/29/how-bill-smith-founded-shipt-and-sold-it-to-target.html; Dennis Green, "Amazon's Struggles with Its Fresh Grocery Service Show a Huge Liability for Prime," *Business Insider,* 1 jul. 2018, www.businessinsider.com/amazon-fresh-struggles-show-a-hugeliability-in-prime-2018-7; e informações de: www.shipt.com/about/. Acesso em: set. 2019.

Capítulo 13

1. Lauren Thomas, "Walmart 'Holding Its Own' Against Amazon," *CNBC,* 15 fev. 2019, www.cnbc.com/2019/02/15/walmart-holding-its-own-against-amazonahead-of-earnings-report.html; "Digital Investments Pay Off for Walmart in Ecommerce Race," *eMarketer,* 14 fev. 2019, www.emarketer.com/content/digital-investments-pay-offfor-walmart-in-ecommerce-race; Chris Walton, "Dismissing Amazon Go and Scan-and-Go Technology Does a Disservice to the Retailer Industry," *Forbes,* 15 fev. 2019, www.forbes.com/sites/christopherwalton/2019/02/15/dismissingamazon-go-and-scan-go-technology-does-a-disserviceto-the-retail-industry/#70f94b33242b; Anne D'Innocenzio e Michelle Chapman, "Walmart Sees the Future and It Is Digital," *Chicago Tribune,* 10 out. 2017, www.chicagotribune.com/business/ct-biz-walmart-shareholdersdigital-future-20171010-story.html; Jack Neff, "How Walmart Found Its Footing in the Amazon Era," *Advertising Age,* 27 set. 2017, http://adage.com/article/cmo-strategy/walmart-found-footing-amazon-era/310599/; Sarah Perez, "Walmart's US E-Commerce Sales Up 43% in Q4, Thanks to Growing Online Grocery Business," *Tech Crunch,* 19 fev. 2019, https://techcrunch.com/2019/02/19/walmartsu-s-e-commerce-sales-up-43-in-q4-thanks-to-growingonline-grocery-business/; e informações de: https://ir.aboutamazon.com/annual-reports e https://corporate.walmart.com/. Acesso em: set. 2019.

2. Veja: "Monthly and Annual Retail Trade," U.S. Census Bureau, www.census.gov/retail/. Acesso em: set. 2019.

3. Veja: Chris Chang, "5 Reasons We're Seeing a Resurgence of Google's Zero Moment of Truth," *Adweek,* 6 fev. 2019, www.adweek.com/digital/5-reasons-were-seeing-a-resurgenceof-googles-zero-moment-of-truth/; e *Think with Google,* www.thinkwithgoogle.com/marketing-resources/micromoments/zero-moment-truth/ e www.thinkwithgoogle.com/marketing-resources/micro-moments/. Acesso em: set. 2019.

4. Hal Conick, "The End of Retail (as We Knew It)," *Marketing News,* 27 set. 2017, pp. 38–47; e Dan Alaimo, "Mobile to Drive 60% of Holiday e-Commerce Traffic," *Retail Dive,* 17 set. 2018, www.retaildive.com/news/mobile-to-drive-68-of-holiday-e-commerce-traffic/532468/.

5. Para saber mais sobre as lutas atuais dos varejistas tradicionais, veja: Phil Wahba, "The Death of Retail Is Greatly Exaggerated," *Fortune,* 25 jun. 2017, pp. 33–34; Steve Dennis, "Retail 2018: Now Comes the Real Reckoning," *Forbes,* 12 jan. 2018, www.forbes.com/sites/stevendennis/2018/01/12/retail-2018-now-comesthe-real-reckoning/#46bed5a55f54; e Steve Dennis, "Out on a Limb: 14 Predictions for Retail in 2010," *Forbes,* 10 jan. 2019, www.forbes.com/sites/stevendennis/2019/01/10/out-on-a-limb-my-14-predictions-for-retail-in-2019/.

6. Phil Wahba, "Everything Must Go," *Fortune,* 1 mar. 2017, pp. 95–100; Lauren Thomas, "Another Wave of Retail Store Closures Coming. 'No light at the End of the Tunnel,'" *CNBC,* 13 fev. 2019, www.cnbc.com/2019/02/13/another-wave-of-retailstore-closures-coming-no-light-at-the-end-of-the-tunnel.html; e Doug Whiteman, "These Chains Are Closing Tons More Stores in 2019," *MoneyWise,* 19 fev. 2019, https://moneywise.com/a/retailers-closing-stores-in-2019.

7. Daniel B. Kline, "Grocery Stores Are Facing a New Challenge and It's Not Just Amazon," *Business Insider,* 14 set. 2017, www.businessinsider.com/grocery-stores-are-facing-a-newchallenge-and-its-not-just-amazon-2017-9; Pamela Danziger, "Online Grocery Sale to Reach $100 Billion in 2025; Amazon Is Current and Future Leader," *Forbes,* 18 jan. 2018, www.forbes.com/sites/pamdanziger/2018/01/18/onlinegrocery-sales-to-reach-100-billion-in-2025-amazon-set-to-bemarket-share-leader/#683ed44462f3; e Jessica Dumont, "Report: Online Grocery Reaches 5.5% of Total Sales," *Grocery Dive,* 1 ago. 2018, www.grocerydive.com/news/grocery-report-online-grocery-reaches-55-of-total-sales/533805/.

8. Russell Redmon, "H-E-B to Build New Tech Innovation Lab," *Supermarket News,* 22 fev. 2019, www.supermarketnews.com/online-retail/h-e-b-build-new-tech-innovation-lab; "H-E-B and Favor Delivery to Join Forces," H-E-B, 15 fev. 2018, www.heb.com/static-page/article-template/heband-favor-delivery-to-join-forces; e www.heb.com. Acesso em: set. 2019.

9. Mike Tighe, "Kwik Trip Aims to Fill Grills with Fresh Meat Offerings," *LaCrosse Tribune,* 16 maio 2014, http://lacrossetribune.com/news/local/kwik-trip-aims-to-fill-grillswith-fresh-meat-offerings/article_0d23f455-1c56-5b94-884f-013d22b78fa9.html; Amanda Baltazar, "C-Stores Challenge Perceptions about Grocery," *CSP Magazine,* out. 2017, www.cspdailynews.com/print/csp-magazine/article/cstores-challenge-consumer-perceptions-about-grocery; "Kwik Trip Named Convenience Store Decisions' 2018 Chain of the Year," *Convenience Store Decisions,* 27 jun. 2018, https://cstoredecisions.com/2018/06/27/kwik-trip-namedconvenience-store-decisions-2018-chain-of-the-year/; e www.kwiktrip.com. Acesso em: set. 2019.

10. "Store Productivity–Walmart US," *eMarketer,* https://retailindex.emarketer.com/company/data/5374f24d4d4afd2bb4446614/5374

f3094d4afd2bb444a93c/lfy/false/wal-mart-stores-incwalmart-us. Acesso em: set. 2019; e "Supermarket Facts," www.fmi.org/research--resources/supermarket-facts. Acesso em: set. 2019.

11. Veja: Russell Redman, "More Food in Mix at Dollar General," *Supermarket News,* 5 dez. 2018, www.supermarketnews.com/retail-financial/more-food-mix-dollar-general; e http://investor.shareholder.com/dollar/financials.cfm. Acesso em: set. 2019.

12. Veja: www.realogy.com/news/company-facts, www.realogy.com/assets/docs/Fact-Sheets/CB_Facts_FINAL.pdf e www.realogy.com/assets/docs/Fact-Sheets/C21_Facts_FINAL.pdf. Acesso em: set. 2019.

13. Informações sobre a empresa e franquias de: "Top 200 Franchise Systems," *Franchise Times,* 26 set. 2018, www.franchisetimes.com/October-2018/Newcomers-Heavyweights-Ranking-franchisings--biggest-500/; www.azfranchises.com/quick-franchise-facts. Acesso em: set. 2019; e www.aboutmcdonalds.com/mcd/our_company.html. Acesso em: out. 2019.

14. Veja: Marsha Kaplan, "Ecommerce Briefs: Holiday Sales, Retail Chains, 2019 Predictions," *Practical Ecommerce,* 17 jan. 2019, www.practicalecommerce.com/ecommerce-briefs-holidaysales-retail-chains-2019-predictions.

15. Dan O'Shea, "Shopping Is Going Mobile, In-Store and Out," *Retail Dive,* 13 mar. 2018, https://www.retaildive.com/news/shopping-is-going-mobile-in-store-and-out/518876/.

16. Veja: Sameer Sarnat, "The 3 New Realities of Local Retail," *Think with Google,* out. 2014, www.thinkwithgoogle.com/marketing--resources/3-new-realities-of-local-retail/; e Nicole Genchur, "Five Consumer Trends to Watch in 2019," *GroundTruth,* 1 jan. 2019, www.groundtruth.com/insight/consumer-trends-to-watch/.

17. Erik Wander, "Meet the Omnishopper," *Adweek,* 12 set. 2017, p. 10.

18. "Online or In-Store? How about a Little of Both?" *Washington Post,* 28 nov. 2014, p. A01; e "Social Media 2018: It's Influence in the Path to Purchase," *eMarketer,* 18 dez. 2017, www.emarketer.com/Report/Social-Commerce-2018-Its-Influence-Path-Purchase/2002175; e "SUMO Heavy's Retail Consumer Survey Reveals Shoppers Have Mixed Views on Social Commerce," *PR Newswire,* 20 set. 2018, www.prnewswire.com/news-releases/sumo-heavys-retail-consumersurvey-reveals-shoppers-have-mixed-views-on-socialcommerce-300716292.html.

19. Veja: Dan Tynan, "Meet the New Chief Collaboration Officer: The CMO," Adweek, 7 out. 2018, www.adweek.com/digital/meet-the--new-chief-collaboration-officer-the-cmo/; e www.carmax.com e http://investors.carmax.com/financialreports/annual-reports-and--other-financial-information/default.aspx. Acesso em: set. 2019.

20. Susan Berfield e Matthew Boyle, "Best Buy Should Be Dead, but It's Thriving in the Age of Amazon," *Bloomberg Businessweek,* 19 jul. 2018, www.bloomberg.com/news/features/2018-07-19/best--buy-should-be-dead-but-it-s-thriving-in-the-age-ofamazon; Adrianne Pasquarelli, "Best Buy Unveils Rebranding that Was a Year in the Making," *Advertising Age,* 9 maio 2018, https://adage.com/article/cmo-strategy/buy-rebrands-planshire-house-creative-team/313425/; Panos Mourdoukoutas, "Best Buy Is Still in Business–and Thriving," *Forbes,* 2 mar. 2019, www.forbes.com/sites/panosmourdoukoutas/2019/03/02/best-buy-is-still-in-business-and-thriving/#46eb55fc6774; e informações de: www.bestbuy.com. Acesso em: set. 2019.

21. Se Josh Morris, "Lush Made Up after Posting Record Results," *Insider Media Limited,* 12 abr. 2018, www.insidermedia.com/insider/southwest/Lush-hails-record-turnover; e www.lorealfinance.com/eng, www.lushusa.com e https://uk.lush.com/article/lush-life-we-believe. Acesso em: set. 2019.

22. Austin Carr, "The Future of Retailing in the Age of Amazon," *Fast Company,* dez. 2017/jan. 2018, pp. 84–101.

23. Veja: Jean E. Palmieri, "Adidas Fifth Avenue Flagship Centered Around Experiences," *WWD,* 30 nov. 2016, https://wwd.com/business-news/retail/adidas-fifth-avenue-flagshipclaire-midwood-10714929/; Corinne Ruff e Cara Salpini, "22 Experiential Stores NYC Has to Offer," *Retail Dive,* 21 jun. 2018, www.retaildive.com/news/22-experiential-stores-nyc-hasto-offer/525669/; e "The Adidas Store," www.nycgo.com/shopping/the-adidas-store. Acesso em: set. 2019.

24. Veja: Alexandra Maryanne Wilson, "Study: Music, Visuals and Scent Critical to In-Store Experience," *Chain Store Age,* 15 jan. 2019, www.chainstoreage.com/store-spaces/studymusic-visuals-and-scent--critical-to-in-store-experience/; Sifferlin, "My Nose Made Me Buy It," *Time,* 16 dez. 2013, http://healthland.time.com/2013/12/16/my-nose-mademe-buy-it-how-retailers-use-smell-and-other--tricks-to-getyou-to-spend-spend-spend/; Kimberly Mas, "How Marketers Target Your Nose," *Vox,* set. 2018, www.vox.com/thegoods/2018/9/26/17907002/scent-marketing-branding-nose; e www.scentair.com. Acesso em: set. 2019.

25. "How We Do It," http://tjmaxx.tjx.com/store/jump/topic/how-we--do-it/2400087. Acesso em: set. 2019.

26. Elyse Dupre, "Personalization at the Heart of CVS's ExtraCare Loyalty Program," *DMN,* 9 maio 2017, www.dmnews.com/multichannel--marketing/personalization-is-at-the-heart-of-cvssextracare-loyalty-program/article/656057/; e www.cvs.com. Acesso em: set. 2019.

27. Para definições desses e de outros tipos de *shopping centers*, veja: "Dictionary," *American Marketing Association*, www.ama.org/resources/Pages/Marketing-Dictionary.aspx. Acesso em: set. 2019.

28. Kate Taylor, "These Haunting Photos of the Retail Apocalypse Reveal a New Normal in America as Sears Clings On after Closing Hundreds of Stores," *Business Insider,* 16 jan. 2019, www.businessinsider.com/the-american-retail-apocalypsein-photos-2017-3; e Sarah Mulholland, "Why Some Shopping Malls May Be in Deeper Trouble Than You Think," *Bloomberg,* 8 jan. 2018, www.bloomberg.com/news/articles/2018-01-08/why-some-shopping-malls-may-be--indeeper-trouble-than-you-think.

29. Jennifer Reingold e Phil Wahba, "Where Have All the Shopper Gone?" *Fortune,* 3 set. 2014, http://fortune.com/2014/09/03/where-have-all-the-shoppers-gone/.

30. Veja: Mary Hanbury, "Macy's Is Clsoing Eight Stores Early This Years–Here's a Full List," *Business Insider,* 10 jan. 2019, www.businessinsider.com/macys-stores-closing-list-2019-1; Susan Berfield, "Shop Today," *Bloomberg Businessweek,* 27 nov. 2017, pp. 46–51, Phil Wahba, "Macy's Make-or-Break Christmas," *Fortune,* 1 dez. 2017, pp. 79–84; Marshall Fisher, Santiago Gallino e Serguei Netessine, "Retailers Are Squandering Their Most Potent Weapons," *Harvard Business Review,* jan./fev. 2019, pp. 73-80; e http://investors.macysinc.com/phoenix.zhtml?c=84477&p=irol-reportsannual. Acesso em: set. 2019.

31. Veja: Laia Garcia, "The Edit at Roosevelt Field Mall Brings Your URL Favs IRL," *Refinery,* 30 nov. 2017, www.refinery29.com/the-edit--store-experience-roosevelt-field-mall; Daniel Keyes, "Malls Look to Pop-Up Shops to Boost Their Appeal," *Business Insider,* 1 dez. 2017, www.businessinsider.com/malls-look-to-pop-up-shops-to-boost--their-appeal-2017-12; e www.simon.com/the-edit. Acesso em: set. 2019.

32. Veja: www.gilt.com, www.zulily.com, www.target.com e www.amazon.com/gp/help/customer/display.html?nodeId=201134080. Acesso em: set. 2019.

33. Veja: Barrett J. Brunsman, "P&G Brand Director of Walmart Joins C-Suite of E-commerce Strategy Firm," *Cincinnati Business Courier,* 3 jan. 2019, www.bizjournals.com/cincinnati/news/2019/01/03/p-g--brand-director-for-walmart-joins-csuite-of-e.html; Eric Platt, "22 Companies That Are Addicted to Walmart," *Business Insider,* 13 jun.

2012, www.businessinsider.com/22-companies-who-are-completely-addicted-towalmart-2012-6#; Ben Levisohn, "Colgate, Clorox & Procter: The Uninvestable," *Barron's*, 19 abr. 2017, www.barrons.com/articles/colgate-clorox-procter-the-uninvestable-1492615711; Adam Levy, "Walmart's Lead in Groceries Could Get Even Bigger," *Motley Fool*, 11 out. 2018, www.fool.com/investing/2018/10/11/walmarts-lead-in-groceriescould-get-even-bigger.aspx; Cal-Maine Foods Annual Reports, http://calmainefoods.com/investors/financial-reports/. Acesso em: set. 2019.

34. Veja: Andria Cheng, "Why Amazon Go May Soon Change the Way We Shop," *Forbes*, 13 jan. 2019, www.forbes.com/sites/andriacheng/2019/01/13/why-amazon-go-may-soon-changethe-way-we-want-to-shop/; e Russell Redman, "Report: Amazon Go Could Become $4 Billion Business," *Supermarket News*, 7 jan. 2019, www.supermarketnews.com/retail-financial/report-amazon-go-could-become-4-billion-business.

35. Sarah Perez, "Target Rolls Out Bluetooth Beacon Technology in Stores to Power New Indoor Maps in Its App," *Tech Crunch*, 20 set. 2017, https://techcrunch.com/2017/09/20/target-rolls-out-bluetooth-beacon-technology-in-stores-topower-new-indoor-maps-in-its-app/; Keith Wright, "Say Hello to Our Little Friends: How New Beacons May Save Old Retail," *Marketing Insider*, 3 jan. 2018, www.mediapost.com/publications/article/312422/say-hello-to-our-little-friendshow-new-beacons-m.html; e Chantal Tode, "Target Innovates In-Store Beacon Marketing with Newsfeed-Like Content Stream," *Retail Dive*, 5 ago. 2018, www.retaildive.com/ex/mobilecommerce-daily/target-innovatesin-store-beacon-marketing-with-newsfeed-like-content-stream.

36. Veja: Nikki Baird, "In Retail, AR Is for Shoppers and VR Is for Business," *Forbes*, 26 abr. 2017, www.forbes.com/sites/nikkibaird/2017/04/26/in-retail-ar-is-for-shoppers-and-vris-for-business/#2197c621618f; e Carolanne Mangies, "Is Marketing Ready for VR/AR in 2018?" *Smart Insights*, 11 jan. 2018, www.smartinsights.com/digital-marketing-platforms/video-marketing/is-marketing-ready-for-vr-ar-in-2018/.

37. "Green MashUP: 7 Trends Transforming Retail Sustainability," *The Fifth Estate*, 17 fev. 2015, www.thefifthestate.com.au/business/trends/green-mashup-7-trends-transformingretail-sustainability/71455; "The IKEA Group Yearly Summary FY2017 Report," www.ikea.com/ms/en_US/pdf/yearly_summary/IKEA_Group_Yearly_Summary_2017.pdf. Acesso em: out. 2018; e "The IKEA Group Approach to Sustainability," www.ikea.com/ms/en_US/pdf/sustainability_report/group_approach_sustainability_fy11.pdf. Acesso em: set. 2019.

38. Veja: Dennis O'Shea, "Virtual Reality for Retail Marketing Could Hit $1.8 Billion in 2022," *Retail Dive*, 28 jan. 2019, www.retaildive.com/news/virtual-reality-for-retail-marketing-couldhit-18b-in-2022/546962/; Nick Carvell, "The New Nike iD Direct Studio Is the Future of Customized Kicks," *GQ*, 1 fev. 2018, www.gq-magazine.co.uk/article/nike-id-london; Ben Lang, "Audi Has Deployed 1,000 VR Showrooms in Dealerships Worldwide," *Road to VR*, 9 dez. 2018, www.roadtovr.com/audi-has-deployed-1000-vr-showrooms-in-dealershipsworldwide/; Dan Tynan, "Find Your Virtual Intelligence," *Adweek*, 4 dez. 2017, pp. 18–19; Carolanne Mangies, "Is Marketing Ready for VR/AR in 2018?" *Smart Insights*, 11 jan. 2018, www.smartinsights.com/digital-marketing-platforms/video-marketing/is-marketing-ready-for-vr-ar-in-2018/; Suman Bhattacharyya, "Lowe's Is Using VR and AR to Get People into Stores," *DigiDay*, 25 jul. 2018, https://digiday.com/retail/lowes-using-vr-ar-get-people-stores/; e Sangeeta Singh-Kurtz, "Brands from Warby Parker to Sephora Have Actually Found Sensible Uses for AR," *Quartz*, 5 fev. 2019, https://qz.com/quartzy/1541585/warby-parkers-virtual-try-on-appcould-change-the-way-people-buy-glasses/.

39. Veja: www.staples.com/sbd/cre/marketing/sustainability-center/. Acesso em: set. 2019.

40. Veja: www.walmartsustainabilityhub.com/sustainability-index. Acesso em: set. 2019.

41. Veja: "Global Powers of Retailing 2019," *Deloitte*, jan. 2019. Acessado em: www2.deloitte.com/global/en/pages/consumerbusiness/articles/global-powers-of-retailing.html.

42. Fatos de Grainger e outras informações são de: http://pressroom.grainger.com/phoenix.zhtml?c=194987&p=irolmediakit e www.grainger.com. Acesso em: set. 2019.

43. Bill Briggs, "E-commerce Accounts for 56% of 2017 Revenue for Grainger," *Digital Commerce 360*, 24 jan. 2018; e www.grainger.com. Acesso em: set. 2019.

44. Veja: http://investors.sysco.com/~/media/Files/S/Sysco-IR/documents/quarterly-results/1q18-factsheet.pdf e www.sysco.com/. Acesso em: set. 2019.

45. Veja: www.supervalu.com. Acesso em: set. 2019.

46. Walter Loeb, "Why Ulta Beauty Is Winning Customers and Keeps Growing Rapidly," *Forbes*, 18 mar. 2019, www.forbes.com/sites/walterloeb/2019/03/18/why-ulta-beauty-winscustomers-and-keeps-growing-rapidly/#3f962f82664a; Jennifer Braunschweiger, "How Mary Dillon Turned Ulta Beauty into the Leading Cosmetics Retailer," *Fast Company*, 20 mar. 2017, www.fastcompany.com/3068653/how-mary-dillon-turnedulta-beauty-into-the-leading-cosmetics-retailer; Bethany Biron, "How Ulta Overhauled Its Business to Edge Out Sephora," *Digiday*, 17 ago. 2017, https://digiday.com/marketing/ulta-overhauled-business-edge-sephora/; Helen Edwards e Dave Edwards, "The One Retailer that Amazon Can't Seem to Destroy Is in Cosmetics," *Quartz*, 28 maio 2018, https://qz.com/1282750/ulta-beauty-is-proving-that-amazon-isntdestroying-all-brick-and-mortar/; Pamela Danziger, "In the Battle for Beauty Shoppers, Ulta Is Pulling Ahead of Sephora and Amazon," *Forbes*, 19 mar. 2019, www.forbes.com/sites/pamdanziger/2019/03/19/ulta-puts-more-distance-from-sephoraand-amazon-in-the-number-of-people-who-prefer-to-shopthere/#4aabe2836f45; e informações de: www.ulta.com/company/about-us/#ourStory. Acesso em: jun. 2019.

Capítulo 14

1. Veja: Jessica Wohl, "Burger King Has It Its Way," *Advertising Age*, 18 fev. 2019, p. 7; Tim Nudd, "Burger King Staged a Car Fire on a Highway, and Surprised Those Who Stopped to Help," *Adweek*, 13 mar. 2018, www.adweek.com/brandmarketing/burger-king-staged-a-car-fire-on-a-highway-andsurprised-those-who-stopped-to-help/; Tim Nudd, "Why Burger King's 'Burning Stores' Are the Perfect Print Ads for the Social Media Age," *Adweek*, 19 jun. 2017, www.adweek.com/creativity/why-burger-kings-burning-stores-are-the-perfectprint-ads-for-the-social-media-age/; "Integrated Campaigns," *Advertising Annual 2008*, Communication Arts, pp. 72–73; Emily Bryson, "Whopper Freakout Wins Grand Effie," *Advertising Age*, 4 jun. 2009, https://adage.com/article/news/whopperfreakout-wins-grand-effie-burger-king-crispin/137066; Peter Adams, "Campaign of the Year: Burger King's 'Google Home of the Whopper,'" *Marketing Dive*, 4 dez. 2017, www.marketingdive.com/news/campaign-of-the-year-burger-kingsgoogle-home-of-the-whopper/510770/; Hal Conick, "OK, Google, How Did Burger King Create the Longest 15-Second Ad in History?" *Marketing News*, fev. 2018, pp. 12-13; e www.youtube.com/watch?v=pcOh161hpn4, www.youtube.com/watch?v=8fIfPKpY7HQ, www.rbi.com/Annual-Reports e www.bk.com/about-bk. Acesso em: set. 2019.

2. Para outras definições, veja: https://marketing-dictionary.org. Acesso em: out. 2019.

3. Veja: Greg Sterling, "Report: Digital Now Makes Up 51% of US Ad Spending," *Marketing Land*, 20 set. 2018, https://marketingland.com/report-digital-now-makes-up-51-of-us-adspending-248617; e

Jasmine Enberg, “Digital Ad Spending 2019: U.S.,” *eMarketer*, 28 mar. 2019, www.emarketer.com/content/us-digital-ad-spending-2019.

4. Julia Kollewe, “Marmite Maker Unilever Threatens to Pull Ads from Facebook and Google,” *The Guardian*, 12 fev. 2018, www.theguardian.com/media/2018/feb/12/marmite-unileverads-facebook-google.

5. Karen Gilchrist, “Adidas Steps Away from TV Advertising as It Targets $4 Billion Growth,” *CNBC*, 15 mar. 2017, www.cnbc.com/2017/03/15/adidas-steps-away-from-tv-advertisingas-it-targets-4-billion-growth.html; Daphne Howland, “Adidas Ditching TV Ads to Reach Generation Z on Mobile,” *Marketing Dive*, 16 mar. 2017, www.marketingdive.com/news/adidas-ditching-tv-ads-to-reach-generation-z-on-mobile/438291; e “Adidas Goes All In on Digital Advertising,” *Digital Stand*, 28 nov. 2018, https://digitalstand.com/digitaladvertising.

6. Veja: Lesley Bielby, “The ‘A’ Word–Does Advertising Still Exist?” *Advertising Age*, 22 abr. 2016, www.adage.com/print/303678; Michael Strober, “We Interrupt This Interruption for an Important Message,” *Advertising Age*, 25 set. 2018, pp. 62–63; e Lilach Bullock, “2019 Content Marketing Strategy: Here Are 5 Content Marketing Trends That You Can't Ignore This Year,” *Forbes*, 30 jan. 2019, www.forbes.com/sites/lilachbullock/2019/01/30/2019-content-marketing-strategyhere-are-5-content-marketing-trends-that-you-cant-ignore-thisyear/#69ae11105618.

7. Veja: Kerry Flynn, “Inside Intuit's First Ad Campaign,” *Digiday*, 29 maio, www.digiday.com/marketing/inside-intuits-first-everad-campaign/; Evelyn Timson, “Understanding Paid, Owned, Earned and Shared Media,” *Business West*, 7 fev. 2018, www.businesswest.co.uk/blog/understanding-paid-owned-earnedand-shared-media; Randall Rothenberg, “What Is Advertising Anyway?” *Adweek*, 16 set. 2013, p. 15; Gini Dietrich, “Why and How PR Pros Should Adopt the PESO Model,” *PR Daily*, 23 jan. 2018, www.prdaily.com/mediarelations/Articles/Why_and_how_PR_pros_should_adopt_the_PESO_model_23870.aspx; Kyle O'Brien, “Intuit Promotes Its Suite of Products with Engaging Entrepreneurial Animation,” *The Drum*, 8 fev. 2019, www.thedrum.com/news/2019/02/08/intuitpromotes-its-suite-products-with-engaging-entrepreneurialanimation; e www.youtube.com/watch?v=ktafrbsKeZw, www.youtube.com/watch?v=jUPGpJ4NRkg, e www.youtube.com/watch?v=Irpdx1gRhe0. Acesso em: out. 2019.

8. Veja: “The NewsCred Top 50 Awards,” *NewsCred*, https://insights.newscred.com/best-content-marketing-brands/#about. Acesso em: out. 2018; e www.landroverusa.com/experiences/stories/index.html, www.instagram.com/landrover/, www.youtube.com/user/landrover, www.facebook.com/landrover/, e https://twitter.com/LandRover?ref_src=twsrc%5Egoogle%7Ctwcamp%5Eserp%7Ctwgr%5Eauthor. Acesso em: out. 2019.

9. Veja: Philip Kotler, Hermawan Kartajaya e Iwan Setiawan, *Marketing 4.0: Moving from Traditional to Digital* ((Hoboken, NJ: Wiley, 2016); e Michael Krauss, “Marketing 4.0 Argues the Marketplace Has Changed, and the Customer Is in Control,” *Marketing News*, abr./maio 2017, pp. 26–27.

10. Veja: Maxx Hall, “Planters' Social Media Brings Mr. Peanut to New Audience,” *Medium*, 15 fev. 2019, https://medium.com/@zoomph.inc/planters-social-media-brings-mr-peanut-to-newaudience-e6d0bb00f42e; Erica Sweeney, “Planters Boosts Ad Awareness, Purchase Consideration Ahead of the Holidays, Analysis Finds,” *Marketing Dive*, 19 dez. 2018, www.marketingdive.com/news/planters-boosts-ad-awareness-purchase-considerationahead-of-the-holidays/544712/; Lindsay Stein, “Planters' Super Bowl Ad Get Nuttier with Charlie Sheen,” *Campaign*, 29 jan. 2019, www.campaignlive.com/article/planters-superbowl-spot-gets-nuttier-charlie-sheen/1524212?dcmp=emcconthecampaignfix&bulletin=the-campaign-fix; e www.youtube.com/watch?v=0BTYEXLlFdQ. Acesso em: set. 2019.

11. Veja: “Sprint Launches New Advertising Campaign,” Sprint Newsroom, https://newsroom.sprint.com/presskits/sprintlaunches-new-advertising-campaign.htm. Acesso em: abr. 2019.

12. Veja: Patrick Coffee, “Google Translate's Emotional Super Bowl Ad Focuses on the Unifying Power of Language,” *Adweek*, 3 fev. 2019, www.adweek.com/brand-marketing/google-translatesemotional-super-bowl-ad-focuses-on-the-unifying-power-oflanguage/; e www.youtube.com/watch?v=Vq7tHjEXTJg. Acesso em: set. 2019.

13. Veja: Convince and Convert, “Chatter Matters: The 2018 Word of Mouth Report,” http://partners.convinceandconvert.com/i/1014284-chatter-matters-research-fall2018/0?. Acesso em: out. 2019; e Sammy Nickalls, “Talking Heads,” *Adweek*, 24 set. 2018, p. 14.

14. Veja: “5 Successful Brand Ambassador Program Examples,” Duel, 22 nov. 2018, https://duel.tech/5-successful-ambassadorprograms/; e https://jobs.redbull.com/za/en-GB/wings. Acesso em: set. 2019.

15. Veja: https://shop.lululemon.com/story/ambassador-program. Acesso em: set. 2019.

16. Veja: T. L. Stanley, “Dancing with the Stars,” *Brandweek*, 8 mar. 2010, pp. 10–12; Chris Isidore, “Lance Armstrong: How He'll Make Money Now,” *CNNMoney*, 18 jan. 2013, http://money.cnn.com/2013/01/16/news/companies/armstrongendorsements/; e Alissa Fleck, “8 High-Profile Celebrity Endorsements that Backfired,” *Adweek*, 23 ago. 2018, www.adweek.com/brand-marketing/8-high-profile-celebrityendorsements-that-backfired/. Veja também: “Topic: Celebrity Endorsements,” *Adweek*, www.adweek.com/?s=celebrity+endorsements&orderby=date. Acesso em: out. 2019.

17. Para obter mais informações sobre gastos com publicidade por empresa e setor, veja: “200 Leading National Advertisers 2018 Fact Pack,” *Advertising Age*, 25 jun. 2018.

18. Veja: Don Reisinger, “Super Bowl LIII Was a Disappointment for TV Ratings,” *Fortune*, 5 fev. 2019, http://fortune.com/2019/02/05/super-bowl-ratings/; e Joe Otterson, “Oscars 2019 Ratings Rise From Last Year to 29.6 Million Viewers,” *Variety*, 25 fev. 2019, https://variety.com/2019/tv/news/oscars-ratings-2019-1203144417/.

19. Veja: Marty Swant, “These Were the Most Viewed and Searched Super Bowl Ads and Moments on YouTube,” *Adweek*, 4 fev. 2019, www.adweek.com/digital/these-were-the-most-viewedand-searched-super-bowl-ads-and-moments-on-youtube/; Nelson Granados, “2019 Super Bowl Ads Were Viewed Massively Online before and after the Game,” *Forbes*, www.forbes.com/sites/nelsongranados/2019/02/08/2019-super-bowl-ads-were-viewed-massively-online-before-and-after-the-game/; e www.youtube.com/watch?v=j5MQUWRXTRE. Acesso em: set. 2019.

20. Joe McGauley, “How Much Do Super Bowl Commercials Cost in 2019?” *Thrillist*, 3 fev. 2019, www.thrillist.com/news/nation/super-bowl-commercials-cost-2019.

21. “Marketing Fact Pack 2019,” *Advertising Age*, dez. 2018, p. 8.

22. Jacqueline Fernandez, “Gillette Generates 1.5 Million Mentions from New Campaign,” *a.list*, 16 jan. 2019, www.alistdaily.com/lifestyle/gillettes-new-campaign/; Broede Carmody, “Gillette Defends Controversial Short Film ‘The Best Men Can Be,’” *Sydney Morning Herald*, 16 jan. 2019, www.smh.com.au/entertainment/tv-and-radio/gillette-defends-controversialshort-film-the-best-men-can-be-20190116-p50rrl.html; Andrew Cave, “Gillette's Close Shave: A Victory for #MeToo or Toxic Masculinity,” *Forbes*, 22 jan. 2019, www.forbes.com/sites/andrewcave/2019/01/22/gillettes-close-shave-avictory-for-metoo-or-toxic-masculinity/#2d4030f077f5; Tanya Dua, “Here's the Full List of All the Super Bowl Commercials That Ran This Year,” *Business Insider*, 4 fev. 2019, www.businessinsider.com/super-bowl-commercials-2019-list-2019-1; Tim Johnson, “Google Event Encourages Girls to Look at Computer Science Careers,” *Daily Nonpareil*, 7 dez. 2018, www.nonpareilonline.com/news/education/google-eventencourages-girls-to-look-at-computer-science-careers/

article_2a08d2dd-b48d-54cf-8c41-c5c91a8ade7e.html; "Noses On! Walgreens Welcomes Red Nose Day Back to America as the Exclusive Retailer of the New Sparkle Red Nose," Walgreens Newsroom, 2 abr. 2018, https://news.walgreens.com/pressreleases/general-news/noses-on-walgreens-welcomes-rednose-day-back-to-america-as--the-exclusive-retailer-of-the-newsparkle-red-nose.htm; "Red Nose Day Campaign Returns to NBC on 23 maio 2019," 13 dez. 2018, rednoseday.org/news/red-nose-day-campaign-returns-nbc-on--may-23-2019; e www.madewithcode.com/about/, https://shortyawards.com/2nd-socialgood/rednose-day-at-walgreens, gillette.com/en-us/the-best-men-can-be, e www.walgreens.com/topic/promotion/rednoseday.jsp. Acesso em: out. 2019.

23. Veja: "Dove Ads with 'Real' Women Get Attention," *NBC News*, 3 ago. 2005, http://www.nbcnews.com/id/8757597/ns/business-us_business/t/dove-ads-real-women-get-attention/#.XLTPiehKiw4; e www.dove.com/us/en/stories/campaigns.html e www.dove.com/us/en/stories/about-dove/ourvision.html. Acesso em: out. 2019.

24. "LinkedIn's Ad Focuses on Role of Community in Job Hunt," *NetImperative*, 7 mar. 2019, www.netimperative.com/2019/03/linkedins-ad-focuses-on-role-of-community-in-jobhunt/; David Cohen, "LinkedIn's New Integrated Marketing Campaign Seeks to Smash Its 'White Collar' Stereotype," *Adweek*, 8 jan. 2018, www.adweek.com/digital/linkedinsnew-integrated-marketing-campaign-seeks-to--smash-its-whitecollar-stereotype/; Emily Tan, "LinkedIn Readies Consumer Ads Featuring Real Members," *Campaign*, 15 jun. 2018, www.campaignlive.com/article/linkedin-readies-consumer-adsfeaturing-real-members/1485051; David Cohen, "LinkedIn Lit Up the Next Stage of Its 'In It Together' Campaign with an Emmy Spot," *Adweek*, 25 set. 2018, www.adweek.com/digital/linkedin-lit-up-the--next-stage-of-its-in-it-together-campaignwith-an-emmy-spot/; e www.ourstory.linkedin.com/. Acesso em: set. 2019.

Capítulo 15

1. Veja: Gianfranco Arena e Peter Kain, "How Snickers Transformed a Basic Biological Need into Super Bowl Success," *Adweek*, 27 jan. 2019, www.adweek.com/brand-marketing/how-snickers-transformed-a-basic-biological-need-into-super-bowl-success/; Robert Williams, "Snickers Preps #SmoothItOver Campaign for After Valentine's Day," *Mobile Marketer*, 7 fev. 2019, www.mobilemarketer.com/news/snickers-preps-smoothitover-campaignfor--after-valentines-day/547872/; Robert Klara, "How Snickers Fired a Quarterback, Hired a Zebra, and Tweaked One of Advertising's Most Famous Tag Lines," *Adweek*, 27 fev. 2014, www.adweek.com/print/155873; e www.candyindustry.com/2018-Global-Top-100--candy-companies-Part-4, e www.mars.com, www.youtube.com/channel/UCDviI62w0VbD_9oRNkV1Uig; https://www.youtube.com/watch?v=SycY-XjZmG8; e www.snickers.tumblr.com/. Acesso em: out. 2019.

2. Para esses e outros fatos sobre gastos com publicidade, veja: "Marketing Fact Pack 2019," *Advertising Age*, 17 dez. 2018, p. 4.

3. Veja: "200 Leading National Advertisers 2018 Fact Pack," *Advertising Age*, 25 jun. 2018, p. 7; Patrick Coffee, "U.S. Army Audit Claims 'Ineffective Marketing Programs' Have Wasted Millions in Taxpayer Dollars Each Year," *Adweek*, 3 jan. 2018, www.adweek.com/agencies/u-s-army-audit-claims-ineffective-marketing-programshave-wasted-millions-in-taxpayer-dollars-each-year/.

4. Veja: Mike Murphy, "Samsung's Strategy for Keeping Up with Apple Is to Be Mean," *Quartz*, 18 ago. 2018, https://qz.com/1358333/samsungs-strategy-for-keeping-up-withapple--is-to-be-mean/; e Malcolm Owen, "Samsung Continues Attacking iPhone and Apple Stores in Ad Campaign," *Apple Insider*, 20 jul. 2018, https://appleinsider.com/articles/18/07/20/samsung-continues-attacking-iphone-andapple-stores-in-ad-campaign.

5. Veja: Minda Smiley, "Wendy's Calls Out McDonald's Frozen Beef in Super Bowl Ad," *The Drum*, 31 jan. 2018, www.thedrum.com/news/2018/01/31/wendy-s-calls-out-mcdonald-s-frozenbeef--super-bowl-ad; Jessica Wohl, "Why Wendy's Is Lovin' Its Attack Ads on McDonald's," *Advertising Age*, 10 set. 2018, p. 5; Kristina Monllos, "How Wendy's Cooked Up Its Killer Frozen Beef Tweet to McDonald's," *Adweek*, 31 mar. 2017, www.adweek.com/brand-marketing/how-wendys-cookedup-its-killer-frozen-beef--tweet-to-mcdonalds/; e www.nfl.com/videos/nfl-super-bowl--commercials/0ap3000000913990/Wendy-s-fresh-beef-burgers. Acesso em: set. 2019.

6. Veja: Michael Addady, "General Mills Sues Chobani for Advertising That Yoplait Contains 'Bug Spray,'" *Fortune*, 12 jan. 2016, http://fortune.com/2016/01/12/generalmills-sues-chobani/; Christine Birkner, "'Scare Tactics' Used in Its Ads: Spots Imply Yoplait and Dannon Contain Pesticides, Chlorine," *Advertising Age*, 20 jan. 2016, www.adweek.com/print/169107; "United States Courts Opinions: United States District Court Eastern District of New York: Chobani, LLC, Plaintiff, v The Dannon Company, Inc., Defendant," 25 abr. 2016; Graig Giammona, "Why Big Brands Couldn't Stop Chobani from Winning the Yogurt War," *Bloomberg*, 9 mar. 2017, www.bloomberg.com/news/articles/2017-03-09/yogurtwar--exposes-big-food-s-flaws-as-chobani-overtakes-yoplait; e "Comparative Advertising Pitfalls–Consumers Shouldn't Have to Do the Math," *JD Supra*, 12 fev. 2019, www.jdsupra.com/legalnews/comparative-advertising-pitfalls-61692/.

7. Nicole Ortiz, "Super Bowl Stardom Requires an Endless Well of Creativity and an Understanding of What You're Getting Yourself Into," *Adweek*, 1 fev. 2019, www.adweek.com/brand-marketing/super-bowl-stardom-requires-an-endlesswell-of-creativity-and-an--understanding-of-what-youregetting-yourself-into/; Aaron Lewis, "Beyond the Buzz: Online Anthropology Reveals the True Post--Super Bowl Brand Winners," *LRW Online*, 15 fev. 2019, https://lrwonline.com/perspective/beyond-the-buzz-online-anthropologyreveals-the-true-post-super-bowl-brand-winners/; Stuart Elliott, "Super Bowl Ads Get Their Own Pregame Show," *New York Times*, 17 jan. 2014; Amy Gesenhues, "Which Super Bowl Advertisers Won the Digital Game?" *Marketing Land*, 4 fev. 2019, https://marketingland.com/which-superbowl-advertisers-won-the-digital-game--verizon-bud-lightpepsi-256377; Delaney Strunk, "The Biggest Rivalry in Atlanta on Super Bowl Weekend, Has Nothing to Do with Football," *CNN*, 29 jan. 2019, www.cnn.com/2019/01/29/media/superbowl-2019-coke-pepsi-trnd/index.html; e Rob Salkowitz, "These Are the Ads Everyone Is Talking About Ahead of Super Bowl LIII," *Forbes*, 1 fev. 2019, www.forbes.com/sites/robsalkowitz/2019/02/01/these-are-the-ads-everyone-istalking-about-ahead-of-super-bowl--liii/#20856315235e.

8. Veja: Jean Halliday, "Thinking Big Takes Audi from Obscure to Awesome," *Advertising Age*, 2 fev. 2009, http://adage.com/print/134234; "Luxury Vehicles Market 2019 Share, Size, Business Growth, Opportunities, Worldwide Trends, Regional Demand, Vehicle Type, Services and Industry Overview, Statistics 2024," *Reuters*, 13 mar. 2019, www.reuters.com/brandfeatures/venture-capital/article?id=90486.

9. "Who's Watching How Many TV Channels?" *Marketing Charts*, 3 out. 2018, www.marketingcharts.com/television-71258; e "Number of Magazines in the United States from 2002 to 2017," *Statista*, www.statista.com/statistics/238589/number-ofmagazines-in-the-united--states/. Acesso em: out. 2019.

10. Kelsey Libert e Kristen Tynski, "Research: The Emotions That Make Marketing Campaigns Go Viral," *HBR Blog Network*, 24 out. 2013, http://blogs.hbr.org/2013/10/

research-theemotions-that-make-marketing-campaigns-go-viral/; e dados de: YouTube, Facebook, Instagram e Twitter. Acesso em: out. 2019.

11. "Figuring Out a Production Budget These Days Is Complicated," *Advertising Age,* 1 maio 2015, http://adage.com/lookbook/article/production-companies/figuring-a-production-budgetdays-complicated/298390/; Maggie Aland, "TV Advertising Costs and How to Advertise on a Budget," *FitSmallBusiness.com,* 28 nov. 2017, https://fitsmallbusiness.com/tvadvertising/; e "Cost for a 30-Second Commercial," Marketing Fact Pack 2019, *Advertising Age,* 17 dez. 2018, p. 18.

12. Veja: "Pizza Hut Hometown Heroes," Shorty Awards, https://shortyawards.com/11th/marketing-director-2. Acesso em: abr. 2019; e www.facebook.com/YahooSports/videos/122530858663651/. Acesso em: out. 2019.

13. Veja: Lindsay Kolowich, "Funny Tweets and Social Media Examples from 17 Real Brands," Hubspot, 4 fev. 2016, http://blog.hubspot.com/blog/tabid/6307/bid/33488/14-Funny-Brands-You-Can-t-Help-But-Follow-in-Social-Media.aspx; e https://twitter.com/hashtag/tweetfromtheseat?src=hash. Acesso em: set. 2019.

14. "Why *The Lego Movie* Is the Perfect Piece of Product Placement," *A. V. Club*, 11 fev. 2014, www.avclub.com/article/whythe-lego-movie-is-the-perfect-piece-of-product-201102; Katarina Gustafsson, "LEGO Movie Helps Full-Year Revenue Growth Beat Rivals," *Bloomberg Business*, 25 fev. 2015, www.bloomberg.com/news/articles/2015-02-25/lego-movie-helps-toymaker-sfull-year-sales-growth-beat-rivals; e E. J. Schultz, "Chevy Has Product Placement Deal with New LEGO Movie," *Advertising Age,* 28 jan. 2019, https://adage.com/article/cmo-strategy/chevy-product-placement-deal-lego-movie/316402.

15. Veja: Timothy Nichols, "How to Get the Best Visibility with Native Ads," *Forbes,* 8 fev. 2018, www.forbes.com/sites/forbesagencycouncil/2018/02/08/how-to-get-the-bestvisibility-with-native-ads/#1db31d54766f; Joshua Keller, "Native Advertising: The New Pillar of Digital," *Forbes*, 24 jan. 2019, www.forbes.com/sites/forbesagencycouncil/2019/01/24/native-advertising-the-new-pillar-of-digital/#74eeba115e0e; e Nicole Perrin, "US Native Advertising 2019," *eMarketer,* 20 mar. 2019, www.emarketer.com/content/us-native-advertising-2019.

16. Veja: www.adsoftheworld.com/media/print/cat_footwear_go_ahead_look_up e www.wolverineworldwide.com/ourbrands/cat/. Acesso em: out. 2019.

17. Veja: Nikki Gilliland, "Six New and Creative Examples of User-Generated Content," Econsultancy, 7 fev. 2019, https://econsultancy.com/creative-examples-user-generated-contentmarketing/; e www.instagram.com/aerie/?hl=en. Acesso em: set. 2019.

18. Christopher Heine, "West Elm Is Lifting Sales by Using Customer's Instagram Photos in Facebook Carousel Ads," *Adweek,* 17 jun. 2016, www.adweek.com/digital/west-elmlifting-sales-using-customers-instagram-photos-facebookcarousel-ads-172076/; Daniela Forte, "West Elm's Pinterest Style Finder Lets Customers Aid in Design," *Multichannel Merchant,* 25 ago. 2017, http://multichannelmerchant.com/marketing/west-elms-pinterest-style-finder-lets-customers-aiddesign/; e www.instagram.com/explore/tags/mywestelm/. Acesso em: set. 2019.

19. Veja: Peter Adams, "Technology of the Year: Adidas' 'Here to Create Legend,'" *Marketing Dive,* 3 dez. 2018, www.marketingdive.com/news/technology-of-the-year-adidashere-to-create-legend/541534/.

20. Veja: "Multitasking Is Changing Media Consumption Habits," *Screen Media Daily,* 8 abr. 2016, http://screenmediadaily.com/multitasking-is-changing-media-consumption-habits; e "Juggling Act: Audiences Have More Media at Their Disposal and Are Using Them Simultaneously," *Nielsen,* 12 dez. 2018, www.nielsen.com/us/en/insights/news/2018/jugglingact-audiences-have-more-media-at-their-disposal-and-areusing-them-simultaneously.html.

21. Dados de custo e circulação da *Forbes* e da *People* encontrados on-line em: www.forbes.com/forbes-media/advertising/ e https://static.people.com/media-kit/assets/peop2019_ratecard.pdf. Acesso em: out. 2019.

22. Natalie Tadena, "With the New Year Approaching, Weight Loss Ad Barrage Has Commenced," *Wall Street Journal,* 30 dez. 2014, http://blogs.wsj.com/cmo/2014/12/30/with-the-new-yearapproaching-weight-loss-ad-barrage-has-commenced/; e T. L. Stanley, "Popular at Easter, Peeps Candy Extends to the Quirky Holidays," *New York Times,* 18 jun. 2014, www.nytimes.com/2014/06/19/business/media/popular-at-easter-peeps-candyextends-to-the-quirky-holidays.html.

23. Para esses e outros exemplos, veja: "Marketing in the Moments, to Reach Customers Online," *New York Times,* 18 jan. 2016, p. B5; e Tanya Dua, "You Can Still Dunk in the Dark, but You Don't Need a War Room," *Digiday,* 4 fev. 2016, http://digiday.com/agencies/super-bowl-war-room-rip/.

24. Diana Bradley, "The Thrill Is Gone from Real-Time Marketing," *PRWeek*, 1 mar. 2019, www.prweek.com/article/1577621/thrill-gone-real-time-marketing; Mick Jacobs, "20 Savage Tweets that Prove Wendy's Twitter Is the Best Twitter," *Ranker*, www.ranker.com/list/the-best-of-wendys-twitter/mickjacobs?page=4. Acesso em: abr. 2019; Tanya Dua, "You Can Still Dunk in the Dark, but You Don't Need a War Room," *Digiday,* 4 fev. 2016, http://digiday.com/agencies/super-bowlwar-room-rip/; Lauren Johnson, "Tide's Spotless Super Bowl Campaign, as Seen from Inside the Brand's War Room," *Adweek*, 5 fev. 2018, www.adweek.com/digital/tides-spotlesssuper-bowl-campaign-as-seen-from-inside-the-brands-warroom/; e www.youtube.com/watch?v=IIW3l-ENHdA, www.youtube.com/watch?v=M4VKspkvWlU, e https://twitter.com/Wendys/. Acesso em: out. 2019.

25. Veja: "Marketing Fact Pack 2019," *Advertising Age,* 17 dez. 2018, pp. 24-25.

26. E. J. Schultz, "Marketing A-List 2018: Coca-Cola," *Advertising Age,* 28 dez. 2018, https://adage.com/article/cmo-strategy/marketer-a-list-coca-cola/315796; Jeffrey N. Ross, "Chevrolet Will 'Find New Roads' as Brand Grows Globally: Aligns around the World behind Singular Vision," 8 jan. 2013, http://media.gm.com/media/us/en/gm/news.detail.html/content/Pages/news/us/en/2013/Jan/0107-find-newroads.html; e Dale Buss, "Chevy Wins at Sochi by Giving Dimension to 'Find New Roads,'" *Forbes,* 24 fev. 2014, www.forbes.com/sites/dalebuss/2014/02/24/chevroletwins-at-sochi-as-find-new-roads-theme-gets-traction/.

27. Com base em: Glen Broom e Bey-Ling Sha, *Cutlip & Center's Effective Public Relations*, 11. ed. (Upper Saddle River, NJ: Prentice Hall, 2013), capítulo 1.

28. Veja: "Healthcare Campaign of the Year 2015," *PR Week,* 20 mar. 2015, www.prweek.com/article/1337832; "CVS Health: CVS Quits for Good Campaign," *(add)ventures,* www.addventures.com/cvs-quits-good-campaign. Acesso em: out. 2018; e www.cvs.com/quit-smoking/. Acesso em: out. 2019.

29. Veja: "Fearless Girl," State Street Global Advisors, 6 mar. 2019, www.ssga.com/content/ssga/pages/en/articles/investmenttopics/environmental-social-governance/2018/03/wallstreet-meet-fearless-girl.html; "PRWeek U.S. Awards 2018: The Winners," *PRWEEK,* 16 mar. 2019, www.prweek.com/article/1458806/prweek-us-awards-2018-winners; e www.ssga.com/global/en/about-us/who-we-are/fearless-girl.html. Acesso em: set. 2019.

30. Citações de: Sarah Skerik, "An Emerging PR Trend: Content PR Strategy and Tactics," 15 jan. 2013, http://blog.prnewswire.com/2013/01/15/an-emerging-pr-trend-content-pr-strategytactics/; Mary Teresa Bitti, "The New Mad Men: How Publics Relations Firms Have Emerged from the Shadows," *Financial Post,* 28 dez. 2014, http://business.financialpost.com/entrepreneur/the-changing-role-of-public-relations-firms; e Nelson Granados, "How Public

Relations Agencies Are Becoming Top Creators of Digital Video Content," *Forbes,* 9 jan. 2018, www.forbes.com/sites/nelsongranados/2018/01/09/how-public-relations-agencies-are-becoming-top-creators-ofdigital-video-content/#540e1b986626.

31. Lisa Green, "The Top 10 Largest Auto Insurance Companies in 2019," *NerdWallet*, 15 mar. 2019, www.nerdwallet.com/blog/insurance/car-insurance-basics/largest-auto-insurance-companies/; David Griner, "How GEICO Became the One Advertiser It's OK to Love," *Adweek*, 5 fev. 2019, www.adweek.com/agencies/how-geicobecame-the-one-advertiser-its-ok-to-love/; Charles Taylor, "What Makes Flo from Progressive Effective? Lessons for Using Humor in Advertising," *Forbes*, 15 mar. 2019, www.forbes.com/sites/charlesrtaylor/2019/03/15/what-makes-flo-from-progressiveeffective-lessons-for-using-humor-in-advertising/#165f53f65216; Patty Odell, "The Amazing Brands That Rank Tops in Viral Sharing," *Chief Marketer*, 7 maio 2019, www.chiefmarketer.com/the-amazing-brands-that-rank-tops-in-viral-sharing/; Victoria Moran, "Leo Burnett Chicago Wins Best of Show Gold ADDY Award for Allstate's #MayhemSale Campaign," *Advertising Age*, 8 jun. 2016, www.adage.com/print/304370; Ashley Rodriguez, "How Allstate's Mayhem Disrupted the Chatter Around Insurance," *Advertising Age*, 10 jun. 2015, www.adage.com/print/298779; E.J. Schultz, "Allstate's Mayhem Joins Twitter... Now What," *Advertising Age*, 14 out. 2013, p. 28; e anúncios e outras informações acessadas em www.allstatenewsroom.com e www.youtube.com/user/Allstate, set. 2019.

Capítulo 16

1. Com base em informações de: Ron Miller, "Salesforce at 20 Offers Lessons for Startup Success," *Tech Crunch,* 8 mar. 2019, https://techcrunch.com/2019/03/08/salesforce-at-20-offers-lessonsfor-startup-success/; Bob Evans, "Why Salesforce Is Soaring in the Cloud," *Forbes,* 5 mar. 2018, www.forbes.com/sites/bobevans1/2018/03/05/20-eye-popping-stats-from-salesforce-com-as-it-soars-on-digital-transformation-boom/#554a7baf1412; David Whitford, "Salesforce.com: The Software and the Story," *Inc.*, set. 2014, pp. 113–117; Whitford, "Selling, the Story: Four Strategies Salesforce.com Uses to Stay on Top," *Inc.*, set. 2014, p. 116; Dan Gallagher, "Salesforce Won't Let Age Slow It Down," *Wall Street Journal*, 9 nov. 2017, www.wsj.com/articles/salesforce-wont-let-age-slow-it-down-1510240677; George P. Siefo, "Salesforce," *Advertising Age*, 8 dez. 2018, p. 26; The World's Most Innovative Companies," *Forbes*, www.forbes.com/innovativecompanies/list/. Acesso em: out. 2019; e informações de: www.statista.com e www.salesforce.com. Acesso em: out. 2019.
2. Veja: www.pg.com/vn/careers/our_functions/customer_business_development.shtml. Acesso em: out. 2019.
3. "Selling Power 500 Largest Sales Forces (2018)," *Selling Power,* www.sellingpower.com/resources/2018/selling-power-500. Acesso em: out. 2019.
4. Veja: Gabe Larsen, "Inside vs. Outside Sales: How to Structure a Sales Team for Success," *HubSpot,* 21 mar. 2018, https://blog.hubspot.com/sales/inside-vs-outside-sales; Dan McDade, "How Much Leads Cost," Pointclear, 4 jan. 2018, www.pointclear.com/blog/how-much-leads-cost; e "What Is the Real Cost of a B2B Sales Call?" www.marketing-playbook.com/sales-marketing-strategy/what-is-the-real-cost-of-a-b2b-salescall. Acesso em: out. 2019.
5. Veja: "Virtual Sales Is on the Rise. Research Tells Us Why," *Salesforce Blog,* 6 out. 2018, www.salesforce.com/blog/2018/10/virtual-sales-research.html; e "The State of Sales, 3. ed.," Salesforce, pp. 20–21, www.salesforce.com/form/pdf/state-of-sales-3rd-edition?d=7010M000000ucatQAA&nc=7010M000001yovqQAA. Acesso em: out. 2019.
6. James Meincke, "The True Cost of a Bad Sales Hire and How to Avoid It," *CloserIQ,* 13 fev. 2019, https://blog.closeriq.com/2019/02/cost-bad-sales-hire/.
7. Para essa e mais informações e discussões, veja: www.gallupaustralia.com.au/consulting/118729/sales-forceeffectiveness.aspx. Acesso em: out. 2012; Heather R. Morgan, "The Most Successful Salespeople All Have This One Thing in Common," *Forbes,* 26 jan. 2018, www.forbes.com/sites/heathermorgan/2018/01/16/the-most-successful-salespeopleall-have-this-one-thing-in-common/#bb4b8256d221; e Lisa Stancu, "Salesperson Skills of Top Performers," *Inside Sales,* 17 jan. 2019, https://blog.insidesales.com/sales-management/sales-skills-best-performers/.
8. Veja: Steve Denning, "The One Thing the Greatest Salespeople All Have," *Forbes,* 29 nov. 2012, www.forbes.com/sites/stevedenning/2012/11/29/the-one-thing-the-greatest-salespeople-all-have/; e Lisa Stancu, "Salesperson Skills of Top Performers," *Inside Sales,* 17 jan. 2019, https://blog.insidesales.com/sales-management/sales-skills-best-performers/.
9. "Strengths Based Selling," www.gallup.com/press/176651/strengths-based-selling.aspx. Acesso em: out. 2019.
10. "2018 Training Industry Report," *Training Magazine,* https://trainingmag.com/sites/default/files/trn-2018-industry-report.pdf. Acesso em: out. 2019.
11. Veja: "The State of Sales, 3. ed.," Salesforce, p. 9, www.salesforce.com/form/pdf/state-of-sales-3rd-edition?d=7010M000000ucatQAA&nc=7010M000001yovqQAA. Acesso em: out. 2019.
12. Veja: Lori Wizdo, "The Ways and Means of B2B Buyer Journey Maps," Forrester, 21 ago. 2017, https://go.forrester.com/blogs/the-ways-and-means-of-b2b-buyer-journey-maps-weregoing-deep-at-forresters-b2b-forum/.
13. Regis Crawford, "What Is Social Selling and How Does It Work?" *Salesforce,* 2 abr. 2019, www.salesforce.com/blog/2017/08/guide-to-social-selling.html; Shelley Cernel, "5 Ways B2B Sales Reps Should Be Using Social Selling," *Salesforce.com,* 29 mar. 2017, www.salesforce.com/blog/2017/03/b2b-sales-reps-using-social-selling.html; Ian Altman, "Are Salespeople Becoming Obsolete," *Forbes,* 16 maio 2017, www.forbes.com/sites/ianaltman/2017/05/16/are-sales-peoplebecoming-obsolete/#198567e03e93; Andy Hoar, "The Death of a (B2B) Salesman," Forrester, 11 maio 2017, https://go.forrester.com/what-it-means/ep12-death-b2b-salesman/; Robert McGarvey, "All About Us," *SellingPower,* 7 mar. 2011, p. 48; Lain Chroust Ehmann, "Sales Up!" *SellingPower,* jan./fev. 2011, p. 40; Shep Hykin, "57% of Sales Reps Missed Their Quotas Last Year," *Forbes,* 2 set. 2019, www.forbes.com/sites/shephyken/2018/09/02/77-of-sales-reps-missedtheir-quotas-last-year/#5fe3705952e4; e www.bls.gov/ooh/sales/wholesale-and-manufacturing-sales-representatives.htm. Acesso em: out. 2019.
14. Veja: "The Secret of Creating Effective Sales Content vs. Influential Marketing Content," *Sales for Life,* 2 fev. 2018, www.salesforlife.com/blog/the-secret-of-creating-effective-salescontent-vs.-influential-marketing-content; e Neil Davey, "Using Social Media Marketing in B2B Markets," *Smart Insights,* 16 fev. 2015, www.smartinsights.com/b2b-digital-marketing/b2bsocial-media-marketing/b2bsocialmediamarketing/. Para saber mais sobre os esforços de rede social da Makino, veja: www.facebook.com/MakinoMachine, www.youtube.com/user/Makino Machine Tools e http://twitter.com/#!/makinomachine. Acesso em: out. 2019.
15. Veja: William Flaiz, "How to Leverage AI to Aid Prospecting and Sales," *Forbes,* 5 nov. 2019, www.forbes.com/sites/forbescommunicationscouncil/2018/11/05/how-to-leverage-aito-aid-prospecting-and-sales/; e Ron Miller, "AI Has Become Table Stakes in Sales, Customer Service, and Marketing," *Tech Crunch,* 19 mar. 2019, https://techcrunch.com/2019/03/19/aihas-become-table-stakes-in-sales-customer-service-and-marketingsoftware/.

16. Exemplo baseado em informações de: James C. Anderson, Nirmalya Kumar e James A. Narus, "Become a Value Merchant," *Sales & Marketing Management*, 6 maio 2008, pp. 20–23; e "Business Market Value Merchants," *Marketing Management*, mar./abr. 2008, pp. 31. Para mais discussão e exemplos, veja: Larry Myler, "B2B Sales Insights for Commoditized Markets," *Forbes*, 7 nov. 2017, www.forbes.com/sites/larrymyler/2017/11/07/b2b-sales-insightsfor-commoditized--markets/#7d74b1d8b63d; e Eric Almquist, Jamie Cleghorn e Lori Sherer, "The B@B Elements of Value," *Harvard Business Review*, abr. 2018, https://hbr.org/2018/03/the-b2b-elements-of-value.
17. "200 Leading National Advertisers 2018 Fact Pack," *Advertising Age*, jun. 2018, p. 18, https://adage.com/article/datacenter/200-leading-national-advertisers-2018-index/313794/.
18. Veja: "Welcome to IKEA Family!" https://info.ikea-usa.com/family/en-us/aboutfamily. Acesso em: out. 2019.
19. Veja: "It's 7-Eleven Day!" 7-Eleven press release, 10 jul. 2018, https://corp.7-eleven.com/corp-press-releases/07-10-2018-it-s-7-eleven-day; e Stacy Fisher, "Free Slurpee Day at 7-Eleven," *The Spruce Eats*, 17 mar. 2019, www.thespruceeats.com/free-slurpee-day-at-7-eleven-1357341.
20. "Couponing in Crisis? Companies and Consumers Both Lose Interest in Coupons," *Coupons in the News*, 11 fev. 2019, http://couponsinthenews.com/2019/02/11/couponingin-crisis-companies-and--consumers-both-lose-interest-incoupons/.
21. "Digital Coupons Continue to be the Fastest Growing Method of Redemption Due to Shoppers' Increased Demand for Convenience," Inmar Press Release, 13 fev. 2019, www.globenewswire.com/news--release/2019/02/13/1724510/0/en/Digital-Coupons-Continue-to--be-the-Fastest-Growing-Methodof-Redemption-Due-to-Shoppers--Increased-Demand-for-Convenience.html.
22. Veja: www.happymeal.com. Acesso em: out. 2019.
23. Veja: "2017 a Huge Year for Promo Sales," *PPAI*, https://pubs.ppai.org/ppb-magazine/2017-a-huge-year-for-promo-sales.
24. Veja: www.infinitesweeps.com/sweepstake/155913-West-Elm-The-5000-Room.html e https://doodles.google.com/d4g/. Acesso em: out. 2019.
25. Rachael Kirkpatrick, "Delta Sets Record with Mass Shower at Warrior Dash," *Event Marketer*, 10 jul. 2015, www.eventmarketer.com/--article/delta-sets-new-world-record-331-person-showerwarrior--dash/; "Mud Shower Station," *Adweek*, 7 set. 2015, p. 38; e "Delta Faucet Embraces Muddy Mess Makers, Celebrates Shower Singers," *PR Newswire*, 2 ago. 2017, www.prnewswire.com/news-releases/delta-faucet-embraces-muddymess-makers-celebrates-shower-singers-300303609.html.
26. Cadent Consulting Group, "2017 Marketing Spending Industry Study," http://cadentcg.com/wp-content/uploads/2017-Marketing--Spending-Study.pdf.
27. Mack Collier, "The Power of Being Second: How Red Bull Is Winning the (Content) Marketing Wars," *MackCollier.com*, 1 fev. 2018, www.mackcollier.com/red-bull-content-marketing/; Greg Jarboe, "How Red Bull Quietly Changed Its Video Marketing Strategy," *Tubular Insights*, 13 jan. 2017, http://tubularinsights.com/red--bull-video-marketing-strategy/; Richard Parket, "Storytelling Is So Passé – Welcome to the Age of Story-Making," *B&T Magazine*, 15 mar. 2017, www.bandt.com.au/opinion/storytelling-passe-welcome-age-story-making; Bruce Weinstein, "Do Not Dump: Make Your Marketing Strategy Story-Based, Not Fact-Based," *Forbes*, 4 abr. 2018, www.forbes.com/sites/bruceweinstein/2018/04/04/do--not-dump-make-yourmarketing-strategy-story-based-not-fact--based/#2bef49bd5427; e www.coca-colacompany.com/investors, www.pepsico.com/investors, www.redbullmediahouse.com, e www.redbull.com. Acesso em: out. 2019.
28. Veja: "CES Attendee Audit Summary Results," https://www.ces.tech/About-CES/CES-by-the-Numbers.aspx. Acesso em: out. 2019; "The Greatest and Most Fascinating Show on Earth," www.bauma.de/trade-fair/information/about-bauma/index.html. Acesso em: out. 2019.
29. Com base em informações de vários gerentes da P&G; Erin Caproni, "P&G Products Named Best in Nation," *Cincinnati Business Courier*, 8 fev. 2019, www.bizjournals.com/cincinnati/news/2019/02/08/p-g--products-named-best-innation.html; com informações adicionais de: "Selling Power 500 Largest Sales Forces (2018)," *Selling Power*, www.sellingpower.com/resources/2018/selling-power-500, www.pginvestor.com/CustomPage/Index?keyGenPage=1073748359 e www.pg.com/vn/careers/our_functions/customer_business_development.shtml. Acesso em: out. 2019.

Capítulo 17

1. Veja: Alex Samuely, "Coca-Cola Uses Snackable Mobile Content for Refreshing Marketing Approach," *Mobile Marketer*, www.mobilemarketer.com/ex/mobilemarketer/cms/news/content/22824.html. Acesso em: out. 2019; David Feinleib, "Coca-Cola's Digital Transformation: How eCommerce Is Shaping the Future of this Iconic Brand," *The Drum*, 14 set. 2019, www.thedrum.com/opinion/2018/09/14/coca-colas-digital-transformation-how-e-commerce-shaping-the--futureiconic-brand; Christine Champagne, "Coca-Cola Goes Full Digital in Multisite Campaign to Reach Teens," *Fast Company*, 23 abr. 2013, www.fastcompany.com/1682843/coca-colagoes-full--digital-in-multi-site-campaign-to-reach-teens; Joe Tripodi, "Coca--Cola Marketing Shifts from Impressions to Expressions," *Harvard Business Review*, 27 abr. 2011, https://hbr.org/2011/04/coca-colas--marketing-shift-fro; "A Deep Dive into the Social Media Habits and Performance of Coca-Cola," *Unmetric*, https://unmetric.com/brands/coca-cola. Acesso em: out. 2018; Larissa Faw, "Coca-Cola Adds New Features to 'Share a Coke' Campaign," *MediaPost*, 10 maio 2018, www.mediapost.com/publications/article/319083/coca-cola--addsnew-features-to-share-a-coke-camp.html?edition=108997; "Marketing Fact Pack 2019," *Advertising Age*, 17 dez. 2018, p. 9; e www.coca-colacompany.com, http://uploader.coca-colacompany.com/jump-in-ugc-image-uploader, www.coca-colacompany.com/our-company/about-coca-cola-journey e www.coca-colacompany.com/tags/share-a-coke, https://buy.shareacoke.com/. Acesso em: out. 2019.
2. Lauren Johnson, "Q&A: PepsiCo's CMOs on Why 40% of Its Super Bowl Budget Is Going to Digital," *Adweek*, 28 jan. 2018, www.adweek.com/digital/qa-pepsicos-cmos-why-40-itssuper-bowl-budget--going-digital-169270/.
3. Veja: www.expediagroup.com, www.expediagroup.com/about, www.expediagroup.com/brands/travelocity/ e www.travelocity.com/inspire/. Acesso em: out. 2019.
4. Veja: Greg Sterling, "Report: Digital Now Makes Up 51% of US Ad Spending," *Marketing Land*, 20 set. 2018, https://marketingland.com/report-digital-now-makes-up-51-of-us-ad-spending-248617; e Jasmine Enberg, "Digital Ad Spending 2019," *eMarketer*, 28 mar. 2019, www.emarketer.com/content/us-digital-ad-spending-2019.
5. Veja: www.lowes.com/how-to-library. Acesso em: out. 2019.
6. Veja: Deborah Sweeney, "What MoonPie's Social Strategies Can Teach Brands about Engaging with Fans," Social Media Today, 13 jan. 2018, www.socialmediatoday.com/news/whatmoonpies-social--strategies-can-teach-brands-about-engagingwith-fans/514645/; David Griner, "MoonPie Followed Up Its Bizarre, Fake Super Bowl Ad Scripts by Actually Filming Them," *Adweek*, 4 fev. 2019, www.adweek.com/agencies/moonpie-followed-up-its-bizarre-fake-super--bowl-ad-scriptsby-actually-filming-them/; e https://twitter.com/MoonPie. Acesso em: out. 2019.
7. Veja: "Time Flies: U.S. Adults Now Spend Nearly Half a Day Interacting with Media," *Nielsen*, 31 jul. 2018, www.nielsen.com/us/en/

insights/news/2018/time-flies-us-adultsnow-spend-nearly-half-a--day-interacting-with-media.print.html; "Internet Usage Statistics," *Internet World Stats,* www.internetworldstats.com/stats.htm. Acesso em: out. 2019; "Mobile Phone Users Worldwide," *Statista,* www.statista.com/statistics/330695/number-of-smartphone-users-worldwide/. Acesso em: out. 2019.

8. Veja: "U.S. Online Retail Sales Likely to Surpass $1 Trillion by 2027," *Reuters,* 17 out. 2017, www.reuters.com/article/us-usa--retail-internet/u-s-online-retail-sales-likely-to-surpass-1-trillion--by-2027-fti-idUSKBN1CM1LW; e U.S. E-commerce Sales Grow 15.0% in 2018," *Internet Retailer,* 28 fev. 2019, www.digitalcommerce360.com/article/us-ecommerce-sales/.

9. Veja: "Amazon Now Has Nearly 50% of US Ecommerce Market," *eMarketer,* 16 jul. 2018, www.emarketer.com/content/amazon--now-has-nearly-50-of-us-ecommerce-market; Phil Wahba, "Inside Nordstrom's Laboratory," *Fortune,* 3 jun. 2018, pp. 195-199; e John Ballard, "Walmart Is Making Big Strides in E-Commerce," *The Motley Fool,* 10 jan. 2019, www.fool.com/investing/2019/01/10/walmart-is-making-big-strides-ine-commerce.aspx.

10. James Risley, "Internet Retailer: The Home Depot," *Digital Commerce 360,* 27 fev. 2019, www.digitalcommerce360.com/2019/02/27/half-of-home-depots-online-orders-arepicked-up-in-stores/; "Amazon Now Has Nearly 50% of US Ecommerce Market," *eMarketer,* 16 jul. 2018, www.emarketer.com/content/amazon-now-has-nearly-50-of-usecommerce-market; Demitrios Kalogeropoulos, "Call It Reverse Showrooming: These Companies Are Cashing In on Their Physical Stores," *Motley Fool,* 19 mar. 2019, www.fool.com/investing/2019/03/19/call-it-reverse-showrooming-thesecompanies-are--ca.aspx; e relatórios anuais da Home Depot e outras informações encontradas em: http://ir.homedepot.com/financialreports/annual--reports/recent. Acesso em: out. 2019.

11. Veja: https://community.playstation.com/. Acesso em: out. 2019.

12. Veja: www.pampers.com. Acesso em: out. 2019.

13. Veja: "IAC Internet Advertising Competition," www.iacaward.org/iac/winner/17152/21st-century-fox-truex-sonic-wins-2018-iac--award-for-sonic.html. Acesso em: out. 2019.

14. Relatórios anuais da Alphabet: https://abc.xyz/investor/. Acesso em: out. 2019.

15. Greg Sterling, "Report: Digital Now Makes Up 51% of U.S. Ad Spending," *Marketing Land,* 20 set. 2018, https://marketingland.com/report-digital-now-makes-up-51-of-us-adspending-248617; Dan Shewan, "How Much Does Google Ads Cost," *Word Stream,* 8 nov. 2018, www.wordstream.com/blog/ws/2015/05/21/how-much-does-adwords-cost.

16. Veja: Allen Finn, "35 Face-Melting Email Marketing Stats for 2018," *WordStream,* 13 nov. 2018, www.wordstream.com/blog/ws/2017/06/29/email-marketing-statistics; Jess Nelson, "Majority of Emails Read on Mobile Devices," *MediaPost,* 21 jul. 2017, www.mediapost.com/publications/article/304735/majority-of-emails-read--on-mobile-devices.html; Michael Guta, "Consumer Email Use Up 17% over Last Year, Is Your Business Engaging?" *Small Biz Trends,* 30 ago. 2018, https://smallbiztrends.com/2018/08/consumer-email-statistics.html; "2017 Consumer Email Habits Report: What Do Your Customers Really Want?" *Campaign Monitor,* www.campaignmonitor.com/resources/guides/insights-research-report/. Acesso em: out. 2019; e The Radicati Group, "Email Statistics Report 2019–2023," https://www.radicati.com/wp/wp-content/uploads/2018/12/Email--Statistics-Report-2019-2023-Executive-Summary.pdf. Acesso em: out. 2019.

17. Veja: Joe Putnam, "How Warby Parker Creates Magical Moments with Email," Rejoiner, http://rejoiner.com/resources/casestudy/warby-parker-magical-moments-email/. Acesso em: out. 2019; Grace Miller, "Positively Good Marketing: Warby Parker," 12 dez. 2018, www.campaignmonitor.com/blog/email-marketing/2018/12/positively-good-marketing-warbyparker/; e "Really Good Emails: Warby Parker," Really Good Emails. Acesso em: out. 2019.

18. Anabel Acton, "How to Stop Wasting 2.5 Hours on Email Every Day," *Forbes,* 13 jul. 2017, www.forbes.com/sites/annabelacton/2017/07/13/innovators-challenge-how-to-stopwasting-time-on--emails/#7ca30e049788; Symantec Security Response Publications, www.symantec.com/security-response/publications/monthlythreatreport.jsp. Acesso em: out. 2019; e Sammy Nickalls, "Cutting Through the Clutter," *Adweek,* 3 mar. 2019, p. 10.

19. James G. Brooks, "Here's How Social Video Will Evolve in 2018," *Venture Beat,* 19 nov. 2017, https://mashable.com/2017/12/05/how-facebook-watch-will-overtake-youtubeas-biggest-video--platform/#CkdhCWfv35qG; Brendan Gahan, "Facebook Watch Will Overtake YouTube as the Biggest Video Platform." *Mashable,* 5 dez. 2017, https://mashable.com/2017/12/05/how-facebook-watch-will--overtake-youtubeas-biggest-video-platform/#CkdhCWfv35qG; Salman Aslam, "Snapchat by the Numbers," Omnicore Agency, 13 fev. 2018, www.omnicoreagency.com/snapchat-statistics/; Aaron Smith e Monica Anderson, "Social Media Use in 2018," Pew Research, 1 mar. 2018, www.pewinternet.org/2018/03/01/social-mediause--in-2018/; e "Cisco Visual Networking Index: Forecast and Trends, 2017-2022," Cisco White Paper, 27 fev. 2019, www.cisco.com/c/en/us/solutions/collateral/service-provider/visual-networking-index--vni/white-paper-c11-741490.html.

20. "Being Heard: The Top 10 Super Bowl Ads by Digital Share of Voice," *Advertising Age,* 5 fev. 2018, http://adage.com/article/special-report--super-bowl/top-10-super-bowlads-digital-share-voice/312257/; "Amazon Rolls Out Celebs for 90-Seconde Alexa Super Bowl Commercial," *Seattle Times,* 2 fev. 2018, www.seattletimes.com/business/amazon/amazon-rolls-out-celebs-for-90-second-alexa-super-bowl-commercial/; e "2018 Ad Meter Results," http://admeter.usatoday.com/results/2018.

21. Veja: "The Year's 23 Best Media Plans Sparked Conversation with Next-Level Innovation and Creativity," *Adweek,* 16 set. 2018, www.adweek.com/brand-marketing/2018s-23-most-effective-media--plans-used-next-level-innovation-andcreativity-to-reach-consumers/8/; e www.youtube.com/watch?v=4ea59Myyjr4. Acesso em: out. 2019.

22. Troy Dreier, "The Force Was Strong with This One," *Streaming Media Magazine,* abr./maio 2011, pp. 66–68. Veja também: "Why Certain Things Go Viral," *HBR Video,* jan. 2016, https://hbr.org/video/4698519638001/why-certain-things-go-viral; e Christine DesMarais, "Want Your Video to Go Viral? The Rules Have All Changed," *Inc,* 5 fev. 2018, www.inc.com/christina-desmarais/5--steps-to-a-viral-video-according-toa-guy-behind-youtubes-number-one-ad-of-decade.html.

23. Para esses e outros exemplos, veja: Megan Hendrickson, "Blog Your Way to an Awesome Reputation: The 10 Best Company Blogs," *DreamHost,* 16 jan. 2019, www.dreamhost.com/blog/best-company-blogs/; e https://ohmy.disney.com/, www.blog.google, https://flipboard.com/@starbucks/1912-pike-blog-cndc4g24z; www.chase.com/news, e www.patagonia.com/blog/. Acesso em: out. 2019.

24. Claire Coghlan, "How 'We Wore What' Blogger Danielle Bernstein Went from Sophomore to 6 Figures in Under 6 Years," *Forbes,* 23 ago. 2017, www.forbes.com/sites/clairecoghlan/2017/08/23/how--we-wore-what-bloggerdanielle-bernstein-went-from-sophomore--to-seven-figures-inunder-6-years/#415d42275843; Eddie Roche, "Danielle Bernstein Gets Real About Money and the Power of Influence," *The Daily Front Row,*" 11 fev. 2019, https://fashionweekdaily.com/danielle-bernstein-fashion-influencer/; e http://weworewhat.com/. Acesso em: out. 2019.

25. "A Deep Dive into the Social Media Habits and Performance of Nike," *Unmetric,* https://unmetric.com/brands/nike. Acesso em: out. 2019.
26. Ryan Holmes, "As Facebook Shifts, Instagram Emerges as a New Home for Brands," *Forbes,* 1 fev. 2018, www.forbes.com/sites/ryanholmes/2018/02/01/as-facebook-shiftsinstagram-emerges-as-a-new-home-for-brands/#567780a37834; Todd Clarke, "22+ Instagram Stats That Marketers Can't Ignore This Year," *Hootsuite,* 5 mar. 2019, https://blog.hootsuite.com/instagram-statistics/; Tony Tran, "How To Advertise on Instagram: A 6 Step Guide to Using Instagram Ads," *Hootsuite,* 24 abr. 2019, https://blog.hootsuite.com/instagram-adsguide/#types; Mary Lister, "Instagram Is Worth Over $100 Billion," Mediakix, http://mediakix.com/2017/12/how-muchis-instagramworth-market-cap/#gs.unG4ykE; Peter Jackson, "Instagram Engagement Is Killing It–20X More Than Twitter!" *Foreign Policy,* 20 dez. 2018, https://foreignpolicyi.org/instagram-engagement-is-killing-it-20x-more-than-twitter/; Adam Levy, "Instagram Stories Will Generate More Ad Revenue Than All of Snap This Year," *Motley Fool,* 17 mar. 2019, www.fool.com/investing/2019/03/17/instagram-storiesmore-ad-revenue-than-snap-2019.aspx; Evan Niu, "Instagram Could Bring In $14 Billion in Revenue This Year," *Motley Fool,* 22 jan. 2019, www.fool.com/investing/2019/01/22/instagram-could-bring-in-14-billion-in-revenue-thi.aspx; Sara Salinas, "Instagram Now Lets You Store Payment Info and Buy Products Directly in the App," *CNBC,* 3 maio 2018, www.cnbc.com/2018/05/03/instagram-launches-payments-allowingusers-to-buy-products-in-the-app.html; e https://investor.fb.com/financials/default.aspx. Acesso em: out. 2019.
27. Veja: David Cohen, "Controversies Galore Didn't Impact Facebook's Revenue in Q1 2019," *Adweek,* 26 abr. 2019, www.adweek.com/digital/controversies-galore-didnt-impactfacebooks-revenue-in-q1-2019/; e http://newsroom.fb.com/company-info, www.youtube.com/yt/press/statistics.html e www.statista.com/statistics/282087/number-of-monthly-activetwitter-users/. Acesso em: out. 2019.
28. Para estes e outros exemplos, veja: www.goodreads.com, www.farmersonly.com, www.birdpost.com e www.cafemom.com. Acesso em: out. 2018.
29. Veja: Mary Blacklston, "Why JetBlue Is the Best Example of Customer Service," *Success Agency Growth HQ Blog,* 18 out. 2017, www.successagency.com/growth/2017/10/18/jetblue-bestcustomer-service/; e Lindsay Kolowich, "Delighting People in 140 Characters: An Inside Look at JetBlue's Customer Service Success," *Hubspot,* https://blog.hubspot.com/marketing/jetbluecustomer-service-twitter. Acesso em: out. 2019.
30. Veja: www.instagram.com/etsy/, www.pinterest.com/etsy/, https://investors.etsy.com/financials/annual-reports-andproxy/default.aspx; e www.etsy.com/about. Acesso em: out. 2019.
31. Michael Bourne, "Sailing of 14 Social Cs," *Mullen Advertising,* 13 fev. 2012.
32. David Cohen, "What Dunkin' Donuts Can Learn from Starbucks' Social Strategy," *Adweek,* 3 abr. 2018, www.adweek.com/digital/what-dunkin-donuts-can-learn-from-starbuckssocial-strategy/; e https://unmetric.com/brands/starbucks. Acesso em: out. 2019.
33. Kate Taylor, "The Unicorn Frappuccino Completely Revolutionized How Starbucks Invents New Drinks," *Business Insider,* 2 jul. 2017, www.businessinsider.com/starbucks-newunicorn-frappuccino-inspired-era-2017-6; Todd Wassermann, "Starbucks 'Tweet-a-Coffee' Campaign Prompted $180,000 in Purchases," *Mashable,* 13 dez. 2013, http://mashable.com/2013/12/05/starbuckss-tweet-a-coffee-180000/; e www.facebook.com/Starbucks e https://twitter.com/Starbucks. Acesso em: out. 2019.
34. Os fatos nesse parágrafo são de: "Why Nearly 46 Percent of Households Still Have Landlines," *Associated Press,* 4 maio 2017, https://nypost.com/2017/05/04/why-nearly-46-percent-ofhousehold-still-have-landlines/; Sara Perez, "Report: Smartphone Owners Are Using 9 Apps per Day, 30 per Month," *Tech Crunch,* 4 maio 2017, https://techcrunch.com/2017/05/04/reportsmartphone-owners-are-using-9-apps-per-day-30-per-month/; e "Mobile Fact Sheet," *Pew Research Center,* 5 fev. 2018, www.pewinternet.org/fact-sheet/mobile/.
35. Sarah Perez, "U.S. Consumers Now Spend More Time in Apps Than Watching TV," *Tech Crunch,* 10 set. 2015, http://techcrunch.com/2015/09/10/u-s-consumers-now-spendmore-time-in-apps-than-watching-tv/; "Americans Check Their Phones 80 Times a Day," *New York Post,* 8 nov. 2017, https://nypost.com/2017/11/08/americans-check-theirphones-80-times-a-day-study/; e Chris Klotzbach e Lali Kesiraju, "Flurry State of Mobile 2017: With Captive Mobile Audiences, New App Growth Stagnates," *Flurry Blog,* 10 jan. 2018, http://flurrymobile.tumblr.com/post/169545749110/state-of-mobile-2017-mobile-stagnates.
36. Justin Smith, "Mobile eCommerce Stats in 2018 and the Future Trends of mCommerce," *OuterBox Blog,* 11 jan. 2018, www.outerboxdesign.com/web-design-articles/mobile-ecommercestatistics; e Drake Droesch, "Smartphones Will Account for More than One-Third of Ecommerce Sales in 2019," *eMarketer,* 4 abr. 2019, www.emarketer.com/content/smartphones-will-account-for-more-than-one-third-of-ecommercesales-in-2019.
37. Veja: "Mobile Ad Spending to Surpass All Traditional Media Combined by 2020," *eMarketer,* 16 out. 2018, www.emarketer.com/content/mobile-ad-spending-to-surpass-all-traditionalmedia-combined-by-2020; Greg Sterling, "Report: Digital Now Makes Up 51% of U.S. Ad Spending," *Marketing Land,* 20 set. 2018, https://marketingland.com/report-digital-nowmakes-up-51-of-us-ad-spending-248617; e Jasmine Enberg, "Digital Ad Spending 2019," *eMarketer,* 28 mar. 2019, www.emarketer.com/content/us-digital-ad-spending-2019.
38. Veja: "Check Out the 26 Boldly Inventive Campaigns That Won This Year's Project Isaac Awards," *Adweek,* 21 ago. 2016, www.adweek.com/brand-marketing/check-out-26-boldlyinventive-campaigns-won-years-project-isaac-awards-173060/; Lauren Johnson, "How Brands Are Using Instagram and Snapchat for Their Super Bowl Campaigns," *Adweek,* 5 fev. 2017, www.adweek.com/digital/how-brands-are-usinginstagram-and-snapchat-for-their-super-bowl-campaigns/; e "Gatorade Super Bowl Dunk," www.jeffschroer.com/filter/Cannes/Gatorade-Super-Bowl-Dunk. Acesso em: out. 2019.
39. Veja: Ameya Dusane, "Kiip Partners with Purchase Decision Network, Provides Mobile Targeting Across Shopping Apps," *Martech Advisor,* 15 jan. 2019, www.martechadvisor.com/news/interactive-marketing/kiip-partners-with-purchase-decisionnetwork-provides-mobile-targeting-across-shopping-apps/; "Kiip CEO: Engage Consumers in the Moments that Matter," *Wall Street Journal,* 9 jan. 2018, http://deloitte.wsj.com/cmo/2018/01/09/kiip-ceo-engage-consumers-in-the-momentsthat-matter/; e informações de: www.statista.com/statistics/276623/number-of-apps-available-in-leading-app-stores/, www.rei.com/mobile; www.kiip.me/brands/# e www.tripadvisor.mediaroom.com/us-about-us. Acesso em: out. 2019.
40. Veja: Bruce Biegel, "Outlook for Data Drive Marketing: First Look 2019," Winterberry Group, 17 jan. 2019, https://www.winterberry-group.com/our-insights.
41. Veja: Julie Liesse, "When Times Are Hard, Mail Works," *Advertising Age,* 30 mar. 2009, p. 14; e Steve Olenski, "An Appreciation for an Old Friend: Direct Mail," *Forbes,* 17 ago. 2018, www.forbes.com/sites/steveolenski/2018/08/17/an-appreciation-for-an-old-friend-direct-mail/#267212322c94.
42. Joseph Myers, "Amazon Is Mailing a Print Catalog, Are You?" *Promo Marketing,* 8 nov. 2018, https://magazine.promomarketing.com/article/amazon-is-mailing-a-printcatalog-are-you/.

43. Molly Soat, "In the Mood to Peruse," *Marketing News*, jul. 2015, pp. 41–49; e Ronald D. White, "The Old-Fashioned Mail-Order Catalog Is Making a Comeback," *Los Angeles Times*, 23 nov. 2017, www.latimes.com/business/la-fi-catalogsreturn-20171123-story.html.

44. Ronald White, "The Old-Fashioned Mail-Order Catalog Is Making a Comeback," *Los Angeles Times*, 23 nov. 2017, www.latimes.com/business/la-fi-catalogs-return-20171123-story.html; Joseph Myers, "Amazon Is Mailing a Print Catalog–Are You?" *Promo Magazine*, 8 nov. 2018, https://magazine.promomarketing.com/article/amazon-is-mailing-a-printcatalog-are-you/; e "Data & Marketing Association Direct Mail Statistics," https://thedma.org/marketing-insights/marketingstatistics/direct-mail-statistics/. Acesso em: out. 2019.

45. Veja: Federal Trade Commission, "FTC Release FY 2018 National Do Not Call Registry Data Book and Mini Site," 6 dez. 2018, www.ftc.gov/news-events/press-releases/2018/12/ftc-releases-fy-2018-national-do-not-call-registry-data-book-mini.

46. Veja: Corky Siemaszko, "In an Era of Endless Robocalls, Why Telemarketers Persist," *NBC News*, 9 dez. 2018, www.nbcnews.com/news/us-news/era-endless-robocalls-whytelemarketers-persist-n943831; e Stephanie Mlot, "FTC Shutters Four Groups Responsible for Billions of Illegal Robocalls," *Geek*, 28 mar. 2018, www.geek.com/tech/ftc-shutters-four-groupsresponsible-for-billions-of-illegal-robocalls-1780462/.

47. Lauren Debter, "Inside Beachbody's Billion Dollar Fat Burning Empire," *Forbes*, 30 abr. 2018, www.forbes.com/sites/laurengensler/2018/04/10/beachbody-carl-daikelershakeology/#65277ad47960.

48. Bill Cogar, "Why Direct Response TV Marketing Is Still Effective," *Smart Brief*, 23 out. 2018, www.smartbrief.com/original/2018/10/why-direct-response-tv-marketing-still-effective.

49. Veja: "The Home Depot Appliance Finder," Image Manufacturing Group, http://imgarchitectural.com/case-studies/2014/3/26/the-home-depot-appliance-finder; e "Customer Experience Is the New Marketing," 21 ago. 2017, Momentum Worldwide, www.momentumww.com/news/2017/8/16/customer-experience-is-the-new-marketing.

50. Veja: Internet Crime Complaint Center, www.ic3.gov. Acesso em: out. 2019.

51. Veja: Generali Global Assistance, "Three-Quarters of Americans Concerned about Identity Theft During Holiday Shopping Season," 28 nov. 2018, www.prnewswire.com/news-releases/nearly-three-quarters-of-americans-concerned-about-identitytheft-during-holiday-shopping-season-300756518.html; e "2018 Date Breach Report," *Identity Theft Resource Center*, https://www.idtheftcenter.org/surveys-studys/. Acesso em: out. 2019.

52. Veja: Jenny Anderson, "When Will Social Media Companies Get Serious about Their Effect on Young Kids," *Quartz*, 15 jan. 2018, https://qz.com/1179894/when-will-social-mediacompanies-like-facebook-and-snapchat-get-serious-abouttheir-effect-on-young-kids/; e "21 Completely Insane Social Media Statistics," *Content Factory*, www.contentfac.com/morepeople-own-cell-phone-than-toothbrush-10-crazy-social-mediastatistics/. Acesso em: out. 2019.

53. Veja: "Consumer Privacy Survey Shows 70% Want Personal Data to Stay on Mobile Phones," *BusinessWire*, 13 nov. 2018, www.businesswire.com/news/home/20181113005171/en/Consumer-Privacy-Survey-Shows-70-Personal-Data; e "SAS Survey: 67 Percent of US Consumers Think Government Should Do More to Protect Data Privacy," 10 dez. 2018, www.sas.com/en_us/news/press-releases/2018/december/datamanagement-data-privacy-survey.html.

54. Veja: https://experience.sap.com/designservices/work/project/mobile-data-analysis-with-sap-consumer-insight-365. Acesso em: out. 2019.

55. Dylan Currin, "Are You Ready? Here Is All the Data Facebook and Google Have on You," *The Guardian*, 28 mar. 2018, www.theguardian.com/commentisfree/2018/mar/28/all-thedata-facebook-google-has-on-you-privacy; e Ben Popken, "Google Sells the Future, Powered by Your Personal Data," *NBC News*, 10 maio 2018, www.nbcnews.com/tech/tech-news/google-sells-future-powered-your-personal-data-n870501.

56. Veja: Kelsey Sutton, "The Age of Consent," *Adweek*, 7 jan. 2019, p. 8; e David Meyer, "In Privacy We Trust," *Fortune*, 1 dez. 2018, pp. 38–39.

57. Veja: Richard Byrne Reilly, "Feds to Mobile Marketers: Stop Targeting Kids, or Else," *Venture Beat*, 27 mar. 2014, http://venturebeat.com/2014/03/27/feds-to-mobile-marketersstop-targeting-kids-or-else-exclusive/; e www.business.ftc.gov/privacy-and-security/childrens-privacy. Acesso em: out. 2019.

58. Informações sobre TrustArc e Truste em: www.trustarc.com/products/enterprise-privacy-certification. Acesso em: out. 2019.

59. "Average Time Spent per Day with Facebook, Instagram and Snapchat by US Adult Users of Each Platform, 2014–2019 (minutes)," *eMarketer*, 29 mar. 2019, www.emarketer.com/Chart/Average-Time-Spent-per-Day-with-Facebook-Instagram-Snapchat-by-USAdult-Users-of-Each-Platform-2014-2019-minutes/211521; Sarah Perez. "Local Marketplace OfferUp Takes on EBay with Launch of Nationwide Shipping," *TechCrunch*, 1 maio 2018, techcrunch.com/2018/05/01/local-marketplace-offerup-takes-on-ebaywith-launch-of-nationwide-shipping/; Jason Del Rey, "OfferUp Went Head to Head with Craigslist to Build a Following. Now It's Going After Ebay to Build a Business," *Recode*, 1 maio 2018, www.recode.net/2018/5/1/17305648/offerup-shippingfeature-ebay-letgo-facebook-marketplace; e Ryan Mac, "Can Craigslist Be Killed? These Startups Are Taking Aim," *Forbes*, 2 maio 2017, www.forbes.com/sites/ryanmac/2017/05/02/offerup-letgo-killing-craigslist/#5ed619256ff7, e informações de: https://about.offerup.com/ e https://we.letgo.com/. Acesso em: set. 2019.

Capítulo 18

1. Veja: Jennifer Overstreet, "Nordstrom Sets the Standard for Customer Service. Again and Again," RTF, 4 mar. 2019, https://nrf.com/blog/nordstrom-sets-standard-customer-experienceagain-and-again; Stacy Conradt, "21 of the Best Customer Service Stories Ever," *Mental Floss*, 12 jan. 2016, http://mentalfloss.com/article/73540/21-best-customer-servicestories-ever; Amy Martinez, "Tale of Lost Diamond Adds Glitter to Nordstrom's Customer Service," Seattle Times, 11 maio 2011; Garrett Pierson e Scott Brandley, The Trust Factor (eBookit.com, 2013), capítulo 7; Carol Toller, "How Nordstrom Built the World's Best Customer-Service Machine," *Canadian Business*, 5 mar. 2015, www.canadianbusiness.com/innovation/secrets-of-nordstrom-customer-service/; Blake Morgan, "The 10 Keys to Nordstrom's Digital Transformation," *Forbes*, 26 mar. 2019, www.forbes.com/sites/blakemorgan/2019/03/26/the-10-keys-to-nordstroms-digital-transformation/; e http://shop.nordstrom.com/c/company-history e www.investor.nordstrom.com. Acesso em: out. 2019.

2. Maureen Morrison, "Cinnabon's Recipe for Expansion: Licensing and Co-branding," *Advertising Age*, 19 fev. 2014, http://adage.com/article/news/cinnabon-expands-licensing-vodkaair-fresheners/291726/; e "New Tricks: How Old Brands Can Still Surprise Customers," *Knowledge@Wharton*, 5 maio 2015, http://knowledge.wharton.upenn.edu/article/newtricks-how-old-brands-can-still-surprise-consumers/; Allecia Vermillion, "Scents from a Mall: The Sticky, Untold Story of Cinnabon," *Seattle Met*, 23 out. 2017, www.seattlemet.com/articles/2017/10/23/scents-from-a-mall-the-sticky-untold-storyof-cinnabon; e www.cinnabon.com. Acesso em: out. 2019.

3. "Eastman Kodak Company Earnings: KODK Stock Sinks as 2018 Sales Down 4%," *NASDAQ*, 1 abr. 2019, www.nasdaq.com/article/eastman-kodak-company-earnings-kodk-stock-sinks-as-2018-sales-down-4-cm1123113; Ernest Scheyder, "Focus on PastGlory Kept Kodak from Digital Win," *Reuters*, 19 jan. 2012, www.reuters.com/article/2012/01/19/us-kodak-bankruptcyidUSTRE80I1N020120119; Dawn McCarty and Beth Jink, "Kodak Files for Bankruptcy as Digital Era Spells End to Film," *Bloomberg Businessweek*, 25 jan. 2012, www.-businessweek.com/news/2012-01-25/kodak-files-for-bankruptcy-as-digital-eraspells-end-to-film.html; Kyle O'Brien, "Kodak Captures Special Moments in Its Latest Campaign," *The Drum*, 21 set. 2017, www.thedrum.com/news/2017/09/21/kodak-capturesspecial-moments-its-latest-campaign; e www.kodak.com/ek/us/en/corp/aboutus/heritage/milestones/default.htm, http://investor.kodak.com/investor-relations e www.kodak.com. Acesso em: out. 2019.
4. Veja: www.masterchefappliancecenter.com/manufacturers/viking/. Acesso em: out. 2019.
5. Veja: www.lg.com/us/lg-signature. Acesso em: out. 2019.
6. Veja: Brian Steinberg, "Coke, Pepsi Go to Super Bowl Battle Armed with Similar Pitches," *Variety*, 1 fev. 2018, http://variety.com/2018/tv/news/super-bowl-commercials-coca-colapepsi-advertising-1202684017/; E. J. Schultz, "Pepsi Ads Take Shot at Share-A-Coke, Polar Bears," *Advertising Age*, 15 jun. 2015, www.adage.com/print/298985; e Delaney Strunk, "The Biggest Rivalry in Atlanta on Super Bowl Weekend Has Nothing to Do with Football," *CNN Business*, 29 jan. 2019, www.cnn.com/2019/01/29/media/super-bowl-2019-coke-pepsi-trnd/index.html.
7. Veja: Jill Kransy, "Why Competition May Be the Best Thing for Your Business," *Inc.*, 13 nov. 2013, www.inc.com/magazine/201311/jill-krasny/more-competition-is-better-forstart-ups.html; e Charles Riley, "Volkswagen Is Betting Its Future on Electric Cars," *CNN Business*, 12 mar. 2019, www.cnn.com/2019/03/12/business/volkswagen-electric-cars/index.html.
8. Adaptado de informações encontradas em: W. Chan Kim e Renée Mauborgne, *Blue Ocean Strategy, Expanded Edition: How to Create Uncontested Market Space and Make Competition Irrelevant* (Boston: Harvard Business Press, 2015). Para outras discussões, veja: Kim e Mauborgne, "Red Ocean Traps," *Harvard Business Review*, mar. 2015, pp. 68–73; e "Blue Ocean Strategy," www.blueoceanstrategy.com. Acesso em: out. 2019.
9. Veja: "Market Share of the Leading Single-Cup Coffee Vendors in the United States in 2017," www.statista.com/statistics/586731/market-share-single-cup-coffee-vendors-in-the-united-states/. Acesso em: out. 2019; e https://investors.keurigdrpepper.com/ e www.keurig.com/. Acesso em: out. 2019.
10. Veja: Steve Olenski, "Why Traditional Brands Are Moving to DTC Model," *MediaPost*, 27 fev. 2019, www.mediapost.com/publications/article/332494/why-traditional-brands-are-movingto-dtc-model.html; Kate Clark, "Mattress Startup Casper Valued at $1.1B with New Funding," *Tech Crunch*, 27 mar. 2019, https://techcrunch.com/2019/03/27/mattress-startup-casper-said-tobe-valued-at-1-1b-with-new-funding/; Cameron Albert-Deitch, "Comfy Shoes Helped Allbirds Become a $1.4 Billion Company, but It's Never Been Just about Shoes," *Inc.*, 4 dez. 2018, www.inc.com/cameron-albert-deitch/allbirds-2018-company-of-the-yearnominee.html e www.casper.com. Acesso em: set. 2019.
11. Veja: Dinah Eng, "Samuel Adams's Beer Revolution," *Fortune*, 8 abr. 2013, pp. 23–26; e www.bostonbeer.com/overview e www.bostonbeer.com/investor-relations/earnings-releases. Acesso em: out. 2019.
12. Para esses e outros exemplos, veja: Harry McCracken, "Google's 100% Solution," *Fast Company*, dez. 2018/jan. 2019, pp. 22–26; Dominic Powell, "Want to Run Your First Hackathon? Here Are Some Tips from KPMG," *Smart Company*, 15 ago. 2017, www.smartcompany.com.au/startupsmart/advice/want-run-first-internal-hackathon-tips-kpmg/; Matt Weinberger, "'There Are Only Two Rules'–Facebook Explains How 'Hackathons,' One of Its Oldest Traditions, Is Also One of Its Most Important," *Business Insider*, 11 jan. 2017, www.businessinsider.com/facebook-hackathons-2017-6; e www.facebook.com/hackathon/. Acesso em: out. 2019.
13. Michael E. Porter, *Competitive Strategy: Techniques for Analyzing Industries and Competitors* (New York: Free Press, 1980), capítulo 2; e Porter, "What Is Strategy?" *Harvard Business Review*, nov./dez. 1996, pp. 61–78. Veja também: "Porter's Generic Strategies," www.quickmba.com/strategy/generic.shtml. Acesso em: out. 2019.
14. Veja: Michael Treacy e Fred Wiersema, "Customer Intimacy and Other Value Disciplines," *Harvard Business Review*, jan./fev. 1993, pp. 84–93; Treacy e Wiersema, *The Discipline of Market Leaders: Choose Your Customers, Narrow Your Focus, Dominate Your Market* (New York: Perseus Press, 1997); e Wiersema, *Double-Digit Growth: How Great Companies Achieve It–No Matter What* (New York: Portfolio, 2003). Veja também: Elaine Cascio, "Fast, Cheap, or Good–Pick Two," *Inter@ction Solutions*, jan./fev. 2012, p. 8; Joe Weinman, "How Customer Intimacy Is Evolving to Collective Intimacy, Thanks to *Big Data*," *Forbes*, 4 jun. 2013, www.forbes.com/sites/joeweinman/2013/06/04/how-customer-intimacyis-evolving-to-collective-intimacy-thanks-to-big-data/; e "Value Disciplines: Customer Intimacy, Product Leadership and Operational Excellence," *Business-to-You*, 23 out. 2018, www.business-to-you.com/value-disciplines-customer-intimacy/.
15. Veja: "Most Innovative Companies 2019," *Fast Company*, www.fastcompany.com/most-innovative-companies/2019/sectors/consumer-electronics. Acesso em: out. 2019; e Lauren Feiner, "Apple Is Once Again the Most Valuable Company in the World," *CNBC*, 6 fev. 2019, www.cnbc.com/2019/02/06/apple-is-once-again-the-most-valuable-public-company-in-theworld.html.
16. Veja: "Trader Joe's Repeats as Top U.S. Grocery Retailer in the Dunnhumby Retailer Preference Index," *Business Wire*, 9 jan. 2019, www.businesswire.com/news/home/20190109005221/en/Trader-Joe's-Repeats-Top-U.S.-Grocery-Retailer; Jack Houston, "A Psychologist Explains How Trader Joe's Gets You to Spend More Money," *Business Insider*, 19 fev. 2019, www.businessinsider.com/trader-joes-how-gets-you-spendmoney-psychologist-2019-1; Anna Sowa, "Trader Joe's: Why the Hype?" *McClatchy-Tribune Business News*, 27 mar. 2008; Megan McArdle, "What's Not to Love About Trader Joe's," *Washington Post*, 30 mar. 2018, www.washingtonpost.com/blogs/post-partisan/wp/2018/03/30/whats-not-to-love-abouttrader-joes/?noredirect=on&utm_term=.cd7f8ae8939d; Alan Liddle, "2019 Top 75–Sales Overview," *Supermarket News*, 19 fev. 2019, supermarketnews.com/rankings research/top 75 retailers wholesalers; e www.traderjoes.com. Acesso em: out. 2019.
17. Para mais discussões, veja: Philip Kotler e Kevin Lane Keller, *Marketing Management*, 15. ed. (Hoboken, NJ: Prentice Hall, 2016), capítulo 12.
18. Veja: Katharine Schwab, "You Can't Take Anything Home from IKEA's New Store," *Fast Company*, 10 abr. 2019, www.fastcompany.com/90332083/i-went-to-ikeas-first-small-store-and-it-answered-all-my-prayers; Aine Cain, "I Visited IKEA's New Manhattan Location–and It Was Like Nothing Else I've Seen from a Retailer," *Business Insider*, 10 abr. 2019, www.businessinsider.com/ikea-nyc-store-planning-studio-tour-2019-4; e www.ikea.com/ms/en_US/expansion/planning-studio/upper-east-side-nyc/. Acesso em: out. 2019.
19. Veja: "2000+ Uses," www.wd40.com/uses-tips/ e www.wd40.com/img/WD-40_2000_uses.pdf. Acessp em: out. 2019.
20. Tamara Walsh, "Is This Procter & Gamble's Secret Weapon?" *The Motley Fool*, 7 jul. 2015, www.fool.com/investing/general/2015/07/07/is-this-procter-gambles-secret-weapon.aspx; "Race to Win Over a

New Generation of Consumers in Asia," *Nonwoven Industries,* 18 fev. 2016, www.nonwovensindustry.com/issues/2016-02-08/view_features/race-to-winover-a-new-generation-of-consumers-in-asia; Lauren Coleman-Lochner, "P&G Studies 'Pee Points' to Maintain Edge in Diaper Wars," *Bloomberg,* 24 mar. 2014, www.bloomberg.com/news/articles/2014-03-04/p-g-studies-pee-points-to-maintain-edgein-diaper-wars; "Pampers vs Huggies: Innovations in Diaper Technology Creates Fierce Competition," *Technavio,* 5 mar. 2018, www.technavio.com/blog/pampers-or-huggiesinnovations-in-diaper-technology-creates-fierce-competition; Nathaniel Meyersohn, "Why Diapers Are in Trouble: Americans Are Having Fewer Babies," *CNN,* 14 jun. 2018, https://money.cnn.com/2018/06/14/news/companies/pampers-huggiesdiapers/index.html; e "Global Diaper Market Is Projected to Reach $84,317.6 Million by 2023, According to P&S Intelligence," set. 2018, https://www.psmarketresearch.com/pressrelease/diaper-market.

21. Veja: "Hair Care–United States," *Statista,* www.statista.com/outlook/70040000/109/hair-care/united-states. Acesso em: out. 2019; e "Marketing Size of Soft Drinks in the United States," *Statista,* www.statista.com/statistics/422532/united-states-softdrink-market-size/. Acesso em: out. 2019.
22. "Top Selling Energy Drink Brands," *Caffeine Informer,* www.caffeineinformer.com/the-15-top-energy-drink-brands. Acesso em: out. 2019; e www.redbull.com/us/en. Acesso em: out. 2019.
23. Veja: Matt Southern, "DuckDuckGo Hits a Record 1 Billion Monthly Searches in jan. 2019," *Search Engine Journal,* 4 fev. 2019, www.searchenginejournal.com/duckduckgohits-a-record-1-billion-monthly-searches-in-january-2019/291609/#close; e https://duckduckgo.com. Acesso em: out. 2019.
24. Veja: www.wolverineworldwide.com e www.wolverineworldwide.com/about-us/. Acesso em: out. 2019.
25. Michael Krigsman, "Nokia Reinvented: Decline, Resurrection, and How CEOs Get Trapped," *ZDNet,* 26 nov. 2018, www.zdnet.com/article/nokia-reinvented-decline-resurrectionand-how-ceos-get-trapped/; "Nokia Gathers Solid Pace in 5G Commercial Deals Across Globe," *Yahoo! Finance,* 5 jun. 2019, www.finance.yahoo.com/news/nokia-gathers-solid-pace-5g-130901734.html; Richard Milne, "The Rise, Fall, and Rise Again of Nokia," *Financial Times,* 17 abr. 2015, www.ft.com/content/f0920c3e-e4da-11e4-8b61-00144feab7de; e informações de: www.interbrand.com/, www.nokia.com/about-us/whatwe-do/our-history/ e www.macrotrends.net/stocks/charts/NOK/nokia/revenue. Acesso em: set. 2019.

Capítulo 19

1. Veja: Ann-Marie Alcántara, "L'Oréal Debuts a Personalized Direct-to-Consumer Hair Color Brand," *Adweek,* 8 maio 2019, www.adweek.com/brand-marketing/loreal-debutsa-personalized-direct-to-consumer-hair-color-brand; "Our Mission Is 'Beauty for All,' Says L'Oréal Global CEO Jean-Paul," *The Economic Times,* 30 jan. 2015, www.articles.economictimes.indiatimes.com/2015-01-30/news/58625572_1_l-oreal-loreal-jean-paul-agon; Hae-Jung Hong e Yves Doz, "L'Oréal Masters Multiculturalism," *Harvard Business Review,* jun. 2013, pp. 114-119; "A Worldwide Approach to Beauty Rituals," www.loreal.com/research-innovation/when-the-diversity-of-types-ofbeauty-inspires-science/a-world-wide-approach-to-beautyrituals.aspx. Acesso em: out. 2019; e www.loreal.com/group/who-we-are/our-mission, www.lorealusa.com/researchand-innovation/when-the-diversity-of-types-of-beauty-inspiresscience/stories-of-multicultural-innovations, www.lorealusa.com/group/who-we-are/our-ambition e www.lorealfinance.com/eng/annual-report. Acesso em: out. 2019.
2. Dados de: www.walmart.com. Acesso em: out. 2019; United Nations Conference on Trade and Development, "World Investment Report 2018: Key Messages and Overview," https://unctad.org/en/PublicationsLibrary/wir2018_overview_en.pdf. Acesso em: abr. 2018; e "List of Countries by GDP: List by the CIA World Factbook," *Wikipedia,* http://en.wikipedia.org/wiki/List_of_countries_by_GDP_(nominal). Acesso em: out. 2019.
3. Veja: "World Trade Statistical Review 2018," *WTO,* https://www.wto.org/english/res_e/statis_e/wts2018_e/wts18_toc_e.htm; e "Gross Domestic Product (GDP) at Current Prices from 2012 to 2022," *Statista,* www.statista.com/statistics/268750/globalgross-domestic-product-gdp/. Acesso em: out. 2019.
4. Informações de: www.michelin.com/eng/finance/financialresults/2017-annual-results, www.jnj.com, www.coca-colacompany.com, e www.coca-colacompany.com/our-company/infographiccoca-cola-at-a-glance. Acesso em: out. 2019.
5. Veja: https://www.otis.com/en/us/about/ e UTC Annual Report, www.utc.com/Investors/Pages/Annual-Reports-and-Proxy-Statements.aspx. Acesso em: out. 2019.
6. Max Bouchet e Joseph Parilla, "How Trump's Steel and Aluminum Tariffs Could Affect State Economies," *Brookings,* 6 mar. 2018, www.brookings.edu/blog/theavenue/2018/03/06/how-trumps-steel-and-aluminum-tariffscould-affect-state-economies/; Rishi Iyengar, "US-China Trade Battle: How We Got Here," *CNN,* 4 abr. 2018, http://money.cnn.com/2018/04/04/news/economy/trump-china-us-tariffstrade-timeline/index.html; "China Hits Back at Trump with Tariffs on $60bn of US Goods," *BBC News,* 18 set. 2018, www.bbc.com/news/business-45555749; e Natashe Bach, "Trump's Plan to Reduce Trade Deficit Falters as It Hits an All-Time High Instead," *Fortune,* 6 mar. 2019, http://fortune.com/2019/03/06/us-trade-deficit-record-high/.
7. "Retail Industry in India," India Brand Equity Foundation, www.ibef.org/industry/retail-india.aspx. Acesso em: out. 2019.
8. Veja: Saritha Rai, "India's E-commerce Crackdown," *Bloomberg Businessweek,* 11 fev. 2019, pp. 17–19; e Saheli Roy Choudhury, "If You Own Amazon Shares, Here's What You Need to Know about India's E-commerce Law," *CNBC,* 4 fev. 2019, www.cnbc.com/2019/02/05/amazon-how-indiaecommerce-law-will-affect-the-retailer.html.
9. Veja: James McBride, "What's Next for the WTO?" Council on Foreign Relations, 23 mar. 2018, www.cfr.org/backgrounder/whats-next-wto; e "What Is the WTO?" www.wto.org/english/thewto_e/whatis_e/whatis_e.htm. Acesso em: out. 2019.
10. "The EU at a Glance," http://europa.eu/about-eu/index_en.htm; "EU Statistics and Opinion Polls," http://europa.eu/documentation/statistics-polls/index_en.htm; e "EU Position in World Trade," http://ec.europa.eu/trade/policy/eu-position-in-world-trade/. Acesso em: out. 2019.
11. Veja: Alan Crawford, "The EU and Euro Keep Defying the Doomsayers," *Bloomberg Businessweek,* 3 jan. 2019, www.bloomberg.com/news/articles/2019-01-03/the-eu-and-euro-keep-defying-thedoomsayers; e "European Union: The Euro," http://europa.eu/about-eu/basic-information/money/euro/. Acesso em: out. 2019.
12. "Brexit Timeline: Key Dates in the Divorce from the EU," *Financial Times,* 12 abr. 2019, www.ft.com/content/64e7f218-4ad4-11e7-919a-1e14ce4af89b; CIA, *The World Factbook,* www.cia.gov/library/publications/resources/the-world-factbook/index.html e "The Economy," https://europa.eu/european-union/abouteu/figures/economy_en. Acesso em: out. 2019.
13. Estatísticas e outras informações de: "How NAFTA Changed U.S. Trade with Canada and Mexico," *New York Times,* 15 ago. 2017, www.nytimes.com/interactive/2017/business/naftacanada-mexico.html; e CIA, *The World Factbook;* e "NAFTA's Economic Impact,"

www.cfr.org/backgrounder/naftaseconomic-impact. Acesso em: out. 2019.

14. "Eleven Asia-Pacific Countries Signed a Trans-Pacific Partnership in Chile," *Merco Press,* 9 mar. 2018, http://en.mercopress.com/2018/03/09/eleven-asia-pacific-countriessigned-a-trans-pacific-partnership-in-chile; e Government of Canada, "Comprehensive and Progressive Agreement for Trans-Pacific Partnership (CPTPP)," https://international.gc.ca/tradecommerce/trade-agreements-accords-commerciaux/agr-acc/cptpp-ptpgp/index.aspx?lang=eng. Acesso em: out. 2019.

15. Veja: Deepa Prahalad, "The New Fortune at the Bottom of the Pyramid," *strategy+business*, 2 jan. 2019, www.strategybusiness.com/article/The-New-Fortune-at-the-Bottom-of-the-Pyramid?gko=c5f11; Acha Leke e Saf Yeboah-Amankwah, "Africa: A Crucible for Creativity," *Harvard Business Review*, nov./dez. 2018, pp. 102–113; "Co-creating with Rural Consumers Helps Achieve Inclusive Growth," *Innosight*, www.innosight.com/client_impact_story/godrej/. Acesso em: maio 2019; Purvita Chatterjee, "Godrej Appliances to Go Rural to Get Growth Back Post-Demonetization," *Hindu Business Line*, 13 jan. 2018, www.thehindubusinessline.com/companies/godrej-appliances-to-go-ruralto-get-growth-backpostdemonetisation/article9555646.ece; Erik Simanis e Duncan Duke, "Profits at the Bottom of the Pyramid," *Harvard Business Review*, out. 2014, pp. 87–93; Mathew J. Eyring, Mark W. Johnson e Hari Nair, "New Business Models in Emerging Markets," *Harvard Business Review*, jan./fev. 2011, pp. 89–95; Danielle le Clus-Rossouw, "Baby Diapers in Nigeria," Nonwovens Industry, 5 jan. 2018, www.nonwovensindustry.com/issues/2018-01/view_features/babydiapers-in-nigeria; e "The State of Consumption Today," *Worldwatch Institute*, www.worldwatch.org/node/810. Acesso em: out. 2019.

16. Veja: Zeenat Moorad, "The Coca-Cola Company: Tapping Africa's Fizz," *Financial Mail,* 4 maio 2015, www.financialmail.co.za/coverstory/2015/04/30/the-coca-cola-company-tappingafricas-fizz; Annaleigh Vallie, "Coke Turns 125 and Has Much Life Ahead," *Business Day,* 16 maio 2011, www.bdlive.co.za/articles/2011/05/16/coke-turns-125-and-has-much-more-lifeahead; Kate Taylor, "Coca-Cola Has Discovered an Untapped Market to Save the Soda Business," *Business Insider,* 7 fev. 2016, www.businessinsider.com/africa-is-the-future-of-cocacola-2016-2; Yinka Adegoke, "Africa Will Have Some of the World's Fastest-Growing Economies in 2019–and a Looming Debt Crisis," *Quartz*, 13 jan. 2019, https://qz.com/africa/1522126/african-economies-to-watch-in-2019-andlooming-debt; e www.imf.org/external/datamapper/PPPSH@WEO/OEMDC/ADVEC/WEOWORLD/AFQ/WEQ e relatórios anuais da Coca-Cola e outras informações da www.thecoca-colacompany.com. Acesso em: out. 2019.

17. Veja: "2018 Investment Climate Statement–Russia," U.S. Bureau of Economic and Business Affairs, maio 2018, www.state.gov/e/eb/rls/othr/ics/investmentclimatestatements/index.htm?year=2018&dlid=281629; e "Russia County Commercial Guide," www.export.gov/article?series=a0pt0000000PAulAAG&type=Country_Commercial__kav. Acesso em: out. 2019.

18. Veja: "Indonesia Barters Coffee and Palm Oil for Russian Fighter Jets," *Bloomberg,* 7 ago. 2017, www.bloomberg.com/news/articles/2017-08-07/indonesia-barters-coffee-palm-oil-forrussian-fighter-jets; "South Korean Organization Proposes Coffee-Barter Trade with Vietnam," *International Comunicaffe,* 14 mar. 2018, www.comunicaffe.com/south-korean-organisationproposes-coffee-barter-trade-with-vietnam/; e Nick Fouriezos, "To Avoid Trump's Sanctions, Countries Turn to Stone Age Bartering," *Ozy,* 9 jan. 2019, www.ozy.com/politics-andpower/to-avoid-trumps-sanctions-countries-turn-to-stone-agebartering/91467.

19. Para esses e outros exemplos, veja: Emma Hall, "Do You Know Your Rites? BBDO Does," *Advertising Age*, 21 maio 2007, p. 22; Michael R. Czinkota e Ilkka A. Ronkainen, *International Marketing* (Cincinnati, OH: South-Western College Publishing, 2013), capítulo 3; e "13 Unusual International Customs You Never Knew Existed," *Reader's Digest,* www.readersdigest.ca/travel/travel-tips/13-unusual-international-customs-you-neverknew-existed/. Acesso em: out. 2019.

20. Mason Hinsdale, "International Brands," *Jing Daily,* 13 jan. 2018, https://jingdaily.com/marriotts-blunder-a-warning-indealing-with-beijings-understanding-of-history/; Jamie Bryan, "The Mintz Dynasty," *Fast Company*, abr. 2006, pp. 56–61; Sui-Lee Wee, "Marriott to China: We Do Not Support Separatists," *New York Times,* 11jan. 2018, www.nytimes.com/2018/01/11/business/china-marriott-tibet-taiwan.html e Britt Morse, "The 7 Most Embarrassing Branding Mistakes of 2018," *Inc.,* 9 jan. 2019, www.inc.com/brit-morse/2018-biggest-marketing-branding-fails.html.

21. Para esses e outros exemplos, veja: Bill Chappell, "Bill Gates' Handshake with South Korea's Park Sparks Debate," *NPR,* 23 abr. 2013, www.npr.org/blogs/thetwo-way/2013/04/23/178650537/billgates-handshake-with-south-koreas-park-sparks-debate; e "Worst Mistakes You Can Make during Overseas Business Meeting," *smallbusiness.co.uk,* 5 out. 2017, https://smallbusiness.co.uk/worst-mistakes-overseas-business-meeting-2540989/.

22. Veja: Rory Jones, "Foreign Retailers Bend to Conform to Saudi Religious Rules," *Wall Street Journal,* 16 jun. 2015, www.wsj.com/articles/foreign-retailers-bend-to-conform-to-saudireligious-rules-1434421369; e www.marksandspencer.com. Acesso em: out. 2019.

23. Andres Martinez, "The Next American Century," *Time*, 22 mar. 2010, p. 1.

24. Emily Feng, "McDonald's to Double Number of China Restaurants," *Financial Times,* 8 ago. 2017, www.ft.com/content/ae5b2e96-7c1c-11e7-9108-edda0bcbc928; e Clarissa Wei, "Why China Loves American Chain Restaurants So Much," *Eater,* 20 mar. 2018, www.eater.com/2018/3/20/16973532/mcdonaldsstarbucks-kfc-china-pizza-hut-growth-sales.

25. Veja: Ben Miller, "McDonald's Is Succeeding in Russia by Going Local," *Chicago Business Journal,* 9 nov. 2018, www.bizjournals.com/chicago/news/2018/11/09/mcdonalds-is-succeeding-in-russia-by-going-local.html; Adam Chandler, "How McDonald's Became a Target for Protest," *The Atlantic,* 16 abr. 2015, www.theatlantic.com/business/archive/2015/04/setting-the-symbolic-goldenarches-aflame/390708/; "McDonald's Set for Russia Expansion," *New Europe Investor,* 26 ago. 2015, www.neweuropeinvestor.com/news/mcdonalds-set-for-russia-expansion10522/. Veja também: "Russia Could Ban US Imports," *Reuters,* 4 abr. 2018, www.newshub.co.nz/home/world/2018/04/russia-could-ban-usimports.html.

26. "2018 BrandZ Top 100 Global Brands," Millward Brown, https://brandz.com/report/global/2018.

27. Veja: Rachael Tepper, "Yum! Brands' International Product Strategy: How the Double Down Went Global," *Huffington Post*, 11 mar. 2013, www.huffingtonpost.com/2013/03/11/yum-brandsinternational-product-strategy_n_2814360.html; Molly Osberg, "How Colonel Sanders Became Father Christmas in Japan," *TPM,* 23 dez. 2014, http://talkingpointsmemo.com/theslice/kfc-christmas-in-japan-colonel-sanders-history-12-23-2014; Kate Taylor, "How KFC Made Christmas All about Fried Chicken–in Japan," *Business Insider*, 25 dez. 2017, www.businessinsider.com/how-kfc-became-a-christmas-traditionin-japan-2016-12?r=UK&IR=T; e "Episode 19: Kentucky Fried Christmas," *Household Name*, 19 dez. 2018 https://podcasts.apple.com/us/podcast/19-kentucky-fried-christmas/id1413374332?i=1000426105857.

28. Veja relatórios anuais e outros dados financeiros e de revisão em: www.coca-colacompany.com/our-company/ e www.

cocacolacompany.com/our-company/infographic-coca-cola-at-aglance/. Acesso em: out. 2019.

29. Para essa e outras informações nessa seção sobre a Netflix na Índia, veja: Lucas Shaw, "Can Netflix Beat Bollywood?" *Bloomberg Businessweek,* 2 jul. 2018, pp. 16–18; Manish Singh, "Netflix and Amazon Are Struggling to Win Over the World's Second-Largest Internet Market, *CNBC,* 5 jul. 2018, www.cnbc.com/2018/07/05/netflix-and-amazon-are-struggling-to-winover-indian-viewers.html; Ananya Bhattacharya, "Netflix Dangles a $4 Bait to Tap New Users in India," *Quartz,* 27 mar. 2019, https://qz.com/india/1581601/netflixs-4-plan-torival-amazon-hotstar-eros-zee5-in-india/; Noah Higgins-Dunn, "Netflix Isn't Concerned about Lower Prices as Disney Streaming Starts, Except in One Huge Market," *CNBC,* 17 abr. 2019, www.cnbc.com/2019/04/17/netflix-not-concernedabout-lower-prices-except-in-one-huge-market.html; e www.netflixinvestor.com/financials/annual-reports-and-proxies/default.aspx. Acesso em: out. 2019.

30. Veja: Kate Taylor, "Coca-Cola Has Discovered an Untapped Market to Save the Soda Business," *Business Insider,* 7 fev. 2016, www.businessinsider.com/africa-is-the-future-of-cocacola-2016-2; e https://coca-colahellenic.com/en/about-us/coca-cola-hbc-at-a-glance/. Acesso em: out. 2019.

31. Veja: "Volkswagen Group Rus and GAZ Group Extend Their Cooperation in Russia," 15 jun. 2017, www.volkswagen-mediaservices.com/en/detailpage/-/detail/Volkswagen-Group-Rusand-GAZ-Group-extend-their-cooperation-in-Russia/view/5145928/7a5bbec13158edd433c6630f5ac445da?p_p_auth=kiEFZdL3; e www.pg.com/en_IN/company/pg-india.shtml. Acesso em: out. 2019.

32. Veja: "HOTEL Announces the Signing of the Management Contract for the DoubleTree by Hilton Toluca," *MarketWatch,* 10 set. 2018, www.marketwatch.com/press-release/hotel-announces-the-signing-of-the-management-contractfor-the-doubletree-by-hilton-toluca-2018-09-10; e http://en.wikipedia.org/wiki/Doubletree. Acesso em: out. 2019.

33. Rick Munarriz, "Shanghai Disney Hits a Few Hiccups," *The Motley Fool,* 28 mar. 2016, www.fool.com/investing/general/2016/03/28/shanghai-disney-hits-a-few-hiccups.aspx; e Seth Kubersky, "Who Owns the Disney Parks around the World," *Attractions Magazine,* 12 fev. 2017, http://attractionsmagazine.com/owns-disney-parks-around-world/; e www.shanghaidisneyresort.com/en/. Acesso em: set. 2019.

34. Veja: Adam Levy, "3 Reasons Walmart's Flipkart Acquisition Is Its Most Important Yet," *The Motley Fool,* 15 maio 2018, www.fool.com/investing/2018/05/15/3-reasons-walmarts-flipkartacquisition-is-its-mos.aspx; "Walmart Raises Stake in Flipkart to 81.3%," *Hindu BusinessLine,* 20 nov. 2018, www.thehindubusinessline.com/companies/walmart-raises-stake-in-flipkartto-813/article25550934.ece; "Kellogg Tops Profit Estimates, Makes West Africa Investment," *Reuters,* 3 maio 2018, www.reuters.com/article/us-kellogg-results/kellogg-tops-profitestimates-makes-west-africa-investment-idUSKBN1I41E9; e Steve Symington, "Why Kellogg Just Sold a Smorgasbord of Beloved Brands," *The Motley Fool,* 3 abr. 2019, www.fool.com/investing/2019/04/03/why-kellogg-just-sold-a-smorgasbordof-beloved-bra.aspx.

35. Veja: Erik Sherman, "Intel Plans an $11 Billion Expansion in Israel," *Fortune,* 29 jan. 2019; http://fortune.com/2019/01/29/intel-11-billion-expansion-israel/; e Tova Cohen e Steven Scheer, "Exclusive: Israel's Chip Sales to China Jump as Intel Expands," *Reuters,* 19 mar. 2019, www.reuters.com/article/us-israel-china-tech-exclusive/exclusive-israels-chip-sales-tochina-jump-as-intel-expands-idUSKCN1R00DF.

36. Veja: Anna Molin, "Ikea Plans to Expand to a Dozen New Markets in Coming Years," *Bloomberg Businessweek,* 10 out. 2018, www.bloomberg.com/news/articles/2018-10-10/ikea-plans-to-expand-to-a-dozen-new-markets-in-comingyears; Tim Nudd, "11 Ikea Ads That Show What a Brilliant Year the Brand Had Creatively," *Adweek,* 8 dez. 2017, www.adweek.com/creativity/11-ikea-ads-that-show-whata-brilliant-year-the-brand-had-creatively/; Beth Kowitt, "It's IKEA's World," *Fortune,* 15 mar. 2015, pp. 166-175; Michael Wei, "In IKEA's China Stores, Loitering Is Encouraged," *Bloomberg Businessweek,* 1 nov. 2010, pp. 22–23; David Pierson, "A Beijing Theme Park with Futons," *Los Angeles Times,* 25 ago. 2009, p. A1; Emily Raulhala, "No, IKEA Hasn't Banned Customers from Sleeping in Its Chinese Stores," *Time,* 10 abr. 2015, http://time.com/3814935/ikea-chinacustomers-sleeping/; Anne Quinto, "How the IKEA Catalogue Cracked What 'Domestic Bliss' Means in Different Cultures," *Quartzy,* 25 jul. 2017, https://quartzy.qz.com/1036380/ikeacatalogue-2017-defining-domestic-bliss-in-different-cultures; e https://highlights.ikea.com/2017/facts-and-figures. Acesso em: out. 2019.

37. Veja: Warren J. Keegan e Mark C. Green, *Global Marketing,* 9. ed. (Hoboken, NJ: Pearson, 2017), pp. 322–329.

38. Toshiro Wakayama, Junjiro Shintaku e Tomofumi Amano, "What Panasonic Learned in China," *Harvard Business Review,* dez. 2012, pp. 109–113.

39. Veja: Saritha Rai, "Amazon Teaches Alexa to Speak Hinglish. Apple's Siri Is Next," *Bloomberg Businessweek,* 30 out. 2017, www.bloomberg.com/news/articles/2017-10-30/amazon-teaches-alexa-to-speak-hinglish-apple-s-siri-is-next; J. Vignesh, "Amazon Intent on Making Alexa 'As Indian as It Gets,'" *Economic Times,* 29 mar. 2018, https://economictimes.indiatimes.com/small-biz/startups/newsbuzz/foramazon-alexa-shines-new-light-on-india/articleshow/63525866.cms; e Astha Viaywargiya, "Smart-Speaker Must Get the Local Tongue," *Hindu BusinessLine,* 21 abr. 2019, www.thehindubusinessline.com/news/smart-speakers-must-get-thelocal-tongue/article26904627.ece.

40. Veja: Barrett J. Brunsman, "P&G Launches First New Hair Care Brand in Four Years," *Cincinnati Business Courier,* 4 mar. 2019, www.bizjournals.com/cincinnati/news/2019/03/04/p-glaunches-first-new-hair-care-collection-in.html; e www.dlight.com/ e www.dlight.com/about-us. Acesso em: out. 2019.

41. Veja: Arnold Ma, "The Importance of Having a Chinese Version of Your Brand: It's Much More Than Just a Name," *The Drum,* 11 out. 2018, www.thedrum.com/opinion/2018/10/11/the-importance-having-chinese-version-your-brand-it-s-muchmore-just-name; Benjamin Cost, "Lost in Translation? Pick Your Chinese Brand Name Carefully," *Shanghaiist,* 5 maio 2018, www.shanghaiist.com/2014/03/28/hutong-schoolpick-your-chinese-brand-name-carefully.php; Michael Wines, "Picking Brand Names in China Is a Business Itself," *New York Times,* 12 nov. 2011, p. A4; Carly Chalmers, "12 Amazing Translations of Chinese Brand Names," *todaytranslations,* 27 ago. 2013, www.todaytranslations.com/blog/12-amazingtranslations-of-chinese-brand-names/; Arnold Ma, "Why Choosing a Chinese Name for Your Western Brand Will Increase Sales in China," *The Drum,* 16 out. 2018, www.thedrum.com/opinion/2018/10/16/why-choosing-chinese-name-yourwestern-brand-will-increase-sales-china-0; e Thomas O'Neill, "From Biting the Wax Tadpole to Rushing towards Death, Why It's Important to Get Your Chinese Name Right," *The Drum,* 9 fev. 2019, www.thedrum.com/news/2019/02/09/biting-the-wax-tadpole-rushing-towards-death-why-itsimportant-get-your-chinese-name.

42. Para esses e outros exemplos, veja: "How Crayola Used WeChat and Alibaba to Grow Sales in China," *Advertising Age,* 30 maio 2016, p. 27; e Angela Doland, "How to Sell Toys in a Culture Where Play Is Viewed Negatively," *Advertising Age,* 20 mar. 2017, http://adage.com/article/cmo-strategy/sell-toys-a-culture-parents-playtime/308340/.

43. Veja: Warren J. Keegan e Mark C. Green, *Global Marketing,* 9. ed. (Hoboken, NJ: Pearson Publishing, 2017), pp. 423–424.

44. Veja: Gordon Gottsegen, "Samsung Makes the Cheap Galaxy J5 and J7 Official," CNET, 6 jun. 2017, www.cnet.com/news/

samsung-unveils-galaxy-j5-j7-2017/; Rishi Iyengar, "How China's Xiaomi Took India's Smartphone Market by Storm," *CNN Business,* 1 maio 2018, https://money.cnn.com/2018/04/30/technology/xiaomi--india-smartphonemanu-jain/index.html; e Rishi Iyengar, "Apple Needs a Cheap iPhone to Crack India," *CNN Business*, 4 jan. 2019, www.cnn.com/2019/01/04/tech/india-smartphone-marketiphone--apple/index.html.

45. Veja: "China's Logistics Sector Continues to Grow in 2016," *Xinhuanet.com*, 9 mar. 2017, http://news.xinhuanet.com/english/2017--03/09/c_136115835.htm; e "Total US Logistics Spend Dipped in 2016, Says CSCMP," *Transport Topics,* 20 jun. 2017, http://www.ttnews.com/articles/total-us-logistics-spend-dipped-2016-says-cscmp.

46. Veja: http://corporate.mcdonalds.com/mcd/investors/financialinformation/annual-report.html. Acesso em: out. 2019.

47. Mark Schreiber, "Convenience Stores Work Hard to Stay Relevant," *The Japan Times,* 8 jun. 2019, www.japantimes.co.jp/news/2019/06/08/national/media-national/conveniencestores--work-hard-stay-relevant/#.XPw2G9NKhYg; Taryn Stenvei, "What 7-Elevens in Tokyo Taught Me about Japan," *AWOL*, 25 maio 2018, http://awol.com.au/what-7-elevens-intokyo-taught-me-about--japan/98; Margot Huber, "Hangout Haven," *Business Today*, 26 maio 2013, www.businesstoday.intoday.in/story/london-business--school-case-study-on-7-eleven/1/194769.html; "Why 7-Eleven Totally Failed in Indonesia," *WowShack,* 7 nov. 2018, www.wowshack.com/why-7-eleven-totally-failed-in-indonesia/; Justin Moyer, "In Honor of 7/11: How Japan Slurped Up 7-Eleven," *Washington Post,* 11 jul. 2014, www.washingtonpost.com/news/morningmix/wp/2014/07/11/in-honor-of-711-how-japan-slurped-up-7-eleven/; e information from www.sej.co.jp/company/en/g_stores.html e www.corp.7-eleven.com/corp/7-eleven-profile. Acesso em: set. 2019.

Capítulo 20

1. Veja: Jeff Beer, "Why Brand Purpose Marketing Isn't Working with Young People," *Fast Company*, 10 maio 2019, www.fastcompany.com/90347311/why-brand-purpose-marketing-isnt-workingwith--young-people; "Unilever Named Industry Leader in Dow Jones Sustainability Index," 13 set. 2018, www.unilever.com/news/press--releases/2018/unilever-named-as-anindustry-leader-in-djsi.html; Andrew Saunders, "Paul Polman of Unilever," *Management Today,* mar. 2011, pp. 42–47; Adi Ignatius, "Captain Planet," *Harvard Business Review,* jun. 2012, pp. 2–8; Dale Buss, "Unilever's Sustainable Living Brands," *Brand Channel,* 10 maio 2018, www.brandchannel.com/2018/05/10/unilever_sustainable_living_brands_good_business/; Sarah George, "Unilever Reveals Mixed Progress towards Sustainable Living Plan Goals," *Edie.net,* 17 abr. 2019, www.edie.net/news/7/Unilever-reveals-mixed-progress-towards-Sustainable--Living-Plan-goals/; e www.unilever.com/sustainable-living/; www.unilever.com/investor-relations/annual-report-andaccounts/; e www.unilever.com/about/who-we-are/about-Unilever/. Acesso em: out. 2019.

2. Veja: "McDonald's Announces Global Commitment to Support Families with Increased Focus on Happy Meals," 18 fev. 2018, http://news.mcdonalds.com/news-releases/newsrelease-details/mcdonalds-announces-global-commitmentsupport-families-0; e www.mcdonalds.com/us/en-us/aboutour-food/quality-food.html; https://corporate.mcdonalds.com/corpmcd/scale-for-good/using-our-scale-for-good.html; e www.mcdonalds.com/us/en-us/about-our-food/nutritioncalculator.html. Acesso em: out. 2019.

3. Melissa Locker, "If McDonald's Keeps Its Promise, Your Happy Meal Could Be Green within Seven Years," *Fast Company*, 16 jan. 2017, www.fastcompany.com/40517145/mcdonaldspromises-to-start--recycling-its-packaging-by-2025; e https://corporate.mcdonalds.com/corpmcd/scale-for-good/packagingand-recycling.html#goals. Acesso em: out. 2019.

4. David Streitfeld, "It's Discounted, but Is It a Deal? How List Prices Lost Their Meaning," *New York Times*, 6 mar. 2016, p. A1; e Paul Tassin, "Overstock Must Pay $6.8 Million Penalty in 'Compare At' Pricing Lawsuit," Top Class Actions, 7 jun. 2017, https://topclassactions.com/lawsuitsettlements/lawsuit-news/722412--overstock-must-pay-6-8mpenalty-compare-pricing-lawsuit/ e Daphne Howland, "Ross to Settle $4.9M Lawsuit over 'Deceptive' Price Tags," *Retail Dive*, 3 out. 2018, www.retaildive.com/news/ross-to-settle-49m-lawsuit-over-deceptive-price-tags/538768/.

5. Jonathan Vanian, "LifeLock Pays Big to Settle FTC Suit over Weak Data Security," *Fortune,* 17 dez. 2015; e "LifeLock to Pay $100 Million in FTC Settlement," *Practical Law*, 21 jan. 2016, https://content.next.westlaw.com/Document/I02f47330a46e11e598dc8b09b4f043e0/View/FullText.html?originationContext=document&transitionType=DocumentItem&contextData=(sc.Default).

6. Dan Mitchell, "Americans Don't Buy Enough Soda–Here's the New Targets," *Fortune*, 19 fev. 2016, http://fortune.com/2016/02/19/soda--emerging-nations-sales/; Trefis Team, "How Coca-Cola Plans to Make India Its Third Largest Market," *Forbes*, 7 set. 2017, www.forbes.com/sites/greatspeculations/2017/09/07/how-coca-cola-plans--to-makeindia-its-third-largest-market/#5114de2e848b; "Cola-Cola Faces Shareholder Activism on Sugar's Health Risks," *Bloomberg LP,* 11 fev. 2019, https://news.bloomberglaw.com/corporate-law/cola--cola-faces-shareholder-activism-on-sugarshealth-risks-7; e Center for Science in the Public Interest, "Carbonating the World," www.cspinet.org/carbonating/. Acesso em: out. 2019.

7. Brian Clark Howard, "Planned Obsolescence: 8 Products Designed to Fail," *Popular Mechanics,* www.popularmechanics.com/technology/planned-obsolescence-460210#slide-5. Acesso em: set. 2015. Veja também: Linda Simpson, "Is There a Cure for Society's Affluenza?" *Huffington Post,* 10 jan. 2018, www.huffingtonpost.ca/linda-simpson/is-there-a-cure-for-our-societys-affluenza_a_23329763/.

8. "Apple Apologizes for Slowing Older iPhones Dawn," *Reuters,* 29 dez. 2018, www.bbc.com/news/technology-42508300; "Apple Investigated by France for 'Planned Obsolescence,'" *BBC,* 8 jan. 2018, www.bbc.com/news/worldeurope-42615378; e Chance Miller, "Apple Filing Shows Company Plans to Pay for iPhone Throttling Issues," *9TO5Mac,* 4 fev. 2019, https://9to5mac.com/2019/02/04/iphone-throttling-lawsuits-apple/.

9. Veja: Alana Rhone, Michele Ver Ploeg, Chris Dicken, Ryan Williams e Vince Breneman, "Low-Income and Low-Supermarket-Access Census Tracts, 2010–2015," *Economic Information Bulletin,* jan. 2017, p. 12, www.ers.usda.gov/webdocs/publications/82101/eib-165.pdf?v=0; e U.S. Department of Agriculture, "Food Access Research Atlas: Documentation," www.ers.usda.gov/data-products/foodaccess-research-atlas/documentation/. Acesso em: out. 2019.

10. Veja: Nevin Cohen, "SNAP is Going Online. Will the Term 'Food Desert' Soon Be Obsolete?" *Civil Eats,* 19 maio 2019, https://civileats.com/2019/05/01/snap-is-going-online-will--theterm-food-desert-soon-be-obsolete/; e Emily Moon, "SNAP Participants Can Buy Groceries Online for the First Time," *Pacific Standard,* 19 abr. 2019, https://psmag.com/news/snapparticipants-can-buy-groceries-online-for-the-first-time.

11. Veja: www.newdream.org/ e www.newdream.org/about/mission. Acesso em: out. 2019.

12. Michaela Winberg, "The Year in Starbucks: How the Coffee Giant Has Remained in the Local Spotlight," *Billy Penn*, 12 abr. 2019, www.billypenn.com/2019/04/12/the-year-in-starbucks-howthe-coffee--giant-has-remained-in-the-local-spotlight/; Tanya Mohn, "Howard Schultz, Starbucks, and a History of Corporate Responsibility," *New York Times*, 15 nov. 2017, www.nytimes.com/2017/11/15/business/dealbook/howard-schultzstarbucks-corporate-responsibility.html;

Biz Carson, "The Vital Lesson Magic Johnson Taught Starbucks CEO Howard Schultz," *Business Insider*, 9 fev. 2016, www.businessinsider.com/magic-johnson-nba-star-to-businessman-2016-2; Kate Taylor, "As the American Middle Class Shrinks, Starbucks Sees Ferguson Store as a Blueprint for the Future," *Business Insider*, 27 abr. 2017, www.businessinsider.com/starbucks-in-fergusonis-a-blueprint-for-the-future-2017-4; Chris Isidore, "Starbucks Says Ferguson Store Is One of Its Top New Locations," *Money*, 7 set. 2016, www.money.cnn.com/2016/09/07/news/companies/ferguson-starbucks-schultz/index.html; Karen Valby, "Starbucks Is Bringing Hope–and Profit–to the Communities America's Forgotten," *Fast Company*, 31 jul. 2017, www.fastcompany.com/40438365/starbucks-is-bringing-hopeand-profit-to-the-communities-americas-forgotten; Marianne Wilson, "Starbucks Hits Milestone," *Chain Store Age*, 18 mar. 2019, www.chainstoreage.com/store-spaces/starbucks-hitsmilestone/; www.starbucks.com/responsibility/community; e www.starbucks.com/responsibility. Acesso em: out. 2019.

13. Veja: "How REI Is Keeping the #OptOutside Magic Alive on Black Friday," *Fast Company*, 11 nov. 2018, www.fastcompany.com/90271139/how-rei-is-keeping-the-optoutside-magic-aliveon-black-friday; Kevin Moss, "Don't Read This Article: How Ads against Consumerism Help Sustainability," *World Resources Institute*, 5 fev. 2018, www.wri.org/blog/2018/02/dontread-article-how-ads-against-consumerism-help-sustainability; e www.facebook.com/llbean/videos/when-did-disposablebecome-our/10153921325967415/ e www.rei.com/optoutside. Acesso em: out. 2019.

14. Veja: "INRIX: Congestion Costs Each American 97 House, $1,348 a Year," 11 fev. 2019, http://inrix.com/press-releases/scorecard-2018-us/; e Texas Transportation Institute, "Urban Mobility Scorecard," https://mobility.tamu.edu/ums/. Acesso em: out. 2019.

15. Allison Griswold, "New York Will Be the First U.S. City to Charge Drivers to Enter Its Busiest Areas," *Quartz*, 31 mar. 2019.

16. Veja: Natasha Lomas, "Google Fined $2.7BN for EU Antitrust Violations over Shopping Searches," *Tech Crunch*, 27 jun. 2017, https://techcrunch.com/2017/06/27/google-fined-e2-42bn-foreu-antitrust-violations-over-shopping-searches/; Terry Collins, "Google Appeals Record $2.7 Billion EU Antitrust Fine," *CNET*, 11 set. 2017, www.cnet.com/news/google-is-appealingrecord-2-7-billion-eu-antitrust-fine/; e James Vincent, "Google Hit with 1.5 Euro Billion Anti-Trust Fine by EU," *The Verge*, 20 mar. 2019, www.theverge.com/2019/3/20/18270891/google-eu-antitrust-fine-adsense-advertising.

17. Veja: Philip Kotler, "Reinventing Marketing to Manage the Environmental Imperative," *Journal of Marketing*, jul. 2011, pp. 132–135; e Kai Ryssdal, "Unilever CEO: For Sustainable Business, Go against 'Mindless Consumption,'" *Marketplace*, 11 jun. 2013, www.marketplace.org/topics/sustainability/consumed/unilever-ceo-paul-polman-sustainble-business.

18. "Adidas Group Sustainable Materials," www.adidas-group.com/en/sustainability/products/materials/#/recyceltes-polystyrol/sustainable-better-cotton/pvc-and-phthalates/. Acesso em: out. 2018; Sarah Mahoney, "Adidas Steps Up Ocean-Trash Efforts, Aims to Make 22M Shoes," *MediaPost*, 22 jan. 2019, www.mediapost.com/publications/article/330911/adidas-steps-upocean-trash-efforts-aims-to-make.html; e www.adidas-group.com/en/sustainability/managing-sustainability/generalapproach/ e www.adidas-group.com/en/sustainability/products/sustainability-innovation/. Acesso em: out. 2019.

19. Veja: Alan S. Brown, "The Many Shades of Green," *Mechanical Engineering*, jan. 2009, http://memagazine.asme.org/Articles/2009/January/Many_Shades_Green.cfm; www.ibm.com/ibm/environment/products/recycling.shtml. Acesso em: out. 2019.

20. Veja: "Decarbonization," www.siemens.com/global/en/home/company/sustainability/decarbonization.html, e "Green, Greener Kalwa," www.siemens.com/global/en/home/company/about/businesses/real-estate/green-greener-kalwa.html. Acesso em: out. 2019.

21. Informações de: "Sustainability Is Opportunity for the North Face," *Clean Technica*, 27 ago. 2018, https://cleantechnica.com/2018/08/27/sustainability-is-opportunity-for-the-northface-an-interview-with-james-rogers-director-of-sustainability; e www.thenorthface.com/about-us/responsibility.html. Acesso em: out. 2019.

22. Veja: www.thenorthface.com/about-us/responsibility.html. Acesso em: out. 2019.

23. Veja: www.pedigree.com/why-pedigree/about-us e www.pedigreefoundation.org/about-us-2/. Acesso em: out. 2019.

24. Com base em informações de: April Berthene, "Why Patagonia Changed Its Mission Statement," *DigitalCommerce360*, 16 jan. 2019, www.digitalcommerce360.com/2019/01/16/whypatagonia-changed-its-mission-statement/; Jeff Beer, "Patagonia Is in Business to Save Our Home Planet," *Fast Company*, 13 dez. 2018, www.fastcompany.com/90280950/exclusive-patagoniais-in-business-to-save-our-home-planet; Katherine Ling, "Walking the Talk," *Marketing News*, 15 mar. 2012, p. 24; Kyle Stock, "Patagonia's 'Buy Less' Plea Spurs More Buying," *Bloomberg Businessweek*, 28 ago. 2013, www.businessweek.com/printer/articles/147326-patagonias-buy-less-plea-spurs-more-buying; Marisa Meltzer, "Patagonia and The North Face: Saving the World–One Puffer Jacket at a Time," 17 mar. 2017, www.theguardian.com/business/2017/mar/07/the-north-facepatagonia-saving-world-one-puffer-jacket-at-a-time; www.benjerry.com/about-us; www.thebodyshop.com/en-us/about-us/our-heritage; www.honesttea.com/content/dam/honesttea/mission/2018_Honest_Tea_Mission_Report.pdf; www.toms.com/about-toms; www.warbyparker.com/history; e www.patagonia.com/us/environmentalism. Acesso em: out. 2019.

25. Veja: "Leading Cleaning Products Company Method Commits Majority of Its Product Lineup to Cradle to Cradle Product Certification," 9 abr. 2014, www.c2ccertified.org/news/article/leading_cleaning_products_company_method_commits_majority_of_its_product_li; e https://methodhome.com/ e https://methodhome.com/about-us/our-story/. Acesso em: out. 2019.

26. Veja: Bruce Japsen, "CVS Kicks In Another $50 Million for Anti-Tobacco Push," *Forbes*, 10 mar. 2016, www.forbes.com/sites/brucejapsen/2016/03/10/cvs-kicks-in-another-50m-to-antitobacco-push/#41c6eb5f11f3; Phil Wahba, "She Thanks You for Not Smoking," *Fortune*, 11 set. 2015, http://fortune.com/2015/09/11/cvs-health-helena-foulkes/; Kristina Monllos, "CVS Health's Marketing Chief on Turning the Pharmacy Brand into a Healthcare Player," *Adweek*, 28 mar. 2016, www.adweek.com/print/170437; e informações de: www.cvs.com/shop/healthmedicine/stop-smoking, www.cvs.com/minuteclinic/resources/smoking-cessation, cvshealth.com/about/facts-and-companyinformation, http://investors.cvshealth.com, e https://cvshealth.com/about/purpose-statement. Acesso em: out. 2019.

27. Veja: International Monetary Fund Staff Team from the Fiscal Affairs Department the Legal Department, "Corruption: Costs and Mitigating Strategies," maio 2016, www.imf.org/external/pubs/ft/sdn/2016/sdn1605.pdf; e Rhoda Weeks-Brown, "Corruption Disintegration," International Monetary Fund, 29 nov. 2018, www.imf.org/en/News/Articles/2018/12/04/sp112918-corruption-disintegration#_ftn1. Veja também: Michael Montgomery, "The Cost of Corruption," *American RadioWorks*, http://americanradioworks.publicradio.org/features/corruption/. Acesso em: out. 2019.

28. Veja: www.ama.org/codes-of-conduct/. Acesso em: out. 2019.

29. Veja: "Protect This House: The Under Armour Code of Conduct. Make the Right Call," www.uabiz.com/static-files/fdd4d03e-a31e-49a4-9500-88c4a0abcb80. Acesso em: out. 2019.

30. David A. Lubin e Daniel C. Esty, "The Sustainability Imperative," *Harvard Business Review*, maio 2010, pp. 41–50; e Roasbeth Moss

Kanter, "It's Time to Take Full Responsibility," *Harvard Business Review*, out. 2010, p. 42.

31. Erika Clugston, "LEGO: Solar Power, Plastic, & Sustainability," *CleanTechnica*, 31 maio 2019, https://cleantechnica.com/2019/05/31/lego-solar-power-plastic-sustainability/; Karsten Strauss, "The Companies with the Best CSR Reputations in 2017," *Forbes*, 8 fev. 2018, www.forbes.com/sites/karstenstrauss/2018/02/08/thecompanies-with-the-best-csr-reputations-in-2017/#788c20333873; Simon Mainwaring, "How LEGO Rebuilt Itself as a Purposeful and Sustainable Brand," *Forbes*, 11 ago. 2016, www.forbes.com/sites/simonmainwaring/2016/08/11/how-lego-rebuilt-itself-as-apurposeful-and-sustainable-brand/#2bbd44e46f3c; e informações de: www.lego.com/en-us/aboutus/news-room, www.lego.com/enus/aboutus/lego-group/code-of-conduct e www.lego.com/en-us/aboutus/responsibility/story/report. Acesso em: set. 2019.

Apêndice 1

i. "Bottled Water Holds Steady at No. 1," *Beverage Industry*, jul. 2018, p. SOI 15; "Global Flavored and Functional Water Market: Growing Incidence of Obesity to Stimulate Growth," *Transparency Market Research*, jun. 2017, www.transparencymarketresearch.com/pressrelease/flavored-functionalwater.htm; Jeff Beer, "Propel Water's New Brand Strategy Is Hyping Its Gatorade Roots," *Fast Company*, 29 mar. 2018, www.fastcompany.com/40551566/propel-watersnew-brandstrategy-is-hyping-its-gatorade-roots; e informações de produto e mercado obtidas de: http://vitaminwater.com, http://propelwater.com e http://nestle-watersna.com, jul. 2019.

Apêndice 2

i. Isso é obtido reorganizando a equação a seguir e resolvendo o preço: Porcentagem de *markup* = (preço – custo) ÷ preço.

ii. Usando a equação básica de lucro, definimos o lucro igual a ROI × I: ROI × I = (P × Q) – CFT – (Q × CVU). Resolvendo para Q resulta em Q = (CFT + (ROI × I)) ÷ (P – CVU).

iii. YCharts (2018), "US Households," disponível em: ycharts.com/indicators/us_households; Pew Research Center (2018), "US Households," disponível em: www.pewinternet.org/fact-sheet/internet-broadband/; e Parks Associates (2017), "Internet/Broadband Fact Sheet," disponível em: www.parksassociates.com/blog/article/pr-01102017).

iv. Veja: Roger J. Best, *Market-Based Management*, 6. ed. (Upper Saddle River, NJ: Prentice Hall, 2013).

v. A contribuição total também pode ser determinada a partir da contribuição unitária e do volume unitário: Contribuição total = contribuição unitária × vendas unitárias. O total de unidades vendidas em 2020 foi de 595.238 unidades, o que pode ser determinado dividindo-se o total de vendas pelo preço por unidade ($100 milhões ÷ $168). Contribuição total = $ 35,28 de contribuição por unidade × 595.238 unidades = $20.999.996,64 (diferença por arredondamento).

Índice

Índice de marcas, empresas, nomes e organizações

As figuras e tabelas são indicadas por números de página em itálico.

A

B

C

D

M

Q

R

Índice de assuntos

As figuras e tabelas são indicadas por números de página em itálico.

A

D

F

G

N

O

P

T

U

V

Z